ST/ESA/STAT/SER.G/52

DEPARTMENT OF ECONOMIC AND SOCIAL AFFAIRS
STATISTICS DIVISION

DÉPARTEMENT DES AFFAIRES ÉCONOMIQUES ET SOCIALES
DIVISION DE STATISTIQUE

2003
INTERNATIONAL TRADE STATISTICS YEARBOOK
ANNUAIRE STATISTIQUE DU COMMERCE INTERNATIONAL

VOLUME II

TRADE BY COMMODITY

COMMERCE PAR PRODUIT

UNITED NATIONS/NATIONS UNIES

New York, 2004

The Department of Economic and Social Affairs (DESA) of the United Nations Secretariat is a vital interface between global policies in the economic, social and environmental spheres and national action. The Department works in three main interlinked areas: (i) it compiles, generates and analyses a wide range of economic, social and environmental data and information on which United Nations Member States draw to review common problems and take stock of policy options; (ii) it facilitates the negotiations of Member States in many intergovernmental bodies on joint courses of action to address ongoing or emerging global challenges; and (iii) it advises interested Governments on the ways and means of translating policy frameworks developed in United Nations conferences and summits into programmes at the country level and, through technical assistance, helps build national capacities.

Le Département des affaires économiques et sociales du Secrétariat de l'Organisation des Nations Unies sert de relais entre les orientations arrêtées au niveau international dans les domaines économiques, sociaux et environnementaux et les politiques exécutées à l'échelon national. Il intervient dans trois grands domaines liés les uns aux autres : i) il compile, produit et analyse une vaste gamme de données et d'éléments d'information sur des questions économiques, sociales et environnementales dont les Etats Membres de l'Organisation se servent pour examiner des problèmes communs et évaluer les options qui s'offrent à eux; ii) il facilite les négociations entre les Etats Membres dans de nombreux organes intergouvernementaux sur les orientations à suivre de façon collective afin de faire face aux problèmes mondiaux existants ou en voie d'apparition; iii) il conseille les gouvernements intéressés sur la façon de transposer les orientations politiques arrêtées à l'occasion des conférences et sommets des Nations Unies en programmes exécutables au niveau national et aide à renforcer les capacités nationales au moyen de programmes d'assistance technique.

NOTE

Symbols of United Nations documents are composed of capital letters combined with figures.

General disclaimer

The designations employed and the presentation of material in this publication do not imply the expression of any opinion whatsoever on the part of the Secretariat of the United Nations concerning the legal status of any country, territory, city or area, or of its authorities, or concerning the delimitation of its frontiers or boundaries.

Where the designation "country or area" appears in this publication, it covers countries, territories, cities or areas. In previous issues of this publication, where the designation "country" appears in the headings of tables, it should be interpreted to cover countries, territories, cities or areas.

In some tables, the designation "developed" or "developing" economies is intended for statistical convenience and does not necessarily express a judgement about the stage reached by a particular country or area in the development process.

NOTE

Les cotes des documents de l'Organisation des Nations Unies se composent de lettres majuscules et de chiffres.

Déni de responsabilité

Les appellations employées dans cette publication et la présentation des données qui y figurent n'impliquent, de la part du Secrétariat de l'Organisation des Nations Unies, aucune prise de position quant au statut juridique des pays, territoires, villes ou zones, ou de leurs autorités, ni quant au tracé de leurs frontières ou limites.

L'appellation "pays ou zone", figurant dans cette publication, désigne des pays, des territoires, des villes ou des zones. L'appellation "pays", figurant dans certaines rubriques des tableaux de numéros antérieurs de cette publication, doit être interprétée comme désignant des pays, des territoires, des villes ou des zones.

L'appellation économie "développée" ou économie "en voie de développement" qui figure dans certains tableaux est utilisée pour plus de commodité dans la présentation des statistiques et n'implique pas nécessairement un jugement quant au stade de développement auquel est parvenu un pays ou une zone donnée.

ST/ESA/STAT/SER.G/52

UNITED NATIONS PUBLICATION
Sales No. E/F.05.XVII.2, vol. II

PUBLICATION DES NATIONS UNIES
Numéro de vente : E/F.05.XVII.2, vol. II

ISBN 92-1-061211-6

Enquiries should be directed to:
MEETINGS AND
PUBLISHING DIVISION
UNITED NATIONS
NEW YORK, NY 10017

Adresser toutes demandes de renseignements à la :
DIVISION DES SÉANCES
ET DES SERVICES DE PUBLICATION
NATIONS UNIES
NEW YORK, NY 10017

TABLE OF CONTENTS

Volume II

SPECIAL TABLES

TABLES DES MATIERES

Volume II

TABLEAUX SPECIAUX

iii

ABBREVIATIONS AND COUNTRY NOMENCLATURE

Names of some countries (or areas) or groups of countries (or areas) and of some commodities or groups of commodities have been abbreviated. Exact titles and the composition of groups of countries or commodities will be found in various editions of the following publications referred to in the Introduction (see para 3(a), 3(b) and 3(c)):

   (i)   Standard Country or Area Codes for Statistical Use

  (ii)   Standard International Trade Classification (SITC)

 (iii)   Classification by Broad Economic Categories (BEC)

 (iv)   Classification of Commodities by Industrial Origin

  (v)   International Standard Industrial Classification of all Economic Activities (ISIC)

1.   Data relating to the People's Republic of China generally include those for Taiwan Province in the field of statistics relating to population, area, natural resources, natural conditions such as climate, etc. In other fields of statistics, they do not include Taiwan Province unless otherwise stated. Therefore, in this publication the data published under the heading China exclude those for Taiwan Province. Figures representing the trade with Taiwan Province, which may have been reported by any reporting country or area, are included in the grouping Asia. Pursuant to a Joint Declaration signed on 19 December 1984, the United Kingdom restored Hong Kong to the People's Republic of China with effect from 1 July 1997; the People's Republic of China resumed the exercise of sovereignty over the territory with effect from that date. For statistical purposes, the data for China do not include those for Hong Kong Special Administrative Region. Pursuant to a Joint Declaration signed on 13 April 1987, Portugal restored Macao to the People's Republic of China with effect from 20 December 1999; the People's Republic of China resumed the exercise of sovereignty over the territory with effect from that date. For statistical purposes, the data for China do not include those for Macao Special Administrative Region.

2.   On 22 May 1990 Democratic Yemen and Yemen merged to form a single State. Since that date they have been represented as one Member with the name "Yemen". All data shown in this publication relating to the period prior to 1990 refer to the former Democratic Yemen and the former Yemen.

3.   Through accession of the German Democratic Republic to the Federal Republic of Germany with effect from 3 October 1990, the two German States have united to form one sovereign State. As from the date of unification, the Federal Republic of Germany acts in the United Nations under the designation of "Germany". All data shown which pertain to Germany prior to 3 October 1990 are indicated separately for the Federal Republic of Germany and the former German Democratic Republic based on their respective territories at the time indicated.

Where data for united Germany (subsequent to 3 October 1990) are not available, they are shown separately and pertain to the territorial boundaries prior to 3 October 1990.

4.   In 1991, the Union of Soviet Socialist Republics formally dissolved into fifteen independent countries (Armenia, Azerbaijan, Belarus, Estonia, Georgia, Kazakhstan, Kyrgyzstan, Latvia, Lithuania, Republic of Moldova, Russian Federation, Tajikistan, Turkmenistan, Ukraine and Uzbekistan). From 1992 onwards data are shown for the individual countries. Prior to 1992 data are shown for the former USSR.

5.   On 4 February 2003, the official name of the Federal Republic of Yugoslavia has been changed to Serbia and Montenegro. Data provided for Yugoslavia prior to 1 January 1992 refer to the Socialist Federal Republic of Yugoslavia which was composed of six republics; data referring to the years 1992 and later are attributed to Bosnia and Herzegovina, Croatia, Serbia and Montenegro, Slovenia and the Former Yugoslav Republic of Macedonia.

6.   Data for the Czech Republic and Slovakia, where available, are shown separately under the appropriate country name. For periods prior to 1 January 1993, where no separate data are available for the Czech Republic and Slovakia, unless otherwise indicated, data for the former Czechoslovakia are shown under the country name "former Czechoslovakia".

7.   Beginning 1 January 1997, the overseas departments of France were included in the statistical territory of France for the purposes of international trade statistics. Values on this basis have been provided by France for 1996 also, and values are published on that basis in this publication.

8.   Beginning 1 January 1999, Belgium and Luxembourg provide their international trade statistics separately. For periods prior to 1 January 1999, unless otherwise indicated, data are shown for the Economic Union of Belgium and Luxembourg under the name "Belgium-Luxembourg".

9.   Beginning 1 January 2000, Botswana, Lesotho, Namibia, South Africa and Swaziland provide their international trade statistics separately. For periods prior to 1 January 2000, unless otherwise indicated, data are shown for the Southern African Customs Union.

ABREVIATIONS ET CODES DES PAYS

Les noms de certains pays (ou zones) ou groupes de pays (ou zones) et de certains produits ou groupes de produits ont dû être abrégés. On trouvera les intitulés exacts de ces noms dans des différentes éditions des publications suivantes qui figurent dans l'Introduction (voir aussi para 3(a), 3(b) et 3(c)):

    (i)   Codes standard des pays et des zones à usage statistique

    (ii)   Classification type pour le commerce international (CTCI)

    (iii)   Classification par grandes catégories économiques (CGCE)

    (iv)   Classification des marchandises par origine industrielle

    (v)   Classification internationale type, par industrie, de toutes les branches d'activité économique (CITI)

1.   Les données relatives à la République populaire de Chine comprennent en général les données relatives à la province de Taïwan lorsqu'il s'agit de statistiques concernant la population, la superficie, les ressources naturelles, les conditions naturelles tel que le climat, etc. Dans les statistiques relevant d'autres domaines, la province de Taïwan n'est pas comprise, sauf indication contraire. C'est le cas dans cet Annuaire où les données pour la Chine ne comprennent pas celles de la province de Taïwan. Lorsque des pays partenaires ont déclaré des échanges avec Taïwan ceux-ci sont inclus dans Asie. Conformément à une Déclaration commune signée le 19 décembre 1984, le Royaume-Uni a rétrocédé Hong-kong à la République populaire de Chine, avec effet au 1er juillet 1997; la souveraineté de la République populaire de Chine s'exerce à nouveau sur le territoire à compter de cette date. Pour les statistiques, les données de la Chine ne comprennent pas celles de la région administrative spéciale de Hong Kong. Conformément à une Déclaration commune signée le 13 décembre 1987, le Portugal a rétrocédé Macao à la République populaire de Chine, avec effet au 20ième décembre 1999; la souveraineté de la République populaire de Chine s'exerce à nouveau sur le territoire à compter de cette date. Pour les statistiques, les données de la Chine ne comprennent pas celles de la région administrative spéciale de Macao.

2.   Le Yémen et le Yémen démocratique ont fusionné le 22 mai 1990 pour ne plus former qu'un seul Etat, qui est depuis lors représenté comme tel à l'Organisation, sous le nom 'Yémen'. Toutes les données présentées dans cet Annuaire qui se rapportent à la période antérieure à l'année 1990 se réfèrent aux anciens Yémen démocratique et Yémen.

3.   En vertu de l'adhésion de la République démocratique allemande à la République fédérale d'Allemagne, prenant effet le 3 octobre 1990, les deux Etats allemands se sont unis pour former un seul Etat souverain. A compter de la date de l'unification, la République fédérale

d'Allemagne est désignée à l'ONU sous le nom 'Allemagne'. Toutes les données se rapportant à l'Allemagne avant le 3 octobre 1990 figurent dans deux rubriques séparées, basées sur les territoires respectifs de la République fédérale d'Allemagne et l'ancienne République démocratique allemande selon la période indiquée. En l'absence de données pour l'Allemagne unifiée (à compter du 3 octobre 1990), les données sont fournies séparément sous les rubriques Allemagne (République fédérale d') et Allemagne (ancienne République démocratique) et se rapportent aux limites territoriales antérieures au 3 octobre 1990 lorsqu'elles sont disponibles.

4.   En 1991, l'ex Union Soviétique a été scindée officiellement en quinze républiques indépendantes (Arménie, Azerbaïdjan, Bélarus, Estonie, Fédération de Russie, Géorgie, Kazakstan, Kirghizistan, Lettonie, Lituanie, Ouzbékistan, République de Moldova, Tadjikistan, Turkménistan et Ukraine). A partir de 1992 les données sont indiquées pour chaque république individuellement. Avant 1992, les données sont indiquées pour l'ancienne URSS.

5.   Le 4 février 2003 la République fédérative de Yougoslavie a changé officiellement son nom en Serbie et Monténégro. Les données fournies pour la Yougoslavie avant le 1er janvier 1992 se rapportent à la République fédérative socialiste de Yougoslavie, qui était composée de six républiques; les données relatives à l'année 1992 et après sont attribuées à la Bosnie-Herzégovine, la Croatie, la Serbie et Monténégro, la Slovénie et l'ex-République yougoslave de Macédoine.

6.   Les données relatives à la République tchèque, et à la Slovaquie, lorsqu'elles sont disponibles, sont présentées séparément sous le nom de chacun des pays. En ce qui concerne la période antérieure au 1er janvier 1993, pour laquelle on ne possède pas de données séparées pour les deux Républiques, les données relatives à l'ancienne Tchécoslovaquie sont, sauf indication contraire, présentées sous le titre 'ancienne Tchécoslovaquie'.

7.   A partir du 1er janvier 1997, pour les statistiques du commerce international, le territoire statistique de la France comprend les départements d'outre-mer. Les valeurs ont été fournies aussi sur cette base par la France pour 1996, et sont publiées dans cet annuaire.

8.   A partir du 1er janvier 1999, la Belgique et Luxembourg présentent leurs statistiques du commerce international séparément. En ce qui concerne la période antérieure au 1er janvier 1999, sauf indication contraire, les données relatives à l'Union économique de la Belgique et Luxembourg sont présentées sous le titre 'Belgique-Luxembourg'.

9.   A partir du 1er janvier 2000, Botswana, Lesotho, la Namibie, Swaziland et l'Afrique du Sud présentent leurs statistiques du commerce international séparément. En ce qui concerne la période antérieure au 1er janvier 2000, sauf indication contraire, les données sont présentées pour l'Union douanière d'Afrique australe.

EXPLANATION OF SYMBOLS
EXPLICATION DES SIGNES

Category not applicable .... –
Ne s'applique pas

Not available.. blank
Aucune donnée disponible

Magnitude of less than half the unit used.. 0 or 0.0
Grandeur inférieure à la moitié de l'unité utilisée

Provisional or estimated figures... e
Donnée provisoire ou estimation

Area (1,000 square metres)... A
Superficie (1,000 mètres carrés)

1,000 kilowatt-hours... H
1,000 kilowatts-heures

Weight (kilograms)... K
Poids (kilogrammes)

Length (1,000 metres)... L
Longueur (1,000 mètres)

1,000 times unit shown... M
1,000 fois l'unité indiquée

Number.. N
Nombre

Other.. O
Autres

Number of pairs.. P
Paires

Volume (cubic metres).. V
Volume (mètre cube)

Weight (metric tons)... W
Poids (tonnes métriques)

1,000,000 times unit shown.. Y
1 million de fois l'unité indiquée

Decimal figures are always preceded by a period except for the Country Notes in French
where they are preceded by a comma... (.)
Les décimales sont toujours précédées d'un point, à l'exception des notes de pays en français
où elles sont précédées par une virgule.

TRADE DATA IN ELECTRONIC FORM

External trade data, for the majority of countries from 1962 to the latest year, are available in electronic form and can be transmitted on diskettes and on CD-ROM or by electronic mail. Detailed information on coverage and prices is available, on request, from the United Nations Statistics Division, New York, N.Y. 10017, USA; tel. (+1) (212) 963-6170; fax (+1) (212) 963-9851 and e-mail tradestat@un.org. Since June 2003 the trade data are also accessible via the internet at http://unstats.un.org/unsd/comtrade. Data can be browsed freely by any internet user or can be downloaded by registered subscribers. See the website for prices on subscriptions.

DONNEES DU COMMERCE EXTÉRIEUR
SOUS FORME ÉLECTRONIQUE

Les données du commerce extérieur pour la majorité des pays de 1962 à la dernière année écoulée sont disponibles sous forme électronique et peuvent être envoyées sur disquette, sur CD-ROM, ou par message électronique. Les informations détaillées sur le champ d'application et les prix peuvent être obtenues auprès de la Division de Statistique des Nations Unies, New York, N.Y. 10017, Etats-Unis; Tél. (+1) (212) 963-6170; fax (+1) (212) 963-9851 et e-mail tradestat@un.org. Depuis juin 2003 ces données du commerce extérieur sont accessibles sur l'Internet à l'adresse http://unstats.un.org/unsd/comtrade. Elles peuvent être inspectées gratuitement par tous les utilisateurs, ou peuvent être téléchargées par abonnement. Voir le site Internet pour les coûts des abonnements.

INTRODUCTION

1.   The fifty-second edition of the <u>International Trade Statistics Yearbook</u> (the <u>Yearbook</u>) provides the basic information for individual countries' external trade performances in terms of value, as well as in volume and price, the importance of trading partners and the significance of individual commodities imported and exported. This edition shows annual statistics for 182 countries or areas. It is published in two volumes.

2.   There are no differences between the fifty-first and this fifty-second edition with respect to the number and format of the tables presented.

VOLUME I

3.   Volume I contains detailed data for individual countries or areas. For each country or area the following tables usually appear:

        (a)   Tables 1 and 2, showing up to the most recent five years available, the value in United States dollars of import and export trade analyzed by the principal countries or areas and regions of origin and destination. The analysis is made according to the United Nations <u>Standard Country or Area Codes for Statistical Use</u>[1]. In some instances, owing to the nature of the national country classification, the conversion to the United Nations country classification could not be done precisely. A maximum of 30 trading partners are shown, in order of magnitude, based on the sum of the values over the years included in the table, with imports and exports ranked separately. Below the value table is a listing showing the percentage breakdown of trade by regions for the latest available ten years. The line for the European Union (EU) is calculated for all years on the basis of the current membership (fifteen countries). The lines for the Asian part of the former USSR (Armenia, Azerbaijan, Georgia, Kazakhstan, Kyrgyzstan, Tajikistan, Turkmenistan, and Uzbekistan) and the European part of the former USSR (Belarus, Estonia, Latvia, Lithuania, Republic of Moldova, Russian Federation and Ukraine) are calculated as the sum of the appropriate independent countries from 1992 to date. For years prior to 1992 this was not possible and the line for the European part of the former USSR includes the entire former USSR for those years. Eastern Europe comprises Albania, Bulgaria, Czech Republic, Hungary, Poland, Romania and Slovakia. Regional totals are calculated only if the available partner detail exceeds 80% of the reported total imports or exports. Furthermore, if the available partner detail is less than 50% for all years, the table will not be shown.

        (b)   Tables 3 and 4, showing up to the most recent four years available, the quantity and the value in United States dollars of imports and exports analyzed by principal commodities. The commodities are shown in terms of the <u>Standard International Trade Classification</u> [2] (SITC), Revision 2, codes and headings (abbreviated). Data for a commodity will appear if the value in any year is greater than or equal to 0.5 per cent of the total trade for that year. Lines for 2-, 3- or 4-digit commodity codes are omitted in cases where the line of the more detailed commodity code (for instance at 5-digit level) contains exactly the same information in terms of value and quantity for all four years shown.

(c)   Tables 5 and 6, showing up to the most recent seven years available, percentage breakdowns of imports by broad economic categories and of exports by industrial origin. The analysis for imports is based on the <u>Classification by Broad Economic Categories</u>[3/] and for exports on the <u>Classification of Commodities by Industrial Origin</u> [4/]. Reclassification of foreign trade according to broad economic categories or industrial origin requires statistical information at the five-digit level of the Standard International Trade Classification, Revised[2/]. (For history and background of the SITC, see pages xxii-xxiii). When such details are not available, approximate allocations are made, using the three-digit level of the SITC Revised. In comparing statistics of international trade with statistics of production, problems of limitation exist in addition to those of classification. Exports of products which are obviously not produced in the reporting countries (e.g., exports of tea and cocoa from the Netherlands or the United Kingdom) have been allocated to the industrial origin in which they would have been classified in the producing countries; in the case of tea and cocoa: Agriculture. The industrial origin in the reporting country of these exports is, in fact, the wholesale trade. In the <u>Classification of Commodities by Industrial Origin</u>, SITC, Revised headings are subdivided to correspond, roughly, to groups of the <u>International Standard Industrial Classification of All Economic Activities</u>, (Revision 1)[5/]. The breakdown of exports by industrial origin is derived as much as possible from national or special exports.

4.   In some instances the figures shown in United States dollars in the tables indicated under 3(a) and 3(b) above may not correspond to those in United States dollars in the Special Table A or to those in national currency in Special Table B after the application of the currency conversion factors in Special Table C. These discrepancies arise in part from revisions to the more recent data at the total level and these revisions were not broken down for the more detailed data by commodity and partner. In some cases the differences may be due to differences in coverage/definitions of the data. It was felt, however, that a partial revision of the tables referred to under 3(a) and 3(b) above to make the totals consistent with those in the Special Tables should not be made. More information on the Special Tables is given in para 11 and 12.

5.   For all countries, the data in Tables 3 and 4 are presented according to SITC Revision 2. Most countries report data according to the Harmonized Commodity Description and Coding System (HS). The data so reported for these countries, were converted to SITC Revision 2. This is a difficult conversion and results in data for some SITC Revision 2 codes, which are not comparable with data reported in terms of SITC, Revision 2 to a very significant extent. Trade data according to HS and SITC, Revision 3, can be found on the web site of the United Nations Statistics Division at http://unstats.un.org/unsd/comtrade.

6.   Detailed descriptions of the concepts and definitions applied by countries are available in the United Nations mimeograph "National Reporting Practices in International Merchandise Trade Statistics" (ST/ESA/STAT/112), issued February 1996 and available from the United Nations Statistics Division. A computerized and updated version of the national reporting practices are available on the internet at http://unstats.un.org/unsd/tradereport/default.asp.

VOLUME II

7.   Volume II contains commodity tables showing the total trade of certain commodities analyzed by regions and countries. The regional structure is identical to that which is used in Volume I.

8.   <u>Commodity tables</u>. These tables show imports and exports of commodities at the group (3-digit) level of the SITC, Revision 2. All groups are covered except for 264, Jute, raw or semi-processed; 286, Ores and concentrates of uranium and thorium; 351, Electric current; 675, Hoops and strip, of iron or steel, hot-rolled or cold-rolled; 688, Uranium depleted in U235 and thorium (including waste), and their alloys, unwrought or wrought, and articles thereof; 911, Postal packages not classified according to kind; 961, Coin (other than gold coin), not being legal tender and 971, Gold, non-monetary (excluding gold ores and concentrates) (for an explanation, see paragraph 9 below). The years covered are the five years 1999 to 2003. The values are in U.S. dollars and both imports and exports are analyzed by regions and principal trading countries. A maximum of 30 countries are shown in order of magnitude, based on the sum of the values over the years 1999 to 2003, with imports and exports ranked separately. No quantity data are shown.

9.   In preparing these tables, in many cases estimates were made for countries whose data were not yet available and these are shown with an 'e'. In some cases, estimates were made for particular countries, and they were considered adequate to include in regional and world totals but not sufficiently explained to be published separately for the country; consequently, they have been suppressed and only an 'e' appears in the table. The commodity groups mentioned in paragraph 8 above, (264, 286, 351, 675, 688, 911, 961 and 971) are suppressed from publication because they were poorly reported and contain many estimates which are not sufficiently explainable. Strictly speaking, a regional or world total that contains estimates should be shown with an 'e'. However, virtually all the regional and world totals include estimates and the 'e' has been omitted for cosmetic purposes.

10.   The procedure for estimating trade data for a given year and a given country takes some reported ('true') data as a starting point. The minimum required reported input data are the import and export totals of a country. Sometimes other aggregated commodity information is also available and is taken into account; this may include some 3-digit or other commodity totals reported by the country. The estimation procedure then takes the available reported data and initial estimates (which may be either (1) the 3-digit commodity totals of the country for an adjacent (reported) year or (2) the 3-digit commodity totals for the country as reported by all its trading partners combined, for the given year) and scales them in such a way that at every level of the commodity classification the total of the commodity estimates and any reported data add up to the reported ('true') totals at the higher level and ultimately to the totals of the imports and exports.

11.   Volume II also contains special tables showing, inter alia, (a) the contribution of the trade of each country to the trade of its region and of the world, (b) the flow of trade between countries and regions and (c) the fluctuations of the prices at which goods are traded internationally. The special tables are:

A.	Total imports and exports by regions and countries and areas (in US dollars);
B.	Total imports and exports by countries and areas (in national currency);
C.	External trade conversion factors;
D.	World exports by commodity classes and by regions;
E.	Growth of world exports by commodity classes and by regions;
F.	Structure of world exports by commodity classes and by regions;
G.	Total exports and imports by countries or areas;
H.	Total exports and imports by regions;
I.	Manufactured goods exports;
J.	Fuel imports, developed economies;
K.	Indicators on fuel imports, developed economies;

SPECIAL TABLES

12.   The economic and geographic groupings in all the special tables are in accordance with those of Special Table A in this issue, although Special Table A sometimes includes more detailed geographic sub-groups. (See Special Table A for the details)

(A) <u>Total imports and exports by regions and countries and areas (in US dollars)</u>. The regional, economic and world totals have been adjusted: (a) to include estimates for countries or areas for which full data are not available; (b) to include estimates of insurance and freight for imports valued FOB; (c) to include countries or areas not listed separately; (d) to approximate special trade for regional groups; (e) to approximate calendar years; and (f) where possible, to eliminate incomparability owing to geographical changes, by adjusting the figures for periods before the change to be comparable to those for periods after the change, for example, the European Union and the European Free Trade Association. The figures shown for individual countries correspond to the figures, which appear and are described in Special Table B. For footnotes see the end of the table.

Monthly and quarterly data appear in the <u>Monthly Bulletin of Statistics</u>.

(B) <u>Total imports and exports by countries and areas (in national currency)</u>. The table contains totals of trade by countries reported in terms of national currency. For totals in terms of U.S. dollars for all countries and areas see Special Table A. For general note and footnotes, see the end of the table.

Monthly and quarterly data appear in the <u>Monthly Bulletin of Statistics</u>.

(C) External trade conversion factors. The conversion factors shown in the table were used to convert trade data expressed in terms of national currency to U.S. dollars. For general note and footnotes, see the end of the table.

Quarterly data appear in the <u>Monthly Bulletin of Statistics</u>.

(D) <u>World exports by commodity classes and by regions</u>. For the general note and footnotes, see the end of the table.

(E) <u>Growth of world exports by commodity classes and by regions</u>. The annual average rates of change in percentage terms given in this table have been uniformly calculated by the use of the compound interest formula:

$$ r = \left(\sqrt[t]{\frac{V_n}{V_o}} - 1 \right) * 100 $$

r = Annual average rate of change in percentage terms.
Vn = Value of exports during the last year of the period.
Vo = Value of exports during the first year of the period.
t   = Number of years in period.

For the general note and footnotes, see the end of Special Table F.

(F) <u>Structure of world exports by commodity classes and by regions</u>. The figures shown under the heading 'Origin of Exports' refer to the exports of the region or country appearing in the 'Area' column; those shown under the heading 'Destination of Exports' refer to the exports of the world to the region or country appearing in the 'Area' column. For the general note and footnotes, see the end of the table.

(G) <u>Total exports and imports by countries or area</u>. Volume, unit value, term of trade and purchasing power of exports, in of US dollars. For the general note and footnotes, see the end of the table.

(H) <u>Total exports and imports by regions</u>. Volume and unit value indices and term of trade, in US dollars. For the footnotes, see the end of the table.

Quarterly data appear in the Monthly Bulletin of Statistics.

(I) <u>Manufactured goods exports</u>. For the general note and footnotes, see the end of Table K.

Quarterly data appear in the <u>Monthly Bulletin of Statistics</u>.

(J) <u>Fuel imports, developed economies</u>. For the general note and footnotes, see the end of Table K.

Quarterly data appear in the <u>Monthly Bulletin of Statistics</u>.

(K) <u>Indicators on fuel imports, developed economies</u>. This table shows the share of fuel imports in the total value of imports and in the total value of exports, and the ratio of unit value indices of manufactured goods exports to those of fuel imports. For the general note and footnotes, see the end of the table.

Quarterly data appear in the <u>Monthly Bulletin of Statistics</u>.

13.   The compositions of the economic groups which are used in Special Tables A to K are as follows:

ANCOM-Andean Common Market
Bolivia, Colombia, Ecuador, Peru and Venezuela

APEC-Asian-Pacific Economic Co-operation
Australia, Brunei Darussalam, Canada, Chile, China, Hong Kong Special Administrative Region of China, Indonesia, Japan, Malaysia, Mexico, New Zealand, Papua New Guinea, Peru, Philippines, Republic of Korea, Russian Federation, Singapore, Taiwan Province of China, Thailand, United States of America and Viet Nam

ASEAN-Association of South-East Asian Nations
Brunei Darussalam, Cambodia, Indonesia, Lao People's Democratic Republic, Malaysia, Myanmar, Philippines, Singapore Thailand and Viet Nam

CACM-Central American Common Market
Costa Rica, El Salvador, Guatemala, Honduras and Nicaragua

CARICOM-Caribbean Community and Common Market
Antigua and Barbuda, Bahamas (member of the Community only), Barbados, Belize, Dominica, Grenada, Guyana, Haiti, Jamaica, Montserrat, Saint Kitts and Nevis, Saint Lucia Saint Vincent and the Grenadines, Suriname, Trinidad and Tobago

CIS-Commonwealth of Independent States
Armenia, Azerbaijan, Belarus, Georgia, Kazakhstan, Kyrgyzstan, Republic of Moldova, Russian Federation, Tajikistan, Turkmenistan, Ukraine and Uzbekistan

COMESA-Common Market for Eastern and Southern Africa
Angola, Burundi, Comoros, Democratic Republic of the Congo, Djibouti, Egypt, Eritrea, Ethiopia, Kenya, Madagascar, Malawi, Mauritius, Namibia, Rwanda, Seychelles, Sudan, Swaziland, Uganda, Zambia and Zimbabwe

EMCCA - Economic and Monetary Community of Central Africa
Cameroon, Central African Republic, Chad, Congo, Equatorial Guinea and Gabon

EU-European Union
Austria, Belgium, Denmark, Finland, France, Germany, Greece, Ireland, Italy, Luxembourg, Netherlands, Portugal, Spain, Sweden and United Kingdom

ECOWAS-Economic Community of West African States
Benin, Burkina Faso, Cape Verde, Cote d'Ivoire, Gambia, Ghana, Guinea, Guinea-Bissau, Liberia, Mali, Niger, Nigeria, Senegal, Sierra Leone and Togo

EFTA-European Free Trade Association
Iceland, Liechtenstein, Norway and Switzerland

LAIA-Latin American Integration Association (formerly Latin American Free Trade Association)
Argentina, Bolivia, Brazil, Chile, Colombia, Ecuador, Mexico, Paraguay, Peru, Uruguay and Venezuela

LDCs-Least developed countries
Afghanistan, Angola, Bangladesh, Benin, Bhutan, Burkina Faso, Burundi, Cambodia, Cape Verde, Central African Republic, Chad, Comoros, Democratic Republic of the Congo, Djibouti, Equatorial Guinea, Eritrea, Ethiopia, Gambia, Guinea, Guinea-Bissau, Haiti, Kiribati, Lao People's Democratic Republic, Lesotho, Liberia, Madagascar, Malawi, Maldives, Mali, Mauritania, Mozambique, Myanmar,

Nepal, Niger, Rwanda, Samoa, Sao Tome and Principe, Senegal, Sierra Leone, Solomon Islands, Somalia, Sudan, Togo, Tuvalu, Uganda, United Republic of Tanzania, Vanuatu, Yemen and Zambia

MERCOSUR-Mercado Comun Sud-Americano
  Argentina, Brazil, Paraguay and Uruguay

NAFTA-Northern American Free Trade Area
  Canada, Mexico and United States of America

OECD-Organization for Economic Cooperation and Development
  Australia, Austria, Belgium, Canada, Czech Republic, Denmark, Finland, France, Germany, Greece, Hungary, Iceland, Ireland, Italy, Japan, Luxembourg, Mexico, Netherlands, New Zealand, Norway, Poland, Portugal, Republic of Korea, Slovakia, Spain, Sweden, Switzerland, Turkey, United Kingdom and United States of America

OPEC-Organization of Petroleum Exporting Countries
  Algeria, Indonesia, Iran (Islamic. Republic of), Iraq, Kuwait, Libyan Arab Jamahiriya, Nigeria, Qatar, Saudi Arabia, United Arab Emirates and Venezuela.

SOURCES AND PRESENTATION

14.   The figures for Volumes I and II are obtained from national published sources, from data supplied by the Governments for use in this publication, from data supplied by the International Monetary Fund, the Inter-American Development Bank, the Organization for Economic Co-operation and Development, the Economic Commission for Latin America and the Caribbean, the Economic Community of West African States, The Common Market of Eastern and Southern Africa, the Food and Agriculture Organization of the United Nations; and from the United Nations publications: <u>Monthly Bulletin of Statistics</u>, and <u>Statistical Yearbook</u>. Estimates for some missing data are made by the United Nations Statistics Division.

15.   The country and regional names used by various countries are not uniform for their trade statistics. Also, where former geographical entities commonly referred to in national statistics have changed, countries may introduce the corresponding changes in their statistics at different times. Wherever possible, however, parts of the world have been designated by the names they currently bear. To satisfy the needs of some users for analytical data over time, the ability to reconstruct some former geographic/political entities has been maintained e.g. data relating to the former USSR.

16.   The regional aggregates shown throughout this publication are based on those set forth in the United Nations <u>Standard Country or Area Codes for Statistical Use</u>[1/], except where indicated.

17.   Generally, data refer to calendar years; however, for those countries which report according to some other reference year, the data are presented in the year which covers the majority of the reference year used by the country. The countries concerned are Bangladesh (reference year July-June), India (April-March), Nepal (July-June) and Myanmar (April-March).

NATIONAL INDEX NUMBERS

18. National index numbers of unit value and of volume, which were previously shown in Table 1 of Volume I in national currency, are now shown in Special Table G of Volume II converted to US dollars. They are the official indices which show the changes in the volume, and the average price (unit value index) of the aggregate merchandise imports or exports. Each index number represents a change between the period to which the number refers, called the current period, and a reference period, in which the index is represented by the percentage 100. In order to facilitate comparison, the indices shown have been rebased to 1990, where necessary. When changes are made in the coverage, formula or base period of an index, the two series are linked together if they have an overlapping period and are sufficiently comparable.

19. Annual, quarterly and monthly figures for these index series in national currency appear in the United Nations Monthly Bulletin of Statistics and a more detailed description of their compilation is given in the 1977 Supplement to the Statistical Yearbook and the Monthly Bulletin of Statistics[7/].

TRANSITION COUNTRIES

20. For the period covered by this Yearbook, countries formerly classified for statistical purposes as centrally planned economies had systems of official rates between their currencies and other currencies, all consistent with rates of 0.90 new roubles to the United States dollar prior to 24 December 1971 and 0.829 new roubles to the United States dollar until February 1973; since then these rates have been fluctuating. They generally used these rates when it was necessary to convert foreign into domestic currencies for the purpose of compiling external trade statistics. The resulting data are for comparison with the external transactions of the rest of the world rather than with domestic monetary transactions.

21. The trade statistics of these countries had definitions somewhat different from those which exist in other countries. Differences in definition contribute to the discrepancies which can be observed between statistical records referring to the same flow of goods but kept by two trading partners having different economic systems. The trade among these countries was carried out on a basis not comparable to that governing trade with other countries. The concept of transaction value, for instance, as applied outside those countries is based on the existence of a market between exporters and importers in which the interaction of supply and demand has more effect than it can be assumed to have had in those countries; in the absence of data on the unit values of specific commodities entering the trade of those countries with one another, it is difficult to assess the possible effects on the trade statistics of this kind of incomparability. Increasingly since 1992, the transition countries have adopted similar concepts and definitions for international trade statistics as are in effect in other countries.

GENERAL STATEMENTS

22. The statistics in this Yearbook have been compiled by national statistical authorities largely consistent with the United Nations recommended International Trade Statistics

Concepts and Definitions, Revision 1.[8/] In 1998 the United Nations issued a further revision of this publication; [8/] countries have been requested to commence introduction of the new concepts and definitions with data for 1999. The main elements of the concepts and definitions (Revision 1) are:

1.   Territory. The statistics reported by a country generally refer to the customs area of the country. In most cases this coincides with the geographical area of the country. Unless otherwise stated, the combination of two territories, formerly separate, results in the elimination from the statistics of their trade with each other. The separation of two territories, formerly together, results in the appearance of their trade with each other in the statistics for each territory.

2.   System of trade. Two systems of recording trade are in common use, differing mainly in the way warehoused and re-exported goods are recorded:

(a)   Special trade: special imports are the combined total of imports declared directly from abroad for home use or inward processing and withdrawals from bonded warehouses or free zones for home use. Special exports comprise exports of goods of national origin, namely, goods wholly or partly produced or manufactured in the country, including goods exported after inward processing, and re-exports of imported goods that have been in free circulation.

(b)   General trade: general imports are the combined total of imports declared directly from abroad for home use or inward processing, and imports into bonded warehouses or free zones. General exports comprise exports of goods of national origin, including goods exported after inward processing, re-exports of imported goods that have been in free circulation and re-exports of goods from bonded warehouses or free zones.

Direct transit trade, i.e., goods merely being trans-shipped or moving through the country for purposes of transport only, is excluded from the statistics of both special and general trade.

Tables 1 to 4 of Volume I indicate in their headings the system of trade to which the figures relate.

3.   Valuation. At its fifteenth session, in 1953, the Economic and Social Council, taking the view that trade statistics must reflect economic realities, recommended that the Governments of Member States of the United Nations, wherever possible, use transaction values in the compilation of their national statistics of external trade or, when national practices are based on other values, endeavor to provide supplementary statistical data based on transaction values (Economic and Social Council resolution 469 B (XV)). In the case of imports, the transaction value is the value at which the goods were purchased by the importer plus the cost of transportation and insurance to the frontier of the importing country (a CIF-type valuation). In the case of exports, the transaction value is the value at which the goods were sold by the exporter, including the cost of transportation and insurance, to bring the goods onto the transporting vehicle at the frontier of the exporting country (a FOB-type valuation).

4. <u>Currency conversion</u>. For data in this publication, conversion of values from national currencies into United States dollars is done by means of currency conversion factors based on official exchange rates. Values in currencies subject to fluctuation (such currencies increased in number beginning December 1971) are converted into United States dollars using weighted average exchange rates specially calculated for this purpose. The weighted average exchange rate for a given currency for a given year is the component monthly factors, mostly furnished by the International Monetary Fund, weighted by the value of the relevant trade in each month; a monthly factor is the exchange rate (or the simple average rate) in effect during that month. These factors are applicable to total imports and exports respectively, but not necessarily to trade in individual commodities or with individual countries.

5. <u>Merchandise</u>. In order that external trade statistics shall be suited to the measurement of the influence of national economies upon one another, merchandise trade is defined to include, as far as possible, all goods which add to or subtract from the material resources of a country as a result of their movements into or out of the country. Unless, therefore, statements to the contrary are made in footnotes to the country tables, the treatment of the classes of goods listed below is as indicated:

(a) <u>Gold</u>. Gold traded internationally is usually defined as encompassing the three following types:

i) Gold coins (issued and unissued) and bullion, including banking and monetary gold;
ii) Unrefined gold, including gold ores and concentrates;
iii) Partly-worked gold in which the value of the gold is 80 per cent or more of the total value, including scrap, jewelers' sweepings, dust, primary shapes (such as rods, wire and gold leaf) and gold alloys (crude or in primary shapes).

Of the types of gold listed above, those belonging to the category of monetary gold are excluded from merchandise trade, and those classified as non-monetary gold are included, except as indicated below. Any gold shipment received by the central monetary authority of a country is treated as monetary gold. All other gold shipments (whether to commercial banks or to individuals), on the other hand, are considered non-monetary.

(b) <u>Silver ore, concentrates, bullion, unissued coin (as noted below), scrap and partly-worked and manufactured silver</u> are all included in merchandise trade statistics.

(c) <u>Currency and titles of ownership which have been issued into circulation, e.g., issued silver and base metal coins, bank notes, other paper currency and securities</u>, are excluded from merchandise trade statistics. <u>Unissued currency and titles of ownership</u> are included at their intrinsic value as stamped metal or printed paper rather than at face value.

(d) <u>Trade on government account</u> is included as merchandise trade. Movements under government foreign aid programmes (civil and military), war reparations and restitutions and military goods[9] moving internationally are therefore included. When goods are destined for use of national agencies (including embassies and military forces) stationed abroad they are, however, not considered to have moved in external trade and are excluded.

(e) Temporary imports and exports. Goods for exhibitions or study, animals admitted to a country temporarily, merely for racing or breeding, returnable containers, etc., the movements of all of which are expected to be reversed within a limited time, are excluded.

(f) Improvement and repair trade. Countries sending goods abroad for improvement or repair and later returned are said to be engaging in the passive improvement and repair trade; countries receiving goods from other countries for improvement or repair and eventual return engage in the active improvement and repair trade. Inward and outward movement in this trade are generally excluded from imports and exports.

(g) Postal trade is included in merchandise trade.

(h) Trade in fish, etc. Fish and salvage sold abroad or to foreign vessels off national vessels, and fish and salvage landed from foreign vessels in national ports are excluded from merchandise trade statistics.

(i) Trade in ships and aircraft. Ships and aircraft bought and sold should be included.

(j) Bunkers and stores for ships and aircraft. In general, bunkers and stores should be included in aggregate merchandise exports.

6. Partner country. The following terms describe methods that may be used by reporting countries in determining, for each shipment of goods, the partner country under whose name it should be recorded: (a) for imports: country of origin or production, country of consignment, country of purchase or country of provenance; (b) for exports: country of consumption or consignment, or country of sale.

7. Trade analyzed by commodity. Analysis is according to the Standard International Trade Classification.

THE STANDARD INTERNATIONAL TRADE CLASSIFICATION (SITC) AND THE HARMONIZED COMMODITY DESCRIPTION AND CODING SYSTEM (HS)

23.   In July 1950, the United Nations Economic and Social Council, on the advice of its Statistical Commission, recommended that Governments compile trade by commodity statistics according to the original SITC[2/] in order to have available data in internationally comparable categories suitable for the economic analysis of trade. The original SITC had been prepared by the United Nations Secretariat with the assistance of expert consultants and in co-operation with Member Governments and interested international organizations.

24.   In May 1960, the Statistical Commission approved a revision, similarly prepared, of the original SITC, known as the SITC, Revised, designed to take account of the changes in the pattern of trade since 1950 and to simplify the relation between the SITC and internationally agreed customs tariff nomenclatures. The SITC, Revised, is a rearrangement into statistical order of the items of the 1955 Tariff Nomenclature (CCCN) of the Customs Co-operation Council.

25.   The SITC, Revised, is based on 625 subgroups (identified by code numbers of four digits), most of which correspond to items of the original SITC. A number of subgroups are further subdivided either to distinguish commodities of statistical importance or to permit exact correspondence with the CCCN; this results in a basic (5-digit code) level for the SITC, Revised, consisting of 1,312 items. The subgroups are combined, progressively, into 177 groups, 56 divisions and 10 sections.

26.   The headings of the SITC, Revised, are fully determined by their code numbers. The precise composition of each number is defined in the SITC, Revised, itself. In comparing data according to the SITC, Revised, with data according to a national commodity classification it must be remembered that the same brief description may refer to aggregates differing somewhat in composition.

27.   Although the SITC, Revised, of 1960 represented a great improvement on the original SITC, basically the same reasons which led to the creation of the SITC and its first revision were found, in the late nineteen-sixties, to be once more valid. Since 1960 the volume of trade had increased rapidly and its geographic and commodity patterns had changed fundamentally. Consequently, a second revision of the SITC was undertaken. In October 1974 the Statistical Commission approved of this revision, known as SITC, Revision 2[2/], and in May 1975 the Economic and Social Council recommended that Member States of the United Nations should report data on external trade according to the SITC, Revision 2, as far and as soon as possible. Starting with data for 1976, some countries began reporting trade statistics based on the SITC, Revision 2.

28.   The basic headings of the SITC, Revision 2 had a one-to-one correspondence with the subdivisions of the Customs Co-operation Council Nomenclature (CCCN). However, there were a number of users who found the subdivisions of CCCN (and thus SITC, Revision 2) insufficient for their needs[10/]. There was also an expressed need for the harmonization of economic classifications[11/]. Partly to satisfy these needs, the Customs Co-operation Council in May 1973

undertook responsibility for the development and completion of the Harmonized Commodity Description and Coding System (HS)[12/].

29.   At its twenty-first session, in January 1981, the Statistical Commission had taken note of the fact that a third revision of SITC would have to be made available when both the revised CCCN and HS came into force[13/]. Accordingly, later that year, the United Nations Secretariat commenced work on the revision of SITC, Revision 2, based on the principle that every effort should be made to maintain its general character and structure but taking into account the need for its harmonization with the revised CCCN, the International Standard Industrial Classification (ISIC) Revision 3[14/] and a Central Product Classification[15/] which was developed jointly by the United Nations Statistics Division and the Statistical Office of the European Communities.

30.   The final draft was revised and approved by the Statistical Commission at its twenty-third session, in February 1985,[16/] and a resolution was adopted by the Economic and Social Council on 28 May 1985 which, inter alia, recommended that Member States should report internationally external trade statistics according to the Standard International Trade Classification, Revision 3 (resolution 1985/7).

31.   The Harmonized System was adopted by the Customs Cooperation Council in June 1983, and the International Convention on the Harmonized System (HS Convention) entered into force 1 January 1988 (HS88). As of 30 June 2003 there were 112 Contracting Parties, and another 65 countries or territories which were not contracting parties but were using the HS for customs/statistical purposes.

32.   The United Nations Statistical Commission, at its twenty-seventh session, held from 22 February to 3 March 1993, recommended that countries "adopt the HS for compilation and dissemination of their international trade statistics"[17/].

33.   In accordance with the preamble of the HS Convention, which recognized the importance of ensuring that the HS be kept up-to-date in the light of changes in technology or in patterns of international trade, the HS is regularly reviewed and revised. The United Nations Statistical Commission at its twenty-seventh session "recommended that the Customs Cooperation Council take fully into account the statistical implications of any changes proposed for HS and the statistical needs and capacities of developing countries"[18/]. Some minor revisions to the HS88, which also resulted in the deletion of one six-digit code, were made in 1992 (HS92). A more comprehensive set of amendments was adopted in 1993 and these amendments entered into force 1 January 1996 (HS96). In 1999 yet another set of amendments was adopted and these entered into force 1 January 2002 (HS02).

34.   The Statistical Commission, at its twenty-eighth session, 27 February - 3 March 1995 considered changes that would be required to the SITC, Rev. 3 to bring it into correlation with HS96; the Commission decided that the changes required in SITC, Rev. 3 to make it fully correlated with HS96 were minor in scale. The Commission therefore decided that it would not be necessary to issue a fourth revision of the SITC[19/].

1/ United Nations Standard Country Codes, Statistical Papers, Series M No. 49, (United Nations publication, Sales No. E.70.XVII.13).

United Nations Standard Country or Area Codes for Statistical Use, Statistical Papers, Series M No. 49, Rev. 1, (United Nations publication, Sales No. E.75.XVII.8).

Standard Country or Area Codes for Statistical Use, Statistical Papers, Series M No. 49, Rev.2, (United Nations publication, Sales No. E.82.XVII.8).

Standard Country or Area Codes for Statistical Use, Series M No. 49, Rev. 3, (non-sales publication).

Standard Country or Area Codes for Statistical Use, Series M No. 49, Rev.4, (United Nations publication, Sales No. M.98.XVII.9).

2/ Standard International Trade Classification, Original , Statistical Papers, Series M No.10, Second Edition, 1951 (United Nations publication, Sales No. E.51.XVII.1).

Standard International Trade Classification, Revised, Statistical Papers, Series M No.34, 1961 (United Nations publication, Sales No. E.61.XVII.6).

Standard International Trade Classification, Revision 2, Statistical Papers, Series M No.34/Rev.2, (United Nations publication, Sales No. E.75.XVII.6).

Standard International Trade Classification, Revision 3, Statistical Papers, Series M No.34/Rev.3, (United Nations publication, Sales No. E.86.XVII.12).

3/ Classification by Broad Economic Categories (in terms of the SITC Revised), Statistical Papers, Series M No.53, (United Nations publication, Sales No. 71.XVII.12).

4/ Classification of Commodities by Industrial Origin (Relationship of the Standard International Trade Classification Revised to the International Standard Industrial Classification of All Economic Activities, Revision 1), Statistical Papers, Series M No.43, (United Nations publication, Sales No. 66.XVII.7).

5/ International Standard Industrial Classification of All Economic Activities (Revision 1), Statistical Papers, Series M No. 4, Rev. 1, (United Nations publication, Sales No. 58.XVII.7).

6/ SITC, Revision 1, is used interchangeably with SITC, Revised, and refers therefore to the Standard International Trade Classification, Revised, Statistical Papers, Series M No.34, 1961 (United Nations publication, Sales No. E.61.XVII.6).

7/ 1977 Supplement to the Statistical Yearbook and Monthly Bulletin of Statistics, ST/ESA/STAT/SER.S/SUPPL.2, ST/ESA/STAT/SER.Q/SUPPL.2, (United Nations publication, Sales No. E.78.XVII.10).

8/   Statistical Papers, Series M No. 52, Rev.1, (United Nations publication, Sales No. E.82.XVII.14).

Statistical Papers, Series M No. 52, Rev.2, (United Nations publication, Sales No. E.98.XVII.16).

9/   Countries excluding military goods from imports or exports use varying definitions of this category of merchandise, but for most countries concerned, weapons and their ammunition constitute a major part of the military goods excluded.

10/   United Nations Statistics Division and Statistical Office of the European Communities Joint Working Group on World Level Classifications, "A Harmonized Commodity Description and Coding System for Use in International Trade" (UNSO/SOEC/1/2).

11/   United Nations Secretariat, "The Harmonization of Statistical Classifications: report of an expert group meeting". (ST/ESA/STAT/78).

12/   Customs Co-operation Council, "The Harmonized Commodity Description and Coding System", Brussels, 1985.

13/   Official Records of the Economic and Social Council, 1981, Supplement No. 2, (E/1981/12), para. 41.

14/   International Standard Industrial Classification of All Economic Activities, Statistical Papers, Series M No.4, Rev.3, (United Nations publication, Sales No.E.90.XVII.11).

15/   Provisional Central Product Classification, Statistical Papers, Series M No.77, (United Nations publication, Sales No.E.91.XVII.7).

16/   Official Records of the Economic and Social Council, 1985, Supplement No. 6, (E/1985/26), para. 57 (d).

17/   Official Records of the Economic and Social Council, 1993, Supplement No. 6, (E/1993/26), para. 162 (d).

18/   Official Records of the Economic and Social Council, 1993, Supplement No. 6, (E/1993/26), para. 162 (e).

19/   Official Records of the Economic and Social Council, 1995, Supplement No. 8, (E/CN.3/1995/28), para. 19 (e).

INTRODUCTION

1.   La cinquante-et-deuxième édition de l'annuaire statistique du commerce international (l'Annuaire) présente les informations nécessaires à l'étude des échanges de chaque pays, en termes de valeur et de prix ainsi que l'importance des différents pays partenaires et des principaux produits importés et exportés. Cette édition présente des données annuelles pour 182 pays ou zones. L'annuaire est publié en deux volumes.

2.   Il n'y a pas des différences entre la cinquante-et-unième édition et cette cinquante-et-deuxième édition en ce qui concerne le nombre et le format des tableaux présentés.

VOLUME I

3.   Le Volume I fournit des renseignements détaillés sur chaque pays ou zone au sujet duquel on trouvera généralement les tableaux suivants:

(a)   Tableau 1 et 2, présentant jusqu'aux cinq années les plus récentes la valeur en dollars des États-unis des importations et des exportations selon les principaux pays ou zones et régions d'origine et de destination. La distribution géographique est faite selon le Codes standard des pays et des zones à usage statistique[1/] des Nations Unies. Parfois, étant donné la nature des codes géographiques nationaux, la conversion des données selon le code des Nations Unies n'a pu être effectuée que moyennant quelques imprécisions. Dans ces tableaux figurent les 30 pays partenaires les plus importants classés par ordre d'importance selon la somme des valeurs sur les années comprises dans le tableau. Une classification est effectuée séparément pour les importations et les exportations. La ventilation en pourcentage est également indiquée pour les zones d'origine et de destination pour les dix plus récentes années. Les totaux pour l'union européenne (UE) sont calculés pour toutes les années sur la base des pays membres actuels. Les totaux pour la partie asiatique de l'ancienne URSS (Arménie, Azerbaïdjan, Géorgie, Kazakhstan, Kirghizistan, Tadjikistan, Turkménistan, et Ouzbékistan) et pour la partie européenne de l'ancienne URSS (Bélarus, Estonie, Lettonie, Lituanie, République de Moldova, Fédération de Russie et Ukraine) sont calculés sur la base des pays indiqués à partir de l'année 1992. Pour les années avant 1992 cette division n'était pas possible et, par conséquent, les totaux pour la partie européenne de l'ancienne URSS incluent la totalité de l'ancienne URSS pour ces années. L'Europe de l'Est comprend l'Albanie, la Bulgarie, la République tchèque, l'Hongrie, la Pologne, la Roumanie et la Slovaquie. Les totaux régionaux sont calculés seulement si la ventilation des partenaires disponibles dépasse 80% du total rapporté pour les importations et également pour les exportations. En outre, si la ventilation des partenaires disponibles ne dépasse pas 50% du total rapporté pour toutes les années le tableau ne sera pas publié.

(b)   Tableaux 3 et 4, présentant les quantités et les valeurs en dollars des États-unis des importations et des exportations par marchandises principales jusqu'aux quatre plus récentes années. Les chiffres sont publiés pour une marchandise donnée si sa valeur pour une année donnée est égale ou supérieure à 0,5 pour cent de la valeur totale pour ladite année. Les marchandises sont présentées selon les titres de la Classification type du commerce international[2/] (CTCI), révision 2; les lignes pour les 2-, 3- ou 4-chiffre des codes produits, qui contiennent exactement la même information pour tous les 4 années (en terme des valeurs et des quantités) que la ligne du code produit plus détaillé (par exemple le code à 5-chiffre), sont supprimées.

       (c)   Tableau 5 et 6, présentant jusqu'aux sept années les plus récentes disponible, les pourcentages par rapport au commerce total des importations par grandes catégories économiques et les exportations par branches d'origine. Les pourcentages pour des années moins récentes ont été publiés dans les éditions précédentes de cet Annuaire. L'analyse pour les importations est basée sur la <u>Classification par grandes catégories économiques;</u>[3/] pour les exportations sur la <u>Classification des marchandises par origine industrielle</u>[4/]. Toute re-classification du commerce extérieur par grandes catégories économiques ou par origine industrielle nécessite le détail au niveau des 5 chiffres de la CTCI, révisée. (Se référer aux pages xxxvii à xxxix pour l'histoire et le fond de la CTCI). Lorsque les statistiques n'étaient pas disponibles à ce niveau on a utilisé les données au niveau des trois chiffres de la CTCI, révisée. En comparant des statistiques du commerce extérieur avec des statistiques de production on se heurte à certaines incohérences qui s'ajoutent aux problèmes de classification. Les exportations de marchandises qui de toute évidence n'ont pas été produites dans les pays exportateurs (exportation de thé et de cacao des Pays-Bas ou du Royaume-uni) ont été classées dans la branche où elles auraient été classées dans le pays d'origine; dans le cas du thé et du cacao: l'agriculture. La branche dans le pays déclarant est en fait dans ce cas le commerce de gros. Pour obtenir la Classification des marchandises par origine industrielle, les postes de la CTCI, révisée sont regroupés afin de correspondre approximativement aux groupes de la <u>Classification international type, par industrie, de toutes les branches d'activité économique (révisée) (CITI, Révision 1)</u>[5/]. Dans toute la mesure du possible les exportations nationales ou spéciales ont été utilisées.

4.   Parfois les données en dollars des tableaux décrits en 3(a) et 3(b) ci-dessus peuvent ne pas correspondre à celles en dollars des Etats Unis du tableau décrit en Tableau Spécial A ou à celles en monnaies nationales du Tableau Spécial B après l'application des facteurs de conversion du Tableau Spécial C. Les différences sont dues pour la plupart à des révisions au niveau du total du commerce qui parfois ne sont pas disponibles à un plus grand niveau de détail par produit et partenaire et qui n'ont donc pas été apportées aux tableaux décrits en 3(a) et 3(b). Plus d'information concernant les Tableaux Spéciaux est donnée dans les paragraphes 11 et 12.

5.   Pour tous les pays, les données présentées aux tableaux 3 et 4 sont fondées sur la CTCI, Révision 2. Presque tous les pays déclarent leurs données fondées sur le Système Harmonisé de désignation et de codification des marchandises (SH). Les données ainsi déclarées ont été converties en CTCI, Révision 2. C'est une conversion difficile qui, pour certains codes de la CTCI, Révision 2 produit des données qui ne sont pas comparables avec celles déclarées en termes de CTCI, Révision 2, de façon très substantielle. Des données en SH et CTCI, Révision 3, sont disponibles sur l'Internet à l'adresse http://unstats.un.org/unsd/comtrade.

6.   Des descriptions détaillées des concepts et définitions actuels appliqués par les pays sont disponibles dans le document des Nations Unies « Pratiques nationales du rapportage en matière de statistiques du commerce international des marchandises » (ST/ESA/STAT/112), publié en

février 1996 et disponible auprès de la Division de statistique des Nations Unies. Une version électronique et mise à jour de ces pratiques nationales du rapportage est disponible sur le site Internet de la division (voir http://unstats.un.org/unsd/tradereport/default.asp).

VOLUME II

7.　　Le volume II contient des tableaux présentant le commerce total de certains produits de base, analysé par régions et pays. Les régions aux noms identiques ont la même composition que celles du Volume I.

8.　　<u>Tableaux par produits</u>. Ces tableaux comprennent les importations et les exportations au niveau du groupe à 3 chiffres de la CTCI, Révision 2. Tous les groupes sont y compris à l'exception de 264, Jute et autres fibres textiles libériennes, bruts; 286, Minerais et concentrés d'uranium et de thorium; 351, Energie électrique; 675, Feuillards en fer ou en acier; 688, Uranium et thorium et leurs alliages; 911, Colis postaux, non classés par catégorie; 961, Monnaies (autres que les pièces d'or) n'ayant pas cours légal et 971, Or, non monétaire (à l'exclusion des minerais et concentrés d'or). Les années couvertes sont les cinq années de 1999 à 2003. Les valeurs sont exprimées en dollars des Etats-Unis et les échanges sont analysés par pays et régions. Dans ces tableaux figurent les 30 pays les plus importants classés selon la somme des valeurs sur les années 1999 jusqu'à 2003. Les quantités ne figurent pas dans ces tableaux.

9.　　Lors de la préparation de ces tableaux, on a eu recours à des estimations pour les pays dont les données n'étaient pas encore disponibles et ces estimations sont signalées par un 'e'. Dans quelques cas, des estimations ont été faites pour certains pays qui ont été jugées adéquates pour être incluses dans les totaux régionaux et du monde mais non suffisamment élaborées pour être publiées séparément pour ces pays. Elles ont de ce fait été éliminées et remplacées par un 'e'. Les groupes des produits mentionnés dans paragraphe 8 au-dessus, (264, 286, 351, 675, 688, 911, 961 et 971) sont supprimés de la publication parce que ils étaient rapportés insuffisamment et portaient beaucoup d'estimations qui n'étaient pas assez expliquées. A vrai dire, les totaux régionaux et du monde, qui comprennent des estimations, devraient avoir un 'e'. Cependant, et en général, pratiquement tous les totaux régionaux et du monde comprennent des estimations et les 'e' ont été omis dans ces cas pour des raisons d'esthétique.

10.　　La procédure pour estimer les données du commerce extérieur pour une certaine année et un certain pays attend au départ quelques données déclarées ('vraies'). Au moins il faut les totaux pour les importations et les exportations. Parfois des autres informations sur la ventilation des produits sont disponibles et sont utilisées; ça pourrait être des valeurs au niveau de 1-, 2- ou 3- chiffre de la classification des produits, qui sont déclarés par le pays. Ensuite la procédure d'estimation prend les données déclarées disponibles et les estimations initiales, qui comprennent soit (1) les valeurs des produits au niveau 3-chiffre qui étaient déclarées par le pays pour une année adjointe, soit (2) les totaux des valeurs au niveau 3- chiffre sur la base des données déclarées par les partenaires du pays concerné. Ensuite ces estimations initiales sont recalculées dans la façon que sur tous les niveaux de la classification des produits le total des valeurs estimés plus les valeurs déclarés est égale au valeur déclaré au niveau au-dessus et finalement est égale au valeur total pour les importations et les exportations.

11.   Le Volume II aussi fournit des tableaux spéciaux où sont indiqués, entre autres, (a) la contribution des échanges de chaque pays par rapport à sa région et par rapport au monde; (b) le flux du commerce entre pays et régions et (c) les fluctuations des prix sur la base desquels les produits étaient échangés au niveau international. Les titres des tableaux spéciaux sont:

A.   Importations et exportations totales par régions et pays ou zones (en dollars E-U);
B.   Importations et exportation totales par pays ou zone (en monnaie nationale);
C.   Facteurs de conversion pour le commerce extérieur;
D.   Exportations mondiales par classes de marchandises et par régions;
E.   Croissance des exportations mondiales par catégories de marchandises et par régions;
F.   Structure des exportations mondiales par catégories de marchandises et par régions;
G.   Exportations et importations totales par pays ou zones;
H.   Exportations et importations totales par régions;
I.   Exportations des produits manufacturés;
J.   Importations des produits énergétiques, pays à économies développées;
K.   Indicateurs des importations des produits énergétiques, pays à économies développées;

TABLEAUX SPECIAUX

12.   Les groupes économiques et géographiques dans tous les tableaux spéciaux sont conformes aux groupes de pays ou zones sont présentés dans le Tableau Spécial A de cet annuaire, bien que le Tableau Spécial A comprend quelquefois plus de détails en ce qui concerne les sous-groupes géographiques. (Voir le Tableau Spécial A pour les détails).

(A)   Importations et exportations totales par régions et pays ou zones (en dollars E-U). Les totaux régionaux, économiques et mondiaux, ont été ajustés: a) pour y inclure des estimations pour les données non disponibles; b) pour transformer le cas échéant les importations FOB en importations CIF; c) pour y inclure les pays ou zones pour lesquels il n'existe pas de liste séparée; d) pour ramener les données au commerce spécial pour les groupes régionaux; e) pour ramener les données à l'année civile; et f) autant que possible, éliminer les incompatibilités dues à des modifications géographiques pour obtenir des séries comparables par exemple, l'union européenne et l'Association européenne de libre-échange. Les données ci-dessus pour chaque pays correspondent aux données qui apparaissent et qui sont décrites au Tableau Spécial B. Voir la fin du tableau pour les notes.

Le Bulletin Mensuel de Statistique présente des données mensuelles et trimestrielles.

(B)   Importations et exportation totales par pays ou zone (en monnaie nationale). Ce tableau montre les totaux du commerce par pays déclarés en monnaie nationale. Pour les totaux en dollars E-U de tous les pays ou zones veuillez voir Tableau Spécial A. Voir la fin du tableau pour les notes.

Le <u>Bulletin Mensuel de Statistique</u> présente des données mensuelles et trimestrielles

(C)   <u>Facteurs de conversion pour le commerce extérieur</u>. Les facteurs de conversion montrés dans ce tableau étaient utilisés pour convertir les données du commerce exprimées en monnaie nationale à celles exprimées en dollars E-U. Voir la fin du tableau pour les notes.

Le <u>Bulletin Mensuel de Statistique</u> présente des données trimestrielles

(D)   <u>Exportations mondiales par classes de marchandises et par régions</u>. Voir la fin du tableau pour la remarque générale et les notes.

(E)   <u>Croissance des exportations mondiales par catégories de marchandises et par régions</u>. Les taux annuels de croissance ont tous été calculés à l'aide de la formule des intérêts composés:

$$r = \left(\sqrt[t]{\frac{Vn}{Vo}} - 1 \right) * 100$$

r   = Le taux annuel de croissance en pourcentage.
Vn = La valeur des exportations durant la dernière année de la période.
Vo = La valeur des exportations durant la première année de la période.
t   = Le nombre d'années.

Voir la fin du Tableau Spécial F pour la remarque générale et les notes.

(F)   <u>Structure des exportations mondiales par catégories de marchandises et par régions</u>. Les chiffres publiés sous le titre 'Origine des exportations' se réfèrent aux exportations de la région ou du pays indiqués dans la colonne zone. Il en est de même pour les 'Destinations des exportations'. Voir la fin du tableau pour la remarque générale et les notes.

(G)   <u>Exportations et importations totales, par pays ou zones</u>. Volume, valeur unitaire, termes de l'échange et pouvoir d'achat des exportations, en dollars E-U. Voir la fin du tableau pour la remarque générale et les notes.

(H)   <u>Exportations et importations totales par régions</u>. Indices du volume et de la valeur unitaire et termes de l'échange. Voir la fin du tableau pour les notes.

Le <u>Bulletin Mensuel de Statistique</u> présente des données trimestrielles.

(I)   <u>Exportations des produits manufacturés.</u> Voir la fin du tableau K pour la remarque générale et les notes.

Le <u>Bulletin Mensuel de Statistique</u> présente des données trimestrielles.

(J) Importations des produits énergétiques, pays à économies développées. Voir la fin du tableau K pour la remarque générale et les notes.

Le <u>Bulletin Mensuel de Statistique</u> présente des données trimestrielles.

(K) Indicateurs des importations des produits énergétiques, pays à économies développées. Ce tableau indique la part des importations de combustibles dans la valeur totale des importations et des exportations ainsi que le rapport de l'indice de la valeur unitaire des produits manufacturés qu'ils exportent et de l'indice de la valeur unitaire des combustibles qu'ils importent. Voir la fin du tableau pour la remarque générale et les notes.

Le <u>Bulletin Mensuel de Statistique</u> présente des données trimestrielles.

13. Les compositions des groupes économiques qui étaient utilisés dans les Tableaux Spéciaux A jusqu'à L sont les suivantes:

AELE-Association européenne de libre-échange
Islande, Liechtenstein, Norvège et Suisse

ALAI-Association Latino-américaine pour l'integration (antérieurement Association Latino-américaine de libre-échange)
Argentine, Bolivie, Brésil, Chili, Colombie, Equateur, Mexique, Paraguay, Pérou, Uruguay et Venezuela

ALENA---Accord de libre-échange nord-américain
Canada, Etats-Unis d'Amérique et Mexique

ANASE-Association des nations de l'Asie du Sud-Est
Brunei Darussalam, Cambodge, Indonésie, Malaisie, Myanmar, Philippines, République démocratique populaire lao, Singapour, Thaïlande et Vietnam

ANCOM-Marché commun andin
Bolivie, Colombie, Equateur, Pérou et Venezuela

CARICOM-Communauté des caraïbes et marché commun des caraïbes
Antigua-et-Barbuda, Bahamas (membre de la communauté seulement), Barbade, Belize, Dominique, Grenade, Guyane, Haïti, Jamaïque, Montserrat, Sainte-Lucie, Saint-Kitts-et-Nevis, Saint-Vincent-et-les Grenadines, Suriname, Trinité-et-Tobago.

CEAP-Coopération économique d'Asie-Pacifique
Australie, Brunei Darussalam, Canada, Chili, Chine, Etats-Unis d'Amérique, Fédération de Russie, Hong Kong (région administrative spéciale de Chine), Indonésie, Japon, Malaisie, Mexique, Nouvelle-Zélande, Papouasie Nouvelle-Guinée, Pérou, Philippines, Province chinoise de Taiwan, République de Corée, Singapour, Thaïlande et Vietnam

CEDEAO-Communauté économique des états de l'Afrique de l'Ouest
Bénin, Burkina Faso, Cap-Vert, Cote d'Ivoire, Gambie, Ghana, Guinée, Guinée-Bissau, Liberia, Mali, Niger, Nigeria, Sénégal, Sierra Leone et Togo

CEI-Communauté d'Etats indépendants
Arménie, Azerbaïdjan, Belarus, Fédération de Russie, Georgie, Kazakhstan, Kirghizistan, Ouzbékistan, République de Moldova, Tadjikistan, Turkménistan et Ukraine

CEMAC-Communauté économique et monétaire de l'Afrique centrale
Cameroun, Congo, Gabon, Guinée équatoriale, République Centrafricaine et Tchad

COMESA-Marché commun de l'Afrique de l'Est et de l'Afrique australe
Angola, Burundi, Comores, Djibouti, Égypte, Erythrée, Ethiopie, Kenya, Madagascar, Malawi, Maurice, Namibie, Ouganda, République démocratique du Congo, Rwanda, Seychelles, Soudan, Swaziland, Zambie et Zimbabwe

MCC-Marché commun centraméricain
Costa Rica, El Salvador, Guatemala, Honduras et Nicaragua

Mercosur-Marché commun sud-américain
Argentine, Brésil, Paraguay et Uruguay

OCDE-Organisation de coopération et de développement économique
Allemagne, Australie, Autriche, Belgique, Canada, Danemark, Espagne, Etats-Unis d'Amérique, Finlande, France, Grèce, Hongrie, Irlande, Islande, Italie, Japon, Luxembourg, Mexique, Norvóge, Nouvelle-Zélande, Pays-Bas, Pologne, Portugal, République de Corée, République tchèque, Royaume-Uni, Slovaquie, Suède, Suisse et Turquie

OPEP-Organisation des pays exportateurs de pétrole
Algérie, Arabie Saoudite, Emirats arabes unis, Indonésie, Iran (République islamique d') Iraq, Jamahiriya arabe libyenne, Koweït, Nigeria, Qatar et Venezuela

PMA-Pays les moins avancés
Afghanistan, Angola, Bangladesh, Bénin, Bhoutan, Burkina Faso, Burundi, Cambodge, Cap-Vert, Comores, Djibouti, Erythrée, Ethiopie, Gambie, Guinée, Guinée Bissau, Guinée équatoriale, Haïti, Iles Salomon, Kiribati, Lesotho, Liberia, Madagascar, Malawi, Maldives, Mali, Mauritanie, Mozambique, Myanmar, Népal, Niger, Ouganda, République centrafricaine, République démocratique du Congo, République démocratique populaire Lao, République-Unie de Tanzanie, Rwanda, Samoa, Sao Tome-et-Principe, Sénégal, Sierra Leone, Somalie, Soudan, Tchad, Togo, Tuvalu, Vanuatu, Yémen et Zambie

UE-Union européenne
Allemagne, Autriche, Belgique, Danemark, Espagne, Finlande, France, Grèce, Irlande, Italie, Luxembourg, Pays-Bas, Portugal, Royaume-Uni et Suède

SOURCE ET PRESENTATION

14.   Les données pour les Volumes I et II sont obtenues à partir de publications nationales, d'états soumis par les gouvernements pour cet ouvrage, par le Fonds monétaire international, par la Banque de développement interaméricaine, par l'Organisation de coopération de développement économiques, par la Commission économique d'Amérique latin et le Caraïbe, par la Communauté économique des états africains occidentaux et par l'Organisation des Nations Unies pour l'alimentation et l'agriculture; et à partir d'autres publications des Nations Unies telles que: Bulletin Mensuel de Statistique, et Annuaire Statistique. Des estimations pour quelques données faisant défaut sont préparées par la Division de Statistique des Nations Unies.

15.   Les noms de pays et régions utilisés par divers pays pour leurs statistiques du commerce extérieur ne sont pas uniformes. Aussi, lorsque d'anciennes entités géographiques généralement indiquées dans les statistiques nationales ont changé, les pays peuvent avoir introduit les changements correspondants dans leurs statistiques à différentes époques. Dans la mesure du possible toutefois, les pays ou zones ont été désignés par leur nom actuel. Pour satisfaire les demandes des certains utilisateurs d'avoir des données d'un série des années consécutives la possibilité de reconstruire des anciennes entités géographiques ou politiques était gardée pour, par exemple, les données relatives à l'ancienne URSS.

16.   Sauf indication contraire, les groupements de pays sont conformes à ceux des <u>Codes standard des pays et des zones à usage statistique</u>[1/] des Nations Unies.

17.   En général, les données se réfèrent aux années selon le calendrier; cependant, pour les pays, qui déclarent leurs données selon l'année fiscale, les données sont présentées dans l'année qui couvre la plupart de l'année en référence. Les pays concernés sont Bangladesh (la période juillet - juin), l'Inde (avril – mars), Népal (juillet – juin) et Myanmar (avril – mars).

INDICES NATIONAUX

18.   Les indices nationaux de la valeur unitaire et du volume antérieurement présentés dans le tableau 1 du Volume I en monnaie nationale sont maintenant présentés dans Tableau Spécial G du Volume II en dollars E-U. Ils indiquent les modifications dans le volume et dans les prix (valeur unitaire) des agrégats des importations et des exportations. Chaque indice représente une modification entre la période à laquelle l'indice se réfère, la période courante, et une période de référence pour laquelle l'indice est représenté par 100. Pour faciliter les comparaisons, chaque fois qu'il était nécessaire de le faire, les indices ont été ramenés à la base de l'année 1990. Lorsque des modifications sont faites dans la couverture, la formule ou la période de base d'un indice, si cela est techniquement possible les deux séries s'enchaînent.

19.   Les indices mensuels, trimestriels et annuels en monnaie nationale sont publiés dans le <u>Bulletin Mensuel de Statistique des Nations Unies</u>. On trouvera également dans le <u>Supplément de 1977 à l'Annuaire Statistique et au Bulletin Mensuel de Statistique</u>[7/] des notes plus détaillées sur les méthodes de calcul des indices nationaux.

PAYS EN TRANSITION

20.   Pour la période couverte par <u>l'Annuaire</u> les pays classifiés antérieurement pour des raisons statistiques à économies planifiées centralement avaient un système de taux de change officiel entre leurs monnaies et celles des pays extérieurs consistant avec le taux de 0,90 nouveau roubles pour 1 dollar des Etats-Unis avant le 24 décembre 1971 et 0,829 jusqu'à février 1973; depuis cette date le taux a fluctué. Les pays d'Europe orientale utilisaient généralement ces taux lorsqu'il était nécessaire de convertir des devises en monnaie nationale pour préparer les statistiques du commerce extérieur. Les données qui en résultent permettent davantage une comparaison avec les transactions des autres pays qu'une comparaison avec les transactions monétaires intérieures.

21.   Les statistiques du commerce extérieur de ces pays ont des définitions différentes de celles qui peuvent exister dans les autres pays. Les différentes définitions peuvent être la source des divergences observées pour le même flux de marchandise enregistré par deux pays partenaires ayant un système économique différent. Les échanges entre ces pays peuvent être conduits sur une base différente de celle qui régit les échanges entre autres pays. Le concept de la valeur de transaction, par exemple, est basé sur l'existence d'un prix de marché entre l'importateur et l'exportateur sur lequel les variations de l'offre et de la demande ont plus d'influence qu'ils ne peuvent en avoir dans les échanges de ces pays. Faute de données précises

sur les valeurs unitaires des produits de base échangés entre ces pays, il est difficile de connaître les effets possibles de ces différences sur les statistiques du commerce extérieur. De plus en plus, depuis 1992, les pays en transition ont adopté les concepts et définitions pour la statistique du commerce international comparables à celles qui sont en vigueur dans les autres pays.

NOTE GENERALE

22.   Les statistiques dans cet <u>Annuaire</u> ont été compilées par les autorités nationales des statistiques principalement conforme aux recommandations des Nations Unies publiées dans les <u>Statistiques du Commerce international concepts et définitions, révision 1</u>.[8/] En 1998 les Nations Unies ont fait paraître une révision de suite de cette publication; les pays étaient demandées d'introduire ces nouveaux concepts et définitions à partir des données pour l'année 1999. Les éléments principaux de ces concepts et définitions (Révision 1) sont:

1.   <u>Territoire</u>. Les statistiques rapportées par un pays s'appliquent en général au territoire douanier de cet état. Généralement territoire douanier et territoire géographique coïncident, le cas contraire étant indiqué dans les notes par pays. Les modifications dans le territoire douanier sont également indiquées dans les notes par pays. Sauf information contraire, l'unification de deux territoires séparés auparavant donne lieu à l'élimination des échanges entre ces deux territoires. Dans le cas d'une séparation d'un territoire en deux, les échanges entre ces deux territoires viennent à apparaître.

2.   <u>Système du commerce</u>. Deux systèmes sont généralement utilisés ne différant que par la façon dont le commerce d'entrepôt et les réexportations sont enregistrés.

a) <u>Commerce spécial</u>. Les importations spéciales comprennent les marchandises entrées directement pour la consommation (y compris les transformations et réparations) et les marchandises sorties des entrepôts douaniers ou des zones franches pour être mises à la consommation. Les exportations spéciales comprennent les exportations de produits nationaux, c'est-à-dire les marchandises entièrement ou partiellement produites ou fabriquées dans le pays, ainsi que les exportations nationalisées (ces dernières sont des biens qui ayant été inclus dans les importations spéciales sont réexportés en l'état.)

b) <u>Commerce général</u>. Les importations générales comprennent les importations pour la consommation et les importations en entrepôt douanier ou en zone franche. Les exportations générales comprennent les exportations de produits nationaux et les réexportations. Ces dernières, dans le système du commerce général, comprennent les exportations nationalisées et les marchandises exportées des entrepôts douaniers et des zones franches sans avoir été transformées depuis leur importation.

Le transit direct, c'est-à-dire les marchandises uniquement transbordées ou traversant le pays pour des raisons de transport, est exclu du commerce général aussi bien que du commerce spécial.

Les titres des tableaux 1 à 4 du Volume I indiquent le système du commerce auquel se réfèrent les données.

3. Evaluation. Lors de sa quinzième session en 1953, le Conseil Economique et Social, tenant compte du fait que les statistiques du commerce extérieur doivent refléter la réalité économique, a recommandé que les gouvernements des pays membres des Nations Unies utilisent, dans la mesure du possible, les valeurs de transaction en préparant leurs statistiques du commerce international ou qu'ils fournissent des informations supplémentaires basées sur les valeurs de transaction quand les politiques nationales font état d'autres valeurs (Résolution 469 B (XV) du Conseil Economique et Social). La valeur de transaction à l'importation est la valeur à laquelle les marchandises ont été achetées par l'importateur plus le coût de l'assurance et du fret jusqu'à la frontière des pays importateurs (valeur type CIF). A l'exportation, la valeur de transaction représente la valeur à laquelle les marchandises ont été vendues par l'exportateur y compris le coût de l'assurance du transport pour amener les marchandises à la frontière des pays exportateurs (valeur type FOB).

4. Conversion des monnaies. Pour les données dans cet Annuaire la conversion des valeurs nationales en dollars des Etats-Unis est effectuée au moyen de taux de conversion basés sur les taux de change officiels. Pour les monnaies sujettes à de larges marges de fluctuations par rapport au dollar, dont le nombre s'est accru considérablement depuis 1971, on utilise des moyennes pondérées des taux de change calculées spécialement dans ce but. La moyenne pondérée est le résultat des taux de change mensuels, généralement fournis par le Fonds Monétaire International, pondérés par les valeurs des importations et des exportations correspondantes. Les facteurs de conversion s'appliquent aux totaux des échanges mais pas nécessairement aux importations ou à l'exportation d'une marchandise donnée.

5. Marchandise. Dans la définition du commerce extérieur on entend par marchandises tous les biens dont l'importation ou l'exportation contribue à l'accroissement ou à la diminution du stock des ressources matérielles dans un pays. Sauf information contraire dans les notes par pays, le traitement des catégories de marchandises suit les règles énoncées ci-dessous:

a) Or. L'or dans le commerce international se présente sous trois formes:
i) Pièces d'or et lingots y compris l'or monétaire;
ii) Or non raffiné y compris les minerais et les concentrés;
iii) Or semi-ouvré dont la valeur de l'or représente au moins 80% de la valeur totale, y compris la limaille et les poussières et les formes primaires telles que feuilles et barres et les alliages d'or.

De ces différents types d'or, l'or monétaire est exclu du commerce des marchandises tandis que les autres types sont inclus, à l'exception de ceux indiqués ci-dessous. Tout transfert d'or entre les autorités monétaires doit être traité comme échange d'or monétaire, les autres échanges portant sur l'or sont classés comme or non-monétaire.

b) Minerai d'argent. Concentrés, lingots, pièces non émises, limailles et argent ouvré ou semi-ouvré sont tous inclus dans les échanges de marchandises.

c) <u>Monnaie et titres de propriété</u>. Pièces de monnaie d'argent et de métal, billets de banque et titres en circulation sont exclus du commerce. Les pièces, billets et titres non en circulation sont inclus à la valeur intrinsèque du papier ou du métal frappé.

d) <u>Le commerce pour le compte de l'Etat</u>. Il est inclus dans le commerce des marchandises. Les échanges au titre des programmes d'aide civile et militaire, les réparations de guerre et les équipements militaires[9] sont donc inclus. Quand les marchandises sont destinées à des institutions nationales (ambassades ou forces armées) stationnées à l'étranger, elles ne sont pas comprises dans les statistiques.

e) <u>Importations et exportations temporaires</u>. Les effets des touristes et des voyageurs (y compris les véhicules) qui n'ont pas été acquis à l'étranger, les objets pour expositions ou études, les animaux pour la course ou la reproduction, les échantillons et les emballages en retour qui sont considérés comme devant être retournés dans un intervalle de temps assez court sont exclus.

f) <u>Trafic de perfectionnement et de réparation</u>. Les pays qui envoient à l'étranger temporairement des marchandises pour réparation ou complément d'ouvraison effectuent un trafic passif de réparation. Les pays recevant des marchandises dans les mêmes conditions effectuent un trafic actif de réparation. Les mouvements d'entrée et de sortie sont généralement exclus des importations et des exportations.

g) <u>Commerce par poste</u>. Il est inclus dans le commerce des marchandises.

h) <u>Poisson</u>. Le poisson et les épaves débarqués dans des ports étrangers par des navires nationaux et ceux débarqués dans des ports du pays par des navires étrangers sont exclus des statistiques.

i) <u>Vente et achat de navires et d'aéronefs</u>. La vente et l'achat de navires et d'aéronefs neufs sont inclus. Les navires et les aéronefs d'occasion inscrits sur le registre d'immatriculation du pays ou radiés de ce registre sont exclus du commerce quand ces mouvements sont dûs à un transfert de propriété.

j) <u>Avitaillement des navires et des avions</u>. Ils doivent être généralement inclus dans les exportations de marchandises.

6. <u>Pays Partenaire</u>. Les pays partenaires peuvent être distingués: a) à l'importation, suivant: l'origine ou la production, la consignation ou la provenance ou l'achat; b) à l'exportation, suivant: la consommation, la dernière destination connue ou la vente.

7. <u>Echanges par produits</u>. L'analyse est selon la <u>Classification Type pour le Commerce International</u>.

CLASSIFICATION TYPE POUR LE COMMERCE INTERNATIONAL (CTCI) ET UN SYSTEME HARMONISE DE DESIGNATION ET DE CODIFICATION DES MARCHANDISES (SH)

23.   En juillet 1950, le Conseil Economique et Social des Nations Unies, sur avis de la Commission de Statistique, a recommandé aux pays de rassembler leurs statistiques des échanges par produits selon la CTCI originale[2/] afin de disposer au niveau mondial de données comparables pour l'analyse du commerce extérieur. La CTCI originale a été préparée par le Secrétariat des Nations Unies avec l'aide d'experts et en coopération avec les gouvernements et les organisations internationales concernées.

24.   En mai 1960 la Commission de Statistique a approuvé une révision de la CTCI appelée la CTCI, révisée, qui tenait compte des modifications dans les courants commerciaux intervenus depuis 1950 et qui permettait un passage plus facile entre la CTCI et les nomenclatures internationales. La CTCI, révisée présentait selon une classification statistique les positions de la nomenclature tarifaire NCCD du Conseil de Coopération Douanière.

25.   La CTCI, révisée comprend 625 sous-groupes (identifiés par un code à quatre chiffres) qui correspondent pour l'essentiel aux postes de la CTCI originale. Un certain nombre de sous-groupes ont été subdivisés soit pour obtenir des détails supplémentaires soit pour assurer une concordance exacte avec la NCCD. La CTCI, révisée comporte donc 1312 rubriques de base (niveau des 5 chiffres de la CTCI). Les sous-groupes sont rassemblés en 177 groupes, 56 divisions et 10 sections.

26.   Les positions de la CTCI sont individualisées par leur numéro de code. Le contenu précis de chaque code est défini dans la CTCI, révisée. Si l'on compare les données selon la CTCI, révisée avec des données classées selon une nomenclature nationale, il faut tenir compte de ce que la même description, généralement abrégée, peut s'appliquer à des groupes de marchandises légèrement différents.

27.   La révision de 1960 représentait par rapport à la CTCI initiale une amélioration considérable. Néanmoins vers la fin des années 1960 on a constaté que, pour l'essentiel, les raisons qui avaient conduit à l'établissement de la CTCI puis à sa première révision, se retrouvaient à nouveau valables. Depuis 1960 le volume des échanges commerciaux s'est accru rapidement tandis que leur répartition géographique et leur composition par produits se modifiaient radicalement. Une nouvelle révision de la CTCI fut donc entreprise. En octobre 1974, la Commission Statistique a approuvé cette révision, la désignation de la nouvelle révision est CTCI, Révision 2[2/]. En mai 1975 le Conseil Economique et Social a recommandé aux Etats membres des Nations Unies de communiquer les données sur les statistiques du commerce extérieur en se conformant autant que possible et le plus tôt possible à la CTCI, Révision 2. A partir des données pour 1976, certains pays ont commencé à communiquer leurs données selon la CTCI, Révision 2.

28.   Il y avait entre les titres de base de la <u>Classification type pour le commerce international, Révision 2</u> et les subdivisions de la Nomenclature du Conseil de Coopération Douanière une correspondance biunivoque. Toutefois, un certain nombre d'utilisateurs ont estimé que les

subdivisions des positions de la NCCD (et par conséquent celles de la CTCI, Révision 2) ne suffisaient pas à leurs besoins[10/]. La nécessité d'une harmonisation des classifications économiques a également été signalée[11/]. En partie pour répondre à ces besoins, le Conseil de coopération douanière a assumé en mai 1973 la responsabilité d'élaborer et de mettre au point un système harmonisé de désignation et de codification des marchandises (SH)[12/].

29.   A sa vingt et unième session, en janvier 1981, la Commission de statistique a pris note du fait qu'une troisième révision de la CTCI devait être disponible lorsque la NCCD révisée et le SH entreraient tous deux en vigueur[13/]. En conséquence, dans le courant de la même année, le Secrétariat de l'ONU a commencé à travailler à la révision de la CTCI, Révision 2 en partant du principe que le maximum devait être fait pour en conserver le caractère général et la structure, tout en tenant compte de la nécessité de son harmonisation avec la NCCD révisée, avec la Classification internationale type, par industrie, de toutes les branches d'activité économique (CITI), Révision 3[14/] et avec une Classification des produits centrale (CPC)[15/] dont l'élaboration était menée conjointement par la Division de statistique des Nations Unies et l'Office statistique des Communautés européennes.

30.   Le projet final a été révisé et approuvé par la Commission de statistique à sa vingt-troisième session, en février 1985[16/], et une résolution a été adoptée par le Conseil économique et social le 28 mai 1985 (résolution 1985/7) qui, inter-alia, a recommandé aux Etats Membres de communiquer des données sur les statistiques du commerce extérieur aux institutions internationales en se conformant autant que possible et le plus rapidement possible à la Classification type pour le commerce international (troisième version révisée).

31.   Le système harmonisé de désignation et de codification des marchandises (appelé système harmonisé) (SH) a été adopté par le Conseil de coopération douanière en juin 1983, tandis que la Convention internationale sur le système harmonisé de désignation et de codification des marchandises (Convention SH) est entré en vigueur le 1er janvier 1988 (SH88). Dès le 30 juin 2003, les parties contractantes étaient au nombre de 112 et 65 autres pays ou territoires ne figuraient pas parmi les parties contractantes, mais utilisaient le système harmonisé à des fins douanières/statistiques.

32.   Lors de la vingt-septième session, qui s'est tenue à New York du 22 février au 3 mars 1993, la Commission de statistique des Nations Unies a recommandé "que les pays adoptent le SH pour l'établissement et la diffusion de leurs statistiques du commerce international"[17/].

33.   Conformément au préambule à la Convention SH, qui reconnaissait l'importance d'une actualisation effective du système harmonisé compte tenu de l'évolution de la technologie ou des courants commerciaux internationaux, le système harmonisé est régulièrement passé en revue et corrigé. Lors de sa vingt-septième session, la Commission de statistique des Nations Unies a "recommandé que le Conseil de coopération douanière tienne pleinement compte des effets que les modifications proposées pourraient avoir sur le plan statistique et de prendre dûment en considération les besoins et les capacités des pays en développement"[18/]. Quelques corrections mineures du système harmonisé de 1988, résultant par ailleurs de la suppression d'un code à 6 chiffres, ont été introduites en 1992 (SH92). Une série plus complète de modifications a été adoptée en 1993 et celles-ci sont entrées en vigueur le 1er janvier 1996 (SH96). En 1999 encore

une autre série de modifications a été adoptée et celles-ci sont entrées en vigueur le ler janvier 2002 (SH02).

35. A sa vingt-huitième session (27 février - 3 mars 1995), la Commission de statistique a examiné les changements qu'il faudrait apporter à la troisième version révisée de la CTCI pour l'adapter au SH96. La Commission a décidé que les changements à apporter à la troisième version révisée de la CTCI pour préserver une parfaite correspondance avec le système harmonisé étaient simplement des modifications mineures. La Commission a donc décidé qu'il serait inutile de publier une quatrième version révisée de la CTCI[19].

1/ United Nations Standard Country Code, Statistical Papers, Series M N° 49, (United Nations publication, Sales No. E.70.XVII.13).

United Nations Standard Country or Area Code for Statistical Use, Statistical Papers, Series M N° 49, Rev. 1, (United Nations publication, Sales No. E.75.XVII.8).

Standard Country or Area Codes for Statistical Use, Statistical Papers Series M N° 49, Rev.2, (United Nations publication, Sales No. E.82.XVII.8).

Codes standard des pays et des zones à usage statistique, Documents statistiques, Series M N° 49, Rev. 3 (publication interne)

Codes standard des pays et des zones à usage statistique, Documents statistiques, Series M N° 49, Rev. 4, (United Nations publication, Sales No. M.98.XVII.9).

2/ Classification type pour le commerce international, original, Etudes statistiques, Série M No.10, Deuxième èdition, 1951 (publication des Nations Unies, numéro de vente F.51.XVII.1).

Classification type pour le commerce international, (révisée), Etudes statistiques, Série M N° 34, (publication des Nations Unies, numéro de vente F.61.XVII.6).

Classification type pour le commerce international, (deuxième version révisée), Etudes statistiques, Série M N° 34/rév. 2, (publication des Nations Unies, numéro de vente F.75.XVII.6).

Classification type pour le commerce international (troisième version révisée), Etudes statistiques, Série M N° 34/rév. 3, (publication des Nations Unies, numéro de vente F.86.XVII.12).

3/ Classification par grandes catégories économiques, (selon les définitions de la CTCI, révisée), Etudes statistiques, Série M N° 53, (publication des Nations Unies, numéro de vente 71.XVII.12).

4/ Classification des marchandises par origine industrielle (Relation entre la Classification type pour le commerce international et la Classification internationale type, par industrie, de toutes les branches d'activité économique), Etudes statistiques, Série M N° 43, (publication des Nations Unies, numéro de vente 66.XVII.7).

5/ Classification internationale type, par industrie, de toutes les branches d'activité économique (révisée), Etudes statistiques, Série M N° 4, rév. 1. (publication des Nations Unies, numéro de vente 58.XVII.7).

6/ Classification type pour le commerce international, (révisée), Etudes statistiques, Série M N° 34, (publication des Nations Unies, numéro de vente F.61.XVII.6).

7/ Supplément de 1977 à l'Annuaire Statistique et au Bulletin mensuel de statistique, ST/ESA/STAT/SER.S/SUPPL.2, ST/ESA/STAT/SER.Q/SUPPL.2, (publication des Nations Unies, numéro de vente F.78.XVII.10).

8/ Statistiques du commerce international concepts et définitions, Etudes statistiques, Série M N° 52 Révision 1, (publication des Nations Unies, numéro de vente F.82.XVII.14).

Statistiques du commerce international concepts et définitions, Etudes statistiques, Série M N° 52 Révision 2, (publication des Nations Unies, numéro de vente F.98.XVII.16).

9/ Les pays qui excluent l'équipement militaire utilisent des définitions différentes pour cette catégorie de marchandise, pour la majorité des pays cependant, armes et munitions constituent la plupart de l'équipement militaire exclu des statistiques.

10/ Groupe de travail commun Division de statistique de l'ONU - Office statistique des communautés européennes sur les nomenclatures au niveau mondial, "Système harmonisé de désignation et de codification des marchandises pour les besoins du commerce international" (UNSO/SOEC/1/2).

11/ Secrétariat de l'ONU, "L'harmonisation des classifications statistiques: compte rendu d'une réunion d'un groupe d'experts" (ST/ESA/STAT/78).

12/ Conseil de coopération douanière, "Système harmonisé de désignation et de codification des marchandises", 1985.

13/ Documents officiels du Conseil économique et social, 1981, Supplément N° 2. (E/1981/12).

14/ Classification International Type, par industrie, de toutes les branches d'activité économique, Etudes statistiques, Série M N° 4, Révision 3 (publication des Nations Unies, numéro de vente F.90.XVII.11)

15/ Classification centrale de produits (CPC) provisoire, Etudes statistiques, Série M N°

77 (publication des Nations Unies, numéro de vente F.91.XVII.7).

16/ Documents officiels du Conseil économique et social, 1985, Supplément N° 6 (E/1985/26), para. 57 (d).

17/ Documents officiels du Conseil économique et social, 1993, Supplément N° 6 (E/1993/26), para. 162 (d).

18/ Documents officiels du Conseil économique et social, 1993, Supplément N° 6 (E/1993/26), para. 162 (e).

19/ Documents officiels du Conseil économique et social, 1995, Supplément N° 8 (E/CN.3/1995/28), para. 19 (e).

TOTAL TRADE
COMMODITY TABLES

GROUP (3-DIGIT) LEVEL OF THE SITC, REVISION 2

Excluding*/ 264, Jute, raw or semi-processed;
286, Ores and concentrates of uranium and thorium;
351, Electric current; 675, Hoops and strip, of iron or steel, hot-rolled or cold-rolled;
688, Uranium depleted in U235 and thorium (including waste) and their alloys and articles thereof;
911, Postal packages not classified according to kind;
961, Coins (other than gold coin), not being legal tender; and
971, Gold, non-monetary (excluding gold ores and concentrates).

NOTES ON ESTIMATES

In preparing these tables, estimates are made for countries whose data are not yet available. At the country level these estimates are shown with a sign 'e'. They are included in the regional and world totals. Some estimates have been suppressed (see Introduction paragraph 9) and appear only as an "e".

COMMERCE TOTAL
TABLEAUX PAR PRODUITS

NIVEAU DES GROUPES (3-CHIFFRES) DE LA CTCI REVISION 2

A l'exclusion**/ des groupes 264, Jute et autres fibres textiles libériennes, bruts;
286, Minerais et concentrés d'uranium et de thorium;
351, Energie électrique; 675, Feuillards en fer ou en acier;
688, Uranium appauvri en U235, et thorium et leurs alliages;
911, Colis postaux, non classés par catégorie;
961, Monnaies (autres que les pièces d'or) n'ayant pas cours légal ; et
971, Or, non monétaire (à l'exclusion des minerais et concentrés d'or).

NOTES SUR LES ESTIMATIONS

Pour la préparation de ces tableaux, des estimations ont été effectuées pour les pays dont les données n'étaient pas disponibles. Ces estimations au niveau des pays apparaissent avec le signe 'e'. Elles sont comprises dans les totaux régionaux et le total du monde. Certaines estimations sont supprimées (voir L'introduction, paragraphe 9) et apparaissent seulement avec le signe "e".

---

*/ These codes are suppressed from publication because they were poorly reported and contain many estimates which are not sufficiently explainable.
**/ Ces groupes sont supprimés de la publication parce que ils étaient rapports insuffisamment et portaient beaucoup d'estimations qui n'étaient par assez expliquées.

001 Live animals chiefly for food

TRADE BY COMMODITY (Value in million US dollars)
Imports by principal countries or areas

COMMERCE PAR PRODUIT (Valeur en millions de dollars EU)
Importations selon les principaux pays ou zones

Country or area	1999	2000	2001	2002	2003	Pays ou zone
World	8837.7	8914.7	8363.8	8912.4	8976.0	Monde
Africa	268.0	263.9	220.4	159.6	155.3	Afrique
Americas	2104.6	2509.4	2768.6	2531.5	1858.4	Amériques
- Northern America	1783.2	2150.3	2427.5	2192.8	1659.2	- Amérique du Nord
- LAIA	274.0	312.1	284.2	288.7	148.2	- ALAI
- CACM	33.4	34.9	45.5	37.0	38.0	- MCC
- Caribbean	9.2	7.6	7.3	7.9	6.5	- Caraïbes
- Rest of America	4.8	4.6	4.1	5.1	6.4	- Autre d'Amérique
Asia excluding former USSR	2005.4	1840.4	1612.0	1982.4	2184.6	Asie ancienne URSS exclus
- Middle East	1018.8	825.6	693.0	1041.7	1169.2	- Moyen-Orient
Asia former USSR	4.3	3.4	3.2	6.6	7.3	Asie ancienne URSS
Europe excluding former USSR	4326.7	4186.4	3658.1	4102.9	4624.2	Europe ancienne URSS exclus
- European Union	4107.2	3946.0	3410.6	3801.7	4349.8	- Union Européenne
- Eastern Europe	76.9	104.7	131.2	131.4	113.8	- Europe de l'Est
- Rest of Europe	142.6	135.7	116.4	169.7	160.6	- Autre de l'Europe
Europe former USSR	19.9	20.4	37.0	53.1	62.1	Europe ancienne URSS
Oceania	108.9	90.7	64.6	76.3	84.0	Océanie
United States	1611.8	1904.9	2207.0	2079.0	1571.9	Etats-Unis d'Amérique
Italy-San Marino-Holy See	1595.7	1396.6	1129.9	1342.1	1531.0	Italie-Saint-Marin-Saint-Siège
United Kingdom	360.4	503.8	461.4	508.2	503.0	Royaume-Uni
Germany	389.0	336.5	470.4	427.5	495.5	Allemagne
Spain	413.4	351.0	245.2	363.8	404.5	Espagne
Saudi Arabia	270.2	239.6	158.5	504.1	576.3	Arabie saoudite
China, Hong Kong SAR	352.2	354.5	338.7	327.3	338.6	Chine - RAS de Hong-Kong
Netherlands	369.5	336.3	206.7	273.1	330.8	Pays-Bas
France-Monaco	327.3	319.2	201.0	184.8	226.5	France-Monaco
Belgium	208.6	209.3	238.4	247.2	295.1	Belgique
Mexico	187.6	226.2	212.9	221.0	102.8	Mexique
Ireland	158.7	208.6	181.3	157.5	231.2	Irlande
Canada	171.2	245.4	220.4	113.7	87.2	Canada
Japan	155.7	198.4	170.8	163.9	140.3	Japon
Lebanon	128.7	125.1	153.5	166.4	192.6	Liban
United Arab Emirates	314.9	171.9	75.8	e77.7	e91.1	Emirates arabes unis
Portugal	94.1	114.5	112.9	116.3	e118.8	Portugal
Egypt	144.0	155.9	147.2	89.4	19.1	Egypte
Singapore	123.9	101.3	101.6	101.7	102.3	Singapour
Kuwait	84.5	69.1	67.3	e76.5	e92.3	Koweït
Greece	90.6	68.4	68.2	70.9	87.6	Grèce
Indonesia	50.1	104.0	73.8	59.5	82.5	Indonésie
Austria	63.2	67.9	59.9	81.9	89.9	Autriche
Philippines	93.0	67.2	35.1	41.7	38.4	Philippines
Australia	79.5	60.0	33.9	46.2	53.3	Australie
Malaysia	42.2	41.8	54.2	59.4	62.0	Malaisie
Oman	49.4	44.5	52.1	44.5	48.6	Oman
Croatia	29.2	45.8	31.6	64.0	61.0	Croatie
Jordan	33.9	47.8	47.8	47.2	54.8	Jordanie
Bosnia and Herzegovina	e52.3	e31.0	e45.7	e54.3	45.3	Bosnie-Herzégovine

(Value as percentages of World total)　　　　　　　　　　　　　**(Valeur en pourcentage du total mondial)**

Regions of the world	1994	1995	1996	1997	1998	1999	2000	2001	2002	2003	Régions du monde
World	100.0	100.0	100.0	100.0	100.0	100.0	100.0	100.0	100.0	100.0	Monde
Africa	3.4	3.8	3.3	3.2	4.2	3.0	3.0	2.6	1.8	1.7	Afrique
Americas	22.7	21.3	19.5	23.6	25.0	23.8	28.1	33.1	28.4	20.7	Amériques
- Northern America	17.4	18.0	16.6	19.0	20.2	20.2	24.1	29.0	24.6	18.5	- Amérique du Nord
- LAIA	4.9	3.0	2.6	4.2	4.4	3.1	3.5	3.4	3.2	1.7	- ALAI
- CACM	0.3	0.1	0.2	0.2	0.3	0.4	0.4	0.5	0.4	0.4	- MCC
- Caribbean	0.1	0.1	0.1	0.1	0.1	0.1	0.1	0.1	0.1	0.1	- Caraïbes
- Rest of America	0.0	0.0	0.0	0.0	0.1	0.1	0.1	0.0	0.1	0.1	- Autre d'Amérique
Asia excluding former USSR	21.1	26.6	28.1	26.5	22.2	22.7	20.6	19.3	22.2	24.3	Asie ancienne URSS exclus
- Middle East	9.1	14.0	14.3	12.0	11.1	11.5	9.3	8.3	11.7	13.0	- Moyen-Orient
Asia former USSR	0.0	0.0	0.0	0.0	0.0	0.0	0.0	0.0	0.1	0.1	Asie ancienne URSS
Europe excluding former USSR	51.5	47.2	47.9	45.2	47.1	49.0	47.0	43.7	46.0	51.5	Europe ancienne URSS exclus
- European Union	49.3	45.0	45.8	42.7	44.4	46.5	44.3	40.8	42.7	48.5	- Union Européenne
- Eastern Europe	1.2	1.1	0.9	0.9	1.2	0.9	1.2	1.6	1.5	1.3	- Europe de l'Est
- Rest of Europe	1.0	1.2	1.2	1.5	1.4	1.6	1.5	1.4	1.9	1.8	- Autre de l'Europe
Europe former USSR	0.4	0.3	0.3	0.4	0.4	0.2	0.2	0.4	0.6	0.7	Europe ancienne URSS
Oceania	0.9	0.8	0.8	1.1	1.1	1.2	1.0	0.8	0.9	0.9	Océanie

Animaux vivants destinés principalement à l'alimentation humaine 001

TRADE BY COMMODITY (Value in million US dollars)
Exports by principal countries or areas

COMMERCE PAR PRODUIT (Valeur en millions de dollars EU)
Exportations selon les principaux pays ou zones

Country or area	1999	2000	2001	2002	2003	Pays ou zone
World	8395.7	8704.4	8691.6	9261.9	9485.9	Monde
Africa	252.7	271.4	228.0	341.0	364.4	Afrique
Americas	2042.5	2500.6	2914.5	2553.0	2225.5	Amériques
- Northern America	1638.2	1958.8	2366.4	2159.8	1645.3	- Amérique du Nord
- LAIA	368.9	494.8	477.8	351.7	526.4	- ALAI
- CACM	24.1	29.5	32.0	27.4	34.9	- MCC
- Caribbean	0.8	0.7	0.9	0.7	0.7	- Caraïbes
- Rest of America	10.5	16.8	37.4	13.4	18.2	- Autre d'Amérique
Asia excluding former USSR	725.3	692.6	908.1	943.9	765.1	Asie ancienne URSS exclus
- Middle East	154.1	146.2	376.3	420.4	282.0	- Moyen-Orient
Asia former USSR	0.3	0.1	0.2	0.7	0.6	Asie ancienne URSS
Europe excluding former USSR	4839.5	4681.0	4020.9	4689.8	5379.3	Europe ancienne URSS exclus
- European Union	4449.1	4261.8	3586.1	4225.7	4844.5	- Union Européenne
- Eastern Europe	372.5	395.6	413.9	441.2	509.4	- Europe de l'Est
- Rest of Europe	17.9	23.7	20.9	22.9	25.3	- Autre de l'Europe
Europe former USSR	13.7	25.1	25.0	34.4	40.7	Europe ancienne URSS
Oceania	521.8	533.7	594.9	699.2	710.3	Océanie
France-Monaco	1600.3	1429.2	1076.0	1507.9	1852.6	France-Monaco
Canada	1016.3	1132.8	1510.4	1560.5	902.8	Canada
United States	621.8	825.9	856.0	599.2	742.4	Etats-Unis d'Amérique
Netherlands	483.3	506.5	585.6	602.2	704.2	Pays-Bas
Germany	604.2	503.8	509.8	603.9	604.8	Allemagne
Australia	446.3	456.2	531.0	627.9	624.0	Australie
United Kingdom	478.3	478.2	518.3	514.3	552.7	Royaume-Uni
Mexico	292.4	422.2	413.6	309.2	486.0	Mexique
China	374.3	374.5	333.1	330.3	314.7	Chine
Belgium	388.7	359.5	238.3	272.9	287.1	Belgique
Spain	241.3	287.1	248.9	248.3	257.4	Espagne
Ireland	317.1	359.8	137.6	193.0	240.8	Irlande
Syrian Arab Republic	54.4	99.8	e278.7	330.4	221.5	République arabe syrienne
Denmark	149.5	185.9	161.2	156.5	178.4	Danemark
Poland	155.4	131.0	115.6	133.7	164.1	Pologne
Somalia	e137.9	e127.7	e108.7	e123.0	e109.8	Somalie
Hungary	89.0	118.6	146.9	127.1	116.3	Hongrie
Romania	80.7	96.9	98.8	107.2	151.8	Roumanie
Malaysia	116.0	93.3	102.0	100.4	101.1	Malaisie
New Zealand	75.4	77.4	63.8	70.7	86.2	Nouvelle-Zélande
Austria	90.8	76.0	51.8	59.3	81.0	Autriche
Sudan	44.6	44.6	0.0	122.8	e134.4	Soudan
Niger	29.8	49.5	41.0	35.6	37.7	Niger
Czech Republic	30.4	23.7	32.1	39.1	42.6	République tchèque
Indonesia	28.6	36.1	38.2	29.6	23.1	Indonésie
Italy-San Marino-Holy See	50.0	33.7	16.2	18.9	24.2	Italie-Saint-Marin-Saint-Siège
Namibia	–	12.8	44.6	32.2	43.3	Namibie
Luxembourg	26.4	23.0	19.9	20.3	27.4	Luxembourg
Nicaragua	16.2	24.5	27.2	21.1	26.1	Nicaragua
Oman	24.0	21.2	28.8	21.4	13.7	Oman

(Value as percentages of World total)

(Valeur en pourcentage du total mondial)

Regions of the world	1994	1995	1996	1997	1998	1999	2000	2001	2002	2003	Régions du monde
World	100.0	100.0	100.0	100.0	100.0	100.0	100.0	100.0	100.0	100.0	Monde
Africa	1.3	2.8	2.9	2.6	3.5	3.0	3.1	2.6	3.7	3.8	Afrique
Americas	22.8	23.3	21.8	26.2	27.2	24.3	28.7	33.5	27.6	23.5	Amériques
- Northern America	16.8	15.6	19.3	22.3	22.5	19.5	22.5	27.2	23.3	17.3	- Amérique du Nord
- LAIA	5.7	7.6	2.4	3.6	4.5	4.4	5.7	5.5	3.8	5.5	- ALAI
- CACM	0.2	0.1	0.1	0.1	0.2	0.3	0.3	0.4	0.3	0.4	- MCC
- Caribbean	0.0	0.0	0.0	0.0	0.0	0.0	0.0	0.0	0.0	0.0	- Caraïbes
- Rest of America	0.0	0.0	0.0	0.1	0.0	0.1	0.2	0.4	0.1	0.2	- Autre d'Amérique
Asia excluding former USSR	11.8	10.0	10.3	11.1	9.7	8.6	8.0	10.4	10.2	8.1	Asie ancienne URSS exclus
- Middle East	4.0	2.7	2.5	3.1	2.2	1.8	1.7	4.3	4.5	3.0	- Moyen-Orient
Asia former USSR	0.0	0.1	0.0	0.0	0.0	0.0	0.0	0.0	0.0	0.0	Asie ancienne URSS
Europe excluding former USSR	59.6	57.9	58.1	53.0	54.5	57.6	53.8	46.3	50.6	56.7	Europe ancienne URSS exclus
- European Union	53.5	52.9	53.2	47.9	49.5	53.0	49.0	41.3	45.6	51.1	- Union Européenne
- Eastern Europe	5.7	4.7	4.6	4.9	4.8	4.4	4.5	4.8	4.8	5.4	- Europe de l'Est
- Rest of Europe	0.4	0.4	0.3	0.2	0.3	0.2	0.3	0.2	0.2	0.3	- Autre de l'Europe
Europe former USSR	0.5	1.1	0.6	0.2	0.1	0.2	0.3	0.3	0.4	0.4	Europe ancienne URSS
Oceania	4.0	4.9	6.1	6.9	5.0	6.2	6.1	6.8	7.5	7.5	Océanie

011 Meat and edible meat offal, fresh, chilled or frozen

TRADE BY COMMODITY (Value in million US dollars)
Imports by principal countries or areas

COMMERCE PAR PRODUIT (Valeur en millions de dollars EU)
Importations selon les principaux pays ou zones

Country or area	1999	2000	2001	2002	2003	Pays ou zone
World	37068.9	38126.8	38704.7	40034.4	45679.0	Monde
Africa	648.8	773.7	602.8	763.8	929.2	Afrique
Americas	5576.0	6640.1	7385.4	7284.1	7405.4	Amériques
- Northern America	3598.5	4193.3	4696.6	4683.6	4754.5	- Amérique du Nord
- LAIA	1614.0	2078.8	2329.4	2254.8	2299.3	- ALAI
- CACM	66.8	80.6	83.6	96.0	107.4	- MCC
- Caribbean	269.6	258.8	250.5	226.3	221.8	- Caraïbes
- Rest of America	27.1	28.7	25.3	23.5	22.5	- Autre d'Amérique
Asia excluding former USSR	12404.7	13441.0	12660.8	12368.2	13932.9	Asie ancienne URSS exclus
- Middle East	1513.9	1315.5	1335.0	1306.5	1538.5	- Moyen-Orient
Asia former USSR	115.8	100.9	69.4	89.6	99.5	Asie ancienne URSS
Europe excluding former USSR	16727.7	15774.5	15816.2	16808.5	20585.5	Europe ancienne URSS exclus
- European Union	15899.2	14875.6	14802.0	15612.6	19242.6	- Union Européenne
- Eastern Europe	286.3	324.3	438.8	567.9	622.4	- Europe de l'Est
- Rest of Europe	542.2	574.6	575.4	628.0	720.5	- Autre de l'Europe
Europe former USSR	1392.9	1128.3	1891.0	2403.0	2366.2	Europe ancienne URSS
Oceania	203.0	268.3	279.0	317.2	360.3	Océanie
Japan	7058.2	7652.0	7397.3	6690.3	7473.4	Japon
United States	2872.4	3438.6	3841.6	3819.9	3826.7	Etats-Unis d'Amérique
Germany	3420.5	2819.7	3036.7	3034.6	3344.3	Allemagne
Italy-San Marino-Holy See	3061.7	2947.7	2846.9	2917.1	3501.4	Italie-Saint-Marin-Saint-Siège
France-Monaco	2584.1	2473.1	2193.9	2242.3	2661.0	France-Monaco
United Kingdom	2029.5	2057.5	2191.0	2359.2	3218.2	Royaume-Uni
Russian Federation	1168.6	985.0	1690.4	2229.2	2123.9	Fédération de Russie
Mexico	1081.4	1520.3	1800.8	1832.3	1857.8	Mexique
China, Hong Kong SAR	1451.1	1512.8	1419.5	1287.9	1370.9	Chine - RAS de Hong-Kong
Korea, Republic of	790.0	1128.3	834.4	1265.0	1467.0	République de Corée
Netherlands	936.3	868.2	903.6	1092.1	1590.0	Pays-Bas
Canada	692.6	741.3	837.0	844.5	899.6	Canada
Belgium	731.2	650.4	743.7	754.4	971.6	Belgique
Spain	716.7	651.1	598.9	684.1	878.2	Espagne
Greece	729.6	650.7	586.6	708.0	853.8	Grèce
China	506.4	643.2	616.2	642.4	780.5	Chine
Saudi Arabia	577.3	582.3	538.7	531.0	607.0	Arabie saoudite
Portugal	415.9	437.8	418.0	429.5	e438.8	Portugal
Denmark	390.4	400.7	331.2	389.3	505.6	Danemark
Sweden	282.7	314.6	313.1	374.7	489.8	Suède
United Arab Emirates	470.0	285.9	283.2	e290.6	e340.5	Emirates arabes unis
Switzerland-Liechtenstein	308.1	325.6	304.0	326.5	388.7	Suisse-Liechtenstein
Austria	301.0	289.6	296.9	290.6	352.1	Autriche
Singapore	238.8	271.3	264.4	276.6	312.4	Singapour
Egypt	271.7	283.2	161.2	226.7	186.0	Egypte
Ireland	143.0	170.6	213.7	206.3	273.6	Irlande
Malaysia	162.7	195.7	211.8	223.1	203.7	Malaisie
Chile	166.4	177.5	167.0	175.9	219.5	Chili
Israel	129.7	149.4	127.2	125.0	118.3	Israël
Romania	61.0	70.5	155.9	180.6	180.8	Roumanie

(Value as percentages of World total)

(Valeur en pourcentage du total mondial)

Regions of the world	1994	1995	1996	1997	1998	1999	2000	2001	2002	2003	Régions du monde
World	100.0	100.0	100.0	100.0	100.0	100.0	100.0	100.0	100.0	100.0	Monde
Africa	1.7	1.8	1.4	1.6	1.7	1.8	2.0	1.6	1.9	2.0	Afrique
Americas	12.8	9.9	10.2	12.7	14.6	15.0	17.4	19.1	18.2	16.2	Amériques
- Northern America	8.4	6.6	6.5	7.9	8.8	9.7	11.0	12.1	11.7	10.4	- Amérique du Nord
- LAIA	3.5	2.4	2.9	4.0	4.7	4.4	5.5	6.0	5.6	5.0	- ALAI
- CACM	0.1	0.1	0.1	0.1	0.2	0.2	0.2	0.2	0.2	0.2	- MCC
- Caribbean	0.8	0.8	0.6	0.6	0.8	0.7	0.7	0.6	0.6	0.5	- Caraïbes
- Rest of America	0.1	0.1	0.0	0.0	0.1	0.1	0.1	0.1	0.1	0.0	- Autre d'Amérique
Asia excluding former USSR	30.0	33.3	33.4	31.0	29.1	33.5	35.3	32.7	30.9	30.5	Asie ancienne URSS exclus
- Middle East	2.7	3.4	3.7	4.1	4.5	4.1	3.5	3.4	3.3	3.4	- Moyen-Orient
Asia former USSR	0.4	0.3	0.4	0.4	0.3	0.3	0.3	0.2	0.2	0.2	Asie ancienne URSS
Europe excluding former USSR	50.7	49.9	49.2	47.2	48.3	45.1	41.4	40.9	42.0	45.1	Europe ancienne URSS exclus
- European Union	47.9	47.4	46.7	44.7	45.3	42.9	39.0	38.2	39.0	42.1	- Union Européenne
- Eastern Europe	1.2	0.9	0.8	0.9	1.3	0.8	0.9	1.1	1.4	1.4	- Europe de l'Est
- Rest of Europe	1.6	1.6	1.7	1.6	1.6	1.5	1.5	1.5	1.6	1.6	- Autre de l'Europe
Europe former USSR	3.9	4.3	4.8	6.6	5.6	3.8	3.0	4.9	6.0	5.2	Europe ancienne URSS
Oceania	0.5	0.5	0.7	0.5	0.5	0.5	0.7	0.7	0.8	0.8	Océanie

TRADE BY COMMODITY (Value in million US dollars)
Exports by principal countries or areas

COMMERCE PAR PRODUIT (Valeur en millions de dollars EU)
Exportations selon les principaux pays ou zones

Country or area	1999	2000	2001	2002	2003	Pays ou zone
World	36346.7	37436.6	38798.9	38870.5	45353.7	Monde
Africa	84.3	185.5	219.6	292.5	399.0	Afrique
Americas	10669.4	12423.9	13048.1	12513.8	14379.9	Amériques
- Northern America	7758.9	9297.1	9453.8	8465.7	9169.2	- Amérique du Nord
- LAIA	2804.3	3000.3	3464.9	3903.0	5073.7	- ALAI
- CACM	84.5	104.9	106.3	118.3	119.2	- MCC
- Caribbean	8.2	9.7	8.6	6.5	4.3	- Caraïbes
- Rest of America	13.4	11.9	14.6	20.3	13.5	- Autre d'Amérique
Asia excluding former USSR	2590.0	2562.6	2699.8	2422.8	2635.8	Asie ancienne URSS exclus
- Middle East	95.9	74.9	79.9	68.9	84.4	- Moyen-Orient
Asia former USSR	13.0	1.7	5.5	0.8	1.8	Asie ancienne URSS
Europe excluding former USSR	18496.6	17412.6	17485.6	18130.8	21712.3	Europe ancienne URSS exclus
- European Union	17655.5	16589.0	16490.2	17110.3	20351.9	- Union Européenne
- Eastern Europe	772.3	764.6	930.3	958.9	1288.5	- Europe de l'Est
- Rest of Europe	68.8	58.9	65.0	61.6	71.9	- Autre de l'Europe
Europe former USSR	265.9	297.7	286.3	328.6	431.9	Europe ancienne URSS
Oceania	4227.6	4552.5	5054.1	5181.2	5793.0	Océanie
United States	5841.9	6946.9	6679.9	5770.4	6639.3	Etats-Unis d'Amérique
Netherlands	3795.7	3583.6	3201.0	3358.2	3905.8	Pays-Bas
Australia	2644.8	2870.4	3236.5	3193.2	3385.2	Australie
Denmark	2545.7	2584.2	2904.0	2721.1	3118.9	Danemark
France-Monaco	3029.9	2825.0	2351.2	2448.0	2988.0	France-Monaco
Canada	1916.2	2349.9	2773.7	2695.1	2529.7	Canada
Brazil	1520.4	1596.1	2542.4	2741.2	3625.5	Brésil
Germany	2062.9	1686.7	2224.2	2529.3	2883.6	Allemagne
Belgium	1639.2	1790.8	2057.0	1985.0	2257.9	Belgique
New Zealand	1578.6	1677.8	1813.2	1983.0	2406.6	Nouvelle-Zélande
Ireland	1632.4	1361.8	1116.5	1236.6	1594.9	Irlande
Spain	996.1	1018.0	1142.9	1118.0	1516.6	Espagne
China, Hong Kong SAR	739.6	809.2	744.2	685.0	718.5	Chine - RAS de Hong-Kong
China	688.2	748.2	852.9	677.5	660.2	Chine
United Kingdom	879.9	786.8	457.5	570.8	757.1	Royaume-Uni
Thailand	435.9	427.7	596.2	e559.3	653.3	Thaïlande
Hungary	484.2	482.8	561.8	539.8	599.0	Hongrie
Italy-San Marino-Holy See	531.3	469.2	483.5	535.1	604.5	Italie-Saint-Marin-Saint-Siège
Argentina	653.1	619.9	221.6	441.4	593.3	Argentine
Austria	366.3	333.6	391.0	432.2	486.7	Autriche
Uruguay	375.4	424.3	257.8	283.9	396.3	Uruguay
Poland	206.5	200.3	239.9	289.9	544.2	Pologne
India	184.4	323.5	250.1	278.2	362.2	Inde
Ukraine	167.7	194.6	159.4	209.6	e269.8	Ukraine
Mexico	148.7	191.3	206.5	201.5	170.9	Mexique
Chile	60.5	85.2	133.0	151.4	219.3	Chili
Korea, Republic of	340.2	76.5	46.3	20.2	17.3	République de Corée
Sweden	83.7	54.8	63.2	66.7	88.8	Suède
Nicaragua	44.6	55.7	68.5	90.9	86.6	Nicaragua
Finland	48.2	53.3	61.1	69.3	101.7	Finlande

(Value as percentages of World total)

(Valeur en pourcentage du total mondial)

Regions of the world	1994	1995	1996	1997	1998	1999	2000	2001	2002	2003	Régions du monde
World	100.0	100.0	100.0	100.0	100.0	100.0	100.0	100.0	100.0	100.0	Monde
Africa	0.2	0.2	0.3	0.2	0.3	0.2	0.5	0.6	0.8	0.9	Afrique
Americas	22.6	23.6	25.8	27.6	28.0	29.4	33.2	33.6	32.2	31.7	Amériques
- Northern America	16.4	17.8	19.3	20.4	20.5	21.3	24.8	24.4	21.8	20.2	- Amérique du Nord
- LAIA	5.7	5.5	6.3	7.0	7.2	7.7	8.0	8.9	10.0	11.2	- ALAI
- CACM	0.5	0.3	0.3	0.2	0.2	0.2	0.3	0.3	0.3	0.3	- MCC
- Caribbean	0.0	0.0	0.0	0.0	0.0	0.0	0.0	0.0	0.0	0.0	- Caraïbes
- Rest of America	0.0	0.0	0.0	0.0	0.0	0.0	0.0	0.0	0.1	0.0	- Autre d'Amérique
Asia excluding former USSR	8.6	9.9	10.8	7.7	7.6	7.1	6.8	7.0	6.2	5.8	Asie ancienne URSS exclus
- Middle East	0.4	0.4	0.3	0.3	0.4	0.3	0.2	0.2	0.2	0.2	- Moyen-Orient
Asia former USSR	0.0	0.1	0.1	0.2	0.1	0.0	0.0	0.0	0.0	0.0	Asie ancienne URSS
Europe excluding former USSR	55.1	54.3	51.8	51.8	52.1	50.9	46.5	45.1	46.6	47.9	Europe ancienne URSS exclus
- European Union	52.8	52.0	49.2	49.1	49.4	48.6	44.3	42.5	44.0	44.9	- Union Européenne
- Eastern Europe	2.1	2.1	2.4	2.6	2.5	2.1	2.0	2.4	2.5	2.8	- Europe de l'Est
- Rest of Europe	0.3	0.2	0.2	0.2	0.2	0.2	0.2	0.2	0.2	0.2	- Autre de l'Europe
Europe former USSR	0.9	1.0	1.1	1.2	0.9	0.7	0.8	0.7	0.8	1.0	Europe ancienne URSS
Oceania	12.5	10.8	10.1	11.2	11.1	11.6	12.2	13.0	13.3	12.8	Océanie

012 Meat and edible meat offal, in brine, dried, salted or smoked

TRADE BY COMMODITY (Value in million US dollars)
Imports by principal countries or areas

COMMERCE PAR PRODUIT (Valeur en millions de dollars EU)
Importations selon les principaux pays ou zones

Country or area	1999	2000	2001	2002	2003	Pays ou zone
World	1426.8	1452.8	1643.5	1742.8	2173.8	Monde
Africa	12.3	10.6	8.2	11.7	10.7	Afrique
Americas	154.9	199.3	201.4	197.3	290.9	Amériques
- Northern America	95.1	134.6	135.9	149.2	235.9	- Amérique du Nord
- LAIA	42.2	44.2	45.7	31.3	37.5	- ALAI
- CACM	1.4	1.0	1.2	0.7	1.0	- MCC
- Caribbean	12.3	15.8	15.3	13.0	14.6	- Caraïbes
- Rest of America	3.9	3.7	3.4	3.0	2.0	- Autre d'Amérique
Asia excluding former USSR	66.2	47.7	44.6	47.0	50.6	Asie ancienne URSS exclus
- Middle East	26.9	4.6	4.5	5.6	6.7	- Moyen-Orient
Asia former USSR	0.4	0.4	0.3	0.4	0.5	Asie ancienne URSS
Europe excluding former USSR	1187.8	1189.2	1383.8	1480.5	1812.7	Europe ancienne URSS exclus
- European Union	1149.7	1153.3	1347.3	1438.9	1758.1	- Union Européenne
- Eastern Europe	1.9	1.8	1.6	2.5	4.6	- Europe de l'Est
- Rest of Europe	36.2	34.0	34.9	39.1	50.0	- Autre de l'Europe
Europe former USSR	2.4	2.6	2.6	2.4	3.4	Europe ancienne URSS
Oceania	2.8	3.0	2.6	3.5	5.1	Océanie
United Kingdom	642.3	684.6	816.7	852.7	1018.3	Royaume-Uni
France-Monaco	177.5	177.1	187.1	201.2	248.9	France-Monaco
United States	78.9	110.5	105.7	118.8	203.0	Etats-Unis d'Amérique
Germany	117.7	91.8	125.4	123.8	136.3	Allemagne
Belgium	57.0	54.1	54.9	56.2	84.2	Belgique
Italy-San Marino-Holy See	33.2	29.4	39.6	44.7	51.1	Italie-Saint-Marin-Saint-Siège
Netherlands	28.0	28.0	33.8	33.8	49.2	Pays-Bas
Canada	15.8	23.6	29.6	30.0	32.0	Canada
Mexico	11.6	19.7	28.1	26.2	32.3	Mexique
Portugal	16.6	16.4	20.5	28.8	e29.5	Portugal
Ireland	20.8	18.4	17.3	23.3	29.8	Irlande
Denmark	16.2	17.1	11.6	19.1	42.3	Danemark
Switzerland-Liechtenstein	20.8	21.0	19.1	19.8	25.5	Suisse-Liechtenstein
Japan	15.2	18.4	16.5	18.5	21.4	Japon
China, Hong Kong SAR	16.4	17.1	15.9	15.8	14.4	Chine - RAS de Hong-Kong
Austria	10.9	10.0	12.1	14.6	16.9	Autriche
Argentina	25.1	20.2	13.5	1.2	e1.9	Argentine
Spain	8.8	7.1	6.7	11.7	18.9	Espagne
Luxembourg	9.4	8.9	9.2	10.5	12.0	Luxembourg
Sweden	6.4	5.9	6.8	11.1	11.7	Suède
United Arab Emirates	24.8	2.9	3.3	e3.4	e4.0	Emirates arabes unis
Angola	e8.0	e7.4	e5.2	e7.6	e6.2	Angola
Bahamas	5.0	7.2	6.4	e5.4	e5.9	Bahamas
Croatia	3.8	3.2	5.2	5.5	7.9	Croatie
Singapore	3.9	4.5	4.2	3.8	4.7	Singapour
Andorra	3.8	3.5	3.8	4.3	e5.6	Andorre
Bosnia and Herzegovina	e4.8	e3.0	e2.9	e3.5	2.9	Bosnie-Herzégovine
Greece	2.7	2.4	2.8	3.9	4.1	Grèce
Finland	2.3	2.1	2.9	3.3	4.9	Finlande
Norway	0.6	1.1	1.6	2.2	3.8	Norvège

(Value as percentages of World total)   **(Valeur en pourcentage du total mondial)**

Regions of the world	1994	1995	1996	1997	1998	1999	2000	2001	2002	2003	Régions du monde
World	100.0	100.0	100.0	100.0	100.0	100.0	100.0	100.0	100.0	100.0	Monde
Africa	0.4	0.4	0.4	0.4	0.5	0.9	0.7	0.5	0.7	0.5	Afrique
Americas	10.1	8.3	7.5	8.6	9.3	10.9	13.7	12.3	11.3	13.4	Amériques
- Northern America	5.2	4.4	4.1	4.6	4.7	6.7	9.3	8.3	8.6	10.8	- Amérique du Nord
- LAIA	3.2	2.2	2.1	2.7	3.1	3.0	3.0	2.8	1.8	1.7	- ALAI
- CACM	0.0	0.0	0.0	0.1	0.1	0.1	0.1	0.1	0.0	0.0	- MCC
- Caribbean	1.3	1.4	1.1	1.0	1.1	0.9	1.1	0.9	0.7	0.7	- Caraïbes
- Rest of America	0.4	0.3	0.1	0.2	0.2	0.3	0.3	0.2	0.2	0.1	- Autre d'Amérique
Asia excluding former USSR	2.5	2.4	2.1	2.6	4.3	4.6	3.3	2.7	2.7	2.3	Asie ancienne URSS exclus
- Middle East	0.1	0.1	0.1	0.2	1.7	1.9	0.3	0.3	0.3	0.3	- Moyen-Orient
Asia former USSR	0.0	0.0	0.0	0.0	0.0	0.0	0.0	0.0	0.0	0.0	Asie ancienne URSS
Europe excluding former USSR	84.9	87.0	88.3	82.5	80.2	83.2	81.9	84.2	84.9	83.4	Europe ancienne URSS exclus
- European Union	83.3	85.0	86.4	80.2	77.4	80.6	79.4	82.0	82.6	80.9	- Union Européenne
- Eastern Europe	0.0	0.1	0.1	0.1	0.1	0.1	0.1	0.1	0.1	0.2	- Europe de l'Est
- Rest of Europe	1.6	1.9	1.8	2.2	2.6	2.5	2.3	2.1	2.2	2.3	- Autre de l'Europe
Europe former USSR	1.9	1.8	1.6	5.7	5.6	0.2	0.2	0.2	0.1	0.2	Europe ancienne URSS
Oceania	0.1	0.1	0.1	0.1	0.2	0.2	0.2	0.2	0.2	0.2	Océanie

TRADE BY COMMODITY (Value in million US dollars)
Exports by principal countries or areas

COMMERCE PAR PRODUIT (Valeur en millions de dollars EU)
Exportations selon les principaux pays ou zones

Country or area	1999	2000	2001	2002	2003	Pays ou zone
World	1552.1	1604.0	1698.9	1776.7	2309.9	Monde
Africa	0.8	0.6	0.9	1.1	1.9	Afrique
Americas	132.9	187.2	186.0	212.4	289.8	Amériques
- Northern America	120.1	175.0	176.8	201.5	276.5	- Amérique du Nord
- LAIA	12.5	12.1	9.0	10.6	12.7	- ALAI
- CACM	0.2	0.0	0.1	0.2	0.6	- MCC
- Caribbean	0.0	0.0	0.0	0.0	0.0	- Caraïbes
- Rest of America	0.0	0.0	0.0	0.0	0.0	- Autre d'Amérique
Asia excluding former USSR	5.7	6.7	5.6	6.7	8.4	Asie ancienne URSS exclus
- Middle East	0.3	0.3	0.2	0.3	1.3	- Moyen-Orient
Asia former USSR	0.0	0.0	0.0	0.0	0.0	Asie ancienne URSS
Europe excluding former USSR	1408.5	1404.8	1502.0	1550.9	1993.5	Europe ancienne URSS exclus
- European Union	1383.6	1381.6	1479.4	1526.9	1965.2	- Union Européenne
- Eastern Europe	3.9	4.0	5.3	4.1	5.0	- Europe de l'Est
- Rest of Europe	21.0	19.2	17.4	19.9	23.3	- Autre de l'Europe
Europe former USSR	0.4	0.1	0.2	0.2	0.4	Europe ancienne URSS
Oceania	3.9	4.5	4.1	5.3	15.7	Océanie
Netherlands	356.2	361.6	321.3	331.0	496.3	Pays-Bas
Denmark	324.1	330.9	394.3	378.1	428.2	Danemark
Italy-San Marino-Holy See	318.9	303.4	345.3	350.1	440.5	Italie-Saint-Marin-Saint-Siège
Spain	94.5	94.6	91.0	112.8	156.1	Espagne
France-Monaco	88.8	85.8	115.1	100.6	110.2	France-Monaco
Belgium	86.5	84.1	96.7	94.5	125.0	Belgique
United States	62.4	85.0	92.4	116.8	126.0	Etats-Unis d'Amérique
Canada	57.7	90.1	84.4	84.7	150.4	Canada
Germany	50.4	51.0	49.3	67.8	90.2	Allemagne
United Kingdom	23.8	33.0	31.6	46.4	64.0	Royaume-Uni
Ireland	17.8	15.1	12.1	19.2	22.4	Irlande
Austria	14.4	12.4	13.1	16.8	20.6	Autriche
Switzerland-Liechtenstein	13.8	13.1	10.7	13.2	15.5	Suisse-Liechtenstein
Brazil	5.1	5.4	5.1	6.0	7.6	Brésil
Luxembourg	3.1	5.9	5.9	4.5	5.7	Luxembourg
Slovenia	3.7	4.1	4.6	4.2	4.6	Slovénie
Mexico	6.4	5.5	2.7	1.3	1.9	Mexique
Portugal	3.9	2.3	2.8	3.9	e4.5	Portugal
New Zealand	0.2	0.1	0.4	2.8	13.4	Nouvelle-Zélande
Australia	3.7	4.4	3.7	2.5	2.3	Australie
China	2.6	3.4	2.6	2.6	3.1	Chine
Hungary	1.5	1.5	2.3	2.4	3.3	Hongrie
Poland	2.0	2.4	2.9	1.6	1.7	Pologne
Bosnia and Herzegovina	e1.6	e0.7	e1.1	e1.1	1.1	Bosnie-Herzégovine
Uruguay	0.9	1.1	1.0	1.2	1.0	Uruguay
Sweden	1.0	0.6	0.8	1.0	1.2	Suède
Korea, Republic of	0.3	0.5	0.5	0.7	1.3	République de Corée
India	0.2	0.0	0.3	0.9	1.8	Inde
Argentina	0.0	0.1	0.0	1.2	1.8	Argentine
Malaysia	1.3	1.3	0.3	0.1	0.1	Malaisie

(Value as percentages of World total)
(Valeur en pourcentage du total mondial)

Regions of the world	1994	1995	1996	1997	1998	1999	2000	2001	2002	2003	Régions du monde
World	100.0	100.0	100.0	100.0	100.0	100.0	100.0	100.0	100.0	100.0	Monde
Africa	0.1	0.0	0.0	0.0	0.0	0.1	0.0	0.1	0.1	0.1	Afrique
Americas	8.8	8.8	7.3	7.2	8.0	8.6	11.7	11.0	12.0	12.5	Amériques
- Northern America	7.9	8.1	6.7	6.8	7.5	7.7	10.9	10.4	11.3	12.0	- Amérique du Nord
- LAIA	0.8	0.7	0.6	0.3	0.5	0.8	0.8	0.5	0.6	0.5	- ALAI
- CACM	0.0	0.0	0.0	0.0	0.0	0.0	0.0	0.0	0.0	0.0	- MCC
- Caribbean	0.0	0.0	0.0	0.0	0.0	0.0	0.0	0.0	0.0	0.0	- Caraïbes
- Rest of America	0.0	0.0	0.0	0.0	0.0	0.0	0.0	0.0	0.0	0.0	- Autre d'Amérique
Asia excluding former USSR	1.1	1.1	0.9	0.9	0.6	0.4	0.4	0.3	0.4	0.4	Asie ancienne URSS exclus
- Middle East	0.0	0.0	0.1	0.2	0.0	0.0	0.0	0.0	0.0	0.1	- Moyen-Orient
Asia former USSR	0.0	0.1	0.0	0.0	0.0	0.0	0.0	0.0	0.0	0.0	Asie ancienne URSS
Europe excluding former USSR	89.7	89.6	91.5	91.4	91.1	90.7	87.6	88.4	87.3	86.3	Europe ancienne URSS exclus
- European Union	87.5	88.0	89.5	89.2	88.4	89.1	86.1	87.1	85.9	85.1	- Union Européenne
- Eastern Europe	0.4	0.1	0.8	1.0	1.2	0.3	0.2	0.3	0.2	0.2	- Europe de l'Est
- Rest of Europe	1.8	1.6	1.2	1.2	1.5	1.4	1.2	1.0	1.1	1.0	- Autre de l'Europe
Europe former USSR	0.0	0.0	0.0	0.2	0.1	0.0	0.0	0.0	0.0	0.0	Europe ancienne URSS
Oceania	0.3	0.3	0.2	0.2	0.2	0.3	0.3	0.2	0.3	0.7	Océanie

014 Meat and edible meat offal, prepared, preserved, nes; fish extracts

TRADE BY COMMODITY (Value in million US dollars)
Imports by principal countries or areas

COMMERCE PAR PRODUIT (Valeur en millions de dollars EU)
Importations selon les principaux pays ou zones

Country or area	1999	2000	2001	2002	2003	Pays ou zone
World	5679.4	5819.3	6580.6	6809.8	7794.1	Monde
Africa	67.2	70.7	67.6	80.8	87.8	Afrique
Americas	1065.8	1049.5	1103.7	1115.6	1159.9	Amériques
- Northern America	695.9	706.0	732.6	770.7	841.8	- Amérique du Nord
- LAIA	249.3	218.6	251.2	208.5	182.9	- ALAI
- CACM	31.2	27.9	27.6	49.8	53.9	- MCC
- Caribbean	69.7	76.2	74.9	68.3	62.6	- Caraïbes
- Rest of America	19.7	20.8	17.3	18.3	18.7	- Autre d'Amérique
Asia excluding former USSR	1165.4	1304.5	1427.2	1527.6	1643.2	Asie ancienne URSS exclus
- Middle East	119.4	122.8	116.3	128.3	143.1	- Moyen-Orient
Asia former USSR	23.2	35.4	28.4	24.8	29.9	Asie ancienne URSS
Europe excluding former USSR	3208.3	3208.6	3789.4	3889.4	4685.6	Europe ancienne URSS exclus
- European Union	2941.4	2987.4	3580.3	3658.6	4427.7	- Union Européenne
- Eastern Europe	60.8	57.5	55.0	57.6	70.4	- Europe de l'Est
- Rest of Europe	206.2	163.7	154.1	173.2	187.5	- Autre de l'Europe
Europe former USSR	88.1	83.3	94.3	99.2	100.0	Europe ancienne URSS
Oceania	61.4	67.3	70.1	72.4	87.6	Océanie
United Kingdom	802.3	848.9	983.2	1061.1	1271.6	Royaume-Uni
Japan	739.8	880.2	995.3	1067.1	1159.9	Japon
Germany	715.5	677.5	896.8	759.6	875.5	Allemagne
United States	476.2	465.6	471.6	500.7	544.8	Etats-Unis d'Amérique
Netherlands	266.0	338.4	412.9	417.0	500.2	Pays-Bas
Belgium	245.1	238.1	279.2	297.1	382.9	Belgique
France-Monaco	236.3	244.2	270.6	273.2	343.3	France-Monaco
Canada	210.7	236.1	255.4	263.7	286.7	Canada
China, Hong Kong SAR	158.5	162.3	165.4	161.3	179.4	Chine - RAS de Hong-Kong
Italy-San Marino-Holy See	122.0	115.1	126.5	131.1	158.4	Italie-Saint-Marin-Saint-Siège
Mexico	90.1	120.6	158.0	147.1	128.6	Mexique
Spain	111.8	92.2	115.3	118.3	155.8	Espagne
Ireland	95.8	83.5	115.8	128.6	158.0	Irlande
Sweden	87.2	84.2	91.5	110.5	132.6	Suède
Denmark	65.3	74.6	79.9	110.3	132.6	Danemark
Austria	70.0	76.3	80.5	94.7	118.1	Autriche
Switzerland-Liechtenstein	69.4	64.5	67.2	72.1	79.4	Suisse-Liechtenstein
Singapore	70.1	64.0	63.5	66.8	66.4	Singapour
Russian Federation	74.6	64.3	64.4	62.5	56.0	Fédération de Russie
Portugal	42.9	39.3	44.9	51.1	e52.2	Portugal
Greece	33.0	32.0	34.4	48.7	62.4	Grèce
Korea, Republic of	28.6	34.7	41.4	42.9	46.0	République de Corée
Luxembourg	30.6	29.7	32.1	35.8	45.6	Luxembourg
Bosnia and Herzegovina	e63.5	e33.0	e21.1	e25.1	21.0	Bosnie-Herzégovine
Cuba	30.8	30.8	36.7	e29.0	e22.7	Cuba
Lebanon	33.0	28.8	25.6	28.3	29.7	Liban
Angola	e25.7	e24.9	e28.0	e33.6	e26.3	Angola
Finland	17.7	13.4	16.7	21.6	38.4	Finlande
Saudi Arabia	22.1	24.0	18.5	19.9	22.7	Arabie saoudite
Kuwait	18.1	19.4	19.7	e22.5	e27.1	Koweït

(Value as percentages of World total)

(Valeur en pourcentage du total mondial)

Regions of the world	1994	1995	1996	1997	1998	1999	2000	2001	2002	2003	Régions du monde
World	100.0	100.0	100.0	100.0	100.0	100.0	100.0	100.0	100.0	100.0	Monde
Africa	2.6	2.2	1.1	1.1	1.1	1.2	1.2	1.0	1.2	1.1	Afrique
Americas	19.2	15.3	14.5	16.3	17.4	18.8	18.0	16.8	16.4	14.9	Amériques
- Northern America	13.6	11.3	11.1	11.8	12.2	12.3	12.1	11.1	11.3	10.8	- Amérique du Nord
- LAIA	3.5	1.9	2.1	2.9	3.3	4.4	3.8	3.8	3.1	2.3	- ALAI
- CACM	0.1	0.1	0.2	0.3	0.5	0.5	0.5	0.4	0.7	0.7	- MCC
- Caribbean	1.5	1.7	0.9	1.1	1.0	1.2	1.3	1.1	1.0	0.8	- Caraïbes
- Rest of America	0.4	0.3	0.2	0.3	0.3	0.3	0.4	0.3	0.3	0.2	- Autre d'Amérique
Asia excluding former USSR	14.8	16.3	19.4	19.2	18.4	20.5	22.4	21.7	22.4	21.1	Asie ancienne URSS exclus
- Middle East	1.6	1.7	1.5	1.8	2.1	2.1	2.1	1.8	1.9	1.8	- Moyen-Orient
Asia former USSR	0.3	0.4	0.7	0.7	0.8	0.4	0.6	0.4	0.4	0.4	Asie ancienne URSS
Europe excluding former USSR	55.4	57.4	55.5	54.7	56.7	56.5	55.1	57.6	57.1	60.1	Europe ancienne URSS exclus
- European Union	51.6	52.2	51.0	50.0	51.5	51.8	51.3	54.4	53.7	56.8	- Union Européenne
- Eastern Europe	0.7	1.1	0.9	1.3	1.7	1.1	1.0	0.8	0.8	0.9	- Europe de l'Est
- Rest of Europe	3.1	4.1	3.7	3.5	3.6	3.6	2.8	2.3	2.5	2.4	- Autre de l'Europe
Europe former USSR	6.8	7.4	7.7	7.1	4.5	1.6	1.4	1.4	1.5	1.3	Europe ancienne URSS
Oceania	0.8	0.9	1.0	0.9	1.0	1.1	1.2	1.1	1.1	1.1	Océanie

Préparations ou conserves de viandes, n.d.a.; extraits de poisson 014

TRADE BY COMMODITY (Value in million US dollars)
Exports by principal countries or areas

COMMERCE PAR PRODUIT (Valeur en millions de dollars EU)
Exportations selon les principaux pays ou zones

Country or area	1999	2000	2001	2002	2003	Pays ou zone
World	5564.9	5640.2	6273.3	6722.6	7727.1	Monde
Africa	21.2	18.1	10.8	13.1	15.4	Afrique
Americas	1278.5	1286.9	1378.5	1389.5	1526.3	Amériques
- Northern America	620.7	694.3	789.5	781.4	820.0	- Amérique du Nord
- LAIA	638.4	572.7	567.7	587.9	685.0	- ALAI
- CACM	9.9	12.0	14.5	12.9	11.4	- MCC
- Caribbean	6.7	6.7	5.8	6.1	6.6	- Caraïbes
- Rest of America	2.8	1.2	0.9	1.2	3.3	- Autre d'Amérique
Asia excluding former USSR	753.3	962.6	1139.5	1281.5	1438.6	Asie ancienne URSS exclus
- Middle East	24.1	23.6	29.3	29.7	40.4	- Moyen-Orient
Asia former USSR	0.5	0.8	0.4	0.4	0.7	Asie ancienne URSS
Europe excluding former USSR	3397.3	3245.7	3610.3	3888.0	4552.3	Europe ancienne URSS exclus
- European Union	3052.7	2931.6	3317.2	3587.5	4205.1	- Union Européenne
- Eastern Europe	251.8	243.9	222.5	220.2	248.7	- Europe de l'Est
- Rest of Europe	92.7	70.2	70.5	80.3	98.5	- Autre de l'Europe
Europe former USSR	47.1	54.7	54.1	63.9	91.3	Europe ancienne URSS
Oceania	66.9	71.3	79.7	86.1	102.4	Océanie
China	374.6	502.2	625.9	704.9	759.4	Chine
United States	471.8	520.5	609.5	592.0	617.3	Etats-Unis d'Amérique
Germany	373.0	362.7	597.8	619.8	702.4	Allemagne
France-Monaco	545.7	510.9	461.1	478.3	577.8	France-Monaco
Belgium	439.9	418.1	454.8	488.4	592.1	Belgique
Denmark	475.6	420.2	443.1	469.6	414.8	Danemark
Netherlands	367.4	348.5	411.0	427.2	509.2	Pays-Bas
Thailand	277.7	349.3	395.9	e444.3	519.1	Thaïlande
Brazil	403.6	325.7	335.5	383.5	459.8	Brésil
Ireland	235.0	249.2	299.3	383.8	485.2	Irlande
Italy-San Marino-Holy See	222.5	221.9	241.4	267.5	316.5	Italie-Saint-Marin-Saint-Siège
Canada	148.9	173.8	180.0	189.4	202.6	Canada
Spain	146.7	176.4	165.0	174.3	231.7	Espagne
Argentina	175.5	169.9	142.3	133.6	140.4	Argentine
United Kingdom	115.7	108.5	116.9	126.2	166.5	Royaume-Uni
Poland	119.3	113.7	81.4	86.8	105.7	Pologne
Hungary	100.8	95.3	100.0	100.9	105.6	Hongrie
Austria	55.3	48.1	54.7	67.2	101.7	Autriche
Australia	37.5	38.1	40.8	44.9	67.4	Australie
Slovenia	36.4	34.1	36.1	41.0	48.1	Slovénie
Sweden	32.5	28.0	27.9	40.2	51.6	Suède
Mexico	24.8	42.8	46.4	29.9	29.0	Mexique
New Zealand	27.2	31.1	35.0	36.9	29.7	Nouvelle-Zélande
Israel	16.3	30.9	31.2	23.1	24.2	Israël
Croatia	28.6	19.2	16.1	19.8	24.4	Croatie
Portugal	16.2	14.6	22.4	24.3	e28.2	Portugal
Chile	11.5	14.5	23.1	19.8	31.8	Chili
Uruguay	21.6	17.9	18.0	18.9	22.9	Uruguay
Belarus	10.6	11.4	17.2	20.6	39.3	Bélarus
China, Hong Kong SAR	20.4	14.8	16.4	20.5	25.1	Chine - RAS de Hong-Kong

(Value as percentages of World total)

(Valeur en pourcentage du total mondial)

Regions of the world	1994	1995	1996	1997	1998	1999	2000	2001	2002	2003	Régions du monde
World	100.0	100.0	100.0	100.0	100.0	100.0	100.0	100.0	100.0	100.0	Monde
Africa	0.6	0.6	0.4	0.4	0.3	0.4	0.3	0.2	0.2	0.2	Afrique
Americas	20.9	21.2	20.0	20.3	22.0	23.0	22.8	22.0	20.7	19.8	Amériques
- Northern America	8.4	8.5	10.2	11.3	11.3	11.2	12.3	12.6	11.6	10.6	- Amérique du Nord
- LAIA	12.4	12.4	9.6	8.7	10.4	11.5	10.2	9.0	8.7	8.9	- ALAI
- CACM	0.1	0.1	0.1	0.1	0.1	0.2	0.2	0.2	0.2	0.1	- MCC
- Caribbean	0.1	0.1	0.1	0.1	0.1	0.1	0.1	0.1	0.1	0.1	- Caraïbes
- Rest of America	0.0	0.0	0.0	0.0	0.0	0.1	0.0	0.0	0.0	0.0	- Autre d'Amérique
Asia excluding former USSR	9.3	10.1	10.9	11.0	10.3	13.5	17.1	18.2	19.1	18.6	Asie ancienne URSS exclus
- Middle East	0.4	0.4	1.3	1.7	0.4	0.4	0.4	0.5	0.4	0.5	- Moyen-Orient
Asia former USSR	0.1	0.5	0.2	0.1	0.0	0.0	0.0	0.0	0.0	0.0	Asie ancienne URSS
Europe excluding former USSR	66.6	64.9	65.1	64.0	64.9	61.0	57.5	57.5	57.8	58.9	Europe ancienne URSS exclus
- European Union	59.5	57.8	56.9	53.8	55.3	54.9	52.0	52.9	53.4	54.4	- Union Européenne
- Eastern Europe	5.0	5.3	6.7	8.9	7.9	4.5	4.3	3.5	3.3	3.2	- Europe de l'Est
- Rest of Europe	2.1	1.8	1.5	1.4	1.7	1.7	1.2	1.1	1.2	1.3	- Autre de l'Europe
Europe former USSR	1.4	1.6	2.2	3.2	1.5	0.8	1.0	0.9	1.0	1.2	Europe ancienne URSS
Oceania	1.2	1.3	1.3	1.0	1.0	1.2	1.3	1.3	1.3	1.3	Océanie

022 Milk and cream

Country or area	1999	2000	2001	2002	2003	Pays ou zone
World	13106.5	13341.8	13988.6	13160.0	15332.3	Monde
Africa	1134.5	1039.2	1292.3	1235.8	1379.4	Afrique
Americas	1640.1	1747.4	1786.7	1527.7	1466.4	Amériques
- Northern America	262.6	319.5	286.4	285.1	309.4	- Amérique du Nord
- LAIA	1010.9	1073.6	1127.8	902.2	824.0	- ALAI
- CACM	152.6	135.6	147.6	126.1	124.2	- MCC
- Caribbean	173.5	188.2	188.5	183.8	174.2	- Caraïbes
- Rest of America	40.6	30.4	36.4	30.5	34.7	- Autre d'Amérique
Asia excluding former USSR	3220.2	3709.2	4130.0	3630.3	3912.4	Asie ancienne URSS exclus
- Middle East	961.1	1125.0	1142.2	1194.3	1337.8	- Moyen-Orient
Asia former USSR	40.4	42.2	41.1	49.9	74.9	Asie ancienne URSS
Europe excluding former USSR	6805.9	6538.1	6474.8	6528.6	8248.4	Europe ancienne URSS exclus
- European Union	6533.5	6280.8	6241.8	6278.5	7960.6	- Union Européenne
- Eastern Europe	149.7	137.0	117.3	131.5	163.9	- Europe de l'Est
- Rest of Europe	122.7	120.3	115.7	118.6	123.9	- Autre de l'Europe
Europe former USSR	186.4	184.1	179.6	104.0	149.8	Europe ancienne URSS
Oceania	78.8	81.5	84.2	83.8	101.0	Océanie
Netherlands	1384.5	1344.3	1075.7	1166.9	1378.6	Pays-Bas
Italy-San Marino-Holy See	1329.6	1217.4	1185.6	1101.6	1384.8	Italie-Saint-Marin-Saint-Siège
Belgium	869.6	863.1	849.3	851.9	1072.1	Belgique
France-Monaco	853.3	840.2	842.3	733.2	840.2	France-Monaco
Germany	602.1	559.6	672.7	769.9	1121.2	Allemagne
Spain	477.1	486.9	567.4	554.4	660.0	Espagne
Algeria	365.9	373.9	485.9	448.3	455.6	Algérie
Mexico	298.7	383.5	539.9	377.4	431.1	Mexique
United Kingdom	299.0	303.8	312.7	324.5	487.2	Royaume-Uni
Philippines	280.6	352.0	398.3	305.6	354.3	Philippines
Saudi Arabia	240.2	317.3	309.1	321.7	367.7	Arabie saoudite
Malaysia	234.7	268.8	335.9	272.4	272.2	Malaisie
China, Hong Kong SAR	270.7	276.9	297.6	249.2	205.1	Chine - RAS de Hong-Kong
Brazil	384.9	326.4	157.1	223.3	96.1	Brésil
Greece	234.2	214.5	200.7	226.8	289.6	Grèce
China	150.2	206.0	210.1	256.1	319.9	Chine
Thailand	222.0	223.9	262.8	e193.0	226.3	Thaïlande
Indonesia	108.8	225.7	296.4	210.2	239.9	Indonésie
United States	197.2	226.9	181.6	188.6	202.9	Etats-Unis d'Amérique
Singapore	166.9	177.7	214.1	188.6	218.6	Singapour
United Arab Emirates	102.7	177.5	195.4	e200.4	e234.9	Emirats arabes unis
Nigeria	232.4	130.4	e178.7	e169.5	e181.5	Nigéria
Portugal	104.6	125.9	195.8	173.3	e177.0	Portugal
Japan	153.9	148.7	184.0	146.4	138.6	Japon
Ireland	187.5	146.1	122.1	123.9	189.1	Irlande
Viet Nam	86.2	126.2	236.1	119.6	e99.1	Viet Nam
Iraq	e132.2	e174.2	e109.0	e123.7	e113.5	Iraq
Venezuela	123.5	142.2	152.8	104.8	119.0	Venezuela
Sri Lanka	102.0	e145.9	109.4	105.1	e116.1	Sri Lanka
Oman	107.1	93.7	125.9	111.5	116.3	Oman

(Value as percentages of World total)　　　　　　　　　　　　　**(Valeur en pourcentage du total mondial)**

Regions of the world	1994	1995	1996	1997	1998	1999	2000	2001	2002	2003	Régions du monde
World	100.0	100.0	100.0	100.0	100.0	100.0	100.0	100.0	100.0	100.0	Monde
Africa	8.8	7.7	7.1	7.8	8.3	8.7	7.8	9.2	9.4	9.0	Afrique
Americas	11.8	11.5	12.7	13.2	14.5	12.5	13.1	12.8	11.6	9.6	Amériques
- Northern America	0.9	0.6	1.1	1.3	1.7	2.0	2.4	2.0	2.2	2.0	- Amérique du Nord
- LAIA	8.2	8.3	8.9	8.7	9.4	7.7	8.0	8.1	6.9	5.4	- ALAI
- CACM	0.8	0.7	0.8	1.0	1.1	1.2	1.0	1.1	1.0	0.8	- MCC
- Caribbean	1.6	1.6	1.6	1.8	1.9	1.3	1.4	1.3	1.4	1.1	- Caraïbes
- Rest of America	0.3	0.3	0.3	0.4	0.4	0.3	0.2	0.3	0.2	0.2	- Autre d'Amérique
Asia excluding former USSR	23.1	23.2	25.8	27.2	22.5	24.6	27.8	29.5	27.6	25.5	Asie ancienne URSS exclus
- Middle East	4.3	4.5	5.9	6.9	6.0	7.3	8.4	8.2	9.1	8.7	- Moyen-Orient
Asia former USSR	0.3	0.3	0.5	0.3	0.3	0.3	0.3	0.3	0.4	0.5	Asie ancienne URSS
Europe excluding former USSR	54.0	55.1	51.5	48.9	52.0	51.9	49.0	46.3	49.6	53.8	Europe ancienne URSS exclus
- European Union	52.8	53.8	50.0	47.2	50.0	49.8	47.1	44.6	47.7	51.9	- Union Européenne
- Eastern Europe	0.5	0.4	0.6	0.6	1.0	1.1	1.0	0.8	1.0	1.1	- Europe de l'Est
- Rest of Europe	0.7	0.9	1.0	1.0	1.0	0.9	0.9	0.8	0.9	0.8	- Autre de l'Europe
Europe former USSR	1.3	1.6	1.9	2.1	1.9	1.4	1.4	1.3	0.8	1.0	Europe ancienne URSS
Oceania	0.7	0.6	0.6	0.6	0.5	0.6	0.6	0.6	0.6	0.7	Océanie

TRADE BY COMMODITY (Value in million US dollars)
Exports by principal countries or areas

COMMERCE PAR PRODUIT (Valeur en millions de dollars EU)
Exportations selon les principaux pays ou zones

Country or area	1999	2000	2001	2002	2003	Pays ou zone
World	12516.4	12861.7	13928.7	12677.6	15186.1	Monde
Africa	79.2	71.1	57.5	76.6	98.1	Afrique
Americas	992.2	984.6	1130.8	1027.3	1093.9	Amériques
- Northern America	466.4	510.4	613.3	480.3	554.0	- Amérique du Nord
- LAIA	488.3	429.8	471.7	486.8	490.8	- ALAI
- CACM	21.1	25.1	25.6	42.5	34.0	- MCC
- Caribbean	7.8	9.3	10.7	8.7	10.8	- Caraïbes
- Rest of America	8.6	10.0	9.5	9.0	4.3	- Autre d'Amérique
Asia excluding former USSR	586.4	699.6	967.4	941.0	965.2	Asie ancienne URSS exclus
- Middle East	182.2	180.5	214.8	292.4	319.3	- Moyen-Orient
Asia former USSR	0.7	1.5	1.3	6.9	11.1	Asie ancienne URSS
Europe excluding former USSR	8990.5	8832.9	8870.4	8104.9	10323.6	Europe ancienne URSS exclus
- European Union	8664.5	8425.3	8338.9	7679.3	9786.9	- Union Européenne
- Eastern Europe	245.9	329.4	465.7	334.9	408.5	-´Europe de l'Est
- Rest of Europe	80.1	78.2	65.7	90.8	128.2	- Autre de l'Europe
Europe former USSR	153.6	308.9	383.0	237.2	338.4	Europe ancienne URSS
Oceania	1713.8	1963.2	2518.2	2283.7	2355.7	Océanie
Germany	2646.6	2390.3	2511.9	2010.2	2683.5	Allemagne
France-Monaco	1616.0	1587.3	1550.1	1534.7	1736.3	France-Monaco
New Zealand	968.9	1105.2	1621.0	1367.6	1638.7	Nouvelle-Zélande
Netherlands	1244.7	1238.1	1216.4	1183.9	1570.0	Pays-Bas
Belgium	1003.1	1016.0	1018.4	948.4	1153.1	Belgique
Australia	744.3	856.8	896.0	914.7	716.5	Australie
United Kingdom	581.3	543.3	456.4	461.9	701.7	Royaume-Uni
United States	349.5	414.2	447.7	354.5	419.8	Etats-Unis d'Amérique
Ireland	383.7	443.5	306.8	245.2	330.5	Irlande
Spain	263.3	269.8	370.3	324.7	405.5	Espagne
Denmark	319.7	311.6	290.8	307.8	357.8	Danemark
Austria	264.0	263.3	281.6	314.9	420.3	Autriche
Argentina	300.3	247.0	226.0	237.3	216.2	Argentine
Poland	120.9	170.8	258.0	170.5	202.2	Pologne
Saudi Arabia	116.8	113.8	115.7	148.4	e162.8	Arabie saoudite
Canada	116.9	95.6	165.2	125.3	134.2	Canada
Portugal	105.2	113.3	83.5	103.8	e120.4	Portugal
Czech Republic	80.2	100.7	127.5	92.5	124.1	République tchèque
China, Hong Kong SAR	125.9	122.2	124.9	94.7	55.0	Chine - RAS de Hong-Kong
Singapore	66.4	62.3	81.2	147.2	145.8	Singapour
Viet Nam	50.8	80.1	191.5	85.9	e81.3	Viet Nam
Ukraine	40.4	75.2	138.0	59.0	e75.9	Ukraine
Uruguay	88.0	72.8	66.0	77.6	80.2	Uruguay
Luxembourg	74.4	66.8	72.7	77.1	87.8	Luxembourg
Finland	63.2	68.2	69.3	68.5	81.9	Finlande
Thailand	32.3	35.8	89.6	e76.7	89.6	Thaïlande
Indonesia	16.8	74.5	92.5	54.6	60.6	Indonésie
Oman	48.1	43.8	64.9	61.9	76.8	Oman
Belarus	17.6	47.4	70.4	50.2	108.2	Bélarus
Malaysia	45.5	51.3	55.0	54.1	76.9	Malaisie

(Value as percentages of World total)   **(Valeur en pourcentage du total mondial)**

Regions of the world	1994	1995	1996	1997	1998	1999	2000	2001	2002	2003	Régions du monde
World	100.0	100.0	100.0	100.0	100.0	100.0	100.0	100.0	100.0	100.0	Monde
Africa	0.4	0.4	0.5	0.5	0.6	0.6	0.6	0.4	0.6	0.6	Afrique
Americas	5.1	5.8	5.8	6.8	7.5	7.9	7.7	8.1	8.1	7.2	Amériques
- Northern America	3.2	3.5	2.9	3.9	3.9	3.7	4.0	4.4	3.8	3.6	- Amérique du Nord
- LAIA	1.6	2.1	2.6	2.6	3.3	3.9	3.3	3.4	3.8	3.2	- ALAI
- CACM	0.1	0.1	0.1	0.1	0.2	0.2	0.2	0.2	0.3	0.2	- MCC
- Caribbean	0.1	0.1	0.1	0.1	0.1	0.1	0.1	0.1	0.1	0.1	- Caraïbes
- Rest of America	0.1	0.0	0.1	0.1	0.1	0.1	0.1	0.1	0.1	0.0	- Autre d'Amérique
Asia excluding former USSR	4.2	3.6	4.2	4.5	3.8	4.7	5.4	6.9	7.4	6.4	Asie ancienne URSS exclus
- Middle East	0.8	0.7	1.0	1.1	1.0	1.5	1.4	1.5	2.3	2.1	- Moyen-Orient
Asia former USSR	0.0	0.0	0.0	0.0	0.0	0.0	0.0	0.0	0.1	0.1	Asie ancienne URSS
Europe excluding former USSR	75.4	77.2	71.6	70.6	72.8	71.8	68.7	63.7	63.9	68.0	Europe ancienne URSS exclus
- European Union	72.3	74.1	68.9	67.8	70.0	69.2	65.5	59.9	60.6	64.4	- Union Européenne
- Eastern Europe	2.7	2.6	2.2	2.4	2.2	2.0	2.6	3.3	2.6	2.7	- Europe de l'Est
- Rest of Europe	0.4	0.5	0.5	0.5	0.5	0.6	0.6	0.5	0.7	0.8	- Autre de l'Europe
Europe former USSR	1.8	2.4	3.3	2.7	1.8	1.2	2.4	2.8	1.9	2.2	Europe ancienne URSS
Oceania	13.0	10.6	14.6	14.8	13.5	13.7	15.3	18.1	18.0	15.5	Océanie

023 Butter

Country or area	1999	2000	2001	2002	2003	Pays ou zone
World	3012.8	2788.2	2879.9	2786.5	3677.1	Monde
Africa	161.9	165.7	161.5	164.2	172.5	Afrique
Americas	198.7	183.4	256.8	208.7	220.6	Amériques
- Northern America	66.2	59.7	145.6	93.0	98.5	- Amérique du Nord
- LAIA	107.1	96.4	87.3	93.7	100.7	- ALAI
- CACM	7.8	8.5	8.7	6.1	6.4	- MCC
- Caribbean	15.2	15.7	12.9	13.2	12.3	- Caraïbes
- Rest of America	2.4	3.0	2.4	2.7	2.6	- Autre d'Amérique
Asia excluding former USSR	356.4	363.1	330.9	364.1	424.6	Asie ancienne URSS exclus
- Middle East	153.0	167.1	155.0	180.0	206.0	- Moyen-Orient
Asia former USSR	39.5	58.0	44.9	49.3	38.4	Asie ancienne URSS
Europe excluding former USSR	2153.0	1906.6	1926.1	1831.0	2580.3	Europe ancienne URSS exclus
- European Union	2110.5	1853.6	1888.8	1788.8	2523.1	- Union Européenne
- Eastern Europe	17.6	25.2	15.2	23.5	36.8	- Europe de l'Est
- Rest of Europe	24.9	27.7	22.0	18.7	20.3	- Autre de l'Europe
Europe former USSR	77.3	81.4	132.8	144.0	208.9	Europe ancienne URSS
Oceania	26.0	30.0	26.9	25.3	31.8	Océanie
Germany	493.6	374.7	378.2	466.4	558.4	Allemagne
France-Monaco	395.1	398.5	362.4	341.9	419.1	France-Monaco
United Kingdom	367.3	354.9	354.1	198.2	459.7	Royaume-Uni
Belgium	317.1	302.6	282.4	252.9	348.4	Belgique
Netherlands	235.6	167.0	219.8	217.9	301.1	Pays-Bas
Italy-San Marino-Holy See	147.9	114.6	131.3	137.6	170.0	Italie-Saint-Marin-Saint-Siège
Russian Federation	61.7	74.9	123.7	132.3	185.0	Fédération de Russie
Egypt	76.0	76.0	66.9	66.1	57.7	Egypte
Mexico	65.2	58.2	66.1	69.6	81.1	Mexique
United States	55.4	37.3	103.1	64.4	66.9	Etats-Unis d'Amérique
Denmark	46.4	47.2	46.8	48.0	73.2	Danemark
Morocco	33.9	43.3	45.4	48.8	53.8	Maroc
Saudi Arabia	35.9	41.5	39.9	49.6	56.7	Arabie saoudite
Spain	34.7	32.0	43.5	39.8	58.6	Espagne
Singapore	36.1	32.6	32.8	30.6	37.3	Singapour
Iran (Islamic Republic of)	22.4	36.1	25.3	38.8	41.8	Iran (République islamique d')
Greece	26.9	17.4	18.1	20.8	54.1	Grèce
Canada	10.3	21.9	41.7	27.5	30.6	Canada
Austria	16.1	15.8	21.6	26.1	38.8	Autriche
China, Hong Kong SAR	23.4	24.5	25.9	24.0	16.9	Chine - RAS de Hong-Kong
United Arab Emirates	22.5	21.0	21.7	e22.3	e26.1	Emirates arabes unis
Thailand	22.0	20.3	20.3	e18.1	21.2	Thaïlande
Algeria	22.3	13.4	17.7	17.0	23.0	Algérie
Malaysia	19.0	19.0	17.7	17.2	17.0	Malaisie
Portugal	10.1	12.1	13.9	21.1	e21.6	Portugal
Lebanon	15.4	14.0	15.5	15.0	17.0	Liban
Philippines	17.7	17.8	12.1	10.8	16.0	Philippines
Indonesia	10.2	17.1	12.3	15.5	16.6	Indonésie
Syrian Arab Republic	11.1	13.0	e15.9	14.3	14.7	République arabe syrienne
Australia	12.5	16.0	13.1	10.0	15.8	Australie

(Value as percentages of World total)　　　　　　　　　　　　**(Valeur en pourcentage du total mondial)**

Regions of the world	1994	1995	1996	1997	1998	1999	2000	2001	2002	2003	Régions du monde
World	100.0	100.0	100.0	100.0	100.0	100.0	100.0	100.0	100.0	100.0	Monde
Africa	6.7	5.4	6.5	4.4	4.6	5.4	5.9	5.6	5.9	4.7	Afrique
Americas	4.4	3.5	4.0	4.1	6.8	6.6	6.6	8.9	7.5	6.0	Amériques
- Northern America	0.2	0.1	0.5	0.9	2.7	2.2	2.1	5.1	3.3	2.7	- Amérique du Nord
- LAIA	3.4	2.6	2.6	2.4	3.2	3.6	3.5	3.0	3.4	2.7	- ALAI
- CACM	0.2	0.1	0.2	0.2	0.3	0.3	0.3	0.3	0.2	0.2	- MCC
- Caribbean	0.6	0.6	0.5	0.5	0.5	0.5	0.6	0.4	0.5	0.3	- Caraïbes
- Rest of America	0.1	0.1	0.1	0.1	0.0	0.1	0.1	0.1	0.1	0.1	- Autre d'Amérique
Asia excluding former USSR	10.4	10.4	12.0	10.3	11.0	11.8	13.0	11.5	13.1	11.5	Asie ancienne URSS exclus
- Middle East	3.8	3.9	4.5	4.4	5.9	5.1	6.0	5.4	6.5	5.6	- Moyen-Orient
Asia former USSR	1.5	0.6	1.1	0.8	1.7	1.3	2.1	1.6	1.8	1.0	Asie ancienne URSS
Europe excluding former USSR	70.3	73.4	68.9	70.3	69.9	71.5	68.4	66.9	65.7	70.2	Europe ancienne URSS exclus
- European Union	69.4	72.5	68.0	69.2	68.9	70.1	66.5	65.6	64.2	68.6	- Union Européenne
- Eastern Europe	0.6	0.3	0.3	0.4	0.3	0.6	0.9	0.5	0.8	1.0	- Europe de l'Est
- Rest of Europe	0.3	0.6	0.6	0.7	0.7	0.8	1.0	0.8	0.7	0.6	- Autre de l'Europe
Europe former USSR	6.0	6.0	6.6	9.2	5.3	2.6	2.9	4.6	5.2	5.7	Europe ancienne URSS
Oceania	0.6	0.8	0.8	0.8	0.7	0.9	1.1	0.9	0.9	0.9	Océanie

TRADE BY COMMODITY (Value in million US dollars)
Exports by principal countries or areas

COMMERCE PAR PRODUIT (Valeur en millions de dollars EU)
Exportations selon les principaux pays ou zones

Country or area	1999	2000	2001	2002	2003	Pays ou zone
World	3001.5	2712.1	2744.6	2668.6	3373.8	Monde
Africa	9.7	4.7	3.8	4.7	3.5	Afrique
Americas	64.4	43.2	68.0	59.6	61.7	Amériques
- Northern America	25.5	19.5	38.0	31.3	37.1	- Amérique du Nord
- LAIA	37.5	21.9	27.4	25.3	21.9	- ALAI
- CACM	1.3	1.5	2.3	2.8	2.4	- MCC
- Caribbean	0.1	0.3	0.4	0.2	0.3	- Caraïbes
- Rest of America	0.0	0.0	0.0	0.0	0.0	- Autre d'Amérique
Asia excluding former USSR	39.2	72.1	68.8	58.2	28.1	Asie ancienne URSS exclus
- Middle East	12.7	9.3	6.7	7.3	7.6	- Moyen-Orient
Asia former USSR	0.3	0.3	0.4	0.3	0.9	Asie ancienne URSS
Europe excluding former USSR	2106.8	1813.1	1883.2	1825.9	2494.9	Europe ancienne URSS exclus
- European Union	2048.9	1765.0	1816.6	1768.9	2422.8	- Union Européenne
- Eastern Europe	45.9	39.3	58.3	47.4	61.4	- Europe de l'Est
- Rest of Europe	12.1	8.8	8.3	9.6	10.8	- Autre de l'Europe
Europe former USSR	81.8	102.9	135.4	87.4	113.8	Europe ancienne URSS
Oceania	699.3	675.8	584.9	632.5	670.9	Océanie
New Zealand	514.5	507.9	437.0	487.3	549.6	Nouvelle-Zélande
Netherlands	468.4	333.3	414.0	392.0	674.2	Pays-Bas
Ireland	384.6	321.2	294.6	300.6	397.1	Irlande
Belgium	328.6	313.9	300.5	302.7	371.9	Belgique
France-Monaco	190.4	180.2	176.9	179.5	224.3	France-Monaco
Germany	150.7	134.4	143.4	140.7	227.9	Allemagne
Australia	184.7	167.8	147.8	145.0	121.2	Australie
Denmark	138.7	126.3	123.2	140.4	173.9	Danemark
United Kingdom	168.1	125.3	114.9	106.1	122.5	Royaume-Uni
Finland	65.2	69.9	71.2	70.9	84.7	Finlande
Sweden	46.1	42.6	46.1	37.0	47.2	Suède
Spain	27.0	47.3	62.1	43.4	37.3	Espagne
Belarus	26.2	23.5	36.3	40.1	51.6	Bélarus
Ukraine	13.9	43.4	69.4	19.0	e24.4	Ukraine
Italy-San Marino-Holy See	42.1	33.4	28.7	25.7	30.4	Italie-Saint-Marin-Saint-Siège
Czech Republic	31.9	29.1	28.8	25.1	30.8	République tchèque
Nepal	0.6	38.3	e39.9	e30.7	e1.0	Népal
Canada	20.4	10.9	32.5	24.2	17.3	Canada
Portugal	20.7	20.6	24.7	13.3	e15.5	Portugal
Uruguay	20.1	8.3	14.9	15.4	16.3	Uruguay
Poland	4.8	6.1	25.0	17.1	21.1	Pologne
Lithuania	19.5	15.1	12.2	10.8	12.1	Lituanie
Estonia	14.6	9.7	8.9	11.9	16.8	Estonie
Austria	11.3	10.4	9.3	10.5	9.2	Autriche
United States	5.1	8.6	5.5	7.1	19.8	Etats-Unis d'Amérique
Argentina	16.0	12.7	7.1	8.3	1.1	Argentine
Singapore	10.0	8.3	6.1	8.1	7.2	Singapour
Luxembourg	6.7	6.2	6.8	6.0	6.7	Luxembourg
China, Hong Kong SAR	8.5	6.8	6.8	3.9	2.2	Chine - RAS de Hong-Kong
India	4.2	5.3	4.9	5.3	5.6	Inde

(Value as percentages of World total)

(Valeur en pourcentage du total mondial)

Regions of the world	1994	1995	1996	1997	1998	1999	2000	2001	2002	2003	Régions du monde
World	100.0	100.0	100.0	100.0	100.0	100.0	100.0	100.0	100.0	100.0	Monde
Africa	0.1	0.1	0.3	0.2	0.3	0.3	0.2	0.1	0.2	0.1	Afrique
Americas	4.1	2.5	2.9	2.5	2.1	2.1	1.6	2.5	2.2	1.8	Amériques
- Northern America	3.5	1.8	1.8	1.4	1.1	0.9	0.7	1.4	1.2	1.1	- Amérique du Nord
- LAIA	0.6	0.7	1.1	1.1	0.9	1.2	0.8	1.0	0.9	0.7	- ALAI
- CACM	0.0	0.0	0.0	0.0	0.0	0.0	0.1	0.1	0.1	0.1	- MCC
- Caribbean	0.0	0.0	0.0	0.0	0.0	0.0	0.0	0.0	0.0	0.0	- Caraïbes
- Rest of America	0.0	0.0	0.0	0.0	0.0	0.0	0.0	0.0	0.0	0.0	- Autre d'Amérique
Asia excluding former USSR	1.1	1.0	1.1	0.9	1.0	1.3	2.7	2.5	2.2	0.8	Asie ancienne URSS exclus
- Middle East	0.2	0.3	0.1	0.2	0.4	0.4	0.3	0.2	0.3	0.2	- Moyen-Orient
Asia former USSR	0.1	0.3	0.1	0.0	0.0	0.0	0.0	0.0	0.0	0.0	Asie ancienne URSS
Europe excluding former USSR	72.1	75.7	70.5	69.7	71.0	70.2	66.9	68.6	68.4	74.0	Europe ancienne URSS exclus
- European Union	70.7	73.5	68.2	68.2	69.0	68.3	65.1	66.2	66.3	71.8	- Union Européenne
- Eastern Europe	1.3	2.0	2.0	1.3	1.7	1.5	1.4	2.1	1.8	1.8	- Europe de l'Est
- Rest of Europe	0.2	0.3	0.2	0.2	0.3	0.4	0.3	0.3	0.4	0.3	- Autre de l'Europe
Europe former USSR	3.5	4.8	3.8	3.9	4.3	2.7	3.8	4.9	3.3	3.4	Europe ancienne URSS
Oceania	18.9	15.6	21.4	22.8	21.3	23.3	24.9	21.3	23.7	19.9	Océanie

024 Cheese and curd

Country or area	1999	2000	2001	2002	2003	Pays ou zone
World	10496.8	9601.2	10457.6	11087.1	13233.3	Monde
Africa	159.6	156.8	135.1	150.6	158.2	Afrique
Americas	1242.0	1268.5	1359.0	1376.3	1473.6	Amériques
- Northern America	881.2	864.9	917.3	976.3	1089.1	- Amérique du Nord
- LAIA	229.8	261.4	292.6	253.3	248.2	- ALAI
- CACM	32.4	39.9	41.7	44.9	49.8	- MCC
- Caribbean	83.1	84.1	87.1	83.5	65.7	- Caraïbes
- Rest of America	15.4	18.2	20.3	18.4	20.9	- Autre d'Amérique
Asia excluding former USSR	1208.0	1285.0	1310.7	1370.0	1460.8	Asie ancienne URSS exclus
- Middle East	464.4	507.5	491.9	530.5	604.4	- Moyen-Orient
Asia former USSR	5.5	5.5	3.7	6.0	8.1	Asie ancienne URSS
Europe excluding former USSR	7704.0	6682.2	7323.2	7782.7	9576.0	Europe ancienne URSS exclus
- European Union	7342.5	6330.8	6956.5	7371.3	9048.9	- Union Européenne
- Eastern Europe	74.2	91.6	98.2	116.0	156.7	- Europe de l'Est
- Rest of Europe	287.3	259.8	268.4	295.5	370.3	- Autre de l'Europe
Europe former USSR	46.7	76.2	192.5	261.2	389.9	Europe ancienne URSS
Oceania	131.1	127.0	133.5	140.2	166.7	Océanie
Germany	2154.9	1529.1	1795.3	1851.6	2245.7	Allemagne
Italy-San Marino-Holy See	1128.7	1029.7	1080.2	1091.2	1304.6	Italie-Saint-Marin-Saint-Siège
United Kingdom	987.0	905.0	936.2	958.9	1216.5	Royaume-Uni
United States	754.7	730.0	785.4	835.1	930.6	Etats-Unis d'Amérique
Belgium	735.3	677.4	730.5	782.0	982.1	Belgique
France-Monaco	680.7	654.1	653.7	678.2	822.9	France-Monaco
Japan	542.7	548.2	555.4	575.0	572.6	Japon
Spain	407.1	372.2	418.6	456.5	578.0	Espagne
Netherlands	286.4	273.1	349.7	348.3	471.5	Pays-Bas
Greece	237.4	211.9	220.5	272.0	296.9	Grèce
Austria	200.8	178.1	188.3	214.8	283.5	Autriche
Saudi Arabia	185.4	220.8	197.3	211.8	242.1	Arabie saoudite
Switzerland-Liechtenstein	179.8	159.4	165.3	170.5	214.0	Suisse-Liechtenstein
Russian Federation	36.5	63.8	165.6	235.0	355.2	Fédération de Russie
Sweden	151.9	136.9	145.9	169.5	213.0	Suède
Mexico	98.7	128.8	181.9	179.3	189.7	Mexique
Denmark	109.9	112.3	121.5	193.0	190.1	Danemark
Canada	123.7	132.0	128.4	137.0	152.3	Canada
Australia	107.7	103.7	110.5	114.1	134.3	Australie
Ireland	77.2	74.2	78.9	85.7	121.1	Irlande
Luxembourg	43.6	40.1	92.5	113.7	139.2	Luxembourg
Finland	78.5	73.4	78.1	81.6	107.8	Finlande
Lebanon	87.1	79.8	75.4	84.4	81.2	Liban
Korea, Republic of	55.2	70.6	88.1	85.1	93.8	République de Corée
Portugal	63.1	63.2	66.9	74.6	e76.2	Portugal
United Arab Emirates	42.3	54.4	63.0	e64.7	e75.8	Emirates arabes unis
Kuwait	47.4	48.3	52.2	e59.4	e71.7	Koweït
Czech Republic	31.0	31.3	35.8	46.8	67.6	République tchèque
Algeria	38.1	36.8	27.3	36.9	34.8	Algérie
Philippines	30.3	31.8	36.8	29.7	30.7	Philippines

(Value as percentages of World total) — (Valeur en pourcentage du total mondial)

Regions of the world	1994	1995	1996	1997	1998	1999	2000	2001	2002	2003	Régions du monde
World	100.0	100.0	100.0	100.0	100.0	100.0	100.0	100.0	100.0	100.0	Monde
Africa	1.4	1.5	1.2	1.4	1.7	1.5	1.6	1.3	1.4	1.2	Afrique
Americas	10.3	10.0	9.7	10.2	11.1	11.8	13.2	13.0	12.4	11.1	Amériques
- Northern America	6.8	6.5	6.8	6.9	7.7	8.4	9.0	8.8	8.8	8.2	- Amérique du Nord
- LAIA	2.5	2.5	2.0	2.2	2.4	2.2	2.7	2.8	2.3	1.9	- ALAI
- CACM	0.1	0.1	0.2	0.3	0.3	0.3	0.4	0.4	0.4	0.4	- MCC
- Caribbean	0.7	0.7	0.6	0.6	0.7	0.8	0.9	0.8	0.8	0.5	- Caraïbes
- Rest of America	0.2	0.1	0.1	0.1	0.1	0.1	0.2	0.2	0.2	0.2	- Autre d'Amérique
Asia excluding former USSR	8.4	9.1	9.7	11.3	11.5	11.5	13.4	12.5	12.4	11.0	Asie ancienne URSS exclus
- Middle East	3.0	3.3	3.2	4.0	4.4	4.4	5.3	4.7	4.8	4.6	- Moyen-Orient
Asia former USSR	0.1	0.1	0.1	0.0	0.1	0.1	0.1	0.0	0.1	0.1	Asie ancienne URSS
Europe excluding former USSR	77.2	76.7	76.5	74.1	73.4	73.4	69.6	70.0	70.2	72.4	Europe ancienne URSS exclus
- European Union	73.7	72.8	72.6	70.3	69.7	69.9	65.9	66.5	66.5	68.4	- Union Européenne
- Eastern Europe	0.7	0.8	0.8	0.8	0.9	0.7	1.0	0.9	1.0	1.2	- Europe de l'Est
- Rest of Europe	2.8	3.1	3.1	3.0	2.8	2.7	2.7	2.6	2.7	2.8	- Autre de l'Europe
Europe former USSR	1.5	1.5	1.5	1.7	1.1	0.4	0.8	1.8	2.4	2.9	Europe ancienne URSS
Oceania	1.1	1.1	1.2	1.2	1.1	1.2	1.3	1.3	1.3	1.3	Océanie

TRADE BY COMMODITY (Value in million US dollars)
Exports by principal countries or areas

COMMERCE PAR PRODUIT (Valeur en millions de dollars EU)
Exportations selon les principaux pays ou zones

Country or area	1999	2000	2001	2002	2003	Pays ou zone
World	10444.5	9928.4	10976.6	11117.5	13581.9	Monde
Africa	33.9	27.8	30.8	55.3	64.5	Afrique
Americas	375.9	370.7	390.7	373.3	373.0	Amériques
- Northern America	236.5	217.8	239.4	230.6	217.1	- Amérique du Nord
- LAIA	111.8	119.5	120.3	105.2	121.2	- ALAI
- CACM	17.2	21.0	15.2	24.3	26.8	- MCC
- Caribbean	8.1	9.9	14.4	10.9	5.6	- Caraïbes
- Rest of America	2.3	2.6	1.5	2.3	2.2	- Autre d'Amérique
Asia excluding former USSR	70.4	66.4	70.2	91.6	110.0	Asie ancienne URSS exclus
- Middle East	45.6	52.0	56.3	76.7	94.0	- Moyen-Orient
Asia former USSR	1.3	2.6	2.5	2.8	4.4	Asie ancienne URSS
Europe excluding former USSR	8890.4	8297.6	9148.6	9316.8	11675.2	Europe ancienne URSS exclus
- European Union	8293.4	7750.9	8543.1	8691.6	10927.9	- Union Européenne
- Eastern Europe	163.3	173.5	223.9	228.5	313.1	- Europe de l'Est
- Rest of Europe	433.7	373.2	381.5	396.7	434.2	- Autre de l'Europe
Europe former USSR	99.8	141.2	220.7	242.4	309.1	Europe ancienne URSS
Oceania	972.9	1022.0	1113.2	1035.1	1045.7	Océanie
France-Monaco	1952.2	1822.8	1773.6	1866.9	2362.9	France-Monaco
Netherlands	1662.2	1509.7	1700.3	1703.5	2051.2	Pays-Bas
Germany	1505.1	1395.1	1672.8	1554.1	2150.4	Allemagne
Italy-San Marino-Holy See	821.0	801.4	882.4	940.8	1230.8	Italie-Saint-Marin-Saint-Siège
Denmark	916.1	858.1	872.6	921.5	1056.8	Danemark
New Zealand	509.8	496.3	606.2	545.5	560.4	Nouvelle-Zélande
Australia	463.0	525.6	506.8	489.6	485.2	Australie
Belgium	418.8	385.0	424.7	416.6	500.8	Belgique
Ireland	290.9	265.4	345.8	336.0	334.6	Irlande
Switzerland-Liechtenstein	340.1	287.1	296.7	305.5	332.9	Suisse-Liechtenstein
United Kingdom	217.1	192.9	210.7	227.2	293.2	Royaume-Uni
Austria	153.0	157.4	206.2	232.4	331.6	Autriche
United States	147.8	148.3	168.9	167.3	157.5	Etats-Unis d'Amérique
Spain	111.5	101.0	126.4	147.1	196.0	Espagne
Finland	79.1	100.1	113.6	120.1	134.9	Finlande
Greece	89.7	82.9	93.3	89.8	124.8	Grèce
Lithuania	50.0	72.4	86.4	103.5	110.4	Lituanie
Poland	52.4	54.7	86.2	88.1	130.7	Pologne
Norway	74.8	69.7	65.1	71.5	75.1	Norvège
Canada	88.7	69.5	70.5	63.3	59.6	Canada
Argentina	57.0	59.4	49.4	54.2	53.6	Argentine
Sweden	57.2	60.2	50.1	47.9	54.8	Suède
Luxembourg	9.2	8.6	60.4	78.3	94.4	Luxembourg
Ukraine	7.6	18.6	56.6	62.5	e80.5	Ukraine
Uruguay	46.2	44.3	48.0	33.0	39.0	Uruguay
Belarus	25.4	31.0	42.0	43.3	68.8	Bélarus
Hungary	30.3	40.2	45.9	41.3	49.8	Hongrie
Czech Republic	41.1	37.0	40.6	39.1	47.8	République tchèque
Slovakia	21.5	21.2	26.6	29.2	41.7	Slovaquie
Morocco	19.1	19.4	24.4	32.1	41.9	Maroc

(Value as percentages of World total)

(Valeur en pourcentage du total mondial)

Regions of the world	1994	1995	1996	1997	1998	1999	2000	2001	2002	2003	Régions du monde
World	100.0	100.0	100.0	100.0	100.0	100.0	100.0	100.0	100.0	100.0	Monde
Africa	0.1	0.1	0.2	0.3	0.2	0.3	0.3	0.3	0.5	0.5	Afrique
Americas	2.1	2.4	2.6	3.4	3.4	3.6	3.7	3.6	3.4	2.7	Amériques
- Northern America	1.2	1.4	1.6	2.1	2.1	2.3	2.2	2.2	2.1	1.6	- Amérique du Nord
- LAIA	0.8	0.9	0.9	1.1	1.1	1.1	1.2	1.1	0.9	0.9	- ALAI
- CACM	0.0	0.1	0.1	0.1	0.2	0.2	0.2	0.1	0.2	0.2	- MCC
- Caribbean	0.0	0.0	0.0	0.0	0.0	0.1	0.1	0.1	0.1	0.0	- Caraïbes
- Rest of America	0.0	0.0	0.0	0.0	0.0	0.0	0.0	0.0	0.0	0.0	- Autre d'Amérique
Asia excluding former USSR	0.4	0.4	0.4	0.5	0.5	0.7	0.7	0.6	0.8	0.8	Asie ancienne URSS exclus
- Middle East	0.3	0.3	0.3	0.4	0.4	0.4	0.5	0.5	0.7	0.7	- Moyen-Orient
Asia former USSR	0.0	0.0	0.0	0.0	0.0	0.0	0.0	0.0	0.0	0.0	Asie ancienne URSS
Europe excluding former USSR	90.5	89.6	88.4	85.8	85.8	85.1	83.6	83.3	83.8	86.0	Europe ancienne URSS exclus
- European Union	84.4	83.6	82.9	79.9	80.0	79.4	78.1	77.8	78.2	80.5	- Union Européenne
- Eastern Europe	1.1	1.0	1.3	1.7	1.7	1.6	1.7	2.0	2.1	2.3	- Europe de l'Est
- Rest of Europe	4.9	4.9	4.2	4.2	4.1	4.2	3.8	3.5	3.6	3.2	- Autre de l'Europe
Europe former USSR	0.5	1.0	0.9	1.1	1.4	1.0	1.4	2.0	2.2	2.3	Europe ancienne URSS
Oceania	6.5	6.5	7.5	8.9	8.7	9.3	10.3	10.1	9.3	7.7	Océanie

025 Eggs, birds', and egg yolks, fresh, dried or preserved

Country or area	1999	2000	2001	2002	2003	Pays ou zone
World	1286.5	1287.8	1345.0	1433.7	1757.0	Monde
Africa	51.5	45.9	45.0	53.7	55.1	Afrique
Americas	155.2	169.3	194.4	174.9	158.1	Amériques
- Northern America	65.6	56.9	66.2	68.2	62.3	- Amérique du Nord
- LAIA	38.5	55.5	71.1	58.7	50.6	- ALAI
- CACM	18.5	19.4	20.8	16.7	14.1	- MCC
- Caribbean	28.7	32.4	30.2	23.9	23.3	- Caraïbes
- Rest of America	4.1	5.1	6.1	7.5	7.8	- Autre d'Amérique
Asia excluding former USSR	282.1	283.6	275.4	300.7	310.8	Asie ancienne URSS exclus
- Middle East	73.0	87.0	84.8	96.1	109.8	- Moyen-Orient
Asia former USSR	17.6	12.8	8.4	7.6	13.2	Asie ancienne URSS
Europe excluding former USSR	764.7	762.5	794.6	865.9	1179.9	Europe ancienne URSS exclus
- European Union	684.6	686.9	711.8	781.4	1074.0	- Union Européenne
- Eastern Europe	21.4	22.6	29.3	25.1	33.1	- Europe de l'Est
- Rest of Europe	58.7	53.0	53.5	59.4	72.8	- Autre de l'Europe
Europe former USSR	9.8	7.9	17.5	24.3	32.6	Europe ancienne URSS
Oceania	5.6	5.9	9.7	6.7	7.4	Océanie
Germany	304.0	253.9	312.6	309.9	386.7	Allemagne
Netherlands	77.4	63.8	55.8	82.9	155.9	Pays-Bas
France-Monaco	65.3	77.7	76.5	88.9	121.2	France-Monaco
China, Hong Kong SAR	78.2	74.5	75.0	72.2	68.5	Chine - RAS de Hong-Kong
United Kingdom	37.2	53.1	59.7	77.0	116.4	Royaume-Uni
Belgium	55.4	51.0	48.4	60.4	79.4	Belgique
Japan	43.6	46.3	48.3	56.7	56.3	Japon
Switzerland-Liechtenstein	46.9	40.8	42.1	45.9	57.3	Suisse-Liechtenstein
Singapore	52.3	49.1	39.8	42.5	46.0	Singapour
Italy-San Marino-Holy See	35.7	80.9	29.7	32.5	31.3	Italie-Saint-Marin-Saint-Siège
Canada	44.3	38.6	45.2	41.4	39.2	Canada
Austria	29.7	26.5	32.8	32.0	47.1	Autriche
Spain	16.3	20.4	27.5	28.3	38.7	Espagne
United Arab Emirates	19.9	27.0	26.0	e26.7	e31.3	Emirates arabes unis
Denmark	23.6	22.1	23.8	22.5	38.9	Danemark
Mexico	19.2	22.4	21.4	27.7	29.6	Mexique
United States	20.3	17.3	19.6	25.4	21.1	Etats-Unis d'Amérique
Jamaica	10.0	12.9	e12.0	12.6	e13.0	Jamaïque
Oman	10.6	11.8	11.9	11.9	13.0	Oman
Sweden	8.1	10.1	10.1	11.4	16.8	Suède
Libyan Arab Jamahiriya	e17.0	e9.4	e10.0	e9.8	e10.2	Jamahiriya arabe libyenne
Portugal	8.1	9.4	11.7	11.8	e12.1	Portugal
Saudi Arabia	7.0	8.1	9.5	12.9	14.7	Arabie saoudite
Kuwait	10.5	10.2	8.7	e9.9	e11.9	Koweït
Hungary	2.9	4.3	10.4	11.4	15.8	Hongrie
Angola	e6.4	e9.1	e8.5	e11.4	e7.8	Angola
Ireland	5.3	6.2	8.5	9.1	12.7	Irlande
Greece	11.4	5.9	8.2	7.6	7.9	Grèce
Venezuela	3.4	9.7	16.7	6.2	3.3	Venezuela
Turkey	3.4	3.7	5.7	13.0	10.9	Turquie

(Value as percentages of World total) — (Valeur en pourcentage du total mondial)

Regions of the world	1994	1995	1996	1997	1998	1999	2000	2001	2002	2003	Régions du monde
World	100.0	100.0	100.0	100.0	100.0	100.0	100.0	100.0	100.0	100.0	Monde
Africa	2.1	1.5	1.5	2.3	2.6	4.0	3.6	3.3	3.7	3.1	Afrique
Americas	11.3	11.0	8.9	11.0	14.5	12.1	13.1	14.5	12.2	9.0	Amériques
- Northern America	5.7	4.2	4.2	4.5	5.0	5.1	4.4	4.9	4.8	3.5	- Amérique du Nord
- LAIA	3.4	4.3	2.6	3.7	5.4	3.0	4.3	5.3	4.1	2.9	- ALAI
- CACM	0.6	0.6	0.7	1.1	1.8	1.4	1.5	1.5	1.2	0.8	- MCC
- Caribbean	1.4	1.6	1.2	1.4	1.9	2.2	2.5	2.2	1.7	1.3	- Caraïbes
- Rest of America	0.2	0.2	0.2	0.3	0.4	0.3	0.4	0.5	0.5	0.4	- Autre d'Amérique
Asia excluding former USSR	21.6	22.5	20.8	20.4	19.5	21.9	22.0	20.5	21.0	17.7	Asie ancienne URSS exclus
- Middle East	5.3	5.9	4.0	4.6	5.4	5.7	6.8	6.3	6.7	6.2	- Moyen-Orient
Asia former USSR	0.3	0.3	1.1	1.3	1.3	1.4	1.0	0.6	0.5	0.8	Asie ancienne URSS
Europe excluding former USSR	63.6	63.0	66.6	63.0	60.1	59.4	59.2	59.1	60.4	67.2	Europe ancienne URSS exclus
- European Union	56.4	55.7	59.7	56.5	52.9	53.2	53.3	52.9	54.5	61.1	- Union Européenne
- Eastern Europe	2.7	1.8	1.9	2.1	2.8	1.7	1.8	2.2	1.7	1.9	- Europe de l'Est
- Rest of Europe	4.6	5.5	5.0	4.4	4.4	4.6	4.1	4.0	4.1	4.1	- Autre de l'Europe
Europe former USSR	0.7	0.9	0.6	1.5	1.6	0.8	0.6	1.3	1.7	1.9	Europe ancienne URSS
Oceania	0.5	0.4	0.4	0.5	0.3	0.4	0.5	0.7	0.5	0.4	Océanie

TRADE BY COMMODITY (Value in million US dollars)
Exports by principal countries or areas

COMMERCE PAR PRODUIT (Valeur en millions de dollars EU)
Exportations selon les principaux pays ou zones

Country or area	1999	2000	2001	2002	2003	Pays ou zone
World	1283.6	1302.4	1307.8	1412.2	1788.1	Monde
Africa	8.9	9.1	9.4	29.5	33.2	Afrique
Americas	201.4	215.5	231.8	223.6	224.8	Amériques
- Northern America	172.5	178.1	180.6	187.6	195.0	- Amérique du Nord
- LAIA	18.9	25.3	40.5	26.8	20.7	- ALAI
- CACM	9.0	10.9	7.6	5.4	6.5	- MCC
- Caribbean	0.0	0.0	0.2	0.2	0.2	- Caraïbes
- Rest of America	1.0	1.1	3.0	3.5	2.3	- Autre d'Amérique
Asia excluding former USSR	161.8	172.2	197.7	174.6	230.7	Asie ancienne URSS exclus
- Middle East	50.2	47.5	56.0	31.2	53.9	- Moyen-Orient
Asia former USSR	0.3	0.4	0.2	0.5	1.0	Asie ancienne URSS
Europe excluding former USSR	852.1	857.3	826.0	947.9	1255.3	Europe ancienne URSS exclus
- European Union	822.2	830.8	795.2	912.8	1171.0	- Union Européenne
- Eastern Europe	24.1	20.3	24.0	30.7	76.4	- Europe de l'Est
- Rest of Europe	5.7	0.2	6.8	4.4	7.9	- Autre de l'Europe
Europe former USSR	53.2	44.0	38.7	31.6	37.6	Europe ancienne URSS
Oceania	5.9	3.9	3.9	4.4	5.4	Océanie
Netherlands	379.4	393.0	345.1	381.5	423.5	Pays-Bas
United States	143.7	148.8	151.6	149.1	155.1	Etats-Unis d'Amérique
France-Monaco	130.2	125.3	113.5	137.0	180.3	France-Monaco
Belgium	91.1	96.0	95.5	106.2	141.8	Belgique
Germany	91.6	88.4	102.1	116.8	124.7	Allemagne
Spain	35.7	41.9	47.4	61.1	137.2	Espagne
Malaysia	49.6	48.2	36.3	43.1	43.2	Malaisie
China	27.3	33.2	36.2	40.5	50.9	Chine
United Kingdom	33.7	30.4	33.1	46.0	44.5	Royaume-Uni
Canada	28.8	29.4	29.0	38.6	40.0	Canada
India	13.6	21.8	30.6	36.3	53.3	Inde
Belarus	42.8	32.3	28.7	21.9	23.2	Bélarus
Italy-San Marino-Holy See	16.0	7.3	15.7	18.9	44.6	Italie-Saint-Marin-Saint-Siège
Denmark	22.4	24.4	16.5	13.4	20.9	Danemark
Iran (Islamic Republic of)	14.4	23.1	17.4	9.4	19.7	Iran (République islamique d')
Hungary	11.9	9.9	11.8	13.3	26.5	Hongrie
Brazil	7.4	11.0	14.8	9.6	11.0	Brésil
Turkey	16.3	3.7	18.4	3.8	10.7	Turquie
Thailand	7.1	8.9	6.1	e12.2	14.2	Thaïlande
Saudi Arabia	12.8	8.4	7.1	7.7	e8.4	Arabie saoudite
Czech Republic	6.9	6.1	5.8	8.2	13.2	République tchèque
Portugal	5.4	5.7	7.0	9.8	e11.4	Portugal
Zimbabwe	3.1	3.4	0.4	16.7	e14.5	Zimbabwe
Sweden	5.1	6.7	4.1	8.2	10.2	Suède
Poland	0.7	0.9	1.1	5.3	25.6	Pologne
Austria	4.0	3.8	6.1	5.5	12.5	Autriche
El Salvador	6.9	9.7	6.1	3.8	4.4	El Salvador
Finland	5.3	5.4	5.8	4.0	9.7	Finlande
Russian Federation	4.0	6.6	5.0	5.2	6.1	Fédération de Russie
Jordan	1.6	5.8	8.5	4.6	6.1	Jordanie

(Value as percentages of World total)

(Valeur en pourcentage du total mondial)

Regions of the world	1994	1995	1996	1997	1998	1999	2000	2001	2002	2003	Régions du monde
World	100.0	100.0	100.0	100.0	100.0	100.0	100.0	100.0	100.0	100.0	Monde
Africa	1.0	0.7	0.6	0.5	0.7	0.7	0.7	0.7	2.1	1.9	Afrique
Americas	16.1	16.6	15.1	17.2	18.6	15.7	16.5	17.7	15.8	12.6	Amériques
- Northern America	14.4	13.4	13.6	14.6	15.0	13.4	13.7	13.8	13.3	10.9	- Amérique du Nord
- LAIA	1.2	2.6	0.9	1.8	2.5	1.5	1.9	3.1	1.9	1.2	- ALAI
- CACM	0.4	0.5	0.4	0.5	0.8	0.7	0.8	0.6	0.4	0.4	- MCC
- Caribbean	0.0	0.0	0.0	0.2	0.0	0.0	0.0	0.0	0.0	0.0	- Caraïbes
- Rest of America	0.1	0.1	0.1	0.1	0.2	0.1	0.1	0.2	0.3	0.1	- Autre d'Amérique
Asia excluding former USSR	10.7	9.6	12.6	14.4	13.0	12.6	13.2	15.1	12.4	12.9	Asie ancienne URSS exclus
- Middle East	2.1	2.1	2.9	4.3	5.1	3.9	3.6	4.3	2.2	3.0	- Moyen-Orient
Asia former USSR	0.0	0.3	0.1	0.1	0.1	0.0	0.0	0.0	0.0	0.1	Asie ancienne URSS
Europe excluding former USSR	71.0	68.2	68.6	63.9	63.4	66.4	65.8	63.2	67.1	70.2	Europe ancienne URSS exclus
- European Union	68.3	65.3	65.7	60.9	60.5	64.1	63.8	60.8	64.6	65.5	- Union Européenne
- Eastern Europe	1.7	2.1	2.4	2.4	2.5	1.9	1.6	1.8	2.2	4.3	- Europe de l'Est
- Rest of Europe	1.0	0.8	0.5	0.6	0.5	0.4	0.5	0.5	0.3	0.4	- Autre de l'Europe
Europe former USSR	0.9	4.2	2.5	3.4	3.8	4.1	3.4	3.0	2.2	2.1	Europe ancienne URSS
Oceania	0.2	0.4	0.5	0.4	0.4	0.5	0.3	0.3	0.3	0.3	Océanie

034 Fish, fresh, chilled or frozen

Country or area	1999	2000	2001	2002	2003	Pays ou zone
World	25082.0	25158.9	26266.8	26964.2	29278.4	Monde
Africa	710.2	709.5	865.2	910.5	827.6	Afrique
Americas	4006.8	4225.8	4144.8	4381.9	4728.4	Amériques
- Northern America	3717.0	3912.9	3787.0	4023.6	4338.8	- Amérique du Nord
- LAIA	235.1	257.1	266.3	278.6	308.8	- ALAI
- CACM	17.8	15.2	16.3	25.5	24.0	- MCC
- Caribbean	36.2	39.7	74.3	53.1	55.2	- Caraïbes
- Rest of America	0.7	0.9	0.9	1.1	1.6	- Autre d'Amérique
Asia excluding former USSR	10117.8	10393.7	10308.5	10503.5	10874.6	Asie ancienne URSS exclus
- Middle East	183.0	206.6	197.3	213.2	270.8	- Moyen-Orient
Asia former USSR	11.3	14.8	12.5	10.9	14.2	Asie ancienne URSS
Europe excluding former USSR	9765.3	9320.5	10264.6	10398.6	11893.4	Europe ancienne URSS exclus
- European Union	8888.1	8428.8	9208.0	9396.3	10927.1	- Union Européenne
- Eastern Europe	291.4	331.0	405.4	379.3	434.3	- Europe de l'Est
- Rest of Europe	585.8	560.7	651.1	623.0	531.9	- Autre de l'Europe
Europe former USSR	292.7	321.0	478.5	550.9	694.3	Europe ancienne URSS
Oceania	177.7	173.6	192.8	207.9	246.1	Océanie
Japan	6833.0	6838.8	6277.4	6209.3	6144.6	Japon
United States	3268.2	3460.6	3335.2	3563.5	3808.8	Etats-Unis d'Amérique
Spain	1483.6	1426.7	1752.6	1825.8	2138.3	Espagne
France-Monaco	1488.7	1339.2	1330.2	1372.6	1632.5	France-Monaco
Germany	1348.9	1213.5	1420.7	1370.7	1477.9	Allemagne
Korea, Republic of	841.8	945.5	1118.4	1223.5	1241.1	République de Corée
Italy-San Marino-Holy See	1008.6	934.2	985.3	1010.4	1197.0	Italie-Saint-Marin-Saint-Siège
United Kingdom	956.6	951.5	957.9	1004.5	1104.0	Royaume-Uni
China	624.4	773.0	917.0	1065.6	1279.7	Chine
Denmark	648.5	650.1	726.3	704.1	791.2	Danemark
Thailand	558.1	457.6	672.2	e667.9	783.0	Thaïlande
Netherlands	505.0	505.7	523.5	488.9	658.4	Pays-Bas
Canada	446.6	441.4	436.8	457.4	527.1	Canada
Sweden	378.5	396.0	383.8	440.5	605.3	Suède
Belgium	357.6	391.9	429.9	425.9	503.6	Belgique
Portugal	405.5	359.1	409.0	430.8	e440.1	Portugal
China, Hong Kong SAR	365.6	411.5	423.1	414.8	388.5	Chine - RAS de Hong-Kong
Norway	326.0	322.6	372.3	330.0	226.9	Norvège
Poland	203.2	247.0	301.9	267.4	301.5	Pologne
Nigeria	171.9	241.6	e331.2	e314.1	e167.6	Nigéria
Russian Federation	108.4	120.4	187.1	275.1	358.0	Fédération de Russie
Singapore	186.2	222.9	203.1	180.7	212.0	Singapour
Malaysia	169.5	187.2	204.0	211.1	218.4	Malaisie
Switzerland-Liechtenstein	174.1	168.1	171.9	166.4	179.3	Suisse-Liechtenstein
Côte d'Ivoire	169.7	128.2	e178.2	175.7	197.3	Côte d'Ivoire
Australia	150.4	147.2	140.0	155.6	190.0	Australie
Brazil	140.4	157.2	135.0	118.3	120.7	Brésil
Greece	128.4	107.5	109.7	125.5	148.5	Grèce
Ghana	97.3	75.7	85.9	102.2	e87.5	Ghana
Israel	81.4	82.5	91.3	83.9	95.0	Israël

(Value as percentages of World total) — (Valeur en pourcentage du total mondial)

Regions of the world	1994	1995	1996	1997	1998	1999	2000	2001	2002	2003	Régions du monde
World	100.0	100.0	100.0	100.0	100.0	100.0	100.0	100.0	100.0	100.0	Monde
Africa	1.7	2.7	3.1	2.9	3.4	2.8	2.8	3.3	3.4	2.8	Afrique
Americas	13.7	13.9	13.7	14.8	16.0	16.0	16.8	15.8	16.3	16.1	Amériques
- Northern America	12.4	12.2	12.0	13.2	14.3	14.8	15.6	14.4	14.9	14.8	- Amérique du Nord
- LAIA	1.0	1.4	1.3	1.3	1.4	0.9	1.0	1.0	1.0	1.1	- ALAI
- CACM	0.1	0.1	0.1	0.2	0.1	0.1	0.1	0.1	0.1	0.1	- MCC
- Caribbean	0.2	0.2	0.2	0.2	0.2	0.1	0.2	0.3	0.2	0.2	- Caraïbes
- Rest of America	0.0	0.0	0.0	0.0	0.0	0.0	0.0	0.0	0.0	0.0	- Autre d'Amérique
Asia excluding former USSR	45.5	43.8	42.2	42.1	34.9	40.3	41.3	39.2	39.0	37.1	Asie ancienne URSS exclus
- Middle East	0.8	0.9	0.7	0.9	0.7	0.7	0.8	0.8	0.8	0.9	- Moyen-Orient
Asia former USSR	0.0	0.0	0.0	0.0	0.0	0.0	0.1	0.0	0.0	0.0	Asie ancienne URSS
Europe excluding former USSR	37.2	37.3	37.9	37.1	42.9	38.9	37.0	39.1	38.6	40.6	Europe ancienne URSS exclus
- European Union	34.2	34.1	34.5	33.8	38.5	35.4	33.5	35.1	34.8	37.3	- Union Européenne
- Eastern Europe	1.0	1.0	1.3	1.3	1.7	1.2	1.3	1.5	1.4	1.5	- Europe de l'Est
- Rest of Europe	1.9	2.2	2.1	2.1	2.7	2.3	2.2	2.5	2.3	1.8	- Autre de l'Europe
Europe former USSR	1.2	1.5	2.0	2.2	2.0	1.2	1.3	1.8	2.0	2.4	Europe ancienne URSS
Oceania	0.7	0.8	1.0	0.7	0.7	0.7	0.7	0.7	0.8	0.8	Océanie

TRADE BY COMMODITY (Value in million US dollars)
Exports by principal countries or areas

COMMERCE PAR PRODUIT (Valeur en millions de dollars EU)
Exportations selon les principaux pays ou zones

Country or area	1999	2000	2001	2002	2003	Pays ou zone
World	20596.6	21074.6	22360.5	23023.1	25953.9	Monde
Africa	501.9	858.2	1032.6	1081.2	1242.5	Afrique
Americas	4749.7	5014.4	5521.9	5481.2	6026.2	Amériques
- Northern America	2696.7	2760.7	3089.5	3087.3	3209.7	- Amérique du Nord
- LAIA	1845.5	1970.8	2095.3	2023.1	2303.0	- ALAI
- CACM	83.9	102.3	111.7	117.3	108.5	- MCC
- Caribbean	22.2	19.9	18.0	19.5	78.6	- Caraïbes
- Rest of America	101.4	160.7	207.4	234.1	326.3	- Autre d'Amérique
Asia excluding former USSR	4900.7	5315.6	5492.6	5813.9	6411.7	Asie ancienne URSS exclus
- Middle East	109.5	108.9	111.6	167.7	289.8	- Moyen-Orient
Asia former USSR	5.9	5.3	10.3	13.0	18.5	Asie ancienne URSS
Europe excluding former USSR	9269.9	8742.5	8986.0	9355.2	10936.3	Europe ancienne URSS exclus
- European Union	5367.3	5012.9	5364.0	5539.6	6720.1	- Union Européenne
- Eastern Europe	139.6	131.0	135.2	132.5	162.4	- Europe de l'Est
- Rest of Europe	3762.9	3598.7	3486.8	3683.1	4053.8	- Autre de l'Europe
Europe former USSR	314.1	357.3	455.1	444.0	502.1	Europe ancienne URSS
Oceania	854.5	781.1	862.0	834.6	816.5	Océanie
Norway	2694.7	2609.3	2449.2	2629.6	2748.9	Norvège
United States	1706.4	1800.5	2102.7	2041.0	2138.2	Etats-Unis d'Amérique
China	1142.7	1309.6	1622.0	1736.6	2023.2	Chine
Chile	1060.4	1190.1	1259.3	1195.6	1409.0	Chili
Denmark	1017.4	909.9	978.6	990.0	1118.5	Danemark
Canada	919.6	899.3	937.3	990.6	995.8	Canada
Spain	833.2	831.5	913.4	949.0	1104.3	Espagne
Netherlands	805.4	714.0	777.5	833.7	1058.9	Pays-Bas
Iceland	728.8	641.7	636.7	718.9	781.5	Islande
Korea, Republic of	724.7	671.8	547.6	552.0	522.0	République de Corée
France-Monaco	542.8	512.0	535.8	590.8	675.2	France-Monaco
United Kingdom	551.4	469.2	497.9	519.7	749.3	Royaume-Uni
Germany	453.5	427.6	412.8	382.0	400.0	Allemagne
New Zealand	462.0	397.6	386.4	422.3	407.2	Nouvelle-Zélande
Thailand	410.2	379.5	383.3	e360.2	420.8	Thaïlande
Japan	344.9	385.7	385.0	379.6	436.0	Japon
Indonesia	420.6	341.2	336.3	370.3	424.5	Indonésie
Argentina	411.2	343.4	335.5	336.0	356.0	Argentine
Faeroe Islands	315.0	e311.9	e342.7	e262.7	e416.2	Iles Féroé
Sweden	267.8	289.4	272.4	317.2	456.3	Suède
Russian Federation	206.3	263.6	341.8	314.1	332.3	Fédération de Russie
Australia	236.0	246.0	254.0	276.1	256.7	Australie
India	215.9	316.0	270.7	295.7	162.4	Inde
Belgium	185.3	190.3	281.1	250.1	310.7	Belgique
Viet Nam	116.0	173.9	249.8	342.9	e324.3	Viet Nam
Singapore	236.5	280.4	240.6	178.3	187.5	Singapour
Namibia	–	223.8	293.8	253.6	305.2	Namibie
Greece	242.2	194.9	177.4	178.5	278.6	Grèce
Ireland	173.5	178.0	238.3	238.1	233.9	Irlande
Panama	87.0	138.3	182.9	209.6	287.1	Panama

(Value as percentages of World total)

(Valeur en pourcentage du total mondial)

Regions of the world	1994	1995	1996	1997	1998	1999	2000	2001	2002	2003	Régions du monde
World	100.0	100.0	100.0	100.0	100.0	100.0	100.0	100.0	100.0	100.0	Monde
Africa	2.9	2.8	2.9	3.0	3.7	2.4	4.1	4.6	4.7	4.8	Afrique
Americas	25.0	25.0	24.0	23.2	22.4	23.1	23.8	24.7	23.8	23.2	Amériques
- Northern America	16.2	15.2	14.0	13.1	11.7	13.1	13.1	13.8	13.4	12.4	- Amérique du Nord
- LAIA	8.2	9.3	9.2	9.3	9.5	9.0	9.4	9.4	8.8	8.9	- ALAI
- CACM	0.3	0.3	0.4	0.5	0.6	0.4	0.5	0.5	0.5	0.4	- MCC
- Caribbean	0.1	0.1	0.1	0.1	0.2	0.1	0.1	0.1	0.1	0.3	- Caraïbes
- Rest of America	0.2	0.2	0.2	0.2	0.4	0.5	0.8	0.9	1.0	1.3	- Autre d'Amérique
Asia excluding former USSR	26.3	26.6	24.5	25.6	23.3	23.8	25.2	24.6	25.3	24.7	Asie ancienne URSS exclus
- Middle East	0.6	0.6	0.6	0.7	0.5	0.5	0.5	0.5	0.7	1.1	- Moyen-Orient
Asia former USSR	0.1	0.1	0.1	0.1	0.0	0.0	0.0	0.0	0.1	0.1	Asie ancienne URSS
Europe excluding former USSR	41.6	40.6	42.6	42.7	44.9	45.0	41.5	40.2	40.6	42.1	Europe ancienne URSS exclus
- European Union	25.0	24.4	25.0	25.2	26.3	26.1	23.8	24.0	24.1	25.9	- Union Européenne
- Eastern Europe	0.4	0.5	0.7	0.7	0.7	0.7	0.6	0.6	0.6	0.6	- Europe de l'Est
- Rest of Europe	16.1	15.7	16.9	16.8	17.9	18.3	17.1	15.6	16.0	15.6	- Autre de l'Europe
Europe former USSR	1.0	1.2	1.4	1.8	2.1	1.5	1.7	2.0	1.9	1.9	Europe ancienne URSS
Oceania	3.3	3.6	4.5	3.6	3.6	4.1	3.7	3.9	3.6	3.1	Océanie

035 Fish, dried, salted or in brine; smoked fish

TRADE BY COMMODITY (Value in million US dollars)
Imports by principal countries or areas

COMMERCE PAR PRODUIT (Valeur en millions de dollars EU)
Importations selon les principaux pays ou zones

Country or area	1999	2000	2001	2002	2003	Pays ou zone
World	2757.1	2834.1	2828.3	2643.8	2908.2	Monde
Africa	27.5	30.4	28.9	28.3	70.4	Afrique
Americas	419.0	421.2	413.5	399.0	372.1	Amériques
- Northern America	195.0	203.6	200.7	207.8	209.6	- Amérique du Nord
- LAIA	153.6	154.7	146.6	118.7	101.7	- ALAI
- CACM	1.2	1.0	1.2	1.1	1.2	- MCC
- Caribbean	67.3	59.7	63.1	68.9	57.7	- Caraïbes
- Rest of America	1.9	2.3	1.9	2.4	1.9	- Autre d'Amérique
Asia excluding former USSR	713.0	964.3	793.7	809.3	852.8	Asie ancienne URSS exclus
- Middle East	8.5	9.1	9.9	10.5	11.7	- Moyen-Orient
Asia former USSR	0.9	1.2	1.0	0.5	1.0	Asie ancienne URSS
Europe excluding former USSR	1561.3	1388.9	1558.6	1369.0	1565.2	Europe ancienne URSS exclus
- European Union	1501.9	1339.7	1509.0	1316.2	1511.4	- Union Européenne
- Eastern Europe	11.0	12.3	9.6	12.6	14.7	- Europe de l'Est
- Rest of Europe	48.4	37.0	40.0	40.1	39.1	- Autre de l'Europe
Europe former USSR	11.6	12.0	18.9	19.0	26.2	Europe ancienne URSS
Oceania	23.8	16.1	13.6	18.7	20.4	Océanie
China, Hong Kong SAR	315.2	485.2	378.2	370.6	400.6	Chine - RAS de Hong-Kong
Portugal	394.8	305.5	314.1	287.0	e293.2	Portugal
Italy-San Marino-Holy See	273.3	235.0	262.9	251.3	280.4	Italie-Saint-Marin-Saint-Siège
Japan	256.7	266.9	249.9	256.7	264.1	Japon
Spain	207.3	177.6	190.6	205.9	287.7	Espagne
Germany	189.4	166.6	192.1	133.5	158.8	Allemagne
United States	148.3	151.2	153.6	162.4	166.4	Etats-Unis d'Amérique
Sweden	97.0	100.9	141.7	139.5	151.8	Suède
Brazil	134.8	135.4	122.2	97.3	80.5	Brésil
France-Monaco	111.2	105.7	114.7	101.6	114.2	France-Monaco
Netherlands	57.3	95.6	129.8	23.7	25.6	Pays-Bas
Denmark	39.8	40.5	46.6	58.3	67.5	Danemark
Belgium	52.3	46.1	46.3	44.8	53.3	Belgique
Sri Lanka	35.3	e66.3	49.7	41.3	e45.6	Sri Lanka
Canada	46.6	52.1	46.4	44.7	42.3	Canada
China	32.2	41.5	27.8	34.9	36.7	Chine
Singapore	32.0	38.7	29.3	35.8	34.9	Singapour
Greece	40.0	29.6	25.4	28.1	29.8	Grèce
Dominican Republic	e22.4	e21.6	e23.0	e29.9	e18.1	République dominicaine
Switzerland-Liechtenstein	21.5	20.1	21.5	23.1	28.0	Suisse-Liechtenstein
Jamaica	25.6	19.3	e20.7	21.8	e22.4	Jamaïque
Australia	22.1	14.3	12.0	15.2	17.7	Australie
Korea, Republic of	7.2	24.1	16.2	20.6	11.5	République de Corée
Mexico	9.8	11.0	17.0	17.5	18.4	Mexique
United Kingdom	12.9	12.2	15.2	14.4	18.0	Royaume-Uni
Austria	12.6	12.9	17.3	14.3	15.6	Autriche
Nigeria	3.1	5.7	e7.8	e7.4	e	Nigéria
Malaysia	11.7	13.3	14.1	13.2	12.9	Malaisie
Norway	20.3	11.2	12.9	8.9	3.8	Norvège
Luxembourg	5.4	5.5	5.7	5.5	5.8	Luxembourg

(Value as percentages of World total) — (Valeur en pourcentage du total mondial)

Regions of the world	1994	1995	1996	1997	1998	1999	2000	2001	2002	2003	Régions du monde
World	100.0	100.0	100.0	100.0	100.0	100.0	100.0	100.0	100.0	100.0	Monde
Africa	2.0	1.2	1.1	1.2	0.9	1.0	1.1	1.0	1.1	2.4	Afrique
Americas	14.1	16.0	15.8	17.4	18.3	15.2	14.9	14.6	15.1	12.8	Amériques
- Northern America	6.3	6.4	6.0	6.6	7.1	7.1	7.2	7.1	7.9	7.2	- Amérique du Nord
- LAIA	5.8	7.3	7.4	7.8	8.0	5.6	5.5	5.2	4.5	3.5	- ALAI
- CACM	0.0	0.0	0.0	0.1	0.1	0.0	0.0	0.0	0.0	0.0	- MCC
- Caribbean	2.0	2.3	2.3	2.8	3.1	2.4	2.1	2.2	2.6	2.0	- Caraïbes
- Rest of America	0.1	0.1	0.1	0.1	0.1	0.1	0.1	0.1	0.1	0.1	- Autre d'Amérique
Asia excluding former USSR	32.5	32.1	31.8	30.5	24.3	25.9	34.0	28.1	30.6	29.3	Asie ancienne URSS exclus
- Middle East	0.3	0.3	0.3	0.3	0.4	0.3	0.3	0.4	0.4	0.4	- Moyen-Orient
Asia former USSR	0.1	0.1	0.1	0.1	0.0	0.0	0.0	0.0	0.0	0.0	Asie ancienne URSS
Europe excluding former USSR	49.4	48.5	49.5	49.4	55.2	56.6	49.0	55.1	51.8	53.8	Europe ancienne URSS exclus
- European Union	48.0	46.7	47.5	47.3	53.0	54.5	47.3	53.4	49.8	52.0	- Union Européenne
- Eastern Europe	0.2	0.3	0.3	0.3	0.4	0.4	0.4	0.3	0.5	0.5	- Europe de l'Est
- Rest of Europe	1.2	1.5	1.7	1.8	1.9	1.8	1.3	1.4	1.5	1.3	- Autre de l'Europe
Europe former USSR	1.3	1.5	1.1	0.8	0.6	0.4	0.4	0.7	0.7	0.9	Europe ancienne URSS
Oceania	0.6	0.6	0.6	0.7	0.6	0.9	0.6	0.5	0.7	0.7	Océanie

TRADE BY COMMODITY (Value in million US dollars)
Exports by principal countries or areas

COMMERCE PAR PRODUIT (Valeur en millions de dollars EU)
Exportations selon les principaux pays ou zones

Country or area	1999	2000	2001	2002	2003	Pays ou zone
World	2660.4	2704.4	2794.2	2721.8	3014.6	Monde
Africa	19.5	36.0	42.7	29.2	47.0	Afrique
Americas	374.9	406.7	405.6	351.8	375.3	Amériques
- Northern America	283.8	290.6	285.3	240.2	242.7	- Amérique du Nord
- LAIA	64.7	77.5	84.6	84.3	94.8	- ALAI
- CACM	8.8	10.9	10.6	9.5	11.8	- MCC
- Caribbean	0.3	0.4	0.4	0.2	0.3	- Caraïbes
- Rest of America	17.3	27.2	24.7	17.5	25.7	- Autre d'Amérique
Asia excluding former USSR	441.1	585.8	530.7	614.6	623.5	Asie ancienne URSS exclus
- Middle East	16.0	17.5	9.9	20.5	21.3	- Moyen-Orient
Asia former USSR	1.8	1.2	0.8	1.0	1.2	Asie ancienne URSS
Europe excluding former USSR	1783.4	1620.9	1743.9	1665.2	1898.3	Europe ancienne URSS exclus
- European Union	695.1	676.9	726.4	689.2	850.0	- Union Européenne
- Eastern Europe	25.7	26.7	27.9	26.2	59.6	- Europe de l'Est
- Rest of Europe	1062.6	917.3	989.6	949.8	988.7	- Autre de l'Europe
Europe former USSR	14.7	18.3	26.2	17.1	22.7	Europe ancienne URSS
Oceania	25.0	35.4	44.4	42.9	46.4	Océanie
Norway	689.1	568.4	615.4	598.7	575.6	Norvège
Iceland	300.9	275.8	294.5	286.8	303.7	Islande
Denmark	248.4	226.1	262.3	251.7	274.7	Danemark
Canada	196.9	205.4	182.5	169.7	165.7	Canada
China, Hong Kong SAR	129.6	194.1	139.3	153.6	165.4	Chine - RAS de Hong-Kong
China	84.1	110.2	101.1	131.6	156.1	Chine
Sweden	74.9	77.5	107.6	103.3	128.6	Suède
Faeroe Islands	71.3	e70.6	e77.5	e59.7	e102.9	Iles Féroé
United States	78.8	78.2	95.2	59.7	61.3	Etats-Unis d'Amérique
Germany	66.9	77.3	64.7	56.3	72.7	Allemagne
Viet Nam	27.2	48.7	78.5	84.4	e79.9	Viet Nam
Spain	55.9	47.5	47.9	59.4	104.9	Espagne
United Kingdom	57.0	62.9	55.2	52.1	78.3	Royaume-Uni
Netherlands	72.1	68.5	62.7	37.9	43.1	Pays-Bas
Indonesia	52.9	54.1	55.1	73.2	45.8	Indonésie
France-Monaco	43.5	52.8	53.3	48.3	55.0	France-Monaco
Chile	35.2	42.7	46.4	52.5	54.6	Chili
Thailand	21.1	33.3	35.6	e39.3	45.9	Thaïlande
Poland	25.2	26.5	27.0	25.0	56.7	Pologne
Portugal	21.6	22.1	32.5	36.4	e42.2	Portugal
Singapore	29.8	30.7	20.8	27.1	26.6	Singapour
Papua New Guinea	e11.8	14.8	e28.2	25.3	26.0	Papouasie-Nouvelle-Guinée
Panama	14.4	25.0	22.1	15.0	20.7	Panama
Japan	12.7	23.4	16.1	11.9	11.9	Japon
Korea, Republic of	13.8	14.1	16.5	17.5	12.9	République de Corée
Ireland	19.0	12.4	11.5	11.8	14.9	Irlande
Argentina	13.5	12.2	15.1	9.3	17.6	Argentine
Belgium	12.9	13.2	12.5	11.6	13.2	Belgique
Maldives	11.0	13.1	13.0	10.7	13.2	Maldives
Russian Federation	8.9	10.9	11.0	8.4	13.3	Fédération de Russie

(Value as percentages of World total) **(Valeur en pourcentage du total mondial)**

Regions of the world	1994	1995	1996	1997	1998	1999	2000	2001	2002	2003	Régions du monde
World	100.0	100.0	100.0	100.0	100.0	100.0	100.0	100.0	100.0	100.0	Monde
Africa	1.2	1.0	0.9	1.1	0.8	0.7	1.3	1.5	1.1	1.6	Afrique
Americas	15.7	16.4	19.5	18.5	15.5	14.1	15.0	14.5	12.9	12.4	Amériques
- Northern America	12.4	12.9	14.6	10.4	9.5	10.7	10.7	10.2	8.8	8.0	- Amérique du Nord
- LAIA	2.5	2.4	2.8	3.6	2.4	2.4	2.9	3.0	3.1	3.1	- ALAI
- CACM	0.6	1.0	1.9	2.7	2.3	0.3	0.4	0.4	0.3	0.4	- MCC
- Caribbean	0.0	0.0	0.0	0.1	0.0	0.0	0.0	0.0	0.0	0.0	- Caraïbes
- Rest of America	0.2	0.2	0.2	1.8	1.3	0.7	1.0	0.9	0.6	0.9	- Autre d'Amérique
Asia excluding former USSR	20.2	19.9	16.2	17.4	15.9	16.6	21.7	19.0	22.6	20.7	Asie ancienne URSS exclus
- Middle East	1.6	1.2	0.2	0.3	0.6	0.6	0.6	0.4	0.8	0.7	- Moyen-Orient
Asia former USSR	0.0	0.1	0.1	0.1	0.1	0.1	0.0	0.0	0.0	0.0	Asie ancienne URSS
Europe excluding former USSR	61.7	60.6	61.0	60.7	66.4	67.0	59.9	62.4	61.2	63.0	Europe ancienne URSS exclus
- European Union	26.0	23.9	24.1	24.8	25.8	26.1	25.0	26.0	25.3	28.2	- Union Européenne
- Eastern Europe	0.5	0.7	0.7	0.6	0.8	1.0	1.0	1.0	1.0	2.0	- Europe de l'Est
- Rest of Europe	35.2	35.9	36.3	35.3	39.8	39.9	33.9	35.4	34.9	32.8	- Autre de l'Europe
Europe former USSR	0.5	0.7	0.8	0.7	0.6	0.6	0.7	0.9	0.6	0.8	Europe ancienne URSS
Oceania	0.6	1.3	1.6	1.5	0.8	0.9	1.3	1.6	1.6	1.5	Océanie

036 Crustaceans and molluscs, fresh, chilled, frozen, salted, etc

TRADE BY COMMODITY (Value in million US dollars)
Imports by principal countries or areas

COMMERCE PAR PRODUIT (Valeur en millions de dollars EU)
Importations selon les principaux pays ou zones

Country or area	1999	2000	2001	2002	2003	Pays ou zone
World	17587.7	19250.3	18247.8	18262.5	20073.1	Monde
Africa	33.5	39.9	44.6	39.4	48.4	Afrique
Americas	4910.1	5677.3	5525.0	5312.0	5854.6	Amériques
- Northern America	4823.6	5583.5	5422.1	5220.0	5759.7	- Amérique du Nord
- LAIA	49.7	55.2	66.8	56.4	67.2	- ALAI
- CACM	17.0	10.3	10.4	10.0	7.6	- MCC
- Caribbean	15.8	21.2	20.7	20.2	16.6	- Caraïbes
- Rest of America	4.1	7.2	5.0	5.0	3.5	- Autre d'Amérique
Asia excluding former USSR	7165.5	8044.7	6918.5	6986.5	6805.8	Asie ancienne URSS exclus
- Middle East	51.4	64.6	77.9	81.1	94.5	- Moyen-Orient
Asia former USSR	0.4	0.4	0.8	0.5	0.5	Asie ancienne URSS
Europe excluding former USSR	5289.1	5293.6	5566.6	5706.5	7078.1	Europe ancienne URSS exclus
- European Union	5089.1	5093.6	5381.2	5522.8	6854.5	- Union Européenne
- Eastern Europe	24.0	17.3	16.5	17.2	21.8	- Europe de l'Est
- Rest of Europe	176.0	182.7	168.9	166.6	201.8	- Autre de l'Europe
Europe former USSR	12.9	14.7	24.6	42.6	60.6	Europe ancienne URSS
Oceania	176.2	179.6	167.7	175.0	225.0	Océanie
Japan	5283.9	5698.3	4628.3	4506.2	4175.0	Japon
United States	4266.6	4980.7	4839.8	4688.8	5251.4	Etats-Unis d'Amérique
Spain	1447.4	1571.1	1719.1	1729.1	2266.1	Espagne
Italy-San Marino-Holy See	935.7	887.0	971.9	1036.8	1279.8	Italie-Saint-Marin-Saint-Siège
France-Monaco	984.9	925.7	933.9	952.3	1140.1	France-Monaco
China, Hong Kong SAR	761.6	894.1	817.3	814.7	774.2	Chine - RAS de Hong-Kong
Canada	545.8	601.1	578.9	527.5	503.5	Canada
Belgium	358.5	346.6	361.7	395.3	544.1	Belgique
China	217.6	391.0	367.8	448.1	525.6	Chine
United Kingdom	303.5	341.9	330.7	340.9	389.8	Royaume-Uni
Korea, Republic of	195.2	260.3	330.4	432.0	484.9	République de Corée
Denmark	263.8	237.9	219.8	242.4	267.9	Danemark
Thailand	206.6	230.1	258.6	e218.0	255.6	Thaïlande
Netherlands	173.4	206.9	214.1	217.2	276.9	Pays-Bas
Germany	207.8	206.1	239.1	185.5	206.9	Allemagne
Portugal	190.9	175.0	190.0	198.3	e202.6	Portugal
Australia	153.7	154.5	145.3	148.7	194.2	Australie
Singapore	145.4	173.6	134.7	146.2	148.5	Singapour
Greece	83.9	77.9	86.5	116.1	145.2	Grèce
Malaysia	50.2	64.9	78.5	73.3	100.9	Malaisie
Sweden	72.3	58.8	56.7	56.8	74.7	Suède
Switzerland-Liechtenstein	51.3	56.1	60.4	46.9	60.8	Suisse-Liechtenstein
Iceland	43.7	45.7	39.9	48.3	56.7	Islande
Norway	53.1	52.8	38.4	40.7	40.2	Norvège
Viet Nam	14.5	26.8	30.8	79.6	e66.0	Viet Nam
United Arab Emirates	27.3	36.8	45.1	e46.3	e54.2	Emirates arabes unis
Mexico	20.5	22.9	32.2	34.5	46.3	Mexique
Ireland	29.1	24.4	22.5	19.1	18.0	Irlande
Russian Federation	4.1	4.9	16.1	30.8	44.0	Fédération de Russie
Austria	20.6	16.2	17.5	15.9	19.8	Autriche

(Value as percentages of World total)   (Valeur en pourcentage du total mondial)

Regions of the world	1994	1995	1996	1997	1998	1999	2000	2001	2002	2003	Régions du monde
World	100.0	100.0	100.0	100.0	100.0	100.0	100.0	100.0	100.0	100.0	Monde
Africa	0.2	0.2	0.2	0.2	0.2	0.2	0.2	0.2	0.2	0.2	Afrique
Americas	23.6	21.5	21.9	25.7	27.1	27.9	29.5	30.3	29.1	29.2	Amériques
- Northern America	23.2	21.1	21.5	25.3	26.5	27.4	29.0	29.7	28.6	28.7	- Amérique du Nord
- LAIA	0.3	0.3	0.3	0.3	0.4	0.3	0.3	0.4	0.3	0.3	- ALAI
- CACM	0.0	0.0	0.0	0.0	0.1	0.1	0.1	0.1	0.1	0.0	- MCC
- Caribbean	0.1	0.2	0.1	0.1	0.1	0.1	0.1	0.1	0.1	0.1	- Caraïbes
- Rest of America	0.0	0.0	0.0	0.0	0.0	0.0	0.0	0.0	0.0	0.0	- Autre d'Amérique
Asia excluding former USSR	50.8	50.8	49.5	45.2	39.4	40.7	41.8	37.9	38.3	33.9	Asie ancienne URSS exclus
- Middle East	0.4	0.3	0.3	0.4	0.3	0.3	0.3	0.4	0.4	0.5	- Moyen-Orient
Asia former USSR	0.0	0.0	0.0	0.0	0.0	0.0	0.0	0.0	0.0	0.0	Asie ancienne URSS
Europe excluding former USSR	24.4	26.3	27.3	27.8	32.2	30.1	27.5	30.5	31.2	35.3	Europe ancienne URSS exclus
- European Union	23.6	25.4	26.3	26.9	31.1	28.9	26.5	29.5	30.2	34.1	- Union Européenne
- Eastern Europe	0.1	0.1	0.1	0.1	0.2	0.1	0.1	0.1	0.1	0.1	- Europe de l'Est
- Rest of Europe	0.7	0.8	0.8	0.7	1.0	1.0	0.9	0.9	0.9	1.0	- Autre de l'Europe
Europe former USSR	0.1	0.2	0.1	0.1	0.1	0.1	0.1	0.1	0.2	0.3	Europe ancienne URSS
Oceania	0.9	0.9	1.0	1.0	1.0	1.0	0.9	0.9	1.0	1.1	Océanie

TRADE BY COMMODITY (Value in million US dollars)
Exports by principal countries or areas

COMMERCE PAR PRODUIT (Valeur en millions de dollars EU)
Exportations selon les principaux pays ou zones

Country or area	1999	2000	2001	2002	2003	Pays ou zone
World	15458.8	17153.4	16416.8	16558.1	18095.2	Monde
Africa	745.6	1144.9	1001.3	1144.5	1360.1	Afrique
Americas	4737.5	4659.7	4433.2	4438.0	4862.4	Amériques
- Northern America	2029.4	2200.2	2076.5	2340.4	2603.5	- Amérique du Nord
- LAIA	2065.3	1982.7	1992.0	1719.0	1893.5	- ALAI
- CACM	356.7	189.1	91.1	87.4	106.4	- MCC
- Caribbean	116.5	101.9	83.6	129.6	92.1	- Caraïbes
- Rest of America	169.7	185.9	190.1	161.6	167.0	- Autre d'Amérique
Asia excluding former USSR	6726.8	8092.3	7735.7	7514.5	7868.9	Asie ancienne URSS exclus
- Middle East	60.2	62.8	64.7	85.7	150.6	- Moyen-Orient
Asia former USSR	2.8	1.0	0.5	2.1	3.3	Asie ancienne URSS
Europe excluding former USSR	2410.8	2348.8	2425.3	2590.0	3151.7	Europe ancienne URSS exclus
- European Union	2265.6	2211.1	2309.2	2468.8	3017.4	- Union Européenne
- Eastern Europe	19.0	10.0	7.8	5.7	6.4	- Europe de l'Est
- Rest of Europe	126.3	127.8	108.3	115.5	127.0	- Autre de l'Europe
Europe former USSR	48.8	63.4	48.7	65.1	69.1	Europe ancienne URSS
Oceania	786.5	843.3	772.1	803.9	779.6	Océanie
Thailand	1648.3	1865.0	1603.9	e1105.5	1291.4	Thaïlande
Canada	1147.7	1291.1	1292.5	1554.1	1720.5	Canada
Viet Nam	811.8	1233.5	1407.1	1507.2	e1425.7	Viet Nam
India	940.7	1074.5	952.7	1088.5	1045.4	Inde
Indonesia	953.0	1080.4	1033.9	944.5	962.2	Indonésie
China	709.3	840.8	845.6	983.7	1134.1	Chine
United States	749.3	784.1	656.9	672.6	727.6	Etats-Unis d'Amérique
Australia	574.6	626.2	557.6	554.5	536.1	Australie
Spain	461.3	420.5	487.3	530.1	647.9	Espagne
Morocco	447.7	633.6	456.2	535.6	442.8	Maroc
Mexico	493.7	565.0	472.7	399.2	392.5	Mexique
Argentina	355.9	466.9	584.1	362.9	494.5	Argentine
United Kingdom	408.8	397.0	406.0	431.8	515.6	Royaume-Uni
Denmark	363.5	342.3	329.5	372.9	410.7	Danemark
Ecuador	608.5	274.3	282.7	256.1	278.8	Equateur
Korea, Republic of	326.1	370.4	314.0	230.0	244.7	République de Corée
Bangladesh	e230.4	e281.4	334.0	e268.4	294.4	Bangladesh
Netherlands	220.8	273.4	285.9	264.0	356.2	Pays-Bas
France-Monaco	254.1	246.7	254.1	251.7	338.7	France-Monaco
Malaysia	170.0	219.8	211.8	226.7	269.9	Malaisie
Philippines	194.7	212.7	195.2	210.0	203.5	Philippines
Brazil	82.1	157.1	190.0	249.2	315.1	Brésil
Belgium	177.3	165.9	169.3	194.2	258.9	Belgique
New Zealand	173.5	178.6	173.7	210.7	208.7	Nouvelle-Zélande
Japan	103.8	125.5	132.1	152.7	200.7	Japon
Italy-San Marino-Holy See	115.7	120.9	131.1	142.9	145.4	Italie-Saint-Marin-Saint-Siège
Greenland	132.1	124.8	126.8	113.6	e155.1	Groenland
China, Hong Kong SAR	104.6	183.1	127.5	104.3	85.0	Chine - RAS de Hong-Kong
Myanmar	e91.4	e126.6	e108.6	e161.9	e115.5	Myanmar
Korea, Democratic People's Republic of	e49.3	e50.3	e95.3	e170.0	e181.2	République démocratique populaire de Corée

(Value as percentages of World total)　　　　**(Valeur en pourcentage du total mondial)**

Regions of the world	1994	1995	1996	1997	1998	1999	2000	2001	2002	2003	Régions du monde
World	100.0	100.0	100.0	100.0	100.0	100.0	100.0	100.0	100.0	100.0	Monde
Africa	6.3	6.3	6.2	5.7	6.0	4.8	6.7	6.1	6.9	7.5	Afrique
Americas	26.1	27.6	27.4	29.4	30.1	30.6	27.2	27.0	26.8	26.9	Amériques
- Northern America	12.3	12.4	11.6	11.1	10.4	13.1	12.8	12.6	14.1	14.4	- Amérique du Nord
- LAIA	10.8	12.2	12.6	15.2	15.3	13.4	11.6	12.1	10.4	10.5	- ALAI
- CACM	1.3	1.2	1.6	1.7	2.5	2.3	1.1	0.6	0.5	0.6	- MCC
- Caribbean	0.5	0.7	0.5	0.5	0.5	0.8	0.6	0.5	0.8	0.5	- Caraïbes
- Rest of America	1.2	1.2	1.0	1.0	1.3	1.1	1.1	1.2	1.0	0.9	- Autre d'Amérique
Asia excluding former USSR	49.8	47.5	45.8	44.5	43.8	43.5	47.2	47.1	45.4	43.5	Asie ancienne URSS exclus
- Middle East	0.5	0.4	0.3	0.4	0.4	0.4	0.4	0.4	0.5	0.8	- Moyen-Orient
Asia former USSR	0.0	0.0	0.0	0.0	0.0	0.0	0.0	0.0	0.0	0.0	Asie ancienne URSS
Europe excluding former USSR	12.1	12.5	14.4	14.3	14.7	15.6	13.7	14.8	15.6	17.4	Europe ancienne URSS exclus
- European Union	11.0	11.5	13.2	13.3	13.8	14.7	12.9	14.1	14.9	16.7	- Union Européenne
- Eastern Europe	0.0	0.0	0.1	0.1	0.1	0.1	0.1	0.0	0.0	0.0	- Europe de l'Est
- Rest of Europe	1.0	1.0	1.1	0.9	0.8	0.8	0.7	0.7	0.7	0.7	- Autre de l'Europe
Europe former USSR	0.3	0.3	0.4	0.5	0.6	0.3	0.4	0.3	0.4	0.4	Europe ancienne URSS
Oceania	5.5	5.8	5.8	5.5	4.8	5.1	4.9	4.7	4.9	4.3	Océanie

037 Fish, crustaceans and molluscs, prepared or preserved, nes

Country or area	1999	2000	2001	2002	2003	Pays ou zone
World	9555.8	9782.7	9850.8	10552.8	11608.1	Monde
Africa	132.5	141.8	150.4	152.8	191.9	Afrique
Americas	2257.0	2378.4	2518.4	2678.7	2923.7	Amériques
- Northern America	1943.0	2059.2	2194.6	2415.5	2652.8	- Amérique du Nord
- LAIA	235.2	243.6	245.2	183.5	185.1	- ALAI
- CACM	20.4	18.6	21.9	20.6	21.8	- MCC
- Caribbean	44.6	42.2	43.3	44.2	47.1	- Caraïbes
- Rest of America	13.8	14.8	13.4	14.8	16.8	- Autre d'Amérique
Asia excluding former USSR	2734.5	3173.0	2902.7	3018.7	2975.2	Asie ancienne URSS exclus
- Middle East	151.8	122.2	137.3	129.6	144.7	- Moyen-Orient
Asia former USSR	8.0	9.2	7.6	6.3	7.2	Asie ancienne URSS
Europe excluding former USSR	4136.3	3785.8	3932.0	4337.5	5085.2	Europe ancienne URSS exclus
- European Union	3841.4	3506.5	3629.8	4002.9	4707.4	- Union Européenne
- Eastern Europe	82.6	81.7	91.8	107.3	124.8	- Europe de l'Est
- Rest of Europe	212.3	197.6	210.4	227.3	253.0	- Autre de l'Europe
Europe former USSR	74.1	78.6	124.0	130.7	148.6	Europe ancienne URSS
Oceania	213.4	215.9	215.8	228.1	276.3	Océanie
Japan	2105.2	2499.0	2238.7	2283.7	2169.6	Japon
United States	1689.8	1820.5	1950.6	2157.0	2361.5	Etats-Unis d'Amérique
United Kingdom	803.7	713.9	780.3	792.1	839.4	Royaume-Uni
France-Monaco	613.9	608.5	613.3	716.0	809.7	France-Monaco
Italy-San Marino-Holy See	510.8	458.2	495.2	586.5	739.2	Italie-Saint-Marin-Saint-Siège
Germany	547.6	485.2	531.9	565.0	659.0	Allemagne
Canada	252.0	237.8	242.7	257.3	289.5	Canada
Belgium	254.6	215.0	211.3	240.4	296.0	Belgique
Spain	234.5	206.7	204.0	225.4	339.4	Espagne
Denmark	231.9	231.2	224.5	218.1	272.2	Danemark
Netherlands	216.6	203.6	156.0	205.9	220.8	Pays-Bas
Australia	173.1	172.4	170.8	178.9	215.2	Australie
Sweden	160.6	147.4	152.2	162.4	203.9	Suède
China, Hong Kong SAR	146.0	152.6	146.3	168.8	185.7	Chine - RAS de Hong-Kong
Korea, Republic of	70.8	107.7	120.2	143.8	162.8	République de Corée
Singapore	110.0	117.3	106.0	133.7	130.1	Singapour
Switzerland-Liechtenstein	120.7	108.0	106.8	109.3	125.3	Suisse-Liechtenstein
Austria	79.8	60.9	70.6	82.8	91.2	Autriche
Russian Federation	38.9	29.7	72.7	69.8	76.3	Fédération de Russie
Norway	46.7	47.0	51.1	55.4	61.1	Norvège
Finland	49.2	46.5	51.9	52.2	59.3	Finlande
Colombia	40.0	44.8	43.0	48.0	47.5	Colombie
Portugal	41.6	39.0	43.6	48.6	e49.7	Portugal
Greece	42.6	36.9	35.4	48.1	54.5	Grèce
Mexico	27.6	35.5	47.1	48.5	54.5	Mexique
Ireland	35.5	34.1	41.5	43.7	50.0	Irlande
Argentina	65.6	54.3	54.6	9.2	e14.2	Argentine
Saudi Arabia	36.3	29.8	44.3	38.0	43.4	Arabie saoudite
Israel	36.1	32.0	35.3	35.7	32.7	Israël
Poland	28.3	27.5	30.3	39.0	43.9	Pologne

(Value as percentages of World total) — **(Valeur en pourcentage du total mondial)**

Regions of the world	1994	1995	1996	1997	1998	1999	2000	2001	2002	2003	Régions du monde
World	100.0	100.0	100.0	100.0	100.0	100.0	100.0	100.0	100.0	100.0	Monde
Africa	1.4	1.6	1.2	1.4	2.0	1.4	1.4	1.5	1.4	1.7	Afrique
Americas	17.8	16.4	16.8	16.8	21.5	23.6	24.3	25.6	25.4	25.2	Amériques
- Northern America	14.9	13.5	13.8	15.5	17.6	20.3	21.0	22.3	22.9	22.9	- Amérique du Nord
- LAIA	2.3	2.2	2.3	2.5	3.0	2.5	2.5	2.5	1.7	1.6	- ALAI
- CACM	0.1	0.1	0.1	0.2	0.3	0.2	0.2	0.2	0.2	0.2	- MCC
- Caribbean	0.4	0.4	0.4	0.5	0.5	0.5	0.4	0.4	0.4	0.4	- Caraïbes
- Rest of America	0.2	0.1	0.2	0.1	0.1	0.1	0.2	0.1	0.1	0.1	- Autre d'Amérique
Asia excluding former USSR	31.9	32.8	32.8	33.0	25.8	28.6	32.4	29.5	28.6	25.6	Asie ancienne URSS exclus
- Middle East	1.6	1.6	1.1	1.3	1.7	1.6	1.2	1.4	1.2	1.2	- Moyen-Orient
Asia former USSR	0.1	0.1	0.1	0.1	0.1	0.1	0.1	0.1	0.1	0.1	Asie ancienne URSS
Europe excluding former USSR	44.3	44.9	45.3	43.4	47.1	43.3	38.7	39.9	41.1	43.8	Europe ancienne URSS exclus
- European Union	41.2	41.7	42.3	40.3	43.7	40.2	35.8	36.8	37.9	40.6	- Union Européenne
- Eastern Europe	0.8	0.8	0.8	0.9	1.0	0.9	0.8	0.9	1.0	1.1	- Europe de l'Est
- Rest of Europe	2.3	2.4	2.2	2.1	2.3	2.2	2.0	2.1	2.2	2.2	- Autre de l'Europe
Europe former USSR	1.4	1.7	1.3	1.2	1.3	0.8	0.8	1.3	1.2	1.3	Europe ancienne URSS
Oceania	3.1	2.5	2.4	2.2	2.2	2.2	2.2	2.2	2.2	2.4	Océanie

TRADE BY COMMODITY (Value in million US dollars)
Exports by principal countries or areas

COMMERCE PAR PRODUIT (Valeur en millions de dollars EU)
Exportations selon les principaux pays ou zones

Country or area	1999	2000	2001	2002	2003	Pays ou zone
World	9025.2	9292.4	9427.6	9730.4	11253.7	Monde
Africa	549.9	483.7	546.1	606.1	749.5	Afrique
Americas	1425.9	1396.5	1483.6	1515.9	1668.9	Amériques
- Northern America	750.1	770.6	792.9	778.2	837.1	- Amérique du Nord
- LAIA	653.5	606.6	653.5	686.6	773.7	- ALAI
- CACM	20.2	15.5	21.3	29.2	36.2	- MCC
- Caribbean	0.5	0.3	0.3	0.2	0.3	- Caraïbes
- Rest of America	1.8	3.5	15.6	21.8	21.7	- Autre d'Amérique
Asia excluding former USSR	4042.0	4598.2	4485.6	4548.7	5281.0	Asie ancienne URSS exclus
- Middle East	71.0	93.2	72.7	59.7	89.0	- Moyen-Orient
Asia former USSR	6.9	7.4	8.9	3.5	6.3	Asie ancienne URSS
Europe excluding former USSR	2728.4	2527.3	2575.2	2738.6	3180.7	Europe ancienne URSS exclus
- European Union	2248.5	2094.0	2134.7	2290.5	2700.8	- Union Européenne
- Eastern Europe	76.1	73.7	89.8	104.5	137.9	- Europe de l'Est
- Rest of Europe	403.8	359.5	350.7	343.6	342.0	- Autre de l'Europe
Europe former USSR	123.9	114.5	208.3	211.0	226.6	Europe ancienne URSS
Oceania	148.2	164.8	119.9	106.5	140.7	Océanie
Thailand	2016.0	2057.9	2011.9	e1835.9	2144.6	Thaïlande
China	1021.8	1391.2	1427.8	1628.2	1923.4	Chine
Denmark	436.1	396.7	445.5	452.5	532.6	Danemark
Spain	328.2	340.6	407.8	397.7	468.9	Espagne
Canada	356.8	409.0	377.1	352.3	392.9	Canada
Germany	362.9	295.4	363.8	385.9	468.4	Allemagne
United States	323.1	293.2	351.9	361.2	355.9	Etats-Unis d'Amérique
Netherlands	329.4	287.8	281.5	313.4	352.1	Pays-Bas
Ecuador	262.9	220.1	268.0	343.5	386.9	Equateur
Korea, Republic of	311.4	312.1	261.6	232.2	203.1	République de Corée
Morocco	200.2	201.9	229.1	254.3	338.2	Maroc
Japan	239.1	251.3	222.2	230.5	256.7	Japon
Chile	200.9	209.5	220.1	182.8	216.2	Chili
France-Monaco	209.8	263.2	134.2	159.8	206.3	France-Monaco
Norway	205.1	188.7	174.0	162.3	131.1	Norvège
Iceland	159.8	134.4	136.1	140.6	164.6	Islande
Côte d'Ivoire	141.4	120.3	e108.1	135.9	136.2	Côte d'Ivoire
United Kingdom	159.4	117.2	105.5	105.4	113.7	Royaume-Uni
Belgium	107.9	88.3	97.0	111.4	162.7	Belgique
Indonesia	99.7	107.6	106.8	99.1	114.1	Indonésie
Italy-San Marino-Holy See	74.9	83.3	97.0	131.9	126.8	Italie-Saint-Marin-Saint-Siège
Philippines	84.8	72.6	85.7	116.1	136.6	Philippines
Poland	65.2	64.8	79.8	100.0	115.3	Pologne
Portugal	92.2	79.7	64.5	78.6	e91.1	Portugal
Sweden	76.3	74.4	70.5	83.0	92.9	Suède
Malaysia	74.9	74.5	78.7	75.1	80.6	Malaisie
Ghana	54.3	57.2	63.6	e81.9	e107.8	Ghana
Australia	80.0	94.1	63.4	44.7	74.5	Australie
Greenland	70.1	68.4	63.9	64.6	e88.2	Groenland
Mexico	62.1	65.7	61.5	76.5	62.2	Mexique

(Value as percentages of World total)

(Valeur en pourcentage du total mondial)

Regions of the world	1994	1995	1996	1997	1998	1999	2000	2001	2002	2003	Régions du monde
World	100.0	100.0	100.0	100.0	100.0	100.0	100.0	100.0	100.0	100.0	Monde
Africa	4.6	5.8	5.8	5.8	6.4	6.1	5.2	5.8	6.2	6.7	Afrique
Americas	14.6	14.6	14.0	14.5	15.1	15.8	15.0	15.7	15.6	14.8	Amériques
- Northern America	8.3	7.6	7.3	6.6	7.1	8.3	8.3	8.4	8.0	7.4	- Amérique du Nord
- LAIA	6.0	6.4	6.3	7.5	7.6	7.2	6.5	6.9	7.1	6.9	- ALAI
- CACM	0.3	0.6	0.5	0.3	0.4	0.2	0.2	0.2	0.3	0.3	- MCC
- Caribbean	0.0	0.0	0.0	0.0	0.0	0.0	0.0	0.0	0.0	0.0	- Caraïbes
- Rest of America	0.0	0.0	0.0	0.0	0.0	0.0	0.0	0.2	0.2	0.2	- Autre d'Amérique
Asia excluding former USSR	46.5	44.7	46.3	47.8	44.3	44.8	49.5	47.6	46.7	46.9	Asie ancienne URSS exclus
- Middle East	1.0	0.9	1.0	1.0	1.1	0.8	1.0	0.8	0.6	0.8	- Moyen-Orient
Asia former USSR	0.1	0.1	0.1	0.1	0.1	0.1	0.1	0.1	0.0	0.1	Asie ancienne URSS
Europe excluding former USSR	29.8	30.2	29.3	27.9	31.3	30.2	27.2	27.3	28.1	28.3	Europe ancienne URSS exclus
- European Union	23.5	24.0	23.6	22.5	25.5	24.9	22.5	22.6	23.5	24.0	- Union Européenne
- Eastern Europe	0.9	0.9	0.8	0.8	0.9	0.8	0.8	1.0	1.1	1.2	- Europe de l'Est
- Rest of Europe	5.4	5.3	5.0	4.6	4.8	4.5	3.9	3.7	3.5	3.0	- Autre de l'Europe
Europe former USSR	2.1	2.6	2.5	1.8	1.4	1.4	1.2	2.2	2.2	2.0	Europe ancienne URSS
Oceania	2.3	2.0	1.9	2.1	1.4	1.6	1.8	1.3	1.1	1.3	Océanie

041 Wheat and meslin, unmilled

TRADE BY COMMODITY (Value in million US dollars)
Imports by principal countries or areas

COMMERCE PAR PRODUIT (Valeur en millions de dollars EU)
Importations selon les principaux pays ou zones

Country or area	1999	2000	2001	2002	2003	Pays ou zone
World	15562.2	15485.6	15615.8	16738.3	16863.6	Monde
Africa	2896.0	3211.8	3350.4	3976.0	3788.4	Afrique
Americas	2734.4	2671.8	2941.9	2998.8	3169.6	Amériques
- Northern America	293.3	248.3	313.5	300.7	150.1	- Amérique du Nord
- LAIA	2130.0	2099.9	2291.8	2321.2	2621.1	- ALAI
- CACM	188.3	195.4	196.3	233.5	252.9	- MCC
- Caribbean	97.0	98.6	107.6	117.3	112.1	- Caraïbes
- Rest of America	25.8	29.6	32.7	26.2	33.4	- Autre d'Amérique
Asia excluding former USSR	5658.8	5398.5	5246.3	5347.1	5081.2	Asie ancienne URSS exclus
- Middle East	1473.5	1532.5	1460.6	1172.6	1043.9	- Moyen-Orient
Asia former USSR	180.9	316.5	204.5	197.6	205.6	Asie ancienne URSS
Europe excluding former USSR	3582.6	3300.8	3620.5	4038.0	4349.5	Europe ancienne URSS exclus
- European Union	3401.2	3015.2	3350.6	3796.7	3813.6	- Union Européenne
- Eastern Europe	45.2	129.9	130.9	74.5	349.8	- Europe de l'Est
- Rest of Europe	136.2	155.7	139.0	166.8	186.1	- Autre de l'Europe
Europe former USSR	436.5	520.8	178.3	90.5	145.8	Europe ancienne URSS
Oceania	72.9	65.5	73.8	90.3	123.5	Océanie
Japan	1074.7	1030.4	1037.8	1124.5	1090.9	Japon
Italy-San Marino-Holy See	968.8	961.1	1087.3	1074.8	1202.4	Italie-Saint-Marin-Saint-Siège
Brazil	938.2	981.2	977.3	966.4	1114.5	Brésil
Algeria	660.8	803.9	723.3	974.8	878.3	Algérie
Egypt	602.8	696.5	668.5	819.2	606.5	Egypte
Iran (Islamic Republic of)	801.3	860.0	876.8	499.3	166.5	Iran (République islamique d')
Spain	514.8	333.5	513.8	743.0	592.5	Espagne
Korea, Republic of	533.2	470.4	529.7	542.6	610.3	République de Corée
Indonesia	404.4	502.4	399.5	614.4	579.9	Indonésie
Morocco	388.7	516.3	547.8	530.1	384.3	Maroc
Belgium	474.8	438.8	379.0	456.1	548.2	Belgique
Philippines	402.8	391.0	485.1	486.7	468.1	Philippines
Netherlands	428.8	433.1	466.5	483.1	402.2	Pays-Bas
Mexico	336.8	333.7	422.6	467.5	565.8	Mexique
Nigeria	434.1	251.3	e344.5	e326.7	e266.7	Nigéria
United States	290.4	244.8	300.1	282.5	144.0	Etats-Unis d'Amérique
Portugal	222.5	171.9	208.4	210.8	e215.4	Portugal
United Kingdom	207.7	194.6	209.9	209.3	192.9	Royaume-Uni
Germany	204.3	166.8	181.0	215.4	244.1	Allemagne
Bangladesh	e203.7	e221.5	214.6	e209.7	149.4	Bangladesh
Malaysia	215.4	187.1	206.2	201.7	171.9	Malaisie
Tunisia	131.5	160.5	198.6	265.0	221.6	Tunisie
Peru	179.6	170.7	206.9	199.2	210.4	Pérou
Venezuela	174.8	170.7	193.6	187.3	206.1	Venezuela
Israel	184.6	191.1	170.6	191.4	172.5	Israël
Colombia	151.1	149.4	181.3	199.7	201.8	Colombie
Yemen	151.3	146.0	e144.9	e172.4	e209.4	Yémen
Sudan	45.3	174.2	156.2	203.3	e235.0	Soudan
Russian Federation	320.5	277.7	102.3	24.2	69.4	Fédération de Russie
Turkey	185.9	126.1	49.6	148.0	277.5	Turquie

(Value as percentages of World total)   **(Valeur en pourcentage du total mondial)**

Regions of the world	1994	1995	1996	1997	1998	1999	2000	2001	2002	2003	Régions du monde
World	100.0	100.0	100.0	100.0	100.0	100.0	100.0	100.0	100.0	100.0	Monde
Africa	15.5	19.0	16.4	16.8	19.9	18.6	20.7	21.5	23.8	22.5	Afrique
Americas	11.5	9.1	14.0	14.9	16.6	17.6	17.3	18.8	17.9	18.8	Amériques
- Northern America	2.1	1.4	1.2	2.1	1.9	1.9	1.6	2.0	1.8	0.9	- Amérique du Nord
- LAIA	7.2	6.3	11.0	11.0	13.0	13.7	13.6	14.7	13.9	15.5	- ALAI
- CACM	1.3	0.8	1.1	1.0	0.8	1.2	1.3	1.3	1.4	1.5	- MCC
- Caribbean	0.6	0.5	0.5	0.7	0.8	0.6	0.6	0.7	0.7	0.7	- Caraïbes
- Rest of America	0.3	0.2	0.2	0.2	0.2	0.2	0.2	0.2	0.2	0.2	- Autre d'Amérique
Asia excluding former USSR	42.8	44.1	42.7	41.5	36.2	36.4	34.9	33.6	31.9	30.1	Asie ancienne URSS exclus
- Middle East	4.4	8.5	9.2	10.8	8.3	9.5	9.9	9.4	7.0	6.2	- Moyen-Orient
Asia former USSR	3.1	1.9	2.6	1.4	1.9	1.2	2.0	1.3	1.2	1.2	Asie ancienne URSS
Europe excluding former USSR	24.2	23.1	21.7	22.8	23.8	23.0	21.3	23.2	24.1	25.8	Europe ancienne URSS exclus
- European Union	22.5	21.4	18.4	20.3	22.2	21.9	19.5	21.5	22.7	22.6	- Union Européenne
- Eastern Europe	0.7	0.9	2.6	1.4	0.6	0.3	0.8	0.8	0.4	2.1	- Europe de l'Est
- Rest of Europe	1.0	0.8	0.7	1.1	1.0	0.9	1.0	0.9	1.0	1.1	- Autre de l'Europe
Europe former USSR	2.6	2.4	2.2	2.3	1.2	2.8	3.4	1.1	0.5	0.9	Europe ancienne URSS
Oceania	0.4	0.3	0.4	0.3	0.4	0.5	0.4	0.5	0.5	0.7	Océanie

TRADE BY COMMODITY (Value in million US dollars)
Exports by principal countries or areas

COMMERCE PAR PRODUIT (Valeur en millions de dollars EU)
Exportations selon les principaux pays ou zones

Country or area	1999	2000	2001	2002	2003	Pays ou zone
World	14335.3	14186.9	14718.7	15445.4	16702.8	Monde
Africa	32.3	26.5	47.8	29.7	51.5	Afrique
Americas	6945.2	7193.4	7324.3	6751.7	7067.9	Amériques
- Northern America	5868.6	5867.9	5931.5	5570.7	5981.1	- Amérique du Nord
- LAIA	1062.1	1303.8	1386.3	1174.3	1078.2	- ALAI
- CACM	0.0	3.0	4.8	6.5	5.1	- MCC
- Caribbean	14.5	18.6	1.7	0.1	3.5	- Caraïbes
- Rest of America	0.0	0.0	0.0	0.0	0.0	- Autre d'Amérique
Asia excluding former USSR	212.4	300.9	611.6	705.3	1000.0	Asie ancienne URSS exclus
- Middle East	210.0	203.0	240.1	130.9	212.8	- Moyen-Orient
Asia former USSR	268.8	452.0	320.7	396.6	533.9	Asie ancienne URSS
Europe excluding former USSR	4275.5	3936.2	3742.8	3778.8	4712.2	Europe ancienne URSS exclus
- European Union	3975.4	3665.3	3460.0	3342.2	4287.3	- Union Européenne
- Eastern Europe	280.0	224.9	247.8	368.4	356.9	- Europe de l'Est
- Rest of Europe	20.0	45.9	35.0	68.3	68.1	- Autre de l'Europe
Europe former USSR	463.9	73.5	433.7	1531.0	1763.8	Europe ancienne URSS
Oceania	2137.3	2204.4	2237.9	2252.2	1573.5	Océanie
United States	3581.0	3387.5	3381.7	3631.9	3958.3	Etats-Unis d'Amérique
Canada	2287.0	2480.2	2549.9	1938.8	2022.7	Canada
Australia	2137.1	2203.9	2237.7	2252.1	1573.2	Australie
France-Monaco	2256.3	2101.7	1791.3	1646.0	2304.0	France-Monaco
Argentina	999.2	1218.1	1301.5	1097.4	940.5	Argentine
Germany	760.0	615.7	863.9	833.8	679.9	Allemagne
Ukraine	379.5	19.0	233.1	682.6	e878.8	Ukraine
Kazakhstan	267.1	449.8	319.2	e392.5	522.6	Kazakhstan
Russian Federation	48.3	41.9	143.8	773.1	779.3	Fédération de Russie
United Kingdom	377.2	420.0	193.5	178.1	476.6	Royaume-Uni
India	0.0	92.3	282.0	361.9	513.9	Inde
Spain	39.6	67.9	145.1	200.6	220.3	Espagne
Belgium	195.1	141.6	61.3	70.3	115.2	Belgique
Hungary	55.9	67.9	150.7	119.1	169.0	Hongrie
Turkey	190.5	196.1	136.2	9.8	0.4	Turquie
Denmark	103.9	102.1	84.1	80.1	109.8	Danemark
Austria	73.9	74.1	79.3	102.5	106.1	Autriche
China	0.2	0.2	46.9	70.1	265.0	Chine
Mexico	45.4	76.4	77.8	65.8	102.4	Mexique
Sweden	38.7	44.1	102.1	48.5	109.8	Suède
Syrian Arab Republic	14.0		e94.1	111.6	117.2	République arabe syrienne
Bulgaria	62.3	51.8	37.7	113.2	35.2	Bulgarie
Czech Republic	50.2	90.6	18.0	43.2	79.0	République tchèque
Greece	40.3	19.4	56.1	78.9	36.7	Grèce
Lithuania	24.0	11.0	43.5	35.7	81.0	Lituanie
Italy-San Marino-Holy See	33.3	38.4	35.2	38.0	47.2	Italie-Saint-Marin-Saint-Siège
Pakistan		4.3	39.8	134.2	6.0	Pakistan
Poland	30.7	0.3	0.1	62.0	67.2	Pologne
Netherlands	37.2	26.4	27.9	34.8	29.4	Pays-Bas
Romania	71.9	11.8	40.2	24.6	3.0	Roumanie

(Value as percentages of World total)

(Valeur en pourcentage du total mondial)

Regions of the world	1994	1995	1996	1997	1998	1999	2000	2001	2002	2003	Régions du monde
World	100.0	100.0	100.0	100.0	100.0	100.0	100.0	100.0	100.0	100.0	Monde
Africa	0.0	0.1	0.0	0.1	0.1	0.2	0.2	0.3	0.2	0.3	Afrique
Americas	53.8	55.2	53.1	52.2	51.1	48.4	50.7	49.8	43.7	42.3	Amériques
- Northern America	48.7	48.9	47.7	44.1	42.1	40.9	41.4	40.3	36.1	35.8	- Amérique du Nord
- LAIA	5.1	6.4	5.4	8.1	8.9	7.4	9.2	9.4	7.6	6.5	- ALAI
- CACM	0.0	0.0	0.0	0.0	0.0	0.0	0.0	0.0	0.0	0.0	- MCC
- Caribbean	0.0	0.0	0.0	0.0	0.1	0.1	0.1	0.0	0.0	0.0	- Caraïbes
- Rest of America	0.0	0.0	0.0	0.0	0.0	0.0	0.0	0.0	0.0	0.0	- Autre d'Amérique
Asia excluding former USSR	1.8	1.5	1.3	0.7	1.7	1.5	2.1	4.2	4.6	6.0	Asie ancienne URSS exclus
- Middle East	1.6	0.8	0.3	0.7	1.6	1.5	1.4	1.6	0.8	1.3	- Moyen-Orient
Asia former USSR	0.5	1.3	1.6	2.4	1.7	1.9	3.2	2.2	2.6	3.2	Asie ancienne URSS
Europe excluding former USSR	31.0	33.5	27.5	25.8	28.8	29.8	27.7	25.4	24.5	28.2	Europe ancienne URSS exclus
- European Union	29.7	29.1	25.8	24.7	26.7	27.7	25.8	23.5	21.6	25.7	- Union Européenne
- Eastern Europe	0.6	3.8	1.5	1.1	2.0	2.0	1.6	1.7	2.4	2.1	- Europe de l'Est
- Rest of Europe	0.7	0.7	0.1	0.0	0.1	0.1	0.3	0.2	0.4	0.4	- Autre de l'Europe
Europe former USSR	0.6	0.7	1.1	0.9	2.4	3.2	0.5	2.9	9.9	10.6	Europe ancienne URSS
Oceania	12.2	7.6	15.3	17.9	14.3	14.9	15.5	15.2	14.6	9.4	Océanie

042 Rice

TRADE BY COMMODITY (Value in million US dollars)
Imports by principal countries or areas

COMMERCE PAR PRODUIT (Valeur en millions de dollars EU)
Importations selon les principaux pays ou zones

Country or area	1999	2000	2001	2002	2003	Pays ou zone
World	8452.1	6793.0	6534.4	6643.8	7539.4	Monde
Africa	1087.1	1133.4	1242.8	1382.8	1421.6	Afrique
Americas	1279.0	952.5	965.0	843.3	1197.9	Amériques
- Northern America	331.8	322.6	301.3	289.4	362.6	- Amérique du Nord
- LAIA	677.2	420.5	451.7	353.5	600.5	- ALAI
- CACM	93.3	63.9	69.7	64.0	70.4	- MCC
- Caribbean	174.5	142.4	139.7	131.7	161.4	- Caraïbes
- Rest of America	2.2	3.1	2.6	4.8	3.0	- Autre d'Amérique
Asia excluding former USSR	4464.1	3338.9	2956.9	3009.1	3291.5	Asie ancienne URSS exclus
- Middle East	1646.2	1649.9	1250.9	1381.9	1618.1	- Moyen-Orient
Asia former USSR	14.7	15.1	21.4	37.3	16.1	Asie ancienne URSS
Europe excluding former USSR	1298.6	1130.1	1123.5	1139.7	1352.0	Europe ancienne URSS exclus
- European Union	1124.5	984.4	987.8	994.0	1188.4	- Union Européenne
- Eastern Europe	115.6	90.2	80.5	86.7	95.8	- Europe de l'Est
- Rest of Europe	58.6	55.5	55.3	59.0	67.8	- Autre de l'Europe
Europe former USSR	191.6	96.8	91.8	100.3	99.7	Europe ancienne URSS
Oceania	116.9	126.2	133.0	131.2	160.6	Océanie
Indonesia	1327.5	319.1	134.9	342.5	291.4	Indonésie
Saudi Arabia	485.2	494.7	366.6	324.1	370.6	Arabie saoudite
Iran (Islamic Republic of)	325.9	337.1	209.6	237.1	272.5	Iran (République islamique d')
United Kingdom	288.7	227.9	247.2	226.8	279.7	Royaume-Uni
Japan	314.8	264.3	195.9	221.8	249.6	Japon
France-Monaco	230.5	220.3	207.8	213.4	271.9	France-Monaco
United States	217.0	209.9	198.6	189.9	242.3	Etats-Unis d'Amérique
Brazil	290.5	140.7	142.6	118.8	318.3	Brésil
United Arab Emirates	207.3	163.0	176.3	e180.8	e211.9	Emirates arabes unis
Philippines	239.9	135.6	153.1	211.8	171.5	Philippines
Iraq	e163.3	e214.9	e85.3	e185.3	e238.8	Iraq
Senegal	158.9	109.4	142.6	240.6	217.2	Sénégal
Malaysia	189.2	181.8	140.5	134.8	105.4	Malaisie
Germany	157.9	144.2	141.8	141.7	163.7	Allemagne
China, Hong Kong SAR	164.3	156.6	135.9	129.2	145.3	Chine - RAS de Hong-Kong
Nigeria	107.4	119.7	e164.1	e155.6	e117.0	Nigéria
Côte d'Ivoire	111.6	97.5	e136.2	134.3	157.7	Côte d'Ivoire
Singapore	147.3	131.7	118.2	119.3	110.9	Singapour
Bangladesh	e91.3	e99.3	96.2	e94.0	209.8	Bangladesh
Mexico	122.3	101.4	104.5	86.6	135.4	Mexique
Canada	114.4	112.5	102.4	99.1	120.0	Canada
Cuba	152.6	106.4	119.4	e94.6	e74.0	Cuba
South Africa	–	134.8	111.4	118.5	157.0	Afrique du Sud
Belgium	104.0	90.0	96.2	94.9	123.2	Belgique
Korea, Democratic People's Republic of	e23.9	e45.4	e	e23.3	e33.1	République démocratique populaire de Corée
Turkey	97.6	107.8	57.7	86.4	122.8	Turquie
China	78.2	112.7	98.9	79.7	96.5	Chine
Netherlands	101.3	86.3	75.4	86.1	88.3	Pays-Bas
Kuwait	85.7	86.0	75.0	e85.4	e103.0	Koweït
Russian Federation	160.4	69.4	54.1	69.4	64.9	Fédération de Russie

(Value as percentages of World total) / (Valeur en pourcentage du total mondial)

Regions of the world	1994	1995	1996	1997	1998	1999	2000	2001	2002	2003	Régions du monde
World	100.0	100.0	100.0	100.0	100.0	100.0	100.0	100.0	100.0	100.0	Monde
Africa	10.2	20.4	15.3	18.3	14.7	12.9	16.7	19.0	20.8	18.9	Afrique
Americas	17.3	15.4	16.4	18.2	19.8	15.1	14.0	14.8	12.7	15.9	Amériques
- Northern America	3.6	3.2	3.4	4.8	3.6	3.9	4.7	4.6	4.4	4.8	- Amérique du Nord
- LAIA	10.5	8.6	9.5	9.1	13.1	8.0	6.2	6.9	5.3	8.0	- ALAI
- CACM	1.0	0.9	1.2	1.4	1.1	1.1	0.9	1.1	1.0	0.9	- MCC
- Caribbean	2.2	2.6	2.3	2.9	1.8	2.1	2.1	2.1	2.0	2.1	- Caraïbes
- Rest of America	0.0	0.1	0.0	0.0	0.2	0.0	0.0	0.0	0.1	0.0	- Autre d'Amérique
Asia excluding former USSR	48.1	41.5	44.3	39.5	47.6	52.8	49.2	45.3	45.3	43.7	Asie ancienne URSS exclus
- Middle East	12.2	14.9	12.9	16.6	15.5	19.5	24.3	19.1	20.8	21.5	- Moyen-Orient
Asia former USSR	0.1	0.2	0.4	0.2	0.2	0.2	0.2	0.3	0.6	0.2	Asie ancienne URSS
Europe excluding former USSR	21.7	19.4	19.5	19.2	14.8	15.4	16.6	17.2	17.2	17.9	Europe ancienne URSS exclus
- European Union	19.9	17.4	17.5	17.0	13.0	13.3	14.5	15.1	15.0	15.8	- Union Européenne
- Eastern Europe	1.0	1.2	1.4	1.5	1.2	1.4	1.3	1.2	1.3	1.3	- Europe de l'Est
- Rest of Europe	0.8	0.7	0.6	0.7	0.6	0.7	0.8	0.8	0.9	0.9	- Autre de l'Europe
Europe former USSR	1.8	2.2	2.1	2.2	1.2	2.3	1.4	1.4	1.5	1.3	Europe ancienne URSS
Oceania	0.8	1.0	2.0	2.4	1.6	1.4	1.9	2.0	2.0	2.1	Océanie

TRADE BY COMMODITY (Value in million US dollars)
Exports by principal countries or areas

COMMERCE PAR PRODUIT (Valeur en millions de dollars EU)
Exportations selon les principaux pays ou zones

Country or area	1999	2000	2001	2002	2003	Pays ou zone
World	7888.1	6478.0	6930.0	6628.6	7191.5	Monde
Africa	102.8	116.5	157.1	126.0	178.8	Afrique
Americas	1435.3	1198.1	1079.4	1054.8	1358.5	Amériques
- Northern America	947.2	837.6	718.7	777.2	1033.1	- Amérique du Nord
- LAIA	407.5	300.6	293.8	215.1	262.2	- ALAI
- CACM	3.2	1.8	6.5	5.0	3.7	- MCC
- Caribbean	6.3	5.7	5.3	5.6	11.6	- Caraïbes
- Rest of America	71.1	52.4	54.9	51.9	47.9	- Autre d'Amérique
Asia excluding former USSR	5156.9	4193.2	4826.0	4571.0	4694.9	Asie ancienne URSS exclus
- Middle East	96.7	85.7	80.7	78.5	97.5	- Moyen-Orient
Asia former USSR	8.6	1.5	0.9	0.5	1.1	Asie ancienne URSS
Europe excluding former USSR	913.7	734.9	678.3	786.5	894.0	Europe ancienne URSS exclus
- European Union	899.2	727.4	673.3	780.7	885.4	- Union Européenne
- Eastern Europe	9.9	4.6	2.1	3.4	6.0	- Europe de l'Est
- Rest of Europe	4.6	3.0	2.9	2.4	2.6	- Autre de l'Europe
Europe former USSR	2.6	5.8	3.1	3.1	2.8	Europe ancienne URSS
Oceania	268.2	228.0	185.2	86.7	61.6	Océanie
Thailand	1946.7	1628.5	1578.2	e1566.7	1830.2	Thaïlande
United States	945.5	836.0	717.5	775.3	1031.1	Etats-Unis d'Amérique
India	720.9	654.3	672.8	1212.5	895.8	Inde
Viet Nam	1025.1	667.8	623.5	726.3	e686.9	Viet Nam
Pakistan	584.3	534.1	521.0	463.1	632.7	Pakistan
China	651.9	561.1	329.0	380.4	494.7	Chine
Italy-San Marino-Holy See	364.9	294.4	258.6	286.3	330.3	Italie-Saint-Marin-Saint-Siège
Japan	66.7	13.7	935.3	5.9	6.4	Japon
Uruguay	195.8	165.4	167.9	140.2	187.1	Uruguay
Australia	268.1	227.8	184.7	86.3	59.5	Australie
Spain	157.2	121.8	114.3	145.1	172.5	Espagne
Egypt	87.6	104.2	143.0	106.0	149.9	Egypte
Belgium	123.0	102.8	100.9	116.0	139.6	Belgique
Argentina	173.2	103.6	76.6	47.6	56.6	Argentine
United Arab Emirates	73.8	61.1	68.2	e71.1	e84.4	Emirates arabes unis
Netherlands	87.3	60.2	54.2	75.6	70.0	Pays-Bas
France-Monaco	57.3	44.2	55.4	55.9	54.4	France-Monaco
Myanmar	e26.9	e23.2	e58.6	e114.5	e39.9	Myanmar
Guyana	57.7	40.9	43.5	41.3	35.8	Guyana
Germany	46.4	42.8	38.9	41.3	45.3	Allemagne
United Kingdom	36.4	36.7	34.2	39.4	49.9	Royaume-Uni
Greece	19.7	16.4	11.4	12.7	12.0	Grèce
Ecuador	10.6	3.4	27.7	10.8	11.4	Equateur
Suriname	13.2	11.2	e11.3	e10.6	e12.1	Suriname
Venezuela	11.2	18.7	13.5	8.2	0.4	Venezuela
Brazil	13.7	6.5	5.5	6.0	4.8	Brésil
Iraq	e11.4	e15.9	e4.6	e0.2	e0.9	Iraq
Saint Vincent and the Grenadines	5.0	4.6	4.2	4.2	3.0	Saint-Vincent-et-les Grenadies
China, Hong Kong SAR	4.1	3.8	2.9	2.8	2.9	Chine - RAS de Hong-Kong
Czech Republic	5.6	3.1	1.0	2.2	3.7	République tchèque

(Value as percentages of World total)

(Valeur en pourcentage du total mondial)

Regions of the world	1994	1995	1996	1997	1998	1999	2000	2001	2002	2003	Régions du monde
World	100.0	100.0	100.0	100.0	100.0	100.0	100.0	100.0	100.0	100.0	Monde
Africa	1.4	1.0	1.9	1.2	1.6	1.3	1.8	2.3	1.9	2.5	Afrique
Americas	23.2	21.4	22.3	22.2	19.8	18.2	18.5	15.6	15.9	18.9	Amériques
- Northern America	16.0	13.6	13.9	12.5	12.7	12.0	12.9	10.4	11.7	14.4	- Amérique du Nord
- LAIA	4.4	4.7	5.5	6.9	6.1	5.2	4.6	4.2	3.2	3.6	- ALAI
- CACM	0.0	0.0	0.1	0.1	0.0	0.0	0.0	0.1	0.1	0.1	- MCC
- Caribbean	1.3	1.5	1.1	1.2	0.1	0.1	0.1	0.1	0.1	0.2	- Caraïbes
- Rest of America	1.4	1.6	1.7	1.5	0.9	0.9	0.8	0.8	0.8	0.7	- Autre d'Amérique
Asia excluding former USSR	56.2	60.4	57.3	59.8	66.5	65.4	64.7	69.6	69.0	65.3	Asie ancienne URSS exclus
- Middle East	0.6	0.5	0.7	0.7	0.8	1.2	1.3	1.2	1.2	1.4	- Moyen-Orient
Asia former USSR	0.0	0.2	0.1	0.1	0.1	0.1	0.0	0.0	0.0	0.0	Asie ancienne URSS
Europe excluding former USSR	14.8	14.1	14.8	12.9	9.6	11.6	11.3	9.8	11.9	12.4	Europe ancienne URSS exclus
- European Union	14.7	13.9	14.5	12.7	9.4	11.4	11.2	9.7	11.8	12.3	- Union Européenne
- Eastern Europe	0.1	0.1	0.3	0.2	0.1	0.1	0.1	0.0	0.1	0.1	- Europe de l'Est
- Rest of Europe	0.1	0.0	0.1	0.1	0.1	0.1	0.0	0.0	0.0	0.0	- Autre de l'Europe
Europe former USSR	0.2	0.2	0.2	0.1	0.1	0.0	0.1	0.0	0.0	0.0	Europe ancienne URSS
Oceania	4.2	2.8	3.3	3.7	2.4	3.4	3.5	2.7	1.3	0.9	Océanie

043 Barley, unmilled

Country or area	1999	2000	2001	2002	2003	Pays ou zone
World	2545.5	2973.7	2763.5	2668.6	2769.9	Monde
Africa	186.4	251.5	258.5	273.6	103.0	Afrique
Americas	175.7	206.8	206.0	195.8	228.2	Amériques
- Northern America	88.1	86.7	100.0	90.7	78.7	- Amérique du Nord
- LAIA	87.3	111.9	100.0	97.6	140.7	- ALAI
- CACM	0.1	0.0	0.0	0.0	0.0	- MCC
- Caribbean	0.1	8.2	5.9	7.5	8.8	- Caraïbes
- Rest of America	0.0	0.0	0.0	0.0	0.0	- Autre d'Amérique
Asia excluding former USSR	1411.3	1716.4	1421.3	1243.3	1423.4	Asie ancienne URSS exclus
- Middle East	797.3	1081.5	726.3	659.0	806.0	- Moyen-Orient
Asia former USSR	2.8	2.2	2.3	1.3	2.4	Asie ancienne URSS
Europe excluding former USSR	710.1	689.5	809.4	909.5	951.0	Europe ancienne URSS exclus
- European Union	647.8	575.3	711.3	852.4	855.4	- Union Européenne
- Eastern Europe	43.0	90.3	69.0	29.1	60.1	- Europe de l'Est
- Rest of Europe	19.3	23.9	29.1	27.9	35.5	- Autre de l'Europe
Europe former USSR	50.2	106.6	61.4	44.9	61.7	Europe ancienne URSS
Oceania	9.0	0.8	4.7	0.3	0.1	Océanie
Saudi Arabia	496.9	669.1	414.0	489.6	559.8	Arabie saoudite
China	293.6	313.3	381.9	291.0	268.3	Chine
Japan	218.9	243.6	214.7	200.8	265.3	Japon
Belgium	178.9	157.8	163.5	145.5	183.2	Belgique
Netherlands	126.2	86.3	95.4	116.2	132.1	Pays-Bas
Germany	83.5	90.4	108.9	114.6	133.5	Allemagne
Italy-San Marino-Holy See	91.6	90.7	91.5	110.8	130.8	Italie-Saint-Marin-Saint-Siège
Spain	30.2	10.8	93.3	177.8	78.9	Espagne
United States	84.4	83.0	90.5	70.5	52.5	Etats-Unis d'Amérique
Iran (Islamic Republic of)	53.6	158.4	134.0	24.1	1.0	Iran (République islamique d')
Morocco	73.7	104.8	98.6	70.9	21.1	Maroc
Jordan	79.3	54.3	44.4	31.5	53.5	Jordanie
Algeria	67.5	68.6	41.7	66.4	10.3	Algérie
Tunisia	17.3	43.9	67.9	87.4	33.3	Tunisie
Israel	57.0	40.0	41.6	46.6	58.1	Israël
Syrian Arab Republic	54.4	56.9	e18.1	16.3	61.4	République arabe syrienne
Portugal	29.8	26.7	38.1	46.7	e47.7	Portugal
Russian Federation	30.8	48.8	34.1	23.8	39.3	Fédération de Russie
Denmark	17.6	25.2	40.1	45.2	43.9	Danemark
Cyprus	24.9	39.5	39.3	30.7	34.9	Chypre
Kuwait	32.6	34.2	28.7	e32.6	e39.4	Koweït
Colombia	19.0	24.5	36.6	27.5	42.7	Colombie
Greece	24.5	24.8	23.5	34.4	41.3	Grèce
Poland	30.2	38.7	25.9	22.5	24.2	Pologne
Brazil	8.4	19.4	32.6	22.8	43.9	Brésil
Belarus	17.3	42.1	19.5	16.5	16.2	Bélarus
United Arab Emirates	26.2	23.7	16.4	e16.9	e19.8	Emirats arabes unis
Mexico	39.2	35.2	11.9	8.9	4.3	Mexique
South Africa	–	22.1	22.0	30.2	17.7	Afrique du Sud
Libyan Arab Jamahiriya	e15.0	e7.1	e24.1	e15.9	e18.4	Jamahiriya arabe libyenne

(Value as percentages of World total)   **(Valeur en pourcentage du total mondial)**

Regions of the world	1994	1995	1996	1997	1998	1999	2000	2001	2002	2003	Régions du monde
World	100.0	100.0	100.0	100.0	100.0	100.0	100.0	100.0	100.0	100.0	Monde
Africa	8.6	7.9	2.8	6.4	8.7	7.3	8.5	9.4	10.3	3.7	Afrique
Americas	10.6	7.2	9.5	8.9	9.7	6.9	7.0	7.5	7.3	8.2	Amériques
- Northern America	7.5	4.0	3.5	4.0	4.6	3.5	2.9	3.6	3.4	2.8	- Amérique du Nord
- LAIA	3.0	3.3	5.7	4.8	5.0	3.4	3.8	3.6	3.7	5.1	- ALAI
- CACM	0.0	0.0	0.0	0.0	0.0	0.0	0.0	0.0	0.0	0.0	- MCC
- Caribbean	0.0	0.0	0.2	0.0	0.0	0.0	0.3	0.2	0.3	0.3	- Caraïbes
- Rest of America	0.0	0.0	0.0	0.0	0.0	0.0	0.0	0.0	0.0	0.0	- Autre d'Amérique
Asia excluding former USSR	45.3	42.1	46.6	54.3	48.2	55.4	57.7	51.4	46.6	51.4	Asie ancienne URSS exclus
- Middle East	24.6	23.2	26.6	31.9	24.4	31.3	36.4	26.3	24.7	29.1	- Moyen-Orient
Asia former USSR	0.1	0.0	0.0	0.1	0.2	0.1	0.1	0.1	0.0	0.1	Asie ancienne URSS
Europe excluding former USSR	32.6	39.1	38.0	28.1	31.8	27.9	23.2	29.3	34.1	34.3	Europe ancienne URSS exclus
- European Union	28.4	35.9	32.3	24.9	29.0	25.4	19.3	25.7	31.9	30.9	- Union Européenne
- Eastern Europe	2.7	1.7	3.9	2.4	1.6	1.7	3.0	2.5	1.1	2.2	- Europe de l'Est
- Rest of Europe	1.5	1.4	1.7	0.8	1.3	0.8	0.8	1.1	1.0	1.3	- Autre de l'Europe
Europe former USSR	2.7	3.0	3.1	2.3	1.4	2.0	3.6	2.2	1.7	2.2	Europe ancienne URSS
Oceania	0.1	0.7	0.1	0.0	0.1	0.4	0.0	0.2	0.0	0.0	Océanie

TRADE BY COMMODITY (Value in million US dollars)
Exports by principal countries or areas

COMMERCE PAR PRODUIT (Valeur en millions de dollars EU)
Exportations selon les principaux pays ou zones

Country or area	1999	2000	2001	2002	2003	Pays ou zone
World	2365.1	2832.9	2395.8	2559.4	3111.0	Monde
Africa	0.0	0.1	5.4	0.5	0.9	Afrique
Americas	279.7	369.3	405.4	212.2	237.8	Amériques
- Northern America	257.6	364.2	369.3	196.2	227.5	- Amérique du Nord
- LAIA	22.0	5.1	36.0	16.0	10.2	- ALAI
- CACM	0.0	0.0	0.0	0.0	0.0	- MCC
- Caribbean	0.1	0.0	0.0	0.0	0.0	- Caraïbes
Asia excluding former USSR	25.4	21.8	51.5	102.6	177.8	Asie ancienne URSS exclus
- Middle East	24.1	20.9	50.5	102.2	176.6	- Moyen-Orient
Asia former USSR	33.0	40.1	19.2	27.9	37.1	Asie ancienne URSS
Europe excluding former USSR	1513.4	1883.4	1297.7	1213.7	1695.0	Europe ancienne URSS exclus
- European Union	1468.7	1835.1	1234.6	1120.7	1645.1	- Union Européenne
- Eastern Europe	43.3	47.5	62.0	91.0	47.0	- Europe de l'Est
- Rest of Europe	1.4	0.8	1.2	2.0	2.9	- Autre de l'Europe
Europe former USSR	90.5	129.0	334.6	456.9	608.5	Europe ancienne URSS
Oceania	423.1	389.1	282.0	545.6	353.9	Océanie
France-Monaco	698.5	587.2	489.1	521.3	771.8	France-Monaco
Germany	291.7	696.8	363.0	262.5	413.1	Allemagne
Australia	423.1	387.2	282.0	545.6	353.9	Australie
Canada	172.9	241.5	253.8	123.2	124.4	Canada
Ukraine	80.2	82.5	202.8	233.5	e300.6	Ukraine
United Kingdom	158.7	204.4	87.2	106.6	144.8	Royaume-Uni
Russian Federation	6.7	44.6	121.4	214.3	301.9	Fédération de Russie
Denmark	97.1	128.6	123.3	123.4	153.9	Danemark
United States	84.7	122.5	115.5	73.0	103.1	Etats-Unis d'Amérique
Sweden	47.3	78.8	37.5	13.7	51.5	Suède
Turkey	21.2	20.1	16.2	58.9	41.2	Turquie
Kazakhstan	33.0	40.1	19.2	e27.9	37.1	Kazakhstan
Iraq			e26.8	e34.9	e86.6	Iraq
Netherlands	23.4	26.2	42.1	25.9	27.5	Pays-Bas
Belgium	38.4	37.1	9.9	22.7	27.2	Belgique
Spain	55.7	25.1	26.2	6.0	19.1	Espagne
Austria	44.7	28.1	12.4	10.0	11.5	Autriche
Bulgaria	2.1	15.7	25.3	40.9	2.1	Bulgarie
Argentina	16.3	5.0	27.3	15.9	9.7	Argentine
Romania	5.5	8.3	22.0	30.2	1.3	Roumanie
Syrian Arab Republic			e6.1	7.2	47.6	République arabe syrienne
Hungary	10.1	9.6	13.2	13.6	14.0	Hongrie
Czech Republic	13.1	11.6	0.9	5.6	22.6	République tchèque
Finland	8.1	4.2	19.9	10.4	11.1	Finlande
Ireland	2.5	14.9	19.9	6.0	2.3	Irlande
Slovakia	12.3	2.2	0.6	0.7	7.0	Slovaquie
Republic of Moldova	2.9	0.9	6.4	6.6	0.2	République de Moldova
Portugal	0.4	0.2	1.9	6.3	e7.3	Portugal
Lithuania	0.7	0.8	3.3	2.5	5.4	Lituanie
Luxembourg	1.5	2.8	1.6	0.8	3.4	Luxembourg

(Value as percentages of World total)

(Valeur en pourcentage du total mondial)

Regions of the world	1994	1995	1996	1997	1998	1999	2000	2001	2002	2003	Régions du monde
World	100.0	100.0	100.0	100.0	100.0	100.0	100.0	100.0	100.0	100.0	Monde
Africa	0.4	0.4	0.3	0.5	0.0	0.0	0.0	0.2	0.0	0.0	Afrique
Americas	22.3	17.8	21.0	23.1	14.2	11.8	13.0	16.9	8.3	7.6	Amériques
- Northern America	21.7	17.6	20.4	21.3	13.1	10.9	12.9	15.4	7.7	7.3	- Amérique du Nord
- LAIA	0.6	0.1	0.5	1.8	1.1	0.9	0.2	1.5	0.6	0.3	- ALAI
- CACM	0.0	0.0	0.0	0.0	0.0	0.0	0.0	0.0	0.0	0.0	- MCC
- Caribbean	0.0	0.0	0.0	0.0	0.0	0.0	0.0	0.0	0.0	0.0	- Caraïbes
Asia excluding former USSR	4.2	3.8	2.9	2.3	5.8	1.1	0.8	2.1	4.0	5.7	Asie ancienne URSS exclus
- Middle East	4.2	3.7	2.9	2.3	5.7	1.0	0.7	2.1	4.0	5.7	- Moyen-Orient
Asia former USSR	0.9	2.1	2.4	2.3	1.2	1.4	1.4	0.8	1.1	1.2	Asie ancienne URSS
Europe excluding former USSR	59.8	64.5	51.9	48.4	56.8	64.0	66.5	54.2	47.4	54.5	Europe ancienne URSS exclus
- European Union	59.2	63.2	51.0	46.9	55.6	62.1	64.8	51.5	43.8	52.9	- Union Européenne
- Eastern Europe	0.5	1.2	0.9	1.5	1.2	1.8	1.7	2.6	3.6	1.5	- Europe de l'Est
- Rest of Europe	0.1	0.1	0.0	0.0	0.0	0.1	0.0	0.0	0.1	0.1	- Autre de l'Europe
Europe former USSR	1.8	3.7	4.1	5.8	3.2	3.8	4.6	14.0	17.9	19.6	Europe ancienne URSS
Oceania	10.6	7.8	17.4	17.6	18.9	17.9	13.7	11.8	21.3	11.4	Océanie
Oceania	10.6	17.4	17.6	18.8	18.8	17.9	13.9				Océanie

044 Maize, unmilled

TRADE BY COMMODITY (Value in million US dollars)
Imports by principal countries or areas

COMMERCE PAR PRODUIT (Valeur en millions de dollars EU)
Importations selon les principaux pays ou zones

Country or area	1999	2000	2001	2002	2003	Pays ou zone
World	9860.3	10157.1	10082.0	10988.7	12571.8	Monde
Africa	1164.1	1158.0	1128.2	1527.2	1332.9	Afrique
Americas	1943.5	2111.1	2173.6	2312.0	2475.6	Amériques
- Northern America	292.7	344.6	465.2	576.1	553.5	- Amérique du Nord
- LAIA	1350.7	1432.6	1322.0	1312.5	1480.1	- ALAI
- CACM	170.2	193.4	244.7	258.1	276.3	- MCC
- Caribbean	95.3	104.2	106.3	122.9	121.2	- Caraïbes
- Rest of America	34.7	36.3	35.4	42.4	44.4	- Autre d'Amérique
Asia excluding former USSR	4508.3	4826.0	4774.1	4928.1	6027.2	Asie ancienne URSS exclus
- Middle East	605.8	718.6	709.9	690.3	1179.2	- Moyen-Orient
Asia former USSR	3.0	6.0	0.8	4.6	5.5	Asie ancienne URSS
Europe excluding former USSR	2110.8	1871.7	1940.7	2123.7	2645.7	Europe ancienne URSS exclus
- European Union	1964.1	1692.0	1650.6	1964.8	2409.1	- Union Européenne
- Eastern Europe	69.2	106.7	171.6	90.9	136.0	- Europe de l'Est
- Rest of Europe	77.5	73.0	118.5	68.0	100.6	- Autre de l'Europe
Europe former USSR	124.3	180.3	59.8	86.7	72.0	Europe ancienne URSS
Oceania	6.3	3.9	4.7	6.3	13.0	Océanie
Japan	1886.7	1885.8	1951.9	1995.1	2401.5	Japon
Korea, Republic of	883.7	933.2	925.5	983.5	1048.4	République de Corée
Mexico	600.6	549.8	644.9	644.3	728.3	Mexique
Egypt	652.5	557.0	554.6	594.2	528.8	Egypte
Spain	423.4	469.8	366.7	477.7	641.4	Espagne
Netherlands	298.5	250.5	280.2	312.2	369.9	Pays-Bas
Canada	117.9	170.2	319.4	428.8	383.8	Canada
Malaysia	259.9	255.1	218.4	262.8	275.2	Malaisie
Colombia	210.5	217.1	200.6	250.2	263.8	Colombie
United Kingdom	219.1	214.0	219.0	206.7	260.3	Royaume-Uni
Iran (Islamic Republic of)	138.0	146.6	224.7	138.6	437.9	Iran (République islamique d')
Germany	245.4	176.7	181.8	212.2	253.7	Allemagne
Algeria	140.0	175.2	204.8	247.4	211.8	Algérie
Italy-San Marino-Holy See	252.2	131.9	104.9	163.8	230.7	Italie-Saint-Marin-Saint-Siège
United States	174.8	174.3	145.7	147.3	169.6	Etats-Unis d'Amérique
Portugal	178.2	146.3	155.1	162.0	e165.5	Portugal
Saudi Arabia	142.4	170.8	146.7	144.7	165.4	Arabie saoudite
Turkey	98.2	146.9	65.6	133.8	276.2	Turquie
Chile	146.0	136.4	139.7	135.9	128.6	Chili
Indonesia	80.3	157.9	125.5	138.0	168.7	Indonésie
Morocco	88.7	108.1	116.8	135.9	156.0	Maroc
Peru	118.4	96.9	97.8	109.8	122.6	Pérou
France-Monaco	83.1	82.5	96.3	127.7	141.1	France-Monaco
Belgium	99.4	87.4	87.3	107.3	143.1	Belgique
Venezuela	114.1	151.1	110.4	53.8	84.3	Venezuela
Israel	77.0	90.9	108.1	101.8	127.2	Israël
Syrian Arab Republic	71.5	105.0	e104.4	93.9	104.9	République arabe syrienne
Brazil	98.4	202.0	67.6	36.0	74.2	Brésil
Greece	93.4	70.0	85.4	101.8	94.6	Grèce
Tunisia	73.2	75.1	90.8	102.7	78.7	Tunisie

(Value as percentages of World total) **(Valeur en pourcentage du total mondial)**

Regions of the world	1994	1995	1996	1997	1998	1999	2000	2001	2002	2003	Régions du monde
World	100.0	100.0	100.0	100.0	100.0	100.0	100.0	100.0	100.0	100.0	Monde
Africa	8.5	7.6	7.0	9.4	10.9	11.8	11.4	11.2	13.9	10.6	Afrique
Americas	15.2	13.4	18.0	15.1	21.6	19.7	20.8	21.6	21.0	19.7	Amériques
- Northern America	1.9	1.6	2.0	2.3	3.1	3.0	3.4	4.6	5.2	4.4	- Amérique du Nord
- LAIA	11.0	9.7	13.1	9.7	15.5	13.7	14.1	13.1	11.9	11.8	- ALAI
- CACM	1.1	1.0	1.3	1.6	1.5	1.7	1.9	2.4	2.3	2.2	- MCC
- Caribbean	0.8	0.9	1.3	1.3	1.2	1.0	1.0	1.1	1.1	1.0	- Caraïbes
- Rest of America	0.2	0.2	0.3	0.2	0.3	0.4	0.4	0.4	0.4	0.4	- Autre d'Amérique
Asia excluding former USSR	49.2	55.3	54.1	54.0	46.0	45.7	47.5	47.4	44.8	47.9	Asie ancienne URSS exclus
- Middle East	4.0	5.4	5.9	6.5	5.6	6.1	7.1	7.0	6.3	9.4	- Moyen-Orient
Asia former USSR	0.1	0.0	0.1	0.0	0.0	0.0	0.1	0.0	0.0	0.0	Asie ancienne URSS
Europe excluding former USSR	26.2	22.8	20.2	20.4	20.9	21.4	18.4	19.2	19.3	21.0	Europe ancienne URSS exclus
- European Union	24.9	21.6	18.2	18.6	19.4	19.9	16.7	16.4	17.9	19.2	- Union Européenne
- Eastern Europe	0.5	0.6	1.3	1.1	0.9	0.7	1.1	1.7	0.8	1.1	- Europe de l'Est
- Rest of Europe	0.8	0.6	0.7	0.8	0.6	0.8	0.7	1.2	0.6	0.8	- Autre de l'Europe
Europe former USSR	0.8	0.7	0.7	1.0	0.6	1.3	1.8	0.6	0.8	0.6	Europe ancienne URSS
Oceania	0.1	0.1	0.0	0.0	0.0	0.1	0.0	0.0	0.1	0.1	Océanie

TRADE BY COMMODITY (Value in million US dollars)
Exports by principal countries or areas

COMMERCE PAR PRODUIT (Valeur en millions de dollars EU)
Exportations selon les principaux pays ou zones

Country or area	1999	2000	2001	2002	2003	Pays ou zone
World	8745.5	8796.2	8883.3	9908.9	11100.3	Monde
Africa	117.2	104.3	130.5	203.6	203.5	Afrique
Americas	6184.2	5894.9	6412.4	6500.8	6801.6	Amériques
- Northern America	5223.8	4752.9	4790.4	5168.5	5016.4	- Amérique du Nord
- LAIA	944.3	1134.9	1616.3	1326.8	1779.9	- ALAI
- CACM	15.9	7.0	5.0	4.5	3.9	- MCC
- Caribbean	0.1	0.1	0.4	1.1	1.3	- Caraïbes
- Rest of America	0.0	0.0	0.4	0.1	0.1	- Autre d'Amérique
Asia excluding former USSR	496.7	1094.7	743.2	1249.3	1933.8	Asie ancienne URSS exclus
- Middle East	6.1	5.7	10.3	13.1	27.9	- Moyen-Orient
Asia former USSR	0.7	2.7	1.6	2.4	3.3	Asie ancienne URSS
Europe excluding former USSR	1902.2	1660.9	1540.6	1882.9	2075.7	Europe ancienne URSS exclus
- European Union	1625.8	1454.6	1347.6	1564.9	1728.6	- Union Européenne
- Eastern Europe	239.2	180.4	182.3	259.1	288.9	- Europe de l'Est
- Rest of Europe	37.2	25.9	10.7	58.8	58.2	- Autre de l'Europe
Europe former USSR	37.3	29.9	47.3	61.4	76.9	Europe ancienne URSS
Oceania	7.1	8.7	7.7	8.6	5.5	Océanie
United States	5127.0	4713.9	4765.0	5127.6	4972.0	Etats-Unis d'Amérique
France-Monaco	1395.2	1224.8	1046.9	1260.7	1329.4	France-Monaco
China	450.0	1051.7	625.6	1167.3	1766.8	Chine
Argentina	817.1	1015.6	988.9	924.8	1235.3	Argentine
Brazil	7.2	9.4	497.3	267.6	375.1	Brésil
Hungary	176.8	138.0	163.9	210.4	207.2	Hongrie
Germany	93.0	86.6	109.6	113.9	166.7	Allemagne
South Africa	–	72.3	81.3	135.2	137.8	Afrique du Sud
Chile	61.9	66.6	65.3	65.1	85.4	Chili
Canada	95.9	38.2	25.4	40.8	44.4	Canada
Austria	32.0	25.5	41.8	35.0	67.9	Autriche
Netherlands	34.3	32.4	38.7	31.9	47.4	Pays-Bas
Ukraine	23.8	17.1	38.8	45.6	e58.7	Ukraine
Italy-San Marino-Holy See	21.4	38.8	51.1	42.4	16.6	Italie-Saint-Marin-Saint-Siège
Paraguay	14.8	22.1	41.3	26.3	63.4	Paraguay
Thailand	12.2	8.4	55.5	e31.0	36.3	Thaïlande
Spain	19.7	18.1	32.8	32.5	37.6	Espagne
Serbia and Montenegro	28.3	21.1	7.0	38.0	e37.4	Serbie-et-Monténégro
Belgium	19.2	12.6	16.4	30.3	43.1	Belgique
India	1.1	6.1	19.3	13.9	76.2	Inde
Bulgaria	26.1	11.2	5.3	11.8	27.1	Bulgarie
Southern African Customs Union	80.5	–	–	–	–	Union douanière d'Afrique australe
Slovakia	17.2	15.2	5.8	10.3	26.4	Slovaquie
Romania	16.3	13.3	5.0	21.1	15.2	Roumanie
Republic of Moldova	13.3	12.6	8.0	15.4	16.7	République de Moldova
Myanmar	e10.1	e11.0	e11.0	e14.0	e16.2	Myanmar
Croatia	8.0	3.6	2.7	19.9	19.8	Croatie
Ecuador	12.3	10.9	12.4	8.8	8.5	Equateur
United Republic of Tanzania	1.2	1.3	2.5	24.5	18.5	République-Unie de Tanzanie
Mexico	7.9	3.9	3.8	25.7	5.7	Mexique

(Value as percentages of World total)   **(Valeur en pourcentage du total mondial)**

Regions of the world	1994	1995	1996	1997	1998	1999	2000	2001	2002	2003	Régions du monde
World	100.0	100.0	100.0	100.0	100.0	100.0	100.0	100.0	100.0	100.0	Monde
Africa	7.5	2.5	3.7	3.4	2.0	1.3	1.2	1.5	2.1	1.8	Afrique
Americas	55.6	76.8	79.0	69.0	67.8	70.7	67.0	72.2	65.6	61.3	Amériques
- Northern America	49.1	69.6	68.0	53.7	51.0	59.7	54.0	53.9	52.2	45.2	- Amérique du Nord
- LAIA	6.4	7.1	10.9	15.0	16.6	10.8	12.9	18.2	13.4	16.0	- ALAI
- CACM	0.0	0.1	0.1	0.3	0.1	0.2	0.1	0.1	0.0	0.0	- MCC
- Caribbean	0.0	0.0	0.0	0.0	0.0	0.0	0.0	0.0	0.0	0.0	- Caraïbes
- Rest of America	0.0	0.0	0.0	0.0	0.0	0.0	0.0	0.0	0.0	0.0	- Autre d'Amérique
Asia excluding former USSR	11.7	0.7	1.1	9.0	7.0	5.7	12.4	8.4	12.6	17.4	Asie ancienne URSS exclus
- Middle East	0.2	0.0	0.1	0.1	0.1	0.1	0.1	0.1	0.1	0.3	- Moyen-Orient
Asia former USSR	0.0	0.0	0.1	0.1	0.0	0.0	0.0	0.0	0.0	0.0	Asie ancienne URSS
Europe excluding former USSR	24.7	19.8	15.8	18.2	22.3	21.8	18.9	17.3	19.0	18.7	Europe ancienne URSS exclus
- European Union	22.8	17.7	15.1	16.4	18.4	18.6	16.5	15.2	15.8	15.6	- Union Européenne
- Eastern Europe	1.2	1.5	0.6	1.8	3.2	2.7	2.1	2.1	2.6	2.6	- Europe de l'Est
- Rest of Europe	0.8	0.6	0.2	0.0	0.8	0.4	0.3	0.1	0.6	0.5	- Autre de l'Europe
Europe former USSR	0.5	0.2	0.4	0.4	0.8	0.4	0.3	0.5	0.6	0.7	Europe ancienne URSS
Oceania	0.0	0.0	0.1	0.0	0.0	0.1	0.1	0.1	0.1	0.0	Océanie

045 Cereals, unmilled

Country or area	1999	2000	2001	2002	2003	Pays ou zone
World	1521.8	1627.2	1603.0	1657.8	1729.0	Monde
Africa	27.7	41.1	64.1	56.9	53.2	Afrique
Americas	707.0	772.0	855.0	875.3	764.8	Amériques
- Northern America	195.4	190.1	254.0	254.5	257.8	- Amérique du Nord
- LAIA	506.9	576.2	595.4	614.6	500.9	- ALAI
- CACM	2.4	2.8	2.7	2.5	2.8	- MCC
- Caribbean	1.8	2.2	2.3	3.0	2.4	- Caraïbes
- Rest of America	0.5	0.7	0.6	0.6	0.9	- Autre d'Amérique
Asia excluding former USSR	457.6	424.2	354.0	361.3	401.2	Asie ancienne URSS exclus
- Middle East	21.5	12.9	11.3	15.5	20.0	- Moyen-Orient
Asia former USSR	3.4	5.4	2.6	0.8	0.6	Asie ancienne URSS
Europe excluding former USSR	280.3	276.9	291.2	337.1	470.5	Europe ancienne URSS exclus
- European Union	253.4	226.4	229.5	299.0	422.1	- Union Européenne
- Eastern Europe	5.5	25.9	38.6	10.0	18.7	- Europe de l'Est
- Rest of Europe	21.4	24.6	23.1	28.1	29.6	- Autre de l'Europe
Europe former USSR	44.0	102.1	18.6	9.2	18.7	Europe ancienne URSS
Oceania	1.8	5.5	17.5	17.3	20.0	Océanie
Mexico	447.5	490.9	544.1	552.4	436.5	Mexique
Japan	335.3	315.3	298.8	287.7	293.9	Japon
United States	189.3	184.5	245.6	245.2	248.9	Etats-Unis d'Amérique
Spain	52.4	47.5	31.7	83.5	143.1	Espagne
Netherlands	41.0	27.4	43.9	60.4	59.9	Pays-Bas
Germany	31.4	33.0	37.4	30.9	40.7	Allemagne
Belgium	26.7	28.2	32.4	37.8	46.7	Belgique
Italy-San Marino-Holy See	29.6	30.5	23.1	23.9	62.2	Italie-Saint-Marin-Saint-Siège
Brazil	17.5	51.0	20.8	20.8	15.8	Brésil
Korea, Republic of	25.8	43.6	9.6	19.9	21.4	République de Corée
Israel	22.2	28.9	14.9	9.5	30.4	Israël
Belarus	19.6	62.7	2.4	0.5	1.6	Bélarus
Poland	4.2	22.7	31.6	2.6	10.7	Pologne
France-Monaco	13.3	12.9	17.0	13.0	15.6	France-Monaco
Russian Federation	19.2	30.6	8.5	0.6	7.5	Fédération de Russie
Colombia	11.6	7.6	9.7	11.8	21.9	Colombie
Switzerland-Liechtenstein	8.5	11.5	10.4	14.1	14.1	Suisse-Liechtenstein
United Kingdom	10.5	10.6	10.7	12.2	14.4	Royaume-Uni
Denmark	18.5	13.8	7.3	8.2	10.2	Danemark
Chile	10.6	7.2	7.3	10.6	10.7	Chili
Papua New Guinea	0.4	4.4	12.4	11.3	15.0	Papouasie-Nouvelle-Guinée
China	31.4	0.3	0.5	6.8	2.6	Chine
Austria	8.2	7.6	8.7	6.2	10.5	Autriche
Botswana	–	14.2	7.0	e8.0	e9.4	Botswana
Portugal	8.5	5.5	7.1	8.1	e8.3	Portugal
Canada	5.6	5.5	8.3	9.2	8.7	Canada
Norway	7.2	6.4	6.2	7.3	9.6	Norvège
Venezuela	6.6	7.6	6.6	7.6	6.0	Venezuela
Nigeria	0.1	8.3	e11.3	e10.7	e0.1	Nigéria
Finland	9.0	5.6	4.5	6.4	2.9	Finlande

(Value as percentages of World total)   **(Valeur en pourcentage du total mondial)**

Regions of the world	1994	1995	1996	1997	1998	1999	2000	2001	2002	2003	Régions du monde
World	100.0	100.0	100.0	100.0	100.0	100.0	100.0	100.0	100.0	100.0	Monde
Africa	4.2	2.7	3.4	1.9	1.3	1.8	2.5	4.0	3.4	3.1	Afrique
Americas	41.3	29.3	28.0	39.0	41.4	46.5	47.4	53.3	52.8	44.2	Amériques
- Northern America	12.6	10.7	9.4	17.4	13.7	12.8	11.7	15.8	15.4	14.9	- Amérique du Nord
- LAIA	27.4	17.8	18.0	20.5	27.1	33.3	35.4	37.1	37.1	29.0	- ALAI
- CACM	0.4	0.2	0.3	0.8	0.2	0.2	0.2	0.2	0.1	0.2	- MCC
- Caribbean	0.3	0.3	0.3	0.3	0.4	0.1	0.1	0.1	0.2	0.1	- Caraïbes
- Rest of America	0.6	0.4	0.1	0.1	0.0	0.0	0.0	0.0	0.0	0.1	- Autre d'Amérique
Asia excluding former USSR	31.6	37.2	37.3	37.1	36.4	30.1	26.1	22.1	21.8	23.2	Asie ancienne URSS exclus
- Middle East	0.2	0.7	0.4	1.7	6.6	1.4	0.8	0.7	0.9	1.2	- Moyen-Orient
Asia former USSR	0.5	0.0	0.0	0.1	0.3	0.2	0.3	0.2	0.0	0.0	Asie ancienne URSS
Europe excluding former USSR	19.0	25.1	27.5	20.4	19.5	18.4	17.0	18.2	20.3	27.2	Europe ancienne URSS exclus
- European Union	17.1	23.1	23.1	17.6	17.4	16.7	13.9	14.3	18.0	24.4	- Union Européenne
- Eastern Europe	0.4	0.2	2.3	1.0	0.4	0.4	1.6	2.4	0.6	1.1	- Europe de l'Est
- Rest of Europe	1.5	1.9	2.1	1.8	1.7	1.4	1.5	1.4	1.7	1.7	- Autre de l'Europe
Europe former USSR	3.0	3.8	3.4	1.2	1.1	2.9	6.3	1.2	0.6	1.1	Europe ancienne URSS
Oceania	0.5	1.8	0.2	0.3	0.2	0.1	0.3	1.1	1.0	1.2	Océanie

TRADE BY COMMODITY (Value in million US dollars)
Exports by principal countries or areas

COMMERCE PAR PRODUIT (Valeur en millions de dollars EU)
Exportations selon les principaux pays ou zones

Country or area	1999	2000	2001	2002	2003	Pays ou zone
World	1346.8	1399.1	1437.1	1446.5	1568.0	Monde
Africa	20.6	14.5	28.6	19.8	21.9	Afrique
Americas	832.9	948.7	954.8	903.2	965.4	Amériques
- Northern America	767.3	872.0	896.5	854.6	859.3	- Amérique du Nord
- LAIA	65.3	76.4	57.7	48.0	105.3	- ALAI
- CACM	0.3	0.3	0.5	0.7	0.6	- MCC
- Caribbean	0.0	0.0	0.0	0.0	0.1	- Caraïbes
- Rest of America	0.0	0.0	0.0	0.0	0.0	- Autre d'Amérique
Asia excluding former USSR	47.2	43.4	49.0	50.7	88.0	Asie ancienne URSS exclus
- Middle East	7.7	2.7	1.2	0.9	1.8	- Moyen-Orient
Asia former USSR	1.8	3.5	1.1	0.9	1.2	Asie ancienne URSS
Europe excluding former USSR	376.3	352.3	361.8	386.5	377.0	Europe ancienne URSS exclus
- European Union	357.6	339.0	350.0	367.5	358.9	- Union Européenne
- Eastern Europe	18.1	12.8	11.1	18.3	17.6	- Europe de l'Est
- Rest of Europe	0.6	0.6	0.8	0.7	0.5	- Autre de l'Europe
Europe former USSR	32.5	12.5	17.1	50.9	90.7	Europe ancienne URSS
Oceania	35.4	24.1	24.6	34.5	23.9	Océanie
United States	600.3	673.5	673.6	637.1	615.1	Etats-Unis d'Amérique
Canada	167.0	198.1	222.9	217.4	244.2	Canada
Germany	142.1	153.1	135.4	122.4	124.9	Allemagne
Argentina	57.2	71.9	47.8	40.9	64.6	Argentine
France-Monaco	57.3	46.3	42.8	46.9	58.8	France-Monaco
Finland	24.4	27.6	63.4	63.1	51.0	Finlande
Sweden	46.8	44.4	36.8	54.5	39.9	Suède
China	31.4	30.3	32.8	32.5	61.3	Chine
Australia	35.2	23.8	24.4	34.4	23.7	Australie
Ukraine	23.3	4.2	8.9	36.0	e46.3	Ukraine
Denmark	33.1	15.8	17.3	18.1	12.6	Danemark
Netherlands	16.6	13.2	13.7	14.4	20.5	Pays-Bas
United Kingdom	5.4	13.1	13.4	16.1	19.1	Royaume-Uni
Belgium	12.0	9.4	11.4	12.1	10.5	Belgique
Ethiopia	2.0	3.4	18.1	12.0	11.3	Ethiopie
Hungary	12.5	5.2	6.6	10.8	8.2	Hongrie
Russian Federation	3.2	5.2	3.5	4.1	27.2	Fédération de Russie
Spain	6.3	7.6	8.7	7.5	11.5	Espagne
Thailand	4.3	6.2	7.6	e9.8	11.5	Thaïlande
Brazil	0.6	0.4	0.2	1.0	30.2	Brésil
Austria	8.3	3.7	3.5	4.5	6.1	Autriche
Sudan	14.4	4.9	0.3	3.1	e3.4	Soudan
India	1.1	2.6	5.3	4.8	9.2	Inde
Belarus	0.0	0.0	1.8	5.7	13.6	Bélarus
Bolivia	2.7	1.8	2.5	2.4	3.2	Bolivie
Italy-San Marino-Holy See	2.9	2.2	2.3	3.2	1.5	Italie-Saint-Marin-Saint-Siège
Czech Republic	1.1	4.2	1.1	1.1	4.2	République tchèque
Poland	3.2	1.8	1.6	1.7	1.8	Pologne
Lithuania	4.7	1.6	0.7	0.7	2.0	Lituanie
Estonia	1.2	1.5	1.7	4.0	0.9	Estonie

(Value as percentages of World total)

(Valeur en pourcentage du total mondial)

Regions of the world	1994	1995	1996	1997	1998	1999	2000	2001	2002	2003	Régions du monde
World	100.0	100.0	100.0	100.0	100.0	100.0	100.0	100.0	100.0	100.0	Monde
Africa	1.2	2.4	1.1	0.3	1.1	1.5	1.0	2.0	1.4	1.4	Afrique
Americas	65.4	58.9	55.1	65.2	65.1	61.8	67.8	66.4	62.4	61.6	Amériques
- Northern America	59.2	56.0	49.6	59.7	55.2	57.0	62.3	62.4	59.1	54.8	- Amérique du Nord
- LAIA	5.9	2.7	5.4	5.4	10.0	4.9	5.5	4.0	3.3	6.7	- ALAI
- CACM	0.3	0.1	0.0	0.1	0.0	0.0	0.0	0.0	0.0	0.0	- MCC
- Caribbean	0.0	0.0	0.0	0.0	0.0	0.0	0.0	0.0	0.0	0.0	- Caraïbes
- Rest of America	0.0	0.0	0.0	0.0	0.0	0.0	0.0	0.0	0.0	0.0	- Autre d'Amérique
Asia excluding former USSR	5.4	3.2	3.1	7.3	3.4	3.5	3.1	3.4	3.5	5.6	Asie ancienne URSS exclus
- Middle East	0.1	0.1	0.1	2.9	0.3	0.6	0.2	0.1	0.1	0.1	- Moyen-Orient
Asia former USSR	0.2	0.5	0.5	0.1	0.2	0.1	0.3	0.1	0.1	0.1	Asie ancienne URSS
Europe excluding former USSR	22.0	31.4	30.7	22.9	25.0	27.9	25.2	25.2	26.7	24.0	Europe ancienne URSS exclus
- European Union	21.2	30.4	29.5	21.9	23.5	26.6	24.2	24.4	25.4	22.9	- Union Européenne
- Eastern Europe	0.7	0.9	1.2	1.0	1.5	1.3	0.9	0.8	1.3	1.1	- Europe de l'Est
- Rest of Europe	0.1	0.0	0.0	0.0	0.1	0.0	0.0	0.1	0.0	0.0	- Autre de l'Europe
Europe former USSR	1.8	1.8	1.8	0.9	1.3	2.4	0.9	1.2	3.5	5.8	Europe ancienne URSS
Oceania	4.0	1.8	7.6	3.2	3.7	2.6	1.7	1.7	2.4	1.5	Océanie

046 Meal and flour of wheat and flour of meslin

Country or area	1999	2000	2001	2002	2003	Pays ou zone
World	1707.2	1719.7	1742.1	1779.5	1856.8	Monde
Africa	487.9	513.7	542.1	534.0	530.3	Afrique
Americas	228.3	251.7	276.9	266.6	282.3	Amériques
- Northern America	56.2	60.3	65.0	82.9	89.1	- Amérique du Nord
- LAIA	107.1	138.7	151.4	112.0	103.1	- ALAI
- CACM	3.9	6.8	10.6	28.0	39.3	- MCC
- Caribbean	55.7	44.6	48.3	40.6	41.1	- Caraïbes
- Rest of America	5.4	1.4	1.6	3.1	9.6	- Autre d'Amérique
Asia excluding former USSR	415.3	409.2	451.3	468.0	422.5	Asie ancienne URSS exclus
- Middle East	121.1	111.9	116.7	128.0	133.0	- Moyen-Orient
Asia former USSR	89.6	73.3	47.2	58.5	88.5	Asie ancienne URSS
Europe excluding former USSR	411.9	366.7	349.9	402.0	479.7	Europe ancienne URSS exclus
- European Union	324.1	286.5	280.8	340.0	412.8	- Union Européenne
- Eastern Europe	55.6	58.9	52.7	46.5	49.8	- Europe de l'Est
- Rest of Europe	32.2	21.4	16.4	15.5	17.0	- Autre de l'Europe
Europe former USSR	56.3	86.0	57.2	31.0	29.4	Europe ancienne URSS
Oceania	17.9	19.0	17.4	19.4	24.2	Océanie
Libyan Arab Jamahiriya	e141.4	e188.8	e218.0	e200.5	e176.1	Jamahiriya arabe libyenne
Netherlands	67.6	63.9	57.3	75.3	101.3	Pays-Bas
Indonesia	67.7	81.4	48.5	69.3	75.4	Indonésie
Yemen	93.7	59.8	e59.3	e70.6	e52.7	Yémen
France-Monaco	60.1	59.1	62.1	63.1	63.5	France-Monaco
United States	44.5	49.8	56.5	73.7	77.1	Etats-Unis d'Amérique
China, Hong Kong SAR	63.4	58.9	57.1	57.2	55.8	Chine - RAS de Hong-Kong
Afghanistan	e1.6	e20.1	e105.2	e107.8	e54.1	Afghanistan
Angola	e58.7	e67.8	e36.6	e54.3	e44.3	Angola
Cuba	27.9	44.3	58.9	e46.7	e36.5	Cuba
Belgium	42.9	37.4	35.4	35.2	49.4	Belgique
Denmark	39.9	28.1	28.2	33.0	41.0	Danemark
Brazil	46.5	46.2	40.1	22.1	10.7	Brésil
Sudan	27.8	31.2	40.1	22.5	e26.0	Soudan
Ireland	28.4	23.2	22.9	33.3	37.2	Irlande
Chad	e22.7	e17.0	e13.8	e22.4	e68.1	Tchad
United Kingdom	27.5	29.8	20.9	28.9	30.4	Royaume-Uni
Singapore	39.0	28.4	22.8	22.5	21.4	Singapour
Uzbekistan	e28.1	e24.1	e14.4	e29.0	e30.2	Ouzbékistan
Bolivia	12.0	28.5	35.9	27.3	15.9	Bolivie
Germany	23.2	14.0	18.0	24.0	32.5	Allemagne
Albania	39.5	21.1	19.1	19.8	9.6	Albanie
Somalia	e19.2	e18.7	e17.9	e20.8	e19.8	Somalie
Democratic Republic of the Congo	e25.5	e17.5	e18.4	e19.2	e13.2	République démocratique du Congo
Russian Federation	24.7	25.6	18.7	13.4	9.5	Fédération de Russie
Haiti	e22.6	e17.1	e17.9	e15.0	e13.7	Haïti
Romania	5.2	21.4	17.5	13.4	26.4	Roumanie
Viet Nam	31.6	16.4	12.1	12.9	e10.7	Viet Nam
Tajikistan	e9.3	9.0	e9.7	e10.4	e41.2	Tadjikistan
Eritrea	e14.5	14.5	13.3	17.7	e13.9	Erythrée

(Value as percentages of World total) / (Valeur en pourcentage du total mondial)

Regions of the world	1994	1995	1996	1997	1998	1999	2000	2001	2002	2003	Régions du monde
World	100.0	100.0	100.0	100.0	100.0	100.0	100.0	100.0	100.0	100.0	Monde
Africa	39.0	35.9	32.6	35.9	32.7	28.6	29.9	31.1	30.0	28.6	Afrique
Americas	10.3	8.3	11.1	13.6	14.1	13.4	14.6	15.9	15.0	15.2	Amériques
- Northern America	2.8	2.2	2.1	2.1	2.7	3.3	3.5	3.7	4.7	4.8	- Amérique du Nord
- LAIA	4.5	3.4	6.2	8.6	7.5	6.3	8.1	8.7	6.3	5.6	- ALAI
- CACM	0.2	0.1	0.1	0.1	0.2	0.2	0.4	0.6	1.6	2.1	- MCC
- Caribbean	2.6	2.5	2.6	2.6	3.5	3.3	2.6	2.8	2.3	2.2	- Caraïbes
- Rest of America	0.3	0.2	0.1	0.2	0.2	0.3	0.1	0.1	0.2	0.5	- Autre d'Amérique
Asia excluding former USSR	16.2	19.8	18.9	15.9	18.7	24.3	23.8	25.9	26.3	22.8	Asie ancienne URSS exclus
- Middle East	5.5	6.2	5.0	2.7	5.4	7.1	6.5	6.7	7.2	7.2	- Moyen-Orient
Asia former USSR	6.1	8.0	10.6	9.5	7.4	5.2	4.3	2.7	3.3	4.8	Asie ancienne URSS
Europe excluding former USSR	18.4	17.4	16.7	17.6	21.3	24.1	21.3	20.1	22.6	25.8	Europe ancienne URSS exclus
- European Union	14.2	11.9	11.9	12.9	16.2	19.0	16.7	16.1	19.1	22.2	- Union Européenne
- Eastern Europe	3.3	3.6	3.2	2.8	3.4	3.3	3.4	3.0	2.6	2.7	- Europe de l'Est
- Rest of Europe	0.9	1.9	1.6	1.8	1.7	1.9	1.2	0.9	0.9	0.9	- Autre de l'Europe
Europe former USSR	9.3	9.6	9.2	6.3	4.8	3.3	5.0	3.3	1.7	1.6	Europe ancienne URSS
Oceania	0.7	0.9	0.9	1.1	1.1	1.1	1.1	1.0	1.1	1.3	Océanie

TRADE BY COMMODITY (Value in million US dollars)
Exports by principal countries or areas

COMMERCE PAR PRODUIT (Valeur en millions de dollars EU)
Exportations selon les principaux pays ou zones

Country or area	1999	2000	2001	2002	2003	Pays ou zone
World	1850.4	1778.0	1768.3	1887.3	2066.7	Monde
Africa	80.2	84.1	94.6	100.8	86.7	Afrique
Americas	319.6	290.0	288.8	313.0	251.3	Amériques
- Northern America	219.1	194.1	181.0	229.7	168.2	- Amérique du Nord
- LAIA	83.6	77.3	84.2	49.6	36.7	- ALAI
- CACM	2.9	4.7	8.2	19.0	29.9	- MCC
- Caribbean	14.0	13.8	15.4	14.8	16.6	- Caraïbes
- Rest of America	0.0	0.0	0.0	0.0	0.0	- Autre d'Amérique
Asia excluding former USSR	317.5	376.2	402.5	458.8	540.8	Asie ancienne URSS exclus
- Middle East	123.3	147.8	114.2	131.9	215.5	- Moyen-Orient
Asia former USSR	47.0	44.7	29.3	45.5	59.2	Asie ancienne URSS
Europe excluding former USSR	1000.1	897.7	865.4	896.5	1021.0	Europe ancienne URSS exclus
- European Union	963.5	854.6	829.4	870.1	975.2	- Union Européenne
- Eastern Europe	28.4	40.5	32.2	22.4	41.7	- Europe de l'Est
- Rest of Europe	8.2	2.7	3.9	4.0	4.1	- Autre de l'Europe
Europe former USSR	33.3	39.2	36.3	20.4	56.3	Europe ancienne URSS
Oceania	52.7	46.1	51.3	52.2	51.4	Océanie
France-Monaco	230.4	221.4	168.3	207.7	240.3	France-Monaco
Belgium	194.5	160.1	158.6	180.9	204.0	Belgique
Germany	152.5	134.6	146.3	138.4	158.9	Allemagne
United States	166.0	137.9	121.7	150.5	87.8	Etats-Unis d'Amérique
Italy-San Marino-Holy See	147.3	118.4	122.8	126.0	125.1	Italie-Saint-Marin-Saint-Siège
Japan	85.6	82.6	85.3	84.5	80.2	Japon
Netherlands	81.7	91.2	87.0	79.1	78.7	Pays-Bas
Spain	63.6	49.6	69.4	59.9	89.3	Espagne
Canada	53.1	56.3	59.3	79.1	80.4	Canada
Turkey	48.1	69.2	34.1	51.8	115.8	Turquie
China	45.6	45.3	58.5	61.8	60.0	Chine
Argentina	73.5	66.5	68.7	34.7	5.8	Argentine
United Arab Emirates	55.1	42.3	45.3	e47.2	e56.0	Emirates arabes unis
Australia	49.8	43.8	48.9	49.5	47.1	Australie
India	0.3	33.7	40.8	63.4	85.8	Inde
Kazakhstan	41.1	41.9	26.6	e43.3	57.7	Kazakhstan
United Kingdom	31.6	25.9	30.5	36.6	36.0	Royaume-Uni
Russian Federation	19.0	31.2	31.5	16.9	49.9	Fédération de Russie
Pakistan		5.4	41.6	57.4	43.1	Pakistan
Oman	12.9	29.5	29.8	29.6	24.2	Oman
Malaysia	24.3	26.3	26.4	25.2	21.1	Malaisie
Morocco	9.5	13.4	28.1	30.9	31.5	Maroc
Hungary	18.8	26.4	19.5	12.9	27.7	Hongrie
Tunisia	16.9	27.4	20.0	23.2	3.8	Tunisie
South Africa	–	17.6	15.9	19.3	13.4	Afrique du Sud
Greece	15.0	14.1	14.0	12.0	7.8	Grèce
Luxembourg	11.0	9.5	9.2	8.6	11.4	Luxembourg
Singapore	8.6	7.8	9.0	10.4	10.2	Singapour
China, Hong Kong SAR	9.2	10.2	10.0	9.0	7.2	Chine - RAS de Hong-Kong
Togo	6.7	4.8	8.5	10.4	9.5	Togo

(Value as percentages of World total)

(Valeur en pourcentage du total mondial)

Regions of the world	1994	1995	1996	1997	1998	1999	2000	2001	2002	2003	Régions du monde
World	100.0	100.0	100.0	100.0	100.0	100.0	100.0	100.0	100.0	100.0	Monde
Africa	1.9	3.4	3.1	4.2	5.1	4.3	4.7	5.4	5.3	4.2	Afrique
Americas	17.0	13.8	10.6	12.4	15.4	17.3	16.3	16.3	16.6	12.2	Amériques
- Northern America	12.9	10.7	6.4	6.6	8.3	11.8	10.9	10.2	12.2	8.1	- Amérique du Nord
- LAIA	3.1	2.4	3.8	5.2	5.6	4.5	4.3	4.8	2.6	1.8	- ALAI
- CACM	0.0	0.0	0.0	0.0	0.1	0.2	0.3	0.5	1.0	1.4	- MCC
- Caribbean	0.9	0.7	0.3	0.5	1.4	0.8	0.8	0.9	0.8	0.8	- Caraïbes
- Rest of America	0.0	0.0	0.0	0.0	0.0	0.0	0.0	0.0	0.0	0.0	- Autre d'Amérique
Asia excluding former USSR	13.1	16.7	21.7	22.0	17.3	17.2	21.2	22.8	24.3	26.2	Asie ancienne URSS exclus
- Middle East	5.4	6.0	7.7	11.9	8.0	6.7	8.3	6.5	7.0	10.4	- Moyen-Orient
Asia former USSR	0.3	0.3	2.2	1.6	2.9	2.5	2.5	1.7	2.4	2.9	Asie ancienne URSS
Europe excluding former USSR	61.2	54.9	53.1	53.3	54.9	54.0	50.5	48.9	47.5	49.4	Europe ancienne URSS exclus
- European Union	58.5	49.9	51.1	51.1	52.6	52.1	48.1	46.9	46.1	47.2	- Union Européenne
- Eastern Europe	0.7	4.0	1.8	2.0	1.3	1.5	2.3	1.8	1.2	2.0	- Europe de l'Est
- Rest of Europe	1.9	0.9	0.3	0.2	1.0	0.4	0.1	0.2	0.2	0.2	- Autre de l'Europe
Europe former USSR	5.6	9.2	8.1	3.9	2.0	1.8	2.2	2.1	1.1	2.7	Europe ancienne URSS
Oceania	0.9	0.7	1.2	1.5	2.4	2.8	2.6	2.9	2.8	2.5	Océanie

047 Other cereal meals and flour

TRADE BY COMMODITY (Value in million US dollars)
Imports by principal countries or areas

COMMERCE PAR PRODUIT (Valeur en millions de dollars EU)
Importations selon les principaux pays ou zones

Country or area	1999	2000	2001	2002	2003	Pays ou zone
World	488.1	465.8	521.9	551.6	631.7	Monde
Africa	93.1	88.0	114.2	150.8	167.8	Afrique
Americas	119.4	129.7	136.3	150.1	156.1	Amériques
- Northern America	55.2	51.2	62.8	75.1	83.2	- Amérique du Nord
- LAIA	26.9	25.9	19.6	21.3	19.9	- ALAI
- CACM	20.0	34.0	39.5	40.8	39.5	- MCC
- Caribbean	15.8	17.3	13.0	11.6	12.1	- Caraïbes
- Rest of America	1.5	1.2	1.3	1.3	1.5	- Autre d'Amérique
Asia excluding former USSR	103.5	111.5	119.1	106.4	116.4	Asie ancienne URSS exclus
- Middle East	9.5	22.7	24.2	25.3	23.6	- Moyen-Orient
Asia former USSR	3.9	6.5	6.0	4.5	5.3	Asie ancienne URSS
Europe excluding former USSR	129.9	106.7	107.5	120.5	159.3	Europe ancienne URSS exclus
- European Union	109.9	88.9	87.0	98.0	127.6	- Union Européenne
- Eastern Europe	8.2	9.4	12.0	12.6	15.4	- Europe de l'Est
- Rest of Europe	11.8	8.4	8.6	9.8	16.2	- Autre de l'Europe
Europe former USSR	32.4	16.2	32.0	11.0	13.8	Europe ancienne URSS
Oceania	6.0	7.2	6.9	8.1	13.0	Océanie
United States	24.5	23.2	35.3	50.9	54.7	Etats-Unis d'Amérique
Canada	30.5	27.6	27.2	24.0	28.0	Canada
Angola	e28.1	e28.4	e22.7	e34.2	e21.6	Angola
Israel	18.2	20.7	23.2	23.6	29.2	Israël
Honduras	8.5	17.9	22.6	23.7	e25.6	Honduras
United Kingdom	19.0	15.5	13.1	13.2	15.5	Royaume-Uni
Netherlands	21.8	14.6	11.5	12.5	15.6	Pays-Bas
Mexico	16.8	14.3	12.0	16.8	14.3	Mexique
France-Monaco	15.9	14.5	12.0	11.8	15.9	France-Monaco
Malaysia	11.5	13.9	14.3	12.7	17.1	Malaisie
Germany	9.4	8.8	10.5	13.9	20.9	Allemagne
China, Hong Kong SAR	11.2	12.2	13.6	13.4	12.5	Chine - RAS de Hong-Kong
Spain	8.8	8.1	10.1	12.6	17.2	Espagne
Lesotho	–	3.7	10.7	16.2	e20.7	Lesotho
Russian Federation	23.2	6.1	7.4	5.5	5.6	Fédération de Russie
Belarus	6.8	7.4	21.7	3.4	5.3	Bélarus
Zimbabwe	0.0	e0.0	0.0	25.6	e17.6	Zimbabwe
Belgium	8.7	7.3	7.3	9.0	10.2	Belgique
Poland	4.9	4.4	7.1	8.5	9.5	Pologne
Ethiopia	0.5	0.2	4.2	2.1	27.2	Ethiopie
United Arab Emirates	0.6	4.7	8.8	e9.0	e10.6	Emirats arabes unis
Denmark	7.3	4.7	7.2	7.3	6.5	Danemark
India	16.5	9.0	5.2	0.1	0.1	Inde
Egypt	3.3	4.2	5.4	3.9	12.4	Egypte
Nicaragua	5.6	7.3	6.6	4.8	4.7	Nicaragua
China	10.0	4.7	9.7	1.7	1.6	Chine
Singapore	6.5	6.3	5.2	4.9	4.6	Singapour
Yemen	0.5	6.7	e6.6	e7.9	e3.2	Yémen
Indonesia	5.3	5.9	4.1	4.0	4.5	Indonésie
Democratic Republic of the Congo	e5.9	e3.7	e5.7	e5.6	e2.9	République démocratique du Congo

(Value as percentages of World total)

(Valeur en pourcentage du total mondial)

Regions of the world	1994	1995	1996	1997	1998	1999	2000	2001	2002	2003	Régions du monde
World	100.0	100.0	100.0	100.0	100.0	100.0	100.0	100.0	100.0	100.0	Monde
Africa	22.5	17.8	16.3	17.8	16.6	19.1	18.9	21.9	27.3	26.6	Afrique
Americas	25.7	20.3	23.5	25.9	26.9	24.5	27.8	26.1	27.2	24.7	Amériques
- Northern America	10.2	9.4	11.3	12.1	12.2	11.3	11.0	12.0	13.6	13.2	- Amérique du Nord
- LAIA	8.5	5.9	7.1	6.8	7.1	5.5	5.6	3.8	3.9	3.1	- ALAI
- CACM	4.3	2.6	3.2	3.2	3.6	4.1	7.3	7.6	7.4	6.3	- MCC
- Caribbean	2.4	1.9	1.8	3.6	3.7	3.2	3.7	2.5	2.1	1.9	- Caraïbes
- Rest of America	0.2	0.4	0.2	0.3	0.3	0.3	0.3	0.3	0.2	0.2	- Autre d'Amérique
Asia excluding former USSR	15.1	19.7	19.2	20.3	19.2	21.2	23.9	22.8	19.3	18.4	Asie ancienne URSS exclus
- Middle East	2.4	3.2	1.8	1.9	2.9	1.9	4.9	4.6	4.6	3.7	- Moyen-Orient
Asia former USSR	0.7	0.8	1.8	1.1	1.4	0.8	1.4	1.2	0.8	0.8	Asie ancienne URSS
Europe excluding former USSR	26.6	28.1	28.5	26.8	27.9	26.6	22.9	20.6	21.8	25.2	Europe ancienne URSS exclus
- European Union	23.0	24.6	24.4	23.5	23.9	22.5	19.1	16.7	17.8	20.2	- Union Européenne
- Eastern Europe	1.3	1.4	1.8	1.5	1.9	1.7	2.0	2.3	2.3	2.4	- Europe de l'Est
- Rest of Europe	2.3	2.1	2.4	1.9	2.1	2.4	1.8	1.6	1.8	2.6	- Autre de l'Europe
Europe former USSR	8.1	10.8	9.4	6.7	6.8	6.6	3.5	6.1	2.0	2.2	Europe ancienne URSS
Oceania	1.3	2.5	1.2	1.5	1.2	1.2	1.6	1.3	1.5	2.1	Océanie

TRADE BY COMMODITY (Value in million US dollars)
Exports by principal countries or areas

COMMERCE PAR PRODUIT (Valeur en millions de dollars EU)
Exportations selon les principaux pays ou zones

Country or area	1999	2000	2001	2002	2003	Pays ou zone
World	449.8	425.7	465.9	515.3	511.7	Monde
Africa	46.8	21.9	29.5	50.1	35.5	Afrique
Americas	176.9	181.2	184.9	220.9	193.8	Amériques
- Northern America	142.9	135.8	139.0	176.3	148.9	- Amérique du Nord
- LAIA	20.5	22.0	18.6	21.4	25.6	- ALAI
- CACM	12.8	22.3	26.3	22.4	18.5	- MCC
- Caribbean	0.7	1.0	1.0	0.8	0.7	- Caraïbes
- Rest of America	0.1	0.0	0.0	0.0	0.0	- Autre d'Amérique
Asia excluding former USSR	65.2	72.9	74.0	64.2	73.5	Asie ancienne URSS exclus
- Middle East	1.0	1.0	1.7	1.9	3.0	- Moyen-Orient
Asia former USSR	0.0	1.2	1.0	0.5	0.7	Asie ancienne URSS
Europe excluding former USSR	135.9	129.7	154.8	161.9	180.8	Europe ancienne URSS exclus
- European Union	125.4	118.3	144.9	151.8	168.0	- Union Européenne
- Eastern Europe	7.5	8.1	8.0	8.3	10.1	- Europe de l'Est
- Rest of Europe	3.0	3.3	1.9	1.8	2.7	- Autre de l'Europe
Europe former USSR	13.4	10.6	11.8	9.1	18.2	Europe ancienne URSS
Oceania	11.6	8.2	8.9	8.6	9.3	Océanie
United States	117.9	115.4	109.1	132.0	105.8	Etats-Unis d'Amérique
France-Monaco	44.0	40.9	47.0	54.7	65.3	France-Monaco
Thailand	41.9	46.0	42.4	e38.5	45.0	Thaïlande
Italy-San Marino-Holy See	34.4	36.9	48.2	48.0	42.9	Italie-Saint-Marin-Saint-Siège
Canada	25.0	19.6	30.0	44.3	43.1	Canada
Germany	15.8	13.8	16.2	16.7	21.5	Allemagne
South Africa	–	10.6	10.5	27.5	14.6	Afrique du Sud
United Kingdom	7.8	6.9	6.6	10.4	9.7	Royaume-Uni
El Salvador	5.7	9.3	9.1	7.0	5.9	El Salvador
Australia	9.1	6.3	7.4	6.9	7.1	Australie
Hungary	5.5	6.5	7.1	7.5	9.2	Hongrie
Netherlands	5.6	2.9	7.2	8.8	10.5	Pays-Bas
Belgium	8.4	8.7	9.7	2.7	5.2	Belgique
Venezuela	8.7	8.2	6.9	5.2	4.5	Venezuela
China	6.3	5.6	5.3	5.8	8.5	Chine
Southern African Customs Union	30.7	–	–	–	–	Union douanière d'Afrique australe
Ukraine	9.9	3.4	3.9	5.1	e6.5	Ukraine
Guatemala	2.9	4.3	9.4	6.2	5.7	Guatemala
Russian Federation	1.7	6.2	5.8	3.5	6.3	Fédération de Russie
Spain	4.0	3.3	4.5	5.4	6.0	Espagne
Argentina	4.0	4.9	4.5	4.2	4.3	Argentine
Costa Rica	3.4	4.4	4.3	4.2	2.6	Costa Rica
China, Hong Kong SAR	2.5	2.8	7.0	4.1	1.9	Chine - RAS de Hong-Kong
Tunisia	6.7	3.8	1.6	5.3	0.6	Tunisie
Mexico	2.7	2.8	2.8	4.0	5.6	Mexique
Lesotho	–	0.8	4.4	4.7	e6.3	Lesotho
Brazil	2.5	2.4	1.2	3.4	6.5	Brésil
Honduras	0.5	4.0	3.2	4.4	e3.6	Honduras
Singapore	4.7	5.2	3.9	1.1	1.0	Singapour
Uganda	0.9	1.2	5.0	4.6	2.3	Ouganda

(Value as percentages of World total)

(Valeur en pourcentage du total mondial)

Regions of the world	1994	1995	1996	1997	1998	1999	2000	2001	2002	2003	Régions du monde
World	100.0	100.0	100.0	100.0	100.0	100.0	100.0	100.0	100.0	100.0	Monde
Africa	7.1	8.7	9.4	7.9	10.3	10.4	5.1	6.3	9.7	6.9	Afrique
Americas	36.9	30.3	28.3	32.6	36.0	39.3	42.6	39.7	42.9	37.9	Amériques
- Northern America	25.3	23.8	23.7	28.4	28.4	31.8	31.9	29.8	34.2	29.1	- Amérique du Nord
- LAIA	10.4	4.8	1.8	1.5	5.1	4.6	5.2	4.0	4.2	5.0	- ALAI
- CACM	0.7	1.3	2.5	2.3	2.4	2.8	5.2	5.6	4.3	3.6	- MCC
- Caribbean	0.6	0.4	0.3	0.3	0.1	0.1	0.2	0.2	0.1	0.1	- Caraïbes
- Rest of America	0.0	0.0	0.0	0.0	0.0	0.0	0.0	0.0	0.0	0.0	- Autre d'Amérique
Asia excluding former USSR	17.8	14.1	18.0	18.1	13.4	14.5	17.1	15.9	12.5	14.4	Asie ancienne URSS exclus
- Middle East	0.2	0.3	0.6	0.5	0.3	0.2	0.2	0.4	0.4	0.6	- Moyen-Orient
Asia former USSR	0.4	0.1	0.1	0.0	0.0	0.0	0.3	0.2	0.1	0.1	Asie ancienne URSS
Europe excluding former USSR	32.2	36.2	34.4	34.0	30.5	30.2	30.5	33.2	31.4	35.3	Europe ancienne URSS exclus
- European Union	31.2	34.2	32.4	32.4	28.6	27.9	27.8	31.1	29.5	32.8	- Union Européenne
- Eastern Europe	0.4	1.3	1.6	1.3	1.5	1.7	1.9	1.7	1.6	2.0	- Europe de l'Est
- Rest of Europe	0.6	0.7	0.3	0.3	0.5	0.7	0.8	0.4	0.4	0.5	- Autre de l'Europe
Europe former USSR	4.3	8.4	7.5	5.3	7.8	3.0	2.5	2.5	1.8	3.6	Europe ancienne URSS
Oceania	1.3	2.2	2.2	2.1	2.1	2.6	1.9	2.1	1.7	1.8	Océanie

048 Cereal, flour or starch preparations of fruits or vegetables

Country or area	1999	2000	2001	2002	2003	Pays ou zone
World	17918.6	17581.5	19280.3	21279.9	25287.8	Monde
Africa	507.2	504.3	594.2	633.5	775.1	Afrique
Americas	4108.3	4331.2	4846.1	5364.2	5982.0	Amériques
- Northern America	2668.8	2868.6	3099.5	3499.6	3956.8	- Amérique du Nord
- LAIA	972.4	978.7	1213.2	1299.4	1441.2	- ALAI
- CACM	210.0	220.3	246.1	277.0	305.8	- MCC
- Caribbean	196.2	195.6	223.8	218.3	204.4	- Caraïbes
- Rest of America	60.9	68.0	63.5	70.0	73.9	- Autre d'Amérique
Asia excluding former USSR	2988.1	3241.3	3523.3	3685.4	4060.5	Asie ancienne URSS exclus
- Middle East	541.4	629.1	687.4	665.4	817.5	- Moyen-Orient
Asia former USSR	66.1	69.8	61.3	78.9	114.3	Asie ancienne URSS
Europe excluding former USSR	9668.2	8775.3	9475.3	10704.8	13342.6	Europe ancienne URSS exclus
- European Union	8568.5	7778.1	8397.6	9451.5	11763.6	- Union Européenne
- Eastern Europe	449.0	393.2	438.4	498.0	653.0	- Europe de l'Est
- Rest of Europe	650.7	604.0	639.3	755.3	926.1	- Autre de l'Europe
Europe former USSR	259.1	303.4	442.0	444.5	541.1	Europe ancienne URSS
Oceania	321.6	356.2	338.1	368.6	472.2	Océanie
United States	1813.2	1958.5	2117.9	2445.4	2791.9	Etats-Unis d'Amérique
France-Monaco	1542.0	1452.2	1436.1	1626.6	1955.2	France-Monaco
Germany	1570.2	1244.0	1515.8	1665.9	1944.1	Allemagne
United Kingdom	1275.0	1226.8	1309.8	1446.9	1869.0	Royaume-Uni
Japan	906.3	918.6	980.4	1009.9	1097.2	Japon
Canada	835.4	902.6	973.3	1044.3	1150.5	Canada
Belgium	794.5	707.3	831.4	914.5	1168.4	Belgique
Netherlands	605.8	556.5	534.8	672.5	966.8	Pays-Bas
Italy-San Marino-Holy See	527.6	478.2	486.3	579.7	739.9	Italie-Saint-Marin-Saint-Siège
Mexico	313.8	378.4	503.2	685.4	824.2	Mexique
Spain	436.2	411.8	493.1	554.1	744.8	Espagne
Austria	359.3	333.9	373.0	406.8	488.2	Autriche
Ireland	346.2	350.5	377.8	385.1	420.9	Irlande
China, Hong Kong SAR	271.7	273.0	275.9	308.0	314.4	Chine - RAS de Hong-Kong
Sweden	254.8	227.6	254.4	290.9	359.5	Suède
Switzerland-Liechtenstein	238.3	225.5	236.1	271.2	337.0	Suisse-Liechtenstein
Russian Federation	162.3	197.2	255.8	284.2	336.2	Fédération de Russie
Denmark	229.0	209.4	212.3	248.7	305.0	Danemark
Saudi Arabia	194.1	230.8	267.6	231.7	264.9	Arabie saoudite
Brazil	211.3	221.4	242.8	235.6	258.7	Brésil
Portugal	215.7	219.3	215.9	244.7	e249.9	Portugal
Malaysia	182.4	192.1	249.7	222.9	227.5	Malaisie
Norway	176.6	164.1	175.2	210.4	262.1	Norvège
Australia	160.6	191.8	175.4	187.0	248.9	Australie
Greece	190.9	151.4	145.6	191.2	258.1	Grèce
Thailand	127.8	145.1	168.4	e201.9	236.8	Thaïlande
Singapore	166.9	175.8	174.1	174.7	177.1	Singapour
Finland	157.3	149.1	150.5	156.6	203.2	Finlande
Korea, Republic of	84.5	140.4	178.3	189.9	194.8	République de Corée
Poland	139.1	126.3	133.1	136.8	163.5	Pologne

(Value as percentages of World total)   **(Valeur en pourcentage du total mondial)**

Regions of the world	1994	1995	1996	1997	1998	1999	2000	2001	2002	2003	Régions du monde
World	100.0	100.0	100.0	100.0	100.0	100.0	100.0	100.0	100.0	100.0	Monde
Africa	2.8	2.7	2.6	2.6	2.7	2.8	2.9	3.1	3.0	3.1	Afrique
Americas	24.1	23.5	20.6	20.9	22.4	22.9	24.6	25.1	25.2	23.7	Amériques
- Northern America	11.4	10.6	11.2	12.8	13.8	14.9	16.3	16.1	16.4	15.6	- Amérique du Nord
- LAIA	10.7	10.7	7.4	5.7	6.0	5.4	5.6	6.3	6.1	5.7	- ALAI
- CACM	0.7	0.8	0.8	1.0	1.2	1.2	1.3	1.3	1.3	1.2	- MCC
- Caribbean	1.0	1.1	1.0	1.2	1.2	1.1	1.1	1.2	1.0	0.8	- Caraïbes
- Rest of America	0.3	0.3	0.3	0.3	0.3	0.3	0.4	0.3	0.3	0.3	- Autre d'Amérique
Asia excluding former USSR	17.6	17.8	19.3	19.4	16.8	16.7	18.4	18.3	17.3	16.1	Asie ancienne URSS exclus
- Middle East	2.1	2.3	2.1	2.6	3.1	3.0	3.6	3.6	3.1	3.2	- Moyen-Orient
Asia former USSR	0.3	1.0	0.8	0.4	0.4	0.4	0.4	0.3	0.4	0.5	Asie ancienne URSS
Europe excluding former USSR	50.5	50.2	51.4	51.0	53.2	54.0	49.9	49.1	50.3	52.8	Europe ancienne URSS exclus
- European Union	45.9	45.2	46.3	45.8	47.4	47.8	44.2	43.6	44.4	46.5	- Union Européenne
- Eastern Europe	1.4	1.6	1.8	1.9	2.3	2.5	2.2	2.3	2.3	2.6	- Europe de l'Est
- Rest of Europe	3.3	3.4	3.4	3.4	3.5	3.6	3.4	3.3	3.5	3.7	- Autre de l'Europe
Europe former USSR	3.2	3.5	3.6	3.9	2.7	1.4	1.7	2.3	2.1	2.1	Europe ancienne URSS
Oceania	1.5	1.4	1.6	1.8	1.7	1.8	2.0	1.8	1.7	1.9	Océanie

Préparations à base de céréales et de farines et de fécules de fruits ou de légumes 048

Country or area	1999	2000	2001	2002	2003	Pays ou zone
World	17911.4	17703.5	19149.8	21259.8	25623.1	Monde
Africa	90.7	95.7	97.5	150.0	176.6	Afrique
Americas	3174.4	3404.2	3758.8	4061.4	4673.9	Amériques
- Northern America	2407.8	2594.4	2854.5	3093.1	3521.8	- Amérique du Nord
- LAIA	587.8	635.0	707.3	750.1	906.9	- ALAI
- CACM	126.9	122.6	137.6	162.2	179.6	- MCC
- Caribbean	51.1	51.0	58.2	54.1	63.8	- Caraïbes
- Rest of America	0.8	1.1	1.3	1.9	1.7	- Autre d'Amérique
Asia excluding former USSR	1750.4	1926.5	2073.5	2335.6	2741.8	Asie ancienne URSS exclus
- Middle East	273.1	259.0	285.3	319.5	435.6	- Moyen-Orient
Asia former USSR	4.4	5.2	6.2	6.8	9.8	Asie ancienne URSS
Europe excluding former USSR	12477.3	11839.8	12758.8	14191.2	17369.5	Europe ancienne URSS exclus
- European Union	11861.9	11194.5	12057.9	13367.1	16263.0	- Union Européenne
- Eastern Europe	281.4	315.6	360.9	448.7	635.3	- Europe de l'Est
- Rest of Europe	304.0	329.7	340.0	375.5	471.2	- Autre de l'Europe
Europe former USSR	85.0	99.1	129.2	138.1	203.6	Europe ancienne URSS
Oceania	329.1	333.0	325.7	376.7	448.0	Océanie
Germany	1922.6	1888.3	2009.6	2271.6	2882.5	Allemagne
Italy-San Marino-Holy See	1866.1	1761.3	1898.5	2105.2	2447.5	Italie-Saint-Marin-Saint-Siège
France-Monaco	1743.3	1622.6	1687.8	1878.4	2409.1	France-Monaco
Belgium	1453.6	1352.9	1578.8	1732.2	2166.9	Belgique
United States	1417.2	1498.2	1644.9	1720.5	1929.7	Etats-Unis d'Amérique
United Kingdom	1461.9	1323.4	1344.9	1436.7	1597.0	Royaume-Uni
Canada	990.5	1096.2	1209.6	1372.7	1592.1	Canada
Netherlands	1137.4	1049.9	1035.5	1183.2	1443.5	Pays-Bas
Ireland	750.7	762.0	841.7	785.3	861.9	Irlande
Denmark	469.8	430.1	495.3	603.5	659.3	Danemark
Spain	373.9	359.8	466.8	519.4	676.9	Espagne
China	287.7	358.5	410.4	453.1	534.8	Chine
Australia	259.0	267.5	259.4	290.1	344.3	Australie
Mexico	228.8	249.1	272.7	297.3	350.7	Mexique
Austria	240.0	218.7	239.5	295.0	404.3	Autriche
Korea, Republic of	198.9	229.8	265.0	298.9	338.0	République de Corée
Switzerland-Liechtenstein	240.0	245.3	247.0	261.0	336.8	Suisse-Liechtenstein
Sweden	221.5	210.2	228.1	274.6	347.6	Suède
Malaysia	172.4	202.9	197.2	231.6	271.6	Malaisie
Thailand	156.0	166.7	178.1	e248.9	290.7	Thaïlande
Japan	167.1	174.2	158.6	158.5	168.0	Japon
Argentina	117.6	139.3	127.1	156.1	230.8	Argentine
Turkey	109.3	113.9	133.7	167.3	241.3	Turquie
Singapore	137.9	131.7	134.9	147.7	167.8	Singapour
Poland	86.8	106.7	122.9	160.3	230.2	Pologne
Czech Republic	86.7	94.4	97.0	116.2	155.8	République tchèque
China, Hong Kong SAR	105.7	113.0	101.6	102.5	94.3	Chine - RAS de Hong-Kong
Greece	75.0	67.7	67.4	91.4	141.2	Grèce
Indonesia	58.0	70.9	79.6	89.0	131.0	Indonésie
Finland	69.1	71.8	77.8	84.2	104.4	Finlande

(Value as percentages of World total)   **(Valeur en pourcentage du total mondial)**

Regions of the world	1994	1995	1996	1997	1998	1999	2000	2001	2002	2003	Régions du monde
World	100.0	100.0	100.0	100.0	100.0	100.0	100.0	100.0	100.0	100.0	Monde
Africa	0.4	0.5	0.6	0.6	0.5	0.5	0.5	0.5	0.7	0.7	Afrique
Americas	14.7	13.5	14.4	16.2	17.3	17.7	19.2	19.6	19.1	18.2	Amériques
- Northern America	11.7	10.0	10.7	12.0	12.8	13.4	14.7	14.9	14.5	13.7	- Amérique du Nord
- LAIA	2.3	2.8	3.0	3.4	3.6	3.3	3.6	3.7	3.5	3.5	- ALAI
- CACM	0.4	0.5	0.4	0.5	0.6	0.7	0.7	0.7	0.8	0.7	- MCC
- Caribbean	0.2	0.2	0.3	0.3	0.3	0.3	0.3	0.3	0.3	0.2	- Caraïbes
- Rest of America	0.0	0.0	0.0	0.0	0.0	0.0	0.0	0.0	0.0	0.0	- Autre d'Amérique
Asia excluding former USSR	11.3	11.8	12.2	12.0	9.4	9.8	10.9	10.8	11.0	10.7	Asie ancienne URSS exclus
- Middle East	1.5	2.6	3.0	2.9	2.0	1.5	1.5	1.5	1.5	1.7	- Moyen-Orient
Asia former USSR	0.0	0.1	0.1	0.0	0.0	0.0	0.0	0.0	0.0	0.0	Asie ancienne URSS
Europe excluding former USSR	71.3	71.7	70.1	68.6	70.4	69.7	66.9	66.6	66.8	67.8	Europe ancienne URSS exclus
- European Union	68.0	68.1	66.4	64.8	66.5	66.2	63.2	63.0	62.9	63.5	- Union Européenne
- Eastern Europe	1.3	1.8	1.9	2.0	2.1	1.6	1.8	1.9	2.1	2.5	- Europe de l'Est
- Rest of Europe	1.9	1.9	1.8	1.7	1.9	1.9	1.9	1.8	1.8	1.8	- Autre de l'Europe
Europe former USSR	0.3	0.4	0.5	0.5	0.5	0.5	0.6	0.7	0.6	0.8	Europe ancienne URSS
Oceania	2.0	2.0	2.1	2.1	1.8	1.8	1.9	1.7	1.8	1.7	Océanie

054 Vegetables, fresh or simply preserved; roots and tubers, nes

TRADE BY COMMODITY (Value in million US dollars)
Imports by principal countries or areas

COMMERCE PAR PRODUIT (Valeur en millions de dollars EU)
Importations selon les principaux pays ou zones

Country or area	1999	2000	2001	2002	2003	Pays ou zone
World	25999.9	24815.3	26756.6	28208.0	32546.4	Monde
Africa	784.5	756.2	694.8	889.7	887.9	Afrique
Americas	5488.3	5649.9	6092.4	6339.5	6977.4	Amériques
- Northern America	4215.6	4422.5	4813.8	5141.6	5816.1	- Amérique du Nord
- LAIA	966.7	908.7	939.4	854.8	820.3	- ALAI
- CACM	121.9	125.9	136.0	150.2	145.6	- MCC
- Caribbean	149.4	160.9	173.9	161.7	163.0	- Caraïbes
- Rest of America	34.7	32.0	29.3	31.2	32.3	- Autre d'Amérique
Asia excluding former USSR	4789.0	5020.7	5771.8	5436.6	5757.6	Asie ancienne URSS exclus
- Middle East	816.2	969.4	964.2	1006.3	1194.2	- Moyen-Orient
Asia former USSR	29.2	28.6	28.8	29.4	37.2	Asie ancienne URSS
Europe excluding former USSR	14241.1	12729.5	13653.7	14906.5	17998.8	Europe ancienne URSS exclus
- European Union	13263.4	11778.1	12594.6	13692.9	16534.2	- Union Européenne
- Eastern Europe	330.4	357.3	413.9	504.1	586.8	- Europe de l'Est
- Rest of Europe	647.2	594.0	645.2	709.6	877.8	- Autre de l'Europe
Europe former USSR	508.7	461.9	355.3	428.2	651.6	Europe ancienne URSS
Oceania	159.1	168.5	159.8	178.0	235.9	Océanie
United States	3176.6	3294.9	3646.5	3830.4	4416.4	Etats-Unis d'Amérique
Germany	3686.3	3018.0	3500.4	3568.4	4114.2	Allemagne
United Kingdom	2423.3	2274.5	2433.6	2642.5	3176.4	Royaume-Uni
Japan	2272.4	2231.3	2197.4	1905.6	1976.0	Japon
France-Monaco	1751.5	1656.3	1671.7	1907.4	2352.7	France-Monaco
Canada	1028.8	1121.9	1159.4	1302.2	1386.6	Canada
Netherlands	1164.2	1102.0	999.4	1174.4	1453.8	Pays-Bas
Italy-San Marino-Holy See	917.1	818.7	857.9	1034.7	1314.7	Italie-Saint-Marin-Saint-Siège
Belgium	908.1	791.1	857.3	939.9	1140.9	Belgique
Spain	716.0	649.6	682.3	640.7	802.4	Espagne
India	96.5	117.2	727.1	629.4	568.4	Inde
Sweden	371.1	333.9	348.3	402.6	500.1	Suède
Switzerland-Liechtenstein	371.9	341.5	353.7	388.8	462.4	Suisse-Liechtenstein
Russian Federation	414.9	366.9	258.0	314.4	491.6	Fédération de Russie
Austria	289.0	253.5	285.3	295.2	377.4	Autriche
United Arab Emirates	150.3	274.9	296.0	e303.6	e355.8	Emirates arabes unis
Mexico	221.3	235.6	266.5	297.5	300.0	Mexique
Malaysia	251.9	237.7	264.4	279.7	279.5	Malaisie
Denmark	259.2	219.6	242.9	261.1	316.7	Danemark
Brazil	310.9	251.7	272.0	219.9	215.4	Brésil
China, Hong Kong SAR	261.4	253.7	233.2	214.0	200.7	Chine - RAS de Hong-Kong
Ireland	220.4	186.5	205.9	222.9	270.4	Irlande
Portugal	222.6	195.8	223.6	227.1	e231.9	Portugal
Saudi Arabia	234.7	175.2	181.8	223.9	256.0	Arabie saoudite
Singapore	185.7	182.3	196.3	208.0	197.8	Singapour
China	79.3	100.3	253.4	228.2	270.7	Chine
Egypt	181.4	180.9	161.7	204.4	175.5	Egypte
Korea, Republic of	145.2	152.8	174.2	155.9	226.7	République de Corée
Greece	160.3	123.9	116.0	186.8	240.8	Grèce
Czech Republic	133.5	130.0	143.2	192.3	211.3	République tchèque

(Value as percentages of World total)

(Valeur en pourcentage du total mondial)

Regions of the world	1994	1995	1996	1997	1998	1999	2000	2001	2002	2003	Régions du monde
World	100.0	100.0	100.0	100.0	100.0	100.0	100.0	100.0	100.0	100.0	Monde
Africa	2.6	3.0	2.8	2.4	3.0	3.0	3.0	2.6	3.2	2.7	Afrique
Americas	16.7	16.2	17.1	19.6	21.7	21.1	22.8	22.8	22.5	21.4	Amériques
- Northern America	12.2	12.0	13.1	14.6	15.8	16.2	17.8	18.0	18.2	17.9	- Amérique du Nord
- LAIA	3.6	3.3	3.2	4.1	4.7	3.7	3.7	3.5	3.0	2.5	- ALAI
- CACM	0.2	0.2	0.2	0.3	0.3	0.5	0.5	0.5	0.5	0.4	- MCC
- Caribbean	0.6	0.6	0.5	0.6	0.7	0.6	0.6	0.6	0.6	0.5	- Caraïbes
- Rest of America	0.1	0.1	0.1	0.1	0.1	0.1	0.1	0.1	0.1	0.1	- Autre d'Amérique
Asia excluding former USSR	19.1	18.1	19.1	20.8	19.2	18.4	20.2	21.6	19.3	17.7	Asie ancienne URSS exclus
- Middle East	2.9	2.8	3.2	4.5	4.6	3.1	3.9	3.6	3.6	3.7	- Moyen-Orient
Asia former USSR	0.2	0.1	0.2	0.1	0.1	0.1	0.1	0.1	0.1	0.1	Asie ancienne URSS
Europe excluding former USSR	59.2	60.3	58.4	54.3	54.2	54.8	51.3	51.0	52.8	55.3	Europe ancienne URSS exclus
- European Union	55.3	56.0	54.5	50.4	50.3	51.0	47.5	47.1	48.5	50.8	- Union Européenne
- Eastern Europe	1.0	1.3	1.2	1.4	1.5	1.3	1.4	1.5	1.8	1.8	- Europe de l'Est
- Rest of Europe	2.9	3.0	2.7	2.4	2.4	2.5	2.4	2.4	2.5	2.7	- Autre de l'Europe
Europe former USSR	1.6	1.7	1.7	2.1	1.8	2.0	1.9	1.3	1.5	2.0	Europe ancienne URSS
Oceania	0.6	0.6	0.7	0.7	0.6	0.6	0.7	0.6	0.6	0.7	Océanie

Légumes frais, congelés ou conservés; autres produits végétaux comestibles, n.d.a. 054

TRADE BY COMMODITY (Value in million US dollars)
Exports by principal countries or areas

COMMERCE PAR PRODUIT (Valeur en millions de dollars EU)
Exportations selon les principaux pays ou zones

Country or area	1999	2000	2001	2002	2003	Pays ou zone
World	24615.7	23092.5	25241.5	27087.8	32095.6	Monde
Africa	606.5	544.5	559.7	655.0	800.5	Afrique
Americas	6471.4	6797.5	7164.6	6984.9	7749.8	Amériques
- Northern America	3479.8	3779.6	3905.0	3850.8	4248.0	- Amérique du Nord
- LAIA	2747.2	2757.1	2987.6	2837.5	3221.2	- ALAI
- CACM	199.9	214.7	222.3	245.0	223.3	- MCC
- Caribbean	33.4	34.6	34.1	33.1	36.9	- Caraïbes
- Rest of America	11.2	11.4	15.6	18.6	20.5	- Autre d'Amérique
Asia excluding former USSR	3802.3	3510.1	4217.4	4419.0	5080.9	Asie ancienne URSS exclus
- Middle East	920.3	788.8	926.3	917.6	1196.7	- Moyen-Orient
Asia former USSR	113.1	92.2	88.5	111.9	169.1	Asie ancienne URSS
Europe excluding former USSR	12992.9	11471.4	12496.8	14202.0	17595.2	Europe ancienne URSS exclus
- European Union	12487.8	11023.6	11938.6	13609.9	16825.5	- Union Européenne
- Eastern Europe	438.3	388.7	490.2	522.5	691.4	- Europe de l'Est
- Rest of Europe	66.8	50.1	08.1	69.6	78.3	- Autre de l'Europe
Europe former USSR	89.6	99.3	95.7	96.7	146.6	Europe ancienne URSS
Oceania	540.0	577.5	618.7	618.3	553.4	Océanie
Netherlands	3563.7	3285.0	3336.9	3834.5	5019.2	Pays-Bas
Spain	2775.0	2542.8	2852.4	3218.2	4074.7	Espagne
Mexico	2038.7	2175.8	2333.7	2246.0	2612.6	Mexique
United States	2122.5	2271.6	2257.1	2302.6	2409.2	Etats-Unis d'Amérique
China	1353.1	1374.6	1660.4	1881.7	2165.7	Chine
Italy-San Marino-Holy See	1641.2	1391.0	1562.9	1746.1	1974.1	Italie-Saint-Marin-Saint-Siège
Belgium	1548.3	1355.3	1495.1	1653.4	2069.3	Belgique
Canada	1357.3	1508.0	1647.9	1548.2	1838.8	Canada
France-Monaco	1410.0	1166.3	1207.7	1456.8	1738.7	France-Monaco
Germany	554.5	463.0	594.6	648.1	721.7	Allemagne
Turkey	403.2	359.1	453.3	398.8	575.3	Turquie
Thailand	460.8	317.8	389.7	e353.8	413.3	Thaïlande
Australia	325.1	396.5	413.9	396.0	283.7	Australie
United Kingdom	327.5	273.9	255.4	309.8	391.8	Royaume-Uni
Poland	196.0	193.6	250.2	285.2	434.4	Pologne
Argentina	317.9	258.0	281.2	227.1	235.3	Argentine
India	198.6	245.6	224.8	238.4	309.6	Inde
Morocco	255.0	176.4	180.5	221.0	282.7	Maroc
Myanmar	e71.4	e96.4	e275.4	e359.6	o243.9	Myanmar
New Zealand	193.5	164.2	187.5	199.2	249.6	Nouvelle-Zélande
Greece	213.8	160.5	186.9	222.1	188.4	Grèce
Israel	169.3	154.7	172.5	162.4	225.6	Israël
Portugal	150.5	139.9	140.0	178.9	e207.5	Portugal
Chile	176.9	120.0	145.0	120.0	117.5	Chili
Peru	101.5	100.2	119.8	149.2	172.8	Pérou
Syrian Arab Republic	198.5	133.7	e80.6	95.6	125.8	République arabe syrienne
Hungary	121.1	105.7	122.1	117.2	127.8	Hongrie
Ireland	105.2	92.4	120.7	118.3	148.6	Irlande
Jordan	94.7	83.3	115.1	132.9	139.0	Jordanie
Iran (Islamic Republic of)	72.0	78.8	119.2	124.4	144.2	Iran (République islamique d')

(Value as percentages of World total)
(Valeur en pourcentage du total mondial)

Regions of the world	1994	1995	1996	1997	1998	1999	2000	2001	2002	2003	Régions du monde
World	100.0	100.0	100.0	100.0	100.0	100.0	100.0	100.0	100.0	100.0	Monde
Africa	1.8	2.4	2.6	2.2	2.3	2.5	2.4	2.2	2.4	2.5	Afrique
Americas	21.4	21.9	22.1	24.9	26.8	26.3	29.4	28.4	25.8	24.1	Amériques
- Northern America	11.8	11.4	11.8	13.5	13.9	14.1	16.4	15.5	14.2	13.2	- Amérique du Nord
- LAIA	8.9	9.8	9.5	10.5	11.8	11.2	11.9	11.8	10.5	10.0	- ALAI
- CACM	0.6	0.5	0.6	0.7	0.8	0.8	0.9	0.9	0.9	0.7	- MCC
- Caribbean	0.2	0.2	0.2	0.2	0.2	0.1	0.2	0.1	0.1	0.1	- Caraïbes
- Rest of America	0.0	0.0	0.0	0.0	0.1	0.0	0.0	0.1	0.1	0.1	- Autre d'Amérique
Asia excluding former USSR	18.5	17.1	17.6	17.6	15.3	15.4	15.2	16.7	16.3	15.8	Asie ancienne URSS exclus
- Middle East	4.3	4.1	4.7	5.0	4.2	3.7	3.4	3.7	3.4	3.7	- Moyen-Orient
Asia former USSR	0.9	0.2	0.8	0.3	0.4	0.5	0.4	0.4	0.4	0.5	Asie ancienne URSS
Europe excluding former USSR	54.6	55.6	54.0	52.0	52.7	52.8	49.7	49.5	52.4	54.8	Europe ancienne URSS exclus
- European Union	51.9	53.3	51.6	50.0	50.6	50.7	47.7	47.3	50.2	52.4	- Union Européenne
- Eastern Europe	2.2	1.8	2.1	1.8	1.8	1.8	1.7	1.9	1.9	2.2	- Europe de l'Est
- Rest of Europe	0.5	0.5	0.3	0.2	0.3	0.3	0.3	0.3	0.3	0.2	- Autre de l'Europe
Europe former USSR	0.4	0.8	0.4	0.4	0.4	0.4	0.4	0.4	0.4	0.5	Europe ancienne URSS
Oceania	2.4	2.0	2.4	2.5	2.1	2.2	2.5	2.5	2.3	1.7	Océanie

056 Vegetables, roots and tubers, prepared or preserved, nes

TRADE BY COMMODITY (Value in million US dollars)
Imports by principal countries or areas

COMMERCE PAR PRODUIT (Valeur en millions de dollars EU)
Importations selon les principaux pays ou zones

Country or area	1999	2000	2001	2002	2003	Pays ou zone
World	6429.8	6017.9	6080.5	6564.3	7488.2	Monde
Africa	65.6	112.1	83.6	77.6	89.7	Afrique
Americas	1411.4	1414.7	1446.0	1500.4	1669.4	Amériques
- Northern America	1121.9	1148.4	1201.5	1281.2	1428.5	- Amérique du Nord
- LAIA	211.2	186.9	167.2	142.0	152.7	- ALAI
- CACM	26.3	25.0	27.3	25.7	26.2	- MCC
- Caribbean	39.2	41.4	35.3	35.9	43.4	- Caraïbes
- Rest of America	12.7	13.1	14.7	15.6	18.6	- Autre d'Amérique
Asia excluding former USSR	1399.1	1398.6	1321.4	1320.5	1406.9	Asie ancienne URSS exclus
- Middle East	139.5	160.1	164.4	175.5	185.7	- Moyen-Orient
Asia former USSR	7.3	7.3	6.5	9.8	13.3	Asie ancienne URSS
Europe excluding former USSR	3327.9	2841.8	2957.4	3342.8	3932.6	Europe ancienne URSS exclus
- European Union	3048.1	2570.5	2689.7	3040.3	3566.3	- Union Européenne
- Eastern Europe	93.9	100.2	98.8	116.0	148.6	- Europe de l'Est
- Rest of Europe	185.9	171.1	168.9	186.6	217.6	- Autre de l'Europe
Europe former USSR	110.1	133.4	161.5	195.4	228.7	Europe ancienne URSS
Oceania	108.5	110.0	104.0	117.7	147.5	Océanie
United States	898.0	917.9	954.3	1009.5	1164.1	Etats-Unis d'Amérique
Germany	822.5	659.3	746.7	812.0	895.8	Allemagne
Japan	783.8	791.5	759.2	719.3	790.7	Japon
France-Monaco	479.8	421.8	435.5	502.0	603.9	France-Monaco
United Kingdom	429.6	344.5	325.3	381.4	453.4	Royaume-Uni
Italy-San Marino-Holy See	285.4	247.6	262.3	268.9	326.6	Italie-Saint-Marin-Saint-Siège
Netherlands	271.4	219.0	200.5	242.5	312.2	Pays-Bas
Canada	222.1	228.6	244.8	267.9	259.5	Canada
Belgium	232.6	202.9	207.4	233.2	278.0	Belgique
Spain	183.6	174.8	188.8	221.1	234.2	Espagne
Russian Federation	75.1	103.1	119.5	146.2	170.0	Fédération de Russie
China, Hong Kong SAR	147.5	125.2	99.1	101.4	91.1	Chine - RAS de Hong-Kong
Switzerland-Liechtenstein	87.7	84.4	78.0	83.3	94.3	Suisse-Liechtenstein
Sweden	86.0	74.1	75.5	85.0	105.6	Suède
Australia	77.2	78.0	72.3	84.4	107.1	Australie
Korea, Republic of	74.8	77.7	68.0	77.2	94.8	République de Corée
Mexico	66.6	62.4	61.9	78.8	94.3	Mexique
Denmark	68.8	57.5	60.5	68.3	82.6	Danemark
Saudi Arabia	45.6	60.8	59.0	58.2	66.5	Arabie saoudite
Austria	55.9	46.7	54.1	60.2	72.4	Autriche
Ireland	39.4	40.1	49.6	63.7	77.4	Irlande
Singapore	57.3	50.5	47.6	49.6	47.3	Singapour
Brazil	51.4	46.5	37.4	26.5	23.9	Brésil
Israel	32.9	33.5	31.4	36.1	32.0	Israël
Portugal	33.4	30.8	29.9	34.1	e34.8	Portugal
Norway	31.4	29.3	27.8	28.4	37.0	Norvège
Malaysia	28.2	30.6	30.8	31.3	28.8	Malaisie
Poland	29.4	30.0	25.8	30.3	30.9	Pologne
Greece	26.3	21.3	21.6	32.3	40.1	Grèce
Czech Republic	22.0	20.9	22.4	27.8	35.7	République tchèque

(Value as percentages of World total) — (Valeur en pourcentage du total mondial)

Regions of the world	1994	1995	1996	1997	1998	1999	2000	2001	2002	2003	Régions du monde
World	100.0	100.0	100.0	100.0	100.0	100.0	100.0	100.0	100.0	100.0	Monde
Africa	1.0	1.5	1.5	1.6	2.2	1.0	1.9	1.4	1.2	1.2	Afrique
Americas	19.0	17.6	17.4	19.6	21.5	22.0	23.5	23.8	22.9	22.3	Amériques
- Northern America	15.2	14.3	14.1	15.3	16.3	17.4	19.1	19.8	19.5	19.1	- Amérique du Nord
- LAIA	2.5	2.2	2.3	3.1	3.8	3.3	3.1	2.7	2.2	2.0	- ALAI
- CACM	0.2	0.2	0.2	0.3	0.4	0.4	0.4	0.4	0.4	0.4	- MCC
- Caribbean	0.8	0.7	0.6	0.7	0.7	0.6	0.7	0.6	0.5	0.6	- Caraïbes
- Rest of America	0.2	0.2	0.1	0.2	0.2	0.2	0.2	0.2	0.2	0.2	- Autre d'Amérique
Asia excluding former USSR	24.3	23.2	22.7	23.0	20.1	21.8	23.2	21.7	20.1	18.8	Asie ancienne URSS exclus
- Middle East	2.0	2.2	1.8	2.2	2.8	2.2	2.7	2.7	2.7	2.5	- Moyen-Orient
Asia former USSR	0.1	0.1	0.1	0.1	0.1	0.1	0.1	0.1	0.1	0.2	Asie ancienne URSS
Europe excluding former USSR	51.5	53.2	53.9	50.1	51.4	51.8	47.2	48.6	50.9	52.5	Europe ancienne URSS exclus
- European Union	47.6	48.9	49.8	46.0	46.9	47.4	42.7	44.2	46.3	47.6	- Union Européenne
- Eastern Europe	0.9	1.0	1.2	1.3	1.6	1.5	1.7	1.6	1.8	2.0	- Europe de l'Est
- Rest of Europe	3.0	3.2	2.9	2.8	2.9	2.9	2.8	2.8	2.8	2.9	- Autre de l'Europe
Europe former USSR	2.5	2.6	2.8	3.9	3.1	1.7	2.2	2.7	3.0	3.1	Europe ancienne URSS
Oceania	1.7	1.7	1.6	1.6	1.7	1.7	1.8	1.7	1.8	2.0	Océanie

TRADE BY COMMODITY (Value in million US dollars)
Exports by principal countries or areas

COMMERCE PAR PRODUIT (Valeur en millions de dollars EU)
Exportations selon les principaux pays ou zones

Country or area	1999	2000	2001	2002	2003	Pays ou zone
World	6232.8	5784.4	5903.9	6383.1	7508.3	Monde
Africa	178.5	143.1	144.6	173.3	188.6	Afrique
Americas	1094.9	1016.5	971.1	974.2	1030.8	Amériques
- Northern America	713.1	660.0	623.1	610.8	610.2	- Amérique du Nord
- LAIA	366.7	339.0	331.4	348.6	402.0	- ALAI
- CACM	11.2	13.9	13.1	10.4	13.2	- MCC
- Caribbean	3.8	3.5	3.3	4.2	5.3	- Caraïbes
- Rest of America	0.1	0.2	0.2	0.1	0.1	- Autre d'Amérique
Asia excluding former USSR	1621.6	1671.9	1644.4	1766.4	2064.1	Asie ancienne URSS exclus
- Middle East	195.0	180.8	220.0	224.7	286.2	- Moyen-Orient
Asia former USSR	7.1	7.2	5.0	6.7	10.2	Asie ancienne URSS
Europe excluding former USSR	3272.6	2882.3	3073.4	3383.6	4118.1	Europe ancienne URSS exclus
- European Union	2998.4	2630.5	2760.3	3059.8	3736.7	- Union Européenne
- Eastern Europe	224.7	211.5	268.2	266.8	322.5	- Europe de l'Est
- Rest of Europe	49.5	40.4	44.9	57.0	58.8	- Autre de l'Europe
Europe former USSR	32.7	32.9	37.1	43.2	53.5	Europe ancienne URSS
Oceania	25.4	30.4	28.3	35.7	43.0	Océanie
China	839.2	906.1	913.5	1036.8	1217.3	Chine
Spain	630.0	591.4	618.5	689.4	863.5	Espagne
Netherlands	713.1	589.1	554.5	612.8	760.5	Pays-Bas
United States	638.0	565.8	517.2	496.7	485.7	Etats-Unis d'Amérique
France-Monaco	405.3	363.3	387.5	380.8	452.4	France-Monaco
Belgium	334.7	266.4	298.8	326.9	403.0	Belgique
Germany	282.9	262.8	305.3	351.2	416.0	Allemagne
Italy-San Marino-Holy See	219.7	204.3	224.1	275.8	324.8	Italie-Saint-Marin-Saint-Siège
Turkey	155.5	144.2	182.5	182.9	235.6	Turquie
Greece	157.8	128.5	123.7	159.2	184.7	Grèce
Mexico	151.0	138.4	135.2	143.2	178.8	Mexique
Thailand	151.2	158.2	150.1	e124.6	145.5	Thaïlande
United Kingdom	118.5	107.9	111.4	117.9	145.4	Royaume-Uni
Peru	110.5	97.9	106.3	122.8	133.0	Pérou
Hungary	106.0	96.0	121.4	106.3	139.7	Hongrie
Poland	82.0	91.4	106.1	111.8	123.6	Pologne
Canada	75.1	94.2	105.9	114.1	124.5	Canada
Morocco	114.9	84.4	95.5	99.5	98.4	Maroc
Korea, Republic of	95.4	94.3	84.1	94.7	114.8	République de Corée
India	48.3	64.3	50.6	60.6	80.6	Inde
Denmark	46.4	41.6	42.7	48.2	73.3	Danemark
China, Hong Kong SAR	72.8	65.8	44.4	36.4	32.6	Chine - RAS de Hong-Kong
Argentina	61.9	59.5	46.9	37.8	39.7	Argentine
Portugal	37.1	28.6	35.0	38.5	e44.6	Portugal
Indonesia	44.5	41.2	31.7	26.4	29.0	Indonésie
Israel	27.4	26.1	25.7	26.5	28.3	Israël
Japan	32.9	26.9	24.2	23.0	23.8	Japon
Ireland	25.7	20.9	26.5	25.3	22.0	Irlande
Egypt	19.8	20.4	19.2	26.9	31.6	Egypte
New Zealand	14.5	18.6	21.7	27.2	33.7	Nouvelle-Zélande

(Value as percentages of World total)

(Valeur en pourcentage du total mondial)

Regions of the world	1994	1995	1996	1997	1998	1999	2000	2001	2002	2003	Régions du monde
World	100.0	100.0	100.0	100.0	100.0	100.0	100.0	100.0	100.0	100.0	Monde
Africa	2.5	2.9	3.0	2.9	2.5	2.9	2.5	2.4	2.7	2.5	Afrique
Americas	13.4	12.6	13.8	15.7	17.2	17.6	17.6	16.4	15.3	13.7	Amériques
- Northern America	8.8	7.9	8.5	10.1	11.3	11.4	11.4	10.6	9.6	8.1	- Amérique du Nord
- LAIA	4.3	4.4	5.0	5.4	5.6	5.9	5.9	5.6	5.5	5.4	- ALAI
- CACM	0.2	0.1	0.1	0.1	0.2	0.2	0.2	0.2	0.2	0.2	- MCC
- Caribbean	0.1	0.2	0.1	0.1	0.2	0.1	0.1	0.1	0.1	0.1	- Caraïbes
- Rest of America	0.0	0.0	0.0	0.0	0.0	0.0	0.0	0.0	0.0	0.0	- Autre d'Amérique
Asia excluding former USSR	32.4	32.5	30.0	28.8	26.6	26.0	28.9	27.9	27.7	27.5	Asie ancienne URSS exclus
- Middle East	4.2	3.7	3.6	4.0	3.7	3.1	3.1	3.7	3.5	3.8	- Moyen-Orient
Asia former USSR	0.1	0.1	0.1	0.0	0.1	0.1	0.1	0.1	0.1	0.1	Asie ancienne URSS
Europe excluding former USSR	50.8	51.1	52.1	51.7	52.4	52.5	49.8	52.1	53.0	54.8	Europe ancienne URSS exclus
- European Union	46.1	46.1	47.5	46.3	47.2	48.1	45.5	46.8	47.9	49.8	- Union Européenne
- Eastern Europe	3.4	3.8	4.0	4.8	4.2	3.6	3.7	4.5	4.2	4.3	- Europe de l'Est
- Rest of Europe	1.3	1.2	0.6	0.6	1.0	0.8	0.7	0.8	0.9	0.8	- Autre de l'Europe
Europe former USSR	0.4	0.5	0.6	0.5	0.7	0.5	0.6	0.6	0.7	0.7	Europe ancienne URSS
Oceania	0.4	0.4	0.4	0.4	0.5	0.4	0.5	0.5	0.6	0.6	Océanie

057 Fruit and nuts, fresh, dried

TRADE BY COMMODITY (Value in million US dollars)
Imports by principal countries or areas

COMMERCE PAR PRODUIT (Valeur en millions de dollars EU)
Importations selon les principaux pays ou zones

Country or area	1999	2000	2001	2002	2003	Pays ou zone
World	33138.2	31352.2	32045.7	34603.7	41208.3	Monde
Africa	177.9	210.3	239.3	333.4	343.6	Afrique
Americas	7096.1	7210.1	7264.3	7535.2	8120.5	Amériques
- Northern America	5961.2	5949.7	5937.0	6408.3	6995.6	- Amérique du Nord
- LAIA	979.5	1061.3	1116.9	907.9	909.1	- ALAI
- CACM	76.4	106.4	114.0	124.6	129.5	- MCC
- Caribbean	61.0	73.8	79.4	77.1	68.0	- Caraïbes
- Rest of America	18.0	18.9	17.0	17.3	18.2	- Autre d'Amérique
Asia excluding former USSR	6053.0	6301.0	5865.2	6462.7	7046.0	Asie ancienne URSS exclus
- Middle East	1180.7	1209.5	1204.6	1324.7	1544.4	- Moyen-Orient
Asia former USSR	20.8	22.2	16.7	24.6	40.6	Asie ancienne URSS
Europe excluding former USSR	18861.6	16477.3	17493.9	18915.8	23837.0	Europe ancienne URSS exclus
- European Union	16980.5	14776.9	15572.8	16783.8	21280.1	- Union Européenne
- Eastern Europe	879.0	812.8	913.5	1027.3	1235.2	- Europe de l'Est
- Rest of Europe	1002.2	887.6	1007.7	1104.7	1321.7	- Autre de l'Europe
Europe former USSR	654.1	873.2	929.4	1062.5	1473.3	Europe ancienne URSS
Oceania	274.7	258.1	236.8	269.5	347.2	Océanie
United States	4604.6	4570.1	4525.9	4870.7	5260.7	Etats-Unis d'Amérique
Germany	4524.5	3658.9	4007.0	4020.5	4872.7	Allemagne
United Kingdom	2707.0	2463.3	2494.7	2778.4	3251.8	Royaume-Uni
France-Monaco	2220.2	2039.9	2096.0	2247.5	2870.6	France-Monaco
Japan	1918.0	1968.8	1754.3	1840.9	1921.8	Japon
Belgium	1660.8	1525.6	1532.5	1801.3	2372.7	Belgique
Netherlands	1662.8	1443.1	1404.4	1518.4	2208.7	Pays-Bas
Canada	1347.0	1375.5	1407.7	1534.5	1729.6	Canada
Italy-San Marino-Holy See	1291.1	1141.5	1203.3	1342.2	1828.1	Italie-Saint-Marin-Saint-Siège
China, Hong Kong SAR	942.8	906.7	905.6	1008.4	997.1	Chine - RAS de Hong-Kong
Spain	811.6	670.7	813.5	854.3	1196.1	Espagne
Russian Federation	434.7	640.4	673.3	805.0	1123.4	Fédération de Russie
Switzerland-Liechtenstein	530.9	485.8	507.7	522.1	633.5	Suisse-Liechtenstein
Sweden	476.7	428.0	424.8	488.3	616.0	Suède
Poland	444.9	417.1	484.0	487.6	554.9	Pologne
Mexico	352.2	454.2	503.3	490.3	510.8	Mexique
United Arab Emirates	339.1	421.7	417.1	e428.0	e501.5	Emirates arabes unis
Austria	421.7	361.5	383.3	391.1	479.8	Autriche
India	412.8	392.5	252.0	387.3	467.5	Inde
China	257.6	367.0	365.2	371.9	470.8	Chine
Saudi Arabia	377.6	324.2	309.9	343.3	392.5	Arabie saoudite
Portugal	305.6	273.8	350.4	338.1	e345.4	Portugal
Denmark	295.7	247.3	270.0	302.6	381.0	Danemark
Singapore	297.2	286.1	260.6	261.5	264.0	Singapour
Norway	230.0	209.7	225.2	264.9	329.4	Norvège
Korea, Republic of	161.4	207.9	222.6	252.4	325.2	République de Corée
Czech Republic	199.0	172.0	192.3	236.0	279.4	République tchèque
Finland	210.7	175.4	199.0	213.0	261.0	Finlande
Greece	171.7	132.3	156.5	195.6	265.8	Grèce
Brazil	231.7	205.0	187.5	142.1	126.4	Brésil

(Value as percentages of World total) | | | | | | | | | | | **(Valeur en pourcentage du total mondial)**

Regions of the world	1994	1995	1996	1997	1998	1999	2000	2001	2002	2003	Régions du monde
World	100.0	100.0	100.0	100.0	100.0	100.0	100.0	100.0	100.0	100.0	Monde
Africa	0.5	0.6	0.5	0.5	0.6	0.5	0.7	0.7	1.0	0.8	Afrique
Americas	18.1	17.4	17.7	18.4	19.6	21.4	23.0	22.7	21.8	19.7	Amériques
- Northern America	14.8	14.2	14.5	15.1	16.0	18.0	19.0	18.5	18.5	17.0	- Amérique du Nord
- LAIA	3.0	2.9	2.8	2.9	3.1	3.0	3.4	3.5	2.6	2.2	- ALAI
- CACM	0.1	0.1	0.1	0.2	0.2	0.2	0.3	0.4	0.4	0.3	- MCC
- Caribbean	0.2	0.2	0.2	0.2	0.2	0.2	0.2	0.2	0.2	0.2	- Caraïbes
- Rest of America	0.1	0.1	0.0	0.1	0.0	0.1	0.1	0.1	0.1	0.0	- Autre d'Amérique
Asia excluding former USSR	18.4	18.0	17.7	18.7	17.1	18.3	20.1	18.3	18.7	17.1	Asie ancienne URSS exclus
- Middle East	3.2	3.1	3.0	3.4	3.4	3.6	3.9	3.8	3.8	3.7	- Moyen-Orient
Asia former USSR	0.0	0.1	0.1	0.0	0.1	0.1	0.1	0.1	0.1	0.1	Asie ancienne URSS
Europe excluding former USSR	59.2	59.7	59.9	58.1	59.1	56.9	52.6	54.6	54.7	57.8	Europe ancienne URSS exclus
- European Union	53.5	53.9	54.3	52.7	53.1	51.2	47.1	48.6	48.5	51.6	- Union Européenne
- Eastern Europe	1.9	2.1	2.4	2.4	2.7	2.7	2.6	2.9	3.0	3.0	- Europe de l'Est
- Rest of Europe	3.8	3.7	3.3	3.0	3.4	3.0	2.8	3.1	3.2	3.2	- Autre de l'Europe
Europe former USSR	3.0	3.4	3.3	3.5	2.8	2.0	2.8	2.9	3.1	3.6	Europe ancienne URSS
Oceania	0.8	0.8	0.8	0.8	0.8	0.8	0.8	0.7	0.8	0.8	Océanie

TRADE BY COMMODITY (Value in million US dollars)
Exports by principal countries or areas

COMMERCE PAR PRODUIT (Valeur en millions de dollars EU)
Exportations selon les principaux pays ou zones

Country or area	1999	2000	2001	2002	2003	Pays ou zone
World	28543.8	27156.8	27701.7	29699.3	35408.6	Monde
Africa	1727.5	1385.8	1272.6	1416.3	1883.6	Afrique
Americas	9583.3	9822.1	9959.5	10199.8	11814.1	Amériques
- Northern America	3642.9	3967.4	4056.0	4258.8	4793.3	- Amérique du Nord
- LAIA	4387.4	4225.3	4285.9	4473.8	5463.1	- ALAI
- CACM	1179.7	1309.1	1332.0	1165.3	1264.9	- MCC
- Caribbean	150.1	117.6	112.5	122.3	111.7	- Caraïbes
- Rest of America	223.3	202.7	173.2	179.7	181.0	- Autre d'Amérique
Asia excluding former USSR	5055.7	4908.5	4931.5	5257.4	5936.8	Asie ancienne URSS exclus
- Middle East	2113.3	1826.7	2029.6	2149.4	2659.9	- Moyen-Orient
Asia former USSR	92.6	190.1	151.6	136.6	209.3	Asie ancienne URSS
Europe excluding former USSR	11143.0	9960.0	10572.1	11709.0	14456.7	Europe ancienne URSS exclus
- European Union	10918.7	9725.9	10350.3	11456.1	14092.4	- Union Européenne
- Eastern Europe	188.5	208.0	191.1	215.9	317.8	- Europe de l'Est
- Rest of Europe	35.9	26.1	30.7	37.0	46.6	- Autre de l'Europe
Europe former USSR	65.8	79.5	87.6	100.9	166.2	Europe ancienne URSS
Oceania	876.0	811.0	726.9	879.3	941.9	Océanie
United States	3548.6	3870.6	3953.7	4142.0	4667.6	Etats-Unis d'Amérique
Spain	3532.7	3199.0	3352.9	4001.1	4975.4	Espagne
Italy-San Marino-Holy See	1991.5	1801.4	1936.1	1979.4	2377.9	Italie-Saint-Marin-Saint-Siège
Belgium	1722.6	1454.4	1490.7	1596.9	1957.4	Belgique
France-Monaco	1273.6	1211.2	1255.9	1479.2	1666.1	France-Monaco
Chile	1109.8	1191.7	1221.0	1325.2	1598.2	Chili
Netherlands	1198.1	1049.2	1073.2	1132.4	1677.7	Pays-Bas
Turkey	1212.4	1003.1	1178.3	1145.0	1349.3	Turquie
Ecuador	967.1	835.1	866.8	998.9	1141.1	Equateur
Mexico	747.2	742.0	731.7	730.7	1056.4	Mexique
Costa Rica	853.2	753.5	722.9	708.3	842.7	Costa Rica
Iran (Islamic Republic of)	482.2	461.7	512.5	627.5	881.6	Iran (République islamique d')
India	669.2	545.9	470.8	518.6	537.0	Inde
South Africa	–	569.6	539.0	581.9	887.6	Afrique du Sud
New Zealand	573.2	493.0	415.4	507.7	571.9	Nouvelle-Zélande
Argentina	492.9	449.1	534.2	429.1	521.8	Argentine
Colombia	572.3	494.3	424.6	454.7	441.5	Colombie
Germany	427.5	311.6	429.7	499.7	583.0	Allemagne
Philippines	392.6	434.1	430.8	472.0	516.9	Philippines
Greece	477.9	417.5	476.4	399.7	409.4	Grèce
China	342.1	348.4	353.1	463.8	604.5	Chine
Brazil	317.5	364.8	339.9	362.7	496.6	Brésil
Australia	301.7	316.5	309.9	369.7	365.8	Australie
China, Hong Kong SAR	259.9	319.3	327.2	340.9	234.0	Chine - RAS de Hong-Kong
Viet Nam	150.6	337.0	380.9	314.0	e297.0	Viet Nam
Morocco	296.4	232.0	222.1	242.5	290.4	Maroc
Guatemala	192.9	243.3	223.3	252.1	248.8	Guatemala
Honduras	113.8	296.1	367.0	187.7	e153.7	Honduras
Israel	244.6	206.0	179.0	163.7	188.4	Israël
Thailand	151.2	223.7	179.9	e182.5	213.2	Thaïlande

(Value as percentages of World total)

(Valeur en pourcentage du total mondial)

Regions of the world	1994	1995	1996	1997	1998	1999	2000	2001	2002	2003	Régions du monde
World	100.0	100.0	100.0	100.0	100.0	100.0	100.0	100.0	100.0	100.0	Monde
Africa	5.3	5.4	5.2	4.7	5.4	6.1	5.1	4.6	4.8	5.3	Afrique
Americas	33.7	35.1	35.2	34.8	34.5	33.6	36.2	36.0	34.3	33.4	Amériques
- Northern America	14.8	14.9	14.9	14.0	13.1	12.8	14.6	14.6	14.3	13.5	- Amérique du Nord
- LAIA	13.0	13.7	14.6	15.3	15.1	15.4	15.6	15.5	15.1	15.4	- ALAI
- CACM	3.8	4.3	4.2	4.0	5.0	4.1	4.8	4.8	3.9	3.6	- MCC
- Caribbean	1.2	1.3	0.7	0.6	0.7	0.5	0.4	0.4	0.4	0.3	- Caraïbes
- Rest of America	1.0	0.9	0.8	0.8	0.7	0.8	0.7	0.6	0.6	0.5	- Autre d'Amérique
Asia excluding former USSR	18.8	17.3	17.0	16.8	16.5	17.7	18.1	17.8	17.7	16.8	Asie ancienne URSS exclus
- Middle East	8.5	7.0	6.6	6.8	7.5	7.4	6.7	7.3	7.2	7.5	- Moyen-Orient
Asia former USSR	0.8	0.2	0.6	0.5	0.5	0.3	0.7	0.5	0.5	0.6	Asie ancienne URSS
Europe excluding former USSR	38.1	38.3	38.4	40.0	40.2	39.0	36.7	38.2	39.4	40.8	Europe ancienne URSS exclus
- European Union	37.0	37.2	37.4	39.0	39.3	38.3	35.8	37.4	38.6	39.8	- Union Européenne
- Eastern Europe	0.9	0.9	0.8	0.9	0.9	0.7	0.8	0.7	0.7	0.9	- Europe de l'Est
- Rest of Europe	0.2	0.2	0.2	0.1	0.1	0.1	0.1	0.1	0.1	0.1	- Autre de l'Europe
Europe former USSR	0.4	0.4	0.3	0.3	0.3	0.2	0.3	0.3	0.3	0.5	Europe ancienne URSS
Oceania	2.8	3.3	3.3	2.9	2.6	3.1	3.0	2.6	3.0	2.7	Océanie

058 Fruit, preserved, and fruits preparations

Country or area	1999	2000	2001	2002	2003	Pays ou zone
World	13964.6	13298.4	12740.9	13882.0	16629.6	Monde
Africa	95.7	129.5	125.1	142.6	179.9	Afrique
Americas	3046.3	3060.6	2944.9	3111.1	3451.4	Amériques
- Northern America	2524.8	2489.7	2351.8	2564.4	2914.6	- Amérique du Nord
- LAIA	327.8	360.0	374.2	321.2	334.0	- ALAI
- CACM	70.9	80.8	85.4	94.9	93.7	- MCC
- Caribbean	104.7	110.0	114.1	108.0	87.1	- Caraïbes
- Rest of America	18.1	20.1	19.3	22.6	22.1	- Autre d'Amérique
Asia excluding former USSR	2188.5	2250.3	2251.2	2310.9	2496.0	Asie ancienne URSS exclus
- Middle East	253.8	306.6	348.0	371.9	435.5	- Moyen-Orient
Asia former USSR	13.1	11.6	10.8	19.3	28.7	Asie ancienne URSS
Europe excluding former USSR	8222.9	7465.1	6989.5	7740.3	9741.1	Europe ancienne URSS exclus
- European Union	7579.1	6846.3	6414.1	7066.3	8911.1	- Union Européenne
- Eastern Europe	295.8	289.6	260.8	305.1	398.8	- Europe de l'Est
- Rest of Europe	348.0	329.2	314.6	368.9	431.2	- Autre de l'Europe
Europe former USSR	170.9	174.0	231.6	345.8	458.3	Europe ancienne URSS
Oceania	227.4	207.3	187.6	212.1	274.3	Océanie
United States	1889.8	1878.0	1754.9	1921.3	2221.9	Etats-Unis d'Amérique
Germany	1889.6	1685.1	1715.6	1832.3	2399.5	Allemagne
France-Monaco	1240.4	1201.0	1020.9	1163.9	1478.3	France-Monaco
Japan	1238.5	1242.0	1207.7	1132.7	1162.4	Japon
Netherlands	1064.4	927.2	786.6	869.0	991.5	Pays-Bas
United Kingdom	924.7	826.4	781.0	852.0	1103.6	Royaume-Uni
Belgium	769.3	729.1	646.7	699.1	810.3	Belgique
Canada	622.4	609.0	589.7	638.8	687.0	Canada
Italy-San Marino-Holy See	371.8	350.7	347.8	377.2	494.7	Italie-Saint-Marin-Saint-Siège
Austria	279.6	240.0	250.4	256.5	368.0	Autriche
Spain	256.7	203.8	213.2	247.9	327.5	Espagne
Sweden	218.6	180.2	173.4	199.3	234.9	Suède
Korea, Republic of	163.9	182.5	173.8	211.9	245.1	République de Corée
Russian Federation	99.1	101.0	150.5	228.7	277.9	Fédération de Russie
Mexico	101.9	155.8	174.5	184.1	214.9	Mexique
Switzerland-Liechtenstein	164.8	156.5	144.5	168.2	197.1	Suisse-Liechtenstein
Denmark	137.3	126.6	123.7	156.4	196.0	Danemark
Australia	149.0	137.7	118.4	131.0	172.1	Australie
Saudi Arabia	111.1	129.2	129.6	128.9	147.4	Arabie saoudite
Poland	126.4	118.9	109.2	117.4	130.1	Pologne
China, Hong Kong SAR	121.5	116.4	111.3	109.6	106.4	Chine - RAS de Hong-Kong
Ireland	91.4	93.5	95.6	114.0	147.5	Irlande
Finland	112.8	94.8	89.0	92.1	119.7	Finlande
Portugal	122.0	96.0	76.5	87.7	e89.6	Portugal
Singapore	98.8	91.2	88.9	92.9	93.2	Singapour
Norway	90.7	78.4	72.9	84.5	98.6	Norvège
Greece	75.2	64.9	67.0	86.2	114.5	Grèce
Israel	64.6	70.5	64.8	82.3	85.8	Israël
Czech Republic	74.3	60.8	59.3	72.7	100.8	République tchèque
New Zealand	54.3	45.2	47.2	57.5	75.5	Nouvelle-Zélande

(Value as percentages of World total)   **(Valeur en pourcentage du total mondial)**

Regions of the world	1994	1995	1996	1997	1998	1999	2000	2001	2002	2003	Régions du monde
World	100.0	100.0	100.0	100.0	100.0	100.0	100.0	100.0	100.0	100.0	Monde
Africa	0.6	0.8	0.8	0.8	0.8	0.7	1.0	1.0	1.0	1.1	Afrique
Americas	20.0	18.1	20.4	22.2	20.8	21.8	23.0	23.1	22.4	20.8	Amériques
- Northern America	16.6	14.6	17.3	18.8	16.8	18.1	18.7	18.5	18.5	17.5	- Amérique du Nord
- LAIA	2.4	2.4	2.1	2.3	2.7	2.3	2.7	2.9	2.3	2.0	- ALAI
- CACM	0.3	0.3	0.3	0.4	0.5	0.5	0.6	0.7	0.7	0.6	- MCC
- Caribbean	0.6	0.6	0.5	0.6	0.7	0.7	0.8	0.9	0.8	0.5	- Caraïbes
- Rest of America	0.2	0.2	0.2	0.2	0.1	0.1	0.2	0.2	0.2	0.1	- Autre d'Amérique
Asia excluding former USSR	18.8	18.8	16.9	16.5	14.3	15.7	16.9	17.7	16.6	15.0	Asie ancienne URSS exclus
- Middle East	1.4	1.5	1.5	1.7	1.9	1.8	2.3	2.7	2.7	2.6	- Moyen-Orient
Asia former USSR	0.0	0.1	0.1	0.1	0.1	0.1	0.1	0.1	0.1	0.2	Asie ancienne URSS
Europe excluding former USSR	56.6	58.1	57.6	56.5	60.5	58.9	56.1	54.9	55.8	58.6	Europe ancienne URSS exclus
- European Union	52.2	53.3	52.9	52.0	55.6	54.3	51.5	50.3	50.9	53.6	- Union Européenne
- Eastern Europe	1.5	1.8	2.1	2.1	2.3	2.1	2.2	2.0	2.2	2.4	- Europe de l'Est
- Rest of Europe	2.9	3.0	2.6	2.4	2.6	2.5	2.5	2.5	2.7	2.6	- Autre de l'Europe
Europe former USSR	2.5	2.7	2.6	2.5	2.2	1.2	1.3	1.8	2.5	2.8	Europe ancienne URSS
Oceania	1.4	1.5	1.6	1.4	1.4	1.6	1.6	1.5	1.5	1.6	Océanie

TRADE BY COMMODITY (Value in million US dollars)
Exports by principal countries or areas

COMMERCE PAR PRODUIT (Valeur en millions de dollars EU)
Exportations selon les principaux pays ou zones

Country or area	1999	2000	2001	2002	2003	Pays ou zone
World	13039.4	12398.0	12201.3	13366.0	15885.0	Monde
Africa	348.3	404.0	336.6	386.2	490.3	Afrique
Americas	3974.5	3788.6	3422.1	3659.7	4059.5	Amériques
- Northern America	1479.1	1489.8	1439.3	1485.8	1565.5	- Amérique du Nord
- LAIA	2256.1	2011.7	1755.0	1941.8	2266.5	- ALAI
- CACM	169.9	195.8	189.3	196.1	183.9	- MCC
- Caribbean	28.7	27.2	32.9	29.1	35.6	- Caraïbes
- Rest of America	40.8	64.2	5.7	7.0	8.0	- Autre d'Amérique
Asia excluding former USSR	2458.2	2362.7	2601.8	2842.6	3370.8	Asie ancienne URSS exclus
- Middle East	465.3	410.7	455.9	470.0	605.2	- Moyen-Orient
Asia former USSR	26.9	21.3	21.0	25.7	36.5	Asie ancienne URSS
Europe excluding former USSR	5960.8	5549.6	5538.1	6147.9	7528.9	Europe ancienne URSS exclus
- European Union	5209.7	4800.1	4802.2	5260.4	6409.9	- Union Européenne
- Eastern Europe	544.5	562.7	547.3	656.3	870.7	- Europe de l'Est
- Rest of Europe	206.6	186.8	188.5	231.2	248.3	- Autre de l'Europe
Europe former USSR	90.7	99.2	114.2	132.2	191.1	Europe ancienne URSS
Oceania	179.9	172.6	167.4	171.6	208.0	Océanie
United States	1293.2	1286.9	1228.4	1266.5	1288.8	Etats-Unis d'Amérique
Brazil	1329.3	1122.6	912.7	1123.0	1282.9	Brésil
Germany	942.7	856.9	961.8	999.5	1218.6	Allemagne
China	615.2	729.7	849.7	935.6	1261.8	Chine
Belgium	801.6	678.6	688.4	808.6	1000.3	Belgique
Netherlands	786.8	718.3	696.4	736.7	864.6	Pays-Bas
Italy-San Marino-Holy See	708.6	665.4	649.0	685.1	784.3	Italie-Saint-Marin-Saint-Siège
Spain	614.8	537.2	539.9	642.2	882.4	Espagne
Thailand	645.9	504.7	521.9	e652.1	761.8	Thaïlande
France-Monaco	476.1	444.1	363.4	401.5	540.9	France-Monaco
Poland	351.3	379.1	364.8	458.3	610.2	Pologne
Turkey	362.2	298.8	328.5	304.4	410.0	Turquie
Greece	268.1	292.7	283.0	319.1	277.1	Grèce
Austria	241.9	249.2	239.3	256.5	340.1	Autriche
Mexico	276.3	265.3	205.3	231.4	229.9	Mexique
Argentina	230.9	201.7	232.3	212.5	285.8	Argentine
Chile	228.0	208.4	230.5	203.7	271.2	Chili
Canada	185.8	202.8	210.9	219.2	276.7	Canada
Philippines	174.9	190.7	213.3	205.5	220.8	Philippines
South Africa	–	214.0	192.6	222.7	287.5	Afrique du Sud
Australia	135.9	123.5	114.9	124.5	148.4	Australie
United Kingdom	133.8	123.1	125.6	125.6	132.6	Royaume-Uni
Costa Rica	120.1	137.1	131.3	127.4	124.5	Costa Rica
Denmark	116.1	103.5	114.7	116.7	154.9	Danemark
Hungary	114.6	115.6	108.0	112.9	122.5	Hongrie
Indonesia	117.8	89.1	101.4	119.2	105.1	Indonésie
Serbia and Montenegro	94.6	89.0	88.6	121.2	e119.2	Serbie-et-Monténégro
Israel	106.0	109.8	96.7	96.2	84.4	Israël
Ecuador	87.0	73.1	74.5	75.3	101.5	Equateur
Switzerland-Liechtenstein	78.6	70.0	71.5	83.1	97.6	Suisse-Liechtenstein

(Value as percentages of World total)

(Valeur en pourcentage du total mondial)

Regions of the world	1994	1995	1996	1997	1998	1999	2000	2001	2002	2003	Régions du monde
World	100.0	100.0	100.0	100.0	100.0	100.0	100.0	100.0	100.0	100.0	Monde
Africa	3.2	3.2	3.0	3.3	2.8	2.7	3.3	2.8	2.9	3.1	Afrique
Americas	28.2	28.1	30.5	30.0	30.1	30.5	30.6	28.0	27.4	25.6	Amériques
- Northern America	12.5	10.6	10.8	12.1	10.9	11.3	12.0	11.8	11.1	9.9	- Amérique du Nord
- LAIA	14.7	16.3	18.2	16.3	17.3	17.3	16.2	14.4	14.5	14.3	- ALAI
- CACM	0.6	0.7	0.9	1.1	1.3	1.3	1.6	1.6	1.5	1.2	- MCC
- Caribbean	0.2	0.2	0.2	0.2	0.3	0.2	0.2	0.3	0.2	0.2	- Caraïbes
- Rest of America	0.2	0.3	0.3	0.3	0.3	0.3	0.5	0.0	0.1	0.1	- Autre d'Amérique
Asia excluding former USSR	19.5	18.4	18.5	18.9	16.4	18.9	19.1	21.3	21.3	21.2	Asie ancienne URSS exclus
- Middle East	3.5	3.3	3.3	4.1	3.9	3.6	3.3	3.7	3.5	3.8	- Moyen-Orient
Asia former USSR	0.2	0.1	0.2	0.2	0.1	0.2	0.2	0.2	0.2	0.2	Asie ancienne URSS
Europe excluding former USSR	46.4	47.2	44.8	44.7	48.2	45.7	44.8	45.4	46.0	47.4	Europe ancienne URSS exclus
- European Union	38.7	40.4	39.1	39.0	41.9	40.0	38.7	39.4	39.4	40.4	- Union Européenne
- Eastern Europe	5.4	4.7	5.0	5.1	4.9	4.2	4.5	4.5	4.9	5.5	- Europe de l'Est
- Rest of Europe	2.3	2.0	0.7	0.6	1.5	1.6	1.5	1.5	1.7	1.6	- Autre de l'Europe
Europe former USSR	0.8	1.3	1.4	1.3	1.1	0.7	0.8	0.9	1.0	1.2	Europe ancienne URSS
Oceania	1.8	1.7	1.6	1.6	1.3	1.4	1.4	1.4	1.3	1.3	Océanie

061 Sugar and honey

TRADE BY COMMODITY (Value in million US dollars)
Imports by principal countries or areas

COMMERCE PAR PRODUIT (Valeur en millions de dollars EU)
Importations selon les principaux pays ou zones

Country or area	1999	2000	2001	2002	2003	Pays ou zone
World	13130.3	11387.7	13814.4	13316.4	14420.1	Monde
Africa	1275.1	1130.1	1476.2	1533.2	1386.0	Afrique
Americas	1796.6	1658.9	1875.7	1874.4	1968.4	Amériques
- Northern America	1252.6	1185.5	1284.6	1385.9	1515.9	- Amérique du Nord
- LAIA	385.1	331.0	428.4	323.0	304.0	- ALAI
- CACM	22.8	20.4	16.0	19.0	20.6	- MCC
- Caribbean	122.7	111.0	135.9	136.0	118.1	- Caraïbes
- Rest of America	13.3	11.0	10.9	10.5	9.8	- Autre d'Amérique
Asia excluding former USSR	3732.7	3335.3	3816.3	3200.7	3386.1	Asie ancienne URSS exclus
- Middle East	916.7	782.3	845.5	816.0	839.0	- Moyen-Orient
Asia former USSR	275.8	314.9	310.3	275.8	329.4	Asie ancienne URSS
Europe excluding former USSR	4577.0	3850.7	4674.8	5121.4	5944.5	Europe ancienne URSS exclus
- European Union	4138.8	3378.9	4057.4	4470.8	5242.0	- Union Européenne
- Eastern Europe	200.2	250.6	306.3	287.6	305.1	- Europe de l'Est
- Rest of Europe	238.1	221.2	311.1	362.9	397.3	- Autre de l'Europe
Europe former USSR	1386.1	1004.1	1556.1	1206.1	1270.9	Europe ancienne URSS
Oceania	87.0	93.7	105.0	104.9	134.8	Océanie
Russian Federation	1194.3	790.2	1266.2	936.6	965.7	Fédération de Russie
United States	959.5	876.5	921.2	1058.5	1121.7	Etats-Unis d'Amérique
United Kingdom	964.6	831.5	874.9	890.3	1029.3	Royaume-Uni
Belgium	651.8	374.1	769.2	690.4	733.1	Belgique
Germany	527.2	463.7	542.2	636.7	895.5	Allemagne
Japan	407.0	432.6	497.8	414.7	440.1	Japon
France-Monaco	428.8	391.5	376.9	463.8	501.9	France-Monaco
Italy-San Marino-Holy See	326.7	306.7	365.9	478.4	612.5	Italie-Saint-Marin-Saint-Siège
Spain	365.1	282.8	356.6	410.6	451.2	Espagne
Korea, Republic of	334.3	356.0	432.0	365.3	373.7	République de Corée
Indonesia	552.8	306.8	268.3	228.2	356.3	Indonésie
Canada	290.1	307.4	361.4	325.5	391.1	Canada
Malaysia	270.5	269.0	304.7	278.4	263.0	Malaisie
Algeria	223.0	222.2	298.0	273.8	227.2	Algérie
Netherlands	256.6	213.8	207.3	236.9	269.1	Pays-Bas
China	156.7	147.3	349.7	256.7	194.8	Chine
Iran (Islamic Republic of)	280.8	239.2	187.0	189.6	84.7	Iran (République islamique d')
Nigeria	116.0	146.7	e201.1	e190.7	e182.2	Nigéria
Portugal	162.8	141.4	143.5	161.0	e164.5	Portugal
Sri Lanka	108.6	e171.0	128.2	138.2	e152.7	Sri Lanka
Morocco	136.6	139.2	137.8	146.9	117.3	Maroc
Saudi Arabia	115.1	124.3	191.6	102.8	117.5	Arabie saoudite
Israel	132.5	116.7	136.0	122.5	123.1	Israël
Denmark	142.2	85.4	95.4	131.2	146.0	Danemark
Belarus	107.9	117.8	132.5	127.4	114.3	Bélarus
Austria	85.2	79.0	118.7	137.7	154.0	Autriche
Syrian Arab Republic	157.0	56.7	e100.4	90.3	164.3	République arabe syrienne
Romania	74.2	109.6	146.2	97.0	125.0	Roumanie
Kazakhstan	89.7	92.1	125.0	e105.0	136.0	Kazakhstan
Egypt	195.4	42.4	114.3	115.0	75.3	Egypte

(Value as percentages of World total) — **(Valeur en pourcentage du total mondial)**

Regions of the world	1994	1995	1996	1997	1998	1999	2000	2001	2002	2003	Régions du monde
World	100.0	100.0	100.0	100.0	100.0	100.0	100.0	100.0	100.0	100.0	Monde
Africa	9.6	10.5	9.0	10.1	11.4	9.7	9.9	10.7	11.5	9.6	Afrique
Americas	15.2	13.0	14.2	14.8	15.6	13.7	14.6	13.6	14.1	13.7	Amériques
- Northern America	10.5	8.7	10.7	11.2	10.4	9.5	10.4	9.3	10.4	10.5	- Amérique du Nord
- LAIA	3.8	3.4	2.5	2.7	4.0	2.9	2.9	3.1	2.4	2.1	- ALAI
- CACM	0.1	0.1	0.0	0.1	0.1	0.2	0.2	0.1	0.1	0.1	- MCC
- Caribbean	0.7	0.8	0.9	0.8	1.0	0.9	1.0	1.0	1.0	0.8	- Caraïbes
- Rest of America	0.1	0.1	0.1	0.1	0.1	0.1	0.1	0.1	0.1	0.1	- Autre d'Amérique
Asia excluding former USSR	32.8	32.3	33.1	33.7	26.6	28.4	29.3	27.6	24.0	23.5	Asie ancienne URSS exclus
- Middle East	7.0	7.7	11.8	12.8	6.3	7.0	6.9	6.1	6.1	5.8	- Moyen-Orient
Asia former USSR	1.0	1.8	2.2	1.7	1.9	2.1	2.8	2.2	2.1	2.3	Asie ancienne URSS
Europe excluding former USSR	31.9	33.0	30.6	30.3	33.4	34.9	33.8	33.8	38.5	41.2	Europe ancienne URSS exclus
- European Union	28.2	28.7	26.8	26.8	30.1	31.5	29.7	29.4	33.6	36.4	- Union Européenne
- Eastern Europe	1.1	1.9	2.2	1.6	1.7	1.5	2.2	2.2	2.2	2.1	- Europe de l'Est
- Rest of Europe	2.6	2.4	1.6	1.9	1.6	1.8	1.9	2.3	2.7	2.8	- Autre de l'Europe
Europe former USSR	8.7	8.8	10.2	8.7	10.4	10.6	8.8	11.3	9.1	8.8	Europe ancienne URSS
Oceania	0.8	0.7	0.7	0.6	0.6	0.7	0.8	0.8	0.8	0.9	Océanie

TRADE BY COMMODITY (Value in million US dollars)
Exports by principal countries or areas

COMMERCE PAR PRODUIT (Valeur en millions de dollars EU)
Exportations selon les principaux pays ou zones

Country or area	1999	2000	2001	2002	2003	Pays ou zone
World	10338.0	9725.6	11958.9	12033.5	13047.2	Monde
Africa	791.0	876.7	988.5	874.3	1005.7	Afrique
Americas	4160.9	3439.8	4793.9	4693.8	4813.0	Amériques
- Northern America	510.3	514.3	566.9	576.9	603.0	- Amérique du Nord
- LAIA	2947.7	2182.2	3396.6	3320.0	3404.8	- ALAI
- CACM	332.1	389.8	563.7	523.4	465.5	- MCC
- Caribbean	171.0	172.9	132.0	132.5	158.2	- Caraïbes
- Rest of America	199.7	180.6	134.7	140.9	181.4	- Autre d'Amérique
Asia excluding former USSR	1407.3	1539.6	1999.7	1976.4	2107.3	Asie ancienne URSS exclus
- Middle East	197.0	199.8	286.4	127.2	180.7	- Moyen-Orient
Asia former USSR	8.4	12.5	11.2	47.5	81.4	Asie ancienne URSS
Europe excluding former USSR	3584.3	3496.3	3782.1	3928.0	4485.0	Europe ancienne URSS exclus
- European Union	3378.0	3285.8	3480.3	3530.8	3930.5	- Union Européenne
- Eastern Europe	196.2	198.8	225.1	248.2	321.7	- Europe de l'Est
- Rest of Europe	10.1	11.7	76.6	149.0	232.7	- Autre de l'Europe
Europe former USSR	168.6	162.9	176.6	298.4	319.5	Europe ancienne URSS
Oceania	217.6	197.8	207.0	215.1	235.3	Océanie
Brazil	1925.1	1203.9	2289.2	2134.3	2203.5	Brésil
France-Monaco	1303.5	1271.8	1119.9	1247.1	1304.0	France-Monaco
Thailand	582.0	689.9	765.2	e849.3	992.1	Thaïlande
Germany	720.8	616.8	720.0	619.3	739.2	Allemagne
Cuba	470.6	459.1	551.1	e474.9	e495.5	Cuba
Belgium	385.6	488.3	454.1	438.0	528.2	Belgique
United States	326.2	336.7	373.9	357.4	378.0	Etats-Unis d'Amérique
Mauritius	318.3	211.8	283.3	287.5	304.6	Maurice
Netherlands	109.2	128.9	351.1	348.1	423.3	Pays-Bas
United Kingdom	254.0	229.8	257.0	225.2	280.6	Royaume-Uni
India	13.2	118.0	385.8	391.7	288.6	Inde
Colombia	192.0	205.3	225.7	226.1	240.5	Colombie
Guatemala	201.0	197.6	224.1	244.9	217.9	Guatemala
South Africa	–	267.7	321.8	222.6	237.2	Afrique du Sud
Canada	184.1	177.6	193.0	219.5	224.9	Canada
Italy-San Marino-Holy See	206.9	187.3	172.0	194.1	186.0	Italie-Saint-Marin-Saint-Siège
China	161.1	176.6	166.9	179.0	165.3	Chine
Argentina	141.2	151.6	128.8	196.0	219.9	Argentine
Mexico	153.4	108.3	119.8	211.0	106.0	Mexique
Turkey	125.1	145.0	237.7	68.3	90.4	Turquie
Denmark	118.6	112.5	117.8	118.1	117.9	Danemark
Fiji	e126.4	97.3	118.8	113.9	125.3	Fidji
Guyana	144.1	123.4	90.3	93.5	128.5	Guyana
Honduras	15.1	79.6	173.7	162.4	e133.0	Honduras
Poland	111.9	109.7	106.1	76.1	128.1	Pologne
Belarus	73.5	80.4	88.3	126.1	132.9	Bélarus
Korea, Republic of	86.5	83.1	96.9	93.0	95.2	République de Corée
Malaysia	54.3	69.3	81.1	107.1	108.7	Malaisie
Pakistan	157.1	49.4	61.6	62.9	82.6	Pakistan
Spain	79.7	79.7	79.6	69.5	100.9	Espagne

(Value as percentages of World total)

(Valeur en pourcentage du total mondial)

Regions of the world	1994	1995	1996	1997	1998	1999	2000	2001	2002	2003	Régions du monde
World	100.0	100.0	100.0	100.0	100.0	100.0	100.0	100.0	100.0	100.0	Monde
Africa	6.7	5.8	6.7	5.8	7.8	7.7	9.0	8.3	7.3	7.7	Afrique
Americas	27.8	30.7	30.0	34.9	38.7	40.2	35.4	40.1	39.0	36.9	Amériques
- Northern America	3.6	3.2	3.3	3.5	4.3	4.9	5.3	4.7	4.8	4.6	- Amérique du Nord
- LAIA	18.1	21.7	21.8	24.3	26.5	28.5	22.4	28.4	27.6	26.1	- ALAI
- CACM	2.1	2.4	2.3	3.1	4.1	3.2	4.0	4.7	4.3	3.6	- MCC
- Caribbean	2.5	2.1	2.1	2.6	2.2	1.7	1.8	1.1	1.1	1.2	- Caraïbes
- Rest of America	1.5	1.3	0.5	1.5	1.5	1.9	1.9	1.1	1.2	1.4	- Autre d'Amérique
Asia excluding former USSR	15.4	15.4	17.1	14.1	13.8	13.6	15.8	16.7	16.4	16.2	Asie ancienne URSS exclus
- Middle East	1.7	0.5	1.0	1.6	1.3	1.9	2.1	2.4	1.1	1.4	- Moyen-Orient
Asia former USSR	0.2	0.2	0.5	0.5	0.1	0.1	0.1	0.1	0.4	0.6	Asie ancienne URSS
Europe excluding former USSR	33.4	32.0	29.8	31.3	36.1	34.7	35.9	31.6	32.6	34.4	Europe ancienne URSS exclus
- European Union	32.0	31.0	28.1	28.8	33.7	32.7	33.8	29.1	29.3	30.1	- Union Européenne
- Eastern Europe	1.3	0.9	1.6	2.4	2.4	1.9	2.0	1.9	2.1	2.5	- Europe de l'Est
- Rest of Europe	0.1	0.1	0.1	0.1	0.1	0.1	0.1	0.6	1.2	1.8	- Autre de l'Europe
Europe former USSR	5.1	5.5	6.1	3.6	1.8	1.6	1.7	1.5	2.5	2.4	Europe ancienne URSS
Oceania	11.5	10.4	9.8	9.7	1.6	2.1	2.0	1.7	1.8	1.8	Océanie

062 Sugar confectionery and preparations, non-chocolate

<table>
<tr><td>TRADE BY COMMODITY (Value in million US dollars)
Imports by principal countries or areas</td><td>COMMERCE PAR PRODUIT (Valeur en millions de dollars EU)
Importations selon les principaux pays ou zones</td></tr>
</table>

Country or area	1999	2000	2001	2002	2003	Pays ou zone
World	3889.8	3958.3	4030.5	4360.7	5206.6	Monde
Africa	56.4	83.4	92.8	95.0	119.9	Afrique
Americas	1262.0	1335.2	1376.1	1484.2	1696.5	Amériques
- Northern America	922.8	994.9	994.7	1140.9	1369.3	- Amérique du Nord
- LAIA	239.9	237.1	269.5	224.6	214.1	- ALAI
- CACM	46.2	49.1	57.3	62.8	65.4	- MCC
- Caribbean	43.3	43.4	44.1	45.4	35.2	- Caraïbes
- Rest of America	9.9	10.8	10.6	10.6	12.5	- Autre d'Amérique
Asia excluding former USSR	527.0	574.3	586.7	621.2	669.0	Asie ancienne URSS exclus
- Middle East	116.9	130.2	144.0	136.4	166.0	- Moyen-Orient
Asia former USSR	29.1	37.2	31.2	37.4	58.0	Asie ancienne URSS
Europe excluding former USSR	1834.4	1703.1	1723.4	1922.9	2409.3	Europe ancienne URSS exclus
- European Union	1574.3	1465.6	1465.4	1646.7	2069.0	- Union Européenne
- Eastern Europe	105.5	101.5	111.5	116.1	150.8	- Europe de l'Est
- Rest of Europe	154.6	136.0	146.5	160.1	189.5	- Autre de l'Europe
Europe former USSR	97.0	139.0	135.6	101.4	130.7	Europe ancienne URSS
Oceania	83.9	86.2	84.6	98.5	123.3	Océanie
United States	747.3	812.2	802.1	940.5	1152.7	Etats-Unis d'Amérique
Germany	332.1	290.5	293.9	286.3	400.7	Allemagne
United Kingdom	194.9	206.0	225.7	257.9	337.7	Royaume-Uni
Canada	170.2	181.2	190.9	198.0	212.4	Canada
France-Monaco	173.7	162.9	146.5	172.3	219.3	France-Monaco
Netherlands	126.9	118.4	109.8	139.1	182.6	Pays-Bas
China, Hong Kong SAR	148.0	141.5	130.6	129.8	116.2	Chine - RAS de Hong-Kong
Belgium	117.9	115.3	118.4	140.3	161.6	Belgique
Sweden	107.0	98.7	111.8	135.9	162.6	Suède
Italy-San Marino-Holy See	111.4	100.0	97.9	101.8	121.4	Italie-Saint-Marin-Saint-Siège
Russian Federation	65.7	105.1	96.1	58.7	73.0	Fédération de Russie
Spain	70.3	70.0	69.7	81.9	90.4	Espagne
Ireland	71.5	69.4	68.2	75.3	86.4	Irlande
Austria	72.9	62.7	59.0	65.0	85.5	Autriche
Denmark	79.1	60.2	57.8	67.7	79.2	Danemark
Mexico	43.4	55.2	75.1	73.1	78.3	Mexique
Japan	48.2	65.5	58.9	69.5	82.4	Japon
Australia	53.2	56.9	49.4	58.4	76.2	Australie
Norway	58.5	50.8	51.2	55.1	66.9	Norvège
Switzerland-Liechtenstein	45.3	41.6	45.9	48.2	57.0	Suisse-Liechtenstein
Finland	43.8	44.4	41.6	44.1	53.7	Finlande
Poland	45.5	37.7	37.7	45.8	55.5	Pologne
Korea, Republic of	24.2	33.3	41.2	46.8	51.6	République de Corée
United Arab Emirates	26.5	34.3	38.8	e39.8	e46.7	Emirates arabes unis
Portugal	34.4	33.7	30.9	37.3	e38.1	Portugal
Saudi Arabia	29.5	34.2	38.8	33.1	37.8	Arabie saoudite
Venezuela	31.1	38.3	43.6	32.7	27.6	Venezuela
Czech Republic	24.8	27.8	31.5	31.2	45.6	République tchèque
Singapore	28.4	29.7	28.8	34.7	36.6	Singapour
Israel	26.5	24.6	33.5	34.0	35.5	Israël

<table>
<tr><td>(Value as percentages of World total)</td><td>(Valeur en pourcentage du total mondial)</td></tr>
</table>

Regions of the world	1994	1995	1996	1997	1998	1999	2000	2001	2002	2003	Régions du monde
World	100.0	100.0	100.0	100.0	100.0	100.0	100.0	100.0	100.0	100.0	Monde
Africa	1.3	1.2	1.3	1.5	1.7	1.4	2.1	2.3	2.2	2.3	Afrique
Americas	20.7	20.6	24.2	27.0	31.5	32.4	33.7	34.1	34.0	32.6	Amériques
- Northern America	14.3	14.4	17.1	19.2	22.1	23.7	25.1	24.7	26.2	26.3	- Amérique du Nord
- LAIA	4.8	4.6	5.3	5.7	7.0	6.2	6.0	6.7	5.1	4.1	- ALAI
- CACM	0.7	0.7	0.8	0.9	1.1	1.2	1.2	1.4	1.4	1.3	- MCC
- Caribbean	0.6	0.7	0.9	0.9	1.1	1.1	1.1	1.1	1.0	0.7	- Caraïbes
- Rest of America	0.2	0.2	0.2	0.2	0.2	0.3	0.3	0.3	0.2	0.2	- Autre d'Amérique
Asia excluding former USSR	25.5	26.3	16.9	16.1	13.4	13.5	14.5	14.6	14.2	12.8	Asie ancienne URSS exclus
- Middle East	2.7	2.4	2.6	2.8	3.5	3.0	3.3	3.6	3.1	3.2	- Moyen-Orient
Asia former USSR	0.7	2.0	2.0	1.2	0.8	0.7	0.9	0.8	0.9	1.1	Asie ancienne URSS
Europe excluding former USSR	45.4	42.5	48.7	47.1	46.8	47.2	43.0	42.8	44.1	46.3	Europe ancienne URSS exclus
- European Union	38.4	35.8	41.5	40.4	39.7	40.5	37.0	36.4	37.8	39.7	- Union Européenne
- Eastern Europe	2.7	2.7	3.0	2.9	3.0	2.7	2.6	2.8	2.7	2.9	- Europe de l'Est
- Rest of Europe	4.2	4.0	4.2	3.9	4.1	4.0	3.4	3.6	3.7	3.6	- Autre de l'Europe
Europe former USSR	4.5	5.5	4.5	4.8	3.5	2.5	3.5	3.4	2.3	2.5	Europe ancienne URSS
Oceania	2.0	1.9	2.3	2.3	2.2	2.2	2.2	2.1	2.3	2.4	Océanie

Sucreries et préparations à base de sucre (non compris la confiserie au chocolat) 062

TRADE BY COMMODITY (Value in million US dollars)
Exports by principal countries or areas

COMMERCE PAR PRODUIT (Valeur en millions de dollars EU)
Exportations selon les principaux pays ou zones

Country or area	1999	2000	2001	2002	2003	Pays ou zone
World	3985.5	4152.8	4169.6	4385.3	5232.5	Monde
Africa	62.8	86.7	74.1	84.5	115.2	Afrique
Americas	965.6	1105.7	1171.9	1133.0	1362.3	Amériques
- Northern America	436.1	540.6	590.2	547.2	719.7	- Amérique du Nord
- LAIA	494.9	514.3	528.9	543.0	609.6	- ALAI
- CACM	26.7	43.1	45.5	36.7	25.7	- MCC
- Caribbean	7.7	7.1	6.8	5.6	7.1	- Caraïbes
- Rest of America	0.3	0.6	0.5	0.5	0.3	- Autre d'Amérique
Asia excluding former USSR	590.4	657.6	659.1	684.0	751.2	Asie ancienne URSS exclus
- Middle East	137.4	138.1	152.8	152.9	192.7	- Moyen-Orient
Asia former USSR	8.5	4.2	2.6	1.4	1.7	Asie ancienne URSS
Europe excluding former USSR	2204.8	2091.9	2075.2	2331.3	2840.4	Europe ancienne URSS exclus
- European Union	2011.1	1905.6	1858.6	2069.7	2492.9	- Union Européenne
- Eastern Europe	85.0	91.7	118.3	155.0	230.4	- Europe de l'Est
- Rest of Europe	108.7	94.7	98.3	106.5	117.1	- Autre de l'Europe
Europe former USSR	102.6	150.0	123.8	82.7	98.5	Europe ancienne URSS
Oceania	50.6	56.6	62.8	68.4	63.1	Océanie
Germany	358.1	315.8	358.0	403.6	485.7	Allemagne
Spain	353.0	396.2	360.9	338.0	377.0	Espagne
United Kingdom	347.9	326.4	251.3	262.0	277.7	Royaume-Uni
United States	264.4	322.0	319.2	256.9	299.7	Etats-Unis d'Amérique
Canada	171.7	218.6	271.0	290.3	420.0	Canada
Belgium	247.2	234.7	252.1	285.4	340.9	Belgique
Mexico	202.6	206.1	182.5	205.0	252.1	Mexique
Netherlands	154.9	134.6	140.9	209.7	334.1	Pays-Bas
France-Monaco	148.9	132.0	137.6	160.6	178.5	France-Monaco
Denmark	116.1	107.4	116.9	134.9	157.0	Danemark
Colombia	103.7	98.5	117.3	114.6	112.4	Colombie
Brazil	85.0	91.2	114.7	100.5	133.5	Brésil
Turkey	91.4	91.7	99.8	98.8	121.8	Turquie
China, Hong Kong SAR	91.5	107.5	101.3	92.1	81.4	Chine - RAS de Hong-Kong
China	53.1	80.0	83.9	120.4	133.9	Chine
Italy-San Marino-Holy See	70.7	69.5	65.9	72.0	91.7	Italie-Saint-Marin-Saint-Siège
Korea, Republic of	71.5	82.5	73.6	65.6	62.8	République de Corée
Switzerland-Liechtenstein	74.2	65.1	64.6	66.1	73.8	Suisse-Liechtenstein
Argentina	60.4	71.9	62.1	76.4	71.2	Argentine
Ireland	50.7	48.4	52.7	68.1	76.3	Irlande
Czech Republic	27.7	34.5	53.5	67.0	104.0	République tchèque
Indonesia	53.3	51.2	54.0	60.2	63.7	Indonésie
Poland	41.3	43.0	45.2	61.0	88.3	Pologne
Austria	64.3	51.0	40.3	50.7	72.3	Autriche
Ukraine	56.8	89.4	65.6	24.9	e32.1	Ukraine
Australia	42.2	49.0	54.3	56.6	43.7	Australie
Thailand	30.4	40.7	37.3	e52.9	61.8	Thaïlande
Japan	49.3	45.8	37.4	39.1	42.6	Japon
Sweden	50.5	44.3	33.0	33.1	42.1	Suède
Finland	33.6	28.9	29.5	32.8	34.7	Finlande

(Value as percentages of World total)　　　　　　　　　　　　　　　**(Valeur en pourcentage du total mondial)**

Regions of the world	1994	1995	1996	1997	1998	1999	2000	2001	2002	2003	Régions du monde
World	100.0	100.0	100.0	100.0	100.0	100.0	100.0	100.0	100.0	100.0	Monde
Africa	1.3	1.2	1.3	1.5	1.5	1.6	2.1	1.8	1.9	2.2	Afrique
Americas	16.9	16.7	17.3	20.9	23.3	24.2	26.6	28.1	25.8	26.0	Amériques
- Northern America	9.0	7.9	8.2	10.2	10.9	10.9	13.0	14.2	12.5	13.8	- Amérique du Nord
- LAIA	7.0	8.0	8.4	10.1	11.6	12.4	12.4	12.7	12.4	11.7	- ALAI
- CACM	0.8	0.6	0.6	0.5	0.6	0.7	1.0	1.1	0.8	0.5	- MCC
- Caribbean	0.1	0.2	0.2	0.2	0.2	0.2	0.2	0.2	0.1	0.1	- Caraïbes
- Rest of America	0.0	0.0	0.0	0.0	0.0	0.0	0.0	0.0	0.0	0.0	- Autre d'Amérique
Asia excluding former USSR	16.4	18.8	18.4	17.5	14.3	14.8	15.8	15.8	15.6	14.4	Asie ancienne URSS exclus
- Middle East	4.9	5.8	6.4	5.6	4.4	3.4	3.3	3.7	3.5	3.7	- Moyen-Orient
Asia former USSR	0.1	0.1	0.1	0.1	0.2	0.2	0.1	0.1	0.0	0.0	Asie ancienne URSS
Europe excluding former USSR	62.5	59.8	59.4	56.6	56.8	55.3	50.4	49.8	53.2	54.3	Europe ancienne URSS exclus
- European Union	56.2	53.8	52.6	49.8	50.8	50.5	45.9	44.6	47.2	47.6	- Union Européenne
- Eastern Europe	2.5	2.8	3.8	4.3	3.3	2.1	2.2	2.8	3.5	4.4	- Europe de l'Est
- Rest of Europe	3.8	3.2	2.9	2.6	2.7	2.7	2.3	2.4	2.4	2.2	- Autre de l'Europe
Europe former USSR	1.8	2.1	2.1	2.2	2.9	2.6	3.6	3.0	1.9	1.9	Europe ancienne URSS
Oceania	1.0	1.2	1.4	1.2	1.1	1.3	1.4	1.5	1.6	1.2	Océanie

071 Coffee and coffee substitutes

Country or area	1999	2000	2001	2002	2003	Pays ou zone
World	13590.3	12367.7	9648.5	9193.8	10535.4	Monde
Africa	342.9	397.1	349.0	352.4	276.3	Afrique
Americas	3693.2	3442.8	2352.7	2316.5	2636.6	Amériques
- Northern America	3517.8	3278.3	2189.6	2183.6	2480.6	- Amérique du Nord
- LAIA	144.9	134.3	127.2	98.3	117.1	- ALAI
- CACM	10.0	12.9	13.7	14.2	21.1	- MCC
- Caribbean	16.3	13.0	18.5	17.0	15.2	- Caraïbes
- Rest of America	4.2	4.3	3.6	3.5	2.6	- Autre d'Amérique
Asia excluding former USSR	1640.6	1555.3	1273.2	1237.9	1331.6	Asie ancienne URSS exclus
- Middle East	238.0	230.3	214.1	203.1	226.4	- Moyen-Orient
Asia former USSR	25.8	23.2	6.5	19.0	27.8	Asie ancienne URSS
Europe excluding former USSR	7406.0	6471.5	5113.0	4724.7	5583.9	Europe ancienne URSS exclus
- European Union	6365.6	5532.2	4321.3	3989.5	4694.0	- Union Européenne
- Eastern Europe	575.7	506.5	430.6	397.7	517.3	- Europe de l'Est
- Rest of Europe	464.7	432.8	361.0	337.5	372.7	- Autre de l'Europe
Europe former USSR	285.8	301.6	404.3	381.6	497.0	Europe ancienne URSS
Oceania	196.0	176.4	149.8	161.6	182.1	Océanie
United States	3001.2	2814.5	1789.1	1799.2	2075.1	Etats-Unis d'Amérique
Germany	1893.1	1637.1	1248.6	1115.3	1272.7	Allemagne
Japan	974.1	916.7	687.7	668.1	683.1	Japon
France-Monaco	887.6	763.8	592.5	586.7	692.0	France-Monaco
Italy-San Marino-Holy See	736.9	659.8	514.4	428.8	503.0	Italie-Saint-Marin-Saint-Siège
Canada	514.1	462.7	398.8	382.5	402.9	Canada
United Kingdom	472.6	423.0	324.9	309.8	359.5	Royaume-Uni
Belgium	435.5	392.6	322.9	316.4	362.0	Belgique
Netherlands	381.0	396.5	297.8	281.8	376.0	Pays-Bas
Spain	452.7	354.3	273.7	248.7	305.6	Espagne
Russian Federation	131.9	172.7	248.9	228.7	283.5	Fédération de Russie
Poland	259.9	214.2	164.4	163.8	215.0	Pologne
Sweden	250.8	205.9	160.0	162.7	183.3	Suède
Austria	222.3	152.8	148.6	131.7	163.2	Autriche
Switzerland-Liechtenstein	180.0	170.9	150.1	125.8	144.9	Suisse-Liechtenstein
Australia	156.0	137.2	112.3	123.4	136.8	Australie
Finland	173.4	144.5	108.7	86.7	97.9	Finlande
Korea, Republic of	134.4	124.0	85.1	84.8	102.6	République de Corée
Denmark	134.7	116.9	87.4	87.8	95.8	Danemark
Algeria	150.4	123.7	64.9	72.5	98.6	Algérie
Greece	110.6	97.7	83.1	84.9	112.1	Grèce
Portugal	119.5	108.2	85.9	68.9	e70.4	Portugal
Czech Republic	91.9	88.6	85.6	79.4	104.8	République tchèque
Norway	115.9	89.1	69.1	65.9	74.0	Norvège
Nigeria	1.9	105.3	e144.4	e136.9	e9.1	Nigéria
Hungary	91.2	73.7	59.0	52.7	69.7	Hongrie
Romania	77.6	75.0	69.4	54.0	66.5	Roumanie
Saudi Arabia	64.3	67.0	56.4	56.4	64.5	Arabie saoudite
Serbia and Montenegro	54.3	75.8	50.3	52.9	e50.5	Serbie-et-Monténégro
Singapore	57.4	50.7	50.7	58.7	61.7	Singapour

(Value as percentages of World total) — (Valeur en pourcentage du total mondial)

Regions of the world	1994	1995	1996	1997	1998	1999	2000	2001	2002	2003	Régions du monde
World	100.0	100.0	100.0	100.0	100.0	100.0	100.0	100.0	100.0	100.0	Monde
Africa	3.5	2.3	2.2	1.8	2.2	2.5	3.2	3.6	3.8	2.6	Afrique
Americas	23.4	23.2	24.4	27.0	26.3	27.2	27.8	24.4	25.2	25.0	Amériques
- Northern America	22.0	21.9	23.0	25.6	25.0	25.9	26.5	22.7	23.8	23.5	- Amérique du Nord
- LAIA	1.2	1.2	1.2	1.2	1.2	1.1	1.1	1.3	1.1	1.1	- ALAI
- CACM	0.0	0.0	0.0	0.0	0.0	0.1	0.1	0.1	0.2	0.2	- MCC
- Caribbean	0.1	0.1	0.1	0.1	0.1	0.1	0.1	0.2	0.2	0.1	- Caraïbes
- Rest of America	0.0	0.0	0.0	0.0	0.0	0.0	0.0	0.0	0.0	0.0	- Autre d'Amérique
Asia excluding former USSR	13.2	12.4	12.3	11.5	11.7	12.1	12.6	13.2	13.5	12.6	Asie ancienne URSS exclus
- Middle East	1.2	1.5	1.7	1.3	1.7	1.8	1.9	2.2	2.2	2.1	- Moyen-Orient
Asia former USSR	0.0	0.1	0.1	0.2	0.1	0.2	0.2	0.1	0.2	0.3	Asie ancienne URSS
Europe excluding former USSR	57.7	59.3	58.2	56.1	56.4	54.5	52.3	53.0	51.4	53.0	Europe ancienne URSS exclus
- European Union	51.0	52.6	51.5	50.0	49.0	46.8	44.7	44.8	43.4	44.6	- Union Européenne
- Eastern Europe	3.5	3.6	3.6	3.3	3.8	4.2	4.1	4.5	4.3	4.9	- Europe de l'Est
- Rest of Europe	3.2	3.1	3.1	2.8	3.5	3.4	3.5	3.7	3.7	3.5	- Autre de l'Europe
Europe former USSR	1.0	1.3	1.5	2.2	2.1	2.1	2.4	4.2	4.2	4.7	Europe ancienne URSS
Oceania	1.3	1.4	1.4	1.3	1.3	1.4	1.4	1.6	1.8	1.7	Océanie

TRADE BY COMMODITY (Value in million US dollars)
Exports by principal countries or areas

COMMERCE PAR PRODUIT (Valeur en millions de dollars EU)
Exportations selon les principaux pays ou zones

Country or area	1999	2000	2001	2002	2003	Pays ou zone
World	13085.7	11475.6	8576.4	8472.8	9617.4	Monde
Africa	1377.8	1189.8	641.5	632.1	761.8	Afrique
Americas	7196.0	6119.6	4246.3	4100.5	4412.9	Amériques
- Northern America	583.8	530.0	513.1	512.5	551.5	- Amérique du Nord
- LAIA	5031.2	4005.2	2826.1	2758.5	2978.3	- ALAI
- CACM	1517.1	1519.4	848.3	781.0	828.0	- MCC
- Caribbean	43.7	48.7	47.4	38.9	42.5	- Caraïbes
- Rest of America	20.2	16.2	11.3	9.6	12.6	- Autre d'Amérique
Asia excluding former USSR	1678.0	1411.8	1155.4	1112.6	1179.2	Asie ancienne URSS exclus
- Middle East	30.1	29.4	25.4	25.4	34.2	- Moyen-Orient
Asia former USSR	0.5	0.3	0.1	0.9	2.0	Asie ancienne URSS
Europe excluding former USSR	2663.9	2556.2	2414.3	2509.8	3103.8	Europe ancienne URSS exclus
- European Union	2398.9	2285.8	2153.3	2240.4	2755.8	- Union Européenne
- Eastern Europe	164.3	180.6	162.9	149.9	200.8	- Europe de l'Est
- Rest of Europe	100.7	89.8	98.1	119.6	147.2	- Autre de l'Europe
Europe former USSR	29.0	25.2	28.5	33.3	47.3	Europe ancienne URSS
Oceania	140.6	172.7	90.3	83.6	110.4	Océanie
Brazil	2463.9	1784.6	1417.1	1384.8	1546.4	Brésil
Colombia	1454.8	1176.3	859.0	864.8	890.7	Colombie
Germany	844.5	875.8	795.0	841.4	1004.8	Allemagne
Mexico	677.7	727.9	292.5	237.6	255.6	Mexique
Viet Nam	586.9	502.2	394.5	328.8	e311.0	Viet Nam
Guatemala	561.9	575.4	306.9	262.1	299.8	Guatemala
United States	408.8	367.0	366.0	365.2	402.7	Etats-Unis d'Amérique
Italy-San Marino-Holy See	284.9	281.6	298.4	338.0	415.1	Italie-Saint-Marin-Saint-Siège
Indonesia	488.8	339.9	203.5	239.6	274.4	Indonésie
Belgium	353.0	322.3	264.3	247.2	301.4	Belgique
India	331.1	264.2	232.5	204.7	233.8	Inde
Costa Rica	310.9	289.1	168.9	170.3	195.6	Costa Rica
France-Monaco	239.8	197.2	191.4	192.3	236.2	France-Monaco
Peru	268.3	224.3	180.7	188.1	180.8	Pérou
Ethiopia	269.1	255.4	145.1	159.9	183.8	Ethiopie
El Salvador	247.0	301.5	118.7	109.2	105.9	El Salvador
Honduras	256.1	175.2	147.3	162.9	e133.4	Honduras
Côte d'Ivoire	209.5	303.0	e95.0	119.4	142.3	Côte d'Ivoire
Canada	174.9	163.0	147.1	147.2	148.8	Canada
United Kingdom	139.9	129.9	128.5	131.3	148.0	Royaume-Uni
Spain	124.3	105.8	138.2	129.7	176.3	Espagne
Uganda	288.0	125.3	97.7	96.6	36.5	Ouganda
Netherlands	121.9	119.8	100.7	122.9	176.3	Pays-Bas
Nicaragua	141.2	178.2	106.6	76.5	93.3	Nicaragua
Singapore	89.0	97.3	98.8	110.8	123.5	Singapour
Switzerland-Liechtenstein	93.1	82.2	91.0	111.3	137.6	Suisse-Liechtenstein
Kenya	171.7	153.9	e49.1	35.4	91.4	Kenya
Papua New Guinea	e117.2	146.5	e68.1	61.0	84.4	Papouasie-Nouvelle-Guinée
Poland	95.3	109.7	86.9	77.5	81.8	Pologne
Cameroon	e82.5	94.8	73.8	53.4	69.8	Cameroun

(Value as percentages of World total)   **(Valeur en pourcentage du total mondial)**

Regions of the world	1994	1995	1996	1997	1998	1999	2000	2001	2002	2003	Régions du monde
World	100.0	100.0	100.0	100.0	100.0	100.0	100.0	100.0	100.0	100.0	Monde
Africa	11.6	12.7	12.7	10.1	11.0	10.5	10.4	7.5	7.5	7.9	Afrique
Americas	53.8	51.2	51.6	57.7	54.3	55.0	53.3	49.5	48.4	45.9	Amériques
- Northern America	3.4	3.1	3.3	3.4	4.2	4.5	4.6	6.0	6.0	5.7	- Amérique du Nord
- LAIA	41.4	36.1	36.3	41.9	37.2	38.4	34.9	33.0	32.6	31.0	- ALAI
- CACM	8.3	11.0	11.1	11.6	12.2	11.6	13.2	9.9	9.2	8.6	- MCC
- Caribbean	0.6	0.8	0.7	0.6	0.6	0.3	0.4	0.6	0.5	0.4	- Caraïbes
- Rest of America	0.1	0.2	0.1	0.1	0.2	0.2	0.1	0.1	0.1	0.1	- Autre d'Amérique
Asia excluding former USSR	15.0	16.2	13.0	11.6	12.6	12.8	12.3	13.5	13.1	12.3	Asie ancienne URSS exclus
- Middle East	0.1	0.2	0.1	0.1	0.2	0.2	0.3	0.3	0.3	0.4	- Moyen-Orient
Asia former USSR	0.0	0.0	0.0	0.0	0.0	0.0	0.0	0.0	0.0	0.0	Asie ancienne URSS
Europe excluding former USSR	17.1	17.5	19.8	18.4	19.5	20.4	22.3	28.2	29.6	32.3	Europe ancienne URSS exclus
- European Union	16.2	16.3	18.5	16.9	17.7	18.3	19.9	25.1	26.4	28.7	- Union Européenne
- Eastern Europe	0.3	0.5	0.6	0.8	1.1	1.3	1.6	1.9	1.8	2.1	- Europe de l'Est
- Rest of Europe	0.6	0.6	0.7	0.7	0.7	0.8	0.8	1.1	1.4	1.5	- Autre de l'Europe
Europe former USSR	0.2	0.2	0.4	0.5	0.3	0.2	0.2	0.3	0.4	0.5	Europe ancienne URSS
Oceania	2.4	2.2	2.5	1.7	2.3	1.1	1.5	1.1	1.0	1.1	Océanie

072 Cocoa

Country or area	1999	2000	2001	2002	2003	Pays ou zone
World	6005.9	4627.1	4886.7	6750.1	9593.5	Monde
Africa	54.4	38.1	41.2	57.5	84.4	Afrique
Americas	1375.1	1138.1	1132.5	1429.6	2030.1	Amériques
- Northern America	1164.9	972.8	996.9	1172.7	1723.8	- Amérique du Nord
- LAIA	201.6	157.9	124.9	243.0	291.0	- ALAI
- CACM	5.2	4.3	6.4	9.4	9.0	- MCC
- Caribbean	2.7	2.5	3.5	3.7	5.4	- Caraïbes
- Rest of America	0.7	0.7	0.8	0.9	0.8	- Autre d'Amérique
Asia excluding former USSR	477.7	461.7	513.1	726.4	1160.9	Asie ancienne URSS exclus
- Middle East	70.8	65.2	81.1	112.9	215.2	- Moyen-Orient
Asia former USSR	3.3	4.5	4.5	7.3	9.1	Asie ancienne URSS
Europe excluding former USSR	3720.9	2642.4	2832.5	3951.7	5614.7	Europe ancienne URSS exclus
- European Union	3377.7	2383.0	2549.7	3551.5	5051.5	- Union Européenne
- Eastern Europe	170.0	138.2	159.3	229.2	333.4	- Europe de l'Est
- Rest of Europe	173.3	121.2	123.5	171.0	229.8	- Autre de l'Europe
Europe former USSR	261.2	257.2	283.4	462.2	547.5	Europe ancienne URSS
Oceania	113.2	85.2	79.6	115.4	146.7	Océanie
United States	997.3	820.1	830.2	961.3	1417.1	Etats-Unis d'Amérique
Netherlands	853.8	572.4	699.0	845.7	1347.6	Pays-Bas
Germany	727.2	505.6	477.0	652.8	918.8	Allemagne
France-Monaco	551.6	396.3	407.9	636.7	849.6	France-Monaco
Belgium	296.5	300.7	277.6	408.5	639.9	Belgique
United Kingdom	475.0	231.5	290.2	412.0	476.4	Royaume-Uni
Canada	167.6	152.7	166.6	211.4	306.7	Canada
Italy-San Marino-Holy See	167.2	140.8	142.4	196.6	309.8	Italie-Saint-Marin-Saint-Siège
Japan	162.0	134.7	133.0	175.8	276.2	Japon
Russian Federation	114.4	108.8	125.2	243.8	264.0	Fédération de Russie
Spain	114.9	85.4	95.7	182.9	235.3	Espagne
Malaysia	63.6	82.6	97.8	148.0	290.7	Malaisie
Poland	105.0	86.1	93.9	133.6	192.3	Pologne
Switzerland-Liechtenstein	128.6	86.8	85.5	112.2	158.5	Suisse-Liechtenstein
Estonia	77.4	70.3	81.2	117.5	146.3	Estonie
Brazil	94.3	69.2	37.6	111.9	129.1	Brésil
Australia	93.0	67.8	62.3	92.7	121.2	Australie
Turkey	54.6	43.7	54.9	83.0	174.8	Turquie
Ukraine	46.6	55.5	57.8	68.6	e93.0	Ukraine
Austria	56.5	36.2	42.1	66.0	81.8	Autriche
Singapore	45.3	39.3	42.7	61.7	84.4	Singapour
Argentina	52.9	38.8	42.0	42.9	e65.9	Argentine
China	35.3	36.1	37.3	32.3	58.7	Chine
Sweden	40.3	27.8	26.8	35.5	48.6	Suède
Mexico	22.2	28.5	23.2	40.0	55.6	Mexique
Thailand	19.1	23.3	19.6	e48.3	56.7	Thaïlande
Ireland	23.2	25.1	33.7	41.6	43.2	Irlande
Indonesia	13.1	16.6	32.0	45.4	59.2	Indonésie
Greece	24.6	19.7	19.6	30.0	40.5	Grèce
Korea, Republic of	21.0	20.2	22.1	28.2	41.4	République de Corée

(Value as percentages of World total)   **(Valeur en pourcentage du total mondial)**

Regions of the world	1994	1995	1996	1997	1998	1999	2000	2001	2002	2003	Régions du monde
World	100.0	100.0	100.0	100.0	100.0	100.0	100.0	100.0	100.0	100.0	Monde
Africa	0.8	0.8	0.8	0.8	0.7	0.9	0.8	0.8	0.9	0.9	Afrique
Americas	20.1	18.4	20.8	23.0	23.7	22.9	24.6	23.2	21.2	21.2	Amériques
- Northern America	18.0	16.3	19.1	20.5	21.2	19.4	21.0	20.4	17.4	18.0	- Amérique du Nord
- LAIA	1.9	1.9	1.5	2.3	2.3	3.4	3.4	2.6	3.6	3.0	- ALAI
- CACM	0.1	0.1	0.1	0.1	0.1	0.1	0.1	0.1	0.1	0.1	- MCC
- Caribbean	0.1	0.1	0.0	0.0	0.0	0.0	0.1	0.1	0.1	0.1	- Caraïbes
- Rest of America	0.0	0.0	0.0	0.0	0.0	0.0	0.0	0.0	0.0	0.0	- Autre d'Amérique
Asia excluding former USSR	8.2	8.7	7.9	8.6	8.3	8.0	10.0	10.5	10.8	12.1	Asie ancienne URSS exclus
- Middle East	0.9	1.1	0.9	1.1	1.0	1.2	1.4	1.7	1.7	2.2	- Moyen-Orient
Asia former USSR	0.0	0.0	0.0	0.0	0.0	0.1	0.1	0.1	0.1	0.1	Asie ancienne URSS
Europe excluding former USSR	66.6	67.7	65.9	60.3	60.2	62.0	57.1	58.0	58.5	58.5	Europe ancienne URSS exclus
- European Union	60.5	61.6	60.0	54.2	54.4	56.2	51.5	52.2	52.6	52.7	- Union Européenne
- Eastern Europe	3.0	2.9	3.4	3.5	3.1	2.8	3.0	3.3	3.4	3.5	- Europe de l'Est
- Rest of Europe	3.1	3.2	2.5	2.6	2.8	2.9	2.6	2.5	2.5	2.4	- Autre de l'Europe
Europe former USSR	2.7	2.8	3.1	5.5	5.3	4.3	5.6	5.8	6.8	5.7	Europe ancienne URSS
Oceania	1.6	1.5	1.5	1.7	1.7	1.9	1.8	1.6	1.7	1.5	Océanie

TRADE BY COMMODITY (Value in million US dollars)
Exports by principal countries or areas

COMMERCE PAR PRODUIT (Valeur en millions de dollars EU)
Exportations selon les principaux pays ou zones

Country or area	1999	2000	2001	2002	2003	Pays ou zone
World	5013.3	3795.8	4777.6	6465.4	8111.2	Monde
Africa	2156.9	1451.4	2235.4	2877.0	3472.7	Afrique
Americas	451.3	351.6	368.6	534.1	702.0	Amériques
- Northern America	165.0	131.9	149.5	198.5	233.2	- Amérique du Nord
- LAIA	261.7	197.6	197.6	305.7	425.6	- ALAI
- CACM	6.1	3.3	3.5	5.1	4.7	- MCC
- Caribbean	18.0	18.2	17.7	24.3	36.8	- Caraïbes
- Rest of America	0.5	0.6	0.3	0.5	1.7	- Autre d'Amérique
Asia excluding former USSR	766.9	614.0	651.0	1083.3	1168.2	Asie ancienne URSS exclus
- Middle East	13.6	17.3	23.6	25.7	53.5	- Moyen-Orient
Asia former USSR	0.0	0.0	0.0	0.2	0.3	Asie ancienne URSS
Europe excluding former USSR	1538.3	1290.5	1371.9	1753.3	2526.2	Europe ancienne URSS exclus
- European Union	1527.3	1269.9	1337.2	1706.1	2445.3	- Union Européenne
- Eastern Europe	9.3	18.3	30.3	40.8	73.6	- Europe de l'Est
- Rest of Europe	1.7	2.2	4.4	6.5	7.4	- Autre de l'Europe
Europe former USSR	83.8	71.4	81.5	148.1	161.7	Europe ancienne URSS
Oceania	16.1	16.9	69.2	69.3	80.1	Océanie
Côte d'Ivoire	1567.1	1017.9	e1753.0	2203.0	2230.4	Côte d'Ivoire
Netherlands	936.3	753.8	830.4	979.8	1337.1	Pays-Bas
Indonesia	386.7	308.4	359.3	666.3	595.3	Indonésie
Ghana	450.5	305.4	310.5	e399.4	e525.6	Ghana
France-Monaco	283.3	245.1	237.1	320.8	497.4	France-Monaco
Malaysia	174.7	133.6	146.6	204.2	282.4	Malaisie
Cameroon	e90.2	103.6	143.9	235.2	242.4	Cameroun
United States	145.3	112.0	128.6	176.8	211.0	Etats-Unis d'Amérique
Brazil	107.4	101.1	94.2	139.4	216.6	Brésil
Belgium	57.6	80.0	79.8	130.0	214.9	Belgique
Singapore	119.7	102.9	76.6	114.7	143.6	Singapour
Ecuador	102.7	71.1	79.1	121.6	153.5	Equateur
Estonia	82.5	70.4	80.8	142.5	145.0	Estonie
Nigeria	22.5	2.1	e	e	e	Nigéria
Germany	96.9	62.0	62.8	64.6	109.5	Allemagne
Spain	63.0	48.3	55.5	91.9	120.1	Espagne
United Kingdom	63.0	52.7	48.1	83.9	115.6	Royaume-Uni
Papua New Guinea	e9.9	12.4	e64.0	57.3	65.8	Papouasie-Nouvelle-Guinée
Turkey	12.6	16.8	22.2	24.0	51.5	Turquie
Thailand	17.4	13.3	13.3	e36.2	42.3	Thaïlande
China	31.1	18.1	16.9	16.6	25.4	Chine
Canada	19.7	20.0	20.9	21.7	22.1	Canada
Italy-San Marino-Holy See	17.3	15.4	12.8	23.8	33.4	Italie-Saint-Marin-Saint-Siège
Peru	15.0	9.8	7.3	14.2	20.1	Pérou
Poland	6.5	7.2	13.2	10.7	24.6	Pologne
Czech Republic	1.7	8.8	11.5	12.8	26.0	République tchèque
Mexico	14.5	4.8	5.2	11.9	12.9	Mexique
Dominican Republic	e4.8	e5.0	e8.9	e12.2	e17.3	République dominicaine
Philippines	10.6	7.1	8.0	9.2	11.4	Philippines
Colombia	10.9	2.6	6.8	8.4	10.7	Colombie

(Value as percentages of World total)

(Valeur en pourcentage du total mondial)

Regions of the world	1994	1995	1996	1997	1998	1999	2000	2001	2002	2003	Régions du monde
World	100.0	100.0	100.0	100.0	100.0	100.0	100.0	100.0	100.0	100.0	Monde
Africa	36.3	40.4	47.7	40.3	41.2	43.0	38.2	46.8	44.5	42.8	Afrique
Americas	14.5	11.1	10.1	9.8	9.5	9.0	9.3	7.7	8.3	8.7	Amériques
- Northern America	2.4	1.9	2.0	2.5	2.9	3.3	3.5	3.1	3.1	2.9	- Amérique du Nord
- LAIA	10.4	6.9	6.7	5.8	4.6	5.2	5.2	4.1	4.7	5.2	- ALAI
- CACM	0.2	0.7	0.2	0.2	0.2	0.1	0.1	0.1	0.1	0.1	- MCC
- Caribbean	1.5	1.6	1.2	1.3	1.7	0.4	0.5	0.4	0.4	0.5	- Caraïbes
- Rest of America	0.0	0.0	0.0	0.0	0.0	0.0	0.0	0.0	0.0	0.0	- Autre d'Amérique
Asia excluding former USSR	17.5	15.8	14.3	16.3	16.3	15.3	16.2	13.6	16.8	14.4	Asie ancienne URSS exclus
- Middle East	0.0	0.1	0.0	0.1	0.1	0.3	0.5	0.5	0.4	0.7	- Moyen-Orient
Asia former USSR	0.0	0.0	0.0	0.0	0.0	0.0	0.0	0.0	0.0	0.0	Asie ancienne URSS
Europe excluding former USSR	30.5	31.6	26.4	30.0	30.2	30.7	34.0	28.7	27.1	31.1	Europe ancienne URSS exclus
- European Union	30.3	31.4	26.0	29.7	30.0	30.5	33.5	28.0	26.4	30.1	- Union Européenne
- Eastern Europe	0.1	0.1	0.2	0.2	0.1	0.2	0.5	0.6	0.6	0.9	- Europe de l'Est
- Rest of Europe	0.2	0.2	0.1	0.1	0.0	0.0	0.1	0.1	0.1	0.1	- Autre de l'Europe
Europe former USSR	0.1	0.1	0.3	2.4	2.2	1.7	1.9	1.7	2.3	2.0	Europe ancienne URSS
Oceania	1.0	0.9	1.3	1.1	0.6	0.3	0.4	1.4	1.1	1.0	Océanie

073 Chocolate and other preparations containing cocoa, nes

Country or area	1999	2000	2001	2002	2003	Pays ou zone
World	6925.4	6757.1	7302.1	7995.0	9743.2	Monde
Africa	39.7	49.3	62.9	69.0	93.0	Afrique
Americas	1195.7	1284.5	1489.0	1549.3	1838.6	Amériques
- Northern America	890.4	962.1	1106.2	1213.2	1487.8	- Amérique du Nord
- LAIA	248.7	260.6	316.4	267.0	280.2	- ALAI
- CACM	20.7	23.3	26.2	27.6	28.8	- MCC
- Caribbean	23.3	26.6	29.0	29.1	26.3	- Caraïbes
- Rest of America	12.7	11.8	11.2	12.4	15.5	- Autre d'Amérique
Asia excluding former USSR	900.4	1009.1	1034.6	1105.7	1257.8	Asie ancienne URSS exclus
- Middle East	242.5	273.3	297.2	328.0	398.1	- Moyen-Orient
Asia former USSR	37.6	61.6	56.2	76.0	99.4	Asie ancienne URSS
Europe excluding former USSR	4518.8	4084.2	4290.1	4813.9	5978.7	Europe ancienne URSS exclus
- European Union	4050.6	3646.0	3778.6	4225.2	5259.1	- Union Européenne
- Eastern Europe	186.0	185.0	232.0	268.5	330.3	- Europe de l'Est
- Rest of Europe	282.2	253.2	279.4	320.2	389.3	- Autre de l'Europe
Europe former USSR	107.9	148.1	256.2	257.3	316.8	Europe ancienne URSS
Oceania	125.4	120.5	113.2	123.8	158.9	Océanie
France-Monaco	865.9	808.0	764.2	862.1	1108.3	France-Monaco
Germany	832.0	645.8	801.2	805.2	1004.5	Allemagne
United States	612.7	675.7	795.3	877.7	1105.9	Etats-Unis d'Amérique
United Kingdom	605.9	584.3	566.7	644.1	733.5	Royaume-Uni
Canada	275.8	284.4	309.0	333.5	378.4	Canada
Netherlands	287.8	280.6	250.9	317.3	443.0	Pays-Bas
Japan	298.9	317.4	303.1	298.9	335.4	Japon
Belgium	242.3	217.5	247.8	294.4	371.1	Belgique
Italy-San Marino-Holy See	209.3	187.2	191.2	226.3	306.0	Italie-Saint-Marin-Saint-Siège
Austria	189.6	158.9	177.8	186.8	218.8	Autriche
Spain	173.1	153.2	169.9	188.6	243.0	Espagne
Denmark	136.9	141.1	134.9	142.1	169.9	Danemark
Sweden	115.1	113.5	125.7	151.5	187.7	Suède
Mexico	94.0	114.8	143.8	147.3	166.0	Mexique
Ireland	138.9	126.4	123.7	133.3	142.7	Irlande
Russian Federation	52.8	88.6	136.0	159.4	187.4	Fédération de Russie
Portugal	112.2	95.0	96.6	110.1	e112.5	Portugal
Australia	84.4	83.3	72.1	71.4	90.7	Australie
Norway	73.7	66.6	70.1	82.1	108.7	Norvège
Czech Republic	64.6	62.7	73.4	85.2	110.0	République tchèque
Korea, Republic of	54.9	71.9	76.1	92.6	99.1	République de Corée
Greece	72.5	66.9	56.2	83.9	112.1	Grèce
China, Hong Kong SAR	69.9	75.8	75.0	80.3	82.6	Chine - RAS de Hong-Kong
Saudi Arabia	56.2	66.8	65.9	84.0	96.0	Arabie saoudite
Switzerland-Liechtenstein	70.1	61.4	68.4	73.4	93.5	Suisse-Liechtenstein
United Arab Emirates	47.8	56.3	62.2	e63.8	e74.8	Emirates arabes unis
Poland	41.3	44.6	64.1	71.1	77.9	Pologne
Singapore	47.3	56.0	55.6	64.6	66.9	Singapour
Kuwait	48.1	45.7	49.7	e56.5	e68.2	Koweït
Finland	42.9	41.6	45.3	49.8	67.4	Finlande

(Value as percentages of World total)   **(Valeur en pourcentage du total mondial)**

Regions of the world	1994	1995	1996	1997	1998	1999	2000	2001	2002	2003	Régions du monde
World	100.0	100.0	100.0	100.0	100.0	100.0	100.0	100.0	100.0	100.0	Monde
Africa	0.7	0.7	0.7	0.6	0.7	0.6	0.7	0.9	0.9	1.0	Afrique
Americas	13.7	14.0	14.4	15.9	17.0	17.3	19.0	20.4	19.4	18.9	Amériques
- Northern America	9.3	9.0	10.0	11.8	12.5	12.9	14.2	15.1	15.2	15.3	- Amérique du Nord
- LAIA	3.6	4.1	3.8	3.4	3.8	3.6	3.9	4.3	3.3	2.9	- ALAI
- CACM	0.2	0.2	0.2	0.2	0.2	0.3	0.3	0.4	0.3	0.3	- MCC
- Caribbean	0.4	0.4	0.3	0.3	0.4	0.3	0.4	0.4	0.4	0.3	- Caraïbes
- Rest of America	0.2	0.4	0.1	0.1	0.1	0.2	0.2	0.2	0.2	0.2	- Autre d'Amérique
Asia excluding former USSR	12.9	12.8	13.9	14.4	12.2	13.0	14.9	14.2	13.8	12.9	Asie ancienne URSS exclus
- Middle East	2.3	2.6	2.6	3.1	3.4	3.5	4.0	4.1	4.1	4.1	- Moyen-Orient
Asia former USSR	0.5	1.1	1.1	0.5	0.5	0.5	0.9	0.8	1.0	1.0	Asie ancienne URSS
Europe excluding former USSR	67.0	64.3	64.0	62.8	64.9	65.2	60.4	58.8	60.2	61.4	Europe ancienne URSS exclus
- European Union	60.3	57.3	57.2	56.3	58.1	58.5	54.0	51.7	52.8	54.0	- Union Européenne
- Eastern Europe	2.8	2.9	3.1	2.9	2.8	2.7	2.7	3.2	3.4	3.4	- Europe de l'Est
- Rest of Europe	3.9	4.1	3.6	3.7	4.0	4.1	3.7	3.8	4.0	4.0	- Autre de l'Europe
Europe former USSR	3.7	5.6	4.1	3.8	2.8	1.6	2.2	3.5	3.2	3.3	Europe ancienne URSS
Oceania	1.5	1.5	1.8	2.0	1.9	1.8	1.8	1.6	1.5	1.6	Océanie

Chocolat et autres préparations alimentaires contenant du cacao, n.d.a. 073

TRADE BY COMMODITY (Value in million US dollars)
Exports by principal countries or areas

COMMERCE PAR PRODUIT (Valeur en millions de dollars EU)
Exportations selon les principaux pays ou zones

Country or area	1999	2000	2001	2002	2003	Pays ou zone
World	7058.1	6965.7	7586.7	8147.0	9946.8	Monde
Africa	35.4	36.7	59.1	63.4	93.0	Afrique
Americas	931.4	1119.1	1366.6	1280.3	1562.4	Amériques
- Northern America	694.6	862.0	1064.4	1008.8	1222.0	- Amérique du Nord
- LAIA	218.0	239.5	283.1	255.8	314.8	- ALAI
- CACM	13.8	11.8	12.4	10.9	10.2	- MCC
- Caribbean	4.9	5.7	6.6	4.5	14.6	- Caraïbes
- Rest of America	0.0	0.1	0.1	0.3	0.8	- Autre d'Amérique
Asia excluding former USSR	309.9	329.1	340.6	376.5	473.4	Asie ancienne URSS exclus
- Middle East	82.3	86.1	101.7	112.4	172.0	- Moyen-Orient
Asia former USSR	0.9	0.7	0.9	1.1	1.8	Asie ancienne URSS
Europe excluding former USSR	5561.7	5191.6	5477.9	6025.5	7323.9	Europe ancienne URSS exclus
- European Union	5017.4	4648.2	4840.9	5366.3	6551.5	- Union Européenne
- Eastern Europe	177.2	223.1	256.0	287.1	351.0	- Europe de l'Est
- Rest of Europe	367.1	320.4	380.9	372.0	421.5	- Autre de l'Europe
Europe former USSR	79.6	145.1	200.6	241.7	304.4	Europe ancienne URSS
Oceania	139.0	143.4	141.0	158.5	187.9	Océanie
Germany	1079.2	932.9	1130.3	1267.5	1552.0	Allemagne
Belgium	1030.0	1006.4	999.8	1128.7	1408.5	Belgique
France-Monaco	735.7	632.4	622.1	706.8	856.6	France-Monaco
Netherlands	596.4	591.4	606.7	657.7	821.6	Pays-Bas
Canada	345.6	390.6	461.5	531.2	710.4	Canada
United States	349.0	471.3	602.9	477.7	511.5	Etats-Unis d'Amérique
United Kingdom	500.1	482.4	435.9	451.8	461.4	Royaume-Uni
Italy-San Marino-Holy See	323.9	300.5	311.1	360.1	457.7	Italie-Saint-Marin-Saint-Siège
Switzerland-Liechtenstein	291.6	254.8	308.2	287.8	320.1	Suisse-Liechtenstein
Ireland	200.4	201.1	197.1	222.9	256.0	Irlande
Austria	183.9	153.6	173.5	177.0	224.5	Autriche
Sweden	133.6	123.9	131.6	142.1	184.8	Suède
Poland	99.0	138.7	147.5	151.7	171.2	Pologne
Australia	102.3	110.5	103.4	118.8	144.1	Australie
Spain	88.9	90.5	94.8	101.3	134.0	Espagne
Ukraine	21.9	62.0	100.1	120.1	e154.6	Ukraine
Denmark	76.2	68.4	77.4	83.6	105.1	Danemark
Singapore	67.6	78.5	81.1	78.4	94.3	Singapour
Turkey	59.2	62.1	68.8	79.1	129.8	Turquie
Argentina	79.0	79.4	84.0	66.6	66.6	Argentine
Brazil	50.5	62.4	79.9	67.1	104.3	Brésil
Russian Federation	30.6	50.4	60.4	74.4	99.6	Fédération de Russie
Mexico	37.2	47.4	45.9	60.4	84.1	Mexique
Finland	54.5	51.4	43.5	49.1	61.8	Finlande
Czech Republic	29.0	33.3	38.5	50.8	69.0	République tchèque
New Zealand	36.3	32.5	37.2	39.5	43.6	Nouvelle-Zélande
China, Hong Kong SAR	38.5	45.3	33.5	37.0	30.7	Chine - RAS de Hong-Kong
Hungary	25.8	27.0	31.9	38.8	51.1	Hongrie
Slovakia	20.7	22.1	33.0	39.3	49.3	Slovaquie
Norway	41.5	30.1	29.0	27.8	35.6	Norvège

(Value as percentages of World total)   **(Valeur en pourcentage du total mondial)**

Regions of the world	1994	1995	1996	1997	1998	1999	2000	2001	2002	2003	Régions du monde
World	100.0	100.0	100.0	100.0	100.0	100.0	100.0	100.0	100.0	100.0	Monde
Africa	0.6	0.4	0.5	0.6	0.5	0.5	0.5	0.8	0.8	0.9	Afrique
Americas	9.7	8.6	9.3	11.8	12.5	13.2	16.1	18.0	15.7	15.7	Amériques
- Northern America	8.0	6.8	7.2	9.0	9.1	9.8	12.4	14.0	12.4	12.3	- Amérique du Nord
- LAIA	1.5	1.7	1.9	2.7	3.2	3.1	3.4	3.7	3.1	3.2	- ALAI
- CACM	0.1	0.1	0.1	0.1	0.1	0.2	0.2	0.2	0.1	0.1	- MCC
- Caribbean	0.0	0.0	0.1	0.1	0.1	0.1	0.1	0.1	0.1	0.1	- Caraïbes
- Rest of America	0.0	0.0	0.0	0.0	0.0	0.0	0.0	0.0	0.0	0.0	- Autre d'Amérique
Asia excluding former USSR	4.3	4.3	4.2	4.4	3.8	4.4	4.7	4.5	4.6	4.8	Asie ancienne URSS exclus
- Middle East	1.2	1.6	1.4	1.6	1.3	1.2	1.2	1.3	1.4	1.7	- Moyen-Orient
Asia former USSR	0.0	0.0	0.0	0.0	0.0	0.0	0.0	0.0	0.0	0.0	Asie ancienne URSS
Europe excluding former USSR	82.3	83.7	82.6	79.6	80.3	78.8	74.5	72.2	74.0	73.6	Europe ancienne URSS exclus
- European Union	74.7	76.0	74.9	70.9	71.6	71.1	66.7	63.8	65.9	65.9	- Union Européenne
- Eastern Europe	2.2	2.6	3.2	4.4	3.5	2.5	3.2	3.4	3.5	3.5	- Europe de l'Est
- Rest of Europe	5.4	5.1	4.5	4.3	5.3	5.2	4.6	5.0	4.6	4.2	- Autre de l'Europe
Europe former USSR	1.3	1.4	1.6	1.8	1.4	1.1	2.1	2.6	3.0	3.1	Europe ancienne URSS
Oceania	1.9	1.5	1.8	1.7	1.4	2.0	2.1	1.9	1.9	1.9	Océanie

074 Tea and mate

TRADE BY COMMODITY (Value in million US dollars)
Imports by principal countries or areas

COMMERCE PAR PRODUIT (Valeur en millions de dollars EU)
Importations selon les principaux pays ou zones

Country or area	1999	2000	2001	2002	2003	Pays ou zone
World	2942.1	3018.9	3009.8	2964.0	3086.9	Monde
Africa	304.6	371.0	359.4	342.2	278.1	Afrique
Americas	320.0	314.0	327.8	313.7	332.2	Amériques
- Northern America	239.0	237.0	249.3	249.4	277.5	- Amérique du Nord
- LAIA	68.1	64.3	67.4	52.2	43.8	- ALAI
- CACM	3.4	2.3	1.9	2.5	1.7	- MCC
- Caribbean	5.9	7.4	6.6	7.1	6.5	- Caraïbes
- Rest of America	3.6	3.1	2.6	2.7	2.7	- Autre d'Amérique
Asia excluding former USSR	1002.1	1136.8	1141.4	1095.6	1152.2	Asie ancienne URSS exclus
- Middle East	495.5	530.6	526.3	490.5	572.8	- Moyen-Orient
Asia former USSR	77.5	69.0	80.6	71.8	79.9	Asie ancienne URSS
Europe excluding former USSR	842.6	787.7	776.3	791.6	850.7	Europe ancienne URSS exclus
- European Union	732.2	690.4	676.1	693.8	743.9	- Union Européenne
- Eastern Europe	74.0	66.1	69.3	63.0	66.2	- Europe de l'Est
- Rest of Europe	36.4	31.2	31.0	34.7	40.6	- Autre de l'Europe
Europe former USSR	330.3	271.0	264.5	283.0	314.7	Europe ancienne URSS
Oceania	65.1	69.5	59.7	66.1	79.1	Océanie
United Kingdom	323.3	313.1	290.6	282.0	272.0	Royaume-Uni
Russian Federation	283.8	225.9	205.0	228.8	245.1	Fédération de Russie
Pakistan	208.0	222.6	178.9	154.2	191.9	Pakistan
Japan	178.8	207.9	209.5	179.7	161.1	Japon
United States	165.9	163.0	174.2	175.3	188.3	Etats-Unis d'Amérique
United Arab Emirates	150.3	148.2	151.8	e155.8	e182.5	Emirates arabes unis
Saudi Arabia	86.6	129.1	114.6	113.6	129.8	Arabie saoudite
Germany	127.4	98.9	101.0	97.5	119.9	Allemagne
Egypt	98.4	100.3	100.1	141.8	62.0	Egypte
France-Monaco	82.7	73.1	74.6	84.3	99.6	France-Monaco
Canada	72.7	73.8	74.8	73.8	88.8	Canada
Afghanistan	e7.5	45.2	91.0	131.2	e100.8	Afghanistan
Morocco	72.4	69.6	59.4	58.4	63.8	Maroc
Syrian Arab Republic	58.7	35.4	e74.0	66.6	67.4	République arabe syrienne
Iraq	e56.5	e74.0	e39.6	e57.2	e52.8	Iraq
Australia	49.8	55.2	46.3	52.2	63.0	Australie
Poland	59.9	51.3	53.1	47.9	47.4	Pologne
Netherlands	42.0	46.4	51.8	57.5	55.2	Pays-Bas
China, Hong Kong SAR	45.5	44.1	41.9	32.3	29.9	Chine - RAS de Hong-Kong
Italy-San Marino-Holy See	34.2	32.2	31.1	37.0	39.4	Italie-Saint-Marin-Saint-Siège
Belgium	27.4	31.1	30.4	34.6	39.3	Belgique
Sudan	20.9	28.1	44.0	30.5	e35.2	Soudan
Ukraine	22.1	23.1	31.0	35.1	e47.5	Ukraine
Iran (Islamic Republic of)	49.2	53.9	50.1	0.4	0.0	Iran (République islamique d')
Kuwait	31.9	26.1	25.5	e29.0	e35.0	Koweït
Ireland	25.8	26.0	24.2	27.7	35.3	Irlande
Libyan Arab Jamahiriya	e15.4	e51.6	e40.4	e15.2	e8.8	Jamahiriya arabe libyenne
Kazakhstan	27.2	21.5	25.1	e24.1	31.2	Kazakhstan
Sweden	25.2	27.2	23.1	24.1	26.0	Suède
Uruguay	29.5	27.5	27.5	20.6	16.4	Uruguay

(Value as percentages of World total) — **(Valeur en pourcentage du total mondial)**

Regions of the world	1994	1995	1996	1997	1998	1999	2000	2001	2002	2003	Régions du monde
World	100.0	100.0	100.0	100.0	100.0	100.0	100.0	100.0	100.0	100.0	Monde
Africa	12.0	13.1	12.5	12.4	12.8	10.4	12.3	11.9	11.5	9.0	Afrique
Americas	11.7	10.8	11.6	10.8	10.6	10.9	10.4	10.9	10.6	10.8	Amériques
- Northern America	8.6	7.4	8.0	7.7	7.8	8.1	7.8	8.3	8.4	9.0	- Amérique du Nord
- LAIA	2.7	3.1	3.2	2.8	2.5	2.3	2.1	2.2	1.8	1.4	- ALAI
- CACM	0.1	0.1	0.1	0.1	0.1	0.1	0.1	0.1	0.1	0.1	- MCC
- Caribbean	0.2	0.2	0.2	0.2	0.2	0.2	0.2	0.2	0.2	0.2	- Caraïbes
- Rest of America	0.1	0.1	0.1	0.1	0.1	0.1	0.1	0.1	0.1	0.1	- Autre d'Amérique
Asia excluding former USSR	33.3	32.4	30.0	31.3	32.4	34.1	37.7	37.9	37.0	37.3	Asie ancienne URSS exclus
- Middle East	11.7	11.8	11.3	13.5	14.7	16.8	17.6	17.5	16.5	18.6	- Moyen-Orient
Asia former USSR	1.4	1.9	2.2	1.1	1.9	2.6	2.3	2.7	2.4	2.6	Asie ancienne URSS
Europe excluding former USSR	31.7	31.0	32.6	30.9	29.0	28.6	26.1	25.8	26.7	27.6	Europe ancienne URSS exclus
- European Union	27.6	26.7	28.2	26.6	24.5	24.9	22.9	22.5	23.4	24.1	- Union Européenne
- Eastern Europe	2.9	3.1	3.3	3.2	3.3	2.5	2.2	2.3	2.1	2.1	- Europe de l'Est
- Rest of Europe	1.2	1.3	1.2	1.1	1.2	1.2	1.0	1.0	1.2	1.3	- Autre de l'Europe
Europe former USSR	7.5	8.6	8.6	11.2	11.2	11.2	9.0	8.8	9.5	10.2	Europe ancienne URSS
Oceania	2.3	2.1	2.5	2.2	2.2	2.2	2.3	2.0	2.2	2.6	Océanie

TRADE BY COMMODITY (Value in million US dollars)
Exports by principal countries or areas

COMMERCE PAR PRODUIT (Valeur en millions de dollars EU)
Exportations selon les principaux pays ou zones

Country or area	1999	2000	2001	2002	2003	Pays ou zone
World	2891.0	3131.2	2626.5	2575.1	3074.0	Monde
Africa	618.1	637.8	344.6	314.4	617.1	Afrique
Americas	133.2	136.0	139.7	130.1	123.7	Amériques
- Northern America	25.9	30.7	30.8	33.8	38.6	- Amérique du Nord
- LAIA	102.2	101.4	105.8	93.2	81.6	- ALAI
- CACM	2.0	0.9	1.0	1.3	0.9	- MCC
- Caribbean	0.9	1.1	1.7	1.9	2.4	- Caraïbes
- Rest of America	2.2	1.9	0.3	0.0	0.3	- Autre d'Amérique
Asia excluding former USSR	1693.5	1946.6	1711.9	1666.0	1762.6	Asie ancienne URSS exclus
- Middle East	107.6	100.3	70.3	79.8	98.8	- Moyen-Orient
Asia former USSR	17.6	11.3	11.2	9.0	11.2	Asie ancienne URSS
Europe excluding former USSR	405.9	382.5	404.5	439.8	536.9	Europe ancienne URSS exclus
- European Union	384.8	354.5	381.5	412.2	505.6	- Union Européenne
- Eastern Europe	15.5	23.3	18.3	21.7	25.8	- Europe de l'Est
- Rest of Europe	5.7	4.7	4.7	5.9	5.5	- Autre de l'Europe
Europe former USSR	12.4	6.6	5.7	7.8	11.8	Europe ancienne URSS
Oceania	10.3	10.5	8.9	8.0	10.7	Océanie
Sri Lanka	612.0	e790.8	680.0	650.4	e705.8	Sri Lanka
India	403.3	430.8	349.7	326.7	333.6	Inde
Kenya	469.3	463.6	e195.5	140.9	481.2	Kenya
China	338.4	347.4	342.1	331.8	367.2	Chine
United Kingdom	195.2	160.4	170.2	191.5	240.4	Royaume-Uni
Indonesia	97.5	112.2	101.5	107.2	98.8	Indonésie
Germany	70.5	71.4	79.1	87.8	106.0	Allemagne
Viet Nam	45.1	69.6	78.1	83.8	e79.3	Viet Nam
United Arab Emirates	84.5	77.3	55.9	e58.3	e69.2	Emirates arabes unis
Argentina	63.0	63.3	65.3	59.5	52.6	Argentine
Belgium	42.2	44.2	47.9	48.4	56.8	Belgique
Malawi	39.8	36.1	34.8	36.7	32.8	Malawi
France-Monaco	31.8	30.3	34.3	34.9	42.4	France-Monaco
Brazil	35.5	34.7	34.2	26.5	21.6	Brésil
United Republic of Tanzania	30.2	32.3	28.2	29.6	24.8	République-Unie de Tanzanie
Uganda	21.4	37.1	30.3	31.3	8.3	Ouganda
United States	21.6	25.0	23.8	26.5	28.9	Etats-Unis d'Amérique
Netherlands	17.9	22.2	22.9	27.1	29.3	Pays-Bas
Zimbabwe	20.0	18.9	6.6	30.2	e26.2	Zimbabwe
China, Hong Kong SAR	25.8	26.4	20.8	13.5	10.9	Chine - RAS de Hong-Kong
Bangladesh	e15.3	e18.6	22.1	e17.8	13.2	Bangladesh
Singapore	15.8	17.4	15.5	15.8	7.5	Singapour
Rwanda	14.6	e15.6	16.6	11.8	11.9	Rwanda
South Africa	–	20.2	14.6	18.1	12.8	Afrique du Sud
Poland	10.5	13.5	9.9	13.9	15.4	Pologne
Japan	11.9	11.2	10.0	11.8	13.8	Japon
Sweden	8.9	11.9	11.8	8.7	10.6	Suède
Iran (Islamic Republic of)	11.3	12.2	6.3	6.2	6.6	Iran (République islamique d')
Canada	4.4	5.7	7.1	7.3	9.7	Canada
Georgia	11.4	6.1	5.8	e1.6	4.4	Géorgie

(Value as percentages of World total)　　　　　　　　　　　　　　**(Valeur en pourcentage du total mondial)**

Regions of the world	1994	1995	1996	1997	1998	1999	2000	2001	2002	2003	Régions du monde
World	100.0	100.0	100.0	100.0	100.0	100.0	100.0	100.0	100.0	100.0	Monde
Africa	20.4	18.4	18.9	18.2	21.5	21.4	20.4	13.1	12.2	20.1	Afrique
Americas	5.6	5.9	5.6	5.1	4.6	4.6	4.3	5.3	5.1	4.0	Amériques
- Northern America	0.9	0.9	1.0	0.8	0.6	0.9	1.0	1.2	1.3	1.3	- Amérique du Nord
- LAIA	4.7	4.9	4.6	4.2	3.8	3.5	3.2	4.0	3.6	2.7	- ALAI
- CACM	0.0	0.0	0.0	0.0	0.1	0.1	0.0	0.0	0.0	0.0	- MCC
- Caribbean	0.0	0.0	0.0	0.0	0.0	0.0	0.0	0.1	0.1	0.1	- Caraïbes
- Rest of America	0.0	0.0	0.0	0.0	0.0	0.1	0.1	0.0	0.0	0.0	- Autre d'Amérique
Asia excluding former USSR	55.7	56.2	55.4	59.1	58.1	58.6	62.2	65.2	64.7	57.3	Asie ancienne URSS exclus
- Middle East	1.0	0.9	0.8	1.1	3.3	3.7	3.2	2.7	3.1	3.2	- Moyen-Orient
Asia former USSR	0.2	0.4	0.4	0.6	0.5	0.6	0.4	0.4	0.3	0.4	Asie ancienne URSS
Europe excluding former USSR	16.7	17.5	17.5	15.7	14.4	14.0	12.2	15.4	17.1	17.5	Europe ancienne URSS exclus
- European Union	15.7	16.6	16.7	15.0	13.6	13.3	11.3	14.5	16.0	16.4	- Union Européenne
- Eastern Europe	0.7	0.5	0.6	0.6	0.7	0.5	0.7	0.7	0.8	0.8	- Europe de l'Est
- Rest of Europe	0.4	0.3	0.2	0.2	0.2	0.2	0.2	0.2	0.2	0.2	- Autre de l'Europe
Europe former USSR	0.6	0.7	0.8	0.7	0.5	0.4	0.2	0.2	0.3	0.4	Europe ancienne URSS
Oceania	0.8	0.9	0.9	0.7	0.4	0.4	0.3	0.3	0.3	0.3	Océanie

075 Spices

Country or area	1999	2000	2001	2002	2003	Pays ou zone
World	2775.1	2868.9	2720.9	2663.3	3084.1	Monde
Africa	69.0	82.7	82.9	81.9	93.4	Afrique
Americas	720.0	756.8	727.6	738.6	884.8	Amériques
- Northern America	588.4	609.3	570.2	596.1	750.6	- Amérique du Nord
- LAIA	108.0	120.7	134.0	119.3	112.1	- ALAI
- CACM	7.7	8.7	9.0	9.0	8.5	- MCC
- Caribbean	12.5	14.3	11.7	11.4	9.4	- Caraïbes
- Rest of America	3.4	3.7	2.7	2.8	4.3	- Autre d'Amérique
Asia excluding former USSR	985.2	1050.2	1022.1	926.5	998.8	Asie ancienne URSS exclus
- Middle East	207.7	283.4	272.1	282.1	325.2	- Moyen-Orient
Asia former USSR	1.3	2.0	1.7	2.3	3.7	Asie ancienne URSS
Europe excluding former USSR	925.6	895.2	819.5	843.1	1015.0	Europe ancienne URSS exclus
- European Union	814.8	789.3	728.0	745.0	897.4	- Union Européenne
- Eastern Europe	62.6	60.9	48.7	52.0	64.8	- Europe de l'Est
- Rest of Europe	48.2	45.0	42.9	46.1	52.8	- Autre de l'Europe
Europe former USSR	44.6	49.5	40.5	40.7	52.6	Europe ancienne URSS
Oceania	29.5	32.6	26.7	30.3	35.8	Océanie
United States	522.7	548.1	514.6	541.4	679.6	Etats-Unis d'Amérique
Japan	198.3	200.1	198.3	163.8	184.3	Japon
Germany	202.7	180.3	162.2	164.4	192.8	Allemagne
Singapore	201.2	185.2	194.1	128.9	102.4	Singapour
Netherlands	157.6	145.7	113.6	105.9	124.0	Pays-Bas
France-Monaco	98.9	102.6	99.7	120.9	171.2	France-Monaco
United Arab Emirates	83.7	123.8	117.7	e120.7	e141.5	Emirates arabes unis
Saudi Arabia	72.2	98.8	93.0	97.3	111.2	Arabie saoudite
United Kingdom	88.3	95.6	95.1	90.6	101.2	Royaume-Uni
Spain	83.0	80.9	91.2	79.8	88.0	Espagne
India	45.2	44.5	80.8	92.7	93.5	Inde
Malaysia	59.1	64.2	60.9	67.9	56.4	Malaisie
Mexico	50.1	58.2	69.9	67.5	62.0	Mexique
Canada	65.6	61.2	55.5	54.5	70.8	Canada
Belgium	42.9	40.3	40.9	51.0	64.1	Belgique
Italy-San Marino-Holy See	40.5	39.1	31.4	33.8	37.9	Italie-Saint-Marin-Saint-Siège
Indonesia	55.8	62.9	32.0	14.8	11.1	Indonésie
Korea, Republic of	33.7	34.8	35.5	30.5	33.2	République de Corée
Sri Lanka	27.6	e35.5	26.6	28.3	e31.3	Sri Lanka
China, Hong Kong SAR	31.0	38.0	29.3	25.4	13.0	Chine - RAS de Hong-Kong
Pakistan	31.2	22.2	18.8	19.5	40.7	Pakistan
Austria	25.2	25.4	22.1	23.8	28.7	Autriche
Switzerland-Liechtenstein	20.6	20.0	20.2	23.3	28.1	Suisse-Liechtenstein
Sweden	23.3	24.8	20.6	21.4	22.2	Suède
Australia	21.7	24.3	18.5	21.7	24.7	Australie
Poland	22.2	23.4	16.8	18.6	22.5	Pologne
Denmark	19.1	17.9	16.3	17.6	25.5	Danemark
Brazil	14.8	15.4	19.2	18.6	20.2	Brésil
Russian Federation	16.5	17.4	14.6	16.1	20.8	Fédération de Russie
Kuwait	13.1	15.9	15.3	e17.4	e21.0	Koweït

(Value as percentages of World total)   **(Valeur en pourcentage du total mondial)**

Regions of the world	1994	1995	1996	1997	1998	1999	2000	2001	2002	2003	Régions du monde
World	100.0	100.0	100.0	100.0	100.0	100.0	100.0	100.0	100.0	100.0	Monde
Africa	3.5	3.1	2.8	2.7	3.1	2.5	2.9	3.0	3.1	3.0	Afrique
Americas	27.5	24.1	22.6	22.7	26.6	25.9	26.4	26.7	27.7	28.7	Amériques
- Northern America	21.8	19.3	18.2	18.0	20.4	21.2	21.2	21.0	22.4	24.3	- Amérique du Nord
- LAIA	4.7	3.8	3.6	3.8	5.0	3.9	4.2	4.9	4.5	3.6	- ALAI
- CACM	0.3	0.3	0.2	0.3	0.3	0.3	0.3	0.3	0.3	0.3	- MCC
- Caribbean	0.6	0.5	0.4	0.4	0.8	0.5	0.5	0.4	0.4	0.3	- Caraïbes
- Rest of America	0.2	0.1	0.1	0.1	0.1	0.1	0.1	0.1	0.1	0.1	- Autre d'Amérique
Asia excluding former USSR	34.2	36.0	41.0	39.4	32.5	35.5	36.6	37.6	34.8	32.4	Asie ancienne URSS exclus
- Middle East	7.9	8.7	13.0	13.2	8.9	7.5	9.9	10.0	10.6	10.5	- Moyen-Orient
Asia former USSR	0.0	0.1	0.1	0.0	0.0	0.0	0.1	0.1	0.1	0.1	Asie ancienne URSS
Europe excluding former USSR	32.3	33.8	29.6	31.6	34.8	33.4	31.2	30.1	31.7	32.9	Europe ancienne URSS exclus
- European Union	27.9	29.3	25.7	27.7	30.3	29.4	27.5	26.8	28.0	29.1	- Union Européenne
- Eastern Europe	2.4	2.6	2.2	2.4	2.7	2.3	2.1	1.8	2.0	2.1	- Europe de l'Est
- Rest of Europe	2.0	2.0	1.6	1.5	1.9	1.7	1.6	1.6	1.7	1.7	- Autre de l'Europe
Europe former USSR	1.3	1.8	2.9	2.7	1.7	1.6	1.7	1.5	1.5	1.7	Europe ancienne URSS
Oceania	1.2	1.1	1.0	1.0	1.1	1.1	1.1	1.0	1.1	1.2	Océanie

TRADE BY COMMODITY (Value in million US dollars)
Exports by principal countries or areas

COMMERCE PAR PRODUIT (Valeur en millions de dollars EU)
Exportations selon les principaux pays ou zones

Country or area	1999	2000	2001	2002	2003	Pays ou zone
World	2624.4	2644.8	2492.2	2600.8	2781.4	Monde
Africa	99.1	173.1	310.2	280.0	318.0	Afrique
Americas	345.6	350.3	379.9	390.8	374.5	Amériques
- Northern America	83.0	90.9	79.1	80.1	105.6	- Amérique du Nord
- LAIA	160.6	149.1	172.2	186.7	165.0	- ALAI
- CACM	74.7	86.3	104.3	101.8	84.2	- MCC
- Caribbean	26.4	22.5	22.7	21.0	18.7	- Caraïbes
- Rest of America	1.0	1.5	1.6	1.2	0.9	- Autre d'Amérique
Asia excluding former USSR	1681.8	1658.4	1314.2	1388.4	1387.9	Asie ancienne URSS exclus
- Middle East	182.4	186.0	238.7	264.5	248.6	- Moyen-Orient
Asia former USSR	1.6	2.2	2.6	3.7	4.5	Asie ancienne URSS
Europe excluding former USSR	461.9	438.1	460.1	515.1	635.4	Europe ancienne URSS exclus
- European Union	417.8	399.2	422.5	471.9	581.4	- Union Européenne
- Eastern Europe	30.8	27.6	27.8	32.8	41.8	- Europe de l'Est
- Rest of Europe	13.3	11.2	9.8	10.4	12.1	- Autre de l'Europe
Europe former USSR	23.5	11.2	9.2	5.6	7.8	Europe ancienne URSS
Oceania	10.9	11.5	16.0	17.3	53.4	Océanie
India	315.3	261.4	206.2	212.0	213.4	Inde
Indonesia	279.2	317.4	176.1	190.2	192.9	Indonésie
Singapore	317.0	290.1	175.4	160.3	135.2	Singapour
China	142.6	152.4	190.0	209.2	241.3	Chine
Madagascar	33.0	105.5	239.2	191.1	219.7	Madagascar
Viet Nam	145.6	157.6	113.1	122.8	e116.1	Viet Nam
Netherlands	129.2	115.8	99.4	89.3	104.8	Pays-Bas
Brazil	103.4	84.1	93.2	103.4	86.3	Brésil
Germany	81.3	70.6	79.5	88.6	112.3	Allemagne
Sri Lanka	80.2	e77.1	66.3	95.6	e103.7	Sri Lanka
Spain	76.5	77.5	83.3	86.7	97.4	Espagne
Guatemala	57.8	80.7	97.1	94.4	79.9	Guatemala
Malaysia	115.4	103.6	57.4	50.4	43.2	Malaisie
United States	65.5	71.8	65.0	63.4	74.9	Etats-Unis d'Amérique
France-Monaco	41.9	42.7	54.9	80.0	108.5	France-Monaco
Iran (Islamic Republic of)	47.8	53.8	61.5	67.2	92.0	Iran (République islamique d')
Syrian Arab Republic	30.9	29.8	e79.3	94.0	51.5	République arabe syrienne
Turkey	52.3	52.5	53.3	61.3	53.4	Turquie
United Arab Emirates	42.4	43.3	34.2	e35.6	e42.3	Emirates arabes unis
United Kingdom	25.8	29.7	43.4	37.6	38.4	Royaume-Uni
Mexico	31.6	34.5	33.1	36.9	32.0	Mexique
Austria	15.1	14.9	17.1	34.3	53.5	Autriche
Belgium	21.6	18.6	17.6	18.9	27.0	Belgique
China, Hong Kong SAR	24.2	30.9	20.3	17.9	8.7	Chine - RAS de Hong-Kong
Canada	17.5	19.1	14.1	16.8	30.7	Canada
Chile	16.9	18.7	21.9	18.2	15.6	Chili
Thailand	19.2	23.7	15.2	e11.5	13.5	Thaïlande
Pakistan	14.0	15.5	11.2	13.9	19.1	Pakistan
Peru	4.0	6.9	17.4	20.3	23.4	Pérou
Grenada	17.4	13.4	14.9	13.7	10.8	Grenade

(Value as percentages of World total)

(Valeur en pourcentage du total mondial)

Regions of the world	1994	1995	1996	1997	1998	1999	2000	2001	2002	2003	Régions du monde
World	100.0	100.0	100.0	100.0	100.0	100.0	100.0	100.0	100.0	100.0	Monde
Africa	8.2	6.2	4.3	4.0	4.5	3.8	6.5	12.4	10.8	11.4	Afrique
Americas	12.0	11.5	12.4	11.4	13.9	13.2	13.2	15.2	15.0	13.5	Amériques
- Northern America	3.7	3.1	3.1	2.7	3.2	3.2	3.4	3.2	3.1	3.8	- Amérique du Nord
- LAIA	4.2	4.8	5.1	4.6	5.6	6.1	5.6	6.9	7.2	5.9	- ALAI
- CACM	3.4	3.0	3.6	3.4	4.3	2.8	3.3	4.2	3.9	3.0	- MCC
- Caribbean	0.8	0.6	0.6	0.6	0.7	1.0	0.9	0.9	0.8	0.7	- Caraïbes
- Rest of America	0.0	0.0	0.0	0.0	0.0	0.0	0.1	0.1	0.0	0.0	- Autre d'Amérique
Asia excluding former USSR	60.0	62.6	64.3	66.7	61.9	64.1	62.7	52.7	53.4	49.9	Asie ancienne URSS exclus
- Middle East	7.9	6.0	9.2	9.1	7.0	7.0	7.0	9.6	10.2	8.9	- Moyen-Orient
Asia former USSR	0.1	0.1	0.1	0.1	0.1	0.1	0.1	0.1	0.1	0.2	Asie ancienne URSS
Europe excluding former USSR	18.9	18.8	18.0	16.9	18.9	17.6	16.6	18.5	19.8	22.8	Europe ancienne URSS exclus
- European Union	16.4	16.6	16.0	15.1	16.9	15.9	15.1	17.0	18.1	20.9	- Union Européenne
- Eastern Europe	1.6	1.5	1.7	1.5	1.4	1.2	1.0	1.1	1.3	1.5	- Europe de l'Est
- Rest of Europe	0.8	0.7	0.3	0.3	0.5	0.5	0.4	0.4	0.4	0.4	- Autre de l'Europe
Europe former USSR	0.2	0.2	0.5	0.6	0.4	0.9	0.4	0.4	0.2	0.3	Europe ancienne URSS
Oceania	0.7	0.7	0.5	0.4	0.4	0.4	0.4	0.6	0.7	1.9	Océanie

081 Feeding stuff for animals (not including unmilled cereals)

TRADE BY COMMODITY (Value in million US dollars)
Imports by principal countries or areas

COMMERCE PAR PRODUIT (Valeur en millions de dollars EU)
Importations selon les principaux pays ou zones

Country or area	1999	2000	2001	2002	2003	Pays ou zone
World	20677.9	22378.2	23802.5	24912.5	27682.4	Monde
Africa	650.0	835.2	920.7	957.3	867.9	Afrique
Americas	2561.4	2918.8	3077.0	3182.1	3467.3	Amériques
- Northern America	1213.2	1316.9	1354.0	1419.3	1493.8	- Amérique du Nord
- LAIA	1047.7	1176.5	1326.4	1341.7	1511.4	- ALAI
- CACM	128.4	228.9	197.5	219.2	248.1	- MCC
- Caribbean	123.0	141.2	147.8	147.7	146.1	- Caraïbes
- Rest of America	49.1	55.3	51.2	54.2	67.9	- Autre d'Amérique
Asia excluding former USSR	5772.7	6819.9	6901.9	7106.2	7674.1	Asie ancienne URSS exclus
- Middle East	752.9	889.1	814.9	852.7	979.7	- Moyen-Orient
Asia former USSR	8.3	11.3	8.4	22.3	28.6	Asie ancienne URSS
Europe excluding former USSR	11164.6	11312.7	12261.4	12876.3	14714.9	Europe ancienne URSS exclus
- European Union	9719.4	9798.2	10557.6	10976.2	12598.2	- Union Européenne
- Eastern Europe	781.3	873.3	1031.1	1127.9	1229.1	- Europe de l'Est
- Rest of Europe	663.9	641.1	672.7	772.1	887.6	- Autre de l'Europe
Europe former USSR	344.3	300.5	419.1	501.4	601.0	Europe ancienne URSS
Oceania	176.6	179.9	214.1	266.9	328.6	Océanie
Japan	1943.5	2035.6	2114.0	2155.3	2309.3	Japon
Germany	1422.3	1479.5	1679.4	1705.8	1847.1	Allemagne
France-Monaco	1268.5	1463.7	1486.2	1526.2	1802.3	France-Monaco
Netherlands	1130.4	1029.2	1192.5	1286.3	1474.3	Pays-Bas
United Kingdom	1049.9	1048.3	1128.2	1114.7	1476.7	Royaume-Uni
Italy-San Marino-Holy See	989.9	1005.6	1179.2	1182.9	1298.0	Italie-Saint-Marin-Saint-Siège
Belgium	912.8	897.9	940.2	964.6	1095.6	Belgique
Spain	917.0	885.8	873.6	1004.5	1115.5	Espagne
China	619.8	908.6	641.8	777.7	667.7	Chine
United States	635.3	684.2	665.7	707.7	745.6	Etats-Unis d'Amérique
Denmark	595.6	641.4	648.3	687.2	812.9	Danemark
Canada	573.1	631.2	685.8	708.0	744.6	Canada
Korea, Republic of	480.4	577.1	692.1	699.3	747.6	République de Corée
Thailand	436.1	486.8	571.0	e554.3	649.9	Thaïlande
Indonesia	274.3	487.4	585.7	508.7	611.4	Indonésie
Mexico	306.8	322.3	405.9	463.8	539.9	Mexique
Poland	311.3	348.7	416.6	427.9	477.4	Pologne
Ireland	360.9	328.3	341.8	365.3	377.4	Irlande
Egypt	251.1	343.0	372.0	352.3	309.6	Egypte
Philippines	225.8	305.2	339.1	355.3	363.3	Philippines
Portugal	300.6	274.4	267.2	250.8	e256.2	Portugal
Austria	211.5	220.7	256.2	279.6	331.5	Autriche
Malaysia	231.4	246.6	264.7	264.6	258.3	Malaisie
Hungary	193.3	219.7	256.4	273.4	299.7	Hongrie
Switzerland-Liechtenstein	214.3	213.5	225.6	247.2	294.0	Suisse-Liechtenstein
Russian Federation	207.6	145.9	209.3	263.7	316.4	Fédération de Russie
Sweden	217.0	216.1	214.3	216.8	250.0	Suède
Greece	220.6	179.9	197.5	230.9	280.4	Grèce
Norway	204.9	199.4	189.2	232.9	269.0	Norvège
Czech Republic	146.8	163.2	184.6	217.8	235.8	République tchèque

(Value as percentages of World total)

(Valeur en pourcentage du total mondial)

Regions of the world	1994	1995	1996	1997	1998	1999	2000	2001	2002	2003	Régions du monde
World	100.0	100.0	100.0	100.0	100.0	100.0	100.0	100.0	100.0	100.0	Monde
Africa	3.0	3.1	2.9	3.3	3.3	3.1	3.7	3.9	3.8	3.1	Afrique
Americas	9.8	9.2	9.5	10.7	11.9	12.4	13.0	12.9	12.8	12.5	Amériques
- Northern America	5.2	4.9	5.0	5.4	5.7	5.9	5.9	5.7	5.7	5.4	- Amérique du Nord
- LAIA	3.6	3.3	3.3	3.8	4.8	5.1	5.3	5.6	5.4	5.5	- ALAI
- CACM	0.4	0.4	0.4	0.6	0.5	0.6	1.0	0.8	0.9	0.9	- MCC
- Caribbean	0.4	0.5	0.6	0.7	0.6	0.6	0.6	0.6	0.6	0.5	- Caraïbes
- Rest of America	0.2	0.2	0.2	0.2	0.3	0.2	0.2	0.2	0.2	0.2	- Autre d'Amérique
Asia excluding former USSR	25.3	27.6	30.1	32.8	28.8	27.9	30.5	29.0	28.5	27.7	Asie ancienne URSS exclus
- Middle East	2.6	3.1	2.9	3.2	3.6	3.6	4.0	3.4	3.4	3.5	- Moyen-Orient
Asia former USSR	0.0	0.0	0.0	0.0	0.0	0.0	0.1	0.0	0.1	0.1	Asie ancienne URSS
Europe excluding former USSR	60.4	58.3	55.7	51.2	53.7	54.0	50.6	51.5	51.7	53.2	Europe ancienne URSS exclus
- European Union	54.2	51.5	49.2	44.9	46.0	47.0	43.8	44.4	44.1	45.5	- Union Européenne
- Eastern Europe	3.4	3.9	4.2	4.0	4.6	3.8	3.9	4.3	4.5	4.4	- Europe de l'Est
- Rest of Europe	2.8	2.9	2.3	2.4	3.1	3.2	2.9	2.8	3.1	3.2	- Autre de l'Europe
Europe former USSR	0.9	1.1	1.1	1.3	1.5	1.7	1.3	1.8	2.0	2.2	Europe ancienne URSS
Oceania	0.7	0.6	0.6	0.7	0.8	0.9	0.8	0.9	1.1	1.2	Océanie

Nourriture destinée aux animaux (à l'exclusions des céréales non moulues) 081

TRADE BY COMMODITY (Value in million US dollars)
Exports by principal countries or areas

COMMERCE PAR PRODUIT (Valeur en millions de dollars EU)
Exportations selon les principaux pays ou zones

Country or area	1999	2000	2001	2002	2003	Pays ou zone
World	18949.7	20274.5	21933.4	22887.9	25874.7	Monde
Africa	102.8	112.5	199.9	239.4	317.5	Afrique
Americas	9005.6	10370.2	11484.4	11524.8	12678.1	Amériques
- Northern America	4239.8	4711.4	5123.4	4750.2	4809.1	- Amérique du Nord
- LAIA	4734.3	5617.1	6301.1	6713.5	7788.6	- ALAI
- CACM	16.8	17.4	25.4	33.1	39.6	- MCC
- Caribbean	9.3	14.6	22.2	20.7	27.1	- Caraïbes
- Rest of America	5.4	9.6	12.3	7.3	13.6	- Autre d'Amérique
Asia excluding former USSR	1465.1	1639.0	1691.2	1710.6	2233.6	Asie ancienne URSS exclus
- Middle East	84.9	82.4	78.0	70.8	84.1	- Moyen-Orient
Asia former USSR	17.8	16.3	18.9	18.9	16.5	Asie ancienne URSS
Europe excluding former USSR	7835.7	7357.5	7767.4	8550.5	9660.3	Europe ancienne URSS exclus
- European Union	7141.9	6680.3	7003.4	7645.2	8631.7	- Union Européenne
- Eastern Europe	237.3	270.3	348.5	380.8	513.7	- Europe de l'Est
- Rest of Europe	456.5	406.9	415.5	524.5	514.9	- Autre de l'Europe
Europe former USSR	80.4	134.2	195.4	225.8	313.5	Europe ancienne URSS
Oceania	442.2	644.8	576.3	617.8	655.3	Océanie
United States	3635.8	4088.7	4478.1	4114.7	4159.7	Etats-Unis d'Amérique
Argentina	2049.4	2433.2	2626.7	2783.1	3500.4	Argentine
Brazil	1587.1	1716.0	2166.8	2300.2	2713.2	Brésil
Netherlands	1673.1	1673.2	1619.5	1888.8	2152.1	Pays-Bas
Germany	1294.1	1210.3	1444.7	1491.6	1632.0	Allemagne
France-Monaco	1301.1	1189.2	1170.4	1273.2	1525.1	France-Monaco
Belgium	943.5	863.3	974.3	956.5	945.4	Belgique
Peru	564.9	902.0	858.9	848.0	769.4	Pérou
Canada	601.7	622.4	645.0	634.8	648.9	Canada
Denmark	594.3	500.0	497.7	564.1	639.9	Danemark
Australia	404.2	564.7	483.3	521.7	540.0	Australie
United Kingdom	541.3	486.6	421.5	465.6	544.0	Royaume-Uni
India	388.8	469.2	509.4	316.3	730.9	Inde
China	239.2	303.1	337.5	431.2	435.0	Chine
Chile	303.6	255.0	328.3	342.8	371.2	Chili
Thailand	258.5	292.6	272.1	e323.2	377.5	Thaïlande
Spain	224.3	214.9	283.0	306.2	398.4	Espagne
Italy-San Marino-Holy See	225.9	222.6	218.3	251.8	243.9	Italie-Saint-Marin-Saint-Siège
Bolivia	114.5	147.8	194.6	211.8	212.7	Bolivie
Austria	120.4	112.3	130.0	179.2	224.5	Autriche
Hungary	78.0	104.0	134.5	165.0	264.3	Hongrie
Norway	167.4	130.2	133.5	162.9	150.2	Norvège
Iceland	121.6	119.9	134.8	198.0	155.7	Islande
Ireland	121.1	111.6	119.8	133.1	171.7	Irlande
Malaysia	103.0	95.5	106.4	142.2	149.6	Malaisie
Switzerland-Liechtenstein	105.2	96.6	93.8	96.7	126.1	Suisse-Liechtenstein
Indonesia	88.4	95.6	85.9	107.1	120.4	Indonésie
Paraguay	58.0	81.8	19.9	126.2	134.5	Paraguay
Poland	58.4	49.1	93.4	101.7	107.8	Pologne
New Zealand	37.3	78.5	90.8	93.7	104.7	Nouvelle-Zélande

(Value as percentages of World total)

(Valeur en pourcentage du total mondial)

Regions of the world	1994	1995	1996	1997	1998	1999	2000	2001	2002	2003	Régions du monde
World	100.0	100.0	100.0	100.0	100.0	100.0	100.0	100.0	100.0	100.0	Monde
Africa	0.7	0.8	0.5	0.5	0.6	0.5	0.6	0.9	1.0	1.2	Afrique
Americas	47.3	45.7	50.7	52.6	47.9	47.5	51.1	52.4	50.4	49.0	Amériques
- Northern America	21.2	21.3	21.2	23.1	24.2	22.4	23.2	23.4	20.8	18.6	- Amérique du Nord
- LAIA	25.9	24.1	29.2	29.3	23.4	25.0	27.7	28.7	29.3	30.1	- ALAI
- CACM	0.1	0.1	0.1	0.1	0.1	0.1	0.1	0.1	0.1	0.2	- MCC
- Caribbean	0.1	0.1	0.2	0.1	0.1	0.0	0.1	0.1	0.1	0.1	- Caraïbes
- Rest of America	0.0	0.0	0.0	0.0	0.0	0.0	0.0	0.1	0.0	0.1	- Autre d'Amérique
Asia excluding former USSR	10.8	10.2	10.4	9.0	7.4	7.7	8.1	7.7	7.5	8.6	Asie ancienne URSS exclus
- Middle East	0.3	0.3	0.3	0.3	0.3	0.4	0.4	0.4	0.3	0.3	- Moyen-Orient
Asia former USSR	0.1	0.1	0.1	0.0	0.1	0.1	0.1	0.1	0.1	0.1	Asie ancienne URSS
Europe excluding former USSR	39.0	41.2	36.0	35.6	41.6	41.4	36.3	35.4	37.4	37.3	Europe ancienne URSS exclus
- European Union	36.4	38.3	33.1	32.8	37.8	37.7	32.9	31.9	33.4	33.4	- Union Européenne
- Eastern Europe	0.8	1.0	1.0	0.9	1.1	1.3	1.3	1.6	1.7	2.0	- Europe de l'Est
- Rest of Europe	1.8	1.9	2.0	1.9	2.7	2.4	2.0	1.9	2.3	2.0	- Autre de l'Europe
Europe former USSR	0.4	0.3	0.5	0.4	0.5	0.4	0.7	0.9	1.0	1.2	Europe ancienne URSS
Oceania	1.8	1.7	1.9	1.9	1.8	2.3	3.2	2.6	2.7	2.5	Océanie

091 Margarine and shortening

Country or area	1999	2000	2001	2002	2003	Pays ou zone
World	1632.5	1611.9	1520.4	1629.4	1930.6	Monde
Africa	124.1	113.9	102.9	102.4	118.7	Afrique
Americas	225.3	272.5	307.5	320.1	310.1	Amériques
- Northern America	47.2	43.8	60.3	69.1	78.9	- Amérique du Nord
- LAIA	121.5	173.5	191.0	200.1	183.8	- ALAI
- CACM	15.2	18.1	18.7	15.5	14.1	- MCC
- Caribbean	34.7	29.8	31.2	29.7	26.4	- Caraïbes
- Rest of America	6.6	7.4	6.3	5.8	6.8	- Autre d'Amérique
Asia excluding former USSR	332.3	432.1	323.6	273.8	283.6	Asie ancienne URSS exclus
- Middle East	105.1	135.8	80.2	65.3	96.2	- Moyen-Orient
Asia former USSR	19.7	26.5	19.5	19.8	22.2	Asie ancienne URSS
Europe excluding former USSR	756.4	652.6	650.4	777.2	1028.1	Europe ancienne URSS exclus
- European Union	644.9	561.9	559.1	677.2	910.4	- Union Européenne
- Eastern Europe	66.0	56.9	57.3	57.3	69.7	- Europe de l'Est
- Rest of Europe	45.5	33.7	34.0	42.7	48.0	- Autre de l'Europe
Europe former USSR	147.8	92.5	94.8	107.0	129.5	Europe ancienne URSS
Oceania	27.0	21.8	21.7	29.0	38.4	Océanie
France-Monaco	126.4	104.0	112.1	170.4	218.5	France-Monaco
United Kingdom	108.6	98.4	72.6	58.8	69.0	Royaume-Uni
Chile	19.0	63.7	76.8	117.8	106.6	Chili
Belgium	63.9	56.0	58.6	70.2	92.2	Belgique
Germany	60.9	48.6	51.7	56.1	95.1	Allemagne
China, Hong Kong SAR	83.9	64.4	54.0	52.4	52.1	Chine - RAS de Hong-Kong
Netherlands	50.9	51.5	43.6	65.9	87.5	Pays-Bas
China	47.7	123.1	75.2	26.4	19.3	Chine
Russian Federation	82.6	42.3	41.1	46.5	56.4	Fédération de Russie
Spain	32.2	27.7	34.0	49.0	88.1	Espagne
Italy-San Marino-Holy See	42.5	35.5	34.5	39.0	47.7	Italie-Saint-Marin-Saint-Siège
Mexico	35.3	38.0	40.0	40.4	43.9	Mexique
Denmark	46.5	42.1	39.3	36.2	30.9	Danemark
Iraq	e64.0	e44.7	e25.8	e15.7	e39.4	Iraq
Canada	29.5	26.3	38.1	36.7	42.6	Canada
Ireland	24.0	23.4	29.6	32.2	42.6	Irlande
Algeria	49.3	39.3	27.9	18.6	13.7	Algérie
Finland	29.8	22.7	26.0	26.1	31.2	Finlande
Syrian Arab Republic		61.1	e23.0	20.7	17.5	République arabe syrienne
Ukraine	17.3	18.1	22.1	27.3	e37.0	Ukraine
United States	15.9	16.8	21.3	31.6	35.3	Etats-Unis d'Amérique
Korea, Republic of	10.7	13.9	20.8	22.0	19.9	République de Corée
Colombia	37.0	14.9	17.8	8.4	8.0	Colombie
Hungary	12.4	14.8	11.9	17.4	27.9	Hongrie
Portugal	15.6	14.2	15.7	18.7	e19.1	Portugal
Greece	16.2	12.4	11.3	17.6	24.9	Grèce
Japan	14.6	14.7	17.2	18.7	17.2	Japon
Sweden	8.2	8.0	11.9	14.2	36.2	Suède
Austria	13.3	12.2	13.8	17.6	21.0	Autriche
Venezuela	8.8	30.2	22.6	5.4	5.7	Venezuela

(Value as percentages of World total) / (Valeur en pourcentage du total mondial)

Regions of the world	1994	1995	1996	1997	1998	1999	2000	2001	2002	2003	Régions du monde
World	100.0	100.0	100.0	100.0	100.0	100.0	100.0	100.0	100.0	100.0	Monde
Africa	7.1	6.0	7.5	6.9	8.2	7.6	7.1	6.8	6.3	6.2	Afrique
Americas	8.5	9.4	9.8	11.4	12.1	13.8	16.9	20.2	19.6	16.1	Amériques
- Northern America	1.8	1.7	2.2	2.4	2.5	2.9	2.7	4.0	4.2	4.1	- Amérique du Nord
- LAIA	4.0	4.3	4.6	6.3	6.7	7.4	10.8	12.6	12.3	9.5	- ALAI
- CACM	0.4	1.0	0.5	0.6	0.8	0.9	1.1	1.2	1.0	0.7	- MCC
- Caribbean	1.9	2.0	2.2	1.8	1.8	2.1	1.8	2.1	1.8	1.4	- Caraïbes
- Rest of America	0.4	0.3	0.4	0.3	0.4	0.4	0.5	0.4	0.4	0.4	- Autre d'Amérique
Asia excluding former USSR	20.5	21.2	16.8	18.7	15.7	20.4	26.8	21.3	16.8	14.7	Asie ancienne URSS exclus
- Middle East	10.2	7.4	6.4	9.1	5.8	6.4	8.4	5.3	4.0	5.0	- Moyen-Orient
Asia former USSR	3.3	3.2	1.6	1.2	1.4	1.2	1.6	1.3	1.2	1.2	Asie ancienne URSS
Europe excluding former USSR	51.1	48.3	52.4	45.6	47.9	46.3	40.5	42.8	47.7	53.3	Europe ancienne URSS exclus
- European Union	45.5	43.0	47.0	40.9	41.6	39.5	34.9	36.8	41.6	47.2	- Union Européenne
- Eastern Europe	3.7	3.0	3.2	2.7	3.6	4.0	3.5	3.8	3.5	3.6	- Europe de l'Est
- Rest of Europe	1.9	2.2	2.2	2.0	2.6	2.8	2.1	2.2	2.6	2.5	- Autre de l'Europe
Europe former USSR	8.1	10.6	10.1	14.1	13.4	9.1	5.7	6.2	6.6	6.7	Europe ancienne URSS
Oceania	1.4	1.2	1.8	2.1	1.5	1.7	1.4	1.4	1.8	2.0	Océanie

TRADE BY COMMODITY (Value in million US dollars)
Exports by principal countries or areas

COMMERCE PAR PRODUIT (Valeur en millions de dollars EU)
Exportations selon les principaux pays ou zones

Country or area	1999	2000	2001	2002	2003	Pays ou zone
World	1848.4	1579.6	1536.9	1770.3	2247.2	Monde
Africa	39.7	21.6	14.7	20.1	35.2	Afrique
Americas	299.6	305.8	284.2	293.8	346.5	Amériques
- Northern America	178.3	164.9	170.3	194.5	225.2	- Amérique du Nord
- LAIA	94.9	117.3	91.5	78.0	99.1	- ALAI
- CACM	17.3	14.3	13.1	12.7	13.0	- MCC
- Caribbean	9.1	9.1	9.1	8.6	9.1	- Caraïbes
- Rest of America	0.0	0.1	0.2	0.2	0.1	- Autre d'Amérique
Asia excluding former USSR	448.1	404.8	368.2	379.3	417.1	Asie ancienne URSS exclus
- Middle East	104.2	71.4	59.2	65.9	101.7	- Moyen-Orient
Asia former USSR	0.6	0.5	0.6	1.4	8.1	Asie ancienne URSS
Europe excluding former USSR	996.9	781.9	807.2	1010.8	1361.7	Europe ancienne URSS exclus
- European Union	888.9	708.7	745.3	951.7	1288.0	- Union Européenne
- Eastern Europe	96.3	63.9	52.3	46.8	61.3	- Europe de l'Est
- Rest of Europe	11.6	9.3	9.7	12.3	12.5	- Autre de l'Europe
Europe former USSR	11.5	17.9	15.2	15.5	24.3	Europe ancienne URSS
Oceania	52.1	47.1	46.7	49.5	54.3	Océanie
Belgium	195.5	160.8	162.9	235.8	316.1	Belgique
Netherlands	219.2	158.9	160.3	205.7	297.4	Pays-Bas
United States	160.3	144.2	144.8	162.2	191.2	Etats-Unis d'Amérique
Germany	154.1	98.3	127.2	127.5	178.3	Allemagne
Malaysia	99.8	110.6	112.0	119.3	128.0	Malaisie
Indonesia	121.8	89.0	82.0	94.6	79.9	Indonésie
Denmark	50.0	56.5	63.2	92.0	112.2	Danemark
United Kingdom	46.2	43.0	60.8	90.4	117.0	Royaume-Uni
Turkey	80.6	57.9	54.3	60.2	93.7	Turquie
Argentina	43.9	45.1	34.4	49.5	69.4	Argentine
France-Monaco	49.7	40.3	37.8	45.5	61.4	France-Monaco
Australia	49.5	44.1	43.6	42.2	47.2	Australie
Sweden	53.5	47.6	40.7	40.9	33.4	Suède
China, Hong Kong SAR	47.0	61.0	47.6	26.4	26.8	Chine - RAS de Hong-Kong
Italy-San Marino-Holy See	42.4	34.4	29.3	33.7	34.8	Italie-Saint-Marin-Saint-Siège
Singapore	35.0	31.4	28.0	28.3	29.0	Singapour
Ireland	29.1	29.3	23.7	25.2	31.1	Irlande
Canada	18.0	20.7	25.5	32.2	34.0	Canada
Spain	11.6	10.6	16.2	30.1	49.6	Espagne
Poland	41.0	24.1	17.2	14.6	17.9	Pologne
Colombia	14.8	35.1	29.3	4.3	7.5	Colombie
Finland	27.1	19.0	10.1	10.3	22.9	Finlande
Czech Republic	26.6	13.6	15.1	14.2	14.2	République tchèque
Bolivia	22.5	24.2	14.5	9.5	5.5	Bolivie
Hungary	12.7	10.6	8.2	7.3	18.6	Hongrie
China	11.0	13.5	6.6	9.9	14.6	Chine
Slovakia	14.7	13.5	10.1	8.3	7.0	Slovaquie
United Arab Emirates	22.7	12.3	4.0	e4.2	e5.0	Emirates arabes unis
Russian Federation	2.6	8.0	7.4	9.0	16.5	Fédération de Russie
Viet Nam	1.5	2.7	13.6	11.4	e10.8	Viet Nam

(Value as percentages of World total)   **(Valeur en pourcentage du total mondial)**

Regions of the world	1994	1995	1996	1997	1998	1999	2000	2001	2002	2003	Régions du monde
World	100.0	100.0	100.0	100.0	100.0	100.0	100.0	100.0	100.0	100.0	Monde
Africa	1.5	1.1	2.6	1.9	2.1	2.1	1.4	1.0	1.1	1.6	Afrique
Americas	14.0	12.0	11.1	9.9	12.3	16.2	19.4	18.5	16.6	15.4	Amériques
- Northern America	11.8	9.6	8.6	7.1	8.1	9.6	10.4	11.1	11.0	10.0	- Amérique du Nord
- LAIA	1.5	1.6	1.7	2.0	3.3	5.1	7.4	6.0	4.4	4.4	- ALAI
- CACM	0.3	0.3	0.3	0.4	0.5	0.9	0.9	0.9	0.7	0.6	- MCC
- Caribbean	0.4	0.4	0.5	0.4	0.4	0.5	0.6	0.6	0.5	0.4	- Caraïbes
- Rest of America	0.0	0.0	0.0	0.0	0.0	0.0	0.0	0.0	0.0	0.0	- Autre d'Amérique
Asia excluding former USSR	19.0	19.6	16.5	20.8	20.8	24.2	25.6	24.0	21.4	18.6	Asie ancienne URSS exclus
- Middle East	7.6	7.5	6.7	6.1	6.5	5.6	4.5	3.8	3.7	4.5	- Moyen-Orient
Asia former USSR	0.0	0.0	0.0	0.0	0.0	0.0	0.0	0.0	0.1	0.4	Asie ancienne URSS
Europe excluding former USSR	61.3	63.1	65.1	63.2	61.3	53.9	49.5	52.5	57.1	60.6	Europe ancienne URSS exclus
- European Union	58.9	59.8	61.4	58.8	56.5	48.1	44.9	48.5	53.8	57.3	- Union Européenne
- Eastern Europe	1.6	2.8	3.3	4.0	4.2	5.2	4.0	3.4	2.6	2.7	- Europe de l'Est
- Rest of Europe	0.8	0.5	0.4	0.4	0.6	0.6	0.6	0.6	0.7	0.6	- Autre de l'Europe
Europe former USSR	1.1	1.6	1.7	1.1	0.9	0.6	1.1	1.0	0.9	1.1	Europe ancienne URSS
Oceania	3.0	2.6	2.9	3.0	2.6	2.8	3.0	3.0	2.8	2.4	Océanie

098 Edible products and preparations, nes

TRADE BY COMMODITY (Value in million US dollars)
Imports by principal countries or areas

COMMERCE PAR PRODUIT (Valeur en millions de dollars EU)
Importations selon les principaux pays ou zones

Country or area	1999	2000	2001	2002	2003	Pays ou zone
World	17140.3	16406.6	17592.7	19445.0	23108.9	Monde
Africa	521.8	605.3	609.8	639.6	718.6	Afrique
Americas	3448.3	3574.3	3997.7	4258.9	4584.0	Amériques
- Northern America	1819.9	1865.8	2077.2	2392.9	2651.3	- Amérique du Nord
- LAIA	1024.1	1135.0	1285.7	1228.5	1284.0	- ALAI
- CACM	309.3	261.6	318.1	314.8	329.6	- MCC
- Caribbean	218.6	236.5	241.5	239.4	229.0	- Caraïbes
- Rest of America	76.4	75.4	75.2	83.3	90.1	- Autre d'Amérique
Asia excluding former USSR	3788.5	3975.8	4227.2	4439.3	4919.3	Asie ancienne URSS exclus
- Middle East	709.4	752.4	785.9	866.3	985.9	- Moyen-Orient
Asia former USSR	44.9	54.2	46.6	52.3	65.7	Asie ancienne URSS
Europe excluding former USSR	8401.9	7224.3	7686.3	8849.2	11244.9	Europe ancienne URSS exclus
- European Union	7219.4	6130.2	6477.2	7409.5	9510.0	- Union Européenne
- Eastern Europe	511.5	465.9	551.4	646.0	787.8	- Europe de l'Est
- Rest of Europe	671.1	628.2	657.6	793.7	947.1	- Autre de l'Europe
Europe former USSR	301.7	283.5	375.5	490.6	679.0	Europe ancienne URSS
Oceania	633.1	689.1	649.7	715.1	897.3	Océanie
United States	1158.1	1203.0	1411.3	1646.1	1805.5	Etats-Unis d'Amérique
Germany	1507.6	1139.0	1339.3	1380.4	1781.8	Allemagne
United Kingdom	1413.1	1112.0	1131.9	1280.7	1591.2	Royaume-Uni
Japan	943.5	958.5	996.9	1023.8	1144.9	Japon
France-Monaco	844.9	751.0	741.3	892.2	1210.5	France-Monaco
Spain	684.6	610.0	628.9	745.2	995.3	Espagne
Canada	638.4	649.1	653.8	730.7	823.8	Canada
Mexico	420.7	496.0	565.8	639.6	721.0	Mexique
Netherlands	502.7	452.0	435.0	564.4	767.9	Pays-Bas
China, Hong Kong SAR	588.6	493.6	477.6	504.9	535.3	Chine - RAS de Hong-Kong
Belgium	468.8	435.5	459.2	527.3	679.5	Belgique
Australia	441.8	487.4	435.3	477.4	625.5	Australie
Italy-San Marino-Holy See	388.3	362.5	375.4	441.2	544.4	Italie-Saint-Marin-Saint-Siège
Korea, Republic of	240.5	323.3	401.0	435.8	425.0	République de Corée
Sweden	300.4	281.9	302.4	336.9	415.7	Suède
Switzerland-Liechtenstein	285.2	263.7	267.3	325.0	409.1	Suisse-Liechtenstein
Austria	283.4	225.1	255.0	314.5	402.3	Autriche
Denmark	220.8	202.5	214.3	244.9	296.0	Danemark
Russian Federation	163.3	137.0	207.2	271.0	381.0	Fédération de Russie
Saudi Arabia	208.2	222.2	215.0	227.6	260.2	Arabie saoudite
Singapore	197.0	206.6	212.2	231.9	238.6	Singapour
China	132.1	157.7	190.6	189.2	325.5	Chine
Poland	177.5	142.7	202.1	223.3	239.7	Pologne
Ireland	165.5	147.5	166.8	181.1	199.1	Irlande
United Arab Emirates	152.3	172.7	161.3	e165.4	e193.9	Emirates arabes unis
Philippines	134.8	155.7	175.6	174.2	200.3	Philippines
Israel	162.9	160.1	162.9	167.5	160.3	Israël
Czech Republic	145.8	138.6	140.9	164.5	205.1	République tchèque
Finland	136.4	138.2	132.3	163.5	213.8	Finlande
Portugal	144.4	135.9	156.6	167.7	e171.3	Portugal

(Value as percentages of World total)

(Valeur en pourcentage du total mondial)

Regions of the world	1994	1995	1996	1997	1998	1999	2000	2001	2002	2003	Régions du monde
World	100.0	100.0	100.0	100.0	100.0	100.0	100.0	100.0	100.0	100.0	Monde
Africa	2.6	2.7	2.6	2.8	3.1	3.0	3.7	3.5	3.3	3.1	Afrique
Americas	16.1	14.2	14.8	17.0	19.4	20.1	21.8	22.7	21.9	19.8	Amériques
- Northern America	9.0	7.6	8.0	8.8	9.6	10.6	11.4	11.8	12.3	11.5	- Amérique du Nord
- LAIA	4.3	4.0	4.1	4.9	6.2	6.0	6.9	7.3	6.3	5.6	- ALAI
- CACM	1.3	1.2	1.3	1.6	1.8	1.8	1.6	1.8	1.6	1.4	- MCC
- Caribbean	1.3	1.1	1.1	1.3	1.4	1.3	1.4	1.4	1.2	1.0	- Caraïbes
- Rest of America	0.3	0.3	0.3	0.3	0.4	0.4	0.5	0.4	0.4	0.4	- Autre d'Amérique
Asia excluding former USSR	20.3	21.0	23.0	24.3	20.6	22.1	24.2	24.0	22.8	21.3	Asie ancienne URSS exclus
- Middle East	2.7	3.2	3.3	3.8	3.9	4.1	4.6	4.5	4.5	4.3	- Moyen-Orient
Asia former USSR	0.1	0.3	0.4	0.2	0.4	0.3	0.3	0.3	0.3	0.3	Asie ancienne URSS
Europe excluding former USSR	54.1	54.7	51.6	48.1	49.8	49.0	44.0	43.7	45.5	48.7	Europe ancienne URSS exclus
- European Union	47.0	47.1	44.5	41.3	42.7	42.1	37.4	36.8	38.1	41.2	- Union Européenne
- Eastern Europe	3.3	3.4	3.3	3.2	3.2	3.0	2.8	3.1	3.3	3.4	- Europe de l'Est
- Rest of Europe	3.8	4.2	3.8	3.6	3.9	3.9	3.8	3.7	4.1	4.1	- Autre de l'Europe
Europe former USSR	3.3	3.6	3.9	3.9	3.1	1.8	1.7	2.1	2.5	2.9	Europe ancienne URSS
Oceania	3.5	3.5	3.7	3.7	3.6	3.7	4.2	3.7	3.7	3.9	Océanie

TRADE BY COMMODITY (Value in million US dollars)
Exports by principal countries or areas

COMMERCE PAR PRODUIT (Valeur en millions de dollars EU)
Exportations selon les principaux pays ou zones

Country or area	1999	2000	2001	2002	2003	Pays ou zone
World	15327.2	15382.6	16518.1	17973.3	21448.2	Monde
Africa	113.2	213.9	256.4	167.5	226.1	Afrique
Americas	4100.2	4365.1	4706.5	4614.7	5008.9	Amériques
- Northern America	3203.2	3278.9	3552.8	3619.5	3955.0	- Amérique du Nord
- LAIA	648.0	835.5	891.3	704.3	749.2	- ALAI
- CACM	195.0	192.8	199.5	230.3	251.8	- MCC
- Caribbean	41.6	46.6	51.5	46.7	42.0	- Caraïbes
- Rest of America	12.4	11.4	11.5	13.9	10.9	- Autre d'Amérique
Asia excluding former USSR	2221.1	2369.9	2453.8	2692.1	3044.0	Asie ancienne URSS exclus
- Middle East	150.3	167.4	178.0	217.1	287.6	- Moyen-Orient
Asia former USSR	1.6	4.4	3.9	4.2	5.3	Asie ancienne URSS
Europe excluding former USSR	8556.9	8045.6	8619.3	9956.4	12428.4	Europe ancienne URSS exclus
- European Union	7713.9	7212.2	7744.6	8851.4	11044.6	- Union Européenne
- Eastern Europe	295.2	329.0	354.4	517.0	657.6	- Europe de l'Est
- Rest of Europe	547.9	504.4	520.3	588.0	726.2	- Autre de l'Europe
Europe former USSR	60.7	87.0	111.2	124.3	192.7	Europe ancienne URSS
Oceania	273.4	296.8	367.2	414.1	542.8	Océanie
United States	2696.4	2769.4	2930.1	2944.4	3211.6	Etats-Unis d'Amérique
Germany	1259.6	1128.9	1299.1	1411.0	1804.4	Allemagne
France-Monaco	1244.5	1132.3	1145.3	1296.7	1528.3	France-Monaco
Netherlands	970.8	998.7	1092.4	1303.5	1728.1	Pays-Bas
United Kingdom	799.0	757.7	759.1	800.7	962.5	Royaume-Uni
Italy-San Marino-Holy See	666.5	645.3	728.5	856.8	1075.8	Italie-Saint-Marin-Saint-Siège
Ireland	839.5	727.0	717.9	777.8	894.2	Irlande
Belgium	638.7	613.1	661.5	730.8	908.2	Belgique
Canada	506.8	509.5	622.7	675.1	743.4	Canada
Denmark	494.0	440.7	472.7	615.5	766.2	Danemark
Spain	394.9	386.8	428.8	438.5	559.2	Espagne
China	341.9	377.6	415.9	478.3	556.4	Chine
Switzerland-Liechtenstein	377.5	355.1	366.3	397.5	506.3	Suisse-Liechtenstein
Japan	333.9	391.5	362.6	386.0	414.3	Japon
Thailand	307.1	324.2	337.6	e406.3	474.7	Thaïlande
Mexico	200.8	227.0	306.8	271.2	322.2	Mexique
Brazil	172.4	354.1	283.6	163.7	171.2	Brésil
China, Hong Kong SAR	300.5	233.2	197.0	201.9	191.7	Chine - RAS de Hong-Kong
Sweden	156.0	144.4	159.6	279.3	326.2	Suède
Australia	165.4	175.8	174.7	193.4	256.8	Australie
New Zealand	106.7	119.1	190.1	218.7	284.8	Nouvelle-Zélande
Singapore	157.3	184.1	193.2	186.9	190.2	Singapour
Austria	121.0	115.6	154.0	191.0	299.2	Autriche
Hungary	139.8	132.8	142.9	185.8	219.8	Hongrie
Israel	140.7	146.2	135.0	148.0	184.2	Israël
Poland	84.5	106.9	106.7	173.9	233.7	Pologne
Chile	123.9	118.5	166.4	145.7	128.5	Chili
Korea, Republic of	102.3	113.9	130.7	152.4	180.5	République de Corée
Malaysia	91.3	99.6	114.6	134.6	162.0	Malaisie
Turkey	85.5	92.1	101.5	128.5	161.0	Turquie

(Value as percentages of World total)

(Valeur en pourcentage du total mondial)

Regions of the world	1994	1995	1996	1997	1998	1999	2000	2001	2002	2003	Régions du monde
World	100.0	100.0	100.0	100.0	100.0	100.0	100.0	100.0	100.0	100.0	Monde
Africa	0.5	0.7	0.7	0.7	0.8	0.7	1.4	1.6	0.9	1.1	Afrique
Americas	21.0	18.4	20.7	23.2	24.6	26.8	28.4	28.5	25.7	23.4	Amériques
- Northern America	17.9	14.8	16.7	18.9	19.0	20.9	21.3	21.5	20.1	18.4	- Amérique du Nord
- LAIA	2.1	2.7	2.9	3.1	3.9	4.2	5.4	5.4	3.9	3.5	- ALAI
- CACM	0.6	0.5	0.7	0.9	1.3	1.3	1.3	1.2	1.3	1.2	- MCC
- Caribbean	0.2	0.3	0.4	0.3	0.3	0.3	0.3	0.3	0.3	0.2	- Caraïbes
- Rest of America	0.1	0.1	0.1	0.1	0.1	0.1	0.1	0.1	0.1	0.1	- Autre d'Amérique
Asia excluding former USSR	12.6	12.5	14.3	15.4	14.1	14.5	15.4	14.9	15.0	14.2	Asie ancienne URSS exclus
- Middle East	0.7	0.7	1.0	1.3	1.4	1.0	1.1	1.1	1.2	1.3	- Moyen-Orient
Asia former USSR	0.0	0.0	0.1	0.0	0.0	0.0	0.0	0.0	0.0	0.0	Asie ancienne URSS
Europe excluding former USSR	64.0	66.6	62.3	58.3	58.5	55.8	52.3	52.2	55.4	57.9	Europe ancienne URSS exclus
- European Union	58.4	61.4	56.5	52.6	52.7	50.3	46.9	46.9	49.2	51.5	- Union Européenne
- Eastern Europe	1.5	1.5	2.0	2.4	2.3	1.9	2.1	2.1	2.9	3.1	- Europe de l'Est
- Rest of Europe	4.1	3.7	3.7	3.4	3.5	3.6	3.3	3.2	3.3	3.4	- Autre de l'Europe
Europe former USSR	0.3	0.3	0.5	0.6	0.6	0.4	0.6	0.7	0.7	0.9	Europe ancienne URSS
Oceania	1.5	1.5	1.6	1.6	1.4	1.8	1.9	2.2	2.3	2.5	Océanie

111 Non-alcoholic beverages, nes

Country or area	1999	2000	2001	2002	2003	Pays ou zone
World	5026.8	5148.1	5724.3	6523.2	7850.2	Monde
Africa	100.6	151.7	161.7	194.7	275.0	Afrique
Americas	1080.8	1178.3	1300.0	1424.4	1629.3	Amériques
- Northern America	877.5	945.5	1017.3	1105.8	1297.0	- Amérique du Nord
- LAIA	80.7	94.6	117.2	120.2	110.6	- ALAI
- CACM	31.4	37.1	50.1	85.5	97.9	- MCC
- Caribbean	80.8	90.5	99.0	96.9	97.8	- Caraïbes
- Rest of America	10.4	10.7	16.3	16.0	26.1	- Autre d'Amérique
Asia excluding former USSR	1014.3	1098.5	1166.4	1199.4	1418.6	Asie ancienne URSS exclus
- Middle East	166.7	216.4	220.0	247.6	317.5	- Moyen-Orient
Asia former USSR	15.4	13.3	11.0	12.0	18.7	Asie ancienne URSS
Europe excluding former USSR	2692.7	2555.5	2921.5	3498.4	4252.9	Europe ancienne URSS exclus
- European Union	2388.6	2251.5	2593.8	3096.5	3733.8	- Union Européenne
- Eastern Europe	61.7	72.1	86.6	112.6	161.2	- Europe de l'Est
- Rest of Europe	242.4	232.0	241.1	289.3	357.8	- Autre de l'Europe
Europe former USSR	58.1	60.5	71.0	96.0	131.1	Europe ancienne URSS
Oceania	65.0	90.2	92.7	98.3	124.6	Océanie
United States	670.9	746.7	817.1	902.3	1056.1	Etats-Unis d'Amérique
Germany	463.0	433.6	563.3	746.9	578.2	Allemagne
United Kingdom	427.9	431.7	483.4	461.2	673.3	Royaume-Uni
China, Hong Kong SAR	424.4	398.7	439.2	433.0	421.3	Chine - RAS de Hong-Kong
Belgium	420.3	347.6	370.3	422.3	542.6	Belgique
France-Monaco	308.4	301.7	334.8	395.8	474.1	France-Monaco
Netherlands	189.2	212.9	229.2	332.3	452.1	Pays-Bas
Japan	198.5	241.4	248.7	257.3	352.8	Japon
Canada	198.5	194.9	196.6	199.7	235.1	Canada
Ireland	168.5	137.3	142.4	162.9	174.2	Irlande
Switzerland-Liechtenstein	107.0	109.3	114.7	128.8	178.0	Suisse-Liechtenstein
Italy-San Marino-Holy See	95.3	96.9	101.8	127.6	178.2	Italie-Saint-Marin-Saint-Siège
Spain	67.2	65.8	82.5	108.8	162.8	Espagne
Singapore	60.5	76.0	87.6	85.5	94.4	Singapour
Saudi Arabia	27.3	75.0	85.5	92.3	105.6	Arabie saoudite
Luxembourg	58.0	54.8	62.4	65.6	101.3	Luxembourg
Angola	e41.5	e53.3	e38.8	e67.1	e114.7	Angola
Portugal	57.1	55.0	58.8	70.2	e71.7	Portugal
Sweden	39.4	27.2	62.7	76.2	100.0	Suède
Mexico	44.0	47.0	58.8	68.6	61.0	Mexique
Austria	42.3	35.3	42.8	50.7	103.0	Autriche
Bosnia and Herzegovina	e52.4	e48.2	e39.8	e47.2	39.4	Bosnie-Herzégovine
Australia	19.3	42.9	43.3	46.0	63.8	Australie
Greece	28.6	21.4	26.2	35.9	67.3	Grèce
Czech Republic	18.8	25.6	26.6	32.8	50.9	République tchèque
Russian Federation	15.2	22.4	27.2	36.1	52.0	Fédération de Russie
Oman	38.3	34.9	26.0	31.3	20.8	Oman
Croatia	18.9	20.6	26.6	32.9	44.6	Croatie
United Arab Emirates	14.2	27.9	29.9	e30.6	e35.9	Emirates arabes unis
Norway	25.4	17.9	22.4	31.6	36.3	Norvège

(Value as percentages of World total)   (Valeur en pourcentage du total mondial)

Regions of the world	1994	1995	1996	1997	1998	1999	2000	2001	2002	2003	Régions du monde
World	100.0	100.0	100.0	100.0	100.0	100.0	100.0	100.0	100.0	100.0	Monde
Africa	2.2	2.2	2.1	1.7	1.6	2.0	2.9	2.8	3.0	3.5	Afrique
Americas	20.9	19.8	18.7	23.2	23.5	21.5	22.9	22.7	21.8	20.8	Amériques
- Northern America	13.1	12.0	14.1	17.4	18.1	17.5	18.4	17.8	17.0	16.5	- Amérique du Nord
- LAIA	4.9	4.1	2.1	2.6	2.0	1.6	1.8	2.0	1.8	1.4	- ALAI
- CACM	0.3	0.3	0.3	0.5	0.7	0.6	0.7	0.9	1.3	1.2	- MCC
- Caribbean	2.2	2.9	2.0	2.4	2.4	1.6	1.8	1.7	1.5	1.2	- Caraïbes
- Rest of America	0.4	0.4	0.2	0.2	0.3	0.2	0.2	0.3	0.2	0.3	- Autre d'Amérique
Asia excluding former USSR	22.8	23.4	24.0	23.2	20.1	20.2	21.3	20.4	18.4	18.1	Asie ancienne URSS exclus
- Middle East	3.2	2.7	2.9	3.0	3.1	3.3	4.2	3.8	3.8	4.0	- Moyen-Orient
Asia former USSR	1.0	0.6	0.7	0.6	0.4	0.3	0.3	0.2	0.2	0.2	Asie ancienne URSS
Europe excluding former USSR	47.9	48.0	48.7	46.2	49.9	53.6	49.6	51.0	53.6	54.2	Europe ancienne URSS exclus
- European Union	43.1	42.2	42.5	40.8	43.8	47.5	43.7	45.3	47.5	47.6	- Union Européenne
- Eastern Europe	1.2	1.3	1.6	1.4	1.3	1.2	1.4	1.5	1.7	2.1	- Europe de l'Est
- Rest of Europe	3.6	4.5	4.5	4.0	4.8	4.8	4.5	4.2	4.4	4.6	- Autre de l'Europe
Europe former USSR	4.2	4.9	4.8	3.9	3.1	1.2	1.2	1.2	1.5	1.7	Europe ancienne URSS
Oceania	1.0	1.1	1.1	1.2	1.2	1.3	1.8	1.6	1.5	1.6	Océanie

TRADE BY COMMODITY (Value in million US dollars)
Exports by principal countries or areas

COMMERCE PAR PRODUIT (Valeur en millions de dollars EU)
Exportations selon les principaux pays ou zones

Country or area	1999	2000	2001	2002	2003	Pays ou zone
World	5112.1	5218.3	5769.8	6517.7	8272.2	Monde
Africa	40.7	85.8	96.5	120.1	216.4	Afrique
Americas	869.3	841.6	861.9	1005.7	1070.2	Amériques
- Northern America	643.8	580.3	571.5	632.7	704.7	- Amérique du Nord
- LAIA	152.3	183.2	193.1	259.3	221.3	- ALAI
- CACM	23.7	25.4	35.1	51.8	65.7	- MCC
- Caribbean	48.0	51.6	61.3	61.1	77.8	- Caraïbes
- Rest of America	1.5	1.1	1.0	0.8	0.7	- Autre d'Amérique
Asia excluding former USSR	700.5	744.4	802.3	825.4	917.4	Asie ancienne URSS exclus
- Middle East	80.7	112.1	104.0	119.8	200.4	- Moyen-Orient
Asia former USSR	4.3	14.6	16.2	14.3	35.9	Asie ancienne URSS
Europe excluding former USSR	3426.5	3442.0	3904.3	4442.9	5878.1	Europe ancienne URSS exclus
- European Union	3202.6	3171.2	3632.7	4113.0	5506.5	- Union Européenne
- Eastern Europe	77.8	122.5	128.7	157.2	176.8	- Europe de l'Est
- Rest of Europe	146.1	148.3	142.9	172.7	194.8	- Autre de l'Europe
Europe former USSR	34.5	30.6	36.7	47.6	67.3	Europe ancienne URSS
Oceania	36.2	59.2	51.7	61.7	86.9	Océanie
France-Monaco	844.3	858.1	835.4	968.8	1180.8	France-Monaco
Austria	505.3	544.7	683.3	655.4	1060.2	Autriche
Germany	345.8	292.4	397.9	568.3	837.6	Allemagne
Belgium	406.8	403.6	455.9	488.5	612.1	Belgique
Netherlands	347.7	351.0	428.8	440.1	589.4	Pays-Bas
United States	328.6	314.3	313.8	336.6	400.6	Etats-Unis d'Amérique
China	333.3	319.5	350.9	354.7	320.9	Chine
Canada	315.3	266.0	257.7	296.1	304.1	Canada
Italy-San Marino-Holy See	194.2	217.3	269.9	362.3	391.7	Italie-Saint-Marin-Saint-Siège
United Kingdom	277.2	206.5	215.2	159.7	281.1	Royaume-Uni
Spain	96.0	113.7	149.9	211.3	243.3	Espagne
Mexico	93.8	117.8	128.4	216.4	167.1	Mexique
Thailand	72.2	72.4	74.3	e61.6	72.0	Thaïlande
Ireland	67.2	52.8	55.7	81.4	88.2	Irlande
Switzerland-Liechtenstein	70.9	65.9	51.4	52.8	56.7	Suisse-Liechtenstein
Malaysia	39.8	47.2	60.7	64.3	74.2	Malaisie
Czech Republic	27.5	48.9	54.5	71.3	65.7	République tchèque
Denmark	40.9	46.1	42.2	50.3	75.4	Danemark
Slovenia	34.1	42.3	49.1	59.4	66.0	Slovénie
Trinidad and Tobago	40.4	42.4	50.5	51.6	e64.7	Trinité-et-Tobago
South Africa	–	37.9	37.7	49.3	76.8	Afrique du Sud
China, Hong Kong SAR	41.2	43.1	42.7	32.4	32.8	Chine - RAS de Hong-Kong
Korea, Republic of	20.2	24.7	33.6	39.4	44.3	République de Corée
Singapore	34.1	33.6	32.5	29.8	30.6	Singapour
Hungary	22.7	30.7	30.8	29.7	44.5	Hongrie
Japan	24.2	25.3	27.7	37.6	38.4	Japon
New Zealand	12.1	36.7	28.1	31.7	42.7	Nouvelle-Zélande
Luxembourg	24.7	21.2	23.0	33.5	47.3	Luxembourg
United Arab Emirates	11.8	43.0	27.1	e28.2	e33.5	Emirates arabes unis
Saudi Arabia	31.3	29.7	19.4	24.1	e26.5	Arabie saoudite

(Value as percentages of World total) **(Valeur en pourcentage du total mondial)**

Regions of the world	1994	1995	1996	1997	1998	1999	2000	2001	2002	2003	Régions du monde
World	100.0	100.0	100.0	100.0	100.0	100.0	100.0	100.0	100.0	100.0	Monde
Africa	1.0	0.8	1.2	0.9	0.8	0.8	1.6	1.7	1.8	2.6	Afrique
Americas	15.2	15.5	13.5	16.8	18.4	17.0	16.1	14.9	15.4	12.9	Amériques
- Northern America	12.4	11.2	10.3	12.9	13.7	12.6	11.1	9.9	9.7	8.5	- Amérique du Nord
- LAIA	1.7	2.9	2.1	2.5	2.9	3.0	3.5	3.3	4.0	2.7	- ALAI
- CACM	0.2	0.2	0.3	0.4	0.5	0.5	0.5	0.6	0.8	0.8	- MCC
- Caribbean	0.9	1.2	0.9	1.0	1.2	0.9	1.0	1.1	0.9	0.9	- Caraïbes
- Rest of America	0.0	0.0	0.0	0.0	0.0	0.0	0.0	0.0	0.0	0.0	- Autre d'Amérique
Asia excluding former USSR	19.2	17.4	17.6	16.5	14.7	13.7	14.3	13.9	12.7	11.1	Asie ancienne URSS exclus
- Middle East	3.3	3.0	2.3	1.8	2.1	1.6	2.1	1.8	1.8	2.4	- Moyen-Orient
Asia former USSR	0.1	0.1	0.2	0.1	0.2	0.1	0.3	0.3	0.2	0.4	Asie ancienne URSS
Europe excluding former USSR	63.1	64.5	65.2	64.0	64.1	67.0	66.0	67.7	68.2	71.1	Europe ancienne URSS exclus
- European Union	56.7	60.2	59.2	57.6	58.3	62.6	60.8	63.0	63.1	66.6	- Union Européenne
- Eastern Europe	3.8	1.9	3.3	2.9	2.4	1.5	2.3	2.2	2.4	2.1	- Europe de l'Est
- Rest of Europe	2.6	2.4	2.7	3.4	3.4	2.9	2.8	2.5	2.7	2.4	- Autre de l'Europe
Europe former USSR	0.9	0.9	1.4	1.2	1.1	0.7	0.6	0.6	0.7	0.8	Europe ancienne URSS
Oceania	0.5	0.7	0.8	0.5	0.6	0.7	1.1	0.9	0.9	1.1	Océanie

112 Alcoholic beverages

TRADE BY COMMODITY (Value in million US dollars)
Imports by principal countries or areas

COMMERCE PAR PRODUIT (Valeur en millions de dollars EU)
Importations selon les principaux pays ou zones

Country or area	1999	2000	2001	2002	2003	Pays ou zone
World	30424.4	29529.9	30749.0	33324.6	38628.0	Monde
Africa	384.9	404.9	405.9	498.7	615.4	Afrique
Americas	9034.0	9793.6	10335.0	11152.1	12639.5	Amériques
- Northern America	8112.2	8830.5	9225.9	10191.3	11668.5	- Amérique du Nord
- LAIA	672.2	698.7	818.1	666.0	656.9	- ALAI
- CACM	52.6	55.6	59.1	72.0	72.0	- MCC
- Caribbean	165.1	180.2	196.5	193.5	202.4	- Caraïbes
- Rest of America	31.9	28.6	35.4	29.2	39.6	- Autre d'Amérique
Asia excluding former USSR	3807.2	3869.2	3726.8	3864.1	4126.8	Asie ancienne URSS exclus
- Middle East	150.4	168.8	162.3	205.4	205.2	- Moyen-Orient
Asia former USSR	27.8	39.1	31.2	47.9	66.8	Asie ancienne URSS
Europe excluding former USSR	16221.5	14343.8	15025.7	16392.5	19389.6	Europe ancienne URSS exclus
- European Union	14736.4	13008.8	13634.8	14858.4	17470.5	- Union Européenne
- Eastern Europe	259.8	247.3	265.4	312.8	396.8	- Europe de l'Est
- Rest of Europe	1225.3	1087.7	1125.4	1221.2	1522.3	- Autre de l'Europe
Europe former USSR	459.1	557.9	715.0	846.6	1151.7	Europe ancienne URSS
Oceania	489.9	521.5	509.3	522.7	638.2	Océanie
United States	7145.3	7819.9	8146.9	9056.6	10188.3	Etats-Unis d'Amérique
United Kingdom	4049.9	3644.4	3728.0	4142.1	4760.4	Royaume-Uni
Germany	3126.0	2521.2	2769.4	2809.8	3192.1	Allemagne
Japan	1870.6	1753.8	1686.3	1636.2	1722.5	Japon
France-Monaco	1384.0	1206.4	1193.0	1329.5	1591.1	France-Monaco
Spain	1069.3	998.8	1146.1	1134.9	1530.6	Espagne
Canada	930.7	992.7	1053.9	1101.8	1431.2	Canada
Belgium	1120.4	1000.7	950.9	1044.6	1243.9	Belgique
Netherlands	881.6	842.8	837.1	924.3	1115.7	Pays-Bas
Italy-San Marino-Holy See	788.1	733.3	729.2	833.3	1035.6	Italie-Saint-Marin-Saint-Siège
Switzerland-Liechtenstein	838.0	733.7	758.0	789.3	960.4	Suisse-Liechtenstein
Denmark	513.7	460.1	462.5	538.7	656.9	Danemark
Russian Federation	297.1	383.0	514.1	588.3	847.4	Fédération de Russie
Sweden	388.0	343.6	400.9	463.0	564.6	Suède
Singapore	401.7	424.6	379.3	397.4	458.2	Singapour
China, Hong Kong SAR	440.7	418.4	400.7	355.2	316.6	Chine - RAS de Hong-Kong
Ireland	285.4	263.9	389.8	483.5	483.5	Irlande
Australia	300.0	333.6	327.8	322.4	393.8	Australie
Portugal	333.6	278.3	245.1	267.7	e273.5	Portugal
Greece	274.5	238.1	262.4	312.9	302.1	Grèce
Korea, Republic of	144.1	225.5	261.3	323.5	345.0	République de Corée
Austria	226.9	203.8	228.3	257.0	305.9	Autriche
Norway	181.2	177.6	182.0	217.7	307.5	Norvège
Mexico	126.7	142.1	215.8	231.3	268.0	Mexique
Finland	171.9	157.9	177.8	191.8	255.2	Finlande
Venezuela	119.8	167.8	206.2	139.3	101.1	Venezuela
China	116.5	155.2	139.6	139.3	177.3	Chine
New Zealand	127.4	125.9	122.4	139.3	177.0	Nouvelle-Zélande
Brazil	145.8	134.8	139.5	117.6	120.9	Brésil
Luxembourg	123.2	115.6	114.2	125.3	159.4	Luxembourg

(Value as percentages of World total)

(Valeur en pourcentage du total mondial)

Regions of the world	1994	1995	1996	1997	1998	1999	2000	2001	2002	2003	Régions du monde
World	100.0	100.0	100.0	100.0	100.0	100.0	100.0	100.0	100.0	100.0	Monde
Africa	1.5	1.5	1.4	1.4	1.3	1.3	1.4	1.3	1.5	1.6	Afrique
Americas	24.0	23.3	24.3	26.3	27.5	29.7	33.2	33.6	33.5	32.7	Amériques
- Northern America	20.2	19.4	21.3	23.0	24.1	26.7	29.9	30.0	30.6	30.2	- Amérique du Nord
- LAIA	2.8	2.8	2.4	2.5	2.6	2.2	2.4	2.7	2.0	1.7	- ALAI
- CACM	0.1	0.1	0.1	0.2	0.2	0.2	0.2	0.2	0.2	0.2	- MCC
- Caribbean	0.7	0.7	0.5	0.5	0.5	0.5	0.6	0.6	0.6	0.5	- Caraïbes
- Rest of America	0.2	0.2	0.1	0.1	0.1	0.1	0.1	0.1	0.1	0.1	- Autre d'Amérique
Asia excluding former USSR	17.8	17.8	16.4	15.8	13.9	12.5	13.1	12.1	11.6	10.7	Asie ancienne URSS exclus
- Middle East	0.9	1.0	0.7	0.7	0.5	0.5	0.6	0.5	0.6	0.5	- Moyen-Orient
Asia former USSR	1.6	0.3	0.5	0.4	0.2	0.1	0.1	0.1	0.1	0.2	Asie ancienne URSS
Europe excluding former USSR	49.9	50.9	52.2	50.9	52.5	53.3	48.6	48.9	49.2	50.2	Europe ancienne URSS exclus
- European Union	45.9	46.1	47.4	46.4	47.8	48.4	44.1	44.3	44.6	45.2	- Union Européenne
- Eastern Europe	0.7	0.7	0.9	0.8	0.8	0.9	0.8	0.9	0.9	1.0	- Europe de l'Est
- Rest of Europe	3.4	4.0	3.9	3.6	3.8	4.0	3.7	3.7	3.7	3.9	- Autre de l'Europe
Europe former USSR	3.5	4.7	3.5	3.7	3.2	1.5	1.9	2.3	2.5	3.0	Europe ancienne URSS
Oceania	1.6	1.5	1.6	1.6	1.5	1.6	1.8	1.7	1.6	1.7	Océanie

TRADE BY COMMODITY (Value in million US dollars)
Exports by principal countries or areas

COMMERCE PAR PRODUIT (Valeur en millions de dollars EU)
Exportations selon les principaux pays ou zones

Country or area	1999	2000	2001	2002	2003	Pays ou zone
World	29974.2	28861.2	29614.6	32923.4	38648.0	Monde
Africa	303.3	377.7	397.6	495.3	702.3	Afrique
Americas	3886.8	4374.0	4672.0	4697.5	5124.5	Amériques
- Northern America	1898.9	1931.3	2005.8	1896.2	2102.2	- Amérique du Nord
- LAIA	1835.3	2274.3	2464.0	2563.1	2781.7	- ALAI
- CACM	11.6	15.4	16.2	17.2	26.1	- MCC
- Caribbean	134.6	141.4	171.9	198.7	195.9	- Caraïbes
- Rest of America	6.5	11.6	14.1	22.3	18.5	- Autre d'Amérique
Asia excluding former USSR	1217.5	1262.6	1202.3	1319.3	1425.8	Asie ancienne URSS exclus
- Middle East	64.1	59.9	53.4	66.1	103.4	- Moyen-Orient
Asia former USSR	38.1	68.4	48.1	77.1	128.3	Asie ancienne URSS
Europe excluding former USSR	23345.5	21422.6	21733.4	24361.2	28873.0	Europe ancienne URSS exclus
- European Union	22822.2	20972.2	21264.2	23820.7	28223.8	- Union Européenne
- Eastern Europe	328.2	289.9	293.7	333.9	399.7	- Europe de l'Est
- Rest of Europe	195.1	160.5	175.5	206.7	249.5	- Autre de l'Europe
Europe former USSR	217.1	251.0	347.2	455.5	567.8	Europe ancienne URSS
Oceania	965.8	1104.8	1214.0	1517.3	1826.3	Océanie
France-Monaco	8169.5	7245.5	6764.5	7593.6	9199.0	France-Monaco
United Kingdom	4434.5	4411.6	4445.8	4814.3	5442.5	Royaume-Uni
Italy-San Marino-Holy See	3054.7	2819.9	2878.1	3306.3	3765.3	Italie-Saint-Marin-Saint-Siège
Spain	1704.8	1392.4	1596.9	1656.7	2114.6	Espagne
Germany	1482.8	1219.8	1454.7	1660.8	1986.2	Allemagne
Netherlands	1381.1	1317.7	1405.2	1749.8	1925.0	Pays-Bas
Mexico	1017.7	1406.8	1525.3	1699.7	1805.4	Mexique
United States	1237.5	1237.2	1290.9	1301.5	1463.1	Etats-Unis d'Amérique
Australia	855.1	977.0	1077.3	1355.8	1627.3	Australie
Ireland	723.8	717.2	700.2	762.3	1054.5	Irlande
Canada	655.7	690.7	712.9	592.2	636.3	Canada
Chile	553.6	591.1	656.2	613.8	674.0	Chili
Belgium	612.6	602.0	573.1	584.5	655.4	Belgique
Portugal	589.9	525.4	500.0	572.5	e663.9	Portugal
Singapore	356.4	362.0	327.9	359.5	395.3	Singapour
Denmark	256.2	351.3	277.6	354.5	466.9	Danemark
Sweden	87.4	98.2	393.5	465.2	593.2	Suède
South Africa	–	284.6	298.4	345.6	505.3	Afrique du Sud
China, Hong Kong SAR	304.4	293.7	280.9	256.4	204.4	Chine - RAS de Hong-Kong
Republic of Moldova	109.2	127.6	174.2	195.7	241.9	République de Moldova
Argentina	163.9	170.8	168.6	141.9	189.3	Argentine
China	101.7	123.4	136.3	196.3	205.0	Chine
New Zealand	103.4	119.4	133.0	157.7	195.3	Nouvelle-Zélande
Korea, Republic of	106.6	134.7	138.1	150.5	165.2	République de Corée
Japan	133.2	131.6	105.0	106.3	94.8	Japon
Greece	125.4	103.0	96.8	93.3	129.8	Grèce
Czech Republic	87.9	84.0	89.7	104.9	129.5	République tchèque
Austria	87.0	73.9	86.6	102.1	129.0	Autriche
Hungary	84.8	68.6	63.8	70.0	82.2	Hongrie
Bulgaria	85.0	67.8	64.4	67.1	79.0	Bulgarie

(Value as percentages of World total)

(Valeur en pourcentage du total mondial)

Regions of the world	1994	1995	1996	1997	1998	1999	2000	2001	2002	2003	Régions du monde
World	100.0	100.0	100.0	100.0	100.0	100.0	100.0	100.0	100.0	100.0	Monde
Africa	0.9	1.3	1.1	1.0	1.0	1.0	1.3	1.3	1.5	1.8	Afrique
Americas	9.8	9.8	10.2	11.3	12.6	13.0	15.2	15.8	14.3	13.3	Amériques
- Northern America	6.3	5.9	5.9	6.0	6.2	6.3	6.7	6.8	5.8	5.4	- Amérique du Nord
- LAIA	3.0	3.4	3.8	4.8	5.9	6.1	7.9	8.3	7.8	7.2	- ALAI
- CACM	0.0	0.0	0.0	0.0	0.0	0.0	0.1	0.1	0.1	0.1	- MCC
- Caribbean	0.5	0.4	0.3	0.4	0.5	0.4	0.5	0.6	0.6	0.5	- Caraïbes
- Rest of America	0.1	0.0	0.1	0.1	0.0	0.0	0.0	0.0	0.1	0.0	- Autre d'Amérique
Asia excluding former USSR	5.9	5.8	5.3	5.3	4.2	4.1	4.4	4.1	4.0	3.7	Asie ancienne URSS exclus
- Middle East	0.3	0.4	0.4	0.3	0.2	0.2	0.2	0.2	0.2	0.3	- Moyen-Orient
Asia former USSR	0.3	0.2	0.3	0.3	0.2	0.1	0.2	0.2	0.2	0.3	Asie ancienne URSS
Europe excluding former USSR	79.6	79.5	78.3	77.8	78.2	77.9	74.2	73.4	74.0	74.7	Europe ancienne URSS exclus
- European Union	77.3	76.5	75.6	75.5	75.8	76.1	72.7	71.8	72.4	73.0	- Union Européenne
- Eastern Europe	1.6	2.3	2.0	1.6	1.5	1.1	1.0	1.0	1.0	1.0	- Europe de l'Est
- Rest of Europe	0.7	0.7	0.7	0.7	0.8	0.7	0.6	0.6	0.6	0.6	- Autre de l'Europe
Europe former USSR	1.8	1.8	2.9	1.9	1.2	0.7	0.9	1.2	1.4	1.5	Europe ancienne URSS
Oceania	1.7	1.6	2.0	2.4	2.6	3.2	3.8	4.1	4.6	4.7	Océanie

121 Tobacco unmanufactured; tobacco refuse

Country or area	1999	2000	2001	2002	2003	Pays ou zone
World	7651.7	6903.7	7066.0	7216.4	7267.6	Monde
Africa	438.6	370.1	422.3	420.3	446.1	Afrique
Americas	1074.6	872.4	993.7	1001.2	944.5	Amériques
- Northern America	793.3	613.8	759.1	755.4	746.2	- Amérique du Nord
- LAIA	128.0	145.4	142.0	136.4	118.0	- ALAI
- CACM	28.3	9.9	10.2	21.7	13.2	- MCC
- Caribbean	124.6	102.7	82.0	87.3	65.9	- Caraïbes
- Rest of America	0.5	0.6	0.4	0.4	1.2	- Autre d'Amérique
Asia excluding former USSR	1608.4	1707.4	1711.4	1609.4	1596.2	Asie ancienne URSS exclus
- Middle East	293.6	362.7	286.7	217.8	211.3	- Moyen-Orient
Asia former USSR	31.5	42.7	50.2	39.7	44.5	Asie ancienne URSS
Europe excluding former USSR	3758.9	3187.7	3106.6	3294.8	3325.7	Europe ancienne URSS exclus
- European Union	2982.4	2607.1	2574.7	2655.9	2824.7	- Union Européenne
- Eastern Europe	501.9	287.4	298.5	363.7	238.7	- Europe de l'Est
- Rest of Europe	274.6	293.3	233.4	275.3	262.2	- Autre de l'Europe
Europe former USSR	664.3	662.3	726.4	758.8	806.9	Europe ancienne URSS
Oceania	75.3	60.9	55.4	92.3	103.6	Océanie
Germany	837.7	705.5	788.2	758.6	894.5	Allemagne
United States	781.7	595.5	746.2	738.0	727.8	Etats-Unis d'Amérique
Russian Federation	509.8	517.1	576.2	588.2	591.0	Fédération de Russie
Japan	550.3	519.2	518.8	518.7	480.1	Japon
Netherlands	554.0	508.3	461.9	438.7	460.2	Pays-Bas
United Kingdom	460.9	345.6	282.4	327.0	275.7	Royaume-Uni
Spain	302.3	298.4	228.0	190.9	168.1	Espagne
Turkey	247.6	308.2	243.4	162.1	176.9	Turquie
Belgium	164.4	133.2	184.0	233.4	289.1	Belgique
China	51.8	164.0	233.2	215.6	261.6	Chine
Egypt	161.4	161.2	167.2	170.1	151.1	Egypte
Switzerland-Liechtenstein	157.6	191.6	137.2	164.3	150.1	Suisse-Liechtenstein
Italy-San Marino-Holy See	169.1	124.4	96.1	146.7	166.4	Italie-Saint-Marin-Saint-Siège
Poland	227.0	81.0	110.9	189.8	57.5	Pologne
Ukraine	110.9	107.8	110.6	131.5	e178.3	Ukraine
France-Monaco	107.4	107.2	134.5	131.8	126.3	France-Monaco
Indonesia	128.0	114.8	139.6	104.0	95.2	Indonésie
Malaysia	89.7	96.1	133.8	138.9	86.3	Malaisie
Greece	107.5	96.5	93.3	104.1	109.0	Grèce
Denmark	95.6	84.3	89.2	82.5	106.8	Danemark
Philippines	113.4	109.8	69.2	70.9	94.5	Philippines
Korea, Republic of	87.1	73.9	66.9	81.8	116.0	République de Corée
Dominican Republic	e105.0	e89.5	e72.9	e78.6	e56.8	République dominicaine
Romania	83.9	69.0	66.7	62.7	67.7	Roumanie
Austria	34.3	56.4	65.7	80.8	94.8	Autriche
Australia	59.0	45.9	44.0	80.1	87.3	Australie
Czech Republic	77.7	66.2	52.7	45.4	51.3	République tchèque
South Africa	–	42.4	53.4	62.6	77.6	Afrique du Sud
Sri Lanka	45.9	e65.4	49.1	35.8	e39.6	Sri Lanka
Portugal	35.1	58.7	42.9	45.8	e46.8	Portugal

(Value as percentages of World total) / (Valeur en pourcentage du total mondial)

Regions of the world	1994	1995	1996	1997	1998	1999	2000	2001	2002	2003	Régions du monde
World	100.0	100.0	100.0	100.0	100.0	100.0	100.0	100.0	100.0	100.0	Monde
Africa	6.3	5.9	5.6	4.6	5.7	5.7	5.4	6.0	5.8	6.1	Afrique
Americas	14.9	13.0	19.4	20.1	16.7	14.0	12.6	14.1	13.9	13.0	Amériques
- Northern America	12.7	9.9	15.7	15.1	11.0	10.4	8.9	10.7	10.5	10.3	- Amérique du Nord
- LAIA	1.4	1.9	1.8	2.2	2.5	1.7	2.1	2.0	1.9	1.6	- ALAI
- CACM	0.2	0.2	0.5	0.8	0.8	0.4	0.1	0.1	0.3	0.2	- MCC
- Caribbean	0.6	0.9	1.3	2.0	2.3	1.6	1.5	1.2	1.2	0.9	- Caraïbes
- Rest of America	0.0	0.1	0.1	0.1	0.0	0.0	0.0	0.0	0.0	0.0	- Autre d'Amérique
Asia excluding former USSR	24.2	24.1	21.2	23.9	21.0	21.0	24.7	24.2	22.3	22.0	Asie ancienne URSS exclus
- Middle East	2.2	3.0	3.7	4.5	4.0	3.8	5.3	4.1	3.0	2.9	- Moyen-Orient
Asia former USSR	0.1	0.3	0.5	0.3	0.4	0.4	0.6	0.7	0.5	0.6	Asie ancienne URSS
Europe excluding former USSR	49.9	51.5	49.1	45.8	47.7	49.1	46.2	44.0	45.7	45.8	Europe ancienne URSS exclus
- European Union	41.8	43.6	40.6	36.6	37.9	39.0	37.8	36.4	36.8	38.9	- Union Européenne
- Eastern Europe	4.2	4.3	5.1	5.7	6.3	6.6	4.2	4.2	5.0	3.3	- Europe de l'Est
- Rest of Europe	3.9	3.7	3.5	3.5	3.5	3.6	4.2	3.3	3.8	3.6	- Autre de l'Europe
Europe former USSR	2.9	3.6	2.8	4.3	7.5	8.7	9.6	10.3	10.5	11.1	Europe ancienne URSS
Oceania	1.6	1.6	1.4	1.1	1.0	1.0	0.9	0.8	1.3	1.4	Océanie

TRADE BY COMMODITY (Value in million US dollars)
Exports by principal countries or areas

COMMERCE PAR PRODUIT (Valeur en millions de dollars EU)
Exportations selon les principaux pays ou zones

Country or area	1999	2000	2001	2002	2003	Pays ou zone
World	6300.6	5500.4	5905.2	5208.0	5567.8	Monde
Africa	1045.9	927.4	1035.7	585.5	528.6	Afrique
Americas	2597.8	2382.5	2658.9	2386.3	2424.9	Amériques
- Northern America	1377.0	1296.8	1365.6	1132.6	1108.5	- Amérique du Nord
- LAIA	1167.9	1021.8	1242.7	1211.1	1291.1	- ALAI
- CACM	42.0	54.1	43.4	37.6	20.8	- MCC
- Caribbean	10.3	9.2	6.8	4.8	4.4	- Caraïbes
- Rest of America	0.7	0.6	0.3	0.2	0.0	- Autre d'Amérique
Asia excluding former USSR	1167.6	926.0	954.9	900.1	1005.2	Asie ancienne URSS exclus
- Middle East	514.4	398.0	400.1	304.5	372.2	- Moyen-Orient
Asia former USSR	116.1	76.6	63.1	53.0	38.9	Asie ancienne URSS
Europe excluding former USSR	1331.7	1151.3	1161.0	1261.2	1545.4	Europe ancienne URSS exclus
- European Union	1093.5	979.6	985.3	1077.5	1335.2	- Union Européenne
- Eastern Europe	86.6	67.6	73.2	76.6	91.3	- Europe de l'Est
- Rest of Europe	151.6	104.0	102.5	107.0	119.0	- Autre de l'Europe
Europe former USSR	35.7	35.6	29.9	18.3	17.5	Europe ancienne URSS
Oceania	5.7	0.9	1.7	3.7	7.4	Océanie
United States	1301.3	1234.6	1289.9	1072.8	1040.4	Etats-Unis d'Amérique
Brazil	892.7	812.9	921.1	977.7	1052.5	Brésil
Zimbabwe	630.1	579.2	584.7	173.6	e150.3	Zimbabwe
Turkey	478.6	368.4	354.3	285.4	329.0	Turquie
Greece	360.1	264.0	224.7	241.6	319.8	Grèce
Malawi	284.0	227.4	262.0	232.0	224.9	Malawi
Italy-San Marino-Holy See	186.3	176.7	190.3	230.8	293.8	Italie-Saint-Marin-Saint-Siège
China	208.3	151.3	189.4	205.3	229.5	Chine
Germany	157.4	171.5	187.9	190.7	184.5	Allemagne
India	187.3	147.0	123.4	151.9	172.2	Inde
Argentina	165.8	120.1	162.1	147.1	151.1	Argentine
Belgium	59.0	74.5	100.7	139.5	214.8	Belgique
Netherlands	107.2	136.0	103.2	62.9	60.1	Pays-Bas
France-Monaco	99.2	56.5	62.7	76.0	100.6	France-Monaco
Indonesia	91.8	71.3	91.4	76.7	62.9	Indonésie
Spain	67.6	56.5	69.3	66.7	90.2	Espagne
Canada	75.6	62.2	75.8	59.8	68.1	Canada
The former Yugoslav Republic of Macedonia	77.9	47.7	48.6	58.2	70.2	Ex-République yougoslave de Macédoine
Thailand	47.6	58.4	57.1	e58.5	68.3	Thaïlande
Bulgaria	63.1	45.9	40.4	47.6	56.1	Bulgarie
United Republic of Tanzania	55.1	38.1	35.4	50.3	45.9	République-Unie de Tanzanie
Sri Lanka	36.9	e41.7	35.9	37.7	e41.0	Sri Lanka
Switzerland-Liechtenstein	41.6	33.3	39.5	37.2	37.3	Suisse-Liechtenstein
United Kingdom	26.8	24.9	24.9	41.7	46.4	Royaume-Uni
South Africa	–	29.5	62.0	31.9	39.9	Afrique du Sud
Mexico	35.8	34.7	26.5	33.6	29.1	Mexique
Uganda	14.7	26.3	31.8	44.1	14.7	Ouganda
Guatemala	29.2	42.8	33.2	16.0	10.2	Guatemala
Lebanon	24.8	20.2	37.6	13.5	33.4	Liban
Kyrgyzstan	42.1	e21.9	e20.6	19.8	12.5	Kirghizistan

(Value as percentages of World total) **(Valeur en pourcentage du total mondial)**

Regions of the world	1994	1995	1996	1997	1998	1999	2000	2001	2002	2003	Régions du monde
World	100.0	100.0	100.0	100.0	100.0	100.0	100.0	100.0	100.0	100.0	Monde
Africa	18.3	16.2	17.6	15.3	17.3	16.6	16.9	17.5	11.2	9.5	Afrique
Americas	46.0	48.7	43.8	45.8	43.7	41.2	43.3	45.0	45.8	43.6	Amériques
- Northern America	27.4	28.6	22.9	24.4	23.8	21.9	23.6	23.1	21.7	19.9	- Amérique du Nord
- LAIA	17.4	18.8	19.9	20.1	18.0	18.5	18.6	21.0	23.3	23.2	- ALAI
- CACM	0.6	0.4	0.5	0.7	0.8	0.7	1.0	0.7	0.7	0.4	- MCC
- Caribbean	0.6	0.9	0.4	0.6	1.0	0.2	0.2	0.1	0.1	0.1	- Caraïbes
- Rest of America	0.0	0.0	0.0	0.0	0.0	0.0	0.0	0.0	0.0	0.0	- Autre d'Amérique
Asia excluding former USSR	16.1	14.1	18.8	20.0	18.6	18.5	16.8	16.2	17.3	18.1	Asie ancienne URSS exclus
- Middle East	8.2	5.6	9.0	8.6	8.4	8.2	7.2	6.8	5.8	6.7	- Moyen-Orient
Asia former USSR	1.3	0.9	0.6	0.7	1.2	1.8	1.4	1.1	1.0	0.7	Asie ancienne URSS
Europe excluding former USSR	17.8	19.6	18.8	17.8	18.8	21.1	20.9	19.7	24.2	27.8	Europe ancienne URSS exclus
- European Union	15.6	16.6	15.9	14.9	15.8	17.4	17.8	16.7	20.7	24.0	- Union Européenne
- Eastern Europe	0.1	0.8	1.1	0.9	1.1	1.4	1.2	1.2	1.5	1.6	- Europe de l'Est
- Rest of Europe	2.0	2.2	1.8	2.0	1.9	2.4	1.9	1.7	2.1	2.1	- Autre de l'Europe
Europe former USSR	0.4	0.4	0.4	0.4	0.4	0.6	0.6	0.5	0.4	0.3	Europe ancienne URSS
Oceania	0.1	0.1	0.1	0.0	0.0	0.1	0.0	0.0	0.1	0.1	Océanie

122 Tobacco, manufactured

TRADE BY COMMODITY (Value in million US dollars)
Imports by principal countries or areas

COMMERCE PAR PRODUIT (Valeur en millions de dollars EU)
Importations selon les principaux pays ou zones

Country or area	1999	2000	2001	2002	2003	Pays ou zone
World	13856.0	13765.6	14483.2	15008.0	16880.6	Monde
Africa	376.4	457.2	505.3	431.4	616.6	Afrique
Americas	802.4	869.7	822.1	897.6	882.7	Amériques
- Northern America	519.7	616.7	591.2	694.1	702.3	- Amérique du Nord
- LAIA	235.6	190.8	156.6	132.7	86.8	- ALAI
- CACM	15.3	21.9	33.2	30.4	36.0	- MCC
- Caribbean	22.5	26.2	27.2	24.8	42.8	- Caraïbes
- Rest of America	9.2	14.0	14.0	15.6	14.8	- Autre d'Amérique
Asia excluding former USSR	5758.2	6267.1	6101.8	5828.9	5975.1	Asie ancienne URSS exclus
- Middle East	1272.3	1428.7	1526.8	1456.9	1623.4	- Moyen-Orient
Asia former USSR	184.3	103.6	71.6	83.6	146.3	Asie ancienne URSS
Europe excluding former USSR	6123.0	5544.4	6478.3	7264.8	8701.1	Europe ancienne URSS exclus
- European Union	5704.6	5146.4	5961.8	6703.3	8060.0	- Union Européenne
- Eastern Europe	210.1	187.2	221.2	250.8	307.7	- Europe de l'Est
- Rest of Europe	208.4	210.8	295.3	310.6	333.4	- Autre de l'Europe
Europe former USSR	523.4	430.9	401.0	392.3	441.8	Europe ancienne URSS
Oceania	88.3	92.8	103.0	109.3	117.1	Océanie
Japan	2145.2	2381.5	2025.1	2046.4	2135.9	Japon
France-Monaco	1633.1	1352.1	1632.4	1816.7	2082.2	France-Monaco
Italy-San Marino-Holy See	1258.7	1156.0	1269.5	1304.7	1433.2	Italie-Saint-Marin-Saint-Siège
Spain	529.8	547.9	830.4	956.6	1362.5	Espagne
Germany	672.4	647.3	670.7	681.8	789.0	Allemagne
United States	468.9	574.4	542.5	635.8	627.7	Etats-Unis d'Amérique
Singapore	666.7	603.6	587.8	445.8	335.7	Singapour
China, Hong Kong SAR	525.3	526.5	468.4	441.8	427.7	Chine - RAS de Hong-Kong
Netherlands	392.7	361.7	454.9	421.5	489.3	Pays-Bas
Belgium	411.2	371.5	334.0	411.0	512.0	Belgique
Oman	317.3	385.9	478.0	411.8	270.8	Oman
Saudi Arabia	168.7	312.2	247.7	329.9	377.2	Arabie saoudite
United Kingdom	204.0	151.9	215.9	348.2	366.9	Royaume-Uni
Cyprus	341.1	335.5	269.6	118.0	63.4	Chypre
Russian Federation	286.5	206.8	155.7	168.0	155.4	Fédération de Russie
Korea, Republic of	129.5	208.7	215.2	262.0	133.3	République de Corée
Luxembourg	198.8	190.8	139.3	155.1	209.5	Luxembourg
Greece	166.9	133.1	125.5	176.4	207.2	Grèce
United Arab Emirates	120.8	109.3	156.7	e160.8	e188.4	Emirates arabes unis
Lebanon	133.4	107.1	150.7	121.0	114.3	Liban
Sweden	27.1	29.2	78.2	179.3	260.5	Suède
Israel	94.8	97.5	110.9	110.2	102.9	Israël
Belarus	81.5	59.8	84.0	87.5	108.0	Bélarus
Philippines	26.4	41.1	94.1	114.4	111.6	Philippines
Cambodia	e107.5	e80.9	e87.1	e62.8	e46.8	Cambodge
Romania	36.5	59.8	78.3	78.9	118.9	Roumanie
Paraguay	144.5	111.5	70.2	46.2		Paraguay
Viet Nam	44.6	71.7	64.4	93.1	e77.1	Viet Nam
Australia	53.8	64.2	68.0	74.6	78.9	Australie
Iran (Islamic Republic of)	2.6	1.6	8.3	74.4	252.2	Iran (République islamique d')

(Value as percentages of World total)

(Valeur en pourcentage du total mondial)

Regions of the world	1994	1995	1996	1997	1998	1999	2000	2001	2002	2003	Régions du monde
World	100.0	100.0	100.0	100.0	100.0	100.0	100.0	100.0	100.0	100.0	Monde
Africa	2.3	2.1	2.2	2.4	3.1	2.7	3.3	3.5	2.9	3.7	Afrique
Americas	2.8	3.4	4.5	6.6	7.2	5.8	6.3	5.7	6.0	5.2	Amériques
- Northern America	1.6	1.5	2.2	3.7	3.9	3.8	4.5	4.1	4.6	4.2	- Amérique du Nord
- LAIA	0.8	1.5	2.1	2.6	2.9	1.7	1.4	1.1	0.9	0.5	- ALAI
- CACM	0.0	0.1	0.1	0.1	0.1	0.1	0.2	0.2	0.2	0.2	- MCC
- Caribbean	0.2	0.3	0.1	0.2	0.2	0.2	0.2	0.2	0.2	0.3	- Caraïbes
- Rest of America	0.1	0.1	0.0	0.1	0.1	0.1	0.1	0.1	0.1	0.1	- Autre d'Amérique
Asia excluding former USSR	51.9	50.6	51.0	45.3	40.4	41.6	45.5	42.1	38.8	35.4	Asie ancienne URSS exclus
- Middle East	10.3	10.6	10.8	9.3	9.2	9.2	10.4	10.5	9.7	9.6	- Moyen-Orient
Asia former USSR	0.8	0.5	0.8	1.3	0.8	1.3	0.8	0.5	0.6	0.9	Asie ancienne URSS
Europe excluding former USSR	38.0	38.2	36.2	36.1	40.3	44.2	40.3	44.7	48.4	51.5	Europe ancienne URSS exclus
- European Union	35.4	35.2	33.2	33.2	37.9	41.2	37.4	41.2	44.7	47.7	- Union Européenne
- Eastern Europe	1.4	1.3	1.5	1.3	1.2	1.5	1.4	1.5	1.7	1.8	- Europe de l'Est
- Rest of Europe	1.2	1.7	1.5	1.6	1.3	1.5	1.5	2.0	2.1	2.0	- Autre de l'Europe
Europe former USSR	3.6	4.7	4.8	7.9	7.6	3.8	3.1	2.8	2.6	2.6	Europe ancienne URSS
Oceania	0.5	0.5	0.6	0.4	0.6	0.6	0.7	0.7	0.7	0.7	Océanie

TRADE BY COMMODITY (Value in million US dollars)
Exports by principal countries or areas

COMMERCE PAR PRODUIT (Valeur en millions de dollars EU)
Exportations selon les principaux pays ou zones

Country or area	1999	2000	2001	2002	2003	Pays ou zone
World	16184.3	16101.8	15207.8	15633.5	16273.4	Monde
Africa	193.7	243.0	199.0	263.4	323.8	Afrique
Americas	4533.7	4608.2	3359.4	2519.3	2465.3	Amériques
- Northern America	3937.1	4069.2	2791.0	2014.5	1941.7	- Amérique du Nord
- LAIA	497.6	413.7	468.7	425.2	426.0	- ALAI
- CACM	32.1	21.0	18.1	23.6	23.3	- MCC
- Caribbean	59.3	63.5	53.4	53.0	74.3	- Caraïbes
- Rest of America	7.6	40.7	28.2	2.9	0.1	- Autre d'Amérique
Asia excluding former USSR	3013.5	3091.3	3541.8	3444.0	3326.5	Asie ancienne URSS exclus
- Middle East	793.4	962.4	1265.1	1153.3	1060.3	- Moyen-Orient
Asia former USSR	31.9	27.8	31.3	29.8	20.1	Asie ancienne URSS
Europe excluding former USSR	8262.1	7954.9	7885.7	9130.0	9847.6	Europe ancienne URSS exclus
- European Union	7646.0	7263.8	7243.8	8366.2	9100.3	- Union Européenne
- Eastern Europe	257.0	198.9	193.4	285.7	221.2	- Europe de l'Est
- Rest of Europe	359.1	492.2	448.4	478.1	526.1	- Autre de l'Europe
Europe former USSR	108.1	138.9	150.7	192.1	221.0	Europe ancienne URSS
Oceania	41.3	37.9	39.9	54.9	69.0	Océanie
Netherlands	2787.2	2604.5	2539.7	3354.2	3555.3	Pays-Bas
United States	3897.1	4034.7	2750.1	1959.9	1883.2	Etats-Unis d'Amérique
Germany	1700.9	1638.9	1875.3	1819.0	1972.6	Allemagne
United Kingdom	1635.1	1515.2	1317.7	1434.7	1468.5	Royaume-Uni
Singapore	750.5	706.4	663.3	606.1	422.0	Singapour
China, Hong Kong SAR	654.6	575.7	528.8	530.2	545.3	Chine - RAS de Hong-Kong
United Arab Emirates	256.2	396.5	505.7	e526.8	e625.5	Emirates arabes unis
Belgium	490.5	393.9	375.6	401.5	468.4	Belgique
France-Monaco	286.3	319.1	332.2	420.9	477.0	France-Monaco
Switzerland-Liechtenstein	228.1	334.2	294.9	321.1	344.0	Suisse-Liechtenstein
Oman	103.0	133.1	385.0	373.0	212.4	Oman
Japan	253.4	167.2	239.9	227.4	224.0	Japon
Cyprus	335.9	292.1	263.0	107.7	76.2	Chypre
Malaysia	172.2	200.9	213.6	209.2	221.0	Malaisie
Cuba	178.2	146.4	241.2	e207.8	e216.9	Cuba
China	128.0	150.6	196.8	227.3	263.5	Chine
Denmark	156.2	136.3	144.1	199.7	268.8	Danemark
Indonesia	120.2	149.7	183.5	171.2	147.0	Indonésie
Luxembourg	157.5	181.7	153.4	145.0	106.2	Luxembourg
Austria	83.1	83.4	99.9	151.6	288.1	Autriche
Greece	142.5	129.6	122.8	132.8	161.9	Grèce
Korea, Republic of	42.1	70.9	116.0	147.4	232.2	République de Corée
Czech Republic	110.9	84.6	84.6	200.7	95.2	République tchèque
Turkey	83.3	123.0	81.1	99.6	89.8	Turquie
Ireland	63.1	95.1	102.3	101.2	107.0	Irlande
Spain	71.0	77.5	71.2	82.6	92.0	Espagne
Croatia	36.5	65.8	80.4	90.1	109.5	Croatie
Portugal	28.7	44.7	62.5	76.9	e89.1	Portugal
Poland	37.2	56.2	66.7	39.1	71.2	Pologne
Ukraine	58.7	70.9	36.9	42.8	e55.2	Ukraine

(Value as percentages of World total)　　　　　　　　　　　　　　　　**(Valeur en pourcentage du total mondial)**

Regions of the world	1994	1995	1996	1997	1998	1999	2000	2001	2002	2003	Régions du monde
World	100.0	100.0	100.0	100.0	100.0	100.0	100.0	100.0	100.0	100.0	Monde
Africa	0.6	0.9	1.0	1.3	1.2	1.2	1.5	1.3	1.7	2.0	Afrique
Americas	35.4	32.0	29.9	31.4	34.4	28.0	28.6	22.1	16.1	15.1	Amériques
- Northern America	32.2	28.3	26.2	26.2	26.7	24.3	25.3	18.4	12.9	11.9	- Amérique du Nord
- LAIA	2.9	3.3	3.3	4.3	6.1	3.1	2.6	3.1	2.7	2.6	- ALAI
- CACM	0.1	0.1	0.2	0.5	0.2	0.2	0.1	0.1	0.2	0.1	- MCC
- Caribbean	0.2	0.4	0.2	0.4	1.4	0.4	0.4	0.4	0.3	0.5	- Caraïbes
- Rest of America	0.0	0.0	0.0	0.0	0.0	0.0	0.3	0.2	0.0	0.0	- Autre d'Amérique
Asia excluding former USSR	25.2	25.5	26.1	23.9	20.9	18.6	19.2	23.3	22.0	20.4	Asie ancienne URSS exclus
- Middle East	3.8	4.3	4.6	5.5	4.5	4.9	6.0	8.3	7.4	6.5	- Moyen-Orient
Asia former USSR	0.0	0.0	0.2	0.3	0.2	0.2	0.2	0.2	0.2	0.1	Asie ancienne URSS
Europe excluding former USSR	38.1	41.0	42.0	42.5	42.7	51.0	49.4	51.9	58.4	60.5	Europe ancienne URSS exclus
- European Union	34.3	36.9	37.5	38.2	39.0	47.2	45.1	47.6	53.5	55.9	- Union Européenne
- Eastern Europe	0.9	1.4	2.1	2.1	1.8	1.6	1.2	1.3	1.8	1.4	- Europe de l'Est
- Rest of Europe	2.8	2.7	2.4	2.2	2.0	2.2	3.1	2.9	3.1	3.2	- Autre de l'Europe
Europe former USSR	0.6	0.4	0.5	0.4	0.4	0.7	0.9	1.0	1.2	1.4	Europe ancienne URSS
Oceania	0.2	0.2	0.2	0.2	0.3	0.3	0.2	0.3	0.4	0.4	Océanie

211 Hides and skins, excluding furs, raw

Country or area	1999	2000	2001	2002	2003	Pays ou zone
World	4120.9	5185.6	5795.4	5464.4	5396.9	Monde
Africa	36.6	35.3	35.6	37.1	54.9	Afrique
Americas	361.4	363.3	351.6	337.6	300.2	Amériques
- Northern America	150.2	168.2	147.2	128.8	111.1	- Amérique du Nord
- LAIA	204.4	188.8	198.8	202.1	181.2	- ALAI
- CACM	1.3	1.4	2.6	3.7	3.3	- MCC
- Caribbean	5.4	4.9	3.1	2.8	3.8	- Caraïbes
- Rest of America	0.0	0.0	0.0	0.1	0.7	- Autre d'Amérique
Asia excluding former USSR	1891.4	2489.4	2963.4	2781.2	2976.1	Asie ancienne URSS exclus
- Middle East	107.5	222.3	282.7	458.4	447.8	- Moyen-Orient
Asia former USSR	0.9	3.2	2.8	3.9	3.1	Asie ancienne URSS
Europe excluding former USSR	1785.5	2246.6	2372.1	2197.6	1949.8	Europe ancienne URSS exclus
- European Union	1690.2	2095.6	2213.6	2034.6	1791.1	- Union Européenne
- Eastern Europe	61.0	96.9	100.9	104.2	106.9	- Europe de l'Est
- Rest of Europe	34.2	54.1	57.6	58.7	51.8	- Autre de l'Europe
Europe former USSR	33.5	34.0	46.5	85.2	94.4	Europe ancienne URSS
Oceania	11.6	14.0	23.3	21.7	18.4	Océanie
Italy-San Marino-Holy See	896.4	1260.2	1259.9	1172.3	933.2	Italie-Saint-Marin-Saint-Siège
China	362.4	573.9	786.1	713.2	905.6	Chine
Korea, Republic of	535.3	677.9	706.9	567.1	516.1	République de Corée
Turkey	100.8	216.5	274.6	451.1	440.5	Turquie
China, Hong Kong SAR	142.4	234.8	359.2	355.7	364.6	Chine - RAS de Hong-Kong
Japan	221.2	222.0	225.9	157.4	185.7	Japon
Mexico	188.6	175.0	174.1	170.0	148.5	Mexique
Germany	135.3	132.9	175.2	179.9	168.7	Allemagne
Thailand	121.6	145.1	192.1	e140.5	164.7	Thaïlande
Spain	120.3	140.7	178.7	151.5	141.0	Espagne
Austria	125.5	104.6	144.6	124.1	136.4	Autriche
Netherlands	97.0	110.2	116.3	108.3	94.0	Pays-Bas
United States	102.8	111.3	102.4	87.1	77.3	Etats-Unis d'Amérique
France-Monaco	80.0	103.8	100.3	97.5	98.9	France-Monaco
United Kingdom	106.3	97.0	98.8	79.0	89.2	Royaume-Uni
India	48.1	57.9	67.3	57.6	51.0	Inde
Belgium	46.7	63.6	53.5	38.5	40.8	Belgique
Canada	47.3	56.9	44.8	41.7	33.8	Canada
Poland	21.7	47.5	45.3	49.2	43.7	Pologne
Portugal	36.0	35.1	35.4	29.1	e29.7	Portugal
Slovakia	23.7	29.8	34.3	33.0	38.9	Slovaquie
Singapore	17.5	23.2	26.2	24.3	26.5	Singapour
Slovenia	17.5	28.4	27.3	21.8	17.3	Slovénie
Sweden	17.6	19.3	22.8	25.0	27.5	Suède
South Africa	–	27.8	27.1	16.9	28.9	Afrique du Sud
Lithuania	18.5	15.3	17.9	24.2	17.5	Lituanie
Belarus	2.8	4.3	15.0	38.3	28.0	Bélarus
New Zealand	10.7	13.1	22.1	20.7	17.4	Nouvelle-Zélande
Pakistan	9.8	11.3	18.2	18.4	21.3	Pakistan
Croatia	3.1	11.2	12.4	24.2	20.5	Croatie

(Value as percentages of World total)   **(Valeur en pourcentage du total mondial)**

Regions of the world	1994	1995	1996	1997	1998	1999	2000	2001	2002	2003	Régions du monde
World	100.0	100.0	100.0	100.0	100.0	100.0	100.0	100.0	100.0	100.0	Monde
Africa	0.4	0.5	0.4	0.6	0.8	0.9	0.7	0.6	0.7	1.0	Afrique
Americas	6.0	4.8	6.2	7.3	8.3	8.8	7.0	6.1	6.2	5.6	Amériques
- Northern America	3.4	3.2	3.2	3.4	3.5	3.6	3.2	2.5	2.4	2.1	- Amérique du Nord
- LAIA	2.5	1.6	3.0	3.7	4.6	5.0	3.6	3.4	3.7	3.4	- ALAI
- CACM	0.0	0.0	0.0	0.0	0.1	0.0	0.0	0.0	0.1	0.1	- MCC
- Caribbean	0.0	0.0	0.0	0.1	0.1	0.1	0.1	0.1	0.1	0.1	- Caraïbes
- Rest of America	0.0	0.0	0.0	0.0	0.0	0.0	0.0	0.0	0.0	0.0	- Autre d'Amérique
Asia excluding former USSR	46.5	49.6	49.3	50.5	45.4	45.9	48.0	51.1	50.9	55.1	Asie ancienne URSS exclus
- Middle East	5.1	7.2	10.8	9.7	7.8	2.6	4.3	4.9	8.4	8.3	- Moyen-Orient
Asia former USSR	0.1	0.0	0.0	0.0	0.0	0.0	0.0	0.0	0.1	0.1	Asie ancienne URSS
Europe excluding former USSR	46.4	43.9	43.2	41.0	44.8	43.3	43.3	40.9	40.2	36.1	Europe ancienne URSS exclus
- European Union	43.1	40.6	39.6	37.2	41.3	41.0	40.4	38.2	37.2	33.2	- Union Européenne
- Eastern Europe	2.1	2.2	2.7	2.7	2.3	1.5	1.9	1.7	1.9	2.0	- Europe de l'Est
- Rest of Europe	1.1	1.1	1.0	1.1	1.2	0.8	1.0	1.0	1.1	1.0	- Autre de l'Europe
Europe former USSR	0.3	0.7	0.4	0.4	0.7	0.8	0.7	0.8	1.6	1.7	Europe ancienne URSS
Oceania	0.4	0.4	0.4	0.2	0.1	0.3	0.3	0.4	0.4	0.3	Océanie

TRADE BY COMMODITY (Value in million US dollars)
Exports by principal countries or areas

COMMERCE PAR PRODUIT (Valeur en millions de dollars EU)
Exportations selon les principaux pays ou zones

Country or area	1999	2000	2001	2002	2003	Pays ou zone
World	3872.2	5088.5	5685.4	5436.0	5609.1	Monde
Africa	81.8	150.5	196.6	195.7	209.9	Afrique
Americas	1327.6	1858.7	2212.4	1972.7	2067.7	Amériques
- Northern America	1190.7	1689.7	2018.9	1792.2	1876.5	- Amérique du Nord
- LAIA	115.0	150.6	178.1	173.2	180.8	- ALAI
- CACM	20.8	15.9	12.5	4.4	9.2	- MCC
- Caribbean	0.6	1.2	1.5	1.4	1.1	- Caraïbes
- Rest of America	0.5	1.3	1.5	1.5	0.1	- Autre d'Amérique
Asia excluding former USSR	345.0	474.3	564.6	543.3	547.5	Asie ancienne URSS exclus
- Middle East	78.7	98.5	98.4	90.4	93.7	- Moyen-Orient
Asia former USSR	32.9	53.4	43.4	37.2	28.5	Asie ancienne URSS
Europe excluding former USSR	1546.3	1870.7	1903.0	2004.0	1997.5	Europe ancienne URSS exclus
- European Union	1324.0	1596.0	1608.0	1729.4	1720.7	- Union Européenne
- Eastern Europe	98.8	121.5	137.4	114.6	125.6	- Europe de l'Est
- Rest of Europe	123.5	153.2	157.7	160.0	151.2	- Autre de l'Europe
Europe former USSR	183.4	179.0	146.9	171.4	180.2	Europe ancienne URSS
Oceania	355.2	501.8	618.5	511.6	577.8	Océanie
United States	1029.0	1522.6	1834.3	1600.6	1668.8	Etats-Unis d'Amérique
Australia	222.3	343.6	427.4	356.4	413.8	Australie
France-Monaco	280.2	340.8	358.2	350.2	357.2	France-Monaco
China, Hong Kong SAR	110.2	187.3	291.5	284.2	308.8	Chine - RAS de Hong-Kong
Germany	221.7	212.6	236.5	269.6	232.4	Allemagne
United Kingdom	163.7	220.1	179.2	215.2	243.0	Royaume-Uni
Netherlands	192.9	217.1	192.8	180.2	175.8	Pays-Bas
Canada	160.9	166.8	184.6	191.4	207.4	Canada
New Zealand	131.8	157.1	189.8	153.9	162.8	Nouvelle-Zélande
Spain	83.7	129.0	149.8	177.7	212.6	Espagne
Italy-San Marino-Holy See	76.4	117.4	117.0	163.0	131.2	Italie-Saint-Marin-Saint-Siège
Mexico	78.5	102.5	115.1	123.5	134.6	Mexique
Ireland	78.4	87.2	87.7	96.2	93.7	Irlande
Belgium	74.6	99.3	89.8	79.6	77.7	Belgique
Russian Federation	125.6	118.8	85.8	44.9	27.3	Fédération de Russie
South Africa	–	55.3	66.1	80.6	88.0	Afrique du Sud
Japan	48.0	33.8	56.7	63.0	69.7	Japon
Austria	50.4	53.8	62.4	50.0	54.5	Autriche
Denmark	48.1	47.2	48.3	52.0	40.9	Danemark
Switzerland-Liechtenstein	41.9	41.1	42.9	44.9	41.3	Suisse-Liechtenstein
Ukraine	22.5	26.3	26.9	52.8	e67.9	Ukraine
Poland	41.0	37.8	48.2	28.0	33.8	Pologne
Iran (Islamic Republic of)	46.2	40.3	41.8	26.5	17.1	Iran (République islamique d')
Sweden	24.7	32.3	33.5	33.6	34.5	Suède
Czech Republic	28.6	30.0	31.3	30.0	28.3	République tchèque
Norway	24.9	27.8	29.0	29.3	27.3	Norvège
Turkey	9.5	25.1	30.5	34.3	34.0	Turquie
Singapore	19.5	36.6	26.0	24.6	18.0	Singapour
Bosnia and Herzegovina	e14.6	e29.8	e26.9	e26.4	26.6	Bosnie-Herzégovine
Slovenia	21.3	24.5	24.3	21.0	19.7	Slovénie

(Value as percentages of World total)

(Valeur en pourcentage du total mondial)

Regions of the world	1994	1995	1996	1997	1998	1999	2000	2001	2002	2003	Régions du monde
World	100.0	100.0	100.0	100.0	100.0	100.0	100.0	100.0	100.0	100.0	Monde
Africa	4.1	3.1	3.1	3.0	2.6	2.1	3.0	3.5	3.6	3.7	Afrique
Americas	31.2	32.6	32.1	32.6	31.5	34.3	36.5	38.9	36.3	36.9	Amériques
- Northern America	29.7	30.9	30.2	30.7	28.4	30.8	33.2	35.5	33.0	33.5	- Amérique du Nord
- LAIA	1.4	1.6	1.7	1.8	2.7	3.0	3.0	3.1	3.2	3.2	- ALAI
- CACM	0.1	0.1	0.1	0.1	0.3	0.5	0.3	0.2	0.1	0.2	- MCC
- Caribbean	0.0	0.0	0.0	0.1	0.0	0.0	0.0	0.0	0.0	0.0	- Caraïbes
- Rest of America	0.0	0.0	0.0	0.0	0.0	0.0	0.0	0.0	0.0	0.0	- Autre d'Amérique
Asia excluding former USSR	9.9	9.4	8.2	7.5	8.1	8.9	9.3	9.9	10.0	9.8	Asie ancienne URSS exclus
- Middle East	3.7	2.9	2.5	1.8	2.0	2.0	1.9	1.7	1.7	1.7	- Moyen-Orient
Asia former USSR	0.7	0.7	1.6	1.7	1.0	0.9	1.0	0.8	0.7	0.5	Asie ancienne URSS
Europe excluding former USSR	38.4	36.9	38.0	37.4	38.9	39.9	36.8	33.5	36.9	35.6	Europe ancienne URSS exclus
- European Union	34.5	33.5	34.6	33.3	34.3	34.2	31.4	28.3	31.8	30.7	- Union Européenne
- Eastern Europe	1.6	1.1	1.2	1.8	2.0	2.6	2.4	2.4	2.1	2.2	- Europe de l'Est
- Rest of Europe	2.2	2.4	2.3	2.4	2.5	3.2	3.0	2.8	2.9	2.7	- Autre de l'Europe
Europe former USSR	4.6	6.1	4.7	5.9	7.4	4.7	3.5	2.6	3.2	3.2	Europe ancienne URSS
Oceania	11.1	11.0	12.1	11.9	10.7	9.2	9.9	10.9	9.4	10.3	Océanie

212 Furskins, raw

TRADE BY COMMODITY (Value in million US dollars)
Imports by principal countries or areas

COMMERCE PAR PRODUIT (Valeur en millions de dollars EU)
Importations selon les principaux pays ou zones

Country or area	1999	2000	2001	2002	2003	Pays ou zone
World	912.9	1042.9	1118.3	1173.5	1318.3	Monde
Africa	0.8	1.0	0.2	0.1	0.1	Afrique
Americas	112.2	107.3	118.7	121.0	126.1	Amériques
- Northern America	111.2	106.2	117.8	120.5	125.7	- Amérique du Nord
- LAIA	0.9	0.5	0.5	0.3	0.4	- ALAI
- CACM	0.0	0.3	0.0	0.1	0.0	- MCC
- Caribbean	0.1	0.3	0.4	0.2	0.0	- Caraïbes
- Rest of America	0.0	0.0	0.0	0.0	0.0	- Autre d'Amérique
Asia excluding former USSR	417.3	543.1	550.4	571.4	642.3	Asie ancienne URSS exclus
- Middle East	2.0	1.9	0.7	0.4	0.4	- Moyen-Orient
Asia former USSR	2.0	0.1	0.1	0.0	0.0	Asie ancienne URSS
Europe excluding former USSR	358.7	354.6	403.2	433.3	497.5	Europe ancienne URSS exclus
- European Union	336.0	318.8	356.9	377.3	425.6	- Union Européenne
- Eastern Europe	18.5	31.5	41.1	48.2	65.3	- Europe de l'Est
- Rest of Europe	4.2	4.3	5.2	7.9	6.6	- Autre de l'Europe
Europe former USSR	21.3	36.1	45.6	47.0	51.8	Europe ancienne URSS
Oceania	0.6	0.7	0.1	0.6	0.4	Océanie
China, Hong Kong SAR	283.4	371.7	394.6	405.4	487.1	Chine - RAS de Hong-Kong
Denmark	75.2	79.9	105.2	100.1	129.4	Danemark
Finland	71.0	60.7	66.9	85.9	91.5	Finlande
Korea, Republic of	71.9	90.1	67.7	89.9	54.7	République de Corée
Italy-San Marino-Holy See	76.4	75.2	65.8	74.0	65.5	Italie-Saint-Marin-Saint-Siège
China	45.5	63.8	67.7	62.2	89.8	Chine
Canada	62.4	47.1	55.3	61.8	66.6	Canada
United States	48.8	59.0	62.4	58.7	59.0	Etats-Unis d'Amérique
Greece	32.8	30.9	49.9	43.6	62.6	Grèce
Poland	16.9	28.9	39.0	45.7	62.5	Pologne
Germany	36.9	34.3	28.5	25.1	25.2	Allemagne
Estonia	11.9	16.8	21.9	23.4	27.7	Estonie
France-Monaco	16.5	13.8	14.5	19.0	17.0	France-Monaco
Japan	12.7	12.9	16.8	12.9	9.3	Japon
United Kingdom	10.3	10.5	10.1	9.4	10.4	Royaume-Uni
Spain	8.9	7.9	7.8	7.3	8.9	Espagne
Ukraine	3.7	5.5	11.2	8.4	e11.4	Ukraine
Lithuania	2.9	7.1	7.3	8.6	3.4	Lituanie
Norway	3.5	3.9	4.8	7.5	6.0	Norvège
Netherlands	1.4	1.7	4.5	8.9	7.6	Pays-Bas
Belarus	1.1	4.4	3.4	5.5	8.0	Bélarus
Belgium	5.5	2.5	2.3	2.8	5.7	Belgique
Russian Federation	1.6	2.3	1.8	1.1	1.1	Fédération de Russie
Czech Republic	0.9	1.3	1.4	1.3	1.3	République tchèque
China, Macao SAR	1.2	2.1	2.1		0.6	Chine - RAS de Macao
Portugal	0.6	0.7	1.1	0.8	e0.9	Portugal
Turkey	1.5	1.1	0.2	0.2	0.1	Turquie
Romania	0.2	0.4	0.5	0.7	0.8	Roumanie
Australia	0.6	0.7	0.1	0.5	0.4	Australie
Austria	0.4	0.4	0.3	0.3	0.9	Autriche

(Value as percentages of World total) **(Valeur en pourcentage du total mondial)**

Regions of the world	1994	1995	1996	1997	1998	1999	2000	2001	2002	2003	Régions du monde
World	100.0	100.0	100.0	100.0	100.0	100.0	100.0	100.0	100.0	100.0	Monde
Africa	0.1	0.1	0.1	0.2	0.2	0.1	0.1	0.0	0.0	0.0	Afrique
Americas	11.9	9.4	8.8	11.4	11.2	12.3	10.3	10.6	10.3	9.6	Amériques
- Northern America	11.7	9.2	8.6	11.0	10.8	12.2	10.2	10.5	10.3	9.5	- Amérique du Nord
- LAIA	0.3	0.1	0.1	0.1	0.4	0.1	0.1	0.0	0.0	0.0	- ALAI
- CACM	0.0	0.0	0.0	0.0	0.0	0.0	0.0	0.0	0.0	0.0	- MCC
- Caribbean	0.0	0.0	0.1	0.2	0.0	0.0	0.0	0.0	0.0	0.0	- Caraïbes
- Rest of America	0.0	0.0	0.0	0.0	0.0	0.0	0.0	0.0	0.0	0.0	- Autre d'Amérique
Asia excluding former USSR	49.1	48.9	50.7	40.7	36.2	45.7	52.1	49.2	48.7	48.7	Asie ancienne URSS exclus
- Middle East	0.1	0.1	0.2	0.3	0.3	0.2	0.2	0.1	0.0	0.0	- Moyen-Orient
Asia former USSR	0.1	0.0	0.0	0.0	0.0	0.2	0.0	0.0	0.0	0.0	Asie ancienne URSS
Europe excluding former USSR	37.7	39.8	38.9	46.2	50.0	39.3	34.0	36.1	36.9	37.7	Europe ancienne URSS exclus
- European Union	34.9	36.7	36.2	43.7	47.0	36.8	30.6	31.9	32.2	32.3	- Union Européenne
- Eastern Europe	1.6	2.0	1.8	1.8	2.4	2.0	3.0	3.7	4.1	5.0	- Europe de l'Est
- Rest of Europe	1.2	1.0	0.9	0.7	0.7	0.5	0.4	0.5	0.7	0.5	- Autre de l'Europe
Europe former USSR	1.0	1.8	1.5	1.5	2.2	2.3	3.5	4.1	4.0	3.9	Europe ancienne URSS
Oceania	0.1	0.0	0.0	0.0	0.0	0.1	0.1	0.0	0.0	0.0	Océanie

TRADE BY COMMODITY (Value in million US dollars)
Exports by principal countries or areas

COMMERCE PAR PRODUIT (Valeur en millions de dollars EU)
Exportations selon les principaux pays ou zones

Country or area	1999	2000	2001	2002	2003	Pays ou zone
World	1144.1	1405.6	1492.6	1575.5	1824.5	Monde
Africa	0.4	0.6	0.8	3.6	3.0	Afrique
Americas	219.8	265.5	292.1	285.6	295.8	Amériques
- Northern America	217.4	263.9	290.1	284.7	294.7	- Amérique du Nord
- LAIA	2.3	1.6	2.0	0.9	1.1	- ALAI
- CACM	0.1	0.0	0.0	0.0	0.0	- MCC
- Caribbean	0.0	0.0	0.0	0.0	0.0	- Caraïbes
- Rest of America	0.0	0.0	0.0	0.0	0.0	- Autre d'Amérique
Asia excluding former USSR	246.5	319.0	296.0	312.3	451.0	Asie ancienne URSS exclus
- Middle East	0.2	0.0	0.1	0.0	0.0	- Moyen-Orient
Asia former USSR	0.2	0.7	0.5	1.8	0.1	Asie ancienne URSS
Europe excluding former USSR	646.1	774.7	859.5	919.4	1001.6	Europe ancienne URSS exclus
- European Union	595.2	724.6	801.0	844.0	927.0	- Union Européenne
- Eastern Europe	9.3	11.0	17.5	25.1	34.1	- Europe de l'Est
- Rest of Europe	41.5	39.0	41.0	50.3	40.5	- Autre de l'Europe
Europe former USSR	30.9	44.5	43.4	50.4	72.2	Europe ancienne URSS
Oceania	0.2	0.5	0.4	2.5	0.8	Océanie
Denmark	320.6	368.6	396.6	429.7	490.8	Danemark
China, Hong Kong SAR	233.3	304.7	286.6	301.5	443.9	Chine - RAS de Hong-Kong
Finland	178.5	244.0	279.7	283.6	277.2	Finlande
United States	127.0	144.8	163.5	157.7	142.5	Etats-Unis d'Amérique
Canada	89.6	118.3	125.4	126.1	151.0	Canada
Netherlands	29.3	41.5	41.0	50.9	61.8	Pays-Bas
Norway	36.6	34.9	37.1	44.0	35.1	Norvège
Germany	30.0	32.1	40.0	37.0	43.4	Allemagne
Russian Federation	17.5	24.7	27.7	35.8	44.6	Fédération de Russie
Sweden	17.4	16.8	17.4	24.0	24.4	Suède
Poland	7.0	8.7	14.8	22.2	31.6	Pologne
Belarus	8.8	12.6	9.9	7.2	14.7	Bélarus
United Kingdom	4.3	5.1	10.4	5.5	6.0	Royaume-Uni
Belgium	3.6	5.1	6.7	3.0	5.4	Belgique
China	3.4	5.1	4.2	4.9	4.6	Chine
Iceland	4.8	3.9	3.7	5.1	4.6	Islande
France-Monaco	4.7	3.7	2.6	3.2	5.4	France-Monaco
Estonia	1.8	3.0	3.2	4.0	5.8	Estonie
Italy-San Marino-Holy See	3.3	3.4	2.6	3.1	4.3	Italie-Saint-Marin-Saint-Siège
Afghanistan	e2.3	e1.7	e4.2	e5.2	e1.4	Afghanistan
Spain	1.0	1.2	1.9	2.3	4.9	Espagne
Lithuania	1.4	3.2	1.6	1.2	2.8	Lituanie
Mongolia	5.7	3.6	0.0	0.0	0.0	Mongolie
Ireland	1.5	1.6	1.5	1.1	2.2	Irlande
Latvia	1.0	0.6	0.6	1.8	3.6	Lettonie
Czech Republic	1.5	1.7	1.5	1.2	1.3	République tchèque
Argentina	1.6	1.0	1.1	0.7	0.6	Argentine
Greenland	0.9	0.8	1.2	0.9	e1.2	Groenland
Namibia	–	0.0	0.1	2.5	1.9	Namibie
China, Macao SAR	1.1	2.3	0.7		0.2	Chine - RAS de Macao

(Value as percentages of World total)

(Valeur en pourcentage du total mondial)

Regions of the world	1994	1995	1996	1997	1998	1999	2000	2001	2002	2003	Régions du monde
World	100.0	100.0	100.0	100.0	100.0	100.0	100.0	100.0	100.0	100.0	Monde
Africa	0.0	0.0	0.0	0.0	0.0	0.0	0.0	0.1	0.2	0.2	Afrique
Americas	17.8	16.2	17.1	19.2	18.3	19.2	18.9	19.6	18.1	16.2	Amériques
- Northern America	17.5	16.1	16.9	18.9	18.2	19.0	18.8	19.4	18.1	16.2	- Amérique du Nord
- LAIA	0.3	0.1	0.2	0.2	0.2	0.2	0.1	0.1	0.1	0.1	- ALAI
- CACM	0.0	0.0	0.0	0.0	0.0	0.0	0.0	0.0	0.0	0.0	- MCC
- Caribbean	0.0	0.0	0.0	0.0	0.0	0.0	0.0	0.0	0.0	0.0	- Caraïbes
- Rest of America	0.0	0.0	0.0	0.0	0.0	0.0	0.0	0.0	0.0	0.0	- Autre d'Amérique
Asia excluding former USSR	10.8	13.0	9.9	13.5	16.6	21.5	22.7	19.8	19.8	24.7	Asie ancienne URSS exclus
- Middle East	0.0	0.0	0.0	0.1	0.0	0.0	0.0	0.0	0.0	0.0	- Moyen-Orient
Asia former USSR	0.2	0.1	0.2	0.0	0.0	0.0	0.0	0.0	0.1	0.0	Asie ancienne URSS
Europe excluding former USSR	65.6	64.1	67.7	63.6	62.1	56.5	55.1	57.6	58.4	54.9	Europe ancienne URSS exclus
- European Union	60.6	57.4	62.0	56.7	55.0	52.0	51.6	53.7	53.6	50.8	- Union Européenne
- Eastern Europe	0.9	1.2	1.0	0.9	1.0	0.8	0.8	1.2	1.6	1.9	- Europe de l'Est
- Rest of Europe	4.1	5.5	4.6	6.0	6.0	3.6	2.8	2.7	3.2	2.2	- Autre de l'Europe
Europe former USSR	5.2	6.5	4.9	3.6	2.9	2.7	3.2	2.9	3.2	4.0	Europe ancienne URSS
Oceania	0.3	0.1	0.2	0.1	0.0	0.0	0.0	0.0	0.2	0.0	Océanie

222 Seeds and oleaginous fruit, whole or broken, for 'soft' fixed oil

TRADE BY COMMODITY (Value in million US dollars)
Imports by principal countries or areas

COMMERCE PAR PRODUIT (Valeur en millions de dollars EU)
Importations selon les principaux pays ou zones

Country or area	1999	2000	2001	2002	2003	Pays ou zone
World	14088.3	15329.3	16417.1	16557.9	22116.0	Monde
Africa	179.4	241.9	254.3	257.3	256.8	Afrique
Americas	1894.6	2129.5	2270.2	2405.7	2699.9	Amériques
- Northern America	452.3	500.2	519.7	484.6	476.3	- Amérique du Nord
- LAIA	1364.1	1538.7	1611.3	1750.1	2022.4	- ALAI
- CACM	58.4	58.2	57.7	66.4	69.5	- MCC
- Caribbean	18.3	30.4	79.8	103.1	129.8	- Caraïbes
- Rest of America	1.4	2.0	1.7	1.6	1.8	- Autre d'Amérique
Asia excluding former USSR	6158.2	7616.0	7605.9	7515.9	11621.3	Asie ancienne URSS exclus
- Middle East	441.0	545.6	399.2	450.9	850.0	- Moyen-Orient
Asia former USSR	19.6	5.6	27.5	33.5	20.6	Asie ancienne URSS
Europe excluding former USSR	5700.2	5242.4	6165.2	6221.5	7368.6	Europe ancienne URSS exclus
- European Union	5428.4	4981.5	5886.6	5894.0	6999.6	- Union Européenne
- Eastern Europe	105.0	107.5	128.8	147.7	160.7	- Europe de l'Est
- Rest of Europe	166.8	153.4	149.8	179.9	208.3	- Autre de l'Europe
Europe former USSR	113.4	74.8	78.4	98.4	102.0	Europe ancienne URSS
Oceania	22.9	19.2	15.6	25.5	46.7	Océanie
China	1527.1	2942.3	3193.7	2636.5	5513.9	Chine
Japan	2012.8	1942.2	1877.2	1963.6	2405.4	Japon
Germany	1442.9	1253.2	1392.1	1341.4	1748.3	Allemagne
Netherlands	1217.1	1317.9	1532.6	1373.8	1639.3	Pays-Bas
Mexico	1090.5	1124.7	1168.9	1237.8	1445.4	Mexique
Spain	854.5	730.1	823.5	911.3	987.6	Espagne
Belgium	518.3	440.8	465.7	514.1	596.5	Belgique
Korea, Republic of	377.8	399.6	358.9	376.9	489.8	République de Corée
United Kingdom	310.9	327.7	413.4	389.8	408.9	Royaume-Uni
Italy-San Marino-Holy See	280.0	242.3	348.5	379.6	488.5	Italie-Saint-Marin-Saint-Siège
Indonesia	341.8	322.7	278.6	344.8	376.5	Indonésie
Thailand	213.7	297.3	295.2	e391.0	458.4	Thaïlande
France-Monaco	269.2	167.6	270.9	279.9	342.2	France-Monaco
Canada	202.8	203.2	267.1	280.3	307.7	Canada
Turkey	217.8	230.7	133.1	222.4	424.0	Turquie
Portugal	183.4	195.0	244.0	294.1	e300.5	Portugal
United States	249.5	296.5	252.6	204.3	168.6	Etats-Unis d'Amérique
Malaysia	175.9	164.0	177.4	193.2	197.1	Malaisie
Israel	170.5	156.7	161.6	187.1	199.9	Israël
Brazil	94.2	145.4	143.8	182.0	240.6	Brésil
Pakistan	71.8	116.4	121.3	185.9	234.8	Pakistan
Iran (Islamic Republic of)	98.2	156.9	120.6	88.8	234.6	Iran (République islamique d')
Greece	115.3	98.4	127.0	130.0	166.4	Grèce
Philippines	137.2	77.5	97.1	103.4	88.5	Philippines
Norway	90.8	94.1	89.7	98.6	124.9	Norvège
Denmark	80.7	67.1	93.9	114.7	128.5	Danemark
Colombia	59.9	75.6	90.6	132.6	118.9	Colombie
Egypt	60.2	94.9	138.9	113.1	59.6	Egypte
Morocco	78.4	81.9	55.3	80.7	119.7	Maroc
Argentina	69.0	53.9	62.1	48.9	e75.1	Argentine

(Value as percentages of World total)　　　　　　　　　　　　　　　　**(Valeur en pourcentage du total mondial)**

Regions of the world	1994	1995	1996	1997	1998	1999	2000	2001	2002	2003	Régions du monde
World	100.0	100.0	100.0	100.0	100.0	100.0	100.0	100.0	100.0	100.0	Monde
Africa	1.5	2.2	1.6	1.4	1.6	1.3	1.6	1.5	1.6	1.2	Afrique
Americas	12.4	11.3	13.7	16.6	14.2	13.4	13.9	13.8	14.5	12.2	Amériques
- Northern America	2.7	2.4	2.6	3.1	3.0	3.2	3.3	3.2	2.9	2.2	- Amérique du Nord
- LAIA	8.9	8.2	10.2	12.8	10.5	9.7	10.0	9.8	10.6	9.1	- ALAI
- CACM	0.3	0.4	0.5	0.4	0.4	0.4	0.4	0.4	0.4	0.3	- MCC
- Caribbean	0.4	0.3	0.3	0.4	0.3	0.1	0.2	0.5	0.6	0.6	- Caraïbes
- Rest of America	0.0	0.0	0.0	0.0	0.0	0.0	0.0	0.0	0.0	0.0	- Autre d'Amérique
Asia excluding former USSR	34.4	35.0	36.4	39.6	38.5	43.7	49.7	46.3	45.4	52.5	Asie ancienne URSS exclus
- Middle East	1.0	2.2	2.1	2.2	3.1	3.1	3.6	2.4	2.7	3.8	- Moyen-Orient
Asia former USSR	0.0	0.0	0.0	0.0	0.2	0.1	0.0	0.2	0.2	0.1	Asie ancienne URSS
Europe excluding former USSR	51.0	50.6	47.4	41.6	44.8	40.5	34.2	37.6	37.6	33.3	Europe ancienne URSS exclus
- European Union	48.8	48.4	44.7	39.4	42.4	38.5	32.5	35.9	35.6	31.6	- Union Européenne
- Eastern Europe	1.0	0.8	1.5	1.0	1.1	0.7	0.7	0.8	0.9	0.7	- Europe de l'Est
- Rest of Europe	1.2	1.4	1.1	1.2	1.2	1.2	1.0	0.9	1.1	0.9	- Autre de l'Europe
Europe former USSR	0.4	0.5	0.7	0.5	0.6	0.8	0.5	0.5	0.6	0.5	Europe ancienne URSS
Oceania	0.3	0.4	0.3	0.2	0.2	0.2	0.1	0.1	0.2	0.2	Océanie

Graines de fruits oléagineux servant à l'extraction d'huiles végétales fixes douces 222

TRADE BY COMMODITY (Value in million US dollars)
Exports by principal countries or areas

COMMERCE PAR PRODUIT (Valeur en millions de dollars EU)
Exportations selon les principaux pays ou zones

Country or area	1999	2000	2001	2002	2003	Pays ou zone
World	12355.8	13576.0	14439.4	14722.8	20129.1	Monde
Africa	175.3	276.4	209.8	192.6	239.3	Afrique
Americas	8989.6	10401.2	11408.2	11670.1	16523.1	Amériques
- Northern America	6031.0	6736.4	6798.6	6856.0	9501.8	- Amérique du Nord
- LAIA	2911.8	3608.5	4552.7	4762.1	6971.9	- ALAI
- CACM	46.5	56.2	56.6	52.0	49.3	- MCC
- Caribbean	0.2	0.1	0.5	0.1	0.1	- Caraïbes
- Rest of America	0.1	0.0	0.0	0.1	0.0	- Autre d'Amérique
Asia excluding former USSR	677.5	745.8	737.8	689.3	1046.3	Asie ancienne URSS exclus
- Middle East	19.3	19.8	22.8	22.7	27.1	- Moyen-Orient
Asia former USSR	5.8	16.5	18.0	5.7	10.8	Asie ancienne URSS
Europe excluding former USSR	1814.8	1366.8	1490.6	1677.0	1922.0	Europe ancienne URSS exclus
- European Union	1403.2	1115.6	1159.2	1335.4	1518.1	- Union Européenne
- Eastern Europe	405.8	243.3	326.2	329.8	384.0	- Europe de l'Est
- Rest of Europe	5.7	7.8	5.3	11.9	19.9	- Autre de l'Europe
Europe former USSR	208.4	366.0	205.9	88.3	152.7	Europe ancienne URSS
Oceania	484.4	403.4	369.2	399.8	234.9	Océanie
United States	4921.4	5710.0	5807.9	6042.2	8296.8	Etats-Unis d'Amérique
Brazil	1594.3	2189.4	2730.6	3036.9	4301.9	Brésil
Argentina	859.3	1002.0	1388.5	1280.2	1983.4	Argentine
Canada	1106.7	1026.4	990.7	813.8	1205.0	Canada
France-Monaco	641.0	557.5	432.2	522.1	635.9	France-Monaco
China	354.5	394.3	411.8	424.6	531.7	Chine
Australia	482.5	403.0	368.6	399.4	233.5	Australie
Paraguay	312.5	289.2	364.0	350.0	525.8	Paraguay
Netherlands	289.5	276.9	341.1	345.6	432.3	Pays-Bas
Germany	253.9	140.0	230.8	232.5	152.1	Allemagne
India	165.1	202.7	175.3	115.7	339.7	Inde
Hungary	67.6	94.0	78.4	125.8	165.6	Hongrie
Sudan	58.3	136.1	102.4	72.2	e79.0	Soudan
Ukraine	106.3	148.3	112.8	22.9	e29.5	Ukraine
Russian Federation	65.8	183.0	44.2	20.3	68.6	Fédération de Russie
Czech Republic	83.8	80.1	76.7	66.0	21.4	République tchèque
Romania	98.7	35.8	43.7	32.4	90.4	Roumanie
Bulgaria	61.9	11.6	26.5	63.5	82.4	Bulgarie
Belgium	43.6	39.5	47.9	45.5	64.6	Belgique
Viet Nam	36.6	49.2	44.5	55.7	e52.7	Viet Nam
United Kingdom	70.8	14.3	6.8	51.9	79.9	Royaume-Uni
Greece	32.5	26.7	29.9	53.8	41.7	Grèce
Uruguay	27.1	0.5	5.4	40.5	88.1	Uruguay
Ethiopia	23.0	22.2	24.9	32.1	48.3	Ethiopie
Nicaragua	23.0	32.8	32.8	27.3	29.6	Nicaragua
Poland	63.6	5.3	65.6	8.7	1.9	Pologne
Slovakia	30.2	16.5	35.3	33.3	22.3	Slovaquie
Israel	30.5	24.9	25.5	25.6	26.5	Israël
Bolivia	42.1	46.9	3.0	8.5	30.1	Bolivie
Austria	15.6	16.0	19.3	30.2	37.5	Autriche

(Value as porcentages of World total) — **(Valeur en pourcentage du total mondial)**

Regions of the world	1994	1995	1996	1997	1998	1999	2000	2001	2002	2003	Régions du monde
World	100.0	100.0	100.0	100.0	100.0	100.0	100.0	100.0	100.0	100.0	Monde
Africa	1.9	1.4	1.2	1.5	1.8	1.4	2.0	1.5	1.3	1.2	Afrique
Americas	74.1	75.8	76.8	78.6	74.9	72.8	76.6	79.0	79.3	82.1	Amériques
- Northern America	51.1	59.3	59.8	56.8	47.7	48.8	49.6	47.1	46.6	47.2	- Amérique du Nord
- LAIA	22.6	16.0	16.6	21.4	26.9	23.6	26.6	31.5	32.3	34.6	- ALAI
- CACM	0.4	0.5	0.5	0.4	0.4	0.4	0.4	0.4	0.4	0.2	- MCC
- Caribbean	0.0	0.0	0.0	0.0	0.0	0.0	0.0	0.0	0.0	0.0	- Caraïbes
- Rest of America	0.0	0.0	0.0	0.0	0.0	0.0	0.0	0.0	0.0	0.0	- Autre d'Amérique
Asia excluding former USSR	8.0	6.8	5.8	4.3	4.0	5.5	5.5	5.1	4.7	5.2	Asie ancienne URSS exclus
- Middle East	0.1	0.1	0.2	0.2	0.2	0.2	0.1	0.2	0.2	0.1	- Moyen-Orient
Asia former USSR	0.0	0.0	0.0	0.0	0.0	0.0	0.1	0.1	0.0	0.1	Asie ancienne URSS
Europe excluding former USSR	11.3	11.6	10.4	11.0	13.9	14.7	10.1	10.3	11.4	9.5	Europe ancienne URSS exclus
- European Union	10.2	9.5	9.0	10.1	12.6	11.4	8.2	8.0	9.1	7.5	- Union Européenne
- Eastern Europe	1.1	1.9	1.3	0.9	1.3	3.3	1.8	2.3	2.2	1.9	- Europe de l'Est
- Rest of Europe	0.1	0.2	0.1	0.0	0.1	0.0	0.1	0.0	0.1	0.1	- Autre de l'Europe
Europe former USSR	4.0	3.7	4.7	3.4	3.5	1.7	2.7	1.4	0.6	0.8	Europe ancienne URSS
Oceania	0.6	0.6	1.1	1.1	1.8	3.9	3.0	2.6	2.7	1.2	Océanie

223 Seeds and oleaginous fruit, whole or broken, for other fixed oils

TRADE BY COMMODITY (Value in million US dollars)
Imports by principal countries or areas

COMMERCE PAR PRODUIT (Valeur en millions de dollars EU)
Importations selon les principaux pays ou zones

Country or area	1999	2000	2001	2002	2003	Pays ou zone
World	919.9	833.6	836.3	933.0	1070.0	Monde
Africa	16.6	22.2	16.3	45.9	54.3	Afrique
Americas	185.2	170.6	167.7	186.4	211.2	Amériques
- Northern America	117.4	99.5	84.0	99.9	139.8	- Amérique du Nord
- LAIA	50.8	57.3	68.3	70.2	60.6	- ALAI
- CACM	13.5	10.6	9.7	9.9	4.0	- MCC
- Caribbean	2.0	1.1	2.4	1.2	1.8	- Caraïbes
- Rest of America	1.4	2.1	3.3	5.2	5.1	- Autre d'Amérique
Asia excluding former USSR	200.0	172.2	153.4	154.1	151.4	Asie ancienne URSS exclus
- Middle East	15.8	17.9	12.2	11.3	15.9	- Moyen-Orient
Asia former USSR	1.5	0.9	0.4	3.1	3.4	Asie ancienne URSS
Europe excluding former USSR	455.7	395.2	454.4	513.1	619.5	Europe ancienne URSS exclus
- European Union	418.5	365.3	417.8	468.7	569.4	- Union Européenne
- Eastern Europe	21.7	18.4	24.0	29.3	32.8	- Europe de l'Est
- Rest of Europe	15.5	11.6	12.6	15.2	17.2	- Autre de l'Europe
Europe former USSR	26.6	16.5	24.2	16.7	14.1	Europe ancienne URSS
Oceania	34.1	55.9	19.9	13.6	16.1	Océanie
Belgium	108.2	95.5	102.9	129.8	181.3	Belgique
Germany	131.0	118.3	108.6	110.8	138.2	Allemagne
United States	98.6	81.2	58.2	69.2	110.0	Etats-Unis d'Amérique
Netherlands	55.9	44.9	48.4	47.5	42.8	Pays-Bas
France-Monaco	33.4	35.9	34.7	37.8	46.8	France-Monaco
Japan	58.4	49.2	35.6	24.8	18.4	Japon
Spain	24.0	15.6	37.4	31.5	39.7	Espagne
Bangladesh	e26.5	e28.8	27.9	e27.2	20.8	Bangladesh
United Kingdom	15.6	12.9	28.4	41.4	32.1	Royaume-Uni
Canada	18.7	18.3	25.8	30.7	29.8	Canada
Mexico	15.1	18.6	24.7	20.3	31.0	Mexique
Austria	16.5	12.5	18.0	26.8	29.6	Autriche
Australia	28.2	45.2	11.0	3.2	5.8	Australie
Korea, Republic of	11.6	10.1	9.6	24.7	26.4	République de Corée
Malaysia	27.9	23.5	9.4	12.6	8.1	Malaisie
Sweden	7.7	9.6	13.4	14.0	22.6	Suède
Poland	10.5	8.8	11.6	12.6	13.1	Pologne
Peru	7.4	7.1	12.6	15.1	13.5	Pérou
Pakistan	10.8	9.3	8.2	12.5	14.1	Pakistan
Italy-San Marino-Holy See	9.0	6.8	5.8	7.4	14.9	Italie-Saint-Marin-Saint-Siège
Russian Federation	8.9	4.8	7.8	11.6	9.5	Fédération de Russie
United Arab Emirates	10.0	10.1	6.9	e7.1	e8.3	Emirates arabes unis
Colombia	8.9	17.4	7.7	4.4	3.2	Colombie
Venezuela	9.9	1.6	8.4	19.5	1.3	Venezuela
China	4.2	1.3	22.4	4.8	6.5	Chine
Egypt	5.8	12.5	3.3	9.4	7.9	Egypte
India	7.8	3.9	2.1	9.2	13.4	Inde
Denmark	7.0	5.7	6.3	8.9	8.0	Danemark
New Zealand	3.4	7.6	6.5	7.8	8.0	Nouvelle-Zélande
Cuba	5.3	6.8	8.2	e6.5	e5.1	Cuba

(Value as percentages of World total)

(Valeur en pourcentage du total mondial)

Regions of the world	1994	1995	1996	1997	1998	1999	2000	2001	2002	2003	Régions du monde
World	100.0	100.0	100.0	100.0	100.0	100.0	100.0	100.0	100.0	100.0	Monde
Africa	1.5	1.3	0.8	2.5	1.2	1.8	2.7	1.9	4.9	5.1	Afrique
Americas	16.9	16.0	20.0	20.4	19.2	20.1	20.5	20.0	20.0	19.7	Amériques
- Northern America	9.9	10.0	13.1	13.4	11.5	12.8	11.9	10.0	10.7	13.1	- Amérique du Nord
- LAIA	5.0	4.2	5.4	5.8	6.1	5.5	6.9	8.2	7.5	5.7	- ALAI
- CACM	1.9	1.7	1.2	0.9	1.4	1.5	1.3	1.2	1.1	0.4	- MCC
- Caribbean	0.1	0.1	0.3	0.2	0.2	0.2	0.1	0.3	0.1	0.2	- Caraïbes
- Rest of America	0.1	0.1	0.1	0.1	0.1	0.2	0.3	0.4	0.6	0.5	- Autre d'Amérique
Asia excluding former USSR	24.3	25.9	20.5	18.5	19.2	21.7	20.7	18.3	16.5	14.2	Asie ancienne URSS exclus
- Middle East	1.3	1.5	1.5	1.3	1.8	1.7	2.2	1.5	1.2	1.5	- Moyen-Orient
Asia former USSR	0.1	0.2	0.1	0.1	0.0	0.2	0.1	0.0	0.3	0.3	Asie ancienne URSS
Europe excluding former USSR	45.3	45.2	47.5	48.4	52.5	49.5	47.4	54.3	55.0	57.9	Europe ancienne URSS exclus
- European Union	42.1	43.1	44.7	45.5	48.0	45.5	43.8	50.0	50.2	53.2	- Union Européenne
- Eastern Europe	1.8	1.1	1.6	1.8	2.7	2.4	2.2	2.9	3.1	3.1	- Europe de l'Est
- Rest of Europe	1.4	1.1	1.3	1.0	1.7	1.7	1.4	1.5	1.6	1.6	- Autre de l'Europe
Europe former USSR	5.4	4.0	5.2	5.5	5.3	2.9	2.0	2.9	1.8	1.3	Europe ancienne URSS
Oceania	6.4	7.5	5.9	4.5	2.7	3.7	6.7	2.4	1.5	1.5	Océanie

Graines de fruits oléagineux servant à l'extraction d'autres huiles fixes 223

TRADE BY COMMODITY (Value in million US dollars)
Exports by principal countries or areas

COMMERCE PAR PRODUIT (Valeur en millions de dollars EU)
Exportations selon les principaux pays ou zones

Country or area	1999	2000	2001	2002	2003	Pays ou zone
World	803.5	819.1	854.1	958.6	1015.3	Monde
Africa	29.4	59.6	63.1	59.4	69.2	Afrique
Americas	350.0	324.3	363.1	437.6	424.3	Amériques
- Northern America	301.4	249.1	315.8	397.2	395.1	- Amérique du Nord
- LAIA	31.5	65.6	38.2	36.1	24.3	- ALAI
- CACM	13.9	7.8	8.9	4.1	4.9	- MCC
- Caribbean	0.1	0.1	0.1	0.0	0.1	- Caraïbes
- Rest of America	3.1	1.6	0.1	0.1	0.1	- Autre d'Amérique
Asia excluding former USSR	123.6	134.1	149.4	142.1	164.8	Asie ancienne URSS exclus
- Middle East	29.2	17.3	21.1	18.2	35.3	- Moyen-Orient
Asia former USSR	4.8	2.4	1.6	2.3	2.6	Asie ancienne URSS
Europe excluding former USSR	226.6	218.7	200.7	269.9	320.2	Europe ancienne URSS exclus
- European Union	175.6	171.1	155.3	202.6	250.4	- Union Européenne
- Eastern Europe	48.6	43.7	42.8	63.9	66.5	- Europe de l'Est
- Rest of Europe	2.4	3.9	2.6	3.4	3.3	- Autre de l'Europe
Europe former USSR	28.1	45.5	35.9	10.1	17.6	Europe ancienne URSS
Oceania	41.0	34.6	40.4	37.2	16.6	Océanie
Canada	185.4	140.7	193.5	242.6	264.9	Canada
United States	116.0	108.5	122.4	154.6	130.2	Etats-Unis d'Amérique
Belgium	41.8	57.7	44.1	70.0	80.3	Belgique
Netherlands	28.9	28.2	34.5	46.3	59.0	Pays-Bas
China	18.1	22.4	48.7	37.0	44.7	Chine
India	24.5	40.9	25.4	31.4	23.8	Inde
Germany	30.8	19.1	17.5	26.9	25.8	Allemagne
Czech Republic	20.8	19.8	17.6	24.2	26.3	République tchèque
Turkey	22.6	12.2	19.1	15.7	32.5	Turquie
Hungary	20.5	14.3	15.7	27.3	24.3	Hongrie
Bolivia	14.0	40.4	13.7	16.3	14.6	Bolivie
Ukraine	22.1	35.6	26.4	3.6	e4.7	Ukraine
Austria	12.0	12.7	15.1	17.0	20.0	Autriche
United Kingdom	27.6	15.4	10.9	6.7	11.8	Royaume-Uni
France-Monaco	14.3	13.5	9.1	13.6	17.0	France-Monaco
Australia	19.1	14.5	10.5	12.3	8.9	Australie
Indonesia	15.5	13.7	6.7	14.1	10.6	Indonésie
Sudan	4.7	13.1	15.5	10.2	e11.2	Soudan
Venezuela	7.0	14.6	16.2	14.8		Venezuela
Ethiopia	8.7	6.5	12.9	7.9	12.7	Ethiopie
Sri Lanka	9.0	e8.0	6.9	9.9	e10.7	Sri Lanka
Spain	5.3	7.2	4.9	5.5	20.0	Espagne
Nigeria	0.4	17.8	e11.7	e10.0	e	Nigéria
Vanuatu	e8.9	8.0	e9.0	e11.5	e	Vanuatu
Singapore	10.0	8.3	7.0	8.0	2.8	Singapour
Bulgaria	3.9	6.4	5.1	8.0	9.8	Bulgarie
Papua New Guinea	e2.8	3.5	e11.1	9.9	4.0	Papouasie-Nouvelle-Guinée
South Africa	–	4.4	4.8	8.0	13.8	Afrique du Sud
Myanmar	e6.1	e9.0	e4.5	e0.6	e7.6	Myanmar
Italy-San Marino-Holy See	5.5	5.3	4.9	6.8	4.9	Italie-Saint-Marin-Saint-Siège

(Value as percentages of World total)   **(Valeur en pourcentage du total mondial)**

Regions of the world	1994	1995	1996	1997	1998	1999	2000	2001	2002	2003	Régions du monde
World	100.0	100.0	100.0	100.0	100.0	100.0	100.0	100.0	100.0	100.0	Monde
Africa	4.0	4.4	7.0	3.5	3.3	3.7	7.3	7.4	6.2	6.8	Afrique
Americas	40.9	48.2	45.2	48.7	48.9	43.6	39.6	42.5	45.6	41.8	Amériques
- Northern America	37.3	40.9	40.7	44.2	42.1	37.5	30.4	37.0	41.4	38.9	- Amérique du Nord
- LAIA	2.2	5.8	3.0	2.3	5.1	3.9	8.0	4.5	3.8	2.4	- ALAI
- CACM	1.3	1.1	1.4	2.0	1.4	1.7	1.0	1.0	0.4	0.5	- MCC
- Caribbean	0.1	0.0	0.0	0.0	0.0	0.0	0.0	0.0	0.0	0.0	- Caraïbes
- Rest of America	0.0	0.4	0.1	0.2	0.2	0.4	0.2	0.0	0.0	0.0	- Autre d'Amérique
Asia excluding former USSR	19.9	16.1	12.6	12.1	13.3	15.4	16.4	17.5	14.8	16.2	Asie ancienne URSS exclus
- Middle East	2.1	1.8	1.8	2.7	2.7	3.6	2.1	2.5	1.9	3.5	- Moyen-Orient
Asia former USSR	0.7	0.4	0.6	0.6	0.2	0.6	0.3	0.2	0.2	0.3	Asie ancienne URSS
Europe excluding former USSR	24.3	22.1	23.7	25.4	25.5	28.2	26.7	23.5	28.2	31.5	Europe ancienne URSS exclus
- European Union	19.9	17.8	18.6	21.0	20.2	21.9	20.9	18.2	21.1	24.7	- Union Européenne
- Eastern Europe	4.0	4.0	4.9	4.2	4.9	6.1	5.3	5.0	6.7	6.5	- Europe de l'Est
- Rest of Europe	0.4	0.3	0.2	0.2	0.3	0.3	0.5	0.3	0.4	0.3	- Autre de l'Europe
Europe former USSR	1.8	2.0	2.8	2.3	2.8	3.5	5.5	4.2	1.1	1.7	Europe ancienne URSS
Oceania	8.4	7.0	8.1	7.4	6.0	5.1	4.2	4.7	3.9	1.6	Océanie

232 Natural rubber latex; rubber and gums

TRADE BY COMMODITY (Value in million US dollars)
Imports by principal countries or areas

COMMERCE PAR PRODUIT (Valeur en millions de dollars EU)
Importations selon les principaux pays ou zones

Country or area	1999	2000	2001	2002	2003	Pays ou zone
World	3924.1	4839.8	4129.6	4674.3	6747.0	Monde
Africa	64.8	73.0	61.9	79.9	105.8	Afrique
Americas	1127.0	1349.8	1026.7	1225.6	1661.9	Amériques
- Northern America	911.4	1069.8	799.9	970.5	1297.0	- Amérique du Nord
- LAIA	209.3	273.8	221.6	249.6	348.7	- ALAI
- CACM	3.8	4.4	4.0	3.5	6.8	- MCC
- Caribbean	2.1	1.3	0.5	1.7	8.8	- Caraïbes
- Rest of America	0.4	0.6	0.7	0.3	0.6	- Autre d'Amérique
Asia excluding former USSR	1718.8	2200.4	1953.8	2243.6	3307.6	Asie ancienne URSS exclus
- Middle East	87.8	112.9	112.9	128.5	195.5	- Moyen-Orient
Asia former USSR	0.1	0.1	0.1	0.1	0.1	Asie ancienne URSS
Europe excluding former USSR	948.8	1130.6	1023.8	1069.3	1590.1	Europe ancienne URSS exclus
- European Union	826.7	980.0	881.9	905.9	1346.4	- Union Européenne
- Eastern Europe	93.7	122.6	118.8	138.3	208.1	- Europe de l'Est
- Rest of Europe	28.4	27.9	23.1	25.1	35.5	- Autre de l'Europe
Europe former USSR	31.3	51.2	40.4	28.9	43.8	Europe ancienne URSS
Oceania	33.3	34.6	22.9	26.9	37.7	Océanie
United States	798.3	952.4	706.2	844.2	1144.5	Etats-Unis d'Amérique
China	285.6	588.6	595.0	695.9	1156.1	Chine
Japan	517.7	578.7	501.0	560.6	798.4	Japon
Malaysia	242.2	332.2	280.7	280.1	339.4	Malaisie
Korea, Republic of	214.6	240.4	206.7	234.4	339.1	République de Corée
France-Monaco	187.8	247.7	202.9	200.1	329.5	France-Monaco
Germany	179.4	209.2	181.3	193.5	302.3	Allemagne
Spain	129.8	134.6	136.9	144.6	202.1	Espagne
Italy-San Marino-Holy See	106.8	121.4	115.7	125.2	177.2	Italie-Saint-Marin-Saint-Siège
Singapore	153.7	143.1	88.9	117.4	138.0	Singapour
Canada	113.1	117.3	93.7	126.3	152.5	Canada
Brazil	72.1	111.7	92.8	114.2	165.6	Brésil
United Kingdom	103.7	116.6	91.4	84.6	112.4	Royaume-Uni
Turkey	50.0	68.0	56.0	76.7	117.2	Turquie
Mexico	73.9	80.4	58.3	62.9	82.9	Mexique
China, Hong Kong SAR	79.4	49.8	26.3	33.3	58.2	Chine - RAS de Hong-Kong
Poland	31.3	42.9	40.0	50.9	78.9	Pologne
Iran (Islamic Republic of)	31.6	37.5	49.0	44.3	68.6	Iran (République islamique d')
South Africa	–	41.9	30.7	48.2	65.3	Afrique du Sud
Belgium	25.3	24.6	26.3	37.8	64.0	Belgique
Czech Republic	24.4	33.1	31.5	35.2	52.1	République tchèque
Austria	28.3	29.8	27.7	21.4	32.1	Autriche
Luxembourg	11.8	27.7	28.4	30.8	40.2	Luxembourg
Slovakia	16.8	19.7	22.3	31.0	46.7	Slovaquie
Pakistan	21.3	22.4	23.0	24.9	41.9	Pakistan
Australia	28.4	28.4	17.7	19.1	27.5	Australie
India	13.3	7.1	31.0	20.6	48.1	Inde
Argentina	17.2	20.2	16.5	20.1	e30.8	Argentine
Finland	14.1	16.2	16.7	21.0	26.9	Finlande
Viet Nam	2.8	19.5	3.7	32.0	e26.5	Viet Nam

(Value as percentages of World total)   **(Valeur en pourcentage du total mondial)**

Regions of the world	1994	1995	1996	1997	1998	1999	2000	2001	2002	2003	Régions du monde
World	100.0	100.0	100.0	100.0	100.0	100.0	100.0	100.0	100.0	100.0	Monde
Africa	2.2	2.2	2.0	2.0	2.0	1.7	1.5	1.5	1.7	1.6	Afrique
Americas	29.7	30.8	28.7	29.7	31.5	28.7	27.9	24.9	26.2	24.6	Amériques
- Northern America	23.4	24.5	23.3	23.7	25.0	23.2	22.1	19.4	20.8	19.2	- Amérique du Nord
- LAIA	6.0	6.1	5.2	5.8	6.2	5.3	5.7	5.4	5.3	5.2	- ALAI
- CACM	0.1	0.1	0.1	0.1	0.1	0.1	0.1	0.1	0.1	0.1	- MCC
- Caribbean	0.1	0.1	0.1	0.1	0.2	0.1	0.0	0.0	0.0	0.1	- Caraïbes
- Rest of America	0.0	0.0	0.0	0.0	0.0	0.0	0.0	0.0	0.0	0.0	- Autre d'Amérique
Asia excluding former USSR	43.6	42.1	46.1	44.7	40.1	43.8	45.5	47.3	48.0	49.0	Asie ancienne URSS exclus
- Middle East	2.6	2.6	2.7	2.7	2.5	2.2	2.3	2.7	2.7	2.9	- Moyen-Orient
Asia former USSR	0.0	0.0	0.0	0.0	0.0	0.0	0.0	0.0	0.0	0.0	Asie ancienne URSS
Europe excluding former USSR	23.2	23.5	21.8	22.3	24.7	24.2	23.4	24.8	22.9	23.6	Europe ancienne URSS exclus
- European Union	20.9	20.9	19.1	19.8	21.6	21.1	20.2	21.4	19.4	20.0	- Union Européenne
- Eastern Europe	1.7	2.1	2.2	2.1	2.4	2.4	2.5	2.9	3.0	3.1	- Europe de l'Est
- Rest of Europe	0.6	0.5	0.4	0.4	0.7	0.7	0.6	0.6	0.5	0.5	- Autre de l'Europe
Europe former USSR	0.2	0.3	0.3	0.4	0.9	0.8	1.1	1.0	0.6	0.6	Europe ancienne URSS
Oceania	1.2	1.1	1.0	0.9	0.7	0.8	0.7	0.6	0.6	0.6	Océanie

Latex de caoutchouc naturel ; caoutchouc naturel et gommes naturelles analogues 232

TRADE BY COMMODITY (Value in million US dollars)
Exports by principal countries or areas

COMMERCE PAR PRODUIT (Valeur en millions de dollars EU)
Exportations selon les principaux pays ou zones

Country or area	1999	2000	2001	2002	2003	Pays ou zone
World	3455.3	3916.1	3309.2	4987.6	6380.2	Monde
Africa	106.9	119.8	101.6	126.0	194.2	Afrique
Americas	91.2	102.9	96.1	73.2	152.2	Amériques
- Northern America	61.6	71.7	69.0	70.9	110.3	- Amérique du Nord
- LAIA	3.7	2.6	1.5	2.1	4.2	- ALAI
- CACM	25.9	28.7	25.5	0.0	37.1	- MCC
- Caribbean	0.0	0.0	0.0	0.0	0.4	- Caraïbes
- Rest of America	0.0	0.0	0.0	0.1	0.2	- Autre d'Amérique
Asia excluding former USSR	3143.5	3592.5	3020.7	4684.2	5899.6	Asie ancienne URSS exclus
- Middle East	2.4	0.9	0.4	1.1	1.2	- Moyen-Orient
Asia former USSR	0.0	0.0	0.0	0.0	0.0	Asie ancienne URSS
Europe excluding former USSR	108.9	95.1	85.3	98.8	126.0	Europe ancienne URSS exclus
- European Union	106.0	91.3	83.6	94.8	120.2	- Union Européenne
- Eastern Europe	2.4	2.5	1.4	3.7	5.3	- Europe de l'Est
- Rest of Europe	0.5	1.2	0.3	0.3	0.6	- Autre de l'Europe
Europe former USSR	1.4	1.1	0.6	0.6	1.5	Europe ancienne URSS
Oceania	3.4	4.7	5.0	4.8	6.7	Océanie
Thailand	1160.8	1510.6	1321.2	e2394.3	2796.9	Thaïlande
Indonesia	850.0	889.3	786.6	1038.4	1494.6	Indonésie
Malaysia	618.2	677.6	497.7	657.0	944.2	Malaisie
Viet Nam	146.2	166.0	166.0	270.9	e256.2	Viet Nam
Singapore	219.1	208.9	147.5	160.5	199.2	Singapour
Côte d'Ivoire	67.8	78.0	e68.6	86.2	122.6	Côte d'Ivoire
United States	54.1	61.1	60.2	66.2	102.6	Etats-Unis d'Amérique
Cambodia	e35.3	e37.0	e22.3	e30.4	e31.2	Cambodge
China, Hong Kong SAR	43.9	31.9	19.9	25.5	27.1	Chine - RAS de Hong-Kong
Sri Lanka	32.6	e27.6	23.7	26.4	e28.7	Sri Lanka
Germany	25.9	23.5	18.2	22.8	28.8	Allemagne
Guatemala	25.9	28.6	25.5		37.0	Guatemala
Cameroon	e17.5	20.1	19.9	23.0	32.4	Cameroun
France-Monaco	24.1	15.5	19.7	24.4	25.4	France-Monaco
India	1.4	3.9	4.4	30.7	56.1	Inde
Philippines	11.8	14.3	13.2	18.2	32.8	Philippines
Italy-San Marino-Holy See	14.1	15.2	15.9	14.1	17.2	Italie-Saint-Marin-Saint-Siège
Myanmar	e12.2	e14.1	e10.5	e18.0	e12.3	Myanmar
United Kingdom	13.3	11.0	8.5	6.9	11.8	Royaume-Uni
Belgium	5.4	6.3	8.3	8.1	17.0	Belgique
Canada	7.5	10.5	8.8	4.8	7.6	Canada
Liberia	e7.1	e12.1	e2.7	e4.1	e4.3	Libéria
Ghana	6.8	4.9	4.2	e5.4	e7.1	Ghana
Spain	4.5	4.3	4.0	4.9	6.1	Espagne
Netherlands	5.6	4.0	2.7	4.3	5.2	Pays-Bas
Japan	0.8	2.3	2.2	5.5	10.0	Japon
Sweden	2.5	1.8	2.5	5.9	3.5	Suède
Nigeria	0.2	0.2	e0.1	e0.1	e	Nigéria
Ireland	6.9	6.3	0.9	0.2	0.6	Irlande
Australia	1.3	2.1	2.9	2.9	3.2	Australie

(Value as percentages of World total)

(Valeur en pourcentage du total mondial)

Regions of the world	1994	1995	1996	1997	1998	1999	2000	2001	2002	2003	Régions du monde
World	100.0	100.0	100.0	100.0	100.0	100.0	100.0	100.0	100.0	100.0	Monde
Africa	3.8	2.6	5.1	3.1	2.9	3.1	3.1	3.1	2.5	3.0	Afrique
Americas	1.6	1.4	1.6	1.9	2.5	2.6	2.6	2.9	1.5	2.4	Amériques
- Northern America	1.0	0.9	0.8	1.1	1.7	1.8	1.8	2.1	1.4	1.7	- Amérique du Nord
- LAIA	0.1	0.1	0.1	0.1	0.1	0.1	0.1	0.0	0.0	0.1	- ALAI
- CACM	0.5	0.5	0.7	0.7	0.7	0.7	0.7	0.8	0.0	0.6	- MCC
- Caribbean	0.0	0.0	0.0	0.0	0.0	0.0	0.0	0.0	0.0	0.0	- Caraïbes
- Rest of America	0.0	0.0	0.0	0.0	0.0	0.0	0.0	0.0	0.0	0.0	- Autre d'Amérique
Asia excluding former USSR	92.6	94.2	91.5	92.2	91.2	91.0	91.7	91.3	93.9	92.5	Asie ancienne URSS exclus
- Middle East	0.0	0.0	0.0	0.0	0.0	0.1	0.0	0.0	0.0	0.0	- Moyen-Orient
Asia former USSR	0.0	0.0	0.0	0.0	0.0	0.0	0.0	0.0	0.0	0.0	Asie ancienne URSS
Europe excluding former USSR	1.8	1.7	1.7	2.5	3.3	3.2	2.4	2.6	2.0	2.0	Europe ancienne URSS exclus
- European Union	1.4	1.6	1.6	2.4	3.2	3.1	2.3	2.5	1.9	1.9	- Union Européenne
- Eastern Europe	0.3	0.1	0.0	0.1	0.1	0.1	0.1	0.0	0.1	0.1	- Europe de l'Est
- Rest of Europe	0.0	0.0	0.0	0.0	0.0	0.0	0.0	0.0	0.0	0.0	- Autre de l'Europe
Europe former USSR	0.0	0.0	0.0	0.2	0.0	0.0	0.0	0.0	0.0	0.0	Europe ancienne URSS
Oceania	0.1	0.1	0.1	0.2	0.1	0.1	0.1	0.2	0.1	0.1	Océanie

233 Synthetic rubber, latex, etc; waste, scrap of unhardened rubber

TRADE BY COMMODITY (Value in million US dollars)
Imports by principal countries or areas

COMMERCE PAR PRODUIT (Valeur en millions de dollars EU)
Importations selon les principaux pays ou zones

Country or area	1999	2000	2001	2002	2003	Pays ou zone
World	7077.4	7798.5	7518.3	7795.1	9051.2	Monde
Africa	75.3	72.4	74.3	84.0	90.8	Afrique
Americas	1590.8	1848.9	1768.9	1706.9	1799.1	Amériques
- Northern America	1151.3	1326.9	1276.3	1245.1	1247.0	- Amérique du Nord
- LAIA	424.5	504.4	466.7	442.5	521.6	- ALAI
- CACM	11.3	14.2	15.0	14.7	25.8	- MCC
- Caribbean	3.4	3.3	10.7	4.4	4.7	- Caraïbes
- Rest of America	0.2	0.1	0.2	0.1	0.1	- Autre d'Amérique
Asia excluding former USSR	2064.0	2464.1	2402.8	2735.2	3176.7	Asie ancienne URSS exclus
- Middle East	125.0	138.0	130.0	167.1	216.1	- Moyen-Orient
Asia former USSR	2.0	3.5	4.5	5.3	7.0	Asie ancienne URSS
Europe excluding former USSR	3150.2	3209.6	3060.7	3087.7	3720.5	Europe ancienne URSS exclus
- European Union	2851.5	2861.2	2689.8	2700.9	3217.3	- Union Européenne
- Eastern Europe	204.6	244.7	267.2	280.1	376.1	- Europe de l'Est
- Rest of Europe	94.1	103.6	103.7	106.7	127.2	- Autre de l'Europe
Europe former USSR	141.1	139.7	140.4	111.6	174.7	Europe ancienne URSS
Oceania	53.9	60.3	66.7	64.5	82.5	Océanie
China	613.2	731.9	797.7	960.6	1187.1	Chine
United States	786.5	893.2	856.0	840.9	832.9	Etats-Unis d'Amérique
Germany	543.5	529.2	571.1	556.0	653.4	Allemagne
Belgium	530.2	532.8	467.9	443.9	506.3	Belgique
France-Monaco	439.7	447.7	402.1	407.0	503.4	France-Monaco
Canada	364.7	433.6	420.3	404.1	414.1	Canada
Italy-San Marino-Holy See	379.3	397.1	401.0	395.2	456.9	Italie-Saint-Marin-Saint-Siège
United Kingdom	271.5	240.5	217.1	236.7	264.0	Royaume-Uni
Netherlands	207.9	240.1	224.1	232.0	247.9	Pays-Bas
Japan	195.1	248.6	223.1	222.8	257.1	Japon
Korea, Republic of	204.6	237.7	220.1	232.9	250.9	République de Corée
Spain	256.3	229.3	180.0	175.9	214.0	Espagne
China, Hong Kong SAR	164.9	207.3	185.4	209.9	205.2	Chine - RAS de Hong-Kong
India	130.4	148.0	145.9	160.2	229.6	Inde
Brazil	136.3	177.9	164.8	155.3	177.1	Brésil
Thailand	124.0	138.7	146.6	e169.3	198.4	Thaïlande
Mexico	120.8	139.8	121.8	127.0	141.6	Mexique
Malaysia	106.3	116.9	111.8	124.1	129.4	Malaisie
Indonesia	82.6	134.2	114.9	116.5	117.0	Indonésie
Turkey	85.4	90.2	74.3	105.7	139.2	Turquie
Poland	68.8	83.7	93.1	100.6	130.2	Pologne
Czech Republic	62.3	73.6	82.6	85.5	119.4	République tchèque
Sweden	58.8	81.3	71.2	66.1	71.9	Suède
Ukraine	71.1	59.4	59.1	41.2	e55.9	Ukraine
Portugal	57.7	55.6	50.4	56.7	e57.9	Portugal
Australia	39.7	44.2	50.5	48.1	59.6	Australie
Singapore	43.1	49.6	42.2	51.5	43.6	Singapour
Argentina	33.7	37.3	33.7	36.0	e55.3	Argentine
Finland	30.1	30.9	37.1	45.1	49.7	Finlande
Colombia	35.5	44.2	38.6	35.3	38.8	Colombie

(Value as percentages of World total)   **(Valeur en pourcentage du total mondial)**

Regions of the world	1994	1995	1996	1997	1998	1999	2000	2001	2002	2003	Régions du monde
World	100.0	100.0	100.0	100.0	100.0	100.0	100.0	100.0	100.0	100.0	Monde
Africa	1.4	1.4	1.3	1.4	1.2	1.1	0.9	1.0	1.1	1.0	Afrique
Americas	21.8	19.4	19.8	21.5	22.2	22.5	23.7	23.5	21.9	19.9	Amériques
- Northern America	14.7	12.8	13.1	14.7	15.5	16.3	17.0	17.0	16.0	13.8	- Amérique du Nord
- LAIA	6.8	6.3	6.4	6.5	6.4	6.0	6.5	6.2	5.7	5.8	- ALAI
- CACM	0.3	0.3	0.3	0.2	0.2	0.2	0.2	0.2	0.2	0.3	- MCC
- Caribbean	0.0	0.0	0.0	0.0	0.0	0.0	0.0	0.1	0.1	0.1	- Caraïbes
- Rest of America	0.0	0.0	0.0	0.0	0.0	0.0	0.0	0.0	0.0	0.0	- Autre d'Amérique
Asia excluding former USSR	28.0	28.0	29.3	29.6	25.2	29.2	31.6	32.0	35.1	35.1	Asie ancienne URSS exclus
- Middle East	1.7	1.9	2.1	1.9	1.7	1.8	1.8	1.7	2.1	2.4	- Moyen-Orient
Asia former USSR	0.2	0.1	0.2	0.0	0.1	0.0	0.0	0.1	0.1	0.1	Asie ancienne URSS
Europe excluding former USSR	45.8	47.3	47.2	44.9	47.6	44.5	41.2	40.7	39.6	41.1	Europe ancienne URSS exclus
- European Union	41.2	42.1	42.1	40.5	42.8	40.3	36.7	35.8	34.6	35.5	- Union Européenne
- Eastern Europe	2.9	3.5	3.8	3.3	3.4	2.9	3.1	3.6	3.6	4.2	- Europe de l'Est
- Rest of Europe	1.7	1.7	1.3	1.2	1.5	1.3	1.3	1.4	1.4	1.4	- Autre de l'Europe
Europe former USSR	1.8	3.0	1.3	1.7	2.9	2.0	1.8	1.9	1.4	1.9	Europe ancienne URSS
Oceania	1.0	0.9	0.9	0.8	0.6	0.8	0.8	0.9	0.8	0.9	Océanie

TRADE BY COMMODITY (Value in million US dollars)
Exports by principal countries or areas

COMMERCE PAR PRODUIT (Valeur en millions de dollars EU)
Exportations selon les principaux pays ou zones

Country or area	1999	2000	2001	2002	2003	Pays ou zone
World	5447.2	6198.0	6138.4	6615.0	7466.3	Monde
Africa	16.9	20.1	20.0	25.1	33.8	Afrique
Americas	1679.3	2041.2	1991.2	2011.1	2137.5	Amériques
- Northern America	1454.1	1749.8	1697.4	1694.0	1769.6	- Amérique du Nord
- LAIA	225.0	291.2	293.4	316.7	367.3	- ALAI
- CACM	0.2	0.2	0.4	0.5	0.4	- MCC
- Caribbean	0.0	0.0	0.0	0.0	0.2	- Caraïbes
- Rest of America	0.0	0.0	0.0	0.0	0.0	- Autre d'Amérique
Asia excluding former USSR	1685.6	1943.5	1831.8	2041.7	2351.9	Asie ancienne URSS exclus
- Middle East	26.2	25.0	21.3	22.2	30.9	- Moyen-Orient
Asia former USSR	7.6	8.4	0.4	5.7	3.6	Asie ancienne URSS
Europe excluding former USSR	1773.6	1862.7	1971.9	2145.7	2393.0	Europe ancienne URSS exclus
- European Union	1658.9	1728.2	1828.5	2002.4	2224.5	- Union Européenne
- Eastern Europe	90.5	115.3	123.6	117.9	146.8	- Europe de l'Est
- Rest of Europe	24.3	19.2	19.9	25.4	21.7	- Autre de l'Europe
Europe former USSR	277.7	318.2	317.6	377.3	538.1	Europe ancienne URSS
Oceania	6.5	4.0	5.4	8.5	8.5	Océanie
United States	1132.0	1393.2	1376.1	1357.0	1513.4	Etats-Unis d'Amérique
Japan	841.5	875.8	808.2	886.9	946.3	Japon
Germany	381.2	423.0	424.8	602.1	584.8	Allemagne
Belgium	487.5	463.1	388.8	387.0	499.9	Belgique
France-Monaco	328.1	361.8	375.5	361.1	473.6	France-Monaco
Korea, Republic of	284.6	366.9	348.2	362.9	472.9	République de Corée
Russian Federation	267.8	301.5	307.1	368.5	517.2	Fédération de Russie
Canada	322.1	356.6	321.3	337.0	256.2	Canada
United Kingdom	258.0	260.7	256.4	255.0	221.9	Royaume-Uni
Netherlands	100.0	86.3	265.9	271.1	291.0	Pays-Bas
China, Hong Kong SAR	134.9	158.6	133.9	156.7	161.8	Chine - RAS de Hong-Kong
Mexico	95.2	140.5	150.3	152.4	154.9	Mexique
Brazil	100.1	115.4	109.1	133.7	180.1	Brésil
Italy-San Marino-Holy See	72.8	77.8	76.3	78.6	87.4	Italie-Saint-Marin-Saint-Siège
Thailand	36.1	57.0	52.5	e86.9	101.5	Thaïlande
China	35.2	53.2	66.6	80.6	91.1	Chine
Czech Republic	34.9	45.5	50.8	44.8	57.9	République tchèque
Poland	35.1	44.6	44.7	46.3	59.4	Pologne
Argentina	23.0	28.1	27.1	25.4	31.4	Argentine
Indonesia	11.6	22.9	21.6	20.8	25.6	Indonésie
Bulgaria	18.2	18.9	20.1	18.1	22.9	Bulgarie
Singapore	21.6	21.2	20.4	22.7	11.4	Singapour
South Africa	–	19.2	19.3	24.0	33.1	Afrique du Sud
Spain	14.5	20.5	13.9	16.3	28.0	Espagne
Iran (Islamic Republic of)	15.8	11.7	11.7	13.0	21.0	Iran (République islamique d')
Malaysia	9.5	7.5	9.3	11.1	34.2	Malaisie
Finland	1.4	17.0	13.5	16.7	19.7	Finlande
Switzerland-Liechtenstein	18.5	14.8	11.2	9.8	5.4	Suisse-Liechtenstein
Estonia	7.8	8.8	8.0	7.3	17.8	Estonie
India	4.8	4.9	7.8	11.9	15.9	Inde

(Value as percentages of World total)   **(Valeur en pourcentage du total mondial)**

Regions of the world	1994	1995	1996	1997	1998	1999	2000	2001	2002	2003	Régions du monde
World	100.0	100.0	100.0	100.0	100.0	100.0	100.0	100.0	100.0	100.0	Monde
Africa	0.1	0.3	0.4	0.4	0.3	0.3	0.3	0.3	0.4	0.5	Afrique
Americas	26.5	27.5	28.7	30.1	29.2	30.8	32.9	32.4	30.4	28.6	Amériques
- Northern America	23.9	23.6	24.9	26.2	25.3	26.7	28.2	27.7	25.6	23.7	- Amérique du Nord
- LAIA	2.6	3.9	3.8	3.9	3.9	4.1	4.7	4.8	4.8	4.9	- ALAI
- CACM	0.0	0.0	0.0	0.0	0.0	0.0	0.0	0.0	0.0	0.0	- MCC
- Caribbean	0.0	0.0	0.0	0.0	0.0	0.0	0.0	0.0	0.0	0.0	- Caraïbes
- Rest of America	0.0	0.0	0.0	0.0	0.0	0.0	0.0	0.0	0.0	0.0	- Autre d'Amérique
Asia excluding former USSR	21.4	25.4	24.3	26.5	27.1	30.9	31.4	29.8	30.9	31.5	Asie ancienne URSS exclus
- Middle East	0.3	0.6	0.6	0.4	0.5	0.5	0.4	0.3	0.3	0.4	- Moyen-Orient
Asia former USSR	0.1	0.2	0.2	0.1	0.2	0.1	0.1	0.0	0.1	0.0	Asie ancienne URSS
Europe excluding former USSR	45.0	39.4	38.7	36.2	37.8	32.6	30.1	32.1	32.4	32.1	Europe ancienne URSS exclus
- European Union	43.2	36.3	36.0	34.0	35.4	30.5	27.9	29.8	30.3	29.8	- Union Européenne
- Eastern Europe	1.5	2.8	2.6	2.0	2.0	1.7	1.9	2.0	1.8	2.0	- Europe de l'Est
- Rest of Europe	0.3	0.3	0.2	0.2	0.5	0.4	0.3	0.3	0.4	0.3	- Autre de l'Europe
Europe former USSR	6.7	7.1	7.6	6.5	5.4	5.1	5.1	5.2	5.7	7.2	Europe ancienne URSS
Oceania	0.1	0.1	0.1	0.1	0.1	0.1	0.1	0.1	0.1	0.1	Océanie

244 Cork, natural, raw and waste

Country or area	1999	2000	2001	2002	2003	Pays ou zone
World	198.2	256.7	216.6	202.3	221.2	Monde
Africa	0.8	1.2	0.7	0.5	1.0	Afrique
Americas	11.0	13.1	9.2	6.1	6.6	Amériques
- Northern America	5.5	5.2	3.7	2.4	2.4	- Amérique du Nord
- LAIA	5.5	7.7	5.3	3.5	4.0	- ALAI
- CACM	0.0	0.1	0.2	0.0	0.0	- MCC
- Caribbean	0.1	0.1	0.1	0.1	0.1	- Caraïbes
- Rest of America	0.0	0.0	0.0	0.0	0.0	- Autre d'Amérique
Asia excluding former USSR	17.4	18.2	15.2	13.5	15.5	Asie ancienne URSS exclus
- Middle East	0.8	1.5	1.3	1.5	1.5	- Moyen-Orient
Asia former USSR	0.0	0.0	0.0	0.0	0.0	Asie ancienne URSS
Europe excluding former USSR	167.3	223.1	190.8	181.4	197.5	Europe ancienne URSS exclus
- European Union	165.2	221.6	189.6	180.0	196.4	- Union Européenne
- Eastern Europe	1.1	0.9	0.6	0.8	0.7	- Europe de l'Est
- Rest of Europe	1.0	0.7	0.6	0.5	0.5	- Autre de l'Europe
Europe former USSR	1.4	1.0	0.6	0.8	0.6	Europe ancienne URSS
Oceania	0.3	0.2	0.1	0.1	0.1	Océanie
Portugal	72.9	112.4	95.3	98.8	e101.0	Portugal
Spain	36.8	50.4	40.4	37.5	46.7	Espagne
Italy-San Marino-Holy See	24.9	24.2	24.9	20.6	20.0	Italie-Saint-Marin-Saint-Siège
France-Monaco	21.5	24.1	19.5	13.1	16.5	France-Monaco
China	6.8	6.5	5.0	5.5	7.1	Chine
Japan	3.7	3.9	3.6	2.2	2.5	Japon
United States	3.2	3.8	3.1	1.8	1.7	Etats-Unis d'Amérique
Germany	3.1	2.8	3.2	2.0	2.3	Allemagne
Netherlands	2.7	3.1	1.5	2.5	2.6	Pays-Bas
Brazil	2.1	2.9	1.8	1.0	1.1	Brésil
United Kingdom	1.2	2.0	1.8	1.3	2.5	Royaume-Uni
Argentina	1.5	2.4	1.5	1.3	e2.0	Argentine
Belgium	0.3	1.1	1.7	2.0	2.5	Belgique
India	1.6	1.4	1.1	1.3	1.1	Inde
Korea, Republic of	1.9	1.6	1.1	1.1	0.6	République de Corée
China, Hong Kong SAR	0.7	1.6	1.9	0.4	1.0	Chine - RAS de Hong-Kong
Canada	2.3	1.3	0.6	0.6	0.8	Canada
Mexico	0.8	1.3	0.9	0.7	0.4	Mexique
Russian Federation	1.3	0.9	0.5	0.7	0.5	Fédération de Russie
Saudi Arabia	0.5	0.5	0.5	0.6	0.7	Arabie saoudite
Ireland	0.4	0.5	0.2	0.4	1.0	Irlande
Greece	0.4	0.5	0.6	0.4	0.5	Grèce
Austria	0.7	0.3	0.3	0.3	0.3	Autriche
Czech Republic	0.5	0.4	0.3	0.3	0.3	République tchèque
Turkey	0.2	0.4	0.3	0.4	0.4	Turquie
Venezuela	0.6	0.3	0.5	0.1	0.1	Venezuela
Switzerland-Liechtenstein	0.4	0.2	0.4	0.3	0.3	Suisse-Liechtenstein
Chile	0.2	0.6	0.3	0.1	0.2	Chili
United Arab Emirates	0.0	0.3	0.3	e0.3	e0.3	Emirates arabes unis
Luxembourg	0.0	0.0	0.0	0.9	0.0	Luxembourg

(Value as percentages of World total) — (Valeur en pourcentage du total mondial)

Regions of the world	1994	1995	1996	1997	1998	1999	2000	2001	2002	2003	Régions du monde
World	100.0	100.0	100.0	100.0	100.0	100.0	100.0	100.0	100.0	100.0	Monde
Africa	0.3	0.6	0.8	0.6	1.0	0.4	0.5	0.3	0.2	0.5	Afrique
Americas	12.9	10.1	9.5	8.9	8.9	5.6	5.1	4.3	3.0	3.0	Amériques
- Northern America	3.7	3.7	3.8	3.6	3.9	2.8	2.0	1.7	1.2	1.1	- Amérique du Nord
- LAIA	9.2	6.2	5.7	5.2	4.4	2.8	3.0	2.4	1.7	1.8	- ALAI
- CACM	0.0	0.0	0.0	0.0	0.5	0.0	0.0	0.1	0.0	0.0	- MCC
- Caribbean	0.0	0.1	0.1	0.1	0.1	0.0	0.0	0.1	0.1	0.1	- Caraïbes
- Rest of America	0.0	0.0	0.0	0.0	0.0	0.0	0.0	0.0	0.0	0.0	- Autre d'Amérique
Asia excluding former USSR	11.0	11.2	10.0	8.7	7.6	8.8	7.1	7.0	6.7	7.0	Asie ancienne URSS exclus
- Middle East	0.9	1.5	1.0	0.9	0.5	0.4	0.6	0.6	0.8	0.7	- Moyen-Orient
Asia former USSR	0.0	0.0	0.0	0.0	0.0	0.0	0.0	0.0	0.0	0.0	Asie ancienne URSS
Europe excluding former USSR	75.0	77.3	78.7	81.0	81.9	84.4	86.9	88.1	89.6	89.3	Europe ancienne URSS exclus
- European Union	73.1	75.8	77.7	79.6	80.9	83.4	86.3	87.5	89.0	88.8	- Union Européenne
- Eastern Europe	1.3	1.0	0.9	1.0	0.7	0.5	0.3	0.3	0.4	0.3	- Europe de l'Est
- Rest of Europe	0.6	0.5	0.2	0.4	0.3	0.5	0.3	0.3	0.2	0.2	- Autre de l'Europe
Europe former USSR	0.4	0.4	0.5	0.6	0.4	0.7	0.4	0.3	0.4	0.3	Europe ancienne URSS
Oceania	0.3	0.3	0.4	0.2	0.2	0.1	0.1	0.0	0.0	0.0	Océanie

TRADE BY COMMODITY (Value in million US dollars)
Exports by principal countries or areas

COMMERCE PAR PRODUIT (Valeur en millions de dollars EU)
Exportations selon les principaux pays ou zones

Country or area	1999	2000	2001	2002	2003	Pays ou zone
World	178.5	245.9	203.1	190.9	247.8	Monde
Africa	20.4	35.5	18.8	13.3	22.3	Afrique
Americas	7.4	3.1	2.5	1.8	2.0	Amériques
- Northern America	7.4	2.9	2.2	1.7	2.0	- Amérique du Nord
- LAIA	0.0	0.2	0.2	0.1	0.0	- ALAI
- CACM	0.0	0.0	0.0	0.0	0.0	- MCC
- Caribbean	0.0	0.0	0.0	0.0	0.0	- Caraïbes
Asia excluding former USSR	1.6	6.2	7.8	5.1	5.6	Asie ancienne URSS exclus
- Middle East	0.1	0.1	2.0	1.3	0.8	- Moyen-Orient
Asia former USSR	0.0	0.0	0.0	0.0	0.0	Asie ancienne URSS
Europe excluding former USSR	149.1	201.1	173.9	170.3	217.1	Europe ancienne URSS exclus
- European Union	149.0	200.9	173.8	170.1	216.8	- Union Européenne
- Eastern Europe	0.0	0.1	0.1	0.2	0.2	- Europe de l'Est
- Rest of Europe	0.0	0.1	0.0	0.1	0.0	- Autre de l'Europe
Europe former USSR	0.0	0.0	0.0	0.0	0.0	Europe ancienne URSS
Oceania	0.1	0.0	0.1	0.3	0.8	Océanie
Spain	81.5	107.4	104.6	111.1	147.9	Espagne
Portugal	58.9	78.4	57.7	50.8	e58.9	Portugal
Morocco	12.9	22.2	9.9	8.8	17.0	Maroc
Italy-San Marino-Holy See	4.1	9.0	6.9	3.2	4.5	Italie-Saint-Marin-Saint-Siège
Algeria	3.9	9.0	6.7	0.3	0.5	Algérie
Tunisia	3.6	4.2	2.1	4.1	4.7	Tunisie
France-Monaco	3.1	4.0	2.8	3.5	3.9	France-Monaco
United States	6.8	2.4	1.7	1.3	1.4	Etats-Unis d'Amérique
China	0.3	3.1	2.6	1.9	1.4	Chine
China, Hong Kong SAR	0.4	1.8	2.2	0.3	0.9	Chine - RAS de Hong-Kong
United Kingdom	0.3	1.2	1.0	0.6	0.5	Royaume-Uni
Saudi Arabia	0.0	0.1	1.4	0.6	e0.6	Arabie saoudite
Germany	0.8	0.4	0.3	0.5	0.4	Allemagne
Canada	0.5	0.4	0.5	0.4	0.6	Canada
Singapore	0.1	0.0	0.0	0.4	1.3	Singapour
Indonesia	0.1	0.4	0.6	0.5	0.4	Indonésie
Netherlands	0.1	0.2	0.2	0.4	0.4	Pays-Bas
Japan	0.5	0.3	0.2	0.2	0.2	Japon
Australia	0.1	0.0	0.1	0.3	0.8	Australie
Syrian Arab Republic			e0.5	0.6		République arabe syrienne
India	0.0	0.2	0.1	0.1	0.2	Inde
Austria	0.1	0.1	0.1	0.1	0.0	Autriche
Poland		0.1	0.1	0.1	0.1	Pologne
Mexico	0.0	0.2	0.2	0.0	0.0	Mexique
United Arab Emirates	0.0		0.1	e0.1	e0.2	Emirates arabes unis
South Africa	–	0.1	0.0	0.1	0.1	Afrique du Sud
Ireland	0.1		0.0	0.0	0.1	Irlande
Czech Republic	0.0	0.0	0.0	0.0	0.0	République tchèque
Belgium	0.0	0.0	0.0	0.0	0.0	Belgique
Sweden	0.0	0.1	0.0	0.0	0.0	Suède

(Value as percentages of World total)

(Valeur en pourcentage du total mondial)

Regions of the world	1994	1995	1996	1997	1998	1999	2000	2001	2002	2003	Régions du monde
World	100.0	100.0	100.0	100.0	100.0	100.0	100.0	100.0	100.0	100.0	Monde
Africa	8.1	6.7	5.8	7.5	11.7	11.4	14.4	9.2	7.0	9.0	Afrique
Americas	1.9	1.7	2.1	1.9	2.7	4.1	1.3	1.2	0.9	0.8	Amériques
- Northern America	1.8	1.6	2.1	1.9	2.7	4.1	1.2	1.1	0.9	0.8	- Amérique du Nord
- LAIA	0.1	0.1	0.0	0.0	0.0	0.0	0.1	0.1	0.0	0.0	- ALAI
- CACM	0.0	0.0	0.0	0.0	0.0	0.0	0.0	0.0	0.0	0.0	- MCC
- Caribbean	0.0	0.0	0.0	0.0	0.0	0.0	0.0	0.0	0.0	0.0	- Caraïbes
Asia excluding former USSR	1.2	1.6	0.7	0.8	0.7	0.9	2.5	3.8	2.6	2.3	Asie ancienne URSS exclus
- Middle East	0.0	0.0	0.0	0.0	0.0	0.1	0.0	1.0	0.7	0.3	- Moyen-Orient
Asia former USSR	0.0	0.0	0.0	0.0	0.0	0.0	0.0	0.0	0.0	0.0	Asie ancienne URSS
Europe excluding former USSR	88.7	89.9	91.2	89.7	84.9	83.5	81.8	85.7	89.3	87.6	Europe ancienne URSS exclus
- European Union	88.6	89.9	91.2	89.5	84.8	83.5	81.7	85.6	89.1	87.5	- Union Européenne
- Eastern Europe	0.0	0.0	0.0	0.1	0.1	0.0	0.1	0.1	0.1	0.1	- Europe de l'Est
- Rest of Europe	0.0	0.0	0.0	0.1	0.0	0.0	0.0	0.0	0.0	0.0	- Autre de l'Europe
Europe former USSR	0.0	0.0	0.0	0.0	0.0	0.0	0.0	0.0	0.0	0.0	Europe ancienne URSS
Oceania	0.1	0.1	0.2	0.1	0.0	0.0	0.0	0.1	0.2	0.3	Océanie
Oceania	0.1	0.2	0.1	0.0	0.0	0.0	0.0				Océanie

245 Fuel wood and wood charcoal

TRADE BY COMMODITY (Value in million US dollars)
Imports by principal countries or areas

COMMERCE PAR PRODUIT (Valeur en millions de dollars EU)
Importations selon les principaux pays ou zones

Country or area	1999	2000	2001	2002	2003	Pays ou zone
World	316.4	389.8	371.6	412.5	538.8	Monde
Africa	3.1	3.1	5.3	7.8	4.4	Afrique
Americas	16.5	55.0	19.4	24.1	33.3	Amériques
- Northern America	14.9	14.6	17.0	21.5	30.0	- Amérique du Nord
- LAIA	0.9	1.0	1.6	1.9	1.9	- ALAI
- CACM	0.1	38.7	0.1	0.1	0.1	- MCC
- Caribbean	0.5	0.6	0.7	0.4	1.2	- Caraïbes
- Rest of America	0.1	0.1	0.1	0.2	0.1	- Autre d'Amérique
Asia excluding former USSR	125.8	157.5	158.8	164.8	183.0	Asie ancienne URSS exclus
- Middle East	23.0	33.1	30.0	36.1	45.2	- Moyen-Orient
Asia former USSR	0.7	0.7	0.8	0.8	0.4	Asie ancienne URSS
Europe excluding former USSR	169.0	172.4	186.0	213.9	316.4	Europe ancienne URSS exclus
- European Union	147.8	153.9	157.4	186.0	270.2	- Union Européenne
- Eastern Europe	0.8	1.3	2.0	2.5	4.0	- Europe de l'Est
- Rest of Europe	20.4	17.3	26.6	25.4	42.2	- Autre de l'Europe
Europe former USSR	0.7	0.4	0.5	0.3	0.5	Europe ancienne URSS
Oceania	0.6	0.9	0.8	0.9	0.9	Océanie
Japan	62.0	73.6	76.0	76.4	84.9	Japon
Germany	37.8	35.1	34.8	38.4	48.6	Allemagne
Italy-San Marino-Holy See	24.8	30.8	29.5	36.1	44.6	Italie-Saint-Marin-Saint-Siège
Korea, Republic of	21.6	30.3	30.5	33.2	31.6	République de Corée
Norway	12.8	10.5	20.3	16.8	32.4	Norvège
United Kingdom	15.5	18.1	17.1	17.4	24.2	Royaume-Uni
United States	10.3	10.4	12.9	15.3	24.1	Etats-Unis d'Amérique
France-Monaco	12.1	12.0	11.5	11.1	20.9	France-Monaco
Sweden	6.7	7.8	8.3	16.6	25.4	Suède
Denmark	7.5	8.1	8.9	13.1	23.9	Danemark
Belgium	8.8	8.4	7.4	10.3	23.7	Belgique
Greece	8.0	9.2	12.0	11.6	17.0	Grèce
Austria	7.3	7.7	8.9	9.2	14.2	Autriche
Turkey	6.6	11.6	3.7	7.6	12.2	Turquie
Honduras	0.0	38.5	0.0	0.0	e0.0	Honduras
Kuwait	4.4	7.0	6.7	e7.6	e9.1	Koweït
Netherlands	7.9	6.4	5.3	6.6	8.4	Pays-Bas
United Arab Emirates	3.1	4.8	7.7	e7.9	e9.3	Emirats arabes unis
Saudi Arabia	4.7	5.4	6.4	6.4	7.3	Arabie saoudite
Spain	4.9	4.5	5.6	6.7	8.4	Espagne
Switzerland-Liechtenstein	4.8	4.5	4.5	5.2	6.3	Suisse-Liechtenstein
Canada	4.7	4.2	4.0	6.2	5.9	Canada
Portugal	2.2	2.4	4.6	4.4	e4.5	Portugal
China, Hong Kong SAR	2.5	2.3	2.0	2.3	2.6	Chine - RAS de Hong-Kong
Israel	1.4	2.0	3.0	1.8	3.2	Israël
Finland	2.3	1.3	1.6	2.3	3.8	Finlande
China	1.1	1.7	3.0	1.5	2.2	Chine
Lebanon	1.1	1.3	2.2	1.7	1.5	Liban
Bangladesh	e1.6	e1.7	1.6	e1.6	0.0	Bangladesh
Thailand	0.6	1.6	1.3	e1.1	1.3	Thaïlande

(Value as percentages of World total)   **(Valeur en pourcentage du total mondial)**

Regions of the world	1994	1995	1996	1997	1998	1999	2000	2001	2002	2003	Régions du monde
World	100.0	100.0	100.0	100.0	100.0	100.0	100.0	100.0	100.0	100.0	Monde
Africa	1.3	1.4	0.9	0.5	0.3	1.0	0.8	1.4	1.9	0.8	Afrique
Americas	16.3	12.0	10.7	9.2	9.3	5.2	14.1	5.2	5.8	6.2	Amériques
- Northern America	11.3	7.4	6.6	5.3	4.9	4.7	3.7	4.6	5.2	5.6	- Amérique du Nord
- LAIA	0.5	0.3	0.3	0.5	0.4	0.3	0.3	0.4	0.5	0.3	- ALAI
- CACM	0.0	0.0	0.1	0.0	0.0	0.0	9.9	0.0	0.0	0.0	- MCC
- Caribbean	4.4	4.2	3.7	3.4	4.0	0.2	0.2	0.2	0.1	0.2	- Caraïbes
- Rest of America	0.1	0.0	0.0	0.0	0.0	0.0	0.0	0.0	0.0	0.0	- Autre d'Amérique
Asia excluding former USSR	32.2	34.5	35.8	38.4	36.3	39.8	40.4	42.7	40.0	34.0	Asie ancienne URSS exclus
- Middle East	4.8	4.9	6.9	7.0	9.5	7.3	8.5	8.1	8.8	8.4	- Moyen-Orient
Asia former USSR	0.4	0.4	0.2	0.1	0.3	0.2	0.2	0.2	0.2	0.1	Asie ancienne URSS
Europe excluding former USSR	49.5	51.3	52.2	51.5	53.3	53.4	44.2	50.0	51.8	58.7	Europe ancienne URSS exclus
- European Union	41.3	42.7	45.8	44.6	45.2	46.7	39.5	42.4	45.1	50.2	- Union Européenne
- Eastern Europe	0.3	0.4	0.4	0.2	0.2	0.2	0.3	0.5	0.6	0.7	- Europe de l'Est
- Rest of Europe	7.9	8.3	6.0	6.6	8.0	6.4	4.4	7.2	6.2	7.8	- Autre de l'Europe
Europe former USSR	0.2	0.2	0.1	0.2	0.4	0.2	0.1	0.1	0.1	0.1	Europe ancienne URSS
Oceania	0.1	0.2	0.1	0.1	0.1	0.2	0.2	0.2	0.2	0.2	Océanie

TRADE BY COMMODITY (Value in million US dollars)
Exports by principal countries or areas

COMMERCE PAR PRODUIT (Valeur en millions de dollars EU)
Exportations selon les principaux pays ou zones

Country or area	1999	2000	2001	2002	2003	Pays ou zone
World	274.9	319.7	326.0	348.8	519.0	Monde
Africa	26.0	45.3	52.4	51.3	98.6	Afrique
Americas	30.5	32.1	36.3	36.7	43.4	Amériques
- Northern America	14.2	14.3	13.2	15.0	17.2	- Amérique du Nord
- LAIA	15.9	17.8	22.7	21.6	25.8	- ALAI
- CACM	0.3	0.0	0.4	0.0	0.0	- MCC
- Caribbean	0.0	0.0	0.0	0.0	0.1	- Caraïbes
- Rest of America	0.1	0.0	0.0	0.1	0.3	- Autre d'Amérique
Asia excluding former USSR	90.7	130.9	115.7	116.5	128.1	Asie ancienne URSS exclus
- Middle East	0.5	1.1	3.7	4.8	6.3	- Moyen-Orient
Asia former USSR	0.2	0.0	0.0	0.0	0.0	Asie ancienne URSS
Europe excluding former USSR	96.7	95.8	107.0	120.1	197.5	Europe ancienne URSS exclus
- European Union	44.1	37.9	39.2	45.8	89.9	- Union Européenne
- Eastern Europe	44.3	49.3	54.2	60.8	89.6	- Europe de l'Est
- Rest of Europe	8.4	8.6	13.7	13.5	18.0	- Autre de l'Europe
Europe former USSR	30.1	13.9	13.7	22.8	48.6	Europe ancienne URSS
Oceania	0.6	1.7	0.8	1.4	2.8	Océanie
China	30.9	43.5	55.6	56.7	63.7	Chine
Somalia	e9.6	e16.6	e37.3	e32.5	e64.7	Somalie
Indonesia	27.1	31.4	21.0	16.6	18.3	Indonésie
Poland	15.2	15.4	18.0	18.5	28.7	Pologne
Hungary	12.8	15.7	15.2	18.0	23.1	Hongrie
France-Monaco	15.7	12.1	11.5	12.6	15.1	France-Monaco
Latvia	22.7	6.3	5.2	8.3	18.7	Lettonie
South Africa	–	21.3	9.1	12.1	18.2	Afrique du Sud
Malaysia	10.4	13.7	10.4	9.8	10.1	Malaisie
Argentina	8.2	9.4	12.1	10.7	13.1	Argentine
Spain	8.3	8.2	8.3	8.3	17.7	Espagne
United States	10.0	9.5	7.8	9.6	10.1	Etats-Unis d'Amérique
Belgium	4.6	3.5	3.7	6.4	22.1	Belgique
Czech Republic	6.1	6.6	7.5	7.6	10.1	République tchèque
Viet Nam	0.3	17.9	5.0	6.5	e6.2	Viet Nam
Estonia	2.5	3.2	3.7	6.8	16.0	Estonie
Singapore	6.8	6.2	5.3	6.3	7.0	Singapour
Philippines	7.5	7.5	5.3	5.1	6.0	Philippines
United Kingdom	4.1	4.3	4.5	5.1	12.1	Royaume-Uni
Mexico	4.4	4.8	6.2	6.3	6.4	Mexique
Bulgaria	4.3	4.1	4.3	5.2	8.9	Bulgarie
Canada	4.1	4.8	5.4	5.3	7.1	Canada
Slovakia	2.8	3.5	4.4	5.4	10.1	Slovaquie
Netherlands	3.0	2.7	3.1	4.6	9.1	Pays-Bas
Romania	2.5	3.5	3.8	4.6	7.8	Roumanie
Bosnia and Herzegovina	e2.1	e2.5	e5.9	e5.8	5.8	Bosnie-Herzégovine
Croatia	2.8	2.7	4.0	4.4	6.9	Croatie
Germany	4.9	3.1	3.5	2.8	2.4	Allemagne
Russian Federation	2.8	2.3	1.8	2.8	3.9	Fédération de Russie
Southern African Customs Union	13.0	–	–	–	–	Union douanière d'Afrique australe

(Value as percentages of World total)   **(Valeur en pourcentage du total mondial)**

Regions of the world	1994	1995	1996	1997	1998	1999	2000	2001	2002	2003	Régions du monde
World	100.0	100.0	100.0	100.0	100.0	100.0	100.0	100.0	100.0	100.0	Monde
Africa	7.5	9.4	7.6	7.1	9.8	9.5	14.2	16.1	14.7	19.0	Afrique
Americas	20.7	14.0	15.2	13.9	13.2	11.1	10.1	11.1	10.5	8.4	Amériques
- Northern America	14.6	8.7	8.6	6.0	5.5	5.2	4.5	4.1	4.3	3.3	- Amérique du Nord
- LAIA	6.0	4.8	6.4	6.5	6.1	5.8	5.6	6.9	6.2	5.0	- ALAI
- CACM	0.1	0.0	0.1	0.3	0.3	0.1	0.0	0.1	0.0	0.0	- MCC
- Caribbean	0.1	0.1	0.0	0.0	0.1	0.0	0.0	0.0	0.0	0.0	- Caraïbes
- Rest of America	0.0	0.4	0.0	1.1	1.2	0.0	0.0	0.0	0.0	0.1	- Autre d'Amérique
Asia excluding former USSR	34.3	33.6	36.8	34.2	29.5	33.0	40.9	35.5	33.4	24.7	Asie ancienne URSS exclus
- Middle East	0.3	0.4	0.1	0.1	0.3	0.2	0.4	1.1	1.4	1.2	- Moyen-Orient
Asia former USSR	0.0	0.0	0.0	0.0	0.0	0.1	0.0	0.0	0.0	0.0	Asie ancienne URSS
Europe excluding former USSR	35.1	37.6	34.0	32.8	30.7	35.2	30.0	32.8	34.4	38.1	Europe ancienne URSS exclus
- European Union	17.3	19.2	14.3	15.4	14.5	16.0	11.9	12.0	13.1	17.3	- Union Européenne
- Eastern Europe	14.5	16.1	16.8	15.0	13.6	16.1	15.4	16.6	17.4	17.3	- Europe de l'Est
- Rest of Europe	3.3	2.3	2.8	2.4	2.6	3.1	2.7	4.2	3.9	3.5	- Autre de l'Europe
Europe former USSR	2.1	5.1	6.1	11.7	16.6	10.9	4.3	4.2	6.5	9.4	Europe ancienne URSS
Oceania	0.3	0.3	0.3	0.2	0.2	0.2	0.5	0.2	0.4	0.5	Océanie

246 Pulpwood (including chips and wood waste)

Country or area	1999	2000	2001	2002	2003	Pays ou zone
World	2625.1	2601.0	2448.2	2408.6	2752.3	Monde
Africa	0.9	1.1	1.4	1.7	1.7	Afrique
Americas	135.1	165.3	160.2	152.6	192.5	Amériques
- Northern America	132.5	159.0	155.0	147.0	186.6	- Amérique du Nord
- LAIA	1.7	4.5	3.6	3.1	3.5	- ALAI
- CACM	0.3	0.6	0.7	1.0	1.0	- MCC
- Caribbean	0.6	0.9	0.6	1.4	1.0	- Caraïbes
- Rest of America	0.0	0.3	0.3	0.1	0.3	- Autre d'Amérique
Asia excluding former USSR	2097.9	2091.1	1916.6	1819.4	1937.4	Asie ancienne URSS exclus
- Middle East	10.0	4.0	1.7	3.5	17.0	- Moyen-Orient
Asia former USSR	0.0	0.0	0.1	0.1	0.1	Asie ancienne URSS
Europe excluding former USSR	388.9	341.7	368.2	432.6	616.3	Europe ancienne URSS exclus
- European Union	341.3	302.0	324.0	383.3	542.8	- Union Européenne
- Eastern Europe	4.2	3.7	2.7	5.5	8.3	- Europe de l'Est
- Rest of Europe	43.4	36.0	41.5	43.7	65.2	- Autre de l'Europe
Europe former USSR	1.2	0.7	0.8	1.2	3.0	Europe ancienne URSS
Oceania	1.1	1.1	1.0	1.1	1.4	Océanie
Japan	1905.0	1915.0	1761.4	1672.1	1716.5	Japon
United States	67.8	79.8	90.2	84.2	120.4	Etats-Unis d'Amérique
Korea, Republic of	91.4	83.5	80.9	64.6	73.9	République de Corée
Sweden	45.7	66.3	65.7	81.1	124.4	Suède
Canada	64.8	79.2	64.8	62.8	66.1	Canada
Italy-San Marino-Holy See	37.9	37.7	35.3	42.1	79.2	Italie-Saint-Marin-Saint-Siège
Finland	31.7	32.9	44.6	47.0	62.3	Finlande
Denmark	38.3	15.1	27.3	43.6	57.0	Danemark
Belgium	40.4	30.4	32.0	32.7	35.5	Belgique
France-Monaco	42.6	25.2	22.4	26.3	33.6	France-Monaco
Germany	28.8	26.2	28.5	26.6	29.5	Allemagne
Norway	23.8	20.8	26.8	25.2	40.9	Norvège
Austria	30.3	20.0	22.4	26.6	31.1	Autriche
Netherlands	16.7	13.2	16.2	27.4	41.0	Pays-Bas
Switzerland-Liechtenstein	15.4	11.3	11.0	13.7	16.9	Suisse-Liechtenstein
United Kingdom	7.2	12.8	11.8	14.4	14.2	Royaume-Uni
China	8.9	5.0	4.6	7.4	33.5	Chine
Spain	8.2	9.1	6.8	3.6	17.6	Espagne
Luxembourg	5.6	4.4	2.7	4.2	6.4	Luxembourg
Portugal	6.4	4.9	4.1	3.3	e3.4	Portugal
Slovenia	3.6	3.3	3.1	4.0	6.0	Slovénie
Turkey	0.4	0.2	0.2	1.8	14.9	Turquie
Ireland	1.4	3.4	3.8	3.5	3.8	Irlande
Saudi Arabia	9.0	1.2	0.4	0.9	1.0	Arabie saoudite
Czech Republic	1.2	1.4	0.9	2.7	3.0	République tchèque
Mexico	0.2	2.4	0.9	1.3	1.2	Mexique
Greece	0.3	0.4	0.4	0.7	3.9	Grèce
Hungary	0.7	0.6	0.6	0.9	2.7	Hongrie
Philippines	1.5	2.1	1.3	0.1	0.3	Philippines
Australia	1.0	1.1	0.9	0.7	1.3	Australie

(Value as percentages of World total) / (Valeur en pourcentage du total mondial)

Regions of the world	1994	1995	1996	1997	1998	1999	2000	2001	2002	2003	Régions du monde
World	100.0	100.0	100.0	100.0	100.0	100.0	100.0	100.0	100.0	100.0	Monde
Africa	0.0	0.0	0.1	0.0	0.0	0.0	0.0	0.1	0.1	0.1	Afrique
Americas	3.4	4.9	4.5	5.3	4.9	5.1	6.4	6.5	6.3	7.0	Amériques
- Northern America	3.4	4.9	4.4	5.2	4.8	5.0	6.1	6.3	6.1	6.8	- Amérique du Nord
- LAIA	0.0	0.0	0.0	0.0	0.1	0.1	0.2	0.1	0.1	0.1	- ALAI
- CACM	0.0	0.0	0.0	0.0	0.0	0.0	0.0	0.0	0.0	0.0	- MCC
- Caribbean	0.0	0.0	0.0	0.0	0.0	0.0	0.0	0.0	0.1	0.0	- Caraïbes
- Rest of America	0.0	0.0	0.0	0.0	0.0	0.0	0.0	0.0	0.0	0.0	- Autre d'Amérique
Asia excluding former USSR	77.5	82.8	83.7	82.1	81.4	79.9	80.4	78.3	75.5	70.4	Asie ancienne URSS exclus
- Middle East	0.3	0.4	0.3	0.4	0.7	0.4	0.2	0.1	0.1	0.6	- Moyen-Orient
Asia former USSR	0.0	0.0	0.0	0.0	0.0	0.0	0.0	0.0	0.0	0.0	Asie ancienne URSS
Europe excluding former USSR	19.0	12.2	11.7	12.5	13.6	14.8	13.1	15.0	18.0	22.4	Europe ancienne URSS exclus
- European Union	17.5	10.7	9.9	11.0	11.6	13.0	11.6	13.2	15.9	19.7	- Union Européenne
- Eastern Europe	0.1	0.1	0.1	0.1	0.1	0.2	0.1	0.1	0.2	0.3	- Europe de l'Est
- Rest of Europe	1.5	1.5	1.7	1.4	1.8	1.7	1.4	1.7	1.8	2.4	- Autre de l'Europe
Europe former USSR	0.0	0.0	0.0	0.0	0.0	0.0	0.0	0.0	0.0	0.1	Europe ancienne URSS
Oceania	0.0	0.0	0.0	0.0	0.0	0.0	0.0	0.0	0.0	0.1	Océanie

TRADE BY COMMODITY (Value in million US dollars)
Exports by principal countries or areas

COMMERCE PAR PRODUIT (Valeur en millions de dollars EU)
Exportations selon les principaux pays ou zones

Country or area	1999	2000	2001	2002	2003	Pays ou zone
World	1794.5	1841.6	1770.9	1758.9	2064.7	Monde
Africa	140.0	151.9	172.4	187.1	248.0	Afrique
Americas	741.9	743.9	668.7	520.2	525.1	Amériques
- Northern America	554.0	539.5	442.8	337.4	318.0	- Amérique du Nord
- LAIA	184.9	200.9	221.6	178.6	203.7	- ALAI
- CACM	2.9	3.5	4.3	4.1	3.4	- MCC
- Caribbean	0.0	0.0	0.0	0.0	0.0	- Caraïbes
- Rest of America	0.0	0.0	0.0	0.1	0.0	- Autre d'Amérique
Asia excluding former USSR	166.3	189.1	205.3	194.6	208.1	Asie ancienne URSS exclus
- Middle East	0.5	0.0	0.1	0.1	0.1	- Moyen-Orient
Asia former USSR	0.0	0.0	0.0	0.0	0.0	Asie ancienne URSS
Europe excluding former USSR	280.2	239.9	237.1	285.4	376.4	Europe ancienne URSS exclus
- European Union	250.1	212.8	207.3	247.8	321.5	- Union Européenne
- Eastern Europe	17.3	15.8	18.0	21.8	35.5	- Europe de l'Est
- Rest of Europe	12.7	11.4	11.8	15.7	19.4	- Autre de l'Europe
Europe former USSR	46.8	53.6	69.8	97.1	158.1	Europe ancienne URSS
Oceania	419.3	463.0	417.6	474.4	549.1	Océanie
Australia	378.6	420.1	366.9	427.6	505.8	Australie
United States	465.6	418.6	305.7	208.7	174.1	Etats-Unis d'Amérique
South Africa	–	151.2	172.0	186.4	247.1	Afrique du Sud
Chile	133.0	133.7	166.0	123.2	128.3	Chili
Canada	88.5	120.9	137.1	128.8	143.9	Canada
China	113.2	120.9	105.9	91.3	96.6	Chine
Germany	89.8	71.2	62.1	67.5	66.3	Allemagne
Brazil	36.6	52.5	48.6	51.9	61.2	Brésil
France-Monaco	45.5	45.1	37.9	43.6	56.3	France-Monaco
Thailand	25.3	29.7	39.6	e36.4	42.5	Thaïlande
Latvia	9.6	15.4	23.6	38.0	72.0	Lettonie
Austria	23.3	23.2	23.2	28.8	57.1	Autriche
Estonia	18.4	20.5	25.5	36.0	51.0	Estonie
Belgium	25.4	20.2	26.8	31.0	41.6	Belgique
New Zealand	22.2	26.9	34.3	30.1	28.6	Nouvelle-Zélande
Southern African Customs Union	139.4	–	–	–	–	Union douanière d'Afrique australe
Russian Federation	18.4	16.2	18.1	17.3	24.4	Fédération de Russie
Netherlands	16.8	13.9	13.2	21.4	27.7	Pays-Bas
Viet Nam	0.1	10.3	27.5	27.2	e25.8	Viet Nam
Indonesia	8.9	9.1	17.3	23.6	24.8	Indonésie
Sweden	13.5	12.7	14.4	16.3	19.5	Suède
Finland	7.5	8.3	11.6	16.5	16.4	Finlande
Malaysia	11.4	14.5	10.8	11.3	12.3	Malaisie
Fiji	e14.9	11.5	10.3	11.3	8.3	Fidji
Czech Republic	9.2	8.1	8.3	8.8	11.6	République tchèque
Poland	5.2	4.9	5.8	7.4	13.8	Pologne
Switzerland-Liechtenstein	7.6	6.4	5.8	6.8	9.6	Suisse-Liechtenstein
Denmark	14.2	3.3	3.3	2.1	5.7	Danemark
Mexico	7.5	6.1	6.2	3.4	3.2	Mexique
Papua New Guinea	e3.6	4.5	e6.0	5.4	6.3	Papouasie-Nouvelle-Guinée

(Value as percentages of World total)
(Valeur en pourcentage du total mondial)

Regions of the world	1994	1995	1996	1997	1998	1999	2000	2001	2002	2003	Régions du monde
World	100.0	100.0	100.0	100.0	100.0	100.0	100.0	100.0	100.0	100.0	Monde
Africa	4.8	5.3	5.1	6.6	7.8	7.8	8.3	9.7	10.6	12.0	Afrique
Americas	46.7	43.8	44.1	42.9	42.5	41.3	40.4	37.8	29.6	25.4	Amériques
- Northern America	35.3	31.9	33.3	33.0	32.0	30.9	29.3	25.0	19.2	15.4	- Amérique du Nord
- LAIA	11.4	11.9	10.8	9.9	10.3	10.3	10.9	12.5	10.2	9.9	- ALAI
- CACM	0.0	0.0	0.0	0.0	0.1	0.2	0.2	0.2	0.2	0.2	- MCC
- Caribbean	0.0	0.0	0.0	0.0	0.0	0.0	0.0	0.0	0.0	0.0	- Caraïbes
- Rest of America	0.0	0.0	0.0	0.0	0.0	0.0	0.0	0.0	0.0	0.0	- Autre d'Amérique
Asia excluding former USSR	7.6	11.2	11.6	11.6	8.4	9.3	10.3	11.6	11.1	10.1	Asie ancienne URSS exclus
- Middle East	0.0	0.0	0.0	0.0	0.0	0.0	0.0	0.0	0.0	0.0	- Moyen-Orient
Asia former USSR	0.0	0.0	0.0	0.0	0.0	0.0	0.0	0.0	0.0	0.0	Asie ancienne URSS
Europe excluding former USSR	14.8	15.3	14.3	12.8	14.6	15.6	13.0	13.4	16.2	18.2	Europe ancienne URSS exclus
- European Union	13.4	13.9	12.8	11.2	13.1	13.9	11.6	11.7	14.1	15.6	- Union Européenne
- Eastern Europe	0.7	0.7	0.9	0.9	0.7	1.0	0.9	1.0	1.2	1.7	- Europe de l'Est
- Rest of Europe	0.6	0.7	0.7	0.7	0.7	0.7	0.6	0.7	0.9	0.9	- Autre de l'Europe
Europe former USSR	1.2	1.0	1.4	1.7	2.5	2.6	2.9	3.9	5.5	7.7	Europe ancienne URSS
Oceania	24.9	23.2	23.5	24.4	24.2	23.4	25.1	23.6	27.0	26.6	Océanie

247 Other wood in the rough or roughly squared

Country or area	1999	2000	2001	2002	2003	Pays ou zone
World	9485.2	9984.1	9445.2	9485.5	10612.0	Monde
Africa	132.4	132.5	98.1	105.2	104.9	Afrique
Americas	600.4	716.6	677.6	672.5	668.6	Amériques
- Northern America	558.0	660.1	630.9	639.8	620.8	- Amérique du Nord
- LAIA	22.8	39.2	28.0	17.4	20.3	- ALAI
- CACM	2.8	2.8	2.7	2.3	2.1	- MCC
- Caribbean	15.3	13.0	12.5	11.6	24.4	- Caraïbes
- Rest of America	1.6	1.4	3.6	1.4	1.0	- Autre d'Amérique
Asia excluding former USSR	5452.1	6029.6	5413.0	5434.0	6085.7	Asie ancienne URSS exclus
- Middle East	146.2	189.1	146.4	160.6	187.7	- Moyen-Orient
Asia former USSR	3.9	5.3	6.3	5.8	12.1	Asie ancienne URSS
Europe excluding former USSR	3252.3	3050.6	3190.6	3197.1	3639.1	Europe ancienne URSS exclus
- European Union	2936.0	2731.3	2912.0	2837.8	3326.8	- Union Européenne
- Eastern Europe	93.8	105.0	101.5	177.9	107.3	- Europe de l'Est
- Rest of Europe	222.5	214.2	177.1	181.3	205.0	- Autre de l'Europe
Europe former USSR	39.9	40.8	51.5	64.5	96.3	Europe ancienne URSS
Oceania	4.2	8.7	8.1	6.3	5.3	Océanie
Japan	2333.3	2330.7	1875.3	1599.7	1655.6	Japon
China	1248.6	1655.6	1694.0	2138.3	2447.1	Chine
Korea, Republic of	520.7	560.4	536.3	597.5	610.4	République de Corée
India	429.0	465.7	515.2	371.3	659.7	Inde
Italy-San Marino-Holy See	530.6	508.6	439.1	423.5	468.3	Italie-Saint-Marin-Saint-Siège
Finland	391.9	350.6	429.5	469.5	580.0	Finlande
Austria	465.7	432.4	372.6	399.6	470.2	Autriche
Canada	359.3	390.8	392.8	377.2	382.3	Canada
Germany	318.1	297.4	288.3	226.3	246.8	Allemagne
Sweden	54.0	45.9	365.6	399.9	454.7	Suède
France-Monaco	286.7	279.3	248.5	228.7	276.0	France-Monaco
Spain	244.8	258.3	271.3	226.0	257.4	Espagne
United States	192.0	268.6	237.2	262.2	238.0	Etats-Unis d'Amérique
Portugal	179.8	160.4	127.4	120.9	e123.5	Portugal
China, Hong Kong SAR	215.7	193.7	133.4	88.0	60.6	Chine - RAS de Hong-Kong
Norway	153.7	147.3	126.3	121.7	137.0	Norvège
Belgium	167.9	152.9	127.7	96.7	115.8	Belgique
Thailand	96.0	125.8	98.0	e85.3	100.0	Thaïlande
Turkey	104.1	121.6	66.5	78.4	100.7	Turquie
United Kingdom	86.2	75.9	82.7	90.1	129.8	Royaume-Uni
Viet Nam	18.9	87.5	68.4	77.7	e64.4	Viet Nam
Czech Republic	36.1	40.8	34.2	119.0	41.9	République tchèque
Malaysia	51.7	63.5	69.0	52.3	29.2	Malaisie
Denmark	70.0	52.2	44.5	36.0	44.6	Danemark
Philippines	69.5	54.3	44.7	34.5	33.1	Philippines
Morocco	50.1	48.2	35.0	42.1	47.3	Maroc
Ireland	33.6	33.7	34.3	35.9	69.1	Irlande
Indonesia	42.1	46.6	34.7	36.0	22.2	Indonésie
Netherlands	38.6	34.3	36.5	36.6	31.1	Pays-Bas
Poland	30.3	36.1	39.9	30.5	31.7	Pologne

(Value as percentages of World total)   (Valeur en pourcentage du total mondial)

Regions of the world	1994	1995	1996	1997	1998	1999	2000	2001	2002	2003	Régions du monde
World	100.0	100.0	100.0	100.0	100.0	100.0	100.0	100.0	100.0	100.0	Monde
Africa	1.2	1.3	1.4	1.4	1.5	1.4	1.3	1.0	1.1	1.0	Afrique
Americas	3.7	4.1	4.0	4.7	6.8	6.3	7.2	7.2	7.1	6.3	Amériques
- Northern America	3.3	3.9	3.7	4.3	6.0	5.9	6.6	6.7	6.7	5.8	- Amérique du Nord
- LAIA	0.3	0.1	0.1	0.2	0.4	0.2	0.4	0.3	0.2	0.2	- ALAI
- CACM	0.0	0.0	0.0	0.0	0.1	0.0	0.0	0.0	0.0	0.0	- MCC
- Caribbean	0.1	0.1	0.1	0.2	0.3	0.2	0.1	0.1	0.1	0.2	- Caraïbes
- Rest of America	0.0	0.0	0.0	0.0	0.0	0.0	0.0	0.0	0.0	0.0	- Autre d'Amérique
Asia excluding former USSR	68.9	61.0	65.8	63.6	49.1	57.5	60.4	57.3	57.3	57.3	Asie ancienne URSS exclus
- Middle East	1.9	1.4	1.7	1.6	2.0	1.5	1.9	1.5	1.7	1.8	- Moyen-Orient
Asia former USSR	0.1	0.1	0.2	0.1	0.1	0.0	0.1	0.1	0.1	0.1	Asie ancienne URSS
Europe excluding former USSR	25.8	33.2	28.5	30.0	42.0	34.3	30.6	33.8	33.7	34.3	Europe ancienne URSS exclus
- European Union	23.6	29.9	25.9	27.3	38.1	31.0	27.4	30.8	29.9	31.3	- Union Européenne
- Eastern Europe	0.4	0.7	0.6	0.6	1.0	1.0	1.1	1.1	1.9	1.0	- Europe de l'Est
- Rest of Europe	1.8	2.6	2.0	2.0	2.9	2.3	2.1	1.9	1.9	1.9	- Autre de l'Europe
Europe former USSR	0.2	0.2	0.2	0.2	0.4	0.4	0.4	0.5	0.7	0.9	Europe ancienne URSS
Oceania	0.0	0.0	0.0	0.0	0.0	0.0	0.1	0.1	0.1	0.1	Océanie

TRADE BY COMMODITY (Value in million US dollars)
Exports by principal countries or areas

COMMERCE PAR PRODUIT (Valeur en millions de dollars EU)
Exportations selon les principaux pays ou zones

Country or area	1999	2000	2001	2002	2003	Pays ou zone
World	7373.1	7818.8	6938.8	7498.6	7921.5	Monde
Africa	588.2	656.8	558.5	595.7	749.8	Afrique
Americas	1818.9	2001.7	1761.2	1821.2	1826.1	Amériques
- Northern America	1674.9	1860.2	1635.9	1696.1	1714.9	- Amérique du Nord
- LAIA	137.9	136.0	118.8	114.2	97.8	- ALAI
- CACM	2.0	1.5	2.9	5.7	7.3	- MCC
- Caribbean	0.1	0.2	0.0	0.1	0.4	- Caraïbes
- Rest of America	4.0	3.7	3.6	5.1	5.8	- Autre d'Amérique
Asia excluding former USSR	1270.2	1241.4	934.1	939.7	983.0	Asie ancienne URSS exclus
- Middle East	7.9	7.1	7.9	10.6	6.8	- Moyen-Orient
Asia former USSR	4.3	7.1	3.3	0.5	0.9	Asie ancienne URSS
Europe excluding former USSR	1706.3	1694.8	1476.6	1582.7	1603.2	Europe ancienne URSS exclus
- European Union	1194.9	1181.9	1035.3	946.2	1052.6	- Union Européenne
- Eastern Europe	335.6	277.1	245.5	462.0	368.4	- Europe de l'Est
- Rest of Europe	175.8	235.8	195.8	174.5	182.3	- Autre de l'Europe
Europe former USSR	1563.1	1723.3	1720.2	2004.3	2216.2	Europe ancienne URSS
Oceania	422.0	493.7	484.9	554.4	542.3	Océanie
Russian Federation	1203.6	1338.3	1388.2	1647.8	1801.7	Fédération de Russie
United States	1388.2	1498.6	1289.0	1250.9	1275.1	Etats-Unis d'Amérique
Malaysia	709.5	664.5	412.1	482.0	530.2	Malaisie
Canada	286.6	361.4	346.9	445.2	439.7	Canada
Germany	390.8	363.4	347.0	308.1	309.5	Allemagne
New Zealand	289.1	329.3	297.5	359.2	357.8	Nouvelle-Zélande
Gabon	259.3	291.8	e296.9	e305.5	e395.5	Gabon
Myanmar	e249.5	e270.6	e241.4	e300.9	e333.0	Myanmar
France-Monaco	282.8	384.4	263.8	210.4	239.1	France-Monaco
Czech Republic	146.2	91.1	98.0	319.5	178.3	République tchèque
China, Hong Kong SAR	203.5	185.8	139.4	86.9	60.8	Chine - RAS de Hong-Kong
Estonia	145.0	135.5	107.4	100.6	117.8	Estonie
Switzerland-Liechtenstein	97.5	162.5	129.0	98.8	105.6	Suisse-Liechtenstein
Latvia	89.9	117.8	104.0	117.9	126.6	Lettonie
Congo	e99.8	e99.1	e83.9	e110.8	e144.6	Congo
Belgium	128.0	96.4	72.1	68.9	84.2	Belgique
Equatorial Guinea	e101.9	e88.1	e65.7	e48.7	e59.4	Guinée équatoriale
Austria	83.4	63.6	67.9	67.8	74.0	Autriche
Solomon Islands	e61.2	e77.1	e70.2	e64.4	e76.6	Iles Salomon
Ukraine	72.3	70.2	56.1	65.6	e84.5	Ukraine
Finland	80.4	65.3	51.0	56.6	66.7	Finlande
Sweden	30.9	23.5	65.0	95.0	102.7	Suède
Papua New Guinea	e34.9	43.7	e80.5	72.2	37.6	Papouasie-Nouvelle-Guinée
Slovakia	51.2	54.9	57.1	47.5	53.4	Slovaquie
Hungary	54.8	50.1	47.3	45.1	56.5	Hongrie
Australia	36.5	43.4	36.6	58.4	69.8	Australie
Chile	60.0	54.7	48.2	37.3	31.6	Chili
Portugal	41.1	35.3	48.1	48.8	e56.6	Portugal
Denmark	56.5	69.6	40.4	22.1	26.4	Danemark
Lithuania	32.7	40.3	41.8	45.7	50.5	Lituanie

(Value as percentages of World total)

(Valeur en pourcentage du total mondial)

Regions of the world	1994	1995	1996	1997	1998	1999	2000	2001	2002	2003	Régions du monde
World	100.0	100.0	100.0	100.0	100.0	100.0	100.0	100.0	100.0	100.0	Monde
Africa	8.8	9.6	10.2	11.3	11.2	8.0	8.4	8.0	7.9	9.5	Afrique
Americas	35.5	32.6	32.6	28.3	26.1	24.7	25.6	25.4	24.3	23.1	Amériques
- Northern America	32.9	29.0	29.8	24.8	23.9	22.7	23.8	23.6	22.6	21.6	- Amérique du Nord
- LAIA	2.5	3.4	2.6	3.0	2.1	1.9	1.7	1.7	1.5	1.2	- ALAI
- CACM	0.2	0.1	0.2	0.2	0.1	0.0	0.0	0.0	0.1	0.1	- MCC
- Caribbean	0.0	0.0	0.0	0.0	0.0	0.0	0.0	0.0	0.0	0.0	- Caraïbes
- Rest of America	0.1	0.0	0.1	0.3	0.0	0.1	0.0	0.1	0.1	0.1	- Autre d'Amérique
Asia excluding former USSR	17.2	17.2	16.3	16.8	14.6	17.2	15.9	13.5	12.5	12.4	Asie ancienne URSS exclus
- Middle East	0.1	0.0	0.1	0.1	0.2	0.1	0.1	0.1	0.1	0.1	- Moyen-Orient
Asia former USSR	0.0	0.0	0.0	0.0	0.0	0.1	0.1	0.0	0.0	0.0	Asie ancienne URSS
Europe excluding former USSR	19.2	20.4	17.9	19.1	24.0	23.1	21.7	21.3	21.1	20.2	Europe ancienne URSS exclus
- European Union	13.6	15.0	12.7	13.3	17.5	16.2	15.1	14.9	12.6	13.3	- Union Européenne
- Eastern Europe	3.7	3.4	3.3	3.6	4.1	4.6	3.5	3.5	6.2	4.7	- Europe de l'Est
- Rest of Europe	1.9	2.0	1.9	2.2	2.5	2.4	3.0	2.8	2.3	2.3	- Autre de l'Europe
Europe former USSR	11.1	13.1	13.6	15.7	19.0	21.2	22.0	24.8	26.7	28.0	Europe ancienne URSS
Oceania	8.1	7.0	9.4	8.8	5.1	5.7	6.3	7.0	7.4	6.8	Océanie

248 Wood, simply worked, and railway sleepers of wood

TRADE BY COMMODITY (Value in million US dollars)
Imports by principal countries or areas

COMMERCE PAR PRODUIT (Valeur en millions de dollars EU)
Importations selon les principaux pays ou zones

Country or area	1999	2000	2001	2002	2003	Pays ou zone
World	29256.7	29213.9	26760.3	27684.5	29949.5	Monde
Africa	996.7	1016.1	964.7	994.7	1086.5	Afrique
Americas	10425.9	9801.1	9470.5	9511.6	9050.8	Amériques
- Northern America	9797.1	9116.2	8789.0	8832.5	8370.1	- Amérique du Nord
- LAIA	396.9	437.6	446.7	455.5	477.9	- ALAI
- CACM	19.3	24.2	37.3	25.0	25.9	- MCC
- Caribbean	209.9	219.2	194.4	195.5	174.6	- Caraïbes
- Rest of America	2.6	3.8	3.1	3.2	2.2	- Autre d'Amérique
Asia excluding former USSR	6458.9	7071.6	6311.7	6443.0	6845.9	Asie ancienne URSS exclus
- Middle East	491.2	516.2	567.2	603.3	703.0	- Moyen-Orient
Asia former USSR	45.9	67.4	66.0	66.7	99.8	Asie ancienne URSS
Europe excluding former USSR	10884.4	10668.0	9555.9	10160.8	12172.9	Europe ancienne URSS exclus
- European Union	9963.4	9711.1	8641.4	9140.9	10952.6	- Union Européenne
- Eastern Europe	259.9	301.2	308.1	374.3	458.0	- Europe de l'Est
- Rest of Europe	661.1	655.8	606.4	645.5	762.3	- Autre de l'Europe
Europe former USSR	75.5	88.4	110.1	139.9	228.5	Europe ancienne URSS
Oceania	369.4	501.3	281.3	367.7	465.0	Océanie
United States	9093.4	8336.3	8126.6	8096.0	7521.9	Etats-Unis d'Amérique
Japan	3260.2	3542.1	2971.5	2701.4	2990.9	Japon
United Kingdom	1763.3	1825.8	1675.4	1844.6	2217.0	Royaume-Uni
Italy-San Marino-Holy See	1920.0	1825.1	1624.5	1736.0	2016.0	Italie-Saint-Marin-Saint-Siège
Germany	1515.1	1219.0	1009.5	1027.8	1165.7	Allemagne
China	673.9	989.8	997.8	1183.5	1220.1	Chine
France-Monaco	817.9	873.0	806.7	829.8	1032.6	France-Monaco
Spain	831.4	801.6	792.3	803.9	1029.3	Espagne
Netherlands	902.9	908.9	748.1	759.2	910.5	Pays-Bas
Canada	698.5	776.9	658.9	728.8	835.1	Canada
Belgium	616.6	688.1	555.7	556.1	694.1	Belgique
Denmark	541.7	526.3	458.2	483.2	589.1	Danemark
China, Hong Kong SAR	566.7	545.9	466.1	488.5	409.6	Chine - RAS de Hong-Kong
Egypt	473.2	483.9	422.8	408.7	363.8	Egypte
Mexico	261.6	328.2	335.6	388.3	419.7	Mexique
Australia	311.1	432.8	224.3	304.2	387.5	Australie
Austria	307.9	295.5	274.4	291.4	355.7	Autriche
Norway	261.9	275.0	262.3	277.5	307.3	Norvège
Korea, Republic of	289.3	278.4	257.6	267.3	243.9	République de Corée
Thailand	201.6	234.7	245.7	e280.5	328.8	Thaïlande
Ireland	209.6	228.7	207.1	204.2	290.6	Irlande
Greece	163.8	148.7	142.2	255.0	232.2	Grèce
Switzerland-Liechtenstein	202.4	188.1	173.5	167.1	203.7	Suisse-Liechtenstein
Algeria	153.9	163.7	168.2	174.1	241.7	Algérie
Saudi Arabia	101.3	136.5	149.9	170.6	195.0	Arabie saoudite
Hungary	111.8	128.2	129.2	161.5	196.7	Hongrie
Morocco	138.6	122.0	124.1	149.4	180.5	Maroc
Portugal	154.8	141.8	128.1	131.4	e134.2	Portugal
Sweden	121.4	127.7	121.2	129.4	164.4	Suède
Israel	131.6	129.3	111.0	112.0	126.5	Israël

(Value as percentages of World total)

(Valeur en pourcentage du total mondial)

Regions of the world	1994	1995	1996	1997	1998	1999	2000	2001	2002	2003	Régions du monde
World	100.0	100.0	100.0	100.0	100.0	100.0	100.0	100.0	100.0	100.0	Monde
Africa	3.3	4.2	3.4	3.6	4.1	3.4	3.5	3.6	3.6	3.6	Afrique
Americas	28.1	25.1	30.2	31.6	34.1	35.6	33.5	35.4	34.4	30.2	Amériques
- Northern America	26.2	23.5	28.6	29.6	31.6	33.5	31.2	32.8	31.9	27.9	- Amérique du Nord
- LAIA	1.4	0.9	1.0	1.1	1.5	1.4	1.5	1.7	1.6	1.6	- ALAI
- CACM	0.0	0.0	0.1	0.2	0.1	0.1	0.1	0.1	0.1	0.1	- MCC
- Caribbean	0.5	0.6	0.6	0.8	0.9	0.7	0.8	0.7	0.7	0.6	- Caraïbes
- Rest of America	0.0	0.0	0.0	0.0	0.0	0.0	0.0	0.0	0.0	0.0	- Autre d'Amérique
Asia excluding former USSR	27.6	29.8	29.1	27.3	19.5	22.1	24.2	23.6	23.3	22.9	Asie ancienne URSS exclus
- Middle East	1.8	1.9	1.5	1.3	1.9	1.7	1.8	2.1	2.2	2.3	- Moyen-Orient
Asia former USSR	0.4	0.3	0.4	0.2	0.3	0.2	0.2	0.2	0.2	0.3	Asie ancienne URSS
Europe excluding former USSR	38.6	38.9	35.4	35.8	40.4	37.2	36.5	35.7	36.7	40.6	Europe ancienne URSS exclus
- European Union	35.9	35.6	32.4	32.9	36.8	34.1	33.2	32.3	33.0	36.6	- Union Européenne
- Eastern Europe	0.5	0.7	0.7	0.7	0.9	0.9	1.0	1.2	1.4	1.5	- Europe de l'Est
- Rest of Europe	2.3	2.6	2.3	2.2	2.7	2.3	2.2	2.3	2.3	2.5	- Autre de l'Europe
Europe former USSR	0.2	0.2	0.1	0.2	0.3	0.3	0.3	0.4	0.5	0.8	Europe ancienne URSS
Oceania	1.7	1.5	1.3	1.3	1.3	1.3	1.7	1.1	1.3	1.6	Océanie

TRADE BY COMMODITY (Value in million US dollars)
Exports by principal countries or areas

COMMERCE PAR PRODUIT (Valeur en millions de dollars EU)
Exportations selon les principaux pays ou zones

Country or area	1999	2000	2001	2002	2003	Pays ou zone
World	25362.9	24980.7	24300.0	25608.6	27974.0	Monde
Africa	613.9	660.5	551.5	619.2	817.0	Afrique
Americas	13084.6	12472.2	11393.4	11130.5	10800.8	Amériques
- Northern America	11673.1	11018.1	9789.1	9288.1	8825.8	- Amérique du Nord
- LAIA	1355.0	1378.9	1473.8	1620.6	1788.1	- ALAI
- CACM	42.6	57.3	109.1	200.4	168.1	- MCC
- Caribbean	1.2	1.0	1.1	0.6	0.6	- Caraïbes
- Rest of America	12.7	16.9	20.2	20.9	18.2	- Autre d'Amérique
Asia excluding former USSR	2342.0	2591.9	2281.3	2513.2	2713.8	Asie ancienne URSS exclus
- Middle East	31.8	23.7	52.6	47.8	40.1	- Moyen-Orient
Asia former USSR	8.1	10.4	9.4	4.8	11.4	Asie ancienne URSS
Europe excluding former USSR	7444.9	7162.0	8069.0	8904.7	10537.1	Europe ancienne URSS exclus
- European Union	5812.9	5494.2	6667.6	7381.3	8695.6	- Union Européenne
- Eastern Europe	1060.8	1096.0	965.8	1051.4	1312.9	- Europe de l'Est
- Rest of Europe	571.1	571.8	435.6	472.0	528.6	- Autre de l'Europe
Europe former USSR	1441.8	1628.6	1549.5	1884.8	2555.7	Europe ancienne URSS
Oceania	427.6	455.2	446.0	551.4	538.2	Océanie
Canada	9244.9	8532.3	7765.4	7318.5	6806.2	Canada
United States	2428.0	2485.6	2023.7	1969.5	2019.5	Etats-Unis d'Amérique
Sweden	557.1	420.2	1901.1	2180.6	2592.0	Suède
Finland	1551.1	1469.3	1356.8	1422.8	1712.0	Finlande
Austria	1206.4	1103.3	1031.1	1134.7	1420.0	Autriche
Malaysia	979.4	1067.5	806.0	798.6	831.1	Malaisie
Germany	777.7	777.1	822.8	965.6	1064.5	Allemagne
Russian Federation	644.0	756.2	712.4	886.9	1211.7	Fédération de Russie
Brazil	568.6	621.1	621.2	683.0	800.7	Brésil
Chile	456.3	455.0	566.1	588.2	642.5	Chili
New Zealand	377.9	401.2	374.0	481.2	474.3	Nouvelle-Zélande
Latvia	385.7	406.8	368.3	396.1	543.0	Lettonie
China, Hong Kong SAR	473.9	476.2	380.2	406.0	350.3	Chine - RAS de Hong-Kong
France-Monaco	406.8	409.5	366.6	388.1	440.0	France-Monaco
Romania	325.9	377.8	334.2	381.5	453.6	Roumanie
Belgium	347.5	402.3	343.4	337.5	410.8	Belgique
Indonesia	241.3	292.4	317.3	375.4	415.9	Indonésie
Italy-San Marino-Holy See	351.6	346.8	306.5	313.0	318.2	Italie-Saint-Marin-Saint-Siège
China	221.6	278.9	291.2	315.3	424.7	Chine
Czech Republic	252.0	235.2	218.3	211.4	276.3	République tchèque
Cameroon	e203.7	234.1	226.9	203.6	275.6	Cameroun
Poland	226.6	233.2	175.3	197.4	277.9	Pologne
Estonia	173.3	161.7	161.1	206.3	262.0	Estonie
Côte d'Ivoire	195.4	239.8	e128.1	160.9	164.4	Côte d'Ivoire
Netherlands	180.8	173.7	149.6	154.4	188.4	Pays-Bas
Thailand	108.3	130.1	124.2	e190.0	222.0	Thaïlande
Ukraine	68.6	118.3	131.6	169.8	e218.5	Ukraine
Slovakia	128.3	127.4	123.4	137.4	164.9	Slovaquie
Croatia	136.6	132.7	116.9	129.3	163.5	Croatie
Lithuania	105.3	112.9	110.3	142.3	184.8	Lituanie

(Value as percentages of World total)

(Valeur en pourcentage du total mondial)

Regions of the world	1994	1995	1996	1997	1998	1999	2000	2001	2002	2003	Régions du monde
World	100.0	100.0	100.0	100.0	100.0	100.0	100.0	100.0	100.0	100.0	Monde
Africa	2.0	2.6	2.3	1.9	2.6	2.4	2.6	2.3	2.4	2.9	Afrique
Americas	48.8	45.3	49.9	50.2	47.4	51.6	49.9	46.9	43.5	38.6	Amériques
- Northern America	45.0	41.2	45.5	45.2	42.4	46.0	44.1	40.3	36.3	31.5	- Amérique du Nord
- LAIA	3.6	4.0	4.2	4.8	4.8	5.3	5.5	6.1	6.3	6.4	- ALAI
- CACM	0.1	0.1	0.1	0.1	0.1	0.2	0.2	0.4	0.8	0.6	- MCC
- Caribbean	0.0	0.0	0.0	0.0	0.0	0.0	0.0	0.0	0.0	0.0	- Caraïbes
- Rest of America	0.0	0.0	0.0	0.1	0.1	0.1	0.1	0.1	0.1	0.1	- Autre d'Amérique
Asia excluding former USSR	12.5	12.5	11.0	9.7	8.2	9.2	10.4	9.4	9.8	9.7	Asie ancienne URSS exclus
- Middle East	0.2	0.1	0.1	0.1	0.1	0.1	0.1	0.2	0.2	0.1	- Moyen-Orient
Asia former USSR	0.0	0.0	0.0	0.0	0.0	0.0	0.0	0.0	0.0	0.0	Asie ancienne URSS
Europe excluding former USSR	32.6	34.8	31.6	32.2	35.4	29.4	28.7	33.2	34.8	37.7	Europe ancienne URSS exclus
- European Union	27.5	29.4	26.5	27.0	29.4	22.9	22.0	27.4	28.8	31.1	- Union Européenne
- Eastern Europe	3.2	3.4	3.4	3.4	3.9	4.2	4.4	4.0	4.1	4.7	- Europe de l'Est
- Rest of Europe	2.0	2.1	1.7	1.9	2.2	2.3	2.3	1.8	1.8	1.9	- Autre de l'Europe
Europe former USSR	2.7	3.4	4.0	4.5	5.0	5.7	6.5	6.4	7.4	9.1	Europe ancienne URSS
Oceania	1.4	1.4	1.3	1.4	1.4	1.7	1.8	1.8	2.2	1.9	Océanie

251 Pulp and waste paper

Country or area	1999	2000	2001	2002	2003	Pays ou zone
World	19762.4	27106.5	21716.6	21128.4	24067.0	Monde
Africa	140.9	156.0	128.2	138.1	133.1	Afrique
Americas	4076.1	5218.3	4136.8	3914.3	4185.2	Amériques
- Northern America	3097.2	4001.7	3099.9	2862.2	3098.4	- Amérique du Nord
- LAIA	949.1	1178.1	989.3	997.4	1028.7	- ALAI
- CACM	21.3	27.8	37.4	45.7	50.2	- MCC
- Caribbean	6.0	6.9	7.4	5.4	4.7	- Caraïbes
- Rest of America	2.7	3.6	2.8	3.7	3.2	- Autre d'Amérique
Asia excluding former USSR	6808.7	9664.8	7795.5	7681.0	9105.3	Asie ancienne URSS exclus
- Middle East	253.5	370.4	289.2	298.8	311.7	- Moyen-Orient
Asia former USSR	2.2	2.4	2.0	3.2	3.0	Asie ancienne URSS
Europe excluding former USSR	8484.4	11725.6	9414.2	9150.4	10362.1	Europe ancienne URSS exclus
- European Union	7721.8	10676.5	8654.5	8332.0	9401.4	- Union Européenne
- Eastern Europe	340.4	460.9	343.7	410.3	495.7	- Europe de l'Est
- Rest of Europe	422.2	588.2	416.0	408.0	465.0	- Autre de l'Europe
Europe former USSR	111.2	123.2	103.4	101.2	123.5	Europe ancienne URSS
Oceania	138.9	216.3	136.5	140.3	154.8	Océanie
United States	2732.2	3513.6	2749.6	2481.8	2708.8	Etats-Unis d'Amérique
China	1659.7	2677.9	2734.5	2899.9	3891.9	Chine
Germany	2007.1	2717.7	2415.2	2276.9	2617.0	Allemagne
Italy-San Marino-Holy See	1574.0	2072.7	1609.0	1563.3	1795.6	Italie-Saint-Marin-Saint-Siège
Japan	1526.6	1985.4	1359.6	1140.1	1249.4	Japon
Korea, Republic of	1228.9	1686.3	1195.0	1219.0	1311.0	République de Corée
France-Monaco	1138.2	1725.9	1162.4	1115.8	1198.8	France-Monaco
United Kingdom	912.8	1249.8	963.2	822.4	896.8	Royaume-Uni
Indonesia	647.4	1064.8	713.7	629.3	636.4	Indonésie
Netherlands	682.7	771.8	601.0	642.6	822.7	Pays-Bas
Belgium	391.9	752.0	620.1	559.8	566.5	Belgique
Mexico	469.1	576.8	505.1	557.7	591.9	Mexique
Spain	339.5	492.5	422.3	441.8	490.6	Espagne
Austria	341.8	480.1	354.3	408.6	444.3	Autriche
Canada	364.7	488.0	350.2	380.4	389.6	Canada
Thailand	307.1	425.7	300.2	e324.1	380.0	Thaïlande
India	255.0	287.0	297.8	341.8	404.2	Inde
Switzerland-Liechtenstein	242.9	326.9	241.4	228.3	254.4	Suisse-Liechtenstein
Brazil	203.1	249.8	196.7	185.1	169.7	Brésil
Turkey	164.2	236.6	149.0	191.1	187.3	Turquie
Sweden	80.3	96.6	200.2	238.1	276.0	Suède
Poland	121.6	175.8	142.5	170.4	199.5	Pologne
Australia	130.8	213.4	127.8	136.8	151.0	Australie
Slovenia	85.8	130.3	95.7	102.2	124.6	Slovénie
Finland	75.6	95.2	111.9	81.3	105.9	Finlande
Philippines	106.3	128.4	80.9	61.9	74.5	Philippines
Venezuela	99.0	121.3	81.8	72.1	67.7	Venezuela
Hungary	82.3	111.4	61.5	80.1	105.7	Hongrie
Czech Republic	81.1	89.4	76.2	87.0	96.1	République tchèque
Colombia	58.1	89.1	75.0	73.3	78.8	Colombie

(Value as percentages of World total)   **(Valeur en pourcentage du total mondial)**

Regions of the world	1994	1995	1996	1997	1998	1999	2000	2001	2002	2003	Régions du monde
World	100.0	100.0	100.0	100.0	100.0	100.0	100.0	100.0	100.0	100.0	Monde
Africa	0.9	0.9	1.0	0.7	0.8	0.7	0.6	0.6	0.7	0.6	Afrique
Americas	20.0	20.1	18.8	20.5	20.5	20.6	19.3	19.0	18.5	17.4	Amériques
- Northern America	15.3	15.5	15.0	15.9	15.7	15.7	14.8	14.3	13.5	12.9	- Amérique du Nord
- LAIA	4.6	4.6	3.6	4.4	4.7	4.8	4.3	4.6	4.7	4.3	- ALAI
- CACM	0.1	0.1	0.1	0.1	0.1	0.1	0.1	0.2	0.2	0.2	- MCC
- Caribbean	0.0	0.0	0.0	0.0	0.0	0.0	0.0	0.0	0.0	0.0	- Caraïbes
- Rest of America	0.0	0.0	0.0	0.0	0.0	0.0	0.0	0.0	0.0	0.0	- Autre d'Amérique
Asia excluding former USSR	31.5	31.2	34.3	32.4	31.4	34.5	35.7	35.9	36.4	37.8	Asie ancienne URSS exclus
- Middle East	0.9	1.1	1.0	1.2	1.3	1.3	1.4	1.3	1.4	1.3	- Moyen-Orient
Asia former USSR	0.0	0.0	0.0	0.0	0.0	0.0	0.0	0.0	0.0	0.0	Asie ancienne URSS
Europe excluding former USSR	46.7	47.0	44.8	45.3	46.1	42.9	43.3	43.4	43.3	43.1	Europe ancienne URSS exclus
- European Union	43.1	43.3	41.1	41.6	42.3	39.1	39.4	39.9	39.4	39.1	- Union Européenne
- Eastern Europe	1.2	1.4	1.7	1.7	1.7	1.7	1.7	1.6	1.9	2.1	- Europe de l'Est
- Rest of Europe	2.3	2.3	2.0	2.1	2.1	2.1	2.2	1.9	1.9	1.9	- Autre de l'Europe
Europe former USSR	0.2	0.2	0.5	0.6	0.5	0.6	0.5	0.5	0.5	0.5	Europe ancienne URSS
Oceania	0.6	0.6	0.6	0.5	0.6	0.7	0.8	0.6	0.7	0.6	Océanie

TRADE BY COMMODITY (Value in million US dollars)
Exports by principal countries or areas

COMMERCE PAR PRODUIT (Valeur en millions de dollars EU)
Exportations selon les principaux pays ou zones

Country or area	1999	2000	2001	2002	2003	Pays ou zone
World	16828.8	22607.5	18860.3	18810.1	21765.8	Monde
Africa	417.9	624.1	410.4	433.1	529.6	Afrique
Americas	10873.3	14404.6	10951.5	10575.6	11940.5	Amériques
- Northern America	8719.0	11470.8	8481.3	8436.9	9160.9	- Amérique du Nord
- LAIA	2148.3	2921.5	2452.8	2117.5	2753.4	- ALAI
- CACM	4.1	10.2	15.1	19.1	22.6	- MCC
- Caribbean	1.9	1.6	1.7	1.2	3.2	- Caraïbes
- Rest of America	0.0	0.4	0.6	0.9	0.4	- Autre d'Amérique
Asia excluding former USSR	858.4	1273.2	1062.2	1207.7	1459.4	Asie ancienne URSS exclus
- Middle East	20.2	24.8	27.9	33.7	40.8	- Moyen-Orient
Asia former USSR	0.7	0.6	0.6	0.8	1.3	Asie ancienne URSS
Europe excluding former USSR	4070.1	5377.3	5629.6	5764.0	6911.6	Europe ancienne URSS exclus
- European Union	3589.7	4754.5	5115.5	5231.5	6281.9	- Union Européenne
- Eastern Europe	191.5	279.9	208.9	227.8	283.8	- Europe de l'Est
- Rest of Europe	288.9	342.8	305.2	304.7	345.8	- Autre de l'Europe
Europe former USSR	379.7	599.1	531.3	563.5	630.8	Europe ancienne URSS
Oceania	228.7	328.7	274.7	265.4	292.6	Océanie
Canada	5102.8	6756.8	4712.1	4496.8	4944.5	Canada
United States	3616.2	4714.0	3769.0	3939.8	4216.3	Etats-Unis d'Amérique
Brazil	1243.6	1602.4	1247.6	1161.2	1744.5	Brésil
Sweden	179.2	196.0	1527.9	1485.1	1694.3	Suède
Chile	768.3	1113.8	1068.2	822.9	863.7	Chili
Finland	819.9	983.6	810.3	874.2	1096.4	Finlande
Indonesia	476.1	714.0	566.7	709.3	793.6	Indonésie
Germany	443.1	668.7	522.9	590.0	575.9	Allemagne
Russian Federation	372.0	587.1	519.9	556.8	623.7	Fédération de Russie
Portugal	503.8	555.9	424.6	403.5	e467.9	Portugal
Belgium	314.8	585.3	468.3	450.3	478.0	Belgique
Spain	372.0	510.1	375.4	348.5	450.0	Espagne
Netherlands	321.1	423.3	297.7	290.9	487.9	Pays-Bas
France-Monaco	305.1	389.0	303.7	337.2	387.9	France-Monaco
South Africa	–	493.2	307.1	276.1	376.5	Afrique du Sud
New Zealand	208.6	297.6	247.1	237.5	253.7	Nouvelle-Zélande
Austria	184.6	215.2	189.4	171.3	183.1	Autriche
Norway	175.5	174.8	179.9	176.2	201.1	Norvège
Japan	60.4	127.7	139.5	206.5	298.5	Japon
United Kingdom	86.1	114.7	114.7	156.7	291.7	Royaume-Uni
Czech Republic	109.8	172.6	129.1	138.1	158.8	République tchèque
Thailand	109.9	170.3	128.3	e93.3	109.0	Thaïlande
Argentina	95.6	155.5	103.2	102.6	115.1	Argentine
Switzerland-Liechtenstein	80.1	114.1	84.2	88.6	93.7	Suisse-Liechtenstein
Southern African Customs Union	358.3	–	–	–	–	Union douanière d'Afrique australe
China, Hong Kong SAR	47.6	84.9	66.8	57.0	73.0	Chine - RAS de Hong-Kong
Singapore	80.8	66.1	64.6	27.5	33.3	Singapour
Swaziland	–	60.5	60.7	56.3	e77.4	Swaziland
Italy-San Marino-Holy See	21.6	42.5	36.2	53.7	78.1	Italie-Saint-Marin-Saint-Siège
Morocco	49.8	58.9	21.0	43.6	43.5	Maroc

(Value as percentages of World total)

(Valeur en pourcentage du total mondial)

Regions of the world	1994	1995	1996	1997	1998	1999	2000	2001	2002	2003	Régions du monde
World	100.0	100.0	100.0	100.0	100.0	100.0	100.0	100.0	100.0	100.0	Monde
Africa	2.7	2.5	2.2	2.5	2.3	2.5	2.8	2.2	2.3	2.4	Afrique
Americas	63.2	62.8	62.0	61.1	59.4	64.6	63.7	58.1	56.2	54.9	Amériques
- Northern America	53.1	52.2	51.4	50.6	48.1	51.8	50.7	45.0	44.9	42.1	- Amérique du Nord
- LAIA	10.0	10.6	10.5	10.4	11.2	12.8	12.9	13.0	11.3	12.6	- ALAI
- CACM	0.0	0.0	0.0	0.0	0.0	0.0	0.0	0.1	0.1	0.1	- MCC
- Caribbean	0.0	0.0	0.0	0.0	0.1	0.0	0.0	0.0	0.0	0.0	- Caraïbes
- Rest of America	0.0	0.0	0.0	0.0	0.0	0.0	0.0	0.0	0.0	0.0	- Autre d'Amérique
Asia excluding former USSR	2.3	3.5	3.9	4.3	6.5	5.1	5.6	5.6	6.4	6.7	Asie ancienne URSS exclus
- Middle East	0.2	0.1	0.1	0.1	0.1	0.1	0.1	0.1	0.2	0.2	- Moyen-Orient
Asia former USSR	0.0	0.0	0.0	0.0	0.0	0.0	0.0	0.0	0.0	0.0	Asie ancienne URSS
Europe excluding former USSR	28.2	28.2	27.7	28.7	28.3	24.2	23.8	29.8	30.6	31.8	Europe ancienne URSS exclus
- European Union	25.4	25.4	24.9	26.1	25.5	21.3	21.0	27.1	27.8	28.9	- Union Européenne
- Eastern Europe	1.1	1.1	1.1	1.0	1.2	1.1	1.2	1.1	1.2	1.3	- Europe de l'Est
- Rest of Europe	1.6	1.7	1.7	1.5	1.6	1.7	1.5	1.6	1.6	1.6	- Autre de l'Europe
Europe former USSR	2.1	1.6	2.6	2.2	2.2	2.3	2.7	2.8	3.0	2.9	Europe ancienne URSS
Oceania	1.6	1.4	1.6	1.3	1.4	1.4	1.5	1.5	1.4	1.3	Océanie

261 Silk

Country or area	1999	2000	2001	2002	2003	Pays ou zone
World	465.5	502.1	456.3	390.4	355.0	Monde
Africa	2.4	1.8	1.9	2.3	1.9	Afrique
Americas	2.8	2.7	3.1	3.7	3.3	Amériques
- Northern America	1.0	0.9	0.9	0.8	0.9	- Amérique du Nord
- LAIA	1.7	1.7	2.1	2.9	2.4	- ALAI
- CACM	0.0	0.0	0.0	0.0	0.0	- MCC
- Caribbean	0.0	0.0	0.0	0.0	0.0	- Caraïbes
- Rest of America	0.0	0.0	0.0	0.0	0.0	- Autre d'Amérique
Asia excluding former USSR	318.2	333.2	313.4	281.5	253.3	Asie ancienne URSS exclus
- Middle East	3.2	6.2	6.2	5.5	6.1	- Moyen-Orient
Asia former USSR	0.2	0.1	0.1	0.1	1.2	Asie ancienne URSS
Europe excluding former USSR	141.8	164.1	137.6	102.7	95.1	Europe ancienne URSS exclus
- European Union	137.5	157.5	131.5	90.7	83.6	- Union Européenne
- Eastern Europe	0.1	1.1	2.6	9.2	9.2	- Europe de l'Est
- Rest of Europe	4.2	5.5	3.5	2.7	2.2	- Autre de l'Europe
Europe former USSR	0.1	0.1	0.1	0.0	0.0	Europe ancienne URSS
Oceania	0.0	0.1	0.2	0.1	0.2	Océanie
India	96.4	106.0	134.2	135.2	138.4	Inde
Italy-San Marino-Holy See	94.7	108.5	92.9	63.1	59.2	Italie-Saint-Marin-Saint-Siège
Japan	77.3	87.1	60.6	48.9	43.4	Japon
Korea, Republic of	47.4	43.7	35.8	35.0	27.0	République de Corée
Germany	29.5	33.8	21.8	14.2	15.8	Allemagne
Viet Nam	14.3	15.4	16.9	15.5	e12.8	Viet Nam
Bangladesh	e13.6	e14.8	14.4	e14.0	4.9	Bangladesh
China	12.3	14.3	10.2	7.1	9.7	Chine
Nepal	13.1	10.2	e9.7	e9.3	e1.8	Népal
China, Hong Kong SAR	21.3	14.6	4.2	1.0	1.8	Chine - RAS de Hong-Kong
France-Monaco	8.0	9.4	11.3	8.3	5.3	France-Monaco
Thailand	11.0	9.0	11.1	e2.2	2.6	Thaïlande
Romania	0.0	1.1	2.5	8.9	7.7	Roumanie
Switzerland-Liechtenstein	4.2	5.4	3.5	2.7	2.2	Suisse-Liechtenstein
Turkey	2.2	2.8	3.8	2.9	3.0	Turquie
United Kingdom	2.4	3.8	3.4	2.9	1.5	Royaume-Uni
Afghanistan	e0.4	e3.8	e4.9	e4.0	e0.4	Afghanistan
United Arab Emirates	0.9	3.3	2.4	e2.5	e2.9	Emirates arabes unis
Singapore	2.8	1.9	2.5	0.8	1.1	Singapour
Tunisia	1.0	1.6	1.5	1.0	1.3	Tunisie
Spain	1.4	1.1	1.2	0.8	0.9	Espagne
Lao People's Democratic Republic	e1.3	e1.7		e0.7	e1.2	République populaire démocratique lao
Myanmar	e0.8	e1.0	e1.1	e0.9	e0.8	Myanmar
Uruguay	0.0	0.1	0.4	1.5	2.0	Uruguay
United States	0.9	0.6	0.8	0.7	0.7	Etats-Unis d'Amérique
Egypt	1.2	0.2	0.3	1.1	0.5	Egypte
Brazil	1.1	1.1	0.3	0.4	0.0	Brésil
Indonesia	0.8	1.0	0.4	0.4	0.2	Indonésie
Pakistan	0.4	0.5	0.3	0.4	0.7	Pakistan
Ireland	0.4	0.2	0.2	0.8	0.4	Irlande

(Value as percentages of World total) — **(Valeur en pourcentage du total mondial)**

Regions of the world	1994	1995	1996	1997	1998	1999	2000	2001	2002	2003	Régions du monde
World	100.0	100.0	100.0	100.0	100.0	100.0	100.0	100.0	100.0	100.0	Monde
Africa	0.2	0.5	0.7	0.3	0.3	0.5	0.4	0.4	0.6	0.5	Afrique
Americas	1.0	0.9	1.0	0.6	0.4	0.6	0.5	0.7	1.0	0.9	Amériques
- Northern America	0.9	0.7	0.9	0.5	0.2	0.2	0.2	0.2	0.2	0.2	- Amérique du Nord
- LAIA	0.1	0.1	0.0	0.2	0.1	0.4	0.3	0.5	0.7	0.7	- ALAI
- CACM	0.0	0.0	0.0	0.0	0.0	0.0	0.0	0.0	0.0	0.0	- MCC
- Caribbean	0.0	0.0	0.0	0.0	0.0	0.0	0.0	0.0	0.0	0.0	- Caraïbes
- Rest of America	0.0	0.0	0.0	0.0	0.0	0.0	0.0	0.0	0.0	0.0	- Autre d'Amérique
Asia excluding former USSR	67.8	68.1	70.7	68.1	67.0	68.3	66.4	68.7	72.1	71.4	Asie ancienne URSS exclus
- Middle East	0.4	0.5	0.8	1.0	0.7	0.7	1.2	1.4	1.4	1.7	- Moyen-Orient
Asia former USSR	0.1	0.4	0.4	0.3	0.3	0.0	0.0	0.0	0.0	0.3	Asie ancienne URSS
Europe excluding former USSR	30.8	30.0	27.3	30.7	32.1	30.5	32.7	30.2	26.3	26.8	Europe ancienne URSS exclus
- European Union	30.0	29.3	26.9	30.1	31.0	29.5	31.4	28.8	23.2	23.6	- Union Européenne
- Eastern Europe	0.0	0.0	0.0	0.0	0.0	0.0	0.2	0.6	2.4	2.6	- Europe de l'Est
- Rest of Europe	0.8	0.6	0.4	0.6	1.0	0.9	1.1	0.8	0.7	0.6	- Autre de l'Europe
Europe former USSR	0.0	0.1	0.1	0.0	0.0	0.0	0.0	0.0	0.0	0.0	Europe ancienne URSS
Oceania	0.0	0.0	0.0	0.0	0.0	0.0	0.0	0.0	0.0	0.0	Océanie

TRADE BY COMMODITY (Value in million US dollars)
Exports by principal countries or areas

COMMERCE PAR PRODUIT (Valeur en millions de dollars EU)
Exportations selon les principaux pays ou zones

Country or area	1999	2000	2001	2002	2003	Pays ou zone
World	384.9	436.9	360.9	329.7	309.0	Monde
Africa	0.0	0.0	0.0	0.0	0.0	Afrique
Americas	3.7	4.3	4.6	5.0	5.1	Amériques
- Northern America	1.4	2.2	2.4	2.3	2.7	- Amérique du Nord
- LAIA	2.3	2.0	2.2	2.6	2.4	- ALAI
- CACM	0.0	0.1	0.1	0.0	0.0	- MCC
- Caribbean	0.0	0.0	0.0	0.0	0.0	- Caraïbes
Asia excluding former USSR	330.3	379.1	309.7	284.4	257.4	Asie ancienne URSS exclus
- Middle East	3.6	4.0	2.1	1.8	2.9	- Moyen-Orient
Asia former USSR	16.9	16.0	17.0	14.4	17.0	Asie ancienne URSS
Europe excluding former USSR	30.2	33.9	29.1	24.8	28.6	Europe ancienne URSS exclus
- European Union	29.0	31.5	27.4	23.8	24.2	- Union Européenne
- Eastern Europe	0.0	0.0	0.1	0.2	3.6	- Europe de l'Est
- Rest of Europe	1.1	2.4	1.6	0.9	0.8	- Autre de l'Europe
Europe former USSR	0.0	0.0	0.0	0.0	0.0	Europe ancienne URSS
Oceania	3.8	3.5	0.5	1.1	0.8	Océanie
China	281.6	331.0	281.2	267.6	238.5	Chine
Germany	25.0	25.2	21.7	12.1	13.6	Allemagne
Uzbekistan	e13.2	e12.0	e13.9	e11.4	e13.3	Ouzbékistan
China, Hong Kong SAR	21.3	17.2	4.7	2.0	0.9	Chine - RAS de Hong-Kong
India	8.6	11.3	11.3	4.1	2.9	Inde
Italy-San Marino-Holy See	1.3	3.2	3.8	9.3	8.9	Italie-Saint-Marin-Saint-Siège
Viet Nam	2.8	3.7	1.3	4.3	e4.1	Viet Nam
Thailand	4.6	4.2	3.3	e0.4	0.4	Thaïlande
Turkmenistan	3.1	3.5	e2.6	e2.5	e0.3	Turkménistan
United Arab Emirates	3.3	3.4	1.4	e1.5	e1.8	Emirates arabes unis
United States	1.4	2.2	2.4	2.3	2.7	Etats-Unis d'Amérique
Brazil	2.1	1.3	2.1	2.5	2.3	Brésil
Australia	3.8	3.5	0.5	1.1	0.8	Australie
Japan	1.5	2.2	1.1	0.6	3.2	Japon
Singapore	3.5	1.7	2.0	0.6	0.8	Singapour
Korea, Democratic People's Republic of	e1.8	e1.5	e1.2	e1.2	e2.3	République démocratique populaire de Corée
United Kingdom	1.0	2.3	1.5	1.4	1.3	Royaume-Uni
Switzerland-Liechtenstein	1.1	2.4	1.6	0.8	0.8	Suisse-Liechtenstein
Romania			0.0	0.2	3.6	Roumanie
Tajikistan	e0.0	0.0	e0.0	e0.0	e3.2	Tadjikistan
Iran (Islamic Republic of)	0.1	0.2	0.7	0.2	0.7	Iran (République islamique d')
Kyrgyzstan	0.5	e0.4	e0.4	0.3	0.2	Kirghizistan
Spain	1.2	0.4	0.1	0.0	0.0	Espagne
Malaysia	0.2	0.9	0.3	0.0	0.0	Malaisie
Paraguay	0.1	0.6	0.1	0.1	0.2	Paraguay
Netherlands	0.2	0.1		0.5	0.3	Pays-Bas
Pakistan	0.2	0.4	0.1	0.1		Pakistan
Indonesia	0.2	0.1	0.1	0.2	0.3	Indonésie
Turkey	0.1	0.3	0.0	0.0	0.3	Turquie
Korea, Republic of	0.3	0.3	0.1	0.0	0.0	République de Corée

(Value as percentages of World total) **(Valeur en pourcentage du total mondial)**

Regions of the world	1994	1995	1996	1997	1998	1999	2000	2001	2002	2003	Régions du monde
World	100.0	100.0	100.0	100.0	100.0	100.0	100.0	100.0	100.0	100.0	Monde
Africa	0.0	0.1	0.0	0.0	0.0	0.0	0.0	0.0	0.0	0.0	Afrique
Americas	2.0	1.5	1.4	2.5	2.3	1.0	1.0	1.3	1.5	1.7	Amériques
- Northern America	0.3	0.1	0.1	0.1	0.3	0.4	0.5	0.7	0.7	0.9	- Amérique du Nord
- LAIA	1.8	1.4	1.2	1.4	2.0	0.6	0.5	0.6	0.8	0.8	- ALAI
- CACM	0.0	0.0	0.0	0.9	0.0	0.0	0.0	0.0	0.0	0.0	- MCC
- Caribbean	0.0	0.0	0.0	0.0	0.0	0.0	0.0	0.0	0.0	0.0	- Caraïbes
Asia excluding former USSR	89.5	88.2	86.4	86.9	84.1	85.8	86.8	85.8	86.2	83.3	Asie ancienne URSS exclus
- Middle East	0.2	0.2	0.4	0.6	0.8	0.9	0.9	0.6	0.6	0.9	- Moyen-Orient
Asia former USSR	1.9	2.2	2.6	1.9	2.9	4.4	3.7	4.7	4.4	5.5	Asie ancienne URSS
Europe excluding former USSR	6.3	7.5	9.2	8.7	10.5	7.8	7.8	8.1	7.5	9.2	Europe ancienne URSS exclus
- European Union	6.1	7.3	9.0	8.5	10.1	7.5	7.2	7.6	7.2	7.8	- Union Européenne
- Eastern Europe	0.0	0.0	0.0	0.0	0.0	0.0	0.0	0.0	0.1	1.2	- Europe de l'Est
- Rest of Europe	0.2	0.2	0.2	0.2	0.3	0.3	0.5	0.4	0.3	0.3	- Autre de l'Europe
Europe former USSR	0.3	0.5	0.3	0.1	0.1	0.0	0.0	0.0	0.0	0.0	Europe ancienne URSS
Oceania	0.0	0.0	0.0	0.0	0.0	1.0	0.8	0.1	0.3	0.3	Océanie
Oceania	0.0	0.0	0.0	0.0	0.0	1.0	0.8				Océanie

263 Cotton

TRADE BY COMMODITY (Value in million US dollars)
Imports by principal countries or areas

COMMERCE PAR PRODUIT (Valeur en millions de dollars EU)
Importations selon les principaux pays ou zones

Country or area	1999	2000	2001	2002	2003	Pays ou zone
World	7881.8	8140.6	8116.9	6879.2	8774.7	Monde
Africa	162.3	213.0	234.5	210.7	221.6	Afrique
Americas	1276.4	1340.6	1035.5	876.3	1135.1	Amériques
- Northern America	261.1	154.8	142.8	118.1	149.6	- Amérique du Nord
- LAIA	962.9	1117.9	832.9	704.3	926.3	- ALAI
- CACM	48.0	61.5	48.8	48.8	51.1	- MCC
- Caribbean	3.1	5.4	10.2	4.1	7.3	- Caraïbes
- Rest of America	1.2	1.1	0.8	0.9	0.8	- Autre d'Amérique
Asia excluding former USSR	4284.4	4347.9	4750.1	4089.1	5715.6	Asie ancienne URSS exclus
- Middle East	378.5	703.5	530.6	526.1	717.3	- Moyen-Orient
Asia former USSR	2.1	1.3	0.6	0.8	2.3	Asie ancienne URSS
Europe excluding former USSR	1742.7	1730.1	1656.2	1384.2	1377.2	Europe ancienne URSS exclus
- European Union	1411.1	1386.3	1299.9	1090.3	1067.4	- Union Européenne
- Eastern Europe	247.1	254.8	262.8	223.8	238.5	- Europe de l'Est
- Rest of Europe	84.4	89.1	93.5	70.1	71.3	- Autre de l'Europe
Europe former USSR	411.8	506.0	439.2	317.5	321.3	Europe ancienne URSS
Oceania	2.1	1.6	1.0	0.7	1.7	Océanie
Indonesia	672.6	729.9	1066.3	707.6	649.4	Indonésie
Turkey	354.2	681.1	500.5	496.5	675.5	Turquie
Mexico	392.2	552.6	523.2	450.9	543.6	Mexique
Thailand	396.7	472.6	492.8	e455.9	534.5	Thaïlande
Italy-San Marino-Holy See	476.9	494.7	474.3	404.9	386.3	Italie-Saint-Marin-Saint-Siège
Korea, Republic of	487.4	408.3	451.5	375.8	400.3	République de Corée
Bangladesh	e377.5	e410.5	397.7	e388.7	391.2	Bangladesh
China	104.8	137.2	116.6	199.5	1218.2	Chine
Japan	426.1	373.8	343.3	266.0	278.8	Japon
India	289.4	263.7	435.1	254.6	337.5	Inde
Russian Federation	315.9	384.7	339.9	236.4	231.4	Fédération de Russie
Pakistan	322.7	81.6	166.9	225.6	527.9	Pakistan
Brazil	379.1	348.9	102.8	69.0	141.5	Brésil
Germany	211.5	230.7	238.7	175.3	177.3	Allemagne
Portugal	209.3	194.9	169.2	146.2	e149.4	Portugal
France-Monaco	164.5	152.7	126.4	110.1	110.3	France-Monaco
China, Hong Kong SAR	140.3	129.1	126.4	88.1	116.6	Chine - RAS de Hong-Kong
Canada	92.2	115.4	108.2	84.7	113.2	Canada
Viet Nam	83.3	90.4	115.5	111.6	e92.5	Viet Nam
Malaysia	116.2	110.6	89.4	55.4	57.3	Malaisie
Czech Republic	76.3	82.8	93.6	82.1	73.6	République tchèque
Belgium	76.6	85.9	78.4	66.8	59.9	Belgique
Spain	97.9	80.9	68.2	61.0	57.8	Espagne
Poland	79.6	78.5	67.7	59.5	71.9	Pologne
Colombia	48.4	76.1	66.3	63.2	83.9	Colombie
United States	168.9	39.4	34.5	33.4	36.3	Etats-Unis d'Amérique
Peru	67.9	41.0	52.0	50.4	58.4	Pérou
United Kingdom	63.3	48.2	55.1	47.5	52.8	Royaume-Uni
Philippines	72.8	56.6	58.0	41.9	36.6	Philippines
Switzerland-Liechtenstein	48.8	55.0	51.7	41.5	39.4	Suisse-Liechtenstein

(Value as percentages of World total)

(Valeur en pourcentage du total mondial)

Regions of the world	1994	1995	1996	1997	1998	1999	2000	2001	2002	2003	Régions du monde
World	100.0	100.0	100.0	100.0	100.0	100.0	100.0	100.0	100.0	100.0	Monde
Africa	2.8	3.2	3.4	2.9	2.8	2.1	2.6	2.9	3.1	2.5	Afrique
Americas	12.2	10.7	16.1	15.5	17.6	16.2	16.5	12.8	12.7	12.9	Amériques
- Northern America	1.1	1.2	3.7	1.2	1.9	3.3	1.9	1.8	1.7	1.7	- Amérique du Nord
- LAIA	10.7	9.2	11.9	13.5	14.8	12.2	13.7	10.3	10.2	10.6	- ALAI
- CACM	0.4	0.3	0.5	0.7	0.9	0.6	0.8	0.6	0.7	0.6	- MCC
- Caribbean	0.0	0.0	0.0	0.0	0.0	0.0	0.1	0.1	0.1	0.1	- Caraïbes
- Rest of America	0.0	0.0	0.0	0.0	0.0	0.0	0.0	0.0	0.0	0.0	- Autre d'Amérique
Asia excluding former USSR	54.8	56.6	52.5	52.9	50.5	54.4	53.4	58.5	59.4	65.1	Asie ancienne URSS exclus
- Middle East	2.7	3.3	3.5	6.8	6.6	4.8	8.6	6.5	7.6	8.2	- Moyen-Orient
Asia former USSR	0.0	0.1	0.0	0.0	0.0	0.0	0.0	0.0	0.0	0.0	Asie ancienne URSS
Europe excluding former USSR	27.5	26.6	24.3	24.0	25.7	22.1	21.3	20.4	20.1	15.7	Europe ancienne URSS exclus
- European Union	21.7	20.7	19.7	19.3	20.3	17.9	17.0	16.0	15.8	12.2	- Union Européenne
- Eastern Europe	4.1	4.7	3.6	3.7	4.1	3.1	3.1	3.2	3.3	2.7	- Europe de l'Est
- Rest of Europe	1.7	1.2	1.0	1.0	1.3	1.1	1.1	1.2	1.0	0.8	- Autre de l'Europe
Europe former USSR	2.7	2.7	3.7	4.7	3.4	5.2	6.2	5.4	4.6	3.7	Europe ancienne URSS
Oceania	0.0	0.0	0.0	0.0	0.0	0.0	0.0	0.0	0.0	0.0	Océanie

TRADE BY COMMODITY (Value in million US dollars)
Exports by principal countries or areas

COMMERCE PAR PRODUIT (Valeur en millions de dollars EU)
Exportations selon les principaux pays ou zones

Country or area	1999	2000	2001	2002	2003	Pays ou zone
World	7191.2	7722.4	7258.1	6612.6	8978.1	Monde
Africa	1564.3	1352.6	1081.6	1271.6	1577.1	Afrique
Americas	1402.0	2220.7	2595.5	2289.4	3752.3	Amériques
- Northern America	1047.3	1982.4	2221.2	2108.4	3454.1	- Amérique du Nord
- LAIA	352.0	236.4	371.7	178.5	294.4	- ALAI
- CACM	2.2	1.5	1.9	1.3	2.1	- MCC
- Caribbean	0.4	0.3	0.6	1.1	1.1	- Caraïbes
- Rest of America	0.1	0.2	0.1	0.1	0.7	- Autre d'Amérique
Asia excluding former USSR	787.3	1002.0	574.5	653.5	922.2	Asie ancienne URSS exclus
- Middle East	276.8	279.7	255.1	281.2	342.4	- Moyen-Orient
Asia former USSR	1881.0	1692.2	1451.5	1273.5	1476.4	Asie ancienne URSS
Europe excluding former USSR	604.9	543.4	505.3	434.4	648.8	Europe ancienne URSS exclus
- European Union	592.2	526.2	493.4	419.0	630.1	- Union Européenne
- Eastern Europe	5.1	10.0	5.9	10.4	11.7	- Europe de l'Est
- Rest of Europe	7.5	7.2	6.0	5.0	7.1	- Autre de l'Europe
Europe former USSR	10.3	23.9	18.6	6.3	5.9	Europe ancienne URSS
Oceania	941.5	887.6	1031.1	683.9	595.4	Océanie
United States	1042.5	1980.5	2220.5	2108.0	3453.7	Etats-Unis d'Amérique
Uzbekistan	e1493.7	e1201.7	e1049.6	e836.5	e1010.4	Ouzbékistan
Australia	941.0	887.5	1031.1	683.9	595.2	Australie
Greece	350.8	305.0	271.0	225.3	392.5	Grèce
Egypt	239.5	194.0	187.2	331.1	365.9	Egypte
China	285.8	307.3	82.0	172.4	134.7	Chine
Syrian Arab Republic	139.4	200.4	e162.8	193.0	152.3	République arabe syrienne
Turkmenistan	215.3	233.4	e172.4	e171.7	e	Turkménistan
Benin	169.4	128.4	118.6	128.4	e228.8	Bénin
Côte d'Ivoire	151.1	148.2	e106.7	134.1	177.9	Côte d'Ivoire
Chad	e155.4	e138.3	e145.8	e140.2	e121.6	Tchad
Zimbabwe	109.7	178.0	113.2	117.1	e101.4	Zimbabwe
Burkina Faso	156.1	106.3	104.3	104.6	e134.8	Burkina Faso
Tajikistan	e82.6	83.1	e80.7	e88.6	e191.5	Tadjikistan
Pakistan	40.5	205.9	102.1	81.9	88.8	Pakistan
Turkey	124.2	71.9	80.4	75.4	157.7	Turquie
Brazil	6.5	36.0	164.2	97.7	194.8	Brésil
Kazakhstan	46.5	86.9	86.5	e108.7	144.7	Kazakhstan
Cameroon	e59.6	68.5	98.1	93.9	108.1	Cameroun
Mali	210.4	162.5	18.6			Mali
Argentina	180.4	55.0	75.5	13.1	4.9	Argentine
Paraguay	62.0	79.4	84.9	36.0	58.7	Paraguay
Germany	61.9	59.8	66.9	56.0	61.4	Allemagne
India	18.3	53.2	10.7	10.7	206.1	Inde
Togo	87.2	42.1	22.3	39.9	69.5	Togo
Sudan	18.9	52.1	41.2	55.2	e60.4	Soudan
Mexico	80.5	50.5	38.6	26.7	27.9	Mexique
Italy-San Marino-Holy See	40.2	37.1	42.2	45.3	51.2	Italie-Saint-Marin-Saint-Siège
Spain	57.7	39.2	44.5	27.8	46.6	Espagne
Kyrgyzstan	21.2	e50.3	e47.3	45.3	43.2	Kirghizistan

(Value as percentages of World total)

(Valeur en pourcentage du total mondial)

Regions of the world	1994	1995	1996	1997	1998	1999	2000	2001	2002	2003	Régions du monde
World	100.0	100.0	100.0	100.0	100.0	100.0	100.0	100.0	100.0	100.0	Monde
Africa	15.3	13.6	13.6	18.3	18.6	21.8	17.5	14.9	19.2	17.6	Afrique
Americas	31.2	42.6	32.2	41.8	33.5	19.5	28.8	35.8	34.6	41.8	Amériques
- Northern America	27.0	33.2	24.0	34.1	28.9	14.6	25.7	30.6	31.9	38.5	- Amérique du Nord
- LAIA	4.1	9.3	8.0	7.6	4.6	4.9	3.1	5.1	2.7	3.3	- ALAI
- CACM	0.1	0.1	0.1	0.1	0.0	0.0	0.0	0.0	0.0	0.0	- MCC
- Caribbean	0.0	0.0	0.0	0.0	0.0	0.0	0.0	0.0	0.0	0.0	- Caraïbes
- Rest of America	0.0	0.0	0.0	0.0	0.0	0.0	0.0	0.0	0.0	0.0	- Autre d'Amérique
Asia excluding former USSR	7.9	7.9	13.2	12.7	8.6	10.9	13.0	7.9	9.9	10.3	Asie ancienne URSS exclus
- Middle East	2.5	2.6	3.4	5.0	4.4	3.8	3.6	3.5	4.3	3.8	- Moyen-Orient
Asia former USSR	34.1	23.7	27.9	7.1	22.0	26.2	21.9	20.0	19.3	16.4	Asie ancienne URSS
Europe excluding former USSR	6.1	6.7	7.0	8.2	6.3	8.4	7.0	7.0	6.6	7.2	Europe ancienne URSS exclus
- European Union	5.0	6.0	6.7	7.9	6.0	8.2	6.8	6.8	6.3	7.0	- Union Européenne
- Eastern Europe	0.9	0.5	0.2	0.2	0.2	0.1	0.1	0.1	0.2	0.1	- Europe de l'Est
- Rest of Europe	0.1	0.1	0.1	0.1	0.1	0.1	0.1	0.1	0.1	0.1	- Autre de l'Europe
Europe former USSR	0.6	0.4	0.2	0.2	0.1	0.1	0.3	0.3	0.1	0.1	Europe ancienne URSS
Oceania	4.9	5.0	5.9	11.8	10.9	13.1	11.5	14.2	10.3	6.6	Océanie

265 Vegetable textile fibres, excluding cotton, jute, and waste

TRADE BY COMMODITY (Value in million US dollars)
Imports by principal countries or areas

COMMERCE PAR PRODUIT (Valeur en millions de dollars EU)
Importations selon les principaux pays ou zones

Country or area	1999	2000	2001	2002	2003	Pays ou zone
World	510.8	618.8	553.5	545.3	729.7	Monde
Africa	12.2	9.8	11.4	11.0	18.2	Afrique
Americas	59.3	50.7	43.9	35.7	38.4	Amériques
- Northern America	40.6	38.2	32.5	23.7	24.1	- Amérique du Nord
- LAIA	17.5	11.8	10.5	11.3	12.9	- ALAI
- CACM	0.1	0.2	0.4	0.2	0.2	- MCC
- Caribbean	0.6	0.3	0.2	0.2	1.1	- Caraïbes
- Rest of America	0.5	0.2	0.3	0.3	0.1	- Autre d'Amérique
Asia excluding former USSR	117.3	170.6	160.8	168.1	251.0	Asie ancienne URSS exclus
- Middle East	5.7	6.7	6.0	7.8	7.5	- Moyen-Orient
Asia former USSR	0.1	0.1	0.1	0.1	0.2	Asie ancienne URSS
Europe excluding former USSR	281.6	337.7	301.2	288.2	356.5	Europe ancienne URSS exclus
- European Union	255.4	301.8	268.4	246.3	310.6	- Union Européenne
- Eastern Europe	23.1	32.4	29.6	38.6	41.8	- Europe de l'Est
- Rest of Europe	3.1	3.5	3.2	3.3	4.1	- Autre de l'Europe
Europe former USSR	38.0	48.0	35.0	40.9	64.3	Europe ancienne URSS
Oceania	2.1	1.9	1.1	1.4	1.0	Océanie
China	65.8	114.9	115.0	120.2	202.9	Chine
Belgium	75.0	97.4	89.6	81.7	120.7	Belgique
Italy-San Marino-Holy See	42.5	52.9	46.6	38.2	50.5	Italie-Saint-Marin-Saint-Siège
United Kingdom	38.1	45.4	29.9	25.7	27.0	Royaume-Uni
United States	38.7	36.7	30.2	21.1	21.6	Etats-Unis d'Amérique
France-Monaco	24.9	34.0	29.8	29.3	30.3	France-Monaco
Japan	26.6	26.1	21.0	22.5	22.2	Japon
Spain	17.5	17.2	20.1	23.6	29.7	Espagne
Germany	16.5	15.4	16.3	17.2	17.0	Allemagne
Lithuania	9.0	11.7	11.1	19.0	23.6	Lituanie
Russian Federation	14.4	19.3	7.0	5.7	20.5	Fédération de Russie
Poland	7.3	11.8	11.9	13.4	16.2	Pologne
Austria	7.5	12.3	11.6	11.0	13.0	Autriche
Netherlands	11.0	10.4	6.9	9.3	12.1	Pays-Bas
Portugal	15.2	8.4	10.3	6.8	e6.9	Portugal
Czech Republic	8.0	9.8	9.6	9.7	10.4	République tchèque
Hungary	5.3	8.0	5.9	12.0	12.0	Hongrie
Estonia	4.2	8.0	10.5	9.1	9.7	Estonie
Belarus	7.5	5.9	5.1	5.6	8.3	Bélarus
India	4.5	6.3	4.7	6.9	7.0	Inde
Tunisia	4.4	3.9	5.7	4.0	6.7	Tunisie
Mexico	3.5	4.1	5.4	4.9	6.2	Mexique
Brazil	10.5	3.5	1.8	2.6	3.4	Brésil
Korea, Republic of	3.6	4.6	4.4	3.4	2.7	République de Corée
Turkey	3.0	3.3	3.1	4.3	3.4	Turquie
Canada	1.9	1.5	2.3	2.6	2.5	Canada
Morocco	1.7	2.4	1.7	1.9	2.4	Maroc
Saudi Arabia	1.9	1.8	1.6	2.0	2.3	Arabie saoudite
Ireland	3.2	3.7	2.0	0.3	0.3	Irlande
Latvia	2.4	2.1	1.1	1.4	2.1	Lettonie

(Value as percentages of World total)

(Valeur en pourcentage du total mondial)

Regions of the world	1994	1995	1996	1997	1998	1999	2000	2001	2002	2003	Régions du monde
World	100.0	100.0	100.0	100.0	100.0	100.0	100.0	100.0	100.0	100.0	Monde
Africa	2.1	1.9	2.7	2.9	2.5	2.4	1.6	2.1	2.0	2.5	Afrique
Americas	13.6	14.3	15.7	14.4	13.0	11.6	8.2	7.9	6.6	5.3	Amériques
- Northern America	7.4	7.3	11.2	9.7	9.3	7.9	6.2	5.9	4.3	3.3	- Amérique du Nord
- LAIA	6.1	6.9	4.3	4.3	3.3	3.4	1.9	1.9	2.1	1.8	- ALAI
- CACM	0.1	0.1	0.0	0.2	0.1	0.0	0.0	0.1	0.0	0.0	- MCC
- Caribbean	0.0	0.0	0.1	0.2	0.2	0.1	0.0	0.0	0.0	0.1	- Caraïbes
- Rest of America	0.0	0.0	0.1	0.1	0.1	0.1	0.0	0.0	0.1	0.0	- Autre d'Amérique
Asia excluding former USSR	22.0	21.3	21.8	21.4	20.9	23.0	27.6	29.0	30.8	34.4	Asie ancienne URSS exclus
- Middle East	1.7	1.5	1.4	1.2	1.2	1.1	1.1	1.1	1.4	1.0	- Moyen-Orient
Asia former USSR	0.0	0.2	0.2	0.2	0.0	0.0	0.0	0.0	0.0	0.0	Asie ancienne URSS
Europe excluding former USSR	60.5	58.5	55.8	57.5	58.5	55.1	54.6	54.4	52.8	48.9	Europe ancienne URSS exclus
- European Union	54.1	53.2	51.2	52.2	53.4	50.0	48.8	48.5	45.2	42.6	- Union Européenne
- Eastern Europe	5.5	4.4	3.7	4.4	4.4	4.5	5.2	5.3	7.1	5.7	- Europe de l'Est
- Rest of Europe	0.9	0.9	1.0	0.8	0.7	0.6	0.6	0.6	0.6	0.6	- Autre de l'Europe
Europe former USSR	1.4	3.4	3.1	3.2	4.7	7.4	7.8	6.3	7.5	8.8	Europe ancienne URSS
Oceania	0.4	0.4	0.7	0.5	0.4	0.4	0.3	0.2	0.2	0.1	Océanie

TRADE BY COMMODITY (Value in million US dollars)
Exports by principal countries or areas

COMMERCE PAR PRODUIT (Valeur en millions de dollars EU)
Exportations selon les principaux pays ou zones

Country or area	1999	2000	2001	2002	2003	Pays ou zone
World	499.1	600.7	508.5	533.1	724.3	Monde
Africa	26.1	25.5	28.9	29.1	44.9	Afrique
Americas	41.8	37.6	37.5	36.7	47.3	Amériques
- Northern America	20.8	19.9	21.0	15.4	15.9	- Amérique du Nord
- LAIA	20.9	17.5	16.3	21.2	31.0	- ALAI
- CACM	0.0	0.1	0.1	0.0	0.0	- MCC
- Caribbean	0.0	0.0	0.1	0.1	0.1	- Caraïbes
- Rest of America	0.0	0.0	0.0	0.0	0.3	- Autre d'Amérique
Asia excluding former USSR	76.1	81.3	59.1	73.6	82.7	Asie ancienne URSS exclus
- Middle East	0.7	0.6	0.5	0.9	1.4	- Moyen-Orient
Asia former USSR	0.3	0.3	0.1	0.1	0.1	Asie ancienne URSS
Europe excluding former USSR	337.2	439.4	364.0	362.2	512.0	Europe ancienne URSS exclus
- European Union	332.8	432.2	358.1	355.1	503.7	- Union Européenne
- Eastern Europe	3.9	6.2	5.3	6.7	7.9	- Europe de l'Est
- Rest of Europe	0.5	0.9	0.5	0.4	0.4	- Autre de l'Europe
Europe former USSR	17.4	16.6	18.8	31.4	37.1	Europe ancienne URSS
Oceania	0.1	0.0	0.3	0.1	0.1	Océanie
France-Monaco	151.3	198.8	171.3	168.3	247.2	France-Monaco
Belgium	144.9	196.3	154.0	148.7	208.0	Belgique
Sri Lanka	33.3	e33.6	28.9	30.4	e33.0	Sri Lanka
Netherlands	12.1	16.7	14.3	19.2	22.3	Pays-Bas
Canada	19.6	17.3	18.3	11.8	12.0	Canada
Philippines	21.0	20.3	10.4	10.7	11.3	Philippines
Brazil	9.7	8.5	8.8	12.9	22.1	Brésil
Lithuania	10.5	10.4	9.6	13.5	17.6	Lituanie
Egypt	5.5	9.2	10.3	14.2	19.1	Egypte
Italy-San Marino-Holy See	7.4	7.7	8.2	9.8	17.6	Italie-Saint-Marin-Saint-Siège
China	10.7	12.2	7.3	9.3	8.5	Chine
Kenya	9.1	7.5	e6.6	4.8	13.6	Kenya
Ecuador	10.4	8.3	6.7	8.0	8.2	Equateur
United Republic of Tanzania	7.1	5.6	6.7	6.7	6.7	République-Unie de Tanzanie
Belarus	2.8	2.7	5.6	7.4	9.4	Bélarus
Viet Nam	0.9	4.2	0.0	10.3	e9.8	Viet Nam
Ukraine	3.4	2.4	2.5	6.6	e8.5	Ukraine
India	2.4	2.9	3.4	4.9	7.2	Inde
Poland	2.1	4.3	3.3	4.4	5.0	Pologne
United Kingdom	5.7	5.0	2.5	1.0	1.7	Royaume-Uni
United States	1.3	2.6	2.7	3.6	3.9	Etats-Unis d'Amérique
Germany	2.0	1.6	2.9	3.8	2.9	Allemagne
Austria	3.5	3.0	2.1	2.4	1.7	Autriche
Thailand	1.1	1.2	1.6	e3.4	3.9	Thaïlande
Madagascar	2.2	1.9	3.2	0.7	1.7	Madagascar
China, Hong Kong SAR	1.1	2.8	4.2	0.5	0.2	Chine - RAS de Hong-Kong
Denmark	2.4	1.5	1.0	0.5	0.5	Danemark
Russian Federation	0.2	0.6	0.6	3.0	1.0	Fédération de Russie
Bangladesh	e0.0	e0.0	0.1	e0.0	5.0	Bangladesh
Czech Republic	0.9	1.1	1.0	0.8	0.7	République tchèque

(Value as percentages of World total)

(Valeur en pourcentage du total mondial)

Regions of the world	1994	1995	1996	1997	1998	1999	2000	2001	2002	2003	Régions du monde
World	100.0	100.0	100.0	100.0	100.0	100.0	100.0	100.0	100.0	100.0	Monde
Africa	4.9	5.7	8.8	6.8	6.0	5.2	4.2	5.7	5.5	6.2	Afrique
Americas	6.9	9.6	14.4	12.7	12.0	8.4	6.3	7.4	6.9	6.5	Amériques
- Northern America	2.2	3.3	5.9	5.0	5.3	4.2	3.3	4.1	2.9	2.2	- Amérique du Nord
- LAIA	4.7	6.3	8.5	7.6	6.7	4.2	2.9	3.2	4.0	4.3	- ALAI
- CACM	0.0	0.0	0.0	0.0	0.0	0.0	0.0	0.0	0.0	0.0	- MCC
- Caribbean	0.0	0.0	0.0	0.0	0.0	0.0	0.0	0.0	0.0	0.0	- Caraïbes
- Rest of America	0.0	0.0	0.0	0.0	0.0	0.0	0.0	0.0	0.0	0.0	- Autre d'Amérique
Asia excluding former USSR	13.6	14.3	19.7	20.9	17.8	15.3	13.5	11.6	13.8	11.4	Asie ancienne URSS exclus
- Middle East	0.1	0.1	0.1	0.1	0.1	0.1	0.1	0.1	0.2	0.2	- Moyen-Orient
Asia former USSR	0.0	0.0	0.0	0.0	0.2	0.1	0.0	0.0	0.0	0.0	Asie ancienne URSS
Europe excluding former USSR	70.1	65.0	53.8	56.3	60.3	67.6	73.1	71.6	67.9	70.7	Europe ancienne URSS exclus
- European Union	67.9	63.2	52.2	54.4	59.0	66.7	72.0	70.4	66.6	69.5	- Union Européenne
- Eastern Europe	1.9	1.6	1.3	1.7	1.1	0.8	1.0	1.0	1.3	1.1	- Europe de l'Est
- Rest of Europe	0.3	0.2	0.3	0.2	0.1	0.1	0.1	0.1	0.1	0.1	- Autre de l'Europe
Europe former USSR	4.5	5.3	3.2	3.2	3.6	3.5	2.8	3.7	5.9	5.1	Europe ancienne URSS
Oceania	0.0	0.0	0.1	0.0	0.0	0.0	0.0	0.1	0.0	0.0	Océanie

266 Synthetic fibres suitable for spinning

Country or area	1999	2000	2001	2002	2003	Pays ou zone
World	5046.8	5808.3	5277.9	5488.7	6185.3	Monde
Africa	211.0	212.2	194.1	217.8	244.8	Afrique
Americas	862.8	1009.7	956.2	973.0	1020.7	Amériques
- Northern America	574.6	623.4	606.7	633.0	658.2	- Amérique du Nord
- LAIA	272.1	364.7	332.3	303.6	327.0	- ALAI
- CACM	15.1	19.1	15.0	18.1	18.1	- MCC
- Caribbean	0.8	2.4	2.1	18.1	17.3	- Caraïbes
- Rest of America	0.2	0.1	0.1	0.1	0.2	- Autre d'Amérique
Asia excluding former USSR	2060.1	2623.9	2307.4	2420.6	2854.7	Asie ancienne URSS exclus
- Middle East	313.6	409.0	361.6	443.8	613.4	- Moyen-Orient
Asia former USSR	1.4	1.9	1.2	1.8	1.8	Asie ancienne URSS
Europe excluding former USSR	1838.1	1869.8	1730.4	1775.4	1929.6	Europe ancienne URSS exclus
- European Union	1698.6	1697.6	1542.2	1581.9	1692.8	- Union Européenne
- Eastern Europe	87.6	118.0	135.3	141.2	178.1	- Europe de l'Est
- Rest of Europe	51.9	54.2	52.9	52.2	58.8	- Autre de l'Europe
Europe former USSR	30.1	44.0	47.6	54.9	80.5	Europe ancienne URSS
Oceania	43.4	46.7	40.9	45.3	53.1	Océanie
China	770.9	1097.3	962.8	1062.9	1240.4	Chine
United States	429.3	448.1	441.3	477.2	483.0	Etats-Unis d'Amérique
Italy-San Marino-Holy See	364.9	398.4	343.1	372.5	429.9	Italie-Saint-Marin-Saint-Siège
Germany	350.0	347.9	362.0	345.5	393.3	Allemagne
United Kingdom	243.8	227.8	219.0	220.6	229.7	Royaume-Uni
China, Hong Kong SAR	252.1	251.5	170.7	161.0	249.5	Chine - RAS de Hong-Kong
Indonesia	136.2	237.6	232.3	169.4	154.7	Indonésie
Turkey	108.2	171.5	135.9	229.7	265.1	Turquie
France-Monaco	189.7	181.0	160.9	159.0	184.8	France-Monaco
Belgium	193.8	183.3	173.9	182.0	108.7	Belgique
Iran (Islamic Republic of)	156.6	154.4	144.8	140.1	229.1	Iran (République islamique d')
Canada	145.3	175.3	165.4	155.8	175.2	Canada
Spain	145.8	158.6	98.4	108.8	128.2	Espagne
Mexico	94.0	125.3	121.2	132.6	132.4	Mexique
Viet Nam	66.9	71.8	87.4	110.4	e91.5	Viet Nam
Thailand	63.0	68.9	61.3	e58.7	68.8	Thaïlande
Brazil	51.7	72.2	69.3	50.9	60.1	Brésil
Netherlands	65.4	55.0	54.2	47.9	62.8	Pays-Bas
Korea, Republic of	56.6	55.5	67.2	52.2	49.5	République de Corée
Morocco	48.0	48.2	52.2	60.5	69.2	Maroc
Egypt	71.7	54.7	40.1	43.2	46.3	Egypte
Philippines	47.4	58.0	52.0	45.1	51.3	Philippines
Malaysia	57.6	60.5	53.3	42.1	39.9	Malaisie
Japan	54.5	50.6	47.4	44.0	54.6	Japon
India	33.2	47.7	43.8	60.0	41.1	Inde
Austria	43.9	43.5	39.2	42.4	54.7	Autriche
Poland	32.5	39.5	42.5	41.4	50.2	Pologne
Romania	18.4	29.8	41.9	47.8	53.6	Roumanie
Australia	33.7	37.9	31.5	35.0	41.8	Australie
Pakistan	43.3	35.4	25.7	31.8	37.1	Pakistan

(Value as percentages of World total) — (Valeur en pourcentage du total mondial)

Regions of the world	1994	1995	1996	1997	1998	1999	2000	2001	2002	2003	Régions du monde
World	100.0	100.0	100.0	100.0	100.0	100.0	100.0	100.0	100.0	100.0	Monde
Africa	4.8	4.4	3.8	4.4	4.3	4.2	3.7	3.7	4.0	4.0	Afrique
Americas	15.6	14.8	14.3	15.0	16.8	17.1	17.4	18.1	17.7	16.5	Amériques
- Northern America	10.5	9.6	9.1	9.5	11.1	11.4	10.7	11.5	11.5	10.6	- Amérique du Nord
- LAIA	4.8	4.9	4.9	5.1	5.4	5.4	6.3	6.3	5.5	5.3	- ALAI
- CACM	0.3	0.3	0.3	0.3	0.4	0.3	0.3	0.3	0.3	0.3	- MCC
- Caribbean	0.0	0.0	0.0	0.0	0.0	0.0	0.0	0.0	0.3	0.3	- Caraïbes
- Rest of America	0.0	0.0	0.0	0.0	0.0	0.0	0.0	0.0	0.0	0.0	- Autre d'Amérique
Asia excluding former USSR	43.9	46.3	47.9	47.8	43.3	40.8	45.2	43.7	44.1	46.2	Asie ancienne URSS exclus
- Middle East	5.6	5.5	6.1	6.4	6.7	6.2	7.0	6.9	8.1	9.9	- Moyen-Orient
Asia former USSR	0.1	0.1	0.1	0.1	0.0	0.0	0.0	0.0	0.0	0.0	Asie ancienne URSS
Europe excluding former USSR	34.2	33.0	32.0	31.0	34.0	36.4	32.2	32.8	32.3	31.2	Europe ancienne URSS exclus
- European Union	31.3	30.4	29.1	28.2	31.0	33.7	29.2	29.2	28.8	27.4	- Union Européenne
- Eastern Europe	1.7	1.4	2.0	1.9	2.0	1.7	2.0	2.6	2.6	2.9	- Europe de l'Est
- Rest of Europe	1.3	1.2	0.9	0.8	1.0	1.0	0.9	1.0	1.0	1.0	- Autre de l'Europe
Europe former USSR	0.4	0.4	1.0	0.9	0.7	0.6	0.8	0.9	1.0	1.3	Europe ancienne URSS
Oceania	1.1	1.0	0.9	0.8	0.8	0.9	0.8	0.8	0.8	0.9	Océanie

Fibres synthétiques de longueur suffisante pour pouvoir être filées 266

Country or area	1999	2000	2001	2002	2003	Pays ou zone
World	4232.8	4709.3	4140.4	4787.5	4852.9	Monde
Africa	35.2	30.3	31.8	22.8	22.0	Afrique
Americas	606.0	692.4	580.0	675.6	700.4	Amériques
- Northern America	424.6	457.5	373.1	445.8	477.4	- Amérique du Nord
- LAIA	181.1	234.6	206.6	229.7	222.7	- ALAI
- CACM	0.3	0.2	0.2	0.0	0.2	- MCC
- Caribbean	0.0	0.0	0.0	0.0	0.1	- Caraïbes
- Rest of America	0.0	0.0	0.0	0.0	0.0	- Autre d'Amérique
Asia excluding former USSR	2516.5	2880.7	2485.2	2645.4	3084.9	Asie ancienne URSS exclus
- Middle East	99.5	115.6	129.3	42.5	46.3	- Moyen-Orient
Asia former USSR	11.1	12.5	8.5	10.5	7.5	Asie ancienne URSS
Europe excluding former USSR	957.0	940.8	892.7	1303.1	901.5	Europe ancienne URSS exclus
- European Union	865.0	842.4	796.8	1206.0	786.4	- Union Européenne
- Eastern Europe	53.4	69.2	73.7	73.0	86.4	Europe de l'Est
- Rest of Europe	38.6	29.2	22.3	24.1	28.7	- Autre de l'Europe
Europe former USSR	94.2	146.3	141.1	128.7	135.6	Europe ancienne URSS
Oceania	12.9	6.4	1.0	1.3	1.0	Océanie
Korea, Republic of	722.5	840.8	659.8	651.9	756.3	République de Corée
Japan	655.5	724.7	655.2	656.2	661.0	Japon
United States	386.4	445.9	368.9	441.0	472.5	Etats-Unis d'Amérique
Germany	138.6	123.3	110.2	539.3	111.8	Allemagne
Thailand	151.5	187.7	170.2	e199.6	233.2	Thaïlande
Belgium	171.3	178.2	183.2	206.4	140.1	Belgique
Mexico	132.5	169.1	159.8	177.4	153.7	Mexique
China, Hong Kong SAR	175.2	113.1	94.6	134.3	203.3	Chine - RAS de Hong-Kong
Spain	105.2	120.4	121.4	125.6	157.4	Espagne
Belarus	91.9	138.6	135.7	122.2	126.6	Bélarus
France-Monaco	120.3	116.5	106.1	75.1	80.1	France-Monaco
Ireland	111.4	89.1	88.0	94.4	107.7	Irlande
China	37.4	37.8	51.8	99.4	162.8	Chine
United Kingdom	73.8	69.0	77.0	76.5	87.2	Royaume-Uni
Italy-San Marino-Holy See	88.2	85.7	81.6	67.6	58.4	Italie-Saint-Marin-Saint-Siège
Turkey	81.2	92.0	107.8	26.6	25.3	Turquie
Indonesia	29.1	37.2	45.2	74.4	60.5	Indonésie
Malaysia	45.2	49.0	40.1	39.6	49.9	Malaisie
India	41.3	32.9	19.1	35.9	51.1	Inde
Switzerland-Liechtenstein	31.3	23.6	20.7	23.2	27.7	Suisse-Liechtenstein
Peru	18.3	28.0	20.2	24.7	32.0	Pérou
Portugal	44.3	44.5	8.4	7.2	e8.3	Portugal
Czech Republic	12.4	19.1	22.8	26.1	32.1	République tchèque
Poland	14.9	23.9	18.1	20.2	25.4	Pologne
South Africa	–	27.8	29.5	20.4	11.9	Afrique du Sud
Saudi Arabia	17.0	21.8	19.3	12.7	e13.9	Arable saoudite
Netherlands	10.3	8.8	17.6	11.4	32.6	Pays-Bas
Pakistan	2.9	1.5	1.1	10.4	50.2	Pakistan
Canada	38.1	11.6	4.1	4.9	4.8	Canada
Argentina	11.3	15.6	9.5	7.2	9.0	Argentine

(Value as percentages of World total)   **(Valeur en pourcentage du total mondial)**

Regions of the world	1994	1995	1996	1997	1998	1999	2000	2001	2002	2003	Régions du monde
World	100.0	100.0	100.0	100.0	100.0	100.0	100.0	100.0	100.0	100.0	Monde
Africa	0.5	0.6	0.6	0.9	0.7	0.8	0.6	0.8	0.5	0.5	Afrique
Americas	14.4	14.8	14.8	13.8	14.7	14.3	14.7	14.0	14.1	14.4	Amériques
- Northern America	8.8	8.7	9.3	8.4	9.7	10.0	9.7	9.0	9.3	9.8	- Amérique du Nord
- LAIA	5.6	6.1	5.5	5.4	5.0	4.3	5.0	5.0	4.8	4.6	- ALAI
- CACM	0.0	0.0	0.0	0.0	0.0	0.0	0.0	0.0	0.0	0.0	- MCC
- Caribbean	0.0	0.0	0.0	0.0	0.0	0.0	0.0	0.0	0.0	0.0	- Caraïbes
- Rest of America	0.0	0.0	0.0	0.0	0.0	0.0	0.0	0.0	0.0	0.0	- Autre d'Amérique
Asia excluding former USSR	47.6	51.2	51.0	53.4	58.0	59.5	61.2	60.0	55.3	63.6	Asie ancienne URSS exclus
- Middle East	1.6	1.7	2.0	1.8	2.2	2.4	2.5	3.1	0.9	1.0	- Moyen-Orient
Asia former USSR	0.0	0.0	0.1	0.0	0.2	0.3	0.3	0.2	0.2	0.2	Asie ancienne URSS
Europe excluding former USSR	36.2	31.4	32.0	29.7	23.8	22.6	20.0	21.6	27.2	18.6	Europe ancienne URSS exclus
- European Union	32.9	28.1	29.3	26.9	21.3	20.4	17.9	19.2	25.2	16.2	- Union Européenne
- Eastern Europe	1.5	1.7	1.3	1.8	1.5	1.3	1.5	1.8	1.5	1.8	- Europe de l'Est
- Rest of Europe	1.8	1.7	1.3	1.0	0.9	0.9	0.6	0.5	0.5	0.6	- Autre de l'Europe
Europe former USSR	1.2	2.0	1.6	1.9	2.3	2.2	3.1	3.4	2.7	2.8	Europe ancienne URSS
Oceania	0.0	0.0	0.1	0.3	0.2	0.3	0.1	0.0	0.0	0.0	Océanie

267 Other man-made fibres suitable for spinning, and waste

Country or area	1999	2000	2001	2002	2003	Pays ou zone
World	2139.7	2229.3	2167.5	2290.4	2502.5	Monde
Africa	69.0	63.2	58.2	58.3	62.0	Afrique
Americas	207.6	190.3	166.9	180.1	171.7	Amériques
- Northern America	84.4	70.8	61.7	82.4	77.9	- Amérique du Nord
- LAIA	114.2	112.0	98.4	90.5	86.4	- ALAI
- CACM	4.6	3.8	4.3	4.5	4.5	- MCC
- Caribbean	4.4	3.6	2.5	2.6	2.8	- Caraïbes
- Rest of America	0.0	0.0	0.0	0.0	0.0	- Autre d'Amérique
Asia excluding former USSR	909.6	1030.4	995.7	1063.9	1178.8	Asie ancienne URSS exclus
- Middle East	186.2	204.2	193.5	234.9	247.7	- Moyen-Orient
Asia former USSR	9.7	10.6	12.6	15.0	18.1	Asie ancienne URSS
Europe excluding former USSR	864.2	837.5	832.4	845.4	930.0	Europe ancienne URSS exclus
- European Union	714.9	685.3	669.4	686.4	735.0	- Union Européenne
- Eastern Europe	95.6	100.0	108.5	102.4	130.0	- Europe de l'Est
- Rest of Europe	53.7	52.2	54.5	56.6	64.9	- Autre de l'Europe
Europe former USSR	61.9	79.4	85.2	110.3	123.9	Europe ancienne URSS
Oceania	17.7	17.8	16.6	17.5	18.1	Océanie
China	293.4	349.8	388.1	399.0	443.2	Chine
Turkey	144.1	156.5	140.6	186.5	192.1	Turquie
Italy-San Marino-Holy See	139.8	150.3	145.5	142.3	144.5	Italie-Saint-Marin-Saint-Siège
Germany	116.4	109.0	125.7	132.8	141.9	Allemagne
Korea, Republic of	91.6	105.9	95.7	98.2	114.1	République de Corée
France-Monaco	76.5	78.7	70.4	81.2	90.2	France-Monaco
Netherlands	77.3	68.7	69.7	67.7	81.8	Pays-Bas
Spain	72.8	65.6	60.3	60.2	69.1	Espagne
Belgium	66.4	71.8	72.1	56.5	42.2	Belgique
Russian Federation	33.0	45.8	48.6	64.5	70.7	Fédération de Russie
United Kingdom	67.1	53.3	43.3	46.7	51.2	Royaume-Uni
Pakistan	43.3	40.8	48.8	50.9	68.8	Pakistan
United States	53.6	37.3	34.2	57.2	54.3	Etats-Unis d'Amérique
Poland	43.1	40.6	42.0	38.5	45.3	Pologne
Japan	30.6	40.8	31.6	33.7	53.0	Japon
China, Hong Kong SAR	48.0	37.9	23.9	32.7	34.7	Chine - RAS de Hong-Kong
Philippines	43.7	39.8	22.1	23.3	32.8	Philippines
Canada	30.8	33.5	27.4	25.3	23.5	Canada
Israel	17.0	21.8	26.7	31.8	37.6	Israël
Switzerland-Liechtenstein	22.1	25.8	25.8	26.1	30.3	Suisse-Liechtenstein
Mexico	29.8	26.1	27.2	23.1	22.2	Mexique
Indonesia	15.2	31.5	26.7	32.6	21.2	Indonésie
Iran (Islamic Republic of)	32.3	24.4	20.9	19.0	28.6	Iran (République islamique d')
Czech Republic	19.5	25.2	24.8	25.0	29.0	République tchèque
Ukraine	13.4	17.9	20.8	27.4	e37.1	Ukraine
Brazil	26.3	34.7	15.1	12.2	13.4	Brésil
Argentina	24.6	18.6	17.8	15.6	e24.0	Argentine
India	15.0	18.4	17.7	23.8	25.2	Inde
Austria	14.0	16.2	17.4	23.4	26.7	Autriche
Portugal	20.3	19.4	16.3	18.1	e18.5	Portugal

(Value as percentages of World total) — **(Valeur en pourcentage du total mondial)**

Regions of the world	1994	1995	1996	1997	1998	1999	2000	2001	2002	2003	Régions du monde
World	100.0	100.0	100.0	100.0	100.0	100.0	100.0	100.0	100.0	100.0	Monde
Africa	3.6	3.1	3.5	3.3	3.0	3.2	2.8	2.7	2.5	2.5	Afrique
Americas	9.3	7.9	7.8	8.4	9.6	9.7	8.5	7.7	7.9	6.9	Amériques
- Northern America	4.8	3.3	3.0	3.3	3.4	3.9	3.2	2.8	3.6	3.1	- Amérique du Nord
- LAIA	4.2	4.4	4.5	4.6	5.8	5.3	5.0	4.5	4.0	3.5	- ALAI
- CACM	0.3	0.2	0.1	0.2	0.2	0.2	0.2	0.2	0.2	0.2	- MCC
- Caribbean	0.1	0.1	0.2	0.2	0.2	0.2	0.2	0.1	0.1	0.1	- Caraïbes
- Rest of America	0.0	0.0	0.0	0.0	0.0	0.0	0.0	0.0	0.0	0.0	- Autre d'Amérique
Asia excluding former USSR	41.3	42.1	42.9	42.2	42.5	42.5	46.2	45.9	46.4	47.1	Asie ancienne URSS exclus
- Middle East	5.4	8.0	8.6	8.7	8.2	8.7	9.2	8.9	10.3	9.9	- Moyen-Orient
Asia former USSR	0.1	0.2	0.4	0.4	0.4	0.5	0.5	0.6	0.7	0.7	Asie ancienne URSS
Europe excluding former USSR	43.8	44.9	43.2	42.9	41.9	40.4	37.6	38.4	36.9	37.2	Europe ancienne URSS exclus
- European Union	37.3	37.2	36.2	36.0	34.6	33.4	30.7	30.9	30.0	29.4	- Union Européenne
- Eastern Europe	3.3	4.8	4.7	4.7	5.1	4.5	4.5	5.0	4.5	5.2	- Europe de l'Est
- Rest of Europe	3.2	2.9	2.2	2.2	2.3	2.5	2.3	2.5	2.5	2.6	- Autre de l'Europe
Europe former USSR	0.7	0.8	1.3	2.1	1.9	2.9	3.6	3.9	4.8	5.0	Europe ancienne URSS
Oceania	1.1	0.9	1.0	0.7	0.7	0.8	0.8	0.8	0.8	0.7	Océanie

TRADE BY COMMODITY (Value in million US dollars)
Exports by principal countries or areas

COMMERCE PAR PRODUIT (Valeur en millions de dollars EU)
Exportations selon les principaux pays ou zones

Country or area	1999	2000	2001	2002	2003	Pays ou zone
World	2124.9	2265.0	2233.1	2082.2	2736.4	Monde
Africa	4.6	23.4	14.5	12.6	14.6	Afrique
Americas	634.8	668.9	670.6	660.7	656.7	Amériques
- Northern America	546.7	570.9	564.5	546.5	544.3	- Amérique du Nord
- LAIA	88.0	97.7	106.0	114.0	112.2	- ALAI
- CACM	0.1	0.2	0.0	0.2	0.2	- MCC
- Caribbean	0.0	0.1	0.1	0.0	0.0	- Caraïbes
Asia excluding former USSR	461.2	518.1	473.7	557.6	547.7	Asie ancienne URSS exclus
- Middle East	2.0	5.0	6.0	4.7	3.2	- Moyen-Orient
Asia former USSR	0.2	0.6	0.7	0.0	0.0	Asie ancienne URSS
Europe excluding former USSR	1000.7	1023.2	1051.3	819.0	1474.0	Europe ancienne URSS exclus
- European Union	980.5	1007.6	1042.4	809.9	1465.1	- Union Européenne
- Eastern Europe	14.5	3.7	4.2	4.0	3.5	- Europe de l'Est
- Rest of Europe	5.7	11.9	4.6	5.1	5.4	- Autre de l'Europe
Europe former USSR	23.1	30.5	22.2	32.0	43.0	Europe ancienne URSS
Oceania	0.3	0.2	0.2	0.3	0.5	Océanie
Germany	767.1	798.8	818.7	451.3	1057.7	Allemagne
United States	460.6	472.0	468.2	453.2	449.1	Etats-Unis d'Amérique
Japan	206.2	223.0	226.2	219.5	221.5	Japon
Canada	86.1	98.9	96.3	93.3	95.2	Canada
Belgium	28.6	25.5	21.6	139.3	168.6	Belgique
Finland	66.6	62.9	67.1	73.2	74.4	Finlande
Indonesia	50.0	71.9	55.8	83.4	49.8	Indonésie
Mexico	44.5	45.9	55.2	56.5	44.5	Mexique
Thailand	42.4	53.6	50.1	e45.6	53.3	Thaïlande
Spain	24.9	29.0	31.2	37.8	39.5	Espagne
Sweden	33.7	32.2	30.2	31.6	19.9	Suède
China, Hong Kong SAR	53.8	25.1	17.1	22.8	28.1	Chine - RAS de Hong-Kong
Russian Federation	21.2	27.8	19.3	29.0	40.3	Fédération de Russie
Venezuela	20.8	28.9	32.5	30.8	22.2	Venezuela
Brazil	21.8	21.8	17.5	25.6	45.2	Brésil
Netherlands	17.2	11.8	17.5	27.1	38.2	Pays-Bas
Korea, Republic of	10.8	17.9	30.2	26.3	25.6	République de Corée
United Kingdom	11.3	10.8	22.7	19.4	29.2	Royaume-Uni
France-Monaco	17.6	18.3	17.9	16.7	19.2	France-Monaco
Italy-San Marino-Holy See	11.3	14.0	10.7	10.2	11.9	Italie-Saint-Marin-Saint-Siège
India	3.6	6.7	5.9	13.4	18.8	Inde
Singapore	16.3	6.6	4.8	7.5	9.4	Singapour
Swaziland	–	17.4	8.2	5.7	e7.8	Swaziland
China	3.1	5.5	3.9	8.8	6.5	Chine
Czech Republic	11.4	0.6	1.1	1.0	0.8	République tchèque
Turkey	1.0	3.8	4.1	3.7	2.0	Turquie
Switzerland-Liechtenstein	2.6	2.5	2.6	3.1	2.8	Suisse-Liechtenstein
South Africa	–	3.3	3.0	2.8	1.9	Afrique du Sud
Malaysia	0.3	2.3	1.7	3.8	2.6	Malaisie
Morocco	1.3	1.9	2.0	2.4	2.8	Maroc

(Value as percentages of World total) · **(Valeur en pourcentage du total mondial)**

Regions of the world	1994	1995	1996	1997	1998	1999	2000	2001	2002	2003	Régions du monde
World	100.0	100.0	100.0	100.0	100.0	100.0	100.0	100.0	100.0	100.0	Monde
Africa	0.1	0.2	0.2	0.2	0.2	0.2	1.0	0.6	0.6	0.5	Afrique
Americas	27.4	34.0	30.6	35.2	27.8	29.9	29.5	30.0	31.7	24.0	Amériques
- Northern America	25.8	30.3	27.7	32.1	24.1	25.7	25.2	25.3	26.2	19.9	- Amérique du Nord
- LAIA	1.6	3.6	2.8	3.2	3.7	4.1	4.3	4.7	5.5	4.1	- ALAI
- CACM	0.0	0.0	0.0	0.0	0.0	0.0	0.0	0.0	0.0	0.0	- MCC
- Caribbean	0.0	0.0	0.0	0.0	0.0	0.0	0.0	0.0	0.0	0.0	- Caraïbes
Asia excluding former USSR	23.9	23.1	24.1	25.9	19.7	21.7	22.9	21.2	26.8	20.0	Asie ancienne URSS exclus
- Middle East	0.1	0.1	0.1	0.1	0.1	0.1	0.2	0.3	0.2	0.1	- Moyen-Orient
Asia former USSR	0.0	0.0	0.1	0.0	0.0	0.0	0.0	0.0	0.0	0.0	Asie ancienne URSS
Europe excluding former USSR	47.0	41.2	43.8	36.5	51.1	47.1	45.2	47.1	39.3	53.9	Europe ancienne URSS exclus
- European Union	43.4	37.8	41.7	34.9	49.3	46.1	44.5	46.7	38.9	53.5	- Union Européenne
- Eastern Europe	3.1	2.7	1.8	1.3	1.2	0.7	0.2	0.2	0.2	0.1	- Europe de l'Est
- Rest of Europe	0.5	0.7	0.3	0.3	0.5	0.3	0.5	0.2	0.2	0.2	- Autre de l'Europe
Europe former USSR	1.5	1.5	1.3	2.1	1.3	1.1	1.3	1.0	1.5	1.6	Europe ancienne URSS
Oceania	0.0	0.0	0.0	0.0	0.0	0.0	0.0	0.0	0.0	0.0	Océanie
Oceania	0.0	0.0	0.1	0.0	0.0	0.0	0.0				Océanie

268 Wool and other animal hair (excluding tops)

TRADE BY COMMODITY (Value in million US dollars)
Imports by principal countries or areas

COMMERCE PAR PRODUIT (Valeur en millions de dollars EU)
Importations selon les principaux pays ou zones

Country or area	1999	2000	2001	2002	2003	Pays ou zone
World	3165.0	3760.1	3389.8	3340.8	3499.2	Monde
Africa	36.3	30.0	24.1	30.0	27.6	Afrique
Americas	123.1	142.7	127.4	106.3	107.9	Amériques
- Northern America	94.3	101.7	82.1	57.5	56.1	- Amérique du Nord
- LAIA	28.5	40.7	43.4	40.6	47.1	- ALAI
- CACM	0.0	0.1	0.0	0.0	0.0	- MCC
- Caribbean	0.2	0.2	1.9	8.2	4.6	- Caraïbes
- Rest of America	0.1	0.0	0.0	0.0	0.0	- Autre d'Amérique
Asia excluding former USSR	1329.2	1659.3	1590.4	1654.0	1617.3	Asie ancienne URSS exclus
- Middle East	99.0	110.0	89.9	95.0	122.3	- Moyen-Orient
Asia former USSR	0.5	1.2	1.0	1.1	1.0	Asie ancienne URSS
Europe excluding former USSR	1587.7	1840.9	1574.5	1471.2	1648.3	Europe ancienne URSS exclus
- European Union	1495.6	1739.4	1462.4	1339.3	1466.2	- Union Européenne
- Eastern Europe	69.4	82.2	96.3	117.9	165.8	- Europe de l'Est
- Rest of Europe	22.6	19.2	15.8	14.0	16.3	- Autre de l'Europe
Europe former USSR	50.2	52.6	46.2	42.1	49.5	Europe ancienne URSS
Oceania	37.9	33.4	26.1	36.0	47.7	Océanie
China	490.1	836.6	849.3	843.1	798.8	Chine
Italy-San Marino-Holy See	699.5	871.0	734.0	592.4	638.6	Italie-Saint-Marin-Saint-Siège
United Kingdom	254.2	264.4	220.3	199.5	192.7	Royaume-Uni
Germany	181.9	212.6	166.2	201.6	233.5	Allemagne
Japan	241.5	216.9	151.8	145.8	139.4	Japon
France-Monaco	166.2	171.4	166.7	169.1	206.5	France-Monaco
India	117.9	106.7	137.9	170.6	193.6	Inde
Korea, Republic of	117.0	126.8	129.4	134.7	90.6	République de Corée
Belgium	87.1	107.7	76.9	82.7	100.1	Belgique
Turkey	63.6	71.1	56.4	65.2	88.8	Turquie
United States	84.2	89.6	72.3	49.3	48.3	Etats-Unis d'Amérique
Czech Republic	42.6	48.2	60.0	73.3	81.2	République tchèque
Thailand	40.4	45.9	45.0	e52.9	62.1	Thaïlande
Spain	43.1	48.1	39.9	39.3	35.6	Espagne
Australia	33.4	30.3	24.4	34.4	44.3	Australie
China, Hong Kong SAR	33.4	38.7	28.6	17.3	30.2	Chine - RAS de Hong-Kong
Iran (Islamic Republic of)	28.6	33.6	29.1	25.6	29.9	Iran (République islamique d')
Nepal	30.2	19.4	e18.4	e17.7	e28.4	Népal
Belarus	27.7	26.8	17.3	16.8	19.4	Bélarus
China, Macao SAR	13.0	18.1	14.2	24.0	28.8	Chine - RAS de Macao
Uruguay	9.5	11.1	16.6	21.0	32.9	Uruguay
Malaysia	17.2	20.9	22.5	18.5	10.7	Malaisie
Mexico	11.7	20.8	19.8	13.7	8.6	Mexique
Portugal	16.4	14.6	13.8	13.5	e13.8	Portugal
Denmark	9.4	11.4	11.5	13.8	18.7	Danemark
Bulgaria	2.3	5.2	5.7	10.8	32.5	Bulgarie
Russian Federation	10.1	12.8	12.3	8.4	8.5	Fédération de Russie
Switzerland-Liechtenstein	15.1	12.3	7.9	7.6	9.1	Suisse-Liechtenstein
Hungary	5.5	7.3	8.3	9.2	20.6	Hongrie
Poland	11.2	12.3	10.5	8.2	8.6	Pologne

(Value as percentages of World total) / (Valeur en pourcentage du total mondial)

Regions of the world	1994	1995	1996	1997	1998	1999	2000	2001	2002	2003	Régions du monde
World	100.0	100.0	100.0	100.0	100.0	100.0	100.0	100.0	100.0	100.0	Monde
Africa	0.9	1.0	1.0	1.0	1.2	1.1	0.8	0.7	0.9	0.8	Afrique
Americas	5.2	5.8	5.3	5.7	6.2	3.9	3.8	3.8	3.2	3.1	Amériques
- Northern America	4.1	4.3	4.1	4.6	4.8	3.0	2.7	2.4	1.7	1.6	- Amérique du Nord
- LAIA	1.1	1.5	1.2	1.0	1.4	0.9	1.1	1.3	1.2	1.3	- ALAI
- CACM	0.0	0.0	0.0	0.0	0.0	0.0	0.0	0.0	0.0	0.0	- MCC
- Caribbean	0.0	0.0	0.0	0.0	0.0	0.0	0.0	0.1	0.2	0.1	- Caraïbes
- Rest of America	0.0	0.0	0.0	0.0	0.0	0.0	0.0	0.0	0.0	0.0	- Autre d'Amérique
Asia excluding former USSR	43.5	43.2	44.9	40.1	35.2	42.0	44.1	46.9	49.5	46.2	Asie ancienne URSS exclus
- Middle East	1.8	2.9	2.6	2.7	3.7	3.1	2.9	2.7	2.8	3.5	- Moyen-Orient
Asia former USSR	0.1	0.2	0.1	0.0	0.0	0.0	0.0	0.0	0.0	0.0	Asie ancienne URSS
Europe excluding former USSR	48.8	47.8	46.4	50.9	54.9	50.2	49.0	46.4	44.0	47.1	Europe ancienne URSS exclus
- European Union	46.1	45.2	43.6	47.9	51.3	47.3	46.3	43.1	40.1	41.9	- Union Européenne
- Eastern Europe	1.9	2.0	2.2	2.5	3.1	2.2	2.2	2.8	3.5	4.7	- Europe de l'Est
- Rest of Europe	0.8	0.6	0.5	0.5	0.6	0.7	0.5	0.5	0.4	0.5	- Autre de l'Europe
Europe former USSR	0.5	1.0	1.2	1.3	1.5	1.6	1.4	1.4	1.3	1.4	Europe ancienne URSS
Oceania	1.0	1.0	1.0	0.9	0.9	1.2	0.9	0.8	1.1	1.4	Océanie

Laines et poils fins ou grossiers (non compris les rubans de laine peignée, en boules) 268

Country or area	1999	2000	2001	2002	2003	Pays ou zone
World	3029.5	3439.6	3047.4	3338.2	3282.4	Monde
Africa	119.9	103.3	91.2	116.1	133.5	Afrique
Americas	168.6	185.2	137.1	152.8	176.5	Amériques
- Northern America	37.5	33.0	19.7	36.0	45.9	- Amérique du Nord
- LAIA	130.9	152.0	116.9	116.1	130.1	- ALAI
- CACM	0.0	0.0	0.1	0.1	0.0	- MCC
- Caribbean	0.0	0.0	0.1	0.0	0.1	- Caraïbes
- Rest of America	0.2	0.1	0.3	0.6	0.5	- Autre d'Amérique
Asia excluding former USSR	534.0	584.3	453.5	471.5	520.2	Asie ancienne URSS exclus
- Middle East	34.0	41.0	36.8	35.2	45.8	- Moyen-Orient
Asia former USSR	16.8	16.2	12.9	13.5	12.5	Asie ancienne URSS
Europe excluding former USSR	467.2	525.8	440.0	451.9	484.9	Europe ancienne URSS exclus
- European Union	430.7	485.3	401.4	413.0	427.5	- Union Européenne
- Eastern Europe	16.9	17.4	22.8	24.7	40.8	- Europe de l'Est
- Rest of Europe	19.7	23.0	15.9	14.3	16.6	- Autre de l'Europe
Europe former USSR	9.0	7.6	8.8	15.2	22.0	Europe ancienne URSS
Oceania	1713.9	2017.2	1903.8	2117.3	1932.8	Océanie
Australia	1324.3	1611.7	1545.5	1725.7	1484.9	Australie
New Zealand	389.6	405.6	358.3	391.5	447.5	Nouvelle-Zélande
China	331.5	353.9	273.8	315.7	335.4	Chine
United Kingdom	178.4	203.2	144.5	144.7	148.0	Royaume-Uni
South Africa	–	100.7	81.0	106.9	121.1	Afrique du Sud
France-Monaco	69.7	68.4	57.0	57.6	63.5	France-Monaco
Mongolia	73.2	84.6	68.6	42.1	47.2	Mongolie
Argentina	59.8	70.2	52.6	57.2	61.9	Argentine
Germany	54.7	58.6	52.5	52.2	65.4	Allemagne
Belgium	44.8	64.2	49.4	40.1	57.1	Belgique
Italy-San Marino-Holy See	30.5	40.2	54.6	64.8	39.9	Italie-Saint-Marin-Saint-Siège
United States	35.8	30.7	17.6	33.9	43.1	Etats-Unis d'Amérique
China, Hong Kong SAR	40.1	45.6	30.9	19.5	21.1	Chine - RAS de Hong-Kong
Peru	33.3	45.6	25.8	19.7	25.7	Pérou
Uruguay	22.6	22.9	24.4	25.1	26.0	Uruguay
Southern African Customs Union	118.1	–	–	–	–	Union douanière d'Afrique australe
Spain	22.6	21.1	21.0	23.7	24.9	Espagne
China, Macao SAR	9.1	11.5	9.9	24.3	29.1	Chine - RAS de Macao
Turkey	9.7	8.3	10.3	15.1	16.1	Turquie
Iran (Islamic Republic of)	6.6	15.5	15.3	8.1	14.0	Iran (République islamique d')
Switzerland-Liechtenstein	14.4	17.8	10.5	6.9	6.3	Suisse-Liechtenstein
Ireland	10.0	9.3	7.3	12.0	12.1	Irlande
Netherlands	12.4	13.0	6.2	7.1	5.8	Pays-Bas
Czech Republic	6.9	4.8	8.8	8.8	14.0	République tchèque
Romania	5.0	6.6	5.1	7.3	12.5	Roumanie
Russian Federation	2.3	2.2	1.8	9.2	13.6	Fédération de Russie
Brazil	4.7	2.9	5.6	6.4	7.8	Brésil
Saudi Arabia	5.8	3.4	4.2	6.1	e6.7	Arabie saoudite
Kazakhstan	7.3	4.6	4.6	e3.6	4.8	Kazakhstan
Chile	4.8	3.9	4.7	4.9	6.1	Chili

(Value as percentages of World total) / (Valeur en pourcentage du total mondial)

Regions of the world	1994	1995	1996	1997	1998	1999	2000	2001	2002	2003	Régions du monde
World	100.0	100.0	100.0	100.0	100.0	100.0	100.0	100.0	100.0	100.0	Monde
Africa	3.0	3.0	3.1	2.7	3.6	4.0	3.0	3.0	3.5	4.1	Afrique
Americas	5.5	5.6	5.4	4.9	4.8	5.6	5.4	4.5	4.6	5.4	Amériques
- Northern America	1.1	1.1	1.0	0.8	0.9	1.2	1.0	0.6	1.1	1.4	- Amérique du Nord
- LAIA	4.4	4.5	4.4	4.0	3.9	4.3	4.4	3.8	3.5	4.0	- ALAI
- CACM	0.0	0.0	0.0	0.0	0.0	0.0	0.0	0.0	0.0	0.0	- MCC
- Caribbean	0.0	0.0	0.0	0.0	0.0	0.0	0.0	0.0	0.0	0.0	- Caraïbes
- Rest of America	0.0	0.0	0.0	0.0	0.0	0.0	0.0	0.0	0.0	0.0	- Autre d'Amérique
Asia excluding former USSR	17.9	14.9	14.7	12.1	13.3	17.6	17.0	14.9	14.1	15.8	Asie ancienne URSS exclus
- Middle East	1.1	0.6	0.8	0.9	1.0	1.1	1.2	1.2	1.1	1.4	- Moyen-Orient
Asia former USSR	0.9	1.6	0.6	0.8	0.5	0.6	0.5	0.4	0.4	0.4	Asie ancienne URSS
Europe excluding former USSR	14.6	16.2	14.9	14.1	15.8	15.4	15.3	14.4	13.5	14.8	Europe ancienne URSS exclus
- European Union	13.3	14.4	13.7	12.9	14.4	14.2	14.1	13.2	12.4	13.0	- Union Européenne
- Eastern Europe	0.7	1.2	0.6	0.7	0.7	0.6	0.5	0.7	0.7	1.2	- Europe de l'Est
- Rest of Europe	0.6	0.6	0.6	0.5	0.6	0.6	0.7	0.5	0.4	0.5	- Autre de l'Europe
Europe former USSR	0.5	0.9	0.8	1.0	0.6	0.3	0.2	0.3	0.5	0.7	Europe ancienne URSS
Oceania	57.5	57.9	60.5	64.4	61.4	56.6	58.6	62.5	63.4	58.9	Océanie

269 Old clothing and other old textile articles; rags

TRADE BY COMMODITY (Value in million US dollars)
Imports by principal countries or areas

COMMERCE PAR PRODUIT (Valeur en millions de dollars EU)
Importations selon les principaux pays ou zones

Country or area	1999	2000	2001	2002	2003	Pays ou zone
World	1402.1	1378.4	1357.0	1589.7	1589.3	Monde
Africa	430.9	396.8	385.9	418.7	482.2	Afrique
Americas	151.2	180.7	185.8	218.0	233.4	Amériques
- Northern America	52.3	62.1	63.0	89.6	104.1	- Amérique du Nord
- LAIA	42.6	58.4	55.6	52.3	54.6	- ALAI
- CACM	40.2	42.1	45.1	50.0	49.7	- MCC
- Caribbean	14.0	15.7	19.3	21.8	20.1	- Caraïbes
- Rest of America	2.0	2.4	2.9	4.4	4.8	- Autre d'Amérique
Asia excluding former USSR	353.5	405.5	352.8	338.8	354.9	Asie ancienne URSS exclus
- Middle East	35.7	38.7	45.8	33.5	28.0	- Moyen-Orient
Asia former USSR	10.0	13.5	12.7	43.3	20.0	Asie ancienne URSS
Europe excluding former USSR	402.3	321.1	344.7	488.1	393.6	Europe ancienne URSS exclus
- European Union	248.7	207.9	227.4	239.6	255.2	- Union Européenne
- Eastern Europe	145.7	103.6	106.9	238.0	126.8	- Europe de l'Est
- Rest of Europe	7.8	9.6	10.5	10.4	11.5	- Autre de l'Europe
Europe former USSR	43.8	48.7	63.6	70.5	91.4	Europe ancienne URSS
Oceania	10.4	12.1	11.3	12.3	13.9	Océanie
Malaysia	72.6	77.5	68.0	71.9	44.5	Malaisie
Japan	55.4	65.9	61.9	64.0	70.6	Japon
Ghana	74.3	64.2	53.9	43.6	e54.9	Ghana
Italy-San Marino-Holy See	56.3	47.2	49.9	48.0	43.4	Italie-Saint-Marin-Saint-Siège
India	31.8	39.0	37.5	41.3	88.8	Inde
Tunisia	50.5	43.3	44.2	44.0	43.2	Tunisie
Singapore	55.6	60.7	37.4	31.7	22.3	Singapour
Spain	41.9	37.9	39.0	40.8	38.3	Espagne
Czech Republic	13.9	11.3	15.2	140.4	15.2	République tchèque
Canada	26.3	35.6	34.0	45.6	53.6	Canada
Benin	44.3	28.6	30.0	37.6	e39.3	Bénin
United States	26.0	26.5	28.9	44.0	50.5	Etats-Unis d'Amérique
Poland	36.4	29.1	30.0	30.6	38.3	Pologne
United Republic of Tanzania	26.8	35.0	32.9	34.8	30.5	République-Unie de Tanzanie
Pakistan	32.7	25.6	27.5	36.5	36.3	Pakistan
Netherlands	33.3	24.3	25.8	30.9	43.5	Pays-Bas
Kenya	32.0	31.0	e30.3	29.2	26.4	Kenya
Germany	23.2	18.4	26.5	35.7	44.5	Allemagne
Belgium	30.6	26.3	29.7	29.2	27.0	Belgique
Romania	28.8	32.4	24.4	23.5	22.3	Roumanie
France-Monaco	29.8	25.3	23.4	21.2	23.0	France-Monaco
Uganda	20.9	18.3	22.1	24.9	23.8	Ouganda
Guatemala	16.1	18.0	21.5	24.1	23.7	Guatemala
Cambodia	e23.7	e28.1	e17.3	e14.9	e16.9	Cambodge
Mexico	11.6	12.3	19.2	25.5	29.5	Mexique
Cameroon	21.1	17.5	15.5	14.1	27.6	Cameroun
Congo	e15.6	e12.6	e18.6	e19.1	e22.4	Congo
United Kingdom	17.2	14.1	19.0	16.7	19.3	Royaume-Uni
Lithuania	14.1	14.9	16.2	15.4	19.1	Lituanie
China, Hong Kong SAR	20.7	24.9	19.3	6.5	7.2	Chine - RAS de Hong-Kong

(Value as percentages of World total) / (Valeur en pourcentage du total mondial)

Regions of the world	1994	1995	1996	1997	1998	1999	2000	2001	2002	2003	Régions du monde
World	100.0	100.0	100.0	100.0	100.0	100.0	100.0	100.0	100.0	100.0	Monde
Africa	21.0	21.3	22.0	22.9	31.1	30.7	28.8	28.4	26.3	30.3	Afrique
Americas	11.2	9.5	9.6	10.4	11.4	10.8	13.1	13.7	13.7	14.7	Amériques
- Northern America	2.3	2.8	3.1	3.8	3.9	3.7	4.5	4.6	5.6	6.6	- Amérique du Nord
- LAIA	7.1	4.3	3.9	3.2	3.7	3.0	4.2	4.1	3.3	3.4	- ALAI
- CACM	1.2	1.7	1.8	2.4	2.5	2.9	3.1	3.3	3.1	3.1	- MCC
- Caribbean	0.4	0.6	0.7	0.9	1.1	1.0	1.1	1.4	1.4	1.3	- Caraïbes
- Rest of America	0.1	0.1	0.1	0.1	0.2	0.1	0.2	0.2	0.3	0.3	- Autre d'Amérique
Asia excluding former USSR	30.5	33.8	32.0	27.7	20.3	25.2	29.4	26.0	21.3	22.3	Asie ancienne URSS exclus
- Middle East	2.5	2.2	2.4	2.6	2.9	2.5	2.8	3.4	2.1	1.8	- Moyen-Orient
Asia former USSR	0.2	0.1	0.2	0.3	0.4	0.7	1.0	0.9	2.7	1.3	Asie ancienne URSS
Europe excluding former USSR	34.2	32.6	31.1	31.8	32.5	28.7	23.3	25.4	30.7	24.8	Europe ancienne URSS exclus
- European Union	28.1	26.4	24.2	24.1	23.6	17.7	15.1	16.8	15.1	16.1	- Union Européenne
- Eastern Europe	5.7	5.8	6.5	7.3	8.1	10.4	7.5	7.9	15.0	8.0	- Europe de l'Est
- Rest of Europe	0.4	0.4	0.4	0.4	0.8	0.6	0.7	0.8	0.7	0.7	- Autre de l'Europe
Europe former USSR	1.4	1.7	3.9	5.7	3.3	3.1	3.5	4.7	4.4	5.7	Europe ancienne URSS
Oceania	1.4	1.0	1.2	1.2	0.9	0.7	0.9	0.8	0.8	0.9	Océanie

TRADE BY COMMODITY (Value in million US dollars)
Exports by principal countries or areas

COMMERCE PAR PRODUIT (Valeur en millions de dollars EU)
Exportations selon les principaux pays ou zones

Country or area	1999	2000	2001	2002	2003	Pays ou zone
World	1540.3	1503.3	1540.4	1691.2	1754.6	Monde
Africa	76.7	34.0	31.2	60.1	58.4	Afrique
Americas	402.8	413.9	368.1	413.6	436.3	Amériques
- Northern America	349.7	348.0	328.6	337.1	366.9	- Amérique du Nord
- LAIA	43.0	54.2	34.3	57.8	54.7	- ALAI
- CACM	0.5	0.7	0.7	12.3	9.3	- MCC
- Caribbean	9.2	10.6	4.2	6.1	5.3	- Caraïbes
- Rest of America	0.5	0.3	0.3	0.2	0.1	- Autre d'Amérique
Asia excluding former USSR	290.6	346.7	371.9	347.6	330.0	Asie ancienne URSS exclus
- Middle East	44.9	47.4	108.3	99.2	100.3	- Moyen-Orient
Asia former USSR	1.8	1.4	1.7	2.3	2.0	Asie ancienne URSS
Europe excluding former USSR	737.8	676.8	737.3	833.4	882.9	Europe ancienne URSS exclus
- European Union	670.8	610.3	648.7	679.8	766.9	- Union Européenne
- Eastern Europe	38.0	40.9	58.2	117.1	82.2	- Europe de l'Est
- Rest of Europe	29.0	25.5	30.3	36.6	33.7	- Autre de l'Europe
Europe former USSR	7.8	9.2	11.8	15.1	21.4	Europe ancienne URSS
Oceania	22.8	21.3	18.4	19.1	23.8	Océanie
United States	288.4	297.9	268.0	275.7	287.9	Etats-Unis d'Amérique
Germany	202.6	172.6	204.2	196.8	209.0	Allemagne
United Kingdom	107.2	113.1	107.3	136.1	175.9	Royaume-Uni
Netherlands	99.6	89.2	95.7	101.0	116.5	Pays-Bas
Korea, Republic of	76.6	98.4	95.2	99.4	90.1	République de Corée
Belgium	97.3	84.8	80.2	72.7	84.8	Belgique
Italy-San Marino-Holy See	67.3	58.1	64.4	69.7	64.4	Italie-Saint-Marin-Saint-Siège
Canada	61.3	50.1	60.6	61.4	79.0	Canada
France-Monaco	50.6	51.4	50.8	48.4	56.2	France-Monaco
Mexico	42.5	53.9	34.0	57.5	54.4	Mexique
Japan	47.9	50.2	46.2	41.8	42.2	Japon
Saudi Arabia	23.8	10.4	46.8	64.5	e70.8	Arabie saoudite
Singapore	42.2	46.7	30.6	26.4	17.6	Singapour
Poland	20.0	22.1	28.1	28.9	36.5	Pologne
Switzerland-Liechtenstein	20.0	17.4	21.4	29.4	26.7	Suisse-Liechtenstein
Malaysia	17.0	20.7	22.5	20.3	27.3	Malaisie
Czech Republic	5.0	7.7	10.3	62.3	11.6	République tchèque
Australia	21.1	19.2	16.8	16.1	17.6	Australie
Tunisia	14.2	16.0	14.7	16.5	17.8	Tunisie
Turkey	15.8	16.1	14.8	16.9	13.8	Turquie
China, Hong Kong SAR	16.1	22.3	15.7	7.2	4.6	Chine - RAS de Hong-Kong
Slovakia	5.9	4.8	10.7	15.2	17.7	Slovaquie
Austria	10.5	7.6	11.0	12.8	11.6	Autriche
Lebanon	3.6	4.4	35.4	6.9	1.9	Liban
Zimbabwe	5.3	4.5	0.2	22.2	e19.2	Zimbabwe
Sweden	10.6	10.5	8.7	9.8	11.4	Suède
Ireland	6.6	5.8	6.8	9.6	12.1	Irlande
Kuwait	0.0	14.0	8.1	e7.7	e9.7	Koweït
Bangladesh	e7.7	e9.4	11.2	e9.0	0.4	Bangladesh
Zambia	32.5	1.9	1.2	1.0	e1.0	Zambie

(Value as percentages of World total)											**(Valeur en pourcentage du total mondial)**
Regions of the world	**1994**	**1995**	**1996**	**1997**	**1998**	**1999**	**2000**	**2001**	**2002**	**2003**	**Régions du monde**
World	100.0	100.0	100.0	100.0	100.0	100.0	100.0	100.0	100.0	100.0	Monde
Africa	1.2	1.8	2.9	2.5	2.8	5.0	2.3	2.0	3.6	3.3	Afrique
Americas	32.9	30.1	30.7	32.2	27.9	26.2	27.5	23.9	24.5	24.9	Amériques
- Northern America	26.9	25.9	25.3	26.0	23.5	22.7	23.2	21.3	19.9	20.9	- Amérique du Nord
- LAIA	6.0	3.9	5.1	5.9	3.7	2.8	3.6	2.2	3.4	3.1	- ALAI
- CACM	0.0	0.0	0.1	0.0	0.1	0.0	0.0	0.0	0.7	0.5	- MCC
- Caribbean	0.0	0.3	0.3	0.3	0.6	0.6	0.7	0.3	0.4	0.3	- Caraïbes
- Rest of America	0.0	0.0	0.0	0.0	0.0	0.0	0.0	0.0	0.0	0.0	- Autre d'Amérique
Asia excluding former USSR	16.0	17.8	18.2	17.9	14.6	18.9	23.1	24.1	20.6	18.8	Asie ancienne URSS exclus
- Middle East	1.9	3.3	3.2	3.9	3.6	2.9	3.2	7.0	5.9	5.7	- Moyen-Orient
Asia former USSR	0.0	0.0	0.1	0.1	0.1	0.1	0.1	0.1	0.1	0.1	Asie ancienne URSS
Europe excluding former USSR	48.0	48.5	46.1	45.3	52.7	47.9	45.0	47.9	49.3	50.3	Europe ancienne URSS exclus
- European Union	45.5	45.7	43.2	42.3	48.4	43.5	40.6	42.1	40.2	43.7	- Union Européenne
- Eastern Europe	1.1	1.3	1.5	1.7	2.4	2.5	2.7	3.8	6.9	4.7	- Europe de l'Est
- Rest of Europe	1.4	1.5	1.4	1.3	1.9	1.9	1.7	2.0	2.2	1.9	- Autre de l'Europe
Europe former USSR	0.2	0.1	0.2	0.3	0.4	0.5	0.6	0.8	0.9	1.2	Europe ancienne URSS
Oceania	1.7	1.6	1.8	1.7	1.4	1.5	1.4	1.2	1.1	1.4	Océanie

271 Fertilizers, crude

Country or area	1999	2000	2001	2002	2003	Pays ou zone
World	1906.5	1720.3	1592.3	1568.1	1595.9	Monde
Africa	19.6	24.7	15.4	20.6	20.3	Afrique
Americas	249.8	229.4	221.5	212.7	224.2	Amériques
- Northern America	106.5	77.6	78.6	86.1	93.5	- Amérique du Nord
- LAIA	139.7	147.2	139.6	124.5	128.7	- ALAI
- CACM	2.2	3.3	2.0	0.9	0.9	- MCC
- Caribbean	0.7	0.7	0.9	1.0	0.8	- Caraïbes
- Rest of America	0.8	0.6	0.4	0.2	0.2	- Autre d'Amérique
Asia excluding former USSR	660.6	654.6	581.9	558.1	534.9	Asie ancienne URSS exclus
- Middle East	88.2	109.5	73.8	86.2	89.1	- Moyen-Orient
Asia former USSR	35.8	19.9	21.3	5.1	5.3	Asie ancienne URSS
Europe excluding former USSR	711.4	594.1	576.9	597.4	621.9	Europe ancienne URSS exclus
- European Union	528.7	411.5	408.0	426.8	449.7	- Union Européenne
- Eastern Europe	110.7	111.4	101.3	100.0	107.1	- Europe de l'Est
- Rest of Europe	72.0	71.2	67.6	70.6	65.1	- Autre de l'Europe
Europe former USSR	138.9	89.0	61.9	77.2	94.0	Europe ancienne URSS
Oceania	90.3	108.7	113.3	97.0	95.3	Océanie
India	204.1	226.9	168.6	184.0	132.2	Inde
Belgium	119.6	88.2	96.3	109.2	111.3	Belgique
Spain	127.6	103.9	102.5	91.5	91.5	Espagne
Japan	100.0	98.9	83.9	87.1	86.0	Japon
United States	72.6	62.4	68.5	78.3	85.2	Etats-Unis d'Amérique
Korea, Republic of	85.4	81.1	66.9	63.6	65.6	République de Corée
Netherlands	100.0	65.9	44.4	53.5	72.8	Pays-Bas
Poland	75.5	67.8	60.7	59.9	63.7	Pologne
New Zealand	56.4	62.4	75.1	59.5	64.6	Nouvelle-Zélande
France-Monaco	80.7	63.4	57.8	56.2	53.7	France-Monaco
Brazil	44.2	62.8	60.7	61.1	67.8	Brésil
Mexico	73.7	65.1	59.4	46.0	43.6	Mexique
Lithuania	57.8	54.0	28.4	51.9	64.3	Lituanie
Norway	47.3	43.3	45.7	48.1	43.9	Norvège
Indonesia	42.7	23.7	50.8	42.1	47.8	Indonésie
Australia	33.6	45.9	37.8	37.1	30.5	Australie
Turkey	40.2	30.6	23.5	31.7	26.3	Turquie
Malaysia	38.0	31.6	21.2	17.8	25.6	Malaisie
Italy-San Marino-Holy See	19.3	18.0	29.5	31.0	34.2	Italie-Saint-Marin-Saint-Siège
Philippines	23.0	12.3	42.7	13.7	22.7	Philippines
Belarus	26.4	20.0	18.5	17.3	19.6	Bélarus
Germany	18.9	16.8	20.8	24.8	15.7	Allemagne
Iran (Islamic Republic of)	26.7	22.8	12.9	14.1	17.3	Iran (République islamique d')
Greece	23.6	17.8	18.7	17.5	15.7	Grèce
Bulgaria	10.7	18.8	18.5	20.6	23.6	Bulgarie
Ukraine	50.4	11.7	13.7	6.3	e8.6	Ukraine
United Arab Emirates	2.6	30.5	17.4	e17.8	e20.9	Emirates arabes unis
Romania	19.4	20.0	16.8	14.7	15.1	Roumanie
Pakistan	11.6	16.4	19.6	13.5	20.9	Pakistan
Lebanon	10.3	19.9	14.6	17.1	18.8	Liban

(Value as percentages of World total)   **(Valeur en pourcentage du total mondial)**

Regions of the world	1994	1995	1996	1997	1998	1999	2000	2001	2002	2003	Régions du monde
World	100.0	100.0	100.0	100.0	100.0	100.0	100.0	100.0	100.0	100.0	Monde
Africa	1.4	1.3	1.3	1.9	1.9	1.0	1.4	1.0	1.3	1.3	Afrique
Americas	12.6	12.0	12.3	14.4	15.1	13.1	13.3	13.9	13.6	14.0	Amériques
- Northern America	6.0	5.7	5.3	6.0	6.2	5.6	4.5	4.9	5.5	5.9	- Amérique du Nord
- LAIA	6.3	5.9	6.8	8.2	8.5	7.3	8.6	8.8	7.9	8.1	- ALAI
- CACM	0.1	0.2	0.1	0.1	0.2	0.1	0.2	0.1	0.1	0.1	- MCC
- Caribbean	0.1	0.1	0.0	0.0	0.2	0.0	0.0	0.1	0.1	0.1	- Caraïbes
- Rest of America	0.1	0.1	0.1	0.1	0.0	0.0	0.0	0.0	0.0	0.0	- Autre d'Amérique
Asia excluding former USSR	36.7	35.6	35.2	32.5	33.1	34.6	38.0	36.5	35.6	33.5	Asie ancienne URSS exclus
- Middle East	3.3	4.1	4.4	5.0	4.8	4.6	6.4	4.6	5.5	5.6	- Moyen-Orient
Asia former USSR	0.4	0.2	0.3	0.5	1.2	1.9	1.2	1.3	0.3	0.3	Asie ancienne URSS
Europe excluding former USSR	38.3	38.5	38.9	38.4	37.2	37.3	34.5	36.2	38.1	39.0	Europe ancienne URSS exclus
- European Union	27.7	26.8	27.7	27.3	27.1	27.7	23.9	25.6	27.2	28.2	- Union Européenne
- Eastern Europe	6.3	7.7	7.7	7.5	6.4	5.8	6.5	6.4	6.4	6.7	- Europe de l'Est
- Rest of Europe	4.2	3.9	3.6	3.6	3.7	3.8	4.1	4.2	4.5	4.1	- Autre de l'Europe
Europe former USSR	4.6	7.1	7.1	7.0	6.3	7.3	5.2	3.9	4.9	5.9	Europe ancienne URSS
Oceania	6.1	5.4	4.8	5.3	5.3	4.7	6.3	7.1	6.2	6.0	Océanie

TRADE BY COMMODITY (Value in million US dollars)
Exports by principal countries or areas

COMMERCE PAR PRODUIT (Valeur en millions de dollars EU)
Exportations selon les principaux pays ou zones

Country or area	1999	2000	2001	2002	2003	Pays ou zone
World	1678.1	1274.6	1382.8	1360.2	1404.7	Monde
Africa	616.1	510.8	486.6	486.8	457.4	Afrique
Americas	58.9	43.6	41.7	67.8	46.7	Amériques
- Northern America	4.7	3.9	4.6	5.1	6.4	- Amérique du Nord
- LAIA	53.0	39.3	36.0	61.2	38.9	- ALAI
- CACM	1.2	0.3	0.2	0.2	0.2	- MCC
- Caribbean	0.0	0.0	0.8	1.3	1.1	- Caraïbes
- Rest of America	0.0	0.0	0.0	0.0	0.2	- Autre d'Amérique
Asia excluding former USSR	569.3	345.8	588.5	551.8	608.3	Asie ancienne URSS exclus
- Middle East	380.3	142.0	360.3	368.3	377.1	- Moyen-Orient
Asia former USSR	20.3	10.1	9.1	1.6	1.8	Asie ancienne URSS
Europe excluding former USSR	119.1	110.6	104.0	121.6	154.3	Europe ancienne URSS exclus
- European Union	112.2	104.0	97.6	114.4	144.1	- Union Européenne
- Eastern Europe	3.8	3.5	2.8	3.2	3.6	- Europe de l'Est
- Rest of Europe	3.1	3.1	3.6	3.9	6.5	- Autre de l'Europe
Europe former USSR	174.5	143.6	118.3	116.7	124.1	Europe ancienne URSS
Oceania	119.9	110.2	34.6	13.9	12.1	Océanie
Morocco	454.8	389.3	373.3	364.0	362.9	Maroc
Jordan	340.2	106.1	322.9	328.9	332.4	Jordanie
China	112.0	135.1	168.8	130.1	140.4	Chine
Russian Federation	172.8	141.7	116.7	115.1	122.0	Fédération de Russie
Israel	67.3	58.5	45.5	38.8	74.8	Israël
Nauru	e115.3	e105.7	e32.7	e12.6	e9.2	Nauru
Togo	65.0	48.2	43.7	41.4	35.0	Togo
Chile	48.4	34.1	32.1	25.9	32.6	Chili
Syrian Arab Republic	29.5	27.8	e29.8	35.4	40.1	République arabe syrienne
Tunisia	33.1	34.1	33.7	32.2	25.7	Tunisie
Belgium	31.8	26.5	25.5	29.5	35.6	Belgique
Netherlands	24.3	23.7	18.4	27.6	38.4	Pays-Bas
Senegal	35.1	16.5	16.4	19.1	9.2	Sénégal
Algeria	26.9	20.6	16.8	16.7	10.9	Algérie
Italy-San Marino-Holy See	14.7	14.0	13.1	14.5	18.9	Italie-Saint-Marin-Saint-Siège
Germany	10.5	10.3	11.7	11.3	13.8	Allemagne
France-Monaco	9.5	9.1	7.4	9.1	10.3	France-Monaco
Kazakhstan	20.3	9.8	8.8	e1.3	1.8	Kazakhstan
Spain	6.4	5.5	5.6	6.6	7.9	Espagne
United Kingdom	7.1	6.0	5.6	5.9	7.3	Royaume-Uni
Venezuela	0.5	0.4	0.1	30.1	0.1	Venezuela
Saudi Arabia	9.9	6.5	5.9	2.7	e2.9	Arabie saoudite
Austria	3.0	4.6	5.3	5.6	7.1	Autriche
Canada	4.7	3.9	4.6	5.1	6.4	Canada
Indonesia	2.0	2.4	4.2	5.8	6.2	Indonésie
Norway	2.7	2.9	3.2	3.6	5.2	Norvège
Ireland	3.2	3.1	4.2	3.5	3.5	Irlande
Egypt	0.1	0.5	0.4	7.1	9.2	Egypte
Australia	4.3	4.0	1.5	1.0	1.7	Australie
Malaysia	2.8	2.2	1.1	1.6	2.7	Malaisie

(Value as percentages of World total)   **(Valeur en pourcentage du total mondial)**

Regions of the world	1994	1995	1996	1997	1998	1999	2000	2001	2002	2003	Régions du monde
World	100.0	100.0	100.0	100.0	100.0	100.0	100.0	100.0	100.0	100.0	Monde
Africa	33.1	31.8	34.0	36.7	36.7	36.7	40.1	35.2	35.8	32.6	Afrique
Americas	2.8	3.6	3.2	3.3	2.7	3.5	3.4	3.0	5.0	3.3	Amériques
- Northern America	0.1	0.1	0.2	0.2	0.1	0.3	0.3	0.3	0.4	0.5	- Amérique du Nord
- LAIA	2.6	3.5	2.9	3.0	2.6	3.2	3.1	2.6	4.5	2.8	- ALAI
- CACM	0.0	0.0	0.0	0.0	0.0	0.1	0.0	0.0	0.0	0.0	- MCC
- Caribbean	0.1	0.1	0.1	0.1	0.0	0.0	0.0	0.1	0.1	0.1	- Caraïbes
- Rest of America	0.0	0.0	0.0	0.0	0.0	0.0	0.0	0.0	0.0	0.0	- Autre d'Amérique
Asia excluding former USSR	33.8	34.9	34.6	32.1	32.8	33.9	27.1	42.6	40.6	43.3	Asie ancienne URSS exclus
- Middle East	24.7	26.1	23.7	22.4	22.4	22.7	11.1	26.1	27.1	26.8	- Moyen-Orient
Asia former USSR	0.0	0.0	0.0	0.1	0.9	1.2	0.8	0.7	0.1	0.1	Asie ancienne URSS
Europe excluding former USSR	8.0	9.0	8.0	6.7	7.0	7.1	8.7	7.5	8.9	11.0	Europe ancienne URSS exclus
- European Union	7.6	8.4	7.4	6.3	6.2	6.7	8.2	7.1	8.4	10.3	- Union Européenne
- Eastern Europe	0.2	0.4	0.5	0.3	0.2	0.2	0.3	0.2	0.2	0.3	- Europe de l'Est
- Rest of Europe	0.2	0.2	0.2	0.1	0.6	0.2	0.2	0.3	0.3	0.5	- Autre de l'Europe
Europe former USSR	11.5	11.8	11.4	12.0	11.2	10.4	11.3	8.6	8.6	8.8	Europe ancienne URSS
Oceania	10.7	8.8	8.9	9.0	8.6	7.1	8.6	2.5	1.0	0.9	Océanie

273 Stone, sand and gravel

Country or area	1999	2000	2001	2002	2003	Pays ou zone
World	4779.5	5168.6	4788.2	5047.1	5801.3	Monde
Africa	82.1	83.9	85.3	92.0	100.2	Afrique
Americas	567.6	610.3	570.5	593.7	642.0	Amériques
- Northern America	448.7	490.6	456.3	485.8	516.1	- Amérique du Nord
- LAIA	88.2	85.2	81.5	78.0	93.0	- ALAI
- CACM	7.2	9.0	10.1	10.1	11.9	- MCC
- Caribbean	19.8	20.6	18.9	17.2	17.6	- Caraïbes
- Rest of America	3.8	4.9	3.6	2.7	3.4	- Autre d'Amérique
Asia excluding former USSR	1345.3	1740.5	1537.3	1550.7	1788.7	Asie ancienne URSS exclus
- Middle East	179.5	220.1	261.1	286.7	345.8	- Moyen-Orient
Asia former USSR	12.0	16.0	14.5	20.1	26.1	Asie ancienne URSS
Europe excluding former USSR	2676.6	2613.9	2470.6	2645.7	3073.8	Europe ancienne URSS exclus
- European Union	2360.3	2306.5	2158.7	2293.8	2661.5	- Union Européenne
- Eastern Europe	119.9	120.6	122.2	142.3	172.5	- Europe de l'Est
- Rest of Europe	196.4	186.7	189.7	209.5	239.9	- Autre de l'Europe
Europe former USSR	63.5	71.9	86.2	117.6	136.3	Europe ancienne URSS
Oceania	32.4	32.2	23.8	27.3	34.3	Océanie
Italy-San Marino-Holy See	535.6	572.5	532.9	534.5	559.0	Italie-Saint-Marin-Saint-Siège
Germany	481.0	463.9	396.5	375.1	421.8	Allemagne
China	216.0	375.8	430.6	436.9	583.0	Chine
United States	342.7	381.5	337.1	360.9	384.0	Etats-Unis d'Amérique
Netherlands	319.0	283.3	240.5	308.5	360.5	Pays-Bas
Japan	239.1	297.3	232.1	195.0	211.2	Japon
Belgium	235.5	203.9	206.3	215.1	288.8	Belgique
France-Monaco	202.8	193.1	187.3	193.0	222.6	France-Monaco
Spain	152.9	158.5	175.5	185.0	222.3	Espagne
United Kingdom	128.8	150.6	127.1	151.5	187.2	Royaume-Uni
Singapore	127.0	270.4	100.7	74.6	36.0	Singapour
Canada	105.7	108.8	118.4	124.2	130.8	Canada
Switzerland-Liechtenstein	112.7	107.9	109.7	118.9	133.7	Suisse-Liechtenstein
China, Hong Kong SAR	108.5	111.4	94.7	83.3	81.3	Chine - RAS de Hong-Kong
Kuwait	62.2	69.5	94.2	e107.2	e129.3	Koweït
Poland	72.9	73.9	74.5	82.5	93.6	Pologne
Korea, Republic of	47.3	59.2	58.5	62.6	80.3	République de Corée
Denmark	64.3	49.3	47.1	50.9	67.1	Danemark
Portugal	44.7	45.3	54.9	57.3	e58.5	Portugal
Russian Federation	22.6	35.8	43.3	63.7	71.2	Fédération de Russie
India	43.7	46.9	35.1	45.3	52.4	Inde
Mexico	37.5	41.7	35.3	41.7	50.7	Mexique
Ireland	33.6	33.5	37.5	46.5	51.2	Irlande
Austria	41.0	36.5	35.9	37.9	45.1	Autriche
Sweden	39.2	32.6	31.5	39.2	45.6	Suède
United Arab Emirates	12.2	42.5	41.2	e42.2	e49.5	Emirats arabes unis
Finland	30.4	31.2	33.9	34.3	42.6	Finlande
Luxembourg	30.9	33.5	28.0	31.6	41.8	Luxembourg
Indonesia	20.6	27.7	42.0	37.4	36.3	Indonésie
Malaysia	26.3	26.1	28.4	33.2	31.6	Malaisie

(Value as percentages of World total) — (Valeur en pourcentage du total mondial)

Regions of the world	1994	1995	1996	1997	1998	1999	2000	2001	2002	2003	Régions du monde
World	100.0	100.0	100.0	100.0	100.0	100.0	100.0	100.0	100.0	100.0	Monde
Africa	1.1	1.2	1.4	1.4	1.7	1.7	1.6	1.8	1.8	1.7	Afrique
Americas	9.4	9.0	8.6	10.1	11.7	11.9	11.8	11.9	11.8	11.1	Amériques
- Northern America	7.2	6.9	6.7	7.7	8.8	9.4	9.5	9.5	9.6	8.9	- Amérique du Nord
- LAIA	1.7	1.6	1.4	1.7	2.1	1.8	1.6	1.7	1.5	1.6	- ALAI
- CACM	0.1	0.1	0.1	0.1	0.2	0.1	0.2	0.2	0.2	0.2	- MCC
- Caribbean	0.3	0.4	0.3	0.6	0.5	0.4	0.4	0.4	0.3	0.3	- Caraïbes
- Rest of America	0.1	0.1	0.1	0.1	0.1	0.1	0.1	0.1	0.1	0.1	- Autre d'Amérique
Asia excluding former USSR	31.7	29.5	30.6	34.3	26.8	28.1	33.7	32.1	30.7	30.8	Asie ancienne URSS exclus
- Middle East	2.7	2.5	2.5	3.2	4.3	3.8	4.3	5.5	5.7	6.0	- Moyen-Orient
Asia former USSR	0.3	0.2	2.2	0.3	0.3	0.3	0.3	0.3	0.4	0.4	Asie ancienne URSS
Europe excluding former USSR	55.2	57.5	54.6	51.0	56.5	56.0	50.6	51.6	52.4	53.0	Europe ancienne URSS exclus
- European Union	49.1	51.1	48.3	45.3	49.4	49.4	44.6	45.1	45.4	45.9	- Union Européenne
- Eastern Europe	1.5	1.6	1.9	2.0	2.6	2.5	2.3	2.6	2.8	3.0	- Europe de l'Est
- Rest of Europe	4.6	4.8	4.4	3.8	4.5	4.1	3.6	4.0	4.2	4.1	- Autre de l'Europe
Europe former USSR	1.6	1.9	2.0	2.2	2.2	1.3	1.4	1.8	2.3	2.3	Europe ancienne URSS
Oceania	0.8	0.6	0.6	0.5	0.8	0.7	0.6	0.5	0.5	0.6	Océanie

TRADE BY COMMODITY (Value in million US dollars)
Exports by principal countries or areas

COMMERCE PAR PRODUIT (Valeur en millions de dollars EU)
Exportations selon les principaux pays ou zones

Country or area	1999	2000	2001	2002	2003	Pays ou zone
World	3710.4	3766.9	3780.3	4081.5	4618.2	Monde
Africa	99.6	112.0	105.0	173.9	177.7	Afrique
Americas	541.6	637.8	590.2	578.8	671.8	Amériques
- Northern America	434.2	501.3	453.0	443.3	462.6	- Amérique du Nord
- LAIA	94.6	112.9	112.7	117.4	192.1	- ALAI
- CACM	4.3	10.4	9.0	2.5	2.6	- MCC
- Caribbean	7.8	10.2	12.1	13.7	13.0	- Caraïbes
- Rest of America	0.8	3.0	3.3	1.9	1.6	- Autre d'Amérique
Asia excluding former USSR	801.6	862.3	910.4	945.4	1063.2	Asie ancienne URSS exclus
- Middle East	167.8	130.7	190.5	223.1	308.7	- Moyen-Orient
Asia former USSR	4.0	5.4	5.6	7.0	7.2	Asie ancienne URSS
Europe excluding former USSR	2166.9	2048.8	2052.4	2252.0	2541.9	Europe ancienne URSS exclus
- European Union	1895.5	1780.0	1784.3	1947.9	2180.2	- Union Européenne
- Eastern Europe	58.1	58.7	55.5	57.7	76.4	- Europe de l'Est
- Rest of Europe	213.3	210.0	212.6	246.4	285.3	- Autre de l'Europe
Europe former USSR	34.0	37.4	55.8	69.9	85.2	Europe ancienne URSS
Oceania	62.7	63.3	61.0	54.3	71.1	Océanie
Germany	319.4	283.8	313.9	341.4	373.0	Allemagne
United States	287.3	331.4	323.9	313.0	323.5	Etats-Unis d'Amérique
Spain	276.5	296.7	295.1	321.3	339.2	Espagne
India	241.5	265.2	281.6	320.0	334.8	Inde
Italy-San Marino-Holy See	270.4	279.4	252.9	272.7	282.7	Italie-Saint-Marin-Saint-Siège
Belgium	234.5	210.8	226.6	250.5	291.0	Belgique
France-Monaco	256.1	233.8	213.5	227.5	258.7	France-Monaco
Norway	167.4	164.5	161.6	193.3	216.8	Norvège
Canada	146.6	169.7	129.0	130.3	139.1	Canada
China	99.7	128.7	131.6	158.0	172.0	Chine
Austria	112.8	99.4	104.2	115.2	145.1	Autriche
United Kingdom	114.7	93.6	97.9	105.0	115.7	Royaume-Uni
Turkey	40.4	45.6	73.1	88.3	143.6	Turquie
Netherlands	78.2	56.9	67.6	82.0	99.6	Pays-Bas
Thailand	57.9	85.6	64.6	e64.7	75.6	Thaïlande
Indonesia	51.8	66.2	98.4	56.6	44.0	Indonésie
Sweden	68.3	61.2	51.4	56.9	72.9	Suède
Australia	60.8	59.6	59.8	51.3	67.8	Australie
Mexico	61.0	52.3	49.9	55.2	61.6	Mexique
Brazil	21.5	46.3	41.9	50.6	117.0	Brésil
Portugal	45.0	41.3	45.7	57.0	e66.1	Portugal
United Arab Emirates	89.8	31.7	38.4	e40.0	e47.4	Emirates arabes unis
Egypt	25.1	30.3	34.2	57.1	58.4	Egypte
Finland	42.6	37.0	38.0	41.4	41.2	Finlande
China, Hong Kong SAR	52.2	51.4	38.8	23.5	23.3	Chine - RAS de Hong-Kong
Greece	25.6	36.8	31.7	35.8	49.0	Grèce
Japan	31.4	33.9	33.1	33.5	39.3	Japon
South Africa	–	36.4	37.6	47.9	48.6	Afrique du Sud
Iran (Islamic Republic of)	14.3	27.7	28.1	30.2	39.9	Iran (République islamique d')
Denmark	30.6	31.3	28.0	23.9	25.8	Danemark

(Value as percentages of World total)

(Valeur en pourcentage du total mondial)

Regions of the world	1994	1995	1996	1997	1998	1999	2000	2001	2002	2003	Régions du monde
World	100.0	100.0	100.0	100.0	100.0	100.0	100.0	100.0	100.0	100.0	Monde
Africa	2.7	2.6	2.6	2.7	2.9	2.7	3.0	2.8	4.3	3.8	Afrique
Americas	12.1	11.7	11.4	13.5	15.4	14.6	16.9	15.6	14.2	14.5	Amériques
- Northern America	9.7	9.4	9.2	10.6	12.4	11.7	13.3	12.0	10.9	10.0	- Amérique du Nord
- LAIA	2.0	1.9	1.8	2.3	2.4	2.5	3.0	3.0	2.9	4.2	- ALAI
- CACM	0.1	0.1	0.1	0.1	0.1	0.1	0.3	0.2	0.1	0.1	- MCC
- Caribbean	0.3	0.3	0.3	0.5	0.4	0.2	0.3	0.3	0.3	0.3	- Caraïbes
- Rest of America	0.0	0.0	0.0	0.0	0.0	0.0	0.1	0.1	0.0	0.0	- Autre d'Amérique
Asia excluding former USSR	23.2	22.3	22.3	21.9	17.9	21.6	22.9	24.1	23.2	23.0	Asie ancienne URSS exclus
- Middle East	3.1	2.8	2.6	3.2	4.7	4.5	3.5	5.0	5.5	6.7	- Moyen-Orient
Asia former USSR	0.2	0.3	0.3	0.3	0.3	0.1	0.1	0.1	0.2	0.2	Asie ancienne URSS
Europe excluding former USSR	59.6	60.0	59.6	58.7	60.1	58.4	54.4	54.3	55.2	55.0	Europe ancienne URSS exclus
- European Union	51.4	51.7	50.8	51.0	52.4	51.1	47.3	47.2	47.7	47.2	- Union Européenne
- Eastern Europe	2.7	2.7	3.6	2.0	1.8	1.6	1.6	1.5	1.4	1.7	- Europe de l'Est
- Rest of Europe	5.5	5.6	5.3	5.7	5.9	5.7	5.6	5.6	6.0	6.2	- Autre de l'Europe
Europe former USSR	0.9	1.2	1.3	1.2	1.7	0.9	1.0	1.5	1.7	1.8	Europe ancienne URSS
Oceania	1.3	2.0	1.5	1.6	1.7	1.7	1.7	1.6	1.3	1.5	Océanie

274 Sulphur and unroasted iron pyrites

TRADE BY COMMODITY (Value in million US dollars)
Imports by principal countries or areas

COMMERCE PAR PRODUIT (Valeur en millions de dollars EU)
Importations selon les principaux pays ou zones

Country or area	1999	2000	2001	2002	2003	Pays ou zone
World	919.7	1037.2	799.9	959.0	1497.9	Monde
Africa	220.0	257.3	201.9	234.7	394.1	Afrique
Americas	184.9	202.6	131.3	141.8	249.0	Amériques
- Northern America	72.3	60.0	36.2	45.2	98.8	- Amérique du Nord
- LAIA	110.9	141.1	93.5	94.6	148.0	- ALAI
- CACM	0.7	1.5	1.6	1.9	2.2	- MCC
- Caribbean	0.9	0.0	0.0	0.1	0.0	- Caraïbes
- Rest of America	0.0	0.0	0.0	0.0	0.1	- Autre d'Amérique
Asia excluding former USSR	367.1	399.0	321.6	424.1	620.2	Asie ancienne URSS exclus
- Middle East	44.6	44.9	39.2	60.1	41.6	- Moyen-Orient
Asia former USSR	1.6	1.5	0.7	0.7	0.7	Asie ancienne URSS
Europe excluding former USSR	95.9	113.8	101.1	102.1	151.6	Europe ancienne URSS exclus
- European Union	69.2	84.0	72.4	70.8	109.8	- Union Européenne
- Eastern Europe	9.2	11.7	12.2	12.9	17.5	- Europe de l'Est
- Rest of Europe	17.5	18.1	16.5	18.5	24.4	- Autre de l'Europe
Europe former USSR	30.3	27.9	17.2	21.3	31.9	Europe ancienne URSS
Oceania	19.9	35.0	26.0	34.4	50.4	Océanie
China	94.8	150.6	134.8	187.1	392.6	Chine
Morocco	108.6	134.1	100.6	115.3	189.7	Maroc
India	115.8	90.8	58.0	83.0	85.1	Inde
Brazil	66.6	91.6	58.8	63.7	120.8	Brésil
Tunisia	56.0	69.2	54.5	57.2	102.0	Tunisie
United States	67.0	54.6	30.4	39.8	93.2	Etats-Unis d'Amérique
Israel	28.2	33.1	29.1	25.4	43.3	Israël
Jordan	28.1	25.6	23.3	41.7	16.3	Jordanie
Philippines	36.9	28.0	18.4	25.1	9.2	Philippines
Australia	10.5	20.8	16.4	25.0	34.1	Australie
South Africa	–	29.1	12.8	18.7	36.9	Afrique du Sud
Belgium	20.8	22.8	15.7	13.4	21.9	Belgique
Senegal	9.9	4.0	15.2	19.2	36.7	Sénégal
Mexico	23.6	27.0	12.4	9.5	3.5	Mexique
Indonesia	15.7	16.7	17.4	12.2	13.6	Indonésie
Spain	4.3	13.1	14.9	15.8	24.8	Espagne
New Zealand	8.5	13.8	9.0	9.0	15.5	Nouvelle-Zélande
Italy-San Marino-Holy See	4.9	13.2	10.0	11.3	12.2	Italie-Saint-Marin-Saint-Siège
Cuba	9.7	11.1	12.7	e10.1	e7.9	Cuba
France-Monaco	9.7	10.2	7.8	6.5	11.5	France-Monaco
Lithuania	7.3	9.3	1.9	8.5	14.3	Lituanie
Ukraine	12.5	9.5	8.1	4.1	e5.6	Ukraine
Turkey	7.7	7.7	5.3	6.4	10.4	Turquie
Korea, Republic of	8.3	9.4	5.9	5.0	7.5	République de Corée
Thailand	4.1	8.5	4.7	e8.3	9.8	Thaïlande
Zambia	0.0	6.2	9.0	10.1	e9.8	Zambie
Lebanon	4.9	7.9	6.1	6.9	8.7	Liban
Belarus	7.7	7.6	5.7	5.2	7.2	Bélarus
Norway	6.8	6.1	5.2	6.8	7.7	Norvège
Germany	6.2	4.6	5.2	5.8	8.1	Allemagne

(Value as percentages of World total)   **(Valeur en pourcentage du total mondial)**

Regions of the world	1994	1995	1996	1997	1998	1999	2000	2001	2002	2003	Régions du monde
World	100.0	100.0	100.0	100.0	100.0	100.0	100.0	100.0	100.0	100.0	Monde
Africa	28.0	28.3	28.5	30.2	27.6	23.9	24.8	25.2	24.5	26.3	Afrique
Americas	22.0	23.7	21.4	23.3	20.9	20.1	19.5	16.4	14.8	16.6	Amériques
- Northern America	9.6	10.6	8.5	8.1	9.1	7.9	5.8	4.5	4.7	6.6	- Amérique du Nord
- LAIA	12.2	13.0	12.7	15.1	11.6	12.1	13.6	11.7	9.9	9.9	- ALAI
- CACM	0.2	0.1	0.2	0.1	0.1	0.1	0.1	0.2	0.2	0.1	- MCC
- Caribbean	0.0	0.0	0.0	0.0	0.0	0.1	0.0	0.0	0.0	0.0	- Caraïbes
- Rest of America	0.0	0.0	0.0	0.0	0.0	0.0	0.0	0.0	0.0	0.0	- Autre d'Amérique
Asia excluding former USSR	29.9	26.1	28.2	25.2	29.4	39.9	38.5	40.2	44.2	41.4	Asie ancienne URSS exclus
- Middle East	3.5	3.3	4.4	4.0	4.3	4.9	4.3	4.9	6.3	2.8	- Moyen-Orient
Asia former USSR	0.1	0.1	0.2	0.1	0.1	0.2	0.1	0.1	0.1	0.0	Asie ancienne URSS
Europe excluding former USSR	15.5	16.8	15.6	15.3	15.8	10.4	11.0	12.6	10.6	10.1	Europe ancienne URSS exclus
- European Union	12.0	13.3	12.2	12.0	12.0	7.5	8.1	9.1	7.4	7.3	- Union Européenne
- Eastern Europe	1.2	1.5	1.2	1.2	1.4	1.0	1.1	1.5	1.3	1.2	- Europe de l'Est
- Rest of Europe	2.3	2.0	2.2	2.1	2.4	1.9	1.7	2.1	1.9	1.6	- Autre de l'Europe
Europe former USSR	2.6	2.4	4.1	3.8	4.1	3.3	2.7	2.1	2.2	2.1	Europe ancienne URSS
Oceania	1.9	2.5	2.1	2.0	2.2	2.2	3.4	3.3	3.6	3.4	Océanie

TRADE BY COMMODITY (Value in million US dollars)
Exports by principal countries or areas

COMMERCE PAR PRODUIT (Valeur en millions de dollars EU)
Exportations selon les principaux pays ou zones

Country or area	1999	2000	2001	2002	2003	Pays ou zone
World	482.3	580.4	392.5	464.0	675.3	Monde
Africa	9.1	7.2	2.6	4.5	6.2	Afrique
Americas	247.8	276.3	174.8	172.7	256.8	Amériques
- Northern America	220.1	255.5	166.1	155.1	221.7	- Amérique du Nord
- LAIA	27.4	20.6	8.5	17.3	31.5	- ALAI
- CACM	0.1	0.1	0.2	0.1	0.2	- MCC
- Caribbean	0.2	0.1	0.0	0.1	3.4	- Caraïbes
- Rest of America	0.0	0.0	0.0	0.0	0.0	- Autre d'Amérique
Asia excluding former USSR	54.7	66.1	55.7	73.8	120.2	Asie ancienne URSS exclus
- Middle East	19.1	21.2	17.3	26.8	15.7	- Moyen-Orient
Asia former USSR	2.4	0.7	0.5	10.7	14.7	Asie ancienne URSS
Europe excluding former USSR	137.6	162.4	132.6	139.2	189.7	Europe ancienne URSS exclus
- European Union	105.5	116.0	103.7	114.7	163.9	- Union Européenne
- Eastern Europe	31.7	45.5	28.4	24.0	23.9	- Europe de l'Est
- Rest of Europe	0.4	0.9	0.5	0.5	1.9	- Autre de l'Europe
Europe former USSR	30.1	66.8	26.0	62.5	87.2	Europe ancienne URSS
Oceania	0.5	0.7	0.3	0.6	0.4	Océanie
Canada	178.7	194.7	116.9	114.8	175.4	Canada
Germany	49.0	60.7	56.1	61.0	82.5	Allemagne
Russian Federation	28.3	64.2	24.3	61.0	84.3	Fédération de Russie
United States	41.4	60.8	49.2	40.3	46.4	Etats-Unis d'Amérique
Poland	30.8	44.6	27.8	21.8	21.5	Pologne
Japan	21.3	25.5	26.9	26.1	43.1	Japon
France-Monaco	16.9	18.4	14.6	22.1	35.3	France-Monaco
Mexico	26.6	19.7	7.6	11.9	26.2	Mexique
Netherlands	13.8	11.1	12.6	9.3	15.9	Pays-Bas
Italy-San Marino-Holy See	6.2	8.7	8.1	8.3	13.0	Italie-Saint-Marin-Saint-Siège
Korea, Republic of	8.9	12.0	5.6	5.1	12.5	République de Corée
Finland	9.3	7.6	5.5	6.7	7.0	Finlande
Jordan	7.6	1.8	4.9	14.9	5.7	Jordanie
Malaysia	0.2	0.5	0.3	6.0	26.1	Malaisie
Kazakhstan	0.9		0.0	e10.1	13.5	Kazakhstan
Qatar	3.3	6.3	2.7	4.3	e5.3	Qatar
Spain	3.8	4.2	3.8	3.4	4.7	Espagne
Saudi Arabia	4.3	5.8	3.6	2.4	e2.6	Arabie saoudite
Iran (Islamic Republic of)	3.1	5.4	4.4	3.8	0.9	Iran (République islamique d')
Singapore	2.7	3.9	2.3	2.5	5.9	Singapour
South Africa	–	6.9	2.2	3.5	4.1	Afrique du Sud
China	1.2	1.6	2.1	1.7	3.7	Chine
Belgium	2.2	2.5	1.2	1.6	2.3	Belgique
United Kingdom	3.4	2.1	1.0	1.4	1.4	Royaume-Uni
Ukraine	1.8	2.6	1.6	1.3	e1.7	Ukraine
Southern African Customs Union	8.8	–	–	–	–	Union douanière d'Afrique australe
Venezuela		0.0	0.0	4.4	4.1	Venezuela
Bahrain	e0.5	0.8	1.1	0.9	0.6	Bahreïn
Uzbekistan	e1.3	e0.5	e0.3	e0.4	e1.2	Ouzbékistan
Netherlands Antilles	e0.1	e0.0	e0.0	e0.1	e3.3	Antilles néerlandaises

(Value as percentages of World total)   **(Valeur en pourcentage du total mondial)**

Regions of the world	1994	1995	1996	1997	1998	1999	2000	2001	2002	2003	Régions du monde
World	100.0	100.0	100.0	100.0	100.0	100.0	100.0	100.0	100.0	100.0	Monde
Africa	0.3	0.4	0.6	0.7	1.0	1.9	1.2	0.7	1.0	0.9	Afrique
Americas	39.9	49.8	52.4	48.4	50.7	51.4	47.6	44.5	37.2	38.0	Amériques
- Northern America	36.0	45.6	48.6	44.8	44.5	45.6	44.0	42.3	33.4	32.8	- Amérique du Nord
- LAIA	3.8	4.2	3.8	3.5	6.1	5.7	3.6	2.2	3.7	4.7	- ALAI
- CACM	0.0	0.0	0.0	0.0	0.0	0.0	0.0	0.0	0.0	0.0	- MCC
- Caribbean	0.1	0.0	0.0	0.0	0.0	0.0	0.0	0.0	0.0	0.5	- Caraïbes
- Rest of America	0.0	0.0	0.0	0.0	0.0	0.0	0.0	0.0	0.0	0.0	- Autre d'Amérique
Asia excluding former USSR	26.4	14.4	11.9	15.6	10.8	11.3	11.4	14.2	15.9	17.8	Asie ancienne URSS exclus
- Middle East	22.5	10.1	6.9	10.3	3.2	4.0	3.7	4.4	5.8	2.3	- Moyen-Orient
Asia former USSR	1.3	0.5	0.6	0.4	0.5	0.5	0.1	0.1	2.3	2.2	Asie ancienne URSS
Europe excluding former USSR	27.3	29.9	28.3	25.0	31.7	28.5	28.0	33.8	30.0	28.1	Europe ancienne URSS exclus
- European Union	15.9	18.4	19.5	17.8	24.4	21.9	20.0	26.4	24.7	24.3	- Union Européenne
- Eastern Europe	11.2	11.4	8.7	7.1	7.2	6.6	7.8	7.2	5.2	3.5	- Europe de l'Est
- Rest of Europe	0.1	0.0	0.1	0.1	0.1	0.1	0.1	0.1	0.1	0.3	- Autre de l'Europe
Europe former USSR	4.7	4.8	6.0	9.8	5.1	6.3	11.5	6.6	13.5	12.9	Europe ancienne URSS
Oceania	0.2	0.1	0.1	0.1	0.2	0.1	0.1	0.1	0.1	0.1	Océanie

277 Natural abrasives, nes

TRADE BY COMMODITY (Value in million US dollars)
Imports by principal countries or areas

COMMERCE PAR PRODUIT (Valeur en millions de dollars EU)
Importations selon les principaux pays ou zones

Country or area	1999	2000	2001	2002	2003	Pays ou zone
World	1705.7	1173.3	1035.0	1020.2	1227.2	Monde
Africa	22.6	31.4	35.1	38.4	42.6	Afrique
Americas	175.6	207.3	173.9	162.0	153.7	Amériques
- Northern America	154.5	179.4	151.9	142.5	133.3	- Amérique du Nord
- LAIA	19.0	24.6	19.2	15.7	17.2	- ALAI
- CACM	0.9	0.7	0.8	0.8	0.8	- MCC
- Caribbean	1.1	2.5	2.0	2.9	2.3	- Caraïbes
- Rest of America	0.2	0.1	0.0	0.1	0.1	- Autre d'Amérique
Asia excluding former USSR	342.6	368.1	310.8	297.7	372.0	Asie ancienne URSS exclus
- Middle East	9.7	11.3	18.3	14.0	24.4	- Moyen-Orient
Asia former USSR	0.2	1.2	0.8	2.3	0.9	Asie ancienne URSS
Europe excluding former USSR	1156.0	557.8	507.8	512.8	650.4	Europe ancienne URSS exclus
- European Union	1051.4	446.6	405.7	417.0	557.6	- Union Européenne
- Eastern Europe	5.4	6.0	6.3	7.1	7.8	- Europe de l'Est
- Rest of Europe	99.2	105.2	95.9	88.7	85.0	- Autre de l'Europe
Europe former USSR	0.8	1.0	0.7	1.0	1.2	Europe ancienne URSS
Oceania	8.0	6.7	5.9	6.0	6.5	Océanie
United Kingdom	642.9	54.8	43.8	38.0	76.9	Royaume-Uni
United States	141.2	165.6	138.8	129.7	121.3	Etats-Unis d'Amérique
Belgium	118.0	97.9	84.1	110.0	207.0	Belgique
Switzerland-Liechtenstein	97.0	102.1	93.5	86.2	82.5	Suisse-Liechtenstein
Italy-San Marino-Holy See	88.6	92.9	85.5	80.0	65.4	Italie-Saint-Marin-Saint-Siège
Japan	77.9	79.1	70.5	70.9	60.7	Japon
Israel	51.6	104.6	60.4	43.4	69.2	Israël
Germany	71.4	71.0	66.5	51.9	57.4	Allemagne
Korea, Republic of	48.4	57.8	48.1	49.1	45.1	République de Corée
Ireland	36.7	36.3	33.9	59.1	75.3	Irlande
China, Hong Kong SAR	69.5	19.0	21.0	18.4	28.4	Chine - RAS de Hong-Kong
Singapore	22.0	21.0	24.1	21.0	46.4	Singapour
Spain	22.9	21.7	26.5	21.9	26.6	Espagne
France-Monaco	18.9	20.9	21.0	18.4	16.1	France-Monaco
China	9.3	10.1	9.7	18.8	30.6	Chine
Botswana	–	12.6	16.7	e19.1	e22.3	Botswana
Thailand	13.2	14.6	14.4	e12.1	14.2	Thaïlande
Canada	13.3	13.8	13.0	12.7	11.7	Canada
Malaysia	6.2	11.4	9.2	19.8	15.9	Malaisie
India	8.3	13.2	11.9	9.8	15.2	Inde
Austria	13.9	12.0	10.9	7.6	6.8	Autriche
Greece	13.5	12.8	8.2	8.1	4.5	Grèce
Brazil	8.9	10.7	8.3	7.3	7.4	Brésil
Mauritius	12.0	8.1	8.1	9.2	2.4	Maurice
Mexico	7.3	9.3	8.3	5.9	7.4	Mexique
Sweden	8.3	9.1	9.5	5.5	5.3	Suède
South Africa	–	7.5	7.1	6.7	9.1	Afrique du Sud
Netherlands	7.5	5.6	4.3	5.5	6.4	Pays-Bas
Australia	6.9	5.4	4.6	4.7	4.5	Australie
Portugal	5.4	5.0	5.0	4.8	e4.9	Portugal

(Value as percentages of World total)
(Valeur en pourcentage du total mondial)

Regions of the world	1994	1995	1996	1997	1998	1999	2000	2001	2002	2003	Régions du monde
World	100.0	100.0	100.0	100.0	100.0	100.0	100.0	100.0	100.0	100.0	Monde
Africa	1.9	1.5	2.3	2.2	2.1	1.3	2.7	3.4	3.8	3.5	Afrique
Americas	12.8	14.2	17.1	17.0	15.5	10.3	17.7	16.8	15.9	12.5	Amériques
- Northern America	11.0	12.6	15.4	15.5	13.9	9.1	15.3	14.7	14.0	10.9	- Amérique du Nord
- LAIA	1.6	1.2	1.3	1.4	1.4	1.1	2.1	1.9	1.5	1.4	- ALAI
- CACM	0.0	0.1	0.1	0.1	0.1	0.1	0.1	0.1	0.1	0.1	- MCC
- Caribbean	0.1	0.2	0.3	0.1	0.1	0.1	0.2	0.2	0.3	0.2	- Caraïbes
- Rest of America	0.0	0.0	0.0	0.0	0.0	0.0	0.0	0.0	0.0	0.0	- Autre d'Amérique
Asia excluding former USSR	31.4	35.0	30.8	30.7	21.7	20.1	31.4	30.0	29.2	30.3	Asie ancienne URSS exclus
- Middle East	1.0	1.0	1.2	2.0	1.1	0.6	1.0	1.8	1.4	2.0	- Moyen-Orient
Asia former USSR	0.0	0.0	0.1	0.1	0.0	0.0	0.1	0.1	0.2	0.1	Asie ancienne URSS
Europe excluding former USSR	53.2	48.3	48.7	49.0	60.0	67.8	47.5	49.1	50.3	53.0	Europe ancienne URSS exclus
- European Union	46.5	41.2	40.8	40.5	51.4	61.6	38.1	39.2	40.9	45.4	- Union Européenne
- Eastern Europe	0.6	0.6	0.6	0.7	0.6	0.3	0.5	0.6	0.7	0.6	- Europe de l'Est
- Rest of Europe	6.2	6.6	7.3	7.8	8.0	5.8	9.0	9.3	8.7	6.9	- Autre de l'Europe
Europe former USSR	0.1	0.2	0.2	0.2	0.1	0.0	0.1	0.1	0.1	0.1	Europe ancienne URSS
Oceania	0.6	0.7	0.8	0.7	0.6	0.5	0.6	0.6	0.6	0.5	Océanie

TRADE BY COMMODITY (Value in million US dollars)
Exports by principal countries or areas

COMMERCE PAR PRODUIT (Valeur en millions de dollars EU)
Exportations selon les principaux pays ou zones

Country or area	1999	2000	2001	2002	2003	Pays ou zone
World	961.6	1034.4	938.3	885.1	1110.4	Monde
Africa	49.5	87.9	77.3	89.0	229.3	Afrique
Americas	150.0	155.2	133.1	117.2	115.0	Amériques
- Northern America	147.6	151.9	131.1	116.1	110.0	- Amérique du Nord
- LAIA	2.3	3.3	1.8	1.1	4.9	- ALAI
- CACM	0.1	0.0	0.1	0.1	0.1	- MCC
- Caribbean	0.0	0.0	0.0	0.0	0.0	- Caraïbes
- Rest of America	0.0	0.0	0.0	0.0	0.0	- Autre d'Amérique
Asia excluding former USSR	430.5	471.3	441.4	438.9	483.1	Asie ancienne URSS exclus
- Middle East	8.0	8.5	10.5	10.2	14.3	- Moyen-Orient
Asia former USSR	0.1	0.1	0.0	0.1	0.2	Asie ancienne URSS
Europe excluding former USSR	323.0	312.1	278.2	230.7	268.7	Europe ancienne URSS exclus
- European Union	249.9	237.0	210.5	182.2	225.5	- Union Européenne
- Eastern Europe	0.1	0.3	0.2	0.6	0.4	- Europe de l'Est
- Rest of Europe	72.9	74.8	67.5	47.8	42.7	- Autre de l'Europe
Europe former USSR	0.5	0.8	0.2	0.0	0.0	Europe ancienne URSS
Oceania	8.1	7.1	8.1	9.2	14.2	Océanie
Thailand	167.1	194.9	158.8	e149.1	174.1	Thaïlande
United States	145.8	150.3	129.2	114.0	108.0	Etats-Unis d'Amérique
Israel	52.1	99.1	119.2	121.4	101.6	Israël
Belgium	79.3	86.9	81.5	79.8	60.3	Belgique
United Kingdom	57.6	69.0	49.5	48.1	92.8	Royaume-Uni
Switzerland-Liechtenstein	70.5	71.4	65.3	46.4	41.1	Suisse-Liechtenstein
Korea, Republic of	45.4	46.3	33.0	33.1	28.4	République de Corée
China, Hong Kong SAR	81.0	15.1	14.6	9.8	31.5	Chine - RAS de Hong-Kong
Germany	38.0	37.6	33.5	15.9	20.9	Allemagne
India	15.7	40.4	32.8	27.6	24.1	Inde
Singapore	17.8	16.2	22.0	25.8	46.9	Singapour
Botswana	–	23.6	27.4	e27.1	e34.3	Botswana
Japan	22.3	24.8	20.8	15.8	15.9	Japon
China	15.6	18.8	22.3	23.6	19.0	Chine
Ghana	6.7	11.2	18.3	e23.6	e31.0	Ghana
Ireland	47.0	9.9	8.8	5.7	16.7	Irlande
Democratic Republic of the Congo	e1.3	e0.7	e1.3	e4.5	e	République démocratique du Congo
South Africa	–	42.3	13.6	0.3	28.8	Afrique du Sud
Central African Republic	1.4	6.0	15.0	15.0	23.7	République centrafricaine
Italy-San Marino-Holy See	9.1	9.0	9.9	10.3	13.2	Italie-Saint-Marin-Saint-Siège
Australia	7.8	6.7	8.0	9.2	14.0	Australie
Indonesia	2.9	3.4	4.8	14.8	18.4	Indonésie
Turkey	7.8	7.6	6.5	9.2	10.8	Turquie
Guinea			0.0	16.4	e16.8	Guinée
Greece	6.4	6.5	5.6	6.5	6.9	Grèce
France-Monaco	3.0	6.6	8.2	7.4	4.3	France-Monaco
Netherlands	4.7	7.2	7.4	3.5	4.7	Pays-Bas
Southern African Customs Union	26.2	–	–	–	–	Union douanière d'Afrique australe
Spain	2.7	2.0	3.4	3.5	3.9	Espagne
Congo	e2.4	e0.8	e0.1	e0.5	e10.7	Congo

(Value as percentages of World total)   **(Valeur en pourcentage du total mondial)**

Regions of the world	1994	1995	1996	1997	1998	1999	2000	2001	2002	2003	Régions du monde
World	100.0	100.0	100.0	100.0	100.0	100.0	100.0	100.0	100.0	100.0	Monde
Africa	9.7	11.6	9.5	8.6	12.1	5.1	8.5	8.2	10.1	20.7	Afrique
Americas	26.5	17.4	19.1	21.6	16.9	15.6	15.0	14.2	13.2	10.4	Amériques
- Northern America	26.3	16.8	18.9	21.4	16.7	15.3	14.7	14.0	13.1	9.9	- Amérique du Nord
- LAIA	0.2	0.3	0.1	0.2	0.2	0.2	0.3	0.2	0.1	0.4	- ALAI
- CACM	0.0	0.0	0.0	0.0	0.0	0.0	0.0	0.0	0.0	0.0	- MCC
- Caribbean	0.0	0.3	0.0	0.0	0.0	0.0	0.0	0.0	0.0	0.0	- Caraïbes
- Rest of America	0.0	0.0	0.1	0.0	0.0	0.0	0.0	0.0	0.0	0.0	- Autre d'Amérique
Asia excluding former USSR	23.4	28.9	23.5	23.1	24.4	44.8	45.6	47.0	49.6	43.5	Asie ancienne URSS exclus
- Middle East	1.2	1.3	1.6	1.3	1.0	0.8	0.8	1.1	1.1	1.3	- Moyen-Orient
Asia former USSR	0.0	0.2	0.3	0.2	0.0	0.0	0.0	0.0	0.0	0.0	Asie ancienne URSS
Europe excluding former USSR	39.3	40.8	46.5	45.4	35.1	33.6	30.2	29.6	26.1	24.2	Europe ancienne URSS exclus
- European Union	30.5	32.4	38.0	35.5	27.7	26.0	22.9	22.4	20.6	20.3	- Union Européenne
- Eastern Europe	0.4	0.0	0.1	0.5	0.0	0.0	0.0	0.0	0.1	0.0	- Europe de l'Est
- Rest of Europe	8.4	8.4	8.4	9.4	7.4	7.6	7.2	7.2	5.4	3.8	- Autre de l'Europe
Europe former USSR	0.1	0.2	0.2	0.2	10.6	0.0	0.1	0.0	0.0	0.0	Europe ancienne URSS
Oceania	0.9	0.9	1.0	0.8	1.0	0.8	0.7	0.9	1.0	1.3	Océanie

278 Other crude minerals

Country or area	1999	2000	2001	2002	2003	Pays ou zone
World	8981.8	9309.4	9311.5	9397.0	10406.6	Monde
Africa	286.6	240.4	262.5	286.7	278.1	Afrique
Americas	1664.2	1863.8	1907.3	1792.5	1839.5	Amériques
- Northern America	1242.0	1392.1	1407.8	1299.2	1358.1	- Amérique du Nord
- LAIA	346.8	387.8	412.8	406.5	383.9	- ALAI
- CACM	36.2	44.1	42.4	49.9	53.6	- MCC
- Caribbean	31.5	34.2	38.4	31.8	36.7	- Caraïbes
- Rest of America	7.7	5.5	5.9	5.1	7.2	- Autre d'Amérique
Asia excluding former USSR	2590.5	2800.6	2758.5	2746.3	2988.9	Asie ancienne URSS exclus
- Middle East	203.1	247.6	238.0	272.0	328.6	- Moyen-Orient
Asia former USSR	31.1	37.2	40.3	33.8	46.2	Asie ancienne URSS
Europe excluding former USSR	4121.7	4062.1	4028.4	4220.0	4859.4	Europe ancienne URSS exclus
- European Union	3607.7	3559.1	3521.7	3655.7	4205.2	- Union Européenne
- Eastern Europe	243.7	249.5	253.8	298.9	333.3	- Europe de l'Est
- Rest of Europe	270.3	253.5	253.0	265.4	320.9	- Autre de l'Europe
Europe former USSR	231.2	240.2	256.5	254.3	325.0	Europe ancienne URSS
Oceania	56.6	65.2	58.0	63.3	69.5	Océanie
Japan	1094.0	1145.6	1126.6	987.2	1019.0	Japon
United States	931.9	1062.1	1072.8	962.1	991.4	Etats-Unis d'Amérique
Germany	639.9	613.2	625.5	646.6	729.8	Allemagne
Italy-San Marino-Holy See	595.0	626.3	641.8	638.4	672.8	Italie-Saint-Marin-Saint-Siège
France-Monaco	387.7	369.9	390.2	407.4	467.1	France-Monaco
Belgium	319.3	280.9	296.0	333.0	441.6	Belgique
Canada	307.8	328.8	333.6	335.8	364.3	Canada
United Kingdom	319.8	338.8	316.9	342.6	332.2	Royaume-Uni
Netherlands	306.0	313.9	293.9	308.2	424.8	Pays-Bas
Korea, Republic of	256.2	263.6	275.6	302.9	325.8	République de Corée
Finland	216.5	237.1	222.1	211.8	247.8	Finlande
Spain	212.0	209.0	203.6	217.8	255.7	Espagne
Sweden	226.1	202.9	186.1	203.1	232.0	Suède
China	136.1	186.0	203.1	218.2	283.3	Chine
Mexico	143.2	167.6	201.1	208.2	169.7	Mexique
Indonesia	140.6	168.9	151.7	148.4	135.1	Indonésie
Austria	136.3	128.9	97.2	98.7	147.7	Autriche
Norway	120.6	110.4	112.1	116.9	143.0	Norvège
Russian Federation	91.3	101.7	115.3	118.6	143.2	Fédération de Russie
India	95.7	85.1	103.6	102.7	127.0	Inde
Thailand	88.5	100.4	99.1	e101.5	119.0	Thaïlande
Malaysia	93.8	94.4	97.8	96.4	100.5	Malaisie
Ukraine	91.6	92.9	95.9	84.6	e114.8	Ukraine
Denmark	97.0	90.2	101.9	87.0	77.1	Danemark
Poland	74.4	79.3	79.1	93.9	115.0	Pologne
Viet Nam	52.1	71.9	73.9	106.9	e88.6	Viet Nam
Turkey	60.4	84.3	55.4	74.0	96.5	Turquie
Brazil	62.8	76.3	71.2	68.8	78.6	Brésil
Czech Republic	61.6	58.2	60.5	80.1	74.6	République tchèque
Portugal	57.5	53.2	53.1	60.8	e62.1	Portugal

(Value as percentages of World total)

(Valeur en pourcentage du total mondial)

Regions of the world	1994	1995	1996	1997	1998	1999	2000	2001	2002	2003	Régions du monde
World	100.0	100.0	100.0	100.0	100.0	100.0	100.0	100.0	100.0	100.0	Monde
Africa	2.7	2.7	3.1	3.9	3.6	3.2	2.6	2.8	3.1	2.7	Afrique
Americas	17.4	16.8	17.5	19.1	19.5	18.5	20.0	20.5	19.1	17.7	Amériques
- Northern America	12.7	12.2	12.3	13.9	14.0	13.8	15.0	15.1	13.8	13.1	- Amérique du Nord
- LAIA	4.1	4.2	4.6	4.5	4.7	3.9	4.2	4.4	4.3	3.7	- ALAI
- CACM	0.2	0.2	0.2	0.3	0.3	0.4	0.5	0.5	0.5	0.5	- MCC
- Caribbean	0.2	0.2	0.3	0.3	0.4	0.4	0.4	0.4	0.3	0.4	- Caraïbes
- Rest of America	0.2	0.1	0.1	0.1	0.1	0.1	0.1	0.1	0.1	0.1	- Autre d'Amérique
Asia excluding former USSR	29.5	29.9	29.1	30.1	27.4	28.8	30.1	29.6	29.2	28.7	Asie ancienne URSS exclus
- Middle East	1.6	2.2	2.2	2.5	2.3	2.3	2.7	2.6	2.9	3.2	- Moyen-Orient
Asia former USSR	0.3	0.8	2.3	0.3	0.5	0.3	0.4	0.4	0.4	0.4	Asie ancienne URSS
Europe excluding former USSR	47.3	46.9	44.9	42.7	45.7	45.9	43.6	43.3	44.9	46.7	Europe ancienne URSS exclus
- European Union	41.5	41.1	39.3	37.4	39.9	40.2	38.2	37.8	38.9	40.4	- Union Européenne
- Eastern Europe	2.5	2.6	2.8	2.6	2.7	2.7	2.7	2.7	3.2	3.2	- Europe de l'Est
- Rest of Europe	3.3	3.2	2.8	2.6	3.1	3.0	2.7	2.7	2.8	3.1	- Autre de l'Europe
Europe former USSR	1.9	2.2	2.5	3.3	2.8	2.6	2.6	2.8	2.7	3.1	Europe ancienne URSS
Oceania	0.8	0.7	0.6	0.7	0.6	0.6	0.7	0.6	0.7	0.7	Océanie

TRADE BY COMMODITY (Value in million US dollars)
Exports by principal countries or areas

COMMERCE PAR PRODUIT (Valeur en millions de dollars EU)
Exportations selon les principaux pays ou zones

Country or area	1999	2000	2001	2002	2003	Pays ou zone
World	6871.6	6848.5	6944.3	7097.9	8266.7	Monde
Africa	275.3	326.1	335.2	360.7	423.6	Afrique
Americas	1939.6	2119.6	2065.7	1927.4	2100.5	Amériques
- Northern America	1491.1	1612.5	1575.0	1436.5	1507.5	- Amérique du Nord
- LAIA	418.3	473.8	460.6	448.0	536.4	- ALAI
- CACM	4.0	7.1	4.5	5.4	6.6	- MCC
- Caribbean	25.9	26.1	25.4	37.4	50.0	- Caraïbes
- Rest of America	0.2	0.1	0.2	0.1	0.1	- Autre d'Amérique
Asia excluding former USSR	1340.5	1343.1	1399.1	1329.8	1565.9	Asie ancienne URSS exclus
- Middle East	260.6	137.0	148.8	169.7	230.0	- Moyen-Orient
Asia former USSR	33.5	35.2	42.3	34.0	41.7	Asie ancienne URSS
Europe excluding former USSR	2886.6	2632.3	2680.8	2993.3	3610.0	Europe ancienne URSS exclus
- European Union	2617.4	2367.9	2414.3	2668.8	3251.3	- Union Européenne
- Eastern Europe	168.4	176.3	173.0	222.7	233.4	- Europe de l'Est
- Rest of Europe	100.9	88.2	93.5	101.8	125.4	- Autre de l'Europe
Europe former USSR	181.4	194.9	210.2	234.9	305.4	Europe ancienne URSS
Oceania	214.6	197.4	211.0	217.8	219.6	Océanie
United States	1139.5	1247.2	1215.9	1103.7	1155.9	Etats-Unis d'Amérique
China	711.6	818.9	856.5	786.0	903.8	Chine
Germany	546.3	443.8	508.0	537.1	625.3	Allemagne
United Kingdom	541.8	525.7	496.9	496.2	565.2	Royaume-Uni
Netherlands	379.4	352.5	367.0	420.8	532.5	Pays-Bas
Canada	351.2	365.3	359.0	332.8	351.2	Canada
Belgium	244.9	228.3	246.5	283.0	395.0	Belgique
France-Monaco	282.1	252.1	228.1	259.1	319.4	France-Monaco
Brazil	193.4	233.8	222.3	229.3	276.9	Brésil
Spain	216.3	200.0	202.2	255.9	267.3	Espagne
Australia	193.7	191.2	205.7	211.9	209.6	Australie
Mexico	139.1	155.4	142.0	128.1	146.1	Mexique
Italy-San Marino-Holy See	134.4	130.0	132.8	147.8	155.5	Italie-Saint-Marin-Saint-Siège
Turkey	222.5	107.4	98.2	117.7	153.5	Turquie
South Africa	–	121.2	142.1	141.4	161.8	Afrique du Sud
Ukraine	79.9	92.3	104.8	122.4	e157.6	Ukraine
Japan	97.3	97.7	88.5	101.5	115.2	Japon
Russian Federation	86.0	88.9	92.2	95.4	124.6	Fédération de Russie
Norway	70.4	62.3	72.4	77.1	93.1	Norvège
Austria	59.5	53.1	58.6	62.0	111.3	Autriche
India	40.5	64.0	71.6	63.5	93.9	Inde
Zimbabwe	62.7	68.3	50.6	68.5	e59.3	Zimbabwe
Slovakia	56.3	57.3	59.1	59.9	74.8	Slovaquie
Greece	68.9	54.1	53.2	58.1	66.7	Grèce
Czech Republic	51.3	50.4	52.9	69.7	69.8	République tchèque
Denmark	48.9	45.3	43.8	49.2	80.2	Danemark
Finland	46.6	41.0	35.4	38.9	57.9	Finlande
Chile	35.4	32.5	49.8	41.1	55.1	Chili
Thailand	34.7	43.1	36.8	e28.5	33.2	Thaïlande
Kenya	36.7	37.1	e27.6	19.9	52.6	Kenya

(Value as percentages of World total)
(Valeur en pourcentage du total mondial)

Regions of the world	1994	1995	1996	1997	1998	1999	2000	2001	2002	2003	Régions du monde
World	100.0	100.0	100.0	100.0	100.0	100.0	100.0	100.0	100.0	100.0	Monde
Africa	4.5	4.7	4.3	4.5	4.3	4.0	4.8	4.8	5.1	5.1	Afrique
Americas	29.4	26.5	27.1	28.1	28.0	28.2	30.9	29.7	27.2	25.4	Amériques
- Northern America	23.6	20.9	21.5	22.2	21.9	21.7	23.5	22.7	20.2	18.2	- Amérique du Nord
- LAIA	5.3	5.2	5.1	5.5	5.7	6.1	6.9	6.6	6.3	6.5	- ALAI
- CACM	0.0	0.1	0.1	0.0	0.1	0.1	0.1	0.1	0.1	0.1	- MCC
- Caribbean	0.4	0.3	0.3	0.3	0.4	0.4	0.4	0.4	0.5	0.6	- Caraïbes
- Rest of America	0.1	0.0	0.0	0.0	0.0	0.0	0.0	0.0	0.0	0.0	- Autre d'Amérique
Asia excluding former USSR	19.1	21.1	17.8	19.3	18.0	19.5	19.6	20.1	18.7	18.9	Asie ancienne URSS exclus
- Middle East	3.6	3.3	1.5	1.8	1.9	3.8	2.0	2.1	2.4	2.8	- Moyen-Orient
Asia former USSR	0.3	1.0	2.4	0.8	0.7	0.5	0.5	0.6	0.5	0.5	Asie ancienne URSS
Europe excluding former USSR	41.4	41.4	42.9	41.2	42.5	42.0	38.4	38.6	42.2	43.7	Europe ancienne URSS exclus
- European Union	37.9	37.9	38.5	37.4	38.5	38.1	34.6	34.8	37.6	39.3	- Union Européenne
- Eastern Europe	2.1	2.2	3.1	2.5	2.5	2.5	2.6	2.5	3.1	2.8	- Europe de l'Est
- Rest of Europe	1.3	1.3	1.3	1.3	1.6	1.5	1.3	1.3	1.4	1.5	- Autre de l'Europe
Europe former USSR	1.8	2.0	2.3	3.0	3.1	2.6	2.8	3.0	3.3	3.7	Europe ancienne URSS
Oceania	3.5	3.3	3.3	3.1	3.3	3.1	2.9	3.0	3.1	2.7	Océanie

281 Iron ore and concentrates

TRADE BY COMMODITY (Value in million US dollars)
Imports by principal countries or areas

COMMERCE PAR PRODUIT (Valeur en millions de dollars EU)
Importations selon les principaux pays ou zones

Country or area	1999	2000	2001	2002	2003	Pays ou zone
World	11252.7	13109.0	12772.7	12972.6	16868.3	Monde
Africa	164.2	88.1	79.6	73.3	61.7	Afrique
Americas	921.7	964.8	766.1	891.9	1037.2	Amériques
- Northern America	716.2	722.9	559.4	604.9	633.2	- Amérique du Nord
- LAIA	201.1	211.9	203.4	226.8	339.1	- ALAI
- CACM	0.0	0.6	0.1	0.6	0.4	- MCC
- Caribbean	4.5	29.4	3.3	59.6	64.5	- Caraïbes
- Rest of America	0.0	0.0	0.0	0.0	0.0	- Autre d'Amérique
Asia excluding former USSR	6180.2	7336.7	7851.1	7797.1	10579.4	Asie ancienne URSS exclus
- Middle East	426.9	494.8	444.0	403.5	474.3	- Moyen-Orient
Asia former USSR	0.0	0.4	0.6	0.4	0.7	Asie ancienne URSS
Europe excluding former USSR	3773.2	4190.3	3677.1	3815.4	4645.0	Europe ancienne URSS exclus
- European Union	3181.7	3389.8	2985.4	3075.9	3604.9	- Union Européenne
- Eastern Europe	539.6	784.5	680.4	725.8	1024.8	- Europe de l'Est
- Rest of Europe	52.0	16.0	11.3	13.7	15.3	- Autre de l'Europe
Europe former USSR	155.1	433.9	341.9	331.7	462.0	Europe ancienne URSS
Oceania	58.2	95.0	56.3	62.8	82.4	Océanie
Japan	2847.7	3225.5	3072.0	3046.9	3311.3	Japon
China	1379.0	1857.7	2502.8	2769.1	4856.2	Chine
Germany	1128.3	1299.0	1144.5	1232.2	1080.3	Allemagne
Korea, Republic of	808.5	939.5	1090.9	998.2	1084.6	République de Corée
Italy-San Marino-Holy See	413.9	503.9	460.0	423.9	486.7	Italie-Saint-Marin-Saint-Siège
France-Monaco	445.7	464.7	314.5	433.2	564.8	France-Monaco
United States	463.6	480.7	343.2	364.8	402.9	Etats-Unis d'Amérique
United Kingdom	451.1	393.3	357.9	277.7	399.5	Royaume-Uni
Belgium	286.0	291.4	269.6	284.2	289.6	Belgique
Canada	252.5	242.2	216.2	240.1	230.3	Canada
Russian Federation	60.2	243.6	227.3	248.7	349.6	Fédération de Russie
Poland	178.4	258.6	198.3	182.1	252.9	Pologne
Czech Republic	137.9	173.6	179.6	217.8	289.3	République tchèque
Spain	164.7	160.5	172.7	160.8	155.9	Espagne
Argentina	123.1	133.9	145.6	161.9	e248.9	Argentine
Netherlands	164.2	140.7	132.1	143.1	222.4	Pays-Bas
Romania	96.4	142.3	115.6	145.6	194.1	Roumanie
Turkey	89.5	115.5	82.1	164.0	161.2	Turquie
Slovakia	94.1	108.9	121.1	121.0	158.1	Slovaquie
Ukraine	94.8	190.0	114.2	82.4	e111.8	Ukraine
Finland	104.6	109.8	117.6	107.7	134.1	Finlande
Saudi Arabia	164.9	140.0	177.6	33.2	37.9	Arabie saoudite
Philippines	84.8	151.5	102.1	4.7	93.6	Philippines
Australia	58.1	94.9	56.3	62.6	82.3	Australie
Indonesia	97.9	84.0	59.2	53.6	52.5	Indonésie
Mexico	75.3	72.9	51.3	57.7	86.7	Mexique
Malaysia	55.3	67.5	68.7	43.5	95.5	Malaisie
Bahrain	e60.0	75.2	55.3	68.9	64.8	Bahreïn
Libyan Arab Jamahiriya	e64.0	e75.3	e62.3	e60.3	e46.2	Jamahiriya arabe libyenne
Iran (Islamic Republic of)	62.9	87.5	53.0	69.7	30.8	Iran (République islamique d')

(Value as percentages of World total)   **(Valeur en pourcentage du total mondial)**

Regions of the world	1994	1995	1996	1997	1998	1999	2000	2001	2002	2003	Régions du monde
World	100.0	100.0	100.0	100.0	100.0	100.0	100.0	100.0	100.0	100.0	Monde
Africa	0.9	0.3	0.4	0.4	1.0	1.5	0.7	0.6	0.6	0.4	Afrique
Americas	8.5	8.2	9.4	9.3	9.5	8.2	7.4	6.0	6.9	6.1	Amériques
- Northern America	6.8	6.1	7.0	6.8	6.7	6.4	5.5	4.4	4.7	3.8	- Amérique du Nord
- LAIA	1.1	1.5	1.9	2.2	2.3	1.8	1.6	1.6	1.7	2.0	- ALAI
- CACM	0.0	0.0	0.0	0.0	0.0	0.0	0.0	0.0	0.0	0.0	- MCC
- Caribbean	0.5	0.5	0.5	0.4	0.5	0.0	0.2	0.0	0.5	0.4	- Caraïbes
- Rest of America	0.0	0.0	0.0	0.0	0.0	0.0	0.0	0.0	0.0	0.0	- Autre d'Amérique
Asia excluding former USSR	50.3	50.3	52.0	53.8	50.3	54.9	56.0	61.5	60.1	62.7	Asie ancienne URSS exclus
- Middle East	2.6	3.1	3.4	3.1	3.5	3.8	3.8	3.5	3.1	2.8	- Moyen-Orient
Asia former USSR	0.0	0.0	0.0	0.0	0.1	0.0	0.0	0.0	0.0	0.0	Asie ancienne URSS
Europe excluding former USSR	38.4	39.2	35.8	33.6	36.3	33.5	32.0	28.8	29.4	27.5	Europe ancienne URSS exclus
- European Union	32.4	32.2	29.2	26.7	29.5	28.3	25.9	23.4	23.7	21.4	- Union Européenne
- Eastern Europe	5.7	6.8	6.5	6.7	6.7	4.8	6.0	5.3	5.6	6.1	- Europe de l'Est
- Rest of Europe	0.3	0.3	0.1	0.1	0.1	0.5	0.1	0.1	0.1	0.1	- Autre de l'Europe
Europe former USSR	1.4	1.5	1.8	2.2	2.4	1.4	3.3	2.7	2.6	2.7	Europe ancienne URSS
Oceania	0.5	0.5	0.5	0.7	0.5	0.5	0.7	0.4	0.5	0.5	Océanie

TRADE BY COMMODITY (Value in million US dollars)
Exports by principal countries or areas

COMMERCE PAR PRODUIT (Valeur en millions de dollars EU)
Exportations selon les principaux pays ou zones

Country or area	1999	2000	2001	2002	2003	Pays ou zone
World	8027.8	9052.8	8961.5	9969.5	11655.5	Monde
Africa	346.9	325.8	407.8	624.3	665.9	Afrique
Americas	3991.8	4319.7	4106.5	4326.8	4802.5	Amériques
- Northern America	957.7	957.9	846.6	953.9	1006.8	- Amérique du Nord
- LAIA	3034.2	3361.5	3258.6	3372.8	3795.6	- ALAI
- CACM	0.0	0.0	1.3	0.1	0.0	- MCC
- Caribbean	0.0	0.3	0.0	0.0	0.0	- Caraïbes
- Rest of America	0.0	0.0	0.0	0.0	0.0	- Autre d'Amérique
Asia excluding former USSR	497.8	656.3	749.8	1081.9	1442.9	Asie ancienne URSS exclus
- Middle East	144.9	207.2	250.9	206.1	256.7	- Moyen-Orient
Asia former USSR	38.2	59.6	84.8	134.6	179.1	Asie ancienne URSS
Europe excluding former USSR	382.2	415.4	337.9	412.8	524.5	Europe ancienne URSS exclus
- European Union	371.9	409.2	333.0	396.7	508.4	- Union Européenne
- Eastern Europe	9.2	3.7	3.6	3.4	3.6	- Europe de l'Est
- Rest of Europe	1.0	2.4	1.3	12.8	12.5	- Autre de l'Europe
Europe former USSR	451.3	706.9	561.1	549.9	722.9	Europe ancienne URSS
Oceania	2319.7	2569.1	2713.6	2839.3	3317.6	Océanie
Brazil	2746.0	3048.2	2931.5	3048.9	3455.9	Brésil
Australia	2303.5	2560.4	2703.9	2829.3	3310.2	Australie
Canada	714.4	711.7	617.3	704.9	758.6	Canada
India	271.1	363.2	431.1	863.9	1111.9	Inde
Sweden	355.6	390.6	321.1	386.4	495.6	Suède
Ukraine	286.4	403.7	354.0	353.2	e454.7	Ukraine
South Africa	–	324.7	407.3	418.2	474.2	Afrique du Sud
United States	243.3	246.2	229.3	249.0	248.2	Etats-Unis d'Amérique
Russian Federation	164.9	303.2	207.1	196.7	268.2	Fédération de Russie
Bahrain	e139.0	197.4	240.3	197.9	241.5	Bahreïn
Chile	125.7	141.7	134.9	140.0	140.1	Chili
Kazakhstan	38.2	59.6	84.8	e134.6	179.1	Kazakhstan
Venezuela	97.1	101.6	102.1	92.9	77.1	Venezuela
Peru	65.3	67.7	77.9	82.6	94.1	Pérou
Mauritania				e200.9	e185.5	Mauritanie
Southern African Customs Union	345.9	–	–	–	–	Union douanière d'Afrique australe
Philippines	73.4	76.6	61.2		63.3	Philippines
New Zealand	16.2	8.7	9.7	10.0	7.5	Nouvelle-Zélande
Mexico		2.2	12.2	8.4	28.4	Mexique
Iran (Islamic Republic of)	5.0	5.9	8.6	6.8	13.7	Iran (République islamique d')
Norway	0.6	0.8	1.1	11.7	12.2	Norvège
Viet Nam	5.1	6.6	4.0	5.2	e4.9	Viet Nam
Netherlands	6.2	7.7	3.6	3.3	3.1	Pays-Bas
Slovakia	3.0	3.3	3.5	3.3	3.6	Slovaquie
Belgium	4.8	2.3	2.2	2.8	2.7	Belgique
France-Monaco	1.9	1.7	2.5	1.5	3.6	France-Monaco
Libyan Arab Jamahiriya	e0.3			e4.8	e5.5	Jamahiriya arabe libyenne
Korea, Democratic People's Republic of	e0.3	e0.3	e0.9	e2.6	e5.0	République démocratique populaire de Corée
Malaysia	2.2	2.2	1.2	3.3		Malaisie
Albania	6.0					Albanie

(Value as percentages of World total)

(Valeur en pourcentage du total mondial)

Regions of the world	1994	1995	1996	1997	1998	1999	2000	2001	2002	2003	Régions du monde
World	100.0	100.0	100.0	100.0	100.0	100.0	100.0	100.0	100.0	100.0	Monde
Africa	6.7	8.0	7.3	7.5	6.3	4.3	3.6	4.6	6.3	5.7	Afrique
Americas	47.1	44.8	45.6	44.7	48.4	49.7	47.7	45.8	43.4	41.2	Amériques
- Northern America	11.4	10.5	11.7	12.2	11.2	11.9	10.6	9.4	9.6	8.6	- Amérique du Nord
- LAIA	35.7	34.2	34.0	32.5	37.2	37.8	37.1	36.4	33.8	32.6	- ALAI
- CACM	0.0	0.0	0.0	0.0	0.0	0.0	0.0	0.0	0.0	0.0	- MCC
- Caribbean	0.0	0.0	0.0	0.0	0.0	0.0	0.0	0.0	0.0	0.0	- Caraïbes
- Rest of America	0.0	0.0	0.0	0.0	0.0	0.0	0.0	0.0	0.0	0.0	- Autre d'Amérique
Asia excluding former USSR	5.6	6.9	6.5	6.1	5.5	6.2	7.2	8.4	10.9	12.4	Asie ancienne URSS exclus
- Middle East	0.0	0.1	0.0	0.0	1.0	1.8	2.3	2.8	2.1	2.2	- Moyen-Orient
Asia former USSR	0.3	0.6	1.0	2.0	1.8	0.5	0.7	0.9	1.3	1.5	Asie ancienne URSS
Europe excluding former USSR	6.7	6.9	6.7	6.3	5.6	4.8	4.6	3.8	4.1	4.5	Europe ancienne URSS exclus
- European Union	5.9	6.4	6.3	6.2	5.5	4.6	4.5	3.7	4.0	4.4	- Union Européenne
- Eastern Europe	0.1	0.1	0.1	0.0	0.0	0.1	0.0	0.0	0.0	0.0	- Europe de l'Est
- Rest of Europe	0.7	0.4	0.3	0.1	0.0	0.0	0.0	0.0	0.1	0.1	- Autre de l'Europe
Europe former USSR	7.9	7.4	6.3	5.4	7.2	5.6	7.8	6.3	5.5	6.2	Europe ancienne URSS
Oceania	25.6	25.4	26.6	28.0	25.2	28.9	28.4	30.3	28.5	28.5	Océanie

282 Waste and scrap metal of iron or steel

TRADE BY COMMODITY (Value in million US dollars)
Imports by principal countries or areas

COMMERCE PAR PRODUIT (Valeur en millions de dollars EU)
Importations selon les principaux pays ou zones

Country or area	1999	2000	2001	2002	2003	Pays ou zone
World	6824.7	8942.4	8304.4	9713.9	14804.4	Monde
Africa	54.8	64.7	54.2	83.9	67.6	Afrique
Americas	738.3	804.3	582.4	777.7	979.1	Amériques
- Northern America	582.8	567.0	415.5	557.2	698.2	- Amérique du Nord
- LAIA	153.1	225.5	152.4	203.9	261.1	- ALAI
- CACM	2.1	11.1	13.3	15.2	18.3	- MCC
- Caribbean	0.3	0.6	1.1	1.3	0.9	- Caraïbes
- Rest of America	0.1	0.0	0.0	0.0	0.6	- Autre d'Amérique
Asia excluding former USSR	2843.7	3860.0	4069.3	4698.3	6996.2	Asie ancienne URSS exclus
- Middle East	672.9	718.6	496.3	1043.5	1890.9	- Moyen-Orient
Asia former USSR	0.2		0.4	0.4	1.0	1.4	Asie ancienne URSS
Europe excluding former USSR	3083.3	4055.7	3520.0	4060.5	6563.2	Europe ancienne URSS exclus
- European Union	2966.6	3899.6	3346.6	3813.6	6181.3	- Union Européenne
- Eastern Europe	27.8	52.2	78.1	104.4	158.8	- Europe de l'Est
- Rest of Europe	88.8	103.8	95.4	142.5	223.2	- Autre de l'Europe
Europe former USSR	103.5	154.6	76.2	90.1	183.7	Europe ancienne URSS
Oceania	0.9	2.8	1.9	2.4	13.1	Océanie
Korea, Republic of	792.4	1100.4	935.3	980.3	1255.8	République de Corée
Turkey	660.3	694.1	477.8	1019.0	1855.8	Turquie
Spain	719.7	830.9	731.2	734.0	1242.7	Espagne
China	303.5	481.6	1017.1	886.6	1400.5	Chine
Italy-San Marino-Holy See	425.8	509.0	517.6	524.3	775.3	Italie-Saint-Marin-Saint-Siège
Belgium	378.5	522.9	386.0	500.9	911.4	Belgique
Germany	332.2	525.2	423.9	484.0	781.0	Allemagne
United States	418.1	407.9	293.8	405.0	549.6	Etats-Unis d'Amérique
India	332.2	302.8	423.6	346.4	529.6	Inde
France-Monaco	274.4	358.0	296.3	332.9	514.4	France-Monaco
Netherlands	193.0	297.2	222.7	285.1	502.3	Pays-Bas
Luxembourg	203.4	217.3	250.3	284.3	396.8	Luxembourg
Malaysia	96.0	183.7	256.9	277.0	367.8	Malaisie
Mexico	139.0	211.3	142.4	195.2	233.9	Mexique
Sweden	150.8	224.4	164.1	184.9	184.6	Suède
Finland	78.4	135.3	87.7	137.5	434.5	Finlande
Japan	135.0	220.5	105.5	115.0	187.9	Japon
Thailand	94.4	115.0	105.2	e204.5	239.8	Thaïlande
Canada	164.7	159.2	121.5	152.1	148.5	Canada
Indonesia	71.0	136.8	139.3	131.8	111.2	Indonésie
Austria	57.4	73.8	83.0	92.8	145.2	Autriche
Greece	23.2	28.2	61.3	123.8	168.9	Grèce
United Kingdom	65.2	108.1	70.2	70.3	61.1	Royaume-Uni
Belarus	45.9	81.2	52.3	62.2	129.8	Bélarus
Egypt	50.1	59.0	48.0	78.6	51.2	Egypte
Slovenia	38.3	47.8	44.3	61.8	93.9	Slovénie
Pakistan	20.2	31.3	53.1	46.1	93.4	Pakistan
China, Hong Kong SAR	45.6	57.7	43.7	41.3	48.4	Chine - RAS de Hong-Kong
Norway	28.2	34.1	28.6	34.2	53.2	Norvège
Slovakia	8.0	15.5	32.7	51.5	59.8	Slovaquie

(Value as percentages of World total)
(Valeur en pourcentage du total mondial)

Regions of the world	1994	1995	1996	1997	1998	1999	2000	2001	2002	2003	Régions du monde
World	100.0	100.0	100.0	100.0	100.0	100.0	100.0	100.0	100.0	100.0	Monde
Africa	0.4	0.3	0.3	0.2	0.5	0.8	0.7	0.7	0.9	0.5	Afrique
Americas	7.9	7.0	8.6	10.0	10.5	10.8	9.0	7.0	8.0	6.6	Amériques
- Northern America	5.4	5.1	6.2	6.7	7.8	8.5	6.3	5.0	5.7	4.7	- Amérique du Nord
- LAIA	2.5	1.8	2.3	3.2	2.6	2.2	2.5	1.8	2.1	1.8	- ALAI
- CACM	0.0	0.1	0.1	0.0	0.1	0.0	0.1	0.2	0.2	0.1	- MCC
- Caribbean	0.0	0.0	0.0	0.0	0.0	0.0	0.0	0.0	0.0	0.0	- Caraïbes
- Rest of America	0.0	0.0	0.0	0.0	0.0	0.0	0.0	0.0	0.0	0.0	- Autre d'Amérique
Asia excluding former USSR	45.5	41.7	43.9	42.7	36.5	41.7	43.2	49.0	48.4	47.3	Asie ancienne URSS exclus
- Middle East	11.1	11.4	12.3	11.3	10.9	9.9	8.0	6.0	10.7	12.8	- Moyen-Orient
Asia former USSR	0.0	0.0	0.0	0.0	0.0	0.0	0.0	0.0	0.0	0.0	Asie ancienne URSS
Europe excluding former USSR	46.0	50.0	46.0	45.7	50.8	45.2	45.4	42.4	41.8	44.3	Europe ancienne URSS exclus
- European Union	44.5	48.5	44.9	44.5	48.7	43.5	43.6	40.3	39.3	41.8	- Union Européenne
- Eastern Europe	0.3	0.4	0.3	0.2	0.6	0.4	0.6	0.9	1.1	1.1	- Europe de l'Est
- Rest of Europe	1.3	1.2	0.9	1.0	1.5	1.3	1.2	1.1	1.5	1.5	- Autre de l'Europe
Europe former USSR	0.2	1.0	1.0	1.4	1.7	1.5	1.7	0.9	0.9	1.2	Europe ancienne URSS
Oceania	0.1	0.0	0.1	0.0	0.0	0.0	0.0	0.0	0.0	0.1	Océanie

TRADE BY COMMODITY (Value in million US dollars)
Exports by principal countries or areas

COMMERCE PAR PRODUIT (Valeur en millions de dollars EU)
Exportations selon les principaux pays ou zones

Country or area	1999	2000	2001	2002	2003	Pays ou zone
World	5974.8	7532.6	7358.4	8681.4	12916.1	Monde
Africa	71.2	64.7	72.4	115.3	191.1	Afrique
Americas	1145.6	1433.6	1544.1	1739.5	2530.5	Amériques
- Northern America	952.7	1240.7	1342.2	1561.0	2330.2	- Amérique du Nord
- LAIA	187.9	154.6	142.4	134.5	155.5	- ALAI
- CACM	2.1	35.0	56.5	41.4	34.4	- MCC
- Caribbean	2.0	1.8	2.6	2.0	5.5	- Caraïbes
- Rest of America	0.8	1.5	0.5	0.6	4.9	- Autre d'Amérique
Asia excluding former USSR	832.7	938.4	1176.6	1361.1	1914.5	Asie ancienne URSS exclus
- Middle East	101.6	112.5	105.2	127.3	191.7	- Moyen-Orient
Asia former USSR	78.8	143.2	127.9	94.3	161.3	Asie ancienne URSS
Europe excluding former USSR	2736.6	3757.9	3470.5	4346.6	6551.8	Europe ancienne URSS exclus
- European Union	2357.7	3152.2	2930.4	3614.5	5373.8	- Union Européenne
- Eastern Europe	294.7	500.0	427.3	593.9	987.2	- Europe de l'Est
- Rest of Europe	84.2	105.7	112.8	138.2	190.8	- Autre de l'Europe
Europe former USSR	1017.8	1072.4	839.5	909.9	1366.1	Europe ancienne URSS
Oceania	92.2	122.3	127.4	114.9	200.9	Océanie
United States	738.9	1004.2	1132.3	1297.7	1936.9	Etats-Unis d'Amérique
Germany	824.6	1012.2	915.9	1010.4	1361.5	Allemagne
Japan	476.0	427.6	685.6	727.7	1032.5	Japon
United Kingdom	335.9	483.8	530.1	700.9	1174.0	Royaume-Uni
Russian Federation	620.4	507.5	424.3	493.3	822.7	Fédération de Russie
Netherlands	359.9	477.2	483.3	609.5	809.5	Pays-Bas
France-Monaco	369.9	494.7	413.5	540.8	832.2	France-Monaco
Ukraine	308.9	437.8	324.7	318.2	e409.7	Ukraine
Canada	213.9	236.5	209.9	263.4	393.1	Canada
Belgium	181.4	220.9	182.1	207.8	374.9	Belgique
Romania	100.9	207.2	132.5	189.6	318.6	Roumanie
Poland	71.3	107.9	114.9	163.8	268.2	Pologne
China, Hong Kong SAR	88.5	117.1	116.8	131.7	188.6	Chine - RAS de Hong-Kong
Mexico	162.7	127.3	121.8	110.1	117.9	Mexique
Denmark	49.7	79.9	81.5	138.5	233.2	Danemark
Australia	82.0	106.0	110.1	94.0	167.4	Australie
Czech Republic	60.4	80.7	82.2	104.5	171.3	République tchèque
Austria	57.5	78.0	76.3	95.7	153.7	Autriche
Italy-San Marino-Holy See	63.0	108.1	73.8	73.8	112.5	Italie-Saint-Marin-Saint-Siège
Singapore	52.0	95.9	86.8	87.5	106.2	Singapour
Kazakhstan	49.6	91.6	89.1	e65.0	86.5	Kazakhstan
Korea, Republic of	13.0	20.4	32.5	109.9	164.2	République de Corée
Finland	40.7	93.9	53.1	60.6	62.0	Finlande
Switzerland-Liechtenstein	46.9	60.1	55.9	60.4	84.8	Suisse-Liechtenstein
Sweden	35.8	43.6	48.3	72.6	100.2	Suède
Estonia	60.8	75.0	44.6	37.5	58.9	Estonie
Hungary	33.3	50.1	42.0	55.2	85.2	Hongrie
United Arab Emirates	45.3	43.2	39.7	e41.3	e49.1	Emirates arabes unis
Bulgaria	11.1	34.9	29.2	44.0	81.1	Bulgarie
Lithuania	17.3	27.5	32.5	51.2	60.1	Lituanie

(Value as percentages of World total)   **(Valeur en pourcentage du total mondial)**

Regions of the world	1994	1995	1996	1997	1998	1999	2000	2001	2002	2003	Régions du monde
World	100.0	100.0	100.0	100.0	100.0	100.0	100.0	100.0	100.0	100.0	Monde
Africa	1.0	1.4	1.6	1.7	1.4	1.2	0.9	1.0	1.3	1.5	Afrique
Americas	24.8	26.7	26.0	23.8	18.9	19.2	19.0	21.0	20.0	19.6	Amériques
- Northern America	23.5	25.4	24.3	22.2	16.5	15.9	16.5	18.2	18.0	18.0	- Amérique du Nord
- LAIA	1.2	1.3	1.6	1.6	2.2	3.1	2.1	1.9	1.5	1.2	- ALAI
- CACM	0.0	0.0	0.0	0.0	0.0	0.0	0.5	0.8	0.5	0.3	- MCC
- Caribbean	0.0	0.1	0.0	0.0	0.1	0.0	0.0	0.0	0.0	0.0	- Caraïbes
- Rest of America	0.0	0.0	0.0	0.0	0.0	0.0	0.0	0.0	0.0	0.0	- Autre d'Amérique
Asia excluding former USSR	9.7	9.5	10.8	10.7	13.3	13.9	12.5	16.0	15.7	14.8	Asie ancienne URSS exclus
- Middle East	2.7	1.6	1.3	0.8	1.4	1.7	1.5	1.4	1.5	1.5	- Moyen-Orient
Asia former USSR	0.2	0.5	0.6	0.9	0.7	1.3	1.9	1.7	1.1	1.2	Asie ancienne URSS
Europe excluding former USSR	57.5	54.4	52.0	50.9	44.9	45.8	49.9	47.2	50.1	50.7	Europe ancienne URSS exclus
- European Union	52.1	49.6	47.0	45.3	39.0	39.5	41.8	39.8	41.6	41.6	- Union Européenne
- Eastern Europe	4.2	3.4	3.6	4.0	4.5	4.9	6.6	5.8	6.8	7.6	- Europe de l'Est
- Rest of Europe	1.1	1.4	1.4	1.6	1.5	1.4	1.4	1.5	1.6	1.5	- Autre de l'Europe
Europe former USSR	5.6	5.9	7.3	10.4	19.4	17.0	14.2	11.4	10.5	10.6	Europe ancienne URSS
Oceania	1.2	1.5	1.8	1.7	1.4	1.5	1.6	1.7	1.3	1.6	Océanie

287 Ores and concentrates of base metals, nes

Country or area	1999	2000	2001	2002	2003	Pays ou zone
World	18806.7	22888.1	22057.5	20615.1	25414.4	Monde
Africa	433.7	643.4	616.4	662.3	762.1	Afrique
Americas	3506.4	3902.6	3541.8	3311.0	3566.7	Amériques
- Northern America	2855.0	3098.0	2876.2	2667.3	2757.7	- Amérique du Nord
- LAIA	646.7	803.6	662.6	640.9	804.9	- ALAI
- CACM	0.5	0.3	1.9	1.8	3.3	- MCC
- Caribbean	4.2	0.7	1.1	0.9	0.8	- Caraïbes
- Rest of America	0.0	0.0	0.1	0.0	0.0	- Autre d'Amérique
Asia excluding former USSR	7167.3	9057.4	8857.7	8522.6	11316.3	Asie ancienne URSS exclus
- Middle East	341.2	444.1	377.8	328.4	445.7	- Moyen-Orient
Asia former USSR	68.6	153.5	129.7	78.4	274.6	Asie ancienne URSS
Europe excluding former USSR	6315.5	7423.6	7291.2	6670.4	8078.3	Europe ancienne URSS exclus
- European Union	4785.5	5509.0	5400.9	4963.1	5884.6	- Union Européenne
- Eastern Europe	388.0	529.6	512.1	416.7	628.0	- Europe de l'Est
- Rest of Europe	1142.0	1385.0	1378.1	1290.5	1565.7	- Autre de l'Europe
Europe former USSR	1150.8	1520.0	1450.7	1195.4	1212.4	Europe ancienne URSS
Oceania	164.3	187.6	170.0	175.1	204.1	Océanie
Japan	3371.9	4097.2	3453.2	3352.7	4058.5	Japon
China	1152.4	1922.4	2302.1	2275.6	3720.7	Chine
United States	1739.0	1732.2	1483.7	1395.2	1354.1	Etats-Unis d'Amérique
Korea, Republic of	1193.5	1417.8	1273.3	1338.6	1745.8	République de Corée
Canada	1116.1	1365.5	1392.5	1272.1	1403.6	Canada
Norway	985.0	1186.1	1145.0	1059.7	1324.2	Norvège
Germany	1002.9	1010.8	1251.5	1043.6	1217.1	Allemagne
Russian Federation	1016.9	1269.4	1213.1	969.2	925.3	Fédération de Russie
Spain	652.0	758.1	703.4	751.6	908.2	Espagne
Finland	663.9	819.9	693.0	610.0	781.4	Finlande
France-Monaco	578.3	661.9	647.6	545.2	568.8	France-Monaco
Belgium	471.5	489.4	379.3	488.4	670.5	Belgique
United Kingdom	488.3	573.8	580.4	381.7	401.7	Royaume-Uni
Netherlands	350.5	440.5	358.7	326.0	507.6	Pays-Bas
Italy-San Marino-Holy See	326.2	388.7	349.4	369.9	353.8	Italie-Saint-Marin-Saint-Siège
India	256.3	271.1	425.7	410.5	399.2	Inde
Brazil	345.8	395.9	353.3	314.8	344.6	Brésil
South Africa	–	332.6	271.8	327.3	440.8	Afrique du Sud
Philippines	321.8	240.4	297.5	227.9	278.8	Philippines
Sweden	109.4	207.8	271.6	294.3	306.4	Suède
Ukraine	127.6	224.1	219.2	199.3	e270.2	Ukraine
Bahrain	e156.6	196.2	213.9	196.6	209.9	Bahreïn
Bulgaria	130.6	170.6	204.4	157.5	297.7	Bulgarie
Mexico	158.8	240.0	144.3	140.2	167.5	Mexique
Thailand	136.4	161.4	219.9	e121.1	142.0	Thaïlande
Egypt	108.1	143.9	161.6	175.2	124.0	Egypte
New Zealand	126.7	132.8	125.6	127.1	128.4	Nouvelle-Zélande
Argentina	92.6	109.0	107.0	109.4	e168.2	Argentine
Malaysia	111.5	113.6	134.9	108.9	87.4	Malaisie
Romania	82.8	159.2	109.2	79.6	123.4	Roumanie

(Value as percentages of World total)   **(Valeur en pourcentage du total mondial)**

Regions of the world	1994	1995	1996	1997	1998	1999	2000	2001	2002	2003	Régions du monde
World	100.0	100.0	100.0	100.0	100.0	100.0	100.0	100.0	100.0	100.0	Monde
Africa	1.2	1.8	2.3	2.3	2.4	2.3	2.8	2.8	3.2	3.0	Afrique
Americas	20.6	19.9	20.0	19.4	20.5	18.6	17.1	16.1	16.1	14.0	Amériques
- Northern America	16.3	15.5	16.6	15.6	17.3	15.2	13.5	13.0	12.9	10.9	- Amérique du Nord
- LAIA	4.2	4.5	3.4	3.8	3.2	3.4	3.5	3.0	3.1	3.2	- ALAI
- CACM	0.0	0.0	0.0	0.0	0.0	0.0	0.0	0.0	0.0	0.0	- MCC
- Caribbean	0.0	0.0	0.0	0.0	0.1	0.0	0.0	0.0	0.0	0.0	- Caraïbes
- Rest of America	0.0	0.0	0.0	0.0	0.0	0.0	0.0	0.0	0.0	0.0	- Autre d'Amérique
Asia excluding former USSR	34.8	37.1	34.6	35.7	33.8	38.1	39.6	40.2	41.3	44.5	Asie ancienne URSS exclus
- Middle East	1.7	1.6	2.1	2.0	1.6	1.8	1.9	1.7	1.6	1.8	- Moyen-Orient
Asia former USSR	1.0	1.1	0.3	0.1	0.4	0.4	0.7	0.6	0.4	1.1	Asie ancienne URSS
Europe excluding former USSR	34.7	33.1	35.3	35.9	36.0	33.6	32.4	33.1	32.4	31.8	Europe ancienne URSS exclus
- European Union	26.4	25.7	27.0	28.5	27.2	25.4	24.1	24.5	24.1	23.2	- Union Européenne
- Eastern Europe	1.2	1.3	2.0	1.8	2.2	2.1	2.3	2.3	2.0	2.5	- Europe de l'Est
- Rest of Europe	7.2	6.2	6.3	5.6	6.5	6.1	6.1	6.2	6.3	6.2	- Autre de l'Europe
Europe former USSR	6.8	6.2	6.6	5.7	6.2	6.1	6.6	6.6	5.8	4.8	Europe ancienne URSS
Oceania	1.1	0.8	1.0	0.8	0.8	0.9	0.8	0.8	0.8	0.8	Océanie

TRADE BY COMMODITY (Value in million US dollars)
Exports by principal countries or areas

COMMERCE PAR PRODUIT (Valeur en millions de dollars EU)
Exportations selon les principaux pays ou zones

Country or area	1999	2000	2001	2002	2003	Pays ou zone
World	16812.0	20744.7	19532.7	18661.1	22505.9	Monde
Africa	1260.6	1368.3	1279.2	1340.5	1562.9	Afrique
Americas	7373.4	8866.3	8414.4	8049.1	9583.6	Amériques
- Northern America	2192.0	2505.8	2471.1	2389.7	2722.2	- Amérique du Nord
- LAIA	4136.0	5228.2	4756.2	4617.9	5694.1	- ALAI
- CACM	6.3	0.4	0.9	0.2	0.1	- MCC
- Caribbean	684.0	737.4	784.2	709.5	755.8	- Caraïbes
- Rest of America	355.1	395.0	402.1	331.9	411.5	- Autre d'Amérique
Asia excluding former USSR	2205.3	2984.2	3012.6	3104.1	3513.7	Asie ancienne URSS exclus
- Middle East	159.7	175.4	163.2	143.1	160.1	- Moyen-Orient
Asia former USSR	101.0	349.4	343.2	317.9	431.1	Asie ancienne URSS
Europe excluding former USSR	1858.2	2136.3	1826.3	1636.0	2162.5	Europe ancienne URSS exclus
- European Union	1689.1	1878.7	1639.4	1486.6	1972.6	- Union Européenne
- Eastern Europe	131.9	173.2	154.9	124.3	173.7	- Europe de l'Est
- Rest of Europe	37.2	84.3	31.9	25.1	16.3	- Autre de l'Europe
Europe former USSR	321.0	454.3	328.2	311.3	387.5	Europe ancienne URSS
Oceania	3692.5	4585.6	4328.9	3902.2	4864.6	Océanie
Australia	3403.2	4154.0	3914.3	3542.3	4288.5	Australie
Chile	1897.5	2578.3	2358.0	1976.0	2724.7	Chili
Indonesia	1451.6	1943.2	1987.2	1889.3	2132.7	Indonésie
Canada	1096.7	1300.9	1323.1	1342.0	1517.8	Canada
United States	1095.1	1203.5	1147.6	1047.1	1204.4	Etats-Unis d'Amérique
Peru	612.4	669.0	725.1	959.1	1084.4	Pérou
Jamaica	684.0	737.2	e784.1	709.5	e755.1	Jamaïque
South Africa	–	617.2	565.8	582.1	667.6	Afrique du Sud
Argentina	465.5	403.6	401.0	561.9	467.4	Argentine
Cuba	406.2	597.4	463.7	e399.6	e417.0	Cuba
Brazil	365.3	446.1	418.0	342.9	527.8	Brésil
Ireland	364.3	431.8	404.0	313.3	556.5	Irlande
Suriname	287.8	319.1	e323.5	e302.8	e388.7	Suriname
Belgium	336.7	349.4	216.5	236.2	288.6	Belgique
Ukraine	225.0	373.6	271.8	242.2	e311.8	Ukraine
Guinea	291.9	269.9	309.8	257.3	e262.5	Guinée
Papua New Guinea	e171.6	214.4	e291.6	261.4	396.8	Papouasie-Nouvelle-Guinée
Kazakhstan	78.8	280.0	319.1	e259.0	344.8	Kazakhstan
Japan	95.8	256.6	193.1	203.9	301.2	Japon
India	92.5	147.1	155.9	360.6	293.9	Inde
Germany	174.2	199.1	183.2	197.3	244.3	Allemagne
Mexico	164.0	248.2	152.6	157.6	226.9	Mexique
Mongolia	128.3	166.6	153.1	150.4	179.0	Mongolie
Bolivia	166.7	188.5	134.1	129.9	148.7	Bolivie
New Caledonia	117.7	217.1	122.9	98.3	179.0	Nouvelle-Calédonie
Italy-San Marino-Holy See	116.3	124.1	148.8	155.7	175.7	Italie-Saint-Marin-Saint-Siège
China	83.2	80.0	86.6	165.5	244.8	Chine
Southern African Customs Union	637.2	–	–	–	–	Union douanière d'Afrique australe
France-Monaco	96.7	119.2	122.0	126.0	152.4	France-Monaco
Netherlands	115.5	142.3	121.5	98.7	133.7	Pays-Bas

(Value as percentages of World total)

(Valeur en pourcentage du total mondial)

Regions of the world	1994	1995	1996	1997	1998	1999	2000	2001	2002	2003	Régions du monde
World	100.0	100.0	100.0	100.0	100.0	100.0	100.0	100.0	100.0	100.0	Monde
Africa	8.2	7.8	8.4	6.3	6.8	7.5	6.6	6.5	7.2	6.9	Afrique
Americas	41.5	44.9	42.1	45.7	43.0	43.9	42.7	43.1	43.1	42.6	Amériques
- Northern America	16.2	18.6	16.8	17.2	14.5	13.0	12.1	12.7	12.8	12.1	- Amérique du Nord
- LAIA	17.9	20.8	19.9	22.6	22.3	24.6	25.2	24.3	24.7	25.3	- ALAI
- CACM	0.0	0.0	0.1	0.1	0.1	0.0	0.0	0.0	0.0	0.0	- MCC
- Caribbean	4.3	3.5	3.6	3.8	4.0	4.1	3.6	4.0	3.8	3.4	- Caraïbes
- Rest of America	3.2	2.0	1.7	2.1	2.2	2.1	1.9	2.1	1.8	1.8	- Autre d'Amérique
Asia excluding former USSR	15.1	15.6	16.1	13.3	12.6	13.1	14.4	15.4	16.6	15.6	Asie ancienne URSS exclus
- Middle East	1.1	1.1	0.9	1.1	0.8	0.9	0.8	0.8	0.8	0.7	- Moyen-Orient
Asia former USSR	0.8	0.5	0.3	0.3	0.4	0.6	1.7	1.8	1.7	1.9	Asie ancienne URSS
Europe excluding former USSR	10.7	10.7	11.1	12.4	11.6	11.1	10.3	9.3	8.8	9.6	Europe ancienne URSS exclus
- European Union	9.9	10.0	10.0	11.5	10.8	10.0	9.1	8.4	8.0	8.8	- Union Européenne
- Eastern Europe	0.5	0.4	0.7	0.7	0.7	0.8	0.8	0.8	0.7	0.8	- Europe de l'Est
- Rest of Europe	0.4	0.4	0.4	0.2	0.2	0.2	0.4	0.2	0.1	0.1	- Autre de l'Europe
Europe former USSR	2.3	2.0	1.5	1.4	2.5	1.9	2.2	1.7	1.7	1.7	Europe ancienne URSS
Oceania	21.4	18.4	20.4	20.6	23.0	22.0	22.1	22.2	20.9	21.6	Océanie

288 Non-ferrous base metal waste and scrap, nes

Country or area	1999	2000	2001	2002	2003	Pays ou zone
World	9095.3	10950.1	10362.6	9569.6	10964.8	Monde
Africa	16.8	30.1	29.1	29.4	27.4	Afrique
Americas	1770.4	2002.3	1724.7	1457.1	1558.0	Amériques
- Northern America	1646.1	1854.9	1599.9	1325.4	1403.8	- Amérique du Nord
- LAIA	121.7	146.2	123.8	122.3	112.3	- ALAI
- CACM	0.7	0.3	0.6	0.7	0.7	- MCC
- Caribbean	2.0	0.8	0.3	8.7	41.1	- Caraïbes
- Rest of America	0.0	0.1	0.0	0.0	0.1	- Autre d'Amérique
Asia excluding former USSR	2751.2	3735.5	3534.3	3460.9	4301.2	Asie ancienne URSS exclus
- Middle East	94.4	151.8	93.7	88.5	149.7	- Moyen-Orient
Asia former USSR	13.4	19.7	25.2	7.9	9.4	Asie ancienne URSS
Europe excluding former USSR	4487.4	5088.9	4979.0	4521.3	5003.3	Europe ancienne URSS exclus
- European Union	4234.2	4794.7	4696.7	4233.5	4655.0	- Union Européenne
- Eastern Europe	77.6	93.3	74.8	90.7	105.0	- Europe de l'Est
- Rest of Europe	175.6	200.9	207.5	197.1	243.3	- Autre de l'Europe
Europe former USSR	35.7	55.3	50.8	71.7	50.3	Europe ancienne URSS
Oceania	20.4	18.4	19.5	21.4	15.1	Océanie
China	763.4	1538.0	1501.8	1330.1	1807.3	Chine
Germany	1286.5	1277.7	1150.8	1208.2	1224.1	Allemagne
United States	1112.5	1198.2	1031.5	889.4	853.2	Etats-Unis d'Amérique
Japan	689.7	777.7	748.7	745.4	984.4	Japon
Italy-San Marino-Holy See	639.4	729.3	825.0	619.6	682.6	Italie-Saint-Marin-Saint-Siège
United Kingdom	579.9	745.1	808.0	597.2	703.4	Royaume-Uni
Belgium	510.2	632.2	600.2	590.5	578.8	Belgique
Canada	533.5	656.6	568.4	435.9	550.7	Canada
Korea, Republic of	378.8	450.1	411.6	488.1	455.9	République de Corée
Netherlands	329.9	408.1	346.0	285.6	331.8	Pays-Bas
France-Monaco	299.0	305.1	288.8	282.6	331.4	France-Monaco
India	260.8	212.4	288.5	254.9	269.2	Inde
Spain	138.2	170.8	180.3	190.0	161.7	Espagne
Sweden	127.6	169.2	146.2	155.1	151.2	Suède
Norway	123.1	136.6	149.6	148.8	188.5	Norvège
Austria	111.9	106.6	83.4	109.6	283.3	Autriche
Luxembourg	82.3	100.3	149.1	108.2	129.3	Luxembourg
China, Hong Kong SAR	152.9	141.5	90.7	68.2	114.8	Chine - RAS de Hong-Kong
Mexico	111.2	130.2	101.7	103.2	99.2	Mexique
Malaysia	64.8	61.0	46.6	54.0	64.2	Malaisie
Finland	77.3	70.7	48.6	21.0	15.4	Finlande
Singapore	31.5	40.5	34.8	44.6	33.1	Singapour
Turkey	34.5	48.5	16.9	17.4	58.4	Turquie
Switzerland-Liechtenstein	41.4	44.1	33.6	23.9	29.1	Suisse-Liechtenstein
United Arab Emirates	16.0	43.6	32.7	e33.6	e39.3	Emirats arabes unis
Czech Republic	35.2	38.9	27.7	26.1	31.3	République tchèque
Iran (Islamic Republic of)	23.5	31.4	35.5	25.8	34.4	Iran (République islamique d')
Pakistan	26.4	26.5	28.7	31.9	34.2	Pakistan
Thailand	15.1	24.4	24.1	e33.6	39.4	Thaïlande
Denmark	25.3	29.0	28.4	24.8	25.4	Danemark

(Value as percentages of World total) / (Valeur en pourcentage du total mondial)

Regions of the world	1994	1995	1996	1997	1998	1999	2000	2001	2002	2003	Régions du monde
World	100.0	100.0	100.0	100.0	100.0	100.0	100.0	100.0	100.0	100.0	Monde
Africa	0.1	0.1	0.1	0.2	0.2	0.2	0.3	0.3	0.3	0.3	Afrique
Americas	17.7	16.4	17.4	17.9	18.4	19.5	18.3	16.6	15.2	14.2	Amériques
- Northern America	16.9	15.4	16.7	16.8	17.4	18.1	16.9	15.4	13.8	12.8	- Amérique du Nord
- LAIA	0.8	0.9	0.7	1.0	1.0	1.3	1.3	1.2	1.3	1.0	- ALAI
- CACM	0.0	0.0	0.0	0.0	0.0	0.0	0.0	0.0	0.0	0.0	- MCC
- Caribbean	0.0	0.0	0.0	0.0	0.0	0.0	0.0	0.0	0.1	0.4	- Caraïbes
- Rest of America	0.0	0.0	0.0	0.0	0.0	0.0	0.0	0.0	0.0	0.0	- Autre d'Amérique
Asia excluding former USSR	27.3	31.5	29.7	29.0	24.4	30.2	34.1	34.1	36.2	39.2	Asie ancienne URSS exclus
- Middle East	0.5	0.6	0.8	1.0	1.0	1.0	1.4	0.9	0.9	1.4	- Moyen-Orient
Asia former USSR	0.2	0.2	0.1	0.0	0.2	0.1	0.2	0.2	0.1	0.1	Asie ancienne URSS
Europe excluding former USSR	54.1	50.8	51.7	52.3	56.0	49.3	46.5	48.0	47.2	45.6	Europe ancienne URSS exclus
- European Union	51.6	48.5	49.2	49.6	52.9	46.6	43.8	45.3	44.2	42.5	- Union Européenne
- Eastern Europe	0.3	0.5	0.4	0.8	1.0	0.9	0.9	0.7	0.9	1.0	- Europe de l'Est
- Rest of Europe	2.2	1.7	2.0	1.9	2.2	1.9	1.8	2.0	2.1	2.2	- Autre de l'Europe
Europe former USSR	0.2	0.8	0.7	0.4	0.4	0.4	0.5	0.5	0.7	0.5	Europe ancienne URSS
Oceania	0.3	0.4	0.3	0.2	0.3	0.2	0.2	0.2	0.2	0.1	Océanie

TRADE BY COMMODITY (Value in million US dollars)
Exports by principal countries or areas

COMMERCE PAR PRODUIT (Valeur en millions de dollars EU)
Exportations selon les principaux pays ou zones

Country or area	1999	2000	2001	2002	2003	Pays ou zone
World	7272.1	8350.2	7702.4	7939.7	9527.4	Monde
Africa	110.6	168.9	165.1	198.7	242.9	Afrique
Americas	1890.2	2294.1	2197.0	2179.4	2635.4	Amériques
- Northern America	1400.9	1777.6	1716.3	1706.2	2028.1	- Amérique du Nord
- LAIA	443.0	482.1	452.8	421.1	548.7	- ALAI
- CACM	35.6	20.5	15.0	40.7	41.7	- MCC
- Caribbean	4.1	5.4	4.9	4.7	7.9	- Caraïbes
- Rest of America	6.6	8.6	8.0	6.8	9.0	- Autre d'Amérique
Asia excluding former USSR	871.2	1055.6	890.6	934.2	1269.1	Asie ancienne URSS exclus
- Middle East	154.5	192.2	185.1	191.3	319.2	- Moyen-Orient
Asia former USSR	81.5	116.7	54.0	32.3	47.6	Asie ancienne URSS
Europe excluding former USSR	3480.3	4251.3	4083.5	4235.1	4940.9	Europe ancienne URSS exclus
- European Union	3053.3	3616.2	3485.6	3625.3	4206.3	- Union Européenne
- Eastern Europe	219.4	361.3	307.9	332.9	410.6	- Europe de l'Est
- Rest of Europe	207.6	273.8	290.0	276.9	324.0	- Autre de l'Europe
Europe former USSR	696.9	300.4	124.5	126.0	99.7	Europe ancienne URSS
Oceania	141.3	163.1	187.7	234.0	291.9	Océanie
United States	872.7	1211.6	1169.0	1205.8	1525.1	Etats-Unis d'Amérique
Germany	961.3	1016.0	1026.2	987.9	1188.3	Allemagne
United Kingdom	378.3	518.3	539.6	578.0	695.7	Royaume-Uni
France-Monaco	461.2	573.6	514.2	540.0	562.9	France-Monaco
Canada	527.3	565.4	547.3	500.4	502.8	Canada
Spain	311.4	319.3	371.9	407.2	438.8	Espagne
Netherlands	296.2	347.8	278.8	312.6	426.4	Pays-Bas
Belgium	227.5	297.0	275.6	268.4	290.6	Belgique
Mexico	232.1	252.9	240.5	202.3	258.9	Mexique
Australia	125.8	144.6	167.7	210.1	260.3	Australie
Switzerland-Liechtenstein	140.3	168.8	157.4	153.2	175.8	Suisse-Liechtenstein
Singapore	132.1	156.4	138.6	147.9	143.8	Singapour
China, Hong Kong SAR	198.0	185.8	117.9	75.7	110.4	Chine - RAS de Hong-Kong
Japan	70.0	106.6	124.7	150.1	215.9	Japon
Russian Federation	502.8	95.9	28.1	19.2	9.8	Fédération de Russie
Italy-San Marino-Holy See	100.5	146.5	111.1	109.9	124.2	Italie-Saint-Marin-Saint-Siège
Sweden	78.3	115.2	98.1	107.1	140.4	Suède
Chile	79.8	97.1	93.6	103.2	121.0	Chili
Poland	40.0	87.7	98.2	105.2	142.7	Pologne
Denmark	65.3	79.2	85.9	77.3	94.2	Danemark
Czech Republic	55.6	68.5	79.3	82.2	97.0	République tchèque
South Africa	–	86.3	83.5	89.8	106.5	Afrique du Sud
Austria	61.6	69.4	65.6	79.5	78.9	Autriche
Thailand	34.4	111.5	43.9	e65.5	76.5	Thaïlande
Philippines	50.7	65.2	55.7	59.5	52.3	Philippines
Hungary	34.8	55.8	61.7	52.1	73.4	Hongrie
Norway	25.8	42.0	64.8	51.9	68.1	Norvège
Romania	60.7	93.6	20.6	31.7	30.4	Roumanie
Ukraine	113.0	90.6	7.2	9.7	e12.5	Ukraine
Venezuela	30.1	36.0	31.3	42.8	85.0	Venezuela

(Value as percentages of World total)

(Valeur en pourcentage du total mondial)

Regions of the world	1994	1995	1996	1997	1998	1999	2000	2001	2002	2003	Régions du monde
World	100.0	100.0	100.0	100.0	100.0	100.0	100.0	100.0	100.0	100.0	Monde
Africa	1.3	1.6	1.8	1.5	1.3	1.5	2.0	2.1	2.5	2.5	Afrique
Americas	27.5	29.5	27.8	24.9	24.5	26.0	27.5	28.5	27.4	27.7	Amériques
- Northern America	23.2	24.2	22.6	20.7	19.2	19.3	21.3	22.3	21.5	21.3	- Amérique du Nord
- LAIA	4.1	5.0	4.9	4.0	5.0	6.1	5.8	5.9	5.3	5.8	- ALAI
- CACM	0.1	0.1	0.1	0.1	0.2	0.5	0.2	0.2	0.5	0.4	- MCC
- Caribbean	0.1	0.1	0.1	0.1	0.1	0.1	0.1	0.1	0.1	0.1	- Caraïbes
- Rest of America	0.0	0.1	0.1	0.1	0.1	0.1	0.1	0.1	0.1	0.1	- Autre d'Amérique
Asia excluding former USSR	12.9	15.0	14.0	13.6	12.3	12.0	12.6	11.6	11.8	13.3	Asie ancienne URSS exclus
- Middle East	3.5	3.1	1.7	1.4	1.7	2.1	2.3	2.4	2.4	3.4	- Moyen-Orient
Asia former USSR	0.6	0.9	0.9	1.0	1.0	1.1	1.4	0.7	0.4	0.5	Asie ancienne URSS
Europe excluding former USSR	50.0	45.2	46.4	46.8	44.0	47.9	50.9	53.0	53.3	51.9	Europe ancienne URSS exclus
- European Union	44.9	40.8	42.0	42.7	39.1	42.0	43.3	45.3	45.7	44.1	- Union Européenne
- Eastern Europe	2.2	1.8	1.5	1.5	2.3	3.0	4.3	4.0	4.2	4.3	- Europe de l'Est
- Rest of Europe	3.0	2.7	2.8	2.6	2.6	2.9	3.3	3.8	3.5	3.4	- Autre de l'Europe
Europe former USSR	5.3	5.5	6.5	10.4	15.1	9.6	3.6	1.6	1.6	1.0	Europe ancienne URSS
Oceania	2.4	2.3	2.7	1.7	1.8	1.9	2.0	2.4	2.9	3.1	Océanie

289 Ores and concentrates of precious metals, waste, scrap

TRADE BY COMMODITY (Value in million US dollars)
Imports by principal countries or areas

COMMERCE PAR PRODUIT (Valeur en millions de dollars EU)
Importations selon les principaux pays ou zones

Country or area	1999	2000	2001	2002	2003	Pays ou zone
World	2929.8	3910.7	3970.9	3386.9	3514.2	Monde
Africa	5.9	6.6	1.1	25.5	29.9	Afrique
Americas	368.7	438.9	579.8	631.7	637.6	Amériques
- Northern America	328.7	359.2	439.6	402.0	393.3	- Amérique du Nord
- LAIA	39.8	79.3	140.1	226.8	240.3	- ALAI
- CACM	0.0	0.0	0.0	0.0	0.0	- MCC
- Caribbean	0.1	0.4	0.2	2.8	4.0	- Caraïbes
- Rest of America	0.0	0.0	0.0	0.0	0.0	- Autre d'Amérique
Asia excluding former USSR	361.5	395.6	393.3	386.3	448.5	Asie ancienne URSS exclus
- Middle East	0.1	0.4	0.4	0.3	0.7	- Moyen-Orient
Asia former USSR	1.6	0.2	0.7	0.2	0.1	Asie ancienne URSS
Europe excluding former USSR	2144.1	3049.4	2974.8	2330.3	2380.8	Europe ancienne URSS exclus
- European Union	2052.5	2946.3	2869.5	2040.9	2105.5	- Union Européenne
- Eastern Europe	1.7	2.8	4.6	4.3	5.3	- Europe de l'Est
- Rest of Europe	89.9	100.3	100.8	285.0	270.1	- Autre de l'Europe
Europe former USSR	35.5	10.7	0.3	5.9	13.3	Europe ancienne URSS
Oceania	12.6	9.3	20.8	6.9	3.9	Océanie
United Kingdom	655.8	1090.6	1243.7	894.2	809.1	Royaume-Uni
Germany	794.4	1192.0	1052.7	782.0	786.2	Allemagne
Japan	334.2	355.6	366.0	349.0	383.1	Japon
Spain	217.3	163.9	262.1	258.0	335.7	Espagne
United States	172.6	231.0	264.4	209.4	221.1	Etats-Unis d'Amérique
Belgium	309.3	382.9	190.2	5.8	4.5	Belgique
Canada	156.1	128.2	175.2	192.6	172.0	Canada
Switzerland-Liechtenstein	72.9	81.2	82.9	269.1	261.1	Suisse-Liechtenstein
Mexico	36.5	73.7	133.9	222.7	233.7	Mexique
France-Monaco	12.7	32.0	55.5	23.6	80.1	France-Monaco
Italy-San Marino-Holy See	20.7	40.1	40.5	42.4	40.9	Italie-Saint-Marin-Saint-Siège
Sweden	36.4	38.2	16.5	30.1	41.7	Suède
China, Hong Kong SAR	14.7	22.7	15.0	17.6	31.9	Chine - RAS de Hong-Kong
Norway	17.0	19.0	17.1	15.4	8.2	Norvège
Russian Federation	35.3	10.3	0.1	4.1	12.9	Fédération de Russie
South Africa	–	5.2	1.1	25.4	29.8	Afrique du Sud
Australia	12.3	9.1	20.6	6.8	3.6	Australie
Korea, Republic of	0.4	8.7	4.8	0.9	8.2	République de Corée
Netherlands	4.7	4.6	6.3	2.5	3.9	Pays-Bas
Brazil	2.3	4.2	6.0	3.4	2.7	Brésil
Malaysia	1.3	2.6	2.1	3.1	5.6	Malaisie
Korea, Democratic People's Republic of	e0.4			e9.4	e4.6	République démocratique populaire de Corée
Czech Republic	1.2	1.1	2.0	2.2	4.2	République tchèque
Singapore	2.0	1.5	2.7	1.7	2.4	Singapour
China	1.1	0.6	0.9	2.8	3.7	Chine
Dominican Republic	e0.1	e0.0	e0.1	e2.8	e4.0	République dominicaine
Peru	1.0	1.2	0.1	0.5	3.0	Pérou
Austria	0.6	1.3	0.8	0.8	1.9	Autriche
India	0.2	0.2	0.4	0.1	4.1	Inde
Southern African Customs Union	4.1	–	–	–	–	Union douanière d'Afrique australe

(Value as percentages of World total)   **(Valeur en pourcentage du total mondial)**

Regions of the world	1994	1995	1996	1997	1998	1999	2000	2001	2002	2003	Régions du monde
World	100.0	100.0	100.0	100.0	100.0	100.0	100.0	100.0	100.0	100.0	Monde
Africa	0.1	0.1	0.6	0.5	0.8	0.2	0.2	0.0	0.8	0.9	Afrique
Americas	13.6	18.0	12.3	10.4	10.7	12.6	11.2	14.6	18.7	18.1	Amériques
- Northern America	13.6	17.5	11.9	10.3	10.3	11.2	9.2	11.1	11.9	11.2	- Amérique du Nord
- LAIA	0.0	0.5	0.4	0.1	0.4	1.4	2.0	3.5	6.7	6.8	- ALAI
- CACM	0.0	0.0	0.0	0.0	0.0	0.0	0.0	0.0	0.0	0.0	- MCC
- Caribbean	0.0	0.0	0.0	0.0	0.0	0.0	0.0	0.0	0.1	0.1	- Caraïbes
- Rest of America	0.0	0.0	0.0	0.0	0.0	0.0	0.0	0.0	0.0	0.0	- Autre d'Amérique
Asia excluding former USSR	4.8	3.7	12.2	16.4	13.3	12.3	10.1	9.9	11.4	12.8	Asie ancienne URSS exclus
- Middle East	0.0	0.0	0.0	0.0	0.0	0.0	0.0	0.0	0.0	0.0	- Moyen-Orient
Asia former USSR	0.0	0.0	0.0	0.0	0.0	0.1	0.0	0.0	0.0	0.0	Asie ancienne URSS
Europe excluding former USSR	80.2	76.9	73.5	71.6	73.8	73.2	78.0	74.9	68.8	67.7	Europe ancienne URSS exclus
- European Union	77.2	73.6	71.4	68.6	71.1	70.1	75.3	72.3	60.3	59.9	- Union Européenne
- Eastern Europe	0.0	0.0	0.0	0.0	0.1	0.1	0.1	0.1	0.1	0.2	- Europe de l'Est
- Rest of Europe	2.9	2.8	2.1	2.9	2.7	3.1	2.6	2.5	8.4	7.7	- Autre de l'Europe
Europe former USSR	1.2	1.2	1.0	0.9	0.5	1.2	0.3	0.0	0.2	0.4	Europe ancienne URSS
Oceania	0.0	0.1	0.4	0.2	0.8	0.4	0.2	0.5	0.2	0.1	Océanie

TRADE BY COMMODITY (Value in million US dollars)
Exports by principal countries or areas

COMMERCE PAR PRODUIT (Valeur en millions de dollars EU)
Exportations selon les principaux pays ou zones

Country or area	1999	2000	2001	2002	2003	Pays ou zone
World	2815.0	3541.2	3190.8	2828.1	2873.7	Monde
Africa	261.5	406.8	305.3	242.0	101.9	Afrique
Americas	917.3	1131.0	1307.2	1302.5	1225.5	Amériques
- Northern America	764.7	947.0	1138.1	1107.4	1011.2	- Amérique du Nord
- LAIA	148.6	182.3	168.3	193.5	213.2	- ALAI
- CACM	3.4	1.3	0.0	1.3	0.0	- MCC
- Caribbean	0.5	0.5	0.7	0.4	1.1	- Caraïbes
- Rest of America	0.0	0.0	0.0	0.0	0.0	- Autre d'Amérique
Asia excluding former USSR	242.7	238.4	215.8	135.5	237.1	Asie ancienne URSS exclus
- Middle East	1.2	3.5	0.8	5.3	7.5	- Moyen-Orient
Asia former USSR	41.4	29.8	41.5	33.0	44.9	Asie ancienne URSS
Europe excluding former USSR	508.1	693.8	760.6	609.8	597.4	Europe ancienne URSS exclus
- European Union	389.4	552.6	581.3	478.3	484.3	- Union Européenne
- Eastern Europe	22.2	25.2	35.1	17.6	29.7	- Europe de l'Est
- Rest of Europe	96.5	116.0	144.2	113.9	83.4	- Autre de l'Europe
Europe former USSR	25.3	18.5	13.2	17.0	17.2	Europe ancienne URSS
Oceania	818.7	1022.8	547.3	488.2	649.8	Océanie
United States	607.6	689.6	857.8	878.9	825.8	Etats-Unis d'Amérique
Papua New Guinea	e816.0	1019.6	e531.0	475.9	645.0	Papouasie-Nouvelle-Guinée
Canada	157.1	257.4	280.3	228.5	185.3	Canada
South Africa	–	324.2	257.6	164.1	38.7	Afrique du Sud
Germany	53.2	101.9	168.2	191.3	174.2	Allemagne
France-Monaco	117.2	139.7	158.6	80.1	111.9	France-Monaco
Switzerland-Liechtenstein	88.3	108.7	138.7	107.8	80.2	Suisse-Liechtenstein
United Kingdom	65.9	93.0	75.9	69.5	62.4	Royaume-Uni
Bolivia	55.9	65.3	49.5	63.7	71.1	Bolivie
China, Hong Kong SAR	117.0	61.2	39.0	29.7	51.0	Chine - RAS de Hong-Kong
Japan	50.6	72.9	77.8	32.3	61.0	Japon
Sweden	46.6	59.9	56.0	43.4	38.2	Suède
Southern African Customs Union	237.8	–	–	–	–	Union douanière d'Afrique australe
Chile	60.7	58.3	34.1	27.5	45.2	Chili
Belgium	41.6	63.4	51.4	15.3	16.4	Belgique
United Republic of Tanzania	0.0	0.1	45.5	75.2	61.0	République-Unie de Tanzanie
Peru	2.7	34.1	52.4	45.1	34.0	Pérou
Philippines	49.1	46.8	35.1	21.3	15.4	Philippines
Netherlands	24.8	42.1	28.6	23.2	27.9	Pays-Bas
Uzbekistan	e25.8	e8.7	e30.3	e20.3	e28.3	Ouzbékistan
Spain	11.1	19.5	24.2	19.0	20.1	Espagne
Brazil	3.6	5.1	9.9	29.6	36.0	Brésil
Namibia	–	79.6	0.0	0.0	0.0	Namibie
Korea, Republic of	4.4	9.6	19.7	12.5	31.4	République de Corée
Mexico	17.2	12.2	6.1	16.2	11.2	Mexique
Malaysia	3.7	5.3	5.6	7.5	34.4	Malaisie
Finland	13.1	11.5	10.5	11.1	7.2	Finlande
Austria	3.2	9.7	0.9	16.3	19.1	Autriche
Cuba	7.8	7.0	9.6	e8.2	e8.6	Cuba
Czech Republic	6.6	5.0	8.7	5.3	14.9	République tchèque

(Value as percentages of World total)

(Valeur en pourcentage du total mondial)

Regions of the world	1994	1995	1996	1997	1998	1999	2000	2001	2002	2003	Régions du monde
World	100.0	100.0	100.0	100.0	100.0	100.0	100.0	100.0	100.0	100.0	Monde
Africa	3.0	3.6	7.2	8.7	8.3	9.3	11.5	9.6	8.6	3.5	Afrique
Americas	28.0	32.6	30.5	30.1	27.7	32.6	31.9	41.0	46.1	42.6	Amériques
- Northern America	20.3	24.8	21.8	23.0	23.0	27.2	26.7	35.7	39.2	35.2	- Amérique du Nord
- LAIA	7.5	7.6	8.4	6.3	4.4	5.3	5.1	5.3	6.8	7.4	- ALAI
- CACM	0.3	0.2	0.3	0.8	0.3	0.1	0.0	0.0	0.0	0.0	- MCC
- Caribbean	0.0	0.0	0.0	0.0	0.0	0.0	0.0	0.0	0.0	0.0	- Caraïbes
- Rest of America	0.0	0.0	0.0	0.0	0.0	0.0	0.0	0.0	0.0	0.0	- Autre d'Amérique
Asia excluding former USSR	7.4	5.3	5.4	6.7	9.3	8.6	6.7	6.8	4.8	8.3	Asie ancienne URSS exclus
- Middle East	0.1	0.9	0.8	0.9	0.1	0.0	0.1	0.0	0.2	0.3	- Moyen-Orient
Asia former USSR	0.1	0.0	0.1	0.6	0.2	1.5	0.8	1.3	1.2	1.6	Asie ancienne URSS
Europe excluding former USSR	16.4	15.4	15.9	17.8	17.2	18.1	19.6	23.8	21.6	20.8	Europe ancienne URSS exclus
- European Union	13.9	12.6	13.3	13.8	13.8	13.8	15.6	18.2	16.9	16.9	- Union Européenne
- Eastern Europe	0.6	0.6	0.4	0.7	0.8	0.8	0.7	1.1	0.6	1.0	- Europe de l'Est
- Rest of Europe	1.8	2.3	2.3	3.3	2.7	3.4	3.3	4.5	4.0	2.9	- Autre de l'Europe
Europe former USSR	1.4	2.2	1.4	1.4	0.9	0.9	0.5	0.4	0.6	0.6	Europe ancienne URSS
Oceania	43.8	40.9	39.5	34.7	36.2	29.1	28.9	17.2	17.3	22.6	Océanie

291 Crude animal materials, nes

Country or area	1999	2000	2001	2002	2003	Pays ou zone
World	3965.1	4150.5	3825.4	3863.0	4270.6	Monde
Africa	65.1	45.5	57.6	55.5	76.3	Afrique
Americas	753.5	866.3	849.3	878.3	883.4	Amériques
- Northern America	553.8	643.1	627.1	669.9	646.3	- Amérique du Nord
- LAIA	195.2	217.4	216.5	202.4	230.8	- ALAI
- CACM	2.4	2.3	2.3	2.5	2.7	- MCC
- Caribbean	1.9	3.0	3.1	3.1	3.1	- Caraïbes
- Rest of America	0.3	0.5	0.4	0.4	0.6	- Autre d'Amérique
Asia excluding former USSR	1144.1	1328.5	1137.5	1105.4	1146.8	Asie ancienne URSS exclus
- Middle East	28.6	35.1	31.3	36.8	47.0	- Moyen-Orient
Asia former USSR	0.9	2.4	1.3	1.6	1.4	Asie ancienne URSS
Europe excluding former USSR	1881.8	1784.2	1675.7	1709.2	2039.7	Europe ancienne URSS exclus
- European Union	1622.9	1531.3	1446.1	1439.6	1684.5	- Union Européenne
- Eastern Europe	163.8	152.7	138.7	160.9	222.8	- Europe de l'Est
- Rest of Europe	95.1	100.1	90.9	108.7	132.4	- Autre de l'Europe
Europe former USSR	45.4	45.8	38.6	42.3	53.1	Europe ancienne URSS
Oceania	74.4	77.8	65.4	70.8	69.9	Océanie
Japan	646.6	696.2	561.8	451.5	474.3	Japon
United States	488.5	571.5	546.1	585.8	568.9	Etats-Unis d'Amérique
Germany	534.8	510.7	444.9	417.2	507.1	Allemagne
France-Monaco	255.2	228.7	240.1	234.3	259.4	France-Monaco
China	111.8	157.7	172.3	190.9	215.3	Chine
Italy-San Marino-Holy See	158.0	150.1	136.2	145.7	164.8	Italie-Saint-Marin-Saint-Siège
Denmark	105.9	95.6	111.6	129.1	163.5	Danemark
Netherlands	120.6	122.2	91.3	105.5	113.3	Pays-Bas
United Kingdom	125.8	113.6	100.7	99.2	111.6	Royaume-Uni
Mexico	84.6	113.0	114.1	104.2	112.8	Mexique
Korea, Republic of	94.0	111.3	83.3	104.7	101.1	République de Corée
Poland	98.9	91.8	79.5	91.0	130.0	Pologne
Spain	89.9	86.4	70.2	80.3	96.9	Espagne
Belgium	70.8	72.0	78.8	71.8	92.6	Belgique
Canada	65.1	70.8	79.0	83.7	76.7	Canada
China, Hong Kong SAR	61.1	75.2	63.8	80.6	76.3	Chine - RAS de Hong-Kong
Austria	50.8	43.1	48.1	49.9	63.4	Autriche
Australia	58.1	57.9	41.5	45.8	45.3	Australie
Brazil	49.3	47.5	44.2	41.0	45.7	Brésil
Switzerland-Liechtenstein	53.3	47.1	37.5	38.3	45.3	Suisse-Liechtenstein
Sweden	36.2	35.8	52.5	37.6	42.2	Suède
Thailand	22.3	35.9	46.6	e45.2	52.9	Thaïlande
Portugal	35.2	32.7	32.1	30.8	e31.4	Portugal
Czech Republic	25.6	23.4	25.9	33.2	45.8	République tchèque
Norway	16.1	24.0	22.6	36.2	38.6	Norvège
Turkey	17.1	23.2	15.9	26.3	32.7	Turquie
Russian Federation	26.9	20.3	18.4	21.1	25.9	Fédération de Russie
Hungary	20.8	18.9	16.8	17.0	21.7	Hongrie
New Zealand	12.8	16.9	20.9	22.2	21.9	Nouvelle-Zélande
Argentina	20.9	16.3	17.4	15.3	e23.4	Argentine

(Value as percentages of World total)   **(Valeur en pourcentage du total mondial)**

Regions of the world	1994	1995	1996	1997	1998	1999	2000	2001	2002	2003	Régions du monde
World	100.0	100.0	100.0	100.0	100.0	100.0	100.0	100.0	100.0	100.0	Monde
Africa	1.3	1.0	1.5	2.1	2.5	1.6	1.1	1.5	1.4	1.8	Afrique
Americas	12.3	13.3	14.3	16.3	17.6	19.0	20.9	22.2	22.7	20.7	Amériques
- Northern America	8.7	9.8	10.5	11.9	12.7	14.0	15.5	16.4	17.3	15.1	- Amérique du Nord
- LAIA	3.4	3.3	3.7	4.2	4.7	4.9	5.2	5.7	5.2	5.4	- ALAI
- CACM	0.1	0.1	0.1	0.1	0.1	0.1	0.1	0.1	0.1	0.1	- MCC
- Caribbean	0.1	0.1	0.1	0.1	0.1	0.1	0.1	0.1	0.1	0.1	- Caraïbes
- Rest of America	0.0	0.0	0.0	0.0	0.0	0.0	0.0	0.0	0.0	0.0	- Autre d'Amérique
Asia excluding former USSR	33.0	32.7	32.2	30.1	25.6	28.9	32.0	29.7	28.6	26.9	Asie ancienne URSS exclus
- Middle East	0.4	0.5	1.3	1.6	1.8	0.7	0.8	0.8	1.0	1.1	- Moyen-Orient
Asia former USSR	0.1	0.0	0.0	0.0	0.0	0.0	0.1	0.0	0.0	0.0	Asie ancienne URSS
Europe excluding former USSR	51.1	50.6	49.4	48.9	51.9	47.5	43.0	43.8	44.2	47.8	Europe ancienne URSS exclus
- European Union	45.9	45.0	43.4	42.5	44.9	40.9	36.9	37.8	37.3	39.4	- Union Européenne
- Eastern Europe	2.7	3.1	3.8	4.0	4.3	4.1	3.7	3.6	4.2	5.2	- Europe de l'Est
- Rest of Europe	2.5	2.4	2.3	2.4	2.7	2.4	2.4	2.4	2.8	3.1	- Autre de l'Europe
Europe former USSR	0.7	0.8	0.9	0.8	0.9	1.1	1.1	1.0	1.1	1.2	Europe ancienne URSS
Oceania	1.6	1.6	1.6	1.9	1.5	1.9	1.9	1.7	1.8	1.6	Océanie

TRADE BY COMMODITY (Value in million US dollars)
Exports by principal countries or areas

COMMERCE PAR PRODUIT (Valeur en millions de dollars EU)
Exportations selon les principaux pays ou zones

Country or area	1999	2000	2001	2002	2003	Pays ou zone
World	3268.1	3435.7	3315.2	3482.1	3973.7	Monde
Africa	79.6	44.6	48.2	52.6	65.6	Afrique
Americas	630.7	726.2	868.2	885.5	962.7	Amériques
- Northern America	476.6	553.4	712.7	714.2	749.6	- Amérique du Nord
- LAIA	144.8	159.6	148.3	161.4	205.0	- ALAI
- CACM	2.9	2.4	3.4	5.2	4.1	- MCC
- Caribbean	3.1	2.6	2.2	3.4	2.7	- Caraïbes
- Rest of America	3.3	8.1	1.6	1.4	1.3	- Autre d'Amérique
Asia excluding former USSR	1049.3	1222.3	1064.2	1071.7	1182.8	Asie ancienne URSS exclus
- Middle East	88.6	82.3	67.9	76.1	108.0	- Moyen-Orient
Asia former USSR	5.2	8.4	12.3	10.6	8.3	Asie ancienne URSS
Europe excluding former USSR	1266.7	1214.9	1107.6	1238.3	1496.8	Europe ancienne URSS exclus
- European Union	1084.4	1015.1	922.0	1010.0	1171.4	- Union Européenne
- Eastern Europe	136.8	148.3	130.0	161.3	220.0	- Europe de l'Est
- Rest of Europe	45.5	51.4	55.6	66.9	105.4	- Autre de l'Europe
Europe former USSR	14.5	19.5	22.4	18.1	23.1	Europe ancienne URSS
Oceania	221.9	200.0	192.3	205.3	234.3	Océanie
China	614.5	750.4	642.7	647.7	729.5	Chine
United States	361.7	434.7	584.4	590.0	634.0	Etats-Unis d'Amérique
Germany	321.2	302.5	292.8	311.1	365.8	Allemagne
Netherlands	172.7	161.8	126.1	156.4	148.1	Pays-Bas
France-Monaco	143.4	135.6	113.1	139.5	157.4	France-Monaco
New Zealand	149.9	127.0	120.8	128.8	148.6	Nouvelle-Zélande
Canada	114.8	118.4	128.3	123.8	115.2	Canada
Denmark	99.4	92.6	83.2	94.0	111.3	Danemark
Brazil	73.9	76.4	82.6	95.8	129.1	Brésil
Hungary	71.2	75.3	65.2	74.8	80.2	Hongrie
Belgium	71.3	69.8	62.8	66.6	90.5	Belgique
Australia	64.7	67.6	63.5	70.4	75.1	Australie
Spain	65.1	49.4	68.6	63.7	85.9	Espagne
Poland	49.3	54.8	47.3	59.9	103.6	Pologne
United Kingdom	67.3	66.9	49.8	55.2	64.3	Royaume-Uni
Italy-San Marino-Holy See	48.0	53.3	50.5	50.1	56.7	Italie-Saint-Marin-Saint-Siège
China, Hong Kong SAR	43.7	51.1	44.1	54.3	54.9	Chine - RAS de Hong-Kong
India	38.5	43.5	42.3	41.7	37.1	Inde
Turkey	42.8	38.2	28.1	37.6	48.7	Turquie
Iran (Islamic Republic of)	32.6	31.1	28.3	25.8	45.2	Iran (République islamique d')
Thailand	29.0	31.5	29.3	e23.1	27.0	Thaïlande
Norway	15.5	17.2	22.2	32.1	46.2	Norvège
Sweden	28.2	23.4	18.9	18.9	25.0	Suède
Korea, Republic of	21.2	26.6	22.2	20.6	19.8	République de Corée
Portugal	22.0	21.2	18.8	18.7	e21.7	Portugal
Uruguay	18.1	22.6	15.3	18.8	21.9	Uruguay
Austria	18.8	16.4	17.3	16.8	21.1	Autriche
Japan	14.6	18.5	16.8	17.7	18.0	Japon
Argentina	12.0	15.4	14.6	16.5	24.1	Argentine
Ireland	19.2	16.4	14.3	13.2	16.8	Irlande

(Value as percentages of World total)　　　　　　　　　　　　　　　　**(Valeur en pourcentage du total mondial)**

Regions of the world	1994	1995	1996	1997	1998	1999	2000	2001	2002	2003	Régions du monde
World	100.0	100.0	100.0	100.0	100.0	100.0	100.0	100.0	100.0	100.0	Monde
Africa	0.9	0.8	0.9	1.0	1.3	2.4	1.3	1.5	1.5	1.7	Afrique
Americas	17.5	17.5	19.0	18.9	20.0	19.3	21.1	26.2	25.4	24.2	Amériques
- Northern America	12.4	13.2	13.7	13.0	13.6	14.6	16.1	21.5	20.5	18.9	- Amérique du Nord
- LAIA	4.7	4.0	4.4	4.5	4.2	4.4	4.6	4.5	4.6	5.2	- ALAI
- CACM	0.3	0.2	0.9	1.3	2.1	0.1	0.1	0.1	0.1	0.1	- MCC
- Caribbean	0.1	0.1	0.1	0.1	0.1	0.1	0.1	0.1	0.1	0.1	- Caraïbes
- Rest of America	0.0	0.0	0.0	0.0	0.0	0.1	0.2	0.0	0.0	0.0	- Autre d'Amérique
Asia excluding former USSR	36.0	37.5	34.7	33.4	31.3	32.1	35.6	32.1	30.8	29.8	Asie ancienne URSS exclus
- Middle East	3.4	3.0	3.2	2.8	3.0	2.7	2.4	2.0	2.2	2.7	- Moyen-Orient
Asia former USSR	0.1	0.1	0.2	0.1	0.2	0.2	0.2	0.4	0.3	0.2	Asie ancienne URSS
Europe excluding former USSR	37.3	36.6	37.5	39.0	40.6	38.8	35.4	33.4	35.6	37.7	Europe ancienne URSS exclus
- European Union	31.3	31.5	32.4	33.3	35.0	33.2	29.5	27.8	29.0	29.5	- Union Européenne
- Eastern Europe	4.7	3.6	3.7	3.9	3.8	4.2	4.3	3.9	4.6	5.5	- Europe de l'Est
- Rest of Europe	1.3	1.5	1.5	1.7	1.8	1.4	1.5	1.7	1.9	2.7	- Autre de l'Europe
Europe former USSR	0.4	0.4	0.3	0.3	0.3	0.4	0.6	0.7	0.5	0.6	Europe ancienne URSS
Oceania	7.8	7.1	7.3	7.4	6.3	6.8	5.8	5.8	5.9	5.9	Océanie

292 Crude vegetable materials, nes

TRADE BY COMMODITY (Value in million US dollars)
Imports by principal countries or areas

COMMERCE PAR PRODUIT (Valeur en millions de dollars EU)
Importations selon les principaux pays ou zones

Country or area	1999	2000	2001	2002	2003	Pays ou zone
World	16645.4	15691.8	15728.7	16845.4	19339.8	Monde
Africa	242.6	243.4	226.3	233.3	294.2	Afrique
Americas	3473.9	3505.3	3472.2	3339.0	3685.5	Amériques
- Northern America	2751.9	2794.9	2748.7	2672.1	2963.2	- Amérique du Nord
- LAIA	636.6	626.0	641.0	575.8	629.5	- ALAI
- CACM	41.1	34.1	35.6	46.3	46.8	- MCC
- Caribbean	35.1	40.4	38.8	36.0	34.8	- Caraïbes
- Rest of America	9.2	10.0	8.1	8.9	11.3	- Autre d'Amérique
Asia excluding former USSR	2734.9	2752.6	2582.3	2667.1	2855.1	Asie ancienne URSS exclus
- Middle East	288.7	279.6	272.3	300.7	367.6	- Moyen-Orient
Asia former USSR	15.3	18.1	16.6	19.0	27.5	Asie ancienne URSS
Europe excluding former USSR	9886.3	8845.7	9081.7	10189.6	11983.2	Europe ancienne URSS exclus
- European Union	8913.2	7912.1	8113.9	9099.5	10662.1	- Union Européenne
- Eastern Europe	309.3	303.9	337.6	405.5	504.4	- Europe de l'Est
- Rest of Europe	663.8	629.8	630.3	684.5	816.7	- Autre de l'Europe
Europe former USSR	136.3	177.5	220.1	254.1	322.0	Europe ancienne URSS
Oceania	156.1	149.2	129.5	143.3	172.2	Océanie
United States	2370.8	2397.6	2343.6	2261.1	2502.7	Etats-Unis d'Amérique
Germany	2558.0	1907.2	2127.7	2227.6	2566.5	Allemagne
United Kingdom	1163.5	1122.3	1211.5	1554.4	1740.1	Royaume-Uni
France-Monaco	1334.5	1254.7	1158.3	1297.2	1581.5	France-Monaco
Netherlands	1114.1	1122.3	1076.1	1202.5	1410.4	Pays-Bas
Japan	1094.0	1047.8	1017.8	1017.6	1095.4	Japon
Italy-San Marino-Holy See	783.5	706.7	656.0	708.6	790.9	Italie-Saint-Marin-Saint-Siège
Switzerland-Liechtenstein	443.1	418.4	407.1	451.9	531.1	Suisse-Liechtenstein
Belgium	417.4	393.9	411.1	457.0	571.6	Belgique
Spain	410.6	350.6	363.6	424.6	509.0	Espagne
Canada	378.6	396.7	404.3	410.2	459.5	Canada
Denmark	289.1	281.9	303.1	324.1	392.0	Danemark
China, Hong Kong SAR	327.1	355.3	282.7	288.9	274.8	Chine - RAS de Hong-Kong
Austria	301.0	258.4	280.3	306.7	380.9	Autriche
Mexico	287.2	278.1	308.9	300.7	341.6	Mexique
Korea, Republic of	214.5	254.4	228.5	236.6	215.1	République de Corée
Sweden	184.6	176.9	200.6	234.2	289.7	Suède
China	171.2	202.3	197.9	232.3	271.7	Chine
Poland	130.5	126.9	145.6	165.1	195.8	Pologne
Norway	124.4	121.9	129.0	126.5	159.2	Norvège
Russian Federation	64.1	97.5	133.9	164.2	200.4	Fédération de Russie
Australia	123.6	117.6	98.3	108.3	132.1	Australie
Singapore	110.8	109.7	101.7	106.2	100.7	Singapour
Czech Republic	76.0	73.5	81.6	106.6	131.4	République tchèque
Ireland	81.0	84.7	85.4	95.1	104.1	Irlande
Portugal	87.9	86.7	82.9	94.0	e96.0	Portugal
Brazil	87.8	92.2	89.2	90.2	76.5	Brésil
Finland	81.0	78.8	83.3	85.2	106.4	Finlande
Turkey	81.5	75.0	57.2	77.2	105.4	Turquie
Argentina	114.7	92.7	84.4	38.9	e59.8	Argentine

(Value as percentages of World total)　　　　　　　　　　**(Valeur en pourcentage du total mondial)**

Regions of the world	1994	1995	1996	1997	1998	1999	2000	2001	2002	2003	Régions du monde
World	100.0	100.0	100.0	100.0	100.0	100.0	100.0	100.0	100.0	100.0	Monde
Africa	1.4	1.4	1.3	1.4	1.5	1.5	1.6	1.4	1.4	1.5	Afrique
Americas	17.2	17.4	17.7	19.4	20.7	20.9	22.3	22.1	19.8	19.1	Amériques
- Northern America	13.4	13.8	14.1	15.5	16.4	16.5	17.8	17.5	15.9	15.3	- Amérique du Nord
- LAIA	3.5	3.2	3.3	3.5	3.8	3.8	4.0	4.1	3.4	3.3	- ALAI
- CACM	0.2	0.1	0.1	0.2	0.2	0.2	0.2	0.2	0.3	0.2	- MCC
- Caribbean	0.2	0.2	0.2	0.2	0.2	0.2	0.3	0.2	0.2	0.2	- Caraïbes
- Rest of America	0.0	0.0	0.0	0.0	0.0	0.1	0.1	0.1	0.1	0.1	- Autre d'Amérique
Asia excluding former USSR	20.3	19.5	20.5	20.2	17.1	16.4	17.5	16.4	15.8	14.8	Asie ancienne URSS exclus
- Middle East	1.5	1.5	3.0	3.8	4.0	1.7	1.8	1.7	1.8	1.9	- Moyen-Orient
Asia former USSR	0.1	0.1	0.0	0.0	0.1	0.1	0.1	0.1	0.1	0.1	Asie ancienne URSS
Europe excluding former USSR	59.3	59.7	58.6	57.0	58.8	59.4	56.4	57.7	60.5	62.0	Europe ancienne URSS exclus
- European Union	53.5	53.6	52.8	51.2	53.0	53.5	50.4	51.6	54.0	55.1	- Union Européenne
- Eastern Europe	1.4	1.5	1.6	1.6	1.8	1.9	1.9	2.1	2.4	2.6	- Europe de l'Est
- Rest of Europe	4.4	4.6	4.2	4.1	4.0	4.0	4.0	4.0	4.1	4.2	- Autre de l'Europe
Europe former USSR	0.8	1.0	1.0	1.1	1.0	0.8	1.1	1.4	1.5	1.7	Europe ancienne URSS
Oceania	0.9	0.8	0.9	0.9	0.9	0.9	1.0	0.8	0.9	0.9	Océanie

TRADE BY COMMODITY (Value in million US dollars)
Exports by principal countries or areas

COMMERCE PAR PRODUIT (Valeur en millions de dollars EU)
Exportations selon les principaux pays ou zones

Country or area	1999	2000	2001	2002	2003	Pays ou zone
World	15148.2	14491.0	14516.0	16035.1	19128.2	Monde
Africa	466.3	477.2	519.5	544.1	731.0	Afrique
Americas	2917.2	2997.0	3107.2	3315.7	3449.3	Amériques
- Northern America	1516.1	1563.0	1579.8	1667.0	1743.7	- Amérique du Nord
- LAIA	1186.4	1206.9	1308.1	1422.5	1473.0	- ALAI
- CACM	205.2	218.7	209.9	211.8	220.8	- MCC
- Caribbean	7.9	6.7	7.1	12.1	9.7	- Caraïbes
- Rest of America	1.6	1.7	2.4	2.3	2.2	- Autre d'Amérique
Asia excluding former USSR	2513.2	2480.7	2301.1	2373.8	2483.3	Asie ancienne URSS exclus
- Middle East	91.0	60.4	79.4	97.1	113.2	- Moyen-Orient
Asia former USSR	13.8	20.5	22.3	16.9	16.5	Asie ancienne URSS
Europe excluding former USSR	9026.3	8314.9	8362.8	9592.6	12226.3	Europe ancienne URSS exclus
- European Union	8768.1	8053.5	8093.5	9287.0	11841.7	- Union Européenne
- Eastern Europe	156.1	160.0	153.2	184.8	248.4	- Europe de l'Est
- Rest of Europe	102.1	101.4	116.1	120.8	136.3	- Autre de l'Europe
Europe former USSR	26.9	36.4	39.7	33.7	40.0	Europe ancienne URSS
Oceania	184.5	164.3	163.4	158.3	181.8	Océanie
Netherlands	4865.6	4557.8	4415.9	5053.9	6709.7	Pays-Bas
United States	1117.6	1133.7	1107.8	1192.2	1248.1	Etats-Unis d'Amérique
Germany	758.0	648.1	715.7	811.3	1026.9	Allemagne
Denmark	602.1	520.4	622.2	840.1	1003.1	Danemark
Italy-San Marino-Holy See	747.0	658.1	637.4	703.7	816.2	Italie-Saint-Marin-Saint-Siège
Colombia	555.7	587.4	614.8	675.5	686.8	Colombie
France-Monaco	641.5	600.5	545.9	598.6	709.6	France-Monaco
Belgium	470.0	442.7	485.1	534.4	704.6	Belgique
China	453.7	459.4	462.9	503.4	525.4	Chine
Canada	398.5	429.2	471.9	474.8	495.6	Canada
India	393.9	378.2	353.0	377.8	385.5	Inde
Spain	350.2	315.3	352.8	381.1	454.1	Espagne
Israel	325.8	280.6	240.6	255.5	276.1	Israël
Ecuador	183.8	158.7	233.1	294.1	299.3	Equateur
Korea, Republic of	237.6	230.7	224.7	198.0	228.6	République de Corée
China, Hong Kong SAR	244.4	270.6	192.1	189.5	151.5	Chine - RAS de Hong-Kong
Chile	184.5	197.2	196.6	173.4	184.7	Chili
United Kingdom	152.5	141.7	143.7	180.8	198.9	Royaume-Uni
Kenya	109.9	117.6	e182.7	131.7	241.2	Kenya
Costa Rica	148.9	158.2	152.7	160.2	162.4	Costa Rica
Mexico	148.6	158.0	150.0	154.2	157.8	Mexique
Japan	145.1	147.3	129.6	139.7	145.9	Japon
Singapore	120.0	118.4	106.0	102.4	85.0	Singapour
Thailand	87.5	97.9	95.1	e103.6	121.1	Thaïlande
Australia	100.6	90.3	91.4	93.3	83.6	Australie
Indonesia	72.5	88.0	90.1	87.2	99.7	Indonésie
Philippines	90.7	89.7	81.8	78.1	86.9	Philippines
Brazil	69.7	63.3	69.5	77.4	93.7	Brésil
New Zealand	78.4	69.0	65.3	63.2	96.8	Nouvelle-Zélande
Poland	61.9	65.3	61.4	73.8	104.1	Pologne

(Value as percentages of World total) **(Valeur en pourcentage du total mondial)**

Regions of the world	1994	1995	1996	1997	1998	1999	2000	2001	2002	2003	Régions du monde
World	100.0	100.0	100.0	100.0	100.0	100.0	100.0	100.0	100.0	100.0	Monde
Africa	3.2	4.2	3.1	3.2	3.2	3.1	3.3	3.6	3.4	3.8	Afrique
Americas	15.4	15.0	16.3	18.6	19.8	19.3	20.7	21.4	20.7	18.0	Amériques
- Northern America	8.2	7.8	8.3	9.7	10.3	10.0	10.8	10.9	10.4	9.1	- Amérique du Nord
- LAIA	6.0	6.1	6.6	7.6	8.0	7.8	8.3	9.0	8.9	7.7	- ALAI
- CACM	1.0	1.1	1.3	1.3	1.4	1.4	1.5	1.4	1.3	1.2	- MCC
- Caribbean	0.1	0.1	0.1	0.1	0.1	0.1	0.0	0.0	0.1	0.1	- Caraïbes
- Rest of America	0.0	0.0	0.0	0.0	0.0	0.0	0.0	0.0	0.0	0.0	- Autre d'Amérique
Asia excluding former USSR	19.2	18.6	18.2	18.5	16.6	16.6	17.1	15.9	14.8	13.0	Asie ancienne URSS exclus
- Middle East	0.6	0.6	0.5	0.6	0.6	0.6	0.4	0.5	0.6	0.6	- Moyen-Orient
Asia former USSR	0.1	0.2	0.1	0.1	0.1	0.1	0.1	0.2	0.1	0.1	Asie ancienne URSS
Europe excluding former USSR	60.7	60.7	61.0	58.2	58.9	59.6	57.4	57.6	59.8	63.9	Europe ancienne URSS exclus
- European Union	59.1	59.0	59.2	56.4	56.8	57.9	55.6	55.8	57.9	61.9	- Union Européenne
- Eastern Europe	0.8	0.9	1.1	1.1	1.4	1.0	1.1	1.1	1.2	1.3	- Europe de l'Est
- Rest of Europe	0.8	0.8	0.7	0.7	0.7	0.7	0.7	0.8	0.8	0.7	- Autre de l'Europe
Europe former USSR	0.1	0.2	0.2	0.1	0.2	0.2	0.3	0.3	0.2	0.2	Europe ancienne URSS
Oceania	1.2	1.2	1.2	1.3	1.2	1.2	1.1	1.1	1.0	1.0	Océanie

322 Coal, lignite and peat

Country or area	1999	2000	2001	2002	2003	Pays ou zone
World	20535.7	21821.7	25779.2	26248.3	28819.2	Monde
Africa	265.7	239.4	387.7	391.5	377.1	Afrique
Americas	2076.5	2213.7	2671.3	2757.1	3042.1	Amériques
- Northern America	1119.3	1248.1	1614.5	1540.5	1718.7	- Amérique du Nord
- LAIA	949.5	950.4	1018.1	1182.1	1281.1	- ALAI
- CACM	3.0	9.5	21.5	19.0	23.7	- MCC
- Caribbean	1.9	3.6	15.9	15.4	17.6	- Caraïbes
- Rest of America	2.8	2.2	1.2	0.2	1.0	- Autre d'Amérique
Asia excluding former USSR	10956.7	11609.3	12740.9	13841.8	14804.5	Asie ancienne URSS exclus
- Middle East	396.7	673.0	344.0	717.4	1022.7	- Moyen-Orient
Asia former USSR	39.8	26.0	16.5	25.4	33.4	Asie ancienne URSS
Europe excluding former USSR	6833.9	7299.5	9444.8	8818.9	9981.3	Europe ancienne URSS exclus
- European Union	6137.8	6550.9	8553.5	7904.3	8882.2	- Union Européenne
- Eastern Europe	545.0	581.7	718.8	741.3	906.9	- Europe de l'Est
- Rest of Europe	151.2	166.9	172.5	173.2	192.2	- Autre de l'Europe
Europe former USSR	344.4	416.1	497.3	389.7	541.4	Europe ancienne URSS
Oceania	18.7	17.7	20.6	23.9	39.5	Océanie
Japan	5487.6	5446.5	6232.5	6315.8	6463.6	Japon
Korea, Republic of	1943.6	2159.5	2322.2	2446.6	2496.0	République de Corée
United Kingdom	968.6	1048.5	1735.6	1319.6	1558.4	Royaume-Uni
Germany	857.6	895.1	1312.6	1165.3	1174.6	Allemagne
India	818.4	902.1	961.1	1027.2	1076.8	Inde
Italy-San Marino-Holy See	779.6	886.0	1041.4	988.6	1085.6	Italie-Saint-Marin-Saint-Siège
Netherlands	713.4	753.6	1265.4	838.4	981.3	Pays-Bas
Spain	708.8	797.3	803.9	972.0	890.5	Espagne
France-Monaco	764.8	807.8	714.1	832.5	906.1	France-Monaco
United States	498.0	610.7	948.0	842.7	1075.3	Etats-Unis d'Amérique
Brazil	595.1	614.5	678.0	727.3	747.9	Brésil
Canada	621.3	637.3	664.7	697.8	643.3	Canada
Turkey	310.6	611.6	299.7	681.9	929.2	Turquie
Belgium	521.9	489.5	577.3	601.9	622.7	Belgique
Israel	323.6	339.0	450.8	468.2	473.3	Israël
Finland	140.0	191.4	292.1	242.5	436.6	Finlande
Ukraine	209.5	262.4	291.2	207.3	e281.1	Ukraine
Slovakia	202.5	206.2	234.5	218.6	265.2	Slovaquie
Austria	174.3	165.8	225.9	246.3	288.5	Autriche
China, Hong Kong SAR	179.3	153.0	201.4	243.7	287.2	Chine - RAS de Hong-Kong
Portugal	192.4	201.0	187.2	208.3	e212.8	Portugal
Mexico	114.9	114.7	161.3	247.6	302.2	Mexique
China	61.0	69.0	89.6	338.6	368.3	Chine
Sweden	144.7	159.2	175.4	160.2	206.4	Suède
Romania	120.5	126.8	180.8	181.3	176.1	Roumanie
Thailand	94.6	117.3	161.6	e183.9	215.6	Thaïlande
Russian Federation	90.4	112.3	179.1	152.4	220.8	Fédération de Russie
Bulgaria	85.8	129.5	152.1	154.0	210.0	Bulgarie
Morocco	84.2	109.6	163.8	169.0	168.1	Maroc
Malaysia	107.0	99.8	139.7	171.7	173.3	Malaisie

(Value as percentages of World total) — (Valeur en pourcentage du total mondial)

Regions of the world	1994	1995	1996	1997	1998	1999	2000	2001	2002	2003	Régions du monde
World	100.0	100.0	100.0	100.0	100.0	100.0	100.0	100.0	100.0	100.0	Monde
Africa	1.1	1.3	1.3	1.2	1.4	1.3	1.1	1.5	1.5	1.3	Afrique
Americas	7.7	7.6	7.7	8.3	9.3	10.1	10.1	10.4	10.5	10.6	Amériques
- Northern America	3.6	3.3	3.4	3.8	4.8	5.5	5.7	6.3	5.9	6.0	- Amérique du Nord
- LAIA	4.0	4.2	4.3	4.5	4.5	4.6	4.4	3.9	4.5	4.4	- ALAI
- CACM	0.0	0.0	0.0	0.0	0.0	0.0	0.0	0.1	0.1	0.1	- MCC
- Caribbean	0.0	0.0	0.0	0.0	0.0	0.0	0.0	0.1	0.1	0.1	- Caraïbes
- Rest of America	0.1	0.0	0.0	0.0	0.0	0.0	0.0	0.0	0.0	0.0	- Autre d'Amérique
Asia excluding former USSR	51.7	50.8	52.5	53.9	52.4	53.4	53.2	49.4	52.7	51.4	Asie ancienne URSS exclus
- Middle East	2.1	1.4	2.5	2.4	2.2	1.9	3.1	1.3	2.7	3.5	- Moyen-Orient
Asia former USSR	0.3	0.4	0.3	0.2	0.2	0.2	0.1	0.1	0.1	0.1	Asie ancienne URSS
Europe excluding former USSR	36.1	35.8	34.3	33.7	33.9	33.3	33.5	36.6	33.6	34.6	Europe ancienne URSS exclus
- European Union	32.0	30.8	29.2	28.6	29.5	29.9	30.0	33.2	30.1	30.8	- Union Européenne
- Eastern Europe	3.4	4.3	4.5	4.5	3.8	2.7	2.7	2.8	2.8	3.1	- Europe de l'Est
- Rest of Europe	0.7	0.7	0.6	0.6	0.6	0.7	0.8	0.7	0.7	0.7	- Autre de l'Europe
Europe former USSR	3.0	4.0	3.8	2.6	2.7	1.7	1.9	1.9	1.5	1.9	Europe ancienne URSS
Oceania	0.1	0.0	0.1	0.1	0.1	0.1	0.1	0.1	0.1	0.1	Océanie

TRADE BY COMMODITY (Value in million US dollars)
Exports by principal countries or areas

COMMERCE PAR PRODUIT (Valeur en millions de dollars EU)
Exportations selon les principaux pays ou zones

Country or area	1999	2000	2001	2002	2003	Pays ou zone
World	16537.6	17289.2	20938.2	21032.0	22559.8	Monde
Africa	1385.4	1334.4	1453.2	1850.5	1817.3	Afrique
Americas	4553.4	4381.9	4617.5	4108.2	4445.6	Amériques
- Northern America	3595.5	3352.5	3204.1	2857.5	2843.4	- Amérique du Nord
- LAIA	957.8	1028.9	1412.9	1250.5	1598.5	- ALAI
- CACM	0.0	0.0	0.0	0.0	0.0	- MCC
- Caribbean	0.1	0.5	0.5	0.0	3.8	- Caraïbes
- Rest of America	0.0	0.0	0.0	0.0	0.0	- Autre d'Amérique
Asia excluding former USSR	2527.1	2891.7	4496.1	4548.2	4993.6	Asie ancienne URSS exclus
- Middle East	3.1	5.1	6.0	5.0	3.3	- Moyen-Orient
Asia former USSR	157.3	165.8	224.8	189.2	251.1	Asie ancienne URSS
Europe excluding former USSR	1910.6	1855.1	2323.5	2013.1	2020.5	Europe ancienne URSS exclus
- European Union	810.2	819.2	1063.5	873.1	911.5	- Union Européenne
- Eastern Europe	1091.0	1028.7	1245.1	1125.1	1093.9	- Europe de l'Est
- Rest of Europe	9.5	7.2	15.0	14.9	15.2	- Autre de l'Europe
Europe former USSR	547.3	1260.3	1370.5	1323.2	1951.3	Europe ancienne URSS
Oceania	5456.6	5400.0	6452.6	6999.7	7080.3	Océanie
Australia	5417.6	5399.7	6452.2	6999.3	7079.8	Australie
China	1084.1	1460.5	2667.4	2535.0	2752.1	Chine
United States	2140.1	2045.1	1834.6	1607.5	1554.1	Etats-Unis d'Amérique
Indonesia	1303.9	1276.1	1617.7	1762.4	1980.1	Indonésie
Canada	1455.4	1307.4	1369.5	1250.0	1289.2	Canada
South Africa	–	1326.3	1440.6	1839.0	1803.5	Afrique du Sud
Russian Federation	442.2	1144.2	1206.3	1154.5	1727.3	Fédération de Russie
Colombia	844.8	873.7	1159.2	972.1	1390.2	Colombie
Poland	767.7	741.6	917.8	817.8	748.2	Pologne
Netherlands	303.5	369.1	618.6	374.7	367.3	Pays-Bas
Czech Republic	322.3	286.0	325.7	305.6	342.7	République tchèque
Southern African Customs Union	1381.3	–	–	–	–	Union douanière d'Afrique australe
Venezuela	111.0	154.5	253.0	276.8	207.5	Venezuela
Kazakhstan	157.0	164.8	224.0	e188.4	250.8	Kazakhstan
Germany	204.5	174.1	162.8	190.2	198.4	Allemagne
Belgium	131.5	133.2	138.8	151.3	174.1	Belgique
Viet Nam	96.0	93.2	113.3	154.2	e145.9	Viet Nam
Ukraine	67.9	66.4	111.1	98.0	e126.2	Ukraine
United Kingdom	69.5	66.2	53.6	51.1	58.5	Royaume-Uni
Ireland	50.5	35.6	46.3	58.5	63.3	Irlande
India	27.3	37.3	61.5	53.2	62.8	Inde
Estonia	14.9	24.1	23.1	29.2	36.8	Estonie
Latvia	10.3	14.1	17.0	23.5	34.9	Lettonie
Lithuania	10.1	10.7	12.2	15.2	21.1	Lituanie
Myanmar	e1.5	e8.9	e14.2	e18.8	e17.1	Myanmar
Korea, Democratic People's Republic of	e6.7	e7.0	e10.9	e13.8	e19.0	République démocratique populaire de Corée
Finland	13.8	9.4	10.0	11.6	11.9	Finlande
Denmark	13.9	9.4	10.7	9.9	7.7	Danemark
Bosnia and Herzegovina	e5.2	e6.2	e12.5	e12.3	12.4	Bosnie-Herzégovine
Sweden	9.3	8.1	7.8	8.1	10.6	Suède

(Value as percentages of World total)

(Valeur en pourcentage du total mondial)

Regions of the world	1994	1995	1996	1997	1998	1999	2000	2001	2002	2003	Régions du monde
World	100.0	100.0	100.0	100.0	100.0	100.0	100.0	100.0	100.0	100.0	Monde
Africa	7.7	8.3	7.4	7.5	7.3	8.4	7.7	6.9	8.8	8.1	Afrique
Americas	30.8	31.1	31.5	30.1	30.5	27.5	25.3	22.1	19.5	19.7	Amériques
- Northern America	26.9	27.5	27.4	25.9	25.0	21.7	19.4	15.3	13.6	12.6	- Amérique du Nord
- LAIA	3.9	3.6	4.0	4.2	5.5	5.8	6.0	6.7	5.9	7.1	- ALAI
- CACM	0.0	0.0	0.0	0.0	0.0	0.0	0.0	0.0	0.0	0.0	- MCC
- Caribbean	0.0	0.0	0.0	0.0	0.0	0.0	0.0	0.0	0.0	0.0	- Caraïbes
- Rest of America	0.0	0.0	0.0	0.0	0.0	0.0	0.0	0.0	0.0	0.0	- Autre d'Amérique
Asia excluding former USSR	10.1	11.1	11.7	13.5	12.8	15.3	16.7	21.5	21.6	22.1	Asie ancienne URSS exclus
- Middle East	0.0	0.0	0.0	0.0	0.0	0.0	0.0	0.0	0.0	0.0	- Moyen-Orient
Asia former USSR	1.8	1.9	1.9	1.8	1.7	1.0	1.0	1.1	0.9	1.1	Asie ancienne URSS
Europe excluding former USSR	14.4	13.9	12.2	11.2	11.2	11.6	10.7	11.1	9.6	9.0	Europe ancienne URSS exclus
- European Union	5.5	4.9	4.3	3.7	4.1	4.9	4.7	5.1	4.2	4.0	- Union Européenne
- Eastern Europe	8.8	8.9	7.8	7.4	7.1	6.6	6.0	5.9	5.3	4.8	- Europe de l'Est
- Rest of Europe	0.0	0.0	0.0	0.0	0.0	0.1	0.0	0.1	0.1	0.1	- Autre de l'Europe
Europe former USSR	5.7	5.5	5.7	4.6	3.8	3.3	7.3	6.5	6.3	8.6	Europe ancienne URSS
Oceania	29.5	28.4	29.7	31.4	32.5	33.0	31.2	30.8	33.3	31.4	Océanie

323 Briquettes; coke and semi-coke; lignite or peat; retort carbon

TRADE BY COMMODITY (Value in million US dollars)
Imports by principal countries or areas

COMMERCE PAR PRODUIT (Valeur en millions de dollars EU)
Importations selon les principaux pays ou zones

Country or area	1999	2000	2001	2002	2003	Pays ou zone
World	2155.1	2706.9	2720.2	2903.0	4220.9	Monde
Africa	80.9	61.8	71.0	52.2	98.8	Afrique
Americas	513.4	671.0	557.9	622.4	816.0	Amériques
- Northern America	347.7	410.9	310.1	350.8	354.7	- Amérique du Nord
- LAIA	151.9	234.9	238.7	263.7	448.9	- ALAI
- CACM	5.1	7.2	5.3	2.5	4.9	- MCC
- Caribbean	3.3	17.0	3.7	5.3	5.3	- Caraïbes
- Rest of America	5.5	1.0	0.2	0.1	2.1	- Autre d'Amérique
Asia excluding former USSR	449.0	640.9	541.2	565.4	924.5	Asie ancienne URSS exclus
- Middle East	70.4	100.2	94.8	82.2	110.9	- Moyen-Orient
Asia former USSR	42.7	48.3	57.0	51.1	65.4	Asie ancienne URSS
Europe excluding former USSR	1020.4	1244.9	1444.9	1517.1	2195.4	Europe ancienne URSS exclus
- European Union	801.3	1028.3	1197.8	1270.0	1815.9	- Union Européenne
- Eastern Europe	71.8	114.3	160.3	156.7	277.2	- Europe de l'Est
- Rest of Europe	147.3	102.4	86.8	90.3	102.3	- Autre de l'Europe
Europe former USSR	39.0	33.6	45.9	88.2	119.4	Europe ancienne URSS
Oceania	9.6	6.3	2.3	6.5	1.3	Océanie
Germany	323.8	430.2	572.5	578.7	697.6	Allemagne
United States	271.8	321.8	221.3	285.2	279.2	Etats-Unis d'Amérique
India	189.2	222.4	194.3	206.8	317.1	Inde
Japan	95.9	209.2	160.6	176.2	338.4	Japon
Brazil	77.8	134.4	163.6	184.6	343.8	Brésil
France-Monaco	115.4	145.9	145.4	142.2	222.5	France-Monaco
Austria	51.2	87.5	108.0	118.2	160.0	Autriche
Belgium	81.7	115.1	119.9	85.7	113.1	Belgique
Italy-San Marino-Holy See	39.3	52.3	57.4	116.2	242.9	Italie-Saint-Marin-Saint-Siège
Canada	75.9	89.1	88.8	65.6	75.5	Canada
Romania	22.8	43.1	57.8	43.9	114.6	Roumanie
Mexico	50.2	69.9	46.6	44.8	65.8	Mexique
Netherlands	45.2	45.0	42.4	48.5	88.2	Pays-Bas
Finland	49.0	49.6	54.7	48.6	61.0	Finlande
Turkey	34.3	61.1	48.4	60.0	56.7	Turquie
United Kingdom	34.6	42.2	24.1	35.5	115.6	Royaume-Uni
Kazakhstan	39.5	44.3	51.7	e45.3	58.7	Kazakhstan
Sweden	35.2	33.9	42.4	56.3	69.4	Suède
Norway	51.5	52.4	50.0	38.4	43.5	Norvège
Ukraine	11.5	4.3	27.0	78.2	e106.0	Ukraine
Czech Republic	19.0	41.3	40.0	38.6	65.8	République tchèque
South Africa	–	35.9	36.2	33.2	76.7	Afrique du Sud
Korea, Republic of	22.2	26.4	24.8	28.5	56.4	République de Corée
Iran (Islamic Republic of)	22.1	28.5	35.7	16.3	48.9	Iran (République islamique d')
Serbia and Montenegro	60.2	19.1	4.7	11.2	e10.6	Serbie-et-Monténégro
Hungary	1.9	2.9	20.2	39.9	30.8	Hongrie
Peru	17.1	15.8	16.9	20.0	23.0	Pérou
Slovakia	11.0	9.1	18.2	15.6	34.3	Slovaquie
Bulgaria	14.7	14.8	18.1	12.4	24.0	Bulgarie
Spain	11.1	13.4	13.5	14.8	16.8	Espagne

(Value as percentages of World total)

(Valeur en pourcentage du total mondial)

Regions of the world	1994	1995	1996	1997	1998	1999	2000	2001	2002	2003	Régions du monde
World	100.0	100.0	100.0	100.0	100.0	100.0	100.0	100.0	100.0	100.0	Monde
Africa	1.0	0.8	2.4	2.7	2.6	3.8	2.3	2.6	1.8	2.3	Afrique
Americas	26.9	27.5	24.7	26.2	27.7	23.8	24.8	20.5	21.4	19.3	Amériques
- Northern America	16.4	16.7	14.5	14.6	16.9	16.1	15.2	11.4	12.1	8.4	- Amérique du Nord
- LAIA	10.2	10.6	9.9	11.1	10.3	7.0	8.7	8.8	9.1	10.6	- ALAI
- CACM	0.1	0.0	0.1	0.2	0.2	0.2	0.3	0.2	0.1	0.1	- MCC
- Caribbean	0.2	0.2	0.2	0.3	0.2	0.2	0.6	0.1	0.2	0.1	- Caraïbes
- Rest of America	0.0	0.0	0.0	0.1	0.1	0.3	0.0	0.0	0.0	0.0	- Autre d'Amérique
Asia excluding former USSR	10.5	12.6	14.5	20.7	15.3	20.8	23.7	19.9	19.5	21.9	Asie ancienne URSS exclus
- Middle East	1.4	1.6	2.4	3.7	3.2	3.3	3.7	3.5	2.8	2.6	- Moyen-Orient
Asia former USSR	3.1	3.3	3.1	2.1	1.8	2.0	1.8	2.1	1.8	1.6	Asie ancienne URSS
Europe excluding former USSR	56.8	53.9	52.8	46.5	50.9	47.3	46.0	53.1	52.3	52.0	Europe ancienne URSS exclus
- European Union	44.6	42.9	42.4	37.7	43.7	37.2	38.0	44.0	43.7	43.0	- Union Européenne
- Eastern Europe	6.3	6.2	6.3	5.1	2.9	3.3	4.2	5.9	5.4	6.6	- Europe de l'Est
- Rest of Europe	5.8	4.8	4.1	3.7	4.3	6.8	3.8	3.2	3.1	2.4	- Autre de l'Europe
Europe former USSR	1.4	1.5	2.3	1.6	1.5	1.8	1.2	1.7	3.0	2.8	Europe ancienne URSS
Oceania	0.4	0.3	0.1	0.2	0.2	0.4	0.2	0.1	0.2	0.0	Océanie

TRADE BY COMMODITY (Value in million US dollars)
Exports by principal countries or areas

COMMERCE PAR PRODUIT (Valeur en millions de dollars EU)
Exportations selon les principaux pays ou zones

Country or area	1999	2000	2001	2002	2003	Pays ou zone
World	1792.7	2270.2	2356.4	2462.1	3640.5	Monde
Africa	57.2	57.0	68.4	60.3	71.4	Afrique
Americas	157.8	177.5	147.3	113.3	125.2	Amériques
- Northern America	142.6	154.0	124.1	88.8	88.5	- Amérique du Nord
- LAIA	15.2	23.5	23.2	22.2	36.4	- ALAI
- CACM	0.0	0.0	0.0	2.3	0.3	- MCC
- Caribbean	0.0	0.0	0.0	0.0	0.0	- Caraïbes
Asia excluding former USSR	774.4	1142.4	1129.4	1185.1	1964.4	Asie ancienne URSS exclus
- Middle East	0.4	0.4	0.2	0.2	0.5	- Moyen-Orient
Asia former USSR	0.2	0.4	0.1	0.0	0.0	Asie ancienne URSS
Europe excluding former USSR	653.1	759.7	814.1	855.8	1124.7	Europe ancienne URSS exclus
- European Union	328.3	386.3	386.5	390.3	445.7	- Union Européenne
- Eastern Europe	320.6	372.4	426.7	464.5	677.9	- Europe de l'Est
- Rest of Europe	4.3	1.1	0.9	0.9	1.1	- Autre de l'Europe
Europe former USSR	141.1	126.7	186.3	235.1	321.9	Europe ancienne URSS
Oceania	8.9	6.5	10.7	12.5	32.7	Océanie
China	554.2	918.4	928.3	960.6	1681.0	Chine
Poland	213.5	263.6	321.5	352.0	535.7	Pologne
Japan	217.4	198.3	190.4	214.7	248.6	Japon
Russian Federation	117.2	72.4	108.1	168.2	235.8	Fédération de Russie
United States	120.8	129.4	112.7	68.3	75.0	Etats-Unis d'Amérique
Czech Republic	84.4	70.7	83.8	97.0	126.8	République tchèque
Spain	39.2	80.2	67.3	75.2	122.5	Espagne
France-Monaco	57.5	84.2	75.5	47.1	70.1	France-Monaco
Netherlands	64.9	43.7	84.2	72.1	64.9	Pays-Bas
Belgium	62.9	60.8	62.9	70.5	59.4	Belgique
Ukraine	20.7	54.1	78.1	66.8	e86.1	Ukraine
Egypt	30.8	45.9	60.6	44.3	56.2	Egypte
Germany	38.1	39.4	37.2	52.4	48.5	Allemagne
United Kingdom	34.0	47.1	40.0	47.3	34.0	Royaume-Uni
Colombia	11.8	19.1	19.5	18.0	32.3	Colombie
Italy-San Marino-Holy See	15.7	17.7	13.5	19.4	32.3	Italie-Saint-Marin-Saint-Siège
Canada	21.8	24.7	11.4	20.6	13.5	Canada
Australia	8.9	6.5	10.7	12.5	32.7	Australie
Zimbabwe	23.2	10.6	5.2	15.9	e13.8	Zimbabwe
Indonesia	1.6	20.3	7.5	8.3	29.7	Indonésie
Slovakia	2.4	3.2	19.4	12.0	7.1	Slovaquie
Hungary	14.1	18.9			8.0	Hongrie
Bulgaria	1.7	15.6	1.6	2.8	0.1	Bulgarie
Portugal	8.6	8.0	1.1	0.1	e0.2	Portugal
Sweden	3.3	2.7	2.6	1.5	3.6	Suède
Ireland	2.7	2.0	2.0	2.7	2.7	Irlande
Chile		1.5		2.2	2.6	Chili
Greece	0.9	0.1	0.0	1.6	3.5	Grèce
Argentina	2.0	1.6	1.3	0.5	0.6	Argentine
Romania	4.5	0.4	0.1	0.1		Roumanie

(Value as percentages of World total)

(Valeur en pourcentage du total mondial)

Regions of the world	1994	1995	1996	1997	1998	1999	2000	2001	2002	2003	Régions du monde
World	100.0	100.0	100.0	100.0	100.0	100.0	100.0	100.0	100.0	100.0	Monde
Africa	2.6	2.5	2.6	2.8	2.7	3.2	2.5	2.9	2.4	2.0	Afrique
Americas	7.0	7.0	8.6	8.6	8.4	8.8	7.8	6.3	4.6	3.4	Amériques
- Northern America	6.4	6.5	8.1	8.2	7.8	8.0	6.8	5.3	3.6	2.4	- Amérique du Nord
- LAIA	0.6	0.5	0.5	0.4	0.6	0.8	1.0	1.0	0.9	1.0	- ALAI
- CACM	0.0	0.0	0.0	0.0	0.0	0.0	0.0	0.0	0.1	0.0	- MCC
- Caribbean	0.0	0.0	0.0	0.0	0.0	0.0	0.0	0.0	0.0	0.0	- Caraïbes
Asia excluding former USSR	32.6	42.1	41.1	47.6	48.5	43.2	50.3	47.9	48.1	54.0	Asie ancienne URSS exclus
- Middle East	0.1	0.0	0.0	0.1	0.1	0.0	0.0	0.0	0.0	0.0	- Moyen-Orient
Asia former USSR	0.1	0.0	0.0	0.1	0.1	0.0	0.0	0.0	0.0	0.0	Asie ancienne URSS
Europe excluding former USSR	50.5	42.0	39.2	34.3	35.1	36.4	33.5	34.5	34.8	30.9	Europe ancienne URSS exclus
- European Union	26.4	20.0	19.1	16.3	17.0	18.3	17.0	16.4	15.9	12.2	- Union Européenne
- Eastern Europe	22.7	21.9	20.0	17.9	18.0	17.9	16.4	18.1	18.9	18.6	- Europe de l'Est
- Rest of Europe	1.3	0.1	0.0	0.0	0.1	0.2	0.0	0.0	0.0	0.0	- Autre de l'Europe
Europe former USSR	5.0	4.9	6.5	5.3	4.5	7.9	5.6	7.9	9.5	8.8	Europe ancienne URSS
Oceania	2.2	1.5	1.9	1.3	0.7	0.5	0.3	0.5	0.5	0.9	Océanie
Oceania	2.2	1.5	1.3	0.7	0.5	0.5	0.3	0.5			Océanie

333 Crude petroleum and oils obtained from bituminous minerals

TRADE BY COMMODITY (Value in million US dollars)
Imports by principal countries or areas

COMMERCE PAR PRODUIT (Valeur en millions de dollars EU)
Importations selon les principaux pays ou zones

Country or area	1999	2000	2001	2002	2003	Pays ou zone
World	226483.0	391823.3	341864.0	341513.2	425406.7	Monde
Africa	4893.4	7248.6	6094.6	5868.0	6224.7	Afrique
Americas	65148.4	114733.1	98178.4	100237.6	127922.6	Amériques
- Northern America	58081.8	103141.4	87455.3	90242.1	116864.1	- Amérique du Nord
- LAIA	4301.9	7037.3	6826.4	6122.8	7550.2	- ALAI
- CACM	316.7	591.1	554.0	521.5	502.6	- MCC
- Caribbean	2146.2	3516.3	2916.8	3129.5	3005.6	- Caraïbes
- Rest of America	302.0	447.0	426.0	221.7	0.0	- Autre d'Amérique
Asia excluding former USSR	80197.4	139951.0	121992.9	119934.3	150559.9	Asie ancienne URSS exclus
- Middle East	4854.5	6496.4	6125.4	4864.4	5618.9	- Moyen-Orient
Asia former USSR	22.5	82.3	233.2	240.8	363.8	Asie ancienne URSS
Europe excluding former USSR	70299.1	120064.2	105602.3	105092.8	127750.5	Europe ancienne URSS exclus
- European Union	63757.6	110449.8	97426.3	94873.2	118202.3	- Union Européenne
- Eastern Europe	4857.1	7295.1	5794.2	7792.1	6875.9	- Europe de l'Est
- Rest of Europe	1684.3	2319.3	2381.8	2427.5	2672.3	- Autre de l'Europe
Europe former USSR	2342.2	4246.7	4941.4	5397.5	7092.6	Europe ancienne URSS
Oceania	3580.0	5497.4	4821.2	4742.0	5492.6	Océanie
United States	53425.2	93939.3	79288.9	82588.5	106989.1	Etats-Unis d'Amérique
Japan	26534.0	44553.8	38761.1	36487.1	45933.8	Japon
Korea, Republic of	14782.7	25215.6	21367.8	19200.3	23081.6	République de Corée
Germany	13400.7	21969.7	19153.0	18098.5	23346.3	Allemagne
France-Monaco	10382.6	17997.3	15435.5	14731.4	18358.6	France-Monaco
Italy-San Marino-Holy See	9725.0	17071.2	14790.6	14351.3	18079.0	Italie-Saint-Marin-Saint-Siège
India	9409.0	14711.3	13026.4	15986.7	18600.7	Inde
China	4641.2	14860.7	11661.3	12757.3	19782.4	Chine
Netherlands	7598.4	12191.3	10805.0	10106.0	12198.4	Pays-Bas
Spain	6509.4	11585.2	9943.2	10154.8	11789.4	Espagne
Canada	4656.6	9202.1	8166.4	7653.7	9875.1	Canada
Singapore	5330.0	8737.6	7589.9	7381.0	8011.0	Singapour
United Kingdom	3677.7	7705.8	7135.9	7484.5	9737.3	Royaume-Uni
Belgium	3979.3	6452.5	6477.8	6667.1	8654.7	Belgique
Thailand	3897.1	6108.5	5773.7	e6137.8	7195.9	Thaïlande
Australia	3021.5	4492.8	3976.8	3743.3	4479.4	Australie
Turkey	2754.9	4208.3	3878.0	4087.8	4776.5	Turquie
Sweden	2471.0	4285.7	3527.0	3410.0	4418.4	Suède
Brazil	2277.9	3304.9	3320.9	3412.1	3881.2	Brésil
Greece	1006.2	3015.0	3323.4	3373.7	4140.7	Grèce
Poland	1823.3	3464.2	2888.9	2922.1	3426.1	Pologne
Indonesia	1587.7	2524.9	2887.5	3216.9	4027.4	Indonésie
South Africa	–	3486.8	3112.9	2796.4	3597.9	Afrique du Sud
Philippines	2066.8	3170.8	2822.9	2262.8	2632.1	Philippines
Finland	1464.4	2422.3	2005.2	2173.1	2534.8	Finlande
Portugal	1640.7	2436.5	2216.1	2079.7	e2124.5	Portugal
Ukraine	884.4	1090.7	2105.3	2430.8	e3296.4	Ukraine
Israel	1183.8	2094.0	1671.0	1649.0	2134.6	Israël
Chile	1099.9	1982.6	1726.6	1523.5	2125.6	Chili
Netherlands Antilles	1379.6	1950.5	1746.2	1354.4	e1491.9	Antilles néerlandaises

(Value as percentages of World total)

(Valeur en pourcentage du total mondial)

Regions of the world	1994	1995	1996	1997	1998	1999	2000	2001	2002	2003	Régions du monde
World	100.0	100.0	100.0	100.0	100.0	100.0	100.0	100.0	100.0	100.0	Monde
Africa	1.0	2.1	1.8	2.2	2.3	2.2	1.8	1.8	1.7	1.5	Afrique
Americas	28.0	27.7	26.9	28.0	28.5	28.8	29.3	28.7	29.4	30.1	Amériques
- Northern America	24.9	24.5	23.5	24.8	25.2	25.6	26.3	25.6	26.4	27.5	- Amérique du Nord
- LAIA	2.1	2.2	2.4	2.2	2.1	1.9	1.8	2.0	1.8	1.8	- ALAI
- CACM	0.2	0.2	0.2	0.2	0.2	0.1	0.2	0.2	0.2	0.1	- MCC
- Caribbean	0.8	0.7	0.8	0.7	1.0	0.9	0.9	0.9	0.9	0.7	- Caraïbes
- Rest of America	0.1	0.1	0.1	0.1	0.1	0.1	0.1	0.1	0.1	0.0	- Autre d'Amérique
Asia excluding former USSR	33.3	34.1	33.8	35.3	33.8	35.4	35.7	35.7	35.1	35.4	Asie ancienne URSS exclus
- Middle East	1.6	1.7	1.6	1.5	2.2	2.1	1.7	1.8	1.4	1.3	- Moyen-Orient
Asia former USSR	0.3	0.1	0.0	0.1	0.1	0.0	0.0	0.1	0.1	0.1	Asie ancienne URSS
Europe excluding former USSR	35.8	34.1	34.9	32.0	32.2	31.0	30.6	30.9	30.8	30.0	Europe ancienne URSS exclus
- European Union	32.7	30.8	31.5	29.0	29.2	28.2	28.2	28.5	27.8	27.8	- Union Européenne
- Eastern Europe	2.3	2.3	2.6	2.3	2.2	2.1	1.9	1.7	2.3	1.6	- Europe de l'Est
- Rest of Europe	0.8	0.9	0.8	0.7	0.8	0.7	0.6	0.7	0.7	0.6	- Autre de l'Europe
Europe former USSR	0.6	0.8	1.1	1.1	1.6	1.0	1.1	1.4	1.6	1.7	Europe ancienne URSS
Oceania	1.1	1.2	1.3	1.3	1.4	1.6	1.4	1.4	1.4	1.3	Océanie

TRADE BY COMMODITY (Value in million US dollars)
Exports by principal countries or areas

COMMERCE PAR PRODUIT (Valeur en millions de dollars EU)
Exportations selon les principaux pays ou zones

Country or area	1999	2000	2001	2002	2003	Pays ou zone
World	227031.9	374369.3	319066.8	328539.8	385323.0	Monde
Africa	36503.4	58160.3	43765.2	44656.7	54696.7	Afrique
Americas	34120.3	56747.5	45182.0	52336.8	62409.3	Amériques
- Northern America	7600.0	13533.0	10639.9	11573.8	14762.8	- Amérique du Nord
- LAIA	26067.8	42453.7	33941.0	39988.9	46693.8	- ALAI
- CACM	80.9	159.3	100.8	149.5	173.4	- MCC
- Caribbean	371.6	579.1	477.7	603.3	764.4	- Caraïbes
- Rest of America	0.0	22.3	22.6	21.2	14.8	- Autre d'Amérique
Asia excluding former USSR	109385.0	177291.6	150899.6	149418.8	170079.3	Asie ancienne URSS exclus
- Middle East	97998.0	160045.0	135684.4	134120.6	152765.7	- Moyen-Orient
Asia former USSR	2853.8	5489.3	6181.7	6925.9	8898.8	Asie ancienne URSS
Europe excluding former USSR	28297.5	47580.2	44390.0	43719.8	48171.2	Europe ancienne URSS exclus
- European Union	11155.6	18202.0	17530.8	17788.1	19090.2	- Union Européenne
- Eastern Europe	23.1	37.7	87.9	127.6	59.8	- Europe de l'Est
- Rest of Europe	17118.9	29340.5	26771.4	25804.2	29021.3	- Autre de l'Europe
Europe former USSR	13659.8	23805.3	24709.6	27638.0	37121.4	Europe ancienne URSS
Oceania	2211.9	5295.1	3938.7	3843.8	3946.2	Océanie
Saudi Arabia	34556.2	61397.7	55290.2	53271.1	e58467.6	Arabie saoudite
Norway	17117.4	29339.3	26765.1	25802.7	29019.8	Norvège
Russian Federation	13466.8	23644.3	24562.6	27445.4	36841.0	Fédération de Russie
Iran (Islamic Republic of)	16648.7	24226.0	18997.2	23919.6	28179.0	Iran (République islamique d')
Nigeria	15952.4	26956.1	e17731.4	e15051.8	e17075.3	Nigéria
United Arab Emirates	14044.3	22010.9	16607.2	e17297.9	e20540.8	Emirates arabes unis
Venezuela	10775.3	18238.0	14755.9	18322.8	20235.8	Venezuela
Iraq	e12559.2	e20346.9	e15648.6	e13030.9	e15556.5	Iraq
United Kingdom	9699.9	15488.1	15116.1	14615.6	15125.3	Royaume-Uni
Mexico	8858.8	14878.5	11590.8	13110.2	16826.5	Mexique
Canada	6814.5	13051.2	10391.5	11482.2	14608.0	Canada
Kuwait	5441.7	11176.1	9586.8	e9148.5	e11488.8	Koweït
Algeria	4975.1	9254.4	7132.9	7956.4	11346.3	Algérie
Libyan Arab Jamahiriya	e6223.7	e8260.2	e7230.6	e8386.3	e10300.0	Jamahiriya arabe libyenne
Oman	5376.5	8727.2	7632.8	7533.4	7762.0	Oman
Angola	e4530.7	e6806.0	e5585.8	e6731.7	e8694.0	Angola
Indonesia	4517.3	6090.1	5714.7	5227.6	5621.0	Indonésie
Kazakhstan	2309.3	4249.0	4268.1	e5267.0	7012.5	Kazakhstan
Qatar	4013.0	3840.6	5610.5	2881.4	e3520.4	Qatar
Malaysia	2668.9	3904.7	2999.1	3114.3	4184.3	Malaisie
Syrian Arab Republic	2180.0	3203.7	e3410.9	4044.6	3583.6	République arabe syrienne
Australia	1489.0	4367.6	3366.6	3348.2	3279.0	Australie
Yemen	2162.4	3676.0	e2897.4	e2990.1	e3664.2	Yémen
Viet Nam	2091.6	3502.7	3125.6	3270.0	e3093.0	Viet Nam
Colombia	3337.0	4014.8	2590.5	2577.7	2476.5	Colombie
Argentina	1599.4	2844.0	2394.1	2223.9	2298.6	Argentine
Denmark	1186.1	2363.6	2045.6	2372.9	2825.4	Danemark
Gabon	1585.2	2117.1	e2154.5	e2217.1	e2405.7	Gabon
Ecuador	1312.3	2144.0	1722.3	1838.5	2372.3	Equateur
Brunei Darussalam	e1160.5	e1147.3	1556.5	1688.9	2022.1	Brunéi Darussalam

(Value as percentages of World total) **(Valeur en pourcentage du total mondial)**

Regions of the world	1994	1995	1996	1997	1998	1999	2000	2001	2002	2003	Régions du monde
World	100.0	100.0	100.0	100.0	100.0	100.0	100.0	100.0	100.0	100.0	Monde
Africa	15.5	16.1	15.5	15.5	14.5	16.1	15.5	13.7	13.6	14.2	Afrique
Americas	13.4	14.6	12.0	12.3	15.8	15.0	15.2	14.2	15.9	16.2	Amériques
- Northern America	3.1	3.6	3.9	4.3	4.1	3.3	3.6	3.3	3.5	3.8	- Amérique du Nord
- LAIA	10.1	10.8	7.9	7.8	11.5	11.5	11.3	10.6	12.2	12.1	- ALAI
- CACM	0.0	0.0	0.0	0.0	0.0	0.0	0.0	0.0	0.0	0.0	- MCC
- Caribbean	0.2	0.2	0.2	0.2	0.2	0.2	0.2	0.1	0.2	0.2	- Caraïbes
- Rest of America	0.0	0.0	0.0	0.0	0.0	0.0	0.0	0.0	0.0	0.0	- Autre d'Amérique
Asia excluding former USSR	50.4	47.2	48.8	48.9	49.3	48.2	47.4	47.3	45.5	44.1	Asie ancienne URSS exclus
- Middle East	43.9	41.0	42.4	42.4	43.7	43.2	42.8	42.5	40.8	39.6	- Moyen-Orient
Asia former USSR	0.4	0.5	0.7	0.9	1.1	1.3	1.5	1.9	2.1	2.3	Asie ancienne URSS
Europe excluding former USSR	13.0	13.5	15.4	14.5	12.4	12.5	12.7	13.9	13.3	12.5	Europe ancienne URSS exclus
- European Union	5.6	5.7	5.8	5.4	5.0	4.9	4.9	5.5	5.4	5.0	- Union Européenne
- Eastern Europe	0.0	0.0	0.0	0.0	0.0	0.0	0.0	0.0	0.0	0.0	- Europe de l'Est
- Rest of Europe	7.4	7.8	9.6	9.1	7.4	7.5	7.8	8.4	7.9	7.5	- Autre de l'Europe
Europe former USSR	6.4	7.0	6.9	7.0	5.9	6.0	6.4	7.7	8.4	9.6	Europe ancienne URSS
Oceania	1.0	1.0	0.7	0.8	1.0	1.0	1.4	1.2	1.2	1.0	Océanie

334 Petroleum products, refined

TRADE BY COMMODITY (Value in million US dollars)
Imports by principal countries or areas

COMMERCE PAR PRODUIT (Valeur en millions de dollars EU)
Importations selon les principaux pays ou zones

Country or area	1999	2000	2001	2002	2003	Pays ou zone
World	100163.3	157383.4	144573.0	140756.5	173663.9	Monde
Africa	3772.0	6139.7	6109.1	5074.5	6838.6	Afrique
Americas	25897.1	43425.2	41350.3	33704.6	41538.6	Amériques
- Northern America	16928.6	29632.2	28098.2	23400.0	30654.5	- Amérique du Nord
- LAIA	6493.5	10094.4	9039.0	6804.1	6516.9	- ALAI
- CACM	1058.6	1585.9	1908.9	1795.0	2216.2	- MCC
- Caribbean	1174.3	1747.7	1896.2	1234.5	1599.6	- Caraïbes
- Rest of America	242.0	365.0	408.0	471.0	551.4	- Autre d'Amérique
Asia excluding former USSR	34341.4	49910.3	44329.4	48179.3	58835.1	Asie ancienne URSS exclus
- Middle East	2118.2	3611.7	3638.3	5429.6	7467.1	- Moyen-Orient
Asia former USSR	402.7	589.3	555.5	560.0	679.0	Asie ancienne URSS
Europe excluding former USSR	32552.5	52670.4	48548.0	49566.9	60645.1	Europe ancienne URSS exclus
- European Union	27591.6	45262.4	41160.0	41283.7	52244.5	- Union Européenne
- Eastern Europe	1807.3	2276.9	2539.1	3794.4	3119.6	- Europe de l'Est
- Rest of Europe	3153.6	5131.1	4848.9	4488.8	5280.9	- Autre de l'Europe
Europe former USSR	1620.9	2301.1	1418.1	1342.9	1773.9	Europe ancienne URSS
Oceania	1576.6	2347.4	2262.6	2328.4	3353.7	Océanie
United States	15557.9	27845.1	26210.7	21918.0	28473.2	Etats-Unis d'Amérique
Germany	5744.8	10020.2	8779.4	6963.6	8538.1	Allemagne
Japan	5781.1	8731.8	7272.2	6438.8	8494.8	Japon
Singapore	4748.1	7499.6	7011.8	7826.1	9313.9	Singapour
France-Monaco	3748.6	6172.2	5163.7	5711.4	6833.8	France-Monaco
Korea, Republic of	2861.4	5000.2	4775.0	5016.4	6003.2	République de Corée
United Kingdom	2977.3	4858.1	4977.4	4543.4	5792.8	Royaume-Uni
Belgium	2956.9	4814.6	4677.3	4423.7	5736.2	Belgique
Netherlands	2638.3	4319.7	3688.5	4756.4	5931.0	Pays-Bas
China	2780.8	3776.8	3898.2	4003.7	6126.7	Chine
Italy-San Marino-Holy See	2823.6	4134.8	3421.4	3957.0	4168.8	Italie-Saint-Marin-Saint-Siège
Indonesia	2098.5	3562.5	2652.9	3409.3	3670.7	Indonésie
China, Hong Kong SAR	2620.2	3444.0	2836.2	2892.0	3446.7	Chine - RAS de Hong-Kong
Spain	1577.0	2940.7	3035.5	3107.3	4446.6	Espagne
Mexico	1971.8	3373.8	3284.2	2442.3	2428.9	Mexique
Brazil	2245.7	3671.3	3202.1	2243.9	1978.7	Brésil
Switzerland-Liechtenstein	1394.8	2366.1	2333.7	2024.5	2465.4	Suisse-Liechtenstein
Malaysia	1281.8	2252.1	1870.6	2008.1	2325.0	Malaisie
India	3228.8	1231.8	1155.9	1612.3	1770.2	Inde
Viet Nam	1076.0	2070.4	1890.9	2066.4	e1712.7	Viet Nam
Pakistan	1441.3	2324.1	1600.1	1666.0	1393.5	Pakistan
Canada	1282.5	1686.2	1811.9	1431.5	2104.8	Canada
Austria	1049.6	1464.4	1408.0	1509.2	2222.0	Autriche
Sweden	837.4	1188.4	1327.9	1439.9	1926.3	Suède
Turkey	721.1	1393.3	770.5	1202.2	1783.3	Turquie
Australia	633.3	1147.2	993.2	1125.0	1891.5	Australie
Ireland	733.6	1124.7	938.9	1020.0	1325.1	Irlande
Denmark	623.0	1236.5	1081.3	978.2	1181.2	Danemark
Czech Republic	543.6	770.5	812.8	2047.6	873.4	République tchèque
Lebanon	490.4	940.5	1213.0	852.7	1032.4	Liban

(Value as percentages of World total)

(Valeur en pourcentage du total mondial)

Regions of the world	1994	1995	1996	1997	1998	1999	2000	2001	2002	2003	Régions du monde
World	100.0	100.0	100.0	100.0	100.0	100.0	100.0	100.0	100.0	100.0	Monde
Africa	2.9	2.9	3.6	3.8	4.6	3.8	3.9	4.2	3.6	3.9	Afrique
Americas	22.7	21.0	22.4	24.0	26.1	25.9	27.6	28.6	23.9	23.9	Amériques
- Northern America	14.8	12.3	14.8	15.4	16.0	16.9	18.8	19.4	16.6	17.7	- Amérique du Nord
- LAIA	5.7	6.3	5.4	6.3	7.4	6.5	6.4	6.3	4.8	3.8	- ALAI
- CACM	0.7	0.9	0.9	0.9	1.1	1.1	1.0	1.3	1.3	1.3	- MCC
- Caribbean	1.0	1.0	1.1	1.2	1.2	1.2	1.1	1.3	0.9	0.9	- Caraïbes
- Rest of America	0.4	0.4	0.3	0.3	0.4	0.2	0.2	0.3	0.3	0.3	- Autre d'Amérique
Asia excluding former USSR	33.6	37.1	36.3	35.5	31.8	34.3	31.7	30.7	34.2	33.9	Asie ancienne URSS exclus
- Middle East	1.6	2.1	1.9	1.8	2.1	2.1	2.3	2.5	3.9	4.3	- Moyen-Orient
Asia former USSR	0.6	0.8	0.8	0.5	0.8	0.4	0.4	0.4	0.4	0.4	Asie ancienne URSS
Europe excluding former USSR	36.5	34.5	33.2	32.4	33.0	32.5	33.5	33.6	35.2	34.9	Europe ancienne URSS exclus
- European Union	31.7	29.6	28.9	27.6	27.7	27.5	28.8	28.5	29.3	30.1	- Union Européenne
- Eastern Europe	1.5	1.7	1.7	1.3	2.0	1.8	1.4	1.8	2.7	1.8	- Europe de l'Est
- Rest of Europe	3.3	3.2	2.7	3.6	3.3	3.1	3.3	3.4	3.2	3.0	- Autre de l'Europe
Europe former USSR	2.2	2.0	1.9	2.4	2.5	1.6	1.5	1.0	1.0	1.0	Europe ancienne URSS
Oceania	1.5	1.7	1.8	1.4	1.2	1.6	1.5	1.6	1.7	1.9	Océanie

TRADE BY COMMODITY (Value in million US dollars)
Exports by principal countries or areas

COMMERCE PAR PRODUIT (Valeur en millions de dollars EU)
Exportations selon les principaux pays ou zones

Country or area	1999	2000	2001	2002	2003	Pays ou zone
World	106404.8	171349.9	153052.6	149000.9	183238.3	Monde
Africa	5980.8	10080.2	9211.8	8682.4	10948.7	Afrique
Americas	18044.6	27947.0	26336.3	20066.8	23982.1	Amériques
- Northern America	7300.8	11431.0	11341.2	11272.1	13808.3	- Amérique du Nord
- LAIA	8140.5	12662.6	10878.5	5660.4	6986.3	- ALAI
- CACM	83.5	119.1	126.9	137.6	111.9	- MCC
- Caribbean	2455.2	3666.6	3921.1	2939.6	3057.2	- Caraïbes
- Rest of America	64.6	67.7	68.6	57.1	18.4	- Autre d'Amérique
Asia excluding former USSR	38616.6	60482.5	52463.4	52926.9	64213.6	Asie ancienne URSS exclus
- Middle East	17220.4	25114.6	23377.2	24332.0	28350.1	- Moyen-Orient
Asia former USSR	693.0	1222.4	1004.1	1091.5	924.7	Asie ancienne URSS
Europe excluding former USSR	35273.6	56681.3	50279.0	50019.9	63048.5	Europe ancienne URSS exclus
- European Union	31272.1	50078.0	44731.1	43814.2	55994.1	- Union Européenne
- Eastern Europe	1618.4	2908.2	2940.5	3815.0	3737.5	- Europe de l'Est
- Rest of Europe	2383.0	3695.1	2607.5	2390.8	3316.9	- Autre de l'Europe
Europe former USSR	6584.2	13236.4	12349.4	14757.8	18653.1	Europe ancienne URSS
Oceania	1212.1	1700.0	1408.6	1455.6	1467.5	Océanie
Netherlands	7855.5	12414.2	11658.1	10800.3	12826.7	Pays-Bas
Singapore	8715.2	12905.5	8682.6	9114.6	11506.3	Singapour
Russian Federation	5364.5	10717.5	9412.5	11144.3	13932.7	Fédération de Russie
Saudi Arabia	8088.5	9690.5	9921.0	10015.7	e10992.7	Arabie saoudite
Korea, Republic of	5472.8	9039.4	7764.7	6249.2	6476.0	République de Corée
United States	4973.1	7579.8	6843.1	6626.2	7879.5	Etats-Unis d'Amérique
Belgium	4179.8	6852.2	6545.8	6754.1	8444.1	Belgique
United Kingdom	3528.6	5778.4	4645.0	4998.8	6875.0	Royaume-Uni
Germany	3537.2	5045.3	4555.8	4900.6	6157.6	Allemagne
Kuwait	3461.5	6057.8	4511.0	e4304.7	e5405.9	Koweït
Italy-San Marino-Holy See	2676.9	4602.6	4380.4	4047.1	5833.7	Italie-Saint-Marin-Saint-Siège
Canada	2319.6	3849.9	4497.9	4644.8	5928.2	Canada
France-Monaco	2958.5	4788.5	4071.9	3859.9	5116.8	France-Monaco
Venezuela	5451.2	8237.1	5980.3	555.3	68.1	Venezuela
United Arab Emirates	2513.5	4833.0	3786.0	e3943.5	e4682.8	Emirates arabes unis
Bahrain	e2150.9	3054.2	3651.1	3956.6	4680.7	Bahreïn
Spain	2126.2	3617.4	2830.3	2460.6	3540.1	Espagne
Algeria	1882.6	3146.1	2819.4	2310.5	2557.0	Algérie
China	1099.0	2134.9	2130.9	2398.7	3742.1	Chine
Norway	1783.0	2782.0	1796.3	1601.7	2308.3	Norvège
India	e	1905.4	2127.9	2517.3	3450.3	Inde
Sweden	1309.4	2057.1	2067.6	1943.0	2491.5	Suède
Malaysia	1062.0	1907.8	2004.5	1784.9	2213.3	Malaisie
Netherlands Antilles	1466.5	1855.1	2262.9	1609.0	e1433.4	Antilles néerlandaises
Finland	999.4	1545.8	1354.3	1450.5	1797.1	Finlande
Egypt	960.3	1554.8	1255.7	1181.0	2110.4	Egypte
Australia	1195.2	1677.8	1394.1	1342.7	1447.7	Australie
Trinidad and Tobago	913.0	1661.5	1504.4	1159.7	e1454.6	Trinité-et-Tobago
Argentina	858.3	1185.8	1287.2	1397.8	1827.7	Argentine
Indonesia	900.0	1636.9	1163.8	1286.1	1533.2	Indonésie

(Value as percentages of World total)　　　　**(Valeur en pourcentage du total mondial)**

Regions of the world	1994	1995	1996	1997	1998	1999	2000	2001	2002	2003	Régions du monde
World	100.0	100.0	100.0	100.0	100.0	100.0	100.0	100.0	100.0	100.0	Monde
Africa	5.2	6.1	5.8	5.6	4.9	5.6	5.9	6.0	5.8	6.0	Afrique
Americas	17.1	16.9	12.2	11.5	16.0	17.0	16.3	17.2	13.5	13.1	Amériques
- Northern America	7.1	6.7	8.1	7.6	7.1	6.9	6.7	7.4	7.6	7.5	- Amérique du Nord
- LAIA	7.9	8.1	2.3	2.2	6.9	7.7	7.4	7.1	3.8	3.8	- ALAI
- CACM	0.0	0.0	0.1	0.1	0.1	0.1	0.1	0.1	0.1	0.1	- MCC
- Caribbean	1.9	2.0	1.7	1.7	2.0	2.3	2.1	2.6	2.0	1.7	- Caraïbes
- Rest of America	0.0	0.0	0.0	0.0	0.0	0.1	0.0	0.0	0.0	0.0	- Autre d'Amérique
Asia excluding former USSR	31.5	34.0	32.4	36.3	36.5	36.3	35.3	34.3	35.5	35.0	Asie ancienne URSS exclus
- Middle East	11.1	14.5	9.9	14.0	15.5	16.2	14.7	15.3	16.3	15.5	- Moyen-Orient
Asia former USSR	0.5	0.6	1.0	0.6	0.7	0.7	0.7	0.7	0.7	0.5	Asie ancienne URSS
Europe excluding former USSR	37.2	33.5	38.6	36.1	34.6	33.2	33.1	32.9	33.6	34.4	Europe ancienne URSS exclus
- European Union	33.3	29.9	34.3	32.0	30.8	29.4	29.2	29.2	29.4	30.6	- Union Européenne
- Eastern Europe	1.7	1.6	1.9	1.6	1.6	1.5	1.7	1.9	2.6	2.0	- Europe de l'Est
- Rest of Europe	2.3	2.0	2.4	2.5	2.1	2.2	2.2	1.7	1.6	1.8	- Autre de l'Europe
Europe former USSR	7.4	7.8	8.4	8.5	6.2	6.2	7.7	8.1	9.9	10.2	Europe ancienne URSS
Oceania	1.2	1.1	1.6	1.4	1.1	1.1	1.0	0.9	1.0	0.8	Océanie

335 Residual petroleum products, nes and related materials

Country or area	1999	2000	2001	2002	2003	Pays ou zone
World	7608.9	9802.9	9918.3	10467.7	12813.5	Monde
Africa	329.4	303.5	357.6	354.5	436.8	Afrique
Americas	1579.0	1978.6	2024.2	2176.7	2569.5	Amériques
- Northern America	1013.3	1346.7	1219.1	1463.5	1560.6	- Amérique du Nord
- LAIA	501.6	542.6	747.5	645.6	930.0	- ALAI
- CACM	22.6	35.7	40.9	40.7	52.1	- MCC
- Caribbean	15.0	12.3	11.5	23.0	19.5	- Caraïbes
- Rest of America	26.5	41.3	5.2	4.1	7.3	- Autre d'Amérique
Asia excluding former USSR	2266.1	3038.8	2910.0	3180.5	3664.3	Asie ancienne URSS exclus
- Middle East	197.0	257.3	277.8	271.9	320.4	- Moyen-Orient
Asia former USSR	85.2	58.6	70.9	83.3	65.2	Asie ancienne URSS
Europe excluding former USSR	2962.9	4012.0	4106.2	4249.8	5602.8	Europe ancienne URSS exclus
- European Union	2544.4	3486.3	3501.5	3472.1	4819.8	- Union Européenne
- Eastern Europe	146.9	225.0	283.0	391.2	396.5	- Europe de l'Est
- Rest of Europe	271.6	300.7	321.6	386.5	386.4	- Autre de l'Europe
Europe former USSR	217.4	195.2	236.9	189.6	234.4	Europe ancienne URSS
Oceania	169.0	216.1	212.4	233.4	240.5	Océanie
United States	796.7	1124.6	979.3	1207.1	1265.9	Etats-Unis d'Amérique
Netherlands	546.4	759.0	628.6	766.7	1211.1	Pays-Bas
Germany	557.9	790.2	739.6	616.9	666.9	Allemagne
China	291.7	411.9	490.2	669.1	1033.7	Chine
Japan	492.4	603.9	490.4	556.3	656.3	Japon
Korea, Republic of	390.5	456.6	467.5	484.8	659.5	République de Corée
India	333.7	591.7	465.8	491.1	175.6	Inde
France-Monaco	324.8	377.8	406.6	419.3	482.2	France-Monaco
Italy-San Marino-Holy See	271.1	383.9	362.7	360.0	535.0	Italie-Saint-Marin-Saint-Siège
Belgium	165.1	324.5	448.1	394.6	553.0	Belgique
Spain	181.8	243.8	273.9	268.2	363.3	Espagne
Canada	216.0	221.7	239.1	256.0	293.5	Canada
United Kingdom	144.0	192.4	198.9	180.1	485.8	Royaume-Uni
Mexico	174.0	201.0	214.7	227.3	289.6	Mexique
Malaysia	105.4	163.8	187.1	234.9	272.0	Malaisie
Norway	143.1	149.3	158.8	171.7	167.8	Norvège
Brazil	111.3	144.9	191.3	153.3	186.3	Brésil
Australia	124.4	162.4	145.4	161.2	170.1	Australie
Russian Federation	162.1	110.9	154.7	112.4	141.3	Fédération de Russie
Poland	54.9	103.5	122.1	130.9	155.1	Pologne
Venezuela	85.2	80.9	174.2	112.5	103.1	Venezuela
Thailand	75.7	110.6	102.7	e104.4	122.4	Thaïlande
Ecuador	44.4	32.4	69.1	67.9	251.6	Equateur
Czech Republic	37.8	53.9	72.3	177.5	119.4	République tchèque
Israel	51.8	114.6	101.8	91.0	89.7	Israël
Portugal	49.8	74.3	94.0	99.8	e102.0	Portugal
Austria	71.3	78.3	71.9	76.7	91.5	Autriche
Sweden	57.4	68.9	83.5	69.7	98.6	Suède
Indonesia	87.5	75.3	83.3	52.4	73.2	Indonésie
United Arab Emirates	55.0	77.1	73.9	e75.8	e88.8	Emirates arabes unis

(Value as percentages of World total)   **(Valeur en pourcentage du total mondial)**

Regions of the world	1994	1995	1996	1997	1998	1999	2000	2001	2002	2003	Régions du monde
World	100.0	100.0	100.0	100.0	100.0	100.0	100.0	100.0	100.0	100.0	Monde
Africa	2.8	3.2	4.3	3.7	4.5	4.3	3.1	3.6	3.4	3.4	Afrique
Americas	16.8	16.8	16.9	18.5	19.9	20.8	20.2	20.4	20.8	20.1	Amériques
- Northern America	10.4	10.2	11.6	12.5	12.4	13.3	13.7	12.3	14.0	12.2	- Amérique du Nord
- LAIA	5.4	5.7	4.7	5.2	6.7	6.6	5.5	7.5	6.2	7.3	- ALAI
- CACM	0.3	0.3	0.2	0.2	0.3	0.3	0.4	0.4	0.4	0.4	- MCC
- Caribbean	0.5	0.3	0.3	0.3	0.2	0.2	0.1	0.1	0.2	0.2	- Caraïbes
- Rest of America	0.2	0.2	0.1	0.3	0.2	0.3	0.4	0.1	0.0	0.1	- Autre d'Amérique
Asia excluding former USSR	27.8	28.5	28.3	31.8	25.8	29.8	31.0	29.3	30.4	28.6	Asie ancienne URSS exclus
- Middle East	3.2	3.0	3.3	2.8	3.3	2.6	2.6	2.8	2.6	2.5	- Moyen-Orient
Asia former USSR	0.3	0.8	0.5	0.3	0.9	1.1	0.6	0.7	0.8	0.5	Asie ancienne URSS
Europe excluding former USSR	47.0	45.9	44.3	40.0	42.7	38.9	40.9	41.4	40.6	43.7	Europe ancienne URSS exclus
- European Union	41.5	40.1	38.8	35.1	36.9	33.4	35.6	35.3	33.2	37.6	- Union Européenne
- Eastern Europe	1.6	1.7	1.7	1.7	2.0	1.9	2.3	2.9	3.7	3.1	- Europe de l'Est
- Rest of Europe	4.0	4.0	3.8	3.2	3.8	3.6	3.1	3.2	3.7	3.0	- Autre de l'Europe
Europe former USSR	2.6	2.7	2.8	3.3	3.4	2.9	2.0	2.4	1.8	1.8	Europe ancienne URSS
Oceania	2.7	2.1	2.9	2.4	2.8	2.2	2.2	2.1	2.2	1.9	Océanie

TRADE BY COMMODITY (Value in million US dollars)
Exports by principal countries or areas

COMMERCE PAR PRODUIT (Valeur en millions de dollars EU)
Exportations selon les principaux pays ou zones

Country or area	1999	2000	2001	2002	2003	Pays ou zone
World	7710.7	8689.1	8865.0	9030.1	11132.0	Monde
Africa	261.4	404.0	386.4	380.7	561.3	Afrique
Americas	1898.8	2456.0	2580.5	2391.5	2807.7	Amériques
- Northern America	1618.6	2185.3	2172.5	2120.9	2531.1	- Amérique du Nord
- LAIA	269.5	260.0	238.9	262.0	253.5	- ALAI
- CACM	5.3	6.7	10.2	6.7	10.1	- MCC
- Caribbean	4.4	3.4	157.9	0.9	12.9	- Caraïbes
- Rest of America	1.0	0.6	1.0	1.1	0.0	- Autre d'Amérique
Asia excluding former USSR	2796.5	1824.8	1919.5	2201.8	2615.7	Asie ancienne URSS exclus
- Middle East	1618.9	322.5	338.0	364.2	355.7	- Moyen-Orient
Asia former USSR	27.6	25.2	23.2	26.0	28.6	Asie ancienne URSS
Europe excluding former USSR	2533.2	3670.2	3716.5	3798.3	4835.2	Europe ancienne URSS exclus
- European Union	2333.1	3424.9	3445.1	3409.1	4418.8	- Union Européenne
- Eastern Europe	150.1	181.5	209.5	315.4	324.2	- Europe de l'Est
- Rest of Europe	50.1	63.8	62.0	73.8	92.1	- Autre de l'Europe
Europe former USSR	137.4	215.4	218.2	214.2	274.6	Europe ancienne URSS
Oceania	55.9	93.4	20.6	17.6	8.9	Océanie
United States	1398.0	1877.3	1885.1	1770.3	2128.5	Etats-Unis d'Amérique
Germany	491.1	689.3	639.0	672.3	873.2	Allemagne
Netherlands	378.6	590.3	743.2	701.6	750.3	Pays-Bas
Belgium	367.2	431.6	449.4	481.5	662.5	Belgique
United Kingdom	332.2	498.4	451.3	438.6	438.3	Royaume-Uni
China	380.3	405.9	426.0	373.8	441.9	Chine
France-Monaco	241.2	352.1	337.6	345.0	557.5	France-Monaco
Spain	222.3	355.5	368.1	293.3	519.5	Espagne
Kuwait	1486.8	45.1	52.9	e50.5	e63.4	Koweït
Singapore	229.1	265.6	297.6	407.3	410.9	Singapour
Canada	220.7	308.0	287.4	348.6	402.5	Canada
Japan	158.0	243.4	243.2	246.3	341.7	Japon
Korea, Republic of	117.8	161.0	156.5	266.1	359.7	République de Corée
Sweden	112.1	219.1	209.3	217.8	264.1	Suède
Thailand	74.3	206.2	229.0	e188.9	220.6	Thaïlande
Algeria	82.3	190.5	193.3	140.7	190.7	Algérie
Iran (Islamic Republic of)	40.8	100.4	156.2	183.7	258.1	Iran (République islamique d')
Italy-San Marino-Holy See	70.8	121.2	104.4	104.2	150.1	Italie-Saint-Marin-Saint-Siège
Russian Federation	74.4	138.6	96.7	98.8	126.6	Fédération de Russie
South Africa	–	127.5	125.2	120.8	147.2	Afrique du Sud
Czech Republic	53.0	81.5	73.7	172.8	108.2	République tchèque
Yemen	75.7	143.3	e113.0	e116.6	e10.6	Yémen
Argentina	74.9	68.5	92.9	70.1	91.2	Argentine
Portugal	49.3	82.1	56.6	70.6	e81.8	Portugal
Poland	35.6	50.9	67.2	70.4	112.8	Pologne
India	18.9	24.0	34.6	114.6	134.1	Inde
Ukraine	44.0	49.9	73.1	69.1	e89.0	Ukraine
Indonesia	111.3	35.2	38.1	48.2	70.8	Indonésie
Ecuador	27.8	66.9	42.9	51.3	80.6	Equateur
Austria	21.5	38.1	43.5	43.9	66.6	Autriche

(Value as percentages of World total)

(Valeur en pourcentage du total mondial)

Regions of the world	1994	1995	1996	1997	1998	1999	2000	2001	2002	2003	Régions du monde
World	100.0	100.0	100.0	100.0	100.0	100.0	100.0	100.0	100.0	100.0	Monde
Africa	3.4	2.7	3.4	3.8	3.1	3.4	4.6	4.4	4.2	5.0	Afrique
Americas	33.0	27.6	36.9	30.0	26.4	24.6	28.3	29.1	26.5	25.2	Amériques
- Northern America	30.0	25.3	33.2	27.4	23.6	21.0	25.2	24.5	23.5	22.7	- Amérique du Nord
- LAIA	2.1	1.7	3.0	2.0	2.7	3.5	3.0	2.7	2.9	2.3	- ALAI
- CACM	0.0	0.0	0.0	0.0	0.0	0.1	0.1	0.1	0.1	0.1	- MCC
- Caribbean	0.9	0.7	0.7	0.6	0.0	0.1	0.0	1.8	0.0	0.1	- Caraïbes
- Rest of America	0.0	0.0	0.0	0.0	0.0	0.0	0.0	0.0	0.0	0.0	- Autre d'Amérique
Asia excluding former USSR	16.7	32.7	16.6	32.1	33.1	36.3	21.0	21.7	24.4	23.5	Asie ancienne URSS exclus
- Middle East	2.3	20.5	1.5	18.7	15.7	21.0	3.7	3.8	4.0	3.2	- Moyen-Orient
Asia former USSR	1.8	0.9	0.8	0.5	0.4	0.4	0.3	0.3	0.3	0.3	Asie ancienne URSS
Europe excluding former USSR	42.9	34.1	40.1	31.6	34.6	32.9	42.2	41.9	42.1	43.4	Europe ancienne URSS exclus
- European Union	39.1	30.9	36.4	29.2	31.5	30.3	39.4	38.9	37.8	39.7	- Union Européenne
- Eastern Europe	2.8	2.3	2.6	1.7	2.2	1.9	2.1	2.4	3.5	2.9	- Europe de l'Est
- Rest of Europe	1.0	0.9	1.1	0.7	0.9	0.6	0.7	0.7	0.8	0.8	- Autre de l'Europe
Europe former USSR	1.8	1.5	1.7	1.5	1.9	1.8	2.5	2.5	2.4	2.5	Europe ancienne URSS
Oceania	0.3	0.4	0.5	0.5	0.5	0.7	1.1	0.2	0.2	0.1	Océanie

341 Gas, natural and manufactured

TRADE BY COMMODITY (Value in million US dollars)
Imports by principal countries or areas

COMMERCE PAR PRODUIT (Valeur en millions de dollars EU)
Importations selon les principaux pays ou zones

Country or area	1999	2000	2001	2002	2003	Pays ou zone
World	52730.9	81843.3	91704.9	87504.4	119873.8	Monde
Africa	536.4	828.5	747.5	858.2	1016.2	Afrique
Americas	9602.2	17097.0	22741.8	18043.5	30211.9	Amériques
- Northern America	7622.1	13482.9	19110.4	14543.7	25244.0	- Amérique du Nord
- LAIA	1774.5	3294.2	3293.7	3182.1	4556.4	- ALAI
- CACM	113.5	188.9	200.2	184.2	244.4	- MCC
- Caribbean	65.3	107.4	117.0	84.8	110.5	- Caraïbes
- Rest of America	26.9	23.5	20.6	48.7	56.6	- Autre d'Amérique
Asia excluding former USSR	19412.9	28849.7	28341.6	27087.5	32972.3	Asie ancienne URSS exclus
- Middle East	1600.6	1256.8	1092.9	1129.6	1176.9	- Moyen-Orient
Asia former USSR	322.1	341.6	441.6	607.7	631.9	Asie ancienne URSS
Europe excluding former USSR	18531.2	29698.1	34967.3	36148.5	48735.4	Europe ancienne URSS exclus
- European Union	15059.9	23982.0	28664.7	29245.3	40873.4	- Union Européenne
- Eastern Europe	2809.7	4852.7	5140.8	5795.4	6546.9	- Europe de l'Est
- Rest of Europe	661.7	863.4	1161.8	1107.8	1315.1	- Autre de l'Europe
Europe former USSR	4252.5	4890.4	4376.7	4671.2	6220.0	Europe ancienne URSS
Oceania	73.5	138.0	88.5	87.8	86.1	Océanie
Japan	11557.8	17942.9	17507.0	15719.4	19351.2	Japon
United States	7464.7	13153.7	18757.8	14021.8	23905.8	Etats-Unis d'Amérique
Germany	5870.7	8992.0	11387.6	11527.5	16973.3	Allemagne
France-Monaco	3341.3	5127.2	5968.0	5791.7	7575.5	France-Monaco
Korea, Republic of	3003.2	5355.2	5236.6	5394.3	6468.7	République de Corée
Ukraine	3264.6	3332.9	3289.0	3521.6	e4775.6	Ukraine
Belgium	1537.2	2585.8	2927.8	3238.4	4896.3	Belgique
Spain	1475.3	2913.1	3139.1	3273.6	3834.6	Espagne
Netherlands	980.7	1628.9	2269.9	2491.1	3043.9	Pays-Bas
Mexico	703.2	1542.9	1613.1	1578.8	2725.3	Mexique
China	1198.6	1540.9	1384.0	1597.0	1988.0	Chine
Czech Republic	573.6	1051.4	1223.2	2136.5	1324.4	République tchèque
Hungary	615.6	1040.0	1274.1	1227.3	1727.4	Hongrie
Poland	632.3	1016.3	1319.9	1167.5	1655.8	Pologne
Turkey	1466.8	1082.4	955.4	990.3	977.4	Turquie
Brazil	579.6	1042.4	898.1	872.0	926.1	Brésil
Slovakia	436.1	893.5	953.5	829.4	999.7	Slovaquie
Italy-San Marino-Holy See	655.8	628.7	515.0	521.9	634.2	Italie-Saint-Marin-Saint-Siège
Belarus	523.0	565.3	576.4	566.3	719.2	Bélarus
Canada	156.2	328.9	351.8	520.3	1336.4	Canada
Portugal	331.7	577.6	584.6	577.5	e589.9	Portugal
Finland	291.8	456.9	519.2	460.5	666.5	Finlande
Switzerland-Liechtenstein	310.0	393.0	532.7	516.3	633.2	Suisse-Liechtenstein
Chile	299.5	418.3	486.1	439.5	537.1	Chili
Romania	207.6	333.8	360.2	423.0	823.7	Roumanie
Thailand	e	109.1	650.9	e606.0	710.5	Thaïlande
United Kingdom	124.7	393.3	438.1	551.7	368.3	Royaume-Uni
China, Hong Kong SAR	312.9	341.8	358.5	384.1	309.8	Chine - RAS de Hong-Kong
India	395.9	208.3	165.7	304.8	532.1	Inde
Austria	33.8	45.8	43.0	36.7	e	Autriche

(Value as percentages of World total)   **(Valeur en pourcentage du total mondial)**

Regions of the world	1994	1995	1996	1997	1998	1999	2000	2001	2002	2003	Régions du monde
World	100.0	100.0	100.0	100.0	100.0	100.0	100.0	100.0	100.0	100.0	Monde
Africa	0.8	0.9	0.7	0.7	0.7	1.0	1.0	0.8	1.0	0.8	Afrique
Americas	16.8	13.8	14.1	15.3	16.7	18.2	20.9	24.8	20.6	25.2	Amériques
- Northern America	14.4	11.0	11.5	12.4	13.5	14.5	16.5	20.8	16.6	21.1	- Amérique du Nord
- LAIA	2.0	2.2	2.2	2.5	2.8	3.4	4.0	3.6	3.6	3.8	- ALAI
- CACM	0.2	0.1	0.2	0.2	0.2	0.2	0.2	0.2	0.2	0.2	- MCC
- Caribbean	0.1	0.3	0.1	0.1	0.1	0.1	0.1	0.1	0.1	0.1	- Caraïbes
- Rest of America	0.1	0.1	0.1	0.0	0.0	0.1	0.0	0.0	0.1	0.0	- Autre d'Amérique
Asia excluding former USSR	32.4	32.7	32.9	33.7	31.1	36.8	35.2	30.9	31.0	27.5	Asie ancienne URSS exclus
- Middle East	1.7	2.3	2.4	1.3	1.1	3.0	1.5	1.2	1.3	1.0	- Moyen-Orient
Asia former USSR	0.4	1.2	0.8	0.6	0.8	0.6	0.4	0.5	0.7	0.5	Asie ancienne URSS
Europe excluding former USSR	39.5	38.9	38.9	38.2	40.8	35.1	36.3	38.1	41.3	40.7	Europe ancienne URSS exclus
- European Union	33.0	32.0	31.8	30.7	32.2	28.6	29.3	31.3	33.4	34.1	- Union Européenne
- Eastern Europe	5.1	5.6	5.9	6.3	6.6	5.3	5.9	5.6	6.6	5.5	- Europe de l'Est
- Rest of Europe	1.4	1.3	1.2	1.1	2.0	1.3	1.1	1.3	1.3	1.1	- Autre de l'Europe
Europe former USSR	10.1	12.6	12.4	11.4	9.7	8.1	6.0	4.8	5.3	5.2	Europe ancienne URSS
Oceania	0.1	0.1	0.2	0.1	0.1	0.1	0.2	0.1	0.1	0.1	Océanie

TRADE BY COMMODITY (Value in million US dollars)
Exports by principal countries or areas

COMMERCE PAR PRODUIT (Valeur en millions de dollars EU)
Exportations selon les principaux pays ou zones

Country or area	1999	2000	2001	2002	2003	Pays ou zone
World	51682.4	83024.3	85608.2	78926.6	103416.1	Monde
Africa	5509.0	9421.3	8928.0	8147.3	11541.7	Afrique
Americas	9533.4	17648.9	20738.2	16226.7	24507.2	Amériques
- Northern America	8850.3	16393.7	19188.5	14697.9	22433.6	- Amérique du Nord
- LAIA	442.8	694.9	1028.7	963.9	1352.2	- ALAI
- CACM	3.9	5.4	4.9	7.8	14.9	- MCC
- Caribbean	236.2	554.9	516.0	557.1	706.4	- Caraïbes
- Rest of America	0.1	0.1	0.0	0.1	0.1	- Autre d'Amérique
Asia excluding former USSR	13279.4	19449.2	20551.0	19567.6	22084.5	Asie ancienne URSS exclus
- Middle East	4919.2	6903.8	8299.6	7829.8	8214.3	- Moyen-Orient
Asia former USSR	718.0	1669.6	1543.1	1424.3	2905.2	Asie ancienne URSS
Europe excluding former USSR	9802.6	15745.6	13859.0	16120.7	22425.5	Europe ancienne URSS exclus
- European Union	6022.4	9657.0	6067.7	7548.6	12163.7	- Union Européenne
- Eastern Europe	45.9	75.2	64.6	85.0	104.8	- Europo de l'Est
- Rest of Europe	3734.3	6013.4	7726.7	8487.0	10157.0	- Autre de l'Europe
Europe former USSR	11614.0	17206.8	18054.0	15684.7	17860.4	Europe ancienne URSS
Oceania	1226.0	1883.0	1934.9	1755.3	2091.6	Océanie
Russian Federation	11531.8	16990.7	17881.6	15472.8	17580.0	Fédération de Russie
Canada	8151.3	15089.0	18068.6	13002.6	20355.8	Canada
Algeria	5227.2	9016.9	8537.5	7829.3	10035.1	Algérie
Norway	3675.1	5900.2	7581.3	8340.5	9970.8	Norvège
Indonesia	4357.1	6624.9	5732.2	5577.6	6476.9	Indonésie
Qatar	2197.2	3863.0	4098.8	3736.7	e4565.3	Qatar
Malaysia	2012.1	3615.5	3513.1	3121.2	4109.7	Malaisie
Germany	1257.4	1799.5	2562.6	2532.5	3625.9	Allemagne
United Kingdom	1171.3	2073.2	2154.0	2198.1	2812.7	Royaume-Uni
United Arab Emirates	1918.2	1912.4	1755.6	e1828.6	e2171.4	Emirates arabes unis
Australia	1213.4	1865.8	1919.3	1742.5	2085.5	Australie
Netherlands	2911.4	4491.9	283.4	277.0	420.0	Pays-Bas
United States	699.0	1301.9	1115.5	1691.7	2067.9	Etats-Unis d'Amérique
Brunei Darussalam	e1129.0	e1116.2	1514.2	1400.5	1594.7	Brunéi Darussalam
Turkmenistan	390.0	1248.9	e922.1	e918.4	e2394.2	Turkménistan
Belgium	175.3	325.7	252.3	1320.6	3237.8	Belgique
Kuwait	613.4	862.2	779.4	e743.7	e934.0	Koweït
Argentina	278.5	446.6	621.7	624.9	872.1	Argentine
Trinidad and Tobago	235.9	554.7	515.4	556.8	e698.5	Trinité-et-Tobago
France-Monaco	273.8	510.0	426.2	477.7	856.9	France-Monaco
Oman	e	e	1176.3	1138.6	e	Oman
Myanmar	e0.3	e91.0	e542.2	e705.4	e641.5	Myanmar
Uzbekistan	e300.9	e379.9	e503.4	e248.9	e162.3	Ouzbékistan
Iran (Islamic Republic of)	150.7	193.5	425.1	306.4	363.8	Iran (République islamique d')
Singapore	179.0	260.0	262.8	243.7	349.2	Singapour
China	228.6	221.5	223.7	266.7	167.4	Chine
Spain	34.1	60.2	49.0	402.1	525.5	Espagne
Nigeria	0.3	0.1	e0.0	e0.0	e	Nigéria
Bolivia	38.5	127.2	243.6	268.0	383.5	Bolivie
Thailand	146.0	273.6	188.8	e197.4	230.6	Thaïlande

(Value as percentages of World total) **(Valeur en pourcentage du total mondial)**

Regions of the world	1994	1995	1996	1997	1998	1999	2000	2001	2002	2003	Régions du monde
World	100.0	100.0	100.0	100.0	100.0	100.0	100.0	100.0	100.0	100.0	Monde
Africa	8.1	7.1	7.4	9.8	8.7	10.7	11.3	10.4	10.3	11.2	Afrique
Americas	19.1	15.5	16.5	15.3	15.9	18.4	21.3	24.2	20.6	23.7	Amériques
- Northern America	18.1	14.6	15.6	14.7	15.2	17.1	19.7	22.4	18.6	21.7	- Amérique du Nord
- LAIA	0.8	0.8	0.8	0.5	0.6	0.9	0.8	1.2	1.2	1.3	- ALAI
- CACM	0.0	0.0	0.0	0.0	0.0	0.0	0.0	0.0	0.0	0.0	- MCC
- Caribbean	0.1	0.2	0.1	0.1	0.1	0.5	0.7	0.6	0.7	0.7	- Caraïbes
- Rest of America	0.0	0.0	0.0	0.0	0.0	0.0	0.0	0.0	0.0	0.0	- Autre d'Amérique
Asia excluding former USSR	19.8	21.5	19.3	22.6	22.8	25.7	23.4	24.0	24.8	21.4	Asie ancienne URSS exclus
- Middle East	2.7	5.4	2.5	6.3	7.4	9.5	8.3	9.7	9.9	7.9	- Moyen-Orient
Asia former USSR	1.2	2.5	2.9	0.5	0.7	1.4	2.0	1.8	1.8	2.8	Asie ancienne URSS
Europe excluding former USSR	20.0	20.8	23.4	21.9	21.6	19.0	19.0	16.2	20.4	21.7	Europe ancienne URSS exclus
- European Union	12.9	14.2	15.9	13.9	13.3	11.7	11.6	7.1	9.6	11.8	- Union Européenne
- Eastern Europe	0.1	0.1	0.1	0.1	0.1	0.1	0.1	0.1	0.1	0.1	- Europe de l'Est
- Rest of Europe	7.0	6.5	7.3	7.9	8.2	7.2	7.2	9.0	10.8	9.8	- Autre de l'Europe
Europe former USSR	29.5	30.0	27.9	27.2	27.8	22.5	20.7	21.1	19.9	17.3	Europe ancienne URSS
Oceania	2.4	2.6	2.6	2.6	2.4	2.4	2.3	2.3	2.2	2.0	Océanie

411 Animal oils and fats

TRADE BY COMMODITY (Value in million US dollars)
Imports by principal countries or areas

COMMERCE PAR PRODUIT (Valeur en millions de dollars EU)
Importations selon les principaux pays ou zones

Country or area	1999	2000	2001	2002	2003	Pays ou zone
World	1754.2	1478.2	1490.2	1689.1	2025.9	Monde
Africa	129.0	83.2	75.5	96.8	104.7	Afrique
Americas	431.7	363.5	359.1	415.4	518.2	Amériques
- Northern America	82.8	78.1	90.2	94.6	102.4	- Amérique du Nord
- LAIA	250.4	192.6	188.7	190.9	274.1	- ALAI
- CACM	71.2	68.5	58.2	108.8	118.9	- MCC
- Caribbean	24.8	21.8	19.3	18.6	21.4	- Caraïbes
- Rest of America	2.5	2.6	2.6	2.5	1.5	- Autre d'Amérique
Asia excluding former USSR	529.1	443.6	380.2	426.2	516.6	Asie ancienne URSS exclus
- Middle East	130.7	73.0	46.0	62.3	81.8	- Moyen-Orient
Asia former USSR	2.8	3.6	4.3	5.7	6.7	Asie ancienne URSS
Europe excluding former USSR	586.6	514.1	577.2	621.8	745.8	Europe ancienne URSS exclus
- European Union	482.3	412.9	433.4	460.7	563.8	- Union Européenne
- Eastern Europe	10.2	20.7	31.0	37.7	40.2	- Europe de l'Est
- Rest of Europe	94.1	80.5	112.8	123.4	141.8	- Autre de l'Europe
Europe former USSR	65.0	57.9	82.0	107.3	113.1	Europe ancienne URSS
Oceania	9.9	12.3	11.8	16.0	20.7	Océanie
Mexico	143.9	119.8	108.3	124.4	167.3	Mexique
China	112.5	129.9	91.3	117.4	138.3	Chine
Norway	83.5	66.5	99.3	106.0	121.5	Norvège
Japan	73.2	81.9	113.5	89.2	101.2	Japon
United Kingdom	81.0	76.0	89.6	73.5	89.7	Royaume-Uni
Belgium	76.3	61.9	60.5	74.2	91.6	Belgique
Russian Federation	53.2	45.2	66.8	92.4	94.5	Fédération de Russie
Netherlands	80.0	60.8	52.3	56.6	67.1	Pays-Bas
Germany	57.4	54.4	51.8	57.3	58.1	Allemagne
United States	48.7	52.5	55.5	59.4	62.1	Etats-Unis d'Amérique
Spain	51.1	42.9	43.4	55.9	72.1	Espagne
Turkey	52.0	51.2	33.4	48.8	63.7	Turquie
France-Monaco	44.9	41.5	47.5	43.1	51.1	France-Monaco
Italy-San Marino-Holy See	43.3	29.4	37.8	45.8	53.1	Italie-Saint-Marin-Saint-Siège
Pakistan	47.7	33.9	19.9	32.1	62.8	Pakistan
Korea, Republic of	46.8	35.8	33.1	42.5	34.8	République de Corée
Honduras	9.3	24.5	19.2	65.7	e70.9	Honduras
Canada	34.0	25.5	34.8	35.1	40.2	Canada
Chile	27.4	23.6	32.4	19.6	50.0	Chili
Guatemala	33.8	21.2	18.4	18.9	24.4	Guatemala
Sudan	14.8	19.2	25.2	25.4	e29.4	Soudan
Denmark	16.5	19.2	18.6	17.4	35.4	Danemark
Nigeria	18.7	16.0	e21.9	e20.8	e27.3	Nigéria
El Salvador	21.8	18.0	14.8	18.9	16.0	El Salvador
Colombia	27.3	12.0	13.3	14.8	16.3	Colombie
Philippines	21.4	13.7	13.3	8.6	14.1	Philippines
Brazil	13.3	20.5	7.9	6.9	7.2	Brésil
Sweden	7.2	5.1	7.8	11.0	20.0	Suède
Iran (Islamic Republic of)	16.2	11.3	7.1	5.8	9.4	Iran (République islamique d')
Venezuela	24.7	2.5	4.8	4.5	7.3	Venezuela

(Value as percentages of World total)

(Valeur en pourcentage du total mondial)

Regions of the world	1994	1995	1996	1997	1998	1999	2000	2001	2002	2003	Régions du monde
World	100.0	100.0	100.0	100.0	100.0	100.0	100.0	100.0	100.0	100.0	Monde
Africa	9.3	10.2	8.1	6.4	9.4	7.4	5.6	5.1	5.7	5.2	Afrique
Americas	21.1	18.9	19.7	21.5	25.1	24.6	24.6	24.1	24.6	25.6	Amériques
- Northern America	3.9	3.2	4.3	5.0	4.4	4.7	5.3	6.1	5.6	5.1	- Amérique du Nord
- LAIA	13.1	11.7	10.9	12.0	15.0	14.3	13.0	12.7	11.3	13.5	- ALAI
- CACM	2.8	2.5	2.8	2.8	3.7	4.1	4.6	3.9	6.4	5.9	- MCC
- Caribbean	1.1	1.5	1.8	1.6	1.8	1.4	1.5	1.3	1.1	1.1	- Caraïbes
- Rest of America	0.1	0.1	0.1	0.1	0.2	0.1	0.2	0.2	0.1	0.1	- Autre d'Amérique
Asia excluding former USSR	22.9	26.4	27.2	24.0	23.9	30.2	30.0	25.5	25.2	25.5	Asie ancienne URSS exclus
- Middle East	3.2	4.3	4.9	4.8	7.9	7.5	4.9	3.1	3.7	4.0	- Moyen-Orient
Asia former USSR	0.3	0.3	0.4	0.1	0.2	0.2	0.2	0.3	0.3	0.3	Asie ancienne URSS
Europe excluding former USSR	44.7	42.5	42.3	44.3	36.9	33.4	34.8	38.7	36.8	36.8	Europe ancienne URSS exclus
- European Union	39.7	37.4	36.8	37.3	29.7	27.5	27.9	29.1	27.3	27.8	- Union Européenne
- Eastern Europe	1.1	0.9	0.9	0.9	0.9	0.6	1.4	2.1	2.2	2.0	- Europe de l'Est
- Rest of Europe	4.0	4.2	4.6	6.2	6.3	5.4	5.4	7.6	7.3	7.0	- Autre de l'Europe
Europe former USSR	1.1	1.1	1.7	3.0	3.9	3.7	3.9	5.5	6.4	5.6	Europe ancienne URSS
Oceania	0.6	0.5	0.6	0.6	0.6	0.6	0.8	0.8	0.9	1.0	Océanie

TRADE BY COMMODITY (Value in million US dollars)
Exports by principal countries or areas

COMMERCE PAR PRODUIT (Valeur en millions de dollars EU)
Exportations selon les principaux pays ou zones

Country or area	1999	2000	2001	2002	2003	Pays ou zone
World	1423.5	1269.5	1287.3	1516.5	1754.8	Monde
Africa	4.8	10.0	14.4	12.3	18.7	Afrique
Americas	653.1	526.0	526.0	657.5	667.6	Amériques
- Northern America	541.4	400.7	396.6	536.6	536.0	- Amérique du Nord
- LAIA	110.3	121.1	122.9	115.7	127.5	- ALAI
- CACM	0.5	2.4	1.3	1.7	1.3	- MCC
- Caribbean	0.0	0.1	0.0	0.0	0.6	- Caraïbes
- Rest of America	0.8	1.8	5.2	3.4	2.1	- Autre d'Amérique
Asia excluding former USSR	44.9	59.8	53.1	61.0	68.2	Asie ancienne URSS exclus
- Middle East	5.0	5.4	5.2	8.3	10.7	- Moyen-Orient
Asia former USSR	0.1	0.0	0.0	0.0	0.0	Asie ancienne URSS
Europe excluding former USSR	529.9	511.3	546.0	628.8	782.5	Europe ancienne URSS exclus
- European Union	439.0	430.2	456.2	533.1	633.7	- Union Européenne
- Eastern Europe	19.1	17.2	14.6	14.9	20.9	- Europe de l'Est
- Rest of Europe	71.7	63.9	75.2	80.9	127.9	- Autre de l'Europe
Europe former USSR	1.8	2.0	2.7	3.2	3.7	Europe ancienne URSS
Oceania	189.1	160.3	145.0	153.7	214.0	Océanie
United States	447.7	324.3	312.2	450.6	453.2	Etats-Unis d'Amérique
Australia	144.8	123.7	111.7	113.1	154.9	Australie
Canada	93.7	76.5	84.4	86.1	82.8	Canada
France-Monaco	72.6	74.1	63.5	82.9	121.6	France-Monaco
Germany	79.8	66.4	80.8	81.2	95.9	Allemagne
Peru	68.3	80.6	91.0	69.7	80.1	Pérou
Denmark	58.6	55.3	72.0	80.0	98.3	Danemark
Netherlands	43.4	47.8	43.6	57.4	64.4	Pays-Bas
United Kingdom	46.6	47.4	43.5	53.5	54.4	Royaume-Uni
Iceland	33.9	24.1	41.3	41.1	74.3	Islande
New Zealand	44.3	36.6	32.8	40.1	58.8	Nouvelle-Zélande
Belgium	31.9	31.0	40.2	47.9	48.1	Belgique
Norway	35.0	37.2	31.4	37.5	50.3	Norvège
Italy-San Marino-Holy See	30.2	38.5	39.6	36.2	40.2	Italie-Saint-Marin-Saint-Siège
Spain	16.5	19.2	28.5	40.2	40.8	Espagne
Ireland	22.7	20.1	15.6	20.7	28.1	Irlande
Japan	18.0	19.6	18.5	17.0	19.6	Japon
Sweden	20.5	16.6	15.2	16.7	20.6	Suède
Uruguay	10.8	13.9	6.5	12.1	16.1	Uruguay
Chile	14.9	4.4	4.7	14.1	13.2	Chili
Poland	13.7	10.6	8.1	6.8	9.8	Pologne
Singapore	5.6	9.1	9.3	8.3	9.9	Singapour
Austria	7.4	7.0	5.7	7.9	11.9	Autriche
Brazil	4.2	4.5	10.7	8.5	10.4	Brésil
Morocco	1.3	2.5	10.5	6.4	11.6	Maroc
Argentina	8.1	10.8	3.7	4.9	3.8	Argentine
China	2.1	8.7	5.2	7.1	7.5	Chine
Mexico	3.5	6.3	4.4	6.0	1.1	Mexique
China, Hong Kong SAR	3.5	4.9	1.8	6.6	4.2	Chine - RAS de Hong-Kong
Finland	3.2	3.3	3.1	4.0	4.7	Finlande

(Value as percentages of World total)　　　　　　　　　　　　　　　**(Valeur en pourcentage du total mondial)**

Regions of the world	1994	1995	1996	1997	1998	1999	2000	2001	2002	2003	Régions du monde
World	100.0	100.0	100.0	100.0	100.0	100.0	100.0	100.0	100.0	100.0	Monde
Africa	0.4	0.8	0.5	0.6	0.4	0.3	0.8	1.1	0.8	1.1	Afrique
Americas	49.3	50.4	44.8	43.7	45.1	45.9	41.4	40.9	43.4	38.0	Amériques
- Northern America	40.0	42.2	36.2	35.1	41.8	38.0	31.6	30.8	35.4	30.5	- Amérique du Nord
- LAIA	9.1	8.1	8.5	8.3	3.0	7.7	9.5	9.5	7.6	7.3	- ALAI
- CACM	0.0	0.0	0.0	0.0	0.0	0.0	0.2	0.1	0.1	0.1	- MCC
- Caribbean	0.0	0.0	0.0	0.0	0.0	0.0	0.0	0.0	0.0	0.0	- Caraïbes
- Rest of America	0.2	0.1	0.0	0.2	0.3	0.1	0.1	0.4	0.2	0.1	- Autre d'Amérique
Asia excluding former USSR	2.8	2.7	3.5	2.3	2.5	3.2	4.7	4.1	4.0	3.9	Asie ancienne URSS exclus
- Middle East	0.4	0.7	0.9	0.4	0.3	0.4	0.4	0.4	0.5	0.6	- Moyen-Orient
Asia former USSR	0.0	0.0	0.0	0.0	0.0	0.0	0.0	0.0	0.0	0.0	Asie ancienne URSS
Europe excluding former USSR	34.5	34.2	38.9	41.2	39.0	37.2	40.3	42.4	41.5	44.6	Europe ancienne URSS exclus
- European Union	28.5	28.9	31.2	33.0	31.6	30.8	33.9	35.4	35.2	36.1	- Union Européenne
- Eastern Europe	1.2	0.8	1.4	1.6	1.1	1.3	1.4	1.1	1.0	1.2	- Europe de l'Est
- Rest of Europe	4.9	4.5	6.2	6.6	6.3	5.0	5.0	5.8	5.3	7.3	- Autre de l'Europe
Europe former USSR	0.5	0.3	0.2	0.3	0.2	0.1	0.2	0.2	0.2	0.2	Europe ancienne URSS
Oceania	12.5	11.6	12.0	11.9	12.8	13.3	12.6	11.3	10.1	12.2	Océanie

423 Fixed vegetable oils, soft, crude refined or purified

TRADE BY COMMODITY (Value in million US dollars)
Imports by principal countries or areas

COMMERCE PAR PRODUIT (Valeur en millions de dollars EU)
Importations selon les principaux pays ou zones

Country or area	1999	2000	2001	2002	2003	Pays ou zone
World	10732.6	8418.4	8483.0	10338.6	12718.5	Monde
Africa	1033.7	835.6	743.8	870.2	1122.6	Afrique
Americas	1918.3	1756.6	1542.2	1838.0	2138.2	Amériques
- Northern America	819.8	886.0	800.1	922.1	1114.3	- Amérique du Nord
- LAIA	890.7	705.0	582.8	721.9	821.2	- ALAI
- CACM	84.2	67.0	69.6	81.4	94.3	- MCC
- Caribbean	97.4	80.6	72.4	94.9	84.8	- Caraïbes
- Rest of America	26.2	18.0	17.3	17.7	23.6	- Autre d'Amérique
Asia excluding former USSR	3293.5	2455.6	2340.0	2747.9	3741.1	Asie ancienne URSS exclus
- Middle East	800.4	647.3	657.0	660.7	971.8	- Moyen-Orient
Asia former USSR	62.2	65.7	62.1	64.4	105.9	Asie ancienne URSS
Europe excluding former USSR	3862.7	2883.7	3295.2	4210.1	5049.1	Europe ancienne URSS exclus
- European Union	3526.0	2578.1	2939.4	3754.7	4536.8	- Union Européenne
- Eastern Europe	148.3	150.8	183.3	227.1	265.0	- Europe de l'Est
- Rest of Europe	188.4	154.8	172.4	228.2	247.3	- Autre de l'Europe
Europe former USSR	444.5	296.4	385.4	459.8	379.1	Europe ancienne URSS
Oceania	117.7	124.8	114.3	148.2	182.5	Océanie
Italy-San Marino-Holy See	1073.4	854.8	990.5	1238.3	1519.7	Italie-Saint-Marin-Saint-Siège
United States	706.7	736.9	676.0	756.9	909.1	Etats-Unis d'Amérique
India	647.9	442.2	555.1	564.4	635.0	Inde
France-Monaco	473.9	405.4	407.7	498.0	546.6	France-Monaco
China	474.7	167.1	51.0	456.3	1133.2	Chine
Iran (Islamic Republic of)	486.4	328.0	357.3	332.9	603.7	Iran (République islamique d')
Netherlands	339.4	208.3	240.7	449.8	553.4	Pays-Bas
Belgium	310.8	241.9	294.3	416.0	400.0	Belgique
Germany	277.8	237.3	301.1	369.6	440.7	Allemagne
United Kingdom	335.8	270.7	278.5	299.7	378.0	Royaume-Uni
Bangladesh	e298.0	e324.1	314.0	e306.9	198.0	Bangladesh
Russian Federation	346.9	203.1	257.1	332.8	245.6	Fédération de Russie
China, Hong Kong SAR	210.9	286.7	246.8	176.6	99.4	Chine - RAS de Hong-Kong
Algeria	179.6	128.2	148.4	186.5	214.1	Algérie
Japan	169.7	157.2	148.8	170.0	207.0	Japon
Mexico	199.5	159.4	104.0	168.9	191.5	Mexique
Morocco	137.0	128.5	135.8	164.6	203.4	Maroc
Spain	314.7	71.8	102.7	97.9	176.3	Espagne
Canada	112.9	149.1	123.9	165.0	204.4	Canada
Brazil	205.1	150.7	112.7	142.0	109.2	Brésil
Egypt	226.4	157.4	102.6	96.6	127.1	Egypte
Turkey	172.2	125.9	124.3	134.3	134.5	Turquie
Venezuela	135.0	102.2	85.0	124.7	162.2	Venezuela
Portugal	137.3	88.9	105.7	119.2	e121.8	Portugal
Peru	80.6	66.0	97.3	117.2	131.5	Pérou
Colombia	90.3	92.7	83.3	89.4	111.7	Colombie
Korea, Republic of	88.0	68.0	78.8	99.2	130.1	République de Corée
Australia	72.3	80.6	69.9	89.6	118.2	Australie
Poland	76.0	61.0	68.4	81.0	91.5	Pologne
Tunisia	80.1	59.1	33.4	76.4	104.0	Tunisie

(Value as percentages of World total)   (Valeur en pourcentage du total mondial)

Regions of the world	1994	1995	1996	1997	1998	1999	2000	2001	2002	2003	Régions du monde
World	100.0	100.0	100.0	100.0	100.0	100.0	100.0	100.0	100.0	100.0	Monde
Africa	8.9	11.7	10.4	9.1	10.6	9.6	9.9	8.8	8.4	8.8	Afrique
Americas	19.2	17.6	18.3	17.4	18.9	17.9	20.9	18.2	17.8	16.8	Amériques
- Northern America	8.1	7.1	9.4	8.2	7.0	7.6	10.5	9.4	8.9	8.8	- Amérique du Nord
- LAIA	9.4	8.6	7.3	7.5	10.0	8.3	8.4	6.9	7.0	6.5	- ALAI
- CACM	0.7	0.8	0.7	0.7	0.7	0.8	0.8	0.8	0.8	0.7	- MCC
- Caribbean	0.7	0.9	0.8	0.9	1.1	0.9	1.0	0.9	0.9	0.7	- Caraïbes
- Rest of America	0.3	0.2	0.2	0.1	0.2	0.2	0.2	0.2	0.2	0.2	- Autre d'Amérique
Asia excluding former USSR	31.3	32.8	28.7	32.6	33.8	30.7	29.2	27.6	26.6	29.4	Asie ancienne URSS exclus
- Middle East	9.4	8.1	7.2	6.9	7.7	7.5	7.7	7.7	6.4	7.6	- Moyen-Orient
Asia former USSR	0.7	0.5	0.5	0.4	0.7	0.6	0.8	0.7	0.6	0.8	Asie ancienne URSS
Europe excluding former USSR	36.4	33.9	37.8	35.7	32.2	36.0	34.3	38.8	40.7	39.7	Europe ancienne URSS exclus
- European Union	33.6	31.0	34.6	32.5	28.0	32.9	30.6	34.7	36.3	35.7	- Union Européenne
- Eastern Europe	1.6	1.5	1.6	1.8	2.4	1.4	1.8	2.2	2.2	2.1	- Europe de l'Est
- Rest of Europe	1.1	1.4	1.6	1.4	1.8	1.8	1.8	2.0	2.2	1.9	- Autre de l'Europe
Europe former USSR	2.1	2.3	2.9	3.6	2.9	4.1	3.5	4.5	4.4	3.0	Europe ancienne URSS
Oceania	1.4	1.3	1.4	1.2	0.9	1.1	1.5	1.3	1.4	1.4	Océanie

TRADE BY COMMODITY (Value in million US dollars)
Exports by principal countries or areas

COMMERCE PAR PRODUIT (Valeur en millions de dollars EU)
Exportations selon les principaux pays ou zones

Country or area	1999	2000	2001	2002	2003	Pays ou zone
World	10397.8	7823.6	8098.2	10044.8	12473.8	Monde
Africa	400.0	313.5	252.1	143.8	194.3	Afrique
Americas	4299.9	2875.1	2964.4	3889.2	5300.1	Amériques
- Northern America	1155.2	746.5	715.2	895.5	1045.7	- Amérique du Nord
- LAIA	3123.3	2111.0	2227.9	2973.2	4225.4	- ALAI
- CACM	15.9	13.0	15.9	14.2	21.8	- MCC
- Caribbean	5.4	3.7	4.4	5.4	7.2	- Caraïbes
- Rest of America	0.1	1.0	1.0	1.0	0.0	- Autre d'Amérique
Asia excluding former USSR	630.9	412.6	511.1	439.5	635.8	Asie ancienne URSS exclus
- Middle East	224.6	95.7	209.8	136.4	339.3	- Moyen-Orient
Asia former USSR	13.6	11.2	12.8	17.2	16.7	Asie ancienne URSS
Europe excluding former USSR	4886.6	3869.9	4038.6	5097.8	5757.7	Europe ancienne URSS exclus
- European Union	4672.6	3730.3	3899.4	4968.9	5566.8	- Union Européenne
- Eastern Europe	185.9	99.0	103.5	81.9	142.5	- Europe de l'Est
- Rest of Europe	28.1	40.5	35.7	47.0	48.4	- Autre de l'Europe
Europe former USSR	136.0	319.4	298.6	429.7	546.2	Europe ancienne URSS
Oceania	30.7	21.8	20.6	27.7	23.0	Océanie
Argentina	2255.2	1579.4	1526.2	1948.8	2701.1	Argentine
Spain	892.7	947.7	1008.5	1481.3	1626.2	Espagne
Italy-San Marino-Holy See	782.5	790.4	727.6	857.7	1010.9	Italie-Saint-Marin-Saint-Siège
Brazil	701.7	368.9	523.5	807.8	1256.9	Brésil
Germany	739.6	491.3	595.5	712.0	643.6	Allemagne
United States	783.8	485.6	481.0	661.2	727.1	Etats-Unis d'Amérique
Netherlands	641.4	416.8	477.3	632.0	688.6	Pays-Bas
Belgium	433.0	322.8	342.7	357.2	394.3	Belgique
Greece	555.8	241.8	237.8	211.2	346.3	Grèce
France-Monaco	320.2	272.9	262.9	344.4	380.9	France-Monaco
Canada	371.4	260.9	234.3	234.4	318.6	Canada
Ukraine	108.2	234.6	220.8	337.5	e434.5	Ukraine
Tunisia	321.0	196.5	140.4	39.4	88.8	Tunisie
Turkey	199.9	54.6	151.7	61.6	210.4	Turquie
United Kingdom	116.1	67.5	65.0	152.4	223.4	Royaume-Uni
Portugal	86.8	95.1	96.3	106.0	e123.0	Portugal
Malaysia	135.5	98.4	92.0	88.1	88.0	Malaisie
Bolivia	60.9	76.3	93.9	106.7	123.5	Bolivie
China	75.2	65.0	68.6	51.4	48.9	Chine
China, Hong Kong SAR	106.6	62.1	45.7	52.2	30.3	Chine - RAS de Hong-Kong
Paraguay	45.8	38.9	44.1	73.7	89.6	Paraguay
Senegal	22.2	67.8	71.4	53.2	36.6	Sénégal
Hungary	76.0	41.3	30.1	30.8	69.5	Hongrie
Russian Federation	16.2	73.3	47.9	42.4	49.7	Fédération de Russie
Denmark	42.5	31.4	31.9	50.1	51.1	Danemark
Singapore	43.0	36.1	30.8	33.9	31.9	Singapour
Mexico	48.4	34.5	23.5	22.2	44.9	Mexique
Austria	29.2	24.7	22.9	36.2	44.6	Autriche
Romania	51.9	18.4	22.8	7.1	29.0	Roumanie
Australia	30.2	21.6	19.9	27.1	22.2	Australie

(Value as percentages of World total)　　　　　　　　　　**(Valeur en pourcentage du total mondial)**

Regions of the world	1994	1995	1996	1997	1998	1999	2000	2001	2002	2003	Régions du monde
World	100.0	100.0	100.0	100.0	100.0	100.0	100.0	100.0	100.0	100.0	Monde
Africa	4.9	3.8	2.2	3.3	2.5	3.8	4.0	3.1	1.4	1.6	Afrique
Americas	40.5	41.5	36.2	37.1	44.5	41.4	36.7	36.6	38.7	42.5	Amériques
- Northern America	12.7	13.2	10.6	12.6	14.8	11.1	9.5	8.8	8.9	8.4	- Amérique du Nord
- LAIA	27.6	28.0	25.4	24.4	29.4	30.0	27.0	27.5	29.6	33.9	- ALAI
- CACM	0.1	0.2	0.1	0.1	0.2	0.2	0.2	0.2	0.1	0.2	- MCC
- Caribbean	0.1	0.1	0.1	0.1	0.1	0.1	0.0	0.1	0.1	0.1	- Caraïbes
- Rest of America	0.0	0.0	0.0	0.0	0.0	0.0	0.0	0.0	0.0	0.0	- Autre d'Amérique
Asia excluding former USSR	6.9	7.3	6.6	10.3	7.5	6.1	5.3	6.3	4.4	5.1	Asie ancienne URSS exclus
- Middle East	1.1	1.9	1.4	1.8	1.3	2.2	1.2	2.6	1.4	2.7	- Moyen-Orient
Asia former USSR	0.1	0.1	0.1	0.0	0.1	0.1	0.1	0.2	0.2	0.1	Asie ancienne URSS
Europe excluding former USSR	45.6	45.9	52.5	47.7	43.8	47.0	49.5	49.9	50.8	46.2	Europe ancienne URSS exclus
- European Union	43.8	44.4	50.9	44.7	41.4	44.9	47.7	48.2	49.5	44.6	- Union Européenne
- Eastern Europe	1.6	1.3	1.5	2.8	1.9	1.8	1.3	1.3	0.8	1.1	- Europe de l'Est
- Rest of Europe	0.2	0.2	0.2	0.2	0.4	0.3	0.5	0.4	0.5	0.4	- Autre de l'Europe
Europe former USSR	1.9	1.4	2.3	1.4	1.4	1.3	4.1	3.7	4.3	4.4	Europe ancienne URSS
Oceania	0.0	0.0	0.1	0.2	0.3	0.3	0.3	0.3	0.3	0.2	Océanie

424 Other fixed vegetable oils, fluid or solid, crude, refined

Country or area	1999	2000	2001	2002	2003	Pays ou zone
World	9125.4	7626.6	7094.0	9296.5	12288.1	Monde
Africa	771.3	637.2	657.0	729.0	952.2	Afrique
Americas	881.5	823.2	680.8	789.5	924.7	Amériques
- Northern America	631.6	578.4	440.3	486.9	550.2	- Amérique du Nord
- LAIA	159.5	171.8	146.3	212.3	261.6	- ALAI
- CACM	57.1	49.7	63.6	64.9	71.4	- MCC
- Caribbean	23.5	17.4	25.9	21.4	37.6	- Caraïbes
- Rest of America	9.9	5.9	4.7	4.0	3.9	- Autre d'Amérique
Asia excluding former USSR	4414.3	3626.3	3333.8	4777.4	6577.0	Asie ancienne URSS exclus
- Middle East	685.8	654.2	493.2	578.2	794.9	- Moyen-Orient
Asia former USSR	17.7	9.3	15.3	16.7	21.0	Asie ancienne URSS
Europe excluding former USSR	2813.3	2330.2	2173.5	2657.6	3384.5	Europe ancienne URSS exclus
- European Union	2666.6	2198.4	2044.4	2485.4	3173.4	- Union Européenne
- Eastern Europe	95.7	87.4	87.4	121.3	142.6	- Europe de l'Est
- Rest of Europe	51.0	44.4	41.7	51.0	68.5	- Autre de l'Europe
Europe former USSR	125.1	114.0	164.5	237.3	334.6	Europe ancienne URSS
Oceania	102.2	86.4	69.0	89.0	94.1	Océanie
India	1233.5	928.3	823.1	1244.4	1881.4	Inde
China	706.6	587.7	540.2	954.8	1602.9	Chine
Germany	589.7	528.4	460.2	555.4	710.5	Allemagne
Netherlands	626.5	392.7	436.3	580.7	742.3	Pays-Bas
United States	580.0	532.0	394.5	446.9	507.0	Etats-Unis d'Amérique
Pakistan	443.0	326.7	342.8	488.1	629.1	Pakistan
United Kingdom	337.3	301.8	252.7	321.5	409.5	Royaume-Uni
Japan	310.3	249.6	204.2	263.7	330.2	Japon
Italy-San Marino-Holy See	284.9	259.0	213.0	250.6	281.1	Italie-Saint-Marin-Saint-Siège
France-Monaco	239.8	218.7	237.6	266.6	308.6	France-Monaco
Belgium	203.7	194.8	157.1	172.5	277.9	Belgique
Turkey	180.6	165.6	144.6	202.2	274.7	Turquie
Malaysia	126.8	89.2	116.5	232.0	267.8	Malaisie
Singapore	200.6	140.5	114.1	154.5	180.4	Singapour
Bangladesh	e135.3	e147.1	142.5	e139.3	171.0	Bangladesh
Russian Federation	79.0	84.0	114.4	170.4	248.3	Fédération de Russie
Spain	148.3	123.1	112.7	129.8	176.0	Espagne
China, Hong Kong SAR	65.6	77.7	160.0	214.6	159.8	Chine - RAS de Hong-Kong
Kenya	111.8	88.7	e156.5	150.9	145.7	Kenya
Korea, Republic of	153.9	117.6	101.2	127.7	151.0	République de Corée
Mexico	104.8	100.9	99.5	145.0	149.0	Mexique
Saudi Arabia	191.0	149.9	101.9	68.2	78.0	Arabie saoudite
Libyan Arab Jamahiriya	e133.8	e117.7	e84.7	e42.4	e94.9	Jamahiriya arabe libyenne
Egypt	143.0	117.1	60.6	75.3	17.0	Egypte
Denmark	72.1	58.1	59.4	75.2	94.3	Danemark
Myanmar	e81.9	e54.0	e64.5	e66.3	e77.0	Myanmar
Australia	85.8	67.5	52.7	64.1	70.1	Australie
South Africa	–	64.2	62.6	88.4	120.8	Afrique du Sud
Yemen	57.2	47.3	e47.0	e55.9	e80.0	Yémen
United Republic of Tanzania	41.2	43.4	60.3	61.0	75.9	République-Unie de Tanzanie

(Value as percentages of World total) — (Valeur en pourcentage du total mondial)

Regions of the world	1994	1995	1996	1997	1998	1999	2000	2001	2002	2003	Régions du monde
World	100.0	100.0	100.0	100.0	100.0	100.0	100.0	100.0	100.0	100.0	Monde
Africa	6.6	6.8	7.7	7.3	7.0	8.5	8.4	9.3	7.8	7.7	Afrique
Americas	11.2	9.4	10.4	11.6	10.3	9.7	10.8	9.6	8.5	7.5	Amériques
- Northern America	7.5	6.6	7.1	8.2	7.0	6.9	7.6	6.2	5.2	4.5	- Amérique du Nord
- LAIA	2.9	2.2	2.4	2.6	2.3	1.7	2.3	2.1	2.3	2.1	- ALAI
- CACM	0.4	0.3	0.4	0.5	0.6	0.6	0.7	0.9	0.7	0.6	- MCC
- Caribbean	0.3	0.2	0.4	0.3	0.3	0.3	0.2	0.4	0.2	0.3	- Caraïbes
- Rest of America	0.0	0.0	0.1	0.1	0.1	0.1	0.1	0.1	0.0	0.0	- Autre d'Amérique
Asia excluding former USSR	48.6	51.8	45.9	47.2	47.2	48.4	47.5	47.0	51.4	53.5	Asie ancienne URSS exclus
- Middle East	8.6	8.9	8.0	8.4	7.4	7.5	8.6	7.0	6.2	6.5	- Moyen-Orient
Asia former USSR	0.0	0.1	0.1	0.1	0.1	0.2	0.1	0.2	0.2	0.2	Asie ancienne URSS
Europe excluding former USSR	31.0	29.4	33.0	30.4	32.7	30.8	30.6	30.6	28.6	27.5	Europe ancienne URSS exclus
- European Union	29.5	28.0	31.4	28.4	30.8	29.2	28.8	28.8	26.7	25.8	- Union Européenne
- Eastern Europe	0.8	0.8	1.1	1.4	1.4	1.0	1.1	1.2	1.3	1.2	- Europe de l'Est
- Rest of Europe	0.6	0.5	0.6	0.5	0.6	0.6	0.6	0.6	0.5	0.6	- Autre de l'Europe
Europe former USSR	1.5	1.4	1.6	2.3	1.6	1.4	1.5	2.3	2.6	2.7	Europe ancienne URSS
Oceania	1.2	1.1	1.3	1.3	1.1	1.1	1.1	1.0	1.0	0.8	Océanie

TRADE BY COMMODITY (Value in million US dollars)
Exports by principal countries or areas

COMMERCE PAR PRODUIT (Valeur en millions de dollars EU)
Exportations selon les principaux pays ou zones

Country or area	1999	2000	2001	2002	2003	Pays ou zone
World	8479.7	6902.2	6283.7	8795.9	11292.9	Monde
Africa	166.9	105.2	89.7	136.0	203.6	Afrique
Americas	647.8	558.3	530.1	654.1	754.6	Amériques
- Northern America	425.9	359.5	345.6	442.6	470.5	- Amérique du Nord
- LAIA	134.6	106.0	79.6	88.8	144.7	- ALAI
- CACM	84.4	90.5	101.9	118.9	136.2	- MCC
- Caribbean	1.5	1.2	1.0	0.9	1.1	- Caraïbes
- Rest of America	1.4	1.2	1.9	2.9	2.1	- Autre d'Amérique
Asia excluding former USSR	6462.8	5274.3	4741.7	7034.0	8966.7	Asie ancienne URSS exclus
- Middle East	117.8	113.4	82.3	92.3	112.5	- Moyen-Orient
Asia former USSR	0.8	1.6	1.0	1.0	4.1	Asie ancienne URSS
Europe excluding former USSR	1058.7	800.2	788.8	848.5	1202.0	Europe ancienne URSS exclus
- European Union	1043.7	791.6	777.1	836.0	1182.3	- Union Européenne
- Eastern Europe	8.8	2.7	5.0	5.1	9.6	- Europe de l'Est
- Rest of Europe	6.2	6.0	6.8	7.4	10.1	- Autre de l'Europe
Europe former USSR	2.5	2.2	2.4	3.7	3.5	Europe ancienne URSS
Oceania	140.1	160.2	130.0	118.7	158.4	Océanie
Malaysia	3789.9	2574.2	2504.3	3684.6	5001.7	Malaisie
Indonesia	1674.4	1648.9	1341.1	2511.3	2875.5	Indonésie
Philippines	342.7	464.2	417.7	352.7	505.2	Philippines
United States	400.4	340.2	319.9	415.5	440.5	Etats-Unis d'Amérique
Netherlands	429.2	282.6	272.5	346.8	489.8	Pays-Bas
India	224.5	196.9	144.8	109.0	127.0	Inde
Papua New Guinea	e118.5	148.0	e118.8	106.5	146.2	Papouasie-Nouvelle-Guinée
Belgium	164.0	113.3	116.6	103.5	138.7	Belgique
Germany	122.6	93.7	101.8	125.9	170.9	Allemagne
Singapore	155.6	105.3	89.0	114.2	147.7	Singapour
Italy-San Marino-Holy See	99.2	120.3	116.7	73.8	134.3	Italie-Saint-Marin-Saint-Siège
Thailand	32.8	31.9	66.5	e77.2	90.2	Thaïlande
Côte d'Ivoire	93.2	47.5	e29.3	36.8	54.6	Côte d'Ivoire
Spain	67.1	56.7	37.2	34.0	60.4	Espagne
United Kingdom	65.9	43.2	36.4	48.4	50.9	Royaume-Uni
France-Monaco	45.9	36.9	44.7	49.0	62.9	France-Monaco
Honduras	27.8	37.3	58.8	57.8	e47.4	Honduras
Colombia	50.3	41.6	32.7	37.7	58.2	Colombie
Costa Rica	43.1	36.7	24.8	38.3	56.1	Costa Rica
China, Hong Kong SAR	55.6	37.3	28.7	33.6	33.1	Chine - RAS de Hong-Kong
United Arab Emirates	36.4	37.8	28.4	e29.6	e35.1	Emirates arabes unis
China	36.0	30.7	28.3	29.0	38.9	Chine
Tunisia	20.2	17.0	8.1	31.2	52.5	Tunisie
Canada	25.5	19.3	25.7	27.1	30.0	Canada
Denmark	22.9	17.7	19.8	20.8	31.2	Danemark
Viet Nam	13.0	55.6	26.5	7.8	e7.4	Viet Nam
Sweden	19.1	18.3	18.7	21.6	28.1	Suède
Oman	18.7	21.1	17.5	19.6	26.3	Oman
Guatemala	12.6	15.6	17.5	21.7	31.5	Guatemala
Saudi Arabia	12.6	16.9	17.2	24.6	e27.0	Arabie saoudite

(Value as percentages of World total)   **(Valeur en pourcentage du total mondial)**

Regions of the world	1994	1995	1996	1997	1998	1999	2000	2001	2002	2003	Régions du monde
World	100.0	100.0	100.0	100.0	100.0	100.0	100.0	100.0	100.0	100.0	Monde
Africa	2.0	2.1	2.2	1.5	2.0	2.0	1.5	1.4	1.5	1.8	Afrique
Americas	5.4	5.3	5.6	6.1	7.8	7.6	8.1	8.4	7.4	6.7	Amériques
- Northern America	4.1	3.7	4.1	4.3	5.4	5.0	5.2	5.5	5.0	4.2	- Amérique du Nord
- LAIA	1.0	1.2	1.1	1.3	1.4	1.6	1.5	1.3	1.0	1.3	- ALAI
- CACM	0.3	0.3	0.4	0.5	0.9	1.0	1.3	1.6	1.4	1.2	- MCC
- Caribbean	0.0	0.0	0.0	0.0	0.0	0.0	0.0	0.0	0.0	0.0	- Caraïbes
- Rest of America	0.0	0.0	0.0	0.0	0.0	0.0	0.0	0.0	0.0	0.0	- Autre d'Amérique
Asia excluding former USSR	80.2	79.2	74.4	76.5	74.2	76.2	76.4	75.5	80.0	79.4	Asie ancienne URSS exclus
- Middle East	2.7	2.2	2.1	1.9	1.2	1.4	1.6	1.3	1.0	1.0	- Moyen-Orient
Asia former USSR	0.0	0.0	0.0	0.0	0.0	0.0	0.0	0.0	0.0	0.0	Asie ancienne URSS
Europe excluding former USSR	8.9	10.2	10.1	9.8	11.9	12.5	11.6	12.6	9.6	10.6	Europe ancienne URSS exclus
- European Union	8.8	10.0	10.0	9.7	11.7	12.3	11.5	12.4	9.5	10.5	- Union Européenne
- Eastern Europe	0.0	0.1	0.1	0.1	0.2	0.1	0.0	0.1	0.1	0.1	- Europe de l'Est
- Rest of Europe	0.1	0.1	0.1	0.1	0.1	0.1	0.1	0.1	0.1	0.1	- Autre de l'Europe
Europe former USSR	0.0	0.0	0.0	0.0	0.0	0.0	0.0	0.0	0.0	0.0	Europe ancienne URSS
Oceania	3.5	3.3	7.7	6.0	4.1	1.7	2.3	2.1	1.3	1.4	Océanie

431 Animal and vegetable oils and fats, processed, and waxes

TRADE BY COMMODITY (Value in million US dollars)
Imports by principal countries or areas

COMMERCE PAR PRODUIT (Valeur en millions de dollars EU)
Importations selon les principaux pays ou zones

Country or area	1999	2000	2001	2002	2003	Pays ou zone
World	3327.1	3054.3	2987.9	3386.5	4175.6	Monde
Africa	206.7	187.2	172.4	205.8	258.3	Afrique
Americas	422.0	460.7	420.7	470.3	591.7	Amériques
- Northern America	209.6	230.5	205.1	222.7	284.6	- Amérique du Nord
- LAIA	158.8	179.5	164.1	192.5	238.1	- ALAI
- CACM	28.4	21.7	26.3	27.3	38.8	- MCC
- Caribbean	22.8	26.1	21.4	22.6	24.3	- Caraïbes
- Rest of America	2.5	3.0	3.8	5.2	5.8	- Autre d'Amérique
Asia excluding former USSR	972.5	855.0	832.0	914.8	1071.4	Asie ancienne URSS exclus
- Middle East	182.3	180.4	152.6	187.4	192.4	- Moyen-Orient
Asia former USSR	13.4	16.8	11.0	22.4	29.8	Asie ancienne URSS
Europe excluding former USSR	1596.4	1413.5	1437.5	1639.7	2072.6	Europe ancienne URSS exclus
- European Union	1421.6	1252.7	1268.1	1437.3	1799.2	- Union Européenne
- Eastern Europe	131.6	120.0	123.1	143.7	194.7	- Europe de l'Est
- Rest of Europe	43.2	40.7	46.2	58.7	78.6	- Autre de l'Europe
Europe former USSR	82.5	89.2	87.9	98.2	107.7	Europe ancienne URSS
Oceania	33.6	31.9	26.3	35.3	44.2	Océanie
Germany	295.1	252.8	256.7	277.9	359.9	Allemagne
Netherlands	251.1	191.7	199.6	215.9	266.7	Pays-Bas
France-Monaco	168.5	163.0	166.4	179.9	221.4	France-Monaco
United States	149.2	170.2	150.0	163.1	193.5	Etats-Unis d'Amérique
United Kingdom	135.4	142.1	172.1	168.2	196.2	Royaume-Uni
India	180.0	128.4	193.8	138.9	147.1	Inde
Belgium	142.6	137.5	114.0	131.4	171.3	Belgique
Spain	98.7	83.5	90.7	120.1	147.6	Espagne
Japan	117.4	104.8	84.5	84.6	97.9	Japon
Italy-San Marino-Holy See	79.8	75.7	63.5	91.7	122.3	Italie-Saint-Marin-Saint-Siège
China	58.2	77.7	73.0	93.6	124.6	Chine
Mexico	61.0	59.9	63.6	82.8	103.3	Mexique
Poland	65.6	58.1	62.3	75.8	106.9	Pologne
Korea, Republic of	70.1	64.3	56.2	69.9	72.9	République de Corée
Canada	59.7	60.3	55.0	59.6	91.1	Canada
Denmark	62.9	53.5	60.7	66.1	68.9	Danemark
Sweden	34.2	32.5	30.7	52.3	85.0	Suède
Ireland	61.7	46.2	38.6	40.4	47.9	Irlande
Iraq	e68.0	e31.1	e30.2	e52.1	e43.8	Iraq
Russian Federation	42.9	48.1	42.8	44.2	34.7	Fédération de Russie
Austria	41.2	36.2	37.6	43.6	51.4	Autriche
Israel	46.1	41.0	25.4	39.8	56.8	Israël
Thailand	33.8	35.6	39.0	e42.5	49.8	Thaïlande
Algeria	30.8	28.6	33.2	40.5	49.9	Algérie
Pakistan	33.5	27.1	34.4	39.0	48.1	Pakistan
Oman	1.2	42.1	47.0	46.1	35.1	Oman
Afghanistan	e12.0	10.9	21.8	31.5	e81.5	Afghanistan
Turkey	31.6	31.9	18.8	28.5	39.2	Turquie
Malaysia	45.8	22.4	22.9	28.4	28.3	Malaisie
Singapore	34.1	27.6	23.9	29.0	29.8	Singapour

(Value as percentages of World total)   **(Valeur en pourcentage du total mondial)**

Regions of the world	1994	1995	1996	1997	1998	1999	2000	2001	2002	2003	Régions du monde
World	100.0	100.0	100.0	100.0	100.0	100.0	100.0	100.0	100.0	100.0	Monde
Africa	5.6	5.0	6.8	5.6	5.7	6.2	6.1	5.8	6.1	6.2	Afrique
Americas	10.3	10.2	11.0	11.9	12.8	12.7	15.1	14.1	13.9	14.2	Amériques
- Northern America	5.7	5.6	5.0	6.2	6.5	6.3	7.5	6.9	6.6	6.8	- Amérique du Nord
- LAIA	3.7	3.9	4.8	4.1	4.5	4.8	5.9	5.5	5.7	5.7	- ALAI
- CACM	0.4	0.3	0.6	0.7	0.9	0.9	0.7	0.9	0.8	0.9	- MCC
- Caribbean	0.4	0.3	0.6	0.9	0.8	0.7	0.9	0.7	0.7	0.6	- Caraïbes
- Rest of America	0.1	0.1	0.1	0.1	0.1	0.1	0.1	0.1	0.2	0.1	- Autre d'Amérique
Asia excluding former USSR	28.3	31.0	26.9	27.9	26.7	29.2	28.0	27.8	27.0	25.7	Asie ancienne URSS exclus
- Middle East	6.1	8.8	8.4	8.3	7.7	5.5	5.9	5.1	5.5	4.6	- Moyen-Orient
Asia former USSR	1.1	0.6	0.6	0.7	0.4	0.4	0.6	0.4	0.7	0.7	Asie ancienne URSS
Europe excluding former USSR	52.4	51.0	52.2	51.3	51.7	48.0	46.3	48.1	48.4	49.6	Europe ancienne URSS exclus
- European Union	48.8	47.1	47.0	45.4	45.8	42.7	41.0	42.4	42.4	43.1	- Union Européenne
- Eastern Europe	2.1	2.7	3.8	4.3	4.4	4.0	3.9	4.1	4.2	4.7	- Europe de l'Est
- Rest of Europe	1.5	1.3	1.4	1.6	1.5	1.3	1.3	1.5	1.7	1.9	- Autre de l'Europe
Europe former USSR	1.2	1.1	1.3	1.5	1.9	2.5	2.9	2.9	2.9	2.6	Europe ancienne URSS
Oceania	1.1	1.1	1.2	1.0	0.8	1.0	1.0	0.9	1.0	1.1	Océanie

TRADE BY COMMODITY (Value in million US dollars)
Exports by principal countries or areas

COMMERCE PAR PRODUIT (Valeur en millions de dollars EU)
Exportations selon les principaux pays ou zones

Country or area	1999	2000	2001	2002	2003	Pays ou zone
World	3480.3	3015.3	2904.5	4234.5	5086.5	Monde
Africa	52.8	41.2	28.9	28.2	39.8	Afrique
Americas	453.0	452.9	469.9	569.0	543.2	Amériques
- Northern America	315.1	298.1	278.5	382.8	374.6	- Amérique du Nord
- LAIA	120.8	141.0	174.1	167.3	141.2	- ALAI
- CACM	16.8	13.6	16.6	18.1	26.4	- MCC
- Caribbean	0.3	0.3	0.7	0.7	0.9	- Caraïbes
- Rest of America	0.0	0.0	0.0	0.1	0.0	- Autre d'Amérique
Asia excluding former USSR	1468.5	1173.9	1065.2	2009.1	2510.0	Asie ancienne URSS exclus
- Middle East	109.1	65.5	97.4	145.6	102.6	- Moyen-Orient
Asia former USSR	1.8	1.7	1.7	2.1	21.6	Asie ancienne URSS
Europe excluding former USSR	1419.4	1269.4	1271.4	1561.8	1908.8	Europe ancienne URSS exclus
- European Union	1369.8	1226.7	1237.1	1520.2	1852.9	- Union Européenne
- Eastern Europe	29.1	25.3	20.2	21.7	32.2	- Europe de l'Est
- Rest of Europe	20.4	17.3	14.2	19.8	23.6	- Autre de l'Europe
Europe former USSR	13.0	10.9	10.5	8.9	9.1	Europe ancienne URSS
Oceania	71.7	65.3	56.9	55.4	53.9	Océanie
Malaysia	885.6	731.7	646.0	944.1	1297.0	Malaisie
Germany	399.0	328.6	336.3	442.7	502.5	Allemagne
Netherlands	385.7	318.0	316.8	389.8	464.6	Pays-Bas
United States	234.4	228.7	213.1	314.5	296.5	Etats-Unis d'Amérique
Israel	0.2	0.0	0.0	508.4	560.5	Israël
Belgium	127.7	187.0	210.1	218.4	254.4	Belgique
Indonesia	148.8	120.0	100.1	129.7	126.5	Indonésie
Sweden	60.4	61.8	65.7	115.6	164.8	Suède
United Kingdom	85.5	69.5	69.3	76.7	92.7	Royaume-Uni
Canada	80.7	69.4	65.4	68.3	78.1	Canada
Denmark	95.1	66.0	56.8	58.3	75.3	Danemark
Brazil	75.2	78.7	69.8	60.8	64.6	Brésil
Singapore	80.7	67.9	61.2	67.1	68.2	Singapour
Italy-San Marino-Holy See	64.3	62.6	59.8	68.7	83.5	Italie-Saint-Marin-Saint-Siège
France-Monaco	52.5	52.4	41.1	50.7	76.3	France-Monaco
Jordan	55.6	11.1	58.0	92.5	49.1	Jordanie
Spain	47.7	44.1	43.2	57.1	70.5	Espagne
Argentina	20.0	35.7	64.5	77.9	45.5	Argentine
India	36.0	34.1	31.6	50.1	81.0	Inde
Thailand	35.8	32.1	25.5	e46.6	54.4	Thaïlande
Japan	32.1	32.7	31.6	29.1	28.0	Japon
Australia	32.1	28.1	25.4	30.4	33.2	Australie
New Zealand	34.5	30.7	31.4	25.0	20.7	Nouvelle-Zélande
Pakistan	19.6	22.8	12.9	17.2	66.2	Pakistan
Turkey	40.8	26.1	14.7	18.1	24.2	Turquie
Finland	29.7	18.5	19.8	19.6	32.0	Finlande
Philippines	11.6	11.0	13.6	22.2	29.9	Philippines
Egypt	26.7	19.9	12.1	8.0	11.6	Egypte
Nepal	49.0				e23.4	Népal
China	18.3	11.7	8.9	10.0	19.8	Chine

(Value as percentages of World total)   **(Valeur en pourcentage du total mondial)**

Regions of the world	1994	1995	1996	1997	1998	1999	2000	2001	2002	2003	Régions du monde
World	100.0	100.0	100.0	100.0	100.0	100.0	100.0	100.0	100.0	100.0	Monde
Africa	0.6	0.6	1.1	1.5	0.9	1.5	1.4	1.0	0.7	0.8	Afrique
Americas	9.0	10.1	11.4	13.1	12.4	13.0	15.0	16.2	13.4	10.7	Amériques
- Northern America	5.9	5.8	6.7	8.1	8.4	9.1	9.9	9.6	9.0	7.4	- Amérique du Nord
- LAIA	2.9	4.1	4.5	4.6	3.5	3.5	4.7	6.0	4.0	2.8	- ALAI
- CACM	0.2	0.2	0.3	0.4	0.6	0.5	0.5	0.6	0.4	0.5	- MCC
- Caribbean	0.0	0.0	0.0	0.0	0.0	0.0	0.0	0.0	0.0	0.0	- Caraïbes
- Rest of America	0.0	0.0	0.0	0.0	0.0	0.0	0.0	0.0	0.0	0.0	- Autre d'Amérique
Asia excluding former USSR	48.2	50.6	46.8	41.6	43.6	42.2	38.9	36.7	47.4	49.3	Asie ancienne URSS exclus
- Middle East	5.4	7.6	8.4	6.6	5.0	3.1	2.2	3.4	3.4	2.0	- Moyen-Orient
Asia former USSR	0.1	0.1	0.2	0.0	0.0	0.1	0.1	0.1	0.1	0.4	Asie ancienne URSS
Europe excluding former USSR	40.1	36.8	38.5	41.4	41.0	40.8	42.1	43.8	36.9	37.5	Europe ancienne URSS exclus
- European Union	38.5	35.7	37.2	39.8	39.3	39.4	40.7	42.6	35.9	36.4	- Union Européenne
- Eastern Europe	1.1	0.8	0.9	1.0	1.1	0.8	0.8	0.7	0.5	0.6	- Europe de l'Est
- Rest of Europe	0.4	0.4	0.5	0.6	0.6	0.6	0.6	0.5	0.5	0.5	- Autre de l'Europe
Europe former USSR	0.3	0.3	0.2	0.2	0.3	0.4	0.4	0.4	0.2	0.2	Europe ancienne URSS
Oceania	1.7	1.6	1.8	2.1	1.7	2.1	2.2	2.0	1.3	1.1	Océanie

511 Hydrocarbons, nes, and derivatives

TRADE BY COMMODITY (Value in million US dollars)
Imports by principal countries or areas

COMMERCE PAR PRODUIT (Valeur en millions de dollars EU)
Importations selon les principaux pays ou zones

Country or area	1999	2000	2001	2002	2003	Pays ou zone
World	18250.7	26470.7	21978.8	23451.2	31534.5	Monde
Africa	202.7	269.8	259.8	253.2	281.4	Afrique
Americas	3059.5	4609.8	3951.2	3838.0	4788.9	Amériques
- Northern America	1650.3	2501.0	2212.2	2086.6	2591.8	- Amérique du Nord
- LAIA	1348.0	2050.0	1672.3	1677.3	2117.3	- ALAI
- CACM	29.7	29.6	34.9	43.1	48.7	- MCC
- Caribbean	25.6	24.5	25.9	25.9	27.1	- Caraïbes
- Rest of America	5.9	4.7	6.1	5.2	4.0	- Autre d'Amérique
Asia excluding former USSR	7177.6	10277.0	8433.2	9438.7	13408.3	Asie ancienne URSS exclus
- Middle East	289.6	461.6	438.5	323.0	401.6	- Moyen-Orient
Asia former USSR	5.5	7.6	4.3	7.5	9.7	Asie ancienne URSS
Europe excluding former USSR	7569.3	11044.8	9110.9	9718.6	12801.0	Europe ancienne URSS exclus
- European Union	6981.5	10239.1	8438.4	9013.2	11941.3	- Union Européenne
- Eastern Europe	361.5	503.6	391.9	424.2	548.1	- Europe de l'Est
- Rest of Europe	226.3	302.1	280.6	281.2	311.5	- Autre de l'Europe
Europe former USSR	154.9	179.0	162.9	128.5	167.0	Europe ancienne URSS
Oceania	81.3	82.7	56.5	66.8	78.3	Océanie
Belgium	1852.0	2597.4	2311.0	2433.0	3510.3	Belgique
China	1215.3	2022.6	1968.3	2387.6	4123.6	Chine
United States	1289.8	2060.0	1811.9	1733.3	2113.7	Etats-Unis d'Amérique
Germany	1128.3	1813.5	1519.4	1496.4	1959.4	Allemagne
Netherlands	946.0	1661.0	1116.7	1481.4	1912.4	Pays-Bas
Korea, Republic of	918.6	1282.3	1076.4	1106.9	1529.1	République de Corée
Mexico	735.2	1193.2	949.4	956.2	1251.3	Mexique
France-Monaco	728.5	1088.1	929.0	933.8	1162.8	France-Monaco
Indonesia	827.8	1113.9	978.6	897.0	984.1	Indonésie
United Kingdom	604.9	785.2	672.2	694.4	826.8	Royaume-Uni
Spain	472.4	767.4	638.0	705.7	966.7	Espagne
India	539.1	520.7	477.4	486.9	788.9	Inde
Japan	444.6	587.9	491.8	521.3	656.5	Japon
Italy-San Marino-Holy See	477.4	548.0	472.8	484.8	566.0	Italie-Saint-Marin-Saint-Siège
Malaysia	320.9	502.4	425.1	437.6	492.9	Malaisie
Canada	360.2	440.9	400.0	352.9	477.8	Canada
Thailand	283.9	430.6	262.2	e406.4	476.5	Thaïlande
Sweden	321.6	350.6	210.8	214.5	297.6	Suède
Colombia	197.6	309.6	236.9	281.3	362.8	Colombie
China, Hong Kong SAR	222.2	317.0	222.7	260.7	290.2	Chine - RAS de Hong-Kong
Brazil	212.7	270.5	252.1	267.3	300.1	Brésil
Singapore	123.5	203.2	207.9	243.0	449.3	Singapour
Finland	155.4	272.0	238.0	238.7	298.8	Finlande
Turkey	169.7	266.0	227.8	156.9	168.3	Turquie
Pakistan	109.6	175.2	180.1	176.6	282.6	Pakistan
Poland	143.9	199.9	173.4	167.0	221.3	Pologne
Philippines	147.7	185.5	159.3	162.5	193.8	Philippines
Hungary	107.1	156.3	94.5	103.4	169.2	Hongrie
Portugal	87.9	112.6	109.4	117.6	e120.2	Portugal
Austria	83.9	113.3	95.8	98.1	122.6	Autriche

(Value as percentages of World total)

(Valeur en pourcentage du total mondial)

Regions of the world	1994	1995	1996	1997	1998	1999	2000	2001	2002	2003	Régions du monde
World	100.0	100.0	100.0	100.0	100.0	100.0	100.0	100.0	100.0	100.0	Monde
Africa	1.1	0.9	1.1	1.1	1.3	1.1	1.0	1.2	1.1	0.9	Afrique
Americas	14.8	14.2	15.3	15.2	16.6	16.8	17.4	18.0	16.4	15.2	Amériques
- Northern America	9.0	7.9	8.8	8.1	8.9	9.0	9.4	10.1	8.9	8.2	- Amérique du Nord
- LAIA	5.6	6.0	6.1	6.7	7.3	7.4	7.7	7.6	7.2	6.7	- ALAI
- CACM	0.1	0.1	0.2	0.2	0.2	0.2	0.1	0.2	0.2	0.2	- MCC
- Caribbean	0.1	0.1	0.1	0.1	0.2	0.1	0.1	0.1	0.1	0.1	- Caraïbes
- Rest of America	0.0	0.0	0.0	0.0	0.0	0.0	0.0	0.0	0.0	0.0	- Autre d'Amérique
Asia excluding former USSR	37.8	42.1	41.0	38.7	34.2	39.3	38.8	38.4	40.2	42.5	Asie ancienne URSS exclus
- Middle East	1.6	1.7	1.7	1.7	1.7	1.6	1.7	2.0	1.4	1.3	- Moyen-Orient
Asia former USSR	0.1	0.2	0.1	0.0	0.1	0.0	0.0	0.0	0.0	0.0	Asie ancienne URSS
Europe excluding former USSR	44.8	41.6	40.9	43.6	46.5	41.5	41.7	41.5	41.4	40.6	Europe ancienne URSS exclus
- European Union	40.9	37.4	37.6	40.1	43.0	38.3	38.7	38.4	38.4	37.9	- Union Européenne
- Eastern Europe	2.4	2.9	2.1	2.4	2.1	2.0	1.9	1.8	1.8	1.7	- Europe de l'Est
- Rest of Europe	1.4	1.4	1.3	1.2	1.4	1.2	1.1	1.3	1.2	1.0	- Autre de l'Europe
Europe former USSR	0.4	0.4	0.8	0.7	0.8	0.8	0.7	0.7	0.5	0.5	Europe ancienne URSS
Oceania	1.0	0.7	0.7	0.7	0.4	0.4	0.3	0.3	0.3	0.2	Océanie

Hydrocarbures, n.d.a. et leurs dérivés halogénés, sulfonés, nitrés et nitrosés 511

TRADE BY COMMODITY (Value in million US dollars)
Exports by principal countries or areas

COMMERCE PAR PRODUIT (Valeur en millions de dollars EU)
Exportations selon les principaux pays ou zones

Country or area	1999	2000	2001	2002	2003	Pays ou zone
World	16648.6	23268.0	19749.0	21978.4	29203.6	Monde
Africa	187.5	348.5	271.6	196.6	280.3	Afrique
Americas	4110.9	5792.1	4209.0	4647.6	6174.2	Amériques
- Northern America	3669.3	5119.7	3781.4	4185.2	5543.2	- Amérique du Nord
- LAIA	434.0	663.9	420.3	454.7	618.1	- ALAI
- CACM	1.6	1.9	2.0	3.6	5.2	- MCC
- Caribbean	6.0	6.6	5.3	4.0	6.4	- Caraïbes
- Rest of America	0.0	0.0	0.0	0.0	1.3	- Autre d'Amérique
Asia excluding former USSR	5697.3	8235.6	6951.3	8169.5	11221.4	Asie ancienne URSS exclus
- Middle East	614.2	863.5	988.2	1068.7	1262.1	- Moyen-Orient
Asia former USSR	6.4	12.9	2.2	4.2	5.4	Asie ancienne URSS
Europe excluding former USSR	6346.0	8397.7	7895.9	8504.7	10950.0	Europe ancienne URSS exclus
- European Union	5979.4	7975.2	7499.2	8132.7	10549.8	- Union Européenne
- Eastern Europe	298.4	329.8	304.7	296.7	311.8	- Europe de l'Est
- Rest of Europe	68.1	92.7	92.0	75.3	88.3	- Autre de l'Europe
Europe former USSR	281.1	473.1	417.1	452.6	568.5	Europe ancienne URSS
Oceania	19.5	8.1	1.9	3.3	3.8	Océanie
United States	2959.1	4002.6	2808.8	3183.7	4393.8	Etats-Unis d'Amérique
Japan	2044.8	2697.3	2401.5	2565.5	3498.9	Japon
Netherlands	1672.5	2263.6	2323.9	2859.1	3560.1	Pays-Bas
Korea, Republic of	1572.3	2424.5	1741.5	2019.2	2750.6	République de Corée
Germany	1149.6	1494.9	1357.1	1267.8	1786.3	Allemagne
United Kingdom	1028.2	1334.3	1363.7	1208.8	1648.4	Royaume-Uni
Belgium	810.0	946.0	911.4	1062.3	1428.8	Belgique
Canada	710.1	1117.1	971.9	1001.2	1149.2	Canada
Saudi Arabia	511.3	725.7	822.2	899.4	e987.1	Arabie saoudite
France-Monaco	533.1	763.8	561.1	610.3	623.2	France-Monaco
Singapore	356.6	399.6	337.0	486.0	872.2	Singapour
Italy-San Marino-Holy See	295.0	535.3	437.8	482.5	537.3	Italie-Saint-Marin-Saint-Siège
Thailand	240.5	498.1	302.2	e488.6	570.7	Thaïlande
Russian Federation	223.8	391.2	313.4	315.2	386.8	Fédération de Russie
China	188.4	235.8	276.0	355.5	519.6	Chine
Spain	197.7	288.6	286.8	297.8	503.6	Espagne
Brazil	261.5	375.2	188.7	197.3	294.4	Brésil
Malaysia	61.4	179.7	226.4	326.6	370.3	Malaisie
Israel	207.8	269.8	196.6	211.0	257.8	Israël
India	161.8	158.8	117.5	210.9	465.4	Inde
Portugal	161.1	222.9	153.8	207.3	e240.4	Portugal
Indonesia	128.6	275.1	138.8	181.7	214.8	Indonésie
Czech Republic	181.1	183.0	188.7	148.6	137.4	République tchèque
Iran (Islamic Republic of)	62.9	89.3	122.0	108.0	191.7	Iran (République islamique d')
South Africa	–	149.4	125.8	117.3	148.5	Afrique du Sud
Ukraine	48.9	71.0	99.3	134.0	e172.5	Ukraine
Argentina	68.3	83.9	90.6	100.9	159.6	Argentine
Mexico	71.7	141.4	87.1	73.2	100.3	Mexique
Libyan Arab Jamahiriya	e55.5	e144.5	e94.9	e49.2	e112.0	Jamahiriya arabe libyenne
Sweden	49.0	63.2	54.8	69.6	110.3	Suède

(Value as percentages of World total)

(Valeur en pourcentage du total mondial)

Regions of the world	1994	1995	1996	1997	1998	1999	2000	2001	2002	2003	Régions du monde
World	100.0	100.0	100.0	100.0	100.0	100.0	100.0	100.0	100.0	100.0	Monde
Africa	0.7	1.1	1.0	1.3	1.1	1.1	1.5	1.4	0.9	1.0	Afrique
Americas	23.1	24.8	21.1	24.3	22.9	24.7	24.9	21.3	21.1	21.1	Amériques
- Northern America	20.3	22.2	18.9	21.6	20.2	22.0	22.0	19.1	19.0	19.0	- Amérique du Nord
- LAIA	2.8	2.5	2.0	2.5	2.6	2.6	2.9	2.1	2.1	2.1	- ALAI
- CACM	0.0	0.0	0.0	0.0	0.0	0.0	0.0	0.0	0.0	0.0	- MCC
- Caribbean	0.0	0.1	0.1	0.1	0.1	0.0	0.0	0.0	0.0	0.0	- Caraïbes
- Rest of America	0.0	0.0	0.0	0.0	0.0	0.0	0.0	0.0	0.0	0.0	- Autre d'Amérique
Asia excluding former USSR	21.8	28.2	24.3	30.7	31.1	34.2	35.4	35.2	37.2	38.4	Asie ancienne URSS exclus
- Middle East	3.1	3.4	3.5	3.6	4.4	3.7	3.7	5.0	4.9	4.3	- Moyen-Orient
Asia former USSR	0.0	0.0	0.0	0.0	0.1	0.0	0.1	0.0	0.0	0.0	Asie ancienne URSS
Europe excluding former USSR	52.4	43.7	51.5	41.5	42.6	38.1	36.1	40.0	38.7	37.5	Europe ancienne URSS exclus
- European Union	50.4	41.7	49.7	39.5	40.2	35.9	34.3	38.0	37.0	36.1	- Union Européenne
- Eastern Europe	1.6	1.7	1.6	1.7	1.9	1.8	1.4	1.5	1.3	1.1	- Europe de l'Est
- Rest of Europe	0.3	0.3	0.2	0.3	0.5	0.4	0.4	0.5	0.3	0.3	- Autre de l'Europe
Europe former USSR	2.0	2.1	2.0	2.1	1.9	1.7	2.0	2.1	2.1	1.9	Europe ancienne URSS
Oceania	0.1	0.1	0.1	0.2	0.1	0.1	0.0	0.0	0.0	0.0	Océanie

512 Alcohols, phenols etc, and their derivatives

TRADE BY COMMODITY (Value in million US dollars)
Imports by principal countries or areas

COMMERCE PAR PRODUIT (Valeur en millions de dollars EU)
Importations selon les principaux pays ou zones

Country or area	1999	2000	2001	2002	2003	Pays ou zone
World	13654.0	16563.9	16898.3	16903.7	21945.5	Monde
Africa	175.1	180.3	198.3	219.3	241.0	Afrique
Americas	2486.7	3171.1	3490.7	3143.5	3754.8	Amériques
- Northern America	1682.3	2146.0	2467.1	2200.7	2647.7	- Amérique du Nord
- LAIA	735.5	949.9	956.2	867.9	1017.6	- ALAI
- CACM	35.7	30.8	26.1	32.5	38.4	- MCC
- Caribbean	31.4	42.3	39.2	40.6	49.5	- Caraïbes
- Rest of America	1.8	2.1	2.1	1.8	1.7	- Autre d'Amérique
Asia excluding former USSR	5446.8	6996.4	7120.2	7483.1	10131.3	Asie ancienne URSS exclus
- Middle East	220.0	273.4	257.7	263.4	374.4	- Moyen-Orient
Asia former USSR	17.8	19.9	19.1	17.0	22.0	Asie ancienne URSS
Europe excluding former USSR	5358.6	5996.5	5870.7	5836.3	7552.4	Europe ancienne URSS exclus
- European Union	4873.7	5451.4	5329.9	5269.5	6837.1	- Union Européenne
- Eastern Europe	186.9	260.5	256.7	267.7	358.0	- Europe de l'Est
- Rest of Europe	297.9	284.6	284.2	299.1	357.4	- Autre de l'Europe
Europe former USSR	82.6	104.5	108.9	108.0	133.9	Europe ancienne URSS
Oceania	86.4	95.2	90.3	96.6	110.1	Océanie
China	1029.8	1603.6	1928.2	2304.5	3532.5	Chine
United States	1407.2	1840.4	2129.5	1872.8	2206.9	Etats-Unis d'Amérique
Korea, Republic of	796.4	1038.4	1032.9	1058.9	1363.4	République de Corée
Japan	904.7	1060.4	1092.3	982.4	1238.3	Japon
Germany	775.4	949.2	981.6	954.0	1328.5	Allemagne
Netherlands	733.9	871.8	749.7	674.3	1023.6	Pays-Bas
Belgium	681.7	752.7	734.7	803.6	905.2	Belgique
Italy-San Marino-Holy See	641.8	752.3	746.0	736.2	942.1	Italie-Saint-Marin-Saint-Siège
France-Monaco	609.9	686.0	658.4	628.4	778.5	France-Monaco
United Kingdom	576.2	540.2	572.4	573.3	652.1	Royaume-Uni
Thailand	285.6	424.7	425.4	e553.0	648.3	Thaïlande
Spain	358.0	368.9	397.1	393.3	544.1	Espagne
Singapore	262.5	323.2	426.5	424.2	508.7	Singapour
Canada	275.1	305.5	337.4	326.3	439.8	Canada
Indonesia	278.6	402.9	352.8	299.5	328.0	Indonésie
Mexico	261.5	338.6	322.6	330.4	382.0	Mexique
Brazil	231.6	323.1	340.5	286.7	333.1	Brésil
India	194.1	156.1	215.7	259.5	410.7	Inde
Malaysia	188.3	286.2	276.6	215.6	246.5	Malaisie
Switzerland-Liechtenstein	226.1	209.6	213.0	221.1	265.4	Suisse-Liechtenstein
Turkey	127.0	172.9	140.5	151.7	237.9	Turquie
China, Hong Kong SAR	113.5	138.0	128.7	136.2	146.3	Chine - RAS de Hong-Kong
Pakistan	94.3	119.8	92.7	116.0	237.0	Pakistan
Poland	77.7	109.5	112.4	121.5	174.0	Pologne
Sweden	106.4	119.0	100.0	97.3	140.2	Suède
Argentina	93.7	109.6	111.9	85.7	e131.7	Argentine
Finland	87.9	84.4	77.9	88.7	107.6	Finlande
Austria	62.1	78.8	81.0	79.1	113.3	Autriche
Israel	82.8	97.3	75.6	72.7	76.5	Israël
Australia	71.2	78.0	75.9	82.3	95.3	Australie

(Value as percentages of World total)

(Valeur en pourcentage du total mondial)

Regions of the world	1994	1995	1996	1997	1998	1999	2000	2001	2002	2003	Régions du monde
World	100.0	100.0	100.0	100.0	100.0	100.0	100.0	100.0	100.0	100.0	Monde
Africa	1.2	1.3	1.3	1.4	1.4	1.3	1.1	1.2	1.3	1.1	Afrique
Americas	20.4	18.4	18.7	18.3	18.5	18.2	19.1	20.7	18.6	17.1	Amériques
- Northern America	12.0	10.3	11.3	11.3	12.5	12.3	13.0	14.6	13.0	12.1	- Amérique du Nord
- LAIA	8.1	7.7	6.9	6.6	5.5	5.4	5.7	5.7	5.1	4.6	- ALAI
- CACM	0.2	0.2	0.2	0.2	0.2	0.3	0.2	0.2	0.2	0.2	- MCC
- Caribbean	0.1	0.2	0.2	0.2	0.2	0.2	0.3	0.2	0.2	0.2	- Caraïbes
- Rest of America	0.0	0.0	0.0	0.0	0.0	0.0	0.0	0.0	0.0	0.0	- Autre d'Amérique
Asia excluding former USSR	32.4	36.9	35.4	37.6	35.9	39.9	42.2	42.1	44.3	46.2	Asie ancienne URSS exclus
- Middle East	1.3	1.6	1.7	1.5	1.4	1.6	1.7	1.5	1.6	1.7	- Moyen-Orient
Asia former USSR	0.4	0.3	0.5	0.5	0.2	0.1	0.1	0.1	0.1	0.1	Asie ancienne URSS
Europe excluding former USSR	43.8	41.1	41.9	40.6	42.6	39.2	36.2	34.7	34.5	34.4	Europe ancienne URSS exclus
- European Union	39.6	37.0	37.9	36.9	38.4	35.7	32.9	31.5	31.2	31.2	- Union Européenne
- Eastern Europe	1.9	1.8	1.8	1.7	1.8	1.4	1.6	1.5	1.6	1.6	- Europe de l'Est
- Rest of Europe	2.4	2.3	2.2	2.1	2.4	2.2	1.7	1.7	1.8	1.6	- Autre de l'Europe
Europe former USSR	1.1	1.4	1.6	1.0	0.8	0.6	0.6	0.6	0.6	0.6	Europe ancienne URSS
Oceania	0.7	0.7	0.6	0.6	0.5	0.6	0.6	0.5	0.6	0.5	Océanie

Alcools, phénols, phénols-alcools, et leurs dérivés halogénés, sulfonés, nitrés et nitrosés 512

TRADE BY COMMODITY (Value in million US dollars)
Exports by principal countries or areas

COMMERCE PAR PRODUIT (Valeur en millions de dollars EU)
Exportations selon les principaux pays ou zones

Country or area	1999	2000	2001	2002	2003	Pays ou zone
World	11648.5	13835.4	14212.2	14665.0	18357.6	Monde
Africa	168.2	217.0	271.3	310.9	450.5	Afrique
Americas	2782.0	3544.4	3595.3	3576.6	4615.4	Amériques
- Northern America	2060.0	2465.1	2420.5	2453.2	3087.3	- Amérique du Nord
- LAIA	512.4	733.1	842.7	861.0	1177.1	- ALAI
- CACM	35.2	29.3	29.2	27.5	39.5	- MCC
- Caribbean	171.4	313.8	300.0	231.8	304.9	- Caraïbes
- Rest of America	3.0	3.1	2.9	3.1	6.6	- Autre d'Amérique
Asia excluding former USSR	3379.5	4360.9	4543.2	4856.6	5813.8	Asie ancienne URSS exclus
- Middle East	670.6	1168.8	1256.7	1305.4	1436.6	- Moyen-Orient
Asia former USSR	8.9	7.4	8.9	7.8	9.8	Asie ancienne URSS
Europe excluding former USSR	4982.1	5302.9	5338.4	5457.6	6870.7	Europe ancienne URSS exclus
- European Union	4627.5	4871.0	4964.1	5030.4	6352.1	- Union Européenne
- Eastern Europe	168.3	258.1	206.0	242.2	302.3	- Europe de l'Est
- Rest of Europe	186.4	173.9	168.3	185.0	216.3	- Autre de l'Europe
Europe former USSR	213.1	340.6	340.5	385.3	568.6	Europe ancienne URSS
Oceania	114.6	62.2	114.6	70.2	28.8	Océanie
United States	1667.9	1982.3	1884.6	1929.5	2397.5	Etats-Unis d'Amérique
Germany	1665.2	1683.5	1731.4	1665.4	2041.2	Allemagne
Saudi Arabia	620.1	1097.2	1149.3	1219.8	e1338.8	Arabie saoudite
Belgium	848.9	952.5	836.9	912.2	1126.2	Belgique
Japan	941.0	916.5	787.0	878.7	1046.1	Japon
Netherlands	605.0	728.7	872.2	914.1	1266.2	Pays-Bas
Canada	392.1	482.8	532.8	522.7	689.5	Canada
Malaysia	366.8	447.5	441.1	541.4	662.5	Malaisie
France-Monaco	442.7	480.2	438.0	456.5	528.5	France-Monaco
United Kingdom	460.8	420.2	409.1	415.7	527.6	Royaume-Uni
Singapore	240.3	286.4	392.2	466.6	596.2	Singapour
Russian Federation	191.1	311.2	301.0	341.5	507.7	Fédération de Russie
Chile	148.4	305.7	369.8	313.8	465.0	Chili
China	208.4	260.3	307.0	297.7	406.1	Chine
Korea, Republic of	168.0	273.6	268.6	295.3	328.4	République de Corée
Indonesia	212.9	253.7	258.9	251.9	308.2	Indonésie
Spain	214.2	242.1	224.3	251.5	349.6	Espagne
Trinidad and Tobago	143.4	267.2	257.1	190.5	e239.0	Trinité-et-Tobago
Brazil	154.2	152.3	188.4	261.4	302.0	Brésil
Italy-San Marino-Holy See	183.1	151.1	146.5	184.1	279.3	Italie-Saint-Marin-Saint-Siège
Israel	190.1	190.4	133.3	154.3	150.7	Israël
Switzerland-Liechtenstein	168.3	152.8	144.1	163.9	187.0	Suisse-Liechtenstein
India	111.4	162.0	139.3	126.1	147.4	Inde
Venezuela	75.1	105.6	145.9	150.6	197.5	Venezuela
China, Hong Kong SAR	102.5	147.2	142.6	120.3	156.0	Chine - RAS de Hong-Kong
South Africa	–	114.6	128.2	140.4	198.7	Afrique du Sud
Finland	112.0	116.5	102.6	115.9	128.4	Finlande
Poland	80.1	115.8	76.3	96.1	134.4	Pologne
Libyan Arab Jamahiriya	e55.9	e74.8	e70.6	e98.4	e136.2	Jamahiriya arabe libyenne
Mexico	68.7	90.5	57.8	54.5	78.1	Mexique

(Value as percentages of World total)   **(Valeur en pourcentage du total mondial)**

Regions of the world	1994	1995	1996	1997	1998	1999	2000	2001	2002	2003	Régions du monde
World	100.0	100.0	100.0	100.0	100.0	100.0	100.0	100.0	100.0	100.0	Monde
Africa	3.6	1.3	1.6	1.2	0.9	1.4	1.6	1.9	2.1	2.5	Afrique
Americas	23.3	26.1	24.4	25.1	24.0	23.9	25.6	25.3	24.4	25.1	Amériques
- Northern America	17.6	20.3	18.8	18.9	17.3	17.7	17.8	17.0	16.7	16.8	- Amérique du Nord
- LAIA	5.4	5.4	4.0	4.4	5.0	4.4	5.3	5.9	5.9	6.4	- ALAI
- CACM	0.2	0.2	0.3	0.2	0.3	0.3	0.2	0.2	0.2	0.2	- MCC
- Caribbean	0.0	0.1	1.1	1.5	1.4	1.5	2.3	2.1	1.6	1.7	- Caraïbes
- Rest of America	0.1	0.0	0.1	0.0	0.0	0.0	0.0	0.0	0.0	0.0	- Autre d'Amérique
Asia excluding former USSR	24.6	24.3	25.5	25.9	27.5	29.0	31.5	32.0	33.1	31.7	Asie ancienne URSS exclus
- Middle East	8.4	7.7	7.2	6.8	6.3	5.8	8.4	8.8	8.9	7.8	- Moyen-Orient
Asia former USSR	0.4	0.3	0.4	0.4	0.1	0.1	0.1	0.1	0.1	0.1	Asie ancienne URSS
Europe excluding former USSR	41.7	42.3	42.7	42.4	44.5	42.8	38.3	37.6	37.2	37.4	Europe ancienne URSS exclus
- European Union	37.9	38.4	39.0	39.1	41.3	39.7	35.2	34.9	34.3	34.6	- Union Européenne
- Eastern Europe	2.3	2.4	2.2	2.1	1.7	1.4	1.9	1.4	1.7	1.6	- Europe de l'Est
- Rest of Europe	1.5	1.4	1.5	1.3	1.5	1.6	1.3	1.2	1.3	1.2	- Autre de l'Europe
Europe former USSR	4.1	3.7	3.7	2.8	1.6	1.8	2.5	2.4	2.6	3.1	Europe ancienne URSS
Oceania	2.3	2.1	1.9	2.2	1.4	1.0	0.4	0.8	0.5	0.2	Océanie

513 Carboxylic acids, and their derivatives

TRADE BY COMMODITY (Value in million US dollars)
Imports by principal countries or areas

COMMERCE PAR PRODUIT (Valeur en millions de dollars EU)
Importations selon les principaux pays ou zones

Country or area	1999	2000	2001	2002	2003	Pays ou zone
World	17634.8	20146.4	20558.5	21937.6	25622.8	Monde
Africa	287.2	298.0	322.0	347.6	389.0	Afrique
Americas	3700.8	4262.4	4563.9	4460.0	4946.5	Amériques
- Northern America	2431.3	2855.9	3104.8	3111.4	3392.8	- Amérique du Nord
- LAIA	1213.8	1348.5	1402.6	1281.0	1482.7	- ALAI
- CACM	37.9	38.3	41.3	50.1	53.8	- MCC
- Caribbean	14.2	15.9	11.8	14.2	13.4	- Caraïbes
- Rest of America	3.5	3.8	3.4	3.3	3.9	- Autre d'Amérique
Asia excluding former USSR	5087.1	6467.7	6329.7	7322.6	8768.5	Asie ancienne URSS exclus
- Middle East	439.3	522.1	456.5	552.8	734.0	- Moyen-Orient
Asia former USSR	12.5	12.4	12.0	8.3	10.5	Asie ancienne URSS
Europe excluding former USSR	8191.9	8721.4	8989.7	9465.5	11152.3	Europe ancienne URSS exclus
- European Union	7500.8	7971.6	8170.2	8593.0	10156.7	- Union Européenne
- Eastern Europe	250.6	262.5	280.9	307.1	362.6	- Europe de l'Est
- Rest of Europe	440.5	487.3	538.6	565.4	632.9	- Autre de l'Europe
Europe former USSR	80.0	104.0	91.9	94.8	134.0	Europe ancienne URSS
Oceania	275.3	280.6	249.4	238.8	221.9	Océanie
China	1402.5	2233.6	2471.4	3472.8	4356.7	Chine
United States	1945.7	2362.2	2607.7	2601.9	2833.2	Etats-Unis d'Amérique
Belgium	1046.8	1124.6	1473.1	1590.9	2021.3	Belgique
Germany	1185.0	1312.4	1435.5	1507.8	1804.9	Allemagne
Italy-San Marino-Holy See	1062.9	1152.4	1145.7	1142.1	1283.5	Italie-Saint-Marin-Saint-Siège
France-Monaco	1011.2	1035.2	952.9	1101.3	1314.7	France-Monaco
United Kingdom	944.6	929.7	791.0	766.2	902.9	Royaume-Uni
Netherlands	792.3	881.8	847.9	785.2	929.6	Pays-Bas
Japan	604.2	710.8	648.8	625.7	736.8	Japon
Spain	613.2	579.1	585.6	665.6	755.7	Espagne
Canada	485.5	492.5	496.9	509.4	559.4	Canada
Mexico	393.9	434.2	460.3	461.8	534.9	Mexique
Korea, Republic of	399.4	485.1	423.1	437.5	473.5	République de Corée
Switzerland-Liechtenstein	335.4	372.5	413.2	431.6	483.2	Suisse-Liechtenstein
Turkey	277.5	367.5	299.4	389.7	513.3	Turquie
Brazil	358.6	387.0	378.6	332.4	347.7	Brésil
Ireland	284.1	347.1	270.6	333.6	327.4	Irlande
Thailand	238.6	262.7	284.2	e292.2	342.5	Thaïlande
Singapore	296.7	266.9	257.2	222.4	266.7	Singapour
China, Hong Kong SAR	300.0	319.2	242.3	181.9	153.4	Chine - RAS de Hong-Kong
Indonesia	209.6	283.3	229.5	226.8	201.7	Indonésie
Argentina	194.0	204.6	233.8	201.2	e309.1	Argentine
Australia	246.9	248.6	219.3	208.5	192.1	Australie
Malaysia	153.2	264.7	246.2	195.5	193.2	Malaisie
India	159.9	127.7	180.4	213.4	327.0	Inde
Pakistan	133.2	130.5	158.1	150.5	178.2	Pakistan
Sweden	120.6	140.2	148.5	141.6	169.2	Suède
Colombia	107.9	133.6	139.0	122.7	133.6	Colombie
South Africa	–	135.0	137.0	151.0	194.2	Afrique du Sud
Austria	107.8	106.1	111.4	115.8	139.9	Autriche

(Value as percentages of World total)

(Valeur en pourcentage du total mondial)

Regions of the world	1994	1995	1996	1997	1998	1999	2000	2001	2002	2003	Régions du monde
World	100.0	100.0	100.0	100.0	100.0	100.0	100.0	100.0	100.0	100.0	Monde
Africa	2.0	2.1	2.0	1.8	1.9	1.6	1.5	1.6	1.6	1.5	Afrique
Americas	17.8	16.2	18.4	20.1	20.6	21.0	21.2	22.2	20.3	19.3	Amériques
- Northern America	11.5	10.2	12.2	12.9	13.2	13.8	14.2	15.1	14.2	13.2	- Amérique du Nord
- LAIA	5.8	5.7	5.9	6.7	7.1	6.9	6.7	6.8	5.8	5.8	- ALAI
- CACM	0.2	0.2	0.2	0.2	0.2	0.2	0.2	0.2	0.2	0.2	- MCC
- Caribbean	0.1	0.1	0.1	0.2	0.1	0.1	0.1	0.1	0.1	0.1	- Caraïbes
- Rest of America	0.0	0.0	0.0	0.0	0.0	0.0	0.0	0.0	0.0	0.0	- Autre d'Amérique
Asia excluding former USSR	30.1	32.8	30.8	29.4	26.1	28.8	32.1	30.8	33.4	34.2	Asie ancienne URSS exclus
- Middle East	1.9	2.4	2.6	2.7	2.4	2.5	2.6	2.2	2.5	2.9	- Moyen-Orient
Asia former USSR	0.0	0.0	0.1	0.1	0.1	0.1	0.1	0.1	0.0	0.0	Asie ancienne URSS
Europe excluding former USSR	48.2	47.1	46.6	46.5	49.3	46.5	43.3	43.7	43.1	43.5	Europe ancienne URSS exclus
- European Union	43.5	42.7	41.8	42.4	44.2	42.5	39.6	39.7	39.2	39.6	- Union Européenne
- Eastern Europe	1.4	1.4	1.5	1.6	1.6	1.4	1.3	1.4	1.4	1.4	- Europe de l'Est
- Rest of Europe	3.2	3.0	3.3	2.6	3.5	2.5	2.4	2.6	2.6	2.5	- Autre de l'Europe
Europe former USSR	0.5	0.5	0.6	0.6	0.6	0.5	0.5	0.4	0.4	0.5	Europe ancienne URSS
Oceania	1.4	1.3	1.5	1.6	1.5	1.6	1.4	1.2	1.1	0.9	Océanie

Acides carboxyliques, leurs anhydrides, halogénures, peroxides et peracides; leurs dérivés 513

TRADE BY COMMODITY (Value in million US dollars)
Exports by principal countries or areas

COMMERCE PAR PRODUIT (Valeur en millions de dollars EU)
Exportations selon les principaux pays ou zones

Country or area	1999	2000	2001	2002	2003	Pays ou zone
World	14570.6	16628.6	16502.6	17918.8	22155.0	Monde
Africa	24.4	16.7	23.8	28.3	51.3	Afrique
Americas	3017.1	3478.7	3172.5	3417.9	3847.1	Amériques
- Northern America	2427.4	2767.3	2522.2	2727.3	3031.6	- Amérique du Nord
- LAIA	587.3	709.5	647.3	684.8	808.1	- ALAI
- CACM	1.8	1.5	2.6	5.3	6.6	- MCC
- Caribbean	0.6	0.3	0.3	0.3	0.8	- Caraïbes
- Rest of America	0.0	0.0	0.1	0.1	0.0	- Autre d'Amérique
Asia excluding former USSR	4833.2	6040.7	6148.9	7179.1	8444.8	Asie ancienne URSS exclus
- Middle East	12.4	26.9	49.4	73.2	70.3	- Moyen-Orient
Asia former USSR	3.0	3.7	0.8	1.5	1.6	Asie ancienne URSS
Europe excluding former USSR	6532.2	6885.1	6952.4	7088.5	9537.8	Europe ancienne URSS exclus
- European Union	5889.4	6252.3	6332.5	6431.4	8776.3	- Union Européenne
- Eastern Europe	187.1	209.1	218.1	239.4	285.2	- Europe de l'Est
- Rest of Europe	455.7	423.7	401.8	417.7	476.2	- Autre de l'Europe
Europe former USSR	119.2	185.3	175.0	178.1	244.9	Europe ancienne URSS
Oceania	41.4	18.5	29.3	25.5	27.5	Océanie
United States	2267.0	2589.1	2354.7	2594.0	2855.0	Etats-Unis d'Amérique
Japan	1794.6	1941.7	1762.7	1958.5	2271.9	Japon
Germany	1512.7	1722.8	1656.5	1695.0	2028.7	Allemagne
Belgium	1087.0	1341.4	1112.9	1335.2	2180.7	Belgique
Korea, Republic of	811.1	1140.7	1148.8	1280.3	1574.5	République de Corée
Netherlands	805.8	870.8	1133.5	1071.8	1323.1	Pays-Bas
United Kingdom	791.3	671.4	804.0	741.8	996.8	Royaume-Uni
China	549.2	650.0	670.5	747.2	956.5	Chine
France-Monaco	673.3	629.6	628.8	603.4	650.8	France-Monaco
Singapore	330.1	423.0	511.1	537.6	590.2	Singapour
Italy-San Marino-Holy See	457.2	449.0	447.6	421.0	462.5	Italie-Saint-Marin-Saint-Siège
Mexico	376.8	461.6	417.3	435.7	544.7	Mexique
Malaysia	169.2	278.6	455.9	551.4	636.4	Malaisie
Switzerland-Liechtenstein	407.9	366.5	358.3	378.2	433.8	Suisse-Liechtenstein
Indonesia	259.1	297.3	290.4	347.2	357.0	Indonésie
Spain	274.2	302.5	282.2	281.5	400.9	Espagne
China, Hong Kong SAR	288.7	308.5	230.6	166.4	143.8	Chine - RAS de Hong-Kong
India	106.4	225.7	171.0	260.1	211.3	Inde
Thailand	127.5	164.9	137.0	e249.6	291.6	Thaïlande
Ireland	99.0	95.7	108.4	135.1	513.7	Irlande
Canada	160.5	177.6	167.5	133.3	176.6	Canada
Brazil	95.3	122.8	117.2	139.4	147.9	Brésil
Czech Republic	100.9	107.5	96.7	104.8	111.8	République tchèque
Israel	81.4	74.6	81.0	97.1	98.9	Israël
Russian Federation	37.1	82.0	88.5	86.4	115.5	Fédération de Russie
Ukraine	56.8	81.2	69.0	73.3	e94.4	Ukraine
Sweden	79.2	61.6	51.5	46.8	49.5	Suède
Argentina	55.3	55.2	48.6	50.4	54.6	Argentine
Hungary	40.6	34.2	44.0	54.6	85.1	Hongrie
Poland	24.1	42.1	55.1	55.1	65.8	Pologne

(Value as percentages of World total)

(Valeur en pourcentage du total mondial)

Regions of the world	1994	1995	1996	1997	1998	1999	2000	2001	2002	2003	Régions du monde
World	100.0	100.0	100.0	100.0	100.0	100.0	100.0	100.0	100.0	100.0	Monde
Africa	0.1	0.1	0.1	0.1	0.1	0.2	0.1	0.1	0.2	0.2	Afrique
Americas	20.8	22.0	18.4	20.6	20.1	20.7	20.9	19.2	19.1	17.4	Amériques
- Northern America	16.3	16.3	14.1	16.4	16.3	16.7	16.6	15.3	15.2	13.7	- Amérique du Nord
- LAIA	4.5	5.8	4.3	4.2	3.8	4.0	4.3	3.9	3.8	3.6	- ALAI
- CACM	0.0	0.0	0.0	0.0	0.0	0.0	0.0	0.0	0.0	0.0	- MCC
- Caribbean	0.1	0.0	0.0	0.0	0.0	0.0	0.0	0.0	0.0	0.0	- Caraïbes
- Rest of America	0.0	0.0	0.0	0.0	0.0	0.0	0.0	0.0	0.0	0.0	- Autre d'Amérique
Asia excluding former USSR	25.5	31.3	31.4	30.7	30.2	33.2	36.3	37.3	40.1	38.1	Asie ancienne URSS exclus
- Middle East	0.1	0.2	0.1	0.1	0.1	0.1	0.2	0.3	0.4	0.3	- Moyen-Orient
Asia former USSR	0.1	0.1	0.1	0.0	0.0	0.0	0.0	0.0	0.0	0.0	Asie ancienne URSS
Europe excluding former USSR	52.7	45.8	49.2	47.7	48.7	44.8	41.4	42.1	39.6	43.1	Europe ancienne URSS exclus
- European Union	48.3	41.5	44.8	43.7	44.3	40.4	37.6	38.4	35.9	39.6	- Union Européenne
- Eastern Europe	1.2	1.6	1.4	1.4	1.4	1.3	1.3	1.3	1.3	1.3	- Europe de l'Est
- Rest of Europe	3.2	2.7	3.0	2.5	3.1	3.1	2.5	2.4	2.3	2.1	- Autre de l'Europe
Europe former USSR	0.7	0.7	0.8	1.0	0.8	0.8	1.1	1.1	1.0	1.1	Europe ancienne URSS
Oceania	0.0	0.0	0.1	0.0	0.1	0.3	0.1	0.2	0.1	0.1	Océanie

514 Nitrogen-function compounds

Country or area	1999	2000	2001	2002	2003	Pays ou zone
World	39793.4	41727.1	45952.6	41181.7	46611.0	Monde
Africa	453.1	456.4	510.5	522.0	524.4	Afrique
Americas	9843.2	13467.1	13289.6	11526.0	12133.7	Amériques
- Northern America	7671.4	11267.0	11001.1	9433.4	9888.9	- Amérique du Nord
- LAIA	2106.6	2134.2	2216.8	2018.6	2169.5	- ALAI
- CACM	40.9	45.9	51.2	54.1	54.8	- MCC
- Caribbean	16.5	12.7	13.3	12.9	13.0	- Caraïbes
- Rest of America	7.8	7.4	7.2	7.0	7.5	- Autre d'Amérique
Asia excluding former USSR	6773.5	7922.9	7434.7	7941.8	9458.9	Asie ancienne URSS exclus
- Middle East	587.3	694.2	548.6	640.6	807.3	- Moyen-Orient
Asia former USSR	14.1	17.3	13.1	13.2	14.2	Asie ancienne URSS
Europe excluding former USSR	22016.1	19267.2	24113.2	20582.5	23746.8	Europe ancienne URSS exclus
- European Union	20445.2	17343.1	21012.1	17183.8	20060.1	- Union Européenne
- Eastern Europe	373.5	419.0	459.6	649.0	641.6	- Europe de l'Est
- Rest of Europe	1197.4	1505.1	2641.6	2749.8	3045.0	- Autre de l'Europe
Europe former USSR	147.5	157.8	169.1	177.2	241.0	Europe ancienne URSS
Oceania	545.9	438.5	422.4	418.9	492.0	Océanie
United States	6841.3	10396.8	9970.3	8379.3	8778.6	Etats-Unis d'Amérique
Germany	8794.1	5666.7	9027.5	3133.9	3869.1	Allemagne
Belgium	1843.4	2264.3	2462.3	3515.7	3476.1	Belgique
France-Monaco	2043.6	2267.4	2473.3	2874.5	3485.5	France-Monaco
Japan	1997.9	2360.6	2262.6	2408.4	2845.5	Japon
United Kingdom	2366.9	2035.1	2091.6	2027.8	2193.2	Royaume-Uni
Switzerland-Liechtenstein	979.9	1283.8	2397.4	2491.3	2757.0	Suisse-Liechtenstein
Italy-San Marino-Holy See	1964.3	1735.3	1705.2	1837.6	1984.3	Italie-Saint-Marin-Saint-Siège
Spain	1108.2	1098.5	1153.0	1520.3	1936.6	Espagne
China	900.9	1186.4	1170.3	1391.3	1729.6	Chine
Canada	829.6	868.7	1026.7	1049.9	1104.6	Canada
Netherlands	915.1	909.4	835.0	803.5	1077.6	Pays-Bas
Brazil	929.5	914.1	953.2	820.0	824.5	Brésil
Korea, Republic of	641.5	736.6	714.2	801.3	790.7	République de Corée
Ireland	567.1	630.1	491.8	647.3	995.9	Irlande
Mexico	554.1	583.3	615.6	646.5	687.1	Mexique
China, Hong Kong SAR	406.0	480.8	420.5	340.1	521.0	Chine - RAS de Hong-Kong
Turkey	404.2	506.0	332.5	401.6	502.1	Turquie
Australia	508.4	400.2	382.2	378.2	445.4	Australie
India	267.6	233.1	300.2	348.4	460.1	Inde
Thailand	254.8	315.2	300.7	e289.7	339.6	Thaïlande
Sweden	295.3	212.7	235.9	248.5	340.0	Suède
Singapore	272.0	242.1	231.8	237.5	316.3	Singapour
Israel	194.9	219.5	241.2	264.3	361.1	Israël
Argentina	273.4	254.7	244.7	181.3	e278.6	Argentine
Indonesia	189.4	230.9	219.9	212.1	196.2	Indonésie
Poland	142.0	173.4	192.1	215.2	280.4	Pologne
Malaysia	153.2	201.1	166.8	162.8	194.4	Malaisie
Colombia	133.7	142.2	145.7	143.3	153.6	Colombie
South Africa	–	181.7	172.6	169.1	179.4	Afrique du Sud

(Value as percentages of World total) — **(Valeur en pourcentage du total mondial)**

Regions of the world	1994	1995	1996	1997	1998	1999	2000	2001	2002	2003	Régions du monde
World	100.0	100.0	100.0	100.0	100.0	100.0	100.0	100.0	100.0	100.0	Monde
Africa	1.8	1.6	1.7	1.5	1.3	1.1	1.1	1.1	1.3	1.1	Afrique
Americas	22.2	20.8	22.6	24.1	23.5	24.7	32.3	28.9	28.0	26.0	Amériques
- Northern America	15.5	14.5	16.1	16.9	17.1	19.3	27.0	23.9	22.9	21.2	- Amérique du Nord
- LAIA	6.5	6.1	6.3	6.9	6.2	5.3	5.1	4.8	4.9	4.7	- ALAI
- CACM	0.1	0.1	0.1	0.2	0.1	0.1	0.1	0.1	0.1	0.1	- MCC
- Caribbean	0.0	0.1	0.1	0.1	0.0	0.0	0.0	0.0	0.0	0.0	- Caraïbes
- Rest of America	0.0	0.0	0.0	0.0	0.0	0.0	0.0	0.0	0.0	0.0	- Autre d'Amérique
Asia excluding former USSR	22.1	24.2	22.2	21.1	16.0	17.0	19.0	16.2	19.3	20.3	Asie ancienne URSS exclus
- Middle East	1.6	1.9	1.7	2.0	1.6	1.5	1.7	1.2	1.6	1.7	- Moyen-Orient
Asia former USSR	0.0	0.0	0.0	0.0	0.0	0.0	0.0	0.0	0.0	0.0	Asie ancienne URSS
Europe excluding former USSR	51.9	51.5	51.3	51.1	57.4	55.3	46.2	52.5	50.0	50.9	Europe ancienne URSS exclus
- European Union	46.7	46.6	45.7	45.0	52.2	51.4	41.6	45.7	41.7	43.0	- Union Européenne
- Eastern Europe	1.1	1.2	1.3	1.4	1.1	0.9	1.0	1.0	1.6	1.4	- Europe de l'Est
- Rest of Europe	4.0	3.7	4.2	4.8	4.1	3.0	3.6	5.7	6.7	6.5	- Autre de l'Europe
Europe former USSR	0.4	0.4	0.5	0.5	0.4	0.4	0.4	0.4	0.4	0.5	Europe ancienne URSS
Oceania	1.6	1.4	1.7	1.6	1.4	1.4	1.1	0.9	1.0	1.1	Océanie

TRADE BY COMMODITY (Value in million US dollars)
Exports by principal countries or areas

COMMERCE PAR PRODUIT (Valeur en millions de dollars EU)
Exportations selon les principaux pays ou zones

Country or area	1999	2000	2001	2002	2003	Pays ou zone
World	31854.8	35103.2	34338.0	39138.7	44678.7	Monde
Africa	60.9	51.8	42.1	41.7	52.2	Afrique
Americas	4270.9	4839.6	4575.1	4355.0	4920.6	Amériques
- Northern America	3817.5	4374.3	4179.7	3920.5	4471.4	- Amérique du Nord
- LAIA	439.2	460.2	391.9	432.3	445.3	- ALAI
- CACM	14.0	4.5	3.1	2.0	2.7	- MCC
- Caribbean	0.2	0.5	0.4	0.2	1.1	- Caraïbes
- Rest of America	0.0	0.1	0.1	0.1	0.1	- Autre d'Amérique
Asia excluding former USSR	5890.4	6117.1	5930.8	6525.6	8914.1	Asie ancienne URSS exclus
- Middle East	36.9	43.4	51.2	49.7	59.1	- Moyen-Orient
Asia former USSR	0.2	0.2	0.2	0.2	0.2	Asie ancienne URSS
Europe excluding former USSR	21566.7	23902.0	23700.1	28108.3	30640.2	Europe ancienne URSS exclus
- European Union	18776.5	20879.2	20256.6	23603.2	25888.7	- Union Européenne
- Eastern Europe	395.6	461.8	449.4	731.2	717.5	- Europe de l'Est
- Rest of Europe	2394.5	2561.1	2994.1	3773.9	4034.1	- Autre de l'Europe
Europe former USSR	51.0	181.7	77.8	93.9	129.7	Europe ancienne URSS
Oceania	14.7	10.7	11.9	13.9	21.7	Océanie
Ireland	6263.4	8320.3	7657.5	6429.4	6583.4	Irlande
Belgium	2228.1	2816.4	2771.6	6204.4	8163.1	Belgique
United States	3653.5	4211.4	3988.8	3708.6	4261.3	Etats-Unis d'Amérique
Germany	3065.5	2849.2	2847.3	3987.5	3035.5	Allemagne
Switzerland-Liechtenstein	2102.0	2234.3	2644.2	3364.6	3657.1	Suisse-Liechtenstein
Japan	2424.4	2507.8	2217.2	2392.3	2613.3	Japon
United Kingdom	2706.1	2221.6	2353.1	2186.3	2060.6	Royaume-Uni
France-Monaco	1586.5	1744.3	1662.4	1508.9	1905.9	France-Monaco
Italy-San Marino-Holy See	1133.2	1144.0	1090.2	1111.8	1182.2	Italie-Saint-Marin-Saint-Siège
China	702.7	855.3	977.7	1239.5	1585.3	Chine
Netherlands	912.9	907.2	970.3	1133.6	1315.0	Pays-Bas
Singapore	940.7	692.4	706.4	748.4	1924.5	Singapour
Korea, Republic of	536.9	672.3	613.4	579.5	765.1	République de Corée
Spain	477.0	462.9	492.1	575.1	731.9	Espagne
Norway	286.3	317.4	340.5	401.1	367.1	Norvège
Indonesia	227.0	291.0	347.9	305.8	355.7	Indonésie
China, Hong Kong SAR	298.0	282.8	251.4	246.8	334.6	Chine - RAS de Hong-Kong
India	204.3	241.7	232.3	280.6	310.6	Inde
Israel	158.0	181.3	180.3	259.0	470.6	Israël
Brazil	250.0	239.3	206.9	254.3	260.4	Brésil
Sweden	190.9	181.2	176.5	180.1	219.6	Suède
Hungary	124.4	127.4	143.1	218.0	283.2	Hongrie
Canada	148.8	150.7	182.6	203.9	207.7	Canada
Czech Republic	101.3	121.6	105.4	288.1	154.0	République tchèque
Denmark	42.7	46.8	39.2	40.2	443.2	Danemark
Thailand	112.1	106.8	119.9	e121.4	141.8	Thaïlande
Mexico	104.4	134.5	113.7	112.5	110.8	Mexique
Austria	70.4	76.2	86.1	122.3	100.4	Autriche
Finland	68.6	70.3	71.0	82.7	103.3	Finlande
Russian Federation	33.8	74.7	63.0	78.7	103.7	Fédération de Russie

(Value as percentages of World total)

(Valeur en pourcentage du total mondial)

Regions of the world	1994	1995	1996	1997	1998	1999	2000	2001	2002	2003	Régions du monde
World	100.0	100.0	100.0	100.0	100.0	100.0	100.0	100.0	100.0	100.0	Monde
Africa	0.1	0.1	0.2	0.2	0.2	0.2	0.1	0.1	0.1	0.1	Afrique
Americas	16.8	16.2	15.1	15.6	14.0	13.4	13.8	13.3	11.1	11.0	Amériques
- Northern America	15.3	14.7	13.3	13.9	12.4	12.0	12.5	12.2	10.0	10.0	- Amérique du Nord
- LAIA	1.5	1.5	1.7	1.7	1.6	1.4	1.3	1.1	1.1	1.0	- ALAI
- CACM	0.0	0.0	0.0	0.0	0.0	0.0	0.0	0.0	0.0	0.0	- MCC
- Caribbean	0.0	0.0	0.0	0.0	0.0	0.0	0.0	0.0	0.0	0.0	- Caraïbes
- Rest of America	0.0	0.0	0.0	0.0	0.0	0.0	0.0	0.0	0.0	0.0	- Autre d'Amérique
Asia excluding former USSR	17.5	19.0	19.4	19.7	17.2	18.5	17.4	17.3	16.7	20.0	Asie ancienne URSS exclus
- Middle East	0.2	0.1	0.1	0.1	0.1	0.1	0.1	0.1	0.1	0.1	- Moyen-Orient
Asia former USSR	0.0	0.0	0.0	0.0	0.0	0.0	0.0	0.0	0.0	0.0	Asie ancienne URSS
Europe excluding former USSR	65.4	64.3	65.1	64.1	68.3	67.7	68.1	69.0	71.8	68.6	Europe ancienne URSS exclus
- European Union	53.2	51.3	52.2	51.6	58.4	58.9	59.5	59.0	60.3	57.9	- Union Européenne
- Eastern Europe	1.0	1.2	1.1	1.5	1.4	1.2	1.3	1.3	1.9	1.6	- Europe de l'Est
- Rest of Europe	11.1	11.8	11.7	11.0	8.5	7.5	7.3	8.7	9.6	9.0	- Autre de l'Europe
Europe former USSR	0.2	0.3	0.2	0.3	0.1	0.2	0.5	0.2	0.2	0.3	Europe ancienne URSS
Oceania	0.0	0.0	0.0	0.1	0.1	0.0	0.0	0.0	0.0	0.0	Océanie

515 Organo-inorganic and heterocyclic compounds

TRADE BY COMMODITY (Value in million US dollars)
Imports by principal countries or areas

COMMERCE PAR PRODUIT (Valeur en millions de dollars EU)
Importations selon les principaux pays ou zones

Country or area	1999	2000	2001	2002	2003	Pays ou zone
World	33552.2	34184.7	36813.9	42240.6	48263.5	Monde
Africa	231.2	191.4	209.1	220.0	226.3	Afrique
Americas	11703.0	12632.5	14312.5	16646.4	18617.0	Amériques
- Northern America	9303.7	10246.0	11727.9	14400.2	16059.3	- Amérique du Nord
- LAIA	2358.9	2349.2	2545.6	2197.7	2516.5	- ALAI
- CACM	31.9	30.0	31.7	39.4	34.3	- MCC
- Caribbean	5.7	5.2	4.9	7.0	5.3	- Caraïbes
- Rest of America	2.9	2.2	2.4	2.1	1.7	- Autre d'Amérique
Asia excluding former USSR	5819.4	6376.6	6380.3	6378.4	7265.5	Asie ancienne URSS exclus
- Middle East	459.8	502.6	447.2	483.7	551.4	- Moyen-Orient
Asia former USSR	11.4	9.7	12.5	9.8	13.9	Asie ancienne URSS
Europe excluding former USSR	15105.2	14129.9	15316.0	18469.5	21509.2	Europe ancienne URSS exclus
- European Union	13567.4	12702.8	14087.0	16523.3	19653.3	- Union Européenne
- Eastern Europe	213.7	255.9	255.7	786.4	393.8	- Europe de l'Est
- Rest of Europe	1324.1	1171.2	973.3	1159.8	1462.1	- Autre de l'Europe
Europe former USSR	74.5	75.7	80.5	77.5	103.7	Europe ancienne URSS
Oceania	607.4	768.9	503.0	439.1	527.9	Océanie
United States	8525.1	9587.3	11023.2	13748.8	15355.9	Etats-Unis d'Amérique
France-Monaco	3005.6	3429.3	2837.0	2776.2	3337.8	France-Monaco
United Kingdom	1898.4	2063.9	2499.6	3807.2	4530.5	Royaume-Uni
Japan	2303.3	2345.0	2626.0	2527.5	2693.5	Japon
Germany	1770.7	1669.8	2036.5	2467.4	3319.0	Allemagne
Italy-San Marino-Holy See	1896.1	2159.4	1930.6	2254.4	2930.4	Italie-Saint-Marin-Saint-Siège
Belgium	1985.2	1001.1	1848.3	1916.5	1938.9	Belgique
Switzerland-Liechtenstein	1209.8	1042.1	847.4	1019.1	1308.3	Suisse-Liechtenstein
Brazil	1080.1	1018.3	1093.7	836.5	920.6	Brésil
Spain	813.2	701.8	787.4	961.2	1255.4	Espagne
Korea, Republic of	763.4	897.8	734.4	818.6	836.3	République de Corée
China	521.5	732.7	783.0	805.1	1095.9	Chine
Canada	778.6	658.7	704.7	651.3	703.3	Canada
Mexico	498.3	525.2	662.2	733.6	777.6	Mexique
Netherlands	565.6	494.1	755.7	712.2	612.0	Pays-Bas
Ireland	513.9	375.3	448.6	820.6	544.7	Irlande
Sweden	669.8	438.8	536.7	369.3	601.9	Suède
Australia	555.1	714.5	455.2	402.5	485.7	Australie
Argentina	423.9	427.1	433.3	318.8	e489.9	Argentine
Turkey	301.2	349.2	320.5	345.7	400.6	Turquie
Indonesia	265.0	296.2	296.0	267.3	255.8	Indonésie
Singapore	177.5	151.2	174.8	203.0	290.8	Singapour
Thailand	175.4	176.7	181.0	e151.2	177.2	Thaïlande
Colombia	152.4	166.5	158.6	136.5	162.2	Colombie
Malaysia	144.2	154.0	162.5	130.0	127.2	Malaisie
Czech Republic	31.8	35.6	38.0	539.6	58.5	République tchèque
Austria	125.7	111.5	123.1	132.7	208.3	Autriche
China, Hong Kong SAR	181.1	150.0	124.9	94.5	120.3	Chine - RAS de Hong-Kong
India	105.3	101.8	115.3	137.1	185.7	Inde
Israel	88.1	86.7	95.8	124.5	140.7	Israël

(Value as percentages of World total)

(Valeur en pourcentage du total mondial)

Regions of the world	1994	1995	1996	1997	1998	1999	2000	2001	2002	2003	Régions du monde
World	100.0	100.0	100.0	100.0	100.0	100.0	100.0	100.0	100.0	100.0	Monde
Africa	1.5	1.3	1.2	1.1	0.8	0.7	0.6	0.6	0.5	0.5	Afrique
Americas	25.5	25.6	26.6	31.4	33.2	34.9	37.0	38.9	39.4	38.6	Amériques
- Northern America	16.7	17.3	18.8	22.8	24.4	27.7	30.0	31.9	34.1	33.3	- Amérique du Nord
- LAIA	8.5	8.1	7.7	8.4	8.6	7.0	6.9	6.9	5.2	5.2	- ALAI
- CACM	0.2	0.1	0.1	0.1	0.1	0.1	0.1	0.1	0.1	0.1	- MCC
- Caribbean	0.0	0.0	0.0	0.0	0.0	0.0	0.0	0.0	0.0	0.0	- Caraïbes
- Rest of America	0.0	0.0	0.0	0.0	0.0	0.0	0.0	0.0	0.0	0.0	- Autre d'Amérique
Asia excluding former USSR	24.1	24.8	23.0	20.7	17.5	17.3	18.7	17.3	15.1	15.1	Asie ancienne URSS exclus
- Middle East	1.8	1.8	1.6	1.6	1.5	1.4	1.5	1.2	1.1	1.1	- Moyen-Orient
Asia former USSR	0.0	0.0	0.0	0.0	0.0	0.0	0.0	0.0	0.0	0.0	Asie ancienne URSS
Europe excluding former USSR	46.3	46.0	46.6	44.6	46.3	45.0	41.3	41.6	43.7	44.6	Europe ancienne URSS exclus
- European Union	41.8	41.8	42.4	40.5	41.9	40.4	37.2	38.3	39.1	40.7	- Union Européenne
- Eastern Europe	0.9	1.0	0.9	0.9	0.8	0.6	0.7	0.7	1.9	0.8	- Europe de l'Est
- Rest of Europe	3.6	3.3	3.3	3.3	3.6	3.9	3.4	2.6	2.7	3.0	- Autre de l'Europe
Europe former USSR	0.3	0.4	0.4	0.4	0.3	0.2	0.2	0.2	0.2	0.2	Europe ancienne URSS
Oceania	2.3	1.9	2.1	1.8	1.8	1.8	2.2	1.4	1.0	1.1	Océanie

TRADE BY COMMODITY (Value in million US dollars)
Exports by principal countries or areas

COMMERCE PAR PRODUIT (Valeur en millions de dollars EU)
Exportations selon les principaux pays ou zones

Country or area	1999	2000	2001	2002	2003	Pays ou zone
World	29356.7	31343.0	32746.0	36651.2	44114.4	Monde
Africa	20.5	21.7	21.2	17.2	21.6	Afrique
Americas	3653.9	4090.7	3979.0	3550.1	4706.8	Amériques
- Northern America	3346.2	3838.5	3712.1	3136.6	4313.1	- Amérique du Nord
- LAIA	283.4	221.3	253.1	392.7	376.6	- ALAI
- CACM	0.8	1.0	1.3	1.5	2.3	- MCC
- Caribbean	23.6	29.9	12.5	19.2	14.8	- Caraïbes
- Rest of America	0.0	0.0	0.0	0.0	0.0	- Autre d'Amérique
Asia excluding former USSR	4701.4	4662.7	5268.1	6216.5	9147.5	Asie ancienne URSS exclus
- Middle East	13.9	10.6	7.1	7.8	20.1	- Moyen-Orient
Asia former USSR	1.9	0.7	0.7	0.4	0.4	Asie ancienne URSS
Europe excluding former USSR	20700.7	22295.8	23177.1	26554.1	29886.2	Europe ancienne URSS exclus
- European Union	18728.5	20190.2	20980.5	23145.0	26611.7	- Union Européenne
- Eastern Europe	236.4	320.8	314.1	991.8	462.9	- Europe de l'Est
- Rest of Europe	1735.9	1784.8	1882.6	2417.2	2811.6	- Autre de l'Europe
Europe former USSR	263.6	254.5	289.5	301.0	325.6	Europe ancienne URSS
Oceania	14.7	17.0	10.5	11.9	26.3	Océanie
Ireland	5472.1	6737.3	7297.0	9931.0	10108.8	Irlande
Germany	3281.4	3588.6	3924.1	3031.4	4868.7	Allemagne
United States	3280.8	3769.6	3628.7	3065.8	4238.7	Etats-Unis d'Amérique
France-Monaco	2564.2	2956.1	2488.7	2551.3	2792.4	France-Monaco
United Kingdom	2619.9	2604.0	2483.7	2447.6	3067.5	Royaume-Uni
Belgium	2204.8	1769.7	2032.3	2275.2	2860.1	Belgique
Japan	2038.7	2191.9	2169.6	2097.8	2439.3	Japon
Singapore	1267.3	952.6	1426.8	2326.0	4678.7	Singapour
Switzerland-Liechtenstein	1706.4	1753.4	1850.4	2378.8	2752.9	Suisse-Liechtenstein
Italy-San Marino-Holy See	847.6	784.5	801.1	877.0	1044.3	Italie-Saint-Marin-Saint-Siège
Netherlands	697.5	718.8	935.2	838.0	874.1	Pays-Bas
China	602.7	677.0	781.6	871.1	1113.3	Chine
Spain	410.3	421.1	444.6	439.5	543.6	Espagne
Austria	409.5	298.6	290.5	304.2	287.7	Autriche
Israel	216.3	237.0	319.3	324.8	248.7	Israël
Russian Federation	183.5	239.2	203.1	206.2	217.5	Fédération de Russie
Denmark	135.3	225.1	226.1	359.6	71.1	Danemark
Czech Republic	52.5	63.6	60.5	692.3	92.7	République tchèque
Korea, Republic of	186.5	181.4	159.0	174.0	200.1	République de Corée
India	114.6	172.9	173.7	180.1	181.0	Inde
Brazil	98.3	68.2	89.5	216.4	186.8	Brésil
Mexico	123.4	112.7	128.4	135.8	151.1	Mexique
Poland	102.9	125.4	103.9	105.2	127.6	Pologne
China, Hong Kong SAR	160.9	124.7	94.4	74.7	93.3	Chine - RAS de Hong-Kong
Hungary	42.4	67.2	90.0	131.1	184.6	Hongrie
Canada	65.4	69.0	83.3	69.4	74.4	Canada
Belarus	67.4	3.9	63.7	71.2	73.6	Bélarus
Slovakia	37.1	56.5	55.6	61.6	57.6	Slovaquie
Sweden	48.8	50.3	40.3	55.1	61.1	Suède
Thailand	32.4	47.2	39.1	e54.1	63.2	Thaïlande

(Value as percentages of World total)

(Valeur en pourcentage du total mondial)

Regions of the world	1994	1995	1996	1997	1998	1999	2000	2001	2002	2003	Régions du monde
World	100.0	100.0	100.0	100.0	100.0	100.0	100.0	100.0	100.0	100.0	Monde
Africa	0.1	0.2	0.2	0.1	0.1	0.1	0.1	0.1	0.0	0.0	Afrique
Americas	12.4	13.6	13.9	15.5	13.3	12.4	13.1	12.2	9.7	10.7	Amériques
- Northern America	11.4	12.4	12.6	14.2	12.1	11.4	12.2	11.3	8.6	9.8	- Amérique du Nord
- LAIA	0.9	1.2	1.2	1.2	1.1	1.0	0.7	0.8	1.1	0.9	- ALAI
- CACM	0.0	0.0	0.0	0.0	0.0	0.0	0.0	0.0	0.0	0.0	- MCC
- Caribbean	0.1	0.1	0.1	0.1	0.1	0.1	0.1	0.0	0.1	0.0	- Caraïbes
- Rest of America	0.0	0.0	0.0	0.0	0.0	0.0	0.0	0.0	0.0	0.0	- Autre d'Amérique
Asia excluding former USSR	18.3	19.6	18.6	17.8	15.9	16.0	14.9	16.1	17.0	20.7	Asie ancienne URSS exclus
- Middle East	0.1	0.1	0.1	0.1	0.0	0.0	0.0	0.0	0.0	0.0	- Moyen-Orient
Asia former USSR	0.0	0.0	0.0	0.0	0.0	0.0	0.0	0.0	0.0	0.0	Asie ancienne URSS
Europe excluding former USSR	67.9	65.0	65.9	64.9	69.7	70.5	71.1	70.8	72.5	67.7	Europe ancienne URSS exclus
- European Union	58.2	54.4	55.7	55.9	61.6	63.8	64.4	64.1	63.1	60.3	- Union Européenne
- Eastern Europe	1.0	1.3	1.4	1.3	1.1	0.8	1.0	1.0	2.7	1.0	- Europe de l'Est
- Rest of Europe	8.7	9.3	8.9	7.7	7.0	5.9	5.7	5.7	6.6	6.4	- Autre de l'Europe
Europe former USSR	1.1	1.4	1.3	1.5	0.9	0.9	0.8	0.9	0.8	0.7	Europe ancienne URSS
Oceania	0.1	0.1	0.1	0.1	0.0	0.1	0.1	0.0	0.0	0.1	Océanie

516 Other organic chemicals

Country or area	1999	2000	2001	2002	2003	Pays ou zone
World	12951.2	14488.7	14155.2	14433.7	16780.9	Monde
Africa	158.5	139.7	153.1	177.1	199.0	Afrique
Americas	3710.5	4339.6	4258.5	3912.1	3798.8	Amériques
- Northern America	2727.3	3297.5	3253.5	3035.4	2871.1	- Amérique du Nord
- LAIA	925.7	980.0	951.1	816.3	868.9	- ALAI
- CACM	30.3	32.0	33.1	36.6	36.9	- MCC
- Caribbean	25.0	27.6	18.2	21.3	19.6	- Caraïbes
- Rest of America	2.3	2.6	2.5	2.5	2.3	- Autre d'Amérique
Asia excluding former USSR	2861.5	3480.4	3259.8	3574.1	4531.4	Asie ancienne URSS exclus
- Middle East	234.8	266.5	271.8	339.9	523.7	- Moyen-Orient
Asia former USSR	14.8	14.4	12.7	11.1	13.1	Asie ancienne URSS
Europe excluding former USSR	5981.6	6305.8	6261.4	6553.0	7991.6	Europe ancienne URSS exclus
- European Union	5197.0	5475.9	5414.0	5594.0	6937.4	- Union Européenne
- Eastern Europe	204.2	232.9	235.9	347.3	363.7	- Europe de l'Est
- Rest of Europe	580.4	597.1	611.6	611.7	690.5	- Autre de l'Europe
Europe former USSR	93.8	91.5	108.1	103.2	129.6	Europe ancienne URSS
Oceania	130.6	117.2	101.5	103.2	117.3	Océanie
United States	2385.6	2933.7	2773.0	2534.7	2329.0	Etats-Unis d'Amérique
Germany	895.0	1019.0	1001.7	1004.5	1186.5	Allemagne
Netherlands	732.6	810.3	836.9	819.5	1061.4	Pays-Bas
Belgium	690.8	692.2	687.9	813.5	1009.7	Belgique
France-Monaco	691.2	725.3	701.6	670.2	846.0	France-Monaco
United Kingdom	665.3	630.9	617.3	637.0	825.2	Royaume-Uni
Italy-San Marino-Holy See	568.8	664.8	616.1	600.2	715.8	Italie-Saint-Marin-Saint-Siège
China	348.3	522.5	546.6	617.7	1013.0	Chine
Japan	506.1	519.8	472.7	505.0	577.1	Japon
Switzerland-Liechtenstein	473.6	470.8	452.6	489.1	543.8	Suisse-Liechtenstein
Canada	341.3	363.8	480.4	500.5	541.9	Canada
Spain	402.5	387.5	397.2	429.2	570.7	Espagne
Mexico	404.4	432.7	367.3	333.7	368.6	Mexique
India	271.3	277.3	336.3	431.2	556.3	Inde
Korea, Republic of	308.7	382.7	350.4	383.6	416.8	République de Corée
Singapore	215.9	326.1	277.4	250.3	320.3	Singapour
Brazil	229.1	246.8	251.7	245.3	232.3	Brésil
Thailand	152.9	167.5	172.1	e193.7	227.1	Thaïlande
Indonesia	110.4	149.1	112.0	102.8	113.3	Indonésie
Finland	92.2	114.1	112.2	104.5	133.0	Finlande
Ireland	120.1	91.9	104.7	107.7	109.4	Irlande
Argentina	107.6	102.5	104.2	79.2	e121.6	Argentine
China, Hong Kong SAR	92.5	112.7	88.3	95.2	105.6	Chine - RAS de Hong-Kong
Turkey	81.8	83.9	77.2	100.9	130.0	Turquie
Denmark	85.8	76.7	91.4	105.3	112.2	Danemark
Australia	113.9	98.3	80.5	83.2	89.2	Australie
Malaysia	71.5	100.7	92.0	93.2	97.6	Malaisie
Norway	69.2	92.1	120.3	77.7	95.6	Norvège
Sweden	86.3	79.3	76.6	88.8	107.2	Suède
Poland	72.2	68.8	76.8	103.4	116.2	Pologne

(Value as percentages of World total)   **(Valeur en pourcentage du total mondial)**

Regions of the world	1994	1995	1996	1997	1998	1999	2000	2001	2002	2003	Régions du monde
World	100.0	100.0	100.0	100.0	100.0	100.0	100.0	100.0	100.0	100.0	Monde
Africa	1.5	1.3	1.3	1.5	1.3	1.2	1.0	1.1	1.2	1.2	Afrique
Americas	24.3	25.4	26.0	27.6	28.6	28.6	30.0	30.1	27.1	22.6	Amériques
- Northern America	17.7	18.2	19.3	20.6	20.6	21.1	22.8	23.0	21.0	17.1	- Amérique du Nord
- LAIA	6.3	6.8	6.2	6.6	7.5	7.1	6.8	6.7	5.7	5.2	- ALAI
- CACM	0.2	0.2	0.2	0.3	0.3	0.2	0.2	0.2	0.3	0.2	- MCC
- Caribbean	0.1	0.2	0.2	0.2	0.2	0.2	0.2	0.1	0.1	0.1	- Caraïbes
- Rest of America	0.0	0.0	0.0	0.0	0.0	0.0	0.0	0.0	0.0	0.0	- Autre d'Amérique
Asia excluding former USSR	22.7	23.8	23.8	23.3	21.3	22.1	24.0	23.0	24.8	27.0	Asie ancienne URSS exclus
- Middle East	1.6	1.9	2.1	2.4	2.0	1.8	1.8	1.9	2.4	3.1	- Moyen-Orient
Asia former USSR	0.1	0.1	0.1	0.1	0.1	0.1	0.1	0.1	0.1	0.1	Asie ancienne URSS
Europe excluding former USSR	49.5	47.7	46.9	45.8	46.9	46.2	43.5	44.2	45.4	47.6	Europe ancienne URSS exclus
- European Union	42.9	41.2	40.2	39.6	40.5	40.1	37.8	38.2	38.8	41.3	- Union Européenne
- Eastern Europe	1.6	1.7	1.7	1.7	1.8	1.6	1.6	1.7	2.4	2.2	- Europe de l'Est
- Rest of Europe	5.1	4.9	5.0	4.5	4.6	4.5	4.1	4.3	4.2	4.1	- Autre de l'Europe
Europe former USSR	0.7	0.6	0.8	0.9	0.8	0.7	0.6	0.8	0.7	0.8	Europe ancienne URSS
Oceania	1.2	1.0	1.1	0.9	0.9	1.0	0.8	0.7	0.7	0.7	Océanie

TRADE BY COMMODITY (Value in million US dollars)
Exports by principal countries or areas

COMMERCE PAR PRODUIT (Valeur en millions de dollars EU)
Exportations selon les principaux pays ou zones

Country or area	1999	2000	2001	2002	2003	Pays ou zone
World	12259.1	13873.4	13585.4	14467.4	16917.3	Monde
Africa	99.7	90.7	95.7	106.6	119.1	Afrique
Americas	2591.0	3289.1	3254.4	3165.2	2937.5	Amériques
- Northern America	2261.0	2801.0	2772.5	2690.1	2457.8	- Amérique du Nord
- LAIA	326.3	482.9	476.9	470.1	466.0	- ALAI
- CACM	3.0	3.5	3.5	2.8	5.2	- MCC
- Caribbean	0.7	1.7	1.4	2.2	8.3	- Caraïbes
- Rest of America	0.0	0.0	0.0	0.1	0.2	- Autre d'Amérique
Asia excluding former USSR	3034.3	3641.1	3540.8	3913.9	4955.7	Asie ancienne URSS exclus
- Middle East	611.4	779.0	726.4	742.6	820.0	- Moyen-Orient
Asia former USSR	1.0	3.3	2.9	3.1	3.3	Asie ancienne URSS
Europe excluding former USSR	6433.5	6688.9	6522.2	7130.5	8697.1	Europe ancienne URSS exclus
- European Union	5922.6	6176.4	6047.1	6640.3	8175.0	- Union Européenne
- Eastern Europe	112.3	145.8	120.7	123.4	124.5	- Europe de l'Est
- Rest of Europe	398.6	366.8	354.4	366.9	397.6	- Autre de l'Europe
Europe former USSR	84.5	145.9	153.4	132.5	186.3	Europe ancienne URSS
Oceania	15.1	14.3	16.0	15.5	18.2	Océanie
United States	1966.5	2408.2	2318.0	2385.7	2338.2	Etats-Unis d'Amérique
Germany	1597.6	1659.7	1566.1	1686.7	2137.3	Allemagne
Netherlands	869.5	1066.6	1297.2	1368.8	1537.5	Pays-Bas
Japan	899.5	947.5	849.7	898.6	1025.2	Japon
Belgium	653.0	734.9	642.0	779.9	1024.1	Belgique
France-Monaco	722.6	715.2	629.5	779.1	915.8	France-Monaco
Saudi Arabia	578.1	738.6	678.3	689.5	e756.8	Arabie saoudite
India	464.9	529.4	538.5	698.1	1088.9	Inde
United Kingdom	697.4	607.8	598.9	655.8	730.9	Royaume-Uni
China	345.6	435.4	454.7	597.0	745.2	Chine
Denmark	432.7	414.9	470.3	482.5	620.5	Danemark
Switzerland-Liechtenstein	392.5	359.3	345.3	358.1	384.7	Suisse-Liechtenstein
Singapore	218.6	293.0	301.6	294.8	467.2	Singapour
Canada	294.5	392.7	454.5	304.4	119.6	Canada
Italy-San Marino-Holy See	216.6	220.3	214.0	262.1	328.5	Italie-Saint-Marin-Saint-Siège
Spain	171.1	179.6	190.5	216.2	259.4	Espagne
Brazil	156.8	221.2	185.9	184.6	249.8	Brésil
Finland	170.1	171.2	175.9	195.9	255.5	Finlande
Ireland	266.2	254.4	121.5	56.8	180.4	Irlande
Venezuela	54.0	144.0	182.3	179.8	109.6	Venezuela
Russian Federation	73.1	134.1	142.3	120.3	172.4	Fédération de Russie
Korea, Republic of	115.1	142.3	130.7	124.8	123.5	République de Corée
Malaysia	61.4	165.5	112.5	125.9	162.8	Malaisie
Israel	72.3	66.0	105.5	116.2	116.3	Israël
Austria	75.7	75.1	84.3	98.7	126.8	Autriche
China, Hong Kong SAR	86.4	97.3	90.9	85.7	96.5	Chine - RAS de Hong-Kong
South Africa	–	86.5	91.9	104.3	114.7	Afrique du Sud
Mexico	66.5	68.4	67.7	68.0	78.6	Mexique
Poland	36.7	51.5	45.4	50.9	64.5	Pologne
Sweden	41.4	59.3	41.7	44.3	44.1	Suède

(Value as percentages of World total)

(Valeur en pourcentage du total mondial)

Regions of the world	1994	1995	1996	1997	1998	1999	2000	2001	2002	2003	Régions du monde
World	100.0	100.0	100.0	100.0	100.0	100.0	100.0	100.0	100.0	100.0	Monde
Africa	0.6	0.6	0.8	0.7	0.8	0.8	0.7	0.7	0.7	0.7	Afrique
Americas	21.4	20.8	20.6	20.2	20.8	21.1	23.7	24.0	21.9	17.4	Amériques
- Northern America	18.5	18.0	18.7	18.4	17.7	18.4	20.2	20.4	18.6	14.5	- Amérique du Nord
- LAIA	2.9	2.7	1.8	1.7	2.9	2.7	3.5	3.5	3.2	2.8	- ALAI
- CACM	0.0	0.0	0.0	0.0	0.0	0.0	0.0	0.0	0.0	0.0	- MCC
- Caribbean	0.1	0.1	0.1	0.1	0.1	0.0	0.0	0.0	0.0	0.0	- Caraïbes
- Rest of America	0.0	0.0	0.0	0.0	0.0	0.0	0.0	0.0	0.0	0.0	- Autre d'Amérique
Asia excluding former USSR	19.6	22.4	22.5	23.0	23.7	24.8	26.2	26.1	27.1	29.3	Asie ancienne URSS exclus
- Middle East	2.5	5.0	4.5	4.3	4.4	5.0	5.6	5.3	5.1	4.8	- Moyen-Orient
Asia former USSR	0.1	0.0	0.0	0.0	0.0	0.0	0.0	0.0	0.0	0.0	Asie ancienne URSS
Europe excluding former USSR	57.7	55.5	55.4	55.3	53.7	52.5	48.2	48.0	49.3	51.4	Europe ancienne URSS exclus
- European Union	53.0	50.9	50.9	50.9	49.4	48.3	44.5	44.5	45.9	48.3	- Union Européenne
- Eastern Europe	1.1	1.3	1.3	1.3	1.2	0.9	1.1	0.9	0.9	0.7	- Europe de l'Est
- Rest of Europe	3.6	3.3	3.2	3.1	3.1	3.3	2.6	2.6	2.5	2.4	- Autre de l'Europe
Europe former USSR	0.5	0.5	0.5	0.6	0.8	0.7	1.1	1.1	0.9	1.1	Europe ancienne URSS
Oceania	0.2	0.1	0.2	0.2	0.2	0.1	0.1	0.1	0.1	0.1	Océanie

522 Inorganic chemical elements, oxides and halogen salts

TRADE BY COMMODITY (Value in million US dollars)
Imports by principal countries or areas

COMMERCE PAR PRODUIT (Valeur en millions de dollars EU)
Importations selon les principaux pays ou zones

Country or area	1999	2000	2001	2002	2003	Pays ou zone
World	17453.0	18790.7	19354.6	18791.2	22266.5	Monde
Africa	536.1	557.0	568.3	527.5	633.9	Afrique
Americas	3876.9	4516.0	4826.2	4465.5	5392.9	Amériques
- Northern America	2896.4	3352.9	3499.4	3245.1	4050.4	- Amérique du Nord
- LAIA	818.9	977.2	1128.7	997.6	1097.0	- ALAI
- CACM	71.1	99.4	108.3	129.8	127.6	- MCC
- Caribbean	83.3	78.7	81.5	83.9	70.7	- Caraïbes
- Rest of America	7.2	7.9	8.3	8.9	47.2	- Autre d'Amérique
Asia excluding former USSR	5732.0	6143.7	5987.7	6095.6	7109.5	Asie ancienne URSS exclus
- Middle East	693.6	683.6	718.4	712.9	862.9	- Moyen-Orient
Asia former USSR	245.4	249.6	258.0	272.8	50.8	Asie ancienne URSS
Europe excluding former USSR	6508.1	6673.8	6997.7	6882.1	8418.0	Europe ancienne URSS exclus
- European Union	5741.4	5901.3	6191.5	6025.4	7353.9	- Union Européenne
- Eastern Europe	369.4	397.4	428.0	464.0	574.6	- Europe de l'Est
- Rest of Europe	397.2	375.0	378.2	392.7	489.5	- Autre de l'Europe
Europe former USSR	229.9	261.5	247.9	257.9	315.9	Europe ancienne URSS
Oceania	324.7	389.1	468.9	289.8	345.6	Océanie
United States	2369.3	2809.0	2977.3	2760.0	3496.2	Etats-Unis d'Amérique
Japan	1152.3	1335.1	1174.5	1138.5	1443.0	Japon
Germany	1065.3	1080.5	1227.8	1139.6	1341.9	Allemagne
India	1238.7	1004.8	1078.3	1013.7	1098.3	Inde
France-Monaco	874.7	912.4	837.7	853.1	1103.5	France-Monaco
Belgium	607.5	628.6	616.4	774.0	1013.6	Belgique
United Kingdom	733.5	714.7	744.7	655.1	761.7	Royaume-Uni
Korea, Republic of	587.8	710.9	685.3	650.2	818.9	République de Corée
Italy-San Marino-Holy See	584.8	608.3	635.5	601.1	710.5	Italie-Saint-Marin-Saint-Siège
Netherlands	572.8	565.9	547.7	620.4	765.5	Pays-Bas
China	356.4	471.6	516.0	615.6	779.9	Chine
Canada	525.3	543.3	521.3	484.6	553.3	Canada
Spain	444.6	487.1	483.0	480.5	578.4	Espagne
Brazil	248.2	316.5	391.6	367.7	441.7	Brésil
Australia	266.2	340.2	414.3	237.1	285.5	Australie
Mexico	256.8	308.8	299.0	298.9	291.1	Mexique
Turkey	221.1	273.2	205.0	250.6	338.5	Turquie
United Arab Emirates	190.4	180.5	250.0	e256.5	e300.6	Emirates arabes unis
Singapore	194.8	223.8	224.4	234.5	257.3	Singapour
Malaysia	198.0	205.0	163.1	296.6	209.1	Malaisie
Austria	185.7	183.1	235.1	183.6	221.2	Autriche
Thailand	153.5	191.8	207.0	e200.1	234.6	Thaïlande
Indonesia	187.0	193.6	190.0	174.1	179.6	Indonésie
Finland	154.6	164.2	226.5	155.4	205.9	Finlande
China, Hong Kong SAR	186.5	207.3	166.5	176.8	164.0	Chine - RAS de Hong-Kong
Sweden	138.3	160.6	217.0	168.0	206.9	Suède
Tajikistan	e205.0	198.8	e214.1	e228.5	e0.8	Tadjikistan
Denmark	130.3	134.6	161.4	137.3	175.7	Danemark
Norway	152.1	128.0	136.1	132.2	188.2	Norvège
Czech Republic	114.3	126.5	149.1	152.2	194.0	République tchèque

(Value as percentages of World total) — **(Valeur en pourcentage du total mondial)**

Regions of the world	1994	1995	1996	1997	1998	1999	2000	2001	2002	2003	Régions du monde
World	100.0	100.0	100.0	100.0	100.0	100.0	100.0	100.0	100.0	100.0	Monde
Africa	3.1	2.9	3.0	3.2	3.3	3.1	3.0	2.9	2.8	2.8	Afrique
Americas	23.3	22.6	22.1	22.9	22.4	22.2	24.0	24.9	23.8	24.2	Amériques
- Northern America	17.5	16.7	16.5	17.5	16.3	16.6	17.8	18.1	17.3	18.2	- Amérique du Nord
- LAIA	4.7	4.7	4.7	4.6	4.9	4.7	5.2	5.8	5.3	4.9	- ALAI
- CACM	0.4	0.4	0.3	0.4	0.4	0.4	0.5	0.6	0.7	0.6	- MCC
- Caribbean	0.3	0.4	0.5	0.4	0.6	0.5	0.4	0.4	0.4	0.3	- Caraïbes
- Rest of America	0.3	0.4	0.1	0.1	0.3	0.0	0.0	0.0	0.0	0.2	- Autre d'Amérique
Asia excluding former USSR	29.7	29.4	30.2	31.6	29.7	32.8	32.7	30.9	32.4	31.9	Asie ancienne URSS exclus
- Middle East	3.0	3.1	3.1	2.9	3.6	4.0	3.6	3.7	3.8	3.9	- Moyen-Orient
Asia former USSR	0.3	0.5	0.4	0.2	1.5	1.4	1.3	1.3	1.5	0.2	Asie ancienne URSS
Europe excluding former USSR	41.0	40.9	40.1	38.8	39.7	37.3	35.5	36.2	36.6	37.8	Europe ancienne URSS exclus
- European Union	37.0	36.8	36.0	34.6	35.4	32.9	31.4	32.0	32.1	33.0	- Union Européenne
- Eastern Europe	1.9	1.8	2.0	2.0	2.1	2.1	2.1	2.2	2.5	2.6	- Europe de l'Est
- Rest of Europe	2.2	2.3	2.1	2.2	2.3	2.3	2.0	2.0	2.1	2.2	- Autre de l'Europe
Europe former USSR	1.1	1.2	1.5	1.5	1.3	1.3	1.4	1.3	1.4	1.4	Europe ancienne URSS
Oceania	1.5	2.5	2.6	1.8	2.0	1.9	2.1	2.4	1.5	1.6	Océanie

Produits chemiques inorganiques: élements, oxydes et sels halogénés 522

Country or area	1999	2000	2001	2002	2003	Pays ou zone
World	15212.8	16379.3	16732.1	16136.4	18664.2	Monde
Africa	1514.7	1434.5	1408.3	1604.7	1550.0	Afrique
Americas	3627.2	4229.7	4181.6	3921.5	4326.2	Amériques
- Northern America	2548.5	2935.1	2883.2	2711.0	2953.7	- Amérique du Nord
- LAIA	755.2	896.1	827.6	838.5	924.8	- ALAI
- CACM	16.7	16.8	23.2	28.0	21.6	- MCC
- Caribbean	305.1	377.7	443.6	340.6	425.8	- Caraïbes
- Rest of America	1.5	4.1	4.1	3.3	0.4	- Autre d'Amérique
Asia excluding former USSR	3891.6	4314.4	4454.6	4393.0	5254.9	Asie ancienne URSS exclus
- Middle East	554.3	363.7	622.8	470.5	543.2	- Moyen-Orient
Asia former USSR	194.8	61.0	58.4	74.1	95.9	Asie ancienne URSS
Europe excluding former USSR	5126.6	5217.2	5568.4	5246.0	6205.3	Europe ancienne URSS exclus
- European Union	4497.3	4511.8	4799.8	4527.0	5321.8	- Union Européenne
- Eastern Europe	303.3	342.3	384.0	342.0	456.6	- Europe de l'Est
- Rest of Europe	326.0	363.1	384.6	377.0	426.9	- Autre de l'Europe
Europe former USSR	693.3	920.9	862.7	705.4	1019.2	Europe ancienne URSS
Oceania	164.7	201.4	198.1	191.7	212.7	Océanie
United States	1855.4	2166.5	2185.5	1997.5	2169.3	Etats-Unis d'Amérique
Germany	1760.9	1773.6	1851.2	1828.2	2162.0	Allemagne
China	1057.4	1315.6	1323.1	1397.8	1755.4	Chine
Japan	1178.4	1323.5	1183.0	1248.6	1423.7	Japon
Canada	693.2	768.5	697.4	713.0	782.6	Canada
Belgium	576.4	551.4	635.5	542.8	583.7	Belgique
Netherlands	547.8	503.3	521.8	504.2	780.6	Pays-Bas
Russian Federation	414.8	579.2	533.2	449.0	681.1	Fédération de Russie
Morocco	588.9	507.5	453.0	470.2	519.4	Maroc
France-Monaco	467.7	505.2	484.5	440.0	481.9	France-Monaco
United Kingdom	374.1	397.5	565.9	480.7	452.6	Royaume-Uni
Trinidad and Tobago	294.8	361.3	439.5	336.3	e421.8	Trinité-et-Tobago
South Africa	–	438.8	423.2	452.3	381.5	Afrique du Sud
Norway	229.1	263.0	282.2	279.2	311.1	Norvège
Korea, Republic of	205.3	266.1	273.0	263.3	332.2	République de Corée
Ukraine	216.5	264.1	285.5	216.9	e279.3	Ukraine
Brazil	231.5	268.5	224.2	239.3	294.7	Brésil
Italy-San Marino-Holy See	252.1	254.4	233.0	239.3	268.3	Italie-Saint-Marin-Saint-Siège
Israel	266.7	244.4	228.1	185.5	181.8	Israël
Mexico	194.8	240.5	200.9	203.3	195.6	Mexique
Saudi Arabia	238.1	125.3	307.7	146.5	e160.8	Arabie saoudite
Australia	163.2	200.4	196.7	190.4	211.0	Australie
Chile	178.9	190.0	189.4	177.0	201.7	Chili
Spain	174.4	169.1	181.7	155.9	220.0	Espagne
Tunisia	230.7	178.6	166.1	152.2	125.4	Tunisie
Indonesia	78.0	172.3	188.2	153.3	242.4	Indonésie
Finland	153.2	163.8	142.1	137.8	144.8	Finlande
China, Hong Kong SAR	132.3	149.3	139.6	156.6	145.0	Chine - RAS de Hong-Kong
Senegal	87.7	66.9	75.3	171.0	139.1	Sénégal
Poland	80.0	103.6	105.5	86.1	139.4	Pologne

(Value as percentages of World total)   **(Valeur en pourcentage du total mondial)**

Regions of the world	1994	1995	1996	1997	1998	1999	2000	2001	2002	2003	Régions du monde
World	100.0	100.0	100.0	100.0	100.0	100.0	100.0	100.0	100.0	100.0	Monde
Africa	8.6	10.1	9.7	9.4	8.5	10.0	8.8	8.4	9.9	8.3	Afrique
Americas	20.0	21.2	21.8	22.7	23.4	23.8	25.8	25.0	24.3	23.2	Amériques
- Northern America	14.3	15.1	15.3	15.7	16.2	16.8	17.9	17.2	16.8	15.8	- Amérique du Nord
- LAIA	3.9	4.4	4.6	5.2	5.5	5.0	5.5	4.9	5.2	5.0	- ALAI
- CACM	0.0	0.0	0.0	0.0	0.1	0.1	0.1	0.1	0.2	0.1	- MCC
- Caribbean	1.7	1.6	1.9	1.7	1.6	2.0	2.3	2.7	2.1	2.3	- Caraïbes
- Rest of America	0.0	0.0	0.0	0.0	0.0	0.0	0.0	0.0	0.0	0.0	- Autre d'Amérique
Asia excluding former USSR	20.8	23.0	22.9	23.8	24.3	25.6	26.3	26.6	27.2	28.2	Asie ancienne URSS exclus
- Middle East	3.6	4.1	3.7	3.8	3.6	3.6	2.2	3.7	2.9	2.9	- Moyen-Orient
Asia former USSR	0.9	1.7	1.7	1.4	1.4	1.3	0.4	0.3	0.5	0.5	Asie ancienne URSS
Europe excluding former USSR	42.0	36.0	34.9	34.4	36.5	33.7	31.9	33.3	32.5	33.2	Europe ancienne URSS exclus
- European Union	38.2	32.1	30.8	30.3	31.9	29.6	27.5	28.7	28.1	28.5	- Union Européenne
- Eastern Europe	2.2	2.2	2.2	2.1	2.4	2.0	2.1	2.3	2.1	2.4	- Europe de l'Est
- Rest of Europe	1.6	1.7	1.8	2.0	2.1	2.1	2.2	2.3	2.3	2.3	- Autre de l'Europe
Europe former USSR	6.7	7.0	8.0	7.2	5.0	4.6	5.6	5.2	4.4	5.5	Europe ancienne URSS
Oceania	1.0	1.1	1.0	1.0	0.9	1.1	1.2	1.2	1.2	1.1	Océanie

523 Other inorganic chemicals; compounds of precious metals

TRADE BY COMMODITY (Value in million US dollars)
Imports by principal countries or areas

COMMERCE PAR PRODUIT (Valeur en millions de dollars EU)
Importations selon les principaux pays ou zones

Country or area	1999	2000	2001	2002	2003	Pays ou zone
World	13270.1	14645.3	14457.6	14343.5	14825.6	Monde
Africa	531.7	518.8	528.7	546.7	550.4	Afrique
Americas	3092.7	3454.1	3420.1	3773.7	3276.7	Amériques
- Northern America	1753.0	2024.5	1940.4	1876.8	1858.8	- Amérique du Nord
- LAIA	1194.1	1272.5	1307.8	1706.8	1225.7	- ALAI
- CACM	83.2	95.9	109.4	124.5	127.7	- MCC
- Caribbean	50.2	50.3	50.9	52.3	50.9	- Caraïbes
- Rest of America	12.3	11.0	11.6	13.4	13.6	- Autre d'Amérique
Asia excluding former USSR	3681.7	4154.3	4043.1	4047.1	4342.3	Asie ancienne URSS exclus
- Middle East	589.3	569.8	551.2	592.4	659.1	- Moyen-Orient
Asia former USSR	77.6	100.7	89.2	87.5	93.1	Asie ancienne URSS
Europe excluding former USSR	5506.2	6031.8	5983.7	5480.7	6097.6	Europe ancienne URSS exclus
- European Union	4818.4	5336.8	5283.1	4756.4	5267.5	- Union Européenne
- Eastern Europe	351.9	349.4	362.7	407.7	467.7	- Europe de l'Est
- Rest of Europe	335.9	345.7	337.9	316.6	362.4	- Autre de l'Europe
Europe former USSR	152.9	155.5	178.7	200.9	239.7	Europe ancienne URSS
Oceania	227.4	230.0	214.1	207.0	225.6	Océanie
United States	1332.1	1508.1	1439.5	1393.4	1395.4	Etats-Unis d'Amérique
Germany	1062.2	1380.3	1423.6	988.5	1008.0	Allemagne
France-Monaco	728.0	778.5	780.2	748.5	846.1	France-Monaco
Japan	626.3	751.6	765.9	661.7	688.5	Japon
Belgium	582.8	797.1	712.1	592.1	666.5	Belgique
United Kingdom	468.2	487.3	532.1	519.8	531.0	Royaume-Uni
Italy-San Marino-Holy See	517.4	482.9	436.4	447.4	506.4	Italie-Saint-Marin-Saint-Siège
Canada	420.3	516.3	500.6	482.9	463.1	Canada
Mexico	377.9	438.9	461.8	408.1	358.5	Mexique
Korea, Republic of	346.2	383.4	384.6	413.2	464.1	République de Corée
China	272.0	382.0	375.2	454.7	478.2	Chine
Netherlands	342.7	316.5	357.1	402.9	482.4	Pays-Bas
Spain	335.5	290.1	256.1	278.6	326.7	Espagne
Brazil	274.1	284.4	292.6	294.9	298.2	Brésil
China, Hong Kong SAR	278.8	298.7	273.2	238.6	230.9	Chine - RAS de Hong-Kong
Malaysia	248.6	259.5	229.4	244.3	244.0	Malaisie
Thailand	176.7	222.3	259.6	e226.2	265.2	Thaïlande
Indonesia	183.6	238.6	244.8	232.4	208.0	Indonésie
Colombia	88.9	92.6	85.3	589.8	95.1	Colombie
Singapore	175.8	213.4	159.4	180.8	193.8	Singapour
Switzerland-Liechtenstein	168.3	197.4	187.8	149.5	171.3	Suisse-Liechtenstein
Turkey	172.1	165.5	141.9	171.7	198.2	Turquie
Finland	153.2	155.1	143.2	156.8	193.7	Finlande
Sweden	138.9	142.7	161.2	148.3	168.3	Suède
Australia	150.2	164.0	142.8	140.3	156.7	Australie
Czech Republic	132.6	118.7	128.3	146.3	160.8	République tchèque
Saudi Arabia	133.1	150.5	117.3	117.8	134.7	Arabie saoudite
Argentina	134.1	133.1	128.6	101.0	e155.1	Argentine
Austria	111.0	103.3	120.2	124.7	146.2	Autriche
India	89.0	91.5	125.6	120.7	156.9	Inde

(Value as percentages of World total) **(Valeur en pourcentage du total mondial)**

Regions of the world	1994	1995	1996	1997	1998	1999	2000	2001	2002	2003	Régions du monde
World	100.0	100.0	100.0	100.0	100.0	100.0	100.0	100.0	100.0	100.0	Monde
Africa	3.9	3.8	4.4	4.3	4.5	4.0	3.5	3.7	3.8	3.7	Afrique
Americas	20.9	20.6	20.6	22.6	23.7	23.3	23.6	23.7	26.3	22.1	Amériques
- Northern America	12.5	11.8	12.0	13.3	13.6	13.2	13.8	13.4	13.1	12.5	- Amérique du Nord
- LAIA	7.3	7.8	7.4	8.1	9.0	9.0	8.7	9.0	11.9	8.3	- ALAI
- CACM	0.6	0.5	0.6	0.6	0.7	0.6	0.7	0.8	0.9	0.9	- MCC
- Caribbean	0.4	0.4	0.4	0.5	0.4	0.4	0.3	0.4	0.4	0.3	- Caraïbes
- Rest of America	0.2	0.1	0.1	0.1	0.1	0.1	0.1	0.1	0.1	0.1	- Autre d'Amérique
Asia excluding former USSR	28.4	29.0	29.1	29.1	25.7	27.7	28.4	28.0	28.2	29.3	Asie ancienne URSS exclus
- Middle East	4.0	4.4	4.7	4.7	4.8	4.4	3.9	3.8	4.1	4.4	- Moyen-Orient
Asia former USSR	0.5	0.6	0.6	0.6	0.6	0.6	0.7	0.6	0.6	0.6	Asie ancienne URSS
Europe excluding former USSR	42.9	42.3	41.1	39.7	42.2	41.5	41.2	41.4	38.2	41.1	Europe ancienne URSS exclus
- European Union	37.6	37.0	35.5	34.7	37.0	36.3	36.4	36.5	33.2	35.5	- Union Européenne
- Eastern Europe	2.2	2.5	2.8	2.6	2.9	2.7	2.4	2.5	2.8	3.2	- Europe de l'Est
- Rest of Europe	3.1	2.9	2.7	2.4	2.3	2.5	2.4	2.3	2.2	2.4	- Autre de l'Europe
Europe former USSR	1.4	1.7	2.0	1.8	1.5	1.2	1.1	1.2	1.4	1.6	Europe ancienne URSS
Oceania	2.0	2.1	2.2	2.0	1.7	1.7	1.6	1.5	1.4	1.5	Océanie

Autres produits chimiques inorganiques; ou composés organiques de métaux précieux 523

TRADE BY COMMODITY (Value in million US dollars)
Exports by principal countries or areas

COMMERCE PAR PRODUIT (Valeur en millions de dollars EU)
Exportations selon les principaux pays ou zones

Country or area	1999	2000	2001	2002	2003	Pays ou zone
World	10814.8	12226.8	12564.3	11769.3	12884.5	Monde
Africa	283.5	296.3	289.5	264.6	293.3	Afrique
Americas	2841.7	3199.0	3362.5	3159.6	3136.7	Amériques
- Northern America	2270.0	2562.7	2698.7	2510.2	2433.3	- Amérique du Nord
- LAIA	560.9	625.4	652.0	637.5	691.6	- ALAI
- CACM	6.2	7.4	7.7	8.3	7.5	- MCC
- Caribbean	3.4	2.9	3.5	3.3	4.0	- Caraïbes
- Rest of America	1.1	0.5	0.5	0.3	0.3	- Autre d'Amérique
Asia excluding former USSR	2561.2	2752.9	2867.7	2947.5	3379.6	Asie ancienne URSS exclus
- Middle East	212.3	65.2	116.9	92.5	108.5	- Moyen-Orient
Asia former USSR	50.4	53.2	65.2	45.0	57.7	Asie ancienne URSS
Europe excluding former USSR	4780.2	5604.1	5563.9	4958.3	5541.8	Europe ancienne URSS exclus
- European Union	4245.9	5021.9	4875.4	4280.7	4780.7	- Union Européenne
- Eastern Europe	232.9	239.5	251.8	263.5	282.8	- Europe de l'Est
- Rest of Europe	301.4	342.7	436.7	414.1	478.3	- Autre de l'Europe
Europe former USSR	210.6	235.8	317.3	284.8	342.7	Europe ancienne URSS
Oceania	87.2	85.4	98.2	109.5	132.7	Océanie
United States	1853.2	2127.7	2261.2	2056.5	1979.3	Etats-Unis d'Amérique
Germany	1503.4	1548.9	1608.9	1420.5	1603.2	Allemagne
China	977.3	1108.6	1299.2	1369.8	1576.1	Chine
United Kingdom	683.3	953.7	931.2	691.5	719.2	Royaume-Uni
Japan	522.4	656.6	527.0	560.5	624.9	Japon
Italy-San Marino-Holy See	293.5	610.7	579.8	388.7	373.6	Italie-Saint-Marin-Saint-Siège
Canada	416.8	434.5	436.6	452.8	450.1	Canada
Belgium	348.6	376.0	338.0	362.7	443.9	Belgique
France-Monaco	364.5	424.5	342.1	340.0	335.1	France-Monaco
Netherlands	284.9	262.7	347.5	400.9	477.7	Pays-Bas
Switzerland-Liechtenstein	212.3	288.9	251.2	194.2	195.3	Suisse-Liechtenstein
Israel	240.5	212.0	226.8	188.6	234.8	Israël
Russian Federation	140.7	171.5	251.0	219.3	254.3	Fédération de Russie
Mexico	198.2	199.4	184.4	193.8	188.0	Mexique
Chile	158.7	168.5	192.7	193.6	244.4	Chili
Finland	174.0	161.1	175.4	181.2	206.9	Finlande
Korea, Republic of	152.9	180.1	177.0	178.8	205.6	République de Corée
Ireland	181.0	285.7	174.2	94.6	122.9	Irlande
Spain	152.5	148.8	156.8	169.5	211.8	Espagne
Sweden	188.2	174.8	149.6	152.8	170.4	Suède
China, Hong Kong SAR	112.9	144.5	128.6	118.2	128.5	Chine - RAS de Hong-Kong
Norway	21.0	16.6	152.5	188.3	245.2	Norvège
South Africa	–	172.8	144.3	124.3	151.4	Afrique du Sud
Poland	98.4	108.1	111.3	124.2	128.6	Pologne
India	72.3	94.7	128.5	105.7	127.9	Inde
Australia	80.5	80.3	92.3	105.6	127.4	Australie
Tunisia	82.0	88.9	102.0	99.1	92.0	Tunisie
Brazil	57.4	98.1	105.8	92.5	103.0	Brésil
Argentina	75.9	89.9	89.6	75.6	83.6	Argentine
Turkey	174.2	16.7	63.7	31.6	35.3	Turquie

(Value as percentages of World total)

(Valeur en pourcentage du total mondial)

Regions of the world	1994	1995	1996	1997	1998	1999	2000	2001	2002	2003	Régions du monde
World	100.0	100.0	100.0	100.0	100.0	100.0	100.0	100.0	100.0	100.0	Monde
Africa	3.7	2.5	3.1	3.3	2.9	2.6	2.4	2.3	2.2	2.3	Afrique
Americas	25.2	25.6	25.9	27.1	26.4	26.3	26.2	26.8	26.8	24.3	Amériques
- Northern America	20.4	20.7	20.9	21.7	21.2	21.0	21.0	21.5	21.3	18.9	- Amérique du Nord
- LAIA	4.7	4.8	5.0	5.3	5.2	5.2	5.1	5.2	5.4	5.4	- ALAI
- CACM	0.0	0.0	0.0	0.0	0.0	0.1	0.1	0.1	0.1	0.1	- MCC
- Caribbean	0.0	0.0	0.0	0.0	0.1	0.0	0.0	0.0	0.0	0.0	- Caraïbes
- Rest of America	0.0	0.0	0.0	0.0	0.0	0.0	0.0	0.0	0.0	0.0	- Autre d'Amérique
Asia excluding former USSR	18.9	22.1	20.2	20.8	20.3	23.7	22.5	22.8	25.0	26.2	Asie ancienne URSS exclus
- Middle East	1.5	1.4	0.5	0.7	0.5	2.0	0.5	0.9	0.8	0.8	- Moyen-Orient
Asia former USSR	0.8	0.9	0.8	0.5	0.4	0.4	0.5	0.4	0.4	0.4	Asie ancienne URSS
Europe excluding former USSR	48.6	46.0	46.6	45.4	47.5	44.2	45.8	44.3	42.1	43.0	Europe ancienne URSS exclus
- European Union	43.7	39.8	40.6	39.9	41.9	39.3	41.1	38.8	36.4	37.1	- Union Européenne
- Eastern Europe	2.3	3.7	3.6	3.2	3.2	2.2	2.0	2.0	2.2	2.2	- Europe de l'Est
- Rest of Europe	2.6	2.5	2.5	2.3	2.4	2.8	2.8	3.5	3.5	3.7	- Autre de l'Europe
Europe former USSR	2.1	2.1	2.4	2.1	1.9	1.9	1.9	2.5	2.4	2.7	Europe ancienne URSS
Oceania	0.7	1.0	1.0	0.7	0.5	0.8	0.7	0.8	0.9	1.0	Océanie

524 Radioactive and associated material

Country or area	1999	2000	2001	2002	2003	Pays ou zone
World	6218.2	6881.4	6990.8	7506.6	9424.6	Monde
Africa	18.9	16.9	13.1	14.4	12.8	Afrique
Americas	2023.7	2343.2	2394.8	2459.7	3207.8	Amériques
- Northern America	1972.8	2293.5	2333.6	2394.4	3152.3	- Amérique du Nord
- LAIA	49.8	48.5	60.2	64.1	54.0	- ALAI
- CACM	0.6	0.4	0.4	0.4	0.5	- MCC
- Caribbean	0.5	0.8	0.6	0.7	1.0	- Caraïbes
- Rest of America	0.1	0.0	0.0	0.0	0.0	- Autre d'Amérique
Asia excluding former USSR	1495.0	1854.8	1557.7	1733.8	1851.5	Asie ancienne URSS exclus
- Middle East	19.4	18.0	32.1	12.9	16.5	- Moyen-Orient
Asia former USSR	32.1	99.9	137.6	126.2	163.3	Asie ancienne URSS
Europe excluding former USSR	2606.1	2408.3	2564.9	2875.6	3975.3	Europe ancienne URSS exclus
- European Union	2568.9	2372.4	2528.2	2833.6	3932.5	- Union Européenne
- Eastern Europe	13.6	15.0	14.9	20.2	18.6	- Europe de l'Est
- Rest of Europe	23.7	20.9	21.7	21.8	24.1	- Autre de l'Europe
Europe former USSR	32.9	147.0	314.7	286.8	203.0	Europe ancienne URSS
Oceania	9.4	11.5	8.1	10.2	11.0	Océanie
United States	1769.7	2117.9	2170.7	2236.1	2987.9	Etats-Unis d'Amérique
Japan	1041.1	1413.4	971.8	1111.4	1299.4	Japon
France-Monaco	620.9	701.0	660.9	701.8	1118.3	France-Monaco
Belgium	681.5	559.1	596.9	675.1	907.5	Belgique
United Kingdom	484.8	392.1	483.4	448.3	515.6	Royaume-Uni
Germany	403.6	277.5	320.4	512.0	608.7	Allemagne
Korea, Republic of	327.0	274.9	288.4	332.8	319.8	République de Corée
Russian Federation	29.6	145.4	312.6	282.6	199.6	Fédération de Russie
Netherlands	85.8	153.7	166.7	246.5	255.5	Pays-Bas
Canada	203.1	175.6	162.8	158.3	164.4	Canada
Spain	124.8	130.2	165.5	122.1	180.4	Espagne
Kazakhstan	31.8	99.6	137.2	e125.9	163.1	Kazakhstan
Sweden	76.9	73.9	51.8	48.6	252.9	Suède
China	31.3	37.7	128.0	124.2	94.5	Chine
Italy-San Marino-Holy See	44.9	38.8	35.5	38.0	42.2	Italie-Saint-Marin-Saint-Siège
Brazil	23.6	22.2	34.3	41.1	27.9	Brésil
Malaysia	14.5	8.7	20.7	42.8	36.9	Malaisie
Singapore	16.2	30.6	25.1	29.2	22.1	Singapour
Austria	19.2	24.0	26.5	20.8	25.7	Autriche
Switzerland-Liechtenstein	15.0	14.6	14.8	14.3	15.7	Suisse-Liechtenstein
Mexico	10.2	10.9	11.5	14.3	16.7	Mexique
Australia	8.1	10.1	6.4	8.2	8.6	Australie
Denmark	9.4	8.8	8.2	7.4	6.3	Danemark
Argentina	9.4	10.4	8.5	2.7	e4.2	Argentine
Czech Republic	6.5	5.7	6.3	9.3	6.7	République tchèque
Israel	7.1	7.0	6.7	6.6	6.5	Israël
South Africa	–	11.5	7.5	7.7	6.1	Afrique du Sud
Turkey	9.6	5.9	5.2	5.2	6.2	Turquie
Greece	7.6	5.7	5.1	5.3	7.2	Grèce
Thailand	4.0	5.7	4.9	e6.9	8.0	Thaïlande

(Value as percentages of World total) — **(Valeur en pourcentage du total mondial)**

Regions of the world	1994	1995	1996	1997	1998	1999	2000	2001	2002	2003	Régions du monde
World	100.0	100.0	100.0	100.0	100.0	100.0	100.0	100.0	100.0	100.0	Monde
Africa	0.3	0.3	0.3	0.3	0.3	0.3	0.2	0.2	0.2	0.1	Afrique
Americas	23.6	24.5	28.7	25.7	28.2	32.5	34.1	34.3	32.8	34.0	Amériques
- Northern America	23.1	23.8	28.1	25.0	27.3	31.7	33.3	33.4	31.9	33.4	- Amérique du Nord
- LAIA	0.5	0.7	0.6	0.7	0.8	0.8	0.7	0.9	0.9	0.6	- ALAI
- CACM	0.0	0.0	0.0	0.0	0.0	0.0	0.0	0.0	0.0	0.0	- MCC
- Caribbean	0.0	0.0	0.0	0.0	0.0	0.0	0.0	0.0	0.0	0.0	- Caraïbes
- Rest of America	0.0	0.0	0.0	0.0	0.0	0.0	0.0	0.0	0.0	0.0	- Autre d'Amérique
Asia excluding former USSR	33.1	33.1	27.7	28.6	26.0	24.0	27.0	22.3	23.1	19.6	Asie ancienne URSS exclus
- Middle East	0.5	0.4	0.3	0.3	0.2	0.3	0.3	0.5	0.2	0.2	- Moyen-Orient
Asia former USSR	0.0	0.0	0.5	0.5	0.9	0.5	1.5	2.0	1.7	1.7	Asie ancienne URSS
Europe excluding former USSR	42.4	41.7	42.4	44.6	44.2	41.9	35.0	36.7	38.3	42.2	Europe ancienne URSS exclus
- European Union	41.7	39.7	40.8	42.5	41.7	41.3	34.5	36.2	37.7	41.7	- Union Européenne
- Eastern Europe	0.2	1.5	1.0	1.7	2.0	0.2	0.2	0.2	0.3	0.2	- Europe de l'Est
- Rest of Europe	0.5	0.6	0.6	0.4	0.4	0.4	0.3	0.3	0.3	0.3	- Autre de l'Europe
Europe former USSR	0.4	0.2	0.2	0.1	0.3	0.5	2.1	4.5	3.8	2.2	Europe ancienne URSS
Oceania	0.2	0.2	0.2	0.2	0.2	0.2	0.2	0.1	0.1	0.1	Océanie

TRADE BY COMMODITY (Value in million US dollars)
Exports by principal countries or areas

COMMERCE PAR PRODUIT (Valeur en millions de dollars EU)
Exportations selon les principaux pays ou zones

Country or area	1999	2000	2001	2002	2003	Pays ou zone
World	4268.0	4507.7	5076.3	5586.7	6675.8	Monde
Africa	42.9	31.7	32.8	32.8	42.4	Afrique
Americas	1528.5	1663.9	1893.9	2161.4	2221.1	Amériques
- Northern America	1469.7	1647.4	1888.7	2157.4	2217.7	- Amérique du Nord
- LAIA	58.8	16.3	4.9	3.9	3.0	- ALAI
- CACM	0.0	0.0	0.0	0.0	0.1	- MCC
- Caribbean	0.0	0.2	0.2	0.1	0.2	- Caraïbes
- Rest of America	0.0	0.0	0.0	0.0	0.0	- Autre d'Amérique
Asia excluding former USSR	308.4	279.8	317.9	350.5	455.7	Asie ancienne URSS exclus
- Middle East	1.0	0.8	2.7	1.5	1.9	- Moyen-Orient
Asia former USSR	131.2	149.7	206.0	97.7	167.5	Asie ancienne URSS
Europe excluding former USSR	2093.5	2207.6	2470.0	2819.9	3687.7	Europe ancienne URSS exclus
- European Union	2043.8	2162.8	2438.7	2770.9	3642.3	- Union Européenne
- Eastern Europe	39.4	34.2	22.4	39.5	33.3	- Europe de l'Est
- Rest of Europe	10.2	10.6	9.0	9.5	12.1	- Autre de l'Europe
Europe former USSR	161.3	173.0	153.8	122.0	98.6	Europe ancienne URSS
Oceania	2.1	2.1	1.9	2.5	2.8	Océanie
United States	990.1	1212.6	1282.3	1555.9	1598.0	Etats-Unis d'Amérique
France-Monaco	1032.8	970.2	1033.3	1232.3	1639.2	France-Monaco
United Kingdom	515.8	680.5	752.0	761.1	1017.4	Royaume-Uni
Canada	479.6	434.8	606.4	601.5	619.7	Canada
Netherlands	215.7	268.2	322.9	334.2	470.1	Pays-Bas
China	237.9	195.1	231.2	254.0	242.3	Chine
Germany	147.3	116.2	191.3	325.3	325.1	Allemagne
Russian Federation	156.3	172.2	152.1	116.0	94.6	Fédération de Russie
Kazakhstan	109.0	121.8	110.5	e78.4	104.3	Kazakhstan
Belgium	78.9	59.9	98.1	90.2	93.3	Belgique
Japan	49.1	53.0	46.0	53.7	168.6	Japon
Uzbekistan	e19.5	e26.3	e93.7	e18.4	e62.6	Ouzbékistan
Czech Republic	36.4	32.8	18.3	35.9	31.8	République tchèque
South Africa	–	31.7	32.6	32.6	42.1	Afrique du Sud
Sweden	32.2	32.6	10.3	9.4	25.1	Suède
Argentina	57.9	15.2	4.4	3.0	2.2	Argentine
Spain	0.5	17.3	15.8	3.4	37.7	Espagne
Singapore	5.5	17.7	17.5	18.0	13.4	Singapour
Italy-San Marino-Holy See	10.7	12.0	9.0	8.8	9.3	Italie-Saint-Marin-Saint-Siège
Israel	2.8	4.3	9.5	13.9	16.8	Israël
Switzerland-Liechtenstein	6.4	7.1	7.8	8.0	10.0	Suisse-Liechtenstein
Southern African Customs Union	36.7	–	–	–	–	Union douanière d'Afrique australe
Austria	1.1	0.6	0.6	0.8	18.7	Autriche
Estonia	4.9	0.4	1.1	5.5	3.4	Estonie
Korea, Republic of	2.8	1.3	3.4	3.1	4.6	République de Corée
Finland	3.1	3.0	2.9	2.9	3.0	Finlande
China, Hong Kong SAR	6.0	1.1	2.8	2.3	2.4	Chine - RAS de Hong-Kong
Ireland	4.1	1.6	2.0	1.6	2.5	Irlande
Australia	2.0	2.0	1.9	2.2	2.8	Australie
India	0.1	4.5	2.4	2.1	1.6	Inde

(Value as percentages of World total) **(Valeur en pourcentage du total mondial)**

Regions of the world	1994	1995	1996	1997	1998	1999	2000	2001	2002	2003	Régions du monde
World	100.0	100.0	100.0	100.0	100.0	100.0	100.0	100.0	100.0	100.0	Monde
Africa	4.9	1.3	1.4	1.9	1.6	1.0	0.7	0.6	0.6	0.6	Afrique
Americas	38.2	34.1	37.8	45.8	40.1	35.8	36.9	37.3	38.7	33.3	Amériques
- Northern America	38.2	33.9	37.8	45.8	38.2	34.4	36.5	37.2	38.6	33.2	- Amérique du Nord
- LAIA	0.0	0.1	0.0	0.1	2.0	1.4	0.4	0.1	0.1	0.0	- ALAI
- CACM	0.0	0.0	0.0	0.0	0.0	0.0	0.0	0.0	0.0	0.0	- MCC
- Caribbean	0.0	0.0	0.0	0.0	0.0	0.0	0.0	0.0	0.0	0.0	- Caraïbes
- Rest of America	0.0	0.0	0.0	0.0	0.0	0.0	0.0	0.0	0.0	0.0	- Autre d'Amérique
Asia excluding former USSR	3.2	6.4	6.0	5.9	6.7	7.2	6.2	6.3	6.3	6.8	Asie ancienne URSS exclus
- Middle East	0.0	0.0	0.0	0.0	0.0	0.0	0.0	0.1	0.0	0.0	- Moyen-Orient
Asia former USSR	2.5	1.7	2.6	2.1	3.2	3.3	3.3	4.1	1.7	2.5	Asie ancienne URSS
Europe excluding former USSR	45.9	50.2	45.7	43.7	44.5	49.1	49.0	48.7	50.5	55.2	Europe ancienne URSS exclus
- European Union	45.6	49.8	45.3	42.1	43.4	47.9	48.0	48.0	49.6	54.6	- Union Européenne
- Eastern Europe	0.0	0.1	0.2	1.3	0.9	0.9	0.8	0.4	0.7	0.5	- Europe de l'Est
- Rest of Europe	0.2	0.3	0.2	0.2	0.2	0.2	0.2	0.2	0.2	0.2	- Autre de l'Europe
Europe former USSR	5.2	6.3	6.5	0.5	3.9	3.8	3.8	3.0	2.2	1.5	Europe ancienne URSS
Oceania	0.0	0.0	0.0	0.0	0.0	0.1	0.0	0.0	0.0	0.0	Océanie

531 Synthetic dye, natural indigo, lakes

TRADE BY COMMODITY (Value in million US dollars)
Imports by principal countries or areas

COMMERCE PAR PRODUIT (Valeur en millions de dollars EU)
Importations selon les principaux pays ou zones

Country or area	1999	2000	2001	2002	2003	Pays ou zone
World	9759.5	9585.4	8697.6	9045.0	9777.9	Monde
Africa	248.1	223.8	238.1	253.9	242.9	Afrique
Americas	1845.3	1807.7	1583.6	1602.8	1629.0	Amériques
- Northern America	1178.6	1087.9	893.1	931.1	946.7	- Amérique du Nord
- LAIA	625.9	678.0	650.0	622.9	635.9	- ALAI
- CACM	32.0	31.9	32.0	38.2	36.0	- MCC
- Caribbean	6.8	8.0	6.2	8.4	7.7	- Caraïbes
- Rest of America	2.0	1.9	2.3	2.2	2.6	- Autre d'Amérique
Asia excluding former USSR	2796.3	2927.0	2676.4	2954.4	3146.5	Asie ancienne URSS exclus
- Middle East	363.4	340.6	309.2	381.9	433.6	- Moyen-Orient
Asia former USSR	5.5	8.8	10.7	9.5	12.4	Asie ancienne URSS
Europe excluding former USSR	4685.7	4446.8	4026.6	4046.1	4546.0	Europe ancienne URSS exclus
- European Union	3879.9	3665.2	3365.1	3354.3	3757.3	- Union Européenne
- Eastern Europe	153.4	150.2	148.9	168.4	200.2	- Europe de l'Est
- Rest of Europe	652.4	631.4	512.5	523.4	588.6	- Autre de l'Europe
Europe former USSR	65.5	72.4	74.4	84.4	98.2	Europe ancienne URSS
Oceania	113.1	98.9	87.9	93.8	103.0	Océanie
United States	955.1	860.6	699.2	736.2	752.5	Etats-Unis d'Amérique
Germany	766.8	752.9	710.4	697.2	859.3	Allemagne
Italy-San Marino-Holy See	591.3	559.6	512.5	487.2	576.4	Italie-Saint-Marin-Saint-Siège
France-Monaco	581.5	536.9	480.6	494.2	521.8	France-Monaco
Switzerland-Liechtenstein	519.7	499.6	379.2	379.8	420.6	Suisse-Liechtenstein
United Kingdom	454.1	449.9	376.7	355.8	378.0	Royaume-Uni
China	291.4	328.6	352.3	428.1	490.1	Chine
China, Hong Kong SAR	357.7	372.8	329.7	380.2	383.3	Chine - RAS de Hong-Kong
Belgium	349.6	335.2	306.7	296.8	335.4	Belgique
Japan	322.6	333.1	293.8	294.5	353.0	Japon
Korea, Republic of	312.2	311.0	282.5	298.2	282.8	République de Corée
Turkey	262.1	251.3	209.8	284.5	323.9	Turquie
Netherlands	287.1	266.2	236.2	236.0	269.6	Pays-Bas
Mexico	240.9	244.5	222.7	227.9	213.0	Mexique
Spain	235.3	203.3	203.7	223.1	233.3	Espagne
Canada	223.4	227.2	193.8	194.8	194.1	Canada
Indonesia	175.2	232.4	184.7	190.5	155.7	Indonésie
Singapore	134.1	186.6	159.0	180.0	179.4	Singapour
Brazil	141.6	160.9	143.9	140.4	138.2	Brésil
Thailand	137.6	138.6	137.1	e132.5	155.4	Thaïlande
Denmark	136.5	133.5	131.5	154.7	99.6	Danemark
Austria	110.3	108.0	107.3	101.8	118.3	Autriche
Sweden	118.6	97.3	92.8	94.4	113.9	Suède
Norway	89.9	91.3	91.0	95.7	112.8	Norvège
Chile	76.1	92.7	97.9	88.3	105.0	Chili
Portugal	96.0	83.0	74.8	77.0	e78.6	Portugal
Australia	86.5	80.3	68.6	73.9	80.9	Australie
Pakistan	76.7	71.3	67.7	77.3	84.1	Pakistan
Finland	72.7	74.9	67.4	69.4	79.8	Finlande
Malaysia	77.4	74.3	65.4	69.7	68.0	Malaisie

(Value as percentages of World total)   **(Valeur en pourcentage du total mondial)**

Regions of the world	1994	1995	1996	1997	1998	1999	2000	2001	2002	2003	Régions du monde
World	100.0	100.0	100.0	100.0	100.0	100.0	100.0	100.0	100.0	100.0	Monde
Africa	3.4	2.5	2.9	2.7	2.9	2.5	2.3	2.7	2.8	2.5	Afrique
Americas	17.6	16.2	16.9	18.4	18.3	18.9	18.9	18.2	17.7	16.7	Amériques
- Northern America	11.8	10.7	10.8	11.5	11.5	12.1	11.3	10.3	10.3	9.7	- Amérique du Nord
- LAIA	5.4	5.2	5.8	6.3	6.4	6.4	7.1	7.5	6.9	6.5	- ALAI
- CACM	0.3	0.3	0.3	0.5	0.4	0.3	0.3	0.4	0.4	0.4	- MCC
- Caribbean	0.1	0.1	0.1	0.1	0.1	0.1	0.1	0.1	0.1	0.1	- Caraïbes
- Rest of America	0.0	0.0	0.0	0.0	0.0	0.0	0.0	0.0	0.0	0.0	- Autre d'Amérique
Asia excluding former USSR	30.6	29.7	29.4	29.0	26.1	28.7	30.5	30.8	32.7	32.2	Asie ancienne URSS exclus
- Middle East	3.5	4.1	4.5	4.6	4.1	3.7	3.6	3.6	4.2	4.4	- Moyen-Orient
Asia former USSR	0.1	0.1	0.1	0.0	0.1	0.1	0.1	0.1	0.1	0.1	Asie ancienne URSS
Europe excluding former USSR	46.4	49.8	48.8	48.0	50.9	48.0	46.4	46.3	44.7	46.5	Europe ancienne URSS exclus
- European Union	37.5	40.2	39.9	38.8	42.1	39.8	38.2	38.7	37.1	38.4	- Union Européenne
- Eastern Europe	1.4	1.4	1.7	1.6	1.6	1.6	1.6	1.7	1.9	2.0	- Europe de l'Est
- Rest of Europe	7.6	8.2	7.3	7.6	7.2	6.7	6.6	5.9	5.8	6.0	- Autre de l'Europe
Europe former USSR	0.3	0.4	0.5	0.7	0.7	0.7	0.8	0.9	0.9	1.0	Europe ancienne URSS
Oceania	1.5	1.3	1.3	1.1	1.0	1.2	1.0	1.0	1.0	1.1	Océanie

Matières colorantes organiques synthétiques, etc., indigo naturel et laques colorantes 531

TRADE BY COMMODITY (Value in million US dollars)
Exports by principal countries or areas

COMMERCE PAR PRODUIT (Valeur en millions de dollars EU)
Exportations selon les principaux pays ou zones

Country or area	1999	2000	2001	2002	2003	Pays ou zone
World	9215.4	9001.5	8476.1	9027.4	9815.9	Monde
Africa	14.6	12.3	12.2	13.5	14.5	Afrique
Americas	900.8	952.6	848.1	781.6	769.6	Amériques
- Northern America	709.3	752.1	652.6	610.2	587.0	- Amérique du Nord
- LAIA	187.1	195.2	191.9	168.2	179.0	- ALAI
- CACM	3.0	3.7	2.0	2.0	2.8	- MCC
- Caribbean	0.1	0.1	0.1	0.1	0.4	- Caraïbes
- Rest of America	1.2	1.4	1.4	1.1	0.4	- Autre d'Amérique
Asia excluding former USSR	2649.2	2867.7	2660.5	2936.6	3142.2	Asie ancienne URSS exclus
- Middle East	14.2	13.8	16.0	21.2	25.4	- Moyen-Orient
Asia former USSR	0.3	0.3	0.0	0.1	0.2	Asie ancienne URSS
Europe excluding former USSR	5557.3	5098.8	4896.3	5263.0	5818.6	Europe ancienne URSS exclus
- European Union	4245.0	3885.2	3746.4	4037.4	4524.9	- Union Européenne
- Eastern Europe	65.5	65.5	57.2	59.4	67.6	- Europe de l'Est
- Rest of Europe	1246.8	1148.1	1092.7	1166.1	1226.1	- Autre de l'Europe
Europe former USSR	82.5	62.3	50.2	17.9	53.5	Europe ancienne URSS
Oceania	10.8	7.6	8.7	14.8	17.4	Océanie
Germany	2025.0	1834.5	1534.1	1740.9	2027.0	Allemagne
Switzerland-Liechtenstein	1241.1	1142.7	1087.4	1157.0	1214.2	Suisse-Liechtenstein
China	667.2	764.9	781.2	891.4	925.0	Chine
United States	682.5	726.6	632.5	586.0	565.1	Etats-Unis d'Amérique
India	409.8	470.4	431.0	497.2	549.0	Inde
United Kingdom	416.6	309.5	492.8	510.9	497.0	Royaume-Uni
Japan	528.4	482.8	333.7	311.4	380.4	Japon
France-Monaco	459.7	397.9	371.8	379.9	409.6	France-Monaco
Belgium	383.5	345.6	328.3	324.9	409.4	Belgique
China, Hong Kong SAR	316.0	329.8	316.5	325.9	332.9	Chine - RAS de Hong-Kong
Netherlands	278.1	317.9	318.0	290.3	379.0	Pays-Bas
Korea, Republic of	239.8	256.3	236.9	261.4	251.0	République de Corée
Denmark	162.2	201.0	216.2	248.4	208.5	Danemark
Singapore	125.3	170.3	185.2	226.1	236.0	Singapour
Italy-San Marino-Holy See	202.9	176.2	171.6	184.8	203.8	Italie-Saint-Marin-Saint-Siège
Spain	156.2	143.4	151.8	187.9	200.5	Espagne
Indonesia	56.6	75.8	68.5	86.3	99.7	Indonésie
Mexico	65.2	67.8	67.2	80.1	75.2	Mexique
Brazil	76.5	88.1	75.7	48.3	56.6	Brésil
Austria	56.4	59.5	59.7	55.5	55.5	Autriche
Russian Federation	78.1	58.1	47.2	14.6	49.1	Fédération de Russie
Thailand	42.2	43.2	42.2	e47.5	55.4	Thaïlande
Czech Republic	51.0	48.1	39.0	37.7	41.3	République tchèque
Sweden	31.0	28.3	31.5	38.3	44.8	Suède
Finland	26.7	26.3	26.2	27.7	30.3	Finlande
Greece	29.5	26.1	22.7	23.8	30.4	Grèce
Argentina	27.7	24.2	31.4	22.7	22.1	Argentine
Canada	26.8	25.6	20.1	24.0	21.9	Canada
Portugal	11.9	11.1	13.5	16.2	e18.8	Portugal
Hungary	8.1	11.0	12.5	15.3	18.2	Hongrie

(Value as percentages of World total)   **(Valeur en pourcentage du total mondial)**

Regions of the world	1994	1995	1996	1997	1998	1999	2000	2001	2002	2003	Régions du monde
World	100.0	100.0	100.0	100.0	100.0	100.0	100.0	100.0	100.0	100.0	Monde
Africa	0.1	0.1	0.1	0.1	0.1	0.2	0.1	0.1	0.1	0.1	Afrique
Americas	6.7	6.8	7.5	8.9	9.5	9.8	10.6	10.0	8.7	7.8	Amériques
- Northern America	5.5	5.3	5.8	6.8	7.3	7.7	8.4	7.7	6.8	6.0	- Amérique du Nord
- LAIA	1.1	1.4	1.7	2.0	2.1	2.0	2.2	2.3	1.9	1.8	- ALAI
- CACM	0.0	0.0	0.0	0.0	0.0	0.0	0.0	0.0	0.0	0.0	- MCC
- Caribbean	0.0	0.0	0.0	0.0	0.0	0.0	0.0	0.0	0.0	0.0	- Caraïbes
- Rest of America	0.0	0.0	0.0	0.0	0.0	0.0	0.0	0.0	0.0	0.0	- Autre d'Amérique
Asia excluding former USSR	25.2	24.3	24.6	27.0	26.3	28.7	31.9	31.4	32.5	32.0	Asie ancienne URSS exclus
- Middle East	0.2	0.3	0.2	0.3	0.2	0.2	0.2	0.2	0.2	0.3	- Moyen-Orient
Asia former USSR	0.0	0.0	0.0	0.0	0.0	0.0	0.0	0.0	0.0	0.0	Asie ancienne URSS
Europe excluding former USSR	67.7	68.5	67.3	63.6	63.8	60.3	56.6	57.8	58.3	59.3	Europe ancienne URSS exclus
- European Union	49.7	50.5	51.3	48.5	48.7	46.1	43.2	44.2	44.7	46.1	- Union Européenne
- Eastern Europe	0.8	0.8	0.7	0.8	0.8	0.7	0.7	0.7	0.7	0.7	- Europe de l'Est
- Rest of Europe	17.3	17.3	15.2	14.3	14.3	13.5	12.8	12.9	12.9	12.5	- Autre de l'Europe
Europe former USSR	0.2	0.2	0.2	0.2	0.2	0.9	0.7	0.6	0.2	0.5	Europe ancienne URSS
Oceania	0.1	0.1	0.2	0.2	0.1	0.1	0.1	0.1	0.2	0.2	Océanie

532 Dyeing and tanning extracts, and synthetic tanning materials

Country or area	1999	2000	2001	2002	2003	Pays ou zone
World	1010.0	1050.0	1063.3	1132.7	1279.0	Monde
Africa	31.9	36.0	41.7	39.1	37.4	Afrique
Americas	206.6	199.2	190.9	178.1	223.3	Amériques
- Northern America	88.3	89.2	78.4	67.9	80.5	- Amérique du Nord
- LAIA	105.1	96.0	99.7	96.0	122.5	- ALAI
- CACM	8.4	8.3	7.3	8.3	9.0	- MCC
- Caribbean	3.7	4.4	4.5	5.0	10.7	- Caraïbes
- Rest of America	1.2	1.3	1.0	0.9	0.7	- Autre d'Amérique
Asia excluding former USSR	385.4	423.6	443.8	495.2	546.6	Asie ancienne URSS exclus
- Middle East	24.3	28.3	27.1	36.3	45.3	- Moyen-Orient
Asia former USSR	0.8	0.8	0.7	0.7	0.6	Asie ancienne URSS
Europe excluding former USSR	347.6	354.8	355.3	382.1	432.6	Europe ancienne URSS exclus
- European Union	304.0	304.5	305.6	320.6	357.3	- Union Européenne
- Eastern Europe	25.8	26.0	25.1	28.1	32.0	- Europe de l'Est
- Rest of Europe	17.7	24.4	24.6	33.4	43.3	- Autre de l'Europe
Europe former USSR	14.2	13.5	13.5	17.4	18.3	Europe ancienne URSS
Oceania	23.6	22.1	17.5	20.0	20.1	Océanie
Italy-San Marino-Holy See	78.2	83.4	82.2	88.9	94.9	Italie-Saint-Marin-Saint-Siège
China	44.4	65.6	78.6	100.5	118.7	Chine
United States	79.7	82.8	72.7	62.3	73.5	Etats-Unis d'Amérique
China, Hong Kong SAR	51.9	55.7	64.3	79.6	90.8	Chine - RAS de Hong-Kong
Japan	57.1	61.4	65.8	62.6	71.5	Japon
Korea, Republic of	49.3	52.1	49.1	51.6	46.9	République de Corée
Germany	42.4	42.5	43.8	49.6	48.9	Allemagne
India	33.7	37.0	42.0	38.6	48.5	Inde
Spain	35.1	41.9	43.5	35.2	43.1	Espagne
Mexico	38.4	31.4	30.8	35.2	51.1	Mexique
France-Monaco	35.2	34.9	29.5	31.4	42.6	France-Monaco
United Kingdom	29.8	26.0	24.3	25.8	29.9	Royaume-Uni
Brazil	21.6	21.3	21.8	19.3	23.0	Brésil
Switzerland-Liechtenstein	9.0	15.8	17.7	25.8	33.8	Suisse-Liechtenstein
Argentina	20.9	18.9	18.1	14.9	e22.8	Argentine
Pakistan	16.6	18.2	18.3	17.2	20.5	Pakistan
Turkey	11.3	14.4	14.0	21.2	27.9	Turquie
Netherlands	16.9	13.9	14.7	20.7	20.3	Pays-Bas
Bangladesh	e16.7	e18.2	17.6	e17.2	13.6	Bangladesh
Denmark	9.9	13.4	17.7	15.8	19.4	Danemark
Australia	18.2	16.9	12.5	14.0	14.4	Australie
Poland	13.0	13.2	11.6	12.5	14.4	Pologne
Thailand	9.7	9.7	10.2	e12.3	14.5	Thaïlande
Belgium	8.7	8.2	10.2	11.1	17.4	Belgique
Austria	10.5	8.2	11.1	11.1	12.4	Autriche
Portugal	12.2	10.1	9.4	9.6	e9.9	Portugal
Singapore	7.4	9.4	10.3	11.7	10.5	Singapour
Ireland	12.7	12.1	8.0	9.6	5.3	Irlande
Indonesia	7.8	9.0	8.6	8.7	12.2	Indonésie
Nigeria	2.5	8.9	e12.2	e11.6	e6.1	Nigéria

(Value as percentages of World total)   **(Valeur en pourcentage du total mondial)**

Regions of the world	1994	1995	1996	1997	1998	1999	2000	2001	2002	2003	Régions du monde
World	100.0	100.0	100.0	100.0	100.0	100.0	100.0	100.0	100.0	100.0	Monde
Africa	4.1	2.9	2.9	3.1	3.3	3.2	3.4	3.9	3.5	2.9	Afrique
Americas	17.1	16.0	16.2	17.4	19.4	20.5	19.0	17.9	15.7	17.5	Amériques
- Northern America	8.6	7.2	7.2	7.5	8.0	8.7	8.5	7.4	6.0	6.3	- Amérique du Nord
- LAIA	7.2	7.7	7.9	8.8	10.2	10.4	9.1	9.4	8.5	9.6	- ALAI
- CACM	1.0	0.9	0.7	0.7	0.8	0.8	0.8	0.7	0.7	0.7	- MCC
- Caribbean	0.2	0.2	0.3	0.2	0.3	0.4	0.4	0.4	0.4	0.8	- Caraïbes
- Rest of America	0.1	0.1	0.1	0.1	0.1	0.1	0.1	0.1	0.1	0.1	- Autre d'Amérique
Asia excluding former USSR	39.2	41.0	40.7	39.3	35.8	38.2	40.3	41.7	43.7	42.7	Asie ancienne URSS exclus
- Middle East	2.1	2.9	3.6	3.6	2.9	2.4	2.7	2.5	3.2	3.5	- Moyen-Orient
Asia former USSR	0.1	0.1	0.1	0.1	0.1	0.1	0.1	0.1	0.1	0.0	Asie ancienne URSS
Europe excluding former USSR	35.7	36.5	36.6	36.5	37.6	34.4	33.8	33.4	33.7	33.8	Europe ancienne URSS exclus
- European Union	32.2	32.8	32.9	32.7	33.6	30.1	29.0	28.7	28.3	27.9	- Union Européenne
- Eastern Europe	1.7	2.0	2.3	2.4	2.5	2.6	2.5	2.4	2.5	2.5	- Europe de l'Est
- Rest of Europe	1.7	1.6	1.4	1.3	1.4	1.8	2.3	2.3	2.9	3.4	- Autre de l'Europe
Europe former USSR	1.0	0.9	0.8	0.9	1.5	1.4	1.3	1.3	1.5	1.4	Europe ancienne URSS
Oceania	2.9	2.6	2.7	2.8	2.3	2.3	2.1	1.6	1.8	1.6	Océanie

Extraits utilisés pour la teinture et le tannage et produits tannants synthétiques 532

TRADE BY COMMODITY (Value in million US dollars)
Exports by principal countries or areas

COMMERCE PAR PRODUIT (Valeur en millions de dollars EU)
Exportations selon les principaux pays ou zones

Country or area	1999	2000	2001	2002	2003	Pays ou zone
World	900.0	918.3	904.2	976.0	1137.1	Monde
Africa	55.9	51.3	46.7	51.4	51.4	Afrique
Americas	181.6	187.7	188.3	182.6	205.6	Amériques
- Northern America	35.4	41.9	46.1	51.1	64.3	- Amérique du Nord
- LAIA	145.8	145.1	141.4	130.7	138.9	- ALAI
- CACM	0.3	0.5	0.5	0.6	0.6	- MCC
- Caribbean	0.1	0.1	0.2	0.1	1.8	- Caraïbes
- Rest of America	0.0	0.0	0.0	0.1	0.0	- Autre d'Amérique
Asia excluding former USSR	141.7	152.7	159.5	188.8	244.6	Asie ancienne URSS exclus
- Middle East	17.4	17.8	16.7	18.4	19.5	- Moyen-Orient
Asia former USSR	0.3	0.2	0.1	0.1	0.1	Asie ancienne URSS
Europe excluding former USSR	513.2	518.1	504.7	545.9	627.7	Europe ancienne URSS exclus
- European Union	503.0	506.3	491.6	530.3	604.3	- Union Européenne
- Eastern Europe	1.0	1.5	1.8	2.0	2.0	- Europe de l'Est
- Rest of Europe	9.2	10.2	11.4	13.6	21.4	- Autre de l'Europe
Europe former USSR	1.9	1.5	1.6	4.9	6.1	Europe ancienne URSS
Oceania	5.4	6.8	3.3	2.4	1.6	Océanie
Italy-San Marino-Holy See	123.3	120.1	117.3	123.1	141.8	Italie-Saint-Marin-Saint-Siège
Germany	116.1	111.8	111.4	114.2	128.3	Allemagne
France-Monaco	84.2	82.2	70.8	75.0	90.4	France-Monaco
Spain	63.5	71.7	70.7	74.6	81.8	Espagne
China, Hong Kong SAR	48.4	53.9	51.5	64.6	87.9	Chine - RAS de Hong-Kong
United Kingdom	48.9	50.1	46.5	47.5	50.8	Royaume-Uni
Argentina	48.9	49.5	49.6	44.4	46.2	Argentine
United States	34.5	40.0	44.1	47.9	60.8	Etats-Unis d'Amérique
Netherlands	25.1	32.0	34.3	43.9	46.0	Pays-Bas
South Africa	–	40.8	37.9	44.6	45.6	Afrique du Sud
Mexico	40.0	40.7	33.4	21.5	20.0	Mexique
Brazil	32.0	29.3	28.1	28.9	30.5	Brésil
China	19.2	17.6	25.7	30.8	51.8	Chine
Peru	16.2	18.5	21.5	26.4	31.1	Pérou
Denmark	13.7	14.3	26.2	28.1	29.3	Danemark
Turkey	15.5	15.8	15.4	16.7	17.0	Turquie
Japan	14.0	14.5	15.3	17.8	18.3	Japon
Ireland	20.1	15.4	6.0	13.5	20.2	Irlande
India	10.1	10.8	11.1	14.4	23.6	Inde
Singapore	4.8	8.8	10.1	10.5	11.7	Singapour
Southern African Customs Union	44.6	–	–	–	–	Union douanière d'Afrique australe
Indonesia	9.1	6.8	7.5	7.7	5.8	Indonésie
Slovenia	6.8	6.3	6.5	7.2	8.5	Slovénie
Korea, Republic of	3.7	6.2	7.0	7.8	10.2	République de Corée
Belgium	3.3	4.1	4.1	5.5	10.6	Belgique
Switzerland-Liechtenstein	2.1	3.0	3.7	6.1	12.2	Suisse-Liechtenstein
Uruguay	4.4	3.6	4.3	3.8	7.1	Uruguay
Australia	4.9	6.6	3.2	2.3	1.4	Australie
Thailand	4.6	4.2	3.5	e2.6	3.0	Thaïlande
Austria	3.0	1.9	2.3	2.8	3.2	Autriche

(Value as percentages of World total)   **(Valeur en pourcentage du total mondial)**

Regions of the world	1994	1995	1996	1997	1998	1999	2000	2001	2002	2003	Régions du monde
World	100.0	100.0	100.0	100.0	100.0	100.0	100.0	100.0	100.0	100.0	Monde
Africa	7.3	6.1	5.8	5.6	5.0	6.2	5.6	5.2	5.3	4.5	Afrique
Americas	22.9	21.8	20.0	21.5	21.9	20.2	20.4	20.8	18.7	18.1	Amériques
- Northern America	4.1	3.9	4.0	4.0	4.5	3.9	4.6	5.1	5.2	5.7	- Amérique du Nord
- LAIA	18.3	17.3	15.4	16.8	16.8	16.2	15.8	15.6	13.4	12.2	- ALAI
- CACM	0.5	0.7	0.7	0.6	0.6	0.0	0.1	0.1	0.1	0.1	- MCC
- Caribbean	0.0	0.0	0.0	0.0	0.1	0.0	0.0	0.0	0.0	0.2	- Caraïbes
- Rest of America	0.0	0.0	0.0	0.0	0.0	0.0	0.0	0.0	0.0	0.0	- Autre d'Amérique
Asia excluding former USSR	13.5	13.1	13.5	14.2	13.2	15.7	16.6	17.6	19.3	21.5	Asie ancienne URSS exclus
- Middle East	1.0	1.7	1.5	1.6	1.6	1.9	1.9	1.8	1.9	1.7	- Moyen-Orient
Asia former USSR	0.2	0.0	0.0	0.0	0.1	0.0	0.0	0.0	0.0	0.0	Asie ancienne URSS
Europe excluding former USSR	54.9	57.5	59.4	57.2	57.8	57.0	56.4	55.8	55.9	55.2	Europe ancienne URSS exclus
- European Union	53.6	56.2	58.3	56.0	56.6	55.9	55.1	54.4	54.3	53.1	- Union Européenne
- Eastern Europe	0.2	0.1	0.1	0.1	0.2	0.1	0.2	0.2	0.2	0.2	- Europe de l'Est
- Rest of Europe	1.0	1.2	1.0	1.0	1.0	1.0	1.1	1.3	1.4	1.9	- Autre de l'Europe
Europe former USSR	0.1	0.1	0.1	0.2	0.2	0.2	0.2	0.2	0.5	0.5	Europe ancienne URSS
Oceania	1.1	1.3	1.1	1.3	1.7	0.6	0.7	0.4	0.2	0.1	Océanie

533 Pigments, paints, varnishes and related materials

Country or area	1999	2000	2001	2002	2003	Pays ou zone
World	22337.4	23921.2	23583.9	25062.7	29082.1	Monde
Africa	615.4	568.4	614.1	664.6	712.9	Afrique
Americas	4417.7	4778.7	4702.4	4545.3	4870.6	Amériques
- Northern America	2749.0	2946.5	2885.2	2798.0	3006.7	- Amérique du Nord
- LAIA	1440.2	1581.5	1563.8	1477.5	1587.7	- ALAI
- CACM	101.6	107.3	108.6	123.6	134.8	- MCC
- Caribbean	94.7	107.8	114.3	110.6	102.0	- Caraïbes
- Rest of America	32.2	35.6	30.5	35.6	39.4	- Autre d'Amérique
Asia excluding former USSR	5553.6	6761.0	6334.5	6871.7	7925.2	Asie ancienne URSS exclus
- Middle East	730.3	808.0	820.9	950.6	1205.5	- Moyen-Orient
Asia former USSR	85.8	102.2	89.9	100.6	133.5	Asie ancienne URSS
Europe excluding former USSR	10777.6	10752.0	10837.3	11744.6	14006.4	Europe ancienne URSS exclus
- European Union	8772.3	8751.7	8692.8	9246.3	11104.7	- Union Européenne
- Eastern Europe	1204.0	1239.6	1281.3	1454.5	1855.6	- Europe de l'Est
- Rest of Europe	801.2	760.8	863.2	1043.8	1046.1	- Autre de l'Europe
Europe former USSR	546.2	595.1	666.2	786.3	1008.9	Europe ancienne URSS
Oceania	341.1	363.7	339.5	349.7	424.6	Océanie
United States	1661.3	1801.9	1773.2	1627.8	1731.2	Etats-Unis d'Amérique
Germany	1365.8	1311.8	1426.6	1447.9	1791.0	Allemagne
China	944.9	1233.9	1322.4	1507.3	1895.6	Chine
France-Monaco	1323.7	1345.2	1263.8	1337.7	1608.5	France-Monaco
Canada	1080.7	1141.8	1107.5	1164.7	1267.3	Canada
United Kingdom	1035.6	1072.4	1032.8	1071.8	1257.2	Royaume-Uni
Belgium	938.1	955.7	951.2	1118.1	1316.0	Belgique
Italy-San Marino-Holy See	977.4	1000.2	975.0	1027.3	1173.6	Italie-Saint-Marin-Saint-Siège
Spain	628.4	686.0	696.6	791.9	961.9	Espagne
China, Hong Kong SAR	667.3	760.9	674.5	719.4	755.9	Chine - RAS de Hong-Kong
Mexico	553.5	648.2	631.2	671.5	736.2	Mexique
Korea, Republic of	502.8	611.3	621.2	677.7	808.8	République de Corée
Netherlands	638.1	592.3	554.2	597.5	763.0	Pays-Bas
Poland	539.0	548.6	542.0	605.6	765.9	Pologne
Japan	439.4	484.3	455.2	434.7	520.6	Japon
Thailand	340.8	499.8	518.9	e445.8	522.7	Thaïlande
Switzerland-Liechtenstein	370.5	345.9	427.7	548.3	473.0	Suisse-Liechtenstein
Austria	404.7	403.4	411.3	388.4	525.1	Autriche
Singapore	390.1	570.5	343.8	378.7	380.4	Singapour
Russian Federation	261.8	305.1	364.1	425.7	541.1	Fédération de Russie
Sweden	350.6	320.5	322.5	335.0	416.0	Suède
Turkey	301.7	329.4	258.0	364.1	488.2	Turquie
Brazil	349.2	342.8	352.9	304.0	298.8	Brésil
Czech Republic	277.3	276.6	290.7	329.4	406.2	République tchèque
Portugal	272.7	269.7	269.0	288.4	e294.6	Portugal
Denmark	261.8	246.0	256.2	263.0	311.1	Danemark
Malaysia	207.6	253.6	211.5	223.9	220.8	Malaisie
Australia	213.4	231.8	205.8	203.0	250.0	Australie
Greece	192.4	172.0	165.8	222.7	261.6	Grèce
Hungary	173.0	181.0	183.4	205.5	268.7	Hongrie

(Value as percentages of World total) — **(Valeur en pourcentage du total mondial)**

Regions of the world	1994	1995	1996	1997	1998	1999	2000	2001	2002	2003	Régions du monde
World	100.0	100.0	100.0	100.0	100.0	100.0	100.0	100.0	100.0	100.0	Monde
Africa	3.0	2.6	2.7	2.6	2.8	2.8	2.4	2.6	2.7	2.5	Afrique
Americas	16.2	15.8	16.4	18.4	19.1	19.8	20.0	19.9	18.1	16.7	Amériques
- Northern America	10.1	9.7	10.0	11.2	11.4	12.3	12.3	12.2	11.2	10.3	- Amérique du Nord
- LAIA	5.2	5.1	5.4	6.2	6.6	6.4	6.6	6.6	5.9	5.5	- ALAI
- CACM	0.4	0.4	0.4	0.4	0.5	0.5	0.4	0.5	0.5	0.5	- MCC
- Caribbean	0.5	0.5	0.5	0.4	0.5	0.4	0.5	0.5	0.4	0.4	- Caraïbes
- Rest of America	0.2	0.1	0.1	0.1	0.1	0.1	0.1	0.1	0.1	0.1	- Autre d'Amérique
Asia excluding former USSR	26.2	26.3	26.3	26.5	23.0	24.9	28.3	26.9	27.4	27.3	Asie ancienne URSS exclus
- Middle East	3.1	3.6	3.5	3.5	3.6	3.3	3.4	3.5	3.8	4.1	- Moyen-Orient
Asia former USSR	0.3	0.3	0.5	0.2	0.3	0.4	0.4	0.4	0.4	0.5	Asie ancienne URSS
Europe excluding former USSR	50.4	51.0	49.7	47.4	50.1	48.2	44.9	46.0	46.9	48.2	Europe ancienne URSS exclus
- European Union	42.3	42.4	41.0	38.9	41.0	39.3	36.6	36.9	36.9	38.2	- Union Européenne
- Eastern Europe	3.7	4.3	4.8	5.0	5.6	5.4	5.2	5.4	5.8	6.4	- Europe de l'Est
- Rest of Europe	4.4	4.3	3.9	3.5	3.6	3.6	3.2	3.7	4.2	3.6	- Autre de l'Europe
Europe former USSR	2.5	2.8	3.0	3.5	3.2	2.4	2.5	2.8	3.1	3.5	Europe ancienne URSS
Oceania	1.4	1.3	1.4	1.4	1.4	1.5	1.5	1.4	1.4	1.5	Océanie

TRADE BY COMMODITY (Value in million US dollars)
Exports by principal countries or areas

COMMERCE PAR PRODUIT (Valeur en millions de dollars EU)
Exportations selon les principaux pays ou zones

Country or area	1999	2000	2001	2002	2003	Pays ou zone
World	22731.3	24186.8	23684.1	25221.7	29504.7	Monde
Africa	83.0	87.3	91.0	103.4	140.6	Afrique
Americas	4229.9	4875.4	4661.8	4656.1	4766.4	Amériques
- Northern America	3474.1	3933.1	3707.3	3848.8	4201.0	- Amérique du Nord
- LAIA	700.4	883.6	890.9	737.7	494.1	- ALAI
- CACM	37.6	38.6	44.5	52.8	54.5	- MCC
- Caribbean	16.6	18.6	17.7	15.6	16.0	- Caraïbes
- Rest of America	1.2	1.5	1.4	1.3	0.9	- Autre d'Amérique
Asia excluding former USSR	4168.1	4905.2	4466.1	4880.5	5565.5	Asie ancienne URSS exclus
- Middle East	175.5	170.5	183.2	233.6	282.0	- Moyen-Orient
Asia former USSR	3.7	4.5	4.2	2.3	1.5	Asie ancienne URSS
Europe excluding former USSR	13697.9	13705.7	13816.2	14963.2	18291.6	Europe ancienne URSS exclus
- European Union	12595.9	12557.2	12659.3	13711.7	16758.2	- Union Européenne
- Eastern Europe	231.3	254.3	265.0	316.1	399.6	- Europe de l'Est
- Rest of Europe	870.7	894.2	891.9	935.3	1133.8	- Autre de l'Europe
Europe former USSR	212.2	252.2	313.0	249.5	329.7	Europe ancienne URSS
Oceania	336.6	356.4	331.7	366.6	409.3	Océanie
Germany	4161.3	4016.0	4089.2	4337.2	5296.8	Allemagne
United States	2900.3	3345.9	3138.9	3266.9	3579.0	Etats-Unis d'Amérique
Japan	1736.9	1938.7	1543.6	1635.6	1924.9	Japon
Belgium	1473.4	1498.2	1540.5	1655.9	2047.4	Belgique
United Kingdom	1520.6	1535.5	1488.8	1647.6	1925.8	Royaume-Uni
France-Monaco	1294.9	1326.7	1232.9	1337.4	1627.6	France-Monaco
Italy-San Marino-Holy See	995.3	1009.4	1032.7	1146.6	1361.6	Italie-Saint-Marin-Saint-Siège
Netherlands	992.4	1014.4	988.8	1098.0	1374.6	Pays-Bas
Spain	756.2	774.2	844.5	950.9	1191.8	Espagne
Switzerland-Liechtenstein	634.7	645.0	646.7	671.5	824.9	Suisse-Liechtenstein
Canada	573.7	587.2	568.4	581.9	622.0	Canada
Singapore	416.0	588.0	547.1	573.3	626.1	Singapour
China, Hong Kong SAR	446.7	531.5	485.0	498.0	524.1	Chine - RAS de Hong-Kong
Sweden	395.0	397.8	404.9	470.7	578.9	Suède
Finland	354.0	364.4	399.3	403.2	480.7	Finlande
China	272.3	348.6	397.7	454.6	526.6	Chine
Korea, Republic of	267.7	337.5	361.8	414.3	483.4	République de Corée
Australia	319.6	340.0	315.9	346.9	381.1	Australie
Mexico	230.3	370.9	422.2	356.0	290.3	Mexique
Austria	259.8	251.4	262.6	283.9	376.4	Autriche
Colombia	315.9	349.0	295.0	231.4	30.8	Colombie
Denmark	256.7	224.9	216.3	207.8	250.7	Danemark
Malaysia	170.6	191.9	189.2	198.4	224.6	Malaisie
Slovenia	144.4	160.1	154.6	173.0	207.8	Slovénie
Poland	75.2	90.6	111.1	151.4	200.7	Pologne
Czech Republic	103.3	112.2	102.7	111.4	131.0	République tchèque
Ukraine	74.3	101.0	113.3	79.7	e102.6	Ukraine
Brazil	91.3	92.1	93.6	79.3	104.7	Brésil
Turkey	61.1	63.3	68.9	82.4	101.8	Turquie
Thailand	52.7	71.1	56.9	e67.2	78.5	Thaïlande

(Value as percentages of World total)

(Valeur en pourcentage du total mondial)

Regions of the world	1994	1995	1996	1997	1998	1999	2000	2001	2002	2003	Régions du monde
World	100.0	100.0	100.0	100.0	100.0	100.0	100.0	100.0	100.0	100.0	Monde
Africa	0.4	0.4	0.3	0.3	0.4	0.4	0.4	0.4	0.4	0.5	Afrique
Americas	14.2	13.8	14.3	16.1	17.8	18.6	20.2	19.7	18.5	16.2	Amériques
- Northern America	12.6	12.0	12.5	14.2	14.7	15.3	16.3	15.7	15.3	14.2	- Amérique du Nord
- LAIA	1.5	1.6	1.6	1.6	2.9	3.1	3.7	3.8	2.9	1.7	- ALAI
- CACM	0.1	0.1	0.1	0.1	0.2	0.2	0.2	0.2	0.2	0.2	- MCC
- Caribbean	0.1	0.1	0.1	0.1	0.1	0.1	0.1	0.1	0.1	0.1	- Caraïbes
- Rest of America	0.0	0.0	0.0	0.0	0.0	0.0	0.0	0.0	0.0	0.0	- Autre d'Amérique
Asia excluding former USSR	18.0	19.0	17.7	18.7	16.5	18.3	20.3	18.9	19.4	18.9	Asie ancienne URSS exclus
- Middle East	0.8	0.7	0.9	1.0	0.9	0.8	0.7	0.8	0.9	1.0	- Moyen-Orient
Asia former USSR	0.0	0.0	0.0	0.0	0.0	0.0	0.0	0.0	0.0	0.0	Asie ancienne URSS
Europe excluding former USSR	65.0	64.3	64.7	62.2	62.7	60.3	56.7	58.3	59.3	62.0	Europe ancienne URSS exclus
- European Union	59.9	59.1	59.7	57.5	57.9	55.4	51.9	53.5	54.4	56.8	- Union Européenne
- Eastern Europe	0.9	1.1	1.0	1.0	1.1	1.0	1.1	1.1	1.3	1.4	- Europe de l'Est
- Rest of Europe	4.2	4.1	4.0	3.6	3.7	3.8	3.7	3.8	3.7	3.8	- Autre de l'Europe
Europe former USSR	0.8	0.9	1.3	1.2	1.2	0.9	1.0	1.3	1.0	1.1	Europe ancienne URSS
Oceania	1.6	1.6	1.6	1.5	1.4	1.5	1.5	1.4	1.5	1.4	Océanie

541 Medicinal and pharmaceutical products

TRADE BY COMMODITY (Value in million US dollars)
Imports by principal countries or areas

COMMERCE PAR PRODUIT (Valeur en millions de dollars EU)
Importations selon les principaux pays ou zones

Country or area	1999	2000	2001	2002	2003	Pays ou zone
World	108085.5	112834.8	134375.6	174747.2	210695.2	Monde
Africa	3032.8	3082.5	3480.2	3780.3	4329.2	Afrique
Americas	23663.1	25713.3	30973.3	37552.7	46316.8	Amériques
- Northern America	16921.7	18705.1	23213.6	29919.4	38108.2	- Amérique du Nord
- LAIA	5627.4	5833.7	6479.2	6314.9	6791.1	- ALAI
- CACM	676.0	675.5	773.8	807.6	907.3	- MCC
- Caribbean	293.3	344.4	354.4	369.1	345.8	- Caraïbes
- Rest of America	144.6	154.7	152.3	141.6	164.5	- Autre d'Amérique
Asia excluding former USSR	15670.8	16426.8	17650.5	19311.1	22156.6	Asie ancienne URSS exclus
- Middle East	3639.1	3935.5	4192.8	4715.5	5838.0	- Moyen-Orient
Asia former USSR	254.9	319.4	283.9	387.3	527.7	Asie ancienne URSS
Europe excluding former USSR	61120.9	62186.0	76217.8	107538.4	129238.2	Europe ancienne URSS exclus
- European Union	50932.6	51631.1	63316.0	91781.4	110595.4	- Union Européenne
- Eastern Europe	3660.1	3746.9	4463.6	5529.9	6591.6	- Europe de l'Est
- Rest of Europe	6528.3	6808.0	8438.2	10227.1	12051.3	- Autre de l'Europe
Europe former USSR	1776.8	2286.1	2924.3	2851.0	3911.5	Europe ancienne URSS
Oceania	2566.2	2820.7	2845.7	3326.6	4215.1	Océanie
United States	13649.3	14855.2	18753.1	24873.7	31739.3	Etats-Unis d'Amérique
Germany	8669.6	8812.4	10680.9	17429.3	20700.6	Allemagne
Belgium	5023.6	5550.8	8353.9	21017.6	23757.0	Belgique
France-Monaco	7748.7	7972.3	9272.6	10781.1	13116.2	France-Monaco
United Kingdom	6805.7	7348.2	9178.4	11085.6	13699.2	Royaume-Uni
Italy-San Marino-Holy See	6195.8	6000.9	7059.2	8754.1	10723.1	Italie-Saint-Marin-Saint-Siège
Switzerland-Liechtenstein	5050.5	5274.9	6856.4	8265.6	9718.6	Suisse-Liechtenstein
Netherlands	4174.6	3993.1	4880.0	6080.4	6970.9	Pays-Bas
Japan	4593.4	4775.0	5051.5	5426.2	6193.1	Japon
Spain	3509.1	3613.3	4407.0	5724.4	7293.6	Espagne
Canada	3237.6	3802.5	4321.7	4870.0	6137.3	Canada
Australia	2068.7	2358.2	2385.3	2829.7	3597.7	Australie
Austria	2177.9	1791.6	2027.3	2448.7	2977.3	Autriche
Poland	1504.1	1597.7	1891.9	2099.2	2421.1	Pologne
Brazil	1950.5	1804.3	1910.2	1930.9	1886.1	Brésil
Ireland	1197.5	1417.2	1723.0	1948.8	2426.6	Irlande
Mexico	1236.0	1409.8	1617.8	1859.9	2173.8	Mexique
Sweden	1443.9	1340.6	1448.9	1840.5	2200.5	Suède
Russian Federation	917.5	1325.4	1867.0	1627.1	2369.9	Fédération de Russie
Turkey	1159.3	1344.3	1345.3	1717.2	2302.1	Turquie
Greece	1193.3	1133.2	1160.6	859.3	2181.8	Grèce
China	820.8	952.9	1217.5	1434.1	1705.6	Chine
Denmark	921.9	902.1	1097.0	1357.2	1718.1	Danemark
Portugal	1002.4	923.0	1079.3	1303.3	e1331.3	Portugal
Czech Republic	776.0	754.4	891.2	1366.7	1453.8	République tchèque
Korea, Republic of	726.2	825.4	1002.4	1182.9	1362.1	République de Corée
Saudi Arabia	908.9	883.1	967.2	1002.5	1146.1	Arabie saoudite
China, Hong Kong SAR	980.1	934.3	882.5	825.7	860.5	Chine - RAS de Hong-Kong
Finland	712.7	685.9	792.1	967.8	1253.3	Finlande
Norway	722.9	742.2	747.9	939.9	1083.1	Norvège

(Value as percentages of World total)   **(Valeur en pourcentage du total mondial**

Regions of the world	1994	1995	1996	1997	1998	1999	2000	2001	2002	2003	Régions du monde
World	100.0	100.0	100.0	100.0	100.0	100.0	100.0	100.0	100.0	100.0	Monde
Africa	4.2	3.8	3.2	3.2	3.3	2.8	2.7	2.6	2.2	2.1	Afrique
Americas	16.3	15.5	17.2	18.9	20.6	21.9	22.8	23.0	21.5	22.0	Amériques
- Northern America	10.4	9.9	11.5	12.9	14.2	15.7	16.6	17.3	17.1	18.1	- Amérique du Nord
- LAIA	4.5	4.3	4.7	5.0	5.4	5.2	5.2	4.8	3.6	3.2	- ALAI
- CACM	0.6	0.6	0.6	0.6	0.6	0.6	0.6	0.6	0.5	0.4	- MCC
- Caribbean	0.5	0.5	0.3	0.3	0.3	0.3	0.3	0.3	0.2	0.2	- Caraïbes
- Rest of America	0.2	0.2	0.1	0.1	0.1	0.1	0.1	0.1	0.1	0.1	- Autre d'Amérique
Asia excluding former USSR	19.1	18.8	17.7	16.4	14.1	14.5	14.6	13.1	11.1	10.5	Asie ancienne URSS exclus
- Middle East	3.3	3.5	3.5	3.4	3.6	3.4	3.5	3.1	2.7	2.8	- Moyen-Orient
Asia former USSR	0.2	0.2	0.3	0.3	0.3	0.2	0.3	0.2	0.2	0.3	Asie ancienne URSS
Europe excluding former USSR	55.5	57.1	56.7	55.5	56.9	56.5	55.1	56.7	61.5	61.3	Europe ancienne URSS exclus
- European Union	47.0	48.5	48.1	46.4	47.5	47.1	45.8	47.1	52.5	52.5	- Union Européenne
- Eastern Europe	3.1	3.2	3.6	3.6	3.7	3.4	3.3	3.3	3.2	3.1	- Europe de l'Est
- Rest of Europe	5.4	5.4	5.0	5.4	5.7	6.0	6.0	6.3	5.9	5.7	- Autre de l'Europe
Europe former USSR	2.2	2.3	2.4	3.2	2.4	1.6	2.0	2.2	1.6	1.9	Europe ancienne URSS
Oceania	2.5	2.3	2.6	2.5	2.3	2.4	2.5	2.1	1.9	2.0	Océanie

TRADE BY COMMODITY (Value in million US dollars)
Exports by principal countries or areas

COMMERCE PAR PRODUIT (Valeur en millions de dollars EU)
Exportations selon les principaux pays ou zones

Country or area	1999	2000	2001	2002	2003	Pays ou zone
World	104873.2	107531.9	132794.6	165188.9	200796.6	Monde
Africa	189.4	240.3	188.5	234.6	262.4	Afrique
Americas	14409.1	16551.5	19428.5	20309.4	24297.0	Amériques
- Northern America	12379.4	14351.7	16873.3	17697.6	21542.7	- Amérique du Nord
- LAIA	1753.1	1869.7	2206.2	2237.7	2325.1	- ALAI
- CACM	234.1	282.8	296.1	328.9	375.3	- MCC
- Caribbean	23.1	29.0	31.0	22.1	36.0	- Caraïbes
- Rest of America	19.5	18.4	22.0	23.1	17.9	- Autre d'Amérique
Asia excluding former USSR	8647.1	9101.8	9833.3	10767.2	12156.2	Asie ancienne URSS exclus
- Middle East	395.3	394.1	492.9	553.2	625.5	- Moyen-Orient
Asia former USSR	9.0	11.2	8.6	10.8	13.3	Asie ancienne URSS
Europe excluding former USSR	80273.3	80065.2	101650.2	132338.4	161998.1	Europe ancienne URSS exclus
- European Union	67122.5	67565.0	86095.1	113987.5	140042.4	- Union Européenne
- Eastern Europe	835.7	906.9	1079.9	1200.3	1554.2	- Europe de l'Est
- Rest of Europe	12315.1	11593.2	14475.2	17150.6	20401.5	- Autre de l'Europe
Europe former USSR	318.9	322.0	338.0	371.2	490.4	Europe ancienne URSS
Oceania	1026.4	1239.9	1347.6	1157.3	1579.3	Océanie
Germany	14977.9	12944.6	18054.5	16830.7	23585.1	Allemagne
United States	11247.5	13122.0	15421.4	16144.4	19197.5	Etats-Unis d'Amérique
Switzerland-Liechtenstein	11451.6	10654.9	13459.5	15870.7	18739.6	Suisse-Liechtenstein
Belgium	6437.7	6834.2	9359.6	21800.0	25576.0	Belgique
United Kingdom	10053.7	10782.6	13009.2	14918.8	19347.7	Royaume-Uni
France-Monaco	10043.3	10321.2	12635.7	14941.4	18040.8	France-Monaco
Ireland	5122.2	4908.4	8007.9	14781.3	15085.0	Irlande
Italy-San Marino-Holy See	5607.4	6380.0	7339.0	8967.9	10163.6	Italie-Saint-Marin-Saint-Siège
Netherlands	3851.6	4214.5	4927.4	6381.7	7843.4	Pays-Bas
Sweden	4010.9	3912.7	4169.0	4606.1	6582.4	Suède
Denmark	2813.0	2810.1	3376.3	3817.5	4848.1	Danemark
Spain	1960.1	2056.6	2435.3	3672.5	4523.0	Espagne
Japan	2407.4	2731.5	2731.1	2811.9	3188.9	Japon
China	1678.7	1788.5	1978.5	2323.6	2860.6	Chine
Austria	1559.3	1593.9	1830.4	2228.8	2887.7	Autriche
Canada	1130.8	1227.5	1450.3	1550.2	2339.4	Canada
India	1068.2	1255.2	1348.2	1760.0	2021.3	Inde
Australia	956.4	1166.0	1258.6	1057.9	1450.4	Australie
Mexico	782.2	880.4	1085.6	1171.6	1255.2	Mexique
Singapore	1177.7	1011.0	1125.5	924.4	913.8	Singapour
China, Hong Kong SAR	818.1	724.7	735.2	639.7	657.7	Chine - RAS de Hong-Kong
Israel	399.9	428.8	638.4	927.4	959.4	Israël
Slovenia	379.0	396.4	468.3	602.9	893.7	Slovénie
Hungary	290.0	342.4	418.2	416.8	706.3	Hongrie
Finland	237.1	261.8	305.8	417.3	511.1	Finlande
Korea, Republic of	299.4	337.0	324.0	356.7	384.3	République de Corée
Greece	182.6	241.9	312.2	269.2	629.2	Grèce
Argentina	324.4	308.7	337.2	312.2	300.4	Argentine
Portugal	242.8	281.6	308.2	326.0	378.1	Portugal
Brazil	277.8	266.3	277.2	285.7	313.1	Brésil

(Value as percentages of World total)

(Valeur en pourcentage du total mondial)

Regions of the world	1994	1995	1996	1997	1998	1999	2000	2001	2002	2003	Régions du monde
World	100.0	100.0	100.0	100.0	100.0	100.0	100.0	100.0	100.0	100.0	Monde
Africa	0.3	0.2	0.2	0.2	0.2	0.2	0.2	0.1	0.1	0.1	Afrique
Americas	12.8	11.6	12.1	13.1	13.4	13.7	15.4	14.6	12.3	12.1	Amériques
- Northern America	11.2	9.9	10.3	11.0	11.3	11.8	13.3	12.7	10.7	10.7	- Amérique du Nord
- LAIA	1.3	1.4	1.6	1.8	1.8	1.7	1.7	1.7	1.4	1.2	- ALAI
- CACM	0.3	0.2	0.2	0.2	0.2	0.2	0.3	0.2	0.2	0.2	- MCC
- Caribbean	0.1	0.1	0.0	0.0	0.0	0.0	0.0	0.0	0.0	0.0	- Caraïbes
- Rest of America	0.0	0.0	0.0	0.0	0.0	0.0	0.0	0.0	0.0	0.0	- Autre d'Amérique
Asia excluding former USSR	9.7	9.6	9.3	8.8	7.8	8.2	8.5	7.4	6.5	6.1	Asie ancienne URSS exclus
- Middle East	0.5	0.4	0.4	0.3	0.4	0.4	0.4	0.4	0.3	0.3	- Moyen-Orient
Asia former USSR	0.0	0.0	0.0	0.0	0.0	0.0	0.0	0.0	0.0	0.0	Asie ancienne URSS
Europe excluding former USSR	75.9	77.1	76.8	76.4	77.2	76.5	74.5	76.5	80.1	80.7	Europe ancienne URSS exclus
- European Union	62.8	64.3	63.7	64.1	64.8	64.0	62.8	64.8	69.0	69.7	- Union Européenne
- Eastern Europe	1.3	1.2	1.3	1.4	1.0	0.8	0.8	0.8	0.7	0.8	- Europe de l'Est
- Rest of Europe	11.8	11.6	11.8	10.8	11.4	11.7	10.8	10.9	10.4	10.2	- Autre de l'Europe
Europe former USSR	0.4	0.4	0.5	0.5	0.4	0.3	0.3	0.3	0.2	0.2	Europe ancienne URSS
Oceania	1.0	1.0	1.0	1.0	0.9	1.0	1.2	1.0	0.7	0.8	Océanie

551 Essential oils, perfume and flavour materials

TRADE BY COMMODITY (Value in million US dollars)
Imports by principal countries or areas

COMMERCE PAR PRODUIT (Valeur en millions de dollars EU)
Importations selon les principaux pays ou zones

Country or area	1999	2000	2001	2002	2003	Pays ou zone
World	7145.0	7705.6	8088.2	9040.1	11475.9	Monde
Africa	294.8	314.3	378.0	422.4	460.5	Afrique
Americas	1178.5	1236.7	1359.9	1605.0	2671.5	Amériques
- Northern America	648.6	665.2	652.5	792.5	1753.1	- Amérique du Nord
- LAIA	432.9	472.4	593.2	644.9	741.7	- ALAI
- CACM	66.3	66.1	78.0	127.2	139.4	- MCC
- Caribbean	26.1	28.8	30.7	33.2	29.4	- Caraïbes
- Rest of America	4.6	4.2	5.5	7.1	7.9	- Autre d'Amérique
Asia excluding former USSR	1691.5	1673.3	1749.4	1832.1	2044.0	Asie ancienne URSS exclus
- Middle East	260.2	259.2	248.7	275.1	314.2	- Moyen-Orient
Asia former USSR	13.0	18.8	11.9	17.7	41.9	Asie ancienne URSS
Europe excluding former USSR	3775.3	4249.2	4356.7	4889.8	5915.5	Europe ancienne URSS exclus
- European Union	3164.6	3662.6	3761.2	4198.6	5095.8	- Union Européenne
- Eastern Europe	324.8	312.1	295.4	361.4	437.2	- Europe de l'Est
- Rest of Europe	286.0	274.6	300.1	329.8	382.5	- Autre de l'Europe
Europe former USSR	110.7	129.6	151.3	186.7	234.4	Europe ancienne URSS
Oceania	81.2	83.6	81.1	86.5	108.1	Océanie
France-Monaco	811.0	1032.8	1011.1	1157.5	1355.2	France-Monaco
United Kingdom	554.9	688.1	637.0	735.4	819.9	Royaume-Uni
United States	440.2	442.1	415.5	467.4	1406.7	Etats-Unis d'Amérique
Germany	318.8	412.4	453.7	488.4	590.2	Allemagne
Italy-San Marino-Holy See	398.1	368.8	383.0	443.0	579.9	Italie-Saint-Marin-Saint-Siège
Spain	317.3	311.9	369.4	432.9	596.3	Espagne
Japan	348.0	297.5	351.4	355.7	382.3	Japon
Canada	201.1	222.9	236.8	324.7	344.0	Canada
Netherlands	172.7	264.4	256.4	244.3	319.8	Pays-Bas
Mexico	131.1	136.8	238.4	299.7	395.6	Mexique
Belgium	163.2	140.0	199.4	215.8	265.3	Belgique
China, Hong Kong SAR	188.7	161.0	166.4	135.3	126.4	Chine - RAS de Hong-Kong
Switzerland-Liechtenstein	135.3	134.1	150.6	166.5	186.2	Suisse-Liechtenstein
Ireland	123.2	166.9	145.4	143.9	176.5	Irlande
Indonesia	117.2	144.1	136.7	141.5	145.5	Indonésie
Thailand	95.6	118.1	127.0	e150.8	176.8	Thaïlande
Poland	136.2	120.1	101.7	132.7	163.1	Pologne
Korea, Republic of	111.8	123.6	125.6	135.9	141.6	République de Corée
Turkey	118.4	111.6	99.6	125.2	145.6	Turquie
Russian Federation	73.2	91.8	110.7	136.8	166.6	Fédération de Russie
China	78.8	86.9	100.5	127.3	155.7	Chine
Singapore	101.3	96.6	93.6	102.0	133.9	Singapour
Austria	82.4	88.4	92.8	104.2	123.7	Autriche
Norway	83.1	72.4	79.4	85.5	105.0	Norvège
Philippines	85.7	90.1	81.8	70.3	97.4	Philippines
Brazil	81.0	83.1	84.3	85.5	80.5	Brésil
Czech Republic	65.2	70.0	68.6	85.6	91.9	République tchèque
Greece	72.7	61.1	65.8	62.9	91.4	Grèce
Malaysia	64.6	63.5	75.1	70.1	72.1	Malaisie
Colombia	56.0	57.9	68.1	64.2	68.3	Colombie

(Value as percentages of World total)

(Valeur en pourcentage du total mondial)

Regions of the world	1994	1995	1996	1997	1998	1999	2000	2001	2002	2003	Régions du monde
World	100.0	100.0	100.0	100.0	100.0	100.0	100.0	100.0	100.0	100.0	Monde
Africa	6.9	5.7	4.1	3.8	4.6	4.1	4.1	4.7	4.7	4.0	Afrique
Americas	16.4	17.3	16.5	16.6	17.2	16.5	16.0	16.8	17.8	23.3	Amériques
- Northern America	9.6	10.4	9.9	9.4	9.5	9.1	8.6	8.1	8.8	15.3	- Amérique du Nord
- LAIA	5.4	5.6	5.1	5.6	6.0	6.1	6.1	7.3	7.1	6.5	- ALAI
- CACM	0.8	0.8	0.7	0.8	0.9	0.9	0.9	1.0	1.4	1.2	- MCC
- Caribbean	0.5	0.5	0.7	0.7	0.7	0.4	0.4	0.4	0.4	0.3	- Caraïbes
- Rest of America	0.1	0.1	0.1	0.1	0.1	0.1	0.1	0.1	0.1	0.1	- Autre d'Amérique
Asia excluding former USSR	26.4	26.1	26.9	25.6	22.5	23.7	21.7	21.6	20.3	17.8	Asie ancienne URSS exclus
- Middle East	3.0	3.4	4.1	4.0	4.0	3.6	3.4	3.1	3.0	2.7	- Moyen-Orient
Asia former USSR	0.0	0.0	0.1	0.1	0.1	0.2	0.2	0.1	0.2	0.4	Asie ancienne URSS
Europe excluding former USSR	47.8	48.4	49.8	51.1	52.7	52.8	55.1	53.9	54.1	51.5	Europe ancienne URSS exclus
- European Union	41.3	41.4	41.7	42.8	43.3	44.3	47.5	46.5	46.4	44.4	- Union Européenne
- Eastern Europe	2.2	2.9	4.1	4.2	4.9	4.5	4.1	3.7	4.0	3.8	- Europe de l'Est
- Rest of Europe	4.2	4.0	4.0	4.1	4.5	4.0	3.6	3.7	3.6	3.3	- Autre de l'Europe
Europe former USSR	1.2	1.4	1.4	1.8	1.8	1.5	1.7	1.9	2.1	2.0	Europe ancienne URSS
Oceania	1.3	1.2	1.2	1.1	1.1	1.1	1.1	1.0	1.0	0.9	Océanie

TRADE BY COMMODITY (Value in million US dollars) COMMERCE PAR PRODUIT (Valeur en millions de dollars EU)
Exports by principal countries or areas **Exportations selon les principaux pays ou zones**

Country or area	1999	2000	2001	2002	2003	Pays ou zone
World	8023.9	7833.6	8565.3	9942.6	12889.6	Monde
Africa	56.5	230.9	194.7	541.5	699.2	Afrique
Americas	1092.9	1250.9	1329.0	1482.2	1689.7	Amériques
- Northern America	839.4	956.1	1018.5	1112.3	1289.3	- Amérique du Nord
- LAIA	238.7	279.2	295.4	348.9	378.6	- ALAI
- CACM	4.2	5.7	5.6	7.3	8.7	- MCC
- Caribbean	9.7	9.7	9.3	12.7	12.5	- Caraïbes
- Rest of America	0.9	0.3	0.2	1.0	0.6	- Autre d'Amérique
Asia excluding former USSR	857.7	881.2	895.6	968.5	1112.0	Asie ancienne URSS exclus
- Middle East	29.2	32.8	62.6	62.3	80.5	- Moyen-Orient
Asia former USSR	0.2	0.2	0.1	0.8	0.5	Asie ancienne URSS
Europe excluding former USSR	5964.3	5411.4	6100.3	6876.4	9327.5	Europe ancienne URSS exclus
- European Union	5190.7	4616.5	5246.4	5825.4	8199.7	- Union Européenne
- Eastern Europe	26.4	23.7	24.4	35.6	36.9	- Europe de l'Est
- Rest of Europe	747.2	771.1	829.4	1015.4	1090.9	- Autre de l'Europe
Europe former USSR	12.1	21.7	12.6	21.4	17.2	Europe ancienne URSS
Oceania	40.2	37.3	33.0	51.8	43.6	Océanie
Ireland	1952.6	1598.6	2212.6	2399.9	4015.2	Irlande
France-Monaco	1150.5	1138.2	1007.3	1163.7	1417.0	France-Monaco
United States	813.0	924.7	990.4	1087.1	1252.9	Etats-Unis d'Amérique
Switzerland-Liechtenstein	725.0	750.6	809.4	991.5	1057.8	Suisse-Liechtenstein
Germany	636.9	559.3	661.2	727.9	941.3	Allemagne
United Kingdom	599.5	573.3	584.3	621.3	707.8	Royaume-Uni
Netherlands	415.8	353.5	338.2	406.8	484.3	Pays-Bas
Swaziland	–	169.6	132.7	454.8	e625.6	Swaziland
Singapore	172.1	166.4	171.0	219.9	272.4	Singapour
Spain	129.8	122.7	172.1	201.9	266.6	Espagne
Japan	144.2	152.7	154.3	168.7	178.9	Japon
China, Hong Kong SAR	139.9	129.7	114.4	84.8	80.3	Chine - RAS de Hong-Kong
China	95.7	84.0	90.3	103.4	125.4	Chine
Belgium	97.2	78.6	84.4	97.5	119.4	Belgique
Italy-San Marino-Holy See	98.2	90.9	84.4	86.7	102.8	Italie-Saint-Marin-Saint-Siège
Brazil	55.0	71.7	77.2	105.1	138.2	Brésil
Mexico	67.9	74.0	77.9	98.9	106.1	Mexique
Argentina	69.9	84.5	88.1	92.3	76.2	Argentine
India	63.0	76.1	61.3	77.6	122.5	Inde
Israel	58.1	81.9	70.2	78.5	79.2	Israël
Indonesia	56.0	56.0	72.6	71.0	66.4	Indonésie
Austria	51.1	48.5	54.8	64.6	72.7	Autriche
Thailand	49.2	53.6	56.9	e44.1	51.5	Thaïlande
Australia	36.0	33.2	27.2	45.5	37.3	Australie
Canada	26.3	31.0	28.1	25.2	36.4	Canada
Denmark	28.3	26.0	22.6	23.6	31.4	Danemark
Sweden	23.6	19.8	17.0	23.2	30.1	Suède
South Africa	–	17.2	18.9	40.9	26.2	Afrique du Sud
Colombia	20.4	20.6	19.9	19.8	21.3	Colombie
Slovenia	14.9	15.9	15.1	18.5	26.7	Slovénie

(Value as percentages of World total) **(Valeur en pourcentage du total mondial)**

Regions of the world	1994	1995	1996	1997	1998	1999	2000	2001	2002	2003	Régions du monde
World	100.0	100.0	100.0	100.0	100.0	100.0	100.0	100.0	100.0	100.0	Monde
Africa	1.0	1.3	4.1	0.9	0.7	0.7	2.9	2.3	5.4	5.4	Afrique
Americas	20.0	19.1	17.4	16.2	14.3	13.6	16.0	15.5	14.9	13.1	Amériques
- Northern America	16.4	14.8	13.6	12.6	11.1	10.5	12.2	11.9	11.2	10.0	- Amérique du Nord
- LAIA	3.4	4.0	3.6	3.3	2.9	3.0	3.6	3.4	3.5	2.9	- ALAI
- CACM	0.1	0.1	0.0	0.0	0.1	0.1	0.1	0.1	0.1	0.1	- MCC
- Caribbean	0.1	0.2	0.1	0.1	0.1	0.1	0.1	0.1	0.1	0.1	- Caraïbes
- Rest of America	0.0	0.0	0.0	0.0	0.0	0.0	0.0	0.0	0.0	0.0	- Autre d'Amérique
Asia excluding former USSR	13.9	13.5	12.9	11.9	10.7	10.7	11.2	10.5	9.7	8.6	Asie ancienne URSS exclus
- Middle East	0.3	0.4	0.4	0.3	0.3	0.4	0.4	0.7	0.6	0.6	- Moyen-Orient
Asia former USSR	0.0	0.0	0.0	0.0	0.0	0.0	0.0	0.0	0.0	0.0	Asie ancienne URSS
Europe excluding former USSR	64.2	65.4	64.6	70.0	73.7	74.3	69.1	71.2	69.2	72.4	Europe ancienne URSS exclus
- European Union	50.8	52.2	53.6	60.4	63.9	64.7	58.9	61.3	58.6	63.6	- Union Européenne
- Eastern Europe	0.2	0.4	0.4	0.4	0.4	0.3	0.3	0.3	0.4	0.3	- Europe de l'Est
- Rest of Europe	13.2	12.8	10.6	9.2	9.4	9.3	9.8	9.7	10.2	8.5	- Autre de l'Europe
Europe former USSR	0.2	0.2	0.3	0.4	0.1	0.2	0.3	0.1	0.2	0.1	Europe ancienne URSS
Oceania	0.7	0.6	0.7	0.6	0.5	0.5	0.5	0.4	0.5	0.3	Océanie

553 Perfumery, cosmetics, toilet preparations, etc

TRADE BY COMMODITY (Value in million US dollars)
Imports by principal countries or areas

COMMERCE PAR PRODUIT (Valeur en millions de dollars EU)
Importations selon les principaux pays ou zones

Country or area	1999	2000	2001	2002	2003	Pays ou zone
World	21481.0	22522.6	24471.3	27183.7	32455.3	Monde
Africa	275.3	342.8	396.6	394.6	518.5	Afrique
Americas	4297.7	4829.6	5348.8	5658.0	6261.6	Amériques
- Northern America	2945.9	3326.0	3610.8	3969.1	4568.4	- Amérique du Nord
- LAIA	992.8	1133.6	1338.9	1253.7	1242.9	- ALAI
- CACM	147.8	140.8	167.0	207.3	232.6	- MCC
- Caribbean	158.4	179.9	180.8	173.8	160.7	- Caraïbes
- Rest of America	52.7	49.4	51.4	54.1	57.0	- Autre d'Amérique
Asia excluding former USSR	4567.3	5180.7	5348.0	5816.3	6744.6	Asie ancienne URSS exclus
- Middle East	1106.0	1229.1	1257.5	1387.7	1643.1	- Moyen-Orient
Asia former USSR	60.9	84.2	75.4	107.4	150.1	Asie ancienne URSS
Europe excluding former USSR	11398.3	11106.6	12081.5	13688.1	16781.0	Europe ancienne URSS exclus
- European Union	9674.0	9446.9	10277.1	11576.7	14259.2	- Union Européenne
- Eastern Europe	729.6	727.3	804.5	983.6	1179.3	- Europe de l'Est
- Rest of Europe	994.6	932.3	999.9	1127.8	1342.6	- Autre de l'Europe
Europe former USSR	365.7	449.7	665.9	893.6	1199.8	Europe ancienne URSS
Oceania	515.7	529.0	555.1	625.8	799.7	Océanie
United States	2061.3	2374.6	2581.0	2850.1	3311.0	Etats-Unis d'Amérique
Germany	1814.9	1702.9	2048.4	2098.5	2460.4	Allemagne
United Kingdom	1506.7	1642.0	1877.6	2146.4	2687.9	Royaume-Uni
France-Monaco	1167.3	1122.6	1045.2	1205.6	1548.4	France-Monaco
Japan	1001.7	1102.8	1075.8	1157.9	1423.3	Japon
Italy-San Marino-Holy See	1067.5	1050.1	1055.9	1185.9	1396.1	Italie-Saint-Marin-Saint-Siège
Canada	879.0	948.0	1025.8	1114.0	1251.2	Canada
Spain	784.9	773.4	923.8	1007.6	1303.8	Espagne
Netherlands	687.6	664.8	668.4	780.1	1114.0	Pays-Bas
China, Hong Kong SAR	596.9	660.9	691.1	711.0	832.7	Chine - RAS de Hong-Kong
Belgium	663.6	616.3	651.9	680.0	826.7	Belgique
Singapore	502.3	554.4	557.0	580.9	652.2	Singapour
Switzerland-Liechtenstein	485.2	431.6	455.0	483.8	578.3	Suisse-Liechtenstein
Mexico	323.3	394.1	484.8	532.5	548.1	Mexique
Korea, Republic of	230.5	357.3	475.0	596.4	584.7	République de Corée
Russian Federation	163.2	249.8	406.1	552.3	765.8	Fédération de Russie
Australia	353.0	373.0	393.0	444.1	560.6	Australie
Ireland	310.7	320.5	436.2	476.3	579.0	Irlande
United Arab Emirates	332.2	379.3	418.7	e429.6	e503.5	Emirates arabes unis
Austria	349.8	342.7	345.1	425.3	542.5	Autriche
Denmark	303.4	302.7	296.4	354.8	423.7	Danemark
Greece	258.6	256.3	248.8	427.1	433.1	Grèce
Saudi Arabia	259.9	321.1	291.2	340.4	389.2	Arabie saoudite
Poland	293.6	276.4	294.2	335.5	400.8	Pologne
Sweden	285.9	237.0	247.7	292.1	379.7	Suède
Portugal	260.1	237.6	248.5	289.8	e296.1	Portugal
Norway	197.9	201.1	199.7	216.3	275.3	Norvège
Malaysia	177.0	184.1	203.4	208.9	224.3	Malaisie
Czech Republic	155.9	154.0	156.8	217.6	240.4	République tchèque
Turkey	140.2	158.7	137.9	164.1	212.2	Turquie

(Value as percentages of World total)

(Valeur en pourcentage du total mondial)

Regions of the world	1994	1995	1996	1997	1998	1999	2000	2001	2002	2003	Régions du monde
World	100.0	100.0	100.0	100.0	100.0	100.0	100.0	100.0	100.0	100.0	Monde
Africa	1.4	1.2	1.0	1.1	1.2	1.3	1.5	1.6	1.5	1.6	Afrique
Americas	17.0	16.2	16.4	18.2	19.5	20.0	21.4	21.9	20.8	19.3	Amériques
- Northern America	11.6	11.3	11.7	12.2	12.9	13.7	14.8	14.8	14.6	14.1	- Amérique du Nord
- LAIA	3.7	3.2	3.4	4.2	4.8	4.6	5.0	5.5	4.6	3.8	- ALAI
- CACM	0.5	0.5	0.5	0.7	0.7	0.7	0.6	0.7	0.8	0.7	- MCC
- Caribbean	0.8	0.9	0.7	0.9	0.8	0.7	0.8	0.7	0.6	0.5	- Caraïbes
- Rest of America	0.3	0.2	0.2	0.2	0.2	0.2	0.2	0.2	0.2	0.2	- Autre d'Amérique
Asia excluding former USSR	21.7	22.6	23.0	23.8	19.9	21.3	23.0	21.9	21.4	20.8	Asie ancienne URSS exclus
- Middle East	4.9	4.9	4.4	5.1	5.2	5.1	5.5	5.1	5.1	5.1	- Moyen-Orient
Asia former USSR	0.2	0.2	0.3	0.2	0.3	0.3	0.4	0.3	0.4	0.5	Asie ancienne URSS
Europe excluding former USSR	54.2	54.0	53.1	50.1	53.7	53.1	49.3	49.4	50.4	51.7	Europe ancienne URSS exclus
- European Union	46.5	45.8	44.7	42.3	45.3	45.0	41.9	42.0	42.6	43.9	- Union Européenne
- Eastern Europe	2.5	2.5	3.1	3.2	3.5	3.4	3.2	3.3	3.6	3.6	- Europe de l'Est
- Rest of Europe	5.2	5.7	5.3	4.7	4.9	4.6	4.1	4.1	4.1	4.1	- Autre de l'Europe
Europe former USSR	3.2	3.6	3.7	4.2	3.1	1.7	2.0	2.7	3.3	3.7	Europe ancienne URSS
Oceania	2.4	2.2	2.5	2.4	2.3	2.4	2.3	2.3	2.3	2.5	Océanie

Produits de parfumerie ou de toilette et cosmétiques préparés; eaux distillées aromatiques 553

TRADE BY COMMODITY (Value in million US dollars)
Exports by principal countries or areas

COMMERCE PAR PRODUIT (Valeur en millions de dollars EU)
Exportations selon les principaux pays ou zones

Country or area	1999	2000	2001	2002	2003	Pays ou zone
World	22415.5	23389.0	25539.9	28166.7	34007.1	Monde
Africa	194.5	183.8	211.6	276.4	319.4	Afrique
Americas	3767.4	4283.0	4860.1	4996.3	5385.9	Amériques
- Northern America	3172.7	3591.2	3984.8	4013.0	4451.0	- Amérique du Nord
- LAIA	478.2	596.8	767.6	907.7	808.3	- ALAI
- CACM	64.1	58.6	75.6	41.7	95.7	- MCC
- Caribbean	36.6	27.2	28.3	31.0	29.9	- Caraïbes
- Rest of America	15.8	9.1	3.8	2.8	0.9	- Autre d'Amérique
Asia excluding former USSR	2342.1	2789.2	3104.3	3407.6	4163.7	Asie ancienne URSS exclus
- Middle East	300.5	358.0	511.2	563.6	696.2	- Moyen-Orient
Asia former USSR	1.6	3.2	4.1	3.0	4.8	Asie ancienne URSS
Europe excluding former USSR	15882.3	15872.7	17095.9	19156.4	23710.9	Europe ancienne URSS exclus
- European Union	14907.6	14871.9	16043.3	17868.7	22122.3	- Union Européenne
- Eastern Europe	372.3	435.5	475.3	672.2	899.4	- Europe de l'Est
- Rest of Europe	602.4	565.3	577.3	615.6	689.2	- Autre de l'Europe
Europe former USSR	79.0	107.9	116.3	138.1	213.0	Europe ancienne URSS
Oceania	148.6	149.2	147.6	188.9	209.5	Océanie
France-Monaco	5898.4	5749.7	6006.1	6709.1	8195.9	France-Monaco
United States	2712.4	3038.5	3350.7	3322.5	3656.4	Etats-Unis d'Amérique
Germany	2274.1	2335.2	2741.1	3137.3	4029.2	Allemagne
United Kingdom	2438.6	2375.5	2412.2	2606.1	3111.1	Royaume-Uni
Italy-San Marino-Holy See	1190.2	1296.9	1493.4	1645.9	1938.5	Italie-Saint-Marin-Saint-Siège
Spain	733.7	758.3	875.1	1005.4	1233.5	Espagne
Belgium	743.9	740.2	797.8	847.9	988.6	Belgique
Canada	460.1	552.3	633.9	689.9	794.6	Canada
Netherlands	406.3	504.0	524.1	672.1	1014.6	Pays-Bas
Japan	472.6	544.7	515.5	543.8	603.8	Japon
Ireland	590.5	505.2	529.4	470.8	550.3	Irlande
Switzerland-Liechtenstein	473.6	443.6	457.6	474.9	519.0	Suisse-Liechtenstein
Singapore	423.6	463.0	461.4	441.4	519.3	Singapour
Mexico	232.9	302.0	397.6	533.6	386.7	Mexique
China	195.5	266.1	318.1	413.9	634.6	Chine
Poland	183.5	228.5	263.0	388.4	556.9	Pologne
China, Hong Kong SAR	214.4	255.1	283.0	296.5	368.4	Chine - RAS de Hong-Kong
United Arab Emirates	147.0	185.8	326.5	e340.1	e403.9	Emirates arabes unis
Thailand	149.2	196.0	271.9	e354.6	414.2	Thaïlande
Sweden	161.1	146.5	155.3	172.5	227.2	Suède
Denmark	118.9	113.4	169.5	188.2	246.9	Danemark
Austria	129.1	133.3	145.4	163.4	201.4	Autriche
India	107.2	140.3	162.3	154.2	191.0	Inde
Australia	117.2	126.2	120.3	156.1	169.0	Australie
Korea, Republic of	77.9	115.4	132.6	159.1	191.3	République de Corée
Greece	83.3	97.0	98.5	109.6	173.7	Grèce
Argentina	89.4	101.1	114.6	91.4	103.6	Argentine
Brazil	60.4	72.7	90.5	109.0	135.3	Brésil
Czech Republic	63.4	69.7	71.9	107.6	114.3	République tchèque
Slovenia	68.4	69.2	72.9	89.8	110.8	Slovénie

(Value as percentages of World total)

(Valeur en pourcentage du total mondial)

Regions of the world	1994	1995	1996	1997	1998	1999	2000	2001	2002	2003	Régions du monde
World	100.0	100.0	100.0	100.0	100.0	100.0	100.0	100.0	100.0	100.0	Monde
Africa	0.5	0.7	0.7	0.7	0.8	0.9	0.8	0.8	1.0	0.9	Afrique
Americas	14.6	14.2	14.8	16.8	16.7	16.8	18.3	19.0	17.7	15.8	Amériques
- Northern America	12.9	12.2	13.0	14.7	14.2	14.2	15.4	15.6	14.2	13.1	- Amérique du Nord
- LAIA	1.4	1.6	1.4	1.7	2.0	2.1	2.6	3.0	3.2	2.4	- ALAI
- CACM	0.2	0.3	0.3	0.3	0.3	0.3	0.3	0.3	0.1	0.3	- MCC
- Caribbean	0.1	0.1	0.1	0.1	0.1	0.2	0.1	0.1	0.1	0.1	- Caraïbes
- Rest of America	0.0	0.0	0.0	0.0	0.0	0.1	0.0	0.0	0.0	0.0	- Autre d'Amérique
Asia excluding former USSR	10.1	9.7	9.6	10.1	9.9	10.4	11.9	12.2	12.1	12.2	Asie ancienne URSS exclus
- Middle East	1.1	1.0	1.0	1.2	1.3	1.3	1.5	2.0	2.0	2.0	- Moyen-Orient
Asia former USSR	0.0	0.0	0.0	0.0	0.0	0.0	0.0	0.0	0.0	0.0	Asie ancienne URSS
Europe excluding former USSR	73.6	74.2	73.7	71.2	71.5	70.9	67.9	66.9	68.0	69.7	Europe ancienne URSS exclus
- European Union	68.8	68.9	68.5	66.6	67.0	66.5	63.6	62.8	63.4	65.1	- Union Européenne
- Eastern Europe	0.5	1.2	1.6	1.9	1.8	1.7	1.9	1.9	2.4	2.6	- Europe de l'Est
- Rest of Europe	4.3	4.1	3.5	2.7	2.7	2.7	2.4	2.3	2.2	2.0	- Autre de l'Europe
Europe former USSR	0.3	0.3	0.4	0.5	0.4	0.4	0.5	0.5	0.5	0.6	Europe ancienne URSS
Oceania	1.0	0.9	0.9	0.8	0.6	0.7	0.6	0.6	0.7	0.6	Océanie

554 Soap, cleansing and polishing preparations

Country or area	1999	2000	2001	2002	2003	Pays ou zone
World	12692.0	12797.9	13375.4	15057.6	17927.1	Monde
Africa	399.5	420.0	432.6	489.6	589.7	Afrique
Americas	2396.5	2540.2	2697.5	2805.2	3039.5	Amériques
- Northern America	1288.2	1435.2	1511.8	1704.9	1876.5	- Amérique du Nord
- LAIA	787.2	764.5	811.9	732.4	784.8	- ALAI
- CACM	170.4	190.2	218.3	209.2	214.2	- MCC
- Caribbean	113.4	107.8	111.8	111.8	109.9	- Caraïbes
- Rest of America	37.2	42.3	43.7	47.0	54.1	- Autre d'Amérique
Asia excluding former USSR	2470.5	2658.2	2616.1	2890.4	3412.6	Asie ancienne URSS exclus
- Middle East	527.9	545.8	572.5	626.0	746.2	- Moyen-Orient
Asia former USSR	82.8	102.2	93.2	105.9	145.9	Asie ancienne URSS
Europe excluding former USSR	6891.5	6614.9	7027.4	8174.8	10011.7	Europe ancienne URSS exclus
- European Union	5726.1	5491.3	5840.2	6777.1	8352.6	- Union Européenne
- Eastern Europe	609.3	607.1	639.1	758.5	940.0	- Europe de l'Est
- Rest of Europe	556.0	516.5	548.1	639.1	719.1	- Autre de l'Europe
Europe former USSR	207.3	216.6	266.0	337.9	418.8	Europe ancienne URSS
Oceania	244.0	245.9	242.6	253.8	309.0	Océanie
France-Monaco	1020.5	1019.0	1033.8	1233.4	1497.1	France-Monaco
Germany	860.0	827.1	979.6	1124.9	1372.9	Allemagne
United States	728.6	823.6	840.5	972.1	1025.5	Etats-Unis d'Amérique
United Kingdom	783.3	737.0	820.0	911.1	1091.5	Royaume-Uni
Belgium	735.1	655.9	672.4	805.7	1007.6	Belgique
Canada	549.5	608.1	666.4	726.7	842.7	Canada
Italy-San Marino-Holy See	456.7	444.3	453.6	515.1	635.8	Italie-Saint-Marin-Saint-Siège
Netherlands	415.4	405.7	353.9	458.9	593.8	Pays-Bas
Japan	375.3	398.6	341.2	364.0	420.9	Japon
Spain	266.2	265.2	325.4	393.3	527.0	Espagne
China	205.7	240.9	257.3	307.9	420.3	Chine
Poland	233.8	224.1	227.5	272.4	315.5	Pologne
Mexico	188.8	217.7	233.2	250.7	281.8	Mexique
Austria	214.0	210.5	207.1	223.4	290.0	Autriche
Sweden	224.4	198.0	210.0	224.8	271.3	Suède
China, Hong Kong SAR	233.6	229.7	194.0	195.5	236.4	Chine - RAS de Hong-Kong
Switzerland-Liechtenstein	214.2	193.7	196.6	222.9	257.7	Suisse-Liechtenstein
Greece	138.6	161.3	163.5	188.3	277.9	Grèce
Ireland	171.8	160.9	169.3	186.7	218.4	Irlande
Korea, Republic of	160.4	175.5	180.7	194.0	188.4	République de Corée
Portugal	169.3	155.3	171.5	198.0	e202.3	Portugal
Thailand	128.0	154.6	171.5	e180.9	212.1	Thaïlande
Australia	160.3	157.7	154.0	161.4	198.0	Australie
Singapore	132.7	146.0	151.6	146.0	164.4	Singapour
Denmark	134.8	124.8	135.4	147.0	168.3	Danemark
Russian Federation	74.0	93.4	132.1	176.2	212.1	Fédération de Russie
Czech Republic	124.1	111.3	120.4	140.3	176.4	République tchèque
Hungary	96.2	109.8	124.5	138.1	178.7	Hongrie
Norway	130.8	121.2	117.9	127.7	146.3	Norvège
Turkey	120.3	118.9	98.2	119.2	151.9	Turquie

(Value as percentages of World total)   (Valeur en pourcentage du total mondial)

Regions of the world	1994	1995	1996	1997	1998	1999	2000	2001	2002	2003	Régions du monde
World	100.0	100.0	100.0	100.0	100.0	100.0	100.0	100.0	100.0	100.0	Monde
Africa	3.1	3.0	2.8	2.9	3.2	3.1	3.3	3.2	3.3	3.3	Afrique
Americas	15.1	14.6	15.2	17.7	18.7	18.9	19.8	20.2	18.6	17.0	Amériques
- Northern America	8.6	8.1	8.8	9.9	9.9	10.1	11.2	11.3	11.3	10.5	- Amérique du Nord
- LAIA	4.5	4.4	4.4	5.4	6.2	6.2	6.0	6.1	4.9	4.4	- ALAI
- CACM	0.8	0.8	0.9	1.2	1.4	1.3	1.5	1.6	1.4	1.2	- MCC
- Caribbean	1.0	1.0	0.9	1.0	1.0	0.9	0.8	0.8	0.7	0.6	- Caraïbes
- Rest of America	0.3	0.2	0.2	0.2	0.3	0.3	0.3	0.3	0.3	0.3	- Autre d'Amérique
Asia excluding former USSR	20.5	20.3	20.2	20.8	18.1	19.5	20.8	19.6	19.2	19.0	Asie ancienne URSS exclus
- Middle East	4.2	3.6	3.6	4.0	4.3	4.2	4.3	4.3	4.2	4.2	- Moyen-Orient
Asia former USSR	0.3	0.6	0.7	0.6	0.6	0.7	0.8	0.7	0.7	0.8	Asie ancienne URSS
Europe excluding former USSR	57.0	57.1	56.6	53.2	54.9	54.3	51.7	52.5	54.3	55.8	Europe ancienne URSS exclus
- European Union	48.8	48.2	47.2	44.4	45.5	45.1	42.9	43.7	45.0	46.6	- Union Européenne
- Eastern Europe	3.7	4.2	4.9	4.6	5.0	4.8	4.7	4.8	5.0	5.2	- Europe de l'Est
- Rest of Europe	4.5	4.7	4.5	4.2	4.4	4.4	4.0	4.1	4.2	4.0	- Autre de l'Europe
Europe former USSR	1.9	2.6	2.4	2.8	2.6	1.6	1.7	2.0	2.2	2.3	Europe ancienne URSS
Oceania	2.0	2.0	2.1	2.0	1.9	1.9	1.9	1.8	1.7	1.7	Océanie

TRADE BY COMMODITY (Value in million US dollars)
Exports by principal countries or areas

COMMERCE PAR PRODUIT (Valeur en millions de dollars EU)
Exportations selon les principaux pays ou zones

Country or area	1999	2000	2001	2002	2003	Pays ou zone
World	13021.8	13003.2	13593.5	15332.7	18287.0	Monde
Africa	173.9	172.2	185.5	249.0	309.6	Afrique
Americas	2465.2	2693.0	2822.4	2849.2	3094.5	Amériques
- Northern America	1758.2	1833.6	1955.8	2024.4	2242.8	- Amérique du Nord
- LAIA	487.9	643.0	631.5	660.4	629.4	- ALAI
- CACM	168.5	169.1	191.6	123.3	174.5	- MCC
- Caribbean	50.3	46.7	42.6	39.9	45.5	- Caraïbes
- Rest of America	0.3	0.7	0.8	1.2	2.3	- Autre d'Amérique
Asia excluding former USSR	2008.5	2158.7	2130.2	2418.4	2814.9	Asie ancienne URSS exclus
- Middle East	500.4	453.3	505.2	594.0	662.8	- Moyen-Orient
Asia former USSR	1.5	3.0	6.1	5.5	7.3	Asie ancienne URSS
Europe excluding former USSR	8191.3	7777.6	8239.4	9580.1	11767.9	Europe ancienne URSS exclus
- European Union	7490.0	7063.4	7440.8	8550.0	10574.1	- Union Européenne
- Eastern Europe	430.6	446.9	524.1	713.9	841.0	- Europe de l'Est
- Rest of Europe	270.6	267.3	274.5	316.2	352.9	- Autre de l'Europe
Europe former USSR	67.9	100.9	108.7	119.4	168.6	Europe ancienne URSS
Oceania	113.4	97.8	101.2	111.2	124.1	Océanie
Germany	1825.3	1778.3	1823.0	2068.3	2597.7	Allemagne
United States	1481.2	1574.3	1671.7	1692.0	1916.0	Etats-Unis d'Amérique
Belgium	1131.2	1034.7	1000.8	1137.5	1413.2	Belgique
France-Monaco	1011.5	862.9	888.9	1037.8	1277.9	France-Monaco
United Kingdom	929.8	890.2	903.6	964.9	1242.6	Royaume-Uni
Italy-San Marino-Holy See	811.2	780.3	839.1	974.5	1163.3	Italie-Saint-Marin-Saint-Siège
Spain	556.9	570.7	715.7	818.1	931.3	Espagne
Netherlands	587.1	528.3	567.6	741.2	925.0	Pays-Bas
Japan	395.3	501.4	415.2	454.8	544.7	Japon
Mexico	256.7	425.5	411.8	454.2	384.4	Mexique
Canada	277.0	259.3	284.0	332.4	326.9	Canada
Turkey	237.1	225.6	228.5	255.9	311.1	Turquie
Czech Republic	211.5	178.0	200.2	328.5	334.7	République tchèque
Indonesia	183.5	197.2	186.7	223.3	249.5	Indonésie
Malaysia	185.7	190.9	173.3	195.5	258.4	Malaisie
Denmark	167.5	165.4	178.4	203.2	252.9	Danemark
Switzerland-Liechtenstein	176.9	168.5	166.8	190.3	215.7	Suisse-Liechtenstein
Poland	125.8	145.6	164.5	179.0	240.1	Pologne
Sweden	153.8	152.2	159.2	142.8	203.6	Suède
China, Hong Kong SAR	145.0	161.5	121.4	134.5	166.9	Chine - RAS de Hong-Kong
China	91.5	112.3	124.1	159.6	206.0	Chine
Korea, Republic of	113.2	129.0	139.1	148.0	157.6	République de Corée
Singapore	123.6	137.3	135.0	137.4	147.6	Singapour
Austria	85.3	76.6	111.2	133.6	221.3	Autriche
Saudi Arabia	98.3	105.0	110.5	121.7	e133.6	Arabie saoudite
Hungary	39.3	60.3	95.9	118.7	159.6	Hongrie
Russian Federation	40.4	73.7	82.2	94.6	138.4	Fédération de Russie
Brazil	83.7	85.2	70.4	67.6	90.2	Brésil
Luxembourg	50.4	48.0	71.3	102.9	116.4	Luxembourg
Thailand	44.0	48.5	58.8	e79.8	93.2	Thaïlande

(Value as percentages of World total)

(Valeur en pourcentage du total mondial)

Regions of the world	1994	1995	1996	1997	1998	1999	2000	2001	2002	2003	Régions du monde
World	100.0	100.0	100.0	100.0	100.0	100.0	100.0	100.0	100.0	100.0	Monde
Africa	2.1	1.2	1.4	1.6	1.5	1.3	1.3	1.4	1.6	1.7	Afrique
Americas	16.4	15.9	16.8	18.4	18.9	18.9	20.7	20.8	18.6	16.9	Amériques
- Northern America	13.0	12.2	13.1	13.9	13.3	13.5	14.1	14.4	13.2	12.3	- Amérique du Nord
- LAIA	2.4	2.7	2.5	3.2	3.7	3.7	4.9	4.6	4.3	3.4	- ALAI
- CACM	0.6	0.6	0.8	0.9	1.3	1.3	1.3	1.4	0.8	1.0	- MCC
- Caribbean	0.4	0.4	0.4	0.5	0.5	0.4	0.4	0.3	0.3	0.2	- Caraïbes
- Rest of America	0.0	0.0	0.0	0.0	0.0	0.0	0.0	0.0	0.0	0.0	- Autre d'Amérique
Asia excluding former USSR	15.1	15.7	15.7	16.2	14.9	15.4	16.6	15.7	15.8	15.4	Asie ancienne URSS exclus
- Middle East	3.0	3.7	4.2	4.7	4.2	3.8	3.5	3.7	3.9	3.6	- Moyen-Orient
Asia former USSR	0.0	0.0	0.0	0.0	0.0	0.0	0.0	0.0	0.0	0.0	Asie ancienne URSS
Europe excluding former USSR	65.0	65.6	64.2	62.2	63.5	62.9	59.8	60.6	62.5	64.4	Europe ancienne URSS exclus
- European Union	60.6	60.9	58.6	56.5	57.6	57.5	54.3	54.7	55.8	57.8	- Union Européenne
- Eastern Europe	1.8	2.1	3.2	3.5	3.8	3.3	3.4	3.9	4.7	4.6	- Europe de l'Est
- Rest of Europe	2.6	2.5	2.5	2.1	2.1	2.1	2.1	2.0	2.1	1.9	- Autre de l'Europe
Europe former USSR	0.5	0.5	0.7	0.7	0.5	0.5	0.8	0.8	0.8	0.9	Europe ancienne URSS
Oceania	0.9	1.1	1.1	0.9	0.8	0.9	0.8	0.7	0.7	0.7	Océanie

TRADE BY COMMODITY (Value in million US dollars)
Imports by principal countries or areas

COMMERCE PAR PRODUIT (Valeur en millions de dollars EU)
Importations selon les principaux pays ou zones

Country or area	1999	2000	2001	2002	2003	Pays ou zone
World	17356.4	17711.9	17577.1	18074.1	21160.2	Monde
Africa	729.5	880.7	976.7	1145.7	886.2	Afrique
Americas	4355.3	5331.0	5550.8	5090.0	6678.5	Amériques
- Northern America	1908.5	2232.8	2441.3	2053.6	2775.1	- Amérique du Nord
- LAIA	2163.8	2649.6	2660.4	2630.7	3432.9	- ALAI
- CACM	202.0	376.3	372.6	335.5	401.0	- MCC
- Caribbean	46.0	43.5	46.5	31.7	28.2	- Caraïbes
- Rest of America	35.0	28.8	30.0	38.5	41.3	- Autre d'Amérique
Asia excluding former USSR	6755.8	5837.2	5369.3	6320.6	6302.8	Asie ancienne URSS exclus
- Middle East	539.1	678.2	593.7	538.8	752.6	- Moyen-Orient
Asia former USSR	60.3	53.2	48.3	54.9	56.2	Asie ancienne URSS
Europe excluding former USSR	4720.1	4839.7	4849.4	4673.5	6254.6	Europe ancienne URSS exclus
- European Union	4173.2	4271.4	4158.9	3966.6	5480.4	- Union Européenne
- Eastern Europe	278.4	290.6	379.5	414.5	455.6	- Europe de l'Est
- Rest of Europe	268.5	277.8	311.0	292.3	318.6	- Autre de l'Europe
Europe former USSR	120.9	128.3	167.2	185.0	266.5	Europe ancienne URSS
Oceania	614.5	641.7	615.4	604.5	715.4	Océanie
United States	1652.2	1863.5	2115.2	1785.3	2355.1	Etats-Unis d'Amérique
China	2242.3	1725.1	1552.3	2350.0	1758.1	Chine
Brazil	940.0	1381.0	1321.7	1338.6	1872.1	Brésil
France-Monaco	936.3	1003.2	927.1	826.8	1205.4	France-Monaco
Germany	696.2	683.9	658.0	550.8	782.6	Allemagne
India	1078.5	448.5	459.5	356.0	494.8	Inde
Italy-San Marino-Holy See	531.8	490.5	455.8	512.1	585.1	Italie-Saint-Marin-Saint-Siège
Thailand	452.2	450.9	484.7	e542.3	635.8	Thaïlande
Japan	469.5	508.8	463.7	514.9	517.6	Japon
Australia	482.5	493.0	430.1	430.0	500.2	Australie
Viet Nam	442.7	505.4	417.9	476.4	e394.9	Viet Nam
United Kingdom	389.1	457.6	436.5	388.4	557.7	Royaume-Uni
Belgium	411.8	414.3	403.9	428.3	562.2	Belgique
Mexico	299.8	370.6	398.3	431.5	536.4	Mexique
Spain	350.4	386.1	381.6	376.0	518.1	Espagne
Malaysia	343.4	348.0	268.2	319.2	362.4	Malaisie
Canada	255.1	368.9	325.6	267.9	419.5	Canada
Turkey	271.5	374.9	265.5	265.0	392.6	Turquie
Netherlands	220.2	207.6	212.1	251.4	362.1	Pays-Bas
Pakistan	255.4	202.3	186.1	218.1	284.1	Pakistan
Indonesia	225.2	180.6	195.0	241.1	226.3	Indonésie
Argentina	261.8	208.1	186.7	156.4	e240.3	Argentine
Ireland	187.8	202.9	196.2	175.2	261.7	Irlande
Philippines	180.6	192.1	211.1	162.0	221.1	Philippines
Colombia	162.3	190.0	187.2	189.2	224.6	Colombie
Korea, Republic of	132.6	164.9	157.0	186.3	233.5	République de Corée
Honduras	41.2	229.6	211.7	181.7	e196.2	Honduras
Nigeria	5.8	203.0	e	e	e29.9	Nigéria
Poland	136.9	125.6	152.3	171.2	178.4	Pologne
Iran (Islamic Republic of)	137.1	154.0	164.1	125.4	183.3	Iran (République islamique d')

(Value as percentages of World total)   **(Valeur en pourcentage du total mondial)**

Regions of the world	1994	1995	1996	1997	1998	1999	2000	2001	2002	2003	Régions du monde
World	100.0	100.0	100.0	100.0	100.0	100.0	100.0	100.0	100.0	100.0	Monde
Africa	4.2	3.1	3.7	3.7	4.5	4.2	5.0	5.6	6.3	4.2	Afrique
Americas	22.8	18.6	21.7	23.7	25.4	25.1	30.1	31.6	28.2	31.6	Amériques
- Northern America	10.9	8.7	8.7	9.5	10.9	11.0	12.6	13.9	11.4	13.1	- Amérique du Nord
- LAIA	10.1	8.3	11.3	12.1	12.7	12.5	15.0	15.1	14.6	16.2	- ALAI
- CACM	1.2	1.0	1.1	1.6	1.2	1.2	2.1	2.1	1.9	1.9	- MCC
- Caribbean	0.3	0.3	0.3	0.4	0.4	0.3	0.2	0.3	0.2	0.1	- Caraïbes
- Rest of America	0.3	0.2	0.2	0.2	0.2	0.2	0.2	0.2	0.2	0.2	- Autre d'Amérique
Asia excluding former USSR	37.8	44.0	39.3	40.1	36.2	38.9	33.0	30.5	35.0	29.8	Asie ancienne URSS exclus
- Middle East	3.0	3.2	3.1	3.2	3.2	3.1	3.8	3.4	3.0	3.6	- Moyen-Orient
Asia former USSR	0.1	0.4	0.5	0.4	0.3	0.3	0.3	0.3	0.3	0.3	Asie ancienne URSS
Europe excluding former USSR	31.8	30.5	30.5	27.9	29.4	27.2	27.3	27.6	25.9	29.6	Europe ancienne URSS exclus
- European Union	28.8	27.9	27.8	25.0	26.3	24.0	24.1	23.7	21.9	25.9	- Union Européenne
- Eastern Europe	1.3	1.2	1.5	1.6	1.7	1.6	1.6	2.2	2.3	2.2	- Europe de l'Est
- Rest of Europe	1.6	1.4	1.2	1.3	1.5	1.5	1.6	1.8	1.6	1.5	- Autre de l'Europe
Europe former USSR	0.4	0.4	0.7	0.8	0.8	0.7	0.7	1.0	1.0	1.3	Europe ancienne URSS
Oceania	3.0	3.0	3.6	3.5	3.4	3.5	3.6	3.5	3.3	3.4	Océanie

TRADE BY COMMODITY (Value in million US dollars)
Exports by principal countries or areas

COMMERCE PAR PRODUIT (Valeur en millions de dollars EU)
Exportations selon les principaux pays ou zones

Country or area	1999	2000	2001	2002	2003	Pays ou zone
World	14725.0	14776.0	14508.5	12449.8	15260.2	Monde
Africa	955.3	911.1	1009.2	1017.1	1174.5	Afrique
Americas	5496.8	5016.1	4561.4	2435.3	2365.7	Amériques
- Northern America	5058.6	4626.4	4118.6	2015.5	1833.9	- Amérique du Nord
- LAIA	352.4	307.1	357.5	335.3	428.8	- ALAI
- CACM	36.6	20.1	17.6	19.1	20.3	- MCC
- Caribbean	49.2	62.4	67.6	65.2	82.7	- Caraïbes
- Rest of America	0.0	0.1	0.2	0.2	0.0	- Autre d'Amérique
Asia excluding former USSR	1915.6	2088.2	2177.4	2221.1	2929.2	Asie ancienne URSS exclus
- Middle East	611.8	627.4	749.7	801.8	929.5	- Moyen-Orient
Asia former USSR	69.8	64.8	57.0	54.9	66.9	Asie ancienne URSS
Europe excluding former USSR	3779.1	3920.5	3817.2	3792.6	5103.5	Europe ancienne URSS exclus
- European Union	3283.6	3185.1	3146.8	3205.8	4183.0	- Union Européenne
- Eastern Europe	407.9	626.8	580.3	497.6	801.9	- Europe de l'Est
- Rest of Europe	87.6	108.6	90.l	89.2	118.6	- Autre de l'Europe
Europe former USSR	2463.3	2728.8	2804.1	2860.6	3518.4	Europe ancienne URSS
Oceania	45.2	46.7	82.2	68.3	101.9	Océanie
Canada	1941.2	2140.1	1871.8	2015.5	1833.9	Canada
Russian Federation	1439.9	1579.7	1665.2	1644.0	1963.1	Fédération de Russie
United States	3117.4	2485.4	2246.7			Etats-Unis d'Amérique
Germany	980.8	876.4	912.8	931.3	1129.8	Allemagne
Belgium	663.2	821.0	758.4	834.8	1082.5	Belgique
Netherlands	718.6	683.7	687.7	654.0	961.6	Pays-Bas
Belarus	510.5	487.0	538.2	540.5	643.4	Bélarus
Israel	430.8	418.5	410.9	414.3	495.3	Israël
China	219.9	313.4	377.7	337.6	783.0	Chine
Ukraine	289.5	413.7	364.6	400.5	e515.6	Ukraine
Morocco	316.7	323.3	349.3	331.7	371.9	Maroc
Tunisia	288.6	266.5	288.8	289.6	346.5	Tunisie
Saudi Arabia	229.6	245.3	321.6	316.8	e347.7	Arabie saoudite
Poland	185.7	249.5	189.8	171.9	307.5	Pologne
Lithuania	177.6	192.6	171.9	219.9	305.7	Lituanie
Qatar	135.1	188.9	173.1	187.0	e228.4	Qatar
Spain	217.3	141.3	144.5	152.8	225.4	Espagne
Indonesia	185.3	209.4	126.8	129.2	181.9	Indonésie
France-Monaco	187.7	190.4	152.5	111.6	189.2	France-Monaco
Romania	83.7	146.7	168.0	144.4	227.8	Roumanie
Malaysia	88.5	134.9	141.8	135.2	171.8	Malaisie
Korea, Republic of	142.6	125.7	127.4	127.3	135.2	République de Corée
South Africa	–	130.7	124.1	140.0	141.5	Afrique du Sud
Finland	113.3	89.4	92.1	102.5	119.9	Finlande
United Kingdom	112.7	102.9	100.3	105.4	84.1	Royaume-Uni
Chile	73.3	93.2	97.5	99.4	98.2	Chili
Japan	91.0	91.5	79.4	83.0	84.6	Japon
Jordan	110.5	38.3	86.3	90.4	104.1	Jordanie
Denmark	79.3	77.3	59.0	83.7	106.4	Danemark
Mexico	154.6	95.2	103.1	33.2	9.9	Mexique

(Value as percentages of World total)

(Valeur en pourcentage du total mondial)

Regions of the world	1994	1995	1996	1997	1998	1999	2000	2001	2002	2003	Régions du monde
World	100.0	100.0	100.0	100.0	100.0	100.0	100.0	100.0	100.0	100.0	Monde
Africa	5.7	6.5	6.6	6.4	6.9	6.5	6.2	7.0	8.2	7.7	Afrique
Americas	33.2	30.6	29.0	32.9	35.9	37.3	33.9	31.4	19.6	15.5	Amériques
- Northern America	31.1	27.4	25.9	30.1	32.7	34.4	31.3	28.4	16.2	12.0	- Amérique du Nord
- LAIA	1.5	2.5	2.2	2.0	2.6	2.4	2.1	2.5	2.7	2.8	- ALAI
- CACM	0.2	0.1	0.2	0.3	0.2	0.2	0.1	0.1	0.2	0.1	- MCC
- Caribbean	0.5	0.6	0.7	0.5	0.4	0.3	0.4	0.5	0.5	0.5	- Caraïbes
- Rest of America	0.0	0.0	0.0	0.0	0.0	0.0	0.0	0.0	0.0	0.0	- Autre d'Amérique
Asia excluding former USSR	13.8	14.0	14.0	14.4	12.9	13.0	14.1	15.0	17.8	19.2	Asie ancienne URSS exclus
- Middle East	5.4	5.4	5.0	4.8	4.8	4.2	4.2	5.2	6.4	6.1	- Moyen-Orient
Asia former USSR	0.3	0.6	1.1	0.4	0.4	0.5	0.4	0.4	0.4	0.4	Asie ancienne URSS
Europe excluding former USSR	31.0	30.1	31.8	28.7	27.1	25.7	26.5	26.3	30.5	33.4	Europe ancienne URSS exclus
- European Union	25.5	23.5	24.5	23.2	23.1	22.3	21.6	21.7	25.7	27.4	- Union Européenne
- Eastern Europe	4.7	5.8	6.5	4.9	3.3	2.8	4.2	4.0	4.0	5.3	- Europe de l'Est
- Rest of Europe	0.8	0.7	0.7	0.6	0.7	0.6	0.7	0.6	0.7	0.8	- Autre de l'Europe
Europe former USSR	15.9	18.0	17.3	17.1	16.6	16.7	18.5	19.3	23.0	23.1	Europe ancienne URSS
Oceania	0.2	0.1	0.3	0.1	0.1	0.3	0.3	0.6	0.5	0.7	Océanie

572 Explosives and pyrotechnic products

Country or area	1999	2000	2001	2002	2003	Pays ou zone
World	1401.4	1408.3	1343.3	1481.0	1742.1	Monde
Africa	75.5	62.4	75.9	105.1	123.2	Afrique
Americas	479.8	529.1	520.5	574.4	677.1	Amériques
- Northern America	363.6	380.4	380.5	387.4	465.6	- Amérique du Nord
- LAIA	99.0	133.7	122.9	170.8	195.3	- ALAI
- CACM	5.7	4.9	6.3	6.6	7.1	- MCC
- Caribbean	7.3	6.9	6.1	5.8	5.9	- Caraïbes
- Rest of America	4.2	3.2	4.6	3.9	3.2	- Autre d'Amérique
Asia excluding former USSR	183.8	189.5	220.0	229.0	226.2	Asie ancienne URSS exclus
- Middle East	35.3	33.4	33.4	43.1	39.0	- Moyen-Orient
Asia former USSR	53.0	59.3	62.7	45.6	42.6	Asie ancienne URSS
Europe excluding former USSR	562.3	517.8	412.6	458.9	571.2	Europe ancienne URSS exclus
- European Union	476.2	432.8	329.7	371.7	456.9	- Union Européenne
- Eastern Europe	22.4	22.8	20.6	24.1	38.2	- Europe de l'Est
- Rest of Europe	63.7	62.1	62.3	63.1	76.2	- Autre de l'Europe
Europe former USSR	9.1	10.4	9.7	13.5	17.7	Europe ancienne URSS
Oceania	38.0	39.8	41.9	54.6	84.0	Océanie
United States	279.9	276.1	295.2	316.8	380.5	Etats-Unis d'Amérique
Germany	152.5	142.8	94.8	116.5	124.6	Allemagne
Mexico	43.1	74.1	68.2	131.5	149.1	Mexique
Canada	82.7	103.3	84.5	69.6	83.5	Canada
Italy-San Marino-Holy See	77.9	69.7	54.2	55.3	63.6	Italie-Saint-Marin-Saint-Siège
Japan	48.4	56.3	77.1	64.9	73.5	Japon
France-Monaco	42.4	38.4	30.5	42.7	61.6	France-Monaco
Australia	26.2	28.3	30.9	41.0	66.2	Australie
United Kingdom	33.6	33.3	28.9	28.5	43.8	Royaume-Uni
Kazakhstan	28.1	36.5	32.9	e20.6	26.7	Kazakhstan
Norway	26.0	22.3	24.1	27.6	30.5	Norvège
Switzerland-Liechtenstein	25.8	30.3	27.4	20.0	23.0	Suisse-Liechtenstein
Netherlands	27.0	27.5	17.9	22.2	29.0	Pays-Bas
Singapore	18.0	21.1	31.0	22.4	27.8	Singapour
Indonesia	20.7	24.3	22.9	24.5	18.6	Indonésie
Austria	21.3	19.5	16.0	19.9	21.7	Autriche
Belgium	23.6	16.3	16.2	16.5	25.5	Belgique
Sweden	22.4	15.5	11.1	14.0	19.9	Suède
Denmark	21.7	15.6	11.0	13.7	16.4	Danemark
Uzbekistan	e17.2	e14.4	e22.2	e14.5	e6.0	Ouzbékistan
Lesotho	–	0.2	0.9	29.9	e38.2	Lesotho
Greece	14.2	16.6	17.1	8.5	11.4	Grèce
China, Hong Kong SAR	21.8	15.1	8.6	11.6	6.4	Chine - RAS de Hong-Kong
Spain	12.6	13.6	8.9	9.5	11.6	Espagne
South Africa	–	14.5	14.6	13.0	13.9	Afrique du Sud
Portugal	10.0	10.7	9.2	11.2	e11.4	Portugal
Finland	12.0	8.8	9.0	9.5	11.2	Finlande
Argentina	15.5	15.1	9.9	3.3	e5.0	Argentine
Venezuela	9.2	14.8	13.1	5.4	5.5	Venezuela
Korea, Republic of	8.2	8.7	7.2	9.8	9.5	République de Corée

(Value as percentages of World total) — **(Valeur en pourcentage du total mondial)**

Regions of the world	1994	1995	1996	1997	1998	1999	2000	2001	2002	2003	Régions du monde
World	100.0	100.0	100.0	100.0	100.0	100.0	100.0	100.0	100.0	100.0	Monde
Africa	7.1	6.1	6.5	5.7	5.6	5.4	4.4	5.7	7.1	7.1	Afrique
Americas	30.5	26.8	28.3	30.3	33.6	34.2	37.6	38.7	38.8	38.9	Amériques
- Northern America	25.0	21.6	22.7	24.3	25.6	25.9	27.0	28.3	26.2	26.7	- Amérique du Nord
- LAIA	4.0	4.1	4.3	4.8	6.7	7.1	9.5	9.2	11.5	11.2	- ALAI
- CACM	0.3	0.3	0.4	0.4	0.5	0.4	0.3	0.5	0.4	0.4	- MCC
- Caribbean	0.4	0.5	0.5	0.5	0.5	0.5	0.5	0.5	0.4	0.3	- Caraïbes
- Rest of America	0.8	0.4	0.4	0.3	0.3	0.3	0.2	0.3	0.3	0.2	- Autre d'Amérique
Asia excluding former USSR	21.9	19.0	16.5	15.5	13.5	13.1	13.5	16.4	15.5	13.0	Asie ancienne URSS exclus
- Middle East	3.5	2.2	2.2	2.6	2.9	2.5	2.4	2.5	2.9	2.2	- Moyen-Orient
Asia former USSR	3.2	5.4	5.0	6.2	4.3	3.8	4.2	4.7	3.1	2.4	Asie ancienne URSS
Europe excluding former USSR	32.7	37.8	37.9	36.7	38.7	40.1	36.8	30.7	31.0	32.8	Europe ancienne URSS exclus
- European Union	27.1	30.9	31.0	30.4	32.2	34.0	30.7	24.5	25.1	26.2	- Union Européenne
- Eastern Europe	1.3	1.5	1.7	1.3	1.3	1.6	1.6	1.5	1.6	2.2	- Europe de l'Est
- Rest of Europe	4.3	5.4	5.2	5.0	5.3	4.5	4.4	4.6	4.3	4.4	- Autre de l'Europe
Europe former USSR	1.7	2.2	2.8	2.9	1.4	0.6	0.7	0.7	0.9	1.0	Europe ancienne URSS
Oceania	3.0	2.8	3.1	2.6	2.9	2.7	2.8	3.1	3.7	4.8	Océanie

TRADE BY COMMODITY (Value in million US dollars)
Exports by principal countries or areas

COMMERCE PAR PRODUIT (Valeur en millions de dollars EU)
Exportations selon les principaux pays ou zones

Country or area	1999	2000	2001	2002	2003	Pays ou zone
World	1162.3	1201.9	1125.6	1222.1	1524.8	Monde
Africa	29.8	67.6	30.5	33.2	53.3	Afrique
Americas	371.5	443.1	388.2	406.2	554.3	Amériques
- Northern America	326.5	393.7	331.7	350.1	470.4	- Amérique du Nord
- LAIA	41.5	45.3	52.8	52.5	78.8	- ALAI
- CACM	3.3	3.9	3.5	3.3	4.3	- MCC
- Caribbean	0.2	0.2	0.2	0.3	0.6	- Caraïbes
- Rest of America	0.0	0.0	0.1	0.0	0.2	- Autre d'Amérique
Asia excluding former USSR	381.7	322.8	316.3	362.9	406.6	Asie ancienne URSS exclus
- Middle East	2.4	3.6	4.0	6.5	6.7	- Moyen-Orient
Asia former USSR	8.3	8.3	14.3	9.4	1.3	Asie ancienne URSS
Europe excluding former USSR	298.7	289.2	310.2	343.8	435.4	Europe ancienne URSS exclus
- European Union	227.7	211.7	219.0	233.4	300.8	- Union Européenne
- Eastern Europe	33.7	36.1	39.4	48.3	64.6	- Europe de l'Est
- Rest of Europe	37.4	41.4	51.8	62.1	70.0	- Autre de l'Europe
Europe former USSR	52.5	51.9	48.4	47.2	53.5	Europe ancienne URSS
Oceania	19.8	19.0	17.8	19.3	20.4	Océanie
China	324.5	269.4	273.1	307.9	345.0	Chine
United States	255.8	316.4	257.9	280.7	394.1	Etats-Unis d'Amérique
Germany	81.0	78.7	79.0	81.7	118.2	Allemagne
Canada	70.7	77.3	73.8	69.4	76.3	Canada
France-Monaco	55.9	46.2	52.7	62.0	80.2	France-Monaco
Switzerland-Liechtenstein	31.1	36.7	45.7	54.2	60.9	Suisse-Liechtenstein
Russian Federation	51.4	46.2	45.9	37.0	40.2	Fédération de Russie
South Africa	–	63.7	27.6	30.1	47.6	Afrique du Sud
Czech Republic	19.7	22.1	25.1	29.2	37.7	République tchèque
Belgium	29.6	22.6	19.8	16.0	25.1	Belgique
Mexico	10.6	14.3	20.8	22.2	38.3	Mexique
Australia	17.8	17.2	16.2	15.8	16.3	Australie
China, Hong Kong SAR	24.4	16.6	10.6	17.3	13.8	Chine - RAS de Hong-Kong
Italy-San Marino-Holy See	18.0	17.7	16.0	14.3	14.8	Italie-Saint-Marin-Saint-Siège
Spain	16.4	15.0	15.9	14.3	18.6	Espagne
Netherlands	8.3	15.6	13.4	18.8	18.5	Pays-Bas
Chile	12.0	11.7	11.8	12.2	15.5	Chili
Brazil	6.9	7.8	7.9	9.4	15.9	Brésil
Singapore	4.2	4.5	8.2	10.8	13.1	Singapour
Poland	8.3	6.4	6.1	7.8	10.3	Pologne
Finland	5.1	5.1	7.3	8.7	11.5	Finlande
India	5.9	9.2	7.4	6.9	7.0	Inde
Tajikistan	e8.2	8.2	e8.0	e8.8	e0.3	Tadjikistan
Peru	7.2	6.1	6.5	4.8	5.7	Pérou
Ukraine	1.0	5.5	2.2	9.3	e12.0	Ukraine
Southern African Customs Union	24.3	–	–	–	–	Union douanière d'Afrique australe
Slovakia	2.9	4.5	4.9	4.4	5.4	Slovaquie
Argentina	4.2	4.8	5.2	3.2	2.7	Argentine
Philippines	6.2	6.6	3.1	1.8	2.4	Philippines
Sweden	2.6	3.4	3.8	4.2	4.9	Suède

(Value as percentages of World total)

(Valeur en pourcentage du total mondial)

Regions of the world	1994	1995	1996	1997	1998	1999	2000	2001	2002	2003	Régions du monde
World	100.0	100.0	100.0	100.0	100.0	100.0	100.0	100.0	100.0	100.0	Monde
Africa	2.5	3.3	2.3	2.8	3.7	2.6	5.6	2.7	2.7	3.5	Afrique
Americas	28.6	27.5	30.6	31.2	33.7	32.0	36.9	34.5	33.2	36.4	Amériques
- Northern America	26.4	24.7	27.4	27.3	29.1	28.1	32.8	29.5	28.6	30.8	- Amérique du Nord
- LAIA	2.1	2.6	3.0	3.6	4.2	3.6	3.8	4.7	4.3	5.2	- ALAI
- CACM	0.1	0.1	0.2	0.3	0.3	0.3	0.3	0.3	0.3	0.3	- MCC
- Caribbean	0.0	0.0	0.0	0.0	0.0	0.0	0.0	0.0	0.0	0.0	- Caraïbes
- Rest of America	0.0	0.0	0.0	0.0	0.0	0.0	0.0	0.0	0.0	0.0	- Autre d'Amérique
Asia excluding former USSR	28.9	28.2	25.8	24.5	25.2	32.8	26.9	28.1	29.7	26.7	Asie ancienne URSS exclus
- Middle East	0.3	0.2	0.3	0.4	0.3	0.2	0.3	0.4	0.5	0.4	- Moyen-Orient
Asia former USSR	0.0	0.0	0.1	1.0	0.6	0.7	0.7	1.3	0.8	0.1	Asie ancienne URSS
Europe excluding former USSR	32.4	31.9	32.8	30.0	31.5	25.7	24.1	27.6	28.1	28.6	Europe ancienne URSS exclus
- European Union	29.2	27.2	27.6	24.7	25.9	19.6	17.6	19.5	19.1	19.7	- Union Européenne
- Eastern Europe	1.3	1.9	2.7	2.9	2.7	2.9	3.0	3.5	3.9	4.2	- Europe de l'Est
- Rest of Europe	1.9	2.8	2.5	2.4	3.0	3.2	3.4	4.6	5.1	4.6	- Autre de l'Europe
Europe former USSR	5.8	6.9	6.8	8.6	3.8	4.5	4.3	4.3	3.9	3.5	Europe ancienne URSS
Oceania	1.8	2.1	1.7	1.9	1.4	1.7	1.6	1.6	1.6	1.3	Océanie

TRADE BY COMMODITY (Value in million US dollars)
Imports by principal countries or areas

COMMERCE PAR PRODUIT (Valeur en millions de dollars EU)
Importations selon les principaux pays ou zones

Country or area	1999	2000	2001	2002	2003	Pays ou zone
World	31984.8	35220.2	33650.1	35609.0	42667.4	Monde
Africa	582.9	582.3	609.3	645.7	736.4	Afrique
Americas	5618.2	6229.3	5984.4	6161.8	6762.8	Amériques
- Northern America	3569.6	3933.7	3516.7	3768.1	4107.7	- Amérique du Nord
- LAIA	1920.8	2156.0	2314.7	2226.6	2456.3	- ALAI
- CACM	77.4	83.5	93.2	106.6	129.4	- MCC
- Caribbean	40.0	46.8	46.5	49.7	53.0	- Caraïbes
- Rest of America	10.4	9.3	13.4	10.7	16.5	- Autre d'Amérique
Asia excluding former USSR	9582.2	11893.5	10618.9	11928.4	14238.5	Asie ancienne URSS exclus
- Middle East	703.5	742.6	740.7	899.9	1176.8	- Moyen-Orient
Asia former USSR	17.9	32.8	31.9	36.9	52.7	Asie ancienne URSS
Europe excluding former USSR	15558.2	15778.4	15631.9	15885.2	19740.4	Europe ancienne URSS exclus
- European Union	13931.2	13917.8	13692.4	13772.1	17022.5	- Union Européenne
- Eastern Europe	782.9	965.9	1029.9	1171.8	1608.1	- Europe de l'Est
- Rest of Europe	844.1	894.7	909.6	941.3	1109.8	- Autre de l'Europe
Europe former USSR	219.0	304.7	402.2	546.4	685.2	Europe ancienne URSS
Oceania	406.3	399.2	371.4	404.6	451.3	Océanie
China	2001.2	2651.0	2578.4	3395.0	4413.5	Chine
Germany	2888.1	2833.5	3007.2	2798.5	3328.2	Allemagne
United States	2205.1	2464.6	2230.1	2427.9	2719.4	Etats-Unis d'Amérique
Italy-San Marino-Holy See	1963.6	2052.8	1983.3	2105.8	2617.6	Italie-Saint-Marin-Saint-Siège
France-Monaco	1957.3	2123.4	2087.7	1966.5	2366.7	France-Monaco
Belgium	1725.4	1654.7	1554.9	1625.8	2055.3	Belgique
China, Hong Kong SAR	1398.1	1667.9	1348.7	1511.7	1683.0	Chine - RAS de Hong-Kong
United Kingdom	1555.1	1489.8	1388.3	1378.7	1639.7	Royaume-Uni
Canada	1364.3	1469.1	1286.4	1340.1	1388.0	Canada
Japan	1076.5	1347.9	1254.3	1291.0	1474.2	Japon
Mexico	901.1	974.1	1050.2	1131.5	1227.2	Mexique
Spain	1012.6	885.7	912.3	1030.7	1311.3	Espagne
Netherlands	941.0	968.8	869.1	827.3	1215.0	Pays-Bas
Korea, Republic of	823.3	952.3	828.4	882.0	1007.9	République de Corée
Singapore	683.3	887.4	608.8	618.2	721.6	Singapour
Malaysia	535.1	663.0	617.0	640.2	669.5	Malaisie
Switzerland-Liechtenstein	536.2	557.8	549.0	554.7	663.2	Suisse-Liechtenstein
Austria	504.6	510.4	514.0	551.3	722.5	Autriche
Brazil	489.7	564.4	600.4	540.7	557.2	Brésil
Thailand	411.3	539.6	482.6	e491.5	576.2	Thaïlande
Turkey	335.9	392.9	322.4	449.6	591.1	Turquie
Sweden	383.6	390.7	347.9	366.2	441.2	Suède
Poland	287.5	334.2	334.5	375.7	499.5	Pologne
Czech Republic	222.2	276.0	306.5	349.4	485.3	République tchèque
Australia	319.7	314.3	283.5	311.6	345.4	Australie
Indonesia	195.1	349.7	310.2	309.5	325.8	Indonésie
Denmark	282.4	270.0	272.4	315.1	347.0	Danemark
Finland	200.9	200.9	199.0	206.2	258.0	Finlande
Russian Federation	104.5	116.3	187.9	278.3	363.4	Fédération de Russie
India	159.3	150.8	198.3	203.8	312.9	Inde

(Value as percentages of World total)

(Valeur en pourcentage du total mondial)

Regions of the world	1994	1995	1996	1997	1998	1999	2000	2001	2002	2003	Régions du monde
World	100.0	100.0	100.0	100.0	100.0	100.0	100.0	100.0	100.0	100.0	Monde
Africa	2.1	2.0	2.1	2.0	2.0	1.8	1.7	1.8	1.8	1.7	Afrique
Americas	15.2	14.2	15.5	16.7	17.4	17.6	17.7	17.8	17.3	15.9	Amériques
- Northern America	9.9	8.8	9.7	10.3	10.7	11.2	11.2	10.5	10.6	9.6	- Amérique du Nord
- LAIA	4.9	5.0	5.4	5.9	6.2	6.0	6.1	6.9	6.3	5.8	- ALAI
- CACM	0.2	0.2	0.2	0.3	0.2	0.2	0.2	0.3	0.3	0.3	- MCC
- Caribbean	0.1	0.1	0.2	0.2	0.2	0.1	0.1	0.1	0.1	0.1	- Caraïbes
- Rest of America	0.0	0.0	0.0	0.0	0.0	0.0	0.0	0.0	0.0	0.0	- Autre d'Amérique
Asia excluding former USSR	27.5	27.7	27.8	29.5	26.9	30.0	33.8	31.6	33.5	33.4	Asie ancienne URSS exclus
- Middle East	1.7	1.9	2.0	2.4	2.4	2.2	2.1	2.2	2.5	2.8	- Moyen-Orient
Asia former USSR	0.0	0.1	0.0	0.0	0.1	0.1	0.1	0.1	0.1	0.1	Asie ancienne URSS
Europe excluding former USSR	53.1	54.0	52.4	49.6	51.9	48.6	44.8	46.5	44.6	46.3	Europe ancienne URSS exclus
- European Union	48.2	48.8	47.3	44.7	46.5	43.6	39.5	40.7	38.7	39.9	- Union Européenne
- Eastern Europe	1.5	1.9	2.1	2.2	2.5	2.4	2.7	3.1	3.3	3.8	- Europe de l'Est
- Rest of Europe	3.4	3.3	3.0	2.8	2.9	2.6	2.5	2.7	2.6	2.6	- Autre de l'Europe
Europe former USSR	0.5	0.5	0.7	0.8	0.8	0.7	0.9	1.2	1.5	1.6	Europe ancienne URSS
Oceania	1.6	1.6	1.5	1.4	1.1	1.3	1.1	1.1	1.1	1.1	Océanie

TRADE BY COMMODITY (Value in million US dollars)
Exports by principal countries or areas

COMMERCE PAR PRODUIT (Valeur en millions de dollars EU)
Exportations selon les principaux pays ou zones

Country or area	1999	2000	2001	2002	2003	Pays ou zone
World	28053.0	31676.6	30302.2	35084.5	39117.3	Monde
Africa	36.7	45.5	65.2	56.3	61.0	Afrique
Americas	6032.4	7086.2	6533.4	6704.2	7360.5	Amériques
- Northern America	5531.2	6501.2	5977.5	6174.1	6669.6	- Amérique du Nord
- LAIA	492.6	574.8	545.5	518.9	677.9	- ALAI
- CACM	7.4	7.6	8.6	7.3	9.1	- MCC
- Caribbean	1.3	2.5	1.8	3.7	3.9	- Caraïbes
- Rest of America	0.0	0.0	0.1	0.1	0.0	- Autre d'Amérique
Asia excluding former USSR	8002.1	10022.6	9145.3	10572.0	12750.8	Asie ancienne URSS exclus
- Middle East	98.2	94.2	123.6	144.6	182.6	- Moyen-Orient
Asia former USSR	1.5	1.8	1.1	1.3	4.9	Asie ancienne URSS
Europe excluding former USSR	13855.0	14385.9	14416.8	17582.5	18759.5	Europe ancienne URSS exclus
- European Union	12750.9	13294.3	13339.2	16419.5	17308.1	- Union Européenne
- Eastern Europe	187.4	251.2	270.1	288.7	390.3	- Europe de l'Est
- Rest of Europe	916.7	840.4	807.5	874.3	1061.1	- Autre de l'Europe
Europe former USSR	67.8	82.8	80.0	96.3	118.6	Europe ancienne URSS
Oceania	57.4	51.8	60.3	71.8	62.0	Océanie
United States	4853.6	5700.3	5237.8	5434.5	5940.1	Etats-Unis d'Amérique
Germany	3040.4	3230.1	3191.3	5398.0	3973.9	Allemagne
Japan	2712.1	3100.3	2554.2	2866.1	3170.8	Japon
Netherlands	2345.9	2426.3	2624.7	2780.5	3633.8	Pays-Bas
Belgium	2290.6	2149.4	2115.2	2270.1	2830.8	Belgique
Italy-San Marino-Holy See	1627.2	1764.8	1802.3	1968.3	2201.9	Italie-Saint-Marin-Saint-Siège
Korea, Republic of	1271.3	1523.9	1447.3	1797.9	2229.8	République de Corée
United Kingdom	1123.8	1154.2	1140.7	1249.3	1355.8	Royaume-Uni
China, Hong Kong SAR	911.5	1126.1	1006.5	1121.7	1288.6	Chine - RAS de Hong-Kong
Spain	781.2	960.6	941.2	1130.8	1292.0	Espagne
Singapore	654.3	906.1	908.1	881.4	1149.0	Singapour
France-Monaco	785.2	796.8	677.6	726.2	914.3	France-Monaco
Switzerland-Liechtenstein	797.7	717.7	685.9	735.2	884.8	Suisse-Liechtenstein
Canada	677.6	800.9	734.7	738.8	729.5	Canada
Thailand	304.9	435.0	475.0	e651.1	760.6	Thaïlande
China	243.8	333.3	357.8	490.3	729.6	Chine
Malaysia	252.4	381.8	376.0	430.2	480.0	Malaisie
Indonesia	275.3	409.7	355.3	364.4	396.9	Indonésie
Austria	237.9	243.0	242.5	236.2	285.2	Autriche
Mexico	229.3	217.3	224.9	197.1	346.9	Mexique
India	105.8	164.6	174.2	212.3	283.1	Inde
Sweden	163.8	176.2	174.6	178.4	216.1	Suède
Luxembourg	148.2	171.4	163.3	178.1	214.3	Luxembourg
Poland	73.9	121.2	137.5	145.1	202.9	Pologne
Brazil	105.8	158.5	113.3	138.8	163.7	Brésil
Argentina	81.3	115.7	124.5	128.6	126.1	Argentine
Israel	125.3	128.7	98.8	91.9	121.4	Israël
Slovenia	75.4	86.0	85.6	103.1	136.0	Slovénie
Portugal	42.2	57.3	79.1	103.5	e120.0	Portugal
Turkey	60.2	55.3	72.0	72.9	97.6	Turquie

Value as percentages of World total)

(Valeur en pourcentage du total mondial)

Regions of the world	1994	1995	1996	1997	1998	1999	2000	2001	2002	2003	Régions du monde
World	100.0	100.0	100.0	100.0	100.0	100.0	100.0	100.0	100.0	100.0	Monde
Africa	0.1	0.3	0.2	0.2	0.3	0.1	0.1	0.2	0.2	0.2	Afrique
Americas	19.2	17.1	18.3	19.7	21.4	21.5	22.4	21.6	19.1	18.8	Amériques
- Northern America	17.7	15.4	16.7	18.0	19.4	19.7	20.5	19.7	17.6	17.1	- Amérique du Nord
- LAIA	1.5	1.6	1.5	1.6	1.9	1.8	1.8	1.8	1.5	1.7	- ALAI
- CACM	0.0	0.0	0.0	0.0	0.0	0.0	0.0	0.0	0.0	0.0	- MCC
- Caribbean	0.0	0.0	0.0	0.0	0.0	0.0	0.0	0.0	0.0	0.0	- Caraïbes
- Rest of America	0.0	0.0	0.0	0.0	0.0	0.0	0.0	0.0	0.0	0.0	- Autre d'Amérique
Asia excluding former USSR	23.6	26.9	24.9	25.0	25.7	28.5	31.6	30.2	30.1	32.6	Asie ancienne URSS exclus
- Middle East	1.1	1.1	1.1	0.5	0.4	0.4	0.3	0.4	0.4	0.5	- Moyen-Orient
Asia former USSR	0.0	0.0	0.0	0.0	0.0	0.0	0.0	0.0	0.0	0.0	Asie ancienne URSS
Europe excluding former USSR	56.5	55.2	55.9	54.6	52.1	49.4	45.4	47.6	50.1	48.0	Europe ancienne URSS exclus
- European Union	52.7	51.3	52.0	50.7	48.0	45.5	42.0	44.0	46.8	44.2	- Union Européenne
- Eastern Europe	0.4	0.7	0.6	0.6	0.7	0.7	0.8	0.9	0.8	1.0	- Europe de l'Est
- Rest of Europe	3.4	3.2	3.4	3.3	3.5	3.3	2.7	2.7	2.5	2.7	- Autre de l'Europe
Europe former USSR	0.2	0.3	0.3	0.3	0.3	0.2	0.3	0.3	0.3	0.3	Europe ancienne URSS
Oceania	0.3	0.3	0.4	0.3	0.2	0.2	0.2	0.2	0.2	0.2	Océanie

583 Polymerization and copolymerization products

TRADE BY COMMODITY (Value in million US dollars)
Imports by principal countries or areas

COMMERCE PAR PRODUIT (Valeur en millions de dollars EU)
Importations selon les principaux pays ou zones

Country or area	1999	2000	2001	2002	2003	Pays ou zone
World	78340.9	88721.8	85676.6	90865.2	106885.8	Monde
Africa	1823.0	2050.3	2156.6	2251.8	2366.6	Afrique
Americas	14878.4	17491.2	17051.6	17292.0	19411.9	Amériques
- Northern America	9150.9	10528.5	10315.2	10648.7	12124.0	- Amérique du Nord
- LAIA	5100.0	6245.0	5984.7	5842.4	6423.9	- ALAI
- CACM	401.2	453.3	482.6	490.2	553.4	- MCC
- Caribbean	181.3	201.0	209.9	252.2	256.3	- Caraïbes
- Rest of America	45.0	63.5	59.1	58.4	54.4	- Autre d'Amérique
Asia excluding former USSR	23025.5	28010.8	26807.9	29269.5	34134.3	Asie ancienne URSS exclus
- Middle East	2170.0	2792.5	2651.6	3142.5	4195.6	- Moyen-Orient
Asia former USSR	75.8	108.0	106.5	150.5	193.1	Asie ancienne URSS
Europe excluding former USSR	36789.1	39076.4	37511.3	39495.7	47653.7	Europe ancienne URSS exclus
- European Union	32123.1	33963.2	32306.9	33645.5	40218.0	- Union Européenne
- Eastern Europe	2639.7	2970.3	3144.2	3655.7	4818.8	- Europe de l'Est
- Rest of Europe	2026.3	2142.9	2060.2	2194.5	2617.0	- Autre de l'Europe
Europe former USSR	737.8	897.7	1086.3	1348.0	1862.8	Europe ancienne URSS
Oceania	1011.3	1087.5	956.5	1057.8	1263.4	Océanie
China	8315.9	10273.4	11142.7	12138.8	14114.9	Chine
United States	6056.0	7099.4	7016.2	7143.3	8215.5	Etats-Unis d'Amérique
Germany	6073.6	6079.1	6157.8	5868.0	6977.9	Allemagne
Italy-San Marino-Holy See	4693.0	5184.5	4726.9	4746.2	5402.5	Italie-Saint-Marin-Saint-Siège
France-Monaco	4483.1	4846.6	4281.4	4356.0	5573.0	France-Monaco
China, Hong Kong SAR	4017.7	5079.0	4155.5	4549.3	5115.1	Chine - RAS de Hong-Kong
Belgium	3649.2	4051.1	3977.6	4362.1	4968.0	Belgique
United Kingdom	3877.5	4130.8	3935.4	4033.8	4900.5	Royaume-Uni
Canada	3094.4	3428.1	3298.1	3504.0	3906.4	Canada
Mexico	2733.5	3302.1	3193.1	3363.5	3710.7	Mexique
Spain	2203.0	2201.4	2240.3	2647.4	3256.3	Espagne
Netherlands	2069.3	2107.4	1959.5	2170.4	2579.7	Pays-Bas
Poland	1289.8	1430.9	1456.2	1655.8	2132.3	Pologne
Turkey	1065.2	1313.8	1011.8	1415.4	2012.1	Turquie
Japan	1194.9	1336.3	1228.1	1151.9	1387.9	Japon
Switzerland-Liechtenstein	1117.1	1169.0	1089.8	1114.7	1358.9	Suisse-Liechtenstein
Austria	988.9	1049.1	1000.0	1055.3	1343.0	Autriche
Sweden	1012.0	1077.0	957.6	1018.1	1272.3	Suède
Korea, Republic of	822.1	993.9	930.5	1072.9	1293.3	République de Corée
Thailand	794.4	944.4	837.7	e968.6	1135.6	Thaïlande
Denmark	850.2	910.2	847.4	951.2	1108.1	Danemark
Malaysia	807.4	997.6	831.8	893.0	947.5	Malaisie
Brazil	733.6	1017.7	913.8	866.4	841.6	Brésil
Czech Republic	601.1	681.1	739.9	873.1	1124.8	République tchèque
Singapore	754.7	858.5	714.5	762.0	785.6	Singapour
Australia	704.2	757.6	635.4	726.4	893.2	Australie
Indonesia	455.2	665.9	623.5	599.3	623.7	Indonésie
Viet Nam	435.1	587.7	608.6	701.0	e581.0	Viet Nam
Finland	532.5	565.7	505.8	571.8	692.7	Finlande
Portugal	516.9	565.6	535.2	573.1	e585.5	Portugal

(Value as percentages of World total) — **(Valeur en pourcentage du total mondial)**

Regions of the world	1994	1995	1996	1997	1998	1999	2000	2001	2002	2003	Régions du monde
World	100.0	100.0	100.0	100.0	100.0	100.0	100.0	100.0	100.0	100.0	Monde
Africa	2.4	2.2	2.3	2.5	2.5	2.3	2.3	2.5	2.5	2.2	Afrique
Americas	15.1	14.5	15.6	17.2	18.2	19.0	19.7	19.9	19.0	18.2	Amériques
- Northern America	9.7	8.9	9.7	10.4	10.8	11.7	11.9	12.0	11.7	11.3	- Amérique du Nord
- LAIA	4.7	4.8	5.2	6.1	6.5	6.5	7.0	7.0	6.4	6.0	- ALAI
- CACM	0.4	0.5	0.4	0.5	0.5	0.5	0.5	0.6	0.5	0.5	- MCC
- Caribbean	0.2	0.2	0.2	0.2	0.3	0.2	0.2	0.2	0.3	0.2	- Caraïbes
- Rest of America	0.1	0.1	0.1	0.1	0.1	0.1	0.1	0.1	0.1	0.1	- Autre d'Amérique
Asia excluding former USSR	29.9	29.9	30.6	30.5	27.7	29.4	31.6	31.3	32.2	31.9	Asie ancienne URSS exclus
- Middle East	2.5	2.7	2.9	2.9	2.9	2.8	3.1	3.1	3.5	3.9	- Moyen-Orient
Asia former USSR	0.1	0.1	0.1	0.1	0.2	0.1	0.1	0.1	0.2	0.2	Asie ancienne URSS
Europe excluding former USSR	50.3	51.3	48.9	47.2	49.4	47.0	44.0	43.8	43.5	44.6	Europe ancienne URSS exclus
- European Union	45.6	46.2	43.7	41.9	43.4	41.0	38.3	37.7	37.0	37.6	- Union Européenne
- Eastern Europe	1.7	2.2	2.7	2.9	3.3	3.4	3.3	3.7	4.0	4.5	- Europe de l'Est
- Rest of Europe	3.0	2.9	2.6	2.5	2.7	2.6	2.4	2.4	2.4	2.4	- Autre de l'Europe
Europe former USSR	0.7	0.8	1.1	1.3	1.1	0.9	1.0	1.3	1.5	1.7	Europe ancienne URSS
Oceania	1.4	1.3	1.3	1.3	1.0	1.3	1.2	1.1	1.2	1.2	Océanie

TRADE BY COMMODITY (Value in million US dollars)
Exports by principal countries or areas

COMMERCE PAR PRODUIT (Valeur en millions de dollars EU)
Exportations selon les principaux pays ou zones

Country or area	1999	2000	2001	2002	2003	Pays ou zone
World	77712.0	88436.4	84889.5	87620.7	108033.8	Monde
Africa	291.3	267.6	285.5	291.4	445.2	Afrique
Americas	14581.2	17532.3	17362.3	17639.7	19584.8	Amériques
- Northern America	12719.3	15078.6	14936.7	15111.5	16728.6	- Amérique du Nord
- LAIA	1763.8	2330.3	2269.4	2340.7	2675.7	- ALAI
- CACM	54.4	62.0	74.9	59.1	79.4	- MCC
- Caribbean	43.2	60.7	80.4	127.4	99.8	- Caraïbes
- Rest of America	0.6	0.7	0.9	1.0	1.4	- Autre d'Amérique
Asia excluding former USSR	20951.0	26005.0	23597.8	26108.9	31015.8	Asie ancienne URSS exclus
- Middle East	1870.0	2127.7	2805.9	2684.1	3114.4	- Moyen-Orient
Asia former USSR	16.3	22.2	16.4	27.3	95.1	Asie ancienne URSS
Europe excluding former USSR	41058.1	43624.2	42697.9	42675.7	55901.6	Europe ancienne URSS exclus
- European Union	38717.1	40828.8	40017.3	39725.8	52262.4	- Union Européenne
- Eastern Europe	1288.5	1770.8	1661.0	1829.0	2310.2	- Europe de l'Est
- Rest of Europe	1052.5	1024.6	1019.6	1120.9	1329.0	- Autre de l'Europe
Europe former USSR	595.5	783.3	737.9	679.9	743.9	Europe ancienne URSS
Oceania	218.5	201.8	191.7	197.8	247.3	Océanie
Germany	12813.6	13114.1	13107.1	11155.4	16920.6	Allemagne
United States	9623.1	11415.1	11208.3	11396.0	12368.1	Etats-Unis d'Amérique
Belgium	7284.0	8079.8	7781.1	8157.2	10079.6	Belgique
Japan	4792.0	5474.8	4606.0	5200.2	6226.7	Japon
France-Monaco	4745.7	5294.4	4531.0	4714.3	5643.9	France-Monaco
Korea, Republic of	3787.5	4684.5	4207.2	4392.5	5428.9	République de Corée
Netherlands	4030.7	3958.9	4184.3	4483.0	5491.9	Pays-Bas
China, Hong Kong SAR	3932.0	4538.8	3875.8	4259.1	4728.4	Chine - RAS de Hong-Kong
Canada	3096.1	3663.3	3728.3	3715.2	4360.3	Canada
Italy-San Marino-Holy See	3293.5	3493.6	3380.2	3528.0	4144.3	Italie-Saint-Marin-Saint-Siège
United Kingdom	1873.9	1917.8	1952.2	2384.6	2911.1	Royaume-Uni
Spain	1469.5	1572.5	1712.3	1639.8	2160.8	Espagne
Singapore	1187.9	1452.3	1214.3	1757.6	2070.8	Singapour
Thailand	1119.8	1653.6	1412.2	e1464.6	1710.8	Thaïlande
Saudi Arabia	826.9	913.7	1536.8	1347.8	e1479.3	Arabie saoudite
Sweden	1038.6	1108.8	1009.2	1121.9	1359.3	Suède
Mexico	687.8	873.1	833.7	872.5	881.5	Mexique
Malaysia	501.8	802.5	735.3	878.2	1157.5	Malaisie
Austria	632.0	629.0	651.9	723.0	1285.7	Autriche
Switzerland-Liechtenstein	684.5	678.7	693.7	756.2	900.1	Suisse-Liechtenstein
Kuwait	584.7	707.0	688.5	e657.0	e825.1	Koweït
Finland	548.7	600.3	611.3	631.4	822.4	Finlande
Hungary	423.4	625.4	585.3	623.2	757.3	Hongrie
China	398.3	526.0	508.1	623.0	841.3	Chine
Brazil	420.3	587.8	488.2	472.3	725.4	Brésil
Russian Federation	429.7	557.8	477.8	410.3	403.1	Fédération de Russie
India	122.4	319.4	357.8	495.4	690.2	Inde
Czech Republic	313.3	382.9	365.2	370.6	530.5	République tchèque
Indonesia	349.6	464.3	365.8	356.5	337.1	Indonésie
Denmark	326.3	319.6	347.3	366.2	432.5	Danemark

(Value as percentages of World total)   **(Valeur en pourcentage du total mondial)**

Regions of the world	1994	1995	1996	1997	1998	1999	2000	2001	2002	2003	Régions du monde
World	100.0	100.0	100.0	100.0	100.0	100.0	100.0	100.0	100.0	100.0	Monde
Africa	0.3	0.2	0.2	0.2	0.2	0.4	0.3	0.3	0.3	0.4	Afrique
Americas	16.9	17.0	17.4	19.2	18.3	18.8	19.8	20.5	20.1	18.1	Amériques
- Northern America	14.7	14.7	15.4	17.0	16.0	16.4	17.1	17.6	17.2	15.5	- Amérique du Nord
- LAIA	2.1	2.3	1.9	2.1	2.2	2.3	2.6	2.7	2.7	2.5	- ALAI
- CACM	0.1	0.0	0.1	0.1	0.1	0.1	0.1	0.1	0.1	0.1	- MCC
- Caribbean	0.0	0.0	0.0	0.0	0.0	0.1	0.1	0.1	0.1	0.1	- Caraïbes
- Rest of America	0.0	0.0	0.0	0.0	0.0	0.0	0.0	0.0	0.0	0.0	- Autre d'Amérique
Asia excluding former USSR	24.5	26.3	25.5	26.9	25.8	27.0	29.4	27.8	29.8	28.7	Asie ancienne URSS exclus
- Middle East	1.9	2.3	1.9	1.9	2.5	2.4	2.4	3.3	3.1	2.9	- Moyen-Orient
Asia former USSR	0.1	0.1	0.1	0.0	0.0	0.0	0.0	0.0	0.0	0.1	Asie ancienne URSS
Europe excluding former USSR	57.3	55.4	55.7	52.5	54.6	52.8	49.3	50.3	48.7	51.7	Europe ancienne URSS exclus
- European Union	53.7	51.5	52.3	49.3	51.3	49.8	46.2	47.1	45.3	48.4	- Union Européenne
- Eastern Europe	1.7	1.9	1.9	1.9	1.8	1.7	2.0	2.0	2.1	2.1	- Europe de l'Est
- Rest of Europe	1.9	2.0	1.5	1.3	1.5	1.4	1.2	1.2	1.3	1.2	- Autre de l'Europe
Europe former USSR	0.6	0.7	0.8	0.8	0.7	0.8	0.9	0.9	0.8	0.7	Europe ancienne URSS
Oceania	0.3	0.3	0.3	0.4	0.3	0.3	0.2	0.2	0.2	0.2	Océanie

584 Regenerated cellulose; derivatives of cellulose; vulcanized fibre

Country or area	1999	2000	2001	2002	2003	Pays ou zone
World	2766.1	2657.8	2753.3	2941.2	3361.0	Monde
Africa	112.6	90.4	101.4	98.7	103.4	Afrique
Americas	577.8	636.7	636.0	688.8	725.7	Amériques
- Northern America	340.0	354.1	331.7	352.0	384.7	- Amérique du Nord
- LAIA	218.7	260.0	282.2	309.1	313.5	- ALAI
- CACM	11.2	10.9	11.6	13.7	12.6	- MCC
- Caribbean	5.0	8.7	7.7	12.0	12.0	- Caraïbes
- Rest of America	2.8	3.1	2.8	2.0	2.8	- Autre d'Amérique
Asia excluding former USSR	697.1	677.8	680.2	747.5	878.8	Asie ancienne URSS exclus
- Middle East	134.3	99.0	89.8	106.9	130.5	- Moyen-Orient
Asia former USSR	4.9	5.7	6.5	7.3	10.9	Asie ancienne URSS
Europe excluding former USSR	1296.0	1165.0	1238.2	1301.9	1539.1	Europe ancienne URSS exclus
- European Union	1151.1	1022.0	1095.8	1144.4	1347.2	- Union Européenne
- Eastern Europe	80.8	80.6	81.5	91.9	115.0	- Europe de l'Est
- Rest of Europe	64.1	62.5	61.0	65.6	76.9	- Autre de l'Europe
Europe former USSR	39.2	44.4	59.5	64.5	66.3	Europe ancienne URSS
Oceania	38.6	37.8	31.6	32.6	36.9	Océanie
United States	250.6	271.3	254.6	270.3	304.8	Etats-Unis d'Amérique
Germany	233.3	211.3	196.2	183.0	242.0	Allemagne
Belgium	131.4	125.7	206.4	220.7	275.4	Belgique
France-Monaco	149.2	147.5	136.4	162.5	175.6	France-Monaco
United Kingdom	132.3	136.9	124.6	123.4	130.9	Royaume-Uni
Korea, Republic of	75.4	89.4	109.3	138.2	192.2	République de Corée
Italy-San Marino-Holy See	177.3	101.1	96.6	106.2	121.4	Italie-Saint-Marin-Saint-Siège
Spain	101.8	90.9	103.5	117.8	143.2	Espagne
Mexico	61.1	98.7	119.8	139.2	137.8	Mexique
China	121.5	82.3	92.6	105.6	138.6	Chine
Japan	84.9	99.3	105.2	94.3	94.2	Japon
Canada	89.4	82.7	77.2	81.6	79.9	Canada
Netherlands	71.3	64.7	85.5	77.6	82.3	Pays-Bas
China, Hong Kong SAR	61.3	74.0	63.6	70.7	69.8	Chine - RAS de Hong-Kong
Brazil	56.2	54.2	56.1	81.0	75.8	Brésil
Turkey	43.2	44.9	36.1	49.0	61.6	Turquie
Poland	38.6	39.8	38.8	44.1	53.6	Pologne
Indonesia	35.4	47.5	38.7	44.3	37.2	Indonésie
Venezuela	29.9	35.1	37.2	31.3	31.5	Venezuela
Russian Federation	18.6	23.1	39.0	44.0	39.3	Fédération de Russie
Switzerland-Liechtenstein	33.5	31.0	27.6	29.7	37.5	Suisse-Liechtenstein
Thailand	25.0	25.7	31.2	e33.4	39.2	Thaïlande
Austria	36.7	31.5	28.0	25.8	32.5	Autriche
Australia	32.5	32.5	26.9	27.5	31.2	Australie
Ireland	25.9	25.3	29.0	28.6	30.8	Irlande
Singapore	26.8	30.6	25.4	23.1	26.3	Singapour
Denmark	25.7	23.9	24.0	26.3	27.9	Danemark
Argentina	33.2	27.7	26.0	15.5	e23.9	Argentine
Malaysia	23.4	22.9	25.4	25.3	27.0	Malaisie
India	18.9	18.4	25.3	26.6	33.9	Inde

(Value as percentages of World total) **(Valeur en pourcentage du total mondial)**

Regions of the world	1994	1995	1996	1997	1998	1999	2000	2001	2002	2003	Régions du monde
World	100.0	100.0	100.0	100.0	100.0	100.0	100.0	100.0	100.0	100.0	Monde
Africa	2.9	3.1	3.2	3.3	3.6	4.1	3.4	3.7	3.4	3.1	Afrique
Americas	19.4	17.4	17.5	18.7	20.5	20.9	24.0	23.1	23.4	21.6	Amériques
- Northern America	10.3	9.4	10.3	11.0	11.4	12.3	13.3	12.0	12.0	11.4	- Amérique du Nord
- LAIA	8.2	7.3	6.4	7.0	8.3	7.9	9.8	10.2	10.5	9.3	- ALAI
- CACM	0.6	0.6	0.6	0.6	0.5	0.4	0.4	0.4	0.5	0.4	- MCC
- Caribbean	0.1	0.1	0.1	0.1	0.2	0.2	0.3	0.3	0.4	0.4	- Caraïbes
- Rest of America	0.2	0.1	0.1	0.1	0.1	0.1	0.1	0.1	0.1	0.1	- Autre d'Amérique
Asia excluding former USSR	23.8	23.0	23.6	24.3	22.9	25.2	25.5	24.7	25.4	26.1	Asie ancienne URSS exclus
- Middle East	3.5	4.1	4.7	4.1	5.4	4.9	3.7	3.3	3.6	3.9	- Moyen-Orient
Asia former USSR	0.1	0.1	0.1	0.1	0.1	0.2	0.2	0.2	0.2	0.3	Asie ancienne URSS
Europe excluding former USSR	50.2	52.8	51.4	49.8	49.7	46.9	43.8	45.0	44.3	45.8	Europe ancienne URSS exclus
- European Union	45.2	47.8	46.6	44.6	44.6	41.6	38.5	39.8	38.9	40.1	- Union Européenne
- Eastern Europe	2.1	2.3	2.6	2.6	3.0	2.9	3.0	3.0	3.1	3.4	- Europe de l'Est
- Rest of Europe	2.9	2.7	2.2	2.6	2.1	2.3	2.4	2.2	2.2	2.3	- Autre de l'Europe
Europe former USSR	1.4	1.8	2.5	2.4	1.9	1.4	1.7	2.2	2.2	2.0	Europe ancienne URSS
Oceania	2.3	1.9	1.7	1.5	1.2	1.4	1.4	1.1	1.1	1.1	Océanie

Cellulose régénérée; nitrates, acétates et autres esters de la cellulose, et autres dérivés 584

TRADE BY COMMODITY (Value in million US dollars)
Exports by principal countries or areas

COMMERCE PAR PRODUIT (Valeur en millions de dollars EU)
Exportations selon les principaux pays ou zones

Country or area	1999	2000	2001	2002	2003	Pays ou zone
World	2300.4	2340.3	2608.8	2840.3	3300.4	Monde
Africa	3.2	3.0	2.6	2.6	4.7	Afrique
Americas	755.8	744.6	770.1	804.0	879.5	Amériques
- Northern America	661.4	671.9	715.8	746.7	812.2	- Amérique du Nord
- LAIA	93.8	71.7	52.7	55.7	65.1	- ALAI
- CACM	0.3	0.7	1.5	1.5	1.7	- MCC
- Caribbean	0.1	0.1	0.1	0.1	0.4	- Caraïbes
- Rest of America	0.2	0.2	0.1	0.1	0.1	- Autre d'Amérique
Asia excluding former USSR	377.6	429.2	432.2	513.6	561.1	Asie ancienne URSS exclus
- Middle East	20.5	10.3	9.5	10.5	11.5	- Moyen-Orient
Asia former USSR	0.3	0.2	0.2	0.2	0.1	Asie ancienne URSS
Europe excluding former USSR	1158.3	1159.8	1398.2	1513.8	1845.0	Europe ancienne URSS exclus
- European Union	1106.3	1110.7	1355.4	1467.3	1785.7	- Union Européenne
- Eastern Europe	26.7	28.6	25.9	26.6	32.5	- Europe de l'Est
- Rest of Europe	25.3	20.5	16.9	19.9	26.8	- Autre de l'Europe
Europe former USSR	4.4	2.8	3.0	3.2	5.8	Europe ancienne URSS
Oceania	0.7	0.7	2.4	2.9	4.2	Océanie
United States	657.9	668.9	711.5	742.0	806.9	Etats-Unis d'Amérique
Germany	374.8	394.2	417.1	464.3	550.0	Allemagne
Japan	199.6	229.9	234.6	279.8	286.3	Japon
Belgium	153.0	141.1	249.8	297.8	353.0	Belgique
United Kingdom	116.1	129.1	144.8	150.3	241.8	Royaume-Uni
Netherlands	65.8	53.6	184.3	195.2	222.1	Pays-Bas
Sweden	105.9	104.7	101.3	111.0	132.2	Suède
Finland	84.1	97.6	99.8	97.5	103.6	Finlande
Ireland	83.9	74.7	73.4	69.0	86.5	Irlande
Italy-San Marino-Holy See	56.4	60.9	48.4	48.5	52.0	Italie-Saint-Marin-Saint-Siège
China, Hong Kong SAR	40.4	52.1	43.4	48.4	50.7	Chine - RAS de Hong-Kong
Korea, Republic of	18.2	25.1	32.6	45.4	56.9	République de Corée
Brazil	23.9	29.5	28.4	32.3	38.8	Brésil
China	22.7	23.9	25.4	34.4	46.4	Chine
Spain	40.6	31.0	16.6	9.1	13.9	Espagne
Mexico	52.5	25.7	10.1	9.7	9.9	Mexique
Switzerland-Liechtenstein	23.8	19.8	15.9	16.6	22.5	Suisse-Liechtenstein
Singapore	16.7	17.8	16.3	15.3	16.5	Singapour
France-Monaco	12.8	13.9	13.7	18.2	18.6	France-Monaco
Czech Republic	11.8	11.8	11.6	11.9	15.3	République tchèque
India	6.5	7.5	8.1	9.5	13.5	Inde
Hungary	9.1	10.5	7.8	7.7	9.5	Hongrie
Colombia	6.7	7.9	7.5	7.1	9.8	Colombie
Turkey	9.4	7.7	6.0	7.0	7.4	Turquie
Argentina	10.2	8.4	6.4	6.1	6.3	Argentine
Thailand	3.9	5.4	3.7	e6.7	7.8	Thaïlande
Denmark	5.7	5.1	2.9	3.5	4.9	Danemark
Canada	3.5	3.0	4.3	4.7	5.3	Canada
Austria	5.5	3.7	2.1	2.1	5.9	Autriche
Malaysia	3.7	3.9	5.2	4.3	1.8	Malaisie

Value as percentages of World total)   **(Valeur en pourcentage du total mondial)**

Regions of the world	1994	1995	1996	1997	1998	1999	2000	2001	2002	2003	Régions du monde
World	100.0	100.0	100.0	100.0	100.0	100.0	100.0	100.0	100.0	100.0	Monde
Africa	0.1	0.2	0.2	0.1	0.1	0.1	0.1	0.1	0.1	0.1	Afrique
Americas	38.6	37.0	36.4	33.3	30.5	32.9	31.8	29.5	28.3	26.6	Amériques
- Northern America	34.9	33.2	32.3	29.7	27.2	28.8	28.7	27.4	26.3	24.6	- Amérique du Nord
- LAIA	3.7	3.7	4.1	3.6	3.3	4.1	3.1	2.0	2.0	2.0	- ALAI
- CACM	0.1	0.1	0.1	0.0	0.0	0.0	0.0	0.1	0.1	0.1	- MCC
- Caribbean	0.0	0.0	0.0	0.0	0.0	0.0	0.0	0.0	0.0	0.0	- Caraïbes
- Rest of America	0.0	0.0	0.0	0.0	0.0	0.0	0.0	0.0	0.0	0.0	- Autre d'Amérique
Asia excluding former USSR	11.9	12.6	13.4	12.2	12.6	16.4	18.3	16.6	18.1	17.0	Asie ancienne URSS exclus
- Middle East	0.7	0.8	0.8	0.7	0.7	0.9	0.4	0.4	0.4	0.3	- Moyen-Orient
Asia former USSR	0.2	0.1	0.1	0.0	0.0	0.0	0.0	0.0	0.0	0.0	Asie ancienne URSS
Europe excluding former USSR	49.0	48.8	49.6	54.2	56.5	50.4	49.6	53.6	53.3	55.9	Europe ancienne URSS exclus
- European Union	46.8	46.4	47.0	52.2	54.4	48.1	47.5	52.0	51.7	54.1	- Union Européenne
- Eastern Europe	1.4	1.6	1.8	1.4	1.4	1.2	1.2	1.0	0.9	1.0	- Europe de l'Est
- Rest of Europe	0.7	0.8	0.7	0.6	0.7	1.1	0.9	0.6	0.7	0.8	- Autre de l'Europe
Europe former USSR	0.1	0.1	0.2	0.1	0.1	0.2	0.1	0.1	0.1	0.2	Europe ancienne URSS
Oceania	0.1	1.1	0.1	0.1	0.1	0.0	0.0	0.1	0.1	0.1	Océanie

585 Other artificial resins and plastic materials

TRADE BY COMMODITY (Value in million US dollars)
Imports by principal countries or areas

COMMERCE PAR PRODUIT (Valeur en millions de dollars EU
Importations selon les principaux pays ou zones

Country or area	1999	2000	2001	2002	2003	Pays ou zone
World	736.7	729.4	862.9	938.0	1011.7	Monde
Africa	12.3	11.0	19.3	14.5	13.9	Afrique
Americas	277.7	254.3	335.1	367.9	355.1	Amériques
- Northern America	148.8	138.0	224.3	248.8	228.9	- Amérique du Nord
- LAIA	126.2	113.2	107.4	116.3	121.0	- ALAI
- CACM	1.5	1.2	1.4	1.0	1.2	- MCC
- Caribbean	0.9	1.5	1.8	1.5	2.1	- Caraïbes
- Rest of America	0.3	0.4	0.2	0.2	1.9	- Autre d'Amérique
Asia excluding former USSR	162.0	172.1	172.2	179.7	191.4	Asie ancienne URSS exclus
- Middle East	14.7	19.0	17.3	17.2	14.8	- Moyen-Orient
Asia former USSR	0.3	1.3	1.1	0.7	1.9	Asie ancienne URSS
Europe excluding former USSR	269.0	271.8	318.0	354.8	427.6	Europe ancienne URSS exclus
- European Union	229.9	230.5	272.3	300.6	359.9	- Union Européenne
- Eastern Europe	7.7	9.4	10.5	11.6	15.4	- Europe de l'Est
- Rest of Europe	31.4	31.9	35.2	42.6	52.3	- Autre de l'Europe
Europe former USSR	3.9	7.7	7.6	9.0	8.9	Europe ancienne URSS
Oceania	11.5	11.1	9.6	11.4	12.9	Océanie
United States	131.4	117.4	201.7	220.2	196.0	Etats-Unis d'Amérique
Mexico	90.6	72.0	63.2	73.7	71.4	Mexique
Japan	64.7	73.2	66.7	71.7	82.0	Japon
Germany	64.2	58.4	50.9	50.5	62.7	Allemagne
United Kingdom	36.0	35.5	41.4	43.6	45.1	Royaume-Uni
France-Monaco	31.6	29.5	49.3	40.6	50.0	France-Monaco
Belgium	18.7	22.1	37.7	56.5	54.7	Belgique
Switzerland-Liechtenstein	22.4	21.7	23.1	31.8	40.6	Suisse-Liechtenstein
Korea, Republic of	24.0	23.3	23.2	26.4	25.7	République de Corée
Canada	17.4	20.7	22.6	28.6	32.9	Canada
Italy-San Marino-Holy See	21.6	19.8	21.5	23.5	30.4	Italie-Saint-Marin-Saint-Siège
Brazil	15.5	19.9	22.7	21.3	20.1	Brésil
Spain	12.9	15.2	14.1	20.4	29.7	Espagne
Denmark	13.0	13.3	14.2	17.9	29.5	Danemark
Netherlands	13.8	15.2	15.7	18.8	24.1	Pays-Bas
Argentina	10.3	7.7	8.6	11.7	e18.0	Argentine
Indonesia	10.8	11.4	12.0	8.4	9.2	Indonésie
Australia	9.6	9.4	7.9	9.9	11.4	Australie
Sweden	5.3	5.9	9.1	10.2	12.6	Suède
Norway	6.5	7.9	10.1	8.5	9.1	Norvège
China	3.7	5.3	9.0	11.2	12.1	Chine
Singapore	7.8	6.8	6.9	7.1	8.2	Singapour
Turkey	7.1	7.3	6.0	7.2	8.2	Turquie
Austria	2.8	5.6	5.8	9.1	10.4	Autriche
Philippines	7.0	4.4	6.8	8.5	5.7	Philippines
Thailand	6.8	5.5	6.6	e5.8	6.8	Thaïlande
Ireland	6.1	5.2	7.6	3.3	4.2	Irlande
Russian Federation	2.5	5.5	4.9	6.3	5.4	Fédération de Russie
Yemen	2.6	5.4	e5.3	e6.3	e1.0	Yémen
Colombia	3.8	4.8	4.3	3.5	4.0	Colombie

(Value as percentages of World total)   **(Valeur en pourcentage du total mondia**

Regions of the world	1994	1995	1996	1997	1998	1999	2000	2001	2002	2003	Régions du monde
World	100.0	100.0	100.0	100.0	100.0	100.0	100.0	100.0	100.0	100.0	Monde
Africa	2.0	3.1	2.1	2.8	1.8	1.7	1.5	2.2	1.5	1.4	Afrique
Americas	34.2	34.5	36.1	38.3	37.5	37.7	34.9	38.8	39.2	35.1	Amériques
- Northern America	20.4	19.8	22.5	23.4	19.8	20.2	18.9	26.0	26.5	22.6	- Amérique du Nord
- LAIA	13.3	14.4	13.2	14.6	17.3	17.1	15.5	12.4	12.4	12.0	- ALAI
- CACM	0.2	0.1	0.2	0.2	0.2	0.2	0.2	0.2	0.1	0.1	- MCC
- Caribbean	0.1	0.1	0.2	0.2	0.2	0.1	0.2	0.2	0.2	0.2	- Caraïbes
- Rest of America	0.2	0.1	0.1	0.0	0.0	0.0	0.1	0.0	0.0	0.2	- Autre d'Amérique
Asia excluding former USSR	26.3	26.3	24.3	22.8	20.4	22.0	23.6	20.0	19.2	18.9	Asie ancienne URSS exclus
- Middle East	4.3	3.3	3.0	3.8	2.5	2.0	2.6	2.0	1.8	1.5	- Moyen-Orient
Asia former USSR	0.0	0.0	0.0	0.1	0.1	0.0	0.2	0.1	0.1	0.2	Asie ancienne URSS
Europe excluding former USSR	34.4	33.3	34.8	33.3	38.0	36.5	37.3	36.9	37.8	42.3	Europe ancienne URSS exclus
- European Union	30.4	28.9	30.4	29.2	32.7	31.2	31.6	31.6	32.0	35.6	- Union Européenne
- Eastern Europe	0.9	1.0	0.9	1.0	1.3	1.0	1.3	1.2	1.2	1.5	- Europe de l'Est
- Rest of Europe	3.0	3.4	3.4	3.1	4.0	4.3	4.4	4.1	4.5	5.2	- Autre de l'Europe
Europe former USSR	0.3	0.3	0.4	0.3	0.4	0.5	1.1	0.9	1.0	0.9	Europe ancienne URSS
Oceania	2.9	2.4	2.3	2.3	1.9	1.6	1.5	1.1	1.2	1.3	Océanie

TRADE BY COMMODITY (Value in million US dollars)
Exports by principal countries or areas

COMMERCE PAR PRODUIT (Valeur en millions de dollars EU)
Exportations selon les principaux pays ou zones

Country or area	1999	2000	2001	2002	2003	Pays ou zone
World	592.0	673.6	734.2	877.9	981.3	Monde
Africa	0.9	0.7	0.6	0.5	0.7	Afrique
Americas	216.4	248.8	240.7	266.6	281.1	Amériques
- Northern America	187.9	209.1	219.5	234.7	250.2	- Amérique du Nord
- LAIA	28.4	39.5	20.7	31.1	30.3	- ALAI
- CACM	0.0	0.1	0.5	0.8	0.6	- MCC
- Caribbean	0.0	0.0	0.0	0.0	0.0	- Caraïbes
- Rest of America	0.0	0.0	0.0	0.0	0.0	- Autre d'Amérique
Asia excluding former USSR	88.2	110.0	180.1	193.5	196.1	Asie ancienne URSS exclus
- Middle East	0.9	1.3	0.6	0.7	0.6	- Moyen-Orient
Asia former USSR	0.1	0.0	0.0	0.0	0.2	Asie ancienne URSS
Europe excluding former USSR	285.8	312.9	312.0	416.0	501.8	Europe ancienne URSS exclus
- European Union	279.1	303.2	300.4	398.0	482.3	- Union Européenne
- Eastern Europe	0.5	0.6	0.5	0.4	2.3	- Europe de l'Est
- Rest of Europe	6.2	9.0	11.1	17.5	17.2	- Autre de l'Europe
Europe former USSR	0.1	0.4	0.1	0.1	0.3	Europe ancienne URSS
Oceania	0.5	0.9	0.6	1.2	1.2	Océanie
United States	183.5	204.0	215.3	230.1	243.6	Etats-Unis d'Amérique
Sweden	71.4	93.8	104.0	123.8	145.6	Suède
China	38.7	53.8	71.5	98.5	125.0	Chine
France-Monaco	59.1	61.7	59.8	61.6	62.8	France-Monaco
Germany	42.7	55.2	43.2	40.3	44.6	Allemagne
Japan	33.2	34.1	46.1	35.6	47.7	Japon
Spain	28.8	32.9	30.1	38.2	56.9	Espagne
United Kingdom	29.1	18.4	27.1	34.0	58.7	Royaume-Uni
Belgium	21.5	12.8	7.6	68.6	33.8	Belgique
Singapore	2.6	7.9	50.8	47.2	11.1	Singapour
Italy-San Marino-Holy See	16.1	17.3	16.3	20.3	25.8	Italie-Saint-Marin-Saint-Siège
Argentina	13.2	12.9	11.4	15.6	15.0	Argentine
Netherlands	8.1	9.2	10.6	9.2	8.7	Pays-Bas
Austria	0.2	0.2	0.2	0.1	43.1	Autriche
Switzerland-Liechtenstein	3.9	4.4	5.7	13.3	14.3	Suisse-Liechtenstein
Mexico	9.0	21.0	0.8	2.3	1.3	Mexique
Canada	4.4	5.1	4.2	4.6	6.6	Canada
Chile	4.3	3.9	3.9	4.3	4.7	Chili
Brazil	0.2	0.1	2.9	5.9	7.7	Brésil
Korea, Republic of	3.3	2.4	2.2	2.6	2.0	République de Corée
China, Hong Kong SAR	3.2	3.1	2.3	1.0	1.8	Chine - RAS de Hong-Kong
Norway	2.2	3.8	3.7	1.0	0.3	Norvège
Malaysia	2.3	2.7	1.6	1.9	2.1	Malaisie
Uruguay	1.7	1.6	1.6	2.9	1.5	Uruguay
Iceland		0.8	1.7	3.1	2.5	Islande
India	1.0	1.6	1.4	1.9	2.3	Inde
Ireland	1.5	0.5	0.9	1.0	1.0	Irlande
Bangladesh	e0.8	e1.0	1.2	e0.9	0.4	Bangladesh
Australia	0.5	0.7	0.6	1.2	1.2	Australie
Denmark	0.4	0.7	0.5	0.6	0.9	Danemark

(Value as percentages of World total)

(Valeur en pourcentage du total mondial)

Regions of the world	1994	1995	1996	1997	1998	1999	2000	2001	2002	2003	Régions du monde
World	100.0	100.0	100.0	100.0	100.0	100.0	100.0	100.0	100.0	100.0	Monde
Africa	0.3	0.1	0.2	0.2	0.2	0.1	0.1	0.1	0.1	0.1	Afrique
Americas	29.8	30.9	29.3	32.7	35.4	36.5	36.9	32.8	30.4	28.6	Amériques
- Northern America	24.6	26.9	25.4	27.9	31.6	31.7	31.0	29.9	26.7	25.5	- Amérique du Nord
- LAIA	3.7	2.7	3.9	4.8	3.8	4.8	5.9	2.8	3.5	3.1	- ALAI
- CACM	0.0	0.0	0.0	0.0	0.0	0.0	0.0	0.1	0.1	0.1	- MCC
- Caribbean	1.5	1.3	0.0	0.0	0.0	0.0	0.0	0.0	0.0	0.0	- Caraïbes
- Rest of America	0.0	0.0	0.0	0.0	0.0	0.0	0.0	0.0	0.0	0.0	- Autre d'Amérique
Asia excluding former USSR	19.0	19.9	19.6	18.9	16.2	14.9	16.3	24.5	22.0	20.0	Asie ancienne URSS exclus
- Middle East	0.8	0.4	0.4	0.1	0.1	0.1	0.2	0.1	0.1	0.1	- Moyen-Orient
Asia former USSR	0.0	0.0	0.0	0.0	0.0	0.0	0.0	0.0	0.0	0.0	Asie ancienne URSS
Europe excluding former USSR	49.5	48.0	50.2	47.7	48.0	48.3	46.4	42.5	47.4	51.1	Europe ancienne URSS exclus
- European Union	47.8	46.3	48.6	46.1	46.6	47.1	45.0	40.9	45.3	49.1	- Union Européenne
- Eastern Europe	0.2	0.0	0.1	0.2	0.2	0.1	0.1	0.1	0.1	0.2	- Europe de l'Est
- Rest of Europe	1.5	1.6	1.5	1.5	1.2	1.0	1.3	1.5	2.0	1.7	- Autre de l'Europe
Europe former USSR	0.1	0.2	0.0	0.0	0.0	0.0	0.1	0.0	0.0	0.0	Europe ancienne URSS
Oceania	1.3	0.9	0.7	0.5	0.2	0.1	0.1	0.1	0.1	0.1	Océanie

591 Pesticides, disinfectants

Country or area	1999	2000	2001	2002	2003	Pays ou zone
World	11455.2	10732.7	10926.2	11472.4	12985.1	Monde
Africa	573.3	555.7	593.7	615.6	656.1	Afrique
Americas	2733.9	2534.5	2777.2	2698.7	3079.4	Amériques
- Northern America	1087.2	989.4	1123.8	1122.0	1249.6	- Amérique du Nord
- LAIA	1288.1	1226.9	1332.9	1240.9	1466.5	- ALAI
- CACM	225.9	187.9	196.0	219.5	247.6	- MCC
- Caribbean	80.3	77.2	72.0	72.9	69.5	- Caraïbes
- Rest of America	52.5	53.0	52.4	43.4	46.2	- Autre d'Amérique
Asia excluding former USSR	2099.0	2055.6	2020.6	1947.0	2107.7	Asie ancienne URSS exclus
- Middle East	412.9	417.5	398.7	414.3	437.6	- Moyen-Orient
Asia former USSR	38.9	63.7	64.1	62.8	78.8	Asie ancienne URSS
Europe excluding former USSR	5533.7	5003.5	4865.7	5515.6	6355.8	Europe ancienne URSS exclus
- European Union	4663.9	4208.9	3971.6	4478.7	5151.4	- Union Européenne
- Eastern Europe	607.0	561.1	637.5	741.5	856.5	- Europe de l'Est
- Rest of Europe	262.8	233.5	256.6	295.4	348.0	- Autre de l'Europe
Europe former USSR	203.3	246.8	349.9	364.8	419.2	Europe ancienne URSS
Oceania	273.1	272.9	254.9	268.0	288.1	Océanie
France-Monaco	1467.3	1362.7	1176.1	1303.4	1423.4	France-Monaco
Germany	660.4	594.0	547.1	637.8	706.9	Allemagne
Canada	592.0	518.0	587.9	610.0	611.5	Canada
United States	493.9	471.2	535.2	511.1	637.2	Etats-Unis d'Amérique
United Kingdom	499.8	429.4	459.9	490.8	542.0	Royaume-Uni
Italy-San Marino-Holy See	419.6	339.0	337.0	410.6	476.8	Italie-Saint-Marin-Saint-Siège
Spain	354.7	323.1	315.0	401.8	525.7	Espagne
Belgium	284.3	270.8	336.8	362.3	440.6	Belgique
Brazil	300.6	265.8	309.3	311.0	492.2	Brésil
Netherlands	273.7	262.4	200.1	281.5	322.9	Pays-Bas
Mexico	249.6	230.9	256.6	271.8	296.6	Mexique
Japan	235.2	269.7	264.0	249.0	243.0	Japon
Poland	218.2	208.2	228.9	270.0	314.8	Pologne
Thailand	169.3	192.8	193.0	e206.8	242.4	Thaïlande
Australia	185.6	197.1	178.9	178.6	196.3	Australie
China	242.6	192.2	165.0	136.1	134.0	Chine
Switzerland-Liechtenstein	154.4	127.3	150.2	162.5	197.6	Suisse-Liechtenstein
Viet Nam	165.9	151.0	150.1	177.5	e147.1	Viet Nam
Hungary	130.3	128.5	141.6	173.5	215.3	Hongrie
Argentina	205.8	170.0	163.5	91.9	e141.3	Argentine
Greece	118.5	106.3	101.8	121.3	171.4	Grèce
Russian Federation	76.7	102.3	147.2	148.7	143.3	Fédération de Russie
Iran (Islamic Republic of)	119.1	120.0	118.4	121.8	110.8	Iran (République islamique d')
Czech Republic	99.9	90.4	115.5	133.8	146.6	République tchèque
Ecuador	91.6	104.9	106.6	110.8	110.1	Equateur
Chile	98.3	104.4	104.3	96.8	116.5	Chili
Denmark	133.1	93.4	78.5	93.8	115.0	Danemark
Singapore	105.8	94.2	106.9	84.0	115.3	Singapour
Colombia	84.9	91.8	99.3	106.6	109.5	Colombie
Turkey	101.5	96.3	77.4	85.6	107.6	Turquie

(Value as percentages of World total) — (Valeur en pourcentage du total mondial)

Regions of the world	1994	1995	1996	1997	1998	1999	2000	2001	2002	2003	Régions du monde
World	100.0	100.0	100.0	100.0	100.0	100.0	100.0	100.0	100.0	100.0	Monde
Africa	5.8	5.5	5.5	5.7	5.5	5.0	5.2	5.4	5.4	5.1	Afrique
Americas	20.7	20.3	20.7	24.9	25.6	23.9	23.6	25.4	23.5	23.7	Amériques
- Northern America	8.3	8.2	8.6	9.8	10.2	9.5	9.2	10.3	9.8	9.6	- Amérique du Nord
- LAIA	8.9	8.6	9.1	11.9	12.2	11.2	11.4	12.2	10.8	11.3	- ALAI
- CACM	2.1	2.0	1.9	2.0	2.1	2.0	1.8	1.8	1.9	1.9	- MCC
- Caribbean	0.8	0.9	0.7	0.7	0.7	0.7	0.7	0.7	0.6	0.5	- Caraïbes
- Rest of America	0.6	0.5	0.5	0.5	0.4	0.5	0.5	0.5	0.4	0.4	- Autre d'Amérique
Asia excluding former USSR	18.2	17.6	17.4	17.1	16.2	18.3	19.2	18.5	17.0	16.2	Asie ancienne URSS exclus
- Middle East	4.4	3.6	3.5	3.5	3.6	3.6	3.9	3.6	3.6	3.4	- Moyen-Orient
Asia former USSR	1.1	0.5	0.8	0.3	0.4	0.3	0.6	0.6	0.5	0.6	Asie ancienne URSS
Europe excluding former USSR	49.7	50.9	50.7	46.9	47.2	48.3	46.6	44.5	48.1	48.9	Europe ancienne URSS exclus
- European Union	43.3	44.5	43.4	39.3	39.7	40.7	39.2	36.3	39.0	39.7	- Union Européenne
- Eastern Europe	4.2	4.4	5.4	5.5	4.9	5.3	5.2	5.8	6.5	6.6	- Europe de l'Est
- Rest of Europe	2.2	2.1	2.0	2.1	2.6	2.3	2.2	2.3	2.6	2.7	- Autre de l'Europe
Europe former USSR	2.8	3.4	2.7	2.8	3.6	1.8	2.3	3.2	3.2	3.2	Europe ancienne URSS
Oceania	1.7	1.7	2.1	2.4	1.6	2.4	2.5	2.3	2.3	2.2	Océanie

Désinfectants, insecticides, fongicides, herbicides, antirongeurs, antiparasitaires et similaires 591

TRADE BY COMMODITY (Value in million US dollars)
Exports by principal countries or areas

COMMERCE PAR PRODUIT (Valeur en millions de dollars EU)
Exportations selon les principaux pays ou zones

Country or area	1999	2000	2001	2002	2003	Pays ou zone
World	11269.7	10746.3	10685.1	10890.2	12637.6	Monde
Africa	145.4	146.5	154.6	150.2	170.6	Afrique
Americas	2346.5	2276.8	2383.0	2357.9	2361.6	Amériques
- Northern America	1676.0	1620.9	1686.8	1657.2	1573.1	- Amérique du Nord
- LAIA	569.8	556.0	587.2	609.4	653.3	- ALAI
- CACM	85.0	82.5	91.6	74.2	107.4	- MCC
- Caribbean	15.0	16.1	16.3	15.8	27.5	- Caraïbes
- Rest of America	0.7	1.3	1.1	1.4	0.4	- Autre d'Amérique
Asia excluding former USSR	1607.2	1721.2	1772.7	1778.6	2143.2	Asie ancienne URSS exclus
- Middle East	43.8	46.5	64.1	62.5	65.1	- Moyen-Orient
Asia former USSR	1.7	2.9	1.2	0.3	0.5	Asie ancienne URSS
Europe excluding former USSR	7025.3	6474.0	6251.0	6470.7	7816.0	Europe ancienne URSS exclus
- European Union	6226.1	5771.1	5502.8	5835.6	6905.0	- Union Européenne
- Eastern Europe	91.6	110.1	119.3	139.8	176.2	- Europe de l'Est
- Rest of Europe	707.6	592.8	628.9	495.4	734.8	- Autre de l'Europe
Europe former USSR	19.1	16.0	17.0	21.9	27.0	Europe ancienne URSS
Oceania	124.6	109.0	105.6	110.6	118.8	Océanie
Germany	1851.5	1741.2	1509.8	1539.1	1795.7	Allemagne
France-Monaco	1716.7	1528.8	1476.7	1572.8	1860.9	France-Monaco
United States	1577.9	1492.4	1547.5	1547.2	1457.5	Etats-Unis d'Amérique
United Kingdom	1209.3	1058.1	980.6	1023.4	1097.0	Royaume-Uni
Switzerland-Liechtenstein	679.8	562.5	597.7	460.1	696.2	Suisse-Liechtenstein
China	439.6	463.0	549.2	592.0	729.6	Chine
Belgium	357.2	350.9	427.3	434.9	477.1	Belgique
Netherlands	305.1	311.8	325.0	373.8	448.9	Pays-Bas
Italy-San Marino-Holy See	312.6	308.5	305.6	337.9	404.5	Italie-Saint-Marin-Saint-Siège
Spain	163.3	249.1	247.5	317.9	555.1	Espagne
India	231.6	270.1	287.5	305.9	375.2	Inde
Japan	256.9	274.8	253.7	240.0	269.0	Japon
Colombia	182.0	184.4	191.7	190.5	180.7	Colombie
Israel	117.2	143.0	177.9	203.4	274.4	Israël
Brazil	153.6	146.3	143.9	187.4	173.6	Brésil
Argentina	123.1	109.3	131.3	123.3	179.5	Argentine
Singapore	134.6	148.9	111.2	94.8	122.5	Singapour
Canada	98.1	128.5	139.3	110.0	115.6	Canada
South Africa	–	108.8	123.1	106.0	133.5	Afrique du Sud
Mexico	66.0	72.8	69.4	62.2	71.1	Mexique
Denmark	55.0	53.8	51.9	66.5	96.4	Danemark
Hungary	44.1	51.4	63.4	66.9	87.6	Hongrie
Australia	62.9	52.3	52.2	70.9	72.5	Australie
Austria	85.7	64.0	75.1	61.1	18.0	Autriche
Malaysia	67.4	60.2	50.6	50.0	73.1	Malaisie
Indonesia	58.1	70.4	57.6	59.3	48.8	Indonésie
China, Hong Kong SAR	103.9	80.3	51.2	25.8	18.7	Chine - RAS de Hong-Kong
New Zealand	61.6	56.6	53.2	39.6	46.1	Nouvelle-Zélande
Thailand	47.1	48.9	54.0	e40.4	47.2	Thaïlande
Guatemala	48.3	43.3	49.7	28.1	56.8	Guatemala

(Value as percentages of World total)

(Valeur en pourcentage du total mondial)

Regions of the world	1994	1995	1996	1997	1998	1999	2000	2001	2002	2003	Régions du monde
World	100.0	100.0	100.0	100.0	100.0	100.0	100.0	100.0	100.0	100.0	Monde
Africa	1.2	1.6	1.8	1.9	1.3	1.3	1.4	1.4	1.4	1.3	Afrique
Americas	17.5	17.5	17.5	21.8	22.4	20.8	21.2	22.3	21.7	18.7	Amériques
- Northern America	13.7	13.2	12.9	15.4	16.1	14.9	15.1	15.8	15.2	12.4	- Amérique du Nord
- LAIA	3.3	3.7	3.9	5.5	5.5	5.1	5.2	5.5	5.6	5.2	- ALAI
- CACM	0.4	0.5	0.5	0.7	0.6	0.8	0.8	0.9	0.7	0.8	- MCC
- Caribbean	0.1	0.1	0.1	0.1	0.1	0.1	0.2	0.2	0.1	0.2	- Caraïbes
- Rest of America	0.0	0.0	0.0	0.0	0.0	0.0	0.0	0.0	0.0	0.0	- Autre d'Amérique
Asia excluding former USSR	10.5	11.5	11.0	11.8	11.5	14.3	16.0	16.6	16.3	17.0	Asie ancienne URSS exclus
- Middle East	0.8	0.5	0.4	0.4	0.4	0.4	0.4	0.6	0.6	0.5	- Moyen-Orient
Asia former USSR	0.0	0.0	0.1	0.0	0.0	0.0	0.0	0.0	0.0	0.0	Asie ancienne URSS
Europe excluding former USSR	69.5	68.2	68.4	63.1	63.5	62.3	60.2	58.5	59.4	61.8	Europe ancienne URSS exclus
- European Union	61.9	60.1	60.4	55.3	55.8	55.2	53.7	51.5	53.6	54.6	- Union Européenne
- Eastern Europe	1.1	1.0	1.0	1.1	1.0	0.8	1.0	1.1	1.3	1.4	- Europe de l'Est
- Rest of Europe	6.6	7.1	7.0	6.7	6.7	6.3	5.5	5.9	4.5	5.8	- Autre de l'Europe
Europe former USSR	0.2	0.3	0.2	0.1	0.2	0.2	0.1	0.2	0.2	0.2	Europe ancienne URSS
Oceania	1.0	0.9	1.0	1.3	1.1	1.1	1.0	1.0	1.0	0.9	Océanie

592 Starches, insulin and wheat gluten; albuminoidal substances; glues

Country or area	1999	2000	2001	2002	2003	Pays ou zone
World	9188.8	9550.0	9913.9	10230.9	11930.2	Monde
Africa	161.6	169.4	178.3	193.3	214.5	Afrique
Americas	2049.9	2281.2	2298.6	2272.1	2544.9	Amériques
- Northern America	1394.4	1579.1	1550.0	1540.0	1791.1	- Amérique du Nord
- LAIA	576.9	621.1	657.4	638.8	656.8	- ALAI
- CACM	41.5	43.6	49.5	53.7	56.0	- MCC
- Caribbean	26.2	26.5	32.2	29.6	30.5	- Caraïbes
- Rest of America	10.8	11.0	9.4	10.1	10.5	- Autre d'Amérique
Asia excluding former USSR	2308.5	2558.1	2547.5	2747.2	3140.1	Asie ancienne URSS exclus
- Middle East	174.4	196.0	190.7	219.7	278.5	- Moyen-Orient
Asia former USSR	13.1	18.2	18.1	18.6	27.9	Asie ancienne URSS
Europe excluding former USSR	4329.5	4196.8	4545.9	4643.9	5568.8	Europe ancienne URSS exclus
- European Union	3755.6	3627.2	3902.7	3932.1	4753.6	- Union Européenne
- Eastern Europe	344.9	348.4	414.2	452.3	513.3	- Europe de l'Est
- Rest of Europe	228.9	221.3	229.0	259.4	301.8	- Autre de l'Europe
Europe former USSR	194.2	196.4	201.7	217.6	263.3	Europe ancienne URSS
Oceania	132.0	130.0	123.8	138.2	170.7	Océanie
United States	1020.4	1181.9	1136.0	1085.3	1273.4	Etats-Unis d'Amérique
Germany	778.7	773.0	888.5	853.8	1032.7	Allemagne
Japan	595.8	615.7	646.2	624.6	665.9	Japon
France-Monaco	468.1	459.2	451.6	503.1	625.1	France-Monaco
United Kingdom	502.8	464.8	485.7	470.1	546.3	Royaume-Uni
China	380.2	447.3	445.5	530.6	664.8	Chine
Canada	373.3	396.9	413.7	454.1	516.3	Canada
Italy-San Marino-Holy See	369.0	353.5	394.0	382.4	438.2	Italie-Saint-Marin-Saint-Siège
Netherlands	321.1	299.5	331.1	346.1	405.3	Pays-Bas
Belgium	309.1	305.7	314.4	312.3	451.3	Belgique
Mexico	288.6	322.4	345.5	356.1	360.3	Mexique
Spain	252.9	241.4	287.2	275.1	324.1	Espagne
Korea, Republic of	205.0	219.1	226.5	254.6	286.8	République de Corée
China, Hong Kong SAR	207.3	230.0	202.0	214.8	239.5	Chine - RAS de Hong-Kong
Poland	178.8	174.0	209.8	212.6	236.8	Pologne
Sweden	146.1	136.1	149.8	165.3	202.5	Suède
Austria	122.0	127.8	132.0	135.3	166.4	Autriche
Finland	134.3	136.0	137.1	127.6	145.3	Finlande
Indonesia	100.4	158.9	144.0	129.0	143.7	Indonésie
Switzerland-Liechtenstein	119.6	115.0	115.1	131.1	153.5	Suisse-Liechtenstein
Russian Federation	121.5	117.9	104.5	120.9	142.9	Fédération de Russie
Ireland	109.4	110.6	93.4	112.8	125.7	Irlande
Denmark	114.9	99.1	101.1	107.7	129.0	Danemark
Brazil	107.8	104.9	96.5	101.2	102.9	Brésil
Australia	90.9	95.0	89.4	97.7	121.0	Australie
Singapore	84.4	97.2	86.0	106.0	104.7	Singapour
Thailand	73.8	80.2	96.6	e103.1	120.9	Thaïlande
Malaysia	89.8	85.5	82.6	87.9	92.7	Malaisie
Turkey	67.8	75.0	65.1	90.3	113.8	Turquie
Philippines	70.4	77.3	83.2	75.2	91.6	Philippines

(Value as percentages of World total)   **(Valeur en pourcentage du total mondial)**

Regions of the world	1994	1995	1996	1997	1998	1999	2000	2001	2002	2003	Régions du monde
World	100.0	100.0	100.0	100.0	100.0	100.0	100.0	100.0	100.0	100.0	Monde
Africa	1.8	1.7	1.7	1.8	2.0	1.8	1.8	1.8	1.9	1.8	Afrique
Americas	19.5	18.3	19.3	20.7	22.8	22.3	23.9	23.2	22.2	21.3	Amériques
- Northern America	14.4	13.3	14.3	14.4	15.5	15.2	16.5	15.6	15.1	15.0	- Amérique du Nord
- LAIA	4.4	4.3	4.4	5.5	6.4	6.3	6.5	6.6	6.2	5.5	- ALAI
- CACM	0.3	0.3	0.3	0.4	0.4	0.5	0.5	0.5	0.5	0.5	- MCC
- Caribbean	0.3	0.3	0.3	0.3	0.3	0.3	0.3	0.3	0.3	0.3	- Caraïbes
- Rest of America	0.2	0.1	0.1	0.1	0.1	0.1	0.1	0.1	0.1	0.1	- Autre d'Amérique
Asia excluding former USSR	25.2	26.3	25.4	26.2	23.0	25.1	26.8	25.7	26.9	26.3	Asie ancienne URSS exclus
- Middle East	1.6	1.7	1.7	1.9	2.0	1.9	2.1	1.9	2.1	2.3	- Moyen-Orient
Asia former USSR	0.1	0.2	0.2	0.2	0.2	0.1	0.2	0.2	0.2	0.2	Asie ancienne URSS
Europe excluding former USSR	50.7	50.5	50.3	47.5	48.5	47.1	43.9	45.9	45.4	46.7	Europe ancienne URSS exclus
- European Union	45.7	44.7	44.5	41.9	42.2	40.9	38.0	39.4	38.4	39.8	- Union Européenne
- Eastern Europe	2.3	2.9	3.1	3.1	3.7	3.8	3.6	4.2	4.4	4.3	- Europe de l'Est
- Rest of Europe	2.7	2.9	2.7	2.6	2.6	2.5	2.3	2.3	2.5	2.5	- Autre de l'Europe
Europe former USSR	1.3	1.7	1.8	2.3	2.3	2.1	2.1	2.0	2.1	2.2	Europe ancienne URSS
Oceania	1.3	1.4	1.3	1.3	1.2	1.4	1.4	1.2	1.4	1.4	Océanie

TRADE BY COMMODITY (Value in million US dollars)
Exports by principal countries or areas

COMMERCE PAR PRODUIT (Valeur en millions de dollars EU)
Exportations selon les principaux pays ou zones

Country or area	1999	2000	2001	2002	2003	Pays ou zone
World	8500.5	9045.3	9519.6	9749.1	11087.0	Monde
Africa	24.0	22.7	25.2	26.3	32.3	Afrique
Americas	1715.5	1859.8	2058.4	2004.3	1891.0	Amériques
- Northern America	1445.2	1571.7	1766.7	1689.0	1529.1	- Amérique du Nord
- LAIA	255.5	272.3	275.7	301.3	344.6	- ALAI
- CACM	11.6	12.1	12.9	11.4	14.4	- MCC
- Caribbean	2.9	3.5	2.9	2.4	2.9	- Caraïbes
- Rest of America	0.2	0.3	0.2	0.1	0.1	- Autre d'Amérique
Asia excluding former USSR	1323.5	1540.9	1519.6	1748.3	2021.9	Asie ancienne URSS exclus
- Middle East	27.9	46.2	38.9	52.3	57.7	- Moyen-Orient
Asia former USSR	0.8	1.0	0.7	0.7	0.6	Asie ancienne URSS
Europe excluding former USSR	4664.9	4685.4	4891.3	5090.9	6169.8	Europe ancienne URSS exclus
- European Union	4388.2	4409.2	4556.4	4736.0	5743.1	- Union Européenne
- Eastern Europe	116.7	128.9	172.5	173.1	195.6	- Europe de l'Est
- Rest of Europe	160.0	147.3	162.5	181.7	231.1	- Autre de l'Europe
Europe former USSR	158.4	225.0	231.9	160.9	185.9	Europe ancienne URSS
Oceania	613.4	710.4	792.4	717.7	785.5	Océanie
United States	1299.4	1409.5	1619.0	1524.7	1312.8	Etats-Unis d'Amérique
Germany	1094.3	1070.1	1208.3	1332.0	1575.7	Allemagne
France-Monaco	856.9	897.0	892.2	869.3	1024.4	France-Monaco
Netherlands	733.3	725.3	673.4	715.9	920.6	Pays-Bas
New Zealand	452.4	553.8	647.1	558.0	586.1	Nouvelle-Zélande
Belgium	358.0	330.6	347.8	374.9	460.9	Belgique
United Kingdom	324.2	336.7	330.0	330.9	406.0	Royaume-Uni
Italy-San Marino-Holy See	293.7	279.6	311.4	361.9	435.4	Italie-Saint-Marin-Saint-Siège
Thailand	272.6	305.5	309.0	e342.5	400.1	Thaïlande
Japan	251.1	291.8	250.8	302.6	397.9	Japon
Ireland	262.3	296.2	286.0	256.6	308.6	Irlande
China	101.0	139.3	172.6	218.3	286.4	Chine
China, Hong Kong SAR	150.2	160.2	150.2	179.2	209.6	Chine - RAS de Hong-Kong
Canada	145.8	162.1	147.6	164.3	216.3	Canada
Australia	160.8	156.0	145.2	159.6	199.3	Australie
Sweden	122.5	129.3	162.5	182.1	214.6	Suède
Switzerland-Liechtenstein	138.9	126.3	140.1	159.6	208.3	Suisse-Liechtenstein
Korea, Republic of	132.2	144.7	154.5	156.4	161.1	République de Corée
Denmark	153.0	137.3	143.6	110.3	144.4	Danemark
Brazil	96.2	109.4	119.7	137.2	148.5	Brésil
Spain	82.7	91.7	80.0	83.0	111.9	Espagne
Poland	53.6	72.4	112.7	91.7	106.3	Pologne
Ukraine	57.2	94.5	112.8	67.8	e87.3	Ukraine
Argentina	65.9	73.7	65.5	69.0	75.7	Argentine
Austria	58.7	54.3	56.3	57.4	68.5	Autriche
Singapore	52.6	58.6	53.5	71.6	56.9	Singapour
Russian Federation	48.1	74.4	53.9	44.1	36.6	Fédération de Russie
Mexico	46.4	42.6	42.2	45.8	65.0	Mexique
India	30.5	51.6	46.0	48.7	56.2	Inde
Finland	35.3	46.3	48.9	39.4	45.1	Finlande

(Value as percentages of World total)

(Valeur en pourcentage du total mondial)

Regions of the world	1994	1995	1996	1997	1998	1999	2000	2001	2002	2003	Régions du monde
World	100.0	100.0	100.0	100.0	100.0	100.0	100.0	100.0	100.0	100.0	Monde
Africa	0.2	0.3	0.3	0.3	0.3	0.3	0.3	0.3	0.3	0.3	Afrique
Americas	14.2	14.3	15.4	20.0	17.3	20.2	20.6	21.6	20.6	17.1	Amériques
- Northern America	11.6	11.8	12.7	17.1	14.1	17.0	17.4	18.6	17.3	13.8	- Amérique du Nord
- LAIA	2.4	2.4	2.6	2.8	3.1	3.0	3.0	2.9	3.1	3.1	- ALAI
- CACM	0.1	0.1	0.1	0.1	0.1	0.1	0.1	0.1	0.1	0.1	- MCC
- Caribbean	0.0	0.0	0.0	0.0	0.0	0.0	0.0	0.0	0.0	0.0	- Caraïbes
- Rest of America	0.0	0.0	0.0	0.0	0.0	0.0	0.0	0.0	0.0	0.0	- Autre d'Amérique
Asia excluding former USSR	14.9	16.0	15.6	15.9	14.0	15.6	17.0	16.0	17.9	18.2	Asie ancienne URSS exclus
- Middle East	0.2	0.2	0.3	0.3	0.4	0.3	0.5	0.4	0.5	0.5	- Moyen-Orient
Asia former USSR	0.1	0.1	0.1	0.0	0.0	0.0	0.0	0.0	0.0	0.0	Asie ancienne URSS
Europe excluding former USSR	60.5	59.7	59.0	54.4	56.8	54.9	51.8	51.4	52.2	55.6	Europe ancienne URSS exclus
- European Union	57.3	56.6	55.6	51.4	53.7	51.6	48.7	47.9	48.6	51.8	- Union Européenne
- Eastern Europe	1.2	1.1	1.3	1.2	1.2	1.4	1.4	1.8	1.8	1.8	- Europe de l'Est
- Rest of Europe	1.9	2.0	2.2	1.9	1.9	1.9	1.6	1.7	1.9	2.1	- Autre de l'Europe
Europe former USSR	2.4	2.9	2.6	2.4	4.5	1.9	2.5	2.4	1.7	1.7	Europe ancienne URSS
Oceania	7.8	6.7	7.0	7.0	7.1	7.2	7.9	8.3	7.4	7.1	Océanie

598 Miscellaneous chemical products, nes

TRADE BY COMMODITY (Value in million US dollars)
Imports by principal countries or areas

COMMERCE PAR PRODUIT (Valeur en millions de dollars EU)
Importations selon les principaux pays ou zones

Country or area	1999	2000	2001	2002	2003	Pays ou zone
World	41469.1	46144.8	46207.6	49892.9	58102.2	Monde
Africa	1005.3	988.7	1043.0	1164.9	1241.4	Afrique
Americas	7725.9	8823.3	9094.9	9314.7	9914.0	Amériques
- Northern America	4937.4	5656.4	5753.1	6068.6	6496.4	- Amérique du Nord
- LAIA	2528.5	2843.5	2939.6	2843.4	2994.4	- ALAI
- CACM	107.1	157.0	236.1	236.6	248.7	- MCC
- Caribbean	117.3	138.4	138.2	134.2	139.8	- Caraïbes
- Rest of America	35.6	27.9	27.8	31.8	34.7	- Autre d'Amérique
Asia excluding former USSR	13009.0	16243.2	15275.2	17121.0	20584.8	Asie ancienne URSS exclus
- Middle East	1424.3	1501.1	1602.9	1676.9	1988.6	- Moyen-Orient
Asia former USSR	75.5	117.8	114.8	126.0	159.4	Asie ancienne URSS
Europe excluding former USSR	18515.8	18873.5	19555.8	20864.1	24664.3	Europe ancienne URSS exclus
- European Union	16249.9	16614.8	17203.5	17928.9	21586.1	- Union Européenne
- Eastern Europe	1083.7	1115.2	1162.8	1683.4	1594.8	- Europe de l'Est
- Rest of Europe	1182.1	1143.6	1189.5	1251.7	1483.3	- Autre de l'Europe
Europe former USSR	510.3	507.0	566.4	686.2	858.5	Europe ancienne URSS
Oceania	627.3	591.2	557.4	616.0	679.7	Océanie
United States	3417.0	3960.5	4125.4	4428.2	4764.1	Etats-Unis d'Amérique
Germany	3043.0	3210.6	3574.9	3692.2	4273.1	Allemagne
China	1871.4	2216.0	2325.2	3549.6	4679.5	Chine
Japan	2078.1	2903.0	2714.3	2571.4	2974.7	Japon
France-Monaco	2471.7	2456.8	2488.7	2531.9	3002.1	France-Monaco
Italy-San Marino-Holy See	2231.4	2202.0	2152.5	2304.5	2805.3	Italie-Saint-Marin-Saint-Siège
United Kingdom	1925.3	2184.2	2302.2	2320.3	2613.6	Royaume-Uni
Korea, Republic of	1605.9	1930.1	1833.2	2001.7	2447.6	République de Corée
Belgium	1541.5	1670.8	1585.1	1772.0	2142.2	Belgique
Canada	1517.0	1694.5	1625.5	1636.8	1725.8	Canada
Netherlands	1333.5	1278.2	1333.6	1333.0	1761.8	Pays-Bas
Spain	1137.7	1091.2	1211.2	1301.1	1702.9	Espagne
Mexico	1032.5	1280.1	1317.4	1382.0	1416.7	Mexique
Singapore	978.7	1188.4	975.3	1200.7	1554.6	Singapour
China, Hong Kong SAR	743.6	847.8	849.7	876.3	1040.5	Chine - RAS de Hong-Kong
Switzerland-Liechtenstein	670.3	652.2	657.3	668.8	789.6	Suisse-Liechtenstein
Thailand	526.0	602.9	584.8	e647.9	759.6	Thaïlande
Sweden	571.6	564.1	591.7	622.5	714.2	Suède
Austria	559.9	554.2	545.3	602.7	777.9	Autriche
Poland	458.2	460.0	464.1	514.5	608.2	Pologne
Malaysia	413.0	471.2	546.4	518.0	540.5	Malaisie
Brazil	488.2	499.8	493.8	469.4	504.0	Brésil
Australia	472.6	463.7	413.3	470.4	515.3	Australie
Turkey	390.6	396.0	399.4	474.8	612.6	Turquie
Indonesia	386.9	422.2	379.4	432.5	383.2	Indonésie
Israel	273.6	445.6	412.8	354.8	358.0	Israël
Russian Federation	325.6	315.2	350.0	383.5	438.8	Fédération de Russie
India	294.1	277.7	356.5	369.0	489.6	Inde
Czech Republic	227.9	223.1	239.5	666.0	334.6	République tchèque
Saudi Arabia	317.1	314.8	341.8	330.0	377.3	Arabie saoudite

(Value as percentages of World total)

(Valeur en pourcentage du total mondial)

Regions of the world	1994	1995	1996	1997	1998	1999	2000	2001	2002	2003	Régions du monde
World	100.0	100.0	100.0	100.0	100.0	100.0	100.0	100.0	100.0	100.0	Monde
Africa	3.1	2.7	2.7	3.5	2.8	2.4	2.1	2.3	2.3	2.1	Afrique
Americas	15.9	15.7	16.4	17.5	18.5	18.6	19.1	19.7	18.7	17.1	Amériques
- Northern America	10.0	10.1	10.6	11.2	11.4	11.9	12.3	12.5	12.2	11.2	- Amérique du Nord
- LAIA	5.3	5.0	5.1	5.7	6.4	6.1	6.2	6.4	5.7	5.2	- ALAI
- CACM	0.2	0.2	0.2	0.2	0.3	0.3	0.3	0.5	0.5	0.4	- MCC
- Caribbean	0.3	0.3	0.4	0.3	0.4	0.3	0.3	0.3	0.3	0.2	- Caraïbes
- Rest of America	0.1	0.1	0.1	0.1	0.1	0.1	0.1	0.1	0.1	0.1	- Autre d'Amérique
Asia excluding former USSR	32.2	31.9	32.5	31.8	30.0	31.4	35.2	33.1	34.3	35.4	Asie ancienne URSS exclus
- Middle East	3.5	3.2	3.4	3.5	3.5	3.4	3.3	3.5	3.4	3.4	- Moyen-Orient
Asia former USSR	0.2	0.2	0.2	0.1	0.2	0.2	0.3	0.2	0.3	0.3	Asie ancienne URSS
Europe excluding former USSR	45.7	46.7	45.1	43.7	45.8	44.6	40.9	42.3	41.8	42.4	Europe ancienne URSS exclus
- European Union	40.7	41.3	39.7	38.5	40.0	39.2	36.0	37.2	35.9	37.2	- Union Européenne
- Eastern Europe	1.8	2.1	2.4	2.5	2.8	2.6	2.4	2.5	3.4	2.7	- Europe de l'Est
- Rest of Europe	3.2	3.4	3.0	2.7	3.0	2.9	2.5	2.6	2.5	2.6	- Autre de l'Europe
Europe former USSR	1.1	1.2	1.7	1.9	1.4	1.2	1.1	1.2	1.4	1.5	Europe ancienne URSS
Oceania	1.8	1.6	1.5	1.4	1.3	1.5	1.3	1.2	1.2	1.2	Océanie

TRADE BY COMMODITY (Value in million US dollars)
Exports by principal countries or areas

COMMERCE PAR PRODUIT (Valeur en millions de dollars EU)
Exportations selon les principaux pays ou zones

Country or area	1999	2000	2001	2002	2003	Pays ou zone
World	40343.9	43622.1	43265.0	46213.6	54323.9	Monde
Africa	163.8	172.4	182.3	215.2	231.6	Afrique
Americas	9076.4	10389.0	10378.6	10379.7	11384.1	Amériques
- Northern America	8419.1	9719.6	9715.0	9748.4	10672.4	- Amérique du Nord
- LAIA	628.3	638.6	627.0	610.1	670.3	- ALAI
- CACM	18.2	20.7	27.5	15.2	28.9	- MCC
- Caribbean	10.7	9.9	8.9	5.5	12.2	- Caraïbes
- Rest of America	0.1	0.1	0.3	0.4	0.4	- Autre d'Amérique
Asia excluding former USSR	8324.8	10610.5	9462.6	9980.7	11759.3	Asie ancienne URSS exclus
- Middle East	183.5	223.5	218.2	252.7	335.2	- Moyen-Orient
Asia former USSR	3.6	5.7	8.0	3.0	3.8	Asie ancienne URSS
Europe excluding former USSR	22466.9	22078.1	22881.6	25233.7	30472.8	Europe ancienne URSS exclus
- European Union	21005.2	20770.4	21612.3	23632.4	28752.5	- Union Européenne
- Eastern Europe	228.0	238.3	310.4	503.5	426.1	- Europe de l'Est
- Rest of Europe	1233.6	1069.4	958.9	1097.7	1294.2	- Autre de l'Europe
Europe former USSR	195.0	236.8	228.0	268.0	331.9	Europe ancienne URSS
Oceania	113.4	129.6	123.9	133.4	140.3	Océanie
United States	7885.3	9087.1	9002.2	8989.9	9808.1	Etats-Unis d'Amérique
Germany	6397.0	6506.4	6670.2	6865.2	8571.5	Allemagne
Japan	3736.0	4802.4	3983.8	4479.1	5093.1	Japon
France-Monaco	2896.6	2872.7	2927.2	3197.3	3725.9	France-Monaco
United Kingdom	2723.9	2696.8	2636.2	3017.9	3546.5	Royaume-Uni
Belgium	1933.3	1813.6	1862.8	2237.2	2706.5	Belgique
Netherlands	1644.8	1737.2	1874.3	2071.3	2738.9	Pays-Bas
Ireland	1674.2	1432.5	1754.7	1854.4	2319.8	Irlande
Italy-San Marino-Holy See	1667.3	1671.4	1686.3	1801.6	2062.0	Italie-Saint-Marin-Saint-Siège
Singapore	910.1	1065.7	925.4	1078.0	1292.4	Singapour
China, Hong Kong SAR	717.0	813.4	783.3	835.1	986.8	Chine - RAS de Hong-Kong
China	551.8	680.3	774.1	853.0	1088.6	Chine
Switzerland-Liechtenstein	844.9	693.4	692.7	784.9	897.8	Suisse-Liechtenstein
Canada	533.8	632.5	712.9	758.4	864.3	Canada
Spain	508.1	496.9	569.8	714.7	852.4	Espagne
Korea, Republic of	453.5	574.8	586.7	686.3	805.8	République de Corée
Sweden	461.2	491.6	601.2	723.1	824.4	Suède
Malaysia	453.0	544.0	485.0	493.3	616.0	Malaisie
Austria	309.9	299.6	309.3	359.4	480.2	Autriche
Israel	321.6	650.1	592.5	35.8	30.2	Israël
Norway	347.2	329.6	223.6	262.2	330.3	Norvège
Denmark	313.6	258.0	233.2	278.0	358.4	Danemark
Mexico	266.4	280.6	266.4	274.2	321.4	Mexique
Finland	230.0	238.1	251.9	286.0	301.0	Finlande
Brazil	153.3	159.0	168.1	171.6	196.0	Brésil
Russian Federation	134.5	165.1	149.2	169.0	202.4	Fédération de Russie
India	144.4	167.3	126.6	141.9	146.4	Inde
South Africa	–	138.8	147.8	181.4	178.5	Afrique du Sud
Portugal	131.9	116.6	128.4	123.8	e143.6	Portugal
Indonesia	74.0	120.3	109.4	131.2	155.7	Indonésie

(Value as percentages of World total)   **(Valeur en pourcentage du total mondial)**

Regions of the world	1994	1995	1996	1997	1998	1999	2000	2001	2002	2003	Régions du monde
World	100.0	100.0	100.0	100.0	100.0	100.0	100.0	100.0	100.0	100.0	Monde
Africa	0.3	0.4	0.3	0.3	0.4	0.4	0.4	0.4	0.5	0.4	Afrique
Americas	21.1	21.5	21.5	22.7	22.8	22.5	23.8	24.0	22.5	21.0	Amériques
- Northern America	19.8	20.1	20.2	21.2	21.0	20.9	22.3	22.5	21.1	19.6	- Amérique du Nord
- LAIA	1.2	1.3	1.3	1.4	1.7	1.6	1.5	1.4	1.3	1.2	- ALAI
- CACM	0.0	0.0	0.0	0.0	0.0	0.0	0.0	0.1	0.0	0.1	- MCC
- Caribbean	0.0	0.0	0.0	0.0	0.0	0.0	0.0	0.0	0.0	0.0	- Caraïbes
- Rest of America	0.0	0.0	0.0	0.0	0.0	0.0	0.0	0.0	0.0	0.0	- Autre d'Amérique
Asia excluding former USSR	19.0	19.6	20.2	21.0	18.9	20.6	24.3	21.9	21.6	21.6	Asie ancienne URSS exclus
- Middle East	0.4	0.5	0.5	0.5	0.4	0.5	0.5	0.5	0.5	0.6	- Moyen-Orient
Asia former USSR	0.1	0.0	0.0	0.0	0.0	0.0	0.0	0.0	0.0	0.0	Asie ancienne URSS
Europe excluding former USSR	58.6	57.7	57.0	55.1	57.1	55.7	50.6	52.9	54.6	56.1	Europe ancienne URSS exclus
- European Union	55.0	53.9	53.4	51.7	53.4	52.1	47.6	50.0	51.1	52.9	- Union Européenne
- Eastern Europe	0.5	0.7	0.6	0.5	0.6	0.6	0.5	0.7	1.1	0.8	- Europe de l'Est
- Rest of Europe	3.1	3.0	3.0	2.8	3.1	3.1	2.5	2.2	2.4	2.4	- Autre de l'Europe
Europe former USSR	0.5	0.5	0.5	0.6	0.5	0.5	0.5	0.5	0.6	0.6	Europe ancienne URSS
Oceania	0.4	0.3	0.3	0.3	0.3	0.3	0.3	0.3	0.3	0.3	Océanie

611 Leather

Country or area	1999	2000	2001	2002	2003	Pays ou zone
World	13228.6	15262.5	16471.8	16492.2	17851.3	Monde
Africa	259.2	268.2	288.0	263.2	290.6	Afrique
Americas	2066.5	2386.1	2237.4	2095.7	1986.8	Amériques
- Northern America	1189.8	1359.1	1198.3	1103.5	978.1	- Amérique du Nord
- LAIA	813.3	963.1	966.9	921.6	922.7	- ALAI
- CACM	28.5	33.6	27.1	33.9	49.6	- MCC
- Caribbean	33.8	30.0	44.6	36.2	35.9	- Caraïbes
- Rest of America	1.1	0.3	0.4	0.6	0.5	- Autre d'Amérique
Asia excluding former USSR	5618.3	6625.1	6903.5	7132.8	7917.1	Asie ancienne URSS exclus
- Middle East	111.9	177.2	172.1	189.4	213.9	- Moyen-Orient
Asia former USSR	3.2	3.1	2.1	2.8	3.7	Asie ancienne URSS
Europe excluding former USSR	5100.3	5767.9	6815.9	6764.3	7390.7	Europe ancienne URSS exclus
- European Union	3902.0	4453.8	5146.0	4877.8	5118.0	- Union Européenne
- Eastern Europe	1026.4	1102.1	1393.1	1576.7	1871.6	- Europe de l'Est
- Rest of Europe	171.9	212.0	276.9	309.8	401.1	- Autre de l'Europe
Europe former USSR	82.7	110.1	128.2	134.1	169.1	Europe ancienne URSS
Oceania	98.6	101.9	96.7	99.3	93.3	Océanie
China	1965.4	2380.7	2382.4	2547.7	2860.3	Chine
China, Hong Kong SAR	1825.7	2100.3	2282.5	2249.2	2778.1	Chine - RAS de Hong-Kong
Italy-San Marino-Holy See	1349.3	1967.1	2311.4	2159.0	2170.0	Italie-Saint-Marin-Saint-Siège
United States	985.4	1098.0	964.9	882.7	772.9	Etats-Unis d'Amérique
Mexico	553.9	644.0	636.1	700.0	698.5	Mexique
Germany	637.4	543.8	616.9	592.4	649.8	Allemagne
Spain	474.5	515.9	641.6	591.5	657.3	Espagne
Korea, Republic of	358.3	490.6	545.1	553.2	468.1	République de Corée
Romania	286.1	341.9	479.6	572.2	688.6	Roumanie
France-Monaco	419.5	426.2	459.4	404.0	423.4	France-Monaco
Portugal	364.4	327.3	397.0	362.6	e370.4	Portugal
Poland	226.0	245.4	312.3	362.3	445.3	Pologne
Hungary	259.0	250.2	282.3	279.8	283.4	Hongrie
Thailand	260.6	246.2	261.8	e261.3	306.4	Thaïlande
Viet Nam	161.4	188.6	224.9	361.6	e299.7	Viet Nam
Canada	204.3	261.0	233.4	220.6	205.0	Canada
United Kingdom	192.9	228.4	239.4	218.4	232.6	Royaume-Uni
Japan	163.1	184.1	189.5	139.8	160.5	Japon
Austria	126.8	115.0	139.4	187.4	211.4	Autriche
Brazil	139.3	185.0	184.7	117.4	123.8	Brésil
Indonesia	174.0	188.3	158.0	127.2	102.0	Indonésie
Turkey	94.6	156.9	152.7	167.9	174.6	Turquie
India	103.8	136.4	151.6	142.6	175.1	Inde
Tunisia	117.9	115.4	145.5	129.2	137.4	Tunisie
Czech Republic	114.9	107.9	119.5	133.3	139.8	République tchèque
Netherlands	100.2	104.2	114.5	124.9	127.0	Pays-Bas
Slovakia	79.8	85.3	98.5	117.9	152.6	Slovaquie
Belgium	103.7	107.7	97.8	104.0	107.6	Belgique
Australia	81.3	86.6	84.9	88.1	82.4	Australie
Malaysia	55.4	64.5	71.2	141.0	85.9	Malaisie

(Value as percentages of World total)   **(Valeur en pourcentage du total mondial)**

Regions of the world	1994	1995	1996	1997	1998	1999	2000	2001	2002	2003	Régions du monde
World	100.0	100.0	100.0	100.0	100.0	100.0	100.0	100.0	100.0	100.0	Monde
Africa	1.6	1.7	1.6	1.6	2.0	2.0	1.8	1.7	1.6	1.6	Afrique
Americas	12.2	11.8	11.8	13.3	15.2	15.6	15.6	13.6	12.7	11.1	Amériques
- Northern America	8.4	8.1	7.7	8.5	9.1	9.0	8.9	7.3	6.7	5.5	- Amérique du Nord
- LAIA	3.3	3.2	3.5	4.2	5.4	6.1	6.3	5.9	5.6	5.2	- ALAI
- CACM	0.1	0.1	0.1	0.2	0.2	0.2	0.2	0.2	0.2	0.3	- MCC
- Caribbean	0.3	0.4	0.5	0.4	0.5	0.3	0.2	0.3	0.2	0.2	- Caraïbes
- Rest of America	0.0	0.0	0.0	0.0	0.0	0.0	0.0	0.0	0.0	0.0	- Autre d'Amérique
Asia excluding former USSR	44.4	44.6	45.0	43.8	39.1	42.5	43.4	41.9	43.2	44.4	Asie ancienne URSS exclus
- Middle East	1.4	1.6	1.7	1.5	1.2	0.8	1.2	1.0	1.1	1.2	- Moyen-Orient
Asia former USSR	0.0	0.1	0.1	0.0	0.1	0.0	0.0	0.0	0.0	0.0	Asie ancienne URSS
Europe excluding former USSR	40.6	40.6	40.0	39.7	42.3	38.6	37.8	41.4	41.0	41.4	Europe ancienne URSS exclus
- European Union	35.8	34.6	33.3	32.7	33.7	29.5	29.2	31.2	29.6	28.7	- Union Européenne
- Eastern Europe	3.3	4.6	5.4	5.9	7.2	7.8	7.2	8.5	9.6	10.5	- Europe de l'Est
- Rest of Europe	1.4	1.3	1.2	1.2	1.4	1.3	1.4	1.7	1.9	2.2	- Autre de l'Europe
Europe former USSR	0.4	0.5	0.7	0.7	0.7	0.6	0.7	0.8	0.8	0.9	Europe ancienne URSS
Oceania	0.9	0.8	0.8	0.8	0.6	0.7	0.7	0.6	0.6	0.5	Océanie

TRADE BY COMMODITY (Value in million US dollars)
Exports by principal countries or areas

COMMERCE PAR PRODUIT (Valeur en millions de dollars EU)
Exportations selon les principaux pays ou zones

Country or area	1999	2000	2001	2002	2003	Pays ou zone
World	14167.4	16454.5	17338.4	17137.1	18496.0	Monde
Africa	256.5	385.1	341.6	303.9	399.3	Afrique
Americas	2757.0	3148.5	3216.2	3065.2	3231.0	Amériques
- Northern America	939.1	965.4	932.3	879.7	893.8	- Amérique du Nord
- LAIA	1785.1	2149.1	2246.0	2154.9	2304.1	- ALAI
- CACM	20.8	22.0	26.7	19.6	19.7	- MCC
- Caribbean	4.5	4.2	4.0	3.8	4.9	- Caraïbes
- Rest of America	7.4	7.8	7.2	7.2	8.5	- Autre d'Amérique
Asia excluding former USSR	5064.2	6040.3	6525.0	6416.9	7125.9	Asie ancienne URSS exclus
- Middle East	73.9	124.7	142.4	159.6	199.6	- Moyen-Orient
Asia former USSR	0.7	7.1	13.1	51.2	64.0	Asie ancienne URSS
Europe excluding former USSR	5584.7	6260.1	6628.2	6573.4	6853.8	Europe ancienne URSS exclus
- European Union	5285.8	5910.4	6235.5	6155.6	6384.2	- Union Européenne
- Eastern Europe	196.6	224.4	269.1	277.6	308.9	- Europe de l'Est
- Rest of Europe	102.2	125.3	123.6	140.2	160.6	- Autre de l'Europe
Europe former USSR	109.2	190.5	182.2	229.1	310.3	Europe ancienne URSS
Oceania	395.1	422.8	432.1	497.2	511.7	Océanie
Italy-San Marino-Holy See	2977.0	3568.7	3753.2	3649.1	3666.5	Italie-Saint-Marin-Saint-Siège
China, Hong Kong SAR	1528.9	1768.0	1866.3	1824.9	2309.9	Chine - RAS de Hong-Kong
Korea, Republic of	1167.0	1353.3	1240.7	1116.4	1012.9	République de Corée
United States	890.9	919.7	884.1	843.9	877.6	Etats-Unis d'Amérique
Brazil	594.8	756.8	872.4	955.9	1057.1	Brésil
China	350.4	538.0	896.4	956.7	1144.1	Chine
Germany	704.1	681.9	757.4	799.3	823.8	Allemagne
Argentina	748.5	804.8	785.8	676.8	707.3	Argentine
India	239.6	387.8	464.2	506.5	548.8	Inde
Spain	334.3	374.0	415.7	386.5	386.6	Espagne
United Kingdom	357.8	339.9	293.0	346.8	315.2	Royaume-Uni
France-Monaco	298.3	326.7	328.8	285.1	310.8	France-Monaco
Australia	263.4	277.3	266.5	326.1	328.4	Australie
Thailand	185.1	208.5	255.0	e258.4	301.8	Thaïlande
Austria	191.6	192.9	212.7	234.1	325.2	Autriche
Pakistan	174.2	204.4	245.8	240.5	251.0	Pakistan
Uruguay	171.8	215.7	229.8	208.5	223.7	Uruguay
Bangladesh	e171.8	e209.8	249.1	e200.1	193.0	Bangladesh
New Zealand	130.9	145.0	165.3	170.2	183.1	Nouvelle-Zélande
Netherlands	123.5	120.4	137.8	144.4	172.4	Pays-Bas
Mexico	158.1	176.4	140.2	96.7	107.4	Mexique
Japan	117.8	143.8	124.5	109.0	108.6	Japon
Singapore	80.3	99.4	101.6	101.6	98.6	Singapour
South Africa	–	167.4	119.0	93.4	82.5	Afrique du Sud
Poland	61.4	77.6	90.4	112.9	108.7	Pologne
Ukraine	56.6	77.1	82.1	84.5	e108.8	Ukraine
Belgium	64.2	71.3	80.6	80.8	98.7	Belgique
Indonesia	63.6	94.7	85.0	68.5	70.3	Indonésie
Sweden	62.5	59.3	70.5	80.7	99.4	Suède
Colombia	39.4	72.6	82.7	77.0	82.7	Colombie

Value as percentages of World total)   **(Valeur en pourcentage du total mondial)**

Regions of the world	1994	1995	1996	1997	1998	1999	2000	2001	2002	2003	Régions du monde
World	100.0	100.0	100.0	100.0	100.0	100.0	100.0	100.0	100.0	100.0	Monde
Africa	2.9	2.3	2.0	1.9	1.6	1.8	2.3	2.0	1.8	2.2	Afrique
Americas	17.0	17.3	16.9	18.7	19.0	19.5	19.1	18.5	17.9	17.5	Amériques
- Northern America	5.6	4.8	4.9	5.6	6.1	6.6	5.9	5.4	5.1	4.8	- Amérique du Nord
- LAIA	11.2	12.3	11.8	12.9	12.6	12.6	13.1	13.0	12.6	12.5	- ALAI
- CACM	0.2	0.2	0.2	0.2	0.2	0.1	0.1	0.2	0.1	0.1	- MCC
- Caribbean	0.0	0.0	0.0	0.0	0.0	0.0	0.0	0.0	0.0	0.0	- Caraïbes
- Rest of America	0.1	0.1	0.1	0.1	0.1	0.1	0.0	0.0	0.0	0.0	- Autre d'Amérique
Asia excluding former USSR	36.5	37.0	36.7	37.2	35.2	35.7	36.7	37.6	37.4	38.5	Asie ancienne URSS exclus
- Middle East	0.6	0.8	0.9	1.0	0.6	0.5	0.8	0.8	0.9	1.1	- Moyen-Orient
Asia former USSR	0.1	0.0	0.0	0.0	0.0	0.0	0.0	0.1	0.3	0.3	Asie ancienne URSS
Europe excluding former USSR	39.7	39.1	40.0	37.9	40.1	39.4	38.0	38.2	38.4	37.1	Europe ancienne URSS exclus
- European Union	37.0	36.3	38.0	35.8	37.9	37.3	35.9	36.0	35.9	34.5	- Union Européenne
- Eastern Europe	1.4	1.8	1.3	1.4	1.4	1.4	1.4	1.6	1.6	1.7	- Europe de l'Est
- Rest of Europe	1.3	1.0	0.8	0.8	0.8	0.7	0.8	0.7	0.8	0.9	- Autre de l'Europe
Europe former USSR	0.7	0.8	1.1	1.2	1.1	0.8	1.2	1.1	1.3	1.7	Europe ancienne URSS
Oceania	3.1	3.4	3.2	3.2	3.0	2.8	2.6	2.5	2.9	2.8	Océanie

612 Manufactures of leather or of composition leather, nes; etc

TRADE BY COMMODITY (Value in million US dollars)
Imports by principal countries or areas

COMMERCE PAR PRODUIT (Valeur en millions de dollars EU)
Importations selon les principaux pays ou zones

Country or area	1999	2000	2001	2002	2003	Pays ou zone
World	5883.7	5892.2	6088.2	6025.5	6806.5	Monde
Africa	136.3	130.3	146.5	151.5	182.2	Afrique
Americas	1106.9	1127.8	1091.0	1025.5	1139.5	Amériques
- Northern America	744.3	690.8	703.8	697.3	803.8	- Amérique du Nord
- LAIA	308.4	385.9	347.0	300.1	301.0	- ALAI
- CACM	8.1	10.4	8.9	9.9	11.2	- MCC
- Caribbean	42.7	39.0	30.1	16.8	22.4	- Caraïbes
- Rest of America	3.4	1.6	1.2	1.5	1.1	- Autre d'Amérique
Asia excluding former USSR	1359.5	1457.1	1400.6	1257.2	1358.6	Asie ancienne URSS exclus
- Middle East	32.8	41.4	35.3	40.3	51.7	- Moyen-Orient
Asia former USSR	4.3	3.8	2.8	3.4	4.0	Asie ancienne URSS
Europe excluding former USSR	3152.1	3052.8	3332.7	3450.0	3935.8	Europe ancienne URSS exclus
- European Union	2425.4	2331.5	2506.9	2553.0	2817.1	- Union Européenne
- Eastern Europe	498.7	509.4	596.1	662.8	827.3	- Europe de l'Est
- Rest of Europe	227.9	211.9	229.7	234.1	291.4	- Autre de l'Europe
Europe former USSR	53.1	54.8	60.7	80.4	121.7	Europe ancienne URSS
Oceania	71.4	65.5	53.9	57.5	64.6	Océanie
Italy-San Marino-Holy See	754.4	766.8	897.4	965.5	1097.1	Italie-Saint-Marin-Saint-Siège
United States	677.8	626.9	639.8	626.4	697.9	Etats-Unis d'Amérique
Germany	495.0	455.0	474.2	421.0	463.7	Allemagne
China, Hong Kong SAR	370.3	373.8	327.1	285.4	287.6	Chine - RAS de Hong-Kong
China	296.3	304.8	323.7	285.2	335.0	Chine
France-Monaco	296.4	279.9	293.2	304.6	356.4	France-Monaco
Japan	231.7	250.7	281.2	271.0	299.2	Japon
Mexico	222.8	309.2	264.8	243.8	255.0	Mexique
United Kingdom	263.3	243.2	242.4	238.1	221.0	Royaume-Uni
Romania	155.3	180.9	218.8	245.8	308.6	Roumanie
Portugal	161.9	152.1	151.3	152.4	e155.7	Portugal
Austria	129.2	130.3	138.0	131.3	143.5	Autriche
Hungary	112.1	91.4	97.0	123.6	141.3	Hongrie
Korea, Republic of	100.6	117.5	116.6	109.0	119.5	République de Corée
Slovenia	68.3	61.2	86.1	94.1	134.0	Slovénie
Spain	75.3	75.4	75.0	89.2	103.6	Espagne
Czech Republic	61.0	67.8	82.5	90.6	107.5	République tchèque
Canada	64.6	63.9	64.0	70.5	105.6	Canada
Indonesia	65.8	89.4	66.8	57.1	55.2	Indonésie
Netherlands	69.2	60.9	63.9	65.0	74.8	Pays-Bas
Poland	57.0	58.3	66.9	63.1	81.2	Pologne
Slovakia	48.8	48.8	55.3	62.3	95.2	Slovaquie
Tunisia	44.7	46.9	60.6	64.5	83.2	Tunisie
Switzerland-Liechtenstein	55.0	48.6	50.8	50.2	61.9	Suisse-Liechtenstein
Belgium	44.1	41.2	42.8	53.0	61.2	Belgique
Australia	54.1	52.6	41.6	43.6	48.7	Australie
Denmark	54.9	51.0	49.7	34.4	34.9	Danemark
Croatia	42.2	39.9	41.2	34.8	38.6	Croatie
Albania	29.4	28.9	37.9	44.2	47.4	Albanie
Sweden	33.9	31.8	34.2	40.3	46.7	Suède

(Value as percentages of World total)   **(Valeur en pourcentage du total mondial)**

Regions of the world	1994	1995	1996	1997	1998	1999	2000	2001	2002	2003	Régions du monde
World	100.0	100.0	100.0	100.0	100.0	100.0	100.0	100.0	100.0	100.0	Monde
Africa	1.8	2.0	1.9	2.0	2.7	2.3	2.2	2.4	2.5	2.7	Afrique
Americas	20.1	18.0	18.5	20.1	20.9	18.8	19.1	17.9	17.0	16.7	Amériques
- Northern America	16.5	14.1	13.2	13.2	13.4	12.6	11.7	11.6	11.6	11.8	- Amérique du Nord
- LAIA	3.1	3.1	3.9	5.2	5.9	5.2	6.5	5.7	5.0	4.4	- ALAI
- CACM	0.1	0.1	0.1	0.2	0.2	0.1	0.2	0.1	0.2	0.2	- MCC
- Caribbean	0.3	0.6	1.2	1.5	1.5	0.7	0.7	0.5	0.3	0.3	- Caraïbes
- Rest of America	0.1	0.1	0.1	0.1	0.1	0.1	0.0	0.0	0.0	0.0	- Autre d'Amérique
Asia excluding former USSR	30.1	30.0	29.9	28.0	22.1	23.1	24.7	23.0	20.9	20.0	Asie ancienne URSS exclus
- Middle East	0.7	0.8	0.8	0.8	0.8	0.6	0.7	0.6	0.7	0.8	- Moyen-Orient
Asia former USSR	0.0	0.1	0.1	0.1	0.1	0.1	0.1	0.0	0.1	0.1	Asie ancienne URSS
Europe excluding former USSR	46.1	47.8	47.2	47.1	51.9	53.6	51.8	54.7	57.3	57.8	Europe ancienne URSS exclus
- European Union	37.9	38.2	37.4	36.9	40.3	41.2	39.6	41.2	42.4	41.4	- Union Européenne
- Eastern Europe	4.1	5.8	6.5	6.7	7.9	8.5	8.6	9.8	11.0	12.2	- Europe de l'Est
- Rest of Europe	4.1	3.8	3.3	3.5	3.7	3.9	3.6	3.8	3.9	4.3	- Autre de l'Europe
Europe former USSR	1.0	1.2	1.3	1.5	1.2	0.9	0.9	1.0	1.3	1.8	Europe ancienne URSS
Oceania	0.9	1.0	1.1	1.1	1.1	1.2	1.1	0.9	1.0	0.9	Océanie

Ouvrages en cuir, n.d.a.; articles de bourrellerie ou de sellerie; parties de chaussures, n.d.a. 612

TRADE BY COMMODITY (Value in million US dollars)
Exports by principal countries or areas

COMMERCE PAR PRODUIT (Valeur en millions de dollars EU)
Exportations selon les principaux pays ou zones

Country or area	1999	2000	2001	2002	2003	Pays ou zone
World	6539.4	6853.9	6798.6	6868.6	7628.1	Monde
Africa	214.8	213.3	224.3	240.7	271.4	Afrique
Americas	849.3	933.6	779.4	694.4	752.1	Amériques
- Northern America	471.4	524.3	421.8	328.9	337.9	- Amérique du Nord
- LAIA	335.4	378.4	330.5	346.0	362.7	- ALAI
- CACM	13.1	9.0	7.1	6.8	36.0	- MCC
- Caribbean	29.4	21.8	20.0	12.7	15.5	- Caraïbes
- Rest of America	0.0	0.0	0.0	0.0	0.0	- Autre d'Amérique
Asia excluding former USSR	2377.0	2598.6	2485.4	2389.6	2421.5	Asie ancienne URSS exclus
- Middle East	21.2	24.1	27.5	25.8	37.2	- Moyen-Orient
Asia former USSR	0.3	0.3	0.1	0.1	0.0	Asie ancienne URSS
Europe excluding former USSR	3040.0	3052.7	3250.1	3483.8	4101.4	Europe ancienne URSS exclus
- European Union	2094.4	2113.3	2213.5	2313.4	2664.4	- Union Européenne
- Eastern Europe	771.6	759.6	864.5	994.2	1227.8	- Europe de l'Est
- Rest of Europe	173.9	179.8	172.1	176.1	209.2	- Autre de l'Europe
Europe former USSR	34.9	34.8	45.1	47.4	66.4	Europe ancienne URSS
Oceania	23.1	20.6	14.2	12.7	15.3	Océanie
Italy-San Marino-Holy See	981.0	1015.6	1117.6	1159.2	1315.7	Italie-Saint-Marin-Saint-Siège
China	442.5	555.2	681.9	766.4	889.0	Chine
United States	440.6	493.8	389.2	295.5	304.7	Etats-Unis d'Amérique
India	345.0	420.5	399.7	348.9	289.9	Inde
China, Hong Kong SAR	375.4	391.1	369.4	330.3	333.0	Chine - RAS de Hong-Kong
Romania	251.4	280.6	337.3	408.6	490.9	Roumanie
Korea, Republic of	348.2	368.8	355.7	332.4	342.6	République de Corée
France-Monaco	249.0	283.9	284.3	304.9	340.3	France-Monaco
Germany	277.1	259.5	269.2	265.9	291.7	Allemagne
Austria	152.8	165.7	141.2	151.4	206.4	Autriche
Thailand	242.8	235.0	168.8	e74.0	86.4	Thaïlande
Tunisia	143.1	135.5	159.6	159.4	175.5	Tunisie
Mexico	155.5	198.4	128.1	130.0	124.4	Mexique
Poland	130.8	120.3	126.8	139.4	198.2	Pologne
Brazil	106.1	108.6	121.5	149.5	162.0	Brésil
Hungary	123.5	101.2	98.8	136.0	150.3	Hongrie
Spain	97.3	91.6	100.7	111.5	160.2	Espagne
United Kingdom	94.3	96.9	97.6	100.7	103.9	Royaume-Uni
Portugal	109.4	88.2	92.5	87.1	e101.0	Portugal
Albania	85.7	66.3	78.2	87.5	116.6	Albanie
Czech Republic	80.9	78.5	85.1	73.6	68.7	République tchèque
Bulgaria	47.1	56.3	73.5	79.3	101.2	Bulgarie
Slovakia	52.2	56.4	64.9	69.7	101.9	Slovaquie
Morocco	51.8	45.1	50.3	61.4	73.6	Maroc
Croatia	59.1	47.7	53.5	45.7	46.5	Croatie
Indonesia	61.9	68.3	33.1	34.2	39.8	Indonésie
Argentina	42.8	41.9	43.3	35.5	42.7	Argentine
Netherlands	32.2	29.3	28.3	35.0	49.1	Pays-Bas
Slovenia	22.7	22.9	27.7	35.4	55.1	Slovénie
Canada	30.7	30.6	32.6	33.4	33.2	Canada

(Value as percentages of World total)

(Valeur en pourcentage du total mondial)

Regions of the world	1994	1995	1996	1997	1998	1999	2000	2001	2002	2003	Régions du monde
World	100.0	100.0	100.0	100.0	100.0	100.0	100.0	100.0	100.0	100.0	Monde
Africa	1.8	1.9	2.1	2.3	3.4	3.3	3.1	3.3	3.5	3.6	Afrique
Americas	13.4	13.0	11.3	13.0	14.7	13.0	13.6	11.5	10.1	9.9	Amériques
- Northern America	5.1	5.3	6.3	7.3	6.9	7.2	7.7	6.2	4.8	4.4	- Amérique du Nord
- LAIA	6.3	5.0	4.8	5.1	4.8	5.1	5.5	4.9	5.0	4.8	- ALAI
- CACM	0.1	0.1	0.1	0.1	0.2	0.2	0.1	0.1	0.1	0.5	- MCC
- Caribbean	1.9	2.6	0.1	0.6	2.8	0.5	0.3	0.3	0.2	0.2	- Caraïbes
- Rest of America	0.0	0.0	0.0	0.0	0.0	0.0	0.0	0.0	0.0	0.0	- Autre d'Amérique
Asia excluding former USSR	45.4	41.6	42.1	40.9	35.8	36.3	37.9	36.6	34.8	31.7	Asie ancienne URSS exclus
- Middle East	0.1	0.2	0.2	0.4	0.2	0.3	0.4	0.4	0.4	0.5	- Moyen-Orient
Asia former USSR	0.0	0.0	0.0	0.0	0.0	0.0	0.0	0.0	0.0	0.0	Asie ancienne URSS
Europe excluding former USSR	38.6	42.6	43.4	42.5	45.2	46.5	44.5	47.8	50.7	53.8	Europe ancienne URSS exclus
- European Union	28.3	29.9	30.5	30.3	31.6	32.0	30.8	32.6	33.7	34.9	- Union Européenne
- Eastern Europe	6.8	9.5	10.0	9.5	10.6	11.8	11.1	12.7	14.5	16.1	- Europe de l'Est
- Rest of Europe	3.4	3.2	2.9	2.7	3.0	2.7	2.6	2.5	2.6	2.7	- Autre de l'Europe
Europe former USSR	0.4	0.5	0.7	0.8	0.7	0.5	0.5	0.7	0.7	0.9	Europe ancienne URSS
Oceania	0.4	0.4	0.4	0.4	0.3	0.4	0.3	0.2	0.2	0.2	Océanie

613 Furskins, tanned or dressed; pieces of furskin, tanned or dressed

Country or area	1999	2000	2001	2002	2003	Pays ou zone
World	895.1	1068.2	1105.0	1158.9	1415.4	Monde
Africa	1.1	0.3	0.6	2.1	1.8	Afrique
Americas	46.6	49.7	53.5	46.2	48.2	Amériques
- Northern America	36.0	42.7	46.8	43.1	44.4	- Amérique du Nord
- LAIA	10.5	6.9	6.7	2.0	1.9	- ALAI
- CACM	0.0	0.0	0.0	0.0	0.0	- MCC
- Caribbean	0.1	0.1	0.0	1.0	1.2	- Caraïbes
- Rest of America	0.0	0.0	0.0	0.0	0.7	- Autre d'Amérique
Asia excluding former USSR	446.9	573.0	566.6	600.7	753.0	Asie ancienne URSS exclus
- Middle East	30.8	69.0	92.6	118.8	108.5	- Moyen-Orient
Asia former USSR	1.5	2.0	0.3	0.1	0.6	Asie ancienne URSS
Europe excluding former USSR	375.2	423.0	464.0	479.5	581.1	Europe ancienne URSS exclus
- European Union	349.3	392.0	427.6	439.5	537.5	- Union Européenne
- Eastern Europe	21.3	25.2	28.7	30.9	34.3	- Europe de l'Est
- Rest of Europe	4.6	5.8	7.7	9.1	9.3	- Autre de l'Europe
Europe former USSR	16.5	14.3	15.1	17.4	23.5	Europe ancienne URSS
Oceania	7.4	5.8	4.8	12.9	7.3	Océanie
China, Hong Kong SAR	220.8	306.9	283.2	295.8	459.7	Chine - RAS de Hong-Kong
Italy-San Marino-Holy See	81.2	118.8	110.9	135.9	126.2	Italie-Saint-Marin-Saint-Siège
Greece	103.1	85.2	103.8	83.5	188.4	Grèce
China	91.0	101.3	103.9	100.3	115.2	Chine
Turkey	29.0	68.3	91.8	118.1	107.8	Turquie
Germany	70.2	72.6	81.1	71.4	68.6	Allemagne
Korea, Republic of	72.1	62.5	52.7	54.7	40.3	République de Corée
United Kingdom	23.0	29.4	31.1	36.6	36.9	Royaume-Uni
United States	26.0	30.5	34.9	30.0	30.0	Etats-Unis d'Amérique
France-Monaco	19.1	20.7	25.7	34.6	38.4	France-Monaco
Netherlands	6.6	25.2	27.9	27.4	29.7	Pays-Bas
Japan	15.6	18.5	16.9	15.5	14.0	Japon
Spain	14.2	10.4	13.0	16.5	14.5	Espagne
Canada	9.9	12.1	11.8	12.9	14.2	Canada
Poland	7.0	9.6	12.1	12.6	15.7	Pologne
Denmark	5.0	8.8	10.4	8.5	6.6	Danemark
Finland	9.0	4.7	6.2	6.9	6.7	Finlande
Hungary	5.2	6.3	6.4	7.7	7.6	Hongrie
Czech Republic	5.9	6.7	6.4	6.5	6.0	République tchèque
Belarus	3.6	3.9	4.7	6.9	9.7	Bélarus
Belgium	5.8	5.1	6.2	4.5	5.7	Belgique
Sweden	4.1	3.7	4.2	5.7	7.4	Suède
Thailand	7.1	4.9	4.3	e4.1	4.8	Thaïlande
Austria	5.4	5.3	3.8	4.7	4.9	Autriche
Australia	4.1	4.3	2.5	6.7	5.7	Australie
Viet Nam	4.9	4.6	5.7	4.1	e3.4	Viet Nam
Russian Federation	4.2	4.5	4.5	4.5	4.9	Fédération de Russie
Lithuania	7.1	2.6	1.9	1.4	3.2	Lituanie
New Zealand	3.2	1.6	2.3	6.2	1.5	Nouvelle-Zélande
Portugal	2.6	2.0	3.1	3.3	e3.3	Portugal

(Value as percentages of World total)   **(Valeur en pourcentage du total mondial)**

Regions of the world	1994	1995	1996	1997	1998	1999	2000	2001	2002	2003	Régions du monde
World	100.0	100.0	100.0	100.0	100.0	100.0	100.0	100.0	100.0	100.0	Monde
Africa	0.1	0.0	0.0	0.0	0.1	0.1	0.0	0.1	0.2	0.1	Afrique
Americas	4.5	4.2	3.5	3.9	3.5	5.2	4.7	4.8	4.0	3.4	Amériques
- Northern America	3.9	3.1	2.9	3.5	3.1	4.0	4.0	4.2	3.7	3.1	- Amérique du Nord
- LAIA	0.6	1.1	0.7	0.4	0.4	1.2	0.6	0.6	0.2	0.1	- ALAI
- CACM	0.0	0.0	0.0	0.0	0.0	0.0	0.0	0.0	0.0	0.0	- MCC
- Caribbean	0.0	0.0	0.0	0.0	0.0	0.0	0.0	0.0	0.1	0.1	- Caraïbes
- Rest of America	0.0	0.0	0.0	0.0	0.0	0.0	0.0	0.0	0.0	0.1	- Autre d'Amérique
Asia excluding former USSR	52.8	52.3	50.8	45.9	36.1	49.9	53.6	51.3	51.8	53.2	Asie ancienne URSS exclus
- Middle East	1.5	2.1	2.8	5.6	4.9	3.4	6.5	8.4	10.3	7.7	- Moyen-Orient
Asia former USSR	0.0	0.1	0.0	0.0	0.0	0.2	0.2	0.0	0.0	0.0	Asie ancienne URSS
Europe excluding former USSR	40.7	41.0	43.2	47.3	57.8	41.9	39.6	42.0	41.4	41.1	Europe ancienne URSS exclus
- European Union	37.2	36.8	39.2	44.3	53.8	39.0	36.7	38.7	37.9	38.0	- Union Européenne
- Eastern Europe	2.3	3.3	3.4	2.4	3.4	2.4	2.4	2.6	2.7	2.4	- Europe de l'Est
- Rest of Europe	1.2	0.8	0.6	0.6	0.6	0.5	0.5	0.7	0.8	0.7	- Autre de l'Europe
Europe former USSR	1.1	1.9	1.8	2.3	1.9	1.8	1.3	1.4	1.5	1.7	Europe ancienne URSS
Oceania	0.7	0.6	0.6	0.6	0.4	0.8	0.5	0.4	1.1	0.5	Océanie

Pelleteries tannées ou apprêtées, même assemblées en nappes, sacs; déchets et chutes 613

Country or area	1999	2000	2001	2002	2003	Pays ou zone
World	964.4	1057.9	1149.5	1188.5	1298.9	Monde
Africa	6.6	8.3	2.2	6.8	5.8	Afrique
Americas	71.0	69.2	62.7	64.9	73.5	Amériques
- Northern America	30.7	28.7	29.2	33.6	41.0	- Amérique du Nord
- LAIA	40.0	40.4	33.5	31.2	32.5	- ALAI
- CACM	0.2	0.0	0.0	0.0	0.0	- MCC
- Caribbean	0.0	0.0	0.0	0.0	0.0	- Caraïbes
- Rest of America	0.0	0.0	0.0	0.0	0.0	- Autre d'Amérique
Asia excluding former USSR	281.2	354.2	389.7	372.3	446.5	Asie ancienne URSS exclus
- Middle East	8.9	7.1	6.1	7.5	12.6	- Moyen-Orient
Asia former USSR	0.6	0.5	0.2	0.1	0.4	Asie ancienne URSS
Europe excluding former USSR	545.2	565.5	613.4	657.1	686.2	Europe ancienne URSS exclus
- European Union	494.6	495.9	523.8	567.8	573.1	- Union Européenne
- Eastern Europe	34.0	49.9	64.6	61.8	85.3	- Europe de l'Est
- Rest of Europe	16.6	19.7	24.9	27.5	27.8	- Autre de l'Europe
Europe former USSR	29.4	34.5	45.9	55.4	55.1	Europe ancienne URSS
Oceania	30.5	25.7	35.4	31.9	31.3	Océanie
China, Hong Kong SAR	168.0	206.3	204.2	212.1	250.4	Chine - RAS de Hong-Kong
Spain	120.6	141.2	159.3	193.6	187.7	Espagne
China	93.2	127.7	153.9	138.0	168.0	Chine
Italy-San Marino-Holy See	80.3	78.6	87.4	112.1	116.5	Italie-Saint-Marin-Saint-Siège
Germany	91.4	88.8	87.7	70.9	60.7	Allemagne
Poland	24.1	34.6	51.6	48.3	73.9	Pologne
United Kingdom	43.4	48.1	46.3	38.7	32.2	Royaume-Uni
France-Monaco	32.6	30.4	32.5	38.3	40.3	France-Monaco
Finland	32.7	28.0	32.2	32.4	23.0	Finlande
Greece	30.4	23.9	23.3	22.1	44.5	Grèce
New Zealand	21.2	17.6	27.0	24.2	28.1	Nouvelle-Zélande
Estonia	12.5	17.1	24.6	26.5	26.7	Estonie
Netherlands	12.2	15.5	15.8	18.9	26.5	Pays-Bas
Argentina	25.0	20.4	15.4	12.2	14.2	Argentine
United States	16.2	15.2	15.0	17.1	18.0	Etats-Unis d'Amérique
Canada	14.4	13.5	14.2	16.4	22.8	Canada
Portugal	8.6	10.4	13.2	16.5	e19.1	Portugal
Belgium	26.3	11.2	8.8	9.0	7.1	Belgique
Denmark	11.0	14.2	13.2	10.5	11.3	Danemark
Uruguay	7.7	10.0	10.5	11.2	9.2	Uruguay
Turkey	8.7	7.1	6.0	7.4	12.5	Turquie
Lithuania	8.1	7.6	8.4	10.7	5.9	Lituanie
Norway	3.8	5.5	8.9	9.1	11.0	Norvège
Korea, Republic of	6.9	8.1	7.3	6.6	9.1	République de Corée
Iceland	5.4	7.2	7.3	9.3	8.3	Islande
Australia	9.3	8.2	8.4	7.7	3.2	Australie
Brazil	5.2	8.3	6.1	6.6	7.7	Brésil
Czech Republic	5.1	7.1	7.2	6.5	4.0	République tchèque
Ukraine	1.2	3.4	6.8	7.0	e9.1	Ukraine
Zimbabwe	5.4	7.5	0.1	4.8	e4.1	Zimbabwe

(Value as percentages of World total)   (Valeur en pourcentage du total mondial)

Regions of the world	1994	1995	1996	1997	1998	1999	2000	2001	2002	2003	Régions du monde
World	100.0	100.0	100.0	100.0	100.0	100.0	100.0	100.0	100.0	100.0	Monde
Africa	0.2	0.2	0.2	0.1	0.5	0.7	0.8	0.2	0.6	0.4	Afrique
Americas	8.1	9.4	9.7	9.8	10.3	7.4	6.5	5.5	5.5	5.7	Amériques
- Northern America	4.6	4.0	3.9	4.4	5.8	3.2	2.7	2.5	2.8	3.2	- Amérique du Nord
- LAIA	3.5	5.3	5.7	5.5	4.5	4.2	3.8	2.9	2.6	2.5	- ALAI
- CACM	0.0	0.0	0.0	0.0	0.0	0.0	0.0	0.0	0.0	0.0	- MCC
- Caribbean	0.0	0.0	0.0	0.0	0.0	0.0	0.0	0.0	0.0	0.0	- Caraïbes
- Rest of America	0.0	0.0	0.0	0.0	0.0	0.0	0.0	0.0	0.0	0.0	- Autre d'Amérique
Asia excluding former USSR	24.6	20.7	18.6	18.5	23.3	29.2	33.5	33.9	31.3	34.4	Asie ancienne URSS exclus
- Middle East	0.2	0.5	0.7	0.8	0.9	0.9	0.7	0.5	0.6	1.0	- Moyen-Orient
Asia former USSR	0.1	0.0	0.0	0.0	0.0	0.1	0.0	0.0	0.0	0.0	Asie ancienne URSS
Europe excluding former USSR	62.6	63.8	65.0	65.6	59.9	56.5	53.5	53.4	55.3	52.8	Europe ancienne URSS exclus
- European Union	57.9	57.6	60.0	60.4	54.0	51.3	46.9	45.6	47.8	44.1	- Union Européenne
- Eastern Europe	2.6	4.0	3.0	3.2	4.3	3.5	4.7	5.6	5.2	6.6	- Europe de l'Est
- Rest of Europe	2.2	2.1	2.0	2.0	1.5	1.7	1.9	2.2	2.3	2.1	- Autre de l'Europe
Europe former USSR	1.4	1.9	2.4	2.3	2.6	3.0	3.3	4.0	4.7	4.2	Europe ancienne URSS
Oceania	3.0	4.0	4.0	3.6	3.4	3.2	2.4	3.1	2.7	2.4	Océanie

621 Materials of rubber

Country or area	1999	2000	2001	2002	2003	Pays ou zone
World	7362.3	7666.4	7727.4	8358.5	9978.0	Monde
Africa	145.8	139.0	139.5	143.3	180.7	Afrique
Americas	1977.6	2237.3	2192.6	2218.5	2292.7	Amériques
- Northern America	1344.2	1511.3	1442.1	1452.1	1554.8	- Amérique du Nord
- LAIA	590.1	682.7	707.3	721.6	696.5	- ALAI
- CACM	21.3	19.9	19.8	23.5	19.1	- MCC
- Caribbean	15.8	17.8	18.1	16.3	16.7	- Caraïbes
- Rest of America	6.2	5.6	5.3	5.0	5.6	- Autre d'Amérique
Asia excluding former USSR	974.8	1147.3	1205.9	1392.0	1834.3	Asie ancienne URSS exclus
- Middle East	135.3	165.7	178.3	201.6	268.5	- Moyen-Orient
Asia former USSR	14.1	16.6	18.8	18.4	24.6	Asie ancienne URSS
Europe excluding former USSR	4050.8	3906.1	3945.3	4333.2	5317.3	Europe ancienne URSS exclus
- European Union	3517.2	3352.8	3337.1	3604.0	4334.6	- Union Européenne
- Eastern Europe	349.3	383.5	438.6	544.3	764.0	- Europe de l'Est
- Rest of Europe	184.3	169.8	169.6	184.8	218.6	- Autre de l'Europe
Europe former USSR	78.3	101.9	103.4	114.8	162.3	Europe ancienne URSS
Oceania	120.8	118.2	121.7	138.4	166.1	Océanie
United States	769.3	885.8	848.3	863.8	965.9	Etats-Unis d'Amérique
Germany	820.9	770.4	791.0	846.3	1001.5	Allemagne
Canada	574.2	625.4	593.4	588.1	588.6	Canada
France-Monaco	448.8	436.9	434.6	494.5	584.2	France-Monaco
United Kingdom	423.4	417.8	390.4	451.2	502.1	Royaume-Uni
Spain	356.6	355.5	356.4	429.7	602.7	Espagne
Mexico	351.3	416.7	427.8	423.6	393.0	Mexique
China	187.4	246.2	304.2	369.0	678.9	Chine
Belgium	324.3	304.8	339.8	330.7	383.8	Belgique
Italy-San Marino-Holy See	328.0	312.0	279.7	290.8	338.9	Italie-Saint-Marin-Saint-Siège
Netherlands	219.2	190.4	176.7	163.1	193.2	Pays-Bas
Brazil	114.0	133.8	148.7	193.8	193.8	Brésil
Japan	131.8	145.2	147.4	153.7	181.8	Japon
Austria	145.8	140.9	147.5	149.3	173.4	Autriche
Czech Republic	113.7	123.0	146.6	163.9	202.8	République tchèque
China, Hong Kong SAR	109.9	130.0	127.0	149.6	174.6	Chine - RAS de Hong-Kong
Sweden	111.5	118.6	110.6	120.4	152.9	Suède
Poland	87.0	95.0	99.5	126.4	173.9	Pologne
Australia	89.5	90.0	90.5	106.8	128.8	Australie
Hungary	82.1	86.4	94.0	103.1	129.4	Hongrie
Portugal	102.9	88.9	81.6	103.1	e105.4	Portugal
Switzerland-Liechtenstein	85.7	81.2	78.8	76.9	91.2	Suisse-Liechtenstein
Korea, Republic of	53.4	73.7	71.3	113.5	85.0	République de Corée
Denmark	77.9	72.8	72.2	63.3	82.9	Danemark
Turkey	52.2	66.6	56.7	76.8	112.6	Turquie
Slovakia	43.5	52.9	57.0	61.8	101.0	Slovaquie
Thailand	43.1	57.1	64.9	e66.5	77.9	Thaïlande
Singapore	68.4	57.3	51.4	60.6	71.7	Singapour
Romania	15.1	17.4	32.1	77.0	140.1	Roumanie
Finland	54.3	55.3	54.0	52.9	59.8	Finlande

(Value as percentages of World total)   **(Valeur en pourcentage du total mondial)**

Regions of the world	1994	1995	1996	1997	1998	1999	2000	2001	2002	2003	Régions du monde
World	100.0	100.0	100.0	100.0	100.0	100.0	100.0	100.0	100.0	100.0	Monde
Africa	2.7	2.4	2.3	2.4	3.7	2.0	1.8	1.8	1.7	1.8	Afrique
Americas	23.9	23.2	24.1	26.1	26.3	26.9	29.2	28.4	26.5	23.0	Amériques
- Northern America	17.5	16.6	16.5	17.4	17.4	18.3	19.7	18.7	17.4	15.6	- Amérique du Nord
- LAIA	5.9	6.1	7.0	8.0	8.1	8.0	8.9	9.2	8.6	7.0	- ALAI
- CACM	0.3	0.3	0.3	0.4	0.4	0.3	0.3	0.3	0.3	0.2	- MCC
- Caribbean	0.2	0.2	0.2	0.3	0.3	0.2	0.2	0.2	0.2	0.2	- Caraïbes
- Rest of America	0.1	0.1	0.1	0.1	0.1	0.1	0.1	0.1	0.1	0.1	- Autre d'Amérique
Asia excluding former USSR	16.2	16.0	15.5	15.3	11.9	13.2	15.0	15.6	16.7	18.4	Asie ancienne URSS exclus
- Middle East	1.9	2.2	2.2	2.3	2.2	1.8	2.2	2.3	2.4	2.7	- Moyen-Orient
Asia former USSR	0.2	0.2	0.3	0.2	0.3	0.2	0.2	0.2	0.2	0.2	Asie ancienne URSS
Europe excluding former USSR	53.7	55.1	53.7	52.1	54.9	55.0	51.0	51.1	51.8	53.3	Europe ancienne URSS exclus
- European Union	48.3	48.9	47.5	46.0	47.9	47.8	43.7	43.2	43.1	43.4	- Union Européenne
- Eastern Europe	2.1	2.7	3.2	3.6	4.5	4.7	5.0	5.7	6.5	7.7	- Europe de l'Est
- Rest of Europe	3.4	3.5	2.9	2.5	2.5	2.5	2.2	2.2	2.2	2.2	- Autre de l'Europe
Europe former USSR	0.9	1.1	2.1	2.0	1.5	1.1	1.3	1.3	1.4	1.6	Europe ancienne URSS
Oceania	2.3	2.0	2.0	1.9	1.5	1.6	1.5	1.6	1.7	1.7	Océanie

TRADE BY COMMODITY (Value in million US dollars)
Exports by principal countries or areas

COMMERCE PAR PRODUIT (Valeur en millions de dollars EU)
Exportations selon les principaux pays ou zones

Country or area	1999	2000	2001	2002	2003	Pays ou zone
World	7243.0	7551.7	7547.3	7884.3	9624.2	Monde
Africa	14.7	16.3	17.9	22.2	33.2	Afrique
Americas	1480.0	1731.1	1623.3	1635.9	1681.5	Amériques
- Northern America	1265.3	1450.2	1371.8	1369.5	1400.5	- Amérique du Nord
- LAIA	209.5	277.2	246.1	262.5	277.0	- ALAI
- CACM	4.3	3.0	4.0	2.9	3.2	- MCC
- Caribbean	0.3	0.3	0.8	0.5	0.4	- Caraïbes
- Rest of America	0.6	0.4	0.6	0.4	0.5	- Autre d'Amérique
Asia excluding former USSR	1199.8	1311.4	1252.2	1474.6	1679.1	Asie ancienne URSS exclus
- Middle East	49.9	60.7	82.4	76.5	118.0	- Moyen-Orient
Asia former USSR	0.3	0.7	0.4	0.5	0.9	Asie ancienne URSS
Europe excluding former USSR	4495.3	4426.8	4585.2	4680.9	6140.3	Europe ancienne URSS exclus
- European Union	4095.0	4011.0	4141.8	4199.3	5516.4	- Union Européenne
- Eastern Europe	297.0	310.9	336.6	373.0	496.0	- Europe de l'Est
- Rest of Europe	103.3	105.0	106.9	108.7	127.9	- Autre de l'Europe
Europe former USSR	36.1	46.5	48.4	47.9	63.2	Europe ancienne URSS
Oceania	16.9	18.9	19.8	22.4	26.0	Océanie
Germany	1265.1	1252.0	1340.6	1219.0	1782.9	Allemagne
United States	999.0	1126.1	1055.7	1077.0	1079.3	Etats-Unis d'Amérique
Italy-San Marino-Holy See	665.7	659.8	650.3	700.4	848.3	Italie-Saint-Marin-Saint-Siège
France-Monaco	592.5	611.2	584.8	650.8	780.3	France-Monaco
Japan	446.5	511.5	436.3	492.3	561.6	Japon
United Kingdom	411.4	383.8	378.3	400.2	565.0	Royaume-Uni
Belgium	328.4	314.7	340.6	367.6	436.5	Belgique
Canada	266.3	324.1	316.2	292.5	321.2	Canada
Spain	236.5	263.2	288.8	310.9	375.4	Espagne
Malaysia	177.0	190.5	175.9	182.9	233.0	Malaisie
Netherlands	219.1	176.4	169.3	127.9	163.0	Pays-Bas
Czech Republic	125.3	133.8	158.2	175.9	224.5	République tchèque
Mexico	121.3	173.2	140.3	179.3	163.3	Mexique
Thailand	96.1	116.5	117.3	e176.4	206.1	Thaïlande
Austria	113.1	80.1	110.7	137.0	229.5	Autriche
Sweden	121.0	121.0	114.4	113.3	135.1	Suède
China	69.5	81.7	92.1	146.9	134.8	Chine
China, Hong Kong SAR	71.4	97.8	97.2	106.5	121.3	Chine - RAS de Hong-Kong
Korea, Republic of	99.8	82.0	72.8	80.3	90.0	République de Corée
Poland	55.2	61.5	64.4	70.1	98.7	Pologne
Hungary	64.1	69.2	59.3	63.0	84.5	Hongrie
Turkey	44.3	51.6	57.1	62.0	86.6	Turquie
Singapore	61.7	47.7	48.3	54.1	49.7	Singapour
Denmark	53.3	51.2	48.1	50.1	56.3	Danemark
Switzerland-Liechtenstein	51.0	48.3	46.3	47.7	58.3	Suisse-Liechtenstein
Brazil	38.1	48.0	54.4	41.2	66.6	Brésil
Slovakia	39.1	36.2	39.6	39.8	51.0	Slovaquie
Ireland	33.0	36.8	43.6	38.9	46.1	Irlande
Slovenia	35.9	37.1	39.7	35.9	42.1	Slovénie
Uruguay	33.6	31.9	31.1	26.6	31.5	Uruguay

(Value as percentages of World total)

(Valeur en pourcentage du total mondial)

Regions of the world	1994	1995	1996	1997	1998	1999	2000	2001	2002	2003	Régions du monde
World	100.0	100.0	100.0	100.0	100.0	100.0	100.0	100.0	100.0	100.0	Monde
Africa	0.2	0.2	0.2	0.3	2.4	0.2	0.2	0.2	0.3	0.3	Afrique
Americas	17.4	16.9	18.5	20.7	19.4	20.4	22.9	21.5	20.7	17.5	Amériques
- Northern America	15.4	15.0	16.3	18.0	16.9	17.5	19.2	18.2	17.4	14.6	- Amérique du Nord
- LAIA	1.9	1.9	2.1	2.6	2.5	2.9	3.7	3.3	3.3	2.9	- ALAI
- CACM	0.1	0.1	0.1	0.0	0.1	0.1	0.0	0.1	0.0	0.0	- MCC
- Caribbean	0.0	0.0	0.0	0.0	0.0	0.0	0.0	0.0	0.0	0.0	- Caraïbes
- Rest of America	0.0	0.0	0.0	0.0	0.0	0.0	0.0	0.0	0.0	0.0	- Autre d'Amérique
Asia excluding former USSR	21.0	20.2	18.6	17.9	14.2	16.6	17.4	16.6	18.7	17.4	Asie ancienne URSS exclus
- Middle East	0.4	0.5	0.4	0.5	0.6	0.7	0.8	1.1	1.0	1.2	- Moyen-Orient
Asia former USSR	0.1	0.0	0.0	0.0	0.0	0.0	0.0	0.0	0.0	0.0	Asie ancienne URSS
Europe excluding former USSR	60.5	61.7	61.3	59.8	63.1	62.1	58.6	60.8	59.4	63.8	Europe ancienne URSS exclus
- European Union	57.7	58.3	57.9	56.1	57.7	56.5	53.1	54.9	53.3	57.3	- Union Européenne
- Eastern Europe	1.2	1.8	2.1	2.5	3.9	4.1	4.1	4.5	4.7	5.2	- Europe de l'Est
- Rest of Europe	1.6	1.6	1.3	1.2	1.5	1.4	1.4	1.4	1.4	1.3	- Autre de l'Europe
Europe former USSR	0.6	0.6	0.9	1.0	0.7	0.5	0.6	0.6	0.6	0.7	Europe ancienne URSS
Oceania	0.3	0.3	0.4	0.3	0.2	0.2	0.2	0.3	0.3	0.3	Océanie

625 Rubber tires, tire cases, inner and flaps, for wheels of all kinds

TRADE BY COMMODITY (Value in million US dollars)
Imports by principal countries or areas

COMMERCE PAR PRODUIT (Valeur en millions de dollars EU)
Importations selon les principaux pays ou zones

Country or area	1999	2000	2001	2002	2003	Pays ou zone
World	25556.9	25559.7	24745.8	26645.2	31607.7	Monde
Africa	805.9	850.4	867.8	923.7	1112.8	Afrique
Americas	8434.2	9039.1	8359.9	8807.7	9384.9	Amériques
- Northern America	6289.1	6572.4	5854.2	6522.9	7143.0	- Amérique du Nord
- LAIA	1820.6	2159.9	2196.4	1952.2	1919.8	- ALAI
- CACM	166.0	147.7	157.6	173.1	176.6	- MCC
- Caribbean	109.5	114.5	110.3	116.6	103.7	- Caraïbes
- Rest of America	48.9	44.6	41.4	42.8	41.8	- Autre d'Amérique
Asia excluding former USSR	2798.7	3198.8	3003.7	3291.0	3931.9	Asie ancienne URSS exclus
- Middle East	1016.7	1381.9	1271.9	1358.5	1647.7	- Moyen-Orient
Asia former USSR	100.3	164.0	170.2	175.3	216.8	Asie ancienne URSS
Europe excluding former USSR	12498.2	11308.4	11326.0	12303.7	15587.9	Europe ancienne URSS exclus
- European Union	11328.7	10177.1	10143.0	10862.1	13727.1	- Union Européenne
- Eastern Europe	503.7	510.7	556.7	726.8	991.7	- Europe de l'Est
- Rest of Europe	665.8	620.7	626.3	714.9	869.2	- Autre de l'Europe
Europe former USSR	285.1	333.8	378.7	384.2	452.4	Europe ancienne URSS
Oceania	634.6	665.1	639.4	759.4	921.0	Océanie
United States	4922.5	5106.2	4484.4	5052.4	5639.5	Etats-Unis d'Amérique
Germany	2451.6	2260.6	2259.3	2262.5	2959.5	Allemagne
United Kingdom	1422.0	1348.0	1264.4	1459.0	1740.3	Royaume-Uni
Canada	1364.0	1464.5	1368.4	1468.3	1500.7	Canada
France-Monaco	1427.1	1314.5	1264.9	1320.7	1718.4	France-Monaco
Italy-San Marino-Holy See	1290.9	1156.1	1130.0	1195.2	1428.2	Italie-Saint-Marin-Saint-Siège
Netherlands	1005.9	852.1	886.2	1032.7	1279.1	Pays-Bas
Belgium	936.2	828.9	915.3	939.4	1228.4	Belgique
Spain	996.7	819.4	810.7	877.7	1129.9	Espagne
Mexico	713.6	880.3	944.4	989.8	974.3	Mexique
Australia	515.1	538.8	509.9	614.5	752.4	Australie
Japan	478.8	467.3	451.8	447.1	476.0	Japon
Sweden	424.0	366.8	390.8	473.5	641.6	Suède
Austria	418.9	369.5	377.4	383.6	490.8	Autriche
Saudi Arabia	270.4	395.6	376.1	400.3	457.7	Arabie saoudite
United Arab Emirates	245.2	312.4	354.8	e364.0	e426.6	Emirates arabes unis
Switzerland-Liechtenstein	316.5	294.1	274.6	298.5	355.8	Suisse-Liechtenstein
China, Hong Kong SAR	202.2	193.2	188.8	267.1	354.3	Chine - RAS de Hong-Kong
Brazil	241.6	295.3	274.8	201.3	190.3	Brésil
Portugal	239.5	209.8	242.4	246.0	e251.2	Portugal
Singapore	219.9	204.1	186.3	203.4	241.6	Singapour
Denmark	217.1	196.3	176.9	197.0	215.2	Danemark
Poland	165.7	161.6	153.2	204.9	265.6	Pologne
Greece	182.2	156.8	143.5	173.1	258.3	Grèce
Norway	166.4	154.0	153.6	180.3	219.4	Norvège
Russian Federation	142.7	167.0	185.0	179.3	187.5	Fédération de Russie
Turkey	145.5	205.4	102.5	158.3	248.2	Turquie
Czech Republic	124.8	139.7	167.7	190.2	228.2	République tchèque
Argentina	221.6	230.4	185.3	81.8	e125.7	Argentine
Chile	143.6	161.8	174.5	162.9	173.9	Chili

(Value as percentages of World total) (Valeur en pourcentage du total mondial)

Regions of the world	1994	1995	1996	1997	1998	1999	2000	2001	2002	2003	Régions du monde
World	100.0	100.0	100.0	100.0	100.0	100.0	100.0	100.0	100.0	100.0	Monde
Africa	3.4	3.6	3.7	3.6	3.5	3.2	3.3	3.5	3.5	3.5	Afrique
Americas	27.2	25.2	24.3	28.1	30.9	33.0	35.4	33.8	33.1	29.7	Amériques
- Northern America	21.1	18.8	17.6	19.6	21.8	24.6	25.7	23.7	24.5	22.6	- Amérique du Nord
- LAIA	4.9	5.1	5.5	7.2	7.7	7.1	8.5	8.9	7.3	6.1	- ALAI
- CACM	0.5	0.5	0.5	0.6	0.7	0.6	0.6	0.6	0.6	0.6	- MCC
- Caribbean	0.4	0.5	0.4	0.5	0.5	0.4	0.4	0.4	0.4	0.3	- Caraïbes
- Rest of America	0.2	0.2	0.2	0.2	0.2	0.2	0.2	0.2	0.2	0.1	- Autre d'Amérique
Asia excluding former USSR	13.9	14.2	13.7	14.3	11.4	11.0	12.5	12.1	12.4	12.4	Asie ancienne URSS exclus
- Middle East	4.6	4.6	4.8	4.9	4.5	4.0	5.4	5.1	5.1	5.2	- Moyen-Orient
Asia former USSR	0.6	0.6	1.1	0.5	0.6	0.4	0.6	0.7	0.7	0.7	Asie ancienne URSS
Europe excluding former USSR	50.3	51.8	51.6	48.6	49.5	48.9	44.2	45.8	46.2	49.3	Europe ancienne URSS exclus
- European Union	46.2	47.4	47.1	44.3	44.8	44.3	39.8	41.0	40.8	43.4	- Union Européenne
- Eastern Europe	1.1	1.3	1.6	1.7	2.0	2.0	2.0	2.2	2.7	3.1	- Europe de l'Est
- Rest of Europe	3.0	3.1	2.9	2.7	2.7	2.6	2.4	2.5	2.7	2.7	- Autre de l'Europe
Europe former USSR	1.6	1.8	2.6	2.2	1.7	1.1	1.3	1.5	1.4	1.4	Europe ancienne URSS
Oceania	2.9	2.9	3.0	2.8	2.4	2.5	2.6	2.6	2.9	2.9	Océanie

Bandages, pneumatiques, chambers à air, en caoutchouc vulcanisé non durci, pour roues 625

TRADE BY COMMODITY (Value in million US dollars)
Exports by principal countries or areas

COMMERCE PAR PRODUIT (Valeur en millions de dollars EU)
Exportations selon les principaux pays ou zones

Country or area	1999	2000	2001	2002	2003	Pays ou zone
World	25704.8	25177.8	24272.7	26063.5	30762.3	Monde
Africa	209.0	220.8	204.9	244.7	281.2	Afrique
Americas	4871.1	5051.0	4742.9	4708.9	4907.0	Amériques
- Northern America	3722.1	3870.5	3712.4	3674.7	3673.5	- Amérique du Nord
- LAIA	1097.1	1128.9	960.4	983.4	1168.7	- ALAI
- CACM	51.3	49.0	49.1	47.2	60.8	- MCC
- Caribbean	0.5	2.3	20.5	3.3	3.8	- Caraïbes
- Rest of America	0.0	0.3	0.4	0.4	0.2	- Autre d'Amérique
Asia excluding former USSR	7938.7	8106.7	7862.3	8858.6	10609.8	Asie ancienne URSS exclus
- Middle East	460.2	492.9	588.9	623.7	759.0	- Moyen-Orient
Asia former USSR	4.3	1.1	0.8	1.3	1.3	Asie ancienne URSS
Europe excluding former USSR	12202.9	11266.5	10948.7	11788.6	14373.7	Europe ancienne URSS exclus
- European Union	11135.0	10130.3	9620.9	9920.2	11938.1	- Union Européenne
- Eastern Europe	824.0	906.4	1060.8	1561.7	2052.9	- Europe de l'Est
- Rest of Europe	243.8	229.9	266.9	306.7	382.7	- Autre de l'Europe
Europe former USSR	369.4	442.9	437.7	395.9	512.1	Europe ancienne URSS
Oceania	109.5	88.8	75.4	65.6	77.2	Océanie
Japan	3528.9	3323.5	2988.9	3349.3	4024.8	Japon
United States	2488.8	2531.2	2401.8	2357.7	2320.3	Etats-Unis d'Amérique
France-Monaco	2611.6	2342.8	2059.6	2070.3	2583.8	France-Monaco
Germany	2218.8	2015.4	2119.7	2330.7	2931.8	Allemagne
Korea, Republic of	1485.8	1421.4	1425.7	1516.7	1715.1	République de Corée
Spain	1447.5	1304.1	1298.7	1254.2	1517.7	Espagne
Canada	1233.3	1339.3	1310.6	1316.4	1351.9	Canada
China	788.4	1088.1	1090.6	1322.1	1729.0	Chine
Italy-San Marino-Holy See	1166.8	1021.4	1033.1	1056.6	1198.9	Italie-Saint-Marin-Saint-Siège
United Kingdom	1143.6	1082.2	861.5	789.3	890.2	Royaume-Uni
Netherlands	674.4	630.8	583.8	766.5	952.7	Pays-Bas
Belgium	575.3	573.6	501.8	531.8	703.9	Belgique
Brazil	522.9	536.0	475.9	496.2	625.8	Brésil
Czech Republic	318.1	348.4	361.8	614.3	675.6	République tchèque
Thailand	315.7	344.5	380.5	e408.2	476.9	Thaïlande
Poland	233.8	274.1	359.4	437.9	584.5	Pologne
Turkey	241.6	265.0	338.2	359.6	465.9	Turquie
Indonesia	254.1	293.0	273.7	349.3	414.9	Indonésie
India	194.6	235.0	258.9	324.0	380.6	Inde
Portugal	215.0	222.4	222.6	278.0	e322.4	Portugal
Luxembourg	290.6	214.6	221.0	220.3	289.1	Luxembourg
Sweden	260.5	213.7	209.2	176.9	219.4	Suède
Slovakia	127.5	137.2	163.2	250.0	365.4	Slovaquie
Austria	305.6	270.5	245.3	171.3	2.3	Autriche
United Arab Emirates	166.0	167.7	201.4	e209.7	e249.1	Emirates arabes unis
Russian Federation	113.6	175.0	203.4	219.7	270.8	Fédération de Russie
Slovenia	155.3	151.5	169.6	205.0	276.9	Slovénie
Finland	150.7	157.1	169.0	199.9	254.5	Finlande
Mexico	228.2	206.9	127.1	126.9	181.5	Mexique
Hungary	96.2	100.0	126.3	138.6	181.8	Hongrie

(Value as percentages of World total)

(Valeur en pourcentage du total mondial)

Regions of the world	1994	1995	1996	1997	1998	1999	2000	2001	2002	2003	Régions du monde
World	100.0	100.0	100.0	100.0	100.0	100.0	100.0	100.0	100.0	100.0	Monde
Africa	0.6	0.7	0.7	0.6	0.7	0.8	0.9	0.8	0.9	0.9	Afrique
Americas	16.9	16.2	16.0	18.7	19.1	19.0	20.1	19.5	18.1	16.0	Amériques
- Northern America	13.1	12.3	12.3	14.7	14.8	14.5	15.4	15.3	14.1	11.9	- Amérique du Nord
- LAIA	3.6	3.8	3.5	3.8	4.1	4.3	4.5	4.0	3.8	3.8	- ALAI
- CACM	0.2	0.2	0.2	0.2	0.2	0.2	0.2	0.2	0.2	0.2	- MCC
- Caribbean	0.0	0.0	0.0	0.0	0.0	0.0	0.0	0.1	0.0	0.0	- Caraïbes
- Rest of America	0.0	0.0	0.0	0.0	0.0	0.0	0.0	0.0	0.0	0.0	- Autre d'Amérique
Asia excluding former USSR	28.8	30.0	30.5	30.6	30.4	30.9	32.2	32.4	34.0	34.5	Asie ancienne URSS exclus
- Middle East	1.4	1.5	1.5	1.7	1.7	1.8	2.0	2.4	2.4	2.5	- Moyen-Orient
Asia former USSR	0.0	0.0	0.0	0.0	0.0	0.0	0.0	0.0	0.0	0.0	Asie ancienne URSS
Europe excluding former USSR	51.4	49.7	49.5	46.9	47.1	47.5	44.7	45.1	45.2	46.7	Europe ancienne URSS exclus
- European Union	48.1	45.8	46.0	43.4	43.2	43.3	40.2	39.6	38.1	38.8	- Union Européenne
- Eastern Europe	2.2	2.8	2.7	2.6	2.9	3.2	3.6	4.4	6.0	6.7	- Europe de l'Est
- Rest of Europe	1.1	1.1	0.8	0.8	1.0	0.9	0.9	1.1	1.2	1.2	- Autre de l'Europe
Europe former USSR	1.8	2.9	2.8	2.8	2.3	1.4	1.8	1.8	1.5	1.7	Europe ancienne URSS
Oceania	0.5	0.5	0.4	0.4	0.4	0.4	0.4	0.3	0.3	0.3	Océanie

628 Articles of rubber, nes

TRADE BY COMMODITY (Value in million US dollars)
Imports by principal countries or areas

COMMERCE PAR PRODUIT (Valeur en millions de dollars EU)
Importations selon les principaux pays ou zones

Country or area	1999	2000	2001	2002	2003	Pays ou zone
World	11914.0	12470.5	12486.9	13422.5	15686.9	Monde
Africa	283.7	287.9	300.2	336.2	392.8	Afrique
Americas	3943.4	4391.1	4248.5	4436.0	4699.0	Amériques
- Northern America	2694.6	2890.3	2835.8	3035.3	3266.1	- Amérique du Nord
- LAIA	1153.1	1407.0	1310.9	1298.8	1343.5	- ALAI
- CACM	39.4	39.9	49.6	46.6	44.7	- MCC
- Caribbean	43.8	43.8	42.2	45.0	35.6	- Caraïbes
- Rest of America	12.5	10.2	10.0	10.3	9.1	- Autre d'Amérique
Asia excluding former USSR	1976.1	2212.7	2128.0	2293.1	2819.6	Asie ancienne URSS exclus
- Middle East	190.0	231.8	228.4	265.9	343.2	- Moyen-Orient
Asia former USSR	27.8	38.8	42.9	40.4	46.7	Asie ancienne URSS
Europe excluding former USSR	5270.1	5110.9	5309.9	5844.1	7146.5	Europe ancienne URSS exclus
- European Union	4490.4	4287.9	4422.6	4786.4	5803.2	- Union Européenne
- Eastern Europe	505.7	568.2	630.7	760.9	1005.1	- Europe de l'Est
- Rest of Europe	273.9	254.8	256.6	296.7	338.2	- Autre de l'Europe
Europe former USSR	163.2	183.7	209.8	200.0	261.1	Europe ancienne URSS
Oceania	249.7	245.4	247.7	272.8	321.3	Océanie
United States	1864.2	2046.6	2058.4	2231.5	2457.2	Etats-Unis d'Amérique
Germany	1304.7	1182.1	1316.8	1429.2	1719.6	Allemagne
Mexico	730.8	952.5	830.4	879.2	891.4	Mexique
Canada	829.5	843.2	776.9	803.4	808.2	Canada
France-Monaco	580.5	568.4	575.3	641.5	847.8	France-Monaco
United Kingdom	513.5	513.4	484.2	528.5	624.4	Royaume-Uni
Belgium	382.1	375.3	404.7	422.0	493.5	Belgique
China	346.9	296.8	335.7	385.6	592.5	Chine
Italy-San Marino-Holy See	368.6	354.3	358.4	388.8	463.7	Italie-Saint-Marin-Saint-Siège
Japan	289.2	332.3	331.2	356.4	437.1	Japon
Spain	317.2	316.3	331.6	335.6	430.2	Espagne
Thailand	194.3	248.2	229.8	e251.4	294.7	Thaïlande
Netherlands	261.7	241.9	225.9	208.8	267.2	Pays-Bas
Sweden	221.2	211.9	205.6	232.7	270.0	Suède
Poland	165.2	195.4	206.1	245.3	315.1	Pologne
Austria	211.5	194.8	197.9	215.0	263.2	Autriche
Australia	190.2	196.1	191.6	211.4	248.7	Australie
Brazil	175.9	202.0	210.4	206.8	226.2	Brésil
Czech Republic	145.8	165.3	182.4	221.2	287.0	République tchèque
Singapore	161.2	201.8	179.2	161.7	169.5	Singapour
Hungary	122.2	130.0	131.7	155.8	186.7	Hongrie
China, Hong Kong SAR	142.0	163.2	129.8	129.9	133.1	Chine - RAS de Hong-Kong
Switzerland-Liechtenstein	134.7	127.6	123.4	128.4	149.5	Suisse-Liechtenstein
Korea, Republic of	101.1	137.4	114.2	133.0	172.3	République de Corée
Portugal	86.1	103.1	105.0	127.0	e129.7	Portugal
Malaysia	103.4	113.6	106.2	113.2	114.1	Malaisie
India	79.1	91.6	97.7	106.8	135.1	Inde
Denmark	99.9	90.3	83.5	96.3	113.6	Danemark
Turkey	84.6	92.3	69.5	95.5	137.0	Turquie
Russian Federation	60.6	70.0	89.6	84.0	110.3	Fédération de Russie

(Value as percentages of World total)

(Valeur en pourcentage du total mondial)

Regions of the world	1994	1995	1996	1997	1998	1999	2000	2001	2002	2003	Régions du monde
World	100.0	100.0	100.0	100.0	100.0	100.0	100.0	100.0	100.0	100.0	Monde
Africa	3.4	3.1	3.1	3.1	2.7	2.4	2.3	2.4	2.5	2.5	Afrique
Americas	30.3	30.9	29.2	31.9	32.4	33.1	35.2	34.0	33.0	30.0	Amériques
- Northern America	22.3	20.1	19.9	21.2	21.3	22.6	23.2	22.7	22.6	20.8	- Amérique du Nord
- LAIA	7.3	10.1	8.8	10.1	10.4	9.7	11.3	10.5	9.7	8.6	- ALAI
- CACM	0.3	0.3	0.2	0.3	0.3	0.3	0.3	0.4	0.3	0.3	- MCC
- Caribbean	0.3	0.3	0.3	0.4	0.4	0.4	0.4	0.3	0.3	0.2	- Caraïbes
- Rest of America	0.1	0.1	0.1	0.1	0.1	0.1	0.1	0.1	0.1	0.1	- Autre d'Amérique
Asia excluding former USSR	17.7	17.4	18.0	17.8	14.5	16.6	17.7	17.0	17.1	18.0	Asie ancienne URSS exclus
- Middle East	2.1	1.8	1.9	1.9	1.9	1.6	1.9	1.8	2.0	2.2	- Moyen-Orient
Asia former USSR	0.3	0.3	0.5	0.3	0.3	0.2	0.3	0.3	0.3	0.3	Asie ancienne URSS
Europe excluding former USSR	44.1	44.3	43.4	41.7	46.0	44.2	41.0	42.5	43.5	45.6	Europe ancienne URSS exclus
- European Union	38.8	38.7	37.6	35.9	39.2	37.7	34.4	35.4	35.7	37.0	- Union Européenne
- Eastern Europe	2.6	2.8	3.1	3.4	4.3	4.2	4.6	5.1	5.7	6.4	- Europe de l'Est
- Rest of Europe	2.7	2.8	2.6	2.4	2.5	2.3	2.0	2.1	2.2	2.2	- Autre de l'Europe
Europe former USSR	1.5	1.7	3.1	2.6	2.1	1.4	1.5	1.7	1.5	1.7	Europe ancienne URSS
Oceania	2.8	2.4	2.6	2.4	2.0	2.1	2.0	2.0	2.0	2.0	Océanie

TRADE BY COMMODITY (Value in million US dollars)
Exports by principal countries or areas

COMMERCE PAR PRODUIT (Valeur en millions de dollars EU)
Exportations selon les principaux pays ou zones

Country or area	1999	2000	2001	2002	2003	Pays ou zone
World	10726.5	11346.8	11273.5	12192.7	14470.8	Monde
Africa	32.1	33.5	26.5	37.9	44.8	Afrique
Americas	2280.0	2684.0	2606.4	2546.1	2642.1	Amériques
- Northern America	1996.1	2331.1	2290.7	2191.5	2255.3	- Amérique du Nord
- LAIA	241.7	309.1	269.3	305.6	330.6	- ALAI
- CACM	41.5	42.8	45.4	47.5	55.5	- MCC
- Caribbean	0.7	0.9	0.8	1.2	0.8	- Caraïbes
- Rest of America	0.0	0.0	0.3	0.3	0.0	- Autre d'Amérique
Asia excluding former USSR	2680.5	3055.0	2813.5	3094.0	3553.9	Asie ancienne URSS exclus
- Middle East	67.0	71.3	78.5	113.1	156.8	- Moyen-Orient
Asia former USSR	1.1	0.9	2.5	4.1	6.1	Asie ancienne URSS
Europe excluding former USSR	5630.2	5466.7	5705.1	6383.4	8064.0	Europe ancienne URSS exclus
- European Union	5102.1	4874.0	5011.1	5520.5	6876.1	- Union Européenne
- Eastern Europe	322.5	382.7	485.4	627.8	900.0	- Europe de l'Est
- Rest of Europe	205.7	210.1	208.6	235.1	288.0	- Autre de l'Europe
Europe former USSR	61.5	69.8	83.2	83.7	102.7	Europe ancienne URSS
Oceania	41.1	37.0	36.4	43.5	57.2	Océanie
Germany	1608.8	1517.1	1635.9	1843.3	2297.2	Allemagne
United States	1435.4	1758.8	1669.4	1542.5	1539.6	Etats-Unis d'Amérique
Japan	1233.0	1405.8	1216.7	1250.7	1355.2	Japon
France-Monaco	811.4	818.2	800.0	867.6	1114.9	France-Monaco
Italy-San Marino-Holy See	648.5	612.4	619.0	630.5	762.2	Italie-Saint-Marin-Saint-Siège
Canada	560.6	572.3	621.2	649.0	715.7	Canada
United Kingdom	537.2	511.8	481.9	525.9	666.4	Royaume-Uni
Spain	365.3	339.8	377.3	434.2	562.7	Espagne
Belgium	348.2	321.1	350.7	383.5	439.5	Belgique
China	252.9	291.9	316.8	370.8	476.6	Chine
Thailand	170.8	222.0	241.7	e340.5	397.7	Thaïlande
Sweden	243.7	222.1	217.0	256.4	318.9	Suède
Netherlands	228.0	227.0	215.5	241.1	286.7	Pays-Bas
Mexico	152.4	209.9	161.2	193.9	219.1	Mexique
Poland	68.7	105.3	148.9	232.3	361.7	Pologne
Singapore	163.4	176.5	152.8	162.5	191.4	Singapour
Czech Republic	117.8	132.1	149.5	178.3	232.3	République tchèque
Korea, Republic of	127.2	137.4	131.3	153.2	170.0	République de Corée
Austria	129.2	119.0	126.1	146.9	186.1	Autriche
China, Hong Kong SAR	126.4	146.8	119.6	99.7	112.2	Chine - RAS de Hong-Kong
Switzerland-Liechtenstein	101.4	106.2	102.6	109.0	136.4	Suisse-Liechtenstein
Malaysia	113.2	101.9	102.1	104.3	117.7	Malaisie
Hungary	73.7	84.7	99.1	109.9	152.4	Hongrie
India	67.4	93.3	80.2	107.7	147.4	Inde
Brazil	68.7	76.3	79.1	84.4	82.7	Brésil
Turkey	53.5	55.7	59.1	88.9	128.1	Turquie
Slovakia	36.3	43.0	66.6	82.4	117.4	Slovaquie
Indonesia	28.9	57.1	59.9	79.6	95.5	Indonésie
Denmark	42.2	43.8	50.8	52.1	81.9	Danemark
Malta	52.6	50.4	41.1	e44.7	e51.3	Malte

(Value as percentages of World total)   **(Valeur en pourcentage du total mondial)**

Regions of the world	1994	1995	1996	1997	1998	1999	2000	2001	2002	2003	Régions du monde
World	100.0	100.0	100.0	100.0	100.0	100.0	100.0	100.0	100.0	100.0	Monde
Africa	0.2	0.2	0.3	0.3	0.3	0.3	0.3	0.2	0.3	0.3	Afrique
Americas	17.2	16.1	16.8	19.5	19.7	21.3	23.7	23.1	20.9	18.3	Amériques
- Northern America	15.5	14.4	15.0	17.3	17.4	18.6	20.5	20.3	18.0	15.6	- Amérique du Nord
- LAIA	1.4	1.3	1.5	1.8	2.0	2.3	2.7	2.4	2.5	2.3	- ALAI
- CACM	0.4	0.3	0.3	0.3	0.4	0.4	0.4	0.4	0.4	0.4	- MCC
- Caribbean	0.0	0.0	0.0	0.0	0.0	0.0	0.0	0.0	0.0	0.0	- Caraïbes
- Rest of America	0.0	0.0	0.0	0.0	0.0	0.0	0.0	0.0	0.0	0.0	- Autre d'Amérique
Asia excluding former USSR	29.0	28.0	26.7	25.9	23.5	25.0	26.9	25.0	25.4	24.6	Asie ancienne URSS exclus
- Middle East	0.2	0.3	0.3	0.4	0.6	0.6	0.6	0.7	0.9	1.1	- Moyen-Orient
Asia former USSR	0.1	0.1	0.1	0.1	0.0	0.0	0.0	0.0	0.0	0.0	Asie ancienne URSS
Europe excluding former USSR	52.1	54.2	54.5	52.6	55.1	52.5	48.2	50.6	52.4	55.7	Europe ancienne URSS exclus
- European Union	47.5	49.1	50.2	48.3	50.0	47.6	43.0	44.5	45.3	47.5	- Union Européenne
- Eastern Europe	1.9	2.4	2.1	2.4	3.0	3.0	3.4	4.3	5.1	6.2	- Europe de l'Est
- Rest of Europe	2.7	2.6	2.3	2.0	2.1	1.9	1.9	1.9	1.9	2.0	- Autre de l'Europe
Europe former USSR	1.0	1.0	1.2	1.1	1.0	0.6	0.6	0.7	0.7	0.7	Europe ancienne URSS
Oceania	0.5	0.4	0.4	0.5	0.4	0.4	0.3	0.3	0.4	0.4	Océanie

633 Cork manufactures

Country or area	1999	2000	2001	2002	2003	Pays ou zone
World	1156.8	1186.7	1151.0	1199.3	1385.5	Monde
Africa	25.3	28.6	22.4	28.7	32.6	Afrique
Americas	260.6	279.7	285.0	281.7	317.6	Amériques
- Northern America	181.1	196.7	208.1	214.1	235.0	- Amérique du Nord
- LAIA	66.6	69.3	71.8	64.2	81.0	- ALAI
- CACM	0.3	0.3	0.3	0.4	0.4	- MCC
- Caribbean	12.2	13.2	4.7	3.0	1.2	- Caraïbes
- Rest of America	0.3	0.1	0.1	0.1	0.1	- Autre d'Amérique
Asia excluding former USSR	56.0	64.6	58.8	64.5	67.3	Asie ancienne URSS exclus
- Middle East	7.5	9.4	9.6	10.1	11.8	- Moyen-Orient
Asia former USSR	1.1	2.0	2.5	3.3	4.7	Asie ancienne URSS
Europe excluding former USSR	732.2	724.4	698.6	712.1	850.0	Europe ancienne URSS exclus
- European Union	665.4	658.8	632.9	646.3	775.8	- Union Européenne
- Eastern Europe	29.5	29.2	28.8	31.0	35.0	- Europe de l'Est
- Rest of Europe	37.3	36.4	36.9	34.7	39.2	- Autre de l'Europe
Europe former USSR	8.2	12.4	16.1	13.0	18.3	Europe ancienne URSS
Oceania	73.3	75.1	67.6	96.1	95.0	Océanie
France-Monaco	254.0	255.6	243.0	243.8	307.4	France-Monaco
United States	165.1	177.2	190.5	196.0	210.1	Etats-Unis d'Amérique
Germany	136.5	125.5	123.5	125.3	137.6	Allemagne
Spain	72.1	82.2	78.0	81.7	106.2	Espagne
Italy-San Marino-Holy See	73.0	78.3	75.5	81.8	97.4	Italie-Saint-Marin-Saint-Siège
Australia	63.6	66.3	59.2	86.0	86.3	Australie
Portugal	25.6	30.6	29.9	32.3	e33.0	Portugal
Chile	28.7	28.7	30.9	27.6	33.0	Chili
Austria	33.7	27.6	27.1	25.6	30.1	Autriche
Switzerland-Liechtenstein	28.4	27.8	28.4	24.8	27.8	Suisse-Liechtenstein
Argentina	22.9	23.4	23.4	20.6	e31.7	Argentine
Japan	22.6	25.1	22.6	23.5	24.5	Japon
United Kingdom	29.3	22.9	22.4	17.4	16.7	Royaume-Uni
South Africa	–	23.2	19.4	23.3	28.5	Afrique du Sud
Canada	16.0	18.8	16.6	17.7	24.8	Canada
China	7.1	10.4	10.8	12.3	11.7	Chine
Belgium	10.2	10.0	9.1	9.2	11.6	Belgique
Mexico	8.3	10.4	9.5	9.4	10.7	Mexique
Netherlands	12.2	7.7	6.2	9.2	9.7	Pays-Bas
New Zealand	9.6	8.7	8.2	9.9	8.5	Nouvelle-Zélande
Hungary	8.1	8.1	8.0	7.8	8.5	Hongrie
Denmark	6.1	7.1	8.1	8.7	9.9	Danemark
China, Hong Kong SAR	6.5	6.0	4.7	7.2	7.0	Chine - RAS de Hong-Kong
Greece	6.4	4.8	5.0	5.4	8.7	Grèce
Czech Republic	6.2	5.4	5.2	6.1	7.4	République tchèque
Bulgaria	6.9	6.2	5.5	5.3	5.3	Bulgarie
Poland	4.6	5.4	5.2	6.4	6.8	Pologne
Russian Federation	3.5	5.2	7.3	3.7	4.3	Fédération de Russie
Southern African Customs Union	22.6	–	–	–	–	Union douanière d'Afrique australe
Cayman Islands	e9.0	e9.7	e2.9	e0.0	e0.1	Iles Caïmans

(Value as percentages of World total)   **(Valeur en pourcentage du total mondial)**

Regions of the world	1994	1995	1996	1997	1998	1999	2000	2001	2002	2003	Régions du monde
World	100.0	100.0	100.0	100.0	100.0	100.0	100.0	100.0	100.0	100.0	Monde
Africa	2.1	2.0	2.1	2.1	1.8	2.2	2.4	1.9	2.4	2.4	Afrique
Americas	16.9	18.0	19.4	21.2	21.4	22.5	23.6	24.8	23.5	22.9	Amériques
- Northern America	13.4	14.5	15.0	15.1	14.9	15.7	16.6	18.1	17.8	17.0	- Amérique du Nord
- LAIA	3.2	3.4	4.0	5.0	5.4	5.8	5.8	6.2	5.4	5.8	- ALAI
- CACM	0.0	0.0	0.0	0.1	0.1	0.0	0.0	0.0	0.0	0.0	- MCC
- Caribbean	0.1	0.2	0.3	0.9	1.1	1.1	1.1	0.4	0.2	0.1	- Caraïbes
- Rest of America	0.0	0.0	0.0	0.1	0.0	0.0	0.0	0.0	0.0	0.0	- Autre d'Amérique
Asia excluding former USSR	6.4	6.1	5.6	5.6	4.7	4.8	5.4	5.1	5.4	4.9	Asie ancienne URSS exclus
- Middle East	0.5	0.7	0.8	0.7	0.6	0.6	0.8	0.8	0.8	0.9	- Moyen-Orient
Asia former USSR	0.0	0.0	0.0	0.1	0.1	0.1	0.2	0.2	0.3	0.3	Asie ancienne URSS
Europe excluding former USSR	68.7	68.0	66.5	64.4	66.8	63.3	61.0	60.7	59.4	61.3	Europe ancienne URSS exclus
- European Union	62.2	60.3	60.0	58.5	61.3	57.5	55.5	55.0	53.9	56.0	- Union Européenne
- Eastern Europe	1.9	3.4	3.0	2.9	2.6	2.6	2.5	2.5	2.6	2.5	- Europe de l'Est
- Rest of Europe	4.5	4.3	3.5	3.0	2.9	3.2	3.1	3.2	2.9	2.8	- Autre de l'Europe
Europe former USSR	0.7	0.8	1.0	1.3	1.0	0.7	1.0	1.4	1.1	1.3	Europe ancienne URSS
Oceania	5.3	4.9	5.4	5.3	4.2	6.3	6.3	5.9	8.0	6.9	Océanie

TRADE BY COMMODITY (Value in million US dollars)
Exports by principal countries or areas

COMMERCE PAR PRODUIT (Valeur en millions de dollars EU)
Exportations selon les principaux pays ou zones

Country or area	1999	2000	2001	2002	2003	Pays ou zone
World	1204.7	1237.2	1183.3	1251.3	1464.4	Monde
Africa	25.0	27.0	25.7	26.5	40.8	Afrique
Americas	76.4	76.2	51.4	57.3	65.2	Amériques
- Northern America	68.2	68.5	42.7	48.9	53.4	- Amérique du Nord
- LAIA	8.1	7.7	8.6	8.3	11.8	- ALAI
- CACM	0.0	0.0	0.0	0.0	0.0	- MCC
- Caribbean	0.0	0.0	0.0	0.0	0.0	- Caraïbes
- Rest of America	0.0	0.0	0.0	0.0	0.0	- Autre d'Amérique
Asia excluding former USSR	16.6	17.4	18.4	20.7	20.9	Asie ancienne URSS exclus
- Middle East	1.6	0.5	0.7	0.6	0.8	- Moyen-Orient
Asia former USSR	0.1	0.0	0.0	0.0	0.0	Asie ancienne URSS
Europe excluding former USSR	1081.2	1111.3	1083.3	1138.7	1325.4	Europe ancienne URSS exclus
- European Union	1062.0	1091.5	1061.4	1122.1	1302.6	- Union Européenne
- Eastern Europe	2.8	4.8	4.3	4.2	4.5	- Europe de l'Est
- Rest of Europe	16.3	15.0	17.6	12.4	18.2	- Autre de l'Europe
Europe former USSR	0.5	0.5	1.1	0.6	0.8	Europe ancienne URSS
Oceania	5.0	4.7	3.4	7.6	11.3	Océanie
Portugal	746.4	766.7	742.1	800.6	e928.5	Portugal
Spain	142.1	152.9	146.5	154.9	184.3	Espagne
France-Monaco	54.4	60.3	61.9	55.0	57.9	France-Monaco
United States	66.9	66.2	40.1	44.2	48.9	Etats-Unis d'Amérique
Italy-San Marino-Holy See	50.1	51.0	51.8	50.7	58.3	Italie-Saint-Marin-Saint-Siège
Germany	40.3	34.2	34.9	33.3	37.5	Allemagne
Switzerland-Liechtenstein	16.1	14.8	17.5	12.3	17.9	Suisse-Liechtenstein
Austria	13.1	11.5	11.0	12.4	14.3	Autriche
Morocco	10.8	10.7	10.5	9.8	13.7	Maroc
Tunisia	4.4	6.6	6.0	8.1	15.0	Tunisie
Algeria	7.3	7.3	7.4	6.4	9.3	Algérie
China, Hong Kong SAR	5.8	5.9	5.9	7.9	6.6	Chine - RAS de Hong-Kong
China	2.9	4.4	5.3	7.0	9.5	Chine
Mexico	6.1	5.3	5.1	3.5	6.9	Mexique
Netherlands	5.4	5.1	3.7	3.8	6.0	Pays-Bas
Belgium	3.4	3.3	2.5	4.9	8.4	Belgique
United Kingdom	4.4	4.2	5.5	3.4	3.7	Royaume-Uni
Australia	2.0	2.6	1.8	4.4	7.5	Australie
Canada	1.3	2.3	2.5	4.7	4.5	Canada
New Zealand	3.0	2.0	1.6	3.2	3.8	Nouvelle-Zélande
Bulgaria	1.6	2.1	2.3	2.2	1.5	Bulgarie
South Africa	–	1.6	1.5	1.9	2.4	Afrique du Sud
Argentina	0.5	0.6	1.5	2.0	1.4	Argentine
Sweden	1.6	1.6	1.0	0.8	0.9	Suède
Brazil	0.7	0.9	0.7	1.3	1.6	Brésil
Denmark	0.4	0.3	0.2	1.7	2.4	Danemark
India	1.9	1.3	0.3	0.3	0.4	Inde
Indonesia	0.5	0.9	1.8	0.8	0.3	Indonésie
Chile	0.4	0.3	0.7	1.0	1.5	Chili
Czech Republic	0.4	1.4	0.4	0.6	0.9	République tchèque

(Value as percentages of World total) **(Valeur en pourcentage du total mondial)**

Regions of the world	1994	1995	1996	1997	1998	1999	2000	2001	2002	2003	Régions du monde
World	100.0	100.0	100.0	100.0	100.0	100.0	100.0	100.0	100.0	100.0	Monde
Africa	1.5	1.4	1.1	1.1	1.4	2.1	2.2	2.2	2.1	2.8	Afrique
Americas	4.4	5.5	6.0	5.2	5.4	6.3	6.2	4.3	4.6	4.5	Amériques
- Northern America	4.1	5.2	5.6	4.8	5.0	5.7	5.5	3.6	3.9	3.6	- Amérique du Nord
- LAIA	0.3	0.3	0.4	0.4	0.3	0.7	0.6	0.7	0.7	0.8	- ALAI
- CACM	0.0	0.0	0.0	0.0	0.0	0.0	0.0	0.0	0.0	0.0	- MCC
- Caribbean	0.0	0.0	0.0	0.0	0.0	0.0	0.0	0.0	0.0	0.0	- Caraïbes
- Rest of America	0.0	0.0	0.0	0.0	0.0	0.0	0.0	0.0	0.0	0.0	- Autre d'Amérique
Asia excluding former USSR	1.4	1.2	1.0	1.0	1.0	1.4	1.4	1.6	1.7	1.4	Asie ancienne URSS exclus
- Middle East	0.0	0.0	0.0	0.0	0.1	0.1	0.0	0.1	0.1	0.1	- Moyen-Orient
Asia former USSR	0.0	0.0	0.0	0.0	0.0	0.0	0.0	0.0	0.0	0.0	Asie ancienne URSS
Europe excluding former USSR	92.0	91.1	91.3	92.1	91.8	89.7	89.8	91.5	91.0	90.5	Europe ancienne URSS exclus
- European Union	90.5	89.4	90.1	90.9	90.5	88.2	88.2	89.7	89.7	89.0	- Union Européenne
- Eastern Europe	0.1	0.5	0.3	0.5	0.4	0.2	0.4	0.4	0.3	0.3	- Europe de l'Est
- Rest of Europe	1.4	1.3	0.9	0.8	0.9	1.4	1.2	1.5	1.0	1.2	- Autre de l'Europe
Europe former USSR	0.0	0.0	0.0	0.0	0.0	0.0	0.0	0.1	0.0	0.1	Europe ancienne URSS
Oceania	0.7	0.7	0.7	0.6	0.4	0.4	0.4	0.3	0.6	0.8	Océanie

634 Veneers, plywood, "improved" wood and other wood, worked, nes

TRADE BY COMMODITY (Value in million US dollars)
Imports by principal countries or areas

COMMERCE PAR PRODUIT (Valeur en millions de dollars EU)
Importations selon les principaux pays ou zones

Country or area	1999	2000	2001	2002	2003	Pays ou zone
World	14993.1	14758.9	13826.3	14660.9	17145.7	Monde
Africa	197.5	221.5	260.8	290.0	285.1	Afrique
Americas	4141.2	4073.4	3726.5	4174.4	5261.5	Amériques
- Northern America	3710.6	3542.5	3201.9	3651.2	4756.4	- Amérique du Nord
- LAIA	302.8	405.3	401.2	394.1	380.0	- ALAI
- CACM	20.6	24.6	30.6	36.2	37.3	- MCC
- Caribbean	96.6	92.9	84.9	85.3	77.8	- Caraïbes
- Rest of America	10.6	8.1	8.0	7.6	10.0	- Autre d'Amérique
Asia excluding former USSR	4573.6	4743.4	4081.3	4349.3	4639.8	Asie ancienne URSS exclus
- Middle East	401.5	487.6	444.8	488.0	605.0	- Moyen-Orient
Asia former USSR	22.5	32.3	36.4	50.4	71.8	Asie ancienne URSS
Europe excluding former USSR	5844.6	5458.4	5483.1	5493.3	6481.3	Europe ancienne URSS exclus
- European Union	5072.8	4688.5	4675.7	4584.1	5348.9	- Union Européenne
- Eastern Europe	329.3	356.8	409.3	489.5	615.7	- Europe de l'Est
- Rest of Europe	442.5	413.0	398.2	419.6	516.7	- Autre de l'Europe
Europe former USSR	115.5	131.5	161.8	199.2	267.6	Europe ancienne URSS
Oceania	98.2	98.5	76.4	104.3	138.6	Océanie
United States	3359.8	3157.3	2862.4	3244.5	4342.9	Etats-Unis d'Amérique
Japan	2152.6	2123.4	1913.4	1931.6	1959.2	Japon
Germany	1204.5	1051.7	1008.6	907.9	1102.1	Allemagne
United Kingdom	784.2	684.6	794.0	789.2	794.9	Royaume-Uni
China	715.4	736.0	463.1	484.5	585.8	Chine
Italy-San Marino-Holy See	553.1	551.4	523.3	582.7	642.1	Italie-Saint-Marin-Saint-Siège
Korea, Republic of	371.2	457.3	486.7	609.1	599.0	République de Corée
France-Monaco	476.6	472.1	456.9	454.1	543.1	France-Monaco
Netherlands	475.9	451.6	420.2	390.5	463.1	Pays-Bas
Canada	347.5	383.1	336.9	403.5	407.8	Canada
Spain	315.9	297.4	338.2	338.1	422.9	Espagne
Belgium	364.8	329.2	305.0	288.6	347.7	Belgique
Mexico	190.1	275.5	283.3	302.6	296.9	Mexique
Denmark	229.3	228.3	218.5	221.4	257.0	Danemark
Switzerland-Liechtenstein	236.9	213.0	189.9	181.0	220.7	Suisse-Liechtenstein
China, Hong Kong SAR	262.4	214.6	185.1	181.7	168.4	Chine - RAS de Hong-Kong
Sweden	200.6	189.8	189.5	184.6	227.3	Suède
Austria	202.0	179.9	172.5	167.4	222.8	Autriche
Saudi Arabia	150.0	165.1	130.8	138.6	158.4	Arabie saoudite
Poland	96.7	107.2	120.0	139.2	171.0	Pologne
United Arab Emirates	86.9	100.0	108.8	e111.6	e130.8	Emirates arabes unis
Egypt	78.4	82.9	102.8	105.0	86.9	Egypte
Czech Republic	81.5	83.0	83.7	91.2	107.4	République tchèque
Norway	85.0	78.2	77.1	82.4	99.7	Norvège
Israel	83.6	91.0	78.4	80.9	85.8	Israël
Romania	51.4	58.4	74.6	95.0	125.9	Roumanie
Hungary	56.3	62.5	68.4	94.4	115.1	Hongrie
Ireland	67.8	75.2	74.4	77.1	93.0	Irlande
Singapore	90.2	87.5	64.4	67.4	67.0	Singapour
Australia	67.6	69.9	49.3	76.4	104.8	Australie

(Value as percentages of World total) — (Valeur en pourcentage du total mondial)

Regions of the world	1994	1995	1996	1997	1998	1999	2000	2001	2002	2003	Régions du monde
World	100.0	100.0	100.0	100.0	100.0	100.0	100.0	100.0	100.0	100.0	Monde
Africa	1.9	1.5	1.5	1.4	1.8	1.3	1.5	1.9	2.0	1.7	Afrique
Americas	17.5	16.7	17.8	18.2	24.0	27.6	27.6	27.0	28.5	30.7	Amériques
- Northern America	15.0	14.7	15.6	15.8	21.0	24.7	24.0	23.2	24.9	27.7	- Amérique du Nord
- LAIA	1.9	1.4	1.6	1.6	2.1	2.0	2.7	2.9	2.7	2.2	- ALAI
- CACM	0.1	0.1	0.1	0.1	0.2	0.1	0.2	0.2	0.2	0.2	- MCC
- Caribbean	0.4	0.5	0.5	0.6	0.7	0.6	0.6	0.6	0.6	0.5	- Caraïbes
- Rest of America	0.1	0.0	0.0	0.0	0.1	0.1	0.1	0.1	0.1	0.1	- Autre d'Amérique
Asia excluding former USSR	42.4	40.4	42.1	41.5	28.9	30.5	32.1	29.5	29.7	27.1	Asie ancienne URSS exclus
- Middle East	4.0	3.7	3.5	3.3	3.4	2.7	3.3	3.2	3.3	3.5	- Moyen-Orient
Asia former USSR	0.2	0.2	0.3	0.1	0.3	0.2	0.2	0.3	0.3	0.4	Asie ancienne URSS
Europe excluding former USSR	37.1	40.1	36.9	37.0	43.3	39.0	37.0	39.7	37.5	37.8	Europe ancienne URSS exclus
- European Union	33.3	35.4	32.5	32.2	37.4	33.8	31.8	33.8	31.3	31.2	- Union Européenne
- Eastern Europe	1.0	1.5	1.6	2.1	2.6	2.2	2.4	3.0	3.3	3.6	- Europe de l'Est
- Rest of Europe	2.8	3.1	2.8	2.7	3.3	3.0	2.8	2.9	2.9	3.0	- Autre de l'Europe
Europe former USSR	0.5	0.6	0.9	1.2	1.2	0.8	0.9	1.2	1.4	1.6	Europe ancienne URSS
Oceania	0.6	0.6	0.5	0.5	0.6	0.7	0.7	0.6	0.7	0.8	Océanie

Placages, contre-plaqués, bois dits "améliorés" ou "reconstitués" et autres bois façonnés 634

TRADE BY COMMODITY (Value in million US dollars)
Exports by principal countries or areas

COMMERCE PAR PRODUIT (Valeur en millions de dollars EU)
Exportations selon les principaux pays ou zones

Country or area	1999	2000	2001	2002	2003	Pays ou zone
World	14634.3	13969.6	13148.7	13980.8	16293.4	Monde
Africa	300.0	256.4	254.8	298.5	401.3	Afrique
Americas	3974.9	3909.3	3504.9	3735.3	4788.5	Amériques
- Northern America	3305.2	3190.9	2821.4	2964.0	3814.2	- Amérique du Nord
- LAIA	622.6	650.6	622.3	710.1	921.7	- ALAI
- CACM	27.2	42.9	41.8	43.0	38.5	- MCC
- Caribbean	0.3	0.6	0.3	0.3	0.5	- Caraïbes
- Rest of America	19.6	24.4	19.0	17.9	13.5	- Autre d'Amérique
Asia excluding former USSR	4684.1	4417.7	3999.4	4240.0	4314.9	Asie ancienne URSS exclus
- Middle East	36.6	36.2	55.0	65.7	90.9	- Moyen-Orient
Asia former USSR	0.4	0.4	0.3	0.5	1.1	Asie ancienne URSS
Europe excluding former USSR	5088.0	4816.5	4755.6	5001.2	5930.5	Europe ancienne URSS exclus
- European Union	4338.8	4057.1	3980.0	4145.2	4831.1	- Union Européenne
- Eastern Europe	460.5	487.7	533.1	603.9	802.8	- Europe de l'Est
- Rest of Europe	288.7	271.7	242.5	252.1	296.6	- Autre de l'Europe
Europe former USSR	465.4	458.7	513.9	568.0	661.3	Europe ancienne URSS
Oceania	121.6	110.7	119.8	137.3	195.9	Océanie
Canada	2469.3	2293.9	2025.8	2088.2	2938.6	Canada
Indonesia	2515.8	2286.6	2073.4	2023.4	1910.6	Indonésie
Malaysia	1388.5	1301.4	1114.4	1173.8	1226.5	Malaisie
Germany	930.2	871.3	921.3	939.8	1129.6	Allemagne
United States	835.9	897.0	795.5	875.8	875.7	Etats-Unis d'Amérique
Finland	606.0	576.6	579.7	600.7	716.8	Finlande
Belgium	597.4	547.5	521.7	541.3	576.8	Belgique
France-Monaco	594.7	541.5	472.0	465.4	544.9	France-Monaco
Austria	452.5	466.7	487.2	530.1	650.4	Autriche
Brazil	425.4	434.4	411.5	494.2	652.8	Brésil
China	187.4	268.9	340.3	564.3	656.7	Chine
Italy-San Marino-Holy See	324.5	323.9	328.7	345.3	365.6	Italie-Saint-Marin-Saint-Siège
Russian Federation	259.8	250.9	264.2	304.4	334.9	Fédération de Russie
Poland	217.9	234.7	240.2	255.5	323.9	Pologne
Spain	175.0	174.3	187.0	207.9	234.5	Espagne
Sweden	234.6	183.8	150.1	155.7	166.4	Suède
China, Hong Kong SAR	163.6	133.4	105.1	107.4	101.9	Chine - RAS de Hong-Kong
Czech Republic	97.8	98.8	113.4	120.8	156.3	République tchèque
Switzerland-Liechtenstein	143.2	118.5	96.1	99.0	110.2	Suisse-Liechtenstein
New Zealand	94.4	92.7	95.6	115.9	166.5	Nouvelle-Zélande
United Kingdom	109.6	91.5	90.7	97.5	116.9	Royaume-Uni
Chile	62.7	64.9	98.8	112.5	138.9	Chili
Latvia	85.7	78.6	91.2	93.3	118.6	Lettonie
Hungary	57.4	61.5	72.0	82.2	94.0	Hongrie
Portugal	80.0	73.6	59.8	68.1	e78.9	Portugal
Netherlands	82.0	70.6	65.9	65.0	64.5	Pays-Bas
Ghana	57.5	51.3	59.4	e76.4	e100.5	Ghana
Thailand	62.3	74.0	73.9	e61.9	72.3	Thaïlande
Singapore	73.9	75.9	54.6	57.1	50.8	Singapour
Estonia	53.8	45.5	57.6	59.5	75.7	Estonie

(Value as percentages of World total)

(Valeur en pourcentage du total mondial)

Regions of the world	1994	1995	1996	1997	1998	1999	2000	2001	2002	2003	Régions du monde
World	100.0	100.0	100.0	100.0	100.0	100.0	100.0	100.0	100.0	100.0	Monde
Africa	1.2	1.7	2.4	1.7	2.7	2.0	1.8	1.9	2.1	2.5	Afrique
Americas	17.8	18.4	18.8	19.9	23.5	27.2	28.0	26.7	26.7	29.4	Amériques
- Northern America	13.9	14.7	14.3	15.7	19.6	22.6	22.8	21.5	21.2	23.4	- Amérique du Nord
- LAIA	3.7	3.5	3.8	3.9	3.5	4.3	4.7	4.7	5.1	5.7	- ALAI
- CACM	0.1	0.1	0.1	0.1	0.2	0.2	0.3	0.3	0.3	0.2	- MCC
- Caribbean	0.0	0.0	0.0	0.0	0.0	0.0	0.0	0.0	0.0	0.0	- Caraïbes
- Rest of America	0.1	0.1	0.6	0.2	0.2	0.1	0.2	0.1	0.1	0.1	- Autre d'Amérique
Asia excluding former USSR	48.6	43.5	44.5	42.9	30.5	32.0	31.6	30.4	30.3	26.5	Asie ancienne URSS exclus
- Middle East	0.3	0.3	0.2	0.2	0.2	0.2	0.3	0.4	0.5	0.6	- Moyen-Orient
Asia former USSR	0.0	0.0	0.0	0.0	0.0	0.0	0.0	0.0	0.0	0.0	Asie ancienne URSS
Europe excluding former USSR	29.6	33.0	30.4	31.5	38.9	34.8	34.5	36.2	35.8	36.4	Europe ancienne URSS exclus
- European Union	25.9	28.9	26.6	27.3	33.4	29.6	29.0	30.3	29.6	29.7	- Union Européenne
- Eastern Europe	1.8	2.2	2.0	2.4	3.3	3.1	3.5	4.1	4.3	4.9	- Europe de l'Est
- Rest of Europe	1.8	2.0	1.7	1.7	2.2	2.0	1.9	1.8	1.8	1.8	- Autre de l'Europe
Europe former USSR	1.9	2.3	2.7	3.1	3.5	3.2	3.3	3.9	4.1	4.1	Europe ancienne URSS
Oceania	0.9	1.1	1.1	1.0	0.8	0.8	0.8	0.9	1.0	1.2	Océanie

635 Wood manufactures, nes

Country or area	1999	2000	2001	2002	2003	Pays ou zone
World	15954.6	16288.2	16213.2	17196.6	19949.2	Monde
Africa	176.1	197.6	273.1	309.4	367.6	Afrique
Americas	4856.7	5261.5	5223.6	5600.0	5908.9	Amériques
- Northern America	4328.8	4713.1	4689.0	5119.3	5418.1	- Amérique du Nord
- LAIA	367.4	361.2	395.3	335.8	340.7	- ALAI
- CACM	24.1	27.4	26.3	27.6	40.0	- MCC
- Caribbean	126.0	146.8	101.0	99.7	94.8	- Caraïbes
- Rest of America	10.3	13.1	12.0	17.6	15.3	- Autre d'Amérique
Asia excluding former USSR	2180.4	2486.2	2307.8	2311.7	2703.4	Asie ancienne URSS exclus
- Middle East	148.0	207.7	189.0	213.3	315.0	- Moyen-Orient
Asia former USSR	67.0	62.4	60.7	74.2	117.1	Asie ancienne URSS
Europe excluding former USSR	8210.7	7901.8	7944.1	8417.8	10264.7	Europe ancienne URSS exclus
- European Union	7077.1	6750.2	6771.2	7042.3	8558.4	- Union Européenne
- Eastern Europe	337.2	359.0	361.6	418.2	533.2	- Europe de l'Est
- Rest of Europe	796.4	792.7	811.3	957.4	1173.2	- Autre de l'Europe
Europe former USSR	222.5	149.0	208.7	245.5	301.9	Europe ancienne URSS
Oceania	241.3	229.7	195.2	238.1	285.6	Océanie
United States	3913.7	4265.7	4255.1	4660.2	4889.6	Etats-Unis d'Amérique
Germany	2384.4	2039.3	1908.8	1876.4	2277.7	Allemagne
Japan	1159.9	1360.7	1298.5	1291.4	1570.2	Japon
United Kingdom	913.9	924.6	978.6	1103.2	1312.8	Royaume-Uni
France-Monaco	781.4	844.8	849.2	813.8	1015.2	France-Monaco
Italy-San Marino-Holy See	469.6	509.2	510.2	579.5	687.3	Italie-Saint-Marin-Saint-Siège
Belgium	474.3	444.0	449.6	461.1	547.7	Belgique
Switzerland-Liechtenstein	410.6	403.1	403.2	454.5	560.8	Suisse-Liechtenstein
Canada	403.6	438.0	426.4	448.3	512.0	Canada
Netherlands	451.2	413.1	390.5	375.8	433.0	Pays-Bas
Austria	433.6	403.0	383.5	356.3	432.3	Autriche
Spain	308.1	303.6	338.3	417.9	544.9	Espagne
China, Hong Kong SAR	379.7	426.7	381.0	337.1	313.8	Chine - RAS de Hong-Kong
Norway	247.0	251.1	280.8	351.3	419.6	Norvège
Denmark	265.0	264.8	270.0	313.7	383.3	Danemark
Sweden	157.5	175.7	223.8	219.7	268.7	Suède
Mexico	178.3	197.4	215.5	202.7	222.3	Mexique
Australia	163.0	178.6	146.0	178.5	217.4	Australie
Ireland	119.2	131.9	144.1	160.0	210.8	Irlande
Portugal	130.6	131.7	150.5	152.0	e155.2	Portugal
Poland	141.2	142.8	130.9	122.4	130.0	Pologne
Russian Federation	152.2	75.5	121.4	128.6	142.6	Fédération de Russie
Korea, Republic of	77.5	92.7	97.1	125.7	136.5	République de Corée
Czech Republic	80.1	81.0	81.3	98.2	135.1	République tchèque
Finland	62.4	67.6	76.5	91.8	119.4	Finlande
Singapore	88.0	90.6	79.9	74.4	65.6	Singapour
Hungary	46.5	57.4	59.7	85.5	121.9	Hongrie
Luxembourg	62.3	53.2	56.1	63.7	86.8	Luxembourg
Greece	63.6	43.7	41.5	57.4	83.1	Grèce
China	75.5	51.3	31.4	34.4	44.8	Chine

(Value as percentages of World total)

(Valeur en pourcentage du total mondial)

Regions of the world	1994	1995	1996	1997	1998	1999	2000	2001	2002	2003	Régions du monde
World	100.0	100.0	100.0	100.0	100.0	100.0	100.0	100.0	100.0	100.0	Monde
Africa	1.9	1.2	1.8	2.1	1.5	1.1	1.2	1.7	1.8	1.8	Afrique
Americas	21.7	20.6	20.1	24.0	27.5	30.4	32.3	32.2	32.6	29.6	Amériques
- Northern America	17.9	17.8	17.3	21.0	24.1	27.1	28.9	28.9	29.8	27.2	- Amérique du Nord
- LAIA	2.9	2.0	2.1	2.1	2.5	2.3	2.2	2.4	2.0	1.7	- ALAI
- CACM	0.1	0.1	0.1	0.3	0.2	0.2	0.2	0.2	0.2	0.2	- MCC
- Caribbean	0.7	0.6	0.5	0.6	0.7	0.8	0.9	0.6	0.6	0.5	- Caraïbes
- Rest of America	0.1	0.1	0.1	0.1	0.1	0.1	0.1	0.1	0.1	0.1	- Autre d'Amérique
Asia excluding former USSR	16.8	18.6	20.2	18.5	13.5	13.7	15.3	14.2	13.4	13.6	Asie ancienne URSS exclus
- Middle East	1.3	1.2	1.4	1.2	1.1	0.9	1.3	1.2	1.2	1.6	- Moyen-Orient
Asia former USSR	0.4	0.3	0.3	0.5	0.7	0.4	0.4	0.4	0.4	0.6	Asie ancienne URSS
Europe excluding former USSR	56.2	56.1	54.1	51.7	53.6	51.5	48.5	49.0	49.0	51.5	Europe ancienne URSS exclus
- European Union	50.3	49.3	47.1	44.0	45.7	44.4	41.4	41.8	41.0	42.9	- Union Européenne
- Eastern Europe	1.0	1.2	1.5	1.9	2.5	2.1	2.2	2.2	2.4	2.7	- Europe de l'Est
- Rest of Europe	5.0	5.6	5.5	5.8	5.4	5.0	4.9	5.0	5.6	5.9	- Autre de l'Europe
Europe former USSR	1.8	2.0	2.3	2.1	1.8	1.4	0.9	1.3	1.4	1.5	Europe ancienne URSS
Oceania	1.2	1.2	1.3	1.2	1.3	1.5	1.4	1.2	1.4	1.4	Océanie

TRADE BY COMMODITY (Value in million US dollars)
Exports by principal countries or areas

COMMERCE PAR PRODUIT (Valeur en millions de dollars EU)
Exportations selon les principaux pays ou zones

Country or area	1999	2000	2001	2002	2003	Pays ou zone
World	16869.6	17049.9	16796.9	17612.7	20544.6	Monde
Africa	160.7	133.1	129.8	152.4	179.5	Afrique
Americas	4122.4	4231.0	3936.7	3993.4	4236.6	Amériques
- Northern America	3257.5	3320.9	3082.5	3078.2	3284.2	- Amérique du Nord
- LAIA	769.9	829.4	791.4	854.8	883.5	- ALAI
- CACM	75.4	57.2	40.3	41.3	44.0	- MCC
- Caribbean	14.7	16.8	14.1	12.9	17.0	- Caraïbes
- Rest of America	4.9	6.8	8.4	6.2	7.9	- Autre d'Amérique
Asia excluding former USSR	3616.6	4162.8	3933.8	4171.0	4788.9	Asie ancienne URSS exclus
- Middle East	74.3	69.4	76.9	123.8	242.5	- Moyen-Orient
Asia former USSR	1.9	4.1	4.3	4.9	4.6	Asie ancienne URSS
Europe excluding former USSR	8658.6	8140.5	8325.1	8718.5	10578.1	Europe ancienne URSS exclus
- European Union	6791.9	6290.8	6484.2	6706.8	8020.4	- Union Européenne
- Eastern Europe	1269.6	1292.0	1320.1	1498.6	1952.2	- Europe de l'Est
- Rest of Europe	597.2	557.7	520.9	513.1	605.6	- Autre de l'Europe
Europe former USSR	243.1	310.6	393.0	478.8	667.8	Europe ancienne URSS
Oceania	66.2	67.9	74.3	93.8	89.1	Océanie
Canada	2139.1	2134.9	2085.3	2175.3	2296.4	Canada
China	1150.6	1385.5	1511.9	1805.0	2254.9	Chine
United States	1118.4	1185.9	997.2	902.8	987.8	Etats-Unis d'Amérique
Germany	896.6	783.9	959.2	1043.3	1288.2	Allemagne
Indonesia	790.3	939.1	816.7	786.8	776.6	Indonésie
France-Monaco	823.0	741.2	755.3	748.9	815.2	France-Monaco
Sweden	709.7	652.8	684.0	809.0	969.7	Suède
Italy-San Marino-Holy See	651.4	614.3	655.8	664.1	745.6	Italie-Saint-Marin-Saint-Siège
Poland	552.6	555.2	561.8	641.1	913.9	Pologne
Belgium	645.4	676.2	676.9	536.6	615.6	Belgique
Denmark	647.3	594.8	547.4	584.3	667.0	Danemark
Austria	539.3	531.9	514.8	572.5	779.8	Autriche
United Kingdom	455.0	383.6	370.3	383.0	524.0	Royaume-Uni
Finland	396.7	380.3	395.6	407.7	490.6	Finlande
Spain	371.8	353.7	386.1	401.3	431.2	Espagne
Netherlands	441.3	376.9	319.7	341.8	421.3	Pays-Bas
Czech Republic	348.1	354.0	361.4	388.5	439.0	République tchèque
China, Hong Kong SAR	352.6	406.1	388.5	359.7	330.6	Chine - RAS de Hong-Kong
Brazil	273.8	287.5	337.6	430.4	470.4	Brésil
Mexico	327.7	371.2	249.9	236.1	239.9	Mexique
Thailand	266.3	301.1	288.8	e257.9	301.3	Thaïlande
Malaysia	276.3	289.4	263.5	272.7	286.1	Malaisie
Slovenia	236.3	216.8	191.6	199.6	243.0	Slovénie
Hungary	184.0	182.8	171.5	202.6	238.3	Hongrie
Norway	183.0	170.4	154.9	155.9	179.7	Norvège
Philippines	131.7	214.5	120.6	112.8	137.7	Philippines
Romania	100.5	113.0	131.5	154.7	213.6	Roumanie
Estonia	83.2	89.0	118.9	152.9	231.7	Estonie
Portugal	103.4	107.0	128.2	131.8	e152.8	Portugal
Switzerland-Liechtenstein	126.1	120.3	123.5	110.0	126.5	Suisse-Liechtenstein

(Value as percentages of World total)

(Valeur en pourcentage du total mondial)

Regions of the world	1994	1995	1996	1997	1998	1999	2000	2001	2002	2003	Régions du monde
World	100.0	100.0	100.0	100.0	100.0	100.0	100.0	100.0	100.0	100.0	Monde
Africa	1.0	0.8	0.7	0.7	0.7	1.0	0.8	0.8	0.9	0.9	Afrique
Americas	18.5	17.0	19.2	22.0	23.1	24.4	24.8	23.4	22.7	20.6	Amériques
- Northern America	14.2	13.5	15.2	17.6	18.3	19.3	19.5	18.4	17.5	16.0	- Amérique du Nord
- LAIA	3.9	3.2	3.7	3.9	4.3	4.6	4.9	4.7	4.9	4.3	- ALAI
- CACM	0.3	0.3	0.3	0.3	0.4	0.4	0.3	0.2	0.2	0.2	- MCC
- Caribbean	0.1	0.1	0.1	0.1	0.1	0.1	0.1	0.1	0.1	0.1	- Caraïbes
- Rest of America	0.0	0.0	0.0	0.0	0.0	0.0	0.0	0.1	0.0	0.0	- Autre d'Amérique
Asia excluding former USSR	25.9	24.7	23.7	22.2	20.2	21.4	24.4	23.4	23.7	23.3	Asie ancienne URSS exclus
- Middle East	0.6	0.5	0.6	0.6	0.7	0.4	0.4	0.5	0.7	1.2	- Moyen-Orient
Asia former USSR	0.0	0.0	0.1	0.0	0.0	0.0	0.0	0.0	0.0	0.0	Asie ancienne URSS
Europe excluding former USSR	53.5	56.2	54.6	53.0	54.1	51.3	47.7	49.6	49.5	51.5	Europe ancienne URSS exclus
- European Union	42.6	44.5	43.3	42.2	42.7	40.3	36.9	38.6	38.1	39.0	- Union Européenne
- Eastern Europe	6.1	7.0	7.1	7.0	7.8	7.5	7.6	7.9	8.5	9.5	- Europe de l'Est
- Rest of Europe	4.9	4.7	4.2	3.8	3.6	3.5	3.3	3.1	2.9	2.9	- Autre de l'Europe
Europe former USSR	0.7	0.8	1.2	1.5	1.5	1.4	1.8	2.3	2.7	3.3	Europe ancienne URSS
Oceania	0.4	0.5	0.5	0.5	0.5	0.4	0.4	0.4	0.5	0.4	Océanie

641 Paper and paperboard

TRADE BY COMMODITY (Value in million US dollars)
Imports by principal countries or areas

COMMERCE PAR PRODUIT (Valeur en millions de dollars EU)
Importations selon les principaux pays ou zones

Country or area	1999	2000	2001	2002	2003	Pays ou zone
World	74935.2	78938.5	76721.1	77923.9	87786.8	Monde
Africa	1647.4	1678.8	1793.1	1782.4	1809.1	Afrique
Americas	18894.1	21228.5	20520.6	19174.0	20070.9	Amériques
- Northern America	14401.7	16109.7	15575.6	14845.7	15592.4	- Amérique du Nord
- LAIA	3665.3	4213.6	4041.4	3379.6	3494.5	- ALAI
- CACM	515.1	580.8	604.7	626.4	662.7	- MCC
- Caribbean	243.4	248.9	234.3	257.3	252.2	- Caraïbes
- Rest of America	68.6	75.5	64.6	65.0	69.1	- Autre d'Amérique
Asia excluding former USSR	13910.3	15851.5	14032.9	14646.1	16091.6	Asie ancienne URSS exclus
- Middle East	1955.3	2504.8	2149.5	2381.1	3028.2	- Moyen-Orient
Asia former USSR	83.3	133.9	131.5	157.2	193.8	Asie ancienne URSS
Europe excluding former USSR	38112.4	37424.3	37703.2	39231.8	45885.9	Europe ancienne URSS exclus
- European Union	33908.8	33011.5	33099.4	33786.5	39775.0	- Union Européenne
- Eastern Europe	2158.9	2382.7	2598.8	3321.0	3696.9	- Europe de l'Est
- Rest of Europe	2044.7	2030.0	2005.0	2124.3	2414.0	- Autre de l'Europe
Europe former USSR	746.6	918.1	1196.3	1530.3	1986.5	Europe ancienne URSS
Oceania	1541.2	1703.4	1343.5	1402.1	1749.0	Océanie
United States	12013.7	13464.7	12978.4	12206.2	12739.1	Etats-Unis d'Amérique
Germany	7083.8	6631.8	7265.7	7350.0	8700.7	Allemagne
United Kingdom	5952.3	5530.0	5981.4	5812.2	6603.8	Royaume-Uni
France-Monaco	5010.3	5078.0	4734.1	4895.2	5736.1	France-Monaco
China	3583.7	3593.1	3349.7	3841.8	4049.6	Chine
Italy-San Marino-Holy See	3123.1	3398.2	3238.0	3361.3	3786.4	Italie-Saint-Marin-Saint-Siège
Belgium	2719.4	2702.0	2630.0	2719.6	3311.4	Belgique
Spain	2612.3	2601.5	2427.5	2657.8	3214.2	Espagne
Netherlands	2805.7	2489.9	2401.3	2515.0	2906.9	Pays-Bas
Canada	2383.2	2641.9	2592.4	2633.3	2845.7	Canada
Japan	1488.9	1876.7	1782.4	1628.2	1979.2	Japon
China, Hong Kong SAR	2004.3	2127.8	1582.2	1477.4	1349.7	Chine - RAS de Hong-Kong
Mexico	1343.4	1594.4	1624.9	1629.6	1671.7	Mexique
Poland	1003.4	1070.9	1119.1	1280.3	1570.7	Pologne
Australia	1192.5	1360.7	1006.8	1085.8	1309.1	Australie
Austria	1051.2	1018.1	1057.8	1037.8	1288.3	Autriche
Switzerland-Liechtenstein	1046.4	1029.4	1005.0	1025.6	1172.9	Suisse-Liechtenstein
Denmark	942.2	901.6	872.5	939.9	1067.4	Danemark
Malaysia	739.0	950.0	800.4	772.0	748.7	Malaisie
Turkey	642.6	829.2	537.7	740.1	1055.7	Turquie
Korea, Republic of	488.2	661.5	598.8	804.7	804.4	République de Corée
Czech Republic	432.1	478.7	519.4	953.8	741.4	République tchèque
Sweden	578.5	627.0	515.6	571.2	743.2	Suède
Portugal	532.4	556.3	556.6	569.3	e581.5	Portugal
Greece	585.3	584.5	512.0	418.9	676.3	Grèce
Brazil	617.7	726.8	573.8	404.3	409.7	Brésil
Singapore	505.7	593.2	479.8	462.3	471.7	Singapour
Russian Federation	261.7	306.4	438.2	603.9	808.1	Fédération de Russie
Norway	492.3	470.3	434.6	449.5	505.3	Norvège
Argentina	642.0	609.7	548.0	216.9	e333.3	Argentine

(Value as percentages of World total)   **(Valeur en pourcentage du total mondial)**

Regions of the world	1994	1995	1996	1997	1998	1999	2000	2001	2002	2003	Régions du monde
World	100.0	100.0	100.0	100.0	100.0	100.0	100.0	100.0	100.0	100.0	Monde
Africa	2.4	2.3	2.4	2.3	2.4	2.2	2.1	2.3	2.3	2.1	Afrique
Americas	22.2	22.4	22.2	23.6	24.9	25.2	26.9	26.7	24.6	22.9	Amériques
- Northern America	16.8	16.9	16.8	17.4	18.3	19.2	20.4	20.3	19.1	17.8	- Amérique du Nord
- LAIA	4.3	4.3	4.4	5.1	5.4	4.9	5.3	5.3	4.3	4.0	- ALAI
- CACM	0.6	0.7	0.6	0.6	0.7	0.7	0.7	0.8	0.8	0.8	- MCC
- Caribbean	0.3	0.3	0.4	0.4	0.4	0.3	0.3	0.3	0.3	0.3	- Caraïbes
- Rest of America	0.2	0.1	0.1	0.1	0.1	0.1	0.1	0.1	0.1	0.1	- Autre d'Amérique
Asia excluding former USSR	19.5	19.3	20.0	20.5	17.3	18.6	20.1	18.3	18.8	18.3	Asie ancienne URSS exclus
- Middle East	2.5	2.9	2.7	2.8	2.6	2.6	3.2	2.8	3.1	3.4	- Moyen-Orient
Asia former USSR	0.1	0.1	0.2	0.1	0.1	0.1	0.2	0.2	0.2	0.2	Asie ancienne URSS
Europe excluding former USSR	52.8	52.9	52.1	50.1	52.5	50.9	47.4	49.1	50.3	52.3	Europe ancienne URSS exclus
- European Union	48.1	48.0	46.8	44.9	46.7	45.3	41.8	43.1	43.4	45.3	- Union Européenne
- Eastern Europe	1.7	1.9	2.5	2.6	2.9	2.9	3.0	3.4	4.3	4.2	- Europe de l'Est
- Rest of Europe	3.0	2.9	2.8	2.6	2.8	2.7	2.6	2.6	2.7	2.7	- Autre de l'Europe
Europe former USSR	0.8	0.9	1.1	1.4	1.2	1.0	1.2	1.6	2.0	2.3	Europe ancienne URSS
Oceania	2.2	2.1	2.0	2.1	1.7	2.1	2.2	1.8	1.8	2.0	Océanie

TRADE BY COMMODITY (Value in million US dollars)
Exports by principal countries or areas

COMMERCE PAR PRODUIT (Valeur en millions de dollars EU)
Exportations selon les principaux pays ou zones

Country or area	1999	2000	2001	2002	2003	Pays ou zone
World	72675.2	77605.0	74563.4	76886.4	86885.0	Monde
Africa	374.1	411.3	467.2	373.5	452.9	Afrique
Americas	17983.6	19976.9	18915.2	17807.6	18491.4	Amériques
- Northern America	16451.5	18355.6	17189.9	16071.5	16450.3	- Amérique du Nord
- LAIA	1486.4	1580.1	1679.9	1686.1	1969.0	- ALAI
- CACM	35.5	30.2	34.7	38.7	41.9	- MCC
- Caribbean	4.7	5.6	5.6	6.7	26.6	- Caraïbes
- Rest of America	5.4	5.5	5.2	4.6	3.6	- Autre d'Amérique
Asia excluding former USSR	8297.9	9486.7	8275.7	8623.3	9219.9	Asie ancienne URSS exclus
- Middle East	154.9	164.0	227.8	245.5	299.7	- Moyen-Orient
Asia former USSR	2.1	2.2	2.3	2.2	3.8	Asie ancienne URSS
Europe excluding former USSR	44445.9	45891.7	44934.1	48026.8	56467.5	Europe ancienne URSS exclus
- European Union	40923.8	41978.9	40888.1	43424.7	51153.4	- Union Européenne
- Eastern Europe	1266.1	1592.0	1780.8	2199.9	2545.1	- Europe de l'Est
- Rest of Europe	2256.0	2320.9	2265.2	2402.3	2769.0	- Autre de l'Europe
Europe former USSR	1001.5	1258.7	1346.2	1348.9	1554.7	Europe ancienne URSS
Oceania	570.1	577.4	622.6	704.1	694.7	Océanie
Canada	9554.7	10601.5	10221.3	9405.1	9497.5	Canada
Germany	8513.7	8977.9	9061.3	10141.9	11789.8	Allemagne
Finland	8228.0	8246.0	7974.2	7797.3	8753.3	Finlande
United States	6896.7	7754.0	6968.5	6666.4	6952.8	Etats-Unis d'Amérique
Sweden	6041.2	6126.4	5813.7	6128.4	7372.1	Suède
France-Monaco	4170.7	4389.2	4063.3	4209.2	5087.3	France-Monaco
Austria	2473.6	2434.7	2518.2	2812.7	3336.8	Autriche
Netherlands	2486.2	2394.8	2190.7	2390.0	2981.7	Pays-Bas
Italy-San Marino-Holy See	2228.7	2441.0	2296.7	2447.0	2757.3	Italie-Saint-Marin-Saint-Siège
Belgium	2191.3	2142.1	2171.6	2436.4	3019.0	Belgique
United Kingdom	2209.6	2169.4	2003.4	1952.0	2243.8	Royaume-Uni
Indonesia	1789.3	2042.1	1767.6	1851.6	1751.3	Indonésie
Japan	1825.4	1978.2	1574.7	1787.5	1796.8	Japon
Spain	1148.8	1330.3	1435.3	1617.0	1979.0	Espagne
Korea, Republic of	1461.5	1570.5	1344.6	1328.9	1519.9	République de Corée
Switzerland-Liechtenstein	1238.7	1212.4	1180.4	1307.5	1549.6	Suisse-Liechtenstein
China, Hong Kong SAR	1262.8	1342.1	1031.7	972.4	907.3	Chine - RAS de Hong-Kong
Russian Federation	727.0	916.2	911.9	881.6	958.8	Fédération de Russie
Brazil	813.0	807.4	813.7	814.6	991.1	Brésil
Poland	508.9	662.3	731.0	894.1	1139.2	Pologne
Portugal	591.7	704.8	700.1	788.6	e914.5	Portugal
Norway	720.8	737.1	719.1	684.0	765.0	Norvège
China	189.2	528.4	549.0	588.9	877.1	Chine
Thailand	448.9	472.9	441.6	e437.7	511.3	Thaïlande
Czech Republic	270.7	315.3	336.8	525.3	438.4	République tchèque
Slovakia	268.0	320.3	344.1	372.0	419.6	Slovaquie
Australia	246.8	295.3	328.8	405.3	441.3	Australie
Chile	260.7	304.6	380.8	338.2	412.8	Chili
Malaysia	276.3	349.3	342.5	338.7	387.4	Malaisie
Slovenia	247.9	297.0	289.0	316.4	352.6	Slovénie

(Value as percentages of World total)

(Valeur en pourcentage du total mondial)

Regions of the world	1994	1995	1996	1997	1998	1999	2000	2001	2002	2003	Régions du monde
World	100.0	100.0	100.0	100.0	100.0	100.0	100.0	100.0	100.0	100.0	Monde
Africa	0.5	0.5	0.5	0.4	0.5	0.5	0.5	0.6	0.5	0.5	Afrique
Americas	25.9	25.9	26.1	26.0	24.7	24.7	25.7	25.4	23.2	21.3	Amériques
- Northern America	23.4	23.2	24.0	23.9	22.6	22.6	23.7	23.1	20.9	18.9	- Amérique du Nord
- LAIA	2.4	2.6	2.0	2.1	2.1	2.0	2.0	2.3	2.2	2.3	- ALAI
- CACM	0.0	0.0	0.0	0.0	0.0	0.0	0.0	0.0	0.1	0.0	- MCC
- Caribbean	0.0	0.0	0.0	0.0	0.0	0.0	0.0	0.0	0.0	0.0	- Caraïbes
- Rest of America	0.0	0.0	0.0	0.0	0.0	0.0	0.0	0.0	0.0	0.0	- Autre d'Amérique
Asia excluding former USSR	8.9	8.7	8.7	9.9	10.4	11.4	12.2	11.1	11.2	10.6	Asie ancienne URSS exclus
- Middle East	0.3	0.3	0.2	0.2	0.2	0.2	0.2	0.3	0.3	0.3	- Moyen-Orient
Asia former USSR	0.0	0.0	0.0	0.0	0.0	0.0	0.0	0.0	0.0	0.0	Asie ancienne URSS
Europe excluding former USSR	62.7	63.2	62.6	61.5	62.3	61.2	59.1	60.3	62.5	65.0	Europe ancienne URSS exclus
- European Union	58.7	58.6	58.0	56.9	57.5	56.3	54.1	54.8	56.5	58.9	- Union Européenne
- Eastern Europe	1.0	1.4	1.5	1.6	1.8	1.7	2.1	2.4	2.9	2.9	- Europe de l'Est
- Rest of Europe	3.1	3.2	3.1	3.0	3.0	3.1	3.0	3.0	3.1	3.2	- Autre de l'Europe
Europe former USSR	1.2	1.0	1.3	1.3	1.4	1.4	1.6	1.8	1.8	1.8	Europe ancienne URSS
Oceania	0.9	0.7	0.8	0.8	0.7	0.8	0.7	0.8	0.9	0.8	Océanie

642 Paper and paperboard, precut, and articles of paper or paperboard

Country or area	1999	2000	2001	2002	2003	Pays ou zone
World	24870.6	25835.6	26537.7	29173.1	33405.6	Monde
Africa	438.2	489.4	519.1	591.5	706.6	Afrique
Americas	6654.9	7473.1	7546.6	8170.3	8321.6	Amériques
- Northern America	3909.2	4520.6	4709.1	5442.7	5674.9	- Amérique du Nord
- LAIA	2229.5	2397.1	2228.5	2120.4	2051.6	- ALAI
- CACM	222.2	244.9	278.9	277.0	285.9	- MCC
- Caribbean	220.6	232.8	258.0	255.7	237.9	- Caraïbes
- Rest of America	73.4	77.7	71.9	74.6	71.3	- Autre d'Amérique
Asia excluding former USSR	3537.6	3871.9	3767.4	3902.7	4451.9	Asie ancienne URSS exclus
- Middle East	619.8	734.3	770.9	830.9	992.3	- Moyen-Orient
Asia former USSR	77.9	113.0	100.7	117.1	128.4	Asie ancienne URSS
Europe excluding former USSR	13153.4	12790.9	13378.7	14990.5	18084.8	Europe ancienne URSS exclus
- European Union	10786.4	10443.9	10926.9	12061.8	14727.4	- Union Européenne
- Eastern Europe	1062.6	1089.5	1183.2	1490.1	1703.4	- Europe de l'Est
- Rest of Europe	1304.4	1257.5	1268.6	1438.6	1654.1	- Autre de l'Europe
Europe former USSR	593.8	671.9	851.6	961.3	1168.0	Europe ancienne URSS
Oceania	414.8	425.5	373.8	439.6	544.3	Océanie
United States	2513.8	3023.2	3180.8	3838.3	3987.8	Etats-Unis d'Amérique
Germany	1968.0	1853.1	2198.9	2224.6	2783.6	Allemagne
France-Monaco	1905.3	1917.2	1871.5	2080.3	2605.0	France-Monaco
United Kingdom	1464.0	1519.3	1545.1	1712.4	1951.3	Royaume-Uni
Mexico	1539.4	1701.0	1476.3	1489.0	1469.5	Mexique
Canada	1375.5	1488.8	1517.9	1591.7	1668.8	Canada
Netherlands	1144.6	1030.0	961.1	1125.0	1449.1	Pays-Bas
Belgium	965.4	947.7	982.5	1148.8	1447.2	Belgique
China, Hong Kong SAR	828.6	859.9	790.5	778.1	820.3	Chine - RAS de Hong-Kong
Switzerland-Liechtenstein	608.6	584.3	587.0	659.4	759.7	Suisse-Liechtenstein
Spain	491.8	481.5	527.4	655.6	773.1	Espagne
Italy-San Marino-Holy See	500.1	498.8	518.5	574.8	644.7	Italie-Saint-Marin-Saint-Siège
Russian Federation	338.1	406.3	554.9	606.1	719.7	Fédération de Russie
Austria	486.7	449.7	447.6	498.5	625.4	Autriche
Denmark	439.3	392.1	433.8	460.9	532.7	Danemark
Japan	329.5	416.8	403.5	453.4	560.9	Japon
Sweden	371.7	365.1	369.6	430.4	546.4	Suède
China	403.7	435.4	387.4	400.5	439.5	Chine
Poland	385.6	374.1	378.5	425.4	478.3	Pologne
Norway	363.0	350.9	335.1	373.6	429.1	Norvège
Ireland	373.2	317.3	342.6	381.5	421.5	Irlande
Czech Republic	224.4	242.9	277.2	454.8	400.7	République tchèque
Hungary	243.6	254.6	255.4	287.6	381.9	Hongrie
Australia	260.6	266.0	218.5	269.8	331.1	Australie
Portugal	249.6	239.5	255.7	293.8	e300.1	Portugal
Singapore	271.7	264.6	243.6	262.2	286.4	Singapour
Greece	212.6	229.0	243.9	238.8	367.0	Grèce
Malaysia	165.8	168.6	145.4	150.2	152.0	Malaisie
Finland	143.1	140.0	147.0	150.5	175.2	Finlande
Saudi Arabia	132.8	137.2	136.3	140.2	160.3	Arabie saoudite

(Value as percentages of World total) — (Valeur en pourcentage du total mondial)

Regions of the world	1994	1995	1996	1997	1998	1999	2000	2001	2002	2003	Régions du monde
World	100.0	100.0	100.0	100.0	100.0	100.0	100.0	100.0	100.0	100.0	Monde
Africa	2.0	2.3	2.2	2.1	2.1	1.8	1.9	2.0	2.0	2.1	Afrique
Americas	21.6	21.0	22.2	24.1	25.7	26.8	28.9	28.4	28.0	24.9	Amériques
- Northern America	11.6	11.9	12.9	13.7	14.8	15.7	17.5	17.7	18.7	17.0	- Amérique du Nord
- LAIA	8.1	7.3	7.6	8.4	8.8	9.0	9.3	8.4	7.3	6.1	- ALAI
- CACM	0.7	0.7	0.7	0.9	0.9	0.9	0.9	1.1	0.9	0.9	- MCC
- Caribbean	0.9	0.9	0.8	0.9	0.9	0.9	0.9	1.0	0.9	0.7	- Caraïbes
- Rest of America	0.3	0.2	0.2	0.3	0.3	0.3	0.3	0.3	0.3	0.2	- Autre d'Amérique
Asia excluding former USSR	16.4	15.9	15.8	16.0	14.0	14.2	15.0	14.2	13.4	13.3	Asie ancienne URSS exclus
- Middle East	2.7	2.7	2.5	2.7	2.6	2.5	2.8	2.9	2.8	3.0	- Moyen-Orient
Asia former USSR	0.1	0.2	0.4	0.3	0.4	0.3	0.4	0.4	0.4	0.4	Asie ancienne URSS
Europe excluding former USSR	55.7	56.2	54.7	52.0	53.2	52.9	49.5	50.4	51.4	54.1	Europe ancienne URSS exclus
- European Union	46.8	46.7	44.9	42.4	43.3	43.4	40.4	41.2	41.3	44.1	- Union Européenne
- Eastern Europe	3.0	3.6	4.0	4.3	4.6	4.3	4.2	4.5	5.1	5.1	- Europe de l'Est
- Rest of Europe	5.8	5.9	5.8	5.3	5.3	5.2	4.9	4.8	4.9	5.0	- Autre de l'Europe
Europe former USSR	2.3	2.6	2.9	3.8	3.3	2.4	2.6	3.2	3.3	3.5	Europe ancienne URSS
Oceania	1.9	1.7	1.8	1.7	1.4	1.7	1.6	1.4	1.5	1.6	Océanie

Papiers et cartons découpés en vue d'un usage déterminé; ouvrages en papier et carton 642

TRADE BY COMMODITY (Value in million US dollars)
Exports by principal countries or areas

COMMERCE PAR PRODUIT (Valeur en millions de dollars EU)
Exportations selon les principaux pays ou zones

Country or area	1999	2000	2001	2002	2003	Pays ou zone
World	24443.3	25218.9	26172.0	27826.4	31911.1	Monde
Africa	180.6	204.7	198.3	274.5	326.7	Afrique
Americas	6005.9	6459.6	6715.3	6630.5	6582.9	Amériques
- Northern America	4516.6	4906.0	5131.9	5136.0	4966.6	- Amérique du Nord
- LAIA	1265.9	1296.1	1300.9	1247.7	1327.5	- ALAI
- CACM	146.5	177.8	201.2	173.2	203.8	- MCC
- Caribbean	69.5	68.0	73.3	63.9	75.2	- Caraïbes
- Rest of America	7.4	11.7	8.0	9.8	9.9	- Autre d'Amérique
Asia excluding former USSR	3844.5	4354.3	4170.8	4611.5	5177.6	Asie ancienne URSS exclus
- Middle East	333.2	359.9	443.7	574.6	672.4	- Moyen-Orient
Asia former USSR	1.9	3.5	7.1	5.7	8.2	Asie ancienne URSS
Europe excluding former USSR	14154.4	13913.9	14799.4	15968.8	19400.0	Europe ancienne URSS exclus
- European Union	12802.0	12427.4	13067.9	13869.0	16954.1	- Union Européenne
- Eastern Europe	724.7	855.8	1108.4	1447.4	1682.6	- Europe de l'Est
- Rest of Europe	627.6	630.7	623.2	652.3	763.3	- Autre de l'Europe
Europe former USSR	109.7	143.3	147.4	162.3	193.5	Europe ancienne URSS
Oceania	146.4	139.6	133.7	173.1	222.1	Océanie
Germany	3560.0	3297.8	3730.4	3602.1	4833.5	Allemagne
United States	3375.6	3551.7	3618.2	3390.5	3404.2	Etats-Unis d'Amérique
Italy-San Marino-Holy See	1589.6	1599.2	1701.3	1857.5	2143.4	Italie-Saint-Marin-Saint-Siège
France-Monaco	1668.7	1647.3	1591.8	1688.0	1940.5	France-Monaco
Canada	1141.0	1354.3	1513.7	1745.2	1562.3	Canada
Belgium	1157.1	1150.6	1171.2	1377.0	1630.9	Belgique
Netherlands	1079.9	1019.0	1042.4	1144.7	1480.9	Pays-Bas
United Kingdom	1074.5	1011.5	1017.2	1106.9	1225.3	Royaume-Uni
China	702.5	836.7	892.5	1077.3	1361.0	Chine
China, Hong Kong SAR	812.5	886.6	770.3	768.4	782.5	Chine - RAS de Hong-Kong
Mexico	816.3	778.8	754.5	720.9	749.6	Mexique
Sweden	685.9	687.6	667.3	764.8	888.2	Suède
Spain	543.2	593.4	656.3	728.9	906.1	Espagne
Austria	516.6	486.3	488.8	581.5	714.4	Autriche
Poland	232.2	348.1	503.3	598.6	770.5	Pologne
Japan	457.5	537.4	380.8	414.0	478.2	Japon
Switzerland-Liechtenstein	380.0	380.0	382.8	404.8	486.3	Suisse-Liechtenstein
Denmark	341.9	369.8	393.7	412.6	497.3	Danemark
Finland	353.0	327.4	348.2	325.4	372.6	Finlande
Korea, Republic of	311.5	343.7	302.1	301.4	314.0	République de Corée
Czech Republic	181.2	204.4	255.4	441.4	414.7	République tchèque
Indonesia	186.0	258.4	280.8	266.7	251.9	Indonésie
Thailand	159.2	190.5	224.2	e250.1	292.1	Thaïlande
Malaysia	182.6	200.9	197.3	217.8	238.2	Malaisie
Hungary	179.5	140.2	156.1	191.8	223.8	Hongrie
Brazil	154.6	191.5	183.1	163.0	196.4	Brésil
Singapore	180.2	182.1	158.2	179.7	173.1	Singapour
Saudi Arabia	131.5	130.0	146.2	220.3	e241.7	Arabie saoudite
Slovakia	117.3	144.7	163.3	184.2	228.4	Slovaquie
Turkey	90.5	103.8	134.6	184.1	241.3	Turquie

(Value as percentages of World total)

(Valeur en pourcentage du total mondial)

Regions of the world	1994	1995	1996	1997	1998	1999	2000	2001	2002	2003	Régions du monde
World	100.0	100.0	100.0	100.0	100.0	100.0	100.0	100.0	100.0	100.0	Monde
Africa	0.8	0.8	1.0	0.8	0.7	0.7	0.8	0.8	1.0	1.0	Afrique
Americas	19.2	19.1	20.8	23.4	23.6	24.6	25.6	25.7	23.8	20.6	Amériques
- Northern America	15.6	15.3	16.6	18.1	18.0	18.5	19.5	19.6	18.5	15.6	- Amérique du Nord
- LAIA	2.8	3.0	3.4	4.3	4.7	5.2	5.1	5.0	4.5	4.2	- ALAI
- CACM	0.5	0.5	0.5	0.6	0.7	0.6	0.7	0.8	0.6	0.6	- MCC
- Caribbean	0.3	0.3	0.3	0.3	0.3	0.3	0.3	0.3	0.2	0.2	- Caraïbes
- Rest of America	0.1	0.1	0.1	0.1	0.0	0.0	0.0	0.0	0.0	0.0	- Autre d'Amérique
Asia excluding former USSR	17.2	16.5	15.6	16.8	15.1	15.7	17.3	15.9	16.6	16.2	Asie ancienne URSS exclus
- Middle East	1.4	1.4	1.2	1.4	1.4	1.4	1.4	1.7	2.1	2.1	- Moyen-Orient
Asia former USSR	0.0	0.0	0.0	0.0	0.0	0.0	0.0	0.0	0.0	0.0	Asie ancienne URSS
Europe excluding former USSR	61.7	62.5	61.3	57.8	59.5	57.9	55.2	56.5	57.4	60.8	Europe ancienne URSS exclus
- European Union	57.7	57.9	56.4	52.5	54.0	52.4	49.3	49.9	49.8	53.1	- Union Européenne
- Eastern Europe	1.3	2.0	2.4	2.7	2.9	3.0	3.4	4.2	5.2	5.3	- Europe de l'Est
- Rest of Europe	2.7	2.7	2.5	2.5	2.6	2.6	2.5	2.4	2.3	2.4	- Autre de l'Europe
Europe former USSR	0.4	0.5	0.7	0.7	0.6	0.4	0.6	0.6	0.6	0.6	Europe ancienne URSS
Oceania	0.6	0.6	0.6	0.6	0.5	0.6	0.6	0.5	0.6	0.7	Océanie

651 Textile yarn

Country or area	1999	2000	2001	2002	2003	Pays ou zone
World	33238.3	35823.6	33924.0	34141.6	37014.5	Monde
Africa	903.4	861.3	828.1	836.3	1001.2	Afrique
Americas	4472.1	5070.1	4491.9	4412.9	4445.4	Amériques
- Northern America	2889.6	3139.4	2800.0	2848.2	2853.9	- Amérique du Nord
- LAIA	1459.6	1776.6	1528.2	1359.6	1393.1	- ALAI
- CACM	65.4	94.5	103.8	126.4	130.0	- MCC
- Caribbean	52.4	54.9	55.5	74.6	64.3	- Caraïbes
- Rest of America	5.0	4.6	4.3	4.0	4.1	- Autre d'Amérique
Asia excluding former USSR	12614.5	14741.8	14182.5	14800.8	15820.6	Asie ancienne URSS exclus
- Middle East	1192.9	1476.1	1321.1	1570.8	1920.4	- Moyen-Orient
Asia former USSR	17.1	18.9	15.0	17.3	34.3	Asie ancienne URSS
Europe excluding former USSR	14564.0	14412.9	13732.0	13379.9	14872.8	Europe ancienne URSS exclus
- European Union	13046.7	12776.9	12004.8	11563.6	12687.1	- Union Européenne
- Eastern Europe	1021.0	1158.1	1256.3	1370.4	1679.4	- Europe de l'Est
- Rest of Europe	496.3	477.8	470.9	446.0	506.2	- Autre de l'Europe
Europe former USSR	230.7	301.6	336.1	303.5	400.2	Europe ancienne URSS
Oceania	436.5	417.1	338.4	390.9	439.9	Océanie
China, Hong Kong SAR	3115.7	3672.6	3572.1	3446.9	3925.9	Chine - RAS de Hong-Kong
China	2402.8	3131.5	3295.6	3688.8	4098.3	Chine
Italy-San Marino-Holy See	2552.6	2764.4	2672.1	2672.7	2925.5	Italie-Saint-Marin-Saint-Siège
United States	2098.9	2327.4	2106.3	2154.4	2201.6	Etats-Unis d'Amérique
Germany	2189.1	2014.0	2120.6	1941.6	2221.5	Allemagne
France-Monaco	1744.4	1703.4	1533.6	1456.5	1587.6	France-Monaco
Korea, Republic of	1562.7	1648.0	1542.1	1617.0	1480.3	République de Corée
United Kingdom	1456.4	1369.6	1240.2	1147.5	1196.1	Royaume-Uni
Belgium	1264.6	1198.0	1128.9	1113.4	1128.3	Belgique
Japan	1123.6	1121.0	1077.3	1059.1	1192.5	Japon
Spain	962.9	971.6	921.1	896.4	1024.9	Espagne
Turkey	657.5	804.4	682.8	1002.5	1274.3	Turquie
Canada	790.0	811.8	693.5	693.7	652.0	Canada
Portugal	661.1	650.4	648.2	608.0	e621.1	Portugal
Mexico	576.8	695.4	620.3	621.5	612.0	Mexique
Netherlands	782.7	768.3	441.2	439.0	519.0	Pays-Bas
Brazil	396.5	518.0	415.5	353.4	344.1	Brésil
Poland	330.3	360.3	395.0	418.4	485.0	Pologne
Czech Republic	296.7	369.0	371.4	391.2	453.0	République tchèque
Austria	393.8	365.4	350.8	359.9	400.9	Autriche
Thailand	269.4	369.8	354.7	e304.4	356.9	Thaïlande
Australia	359.4	341.8	273.1	322.2	356.7	Australie
Bangladesh	e281.7	e306.4	296.8	e290.1	278.7	Bangladesh
India	183.4	203.3	262.5	320.4	325.5	Inde
Malaysia	247.9	276.2	236.7	225.8	229.9	Malaisie
Indonesia	205.3	289.6	271.7	233.5	208.3	Indonésie
Denmark	255.4	250.3	242.3	213.1	227.2	Danemark
Switzerland-Liechtenstein	273.5	252.8	223.2	191.0	218.1	Suisse-Liechtenstein
Viet Nam	191.1	234.2	229.8	273.3	e226.6	Viet Nam
Greece	237.2	216.8	196.7	201.1	245.7	Grèce

(Value as percentages of World total) **(Valeur en pourcentage du total mondial)**

Regions of the world	1994	1995	1996	1997	1998	1999	2000	2001	2002	2003	Régions du monde
World	100.0	100.0	100.0	100.0	100.0	100.0	100.0	100.0	100.0	100.0	Monde
Africa	2.6	2.3	2.4	2.3	2.8	2.7	2.4	2.4	2.4	2.7	Afrique
Americas	9.0	9.1	10.0	11.3	12.1	13.5	14.2	13.2	12.9	12.0	Amériques
- Northern America	6.3	5.9	6.3	7.0	7.7	8.7	8.8	8.3	8.3	7.7	- Amérique du Nord
- LAIA	2.4	3.0	3.4	3.9	3.9	4.4	5.0	4.5	4.0	3.8	- ALAI
- CACM	0.1	0.1	0.1	0.2	0.2	0.2	0.3	0.3	0.4	0.4	- MCC
- Caribbean	0.1	0.1	0.1	0.2	0.2	0.2	0.2	0.2	0.2	0.2	- Caraïbes
- Rest of America	0.0	0.0	0.0	0.0	0.0	0.0	0.0	0.0	0.0	0.0	- Autre d'Amérique
Asia excluding former USSR	40.4	40.7	41.4	41.6	36.1	38.0	41.2	41.8	43.4	42.7	Asie ancienne URSS exclus
- Middle East	3.4	3.9	3.9	4.0	3.8	3.6	4.1	3.9	4.6	5.2	- Moyen-Orient
Asia former USSR	0.1	0.0	0.1	0.0	0.1	0.1	0.1	0.0	0.1	0.1	Asie ancienne URSS
Europe excluding former USSR	45.8	45.9	44.2	43.0	47.1	43.8	40.2	40.5	39.2	40.2	Europe ancienne URSS exclus
- European Union	42.2	41.9	40.2	39.1	42.4	39.3	35.7	35.4	33.9	34.3	- Union Européenne
- Eastern Europe	1.6	2.0	2.3	2.4	3.0	3.1	3.2	3.7	4.0	4.5	- Europe de l'Est
- Rest of Europe	2.0	2.0	1.7	1.5	1.7	1.5	1.3	1.4	1.3	1.4	- Autre de l'Europe
Europe former USSR	0.5	0.5	0.6	0.6	0.7	0.7	0.8	1.0	0.9	1.1	Europe ancienne URSS
Oceania	1.8	1.4	1.3	1.2	1.2	1.3	1.2	1.0	1.1	1.2	Océanie

TRADE BY COMMODITY (Value in million US dollars)
Exports by principal countries or areas

COMMERCE PAR PRODUIT (Valeur en millions de dollars EU)
Exportations selon les principaux pays ou zones

Country or area	1999	2000	2001	2002	2003	Pays ou zone
World	32279.1	35033.9	32836.2	33486.5	37892.9	Monde
Africa	407.0	450.1	396.7	399.3	467.8	Afrique
Americas	3515.7	3928.3	3409.4	3405.6	3670.7	Amériques
- Northern America	2473.8	2743.9	2305.4	2311.1	2487.1	- Amérique du Nord
- LAIA	996.2	1150.7	1069.3	1062.2	1146.2	- ALAI
- CACM	45.4	32.7	32.0	29.1	35.3	- MCC
- Caribbean	0.3	0.9	2.6	3.1	1.9	- Caraïbes
- Rest of America	0.1	0.1	0.0	0.0	0.2	- Autre d'Amérique
Asia excluding former USSR	15251.7	17601.2	16494.6	17174.3	19383.3	Asie ancienne URSS exclus
- Middle East	828.3	932.1	949.8	828.7	1021.3	- Moyen-Orient
Asia former USSR	216.7	189.9	220.2	253.6	316.0	Asie ancienne URSS
Europe excluding former USSR	12120.8	12057.9	11571.7	11535.1	13311.6	Europe ancienne URSS exclus
- European Union	10861.8	10645.5	10098.4	9981.8	11432.2	Union Européenne
- Eastern Europe	661.1	833.6	900.9	1012.7	1304.2	- Europe de l'Est
- Rest of Europe	597.9	578.8	572.3	540.6	575.2	- Autre de l'Europe
Europe former USSR	371.4	404.0	381.8	394.4	450.0	Europe ancienne URSS
Oceania	395.7	402.5	361.9	324.3	293.5	Océanie
China, Hong Kong SAR	2614.6	3042.2	3114.9	3176.4	3604.7	Chine - RAS de Hong-Kong
China	2180.4	2711.0	2765.0	3097.1	3889.8	Chine
Germany	2991.2	2825.7	2727.0	2666.3	2972.6	Allemagne
Italy-San Marino-Holy See	2479.4	2651.7	2533.3	2495.8	2836.9	Italie-Saint-Marin-Saint-Siège
United States	1887.5	2141.9	1743.0	1733.3	1905.0	Etats-Unis d'Amérique
India	1629.0	2002.9	1606.6	1834.0	1951.4	Inde
Korea, Republic of	1446.0	1585.0	1305.1	1428.6	1606.8	République de Corée
France-Monaco	1443.9	1380.0	1193.9	1248.4	1352.3	France-Monaco
Indonesia	1178.3	1327.8	1245.2	1230.8	1239.9	Indonésie
Pakistan	1097.8	1188.5	1097.4	973.1	1158.6	Pakistan
Japan	1092.3	1143.6	1017.0	996.8	1004.6	Japon
Belgium	984.0	900.7	884.5	863.6	872.8	Belgique
United Kingdom	852.0	812.6	772.8	670.8	681.2	Royaume-Uni
Turkey	733.7	751.1	811.3	665.4	778.4	Turquie
Spain	745.1	747.9	713.8	717.4	800.4	Espagne
Canada	586.2	602.0	562.4	577.8	582.0	Canada
Thailand	468.1	518.9	504.5	e546.3	638.1	Thaïlande
Malaysia	513.3	572.1	447.3	482.6	489.0	Malaisie
Mexico	350.4	440.2	423.0	423.9	427.5	Mexique
Netherlands	281.6	269.9	309.1	308.9	713.5	Pays-Bas
Switzerland-Liechtenstein	408.3	382.9	351.7	313.4	313.3	Suisse-Liechtenstein
Australia	341.8	354.6	326.0	273.5	223.9	Australie
Czech Republic	191.3	278.8	296.9	312.4	384.3	République tchèque
Austria	278.1	264.1	252.7	262.1	378.0	Autriche
Brazil	215.5	232.8	187.6	215.3	299.6	Brésil
Singapore	211.4	245.5	194.9	241.8	227.8	Singapour
Ireland	225.2	253.8	234.0	210.1	191.1	Irlande
Slovakia	176.1	196.9	204.6	235.0	277.2	Slovaquie
Poland	145.6	190.3	192.7	209.8	245.0	Pologne
Argentina	173.4	207.1	192.0	175.0	157.2	Argentine

(Value as percentages of World total) **(Valeur en pourcentage du total mondial)**

Regions of the world	1994	1995	1996	1997	1998	1999	2000	2001	2002	2003	Régions du monde
World	100.0	100.0	100.0	100.0	100.0	100.0	100.0	100.0	100.0	100.0	Monde
Africa	2.3	1.9	1.4	1.6	1.4	1.3	1.3	1.2	1.2	1.2	Afrique
Americas	8.7	9.2	9.7	10.0	10.2	10.9	11.2	10.4	10.2	9.7	Amériques
- Northern America	5.3	5.5	6.2	6.6	7.1	7.7	7.8	7.0	6.9	6.6	- Amérique du Nord
- LAIA	3.3	3.6	3.4	3.3	3.0	3.1	3.3	3.3	3.2	3.0	- ALAI
- CACM	0.1	0.1	0.1	0.1	0.1	0.1	0.1	0.1	0.1	0.1	- MCC
- Caribbean	0.0	0.0	0.0	0.0	0.0	0.0	0.0	0.0	0.0	0.0	- Caraïbes
- Rest of America	0.0	0.0	0.0	0.0	0.0	0.0	0.0	0.0	0.0	0.0	- Autre d'Amérique
Asia excluding former USSR	44.7	44.8	46.0	45.8	42.9	47.2	50.2	50.2	51.3	51.2	Asie ancienne URSS exclus
- Middle East	2.1	1.5	1.6	1.9	2.2	2.6	2.7	2.9	2.5	2.7	- Moyen-Orient
Asia former USSR	0.3	0.1	0.3	0.2	0.5	0.7	0.5	0.7	0.8	0.8	Asie ancienne URSS
Europe excluding former USSR	42.2	41.6	40.0	39.7	42.5	37.6	34.4	35.2	34.4	35.1	Europe ancienne URSS exclus
- European Union	37.8	37.2	36.2	36.0	38.5	33.6	30.4	30.8	29.8	30.2	- Union Européenne
- Eastern Europe	1.5	1.9	1.7	1.8	2.0	2.0	2.4	2.7	3.0	3.4	- Europe de l'Est
- Rest of Europe	2.8	2.6	2.2	1.9	2.0	1.9	1.7	1.7	1.6	1.5	- Autre de l'Europe
Europe former USSR	0.8	1.1	1.2	1.2	1.2	1.2	1.2	1.2	1.2	1.2	Europe ancienne URSS
Oceania	1.0	1.3	1.3	1.4	1.2	1.2	1.1	1.1	1.0	0.8	Océanie

652 Cotton fabrics, woven (not including narrow or special fabrics)

TRADE BY COMMODITY (Value in million US dollars)
Imports by principal countries or areas

COMMERCE PAR PRODUIT (Valeur en millions de dollars EU)
Importations selon les principaux pays ou zones

Country or area	1999	2000	2001	2002	2003	Pays ou zone
World	19783.7	20249.5	19987.4	21625.9	22870.0	Monde
Africa	1502.6	1468.0	1593.1	1696.1	2011.0	Afrique
Americas	3480.0	3905.6	3504.8	3932.3	3608.6	Amériques
- Northern America	2032.9	2165.4	1893.3	2056.5	1844.7	- Amérique du Nord
- LAIA	1293.4	1567.8	1361.1	1441.5	1376.5	- ALAI
- CACM	45.7	40.1	46.9	150.8	154.5	- MCC
- Caribbean	98.7	123.8	196.0	278.1	228.9	- Caraïbes
- Rest of America	9.2	8.5	7.4	5.5	3.9	- Autre d'Amérique
Asia excluding former USSR	7808.4	8388.7	7799.0	8691.5	9310.5	Asie ancienne URSS exclus
- Middle East	671.4	752.7	818.0	1203.8	1387.4	- Moyen-Orient
Asia former USSR	10.7	13.0	9.7	13.4	13.0	Asie ancienne URSS
Europe excluding former USSR	6504.0	5991.0	6577.8	6761.7	7304.8	Europe ancienne URSS exclus
- European Union	5010.1	4545.4	4897.8	4814.3	5014.4	- Union Européenne
- Eastern Europe	1076.2	1171.7	1383.4	1641.7	1971.3	- Europe de l'Est
- Rest of Europe	417.6	273.9	296.5	305.7	319.1	- Autre de l'Europe
Europe former USSR	205.7	242.4	303.3	311.5	401.5	Europe ancienne URSS
Oceania	272.4	240.9	199.7	219.3	220.8	Océanie
China, Hong Kong SAR	2363.7	2374.6	2081.7	2322.5	2457.7	Chine - RAS de Hong-Kong
China	1600.5	1796.6	1788.8	1887.2	2047.9	Chine
United States	1696.2	1810.8	1591.1	1760.5	1578.3	Etats-Unis d'Amérique
Mexico	975.6	1192.0	967.2	1127.5	1055.8	Mexique
Italy-San Marino-Holy See	774.5	764.3	942.1	928.2	991.6	Italie-Saint-Marin-Saint-Siège
Germany	907.1	802.1	872.6	828.5	925.8	Allemagne
France-Monaco	703.1	677.5	724.5	674.3	703.1	France-Monaco
Tunisia	605.8	558.9	698.4	708.8	718.6	Tunisie
United Kingdom	804.8	676.6	636.1	587.8	513.5	Royaume-Uni
Turkey	295.6	352.1	436.4	796.4	908.8	Turquie
Romania	263.2	344.5	444.2	582.4	743.3	Roumanie
Morocco	397.6	397.5	468.2	493.4	561.5	Maroc
Belgium	504.6	462.5	470.8	443.4	422.1	Belgique
Bangladesh	e432.0	e469.9	455.2	e444.9	453.2	Bangladesh
Poland	404.0	409.6	422.0	471.9	538.3	Pologne
Spain	313.4	306.6	398.3	462.9	530.4	Espagne
Japan	421.9	411.1	367.9	321.6	369.2	Japon
Sri Lanka	340.9	e448.7	336.5	332.4	e367.2	Sri Lanka
Korea, Republic of	283.4	317.8	306.9	380.2	362.7	République de Corée
Canada	336.7	354.1	301.7	295.7	266.0	Canada
Portugal	255.2	235.2	243.4	254.8	e260.2	Portugal
Philippines	247.5	243.1	215.2	199.5	224.8	Philippines
Thailand	199.8	220.6	191.7	e220.0	257.9	Thaïlande
Netherlands	228.1	196.7	177.4	172.0	189.3	Pays-Bas
China, Macao SAR	185.0	195.5	200.7	199.0	170.0	Chine - RAS de Macao
Australia	195.6	171.8	136.5	152.5	141.3	Australie
Dominican Republic	e71.8	e92.5	e162.1	e238.3	e202.1	République dominicaine
Hungary	129.4	121.6	140.1	167.6	176.0	Hongrie
Viet Nam	124.0	127.9	100.6	208.1	e172.5	Viet Nam
Indonesia	119.2	184.2	164.9	151.9	106.1	Indonésie

(Value as percentages of World total)											(Valeur en pourcentage du total mondial)
Regions of the world	1994	1995	1996	1997	1998	1999	2000	2001	2002	2003	Régions du monde
World	100.0	100.0	100.0	100.0	100.0	100.0	100.0	100.0	100.0	100.0	Monde
Africa	6.4	6.0	6.0	6.0	7.9	7.6	7.2	8.0	7.8	8.8	Afrique
Americas	13.5	13.5	13.3	14.9	15.8	17.6	19.3	17.5	18.2	15.8	Amériques
- Northern America	10.1	9.9	9.3	10.5	10.3	10.3	10.7	9.5	9.5	8.1	- Amérique du Nord
- LAIA	2.8	3.0	3.2	3.5	4.5	6.5	7.7	6.8	6.7	6.0	- ALAI
- CACM	0.2	0.2	0.2	0.3	0.3	0.2	0.2	0.2	0.7	0.7	- MCC
- Caribbean	0.3	0.4	0.5	0.6	0.7	0.5	0.6	1.0	1.3	1.0	- Caraïbes
- Rest of America	0.1	0.1	0.1	0.0	0.0	0.0	0.0	0.0	0.0	0.0	- Autre d'Amérique
Asia excluding former USSR	40.4	41.9	41.8	40.7	36.8	39.5	41.4	39.0	40.2	40.7	Asie ancienne URSS exclus
- Middle East	3.5	3.7	3.2	3.8	3.5	3.4	3.7	4.1	5.6	6.1	- Moyen-Orient
Asia former USSR	0.1	0.1	0.1	0.1	0.1	0.1	0.1	0.0	0.1	0.1	Asie ancienne URSS
Europe excluding former USSR	36.8	35.4	35.8	35.6	37.2	32.9	29.6	32.9	31.3	31.9	Europe ancienne URSS exclus
- European Union	29.0	28.9	29.0	28.7	28.4	25.3	22.4	24.5	22.3	21.9	- Union Européenne
- Eastern Europe	3.1	4.0	4.5	4.8	5.3	5.4	5.8	6.9	7.6	8.6	- Europe de l'Est
- Rest of Europe	4.7	2.4	2.3	2.1	3.6	2.1	1.4	1.5	1.4	1.4	- Autre de l'Europe
Europe former USSR	1.0	1.2	1.1	1.1	1.1	1.0	1.2	1.5	1.4	1.8	Europe ancienne URSS
Oceania	1.7	1.8	1.7	1.5	1.2	1.4	1.2	1.0	1.0	1.0	Océanie

TRADE BY COMMODITY (Value in million US dollars)
Exports by principal countries or areas

COMMERCE PAR PRODUIT (Valeur en millions de dollars EU)
Exportations selon les principaux pays ou zones

Country or area	1999	2000	2001	2002	2003	Pays ou zone
World	21402.0	22464.1	22300.1	24309.9	26637.8	Monde
Africa	265.6	328.3	273.7	280.8	264.2	Afrique
Americas	1969.6	2409.9	2270.7	2293.4	1983.5	Amériques
- Northern America	1348.4	1710.9	1681.0	1777.1	1474.4	- Amérique du Nord
- LAIA	590.0	671.3	577.0	502.5	489.4	- ALAI
- CACM	30.0	26.6	11.4	10.1	14.6	- MCC
- Caribbean	1.3	1.2	1.2	3.5	4.5	- Caraïbes
- Rest of America	0.0	0.0	0.1	0.2	0.5	- Autre d'Amérique
Asia excluding former USSR	11613.4	12491.1	11991.5	13585.5	15287.7	Asie ancienne URSS exclus
- Middle East	475.5	546.9	640.8	702.2	769.9	- Moyen-Orient
Asia former USSR	99.1	104.9	107.3	133.5	146.3	Asie ancienne URSS
Europe excluding former USSR	7231.7	6863.5	7409.3	7761.2	8656.9	Europe ancienne URSS exclus
- European Union	6662.2	6335.1	6817.5	7130.2	7973.9	- Union Européenne
- Eastern Europe	292.4	282.7	331.1	352.6	406.6	- Europe de l'Est
- Rest of Europe	277.2	245.8	260.7	278.4	276.4	- Autre de l'Europe
Europe former USSR	173.1	221.4	212.0	216.8	259.4	Europe ancienne URSS
Oceania	49.6	45.0	35.6	38.8	39.9	Océanie
China	2720.4	3122.9	3233.0	4293.2	5494.3	Chine
China, Hong Kong SAR	3090.5	3140.1	2828.7	3045.3	3083.0	Chine - RAS de Hong-Kong
Italy-San Marino-Holy See	1704.8	1769.6	2085.0	2376.5	2756.5	Italie-Saint-Marin-Saint-Siège
United States	1254.0	1619.2	1605.7	1711.9	1379.3	Etats-Unis d'Amérique
Germany	1291.5	1157.0	1226.0	1203.6	1388.9	Allemagne
Pakistan	1171.4	1073.0	1044.3	1241.9	1706.9	Pakistan
France-Monaco	1001.8	986.1	1034.6	1015.1	1099.0	France-Monaco
India	990.8	1102.6	974.6	1009.3	951.1	Inde
Japan	884.3	990.5	934.5	989.7	1035.9	Japon
Belgium	881.9	777.6	789.9	746.8	677.8	Belgique
Korea, Republic of	604.4	703.1	647.0	676.4	674.5	République de Corée
Spain	464.9	485.3	563.9	599.0	698.5	Espagne
Turkey	368.6	413.2	524.2	586.9	650.2	Turquie
Indonesia	374.2	452.1	430.6	373.3	361.5	Indonésie
United Kingdom	381.6	321.5	287.8	303.7	316.5	Royaume-Uni
Netherlands	328.0	304.1	279.3	300.6	347.8	Pays-Bas
Thailand	287.4	319.1	279.9	e259.0	302.5	Thaïlande
Mexico	303.3	355.0	220.4	216.4	134.3	Mexique
Czech Republic	191.4	185.5	213.0	220.8	239.5	République tchèque
Austria	218.8	187.2	198.7	194.7	232.3	Autriche
Brazil	165.2	189.4	225.8	182.7	253.9	Brésil
Switzerland-Liechtenstein	193.5	179.7	180.8	181.5	170.0	Suisse-Liechtenstein
Portugal	170.3	160.7	168.8	180.0	e208.7	Portugal
Russian Federation	82.4	119.8	114.5	115.8	138.9	Fédération de Russie
Malaysia	113.4	116.6	112.9	101.9	109.5	Malaisie
Canada	94.4	91.7	75.3	65.2	95.1	Canada
Uzbekistan	e63.5	e63.2	e73.6	e96.7	e97.6	Ouzbékistan
Singapore	85.8	79.0	65.4	65.3	63.4	Singapour
China, Macao SAR	51.1	55.5	58.7	86.1	73.2	Chine - RAS de Macao
Denmark	64.2	60.7	67.2	62.7	62.1	Danemark

(Value as percentages of World total)

(Valeur en pourcentage du total mondial)

Regions of the world	1994	1995	1996	1997	1998	1999	2000	2001	2002	2003	Régions du monde
World	100.0	100.0	100.0	100.0	100.0	100.0	100.0	100.0	100.0	100.0	Monde
Africa	1.8	1.8	1.6	1.6	1.4	1.2	1.5	1.2	1.2	1.0	Afrique
Americas	6.8	7.5	7.9	8.4	8.7	9.2	10.7	10.2	9.4	7.4	Amériques
- Northern America	4.3	4.3	4.5	4.7	5.1	6.3	7.6	7.5	7.3	5.5	- Amérique du Nord
- LAIA	2.3	3.1	3.3	3.6	3.4	2.8	3.0	2.6	2.1	1.8	- ALAI
- CACM	0.1	0.1	0.1	0.1	0.2	0.1	0.1	0.1	0.0	0.1	- MCC
- Caribbean	0.0	0.0	0.0	0.0	0.0	0.0	0.0	0.0	0.0	0.0	- Caraïbes
- Rest of America	0.0	0.0	0.0	0.0	0.0	0.0	0.0	0.0	0.0	0.0	- Autre d'Amérique
Asia excluding former USSR	54.3	53.4	53.0	53.8	50.7	54.3	55.6	53.8	55.9	57.4	Asie ancienne URSS exclus
- Middle East	2.8	2.2	2.8	3.3	2.5	2.2	2.4	2.9	2.9	2.9	- Moyen-Orient
Asia former USSR	0.6	0.1	0.4	0.3	0.4	0.5	0.5	0.5	0.5	0.5	Asie ancienne URSS
Europe excluding former USSR	35.4	36.0	35.5	34.3	37.5	33.8	30.6	33.2	31.9	32.5	Europe ancienne URSS exclus
- European Union	32.1	32.3	32.5	31.4	34.0	31.1	28.2	30.6	29.3	29.9	- Union Européenne
- Eastern Europe	1.2	1.7	1.4	1.5	1.7	1.4	1.3	1.5	1.5	1.5	- Europe de l'Est
- Rest of Europe	2.0	1.9	1.5	1.4	1.8	1.3	1.1	1.2	1.1	1.0	- Autre de l'Europe
Europe former USSR	0.9	1.0	1.1	1.3	1.1	0.8	1.0	1.0	0.9	1.0	Europe ancienne URSS
Oceania	0.2	0.3	0.4	0.3	0.2	0.2	0.2	0.2	0.2	0.1	Océanie

653 Fabrics, woven, of man-made fibres (not narrow or special fabrics)

TRADE BY COMMODITY (Value in million US dollars)
Imports by principal countries or areas

COMMERCE PAR PRODUIT (Valeur en millions de dollars EU)
Importations selon les principaux pays ou zones

Country or area	1999	2000	2001	2002	2003	Pays ou zone
World	28506.0	29089.7	26565.4	26020.0	26777.7	Monde
Africa	1378.7	1245.7	1254.2	1258.7	1532.1	Afrique
Americas	3888.5	4343.7	3924.9	3994.5	3788.3	Amériques
- Northern America	1923.1	2029.6	1682.9	1769.3	1718.1	- Amérique du Nord
- LAIA	1773.2	2111.4	2025.5	1933.3	1795.1	- ALAI
- CACM	58.2	60.8	59.8	126.6	105.0	- MCC
- Caribbean	102.6	110.6	123.8	139.6	147.2	- Caraïbes
- Rest of America	31.3	31.1	32.9	25.8	23.0	- Autre d'Amérique
Asia excluding former USSR	12763.5	13882.5	12125.1	11658.2	11587.6	Asie ancienne URSS exclus
- Middle East	2649.5	2603.7	2447.5	2621.0	3110.1	- Moyen-Orient
Asia former USSR	51.6	57.2	34.1	39.6	48.7	Asie ancienne URSS
Europe excluding former USSR	9460.1	8568.9	8237.2	8165.6	8703.3	Europe ancienne URSS exclus
- European Union	7126.1	6283.3	5926.8	5695.7	6035.2	- Union Européenne
- Eastern Europe	2001.4	1966.9	1988.2	2127.7	2304.2	- Europe de l'Est
- Rest of Europe	332.6	318.7	322.2	342.1	363.8	- Autre de l'Europe
Europe former USSR	524.5	561.7	636.8	592.4	756.9	Europe ancienne URSS
Oceania	439.2	430.0	353.0	311.1	360.8	Océanie
China	3485.0	3840.4	3436.9	3180.5	3212.1	Chine
China, Hong Kong SAR	2627.8	2695.8	2144.7	1751.2	1737.8	Chine - RAS de Hong-Kong
Mexico	1199.6	1434.1	1346.8	1382.5	1290.8	Mexique
United States	1366.2	1445.1	1188.1	1270.5	1245.8	Etats-Unis d'Amérique
Germany	1470.9	1255.1	1212.9	1058.3	1117.6	Allemagne
United Arab Emirates	1190.4	1167.2	1127.2	e1156.5	e1355.3	Emirates arabes unis
United Kingdom	1364.5	1174.6	1095.3	1075.8	1092.8	Royaume-Uni
France-Monaco	924.9	871.9	786.5	787.2	798.5	France-Monaco
Romania	619.2	644.2	698.4	785.0	866.7	Roumanie
Italy-San Marino-Holy See	786.2	737.7	694.4	650.0	684.3	Italie-Saint-Marin-Saint-Siège
Poland	674.3	615.4	592.1	613.3	638.4	Pologne
Spain	675.1	620.0	612.7	590.9	632.1	Espagne
Viet Nam	422.9	576.7	507.7	845.9	e701.1	Viet Nam
Canada	556.8	584.3	494.6	498.7	471.9	Canada
Korea, Republic of	553.8	599.7	461.2	420.5	398.0	République de Corée
Saudi Arabia	507.1	502.8	432.5	460.0	525.9	Arabie saoudite
Bangladesh	e530.7	e577.2	559.1	e546.5	179.5	Bangladesh
Turkey	480.3	451.9	352.5	475.9	510.5	Turquie
Belgium	421.5	402.3	393.1	409.0	460.9	Belgique
Morocco	422.7	400.0	377.3	388.2	431.3	Maroc
Tunisia	379.0	326.4	359.6	337.4	356.1	Tunisie
Sri Lanka	335.5	e431.7	323.7	302.7	e334.4	Sri Lanka
Thailand	330.4	418.4	380.3	e270.0	316.5	Thaïlande
Netherlands	352.1	291.5	245.9	251.6	280.3	Pays-Bas
Portugal	330.4	278.5	263.9	246.8	e252.1	Portugal
Singapore	267.7	295.5	207.9	229.8	208.3	Singapour
Japan	249.4	261.5	234.8	200.2	248.1	Japon
Philippines	261.3	285.3	233.3	174.4	216.2	Philippines
Hungary	259.7	235.7	205.5	194.1	199.2	Hongrie
Brazil	149.8	204.1	218.7	233.0	205.5	Brésil

(Value as percentages of World total)   **(Valeur en pourcentage du total mondial)**

Regions of the world	1994	1995	1996	1997	1998	1999	2000	2001	2002	2003	Régions du monde
World	100.0	100.0	100.0	100.0	100.0	100.0	100.0	100.0	100.0	100.0	Monde
Africa	3.0	3.1	3.0	3.1	4.9	4.8	4.3	4.7	4.8	5.7	Afrique
Americas	11.9	10.6	10.6	12.3	13.1	13.6	14.9	14.8	15.4	14.1	Amériques
- Northern America	6.3	5.6	5.9	6.8	6.9	6.7	7.0	6.3	6.8	6.4	- Amérique du Nord
- LAIA	5.0	4.4	4.1	4.7	5.4	6.2	7.3	7.6	7.4	6.7	- ALAI
- CACM	0.2	0.2	0.2	0.3	0.2	0.2	0.2	0.2	0.5	0.4	- MCC
- Caribbean	0.2	0.3	0.4	0.4	0.5	0.4	0.4	0.5	0.5	0.5	- Caraïbes
- Rest of America	0.1	0.1	0.1	0.1	0.1	0.1	0.1	0.1	0.1	0.1	- Autre d'Amérique
Asia excluding former USSR	51.6	50.8	50.8	48.8	43.5	44.8	47.7	45.6	44.8	43.3	Asie ancienne URSS exclus
- Middle East	8.8	8.3	7.5	8.2	9.5	9.3	9.0	9.2	10.1	11.6	- Moyen-Orient
Asia former USSR	0.1	0.1	0.1	0.1	0.1	0.2	0.2	0.1	0.2	0.2	Asie ancienne URSS
Europe excluding former USSR	30.8	32.5	32.5	32.8	35.1	33.2	29.5	31.0	31.4	32.5	Europe ancienne URSS exclus
- European Union	25.7	26.6	26.1	25.9	26.9	25.0	21.6	22.3	21.9	22.5	- Union Européenne
- Eastern Europe	3.9	4.7	5.3	5.9	7.0	7.0	6.8	7.5	8.2	8.6	- Europe de l'Est
- Rest of Europe	1.3	1.2	1.1	1.1	1.2	1.2	1.1	1.2	1.3	1.4	- Autre de l'Europe
Europe former USSR	0.9	1.3	1.4	1.5	1.9	1.8	1.9	2.4	2.3	2.8	Europe ancienne URSS
Oceania	1.6	1.8	1.5	1.5	1.5	1.5	1.5	1.3	1.2	1.3	Océanie

TRADE BY COMMODITY (Value in million US dollars)
Exports by principal countries or areas

COMMERCE PAR PRODUIT (Valeur en millions de dollars EU)
Exportations selon les principaux pays ou zones

Country or area	1999	2000	2001	2002	2003	Pays ou zone
World	30379.7	31698.2	28380.5	27558.0	29653.7	Monde
Africa	96.1	125.6	90.7	100.1	119.3	Afrique
Americas	1928.4	2452.2	2112.2	1987.9	1857.5	Amériques
- Northern America	1562.7	1937.7	1774.1	1715.3	1558.0	- Amérique du Nord
- LAIA	310.4	466.8	301.3	239.7	250.7	- ALAI
- CACM	48.8	41.5	29.0	20.5	33.3	- MCC
- Caribbean	6.4	6.0	6.8	12.1	15.3	- Caraïbes
- Rest of America	0.0	0.2	1.0	0.3	0.1	- Autre d'Amérique
Asia excluding former USSR	18327.1	20060.2	17589.0	16901.0	18314.6	Asie ancienne URSS exclus
- Middle East	1219.9	1281.7	1238.0	1387.5	1649.6	- Moyen-Orient
Asia former USSR	1.2	3.1	2.9	6.7	10.0	Asie ancienne URSS
Europe excluding former USSR	9879.3	8911.6	8446.3	8412.5	9186.3	Europe ancienne URSS exclus
- European Union	9303.4	8341.4	7899.0	7832.5	8549.1	- Union Européenne
Eastern Europe	333.6	342.1	351.1	398.1	429.5	- Europe de l'Est
- Rest of Europe	242.3	228.0	196.3	181.9	207.7	- Autre de l'Europe
Europe former USSR	93.6	95.2	93.5	104.7	118.2	Europe ancienne URSS
Oceania	54.1	50.4	46.0	45.1	47.8	Océanie
China	2352.4	3124.7	3294.7	3822.7	5165.0	Chine
Korea, Republic of	4245.8	4308.7	3390.2	3054.4	2663.1	République de Corée
Japan	2232.9	2280.5	1984.4	1768.6	1833.7	Japon
Italy-San Marino-Holy See	2100.4	1936.1	1904.9	1822.0	1971.3	Italie-Saint-Marin-Saint-Siège
China, Hong Kong SAR	2178.6	2203.0	1815.8	1578.1	1510.8	Chine - RAS de Hong-Kong
Germany	2157.5	1798.2	1711.1	1520.7	1667.0	Allemagne
United States	1343.8	1710.0	1560.7	1494.4	1335.4	Etats-Unis d'Amérique
France-Monaco	1504.5	1390.8	1225.3	1248.7	1331.8	France-Monaco
Belgium	1067.5	981.1	937.4	965.5	1036.3	Belgique
Indonesia	1014.0	1119.4	996.4	836.8	873.3	Indonésie
United Kingdom	659.7	618.5	609.6	674.1	786.6	Royaume-Uni
Spain	652.3	598.4	630.2	681.1	754.7	Espagne
Turkey	576.7	577.9	583.2	668.2	843.2	Turquie
India	394.1	506.0	623.2	759.8	953.3	Inde
United Arab Emirates	569.2	611.3	524.0	e545.8	e648.1	Emirates arabes unis
Thailand	525.4	522.3	454.5	e384.0	448.5	Thaïlande
Pakistan	414.3	509.3	488.8	447.4	469.7	Pakistan
Netherlands	415.3	370.0	295.3	311.2	346.8	Pays-Bas
Malaysia	304.2	355.5	282.2	200.0	199.4	Malaisie
Mexico	224.0	365.4	216.2	166.6	169.7	Mexique
Canada	218.9	227.6	213.4	220.9	222.6	Canada
Portugal	215.7	193.2	186.5	192.9	e223.7	Portugal
Singapore	245.5	241.4	168.8	146.3	128.5	Singapour
Czech Republic	141.3	151.2	157.0	170.1	173.0	République tchèque
Austria	199.6	141.4	126.9	123.4	124.2	Autriche
Switzerland-Liechtenstein	164.1	146.3	122.1	110.4	127.9	Suisse-Liechtenstein
Denmark	128.8	126.0	105.8	97.8	90.8	Danemark
Sweden	96.5	91.4	81.5	94.6	100.3	Suède
Hungary	61.8	60.2	63.8	68.1	74.0	Hongrie
Poland	63.3	61.9	55.5	64.8	72.4	Pologne

(Value as percentages of World total)

(Valeur en pourcentage du total mondial)

Regions of the world	1994	1995	1996	1997	1998	1999	2000	2001	2002	2003	Régions du monde
World	100.0	100.0	100.0	100.0	100.0	100.0	100.0	100.0	100.0	100.0	Monde
Africa	0.3	0.3	0.4	0.3	0.3	0.3	0.4	0.3	0.4	0.4	Afrique
Americas	4.3	4.0	4.5	4.8	5.3	6.3	7.7	7.4	7.2	6.3	Amériques
- Northern America	3.4	3.2	3.6	4.0	4.4	5.1	6.1	6.3	6.2	5.3	- Amérique du Nord
- LAIA	0.8	0.7	0.7	0.7	0.8	1.0	1.5	1.1	0.9	0.8	- ALAI
- CACM	0.1	0.1	0.1	0.1	0.2	0.2	0.1	0.1	0.1	0.1	- MCC
- Caribbean	0.0	0.0	0.0	0.0	0.0	0.0	0.0	0.0	0.0	0.1	- Caraïbes
- Rest of America	0.0	0.0	0.0	0.0	0.0	0.0	0.0	0.0	0.0	0.0	- Autre d'Amérique
Asia excluding former USSR	64.0	62.7	62.3	63.2	59.1	60.3	63.3	62.0	61.3	61.8	Asie ancienne URSS exclus
- Middle East	1.6	2.2	2.4	2.8	4.6	4.0	4.0	4.4	5.0	5.6	- Moyen-Orient
Asia former USSR	0.0	0.0	0.0	0.0	0.0	0.0	0.0	0.0	0.0	0.0	Asie ancienne URSS
Europe excluding former USSR	31.0	32.6	32.2	31.1	34.6	32.5	28.1	29.8	30.5	31.0	Europe ancienne URSS exclus
- European Union	29.5	30.8	30.5	29.4	32.7	30.6	26.3	27.8	28.4	28.8	- Union Européenne
- Eastern Europe	0.6	0.9	0.8	0.8	1.0	1.1	1.1	1.2	1.4	1.4	- Europe de l'Est
- Rest of Europe	1.0	0.9	0.9	0.8	0.9	0.8	0.7	0.7	0.7	0.7	- Autre de l'Europe
Europe former USSR	0.2	0.2	0.4	0.4	0.4	0.3	0.3	0.3	0.4	0.4	Europe ancienne URSS
Oceania	0.2	0.2	0.2	0.2	0.2	0.2	0.2	0.2	0.2	0.2	Océanie

654 Textile fabrics, woven, other than cotton or man-made fibres

TRADE BY COMMODITY (Value in million US dollars)
Imports by principal countries or areas

COMMERCE PAR PRODUIT (Valeur en millions de dollars EU)
Importations selon les principaux pays ou zones

Country or area	1999	2000	2001	2002	2003	Pays ou zone
World	8263.4	8547.0	8138.6	7879.7	8657.4	Monde
Africa	203.1	197.1	191.8	191.8	227.9	Afrique
Americas	1215.1	1285.0	1159.8	1067.0	1118.4	Amériques
- Northern America	972.5	1011.6	873.3	836.9	865.8	- Amérique du Nord
- LAIA	204.9	224.7	237.7	179.9	202.1	- ALAI
- CACM	7.4	10.7	7.6	8.1	5.4	- MCC
- Caribbean	29.2	36.7	40.4	41.1	43.4	- Caraïbes
- Rest of America	1.2	1.2	0.9	1.1	1.8	- Autre d'Amérique
Asia excluding former USSR	2686.4	3135.0	2917.0	2969.5	3313.3	Asie ancienne URSS exclus
- Middle East	304.2	323.4	307.3	345.2	427.1	- Moyen-Orient
Asia former USSR	13.5	9.3	8.1	11.0	9.5	Asie ancienne URSS
Europe excluding former USSR	3799.5	3574.3	3509.0	3292.6	3596.6	Europe ancienne URSS exclus
- European Union	2853.6	2654.1	2515.4	2310.9	2537.0	- Union Européenne
- Eastern Europe	750.8	716.5	770.4	766.2	825.1	- Europe de l'Est
- Rest of Europe	195.1	203.7	223.2	215.6	234.6	- Autre de l'Europe
Europe former USSR	218.4	232.2	240.5	247.1	285.7	Europe ancienne URSS
Oceania	127.5	114.0	112.4	100.6	105.8	Océanie
China	724.7	878.0	897.6	921.6	1015.0	Chine
United States	781.0	820.2	691.2	661.3	671.6	Etats-Unis d'Amérique
Germany	829.9	740.5	700.0	559.9	581.6	Allemagne
China, Hong Kong SAR	608.3	686.2	567.4	557.5	616.4	Chine - RAS de Hong-Kong
Japan	363.7	412.9	396.3	337.0	359.3	Japon
France-Monaco	402.9	393.9	361.3	338.4	352.3	France-Monaco
Italy-San Marino-Holy See	330.1	365.1	356.4	344.6	401.8	Italie-Saint-Marin-Saint-Siège
Korea, Republic of	264.6	362.3	323.1	320.7	312.9	République de Corée
United Kingdom	357.3	306.5	305.4	277.8	278.0	Royaume-Uni
Romania	227.4	204.3	231.0	243.3	277.9	Roumanie
Spain	233.6	210.3	200.0	207.5	252.0	Espagne
Poland	217.9	213.7	211.9	191.0	181.1	Pologne
Canada	190.6	191.4	181.9	175.5	194.1	Canada
Turkey	132.1	140.2	125.9	160.3	221.8	Turquie
Belgium	126.4	122.3	115.6	103.6	128.4	Belgique
Mexico	104.4	119.7	134.6	112.1	116.0	Mexique
Portugal	137.5	122.9	113.2	100.4	e102.5	Portugal
Hungary	119.4	101.6	105.5	103.6	108.3	Hongrie
Netherlands	116.6	108.9	88.2	98.1	113.0	Pays-Bas
Switzerland-Liechtenstein	106.0	98.9	102.2	93.6	105.2	Suisse-Liechtenstein
Morocco	108.9	94.0	91.7	99.6	111.2	Maroc
United Arab Emirates	80.8	88.9	82.1	e84.2	e98.7	Emirates arabes unis
Bulgaria	54.7	70.0	90.0	91.6	115.9	Bulgarie
Austria	86.4	78.3	83.6	77.1	91.4	Autriche
Denmark	80.5	69.6	70.2	84.1	94.8	Danemark
Ukraine	50.9	65.5	68.2	77.6	e105.2	Ukraine
Australia	94.2	77.5	60.1	60.6	67.5	Australie
Czech Republic	72.4	67.6	71.5	71.4	65.6	République tchèque
Thailand	58.2	70.0	66.3	e58.8	69.0	Thaïlande
India	14.0	18.3	39.7	90.8	153.7	Inde

(Value as percentages of World total)

(Valeur en pourcentage du total mondial)

Regions of the world	1994	1995	1996	1997	1998	1999	2000	2001	2002	2003	Régions du monde
World	100.0	100.0	100.0	100.0	100.0	100.0	100.0	100.0	100.0	100.0	Monde
Africa	1.8	1.8	1.7	1.5	2.2	2.5	2.3	2.4	2.4	2.6	Afrique
Americas	12.2	11.7	12.4	14.2	15.0	14.7	15.0	14.3	13.5	12.9	Amériques
- Northern America	9.9	9.5	10.1	10.8	11.7	11.8	11.8	10.7	10.6	10.0	- Amérique du Nord
- LAIA	1.9	1.8	1.8	2.8	2.6	2.5	2.6	2.9	2.3	2.3	- ALAI
- CACM	0.0	0.1	0.1	0.2	0.1	0.1	0.1	0.1	0.1	0.1	- MCC
- Caribbean	0.2	0.2	0.4	0.4	0.6	0.4	0.4	0.5	0.5	0.5	- Caraïbes
- Rest of America	0.1	0.0	0.0	0.0	0.0	0.0	0.0	0.0	0.0	0.0	- Autre d'Amérique
Asia excluding former USSR	39.8	38.7	38.9	37.8	31.5	32.5	36.7	35.8	37.7	38.3	Asie ancienne URSS exclus
- Middle East	2.6	2.4	2.8	3.4	3.2	3.7	3.8	3.8	4.4	4.9	- Moyen-Orient
Asia former USSR	0.2	0.1	0.2	0.1	0.1	0.2	0.1	0.1	0.1	0.1	Asie ancienne URSS
Europe excluding former USSR	43.1	44.5	43.4	42.8	47.1	46.0	41.8	43.1	41.8	41.5	Europe ancienne URSS exclus
- European Union	36.1	35.8	34.1	32.7	34.9	34.5	31.1	30.9	29.3	29.3	- Union Européenne
- Eastern Europe	4.6	6.1	7.0	7.9	9.7	9.1	8.4	9.5	9.7	9.5	- Europe de l'Est
- Rest of Europe	2.4	2.6	2.3	2.2	2.5	2.4	2.4	2.7	2.7	2.7	- Autre de l'Europe
Europe former USSR	1.5	1.7	1.7	2.1	2.8	2.6	2.7	3.0	3.1	3.3	Europe ancienne URSS
Oceania	1.4	1.6	1.7	1.6	1.3	1.5	1.3	1.4	1.3	1.2	Océanie

Tissus autres que les tissus de coton ou de matières textiles synthétiques et artificielles 654

TRADE BY COMMODITY (Value in million US dollars)
Exports by principal countries or areas

COMMERCE PAR PRODUIT (Valeur en millions de dollars EU)
Exportations selon les principaux pays ou zones

Country or area	1999	2000	2001	2002	2003	Pays ou zone
World	9245.2	9954.4	9038.4	8659.4	9497.4	Monde
Africa	20.3	34.4	9.8	10.1	11.3	Afrique
Americas	430.1	486.9	450.2	415.0	422.0	Amériques
- Northern America	291.9	323.8	295.2	288.4	277.8	- Amérique du Nord
- LAIA	137.0	162.2	154.5	126.1	143.5	- ALAI
- CACM	0.9	0.6	0.4	0.3	0.4	- MCC
- Caribbean	0.2	0.3	0.2	0.2	0.2	- Caraïbes
- Rest of America	0.0	0.0	0.0	0.0	0.0	- Autre d'Amérique
Asia excluding former USSR	3124.0	3983.6	3247.8	3308.7	3729.1	Asie ancienne URSS exclus
- Middle East	336.9	628.0	287.8	300.1	361.5	- Moyen-Orient
Asia former USSR	2.1	4.3	1.2	1.1	1.6	Asie ancienne URSS
Europe excluding former USSR	5415.5	5197.0	5101.9	4678.5	5042.1	Europe ancienne URSS exclus
- European Union	5134.5	4895.3	4780.7	4354.4	4644.8	- Union Européenne
- Eastern Europe	186.0	200.4	226.5	234.8	297.0	- Europe de l'Est
- Rest of Europe	95.0	101.3	94.6	89.3	100.2	- Autre de l'Europe
Europe former USSR	233.4	235.2	216.5	231.5	276.6	Europe ancienne URSS
Oceania	19.8	13.0	10.9	14.6	14.7	Océanie
Italy-San Marino-Holy See	2354.4	2354.8	2394.4	2117.8	2226.8	Italie-Saint-Marin-Saint-Siège
China	784.8	1026.0	978.2	1055.0	1283.5	Chine
Germany	923.2	779.4	754.5	616.6	650.2	Allemagne
Japan	547.0	628.7	582.0	534.5	550.4	Japon
China, Hong Kong SAR	547.2	625.5	501.3	494.1	535.3	Chine - RAS de Hong-Kong
France-Monaco	555.6	533.1	471.6	416.6	428.0	France-Monaco
United Kingdom	506.6	489.4	440.3	435.8	489.8	Royaume-Uni
India	264.9	370.4	291.5	346.3	420.1	Inde
United Arab Emirates	237.6	516.3	196.9	e205.1	e243.6	Emirates arabes unis
Korea, Republic of	310.4	304.7	251.8	247.6	215.9	République de Corée
United States	212.2	237.3	206.4	209.0	206.9	Etats-Unis d'Amérique
Belgium	178.6	181.7	170.8	188.6	217.1	Belgique
Spain	151.5	147.6	157.9	165.4	184.1	Espagne
Czech Republic	106.3	119.5	133.2	140.8	177.1	République tchèque
Netherlands	137.5	109.8	107.0	117.4	121.8	Pays-Bas
Turkey	96.4	108.1	88.6	92.0	114.2	Turquie
Russian Federation	88.5	82.8	68.8	80.3	95.6	Fédération de Russie
Canada	79.7	86.4	88.8	79.4	70.9	Canada
Bangladesh	e64.3	e78.5	93.2	e74.9	53.0	Bangladesh
Portugal	63.1	59.3	70.1	70.8	e82.1	Portugal
Belarus	65.0	66.4	58.7	62.2	79.7	Bélarus
Mexico	52.6	73.3	72.4	63.6	69.9	Mexique
Switzerland-Liechtenstein	65.7	65.4	61.4	55.7	63.0	Suisse-Liechtenstein
Austria	79.4	65.4	51.3	47.1	56.7	Autriche
Ireland	54.3	56.4	56.8	53.7	59.2	Irlande
Sweden	66.3	49.4	41.9	51.6	55.5	Suède
Denmark	36.2	46.1	42.5	51.4	48.4	Danemark
Lithuania	43.8	43.6	40.4	33.8	46.0	Lituanie
Uruguay	38.8	41.1	40.9	33.9	41.5	Uruguay
Poland	28.9	32.0	29.1	27.1	35.7	Pologne

(Value as percentages of World total)

(Valeur en pourcentage du total mondial)

Regions of the world	1994	1995	1996	1997	1998	1999	2000	2001	2002	2003	Régions du monde
World	100.0	100.0	100.0	100.0	100.0	100.0	100.0	100.0	100.0	100.0	Monde
Africa	0.1	0.1	0.1	0.3	0.1	0.2	0.3	0.1	0.1	0.1	Afrique
Americas	4.2	4.3	4.8	5.2	4.9	4.7	4.9	5.0	4.8	4.4	Amériques
- Northern America	2.9	2.9	3.4	3.3	3.3	3.2	3.3	3.3	3.3	2.9	- Amérique du Nord
- LAIA	1.3	1.4	1.4	1.8	1.7	1.5	1.6	1.7	1.5	1.5	- ALAI
- CACM	0.0	0.0	0.0	0.0	0.0	0.0	0.0	0.0	0.0	0.0	- MCC
- Caribbean	0.0	0.0	0.0	0.0	0.0	0.0	0.0	0.0	0.0	0.0	- Caraïbes
- Rest of America	0.0	0.0	0.0	0.0	0.0	0.0	0.0	0.0	0.0	0.0	- Autre d'Amérique
Asia excluding former USSR	35.0	32.3	31.1	32.9	30.5	33.8	40.0	35.9	38.2	39.3	Asie ancienne URSS exclus
- Middle East	0.5	0.8	1.1	1.2	0.9	3.6	6.3	3.2	3.5	3.8	- Moyen-Orient
Asia former USSR	0.1	0.1	0.1	0.1	0.0	0.0	0.0	0.0	0.0	0.0	Asie ancienne URSS
Europe excluding former USSR	59.7	61.6	62.4	59.8	62.2	58.6	52.2	56.4	54.0	53.1	Europe ancienne URSS exclus
- European Union	55.9	57.5	59.2	56.8	58.8	55.5	49.2	52.9	50.3	48.9	- Union Européenne
- Eastern Europe	2.2	2.6	1.8	1.9	2.2	2.0	2.0	2.5	2.7	3.1	- Europe de l'Est
- Rest of Europe	1.6	1.5	1.4	1.1	1.2	1.0	1.0	1.0	1.0	1.1	- Autre de l'Europe
Europe former USSR	0.8	1.4	1.3	1.6	2.1	2.5	2.4	2.4	2.7	2.9	Europe ancienne URSS
Oceania	0.1	0.1	0.2	0.2	0.1	0.2	0.1	0.1	0.2	0.2	Océanie

655 Knitted or crocheted fabrics (including tubular, etc, fabrics)

Country or area	1999	2000	2001	2002	2003	Pays ou zone
World	12027.6	13305.4	12646.3	13006.2	14332.4	Monde
Africa	350.3	409.2	361.8	423.7	536.8	Afrique
Americas	2024.0	2296.4	2207.1	2173.6	2253.8	Amériques
- Northern America	1326.9	1408.7	1387.2	1421.0	1370.5	- Amérique du Nord
- LAIA	626.4	819.5	741.7	648.8	728.8	- ALAI
- CACM	11.2	7.5	13.9	9.1	11.6	- MCC
- Caribbean	53.4	54.2	59.2	88.7	136.8	- Caraïbes
- Rest of America	6.2	6.4	5.0	6.0	6.1	- Autre d'Amérique
Asia excluding former USSR	5691.3	6738.5	6333.3	6614.5	7268.2	Asie ancienne URSS exclus
- Middle East	270.0	459.7	500.9	527.7	647.2	- Moyen-Orient
Asia former USSR	7.3	19.9	13.4	13.5	14.8	Asie ancienne URSS
Europe excluding former USSR	3465.0	3288.2	3097.0	3061.5	3428.8	Europe ancienne URSS exclus
- European Union	2715.3	2480.6	2248.4	2146.9	2372.4	- Union Européenne
- Eastern Europe	617.5	657.5	695.4	748.8	880.7	- Europe de l'Est
- Rest of Europe	132.2	150.1	153.3	165.9	175.7	- Autre de l'Europe
Europe former USSR	181.8	227.2	221.3	257.6	313.6	Europe ancienne URSS
Oceania	307.8	326.1	412.4	461.9	516.4	Océanie
China, Hong Kong SAR	1927.8	2287.1	2088.0	2285.1	2467.2	Chine - RAS de Hong-Kong
China	1182.8	1339.0	1336.5	1432.0	1640.3	Chine
United States	978.2	1058.5	1070.6	1147.0	1099.3	Etats-Unis d'Amérique
Mexico	475.5	616.5	555.7	537.3	620.1	Mexique
France-Monaco	528.7	492.8	436.3	404.4	434.0	France-Monaco
Germany	481.2	430.2	404.3	393.9	462.2	Allemagne
Italy-San Marino-Holy See	320.7	351.4	318.6	326.2	371.6	Italie-Saint-Marin-Saint-Siège
Sri Lanka	275.9	e399.6	299.7	307.4	e339.6	Sri Lanka
China, Macao SAR	321.7	345.0	299.8	302.7	302.3	Chine - RAS de Macao
Canada	348.7	350.0	316.0	273.7	270.9	Canada
United Kingdom	362.0	280.5	248.4	226.4	217.7	Royaume-Uni
Northern Mariana Islands	e137.4	e171.1	e294.2	e348.1	e379.7	Iles Mariannes septentrionales
Philippines	293.3	262.9	268.8	156.2	247.0	Philippines
Poland	213.6	215.2	225.8	250.5	283.1	Pologne
Thailand	196.3	224.9	226.4	e233.3	273.5	Thaïlande
Singapore	217.9	268.0	226.0	210.6	166.1	Singapour
Malaysia	217.4	242.0	194.8	184.5	164.3	Malaisie
Spain	191.8	189.6	173.0	179.0	183.5	Espagne
United Arab Emirates	127.1	230.9	172.3	e176.7	e207.1	Emirates arabes unis
Morocco	156.0	179.0	158.3	178.8	206.6	Maroc
Belgium	184.5	145.5	139.3	145.7	162.5	Belgique
Portugal	165.3	154.2	134.6	114.0	e116.5	Portugal
Jordan	15.8	57.7	165.1	187.3	224.5	Jordanie
Romania	94.9	103.4	128.3	144.1	171.5	Roumanie
Hungary	137.8	129.5	127.0	118.5	128.6	Hongrie
Japan	170.4	129.1	93.6	85.4	96.0	Japon
Indonesia	104.1	145.7	120.2	76.7	51.9	Indonésie
Bangladesh	e70.0	e76.1	73.8	e72.1	204.2	Bangladesh
Turkey	75.5	88.0	74.3	104.6	141.4	Turquie
Czech Republic	92.1	99.3	92.0	91.2	103.1	République tchèque

(Value as percentages of World total)   **(Valeur en pourcentage du total mondial)**

Regions of the world	1994	1995	1996	1997	1998	1999	2000	2001	2002	2003	Régions du monde
World	100.0	100.0	100.0	100.0	100.0	100.0	100.0	100.0	100.0	100.0	Monde
Africa	2.0	2.2	2.0	1.8	3.0	2.9	3.1	2.9	3.3	3.7	Afrique
Americas	8.0	8.3	10.4	13.8	14.1	16.8	17.3	17.5	16.7	15.7	Amériques
- Northern America	6.2	5.8	7.4	9.9	9.8	11.0	10.6	11.0	10.9	9.6	- Amérique du Nord
- LAIA	1.2	1.5	1.8	2.9	3.4	5.2	6.2	5.9	5.0	5.1	- ALAI
- CACM	0.1	0.1	0.1	0.1	0.1	0.1	0.1	0.1	0.1	0.1	- MCC
- Caribbean	0.4	0.8	1.1	0.8	0.6	0.4	0.4	0.5	0.7	1.0	- Caraïbes
- Rest of America	0.1	0.1	0.1	0.1	0.1	0.1	0.0	0.0	0.0	0.0	- Autre d'Amérique
Asia excluding former USSR	59.1	56.9	54.7	51.5	47.8	47.3	50.6	50.1	50.9	50.7	Asie ancienne URSS exclus
- Middle East	3.5	2.7	2.5	2.9	2.9	2.2	3.5	4.0	4.1	4.5	- Moyen-Orient
Asia former USSR	0.1	0.1	0.0	0.0	0.0	0.1	0.1	0.1	0.1	0.1	Asie ancienne URSS
Europe excluding former USSR	28.6	29.4	28.7	29.0	31.3	28.8	24.7	24.5	23.5	23.9	Europe ancienne URSS exclus
- European Union	24.2	24.3	23.2	23.7	25.2	22.6	18.6	17.8	16.5	16.6	- Union Européenne
- Eastern Europe	2.8	3.6	4.0	4.2	5.0	5.1	4.9	5.5	5.8	6.1	- Europe de l'Est
- Rest of Europe	1.6	1.5	1.5	1.1	1.1	1.1	1.1	1.2	1.3	1.2	- Autre de l'Europe
Europe former USSR	0.7	1.0	1.2	1.3	1.5	1.5	1.7	1.8	2.0	2.2	Europe ancienne URSS
Oceania	1.5	2.2	3.1	2.5	2.2	2.6	2.5	3.3	3.6	3.6	Océanie

Etoffes de bonneterie, y compris les étoffes façon velours, peluches et la bonneterie à jours 655

Country or area	1999	2000	2001	2002	2003	Pays ou zone
World	14498.8	15740.5	14828.4	15980.0	17668.6	Monde
Africa	45.9	44.2	51.6	33.1	38.3	Afrique
Americas	1053.4	1322.2	1476.8	1562.4	1878.4	Amériques
- Northern America	903.3	1125.1	1275.5	1376.9	1683.5	- Amérique du Nord
- LAIA	141.9	185.2	191.4	172.6	183.0	- ALAI
- CACM	7.9	11.7	9.6	12.5	11.2	- MCC
- Caribbean	0.2	0.2	0.3	0.4	0.6	- Caraïbes
- Rest of America	0.0	0.0	0.0	0.0	0.0	- Autre d'Amérique
Asia excluding former USSR	9107.8	10345.6	9547.2	10625.1	11350.0	Asie ancienne URSS exclus
- Middle East	254.6	275.6	325.8	356.9	446.6	- Moyen-Orient
Asia former USSR	15.5	15.4	11.7	13.4	17.2	Asie ancienne URSS
Europe excluding former USSR	4201.7	3933.2	3663.5	3659.5	4282.6	Europe ancienne URSS exclus
- European Union	3960.0	3714.9	3469.1	3469.7	4052.6	- Union Européenne
- Eastern Europo	105.2	94.6	89.2	94.6	126.6	- Europe de l'Est
- Rest of Europe	136.5	123.6	105.2	95.3	103.4	- Autre de l'Europe
Europe former USSR	26.2	31.5	35.1	40.3	44.4	Europe ancienne URSS
Oceania	48.3	48.4	42.5	46.2	57.7	Océanie
Korea, Republic of	2169.9	2522.1	2478.1	2700.3	2758.0	République de Corée
China, Hong Kong SAR	1947.4	2371.8	2160.2	2379.6	2547.9	Chine - RAS de Hong-Kong
China	977.4	1287.8	1361.0	2006.4	2508.3	Chine
United States	629.3	806.8	949.4	1100.8	1418.9	Etats-Unis d'Amérique
Germany	1043.0	947.4	899.5	885.8	1053.2	Allemagne
Italy-San Marino-Holy See	971.6	926.6	838.1	875.3	1076.2	Italie-Saint-Marin-Saint-Siège
France-Monaco	639.3	611.4	572.3	523.4	572.6	France-Monaco
Japan	428.4	436.4	372.8	410.0	484.9	Japon
Spain	302.3	276.5	259.6	282.1	349.8	Espagne
Canada	274.0	318.3	326.1	276.1	264.6	Canada
Turkey	223.1	210.9	238.9	263.6	343.6	Turquie
United Kingdom	252.4	232.3	205.2	201.1	227.0	Royaume-Uni
Austria	214.9	201.0	179.7	168.3	165.9	Autriche
Belgium	155.0	145.0	144.8	146.3	152.1	Belgique
Singapore	128.7	163.0	149.3	124.8	114.6	Singapour
Denmark	121.5	113.9	119.6	132.0	140.0	Danemark
Malaysia	111.8	130.5	126.0	108.9	98.7	Malaisie
Netherlands	109.3	110.1	98.5	106.2	117.8	Pays-Bas
Mexico	79.5	100.7	102.9	93.9	90.4	Mexique
Thailand	56.0	66.5	76.3	e89.9	105.0	Thaïlande
Switzerland-Liechtenstein	97.8	88.7	67.2	55.5	61.0	Suisse-Liechtenstein
China, Macao SAR	67.7	65.6	60.7	74.6	76.7	Chine - RAS de Macao
Pakistan	69.5	70.5	73.8	65.7	54.8	Pakistan
Indonesia	42.8	75.9	51.5	42.3	59.9	Indonésie
Greece	39.9	41.6	53.7	50.1	86.5	Grèce
Sweden	57.1	60.2	49.5	47.9	56.7	Suède
United Arab Emirates	4.3	37.1	57.4	e59.8	e71.0	Emirates arabes unis
Czech Republic	40.1	39.2	39.3	32.8	41.5	République tchèque
Poland	47.8	34.7	26.4	28.6	40.2	Pologne
India	29.0	34.0	29.0	33.4	51.0	Inde

(Value as percentages of World total)   **(Valeur en pourcentage du total mondial)**

Regions of the world	1994	1995	1996	1997	1998	1999	2000	2001	2002	2003	Régions du monde
World	100.0	100.0	100.0	100.0	100.0	100.0	100.0	100.0	100.0	100.0	Monde
Africa	0.2	0.3	0.3	0.3	0.3	0.3	0.3	0.3	0.2	0.2	Afrique
Americas	4.4	5.2	5.7	6.5	6.7	7.3	8.4	10.0	9.8	10.6	Amériques
- Northern America	3.9	4.4	4.8	5.5	5.7	6.2	7.1	8.6	8.6	9.5	- Amérique du Nord
- LAIA	0.4	0.7	0.8	0.9	0.9	1.0	1.2	1.3	1.1	1.0	- ALAI
- CACM	0.0	0.0	0.0	0.0	0.1	0.1	0.1	0.1	0.1	0.1	- MCC
- Caribbean	0.0	0.0	0.0	0.0	0.0	0.0	0.0	0.0	0.0	0.0	- Caraïbes
- Rest of America	0.0	0.0	0.0	0.0	0.0	0.0	0.0	0.0	0.0	0.0	- Autre d'Amérique
Asia excluding former USSR	65.3	63.5	63.4	64.4	61.3	62.8	65.7	64.4	66.5	64.2	Asie ancienne URSS exclus
- Middle East	1.6	1.0	1.3	1.6	1.6	1.8	1.8	2.2	2.2	2.5	- Moyen-Orient
Asia former USSR	0.0	0.0	0.0	0.0	0.1	0.1	0.1	0.1	0.1	0.1	Asie ancienne URSS
Europe excluding former USSR	29.6	30.6	30.0	28.1	31.0	29.0	25.0	24.7	22.9	24.2	Europe ancienne URSS exclus
- European Union	27.5	28.4	28.0	26.6	29.2	27.3	23.6	23.4	21.7	22.9	- Union Européenne
- Eastern Europe	0.8	1.1	0.9	0.8	0.9	0.7	0.6	0.6	0.6	0.7	- Europe de l'Est
- Rest of Europe	1.4	1.2	1.1	0.8	0.9	0.9	0.8	0.7	0.6	0.6	- Autre de l'Europe
Europe former USSR	0.1	0.2	0.3	0.4	0.3	0.2	0.2	0.2	0.3	0.3	Europe ancienne URSS
Oceania	0.3	0.3	0.3	0.3	0.3	0.3	0.3	0.3	0.3	0.3	Océanie

656 Tulle, lace, embroidery, ribbons, trimmings and other small wares

TRADE BY COMMODITY (Value in million US dollars)
Imports by principal countries or areas

COMMERCE PAR PRODUIT (Valeur en millions de dollars EU)
Importations selon les principaux pays ou zones

Country or area	1999	2000	2001	2002	2003	Pays ou zone
World	4749.5	5192.4	4876.6	5231.6	6015.1	Monde
Africa	172.0	176.7	219.5	233.4	520.5	Afrique
Americas	1112.4	1237.8	1136.8	1200.5	1174.8	Amériques
- Northern America	555.4	614.4	589.9	628.5	646.1	- Amérique du Nord
- LAIA	476.3	514.2	444.1	442.1	412.7	- ALAI
- CACM	25.0	34.0	30.3	42.3	39.7	- MCC
- Caribbean	51.1	71.4	69.3	83.6	73.3	- Caraïbes
- Rest of America	4.7	3.8	3.2	4.0	3.0	- Autre d'Amérique
Asia excluding former USSR	1666.7	1939.1	1749.3	1894.6	2082.3	Asie ancienne URSS exclus
- Middle East	154.8	178.4	176.2	222.2	288.2	- Moyen-Orient
Asia former USSR	3.9	6.9	8.8	9.5	17.3	Asie ancienne URSS
Europe excluding former USSR	1671.9	1697.5	1639.5	1737.3	2021.2	Europe ancienne URSS exclus
- European Union	1294.1	1299.5	1211.1	1228.0	1390.5	- Union Européenne
- Eastern Europe	279.1	304.3	335.7	416.2	525.8	- Europe de l'Est
- Rest of Europe	98.7	93.7	92.6	93.0	104.9	- Autre de l'Europe
Europe former USSR	53.1	62.7	74.1	88.2	124.5	Europe ancienne URSS
Oceania	69.5	71.6	48.7	68.1	74.6	Océanie
United States	469.8	523.9	498.3	537.1	553.3	Etats-Unis d'Amérique
China	423.7	502.2	456.4	462.5	497.9	Chine
China, Hong Kong SAR	382.4	433.2	372.4	409.7	442.9	Chine - RAS de Hong-Kong
Mexico	401.4	433.4	374.2	383.7	354.7	Mexique
Italy-San Marino-Holy See	215.9	240.9	206.2	207.2	214.7	Italie-Saint-Marin-Saint-Siège
France-Monaco	192.4	202.4	186.0	182.4	233.8	France-Monaco
Germany	223.1	196.8	185.1	165.6	188.9	Allemagne
United Kingdom	189.4	183.7	177.1	187.0	193.1	Royaume-Uni
Spain	94.3	107.9	101.7	116.2	145.3	Espagne
Romania	60.1	74.0	93.0	129.2	171.4	Roumanie
Viet Nam	68.6	84.1	85.3	149.2	e123.6	Viet Nam
Belgium	89.9	90.2	99.1	105.1	123.2	Belgique
Sri Lanka	83.7	e121.0	90.7	94.1	e103.9	Sri Lanka
Japan	81.9	93.2	93.5	90.3	97.5	Japon
Canada	84.9	90.4	91.4	91.1	92.5	Canada
Morocco	62.4	69.1	83.0	91.7	120.4	Maroc
Poland	61.1	66.6	75.9	96.8	119.4	Pologne
Hungary	81.0	74.8	75.8	81.7	103.0	Hongrie
United Arab Emirates	73.8	75.0	66.7	e68.4	e80.1	Emirates arabes unis
Thailand	74.2	79.8	75.0	e60.1	70.5	Thaïlande
Austria	72.8	65.2	64.0	62.6	71.9	Autriche
Tunisia	54.6	50.3	62.8	68.1	73.3	Tunisie
Dominican Republic	e38.6	e60.1	e58.0	e72.5	e63.1	République dominicaine
Switzerland-Liechtenstein	61.2	55.8	51.7	52.4	58.2	Suisse-Liechtenstein
Philippines	57.3	57.8	56.1	38.0	60.6	Philippines
Saudi Arabia	29.5	37.5	46.4	71.3	81.5	Arabie saoudite
Singapore	46.7	54.4	42.5	53.4	66.4	Singapour
Czech Republic	48.4	52.1	46.5	49.7	58.1	République tchèque
Portugal	56.5	54.9	47.4	45.7	e46.7	Portugal
Nigeria	2.1	2.1	e2.8	e2.7	e232.2	Nigéria

(Value as percentages of World total) (Valeur en pourcentage du total mondial)

Regions of the world	1994	1995	1996	1997	1998	1999	2000	2001	2002	2003	Régions du monde
World	100.0	100.0	100.0	100.0	100.0	100.0	100.0	100.0	100.0	100.0	Monde
Africa	4.2	3.3	2.7	2.6	3.6	3.6	3.4	4.5	4.5	8.7	Afrique
Americas	17.2	16.6	18.4	21.7	23.8	23.4	23.8	23.3	22.9	19.5	Amériques
- Northern America	9.7	9.1	9.6	10.8	11.6	11.7	11.8	12.1	12.0	10.7	- Amérique du Nord
- LAIA	6.5	6.3	7.4	7.9	9.6	10.0	9.9	9.1	8.5	6.9	- ALAI
- CACM	0.2	0.2	0.3	1.4	0.9	0.5	0.7	0.6	0.8	0.7	- MCC
- Caribbean	0.7	0.8	1.1	1.4	1.7	1.1	1.4	1.4	1.6	1.2	- Caraïbes
- Rest of America	0.1	0.1	0.1	0.1	0.1	0.1	0.1	0.1	0.1	0.0	- Autre d'Amérique
Asia excluding former USSR	40.2	40.1	39.2	38.0	32.7	35.1	37.3	35.9	36.2	34.6	Asie ancienne URSS exclus
- Middle East	4.7	3.8	2.9	3.1	3.5	3.3	3.4	3.6	4.2	4.8	- Moyen-Orient
Asia former USSR	0.1	0.1	0.1	0.0	0.1	0.1	0.1	0.2	0.2	0.3	Asie ancienne URSS
Europe excluding former USSR	36.1	37.6	37.1	35.0	37.2	35.2	32.7	33.6	33.2	33.6	Europe ancienne URSS exclus
- European Union	30.6	31.0	30.7	28.5	29.3	27.2	25.0	24.8	23.5	23.1	- Union Européenne
- Eastern Europe	3.0	4.1	4.3	4.6	5.7	5.9	5.9	6.9	8.0	8.7	- Europe de l'Est
- Rest of Europe	2.5	2.5	2.2	2.0	2.2	2.1	1.8	1.9	1.8	1.7	- Autre de l'Europe
Europe former USSR	0.5	0.7	0.8	1.1	1.2	1.1	1.2	1.5	1.7	2.1	Europe ancienne URSS
Oceania	1.6	1.6	1.6	1.6	1.4	1.5	1.4	1.0	1.3	1.2	Océanie

Tulles, dentelles, broderies, rubans, passementeries et autres articles de mercerie 656

Country or area	1999	2000	2001	2002	2003	Pays ou zone
World	5193.0	5722.8	5535.7	5990.8	6522.1	Monde
Africa	32.1	43.3	29.8	36.8	37.4	Afrique
Americas	783.9	807.2	876.7	905.5	789.0	Amériques
- Northern America	625.1	650.3	726.1	724.4	594.6	- Amérique du Nord
- LAIA	146.0	145.6	141.9	174.6	181.7	- ALAI
- CACM	10.8	9.7	7.2	5.2	10.5	- MCC
- Caribbean	1.9	1.6	1.4	1.4	2.1	- Caraïbes
- Rest of America	0.0	0.0	0.0	0.0	0.1	- Autre d'Amérique
Asia excluding former USSR	2424.0	2921.0	2717.6	2948.6	3309.0	Asie ancienne URSS exclus
- Middle East	166.5	205.8	283.9	315.3	376.4	- Moyen-Orient
Asia former USSR	0.2	0.5	0.3	0.4	0.6	Asie ancienne URSS
Europe excluding former USSR	1932.5	1928.2	1889.1	2076.2	2360.2	Europe ancienne URSS exclus
- European Union	1681.5	1685.5	1644.4	1810.1	2067.4	- Union Européenne
- Eastern Europe	51.5	58.4	63.9	72.3	92.9	- Europe de l'Est
- Rest of Europe	199.5	184.3	180.8	193.8	200.0	- Autre de l'Europe
Europe former USSR	9.5	12.5	15.3	16.0	18.4	Europe ancienne URSS
Oceania	10.9	10.1	6.9	7.4	7.5	Océanie
Korea, Republic of	554.1	729.2	644.4	658.3	656.1	République de Corée
United States	575.7	591.1	670.2	670.6	536.9	Etats-Unis d'Amérique
China, Hong Kong SAR	466.1	556.2	490.9	535.8	614.6	Chine - RAS de Hong-Kong
France-Monaco	419.6	410.6	383.1	430.9	507.8	France-Monaco
Germany	360.2	332.5	324.6	344.2	376.9	Allemagne
China	226.4	274.7	279.7	392.5	564.1	Chine
Italy-San Marino-Holy See	271.5	303.1	310.5	351.5	391.1	Italie-Saint-Marin-Saint-Siège
Turkey	141.6	171.8	227.2	254.9	299.1	Turquie
Japan	225.6	248.2	198.9	202.9	218.7	Japon
Austria	175.6	176.7	184.9	192.2	207.6	Autriche
Switzerland-Liechtenstein	191.8	176.5	171.5	183.7	188.7	Suisse-Liechtenstein
United Kingdom	135.6	146.0	141.3	152.0	178.6	Royaume-Uni
Mexico	84.5	92.9	90.8	127.2	125.9	Mexique
Thailand	83.7	94.6	104.6	e106.4	124.3	Thaïlande
Spain	85.1	92.4	84.9	95.0	111.0	Espagne
India	83.9	80.6	81.6	88.9	90.5	Inde
Belgium	77.3	68.8	71.2	80.7	97.6	Belgique
Netherlands	79.0	73.1	62.7	72.0	90.6	Pays-Bas
Indonesia	56.2	99.1	67.4	48.9	40.1	Indonésie
Canada	49.5	59.2	56.0	53.7	57.6	Canada
Czech Republic	29.4	31.9	32.6	31.1	35.8	République tchèque
Colombia	33.2	29.6	29.5	30.0	36.0	Colombie
Philippines	19.1	22.6	25.6	26.9	30.6	Philippines
Singapore	25.7	23.0	21.7	24.1	25.8	Singapour
Iran (Islamic Republic of)	8.4	14.6	24.4	24.5	40.7	Iran (République islamique d')
Sweden	19.3	18.3	17.9	21.9	23.7	Suède
Denmark	17.5	18.8	16.2	20.6	23.5	Danemark
Portugal	14.8	16.7	18.5	17.9	e20.8	Portugal
Sri Lanka	8.7	e15.2	13.0	20.1	e21.8	Sri Lanka
United Arab Emirates	9.6	12.6	15.8	e16.5	e19.6	Emirates arabes unis

(Value as percentages of World total)   **(Valeur en pourcentage du total mondial)**

Regions of the world	1994	1995	1996	1997	1998	1999	2000	2001	2002	2003	Régions du monde
World	100.0	100.0	100.0	100.0	100.0	100.0	100.0	100.0	100.0	100.0	Monde
Africa	0.5	0.6	0.6	0.6	0.6	0.6	0.8	0.5	0.6	0.6	Afrique
Americas	10.2	9.8	10.3	12.3	13.9	15.1	14.1	15.8	15.1	12.1	Amériques
- Northern America	8.2	7.8	7.9	9.4	11.0	12.0	11.4	13.1	12.1	9.1	- Amérique du Nord
- LAIA	1.8	1.9	2.2	2.6	2.7	2.8	2.5	2.6	2.9	2.8	- ALAI
- CACM	0.1	0.0	0.0	0.2	0.2	0.2	0.2	0.1	0.1	0.2	- MCC
- Caribbean	0.1	0.1	0.0	0.1	0.0	0.0	0.0	0.0	0.0	0.0	- Caraïbes
- Rest of America	0.0	0.0	0.0	0.0	0.0	0.0	0.0	0.0	0.0	0.0	- Autre d'Amérique
Asia excluding former USSR	46.1	45.8	46.9	48.2	43.3	46.7	51.0	49.1	49.2	50.7	Asie ancienne URSS exclus
- Middle East	1.6	2.0	2.0	2.3	2.5	3.2	3.6	5.1	5.3	5.8	- Moyen-Orient
Asia former USSR	0.0	0.0	0.0	0.0	0.0	0.0	0.0	0.0	0.0	0.0	Asie ancienne URSS
Europe excluding former USSR	42.9	43.4	41.8	38.5	41.7	37.2	33.7	34.1	34.7	36.2	Europe ancienne URSS exclus
- European Union	37.0	37.0	36.3	33.7	36.2	32.4	29.5	29.7	30.2	31.7	- Union Européenne
- Eastern Europe	0.5	1.1	0.9	0.9	1.1	1.0	1.0	1.2	1.2	1.4	- Europe de l'Est
- Rest of Europe	5.4	5.2	4.6	3.8	4.4	3.8	3.2	3.3	3.2	3.1	- Autre de l'Europe
Europe former USSR	0.2	0.2	0.3	0.3	0.3	0.2	0.2	0.3	0.3	0.3	Europe ancienne URSS
Oceania	0.2	0.2	0.2	0.2	0.2	0.2	0.2	0.1	0.1	0.1	Océanie

657 Special textile fabrics and related products

Country or area	1999	2000	2001	2002	2003	Pays ou zone
World	18131.2	18832.6	18537.8	19548.4	22108.0	Monde
Africa	434.2	423.0	443.2	457.8	533.0	Afrique
Americas	3570.3	4035.8	4047.5	4279.8	4623.6	Amériques
- Northern America	2103.6	2347.8	2326.2	2568.9	2836.4	- Amérique du Nord
- LAIA	1352.9	1568.6	1608.3	1575.1	1644.0	- ALAI
- CACM	52.3	49.1	51.9	66.5	66.7	- MCC
- Caribbean	50.8	60.5	52.1	59.4	65.5	- Caraïbes
- Rest of America	10.7	9.8	9.1	9.9	11.0	- Autre d'Amérique
Asia excluding former USSR	5336.7	5920.4	5550.9	5735.1	6131.3	Asie ancienne URSS exclus
- Middle East	473.8	514.1	494.6	565.8	682.0	- Moyen-Orient
Asia former USSR	20.6	26.3	23.5	33.3	42.0	Asie ancienne URSS
Europe excluding former USSR	8169.5	7765.4	7844.1	8392.2	9970.8	Europe ancienne URSS exclus
- European Union	6529.2	6065.0	5987.1	6300.2	7431.7	- Union Européenne
- Eastern Europe	1078.6	1146.4	1292.5	1479.7	1852.4	- Europe de l'Est
- Rest of Europe	561.6	553.9	564.5	612.3	686.8	- Autre de l'Europe
Europe former USSR	304.2	364.1	372.1	379.3	492.1	Europe ancienne URSS
Oceania	295.6	297.6	256.4	270.8	315.2	Océanie
United States	1401.7	1634.7	1640.3	1866.1	2103.3	Etats-Unis d'Amérique
China	1385.9	1561.0	1538.6	1615.4	1733.3	Chine
Germany	1389.4	1228.6	1349.7	1384.5	1707.1	Allemagne
Mexico	802.9	951.5	1039.3	1067.1	1102.2	Mexique
France-Monaco	978.1	965.0	912.1	955.8	1131.9	France-Monaco
China, Hong Kong SAR	987.2	1002.8	840.1	825.3	804.0	Chine - RAS de Hong-Kong
United Kingdom	828.6	773.0	674.0	708.8	865.0	Royaume-Uni
Canada	699.7	711.3	682.7	699.9	728.5	Canada
Italy-San Marino-Holy See	685.1	622.4	623.8	655.9	728.5	Italie-Saint-Marin-Saint-Siège
Spain	536.7	505.1	534.0	593.7	714.1	Espagne
Japan	547.0	573.7	538.5	536.0	599.1	Japon
Belgium	502.5	479.4	426.1	428.6	477.4	Belgique
Poland	394.8	387.3	418.5	463.0	574.4	Pologne
Netherlands	384.3	325.9	334.8	378.0	423.4	Pays-Bas
Czech Republic	211.7	243.6	284.5	369.4	449.6	République tchèque
Korea, Republic of	253.9	297.6	298.3	331.2	363.1	République de Corée
Viet Nam	210.0	293.1	288.9	358.7	e297.3	Viet Nam
Portugal	261.8	271.5	217.5	230.1	e235.1	Portugal
Austria	223.4	202.2	214.5	229.0	290.3	Autriche
Switzerland-Liechtenstein	215.4	209.8	198.5	214.4	252.2	Suisse-Liechtenstein
Thailand	186.9	215.8	209.4	e203.0	238.0	Thaïlande
Sweden	203.1	201.0	189.9	210.4	244.7	Suède
Romania	162.6	169.7	207.5	219.1	288.2	Roumanie
Australia	210.8	218.5	187.1	197.2	229.0	Australie
Indonesia	202.5	262.5	216.4	193.3	160.3	Indonésie
Turkey	193.0	182.4	159.5	207.6	271.9	Turquie
Hungary	171.3	178.2	171.2	195.5	237.1	Hongrie
Denmark	179.3	165.8	168.6	174.6	203.9	Danemark
Russian Federation	154.4	174.2	169.5	165.4	220.5	Fédération de Russie
Brazil	174.5	194.7	180.2	164.2	169.0	Brésil

(Value as percentages of World total)   **(Valeur en pourcentage du total mondial)**

Regions of the world	1994	1995	1996	1997	1998	1999	2000	2001	2002	2003	Régions du monde
World	100.0	100.0	100.0	100.0	100.0	100.0	100.0	100.0	100.0	100.0	Monde
Africa	2.9	2.5	2.5	2.4	2.8	2.4	2.2	2.4	2.3	2.4	Afrique
Americas	17.0	16.2	16.0	18.0	19.2	19.7	21.4	21.8	21.9	20.9	Amériques
- Northern America	10.8	10.0	10.1	11.0	11.4	11.6	12.5	12.5	13.1	12.8	- Amérique du Nord
- LAIA	5.6	5.5	5.3	6.4	7.0	7.5	8.3	8.7	8.1	7.4	- ALAI
- CACM	0.3	0.3	0.2	0.3	0.3	0.3	0.3	0.3	0.3	0.3	- MCC
- Caribbean	0.3	0.2	0.3	0.3	0.3	0.3	0.3	0.3	0.3	0.3	- Caraïbes
- Rest of America	0.1	0.1	0.1	0.1	0.1	0.1	0.1	0.0	0.1	0.0	- Autre d'Amérique
Asia excluding former USSR	33.5	32.8	33.6	33.1	28.3	29.4	31.4	29.9	29.3	27.7	Asie ancienne URSS exclus
- Middle East	2.6	2.6	2.7	2.9	2.8	2.6	2.7	2.7	2.9	3.1	- Moyen-Orient
Asia former USSR	0.1	0.1	0.2	0.1	0.1	0.1	0.1	0.1	0.2	0.2	Asie ancienne URSS
Europe excluding former USSR	43.1	44.8	44.1	42.6	45.9	45.1	41.2	42.3	42.9	45.1	Europe ancienne URSS exclus
- European Union	36.9	37.3	36.3	34.4	36.4	36.0	32.2	32.3	32.2	33.6	- Union Européenne
- Eastern Europe	3.2	4.3	4.9	5.4	6.2	5.9	6.1	7.0	7.6	8.4	- Europe de l'Est
- Rest of Europe	3.0	3.2	2.9	2.7	3.2	3.1	2.9	3.0	3.1	3.1	- Autre de l'Europe
Europe former USSR	1.6	1.9	2.0	2.2	2.1	1.7	1.9	2.0	1.9	2.2	Europe ancienne URSS
Oceania	1.8	1.7	1.7	1.6	1.6	1.6	1.6	1.4	1.4	1.4	Océanie

TRADE BY COMMODITY (Value in million US dollars)
Exports by principal countries or areas

COMMERCE PAR PRODUIT (Valeur en millions de dollars EU)
Exportations selon les principaux pays ou zones

Country or area	1999	2000	2001	2002	2003	Pays ou zone
World	20359.4	21075.7	20469.5	21557.0	24870.1	Monde
Africa	62.9	66.4	64.3	75.0	88.8	Afrique
Americas	2955.7	3180.1	3215.0	3326.0	3825.3	Amériques
- Northern America	2455.4	2655.9	2735.2	2869.8	3285.3	- Amérique du Nord
- LAIA	475.1	500.1	455.0	428.8	507.6	- ALAI
- CACM	20.2	18.0	18.0	20.6	27.0	- MCC
- Caribbean	4.9	5.9	6.6	6.8	5.2	- Caraïbes
- Rest of America	0.1	0.1	0.2	0.1	0.2	- Autre d'Amérique
Asia excluding former USSR	7440.3	8220.3	7366.6	7520.4	8152.3	Asie ancienne URSS exclus
- Middle East	183.1	186.2	215.1	253.8	304.8	- Moyen-Orient
Asia former USSR	37.9	44.1	45.5	31.7	31.0	Asie ancienne URSS
Europe excluding former USSR	9652.5	9309.6	9524.4	10329.2	12463.3	Europe ancienne URSS exclus
- European Union	8888.5	8507.5	8661.5	9347.7	11242.8	- Union Européenne
- Eastern Europe	305.7	339.2	384.9	453.9	636.8	- Europe de l'Est
- Rest of Europe	458.2	463.0	478.0	527.5	583.7	- Autre de l'Europe
Europe former USSR	129.1	169.6	171.9	198.0	218.0	Europe ancienne URSS
Oceania	81.0	85.6	81.7	76.6	91.5	Océanie
Germany	2492.4	2306.3	2449.5	2697.9	3198.3	Allemagne
United States	2068.6	2226.6	2288.7	2371.2	2714.4	Etats-Unis d'Amérique
Korea, Republic of	1875.9	2119.2	1821.6	1738.0	1754.8	République de Corée
Italy-San Marino-Holy See	1552.7	1573.8	1529.3	1553.8	1755.2	Italie-Saint-Marin-Saint-Siège
Japan	1091.9	1189.2	1018.9	1034.7	1192.5	Japon
France-Monaco	884.7	890.2	871.7	973.7	1162.6	France-Monaco
United Kingdom	851.4	795.4	789.4	811.3	992.7	Royaume-Uni
China	498.2	679.2	752.0	957.1	1262.0	Chine
China, Hong Kong SAR	864.6	900.9	763.6	743.3	745.4	Chine - RAS de Hong-Kong
Belgium	757.9	715.3	682.6	715.4	881.7	Belgique
Netherlands	599.3	559.6	456.9	543.8	656.0	Pays-Bas
Canada	386.8	429.3	446.6	498.6	570.7	Canada
Spain	363.1	336.7	371.2	389.6	475.9	Espagne
Portugal	262.3	265.3	364.3	415.8	e482.2	Portugal
Switzerland-Liechtenstein	326.5	320.9	327.0	362.9	411.6	Suisse-Liechtenstein
Luxembourg	303.3	273.6	321.8	326.1	415.4	Luxembourg
Sweden	262.2	268.3	267.5	301.6	361.8	Suède
Thailand	177.7	192.6	220.7	e246.8	288.3	Thaïlande
Mexico	204.3	208.4	204.4	229.6	255.1	Mexique
Czech Republic	168.1	182.9	207.7	219.5	286.1	République tchèque
Finland	203.5	180.1	180.6	194.5	217.1	Finlande
Austria	155.6	151.4	159.7	173.2	316.6	Autriche
Turkey	142.1	152.8	168.5	200.6	244.1	Turquie
Denmark	155.3	143.6	160.3	179.1	224.9	Danemark
Indonesia	140.9	173.1	145.7	135.3	160.8	Indonésie
Israel	108.7	129.8	132.1	155.6	177.3	Israël
Brazil	133.9	131.5	101.6	85.6	123.5	Brésil
Poland	68.9	91.3	103.2	120.8	171.0	Pologne
India	94.1	91.9	81.0	96.3	119.8	Inde
Singapore	79.2	77.9	59.9	66.9	75.3	Singapour

(Value as percentages of World total)

(Valeur en pourcentage du total mondial)

Regions of the world	1994	1995	1996	1997	1998	1999	2000	2001	2002	2003	Régions du monde
World	100.0	100.0	100.0	100.0	100.0	100.0	100.0	100.0	100.0	100.0	Monde
Africa	0.3	0.3	0.4	0.3	0.3	0.3	0.3	0.3	0.3	0.4	Afrique
Americas	13.1	12.2	12.6	14.6	14.9	14.5	15.1	15.7	15.4	15.4	Amériques
- Northern America	11.0	10.1	10.4	12.1	12.3	12.1	12.6	13.4	13.3	13.2	- Amérique du Nord
- LAIA	1.9	1.9	2.1	2.5	2.3	2.3	2.4	2.2	2.0	2.0	- ALAI
- CACM	0.1	0.1	0.1	0.1	0.1	0.1	0.1	0.1	0.1	0.1	- MCC
- Caribbean	0.2	0.2	0.0	0.0	0.1	0.0	0.0	0.0	0.0	0.0	- Caraïbes
- Rest of America	0.0	0.0	0.0	0.0	0.0	0.0	0.0	0.0	0.0	0.0	- Autre d'Amérique
Asia excluding former USSR	38.4	37.7	38.2	38.8	34.8	36.5	39.0	36.0	34.9	32.8	Asie ancienne URSS exclus
- Middle East	0.6	0.7	1.0	1.3	0.9	0.9	0.9	1.1	1.2	1.2	- Moyen-Orient
Asia former USSR	0.2	0.1	0.2	0.1	0.2	0.2	0.2	0.2	0.1	0.1	Asie ancienne URSS
Europe excluding former USSR	46.8	48.6	47.2	44.9	48.5	47.4	44.2	46.5	47.9	50.1	Europe ancienne URSS exclus
- European Union	43.3	44.5	43.5	41.5	44.7	43.7	40.4	42.3	43.4	45.2	- Union Européenne
- Eastern Europe	0.9	1.5	1.3	1.3	1.5	1.5	1.6	1.9	2.1	2.6	- Europe de l'Est
- Rest of Europe	2.6	2.5	2.4	2.1	2.3	2.3	2.2	2.3	2.4	2.3	- Autre de l'Europe
Europe former USSR	0.6	0.7	1.0	0.9	0.9	0.6	0.8	0.8	0.9	0.9	Europe ancienne URSS
Oceania	0.4	0.5	0.5	0.4	0.4	0.4	0.4	0.4	0.4	0.4	Océanie

658 Made-up articles, wholly or chiefly of textile materials, nes

Country or area	1999	2000	2001	2002	2003	Pays ou zone
World	15940.2	17024.6	17412.6	18904.8	22725.5	Monde
Africa	287.8	279.9	280.1	312.7	412.5	Afrique
Americas	5249.0	6032.5	6341.2	7083.2	8211.0	Amériques
- Northern America	4658.9	5348.4	5696.4	6557.9	7726.3	- Amérique du Nord
- LAIA	461.6	547.7	515.8	394.4	356.9	- ALAI
- CACM	39.8	42.1	42.5	43.0	47.1	- MCC
- Caribbean	69.6	77.4	70.0	70.3	65.6	- Caraïbes
- Rest of America	19.1	17.0	16.5	17.6	15.0	- Autre d'Amérique
Asia excluding former USSR	2601.8	2986.1	2955.4	2951.3	3365.9	Asie ancienne URSS exclus
- Middle East	348.9	387.3	378.1	377.4	465.5	- Moyen-Orient
Asia former USSR	25.1	25.3	27.1	53.2	60.2	Asie ancienne URSS
Europe excluding former USSR	7266.7	7132.7	7277.2	7831.9	9852.3	Europe ancienne URSS exclus
- European Union	6406.7	6315.1	6405.0	6849.6	8703.8	- Union Européenne
- Eastern Europe	330.8	312.1	358.5	414.0	476.6	- Europe de l'Est
- Rest of Europe	529.1	505.4	513.8	568.2	671.9	- Autre de l'Europe
Europe former USSR	127.6	134.3	153.2	218.0	280.8	Europe ancienne URSS
Oceania	382.3	433.8	378.5	454.5	542.7	Océanie
United States	4178.8	4826.7	5141.4	5976.9	7063.5	Etats-Unis d'Amérique
Germany	1702.7	1609.7	1627.4	1625.8	2120.9	Allemagne
Japan	1336.0	1617.7	1670.5	1630.7	1758.2	Japon
United Kingdom	959.4	1032.7	1102.5	1247.3	1460.4	Royaume-Uni
France-Monaco	1014.0	1042.6	996.9	1090.9	1391.9	France-Monaco
Canada	472.2	519.0	551.9	577.2	657.3	Canada
Belgium	437.9	424.8	440.2	468.9	623.1	Belgique
Netherlands	466.9	424.9	421.1	485.6	589.7	Pays-Bas
China, Hong Kong SAR	478.8	483.8	434.5	402.8	411.2	Chine - RAS de Hong-Kong
Italy-San Marino-Holy See	403.1	412.5	396.6	428.4	549.9	Italie-Saint-Marin-Saint-Siège
Spain	334.1	311.4	317.6	368.4	566.9	Espagne
Australia	283.7	334.5	282.2	342.0	406.6	Australie
Switzerland-Liechtenstein	300.5	284.5	286.1	302.0	353.5	Suisse-Liechtenstein
Sweden	246.8	256.3	268.5	275.3	333.7	Suède
Austria	265.6	243.7	250.8	249.5	305.9	Autriche
Mexico	174.5	230.2	198.9	196.8	183.0	Mexique
Denmark	189.8	178.7	190.8	185.5	230.0	Danemark
Norway	151.4	150.9	150.3	171.5	204.6	Norvège
Poland	132.1	148.0	164.2	181.8	182.8	Pologne
Saudi Arabia	151.7	150.6	146.1	136.6	156.2	Arabie saoudite
Ireland	111.0	109.2	113.8	116.6	143.9	Irlande
Russian Federation	71.4	86.6	93.8	140.8	174.4	Fédération de Russie
Greece	102.6	89.2	91.5	106.5	151.2	Grèce
Singapore	111.4	107.1	95.2	95.7	121.4	Singapour
Finland	86.1	88.1	93.3	92.5	120.3	Finlande
Czech Republic	73.5	58.5	72.3	98.6	119.1	République tchèque
New Zealand	77.1	75.7	75.1	88.0	105.1	Nouvelle-Zélande
Korea, Republic of	38.9	57.8	68.5	109.4	137.8	République de Corée
Portugal	62.4	69.2	71.5	81.5	e83.3	Portugal
United Arab Emirates	63.6	69.8	64.5	e66.2	e77.5	Emirates arabes unis

(Value as percentages of World total)   **(Valeur en pourcentage du total mondial)**

Regions of the world	1994	1995	1996	1997	1998	1999	2000	2001	2002	2003	Régions du monde
World	100.0	100.0	100.0	100.0	100.0	100.0	100.0	100.0	100.0	100.0	Monde
Africa	2.2	2.1	2.2	2.3	2.3	1.8	1.6	1.6	1.7	1.8	Afrique
Americas	24.8	24.8	24.2	27.6	31.0	32.9	35.4	36.4	37.5	36.1	Amériques
- Northern America	21.4	21.7	21.0	24.1	27.1	29.2	31.4	32.7	34.7	34.0	- Amérique du Nord
- LAIA	2.6	2.3	2.5	2.7	3.1	2.9	3.2	3.0	2.1	1.6	- ALAI
- CACM	0.2	0.2	0.2	0.3	0.2	0.2	0.2	0.2	0.2	0.2	- MCC
- Caribbean	0.5	0.5	0.4	0.5	0.5	0.4	0.5	0.4	0.4	0.3	- Caraïbes
- Rest of America	0.1	0.1	0.1	0.1	0.1	0.1	0.1	0.1	0.1	0.1	- Autre d'Amérique
Asia excluding former USSR	22.7	22.8	22.1	21.1	16.6	16.3	17.5	17.0	15.6	14.8	Asie ancienne URSS exclus
- Middle East	4.1	3.5	3.2	3.4	3.0	2.2	2.3	2.2	2.0	2.0	- Moyen-Orient
Asia former USSR	0.2	0.2	0.3	0.1	0.2	0.2	0.1	0.2	0.3	0.3	Asie ancienne URSS
Europe excluding former USSR	46.4	46.5	47.4	45.0	46.7	45.6	41.9	41.8	41.4	43.4	Europe ancienne URSS exclus
- European Union	41.7	41.2	42.0	40.0	41.2	40.2	37.1	36.8	36.2	38.3	- Union Européenne
- Eastern Europe	1.1	1.5	1.6	1.6	1.9	2.1	1.8	2.1	2.2	2.1	- Europe de l'Est
- Rest of Europe	3.7	3.9	3.7	3.5	3.6	3.3	3.0	3.0	3.0	3.0	- Autre de l'Europe
Europe former USSR	1.2	1.4	1.3	1.2	1.0	0.8	0.8	0.9	1.2	1.2	Europe ancienne URSS
Oceania	2.5	2.3	2.6	2.7	2.3	2.4	2.5	2.2	2.4	2.4	Océanie

Articles façonnés entièrement ou principalement en matières textiles, n.d.a. 658

TRADE BY COMMODITY (Value in million US dollars)
Exports by principal countries or areas

COMMERCE PAR PRODUIT (Valeur en millions de dollars EU)
Exportations selon les principaux pays ou zones

Country or area	1999	2000	2001	2002	2003	Pays ou zone
World	16130.8	17185.9	17427.2	18998.2	23355.2	Monde
Africa	255.9	284.7	274.1	316.3	393.1	Afrique
Americas	2136.9	2233.7	2012.3	2141.1	2152.0	Amériques
- Northern America	868.8	959.9	896.1	877.5	885.2	- Amérique du Nord
- LAIA	1220.4	1224.8	1067.5	1208.8	1195.8	- ALAI
- CACM	33.8	35.7	32.4	33.7	41.7	- MCC
- Caribbean	13.8	13.1	16.1	20.5	29.1	- Caraïbes
- Rest of America	0.1	0.1	0.2	0.5	0.1	- Autre d'Amérique
Asia excluding former USSR	8206.5	9394.1	9742.6	10832.5	13859.2	Asie ancienne URSS exclus
- Middle East	984.2	1050.0	1104.6	1309.5	1707.0	- Moyen-Orient
Asia former USSR	18.2	22.6	24.6	15.8	32.5	Asie ancienne URSS
Europe excluding former USSR	5269.1	4996.2	5099.9	5417.5	6590.5	Europe ancienne URSS exclus
- European Union	4350.1	4046.7	4116.2	4375.3	5272.3	- Union Européenne
- Eastern Europe	738.2	785.2	820.6	895.5	1152.8	- Europe de l'Est
- Rest of Europe	180.8	164.3	163.2	146.7	165.5	- Autre de l'Europe
Europe former USSR	167.6	186.9	210.5	219.8	266.8	Europe ancienne URSS
Oceania	76.6	67.7	63.2	55.3	61.0	Océanie
China	2874.2	3435.4	3684.7	4377.3	6136.2	Chine
Pakistan	1204.7	1354.1	1497.4	1761.5	2337.9	Pakistan
India	906.3	1161.5	1104.6	1255.3	1589.9	Inde
Turkey	925.6	992.6	1037.8	1226.4	1608.7	Turquie
Mexico	903.7	862.3	702.3	826.2	770.7	Mexique
Portugal	823.6	790.5	779.6	773.3	e896.8	Portugal
Germany	691.0	618.5	661.0	749.7	928.4	Allemagne
United States	716.9	792.5	705.2	669.4	691.4	Etats-Unis d'Amérique
Belgium	459.9	467.5	459.0	500.4	634.7	Belgique
China, Hong Kong SAR	526.8	566.5	499.8	432.4	407.9	Chine - RAS de Hong-Kong
Italy-San Marino-Holy See	452.0	460.7	468.0	473.4	528.1	Italie-Saint-Marin-Saint-Siège
France-Monaco	405.7	409.4	391.3	435.3	529.0	France-Monaco
Korea, Republic of	367.7	386.3	363.4	407.5	414.5	République de Corée
Poland	298.5	335.3	341.2	369.8	486.5	Pologne
United Kingdom	378.1	328.8	328.4	303.5	372.3	Royaume-Uni
Brazil	231.1	260.0	262.3	291.8	334.1	Brésil
Spain	267.4	255.8	270.5	279.7	298.6	Espagne
Netherlands	319.6	222.0	229.1	270.3	329.7	Pays-Bas
Czech Republic	230.1	236.5	258.3	272.8	339.2	République tchèque
Indonesia	172.8	225.0	235.5	200.4	154.4	Indonésie
Thailand	171.0	185.4	192.0	e173.8	203.0	Thaïlande
Canada	151.9	167.4	190.8	208.0	193.4	Canada
Denmark	132.6	126.1	135.0	150.5	202.6	Danemark
Bangladesh	e126.4	e154.3	183.2	e147.2	129.8	Bangladesh
Sweden	127.8	118.5	124.4	147.6	191.2	Suède
Austria	133.0	115.4	124.0	136.3	179.5	Autriche
Israel	111.3	113.5	136.2	131.0	145.8	Israël
Viet Nam	139.4	95.8	147.1	128.1	e121.2	Viet Nam
Egypt	108.4	145.2	117.7	98.9	116.4	Egypte
Romania	55.5	60.2	73.7	105.6	149.1	Roumanie

(Value as percentages of World total) **(Valeur en pourcentage du total mondial)**

Regions of the world	1994	1995	1996	1997	1998	1999	2000	2001	2002	2003	Régions du monde
World	100.0	100.0	100.0	100.0	100.0	100.0	100.0	100.0	100.0	100.0	Monde
Africa	1.4	1.6	1.8	1.6	1.5	1.6	1.7	1.6	1.7	1.7	Afrique
Americas	11.1	9.6	10.4	11.8	12.9	13.2	13.0	11.5	11.3	9.2	Amériques
- Northern America	4.9	4.5	5.0	5.5	5.6	5.4	5.6	5.1	4.6	3.8	- Amérique du Nord
- LAIA	5.8	4.8	5.1	6.0	6.9	7.6	7.1	6.1	6.4	5.1	- ALAI
- CACM	0.2	0.2	0.2	0.2	0.2	0.2	0.2	0.2	0.2	0.2	- MCC
- Caribbean	0.2	0.2	0.0	0.1	0.2	0.1	0.1	0.1	0.1	0.1	- Caraïbes
- Rest of America	0.0	0.0	0.0	0.0	0.0	0.0	0.0	0.0	0.0	0.0	- Autre d'Amérique
Asia excluding former USSR	52.0	51.7	50.9	51.7	49.1	50.9	54.7	55.9	57.0	59.3	Asie ancienne URSS exclus
- Middle East	4.1	4.5	4.9	6.0	6.5	6.1	6.1	6.3	6.9	7.3	- Moyen-Orient
Asia former USSR	0.2	0.0	0.2	0.1	0.1	0.1	0.1	0.1	0.1	0.1	Asie ancienne URSS
Europe excluding former USSR	34.2	35.6	35.1	33.2	34.9	32.7	29.1	29.3	28.5	28.2	Europe ancienne URSS exclus
- European Union	29.0	30.1	29.5	27.8	28.9	27.0	23.5	23.6	23.0	22.6	- Union Européenne
- Eastern Europe	3.3	3.8	4.1	4.1	4.8	4.6	4.6	4.7	4.7	4.9	- Europe de l'Est
- Rest of Europe	1.9	1.7	1.5	1.2	1.2	1.1	1.0	0.9	0.8	0.7	- Autre de l'Europe
Europe former USSR	0.7	0.8	1.0	1.0	1.1	1.0	1.1	1.2	1.2	1.1	Europe ancienne URSS
Oceania	0.6	0.6	0.6	0.6	0.4	0.5	0.4	0.4	0.3	0.3	Océanie

659 Floor coverings, etc

Country or area	1999	2000	2001	2002	2003	Pays ou zone
World	8619.7	8586.7	8415.0	8598.6	9575.4	Monde
Africa	60.6	73.4	80.4	75.2	86.5	Afrique
Americas	2181.1	2461.9	2357.6	2466.4	2631.2	Amériques
- Northern America	1879.5	2120.6	2050.0	2191.6	2365.5	- Amérique du Nord
- LAIA	269.0	302.1	275.3	244.3	232.3	- ALAI
- CACM	6.1	12.0	7.0	7.2	7.5	- MCC
- Caribbean	21.9	23.1	22.0	19.5	22.6	- Caraïbes
- Rest of America	4.7	4.1	3.2	3.9	3.4	- Autre d'Amérique
Asia excluding former USSR	1184.6	1318.0	1318.7	1327.5	1416.2	Asie ancienne URSS exclus
- Middle East	351.3	368.1	375.8	379.3	458.8	- Moyen-Orient
Asia former USSR	33.6	62.9	56.8	65.1	95.3	Asie ancienne URSS
Europe excluding former USSR	4940.6	4451.4	4392.9	4418.1	5031.6	Europe ancienne URSS exclus
- European Union	4367.6	3918.5	3856.0	3832.1	4365.3	- Union Européenne
- Eastern Europe	235.7	236.1	253.4	294.8	354.3	- Europe de l'Est
- Rest of Europe	337.3	296.7	283.5	291.2	312.0	- Autre de l'Europe
Europe former USSR	50.3	51.6	71.2	81.8	100.3	Europe ancienne URSS
Oceania	168.9	167.5	137.3	164.3	214.3	Océanie
United States	1351.4	1592.3	1541.0	1674.2	1822.9	Etats-Unis d'Amérique
Germany	1421.0	1139.0	1174.4	1049.3	1122.2	Allemagne
United Kingdom	910.5	933.4	962.5	1044.9	1210.1	Royaume-Uni
Japan	505.9	566.1	574.9	562.1	580.1	Japon
Canada	522.6	526.9	506.9	515.4	539.5	Canada
France-Monaco	440.4	416.0	369.1	370.4	431.4	France-Monaco
Netherlands	328.4	284.8	258.3	242.7	285.8	Pays-Bas
Belgium	253.3	222.8	214.0	211.3	239.4	Belgique
Italy-San Marino-Holy See	231.4	217.4	192.3	200.7	231.4	Italie-Saint-Marin-Saint-Siège
Switzerland-Liechtenstein	206.3	181.4	172.5	163.8	176.3	Suisse-Liechtenstein
Mexico	156.4	183.6	170.7	174.1	170.1	Mexique
Spain	132.2	127.1	126.0	141.6	175.0	Espagne
Austria	164.7	145.0	134.0	117.2	133.7	Autriche
Australia	128.9	134.5	106.5	126.5	165.8	Australie
Sweden	110.0	117.8	126.7	121.3	144.7	Suède
Saudi Arabia	117.7	101.3	116.4	96.1	109.8	Arabie saoudite
Poland	97.1	99.9	98.3	100.6	102.4	Pologne
Czech Republic	68.4	65.0	75.8	95.1	117.8	République tchèque
Denmark	86.0	73.9	71.6	85.4	96.3	Danemark
China, Hong Kong SAR	85.3	89.9	82.6	71.2	71.9	Chine - RAS de Hong-Kong
Ireland	77.8	74.5	80.7	70.7	79.2	Irlande
United Arab Emirates	51.3	69.6	72.4	e74.3	e87.1	Emirates arabes unis
Greece	85.7	56.9	45.3	69.1	96.0	Grèce
Norway	72.1	64.8	59.9	65.9	69.7	Norvège
Turkey	46.3	64.4	52.5	59.4	73.4	Turquie
Singapore	54.3	70.6	58.8	44.4	49.1	Singapour
Portugal	63.7	55.7	42.7	47.8	e48.8	Portugal
Korea, Republic of	37.8	55.3	56.9	59.9	48.5	République de Corée
Kuwait	51.0	46.3	42.9	e48.8	e58.9	Koweït
Finland	42.4	39.9	41.0	42.0	53.1	Finlande

(Value as percentages of World total) — (Valeur en pourcentage du total mondial)

Regions of the world	1994	1995	1996	1997	1998	1999	2000	2001	2002	2003	Régions du monde
World	100.0	100.0	100.0	100.0	100.0	100.0	100.0	100.0	100.0	100.0	Monde
Africa	0.9	0.8	0.7	0.7	0.8	0.7	0.9	1.0	0.9	0.9	Afrique
Americas	16.3	16.3	16.6	18.3	22.8	25.3	28.7	28.0	28.7	27.5	Amériques
- Northern America	13.7	14.0	14.0	15.4	19.3	21.8	24.7	24.4	25.5	24.7	- Amérique du Nord
- LAIA	2.2	2.0	2.3	2.6	3.1	3.1	3.5	3.3	2.8	2.4	- ALAI
- CACM	0.1	0.1	0.1	0.1	0.1	0.1	0.1	0.1	0.1	0.1	- MCC
- Caribbean	0.2	0.2	0.2	0.2	0.2	0.3	0.3	0.3	0.2	0.2	- Caraïbes
- Rest of America	0.1	0.1	0.0	0.1	0.1	0.1	0.0	0.0	0.0	0.0	- Autre d'Amérique
Asia excluding former USSR	18.2	17.5	17.9	16.0	13.4	13.7	15.3	15.7	15.4	14.8	Asie ancienne URSS exclus
- Middle East	4.7	4.0	4.0	4.2	4.4	4.1	4.3	4.5	4.4	4.8	- Moyen-Orient
Asia former USSR	0.2	0.3	0.6	0.2	0.5	0.4	0.7	0.7	0.8	1.0	Asie ancienne URSS
Europe excluding former USSR	61.4	61.8	60.9	61.3	59.8	57.3	51.8	52.2	51.4	52.5	Europe ancienne URSS exclus
- European Union	55.1	55.2	54.3	55.3	53.0	50.7	45.6	45.8	44.6	45.6	- Union Européenne
- Eastern Europe	1.5	1.8	2.1	2.4	2.8	2.7	2.8	3.0	3.4	3.7	- Europe de l'Est
- Rest of Europe	4.8	4.8	4.5	3.7	4.1	3.9	3.5	3.4	3.4	3.3	- Autre de l'Europe
Europe former USSR	1.3	1.5	1.4	1.7	1.0	0.6	0.6	0.8	1.0	1.0	Europe ancienne URSS
Oceania	1.7	1.8	1.9	1.8	1.7	2.0	2.0	1.6	1.9	2.2	Océanie

TRADE BY COMMODITY (Value in million US dollars)
Exports by principal countries or areas

COMMERCE PAR PRODUIT (Valeur en millions de dollars EU)
Exportations selon les principaux pays ou zones

Country or area	1999	2000	2001	2002	2003	Pays ou zone
World	9333.6	9031.6	8567.6	8831.7	9981.8	Monde
Africa	121.0	85.6	64.1	62.9	70.3	Afrique
Americas	1135.7	1149.8	1036.0	1026.3	1032.6	Amériques
- Northern America	1012.6	1048.9	947.5	937.5	941.6	- Amérique du Nord
- LAIA	122.2	98.7	87.0	87.5	89.7	- ALAI
- CACM	0.4	1.4	0.7	0.4	0.4	- MCC
- Caribbean	0.5	0.7	0.8	0.9	0.8	- Caraïbes
- Rest of America	0.0	0.0	0.1	0.1	0.1	- Autre d'Amérique
Asia excluding former USSR	3075.8	3158.5	2946.3	3080.4	3443.6	Asie ancienne URSS exclus
- Middle East	1100.4	1093.9	959.4	1034.9	1186.3	- Moyen-Orient
Asia former USSR	6.1	5.3	3.5	4.1	9.2	Asie ancienne URSS
Europe excluding former USSR	4857.8	4486.6	4379.9	4498.6	5233.1	Europe ancienne URSS exclus
- European Union	4627.5	4244.7	4136.4	4248.1	4943.0	- Union Européenne
- Eastern Europe	97.0	116.7	124.3	135.7	175.1	- Europe de l'Est
- Rest of Europe	133.4	125.2	119.1	114.9	115.0	- Autre de l'Europe
Europe former USSR	40.7	60.4	58.0	56.9	67.9	Europe ancienne URSS
Oceania	96.5	85.4	79.8	102.5	125.2	Océanie
Belgium	2137.9	2020.4	1946.1	2035.5	2297.9	Belgique
United States	822.5	825.8	743.7	734.6	733.0	Etats-Unis d'Amérique
China	578.9	654.8	683.3	768.5	875.8	Chine
Iran (Islamic Republic of)	733.3	708.2	603.6	627.1	667.3	Iran (République islamique d')
India	696.2	650.1	585.3	619.5	729.1	Inde
Netherlands	665.4	570.3	574.3	627.8	821.7	Pays-Bas
Germany	481.2	411.4	443.0	441.6	510.3	Allemagne
United Kingdom	385.3	376.1	354.1	329.8	361.5	Royaume-Uni
France-Monaco	370.7	325.1	256.5	264.1	299.1	France-Monaco
Turkey	270.2	293.7	263.4	286.8	381.7	Turquie
Pakistan	243.8	282.1	265.2	243.7	231.0	Pakistan
Canada	190.1	223.1	203.8	202.9	208.6	Canada
Italy-San Marino-Holy See	129.7	123.8	126.7	125.4	153.9	Italie-Saint-Marin-Saint-Siège
Nepal	146.3	146.4	e152.3	e117.2	e95.3	Népal
Denmark	130.7	119.4	122.5	124.5	147.0	Danemark
Switzerland-Liechtenstein	115.7	101.7	98.9	96.7	97.2	Suisse-Liechtenstein
Saudi Arabia	65.7	55.3	59.0	87.8	e96.3	Arabie saoudite
Austria	71.7	68.5	70.8	68.8	81.0	Autriche
Mexico	98.9	72.9	58.2	64.4	59.7	Mexique
Spain	64.9	59.1	49.4	55.1	66.3	Espagne
Thailand	47.8	59.2	52.3	e60.2	70.3	Thaïlande
New Zealand	52.2	45.7	43.3	58.1	74.8	Nouvelle-Zélande
Portugal	50.7	44.7	45.8	57.9	e67.1	Portugal
Sweden	46.9	48.7	44.7	47.8	59.3	Suède
China, Hong Kong SAR	51.8	49.1	48.7	46.4	44.2	Chine - RAS de Hong-Kong
Poland	33.6	43.3	47.8	52.3	62.5	Pologne
Indonesia	45.8	41.2	39.6	41.2	47.5	Indonésie
Australia	44.2	39.5	36.5	44.3	50.2	Australie
Korea, Republic of	47.2	52.9	41.0	32.3	34.5	République de Corée
Ireland	48.1	44.1	42.6	33.3	33.3	Irlande

(Value as percentages of World total)

(Valeur en pourcentage du total mondial)

Regions of the world	1994	1995	1996	1997	1998	1999	2000	2001	2002	2003	Régions du monde
World	100.0	100.0	100.0	100.0	100.0	100.0	100.0	100.0	100.0	100.0	Monde
Africa	1.1	1.0	0.9	0.8	1.2	1.3	0.9	0.7	0.7	0.7	Afrique
Americas	10.3	9.9	10.9	10.9	12.5	12.2	12.7	12.1	11.6	10.3	Amériques
- Northern America	9.4	9.0	9.7	9.6	11.1	10.8	11.6	11.1	10.6	9.4	- Amérique du Nord
- LAIA	0.9	0.9	1.2	1.3	1.4	1.3	1.1	1.0	1.0	0.9	- ALAI
- CACM	0.0	0.0	0.0	0.0	0.0	0.0	0.0	0.0	0.0	0.0	- MCC
- Caribbean	0.0	0.0	0.0	0.0	0.0	0.0	0.0	0.0	0.0	0.0	- Caraïbes
- Rest of America	0.0	0.0	0.0	0.0	0.0	0.0	0.0	0.0	0.0	0.0	- Autre d'Amérique
Asia excluding former USSR	36.1	31.3	32.9	28.4	30.7	33.0	35.0	34.4	34.9	34.5	Asie ancienne URSS exclus
- Middle East	13.6	10.4	12.4	10.5	11.2	11.8	12.1	11.2	11.7	11.9	- Moyen-Orient
Asia former USSR	0.5	0.2	0.2	0.1	0.1	0.1	0.1	0.0	0.0	0.1	Asie ancienne URSS
Europe excluding former USSR	50.7	56.3	53.5	58.4	53.9	52.0	49.7	51.1	50.9	52.4	Europe ancienne URSS exclus
- European Union	48.8	54.3	51.5	56.6	51.5	49.6	47.0	48.3	48.1	49.5	- Union Européenne
- Eastern Europe	0.7	0.7	0.9	0.8	1.0	1.0	1.3	1.5	1.5	1.8	- Europe de l'Est
- Rest of Europe	1.2	1.3	1.2	1.0	1.4	1.4	1.4	1.4	1.3	1.2	- Autre de l'Europe
Europe former USSR	0.3	0.3	0.5	0.5	0.6	0.4	0.7	0.7	0.6	0.7	Europe ancienne URSS
Oceania	0.9	0.9	1.0	0.9	1.0	1.0	0.9	0.9	1.2	1.3	Océanie

661 Lime, cement, and fabricated construction materials

TRADE BY COMMODITY (Value in million US dollars)
Imports by principal countries or areas

COMMERCE PAR PRODUIT (Valeur en millions de dollars EU)
Importations selon les principaux pays ou zones

Country or area	1999	2000	2001	2002	2003	Pays ou zone
World	11839.3	12169.9	12475.2	12928.1	14614.6	Monde
Africa	1037.6	957.4	1035.4	1134.2	1146.9	Afrique
Americas	3344.0	3714.2	3691.6	3749.0	4199.2	Amériques
- Northern America	2854.2	3127.6	3157.6	3246.1	3667.0	- Amérique du Nord
- LAIA	233.7	245.0	245.3	213.9	215.1	- ALAI
- CACM	58.9	104.2	79.4	108.3	122.1	- MCC
- Caribbean	143.5	189.9	172.2	138.4	132.1	- Caraïbes
- Rest of America	53.8	47.6	37.1	42.4	63.0	- Autre d'Amérique
Asia excluding former USSR	2870.2	3055.7	3206.1	3169.5	3430.9	Asie ancienne URSS exclus
- Middle East	570.5	627.3	698.1	692.2	856.4	- Moyen-Orient
Asia former USSR	65.8	72.3	59.2	70.3	108.9	Asie ancienne URSS
Europe excluding former USSR	4265.0	4095.0	4204.6	4474.3	5289.6	Europe ancienne URSS exclus
- European Union	3552.2	3373.8	3483.3	3599.5	4279.3	- Union Européenne
- Eastern Europe	349.3	356.2	344.8	470.0	514.4	- Europe de l'Est
- Rest of Europe	363.5	364.9	376.6	404.7	495.9	- Autre de l'Europe
Europe former USSR	106.5	120.3	157.9	173.0	232.7	Europe ancienne URSS
Oceania	150.1	154.9	120.4	157.7	206.2	Océanie
United States	2685.4	2944.4	2959.0	3036.1	3405.8	Etats-Unis d'Amérique
Japan	776.1	847.1	871.4	870.6	876.3	Japon
Germany	982.4	799.7	778.2	685.1	704.5	Allemagne
France-Monaco	537.7	572.3	539.4	569.2	692.7	France-Monaco
Netherlands	411.3	351.3	340.6	380.8	453.0	Pays-Bas
United Kingdom	320.7	324.6	324.1	398.0	511.3	Royaume-Uni
Spain	278.7	298.1	393.0	406.4	479.6	Espagne
China, Hong Kong SAR	376.4	305.1	270.1	233.5	211.8	Chine - RAS de Hong-Kong
Korea, Republic of	90.6	161.0	238.0	369.4	472.4	République de Corée
Italy-San Marino-Holy See	180.2	210.5	245.1	279.9	347.5	Italie-Saint-Marin-Saint-Siège
Belgium	221.5	215.9	223.6	232.1	320.7	Belgique
Canada	163.3	180.3	195.0	206.0	254.7	Canada
Nigeria	270.7	165.6	e226.9	e215.2	e76.7	Nigéria
Switzerland-Liechtenstein	171.8	165.2	170.1	178.8	225.7	Suisse-Liechtenstein
Bangladesh	e172.9	e188.1	182.2	e178.1	147.4	Bangladesh
Austria	177.9	150.9	150.3	155.2	188.7	Autriche
Singapore	181.2	186.0	166.8	140.6	128.2	Singapour
Kuwait	135.3	121.8	128.7	e146.4	e176.6	Koweït
Saudi Arabia	87.0	136.5	149.3	136.6	156.1	Arabie saoudite
Poland	135.3	126.6	102.5	123.4	125.7	Pologne
Portugal	90.3	117.1	145.3	128.7	e131.5	Portugal
United Arab Emirates	126.1	101.0	115.2	e118.1	e138.4	Emirates arabes unis
Denmark	89.3	99.4	102.6	101.1	122.1	Danemark
China	110.3	86.6	113.9	92.2	105.9	Chine
Israel	105.6	106.9	106.7	104.2	84.5	Israël
Australia	86.3	106.0	66.5	96.6	131.5	Australie
Czech Republic	72.8	70.8	74.5	137.0	127.7	République tchèque
Ireland	101.0	84.9	80.7	85.2	94.8	Irlande
Algeria	50.2	55.7	56.2	99.7	167.4	Algérie
Egypt	218.7	93.2	42.3	21.9	6.2	Egypte

(Value as percentages of World total)   **(Valeur en pourcentage du total mondial)**

Regions of the world	1994	1995	1996	1997	1998	1999	2000	2001	2002	2003	Régions du monde
World	100.0	100.0	100.0	100.0	100.0	100.0	100.0	100.0	100.0	100.0	Monde
Africa	5.7	7.0	6.7	5.8	7.5	8.8	7.9	8.3	8.8	7.8	Afrique
Americas	16.8	16.4	16.7	20.4	25.5	28.2	30.5	29.6	29.0	28.7	Amériques
- Northern America	13.2	12.7	13.1	16.0	20.6	24.1	25.7	25.3	25.1	25.1	- Amérique du Nord
- LAIA	2.0	2.1	2.0	2.6	2.7	2.0	2.0	2.0	1.7	1.5	- ALAI
- CACM	0.3	0.3	0.3	0.4	0.4	0.5	0.9	0.6	0.8	0.8	- MCC
- Caribbean	1.0	1.0	1.0	1.0	1.4	1.2	1.6	1.4	1.1	0.9	- Caraïbes
- Rest of America	0.4	0.3	0.2	0.3	0.5	0.5	0.4	0.3	0.3	0.4	- Autre d'Amérique
Asia excluding former USSR	37.5	37.1	39.5	38.2	28.5	24.2	25.1	25.7	24.5	23.5	Asie ancienne URSS exclus
- Middle East	8.5	6.7	6.4	5.6	5.5	4.8	5.2	5.6	5.4	5.9	- Moyen-Orient
Asia former USSR	0.2	0.9	0.7	0.6	0.7	0.6	0.6	0.5	0.5	0.7	Asie ancienne URSS
Europe excluding former USSR	37.4	36.3	34.0	32.6	35.4	36.0	33.6	33.7	34.6	36.2	Europe ancienne URSS exclus
- European Union	33.1	31.5	29.1	27.5	29.3	30.0	27.7	27.9	27.8	29.3	- Union Européenne
- Eastern Europe	1.5	1.8	2.1	2.4	3.0	3.0	2.9	2.8	3.6	3.5	- Europe de l'Est
- Rest of Europe	2.8	3.1	2.8	2.7	3.1	3.1	3.0	3.0	3.1	3.4	- Autre de l'Europe
Europe former USSR	1.2	1.3	1.3	1.4	1.3	0.9	1.0	1.3	1.3	1.6	Europe ancienne URSS
Oceania	1.1	1.0	1.0	1.0	1.1	1.3	1.3	1.0	1.2	1.4	Océanie

TRADE BY COMMODITY (Value in million US dollars)
Exports by principal countries or areas

COMMERCE PAR PRODUIT (Valeur en millions de dollars EU)
Exportations selon les principaux pays ou zones

Country or area	1999	2000	2001	2002	2003	Pays ou zone
World	10874.9	10845.1	11059.4	11608.4	13297.3	Monde
Africa	294.4	290.6	311.9	567.5	622.7	Afrique
Americas	1500.2	1561.3	1614.5	1639.5	1754.2	Amériques
- Northern America	673.9	704.7	736.3	768.2	826.7	- Amérique du Nord
- LAIA	775.8	791.2	793.9	788.7	839.1	- ALAI
- CACM	19.8	37.3	55.3	50.0	48.5	- MCC
- Caribbean	29.8	27.0	25.8	31.8	38.7	- Caraïbes
- Rest of America	0.9	1.1	3.2	0.8	1.1	- Autre d'Amérique
Asia excluding former USSR	3022.8	3272.1	3485.8	3661.3	4390.8	Asie ancienne URSS exclus
- Middle East	604.0	737.5	858.3	987.5	1202.8	- Moyen-Orient
Asia former USSR	18.8	25.7	22.8	24.3	21.8	Asie ancienne URSS
Europe excluding former USSR	5864.2	5529.6	5453.2	5521.4	6252.3	Europe ancienne URSS exclus
- European Union	5273.2	4983.6	4907.0	4954.3	5634.4	- Union Européenne
- Eastern Europe	447.3	388.6	372.7	384.6	414.2	- Europe de l'Est
- Rest of Europe	143.8	157.4	173.4	182.5	203.7	- Autre de l'Europe
Europe former USSR	138.2	138.2	137.9	160.5	220.3	Europe ancienne URSS
Oceania	36.4	27.5	33.4	33.9	35.4	Océanie
Italy-San Marino-Holy See	2121.6	2059.3	1953.0	1926.1	2024.0	Italie-Saint-Marin-Saint-Siège
China	866.3	955.1	1097.0	1249.3	1477.5	Chine
Spain	737.2	703.6	714.6	764.0	900.6	Espagne
Belgium	474.2	424.1	420.3	457.9	629.7	Belgique
Canada	441.4	443.7	481.6	497.8	525.7	Canada
Germany	453.3	412.3	439.2	469.8	584.8	Allemagne
Turkey	286.7	370.2	437.1	551.9	674.7	Turquie
India	276.7	402.2	342.2	427.1	560.2	Inde
France-Monaco	371.5	345.8	338.5	354.9	365.0	France-Monaco
Thailand	348.3	316.9	360.4	e275.0	321.2	Thaïlande
Brazil	224.5	238.8	246.6	298.7	326.4	Brésil
United States	232.2	260.7	254.7	270.4	301.0	Etats-Unis d'Amérique
Greece	259.9	246.3	253.8	189.8	238.9	Grèce
Mexico	252.9	255.0	239.1	205.8	205.4	Mexique
United Kingdom	218.6	181.4	171.4	155.5	177.4	Royaume-Uni
Portugal	175.7	176.2	165.9	159.7	e185.2	Portugal
Japan	164.7	162.6	148.6	154.5	196.6	Japon
Indonesia	165.8	171.5	187.7	138.3	119.8	Indonésie
Saudi Arabia	121.5	133.3	132.7	160.0	e175.6	Arabie saoudite
Korea, Republic of	166.6	148.0	127.9	104.3	105.3	République de Corée
Venezuela	122.1	128.1	116.5	95.5	97.7	Venezuela
Czech Republic	122.6	119.9	99.3	103.2	102.1	République tchèque
Denmark	102.5	99.6	104.4	107.4	115.8	Danemark
Slovakia	105.9	86.2	92.9	103.4	111.3	Slovaquie
Colombia	87.5	94.4	99.9	101.4	103.6	Colombie
Egypt	25.8	16.2	18.8	213.1	211.4	Egypte
Netherlands	123.7	102.5	95.4	74.7	74.4	Pays-Bas
Croatia	62.4	73.4	87.3	85.6	98.8	Croatie
Malaysia	74.4	71.6	72.7	83.0	89.0	Malaisie
Iran (Islamic Republic of)	53.6	65.7	92.2	69.0	80.7	Iran (République islamique d')

(Value as percentages of World total)

(Valeur en pourcentage du total mondial)

Regions of the world	1994	1995	1996	1997	1998	1999	2000	2001	2002	2003	Régions du monde
World	100.0	100.0	100.0	100.0	100.0	100.0	100.0	100.0	100.0	100.0	Monde
Africa	2.0	2.8	2.4	2.1	2.9	2.7	2.7	2.8	4.9	4.7	Afrique
Americas	9.2	9.9	10.2	11.5	13.1	13.8	14.4	14.6	14.1	13.2	Amériques
- Northern America	4.9	4.7	5.2	5.8	5.7	6.2	6.5	6.7	6.6	6.2	- Amérique du Nord
- LAIA	4.0	5.0	4.7	5.3	7.0	7.1	7.3	7.2	6.8	6.3	- ALAI
- CACM	0.1	0.1	0.1	0.1	0.2	0.2	0.3	0.5	0.4	0.4	- MCC
- Caribbean	0.2	0.2	0.2	0.2	0.3	0.3	0.2	0.2	0.3	0.3	- Caraïbes
- Rest of America	0.0	0.0	0.0	0.0	0.0	0.0	0.0	0.0	0.0	0.0	- Autre d'Amérique
Asia excluding former USSR	28.6	28.1	28.9	31.2	26.0	27.8	30.2	31.5	31.5	33.0	Asie ancienne URSS exclus
- Middle East	5.6	4.6	4.3	5.1	4.9	5.6	6.8	7.8	8.5	9.0	- Moyen-Orient
Asia former USSR	0.2	0.3	0.5	0.2	0.4	0.2	0.2	0.2	0.2	0.2	Asie ancienne URSS
Europe excluding former USSR	58.6	57.3	56.2	53.2	55.6	53.9	51.0	49.3	47.6	47.0	Europe ancienne URSS exclus
- European Union	52.0	51.1	49.9	47.6	50.0	48.5	46.0	44.4	42.7	42.4	- Union Européenne
- Eastern Europe	5.3	5.1	5.4	4.5	4.4	4.1	3.6	3.4	3.3	3.1	- Europe de l'Est
- Rest of Europe	1.2	1.1	0.9	1.2	1.2	1.3	1.5	1.6	1.6	1.5	- Autre de l'Europe
Europe former USSR	1.1	1.2	1.3	1.4	1.7	1.3	1.3	1.2	1.4	1.7	Europe ancienne URSS
Oceania	0.4	0.4	0.5	0.4	0.4	0.3	0.3	0.3	0.3	0.3	Océanie

662 Clay and refractory construction materials

TRADE BY COMMODITY (Value in million US dollars)
Imports by principal countries or areas

COMMERCE PAR PRODUIT (Valeur en millions de dollars EU)
Importations selon les principaux pays ou zones

Country or area	1999	2000	2001	2002	2003	Pays ou zone
World	10477.9	10453.6	10333.1	11143.2	13155.8	Monde
Africa	392.6	474.4	443.9	481.6	529.9	Afrique
Americas	2487.8	2753.4	2537.8	2779.9	3074.7	Amériques
- Northern America	1822.2	2060.6	1845.7	2074.8	2349.7	- Amérique du Nord
- LAIA	472.7	477.5	469.1	460.3	465.0	- ALAI
- CACM	57.8	85.1	95.7	113.3	121.3	- MCC
- Caribbean	104.5	102.1	104.6	105.7	108.9	- Caraïbes
- Rest of America	30.7	28.1	22.7	25.8	29.7	- Autre d'Amérique
Asia excluding former USSR	1562.4	1781.7	1912.8	2068.4	2305.6	Asie ancienne URSS exclus
- Middle East	456.3	546.1	613.6	725.3	819.7	- Moyen-Orient
Asia former USSR	65.9	88.6	74.0	94.0	116.1	Asie ancienne URSS
Europe excluding former USSR	5481.4	4817.3	4858.3	5119.0	6340.2	Europe ancienne URSS exclus
- European Union	4366.8	3745.5	3772.7	3919.2	4844.2	- Union Européenne
- Eastern Europe	639.2	622.6	638.4	672.8	868.4	- Europe de l'Est
- Rest of Europe	475.5	449.2	447.2	527.0	627.6	- Autre de l'Europe
Europe former USSR	218.3	253.9	297.1	337.3	442.4	Europe ancienne URSS
Oceania	269.5	284.3	209.2	262.9	346.8	Océanie
United States	1522.4	1756.7	1582.5	1784.7	2037.5	Etats-Unis d'Amérique
Germany	1341.3	916.6	938.3	850.8	975.8	Allemagne
France-Monaco	823.5	777.2	807.4	877.7	1079.9	France-Monaco
United Kingdom	453.8	485.4	461.0	544.0	716.5	Royaume-Uni
Belgium	306.4	301.0	286.2	294.6	371.4	Belgique
Canada	299.3	302.9	261.4	287.9	309.9	Canada
Poland	336.1	309.8	255.7	225.7	242.6	Pologne
Austria	246.6	220.0	239.4	219.8	258.6	Autriche
Australia	219.0	240.3	166.5	209.8	270.9	Australie
Italy-San Marino-Holy See	212.2	198.8	187.9	205.2	240.0	Italie-Saint-Marin-Saint-Siège
Saudi Arabia	100.0	171.9	203.3	250.1	285.9	Arabie saoudite
Japan	153.3	177.6	199.0	208.9	270.1	Japon
Netherlands	214.4	180.4	168.1	181.1	228.0	Pays-Bas
Mexico	155.3	158.8	158.7	201.3	215.1	Mexique
Switzerland-Liechtenstein	180.2	158.3	154.9	163.7	205.9	Suisse-Liechtenstein
Greece	187.5	143.1	125.2	140.5	209.5	Grèce
Korea, Republic of	65.6	106.9	156.9	227.0	226.1	République de Corée
China, Hong Kong SAR	177.4	180.6	164.6	129.9	104.8	Chine - RAS de Hong-Kong
Russian Federation	91.4	113.3	135.2	168.0	204.7	Fédération de Russie
Spain	121.0	91.6	118.6	138.2	190.7	Espagne
Portugal	135.5	120.5	117.7	122.5	e125.2	Portugal
Hungary	85.8	94.4	111.4	126.8	177.8	Hongrie
Singapore	152.1	130.2	109.9	93.6	89.3	Singapour
Israel	110.6	104.3	117.7	115.1	110.2	Israël
Sweden	95.3	90.4	98.2	107.8	139.1	Suède
Czech Republic	94.6	83.7	92.3	107.0	140.4	République tchèque
China	67.4	86.3	104.8	88.9	132.5	Chine
Norway	77.5	78.5	79.1	98.6	127.4	Norvège
Ukraine	62.3	72.9	82.6	89.0	e120.7	Ukraine
South Africa	–	104.1	101.0	94.0	104.5	Afrique du Sud

(Value as percentages of World total)

(Valeur en pourcentage du total mondial)

Regions of the world	1994	1995	1996	1997	1998	1999	2000	2001	2002	2003	Régions du monde
World	100.0	100.0	100.0	100.0	100.0	100.0	100.0	100.0	100.0	100.0	Monde
Africa	4.0	4.1	3.9	3.6	4.2	3.7	4.5	4.3	4.3	4.0	Afrique
Americas	17.4	16.0	16.9	19.2	21.3	23.7	26.3	24.6	24.9	23.4	Amériques
- Northern America	11.4	10.6	11.3	13.0	14.3	17.4	19.7	17.9	18.6	17.9	- Amérique du Nord
- LAIA	4.5	3.9	4.0	4.6	5.2	4.5	4.6	4.5	4.1	3.5	- ALAI
- CACM	0.4	0.4	0.4	0.5	0.6	0.6	0.8	0.9	1.0	0.9	- MCC
- Caribbean	0.9	1.0	1.0	1.0	1.0	1.0	1.0	1.0	0.9	0.8	- Caraïbes
- Rest of America	0.2	0.2	0.2	0.2	0.2	0.3	0.3	0.2	0.2	0.2	- Autre d'Amérique
Asia excluding former USSR	18.4	19.4	20.7	19.8	16.1	14.9	17.0	18.5	18.6	17.5	Asie ancienne URSS exclus
- Middle East	4.5	4.6	5.0	4.6	4.6	4.4	5.2	5.9	6.5	6.2	- Moyen-Orient
Asia former USSR	0.3	0.4	0.7	0.6	0.7	0.6	0.8	0.7	0.8	0.9	Asie ancienne URSS
Europe excluding former USSR	55.1	55.0	53.0	51.5	52.7	52.3	46.1	47.0	45.9	48.2	Europe ancienne URSS exclus
- European Union	47.4	46.4	43.5	41.8	42.3	41.7	35.8	36.5	35.2	36.8	- Union Européenne
- Eastern Europe	4.0	4.6	5.6	5.9	6.4	6.1	6.0	6.2	6.0	6.6	- Europe de l'Est
- Rest of Europe	3.7	4.0	3.9	3.8	4.1	4.5	4.3	4.3	4.7	4.8	- Autre de l'Europe
Europe former USSR	2.1	2.4	2.5	2.9	2.6	2.1	2.4	2.9	3.0	3.4	Europe ancienne URSS
Oceania	2.7	2.6	2.4	2.3	2.4	2.6	2.7	2.0	2.4	2.6	Océanie

Matériaux de construction en argile et matériaux de construction réfractaires 662

Country or area	1999	2000	2001	2002	2003	Pays ou zone
World	10361.3	10126.7	10254.3	11170.8	13114.3	Monde
Africa	73.2	57.2	78.0	87.4	91.6	Afrique
Americas	981.5	991.6	960.8	975.3	1046.8	Amériques
- Northern America	454.7	452.0	421.2	390.3	411.2	- Amérique du Nord
- LAIA	519.1	529.8	524.1	568.5	617.3	- ALAI
- CACM	5.9	7.8	13.9	14.6	15.9	- MCC
- Caribbean	1.5	1.6	1.4	1.6	2.2	- Caraïbes
- Rest of America	0.3	0.3	0.2	0.2	0.1	- Autre d'Amérique
Asia excluding former USSR	995.5	1118.0	1217.8	1549.2	1964.4	Asie ancienne URSS exclus
- Middle East	288.8	308.7	329.6	403.7	504.6	- Moyen-Orient
Asia former USSR	0.3	0.6	0.7	1.9	3.2	Asie ancienne URSS
Europe excluding former USSR	8163.8	7769.4	7796.4	8357.9	9771.1	Europe ancienne URSS exclus
- European Union	7774.0	7371.5	7383.3	7911.2	9209.1	- Union Européenne
- Eastern Europe	280.5	283.5	303.9	330.1	430.7	- Europe de l'Est
- Rest of Europe	109.3	114.4	109.2	116.5	131.3	- Autre de l'Europe
Europe former USSR	98.7	142.6	153.1	151.6	185.7	Europe ancienne URSS
Oceania	48.3	47.4	47.5	47.5	51.5	Océanie
Italy-San Marino-Holy See	3497.5	3326.6	3277.9	3497.7	3958.5	Italie-Saint-Marin-Saint-Siège
Spain	1786.3	1828.9	1897.9	2074.1	2360.9	Espagne
Germany	1011.3	918.6	955.8	1040.3	1275.5	Allemagne
France-Monaco	520.1	458.4	449.5	490.1	546.7	France-Monaco
China	192.3	251.6	376.8	620.2	906.1	Chine
United States	365.7	367.9	351.9	314.2	321.6	Etats-Unis d'Amérique
Turkey	212.6	215.3	221.6	274.2	346.7	Turquie
United Kingdom	254.2	238.4	219.6	207.0	223.8	Royaume-Uni
Brazil	196.6	213.7	205.5	235.2	287.4	Brésil
Mexico	225.4	212.8	212.1	215.3	214.1	Mexique
Belgium	196.6	181.8	186.4	177.5	212.0	Belgique
Netherlands	204.0	141.1	115.7	137.5	179.7	Pays-Bas
Japan	177.7	172.9	145.2	120.9	128.0	Japon
Czech Republic	129.6	128.7	126.1	125.4	159.4	République tchèque
Portugal	115.4	103.5	104.4	120.5	e139.7	Portugal
Malaysia	76.2	86.9	81.3	93.6	87.3	Malaisie
Indonesia	65.6	73.3	79.8	89.2	102.6	Indonésie
Canada	89.0	84.1	69.2	76.1	89.6	Canada
Thailand	59.8	64.4	65.6	e76.3	89.1	Thaïlande
Slovakia	55.9	65.6	65.8	67.2	80.0	Slovaquie
Belarus	36.8	55.8	68.0	72.6	79.6	Bélarus
United Arab Emirates	42.0	50.8	64.7	e67.4	e80.0	Emirates arabes unis
Poland	35.4	35.4	46.3	69.9	104.5	Pologne
Austria	34.5	26.9	33.1	38.0	158.5	Autriche
Hungary	42.7	40.6	46.5	47.2	63.6	Hongrie
Australia	47.1	45.9	46.2	45.4	49.7	Australie
India	21.5	42.4	47.2	55.3	57.7	Inde
Russian Federation	34.4	43.5	44.0	41.5	58.8	Fédération de Russie
Sweden	41.4	43.6	39.0	41.9	49.4	Suède
Croatia	29.3	36.1	30.9	43.1	48.9	Croatie

(Value as percentages of World total) **(Valeur en pourcentage du total mondial)**

Regions of the world	1994	1995	1996	1997	1998	1999	2000	2001	2002	2003	Régions du monde
World	100.0	100.0	100.0	100.0	100.0	100.0	100.0	100.0	100.0	100.0	Monde
Africa	0.4	0.4	0.4	1.1	0.5	0.7	0.6	0.8	0.8	0.7	Afrique
Americas	8.0	8.0	8.3	9.1	9.1	9.5	9.8	9.4	8.7	8.0	Amériques
- Northern America	4.1	4.2	4.5	4.6	4.3	4.4	4.5	4.1	3.5	3.1	- Amérique du Nord
- LAIA	3.8	3.7	3.8	4.4	4.7	5.0	5.2	5.1	5.1	4.7	- ALAI
- CACM	0.0	0.0	0.0	0.0	0.1	0.1	0.1	0.1	0.1	0.1	- MCC
- Caribbean	0.0	0.0	0.0	0.0	0.0	0.0	0.0	0.0	0.0	0.0	- Caraïbes
- Rest of America	0.0	0.0	0.0	0.0	0.0	0.0	0.0	0.0	0.0	0.0	- Autre d'Amérique
Asia excluding former USSR	8.5	8.9	9.1	9.7	9.1	9.6	11.0	11.9	13.9	15.0	Asie ancienne URSS exclus
- Middle East	1.8	1.9	2.1	2.4	2.5	2.8	3.0	3.2	3.6	3.8	- Moyen-Orient
Asia former USSR	0.0	0.1	0.1	0.0	0.0	0.0	0.0	0.0	0.0	0.0	Asie ancienne URSS
Europe excluding former USSR	81.7	81.2	80.4	78.3	79.8	78.8	76.7	76.0	74.8	74.5	Europe ancienne URSS exclus
- European Union	77.7	77.6	76.9	74.7	76.1	75.0	72.8	72.0	70.8	70.2	- Union Européenne
- Eastern Europe	2.6	2.5	2.7	2.9	2.9	2.7	2.8	3.0	3.0	3.3	- Europe de l'Est
- Rest of Europe	1.4	1.1	0.8	0.7	0.8	1.1	1.1	1.1	1.0	1.0	- Autre de l'Europe
Europe former USSR	0.9	0.9	1.2	1.2	1.1	1.0	1.4	1.5	1.4	1.4	Europe ancienne URSS
Oceania	0.5	0.5	0.6	0.5	0.4	0.5	0.5	0.5	0.4	0.4	Océanie

663 Mineral manufactures, nes

Country or area	1999	2000	2001	2002	2003	Pays ou zone
World	13147.4	13582.0	13351.2	13873.5	15770.7	Monde
Africa	260.8	291.2	290.2	311.7	353.5	Afrique
Americas	3783.5	4182.3	3946.9	3950.6	4102.7	Amériques
- Northern America	3005.9	3258.9	3119.5	3161.1	3283.2	- Amérique du Nord
- LAIA	675.3	803.2	720.9	681.4	705.4	- ALAI
- CACM	43.8	45.2	47.7	54.7	62.5	- MCC
- Caribbean	48.4	58.2	50.3	44.4	42.0	- Caraïbes
- Rest of America	10.2	16.9	8.6	9.0	9.6	- Autre d'Amérique
Asia excluding former USSR	2114.9	2456.6	2391.1	2557.2	2911.8	Asie ancienne URSS exclus
- Middle East	272.4	300.0	298.5	324.2	399.1	- Moyen-Orient
Asia former USSR	28.2	40.3	41.1	46.4	58.4	Asie ancienne URSS
Europe excluding former USSR	6525.0	6170.2	6221.3	6483.9	7647.8	Europe ancienne URSS exclus
- European Union	5490.1	5152.0	5151.6	5283.5	6171.0	- Union Européenne
- Eastern Europe	484.6	500.7	538.4	619.3	780.5	- Europe de l'Est
- Rest of Europe	550.3	517.5	531.3	581.1	696.4	- Autre de l'Europe
Europe former USSR	225.2	234.6	263.2	313.8	421.7	Europe ancienne URSS
Oceania	209.8	206.7	197.3	209.9	274.7	Océanie
United States	2491.7	2745.4	2645.3	2641.2	2713.8	Etats-Unis d'Amérique
Germany	1454.9	1274.1	1330.0	1306.5	1470.3	Allemagne
France-Monaco	799.5	806.7	755.5	783.3	893.6	France-Monaco
United Kingdom	565.5	567.4	541.5	591.9	690.4	Royaume-Uni
Italy-San Marino-Holy See	533.8	527.3	533.0	550.0	635.2	Italie-Saint-Marin-Saint-Siège
Canada	485.4	509.1	470.0	507.0	547.9	Canada
Japan	326.9	380.0	380.1	405.0	479.4	Japon
Mexico	358.7	446.6	375.1	376.2	373.5	Mexique
Netherlands	426.4	346.6	334.0	378.5	430.9	Pays-Bas
Belgium	409.8	377.9	341.7	333.7	385.1	Belgique
Spain	304.4	286.8	330.0	342.7	409.1	Espagne
Switzerland-Liechtenstein	295.5	288.3	286.1	288.7	355.1	Suisse-Liechtenstein
Korea, Republic of	230.2	288.0	281.6	324.6	372.0	République de Corée
China	163.3	234.7	253.8	290.5	382.9	Chine
Austria	257.1	240.1	237.0	246.1	337.1	Autriche
China, Hong Kong SAR	202.9	230.7	247.8	267.4	269.1	Chine - RAS de Hong-Kong
Sweden	170.1	168.2	185.3	184.0	218.1	Suède
Thailand	137.4	179.0	188.8	e190.8	223.7	Thaïlande
Poland	168.9	165.1	155.0	177.9	198.9	Pologne
Australia	159.2	158.6	146.0	151.4	196.0	Australie
Singapore	172.6	174.4	146.1	138.7	137.2	Singapour
Denmark	146.7	134.0	142.6	137.2	173.9	Danemark
Czech Republic	118.3	127.9	138.6	151.2	187.1	République tchèque
Russian Federation	108.2	115.1	128.4	150.5	182.2	Fédération de Russie
Ireland	127.1	134.0	127.6	126.2	156.3	Irlande
Brazil	125.3	131.5	138.1	132.7	139.2	Brésil
Norway	122.5	109.7	120.0	139.0	160.0	Norvège
Hungary	101.1	102.8	112.2	135.8	184.5	Hongrie
Malaysia	122.8	126.2	120.0	124.3	107.7	Malaisie
South Africa	–	152.0	140.4	146.5	161.3	Afrique du Sud

(Value as percentages of World total) — (Valeur en pourcentage du total mondial)

Regions of the world	1994	1995	1996	1997	1998	1999	2000	2001	2002	2003	Régions du monde
World	100.0	100.0	100.0	100.0	100.0	100.0	100.0	100.0	100.0	100.0	Monde
Africa	2.0	1.7	1.8	1.8	2.0	2.0	2.1	2.2	2.2	2.2	Afrique
Americas	20.9	20.0	21.4	24.6	26.8	28.8	30.8	29.6	28.5	26.0	Amériques
- Northern America	16.1	15.4	16.3	18.6	20.3	22.9	24.0	23.4	22.8	20.8	- Amérique du Nord
- LAIA	4.2	4.0	4.5	5.3	5.5	5.1	5.9	5.4	4.9	4.5	- ALAI
- CACM	0.2	0.2	0.2	0.3	0.3	0.3	0.3	0.4	0.4	0.4	- MCC
- Caribbean	0.3	0.3	0.3	0.3	0.6	0.4	0.4	0.4	0.3	0.3	- Caraïbes
- Rest of America	0.1	0.1	0.1	0.1	0.1	0.1	0.1	0.1	0.1	0.1	- Autre d'Amérique
Asia excluding former USSR	20.4	20.4	20.2	20.2	16.2	16.1	18.1	17.9	18.4	18.5	Asie ancienne URSS exclus
- Middle East	2.8	2.4	2.4	2.3	2.4	2.1	2.2	2.2	2.3	2.5	- Moyen-Orient
Asia former USSR	0.3	0.3	0.4	0.3	0.3	0.2	0.3	0.3	0.3	0.4	Asie ancienne URSS
Europe excluding former USSR	52.9	54.1	52.4	49.3	51.0	49.6	45.4	46.6	46.7	48.5	Europe ancienne URSS exclus
- European Union	46.3	46.7	44.5	41.5	42.6	41.8	37.9	38.6	38.1	39.1	- Union Européenne
- Eastern Europe	2.4	2.9	3.5	3.5	4.0	3.7	3.7	4.0	4.5	4.9	- Europe de l'Est
- Rest of Europe	4.2	4.5	4.4	4.2	4.4	4.2	3.8	4.0	4.2	4.4	- Autre de l'Europe
Europe former USSR	1.7	1.8	2.0	2.1	2.1	1.7	1.7	2.0	2.3	2.7	Europe ancienne URSS
Oceania	1.9	1.7	1.7	1.7	1.6	1.6	1.5	1.5	1.5	1.7	Océanie

TRADE BY COMMODITY (Value in million US dollars)
Exports by principal countries or areas

COMMERCE PAR PRODUIT (Valeur en millions de dollars EU)
Exportations selon les principaux pays ou zones

Country or area	1999	2000	2001	2002	2003	Pays ou zone
World	13605.2	13818.6	13350.7	13511.9	15672.8	Monde
Africa	42.2	39.2	43.5	54.0	77.2	Afrique
Americas	2645.6	2814.7	2765.8	2655.7	2775.2	Amériques
- Northern America	2239.8	2368.5	2258.8	2201.7	2248.5	- Amérique du Nord
- LAIA	389.4	434.3	495.1	436.7	508.5	- ALAI
- CACM	12.2	7.4	7.7	13.9	12.6	- MCC
- Caribbean	4.1	4.4	4.1	3.2	5.6	- Caraïbes
- Rest of America	0.0	0.0	0.1	0.1	0.0	- Autre d'Amérique
Asia excluding former USSR	2931.2	3421.2	3101.3	2991.0	3464.1	Asie ancienne URSS exclus
- Middle East	73.7	80.7	76.1	87.3	126.1	- Moyen-Orient
Asia former USSR	2.1	2.4	2.4	3.9	2.3	Asie ancienne URSS
Europe excluding former USSR	7833.5	7343.2	7262.0	7613.3	9109.6	Europe ancienne URSS exclus
- European Union	7051.5	6540.7	6411.0	6646.7	7856.6	- Union Européenne
- Eastern Europe	372.6	386.5	432.2	508.4	732.8	- Europe de l'Est
- Rest of Europe	409.3	416.1	418.7	458.1	520.2	- Autre de l'Europe
Europe former USSR	106.3	160.6	137.4	150.5	191.3	Europe ancienne URSS
Oceania	44.4	37.3	38.3	43.6	53.2	Océanie
Germany	2122.1	1954.3	2002.4	2139.9	2484.2	Allemagne
Japan	1693.4	1991.9	1682.6	1501.3	1715.8	Japon
United States	1508.4	1723.6	1656.3	1576.9	1640.9	Etats-Unis d'Amérique
United Kingdom	917.1	862.1	814.3	760.4	910.8	Royaume-Uni
Italy-San Marino-Holy See	752.7	770.7	798.8	826.2	894.5	Italie-Saint-Marin-Saint-Siège
France-Monaco	822.2	754.3	720.5	708.1	790.9	France-Monaco
Canada	731.4	645.0	602.4	624.8	607.5	Canada
Belgium	585.9	561.5	543.5	577.7	675.8	Belgique
Austria	349.5	326.2	341.4	367.1	519.0	Autriche
Netherlands	403.4	364.9	308.2	300.4	436.7	Pays-Bas
China	268.3	274.1	298.0	343.9	467.6	Chine
Spain	359.0	265.5	289.7	331.0	398.1	Espagne
Mexico	243.4	256.3	334.5	256.0	292.6	Mexique
Switzerland-Liechtenstein	257.3	270.4	260.4	272.8	321.5	Suisse-Liechtenstein
Czech Republic	149.0	158.1	181.4	208.0	265.4	République tchèque
Korea, Republic of	157.1	184.2	188.1	195.6	233.3	République de Corée
Sweden	189.3	185.1	172.5	183.0	216.2	Suède
Denmark	221.5	193.2	146.4	156.9	189.3	Danemark
Thailand	110.1	194.3	191.7	e151.3	176.7	Thaïlande
Poland	119.1	124.6	135.4	166.0	270.1	Pologne
Brazil	91.4	124.1	107.9	128.7	160.2	Brésil
Malaysia	124.9	133.9	102.2	116.4	118.9	Malaisie
Finland	110.7	107.4	103.3	116.5	141.2	Finlande
Viet Nam	87.2	108.9	122.3	130.8	e123.7	Viet Nam
Slovenia	87.1	84.6	94.1	113.7	126.4	Slovénie
China, Hong Kong SAR	90.7	101.7	99.4	94.4	96.9	Chine - RAS de Hong-Kong
Indonesia	77.5	86.9	96.7	98.0	99.6	Indonésie
Hungary	67.7	60.8	68.4	73.0	113.8	Hongrie
Russian Federation	56.0	98.5	62.7	61.0	69.0	Fédération de Russie
Ireland	75.8	74.1	58.5	53.4	58.8	Irlande

(Value as percentages of World total)

(Valeur en pourcentage du total mondial)

Regions of the world	1994	1995	1996	1997	1998	1999	2000	2001	2002	2003	Régions du monde
World	100.0	100.0	100.0	100.0	100.0	100.0	100.0	100.0	100.0	100.0	Monde
Africa	0.4	0.3	0.4	0.3	0.3	0.3	0.3	0.3	0.4	0.5	Afrique
Americas	15.6	15.0	15.6	18.4	18.7	19.4	20.4	20.7	19.7	17.7	Amériques
- Northern America	13.2	12.7	13.4	15.8	16.0	16.5	17.1	16.9	16.3	14.3	- Amérique du Nord
- LAIA	2.4	2.3	2.1	2.5	2.6	2.9	3.1	3.7	3.2	3.2	- ALAI
- CACM	0.0	0.0	0.0	0.1	0.1	0.1	0.1	0.1	0.1	0.1	- MCC
- Caribbean	0.0	0.0	0.0	0.0	0.0	0.0	0.0	0.0	0.0	0.0	- Caraïbes
- Rest of America	0.0	0.0	0.0	0.0	0.0	0.0	0.0	0.0	0.0	0.0	- Autre d'Amérique
Asia excluding former USSR	23.7	23.6	23.0	22.7	21.1	21.5	24.8	23.2	22.1	22.1	Asie ancienne URSS exclus
- Middle East	0.6	0.6	0.5	0.5	0.6	0.5	0.6	0.6	0.6	0.8	- Moyen-Orient
Asia former USSR	0.2	0.1	0.1	0.2	0.0	0.0	0.0	0.0	0.0	0.0	Asie ancienne URSS
Europe excluding former USSR	58.4	59.3	58.9	56.6	58.7	57.6	53.1	54.4	56.3	58.1	Europe ancienne URSS exclus
- European Union	53.5	54.2	53.4	51.4	53.1	51.8	47.3	48.0	49.2	50.1	- Union Européenne
- Eastern Europe	1.8	2.0	2.5	2.3	2.6	2.7	2.8	3.2	3.8	4.7	- Europe de l'Est
- Rest of Europe	3.1	3.1	3.1	2.9	3.0	3.0	3.0	3.1	3.4	3.3	- Autre de l'Europe
Europe former USSR	1.3	1.2	1.4	1.4	0.9	0.8	1.2	1.0	1.1	1.2	Europe ancienne URSS
Oceania	0.5	0.5	0.6	0.5	0.3	0.3	0.3	0.3	0.3	0.3	Océanie

664 Glass

TRADE BY COMMODITY (Value in million US dollars)
Imports by principal countries or areas

COMMERCE PAR PRODUIT (Valeur en millions de dollars EU)
Importations selon les principaux pays ou zones

Country or area	1999	2000	2001	2002	2003	Pays ou zone
World	17671.1	20047.6	21024.0	20151.6	22842.5	Monde
Africa	321.5	294.6	316.2	365.8	391.2	Afrique
Americas	4749.5	5715.8	6064.3	5094.6	5361.5	Amériques
- Northern America	3532.4	4211.6	4448.9	3655.4	3851.2	- Amérique du Nord
- LAIA	1106.2	1374.3	1468.2	1307.8	1377.0	- ALAI
- CACM	56.3	60.7	76.2	70.0	66.0	- MCC
- Caribbean	38.4	50.1	52.0	47.1	52.5	- Caraïbes
- Rest of America	16.1	19.1	18.9	14.3	14.8	- Autre d'Amérique
Asia excluding former USSR	4161.0	5273.7	5237.9	5291.9	6096.6	Asie ancienne URSS exclus
- Middle East	357.0	391.0	443.7	452.6	567.0	- Moyen-Orient
Asia former USSR	19.4	35.6	38.8	42.9	68.7	Asie ancienne URSS
Europe excluding former USSR	8050.1	8320.2	8933.9	8861.7	10277.5	Europe ancienne URSS exclus
- European Union	6921.3	7136.6	7525.2	7352.7	8431.4	- Union Européenne
- Eastern Europe	633.5	680.6	848.3	980.7	1256.9	- Europe de l'Est
- Rest of Europe	495.2	503.0	560.4	528.3	589.2	- Autre de l'Europe
Europe former USSR	156.6	180.0	223.5	273.6	378.8	Europe ancienne URSS
Oceania	213.0	227.7	209.4	221.3	268.3	Océanie
United States	2293.8	2784.5	2987.3	2444.4	2642.6	Etats-Unis d'Amérique
Germany	1446.4	1549.1	1679.6	1593.0	1696.4	Allemagne
Canada	1234.0	1391.0	1316.6	1206.8	1204.7	Canada
France-Monaco	1212.7	1218.6	1218.7	1206.6	1396.4	France-Monaco
China	728.1	1053.3	1165.7	1267.5	1447.8	Chine
Japan	800.3	1095.5	919.1	901.5	966.9	Japon
United Kingdom	779.1	881.0	907.6	978.6	1121.8	Royaume-Uni
Mexico	690.4	878.2	861.9	954.0	990.1	Mexique
Italy-San Marino-Holy See	707.5	683.6	770.4	753.4	787.8	Italie-Saint-Marin-Saint-Siège
Belgium	619.9	644.7	709.9	720.1	874.8	Belgique
Korea, Republic of	447.1	529.5	527.8	738.4	905.3	République de Corée
Spain	480.6	419.4	448.3	471.9	624.6	Espagne
Netherlands	520.6	516.9	495.8	389.6	480.0	Pays-Bas
China, Hong Kong SAR	419.9	518.7	464.5	373.0	387.2	Chine - RAS de Hong-Kong
Austria	307.1	289.3	325.9	309.2	312.8	Autriche
Poland	254.4	267.4	283.0	329.5	388.5	Pologne
Singapore	312.7	362.0	289.4	252.9	285.5	Singapour
Sweden	240.9	254.6	294.8	259.5	311.2	Suède
Switzerland-Liechtenstein	243.7	259.8	290.7	247.6	276.0	Suisse-Liechtenstein
Czech Republic	146.2	169.0	247.7	311.4	358.6	République tchèque
Malaysia	172.4	235.8	219.7	284.8	261.8	Malaisie
Denmark	194.8	217.4	226.3	226.0	281.4	Danemark
Thailand	181.7	218.2	270.0	e208.8	244.8	Thaïlande
Brazil	141.3	187.4	248.3	125.7	166.4	Brésil
Australia	151.2	167.1	144.8	151.7	183.7	Australie
Hungary	118.6	118.9	140.5	137.3	228.6	Hongrie
India	77.3	84.8	207.9	118.5	139.7	Inde
Ireland	95.2	150.0	113.7	97.3	126.0	Irlande
Norway	117.0	110.7	116.2	106.4	112.0	Norvège
Russian Federation	76.9	76.7	110.5	131.3	166.4	Fédération de Russie

(Value as percentages of World total)   **(Valeur en pourcentage du total mondial)**

Regions of the world	1994	1995	1996	1997	1998	1999	2000	2001	2002	2003	Régions du monde
World	100.0	100.0	100.0	100.0	100.0	100.0	100.0	100.0	100.0	100.0	Monde
Africa	1.8	1.6	1.7	1.8	2.1	1.8	1.5	1.5	1.8	1.7	Afrique
Americas	24.1	21.2	23.7	25.1	25.6	26.9	28.5	28.8	25.3	23.5	Amériques
- Northern America	18.5	15.9	16.8	17.5	17.7	20.0	21.0	21.2	18.1	16.9	- Amérique du Nord
- LAIA	5.0	4.7	6.3	6.9	7.2	6.3	6.9	7.0	6.5	6.0	- ALAI
- CACM	0.3	0.3	0.2	0.3	0.3	0.3	0.3	0.4	0.3	0.3	- MCC
- Caribbean	0.3	0.3	0.2	0.3	0.3	0.2	0.3	0.2	0.2	0.2	- Caraïbes
- Rest of America	0.1	0.1	0.1	0.1	0.1	0.1	0.1	0.1	0.1	0.1	- Autre d'Amérique
Asia excluding former USSR	26.1	28.0	27.6	27.7	23.7	23.5	26.3	24.9	26.3	26.7	Asie ancienne URSS exclus
- Middle East	2.4	2.8	2.5	2.6	2.4	2.0	2.0	2.1	2.2	2.5	- Moyen-Orient
Asia former USSR	0.2	0.1	0.3	0.1	0.2	0.1	0.2	0.2	0.2	0.3	Asie ancienne URSS
Europe excluding former USSR	45.6	46.7	44.4	42.9	45.9	45.6	41.5	42.5	44.0	45.0	Europe ancienne URSS exclus
- European Union	40.2	40.7	38.2	36.6	39.2	39.2	35.6	35.8	36.5	36.9	- Union Européenne
- Eastern Europe	2.2	2.7	3.2	3.5	3.8	3.6	3.4	4.0	4.9	5.5	- Europe de l'Est
- Rest of Europe	3.1	3.2	3.0	2.8	2.9	2.8	2.5	2.7	2.6	2.6	- Autre de l'Europe
Europe former USSR	0.9	1.0	1.0	1.3	1.3	0.9	0.9	1.1	1.4	1.7	Europe ancienne URSS
Oceania	1.4	1.3	1.4	1.2	1.1	1.2	1.1	1.0	1.1	1.2	Océanie

TRADE BY COMMODITY (Value in million US dollars)
Exports by principal countries or areas

COMMERCE PAR PRODUIT (Valeur en millions de dollars EU)
Exportations selon les principaux pays ou zones

Country or area	1999	2000	2001	2002	2003	Pays ou zone
World	17816.8	20580.0	21480.4	19963.8	22369.5	Monde
Africa	113.1	132.5	120.6	141.8	161.0	Afrique
Americas	3901.6	4780.4	4955.9	4260.1	4363.3	Amériques
- Northern America	3027.7	3751.3	3971.9	3321.2	3450.3	- Amérique du Nord
- LAIA	866.5	1015.6	970.5	923.0	899.8	- ALAI
- CACM	4.3	12.1	12.5	15.3	11.7	- MCC
- Caribbean	2.9	1.3	0.8	0.6	1.1	- Caraïbes
- Rest of America	0.2	0.1	0.2	0.1	0.3	- Autre d'Amérique
Asia excluding former USSR	4561.4	6197.3	6410.8	5554.8	6226.1	Asie ancienne URSS exclus
- Middle East	194.2	245.5	302.2	310.9	339.4	- Moyen-Orient
Asia former USSR	1.7	3.6	4.2	3.3	16.1	Asie ancienne URSS
Europe excluding former USSR	9017.5	9171.0	9660.9	9720.4	11278.9	Europe ancienne URSS exclus
- European Union	8268.1	8340.7	8716.5	8673.8	9931.5	- Union Européenne
- Eastern Europe	521.4	616.3	707.0	820.5	1116.4	- Europe de l'Est
- Rest of Europe	228.1	214.0	237.3	226.1	231.0	- Autre de l'Europe
Europe former USSR	108.2	143.6	190.3	173.8	211.3	Europe ancienne URSS
Oceania	113.2	151.7	137.7	109.6	112.8	Océanie
United States	2469.3	3146.7	3303.2	2765.3	2844.7	Etats-Unis d'Amérique
Japan	2224.6	3088.4	3071.2	2065.7	2229.9	Japon
Germany	2150.1	2199.2	2465.7	2350.7	2828.0	Allemagne
Belgium	1334.9	1309.8	1373.6	1502.4	1744.4	Belgique
France-Monaco	1210.8	1156.2	1146.4	1180.9	1164.1	France-Monaco
Italy-San Marino-Holy See	889.5	823.3	820.8	869.5	1023.3	Italie-Saint-Marin-Saint-Siège
China	410.8	613.0	671.5	939.6	1200.8	Chine
Mexico	663.1	771.2	703.2	691.2	632.3	Mexique
United Kingdom	632.8	716.9	730.1	586.4	717.4	Royaume-Uni
Canada	558.3	604.6	668.6	555.6	605.4	Canada
Korea, Republic of	338.7	543.4	737.4	472.4	524.4	République de Corée
Spain	441.4	450.3	527.9	540.4	594.2	Espagne
Netherlands	474.2	538.1	440.6	375.3	430.7	Pays-Bas
Czech Republic	264.3	301.5	338.9	384.1	479.8	République tchèque
China, Hong Kong SAR	316.9	392.4	352.9	282.2	304.4	Chine - RAS de Hong-Kong
Finland	269.4	241.8	274.8	292.2	345.5	Finlande
Malaysia	181.6	198.2	245.9	312.8	267.8	Malaisie
Thailand	157.2	219.0	190.2	e261.2	305.1	Thaïlande
Luxembourg	201.8	210.8	228.2	219.1	250.2	Luxembourg
Sweden	203.0	202.1	239.2	210.3	240.3	Suède
Singapore	201.6	212.2	181.3	228.5	247.1	Singapour
Indonesia	164.0	226.9	211.9	216.7	238.6	Indonésie
Denmark	183.6	212.6	190.4	248.1	220.8	Danemark
Poland	107.4	151.8	189.4	234.4	335.1	Pologne
Turkey	106.6	141.1	192.6	176.3	194.2	Turquie
Austria	140.2	133.2	144.9	157.4	155.3	Autriche
Brazil	119.4	157.7	152.6	124.0	151.0	Brésil
Hungary	97.2	107.4	106.8	120.5	196.1	Hongrie
Switzerland-Liechtenstein	123.6	127.0	127.0	120.8	129.1	Suisse-Liechtenstein
Australia	97.5	138.1	117.3	89.0	94.3	Australie

(Value as percentages of World total)   **(Valeur en pourcentage du total mondial)**

Regions of the world	1994	1995	1996	1997	1998	1999	2000	2001	2002	2003	Régions du monde
World	100.0	100.0	100.0	100.0	100.0	100.0	100.0	100.0	100.0	100.0	Monde
Africa	0.4	0.3	0.3	0.4	0.4	0.6	0.6	0.6	0.7	0.7	Afrique
Americas	20.1	18.3	20.4	22.6	21.7	21.9	23.2	23.1	21.3	19.5	Amériques
- Northern America	16.7	15.1	17.1	18.8	16.8	17.0	18.2	18.5	16.6	15.4	- Amérique du Nord
- LAIA	3.4	3.2	3.3	3.8	4.8	4.9	4.9	4.5	4.6	4.0	- ALAI
- CACM	0.0	0.0	0.0	0.0	0.0	0.0	0.1	0.1	0.1	0.1	- MCC
- Caribbean	0.0	0.0	0.0	0.0	0.0	0.0	0.0	0.0	0.0	0.0	- Caraïbes
- Rest of America	0.0	0.0	0.0	0.0	0.0	0.0	0.0	0.0	0.0	0.0	- Autre d'Amérique
Asia excluding former USSR	25.1	27.6	25.9	25.0	23.4	25.6	30.1	29.8	27.8	27.8	Asie ancienne URSS exclus
- Middle East	1.1	1.0	1.0	1.0	1.2	1.1	1.2	1.4	1.6	1.5	- Moyen-Orient
Asia former USSR	0.0	0.0	0.1	0.1	0.0	0.0	0.0	0.0	0.0	0.1	Asie ancienne URSS
Europe excluding former USSR	52.9	52.4	51.8	50.5	53.0	50.6	44.6	45.0	48.7	50.4	Europe ancienne URSS exclus
- European Union	49.3	48.5	47.8	46.7	48.4	46.4	40.5	40.6	43.4	44.4	- Union Européenne
- Eastern Europe	2.2	2.5	2.6	2.6	3.1	2.9	3.0	3.3	4.1	5.0	- Europe de l'Est
- Rest of Europe	1.4	1.4	1.4	1.2	1.5	1.3	1.0	1.1	1.1	1.0	- Autre de l'Europe
Europe former USSR	0.5	0.6	0.8	0.7	0.7	0.6	0.7	0.9	0.9	0.9	Europe ancienne URSS
Oceania	0.9	0.7	0.8	0.9	0.8	0.6	0.7	0.6	0.5	0.5	Océanie

665 Glassware

TRADE BY COMMODITY (Value in million US dollars)
Imports by principal countries or areas

COMMERCE PAR PRODUIT (Valeur en millions de dollars EU)
Importations selon les principaux pays ou zones

Country or area	1999	2000	2001	2002	2003	Pays ou zone
World	9937.7	10272.6	10247.4	10931.6	12647.4	Monde
Africa	253.0	253.1	252.8	279.4	358.7	Afrique
Americas	2775.4	3003.4	2830.6	2908.4	2943.9	Amériques
- Northern America	2274.5	2449.4	2271.3	2365.9	2455.8	- Amérique du Nord
- LAIA	329.5	365.4	353.1	343.8	305.8	- ALAI
- CACM	72.3	78.6	87.6	80.6	83.2	- MCC
- Caribbean	83.7	90.7	96.9	99.3	87.8	- Caraïbes
- Rest of America	15.3	19.2	21.7	18.8	11.5	- Autre d'Amérique
Asia excluding former USSR	1835.9	2170.4	2180.0	2419.0	2801.7	Asie ancienne URSS exclus
- Middle East	347.2	366.8	410.8	433.8	534.4	- Moyen-Orient
Asia former USSR	29.1	39.5	30.6	37.9	49.7	Asie ancienne URSS
Europe excluding former USSR	4705.6	4411.3	4511.7	4820.8	5927.8	Europe ancienne URSS exclus
- European Union	4016.4	3727.2	3783.3	3970.2	4904.4	- Union Européenne
- Eastern Europe	243.8	259.6	285.7	362.1	449.6	- Europe de l'Est
- Rest of Europe	445.4	424.5	442.6	488.5	573.8	- Autre de l'Europe
Europe former USSR	136.1	171.7	223.2	244.0	320.5	Europe ancienne URSS
Oceania	202.6	223.3	218.6	222.1	245.1	Océanie
United States	1908.4	2026.4	1843.0	1963.7	2046.8	Etats-Unis d'Amérique
France-Monaco	751.6	715.1	705.0	753.2	896.9	France-Monaco
Germany	700.8	613.5	613.4	588.6	752.7	Allemagne
United Kingdom	491.5	507.9	512.3	522.2	609.9	Royaume-Uni
Italy-San Marino-Holy See	449.7	438.6	464.4	506.6	575.5	Italie-Saint-Marin-Saint-Siège
Canada	362.4	421.6	427.4	401.0	407.1	Canada
China, Hong Kong SAR	288.7	347.8	379.1	445.4	552.6	Chine - RAS de Hong-Kong
Spain	365.3	301.3	308.2	356.8	475.7	Espagne
Belgium	320.4	307.5	317.8	365.6	445.6	Belgique
Japan	278.3	307.9	308.5	344.5	395.1	Japon
Switzerland-Liechtenstein	288.4	261.8	261.5	277.4	326.9	Suisse-Liechtenstein
Netherlands	260.9	238.5	232.4	220.6	304.4	Pays-Bas
Korea, Republic of	184.0	244.6	243.8	267.3	280.7	République de Corée
China	149.3	211.0	218.2	276.8	342.5	Chine
United Arab Emirates	129.0	139.9	183.9	e188.7	e221.2	Emirats arabes unis
Australia	155.1	168.2	169.2	163.2	173.0	Australie
Austria	154.8	135.6	136.6	142.8	188.2	Autriche
Russian Federation	67.5	92.8	124.1	139.9	180.9	Fédération de Russie
Singapore	97.9	113.6	110.0	130.2	147.9	Singapour
Denmark	100.1	109.1	120.1	110.2	132.8	Danemark
Mexico	96.6	115.4	105.1	132.9	119.3	Mexique
Sweden	103.2	94.4	101.0	111.5	144.7	Suède
Poland	83.1	90.0	92.4	122.8	146.6	Pologne
Malaysia	114.1	128.4	112.3	100.4	71.1	Malaisie
Greece	98.8	77.6	78.8	85.4	118.6	Grèce
Portugal	89.6	73.0	73.3	89.0	e90.9	Portugal
Norway	67.0	66.6	65.3	74.7	96.4	Norvège
Ireland	75.6	67.1	63.2	58.6	101.4	Irlande
Hungary	60.3	62.3	63.9	81.1	96.5	Hongrie
Israel	69.9	72.3	72.7	66.1	73.8	Israël

(Value as percentages of World total)

(Valeur en pourcentage du total mondial)

Regions of the world	1994	1995	1996	1997	1998	1999	2000	2001	2002	2003	Régions du monde
World	100.0	100.0	100.0	100.0	100.0	100.0	100.0	100.0	100.0	100.0	Monde
Africa	2.5	2.5	2.6	2.7	3.0	2.5	2.5	2.5	2.6	2.8	Afrique
Americas	23.2	22.4	22.6	25.3	26.9	27.9	29.2	27.6	26.6	23.3	Amériques
- Northern America	17.7	17.3	17.8	19.6	20.7	22.9	23.8	22.2	21.6	19.4	- Amérique du Nord
- LAIA	3.9	3.6	3.3	3.9	4.1	3.3	3.6	3.4	3.1	2.4	- ALAI
- CACM	0.7	0.7	0.6	0.7	0.9	0.7	0.8	0.9	0.7	0.7	- MCC
- Caribbean	0.7	0.8	0.7	1.0	0.9	0.8	0.9	0.9	0.9	0.7	- Caraïbes
- Rest of America	0.2	0.1	0.1	0.2	0.2	0.2	0.2	0.2	0.2	0.1	- Autre d'Amérique
Asia excluding former USSR	20.7	20.9	21.3	20.2	17.1	18.5	21.1	21.3	22.1	22.2	Asie ancienne URSS exclus
- Middle East	3.7	3.6	3.6	3.6	3.9	3.5	3.6	4.0	4.0	4.2	- Moyen-Orient
Asia former USSR	0.2	0.2	0.3	0.3	0.4	0.3	0.4	0.3	0.3	0.4	Asie ancienne URSS
Europe excluding former USSR	49.9	50.1	49.1	46.8	48.5	47.4	42.9	44.0	44.1	46.9	Europe ancienne URSS exclus
- European Union	43.9	43.7	42.6	40.3	41.1	40.4	36.3	36.9	36.3	38.8	- Union Européenne
- Eastern Europe	1.5	1.8	2.0	2.3	2.7	2.5	2.5	2.8	3.3	3.6	- Europe de l'Est
- Rest of Europe	4.5	4.6	4.6	4.3	4.7	4.5	4.1	4.3	4.5	4.5	- Autre de l'Europe
Europe former USSR	1.6	2.1	2.2	2.7	2.2	1.4	1.7	2.2	2.2	2.5	Europe ancienne URSS
Oceania	1.9	1.8	2.0	2.0	2.0	2.0	2.2	2.1	2.0	1.9	Océanie

TRADE BY COMMODITY (Value in million US dollars)
Exports by principal countries or areas

COMMERCE PAR PRODUIT (Valeur en millions de dollars EU)
Exportations selon les principaux pays ou zones

Country or area	1999	2000	2001	2002	2003	Pays ou zone
World	9902.5	10331.3	10465.2	11066.0	12975.1	Monde
Africa	42.4	49.2	59.9	76.7	72.4	Afrique
Americas	1336.1	1496.6	1455.7	1333.9	1360.1	Amériques
- Northern America	854.8	959.4	938.9	777.2	779.8	- Amérique du Nord
- LAIA	409.4	457.0	420.8	464.4	496.3	- ALAI
- CACM	54.9	62.1	74.1	73.0	60.2	- MCC
- Caribbean	13.9	14.7	21.0	17.4	21.4	- Caraïbes
- Rest of America	3.0	3.4	1.0	1.9	2.4	- Autre d'Amérique
Asia excluding former USSR	1766.8	2127.9	2131.2	2329.1	2863.4	Asie ancienne URSS exclus
- Middle East	325.6	371.7	445.8	468.4	554.8	- Moyen-Orient
Asia former USSR	3.8	4.5	4.3	5.5	6.7	Asie ancienne URSS
Europe excluding former USSR	6608.1	6495.5	6658.3	7190.6	8505.4	Europe ancienne URSS exclus
- European Union	5393.8	5213.0	5360.6	5752.5	6753.8	- Union Européenne
- Eastern Europe	858.4	911.1	971.4	1093.6	1353.6	- Europe de l'Est
- Rest of Europe	355.9	371.4	326.2	344.4	398.1	- Autre de l'Europe
Europe former USSR	120.7	136.9	134.1	107.8	140.1	Europe ancienne URSS
Oceania	24.7	20.6	21.7	22.3	27.0	Océanie
France-Monaco	1597.6	1546.3	1456.6	1524.1	1715.0	France-Monaco
Germany	1069.6	978.4	1070.4	1208.9	1465.1	Allemagne
Italy-San Marino-Holy See	843.1	824.9	850.6	884.7	983.0	Italie-Saint-Marin-Saint-Siège
United States	698.3	806.0	783.5	626.2	645.2	Etats-Unis d'Amérique
China	405.6	492.2	552.3	728.8	942.5	Chine
Austria	453.8	495.5	529.9	575.2	704.1	Autriche
Czech Republic	450.0	462.5	512.9	578.0	712.5	République tchèque
Mexico	281.4	340.2	311.5	327.4	336.0	Mexique
Japan	252.3	301.3	254.0	288.7	457.0	Japon
United Kingdom	278.1	280.8	255.6	270.6	347.4	Royaume-Uni
Belgium	285.3	263.2	257.9	273.8	324.7	Belgique
Spain	236.7	213.2	244.4	279.4	343.2	Espagne
Poland	213.5	240.0	243.3	271.6	328.5	Pologne
Turkey	209.4	239.7	242.7	263.2	310.3	Turquie
Switzerland-Liechtenstein	247.7	258.6	219.8	224.9	257.1	Suisse-Liechtenstein
Portugal	189.3	180.4	195.0	226.9	e263.1	Portugal
Netherlands	125.1	125.0	194.3	184.8	253.0	Pays-Bas
China, Hong Kong SAR	142.6	177.1	168.5	158.5	163.8	Chine - RAS de Hong-Kong
Canada	156.5	153.4	155.3	151.1	134.6	Canada
United Arab Emirates	70.9	80.0	131.7	e137.2	e163.0	Emirates arabes unis
Indonesia	110.9	132.1	117.0	110.6	110.1	Indonésie
Ireland	135.1	111.3	113.3	111.2	104.5	Irlande
Sweden	95.8	96.1	89.4	104.7	119.9	Suède
Malaysia	67.1	116.9	109.0	98.8	102.6	Malaisie
Korea, Republic of	86.2	101.9	97.6	88.2	106.0	République de Corée
Slovakia	66.3	68.9	70.1	83.8	107.0	Slovaquie
Denmark	56.0	71.8	66.3	67.9	83.1	Danemark
India	40.3	56.6	62.1	77.1	99.5	Inde
Romania	62.6	61.7	59.7	67.2	77.1	Roumanie
Thailand	50.9	72.9	69.1	e57.9	67.7	Thaïlande

(Value as percentages of World total)

(Valeur en pourcentage du total mondial)

Regions of the world	1994	1995	1996	1997	1998	1999	2000	2001	2002	2003	Régions du monde
World	100.0	100.0	100.0	100.0	100.0	100.0	100.0	100.0	100.0	100.0	Monde
Africa	0.6	0.6	0.7	0.7	0.7	0.4	0.5	0.6	0.7	0.6	Afrique
Americas	12.0	11.6	11.8	13.5	13.1	13.5	14.5	13.9	12.1	10.5	Amériques
- Northern America	7.5	7.5	7.9	9.0	8.2	8.6	9.3	9.0	7.0	6.0	- Amérique du Nord
- LAIA	3.8	3.5	3.3	3.7	4.0	4.1	4.4	4.0	4.2	3.8	- ALAI
- CACM	0.5	0.5	0.5	0.5	0.6	0.6	0.6	0.7	0.7	0.5	- MCC
- Caribbean	0.2	0.2	0.1	0.1	0.2	0.1	0.1	0.2	0.2	0.2	- Caraïbes
- Rest of America	0.0	0.0	0.0	0.0	0.0	0.0	0.0	0.0	0.0	0.0	- Autre d'Amérique
Asia excluding former USSR	16.8	16.6	16.5	16.9	15.6	17.8	20.6	20.4	21.0	22.1	Asie ancienne URSS exclus
- Middle East	2.0	2.1	2.4	2.9	3.4	3.3	3.6	4.3	4.2	4.3	- Moyen-Orient
Asia former USSR	0.0	0.0	0.0	0.0	0.0	0.0	0.0	0.0	0.0	0.1	Asie ancienne URSS
Europe excluding former USSR	69.7	69.9	69.5	67.7	69.4	66.7	62.9	63.6	65.0	65.6	Europe ancienne URSS exclus
- European Union	59.1	58.4	57.8	56.1	56.9	54.5	50.5	51.2	52.0	52.1	- Union Européenne
- Eastern Europe	7.0	7.5	8.0	8.0	8.7	8.7	8.8	9.3	9.9	10.4	- Europe de l'Est
- Rest of Europe	3.7	4.0	3.8	3.6	3.8	3.6	3.6	3.1	3.1	3.1	- Autre de l'Europe
Europe former USSR	0.7	0.9	1.1	0.9	1.0	1.2	1.3	1.3	1.0	1.1	Europe ancienne URSS
Oceania	0.3	0.3	0.3	0.2	0.2	0.2	0.2	0.2	0.2	0.2	Océanie

666 Pottery

Country or area	1999	2000	2001	2002	2003	Pays ou zone
World	5910.9	6106.8	5702.3	5707.1	6363.3	Monde
Africa	88.3	88.2	87.0	91.5	96.2	Afrique
Americas	2214.1	2398.2	2212.4	2271.0	2367.8	Amériques
- Northern America	2053.8	2217.8	2022.4	2092.3	2218.9	- Amérique du Nord
- LAIA	113.4	129.6	141.4	132.1	110.8	- ALAI
- CACM	12.6	14.6	17.0	17.5	17.7	- MCC
- Caribbean	28.1	31.4	27.3	24.1	16.8	- Caraïbes
- Rest of America	6.1	4.8	4.3	4.9	3.7	- Autre d'Amérique
Asia excluding former USSR	919.2	1021.7	926.6	912.3	988.6	Asie ancienne URSS exclus
- Middle East	147.4	166.2	168.9	177.9	217.5	- Moyen-Orient
Asia former USSR	8.0	9.4	7.7	16.3	20.3	Asie ancienne URSS
Europe excluding former USSR	2527.0	2409.8	2309.8	2230.0	2663.2	Europe ancienne URSS exclus
- European Union	2236.1	2121.6	2036.1	1920.4	2305.6	- Union Européenne
- Eastern Europe	95.0	101.3	98.9	120.9	138.9	- Europe de l'Est
- Rest of Europe	195.8	186.9	174.8	188.7	218.7	- Autre de l'Europe
Europe former USSR	24.4	38.1	53.8	66.7	90.9	Europe ancienne URSS
Oceania	129.9	141.4	105.0	119.2	136.3	Océanie
United States	1870.6	2022.9	1831.3	1886.9	1991.6	Etats-Unis d'Amérique
Germany	468.1	419.2	425.7	363.9	442.5	Allemagne
United Kingdom	324.7	339.9	339.1	326.9	378.4	Royaume-Uni
China, Hong Kong SAR	331.4	351.9	294.1	250.3	232.1	Chine - RAS de Hong-Kong
France-Monaco	294.2	283.6	264.0	270.2	321.2	France-Monaco
Japan	267.6	300.3	282.2	271.6	301.9	Japon
Italy-San Marino-Holy See	290.2	274.7	247.6	237.4	265.0	Italie-Saint-Marin-Saint-Siège
Canada	177.7	193.4	188.6	203.4	224.5	Canada
Spain	166.1	155.2	149.2	150.1	181.1	Espagne
Netherlands	161.1	170.8	154.1	126.1	158.4	Pays-Bas
Belgium	125.5	127.9	115.0	101.0	134.4	Belgique
Australia	103.5	119.2	82.5	93.0	105.9	Australie
Switzerland-Liechtenstein	101.2	97.4	88.9	92.0	102.1	Suisse-Liechtenstein
Austria	93.1	79.7	75.2	78.3	98.2	Autriche
Sweden	68.6	63.7	55.4	59.6	75.5	Suède
Denmark	59.3	60.6	65.3	64.2	71.6	Danemark
Norway	62.8	58.8	51.7	54.7	70.2	Norvège
United Arab Emirates	42.1	54.1	60.3	e61.8	e72.5	Emirates arabes unis
Czech Republic	50.5	49.8	48.5	55.1	55.2	République tchèque
Greece	42.7	34.8	34.8	46.5	56.6	Grèce
Ireland	51.3	38.1	39.2	39.8	43.9	Irlande
Mexico	26.4	32.9	41.5	60.1	46.9	Mexique
Russian Federation	12.5	25.3	40.7	51.0	69.0	Fédération de Russie
Korea, Republic of	27.5	36.3	36.2	47.3	46.7	République de Corée
Portugal	50.2	37.1	33.1	31.9	e32.6	Portugal
Poland	24.9	31.2	29.3	39.2	47.0	Pologne
Singapore	30.3	39.6	29.5	27.0	25.0	Singapour
Saudi Arabia	26.4	30.2	29.2	29.1	33.3	Arabie saoudite
Israel	33.8	36.0	29.1	23.4	20.8	Israël
Turkey	17.6	19.5	15.5	24.1	36.5	Turquie

(Value as percentages of World total) — **(Valeur en pourcentage du total mondial)**

Regions of the world	1994	1995	1996	1997	1998	1999	2000	2001	2002	2003	Régions du monde
World	100.0	100.0	100.0	100.0	100.0	100.0	100.0	100.0	100.0	100.0	Monde
Africa	1.1	1.2	1.3	1.3	1.3	1.5	1.4	1.5	1.6	1.5	Afrique
Americas	36.4	35.3	33.7	35.7	37.7	37.5	39.3	38.8	39.8	37.2	Amériques
- Northern America	33.5	32.8	31.3	33.0	34.6	34.7	36.3	35.5	36.7	34.9	- Amérique du Nord
- LAIA	2.2	1.8	1.8	2.0	2.3	1.9	2.1	2.5	2.3	1.7	- ALAI
- CACM	0.1	0.2	0.2	0.2	0.2	0.2	0.2	0.3	0.3	0.3	- MCC
- Caribbean	0.4	0.4	0.3	0.4	0.5	0.5	0.5	0.5	0.4	0.3	- Caraïbes
- Rest of America	0.1	0.1	0.1	0.1	0.1	0.1	0.1	0.1	0.1	0.1	- Autre d'Amérique
Asia excluding former USSR	19.1	19.5	20.2	18.7	15.3	15.6	16.7	16.2	16.0	15.5	Asie ancienne URSS exclus
- Middle East	2.1	2.0	2.3	2.4	2.6	2.5	2.7	3.0	3.1	3.4	- Moyen-Orient
Asia former USSR	0.1	0.1	0.2	0.1	0.2	0.1	0.2	0.1	0.3	0.3	Asie ancienne URSS
Europe excluding former USSR	40.5	41.0	41.8	41.2	42.8	42.8	39.5	40.5	39.1	41.9	Europe ancienne URSS exclus
- European Union	37.0	36.7	37.1	36.7	37.8	37.8	34.7	35.7	33.6	36.2	- Union Européenne
- Eastern Europe	0.4	0.9	1.3	1.3	1.6	1.6	1.7	1.7	2.1	2.2	- Europe de l'Est
- Rest of Europe	3.1	3.5	3.4	3.2	3.4	3.3	3.1	3.1	3.3	3.4	- Autre de l'Europe
Europe former USSR	0.5	0.5	0.6	0.7	0.6	0.4	0.6	0.9	1.2	1.4	Europe ancienne URSS
Oceania	2.2	2.3	2.3	2.3	2.1	2.2	2.3	1.8	2.1	2.1	Océanie

TRADE BY COMMODITY (Value in million US dollars)
Exports by principal countries or areas

COMMERCE PAR PRODUIT (Valeur en millions de dollars EU)
Exportations selon les principaux pays ou zones

Country or area	1999	2000	2001	2002	2003	Pays ou zone
World	5417.8	5500.1	4902.8	5074.7	5612.8	Monde
Africa	26.3	26.6	30.8	85.6	27.4	Afrique
Americas	301.8	307.2	258.2	239.3	255.4	Amériques
- Northern America	157.3	159.0	140.6	128.0	139.3	- Amérique du Nord
- LAIA	139.4	144.7	115.3	107.5	113.3	- ALAI
- CACM	3.4	1.3	1.0	2.6	1.5	- MCC
- Caribbean	1.7	2.1	1.1	1.1	1.2	- Caraïbes
- Rest of America	0.0	0.1	0.1	0.0	0.0	- Autre d'Amérique
Asia excluding former USSR	2454.3	2669.8	2190.4	2391.0	2680.9	Asie ancienne URSS exclus
- Middle East	63.2	67.4	68.8	68.5	87.7	- Moyen-Orient
Asia former USSR	0.1	0.2	0.3	0.3	0.4	Asie ancienne URSS
Europe excluding former USSR	2591.3	2462.0	2386.2	2321.3	2603.9	Europe ancienne URSS exclus
- European Union	2273.9	2131.7	2050.1	2000.1	2237.5	- Union Européenne
- Eastern Europe	284.6	298.6	306.4	292.7	331.8	- Europe de l'Est
- Rest of Europe	32.9	31.7	29.7	28.5	34.6	- Autre de l'Europe
Europe former USSR	36.2	26.7	31.1	31.6	38.1	Europe ancienne URSS
Oceania	7.7	7.5	5.7	5.5	6.8	Océanie
China	1394.2	1549.2	1238.7	1476.9	1704.2	Chine
Germany	472.7	415.2	405.5	423.9	490.8	Allemagne
United Kingdom	461.0	436.9	397.1	356.6	411.4	Royaume-Uni
China, Hong Kong SAR	377.2	399.3	334.2	285.3	269.2	Chine - RAS de Hong-Kong
Italy-San Marino-Holy See	353.8	332.7	310.9	292.1	283.9	Italie-Saint-Marin-Saint-Siège
Portugal	266.7	231.2	229.1	230.5	e267.4	Portugal
France-Monaco	227.1	217.3	215.0	211.9	227.4	France-Monaco
Thailand	176.7	200.5	181.5	e199.0	232.4	Thaïlande
Spain	158.0	152.3	150.2	155.2	173.2	Espagne
Japan	164.4	167.0	119.4	110.5	104.4	Japon
United States	141.9	141.3	124.1	110.0	120.4	Etats-Unis d'Amérique
Czech Republic	108.1	111.0	115.7	111.9	117.6	République tchèque
Poland	91.8	98.2	105.0	95.2	114.4	Pologne
Netherlands	106.6	105.4	93.1	83.7	111.6	Pays-Bas
Denmark	78.0	85.4	80.5	84.2	82.5	Danemark
Belgium	73.5	78.4	77.6	72.4	86.7	Belgique
Mexico	91.1	93.2	68.5	60.7	69.7	Mexique
Indonesia	67.4	79.5	70.6	67.0	78.2	Indonésie
Romania	43.4	44.9	45.6	46.4	59.3	Roumanie
Malaysia	39.0	40.2	40.2	42.9	52.9	Malaisie
Sweden	27.5	31.4	45.8	42.6	60.6	Suède
Sri Lanka	39.6	e41.2	35.4	34.0	e36.9	Sri Lanka
United Arab Emirates	34.6	41.5	33.4	e34.8	e41.3	Emirates arabes unis
Philippines	51.5	42.5	34.0	30.2	25.7	Philippines
Hungary	35.9	38.1	34.7	34.3	36.3	Hongrie
Turkey	22.4	19.3	28.5	27.4	37.7	Turquie
Brazil	27.1	27.0	23.7	23.0	19.0	Brésil
Austria	22.5	21.9	18.7	18.8	23.3	Autriche
Korea, Republic of	21.9	22.9	18.0	18.1	14.4	République de Corée
Canada	15.4	17.7	16.5	18.0	19.0	Canada

(Value as percentages of World total)

(Valeur en pourcentage du total mondial)

Regions of the world	1994	1995	1996	1997	1998	1999	2000	2001	2002	2003	Régions du monde
World	100.0	100.0	100.0	100.0	100.0	100.0	100.0	100.0	100.0	100.0	Monde
Africa	0.4	0.4	0.4	0.5	0.5	0.5	0.5	0.6	1.7	0.5	Afrique
Americas	4.4	4.2	4.5	4.6	4.9	5.6	5.6	5.3	4.7	4.5	Amériques
- Northern America	2.5	2.3	2.4	2.4	2.6	2.9	2.9	2.9	2.5	2.5	- Amérique du Nord
- LAIA	1.8	1.8	2.1	2.2	2.1	2.6	2.6	2.4	2.1	2.0	- ALAI
- CACM	0.0	0.0	0.0	0.1	0.1	0.1	0.0	0.0	0.1	0.0	- MCC
- Caribbean	0.0	0.0	0.0	0.0	0.0	0.0	0.0	0.0	0.0	0.0	- Caraïbes
- Rest of America	0.0	0.0	0.0	0.0	0.0	0.0	0.0	0.0	0.0	0.0	- Autre d'Amérique
Asia excluding former USSR	46.5	43.8	42.0	44.8	43.9	45.3	48.5	44.7	47.1	47.8	Asie ancienne URSS exclus
- Middle East	0.4	0.6	0.6	0.7	1.1	1.2	1.2	1.4	1.3	1.6	- Moyen-Orient
Asia former USSR	0.0	0.0	0.0	0.0	0.0	0.0	0.0	0.0	0.0	0.0	Asie ancienne URSS
Europe excluding former USSR	48.2	51.1	52.5	49.5	50.2	47.8	44.8	48.7	45.7	46.4	Europe ancienne URSS exclus
- European Union	44.4	46.4	46.7	44.3	44.1	42.0	38.8	41.8	39.4	39.9	- Union Européenne
- Eastern Europe	3.1	4.0	4.9	4.7	5.5	5.3	5.4	6.2	5.8	5.9	- Europe de l'Est
- Rest of Europe	0.6	0.7	0.8	0.5	0.6	0.6	0.6	0.6	0.6	0.6	- Autre de l'Europe
Europe former USSR	0.4	0.4	0.4	0.4	0.4	0.7	0.5	0.6	0.6	0.7	Europe ancienne URSS
Oceania	0.1	0.1	0.1	0.1	0.1	0.1	0.1	0.1	0.1	0.1	Océanie

667 Pearl, precious and semi-precious stones, unworked or worked

TRADE BY COMMODITY (Value in million US dollars)
Imports by principal countries or areas

COMMERCE PAR PRODUIT (Valeur en millions de dollars EU)
Importations selon les principaux pays ou zones

Country or area	1999	2000	2001	2002	2003	Pays ou zone
World	52572.5	60015.2	53280.1	59155.7	62053.3	Monde
Africa	456.6	542.0	149.2	533.7	718.0	Afrique
Americas	11382.5	13639.0	11955.9	13487.4	14392.8	Amériques
- Northern America	11297.4	13531.1	11822.5	13350.4	14143.2	- Amérique du Nord
- LAIA	77.9	94.7	114.0	111.0	169.2	- ALAI
- CACM	1.4	6.2	4.6	8.4	4.1	- MCC
- Caribbean	5.2	6.6	14.5	17.4	75.7	- Caraïbes
- Rest of America	0.6	0.4	0.3	0.2	0.6	- Autre d'Amérique
Asia excluding former USSR	18986.6	21019.3	18850.0	23086.7	26052.3	Asie ancienne URSS exclus
- Middle East	398.3	505.0	588.2	617.0	719.6	- Moyen-Orient
Asia former USSR	82.0	101.2	0.3	185.5	281.2	Asie ancienne URSS
Europe excluding former USSR	21498.3	24499.8	22148.6	21648.5	20364.2	Europe ancienne URSS exclus
- European Union	19509.4	22126.6	20088.1	20400.9	19163.0	- Union Européenne
- Eastern Europe	10.2	13.6	10.6	12.9	12.5	- Europe de l'Est
- Rest of Europe	1978.7	2359.6	2049.8	1234.7	1188.8	- Autre de l'Europe
Europe former USSR	0.2	23.1	8.6	0.2	0.4	Europe ancienne URSS
Oceania	166.2	190.7	167.7	213.6	244.5	Océanie
United States	11045.4	13256.5	11596.8	13087.9	13880.9	Etats-Unis d'Amérique
Belgium	11166.5	12539.7	11304.4	13006.6	11189.3	Belgique
United Kingdom	6742.4	7791.9	7145.0	6095.6	6692.5	Royaume-Uni
Israel	5820.5	6784.4	5618.6	7222.2	7760.4	Israël
India	5433.5	4919.4	4671.2	6034.4	7038.0	Inde
China, Hong Kong SAR	3456.6	4393.1	4075.5	4875.6	5707.8	Chine - RAS de Hong-Kong
Switzerland-Liechtenstein	1967.7	2350.5	2042.0	1225.8	1179.0	Suisse-Liechtenstein
Japan	1866.8	1795.8	1450.9	1404.6	1441.1	Japon
Thailand	728.6	909.4	857.8	e948.3	1111.8	Thaïlande
China	522.5	779.3	760.4	1090.7	1362.2	Chine
United Arab Emirates	343.6	463.2	515.2	e528.6	e619.4	Emirates arabes unis
France-Monaco	357.3	565.2	566.8	390.1	304.5	France-Monaco
Italy-San Marino-Holy See	480.6	494.4	440.6	364.8	403.1	Italie-Saint-Marin-Saint-Siège
Singapore	365.3	404.1	384.6	433.3	441.1	Singapour
Germany	481.1	456.4	388.1	310.1	323.0	Allemagne
South Africa	–	467.3	92.7	469.5	634.7	Afrique du Sud
Canada	236.3	274.4	225.3	261.5	261.5	Canada
Sri Lanka	149.2	e202.0	151.5	185.5	e204.9	Sri Lanka
Australia	142.7	167.8	147.2	186.7	211.1	Australie
Armenia	80.9	101.0	e	185.3	280.9	Arménie
Mexico	74.8	86.0	105.3	106.8	164.6	Mexique
Southern African Customs Union	411.4	–	–	–	–	Union douanière d'Afrique australe
Spain	87.6	83.5	75.5	76.4	78.0	Espagne
Korea, Republic of	66.6	81.4	75.9	86.4	75.2	République de Corée
Portugal	55.4	59.7	46.3	48.2	e49.2	Portugal
Malaysia	58.4	64.8	40.9	41.8	50.6	Malaisie
Lebanon	20.6	22.2	56.3	65.8	78.7	Liban
Netherlands	52.2	58.8	39.5	40.1	33.0	Pays-Bas
Mauritius	32.8	34.1	27.6	37.0	46.5	Maurice
Austria	41.9	35.4	38.0	30.5	30.1	Autriche

(Value as percentages of World total)   **(Valeur en pourcentage du total mondial)**

Regions of the world	1994	1995	1996	1997	1998	1999	2000	2001	2002	2003	Régions du monde
World	100.0	100.0	100.0	100.0	100.0	100.0	100.0	100.0	100.0	100.0	Monde
Africa	1.2	0.8	0.8	0.9	0.7	0.9	0.9	0.3	0.9	1.2	Afrique
Americas	17.4	16.5	16.7	19.2	22.6	21.7	22.7	22.4	22.8	23.2	Amériques
- Northern America	17.2	16.4	16.6	19.0	22.4	21.5	22.5	22.2	22.6	22.8	- Amérique du Nord
- LAIA	0.1	0.0	0.1	0.1	0.1	0.1	0.2	0.2	0.2	0.3	- ALAI
- CACM	0.0	0.0	0.0	0.0	0.0	0.0	0.0	0.0	0.0	0.0	- MCC
- Caribbean	0.1	0.1	0.1	0.1	0.1	0.0	0.0	0.0	0.0	0.1	- Caraïbes
- Rest of America	0.0	0.0	0.0	0.0	0.0	0.0	0.0	0.0	0.0	0.0	- Autre d'Amérique
Asia excluding former USSR	37.0	38.9	37.2	34.7	31.9	36.1	35.0	35.4	39.0	42.0	Asie ancienne URSS exclus
- Middle East	0.3	0.4	0.3	0.4	0.8	0.8	0.8	1.1	1.0	1.2	- Moyen-Orient
Asia former USSR	0.0	0.1	0.1	0.1	0.1	0.2	0.2	0.0	0.3	0.5	Asie ancienne URSS
Europe excluding former USSR	44.0	43.2	44.8	44.6	44.1	40.9	40.8	41.6	36.6	32.8	Europe ancienne URSS exclus
- European Union	37.3	38.8	39.4	39.0	38.3	37.1	36.9	37.7	34.5	30.9	- Union Européenne
- Eastern Europe	0.0	0.0	0.0	0.0	0.0	0.0	0.0	0.0	0.0	0.0	- Europe de l'Est
- Rest of Europe	6.6	4.4	5.4	5.5	5.8	3.8	3.9	3.8	2.1	1.9	- Autre de l'Europe
Europe former USSR	0.1	0.2	0.1	0.1	0.0	0.0	0.0	0.0	0.0	0.0	Europe ancienne URSS
Oceania	0.3	0.3	0.4	0.5	0.5	0.3	0.3	0.3	0.4	0.4	Océanie

TRADE BY COMMODITY (Value in million US dollars)
Exports by principal countries or areas

COMMERCE PAR PRODUIT (Valeur en millions de dollars EU)
Exportations selon les principaux pays ou zones

Country or area	1999	2000	2001	2002	2003	Pays ou zone
World	45801.2	54326.6	54007.1	56939.8	60475.9	Monde
Africa	2852.6	5814.4	8871.8	5151.5	5349.1	Afrique
Americas	4233.7	5152.0	5232.6	5750.0	6936.0	Amériques
- Northern America	4017.4	4928.1	5010.2	5510.9	6709.1	- Amérique du Nord
- LAIA	205.8	209.0	203.4	217.8	179.9	- ALAI
- CACM	0.0	0.0	0.4	0.2	0.5	- MCC
- Caribbean	9.1	10.5	4.9	2.1	20.6	- Caraïbes
- Rest of America	1.4	4.3	13.7	19.1	25.9	- Autre d'Amérique
Asia excluding former USSR	18359.1	21114.4	19756.6	23622.1	26324.0	Asie ancienne URSS exclus
- Middle East	136.4	228.1	371.7	392.3	466.3	- Moyen-Orient
Asia former USSR	84.6	99.9	0.5	198.8	288.0	Asie ancienne URSS
Europe excluding former USSR	19777.8	21580.1	19724.3	21787.9	21128.1	Europe ancienne URSS exclus
- European Union	18484.4	20241.4	18672.2	21018.6	20346.8	- Union Européenne
- Eastern Europe	6.7	2.2	4.7	7.7	9.6	- Europe de l'Est
- Rest of Europe	1286.7	1336.5	1047.4	761.6	771.8	- Autre de l'Europe
Europe former USSR	0.2	20.7	13.1	0.1	0.1	Europe ancienne URSS
Oceania	493.2	545.1	408.0	429.3	450.6	Océanie
Belgium	12074.0	12996.1	11496.8	13524.5	11833.5	Belgique
Israel	7779.8	9635.8	8767.9	10323.8	11524.3	Israël
India	6642.6	6477.2	6188.2	7592.2	8414.2	Inde
United Kingdom	5673.1	6605.4	6516.0	6857.5	7925.0	Royaume-Uni
United States	3595.2	4520.8	4475.1	4899.7	5518.5	Etats-Unis d'Amérique
China, Hong Kong SAR	1829.4	2492.7	2348.0	2964.2	3249.8	Chine - RAS de Hong-Kong
South Africa	–	1756.9	5204.9	1550.9	1764.0	Afrique du Sud
Botswana	–	2262.2	2122.1	e2102.0	e2654.6	Botswana
Switzerland-Liechtenstein	1278.0	1317.0	1043.9	740.5	760.7	Suisse-Liechtenstein
China	435.6	613.7	649.1	810.6	1031.7	Chine
Canada	418.0	406.6	533.8	605.3	1189.1	Canada
Thailand	518.4	580.0	559.4	e582.6	680.6	Thaïlande
Angola	e664.1	e618.2	e563.4	e513.4	e294.8	Angola
Japan	577.3	551.4	390.2	343.2	306.1	Japon
Democratic Republic of the Congo	e384.0	e344.0	e347.9	e390.3	e298.1	République démocratique du Congo
Australia	334.3	353.4	282.9	302.8	343.5	Australie
Southern African Customs Union	1576.3	–	–	–	–	Union douanière d'Afrique australe
Namibia	–	515.7	448.1	425.4	141.3	Namibie
United Arab Emirates	132.6	223.6	357.7	e372.5	e442.4	Emirates arabes unis
Germany	344.5	284.8	280.7	239.6	250.0	Allemagne
Sri Lanka	129.2	e178.2	153.3	300.5	e326.1	Sri Lanka
Singapore	133.6	194.6	203.9	200.1	201.3	Singapour
France-Monaco	136.8	183.4	216.6	217.7	152.5	France-Monaco
Armenia	84.3	99.2	e	198.4	288.0	Arménie
French Polynesia	155.1	175.9	117.1	117.4	97.9	Polynésie française
Brazil	81.5	103.0	91.8	112.0	93.0	Brésil
Colombia	107.8	97.2	89.9	92.4	80.9	Colombie
Congo	e77.2	e130.3	e39.9	e16.3	e36.6	Congo
Italy-San Marino-Holy See	39.0	47.7	53.1	48.3	75.7	Italie-Saint-Marin-Saint-Siège
Portugal	49.5	44.5	38.8	37.8	e43.9	Portugal

(Value as percentages of World total)　　　　　　**(Valeur en pourcentage du total mondial)**

Regions of the world	1994	1995	1996	1997	1998	1999	2000	2001	2002	2003	Régions du monde
World	100.0	100.0	100.0	100.0	100.0	100.0	100.0	100.0	100.0	100.0	Monde
Africa	9.8	8.6	8.7	9.9	5.5	6.2	10.7	16.4	9.0	8.8	Afrique
Americas	7.7	7.9	7.3	7.4	8.3	9.2	9.5	9.7	10.1	11.5	Amériques
- Northern America	6.1	6.3	6.5	6.7	7.8	8.8	9.1	9.3	9.7	11.1	- Amérique du Nord
- LAIA	1.5	1.5	0.7	0.6	0.4	0.4	0.4	0.4	0.4	0.3	- ALAI
- CACM	0.0	0.0	0.0	0.0	0.0	0.0	0.0	0.0	0.0	0.0	- MCC
- Caribbean	0.1	0.1	0.1	0.1	0.0	0.0	0.0	0.0	0.0	0.0	- Caraïbes
- Rest of America	0.0	0.0	0.0	0.0	0.0	0.0	0.0	0.0	0.0	0.0	- Autre d'Amérique
Asia excluding former USSR	34.6	36.7	35.7	36.3	38.3	40.1	38.9	36.6	41.5	43.5	Asie ancienne URSS exclus
- Middle East	0.2	0.1	0.1	0.1	0.4	0.3	0.4	0.7	0.7	0.8	- Moyen-Orient
Asia former USSR	0.3	0.1	0.1	0.1	0.1	0.2	0.2	0.0	0.3	0.5	Asie ancienne URSS
Europe excluding former USSR	46.1	45.4	46.9	45.1	42.8	43.2	39.7	36.5	38.3	34.9	Europe ancienne URSS exclus
- European Union	39.4	40.5	41.9	41.4	39.7	40.4	37.3	34.6	36.9	33.6	- Union Européenne
- Eastern Europe	0.1	0.0	0.0	0.0	0.0	0.0	0.0	0.0	0.0	0.0	- Europe de l'Est
- Rest of Europe	6.6	4.9	4.9	3.7	3.1	2.8	2.5	1.9	1.3	1.3	- Autre de l'Europe
Europe former USSR	0.1	0.1	0.1	0.1	3.9	0.0	0.0	0.0	0.0	0.0	Europe ancienne URSS
Oceania	1.3	1.1	1.2	1.1	1.0	1.1	1.0	0.8	0.8	0.7	Océanie

671 Pig and sponge iron, spiegeleisen, etc, and ferro-alloys

TRADE BY COMMODITY (Value in million US dollars)
Imports by principal countries or areas

COMMERCE PAR PRODUIT (Valeur en millions de dollars EU)
Importations selon les principaux pays ou zones

Country or area	1999	2000	2001	2002	2003	Pays ou zone
World	9859.6	11606.4	9981.3	10826.6	14064.5	Monde
Africa	80.5	85.7	79.2	93.0	127.1	Afrique
Americas	2434.7	2856.0	2143.2	2336.3	2603.4	Amériques
- Northern America	2112.7	2386.4	1748.6	1919.6	2196.9	- Amérique du Nord
- LAIA	268.8	433.5	353.2	377.7	399.2	- ALAI
- CACM	1.4	2.5	2.8	3.5	3.3	- MCC
- Caribbean	51.8	33.4	38.6	35.4	4.0	- Caraïbes
- Rest of America	0.1	0.0	0.0	0.1	0.1	- Autre d'Amérique
Asia excluding former USSR	3149.3	3838.7	3114.7	3510.7	5141.1	Asie ancienne URSS exclus
- Middle East	203.2	217.6	187.2	281.9	350.2	- Moyen-Orient
Asia former USSR	20.2	28.7	29.9	22.4	29.8	Asie ancienne URSS
Europe excluding former USSR	3888.1	4458.0	4296.8	4428.4	5677.9	Europe ancienne URSS exclus
- European Union	3606.8	4117.6	3925.8	4035.7	5172.8	- Union Européenne
- Eastern Europe	187.0	247.4	259.7	280.9	364.7	- Europe de l'Est
- Rest of Europe	94.3	93.0	111.3	111.8	140.4	- Autre de l'Europe
Europe former USSR	228.4	290.4	272.8	390.2	431.8	Europe ancienne URSS
Oceania	58.5	48.9	44.7	45.7	53.3	Océanie
United States	1905.8	2169.7	1517.6	1673.6	1962.6	Etats-Unis d'Amérique
Japan	970.6	1251.7	1022.7	1017.1	1450.3	Japon
Korea, Republic of	893.3	1028.9	780.0	797.8	1258.9	République de Corée
Germany	760.4	829.5	887.0	880.2	1106.6	Allemagne
Italy-San Marino-Holy See	639.3	671.4	685.5	760.8	980.7	Italie-Saint-Marin-Saint-Siège
Spain	398.8	471.8	460.6	444.5	630.0	Espagne
France-Monaco	397.5	502.6	416.4	468.1	548.6	France-Monaco
Belgium	292.1	370.8	317.2	389.9	486.0	Belgique
Netherlands	368.6	435.5	386.7	279.5	326.6	Pays-Bas
United Kingdom	268.9	248.8	223.0	235.8	289.0	Royaume-Uni
China	63.5	88.7	224.4	338.1	539.7	Chine
Canada	206.9	216.7	230.9	245.9	234.2	Canada
Finland	155.8	203.1	187.2	211.6	337.7	Finlande
Mexico	159.5	287.0	197.7	229.0	210.2	Mexique
Sweden	166.3	205.4	175.3	178.5	229.1	Suède
Malaysia	159.7	213.0	144.0	92.3	282.5	Malaisie
Russian Federation	141.5	185.6	162.7	149.5	212.6	Fédération de Russie
Turkey	116.2	149.5	116.2	193.2	232.2	Turquie
Austria	75.7	80.8	85.4	94.1	149.6	Autriche
Poland	57.9	88.5	88.1	93.6	117.0	Pologne
Czech Republic	60.4	72.6	80.7	89.5	114.4	République tchèque
Thailand	55.9	79.2	49.9	e104.1	122.0	Thaïlande
India	68.8	73.9	46.1	61.6	92.1	Inde
Indonesia	47.3	79.5	58.4	53.4	78.1	Indonésie
Ukraine	20.3	41.9	53.3	81.8	e110.9	Ukraine
Brazil	36.5	44.8	49.7	43.5	62.7	Brésil
Australia	52.7	42.9	39.3	40.9	46.8	Australie
Belarus	38.8	48.5	42.9	29.2	60.6	Bélarus
Argentina	29.1	35.4	37.9	41.8	e64.2	Argentine
South Africa	–	43.3	32.1	43.4	83.9	Afrique du Sud

(Value as percentages of World total)

(Valeur en pourcentage du total mondial)

Regions of the world	1994	1995	1996	1997	1998	1999	2000	2001	2002	2003	Régions du monde
World	100.0	100.0	100.0	100.0	100.0	100.0	100.0	100.0	100.0	100.0	Monde
Africa	1.1	1.3	1.5	1.1	0.9	0.8	0.7	0.8	0.9	0.9	Afrique
Americas	19.2	19.2	21.0	20.8	24.8	24.7	24.6	21.5	21.6	18.5	Amériques
- Northern America	16.7	16.5	17.9	17.5	21.2	21.4	20.6	17.5	17.7	15.6	- Amérique du Nord
- LAIA	2.2	2.5	2.8	3.0	3.1	2.7	3.7	3.5	3.5	2.8	- ALAI
- CACM	0.0	0.0	0.0	0.0	0.0	0.0	0.0	0.0	0.0	0.0	- MCC
- Caribbean	0.2	0.2	0.3	0.3	0.5	0.5	0.3	0.4	0.3	0.0	- Caraïbes
- Rest of America	0.0	0.0	0.0	0.0	0.0	0.0	0.0	0.0	0.0	0.0	- Autre d'Amérique
Asia excluding former USSR	33.1	33.3	33.3	35.5	27.3	31.9	33.1	31.2	32.4	36.6	Asie ancienne URSS exclus
- Middle East	3.5	2.4	2.5	2.3	1.8	2.1	1.9	1.9	2.6	2.5	- Moyen-Orient
Asia former USSR	0.1	0.1	0.2	0.1	0.2	0.2	0.2	0.3	0.2	0.2	Asie ancienne URSS
Europe excluding former USSR	41.7	41.9	38.9	39.1	43.6	39.4	38.4	43.0	40.9	40.4	Europe ancienne URSS exclus
- European Union	39.0	39.1	36.3	36.4	40.3	36.6	35.5	39.3	37.3	36.8	- Union Européenne
- Eastern Europe	1.8	1.9	1.9	2.0	2.3	1.9	2.1	2.6	2.6	2.6	- Europe de l'Est
- Rest of Europe	0.9	0.9	0.7	0.8	1.0	1.0	0.8	1.1	1.0	1.0	- Autre de l'Europe
Europe former USSR	4.3	3.6	4.5	2.7	2.7	2.3	2.5	2.7	3.6	3.1	Europe ancienne URSS
Oceania	0.6	0.6	0.6	0.6	0.6	0.6	0.4	0.4	0.4	0.4	Océanie

Fonte, fonte spiegel, fer spongieux, poudres et grenailles de fer et d'acier et ferro-alliages 671

TRADE BY COMMODITY (Value in million US dollars)
Exports by principal countries or areas

COMMERCE PAR PRODUIT (Valeur en millions de dollars EU)
Exportations selon les principaux pays ou zones

Country or area	1999	2000	2001	2002	2003	Pays ou zone
World	7693.9	9104.0	7841.7	8661.3	11732.4	Monde
Africa	1342.8	1496.4	1085.3	1338.0	1960.3	Afrique
Americas	1673.2	2060.3	1930.8	2082.2	2575.1	Amériques
- Northern America	404.2	432.8	322.0	300.7	307.7	- Amérique du Nord
- LAIA	1205.1	1506.0	1471.0	1617.1	2048.6	- ALAI
- CACM	0.0	0.0	0.3	0.3	0.4	- MCC
- Caribbean	63.8	121.4	137.4	164.1	218.3	- Caraïbes
- Rest of America	0.0	0.0	0.0	0.0	0.0	- Autre d'Amérique
Asia excluding former USSR	1525.9	1946.0	1394.8	1534.4	2156.7	Asie ancienne URSS exclus
- Middle East	80.3	54.4	63.2	71.7	62.8	- Moyen-Orient
Asia former USSR	249.3	303.2	334.0	360.9	496.8	Asie ancienne URSS
Europe excluding former USSR	1729.0	1790.6	1720.2	1624.4	2082.3	Europe ancienne URSS exclus
- European Union	1007.7	1053.1	1055.1	993.1	1215.9	- Union Européenne
- Eastern Europe	157.9	211.9	182.4	176.1	291.6	- Europe de l'Est
- Rest of Europe	563.4	525.6	482.8	455.3	574.7	- Autre de l'Europe
Europe former USSR	898.8	1113.0	1009.4	1328.8	1763.8	Europe ancienne URSS
Oceania	274.9	394.5	367.3	392.7	697.4	Océanie
South Africa	–	1304.3	922.7	1109.8	1722.4	Afrique du Sud
China	814.2	1188.7	793.1	838.9	1325.8	Chine
Brazil	733.0	905.1	847.1	910.0	1062.7	Brésil
Russian Federation	442.8	569.2	569.6	682.5	1000.9	Fédération de Russie
Ukraine	432.1	533.3	430.3	567.3	e730.4	Ukraine
Norway	445.6	401.0	356.6	317.5	360.1	Norvège
Venezuela	239.5	314.4	324.9	386.8	492.3	Venezuela
Kazakhstan	225.4	281.3	316.1	e341.9	455.3	Kazakhstan
New Caledonia	219.0	367.5	251.4	285.3	478.7	Nouvelle-Calédonie
Japan	383.6	350.2	278.5	301.8	280.8	Japon
Colombia	154.1	211.6	235.5	272.9	414.9	Colombie
Germany	241.1	225.5	238.5	252.3	277.9	Allemagne
Southern African Customs Union	1166.9	–	–	–	–	Union douanière d'Afrique australe
United States	238.7	267.3	182.7	148.0	159.4	Etats-Unis d'Amérique
Netherlands	198.7	283.3	246.1	95.0	158.1	Pays-Bas
United Kingdom	138.0	139.7	143.1	179.7	244.3	Royaume-Uni
Canada	165.5	165.5	139.3	152.7	148.3	Canada
France-Monaco	137.5	126.7	140.0	141.4	167.8	France-Monaco
Zimbabwe	128.2	133.9	114.7	171.8	e148.7	Zimbabwe
Belgium	114.7	114.3	117.0	135.1	167.0	Belgique
India	80.7	140.0	89.7	118.2	191.7	Inde
Trinidad and Tobago	41.5	73.3	109.0	139.4	e174.9	Trinité-et-Tobago
Australia	55.6	26.2	115.6	107.3	217.9	Australie
Slovakia	77.0	92.0	82.1	88.4	100.1	Slovaquie
Spain	59.2	50.8	64.0	74.2	92.6	Espagne
Indonesia	52.6	97.6	48.5	34.6	74.3	Indonésie
Iceland	43.4	49.7	51.9	53.8	78.5	Islande
Malaysia	43.8	35.0	45.3	55.5	82.3	Malaisie
Italy-San Marino-Holy See	41.1	49.5	40.0	40.1	36.3	Italie-Saint-Marin-Saint-Siège
The former Yugoslav Republic of Macedonia	38.9	26.3	29.2	33.7	76.2	Ex-République yougoslave de Macédoine

(Value as percentages of World total)

(Valeur en pourcentage du total mondial)

Regions of the world	1994	1995	1996	1997	1998	1999	2000	2001	2002	2003	Régions du monde
World	100.0	100.0	100.0	100.0	100.0	100.0	100.0	100.0	100.0	100.0	Monde
Africa	11.9	13.9	13.4	3.7	3.5	17.5	16.4	13.8	15.4	16.7	Afrique
Americas	19.3	18.6	19.1	22.4	25.4	21.7	22.6	24.6	24.0	21.9	Amériques
- Northern America	3.7	3.6	4.3	5.7	5.8	5.3	4.8	4.1	3.5	2.6	- Amérique du Nord
- LAIA	13.1	12.1	12.3	13.7	17.3	15.7	16.5	18.8	18.7	17.5	- ALAI
- CACM	0.0	0.0	0.0	0.0	0.0	0.0	0.0	0.0	0.0	0.0	- MCC
- Caribbean	2.6	2.8	2.5	3.1	2.2	0.8	1.3	1.8	1.9	1.9	- Caraïbes
- Rest of America	0.0	0.0	0.0	0.0	0.0	0.0	0.0	0.0	0.0	0.0	- Autre d'Amérique
Asia excluding former USSR	20.2	26.0	23.0	29.1	23.2	19.8	21.4	17.8	17.7	18.4	Asie ancienne URSS exclus
- Middle East	2.4	2.2	2.4	2.6	0.9	1.0	0.6	0.8	0.8	0.5	- Moyen-Orient
Asia former USSR	4.5	5.1	3.0	2.7	3.1	3.2	3.3	4.3	4.2	4.2	Asie ancienne URSS
Europe excluding former USSR	28.0	22.4	26.2	24.9	26.8	22.5	19.7	21.9	18.8	17.7	Europe ancienne URSS exclus
- European Union	18.3	12.6	15.4	14.0	15.5	13.1	11.6	13.5	11.5	10.4	- Union Européenne
- Eastern Europe	2.5	2.7	3.0	3.3	3.2	2.1	2.3	2.3	2.0	2.5	- Europe de l'Est
- Rest of Europe	7.2	7.1	7.9	7.6	8.1	7.3	5.8	6.2	5.3	4.9	- Autre de l'Europe
Europe former USSR	12.7	10.8	11.3	13.4	14.6	11.7	12.2	12.9	15.3	15.0	Europe ancienne URSS
Oceania	3.4	3.1	3.9	3.8	3.4	3.6	4.3	4.7	4.5	5.9	Océanie

672 Ingots and other primary forms, of iron or steel

TRADE BY COMMODITY (Value in million US dollars)
Imports by principal countries or areas

COMMERCE PAR PRODUIT (Valeur en millions de dollars EU)
Importations selon les principaux pays ou zones

Country or area	1999	2000	2001	2002	2003	Pays ou zone
World	24919.6	31374.5	26204.8	30356.4	40133.0	Monde
Africa	595.9	649.0	788.9	806.4	1084.6	Afrique
Americas	4799.5	6497.0	3772.3	5046.4	4129.6	Amériques
- Northern America	3979.1	5286.5	2633.8	3962.1	2851.5	- Amérique du Nord
- LAIA	670.0	1020.2	922.0	805.9	968.1	- ALAI
- CACM	105.2	122.3	152.8	194.3	237.6	- MCC
- Caribbean	35.9	64.3	60.1	82.6	70.0	- Caraïbes
- Rest of America	9.3	3.7	3.6	1.5	2.3	- Autre d'Amérique
Asia excluding former USSR	9898.8	12920.4	11305.2	13531.4	20108.1	Asie ancienne URSS exclus
- Middle East	1052.9	1544.5	1372.6	1414.7	2488.2	- Moyen-Orient
Asia former USSR	15.5	9.8	10.8	11.7	21.6	Asie ancienne URSS
Europe excluding former USSR	9471.3	11134.8	10123.3	10768.9	14493.5	Europe ancienne URSS exclus
- European Union	8862.1	10369.7	9412.0	10040.9	13548.2	- Union Européenne
- Eastern Europe	327.4	464.3	466.5	498.1	644.9	- Europe de l'Est
- Rest of Europe	281.7	300.9	244.8	229.9	300.4	- Autre de l'Europe
Europe former USSR	72.9	102.4	141.9	120.4	196.5	Europe ancienne URSS
Oceania	65.6	61.2	62.3	71.2	99.2	Océanie
China	1407.9	2394.1	3061.1	3175.0	6298.1	Chine
United States	3540.2	4515.6	2290.1	3426.6	2314.9	Etats-Unis d'Amérique
Italy-San Marino-Holy See	1925.6	2262.8	1964.4	2083.8	2959.8	Italie-Saint-Marin-Saint-Siège
Korea, Republic of	1471.8	2228.3	1743.8	2328.3	2935.4	République de Corée
France-Monaco	1504.8	1938.4	1759.8	1817.9	2218.5	France-Monaco
Thailand	1157.6	1272.5	1164.8	e1803.1	2113.9	Thaïlande
Belgium	1243.3	1563.4	1284.9	1318.6	1904.1	Belgique
Germany	1199.2	1337.3	1104.3	1105.8	1317.4	Allemagne
Spain	904.3	897.6	984.2	1080.6	1704.1	Espagne
Turkey	539.0	879.9	495.7	643.9	1134.0	Turquie
Viet Nam	418.1	575.9	718.0	989.1	e819.8	Viet Nam
United Kingdom	421.8	448.7	435.8	775.0	889.0	Royaume-Uni
Sweden	500.0	491.0	458.0	521.1	778.7	Suède
Mexico	387.5	648.1	514.3	501.1	625.3	Mexique
Canada	438.5	770.3	343.7	529.7	536.3	Canada
Japan	554.7	607.6	406.3	351.2	487.9	Japon
Philippines	452.1	381.3	345.8	227.8	469.9	Philippines
Indonesia	168.3	480.3	335.6	391.8	491.1	Indonésie
Iran (Islamic Republic of)	165.9	264.0	298.0	318.0	797.0	Iran (République islamique d')
Luxembourg	294.6	340.0	320.3	294.7	357.6	Luxembourg
Malaysia	431.5	310.7	150.6	288.3	337.9	Malaisie
Netherlands	237.6	254.8	170.0	251.0	343.9	Pays-Bas
Greece	181.7	312.2	256.3	217.5	279.0	Grèce
Egypt	257.4	174.2	249.7	226.6	245.8	Egypte
China, Hong Kong SAR	148.4	212.8	208.5	212.0	281.9	Chine - RAS de Hong-Kong
Portugal	159.8	174.7	318.9	197.3	e201.6	Portugal
Saudi Arabia	156.3	220.0	247.7	183.6	209.9	Arabie saoudite
Morocco	119.8	176.0	179.3	221.3	310.6	Maroc
Romania	108.5	191.6	190.7	227.1	235.7	Roumanie
Denmark	84.1	83.1	80.9	146.1	320.5	Danemark

(Value as percentages of World total) · **(Valeur en pourcentage du total mondial)**

Regions of the world	1994	1995	1996	1997	1998	1999	2000	2001	2002	2003	Régions du monde
World	100.0	100.0	100.0	100.0	100.0	100.0	100.0	100.0	100.0	100.0	Monde
Africa	1.9	1.8	2.3	2.6	3.1	2.4	2.1	3.0	2.7	2.7	Afrique
Americas	22.1	15.4	18.5	19.7	26.0	19.3	20.7	14.4	16.6	10.3	Amériques
- Northern America	18.3	12.7	15.5	15.8	20.9	16.0	16.8	10.1	13.1	7.1	- Amérique du Nord
- LAIA	3.3	2.4	2.5	3.3	4.2	2.7	3.3	3.5	2.7	2.4	- ALAI
- CACM	0.4	0.2	0.3	0.3	0.5	0.4	0.4	0.6	0.6	0.6	- MCC
- Caribbean	0.1	0.1	0.2	0.2	0.3	0.1	0.2	0.2	0.3	0.2	- Caraïbes
- Rest of America	0.1	0.1	0.0	0.0	0.0	0.0	0.0	0.0	0.0	0.0	- Autre d'Amérique
Asia excluding former USSR	42.7	43.1	42.6	40.4	29.0	39.7	41.2	43.1	44.6	50.1	Asie ancienne URSS exclus
- Middle East	3.4	3.7	3.6	4.1	5.0	4.2	4.9	5.2	4.7	6.2	- Moyen-Orient
Asia former USSR	0.1	0.1	0.1	0.1	0.1	0.1	0.0	0.0	0.0	0.1	Asie ancienne URSS
Europe excluding former USSR	32.2	38.3	35.3	36.4	41.2	38.0	35.5	38.6	35.5	36.1	Europe ancienne URSS exclus
- European Union	29.9	35.6	33.0	33.9	38.4	35.6	33.1	35.9	33.1	33.8	- Union Européenne
- Eastern Europe	1.1	1.5	1.3	1.5	1.6	1.3	1.5	1.8	1.6	1.6	- Europe de l'Est
- Rest of Europe	1.2	1.3	1.0	1.1	1.2	1.1	1.0	0.9	0.8	0.7	- Autre de l'Europe
Europe former USSR	0.6	0.7	0.8	0.5	0.4	0.3	0.3	0.5	0.4	0.5	Europe ancienne URSS
Oceania	0.4	0.5	0.3	0.3	0.2	0.3	0.2	0.2	0.2	0.2	Océanie

Lingots et formes primaires équivalents en fer ou en acier 672

Country or area	1999	2000	2001	2002	2003	Pays ou zone
World	22856.8	28101.9	23425.8	28449.6	36995.7	Monde
Africa	506.5	809.1	678.2	843.5	1374.5	Afrique
Americas	2730.8	3313.4	2473.4	3437.1	4488.2	Amériques
- Northern America	651.7	774.6	673.8	862.5	1444.8	- Amérique du Nord
- LAIA	2075.9	2536.2	1788.5	2571.7	3038.5	- ALAI
- CACM	2.9	2.0	3.3	2.6	4.6	- MCC
- Caribbean	0.2	0.6	7.8	0.2	0.3	- Caraïbes
- Rest of America	0.0	0.0	0.0	0.0	0.1	- Autre d'Amérique
Asia excluding former USSR	5397.5	7744.1	6149.8	7674.7	9881.5	Asie ancienne URSS exclus
- Middle East	359.1	488.1	716.9	891.5	1002.1	- Moyen-Orient
Asia former USSR	220.0	198.1	135.3	183.4	250.7	Asie ancienne URSS
Europe excluding former USSR	9484.5	10474.3	9391.0	10799.8	14464.7	Europe ancienne URSS exclus
- European Union	8652.8	9357.7	8394.6	9559.1	12815.4	- Union Européenne
- Eastern Europe	748.3	960.1	929.1	1124.8	1502.5	- Europe de l'Est
- Rest of Europe	83.4	156.4	67.2	115.9	146.8	- Autre de l'Europe
Europe former USSR	4138.4	5276.8	4541.2	5355.1	6353.9	Europe ancienne URSS
Oceania	379.2	286.1	57.1	156.0	182.1	Océanie
Japan	2165.2	3100.6	2684.8	3453.9	3916.2	Japon
Russian Federation	2409.5	3099.0	2577.2	3071.2	3434.6	Fédération de Russie
Belgium	2090.4	2260.3	2040.2	2186.5	2786.1	Belgique
France-Monaco	1860.9	1912.9	1844.7	2258.8	2834.6	France-Monaco
Ukraine	1619.9	2039.8	1882.5	2201.9	e2834.7	Ukraine
Germany	1667.0	1893.8	1569.8	1591.3	1963.0	Allemagne
Brazil	1295.0	1635.0	1221.9	1614.8	2029.7	Brésil
Korea, Republic of	1065.6	1239.8	1073.1	1083.1	1720.8	République de Corée
China	689.6	1437.8	625.6	485.1	675.3	Chine
Sweden	668.9	697.4	688.8	805.4	976.0	Suède
Italy-San Marino-Holy See	496.9	714.5	632.9	791.3	951.4	Italie-Saint-Marin-Saint-Siège
Netherlands	617.3	577.1	471.8	649.7	834.0	Pays-Bas
South Africa	–	659.0	523.0	576.7	1110.5	Afrique du Sud
United States	338.8	486.4	461.0	450.3	1010.0	Etats-Unis d'Amérique
Mexico	576.6	620.5	302.8	537.6	679.7	Mexique
United Kingdom	402.9	451.8	375.3	502.3	920.1	Royaume-Uni
Turkey	186.6	277.7	537.5	682.2	859.7	Turquie
India	134.6	180.3	149.2	506.2	741.3	Inde
Canada	312.9	288.2	212.7	412.3	434.8	Canada
Finland	191.5	190.4	178.2	218.8	767.3	Finlande
Spain	309.6	323.4	275.4	235.1	357.7	Espagne
Slovakia	143.3	190.4	252.8	313.4	466.3	Slovaquie
Romania	219.4	246.5	184.6	269.5	292.8	Roumanie
Kazakhstan	217.2	196.7	135.0	e177.9	236.8	Kazakhstan
Poland	137.0	210.5	160.7	183.8	215.3	Pologne
Bulgaria	137.7	140.9	170.4	156.3	276.3	Bulgarie
Venezuela	112.0	154.3	147.5	264.8	178.0	Venezuela
Austria	135.4	154.1	141.0	176.2	246.9	Autriche
Australia	335.1	240.9	21.6	113.9	130.7	Australie
Iran (Islamic Republic of)	161.4	195.0	144.1	180.0	115.0	Iran (République islamique d')

(Value as percentages of World total) — **(Valeur en pourcentage du total mondial)**

Regions of the world	1994	1995	1996	1997	1998	1999	2000	2001	2002	2003	Régions du monde
World	100.0	100.0	100.0	100.0	100.0	100.0	100.0	100.0	100.0	100.0	Monde
Africa	2.7	1.8	2.1	2.1	1.9	2.2	2.9	2.9	3.0	3.7	Afrique
Americas	12.8	15.6	13.7	12.9	12.9	11.9	11.8	10.6	12.1	12.1	Amériques
- Northern America	3.1	5.8	3.9	3.5	3.0	2.9	2.8	2.9	3.0	3.9	- Amérique du Nord
- LAIA	9.7	9.8	9.8	9.4	9.9	9.1	9.0	7.6	9.0	8.2	- ALAI
- CACM	0.0	0.0	0.0	0.0	0.0	0.0	0.0	0.0	0.0	0.0	- MCC
- Caribbean	0.0	0.0	0.0	0.0	0.0	0.0	0.0	0.0	0.0	0.0	- Caraïbes
- Rest of America	0.0	0.0	0.0	0.0	0.0	0.0	0.0	0.0	0.0	0.0	- Autre d'Amérique
Asia excluding former USSR	19.3	22.2	18.9	22.2	22.6	23.6	27.6	26.3	27.0	26.7	Asie ancienne URSS exclus
- Middle East	3.7	2.1	2.1	2.2	1.3	1.6	1.7	3.1	3.1	2.7	- Moyen-Orient
Asia former USSR	0.4	0.6	0.8	1.2	1.0	1.0	0.7	0.6	0.6	0.7	Asie ancienne URSS
Europe excluding former USSR	47.8	43.9	46.0	42.7	42.5	41.5	37.3	40.1	38.0	39.1	Europe ancienne URSS exclus
- European Union	43.5	40.0	43.0	38.6	38.4	37.9	33.3	35.8	33.6	34.6	- Union Européenne
- Eastern Europe	3.9	3.6	2.8	3.9	3.5	3.3	3.4	4.0	4.0	4.1	- Europe de l'Est
- Rest of Europe	0.3	0.3	0.2	0.2	0.6	0.4	0.6	0.3	0.4	0.4	- Autre de l'Europe
Europe former USSR	14.4	13.5	16.2	16.9	16.8	18.1	18.8	19.4	18.8	17.2	Europe ancienne URSS
Oceania	2.7	2.3	2.2	1.9	2.2	1.7	1.0	0.2	0.5	0.5	Océanie

673 Iron and steel bars, rods, shapes and sections

Country or area	1999	2000	2001	2002	2003	Pays ou zone
World	22497.5	24361.6	23691.8	24131.4	29628.9	Monde
Africa	915.2	816.2	1000.4	1001.1	1413.9	Afrique
Americas	5337.8	6255.3	5251.8	5064.0	4848.8	Amériques
- Northern America	3954.4	4869.8	3904.5	3781.1	3424.8	- Amérique du Nord
- LAIA	1106.7	1066.9	993.7	931.5	1025.6	- ALAI
- CACM	133.6	172.0	214.0	213.8	234.8	- MCC
- Caribbean	106.1	121.3	108.2	96.4	101.6	- Caraïbes
- Rest of America	36.9	25.3	31.4	41.3	62.1	- Autre d'Amérique
Asia excluding former USSR	4769.9	5262.6	5355.9	5890.4	7875.1	Asie ancienne URSS exclus
- Middle East	1262.4	1570.2	1911.9	1801.3	2596.3	- Moyen-Orient
Asia former USSR	69.4	134.6	134.4	186.1	237.8	Asie ancienne URSS
Europe excluding former USSR	10903.5	11211.0	11271.4	11343.5	14403.4	Europe ancienne URSS exclus
- European Union	9453.3	9593.8	9483.3	9421.5	11946.0	- Union Européenne
- Eastern Europe	701.7	795.0	944.7	1046.9	1364.7	- Europe de l'Est
- Rest of Europe	748.5	822.2	843.3	875.1	1092.7	- Autre de l'Europe
Europe former USSR	289.8	461.1	482.9	404.9	544.7	Europe ancienne URSS
Oceania	211.9	220.8	194.9	241.4	305.0	Océanie
United States	3156.6	3817.7	3118.4	2979.3	2566.1	Etats-Unis d'Amérique
Germany	2287.2	2258.6	2319.1	2066.0	2603.4	Allemagne
France-Monaco	1413.8	1491.8	1362.1	1356.8	1615.3	France-Monaco
Italy-San Marino-Holy See	962.9	1061.5	1033.7	1081.1	1454.8	Italie-Saint-Marin-Saint-Siège
Canada	797.0	1050.8	784.2	798.8	854.9	Canada
United Kingdom	749.5	756.5	771.9	796.6	1013.8	Royaume-Uni
Netherlands	748.1	731.0	735.5	729.0	894.4	Pays-Bas
Spain	664.8	668.6	675.2	714.1	977.6	Espagne
Belgium	726.8	712.9	666.7	657.6	818.6	Belgique
Korea, Republic of	449.5	591.5	512.7	794.0	1130.8	République de Corée
China	628.4	487.8	516.9	632.6	942.3	Chine
Mexico	513.2	590.9	518.6	495.4	542.9	Mexique
China, Hong Kong SAR	520.3	510.5	505.2	458.7	580.2	Chine - RAS de Hong-Kong
Switzerland-Liechtenstein	396.7	441.9	428.3	385.1	498.5	Suisse-Liechtenstein
Iran (Islamic Republic of)	234.0	359.0	521.9	330.1	594.8	Iran (République islamique d')
Portugal	397.6	368.9	405.6	409.1	e417.9	Portugal
Sweden	367.0	396.9	352.8	378.1	491.3	Suède
Singapore	359.2	357.8	313.1	347.3	449.7	Singapour
United Arab Emirates	196.7	358.1	392.9	e403.1	e472.3	Emirates arabes unis
Austria	304.9	313.5	328.4	320.8	464.3	Autriche
Thailand	280.3	331.9	312.4	e371.0	435.0	Thaïlande
Algeria	236.5	245.4	283.0	290.9	454.1	Algérie
Czech Republic	196.7	217.1	250.6	268.1	339.1	République tchèque
Poland	183.4	210.3	255.0	280.9	315.1	Pologne
Malaysia	221.8	264.4	237.7	260.8	249.7	Malaisie
Greece	220.4	190.3	192.3	254.2	365.2	Grèce
Saudi Arabia	191.8	191.3	246.7	269.2	307.8	Arabie saoudite
Denmark	199.1	204.4	195.6	233.5	272.2	Danemark
Russian Federation	125.7	237.2	208.8	136.6	197.0	Fédération de Russie
Hungary	127.1	154.3	168.9	190.4	252.0	Hongrie

(Value as percentages of World total)
(Valeur en pourcentage du total mondial)

Regions of the world	1994	1995	1996	1997	1998	1999	2000	2001	2002	2003	Régions du monde
World	100.0	100.0	100.0	100.0	100.0	100.0	100.0	100.0	100.0	100.0	Monde
Africa	4.2	3.9	3.9	3.5	4.4	4.1	3.4	4.2	4.1	4.8	Afrique
Americas	14.3	14.4	16.2	19.7	24.2	23.7	25.7	22.2	21.0	16.4	Amériques
- Northern America	10.7	11.0	12.5	14.8	18.3	17.6	20.0	16.5	15.7	11.6	- Amérique du Nord
- LAIA	2.9	2.5	3.0	4.0	4.8	4.9	4.4	4.2	3.9	3.5	- ALAI
- CACM	0.4	0.4	0.4	0.5	0.6	0.6	0.7	0.9	0.9	0.8	- MCC
- Caribbean	0.3	0.4	0.3	0.4	0.5	0.5	0.5	0.5	0.4	0.3	- Caraïbes
- Rest of America	0.1	0.1	0.1	0.1	0.1	0.2	0.1	0.1	0.2	0.2	- Autre d'Amérique
Asia excluding former USSR	40.6	31.5	34.2	30.6	21.2	21.2	21.6	22.6	24.4	26.6	Asie ancienne URSS exclus
- Middle East	6.2	5.7	6.3	6.0	5.3	5.6	6.4	8.1	7.5	8.8	- Moyen-Orient
Asia former USSR	0.2	0.2	0.4	0.3	0.4	0.3	0.6	0.6	0.8	0.8	Asie ancienne URSS
Europe excluding former USSR	38.4	47.6	41.9	42.8	47.0	48.5	46.0	47.6	47.0	48.6	Europe ancienne URSS exclus
- European Union	34.8	42.6	37.0	37.5	40.4	42.0	39.4	40.0	39.0	40.3	- Union Européenne
- Eastern Europe	1.0	1.7	1.9	2.4	3.1	3.1	3.3	4.0	4.3	4.6	- Europe de l'Est
- Rest of Europe	2.7	3.3	3.0	3.0	3.4	3.3	3.4	3.6	3.6	3.7	- Autre de l'Europe
Europe former USSR	1.6	1.6	2.3	2.0	2.0	1.3	1.9	2.0	1.7	1.8	Europe ancienne URSS
Oceania	0.7	0.8	1.0	1.0	0.8	0.9	0.9	0.8	1.0	1.0	Océanie

TRADE BY COMMODITY (Value in million US dollars)
Exports by principal countries or areas

COMMERCE PAR PRODUIT (Valeur en millions de dollars EU)
Exportations selon les principaux pays ou zones

Country or area	1999	2000	2001	2002	2003	Pays ou zone
World	21349.5	23131.1	22872.9	23304.2	29524.6	Monde
Africa	373.8	370.0	331.4	394.4	503.1	Afrique
Americas	2412.6	2697.1	2546.8	2614.7	3014.0	Amériques
- Northern America	1589.8	1832.5	1659.8	1646.0	1687.8	- Amérique du Nord
- LAIA	621.2	649.9	645.6	699.0	1005.3	- ALAI
- CACM	35.9	45.9	70.4	76.7	78.2	- MCC
- Caribbean	165.5	168.6	170.6	192.2	242.2	- Caraïbes
- Rest of America	0.2	0.2	0.4	0.8	0.5	- Autre d'Amérique
Asia excluding former USSR	4901.8	5133.2	5010.0	5492.5	7205.0	Asie ancienne URSS exclus
- Middle East	1520.2	1362.2	1613.5	1682.9	2217.3	- Moyen-Orient
Asia former USSR	23.1	32.0	34.3	43.9	48.9	Asie ancienne URSS
Europe excluding former USSR	11951.6	12777.2	12537.0	12545.3	15778.6	Europe ancienne URSS exclus
- European Union	10518.3	11264.6	10917.0	10879.9	13559.0	- Union Européenne
- Eastern Europe	972.5	1016.3	1093.9	1147.0	1547.1	- Europe de l'Est
- Rest of Europe	460.8	496.4	525.2	518.3	672.5	- Autre de l'Europe
Europe former USSR	1588.9	2049.4	2339.4	2152.8	2906.8	Europe ancienne URSS
Oceania	97.8	72.2	74.0	60.6	68.2	Océanie
Germany	2297.9	2534.1	2406.6	2452.8	3091.6	Allemagne
Italy-San Marino-Holy See	1562.3	1752.1	1774.0	1687.2	2134.7	Italie-Saint-Marin-Saint-Siège
Japan	1492.6	1577.2	1391.7	1607.8	1947.6	Japon
France-Monaco	1335.5	1446.2	1368.4	1277.4	1646.5	France-Monaco
Turkey	1136.8	1021.9	1233.4	1221.3	1686.6	Turquie
Ukraine	876.4	1188.0	1374.3	1202.8	e1548.5	Ukraine
Spain	943.5	1123.7	994.1	1139.5	1530.8	Espagne
United Kingdom	1015.6	971.2	1079.5	1048.4	1200.8	Royaume-Uni
Luxembourg	963.2	980.3	1010.4	999.7	1129.8	Luxembourg
United States	776.2	903.4	870.4	819.0	923.3	Etats-Unis d'Amérique
Canada	813.6	929.0	789.4	827.0	764.5	Canada
Russian Federation	523.6	660.8	700.0	659.3	958.6	Fédération de Russie
Korea, Republic of	762.7	736.5	615.7	569.1	637.0	République de Corée
Sweden	647.8	685.9	596.2	593.7	735.8	Suède
Belgium	564.7	557.9	529.2	533.9	664.6	Belgique
Czech Republic	452.9	433.0	514.6	569.8	766.9	République tchèque
Poland	342.8	452.9	412.8	414.0	576.6	Pologne
China	169.2	328.5	325.6	465.9	786.5	Chine
Austria	390.4	384.7	390.0	387.4	489.5	Autriche
Brazil	270.6	278.8	272.1	293.3	559.3	Brésil
Switzerland-Liechtenstein	245.0	286.3	272.0	271.9	351.9	Suisse-Liechtenstein
Netherlands	264.7	266.2	258.9	270.9	355.3	Pays-Bas
India	127.8	175.8	183.7	235.7	349.5	Inde
Finland	210.3	208.7	206.8	190.4	252.0	Finlande
South Africa	–	276.8	219.1	221.1	300.1	Afrique du Sud
Qatar	150.3	119.2	170.1	229.4	e280.3	Qatar
Trinidad and Tobago	165.2	168.2	169.8	188.6	e236.6	Trinité-et-Tobago
Mexico	152.8	139.1	165.4	157.1	189.3	Mexique
Portugal	128.1	145.3	121.9	156.6	e181.6	Portugal
Norway	125.1	113.7	152.1	141.8	185.9	Norvège

(Value as percentages of World total)

(Valeur en pourcentage du total mondial)

Regions of the world	1994	1995	1996	1997	1998	1999	2000	2001	2002	2003	Régions du monde
World	100.0	100.0	100.0	100.0	100.0	100.0	100.0	100.0	100.0	100.0	Monde
Africa	1.6	1.5	1.4	1.6	1.7	1.8	1.6	1.4	1.7	1.7	Afrique
Americas	9.4	9.8	10.5	10.6	10.3	11.3	11.7	11.1	11.2	10.2	Amériques
- Northern America	5.6	5.8	6.8	7.1	7.0	7.4	7.9	7.3	7.1	5.7	- Amérique du Nord
- LAIA	3.7	3.9	2.9	2.6	2.3	2.9	2.8	2.8	3.0	3.4	- ALAI
- CACM	0.1	0.1	0.1	0.1	0.1	0.2	0.2	0.3	0.3	0.3	- MCC
- Caribbean	0.0	0.0	0.7	0.8	0.8	0.8	0.7	0.7	0.8	0.8	- Caraïbes
- Rest of America	0.0	0.0	0.0	0.0	0.0	0.0	0.0	0.0	0.0	0.0	- Autre d'Amérique
Asia excluding former USSR	23.2	19.9	21.6	21.7	22.5	23.0	22.2	21.9	23.6	24.4	Asie ancienne URSS exclus
- Middle East	6.9	5.6	6.5	6.3	6.0	7.1	5.9	7.1	7.2	7.5	- Moyen-Orient
Asia former USSR	0.2	0.2	0.2	0.0	0.1	0.1	0.1	0.1	0.2	0.2	Asie ancienne URSS
Europe excluding former USSR	56.0	59.9	55.9	55.8	56.9	56.0	55.2	54.8	53.8	53.4	Europe ancienne URSS exclus
- European Union	48.4	52.1	48.7	48.6	49.5	49.3	48.7	47.7	46.7	45.9	- Union Européenne
- Eastern Europe	5.7	6.0	5.4	5.4	5.1	4.6	4.4	4.8	4.9	5.2	- Europe de l'Est
- Rest of Europe	1.9	1.8	1.8	1.8	2.2	2.2	2.1	2.3	2.2	2.3	- Autre de l'Europe
Europe former USSR	9.1	8.0	9.7	9.5	8.0	7.4	8.9	10.2	9.2	9.8	Europe ancienne URSS
Oceania	0.5	0.5	0.7	0.7	0.6	0.5	0.3	0.3	0.3	0.2	Océanie

674 Universals, plates, and sheets, of iron or steel

Country or area	1999	2000	2001	2002	2003	Pays ou zone
World	48090.5	54993.7	49938.5	52982.9	67069.4	Monde
Africa	1140.9	1122.0	1247.8	1202.5	1266.5	Afrique
Americas	8462.2	9434.9	8184.8	8035.0	7806.9	Amériques
- Northern America	5942.6	6086.4	4968.7	4994.1	4632.1	- Amérique du Nord
- LAIA	2124.0	2879.1	2763.2	2625.6	2698.5	- ALAI
- CACM	257.9	299.4	321.1	288.0	331.7	- MCC
- Caribbean	87.5	112.1	83.1	79.0	74.5	- Caraïbes
- Rest of America	50.2	58.0	48.8	48.3	70.3	- Autre d'Amérique
Asia excluding former USSR	15323.7	17911.8	15860.2	18508.2	26148.9	Asie ancienne URSS exclus
- Middle East	1599.3	2095.6	1867.7	1919.2	2947.3	- Moyen-Orient
Asia former USSR	54.0	94.4	93.7	119.4	191.7	Asie ancienne URSS
Europe excluding former USSR	21934.2	24901.5	23094.5	23607.5	29422.1	Europe ancienne URSS exclus
- European Union	19175.9	21557.1	19626.9	19995.2	24664.9	- Union Européenne
- Eastern Europe	1585.0	1979.7	2157.0	2271.8	3165.7	- Europe de l'Est
- Rest of Europe	1173.2	1364.7	1310.6	1340.5	1591.5	- Autre de l'Europe
Europe former USSR	628.3	942.4	992.2	941.7	1533.6	Europe ancienne URSS
Oceania	547.2	586.7	465.2	568.5	699.7	Océanie
China	4578.7	5871.4	5887.3	7908.3	12706.7	Chine
Germany	4195.3	4365.0	4326.6	4083.9	5081.5	Allemagne
United States	4399.0	4377.5	3642.5	3397.6	3025.7	Etats-Unis d'Amérique
Italy-San Marino-Holy See	2889.8	3450.5	3276.5	3243.3	3737.4	Italie-Saint-Marin-Saint-Siège
France-Monaco	2761.2	3320.2	2760.6	2830.5	3470.0	France-Monaco
China, Hong Kong SAR	2036.6	2159.5	1552.6	1512.6	2127.2	Chine - RAS de Hong-Kong
Spain	1667.3	1708.8	1604.4	1781.8	2461.4	Espagne
United Kingdom	1669.2	1797.2	1777.7	1732.3	1965.3	Royaume-Uni
Belgium	1445.1	1747.4	1382.7	1407.9	1954.7	Belgique
Mexico	1210.6	1699.8	1566.4	1667.3	1685.6	Mexique
Canada	1543.0	1708.3	1325.7	1596.0	1605.6	Canada
Netherlands	1269.7	1426.1	1223.2	1277.8	1588.4	Pays-Bas
Korea, Republic of	806.2	995.3	926.6	1129.8	1586.3	République de Corée
Thailand	949.1	858.4	809.3	e908.0	1064.5	Thaïlande
Poland	627.3	775.5	858.3	888.3	1295.0	Pologne
Malaysia	915.8	1025.2	823.5	815.0	864.8	Malaisie
Sweden	790.4	910.5	741.7	824.0	1123.5	Suède
Turkey	573.0	848.2	564.1	831.2	1211.9	Turquie
Japan	875.6	1086.6	703.3	503.0	670.4	Japon
Czech Republic	557.7	701.2	705.2	732.0	941.8	République tchèque
Iran (Islamic Republic of)	442.9	577.5	641.5	552.9	1051.6	Iran (République islamique d')
Austria	542.3	626.7	603.4	666.2	805.7	Autriche
Denmark	594.8	666.0	649.2	641.3	686.3	Danemark
Switzerland-Liechtenstein	578.8	705.9	595.8	571.5	710.6	Suisse-Liechtenstein
Singapore	618.7	661.8	528.4	604.6	684.0	Singapour
India	449.3	372.8	470.3	495.3	844.6	Inde
Portugal	436.8	485.9	297.8	475.1	e485.4	Portugal
Philippines	391.4	380.0	384.2	538.5	458.4	Philippines
Indonesia	249.4	512.4	384.7	456.6	432.1	Indonésie
Russian Federation	242.2	347.8	417.8	352.9	672.9	Fédération de Russie

(Value as percentages of World total) — **(Valeur en pourcentage du total mondial)**

Regions of the world	1994	1995	1996	1997	1998	1999	2000	2001	2002	2003	Régions du monde
World	100.0	100.0	100.0	100.0	100.0	100.0	100.0	100.0	100.0	100.0	Monde
Africa	2.5	2.2	2.4	2.3	2.7	2.4	2.0	2.5	2.3	1.9	Afrique
Americas	18.6	14.0	15.1	16.9	18.7	17.6	17.2	16.4	15.2	11.6	Amériques
- Northern America	14.0	9.7	10.5	11.7	12.6	12.4	11.1	9.9	9.4	6.9	- Amérique du Nord
- LAIA	4.0	3.7	4.0	4.5	5.1	4.4	5.2	5.5	5.0	4.0	- ALAI
- CACM	0.4	0.4	0.4	0.4	0.5	0.5	0.5	0.6	0.5	0.5	- MCC
- Caribbean	0.2	0.2	0.2	0.2	0.3	0.2	0.2	0.2	0.1	0.1	- Caraïbes
- Rest of America	0.1	0.1	0.1	0.1	0.1	0.1	0.1	0.1	0.1	0.1	- Autre d'Amérique
Asia excluding former USSR	32.5	35.1	36.3	35.4	27.5	31.9	32.6	31.8	34.9	39.0	Asie ancienne URSS exclus
- Middle East	2.9	4.3	4.3	4.4	4.1	3.3	3.8	3.7	3.6	4.4	- Moyen-Orient
Asia former USSR	0.1	0.1	0.2	0.1	0.1	0.1	0.2	0.2	0.2	0.3	Asie ancienne URSS
Europe excluding former USSR	44.1	46.7	43.4	42.7	48.3	45.6	45.3	46.2	44.6	43.9	Europe ancienne URSS exclus
- European Union	39.5	41.3	38.4	37.4	42.2	39.9	39.2	39.3	37.7	36.8	- Union Européenne
- Eastern Europe	1.7	2.3	2.4	2.6	3.4	3.3	3.6	4.3	4.3	4.7	- Europe de l'Est
- Rest of Europe	2.9	3.1	2.6	2.7	2.7	2.4	2.5	2.6	2.5	2.4	- Autre de l'Europe
Europe former USSR	1.0	1.0	1.5	1.6	1.7	1.3	1.7	2.0	1.8	2.3	Europe ancienne URSS
Oceania	1.1	1.0	1.0	1.1	1.0	1.1	1.1	0.9	1.1	1.0	Océanie

TRADE BY COMMODITY (Value in million US dollars)
Exports by principal countries or areas

COMMERCE PAR PRODUIT (Valeur en millions de dollars EU)
Exportations selon les principaux pays ou zones

Country or area	1999	2000	2001	2002	2003	Pays ou zone
World	46714.9	53784.1	47220.9	51640.5	66463.4	Monde
Africa	491.0	479.8	458.0	506.2	718.7	Afrique
Americas	4321.8	4908.0	4275.4	4906.6	5809.5	Amériques
- Northern America	2623.9	3140.4	2833.5	3072.2	3484.6	- Amérique du Nord
- LAIA	1611.0	1669.2	1310.7	1727.5	2207.7	- ALAI
- CACM	81.5	90.4	124.4	103.5	112.3	- MCC
- Caribbean	5.3	7.8	6.6	3.3	4.8	- Caraïbes
- Rest of America	0.0	0.2	0.2	0.1	0.2	- Autre d'Amérique
Asia excluding former USSR	14969.1	17375.6	14280.0	16582.5	21027.5	Asie ancienne URSS exclus
- Middle East	141.4	286.5	325.1	335.0	411.4	- Moyen-Orient
Asia former USSR	267.0	597.4	468.0	570.2	759.9	Asie ancienne URSS
Europe excluding former USSR	24538.4	27865.8	25427.6	26412.9	34475.2	Europe ancienne URSS exclus
- European Union	22775.1	25487.0	23197.8	24087.8	31226.5	- Union Européenne
- Eastern Europe	1314.5	1773.8	1700.7	1824.1	2599.7	- Europe de l'Est
- Rest of Europe	448.8	605.1	529.1	501.1	649.0	- Autre de l'Europe
Europe former USSR	1753.6	2234.8	2169.0	2532.4	3526.7	Europe ancienne URSS
Oceania	373.9	322.8	143.0	129.6	146.0	Océanie
Japan	6574.2	7200.0	5909.8	6840.0	8323.9	Japon
Germany	5398.0	5574.1	5595.3	5644.9	7284.9	Allemagne
Belgium	4026.3	4547.7	3873.1	4108.4	5388.9	Belgique
France-Monaco	3494.7	4029.9	3427.8	3488.8	4358.2	France-Monaco
Korea, Republic of	3122.0	3620.4	3084.0	2989.5	4194.5	République de Corée
United States	1921.5	2369.7	2145.5	2073.9	2417.3	Etats-Unis d'Amérique
Netherlands	1476.7	1722.4	1514.8	1788.0	2466.5	Pays-Bas
Sweden	1387.9	1562.8	1452.3	1683.0	2138.6	Suède
Italy-San Marino-Holy See	1263.9	1662.3	1477.8	1401.5	1908.3	Italie-Saint-Marin-Saint-Siège
United Kingdom	1521.5	1733.9	1359.0	1307.4	1607.4	Royaume-Uni
China, Hong Kong SAR	1483.4	1513.1	1156.8	1339.9	1726.8	Chine - RAS de Hong-Kong
Russian Federation	1069.2	1388.7	1174.7	1454.5	2082.9	Fédération de Russie
Austria	1234.1	1218.0	1257.2	1332.9	1840.9	Autriche
Spain	1049.5	1280.8	1233.9	1243.5	1460.9	Espagne
Finland	1003.4	1193.1	1110.3	1175.2	1538.6	Finlande
Ukraine	626.2	799.2	936.5	1019.2	e1312.1	Ukraine
Canada	702.3	770.7	688.0	998.3	1065.2	Canada
India	514.8	596.6	467.8	956.2	1179.0	Inde
Slovakia	545.0	677.3	638.1	617.6	989.6	Slovaquie
Brazil	597.8	590.8	477.1	612.2	1007.7	Brésil
Kazakhstan	265.8	595.2	467.5	e569.6	758.4	Kazakhstan
Mexico	530.8	514.8	342.2	474.2	553.0	Mexique
Luxembourg	435.0	489.6	455.6	443.0	557.2	Luxembourg
China	266.7	531.5	383.7	386.9	450.6	Chine
Romania	219.2	302.9	307.3	402.4	623.2	Roumanie
Thailand	259.2	374.3	282.0	e416.5	486.6	Thaïlande
South Africa	–	375.1	371.5	347.0	546.9	Afrique du Sud
Argentina	253.7	280.4	250.1	300.0	341.6	Argentine
Czech Republic	199.2	259.4	286.7	287.6	374.9	République tchèque
Denmark	241.5	216.9	213.6	223.8	378.0	Danemark

(Value as percentages of World total)

(Valeur en pourcentage du total mondial)

Regions of the world	1994	1995	1996	1997	1998	1999	2000	2001	2002	2003	Régions du monde
World	100.0	100.0	100.0	100.0	100.0	100.0	100.0	100.0	100.0	100.0	Monde
Africa	1.4	1.3	1.1	1.2	1.0	1.1	0.9	1.0	1.0	1.1	Afrique
Americas	8.0	7.8	8.1	8.0	8.3	9.3	9.1	9.1	9.5	8.7	Amériques
- Northern America	4.6	4.1	4.5	4.7	4.8	5.6	5.8	6.0	5.9	5.2	- Amérique du Nord
- LAIA	3.4	3.6	3.5	3.1	3.3	3.4	3.1	2.8	3.3	3.3	- ALAI
- CACM	0.1	0.1	0.1	0.1	0.1	0.2	0.2	0.3	0.2	0.2	- MCC
- Caribbean	0.0	0.0	0.0	0.0	0.0	0.0	0.0	0.0	0.0	0.0	- Caraïbes
- Rest of America	0.0	0.0	0.0	0.0	0.0	0.0	0.0	0.0	0.0	0.0	- Autre d'Amérique
Asia excluding former USSR	28.8	29.7	31.1	32.0	30.2	32.0	32.3	30.2	32.1	31.6	Asie ancienne URSS exclus
- Middle East	0.2	0.2	0.3	0.4	0.4	0.3	0.5	0.7	0.6	0.6	- Moyen-Orient
Asia former USSR	0.4	0.4	0.5	0.6	0.4	0.6	1.1	1.0	1.1	1.1	Asie ancienne URSS
Europe excluding former USSR	56.5	56.0	53.3	52.0	55.2	52.5	51.8	53.8	51.1	51.9	Europe ancienne URSS exclus
- European Union	52.1	51.4	49.9	47.0	50.2	48.8	47.4	49.1	46.6	47.0	- Union Européenne
- Eastern Europe	3.5	3.8	2.6	4.1	3.8	2.8	3.3	3.6	3.5	3.9	- Europe de l'Est
- Rest of Europe	0.9	0.8	0.8	0.9	1.2	1.0	1.1	1.1	1.0	1.0	- Autre de l'Europe
Europe former USSR	4.1	4.1	4.9	5.2	4.1	3.8	4.2	4.6	4.9	5.3	Europe ancienne URSS
Oceania	0.8	0.8	0.9	1.0	0.8	0.8	0.6	0.3	0.3	0.2	Océanie

676 Rails and railway track construction materials, of iron or steel

Country or area	1999	2000	2001	2002	2003	Pays ou zone
World	1447.0	1151.9	1329.8	1414.6	1743.8	Monde
Africa	41.5	50.3	44.2	54.5	59.0	Afrique
Americas	387.3	376.4	371.8	343.7	380.8	Amériques
- Northern America	283.1	258.5	227.5	249.5	259.7	- Amérique du Nord
- LAIA	102.0	106.1	140.7	91.3	88.3	- ALAI
- CACM	0.6	0.8	0.3	0.3	0.4	- MCC
- Caribbean	1.5	2.2	2.3	2.5	32.3	- Caraïbes
- Rest of America	0.1	8.8	1.1	0.1	0.1	- Autre d'Amérique
Asia excluding former USSR	450.1	241.7	281.5	252.4	345.9	Asie ancienne URSS exclus
- Middle East	225.3	78.9	70.1	54.7	103.3	- Moyen-Orient
Asia former USSR	39.0	42.8	47.2	75.9	81.2	Asie ancienne URSS
Europe excluding former USSR	481.9	397.6	521.8	621.2	788.8	Europe ancienne URSS exclus
- European Union	374.7	311.9	417.0	493.6	638.4	- Union Européenne
- Eastern Europe	48.6	26.8	35.3	50.1	44.6	- Europe de l'Est
- Rest of Europe	58.6	58.8	69.5	77.4	105.8	- Autre de l'Europe
Europe former USSR	38.3	33.7	52.9	55.7	78.0	Europe ancienne URSS
Oceania	8.9	9.3	10.6	11.4	10.1	Océanie
United States	233.0	210.2	170.0	182.7	178.5	Etats-Unis d'Amérique
Germany	128.8	70.1	112.0	121.0	197.3	Allemagne
United Kingdom	26.6	32.0	75.3	88.0	104.9	Royaume-Uni
Canada	50.0	48.2	57.5	66.7	81.1	Canada
Switzerland-Liechtenstein	41.0	38.4	44.0	52.7	74.9	Suisse-Liechtenstein
Belgium	49.2	48.4	42.5	45.1	38.3	Belgique
Iran (Islamic Republic of)	73.6	34.7	39.4	13.6	54.3	Iran (République islamique d')
Brazil	21.7	42.6	76.9	33.7	22.8	Brésil
Mexico	54.9	38.9	29.2	30.6	24.5	Mexique
France-Monaco	33.1	25.2	23.7	32.1	42.8	France-Monaco
Kazakhstan	18.8	9.2	22.8	e45.8	59.4	Kazakhstan
Italy-San Marino-Holy See	16.1	26.9	37.2	33.5	29.4	Italie-Saint-Marin-Saint-Siège
Syrian Arab Republic	110.9		e11.7	10.5	4.4	République arabe syrienne
Spain	10.3	18.4	18.2	35.5	48.3	Espagne
China	3.2	2.5	35.4	37.3	37.7	Chine
Malaysia	7.0	11.0	37.1	37.4	11.7	Malaisie
Sweden	16.4	14.2	17.5	23.4	27.5	Suède
Netherlands	16.5	17.3	16.0	20.9	26.0	Pays-Bas
Finland	24.9	14.8	18.5	15.2	19.9	Finlande
Thailand	22.7	28.6	20.9	e8.9	10.5	Thaïlande
Turkey	33.5	31.2	4.9	5.8	15.4	Turquie
India	49.3	5.9	7.0	6.4	3.0	Inde
Austria	13.6	9.3	12.8	14.4	20.3	Autriche
Indonesia	40.0	6.8	4.2	8.8	10.5	Indonésie
Bangladesh	e16.4	e17.9	17.3	e16.9	0.2	Bangladesh
Portugal	10.7	7.4	12.7	18.7	e19.1	Portugal
Belarus	6.6	4.0	10.6	27.1	19.3	Bélarus
Romania	27.3	4.5	8.7	12.5	14.5	Roumanie
Singapore	5.6	27.0	6.8	6.4	12.0	Singapour
China, Hong Kong SAR	6.8	6.1	21.0	9.8	12.9	Chine - RAS de Hong-Kong

(Value as percentages of World total)   **(Valeur en pourcentage du total mondial)**

Regions of the world	1994	1995	1996	1997	1998	1999	2000	2001	2002	2003	Régions du monde
World	100.0	100.0	100.0	100.0	100.0	100.0	100.0	100.0	100.0	100.0	Monde
Africa	3.7	4.8	4.2	2.8	3.5	2.9	4.4	3.3	3.8	3.4	Afrique
Americas	23.3	21.4	24.9	31.1	29.6	26.8	32.7	28.0	24.3	21.8	Amériques
- Northern America	18.0	15.7	19.1	22.2	20.1	19.6	22.4	17.1	17.6	14.9	- Amérique du Nord
- LAIA	5.1	5.6	5.6	8.8	9.4	7.1	9.2	10.6	6.5	5.1	- ALAI
- CACM	0.1	0.0	0.0	0.0	0.0	0.0	0.1	0.0	0.0	0.0	- MCC
- Caribbean	0.1	0.1	0.1	0.1	0.1	0.1	0.2	0.2	0.2	1.9	- Caraïbes
- Rest of America	0.0	0.0	0.0	0.0	0.0	0.0	0.8	0.1	0.0	0.0	- Autre d'Amérique
Asia excluding former USSR	29.9	26.8	19.6	18.9	27.6	31.1	21.0	21.2	17.8	19.8	Asie ancienne URSS exclus
- Middle East	4.2	4.0	3.6	5.2	17.6	15.6	6.8	5.3	3.9	5.9	- Moyen-Orient
Asia former USSR	1.3	3.7	4.9	5.0	5.8	2.7	3.7	3.6	5.4	4.7	Asie ancienne URSS
Europe excluding former USSR	35.3	35.2	37.0	34.8	28.0	33.3	34.5	39.2	43.9	45.2	Europe ancienne URSS exclus
- European Union	26.3	24.1	25.5	24.4	21.5	25.9	27.1	31.4	34.9	36.6	- Union Européenne
- Eastern Europe	2.9	5.3	3.9	5.4	2.9	3.4	2.3	2.7	3.5	2.6	- Europe de l'Est
- Rest of Europe	6.2	5.9	7.6	4.9	3.6	4.1	5.1	5.2	5.5	6.1	- Autre de l'Europe
Europe former USSR	5.9	7.4	8.3	6.2	4.9	2.6	2.9	4.0	3.9	4.5	Europe ancienne URSS
Oceania	0.5	0.7	1.1	1.2	0.7	0.6	0.8	0.8	0.8	0.6	Océanie

Rails et autres éléments de voies ferrées, en fonte, fer ou acier 676

TRADE BY COMMODITY (Value in million US dollars)
Exports by principal countries or areas

COMMERCE PAR PRODUIT (Valeur en millions de dollars EU)
Exportations selon les principaux pays ou zones

Country or area	1999	2000	2001	2002	2003	Pays ou zone
World	1199.5	1015.5	1234.7	1326.8	1603.8	Monde
Africa	6.4	6.2	6.4	4.6	5.0	Afrique
Americas	108.1	123.9	117.8	121.4	125.9	Amériques
- Northern America	103.0	118.7	110.6	113.9	117.4	- Amérique du Nord
- LAIA	4.7	5.0	7.1	7.4	7.3	- ALAI
- CACM	0.5	0.2	0.0	0.1	0.0	- MCC
- Caribbean	0.0	0.1	0.0	0.0	1.2	- Caraïbes
- Rest of America	0.0	0.0	0.0	0.0	0.0	- Autre d'Amérique
Asia excluding former USSR	189.3	215.2	176.3	190.1	228.2	Asie ancienne URSS exclus
- Middle East	3.2	3.6	3.5	12.3	13.9	- Moyen-Orient
Asia former USSR	4.5	4.3	4.7	4.8	6.2	Asie ancienne URSS
Europe excluding former USSR	744.4	552.9	809.5	875.8	1036.1	Europe ancienne URSS exclus
- European Union	592.0	450.4	667.2	731.5	854.8	- Union Européenne
- Eastern Europe	139.0	90.0	126.5	122.0	154.4	- Europe de l'Est
- Rest of Europe	13.4	12.5	15.8	22.3	27.0	- Autre de l'Europe
Europe former USSR	134.0	98.1	100.5	109.8	185.4	Europe ancienne URSS
Oceania	12.8	14.8	19.4	20.3	17.1	Océanie
Austria	175.0	130.1	213.0	186.3	210.9	Autriche
Germany	130.8	108.3	149.5	194.0	201.7	Allemagne
Japan	139.2	152.3	112.7	126.6	151.3	Japon
Russian Federation	104.2	68.4	80.1	82.1	138.9	Fédération de Russie
France-Monaco	47.3	47.1	86.6	129.5	145.0	France-Monaco
United States	62.7	80.6	80.5	74.5	68.6	Etats-Unis d'Amérique
Poland	105.4	55.0	73.5	47.6	54.3	Pologne
United Kingdom	105.8	47.6	44.8	49.2	68.4	Royaume-Uni
Czech Republic	27.8	30.8	50.9	71.8	90.0	République tchèque
Spain	37.8	26.8	40.0	42.3	73.9	Espagne
Italy-San Marino-Holy See	18.2	26.4	46.0	61.7	67.5	Italie-Saint-Marin-Saint-Siège
Luxembourg	39.3	34.5	40.2	36.0	55.5	Luxembourg
Canada	40.2	38.1	30.2	39.4	48.7	Canada
China	28.9	37.1	19.3	27.2	33.1	Chine
Ukraine	23.7	27.5	17.9	24.2	e31.2	Ukraine
Australia	12.7	14.8	19.3	20.3	17.0	Australie
Switzerland-Liechtenstein	11.1	11.3	14.5	19.0	23.5	Suisse-Liechtenstein
Korea, Republic of	10.2	11.7	30.9	7.8	12.2	République de Corée
Belgium	12.3	12.1	15.1	15.9	15.3	Belgique
Sweden	21.4	12.1	21.8	5.8	6.7	Suède
Saudi Arabia	2.4	2.9	2.1	10.4	e11.4	Arable saoudite
Netherlands	2.3	3.9	7.9	6.6	6.3	Pays-Bas
Brazil	3.1	4.0	5.5	6.7	5.3	Brésil
Kazakhstan	4.3	4.1	4.4	e4.4	5.8	Kazakhstan
Romania	4.7	3.8	1.6	1.4	6.3	Roumanie
South Africa	–	4.6	5.1	4.1	4.0	Afrique du Sud
Singapore	1.8	2.0	2.3	6.0	4.6	Singapour
India	0.7	1.5	2.5	2.9	4.2	Inde
Lithuania	0.9	0.6	0.5	0.9	8.3	Lituanie
Indonesia	1.2	2.6	1.4	1.6	2.5	Indonésie

(Value as percentages of World total) — **(Valeur en pourcentage du total mondial)**

Regions of the world	1994	1995	1996	1997	1998	1999	2000	2001	2002	2003	Régions du monde
World	100.0	100.0	100.0	100.0	100.0	100.0	100.0	100.0	100.0	100.0	Monde
Africa	0.5	0.4	0.2	0.4	0.4	0.5	0.6	0.5	0.3	0.3	Afrique
Americas	10.7	10.7	11.3	13.8	11.9	9.0	12.2	9.5	9.2	7.8	Amériques
- Northern America	10.0	9.9	10.7	13.4	11.5	8.6	11.7	9.0	8.6	7.3	- Amérique du Nord
- LAIA	0.6	0.8	0.6	0.4	0.4	0.4	0.5	0.6	0.6	0.5	- ALAI
- CACM	0.1	0.0	0.0	0.0	0.0	0.0	0.0	0.0	0.0	0.0	- MCC
- Caribbean	0.0	0.0	0.0	0.0	0.0	0.0	0.0	0.0	0.0	0.1	- Caraïbes
- Rest of America	0.0	0.0	0.0	0.0	0.0	0.0	0.0	0.0	0.0	0.0	- Autre d'Amérique
Asia excluding former USSR	16.0	16.4	14.6	16.8	16.6	15.8	21.2	14.3	14.3	14.2	Asie ancienne URSS exclus
- Middle East	0.1	0.1	0.1	0.1	0.1	0.3	0.4	0.3	0.9	0.9	- Moyen-Orient
Asia former USSR	0.1	0.2	0.2	0.2	0.2	0.4	0.4	0.4	0.4	0.4	Asie ancienne URSS
Europe excluding former USSR	58.2	57.7	58.8	53.8	54.0	62.1	54.4	65.6	66.0	64.6	Europe ancienne URSS exclus
- European Union	49.8	47.2	48.8	45.1	43.1	49.4	44.3	54.0	55.1	53.3	- Union Européenne
- Eastern Europe	7.9	9.7	9.0	8.0	9.9	11.6	8.9	10.2	9.2	9.6	- Europe de l'Est
- Rest of Europe	0.5	0.8	1.0	0.7	1.0	1.1	1.2	1.3	1.7	1.7	- Autre de l'Europe
Europe former USSR	14.0	14.1	13.6	14.2	16.3	11.2	9.7	8.1	8.3	11.6	Europe ancienne URSS
Oceania	0.6	0.6	1.3	0.8	0.6	1.1	1.5	1.6	1.5	1.1	Océanie

273

677 Iron or steel wire (excluding wire rod), not insulated

TRADE BY COMMODITY (Value in million US dollars)
Imports by principal countries or areas

COMMERCE PAR PRODUIT (Valeur en millions de dollars EU)
Importations selon les principaux pays ou zones

Country or area	1999	2000	2001	2002	2003	Pays ou zone
World	3938.7	4336.1	4062.1	4242.0	4853.8	Monde
Africa	105.2	93.8	103.7	121.1	147.4	Afrique
Americas	981.2	1072.1	990.3	985.4	985.7	Amériques
- Northern America	767.4	821.0	740.8	753.2	756.7	- Amérique du Nord
- LAIA	182.3	217.9	208.6	195.2	192.5	- ALAI
- CACM	17.4	18.8	26.5	23.2	22.8	- MCC
- Caribbean	9.7	9.9	9.8	9.1	9.1	- Caraïbes
- Rest of America	4.5	4.5	4.7	4.8	4.8	- Autre d'Amérique
Asia excluding former USSR	911.9	1165.3	1043.2	1109.3	1268.4	Asie ancienne URSS exclus
- Middle East	125.4	241.2	212.8	211.7	248.4	- Moyen-Orient
Asia former USSR	16.9	36.1	21.4	30.9	37.1	Asie ancienne URSS
Europe excluding former USSR	1823.6	1849.6	1803.1	1873.3	2257.8	Europe ancienne URSS exclus
- European Union	1552.8	1548.1	1483.9	1532.1	1823.9	- Union Européenne
- Eastern Europe	126.1	147.2	166.2	185.9	250.5	- Europe de l'Est
- Rest of Europe	144.7	154.2	153.1	155.3	183.4	- Autre de l'Europe
Europe former USSR	30.7	46.0	40.0	48.4	73.6	Europe ancienne URSS
Oceania	69.1	73.2	60.4	73.6	83.8	Océanie
United States	637.8	660.5	596.7	612.8	614.3	Etats-Unis d'Amérique
Germany	423.0	390.2	410.4	420.8	512.0	Allemagne
France-Monaco	307.5	323.6	281.7	285.4	342.4	France-Monaco
China	194.6	254.2	268.4	309.7	340.5	Chine
Italy-San Marino-Holy See	170.4	179.8	159.6	167.3	196.3	Italie-Saint-Marin-Saint-Siège
Japan	152.6	180.1	153.2	137.9	188.5	Japon
Canada	129.4	160.5	143.9	140.2	142.1	Canada
United Kingdom	116.5	123.1	118.7	115.3	132.4	Royaume-Uni
Mexico	101.8	124.8	113.9	117.3	108.5	Mexique
Spain	99.8	99.2	113.5	116.3	124.4	Espagne
Switzerland-Liechtenstein	83.7	91.2	90.0	84.4	97.8	Suisse-Liechtenstein
Netherlands	85.3	82.6	70.9	75.7	98.7	Pays-Bas
China, Hong Kong SAR	81.3	90.3	70.1	77.3	83.7	Chine - RAS de Hong-Kong
Syrian Arab Republic		115.6	e97.9	88.0	93.2	République arabe syrienne
Belgium	63.1	68.0	65.5	72.2	88.9	Belgique
Austria	66.6	59.8	61.3	55.5	74.2	Autriche
Poland	44.8	52.5	56.1	63.1	76.1	Pologne
Sweden	56.2	58.0	48.6	51.8	60.4	Suède
Thailand	45.0	48.1	44.4	e52.0	61.0	Thaïlande
Singapore	51.5	55.4	44.7	40.9	48.8	Singapour
Australia	43.5	46.7	36.8	47.1	57.2	Australie
Malaysia	41.6	47.2	40.3	43.7	48.3	Malaisie
Czech Republic	31.8	35.5	43.7	47.8	59.1	République tchèque
Korea, Republic of	45.2	47.4	38.7	37.8	43.5	République de Corée
Denmark	38.1	42.6	36.9	39.8	42.2	Danemark
Portugal	35.4	34.6	35.3	41.1	e41.9	Portugal
Indonesia	34.8	42.5	32.1	38.8	35.8	Indonésie
Brazil	22.5	36.0	38.1	35.7	39.8	Brésil
Ireland	32.6	33.7	33.1	30.9	31.2	Irlande
Iran (Islamic Republic of)	25.2	26.1	29.7	32.3	42.3	Iran (République islamique d')

(Value as percentages of World total) — **(Valeur en pourcentage du total mondial)**

Regions of the world	1994	1995	1996	1997	1998	1999	2000	2001	2002	2003	Régions du monde
World	100.0	100.0	100.0	100.0	100.0	100.0	100.0	100.0	100.0	100.0	Monde
Africa	8.0	2.3	2.6	2.3	2.2	2.7	2.2	2.6	2.9	3.0	Afrique
Americas	20.8	19.9	20.9	23.7	24.4	24.9	24.7	24.4	23.2	20.3	Amériques
- Northern America	16.9	16.1	16.4	18.4	18.8	19.5	18.9	18.2	17.8	15.6	- Amérique du Nord
- LAIA	3.2	3.2	3.8	4.6	4.8	4.6	5.0	5.1	4.6	4.0	- ALAI
- CACM	0.3	0.3	0.3	0.3	0.4	0.4	0.4	0.7	0.5	0.5	- MCC
- Caribbean	0.2	0.2	0.3	0.3	0.3	0.2	0.2	0.2	0.2	0.2	- Caraïbes
- Rest of America	0.2	0.1	0.2	0.2	0.1	0.1	0.1	0.1	0.1	0.1	- Autre d'Amérique
Asia excluding former USSR	24.9	24.2	23.7	24.3	20.6	23.2	26.9	25.7	26.2	26.1	Asie ancienne URSS exclus
- Middle East	3.4	3.8	4.1	4.4	4.0	3.2	5.6	5.2	5.0	5.1	- Moyen-Orient
Asia former USSR	0.3	0.4	0.5	0.3	0.5	0.4	0.8	0.5	0.7	0.8	Asie ancienne URSS
Europe excluding former USSR	43.4	50.5	49.1	46.5	49.4	46.3	42.7	44.4	44.2	46.5	Europe ancienne URSS exclus
- European Union	37.7	44.2	42.3	39.9	41.7	39.4	35.7	36.5	36.1	37.6	- Union Européenne
- Eastern Europe	2.2	2.4	3.0	3.0	3.7	3.2	3.4	4.1	4.4	5.2	- Europe de l'Est
- Rest of Europe	3.5	3.9	3.8	3.5	4.0	3.7	3.6	3.8	3.7	3.8	- Autre de l'Europe
Europe former USSR	0.9	1.0	1.4	1.3	1.2	0.8	1.1	1.0	1.1	1.5	Europe ancienne URSS
Oceania	1.6	1.7	1.8	1.8	1.7	1.8	1.7	1.5	1.7	1.7	Océanie

TRADE BY COMMODITY (Value in million US dollars)
Exports by principal countries or areas

COMMERCE PAR PRODUIT (Valeur en millions de dollars EU)
Exportations selon les principaux pays ou zones

Country or area	1999	2000	2001	2002	2003	Pays ou zone
World	3602.1	3794.2	3555.4	3786.2	4503.5	Monde
Africa	72.9	64.1	58.3	68.2	95.1	Afrique
Americas	583.6	572.0	549.7	529.8	547.2	Amériques
- Northern America	465.5	448.2	443.7	420.2	418.6	- Amérique du Nord
- LAIA	112.3	113.6	93.6	95.8	116.4	- ALAI
- CACM	4.9	9.4	11.5	12.7	10.9	- MCC
- Caribbean	0.8	0.7	0.9	1.1	1.2	- Caraïbes
- Rest of America	0.0	0.0	0.0	0.0	0.0	- Autre d'Amérique
Asia excluding former USSR	1025.2	1145.5	987.7	1102.4	1336.8	Asie ancienne URSS exclus
- Middle East	40.9	42.1	26.1	23.5	35.8	- Moyen-Orient
Asia former USSR	0.1	0.2	0.1	0.2	0.1	Asie ancienne URSS
Europe excluding former USSR	1802.4	1857.0	1825.8	1928.7	2324.9	Europe ancienne URSS exclus
- European Union	1557.9	1620.4	1601.6	1670.1	1991.7	- Union Européenne
- Eastern Europe	181.2	176.6	169.9	206.0	264.8	- Europe de l'Est
- Rest of Europe	63.2	60.0	54.4	52.6	68.4	- Autre de l'Europe
Europe former USSR	90.8	132.7	117.8	135.6	179.4	Europe ancienne URSS
Oceania	27.2	22.6	15.9	21.2	20.0	Océanie
Germany	313.4	316.3	336.5	359.2	465.6	Allemagne
Korea, Republic of	302.4	336.3	314.4	334.0	398.7	République de Corée
Japan	304.8	331.7	245.7	262.5	290.0	Japon
Italy-San Marino-Holy See	272.2	271.7	258.8	276.7	309.4	Italie-Saint-Marin-Saint-Siège
France-Monaco	257.7	265.3	248.2	266.3	293.8	France-Monaco
United States	273.6	261.7	266.7	247.4	241.0	Etats-Unis d'Amérique
Sweden	205.9	211.2	183.7	183.6	211.4	Suède
Canada	191.9	186.5	177.0	172.7	177.5	Canada
United Kingdom	166.0	164.3	154.0	129.8	144.2	Royaume-Uni
China	102.8	104.9	117.7	144.4	197.6	Chine
Czech Republic	124.4	111.0	110.6	130.2	167.6	République tchèque
Spain	98.2	131.9	116.8	126.2	169.2	Espagne
Austria	73.3	80.2	83.5	92.5	122.1	Autriche
Luxembourg	53.5	61.4	71.2	72.0	79.0	Luxembourg
India	34.9	60.0	56.6	84.6	98.5	Inde
Belgium	63.2	59.7	60.1	62.9	76.0	Belgique
China, Hong Kong SAR	58.3	66.4	53.8	61.7	63.9	Chine - RAS de Hong-Kong
Netherlands	30.0	31.8	56.7	64.5	79.4	Pays-Bas
Russian Federation	24.2	51.8	49.2	55.2	76.5	Fédération de Russie
Switzerland-Liechtenstein	42.5	44.8	40.9	42.0	56.1	Suisse-Liechtenstein
South Africa	–	49.5	46.5	53.6	70.2	Afrique du Sud
Mexico	49.0	42.3	36.2	43.6	48.1	Mexique
Ukraine	31.8	37.9	33.4	36.7	e47.2	Ukraine
Malaysia	26.1	28.4	20.7	22.2	48.5	Malaisie
Belarus	19.4	24.3	24.9	32.6	42.8	Bélarus
Brazil	24.9	31.0	22.3	23.9	37.7	Brésil
Thailand	24.7	23.1	20.3	e21.3	24.9	Thaïlande
Romania	20.7	22.9	18.7	22.3	26.6	Roumanie
Poland	14.2	17.5	16.4	22.4	34.8	Pologne
Turkey	20.9	19.9	18.0	18.3	27.4	Turquie

(Value as percentages of World total)

(Valeur en pourcentage du total mondial)

Regions of the world	1994	1995	1996	1997	1998	1999	2000	2001	2002	2003	Régions du monde
World	100.0	100.0	100.0	100.0	100.0	100.0	100.0	100.0	100.0	100.0	Monde
Africa	2.0	3.7	2.8	2.8	1.7	2.0	1.7	1.6	1.8	2.1	Afrique
Americas	10.8	10.6	12.2	14.8	14.9	16.2	15.1	15.5	14.0	12.1	Amériques
- Northern America	8.9	8.4	9.6	11.8	11.7	12.9	11.8	12.5	11.1	9.3	- Amérique du Nord
- LAIA	1.8	2.1	2.5	2.8	3.0	3.1	3.0	2.6	2.5	2.6	- ALAI
- CACM	0.1	0.0	0.1	0.1	0.2	0.1	0.2	0.3	0.3	0.2	- MCC
- Caribbean	0.0	0.0	0.0	0.0	0.1	0.0	0.0	0.0	0.0	0.0	- Caraïbes
- Rest of America	0.0	0.0	0.0	0.0	0.0	0.0	0.0	0.0	0.0	0.0	- Autre d'Amérique
Asia excluding former USSR	25.3	26.4	25.2	25.1	23.6	28.5	30.2	27.8	29.1	29.7	Asie ancienne URSS exclus
- Middle East	0.4	0.6	0.7	0.6	0.8	1.1	1.1	0.7	0.6	0.8	- Moyen-Orient
Asia former USSR	0.1	0.1	0.0	0.0	0.0	0.0	0.0	0.0	0.0	0.0	Asie ancienne URSS
Europe excluding former USSR	58.0	54.8	55.4	53.4	56.2	50.0	48.9	51.4	50.9	51.6	Europe ancienne URSS exclus
- European Union	52.4	47.3	48.7	46.8	49.1	43.3	42.7	45.0	44.1	44.2	- Union Européenne
- Eastern Europe	3.9	5.6	4.9	5.0	5.2	5.0	4.7	4.8	5.4	5.9	- Europe de l'Est
- Rest of Europe	1.7	1.9	1.8	1.7	1.9	1.8	1.6	1.5	1.4	1.5	- Autre de l'Europe
Europe former USSR	3.0	3.4	3.4	3.0	2.9	2.5	3.5	3.3	3.6	4.0	Europe ancienne URSS
Oceania	0.9	1.0	1.0	0.8	0.7	0.8	0.6	0.4	0.6	0.4	Océanie

678 Tube, pipes and fittings, of iron or steel

TRADE BY COMMODITY (Value in million US dollars)
Imports by principal countries or areas

COMMERCE PAR PRODUIT (Valeur en millions de dollars EU)
Importations selon les principaux pays ou zones

Country or area	1999	2000	2001	2002	2003	Pays ou zone
World	21951.3	23349.2	26203.0	26654.3	29675.1	Monde
Africa	1044.6	863.2	1297.1	1509.7	1414.7	Afrique
Americas	5251.7	6392.6	6813.9	6389.6	6158.6	Amériques
- Northern America	3573.1	4799.5	4903.7	4427.5	4548.4	- Amérique du Nord
- LAIA	1468.9	1380.6	1648.0	1702.8	1309.8	- ALAI
- CACM	82.5	79.1	86.5	81.7	85.0	- MCC
- Caribbean	102.5	109.9	154.4	150.6	189.2	- Caraïbes
- Rest of America	24.6	23.5	21.4	27.1	26.3	- Autre d'Amérique
Asia excluding former USSR	4912.3	5503.1	6718.1	7171.6	7530.9	Asie ancienne URSS exclus
- Middle East	1263.4	1782.4	2436.1	2451.1	2763.6	- Moyen-Orient
Asia former USSR	287.5	475.8	675.5	614.5	932.5	Asie ancienne URSS
Europe excluding former USSR	9282.5	8947.7	9484.8	9783.5	11928.8	Europe ancienne URSS exclus
- European Union	7566.3	7311.2	7783.3	7850.1	9497.0	- Union Européenne
- Eastern Europe	759.5	801.2	867.0	961.4	1259.1	- Europe de l'Est
- Rest of Europe	956.6	835.3	834.6	972.0	1172.7	- Autre de l'Europe
Europe former USSR	834.2	828.5	858.0	767.4	1163.2	Europe ancienne URSS
Oceania	338.5	338.2	355.5	418.1	546.3	Océanie
United States	2489.8	3487.6	3660.1	3293.1	3197.7	Etats-Unis d'Amérique
Germany	1783.8	1628.4	1735.4	1626.1	1963.5	Allemagne
Canada	1081.2	1309.1	1240.7	1131.1	1345.4	Canada
France-Monaco	1044.5	1108.1	1053.0	1157.3	1360.4	France-Monaco
United Kingdom	800.8	791.4	1099.5	940.9	1112.1	Royaume-Uni
China	631.5	618.0	799.5	1206.9	1173.7	Chine
Italy-San Marino-Holy See	774.3	758.6	755.2	779.7	1072.0	Italie-Saint-Marin-Saint-Siège
Russian Federation	536.3	595.5	623.1	505.2	676.7	Fédération de Russie
Mexico	596.6	576.6	608.8	551.1	524.6	Mexique
Spain	497.4	476.0	531.8	547.4	804.6	Espagne
Netherlands	598.2	483.7	514.4	535.1	646.3	Pays-Bas
Belgium	516.5	536.2	546.3	546.8	627.8	Belgique
Malaysia	364.4	248.1	760.1	663.7	683.8	Malaisie
Singapore	434.5	442.1	510.6	488.6	480.8	Singapour
Saudi Arabia	391.9	274.0	394.0	563.3	644.0	Arabie saoudite
Norway	448.8	317.1	343.5	439.8	527.1	Norvège
Korea, Republic of	329.7	417.4	410.1	441.5	395.2	République de Corée
Sweden	401.5	387.9	351.8	371.1	444.1	Suède
Japan	307.9	418.5	389.4	356.7	400.8	Japon
Austria	324.5	337.3	352.4	340.4	433.3	Autriche
Algeria	301.7	169.1	350.5	478.5	398.3	Algérie
Switzerland-Liechtenstein	336.3	344.6	308.3	302.8	358.3	Suisse-Liechtenstein
Iran (Islamic Republic of)	194.9	309.6	324.5	358.5	446.3	Iran (République islamique d')
Indonesia	361.3	371.0	305.0	331.0	257.7	Indonésie
Denmark	298.6	283.6	308.9	341.5	391.3	Danemark
Turkey	134.6	297.5	477.1	277.4	368.4	Turquie
Australia	256.8	256.1	264.9	320.1	423.6	Australie
United Arab Emirates	118.7	323.5	322.9	e331.3	e388.2	Emirates arabes unis
Poland	248.7	247.2	246.0	293.9	407.5	Pologne
Kazakhstan	97.5	226.5	424.0	e257.4	333.5	Kazakhstan

(Value as percentages of World total)   (Valeur en pourcentage du total mondial)

Regions of the world	1994	1995	1996	1997	1998	1999	2000	2001	2002	2003	Régions du monde
World	100.0	100.0	100.0	100.0	100.0	100.0	100.0	100.0	100.0	100.0	Monde
Africa	6.5	5.4	5.4	4.6	4.6	4.8	3.7	5.0	5.7	4.8	Afrique
Americas	18.5	17.7	17.7	21.8	25.1	23.9	27.4	26.0	24.0	20.8	Amériques
- Northern America	13.4	11.9	12.4	14.8	16.1	16.3	20.6	18.7	16.6	15.3	- Amérique du Nord
- LAIA	4.4	4.9	4.4	6.1	8.0	6.7	5.9	6.3	6.4	4.4	- ALAI
- CACM	0.2	0.2	0.3	0.3	0.3	0.4	0.3	0.3	0.3	0.3	- MCC
- Caribbean	0.3	0.5	0.4	0.6	0.6	0.5	0.5	0.6	0.6	0.6	- Caraïbes
- Rest of America	0.2	0.1	0.1	0.1	0.1	0.1	0.1	0.1	0.1	0.1	- Autre d'Amérique
Asia excluding former USSR	29.2	25.5	27.3	27.0	23.2	22.4	23.6	25.6	26.9	25.4	Asie ancienne URSS exclus
- Middle East	6.8	5.8	6.7	7.4	7.1	5.8	7.6	9.3	9.2	9.3	- Moyen-Orient
Asia former USSR	0.8	0.9	1.5	0.8	1.2	1.3	2.0	2.6	2.3	3.1	Asie ancienne URSS
Europe excluding former USSR	39.5	44.6	41.8	39.7	41.2	42.3	38.3	36.2	36.7	40.2	Europe ancienne URSS exclus
- European Union	32.2	36.7	34.3	31.6	32.2	34.5	31.3	29.7	29.5	32.0	- Union Européenne
- Eastern Europe	2.0	2.8	3.3	3.2	3.8	3.5	3.4	3.3	3.6	4.2	- Europe de l'Est
- Rest of Europe	5.3	5.1	4.2	4.9	5.1	4.4	3.6	3.2	3.6	4.0	- Autre de l'Europe
Europe former USSR	4.1	4.3	4.7	4.6	3.2	3.8	3.5	3.3	2.9	3.9	Europe ancienne URSS
Oceania	1.4	1.6	1.6	1.6	1.5	1.5	1.4	1.4	1.6	1.8	Océanie

TRADE BY COMMODITY (Value in million US dollars)
Exports by principal countries or areas

COMMERCE PAR PRODUIT (Valeur en millions de dollars EU)
Exportations selon les principaux pays ou zones

Country or area	1999	2000	2001	2002	2003	Pays ou zone
World	21277.1	22521.8	25251.3	26297.1	28967.4	Monde
Africa	128.6	132.1	128.4	148.6	183.3	Afrique
Americas	3407.6	3894.8	4105.6	4206.7	4090.4	Amériques
- Northern America	2501.7	2789.7	2730.9	2694.7	2749.5	- Amérique du Nord
- LAIA	875.6	1073.6	1338.1	1476.6	1303.4	- ALAI
- CACM	27.3	29.5	30.6	31.6	31.9	- MCC
- Caribbean	2.7	2.0	5.8	3.7	5.4	- Caraïbes
- Rest of America	0.2	0.0	0.1	0.0	0.2	- Autre d'Amérique
Asia excluding former USSR	5121.5	5561.9	6889.8	7208.8	7791.7	Asie ancienne URSS exclus
- Middle East	330.6	416.9	648.1	860.3	722.5	- Moyen-Orient
Asia former USSR	7.8	8.9	12.8	15.5	18.8	Asie ancienne URSS
Europe excluding former USSR	12044.8	11985.8	13085.4	13798.2	15677.2	Europe ancienne URSS exclus
- European Union	10715.6	10649.3	11651.0	12379.1	14012.0	- Union Européenne
- Eastern Europe	651.1	724.2	861.8	843.1	999.3	- Europe de l'Est
- Rest of Europe	678.1	612.3	572.6	576.0	666.0	- Autre de l'Europe
Europe former USSR	483.9	866.7	945.6	833.5	1099.3	Europe ancienne URSS
Oceania	82.9	71.7	83.6	85.9	106.6	Océanie
Germany	3002.1	2763.0	3292.4	3372.5	3738.6	Allemagne
Japan	2408.9	2135.2	2961.4	2918.3	2966.8	Japon
Italy-San Marino-Holy See	2230.3	2373.7	2524.4	2708.9	3080.4	Italie-Saint-Marin-Saint-Siège
United States	1838.6	1952.0	1967.7	1904.0	1963.0	Etats-Unis d'Amérique
France-Monaco	1489.3	1531.2	1634.2	1678.9	1710.0	France-Monaco
United Kingdom	812.0	793.5	988.0	1153.7	1260.1	Royaume-Uni
China	588.0	762.6	887.5	974.3	1344.5	Chine
Canada	663.1	837.7	763.2	790.7	786.5	Canada
Korea, Republic of	631.1	704.7	682.0	691.7	781.9	République de Corée
Spain	511.7	617.2	617.7	646.1	749.5	Espagne
Austria	525.9	610.2	626.6	597.9	759.0	Autriche
Sweden	542.1	568.0	507.6	564.0	694.0	Suède
Ukraine	311.8	531.6	515.7	411.6	e529.9	Ukraine
Netherlands	425.9	386.4	381.2	454.0	644.2	Pays-Bas
Argentina	273.5	400.5	500.2	527.6	447.5	Argentine
Switzerland-Liechtenstein	428.1	442.0	410.8	400.3	439.0	Suisse-Liechtenstein
Mexico	347.5	365.7	407.9	455.8	462.7	Mexique
Belgium	371.3	361.3	388.7	422.9	481.6	Belgique
Turkey	208.3	255.9	445.7	576.8	406.6	Turquie
Malaysia	145.4	248.7	450.0	424.8	496.0	Malaisie
Russian Federation	145.4	305.3	396.7	373.3	497.1	Fédération de Russie
Finland	276.0	271.6	252.6	294.9	353.4	Finlande
Denmark	399.6	235.7	234.6	268.9	287.9	Danemark
Czech Republic	231.6	257.0	307.6	282.3	332.2	République tchèque
Brazil	178.6	196.7	298.5	396.0	282.5	Brésil
Singapore	192.1	223.8	250.6	249.4	227.7	Singapour
India	116.8	155.7	208.9	249.0	293.6	Inde
Thailand	182.7	214.8	196.5	e193.5	226.0	Thaïlande
Romania	152.8	150.2	211.7	228.9	211.4	Roumanie
Poland	105.8	131.4	151.3	133.5	196.4	Pologne

(Value as percentages of World total)

(Valeur en pourcentage du total mondial)

Regions of the world	1994	1995	1996	1997	1998	1999	2000	2001	2002	2003	Régions du monde
World	100.0	100.0	100.0	100.0	100.0	100.0	100.0	100.0	100.0	100.0	Monde
Africa	0.9	0.6	0.6	0.5	0.5	0.6	0.6	0.5	0.6	0.6	Afrique
Americas	13.8	14.0	15.1	17.1	17.2	16.0	17.3	16.3	16.0	14.1	Amériques
- Northern America	9.5	9.7	9.8	11.1	11.4	11.8	12.4	10.8	10.2	9.5	- Amérique du Nord
- LAIA	4.2	4.3	5.2	5.9	5.7	4.1	4.8	5.3	5.6	4.5	- ALAI
- CACM	0.1	0.1	0.1	0.1	0.1	0.1	0.1	0.1	0.1	0.1	- MCC
- Caribbean	0.0	0.0	0.0	0.0	0.0	0.0	0.0	0.0	0.0	0.0	- Caraïbes
- Rest of America	0.0	0.0	0.0	0.0	0.0	0.0	0.0	0.0	0.0	0.0	- Autre d'Amérique
Asia excluding former USSR	25.9	23.4	23.0	24.1	24.0	24.1	24.7	27.3	27.4	26.9	Asie ancienne URSS exclus
- Middle East	1.3	1.5	1.1	1.4	1.3	1.6	1.9	2.6	3.3	2.5	- Moyen-Orient
Asia former USSR	0.1	0.2	0.1	0.1	0.1	0.0	0.0	0.1	0.1	0.1	Asie ancienne URSS
Europe excluding former USSR	55.3	57.6	57.0	53.8	55.4	56.6	53.2	51.8	52.5	54.1	Europe ancienne URSS exclus
- European Union	50.1	51.6	51.5	47.6	49.0	50.4	47.3	46.1	47.1	48.4	- Union Européenne
- Eastern Europe	2.3	3.2	3.1	2.9	3.4	3.1	3.2	3.4	3.2	3.4	- Europe de l'Est
- Rest of Europe	2.8	2.8	2.4	3.3	3.0	3.2	2.7	2.3	2.2	2.3	- Autre de l'Europe
Europe former USSR	3.5	3.8	3.7	3.9	2.4	2.3	3.8	3.7	3.2	3.8	Europe ancienne URSS
Oceania	0.4	0.4	0.4	0.4	0.4	0.4	0.3	0.3	0.3	0.4	Océanie

679 Iron, steel casting, forging and stamping, in the rough state, nes

TRADE BY COMMODITY (Value in million US dollars)
Imports by principal countries or areas

COMMERCE PAR PRODUIT (Valeur en millions de dollars EU)
Importations selon les principaux pays ou zones

Country or area	1999	2000	2001	2002	2003	Pays ou zone
World	3456.7	3502.9	3615.7	3660.9	4333.3	Monde
Africa	59.7	62.7	64.2	71.7	101.0	Afrique
Americas	887.1	986.7	988.0	980.9	1002.3	Amériques
- Northern America	614.2	705.3	665.9	700.6	754.2	- Amérique du Nord
- LAIA	256.6	261.6	303.8	259.5	224.1	- ALAI
- CACM	7.5	7.5	9.2	8.2	10.0	- MCC
- Caribbean	3.8	5.7	3.4	3.9	6.1	- Caraïbes
- Rest of America	5.0	6.6	5.8	8.7	7.9	- Autre d'Amérique
Asia excluding former USSR	630.6	628.7	604.6	568.8	649.3	Asie ancienne URSS exclus
- Middle East	104.7	39.5	51.1	38.8	48.8	- Moyen-Orient
Asia former USSR	8.3	15.8	13.6	13.4	17.3	Asie ancienne URSS
Europe excluding former USSR	1791.7	1721.4	1869.2	1938.3	2437.9	Europe ancienne URSS exclus
- European Union	1563.8	1479.7	1588.2	1625.0	2039.8	- Union Européenne
- Eastern Europe	132.6	153.9	176.5	202.3	252.4	- Europe de l'Est
- Rest of Europe	95.3	87.9	104.5	111.0	145.7	- Autre de l'Europe
Europe former USSR	20.5	18.9	35.8	45.8	61.8	Europe ancienne URSS
Oceania	58.8	68.5	40.3	42.1	63.7	Océanie
United States	402.4	459.5	467.8	512.2	551.6	Etats-Unis d'Amérique
Germany	383.1	338.4	412.5	378.5	450.2	Allemagne
France-Monaco	241.9	234.5	228.5	252.9	339.2	France-Monaco
Italy-San Marino-Holy See	230.5	220.3	233.0	254.6	314.4	Italie-Saint-Marin-Saint-Siège
Canada	211.4	245.5	197.7	187.6	201.8	Canada
United Kingdom	144.7	141.9	152.7	155.5	188.7	Royaume-Uni
Mexico	139.1	139.6	161.6	126.7	113.2	Mexique
Belgium	111.7	97.0	92.7	89.1	129.4	Belgique
Spain	82.4	85.4	99.3	106.4	135.6	Espagne
Austria	100.4	94.8	95.3	97.1	121.2	Autriche
Japan	95.7	105.3	101.7	91.0	96.6	Japon
Malaysia	83.2	101.4	80.0	82.2	95.4	Malaisie
China	79.1	78.6	77.9	72.4	88.3	Chine
Korea, Republic of	45.1	69.5	88.9	88.9	96.7	République de Corée
Netherlands	72.0	62.4	57.6	65.4	97.4	Pays-Bas
Sweden	62.6	68.9	72.0	65.0	74.1	Suède
Indonesia	59.7	66.6	55.9	55.0	69.9	Indonésie
Singapore	59.8	51.1	59.9	62.6	64.3	Singapour
Brazil	44.9	52.3	69.6	71.0	48.7	Brésil
Czech Republic	39.7	48.7	55.2	60.4	69.6	République tchèque
Slovakia	35.9	41.9	45.6	55.1	78.6	Slovaquie
Denmark	32.9	36.0	46.3	59.9	68.4	Danemark
Poland	33.7	37.5	43.9	49.5	59.8	Pologne
Switzerland-Liechtenstein	37.1	36.9	42.1	44.2	62.9	Suisse-Liechtenstein
Australia	24.7	49.1	22.3	24.4	35.4	Australie
Ireland	34.5	30.2	26.9	25.8	37.9	Irlande
Norway	26.8	19.8	26.8	31.8	47.4	Norvège
Portugal	16.6	25.2	25.5	30.2	e30.9	Portugal
Finland	26.5	24.1	26.0	21.9	27.6	Finlande
Thailand	20.5	27.0	28.5	e17.5	20.6	Thaïlande

(Value as percentages of World total)

(Valeur en pourcentage du total mondial)

Regions of the world	1994	1995	1996	1997	1998	1999	2000	2001	2002	2003	Régions du monde
World	100.0	100.0	100.0	100.0	100.0	100.0	100.0	100.0	100.0	100.0	Monde
Africa	2.1	1.9	1.6	1.8	1.7	1.7	1.8	1.8	2.0	2.3	Afrique
Americas	21.7	19.1	19.5	23.2	24.7	25.7	28.2	27.3	26.8	23.1	Amériques
- Northern America	14.2	12.1	12.3	15.0	16.4	17.8	20.1	18.4	19.1	17.4	- Amérique du Nord
- LAIA	6.8	6.3	6.7	7.6	7.9	7.4	7.5	8.4	7.1	5.2	- ALAI
- CACM	0.2	0.2	0.2	0.3	0.2	0.2	0.2	0.3	0.2	0.2	- MCC
- Caribbean	0.2	0.3	0.2	0.2	0.1	0.1	0.2	0.1	0.1	0.1	- Caraïbes
- Rest of America	0.3	0.1	0.1	0.2	0.0	0.1	0.2	0.2	0.2	0.2	- Autre d'Amérique
Asia excluding former USSR	22.9	22.4	20.8	21.0	19.2	18.2	17.9	16.7	15.5	15.0	Asie ancienne URSS exclus
- Middle East	2.8	1.9	1.7	2.8	5.3	3.0	1.1	1.4	1.1	1.1	- Moyen-Orient
Asia former USSR	1.3	0.3	1.1	0.2	0.4	0.2	0.5	0.4	0.4	0.4	Asie ancienne URSS
Europe excluding former USSR	49.3	53.7	54.3	51.0	51.7	51.8	49.1	51.7	52.9	56.3	Europe ancienne URSS exclus
- European Union	43.5	47.0	47.6	44.5	44.7	45.2	42.2	43.9	44.4	47.1	- Union Européenne
- Eastern Europe	2.3	3.2	3.4	3.6	3.9	3.8	4.4	4.9	5.5	5.8	- Europe de l'Est
- Rest of Europe	3.5	3.5	3.3	2.9	3.1	2.8	2.5	2.9	3.0	3.4	- Autre de l'Europe
Europe former USSR	1.1	0.9	1.2	1.1	0.9	0.6	0.5	1.0	1.3	1.4	Europe ancienne URSS
Oceania	1.7	1.7	1.6	1.7	1.3	1.7	2.0	1.1	1.1	1.5	Océanie

TRADE BY COMMODITY (Value in million US dollars)
Exports by principal countries or areas

COMMERCE PAR PRODUIT (Valeur en millions de dollars EU)
Exportations selon les principaux pays ou zones

Country or area	1999	2000	2001	2002	2003	Pays ou zone
World	4542.3	4658.9	4762.5	5001.7	5790.1	Monde
Africa	13.9	17.6	14.8	14.6	13.4	Afrique
Americas	724.0	882.0	793.7	796.3	763.7	Amériques
- Northern America	577.3	710.6	611.9	570.8	610.3	- Amérique du Nord
- LAIA	145.7	170.6	180.2	224.3	152.2	- ALAI
- CACM	0.8	0.6	1.5	1.0	1.0	- MCC
- Caribbean	0.1	0.1	0.1	0.1	0.2	- Caraïbes
- Rest of America	0.0	0.0	0.0	0.1	0.0	- Autre d'Amérique
Asia excluding former USSR	1144.4	1260.1	1246.2	1380.7	1646.8	Asie ancienne URSS exclus
- Middle East	44.5	41.7	64.7	70.6	100.4	- Moyen-Orient
Asia former USSR	0.3	1.0	1.6	2.2	3.0	Asie ancienne URSS
Europe excluding former USSR	2519.5	2394.9	2580.2	2678.7	3197.5	Europe ancienne URSS exclus
- European Union	1978.0	1847.4	1969.4	2052.7	2430.4	- Union Européenne
- Eastern Europe	434.9	447.1	509.8	516.4	641.1	- Europe de l'Est
- Rest of Europe	106.6	100.3	101.0	109.5	120.0	- Autre de l'Europe
Europe former USSR	67.3	48.6	64.3	60.1	71.8	Europe ancienne URSS
Oceania	72.8	54.8	61.6	69.2	93.9	Océanie
China	539.5	573.1	586.7	674.3	777.2	Chine
France-Monaco	559.5	533.2	515.1	510.7	624.3	France-Monaco
United States	499.7	602.1	504.5	457.7	487.4	Etats-Unis d'Amérique
Italy-San Marino-Holy See	371.1	349.7	373.5	396.6	431.6	Italie-Saint-Marin-Saint-Siège
Germany	328.1	292.1	357.3	341.9	435.1	Allemagne
Czech Republic	231.3	243.9	266.8	268.0	336.1	République tchèque
United Kingdom	241.9	214.5	229.6	238.8	263.0	Royaume-Uni
India	129.5	171.1	175.0	203.8	307.4	Inde
Poland	147.5	148.6	174.4	174.6	195.4	Pologne
Spain	110.9	112.4	125.3	141.9	187.1	Espagne
Korea, Republic of	120.3	132.3	113.9	111.1	137.9	République de Corée
Belgium	120.3	107.2	106.4	113.6	150.2	Belgique
Canada	77.7	108.6	107.4	113.1	122.9	Canada
Mexico	59.4	82.8	82.9	124.0	65.0	Mexique
Austria	70.8	72.4	74.9	75.0	70.4	Autriche
Denmark	67.8	64.2	66.4	67.7	82.8	Danemark
Japan	57.4	60.7	47.5	67.0	70.6	Japon
Australia	62.4	43.4	52.5	58.8	78.1	Australie
Turkey	35.0	37.8	47.2	57.8	84.9	Turquie
Netherlands	44.4	40.2	41.9	56.5	79.7	Pays-Bas
Brazil	36.1	43.6	46.5	49.2	50.1	Brésil
Norway	44.9	40.6	37.6	45.4	48.3	Norvège
Switzerland-Liechtenstein	35.4	33.4	35.0	33.2	37.3	Suisse-Liechtenstein
Russian Federation	40.0	23.3	34.4	30.7	31.4	Fédération de Russie
Israel	34.9	28.7	35.3	30.1	23.2	Israël
Slovakia	20.6	23.3	26.8	27.9	48.0	Slovaquie
Sweden	12.2	15.6	19.4	44.5	53.1	Suède
Finland	21.8	19.2	29.7	38.6	28.2	Finlande
Chile	21.1	18.8	32.8	35.9	22.1	Chili
Singapore	25.9	24.5	21.2	25.9	23.2	Singapour

(Value as percentages of World total)

(Valeur en pourcentage du total mondial)

Regions of the world	1994	1995	1996	1997	1998	1999	2000	2001	2002	2003	Régions du monde
World	100.0	100.0	100.0	100.0	100.0	100.0	100.0	100.0	100.0	100.0	Monde
Africa	0.3	0.2	0.3	0.3	0.3	0.3	0.4	0.3	0.3	0.2	Afrique
Americas	14.0	11.7	13.6	15.5	15.9	15.9	18.9	16.7	15.9	13.2	Amériques
- Northern America	12.0	9.6	11.7	12.6	12.6	12.7	15.3	12.8	11.4	10.5	- Amérique du Nord
- LAIA	2.0	2.1	1.9	2.9	3.3	3.2	3.7	3.8	4.5	2.6	- ALAI
- CACM	0.0	0.0	0.0	0.0	0.0	0.0	0.0	0.0	0.0	0.0	- MCC
- Caribbean	0.0	0.0	0.0	0.0	0.0	0.0	0.0	0.0	0.0	0.0	- Caraïbes
- Rest of America	0.0	0.0	0.0	0.0	0.0	0.0	0.0	0.0	0.0	0.0	- Autre d'Amérique
Asia excluding former USSR	23.2	22.8	23.9	26.7	23.8	25.2	27.0	26.2	27.6	28.4	Asie ancienne URSS exclus
- Middle East	0.5	0.8	0.8	0.8	0.9	1.0	0.9	1.4	1.4	1.7	- Moyen-Orient
Asia former USSR	0.1	0.0	0.0	0.0	0.0	0.0	0.0	0.0	0.0	0.1	Asie ancienne URSS
Europe excluding former USSR	58.7	61.8	58.4	54.1	56.7	55.5	51.4	54.2	53.6	55.2	Europe ancienne URSS exclus
- European Union	47.8	49.5	46.5	43.4	45.0	43.5	39.7	41.4	41.0	42.1	- Union Européenne
- Eastern Europe	8.1	9.6	9.6	8.7	9.4	9.6	9.6	10.7	10.3	11.1	- Europe de l'Est
- Rest of Europe	2.8	2.7	2.3	2.0	2.3	2.3	2.2	2.1	2.2	2.1	- Autre de l'Europe
Europe former USSR	2.1	2.0	2.1	2.1	1.8	1.5	1.0	1.4	1.2	1.2	Europe ancienne URSS
Oceania	1.5	1.5	1.6	1.4	1.4	1.6	1.2	1.3	1.4	1.6	Océanie

681 Silver, platinum and other metals of the platinum group

TRADE BY COMMODITY (Value in million US dollars)
Imports by principal countries or areas

COMMERCE PAR PRODUIT (Valeur en millions de dollars EU)
Importations selon les principaux pays ou zones

Country or area	1999	2000	2001	2002	2003	Pays ou zone
World	13974.2	21677.1	20001.3	14635.5	15069.7	Monde
Africa	115.0	12.3	12.8	13.7	46.1	Afrique
Americas	4385.4	6884.9	6243.1	3893.7	3760.6	Amériques
- Northern America	4233.5	6662.6	5983.8	3696.0	3596.1	- Amérique du Nord
- LAIA	148.5	218.7	255.5	193.8	161.5	- ALAI
- CACM	0.4	0.7	0.6	0.7	1.1	- MCC
- Caribbean	2.7	2.8	3.1	3.1	1.6	- Caraïbes
- Rest of America	0.3	0.1	0.1	0.1	0.3	- Autre d'Amérique
Asia excluding former USSR	4118.5	6027.7	5052.0	4667.7	5144.8	Asie ancienne URSS exclus
- Middle East	145.5	75.6	62.1	87.1	97.2	- Moyen-Orient
Asia former USSR	0.6	0.8	0.1	1.2	0.7	Asie ancienne URSS
Europe excluding former USSR	5231.9	8715.7	8671.0	5988.3	6033.2	Europe ancienne URSS exclus
- European Union	3586.6	5585.9	4958.0	3856.7	4103.2	- Union Européenne
- Eastern Europe	33.9	39.8	51.1	38.3	53.9	- Europe de l'Est
- Rest of Europe	1611.4	3090.1	3661.9	2093.3	1876.0	- Autre de l'Europe
Europe former USSR	1.8	2.8	2.3	13.9	1.5	Europe ancienne URSS
Oceania	121.1	32.9	19.9	57.1	82.8	Océanie
United States	4135.4	6470.2	5765.2	3517.5	3430.4	Etats-Unis d'Amérique
Switzerland-Liechtenstein	1565.7	3053.6	3630.5	2071.1	1851.6	Suisse-Liechtenstein
Japan	2131.9	3357.2	2316.3	1765.5	1863.4	Japon
Germany	911.5	1514.8	1508.9	1397.3	1507.1	Allemagne
United Kingdom	928.7	1647.1	1318.9	882.2	1200.6	Royaume-Uni
China, Hong Kong SAR	534.7	786.4	1134.1	1304.7	1428.4	Chine - RAS de Hong-Kong
Italy-San Marino-Holy See	693.9	1195.2	999.8	697.4	596.0	Italie-Saint-Marin-Saint-Siège
France-Monaco	566.4	767.7	592.7	362.1	271.5	France-Monaco
India	603.3	619.4	457.0	471.0	370.3	Inde
Korea, Republic of	212.1	442.1	478.9	335.9	396.9	République de Corée
China	121.3	148.7	120.4	143.2	348.3	Chine
Canada	98.1	192.4	218.6	178.4	165.7	Canada
Belgium	163.5	106.4	156.6	206.6	167.8	Belgique
Brazil	119.7	181.3	210.5	141.4	121.0	Brésil
Thailand	91.5	112.4	116.1	e184.1	215.8	Thaïlande
Singapore	69.5	139.6	111.9	130.1	172.7	Singapour
Spain	101.4	120.9	107.4	74.5	82.0	Espagne
Malaysia	64.3	102.2	95.6	99.5	79.4	Malaisie
Ireland	34.0	35.4	110.0	75.1	107.6	Irlande
Netherlands	80.2	63.0	54.3	51.4	61.8	Pays-Bas
United Arab Emirates	128.2	43.2	35.8	e36.7	e43.0	Emirates arabes unis
Australia	90.7	30.6	18.0	54.7	78.8	Australie
Austria	21.4	57.9	44.7	48.5	42.1	Autriche
Czech Republic	24.0	28.1	29.5	29.4	39.2	République tchèque
Norway	32.5	29.9	25.5	15.8	17.9	Norvège
Sweden	26.7	24.0	18.6	21.0	24.9	Suède
Turkey	9.2	25.4	12.9	29.0	35.0	Turquie
Southern African Customs Union	101.1	–	–	–	–	Union douanière d'Afrique australe
Israel	20.3	22.7	18.5	18.7	19.5	Israël
Argentina	13.8	19.6	26.2	13.3	e20.4	Argentine

(Value as percentages of World total)

(Valeur en pourcentage du total mondial)

Regions of the world	1994	1995	1996	1997	1998	1999	2000	2001	2002	2003	Régions du monde
World	100.0	100.0	100.0	100.0	100.0	100.0	100.0	100.0	100.0	100.0	Monde
Africa	0.2	0.2	0.3	0.4	0.5	0.8	0.1	0.1	0.1	0.3	Afrique
Americas	27.1	25.8	28.0	24.9	29.5	31.4	31.8	31.2	26.6	25.0	Amériques
- Northern America	26.1	25.0	27.1	23.9	28.7	30.3	30.7	29.9	25.3	23.9	- Amérique du Nord
- LAIA	1.0	0.8	0.9	1.0	0.8	1.1	1.0	1.3	1.3	1.1	- ALAI
- CACM	0.0	0.0	0.0	0.0	0.0	0.0	0.0	0.0	0.0	0.0	- MCC
- Caribbean	0.0	0.0	0.0	0.0	0.0	0.0	0.0	0.0	0.0	0.0	- Caraïbes
- Rest of America	0.0	0.0	0.0	0.0	0.0	0.0	0.0	0.0	0.0	0.0	- Autre d'Amérique
Asia excluding former USSR	32.8	30.6	31.2	31.1	24.9	29.5	27.8	25.3	31.9	34.1	Asie ancienne URSS exclus
- Middle East	1.6	1.4	1.6	1.8	1.1	1.0	0.3	0.3	0.6	0.6	- Moyen-Orient
Asia former USSR	0.0	0.0	0.0	0.0	0.0	0.0	0.0	0.0	0.0	0.0	Asie ancienne URSS
Europe excluding former USSR	38.6	42.8	39.9	42.7	44.0	37.4	40.2	43.4	40.9	40.0	Europe ancienne URSS exclus
- European Union	32.0	36.7	33.3	31.4	32.6	25.7	25.8	24.8	26.4	27.2	- Union Européenne
- Eastern Europe	0.2	0.2	0.2	0.2	0.2	0.2	0.2	0.3	0.3	0.4	- Europe de l'Est
- Rest of Europe	6.3	5.9	6.4	11.0	11.2	11.5	14.3	18.3	14.3	12.4	- Autre de l'Europe
Europe former USSR	0.3	0.2	0.1	0.1	0.0	0.0	0.0	0.0	0.1	0.0	Europe ancienne URSS
Oceania	1.0	0.4	0.5	0.7	1.0	0.9	0.2	0.1	0.4	0.5	Océanie

TRADE BY COMMODITY (Value in million US dollars) COMMERCE PAR PRODUIT (Valeur en millions de dollars EU)
Exports by principal countries or areas **Exportations selon les principaux pays ou zones**

Country or area	1999	2000	2001	2002	2003	Pays ou zone
World	10740.7	12341.2	10927.3	10403.4	13208.2	Monde
Africa	2245.3	86.9	53.3	84.4	3250.2	Afrique
Americas	2285.6	2885.4	2793.1	2799.2	2363.2	Amériques
- Northern America	1537.2	2153.3	2136.0	1938.0	1507.6	- Amérique du Nord
- LAIA	741.0	730.3	656.3	847.3	854.9	- ALAI
- CACM	6.1	0.3	0.5	12.4	0.5	- MCC
- Caribbean	1.2	1.5	0.2	1.5	0.0	- Caraïbes
- Rest of America	0.1	0.1	0.1	0.0	0.1	- Autre d'Amérique
Asia excluding former USSR	919.1	1091.1	1179.7	1235.1	1437.7	Asie ancienne URSS exclus
- Middle East	61.7	16.0	14.8	20.8	42.2	- Moyen-Orient
Asia former USSR	114.3	201.9	148.6	110.1	141.8	Asie ancienne URSS
Europe excluding former USSR	5088.2	7983.9	6663.7	6080.3	5939.4	Europe ancienne URSS exclus
- European Union	2736.5	4410.3	4326.2	3647.5	3815.2	- Union Européenne
- Eastern Europe	220.7	211.0	196.0	223.1	242.2	- Europe de l'Est
- Rest of Europe	2131.0	3362.6	2141.4	2209.7	1882.1	- Autre de l'Europe
Europe former USSR	0.3	0.2	0.3	0.4	1.0	Europe ancienne URSS
Oceania	87.7	91.8	88.6	93.9	75.0	Océanie
Switzerland-Liechtenstein	2022.9	3228.3	2000.3	2072.0	1767.6	Suisse-Liechtenstein
United States	1173.1	1769.7	1800.6	1628.2	1230.3	Etats-Unis d'Amérique
Germany	1040.0	1501.3	1526.4	1377.7	1424.0	Allemagne
United Kingdom	717.4	1682.9	1546.5	1199.5	1470.2	Royaume-Uni
South Africa	–	e	e	e	3206.7	Afrique du Sud
Belgium	439.5	580.8	554.4	408.5	285.0	Belgique
Mexico	399.3	434.3	361.9	533.0	513.5	Mexique
Southern African Customs Union	2203.9	–	–	–	–	Union douanière d'Afrique australe
Japan	265.9	430.6	429.5	327.9	329.8	Japon
Canada	364.0	383.4	335.4	309.8	277.3	Canada
France-Monaco	233.4	297.7	345.9	236.9	173.4	France-Monaco
China, Hong Kong SAR	257.0	278.4	231.5	225.1	237.6	Chine - RAS de Hong-Kong
China	75.2	97.2	223.2	341.2	474.5	Chine
Italy-San Marino-Holy See	102.8	160.9	191.9	257.0	208.9	Italie-Saint-Marin-Saint-Siège
Poland	191.7	170.0	158.3	184.4	202.3	Pologne
Peru	177.1	180.1	161.2	175.2	191.7	Pérou
Kazakhstan	104.9	195.2	136.4	e82.8	110.3	Kazakhstan
Singapore	128.9	119.6	146.1	117.0	105.2	Singapour
Norway	93.9	128.9	132.8	131.6	109.2	Norvège
Korea, Republic of	77.5	91.2	98.0	138.7	182.7	République de Corée
Chile	125.7	91.4	96.1	90.8	92.9	Chili
Australia	86.6	90.9	86.3	92.0	71.7	Australie
Spain	59.4	74.0	48.9	49.9	87.8	Espagne
Netherlands	73.6	54.5	41.1	37.2	64.6	Pays-Bas
Sweden	36.0	34.2	42.3	59.3	71.8	Suède
Morocco	41.0	43.9	37.8	53.3	31.3	Maroc
Czech Republic	27.4	38.5	35.5	34.0	37.5	République tchèque
United Arab Emirates	56.1	15.3	10.5	e11.0	e13.0	Emirates arabes unis
Brazil	14.7	5.3	16.0	27.6	33.0	Brésil
Indonesia	22.3	30.2	19.3	16.1	5.4	Indonésie

(Value as percentages of World total) **(Valeur en pourcentage du total mondial)**

Regions of the world	1994	1995	1996	1997	1998	1999	2000	2001	2002	2003	Régions du monde
World	100.0	100.0	100.0	100.0	100.0	100.0	100.0	100.0	100.0	100.0	Monde
Africa	0.8	0.9	0.7	0.7	0.8	20.9	0.7	0.5	0.8	24.6	Afrique
Americas	26.3	31.7	31.3	30.5	26.2	21.3	23.4	25.6	26.9	17.9	Amériques
- Northern America	16.9	22.3	21.2	22.0	18.1	14.3	17.4	19.5	18.6	11.4	- Amérique du Nord
- LAIA	9.4	9.4	10.1	8.0	7.4	6.9	5.9	6.0	8.1	6.5	- ALAI
- CACM	0.0	0.0	0.0	0.0	0.1	0.1	0.0	0.0	0.1	0.0	- MCC
- Caribbean	0.0	0.0	0.0	0.0	0.1	0.0	0.0	0.0	0.0	0.0	- Caraïbes
- Rest of America	0.0	0.0	0.0	0.5	0.5	0.0	0.0	0.0	0.0	0.0	- Autre d'Amérique
Asia excluding former USSR	8.2	11.1	11.3	13.0	7.1	8.6	8.8	10.8	11.9	10.9	Asie ancienne URSS exclus
- Middle East	2.0	2.3	0.9	1.5	0.6	0.6	0.1	0.1	0.2	0.3	- Moyen-Orient
Asia former USSR	3.0	0.2	0.5	0.6	1.3	1.1	1.6	1.4	1.1	1.1	Asie ancienne URSS
Europe excluding former USSR	60.3	55.2	55.2	54.2	43.2	47.4	64.7	61.0	58.4	45.0	Europe ancienne URSS exclus
- European Union	42.6	40.9	40.9	36.0	27.6	25.5	35.7	39.6	35.1	28.9	- Union Européenne
- Eastern Europe	3.2	2.6	2.6	2.2	2.0	2.1	1.7	1.8	2.1	1.8	- Europe de l'Est
- Rest of Europe	14.5	11.7	11.8	15.9	13.6	19.8	27.2	19.6	21.2	14.2	- Autre de l'Europe
Europe former USSR	0.0	0.0	0.0	0.3	20.6	0.0	0.0	0.0	0.0	0.0	Europe ancienne URSS
Oceania	1.2	0.9	1.0	0.6	0.8	0.8	0.7	0.8	0.9	0.6	Océanie

682 Copper

TRADE BY COMMODITY (Value in million US dollars)
Imports by principal countries or areas

COMMERCE PAR PRODUIT (Valeur en millions de dollars EU)
Importations selon les principaux pays ou zones

Country or area	1999	2000	2001	2002	2003	Pays ou zone
World	27396.6	33153.6	29680.5	29212.1	33145.9	Monde
Africa	305.5	278.4	337.7	348.8	342.5	Afrique
Americas	5322.7	6770.6	6252.2	5311.6	5243.3	Amériques
- Northern America	4013.6	5074.9	4655.4	4084.5	3860.4	- Amérique du Nord
- LAIA	1239.9	1618.5	1537.4	1170.4	1319.5	- ALAI
- CACM	44.7	48.7	33.1	33.0	37.2	- MCC
- Caribbean	20.2	24.3	22.8	20.9	21.5	- Caraïbes
- Rest of America	4.4	4.1	3.4	2.7	4.7	- Autre d'Amérique
Asia excluding former USSR	10212.1	12424.3	10867.1	12169.6	14312.1	Asie ancienne URSS exclus
- Middle East	673.9	991.2	908.0	1041.7	1298.6	- Moyen-Orient
Asia former USSR	7.0	14.4	22.2	9.8	13.6	Asie ancienne URSS
Europe excluding former USSR	11203.6	13270.8	11785.3	10963.4	12723.4	Europe ancienne URSS exclus
- European Union	10163.0	11986.0	10505.5	9734.6	11243.1	- Union Européenne
- Eastern Europe	497.4	655.3	698.6	687.3	860.4	- Europe de l'Est
- Rest of Europe	543.2	629.5	581.2	541.4	619.9	- Autre de l'Europe
Europe former USSR	170.7	197.5	207.9	198.7	244.1	Europe ancienne URSS
Oceania	175.0	197.6	208.2	210.6	267.0	Océanie
China	2478.9	3498.2	3506.7	4436.6	5601.6	Chine
United States	3522.5	4499.1	4210.2	3608.9	3235.3	Etats-Unis d'Amérique
Germany	2128.3	2469.3	2198.3	1861.2	2240.0	Allemagne
Italy-San Marino-Holy See	1917.5	2217.1	2133.2	2019.8	2247.2	Italie-Saint-Marin-Saint-Siège
France-Monaco	1688.2	2090.1	1717.6	1671.7	1884.2	France-Monaco
Korea, Republic of	1280.0	1362.1	1134.7	1277.0	1473.2	République de Corée
United Kingdom	1155.0	1428.6	1222.1	1113.4	1122.1	Royaume-Uni
China, Hong Kong SAR	1036.1	1267.3	992.1	982.6	1142.5	Chine - RAS de Hong-Kong
Mexico	730.8	924.5	919.2	747.8	760.2	Mexique
Belgium	655.6	821.4	646.0	657.5	995.4	Belgique
Malaysia	681.3	868.5	697.2	720.3	701.5	Malaisie
Spain	616.1	712.0	685.7	579.5	683.7	Espagne
Thailand	454.3	582.9	573.5	e645.8	757.1	Thaïlande
Japan	707.5	752.5	538.4	454.6	437.0	Japon
Canada	490.7	575.2	444.9	475.2	624.2	Canada
Netherlands	511.2	587.8	464.4	491.2	509.9	Pays-Bas
Singapore	620.9	598.7	435.3	393.2	385.7	Singapour
Turkey	303.4	438.0	307.9	421.7	521.2	Turquie
Switzerland-Liechtenstein	346.7	406.4	358.7	304.4	365.3	Suisse-Liechtenstein
Austria	334.0	375.2	353.3	307.9	403.3	Autriche
Brazil	272.9	401.1	343.4	248.6	375.4	Brésil
Saudi Arabia	185.4	318.0	298.2	301.7	344.9	Arabie saoudite
Sweden	318.0	349.5	247.3	209.5	267.8	Suède
Greece	222.1	289.5	243.4	261.8	253.7	Grèce
Czech Republic	172.0	221.5	232.2	239.8	288.4	République tchèque
Portugal	194.8	214.5	198.5	201.0	e205.3	Portugal
Philippines	137.5	171.1	171.2	167.3	219.5	Philippines
India	175.7	133.1	146.5	120.3	231.7	Inde
Hungary	125.1	162.2	151.7	156.1	189.6	Hongrie
Australia	119.6	138.9	154.0	154.8	197.9	Australie

(Value as percentages of World total)

(Valeur en pourcentage du total mondial)

Regions of the world	1994	1995	1996	1997	1998	1999	2000	2001	2002	2003	Régions du monde
World	100.0	100.0	100.0	100.0	100.0	100.0	100.0	100.0	100.0	100.0	Monde
Africa	1.2	1.1	1.1	1.0	1.3	1.1	0.8	1.1	1.2	1.0	Afrique
Americas	14.6	13.6	14.8	16.0	17.9	19.4	20.4	21.1	18.2	15.8	Amériques
- Northern America	10.8	10.1	11.0	11.9	12.6	14.6	15.3	15.7	14.0	11.6	- Amérique du Nord
- LAIA	3.5	3.3	3.5	3.9	5.0	4.5	4.9	5.2	4.0	4.0	- ALAI
- CACM	0.1	0.1	0.1	0.1	0.2	0.2	0.1	0.1	0.1	0.1	- MCC
- Caribbean	0.1	0.1	0.1	0.1	0.1	0.1	0.1	0.1	0.1	0.1	- Caraïbes
- Rest of America	0.0	0.0	0.0	0.0	0.0	0.0	0.0	0.0	0.0	0.0	- Autre d'Amérique
Asia excluding former USSR	35.9	38.1	40.1	39.5	36.1	37.3	37.5	36.6	41.7	43.2	Asie ancienne URSS exclus
- Middle East	2.6	2.5	2.9	3.0	2.8	2.5	3.0	3.1	3.6	3.9	- Moyen-Orient
Asia former USSR	0.0	0.1	0.0	0.0	0.1	0.0	0.0	0.1	0.0	0.0	Asie ancienne URSS
Europe excluding former USSR	47.1	45.8	42.7	42.2	43.4	40.9	40.0	39.7	37.5	38.4	Europe ancienne URSS exclus
- European Union	43.5	42.0	38.9	38.6	39.3	37.1	36.2	35.4	33.3	33.9	- Union Européenne
- Eastern Europe	1.2	1.5	1.6	1.6	1.8	1.8	2.0	2.4	2.4	2.6	- Europe de l'Est
- Rest of Europe	2.3	2.3	2.2	2.0	2.2	2.0	1.9	2.0	1.9	1.9	- Autre de l'Europe
Europe former USSR	0.4	0.5	0.6	0.8	0.7	0.6	0.6	0.7	0.7	0.7	Europe ancienne URSS
Oceania	0.8	0.8	0.7	0.6	0.6	0.6	0.6	0.7	0.7	0.8	Océanie

TRADE BY COMMODITY (Value in million US dollars)
Exports by principal countries or areas

COMMERCE PAR PRODUIT (Valeur en millions de dollars EU)
Exportations selon les principaux pays ou zones

Country or area	1999	2000	2001	2002	2003	Pays ou zone
World	27962.5	32651.1	29851.3	28681.9	32732.2	Monde
Africa	656.1	484.5	684.9	614.9	652.7	Afrique
Americas	7861.2	9392.3	8679.4	8141.3	8765.9	Amériques
- Northern America	2214.9	2663.4	2297.1	2092.9	2362.8	- Amérique du Nord
- LAIA	5640.4	6724.2	6379.1	6044.8	6400.2	- ALAI
- CACM	0.8	1.4	1.2	1.5	1.2	- MCC
- Caribbean	4.6	3.3	2.1	2.1	1.3	- Caraïbes
- Rest of America	0.6	0.0	0.0	0.0	0.3	- Autre d'Amérique
Asia excluding former USSR	7173.4	8473.4	7133.9	7546.7	8774.8	Asie ancienne URSS exclus
- Middle East	300.2	329.8	336.1	248.3	363.3	- Moyen-Orient
Asia former USSR	616.0	774.2	816.6	684.2	957.9	Asie ancienne URSS
Europe excluding former USSR	9912.4	11310.1	10464.3	9822.0	11502.4	Europe ancienne URSS exclus
- European Union	8631.2	9704.8	9046.6	8404.2	9789.1	- Union Européenne
- Eastern Europe	908.6	1217.5	1092.4	1107.7	1360.2	- Europe de l'Est
- Rest of Europe	372.6	387.8	325.3	310.1	353.1	- Autre de l'Europe
Europe former USSR	1120.4	1365.8	1185.9	1078.2	1249.4	Europe ancienne URSS
Oceania	622.9	850.7	886.3	794.4	829.2	Océanie
Chile	4249.8	5063.8	4816.2	4649.5	5001.1	Chili
Germany	2894.2	3193.0	2985.6	2810.0	3233.8	Allemagne
Japan	2116.7	2422.2	2096.2	2081.8	2124.2	Japon
United States	1146.4	1478.1	1129.5	1069.8	1348.7	Etats-Unis d'Amérique
France-Monaco	1148.7	1395.0	1209.4	1145.6	1272.1	France-Monaco
Belgium	1028.4	1264.6	1167.4	970.6	1197.2	Belgique
Canada	1068.5	1185.2	1167.5	1023.1	1014.1	Canada
Russian Federation	1043.8	1212.9	1008.1	938.5	1083.0	Fédération de Russie
Korea, Republic of	963.8	997.6	806.5	856.2	1070.7	République de Corée
China, Hong Kong SAR	812.9	1087.4	880.5	885.5	1025.9	Chine - RAS de Hong-Kong
Italy-San Marino-Holy See	777.9	891.2	905.5	816.5	960.5	Italie-Saint-Marin-Saint-Siège
Peru	725.8	866.2	800.7	829.3	910.9	Pérou
Australia	571.0	810.0	852.5	763.9	805.7	Australie
Poland	631.4	738.8	631.3	668.4	797.9	Pologne
Kazakhstan	542.1	685.4	703.9	e550.0	732.3	Kazakhstan
China	508.3	723.2	514.6	627.5	808.8	Chine
United Kingdom	589.3	626.0	559.7	533.6	576.4	Royaume-Uni
Spain	514.6	531.0	474.4	413.0	579.2	Espagne
Mexico	522.2	627.9	615.3	379.0	320.6	Mexique
Sweden	445.6	455.9	478.3	501.4	560.0	Suède
Zambia	444.7	300.5	537.8	483.9	e525.9	Zambie
Indonesia	290.5	386.3	400.0	453.0	630.8	Indonésie
Finland	407.2	443.0	434.8	423.9	451.1	Finlande
Malaysia	409.4	482.1	383.0	376.8	384.5	Malaisie
Bulgaria	164.6	340.5	290.0	305.1	441.0	Bulgarie
Singapore	421.5	367.6	240.5	248.5	247.0	Singapour
Austria	288.1	334.3	298.2	252.7	309.4	Autriche
Philippines	281.1	273.2	286.4	234.1	319.3	Philippines
Netherlands	249.8	236.6	220.8	235.6	308.9	Pays-Bas
India	19.5	86.6	135.6	290.7	435.0	Inde

(Value as percentages of World total)

(Valeur en pourcentage du total mondial)

Regions of the world	1994	1995	1996	1997	1998	1999	2000	2001	2002	2003	Régions du monde
World	100.0	100.0	100.0	100.0	100.0	100.0	100.0	100.0	100.0	100.0	Monde
Africa	3.7	3.5	1.0	0.8	3.0	2.3	1.5	2.3	2.1	2.0	Afrique
Americas	27.4	29.2	29.7	30.6	28.4	28.1	28.8	29.1	28.4	26.8	Amériques
- Northern America	9.5	9.8	10.0	9.0	8.7	7.9	8.2	7.7	7.3	7.2	- Amérique du Nord
- LAIA	17.9	19.5	19.7	21.7	19.7	20.2	20.6	21.4	21.1	19.6	- ALAI
- CACM	0.0	0.0	0.0	0.0	0.0	0.0	0.0	0.0	0.0	0.0	- MCC
- Caribbean	0.0	0.0	0.0	0.0	0.0	0.0	0.0	0.0	0.0	0.0	- Caraïbes
- Rest of America	0.0	0.0	0.0	0.0	0.0	0.0	0.0	0.0	0.0	0.0	- Autre d'Amérique
Asia excluding former USSR	18.7	20.1	21.4	22.2	23.8	25.7	26.0	23.9	26.3	26.8	Asie ancienne URSS exclus
- Middle East	1.0	1.0	1.1	1.0	1.0	1.1	1.0	1.1	0.9	1.1	- Moyen-Orient
Asia former USSR	1.1	2.1	2.5	2.1	2.3	2.2	2.4	2.7	2.4	2.9	Asie ancienne URSS
Europe excluding former USSR	42.4	39.6	38.8	38.6	37.8	35.4	34.6	35.1	34.2	35.1	Europe ancienne URSS exclus
- European Union	35.5	33.3	33.7	33.4	32.7	30.9	29.7	30.3	29.3	29.9	- Union Européenne
- Eastern Europe	4.5	4.3	4.0	4.1	3.4	3.2	3.7	3.7	3.9	4.2	- Europe de l'Est
- Rest of Europe	2.4	1.9	1.1	1.1	1.7	1.3	1.2	1.1	1.1	1.1	- Autre de l'Europe
Europe former USSR	4.1	3.4	4.3	4.0	3.3	4.0	4.2	4.0	3.8	3.8	Europe ancienne URSS
Oceania	2.6	2.1	2.3	1.6	1.4	2.2	2.6	3.0	2.8	2.5	Océanie

683 Nickel

Country or area	1999	2000	2001	2002	2003	Pays ou zone
World	5436.1	8196.9	6186.9	6630.2	9068.8	Monde
Africa	43.6	110.5	31.1	86.7	170.2	Afrique
Americas	1057.5	1744.5	1323.6	1168.5	1465.5	Amériques
- Northern America	951.5	1554.3	1187.8	1024.6	1256.4	- Amérique du Nord
- LAIA	105.4	189.3	134.8	142.8	207.1	- ALAI
- CACM	0.2	0.6	0.5	0.8	0.9	- MCC
- Caribbean	0.3	0.2	0.4	0.3	1.0	- Caraïbes
- Rest of America	0.0	0.0	0.0	0.0	0.1	- Autre d'Amérique
Asia excluding former USSR	1508.3	2267.2	1692.4	1904.2	3004.0	Asie ancienne URSS exclus
- Middle East	34.2	33.4	40.8	46.7	53.5	- Moyen-Orient
Asia former USSR	1.0	14.7	3.8	4.1	4.8	Asie ancienne URSS
Europe excluding former USSR	2790.5	3968.3	3043.1	3394.6	4335.3	Europe ancienne URSS exclus
- European Union	2683.8	3811.9	2890.1	3255.5	4179.3	- Union Européenne
- Eastern Europe	36.4	66.8	62.4	57.1	79.8	- Europe de l'Est
- Rest of Europe	70.4	89.7	90.6	82.0	76.3	- Autre de l'Europe
Europe former USSR	20.2	75.2	75.9	57.9	70.2	Europe ancienne URSS
Oceania	14.9	16.6	17.1	14.2	18.8	Océanie
United States	877.1	1442.9	1090.3	944.0	1180.5	Etats-Unis d'Amérique
Germany	576.3	913.8	740.0	731.0	817.4	Allemagne
Japan	451.1	713.8	337.6	417.4	623.5	Japon
France-Monaco	404.7	582.1	497.9	422.3	464.6	France-Monaco
Italy-San Marino-Holy See	333.5	496.7	407.5	428.1	524.8	Italie-Saint-Marin-Saint-Siège
Netherlands	448.1	547.1	22.2	411.7	600.3	Pays-Bas
United Kingdom	249.2	333.3	387.2	365.2	440.2	Royaume-Uni
China	79.7	170.4	308.9	364.6	801.9	Chine
Belgium	225.9	310.7	268.7	260.1	434.9	Belgique
Korea, Republic of	286.8	292.0	195.5	239.6	434.6	République de Corée
Sweden	167.1	277.0	189.7	211.4	277.0	Suède
Spain	169.1	190.8	205.1	235.1	282.6	Espagne
China, Hong Kong SAR	95.5	201.5	169.3	165.0	237.7	Chine - RAS de Hong-Kong
India	78.4	123.4	158.6	183.5	220.8	Inde
Singapore	65.5	140.6	151.3	109.1	87.8	Singapour
Brazil	62.7	122.2	74.6	87.5	138.5	Brésil
Finland	38.8	53.3	64.7	101.5	221.3	Finlande
Canada	74.4	111.4	97.3	80.6	76.0	Canada
South Africa	–	105.7	25.3	78.8	163.5	Afrique du Sud
Austria	38.0	66.0	66.3	57.2	76.4	Autriche
Switzerland-Liechtenstein	35.6	46.0	48.5	53.1	49.8	Suisse-Liechtenstein
Mexico	31.4	50.1	42.4	43.4	52.1	Mexique
Ukraine	15.7	47.7	44.9	39.4	e53.4	Ukraine
Slovenia	27.9	37.2	30.8	18.1	17.0	Slovénie
Ireland	22.8	23.4	23.2	17.5	24.6	Irlande
Malaysia	50.7	16.5	11.2	15.8	14.3	Malaisie
Turkey	14.0	19.4	17.2	21.5	34.1	Turquie
Poland	13.1	23.0	19.1	16.3	23.6	Pologne
Czech Republic	9.8	20.1	19.0	18.4	27.0	République tchèque
Thailand	10.7	22.7	16.4	e20.1	23.5	Thaïlande

(Value as percentages of World total)

(Valeur en pourcentage du total mondial)

Regions of the world	1994	1995	1996	1997	1998	1999	2000	2001	2002	2003	Régions du monde
World	100.0	100.0	100.0	100.0	100.0	100.0	100.0	100.0	100.0	100.0	Monde
Africa	0.5	1.8	0.8	0.8	0.2	0.8	1.3	0.5	1.3	1.9	Afrique
Americas	24.4	23.2	25.8	23.6	21.5	19.5	21.3	21.4	17.6	16.2	Amériques
- Northern America	22.3	21.3	23.5	21.5	19.4	17.5	19.0	19.2	15.5	13.9	- Amérique du Nord
- LAIA	2.1	1.9	2.2	2.1	2.1	1.9	2.3	2.2	2.2	2.3	- ALAI
- CACM	0.0	0.0	0.0	0.0	0.0	0.0	0.0	0.0	0.0	0.0	- MCC
- Caribbean	0.0	0.0	0.0	0.0	0.0	0.0	0.0	0.0	0.0	0.0	- Caraïbes
- Rest of America	0.0	0.0	0.0	0.0	0.0	0.0	0.0	0.0	0.0	0.0	- Autre d'Amérique
Asia excluding former USSR	25.2	26.2	25.4	26.9	23.8	27.7	27.7	27.4	28.7	33.1	Asie ancienne URSS exclus
- Middle East	0.7	0.5	0.7	0.8	1.3	0.6	0.4	0.7	0.7	0.6	- Moyen-Orient
Asia former USSR	0.0	0.0	0.0	0.0	0.0	0.0	0.2	0.1	0.1	0.1	Asie ancienne URSS
Europe excluding former USSR	49.1	48.2	46.1	47.8	53.4	51.3	48.4	49.2	51.2	47.8	Europe ancienne URSS exclus
- European Union	46.7	45.8	43.5	45.5	50.8	49.4	46.5	46.7	49.1	46.1	- Union Européenne
- Eastern Europe	0.8	1.1	1.0	0.8	0.9	0.7	0.8	1.0	0.9	0.9	- Europe de l'Est
- Rest of Europe	1.6	1.2	1.6	1.5	1.7	1.3	1.1	1.5	1.2	0.8	- Autre de l'Europe
Europe former USSR	0.4	0.4	1.5	0.4	0.6	0.4	0.9	1.2	0.9	0.8	Europe ancienne URSS
Oceania	0.4	0.3	0.3	0.4	0.4	0.3	0.2	0.3	0.2	0.2	Océanie

TRADE BY COMMODITY (Value in million US dollars)
Exports by principal countries or areas

COMMERCE PAR PRODUIT (Valeur en millions de dollars EU)
Exportations selon les principaux pays ou zones

Country or area	1999	2000	2001	2002	2003	Pays ou zone
World	5231.0	7402.4	6222.6	6847.2	7965.2	Monde
Africa	172.3	181.2	206.8	244.5	252.6	Afrique
Americas	998.6	1513.7	1397.4	1294.4	1503.8	Amériques
- Northern America	922.8	1405.0	1337.2	1218.2	1403.1	- Amérique du Nord
- LAIA	75.7	108.5	60.2	76.2	100.7	- ALAI
- CACM	0.0	0.0	0.0	0.0	0.0	- MCC
- Caribbean	0.2	0.1	0.0	0.0	0.0	- Caraïbes
- Rest of America	0.0	0.0	0.0	0.0	0.0	- Autre d'Amérique
Asia excluding former USSR	333.7	567.8	447.3	444.0	649.5	Asie ancienne URSS exclus
- Middle East	2.4	1.8	1.1	1.1	1.5	- Moyen-Orient
Asia former USSR	0.1	0.2	0.6	0.2	0.3	Asie ancienne URSS
Europe excluding former USSR	2033.2	2526.6	2303.4	2270.2	2961.0	Europe ancienne URSS exclus
- European Union	1566.6	1979.6	1858.5	1766.6	2197.4	- Union Européenne
- Eastern Europe	7.3	6.0	3.4	4.1	3.1	- Europe de l'Est
- Rest of Europe	459.3	541.0	441.5	499.5	760.6	- Autre de l'Europe
Europe former USSR	1235.2	1736.0	1123.8	1760.5	2263.7	Europe ancienne URSS
Oceania	457.8	877.0	743.4	833.6	334.2	Océanie
Russian Federation	1233.0	1730.2	1112.4	1753.1	2255.6	Fédération de Russie
Canada	589.1	975.9	796.2	773.4	966.6	Canada
Australia	457.2	876.7	743.4	833.2	334.2	Australie
Norway	424.6	506.1	409.9	469.5	731.1	Norvège
United Kingdom	405.1	494.1	497.1	439.7	494.6	Royaume-Uni
Germany	393.8	445.2	483.9	436.6	474.0	Allemagne
United States	332.4	428.6	541.0	444.8	436.5	Etats-Unis d'Amérique
Finland	175.8	250.5	232.6	268.9	355.3	Finlande
Netherlands	172.2	266.1	191.0	181.6	333.0	Pays-Bas
Japan	136.7	218.4	162.5	173.0	215.9	Japon
France-Monaco	139.7	180.2	192.4	163.4	209.3	France-Monaco
Belgium	114.0	151.6	132.8	138.0	161.2	Belgique
Zimbabwe	75.3	83.9	142.8	177.3	e153.5	Zimbabwe
China, Hong Kong SAR	44.6	130.4	127.8	110.3	151.0	Chine - RAS de Hong-Kong
Singapore	65.8	124.0	86.0	100.8	147.4	Singapour
Brazil	72.7	108.2	58.9	75.5	100.4	Brésil
South Africa	–	97.3	63.9	67.1	99.0	Afrique du Sud
Sweden	65.3	75.6	62.0	55.6	67.9	Suède
China	73.0	75.5	40.8	34.5	99.3	Chine
Italy-San Marino-Holy See	21.3	37.0	31.5	43.2	64.9	Italie-Saint-Marin-Saint-Siège
Austria	24.1	36.0	26.1	28.5	28.9	Autriche
Spain	49.2	36.7	3.5	6.5	3.4	Espagne
Switzerland-Liechtenstein	20.4	17.6	18.7	21.1	20.8	Suisse-Liechtenstein
Southern African Customs Union	97.0	–	–	–	–	Union douanière d'Afrique australe
Slovenia	13.9	17.2	12.8	8.8	5.9	Slovénie
Korea, Republic of	1.5	2.2	3.3	9.1	11.9	République de Corée
Ireland	5.6	6.1	5.1	4.3	4.3	Irlande
Ukraine	1.3	3.2	4.8	3.0	e3.9	Ukraine
India	1.0	1.0	4.7	2.4	5.5	Inde
Czech Republic	5.8	2.3	1.5	2.3	1.1	République tchèque

(Value as percentages of World total)

(Valeur en pourcentage du total mondial)

Regions of the world	1994	1995	1996	1997	1998	1999	2000	2001	2002	2003	Régions du monde
World	100.0	100.0	100.0	100.0	100.0	100.0	100.0	100.0	100.0	100.0	Monde
Africa	3.3	2.7	2.1	1.8	2.7	3.3	2.4	3.3	3.6	3.2	Afrique
Americas	22.4	22.7	23.7	22.8	23.2	19.1	20.4	22.5	18.9	18.9	Amériques
- Northern America	21.5	21.9	22.8	21.1	21.6	17.6	19.0	21.5	17.8	17.6	- Amérique du Nord
- LAIA	0.9	0.8	0.9	0.8	0.9	1.4	1.5	1.0	1.1	1.3	- ALAI
- CACM	0.0	0.0	0.0	0.0	0.0	0.0	0.0	0.0	0.0	0.0	- MCC
- Caribbean	0.0	0.0	0.0	0.0	0.0	0.0	0.0	0.0	0.0	0.0	- Caraïbes
- Rest of America	0.0	0.0	0.0	0.8	0.8	0.0	0.0	0.0	0.0	0.0	- Autre d'Amérique
Asia excluding former USSR	7.5	5.1	4.5	5.5	6.2	6.4	7.7	7.2	6.5	8.2	Asie ancienne URSS exclus
- Middle East	0.0	0.1	0.0	0.0	0.1	0.0	0.0	0.0	0.0	0.0	- Moyen-Orient
Asia former USSR	0.1	2.9	0.1	0.0	0.0	0.0	0.0	0.0	0.0	0.0	Asie ancienne URSS
Europe excluding former USSR	35.5	36.3	38.4	37.6	38.5	38.9	34.1	37.0	33.2	37.2	Europe ancienne URSS exclus
- European Union	24.1	26.8	28.8	28.8	30.4	29.9	26.7	29.9	25.8	27.6	- Union Européenne
- Eastern Europe	0.1	0.3	0.1	0.4	0.1	0.1	0.1	0.1	0.1	0.0	- Europe de l'Est
- Rest of Europe	11.4	9.2	9.5	8.4	8.0	8.8	7.3	7.1	7.3	9.5	- Autre de l'Europe
Europe former USSR	25.1	22.3	23.8	26.3	23.4	23.6	23.5	18.1	25.7	28.4	Europe ancienne URSS
Oceania	6.1	7.9	7.4	5.9	5.9	8.8	11.8	11.9	12.2	4.2	Océanie

684 Aluminium

Country or area	1999	2000	2001	2002	2003	Pays ou zone
World	43960.1	50576.1	48103.8	49529.4	56281.6	Monde
Africa	409.3	433.7	458.4	515.2	502.8	Afrique
Americas	10312.7	11319.4	10547.4	10873.3	11408.1	Amériques
- Northern America	8157.4	9040.2	8231.9	8662.0	9127.6	- Amérique du Nord
- LAIA	1938.1	2062.2	2112.0	2008.1	2091.6	- ALAI
- CACM	100.9	102.0	114.7	102.0	102.9	- MCC
- Caribbean	80.5	90.9	70.4	76.0	61.6	- Caraïbes
- Rest of America	35.9	24.2	18.4	25.1	24.3	- Autre d'Amérique
Asia excluding former USSR	12495.9	15359.6	13409.7	13763.3	16196.5	Asie ancienne URSS exclus
- Middle East	1018.4	1205.5	1262.0	1470.6	1860.8	- Moyen-Orient
Asia former USSR	29.5	53.3	61.7	83.8	109.7	Asie ancienne URSS
Europe excluding former USSR	19964.7	22428.4	22809.6	23455.9	26979.6	Europe ancienne URSS exclus
- European Union	17109.2	18981.4	19257.6	19607.4	22440.6	- Union Européenne
- Eastern Europe	1439.1	1752.8	1863.9	2109.5	2625.9	- Europe de l'Est
- Rest of Europe	1416.3	1694.2	1688.1	1739.0	1913.1	- Autre de l'Europe
Europe former USSR	398.2	591.2	478.2	457.8	602.2	Europe ancienne URSS
Oceania	349.8	390.4	338.8	380.1	482.8	Océanie
United States	6443.8	7117.5	6546.2	6938.1	7417.7	Etats-Unis d'Amérique
Germany	4479.6	5135.6	5431.5	5349.2	6439.7	Allemagne
Japan	3993.9	4887.3	4232.6	3874.4	4691.1	Japon
France-Monaco	2244.8	2647.0	2511.2	2426.1	2705.8	France-Monaco
Italy-San Marino-Holy See	2197.2	2545.0	2381.9	2451.6	2770.4	Italie-Saint-Marin-Saint-Siège
China	1737.6	2544.8	1853.7	2054.8	2717.8	Chine
United Kingdom	1800.1	1627.9	1927.2	1995.1	2139.9	Royaume-Uni
Korea, Republic of	1622.6	1919.4	1732.7	1753.7	2097.3	République de Corée
Canada	1713.3	1922.0	1684.6	1723.4	1708.7	Canada
Belgium	1311.8	1436.6	1566.4	1687.4	1729.4	Belgique
Netherlands	1408.6	1527.4	1352.8	1402.8	1677.7	Pays-Bas
Mexico	1086.4	1224.4	1218.4	1316.6	1432.8	Mexique
Spain	886.8	1011.1	1030.4	1070.3	1309.9	Espagne
Austria	780.2	793.8	890.7	923.7	1103.3	Autriche
Switzerland-Liechtenstein	661.3	752.5	738.9	700.6	787.0	Suisse-Liechtenstein
Thailand	480.7	629.7	655.8	e702.2	823.2	Thaïlande
Poland	517.6	573.5	594.3	702.0	889.0	Pologne
Sweden	555.9	598.5	577.1	638.6	710.5	Suède
China, Hong Kong SAR	616.9	651.9	476.6	523.1	595.8	Chine - RAS de Hong-Kong
Malaysia	518.0	605.6	524.2	555.6	569.3	Malaisie
Norway	414.0	540.8	491.6	564.4	602.2	Norvège
Hungary	370.1	492.4	500.9	538.6	649.1	Hongrie
Singapore	385.6	439.4	635.0	645.7	394.3	Singapour
Czech Republic	351.6	409.8	464.0	522.4	650.5	République tchèque
Turkey	381.7	464.0	365.3	479.9	649.9	Turquie
Portugal	407.9	497.7	451.2	439.5	e448.9	Portugal
Denmark	333.9	335.9	352.0	425.3	491.1	Danemark
Saudi Arabia	289.5	318.0	300.6	388.5	444.2	Arabie saoudite
Brazil	406.1	335.7	395.3	298.1	268.2	Brésil
Greece	234.7	307.9	266.2	276.3	364.8	Grèce

(Value as percentages of World total)   **(Valeur en pourcentage du total mondial)**

Regions of the world	1994	1995	1996	1997	1998	1999	2000	2001	2002	2003	Régions du monde
World	100.0	100.0	100.0	100.0	100.0	100.0	100.0	100.0	100.0	100.0	Monde
Africa	1.2	0.9	1.0	0.9	1.1	0.9	0.9	1.0	1.0	0.9	Afrique
Americas	21.2	18.7	18.4	20.0	22.8	23.5	22.4	21.9	22.0	20.3	Amériques
- Northern America	17.9	15.5	14.9	15.9	17.3	18.6	17.9	17.1	17.5	16.2	- Amérique du Nord
- LAIA	3.0	2.9	3.1	3.8	4.7	4.4	4.1	4.4	4.1	3.7	- ALAI
- CACM	0.2	0.2	0.2	0.2	0.3	0.2	0.2	0.2	0.2	0.2	- MCC
- Caribbean	0.1	0.1	0.1	0.1	0.4	0.2	0.2	0.1	0.2	0.1	- Caraïbes
- Rest of America	0.0	0.0	0.1	0.0	0.0	0.1	0.0	0.0	0.1	0.0	- Autre d'Amérique
Asia excluding former USSR	29.9	33.2	33.1	32.7	26.6	28.4	30.4	27.9	27.8	28.8	Asie ancienne URSS exclus
- Middle East	2.2	2.4	2.5	2.6	2.4	2.3	2.4	2.6	3.0	3.3	- Moyen-Orient
Asia former USSR	0.0	0.1	0.1	0.1	0.1	0.1	0.1	0.1	0.2	0.2	Asie ancienne URSS
Europe excluding former USSR	46.4	45.9	46.0	44.9	47.9	45.4	44.3	47.4	47.4	47.9	Europe ancienne URSS exclus
- European Union	41.0	40.5	40.3	38.9	41.5	38.9	37.5	40.0	39.6	39.9	- Union Européenne
- Eastern Europe	2.0	2.4	2.6	2.8	3.2	3.3	3.5	3.9	4.3	4.7	- Europe de l'Est
- Rest of Europe	3.4	3.1	3.1	3.1	3.2	3.2	3.3	3.5	3.5	3.4	- Autre de l'Europe
Europe former USSR	0.5	0.5	0.6	0.7	0.7	0.9	1.2	1.0	0.9	1.1	Europe ancienne URSS
Oceania	0.7	0.7	0.8	0.8	0.8	0.8	0.8	0.7	0.8	0.9	Océanie

TRADE BY COMMODITY (Value in million US dollars)
Exports by principal countries or areas

COMMERCE PAR PRODUIT (Valeur en millions de dollars EU)
Exportations selon les principaux pays ou zones

Country or area	1999	2000	2001	2002	2003	Pays ou zone
World	43319.4	49188.4	47531.7	48262.2	55611.7	Monde
Africa	1106.6	1470.0	1576.3	1628.4	1859.3	Afrique
Americas	9901.8	11117.6	10132.1	10123.0	10693.8	Amériques
- Northern America	7606.1	8284.7	7750.3	7594.7	7956.1	- Amérique du Nord
- LAIA	2230.3	2753.5	2314.6	2458.9	2669.0	- ALAI
- CACM	60.2	73.0	62.9	65.1	64.1	- MCC
- Caribbean	1.3	1.2	0.8	1.3	2.0	- Caraïbes
- Rest of America	3.9	5.2	3.5	3.0	2.6	- Autre d'Amérique
Asia excluding former USSR	5685.9	6820.7	6525.4	7566.2	9504.8	Asie ancienne URSS exclus
- Middle East	1522.3	2000.2	1951.0	2006.5	2416.0	- Moyen-Orient
Asia former USSR	420.2	456.3	414.7	429.3	516.9	Asie ancienne URSS
Europe excluding former USSR	19015.2	20915.0	21237.0	21809.4	25631.8	Europe ancienne URSS exclus
- European Union	14276.8	15380.4	15655.4	16078.2	18850.6	- Union Européenne
- Eastern Europe	1198.1	1440.3	1394.4	1522.9	1821.1	- Europe de l'Est
- Rest of Europe	3540.3	4094.3	4187.2	4208.3	4960.1	- Autre de l'Europe
Europe former USSR	4583.1	5366.4	4733.8	3921.2	4463.2	Europe ancienne URSS
Oceania	2606.7	3042.4	2912.4	2784.7	2941.8	Océanie
Germany	4283.5	4574.0	5028.4	5140.8	6016.1	Allemagne
Canada	3975.5	4429.0	4421.7	4535.3	4911.0	Canada
Russian Federation	4156.8	4777.4	4267.0	3495.7	3937.3	Fédération de Russie
United States	3630.6	3855.7	3328.6	3059.3	3045.1	Etats-Unis d'Amérique
Norway	2069.5	2340.6	2382.5	2353.8	2906.6	Norvège
Australia	2144.7	2522.5	2430.2	2316.9	2456.4	Australie
France-Monaco	1705.2	1737.2	1629.4	1684.8	1870.9	France-Monaco
Netherlands	1462.9	1520.9	1410.6	1448.2	1987.5	Pays-Bas
Belgium	1206.3	1266.1	1377.5	1583.6	1667.4	Belgique
Italy-San Marino-Holy See	1311.1	1369.2	1324.1	1386.2	1544.4	Italie-Saint-Marin-Saint-Siège
United Kingdom	1273.8	1488.5	1333.5	1271.7	1305.4	Royaume-Uni
Japan	1347.6	1390.1	1132.7	1233.0	1398.3	Japon
Brazil	1213.9	1439.9	1101.5	1217.7	1437.1	Brésil
China	491.0	623.7	928.8	1556.1	2453.8	Chine
United Arab Emirates	681.8	901.1	802.4	e835.8	e992.5	Emirates arabes unis
Austria	647.2	772.0	805.6	791.7	1177.6	Autriche
Spain	700.5	759.7	796.3	838.9	936.6	Espagne
Bahrain	e548.9	779.5	825.2	772.1	855.3	Bahreïn
Venezuela	653.1	770.4	748.6	758.7	718.4	Venezuela
Switzerland-Liechtenstein	681.3	708.6	686.0	698.5	808.5	Suisse-Liechtenstein
South Africa	–	867.1	821.0	887.8	956.5	Afrique du Sud
Korea, Republic of	545.3	571.8	550.5	633.3	837.1	République de Corée
Sweden	536.8	571.2	550.7	557.1	641.0	Suède
Greece	441.1	455.3	537.6	508.9	709.9	Grèce
China, Hong Kong SAR	540.9	564.0	425.2	472.3	554.7	Chine - RAS de Hong-Kong
New Zealand	461.6	519.8	475.8	467.2	485.3	Nouvelle-Zélande
Hungary	341.4	413.4	405.9	441.3	522.8	Hongrie
Iceland	312.6	352.7	404.5	421.4	446.9	Islande
Tajikistan	e369.5	371.5	e360.8	e396.2	e414.2	Tadjikistan
Ukraine	333.6	438.7	372.3	295.8	e380.8	Ukraine

(Value as percentages of World total)

(Valeur en pourcentage du total mondial)

Regions of the world	1994	1995	1996	1997	1998	1999	2000	2001	2002	2003	Régions du monde
World	100.0	100.0	100.0	100.0	100.0	100.0	100.0	100.0	100.0	100.0	Monde
Africa	1.4	1.9	2.7	1.1	0.8	2.6	3.0	3.3	3.4	3.3	Afrique
Americas	25.1	23.6	21.9	23.1	22.8	22.9	22.6	21.3	21.0	19.2	Amériques
- Northern America	18.6	17.5	17.9	19.0	17.7	17.6	16.8	16.3	15.7	14.3	- Amérique du Nord
- LAIA	6.3	5.9	3.8	3.9	4.8	5.1	5.6	4.9	5.1	4.8	- ALAI
- CACM	0.1	0.1	0.1	0.1	0.1	0.1	0.1	0.1	0.1	0.1	- MCC
- Caribbean	0.0	0.0	0.0	0.0	0.1	0.0	0.0	0.0	0.0	0.0	- Caraïbes
- Rest of America	0.1	0.1	0.1	0.0	0.0	0.0	0.0	0.0	0.0	0.0	- Autre d'Amérique
Asia excluding former USSR	12.8	13.4	13.4	14.4	13.1	13.1	13.9	13.7	15.7	17.1	Asie ancienne URSS exclus
- Middle East	4.4	3.6	3.4	3.6	3.2	3.5	4.1	4.1	4.2	4.3	- Moyen-Orient
Asia former USSR	0.5	0.9	0.7	0.3	0.9	1.0	0.9	0.9	0.9	0.9	Asie ancienne URSS
Europe excluding former USSR	44.5	45.7	45.1	44.8	46.1	43.9	42.5	44.7	45.2	46.1	Europe ancienne URSS exclus
- European Union	34.3	35.6	34.7	34.1	34.7	33.0	31.3	32.9	33.3	33.9	- Union Européenne
- Eastern Europe	1.9	2.2	2.4	2.8	2.8	2.8	2.9	2.9	3.2	3.3	- Europe de l'Est
- Rest of Europe	8.2	7.9	8.0	7.9	8.6	8.2	8.3	8.8	8.7	8.9	- Autre de l'Europe
Europe former USSR	10.0	8.9	10.5	10.1	10.3	10.6	10.9	10.0	8.1	8.0	Europe ancienne URSS
Oceania	5.8	5.7	5.7	6.2	6.0	6.0	6.2	6.1	5.8	5.3	Océanie

685 Lead

TRADE BY COMMODITY (Value in million US dollars)
Imports by principal countries or areas

COMMERCE PAR PRODUIT (Valeur en millions de dollars EU)
Importations selon les principaux pays ou zones

Country or area	1999	2000	2001	2002	2003	Pays ou zone
World	1562.9	1552.2	1472.4	1512.8	1553.4	Monde
Africa	25.4	24.9	24.8	31.0	27.5	Afrique
Americas	398.8	388.8	259.3	229.0	186.3	Amériques
- Northern America	206.4	235.5	158.1	140.6	110.6	- Amérique du Nord
- LAIA	189.9	151.2	98.3	83.9	70.7	- ALAI
- CACM	0.8	0.3	0.7	0.5	1.0	- MCC
- Caribbean	1.5	1.6	1.9	3.6	3.9	- Caraïbes
- Rest of America	0.2	0.3	0.3	0.3	0.1	- Autre d'Amérique
Asia excluding former USSR	470.8	467.5	473.9	507.9	540.2	Asie ancienne URSS exclus
- Middle East	36.7	43.4	36.1	53.4	56.3	- Moyen-Orient
Asia former USSR	0.3	1.3	2.1	1.5	1.8	Asie ancienne URSS
Europe excluding former USSR	632.3	617.8	676.9	708.8	762.7	Europe ancienne URSS exclus
- European Union	569.9	535.1	591.4	614.3	657.4	- Union Européenne
- Eastern Europe	43.7	62.3	65.5	72.2	82.0	- Europe de l'Est
- Rest of Europe	18.7	20.4	20.0	22.3	23.3	- Autre de l'Europe
Europe former USSR	23.6	40.3	30.0	27.3	30.1	Europe ancienne URSS
Oceania	11.6	11.5	5.3	7.3	4.9	Océanie
United Kingdom	162.3	161.9	168.8	171.8	174.4	Royaume-Uni
United States	190.9	201.9	150.1	137.2	105.9	Etats-Unis d'Amérique
Germany	96.1	82.5	106.0	103.7	104.8	Allemagne
Korea, Republic of	65.6	63.0	72.5	72.4	85.9	République de Corée
Spain	62.0	58.6	69.9	76.0	75.1	Espagne
France-Monaco	60.1	65.3	60.4	62.6	85.4	France-Monaco
Mexico	123.9	93.8	36.7	31.0	25.5	Mexique
Italy-San Marino-Holy See	64.5	52.8	54.6	66.5	56.1	Italie-Saint-Marin-Saint-Siège
Malaysia	78.3	57.6	47.8	45.8	49.8	Malaisie
India	37.4	33.9	43.2	50.7	80.9	Inde
Singapore	62.5	49.8	54.0	52.8	14.0	Singapour
Brazil	36.0	40.5	42.8	38.9	31.5	Brésil
Thailand	26.2	36.9	33.2	e41.0	48.0	Thaïlande
Netherlands	35.1	28.9	26.6	34.1	60.3	Pays-Bas
Turkey	23.6	29.3	23.1	35.0	42.9	Turquie
Czech Republic	20.4	27.6	32.6	33.3	37.1	République tchèque
Belgium	23.5	22.1	33.0	25.4	22.9	Belgique
Austria	21.8	22.8	25.4	24.8	25.8	Autriche
Russian Federation	17.6	30.5	23.2	23.1	25.0	Fédération de Russie
Indonesia	16.2	25.9	18.9	24.5	31.0	Indonésie
China	10.4	14.1	18.9	32.3	40.4	Chine
Poland	10.5	20.8	20.5	28.3	33.8	Pologne
Japan	19.4	25.1	34.5	17.1	16.2	Japon
Ireland	14.8	13.8	18.4	21.9	21.6	Irlande
Canada	15.5	33.6	8.0	3.4	4.6	Canada
Viet Nam	6.9	11.7	13.1	16.6	e13.8	Viet Nam
Portugal	12.8	11.0	12.1	11.1	e11.3	Portugal
China, Hong Kong SAR	8.8	7.2	12.8	12.4	12.7	Chine - RAS de Hong-Kong
Philippines	13.3	11.9	6.3	6.3	6.9	Philippines
Hungary	7.2	8.4	7.4	6.5	7.4	Hongrie

(Value as percentages of World total)　　　　　　　　　　**(Valeur en pourcentage du total mondial)**

Regions of the world	1994	1995	1996	1997	1998	1999	2000	2001	2002	2003	Régions du monde
World	100.0	100.0	100.0	100.0	100.0	100.0	100.0	100.0	100.0	100.0	Monde
Africa	1.6	1.7	1.8	2.3	2.2	1.6	1.6	1.7	2.0	1.8	Afrique
Americas	16.2	16.5	18.1	21.2	24.4	25.5	25.1	17.6	15.1	12.0	Amériques
- Northern America	12.3	12.4	13.8	14.3	15.1	13.2	15.2	10.7	9.3	7.1	- Amérique du Nord
- LAIA	3.7	3.9	4.2	6.7	9.1	12.1	9.7	6.7	5.5	4.6	- ALAI
- CACM	0.1	0.1	0.0	0.1	0.1	0.1	0.0	0.1	0.0	0.1	- MCC
- Caribbean	0.1	0.1	0.1	0.2	0.1	0.1	0.1	0.1	0.2	0.3	- Caraïbes
- Rest of America	0.0	0.0	0.0	0.0	0.0	0.0	0.0	0.0	0.0	0.0	- Autre d'Amérique
Asia excluding former USSR	34.8	35.6	36.0	30.8	27.5	30.1	30.1	32.2	33.6	34.8	Asie ancienne URSS exclus
- Middle East	2.4	3.1	3.0	2.8	3.3	2.3	2.8	2.5	3.5	3.6	- Moyen-Orient
Asia former USSR	0.0	0.1	0.0	0.0	0.1	0.0	0.1	0.1	0.1	0.1	Asie ancienne URSS
Europe excluding former USSR	44.6	43.1	41.3	43.4	43.5	40.5	39.8	46.0	46.9	49.1	Europe ancienne URSS exclus
- European Union	41.3	39.7	38.3	40.1	39.6	36.5	34.5	40.2	40.6	42.3	- Union Européenne
- Eastern Europe	1.9	2.0	1.7	1.9	2.5	2.8	4.0	4.5	4.8	5.3	- Europe de l'Est
- Rest of Europe	1.4	1.4	1.3	1.4	1.4	1.2	1.3	1.4	1.5	1.5	- Autre de l'Europe
Europe former USSR	2.4	2.3	2.0	1.6	1.3	1.5	2.6	2.0	1.8	1.9	Europe ancienne URSS
Oceania	0.4	0.8	0.7	0.7	1.1	0.7	0.7	0.4	0.5	0.3	Océanie

TRADE BY COMMODITY (Value in million US dollars)
Exports by principal countries or areas

COMMERCE PAR PRODUIT (Valeur en millions de dollars EU)
Exportations selon les principaux pays ou zones

Country or area	1999	2000	2001	2002	2003	Pays ou zone
World	1512.7	1446.0	1405.0	1409.4	1469.8	Monde
Africa	29.9	24.5	33.2	41.4	34.0	Afrique
Americas	347.2	348.5	226.9	225.8	272.5	Amériques
- Northern America	248.8	260.4	136.7	142.6	183.6	- Amérique du Nord
- LAIA	96.0	85.6	88.3	82.3	88.2	- ALAI
- CACM	1.2	1.0	0.6	0.2	0.1	- MCC
- Caribbean	0.3	0.4	0.1	0.1	0.1	- Caraïbes
- Rest of America	0.8	1.2	1.3	0.7	0.5	- Autre d'Amérique
Asia excluding former USSR	346.1	358.7	391.0	385.3	384.3	Asie ancienne URSS exclus
- Middle East	8.3	6.2	8.3	9.6	12.2	- Moyen-Orient
Asia former USSR	50.3	62.1	56.4	36.5	48.6	Asie ancienne URSS
Europe excluding former USSR	478.8	474.9	487.0	493.8	496.8	Europe ancienne URSS exclus
- European Union	397.8	388.0	399.7	421.7	409.5	- Union Européenne
- Eastern Europe	63.8	67.5	68.0	57.3	73.1	- Europe de l'Est
- Rest of Europe	17.2	19.4	19.4	14.8	14.2	- Autre de l'Europe
Europe former USSR	6.5	5.6	9.0	6.3	7.2	Europe ancienne URSS
Oceania	253.9	171.6	201.5	220.3	226.4	Océanie
China	243.9	231.8	245.8	240.2	238.5	Chine
Australia	247.5	167.9	198.2	216.1	222.7	Australie
Germany	91.4	100.8	127.5	132.3	121.7	Allemagne
Canada	133.2	131.8	98.7	99.4	103.5	Canada
United Kingdom	77.7	69.1	84.3	96.7	82.6	Royaume-Uni
United States	115.7	128.6	38.0	43.2	80.1	Etats-Unis d'Amérique
Belgium	83.8	91.8	78.6	68.1	65.1	Belgique
Peru	67.1	60.5	58.4	55.5	56.0	Pérou
Kazakhstan	49.8	60.6	55.1	e35.2	46.9	Kazakhstan
France-Monaco	52.0	49.7	43.5	41.2	17.2	France-Monaco
Sweden	34.6	34.8	30.1	33.9	45.5	Suède
Bulgaria	36.1	36.2	35.1	28.7	32.2	Bulgarie
Singapore	12.8	37.3	47.1	34.0	33.4	Singapour
Morocco	27.8	22.7	27.2	37.1	29.4	Maroc
Korea, Republic of	17.6	20.1	22.2	34.8	33.4	République de Corée
Malaysia	28.5	19.4	27.2	16.0	15.5	Malaisie
Poland	18.2	17.3	19.0	16.2	21.8	Pologne
Italy-San Marino-Holy See	15.8	13.9	6.2	14.2	19.4	Italie-Saint-Marin-Saint-Siègo
Ireland	12.6	9.7	11.2	12.9	15.8	Irlande
Netherlands	10.5	8.0	6.0	6.4	24.3	Pays-Bas
Mexico	18.0	10.9	10.4	6.0	7.6	Mexique
China, Hong Kong SAR	5.6	9.8	10.0	11.2	11.6	Chine - RAS de Hong-Kong
Japan	6.8	7.9	5.8	14.6	12.6	Japon
The former Yugoslav Republic of Macedonia	9.9	10.0	11.5	7.4	4.5	Ex-République yougoslave de Macédoine
Romania	2.9	7.2	7.7	7.9	11.9	Roumanie
Venezuela	5.4	5.5	6.2	7.6	11.4	Venezuela
Argentina	0.5	4.9	9.8	10.9	9.1	Argentine
Spain	4.6	3.8	3.7	5.9	5.9	Espagne
Czech Republic	4.5	5.5	4.7	3.8	5.3	République tchèque
Saudi Arabia	4.3	4.8	4.5	4.4	e4.8	Arabie saoudite

(Value as percentages of World total)

(Valeur en pourcentage du total mondial)

Regions of the world	1994	1995	1996	1997	1998	1999	2000	2001	2002	2003	Régions du monde
World	100.0	100.0	100.0	100.0	100.0	100.0	100.0	100.0	100.0	100.0	Monde
Africa	2.8	2.4	2.5	2.3	2.4	2.0	1.7	2.4	2.9	2.3	Afrique
Americas	18.8	22.4	24.7	26.4	25.0	23.0	24.1	16.1	16.0	18.5	Amériques
- Northern America	12.1	13.2	16.8	18.0	17.0	16.4	18.0	9.7	10.1	12.5	- Amérique du Nord
- LAIA	6.7	9.1	7.8	8.3	7.9	6.3	5.9	6.3	5.8	6.0	- ALAI
- CACM	0.0	0.0	0.0	0.0	0.1	0.1	0.1	0.0	0.0	0.0	- MCC
- Caribbean	0.0	0.0	0.0	0.0	0.0	0.0	0.0	0.0	0.0	0.0	- Caraïbes
- Rest of America	0.0	0.0	0.1	0.0	0.1	0.1	0.1	0.1	0.0	0.0	- Autre d'Amérique
Asia excluding former USSR	17.0	16.8	17.2	14.3	17.6	22.9	24.8	27.8	27.3	26.1	Asie ancienne URSS exclus
- Middle East	0.5	0.5	0.8	0.9	0.7	0.5	0.4	0.6	0.7	0.8	- Moyen-Orient
Asia former USSR	3.5	2.2	2.6	3.0	2.8	3.3	4.3	4.0	2.6	3.3	Asie ancienne URSS
Europe excluding former USSR	39.8	37.4	34.6	35.5	37.8	31.7	32.8	34.7	35.0	33.8	Europe ancienne URSS exclus
- European Union	34.0	30.3	28.9	29.9	31.8	26.3	26.8	28.4	29.9	27.9	- Union Européenne
- Eastern Europe	3.1	4.6	4.4	4.2	4.1	4.2	4.7	4.8	4.1	5.0	- Europe de l'Est
- Rest of Europe	2.7	2.5	1.3	1.4	1.9	1.1	1.3	1.4	1.0	1.0	- Autre de l'Europe
Europe former USSR	0.7	0.7	1.1	1.1	0.5	0.4	0.4	0.6	0.4	0.5	Europe ancienne URSS
Oceania	17.4	18.0	17.4	17.4	13.8	16.8	11.9	14.3	15.6	15.4	Océanie

686 Zinc

TRADE BY COMMODITY (Value in million US dollars)
Imports by principal countries or areas

COMMERCE PAR PRODUIT (Valeur en millions de dollars EU)
Importations selon les principaux pays ou zones

Country or area	1999	2000	2001	2002	2003	Pays ou zone
World	5393.9	6036.7	5094.4	4636.3	4943.2	Monde
Africa	98.4	112.2	112.4	108.1	92.8	Afrique
Americas	1444.6	1491.3	1188.7	1142.3	1024.1	Amériques
- Northern America	1249.1	1276.5	1029.1	1006.9	876.9	- Amérique du Nord
- LAIA	159.4	177.3	124.4	103.1	109.3	- ALAI
- CACM	28.4	32.3	30.3	26.0	29.9	- MCC
- Caribbean	7.4	5.2	4.4	6.2	7.9	- Caraïbes
- Rest of America	0.3	0.1	0.5	0.1	0.1	- Autre d'Amérique
Asia excluding former USSR	1672.4	1972.8	1715.1	1580.1	1697.7	Asie ancienne URSS exclus
- Middle East	120.6	157.7	131.3	134.7	159.4	- Moyen-Orient
Asia former USSR	1.5	2.3	1.0	0.6	0.9	Asie ancienne URSS
Europe excluding former USSR	2119.2	2384.2	2014.4	1756.1	2055.0	Europe ancienne URSS exclus
- European Union	1933.9	2161.7	1809.5	1561.4	1844.2	- Union Européenne
- Eastern Europe	106.5	136.1	126.9	125.3	142.6	- Europe de l'Est
- Rest of Europe	78.8	86.4	77.9	69.3	68.2	- Autre de l'Europe
Europe former USSR	29.6	44.0	41.1	30.3	52.3	Europe ancienne URSS
Oceania	28.4	29.7	21.9	18.9	20.3	Océanie
United States	1209.9	1229.4	996.9	981.8	849.5	Etats-Unis d'Amérique
Germany	510.3	519.1	454.8	360.0	414.2	Allemagne
Belgium	287.0	347.4	299.2	296.7	322.1	Belgique
Italy-San Marino-Holy See	301.7	319.2	236.9	220.2	254.5	Italie-Saint-Marin-Saint-Siège
China	159.1	201.7	214.1	284.0	374.0	Chine
France-Monaco	231.3	286.1	224.2	173.8	203.2	France-Monaco
China, Hong Kong SAR	164.6	200.5	179.4	167.2	195.2	Chine - RAS de Hong-Kong
Netherlands	154.6	213.9	165.5	136.2	172.2	Pays-Bas
United Kingdom	161.6	176.0	124.5	103.9	191.1	Royaume-Uni
Singapore	156.2	197.1	204.2	123.3	69.6	Singapour
Korea, Republic of	125.5	152.7	98.4	98.2	96.4	République de Corée
Malaysia	148.2	130.9	99.9	87.5	81.7	Malaisie
Austria	91.8	90.7	96.5	88.1	102.7	Autriche
Indonesia	67.5	115.3	97.7	81.0	78.0	Indonésie
Turkey	65.5	99.5	72.2	86.8	106.8	Turquie
India	77.0	67.9	80.1	80.6	105.8	Inde
Japan	78.4	112.5	78.1	29.1	47.5	Japon
Bangladesh	e70.0	e76.2	73.8	e72.1	39.6	Bangladesh
Sweden	51.2	47.8	48.3	42.5	41.3	Suède
Philippines	64.0	43.0	43.4	32.7	29.2	Philippines
Mexico	70.4	60.6	20.6	22.3	20.9	Mexique
Czech Republic	34.5	42.6	36.7	33.6	40.1	République tchèque
Switzerland-Liechtenstein	40.4	41.4	39.3	35.6	30.3	Suisse-Liechtenstein
Canada	39.2	47.0	32.2	25.0	27.4	Canada
Viet Nam	22.6	35.4	36.9	39.3	e32.6	Viet Nam
Spain	30.8	29.8	29.4	31.9	35.2	Espagne
Denmark	29.5	37.0	31.5	27.9	30.6	Danemark
Portugal	32.3	31.6	29.4	30.8	e31.4	Portugal
Thailand	25.9	33.4	28.3	e28.9	33.8	Thaïlande
Slovakia	23.4	29.6	29.6	29.5	33.1	Slovaquie

(Value as percentages of World total)   **(Valeur en pourcentage du total mondial)**

Regions of the world	1994	1995	1996	1997	1998	1999	2000	2001	2002	2003	Régions du monde
World	100.0	100.0	100.0	100.0	100.0	100.0	100.0	100.0	100.0	100.0	Monde
Africa	1.4	1.8	1.7	1.8	1.8	1.8	1.9	2.2	2.3	1.9	Afrique
Americas	24.3	24.2	23.2	23.9	24.1	26.8	24.7	23.3	24.6	20.7	Amériques
- Northern America	21.7	20.6	21.2	21.5	20.6	23.2	21.1	20.2	21.7	17.7	- Amérique du Nord
- LAIA	2.2	3.2	1.6	1.8	2.9	3.0	2.9	2.4	2.2	2.2	- ALAI
- CACM	0.4	0.3	0.3	0.4	0.5	0.5	0.5	0.6	0.6	0.6	- MCC
- Caribbean	0.1	0.0	0.1	0.1	0.1	0.1	0.1	0.1	0.1	0.2	- Caraïbes
- Rest of America	0.0	0.0	0.0	0.0	0.0	0.0	0.0	0.0	0.0	0.0	- Autre d'Amérique
Asia excluding former USSR	30.3	30.7	33.2	34.1	30.2	31.0	32.7	33.7	34.1	34.3	Asie ancienne URSS exclus
- Middle East	1.6	2.3	2.7	2.4	2.8	2.2	2.6	2.6	2.9	3.2	- Moyen-Orient
Asia former USSR	0.0	0.0	0.0	0.0	0.0	0.0	0.0	0.0	0.0	0.0	Asie ancienne URSS
Europe excluding former USSR	41.7	41.3	39.8	38.6	42.1	39.3	39.5	39.5	37.9	41.6	Europe ancienne URSS exclus
- European Union	37.6	37.3	36.0	35.1	38.3	35.9	35.8	35.5	33.7	37.3	- Union Européenne
- Eastern Europe	1.9	1.8	1.9	1.8	2.3	2.0	2.3	2.5	2.7	2.9	- Europe de l'Est
- Rest of Europe	2.2	2.2	1.9	1.7	1.6	1.5	1.4	1.5	1.5	1.4	- Autre de l'Europe
Europe former USSR	1.5	1.4	1.5	1.2	1.3	0.5	0.7	0.8	0.7	1.1	Europe ancienne URSS
Oceania	0.8	0.6	0.5	0.4	0.5	0.5	0.5	0.4	0.4	0.4	Océanie

TRADE BY COMMODITY (Value in million US dollars)
Exports by principal countries or areas

COMMERCE PAR PRODUIT (Valeur en millions de dollars EU)
Exportations selon les principaux pays ou zones

Country or area	1999	2000	2001	2002	2003	Pays ou zone
World	4937.9	5504.9	4598.2	4290.1	4845.8	Monde
Africa	63.2	44.8	39.1	35.0	71.8	Afrique
Americas	1215.4	1284.9	969.6	941.1	1008.3	Amériques
- Northern America	796.3	840.1	588.2	599.5	605.3	- Amérique du Nord
- LAIA	389.1	406.6	380.7	341.1	402.5	- ALAI
- CACM	30.0	38.0	0.5	0.4	0.5	- MCC
- Caribbean	0.0	0.1	0.0	0.0	0.0	- Caraïbes
- Rest of America	0.0	0.1	0.2	0.1	0.0	- Autre d'Amérique
Asia excluding former USSR	1220.3	1412.5	1220.5	1075.5	1210.2	Asie ancienne URSS exclus
- Middle East	12.5	14.1	22.9	29.6	20.9	- Moyen-Orient
Asia former USSR	197.6	239.8	208.2	155.9	183.8	Asie ancienne URSS
Europe excluding former USSR	1831.3	1923.2	1634.5	1557.5	1882.1	Europe ancienne URSS exclus
- European Union	1424.6	1449.0	1226.1	1223.4	1553.9	- Union Européenne
- Eastern Europe	187.2	225.5	205.6	156.4	168.3	- Europe de l'Est
- Rest of Europe	219.6	248.7	202.7	177.8	159.8	- Autre de l'Europe
Europe former USSR	125.7	113.2	103.0	94.3	55.0	Europe ancienne URSS
Oceania	284.2	486.5	423.5	430.8	434.7	Océanie
Canada	722.7	765.9	534.5	545.0	546.5	Canada
China	557.0	674.6	558.1	412.4	417.0	Chine
Australia	283.6	485.7	422.8	430.3	434.2	Australie
Netherlands	306.6	301.8	230.4	213.2	318.1	Pays-Bas
Korea, Republic of	183.7	237.3	229.4	249.2	323.2	République de Corée
Belgium	223.6	266.6	220.1	247.8	249.3	Belgique
Germany	215.1	252.8	221.1	229.4	257.0	Allemagne
Finland	202.6	201.7	178.6	164.4	199.0	Finlande
Peru	210.9	223.3	180.6	131.6	159.0	Pérou
Spain	197.5	153.0	130.6	115.6	298.6	Espagne
China, Hong Kong SAR	144.5	181.6	169.4	175.1	205.6	Chine - RAS de Hong-Kong
Mexico	141.7	145.4	170.3	149.3	172.9	Mexique
Kazakhstan	167.4	179.6	157.7	e108.8	144.9	Kazakhstan
France-Monaco	168.1	161.7	142.9	148.6	133.5	France-Monaco
Norway	146.4	151.8	122.9	120.0	118.4	Norvège
Russian Federation	124.6	112.0	101.8	93.8	54.1	Fédération de Russie
Japan	101.0	82.4	81.7	98.7	80.4	Japon
Poland	106.1	102.6	91.3	71.0	63.8	Pologne
Singapore	123.6	138.5	80.7	41.9	46.5	Singapour
Bulgaria	68.2	78.8	68.6	57.2	64.1	Bulgarie
United States	73.6	74.2	53.7	54.5	56.9	Etats-Unis d'Amérique
United Kingdom	54.4	53.0	52.0	48.0	37.0	Royaume-Uni
Uzbekistan	e30.2	e60.1	e50.4	e47.1	e38.9	Ouzbékistan
The former Yugoslav Republic of Macedonia	48.3	65.8	51.0	40.1	20.4	Ex-République yougoslave de Macédoine
Brazil	28.3	28.4	22.3	47.1	55.9	Brésil
Thailand	39.8	35.6	29.2	e25.7	30.1	Thaïlande
Romania	6.3	37.9	41.6	25.7	36.1	Roumanie
Austria	27.1	27.7	20.0	33.5	36.9	Autriche
Italy-San Marino-Holy See	21.5	24.0	19.6	16.4	17.0	Italie-Saint-Marin-Saint-Siège
Algeria	22.1	20.5	14.1	15.4	19.4	Algérie

(Value as percentages of World total)

(Valeur en pourcentage du total mondial)

Regions of the world	1994	1995	1996	1997	1998	1999	2000	2001	2002	2003	Régions du monde
World	100.0	100.0	100.0	100.0	100.0	100.0	100.0	100.0	100.0	100.0	Monde
Africa	0.6	0.7	1.1	1.1	1.3	1.3	0.8	0.8	0.8	1.5	Afrique
Americas	24.8	24.9	25.3	23.4	23.6	24.6	23.3	21.1	21.9	20.8	Amériques
- Northern America	16.3	16.3	16.6	15.6	15.6	16.1	15.3	12.8	14.0	12.5	- Amérique du Nord
- LAIA	8.4	8.6	8.6	7.8	7.3	7.9	7.4	8.3	8.0	8.3	- ALAI
- CACM	0.0	0.0	0.0	0.0	0.8	0.6	0.7	0.0	0.0	0.0	- MCC
- Caribbean	0.0	0.0	0.0	0.0	0.0	0.0	0.0	0.0	0.0	0.0	- Caraïbes
- Rest of America	0.0	0.0	0.0	0.0	0.0	0.0	0.0	0.0	0.0	0.0	- Autre d'Amérique
Asia excluding former USSR	15.7	17.9	12.6	23.0	23.3	24.7	25.7	26.5	25.1	25.0	Asie ancienne URSS exclus
- Middle East	0.2	0.2	0.4	0.5	0.6	0.3	0.3	0.5	0.7	0.4	- Moyen-Orient
Asia former USSR	3.6	4.2	4.2	4.1	5.0	4.0	4.4	4.5	3.6	3.8	Asie ancienne URSS
Europe excluding former USSR	45.4	43.0	47.4	40.3	38.6	37.1	34.9	35.5	36.3	38.8	Europe ancienne URSS exclus
- European Union	36.7	33.9	39.1	31.6	30.2	28.9	26.3	26.7	28.5	32.1	- Union Européenne
- Eastern Europe	3.5	4.4	3.6	3.8	3.8	3.8	4.1	4.5	3.6	3.5	- Europe de l'Est
- Rest of Europe	5.2	4.7	4.7	4.8	4.7	4.4	4.5	4.4	4.1	3.3	- Autre de l'Europe
Europe former USSR	2.6	2.7	2.8	2.5	2.7	2.5	2.1	2.2	2.2	1.1	Europe ancienne URSS
Oceania	7.4	6.7	6.6	5.6	5.5	5.8	8.8	9.2	10.0	9.0	Océanie

TRADE BY COMMODITY (Value in million US dollars)
Imports by principal countries or areas

COMMERCE PAR PRODUIT (Valeur en millions de dollars EU)
Importations selon les principaux pays ou zones

Country or area	1999	2000	2001	2002	2003	Pays ou zone
World	1402.8	1550.8	1287.2	1251.2	1400.4	Monde
Africa	17.5	22.7	20.8	34.8	22.0	Afrique
Americas	370.6	373.3	295.1	235.3	263.3	Amériques
- Northern America	311.2	305.9	246.5	192.2	212.2	- Amérique du Nord
- LAIA	53.8	63.4	44.5	39.3	47.4	- ALAI
- CACM	0.7	0.6	0.6	0.5	0.7	- MCC
- Caribbean	4.9	3.3	3.0	3.2	3.0	- Caraïbes
- Rest of America	0.1	0.1	0.4	0.1	0.1	- Autre d'Amérique
Asia excluding former USSR	568.3	681.7	531.2	589.7	627.4	Asie ancienne URSS exclus
- Middle East	19.0	31.6	22.7	21.5	29.7	- Moyen-Orient
Asia former USSR	6.8	11.9	9.9	8.1	10.0	Asie ancienne URSS
Europe excluding former USSR	419.1	442.2	412.2	366.0	453.3	Europe ancienne URSS exclus
- European Union	384.1	402.6	374.7	328.9	412.3	- Union Européenne
- Eastern Europe	23.6	27.4	24.6	25.4	30.2	- Europe de l'Est
- Rest of Europe	11.4	12.2	13.0	11.7	10.9	- Autre de l'Europe
Europe former USSR	4.5	7.6	7.4	7.0	10.0	Europe ancienne URSS
Oceania	15.9	11.4	10.6	10.3	14.3	Océanie
United States	282.4	276.6	226.2	174.0	192.6	Etats-Unis d'Amérique
Japan	154.6	172.8	112.4	110.8	152.2	Japon
Germany	111.5	126.5	131.1	97.1	114.5	Allemagne
China	62.9	76.1	79.7	96.6	122.2	Chine
Korea, Republic of	72.5	92.1	66.3	75.2	81.6	République de Corée
China, Hong Kong SAR	70.3	87.2	55.9	51.0	53.3	Chine - RAS de Hong-Kong
Singapore	39.6	56.9	70.1	99.9	41.8	Singapour
United Kingdom	57.9	62.6	52.1	42.7	57.3	Royaume-Uni
France-Monaco	47.7	50.1	44.1	39.1	52.4	France-Monaco
Netherlands	54.8	36.8	27.8	38.6	54.2	Pays-Bas
Italy-San Marino-Holy See	38.9	42.0	37.1	33.5	39.2	Italie-Saint-Marin-Saint-Siège
Spain	25.9	35.3	36.1	33.9	43.3	Espagne
Malaysia	34.1	37.3	31.0	29.3	33.4	Malaisie
Mexico	33.0	42.2	27.7	25.0	28.6	Mexique
Canada	28.8	29.3	20.3	18.2	19.5	Canada
India	18.8	20.6	18.0	16.1	20.5	Inde
Belgium	14.0	15.1	15.9	14.4	12.6	Belgique
Australia	13.5	9.4	9.6	9.1	12.2	Australie
Turkey	8.3	11.4	6.5	8.2	10.8	Turquie
Kazakhstan	6.6	11.5	9.3	e7.2	9.4	Kazakhstan
Austria	7.6	8.0	6.9	6.9	12.5	Autriche
South Africa	–	10.7	9.7	8.5	10.2	Afrique du Sud
Poland	6.8	8.5	6.5	7.8	7.6	Pologne
United Arab Emirates	4.3	11.7	6.4	e6.5	e7.7	Emirates arabes unis
Portugal	7.0	8.8	6.7	6.1	e6.2	Portugal
Ghana	0.3	3.3	4.2	19.9	e4.3	Ghana
Thailand	1.3	3.2	1.9	e11.0	12.9	Thaïlande
Switzerland-Liechtenstein	5.6	6.0	6.0	4.8	5.2	Suisse-Liechtenstein
Argentina	6.8	6.3	4.9	3.6	e5.6	Argentine
Slovakia	5.1	4.3	4.4	5.3	7.7	Slovaquie

(Value as percentages of World total)

(Valeur en pourcentage du total mondial)

Regions of the world	1994	1995	1996	1997	1998	1999	2000	2001	2002	2003	Régions du monde
World	100.0	100.0	100.0	100.0	100.0	100.0	100.0	100.0	100.0	100.0	Monde
Africa	1.6	1.6	1.5	1.5	1.7	1.2	1.5	1.6	2.8	1.6	Afrique
Americas	22.3	22.9	22.4	22.8	24.2	26.4	24.1	22.9	18.8	18.8	Amériques
- Northern America	19.6	20.2	19.8	19.8	20.2	22.2	19.7	19.2	15.4	15.2	- Amérique du Nord
- LAIA	2.2	2.3	2.4	2.7	3.6	3.8	4.1	3.5	3.1	3.4	- ALAI
- CACM	0.1	0.0	0.0	0.1	0.1	0.1	0.0	0.0	0.0	0.0	- MCC
- Caribbean	0.5	0.4	0.3	0.3	0.3	0.3	0.2	0.2	0.3	0.2	- Caraïbes
- Rest of America	0.0	0.0	0.0	0.0	0.0	0.0	0.0	0.0	0.0	0.0	- Autre d'Amérique
Asia excluding former USSR	39.0	39.7	40.1	39.2	37.6	40.5	44.0	41.3	47.1	44.8	Asie ancienne URSS exclus
- Middle East	1.8	1.4	1.8	1.6	1.5	1.4	2.0	1.8	1.7	2.1	- Moyen-Orient
Asia former USSR	0.3	0.6	0.6	0.6	0.5	0.5	0.8	0.8	0.6	0.7	Asie ancienne URSS
Europe excluding former USSR	35.0	33.8	34.1	34.4	34.5	29.9	28.5	32.0	29.3	32.4	Europe ancienne URSS exclus
- European Union	32.5	31.1	31.3	31.5	31.9	27.4	26.0	29.1	26.3	29.4	- Union Européenne
- Eastern Europe	1.5	1.7	1.9	2.0	1.7	1.7	1.8	1.9	2.0	2.2	- Europe de l'Est
- Rest of Europe	1.0	1.0	0.9	0.9	0.9	0.8	0.8	1.0	0.9	0.8	- Autre de l'Europe
Europe former USSR	0.7	0.3	0.3	0.3	0.2	0.3	0.5	0.6	0.6	0.7	Europe ancienne URSS
Oceania	1.1	1.0	1.1	1.3	1.4	1.1	0.7	0.8	0.8	1.0	Océanie

TRADE BY COMMODITY (Value in million US dollars)
Exports by principal countries or areas

COMMERCE PAR PRODUIT (Valeur en millions de dollars EU)
Exportations selon les principaux pays ou zones

Country or area	1999	2000	2001	2002	2003	Pays ou zone
World	1563.3	1742.2	1306.1	1164.8	1354.9	Monde
Africa	0.6	0.6	0.6	0.9	1.1	Afrique
Americas	198.7	306.1	138.7	130.5	140.2	Amériques
- Northern America	85.1	82.9	54.5	46.1	49.7	- Amérique du Nord
- LAIA	113.5	223.1	84.1	84.3	90.5	- ALAI
- CACM	0.0	0.0	0.0	0.0	0.0	- MCC
- Caribbean	0.1	0.1	0.0	0.0	0.0	- Caraïbes
- Rest of America	0.0	0.0	0.0	0.0	0.0	- Autre d'Amérique
Asia excluding former USSR	1169.5	1258.0	1017.5	864.8	1034.9	Asie ancienne URSS exclus
- Middle East	2.1	7.8	2.4	4.2	4.7	- Moyen-Orient
Asia former USSR	0.0	0.0	0.0	0.0	0.0	Asie ancienne URSS
Europe excluding former USSR	167.0	148.6	125.7	145.1	160.5	Europe ancienne URSS exclus
- European Union	164.8	146.5	124.1	142.6	156.0	- Union Européenne
- Eastern Europe	1.2	1.2	1.0	2.0	2.8	- Europe de l'Est
- Rest of Europe	1.0	0.9	0.6	0.5	1.7	- Autre de l'Europe
Europe former USSR	5.1	16.6	14.4	13.5	6.2	Europe ancienne URSS
Oceania	22.3	12.3	9.2	10.1	12.0	Océanie
China	357.7	467.5	295.8	159.3	183.7	Chine
Indonesia	246.2	232.4	190.5	223.0	295.1	Indonésie
Singapore	229.2	193.3	196.4	190.4	278.9	Singapour
Malaysia	150.3	135.9	138.3	131.3	95.6	Malaisie
Thailand	65.9	69.9	82.4	e44.8	52.3	Thaïlande
United States	78.8	75.8	51.0	42.9	45.1	Etats-Unis d'Amérique
Bolivia	63.4	66.2	50.9	48.9	59.3	Bolivie
China, Hong Kong SAR	50.6	64.2	50.5	36.9	40.8	Chine - RAS de Hong-Kong
Belgium	41.7	48.2	40.8	40.9	40.5	Belgique
Peru	17.8	119.1	6.8	12.7	13.6	Pérou
Netherlands	49.9	28.7	11.5	27.3	30.0	Pays-Bas
Germany	29.5	26.9	29.4	27.1	27.0	Allemagne
Japan	22.8	28.8	22.3	30.5	32.6	Japon
Brazil	31.7	37.3	25.9	22.4	17.4	Brésil
United Kingdom	16.8	18.2	15.0	12.9	21.6	Royaume-Uni
France-Monaco	14.7	11.3	17.0	16.2	22.4	France-Monaco
Australia	22.3	12.3	9.2	9.9	11.3	Australie
Viet Nam	11.9	16.8	9.9	6.0	e5.7	Viet Nam
India	6.7	14.3	4.9	10.5	8.5	Inde
Russian Federation	5.1	12.2	9.9	9.1	3.2	Fédération de Russie
Korea, Republic of	4.2	3.9	3.5	5.4	8.0	République de Corée
Canada	6.3	7.1	3.6	3.2	4.6	Canada
Italy-San Marino-Holy See	1.9	2.8	3.5	4.9	7.3	Italie-Saint-Marin-Saint-Siège
United Arab Emirates	2.0	7.6	2.2	e2.3	e2.7	Emirates arabes unis
Spain	4.0	4.4	1.7	1.7	1.3	Espagne
Ireland	1.9	0.6	1.8	7.7	0.5	Irlande
Sweden	2.4	3.0	1.8	1.7	2.0	Suède
Latvia	0.0	2.8	4.2	2.0	0.0	Lettonie
Austria	1.2	1.9	0.9	1.3	2.4	Autriche
Philippines	1.8	1.0	1.3	1.6	0.8	Philippines

(Value as percentages of World total) **(Valeur en pourcentage du total mondial)**

Regions of the world	1994	1995	1996	1997	1998	1999	2000	2001	2002	2003	Régions du monde
World	100.0	100.0	100.0	100.0	100.0	100.0	100.0	100.0	100.0	100.0	Monde
Africa	0.2	0.1	0.1	0.1	0.0	0.0	0.0	0.0	0.1	0.1	Afrique
Americas	21.6	16.5	17.4	17.8	13.0	12.7	17.6	10.6	11.2	10.3	Amériques
- Northern America	5.8	5.7	5.8	4.7	4.8	5.4	4.8	4.2	4.0	3.7	- Amérique du Nord
- LAIA	15.7	10.7	11.6	13.0	8.2	7.3	12.8	6.4	7.2	6.7	- ALAI
- CACM	0.0	0.0	0.0	0.0	0.0	0.0	0.0	0.0	0.0	0.0	- MCC
- Caribbean	0.0	0.0	0.0	0.0	0.0	0.0	0.0	0.0	0.0	0.0	- Caraïbes
- Rest of America	0.0	0.0	0.0	0.0	0.0	0.0	0.0	0.0	0.0	0.0	- Autre d'Amérique
Asia excluding former USSR	66.1	69.0	69.4	69.9	73.5	74.8	72.2	77.9	74.2	76.4	Asie ancienne URSS exclus
- Middle East	0.4	0.5	0.4	0.4	0.1	0.1	0.4	0.2	0.4	0.3	- Moyen-Orient
Asia former USSR	0.0	0.0	0.0	0.0	0.0	0.0	0.0	0.0	0.0	0.0	Asie ancienne URSS
Europe excluding former USSR	8.5	10.7	8.9	8.8	11.8	10.7	8.5	9.6	12.5	11.8	Europe ancienne URSS exclus
- European Union	8.2	9.5	8.5	8.0	11.7	10.5	8.4	9.5	12.2	11.5	- Union Européenne
- Eastern Europe	0.1	1.1	0.3	0.8	0.1	0.1	0.1	0.1	0.2	0.2	- Europe de l'Est
- Rest of Europe	0.2	0.1	0.1	0.1	0.1	0.1	0.1	0.0	0.0	0.1	- Autre de l'Europe
Europe former USSR	3.4	3.2	3.4	2.6	0.8	0.3	1.0	1.1	1.2	0.5	Europe ancienne URSS
Oceania	0.3	0.4	0.7	0.9	0.8	1.4	0.7	0.7	0.9	0.9	Océanie

689 Miscellaneous non-ferrous base metals, employed in metallurgy

Country or area	1999	2000	2001	2002	2003	Pays ou zone
World	3672.3	4081.9	4012.2	3219.0	3721.0	Monde
Africa	13.0	16.0	16.1	15.8	19.8	Afrique
Americas	1071.8	1135.6	1129.6	818.0	851.8	Amériques
- Northern America	1007.9	1059.0	1053.3	743.7	767.3	- Amérique du Nord
- LAIA	63.2	75.9	75.8	73.8	81.9	- ALAI
- CACM	0.2	0.3	0.1	0.2	0.2	- MCC
- Caribbean	0.5	0.4	0.3	0.3	2.3	- Caraïbes
- Rest of America	0.0	0.0	0.0	0.0	0.0	- Autre d'Amérique
Asia excluding former USSR	987.8	1296.9	1136.0	984.8	1325.7	Asie ancienne URSS exclus
- Middle East	30.3	29.2	23.7	26.0	32.9	- Moyen-Orient
Asia former USSR	1.6	2.9	5.7	1.5	1.6	Asie ancienne URSS
Europe excluding former USSR	1539.9	1580.8	1668.3	1337.4	1462.1	Europe ancienne URSS exclus
- European Union	1374.9	1385.4	1467.7	1111.2	1219.6	- Union Européenne
- Eastern Europe	72.1	104.3	114.0	124.1	113.2	- Europe de l'Est
- Rest of Europe	92.9	91.0	86.7	102.2	129.3	- Autre de l'Europe
Europe former USSR	33.0	28.1	34.4	44.2	37.8	Europe ancienne URSS
Oceania	25.2	21.6	22.2	17.4	22.3	Océanie
United States	868.6	894.7	939.2	647.0	664.0	Etats-Unis d'Amérique
Japan	501.1	640.1	579.3	434.2	626.4	Japon
United Kingdom	398.9	411.6	453.0	293.2	286.7	Royaume-Uni
Germany	367.3	383.1	401.5	324.7	348.6	Allemagne
Korea, Republic of	105.1	126.4	115.9	117.7	154.4	République de Corée
Canada	139.3	164.3	114.1	96.6	103.4	Canada
France-Monaco	134.5	136.8	131.3	103.1	111.9	France-Monaco
Netherlands	143.4	101.0	94.4	77.1	98.3	Pays-Bas
China	65.8	91.8	103.9	110.2	134.7	Chine
Italy-San Marino-Holy See	117.0	94.8	91.3	96.9	90.6	Italie-Saint-Marin-Saint-Siège
Czech Republic	57.5	85.7	92.6	109.3	89.2	République tchèque
Israel	54.9	74.6	94.6	63.0	117.3	Israël
Belgium	66.6	69.8	75.5	55.4	72.4	Belgique
China, Hong Kong SAR	57.2	130.2	40.5	28.4	16.3	Chine - RAS de Hong-Kong
Norway	50.4	42.8	37.1	54.9	78.3	Norvège
Sweden	53.3	53.9	65.6	35.0	35.5	Suède
Austria	29.4	37.2	42.6	36.2	67.4	Autriche
Brazil	28.7	32.3	34.1	29.1	34.6	Brésil
Mexico	24.7	32.4	30.5	34.6	35.1	Mexique
India	22.9	24.4	29.1	29.7	39.7	Inde
Spain	30.1	31.5	31.0	22.8	28.6	Espagne
Switzerland-Liechtenstein	28.4	29.9	31.3	27.1	26.0	Suisse-Liechtenstein
Malaysia	27.2	24.8	14.9	39.7	32.7	Malaisie
Singapore	22.3	32.1	26.7	19.7	18.7	Singapour
Portugal	5.1	26.9	27.5	24.1	e24.6	Portugal
Russian Federation	20.3	14.8	21.5	26.3	23.0	Fédération de Russie
Finland	6.7	11.6	27.6	23.7	31.9	Finlande
Australia	23.2	19.9	20.3	15.6	20.4	Australie
Thailand	13.0	18.6	15.3	e16.9	19.9	Thaïlande
Slovenia	12.0	15.4	14.0	15.2	19.3	Slovénie

(Value as percentages of World total)   **(Valeur en pourcentage du total mondial)**

Regions of the world	1994	1995	1996	1997	1998	1999	2000	2001	2002	2003	Régions du monde
World	100.0	100.0	100.0	100.0	100.0	100.0	100.0	100.0	100.0	100.0	Monde
Africa	0.6	0.5	0.4	0.4	0.2	0.4	0.4	0.4	0.5	0.5	Afrique
Americas	27.3	27.0	31.1	32.7	31.8	29.2	27.8	28.2	25.4	22.9	Amériques
- Northern America	25.4	25.2	29.4	30.9	28.8	27.4	25.9	26.3	23.1	20.6	- Amérique du Nord
- LAIA	1.8	1.8	1.7	1.8	3.0	1.7	1.9	1.9	2.3	2.2	- ALAI
- CACM	0.0	0.0	0.0	0.0	0.0	0.0	0.0	0.0	0.0	0.0	- MCC
- Caribbean	0.0	0.0	0.0	0.0	0.0	0.0	0.0	0.0	0.0	0.1	- Caraïbes
- Rest of America	0.0	0.0	0.0	0.0	0.0	0.0	0.0	0.0	0.0	0.0	- Autre d'Amérique
Asia excluding former USSR	29.4	29.5	28.2	26.7	24.2	26.9	31.8	28.3	30.6	35.6	Asie ancienne URSS exclus
- Middle East	0.4	0.5	0.4	0.7	0.7	0.8	0.7	0.6	0.8	0.9	- Moyen-Orient
Asia former USSR	0.0	0.0	0.1	0.1	0.2	0.0	0.1	0.1	0.0	0.0	Asie ancienne URSS
Europe excluding former USSR	41.1	41.3	38.7	38.5	42.1	41.9	38.7	41.6	41.5	39.3	Europe ancienne URSS exclus
- European Union	37.8	36.4	34.0	34.3	37.8	37.4	33.9	36.6	34.5	32.8	- Union Européenne
- Eastern Europe	0.7	2.2	2.1	2.3	1.9	2.0	2.6	2.8	3.9	3.0	- Europe de l'Est
- Rest of Europe	2.7	2.8	2.5	2.0	2.3	2.5	2.2	2.2	3.2	3.5	- Autre de l'Europe
Europe former USSR	0.6	0.7	0.6	0.7	0.8	0.9	0.7	0.9	1.4	1.0	Europe ancienne URSS
Oceania	0.9	1.0	0.9	0.8	0.8	0.7	0.5	0.6	0.5	0.6	Océanie

Autres métaux communs non ferreux utilisés en métallurgie, et cermets 689

TRADE BY COMMODITY (Value in million US dollars)
Exports by principal countries or areas

COMMERCE PAR PRODUIT (Valeur en millions de dollars EU)
Exportations selon les principaux pays ou zones

Country or area	1999	2000	2001	2002	2003	Pays ou zone
World	3385.4	3821.3	3745.5	2932.5	3697.6	Monde
Africa	269.3	208.3	170.8	140.9	186.5	Afrique
Americas	745.7	796.2	738.4	674.4	784.9	Amériques
- Northern America	713.3	755.2	703.0	638.0	746.3	- Amérique du Nord
- LAIA	32.3	40.9	35.3	36.4	38.6	- ALAI
- CACM	0.0	0.0	0.0	0.1	0.0	- MCC
- Caribbean	0.0	0.1	0.0	0.0	0.0	- Caraïbes
- Rest of America	0.0	0.0	0.0	0.0	0.0	- Autre d'Amérique
Asia excluding former USSR	878.1	1112.8	1111.0	808.4	1192.7	Asie ancienne URSS exclus
- Middle East	4.6	2.0	2.5	2.0	1.3	- Moyen-Orient
Asia former USSR	84.7	45.4	90.0	63.3	77.1	Asie ancienne URSS
Europe excluding former USSR	1063.1	1235.2	1230.3	974.8	1088.7	Europe ancienne URSS exclus
- European Union	887.1	1081.6	1083.1	841.0	899.4	- Union Européenne
- Eastern Europe	9.0	19.2	35.6	39.5	59.0	- Europe de l'Est
- Rest of Europe	167.0	134.4	111.7	94.3	130.2	- Autre de l'Europe
Europe former USSR	294.6	347.8	327.9	230.3	284.7	Europe ancienne URSS
Oceania	50.0	75.6	77.1	40.4	82.9	Océanie
China	440.2	469.1	529.5	453.1	768.4	Chine
United States	359.8	461.1	467.7	377.1	485.3	Etats-Unis d'Amérique
Canada	353.4	294.0	235.3	260.8	261.0	Canada
Germany	216.9	292.9	321.4	256.5	282.7	Allemagne
Russian Federation	259.6	295.3	260.9	172.4	213.2	Fédération de Russie
United Kingdom	220.6	257.8	260.3	211.4	198.5	Royaume-Uni
Japan	203.1	273.0	289.1	152.1	214.5	Japon
Finland	115.2	135.7	122.4	102.1	115.9	Finlande
France-Monaco	97.9	123.8	119.3	68.7	64.9	France-Monaco
Netherlands	102.5	115.0	96.5	60.4	95.7	Pays-Bas
Norway	136.1	101.3	74.3	63.0	91.7	Norvège
Zambia	107.3	45.2	98.5	83.0	e90.2	Zambie
Israel	76.9	76.2	71.8	61.3	52.4	Israël
Kazakhstan	75.8	38.1	82.7	e56.2	74.8	Kazakhstan
Australia	49.9	74.0	77.0	40.4	82.8	Australie
China, Hong Kong SAR	66.2	136.5	42.2	29.5	18.7	Chine - RAS de Hong-Kong
Ukraine	30.2	47.2	61.4	49.3	e63.4	Ukraine
Philippines	28.0	43.1	73.4	30.0	35.6	Philippines
Belgium	41.6	40.5	50.0	24.1	20.9	Belgique
Thailand	20.3	54.7	35.1	e27.4	32.0	Thaïlande
Austria	14.5	28.3	29.0	45.4	45.1	Autriche
Switzerland-Liechtenstein	24.6	27.9	32.1	24.4	30.3	Suisse-Liechtenstein
Congo	e25.2	e65.9	e22.7	e8.5	e11.5	Congo
Czech Republic	5.5	13.3	30.1	36.4	48.0	République tchèque
Morocco	13.9	35.1	25.9	20.5	28.3	Maroc
Luxembourg	20.3	25.1	23.1	12.2	19.8	Luxembourg
Sweden	23.1	27.7	18.2	13.7	13.2	Suède
South Africa	–	35.7	5.3	16.2	35.3	Afrique du Sud
Democratic Republic of the Congo	e26.1	e19.6	e15.1	e10.4	e17.6	République démocratique du Congo
Italy-San Marino-Holy See	17.1	12.3	17.0	25.3	16.3	Italie-Saint-Marin-Saint-Siège

(Value as percentages of World total)

(Valeur en pourcentage du total mondial)

Regions of the world	1994	1995	1996	1997	1998	1999	2000	2001	2002	2003	Régions du monde
World	100.0	100.0	100.0	100.0	100.0	100.0	100.0	100.0	100.0	100.0	Monde
Africa	5.3	4.2	4.0	4.1	6.7	8.0	5.5	4.6	4.8	5.0	Afrique
Americas	22.3	23.6	25.7	25.3	25.7	22.0	20.8	19.7	23.0	21.2	Amériques
- Northern America	21.0	22.6	24.8	24.4	24.9	21.1	19.8	18.8	21.8	20.2	- Amérique du Nord
- LAIA	1.3	1.1	0.9	1.0	0.8	1.0	1.1	0.9	1.2	1.0	- ALAI
- CACM	0.0	0.0	0.0	0.0	0.0	0.0	0.0	0.0	0.0	0.0	- MCC
- Caribbean	0.0	0.0	0.0	0.0	0.0	0.0	0.0	0.0	0.0	0.0	- Caraïbes
- Rest of America	0.0	0.0	0.0	0.0	0.0	0.0	0.0	0.0	0.0	0.0	- Autre d'Amérique
Asia excluding former USSR	20.8	23.0	19.5	22.2	21.3	25.9	29.1	29.7	27.6	32.3	Asie ancienne URSS exclus
- Middle East	0.1	0.1	0.1	0.1	0.1	0.1	0.1	0.1	0.1	0.0	- Moyen-Orient
Asia former USSR	2.0	2.6	3.0	3.3	3.6	2.5	1.2	2.4	2.2	2.1	Asie ancienne URSS
Europe excluding former USSR	37.2	35.1	35.3	30.7	30.9	31.4	32.3	32.8	33.2	29.4	Europe ancienne URSS exclus
- European Union	30.4	26.8	29.5	25.8	25.1	26.2	28.3	28.9	28.7	24.3	- Union Européenne
- Eastern Europe	0.4	2.1	0.2	0.1	0.2	0.3	0.5	0.9	1.3	1.6	- Europe de l'Est
- Rest of Europe	6.4	6.2	5.5	4.8	5.6	4.9	3.5	3.0	3.2	3.5	- Autre de l'Europe
Europe former USSR	12.3	11.2	12.3	13.9	10.2	8.7	9.1	8.8	7.9	7.7	Europe ancienne URSS
Oceania	0.1	0.1	0.3	0.6	1.5	1.5	2.0	2.1	1.4	2.2	Océanie

691 Structures and parts, nes, of iron, steel or aluminium

TRADE BY COMMODITY (Value in million US dollars)
Imports by principal countries or areas

COMMERCE PAR PRODUIT (Valeur en millions de dollars EU)
Importations selon les principaux pays ou zones

Country or area	1999	2000	2001	2002	2003	Pays ou zone
World	13205.6	12287.2	12837.6	13925.1	16132.7	Monde
Africa	760.1	458.7	545.3	594.5	697.3	Afrique
Americas	2145.2	2476.3	2588.0	2670.1	2648.4	Amériques
- Northern America	1425.6	1769.9	1984.6	2128.7	2126.6	- Amérique du Nord
- LAIA	505.5	475.2	365.3	318.0	278.8	- ALAI
- CACM	71.6	74.8	67.8	55.3	61.1	- MCC
- Caribbean	120.6	136.6	152.7	147.8	148.6	- Caraïbes
- Rest of America	21.9	19.8	17.6	20.3	33.3	- Autre d'Amérique
Asia excluding former USSR	2587.9	2374.4	2522.7	2625.6	2844.2	Asie ancienne URSS exclus
- Middle East	555.6	600.1	609.1	605.6	636.4	- Moyen-Orient
Asia former USSR	192.8	84.7	88.6	106.0	161.4	Asie ancienne URSS
Europe excluding former USSR	7168.5	6558.1	6704.6	7377.6	9138.5	Europe ancienne URSS exclus
- European Union	5562.7	5184.5	5232.8	5675.3	6999.8	- Union Européenne
- Eastern Europe	569.3	540.1	564.1	655.3	891.4	- Europe de l'Est
- Rest of Europe	1036.5	833.5	907.8	1047.0	1247.2	- Autre de l'Europe
Europe former USSR	206.3	206.8	279.9	403.8	438.5	Europe ancienne URSS
Oceania	144.9	128.2	108.5	147.5	204.4	Océanie
United States	1161.1	1499.9	1717.3	1830.5	1780.3	Etats-Unis d'Amérique
Germany	1694.8	1424.6	1447.3	1450.1	1632.1	Allemagne
France-Monaco	665.6	724.8	689.0	788.9	1028.4	France-Monaco
United Kingdom	497.5	504.9	474.6	630.2	864.2	Royaume-Uni
Japan	369.6	436.2	541.9	594.3	691.0	Japon
Switzerland-Liechtenstein	426.0	417.7	439.4	476.1	558.2	Suisse-Liechtenstein
Austria	435.7	394.0	428.5	434.0	545.2	Autriche
Belgium	430.6	372.4	386.0	386.1	502.1	Belgique
Netherlands	407.0	381.3	377.1	413.7	475.1	Pays-Bas
Norway	419.8	239.7	272.8	322.0	374.4	Norvège
China, Hong Kong SAR	270.1	284.6	289.9	326.2	332.6	Chine - RAS de Hong-Kong
Denmark	266.5	258.5	271.9	281.2	342.1	Danemark
Spain	253.7	213.6	257.4	289.3	367.8	Espagne
Canada	252.6	264.2	259.5	284.8	315.4	Canada
Italy-San Marino-Holy See	244.1	243.0	256.8	296.2	318.4	Italie-Saint-Marin-Saint-Siège
Poland	253.7	215.0	192.0	208.1	247.8	Pologne
Singapore	253.0	237.9	199.8	157.0	138.2	Singapour
Korea, Republic of	309.3	142.7	138.7	172.3	154.6	République de Corée
China	168.9	148.7	164.0	181.7	246.1	Chine
Ireland	147.9	155.1	155.8	181.2	236.2	Irlande
Sweden	196.2	135.3	131.1	136.1	200.4	Suède
United Arab Emirates	105.5	164.7	160.8	e165.0	e193.4	Emirates arabes unis
Czech Republic	115.0	118.4	125.1	143.4	202.6	République tchèque
Russian Federation	123.2	77.5	116.0	169.8	211.9	Fédération de Russie
Mexico	138.0	160.2	139.6	127.7	124.0	Mexique
Hungary	99.1	97.6	104.9	128.9	183.0	Hongrie
Turkey	116.0	97.7	163.3	136.2	82.9	Turquie
Portugal	103.2	108.5	125.0	126.7	e129.4	Portugal
Philippines	80.7	96.9	134.1	98.4	128.2	Philippines
Finland	75.8	86.8	100.2	96.5	123.2	Finlande

(Value as percentages of World total)　　　　　　　　　　　　　**(Valeur en pourcentage du total mondial)**

Regions of the world	1994	1995	1996	1997	1998	1999	2000	2001	2002	2003	Régions du monde
World	100.0	100.0	100.0	100.0	100.0	100.0	100.0	100.0	100.0	100.0	Monde
Africa	3.9	4.2	3.6	5.2	4.1	5.8	3.7	4.2	4.3	4.3	Afrique
Americas	9.3	9.1	10.3	11.7	14.3	16.2	20.2	20.2	19.2	16.4	Amériques
- Northern America	4.6	5.2	6.0	7.0	8.8	10.8	14.4	15.5	15.3	13.2	- Amérique du Nord
- LAIA	2.9	2.3	2.9	3.3	3.8	3.8	3.9	2.8	2.3	1.7	- ALAI
- CACM	0.3	0.3	0.2	0.3	0.5	0.5	0.6	0.5	0.4	0.4	- MCC
- Caribbean	1.0	1.1	0.9	1.0	1.0	0.9	1.1	1.2	1.1	0.9	- Caraïbes
- Rest of America	0.4	0.2	0.1	0.1	0.2	0.2	0.2	0.1	0.1	0.2	- Autre d'Amérique
Asia excluding former USSR	28.0	26.1	28.0	30.4	24.3	19.6	19.3	19.7	18.9	17.6	Asie ancienne URSS exclus
- Middle East	5.7	5.1	4.7	4.8	5.7	4.2	4.9	4.7	4.3	3.9	- Moyen-Orient
Asia former USSR	0.6	0.3	0.7	0.5	0.8	1.5	0.7	0.7	0.8	1.0	Asie ancienne URSS
Europe excluding former USSR	55.5	56.9	53.9	48.1	52.6	54.3	53.4	52.2	53.0	56.6	Europe ancienne URSS exclus
- European Union	43.2	44.8	43.3	37.9	39.0	42.1	42.2	40.8	40.8	43.4	- Union Européenne
- Eastern Europe	2.8	3.4	4.1	4.1	4.3	4.3	4.4	4.4	4.7	5.5	- Europe de l'Est
- Rest of Europe	9.5	8.7	6.6	6.1	8.9	7.8	6.8	7.1	7.5	7.7	- Autre de l'Europe
Europe former USSR	2.2	2.6	2.2	2.5	2.6	1.6	1.7	2.2	2.9	2.7	Europe ancienne URSS
Oceania	0.7	0.8	1.4	1.5	1.3	1.1	1.0	0.8	1.1	1.3	Océanie

Constructions et parties de constructions, n.d.a., en fer, en acier ou en aluminium 691

Country or area	1999	2000	2001	2002	2003	Pays ou zone
World	13729.7	13387.3	13968.1	15360.3	17640.7	Monde
Africa	160.0	187.8	138.4	166.9	223.2	Afrique
Americas	1883.2	2169.1	2147.7	2168.2	2047.5	Amériques
- Northern America	1563.1	1759.4	1762.0	1769.1	1659.6	- Amérique du Nord
- LAIA	295.9	376.0	357.5	375.2	356.8	- ALAI
- CACM	10.5	14.4	14.2	10.9	16.9	- MCC
- Caribbean	13.4	18.4	13.1	11.8	13.7	- Caraïbes
- Rest of America	0.3	0.9	0.9	1.1	0.6	- Autre d'Amérique
Asia excluding former USSR	2233.0	2224.9	2375.9	2838.3	3333.1	Asie ancienne URSS exclus
- Middle East	236.8	276.2	330.3	387.8	476.8	- Moyen-Orient
Asia former USSR	2.1	1.7	2.3	1.6	2.7	Asie ancienne URSS
Europe excluding former USSR	9170.2	8352.2	8902.2	9654.1	11523.9	Europe ancienne URSS exclus
- European Union	7821.4	6933.9	7339.0	7914.3	9320.8	- Union Européenne
- Eastern Europe	920.1	970.5	1127.6	1286.3	1644.0	- Europe de l'Est
- Rest of Europe	428.7	447.8	435.6	453.5	559.1	- Autre de l'Europe
Europe former USSR	205.9	396.6	355.3	472.6	441.0	Europe ancienne URSS
Oceania	75.3	55.0	46.4	58.7	69.3	Océanie
Germany	2181.2	2046.5	2246.1	2432.8	2875.0	Allemagne
Canada	825.9	1038.8	1090.7	1130.2	947.7	Canada
China	573.0	702.1	899.5	1100.3	1349.4	Chine
Italy-San Marino-Holy See	954.7	835.2	861.5	929.3	1038.6	Italie-Saint-Marin-Saint-Siège
United States	737.2	720.6	671.3	638.8	711.9	Etats-Unis d'Amérique
Netherlands	771.8	614.6	611.3	693.5	761.0	Pays-Bas
Belgium	652.0	599.8	601.5	654.2	770.9	Belgique
United Kingdom	704.7	525.2	600.8	549.6	805.3	Royaume-Uni
France-Monaco	693.0	591.1	556.8	577.3	638.2	France-Monaco
Poland	382.8	415.3	514.9	609.2	785.8	Pologne
Austria	543.4	416.9	431.4	499.1	633.4	Autriche
Korea, Republic of	553.2	442.5	355.9	508.7	477.7	République de Corée
Denmark	364.0	327.6	363.1	445.2	457.8	Danemark
Czech Republic	292.3	329.1	377.9	394.1	498.8	République tchèque
Sweden	302.9	292.8	287.2	320.2	391.9	Suède
Spain	264.1	280.5	299.0	289.6	372.8	Espagne
Finland	211.7	217.7	277.6	231.4	265.8	Finlande
Mexico	182.8	247.9	233.1	259.7	241.7	Mexique
Switzerland-Liechtenstein	226.3	207.3	202.7	224.5	263.5	Suisse-Liechtenstein
Russian Federation	120.1	275.8	163.7	225.2	221.2	Fédération de Russie
Japan	236.9	162.1	154.7	159.9	210.4	Japon
Thailand	116.3	129.5	165.7	e207.9	242.9	Thaïlande
Turkey	97.6	102.0	137.8	173.0	244.6	Turquie
Hungary	139.4	132.1	132.1	148.9	177.2	Hongrie
Malaysia	118.1	121.2	119.1	120.8	149.9	Malaisie
Norway	105.1	142.1	112.7	95.1	132.6	Norvège
South Africa	–	158.8	111.5	122.6	146.9	Afrique du Sud
Estonia	58.5	81.2	122.0	168.7	108.0	Estonie
Ireland	73.4	76.6	71.5	117.2	108.7	Irlande
India	93.7	84.7	62.6	76.9	116.5	Inde

(Value as percentages of World total)   **(Valeur en pourcentage du total mondial)**

Regions of the world	1994	1995	1996	1997	1998	1999	2000	2001	2002	2003	Régions du monde
World	100.0	100.0	100.0	100.0	100.0	100.0	100.0	100.0	100.0	100.0	Monde
Africa	0.7	0.9	1.0	1.0	0.9	1.2	1.4	1.0	1.1	1.3	Afrique
Americas	9.1	8.1	10.1	11.6	13.4	13.7	16.2	15.4	14.1	11.6	Amériques
- Northern America	7.6	6.8	8.8	10.0	11.0	11.4	13.1	12.6	11.5	9.4	- Amérique du Nord
- LAIA	1.3	1.2	1.2	1.4	2.2	2.2	2.8	2.6	2.4	2.0	- ALAI
- CACM	0.1	0.1	0.0	0.0	0.1	0.1	0.1	0.1	0.1	0.1	- MCC
- Caribbean	0.1	0.1	0.1	0.1	0.2	0.1	0.1	0.1	0.1	0.1	- Caraïbes
- Rest of America	0.0	0.0	0.0	0.0	0.0	0.0	0.0	0.0	0.0	0.0	- Autre d'Amérique
Asia excluding former USSR	18.4	21.4	16.2	17.9	15.5	16.3	16.6	17.0	18.5	18.9	Asie ancienne URSS exclus
- Middle East	2.1	2.2	1.7	1.8	2.1	1.7	2.1	2.4	2.5	2.7	- Moyen-Orient
Asia former USSR	0.0	0.0	0.0	0.0	0.0	0.0	0.0	0.0	0.0	0.0	Asie ancienne URSS
Europe excluding former USSR	69.6	67.7	70.6	67.8	68.5	66.8	62.4	63.7	62.9	65.3	Europe ancienne URSS exclus
- European Union	61.3	59.0	60.7	59.1	58.5	57.0	51.8	52.5	51.5	52.8	- Union Européenne
- Eastern Europe	4.9	5.5	6.5	5.7	6.7	6.7	7.2	8.1	8.4	9.3	- Europe de l'Est
- Rest of Europe	3.4	3.2	3.3	3.0	3.3	3.1	3.3	3.1	3.0	3.2	- Autre de l'Europe
Europe former USSR	0.6	0.6	0.7	0.8	1.0	1.5	3.0	2.5	3.1	2.5	Europe ancienne URSS
Oceania	1.7	1.2	1.4	0.9	0.6	0.5	0.4	0.3	0.4	0.4	Océanie

692 Metal containers for storage and transport

Country or area	1999	2000	2001	2002	2003	Pays ou zone
World	6607.5	6405.7	6671.1	7018.2	8088.4	Monde
Africa	284.1	255.6	309.0	388.2	441.4	Afrique
Americas	1516.5	1461.6	1602.7	1478.7	1500.6	Amériques
- Northern America	935.6	935.7	923.9	1001.4	1018.8	- Amérique du Nord
- LAIA	433.9	383.2	523.7	338.6	342.1	- ALAI
- CACM	90.8	77.8	82.2	86.8	89.5	- MCC
- Caribbean	47.5	53.1	67.3	44.9	43.1	- Caraïbes
- Rest of America	8.7	11.9	5.6	7.1	7.1	- Autre d'Amérique
Asia excluding former USSR	1035.3	1139.7	1129.1	1167.5	1330.4	Asie ancienne URSS exclus
- Middle East	271.3	322.9	287.0	307.4	373.9	- Moyen-Orient
Asia former USSR	33.8	43.4	40.4	29.1	41.6	Asie ancienne URSS
Europe excluding former USSR	3570.9	3306.0	3378.1	3675.4	4465.5	Europe ancienne URSS exclus
- European Union	3037.6	2801.1	2857.8	3018.2	3657.5	- Union Européenne
- Eastern Europe	271.0	266.9	278.1	353.0	415.5	- Europe de l'Est
- Rest of Europe	262.2	238.0	242.3	304.1	392.5	- Autre de l'Europe
Europe former USSR	73.8	83.5	117.1	175.0	183.2	Europe ancienne URSS
Oceania	93.2	115.8	94.6	104.5	125.6	Océanie
United States	578.4	576.9	595.4	647.7	699.6	Etats-Unis d'Amérique
Germany	530.0	483.8	501.6	506.6	561.4	Allemagne
France-Monaco	396.0	400.7	396.4	450.1	534.6	France-Monaco
Netherlands	448.1	353.3	344.6	389.3	494.4	Pays-Bas
Belgium	348.5	338.5	379.2	393.5	460.7	Belgique
United Kingdom	362.5	310.2	286.8	329.6	431.3	Royaume-Uni
Canada	356.1	358.0	327.6	352.7	317.6	Canada
Austria	232.2	248.0	257.3	177.8	209.1	Autriche
Spain	165.2	156.4	187.5	210.4	284.4	Espagne
Japan	129.5	160.0	145.6	157.4	182.3	Japon
Mexico	145.1	164.1	139.4	145.8	151.9	Mexique
Italy-San Marino-Holy See	129.7	113.0	113.3	128.4	152.6	Italie-Saint-Marin-Saint-Siège
Denmark	103.3	92.0	95.9	118.7	159.8	Danemark
Korea, Republic of	88.9	100.8	100.2	120.0	134.4	République de Corée
Switzerland-Liechtenstein	102.9	90.5	96.6	109.1	129.6	Suisse-Liechtenstein
Poland	83.7	95.4	83.2	110.0	121.9	Pologne
China, Hong Kong SAR	86.7	97.9	98.0	100.6	109.8	Chine - RAS de Hong-Kong
Chile	61.3	61.0	206.9	62.2	57.7	Chili
China	76.2	72.5	92.0	97.3	101.9	Chine
Ireland	86.5	78.2	71.1	71.2	82.5	Irlande
Sweden	70.2	67.7	70.5	75.2	94.5	Suède
Norway	69.0	57.0	58.4	79.3	107.1	Norvège
Hungary	63.3	54.0	59.6	81.3	102.0	Hongrie
Portugal	70.3	63.8	60.9	79.9	e81.6	Portugal
Russian Federation	38.8	38.4	61.6	105.5	88.8	Fédération de Russie
United Arab Emirates	38.0	97.3	54.9	e56.3	e66.0	Emirats arabes unis
Czech Republic	51.4	47.5	56.1	63.7	71.7	République tchèque
Singapore	53.4	62.6	60.5	60.0	49.2	Singapour
Malaysia	45.7	52.7	60.0	56.2	57.0	Malaisie
Argentina	112.6	43.3	46.8	22.4	e34.3	Argentine

(Value as percentages of World total)   (Valeur en pourcentage du total mondial)

Regions of the world	1994	1995	1996	1997	1998	1999	2000	2001	2002	2003	Régions du monde
World	100.0	100.0	100.0	100.0	100.0	100.0	100.0	100.0	100.0	100.0	Monde
Africa	3.6	3.7	3.7	3.4	4.4	4.3	4.0	4.6	5.5	5.5	Afrique
Americas	18.7	19.4	18.7	21.2	22.0	23.0	22.8	24.0	21.1	18.6	Amériques
- Northern America	10.0	10.2	10.7	12.0	12.7	14.2	14.6	13.8	14.3	12.6	- Amérique du Nord
- LAIA	6.9	7.3	6.3	7.1	6.8	6.6	6.0	7.8	4.8	4.2	- ALAI
- CACM	0.8	0.9	0.8	1.1	1.5	1.4	1.2	1.2	1.2	1.1	- MCC
- Caribbean	0.8	0.8	0.7	0.8	0.9	0.7	0.8	1.0	0.6	0.5	- Caraïbes
- Rest of America	0.2	0.3	0.2	0.2	0.2	0.1	0.2	0.1	0.1	0.1	- Autre d'Amérique
Asia excluding former USSR	20.0	19.0	19.2	19.3	16.4	15.7	17.8	16.9	16.6	16.4	Asie ancienne URSS exclus
- Middle East	4.4	3.5	3.7	3.9	4.6	4.1	5.0	4.3	4.4	4.6	- Moyen-Orient
Asia former USSR	0.2	0.2	0.4	0.1	0.4	0.5	0.7	0.6	0.4	0.5	Asie ancienne URSS
Europe excluding former USSR	53.5	53.5	53.8	51.5	52.6	54.0	51.6	50.6	52.4	55.2	Europe ancienne URSS exclus
- European Union	46.0	45.6	45.6	43.5	43.8	46.0	43.7	42.8	43.0	45.2	- Union Européenne
- Eastern Europe	3.4	3.7	4.4	4.1	4.5	4.1	4.2	4.2	5.0	5.1	- Europe de l'Est
- Rest of Europe	4.2	4.2	3.8	3.9	4.2	4.0	3.7	3.6	4.3	4.9	- Autre de l'Europe
Europe former USSR	2.4	2.8	2.7	2.9	2.7	1.1	1.3	1.8	2.5	2.3	Europe ancienne URSS
Oceania	1.5	1.4	1.5	1.6	1.5	1.4	1.8	1.4	1.5	1.6	Océanie

TRADE BY COMMODITY (Value in million US dollars)
Exports by principal countries or areas

COMMERCE PAR PRODUIT (Valeur en millions de dollars EU)
Exportations selon les principaux pays ou zones

Country or area	1999	2000	2001	2002	2003	Pays ou zone
World	6961.6	6774.3	6789.0	7194.8	8380.0	Monde
Africa	84.8	48.5	51.9	51.4	77.3	Afrique
Americas	1307.0	1351.1	1323.7	1330.9	1328.8	Amériques
- Northern America	1002.1	1024.9	1003.3	1001.7	966.9	- Amérique du Nord
- LAIA	253.0	269.8	277.0	288.3	311.7	- ALAI
- CACM	33.1	34.1	24.9	21.3	20.0	- MCC
- Caribbean	12.1	17.0	11.8	11.4	12.7	- Caraïbes
- Rest of America	6.7	5.4	6.8	8.3	17.5	- Autre d'Amérique
Asia excluding former USSR	978.2	1082.7	1051.9	1102.9	1337.7	Asie ancienne URSS exclus
- Middle East	120.4	109.9	162.2	148.1	174.7	- Moyen-Orient
Asia former USSR	2.4	7.9	7.0	9.5	7.0	Asie ancienne URSS
Europe excluding former USSR	4476.4	4153.4	4202.1	4530.1	5445.8	Europe ancienne URSS exclus
- European Union	3914.8	3565.1	3571.8	3866.4	4596.1	- Union Européenne
- Eastern Europe	390.0	415.7	458.6	488.5	660.2	- Europe de l'Est
- Rest of Europe	171.5	172.6	171.7	175.3	189.5	- Autre de l'Europe
Europe former USSR	46.6	54.0	71.8	86.8	101.8	Europe ancienne URSS
Oceania	66.2	76.6	80.7	83.2	81.5	Océanie
Germany	870.5	740.4	761.5	846.5	1001.6	Allemagne
United States	711.7	728.6	703.6	701.5	661.3	Etats-Unis d'Amérique
France-Monaco	582.5	496.4	467.0	558.5	623.4	France-Monaco
Italy-San Marino-Holy See	504.8	452.3	486.4	486.8	579.4	Italie-Saint-Marin-Saint-Siège
United Kingdom	472.2	450.0	410.9	409.1	437.8	Royaume-Uni
Spain	303.7	287.8	285.7	328.0	433.6	Espagne
Netherlands	272.4	323.8	309.1	311.4	366.7	Pays-Bas
Canada	290.4	296.2	299.7	300.2	305.5	Canada
Belgium	314.2	250.7	255.5	299.5	312.9	Belgique
China	134.1	156.9	177.5	242.1	304.9	Chine
Poland	136.2	147.1	167.0	186.9	224.6	Pologne
Czech Republic	138.7	150.2	159.9	167.9	240.9	République tchèque
Mexico	147.8	158.6	153.8	189.6	186.2	Mexique
Korea, Republic of	209.7	192.0	132.8	136.5	151.9	République de Corée
Sweden	141.4	135.4	145.8	162.1	194.6	Suède
Austria	129.4	128.2	128.3	127.4	212.7	Autriche
Denmark	129.6	113.9	125.9	133.8	173.7	Danemark
Portugal	97.0	104.1	107.6	127.7	e148.1	Portugal
Switzerland-Liechtenstein	106.2	110.6	107.5	112.0	122.8	Suisse-Liechtenstein
China, Hong Kong SAR	110.2	120.2	122.9	99.6	105.6	Chine - RAS de Hong-Kong
Japan	95.0	111.7	83.7	84.4	115.8	Japon
Indonesia	75.7	88.9	109.6	89.7	122.0	Indonésie
Thailand	69.7	113.0	65.4	e81.1	94.8	Thaïlande
Hungary	63.1	65.8	74.3	64.6	85.7	Hongrie
Malaysia	50.2	61.6	64.6	71.7	83.6	Malaisie
Turkey	35.3	36.2	46.2	55.6	79.6	Turquie
Slovakia	34.0	34.9	39.0	45.5	65.9	Slovaquie
Saudi Arabia	50.4	42.4	44.8	38.6	e42.4	Arabie saoudite
Singapore	30.9	36.0	37.8	45.7	48.9	Singapour
New Zealand	34.6	34.4	35.2	39.8	47.0	Nouvelle-Zélande

(Value as percentages of World total)

(Valeur en pourcentage du total mondial)

Regions of the world	1994	1995	1996	1997	1998	1999	2000	2001	2002	2003	Régions du monde
World	100.0	100.0	100.0	100.0	100.0	100.0	100.0	100.0	100.0	100.0	Monde
Africa	1.2	1.3	1.7	1.2	1.1	1.2	0.7	0.8	0.7	0.9	Afrique
Americas	17.4	17.8	18.0	20.3	19.6	18.8	19.9	19.5	18.5	15.9	Amériques
- Northern America	14.1	14.5	14.2	16.0	15.0	14.4	15.1	14.8	13.9	11.5	- Amérique du Nord
- LAIA	2.6	2.6	3.1	3.6	3.7	3.6	4.0	4.1	4.0	3.7	- ALAI
- CACM	0.3	0.3	0.3	0.4	0.5	0.5	0.5	0.4	0.3	0.2	- MCC
- Caribbean	0.3	0.3	0.2	0.2	0.2	0.2	0.3	0.2	0.2	0.2	- Caraïbes
- Rest of America	0.1	0.1	0.2	0.2	0.1	0.1	0.1	0.1	0.1	0.2	- Autre d'Amérique
Asia excluding former USSR	14.2	13.6	12.3	14.6	13.2	14.1	16.0	15.5	15.3	16.0	Asie ancienne URSS exclus
- Middle East	1.8	1.6	1.1	1.3	1.4	1.7	1.6	2.4	2.1	2.1	- Moyen-Orient
Asia former USSR	0.1	0.1	0.1	0.1	0.1	0.0	0.1	0.1	0.1	0.1	Asie ancienne URSS
Europe excluding former USSR	65.0	65.1	66.1	62.0	64.3	64.3	61.3	61.9	63.0	65.0	Europe ancienne URSS exclus
- European Union	59.3	58.6	59.0	54.8	56.3	56.2	52.6	52.6	53.7	54.8	- Union Européenne
- Eastern Europe	3.4	4.0	4.8	4.8	5.7	5.6	6.1	6.8	6.8	7.9	- Europe de l'Est
- Rest of Europe	2.2	2.4	2.3	2.5	2.4	2.5	2.5	2.5	2.4	2.3	- Autre de l'Europe
Europe former USSR	1.0	1.0	0.6	0.6	0.7	0.7	0.8	1.1	1.2	1.2	Europe ancienne URSS
Oceania	1.1	1.0	1.2	1.3	1.0	1.0	1.1	1.2	1.2	1.0	Océanie

693 Wire products (excluding insulated electrical wire); fencing grills

TRADE BY COMMODITY (Value in million US dollars)
Imports by principal countries or areas

COMMERCE PAR PRODUIT (Valeur en millions de dollars EU)
Importations selon les principaux pays ou zones

Country or area	1999	2000	2001	2002	2003	Pays ou zone
World	4615.3	4649.4	4654.4	4759.4	5602.6	Monde
Africa	193.3	180.5	180.5	219.5	232.7	Afrique
Americas	1375.8	1406.1	1402.9	1341.4	1435.6	Amériques
- Northern America	970.9	1025.9	1011.4	952.2	1019.5	- Amérique du Nord
- LAIA	312.6	293.5	304.5	304.5	323.8	- ALAI
- CACM	43.6	40.2	41.9	40.5	44.8	- MCC
- Caribbean	38.7	36.3	34.3	30.3	31.3	- Caraïbes
- Rest of America	9.9	10.4	10.7	13.9	16.2	- Autre d'Amérique
Asia excluding former USSR	659.1	749.2	823.8	800.7	977.6	Asie ancienne URSS exclus
- Middle East	131.3	173.4	242.5	201.0	230.6	- Moyen-Orient
Asia former USSR	25.6	30.5	31.8	28.0	40.3	Asie ancienne URSS
Europe excluding former USSR	2211.3	2111.0	2064.4	2219.9	2735.7	Europe ancienne URSS exclus
- European Union	1873.4	1755.8	1707.9	1811.9	2207.6	- Union Européenne
- Eastern Europe	151.4	169.3	191.3	229.0	303.9	- Europe de l'Est
- Rest of Europe	186.5	186.0	165.3	178.9	224.2	- Autre de l'Europe
Europe former USSR	68.0	82.7	81.5	72.5	81.6	Europe ancienne URSS
Oceania	82.2	89.4	69.6	77.3	98.9	Océanie
United States	779.2	804.7	792.0	747.5	810.3	Etats-Unis d'Amérique
Germany	345.9	300.1	310.9	314.8	406.2	Allemagne
France-Monaco	345.7	329.8	286.0	307.0	376.8	France-Monaco
Canada	190.7	220.0	218.4	203.2	207.6	Canada
United Kingdom	209.1	176.5	167.0	191.1	237.6	Royaume-Uni
Spain	172.4	166.4	171.0	205.9	244.6	Espagne
Italy-San Marino-Holy See	151.5	143.8	147.6	159.9	186.3	Italie-Saint-Marin-Saint-Siège
Belgium	163.0	158.7	143.6	139.0	164.0	Belgique
Mexico	106.2	116.5	115.1	115.9	154.9	Mexique
China	55.1	73.8	91.4	112.5	207.7	Chine
Austria	93.9	86.3	95.7	98.1	124.2	Autriche
Netherlands	96.9	85.1	83.7	83.4	107.0	Pays-Bas
Japan	73.0	85.3	83.8	87.1	100.8	Japon
Singapore	81.5	78.6	83.1	74.0	86.0	Singapour
Denmark	58.6	63.3	62.7	72.8	85.3	Danemark
Czech Republic	50.5	55.2	61.3	69.2	80.3	République tchèque
Australia	58.7	67.8	49.5	53.5	71.4	Australie
Sweden	56.1	68.9	59.8	55.8	56.3	Suède
Poland	40.4	47.0	48.9	62.9	85.4	Pologne
United Arab Emirates	23.0	41.9	67.2	e68.9	e80.8	Emirates arabes unis
Switzerland-Liechtenstein	55.7	68.8	48.7	45.9	60.7	Suisse-Liechtenstein
Korea, Republic of	45.4	60.3	56.5	47.2	64.9	République de Corée
Norway	57.5	53.0	48.9	53.4	54.3	Norvège
Ireland	41.4	53.4	50.3	50.3	64.9	Irlande
Brazil	46.9	45.4	47.7	61.8	54.0	Brésil
Portugal	54.5	44.8	46.2	48.7	e49.8	Portugal
Hungary	30.7	34.5	38.2	47.2	62.3	Hongrie
China, Hong Kong SAR	39.1	40.8	33.6	30.7	33.4	Chine - RAS de Hong-Kong
Thailand	34.7	32.7	33.4	e33.9	39.7	Thaïlande
Luxembourg	36.2	31.0	32.9	33.3	37.9	Luxembourg

(Value as percentages of World total)											(Valeur en pourcentage du total mondial)
Regions of the world	1994	1995	1996	1997	1998	1999	2000	2001	2002	2003	Régions du monde
World	100.0	100.0	100.0	100.0	100.0	100.0	100.0	100.0	100.0	100.0	Monde
Africa	5.0	4.3	4.8	4.9	4.0	4.2	3.9	3.9	4.6	4.2	Afrique
Americas	25.9	24.9	25.2	27.9	28.8	29.8	30.2	30.1	28.2	25.6	Amériques
- Northern America	19.7	18.7	18.2	19.1	19.1	21.0	22.1	21.7	20.0	18.2	- Amérique du Nord
- LAIA	4.6	4.7	5.7	7.0	7.8	6.8	6.3	6.5	6.4	5.8	- ALAI
- CACM	0.5	0.5	0.5	0.5	0.8	0.9	0.9	0.9	0.9	0.8	- MCC
- Caribbean	0.8	0.8	0.7	0.9	0.8	0.8	0.8	0.7	0.6	0.6	- Caraïbes
- Rest of America	0.3	0.2	0.2	0.2	0.3	0.2	0.2	0.2	0.3	0.3	- Autre d'Amérique
Asia excluding former USSR	19.9	18.4	18.4	17.9	14.6	14.3	16.1	17.7	16.8	17.4	Asie ancienne URSS exclus
- Middle East	3.4	3.6	2.8	2.8	3.0	2.8	3.7	5.2	4.2	4.1	- Moyen-Orient
Asia former USSR	0.4	0.6	0.7	0.5	0.7	0.6	0.7	0.7	0.6	0.7	Asie ancienne URSS
Europe excluding former USSR	45.8	48.9	47.8	46.1	48.6	47.9	45.4	44.4	46.6	48.8	Europe ancienne URSS exclus
- European Union	40.0	42.5	41.1	39.6	41.2	40.6	37.8	36.7	38.1	39.4	- Union Européenne
- Eastern Europe	2.0	2.6	2.9	2.6	3.3	3.3	3.6	4.1	4.8	5.4	- Europe de l'Est
- Rest of Europe	3.8	3.7	3.8	3.9	4.1	4.0	4.0	3.6	3.8	4.0	- Autre de l'Europe
Europe former USSR	1.4	1.5	1.4	1.3	1.7	1.5	1.8	1.8	1.5	1.5	Europe ancienne URSS
Oceania	1.5	1.5	1.7	1.5	1.7	1.8	1.9	1.5	1.6	1.8	Océanie

TRADE BY COMMODITY (Value in million US dollars)
Exports by principal countries or areas

COMMERCE PAR PRODUIT (Valeur en millions de dollars EU)
Exportations selon les principaux pays ou zones

Country or area	1999	2000	2001	2002	2003	Pays ou zone
World	4813.5	4848.8	4768.7	4906.6	5677.4	Monde
Africa	62.8	53.2	46.8	67.2	78.0	Afrique
Americas	815.5	1003.0	855.9	864.0	863.3	Amériques
- Northern America	533.4	715.4	589.3	595.8	587.2	- Amérique du Nord
- LAIA	262.4	273.4	251.1	250.1	259.8	- ALAI
- CACM	15.9	10.8	11.8	15.0	12.5	- MCC
- Caribbean	3.7	3.5	3.6	3.0	3.7	- Caraïbes
- Rest of America	0.0	0.0	0.1	0.0	0.1	- Autre d'Amérique
Asia excluding former USSR	1257.2	1291.0	1342.2	1382.8	1632.0	Asie ancienne URSS exclus
- Middle East	143.1	151.7	156.4	182.4	246.9	- Moyen-Orient
Asia former USSR	3.0	4.0	2.1	2.0	1.4	Asie ancienne URSS
Europe excluding former USSR	2439.9	2322.4	2353.3	2438.9	2902.0	Europe ancienne URSS exclus
- European Union	2158.6	2036.6	2051.0	2094.7	2486.6	- Union Européenne
- Eastern Europe	178.6	180.4	193.6	219.5	280.2	- Europe de l'Est
- Rest of Europe	102.7	105.5	108.7	124.7	135.2	- Autre de l'Europe
Europe former USSR	222.1	156.8	147.3	132.1	175.3	Europe ancienne URSS
Oceania	13.0	18.2	21.2	19.7	25.5	Océanie
Germany	484.7	483.1	526.9	521.3	654.8	Allemagne
United States	398.3	569.5	449.1	451.7	430.0	Etats-Unis d'Amérique
China	269.2	278.7	323.7	351.8	443.8	Chine
Italy-San Marino-Holy See	324.0	309.9	310.1	322.0	373.1	Italie-Saint-Marin-Saint-Siège
Korea, Republic of	277.8	297.4	309.5	321.9	384.4	République de Corée
France-Monaco	323.4	276.5	252.8	268.2	313.5	France-Monaco
Japan	254.1	241.5	218.5	211.6	223.6	Japon
Belgium	225.6	221.3	200.5	194.9	226.4	Belgique
United Kingdom	201.7	196.8	235.2	211.1	206.4	Royaume-Uni
Spain	202.2	192.2	178.2	179.8	204.6	Espagne
Netherlands	161.5	129.5	111.7	145.8	205.3	Pays-Bas
Canada	135.1	145.8	140.2	144.0	157.1	Canada
Mexico	129.5	131.2	121.7	116.6	119.6	Mexique
Turkey	90.3	108.0	106.9	123.2	168.5	Turquie
Belarus	81.3	82.7	77.1	78.2	105.3	Bélarus
Czech Republic	73.3	70.9	69.8	63.5	81.5	République tchèque
Luxembourg	71.9	63.3	61.4	60.0	71.3	Luxembourg
Thailand	46.3	55.5	73.9	e69.9	81.6	Thaïlande
Malaysia	72.7	55.7	69.8	56.5	61.8	Malaisie
Poland	47.1	54.7	52.2	71.4	89.1	Pologne
India	52.2	54.8	54.0	56.6	62.8	Inde
Switzerland-Liechtenstein	55.9	51.3	56.3	54.1	62.6	Suisse-Liechtenstein
Russian Federation	126.9	45.4	37.9	29.3	35.0	Fédération de Russie
Austria	50.4	46.0	49.8	56.7	71.4	Autriche
Brazil	52.9	44.8	50.7	45.0	57.4	Brésil
Venezuela	42.9	64.6	41.7	50.1	46.0	Venezuela
Saudi Arabia	44.8	35.3	33.8	43.6	e47.8	Arabie saoudite
Singapore	29.7	32.3	26.1	47.6	46.0	Singapour
Sweden	33.3	35.3	27.9	38.2	46.9	Suède
South Africa	–	38.5	39.3	46.4	57.0	Afrique du Sud

(Value as percentages of World total)

(Valeur en pourcentage du total mondial)

Regions of the world	1994	1995	1996	1997	1998	1999	2000	2001	2002	2003	Régions du monde
World	100.0	100.0	100.0	100.0	100.0	100.0	100.0	100.0	100.0	100.0	Monde
Africa	1.5	1.4	1.4	1.5	1.3	1.3	1.1	1.0	1.4	1.4	Afrique
Americas	13.8	13.5	13.3	15.1	17.4	16.9	20.7	17.9	17.6	15.2	Amériques
- Northern America	9.4	8.7	8.9	10.7	11.1	11.1	14.8	12.4	12.1	10.3	- Amérique du Nord
- LAIA	4.2	4.7	4.3	4.2	6.0	5.5	5.6	5.3	5.1	4.6	- ALAI
- CACM	0.1	0.1	0.1	0.1	0.3	0.3	0.2	0.2	0.3	0.2	- MCC
- Caribbean	0.1	0.1	0.1	0.1	0.1	0.1	0.1	0.1	0.1	0.1	- Caraïbes
- Rest of America	0.0	0.0	0.0	0.0	0.0	0.0	0.0	0.0	0.0	0.0	- Autre d'Amérique
Asia excluding former USSR	25.3	25.0	26.1	28.0	24.9	26.1	26.6	28.1	28.2	28.7	Asie ancienne URSS exclus
- Middle East	1.9	2.6	3.0	3.3	2.2	3.0	3.1	3.3	3.7	4.3	- Moyen-Orient
Asia former USSR	0.3	0.3	0.5	0.3	0.1	0.1	0.1	0.0	0.0	0.0	Asie ancienne URSS
Europe excluding former USSR	57.0	55.8	55.3	52.0	53.0	50.7	47.9	49.3	49.7	51.1	Europe ancienne URSS exclus
- European Union	52.2	50.4	49.8	46.3	46.7	44.8	42.0	43.0	42.7	43.8	- Union Européenne
- Eastern Europe	2.7	3.2	3.2	3.4	4.1	3.7	3.7	4.1	4.5	4.9	- Europe de l'Est
- Rest of Europe	2.1	2.2	2.3	2.3	2.2	2.1	2.2	2.3	2.5	2.4	- Autre de l'Europe
Europe former USSR	1.5	3.4	2.6	2.8	3.0	4.6	3.2	3.1	2.7	3.1	Europe ancienne URSS
Oceania	0.6	0.5	0.9	0.4	0.3	0.3	0.4	0.4	0.4	0.4	Océanie

694 Nails, screws, nuts, bolts, rivets, etc, of iron, steel or copper

TRADE BY COMMODITY (Value in million US dollars)
Imports by principal countries or areas

COMMERCE PAR PRODUIT (Valeur en millions de dollars EU)
Importations selon les principaux pays ou zones

Country or area	1999	2000	2001	2002	2003	Pays ou zone
World	13190.9	14407.6	13752.1	14306.7	16918.2	Monde
Africa	217.1	230.9	253.7	251.6	294.0	Afrique
Americas	5116.0	5777.6	5169.6	5211.5	5677.0	Amériques
- Northern America	3651.8	4025.1	3507.3	3737.3	4146.1	- Amérique du Nord
- LAIA	1380.7	1670.4	1579.5	1392.7	1448.9	- ALAI
- CACM	37.9	37.1	38.9	41.1	40.6	- MCC
- Caribbean	34.6	34.2	33.4	30.5	32.0	- Caraïbes
- Rest of America	11.1	10.7	10.5	9.9	9.4	- Autre d'Amérique
Asia excluding former USSR	1870.6	2264.1	2283.0	2499.4	3063.2	Asie ancienne URSS exclus
- Middle East	231.2	263.7	305.4	305.7	398.4	- Moyen-Orient
Asia former USSR	17.2	22.7	21.2	30.3	40.9	Asie ancienne URSS
Europe excluding former USSR	5686.2	5816.3	5724.1	5955.9	7378.6	Europe ancienne URSS exclus
- European Union	4867.1	4913.8	4781.0	4874.6	5985.0	- Union Européenne
- Eastern Europe	448.5	529.0	581.9	706.6	946.1	- Europe de l'Est
- Rest of Europe	370.5	373.5	361.2	374.7	447.5	- Autre de l'Europe
Europe former USSR	70.2	82.5	95.5	117.1	165.9	Europe ancienne URSS
Oceania	213.7	213.4	205.0	240.8	298.6	Océanie
United States	2650.9	3001.3	2593.6	2785.8	3165.0	Etats-Unis d'Amérique
Germany	1162.9	1160.8	1165.1	1149.7	1470.2	Allemagne
Mexico	1035.5	1290.7	1188.3	1063.4	1080.5	Mexique
Canada	1000.1	1023.3	912.8	950.3	979.1	Canada
France-Monaco	716.6	759.1	732.1	769.1	924.5	France-Monaco
United Kingdom	642.4	680.0	622.9	673.1	797.3	Royaume-Uni
China	298.7	380.9	439.6	579.4	829.0	Chine
Spain	459.9	398.7	363.8	361.9	466.4	Espagne
Belgium	374.0	381.9	407.5	384.5	459.4	Belgique
Japan	286.8	339.7	346.6	339.3	405.3	Japon
Netherlands	301.2	305.2	302.0	316.5	361.9	Pays-Bas
Italy-San Marino-Holy See	291.6	309.5	296.5	293.8	366.2	Italie-Saint-Marin-Saint-Siège
Austria	266.4	254.8	262.7	279.8	345.1	Autriche
Sweden	252.9	261.3	227.2	234.6	300.1	Suède
Thailand	206.0	224.1	224.8	e253.4	297.1	Thaïlande
Czech Republic	131.1	158.2	194.3	240.3	305.9	République tchèque
Switzerland-Liechtenstein	199.7	213.4	197.5	189.2	227.8	Suisse-Liechtenstein
Brazil	157.8	190.1	204.0	183.5	214.8	Brésil
Australia	167.0	170.5	160.2	191.2	234.1	Australie
Malaysia	145.7	178.0	176.4	192.4	204.6	Malaisie
Singapore	194.6	205.3	159.5	168.1	167.5	Singapour
Hungary	132.8	147.3	151.3	167.3	214.3	Hongrie
Poland	115.4	141.7	137.9	175.8	235.8	Pologne
China, Hong Kong SAR	127.0	145.8	130.3	146.5	160.4	Chine - RAS de Hong-Kong
Denmark	118.2	117.5	126.9	125.6	145.8	Danemark
Korea, Republic of	80.9	135.2	104.5	106.1	122.3	République de Corée
Indonesia	42.8	94.2	100.8	108.5	121.6	Indonésie
Norway	86.8	82.1	81.1	89.2	105.5	Norvège
Finland	83.8	88.6	85.6	81.1	97.9	Finlande
Turkey	63.2	80.5	63.2	85.5	134.9	Turquie

(Value as percentages of World total) — **(Valeur en pourcentage du total mondial)**

Regions of the world	1994	1995	1996	1997	1998	1999	2000	2001	2002	2003	Régions du monde
World	100.0	100.0	100.0	100.0	100.0	100.0	100.0	100.0	100.0	100.0	Monde
Africa	2.1	2.1	2.0	1.9	1.9	1.6	1.6	1.8	1.8	1.7	Afrique
Americas	35.7	32.6	34.1	36.2	37.3	38.8	40.1	37.6	36.4	33.6	Amériques
- Northern America	28.5	25.6	25.3	26.0	26.6	27.7	27.9	25.5	26.1	24.5	- Amérique du Nord
- LAIA	6.5	6.4	8.2	9.5	10.1	10.5	11.6	11.5	9.7	8.6	- ALAI
- CACM	0.3	0.2	0.2	0.3	0.3	0.3	0.3	0.3	0.3	0.2	- MCC
- Caribbean	0.3	0.3	0.3	0.3	0.3	0.3	0.2	0.2	0.2	0.2	- Caraïbes
- Rest of America	0.1	0.1	0.1	0.1	0.1	0.1	0.1	0.1	0.1	0.1	- Autre d'Amérique
Asia excluding former USSR	17.8	16.7	18.0	16.9	13.5	14.2	15.7	16.6	17.5	18.1	Asie ancienne URSS exclus
- Middle East	2.2	2.2	2.4	2.3	2.2	1.8	1.8	2.2	2.1	2.4	- Moyen-Orient
Asia former USSR	0.1	0.1	0.2	0.1	0.2	0.1	0.2	0.2	0.2	0.2	Asie ancienne URSS
Europe excluding former USSR	41.8	46.0	43.4	42.3	44.8	43.1	40.4	41.6	41.6	43.6	Europe ancienne URSS exclus
- European Union	37.2	40.7	38.0	36.7	38.5	36.9	34.1	34.8	34.1	35.4	- Union Européenne
- Eastern Europe	1.1	1.7	2.0	2.6	3.3	3.4	3.7	4.2	4.9	5.6	- Europe de l'Est
- Rest of Europe	3.4	3.7	3.4	3.1	3.0	2.8	2.6	2.6	2.6	2.6	- Autre de l'Europe
Europe former USSR	0.4	0.5	0.5	0.7	0.7	0.5	0.6	0.7	0.8	1.0	Europe ancienne URSS
Oceania	2.1	2.0	1.9	1.9	1.6	1.6	1.5	1.5	1.7	1.8	Océanie

Clous, vis, écrous, boulons, rondelles et articles similaires, en fer, en acier ou en cuivre 694

TRADE BY COMMODITY (Value in million US dollars)
Exports by principal countries or areas

COMMERCE PAR PRODUIT (Valeur en millions de dollars EU)
Exportations selon les principaux pays ou zones

Country or area	1999	2000	2001	2002	2003	Pays ou zone
World	11264.1	12175.9	11306.3	12101.0	14337.0	Monde
Africa	27.7	18.7	20.9	24.8	32.7	Afrique
Americas	2134.8	2359.5	2084.4	2101.2	2208.6	Amériques
- Northern America	1966.5	2169.0	1882.7	1921.4	2002.8	- Amérique du Nord
- LAIA	158.6	177.9	188.7	162.6	191.4	- ALAI
- CACM	6.8	8.9	9.5	13.8	10.8	- MCC
- Caribbean	2.9	3.4	3.1	3.2	3.5	- Caraïbes
- Rest of America	0.1	0.3	0.3	0.2	0.1	- Autre d'Amérique
Asia excluding former USSR	3882.7	4576.6	4088.0	4534.8	5350.7	Asie ancienne URSS exclus
- Middle East	46.5	55.3	57.3	58.5	80.8	- Moyen-Orient
Asia former USSR	0.8	0.3	0.3	0.2	0.4	Asie ancienne URSS
Europe excluding former USSR	5137.2	5131.8	5019.7	5336.9	6590.2	Europe ancienne URSS exclus
- European Union	4244.6	4201.6	4115.0	4430.7	5503.8	- Union Européenne
- Eastern Europe	234.1	247.0	266.9	289.3	378.0	- Europe de l'Est
- Rest of Europe	658.5	683.2	637.8	616.9	708.4	- Autre de l'Europe
Europe former USSR	51.5	63.9	69.1	77.5	118.1	Europe ancienne URSS
Oceania	29.3	25.0	24.0	25.5	36.3	Océanie
Germany	1579.2	1574.1	1625.7	1771.0	2147.3	Allemagne
United States	1564.8	1745.2	1541.6	1549.1	1614.2	Etats-Unis d'Amérique
Japan	1101.6	1312.2	1127.6	1228.8	1355.1	Japon
China	488.6	632.1	663.0	794.7	1108.6	Chine
Italy-San Marino-Holy See	705.5	698.1	681.2	709.1	856.0	Italie-Saint-Marin-Saint-Siège
Switzerland-Liechtenstein	614.9	635.6	586.9	562.1	638.3	Suisse-Liechtenstein
France-Monaco	534.1	525.4	469.1	541.2	681.2	France-Monaco
Canada	401.7	423.8	341.1	372.3	388.6	Canada
United Kingdom	423.8	375.8	338.1	335.8	452.7	Royaume-Uni
Korea, Republic of	274.0	262.6	220.3	237.7	248.0	République de Corée
Spain	220.1	210.1	212.3	216.6	259.9	Espagne
Belgium	189.3	188.7	209.7	216.1	265.6	Belgique
Netherlands	184.6	189.2	157.2	167.1	242.4	Pays-Bas
Sweden	142.3	151.3	141.9	162.8	200.6	Suède
Austria	111.7	129.1	126.9	140.4	177.7	Autriche
Singapore	128.0	131.8	120.4	145.7	145.6	Singapour
Malaysia	98.6	112.2	103.0	105.1	126.1	Malaisie
Czech Republic	84.7	97.7	104.4	107.4	126.1	République tchèque
Mexico	83.6	101.7	113.5	95.6	111.0	Mexique
China, Hong Kong SAR	82.8	89.2	81.4	114.3	127.6	Chine - RAS de Hong-Kong
Thailand	70.2	99.1	81.9	e109.4	127.8	Thaïlande
Denmark	85.6	94.5	81.6	93.4	122.5	Danemark
India	64.0	87.8	79.0	99.2	134.4	Inde
Poland	62.3	75.6	84.3	93.5	139.4	Pologne
Brazil	47.5	49.1	44.3	39.3	52.3	Brésil
Indonesia	25.3	41.2	53.0	42.9	40.9	Indonésie
Russian Federation	30.4	34.7	36.4	37.2	63.4	Fédération de Russie
Turkey	31.2	34.3	36.1	37.6	56.2	Turquie
Finland	24.4	27.9	30.9	36.9	46.0	Finlande
Hungary	42.3	26.4	26.2	26.8	31.2	Hongrie

(Value as percentages of World total)

(Valeur en pourcentage du total mondial)

Regions of the world	1994	1995	1996	1997	1998	1999	2000	2001	2002	2003	Régions du monde
World	100.0	100.0	100.0	100.0	100.0	100.0	100.0	100.0	100.0	100.0	Monde
Africa	0.2	0.4	0.3	0.3	0.4	0.2	0.2	0.2	0.2	0.2	Afrique
Americas	16.6	14.7	18.0	18.1	17.9	19.0	19.4	18.4	17.4	15.4	Amériques
- Northern America	15.2	13.5	16.7	16.2	16.3	17.5	17.8	16.7	15.9	14.0	- Amérique du Nord
- LAIA	1.2	1.0	1.3	1.8	1.5	1.4	1.5	1.7	1.3	1.3	- ALAI
- CACM	0.0	0.0	0.0	0.0	0.1	0.1	0.1	0.1	0.1	0.1	- MCC
- Caribbean	0.2	0.1	0.0	0.0	0.0	0.0	0.0	0.0	0.0	0.0	- Caraïbes
- Rest of America	0.0	0.0	0.0	0.0	0.0	0.0	0.0	0.0	0.0	0.0	- Autre d'Amérique
Asia excluding former USSR	37.3	37.1	34.6	35.5	33.0	34.5	37.6	36.2	37.5	37.3	Asie ancienne URSS exclus
- Middle East	0.4	0.5	0.4	0.4	0.4	0.4	0.5	0.5	0.5	0.6	- Moyen-Orient
Asia former USSR	0.0	0.0	0.0	0.0	0.0	0.0	0.0	0.0	0.0	0.0	Asie ancienne URSS
Europe excluding former USSR	44.8	46.9	46.1	45.1	47.8	45.6	42.1	44.4	44.1	46.0	Europe ancienne URSS exclus
- European Union	37.1	38.6	38.2	37.5	39.3	37.7	34.5	36.4	36.6	38.4	- Union Européenne
- Eastern Europe	1.5	2.0	1.9	1.9	2.5	2.1	2.0	2.4	2.4	2.6	- Europe de l'Est
- Rest of Europe	6.2	6.2	6.0	5.7	6.0	5.8	5.6	5.6	5.1	4.9	- Autre de l'Europe
Europe former USSR	0.5	0.6	0.6	0.6	0.7	0.5	0.5	0.6	0.6	0.8	Europe ancienne URSS
Oceania	0.5	0.4	0.4	0.3	0.2	0.3	0.2	0.2	0.2	0.3	Océanie

695 Tools for use in the hand or in machines

TRADE BY COMMODITY (Value in million US dollars)
Imports by principal countries or areas

COMMERCE PAR PRODUIT (Valeur en millions de dollars EU)
Importations selon les principaux pays ou zones

Country or area	1999	2000	2001	2002	2003	Pays ou zone
World	19300.9	20180.4	20142.4	20319.6	23468.2	Monde
Africa	452.2	457.0	502.8	538.3	579.1	Afrique
Americas	5782.7	6239.3	5915.7	6122.3	6542.1	Amériques
- Northern America	4269.6	4784.8	4424.0	4805.3	5297.6	- Amérique du Nord
- LAIA	1368.9	1324.7	1363.8	1178.7	1101.4	- ALAI
- CACM	73.9	59.2	60.2	70.4	70.1	- MCC
- Caribbean	53.9	55.2	54.2	54.2	53.0	- Caraïbes
- Rest of America	16.5	15.4	13.5	13.7	19.9	- Autre d'Amérique
Asia excluding former USSR	3158.2	3701.9	3546.1	3791.5	4588.2	Asie ancienne URSS exclus
- Middle East	386.8	454.6	416.6	469.2	565.0	- Moyen-Orient
Asia former USSR	30.0	45.4	91.2	71.8	87.7	Asie ancienne URSS
Europe excluding former USSR	9328.6	9156.8	9477.1	9126.0	10870.5	Europe ancienne URSS exclus
- European Union	8126.7	7931.0	8223.2	7729.2	9106.4	- Union Européenne
- Eastern Europe	508.8	544.6	577.1	680.0	941.5	- Europe de l'Est
- Rest of Europe	693.2	681.3	676.8	716.8	822.6	- Autre de l'Europe
Europe former USSR	186.0	201.6	267.6	282.2	356.1	Europe ancienne URSS
Oceania	363.2	378.3	342.0	387.5	444.5	Océanie
United States	3226.4	3511.2	3305.1	3615.4	4026.4	Etats-Unis d'Amérique
Germany	1763.5	1618.3	1807.3	1711.2	2140.9	Allemagne
Canada	1035.3	1271.3	1116.7	1186.5	1265.5	Canada
United Kingdom	1096.1	1126.4	1203.0	1093.7	1145.8	Royaume-Uni
France-Monaco	927.1	991.8	946.6	981.7	1137.5	France-Monaco
Italy-San Marino-Holy See	867.3	882.7	897.3	867.5	1020.5	Italie-Saint-Marin-Saint-Siège
Netherlands	854.5	834.8	811.7	413.7	565.7	Pays-Bas
Mexico	772.5	707.0	697.9	666.1	633.6	Mexique
Belgium	611.2	614.9	652.9	650.8	768.3	Belgique
Japan	461.1	533.4	542.6	528.6	605.0	Japon
Spain	525.1	457.7	475.5	540.0	627.5	Espagne
China	240.4	313.8	370.6	544.9	826.6	Chine
Switzerland-Liechtenstein	446.5	441.5	426.4	419.3	502.9	Suisse-Liechtenstein
Sweden	393.8	376.2	399.2	385.8	419.7	Suède
Singapore	295.3	352.0	379.0	414.4	488.9	Singapour
Austria	353.8	333.6	347.0	350.2	436.8	Autriche
Thailand	284.9	354.4	391.8	e358.0	419.7	Thaïlande
China, Hong Kong SAR	294.8	340.5	311.5	337.3	344.1	Chine - RAS de Hong-Kong
Korea, Republic of	285.9	309.6	277.8	310.2	345.5	République de Corée
Australia	283.8	298.0	253.7	292.8	343.0	Australie
Malaysia	196.7	298.9	243.2	189.3	260.4	Malaisie
Denmark	217.5	201.6	199.0	221.5	239.9	Danemark
Poland	188.5	203.0	167.0	195.0	288.8	Pologne
Brazil	202.1	180.7	231.0	199.8	159.8	Brésil
Czech Republic	143.9	147.0	182.4	205.8	282.0	République tchèque
Finland	141.3	138.1	139.9	137.8	163.7	Finlande
Norway	135.2	124.9	126.8	144.1	169.1	Norvège
Russian Federation	83.8	107.2	149.1	156.4	197.4	Fédération de Russie
United Arab Emirates	96.1	132.6	136.1	e139.7	e163.7	Emirates arabes unis
Portugal	127.9	124.1	120.1	136.6	e139.6	Portugal

(Value as percentages of World total)   **(Valeur en pourcentage du total mondial)**

Regions of the world	1994	1995	1996	1997	1998	1999	2000	2001	2002	2003	Régions du monde
World	100.0	100.0	100.0	100.0	100.0	100.0	100.0	100.0	100.0	100.0	Monde
Africa	3.2	3.0	2.7	2.7	2.7	2.3	2.3	2.5	2.6	2.5	Afrique
Americas	26.5	24.8	25.7	29.5	30.2	30.0	30.9	29.4	30.1	27.9	Amériques
- Northern America	20.0	18.9	18.7	22.0	22.5	22.1	23.7	22.0	23.6	22.6	- Amérique du Nord
- LAIA	5.7	5.1	6.3	6.8	7.0	7.1	6.6	6.8	5.8	4.7	- ALAI
- CACM	0.3	0.3	0.3	0.3	0.4	0.4	0.3	0.3	0.3	0.3	- MCC
- Caribbean	0.3	0.3	0.3	0.3	0.3	0.3	0.3	0.3	0.3	0.2	- Caraïbes
- Rest of America	0.2	0.1	0.1	0.1	0.1	0.1	0.1	0.1	0.1	0.1	- Autre d'Amérique
Asia excluding former USSR	20.6	20.3	20.3	19.1	16.0	16.4	18.3	17.6	18.7	19.6	Asie ancienne URSS exclus
- Middle East	2.7	2.3	1.9	2.0	2.0	2.0	2.3	2.1	2.3	2.4	- Moyen-Orient
Asia former USSR	0.2	0.3	0.2	0.1	0.2	0.2	0.2	0.5	0.4	0.4	Asie ancienne URSS
Europe excluding former USSR	46.2	48.4	48.0	45.3	47.8	48.3	45.4	47.1	44.9	46.3	Europe ancienne URSS exclus
- European Union	40.9	42.3	41.7	39.3	41.3	42.1	39.3	40.8	38.0	38.8	- Union Européenne
- Eastern Europe	1.5	1.7	2.1	2.4	2.6	2.6	2.7	2.9	3.3	4.0	- Europe de l'Est
- Rest of Europe	3.9	4.3	4.2	3.6	3.8	3.6	3.4	3.4	3.5	3.5	- Autre de l'Europe
Europe former USSR	0.9	0.9	0.9	1.0	1.1	1.0	1.0	1.3	1.4	1.5	Europe ancienne URSS
Oceania	2.3	2.3	2.2	2.2	2.0	1.9	1.9	1.7	1.9	1.9	Océanie

TRADE BY COMMODITY (Value in million US dollars)
Exports by principal countries or areas

COMMERCE PAR PRODUIT (Valeur en millions de dollars EU)
Exportations selon les principaux pays ou zones

Country or area	1999	2000	2001	2002	2003	Pays ou zone
World	19654.5	20670.3	20733.9	21090.1	24033.1	Monde
Africa	102.1	105.6	92.3	108.0	137.7	Afrique
Americas	3074.9	3438.0	3653.8	3406.5	3256.7	Amériques
- Northern America	2645.7	3010.8	2810.9	2749.1	2895.7	- Amérique du Nord
- LAIA	408.1	404.7	824.4	636.1	342.2	- ALAI
- CACM	12.8	9.6	9.8	10.7	11.0	- MCC
- Caribbean	8.3	11.9	8.3	9.9	7.8	- Caraïbes
- Rest of America	0.1	1.0	0.5	0.6	0.0	- Autre d'Amérique
Asia excluding former USSR	5666.5	6400.4	6349.3	6724.3	7718.9	Asie ancienne URSS exclus
- Middle East	80.8	82.0	91.5	91.3	117.5	- Moyen-Orient
Asia former USSR	3.2	5.1	7.1	8.3	8.6	Asie ancienne URSS
Europe excluding former USSR	10032.5	9720.6	9778.3	10020.4	11907.7	Europe ancienne URSS exclus
- European Union	8852.2	8523.7	8550.2	8736.4	10347.0	- Union Européenne
- Eastern Europe	232.2	232.7	296.5	326.5	433.7	- Europe de l'Est
- Rest of Europe	948.2	964.3	931.5	957.5	1127.0	- Autre de l'Europe
Europe former USSR	677.9	903.8	755.1	723.6	896.8	Europe ancienne URSS
Oceania	97.3	96.8	98.0	99.0	106.7	Océanie
Germany	2920.8	2719.5	2936.6	3259.8	3800.9	Allemagne
United States	2255.8	2586.0	2416.6	2331.4	2415.5	Etats-Unis d'Amérique
Japan	1926.8	2071.2	2016.8	1989.3	2205.9	Japon
China	911.2	1109.6	1180.6	1414.8	1761.2	Chine
United Kingdom	928.5	940.7	921.4	908.7	1042.8	Royaume-Uni
Italy-San Marino-Holy See	927.7	884.8	920.0	928.0	1035.3	Italie-Saint-Marin-Saint-Siège
Switzerland-Liechtenstein	832.9	841.2	805.8	819.3	964.0	Suisse-Liechtenstein
Sweden	908.0	774.0	703.7	753.3	887.9	Suède
France-Monaco	698.8	687.7	660.0	722.9	833.1	France-Monaco
Belgium	502.6	596.1	583.9	607.8	768.6	Belgique
Netherlands	767.9	713.4	635.5	257.4	300.5	Pays-Bas
Austria	469.9	473.4	501.3	521.6	681.6	Autriche
Spain	406.1	415.4	389.6	431.9	598.4	Espagne
Israel	374.6	436.4	431.3	423.6	451.4	Israël
Canada	389.9	424.8	394.2	417.7	480.1	Canada
Russian Federation	644.5	851.2	348.3	93.0	91.9	Fédération de Russie
Korea, Republic of	281.9	341.2	361.0	394.3	509.7	République de Corée
Ukraine	12.5	30.0	380.1	599.6	e771.9	Ukraine
Mexico	242.5	233.4	630.5	454.4	149.7	Mexique
China, Hong Kong SAR	298.9	344.4	311.3	358.5	352.3	Chine - RAS de Hong-Kong
Singapore	200.7	253.3	297.6	342.5	398.9	Singapour
India	144.8	185.6	176.7	191.9	243.7	Inde
Czech Republic	98.9	105.7	148.2	160.9	220.0	République tchèque
Brazil	93.3	105.0	112.8	104.4	136.5	Brésil
Denmark	88.5	94.4	95.7	105.8	119.9	Danemark
Ireland	77.6	64.5	75.1	81.5	87.6	Irlande
Slovenia	57.7	62.7	68.2	78.4	105.0	Slovénie
Poland	51.8	59.2	62.9	74.6	104.0	Pologne
South Africa	–	80.8	69.5	76.3	97.7	Afrique du Sud
Malaysia	37.3	54.7	73.1	69.8	89.0	Malaisie

(Value as percentages of World total)　　　　　　　　　　　　　　　**(Valeur en pourcentage du total mondial)**

Regions of the world	1994	1995	1996	1997	1998	1999	2000	2001	2002	2003	Régions du monde
World	100.0	100.0	100.0	100.0	100.0	100.0	100.0	100.0	100.0	100.0	Monde
Africa	0.5	0.6	0.5	0.6	0.5	0.5	0.5	0.4	0.5	0.6	Afrique
Americas	14.3	13.4	13.9	16.7	16.5	15.6	16.6	17.6	16.2	13.6	Amériques
- Northern America	12.4	11.8	12.3	14.5	14.4	13.5	14.6	13.6	13.0	12.0	- Amérique du Nord
- LAIA	1.6	1.5	1.5	2.1	2.0	2.1	2.0	4.0	3.0	1.4	- ALAI
- CACM	0.1	0.0	0.1	0.1	0.1	0.1	0.0	0.0	0.1	0.0	- MCC
- Caribbean	0.0	0.1	0.0	0.0	0.1	0.0	0.1	0.0	0.0	0.0	- Caraïbes
- Rest of America	0.2	0.1	0.0	0.0	0.0	0.0	0.0	0.0	0.0	0.0	- Autre d'Amérique
Asia excluding former USSR	31.5	31.2	29.9	31.3	29.4	28.8	31.0	30.6	31.9	32.1	Asie ancienne URSS exclus
- Middle East	0.2	0.2	0.1	0.2	0.8	0.4	0.4	0.4	0.4	0.5	- Moyen-Orient
Asia former USSR	0.1	0.1	0.1	0.1	0.0	0.0	0.0	0.0	0.0	0.0	Asie ancienne URSS
Europe excluding former USSR	52.7	53.9	54.7	50.4	52.1	51.0	47.0	47.2	47.5	49.5	Europe ancienne URSS exclus
- European Union	46.5	47.2	48.1	44.6	45.6	45.0	41.2	41.2	41.4	43.1	- Union Européenne
- Eastern Europe	0.8	1.0	1.0	1.0	1.2	1.2	1.1	1.4	1.5	1.8	- Europe de l'Est
- Rest of Europe	5.5	5.8	5.5	4.8	5.3	4.8	4.7	4.5	4.5	4.7	- Autre de l'Europe
Europe former USSR	0.4	0.4	0.4	0.4	1.1	3.4	4.4	3.6	3.4	3.7	Europe ancienne URSS
Oceania	0.5	0.5	0.5	0.5	0.5	0.5	0.5	0.5	0.5	0.4	Océanie

696 Cutlery

Country or area	1999	2000	2001	2002	2003	Pays ou zone
World	5249.7	5349.9	5370.8	5694.2	6198.6	Monde
Africa	106.0	93.1	95.8	96.4	114.7	Afrique
Americas	1578.2	1719.8	1694.3	1724.5	1888.4	Amériques
- Northern America	1230.4	1348.9	1311.0	1383.1	1558.8	- Amérique du Nord
- LAIA	302.2	326.5	336.9	292.4	284.9	- ALAI
- CACM	27.4	23.3	26.7	29.4	28.0	- MCC
- Caribbean	12.8	14.6	13.7	12.7	10.7	- Caraïbes
- Rest of America	5.3	6.5	6.0	6.9	6.0	- Autre d'Amérique
Asia excluding former USSR	913.7	950.5	875.7	947.9	1118.4	Asie ancienne URSS exclus
- Middle East	148.5	161.4	165.4	173.4	211.2	- Moyen-Orient
Asia former USSR	4.8	7.7	10.4	11.6	15.8	Asie ancienne URSS
Europe excluding former USSR	2460.3	2400.9	2497.7	2684.7	2778.8	Europe ancienne URSS exclus
- European Union	2178.7	2126.1	2183.8	2330.2	2363.0	- Union Européenne
- Eastern Europe	130.4	139.0	171.3	198.3	230.0	- Europe de l'Est
- Rest of Europe	151.1	135.8	142.5	156.3	185.8	- Autre de l'Europe
Europe former USSR	47.3	44.6	65.6	88.5	115.9	Europe ancienne URSS
Oceania	139.5	133.2	131.3	140.7	166.6	Océanie
United States	1044.8	1156.5	1108.2	1159.5	1301.8	Etats-Unis d'Amérique
United Kingdom	459.1	523.2	570.5	562.6	549.5	Royaume-Uni
Germany	445.3	406.5	440.6	441.0	436.1	Allemagne
France-Monaco	325.1	287.4	265.3	303.6	299.0	France-Monaco
China, Hong Kong SAR	272.7	309.3	260.2	260.1	312.7	Chine - RAS de Hong-Kong
Italy-San Marino-Holy See	233.5	235.9	231.5	254.4	216.4	Italie-Saint-Marin-Saint-Siège
Canada	184.5	192.1	202.3	223.0	256.0	Canada
Japan	167.1	181.0	169.5	191.1	198.3	Japon
Spain	161.7	136.9	159.1	184.4	177.8	Espagne
Netherlands	128.4	116.7	100.5	118.3	135.0	Pays-Bas
Australia	112.2	108.4	105.2	112.7	130.9	Australie
Mexico	83.2	93.9	108.5	118.5	120.1	Mexique
Poland	63.3	71.4	102.9	120.2	131.2	Pologne
Belgium	87.1	96.7	85.3	94.7	115.7	Belgique
China	47.0	73.3	75.1	86.7	125.1	Chine
Switzerland-Liechtenstein	75.7	69.1	71.4	72.0	91.9	Suisse-Liechtenstein
Denmark	77.6	75.4	74.9	80.7	62.5	Danemark
Austria	60.8	54.1	66.0	66.5	85.4	Autriche
United Arab Emirates	50.1	54.9	65.7	e67.5	e79.0	Emirates arabes unis
Sweden	62.9	55.0	52.1	57.8	80.0	Suède
Argentina	83.7	76.5	58.0	19.5	e30.0	Argentine
Greece	43.8	41.8	43.8	55.9	71.5	Grèce
Korea, Republic of	31.8	36.7	46.2	52.3	56.7	République de Corée
Singapore	79.8	52.3	29.5	27.9	32.3	Singapour
Norway	39.8	34.7	36.6	41.3	57.6	Norvège
Russian Federation	23.9	21.8	37.9	53.6	69.2	Fédération de Russie
Ireland	35.4	34.8	37.4	42.9	51.1	Irlande
Malaysia	54.4	21.0	15.6	36.2	54.4	Malaisie
Portugal	34.5	35.1	32.3	36.3	e37.1	Portugal
Chile	36.9	41.3	35.8	29.8	27.3	Chili

(Value as percentages of World total)　　　　　　　　　　　　　　　**(Valeur en pourcentage du total mondial)**

Regions of the world	1994	1995	1996	1997	1998	1999	2000	2001	2002	2003	Régions du monde
World	100.0	100.0	100.0	100.0	100.0	100.0	100.0	100.0	100.0	100.0	Monde
Africa	2.1	1.9	1.7	2.3	1.9	2.0	1.7	1.8	1.7	1.9	Afrique
Americas	27.3	26.5	26.6	27.7	28.2	30.1	32.1	31.5	30.3	30.5	Amériques
- Northern America	21.1	20.3	20.2	21.2	21.7	23.4	25.2	24.4	24.3	25.1	- Amérique du Nord
- LAIA	5.4	5.3	5.6	5.7	5.6	5.8	6.1	6.3	5.1	4.6	- ALAI
- CACM	0.5	0.4	0.4	0.4	0.5	0.5	0.4	0.5	0.5	0.5	- MCC
- Caribbean	0.3	0.4	0.3	0.3	0.3	0.2	0.3	0.3	0.2	0.2	- Caraïbes
- Rest of America	0.1	0.1	0.1	0.1	0.1	0.1	0.1	0.1	0.1	0.1	- Autre d'Amérique
Asia excluding former USSR	20.1	21.0	20.9	21.7	17.3	17.4	17.8	16.3	16.6	18.0	Asie ancienne URSS exclus
- Middle East	3.8	3.3	3.2	3.5	3.2	2.8	3.0	3.1	3.0	3.4	- Moyen-Orient
Asia former USSR	0.1	0.1	0.1	0.1	0.1	0.1	0.1	0.2	0.2	0.3	Asie ancienne URSS
Europe excluding former USSR	46.7	46.8	46.8	44.2	48.8	46.9	44.9	46.5	47.1	44.8	Europe ancienne URSS exclus
- European Union	42.3	42.0	41.9	39.4	43.4	41.5	39.7	40.7	40.9	38.1	- Union Européenne
- Eastern Europe	1.4	1.5	1.9	2.0	2.4	2.5	2.6	3.2	3.5	3.7	- Europe de l'Est
- Rest of Europe	3.0	3.3	3.0	2.9	3.0	2.9	2.5	2.7	2.7	3.0	- Autre de l'Europe
Europe former USSR	0.8	0.9	1.0	1.3	1.1	0.9	0.8	1.2	1.6	1.9	Europe ancienne URSS
Oceania	3.0	2.9	2.8	2.8	2.7	2.7	2.5	2.4	2.5	2.7	Océanie

TRADE BY COMMODITY (Value in million US dollars)
Exports by principal countries or areas

COMMERCE PAR PRODUIT (Valeur en millions de dollars EU)
Exportations selon les principaux pays ou zones

Country or area	1999	2000	2001	2002	2003	Pays ou zone
World	4827.6	5013.9	5205.5	5475.5	6053.9	Monde
Africa	15.5	25.3	19.9	14.2	12.7	Afrique
Americas	746.3	685.4	732.6	774.8	778.9	Amériques
- Northern America	530.8	437.1	483.9	491.1	500.1	- Amérique du Nord
- LAIA	213.9	246.3	247.1	281.9	277.2	- ALAI
- CACM	1.4	1.3	1.0	1.4	1.3	- MCC
- Caribbean	0.2	0.5	0.4	0.3	0.3	- Caraïbes
- Rest of America	0.0	0.1	0.1	0.2	0.1	- Autre d'Amérique
Asia excluding former USSR	1889.6	2219.8	2090.1	2214.1	2645.9	Asie ancienne URSS exclus
- Middle East	34.1	30.7	39.6	42.8	52.9	- Moyen-Orient
Asia former USSR	0.2	2.0	0.3	0.1	0.1	Asie ancienne URSS
Europe excluding former USSR	2126.1	2044.6	2328.5	2428.6	2567.9	Europe ancienne URSS exclus
- European Union	1914.9	1820.8	2063.2	2176.7	2288.6	- Union Européenne
- Eastern Europe	64.1	80.4	132.5	129.1	150.8	- Europe de l'Est
- Rest of Europe	147.1	143.4	132.8	122.8	128.5	- Autre de l'Europe
Europe former USSR	35.7	20.5	20.0	25.2	26.6	Europe ancienne URSS
Oceania	14.1	16.4	14.2	18.7	21.7	Océanie
China	705.4	962.8	1012.2	1174.4	1489.4	Chine
United Kingdom	636.1	664.0	865.1	892.7	783.0	Royaume-Uni
Germany	639.3	578.4	664.3	704.4	822.7	Allemagne
United States	483.1	407.7	438.9	452.6	446.9	Etats-Unis d'Amérique
China, Hong Kong SAR	336.9	383.7	366.4	390.0	474.2	Chine - RAS de Hong-Kong
Korea, Republic of	266.4	281.2	230.3	184.5	166.2	République de Corée
France-Monaco	222.4	170.2	135.8	149.4	162.0	France-Monaco
Japan	168.2	186.8	146.5	137.5	144.2	Japon
Mexico	96.2	136.0	139.1	198.9	160.7	Mexique
Switzerland-Liechtenstein	139.6	137.1	126.8	116.7	121.6	Suisse-Liechtenstein
Italy-San Marino-Holy See	134.0	127.3	121.8	118.7	118.5	Italie-Saint-Marin-Saint-Siège
Brazil	96.1	85.1	85.2	71.0	101.0	Brésil
Poland	33.0	40.2	87.3	82.5	97.9	Pologne
Belgium	38.5	50.4	50.8	57.6	69.6	Belgique
Spain	42.7	43.6	40.7	57.7	70.5	Espagne
Indonesia	52.5	78.0	48.5	37.2	31.2	Indonésie
Netherlands	44.9	43.2	50.8	43.7	56.0	Pays-Bas
Denmark	38.9	34.0	35.2	46.0	81.7	Danemark
Canada	47.7	29.4	45.0	38.5	53.2	Canada
Portugal	46.9	41.8	35.7	38.7	e44.9	Portugal
India	33.2	41.0	39.6	40.5	50.2	Inde
Singapore	82.2	50.5	25.1	17.3	16.6	Singapour
Malaysia	57.4	35.1	27.5	23.5	46.2	Malaisie
Czech Republic	22.4	31.1	36.7	38.3	40.1	République tchèque
United Arab Emirates	23.6	22.2	30.7	e32.0	e38.0	Emirates arabes unis
Pakistan	20.7	26.8	25.0	26.5	29.6	Pakistan
Sweden	24.5	23.6	21.7	26.5	29.1	Suède
Thailand	24.1	25.5	19.1	e19.6	22.9	Thaïlande
Russian Federation	32.3	16.7	16.4	20.7	19.3	Fédération de Russie
Finland	18.4	14.7	12.9	15.5	17.5	Finlande

(Value as percentages of World total)　　　　　　　　　　**(Valeur en pourcentage du total mondial)**

Regions of the world	1994	1995	1996	1997	1998	1999	2000	2001	2002	2003	Régions du monde
World	100.0	100.0	100.0	100.0	100.0	100.0	100.0	100.0	100.0	100.0	Monde
Africa	0.5	0.5	0.5	0.6	0.3	0.3	0.5	0.4	0.3	0.2	Afrique
Americas	14.0	13.0	14.6	14.0	14.7	15.5	13.7	14.1	14.2	12.9	Amériques
- Northern America	9.4	8.8	9.9	9.1	9.6	11.0	8.7	9.3	9.0	8.3	- Amérique du Nord
- LAIA	4.5	4.2	4.6	4.8	5.1	4.4	4.9	4.7	5.1	4.6	- ALAI
- CACM	0.1	0.0	0.0	0.0	0.0	0.0	0.0	0.0	0.0	0.0	- MCC
- Caribbean	0.0	0.0	0.0	0.0	0.0	0.0	0.0	0.0	0.0	0.0	- Caraïbes
- Rest of America	0.0	0.0	0.0	0.0	0.0	0.0	0.0	0.0	0.0	0.0	- Autre d'Amérique
Asia excluding former USSR	43.9	44.3	44.0	45.2	42.9	39.1	44.3	40.2	40.4	43.7	Asie ancienne URSS exclus
- Middle East	0.3	0.4	0.4	0.2	0.7	0.7	0.6	0.8	0.8	0.9	- Moyen-Orient
Asia former USSR	0.0	0.0	0.0	0.0	0.0	0.0	0.0	0.0	0.0	0.0	Asie ancienne URSS
Europe excluding former USSR	41.0	41.6	40.2	39.3	41.3	44.0	40.8	44.7	44.4	42.4	Europe ancienne URSS exclus
- European Union	36.2	36.9	35.4	35.1	36.8	39.7	36.3	39.6	39.8	37.8	- Union Européenne
- Eastern Europe	0.7	0.8	1.0	1.0	1.1	1.3	1.6	2.5	2.4	2.5	- Europe de l'Est
- Rest of Europe	4.1	3.9	3.8	3.2	3.4	3.0	2.9	2.6	2.2	2.1	- Autre de l'Europe
Europe former USSR	0.2	0.2	0.3	0.5	0.4	0.7	0.4	0.4	0.5	0.4	Europe ancienne URSS
Oceania	0.3	0.3	0.4	0.4	0.3	0.3	0.3	0.3	0.3	0.4	Océanie

697 Household equipment of base metal, nes

TRADE BY COMMODITY (Value in million US dollars)
Imports by principal countries or areas

COMMERCE PAR PRODUIT (Valeur en millions de dollars EU)
Importations selon les principaux pays ou zones

Country or area	1999	2000	2001	2002	2003	Pays ou zone
World	11514.0	12436.1	12492.0	13718.1	15939.9	Monde
Africa	236.4	283.9	303.5	309.2	356.7	Afrique
Americas	4103.2	4630.7	4680.9	5225.1	5778.2	Amériques
- Northern America	3570.4	4069.3	4101.5	4699.7	5279.4	- Amérique du Nord
- LAIA	357.9	402.6	425.4	360.1	351.4	- ALAI
- CACM	58.8	50.7	51.3	62.7	63.0	- MCC
- Caribbean	96.1	88.1	86.4	83.4	66.1	- Caraïbes
- Rest of America	20.0	19.9	16.4	19.2	18.3	- Autre d'Amérique
Asia excluding former USSR	1980.2	2358.6	2278.3	2418.8	2573.8	Asie ancienne URSS exclus
- Middle East	405.5	446.5	448.6	480.3	577.5	- Moyen-Orient
Asia former USSR	17.3	22.0	22.8	32.2	49.0	Asie ancienne URSS
Europe excluding former USSR	4833.9	4736.8	4775.2	5197.9	6502.3	Europe ancienne URSS exclus
- European Union	4076.6	3997.9	4000.9	4292.9	5357.6	- Union Européenne
- Eastern Europe	298.8	294.7	323.2	391.6	493.6	- Europe de l'Est
- Rest of Europe	458.5	444.2	451.1	513.4	651.0	- Autre de l'Europe
Europe former USSR	107.2	117.3	186.5	229.3	306.9	Europe ancienne URSS
Oceania	235.8	286.6	244.8	305.6	373.1	Océanie
United States	3152.7	3615.0	3658.8	4203.9	4713.6	Etats-Unis d'Amérique
Germany	852.8	835.3	871.0	859.3	1096.5	Allemagne
China, Hong Kong SAR	713.5	892.5	825.8	875.9	780.6	Chine - RAS de Hong-Kong
United Kingdom	639.0	687.6	747.1	865.1	1023.2	Royaume-Uni
France-Monaco	647.4	646.9	586.9	608.9	735.2	France-Monaco
Japan	421.0	508.0	500.2	510.5	599.1	Japon
Canada	414.5	451.7	438.9	491.9	560.3	Canada
Netherlands	308.7	282.3	280.4	297.9	406.6	Pays-Bas
Spain	285.0	274.9	267.2	303.3	384.7	Espagne
Belgium	280.1	276.6	266.9	269.9	329.0	Belgique
Italy-San Marino-Holy See	276.2	268.1	249.0	274.8	330.9	Italie-Saint-Marin-Saint-Siège
Switzerland-Liechtenstein	250.9	238.4	231.1	249.0	308.8	Suisse-Liechtenstein
Australia	175.1	225.0	185.2	233.4	281.1	Australie
Austria	222.0	181.2	178.4	184.0	268.5	Autriche
Mexico	106.0	136.9	147.5	171.2	176.4	Mexique
Poland	140.7	126.6	134.0	156.3	169.5	Pologne
Denmark	119.5	110.0	130.5	147.3	184.7	Danemark
Saudi Arabia	102.5	129.0	129.7	138.8	158.7	Arabie saoudite
Norway	92.4	96.7	107.0	125.4	180.8	Norvège
Sweden	108.2	103.5	106.9	119.2	163.3	Suède
United Arab Emirates	87.2	116.8	119.1	e122.2	e143.2	Emirates arabes unis
Singapore	97.4	106.5	98.8	101.7	118.0	Singapour
Russian Federation	38.1	51.1	107.6	134.5	183.4	Fédération de Russie
Portugal	103.1	95.8	93.0	103.8	e106.1	Portugal
Korea, Republic of	56.1	82.7	97.3	122.5	135.9	République de Corée
Greece	91.5	94.5	76.3	91.8	118.8	Grèce
Ireland	75.2	74.9	75.0	86.2	104.0	Irlande
Czech Republic	58.3	57.6	64.1	78.8	94.8	République tchèque
Hungary	49.1	53.7	56.6	72.2	103.3	Hongrie
Israel	59.2	67.0	65.7	64.5	58.2	Israël

(Value as percentages of World total)   **(Valeur en pourcentage du total mondial)**

Regions of the world	1994	1995	1996	1997	1998	1999	2000	2001	2002	2003	Régions du monde
World	100.0	100.0	100.0	100.0	100.0	100.0	100.0	100.0	100.0	100.0	Monde
Africa	2.8	2.6	2.5	2.4	2.3	2.1	2.3	2.4	2.3	2.2	Afrique
Americas	28.6	27.7	27.4	30.6	33.0	35.6	37.2	37.5	38.1	36.2	Amériques
- Northern America	23.8	23.6	23.3	26.1	28.1	31.0	32.7	32.8	34.3	33.1	- Amérique du Nord
- LAIA	3.4	2.8	2.9	3.2	3.5	3.1	3.2	3.4	2.6	2.2	- ALAI
- CACM	0.4	0.4	0.4	0.5	0.5	0.5	0.4	0.4	0.5	0.4	- MCC
- Caribbean	0.6	0.7	0.7	0.8	0.8	0.8	0.7	0.7	0.6	0.4	- Caraïbes
- Rest of America	0.3	0.2	0.2	0.2	0.2	0.2	0.2	0.1	0.1	0.1	- Autre d'Amérique
Asia excluding former USSR	20.7	21.8	21.3	20.3	17.8	17.2	19.0	18.2	17.6	16.1	Asie ancienne URSS exclus
- Middle East	4.7	4.5	4.4	4.3	4.2	3.5	3.6	3.6	3.5	3.6	- Moyen-Orient
Asia former USSR	0.1	0.1	0.2	0.2	0.3	0.2	0.2	0.2	0.2	0.3	Asie ancienne URSS
Europe excluding former USSR	44.1	43.3	44.4	42.4	43.0	42.0	38.1	38.2	37.9	40.8	Europe ancienne URSS exclus
- European Union	37.6	36.3	36.8	35.8	36.1	35.4	32.1	32.0	31.3	33.6	- Union Européenne
- Eastern Europe	2.4	2.6	3.1	2.6	2.8	2.6	2.4	2.6	2.9	3.1	- Europe de l'Est
- Rest of Europe	4.1	4.4	4.5	3.9	4.2	4.0	3.6	3.6	3.7	4.1	- Autre de l'Europe
Europe former USSR	1.7	2.5	2.1	2.1	1.7	0.9	0.9	1.5	1.7	1.9	Europe ancienne URSS
Oceania	1.9	1.9	2.0	2.1	1.9	2.0	2.3	2.0	2.2	2.3	Océanie

Articles de ménage et de économie domestique en métaux communs, n.d.a. 697

Country or area	1999	2000	2001	2002	2003	Pays ou zone
World	10864.1	12052.0	11845.2	12806.6	14776.3	Monde
Africa	81.9	72.5	65.2	80.0	103.8	Afrique
Americas	1266.2	1649.9	1620.2	1567.8	1609.7	Amériques
- Northern America	835.5	929.4	924.8	884.5	937.4	- Amérique du Nord
- LAIA	404.0	691.8	671.2	652.4	646.2	- ALAI
- CACM	20.2	18.5	19.0	23.9	20.9	- MCC
- Caribbean	4.6	7.4	3.0	5.1	4.0	- Caraïbes
- Rest of America	1.9	2.8	2.2	2.0	1.3	- Autre d'Amérique
Asia excluding former USSR	4584.8	5537.4	5253.2	5885.8	6810.4	Asie ancienne URSS exclus
- Middle East	210.8	244.0	285.7	346.5	502.4	- Moyen-Orient
Asia former USSR	2.1	1.8	1.4	1.2	1.5	Asie ancienne URSS
Europe excluding former USSR	4776.3	4649.6	4766.0	5118.2	6060.3	Europe ancienne URSS exclus
- European Union	4238.3	4094.1	4169.8	4443.7	5212.5	- Union Européenne
- Eastern Europe	246.4	272.8	326.1	385.2	516.8	- Europe de l'Est
- Rest of Europe	291.6	282.7	270.0	289.4	331.0	- Autre de l'Europe
Europe former USSR	103.9	87.8	95.6	106.1	141.9	Europe ancienne URSS
Oceania	48.9	53.0	43.7	47.5	48.7	Océanie
China	1330.1	1821.6	1982.2	2538.7	3262.6	Chine
Italy-San Marino-Holy See	1490.6	1438.9	1506.3	1598.8	1753.8	Italie-Saint-Marin-Saint-Siège
China, Hong Kong SAR	896.1	1028.3	892.3	916.2	847.8	Chine - RAS de Hong-Kong
Germany	621.8	618.4	685.3	736.4	891.0	Allemagne
France-Monaco	576.1	565.6	526.2	570.0	663.7	France-Monaco
United States	536.7	611.3	602.0	552.6	573.5	Etats-Unis d'Amérique
Mexico	230.7	493.3	456.8	463.5	434.5	Mexique
Korea, Republic of	475.0	488.8	365.7	345.9	330.3	République de Corée
India	230.8	378.3	373.2	395.7	515.8	Inde
Spain	313.0	296.2	296.5	347.9	410.8	Espagne
Canada	298.8	318.1	322.8	331.8	363.9	Canada
Belgium	312.9	287.3	284.9	264.6	311.9	Belgique
Thailand	225.6	258.8	251.7	e204.6	239.1	Thaïlande
Netherlands	214.8	217.5	203.5	212.3	301.2	Pays-Bas
Turkey	133.5	151.2	175.8	231.0	349.8	Turquie
United Kingdom	188.5	179.6	170.3	179.4	209.4	Royaume-Uni
Japan	211.9	207.8	149.8	125.7	141.0	Japon
Switzerland-Liechtenstein	171.9	166.8	153.5	156.2	173.9	Suisse-Liechtenstein
Denmark	117.5	124.5	155.4	151.0	195.7	Danemark
Indonesia	142.3	164.3	137.5	115.0	92.2	Indonésie
Brazil	103.6	119.6	123.3	110.0	142.1	Brésil
Austria	102.1	113.0	107.0	111.5	138.3	Autriche
Portugal	105.4	97.8	83.9	89.3	e103.5	Portugal
Czech Republic	76.8	76.9	93.6	104.0	127.9	République tchèque
Sweden	98.0	90.3	80.1	89.9	118.3	Suède
Poland	50.7	64.2	82.7	106.9	145.2	Pologne
Hungary	64.6	67.0	74.0	85.4	107.3	Hongrie
Belarus	44.0	53.0	59.4	63.9	77.4	Bélarus
United Arab Emirates	34.0	52.8	57.3	e59.7	e70.8	Emirats arabes unis
Slovakia	28.8	33.6	39.4	44.0	80.9	Slovaquie

(Value as percentages of World total)　　　　　　　　　　　　　　　　**(Valeur en pourcentage du total mondial)**

Regions of the world	1994	1995	1996	1997	1998	1999	2000	2001	2002	2003	Régions du monde
World	100.0	100.0	100.0	100.0	100.0	100.0	100.0	100.0	100.0	100.0	Monde
Africa	0.8	0.8	0.6	0.7	0.6	0.8	0.6	0.6	0.6	0.7	Afrique
Americas	13.6	12.8	12.9	13.4	14.0	11.7	13.7	13.7	12.2	10.9	Amériques
- Northern America	8.0	7.3	7.5	7.7	7.9	7.7	7.7	7.8	6.9	6.3	- Amérique du Nord
- LAIA	5.4	5.3	5.2	5.5	5.9	3.7	5.7	5.7	5.1	4.4	- ALAI
- CACM	0.1	0.1	0.1	0.1	0.2	0.2	0.2	0.2	0.2	0.1	- MCC
- Caribbean	0.0	0.0	0.0	0.0	0.0	0.0	0.1	0.0	0.0	0.0	- Caraïbes
- Rest of America	0.0	0.0	0.0	0.0	0.0	0.0	0.0	0.0	0.0	0.0	- Autre d'Amérique
Asia excluding former USSR	37.0	38.0	37.0	38.9	38.6	42.2	45.9	44.3	46.0	46.1	Asie ancienne URSS exclus
- Middle East	1.4	1.9	2.0	2.0	1.9	1.9	2.0	2.4	2.7	3.4	- Moyen-Orient
Asia former USSR	0.0	0.1	0.0	0.0	0.0	0.0	0.0	0.0	0.0	0.0	Asie ancienne URSS
Europe excluding former USSR	47.7	47.5	48.4	45.9	45.8	44.0	38.6	40.2	40.0	41.0	Europe ancienne URSS exclus
- European Union	41.8	41.9	42.9	40.8	40.6	39.0	34.0	35.2	34.7	35.3	- Union Européenne
- Eastern Europe	2.1	2.1	2.3	2.4	2.3	2.3	2.3	2.8	3.0	3.5	- Europe de l'Est
- Rest of Europe	3.8	3.5	3.2	2.8	2.8	2.7	2.3	2.3	2.3	2.2	- Autre de l'Europe
Europe former USSR	0.3	0.4	0.6	0.7	0.6	1.0	0.7	0.8	0.8	1.0	Europe ancienne URSS
Oceania	0.5	0.5	0.5	0.4	0.4	0.5	0.4	0.4	0.4	0.3	Océanie

699 Manufactures of base metal, nes

TRADE BY COMMODITY (Value in million US dollars)
Imports by principal countries or areas

COMMERCE PAR PRODUIT (Valeur en millions de dollars EU)
Importations selon les principaux pays ou zones

Country or area	1999	2000	2001	2002	2003	Pays ou zone
World	49832.9	52545.7	50925.1	53913.2	61869.5	Monde
Africa	997.7	983.7	1033.8	1013.4	1258.5	Afrique
Americas	17345.1	20164.4	17827.2	18163.5	18586.7	Amériques
- Northern America	10968.9	13009.0	11548.3	12313.5	12927.4	- Amérique du Nord
- LAIA	5994.8	6745.4	5831.8	5442.3	5276.4	- ALAI
- CACM	151.9	143.3	147.1	174.7	172.2	- MCC
- Caribbean	182.9	221.4	259.3	194.0	166.2	- Caraïbes
- Rest of America	46.6	45.4	40.8	39.0	44.6	- Autre d'Amérique
Asia excluding former USSR	9274.3	9616.6	9250.7	9927.6	11678.1	Asie ancienne URSS exclus
- Middle East	958.5	1062.4	1056.1	1158.6	1420.9	- Moyen-Orient
Asia former USSR	108.4	103.8	99.2	119.5	164.6	Asie ancienne URSS
Europe excluding former USSR	20978.5	20479.6	21448.5	23203.4	28287.7	Europe ancienne URSS exclus
- European Union	17638.8	16905.8	17612.9	18637.7	22272.6	- Union Européenne
- Eastern Europe	1992.3	2279.0	2539.8	3135.3	4320.4	- Europe de l'Est
- Rest of Europe	1347.4	1294.8	1295.8	1430.3	1694.7	- Autre de l'Europe
Europe former USSR	368.9	436.4	574.2	686.7	916.9	Europe ancienne URSS
Oceania	760.1	761.1	691.5	799.1	977.0	Océanie
United States	7859.6	8790.3	8381.2	9018.5	9701.3	Etats-Unis d'Amérique
Mexico	4972.7	5716.7	4855.2	4607.1	4397.8	Mexique
Germany	4230.7	3853.4	4342.5	4448.1	5351.3	Allemagne
Canada	3081.5	4213.7	3161.3	3285.1	3212.1	Canada
France-Monaco	2753.8	2824.7	2715.8	2922.2	3547.5	France-Monaco
United Kingdom	2197.8	2198.3	2293.7	2577.1	3009.3	Royaume-Uni
Japan	1259.5	1440.7	1521.2	1564.3	1885.1	Japon
Belgium	1369.0	1302.3	1382.5	1478.9	1711.8	Belgique
Spain	1299.0	1269.8	1318.4	1461.2	1817.4	Espagne
Thailand	1784.3	1284.6	1172.4	e1215.4	1424.9	Thaïlande
Italy-San Marino-Holy See	1249.4	1277.7	1287.2	1314.5	1542.9	Italie-Saint-Marin-Saint-Siège
China	923.5	1070.9	1130.4	1328.4	1807.5	Chine
Netherlands	1291.9	1088.5	1039.3	1129.9	1353.7	Pays-Bas
China, Hong Kong SAR	1027.3	1080.7	1019.6	1015.9	1061.8	Chine - RAS de Hong-Kong
Austria	967.0	887.3	1014.2	1006.1	1198.1	Autriche
Poland	725.4	795.0	825.8	1002.4	1395.1	Pologne
Czech Republic	526.4	623.8	736.5	872.0	1142.5	République tchèque
Singapore	835.9	760.6	689.9	767.0	833.6	Singapour
Sweden	685.3	715.0	656.4	726.0	912.6	Suède
Korea, Republic of	591.1	663.8	662.0	761.1	919.0	République de Corée
Switzerland-Liechtenstein	656.7	638.3	627.6	644.1	748.4	Suisse-Liechtenstein
Australia	601.3	614.5	545.9	627.9	764.3	Australie
Hungary	442.9	513.9	527.3	637.5	823.3	Hongrie
Malaysia	474.6	593.2	549.2	561.9	591.8	Malaisie
Denmark	449.8	431.0	462.9	462.3	527.3	Danemark
Norway	351.7	320.8	306.2	345.7	425.7	Norvège
Portugal	350.1	324.4	340.6	348.8	e356.3	Portugal
Brazil	342.9	331.3	315.1	304.9	347.0	Brésil
Israel	268.5	296.8	301.2	320.1	265.5	Israël
Turkey	252.5	272.1	217.1	286.9	380.5	Turquie

(Value as percentages of World total)

(Valeur en pourcentage du total mondial)

Regions of the world	1994	1995	1996	1997	1998	1999	2000	2001	2002	2003	Régions du monde
World	100.0	100.0	100.0	100.0	100.0	100.0	100.0	100.0	100.0	100.0	Monde
Africa	2.3	2.2	2.1	1.9	1.9	2.0	1.9	2.0	1.9	2.0	Afrique
Americas	29.3	27.5	29.4	31.9	32.7	34.8	38.4	35.0	33.7	30.0	Amériques
- Northern America	20.1	18.3	19.1	20.1	20.8	22.0	24.8	22.7	22.8	20.9	- Amérique du Nord
- LAIA	8.4	8.4	9.5	10.9	11.1	12.0	12.8	11.5	10.1	8.5	- ALAI
- CACM	0.3	0.3	0.2	0.3	0.3	0.3	0.3	0.3	0.3	0.3	- MCC
- Caribbean	0.4	0.4	0.4	0.5	0.4	0.4	0.4	0.5	0.4	0.3	- Caraïbes
- Rest of America	0.1	0.1	0.1	0.1	0.1	0.1	0.1	0.1	0.1	0.1	- Autre d'Amérique
Asia excluding former USSR	21.6	21.4	21.0	20.9	18.8	18.6	18.3	18.2	18.4	18.9	Asie ancienne URSS exclus
- Middle East	2.7	2.5	2.3	2.2	2.3	1.9	2.0	2.1	2.1	2.3	- Moyen-Orient
Asia former USSR	0.2	0.2	0.3	0.2	0.3	0.2	0.2	0.2	0.2	0.3	Asie ancienne URSS
Europe excluding former USSR	43.8	45.8	44.4	42.2	43.7	42.1	39.0	42.1	43.0	45.7	Europe ancienne URSS exclus
- European Union	38.6	39.7	38.4	36.1	36.8	35.4	32.2	34.6	34.6	36.0	- Union Européenne
- Eastern Europe	1.7	2.4	2.7	3.1	4.0	4.0	4.3	5.0	5.8	7.0	- Europe de l'Est
- Rest of Europe	3.5	3.7	3.3	3.0	2.9	2.7	2.5	2.5	2.7	2.7	- Autre de l'Europe
Europe former USSR	0.8	0.9	1.0	1.1	1.0	0.7	0.8	1.1	1.3	1.5	Europe ancienne URSS
Oceania	2.1	2.0	1.8	1.8	1.6	1.5	1.4	1.4	1.5	1.6	Océanie

TRADE BY COMMODITY (Value in million US dollars)
Exports by principal countries or areas

COMMERCE PAR PRODUIT (Valeur en millions de dollars EU)
Exportations selon les principaux pays ou zones

Country or area	1999	2000	2001	2002	2003	Pays ou zone
World	46947.4	50297.9	49118.9	52103.6	59847.1	Monde
Africa	212.4	260.6	245.9	249.1	292.4	Afrique
Americas	10751.8	13407.7	11821.0	12002.0	11839.9	Amériques
- Northern America	8623.9	10685.4	8959.9	9039.6	9045.8	- Amérique du Nord
- LAIA	2100.2	2684.0	2824.2	2920.7	2752.9	- ALAI
- CACM	16.3	20.3	22.1	26.3	25.1	- MCC
- Caribbean	10.7	17.0	14.2	14.7	15.4	- Caraïbes
- Rest of America	0.7	1.0	0.6	0.7	0.7	- Autre d'Amérique
Asia excluding former USSR	10557.8	11717.8	11039.7	12213.0	14200.2	Asie ancienne URSS exclus
- Middle East	287.1	277.8	281.7	333.3	470.6	- Moyen-Orient
Asia former USSR	12.6	18.4	28.5	22.7	30.4	Asie ancienne URSS
Europe excluding former USSR	24682.3	24060.7	25191.4	26796.4	32544.0	Europe ancienne URSS exclus
- European Union	21873.5	21050.5	22055.0	23301.1	27902.6	- Union Européenne
- Eastern Europe	1704.6	1886.5	2040.2	2368.0	3285.6	- Europe de l'Est
- Rest of Europe	1104.2	1120.7	1096.3	1127.4	1355.8	- Autre de l'Europe
Europe former USSR	531.7	645.9	615.6	582.1	667.5	Europe ancienne URSS
Oceania	198.9	186.9	176.8	238.2	272.8	Océanie
Germany	6815.3	6380.3	6998.3	7495.3	9208.3	Allemagne
United States	6612.5	8512.7	7024.0	7063.6	7008.0	Etats-Unis d'Amérique
Italy-San Marino-Holy See	4138.4	4073.8	4254.2	4484.7	5240.6	Italie-Saint-Marin-Saint-Siège
China	2106.4	2542.7	2844.5	3623.8	4627.8	Chine
France-Monaco	2733.1	2742.5	2610.8	2700.8	3247.2	France-Monaco
Mexico	1834.5	2348.9	2449.5	2588.7	2371.1	Mexique
Japan	2094.4	2397.3	2033.3	2186.2	2566.1	Japon
Canada	2011.3	2172.7	1935.9	1975.9	2037.7	Canada
United Kingdom	1922.5	1845.3	1798.5	1817.9	2063.5	Royaume-Uni
Austria	1417.8	1298.5	1392.5	1386.2	1682.0	Autriche
Spain	1149.7	1185.9	1308.8	1406.0	1722.3	Espagne
China, Hong Kong SAR	1222.2	1282.9	1217.6	1193.5	1240.0	Chine - RAS de Hong-Kong
Belgium	971.9	934.2	946.3	969.6	1113.4	Belgique
Netherlands	796.7	756.5	921.6	972.9	1195.2	Pays-Bas
Czech Republic	704.6	785.6	844.6	956.2	1301.8	République tchèque
Poland	569.9	630.0	655.0	782.5	1124.5	Pologne
Korea, Republic of	606.7	695.2	731.0	769.9	836.0	République de Corée
Sweden	712.3	683.8	651.9	720.0	867.9	Suède
Switzerland-Liechtenstein	698.6	695.1	673.5	670.0	816.5	Suisse-Liechtenstein
Denmark	487.2	443.5	434.0	483.9	567.1	Danemark
Singapore	409.9	416.4	359.2	378.4	460.0	Singapour
Russian Federation	424.0	520.7	404.1	324.3	334.4	Fédération de Russie
Malaysia	311.0	323.6	340.7	392.5	434.8	Malaisie
Thailand	252.5	320.4	311.2	e374.5	437.5	Thaïlande
India	281.7	334.4	308.1	332.4	425.9	Inde
Portugal	292.2	274.2	279.2	355.5	e412.2	Portugal
Hungary	235.7	253.7	276.2	305.2	394.4	Hongrie
Finland	199.5	216.8	212.4	229.8	260.6	Finlande
Brazil	151.4	195.6	227.7	198.2	250.8	Brésil
Slovenia	171.8	189.7	186.5	209.4	244.8	Slovénie

(Value as percentages of World total) **(Valeur en pourcentage du total mondial)**

Regions of the world	1994	1995	1996	1997	1998	1999	2000	2001	2002	2003	Régions du monde
World	100.0	100.0	100.0	100.0	100.0	100.0	100.0	100.0	100.0	100.0	Monde
Africa	0.5	0.5	0.3	0.4	0.4	0.5	0.5	0.5	0.5	0.5	Afrique
Americas	18.6	17.5	19.4	21.1	21.9	22.9	26.7	24.1	23.0	19.8	Amériques
- Northern America	15.3	14.7	15.9	17.0	17.5	18.4	21.2	18.2	17.3	15.1	- Amérique du Nord
- LAIA	3.3	2.7	3.4	4.0	4.3	4.5	5.3	5.7	5.6	4.6	- ALAI
- CACM	0.0	0.0	0.0	0.0	0.0	0.0	0.0	0.0	0.1	0.0	- MCC
- Caribbean	0.0	0.0	0.0	0.0	0.0	0.0	0.0	0.0	0.0	0.0	- Caraïbes
- Rest of America	0.0	0.0	0.0	0.0	0.0	0.0	0.0	0.0	0.0	0.0	- Autre d'Amérique
Asia excluding former USSR	25.8	25.0	23.4	23.8	21.5	22.5	23.3	22.5	23.4	23.7	Asie ancienne URSS exclus
- Middle East	0.4	0.6	0.5	0.6	0.5	0.6	0.6	0.6	0.6	0.8	- Moyen-Orient
Asia former USSR	0.1	0.1	0.1	0.0	0.1	0.0	0.0	0.1	0.0	0.1	Asie ancienne URSS
Europe excluding former USSR	53.6	55.6	55.4	53.1	54.6	52.6	47.8	51.3	51.4	54.4	Europe ancienne URSS exclus
- European Union	49.0	49.9	49.8	47.5	48.3	46.6	41.9	44.9	44.7	46.6	- Union Européenne
- Eastern Europe	1.7	2.6	2.8	3.0	3.8	3.6	3.8	4.2	4.5	5.5	- Europe de l'Est
- Rest of Europe	2.9	3.0	2.8	2.5	2.5	2.4	2.2	2.2	2.2	2.3	- Autre de l'Europe
Europe former USSR	0.8	0.8	0.8	0.9	1.0	1.1	1.3	1.3	1.1	1.1	Europe ancienne URSS
Oceania	0.6	0.5	0.6	0.6	0.5	0.4	0.4	0.4	0.5	0.5	Océanie

711 Steam boilers and auxiliary plant; and parts thereof, nes

TRADE BY COMMODITY (Value in million US dollars)
Imports by principal countries or areas

COMMERCE PAR PRODUIT (Valeur en millions de dollars EU)
Importations selon les principaux pays ou zones

Country or area	1999	2000	2001	2002	2003	Pays ou zone
World	3079.0	2838.0	3132.7	2973.7	2694.4	Monde
Africa	341.6	139.7	90.3	108.3	111.0	Afrique
Americas	531.0	703.6	946.4	1077.4	603.0	Amériques
- Northern America	261.6	490.0	691.0	892.5	375.1	- Amérique du Nord
- LAIA	225.9	177.2	162.3	150.4	206.4	- ALAI
- CACM	20.8	4.9	8.2	13.0	5.9	- MCC
- Caribbean	20.0	29.3	83.6	20.0	13.9	- Caraïbes
- Rest of America	2.6	2.2	1.3	1.5	1.7	- Autre d'Amérique
Asia excluding former USSR	1426.4	1269.1	1478.6	1189.1	1075.3	Asie ancienne URSS exclus
- Middle East	342.2	329.6	542.0	578.8	379.8	- Moyen-Orient
Asia former USSR	38.9	30.2	24.2	29.6	27.9	Asie ancienne URSS
Europe excluding former USSR	601.7	545.0	502.8	470.4	734.9	Europe ancienne URSS exclus
- European Union	396.9	396.6	333.4	300.1	586.5	- Union Européenne
- Eastern Europe	146.0	102.6	114.7	120.0	105.2	- Europe de l'Est
- Rest of Europe	58.7	45.8	54.7	50.3	43.2	- Autre de l'Europe
Europe former USSR	90.6	68.6	70.8	80.6	121.5	Europe ancienne URSS
Oceania	48.7	81.9	19.7	18.3	20.8	Océanie
United States	197.7	437.1	606.6	834.5	268.3	Etats-Unis d'Amérique
China	543.2	363.7	369.2	193.5	265.1	Chine
Turkey	59.8	32.9	171.1	279.4	98.7	Turquie
United Arab Emirates	27.9	56.0	145.8	e149.6	e175.3	Emirates arabes unis
Korea, Republic of	121.7	76.3	83.7	131.6	128.0	République de Corée
Saudi Arabia	178.5	160.6	76.2	38.3	43.8	Arabie saoudite
Canada	63.9	52.6	84.2	57.7	106.5	Canada
Spain	36.1	20.6	57.7	62.4	165.6	Espagne
Morocco	258.5	26.7	21.2	11.4	7.2	Maroc
Malaysia	17.7	31.6	198.2	41.8	32.6	Malaisie
Indonesia	102.1	117.4	25.6	22.6	37.1	Indonésie
Poland	84.7	48.9	45.8	72.1	46.3	Pologne
Germany	55.2	50.3	56.5	45.7	79.3	Allemagne
United Kingdom	96.7	57.7	31.0	38.2	35.7	Royaume-Uni
Mexico	24.5	28.5	74.6	68.3	46.6	Mexique
France-Monaco	39.0	55.4	37.0	28.8	55.1	France-Monaco
Singapore	56.4	63.7	37.7	11.7	38.4	Singapour
Japan	30.3	39.9	52.8	30.2	47.1	Japon
Iran (Islamic Republic of)	22.1	20.4	95.8	25.7	21.4	Iran (République islamique d')
Chile	33.3	14.6	10.3	12.7	102.4	Chili
Italy-San Marino-Holy See	33.4	16.9	15.5	22.2	85.0	Italie-Saint-Marin-Saint-Siège
Brazil	44.8	9.4	30.4	42.4	27.0	Brésil
Russian Federation	34.6	27.5	30.9	23.0	36.2	Fédération de Russie
Australia	22.0	77.6	16.1	11.6	14.7	Australie
Ukraine	33.5	25.1	24.2	18.0	e24.4	Ukraine
Belgium	24.4	18.4	42.3	21.4	16.2	Belgique
Argentina	58.6	39.8	12.4	1.3	e2.1	Argentine
Greece	7.0	78.3	11.4	4.5	3.9	Grèce
Sweden	31.0	28.1	19.6	8.4	17.5	Suède
Thailand	7.2	10.6	19.3	e29.1	34.1	Thaïlande

(Value as percentages of World total)

(Valeur en pourcentage du total mondial)

Regions of the world	1994	1995	1996	1997	1998	1999	2000	2001	2002	2003	Régions du monde
World	100.0	100.0	100.0	100.0	100.0	100.0	100.0	100.0	100.0	100.0	Monde
Africa	5.9	2.4	2.7	2.5	6.5	11.1	4.9	2.9	3.6	4.1	Afrique
Americas	18.6	14.3	18.8	13.5	16.7	17.2	24.8	30.2	36.2	22.4	Amériques
- Northern America	6.2	7.2	9.5	6.4	6.4	8.5	17.3	22.1	30.0	13.9	- Amérique du Nord
- LAIA	11.7	6.0	8.4	6.1	8.3	7.3	6.2	5.2	5.1	7.7	- ALAI
- CACM	0.2	0.4	0.5	0.5	0.6	0.7	0.2	0.3	0.4	0.2	- MCC
- Caribbean	0.4	0.5	0.4	0.5	1.2	0.6	1.0	2.7	0.7	0.5	- Caraïbes
- Rest of America	0.2	0.2	0.1	0.1	0.1	0.1	0.1	0.0	0.1	0.1	- Autre d'Amérique
Asia excluding former USSR	47.7	50.9	50.1	58.5	57.5	46.3	44.7	47.2	40.0	39.9	Asie ancienne URSS exclus
- Middle East	6.7	10.2	7.9	9.0	9.7	11.1	11.6	17.3	19.5	14.1	- Moyen-Orient
Asia former USSR	0.9	0.9	1.0	0.5	1.0	1.3	1.1	0.8	1.0	1.0	Asie ancienne URSS
Europe excluding former USSR	19.0	23.5	19.6	17.6	14.3	19.5	19.2	16.0	15.8	27.3	Europe ancienne URSS exclus
- European Union	13.9	18.4	13.3	10.9	8.3	12.9	14.0	10.6	10.1	21.8	- Union Européenne
- Eastern Europe	3.9	4.1	4.6	5.1	5.0	4.7	3.6	3.7	4.0	3.9	- Europe de l'Est
- Rest of Europe	1.2	1.0	1.8	1.6	0.9	1.9	1.6	1.7	1.7	1.6	- Autre de l'Europe
Europe former USSR	7.6	7.5	6.6	6.4	3.4	2.9	2.4	2.3	2.7	4.5	Europe ancienne URSS
Oceania	0.3	0.5	1.2	0.9	0.6	1.6	2.9	0.6	0.6	0.8	Océanie

Générateurs de vapeur d'eau ou d'eau surchauffée; leurs auxilaires et pièces détachées 711

TRADE BY COMMODITY (Value in million US dollars)
Exports by principal countries or areas

COMMERCE PAR PRODUIT (Valeur en millions de dollars EU)
Exportations selon les principaux pays ou zones

Country or area	1999	2000	2001	2002	2003	Pays ou zone
World	2741.4	2506.6	2811.6	2461.6	2733.1	Monde
Africa	6.9	12.0	26.5	7.1	9.1	Afrique
Americas	626.0	553.8	539.3	421.0	562.3	Amériques
- Northern America	578.8	502.3	489.2	380.2	521.5	- Amérique du Nord
- LAIA	46.2	50.7	48.9	39.9	40.3	- ALAI
- CACM	0.1	0.1	0.8	0.4	0.1	- MCC
- Caribbean	0.9	0.7	0.4	0.5	0.4	- Caraïbes
- Rest of America	0.0	0.0	0.0	0.0	0.0	- Autre d'Amérique
Asia excluding former USSR	722.0	792.1	948.5	873.3	744.2	Asie ancienne URSS exclus
- Middle East	15.6	11.4	11.6	30.7	35.2	- Moyen-Orient
Asia former USSR	1.0	0.1	0.2	2.3	3.1	Asie ancienne URSS
Europe excluding former USSR	1277.5	1055.0	1148.2	1101.6	1362.7	Europe ancienne URSS exclus
- European Union	1133.0	848.4	960.6	875.8	1035.5	- Union Européenne
- Eastern Europe	110.9	169.3	152.2	200.7	307.3	- Europe de l'Est
- Rest of Europe	33.6	37.3	35.4	25.2	19.9	- Autre de l'Europe
Europe former USSR	100.3	89.9	144.8	52.2	45.9	Europe ancienne URSS
Oceania	7.7	3.7	4.1	4.0	5.9	Océanie
United States	475.3	401.9	295.6	231.3	336.5	Etats-Unis d'Amérique
Japan	385.4	321.6	293.9	230.2	232.7	Japon
Korea, Republic of	153.5	265.9	404.6	407.8	187.5	République de Corée
Germany	167.2	135.9	195.7	199.4	218.6	Allemagne
Canada	103.5	100.4	193.7	148.8	184.9	Canada
Italy-San Marino-Holy See	128.3	156.4	139.8	135.7	146.6	Italie-Saint-Marin-Saint-Siège
United Kingdom	175.2	142.2	147.0	100.9	116.7	Royaume-Uni
France-Monaco	192.3	114.7	154.0	65.4	60.5	France-Monaco
China	70.8	101.1	113.9	113.2	103.8	Chine
Finland	80.1	61.8	103.7	88.7	151.1	Finlande
Spain	104.9	70.8	55.9	81.7	91.5	Espagne
Russian Federation	88.1	77.8	127.4	41.3	34.6	Fédération de Russie
Belgium	63.7	41.3	78.3	66.9	90.9	Belgique
Czech Republic	23.5	55.2	65.4	80.6	74.1	République tchèque
Poland	40.3	51.6	40.5	45.9	111.6	Pologne
Netherlands	98.9	32.9	24.0	34.3	38.4	Pays-Bas
Slovakia	23.5	36.9	23.6	43.3	84.3	Slovaquie
Denmark	68.2	44.0	19.0	18.7	28.7	Danemark
Mexico	35.5	35.0	23.3	25.6	19.0	Mexique
Austria	27.4	17.9	11.5	19.3	26.5	Autriche
India	11.3	11.9	18.1	16.6	33.0	Inde
Sweden	18.3	14.9	14.7	19.8	19.9	Suède
Portugal	0.9	9.4	7.3	29.5	e34.2	Portugal
Hungary	15.4	12.2	11.6	10.8	21.7	Hongrie
Brazil	8.0	13.4	23.0	11.9	14.9	Brésil
Malaysia	4.5	13.5	14.7	14.6	22.7	Malaisie
Switzerland-Liechtenstein	17.4	16.8	17.4	10.7	1.9	Suisse-Liechtenstein
Romania	7.8	10.9	10.6	19.6	15.1	Roumanie
Indonesia	2.0	6.4	10.0	3.5	38.7	Indonésie
Thailand	4.8	8.0	29.7	e7.4	8.7	Thaïlande

(Value as percentages of World total)   **(Valeur en pourcentage du total mondial)**

Regions of the world	1994	1995	1996	1997	1998	1999	2000	2001	2002	2003	Régions du monde
World	100.0	100.0	100.0	100.0	100.0	100.0	100.0	100.0	100.0	100.0	Monde
Africa	0.1	0.3	0.4	0.2	0.2	0.3	0.5	0.9	0.3	0.3	Afrique
Americas	21.4	23.3	28.0	28.9	21.7	22.8	22.1	19.2	17.1	20.6	Amériques
- Northern America	19.3	22.3	26.2	27.4	20.2	21.1	20.0	17.4	15.4	19.1	- Amérique du Nord
- LAIA	2.0	1.0	1.8	1.5	1.2	1.7	2.0	1.7	1.6	1.5	- ALAI
- CACM	0.0	0.0	0.0	0.0	0.0	0.0	0.0	0.0	0.0	0.0	- MCC
- Caribbean	0.0	0.0	0.0	0.0	0.2	0.0	0.0	0.0	0.0	0.0	- Caraïbes
- Rest of America	0.0	0.0	0.0	0.0	0.0	0.0	0.0	0.0	0.0	0.0	- Autre d'Amérique
Asia excluding former USSR	28.3	26.3	23.2	20.4	31.4	26.3	31.6	33.7	35.5	27.2	Asie ancienne URSS exclus
- Middle East	0.2	0.5	0.7	0.8	0.7	0.6	0.5	0.4	1.2	1.3	- Moyen-Orient
Asia former USSR	0.0	0.0	0.0	0.0	0.0	0.0	0.0	0.0	0.1	0.1	Asie ancienne URSS
Europe excluding former USSR	46.9	46.5	44.8	45.7	41.5	46.6	42.1	40.8	44.8	49.9	Europe ancienne URSS exclus
- European Union	42.5	41.5	39.4	41.0	36.4	41.3	33.8	34.2	35.6	37.9	- Union Européenne
- Eastern Europe	3.6	4.1	4.3	3.9	4.2	4.0	6.8	5.4	8.2	11.2	- Europe de l'Est
- Rest of Europe	0.8	1.0	1.1	0.8	0.9	1.2	1.5	1.3	1.0	0.7	- Autre de l'Europe
Europe former USSR	2.8	2.9	3.0	4.3	5.0	3.7	3.6	5.2	2.1	1.7	Europe ancienne URSS
Oceania	0.5	0.7	0.6	0.4	0.2	0.3	0.1	0.1	0.2	0.2	Océanie

712 Steam engines, turbines

TRADE BY COMMODITY (Value in million US dollars)
Imports by principal countries or areas

COMMERCE PAR PRODUIT (Valeur en millions de dollars EU)
Importations selon les principaux pays ou zones

Country or area	1999	2000	2001	2002	2003	Pays ou zone
World	2919.8	3073.8	3305.7	3295.8	2691.5	Monde
Africa	50.3	43.3	42.0	60.5	58.4	Afrique
Americas	497.9	522.7	772.4	856.4	646.2	Amériques
- Northern America	276.3	378.9	594.0	683.5	476.8	- Amérique du Nord
- LAIA	161.2	117.9	134.3	142.4	142.9	- ALAI
- CACM	39.6	8.8	3.4	4.2	5.6	- MCC
- Caribbean	20.2	16.7	40.6	25.7	20.2	- Caraïbes
- Rest of America	0.7	0.4	0.2	0.8	0.7	- Autre d'Amérique
Asia excluding former USSR	1617.9	1819.3	1339.4	1517.0	1127.4	Asie ancienne URSS exclus
- Middle East	540.7	635.2	425.1	409.8	249.8	- Moyen-Orient
Asia former USSR	13.0	20.2	15.6	19.8	26.2	Asie ancienne URSS
Europe excluding former USSR	682.0	595.7	1054.4	782.0	756.0	Europe ancienne URSS exclus
- European Union	504.0	464.5	874.4	588.9	577.4	- Union Européenne
- Eastern Europe	115.3	76.1	101.1	113.4	125.5	- Europe de l'Est
- Rest of Europe	62.8	55.1	78.9	79.6	53.1	- Autre de l'Europe
Europe former USSR	31.0	31.7	22.5	19.0	27.3	Europe ancienne URSS
Oceania	27.7	41.0	59.4	41.0	50.0	Océanie
United States	237.5	339.4	545.3	633.8	405.9	Etats-Unis d'Amérique
China	458.8	395.1	222.9	256.4	226.2	Chine
Iran (Islamic Republic of)	424.1	328.2	154.6	85.5	82.6	Iran (République islamique d')
Spain	70.3	40.3	435.6	126.4	145.3	Espagne
Korea, Republic of	92.3	84.3	97.1	161.6	163.3	République de Corée
Germany	87.4	77.7	129.4	159.4	135.3	Allemagne
Japan	45.0	90.2	148.6	154.9	72.6	Japon
United Kingdom	131.0	108.0	94.6	96.8	51.0	Royaume-Uni
Turkey	24.8	13.6	166.8	200.7	47.9	Turquie
Saudi Arabia	50.6	227.3	42.0	48.4	55.3	Arabie saoudite
Italy-San Marino-Holy See	68.1	70.4	61.4	81.8	78.2	Italie-Saint-Marin-Saint-Siège
Mexico	29.9	55.5	80.4	94.8	37.6	Mexique
Malaysia	24.6	20.1	90.1	64.0	71.9	Malaisie
Singapore	64.5	70.6	67.4	31.7	30.7	Singapour
France-Monaco	28.9	39.0	62.1	62.1	55.8	France-Monaco
Canada	38.8	39.5	48.4	49.5	70.7	Canada
India	38.2	58.0	33.6	40.4	60.8	Inde
Poland	53.0	32.0	45.9	64.7	26.4	Pologne
Switzerland-Liechtenstein	34.6	41.5	48.7	61.0	34.0	Suisse-Liechtenstein
Indonesia	65.6	38.3	24.6	32.9	43.2	Indonésie
Australia	23.1	39.7	57.4	26.2	47.4	Australie
Brazil	77.3	13.9	19.4	22.4	52.1	Brésil
Brunei Darussalam	e60.6	e36.8	31.1	8.9	4.5	Brunéi Darussalam
Netherlands	35.3	22.2	21.1	12.9	44.0	Pays-Bas
Bangladesh	e27.4	e29.7	28.8	e28.2	5.1	Bangladesh
Czech Republic	20.7	16.0	20.1	20.6	28.5	République tchèque
Hungary	27.5	20.4	14.2	9.1	19.4	Hongrie
United Arab Emirates	19.5	41.5	9.2	e9.4	e11.0	Emirates arabes unis
Belgium	15.1	23.0	18.7	12.6	14.2	Belgique
Philippines	23.5	26.0	10.5	5.7	17.2	Philippines

(Value as percentages of World total)

(Valeur en pourcentage du total mondial)

Regions of the world	1994	1995	1996	1997	1998	1999	2000	2001	2002	2003	Régions du monde
World	100.0	100.0	100.0	100.0	100.0	100.0	100.0	100.0	100.0	100.0	Monde
Africa	2.6	1.2	1.8	1.5	1.7	1.7	1.4	1.3	1.8	2.2	Afrique
Americas	26.2	11.1	12.0	15.9	14.9	17.1	17.0	23.4	26.0	24.0	Amériques
- Northern America	6.8	5.6	4.3	6.0	6.2	9.5	12.3	18.0	20.7	17.7	- Amérique du Nord
- LAIA	18.4	4.5	6.4	8.2	6.3	5.5	3.8	4.1	4.3	5.3	- ALAI
- CACM	0.3	0.2	0.4	0.5	1.6	1.4	0.3	0.1	0.1	0.2	- MCC
- Caribbean	0.7	0.9	0.7	1.1	0.7	0.7	0.5	1.2	0.8	0.8	- Caraïbes
- Rest of America	0.0	0.0	0.0	0.0	0.0	0.0	0.0	0.0	0.0	0.0	- Autre d'Amérique
Asia excluding former USSR	49.1	64.6	57.0	57.4	58.0	55.4	59.2	40.5	46.0	41.9	Asie ancienne URSS exclus
- Middle East	3.4	8.8	10.8	10.9	16.2	18.5	20.7	12.9	12.4	9.3	- Moyen-Orient
Asia former USSR	0.2	0.8	0.6	0.2	0.5	0.4	0.7	0.5	0.6	1.0	Asie ancienne URSS
Europe excluding former USSR	19.0	20.0	25.0	22.0	23.1	23.4	19.4	31.9	23.7	28.1	Europe ancienne URSS exclus
- European Union	16.3	15.1	20.9	17.5	17.8	17.3	15.1	26.5	17.9	21.5	- Union Européenne
- Eastern Europe	0.7	2.5	2.1	2.7	3.5	3.9	2.5	3.1	3.4	4.7	- Europe de l'Est
- Rest of Europe	2.0	2.4	2.0	1.8	1.7	2.2	1.8	2.4	2.4	2.0	- Autre de l'Europe
Europe former USSR	0.9	1.3	1.4	1.1	0.8	1.1	1.0	0.7	0.6	1.0	Europe ancienne URSS
Oceania	1.9	1.0	2.3	1.8	1.0	0.9	1.3	1.8	1.2	1.9	Océanie

Machines à vapeur d'eau ou autres vapeurs, séparées de leurs chaudières; pièces détachées 712

TRADE BY COMMODITY (Value in million US dollars)
Exports by principal countries or areas

COMMERCE PAR PRODUIT (Valeur en millions de dollars EU)
Exportations selon les principaux pays ou zones

Country or area	1999	2000	2001	2002	2003	Pays ou zone
World	2399.0	2510.9	3043.9	3059.7	2645.1	Monde
Africa	1.2	1.5	7.3	18.1	3.3	Afrique
Americas	554.5	580.7	634.2	480.0	370.7	Amériques
- Northern America	512.1	509.8	523.1	388.8	298.4	- Amérique du Nord
- LAIA	40.6	66.0	105.2	89.2	70.8	- ALAI
- CACM	0.0	0.8	0.8	0.2	0.1	- MCC
- Caribbean	1.8	4.1	5.0	1.9	1.4	- Caraïbes
- Rest of America	0.0	0.0	0.0	0.0	0.0	- Autre d'Amérique
Asia excluding former USSR	675.3	790.2	1030.8	1046.8	903.9	Asie ancienne URSS exclus
- Middle East	4.5	1.8	4.4	2.5	4.0	- Moyen-Orient
Asia former USSR	1.2	0.2	0.3	0.3	0.3	Asie ancienne URSS
Europe excluding former USSR	1098.5	1036.7	1298.9	1341.2	1246.1	Europe ancienne URSS exclus
- European Union	905.4	868.1	1087.6	1165.9	1029.4	- Union Européenne
- Eastern Europe	128.8	132.3	148.5	128.3	170.9	- Europe de l'Est
- Rest of Europe	64.3	36.2	62.7	47.0	45.8	- Autre de l'Europe
Europe former USSR	62.6	83.5	36.5	147.7	113.8	Europe ancienne URSS
Oceania	5.7	18.1	35.9	25.6	7.0	Océanie
Japan	590.4	700.0	893.2	873.3	760.5	Japon
United States	498.2	490.8	487.9	371.6	278.8	Etats-Unis d'Amérique
Germany	358.8	296.5	413.7	448.9	385.6	Allemagne
Italy-San Marino-Holy See	156.0	199.9	182.7	197.0	248.2	Italie-Saint-Marin-Saint-Siège
United Kingdom	135.4	122.6	222.7	220.7	139.4	Royaume-Uni
France-Monaco	138.1	121.4	133.5	156.6	122.8	France-Monaco
Russian Federation	42.2	65.7	19.2	139.2	98.9	Fédération de Russie
Czech Republic	61.7	81.7	49.2	64.5	79.1	République tchèque
Mexico	26.3	60.6	98.0	76.3	60.4	Mexique
Poland	40.1	36.7	73.1	41.8	58.0	Pologne
Sweden	38.6	62.7	31.1	33.0	32.0	Suède
Austria	20.2	21.3	38.3	48.4	62.2	Autriche
Switzerland-Liechtenstein	52.9	24.2	33.0	25.2	29.6	Suisse-Liechtenstein
China	27.9	12.2	31.6	35.7	40.5	Chine
Korea, Republic of	14.2	22.1	34.4	47.0	29.8	République de Corée
Canada	13.9	19.1	35.2	17.1	19.3	Canada
Netherlands	28.6	15.5	20.5	16.4	16.3	Pays-Bas
Australia	2.0	12.9	32.4	20.0	2.6	Australie
Singapore	11.7	18.2	7.9	11.9	16.9	Singapour
Slovenia	6.5	10.2	23.1	15.7	10.8	Slovénie
Belgium	18.7	19.5	12.7	7.7	5.6	Belgique
Ukraine	18.0	14.4	11.9	8.0	e10.3	Ukraine
Spain	6.3	2.5	16.7	24.3	11.5	Espagne
Hungary	19.2		12.4	11.7	17.3	Hongrie
India	2.3	1.7	15.6	30.7	7.2	Inde
Indonesia	4.8	11.8	9.5	10.2	17.6	Indonésie
Romania	6.2	11.5	11.5	8.3	13.8	Roumanie
Malaysia	6.8	7.2	9.3	14.3	5.3	Malaisie
Brazil	6.7	4.1	5.8	12.7	9.6	Brésil
Thailand	0.4	1.0	6.2	e9.2	10.7	Thaïlande

(Value as percentages of World total)   **(Valeur en pourcentage du total mondial)**

Regions of the world	1994	1995	1996	1997	1998	1999	2000	2001	2002	2003	Régions du monde
World	100.0	100.0	100.0	100.0	100.0	100.0	100.0	100.0	100.0	100.0	Monde
Africa	0.5	0.1	0.0	0.1	0.1	0.1	0.1	0.2	0.6	0.1	Afrique
Americas	23.4	28.7	26.0	33.5	22.0	23.1	23.1	20.8	15.7	14.0	Amériques
- Northern America	23.1	28.4	25.6	32.8	21.3	21.3	20.3	17.2	12.7	11.3	- Amérique du Nord
- LAIA	0.2	0.2	0.4	0.7	0.7	1.7	2.6	3.5	2.9	2.7	- ALAI
- CACM	0.0	0.0	0.0	0.0	0.0	0.0	0.0	0.0	0.0	0.0	- MCC
- Caribbean	0.1	0.0	0.0	0.0	0.0	0.1	0.2	0.2	0.1	0.1	- Caraïbes
- Rest of America	0.0	0.0	0.0	0.0	0.0	0.0	0.0	0.0	0.0	0.0	- Autre d'Amérique
Asia excluding former USSR	28.3	23.2	25.9	21.9	35.0	28.1	31.5	33.9	34.2	34.2	Asie ancienne URSS exclus
- Middle East	0.0	0.1	0.2	0.2	0.1	0.2	0.1	0.1	0.1	0.2	- Moyen-Orient
Asia former USSR	0.0	0.0	0.0	0.0	0.1	0.0	0.0	0.0	0.0	0.0	Asie ancienne URSS
Europe excluding former USSR	46.0	45.9	45.8	42.0	40.0	45.8	41.3	42.7	43.8	47.1	Europe ancienne URSS exclus
- European Union	38.2	36.0	37.3	35.6	33.6	37.7	34.6	35.7	38.1	38.9	- Union Européenne
- Eastern Europe	2.0	3.9	3.5	2.8	3.9	5.4	5.3	4.9	4.2	6.5	- Europe de l'Est
- Rest of Europe	5.8	6.0	5.0	3.5	2.5	2.7	1.4	2.1	1.5	1.7	- Autre de l'Europe
Europe former USSR	1.7	1.9	2.3	2.2	2.6	2.6	3.3	1.2	4.8	4.3	Europe ancienne URSS
Oceania	0.2	0.2	0.0	0.3	0.2	0.2	0.7	1.2	0.8	0.3	Océanie

713 Internal combustion piston engines, and parts thereof, nes

TRADE BY COMMODITY (Value in million US dollars)
Imports by principal countries or areas

COMMERCE PAR PRODUIT (Valeur en millions de dollars EU)
Importations selon les principaux pays ou zones

Country or area	1999	2000	2001	2002	2003	Pays ou zone
World	67623.1	70812.0	67620.6	73434.7	84960.1	Monde
Africa	833.3	806.8	873.9	945.8	1014.1	Afrique
Americas	28908.1	30594.7	26849.5	27820.1	29357.3	Amériques
- Northern America	23608.7	24505.1	21265.0	21999.0	23485.3	- Amérique du Nord
- LAIA	5084.7	5838.8	5343.1	5495.9	5617.9	- ALAI
- CACM	96.0	71.4	79.6	139.2	78.6	- MCC
- Caribbean	90.4	147.2	132.0	158.6	151.7	- Caraïbes
- Rest of America	28.3	32.2	29.8	27.5	23.7	- Autre d'Amérique
Asia excluding former USSR	7185.5	8803.4	8323.5	10022.3	12695.3	Asie ancienne URSS exclus
- Middle East	1212.4	1946.1	1693.8	2043.4	3314.2	- Moyen-Orient
Asia former USSR	113.1	133.8	133.0	104.1	113.8	Asie ancienne URSS
Europe excluding former USSR	29416.8	29214.8	30166.9	33131.5	40029.3	Europe ancienne URSS exclus
- European Union	26044.3	25659.9	26374.1	28980.6	34515.0	- Union Européenne
- Eastern Europe	2824.4	3015.5	3162.6	3436.1	4753.3	- Europe de l'Est
- Rest of Europe	548.1	539.3	630.2	714.8	760.9	- Autre de l'Europe
Europe former USSR	313.2	352.3	365.1	376.9	508.4	Europe ancienne URSS
Oceania	853.0	906.1	908.7	1033.9	1242.0	Océanie
United States	15057.5	16056.4	14077.4	14944.0	16200.8	Etats-Unis d'Amérique
Germany	6819.4	7137.9	7717.2	8367.3	10054.4	Allemagne
Canada	8538.5	8438.3	7176.2	7043.6	7268.8	Canada
Mexico	3229.5	3984.5	3578.9	3972.5	4006.5	Mexique
France-Monaco	3206.0	3346.3	3227.1	3845.2	4675.7	France-Monaco
Belgium	3201.9	3007.7	3249.5	3359.7	3686.5	Belgique
United Kingdom	2682.5	2822.7	2971.8	3527.0	3976.3	Royaume-Uni
Spain	3340.2	2720.5	2685.5	2960.4	3877.6	Espagne
Italy-San Marino-Holy See	1888.9	2062.4	1966.2	2039.3	2543.7	Italie-Saint-Marin-Saint-Siège
China	1073.8	1144.9	1371.3	1757.0	2788.6	Chine
Hungary	1333.4	1306.0	1418.7	1549.7	2036.0	Hongrie
Austria	1347.5	1305.2	1461.0	1554.2	1804.7	Autriche
Netherlands	1350.4	1063.3	997.2	1027.7	1273.1	Pays-Bas
Japan	814.2	977.2	851.9	1116.9	1278.0	Japon
Korea, Republic of	788.5	989.3	864.3	1165.1	1149.2	République de Corée
Poland	828.2	919.0	936.0	944.1	1264.3	Pologne
Sweden	799.1	917.0	790.2	920.4	1161.4	Suède
Brazil	953.9	919.2	872.8	855.2	896.9	Brésil
Australia	708.5	774.6	768.1	884.3	1058.7	Australie
Turkey	515.6	761.7	548.9	754.5	1273.3	Turquie
Singapore	568.1	623.5	650.2	729.8	791.4	Singapour
Thailand	408.0	525.7	597.0	e700.3	821.0	Thaïlande
Portugal	618.2	501.4	493.4	531.4	e542.9	Portugal
Czech Republic	362.7	416.6	448.8	516.5	696.7	République tchèque
Malaysia	369.5	465.1	494.6	557.5	437.8	Malaisie
Indonesia	234.4	577.9	440.5	490.2	549.1	Indonésie
Saudi Arabia	300.4	553.8	445.9	401.2	458.7	Arabie saoudite
Iran (Islamic Republic of)	115.8	141.8	195.1	401.4	991.1	Iran (République islamique d')
China, Hong Kong SAR	503.8	361.0	290.7	319.6	304.6	Chine - RAS de Hong-Kong
Slovakia	210.5	267.0	281.4	335.9	628.6	Slovaquie

(Value as percentages of World total)   **(Valeur en pourcentage du total mondial)**

Regions of the world	1994	1995	1996	1997	1998	1999	2000	2001	2002	2003	Régions du monde
World	100.0	100.0	100.0	100.0	100.0	100.0	100.0	100.0	100.0	100.0	Monde
Africa	1.9	1.7	1.7	1.5	1.4	1.2	1.1	1.3	1.3	1.2	Afrique
Americas	40.2	38.3	39.5	40.0	40.0	42.7	43.2	39.7	37.9	34.6	Amériques
- Northern America	35.5	32.7	31.9	31.3	31.9	34.9	34.6	31.4	30.0	27.6	- Amérique du Nord
- LAIA	4.3	5.1	7.3	8.3	7.7	7.5	8.2	7.9	7.5	6.6	- ALAI
- CACM	0.1	0.1	0.1	0.2	0.1	0.1	0.1	0.1	0.2	0.1	- MCC
- Caribbean	0.2	0.3	0.2	0.2	0.2	0.1	0.2	0.2	0.2	0.2	- Caraïbes
- Rest of America	0.1	0.1	0.1	0.1	0.0	0.0	0.0	0.0	0.0	0.0	- Autre d'Amérique
Asia excluding former USSR	16.7	16.0	15.4	14.6	10.2	10.6	12.4	12.3	13.6	14.9	Asie ancienne URSS exclus
- Middle East	1.7	1.7	1.9	2.2	2.0	1.8	2.7	2.5	2.8	3.9	- Moyen-Orient
Asia former USSR	0.2	0.1	0.2	0.1	0.2	0.2	0.2	0.2	0.1	0.1	Asie ancienne URSS
Europe excluding former USSR	38.6	41.5	40.8	41.5	46.2	43.5	41.3	44.6	45.1	47.1	Europe ancienne URSS exclus
- European Union	36.6	39.4	38.5	37.4	40.8	38.5	36.2	39.0	39.5	40.6	- Union Européenne
- Eastern Europe	0.9	1.0	1.3	3.1	4.3	4.2	4.3	4.7	4.7	5.6	- Europe de l'Est
- Rest of Europe	1.2	1.1	1.0	1.0	1.1	0.8	0.8	0.9	1.0	0.9	- Autre de l'Europe
Europe former USSR	0.5	0.6	0.8	0.8	0.7	0.5	0.5	0.5	0.5	0.6	Europe ancienne URSS
Oceania	1.9	1.6	1.6	1.5	1.3	1.3	1.3	1.3	1.4	1.5	Océanie

Moteurs à explosion ou à combustion interne, à pistons, et pièces détachées 713

TRADE BY COMMODITY (Value in million US dollars)
Exports by principal countries or areas

COMMERCE PAR PRODUIT (Valeur en millions de dollars EU)
Exportations selon les principaux pays ou zones

Country or area	1999	2000	2001	2002	2003	Pays ou zone
World	66140.5	68571.6	66195.9	71487.1	83386.3	Monde
Africa	122.3	130.9	177.8	270.7	286.9	Afrique
Americas	21045.3	22745.4	20676.1	21366.8	21991.0	Amériques
- Northern America	16364.2	17827.4	16135.3	16484.8	16573.9	- Amérique du Nord
- LAIA	4670.8	4905.0	4526.4	4851.4	5402.6	- ALAI
- CACM	2.4	1.9	6.3	22.8	4.5	- MCC
- Caribbean	6.8	10.4	5.5	6.5	8.0	- Caraïbes
- Rest of America	1.1	0.7	2.5	1.3	2.0	- Autre d'Amérique
Asia excluding former USSR	13338.7	14719.9	12999.3	14265.0	15976.0	Asie ancienne URSS exclus
- Middle East	275.0	318.8	456.4	555.1	661.6	- Moyen-Orient
Asia former USSR	7.9	7.7	5.4	6.0	7.9	Asie ancienne URSS
Europe excluding former USSR	31011.5	30265.0	31815.6	35092.8	44490.3	Europe ancienne URSS exclus
- European Union	27339.8	25698.3	26638.3	29209.9	36619.0	- Union Européenne
- Eastern Europe	3276.3	4162.5	4688.6	5360.5	7302.3	- Europe de l'Est
- Rest of Europe	395.5	404.2	488.7	522.3	569.1	- Autre de l'Europe
Europe former USSR	236.1	275.7	262.6	229.7	304.2	Europe ancienne URSS
Oceania	378.6	427.0	259.2	256.1	329.9	Océanie
United States	12388.0	13699.9	12631.7	12862.0	12618.5	Etats-Unis d'Amérique
Japan	10774.0	11858.7	10205.9	10796.7	11979.2	Japon
Germany	9398.6	8938.9	9390.1	10755.4	13343.6	Allemagne
United Kingdom	3812.2	3933.4	4013.3	4382.1	4935.2	Royaume-Uni
France-Monaco	4313.4	3589.7	3490.9	3436.4	5355.4	France-Monaco
Canada	3976.2	4127.3	3503.5	3622.4	3955.3	Canada
Mexico	3355.4	3568.5	3225.4	3343.3	3527.6	Mexique
Hungary	2690.2	2575.3	2831.6	3093.1	4071.7	Hongrie
Austria	2592.9	2559.2	2651.6	2783.4	3384.7	Autriche
Italy-San Marino-Holy See	2255.9	2015.9	2016.1	2109.0	2606.7	Italie-Saint-Marin-Saint-Siège
Spain	1743.2	1523.1	1354.6	1317.1	1825.5	Espagne
Poland	276.4	1262.2	1524.7	1814.6	2531.2	Pologne
Sweden	881.6	795.0	1334.9	1533.7	1992.5	Suède
Brazil	1063.2	1108.4	1135.2	1358.7	1698.8	Brésil
Belgium	950.9	865.4	805.5	1183.3	1198.0	Belgique
Netherlands	599.4	580.3	632.2	665.7	832.4	Pays-Bas
China	371.7	476.0	530.8	730.1	814.0	Chine
Korea, Republic of	339.9	415.0	458.7	455.4	599.5	République de Corée
Finland	320.1	376.1	413.0	417.3	480.8	Finlande
Turkey	205.6	260.6	392.4	450.6	548.7	Turquie
Singapore	316.7	329.5	317.0	410.0	450.9	SIngapour
Thailand	188.5	322.4	285.8	e464.7	542.9	Thaïlande
Czech Republic	202.5	223.8	251.9	371.5	579.0	République tchèque
Australia	365.6	412.6	244.3	237.9	305.4	Australie
China, Hong Kong SAR	363.5	252.2	171.7	173.9	144.5	Chine - RAS de Hong-Kong
Switzerland-Liechtenstein	186.1	201.4	210.3	229.8	270.7	Suisse-Liechtenstein
Denmark	145.7	176.0	187.4	234.4	256.0	Danemark
Malaysia	188.1	231.7	137.4	236.0	157.1	Malaisie
India	166.8	199.6	141.6	184.2	245.4	Inde
Argentina	232.5	205.2	143.8	123.1	141.8	Argentine

(Value as percentages of World total) **(Valeur en pourcentage du total mondial)**

Regions of the world	1994	1995	1996	1997	1998	1999	2000	2001	2002	2003	Régions du monde
World	100.0	100.0	100.0	100.0	100.0	100.0	100.0	100.0	100.0	100.0	Monde
Africa	0.2	0.2	0.2	0.3	0.4	0.2	0.2	0.3	0.4	0.3	Afrique
Americas	27.8	26.3	27.2	29.5	29.7	31.8	33.2	31.2	29.9	26.4	Amériques
- Northern America	21.1	19.1	20.0	22.3	22.6	24.7	26.0	24.4	23.1	19.9	- Amérique du Nord
- LAIA	6.7	7.1	7.1	7.2	7.1	7.1	7.2	6.8	6.8	6.5	- ALAI
- CACM	0.0	0.0	0.0	0.0	0.0	0.0	0.0	0.0	0.0	0.0	- MCC
- Caribbean	0.0	0.0	0.0	0.0	0.0	0.0	0.0	0.0	0.0	0.0	- Caraïbes
- Rest of America	0.0	0.0	0.0	0.0	0.0	0.0	0.0	0.0	0.0	0.0	- Autre d'Amérique
Asia excluding former USSR	28.3	27.7	24.4	22.0	18.7	20.2	21.5	19.6	20.0	19.2	Asie ancienne URSS exclus
- Middle East	0.3	0.3	0.3	0.3	0.4	0.4	0.5	0.7	0.8	0.8	- Moyen-Orient
Asia former USSR	0.0	0.0	0.0	0.0	0.0	0.0	0.0	0.0	0.0	0.0	Asie ancienne URSS
Europe excluding former USSR	42.5	44.5	46.7	46.6	50.1	46.9	44.1	48.1	49.1	53.4	Europe ancienne URSS exclus
- European Union	41.3	43.3	45.4	43.2	44.7	41.3	37.5	40.2	40.9	43.9	- Union Européenne
- Eastern Europe	0.4	0.5	0.6	2.9	4.8	5.0	6.1	7.1	7.5	8.8	- Europe de l'Est
- Rest of Europe	0.8	0.8	0.6	0.6	0.6	0.6	0.6	0.7	0.7	0.7	- Autre de l'Europe
Europe former USSR	0.5	0.5	0.7	0.6	0.5	0.4	0.4	0.4	0.3	0.4	Europe ancienne URSS
Oceania	0.7	0.8	0.8	0.9	0.5	0.6	0.6	0.4	0.4	0.4	Océanie

714 Engines and motors, non-electric; parts, nes; group 714, item 71888

TRADE BY COMMODITY (Value in million US dollars)
Imports by principal countries or areas

COMMERCE PAR PRODUIT (Valeur en millions de dollars EU)
Importations selon les principaux pays ou zones

Country or area	1999	2000	2001	2002	2003	Pays ou zone
World	43823.3	46794.4	51363.3	48716.9	49326.2	Monde
Africa	446.9	487.9	439.2	573.5	982.8	Afrique
Americas	14590.3	15238.6	18598.6	15536.9	13502.5	Amériques
- Northern America	13028.7	13673.8	16494.8	13498.2	11337.6	- Amérique du Nord
- LAIA	1451.1	1523.9	2020.1	1954.4	2098.4	- ALAI
- CACM	7.0	4.1	14.9	25.5	5.1	- MCC
- Caribbean	101.7	32.8	68.2	58.1	60.0	- Caraïbes
- Rest of America	1.7	4.0	0.6	0.8	1.4	- Autre d'Amérique
Asia excluding former USSR	6091.3	7066.8	8531.5	9351.1	9417.3	Asie ancienne URSS exclus
- Middle East	909.7	979.8	1643.1	1454.6	1435.7	- Moyen-Orient
Asia former USSR	73.1	115.3	161.5	119.1	155.6	Asie ancienne URSS
Europe excluding former USSR	21906.5	23293.8	23046.6	22401.7	24549.1	Europe ancienne URSS exclus
- European Union	20939.9	22349.8	21973.4	21413.3	23435.1	- Union Européenne
- Eastern Europe	269.7	232.8	346.3	209.0	313.5	- Europe de l'Est
- Rest of Europe	696.9	711.2	726.9	779.4	800.5	- Autre de l'Europe
Europe former USSR	210.3	181.7	229.0	317.9	333.7	Europe ancienne URSS
Oceania	505.0	410.3	356.9	416.7	385.4	Océanie
United States	10369.8	10996.4	13680.5	10975.0	9031.5	Etats-Unis d'Amérique
United Kingdom	6535.0	5961.0	6245.8	6782.5	6796.3	Royaume-Uni
Germany	5442.8	6662.6	5656.7	5212.9	6825.4	Allemagne
France-Monaco	4849.0	5162.2	5371.8	4696.4	4087.1	France-Monaco
Japan	2078.1	2666.3	2888.2	2955.0	2848.2	Japon
Canada	2658.4	2677.2	2814.1	2520.8	2295.9	Canada
China, Hong Kong SAR	871.4	1084.8	1276.7	1165.4	1522.2	Chine - RAS de Hong-Kong
Italy-San Marino-Holy See	870.1	907.1	1195.0	1367.6	1448.9	Italie-Saint-Marin-Saint-Siège
Netherlands	1062.2	1249.6	1093.5	950.3	1032.5	Pays-Bas
Brazil	661.4	807.9	1093.0	831.5	791.6	Brésil
Sweden	573.9	776.7	697.7	700.6	647.6	Suède
Mexico	403.0	428.7	609.9	774.2	898.9	Mexique
Singapore	407.4	443.2	553.4	645.8	1021.3	Singapour
Spain	402.8	390.2	441.1	527.8	1086.9	Espagne
China	331.5	296.1	478.9	714.2	588.4	Chine
Switzerland-Liechtenstein	438.5	499.1	469.8	497.8	473.4	Suisse-Liechtenstein
Belgium	493.8	452.3	406.1	382.0	555.4	Belgique
Korea, Republic of	399.4	350.5	339.9	559.7	496.2	République de Corée
Turkey	161.0	284.1	784.9	389.3	244.7	Turquie
Australia	396.4	330.0	301.7	365.2	311.4	Australie
Ireland	238.3	364.4	375.6	303.3	395.1	Irlande
Malaysia	228.8	216.6	317.4	555.2	348.3	Malaisie
Israel	384.0	262.3	279.3	312.7	228.9	Israël
Saudi Arabia	309.6	209.9	195.3	198.9	227.4	Arabie saoudite
Norway	198.1	169.1	229.4	245.1	282.5	Norvège
Iran (Islamic Republic of)	101.8	96.1	249.7	309.0	360.6	Iran (République islamique d')
Thailand	94.0	200.4	267.2	e241.5	283.1	Thaïlande
Russian Federation	186.6	144.7	179.1	271.8	239.7	Fédération de Russie
United Arab Emirates	142.5	179.4	212.3	e217.8	e255.3	Emirates arabes unis
South Africa	–	186.5	166.3	195.9	311.2	Afrique du Sud

(Value as percentages of World total)

(Valeur en pourcentage du total mondial)

Regions of the world	1994	1995	1996	1997	1998	1999	2000	2001	2002	2003	Régions du monde
World	100.0	100.0	100.0	100.0	100.0	100.0	100.0	100.0	100.0	100.0	Monde
Africa	2.1	1.2	1.1	1.3	1.5	1.0	1.0	0.9	1.2	2.0	Afrique
Americas	28.3	27.2	28.7	31.0	33.9	33.3	32.6	36.2	31.9	27.4	Amériques
- Northern America	26.8	24.9	26.3	28.0	30.0	29.7	29.2	32.1	27.7	23.0	- Amérique du Nord
- LAIA	1.4	2.0	2.2	2.7	3.7	3.3	3.3	3.9	4.0	4.3	- ALAI
- CACM	0.0	0.1	0.1	0.1	0.0	0.0	0.0	0.0	0.1	0.0	- MCC
- Caribbean	0.1	0.1	0.1	0.2	0.2	0.2	0.1	0.1	0.1	0.1	- Caraïbes
- Rest of America	0.0	0.1	0.0	0.0	0.0	0.0	0.0	0.0	0.0	0.0	- Autre d'Amérique
Asia excluding former USSR	18.9	19.9	17.6	16.5	13.8	13.9	15.1	16.6	19.2	19.1	Asie ancienne URSS exclus
- Middle East	2.2	2.7	2.8	3.3	2.8	2.1	2.1	3.2	3.0	2.9	- Moyen-Orient
Asia former USSR	0.2	0.3	0.2	0.1	0.1	0.2	0.2	0.3	0.2	0.3	Asie ancienne URSS
Europe excluding former USSR	48.3	49.1	50.2	49.0	48.9	50.0	49.8	44.9	46.0	49.8	Europe ancienne URSS exclus
- European Union	46.5	47.2	47.8	46.5	47.0	47.8	47.8	42.8	44.0	47.5	- Union Européenne
- Eastern Europe	0.2	0.3	0.3	0.4	0.3	0.6	0.5	0.7	0.4	0.6	- Europe de l'Est
- Rest of Europe	1.6	1.6	2.1	2.1	1.6	1.6	1.5	1.4	1.6	1.6	- Autre de l'Europe
Europe former USSR	1.0	1.1	1.0	1.3	0.8	0.5	0.4	0.4	0.7	0.7	Europe ancienne URSS
Oceania	1.1	1.1	1.2	1.0	0.9	1.2	0.9	0.7	0.9	0.8	Océanie

Moteurs non électriques; parties et pièces détachées, n.d.a., du groupe 714 et 718.88 714

Country or area	1999	2000	2001	2002	2003	Pays ou zone
World	45948.2	48821.4	56448.3	53235.2	55174.5	Monde
Africa	43.6	21.6	26.9	29.8	43.6	Afrique
Americas	17691.7	19132.3	21812.5	20453.0	18793.5	Amériques
- Northern America	17183.9	18435.2	20900.1	19643.5	17982.2	- Amérique du Nord
- LAIA	503.1	691.7	876.4	790.9	805.2	- ALAI
- CACM	3.4	4.2	6.5	12.4	0.1	- MCC
- Caribbean	1.3	1.2	29.4	6.2	5.9	- Caraïbes
- Rest of America	0.0	0.0	0.0	0.1	0.0	- Autre d'Amérique
Asia excluding former USSR	2317.3	2937.5	3941.9	3553.9	3805.4	Asie ancienne URSS exclus
- Middle East	89.3	98.4	131.4	142.1	168.0	- Moyen-Orient
Asia former USSR	7.4	9.9	11.3	15.1	15.8	Asie ancienne URSS
Europe excluding former USSR	25367.2	26156.7	29838.8	28289.5	31451.5	Europe ancienne URSS exclus
- European Union	24243.8	24911.1	28491.4	26290.4	20554.0	- Union Européenne
- Eastern Europe	170.9	210.6	255.8	470.6	520.9	- Europe de l'Est
- Rest of Europe	952.5	1035.0	1091.5	1522.5	1375.7	- Autre de l'Europe
Europe former USSR	468.8	497.5	755.4	819.7	945.2	Europe ancienne URSS
Oceania	52.3	65.9	61.6	74.2	119.5	Océanie
United States	15069.5	15736.2	17676.9	16540.8	15738.2	Etats-Unis d'Amérique
United Kingdom	10465.3	9683.7	11643.3	10659.9	12345.9	Royaume-Uni
Germany	4279.5	5461.4	6413.2	5541.5	6964.5	Allemagne
France-Monaco	5090.4	4797.8	5216.7	4819.3	4250.7	France-Monaco
Canada	2114.4	2699.0	3223.2	3102.6	2243.9	Canada
Japan	1181.4	1882.5	2446.4	1738.1	1528.6	Japon
Italy-San Marino-Holy See	1102.1	1427.0	1911.0	1792.8	1716.2	Italie-Saint-Marin-Saint-Siège
Netherlands	1132.9	1220.0	1088.0	1185.4	1343.4	Pays-Bas
Sweden	916.8	1126.3	1075.3	1036.6	1018.7	Suède
Switzerland-Liechtenstein	743.7	803.4	866.8	1124.9	1111.3	Suisse-Liechtenstein
Mexico	420.7	549.9	673.8	716.9	719.1	Mexique
Belgium	533.6	594.9	534.0	537.5	597.3	Belgique
China, Hong Kong SAR	299.4	251.6	348.9	646.8	1011.0	Chine - RAS de Hong-Kong
Russian Federation	391.8	346.1	560.7	578.2	643.4	Fédération de Russie
Spain	125.0	173.2	157.7	168.5	733.0	Espagne
Norway	167.2	193.3	190.4	369.0	228.9	Norvège
Korea, Republic of	190.8	219.4	246.0	242.0	199.2	République de Corée
Austria	276.2	155.6	198.1	134.9	133.6	Autriche
Ukraine	67.1	128.1	171.7	222.2	e286.0	Ukraine
Ireland	169.0	158.5	150.8	203.1	149.1	Irlande
China	94.4	137.9	167.7	192.2	209.6	Chine
Malaysia	143.6	88.6	229.5	161.8	168.4	Malaisie
Hungary	19.0	26.9	62.6	269.3	288.6	Hongrie
Israel	120.0	92.5	126.9	134.2	136.7	Israël
Singapore	52.2	75.2	122.2	155.5	199.0	Singapour
Brazil	66.2	108.1	157.7	36.6	57.4	Brésil
Turkey	66.3	72.5	98.2	86.4	99.7	Turquie
Poland	66.9	81.8	86.3	56.7	72.7	Pologne
Czech Republic	45.7	49.2	64.8	91.0	100.5	République tchèque
Greece	61.0	18.0	11.4	112.9	139.4	Grèce

(Value as percentages of World total) **(Valeur en pourcentage du total mondial)**

Regions of the world	1994	1995	1996	1997	1998	1999	2000	2001	2002	2003	Régions du monde
World	100.0	100.0	100.0	100.0	100.0	100.0	100.0	100.0	100.0	100.0	Monde
Africa	0.2	0.1	0.1	0.1	0.1	0.1	0.0	0.0	0.1	0.1	Afrique
Americas	39.8	38.9	38.3	38.6	38.0	38.5	39.2	38.6	38.4	34.1	Amériques
- Northern America	37.9	37.5	37.1	37.4	36.7	37.4	37.8	37.0	36.9	32.6	- Amérique du Nord
- LAIA	2.0	1.3	1.2	1.2	1.3	1.1	1.4	1.6	1.5	1.5	- ALAI
- CACM	0.0	0.0	0.0	0.0	0.0	0.0	0.0	0.0	0.0	0.0	- MCC
- Caribbean	0.0	0.0	0.0	0.0	0.0	0.0	0.0	0.1	0.0	0.0	- Caraïbes
- Rest of America	0.0	0.0	0.0	0.0	0.0	0.0	0.0	0.0	0.0	0.0	- Autre d'Amérique
Asia excluding former USSR	6.8	6.7	5.0	5.5	5.3	5.0	6.0	7.0	6.7	6.9	Asie ancienne URSS exclus
- Middle East	0.6	0.5	0.6	0.9	0.2	0.2	0.2	0.2	0.3	0.3	- Moyen-Orient
Asia former USSR	0.0	0.0	0.0	0.0	0.0	0.0	0.0	0.0	0.0	0.0	Asie ancienne URSS
Europe excluding former USSR	51.7	52.6	54.5	54.1	55.0	55.2	53.6	52.9	53.1	57.0	Europe ancienne URSS exclus
- European Union	49.4	49.9	51.5	51.6	52.7	52.8	51.0	50.5	49.4	53.6	- Union Européenne
- Eastern Europe	0.2	0.3	0.4	0.3	0.4	0.4	0.4	0.5	0.9	0.9	- Europe de l'Est
- Rest of Europe	2.1	2.4	2.6	2.2	2.0	2.1	2.1	1.9	2.9	2.5	- Autre de l'Europe
Europe former USSR	1.2	1.5	1.6	1.4	1.4	1.0	1.0	1.3	1.5	1.7	Europe ancienne URSS
Oceania	0.3	0.2	0.4	0.3	0.1	0.1	0.1	0.1	0.1	0.2	Océanie

716 Rotating electric plant and parts thereof, nes

TRADE BY COMMODITY (Value in million US dollars)
Imports by principal countries or areas

COMMERCE PAR PRODUIT (Valeur en millions de dollars EU)
Importations selon les principaux pays ou zones

Country or area	1999	2000	2001	2002	2003	Pays ou zone
World	31186.4	32736.1	34680.5	36252.6	39250.0	Monde
Africa	832.1	805.2	799.7	784.1	901.8	Afrique
Americas	10066.1	10361.1	12229.4	11972.0	11067.8	Amériques
- Northern America	6815.7	6969.4	8535.1	7923.8	7643.2	- Amérique du Nord
- LAIA	2811.6	2950.4	3467.7	3778.4	3202.4	- ALAI
- CACM	258.2	231.4	86.8	127.6	85.2	- MCC
- Caribbean	115.9	179.9	115.5	122.9	116.9	- Caraïbes
- Rest of America	64.7	29.9	24.4	19.4	20.1	- Autre d'Amérique
Asia excluding former USSR	9982.8	11395.7	10659.8	11897.8	13227.2	Asie ancienne URSS exclus
- Middle East	892.6	1129.6	1043.1	1209.3	1413.5	- Moyen-Orient
Asia former USSR	108.4	77.3	84.0	78.2	106.5	Asie ancienne URSS
Europe excluding former USSR	9599.6	9468.4	10177.7	10768.8	12959.3	Europe ancienne URSS exclus
- European Union	8250.5	8037.9	8641.4	9062.6	10888.9	- Union Européenne
- Eastern Europe	688.4	802.2	908.6	1065.8	1296.4	- Europe de l'Est
- Rest of Europe	660.7	628.3	627.6	640.4	774.0	- Autre de l'Europe
Europe former USSR	174.5	205.0	271.1	327.1	400.0	Europe ancienne URSS
Oceania	422.8	423.4	458.8	424.6	587.4	Océanie
United States	5606.1	5903.1	7121.0	6658.6	6346.8	Etats-Unis d'Amérique
Germany	2413.7	2352.6	2711.1	2779.8	3384.4	Allemagne
China	1619.4	2018.6	2102.1	2542.2	2950.3	Chine
China, Hong Kong SAR	1620.2	1953.9	1699.4	2006.9	1983.9	Chine - RAS de Hong-Kong
Mexico	1585.9	1923.7	1861.0	1931.5	1830.0	Mexique
Japan	1300.9	1468.2	1437.5	1382.0	1584.2	Japon
Canada	1204.8	1063.9	1411.5	1263.3	1292.9	Canada
France-Monaco	1183.2	1152.4	1178.6	1260.3	1427.3	France-Monaco
Singapore	1212.6	1237.8	1095.0	1125.4	1188.0	Singapour
United Kingdom	1036.5	1035.4	1027.0	1009.2	1175.5	Royaume-Uni
Italy-San Marino-Holy See	841.4	851.1	852.1	984.2	1187.6	Italie-Saint-Marin-Saint-Siège
Brazil	519.8	347.0	1035.9	1420.8	897.5	Brésil
Korea, Republic of	762.1	846.5	745.6	844.9	944.5	République de Corée
Spain	700.4	607.2	695.2	712.1	988.7	Espagne
Malaysia	533.8	663.8	596.1	625.7	546.4	Malaisie
Thailand	510.4	476.5	487.5	e436.8	512.1	Thaïlande
Denmark	372.8	343.2	481.1	547.0	520.5	Danemark
Switzerland-Liechtenstein	394.8	419.5	399.7	369.2	459.5	Suisse-Liechtenstein
Netherlands	366.1	372.4	352.2	365.1	491.7	Pays-Bas
Australia	320.3	353.4	386.9	336.0	440.6	Australie
Belgium	324.5	309.9	334.7	346.0	394.8	Belgique
Austria	282.5	275.6	306.7	322.1	398.5	Autriche
Turkey	356.2	274.1	257.5	373.3	319.6	Turquie
Czech Republic	216.3	256.2	318.4	329.3	443.2	République tchèque
Sweden	297.4	282.3	267.5	287.8	358.6	Suède
Hungary	218.6	286.9	277.2	311.4	355.2	Hongrie
India	159.1	135.5	190.1	206.4	297.3	Inde
Saudi Arabia	163.7	241.0	151.1	179.9	205.7	Arabie saoudite
Poland	136.5	150.2	174.6	243.2	234.8	Pologne
Israel	103.7	107.1	95.0	84.5	514.7	Israël

(Value as percentages of World total)   **(Valeur en pourcentage du total mondial)**

Regions of the world	1994	1995	1996	1997	1998	1999	2000	2001	2002	2003	Régions du monde
World	100.0	100.0	100.0	100.0	100.0	100.0	100.0	100.0	100.0	100.0	Monde
Africa	2.7	2.0	2.4	2.5	3.3	2.7	2.5	2.3	2.2	2.3	Afrique
Americas	24.0	23.0	23.4	25.0	28.1	32.3	31.7	35.3	33.0	28.2	Amériques
- Northern America	16.5	16.1	15.7	16.2	17.9	21.9	21.3	24.6	21.9	19.5	- Amérique du Nord
- LAIA	6.5	5.6	6.8	8.0	9.0	9.0	9.0	10.0	10.4	8.2	- ALAI
- CACM	0.5	0.7	0.2	0.2	0.7	0.8	0.7	0.3	0.4	0.2	- MCC
- Caribbean	0.4	0.6	0.5	0.4	0.5	0.4	0.5	0.3	0.3	0.3	- Caraïbes
- Rest of America	0.1	0.1	0.1	0.1	0.1	0.2	0.1	0.1	0.1	0.1	- Autre d'Amérique
Asia excluding former USSR	42.9	43.1	40.7	40.8	35.1	32.0	34.8	30.7	32.8	33.7	Asie ancienne URSS exclus
- Middle East	3.1	3.0	2.7	3.1	3.0	2.9	3.5	3.0	3.3	3.6	- Moyen-Orient
Asia former USSR	0.2	0.2	0.3	0.2	0.2	0.3	0.2	0.2	0.2	0.3	Asie ancienne URSS
Europe excluding former USSR	27.8	29.1	30.3	28.8	30.8	30.8	28.9	29.3	29.7	33.0	Europe ancienne URSS exclus
- European Union	24.6	25.6	26.6	25.0	26.4	26.5	24.6	24.9	25.0	27.7	- Union Européenne
- Eastern Europe	0.7	1.1	1.3	1.6	2.3	2.2	2.5	2.6	2.9	3.3	- Europe de l'Est
- Rest of Europe	2.4	2.4	2.3	2.2	2.2	2.1	1.9	1.8	1.8	2.0	- Autre de l'Europe
Europe former USSR	0.9	1.0	1.0	0.9	1.0	0.6	0.6	0.8	0.9	1.0	Europe ancienne URSS
Oceania	1.5	1.6	2.0	1.8	1.4	1.4	1.3	1.3	1.2	1.5	Océanie

Machines et appareils électriques rotatifs et leurs pièces détachées, n.d.a. 716

Country or area	1999	2000	2001	2002	2003	Pays ou zone
World	28972.4	30907.9	32552.6	32482.8	37057.4	Monde
Africa	58.1	44.7	65.8	52.8	77.0	Afrique
Americas	6031.4	6271.5	7393.8	6741.0	7381.8	Amériques
- Northern America	3887.5	4020.1	5050.0	4274.8	4464.1	- Amérique du Nord
- LAIA	2127.9	2235.1	2334.2	2457.4	2905.5	- ALAI
- CACM	2.8	1.2	3.5	4.0	5.5	- MCC
- Caribbean	13.1	14.6	3.9	3.8	5.9	- Caraïbes
- Rest of America	0.2	0.5	2.1	1.1	0.9	- Autre d'Amérique
Asia excluding former USSR	9875.8	11371.2	10331.6	10923.5	11952.7	Asie ancienne URSS exclus
- Middle East	100.8	133.3	174.8	197.9	262.8	- Moyen-Orient
Asia former USSR	18.2	19.8	17.5	17.1	7.2	Asie ancienne URSS
Europe excluding former USSR	12707.9	12889.2	14349.5	14459.1	17286.7	Europe ancienne URSS exclus
- European Union	10787.3	10743.5	11918.4	12101.6	14559.5	- Union Européenne
- Eastern Europe	828.4	955.0	1194.2	1318.3	1568.7	- Europe de l'Est
- Rest of Europe	1092.3	1190.7	1236.9	1039.1	1158.5	- Autre de l'Europe
Europe former USSR	175.6	220.7	302.3	237.8	272.1	Europe ancienne URSS
Oceania	105.4	90.8	92.2	51.4	79.8	Océanie
United States	3353.0	3442.2	4375.1	3709.7	3919.5	Etats-Unis d'Amérique
Germany	3249.9	3196.7	3373.8	3498.9	4438.4	Allemagne
Japan	3076.2	3106.2	2839.4	2714.5	2836.1	Japon
China	1670.5	2212.9	2150.4	2588.6	3134.4	Chine
Mexico	1848.6	1936.0	1950.9	2103.0	2472.2	Mexique
China, Hong Kong SAR	1658.0	1935.2	1662.3	1906.1	1950.5	Chine - RAS de Hong-Kong
France-Monaco	1464.1	1503.6	1698.1	1709.0	2030.7	France-Monaco
United Kingdom	1363.9	1407.4	1493.0	1380.7	1671.6	Royaume-Uni
Italy-San Marino-Holy See	1395.1	1385.5	1396.9	1447.9	1527.2	Italie-Saint-Marin-Saint-Siège
Denmark	940.6	724.4	1498.4	1497.9	1786.1	Danemark
Singapore	856.0	986.0	862.9	838.9	878.1	Singapour
Switzerland-Liechtenstein	865.2	946.5	989.1	776.7	826.4	Suisse-Liechtenstein
Thailand	790.0	880.0	831.2	e650.5	759.8	Thaïlande
Finland	600.3	797.1	585.7	701.9	688.7	Finlande
Korea, Republic of	490.8	620.9	561.4	641.0	658.4	République de Corée
Canada	534.4	577.9	674.9	565.0	544.5	Canada
Austria	491.9	440.6	530.7	528.9	621.7	Autriche
Czech Republic	361.3	415.3	466.8	511.1	625.4	République tchèque
Spain	365.3	372.0	454.1	448.5	628.8	Espagne
Malaysia	410.6	433.1	348.0	400.3	345.5	Malaisie
Sweden	359.2	260.5	261.4	308.4	430.2	Suède
Netherlands	277.3	353.9	324.8	289.2	357.7	Pays-Bas
Brazil	221.3	259.2	332.3	322.4	410.1	Brésil
Indonesia	224.5	346.0	231.3	321.5	375.3	Indonésie
Hungary	153.5	186.5	322.5	333.2	394.2	Hongrie
Belgium	178.6	206.5	204.1	188.2	269.7	Belgique
Slovenia	162.0	177.3	188.6	209.0	260.5	Slovénie
Poland	111.6	138.6	159.9	193.9	194.9	Pologne
Slovakia	116.0	120.4	138.1	161.9	199.9	Slovaquie
Russian Federation	111.4	136.6	194.6	131.4	123.7	Fédération de Russie

(Value as percentages of World total) · **(Valeur en pourcentage du total mondial)**

Regions of the world	1994	1995	1996	1997	1998	1999	2000	2001	2002	2003	Régions du monde
World	100.0	100.0	100.0	100.0	100.0	100.0	100.0	100.0	100.0	100.0	Monde
Africa	0.1	0.1	0.1	0.1	0.2	0.2	0.1	0.2	0.2	0.2	Afrique
Americas	19.1	18.0	18.7	20.9	21.4	20.8	20.3	22.7	20.8	19.9	Amériques
- Northern America	14.6	13.9	13.6	15.3	14.7	13.4	13.0	15.5	13.2	12.0	- Amérique du Nord
- LAIA	4.5	4.0	5.1	5.5	6.5	7.3	7.2	7.2	7.6	7.8	- ALAI
- CACM	0.0	0.0	0.0	0.0	0.0	0.0	0.0	0.0	0.0	0.0	- MCC
- Caribbean	0.0	0.1	0.0	0.0	0.2	0.0	0.0	0.0	0.0	0.0	- Caraïbes
- Rest of America	0.0	0.0	0.0	0.0	0.0	0.0	0.0	0.0	0.0	0.0	- Autre d'Amérique
Asia excluding former USSR	35.3	35.6	34.1	35.2	32.1	34.1	36.8	31.7	33.6	32.3	Asie ancienne URSS exclus
- Middle East	0.2	0.2	0.3	0.4	0.3	0.3	0.4	0.5	0.6	-0.7	- Moyen-Orient
Asia former USSR	0.2	0.1	0.1	0.1	0.1	0.1	0.1	0.1	0.1	0.0	Asie ancienne URSS
Europe excluding former USSR	44.3	45.1	45.7	42.3	45.0	43.9	41.7	44.1	44.5	46.6	Europe ancienne URSS exclus
- European Union	39.1	39.2	39.5	36.4	38.6	37.2	34.8	36.6	37.3	39.3	- Union Européenne
- Eastern Europe	1.5	2.1	2.4	2.5	2.9	2.9	3.1	3.7	4.1	4.2	- Europe de l'Est
- Rest of Europe	3.7	3.8	3.8	3.4	3.5	3.8	3.9	3.8	3.2	3.1	- Autre de l'Europe
Europe former USSR	0.8	0.8	0.9	0.8	0.7	0.6	0.7	0.9	0.7	0.7	Europe ancienne URSS
Oceania	0.3	0.3	0.5	0.6	0.5	0.4	0.3	0.3	0.2	0.2	Océanie

718 Other power generating machinery and parts thereof, nes

Country or area	1999	2000	2001	2002	2003	Pays ou zone
World	5787.2	6130.4	5847.5	6219.8	7488.8	Monde
Africa	100.9	120.9	87.0	111.3	127.3	Afrique
Americas	1033.4	1126.4	1167.6	1034.2	1357.2	Amériques
- Northern America	765.1	873.9	850.1	789.2	1022.6	- Amérique du Nord
- LAIA	227.0	222.9	291.6	223.1	293.3	- ALAI
- CACM	31.6	14.4	19.8	13.2	16.0	- MCC
- Caribbean	4.8	9.8	5.0	5.5	23.5	- Caraïbes
- Rest of America	4.9	5.4	1.2	3.1	1.8	- Autre d'Amérique
Asia excluding former USSR	1810.2	2209.5	1661.9	2087.7	2184.7	Asie ancienne URSS exclus
- Middle East	411.2	142.8	184.9	290.3	182.5	- Moyen-Orient
Asia former USSR	19.5	15.3	14.9	21.2	22.3	Asie ancienne URSS
Europe excluding former USSR	2576.8	2278.0	2510.8	2499.9	3181.7	Europe ancienne URSS exclus
- European Union	1921.5	1628.3	1936.3	1888.9	2513.9	- Union Européenne
- Eastern Europe	362.2	367.2	356.1	335.1	407.6	- Europe de l'Est
- Rest of Europe	293.1	282.5	218.5	275.9	260.1	- Autre de l'Europe
Europe former USSR	176.9	312.5	350.8	390.6	514.5	Europe ancienne URSS
Oceania	69.4	67.7	54.5	74.9	101.1	Océanie
China	543.1	1013.9	669.3	779.8	1131.4	Chine
United States	553.2	637.0	630.5	560.3	775.4	Etats-Unis d'Amérique
France-Monaco	516.6	330.3	567.9	517.4	656.6	France-Monaco
Germany	484.1	420.7	521.8	470.0	602.2	Allemagne
Ukraine	92.5	234.9	252.1	257.3	e348.9	Ukraine
Canada	211.8	236.8	219.4	228.6	246.8	Canada
Japan	322.0	183.3	261.0	236.5	138.7	Japon
Sweden	140.6	140.5	118.5	178.5	279.3	Suède
United Kingdom	156.4	156.0	145.5	149.1	218.1	Royaume-Uni
Switzerland-Liechtenstein	187.2	200.2	128.6	146.7	140.3	Suisse-Liechtenstein
Italy-San Marino-Holy See	139.4	147.7	143.2	151.4	179.3	Italie-Saint-Marin-Saint-Siège
Czech Republic	161.6	179.4	161.5	98.3	152.0	République tchèque
Korea, Republic of	124.4	125.7	100.4	129.5	118.7	République de Corée
Iran (Islamic Republic of)	60.5	33.8	129.4	198.0	75.2	Iran (République islamique d')
Finland	103.4	92.7	87.3	92.9	108.1	Finlande
Belgium	94.6	73.4	110.5	84.9	114.0	Belgique
Austria	86.7	78.2	81.9	86.5	105.1	Autriche
Mexico	72.3	79.2	93.3	77.9	89.8	Mexique
Bulgaria	78.1	83.7	46.5	88.9	87.5	Bulgarie
Brazil	77.9	68.4	77.5	77.7	81.2	Brésil
Spain	84.2	67.3	77.8	71.1	76.3	Espagne
Slovakia	70.1	44.4	87.9	79.2	80.5	Slovaquie
Australia	51.8	57.9	43.6	58.2	84.4	Australie
Netherlands	50.3	56.3	38.9	47.2	95.0	Pays-Bas
Viet Nam	11.2	201.2	8.1	27.8	e23.1	Viet Nam
Norway	45.4	33.2	42.7	78.9	55.8	Norvège
Lithuania	48.3	34.4	34.6	56.1	78.1	Lituanie
South Africa	–	72.6	42.1	69.0	60.8	Afrique du Sud
Turkey	82.9	50.1	27.8	33.6	47.0	Turquie
Kuwait	230.6	0.3				Koweït

(Value as percentages of World total)   **(Valeur en pourcentage du total mondial)**

Regions of the world	1994	1995	1996	1997	1998	1999	2000	2001	2002	2003	Régions du monde
World	100.0	100.0	100.0	100.0	100.0	100.0	100.0	100.0	100.0	100.0	Monde
Africa	1.2	2.2	1.3	2.3	1.9	1.7	2.0	1.5	1.8	1.7	Afrique
Americas	21.0	19.2	18.5	18.8	20.4	17.9	18.4	20.0	16.6	18.1	Amériques
- Northern America	13.6	12.8	12.8	13.2	13.8	13.2	14.3	14.5	12.7	13.7	- Amérique du Nord
- LAIA	6.6	5.3	5.3	5.2	6.3	3.9	3.6	5.0	3.6	3.9	- ALAI
- CACM	0.2	0.6	0.2	0.3	0.2	0.5	0.2	0.3	0.2	0.2	- MCC
- Caribbean	0.2	0.5	0.1	0.1	0.1	0.1	0.2	0.1	0.1	0.3	- Caraïbes
- Rest of America	0.3	0.0	0.0	0.0	0.0	0.1	0.1	0.0	0.1	0.0	- Autre d'Amérique
Asia excluding former USSR	23.9	28.5	32.9	30.1	26.1	31.3	36.0	28.4	33.6	29.2	Asie ancienne URSS exclus
- Middle East	8.5	6.9	10.9	9.5	10.1	7.1	2.3	3.2	4.7	2.4	- Moyen-Orient
Asia former USSR	0.1	0.0	0.1	0.1	0.1	0.3	0.3	0.3	0.3	0.3	Asie ancienne URSS
Europe excluding former USSR	49.6	45.9	42.8	43.2	46.6	44.5	37.2	42.9	40.2	42.5	Europe ancienne URSS exclus
- European Union	42.7	37.5	34.6	34.8	37.8	33.2	26.6	33.1	30.4	33.6	- Union Européenne
- Eastern Europe	1.8	2.7	3.3	3.7	4.1	6.3	6.0	6.1	5.4	5.4	- Europe de l'Est
- Rest of Europe	5.1	5.7	4.9	4.7	4.7	5.1	4.6	3.7	4.4	3.5	- Autre de l'Europe
Europe former USSR	2.3	2.5	2.6	3.7	3.3	3.1	5.1	6.0	6.3	6.9	Europe ancienne URSS
Oceania	2.0	1.7	1.8	1.8	1.5	1.2	1.1	0.9	1.2	1.4	Océanie

Autres moteurs et machines motrices et leurs parties et pièces détachées, n.d.a 718

TRADE BY COMMODITY (Value in million US dollars)
Exports by principal countries or areas

COMMERCE PAR PRODUIT (Valeur en millions de dollars EU)
Exportations selon les principaux pays ou zones

Country or area	1999	2000	2001	2002	2003	Pays ou zone
World	5170.0	5032.2	4977.7	5493.0	6819.5	Monde
Africa	6.6	9.6	10.3	11.4	14.8	Afrique
Americas	845.2	875.9	978.5	904.4	987.9	Amériques
- Northern America	763.5	759.8	864.4	811.9	919.0	- Amérique du Nord
- LAIA	80.3	114.3	113.5	92.2	68.1	- ALAI
- CACM	1.0	0.1	0.0	0.2	0.2	- MCC
- Caribbean	0.4	1.8	0.5	0.2	0.7	- Caraïbes
- Rest of America	0.0	0.0	0.1	0.0	0.0	- Autre d'Amérique
Asia excluding former USSR	499.7	581.5	495.0	528.1	700.3	Asie ancienne URSS exclus
- Middle East	3.9	9.5	16.6	17.6	22.6	- Moyen-Orient
Asia former USSR	0.3	0.3	2.1	2.3	3.4	Asie ancienne URSS
Europe excluding former USSR	3136.5	3011.9	2838.8	3184.8	4017.2	Europe ancienne URSS exclus
- European Union	2934.4	2798.1	2592.7	2850.6	3628.8	- Union Européenne
- Eastern Europe	71.6	87.8	89.7	119.0	184.0	- Europe de l'Est
- Rest of Europe	130.5	125.9	156.4	215.3	204.4	- Autre de l'Europe
Europe former USSR	671.2	537.9	638.5	848.4	1072.2	Europe ancienne URSS
Oceania	10.6	15.1	14.5	13.6	23.7	Océanie
Germany	933.2	686.7	653.8	877.1	1214.7	Allemagne
United States	596.3	574.4	713.4	665.5	728.7	Etats-Unis d'Amérique
Russian Federation	655.8	513.3	590.9	668.9	837.2	Fédération de Russie
Belgium	699.0	682.5	660.2	567.7	637.2	Belgique
Japan	371.1	410.8	327.0	342.3	464.6	Japon
France-Monaco	419.7	342.7	316.3	316.6	348.7	France-Monaco
Sweden	189.5	179.3	216.2	311.7	424.1	Suède
United Kingdom	194.2	181.8	171.6	168.3	268.5	Royaume-Uni
Italy-San Marino-Holy See	147.8	172.2	160.6	163.9	205.8	Italie-Saint-Marin-Saint-Siège
Canada	167.2	185.4	150.9	146.4	190.3	Canada
Switzerland-Liechtenstein	95.4	80.4	104.9	160.7	130.3	Suisse-Liechtenstein
Spain	92.5	182.5	79.3	105.4	100.4	Espagne
Austria	130.7	94.1	87.3	98.6	129.5	Autriche
Ukraine	5.8	13.0	33.4	165.3	e212.9	Ukraine
Finland	41.8	185.7	57.8	61.3	67.1	Finlande
Denmark	24.2	22.2	109.7	110.5	134.0	Danemark
China	37.7	56.0	66.8	65.8	54.1	Chine
Netherlands	44.2	49.5	54.5	42.0	66.3	Pays-Bas
Mexico	45.0	72.4	51.5	21.2	29.6	Mexique
Czech Republic	28.2	31.4	31.8	45.2	76.5	République tchèque
Korea, Republic of	29.0	54.0	33.5	37.7	44.1	République de Corée
Norway	27.8	33.7	38.9	31.8	35.6	Norvège
Brazil	18.8	21.2	41.5	43.2	27.7	Brésil
Bulgaria	17.0	17.6	21.2	29.2	39.3	Bulgarie
Ireland	14.8	16.8	23.0	25.4	29.2	Irlande
Slovenia	5.8	10.3	9.1	19.6	35.2	Slovénie
Argentina	12.4	18.9	17.1	24.4	6.7	Argentine
Slovakia	7.5	16.8	15.5	16.7	22.3	Slovaquie
Singapore	19.2	8.7	12.4	13.8	21.3	Singapour
Australia	8.6	13.7	13.8	12.1	20.1	Australie

(Value as percentages of World total)

(Valeur en pourcentage du total mondial)

Regions of the world	1994	1995	1996	1997	1998	1999	2000	2001	2002	2003	Régions du monde
World	100.0	100.0	100.0	100.0	100.0	100.0	100.0	100.0	100.0	100.0	Monde
Africa	0.4	0.2	0.1	0.1	0.1	0.1	0.2	0.2	0.2	0.2	Afrique
Americas	16.8	17.5	16.2	17.2	17.6	16.3	17.4	19.7	16.5	14.5	Amériques
- Northern America	15.6	15.8	14.6	14.7	15.6	14.8	15.1	17.4	14.8	13.5	- Amérique du Nord
- LAIA	1.2	1.6	1.5	2.4	1.9	1.6	2.3	2.3	1.7	1.0	- ALAI
- CACM	0.0	0.0	0.0	0.0	0.0	0.0	0.0	0.0	0.0	0.0	- MCC
- Caribbean	0.1	0.1	0.1	0.1	0.0	0.0	0.0	0.0	0.0	0.0	- Caraïbes
- Rest of America	0.0	0.0	0.0	0.0	0.0	0.0	0.0	0.0	0.0	0.0	- Autre d'Amérique
Asia excluding former USSR	14.9	14.8	12.2	13.0	10.0	9.7	11.6	9.9	9.6	10.3	Asie ancienne URSS exclus
- Middle East	0.2	0.1	0.1	0.1	0.1	0.1	0.2	0.3	0.3	0.3	- Moyen-Orient
Asia former USSR	0.0	0.0	0.1	0.0	0.0	0.0	0.0	0.0	0.0	0.0	Asie ancienne URSS
Europe excluding former USSR	59.9	59.7	62.3	59.2	61.5	60.7	59.9	57.0	58.0	58.9	Europe ancienne URSS exclus
- European Union	55.3	54.8	55.7	53.0	54.4	56.8	55.6	52.1	51.9	53.2	- Union Européenne
- Eastern Europe	1.1	1.5	2.3	2.4	3.1	1.4	1.7	1.8	2.2	2.7	- Europe de l'Est
- Rest of Europe	3.4	3.3	4.4	3.7	4.1	2.5	2.5	3.1	3.9	3.0	- Autre de l'Europe
Europe former USSR	7.7	7.5	8.6	10.0	10.4	13.0	10.7	12.8	15.4	15.7	Europe ancienne URSS
Oceania	0.2	0.3	0.4	0.5	0.3	0.2	0.3	0.3	0.2	0.3	Océanie

721 Agricultural machinery (excluding tractors) and parts thereof, nes

TRADE BY COMMODITY (Value in million US dollars)
Imports by principal countries or areas

COMMERCE PAR PRODUIT (Valeur en millions de dollars EU)
Importations selon les principaux pays ou zones

Country or area	1999	2000	2001	2002	2003	Pays ou zone
World	11439.1	10831.2	10942.5	12319.5	14669.9	Monde
Africa	275.0	252.0	280.6	292.6	339.8	Afrique
Americas	2654.2	2726.9	2812.7	2859.7	3321.2	Amériques
- Northern America	1939.2	2079.0	2090.1	2186.7	2644.5	- Amérique du Nord
- LAIA	602.9	558.6	648.0	597.9	602.4	- ALAI
- CACM	61.7	41.0	39.3	37.8	43.5	- MCC
- Caribbean	30.5	31.3	23.4	23.9	17.8	- Caraïbes
- Rest of America	19.9	16.9	11.9	13.4	13.0	- Autre d'Amérique
Asia excluding former USSR	859.0	969.8	979.6	1057.2	1217.4	Asie ancienne URSS exclus
- Middle East	214.8	230.7	230.8	259.5	301.4	- Moyen-Orient
Asia former USSR	153.1	191.9	140.8	145.2	168.2	Asie ancienne URSS
Europe excluding former USSR	6644.9	5872.3	5913.0	6948.1	8333.7	Europe ancienne URSS exclus
- European Union	5832.0	5089.6	5005.2	5769.7	7018.5	- Union Européenne
- Eastern Europe	417.9	407.2	535.8	742.4	775.8	- Europe de l'Est
- Rest of Europe	394.9	375.4	372.0	435.9	539.4	- Autre de l'Europe
Europe former USSR	450.4	383.8	492.9	568.5	822.2	Europe ancienne URSS
Oceania	402.5	434.6	322.8	448.2	467.5	Océanie
France-Monaco	1396.6	1242.6	1124.8	1206.1	1424.0	France-Monaco
United States	1076.9	1141.9	1195.7	1276.2	1582.2	Etats-Unis d'Amérique
Germany	1075.2	1016.4	1003.2	1137.9	1336.1	Allemagne
Canada	862.2	936.8	893.8	909.4	1060.6	Canada
United Kingdom	687.2	587.1	585.3	731.4	855.0	Royaume-Uni
Belgium	405.2	297.4	298.3	409.3	617.1	Belgique
Spain	347.6	285.3	313.5	326.7	454.7	Espagne
Australia	337.5	365.5	248.6	347.5	361.7	Australie
Denmark	304.4	273.3	287.0	359.2	411.5	Danemark
Italy-San Marino-Holy See	340.9	286.6	284.4	304.7	375.3	Italie-Saint-Marin-Saint-Siège
Netherlands	286.7	253.3	277.0	331.7	378.2	Pays-Bas
Russian Federation	299.8	210.4	238.2	261.0	359.6	Fédération de Russie
Mexico	192.4	234.9	274.7	323.2	306.9	Mexique
Sweden	253.0	225.0	214.7	260.0	304.4	Suède
Austria	238.4	202.1	204.5	230.8	291.6	Autriche
Japan	151.8	177.8	196.8	201.9	250.4	Japon
Poland	151.8	154.1	192.0	240.2	224.5	Pologne
Switzerland-Liechtenstein	162.6	159.4	162.2	169.8	215.0	Suisse-Liechtenstein
Ireland	165.5	150.7	150.2	171.4	200.9	Irlande
China	141.3	137.3	155.5	168.5	207.6	Chine
Hungary	99.3	85.6	122.8	197.0	241.0	Hongrie
Norway	143.9	131.4	117.9	136.4	181.3	Norvège
Finland	132.0	117.7	114.2	140.9	173.8	Finlande
Czech Republic	85.7	94.0	114.0	152.9	143.5	République tchèque
Ukraine	47.2	43.1	101.9	110.7	e150.2	Ukraine
Belarus	47.2	86.1	81.0	85.8	134.2	Bélarus
Brazil	136.4	68.4	75.1	65.0	82.9	Brésil
Greece	99.8	67.6	59.2	66.0	94.9	Grèce
Saudi Arabia	68.1	82.1	63.0	73.8	84.4	Arabie saoudite
New Zealand	56.2	59.9	66.1	88.8	95.4	Nouvelle-Zélande

(Value as percentages of World total)

(Valeur en pourcentage du total mondial)

Regions of the world	1994	1995	1996	1997	1998	1999	2000	2001	2002	2003	Régions du monde
World	100.0	100.0	100.0	100.0	100.0	100.0	100.0	100.0	100.0	100.0	Monde
Africa	2.7	2.7	3.1	2.7	2.9	2.4	2.3	2.6	2.4	2.3	Afrique
Americas	25.9	22.2	22.0	26.4	26.8	23.2	25.2	25.7	23.2	22.6	Amériques
- Northern America	19.2	16.8	15.8	18.9	18.2	17.0	19.2	19.1	17.8	18.0	- Amérique du Nord
- LAIA	5.4	4.2	5.0	6.3	7.1	5.3	5.2	5.9	4.9	4.1	- ALAI
- CACM	0.4	0.3	0.3	0.4	0.5	0.5	0.4	0.4	0.3	0.3	- MCC
- Caribbean	0.7	0.7	0.7	0.7	0.8	0.3	0.3	0.2	0.2	0.1	- Caraïbes
- Rest of America	0.2	0.2	0.2	0.1	0.1	0.2	0.2	0.1	0.1	0.1	- Autre d'Amérique
Asia excluding former USSR	10.0	10.0	10.1	9.0	6.8	7.5	9.0	9.0	8.6	8.3	Asie ancienne URSS exclus
- Middle East	1.6	1.6	1.5	1.6	1.8	1.9	2.1	2.1	2.1	2.1	- Moyen-Orient
Asia former USSR	1.6	1.4	1.5	1.3	1.6	1.3	1.8	1.3	1.2	1.1	Asie ancienne URSS
Europe excluding former USSR	53.3	57.1	55.0	51.9	53.6	58.1	54.2	54.0	56.4	56.8	Europe ancienne URSS exclus
- European Union	45.2	47.6	45.1	42.9	45.4	51.0	47.0	45.7	46.8	47.8	- Union Européenne
- Eastern Europe	4.4	5.6	6.5	6.0	4.9	3.7	3.8	4.9	6.0	5.3	- Europe de l'Est
- Rest of Europe	3.7	3.9	3.5	3.1	3.3	3.5	3.5	3.4	3.5	3.7	- Autre de l'Europe
Europe former USSR	3.1	3.7	4.2	5.0	4.8	3.9	3.5	4.5	4.6	5.6	Europe ancienne URSS
Oceania	3.3	3.0	4.0	3.7	3.4	3.5	4.0	2.9	3.6	3.2	Océanie

Machines agricoles et leurs parties et pièces détachées, n.d.a 721

TRADE BY COMMODITY (Value in million US dollars)
Exports by principal countries or areas

COMMERCE PAR PRODUIT (Valeur en millions de dollars EU)
Exportations selon les principaux pays ou zones

Country or area	1999	2000	2001	2002	2003	Pays ou zone
World	11070.2	10784.4	10992.4	12432.1	14833.3	Monde
Africa	36.2	20.2	26.0	32.9	28.3	Afrique
Americas	2829.1	3011.3	2867.9	3072.2	3665.4	Amériques
- Northern America	2607.6	2785.7	2673.9	2854.6	3199.2	- Amérique du Nord
- LAIA	211.1	216.1	187.7	211.6	460.3	- ALAI
- CACM	9.8	7.0	5.1	4.8	4.7	- MCC
- Caribbean	0.6	2.4	1.0	0.8	1.1	- Caraïbes
- Rest of America	0.1	0.1	0.2	0.4	0.2	- Autre d'Amérique
Asia excluding former USSR	524.0	571.1	531.1	618.1	847.9	Asie ancienne URSS exclus
- Middle East	19.9	27.5	35.8	31.4	42.5	- Moyen-Orient
Asia former USSR	12.7	10.6	7.7	8.5	4.1	Asie ancienne URSS
Europe excluding former USSR	7438.2	6935.7	7280.6	8398.3	9949.4	Europe ancienne URSS exclus
- European Union	6932.9	6427.6	6741.9	7725.9	9130.4	- Union Européenne
- Eastern Europe	292.8	323.4	360.7	459.6	575.4	- Europe de l'Est
- Rest of Europe	212.4	184.7	178.0	212.8	243.7	- Autre de l'Europe
Europe former USSR	116.1	128.6	171.2	172.1	173.1	Europe ancienne URSS
Oceania	113.9	107.1	107.9	130.0	165.1	Océanie
United States	2171.9	2331.7	2184.8	2284.4	2545.1	Etats-Unis d'Amérique
Germany	2009.6	1804.1	2013.9	2239.7	2545.3	Allemagne
Italy-San Marino-Holy See	1258.8	1194.9	1258.3	1423.1	1626.9	Italie-Saint-Marin-Saint-Siège
France-Monaco	767.5	763.4	764.7	868.3	1022.1	France-Monaco
Belgium	546.5	540.6	565.2	764.3	902.9	Belgique
Netherlands	548.7	503.3	540.2	652.1	799.2	Pays-Bas
Canada	435.7	454.0	489.1	570.2	654.0	Canada
Denmark	476.8	434.7	400.8	415.6	511.0	Danemark
United Kingdom	505.1	396.2	352.5	347.6	431.5	Royaume-Uni
Sweden	275.1	252.5	274.7	344.6	423.9	Suède
Austria	212.0	222.7	215.0	264.7	319.1	Autriche
Japan	210.3	195.5	164.6	177.0	218.3	Japon
Spain	161.3	140.6	162.4	186.0	243.7	Espagne
Hungary	109.9	118.9	147.3	198.5	215.8	Hongrie
Brazil	109.8	114.7	133.8	131.0	296.0	Brésil
China	66.1	91.4	102.2	175.5	320.3	Chine
Finland	103.1	108.9	113.8	120.3	181.3	Finlande
Norway	131.9	103.2	99.3	118.4	128.5	Norvège
Poland	68.5	100.2	98.8	122.6	174.8	Pologne
Czech Republic	90.6	77.3	83.6	99.7	131.5	République tchèque
Mexico	80.2	77.8	33.0	56.2	138.6	Mexique
Australia	68.6	60.1	66.2	68.2	74.7	Australie
Ireland	49.9	48.6	62.3	76.3	97.2	Irlande
New Zealand	45.0	46.9	41.6	61.7	90.4	Nouvelle-Zélande
Russian Federation	23.0	36.6	75.5	77.1	70.9	Fédération de Russie
Switzerland-Liechtenstein	55.1	56.4	51.2	52.6	64.6	Suisse-Liechtenstein
Belarus	53.1	51.5	50.9	40.7	39.5	Bélarus
Israel	40.9	55.8	48.5	40.6	41.4	Israël
Korea, Republic of	28.1	27.1	29.1	31.7	50.1	République de Corée
Ukraine	19.8	20.5	20.4	25.2	e32.4	Ukraine

(Value as percentages of World total)   **(Valeur en pourcentage du total mondial)**

Regions of the world	1994	1995	1996	1997	1998	1999	2000	2001	2002	2003	Régions du monde
World	100.0	100.0	100.0	100.0	100.0	100.0	100.0	100.0	100.0	100.0	Monde
Africa	0.3	0.3	0.4	0.3	0.2	0.3	0.2	0.2	0.3	0.2	Afrique
Americas	29.3	27.3	28.9	32.3	29.1	25.6	27.9	26.1	24.7	24.7	Amériques
- Northern America	26.8	24.9	26.2	29.3	26.1	23.6	25.8	24.3	23.0	21.6	- Amérique du Nord
- LAIA	2.4	2.4	2.7	3.0	2.9	1.9	2.0	1.7	1.7	3.1	- ALAI
- CACM	0.0	0.0	0.0	0.1	0.1	0.1	0.1	0.0	0.0	0.0	- MCC
- Caribbean	0.0	0.0	0.0	0.0	0.0	0.0	0.0	0.0	0.0	0.0	- Caraïbes
- Rest of America	0.0	0.0	0.0	0.0	0.0	0.0	0.0	0.0	0.0	0.0	- Autre d'Amérique
Asia excluding former USSR	5.1	4.4	4.2	4.1	3.7	4.7	5.3	4.8	5.0	5.7	Asie ancienne URSS exclus
- Middle East	0.1	0.1	0.2	0.2	0.1	0.2	0.3	0.3	0.3	0.3	- Moyen-Orient
Asia former USSR	0.1	0.1	0.1	0.1	0.0	0.1	0.1	0.1	0.1	0.0	Asie ancienne URSS
Europe excluding former USSR	63.2	65.1	63.8	61.0	65.2	67.2	64.3	66.2	67.6	67.1	Europe ancienne URSS exclus
- European Union	59.2	60.7	59.4	56.5	60.4	62.6	59.6	61.3	62.1	61.6	- Union Européenne
- Eastern Europe	2.0	2.1	2.2	2.6	2.9	2.6	3.0	3.3	3.7	3.9	- Europe de l'Est
- Rest of Europe	2.0	2.3	2.1	1.9	1.9	1.9	1.7	1.6	1.7	1.6	- Autre de l'Europe
Europe former USSR	1.1	1.5	1.4	0.9	0.8	1.0	1.2	1.6	1.4	1.2	Europe ancienne URSS
Oceania	1.1	1.3	1.2	1.2	0.9	1.0	1.0	1.0	1.0	1.1	Océanie

722 Tractors (other than those falling in heading 74411 and 7832)

TRADE BY COMMODITY (Value in million US dollars)
Imports by principal countries or areas

COMMERCE PAR PRODUIT (Valeur en millions de dollars EU)
Importations selon les principaux pays ou zones

Country or area	1999	2000	2001	2002	2003	Pays ou zone
World	7764.5	7652.1	7373.1	8541.1	10046.2	Monde
Africa	224.3	230.7	197.8	290.9	298.9	Afrique
Americas	2446.8	2646.3	2548.7	2811.1	3169.5	Amériques
- Northern America	2101.5	2406.1	2287.8	2564.1	2922.5	- Amérique du Nord
- LAIA	233.4	179.6	212.7	190.1	196.8	- ALAI
- CACM	65.3	28.9	26.1	27.0	25.4	- MCC
- Caribbean	34.8	20.7	13.7	22.3	14.8	- Caraïbes
- Rest of America	11.9	11.0	8.4	7.7	10.0	- Autre d'Amérique
Asia excluding former USSR	563.7	579.1	685.1	677.6	849.2	Asie ancienne URSS exclus
- Middle East	80.9	115.5	203.3	193.0	277.4	- Moyen-Orient
Asia former USSR	65.5	85.5	52.6	68.6	93.2	Asie ancienne URSS
Europe excluding former USSR	4024.5	3631.1	3448.9	4104.0	4979.0	Europe ancienne URSS exclus
- European Union	3593.1	3218.4	2956.2	3499.5	4169.2	- Union Européenne
- Eastern Europe	117.9	132.8	204.4	282.7	408.3	- Europe de l'Est
- Rest of Europe	313.5	279.9	288.4	321.7	401.6	- Autre de l'Europe
Europe former USSR	102.9	112.3	113.7	127.4	184.7	Europe ancienne URSS
Oceania	336.8	367.1	326.4	461.5	471.7	Océanie
United States	1618.5	1835.4	1654.6	1901.5	2226.9	Etats-Unis d'Amérique
France-Monaco	882.2	881.1	749.1	842.7	1086.5	France-Monaco
Canada	482.7	570.4	632.6	662.3	695.2	Canada
Spain	520.7	406.4	413.5	391.3	561.0	Espagne
Germany	332.9	287.4	333.4	424.1	348.8	Allemagne
United Kingdom	334.7	267.4	272.9	388.3	420.6	Royaume-Uni
Italy-San Marino-Holy See	303.4	248.3	231.3	256.6	395.7	Italie-Saint-Marin-Saint-Siège
Australia	281.9	277.3	205.9	305.7	349.9	Australie
Belgium	204.4	190.8	135.3	189.7	215.2	Belgique
Netherlands	177.7	163.2	138.2	182.8	193.3	Pays-Bas
Denmark	138.3	147.5	126.3	168.1	169.8	Danemark
Sweden	137.2	151.1	129.2	133.5	156.1	Suède
Portugal	159.6	131.3	128.0	140.2	e143.2	Portugal
Austria	124.2	123.7	107.8	134.1	170.8	Autriche
Switzerland-Liechtenstein	116.4	120.2	119.8	112.3	151.5	Suisse-Liechtenstein
Japan	89.4	110.7	122.6	125.1	147.3	Japon
Norway	107.2	88.8	97.4	123.0	143.5	Norvège
New Zealand	48.6	82.1	115.0	152.2	115.7	Nouvelle-Zélande
Ireland	96.8	88.4	84.1	110.0	109.9	Irlande
Finland	79.9	78.5	83.3	89.5	114.6	Finlande
Hungary	54.3	48.5	70.2	96.2	164.0	Hongrie
Thailand	44.7	71.3	70.4	e90.6	106.2	Thaïlande
Korea, Republic of	33.3	63.0	87.7	79.2	110.2	République de Corée
South Africa	–	64.9	45.1	127.9	130.4	Afrique du Sud
Poland	22.8	33.5	59.8	94.7	135.7	Pologne
Pakistan	113.3	52.6	46.0	37.7	22.3	Pakistan
Greece	90.1	43.9	16.2	38.7	69.2	Grèce
Mexico	43.6	43.4	52.0	51.4	59.0	Mexique
Russian Federation	29.8	53.9	40.5	32.3	51.3	Fédération de Russie
Czech Republic	19.2	24.8	41.4	50.1	48.3	République tchèque

(Value as percentages of World total) **(Valeur en pourcentage du total mondial)**

Regions of the world	1994	1995	1996	1997	1998	1999	2000	2001	2002	2003	Régions du monde
World	100.0	100.0	100.0	100.0	100.0	100.0	100.0	100.0	100.0	100.0	Monde
Africa	4.9	4.4	4.7	4.1	3.2	2.9	3.0	2.7	3.4	3.0	Afrique
Americas	36.8	32.4	28.5	33.8	36.8	31.5	34.6	34.6	32.9	31.5	Amériques
- Northern America	32.1	28.6	24.5	29.1	31.2	27.1	31.4	31.0	30.0	29.1	- Amérique du Nord
- LAIA	3.7	2.8	3.3	3.7	4.4	3.0	2.3	2.9	2.2	2.0	- ALAI
- CACM	0.5	0.3	0.3	0.6	0.8	0.8	0.4	0.4	0.3	0.3	- MCC
- Caribbean	0.2	0.3	0.2	0.2	0.3	0.4	0.3	0.2	0.3	0.1	- Caraïbes
- Rest of America	0.4	0.4	0.2	0.2	0.2	0.2	0.1	0.1	0.1	0.1	- Autre d'Amérique
Asia excluding former USSR	11.9	12.0	10.8	9.4	5.1	7.3	7.6	9.3	7.9	8.5	Asie ancienne URSS exclus
- Middle East	1.3	0.9	1.0	1.1	1.5	1.0	1.5	2.8	2.3	2.8	- Moyen-Orient
Asia former USSR	0.3	0.9	0.9	0.6	1.3	0.8	1.1	0.7	0.8	0.9	Asie ancienne URSS
Europe excluding former USSR	40.6	45.2	48.7	45.4	45.8	51.8	47.5	46.8	48.0	49.6	Europe ancienne URSS exclus
- European Union	35.5	40.1	43.2	40.3	40.7	46.3	42.1	40.1	41.0	41.5	- Union Européenne
- Eastern Europe	1.6	1.2	1.9	2.0	1.8	1.5	1.7	2.8	3.3	4.1	- Europe de l'Est
- Rest of Europe	3.5	3.9	3.5	3.0	3.4	4.0	3.7	3.9	3.8	4.0	- Autre de l'Europe
Europe former USSR	1.2	1.2	1.6	2.1	3.0	1.3	1.5	1.5	1.5	1.8	Europe ancienne URSS
Oceania	4.4	3.9	4.7	4.6	4.9	4.3	4.8	4.4	5.4	4.7	Océanie

TRADE BY COMMODITY (Value in million US dollars)
Exports by principal countries or areas

COMMERCE PAR PRODUIT (Valeur en millions de dollars EU)
Exportations selon les principaux pays ou zones

Country or area	1999	2000	2001	2002	2003	Pays ou zone
World	8205.4	7813.1	7427.5	8594.9	10169.7	Monde
Africa	23.9	17.4	29.6	30.4	23.9	Afrique
Americas	1628.0	1697.8	1564.4	1803.0	1954.6	Amériques
- Northern America	1485.4	1547.2	1402.6	1549.8	1544.4	- Amérique du Nord
- LAIA	129.9	142.8	160.1	251.2	408.2	- ALAI
- CACM	1.8	0.8	0.9	1.4	1.4	- MCC
- Caribbean	10.7	7.0	0.4	0.5	0.6	- Caraïbes
- Rest of America	0.1	0.1	0.3	0.1	0.0	- Autre d'Amérique
Asia excluding former USSR	1113.4	1239.9	1071.5	1260.4	1651.0	Asie ancienne URSS exclus
- Middle East	40.6	49.1	37.6	54.1	176.4	- Moyen-Orient
Asia former USSR	12.5	10.4	6.4	4.6	3.2	Asie ancienne URSS
Europe excluding former USSR	5115.3	4562.4	4456.0	5224.7	6205.3	Europe ancienne URSS exclus
- European Union	4960.1	4455.2	4334.3	5080.3	6029.7	- Union Européenne
- Eastern Europe	114.8	72.2	86.5	107.5	137.1	- Europe de l'Est
- Rest of Europe	40.5	35.1	35.2	36.9	38.5	- Autre de l'Europe
Europe former USSR	307.8	278.8	294.5	264.7	319.4	Europe ancienne URSS
Oceania	4.5	6.3	5.2	7.0	12.4	Océanie
Germany	1265.3	1231.0	1235.2	1577.4	1927.6	Allemagne
United States	1261.1	1292.9	1251.3	1397.8	1371.1	Etats-Unis d'Amérique
United Kingdom	1535.3	1218.3	1062.2	1111.0	1166.0	Royaume-Uni
Italy-San Marino-Holy See	1091.2	1032.0	1013.4	1098.5	1255.7	Italie-Saint-Marin-Saint-Siège
Japan	933.8	1011.2	844.6	966.2	1139.9	Japon
France-Monaco	326.6	287.5	298.2	385.7	572.2	France-Monaco
Finland	357.8	297.8	302.7	343.9	446.1	Finlande
Belarus	244.4	200.7	207.2	205.2	243.5	Bélarus
Austria	115.5	153.4	223.9	277.9	294.2	Autriche
Canada	224.2	254.2	151.3	152.0	173.3	Canada
Brazil	53.7	70.9	95.9	197.4	303.1	Brésil
Belgium	107.2	80.9	48.1	84.8	149.8	Belgique
Korea, Republic of	31.2	57.2	73.6	79.7	134.4	République de Corée
China	58.9	63.6	61.4	68.5	84.7	Chine
Mexico	67.2	68.2	59.3	50.6	69.7	Mexique
Turkey	28.9	45.3	30.6	38.8	156.8	Turquie
Netherlands	35.2	42.6	52.7	75.9	78.0	Pays-Bas
Sweden	56.1	64.0	30.2	49.6	58.3	Suède
Czech Republic	41.4	15.6	45.0	56.8	79.3	République tchèque
India	14.1	23.3	29.1	64.6	78.6	Inde
Russian Federation	41.0	46.9	57.0	27.7	35.9	Fédération de Russie
Poland	41.7	34.4	27.5	34.1	31.4	Pologne
Spain	34.8	24.2	34.8	39.4	35.5	Espagne
Denmark	20.6	18.1	22.4	25.5	30.9	Danemark
Switzerland-Liechtenstein	21.3	19.3	21.7	21.8	20.6	Suisse-Liechtenstein
Ukraine	13.1	22.9	17.9	21.8	e28.1	Ukraine
Thailand	15.4	14.4	9.6	e13.6	15.9	Thaïlande
Romania	20.3	14.2	7.0	8.8	13.0	Roumanie
South Africa	–	6.3	9.9	14.6	17.7	Afrique du Sud
Algeria	9.0	5.3	14.0	10.1		Algérie

(Value as percentages of World total)

(Valeur en pourcentage du total mondial)

Regions of the world	1994	1995	1996	1997	1998	1999	2000	2001	2002	2003	Régions du monde
World	100.0	100.0	100.0	100.0	100.0	100.0	100.0	100.0	100.0	100.0	Monde
Africa	0.2	0.1	0.1	0.1	0.2	0.3	0.2	0.4	0.4	0.2	Afrique
Americas	23.5	22.9	23.0	26.1	26.3	19.8	21.7	21.1	21.0	19.2	Amériques
- Northern America	21.8	20.9	20.8	23.4	23.8	18.1	19.8	18.9	18.0	15.2	- Amérique du Nord
- LAIA	1.6	2.0	2.2	2.7	2.4	1.6	1.8	2.2	2.9	4.0	- ALAI
- CACM	0.0	0.0	0.0	0.0	0.0	0.0	0.0	0.0	0.0	0.0	- MCC
- Caribbean	0.0	0.0	0.0	0.0	0.0	0.1	0.1	0.0	0.0	0.0	- Caraïbes
- Rest of America	0.0	0.0	0.0	0.0	0.0	0.0	0.0	0.0	0.0	0.0	- Autre d'Amérique
Asia excluding former USSR	14.9	11.8	10.1	9.9	11.1	13.6	15.9	14.4	14.7	16.2	Asie ancienne URSS exclus
- Middle East	0.1	0.1	0.2	0.1	0.3	0.5	0.6	0.5	0.6	1.7	- Moyen-Orient
Asia former USSR	0.3	0.2	0.4	0.4	0.1	0.2	0.1	0.1	0.1	0.0	Asie ancienne URSS
Europe excluding former USSR	59.4	61.6	63.9	61.0	59.8	62.3	58.4	60.0	60.8	61.0	Europe ancienne URSS exclus
- European Union	57.0	58.5	61.0	58.2	56.7	60.4	57.0	58.4	59.1	59.3	- Union Européenne
- Eastern Europe	2.1	2.8	2.6	2.6	2.6	1.4	0.9	1.2	1.3	1.3	- Europe de l'Est
- Rest of Europe	0.4	0.4	0.3	0.3	0.4	0.5	0.4	0.5	0.4	0.4	- Autre de l'Europe
Europe former USSR	1.6	3.3	2.4	2.4	2.6	3.8	3.6	4.0	3.1	3.1	Europe ancienne URSS
Oceania	0.1	0.0	0.1	0.0	0.0	0.1	0.1	0.1	0.1	0.1	Océanie

723 Civil engineering, contractors' plant and equipment and parts, nes

TRADE BY COMMODITY (Value in million US dollars)
Imports by principal countries or areas

COMMERCE PAR PRODUIT (Valeur en millions de dollars EU)
Importations selon les principaux pays ou zones

Country or area	1999	2000	2001	2002	2003	Pays ou zone
World	22031.7	22149.8	22794.4	24522.4	30888.2	Monde
Africa	1212.7	1293.0	1636.5	1804.2	2350.7	Afrique
Americas	7134.0	6956.5	6289.6	6050.8	7100.0	Amériques
- Northern America	5475.9	5216.3	4579.8	4513.6	5441.4	- Amérique du Nord
- LAIA	1381.8	1534.3	1510.8	1312.9	1433.7	- ALAI
- CACM	142.6	67.3	67.6	89.2	82.5	- MCC
- Caribbean	89.8	101.8	103.3	110.0	90.2	- Caraïbes
- Rest of America	44.0	36.9	28.1	25.1	52.3	- Autre d'Amérique
Asia excluding former USSR	4044.4	4426.4	5045.1	6159.7	8340.3	Asie ancienne URSS exclus
- Middle East	1056.8	1296.8	1513.1	1964.9	2431.6	- Moyen-Orient
Asia former USSR	183.8	323.1	409.0	348.0	564.0	Asie ancienne URSS
Europe excluding former USSR	8380.2	8005.5	8168.0	8669.6	10714.9	Europe ancienne URSS exclus
- European Union	7262.9	6847.2	7097.3	7405.6	9059.4	- Union Européenne
- Eastern Europe	398.1	387.0	404.0	485.6	655.3	- Europe de l'Est
- Rest of Europe	719.2	771.3	666.7	778.3	1000.2	- Autre de l'Europe
Europe former USSR	297.6	484.8	625.8	603.1	742.7	Europe ancienne URSS
Oceania	779.1	660.5	620.4	887.0	1075.6	Océanie
United States	4036.9	3674.4	3299.8	3235.2	3778.6	Etats-Unis d'Amérique
Canada	1433.8	1536.9	1273.8	1271.5	1651.3	Canada
United Kingdom	1091.0	929.3	1109.4	1187.2	1417.2	Royaume-Uni
Singapore	1001.7	822.3	1068.8	1298.9	1431.9	Singapour
France-Monaco	954.6	1042.9	999.4	964.4	1173.1	France-Monaco
Italy-San Marino-Holy See	839.4	798.6	828.6	1042.4	1113.6	Italie-Saint-Marin-Saint-Siège
Germany	853.3	665.0	886.6	738.1	863.6	Allemagne
Spain	773.2	664.9	688.1	739.4	992.3	Espagne
China	445.1	416.3	448.1	665.2	1785.9	Chine
Netherlands	630.0	638.6	540.4	689.8	980.6	Pays-Bas
Australia	586.8	498.5	447.7	656.5	854.7	Australie
Belgium	527.9	574.1	593.0	605.0	620.5	Belgique
Mexico	467.0	640.8	532.9	589.3	663.9	Mexique
China, Hong Kong SAR	239.1	307.3	369.5	472.7	774.6	Chine - RAS de Hong-Kong
Russian Federation	191.7	363.9	469.5	449.2	522.6	Fédération de Russie
Denmark	291.9	325.6	340.1	349.3	431.2	Danemark
Saudi Arabia	117.5	187.7	298.1	426.1	487.2	Arabie saoudite
Austria	296.0	277.9	259.0	274.3	374.6	Autriche
Indonesia	303.2	345.5	327.3	264.4	231.6	Indonésie
United Arab Emirates	212.3	233.3	310.7	e318.8	e373.6	Emirates arabes unis
Norway	287.3	283.1	250.8	277.7	349.0	Norvège
South Africa	–	253.6	282.4	328.8	514.7	Afrique du Sud
Switzerland-Liechtenstein	243.3	304.2	256.2	260.3	291.2	Suisse-Liechtenstein
Oman	154.3	213.0	278.7	248.4	347.0	Oman
Turkey	210.8	371.3	179.3	186.7	285.4	Turquie
Portugal	262.4	279.7	276.9	201.5	e205.9	Portugal
Angola	e190.7	e136.4	e170.9	e296.1	e254.7	Angola
Sweden	216.1	197.1	179.4	179.1	260.1	Suède
Ireland	195.9	184.0	167.4	186.0	239.4	Irlande
Viet Nam	55.4	123.1	199.6	290.6	e240.8	Viet Nam

(Value as percentages of World total)
(Valeur en pourcentage du total mondial)

Regions of the world	1994	1995	1996	1997	1998	1999	2000	2001	2002	2003	Régions du monde
World	100.0	100.0	100.0	100.0	100.0	100.0	100.0	100.0	100.0	100.0	Monde
Africa	6.5	5.7	7.6	7.3	6.7	5.5	5.8	7.2	7.4	7.6	Afrique
Americas	29.1	25.0	23.5	29.9	34.4	32.4	31.4	27.6	24.7	23.0	Amériques
- Northern America	20.6	18.3	17.0	21.6	24.7	24.9	23.6	20.1	18.4	17.6	- Amérique du Nord
- LAIA	7.7	5.9	5.7	7.1	8.4	6.3	6.9	6.6	5.4	4.6	- ALAI
- CACM	0.4	0.3	0.3	0.5	0.7	0.6	0.3	0.3	0.4	0.3	- MCC
- Caribbean	0.2	0.3	0.3	0.4	0.4	0.4	0.5	0.5	0.4	0.3	- Caraïbes
- Rest of America	0.2	0.2	0.2	0.2	0.3	0.2	0.2	0.1	0.1	0.2	- Autre d'Amérique
Asia excluding former USSR	28.7	29.4	30.8	27.9	21.4	18.4	20.0	22.1	25.1	27.0	Asie ancienne URSS exclus
- Middle East	6.2	4.6	5.1	6.2	7.2	4.8	5.9	6.6	8.0	7.9	- Moyen-Orient
Asia former USSR	0.6	0.5	0.8	0.5	0.7	0.8	1.5	1.8	1.4	1.8	Asie ancienne URSS
Europe excluding former USSR	28.0	32.3	30.4	27.7	31.1	38.0	36.1	35.8	35.4	34.7	Europe ancienne URSS exclus
- European Union	23.5	26.6	24.4	22.9	26.2	33.0	30.9	31.1	30.2	29.3	- Union Européenne
- Eastern Europe	1.5	1.8	2.0	1.8	1.8	1.8	1.7	1.8	2.0	2.1	- Europe de l'Est
- Rest of Europe	3.0	3.9	4.0	3.0	3.1	3.3	3.5	2.9	3.2	3.2	- Autre de l'Europe
Europe former USSR	2.4	2.6	2.6	3.1	2.2	1.4	2.2	2.7	2.5	2.4	Europe ancienne URSS
Oceania	4.6	4.3	4.3	3.6	3.4	3.5	3.0	2.7	3.6	3.5	Océanie

Appareils et matériels de génie civil et de construction, et leurs pièces détachées 723

TRADE BY COMMODITY (Value in million US dollars)
Exports by principal countries or areas

COMMERCE PAR PRODUIT (Valeur en millions de dollars EU)
Exportations selon les principaux pays ou zones

Country or area	1999	2000	2001	2002	2003	Pays ou zone
World	24706.3	25659.9	27285.2	28364.2	33411.5	Monde
Africa	120.6	127.6	151.6	147.4	166.8	Afrique
Americas	7913.3	8415.2	9324.0	8924.0	8708.7	Amériques
- Northern America	7286.5	7735.1	8596.8	8270.9	7943.2	- Amérique du Nord
- LAIA	612.7	653.0	697.6	628.8	742.1	- ALAI
- CACM	3.5	5.6	5.1	10.4	8.3	- MCC
- Caribbean	9.4	19.9	20.4	11.6	12.8	- Caraïbes
- Rest of America	1.2	1.7	4.1	2.4	2.3	- Autre d'Amérique
Asia excluding former USSR	5363.6	5699.6	5724.5	6885.6	9621.1	Asie ancienne URSS exclus
- Middle East	195.2	223.7	264.3	257.1	310.3	- Moyen-Orient
Asia former USSR	18.4	29.7	45.9	37.0	36.3	Asie ancienne URSS
Europe excluding former USSR	10957.0	11053.5	11567.1	11989.7	14503.8	Europe ancienne URSS exclus
- European Union	10348.3	10523.7	11025.7	11360.2	13727.2	- Union Européenne
- Eastern Europe	221.5	241.6	250.7	286.3	381.7	- Europe de l'Est
- Rest of Europe	387.2	288.2	290.7	343.2	394.9	- Autre de l'Europe
Europe former USSR	185.1	176.7	296.7	196.2	232.2	Europe ancienne URSS
Oceania	148.3	157.5	175.3	184.3	142.5	Océanie
United States	6778.5	7210.0	7940.2	7589.8	7216.2	Etats-Unis d'Amérique
Japan	3345.1	3350.5	3144.2	3821.2	5242.3	Japon
Germany	2203.4	2339.0	2658.4	2880.0	3265.1	Allemagne
United Kingdom	2083.6	1933.9	2032.3	2148.5	2628.3	Royaume-Uni
France-Monaco	1609.0	1671.7	1529.4	1531.0	1907.6	France-Monaco
Belgium	1335.7	1333.1	1404.7	1498.6	1616.5	Belgique
Italy-San Marino-Holy See	1138.7	1170.2	1185.1	1041.4	1210.6	Italie-Saint-Marin-Saint-Siège
Singapore	716.9	814.3	891.4	1036.4	1253.3	Singapour
Korea, Republic of	636.7	718.7	680.5	996.5	1185.7	République de Corée
Netherlands	587.5	538.7	628.6	630.0	938.2	Pays-Bas
Canada	508.0	525.0	656.6	681.0	727.0	Canada
Austria	416.2	455.8	469.1	518.9	628.8	Autriche
Sweden	446.1	463.3	420.9	444.0	551.8	Suède
Brazil	326.6	314.5	351.2	366.6	463.3	Brésil
Finland	284.3	333.4	343.9	356.7	411.0	Finlande
China	111.8	216.9	384.3	421.2	516.0	Chine
Norway	276.9	187.2	180.7	231.0	264.6	Norvège
China, Hong Kong SAR	81.5	105.1	95.5	127.5	674.3	Chine - RAS de Hong-Kong
Mexico	167.5	275.0	200.6	171.4	168.7	Mexique
Denmark	115.6	159.0	212.0	190.3	249.7	Danemark
Australia	126.4	137.0	147.9	154.0	123.8	Australie
Russian Federation	119.0	112.4	199.3	101.2	111.4	Fédération de Russie
Spain	82.1	70.6	73.3	59.8	240.8	Espagne
Poland	109.3	108.1	67.5	69.0	136.3	Pologne
Switzerland-Liechtenstein	84.1	82.5	88.5	81.3	104.6	Suisse-Liechtenstein
United Arab Emirates	29.5	84.2	98.4	e102.5	e121.7	Emirates arabes unis
Czech Republic	50.1	59.1	63.9	76.1	100.7	République tchèque
Indonesia	62.8	78.9	43.2	56.4	80.7	Indonésie
Thailand	69.8	68.3	70.0	e51.9	60.6	Thaïlande
Malaysia	73.6	61.4	49.0	44.9	90.9	Malaisie

(Value as percentages of World total)

(Valeur en pourcentage du total mondial)

Regions of the world	1994	1995	1996	1997	1998	1999	2000	2001	2002	2003	Régions du monde
World	100.0	100.0	100.0	100.0	100.0	100.0	100.0	100.0	100.0	100.0	Monde
Africa	0.3	0.3	1.0	0.4	0.4	0.5	0.5	0.6	0.5	0.5	Afrique
Americas	32.5	30.6	33.1	36.0	35.6	32.0	32.8	34.2	31.5	26.1	Amériques
- Northern America	29.9	28.3	31.1	33.3	33.2	29.5	30.1	31.5	29.2	23.8	- Amérique du Nord
- LAIA	2.5	2.2	2.0	2.6	2.4	2.5	2.5	2.6	2.2	2.2	- ALAI
- CACM	0.0	0.0	0.0	0.0	0.0	0.0	0.0	0.0	0.0	0.0	- MCC
- Caribbean	0.0	0.0	0.0	0.0	0.0	0.0	0.1	0.1	0.0	0.0	- Caraïbes
- Rest of America	0.0	0.0	0.0	0.0	0.0	0.0	0.0	0.0	0.0	0.0	- Autre d'Amérique
Asia excluding former USSR	24.3	25.1	24.4	23.7	21.5	21.7	22.2	21.0	24.3	28.8	Asie ancienne URSS exclus
- Middle East	1.2	0.8	0.7	0.9	0.8	0.8	0.9	1.0	0.9	0.9	- Moyen-Orient
Asia former USSR	0.1	0.1	0.2	0.1	0.1	0.1	0.1	0.2	0.1	0.1	Asie ancienne URSS
Europe excluding former USSR	41.9	42.4	39.9	38.4	41.2	44.3	43.1	42.4	42.3	43.4	Europe ancienne URSS exclus
- European Union	40.0	40.5	37.7	36.3	38.8	41.9	41.0	40.4	40.1	41.1	- Union Européenne
- Eastern Europe	1.1	1.1	1.2	1.1	0.9	0.9	0.9	0.9	1.0	1.1	- Europe de l'Est
- Rest of Europe	0.8	0.9	1.0	1.0	1.5	1.6	1.1	1.1	1.2	1.2	- Autre de l'Europe
Europe former USSR	0.5	0.6	0.7	0.7	0.6	0.7	0.7	1.1	0.7	0.7	Europe ancienne URSS
Oceania	0.5	0.9	0.7	0.7	0.6	0.6	0.6	0.6	0.6	0.4	Océanie

724 Textile and leather machinery, and parts thereof, nes

Country or area	1999	2000	2001	2002	2003	Pays ou zone
World	18074.8	20363.6	19018.1	20772.2	23303.9	Monde
Africa	755.8	816.6	783.8	718.8	816.8	Afrique
Americas	4459.5	4494.6	3599.6	3272.4	3477.6	Amériques
- Northern America	2627.8	2443.1	1917.8	1934.2	2176.1	- Amérique du Nord
- LAIA	1698.1	1893.9	1530.3	1178.9	1152.3	- ALAI
- CACM	82.2	97.6	111.3	115.3	108.9	- MCC
- Caribbean	45.7	54.0	36.1	41.2	35.7	- Caraïbes
- Rest of America	5.6	6.1	4.1	2.8	4.7	- Autre d'Amérique
Asia excluding former USSR	6854.1	9180.5	8881.9	11251.4	13184.1	Asie ancienne URSS exclus
- Middle East	899.3	1420.3	1131.9	2208.0	2930.8	- Moyen-Orient
Asia former USSR	86.2	159.1	181.5	153.2	81.9	Asie ancienne URSS
Europe excluding former USSR	5572.7	5390.7	5194.3	5009.5	5296.6	Europe ancienne URSS exclus
- European Union	4609.0	4407.6	4150.3	3889.0	4044.0	- Union Européenne
- Eastern Europe	576.3	598.4	669.9	738.4	821.7	- Europe de l'Est
- Rest of Europe	387.4	384.7	374.1	382.1	431.0	- Autre de l'Europe
Europe former USSR	166.2	175.7	258.3	237.0	293.1	Europe ancienne URSS
Oceania	180.3	146.3	118.7	129.9	153.7	Océanie
China	1569.0	2368.5	2939.1	4017.1	4845.1	Chine
United States	2282.4	2091.9	1621.2	1637.8	1856.0	Etats-Unis d'Amérique
Turkey	522.6	932.3	660.0	1700.5	2352.1	Turquie
Italy-San Marino-Holy See	997.4	1046.2	1017.7	1041.6	830.8	Italie-Saint-Marin-Saint-Siège
China, Hong Kong SAR	763.4	990.4	924.8	1120.5	1097.0	Chine - RAS de Hong-Kong
Germany	856.3	904.7	933.0	882.1	1048.6	Allemagne
Mexico	998.3	1039.3	703.6	561.0	556.9	Mexique
France-Monaco	552.4	519.6	453.3	395.1	431.6	France-Monaco
Korea, Republic of	447.0	615.7	378.5	421.6	362.3	République de Corée
Japan	404.8	453.5	430.4	411.1	515.7	Japon
India	341.0	360.5	358.6	495.6	638.3	Inde
Pakistan	180.4	333.9	465.0	445.9	629.8	Pakistan
Thailand	264.8	432.5	459.8	e397.6	466.1	Thaïlande
Spain	470.8	400.5	401.1	328.0	357.4	Espagne
Brazil	403.1	477.6	435.2	317.1	230.6	Brésil
Belgium	366.9	373.7	320.8	316.3	356.1	Belgique
United Kingdom	408.6	354.6	316.2	301.6	307.5	Royaume-Uni
Canada	345.0	350.9	296.1	295.6	319.0	Canada
Indonesia	226.9	414.5	373.8	293.3	207.0	Indonésie
Viet Nam	199.5	220.8	276.7	372.3	e308.6	Viet Nam
Singapore	224.8	286.1	258.9	234.8	274.7	Singapour
Switzerland-Liechtenstein	239.9	249.6	232.2	232.2	266.0	Suisse-Liechtenstein
Iran (Islamic Republic of)	190.2	180.9	208.3	265.6	298.7	Iran (République islamique d')
Portugal	281.8	246.6	216.6	149.4	e152.6	Portugal
Czech Republic	181.8	178.9	172.9	205.9	232.8	République tchèque
Bangladesh	e178.1	e193.7	187.6	e183.3	226.2	Bangladesh
Poland	153.1	145.1	167.8	177.7	196.2	Pologne
Malaysia	151.0	185.3	156.8	136.5	129.7	Malaisie
Romania	92.2	122.8	156.5	159.9	170.0	Roumanie
Greece	215.4	130.9	107.7	88.9	118.5	Grèce

(Value as percentages of World total) — (Valeur en pourcentage du total mondial)

Regions of the world	1994	1995	1996	1997	1998	1999	2000	2001	2002	2003	Régions du monde
World	100.0	100.0	100.0	100.0	100.0	100.0	100.0	100.0	100.0	100.0	Monde
Africa	3.5	3.5	3.7	3.6	4.1	4.2	4.0	4.1	3.5	3.5	Afrique
Americas	20.6	18.9	17.2	21.6	24.6	24.7	22.1	18.9	15.8	14.9	Amériques
- Northern America	13.3	11.8	10.5	12.1	14.5	14.5	12.0	10.1	9.3	9.3	- Amérique du Nord
- LAIA	6.8	6.6	6.3	8.7	9.4	9.4	9.3	8.0	5.7	4.9	- ALAI
- CACM	0.3	0.3	0.2	0.4	0.4	0.5	0.5	0.6	0.6	0.5	- MCC
- Caribbean	0.2	0.2	0.2	0.3	0.3	0.3	0.3	0.2	0.2	0.2	- Caraïbes
- Rest of America	0.0	0.0	0.0	0.0	0.0	0.0	0.0	0.0	0.0	0.0	- Autre d'Amérique
Asia excluding former USSR	49.3	50.0	51.5	46.9	39.0	37.9	45.1	46.7	54.2	56.6	Asie ancienne URSS exclus
- Middle East	5.1	8.2	12.0	10.5	9.0	5.0	7.0	6.0	10.6	12.6	- Moyen-Orient
Asia former USSR	0.7	0.6	0.8	0.1	0.5	0.5	0.8	1.0	0.7	0.4	Asie ancienne URSS
Europe excluding former USSR	23.7	25.2	25.0	26.0	30.0	30.8	26.5	27.3	24.1	22.7	Europe ancienne URSS exclus
- European Union	19.8	20.8	20.3	21.3	24.7	25.5	21.6	21.8	18.7	17.4	- Union Européenne
- Eastern Europe	2.2	2.5	2.9	2.9	3.3	3.2	2.9	3.5	3.6	3.5	- Europe de l'Est
- Rest of Europe	1.6	1.9	1.8	1.8	2.0	2.1	1.9	2.0	1.8	1.8	- Autre de l'Europe
Europe former USSR	1.0	0.7	0.8	1.0	1.0	0.9	0.9	1.4	1.1	1.3	Europe ancienne URSS
Oceania	1.2	1.1	0.9	0.8	0.8	1.0	0.7	0.6	0.6	0.7	Océanie

Machines pour l'industrie textile et pour le travail des cuirs et peaux, et pièces détachées 724

TRADE BY COMMODITY (Value in million US dollars)
Exports by principal countries or areas

COMMERCE PAR PRODUIT (Valeur en millions de dollars EU)
Exportations selon les principaux pays ou zones

Country or area	1999	2000	2001	2002	2003	Pays ou zone
World	18158.9	20210.3	18873.0	20002.3	23365.8	Monde
Africa	37.2	44.4	37.5	35.3	42.8	Afrique
Americas	1432.4	1496.2	1346.1	1326.1	1433.0	Amériques
- Northern America	1331.5	1367.2	1231.2	1201.9	1243.4	- Amérique du Nord
- LAIA	95.5	122.3	106.0	116.6	182.2	- ALAI
- CACM	4.1	5.1	6.9	7.2	6.9	- MCC
- Caribbean	0.9	1.5	1.8	0.4	0.4	- Caraïbes
- Rest of America	0.3	0.1	0.1	0.1	0.0	- Autre d'Amérique
Asia excluding former USSR	5789.8	7273.5	6448.5	7215.4	8286.8	Asie ancienne URSS exclus
- Middle East	60.2	80.0	97.2	107.9	157.6	- Moyen-Orient
Asia former USSR	7.4	5.5	4.9	3.3	2.8	Asie ancienne URSS
Europe excluding former USSR	10806.3	11293.2	10940.0	11328.6	13504.9	Europe ancienne URSS exclus
- European Union	9115.1	9365.6	9094.5	9306.9	11151.9	- Union Européenne
- Eastern Europe	302.7	400.3	411.5	479.9	620.4	- Europe de l'Est
- Rest of Europe	1388.5	1527.2	1434.0	1541.7	1732.5	- Autre de l'Europe
Europe former USSR	51.1	59.3	56.8	50.5	42.9	Europe ancienne URSS
Oceania	34.7	38.2	39.1	43.1	52.6	Océanie
Germany	4173.1	4190.4	4040.8	4181.9	5164.8	Allemagne
Japan	2636.0	3098.1	2650.7	2774.2	3211.0	Japon
Italy-San Marino-Holy See	2380.5	2603.2	2690.9	2723.3	3106.1	Italie-Saint-Marin-Saint-Siège
Switzerland-Liechtenstein	1356.1	1491.8	1391.3	1486.9	1671.6	Suisse-Liechtenstein
United States	1266.3	1299.6	1178.3	1135.0	1163.7	Etats-Unis d'Amérique
France-Monaco	820.5	920.5	822.8	807.6	977.7	France-Monaco
China	499.6	766.0	742.7	922.8	1271.3	Chine
China, Hong Kong SAR	598.4	766.4	704.6	862.9	826.3	Chine - RAS de Hong-Kong
Korea, Republic of	474.9	684.6	655.7	827.3	1032.2	République de Corée
United Kingdom	492.6	428.3	360.0	320.1	385.7	Royaume-Uni
Czech Republic	231.5	298.2	300.7	340.9	433.9	République tchèque
Belgium	294.8	302.5	276.5	276.4	371.7	Belgique
Spain	269.1	252.9	254.9	252.0	307.6	Espagne
Singapore	239.3	293.0	257.1	260.0	286.6	Singapour
Sweden	219.3	197.9	182.2	232.6	262.4	Suède
Austria	134.1	152.3	153.4	165.4	194.1	Autriche
Netherlands	124.7	110.5	103.7	106.0	136.2	Pays-Bas
Denmark	99.2	92.0	91.3	102.8	119.3	Danemark
India	63.6	111.7	100.3	93.9	127.9	Inde
Brazil	61.5	73.5	62.9	71.3	88.4	Brésil
Thailand	46.0	49.3	53.1	e85.1	99.4	Thaïlande
Canada	65.2	66.9	52.8	66.8	79.7	Canada
Portugal	62.6	61.7	58.3	61.3	e71.1	Portugal
Turkey	34.6	45.9	60.3	64.3	91.1	Turquie
Poland	23.4	44.4	50.8	53.1	60.6	Pologne
Mexico	25.8	39.9	32.2	37.0	82.3	Mexique
Malaysia	37.0	30.9	42.8	38.8	49.2	Malaisie
Hungary	21.6	27.2	30.8	45.3	67.7	Hongrie
Russian Federation	39.8	41.9	31.3	29.6	27.7	Fédération de Russie
Viet Nam	24.2	32.3	37.0	29.6	e28.0	Viet Nam

(Value as percentages of World total)
(Valeur en pourcentage du total mondial)

Regions of the world	1994	1995	1996	1997	1998	1999	2000	2001	2002	2003	Régions du monde
World	100.0	100.0	100.0	100.0	100.0	100.0	100.0	100.0	100.0	100.0	Monde
Africa	0.1	0.1	0.1	0.1	0.2	0.2	0.2	0.2	0.2	0.2	Afrique
Americas	6.2	6.0	6.0	7.1	7.5	7.9	7.4	7.1	6.6	6.1	Amériques
- Northern America	5.5	5.3	5.4	6.4	6.9	7.3	6.8	6.5	6.0	5.3	- Amérique du Nord
- LAIA	0.7	0.7	0.6	0.6	0.5	0.5	0.6	0.6	0.6	0.8	- ALAI
- CACM	0.0	0.0	0.0	0.1	0.0	0.0	0.0	0.0	0.0	0.0	- MCC
- Caribbean	0.0	0.0	0.0	0.0	0.0	0.0	0.0	0.0	0.0	0.0	- Caraïbes
- Rest of America	0.0	0.0	0.0	0.0	0.0	0.0	0.0	0.0	0.0	0.0	- Autre d'Amérique
Asia excluding former USSR	35.8	33.6	32.6	33.0	29.1	31.9	36.0	34.2	36.1	35.5	Asie ancienne URSS exclus
- Middle East	0.2	0.2	0.2	0.3	0.3	0.3	0.4	0.5	0.5	0.7	- Moyen-Orient
Asia former USSR	0.0	0.0	0.0	0.0	0.0	0.0	0.0	0.0	0.0	0.0	Asie ancienne URSS
Europe excluding former USSR	57.6	60.0	60.8	59.4	62.9	59.5	55.9	58.0	56.6	57.8	Europe ancienne URSS exclus
- European Union	48.6	49.6	51.2	50.0	53.2	50.2	46.3	48.2	46.5	47.7	- Union Européenne
- Eastern Europe	0.9	1.1	1.2	1.3	1.5	1.7	2.0	2.2	2.4	2.7	- Europe de l'Est
- Rest of Europe	8.1	9.2	8.4	8.1	8.2	7.6	7.6	7.6	7.7	7.4	- Autre de l'Europe
Europe former USSR	0.2	0.2	0.3	0.2	0.2	0.3	0.3	0.3	0.3	0.2	Europe ancienne URSS
Oceania	0.1	0.1	0.1	0.1	0.2	0.2	0.2	0.2	0.2	0.2	Océanie

725 Paper and paper manufacture machinery, and parts thereof, nes

Country or area	1999	2000	2001	2002	2003	Pays ou zone
World	6629.0	6536.6	6580.2	6058.2	7441.7	Monde
Africa	175.9	132.1	132.5	182.5	209.8	Afrique
Americas	1813.8	1927.2	2006.0	1357.6	1873.2	Amériques
- Northern America	1329.0	1497.7	1374.6	950.8	1282.1	- Amérique du Nord
- LAIA	448.6	387.6	587.5	360.7	546.8	- ALAI
- CACM	27.8	31.2	33.9	35.4	36.5	- MCC
- Caribbean	5.0	7.6	5.9	7.7	5.9	- Caraïbes
- Rest of America	3.4	3.1	4.1	2.9	1.9	- Autre d'Amérique
Asia excluding former USSR	1417.9	1441.3	1380.8	1579.9	1924.0	Asie ancienne URSS exclus
- Middle East	221.3	187.9	153.5	204.1	270.1	- Moyen-Orient
Asia former USSR	5.1	26.0	11.8	14.7	31.5	Asie ancienne URSS
Europe excluding former USSR	3002.6	2723.9	2836.9	2702.0	3075.1	Europe ancienne URSS exclus
- European Union	2532.4	2261.4	2403.2	2285.3	2538.2	- Union Européenne
- Eastern Europe	256.3	216.3	247.9	250.0	324.4	- Europe de l'Est
- Rest of Europe	213.9	246.3	185.8	166.7	212.4	- Autre de l'Europe
Europe former USSR	100.9	126.9	131.2	129.9	187.5	Europe ancienne URSS
Oceania	112.8	159.2	81.0	91.6	140.6	Océanie
United States	936.5	1052.4	1007.5	656.1	826.1	Etats-Unis d'Amérique
China	400.7	448.0	431.2	691.9	980.3	Chine
Germany	615.9	464.3	583.2	547.6	529.9	Allemagne
Canada	392.5	445.3	367.1	294.6	456.0	Canada
France-Monaco	361.1	352.7	337.0	337.3	411.0	France-Monaco
Italy-San Marino-Holy See	302.5	269.1	385.3	300.4	258.9	Italie-Saint-Marin-Saint-Siège
United Kingdom	291.2	262.4	238.2	233.5	288.3	Royaume-Uni
Spain	227.2	199.6	198.3	205.2	228.0	Espagne
Mexico	224.6	197.7	232.6	150.7	140.5	Mexique
Sweden	193.2	161.2	168.6	149.0	163.7	Suède
Japan	130.2	132.8	207.0	123.4	93.8	Japon
Indonesia	243.1	130.0	107.0	89.2	95.9	Indonésie
Finland	101.6	104.6	111.3	115.9	182.1	Finlande
Belgium	115.9	115.8	102.0	110.9	126.7	Belgique
Switzerland-Liechtenstein	81.0	166.8	104.9	88.7	98.8	Suisse-Liechtenstein
Poland	104.2	106.3	122.1	81.2	118.7	Pologne
Netherlands	105.1	98.4	83.9	94.5	108.8	Pays-Bas
Russian Federation	79.4	102.3	93.5	86.6	124.9	Fédération de Russie
Austria	87.8	75.2	100.2	86.2	126.3	Autriche
Brazil	70.9	71.5	131.7	88.7	98.1	Brésil
Australia	83.9	132.3	57.6	68.0	106.0	Australie
Chile	33.6	44.8	82.6	44.7	239.4	Chili
Korea, Republic of	83.1	86.3	80.5	71.2	78.6	République de Corée
Turkey	110.9	77.5	57.2	58.0	95.5	Turquie
Malaysia	45.9	106.4	78.6	51.2	47.7	Malaisie
Thailand	33.2	55.2	70.7	e66.7	78.2	Thaïlande
Czech Republic	46.6	47.0	50.1	65.9	69.9	République tchèque
Norway	92.6	52.8	41.6	36.9	43.8	Norvège
China, Hong Kong SAR	45.9	57.5	61.3	51.5	48.4	Chine - RAS de Hong-Kong
South Africa	–	44.1	52.2	54.5	83.3	Afrique du Sud

(Value as percentages of World total)   **(Valeur en pourcentage du total mondial)**

Regions of the world	1994	1995	1996	1997	1998	1999	2000	2001	2002	2003	Régions du monde
World	100.0	100.0	100.0	100.0	100.0	100.0	100.0	100.0	100.0	100.0	Monde
Africa	3.0	2.8	2.5	1.9	1.9	2.7	2.0	2.0	3.0	2.8	Afrique
Americas	23.1	22.4	21.4	26.0	24.7	27.4	29.5	30.5	22.4	25.2	Amériques
- Northern America	17.1	16.0	16.2	18.9	17.5	20.0	22.9	20.9	15.7	17.2	- Amérique du Nord
- LAIA	5.7	6.1	4.8	6.7	6.5	6.8	5.9	8.9	6.0	7.3	- ALAI
- CACM	0.2	0.1	0.2	0.2	0.3	0.4	0.5	0.5	0.6	0.5	- MCC
- Caribbean	0.1	0.1	0.1	0.1	0.2	0.1	0.1	0.1	0.1	0.1	- Caraïbes
- Rest of America	0.0	0.0	0.0	0.0	0.1	0.1	0.0	0.1	0.0	0.0	- Autre d'Amérique
Asia excluding former USSR	32.6	33.6	35.5	31.4	32.1	21.4	22.0	21.0	26.1	25.9	Asie ancienne URSS exclus
- Middle East	5.5	2.0	2.0	2.2	2.0	3.3	2.9	2.3	3.4	3.6	- Moyen-Orient
Asia former USSR	0.5	0.0	0.1	0.0	0.0	0.1	0.4	0.2	0.2	0.4	Asie ancienne URSS
Europe excluding former USSR	36.6	37.0	36.7	36.7	38.7	45.3	41.7	43.1	44.6	41.3	Europe ancienne URSS exclus
- European Union	30.8	30.4	31.3	30.5	31.1	38.2	34.6	36.5	37.7	34.1	- Union Européenne
- Eastern Europe	2.7	3.1	3.0	3.4	4.2	3.9	3.3	3.8	4.1	4.4	- Europe de l'Est
- Rest of Europe	3.1	3.5	2.4	2.8	3.4	3.2	3.8	2.8	2.8	2.9	- Autre de l'Europe
Europe former USSR	2.0	1.9	1.7	1.7	1.3	1.5	1.9	2.0	2.1	2.5	Europe ancienne URSS
Oceania	2.3	2.2	2.1	2.3	1.2	1.7	2.4	1.2	1.5	1.9	Océanie

Machines pour la fabrication du papier et d'articles en papier; et leurs pièces détachées 725

TRADE BY COMMODITY (Value in million US dollars)
Exports by principal countries or areas

COMMERCE PAR PRODUIT (Valeur en millions de dollars EU)
Exportations selon les principaux pays ou zones

Country or area	1999	2000	2001	2002	2003	Pays ou zone
World	6571.3	6883.4	6662.1	6433.9	7640.6	Monde
Africa	3.5	6.4	7.6	6.9	9.3	Afrique
Americas	1037.3	1058.8	934.1	752.6	889.4	Amériques
- Northern America	926.5	924.5	819.3	683.3	781.1	- Amérique du Nord
- LAIA	109.6	133.3	113.7	68.1	105.2	- ALAI
- CACM	1.0	0.9	0.7	0.9	2.8	- MCC
- Caribbean	0.1	0.1	0.2	0.2	0.3	- Caraïbes
- Rest of America	0.0	0.1	0.2	0.1	0.0	- Autre d'Amérique
Asia excluding former USSR	504.3	614.3	537.4	558.7	722.0	Asie ancienne URSS exclus
- Middle East	10.4	9.5	9.6	11.2	13.7	- Moyen-Orient
Asia former USSR	1.4	1.0	2.2	1.0	0.2	Asie ancienne URSS
Europe excluding former USSR	4999.9	5171.5	5145.6	5083.5	5987.3	Europe ancienne URSS exclus
- European Union	4296.1	4499.3	4516.8	4447.4	5286.4	- Union Européenne
- Eastern Europe	97.0	85.3	81.9	96.3	114.6	- Europe de l'Est
- Rest of Europe	606.8	586.9	547.0	539.8	586.3	- Autre de l'Europe
Europe former USSR	12.9	19.9	24.1	15.5	18.7	Europe ancienne URSS
Oceania	11.9	11.6	11.1	15.7	13.8	Océanie
Germany	1531.0	1423.0	1546.3	1513.3	1675.1	Allemagne
Italy-San Marino-Holy See	664.0	646.3	593.7	657.0	838.0	Italie-Saint-Marin-Saint-Siège
Finland	482.9	686.6	780.7	642.1	790.3	Finlande
United States	717.2	747.4	655.9	538.1	601.8	Etats-Unis d'Amérique
Switzerland-Liechtenstein	537.2	541.9	489.5	497.5	514.6	Suisse-Liechtenstein
Sweden	380.7	486.1	436.0	336.0	503.3	Suède
France-Monaco	399.0	385.3	382.7	444.2	455.1	France-Monaco
Austria	249.8	248.0	193.9	268.7	331.5	Autriche
United Kingdom	256.9	270.6	233.0	232.7	260.0	Royaume-Uni
Japan	211.7	264.1	172.3	180.0	227.0	Japon
Spain	158.5	171.8	189.3	179.8	225.5	Espagne
Canada	209.4	177.1	163.4	145.2	179.3	Canada
Netherlands	84.7	82.8	83.3	89.4	102.3	Pays-Bas
Brazil	93.1	103.3	93.0	52.1	85.5	Brésil
Korea, Republic of	47.1	66.5	55.2	54.2	88.0	République de Corée
China, Hong Kong SAR	51.0	54.6	70.0	58.0	42.8	Chine - RAS de Hong-Kong
China	24.0	36.5	47.7	65.3	99.1	Chine
Denmark	49.2	62.0	33.9	38.4	50.7	Danemark
Czech Republic	33.9	33.9	44.2	44.2	56.1	République tchèque
Norway	58.4	34.6	43.9	29.5	45.0	Norvège
Belgium	27.4	23.6	30.4	30.2	36.3	Belgique
Poland	44.6	27.7	18.2	29.3	27.5	Pologne
Singapore	17.0	12.3	13.6	11.2	14.3	Singapour
Mexico	8.3	23.1	13.6	10.7	9.4	Mexique
India	6.2	11.9	10.6	8.1	17.7	Inde
Hungary	9.3	13.3	9.4	9.2	12.0	Hongrie
Slovakia	7.9	7.5	7.9	10.9	14.8	Slovaquie
Malaysia	10.6	11.6	9.9	7.0	9.8	Malaisie
Slovenia	6.9	8.7	11.0	8.0	14.3	Slovénie
Australia	5.6	7.9	7.7	11.9	10.8	Australie

(Value as percentages of World total)

(Valeur en pourcentage du total mondial)

Regions of the world	1994	1995	1996	1997	1998	1999	2000	2001	2002	2003	Régions du monde
World	100.0	100.0	100.0	100.0	100.0	100.0	100.0	100.0	100.0	100.0	Monde
Africa	0.1	0.1	0.1	0.1	0.1	0.1	0.1	0.1	0.1	0.1	Afrique
Americas	15.3	14.2	13.4	15.6	14.4	15.8	15.4	14.0	11.7	11.6	Amériques
- Northern America	14.1	12.9	12.5	14.4	13.0	14.1	13.4	12.3	10.6	10.2	- Amérique du Nord
- LAIA	1.2	1.2	0.9	1.2	1.4	1.7	1.9	1.7	1.1	1.4	- ALAI
- CACM	0.0	0.0	0.0	0.0	0.0	0.0	0.0	0.0	0.0	0.0	- MCC
- Caribbean	0.0	0.0	0.0	0.0	0.0	0.0	0.0	0.0	0.0	0.0	- Caraïbes
- Rest of America	0.0	0.0	0.0	0.0	0.0	0.0	0.0	0.0	0.0	0.0	- Autre d'Amérique
Asia excluding former USSR	12.6	11.9	12.7	11.0	8.2	7.7	8.9	8.1	8.7	9.4	Asie ancienne URSS exclus
- Middle East	0.1	0.1	0.1	0.1	0.1	0.2	0.1	0.1	0.2	0.2	- Moyen-Orient
Asia former USSR	0.0	0.0	0.0	0.0	0.0	0.0	0.0	0.0	0.0	0.0	Asie ancienne URSS
Europe excluding former USSR	71.5	73.4	73.4	72.9	76.9	76.1	75.1	77.2	79.0	78.4	Europe ancienne URSS exclus
- European Union	62.4	64.2	65.2	64.5	67.6	65.4	65.4	67.8	69.1	69.2	- Union Européenne
- Eastern Europe	0.3	0.7	0.8	1.1	1.2	1.5	1.2	1.2	1.5	1.5	- Europe de l'Est
- Rest of Europe	8.7	8.5	7.4	7.4	8.1	9.2	8.5	8.2	8.4	7.7	- Autre de l'Europe
Europe former USSR	0.3	0.2	0.3	0.2	0.2	0.2	0.3	0.4	0.2	0.2	Europe ancienne URSS
Oceania	0.2	0.2	0.2	0.2	0.2	0.2	0.2	0.2	0.2	0.2	Océanie

726 Printing, bookbinding machinery, and parts thereof, nes

TRADE BY COMMODITY (Value in million US dollars)
Imports by principal countries or areas

TRADE BY COMMODITY (Value in million US dollars)
Imports by principal countries or areas

COMMERCE PAR PRODUIT (Valeur en millions de dollars EU)
Importations selon les principaux pays ou zones

Country or area	1999	2000	2001	2002	2003	Pays ou zone
World	13799.7	13776.2	13807.3	12880.8	13925.7	Monde
Africa	500.8	379.8	414.1	456.7	424.7	Afrique
Americas	3693.3	3452.2	3194.9	2696.7	2683.1	Amériques
- Northern America	2767.1	2596.2	2292.8	1917.4	2066.3	- Amérique du Nord
- LAIA	835.6	775.1	832.1	706.4	546.8	- ALAI
- CACM	57.5	46.2	35.8	44.4	43.7	- MCC
- Caribbean	22.2	21.4	25.1	23.2	19.7	- Caraïbes
- Rest of America	10.7	13.4	9.1	5.3	6.5	- Autre d'Amérique
Asia excluding former USSR	2661.3	3601.7	3814.5	3799.0	4317.1	Asie ancienne URSS exclus
- Middle East	284.7	342.3	398.7	418.7	559.5	- Moyen-Orient
Asia former USSR	14.6	23.4	21.9	34.6	44.5	Asie ancienne URSS
Europe excluding former USSR	6457.5	5829.1	5832.1	5343.4	5725.2	Europe ancienne URSS exclus
- European Union	5586.6	4958.1	4977.9	4517.0	4705.2	- Union Européenne
- Eastern Europe	420.1	473.9	419.9	381.8	464.3	- Europe de l'Est
- Rest of Europe	450.7	397.1	434.4	444.7	555.7	- Autre de l'Europe
Europe former USSR	132.6	178.5	231.4	300.4	404.4	Europe ancienne URSS
Oceania	339.6	311.6	298.4	250.0	326.8	Océanie
United States	2341.6	2164.7	1929.9	1586.8	1640.0	Etats-Unis d'Amérique
China	712.4	873.1	1282.2	1107.1	1447.5	Chine
Germany	842.8	845.6	916.8	796.7	830.9	Allemagne
United Kingdom	929.6	883.2	826.5	694.4	719.1	Royaume-Uni
France-Monaco	841.4	691.6	681.2	602.9	670.4	France-Monaco
Italy-San Marino-Holy See	700.4	687.0	703.8	755.8	548.6	Italie-Saint-Marin-Saint-Siège
Belgium	534.2	470.4	427.7	378.2	438.7	Belgique
Spain	511.7	373.6	421.3	321.2	413.3	Espagne
China, Hong Kong SAR	354.4	386.6	405.1	403.7	434.7	Chine - RAS de Hong-Kong
Canada	424.3	431.1	362.5	330.3	426.1	Canada
Japan	317.3	352.5	406.1	359.5	453.9	Japon
Korea, Republic of	179.2	334.6	270.4	420.7	331.5	République de Corée
Mexico	257.2	303.5	330.5	348.4	259.8	Mexique
Netherlands	331.8	244.3	254.9	312.8	348.5	Pays-Bas
Switzerland-Liechtenstein	248.9	266.3	297.0	241.1	352.2	Suisse-Liechtenstein
Australia	292.1	269.6	254.6	203.4	253.1	Australie
Brazil	292.8	300.0	301.6	204.3	113.8	Brésil
Malaysia	142.8	330.1	257.9	177.1	179.5	Malaisie
Poland	234.7	240.0	186.6	130.6	190.8	Pologne
Austria	160.3	175.3	210.9	162.0	182.0	Autriche
South Africa	–	230.0	227.2	242.2	190.9	Afrique du Sud
Singapore	125.9	178.4	129.7	197.2	133.1	Singapour
Denmark	189.6	159.4	134.4	114.9	131.8	Danemark
Sweden	171.7	145.6	116.6	104.2	134.2	Suède
Turkey	95.2	124.4	97.9	123.0	197.9	Turquie
Russian Federation	57.9	95.9	119.9	159.6	204.2	Fédération de Russie
Thailand	49.0	81.0	107.7	e142.5	167.1	Thaïlande
Czech Republic	69.4	111.1	106.0	94.5	112.7	République tchèque
Portugal	120.8	110.3	97.8	78.7	e80.4	Portugal
Indonesia	30.8	83.4	98.2	85.7	78.9	Indonésie

(Value as percentages of World total) — **(Valeur en pourcentage du total mondial)**

Regions of the world	1994	1995	1996	1997	1998	1999	2000	2001	2002	2003	Régions du monde
World	100.0	100.0	100.0	100.0	100.0	100.0	100.0	100.0	100.0	100.0	Monde
Africa	3.5	3.2	3.4	3.0	2.8	3.6	2.8	3.0	3.5	3.0	Afrique
Americas	24.7	25.1	21.6	26.6	27.1	26.8	25.1	23.1	20.9	19.3	Amériques
- Northern America	16.7	17.4	15.5	17.7	19.6	20.1	18.8	16.6	14.9	14.8	- Amérique du Nord
- LAIA	7.4	7.2	5.6	8.3	6.8	6.1	5.6	6.0	5.5	3.9	- ALAI
- CACM	0.3	0.3	0.2	0.3	0.3	0.4	0.3	0.3	0.3	0.3	- MCC
- Caribbean	0.2	0.2	0.2	0.2	0.2	0.2	0.2	0.2	0.2	0.1	- Caraïbes
- Rest of America	0.1	0.1	0.1	0.1	0.1	0.1	0.1	0.1	0.0	0.0	- Autre d'Amérique
Asia excluding former USSR	27.7	25.8	28.9	25.6	18.7	19.3	26.1	27.6	29.5	31.0	Asie ancienne URSS exclus
- Middle East	2.2	2.1	2.9	2.6	2.7	2.1	2.5	2.9	3.3	4.0	- Moyen-Orient
Asia former USSR	0.1	0.1	0.1	0.1	0.1	0.1	0.2	0.2	0.3	0.3	Asie ancienne URSS
Europe excluding former USSR	39.5	40.8	42.6	41.2	47.2	46.8	42.3	42.2	41.5	41.1	Europe ancienne URSS exclus
- European Union	33.6	34.8	36.2	34.4	39.4	40.5	36.0	36.1	35.1	33.8	- Union Européenne
- Eastern Europe	2.6	2.6	2.8	3.3	3.4	3.0	3.4	3.0	3.0	3.3	- Europe de l'Est
- Rest of Europe	3.4	3.4	3.6	3.4	4.3	3.3	2.9	3.1	3.5	4.0	- Autre de l'Europe
Europe former USSR	1.0	0.9	0.9	1.5	1.7	1.0	1.3	1.7	2.3	2.9	Europe ancienne URSS
Oceania	3.5	4.0	2.5	2.0	2.5	2.5	2.3	2.2	1.9	2.3	Océanie

TRADE BY COMMODITY (Value in million US dollars)
Exports by principal countries or areas

COMMERCE PAR PRODUIT (Valeur en millions de dollars EU)
Exportations selon les principaux pays ou zones

Country or area	1999	2000	2001	2002	2003	Pays ou zone
World	14289.9	14245.5	14345.1	13116.0	14177.6	Monde
Africa	14.0	16.4	19.3	18.9	21.0	Afrique
Americas	1727.9	1992.9	1571.2	1322.0	1417.2	Amériques
- Northern America	1682.9	1952.2	1532.1	1281.1	1343.2	- Amérique du Nord
- LAIA	42.3	39.2	34.7	38.1	70.4	- ALAI
- CACM	1.5	1.1	1.4	2.0	2.4	- MCC
- Caribbean	1.3	0.4	2.3	0.6	1.1	- Caraïbes
- Rest of America	0.0	0.0	0.7	0.1	0.1	- Autre d'Amérique
Asia excluding former USSR	2682.0	2920.4	2794.1	2693.8	2889.9	Asie ancienne URSS exclus
- Middle East	14.6	14.1	25.7	43.1	51.7	- Moyen-Orient
Asia former USSR	0.6	1.3	0.5	0.9	0.5	Asie ancienne URSS
Europe excluding former USSR	9788.6	9227.0	9767.5	8992.5	9755.1	Europe ancienne URSS exclus
- European Union	8588.7	8056.7	8540.2	7918.7	8508.4	- Union Européenne
- Eastern Europe	104.0	107.2	109.5	103.2	124.4	- Europe de l'Est
- Rest of Europe	1095.9	1063.1	1117.8	970.5	1122.3	- Autre de l'Europe
Europe former USSR	10.6	17.9	134.6	31.5	33.8	Europe ancienne URSS
Oceania	66.1	69.6	57.9	56.4	60.1	Océanie
Germany	4689.1	4381.5	5029.9	4545.3	4641.0	Allemagne
Japan	1693.4	1770.4	1422.6	1297.5	1362.6	Japon
United States	1372.3	1624.0	1275.9	1074.6	1089.8	Etats-Unis d'Amérique
Switzerland-Liechtenstein	1064.1	1023.4	1088.8	938.5	1087.9	Suisse-Liechtenstein
United Kingdom	903.9	931.0	796.5	725.4	869.5	Royaume-Uni
Italy-San Marino-Holy See	662.8	602.9	634.5	613.9	656.2	Italie-Saint-Marin-Saint-Siège
France-Monaco	662.7	579.5	637.7	544.1	580.4	France-Monaco
Belgium	533.5	463.1	374.2	349.6	371.5	Belgique
Israel	372.5	405.0	417.2	357.0	378.0	Israël
Netherlands	356.3	352.5	316.0	378.3	492.9	Pays-Bas
China, Hong Kong SAR	240.0	243.3	277.8	301.1	311.6	Chine - RAS de Hong-Kong
Canada	310.6	328.2	256.3	206.5	253.4	Canada
Austria	214.2	189.9	225.1	217.2	280.9	Autriche
Denmark	208.8	222.3	208.7	219.5	230.2	Danemark
Sweden	134.5	123.5	116.3	120.2	154.8	Suède
Spain	125.1	122.8	116.7	129.0	136.4	Espagne
Malaysia	33.3	83.3	131.3	127.0	133.5	Malaisie
Singapore	85.7	77.8	159.9	84.1	71.9	Singapour
China	32.3	44.9	52.1	91.0	130.7	Chine
Czech Republic	75.4	68.9	69.8	61.3	72.7	République tchèque
Australia	59.2	62.3	53.0	47.6	50.4	Australie
Thailand	8.7	18.9	44.7	e84.8	99.0	Thaïlande
Korea, Republic of	47.4	49.3	41.6	55.0	62.7	République de Corée
Portugal	53.5	57.3	45.4	43.5	e50.4	Portugal
India	25.0	29.1	27.9	33.9	60.4	Inde
Ukraine	0.7	2.9	119.4	12.2	e15.7	Ukraine
Brazil	24.3	17.1	13.7	17.2	39.2	Brésil
Norway	24.8	31.9	18.5	14.4	15.0	Norvège
Poland	12.0	17.8	18.9	22.7	24.4	Pologne
Finland	11.8	11.8	15.9	10.6	15.8	Finlande

(Value as percentages of World total)

(Valeur en pourcentage du total mondial)

Regions of the world	1994	1995	1996	1997	1998	1999	2000	2001	2002	2003	Régions du monde
World	100.0	100.0	100.0	100.0	100.0	100.0	100.0	100.0	100.0	100.0	Monde
Africa	0.1	0.1	0.1	0.1	0.1	0.1	0.1	0.1	0.1	0.1	Afrique
Americas	11.9	11.7	11.8	12.8	12.2	12.1	14.0	11.0	10.1	10.0	Amériques
- Northern America	11.6	11.3	11.5	12.5	11.8	11.8	13.7	10.7	9.8	9.5	- Amérique du Nord
- LAIA	0.3	0.3	0.3	0.3	0.4	0.3	0.3	0.2	0.3	0.5	- ALAI
- CACM	0.0	0.0	0.0	0.0	0.0	0.0	0.0	0.0	0.0	0.0	- MCC
- Caribbean	0.0	0.0	0.0	0.0	0.0	0.0	0.0	0.0	0.0	0.0	- Caraïbes
- Rest of America	0.0	0.0	0.0	0.0	0.0	0.0	0.0	0.0	0.0	0.0	- Autre d'Amérique
Asia excluding former USSR	20.0	19.6	18.8	18.8	17.3	18.8	20.5	19.5	20.5	20.4	Asie ancienne URSS exclus
- Middle East	0.1	0.1	0.1	0.1	0.1	0.1	0.1	0.2	0.3	0.4	- Moyen-Orient
Asia former USSR	0.0	0.0	0.0	0.0	0.0	0.0	0.0	0.0	0.0	0.0	Asie ancienne URSS
Europe excluding former USSR	67.5	68.2	68.7	67.7	69.8	68.5	64.8	68.1	68.6	68.8	Europe ancienne URSS exclus
- European Union	57.9	59.0	60.6	59.7	61.9	60.1	56.6	59.5	60.4	60.0	- Union Européenne
- Eastern Europe	0.5	0.6	0.7	0.7	0.7	0.7	0.8	0.8	0.8	0.9	- Europe de l'Est
- Rest of Europe	9.0	8.6	7.5	7.3	7.1	7.7	7.5	7.8	7.4	7.9	- Autre de l'Europe
Europe former USSR	0.0	0.0	0.1	0.1	0.1	0.1	0.1	0.9	0.2	0.2	Europe ancienne URSS
Oceania	0.4	0.5	0.5	0.5	0.5	0.5	0.5	0.4	0.4	0.4	Océanie

727 Food-processing machines (non-domestic) and parts thereof, nes

TRADE BY COMMODITY (Value in million US dollars)
Imports by principal countries or areas

COMMERCE PAR PRODUIT (Valeur en millions de dollars EU)
Importations selon les principaux pays ou zones

Country or area	1999	2000	2001	2002	2003	Pays ou zone
World	5867.7	5456.4	5511.2	5757.3	6802.3	Monde
Africa	430.4	446.2	485.4	466.2	539.4	Afrique
Americas	1380.5	1241.1	1208.9	1291.6	1396.1	Amériques
- Northern America	800.6	705.7	691.2	794.9	887.1	- Amérique du Nord
- LAIA	464.0	417.7	409.1	398.5	417.6	- ALAI
- CACM	66.0	58.5	64.4	48.6	37.5	- MCC
- Caribbean	35.0	36.2	32.9	32.3	37.5	- Caraïbes
- Rest of America	15.1	22.9	11.2	17.4	16.4	- Autre d'Amérique
Asia excluding former USSR	1057.0	1164.2	1185.7	1131.7	1343.7	Asie ancienne URSS exclus
- Middle East	292.2	260.0	198.8	291.5	368.0	- Moyen-Orient
Asia former USSR	77.4	68.6	75.2	69.4	90.4	Asie ancienne URSS
Europe excluding former USSR	2460.6	2096.2	2122.5	2259.1	2793.3	Europe ancienne URSS exclus
- European Union	1886.9	1627.8	1628.1	1707.4	2111.2	- Union Européenne
- Eastern Europe	300.0	234.5	265.0	288.3	395.3	- Europe de l'Est
- Rest of Europe	273.7	233.9	229.4	263.4	286.7	- Autre de l'Europe
Europe former USSR	343.0	316.3	325.0	418.7	505.2	Europe ancienne URSS
Oceania	118.8	123.7	108.5	120.6	134.2	Océanie
United States	594.2	516.8	508.0	561.1	670.5	Etats-Unis d'Amérique
United Kingdom	342.8	281.7	270.9	277.5	314.5	Royaume-Uni
France-Monaco	265.1	260.6	242.4	282.0	322.5	France-Monaco
China	186.4	249.2	279.7	212.4	299.2	Chine
Russian Federation	251.9	211.6	203.0	271.2	281.5	Fédération de Russie
Germany	239.1	199.1	216.4	188.7	239.5	Allemagne
Canada	200.8	186.7	180.8	229.1	208.9	Canada
Spain	169.7	153.0	174.5	225.9	223.0	Espagne
Mexico	175.3	170.3	146.7	183.4	226.0	Mexique
Italy-San Marino-Holy See	165.6	142.4	149.6	129.3	146.2	Italie-Saint-Marin-Saint-Siège
Belgium	152.9	131.7	108.2	115.3	160.4	Belgique
Poland	150.4	114.0	112.1	113.8	144.8	Pologne
Netherlands	111.5	107.8	107.3	114.4	168.7	Pays-Bas
Algeria	70.7	106.8	139.1	118.3	110.5	Algérie
Japan	96.3	99.0	103.1	88.3	101.8	Japon
Switzerland-Liechtenstein	95.1	78.4	80.2	85.7	97.7	Suisse-Liechtenstein
Iran (Islamic Republic of)	65.4	76.1	61.3	81.3	147.5	Iran (République islamique d')
Austria	76.1	66.5	73.2	86.6	125.7	Autriche
Australia	78.9	85.8	80.8	84.0	92.1	Australie
Thailand	40.2	65.3	135.6	e75.8	88.9	Thaïlande
Norway	95.7	82.0	70.0	74.5	75.9	Norvège
Denmark	81.2	75.4	75.4	71.8	91.9	Danemark
Indonesia	46.0	73.2	94.5	96.2	62.8	Indonésie
Greece	98.9	58.6	40.3	54.7	108.3	Grèce
Brazil	96.7	73.8	71.2	53.8	38.1	Brésil
Turkey	60.2	78.6	35.7	65.4	74.4	Turquie
Ukraine	42.0	39.7	61.9	70.0	e94.9	Ukraine
Korea, Republic of	42.0	60.0	56.4	69.5	79.2	République de Corée
Sweden	59.7	56.1	48.2	52.2	66.3	Suède
Viet Nam	90.1	48.1	43.2	46.2	e38.3	Viet Nam

(Value as percentages of World total)

(Valeur en pourcentage du total mondial)

Regions of the world	1994	1995	1996	1997	1998	1999	2000	2001	2002	2003	Régions du monde
World	100.0	100.0	100.0	100.0	100.0	100.0	100.0	100.0	100.0	100.0	Monde
Africa	4.9	5.2	5.5	5.8	6.4	7.3	8.2	8.8	8.1	7.9	Afrique
Americas	18.4	18.5	16.7	20.3	21.9	23.5	22.7	21.9	22.4	20.5	Amériques
- Northern America	9.8	10.2	8.8	10.6	12.1	13.6	12.9	12.5	13.8	13.0	- Amérique du Nord
- LAIA	7.3	6.9	6.4	8.0	7.9	7.9	7.7	7.4	6.9	6.1	- ALAI
- CACM	0.6	0.7	0.8	1.0	1.1	1.1	1.1	1.2	0.8	0.6	- MCC
- Caribbean	0.4	0.5	0.4	0.5	0.7	0.6	0.7	0.6	0.6	0.6	- Caraïbes
- Rest of America	0.2	0.3	0.2	0.2	0.2	0.3	0.4	0.2	0.3	0.2	- Autre d'Amérique
Asia excluding former USSR	28.6	29.3	31.9	25.5	19.4	18.0	21.3	21.5	19.7	19.8	Asie ancienne URSS exclus
- Middle East	3.9	4.0	5.1	4.2	4.4	5.0	4.8	3.6	5.1	5.4	- Moyen-Orient
Asia former USSR	1.7	0.7	0.9	0.9	2.0	1.3	1.3	1.4	1.2	1.3	Asie ancienne URSS
Europe excluding former USSR	37.6	36.6	35.8	37.1	40.5	41.9	38.4	38.5	39.2	41.1	Europe ancienne URSS exclus
- European Union	27.2	25.7	24.8	26.7	29.6	32.2	29.8	29.5	29.7	31.0	- Union Européenne
- Eastern Europe	6.7	7.1	7.1	6.3	6.4	5.1	4.3	4.8	5.0	5.8	- Europe de l'Est
- Rest of Europe	3.7	3.8	3.9	4.1	4.5	4.7	4.3	4.2	4.6	4.2	- Autre de l'Europe
Europe former USSR	7.0	7.6	7.4	8.3	8.0	5.8	5.8	5.9	7.3	7.4	Europe ancienne URSS
Oceania	1.7	2.0	1.8	2.0	1.7	2.0	2.3	2.0	2.1	2.0	Océanie

TRADE BY COMMODITY (Value in million US dollars)
Exports by principal countries or areas

COMMERCE PAR PRODUIT (Valeur en millions de dollars EU)
Exportations selon les principaux pays ou zones

Country or area	1999	2000	2001	2002	2003	Pays ou zone
World	5824.5	5655.3	5636.3	6178.1	7257.5	Monde
Africa	40.2	40.9	34.4	33.2	50.2	Afrique
Americas	745.0	767.2	691.5	744.4	714.7	Amériques
- Northern America	672.1	701.4	622.5	660.7	646.3	- Amérique du Nord
- LAIA	69.2	62.5	65.6	68.2	59.8	- ALAI
- CACM	3.3	2.8	2.8	14.6	6.3	- MCC
- Caribbean	0.4	0.4	0.4	0.4	2.2	- Caraïbes
- Rest of America	0.1	0.1	0.2	0.6	0.1	- Autre d'Amérique
Asia excluding former USSR	383.5	515.4	506.2	498.8	565.9	Asie ancienne URSS exclus
- Middle East	49.1	62.0	64.2	65.4	73.1	- Moyen-Orient
Asia former USSR	10.5	7.1	4.3	0.7	1.3	Asie ancienne URSS
Europe excluding former USSR	4525.8	4212.3	4308.3	4799.1	5782.3	Europe ancienne URSS exclus
- European Union	4033.3	3746.2	3814.3	4241.5	5140.5	- Union Européenne
- Eastern Europe	107.2	113.8	122.0	125.2	151.3	- Europe de l'Est
- Rest of Europe	385.4	352.3	372.0	432.4	490.5	- Autre de l'Europe
Europe former USSR	60.6	65.7	42.3	41.0	51.2	Europe ancienne URSS
Oceania	58.8	46.7	49.3	60.9	91.8	Océanie
Germany	1074.2	1011.5	1051.7	1190.7	1414.7	Allemagne
Italy-San Marino-Holy See	916.5	859.2	829.5	864.6	1104.3	Italie-Saint-Marin-Saint-Siège
United States	615.4	644.2	563.0	607.9	572.3	Etats-Unis d'Amérique
Netherlands	491.1	454.4	469.6	593.9	758.9	Pays-Bas
France-Monaco	349.4	348.3	364.3	399.1	432.2	France-Monaco
Switzerland-Liechtenstein	336.4	307.7	321.2	386.2	438.0	Suisse-Liechtenstein
Denmark	329.8	305.7	335.2	351.8	444.9	Danemark
United Kingdom	294.8	208.8	188.4	208.8	215.7	Royaume-Uni
Austria	175.2	161.9	175.5	206.7	284.7	Autriche
Spain	170.0	153.9	159.2	164.2	189.9	Espagne
Belgium	114.6	130.3	123.3	150.7	170.4	Belgique
Japan	115.0	143.9	124.6	132.0	139.0	Japon
China	46.5	64.3	69.5	85.6	99.1	Chine
Sweden	65.0	70.0	68.6	69.0	71.6	Suède
Canada	56.3	57.0	59.3	52.3	73.4	Canada
Czech Republic	55.2	52.2	53.7	54.7	53.0	République tchèque
Turkey	38.2	53.5	53.0	53.5	55.8	Turquie
Australia	46.0	34.8	34.5	44.3	78.0	Australie
Malaysia	19.5	45.1	52.9	37.0	52.9	Malaisie
Poland	28.1	35.9	39.5	36.9	50.9	Pologne
Korea, Republic of	24.5	33.2	38.3	32.3	47.2	République de Corée
India	25.0	24.5	21.7	22.1	32.5	Inde
Brazil	24.3	22.6	23.0	26.5	24.8	Brésil
Norway	28.0	23.3	30.0	19.9	19.3	Norvège
South Africa	–	33.3	27.3	25.4	30.9	Afrique du Sud
Ukraine	21.3	33.0	19.6	17.2	e22.2	Ukraine
Singapore	14.6	25.1	26.0	26.5	17.4	Singapour
Mexico	21.5	21.6	20.1	19.2	15.1	Mexique
Thailand	13.5	24.0	17.8	o15.1	17.7	Thaïlande
China, Hong Kong SAR	15.6	22.8	18.2	14.3	9.3	Chine - RAS de Hong-Kong

(Value as percentages of World total) | | | | | | | | | | | **(Valeur en pourcentage du total mondial)**

Regions of the world	1994	1995	1996	1997	1998	1999	2000	2001	2002	2003	Régions du monde
World	100.0	100.0	100.0	100.0	100.0	100.0	100.0	100.0	100.0	100.0	Monde
Africa	0.2	0.4	0.4	0.7	0.8	0.7	0.7	0.6	0.5	0.7	Afrique
Americas	13.3	12.5	12.1	12.6	12.2	12.8	13.6	12.3	12.0	9.8	Amériques
- Northern America	11.9	11.4	10.8	11.4	11.1	11.5	12.4	11.0	10.7	8.9	- Amérique du Nord
- LAIA	1.4	1.1	1.2	1.1	1.1	1.2	1.1	1.2	1.1	0.8	- ALAI
- CACM	0.0	0.0	0.1	0.0	0.0	0.1	0.0	0.1	0.2	0.1	- MCC
- Caribbean	0.0	0.0	0.0	0.0	0.0	0.0	0.0	0.0	0.0	0.0	- Caraïbes
- Rest of America	0.0	0.0	0.0	0.0	0.0	0.0	0.0	0.0	0.0	0.0	- Autre d'Amérique
Asia excluding former USSR	9.0	9.2	10.0	8.6	7.7	6.6	9.1	9.0	8.1	7.8	Asie ancienne URSS exclus
- Middle East	0.7	0.6	0.7	1.3	1.1	0.8	1.1	1.1	1.1	1.0	- Moyen-Orient
Asia former USSR	0.0	0.0	0.0	0.1	0.1	0.2	0.1	0.1	0.0	0.0	Asie ancienne URSS
Europe excluding former USSR	75.3	75.9	75.6	76.1	77.6	77.7	74.5	76.4	77.7	79.7	Europe ancienne URSS exclus
- European Union	66.7	67.2	67.0	67.5	68.7	69.2	66.2	67.7	68.7	70.8	- Union Européenne
- Eastern Europe	1.6	1.5	1.8	2.0	2.2	1.8	2.0	2.2	2.0	2.1	- Europe de l'Est
- Rest of Europe	7.0	7.3	6.8	6.6	6.7	6.6	6.2	6.6	7.0	6.8	- Autre de l'Europe
Europe former USSR	0.7	0.8	0.8	0.8	0.7	1.0	1.2	0.8	0.7	0.7	Europe ancienne URSS
Oceania	1.3	1.2	1.0	1.2	0.9	1.0	0.8	0.9	1.0	1.3	Océanie

728 Other machinery, equipment, for specialized industries; parts nes

Country or area	1999	2000	2001	2002	2003	Pays ou zone
World	63282.5	74040.4	64713.7	63682.9	74390.1	Monde
Africa	1715.3	1690.6	1756.0	1741.4	2032.0	Afrique
Americas	15498.1	17299.0	14581.9	13125.9	13608.7	Amériques
- Northern America	10530.1	12339.6	9928.5	9062.6	9833.8	- Amérique du Nord
- LAIA	4632.5	4603.6	4352.5	3721.0	3449.4	- ALAI
- CACM	171.5	191.3	155.2	179.3	198.3	- MCC
- Caribbean	117.9	131.9	118.2	139.8	94.8	- Caraïbes
- Rest of America	46.1	32.5	27.5	23.3	32.5	- Autre d'Amérique
Asia excluding former USSR	23906.3	32938.7	26562.4	28088.1	33785.5	Asie ancienne URSS exclus
- Middle East	1609.5	1423.9	1609.8	1906.1	2427.6	- Moyen-Orient
Asia former USSR	142.2	217.7	219.6	249.5	300.9	Asie ancienne URSS
Europe excluding former USSR	20259.7	20256.4	19906.0	18494.1	22113.9	Europe ancienne URSS exclus
- European Union	16446.0	16573.4	15934.4	14506.7	16925.2	- Union Européenne
- Eastern Europe	2210.8	2172.5	2397.7	2389.9	3272.1	- Europe de l'Est
- Rest of Europe	1602.9	1510.5	1573.9	1597.6	1916.7	- Autre de l'Europe
Europe former USSR	939.9	930.2	1015.6	1285.1	1660.3	Europe ancienne URSS
Oceania	821.0	707.9	672.1	698.7	888.9	Océanie
United States	8291.6	9862.0	7882.8	6978.6	7531.7	Etats-Unis d'Amérique
China	4651.3	6046.6	6846.7	8367.6	10841.9	Chine
Germany	3369.6	3258.4	3413.2	2926.4	3600.8	Allemagne
Korea, Republic of	2413.5	4209.8	2762.2	2933.0	3974.3	République de Corée
Singapore	2073.9	3596.1	2397.8	2357.4	1913.8	Singapour
France-Monaco	2368.4	2726.6	2331.9	2143.6	2386.6	France-Monaco
Mexico	2408.4	2569.2	2288.1	2091.8	2026.7	Mexique
Canada	2237.3	2475.1	2042.7	2081.0	2298.7	Canada
Japan	2056.3	2225.7	2150.6	1980.9	2262.6	Japon
United Kingdom	2089.9	2090.7	2031.7	1902.0	2110.4	Royaume-Uni
Italy-San Marino-Holy See	1626.4	1861.2	1740.2	1657.7	1692.7	Italie-Saint-Marin-Saint-Siège
Malaysia	1381.5	2460.8	1510.3	1326.2	1300.8	Malaisie
Spain	1623.0	1495.2	1590.9	1460.8	1632.7	Espagne
China, Hong Kong SAR	1092.0	1366.9	1221.2	1232.0	1580.4	Chine - RAS de Hong-Kong
Thailand	710.3	1043.4	1018.9	e1247.5	1462.5	Thaïlande
Brazil	1228.7	1089.1	1052.0	857.5	687.9	Brésil
Belgium	925.6	872.5	904.8	868.1	1037.6	Belgique
Poland	951.2	771.7	748.8	848.2	1021.8	Pologne
Netherlands	905.4	837.4	747.0	667.0	938.8	Pays-Bas
Austria	786.8	805.6	747.4	704.7	950.0	Autriche
Switzerland-Liechtenstein	798.0	787.2	774.9	737.1	881.3	Suisse-Liechtenstein
Russian Federation	638.6	575.1	620.0	823.6	1027.7	Fédération de Russie
Philippines	771.9	864.9	678.5	640.4	720.8	Philippines
Turkey	713.3	620.0	547.4	675.2	916.2	Turquie
Sweden	710.7	721.1	576.2	514.4	634.3	Suède
Australia	665.2	559.4	523.8	548.7	689.8	Australie
Czech Republic	457.1	509.3	690.5	557.0	772.6	République tchèque
Hungary	442.3	451.3	479.5	448.6	696.9	Hongrie
Iran (Islamic Republic of)	281.6	274.6	483.3	532.4	737.9	Iran (République islamique d')
Indonesia	381.6	512.6	497.1	458.3	429.8	Indonésie

(Value as percentages of World total)
(Valeur en pourcentage du total mondial)

Regions of the world	1994	1995	1996	1997	1998	1999	2000	2001	2002	2003	Régions du monde
World	100.0	100.0	100.0	100.0	100.0	100.0	100.0	100.0	100.0	100.0	Monde
Africa	2.6	2.3	2.3	2.3	3.2	2.7	2.3	2.7	2.7	2.7	Afrique
Americas	20.2	19.7	18.9	23.7	25.9	24.5	23.4	22.5	20.6	18.3	Amériques
- Northern America	13.8	13.6	12.6	15.4	16.5	16.6	16.7	15.3	14.2	13.2	- Amérique du Nord
- LAIA	6.1	5.8	6.0	7.8	8.7	7.3	6.2	6.7	5.8	4.6	- ALAI
- CACM	0.2	0.1	0.1	0.2	0.4	0.3	0.3	0.2	0.3	0.3	- MCC
- Caribbean	0.1	0.1	0.2	0.2	0.2	0.2	0.2	0.2	0.2	0.1	- Caraïbes
- Rest of America	0.1	0.1	0.1	0.1	0.1	0.1	0.0	0.0	0.0	0.0	- Autre d'Amérique
Asia excluding former USSR	47.1	47.3	49.1	43.2	34.9	37.8	44.5	41.0	44.1	45.4	Asie ancienne URSS exclus
- Middle East	3.4	2.3	3.1	3.1	3.3	2.5	1.9	2.5	3.0	3.3	- Moyen-Orient
Asia former USSR	0.3	0.2	0.2	0.1	0.2	0.2	0.3	0.3	0.4	0.4	Asie ancienne URSS
Europe excluding former USSR	26.4	27.1	26.0	27.1	32.6	32.0	27.4	30.8	29.0	29.7	Europe ancienne URSS exclus
- European Union	22.0	22.3	21.3	22.0	26.4	26.0	22.4	24.6	22.8	22.8	- Union Européenne
- Eastern Europe	2.1	2.2	2.5	2.7	3.5	3.5	2.9	3.7	3.8	4.4	- Europe de l'Est
- Rest of Europe	2.3	2.6	2.3	2.3	2.7	2.5	2.0	2.4	2.5	2.6	- Autre de l'Europe
Europe former USSR	2.0	2.0	1.9	2.0	2.0	1.5	1.3	1.6	2.0	2.2	Europe ancienne URSS
Oceania	1.4	1.4	1.6	1.6	1.4	1.3	1.0	1.0	1.1	1.2	Océanie

Autres machines spécialisés pour l'industrie particulières, et leurs pièces détachées 728

Country or area	1999	2000	2001	2002	2003	Pays ou zone
World	63257.4	76200.3	64594.6	62627.6	75049.5	Monde
Africa	161.9	195.8	185.5	177.4	260.4	Afrique
Americas	13292.2	18836.1	13911.9	11518.8	11577.1	Amériques
- Northern America	12679.3	18106.3	13085.1	10857.3	10862.2	- Amérique du Nord
- LAIA	577.3	676.5	774.7	638.5	696.1	- ALAI
- CACM	27.2	41.5	44.3	16.3	9.9	- MCC
- Caribbean	7.9	11.0	5.9	5.2	6.4	- Caraïbes
- Rest of America	0.5	0.9	1.9	1.6	2.5	- Autre d'Amérique
Asia excluding former USSR	16723.0	24252.4	17318.6	17550.4	22825.3	Asie ancienne URSS exclus
- Middle East	96.0	99.5	120.8	155.1	208.1	- Moyen-Orient
Asia former USSR	13.4	29.3	16.1	14.8	21.2	Asie ancienne URSS
Europe excluding former USSR	32515.4	32194.2	32578.5	32768.1	39687.2	Europe ancienne URSS exclus
- European Union	28959.4	28313.9	28724.8	28979.3	35074.6	- Union Européenne
- Eastern Europe	700.5	724.1	794.1	966.5	1272.6	- Europe de l'Est
- Rest of Europe	2855.5	3156.1	3059.7	2822.3	3340.0	- Autre de l'Europe
Europe former USSR	192.0	328.4	215.0	232.6	291.7	Europe ancienne URSS
Oceania	359.5	364.2	368.9	365.4	386.7	Océanie
Japan	10714.1	15771.9	10079.5	9741.6	13101.6	Japon
United States	11140.7	16373.9	11563.3	9376.9	9118.6	Etats-Unis d'Amérique
Germany	10541.3	10175.0	10481.0	10505.9	13147.0	Allemagne
Italy-San Marino-Holy See	7353.5	7201.3	7447.3	7559.3	8716.2	Italie-Saint-Marin-Saint-Siège
Switzerland-Liechtenstein	2586.6	2860.3	2718.9	2426.3	2812.9	Suisse-Liechtenstein
United Kingdom	2264.6	2124.8	2205.6	2167.8	2525.9	Royaume-Uni
France-Monaco	2302.5	2163.2	2143.8	2245.2	2404.3	France-Monaco
Canada	1538.6	1732.4	1521.6	1479.7	1743.0	Canada
Austria	1393.1	1311.9	1388.7	1421.2	2202.3	Autriche
Korea, Republic of	1013.1	1480.7	1312.9	1508.8	2110.3	République de Corée
Netherlands	1274.6	1364.5	1048.1	985.0	1267.7	Pays-Bas
Singapore	1028.0	1782.9	1003.9	1016.8	1016.0	Singapour
China, Hong Kong SAR	796.8	1141.5	1075.2	1090.6	1331.9	Chine - RAS de Hong-Kong
Sweden	980.2	1055.9	922.7	1067.2	1287.5	Suède
China	474.7	587.8	789.2	919.9	1317.6	Chine
Belgium	651.2	681.8	696.0	783.6	937.2	Belgique
Finland	717.2	724.2	784.2	693.6	756.2	Finlande
Spain	628.6	618.4	660.2	588.0	722.3	Espagne
Denmark	513.1	533.9	580.9	597.6	687.5	Danemark
Mexico	369.8	445.6	514.8	409.0	403.3	Mexique
Malaysia	324.9	423.0	391.8	419.7	490.6	Malaisie
Czech Republic	296.2	294.9	325.0	404.0	561.4	République tchèque
Australia	315.6	324.7	322.5	317.8	323.0	Australie
Norway	175.1	198.3	226.9	273.3	372.5	Norvège
Poland	158.4	161.1	164.1	229.8	265.7	Pologne
Israel	172.4	227.2	191.1	172.7	177.1	Israël
India	94.1	145.8	170.4	186.5	233.7	Inde
Brazil	125.3	138.5	150.0	152.9	207.4	Brésil
Hungary	85.1	134.8	151.0	177.1	202.9	Hongrie
Ireland	148.0	171.0	155.3	140.3	131.7	Irlande

(Value as percentages of World total)   **(Valeur en pourcentage du total mondial)**

Regions of the world	1994	1995	1996	1997	1998	1999	2000	2001	2002	2003	Régions du monde
World	100.0	100.0	100.0	100.0	100.0	100.0	100.0	100.0	100.0	100.0	Monde
Africa	0.3	0.3	0.3	0.4	0.3	0.3	0.3	0.3	0.3	0.3	Afrique
Americas	16.8	18.1	18.6	21.1	20.3	21.0	24.7	21.5	18.4	15.4	Amériques
- Northern America	16.3	17.4	17.9	20.2	19.4	20.0	23.8	20.3	17.3	14.5	- Amérique du Nord
- LAIA	0.5	0.6	0.7	0.8	0.9	0.9	0.9	1.2	1.0	0.9	- ALAI
- CACM	0.0	0.0	0.0	0.0	0.0	0.0	0.1	0.1	0.0	0.0	- MCC
- Caribbean	0.0	0.0	0.0	0.0	0.0	0.0	0.0	0.0	0.0	0.0	- Caraïbes
- Rest of America	0.0	0.0	0.0	0.0	0.0	0.0	0.0	0.0	0.0	0.0	- Autre d'Amérique
Asia excluding former USSR	28.7	28.0	27.3	27.6	23.1	26.4	31.8	26.8	28.0	30.4	Asie ancienne URSS exclus
- Middle East	0.1	0.1	0.1	0.2	0.2	0.2	0.1	0.2	0.2	0.3	- Moyen-Orient
Asia former USSR	0.0	0.0	0.0	0.0	0.0	0.0	0.0	0.0	0.0	0.0	Asie ancienne URSS
Europe excluding former USSR	53.5	52.7	52.8	49.9	55.0	51.4	42.2	50.4	52.3	52.9	Europe ancienne URSS exclus
- European Union	48.8	47.9	48.0	45.2	49.2	45.8	37.2	44.5	46.3	46.7	- Union Européenne
- Eastern Europe	0.6	0.7	0.8	0.8	1.1	1.1	1.0	1.2	1.5	1.7	- Europe de l'Est
- Rest of Europe	4.1	4.1	4.0	3.9	4.7	4.5	4.1	4.7	4.5	4.5	- Autre de l'Europe
Europe former USSR	0.2	0.2	0.3	0.3	0.3	0.3	0.4	0.3	0.4	0.4	Europe ancienne URSS
Oceania	0.6	0.7	0.7	0.7	0.9	0.6	0.5	0.6	0.6	0.5	Océanie

736 Metalworking machine-tools, parts and accessories thereof, nes

TRADE BY COMMODITY (Value in million US dollars)
Imports by principal countries or areas

COMMERCE PAR PRODUIT (Valeur en millions de dollars EU)
Importations selon les principaux pays ou zones

Country or area	1999	2000	2001	2002	2003	Pays ou zone
World	29044.2	31891.1	30502.6	27246.5	31370.1	Monde
Africa	279.4	314.8	331.5	352.9	426.8	Afrique
Americas	8997.3	9390.0	8493.8	6304.7	6234.1	Amériques
- Northern America	6720.0	7616.9	6415.9	4744.0	4868.1	- Amérique du Nord
- LAIA	2222.4	1726.9	2023.3	1499.8	1314.8	- ALAI
- CACM	29.7	24.8	30.7	36.9	29.0	- MCC
- Caribbean	14.8	16.1	17.2	19.5	14.7	- Caraïbes
- Rest of America	10.4	5.3	6.8	4.5	7.6	- Autre d'Amérique
Asia excluding former USSR	7479.8	10039.6	9048.3	9301.4	11992.3	Asie ancienne URSS exclus
- Middle East	722.9	678.3	705.6	762.0	996.6	- Moyen-Orient
Asia former USSR	26.4	21.5	73.3	28.1	34.8	Asie ancienne URSS
Europe excluding former USSR	11756.9	11697.1	12027.2	10552.0	11705.3	Europe ancienne URSS exclus
- European Union	9985.8	9965.7	10002.4	8451.5	9271.7	- Union Européenne
- Eastern Europe	904.2	891.5	1077.4	1271.9	1528.4	- Europe de l'Est
- Rest of Europe	866.9	839.9	947.3	828.6	905.2	- Autre de l'Europe
Europe former USSR	275.8	206.1	297.7	415.8	507.0	Europe ancienne URSS
Oceania	228.5	222.0	230.8	291.6	469.8	Océanie
United States	5528.5	6407.1	5385.4	3870.5	3894.6	Etats-Unis d'Amérique
China	1703.3	2081.2	2582.0	3315.9	4435.6	Chine
Germany	2533.8	2457.1	2700.7	2176.4	2311.7	Allemagne
France-Monaco	1614.1	1725.6	1634.5	1241.0	1355.9	France-Monaco
Italy-San Marino-Holy See	1494.6	1596.2	1501.9	1446.4	1235.0	Italie-Saint-Marin-Saint-Siège
Mexico	1347.9	1183.8	1314.6	1011.6	850.0	Mexique
United Kingdom	1174.4	1213.9	1146.0	937.8	960.2	Royaume-Uni
Korea, Republic of	703.9	1270.7	1012.6	825.9	1486.3	République de Corée
Canada	1191.4	1209.5	1029.9	873.1	972.9	Canada
Japan	855.3	1154.2	846.5	625.5	761.3	Japon
Belgium	626.4	642.4	705.8	663.8	760.3	Belgique
Spain	713.9	636.4	695.6	642.5	709.0	Espagne
Switzerland-Liechtenstein	655.1	640.5	698.1	588.6	623.5	Suisse-Liechtenstein
Thailand	327.8	494.5	555.1	e687.1	805.5	Thaïlande
Malaysia	435.2	645.3	587.1	532.5	476.8	Malaisie
Singapore	491.6	748.0	496.0	418.4	457.4	Singapour
China, Hong Kong SAR	422.4	520.5	489.5	462.3	542.2	Chine - RAS de Hong-Kong
Austria	423.3	438.2	469.5	363.2	673.6	Autriche
Brazil	662.7	373.9	488.8	354.9	322.6	Brésil
Czech Republic	289.7	331.0	393.4	390.0	469.6	République tchèque
Poland	264.5	230.8	259.4	384.2	410.5	Pologne
Sweden	339.6	337.5	308.5	283.5	276.8	Suède
Turkey	260.2	274.4	232.3	338.4	417.5	Turquie
Hungary	197.9	199.2	212.0	285.5	331.1	Hongrie
Netherlands	349.0	220.7	210.1	145.5	293.3	Pays-Bas
Australia	193.8	180.3	187.6	237.7	410.8	Australie
India	234.1	205.6	172.0	207.3	387.0	Inde
Iran (Islamic Republic of)	246.5	225.3	232.4	193.5	285.2	Iran (République islamique d')
Russian Federation	197.2	102.0	174.4	225.9	331.3	Fédération de Russie
Indonesia	71.0	131.6	242.8	321.8	222.5	Indonésie

(Value as percentages of World total)

(Valeur en pourcentage du total mondial)

Regions of the world	1994	1995	1996	1997	1998	1999	2000	2001	2002	2003	Régions du monde
World	100.0	100.0	100.0	100.0	100.0	100.0	100.0	100.0	100.0	100.0	Mondo
Africa	1.5	1.4	1.4	1.1	1.2	1.0	1.0	1.1	1.3	1.4	Afrique
Americas	26.9	25.7	25.1	29.0	31.7	31.0	29.4	27.8	23.1	19.9	Amériques
- Northern America	21.6	20.8	19.8	23.4	24.9	23.1	23.9	21.0	17.4	15.5	- Amérique du Nord
- LAIA	5.1	4.7	5.2	5.5	6.5	7.7	5.4	6.6	5.5	4.2	- ALAI
- CACM	0.1	0.1	0.1	0.1	0.1	0.1	0.1	0.1	0.1	0.1	- MCC
- Caribbean	0.0	0.0	0.0	0.1	0.1	0.1	0.1	0.1	0.1	0.0	- Caraïbes
- Rest of America	0.0	0.0	0.0	0.0	0.0	0.0	0.0	0.0	0.0	0.0	- Autre d'Amérique
Asia excluding former USSR	35.7	35.1	36.1	32.2	24.4	25.8	31.5	29.7	34.1	38.2	Asie ancienne URSS exclus
- Middle East	2.6	2.1	2.1	2.3	2.4	2.5	2.1	2.3	2.8	3.2	- Moyen-Orient
Asia former USSR	0.4	0.2	0.1	0.0	0.1	0.1	0.1	0.2	0.1	0.1	Asie ancienne URSS
Europe excluding former USSR	32.9	35.3	35.0	35.3	40.8	40.5	36.7	39.4	38.7	37.3	Europe ancienne URSS exclus
- European Union	28.5	30.3	30.2	29.3	34.6	34.4	31.2	32.8	31.0	29.6	- Union Européenne
- Eastern Europe	1.8	1.9	2.1	3.4	3.1	3.1	2.8	3.5	4.7	4.9	- Europe de l'Est
- Rest of Europe	2.5	3.2	2.8	2.5	3.0	3.0	2.6	3.1	3.0	2.9	- Autre de l'Europe
Europe former USSR	1.4	1.0	1.0	1.1	1.0	0.9	0.6	1.0	1.5	1.6	Europe ancienne URSS
Oceania	1.3	1.3	1.3	1.3	0.9	0.8	0.7	0.8	1.1	1.5	Océanie

Machines-outils pour le travail des métaux et des carbures métalliques, pièces detachées 736

TRADE BY COMMODITY (Value in million US dollars)
Exports by principal countries or areas

COMMERCE PAR PRODUIT (Valeur en millions de dollars EU)
Exportations selon les principaux pays ou zones

Country or area	1999	2000	2001	2002	2003	Pays ou zone
World	29224.1	32060.5	29900.4	27300.0	31686.1	Monde
Africa	37.5	20.2	26.1	31.3	28.1	Afrique
Americas	4696.2	5593.5	4450.5	3910.2	3924.5	Amériques
- Northern America	4516.5	5395.3	4271.2	3740.5	3692.3	- Amérique du Nord
- LAIA	173.8	194.9	175.7	164.1	227.7	- ALAI
- CACM	5.2	1.7	2.4	3.0	2.7	- MCC
- Caribbean	0.7	1.5	0.9	2.6	1.5	- Caraïbes
- Rest of America	0.1	0.1	0.2	0.1	0.3	- Autre d'Amérique
Asia excluding former USSR	9177.0	11554.0	9736.0	8934.1	11367.9	Asie ancienne URSS exclus
- Middle East	80.0	87.5	108.1	119.9	148.9	- Moyen-Orient
Asia former USSR	8.4	9.2	11.0	11.1	18.5	Asie ancienne URSS
Europe excluding former USSR	15006.3	14462.6	15404.6	14176.4	16034.7	Europe ancienne URSS exclus
- European Union	12113.6	11514.9	12446.6	11469.3	13131.6	- Union Européenne
- Eastern Europe	676.5	704.5	777.3	740.5	815.2	- Europe de l'Est
- Rest of Europe	2216.2	2243.2	2180.7	1966.6	2088.0	- Autre de l'Europe
Europe former USSR	192.3	283.5	179.4	166.3	225.5	Europe ancienne URSS
Oceania	106.4	137.4	92.9	70.5	86.9	Océanie
Japan	6135.6	7620.2	6132.1	5162.4	6624.7	Japon
Germany	5076.5	4975.1	5544.0	5148.6	5966.3	Allemagne
United States	4078.4	4915.5	3860.6	3389.0	3346.1	Etats-Unis d'Amérique
Italy-San Marino-Holy See	2504.0	2241.3	2445.8	2281.9	2485.7	Italie-Saint-Marin-Saint-Siège
Switzerland-Liechtenstein	2126.9	2147.2	2084.1	1861.6	1948.6	Suisse-Liechtenstein
United Kingdom	1204.9	1116.4	1152.5	904.6	1010.2	Royaume-Uni
France-Monaco	853.7	851.7	849.3	784.9	932.9	France-Monaco
Spain	636.8	551.7	608.4	624.4	663.7	Espagne
Belgium	540.8	588.6	628.1	572.3	630.9	Belgique
Korea, Republic of	425.0	487.5	473.8	478.7	766.5	République de Corée
China	330.9	467.5	464.4	501.6	620.5	Chine
China, Hong Kong SAR	371.4	458.3	430.0	426.6	464.6	Chine - RAS de Hong-Kong
Canada	438.1	479.7	410.6	351.4	346.2	Canada
Austria	365.5	351.2	407.7	377.2	436.9	Autriche
Czech Republic	383.6	366.9	402.4	368.3	383.8	République tchèque
Singapore	252.2	353.4	304.8	285.9	353.8	Singapour
Sweden	316.3	331.9	289.4	288.4	295.5	Suède
Netherlands	274.9	172.4	167.3	153.7	351.0	Pays-Bas
Finland	142.8	144.8	163.3	136.3	140.5	Finlande
Poland	85.3	117.6	129.6	118.3	136.1	Pologne
Brazil	109.6	134.3	116.3	98.0	128.4	Brésil
Russian Federation	140.6	218.6	75.8	57.3	84.9	Fédération de Russie
Denmark	106.7	105.4	111.0	100.2	121.9	Danemark
Malaysia	83.5	90.4	82.7	114.7	154.4	Malaisie
Thailand	80.5	115.8	72.5	e92.5	108.0	Thaïlande
Slovakia	80.9	82.9	91.5	89.2	111.2	Slovaquie
India	55.1	83.5	88.3	99.0	115.9	Inde
Turkey	67.0	69.3	78.3	87.4	115.2	Turquie
Australia	87.0	100.6	73.8	53.7	58.9	Australie
Romania	54.8	57.1	65.7	71.6	81.3	Roumanie

(Value as percentages of World total) | **(Valeur en pourcentage du total mondial)**

Regions of the world	1994	1995	1996	1997	1998	1999	2000	2001	2002	2003	Régions du monde
World	100.0	100.0	100.0	100.0	100.0	100.0	100.0	100.0	100.0	100.0	Monde
Africa	0.1	0.1	0.1	0.1	0.1	0.1	0.1	0.1	0.1	0.1	Afrique
Americas	15.4	14.5	15.1	16.3	15.2	16.1	17.4	14.9	14.3	12.4	Amériques
- Northern America	14.8	13.7	14.4	15.7	14.6	15.5	16.8	14.3	13.7	11.7	- Amérique du Nord
- LAIA	0.5	0.8	0.7	0.6	0.6	0.6	0.6	0.6	0.6	0.7	- ALAI
- CACM	0.0	0.0	0.0	0.0	0.0	0.0	0.0	0.0	0.0	0.0	- MCC
- Caribbean	0.0	0.0	0.0	0.0	0.0	0.0	0.0	0.0	0.0	0.0	- Caraïbes
- Rest of America	0.0	0.0	0.0	0.0	0.0	0.0	0.0	0.0	0.0	0.0	- Autre d'Amérique
Asia excluding former USSR	32.1	34.7	34.4	34.8	31.7	31.4	36.0	32.6	32.7	35.9	Asie ancienne URSS exclus
- Middle East	0.1	0.1	0.1	0.2	0.2	0.3	0.3	0.4	0.4	0.5	- Moyen-Orient
Asia former USSR	0.0	0.0	0.0	0.0	0.0	0.0	0.0	0.0	0.0	0.1	Asie ancienne URSS
Europe excluding former USSR	51.7	49.9	49.5	47.8	51.8	51.3	45.1	51.5	51.9	50.6	Europe ancienne URSS exclus
- European Union	41.5	40.0	40.4	38.9	41.7	41.5	35.9	41.6	42.0	41.4	- Union Européenne
- Eastern Europe	1.5	1.7	1.9	2.0	2.5	2.3	2.2	2.6	2.7	2.6	- Europe de l'Est
- Rest of Europe	8.8	8.3	7.2	6.9	7.7	7.6	7.0	7.3	7.2	6.6	- Autre de l'Europe
Europe former USSR	0.4	0.4	0.5	0.6	0.7	0.7	0.9	0.6	0.6	0.7	Europe ancienne URSS
Oceania	0.3	0.3	0.4	0.4	0.3	0.4	0.4	0.3	0.3	0.3	Océanie

737 Metalworking machinery (other than machine-tools), and parts, nes

TRADE BY COMMODITY (Value in million US dollars)						COMMERCE PAR PRODUIT (Valeur en millions de dollars EU)
Imports by principal countries or areas						Importations selon les principaux pays ou zones

Country or area	1999	2000	2001	2002	2003	Pays ou zone
World	9811.6	9644.1	8523.3	8803.0	10505.1	Monde
Africa	224.7	195.9	192.3	199.4	219.6	Afrique
Americas	2613.1	2578.6	2218.5	2088.6	2312.7	Amériques
- Northern America	1721.0	1844.0	1523.9	1519.5	1778.1	- Amérique du Nord
- LAIA	866.9	703.7	659.5	531.1	505.2	- ALAI
- CACM	12.3	12.3	15.5	21.8	15.0	- MCC
- Caribbean	8.3	13.4	16.5	12.8	10.7	- Caraïbes
- Rest of America	4.6	5.1	3.1	3.5	3.7	- Autre d'Amérique
Asia excluding former USSR	3477.1	3508.8	2703.7	3230.7	4187.2	Asie ancienne URSS exclus
- Middle East	687.2	365.1	334.9	381.1	604.5	- Moyen-Orient
Asia former USSR	32.2	44.3	67.1	30.0	40.8	Asie ancienne URSS
Europe excluding former USSR	3231.6	3039.7	3069.9	2924.4	3366.4	Europe ancienne URSS exclus
- European Union	2632.0	2471.1	2448.5	2243.0	2505.5	- Union Européenne
- Eastern Europe	392.0	334.6	396.0	454.8	593.5	- Europe de l'Est
- Rest of Europe	207.7	234.0	225.5	226.7	267.3	- Autre de l'Europe
Europe former USSR	145.5	183.8	187.3	235.3	253.3	Europe ancienne URSS
Oceania	87.3	93.1	84.4	94.5	125.0	Océanie
United States	1301.9	1366.7	1200.8	1187.7	1435.8	Etats-Unis d'Amérique
China	800.1	739.4	784.5	1270.4	1631.4	Chine
Germany	501.1	460.2	550.7	500.5	614.5	Allemagne
Mexico	483.1	457.6	344.5	326.8	284.3	Mexique
Canada	418.9	476.8	322.6	331.2	341.4	Canada
Korea, Republic of	312.9	406.8	257.1	302.0	443.9	République de Corée
United Kingdom	362.6	333.4	359.8	311.8	291.5	Royaume-Uni
France-Monaco	325.6	341.2	306.5	300.9	305.4	France-Monaco
Iran (Islamic Republic of)	508.0	185.9	155.0	210.1	359.1	Iran (République islamique d')
Spain	321.6	317.1	274.2	212.5	248.6	Espagne
China, Hong Kong SAR	218.5	383.2	230.6	178.7	280.9	Chine - RAS de Hong-Kong
Italy-San Marino-Holy See	284.6	251.3	257.2	247.2	250.7	Italie-Saint-Marin-Saint-Siège
Belgium	203.2	183.9	166.5	173.2	197.0	Belgique
Russian Federation	121.9	131.5	151.7	168.3	185.4	Fédération de Russie
Brazil	219.7	133.3	190.0	105.2	104.1	Brésil
Thailand	106.8	177.2	129.5	e154.8	181.5	Thaïlande
Japan	150.1	154.0	152.8	125.9	162.2	Japon
Malaysia	135.5	169.1	136.7	106.4	118.1	Malaisie
Poland	131.4	128.8	87.2	132.6	169.9	Pologne
Indonesia	197.9	102.4	97.8	186.5	56.2	Indonésie
Austria	142.3	110.9	121.2	94.9	130.1	Autriche
Netherlands	146.6	109.2	109.2	110.4	122.0	Pays-Bas
Singapore	114.3	154.6	106.9	98.6	98.6	Singapour
Czech Republic	141.6	74.9	91.1	85.0	170.9	République tchèque
Sweden	99.3	126.6	92.2	84.3	106.6	Suède
Turkey	85.3	91.1	88.5	81.8	142.9	Turquie
Switzerland-Liechtenstein	97.8	96.8	92.8	98.2	95.1	Suisse-Liechtenstein
India	104.7	108.6	58.7	68.2	140.2	Inde
Australia	72.7	73.6	67.1	74.3	99.1	Australie
Slovakia	33.3	48.2	82.9	92.8	65.8	Slovaquie

(Value as percentages of World total)											(Valeur en pourcentage du total mondial)
Regions of the world	1994	1995	1996	1997	1998	1999	2000	2001	2002	2003	Régions du monde
World	100.0	100.0	100.0	100.0	100.0	100.0	100.0	100.0	100.0	100.0	Monde
Africa	4.3	2.0	2.1	2.9	3.8	2.3	2.0	2.3	2.3	2.1	Afrique
Americas	21.7	20.7	23.7	25.5	28.8	26.6	26.7	26.0	23.7	22.0	Amériques
- Northern America	13.2	14.1	17.5	17.0	20.3	17.5	19.1	17.9	17.3	16.9	- Amérique du Nord
- LAIA	8.2	6.2	5.9	8.3	8.2	8.8	7.3	7.7	6.0	4.8	- ALAI
- CACM	0.1	0.1	0.1	0.1	0.1	0.1	0.1	0.2	0.2	0.1	- MCC
- Caribbean	0.1	0.3	0.1	0.1	0.1	0.1	0.1	0.2	0.1	0.1	- Caraïbes
- Rest of America	0.0	0.0	0.0	0.0	0.0	0.0	0.1	0.0	0.0	0.0	- Autre d'Amérique
Asia excluding former USSR	42.6	44.3	42.4	39.6	31.7	35.4	36.4	31.7	36.7	39.9	Asie ancienne URSS exclus
- Middle East	4.5	3.4	2.5	2.6	5.0	7.0	3.8	3.9	4.3	5.8	- Moyen-Orient
Asia former USSR	0.3	0.5	0.4	0.3	0.3	0.3	0.5	0.8	0.3	0.4	Asie ancienne URSS
Europe excluding former USSR	27.6	29.0	28.4	29.2	32.8	32.9	31.5	36.0	33.2	32.0	Europe ancienne URSS exclus
- European Union	23.7	24.0	23.5	24.1	27.4	26.8	25.6	28.7	25.5	23.9	- Union Européenne
- Eastern Europe	2.2	3.0	2.9	3.4	3.3	4.0	3.5	4.6	5.2	5.7	- Europe de l'Est
- Rest of Europe	1.7	2.0	2.1	1.8	2.0	2.1	2.4	2.6	2.6	2.5	- Autre de l'Europe
Europe former USSR	2.1	2.1	1.7	1.5	1.7	1.5	1.9	2.2	2.7	2.4	Europe ancienne URSS
Oceania	1.3	1.3	1.2	0.9	0.9	0.9	1.0	1.0	1.1	1.2	Océanie

Machines pour le travail des métaux, et leurs parties et pièces détachées, n.d.a 737

TRADE BY COMMODITY (Value in million US dollars)
Exports by principal countries or areas

COMMERCE PAR PRODUIT (Valeur en millions de dollars EU)
Exportations selon les principaux pays ou zones

Country or area	1999	2000	2001	2002	2003	Pays ou zone
World	9021.1	9344.2	8548.3	8492.4	10323.0	Monde
Africa	23.3	28.6	26.7	22.7	24.9	Afrique
Americas	1655.8	1789.3	1411.2	1299.9	1350.7	Amériques
- Northern America	1569.3	1692.5	1293.0	1187.4	1205.6	- Amérique du Nord
- LAIA	83.2	92.9	114.3	109.0	140.9	- ALAI
- CACM	2.4	2.8	2.6	2.0	2.4	- MCC
- Caribbean	1.0	1.0	1.0	1.3	1.2	- Caraïbes
- Rest of America	0.0	0.2	0.2	0.2	0.6	- Autre d'Amérique
Asia excluding former USSR	1882.1	2506.1	2069.7	2043.6	2896.9	Asie ancienne URSS exclus
- Middle East	31.9	28.4	39.9	37.7	46.3	- Moyen-Orient
Asia former USSR	2.2	2.8	1.3	2.0	2.8	Asie ancienne URSS
Europe excluding former USSR	5325.3	4844.0	4879.9	4936.1	5853.4	Europe ancienne URSS exclus
- European Union	4681.5	4104.7	4212.6	4249.3	4980.0	- Union Européenne
- Eastern Europe	132.4	146.3	156.0	175.0	250.0	- Europe de l'Est
- Rest of Europe	511.4	593.0	511.3	511.8	623.4	- Autre de l'Europe
Europe former USSR	103.4	137.8	134.3	174.2	168.9	Europe ancienne URSS
Oceania	28.9	35.6	25.3	13.8	25.4	Océanie
Germany	1592.8	1349.9	1445.2	1382.2	1745.0	Allemagne
Japan	1200.1	1469.9	1245.2	1134.4	1492.5	Japon
United States	1272.5	1428.3	1071.4	947.3	944.1	Etats-Unis d'Amérique
Italy-San Marino-Holy See	1090.4	855.5	929.6	986.7	1106.8	Italie-Saint-Marin-Saint-Siège
Switzerland-Liechtenstein	458.2	547.1	455.9	458.3	546.9	Suisse-Liechtenstein
Sweden	456.8	458.0	372.9	422.0	450.9	Suède
France-Monaco	343.9	321.6	353.7	349.4	431.3	France-Monaco
United Kingdom	393.9	361.6	338.8	307.2	364.2	Royaume-Uni
China, Hong Kong SAR	197.0	371.6	225.3	227.9	311.1	Chine - RAS de Hong-Kong
Canada	296.7	264.2	221.7	240.2	261.5	Canada
Austria	239.2	232.1	226.8	253.6	302.1	Autriche
China	105.3	215.9	163.2	159.7	260.5	Chine
Korea, Republic of	97.8	139.1	126.6	168.6	187.5	République de Corée
Netherlands	130.5	156.9	135.0	149.9	143.0	Pays-Bas
Belgium	134.6	128.5	144.3	129.7	152.2	Belgique
Spain	156.1	109.8	139.3	132.4	124.0	Espagne
Singapore	77.0	69.6	60.9	75.6	277.6	Singapour
Ukraine	53.0	71.8	101.9	104.5	e134.5	Ukraine
Czech Republic	57.3	62.2	70.0	74.0	100.2	République tchèque
Finland	53.0	58.4	64.4	69.5	77.5	Finlande
Mexico	25.3	35.8	59.7	56.8	74.1	Mexique
India	19.6	33.0	32.6	60.5	103.2	Inde
Russian Federation	44.3	59.6	22.5	51.6	27.2	Fédération de Russie
Slovenia	34.7	33.6	39.4	36.4	56.6	Slovénie
Brazil	34.8	39.7	37.9	36.7	49.9	Brésil
Slovakia	23.6	24.7	26.1	30.1	38.4	Slovaquie
Denmark	28.7	29.8	24.5	26.6	32.4	Danemark
Malaysia	26.4	25.1	27.9	23.7	30.2	Malaisie
Turkey	22.7	19.1	29.9	26.1	33.2	Turquie
Poland	15.6	23.4	21.2	27.8	32.7	Pologne

(Value as percentages of World total)

(Valeur en pourcentage du total mondial)

Regions of the world	1994	1995	1996	1997	1998	1999	2000	2001	2002	2003	Régions du monde
World	100.0	100.0	100.0	100.0	100.0	100.0	100.0	100.0	100.0	100.0	Monde
Africa	0.1	0.1	0.2	0.2	0.2	0.3	0.3	0.3	0.3	0.2	Afrique
Americas	15.5	13.0	13.7	16.3	17.4	18.4	19.1	16.5	15.3	13.1	Amériques
- Northern America	14.9	12.0	12.0	15.4	16.2	17.4	18.1	15.1	14.0	11.7	- Amérique du Nord
- LAIA	0.6	1.0	1.6	0.9	1.2	0.9	1.0	1.3	1.3	1.4	- ALAI
- CACM	0.0	0.0	0.0	0.0	0.0	0.0	0.0	0.0	0.0	0.0	- MCC
- Caribbean	0.0	0.0	0.0	0.0	0.0	0.0	0.0	0.0	0.0	0.0	- Caraïbes
- Rest of America	0.0	0.0	0.0	0.0	0.0	0.0	0.0	0.0	0.0	0.0	- Autre d'Amérique
Asia excluding former USSR	26.8	27.2	25.7	24.0	20.6	20.9	26.8	24.2	24.1	28.1	Asie ancienne URSS exclus
- Middle East	0.2	0.2	0.1	0.2	0.2	0.4	0.3	0.5	0.4	0.4	- Moyen-Orient
Asia former USSR	0.1	0.1	0.1	0.0	0.0	0.0	0.0	0.0	0.0	0.0	Asie ancienne URSS
Europe excluding former USSR	56.4	58.4	58.9	58.3	60.7	59.0	51.8	57.1	58.1	56.7	Europe ancienne URSS exclus
- European Union	49.6	50.4	51.8	51.3	52.9	51.9	43.9	49.3	50.0	48.2	- Union Européenne
- Eastern Europe	1.3	1.5	1.3	1.4	1.9	1.5	1.6	1.8	2.1	2.4	- Europe de l'Est
- Rest of Europe	5.6	6.6	5.8	5.6	5.9	5.7	6.3	6.0	6.0	6.0	- Autre de l'Europe
Europe former USSR	0.9	0.9	1.1	1.0	0.9	1.1	1.5	1.6	2.1	1.6	Europe ancienne URSS
Oceania	0.2	0.2	0.2	0.2	0.2	0.3	0.4	0.3	0.2	0.2	Océanie

741 Heating and cooling equipment and parts thereof, nes

TRADE BY COMMODITY (Value in million US dollars)
Imports by principal countries or areas

COMMERCE PAR PRODUIT (Valeur en millions de dollars EU)
Importations selon les principaux pays ou zones

Country or area	1999	2000	2001	2002	2003	Pays ou zone
World	41642.3	42571.8	42147.9	42853.7	50755.9	Monde
Africa	1177.8	1136.6	1220.9	1288.5	1673.1	Afrique
Americas	10240.0	10566.7	10467.5	10639.1	10941.1	Amériques
- Northern America	6218.8	6957.9	6660.4	7286.4	7861.1	- Amérique du Nord
- LAIA	3544.0	3124.9	3012.1	2731.4	2496.4	- ALAI
- CACM	142.0	113.3	118.2	117.0	121.4	- MCC
- Caribbean	280.7	317.4	631.7	460.8	415.8	- Caraïbes
- Rest of America	54.6	53.2	45.2	43.6	46.4	- Autre d'Amérique
Asia excluding former USSR	11589.3	12826.3	12359.1	12050.5	14380.4	Asie ancienne URSS exclus
- Middle East	2095.7	2476.3	2426.9	2375.3	2813.6	- Moyen-Orient
Asia former USSR	161.4	203.9	208.9	206.6	294.9	Asie ancienne URSS
Europe excluding former USSR	16946.0	16367.7	16177.7	16718.8	20803.8	Europe ancienne URSS exclus
- European Union	14243.1	13920.2	13644.8	13791.4	16948.6	- Union Européenne
- Eastern Europe	1487.3	1380.1	1396.6	1548.5	2164.6	- Europe de l'Est
- Rest of Europe	1215.7	1067.3	1136.3	1378.9	1690.6	- Autre de l'Europe
Europe former USSR	710.7	672.5	952.1	1053.3	1475.6	Europe ancienne URSS
Oceania	817.1	798.0	761.8	896.9	1187.1	Océanie
United States	3908.8	4636.3	4531.5	5011.6	5581.2	Etats-Unis d'Amérique
Germany	2831.9	2541.1	2792.9	2725.7	3261.8	Allemagne
China	1391.6	1573.5	2103.9	2532.6	3707.0	Chine
Canada	2287.8	2315.5	2120.6	2263.7	2269.0	Canada
France-Monaco	1791.0	1945.4	1758.5	1825.6	2181.0	France-Monaco
United Kingdom	1693.9	1698.9	1711.0	1621.7	1919.0	Royaume-Uni
Italy-San Marino-Holy See	1597.3	1632.8	1503.4	1542.0	2127.3	Italie-Saint-Marin-Saint-Siège
Spain	1505.9	1446.9	1484.9	1609.0	2035.5	Espagne
Japan	1013.2	1138.0	1508.8	1622.3	1926.5	Japon
Mexico	1346.6	1321.0	1313.1	1243.0	1314.4	Mexique
Belgium	1176.3	1065.8	1041.8	1064.9	1120.4	Belgique
China, Hong Kong SAR	854.5	943.8	915.2	817.3	791.1	Chine - RAS de Hong-Kong
Singapore	859.8	967.7	759.6	663.3	737.7	Singapour
Korea, Republic of	619.5	916.0	738.8	752.6	937.5	République de Corée
Netherlands	752.5	731.5	706.2	742.8	921.1	Pays-Bas
Australia	669.2	672.8	632.1	763.8	997.0	Australie
Switzerland-Liechtenstein	549.3	530.0	529.6	627.3	761.3	Suisse-Liechtenstein
Russian Federation	464.1	369.4	607.9	661.1	884.6	Fédération de Russie
Austria	542.6	513.1	539.1	528.5	688.8	Autriche
Malaysia	866.6	634.3	475.7	361.9	341.0	Malaisie
Sweden	515.4	506.4	480.8	536.5	613.5	Suède
Turkey	493.8	554.0	558.5	417.3	532.3	Turquie
Poland	586.5	472.2	421.3	471.7	582.0	Pologne
Greece	540.0	541.4	464.8	389.5	564.1	Grèce
Saudi Arabia	604.2	474.2	365.8	490.8	561.1	Arabie saoudite
Brazil	498.0	448.9	533.8	437.5	462.0	Brésil
United Arab Emirates	209.5	454.4	479.4	e491.9	e576.4	Emirates arabes unis
Venezuela	719.6	488.2	271.7	442.1	134.4	Venezuela
Thailand	243.0	344.5	443.7	e411.7	482.7	Thaïlande
Czech Republic	280.7	315.5	344.4	366.7	448.2	République tchèque

(Value as percentages of World total)

(Valeur en pourcentage du total mondial)

Regions of the world	1994	1995	1996	1997	1998	1999	2000	2001	2002	2003	Régions du monde
World	100.0	100.0	100.0	100.0	100.0	100.0	100.0	100.0	100.0	100.0	Monde
Africa	3.3	3.2	2.8	3.4	3.1	2.8	2.7	2.9	3.0	3.3	Afrique
Americas	19.8	18.0	18.2	21.6	23.7	24.6	24.8	24.8	24.8	21.6	Amériques
- Northern America	12.6	11.4	11.9	12.2	13.0	14.9	16.3	15.8	17.0	15.5	- Amérique du Nord
- LAIA	6.4	5.3	5.4	6.8	8.5	8.5	7.3	7.1	6.4	4.9	- ALAI
- CACM	0.2	0.2	0.2	0.3	0.4	0.3	0.3	0.3	0.3	0.2	- MCC
- Caribbean	0.5	0.9	0.6	2.2	1.7	0.7	0.7	1.5	1.1	0.8	- Caraïbes
- Rest of America	0.1	0.1	0.1	0.2	0.1	0.1	0.1	0.1	0.1	0.1	- Autre d'Amérique
Asia excluding former USSR	40.6	40.3	39.2	35.5	29.8	27.8	30.1	29.3	28.1	28.3	Asie ancienne URSS exclus
- Middle East	6.3	4.9	4.6	4.5	5.6	5.0	5.8	5.8	5.5	5.5	- Moyen-Orient
Asia former USSR	0.3	0.2	0.3	0.2	0.3	0.4	0.5	0.5	0.5	0.6	Asie ancienne URSS
Europe excluding former USSR	32.4	34.7	36.1	34.1	38.4	40.7	38.4	38.4	39.0	41.0	Europe ancienne URSS exclus
- European Union	27.3	28.9	29.8	28.2	31.4	34.2	32.7	32.4	32.2	33.4	- Union Européenne
- Eastern Europe	2.4	2.9	3.5	3.3	4.1	3.6	3.2	3.3	3.6	4.3	- Europe de l'Est
- Rest of Europe	2.7	2.9	2.7	2.6	2.9	2.9	2.5	2.7	3.2	3.3	- Autre de l'Europe
Europe former USSR	1.9	1.9	1.8	3.3	2.7	1.7	1.6	2.3	2.5	2.9	Europe ancienne URSS
Oceania	1.7	1.6	1.7	1.9	2.0	2.0	1.9	1.8	2.1	2.3	Océanie

Machines de chauffage et de réfrigération, et leurs parties et pièces détachées 741

TRADE BY COMMODITY (Value in million US dollars)
Exports by principal countries or areas

COMMERCE PAR PRODUIT (Valeur en millions de dollars EU)
Exportations selon les principaux pays ou zones

Country or area	1999	2000	2001	2002	2003	Pays ou zone
World	39219.4	41309.0	41189.0	42580.8	50367.5	Monde
Africa	80.5	124.1	105.9	141.2	151.2	Afrique
Americas	8734.5	9682.3	9217.5	8890.2	8966.0	Amériques
- Northern America	7276.0	8095.7	7663.3	7185.8	7069.2	- Amérique du Nord
- LAIA	1414.6	1550.3	1503.9	1675.0	1869.4	- ALAI
- CACM	16.3	17.7	25.2	14.5	10.2	- MCC
- Caribbean	27.6	18.6	24.6	14.2	17.1	- Caraïbes
- Rest of America	0.1	0.1	0.5	0.7	0.3	- Autre d'Amérique
Asia excluding former USSR	9374.7	11455.3	10984.6	11548.2	14706.0	Asie ancienne URSS exclus
- Middle East	337.4	379.5	404.6	528.7	589.1	- Moyen-Orient
Asia former USSR	3.9	4.4	4.1	4.9	4.6	Asie ancienne URSS
Europe excluding former USSR	20664.0	19589.3	20324.6	21481.1	25862.8	Europe ancienne URSS exclus
- European Union	19031.5	17893.0	18527.8	19501.4	23350.6	- Union Européenne
- Eastern Europe	636.9	734.9	907.0	1055.8	1429.9	- Europe de l'Est
- Rest of Europe	995.6	961.4	889.8	923.9	1082.4	- Autre de l'Europe
Europe former USSR	146.1	258.1	357.6	297.8	392.2	Europe ancienne URSS
Oceania	215.6	195.5	194.8	217.5	284.6	Océanie
United States	6486.6	7218.4	6759.7	6269.9	6073.3	Etats-Unis d'Amérique
Germany	4450.5	3988.1	4482.5	4651.2	5839.4	Allemagne
Italy-San Marino-Holy See	4246.6	4147.8	4112.7	4356.2	5096.5	Italie-Saint-Marin-Saint-Siège
Japan	3726.4	4316.7	3305.0	3120.7	3900.5	Japon
France-Monaco	2755.2	2442.0	2461.4	2489.3	2907.7	France-Monaco
China	752.8	1226.8	1665.8	2164.6	3611.1	Chine
Korea, Republic of	1218.3	1771.2	1817.1	1887.5	2093.6	République de Corée
United Kingdom	1557.1	1412.4	1491.3	1399.7	1648.2	Royaume-Uni
Mexico	1141.7	1260.4	1216.1	1447.6	1544.5	Mexique
Thailand	999.9	1150.3	1252.8	e1380.8	1613.0	Thaïlande
Belgium	1008.0	1051.9	1023.0	1178.7	1292.8	Belgique
Sweden	951.3	903.6	902.6	992.9	1179.6	Suède
Denmark	889.3	898.7	879.1	967.0	1076.6	Danemark
Netherlands	817.1	770.1	828.0	948.9	1201.3	Pays-Bas
Spain	824.6	900.8	833.8	916.7	1080.7	Espagne
Canada	789.3	877.2	903.5	915.9	995.8	Canada
Switzerland-Liechtenstein	771.9	739.4	674.3	681.5	825.5	Suisse-Liechtenstein
Austria	614.1	542.0	612.9	690.1	847.1	Autriche
Malaysia	573.4	564.7	601.5	501.8	630.7	Malaisie
China, Hong Kong SAR	460.4	487.4	585.8	553.4	584.5	Chine - RAS de Hong-Kong
Czech Republic	338.8	363.8	448.0	507.8	715.5	République tchèque
Singapore	371.9	429.6	351.0	385.0	451.6	Singapour
Ireland	360.9	308.0	276.2	293.5	351.1	Irlande
Finland	208.0	200.0	244.9	223.5	332.9	Finlande
Portugal	193.5	186.3	193.0	220.4	e255.6	Portugal
Poland	119.7	149.4	186.7	225.0	333.5	Pologne
Hungary	121.3	155.6	188.9	218.0	240.9	Hongrie
Turkey	106.0	134.7	164.3	211.8	265.6	Turquie
Russian Federation	95.6	136.4	228.3	155.7	207.2	Fédération de Russie
Brazil	144.3	178.0	164.5	119.4	216.6	Brésil

(Value as percentages of World total)

(Valeur en pourcentage du total mondial)

Regions of the world	1994	1995	1996	1997	1998	1999	2000	2001	2002	2003	Régions du monde
World	100.0	100.0	100.0	100.0	100.0	100.0	100.0	100.0	100.0	100.0	Monde
Africa	0.1	0.2	0.2	0.2	0.2	0.2	0.3	0.3	0.3	0.3	Afrique
Americas	19.5	18.4	18.9	21.9	22.3	22.3	23.4	22.4	20.9	17.8	Amériques
- Northern America	17.4	16.1	16.2	19.1	19.1	18.6	19.6	18.6	16.9	14.0	- Amérique du Nord
- LAIA	2.1	2.3	2.6	2.7	3.1	3.6	3.8	3.7	3.9	3.7	- ALAI
- CACM	0.0	0.0	0.0	0.0	0.0	0.0	0.0	0.1	0.0	0.0	- MCC
- Caribbean	0.0	0.0	0.0	0.1	0.1	0.1	0.0	0.1	0.0	0.0	- Caraïbes
- Rest of America	0.0	0.0	0.0	0.0	0.0	0.0	0.0	0.0	0.0	0.0	- Autre d'Amérique
Asia excluding former USSR	30.4	30.4	28.2	26.1	22.6	23.9	27.7	26.7	27.1	29.2	Asie ancienne URSS exclus
- Middle East	0.7	0.8	0.7	0.8	0.8	0.9	0.9	1.0	1.2	1.2	- Moyen-Orient
Asia former USSR	0.1	0.1	0.0	0.0	0.0	0.0	0.0	0.0	0.0	0.0	Asie ancienne URSS
Europe excluding former USSR	48.7	49.8	51.5	50.7	54.0	52.7	47.4	49.3	50.4	51.3	Europe ancienne URSS exclus
- European Union	45.3	46.2	47.9	46.9	49.7	48.5	43.3	45.0	45.8	46.4	- Union Européenne
- Eastern Europe	0.6	0.9	1.0	1.3	1.7	1.6	1.8	2.2	2.5	2.8	- Europe de l'Est
- Rest of Europe	2.7	2.7	2.5	2.4	2.6	2.5	2.3	2.2	2.2	2.1	- Autre de l'Europe
Europe former USSR	0.3	0.4	0.4	0.4	0.3	0.4	0.6	0.9	0.7	0.8	Europe ancienne URSS
Oceania	0.8	0.7	0.8	0.7	0.5	0.5	0.5	0.5	0.5	0.6	Océanie

742 Pumps for liquids; liquid elevators; and parts thereof, nes

TRADE BY COMMODITY (Value in million US dollars)
Imports by principal countries or areas

COMMERCE PAR PRODUIT (Valeur en millions de dollars EU)
Importations selon les principaux pays ou zones

Country or area	1999	2000	2001	2002	2003	Pays ou zone
World	19896.5	20273.4	20543.5	21906.5	26163.9	Monde
Africa	690.1	663.9	730.0	823.0	861.9	Afrique
Americas	5239.6	5647.9	5520.8	5681.2	6188.5	Amériques
- Northern America	3707.7	4094.3	3960.1	4100.2	4643.6	- Amérique du Nord
- LAIA	1382.8	1410.7	1410.8	1440.3	1405.9	- ALAI
- CACM	70.6	55.3	56.4	61.4	60.3	- MCC
- Caribbean	56.0	68.3	73.2	62.6	56.6	- Caraïbes
- Rest of America	22.4	19.4	20.2	16.7	22.1	- Autre d'Amérique
Asia excluding former USSR	3893.8	4194.5	4310.7	4912.3	5789.4	Asie ancienne URSS exclus
- Middle East	872.9	1042.5	1042.2	1148.9	1367.9	- Moyen-Orient
Asia former USSR	109.1	134.5	140.5	132.7	198.6	Asie ancienne URSS
Europe excluding former USSR	9371.1	8987.6	9117.6	9569.4	12181.3	Europe ancienne URSS exclus
- European Union	8252.2	7673.2	7557.1	7881.6	9965.9	- Union Européenne
- Eastern Europe	683.8	911.2	1126.4	1231.1	1662.0	- Europe de l'Est
- Rest of Europe	435.1	403.2	434.1	456.7	553.3	- Autre de l'Europe
Europe former USSR	280.6	342.3	411.1	447.6	530.7	Europe ancienne URSS
Oceania	312.4	302.7	312.7	340.2	413.6	Océanie
United States	2547.1	2793.9	2679.4	2882.3	3335.6	Etats-Unis d'Amérique
Germany	1736.0	1581.3	1627.9	1680.5	2186.6	Allemagne
France-Monaco	1625.1	1441.5	1361.3	1583.9	2049.6	France-Monaco
Canada	1159.4	1299.1	1279.0	1216.1	1305.5	Canada
United Kingdom	1140.9	1080.1	1088.0	1081.9	1256.0	Royaume-Uni
Italy-San Marino-Holy See	947.9	872.6	771.8	831.9	1116.8	Italie-Saint-Marin-Saint-Siège
China	410.9	465.8	570.5	776.1	1151.1	Chine
Korea, Republic of	645.1	488.0	558.7	734.6	819.4	République de Corée
Spain	684.8	668.0	617.5	544.8	681.6	Espagne
Mexico	482.7	570.0	550.0	634.7	667.0	Mexique
Belgium	442.7	439.6	472.3	493.2	621.6	Belgique
Japan	393.3	445.6	450.7	448.0	560.1	Japon
Poland	210.4	384.1	476.1	495.1	649.6	Pologne
Netherlands	408.6	354.8	386.6	410.5	530.5	Pays-Bas
Sweden	374.3	358.7	332.2	358.0	418.8	Suède
Singapore	350.8	374.7	347.9	355.8	338.8	Singapour
Austria	283.1	261.2	301.3	314.6	390.9	Autriche
Russian Federation	181.4	232.8	297.2	304.1	347.8	Fédération de Russie
Hungary	180.5	200.1	259.6	302.3	417.1	Hongrie
Czech Republic	183.8	215.4	267.1	287.4	384.6	République tchèque
United Arab Emirates	181.4	245.1	275.2	e282.4	e330.9	Emirates arabes unis
Australia	241.4	236.3	238.4	259.4	316.7	Australie
Indonesia	196.5	296.0	266.5	281.3	222.0	Indonésie
Brazil	226.7	234.5	246.8	252.9	276.4	Brésil
Thailand	125.2	188.3	203.1	e302.0	354.1	Thaïlande
Denmark	227.9	235.6	223.1	201.3	251.9	Danemark
Saudi Arabia	198.7	208.6	180.6	225.6	257.9	Arabie saoudite
Switzerland-Liechtenstein	194.5	203.5	207.4	199.5	240.7	Suisse-Liechtenstein
Turkey	184.9	206.8	161.7	215.6	275.7	Turquie
China, Hong Kong SAR	140.8	161.9	149.3	148.0	161.7	Chine - RAS de Hong-Kong

(Value as percentages of World total)

(Valeur en pourcentage du total mondial)

Regions of the world	1994	1995	1996	1997	1998	1999	2000	2001	2002	2003	Régions du monde
World	100.0	100.0	100.0	100.0	100.0	100.0	100.0	100.0	100.0	100.0	Monde
Africa	4.5	3.7	3.9	3.7	3.7	3.5	3.3	3.6	3.8	3.3	Afrique
Americas	23.5	21.8	21.8	24.4	25.9	26.3	27.9	26.9	25.9	23.7	Amériques
- Northern America	17.1	15.7	15.6	17.1	17.6	18.6	20.2	19.3	18.7	17.7	- Amérique du Nord
- LAIA	5.6	5.4	5.4	6.5	7.4	7.0	7.0	6.9	6.6	5.4	- ALAI
- CACM	0.3	0.3	0.3	0.3	0.4	0.4	0.3	0.3	0.3	0.2	- MCC
- Caribbean	0.3	0.3	0.3	0.3	0.4	0.3	0.3	0.4	0.3	0.2	- Caraïbes
- Rest of America	0.2	0.1	0.1	0.1	0.1	0.1	0.1	0.1	0.1	0.1	- Autre d'Amérique
Asia excluding former USSR	23.7	22.9	23.1	22.1	18.6	19.6	20.7	21.0	22.4	22.1	Asie ancienne URSS exclus
- Middle East	4.9	3.9	3.8	4.2	4.4	4.4	5.1	5.1	5.2	5.2	- Moyen-Orient
Asia former USSR	0.4	0.6	0.6	0.4	0.6	0.5	0.7	0.7	0.6	0.8	Asie ancienne URSS
Europe excluding former USSR	44.0	47.1	46.4	45.3	47.7	47.1	44.3	44.4	43.7	46.6	Europe ancienne URSS exclus
- European Union	39.6	42.0	41.4	40.4	41.9	41.5	37.8	36.8	36.0	38.1	- Union Européenne
- Eastern Europe	1.8	2.2	2.6	2.8	3.4	3.4	4.5	5.5	5.6	6.4	- Europe de l'Est
- Rest of Europe	2.6	2.9	2.5	2.1	2.4	2.2	2.0	2.1	2.1	2.1	- Autre de l'Europe
Europe former USSR	2.0	2.1	2.2	2.4	1.8	1.4	1.7	2.0	2.0	2.0	Europe ancienne URSS
Oceania	1.8	1.8	1.9	1.7	1.6	1.6	1.5	1.5	1.6	1.6	Océanie

TRADE BY COMMODITY (Value in million US dollars)
Exports by principal countries or areas

COMMERCE PAR PRODUIT (Valeur en millions de dollars EU)
Exportations selon les principaux pays ou zones

Country or area	1999	2000	2001	2002	2003	Pays ou zone
World	19090.8	19478.8	19743.0	20898.7	25454.1	Monde
Africa	113.9	51.8	67.4	55.1	83.2	Afrique
Americas	3861.9	4336.4	4438.3	4377.6	4642.0	Amériques
- Northern America	3384.3	3778.3	3885.3	3806.2	3936.5	- Amérique du Nord
- LAIA	472.5	552.7	546.0	562.1	698.0	- ALAI
- CACM	1.3	1.7	2.3	4.7	3.5	- MCC
- Caribbean	3.6	3.3	3.9	4.0	3.8	- Caraïbes
- Rest of America	0.1	0.4	0.8	0.6	0.2	- Autre d'Amérique
Asia excluding former USSR	2592.8	3054.6	2988.6	3266.5	3972.1	Asie ancienne URSS exclus
- Middle East	92.5	117.5	141.2	161.5	168.4	- Moyen-Orient
Asia former USSR	145.6	7.6	7.1	3.4	3.5	Asie ancienne URSS
Europe excluding former USSR	12144.4	11720.9	11946.9	12884.4	16381.4	Europe ancienne URSS exclus
- European Union	11289.0	10846.1	10784.2	11531.1	14519.5	- Union Européenne
- Eastern Europe	340.1	426.4	632.0	784.8	1189.0	- Europe de l'Est
- Rest of Europe	515.2	448.4	530.7	568.5	672.9	- Autre de l'Europe
Europe former USSR	141.3	217.1	203.7	212.2	254.3	Europe ancienne URSS
Oceania	90.9	90.3	91.1	99.5	117.7	Océanie
Germany	4769.6	4651.9	4500.7	4526.7	5928.6	Allemagne
United States	2948.5	3270.1	3347.3	3248.2	3317.7	Etats-Unis d'Amérique
Italy-San Marino-Holy See	1719.1	1679.6	1783.7	2024.0	2442.9	Italie-Saint-Marin-Saint-Siège
Japan	1734.4	1906.6	1749.4	1846.0	2199.8	Japon
France-Monaco	1416.3	1314.1	1282.9	1446.8	1745.4	France-Monaco
United Kingdom	1032.8	1001.5	955.2	968.8	1245.5	Royaume-Uni
Canada	435.7	508.3	538.0	558.0	618.8	Canada
Denmark	444.3	453.7	467.4	524.9	628.1	Danemark
Czech Republic	226.4	271.3	426.6	530.1	791.0	République tchèque
Sweden	405.3	370.7	356.2	398.4	498.6	Suède
Netherlands	363.2	336.0	342.3	407.9	541.9	Pays-Bas
Spain	413.5	350.6	339.0	433.1	453.7	Espagne
China	186.7	279.6	353.4	473.2	639.7	Chine
Switzerland-Liechtenstein	301.8	277.7	290.0	295.6	321.7	Suisse-Liechtenstein
Mexico	194.8	250.9	288.5	317.0	409.5	Mexique
Austria	265.9	234.6	263.6	266.7	368.8	Autriche
Belgium	248.9	237.7	262.8	277.0	356.8	Belgique
Singapore	172.0	194.6	212.4	219.1	240.9	Singapour
Brazil	226.7	239.6	183.8	171.3	212.1	Brésil
Norway	176.2	131.8	198.4	222.5	297.8	Norvège
Korea, Republic of	100.7	147.3	125.3	137.4	174.4	République de Corée
Hungary	55.2	78.6	120.5	156.3	260.2	Hongrie
Ireland	88.6	97.8	102.6	107.7	121.0	Irlande
Finland	95.4	92.8	98.2	100.6	117.7	Finlande
Russian Federation	66.9	104.1	101.7	107.3	122.7	Fédération de Russie
China, Hong Kong SAR	77.9	100.4	86.3	90.3	105.1	Chine - RAS de Hong-Kong
Australia	84.0	81.8	82.1	86.1	105.2	Australie
India	56.4	77.8	96.3	83.9	119.0	Inde
Ukraine	45.7	75.9	59.8	62.7	e80.8	Ukraine
Thailand	38.4	49.3	47.8	e73.1	85.4	Thaïlande

(Value as percentages of World total)　　　　　　　　　**(Valeur en pourcentage du total mondial)**

Regions of the world	1994	1995	1996	1997	1998	1999	2000	2001	2002	2003	Régions du monde
World	100.0	100.0	100.0	100.0	100.0	100.0	100.0	100.0	100.0	100.0	Monde
Africa	0.2	0.3	0.3	0.3	0.3	0.6	0.3	0.3	0.3	0.3	Afrique
Americas	18.7	17.2	17.8	20.7	20.0	20.2	22.3	22.5	20.9	18.2	Amériques
- Northern America	16.6	15.0	15.4	18.0	17.6	17.7	19.4	19.7	18.2	15.5	- Amérique du Nord
- LAIA	2.1	2.1	2.3	2.7	2.5	2.5	2.8	2.8	2.7	2.7	- ALAI
- CACM	0.0	0.0	0.0	0.0	0.0	0.0	0.0	0.0	0.0	0.0	- MCC
- Caribbean	0.0	0.0	0.0	0.0	0.0	0.0	0.0	0.0	0.0	0.0	- Caraïbes
- Rest of America	0.0	0.0	0.0	0.0	0.0	0.0	0.0	0.0	0.0	0.0	- Autre d'Amérique
Asia excluding former USSR	18.2	17.5	15.6	14.5	12.4	13.6	15.7	15.1	15.6	15.6	Asie ancienne URSS exclus
- Middle East	0.4	0.3	0.3	0.4	0.4	0.5	0.6	0.7	0.8	0.7	- Moyen-Orient
Asia former USSR	0.1	0.7	0.5	0.4	0.4	0.0	0.0	0.0	0.0	0.0	Asie ancienne URSS
Europe excluding former USSR	61.4	63.0	64.3	62.6	65.5	63.6	60.2	60.5	61.7	64.4	Europe ancienne URSS exclus
- European Union	57.9	58.9	60.3	58.4	60.6	59.1	55.7	54.6	55.2	57.0	- Union Européenne
- Eastern Europe	0.9	1.2	1.2	1.6	2.2	1.8	2.2	3.2	3.8	4.7	- Europe de l'Est
- Rest of Europe	2.6	2.9	2.8	2.5	2.7	2.7	2.3	2.7	2.7	2.6	- Autre de l'Europe
Europe former USSR	0.9	1.0	1.1	1.1	0.9	0.7	1.1	1.0	1.0	1.0	Europe ancienne URSS
Oceania	0.5	0.5	0.5	0.5	0.4	0.5	0.5	0.5	0.5	0.5	Océanie

743 Pumps, compressors; centrifuges; filtering apparatus; etc, parts

TRADE BY COMMODITY (Value in million US dollars)
Imports by principal countries or areas

COMMERCE PAR PRODUIT (Valeur en millions de dollars EU)
Importations selon les principaux pays ou zones

Country or area	1999	2000	2001	2002	2003	Pays ou zone
World	38141.3	40831.8	43158.9	44641.3	51468.9	Monde
Africa	1124.0	895.7	1005.5	1091.4	1339.5	Afrique
Americas	11333.3	12494.0	12876.4	12558.3	13349.7	Amériques
- Northern America	7736.4	8862.9	8618.2	9063.2	9752.0	- Amérique du Nord
- LAIA	3384.3	3415.9	4006.3	3271.1	3342.2	- ALAI
- CACM	89.6	79.9	90.2	103.2	136.2	- MCC
- Caribbean	98.3	109.7	139.4	98.8	93.3	- Caraïbes
- Rest of America	24.7	25.5	22.5	22.0	26.0	- Autre d'Amérique
Asia excluding former USSR	8465.2	9616.2	10082.6	11177.2	12632.1	Asie ancienne URSS exclus
- Middle East	1272.7	1438.8	1397.1	1802.5	2104.8	- Moyen-Orient
Asia former USSR	136.4	208.6	181.5	186.4	271.1	Asie ancienne URSS
Europe excluding former USSR	15875.8	16399.7	17640.9	17976.1	22005.6	Europe ancienne URSS exclus
- European Union	13610.3	14149.6	15114.0	15178.6	18503.4	- Union Européenne
- Eastern Europe	1286.8	1400.1	1658.5	1794.2	2298.2	- Europe de l'Est
- Rest of Europe	978.7	850.1	868.4	1003.3	1204.0	- Autre de l'Europe
Europe former USSR	462.8	510.3	697.3	823.2	929.8	Europe ancienne URSS
Oceania	743.8	707.3	674.8	828.6	941.1	Océanie
United States	5393.3	6230.0	6174.0	6739.2	7414.0	Etats-Unis d'Amérique
Germany	3042.9	3109.1	3456.9	3272.2	4080.4	Allemagne
Canada	2340.3	2630.7	2439.6	2320.3	2333.5	Canada
France-Monaco	2030.7	2186.4	2281.7	2383.0	2854.0	France-Monaco
China	1339.1	1433.1	2031.5	2572.5	3177.6	Chine
United Kingdom	1751.5	1829.3	1959.6	1960.4	2292.1	Royaume-Uni
Mexico	1597.2	1855.4	2377.5	1831.1	1870.0	Mexique
Italy-San Marino-Holy See	1596.7	1699.4	1714.5	1777.2	2121.0	Italie-Saint-Marin-Saint-Siège
Belgium	1085.3	1231.8	1279.3	1198.2	1455.3	Belgique
Japan	1127.8	1213.4	1212.4	1230.0	1452.6	Japon
Spain	1132.4	1108.0	1117.2	1224.7	1566.1	Espagne
Korea, Republic of	744.1	1067.2	1027.3	1222.0	1287.3	République de Corée
Netherlands	667.8	689.4	861.9	833.9	1076.1	Pays-Bas
Sweden	589.2	616.8	637.0	710.9	874.4	Suède
Austria	533.1	566.4	704.5	669.6	800.0	Autriche
Australia	616.9	590.2	537.2	684.4	770.9	Australie
Singapore	553.1	708.5	609.0	585.9	645.7	Singapour
China, Hong Kong SAR	530.1	577.9	585.4	577.0	638.3	Chine - RAS de Hong-Kong
Thailand	423.0	490.3	535.1	e617.0	723.4	Thaïlande
Malaysia	461.6	494.9	688.1	612.5	520.8	Malaisie
Brazil	447.8	525.1	568.7	603.5	583.6	Brésil
Poland	448.5	473.9	501.0	516.4	696.7	Pologne
Switzerland-Liechtenstein	423.0	444.3	437.6	452.6	550.4	Suisse-Liechtenstein
Russian Federation	291.1	311.9	429.5	587.9	605.1	Fédération de Russie
Hungary	292.2	348.2	423.6	444.0	557.3	Hongrie
Turkey	311.0	350.3	295.1	450.5	561.3	Turquie
Czech Republic	267.9	294.8	391.3	468.8	495.1	République tchèque
Saudi Arabia	419.5	323.1	279.1	416.7	476.4	Arabie saoudite
Denmark	351.2	327.8	314.0	344.5	458.2	Danemark
Indonesia	233.5	378.4	361.2	315.4	260.9	Indonésie

(Value as percentages of World total)

(Valeur en pourcentage du total mondial)

Regions of the world	1994	1995	1996	1997	1998	1999	2000	2001	2002	2003	Régions du monde
World	100.0	100.0	100.0	100.0	100.0	100.0	100.0	100.0	100.0	100.0	Monde
Africa	3.3	3.2	3.1	2.9	3.3	2.9	2.2	2.3	2.4	2.6	Afrique
Americas	26.0	24.8	24.0	25.5	27.5	29.7	30.6	29.8	28.1	25.9	Amériques
- Northern America	18.5	17.9	17.0	17.5	18.5	20.3	21.7	20.0	20.3	18.9	- Amérique du Nord
- LAIA	7.0	6.4	6.5	7.5	8.3	8.9	8.4	9.3	7.3	6.5	- ALAI
- CACM	0.2	0.2	0.2	0.2	0.3	0.2	0.2	0.2	0.2	0.3	- MCC
- Caribbean	0.2	0.2	0.2	0.3	0.3	0.3	0.3	0.3	0.2	0.2	- Caraïbes
- Rest of America	0.1	0.1	0.1	0.1	0.1	0.1	0.1	0.1	0.0	0.1	- Autre d'Amérique
Asia excluding former USSR	28.1	28.7	28.9	27.3	22.2	22.2	23.6	23.4	25.0	24.5	Asie ancienne URSS exclus
- Middle East	4.1	3.9	3.7	3.6	3.8	3.3	3.5	3.2	4.0	4.1	- Moyen-Orient
Asia former USSR	0.2	0.3	0.3	0.2	0.4	0.4	0.5	0.4	0.4	0.5	Asie ancienne URSS
Europe excluding former USSR	38.2	39.0	39.5	39.2	42.7	41.6	40.2	40.9	40.3	42.8	Europe ancienne URSS exclus
- European Union	32.8	33.4	33.8	33.6	36.4	35.7	34.7	35.0	34.0	36.0	- Union Européenne
- Eastern Europe	2.5	2.7	3.1	3.1	3.4	3.4	3.4	3.8	4.0	4.5	- Europe de l'Est
- Rest of Europe	2.9	2.9	2.6	2.5	2.8	2.6	2.1	2.0	2.2	2.3	- Autre de l'Europe
Europe former USSR	2.0	1.9	1.9	2.7	1.7	1.2	1.2	1.6	1.8	1.8	Europe ancienne URSS
Oceania	2.3	2.2	2.2	2.2	2.2	2.0	1.7	1.6	1.9	1.8	Océanie

Pompes et compresseurs; ventilateurs; centrifigeuses; et leurs pièces détachées 743

TRADE BY COMMODITY (Value in million US dollars)
Exports by principal countries or areas

COMMERCE PAR PRODUIT (Valeur en millions de dollars EU)
Exportations selon les principaux pays ou zones

Country or area	1999	2000	2001	2002	2003	Pays ou zone
World	36723.0	39827.7	40794.6	42423.1	50444.0	Monde
Africa	560.7	793.8	804.0	1013.0	1258.3	Afrique
Americas	8906.2	10142.9	10523.2	10357.4	10615.0	Amériques
- Northern America	7566.0	8560.5	8893.7	8468.0	8573.8	- Amérique du Nord
- LAIA	1331.5	1575.9	1618.4	1878.0	2030.2	- ALAI
- CACM	4.8	3.3	4.0	6.4	4.0	- MCC
- Caribbean	3.9	2.9	6.4	4.5	6.9	- Caraïbes
- Rest of America	0.1	0.2	0.6	0.4	0.2	- Autre d'Amérique
Asia excluding former USSR	7121.2	8348.1	7876.0	8754.4	10369.2	Asie ancienne URSS exclus
- Middle East	98.9	104.3	119.1	144.3	193.4	- Moyen-Orient
Asia former USSR	6.3	10.9	11.0	5.4	8.0	Asie ancienne URSS
Europe excluding former USSR	19855.5	20120.0	21105.4	21870.4	27668.5	Europe ancienne URSS exclus
- European Union	18498.5	18789.5	19625.6	20094.4	25328.9	- Union Européenne
- Eastern Europe	326.7	382.5	505.3	695.3	1069.6	- Europe de l'Est
- Rest of Europe	1030.3	948.0	974.5	1080.8	1270.0	- Autre de l'Europe
Europe former USSR	152.0	263.8	338.3	287.4	357.1	Europe ancienne URSS
Oceania	121.2	148.2	136.6	135.1	167.8	Océanie
United States	6600.2	7490.1	7755.1	7237.5	7375.1	Etats-Unis d'Amérique
Germany	5800.6	5790.0	6464.5	6765.4	8606.5	Allemagne
Japan	4036.0	4650.8	4142.5	4305.2	4987.1	Japon
Italy-San Marino-Holy See	3181.8	3060.3	2937.2	3101.3	3919.3	Italie-Saint-Marin-Saint-Siège
France-Monaco	2647.2	2508.7	2482.5	2781.8	3604.4	France-Monaco
United Kingdom	2199.0	2355.5	2320.1	2296.8	2677.8	Royaume-Uni
Belgium	1514.6	2090.5	2168.2	1584.2	2049.1	Belgique
Canada	965.7	1070.4	1138.5	1230.4	1198.5	Canada
Mexico	746.7	915.6	961.9	1207.8	1286.8	Mexique
Switzerland-Liechtenstein	809.1	733.5	747.5	804.9	946.2	Suisse-Liechtenstein
Netherlands	671.4	653.7	761.5	819.6	1066.6	Pays-Bas
Korea, Republic of	650.0	708.3	717.6	821.7	954.0	République de Corée
South Africa	–	769.9	775.2	980.3	1220.9	Afrique du Sud
Sweden	567.5	554.2	568.3	622.9	757.6	Suède
China	275.2	371.6	494.9	655.1	1108.2	Chine
Austria	518.4	450.5	519.8	607.6	801.6	Autriche
Spain	489.9	528.9	532.6	576.9	869.8	Espagne
Brazil	500.9	539.4	517.7	568.9	646.6	Brésil
China, Hong Kong SAR	441.6	512.8	486.4	555.9	550.4	Chine - RAS de Hong-Kong
Singapore	425.8	485.4	446.1	530.2	552.6	Singapour
Denmark	430.1	360.0	376.0	395.9	520.1	Danemark
Thailand	231.7	308.5	299.9	e397.7	464.6	Thaïlande
Malaysia	215.6	245.0	227.8	282.8	351.3	Malaisie
Czech Republic	128.6	131.5	174.2	271.8	381.2	République tchèque
Ireland	187.8	171.2	189.8	212.2	270.8	Irlande
Finland	164.2	154.9	199.4	209.0	243.9	Finlande
Slovenia	121.6	125.0	133.8	167.3	208.1	Slovénie
Hungary	71.0	74.5	84.6	111.0	245.6	Hongrie
Ukraine	38.9	59.1	135.3	149.1	e191.9	Ukraine
Poland	69.5	87.6	109.1	133.7	173.7	Pologne

(Value as percentages of World total)   **(Valeur en pourcentage du total mondial)**

Regions of the world	1994	1995	1996	1997	1998	1999	2000	2001	2002	2003	Régions du monde
World	100.0	100.0	100.0	100.0	100.0	100.0	100.0	100.0	100.0	100.0	Monde
Africa	0.4	0.5	0.6	0.7	1.0	1.5	2.0	2.0	2.4	2.5	Afrique
Americas	22.5	21.1	22.0	24.9	23.7	24.3	25.5	25.8	24.4	21.0	Amériques
- Northern America	18.9	17.8	19.3	21.8	20.4	20.6	21.5	21.8	20.0	17.0	- Amérique du Nord
- LAIA	3.6	3.3	2.8	3.0	3.3	3.6	4.0	4.0	4.4	4.0	- ALAI
- CACM	0.0	0.0	0.0	0.0	0.0	0.0	0.0	0.0	0.0	0.0	- MCC
- Caribbean	0.0	0.0	0.0	0.0	0.0	0.0	0.0	0.0	0.0	0.0	- Caraïbes
- Rest of America	0.0	0.0	0.0	0.0	0.0	0.0	0.0	0.0	0.0	0.0	- Autre d'Amérique
Asia excluding former USSR	25.3	24.6	22.5	21.0	19.1	19.4	21.0	19.3	20.6	20.6	Asie ancienne URSS exclus
- Middle East	0.2	0.3	0.2	0.2	0.3	0.3	0.3	0.3	0.3	0.4	- Moyen-Orient
Asia former USSR	0.0	0.0	0.0	0.0	0.0	0.0	0.0	0.0	0.0	0.0	Asie ancienne URSS
Europe excluding former USSR	50.9	52.9	53.7	52.2	55.2	54.1	50.5	51.7	51.6	54.9	Europe ancienne URSS exclus
- European Union	47.1	48.9	49.6	48.5	51.1	50.4	47.2	48.1	47.4	50.2	- Union Européenne
- Eastern Europe	0.6	0.7	0.8	0.8	0.9	0.9	1.0	1.2	1.6	2.1	- Europe de l'Est
- Rest of Europe	3.2	3.3	3.4	2.9	3.2	2.8	2.4	2.4	2.5	2.5	- Autre de l'Europe
Europe former USSR	0.4	0.5	0.6	0.7	0.5	0.4	0.7	0.8	0.7	0.7	Europe ancienne URSS
Oceania	0.4	0.4	0.6	0.5	0.4	0.3	0.4	0.3	0.3	0.3	Océanie

744 Mechanical handling equipment, and parts thereof, nes

TRADE BY COMMODITY (Value in million US dollars)
Imports by principal countries or areas

TRADE BY COMMODITY (Value in million US dollars)
Imports by principal countries or areas

COMMERCE PAR PRODUIT (Valeur en millions de dollars EU)
Importations selon les principaux pays ou zones

Country or area	1999	2000	2001	2002	2003	Pays ou zone
World	35420.9	36361.0	36297.3	36876.6	42953.3	Monde
Africa	956.5	988.8	1011.0	1091.9	1287.3	Afrique
Americas	10245.5	10983.4	10275.2	9802.0	10536.4	Amériques
- Northern America	7973.7	8764.9	7987.9	7951.3	8675.0	- Amérique du Nord
- LAIA	1995.6	1906.8	1999.7	1591.9	1564.5	- ALAI
- CACM	91.9	76.5	65.8	72.9	77.6	- MCC
- Caribbean	123.3	163.3	188.8	161.5	181.2	- Caraïbes
- Rest of America	60.9	71.9	33.0	24.4	38.1	- Autre d'Amérique
Asia excluding former USSR	6643.1	7268.9	7371.4	7884.8	9234.0	Asie ancienne URSS exclus
- Middle East	1228.3	1548.5	1595.8	1793.3	2012.0	- Moyen-Orient
Asia former USSR	142.6	97.3	142.7	138.2	207.8	Asie ancienne URSS
Europe excluding former USSR	16243.7	15860.9	16250.3	16501.2	19656.7	Europe ancienne URSS exclus
- European Union	14293.0	13978.9	14264.4	14324.0	16987.2	- Union Européenne
- Eastern Europe	807.1	811.9	826.2	934.5	1211.9	- Europe de l'Est
- Rest of Europe	1143.7	1070.1	1159.6	1242.7	1457.6	- Autre de l'Europe
Europe former USSR	401.9	401.2	529.4	645.1	936.5	Europe ancienne URSS
Oceania	787.5	760.6	717.2	813.5	1094.7	Océanie
United States	6192.3	6834.5	6290.2	6218.7	6725.2	Etats-Unis d'Amérique
Germany	2581.5	2290.3	2587.8	2485.5	2853.4	Allemagne
France-Monaco	2336.1	2504.0	2567.6	2304.2	2820.6	France-Monaco
United Kingdom	2143.4	2137.7	1998.8	2139.4	2492.6	Royaume-Uni
Canada	1773.0	1925.1	1693.1	1726.8	1940.6	Canada
China	1342.4	1306.9	1504.0	1959.7	2727.6	Chine
Belgium	1259.4	1296.0	1250.9	1175.1	1415.8	Belgique
Italy-San Marino-Holy See	1161.0	1183.3	1266.4	1365.4	1404.0	Italie-Saint-Marin-Saint-Siège
Spain	1137.0	1036.8	1129.9	1313.1	1632.0	Espagne
Netherlands	1051.8	989.0	937.6	972.7	1227.5	Pays-Bas
Singapore	881.0	925.6	832.5	797.3	602.6	Singapour
Mexico	848.3	868.9	845.5	725.1	708.5	Mexique
Austria	654.6	645.1	669.0	640.5	842.0	Autriche
Australia	642.3	592.4	543.6	593.9	848.4	Australie
Switzerland-Liechtenstein	531.7	538.7	602.7	600.5	676.8	Suisse-Liechtenstein
United Arab Emirates	420.7	542.2	610.0	e625.9	e733.5	Emirates arabes unis
Sweden	565.7	549.3	515.6	539.0	656.7	Suède
Japan	445.5	494.5	544.5	520.8	726.8	Japon
Korea, Republic of	405.4	518.3	452.6	501.9	682.1	République de Corée
China, Hong Kong SAR	447.6	454.0	439.5	412.3	408.9	Chine - RAS de Hong-Kong
Russian Federation	234.5	242.3	358.0	422.7	622.3	Fédération de Russie
Norway	371.7	301.4	336.5	372.9	406.2	Norvège
Brazil	354.1	322.3	434.9	350.7	312.8	Brésil
Denmark	345.6	333.1	333.4	359.7	386.2	Danemark
Poland	334.4	338.3	318.7	320.3	385.7	Pologne
Finland	286.8	297.5	319.1	300.5	385.0	Finlande
Indonesia	260.8	333.8	289.8	303.8	318.7	Indonésie
Malaysia	227.8	313.9	353.5	290.9	290.1	Malaisie
Portugal	293.0	322.7	289.4	275.1	e281.0	Portugal
Saudi Arabia	236.4	273.7	299.2	288.0	329.3	Arabie saoudite

(Value as percentages of World total) — **(Valeur en pourcentage du total mondial)**

Regions of the world	1994	1995	1996	1997	1998	1999	2000	2001	2002	2003	Régions du monde
World	100.0	100.0	100.0	100.0	100.0	100.0	100.0	100.0	100.0	100.0	Monde
Africa	3.1	2.8	2.8	2.8	3.1	2.7	2.7	2.8	3.0	3.0	Afrique
Americas	23.0	21.9	20.8	24.6	28.2	28.9	30.2	28.3	26.6	24.5	Amériques
- Northern America	17.4	16.3	15.7	18.2	20.9	22.5	24.1	22.0	21.6	20.2	- Amérique du Nord
- LAIA	4.8	4.8	4.5	5.6	6.4	5.6	5.2	5.5	4.3	3.6	- ALAI
- CACM	0.2	0.2	0.2	0.2	0.4	0.3	0.2	0.2	0.2	0.2	- MCC
- Caribbean	0.3	0.3	0.4	0.3	0.4	0.3	0.4	0.5	0.4	0.4	- Caraïbes
- Rest of America	0.2	0.2	0.1	0.1	0.1	0.2	0.2	0.1	0.1	0.1	- Autre d'Amérique
Asia excluding former USSR	30.5	30.4	33.2	30.0	20.8	18.8	20.0	20.3	21.4	21.5	Asie ancienne URSS exclus
- Middle East	3.4	2.8	3.0	3.4	3.5	3.5	4.3	4.4	4.9	4.7	- Moyen-Orient
Asia former USSR	0.5	0.4	0.4	0.3	0.5	0.4	0.3	0.4	0.4	0.5	Asie ancienne URSS
Europe excluding former USSR	38.9	40.5	38.4	37.8	43.4	45.9	43.6	44.8	44.7	45.8	Europe ancienne URSS exclus
- European Union	34.1	35.1	33.2	32.8	37.6	40.4	38.4	39.3	38.8	39.5	- Union Européenne
- Eastern Europe	1.7	1.9	1.9	2.0	2.6	2.3	2.2	2.3	2.5	2.8	- Europe de l'Est
- Rest of Europe	3.1	3.5	3.3	3.0	3.3	3.2	2.9	3.2	3.4	3.4	- Autre de l'Europe
Europe former USSR	1.9	1.7	1.7	1.9	1.8	1.1	1.1	1.5	1.7	2.2	Europe ancienne URSS
Oceania	2.1	2.3	2.6	2.5	2.3	2.2	2.1	2.0	2.2	2.5	Océanie

Equipement mécanique de manutention; parties et pièces détachées, n.d.a 744

Country or area	1999	2000	2001	2002	2003	Pays ou zone
World	35196.3	36509.1	36578.9	37603.8	44310.9	Monde
Africa	110.8	109.4	112.4	98.4	134.8	Afrique
Americas	7562.6	8518.7	7897.5	7535.2	7968.9	Amériques
- Northern America	6951.8	7864.1	7258.1	6870.2	7125.9	- Amérique du Nord
- LAIA	574.4	618.6	600.1	592.1	767.3	- ALAI
- CACM	9.0	4.7	3.0	4.1	5.1	- MCC
- Caribbean	24.9	27.2	31.0	64.4	69.4	- Caraïbes
- Rest of America	2.7	4.1	5.2	4.4	1.1	- Autre d'Amérique
Asia excluding former USSR	6063.2	6758.6	6457.9	6972.8	8514.0	Asie ancienne URSS exclus
- Middle East	217.7	337.0	421.8	440.4	531.2	- Moyen-Orient
Asia former USSR	31.6	18.9	15.2	14.1	16.6	Asie ancienne URSS
Europe excluding former USSR	21063.8	20687.5	21648.9	22472.2	27052.9	Europe ancienne URSS exclus
- European Union	19378.2	19036.8	19878.2	20534.2	24738.3	- Union Européenne
- Eastern Europe	778.4	835.9	976.1	1075.2	1319.9	- Europe de l'Est
- Rest of Europe	907.2	814.8	794.6	862.7	994.7	- Autre de l'Europe
Europe former USSR	174.9	219.8	240.8	269.8	352.7	Europe ancienne URSS
Oceania	189.2	196.2	206.1	241.4	271.1	Océanie
Germany	5545.0	5260.4	5808.0	5920.7	7104.0	Allemagne
United States	5246.2	5958.5	5597.0	5246.9	5311.8	Etats-Unis d'Amérique
Japan	3242.9	3576.3	3096.1	3256.0	3991.0	Japon
Italy-San Marino-Holy See	2518.2	2468.8	2576.0	2600.2	3299.8	Italie-Saint-Marin-Saint-Siège
France-Monaco	2313.2	2366.8	2378.8	2550.7	2865.4	France-Monaco
United Kingdom	2079.5	1999.6	2006.5	1942.5	2418.0	Royaume-Uni
Canada	1704.6	1905.5	1661.2	1623.3	1814.2	Canada
Sweden	1412.4	1471.9	1403.9	1503.9	1899.5	Suède
Netherlands	1098.1	1204.6	1195.0	1372.7	1659.1	Pays-Bas
Austria	1094.1	1029.4	1055.2	1147.7	1381.4	Autriche
China	596.6	846.8	1034.4	1307.3	1683.2	Chine
Belgium	1010.5	1039.9	1073.5	1016.1	1222.5	Belgique
Korea, Republic of	776.4	802.3	737.6	731.5	982.9	République de Corée
Finland	767.5	759.7	794.9	785.9	869.8	Finlande
Spain	716.0	683.1	766.4	771.4	963.6	Espagne
Denmark	510.2	443.4	493.7	540.5	607.1	Danemark
Switzerland-Liechtenstein	491.1	451.5	423.7	412.4	506.7	Suisse-Liechtenstein
Mexico	396.4	440.3	423.8	439.7	568.9	Mexique
Singapore	437.4	452.7	455.2	429.3	415.7	Singapour
Czech Republic	269.5	284.7	323.6	379.3	477.4	République tchèque
Poland	203.4	224.0	270.3	286.9	335.1	Pologne
Norway	266.4	214.5	202.7	274.1	269.2	Norvège
Ireland	190.4	188.1	214.2	242.2	277.2	Irlande
United Arab Emirates	76.5	190.2	257.1	e267.8	e318.0	Emirates arabes unis
China, Hong Kong SAR	217.1	186.4	193.5	236.0	187.0	Chine - RAS de Hong-Kong
Australia	160.6	165.7	173.4	208.2	224.3	Australie
Hungary	133.3	149.6	174.7	189.8	236.3	Hongrie
Slovenia	116.7	116.4	125.1	127.0	166.6	Slovénie
Turkey	103.1	100.6	122.2	113.2	157.7	Turquie
Russian Federation	79.0	101.9	111.9	127.8	155.3	Fédération de Russie

(Value as percentages of World total) **(Valeur en pourcentage du total mondial)**

Regions of the world	1994	1995	1996	1997	1998	1999	2000	2001	2002	2003	Régions du monde
World	100.0	100.0	100.0	100.0	100.0	100.0	100.0	100.0	100.0	100.0	Monde
Africa	0.3	0.4	0.3	0.4	0.4	0.3	0.3	0.3	0.3	0.3	Afrique
Americas	18.6	18.0	18.8	21.1	21.8	21.5	23.3	21.6	20.0	18.0	Amériques
- Northern America	17.5	16.7	17.4	19.4	20.0	19.8	21.5	19.8	18.3	16.1	- Amérique du Nord
- LAIA	1.1	1.2	1.3	1.7	1.7	1.6	1.7	1.6	1.6	1.7	- ALAI
- CACM	0.0	0.0	0.0	0.0	0.0	0.0	0.0	0.0	0.0	0.0	- MCC
- Caribbean	0.0	0.0	0.0	0.0	0.1	0.1	0.1	0.1	0.2	0.2	- Caraïbes
- Rest of America	0.0	0.0	0.0	0.0	0.0	0.0	0.0	0.0	0.0	0.0	- Autre d'Amérique
Asia excluding former USSR	23.7	22.9	22.6	22.0	17.3	17.2	18.5	17.7	18.5	19.2	Asie ancienne URSS exclus
- Middle East	0.5	0.4	0.4	0.6	0.4	0.6	0.9	1.2	1.2	1.2	- Moyen-Orient
Asia former USSR	0.1	0.1	0.1	0.1	0.1	0.1	0.1	0.0	0.0	0.0	Asie ancienne URSS
Europe excluding former USSR	56.2	57.5	56.7	55.1	59.3	59.8	56.7	59.2	59.8	61.1	Europe ancienne URSS exclus
- European Union	52.1	53.1	52.2	50.8	54.6	55.1	52.1	54.3	54.6	55.8	- Union Européenne
- Eastern Europe	1.1	1.4	1.7	1.8	2.1	2.2	2.3	2.7	2.9	3.0	- Europe de l'Est
- Rest of Europe	2.9	3.0	2.8	2.5	2.6	2.6	2.2	2.2	2.3	2.2	- Autre de l'Europe
Europe former USSR	0.5	0.5	0.6	0.6	0.6	0.5	0.6	0.7	0.7	0.8	Europe ancienne URSS
Oceania	0.7	0.6	0.8	0.8	0.6	0.5	0.5	0.6	0.6	0.6	Océanie

745 Other non-electric machinery, tools and mechanical apparatus, nes

Country or area	1999	2000	2001	2002	2003	Pays ou zone
World	22650.5	22668.1	22936.0	24778.1	29169.3	Monde
Africa	769.0	707.4	681.7	752.1	921.0	Afrique
Americas	6457.4	6724.3	6667.7	6910.5	7587.2	Amériques
- Northern America	4385.6	4674.4	4697.7	5031.1	5653.3	- Amérique du Nord
- LAIA	1875.2	1859.1	1780.8	1669.9	1689.0	- ALAI
- CACM	101.3	95.8	95.2	109.0	145.1	- MCC
- Caribbean	63.6	65.7	68.6	77.0	71.0	- Caraïbes
- Rest of America	31.6	29.4	25.5	23.5	28.9	- Autre d'Amérique
Asia excluding former USSR	3617.1	4139.1	4202.3	4631.1	5497.2	Asie ancienne URSS exclus
- Middle East	599.2	607.5	580.0	697.8	868.3	- Moyen-Orient
Asia former USSR	46.0	66.7	63.1	57.8	91.2	Asie ancienne URSS
Europe excluding former USSR	10765.8	10042.2	10257.3	11178.1	13481.1	Europe ancienne URSS exclus
- European Union	8918.7	8435.5	8647.8	9258.2	11038.2	- Union Européenne
- Eastern Europe	952.3	782.1	818.7	944.6	1279.5	- Europe de l'Est
- Rest of Europe	894.7	824.6	790.8	975.3	1163.4	- Autre de l'Europe
Europe former USSR	452.7	432.7	541.4	689.4	883.4	Europe ancienne URSS
Oceania	542.5	555.8	522.4	559.0	708.1	Océanie
United States	3338.9	3606.0	3654.2	3913.8	4455.8	Etats-Unis d'Amérique
France-Monaco	1602.3	1512.4	1465.1	1506.0	1782.8	France-Monaco
Germany	1511.9	1384.4	1514.4	1586.8	1832.4	Allemagne
United Kingdom	1325.0	1286.0	1285.1	1421.3	1630.5	Royaume-Uni
Canada	1043.8	1066.0	1041.1	1112.6	1190.8	Canada
China	601.4	708.0	893.0	1095.1	1440.6	Chine
Mexico	878.5	955.6	869.9	922.9	1005.2	Mexique
Italy-San Marino-Holy See	825.1	800.0	794.7	857.3	994.8	Italie-Saint-Marin-Saint-Siège
Belgium	713.4	682.4	735.6	798.4	1047.1	Belgique
Spain	702.0	645.7	750.5	831.1	984.9	Espagne
Japan	581.7	624.6	597.4	625.3	686.9	Japon
Netherlands	529.3	484.1	474.4	524.6	626.5	Pays-Bas
Switzerland-Liechtenstein	480.6	449.5	423.2	513.3	617.2	Suisse-Liechtenstein
Australia	434.6	452.7	407.1	427.2	537.7	Australie
Austria	346.0	334.7	364.4	404.1	540.4	Autriche
Sweden	377.0	355.3	365.9	406.4	477.8	Suède
Russian Federation	319.5	290.2	367.7	421.4	509.6	Fédération de Russie
Poland	430.3	343.5	294.0	332.9	472.3	Pologne
China, Hong Kong SAR	301.7	354.2	322.4	346.9	388.3	Chine - RAS de Hong-Kong
Korea, Republic of	221.0	336.2	312.7	353.8	467.8	République de Corée
Brazil	359.3	323.4	323.8	276.8	237.0	Brésil
Denmark	257.6	308.7	250.7	284.0	311.5	Danemark
Thailand	162.7	209.2	235.3	e252.4	296.0	Thaïlande
Singapore	187.6	215.8	238.3	234.4	262.7	Singapour
Turkey	221.3	217.5	144.3	203.4	296.0	Turquie
Malaysia	177.2	209.0	199.0	220.7	211.6	Malaisie
Czech Republic	171.4	153.0	168.6	199.8	286.8	République tchèque
Norway	199.2	183.6	170.8	200.1	217.8	Norvège
Finland	178.4	165.8	174.5	180.5	227.8	Finlande
Portugal	189.4	181.5	174.7	170.2	e173.9	Portugal

(Value as percentages of World total) — (Valeur en pourcentage du total mondial)

Regions of the world	1994	1995	1996	1997	1998	1999	2000	2001	2002	2003	Régions du monde
World	100.0	100.0	100.0	100.0	100.0	100.0	100.0	100.0	100.0	100.0	Monde
Africa	3.1	3.0	3.4	3.2	3.2	3.4	3.1	3.0	3.0	3.2	Afrique
Americas	25.7	24.1	23.5	26.5	28.1	28.5	29.7	29.1	27.9	26.0	Amériques
- Northern America	16.2	15.1	15.2	16.6	17.7	19.4	20.6	20.5	20.3	19.4	- Amérique du Nord
- LAIA	8.9	8.1	7.6	9.0	9.5	8.3	8.2	7.8	6.7	5.8	- ALAI
- CACM	0.3	0.4	0.3	0.5	0.5	0.4	0.4	0.4	0.4	0.5	- MCC
- Caribbean	0.2	0.3	0.3	0.3	0.3	0.3	0.3	0.3	0.3	0.2	- Caraïbes
- Rest of America	0.1	0.2	0.1	0.1	0.1	0.1	0.1	0.1	0.1	0.1	- Autre d'Amérique
Asia excluding former USSR	20.9	22.0	23.6	20.9	16.2	16.0	18.3	18.3	18.7	18.8	Asie ancienne URSS exclus
- Middle East	2.9	2.6	2.6	2.8	2.9	2.6	2.7	2.5	2.8	3.0	- Moyen-Orient
Asia former USSR	0.7	0.2	0.2	0.1	0.3	0.2	0.3	0.3	0.2	0.3	Asie ancienne URSS
Europe excluding former USSR	45.1	45.9	44.5	44.0	46.8	47.5	44.3	44.7	45.1	46.2	Europe ancienne URSS exclus
- European Union	37.8	37.8	36.7	36.0	38.2	39.4	37.2	37.7	37.4	37.8	- Union Européenne
- Eastern Europe	3.4	3.8	4.1	4.2	4.6	4.2	3.5	3.6	3.8	4.4	- Europe de l'Est
- Rest of Europe	3.9	4.3	3.7	3.7	4.0	4.0	3.6	3.4	3.9	4.0	- Autre de l'Europe
Europe former USSR	2.0	2.2	2.2	2.8	3.1	2.0	1.9	2.4	2.8	3.0	Europe ancienne URSS
Oceania	2.6	2.6	2.5	2.6	2.3	2.4	2.5	2.3	2.3	2.4	Océanie

Autres machines, appareils et outils, non électriques; et leurs parties et pièces détachées 745

Country or area	1999	2000	2001	2002	2003	Pays ou zone
World	23032.3	23071.3	23353.1	25544.9	29785.9	Monde
Africa	67.0	56.2	61.6	76.4	89.3	Afrique
Americas	4348.4	4910.1	4737.8	4541.7	4650.5	Amériques
- Northern America	3836.8	4303.7	4161.4	3997.6	4098.3	- Amérique du Nord
- LAIA	496.2	585.8	558.4	523.2	528.2	- ALAI
- CACM	12.8	18.6	14.5	15.7	18.2	- MCC
- Caribbean	2.6	2.0	3.0	4.5	5.6	- Caraïbes
- Rest of America	0.0	0.0	0.4	0.7	0.2	- Autre d'Amérique
Asia excluding former USSR	3009.0	3402.8	3193.6	3728.4	4599.1	Asie ancienne URSS exclus
- Middle East	47.4	67.0	102.6	97.4	132.1	- Moyen-Orient
Asia former USSR	2.3	5.6	7.6	1.9	2.1	Asie ancienne URSS
Europe excluding former USSR	15429.3	14508.3	15166.3	17016.0	20201.1	Europe ancienne URSS exclus
- European Union	14157.6	13256.2	13904.9	15577.0	18504.5	- Union Européenne
- Eastern Europe	248.0	297.2	305.6	350.4	458.2	- Europe de l'Est
- Rest of Europe	1023.7	954.9	955.9	1088.7	1238.3	- Autre de l'Europe
Europe former USSR	72.2	86.8	75.0	68.5	109.0	Europe ancienne URSS
Oceania	104.1	101.5	111.3	111.9	134.9	Océanie
Germany	5393.5	4921.6	5328.2	5882.2	6898.2	Allemagne
Italy-San Marino-Holy See	3733.9	3581.7	3730.8	4143.6	5022.1	Italie-Saint-Marin-Saint-Siège
United States	3334.8	3776.5	3627.5	3450.5	3480.4	Etats-Unis d'Amérique
Japan	1419.3	1477.0	1187.3	1204.0	1522.1	Japon
United Kingdom	1090.4	960.8	997.8	1053.1	1199.1	Royaume-Uni
Switzerland-Liechtenstein	871.6	810.2	793.6	900.5	1012.2	Suisse-Liechtenstein
France-Monaco	840.8	773.4	717.1	860.4	977.1	France-Monaco
Sweden	718.6	666.6	661.4	810.5	1023.7	Suède
Netherlands	590.3	541.3	564.6	616.2	812.2	Pays-Bas
China	246.6	353.2	457.1	745.2	1088.3	Chine
Belgium	475.4	503.5	491.4	632.1	740.8	Belgique
Canada	501.9	527.1	533.9	547.1	617.8	Canada
Spain	445.0	438.2	505.1	534.3	623.7	Espagne
Denmark	415.3	404.5	388.5	477.3	522.4	Danemark
China, Hong Kong SAR	310.7	384.6	343.1	402.9	458.3	Chine - RAS de Hong-Kong
Mexico	326.3	429.0	376.1	343.2	278.2	Mexique
Austria	223.6	224.3	236.5	295.9	375.0	Autriche
Finland	131.6	150.0	170.9	160.9	178.5	Finlande
Singapore	138.8	145.2	137.6	161.2	200.7	Singapour
Czech Republic	122.7	127.3	130.7	155.1	188.6	République tchèque
Korea, Republic of	99.9	124.7	145.2	160.2	193.1	République de Corée
Brazil	105.2	94.3	118.9	122.7	181.9	Brésil
Norway	92.2	87.6	89.0	105.7	126.7	Norvège
Australia	69.0	66.4	75.8	76.8	90.1	Australie
Hungary	48.9	70.1	73.0	69.0	87.4	Hongrie
Israel	80.2	57.3	60.9	70.2	69.6	Israël
Poland	47.8	58.5	56.5	69.4	89.9	Pologne
Malaysia	43.1	59.3	55.9	83.8	63.8	Malaisie
India	35.4	40.5	41.9	60.0	63.2	Inde
Ireland	45.2	38.4	62.0	35.8	50.7	Irlande

(Value as percentages of World total)   **(Valeur en pourcentage du total mondial)**

Regions of the world	1994	1995	1996	1997	1998	1999	2000	2001	2002	2003	Régions du monde
World	100.0	100.0	100.0	100.0	100.0	100.0	100.0	100.0	100.0	100.0	Monde
Africa	0.2	0.2	0.2	0.3	0.3	0.3	0.2	0.3	0.3	0.3	Afrique
Americas	16.9	15.7	16.1	18.2	17.9	18.9	21.3	20.3	17.8	15.6	Amériques
- Northern America	15.4	14.4	14.7	16.4	16.2	16.7	18.7	17.8	15.6	13.8	- Amérique du Nord
- LAIA	1.5	1.3	1.3	1.7	1.6	2.2	2.5	2.4	2.0	1.8	- ALAI
- CACM	0.0	0.0	0.0	0.0	0.1	0.1	0.1	0.1	0.1	0.1	- MCC
- Caribbean	0.0	0.0	0.0	0.0	0.0	0.0	0.0	0.0	0.0	0.0	- Caraïbes
- Rest of America	0.0	0.0	0.0	0.0	0.0	0.0	0.0	0.0	0.0	0.0	- Autre d'Amérique
Asia excluding former USSR	14.4	14.3	13.9	13.3	11.8	13.1	14.7	13.7	14.6	15.4	Asie ancienne URSS exclus
- Middle East	0.2	0.1	0.2	0.2	0.2	0.2	0.3	0.4	0.4	0.4	- Moyen-Orient
Asia former USSR	0.0	0.0	0.0	0.0	0.0	0.0	0.0	0.0	0.0	0.0	Asie ancienne URSS
Europe excluding former USSR	67.9	69.1	69.0	67.3	69.3	67.0	62.9	64.9	66.6	67.8	Europe ancienne URSS exclus
- European Union	62.0	63.3	63.5	62.0	63.8	61.5	57.5	59.5	61.0	62.1	- Union Européenne
- Eastern Europe	0.4	0.6	0.7	0.9	1.1	1.1	1.3	1.3	1.4	1.5	- Europe de l'Est
- Rest of Europe	5.4	5.1	4.8	4.5	4.4	4.4	4.1	4.1	4.3	4.2	- Autre de l'Europe
Europe former USSR	0.2	0.2	0.3	0.4	0.3	0.3	0.4	0.3	0.3	0.4	Europe ancienne URSS
Oceania	0.4	0.5	0.5	0.6	0.4	0.5	0.4	0.5	0.4	0.5	Océanie

749 Non-electric parts and accessories of machinery, nes

TRADE BY COMMODITY (Value in million US dollars)
Imports by principal countries or areas

COMMERCE PAR PRODUIT (Valeur en millions de dollars EU)
Importations selon les principaux pays ou zones

Country or area	1999	2000	2001	2002	2003	Pays ou zone
World	65392.4	68365.9	68132.9	72479.8	83764.8	Monde
Africa	1649.8	1601.6	1583.4	1800.9	1937.2	Afrique
Americas	20492.2	21925.5	20755.5	21374.7	22571.4	Amériques
- Northern America	14946.7	15911.2	14631.4	15246.4	16240.3	- Amérique du Nord
- LAIA	5226.6	5696.2	5792.7	5740.0	5968.3	- ALAI
- CACM	142.2	135.0	138.3	161.6	167.6	- MCC
- Caribbean	140.4	145.3	156.0	193.8	161.3	- Caraïbes
- Rest of America	36.3	37.8	37.1	32.9	34.0	- Autre d'Amérique
Asia excluding former USSR	14163.6	16027.0	15996.6	17457.1	20462.8	Asie ancienne URSS exclus
- Middle East	1891.6	2208.2	2323.8	2523.3	2951.1	- Moyen-Orient
Asia former USSR	138.1	180.9	201.6	199.1	293.9	Asie ancienne URSS
Europe excluding former USSR	27350.3	26989.6	27810.9	29677.5	36165.1	Europe ancienne URSS exclus
- European Union	23331.1	22931.3	23466.9	24851.2	29938.5	- Union Européenne
- Eastern Europe	2185.1	2363.4	2621.6	2996.2	3989.3	- Europe de l'Est
- Rest of Europe	1834.1	1694.9	1722.4	1830.0	2237.2	- Autre de l'Europe
Europe former USSR	478.2	560.4	751.1	796.0	954.4	Europe ancienne URSS
Oceania	1120.2	1080.8	1033.8	1174.5	1380.1	Océanie
United States	11080.9	11863.0	10998.9	11675.0	12407.7	Etats-Unis d'Amérique
Germany	5767.2	5611.1	6089.0	6250.2	7830.2	Allemagne
Canada	3862.9	4043.2	3626.6	3566.5	3824.2	Canada
France-Monaco	3319.7	3329.1	3308.8	3500.3	4210.2	France-Monaco
China	2185.9	2507.8	2959.7	3671.2	4816.3	Chine
Mexico	2863.9	3198.3	3160.5	3334.5	3460.5	Mexique
United Kingdom	2847.6	2898.0	2933.7	3199.8	3629.7	Royaume-Uni
Italy-San Marino-Holy See	2747.0	2701.0	2672.7	2729.7	3210.3	Italie-Saint-Marin-Saint-Siège
Japan	1880.2	2049.7	2010.6	2092.0	2485.1	Japon
Belgium	1716.9	1680.5	1676.6	1748.4	2179.1	Belgique
Korea, Republic of	1371.1	1604.3	1474.7	1634.0	1879.8	République de Corée
Spain	1360.5	1335.2	1372.0	1585.5	1923.9	Espagne
Singapore	1419.8	1499.2	1336.6	1381.4	1520.9	Singapour
Netherlands	1235.2	1191.4	1224.5	1279.9	1570.7	Pays-Bas
Austria	1248.6	1189.3	1221.8	1275.4	1543.2	Autriche
Sweden	1148.2	1120.3	1060.2	1164.6	1414.5	Suède
Brazil	1002.8	1090.5	1215.4	1203.1	1260.0	Brésil
Thailand	896.0	1119.9	1097.1	e1188.8	1393.7	Thaïlande
China, Hong Kong SAR	900.8	1082.7	1098.5	1229.4	1325.8	Chine - RAS de Hong-Kong
Australia	946.6	923.7	867.5	988.9	1166.2	Australie
Switzerland-Liechtenstein	947.0	960.5	937.9	911.0	1132.2	Suisse-Liechtenstein
Malaysia	817.9	847.5	906.4	826.6	893.3	Malaisie
Poland	607.8	700.9	744.8	834.6	1127.1	Pologne
Czech Republic	562.2	622.3	746.0	860.0	1124.7	République tchèque
Hungary	639.2	640.5	668.3	768.6	1012.4	Hongrie
Denmark	613.9	558.4	613.0	706.6	810.1	Danemark
India	554.3	531.0	584.2	640.5	810.3	Inde
Turkey	529.9	596.1	481.7	642.0	816.5	Turquie
Saudi Arabia	587.8	514.5	517.8	592.4	677.2	Arabie saoudite
Indonesia	370.5	570.0	563.1	611.7	590.0	Indonésie

(Value as percentages of World total)   **(Valeur en pourcentage du total mondial)**

Regions of the world	1994	1995	1996	1997	1998	1999	2000	2001	2002	2003	Régions du monde
World	100.0	100.0	100.0	100.0	100.0	100.0	100.0	100.0	100.0	100.0	Monde
Africa	3.4	3.5	3.2	3.0	2.8	2.5	2.3	2.3	2.5	2.3	Afrique
Americas	27.9	26.3	26.0	28.4	30.4	31.3	32.1	30.5	29.5	26.9	Amériques
- Northern America	21.4	20.1	19.3	20.4	21.5	22.9	23.3	21.5	21.0	19.4	- Amérique du Nord
- LAIA	6.1	5.8	6.2	7.5	8.4	8.0	8.3	8.5	7.9	7.1	- ALAI
- CACM	0.2	0.2	0.2	0.2	0.2	0.2	0.2	0.2	0.2	0.2	- MCC
- Caribbean	0.2	0.2	0.2	0.3	0.2	0.2	0.2	0.2	0.3	0.2	- Caraïbes
- Rest of America	0.1	0.1	0.1	0.0	0.1	0.1	0.1	0.1	0.0	0.0	- Autre d'Amérique
Asia excluding former USSR	25.1	24.5	25.6	24.6	20.5	21.7	23.4	23.5	24.1	24.4	Asie ancienne URSS exclus
- Middle East	3.9	3.5	3.5	3.7	3.6	2.9	3.2	3.4	3.5	3.5	- Moyen-Orient
Asia former USSR	0.2	0.2	0.3	0.1	0.2	0.2	0.3	0.3	0.3	0.4	Asie ancienne URSS
Europe excluding former USSR	40.5	42.7	42.0	40.8	43.4	41.8	39.5	40.8	40.9	43.2	Europe ancienne URSS exclus
- European Union	35.9	37.6	36.7	35.1	36.9	35.7	33.5	34.4	34.3	35.7	- Union Européenne
- Eastern Europe	1.7	2.1	2.4	2.9	3.5	3.3	3.5	3.8	4.1	4.8	- Europe de l'Est
- Rest of Europe	2.9	3.1	2.9	2.8	3.0	2.8	2.5	2.5	2.5	2.7	- Autre de l'Europe
Europe former USSR	0.8	0.8	0.9	1.0	1.0	0.7	0.8	1.1	1.1	1.1	Europe ancienne URSS
Oceania	2.1	1.9	2.1	2.0	1.8	1.7	1.6	1.5	1.6	1.6	Océanie

Parties, pièces détachées et accessoires, non électriques, de machines et d'appareils n.d.a. 749

TRADE BY COMMODITY (Value in million US dollars)
Exports by principal countries or areas

COMMERCE PAR PRODUIT (Valeur en millions de dollars EU)
Exportations selon les principaux pays ou zones

Country or area	1999	2000	2001	2002	2003	Pays ou zone
World	62777.8	65932.3	65789.7	69663.7	81406.6	Monde
Africa	139.2	128.6	132.3	135.8	176.9	Afrique
Americas	11589.7	12849.3	12462.1	12986.0	13342.5	Amériques
- Northern America	9398.3	10356.1	10078.4	10184.0	10762.4	- Amérique du Nord
- LAIA	2183.4	2477.5	2366.4	2783.9	2558.6	- ALAI
- CACM	4.6	9.1	9.9	13.9	17.3	- MCC
- Caribbean	3.1	6.3	6.2	3.5	3.8	- Caraïbes
- Rest of America	0.3	0.3	1.3	0.7	0.5	- Autre d'Amérique
Asia excluding former USSR	15506.7	18438.4	17252.8	18451.6	21663.7	Asie ancienne URSS exclus
- Middle East	183.4	211.7	241.4	290.4	391.1	- Moyen-Orient
Asia former USSR	12.2	26.6	28.1	33.6	45.4	Asie ancienne URSS
Europe excluding former USSR	34979.2	33707.8	34810.5	37339.6	45296.0	Europe ancienne URSS exclus
- European Union	32008.9	30422.8	31313.5	33325.6	40287.8	- Union Européenne
- Eastern Europe	1330.2	1551.3	1840.9	2187.3	2943.6	- Europe de l'Est
- Rest of Europe	1640.1	1733.7	1656.0	1826.7	2064.6	- Autre de l'Europe
Europe former USSR	334.9	593.6	911.4	526.8	660.3	Europe ancienne URSS
Oceania	216.0	187.9	192.5	190.4	221.8	Océanie
Germany	11458.3	10992.7	11634.4	12297.2	14741.4	Allemagne
Japan	8605.4	9866.2	8590.3	8690.4	9676.7	Japon
United States	7078.8	7990.9	7753.8	7684.2	8112.8	Etats-Unis d'Amérique
Italy-San Marino-Holy See	6005.1	5740.9	5914.6	6196.2	7459.0	Italie-Saint-Marin-Saint-Siège
France-Monaco	3976.4	3586.9	3493.2	3827.1	4570.3	France-Monaco
United Kingdom	3028.6	2837.3	2754.7	2801.1	3332.0	Royaume-Uni
China	1488.5	2094.8	2487.2	3143.7	4291.8	Chine
Canada	2319.5	2365.1	2324.6	2499.7	2649.5	Canada
Mexico	1669.4	1875.7	1806.7	2155.2	1806.9	Mexique
Belgium	1597.1	1512.9	1464.2	1582.8	2003.5	Belgique
Singapore	1260.4	1372.2	1248.8	1313.9	1457.2	Singapour
Switzerland-Liechtenstein	1234.1	1305.7	1236.8	1270.8	1479.0	Suisse-Liechtenstein
Spain	1152.4	1076.7	1199.8	1324.4	1498.4	Espagne
Korea, Republic of	920.1	1146.3	1179.4	1252.8	1489.8	République de Corée
Austria	1031.7	1021.5	1037.4	1117.5	1381.1	Autriche
Netherlands	916.4	965.8	916.7	1056.4	1435.3	Pays-Bas
Sweden	1047.6	976.5	919.2	1038.0	1283.7	Suède
China, Hong Kong SAR	622.5	713.5	733.2	906.8	999.0	Chine - RAS de Hong-Kong
Denmark	647.4	582.9	755.8	763.5	980.6	Danemark
Czech Republic	430.9	467.6	576.7	667.0	853.8	République tchèque
Poland	299.8	371.1	412.0	527.6	749.4	Pologne
Portugal	395.3	399.6	436.5	462.9	e536.8	Portugal
Brazil	360.8	429.9	381.2	466.0	584.6	Brésil
Thailand	353.6	421.3	399.5	e389.4	454.8	Thaïlande
Russian Federation	205.5	411.8	658.5	322.9	404.6	Fédération de Russie
Finland	344.1	270.7	333.6	395.0	448.4	Finlande
Luxembourg	293.7	323.4	332.3	330.7	423.6	Luxembourg
Slovakia	196.1	244.7	305.3	359.7	494.1	Slovaquie
Hungary	206.4	241.7	291.0	353.3	506.8	Hongrie
Malaysia	208.8	289.9	284.2	277.2	304.9	Malaisie

(Value as percentages of World total)
(Valeur en pourcentage du total mondial)

Regions of the world	1994	1995	1996	1997	1998	1999	2000	2001	2002	2003	Régions du monde
World	100.0	100.0	100.0	100.0	100.0	100.0	100.0	100.0	100.0	100.0	Monde
Africa	0.2	0.2	0.2	0.2	0.2	0.2	0.2	0.2	0.2	0.2	Afrique
Americas	17.3	14.5	14.9	17.1	17.5	18.5	19.5	18.9	18.6	16.4	Amériques
- Northern America	14.9	12.4	12.8	14.3	14.6	15.0	15.7	15.3	14.6	13.2	- Amérique du Nord
- LAIA	2.3	2.1	2.1	2.7	3.0	3.5	3.8	3.6	4.0	3.1	- ALAI
- CACM	0.0	0.0	0.0	0.0	0.0	0.0	0.0	0.0	0.0	0.0	- MCC
- Caribbean	0.0	0.0	0.0	0.0	0.0	0.0	0.0	0.0	0.0	0.0	- Caraïbes
- Rest of America	0.0	0.0	0.0	0.0	0.0	0.0	0.0	0.0	0.0	0.0	- Autre d'Amérique
Asia excluding former USSR	26.8	27.0	25.9	25.2	22.4	24.7	28.0	26.2	26.5	26.6	Asie ancienne URSS exclus
- Middle East	0.2	0.2	0.2	0.3	0.2	0.3	0.3	0.4	0.4	0.5	- Moyen-Orient
Asia former USSR	0.1	0.1	0.1	0.1	0.0	0.0	0.0	0.0	0.0	0.1	Asie ancienne URSS
Europe excluding former USSR	54.7	57.2	57.8	56.4	58.9	55.7	51.1	52.9	53.6	55.6	Europe ancienne URSS exclus
- European Union	50.6	52.6	53.2	52.1	54.0	51.0	46.1	47.6	47.8	49.5	- Union Européenne
- Eastern Europe	1.4	1.7	1.8	1.8	2.2	2.1	2.4	2.8	3.1	3.6	- Europe de l'Est
- Rest of Europe	2.7	2.9	2.8	2.4	2.6	2.6	2.6	2.5	2.6	2.5	- Autre de l'Europe
Europe former USSR	0.6	0.6	0.7	0.7	0.6	0.5	0.9	1.4	0.8	0.8	Europe ancienne URSS
Oceania	0.4	0.4	0.4	0.4	0.3	0.3	0.3	0.3	0.3	0.3	Océanie

751 Office machines

Country or area	1999	2000	2001	2002	2003	Pays ou zone
World	14279.1	13884.8	12961.0	12129.4	13946.5	Monde
Africa	309.7	279.4	277.7	286.9	344.7	Afrique
Americas	4533.5	4059.7	3336.3	3070.6	4724.6	Amériques
- Northern America	3917.5	3485.9	2765.6	2650.3	4373.6	- Amérique du Nord
- LAIA	512.5	486.2	486.5	343.3	284.1	- ALAI
- CACM	44.2	37.2	37.1	34.6	34.8	- MCC
- Caribbean	47.7	40.8	40.0	35.5	24.7	- Caraïbes
- Rest of America	11.5	9.5	6.9	6.9	7.4	- Autre d'Amérique
Asia excluding former USSR	3012.2	3500.5	3250.4	3045.5	2783.2	Asie ancienne URSS exclus
- Middle East	335.1	390.6	323.5	350.7	401.3	- Moyen-Orient
Asia former USSR	15.0	22.6	16.1	18.7	21.5	Asie ancienne URSS
Europe excluding former USSR	5998.7	5600.0	5666.7	5295.2	5618.5	Europe ancienne URSS exclus
- European Union	5365.8	4985.1	5107.3	4744.6	5004.3	- Union Européenne
- Eastern Europe	285.0	278.0	245.1	242.2	279.6	- Europe de l'Est
- Rest of Europe	347.9	337.0	314.2	308.4	334.6	- Autre de l'Europe
Europe former USSR	77.9	77.3	121.3	89.3	104.2	Europe ancienne URSS
Oceania	332.1	345.4	292.6	323.3	349.8	Océanie
United States	3449.4	3006.7	2309.3	2241.7	3957.0	Etats-Unis d'Amérique
Germany	1185.1	1132.8	1103.4	931.4	1192.3	Allemagne
China, Hong Kong SAR	907.8	1061.9	1085.8	944.2	757.5	Chine - RAS de Hong-Kong
France-Monaco	788.4	757.9	803.6	848.7	818.0	France-Monaco
Netherlands	815.4	791.4	755.4	670.8	682.4	Pays-Bas
United Kingdom	625.0	619.5	636.1	649.9	691.2	Royaume-Uni
Japan	496.5	539.4	445.2	383.6	448.8	Japon
Italy-San Marino-Holy See	486.0	450.1	447.4	459.9	393.6	Italie-Saint-Marin-Saint-Siège
Canada	459.1	477.6	453.9	406.3	413.8	Canada
Spain	369.6	307.7	387.4	311.3	356.9	Espagne
Singapore	359.6	449.0	387.2	256.0	155.3	Singapour
China	269.2	359.9	307.6	317.8	270.1	Chine
Australia	265.7	289.3	240.9	268.9	286.9	Australie
Belgium	328.2	245.3	264.5	216.9	239.2	Belgique
Korea, Republic of	183.7	194.5	181.8	253.2	183.4	République de Corée
Mexico	186.6	220.4	240.5	161.8	117.1	Mexique
Switzerland-Liechtenstein	201.4	189.4	156.5	154.4	159.8	Suisse-Liechtenstein
Sweden	134.5	142.8	117.2	146.4	146.7	Suède
Turkey	151.1	174.9	84.4	113.4	117.1	Turquie
Austria	142.2	124.1	137.4	124.0	103.2	Autriche
Denmark	138.1	120.1	113.6	103.9	113.3	Danemark
Poland	131.6	120.2	99.6	72.3	81.2	Pologne
Norway	99.6	100.1	102.7	89.4	98.9	Norvège
Finland	103.8	75.2	89.2	75.7	76.4	Finlande
South Africa	–	120.1	95.4	88.1	114.5	Afrique du Sud
United Arab Emirates	70.3	85.0	81.2	e83.3	e97.6	Emirates arabes unis
Portugal	86.3	64.7	75.6	69.0	e70.5	Portugal
Thailand	62.7	77.7	73.9	e69.5	81.5	Thaïlande
Greece	77.3	67.1	81.8	61.4	59.2	Grèce
Ireland	69.4	73.4	82.2	62.4	44.9	Irlande

(Value as percentages of World total)   **(Valeur en pourcentage du total mondial)**

Regions of the world	1994	1995	1996	1997	1998	1999	2000	2001	2002	2003	Régions du monde
World	100.0	100.0	100.0	100.0	100.0	100.0	100.0	100.0	100.0	100.0	Monde
Africa	1.8	1.7	1.9	1.9	1.9	2.2	2.0	2.1	2.4	2.5	Afrique
Americas	34.9	33.4	34.4	36.2	37.8	31.7	29.2	25.7	25.3	33.9	Amériques
- Northern America	29.3	28.7	29.9	31.0	32.6	27.4	25.1	21.3	21.8	31.4	- Amérique du Nord
- LAIA	5.1	4.2	4.1	4.6	4.6	3.6	3.5	3.8	2.8	2.0	- ALAI
- CACM	0.2	0.2	0.2	0.3	0.3	0.3	0.3	0.3	0.3	0.2	- MCC
- Caribbean	0.2	0.2	0.2	0.2	0.2	0.3	0.3	0.3	0.3	0.2	- Caraïbes
- Rest of America	0.1	0.1	0.1	0.1	0.1	0.1	0.1	0.1	0.1	0.1	- Autre d'Amérique
Asia excluding former USSR	18.1	19.3	20.9	20.6	17.9	21.1	25.2	25.1	25.1	20.0	Asie ancienne URSS exclus
- Middle East	1.7	1.6	1.8	1.9	2.4	2.3	2.8	2.5	2.9	2.9	- Moyen-Orient
Asia former USSR	0.1	0.2	0.1	0.1	0.2	0.1	0.2	0.1	0.2	0.2	Asie ancienne URSS
Europe excluding former USSR	42.0	42.4	39.8	38.3	39.3	42.0	40.3	43.7	43.7	40.3	Europe ancienne URSS exclus
- European Union	37.8	38.1	35.5	34.3	35.0	37.6	35.9	39.4	39.1	35.9	- Union Européenne
- Eastern Europe	1.7	1.8	1.9	1.8	2.0	2.0	2.0	1.9	2.0	2.0	- Europe de l'Est
- Rest of Europe	2.4	2.5	2.4	2.2	2.3	2.4	2.4	2.4	2.5	2.4	- Autre de l'Europe
Europe former USSR	0.7	0.8	0.8	0.8	0.7	0.5	0.6	0.9	0.7	0.7	Europe ancienne URSS
Oceania	2.4	2.2	2.1	2.1	2.1	2.3	2.5	2.3	2.7	2.5	Océanie

TRADE BY COMMODITY (Value in million US dollars)
Exports by principal countries or areas

COMMERCE PAR PRODUIT (Valeur en millions de dollars EU)
Exportations selon les principaux pays ou zones

Country or area	1999	2000	2001	2002	2003	Pays ou zone
World	14240.7	14411.3	13616.6	11362.3	11626.0	Monde
Africa	7.9	7.3	8.7	11.2	15.6	Afrique
Americas	1564.1	1710.0	1773.4	1239.9	1184.6	Amériques
- Northern America	1230.1	1391.4	1392.3	999.4	1048.1	- Amérique du Nord
- LAIA	329.8	316.0	379.8	239.3	135.5	- ALAI
- CACM	3.3	0.8	0.8	0.5	0.5	- MCC
- Caribbean	0.9	1.8	0.5	0.5	0.4	- Caraïbes
- Rest of America	0.0	0.0	0.1	0.1	0.1	- Autre d'Amérique
Asia excluding former USSR	7754.9	8166.7	7500.1	5689.2	5443.3	Asie ancienne URSS exclus
- Middle East	31.0	38.8	56.4	53.6	62.4	- Moyen-Orient
Asia former USSR	0.5	0.6	0.5	0.7	0.4	Asie ancienne URSS
Europe excluding former USSR	4875.9	4492.9	4290.7	4377.7	4921.2	Europe ancienne URSS exclus
- European Union	4626.5	4274.7	4057.9	4167.3	4754.9	- Union Européenne
- Eastern Europe	27.6	36.4	29.2	40.2	40.2	- Europe de l'Est
- Rest of Europe	221.9	181.8	203.6	170.2	126.1	- Autre de l'Europe
Europe former USSR	12.3	12.9	16.8	15.9	19.4	Europe ancienne URSS
Oceania	25.1	20.9	26.4	27.7	41.5	Océanie
Japan	3733.0	3553.0	2687.1	624.8	622.2	Japon
China	1304.0	1550.2	1734.3	2166.6	2360.2	Chine
China, Hong Kong SAR	1346.0	1434.4	1526.8	1316.1	894.8	Chine - RAS de Hong-Kong
Netherlands	1226.0	989.4	988.1	1055.1	1559.5	Pays-Bas
Germany	1022.9	961.0	933.5	1128.4	1293.3	Allemagne
United States	1078.1	1198.6	1148.5	757.3	717.0	Etats-Unis d'Amérique
United Kingdom	1115.2	1159.4	946.7	760.9	650.5	Royaume-Uni
France-Monaco	429.0	381.1	360.6	522.9	545.6	France-Monaco
Singapore	371.3	435.8	380.8	278.4	168.4	Singapour
Korea, Republic of	212.4	321.8	299.4	257.5	319.9	République de Corée
Mexico	303.7	292.4	362.0	221.4	123.6	Mexique
Canada	151.9	192.6	243.8	242.1	331.0	Canada
Thailand	243.5	269.2	215.5	e92.9	108.5	Thaïlande
Belgium	201.3	164.3	181.8	163.1	204.8	Belgique
Italy-San Marino-Holy See	198.1	214.7	195.1	151.7	126.5	Italie-Saint-Marin-Saint-Siège
Malaysia	178.3	231.4	227.7	117.8	118.9	Malaisie
Sweden	131.8	129.2	146.7	137.5	178.6	Suède
Switzerland-Liechtenstein	176.4	124.9	157.3	111.6	73.5	Suisse-Liechtenstein
Spain	141.9	87.2	101.4	100.6	91.3	Espagne
Israel	24.3	37.4	44.2	83.9	102.9	Israël
Philippines	31.2	47.2	90.8	45.0	61.6	Philippines
Norway	44.1	55.7	44.4	55.0	49.1	Norvège
Denmark	26.2	69.4	60.1	42.5	32.8	Danemark
Ireland	64.1	50.9	68.0	31.6	12.0	Irlande
Austria	41.5	47.4	48.7	47.8	40.2	Autriche
United Arab Emirates	18.9	26.9	43.5	e45.3	e53.8	Emirats arabes unis
Indonesia	35.8	25.2	20.3	41.3	54.8	Indonésie
Australia	22.3	18.7	24.6	22.6	37.4	Australie
Czech Republic	11.4	18.3	16.6	14.3	15.6	République tchèque
Brazil	21.3	20.6	12.2	11.5	6.7	Brésil

(Value as percentages of World total)

(Valeur en pourcentage du total mondial)

Regions of the world	1994	1995	1996	1997	1998	1999	2000	2001	2002	2003	Régions du monde
World	100.0	100.0	100.0	100.0	100.0	100.0	100.0	100.0	100.0	100.0	Monde
Africa	0.1	0.1	0.1	0.1	0.1	0.1	0.1	0.1	0.1	0.1	Afrique
Americas	10.4	10.3	11.4	11.3	12.3	11.0	11.9	13.0	10.9	10.2	Amériques
- Northern America	7.2	7.4	8.5	8.7	9.4	8.6	9.7	10.2	8.8	9.0	- Amérique du Nord
- LAIA	3.1	2.8	2.9	2.6	2.9	2.3	2.2	2.8	2.1	1.2	- ALAI
- CACM	0.0	0.0	0.0	0.0	0.0	0.0	0.0	0.0	0.0	0.0	- MCC
- Caribbean	0.0	0.0	0.0	0.0	0.0	0.0	0.0	0.0	0.0	0.0	- Caraïbes
- Rest of America	0.0	0.0	0.0	0.0	0.0	0.0	0.0	0.0	0.0	0.0	- Autre d'Amérique
Asia excluding former USSR	52.5	50.5	50.7	52.4	50.0	54.5	56.7	55.1	50.1	46.8	Asie ancienne URSS exclus
- Middle East	0.2	0.2	0.2	0.2	0.2	0.2	0.3	0.4	0.5	0.5	- Moyen-Orient
Asia former USSR	0.0	0.0	0.0	0.0	0.0	0.0	0.0	0.0	0.0	0.0	Asie ancienne URSS
Europe excluding former USSR	36.7	38.9	37.5	36.0	37.3	34.2	31.2	31.5	38.5	42.3	Europe ancienne URSS exclus
- European Union	35.5	37.3	35.7	34.5	35.6	32.5	29.7	29.8	36.7	40.9	- Union Européenne
- Eastern Europe	0.2	0.2	0.3	0.2	0.2	0.2	0.3	0.2	0.4	0.3	- Europe de l'Est
- Rest of Europe	0.9	1.3	1.5	1.3	1.5	1.6	1.3	1.5	1.5	1.1	- Autre de l'Europe
Europe former USSR	0.1	0.1	0.1	0.1	0.1	0.1	0.1	0.1	0.1	0.2	Europe ancienne URSS
Oceania	0.1	0.2	0.2	0.2	0.1	0.2	0.1	0.2	0.2	0.4	Océanie

752 Automatic data processing machines and units thereof

TRADE BY COMMODITY (Value in million US dollars)
Imports by principal countries or areas

COMMERCE PAR PRODUIT (Valeur en millions de dollars EU)
Importations selon les principaux pays ou zones

Country or area	1999	2000	2001	2002	2003	Pays ou zone
World	197885.9	219630.9	199948.7	199813.9	223602.4	Monde
Africa	1553.3	1575.4	1603.1	1658.8	2046.9	Afrique
Americas	63382.7	71863.5	62959.2	64443.8	67497.7	Amériques
- Northern America	57304.0	64739.5	55069.7	57175.7	59528.1	- Amérique du Nord
- LAIA	5576.5	6593.7	7321.0	6662.7	7397.1	- ALAI
- CACM	232.9	241.5	240.4	268.9	275.5	- MCC
- Caribbean	186.7	203.1	253.4	255.1	214.9	- Caraïbes
- Rest of America	82.6	85.7	74.8	81.5	82.1	- Autre d'Amérique
Asia excluding former USSR	39943.7	52037.9	46568.7	48497.9	54303.1	Asie ancienne URSS exclus
- Middle East	1395.6	1800.5	1436.9	1552.4	1872.6	- Moyen-Orient
Asia former USSR	92.8	130.5	125.2	124.2	166.9	Asie ancienne URSS
Europe excluding former USSR	88961.3	89756.4	85012.2	80958.0	94719.1	Europe ancienne URSS exclus
- European Union	81207.8	81974.4	76880.0	71806.2	85000.4	- Union Européenne
- Eastern Europe	2551.7	2724.0	3421.7	4567.4	4782.4	- Europe de l'Est
- Rest of Europe	5201.7	5058.0	4710.5	4584.4	4936.4	- Autre de l'Europe
Europe former USSR	475.6	503.2	749.8	906.5	1085.8	Europe ancienne URSS
Oceania	3476.6	3764.0	2930.5	3224.7	3782.9	Océanie
United States	50115.2	57064.7	48492.2	51012.8	52984.5	Etats-Unis d'Amérique
Germany	17430.8	16892.1	16964.9	16003.8	17772.2	Allemagne
United Kingdom	15586.1	16742.5	14597.8	13687.4	15233.9	Royaume-Uni
Japan	12514.6	17459.5	15038.0	14332.6	15928.7	Japon
Netherlands	15635.9	14923.1	14177.3	12713.6	17063.0	Pays-Bas
France-Monaco	8920.1	9393.0	8054.8	7873.2	9148.5	France-Monaco
Canada	7142.4	7662.7	6561.1	6144.8	6523.1	Canada
China, Hong Kong SAR	5613.4	6258.0	6448.6	6846.7	7027.0	Chine - RAS de Hong-Kong
China	3253.3	4516.4	4981.0	6733.3	11411.2	Chine
Singapore	5257.4	6363.4	5423.2	4413.3	4341.5	Singapour
Italy-San Marino-Holy See	4965.4	5163.5	4699.0	4662.9	5146.6	Italie-Saint-Marin-Saint-Siège
Ireland	4579.0	4986.6	4535.6	3437.6	3547.6	Irlande
Mexico	2490.7	3229.9	4162.4	4524.3	5235.8	Mexique
Belgium	3522.6	3690.6	3840.4	3627.2	4780.0	Belgique
Switzerland-Liechtenstein	3488.9	3503.8	3105.7	2860.0	3027.4	Suisse-Liechtenstein
Korea, Republic of	2265.6	3814.8	3039.8	3210.8	3178.9	République de Corée
Spain	2694.3	2905.9	2858.7	2690.5	3789.0	Espagne
Australia	2962.6	3255.6	2495.4	2713.0	3152.2	Australie
Sweden	2263.7	2087.5	2136.1	2097.5	2538.0	Suède
Austria	1609.2	1383.2	1414.7	1460.1	1860.5	Autriche
Denmark	1496.4	1550.7	1261.0	1458.8	1760.2	Danemark
Malaysia	1045.6	920.0	1640.2	1431.4	1808.3	Malaisie
Czech Republic	637.1	726.3	1140.5	1933.1	1766.0	République tchèque
Poland	1102.1	1133.5	1092.7	1035.2	1146.9	Pologne
Thailand	367.0	618.1	1038.7	e1504.0	1763.2	Thaïlande
Norway	1162.6	1034.5	994.7	978.1	1098.2	Norvège
Finland	1117.5	952.9	954.5	904.9	1022.6	Finlande
Brazil	856.9	1078.8	1005.6	701.5	624.4	Brésil
Israel	771.5	958.3	764.4	738.4	770.4	Israël
Turkey	782.8	1097.3	539.1	671.2	865.1	Turquie

(Value as percentages of World total)   **(Valeur en pourcentage du total mondial)**

Regions of the world	1994	1995	1996	1997	1998	1999	2000	2001	2002	2003	Régions du monde
World	100.0	100.0	100.0	100.0	100.0	100.0	100.0	100.0	100.0	100.0	Monde
Africa	1.0	1.0	0.9	0.8	0.9	0.8	0.7	0.8	0.8	0.9	Afrique
Americas	34.6	31.9	32.0	33.6	32.0	32.0	32.7	31.5	32.3	30.2	Amériques
- Northern America	31.2	29.1	29.3	30.6	28.9	29.0	29.5	27.5	28.6	26.6	- Amérique du Nord
- LAIA	3.2	2.6	2.5	2.8	2.9	2.8	3.0	3.7	3.3	3.3	- ALAI
- CACM	0.1	0.1	0.1	0.1	0.1	0.1	0.1	0.1	0.1	0.1	- MCC
- Caribbean	0.1	0.1	0.1	0.1	0.1	0.1	0.1	0.1	0.1	0.1	- Caraïbes
- Rest of America	0.0	0.0	0.0	0.0	0.0	0.0	0.0	0.0	0.0	0.0	- Autre d'Amérique
Asia excluding former USSR	16.7	18.9	21.2	20.4	17.4	20.2	23.7	23.3	24.3	24.3	Asie ancienne URSS exclus
- Middle East	0.6	0.7	0.6	0.7	0.7	0.7	0.8	0.7	0.8	0.8	- Moyen-Orient
Asia former USSR	0.0	0.0	0.1	0.0	0.1	0.0	0.1	0.1	0.1	0.1	Asie ancienne URSS
Europe excluding former USSR	45.1	45.7	43.4	42.8	47.5	45.0	40.9	42.5	40.5	42.4	Europe ancienne URSS exclus
- European Union	41.1	41.5	39.6	39.1	43.6	41.0	37.3	38.4	35.9	38.0	- Union Européenne
- Eastern Europe	1.3	1.3	1.2	1.3	1.4	1.3	1.2	1.7	2.3	2.1	- Europe de l'Est
- Rest of Europe	2.8	2.8	2.5	2.4	2.5	2.6	2.3	2.4	2.3	2.2	- Autre de l'Europe
Europe former USSR	0.3	0.3	0.3	0.3	0.3	0.2	0.2	0.4	0.5	0.5	Europe ancienne URSS
Oceania	2.2	2.2	2.1	2.1	1.8	1.8	1.7	1.5	1.6	1.7	Océanie

Machines automatiques de traitement de l'information et leurs unités 752

TRADE BY COMMODITY (Value in million US dollars)
Exports by principal countries or areas

COMMERCE PAR PRODUIT (Valeur en millions de dollars EU)
Exportations selon les principaux pays ou zones

Country or area	1999	2000	2001	2002	2003	Pays ou zone
World	180229.0	199069.9	184231.3	182393.3	211238.3	Monde
Africa	57.5	65.5	66.7	62.1	81.8	Afrique
Americas	35211.4	41618.5	38842.9	32462.1	33423.9	Amériques
- Northern America	28451.4	33101.4	28845.7	23028.3	23127.5	- Amérique du Nord
- LAIA	6736.8	8510.7	9983.5	9422.3	10284.7	- ALAI
- CACM	9.3	1.7	7.1	6.7	5.5	- MCC
- Caribbean	13.5	4.5	5.1	3.6	5.2	- Caraïbes
- Rest of America	0.3	0.2	1.5	1.2	1.0	- Autre d'Amérique
Asia excluding former USSR	79618.2	91308.2	81845.0	91408.9	110977.9	Asie ancienne URSS exclus
- Middle East	118.6	125.7	109.0	105.7	122.7	- Moyen-Orient
Asia former USSR	2.0	2.4	2.6	3.2	4.0	Asie ancienne URSS
Europe excluding former USSR	65034.2	65810.7	63162.2	58021.4	66239.7	Europe ancienne URSS exclus
- European Union	61390.6	62038.5	60008.0	52821.3	60497.1	- Union Européenne
- Eastern Europe	2525.9	2728.4	2336.4	4768.0	5256.4	- Europe de l'Est
- Rest of Europe	1117.7	1043.8	817.8	432.1	486.2	- Autre de l'Europe
Europe former USSR	94.7	74.1	80.9	116.1	97.2	Europe ancienne URSS
Oceania	211.0	190.5	231.0	319.4	413.8	Océanie
United States	26714.9	30929.3	27386.3	21812.1	21591.2	Etats-Unis d'Amérique
China	7922.0	10994.1	13093.8	20132.3	41017.3	Chine
Singapore	19784.2	19424.0	16532.1	15570.6	15670.7	Singapour
Netherlands	15428.2	15187.0	16081.6	14581.8	17650.2	Pays-Bas
Japan	14472.5	14850.0	12643.6	11140.4	8344.1	Japon
United Kingdom	13920.2	13806.4	12268.7	9379.1	9545.4	Royaume-Uni
Germany	8551.9	9606.8	9137.4	9296.5	12452.9	Allemagne
Ireland	9620.8	9751.4	10099.0	8502.6	8764.6	Irlande
Mexico	6398.9	8137.8	9694.0	9261.5	10065.1	Mexique
Korea, Republic of	7156.7	9290.5	7484.9	8241.6	9345.3	République de Corée
Malaysia	6416.0	7180.8	7777.2	7996.6	10685.3	Malaisie
France-Monaco	6627.8	6404.2	5342.3	4398.7	4371.9	France-Monaco
China, Hong Kong SAR	4063.6	4135.8	4615.9	6362.0	6475.8	Chine - RAS de Hong-Kong
Philippines	3610.0	4643.8	4134.4	4495.5	4108.4	Philippines
Belgium	2635.6	3094.6	3029.5	2829.7	3454.8	Belgique
Thailand	1935.3	1999.2	1785.2	e3850.9	4498.5	Thaïlande
Hungary	2223.3	2370.9	1595.1	1869.8	2456.7	Hongrie
Canada	1735.8	2171.9	1459.0	1216.0	1535.1	Canada
Czech Republic	142.6	211.5	625.0	2793.5	2493.3	République tchèque
Italy-San Marino-Holy See	1349.6	1100.2	1023.6	1143.6	964.6	Italie-Saint-Marin-Saint-Siège
Indonesia	294.1	2017.7	1138.8	1207.4	858.5	Indonésie
Spain	1185.8	1279.5	999.2	509.0	774.8	Espagne
Austria	465.5	521.2	693.6	839.4	1022.8	Autriche
Switzerland-Liechtenstein	773.3	758.8	574.5	217.8	261.4	Suisse-Liechtenstein
Sweden	360.4	370.8	425.8	512.9	656.9	Suède
Denmark	385.9	446.1	390.3	463.9	497.6	Danemark
Israel	1094.7	347.7	218.0	146.3	160.4	Israël
Finland	728.7	309.0	260.1	210.9	212.3	Finlande
Australia	189.7	162.8	195.8	290.7	380.7	Australie
Brazil	304.6	329.5	241.0	110.5	184.2	Brésil

(Value as percentages of World total)

(Valeur en pourcentage du total mondial)

Regions of the world	1994	1995	1996	1997	1998	1999	2000	2001	2002	2003	Régions du monde
World	100.0	100.0	100.0	100.0	100.0	100.0	100.0	100.0	100.0	100.0	Monde
Africa	0.0	0.0	0.0	0.0	0.0	0.0	0.0	0.0	0.0	0.0	Afrique
Americas	22.8	20.4	19.8	19.8	19.1	19.5	20.9	21.1	17.8	15.8	Amériques
- Northern America	21.4	18.9	17.8	17.4	16.4	15.8	16.6	15.7	12.6	10.9	- Amérique du Nord
- LAIA	1.3	1.4	1.9	2.3	2.8	3.7	4.3	5.4	5.2	4.9	- ALAI
- CACM	0.0	0.0	0.0	0.0	0.0	0.0	0.0	0.0	0.0	0.0	- MCC
- Caribbean	0.0	0.0	0.0	0.0	0.0	0.0	0.0	0.0	0.0	0.0	- Caraïbes
- Rest of America	0.0	0.0	0.0	0.0	0.0	0.0	0.0	0.0	0.0	0.0	- Autre d'Amérique
Asia excluding former USSR	43.8	44.5	46.9	46.8	43.6	44.2	45.9	44.4	50.1	52.5	Asie ancienne URSS exclus
- Middle East	0.1	0.1	0.0	0.1	0.1	0.1	0.1	0.1	0.1	0.1	- Moyen-Orient
Asia former USSR	0.0	0.0	0.0	0.0	0.0	0.0	0.0	0.0	0.0	0.0	Asie ancienne URSS
Europe excluding former USSR	33.0	34.8	33.0	33.2	37.0	36.1	33.1	34.3	31.8	31.4	Europe ancienne URSS exclus
- European Union	32.4	34.1	32.4	31.8	35.3	34.1	31.2	32.6	29.0	28.6	- Union Européenne
- Eastern Europe	0.1	0.1	0.1	0.9	1.2	1.4	1.4	1.3	2.6	2.5	- Europe de l'Est
- Rest of Europe	0.6	0.6	0.5	0.5	0.5	0.6	0.5	0.4	0.2	0.2	- Autre de l'Europe
Europe former USSR	0.1	0.1	0.1	0.1	0.1	0.1	0.0	0.0	0.1	0.0	Europe ancienne URSS
Oceania	0.3	0.2	0.2	0.2	0.2	0.1	0.1	0.1	0.2	0.2	Océanie

759 Parts, nes of and accessories for machines of headings 751 or 752

TRADE BY COMMODITY (Value in million US dollars)
Imports by principal countries or areas

COMMERCE PAR PRODUIT (Valeur en millions de dollars EU)
Importations selon les principaux pays ou zones

Country or area	1999	2000	2001	2002	2003	Pays ou zone
World	135157.9	153857.9	140201.7	138193.8	154167.6	Monde
Africa	710.2	659.6	733.6	737.5	1073.3	Afrique
Americas	38819.3	42261.9	35763.9	33946.8	34528.8	Amériques
- Northern America	35449.0	38034.3	30185.3	28137.8	28247.5	- Amérique du Nord
- LAIA	3070.5	3924.1	5212.7	5406.9	6011.0	- ALAI
- CACM	149.9	164.9	210.5	256.3	142.8	- MCC
- Caribbean	101.4	102.4	120.1	117.4	98.9	- Caraïbes
- Rest of America	48.5	36.1	35.3	28.4	28.5	- Autre d'Amérique
Asia excluding former USSR	41386.4	54269.7	50941.1	54748.6	63970.1	Asie ancienne URSS exclus
- Middle East	1144.2	1296.6	1292.2	1392.7	1615.3	- Moyen-Orient
Asia former USSR	48.3	42.7	48.0	53.0	70.9	Asie ancienne URSS
Europe excluding former USSR	52314.5	54649.0	50947.7	46794.4	52393.5	Europe ancienne URSS exclus
- European Union	48477.4	50165.8	46813.2	42707.6	48203.6	- Union Européenne
- Eastern Europe	2273.4	2761.0	2485.5	2469.8	2433.5	- Europe de l'Est
- Rest of Europe	1563.7	1722.2	1649.0	1617.0	1756.4	- Autre de l'Europe
Europe former USSR	230.4	220.4	206.5	278.0	337.9	Europe ancienne URSS
Oceania	1648.9	1754.6	1560.8	1635.5	1792.9	Océanie
United States	32468.4	34122.1	26558.1	25290.0	25491.4	Etats-Unis d'Amérique
China, Hong Kong SAR	7437.5	11021.6	11404.1	12310.0	15889.2	Chine - RAS de Hong-Kong
Germany	9744.0	9614.1	10144.8	9824.0	11629.9	Allemagne
United Kingdom	11099.9	12220.8	8806.1	7863.6	8217.3	Royaume-Uni
Singapore	8770.1	9869.1	8750.9	9091.1	9193.4	Singapour
China	4212.0	5982.1	7371.2	10042.9	12542.1	Chine
Japan	7380.8	9551.8	7996.8	7362.2	7830.7	Japon
Netherlands	8658.7	8239.4	7309.9	7128.0	8546.2	Pays-Bas
France-Monaco	5325.2	5831.2	5464.0	4489.2	4893.5	France-Monaco
Ireland	4263.7	5350.9	6317.3	4570.1	5482.4	Irlande
Malaysia	2544.4	3475.9	2895.5	3966.1	4448.7	Malaisie
Mexico	1645.9	2200.8	3650.8	4258.1	4828.6	Mexique
Canada	2973.1	3901.8	3615.2	2834.4	2737.5	Canada
Philippines	2220.3	2202.5	2912.1	3129.8	4022.2	Philippines
Italy-San Marino-Holy See	2985.9	2859.5	2638.5	2559.2	2676.0	Italie-Saint-Marin-Saint-Siège
Thailand	2138.1	3125.3	2789.7	e2165.6	2538.9	Thaïlande
Korea, Republic of	1881.2	3701.6	2419.2	2022.7	2071.3	République de Corée
Spain	1566.3	1467.1	1340.7	1286.1	1467.7	Espagne
Australia	1395.6	1498.2	1300.1	1347.7	1453.7	Australie
Belgium	1098.9	1253.6	1438.4	1443.2	1419.1	Belgique
Hungary	1433.7	1785.3	1333.5	1112.1	947.0	Hongrie
Switzerland-Liechtenstein	899.7	966.6	847.7	740.5	816.1	Suisse-Liechtenstein
Denmark	848.5	705.0	771.7	884.2	1053.8	Danemark
Austria	752.5	799.0	822.7	840.1	887.0	Autriche
Brazil	694.3	907.6	823.7	689.3	694.2	Brésil
Sweden	831.4	757.3	700.9	727.8	766.1	Suède
India	451.7	720.6	662.1	673.9	853.1	Inde
Norway	504.0	575.8	606.5	636.1	655.5	Norvège
Israel	588.6	697.1	585.5	499.0	483.1	Israël
Czech Republic	257.6	366.1	498.5	680.6	647.2	République tchèque

(Value as percentages of World total)   **(Valeur en pourcentage du total mondial)**

Regions of the world	1994	1995	1996	1997	1998	1999	2000	2001	2002	2003	Régions du monde
World	100.0	100.0	100.0	100.0	100.0	100.0	100.0	100.0	100.0	100.0	Monde
Africa	0.9	0.8	0.7	0.6	0.5	0.5	0.4	0.5	0.5	0.7	Afrique
Americas	31.6	29.8	27.9	27.4	28.4	28.7	27.5	25.5	24.6	22.4	Amériques
- Northern America	29.4	27.8	25.8	25.4	26.0	26.2	24.7	21.5	20.4	18.3	- Amérique du Nord
- LAIA	1.9	1.8	1.8	1.9	2.1	2.3	2.6	3.7	3.9	3.9	- ALAI
- CACM	0.1	0.1	0.1	0.1	0.1	0.1	0.1	0.2	0.2	0.1	- MCC
- Caribbean	0.1	0.1	0.1	0.1	0.1	0.1	0.1	0.1	0.1	0.1	- Caraïbes
- Rest of America	0.0	0.0	0.0	0.0	0.0	0.0	0.0	0.0	0.0	0.0	- Autre d'Amérique
Asia excluding former USSR	25.4	29.8	32.2	34.0	30.6	30.6	35.3	36.3	39.6	41.5	Asie ancienne URSS exclus
- Middle East	0.8	0.8	0.7	0.7	1.0	0.8	0.8	0.9	1.0	1.0	- Moyen-Orient
Asia former USSR	0.0	0.1	0.0	0.0	0.0	0.0	0.0	0.0	0.0	0.0	Asie ancienne URSS
Europe excluding former USSR	39.5	37.3	37.1	36.0	38.9	38.7	35.5	36.3	33.9	34.0	Europe ancienne URSS exclus
- European Union	36.8	34.8	34.7	33.3	36.0	35.9	32.6	33.4	30.9	31.3	- Union Européenne
- Eastern Europe	0.6	0.6	0.7	1.3	1.5	1.7	1.8	1.8	1.8	1.6	- Europe de l'Est
- Rest of Europe	2.1	1.9	1.7	1.3	1.3	1.2	1.1	1.2	1.2	1.1	- Autre de l'Europe
Europe former USSR	0.4	0.4	0.4	0.4	0.2	0.2	0.1	0.1	0.2	0.2	Europe ancienne URSS
Oceania	2.3	1.9	1.8	1.6	1.4	1.2	1.1	1.1	1.2	1.2	Océanie

Pièces détachées, n.d.a. destinés aux machines et appareils des groupes 751 et 752 759

TRADE BY COMMODITY (Value in million US dollars)
Exports by principal countries or areas

COMMERCE PAR PRODUIT (Valeur en millions de dollars EU)
Exportations selon les principaux pays ou zones

Country or area	1999	2000	2001	2002	2003	Pays ou zone
World	136780.2	165964.2	148747.0	146439.7	158960.6	Monde
Africa	145.9	89.8	87.5	84.1	92.5	Afrique
Americas	29424.1	33753.9	27720.1	22610.4	24707.0	Amériques
- Northern America	23714.7	28618.4	23591.8	18860.4	20049.6	- Amérique du Nord
- LAIA	3219.4	3490.6	3324.6	2847.0	3280.2	- ALAI
- CACM	2486.6	1628.4	791.5	899.5	1374.2	- MCC
- Caribbean	3.1	16.4	11.5	3.1	2.9	- Caraïbes
- Rest of America	0.3	0.1	0.6	0.3	0.1	- Autre d'Amérique
Asia excluding former USSR	73329.2	92811.6	81223.5	85955.4	95488.1	Asie ancienne URSS exclus
- Middle East	189.2	221.3	234.0	246.8	282.1	- Moyen-Orient
Asia former USSR	2.4	1.5	1.8	0.7	1.2	Asie ancienne URSS
Europe excluding former USSR	33096.3	38589.3	38998.8	37132.3	38105.9	Europe ancienne URSS exclus
- European Union	31076.2	35906.1	36899.6	35351.2	36230.9	- Union Européenne
- Eastern Europe	1407.7	1990.5	1490.5	1308.8	1346.7	- Europe de l'Est
- Rest of Europe	612.3	692.7	608.7	472.3	528.3	- Autre de l'Europe
Europe former USSR	33.0	35.0	27.9	37.4	42.6	Europe ancienne URSS
Oceania	749.3	683.1	687.3	619.4	523.4	Océanie
United States	20810.8	25467.2	20868.7	17174.8	18741.7	Etats-Unis d'Amérique
Japan	15003.4	16805.9	13203.3	13924.4	15191.0	Japon
China, Hong Kong SAR	8303.4	10832.2	11603.9	12720.6	16911.6	Chine - RAS de Hong-Kong
China	4142.5	6093.6	8744.3	13928.9	19128.7	Chine
Singapore	10131.9	11258.6	10317.4	9858.3	9678.6	Singapour
Malaysia	10561.2	13276.3	8765.2	9873.2	6055.2	Malaisie
Ireland	6434.3	8119.6	9887.0	7861.3	7975.1	Irlande
Netherlands	5840.0	6974.9	7602.0	7832.8	8651.2	Pays-Bas
Korea, Republic of	3203.1	10021.1	5714.4	7946.1	8404.0	République de Corée
United Kingdom	6366.9	6927.8	6167.9	6733.2	5704.0	Royaume-Uni
Germany	4874.0	5745.6	5719.3	5476.0	5800.0	Allemagne
Thailand	6033.0	6522.0	6002.8	e3154.3	3684.6	Thaïlande
Mexico	3057.7	3326.5	3159.9	2709.4	3181.1	Mexique
France-Monaco	2990.9	3294.4	2629.8	2239.5	2063.9	France-Monaco
Philippines	2344.8	2517.1	2815.5	1480.0	2773.2	Philippines
Canada	2903.1	3151.0	2723.0	1684.5	1306.4	Canada
Italy-San Marino-Holy See	1907.7	1958.6	1744.9	1241.9	1573.8	Italie-Saint-Marin-Saint-Siège
Costa Rica	2484.2	1627.1	789.0	897.8	1372.4	Costa Rica
Belgium	725.2	988.0	1101.6	1267.6	1561.8	Belgique
Hungary	1101.5	1510.1	941.8	579.6	569.1	Hongrie
Indonesia	864.2	997.9	903.9	977.6	954.3	Indonésie
Denmark	560.9	519.7	488.1	642.8	777.1	Danemark
Australia	695.3	629.3	628.6	564.1	453.5	Australie
Spain	478.7	431.3	489.3	602.0	662.0	Espagne
Austria	341.4	446.8	394.1	560.3	461.9	Autriche
Israel	310.5	516.5	450.1	408.3	412.2	Israël
Switzerland-Liechtenstein	442.8	502.6	442.0	304.5	337.8	Suisse-Liechtenstein
Czech Republic	136.8	279.9	392.4	600.2	571.6	République tchèque
Viet Nam	413.2	486.2	444.3	310.0	e293.2	Viet Nam
Sweden	293.4	259.9	334.7	380.0	395.0	Suède

(Value as percentages of World total)

(Valeur en pourcentage du total mondial)

Regions of the world	1994	1995	1996	1997	1998	1999	2000	2001	2002	2003	Régions du monde
World	100.0	100.0	100.0	100.0	100.0	100.0	100.0	100.0	100.0	100.0	Monde
Africa	0.1	0.1	0.1	0.1	0.1	0.1	0.1	0.1	0.1	0.1	Afrique
Americas	22.4	22.5	23.1	23.6	22.6	21.5	20.3	18.6	15.4	15.5	Amériques
- Northern America	21.4	21.6	21.8	21.9	19.8	17.3	17.2	15.9	12.9	12.6	- Amérique du Nord
- LAIA	1.0	0.9	1.2	1.7	2.3	2.4	2.1	2.2	1.9	2.1	- ALAI
- CACM	0.0	0.0	0.0	0.0	0.5	1.8	1.0	0.5	0.6	0.9	- MCC
- Caribbean	0.0	0.0	0.0	0.0	0.0	0.0	0.0	0.0	0.0	0.0	- Caraïbes
- Rest of America	0.0	0.0	0.0	0.0	0.0	0.0	0.0	0.0	0.0	0.0	- Autre d'Amérique
Asia excluding former USSR	51.5	51.1	50.8	51.1	52.0	53.6	55.9	54.6	58.7	60.1	Asie ancienne URSS exclus
- Middle East	0.0	0.1	0.1	0.1	0.1	0.1	0.1	0.2	0.2	0.2	- Moyen-Orient
Asia former USSR	0.0	0.0	0.0	0.0	0.0	0.0	0.0	0.0	0.0	0.0	Asie ancienne URSS
Europe excluding former USSR	24.9	25.2	24.8	24.2	24.7	24.2	23.3	26.2	25.4	24.0	Europe ancienne URSS exclus
- European Union	24.3	24.5	24.2	23.4	23.5	22.7	21.6	24.8	24.1	22.8	- Union Européenne
- Eastern Europe	0.1	0.2	0.2	0.4	0.8	1.0	1.2	1.0	0.9	0.8	- Europe de l'Est
- Rest of Europe	0.5	0.5	0.5	0.4	0.4	0.4	0.4	0.4	0.3	0.3	- Autre de l'Europe
Europe former USSR	0.1	0.1	0.1	0.1	0.0	0.0	0.0	0.0	0.0	0.0	Europe ancienne URSS
Oceania	1.0	1.0	1.1	0.9	0.7	0.5	0.4	0.5	0.4	0.3	Océanie

761 Television receivers

TRADE BY COMMODITY (Value in million US dollars)
Imports by principal countries or areas

COMMERCE PAR PRODUIT (Valeur en millions de dollars EU)
Importations selon les principaux pays ou zones

Country or area	1999	2000	2001	2002	2003	Pays ou zone
World	22066.0	25952.0	27566.1	31082.7	35661.2	Monde
Africa	262.2	336.1	380.6	424.5	527.0	Afrique
Americas	7975.0	9490.5	10483.4	12484.0	14392.9	Amériques
- Northern America	6953.5	8228.5	9108.5	11275.8	13308.4	- Amérique du Nord
- LAIA	877.1	1117.8	1231.1	1042.6	924.1	- ALAI
- CACM	70.7	72.4	85.7	102.1	104.6	- MCC
- Caribbean	46.7	48.2	37.3	39.3	33.9	- Caraïbes
- Rest of America	27.1	23.6	20.8	24.2	21.9	- Autre d'Amérique
Asia excluding former USSR	3777.2	4960.8	4818.4	4970.0	5421.1	Asie ancienne URSS exclus
- Middle East	408.3	620.7	587.7	704.2	875.0	- Moyen-Orient
Asia former USSR	35.5	47.3	33.6	38.8	61.2	Asie ancienne URSS
Europe excluding former USSR	9423.0	10462.6	11140.0	12243.5	14144.3	Europe ancienne URSS exclus
- European Union	8271.6	9183.2	10011.4	10958.8	12615.5	- Union Européenne
- Eastern Europe	706.3	793.7	551.3	621.2	787.9	- Europe de l'Est
- Rest of Europe	445.1	485.6	577.3	663.5	740.9	- Autre de l'Europe
Europe former USSR	133.6	96.5	246.5	243.7	228.9	Europe ancienne URSS
Oceania	459.5	558.2	463.5	678.2	885.9	Océanie
United States	6274.5	7320.9	8188.5	10194.2	12175.4	Etats-Unis d'Amérique
Germany	1693.3	1691.7	2149.1	2251.4	2454.6	Allemagne
United Kingdom	1339.2	1530.1	1692.9	1964.6	2238.3	Royaume-Uni
Japan	1410.7	1805.3	1950.2	1549.8	1448.8	Japon
France-Monaco	1142.3	1370.5	1213.5	1466.8	1624.7	France-Monaco
Netherlands	1006.5	1257.3	1382.5	1152.6	1415.9	Pays-Bas
Italy-San Marino-Holy See	812.6	862.6	1049.4	1162.2	1328.1	Italie-Saint-Marin-Saint-Siège
Canada	675.0	906.3	917.4	1078.9	1128.8	Canada
China, Hong Kong SAR	754.5	864.1	814.8	815.2	1041.8	Chine - RAS de Hong-Kong
Spain	625.2	635.0	660.9	748.6	914.1	Espagne
Singapore	422.6	617.1	528.2	673.7	601.8	Singapour
Mexico	462.3	588.5	625.3	549.1	444.1	Mexique
Australia	378.0	480.8	389.9	574.8	752.5	Australie
Belgium	305.6	422.8	440.9	598.6	749.6	Belgique
Sweden	283.8	329.3	374.9	472.4	573.7	Suède
Switzerland-Liechtenstein	241.0	258.9	282.9	301.3	345.8	Suisse-Liechtenstein
Austria	297.6	245.5	247.0	273.7	298.5	Autriche
Poland	288.0	281.8	208.5	218.6	242.0	Pologne
Denmark	191.7	202.0	221.5	248.9	263.1	Danemark
Korea, Republic of	80.6	190.1	221.5	282.1	304.5	République de Corée
United Arab Emirates	116.0	172.4	217.6	e223.3	e261.7	Emirates arabes unis
Hungary	269.1	335.6	112.7	122.9	137.9	Hongrie
Greece	152.7	146.6	151.5	174.8	233.9	Grèce
Norway	122.5	140.2	182.7	191.8	211.3	Norvège
Portugal	164.4	145.0	151.6	174.5	e178.3	Portugal
Finland	145.6	215.2	137.3	114.4	163.7	Finlande
Israel	110.1	192.7	174.5	127.4	92.7	Israël
Saudi Arabia	49.3	124.7	83.5	176.3	201.5	Arabie saoudite
Turkey	113.1	177.8	97.1	90.8	119.4	Turquie
Czech Republic	90.8	89.3	106.8	120.0	166.9	République tchèque

(Value as percentages of World total)   **(Valeur en pourcentage du total mondial**

Regions of the world	1994	1995	1996	1997	1998	1999	2000	2001	2002	2003	Régions du monde
World	100.0	100.0	100.0	100.0	100.0	100.0	100.0	100.0	100.0	100.0	Mondo
Africa	1.1	1.3	1.4	1.5	1.5	1.2	1.3	1.4	1.4	1.5	Afrique
Americas	26.4	25.1	25.3	30.1	36.3	36.1	36.6	38.0	40.2	40.4	Amériques
- Northern America	21.3	20.6	21.6	25.1	31.2	31.5	31.7	33.0	36.3	37.3	- Amérique du Nord
- LAIA	4.7	3.9	3.2	4.2	4.4	4.0	4.3	4.5	3.4	2.6	- ALAI
- CACM	0.2	0.3	0.2	0.4	0.3	0.3	0.3	0.3	0.3	0.3	- MCC
- Caribbean	0.2	0.3	0.2	0.3	0.3	0.2	0.2	0.1	0.1	0.1	- Caraïbes
- Rest of America	0.0	0.1	0.1	0.1	0.1	0.1	0.1	0.1	0.1	0.1	- Autre d'Amérique
Asia excluding former USSR	34.4	33.1	30.1	25.1	16.8	17.1	19.1	17.5	16.0	15.2	Asie ancienne URSS exclus
- Middle East	4.4	3.2	3.0	3.0	1.9	1.9	2.4	2.1	2.3	2.5	- Moyen-Orient
Asia former USSR	0.4	0.3	0.6	0.4	0.2	0.2	0.2	0.1	0.1	0.2	Asie ancienne URSS
Europe excluding former USSR	34.0	36.0	37.6	39.1	42.9	42.7	40.3	40.4	39.4	39.7	Europe ancienne URSS exclus
- European Union	31.2	33.1	34.4	35.5	38.5	37.5	35.4	36.3	35.3	35.4	- Union Européenne
- Eastern Europe	0.7	0.6	0.9	1.3	2.3	3.2	3.1	2.0	2.0	2.2	- Europe de l'Est
- Rest of Europe	2.1	2.3	2.2	2.3	2.2	2.0	1.9	2.1	2.1	2.1	- Autre de l'Europe
Europe former USSR	1.9	2.2	2.7	1.7	0.6	0.6	0.4	0.9	0.8	0.6	Europe ancienne URSS
Oceania	1.8	1.9	2.3	2.1	1.7	2.1	2.2	1.7	2.2	2.5	Océanie

TRADE BY COMMODITY (Value in million US dollars)
Exports by principal countries or areas

COMMERCE PAR PRODUIT (Valeur en millions de dollars EU)
Exportations selon les principaux pays ou zones

Country or area	1999	2000	2001	2002	2003	Pays ou zone
World	23437.0	28810.3	28862.6	32259.6	37511.2	Monde
Africa	19.2	54.2	65.7	39.6	59.3	Afrique
Americas	6493.8	7406.5	7957.4	8233.8	7902.6	Amériques
- Northern America	1258.8	1505.4	1530.5	1394.4	1355.8	- Amérique du Nord
- LAIA	5233.1	5899.5	6425.1	6837.0	6542.9	- ALAI
- CACM	0.7	0.1	0.2	1.0	2.3	- MCC
- Caribbean	1.3	1.1	1.1	1.0	1.6	- Caraïbes
- Rest of America	0.0	0.4	0.5	0.5	0.0	- Autre d'Amérique
Asia excluding former USSR	9354.6	12646.5	12161.2	15233.5	18750.4	Asie ancienne URSS exclus
- Middle East	785.9	966.5	1019.1	1609.2	2009.3	- Moyen-Orient
Asia former USSR	22.1	26.4	16.0	10.6	14.1	Asie ancienne URSS
Europe excluding former USSR	7471.2	8592.8	8557.0	8635.9	10624.7	Europe ancienne URSS exclus
- European Union	6384.5	7148.0	6323.2	6281.5	7943.5	- Union Européenne
- Eastern Europe	1035.1	1358.5	2088.2	2264.6	2598.1	- Europe de l'Est
- Rest of Europe	51.7	86.3	145.6	89.8	83.0	- Autre de l'Europe
Europe former USSR	68.8	71.5	93.4	90.1	135.5	Europe ancienne URSS
Oceania	7.2	12.4	11.8	16.1	24.5	Océanie
Mexico	5164.8	5736.5	6244.8	6694.3	6440.5	Mexique
Japan	2494.2	3327.0	3242.4	3733.7	4452.6	Japon
China	803.1	1297.3	1591.0	2396.3	3471.3	Chine
Korea, Republic of	1293.8	1582.0	1545.9	2116.3	2971.2	République de Corée
Malaysia	1431.3	2009.3	1829.7	2244.0	1801.7	Malaisie
United States	1223.0	1474.6	1469.1	1303.5	1264.4	Etats-Unis d'Amérique
France-Monaco	1174.7	1420.5	1508.8	1369.9	1168.5	France-Monaco
United Kingdom	1259.1	1340.4	1182.0	918.2	951.0	Royaume-Uni
Turkey	674.9	830.0	865.0	1453.6	1820.2	Turquie
Spain	900.3	938.4	1006.1	1240.2	1418.1	Espagne
Thailand	728.5	1092.1	915.4	e973.9	1137.6	Thaïlande
Germany	764.2	705.1	822.0	969.6	1133.3	Allemagne
Poland	543.3	635.1	905.4	1086.8	1105.8	Pologne
Belgium	635.7	760.9	713.7	691.4	1222.4	Belgique
Singapore	491.7	574.8	566.0	581.2	606.4	Singapour
Hungary	378.1	428.5	536.4	533.9	817.6	Hongrie
Netherlands	559.3	877.9	129.6	137.0	969.0	Pays-Bas
China, Hong Kong SAR	521.1	477.1	361.9	459.4	678.1	Chine - RAS de Hong-Kong
Czech Republic	70.2	227.1	550.6	451.2	332.0	République tchèque
Indonesia	38.1	314.5	348.4	298.9	267.3	Indonésie
Sweden	211.5	224.5	300.1	256.3	274.1	Suède
Denmark	183.8	200.6	228.8	276.6	286.3	Danemark
Italy-San Marino-Holy See	238.1	180.2	148.3	147.1	141.9	Italie-Saint-Marin-Saint-Siège
Austria	180.5	186.7	153.3	99.0	204.1	Autriche
United Arab Emirates	76.7	118.7	129.7	e135.1	e160.4	Emirates arabes unis
Brazil	62.6	155.9	178.1	127.2	93.8	Brésil
Slovakia	42.7	67.4	94.5	119.1	140.0	Slovaquie
Finland	56.3	29.8	61.0	99.4	111.4	Finlande
Portugal	102.1	149.0	31.9	15.5	e17.9	Portugal
Philippines	61.4	81.8	64.5	60.0	45.8	Philippines

(Value as percentages of World total)

(Valeur en pourcentage du total mondial)

Regions of the world	1994	1995	1996	1997	1998	1999	2000	2001	2002	2003	Régions du monde
World	100.0	100.0	100.0	100.0	100.0	100.0	100.0	100.0	100.0	100.0	Monde
Africa	0.1	0.1	0.1	0.1	0.1	0.1	0.2	0.2	0.1	0.2	Afrique
Americas	16.1	16.6	17.2	21.9	26.4	27.7	25.7	27.6	25.5	21.1	Amériques
- Northern America	4.2	4.0	3.9	5.5	5.8	5.4	5.2	5.3	4.3	3.6	- Amérique du Nord
- LAIA	11.9	12.6	13.4	16.4	20.6	22.3	20.5	22.3	21.2	17.4	- ALAI
- CACM	0.0	0.0	0.0	0.0	0.0	0.0	0.0	0.0	0.0	0.0	- MCC
- Caribbean	0.0	0.0	0.0	0.0	0.0	0.0	0.0	0.0	0.0	0.0	- Caraïbes
- Rest of America	0.0	0.0	0.0	0.0	0.0	0.0	0.0	0.0	0.0	0.0	- Autre d'Amérique
Asia excluding former USSR	58.9	57.1	52.5	45.8	39.6	39.9	43.9	42.1	47.2	50.0	Asie ancienne URSS exclus
- Middle East	1.0	1.2	1.1	1.8	3.5	3.4	3.4	3.5	5.0	5.4	- Moyen-Orient
Asia former USSR	0.0	0.0	0.0	0.1	0.1	0.1	0.1	0.1	0.0	0.0	Asie ancienne URSS
Europe excluding former USSR	24.4	25.8	29.5	31.0	33.4	31.9	29.8	29.6	26.8	28.3	Europe ancienne URSS exclus
- European Union	23.7	24.8	28.5	27.9	28.8	27.2	24.8	21.9	19.5	21.2	- Union Européenne
- Eastern Europe	0.4	0.7	0.7	2.7	4.3	4.4	4.7	7.2	7.0	6.9	- Europe de l'Est
- Rest of Europe	0.3	0.3	0.3	0.3	0.3	0.2	0.3	0.5	0.3	0.2	- Autre de l'Europe
Europe former USSR	0.4	0.4	0.6	1.1	0.3	0.3	0.2	0.3	0.3	0.4	Europe ancienne URSS
Oceania	0.0	0.0	0.0	0.0	0.0	0.0	0.0	0.0	0.0	0.1	Océanie

762 Radio-broadcast receivers

Country or area	1999	2000	2001	2002	2003	Pays ou zone
World	20164.3	22143.0	20246.1	20695.7	20116.4	Monde
Africa	238.3	238.1	238.7	234.7	305.0	Afrique
Americas	8319.1	9730.9	8895.0	8867.5	7935.4	Amériques
- Northern America	7312.0	8487.3	7478.8	7591.8	6906.9	- Amérique du Nord
- LAIA	925.2	1165.3	1330.1	1182.7	931.0	- ALAI
- CACM	52.3	48.5	58.6	67.1	71.6	- MCC
- Caribbean	17.3	18.0	14.7	15.0	14.6	- Caraïbes
- Rest of America	12.2	11.8	12.8	10.9	11.3	- Autre d'Amérique
Asia excluding former USSR	4333.2	5298.1	4377.3	4369.7	4157.0	Asie ancienne URSS exclus
- Middle East	308.8	385.2	315.2	385.3	487.0	- Moyen-Orient
Asia former USSR	6.7	2.9	3.5	5.7	8.7	Asie ancienne URSS
Europe excluding former USSR	6908.7	6463.3	6282.7	6668.4	7114.0	Europe ancienne URSS exclus
- European Union	6333.2	5896.6	5758.3	6071.9	6448.5	- Union Européenne
- Eastern Europe	317.9	325.6	292.8	361.3	411.9	- Europe de l'Est
- Rest of Europe	257.6	241.2	231.6	235.2	253.7	- Autre de l'Europe
Europe former USSR	29.9	46.3	111.9	169.8	197.0	Europe ancienne URSS
Oceania	328.5	363.5	336.9	380.1	399.3	Océanie
United States	6474.9	7534.1	6690.6	6752.5	6095.9	Etats-Unis d'Amérique
China, Hong Kong SAR	2009.8	2360.4	1778.0	1882.8	1625.8	Chine - RAS de Hong-Kong
Germany	1429.7	1447.7	1413.5	1348.0	1522.7	Allemagne
Japan	983.6	1278.5	1235.1	1066.5	983.9	Japon
United Kingdom	801.7	866.1	848.6	912.1	919.8	Royaume-Uni
Canada	836.5	952.4	787.3	837.8	809.6	Canada
Belgium	759.8	635.8	771.5	862.3	945.4	Belgique
Mexico	545.7	714.6	853.8	810.9	567.5	Mexique
France-Monaco	738.6	693.1	621.3	644.6	635.1	France-Monaco
Netherlands	733.6	630.5	584.2	583.6	531.8	Pays-Bas
Spain	542.9	474.6	466.3	558.8	603.3	Espagne
Singapore	526.6	596.1	476.4	478.9	411.2	Singapour
Italy-San Marino-Holy See	525.3	440.4	409.3	453.9	565.6	Italie-Saint-Marin-Saint-Siège
Australia	267.8	312.7	289.9	322.9	336.0	Australie
Sweden	234.1	235.2	217.0	222.2	239.4	Suède
Korea, Republic of	101.6	171.4	172.8	211.3	201.8	République de Corée
Poland	161.8	160.9	125.1	132.1	138.5	Pologne
United Arab Emirates	128.8	145.8	130.7	e134.1	e157.1	Emirates arabes unis
Austria	161.3	130.6	118.4	117.7	116.5	Autriche
Switzerland-Liechtenstein	123.4	118.1	109.6	96.8	109.2	Suisse-Liechtenstein
Thailand	65.1	104.4	103.1	e70.7	82.9	Thaïlande
Denmark	105.2	73.5	70.3	78.1	97.8	Danemark
South Africa	–	101.7	98.3	97.6	126.5	Afrique du Sud
Czech Republic	68.8	63.6	69.1	88.1	110.8	République tchèque
Greece	78.7	67.9	59.9	96.9	84.4	Grèce
Turkey	84.9	104.6	40.0	58.6	95.9	Turquie
Russian Federation	2.2	16.5	73.4	133.8	148.7	Fédération de Russie
Portugal	93.4	77.5	63.3	65.9	e67.3	Portugal
Chile	64.7	85.5	69.8	62.2	71.7	Chili
Argentina	127.8	111.2	85.9	10.1	e15.5	Argentine

(Value as percentages of World total) (Valeur en pourcentage du total mondial)

Regions of the world	1994	1995	1996	1997	1998	1999	2000	2001	2002	2003	Régions du monde
World	100.0	100.0	100.0	100.0	100.0	100.0	100.0	100.0	100.0	100.0	Monde
Africa	0.7	0.7	0.9	1.1	1.2	1.2	1.1	1.2	1.1	1.5	Afrique
Americas	36.8	35.2	34.6	37.9	41.1	41.3	43.9	43.9	42.8	39.4	Amériques
- Northern America	32.0	30.4	29.7	32.0	35.0	36.3	38.3	36.9	36.7	34.3	- Amérique du Nord
- LAIA	4.4	4.4	4.6	5.5	5.6	4.6	5.3	6.6	5.7	4.6	- ALAI
- CACM	0.2	0.2	0.2	0.2	0.3	0.3	0.2	0.3	0.3	0.4	- MCC
- Caribbean	0.1	0.1	0.1	0.1	0.1	0.1	0.1	0.1	0.1	0.1	- Caraïbes
- Rest of America	0.1	0.1	0.1	0.1	0.1	0.1	0.1	0.1	0.1	0.1	- Autre d'Amérique
Asia excluding former USSR	31.6	31.2	29.6	27.9	21.9	21.5	23.9	21.6	21.1	20.7	Asie ancienne URSS exclus
- Middle East	2.4	2.3	2.1	2.5	1.7	1.5	1.7	1.6	1.9	2.4	- Moyen-Orient
Asia former USSR	0.0	0.0	0.1	0.0	0.1	0.0	0.0	0.0	0.0	0.0	Asie ancienne URSS
Europe excluding former USSR	29.0	31.0	32.6	31.0	34.0	34.3	29.2	31.0	32.2	35.4	Europe ancienne URSS exclus
- European Union	27.0	28.6	29.9	28.3	30.9	31.4	26.6	28.4	29.3	32.1	- Union Européenne
- Eastern Europe	0.6	0.8	1.3	1.4	1.7	1.6	1.5	1.4	1.7	2.0	- Europe de l'Est
- Rest of Europe	1.4	1.6	1.4	1.3	1.4	1.3	1.1	1.1	1.1	1.3	- Autre de l'Europe
Europe former USSR	0.2	0.3	0.3	0.3	0.2	0.1	0.2	0.6	0.8	1.0	Europe ancienne URSS
Oceania	1.8	1.7	1.9	1.8	1.6	1.6	1.6	1.7	1.8	2.0	Océanie

TRADE BY COMMODITY (Value in million US dollars)
Exports by principal countries or areas

COMMERCE PAR PRODUIT (Valeur en millions de dollars EU)
Exportations selon les principaux pays ou zones

Country or area	1999	2000	2001	2002	2003	Pays ou zone
World	17278.9	19388.9	16906.3	16860.5	16654.3	Monde
Africa	25.8	26.2	23.2	29.6	55.3	Afrique
Americas	2533.2	2809.1	2588.1	2901.7	2470.6	Amériques
- Northern America	897.5	1099.4	952.6	950.3	845.2	- Amérique du Nord
- LAIA	1635.3	1709.3	1634.6	1950.1	1623.8	- ALAI
- CACM	0.1	0.1	0.1	0.9	1.3	- MCC
- Caribbean	0.3	0.3	0.7	0.3	0.3	- Caraïbes
- Rest of America	0.1	0.0	0.1	0.1	0.0	- Autre d'Amérique
Asia excluding former USSR	11008.1	13192.9	11086.6	10524.4	9917.1	Asie ancienne URSS exclus
- Middle East	75.1	77.0	76.2	75.6	86.0	- Moyen-Orient
Asia former USSR	0.2	0.0	0.1	0.3	0.3	Asie ancienne URSS
Europe excluding former USSR	3700.3	3351.1	3191.1	3391.9	4188.8	Europe ancienne URSS exclus
- European Union	3414.9	3044.4	2951.3	3057.6	3739.7	- Union Européenne
- Eastern Europe	275.1	297.4	230.9	327.4	442.6	- Europe de l'Est
- Rest of Europe	10.2	9.3	9.0	6.9	6.4	- Autre de l'Europe
Europe former USSR	3.8	4.2	4.8	4.5	9.4	Europe ancienne URSS
Oceania	7.6	5.4	12.3	8.1	12.9	Océanie
China	2432.5	2968.8	2628.9	3046.2	3263.0	Chine
China, Hong Kong SAR	2783.3	3398.4	2626.2	2803.6	2376.3	Chine - RAS de Hong-Kong
Malaysia	2474.4	2582.0	2041.8	1442.9	1500.2	Malaisie
Mexico	1368.7	1450.0	1455.7	1799.8	1469.0	Mexique
Japan	1293.1	1129.0	739.7	814.0	604.7	Japon
United States	866.2	1062.4	919.9	911.0	819.9	Etats-Unis d'Amérique
Singapore	944.5	1033.4	969.6	569.7	599.7	Singapour
Belgium	681.9	624.1	649.9	681.7	831.1	Belgique
Germany	570.8	525.8	619.5	753.8	941.3	Allemagne
Portugal	659.7	642.1	652.3	651.0	e755.0	Portugal
Indonesia	209.9	610.8	654.6	539.7	341.0	Indonésie
France-Monaco	501.5	393.4	380.3	448.1	329.7	France-Monaco
Netherlands	561.7	431.2	301.4	160.6	454.2	Pays-Bas
Thailand	195.3	377.4	364.2	e413.2	482.6	Thaïlande
Korea, Republic of	255.4	565.4	440.5	342.9	222.7	République de Corée
Hungary	266.4	288.6	218.8	300.3	358.2	Hongrie
Israel	130.8	221.5	309.5	298.2	292.1	Israël
Brazil	250.1	248.3	166.7	128.6	130.7	Brésil
Philippines	108.0	127.2	129.2	120.2	100.5	Philippines
United Kingdom	138.7	97.7	98.1	78.2	106.6	Royaume-Uni
Denmark	100.3	79.1	72.1	87.6	102.8	Danemark
Spain	95.0	66.2	59.3	87.1	98.2	Espagne
United Arab Emirates	65.4	64.6	65.5	e68.2	e81.0	Emirates arabes unis
Sweden	45.3	41.8	43.4	47.8	54.7	Suède
Austria	24.0	98.3	24.1	12.6	18.5	Autriche
Canada	31.3	37.0	32.7	39.3	25.2	Canada
Czech Republic	4.6	4.8	10.7	25.7	81.1	République tchèque
Italy-San Marino-Holy See	17.8	22.0	21.8	29.6	30.3	Italie-Saint-Marin-Saint-Siège
South Africa	–	18.4	20.0	24.1	49.2	Afrique du Sud
Argentina	15.4	9.8	9.1	18.3	21.8	Argentine

(Value as percentages of World total)

(Valeur en pourcentage du total mondial)

Regions of the world	1994	1995	1996	1997	1998	1999	2000	2001	2002	2003	Régions du monde
World	100.0	100.0	100.0	100.0	100.0	100.0	100.0	100.0	100.0	100.0	Monde
Africa	0.0	0.0	0.0	0.1	0.1	0.1	0.1	0.1	0.2	0.3	Afrique
Americas	9.5	9.8	11.6	14.3	13.9	14.7	14.5	15.3	17.2	14.8	Amériques
- Northern America	3.3	3.5	4.1	4.9	4.7	5.2	5.7	5.6	5.6	5.1	- Amérique du Nord
- LAIA	6.3	6.3	7.5	9.4	9.2	9.5	8.8	9.7	11.6	9.8	- ALAI
- CACM	0.0	0.0	0.0	0.0	0.0	0.0	0.0	0.0	0.0	0.0	- MCC
- Caribbean	0.0	0.0	0.0	0.0	0.0	0.0	0.0	0.0	0.0	0.0	- Caraïbes
- Rest of America	0.0	0.0	0.0	0.0	0.0	0.0	0.0	0.0	0.0	0.0	- Autre d'Amérique
Asia excluding former USSR	78.2	75.8	71.2	68.8	66.8	63.7	68.0	65.6	62.4	59.5	Asie ancienne URSS exclus
- Middle East	0.2	0.2	0.2	0.2	0.4	0.4	0.4	0.5	0.4	0.5	- Moyen-Orient
Asia former USSR	0.0	0.0	0.0	0.0	0.0	0.0	0.0	0.0	0.0	0.0	Asie ancienne URSS
Europe excluding former USSR	12.2	14.4	17.1	16.6	19.1	21.4	17.3	18.9	20.1	25.2	Europe ancienne URSS exclus
- European Union	12.0	14.2	16.8	16.1	17.9	19.8	15.7	17.5	18.1	22.5	- Union Européenne
- Eastern Europe	0.2	0.1	0.2	0.4	1.2	1.6	1.5	1.4	1.9	2.7	- Europe de l'Est
- Rest of Europe	0.0	0.1	0.1	0.1	0.1	0.1	0.0	0.1	0.0	0.0	- Autre de l'Europe
Europe former USSR	0.0	0.0	0.1	0.2	0.0	0.0	0.0	0.0	0.0	0.1	Europe ancienne URSS
Oceania	0.1	0.0	0.0	0.1	0.0	0.0	0.0	0.1	0.0	0.1	Océanie

763 Gramophones, dictating machines and other sound recorders

TRADE BY COMMODITY (Value in million US dollars)
Imports by principal countries or areas

COMMERCE PAR PRODUIT (Valeur en millions de dollars EU)
Importations selon les principaux pays ou zones

Country or area	1999	2000	2001	2002	2003	Pays ou zone
World	24184.5	29352.2	29645.0	34547.7	45790.5	Monde
Africa	165.1	170.1	180.3	200.3	291.0	Afrique
Americas	11072.1	13600.1	12286.2	14439.3	15413.3	Amériques
- Northern America	10245.9	12666.3	11296.3	13195.6	14170.7	- Amérique du Nord
- LAIA	767.1	873.6	931.4	1176.8	1159.6	- ALAI
- CACM	20.5	18.8	23.6	30.3	40.9	- MCC
- Caribbean	23.9	29.0	24.0	25.1	28.8	- Caraïbes
- Rest of America	14.7	12.3	10.9	11.5	13.3	- Autre d'Amérique
Asia excluding former USSR	4351.3	5914.6	6908.5	8415.4	12018.5	Asie ancienne URSS exclus
- Middle East	278.9	355.3	349.4	427.7	576.4	- Moyen-Orient
Asia former USSR	17.1	23.9	18.2	17.4	15.9	Asie ancienne URSS
Europe excluding former USSR	8075.8	9028.1	9664.2	10729.4	16977.8	Europe ancienne URSS exclus
- European Union	7383.3	8331.1	8866.5	9745.9	15467.0	- Union Européenne
- Eastern Europe	298.4	252.1	328.5	415.3	705.9	- Europe de l'Est
- Rest of Europe	394.1	444.9	469.2	568.2	805.0	- Autre de l'Europe
Europe former USSR	47.4	45.3	83.3	109.2	155.8	Europe ancienne URSS
Oceania	455.7	570.1	504.3	636.7	918.1	Océanie
United States	9561.9	11851.9	10478.2	12243.3	13070.5	Etats-Unis d'Amérique
China, Hong Kong SAR	1601.0	2244.6	2669.4	3703.5	5519.9	Chine - RAS de Hong-Kong
Germany	1648.5	1793.3	1998.0	1399.4	3750.2	Allemagne
United Kingdom	1485.6	1665.7	1732.8	2187.5	2944.8	Royaume-Uni
Japan	1097.8	1506.1	1973.8	1898.2	2413.9	Japon
France-Monaco	1029.3	1253.7	1218.1	1457.4	2150.4	France-Monaco
Netherlands	780.9	919.6	949.3	975.5	1362.3	Pays-Bas
Canada	681.6	813.1	816.2	950.0	1096.5	Canada
Singapore	705.1	824.1	823.9	891.1	863.0	Singapour
Italy-San Marino-Holy See	544.9	664.4	711.0	851.0	1308.1	Italie-Saint-Marin-Saint-Siège
Spain	497.3	535.7	634.1	806.8	1272.7	Espagne
Mexico	529.1	590.3	665.8	963.9	855.0	Mexique
Belgium	501.8	446.0	609.5	745.2	871.9	Belgique
Australia	389.9	493.9	441.4	557.4	781.0	Australie
Korea, Republic of	162.9	358.1	407.8	522.8	701.2	République de Corée
Sweden	218.1	283.2	251.7	360.1	574.7	Suède
Switzerland-Liechtenstein	227.7	254.1	261.4	286.2	416.1	Suisse-Liechtenstein
China	64.5	85.1	112.3	189.6	814.7	Chine
Austria	206.4	206.9	212.6	230.8	325.9	Autriche
Denmark	129.3	129.5	150.6	230.5	273.8	Danemark
Norway	97.9	121.6	123.4	162.2	228.4	Norvège
Thailand	69.2	107.3	108.8	e183.6	215.3	Thaïlande
Saudi Arabia	92.8	117.9	118.3	143.9	164.5	Arabie saoudite
Poland	87.4	95.2	98.3	126.1	200.3	Pologne
Hungary	103.9	56.8	108.7	121.5	181.4	Hongrie
Finland	78.0	100.1	93.3	120.0	166.0	Finlande
Czech Republic	76.9	67.0	80.7	110.6	219.8	République tchèque
Portugal	101.9	114.6	97.8	107.6	e110.0	Portugal
Ireland	57.5	102.2	88.9	132.5	131.1	Irlande
United Arab Emirates	73.3	109.0	99.9	e102.5	e120.1	Emirates arabes unis

(Value as percentages of World total)

(Valeur en pourcentage du total mondial)

Regions of the world	1994	1995	1996	1997	1998	1999	2000	2001	2002	2003	Régions du monde
World	100.0	100.0	100.0	100.0	100.0	100.0	100.0	100.0	100.0	100.0	Monde
Africa	0.7	0.6	0.5	0.6	0.8	0.7	0.6	0.6	0.6	0.6	Afrique
Americas	38.4	38.4	37.7	41.9	44.7	45.8	46.3	41.4	41.8	33.7	Amériques
- Northern America	32.9	32.9	33.9	37.9	40.3	42.4	43.2	38.1	38.2	30.9	- Amérique du Nord
- LAIA	5.2	5.1	3.6	3.7	4.2	3.2	3.0	3.1	3.4	2.5	- ALAI
- CACM	0.1	0.1	0.1	0.1	0.1	0.1	0.1	0.1	0.1	0.1	- MCC
- Caribbean	0.1	0.1	0.1	0.1	0.1	0.1	0.1	0.1	0.1	0.1	- Caraïbes
- Rest of America	0.1	0.1	0.1	0.1	0.1	0.1	0.0	0.0	0.0	0.0	- Autre d'Amérique
Asia excluding former USSR	29.5	28.6	25.1	23.6	18.3	18.0	20.2	23.3	24.4	26.2	Asie ancienne URSS exclus
- Middle East	3.2	2.3	1.6	2.1	1.3	1.2	1.2	1.2	1.2	1.3	- Moyen-Orient
Asia former USSR	0.1	0.2	0.2	0.1	0.1	0.1	0.1	0.1	0.1	0.0	Asie ancienne URSS
Europe excluding former USSR	29.1	29.9	33.9	31.3	34.0	33.4	30.8	32.6	31.1	37.1	Europe ancienne URSS exclus
- European Union	27.2	27.8	31.5	28.5	31.1	30.5	28.4	29.9	28.2	33.8	- Union Européenne
- Eastern Europe	0.6	0.7	0.8	1.1	1.2	1.2	0.9	1.1	1.2	1.5	- Europe de l'Est
- Rest of Europe	1.3	1.4	1.5	1.6	1.7	1.6	1.5	1.6	1.6	1.8	- Autre de l'Europe
Europe former USSR	0.6	0.7	0.8	0.5	0.2	0.2	0.2	0.3	0.3	0.3	Europe ancienne URSS
Oceania	1.5	1.7	1.8	2.0	1.8	1.9	1.9	1.7	1.8	2.0	Océanie

TRADE BY COMMODITY (Value in million US dollars)
Exports by principal countries or areas

COMMERCE PAR PRODUIT (Valeur en millions de dollars EU)
Exportations selon les principaux pays ou zones

Country or area	1999	2000	2001	2002	2003	Pays ou zone
World	23221.5	27581.8	27064.6	31896.7	42735.1	Monde
Africa	8.8	11.0	9.2	8.6	12.0	Afrique
Americas	2079.0	2096.1	1715.3	1597.9	1703.3	Amériques
- Northern America	1319.1	1370.6	1234.3	1197.0	1387.9	- Amérique du Nord
- LAIA	758.6	724.6	479.6	399.1	312.4	- ALAI
- CACM	0.2	0.2	0.2	0.2	0.7	- MCC
- Caribbean	1.0	0.6	1.0	1.5	2.2	- Caraïbes
- Rest of America	0.1	0.0	0.2	0.0	0.0	- Autre d'Amérique
Asia excluding former USSR	16924.6	21535.9	21128.7	26263.5	34060.0	Asie ancienne URSS exclus
- Middle East	67.1	82.0	97.0	96.8	117.4	- Moyen-Orient
Asia former USSR	2.1	1.2	0.7	1.0	0.8	Asie ancienne URSS
Europe excluding former USSR	4182.1	3907.8	4184.6	3998.6	6916.5	Europe ancienne URSS exclus
- European Union	3248.0	3002.3	3420.4	3246.1	5874.7	- Union Européenne
- Eastern Europe	881.8	858.4	726.0	701.0	973.1	- Europe de l'Est
- Rest of Europe	52.3	47.2	38.2	51.5	68.7	- Autre de l'Europe
Europe former USSR	4.9	4.4	6.2	5.4	16.2	Europe ancienne URSS
Oceania	20.0	25.5	20.0	21.7	26.3	Océanie
Japan	8352.6	9940.2	8157.9	9290.0	11060.3	Japon
China	1865.1	2873.9	4130.2	6469.8	10526.5	Chine
China, Hong Kong SAR	1465.6	2084.6	2408.2	3350.7	5606.4	Chine - RAS de Hong-Kong
Malaysia	1812.0	2382.0	2336.7	1873.8	1894.9	Malaisie
Korea, Republic of	1430.1	1716.2	1683.9	1885.6	1923.6	République de Corée
United States	1239.2	1279.9	1141.5	1080.0	1258.0	Etats-Unis d'Amérique
Germany	858.9	815.5	1064.1	641.1	2047.7	Allemagne
Singapore	808.6	796.9	776.3	1141.9	930.0	Singapour
Indonesia	445.0	823.3	829.5	1356.4	971.4	Indonésie
Hungary	867.8	844.4	673.5	622.8	775.3	Hongrie
Netherlands	475.3	540.1	617.8	437.1	1137.5	Pays-Bas
Belgium	459.6	360.0	571.2	761.0	845.2	Belgique
United Kingdom	751.1	527.4	448.0	481.7	563.7	Royaume-Uni
Mexico	752.4	711.0	466.6	387.6	305.1	Mexique
Thailand	418.1	381.2	316.2	e392.4	458.4	Thaïlande
France-Monaco	301.6	275.0	257.4	263.1	353.6	France-Monaco
Spain	129.6	193.2	145.6	188.3	249.8	Espagne
Canada	80.0	90.7	92.7	116.9	129.9	Canada
Sweden	46.5	46.8	54.6	119.7	234.5	Suède
United Arab Emirates	44.3	70.6	82.8	e86.2	e102.4	Emirates arabes unis
Ireland	26.2	50.7	67.2	94.3	143.3	Irlande
Denmark	44.1	37.7	64.9	103.8	107.4	Danemark
Austria	60.1	46.9	41.9	51.4	57.7	Autriche
Italy-San Marino-Holy See	35.2	37.3	38.2	52.1	57.6	Italie-Saint-Marin-Saint-Siège
Switzerland-Liechtenstein	43.7	37.2	29.9	39.4	48.9	Suisse-Liechtenstein
Slovakia	0.7	0.9	38.2	49.3	109.7	Slovaquie
Czech Republic	10.8	7.9	10.4	22.5	79.1	République tchèque
Israel	25.3	10.5	11.7	17.2	38.1	Israël
Luxembourg	14.0	14.8	13.7	23.0	35.9	Luxembourg
Australia	18.5	22.1	17.9	19.4	23.3	Australie

(Value as percentages of World total) | | | | | | | | | | | (Valeur en pourcentage du total mondial)

Regions of the world	1994	1995	1996	1997	1998	1999	2000	2001	2002	2003	Régions du monde
World	100.0	100.0	100.0	100.0	100.0	100.0	100.0	100.0	100.0	100.0	Monde
Africa	0.0	0.1	0.0	0.0	0.0	0.0	0.0	0.0	0.0	0.0	Afrique
Americas	5.6	6.7	6.9	8.7	8.5	9.0	7.6	6.3	5.0	4.0	Amériques
- Northern America	3.9	4.2	5.0	6.4	6.0	5.7	5.0	4.6	3.8	3.2	- Amérique du Nord
- LAIA	1.7	2.5	2.0	2.3	2.5	3.3	2.6	1.8	1.3	0.7	- ALAI
- CACM	0.0	0.0	0.0	0.0	0.0	0.0	0.0	0.0	0.0	0.0	- MCC
- Caribbean	0.0	0.0	0.0	0.0	0.0	0.0	0.0	0.0	0.0	0.0	- Caraïbes
- Rest of America	0.0	0.0	0.0	0.0	0.0	0.0	0.0	0.0	0.0	0.0	- Autre d'Amérique
Asia excluding former USSR	78.2	77.5	73.5	72.5	72.2	72.9	78.1	78.1	82.3	79.7	Asie ancienne URSS exclus
- Middle East	0.2	0.2	0.2	0.3	0.4	0.3	0.3	0.4	0.3	0.3	- Moyen-Orient
Asia former USSR	0.0	0.0	0.0	0.0	0.0	0.0	0.0	0.0	0.0	0.0	Asie ancienne URSS
Europe excluding former USSR	15.9	15.5	19.3	18.3	19.1	18.0	14.2	15.5	12.5	16.2	Europe ancienne URSS exclus
- European Union	15.5	14.8	18.8	15.2	15.0	14.0	10.9	12.6	10.2	13.7	- Union Européenne
- Eastern Europe	0.1	0.4	0.1	2.8	3.9	3.8	3.1	2.7	2.2	2.3	- Europe de l'Est
- Rest of Europe	0.3	0.3	0.3	0.3	0.3	0.2	0.2	0.1	0.2	0.2	- Autre de l'Europe
Europe former USSR	0.1	0.1	0.2	0.4	0.1	0.0	0.0	0.0	0.0	0.0	Europe ancienne URSS
Oceania	0.0	0.1	0.1	0.1	0.1	0.1	0.1	0.1	0.1	0.1	Océanie

764 Telecommunication equipment, nes; parts and accessories, nes

TRADE BY COMMODITY (Value in million US dollars)
Imports by principal countries or areas

COMMERCE PAR PRODUIT (Valeur en millions de dollars EU)
Importations selon les principaux pays ou zones

Country or area	1999	2000	2001	2002	2003	Pays ou zone
World	169101.3	221611.9	204946.1	192949.9	217094.5	Monde
Africa	3228.4	3954.5	3250.2	3201.7	4276.6	Afrique
Americas	47506.6	68512.1	59036.0	53947.9	58048.0	Amériques
- Northern America	34915.8	52656.6	44383.7	43525.2	46679.5	- Amérique du Nord
- LAIA	11571.3	14755.0	13443.2	9196.3	9962.8	- ALAI
- CACM	522.0	507.3	418.4	465.9	648.6	- MCC
- Caribbean	364.2	470.8	635.0	617.7	621.2	- Caraïbes
- Rest of America	133.3	122.4	155.7	142.7	136.0	- Autre d'Amérique
Asia excluding former USSR	48456.2	65220.3	63089.0	64415.9	75279.1	Asie ancienne URSS exclus
- Middle East	4419.4	4918.1	4142.3	3892.7	4746.5	- Moyen-Orient
Asia former USSR	296.6	431.8	360.1	407.0	535.2	Asie ancienne URSS
Europe excluding former USSR	64860.8	77603.1	73927.1	65944.2	72899.0	Europe ancienne URSS exclus
- European Union	57509.9	68750.8	65348.5	57419.3	62424.6	- Union Européenne
- Eastern Europe	4040.3	5150.0	5344.6	5404.4	6906.5	- Europe de l'Est
- Rest of Europe	3310.5	3702.3	3234.0	3120.5	3567.8	- Autre de l'Europe
Europe former USSR	1357.9	1599.5	2219.9	2343.9	2810.0	Europe ancienne URSS
Oceania	3394.8	4290.5	3063.8	2689.4	3246.6	Océanie
United States	29629.8	45062.0	38471.8	38272.9	41168.1	Etats-Unis d'Amérique
China, Hong Kong SAR	11006.4	15273.2	15086.0	16852.8	18731.3	Chine - RAS de Hong-Kong
China	9117.0	12230.8	13121.3	13893.3	18536.8	Chine
United Kingdom	11941.4	15176.7	12184.1	10587.8	12418.2	Royaume-Uni
Germany	9102.9	10669.3	12860.4	12804.6	12533.5	Allemagne
Japan	6701.7	8879.9	8216.2	7437.6	8063.0	Japon
France-Monaco	6098.9	7597.3	7097.2	5803.2	6567.3	France-Monaco
Mexico	5280.7	7505.1	7104.3	5505.5	6165.9	Mexique
Canada	5248.2	7390.4	5861.2	5222.6	5475.3	Canada
Netherlands	5106.0	6826.8	6894.2	4323.8	5311.2	Pays-Bas
Italy-San Marino-Holy See	5355.7	6149.0	5350.3	5103.1	5728.9	Italie-Saint-Marin-Saint-Siège
Singapore	4125.8	4832.4	4602.1	4517.2	5784.7	Singapour
Spain	4801.4	5003.3	4116.3	3794.2	4636.7	Espagne
Korea, Republic of	3160.6	5110.7	4019.4	3893.9	4278.5	République de Corée
Malaysia	2111.4	3254.9	3072.5	3349.7	3035.7	Malaisie
Sweden	3032.6	3413.4	2747.3	2569.1	2955.3	Suède
Australia	2764.1	3574.1	2520.6	2231.3	2699.7	Australie
Belgium	2602.3	2813.7	3343.2	2445.8	2420.9	Belgique
Brazil	2526.6	3045.8	3032.0	1484.1	1548.9	Brésil
Denmark	1721.5	2013.5	1950.9	2531.5	2140.0	Danemark
Ireland	2023.6	2277.0	2619.0	1809.0	1264.9	Irlande
Thailand	1094.8	1615.0	2452.0	e2053.1	2407.1	Thaïlande
Hungary	1299.8	1627.0	1732.4	2020.2	2929.0	Hongrie
Austria	2026.2	2038.7	1582.0	1681.1	2024.5	Autriche
Finland	1194.8	2130.8	1933.1	1624.4	1931.4	Finlande
Switzerland-Liechtenstein	1690.3	1930.6	1617.9	1480.3	1616.2	Suisse-Liechtenstein
Turkey	2120.1	2642.6	1036.3	881.6	1186.8	Turquie
Poland	1428.3	1639.3	1584.4	1485.4	1605.0	Pologne
Philippines	1106.5	1832.1	1822.0	1204.2	1304.4	Philippines
India	542.0	650.6	863.1	2030.8	3012.7	Inde

(Value as percentages of World total)   **(Valeur en pourcentage du total mondial)**

Regions of the world	1994	1995	1996	1997	1998	1999	2000	2001	2002	2003	Régions du monde
World	100.0	100.0	100.0	100.0	100.0	100.0	100.0	100.0	100.0	100.0	Monde
Africa	2.1	1.8	1.8	2.0	2.6	1.9	1.8	1.6	1.7	2.0	Afrique
Americas	27.2	24.4	24.0	25.0	26.9	28.1	30.9	28.8	28.0	26.7	Amériques
- Northern America	20.5	18.5	17.5	17.0	18.5	20.6	23.8	21.7	22.6	21.5	- Amérique du Nord
- LAIA	6.2	5.4	6.1	7.5	7.8	6.8	6.7	6.6	4.8	4.6	- ALAI
- CACM	0.2	0.2	0.2	0.2	0.2	0.3	0.2	0.2	0.2	0.3	- MCC
- Caribbean	0.2	0.2	0.2	0.2	0.2	0.2	0.2	0.3	0.3	0.3	- Caraïbes
- Rest of America	0.1	0.1	0.1	0.1	0.1	0.1	0.1	0.1	0.1	0.1	- Autre d'Amérique
Asia excluding former USSR	37.4	38.8	37.2	35.5	30.0	28.7	29.4	30.8	33.4	34.7	Asie ancienne URSS exclus
- Middle East	2.5	2.5	2.2	2.2	2.6	2.6	2.2	2.0	2.0	2.2	- Moyen-Orient
Asia former USSR	0.2	0.2	0.2	0.2	0.3	0.2	0.2	0.2	0.2	0.2	Asie ancienne URSS
Europe excluding former USSR	30.2	31.6	33.5	34.0	37.5	38.4	35.0	36.1	34.2	33.6	Europe ancienne URSS exclus
- European Union	26.7	27.8	29.3	29.5	32.5	34.0	31.0	31.9	29.8	28.8	- Union Européenne
- Eastern Europe	1.6	1.6	2.1	2.5	2.8	2.4	2.3	2.6	2.8	3.2	- Europe de l'Est
- Rest of Europe	2.0	2.2	2.0	2.0	2.1	2.0	1.7	1.6	1.6	1.6	- Autre de l'Europe
Europe former USSR	1.1	1.2	1.3	1.6	1.3	0.8	0.7	1.1	1.2	1.3	Europe ancienne URSS
Oceania	1.7	2.0	1.9	1.7	1.5	2.0	1.9	1.5	1.4	1.5	Océanie

Equipement de télécommunication, et pièces détachées; des appareils de la division 76 764

TRADE BY COMMODITY (Value in million US dollars)
Exports by principal countries or areas

COMMERCE PAR PRODUIT (Valeur en millions de dollars EU)
Exportations selon les principaux pays ou zones

Country or area	1999	2000	2001	2002	2003	Pays ou zone
World	171818.6	223531.2	208419.7	207934.0	227550.1	Monde
Africa	253.7	269.8	268.1	259.1	343.1	Afrique
Americas	38318.9	53326.4	44508.5	37263.6	34061.5	Amériques
- Northern America	30731.8	40661.6	31955.2	26371.8	24924.1	- Amérique du Nord
- LAIA	7560.4	12638.3	12495.1	10830.2	9077.9	- ALAI
- CACM	14.0	15.7	31.1	38.1	33.5	- MCC
- Caribbean	12.5	10.3	26.0	20.3	25.8	- Caraïbes
- Rest of America	0.2	0.5	1.1	3.2	0.3	- Autre d'Amérique
Asia excluding former USSR	58932.9	79530.4	77716.6	87430.8	110677.2	Asie ancienne URSS exclus
- Middle East	415.3	454.7	828.1	835.7	1006.4	- Moyen-Orient
Asia former USSR	6.4	8.1	7.9	10.6	7.9	Asie ancienne URSS
Europe excluding former USSR	72898.9	88292.1	84008.8	81595.1	80678.6	Europe ancienne URSS exclus
- European Union	70362.3	84181.4	78515.3	74634.9	71629.2	- Union Européenne
- Eastern Europe	1049.2	2483.3	3816.9	5536.2	7458.7	- Europe de l'Est
- Rest of Europe	1487.4	1627.4	1676.6	1424.1	1590.7	- Autre de l'Europe
Europe former USSR	737.1	1171.7	1135.9	872.6	1188.8	Europe ancienne URSS
Oceania	670.7	932.7	774.0	502.2	593.0	Océanie
United States	24381.1	29163.0	26133.5	21587.2	20362.6	Etats-Unis d'Amérique
China	7960.3	12368.2	15408.7	20104.5	27771.6	Chine
United Kingdom	12932.3	16146.1	17111.5	17409.2	13422.0	Royaume-Uni
Germany	12461.4	13945.7	15614.2	15937.3	15973.5	Allemagne
China, Hong Kong SAR	10455.1	13658.0	13300.2	16264.0	19552.5	Chine - RAS de Hong-Kong
Korea, Republic of	7523.5	10500.4	12273.2	15805.3	21516.9	République de Corée
Japan	13296.9	16120.0	12047.0	10781.9	14519.9	Japon
France-Monaco	8945.4	11828.7	8910.4	8398.0	8309.0	France-Monaco
Mexico	7093.7	11323.6	10980.0	9283.6	7602.7	Mexique
Sweden	11016.6	11646.8	6613.1	7349.3	7402.5	Suède
Finland	7134.9	9677.9	8035.6	8173.4	9158.2	Finlande
Canada	6349.7	11497.6	5820.6	4783.6	4559.4	Canada
Singapore	5031.2	5860.7	4948.1	5488.0	6387.4	Singapour
Malaysia	4162.8	5991.1	5961.3	5070.7	5253.3	Malaisie
Netherlands	3536.7	5346.0	5314.7	3032.4	4664.9	Pays-Bas
Italy-San Marino-Holy See	3483.2	3845.3	4559.5	3392.0	3375.9	Italie-Saint-Marin-Saint-Siège
Israel	2879.1	4008.9	3260.2	2394.9	2241.8	Israël
Ireland	3679.8	3179.2	3115.9	2341.6	1339.8	Irlande
Hungary	472.3	1436.7	2410.0	3894.7	5417.8	Hongrie
Belgium	2307.2	3151.6	3508.7	2179.9	2126.2	Belgique
Thailand	1655.2	2163.7	1914.6	e2400.0	2803.5	Thaïlande
Denmark	1771.4	1829.6	1806.7	2744.6	2164.4	Danemark
Spain	1622.8	1528.1	1617.6	1444.0	1886.2	Espagne
Indonesia	775.1	1751.6	1521.2	1164.4	1404.6	Indonésie
Brazil	407.0	1233.3	1437.3	1470.5	1410.3	Brésil
Austria	875.9	1091.2	1151.5	1311.9	1096.8	Autriche
Philippines	793.1	1044.2	938.2	857.1	779.8	Philippines
Switzerland-Liechtenstein	747.5	838.8	830.4	660.9	682.9	Suisse-Liechtenstein
Estonia	385.3	934.1	826.9	538.6	725.5	Estonie
Norway	617.5	613.5	599.2	509.1	610.1	Norvège

(Value as percentages of World total)

(Valeur en pourcentage du total mondial)

Regions of the world	1994	1995	1996	1997	1998	1999	2000	2001	2002	2003	Régions du monde
World	100.0	100.0	100.0	100.0	100.0	100.0	100.0	100.0	100.0	100.0	Monde
Africa	0.1	0.1	0.1	0.1	0.2	0.1	0.1	0.1	0.1	0.2	Afrique
Americas	19.7	19.8	20.4	22.0	21.9	22.3	23.9	21.4	17.9	15.0	Amériques
- Northern America	17.3	17.2	17.7	18.8	18.1	17.9	18.2	15.3	12.7	11.0	- Amérique du Nord
- LAIA	2.4	2.5	2.7	3.2	3.7	4.4	5.7	6.0	5.2	4.0	- ALAI
- CACM	0.0	0.0	0.0	0.1	0.1	0.0	0.0	0.0	0.0	0.0	- MCC
- Caribbean	0.0	0.0	0.0	0.0	0.0	0.0	0.0	0.0	0.0	0.0	- Caraïbes
- Rest of America	0.0	0.0	0.0	0.0	0.0	0.0	0.0	0.0	0.0	0.0	- Autre d'Amérique
Asia excluding former USSR	48.9	44.8	41.0	37.9	34.1	34.3	35.6	37.3	42.0	48.6	Asie ancienne URSS exclus
- Middle East	0.2	0.1	0.2	0.1	0.3	0.2	0.2	0.4	0.4	0.4	- Moyen-Orient
Asia former USSR	0.0	0.0	0.0	0.0	0.0	0.0	0.0	0.0	0.0	0.0	Asie ancienne URSS
Europe excluding former USSR	30.4	34.5	37.6	38.9	42.9	42.4	39.5	40.3	39.2	35.5	Europe ancienne URSS exclus
- European Union	28.8	32.9	35.9	37.2	41.2	41.0	37.7	37.7	35.9	31.5	- Union Européenne
- Eastern Europe	0.5	0.5	0.5	0.6	0.7	0.6	1.1	1.8	2.7	3.3	- Europe de l'Est
- Rest of Europe	1.1	1.2	1.2	1.1	1.1	0.9	0.7	0.8	0.7	0.7	- Autre de l'Europe
Europe former USSR	0.3	0.3	0.4	0.5	0.5	0.4	0.5	0.5	0.4	0.5	Europe ancienne URSS
Oceania	0.6	0.5	0.5	0.6	0.4	0.4	0.4	0.4	0.2	0.3	Océanie

771 Electric power machinery, and parts thereof, nes

Country or area	1999	2000	2001	2002	2003	Pays ou zone
World	33665.8	39559.4	35766.0	34173.1	37825.0	Monde
Africa	441.4	551.4	591.0	632.6	589.2	Afrique
Americas	11078.0	13157.4	11159.5	10044.6	9939.2	Amériques
- Northern America	8205.9	9902.0	8127.3	7449.6	7490.6	- Amérique du Nord
- LAIA	2688.3	3071.0	2844.7	2428.4	2282.5	- ALAI
- CACM	71.9	77.9	77.3	77.4	77.3	- MCC
- Caribbean	83.4	75.7	84.4	68.9	68.2	- Caraïbes
- Rest of America	28.5	30.8	25.7	20.4	20.7	- Autre d'Amérique
Asia excluding former USSR	11252.5	14183.8	12981.8	12986.6	14857.6	Asie ancienne URSS exclus
- Middle East	593.0	735.2	722.8	854.5	957.2	- Moyen-Orient
Asia former USSR	41.0	71.7	66.7	51.7	73.8	Asie ancienne URSS
Europe excluding former USSR	10422.3	11108.2	10476.5	9966.0	11725.2	Europe ancienne URSS exclus
- European Union	9044.6	9559.2	8804.2	8277.8	9676.7	- Union Européenne
- Eastern Europe	763.6	918.4	1002.6	1033.5	1263.9	- Europe de l'Est
- Rest of Europe	614.1	630.7	669.6	654.7	784.5	- Autre de l'Europe
Europe former USSR	149.3	200.3	232.0	245.0	303.4	Europe ancienne URSS
Oceania	281.3	286.6	258.7	246.6	336.6	Océanie
United States	7207.8	8697.1	7122.1	6574.4	6628.5	Etats-Unis d'Amérique
China, Hong Kong SAR	2806.0	3540.5	3196.6	2978.8	3316.2	Chine - RAS de Hong-Kong
Germany	2227.3	2243.6	2264.3	2206.6	2669.9	Allemagne
China	1451.9	1903.9	2128.7	2554.9	3469.8	Chine
Japan	1909.4	2421.3	2175.6	2047.6	2247.2	Japon
Mexico	1746.0	2162.9	1972.5	1835.3	1686.6	Mexique
United Kingdom	1649.8	1614.4	1361.4	1137.2	1231.1	Royaume-Uni
France-Monaco	1232.2	1452.7	1130.6	1069.9	1172.0	France-Monaco
Singapore	1157.0	1422.6	1032.5	872.3	846.1	Singapour
Canada	997.7	1204.3	1004.2	874.1	860.2	Canada
Korea, Republic of	659.0	873.7	899.8	921.4	1094.1	République de Corée
Netherlands	767.0	898.8	900.8	837.7	1038.7	Pays-Bas
Malaysia	646.2	1003.6	796.8	797.2	726.5	Malaisie
Italy-San Marino-Holy See	733.7	783.3	752.1	738.2	897.3	Italie-Saint-Marin-Saint-Siège
Thailand	438.6	521.0	466.8	e413.2	484.4	Thaïlande
Switzerland-Liechtenstein	393.4	422.2	412.5	378.2	450.4	Suisse-Liechtenstein
Brazil	478.8	456.8	505.7	318.0	294.8	Brésil
Spain	341.9	354.8	377.8	400.9	495.5	Espagne
Ireland	420.6	442.4	391.8	347.8	303.0	Irlande
Sweden	379.4	428.2	339.2	327.7	409.7	Suède
Austria	335.5	314.7	305.2	312.9	422.4	Autriche
Belgium	298.1	337.8	326.9	305.4	346.9	Belgique
Hungary	175.1	245.0	290.8	319.2	403.3	Hongrie
Czech Republic	205.0	265.1	269.3	256.7	332.2	République tchèque
Finland	229.4	267.7	271.7	241.2	265.8	Finlande
Poland	244.4	231.2	232.9	220.2	228.9	Pologne
Australia	217.4	228.3	194.7	181.8	263.5	Australie
Denmark	202.9	216.2	189.8	194.9	219.2	Danemark
Philippines	201.6	203.4	203.8	146.8	230.3	Philippines
Turkey	187.9	195.6	124.7	197.9	236.1	Turquie

(Value as percentages of World total)   (Valeur en pourcentage du total mondial)

Regions of the world	1994	1995	1996	1997	1998	1999	2000	2001	2002	2003	Régions du monde
World	100.0	100.0	100.0	100.0	100.0	100.0	100.0	100.0	100.0	100.0	Monde
Africa	2.1	1.6	1.4	1.4	1.5	1.3	1.4	1.7	1.9	1.6	Afrique
Americas	24.7	24.5	27.1	29.4	31.4	32.9	33.3	31.2	29.4	26.3	Amériques
- Northern America	18.2	18.2	20.9	22.1	23.0	24.4	25.0	22.7	21.8	19.8	- Amérique du Nord
- LAIA	5.9	5.9	5.7	6.8	7.7	8.0	7.8	8.0	7.1	6.0	- ALAI
- CACM	0.2	0.2	0.2	0.2	0.3	0.2	0.2	0.2	0.2	0.2	- MCC
- Caribbean	0.2	0.2	0.2	0.2	0.3	0.2	0.2	0.2	0.2	0.2	- Caraïbes
- Rest of America	0.1	0.1	0.1	0.1	0.1	0.1	0.1	0.1	0.1	0.1	- Autre d'Amérique
Asia excluding former USSR	40.8	40.3	39.1	36.0	33.1	33.4	35.9	36.3	38.0	39.3	Asie ancienne URSS exclus
- Middle East	2.6	1.9	2.2	1.5	2.0	1.8	1.9	2.0	2.5	2.5	- Moyen-Orient
Asia former USSR	0.1	0.1	0.1	0.1	0.1	0.1	0.2	0.2	0.2	0.2	Asie ancienne URSS
Europe excluding former USSR	30.7	31.8	30.5	31.4	32.5	31.0	28.1	29.3	29.2	31.0	Europe ancienne URSS exclus
- European Union	27.3	27.8	26.6	27.7	28.0	26.9	24.2	24.6	24.2	25.6	- Union Européenne
- Eastern Europe	1.1	1.5	1.7	1.9	2.5	2.3	2.3	2.8	3.0	3.3	- Europe de l'Est
- Rest of Europe	2.2	2.5	2.2	1.9	2.0	1.8	1.6	1.9	1.9	2.1	- Autre de l'Europe
Europe former USSR	0.6	0.6	0.6	0.7	0.6	0.4	0.5	0.6	0.7	0.8	Europe ancienne URSS
Oceania	1.0	1.1	1.2	0.9	0.8	0.8	0.7	0.7	0.7	0.9	Océanie

Machines pour la production et la transformation de l'électricité, et leurs pièces détachées 771

Country or area	1999	2000	2001	2002	2003	Pays ou zone
World	31290.5	36998.6	33897.1	31405.7	35405.9	Monde
Africa	128.1	141.3	133.2	138.4	168.0	Afrique
Americas	6402.8	7873.0	7340.3	5850.4	5556.2	Amériques
- Northern America	4005.9	4976.1	4539.1	3551.1	3458.6	- Amérique du Nord
- LAIA	2381.1	2869.3	2782.1	2276.9	2074.4	- ALAI
- CACM	8.2	7.5	8.3	9.2	5.1	- MCC
- Caribbean	7.6	20.1	10.3	13.1	18.1	- Caraïbes
- Rest of America	0.0	0.0	0.4	0.1	0.0	- Autre d'Amérique
Asia excluding former USSR	13924.7	17490.2	14925.8	14507.5	16571.1	Asie ancienne URSS exclus
- Middle East	110.7	131.3	172.5	202.4	193.7	- Moyen-Orient
Asia former USSR	5.4	13.7	7.4	8.0	6.8	Asie ancienne URSS
Europe excluding former USSR	10628.0	11250.1	11261.1	10667.2	12828.3	Europe ancienne URSS exclus
- European Union	9502.6	9991.1	9920.8	9236.5	10900.9	- Union Européenne
- Eastern Europe	529.0	625.8	670.0	772.8	1095.8	- Europe de l'Est
- Rest of Europe	596.5	633.2	670.2	658.0	831.6	- Autre de l'Europe
Europe former USSR	115.3	129.2	140.6	148.1	178.9	Europe ancienne URSS
Oceania	86.1	101.1	88.7	86.1	96.6	Océanie
China, Hong Kong SAR	3447.2	4629.3	3892.9	3604.5	4083.0	Chine - RAS de Hong-Kong
China	2831.5	3610.2	3626.9	4226.8	5298.0	Chine
United States	3336.1	4233.9	3798.0	2857.0	2814.8	Etats-Unis d'Amérique
Germany	2558.6	2699.5	2811.0	2686.6	3311.1	Allemagne
Mexico	2252.5	2693.8	2598.7	2098.8	1943.4	Mexique
Japan	2327.9	2771.0	1995.6	1817.8	1925.0	Japon
France-Monaco	1145.5	1205.1	1126.0	1079.6	1213.7	France-Monaco
United Kingdom	1078.3	1256.8	1092.7	949.3	1083.3	Royaume-Uni
Italy-San Marino-Holy See	868.1	889.7	900.3	886.7	975.1	Italie-Saint-Marin-Saint-Siège
Singapore	806.3	1049.3	845.6	813.4	808.1	Singapour
Netherlands	742.4	871.8	857.8	731.3	914.3	Pays-Bas
Thailand	744.6	796.1	795.9	e669.2	781.7	Thaïlande
Korea, Republic of	703.2	837.0	695.9	714.2	774.2	République de Corée
Canada	669.7	742.1	741.1	694.0	643.7	Canada
Finland	610.1	586.6	654.4	561.4	663.6	Finlande
Malaysia	557.7	818.8	574.5	456.3	425.3	Malaisie
Austria	453.9	451.2	491.1	552.9	775.7	Autriche
Sweden	491.6	497.2	517.1	461.7	554.9	Suède
Switzerland-Liechtenstein	380.5	420.9	445.8	440.3	543.4	Suisse-Liechtenstein
Ireland	471.9	457.5	443.9	280.0	228.4	Irlande
Belgium	294.5	265.5	313.4	356.6	387.8	Belgique
Denmark	280.1	315.5	264.3	260.8	300.6	Danemark
Spain	260.4	245.5	263.6	285.6	328.4	Espagne
Indonesia	83.1	228.2	221.8	289.6	310.9	Indonésie
Poland	165.8	186.1	213.5	235.6	286.2	Pologne
Portugal	223.0	223.8	161.0	121.6	e141.0	Portugal
Czech Republic	127.2	161.0	170.0	182.6	223.5	République tchèque
Hungary	114.5	134.1	140.7	167.0	239.5	Hongrie
Turkey	88.2	108.0	145.7	167.8	160.0	Turquie
India	73.9	99.5	120.3	115.3	167.3	Inde

(Value as percentages of World total) — **(Valeur en pourcentage du total mondial)**

Regions of the world	1994	1995	1996	1997	1998	1999	2000	2001	2002	2003	Régions du monde
World	100.0	100.0	100.0	100.0	100.0	100.0	100.0	100.0	100.0	100.0	Monde
Africa	0.3	0.3	0.3	0.3	0.3	0.4	0.4	0.4	0.4	0.5	Afrique
Americas	17.0	15.4	17.1	18.5	19.8	20.5	21.3	21.7	18.6	15.7	Amériques
- Northern America	11.9	10.7	11.5	12.6	12.6	12.8	13.4	13.4	11.3	9.8	- Amérique du Nord
- LAIA	5.1	4.6	5.5	5.8	7.1	7.6	7.8	8.2	7.3	5.9	- ALAI
- CACM	0.0	0.0	0.1	0.1	0.0	0.0	0.0	0.0	0.0	0.0	- MCC
- Caribbean	0.0	0.0	0.0	0.0	0.1	0.0	0.1	0.0	0.0	0.1	- Caraïbes
- Rest of America	0.0	0.0	0.0	0.0	0.0	0.0	0.0	0.0	0.0	0.0	- Autre d'Amérique
Asia excluding former USSR	47.1	47.5	44.5	43.5	42.3	44.5	47.3	44.0	46.2	46.8	Asie ancienne URSS exclus
- Middle East	0.4	0.5	0.7	0.5	0.4	0.4	0.4	0.5	0.6	0.5	- Moyen-Orient
Asia former USSR	0.1	0.1	0.0	0.0	0.0	0.0	0.0	0.0	0.0	0.0	Asie ancienne URSS
Europe excluding former USSR	34.6	35.7	37.0	36.7	36.7	34.0	30.4	33.2	34.0	36.2	Europe ancienne URSS exclus
- European Union	31.3	32.2	33.4	33.5	32.8	30.4	27.0	29.3	29.4	30.8	- Union Européenne
- Eastern Europe	0.7	0.9	1.2	1.2	1.7	1.7	1.7	2.0	2.5	3.1	- Europe de l'Est
- Rest of Europe	2.7	2.7	2.4	1.9	2.3	1.9	1.7	2.0	2.1	2.3	- Autre de l'Europe
Europe former USSR	0.4	0.5	0.6	0.6	0.5	0.4	0.3	0.4	0.5	0.5	Europe ancienne URSS
Oceania	0.4	0.5	0.4	0.3	0.4	0.3	0.3	0.3	0.3	0.3	Océanie

772 Electrical apparatus for making and breaking electrical circuits

Country or area	1999	2000	2001	2002	2003	Pays ou zone
World	80890.5	95664.2	88632.3	88056.9	102342.0	Monde
Africa	1350.7	1424.4	1473.3	1534.4	1868.0	Afrique
Americas	24535.0	29909.0	25729.5	24361.7	24771.4	Amériques
- Northern America	15962.1	19746.9	15954.4	15225.2	15713.2	- Amérique du Nord
- LAIA	8175.3	9645.2	9353.1	8722.7	8641.1	- ALAI
- CACM	133.2	223.3	160.0	143.1	162.5	- MCC
- Caribbean	231.1	261.3	228.9	238.5	220.4	- Caraïbes
- Rest of America	33.3	32.3	33.2	32.2	34.2	- Autre d'Amérique
Asia excluding former USSR	24488.4	30754.4	28658.3	31100.6	38061.5	Asie ancienne URSS exclus
- Middle East	1773.0	1868.7	1912.0	2149.2	2305.0	- Moyen-Orient
Asia former USSR	109.4	138.0	120.4	135.7	202.9	Asie ancienne URSS
Europe excluding former USSR	29137.4	31938.8	31252.9	29304.5	35443.4	Europe ancienne URSS exclus
- European Union	24346.8	26627.9	25622.3	23280.7	27780.6	- Union Européenne
- Eastern Europe	2872.6	3398.4	3718.0	4138.7	5421.0	- Europe de l'Est
- Rest of Europe	1918.0	1912.6	1912.5	1885.2	2241.8	- Autre de l'Europe
Europe former USSR	511.5	705.1	705.1	840.5	1091.2	Europe ancienne URSS
Oceania	758.2	794.5	692.9	779.4	903.6	Océanie
United States	12434.7	15552.1	12595.0	12237.4	12764.0	Etats-Unis d'Amérique
Mexico	6362.9	7739.2	7438.2	7230.1	7117.8	Mexique
China	3731.9	5419.9	6294.9	7870.0	11012.3	Chine
Germany	5613.6	5893.3	6682.7	5911.5	7429.1	Allemagne
China, Hong Kong SAR	3095.3	4321.9	4056.2	4620.3	5667.5	Chine - RAS de Hong-Kong
United Kingdom	3645.2	4255.2	3462.9	3118.4	3440.1	Royaume-Uni
Canada	3521.3	4188.5	3351.5	2981.0	2941.0	Canada
France-Monaco	3160.6	3614.0	3015.7	2992.2	3564.5	France-Monaco
Singapore	3310.7	3675.6	2802.3	2777.4	2939.6	Singapour
Malaysia	2687.5	3653.7	3033.5	2940.1	3090.7	Malaisie
Japan	2386.8	3024.2	2754.2	2814.9	3614.5	Japon
Italy-San Marino-Holy See	2467.6	2692.2	2690.2	2451.2	2824.8	Italie-Saint-Marin-Saint-Siège
Korea, Republic of	1896.8	2334.1	2023.2	2356.8	2737.4	République de Corée
Thailand	1522.9	1835.0	1694.3	e1646.2	1929.9	Thaïlande
Spain	1509.6	1526.5	1682.1	1482.6	1985.4	Espagne
Netherlands	1348.2	1567.0	1633.3	1371.4	1717.0	Pays-Bas
Hungary	989.1	1312.9	1398.0	1525.3	1740.7	Hongrie
Belgium	1295.5	1340.9	1392.5	1227.0	1459.7	Belgique
Sweden	1274.9	1488.1	1070.0	1000.6	1167.8	Suède
Switzerland-Liechtenstein	1156.5	1177.7	1131.6	1030.9	1232.6	Suisse-Liechtenstein
Czech Republic	812.2	942.6	1049.4	1173.6	1550.7	République tchèque
Austria	1057.3	1037.9	1035.4	1014.5	1307.5	Autriche
Ireland	983.0	1145.6	1086.0	876.1	797.1	Irlande
Brazil	908.5	1064.4	1099.5	846.9	891.9	Brésil
Philippines	712.3	702.7	852.9	636.6	953.2	Philippines
Poland	672.6	681.9	700.3	766.7	999.2	Pologne
Finland	629.4	691.9	631.9	599.9	648.1	Finlande
Australia	595.2	638.7	542.1	611.0	703.4	Australie
Portugal	550.0	510.5	453.6	482.7	e493.1	Portugal
Denmark	472.3	491.7	483.5	448.2	572.1	Danemark

(Value as percentages of World total)											(Valeur en pourcentage du total mondial)
Regions of the world	1994	1995	1996	1997	1998	1999	2000	2001	2002	2003	Régions du monde
World	100.0	100.0	100.0	100.0	100.0	100.0	100.0	100.0	100.0	100.0	Monde
Africa	2.4	2.1	1.9	1.7	1.7	1.7	1.5	1.7	1.7	1.8	Afrique
Americas	27.6	25.8	26.5	28.1	29.1	30.3	31.3	29.0	27.7	24.2	Amériques
- Northern America	20.2	19.0	18.5	19.0	18.6	19.7	20.6	18.0	17.3	15.4	- Amérique du Nord
- LAIA	7.0	6.4	7.5	8.5	9.8	10.1	10.1	10.6	9.9	8.4	- ALAI
- CACM	0.1	0.1	0.1	0.2	0.3	0.2	0.2	0.2	0.2	0.2	- MCC
- Caribbean	0.2	0.3	0.3	0.3	0.4	0.3	0.3	0.3	0.3	0.2	- Caraïbes
- Rest of America	0.1	0.1	0.0	0.0	0.0	0.0	0.0	0.0	0.0	0.0	- Autre d'Amérique
Asia excluding former USSR	32.5	32.9	32.8	32.4	29.3	30.3	32.1	32.3	35.3	37.2	Asie ancienne URSS exclus
- Middle East	2.8	2.8	3.2	2.5	2.5	2.2	2.0	2.2	2.4	2.3	- Moyen-Orient
Asia former USSR	0.1	0.1	0.1	0.1	0.2	0.1	0.1	0.1	0.2	0.2	Asie ancienne URSS
Europe excluding former USSR	35.5	37.4	36.9	35.7	37.9	36.0	33.4	35.3	33.3	34.6	Europe ancienne URSS exclus
- European Union	31.5	32.5	31.7	30.5	31.5	30.1	27.8	28.9	26.4	27.1	- Union Européenne
- Eastern Europe	1.3	2.0	2.5	2.8	3.8	3.6	3.6	4.2	4.7	5.3	- Europe de l'Est
- Rest of Europe	2.6	2.8	2.7	2.4	2.6	2.4	2.0	2.2	2.1	2.2	- Autre de l'Europe
Europe former USSR	0.5	0.5	0.6	0.7	0.8	0.6	0.7	0.8	1.0	1.1	Europe ancienne URSS
Oceania	1.4	1.2	1.2	1.1	1.0	0.9	0.8	0.8	0.9	0.9	Océanie

Appareillage pour coupure ou connexion des circuits électriques; et leurs pièces détachées 772

TRADE BY COMMODITY (Value in million US dollars)
Exports by principal countries or areas

COMMERCE PAR PRODUIT (Valeur en millions de dollars EU)
Exportations selon les principaux pays ou zones

Country or area	1999	2000	2001	2002	2003	Pays ou zone
World	81867.4	96356.8	86833.2	87862.4	103470.6	Monde
Africa	268.9	315.9	334.7	356.9	546.7	Afrique
Americas	17594.4	22209.4	18883.0	18624.9	18761.2	Amériques
- Northern America	13648.5	16614.0	13870.9	12954.8	13130.0	- Amérique du Nord
- LAIA	3815.4	5406.8	4813.8	5493.3	5429.7	- ALAI
- CACM	54.5	98.8	120.8	93.8	109.9	- MCC
- Caribbean	76.0	89.7	77.2	78.4	91.4	- Caraïbes
- Rest of America	0.0	0.1	0.2	4.7	0.1	- Autre d'Amérique
Asia excluding former USSR	30057.0	38877.5	32233.3	33500.1	40436.4	Asie ancienne URSS exclus
- Middle East	169.2	189.0	244.3	277.8	340.0	- Moyen-Orient
Asia former USSR	8.6	15.2	8.4	6.8	7.6	Asie ancienne URSS
Europe excluding former USSR	33367.4	34343.8	34691.9	34697.8	42883.8	Europe ancienne URSS exclus
- European Union	29202.6	29850.7	30112.5	29658.4	36235.5	- Union Européenne
- Eastern Europe	1680.1	2000.9	2197.7	2599.2	3802.0	- Europe de l'Est
- Rest of Europe	2484.7	2492.2	2381.7	2440.2	2846.4	- Autre de l'Europe
Europe former USSR	229.4	229.1	307.2	312.1	435.8	Europe ancienne URSS
Oceania	341.7	365.9	374.8	363.9	399.1	Océanie
United States	12412.9	15128.7	12498.1	11648.4	11840.2	Etats-Unis d'Amérique
Germany	10975.8	10752.3	11228.2	11384.3	14451.0	Allemagne
Japan	10681.2	13327.0	9901.9	10018.9	11613.2	Japon
France-Monaco	4932.5	5168.0	5023.9	5014.3	5846.3	France-Monaco
Mexico	3590.0	5155.6	4546.1	5221.3	5181.1	Mexique
China, Hong Kong SAR	3126.3	4359.7	4157.5	4621.1	6066.4	Chine - RAS de Hong-Kong
China	2634.2	3376.9	3564.4	4243.2	5578.5	Chine
United Kingdom	3463.5	3566.4	3291.4	3099.0	3608.5	Royaume-Uni
Singapore	2846.9	3261.8	2774.8	2881.1	3120.4	Singapour
Malaysia	2402.0	2562.2	2512.8	2588.9	3132.3	Malaisie
Italy-San Marino-Holy See	2041.0	2132.6	2305.0	2305.5	2777.7	Italie-Saint-Marin-Saint-Siège
Switzerland-Liechtenstein	1976.1	2006.1	1898.8	1908.3	2194.6	Suisse-Liechtenstein
Thailand	1471.6	1886.7	1484.5	e1643.6	1920.0	Thaïlande
Netherlands	1334.8	1498.7	1439.9	1380.1	1699.9	Pays-Bas
Korea, Republic of	1064.8	1422.1	1253.0	1507.0	1784.1	République de Corée
Austria	1070.3	1227.4	1258.7	1334.8	1819.3	Autriche
Canada	1235.6	1485.3	1372.8	1306.3	1289.8	Canada
Spain	1054.1	1055.2	1085.2	1019.5	1266.9	Espagne
Belgium	1061.2	1066.2	1065.3	1019.4	1201.6	Belgique
Sweden	958.0	1071.1	1009.8	962.1	1134.7	Suède
Philippines	1321.6	1622.4	960.9	315.1	602.7	Philippines
Ireland	923.3	1046.6	1100.0	794.9	863.0	Irlande
Czech Republic	671.1	785.0	801.2	989.5	1381.1	République tchèque
Hungary	599.3	758.0	841.4	916.4	1389.1	Hongrie
Indonesia	117.5	470.6	483.8	575.7	648.3	Indonésie
Poland	289.8	313.1	365.1	470.6	679.5	Pologne
Finland	340.7	364.7	399.7	383.8	453.4	Finlande
Israel	410.1	489.2	400.7	277.4	280.0	Israël
Denmark	363.0	348.4	340.4	349.9	431.3	Danemark
Portugal	371.0	248.0	246.2	320.6	e371.7	Portugal

(Value as percentages of World total)   **(Valeur en pourcentage du total mondial)**

Regions of the world	1994	1995	1996	1997	1998	1999	2000	2001	2002	2003	Régions du monde
World	100.0	100.0	100.0	100.0	100.0	100.0	100.0	100.0	100.0	100.0	Monde
Africa	0.2	0.3	0.3	0.2	0.3	0.3	0.3	0.4	0.4	0.5	Afrique
Americas	19.7	18.0	18.9	20.0	20.3	21.5	23.0	21.7	21.2	18.1	Amériques
- Northern America	15.4	14.1	14.9	15.8	15.6	16.7	17.2	16.0	14.7	12.7	- Amérique du Nord
- LAIA	4.1	3.5	3.9	4.1	4.3	4.7	5.6	5.5	6.3	5.2	- ALAI
- CACM	0.0	0.0	0.0	0.1	0.1	0.1	0.1	0.1	0.1	0.1	- MCC
- Caribbean	0.3	0.2	0.0	0.1	0.3	0.1	0.1	0.1	0.1	0.1	- Caraïbes
- Rest of America	0.0	0.0	0.0	0.0	0.0	0.0	0.0	0.0	0.0	0.0	- Autre d'Amérique
Asia excluding former USSR	35.8	36.2	34.9	36.0	34.9	36.7	40.3	37.1	38.1	39.1	Asie ancienne URSS exclus
- Middle East	0.2	0.2	0.2	0.2	0.2	0.2	0.2	0.3	0.3	0.3	- Moyen-Orient
Asia former USSR	0.0	0.0	0.0	0.0	0.0	0.0	0.0	0.0	0.0	0.0	Asie ancienne URSS
Europe excluding former USSR	43.5	44.8	45.2	43.0	43.8	40.8	35.6	40.0	39.5	41.4	Europe ancienne URSS exclus
- European Union	38.9	39.5	40.0	38.0	38.1	35.7	31.0	34.7	33.8	35.0	- Union Européenne
- Eastern Europe	0.8	1.4	1.5	1.8	2.4	2.1	2.1	2.5	3.0	3.7	- Europe de l'Est
- Rest of Europe	3.8	3.8	3.7	3.3	3.3	3.0	2.6	2.7	2.8	2.8	- Autre de l'Europe
Europe former USSR	0.2	0.2	0.2	0.3	0.3	0.3	0.2	0.4	0.4	0.4	Europe ancienne URSS
Oceania	0.5	0.5	0.6	0.5	0.4	0.4	0.4	0.4	0.4	0.4	Océanie

773 Equipment for distribution of electricity

TRADE BY COMMODITY (Value in million US dollars)
Imports by principal countries or areas

COMMERCE PAR PRODUIT (Valeur en millions de dollars EU)
Importations selon les principaux pays ou zones

Country or area	1999	2000	2001	2002	2003	Pays ou zone
World	38332.1	41413.1	40115.4	40647.5	45416.7	Monde
Africa	781.0	722.6	819.1	876.4	975.6	Afrique
Americas	14431.0	15857.2	14672.1	14300.9	14121.3	Amériques
- Northern America	10117.6	10992.7	9896.3	10456.7	10535.2	- Amérique du Nord
- LAIA	4088.2	4607.7	4528.4	3628.3	3362.5	- ALAI
- CACM	87.9	104.5	101.7	95.7	116.7	- MCC
- Caribbean	108.9	116.7	111.0	89.6	81.1	- Caraïbes
- Rest of America	28.4	35.7	34.7	30.6	25.9	- Autre d'Amérique
Asia excluding former USSR	8194.1	9379.0	8938.5	9238.5	10509.4	Asie ancienne URSS exclus
- Middle East	681.0	957.6	952.8	980.3	1133.8	- Moyen-Orient
Asia former USSR	84.6	104.4	101.5	88.6	133.8	Asie ancienne URSS
Europe excluding former USSR	14156.5	14580.1	14826.9	15344.2	18706.0	Europe ancienne URSS exclus
- European Union	11880.4	12115.9	12257.5	12476.6	15106.4	- Union Européenne
- Eastern Europe	1639.0	1828.1	1934.2	2212.2	2821.2	- Europe de l'Est
- Rest of Europe	637.1	636.1	635.2	655.4	778.3	- Autre de l'Europe
Europe former USSR	287.8	346.2	396.4	481.0	598.4	Europe ancienne URSS
Oceania	397.2	423.5	361.0	317.9	372.2	Océanie
United States	8206.2	8996.1	8149.8	8670.8	8796.1	Etats-Unis d'Amérique
Germany	3714.6	3647.3	3841.6	3825.8	4722.5	Allemagne
Mexico	3399.9	3745.6	3406.3	3106.5	2839.0	Mexique
Japan	1678.4	1994.6	1981.5	2128.5	2501.5	Japon
Canada	1909.1	1993.9	1743.4	1783.3	1734.9	Canada
United Kingdom	1593.0	1671.2	1601.8	1580.1	1890.8	Royaume-Uni
France-Monaco	1444.5	1491.1	1441.7	1604.0	2003.2	France-Monaco
China	1175.9	1414.3	1435.7	1718.7	2032.2	Chine
China, Hong Kong SAR	1282.8	1476.7	1375.8	1382.3	1455.4	Chine - RAS de Hong-Kong
Spain	869.3	878.2	978.8	972.1	1233.3	Espagne
Belgium	818.3	736.5	873.7	802.4	850.3	Belgique
Austria	645.1	665.7	714.8	746.9	954.9	Autriche
Italy-San Marino-Holy See	621.5	688.9	710.9	749.4	956.3	Italie-Saint-Marin-Saint-Siège
Thailand	620.7	652.9	621.1	e522.5	612.6	Thaïlande
Hungary	532.6	591.3	563.6	613.5	715.2	Hongrie
Singapore	632.3	669.6	599.6	490.1	430.9	Singapour
Netherlands	578.6	567.2	525.9	502.2	590.1	Pays-Bas
Sweden	491.8	564.8	465.2	528.6	653.8	Suède
Korea, Republic of	437.6	544.8	407.0	471.8	636.1	République de Corée
Czech Republic	377.9	417.7	467.7	519.9	652.7	République tchèque
Poland	310.1	319.3	350.4	394.9	513.4	Pologne
Portugal	310.2	343.9	332.9	398.0	e406.6	Portugal
Malaysia	334.9	395.0	326.6	333.9	331.2	Malaisie
Brazil	249.8	397.1	657.9	196.1	200.3	Brésil
Australia	333.7	347.7	300.1	258.3	298.2	Australie
Philippines	302.8	283.3	266.0	226.0	346.3	Philippines
Slovakia	197.5	243.1	262.8	306.3	405.6	Slovaquie
United Arab Emirates	114.1	335.8	282.0	e289.3	e339.0	Emirates arabes unis
Romania	194.0	217.0	231.3	301.5	412.8	Roumanie
Finland	256.5	267.7	248.9	255.7	274.7	Finlande

(Value as percentages of World total)
(Valeur en pourcentage du total mondial)

Regions of the world	1994	1995	1996	1997	1998	1999	2000	2001	2002	2003	Régions du monde
World	100.0	100.0	100.0	100.0	100.0	100.0	100.0	100.0	100.0	100.0	Monde
Africa	2.6	2.4	2.4	2.4	2.2	2.0	1.7	2.0	2.2	2.1	Afrique
Americas	35.6	33.7	33.3	35.5	36.4	37.6	38.3	36.6	35.2	31.1	Amériques
- Northern America	25.1	23.0	22.8	24.1	24.8	26.4	26.5	24.7	25.7	23.2	- Amérique du Nord
- LAIA	9.9	10.0	10.0	10.7	11.0	10.7	11.1	11.3	8.9	7.4	- ALAI
- CACM	0.2	0.2	0.2	0.3	0.3	0.2	0.3	0.3	0.2	0.3	- MCC
- Caribbean	0.3	0.4	0.3	0.3	0.3	0.3	0.3	0.3	0.2	0.2	- Caraïbes
- Rest of America	0.1	0.1	0.1	0.1	0.1	0.1	0.1	0.1	0.1	0.1	- Autre d'Amérique
Asia excluding former USSR	24.4	23.7	24.7	24.7	21.3	21.4	22.6	22.3	22.7	23.1	Asie ancienne URSS exclus
- Middle East	3.2	2.6	2.7	2.3	2.2	1.8	2.3	2.4	2.4	2.5	- Moyen-Orient
Asia former USSR	0.2	0.5	0.5	0.3	0.3	0.2	0.3	0.3	0.2	0.3	Asie ancienne URSS
Europe excluding former USSR	35.0	37.4	36.8	35.1	37.9	36.9	35.2	37.0	37.7	41.2	Europe ancienne URSS exclus
- European Union	31.1	32.7	31.8	29.8	31.7	31.0	29.3	30.6	30.7	33.3	- Union Européenne
- Eastern Europe	1.9	2.5	3.0	3.5	4.4	4.3	4.4	4.8	5.4	6.2	- Europe de l'Est
- Rest of Europe	2.0	2.1	1.9	1.7	1.8	1.7	1.5	1.6	1.6	1.7	- Autre de l'Europe
Europe former USSR	1.0	1.1	1.1	1.1	1.0	0.8	0.8	1.0	1.2	1.3	Europe ancienne URSS
Oceania	1.3	1.3	1.1	1.0	1.0	1.0	1.0	0.9	0.8	0.8	Océanie

TRADE BY COMMODITY (Value in million US dollars)
Exports by principal countries or areas

COMMERCE PAR PRODUIT (Valeur en millions de dollars EU)
Exportations selon les principaux pays ou zones

Country or area	1999	2000	2001	2002	2003	Pays ou zone
World	35742.3	39848.4	37246.7	38072.9	43284.6	Monde
Africa	517.4	538.7	612.0	679.5	744.7	Afrique
Americas	11935.2	13909.1	12049.5	11463.7	11480.1	Amériques
- Northern America	5681.9	6832.0	5761.3	5330.0	5086.9	- Amérique du Nord
- LAIA	6191.5	6996.4	6230.2	6090.5	6338.7	- ALAI
- CACM	53.7	60.5	43.1	36.1	39.9	- MCC
- Caribbean	8.1	20.2	14.6	7.0	14.6	- Caraïbes
- Rest of America	0.0	0.0	0.3	0.2	0.0	- Autre d'Amérique
Asia excluding former USSR	8684.7	10196.9	9270.8	9605.4	10820.8	Asie ancienne URSS exclus
- Middle East	505.6	572.2	700.6	663.2	740.2	- Moyen-Orient
Asia former USSR	6.3	7.6	5.8	7.1	12.2	Asie ancienne URSS
Europe excluding former USSR	14217.5	14744.7	14806.1	15730.4	19476.1	Europe ancienne URSS exclus
- European Union	11281.5	11403.5	11095.1	11342.0	13723.6	- Union Européenne
- Eastern Europe	2268.4	2624.0	2973.1	3648.8	4901.1	- Europe de l'Est
- Rest of Europe	667.5	717.1	737.8	739.6	851.3	- Autre de l'Europe
Europe former USSR	273.2	336.9	353.6	403.9	560.5	Europe ancienne URSS
Oceania	108.0	114.5	149.0	182.8	190.0	Océanie
Mexico	6008.2	6719.8	5952.0	5886.8	6082.9	Mexique
United States	5034.0	6060.2	5065.2	4742.0	4496.4	Etats-Unis d'Amérique
Germany	3007.1	2873.1	3110.4	3282.6	4077.4	Allemagne
China	1325.6	1688.1	1764.4	2229.4	2820.9	Chine
Japan	1905.2	2157.2	1628.4	1654.9	1785.7	Japon
China, Hong Kong SAR	1333.2	1648.4	1402.7	1473.6	1525.7	Chine - RAS de Hong-Kong
France-Monaco	1307.7	1321.5	1340.2	1425.2	1663.1	France-Monaco
Italy-San Marino-Holy See	990.0	1050.5	1085.3	1068.6	1232.8	Italie-Saint-Marin-Saint-Siège
Portugal	923.1	998.7	747.6	1003.0	e1163.1	Portugal
United Kingdom	983.0	983.4	917.1	835.5	1017.8	Royaume-Uni
Hungary	724.4	848.0	830.6	896.9	1173.9	Hongrie
Spain	883.9	823.6	866.4	799.9	946.4	Espagne
Poland	514.5	632.7	743.6	895.8	1206.8	Pologne
Czech Republic	571.6	619.5	706.6	821.3	1038.4	République tchèque
Korea, Republic of	575.3	634.2	671.4	657.4	822.6	République de Corée
Austria	556.7	604.7	632.5	650.3	882.3	Autriche
Canada	647.9	771.8	696.1	587.9	590.4	Canada
Belgium	632.9	659.3	660.0	601.7	710.0	Belgique
Sweden	717.3	675.4	491.7	481.3	589.8	Suède
Philippines	576.3	652.4	550.4	534.2	551.9	Philippines
Netherlands	444.4	519.3	481.3	482.0	594.6	Pays-Bas
Thailand	549.0	484.6	415.6	e464.0	542.0	Thaïlande
Turkey	334.1	379.7	479.3	475.0	493.9	Turquie
Slovakia	299.8	323.3	369.7	462.5	645.9	Slovaquie
Singapore	397.3	475.3	389.9	331.8	360.7	Singapour
Switzerland-Liechtenstein	385.1	374.4	363.5	378.3	434.8	Suisse-Liechtenstein
Romania	146.3	168.8	278.1	521.0	755.9	Roumanie
Malaysia	341.0	423.2	365.0	374.0	348.8	Malaisie
Indonesia	267.8	337.6	373.3	232.6	318.6	Indonésie
Ireland	385.5	363.6	263.9	208.5	276.8	Irlande

(Value as percentages of World total) | **(Valeur en pourcentage du total mondial)**

Regions of the world	1994	1995	1996	1997	1998	1999	2000	2001	2002	2003	Régions du monde
World	100.0	100.0	100.0	100.0	100.0	100.0	100.0	100.0	100.0	100.0	Monde
Africa	1.0	1.0	1.0	1.1	1.3	1.4	1.4	1.6	1.8	1.7	Afrique
Americas	30.9	29.0	30.6	32.6	32.6	33.4	34.9	32.4	30.1	26.5	Amériques
- Northern America	17.4	16.1	15.9	17.1	16.5	15.9	17.1	15.5	14.0	11.8	- Amérique du Nord
- LAIA	13.4	12.7	14.6	15.3	15.8	17.3	17.6	16.7	16.0	14.6	- ALAI
- CACM	0.1	0.1	0.1	0.2	0.2	0.2	0.2	0.1	0.1	0.1	- MCC
- Caribbean	0.1	0.1	0.0	0.0	0.0	0.0	0.1	0.0	0.0	0.0	- Caraïbes
- Rest of America	0.0	0.0	0.0	0.0	0.0	0.0	0.0	0.0	0.0	0.0	- Autre d'Amérique
Asia excluding former USSR	26.9	26.1	25.6	25.4	23.1	24.3	25.6	24.9	25.2	25.0	Asie ancienne URSS exclus
- Middle East	1.6	1.8	2.0	1.7	1.6	1.4	1.4	1.9	1.7	1.7	- Moyen-Orient
Asia former USSR	0.1	0.1	0.1	0.0	0.0	0.0	0.0	0.0	0.0	0.0	Asie ancienne URSS
Europe excluding former USSR	39.9	42.4	41.2	39.5	41.6	39.8	37.0	39.8	41.3	45.0	Europe ancienne URSS exclus
- European Union	35.3	36.6	34.9	32.7	33.5	31.6	28.6	29.8	29.8	31.7	- Union Européenne
- Eastern Europe	2.2	3.4	4.0	4.8	6.1	6.3	6.6	8.0	9.6	11.3	- Europe de l'Est
- Rest of Europe	2.3	2.3	2.3	2.0	2.0	1.9	1.8	2.0	1.9	2.0	- Autre de l'Europe
Europe former USSR	0.7	0.8	0.9	0.9	0.9	0.8	0.8	0.9	1.1	1.3	Europe ancienne URSS
Oceania	0.6	0.7	0.5	0.4	0.4	0.3	0.3	0.4	0.5	0.4	Océanie

774 Electro-medical and radiological equipment

TRADE BY COMMODITY (Value in million US dollars)
Imports by principal countries or areas

COMMERCE PAR PRODUIT (Valeur en millions de dollars EU)
Importations selon les principaux pays ou zones

Country or area	1999	2000	2001	2002	2003	Pays ou zone
World	13089.7	13896.3	15537.9	16926.0	19048.8	Monde
Africa	194.0	198.5	213.8	253.8	276.8	Afrique
Americas	4065.6	4414.6	4897.0	5668.6	6155.3	Amériques
- Northern America	3301.0	3634.9	4096.1	4996.0	5437.0	- Amérique du Nord
- LAIA	693.3	713.9	744.8	613.3	623.1	- ALAI
- CACM	43.7	34.9	31.8	28.6	63.9	- MCC
- Caribbean	19.6	22.4	17.5	25.4	26.7	- Caraïbes
- Rest of America	8.0	8.5	6.7	5.2	4.7	- Autre d'Amérique
Asia excluding former USSR	2982.8	3678.2	4033.0	4100.2	4603.1	Asie ancienne URSS exclus
- Middle East	430.8	482.1	555.6	565.0	630.5	- Moyen-Orient
Asia former USSR	48.5	26.4	40.0	32.0	41.1	Asie ancienne URSS
Europe excluding former USSR	5099.7	5054.6	5607.9	6135.1	7112.0	Europe ancienne URSS exclus
- European Union	4567.0	4471.2	4967.5	5444.6	6356.7	- Union Européenne
- Eastern Europe	220.7	292.4	340.4	321.6	348.3	- Europe de l'Est
- Rest of Europe	311.9	290.9	300.0	369.0	407.0	- Autre de l'Europe
Europe former USSR	403.1	258.9	512.9	443.6	559.6	Europe ancienne URSS
Oceania	296.0	265.1	233.4	292.6	300.9	Océanie
United States	2929.4	3253.6	3679.9	4539.8	4933.2	Etats-Unis d'Amérique
Germany	1208.2	1066.6	1215.2	1347.2	1577.4	Allemagne
Japan	945.6	1052.4	1047.3	1064.8	1100.0	Japon
France-Monaco	703.3	805.0	948.7	1060.5	1145.7	France-Monaco
China	501.4	683.1	1048.3	942.2	1257.0	Chine
Netherlands	640.0	572.0	638.6	690.8	1027.7	Pays-Bas
United Kingdom	380.4	436.7	591.1	620.5	671.9	Royaume-Uni
Italy-San Marino-Holy See	442.0	450.4	460.4	561.5	605.3	Italie-Saint-Marin-Saint-Siège
Canada	370.8	381.0	415.4	454.0	502.6	Canada
Russian Federation	338.6	205.0	433.0	360.8	465.3	Fédération de Russie
Spain	330.8	294.3	287.2	321.2	422.1	Espagne
Korea, Republic of	214.0	312.8	296.2	336.6	401.4	République de Corée
Brazil	271.6	225.6	338.0	249.6	170.9	Brésil
Mexico	211.1	277.6	213.8	221.7	314.5	Mexique
Australia	255.6	227.9	201.0	254.3	256.6	Australie
China, Hong Kong SAR	232.6	228.7	246.3	223.2	179.1	Chine - RAS de Hong-Kong
Belgium	214.0	216.8	194.2	167.4	188.7	Belgique
India	133.4	156.1	196.3	241.7	237.9	Inde
Switzerland-Liechtenstein	171.3	161.7	159.8	178.8	203.3	Suisse-Liechtenstein
Austria	166.3	163.5	146.0	166.1	201.2	Autriche
Israel	96.8	157.4	175.1	184.6	216.7	Israël
Sweden	177.9	159.8	159.5	161.1	158.7	Suède
Turkey	134.2	129.6	101.1	96.5	131.4	Turquie
Singapore	76.2	119.7	85.0	132.6	148.9	Singapour
United Arab Emirates	67.5	92.0	112.7	e115.6	e135.5	Emirates arabes unis
Iran (Islamic Republic of)	67.6	77.8	88.0	145.1	126.0	Iran (République islamique d')
Norway	79.0	76.2	86.5	119.7	121.0	Norvège
Saudi Arabia	74.3	81.4	111.7	90.8	103.8	Arabie saoudite
Poland	76.4	89.3	81.2	87.4	90.4	Pologne
Denmark	66.3	72.6	81.4	74.8	85.9	Danemark

(Value as percentages of World total)   **(Valeur en pourcentage du total mondial)**

Regions of the world	1994	1995	1996	1997	1998	1999	2000	2001	2002	2003	Régions du monde
World	100.0	100.0	100.0	100.0	100.0	100.0	100.0	100.0	100.0	100.0	Monde
Africa	2.4	2.2	1.9	1.7	1.3	1.5	1.4	1.4	1.5	1.5	Afrique
Americas	28.4	26.0	25.3	28.6	30.8	31.1	31.8	31.5	33.5	32.3	Amériques
- Northern America	22.8	21.2	20.2	22.2	23.5	25.2	26.2	26.4	29.5	28.5	- Amérique du Nord
- LAIA	5.1	4.4	4.8	5.9	6.8	5.3	5.1	4.8	3.6	3.3	- ALAI
- CACM	0.3	0.2	0.2	0.3	0.2	0.3	0.3	0.2	0.2	0.3	- MCC
- Caribbean	0.1	0.1	0.1	0.2	0.2	0.1	0.2	0.1	0.2	0.1	- Caraïbes
- Rest of America	0.1	0.1	0.1	0.1	0.1	0.1	0.1	0.0	0.0	0.0	- Autre d'Amérique
Asia excluding former USSR	22.3	24.0	25.6	24.5	21.5	22.8	26.5	26.0	24.2	24.2	Asie ancienne URSS exclus
- Middle East	2.5	3.6	4.2	3.8	3.5	3.3	3.5	3.6	3.3	3.3	- Moyen-Orient
Asia former USSR	0.2	0.5	0.5	0.4	0.4	0.4	0.2	0.3	0.2	0.2	Asie ancienne URSS
Europe excluding former USSR	39.5	40.0	40.1	38.1	39.1	39.0	36.4	36.1	36.2	37.3	Europe ancienne URSS exclus
- European Union	33.8	34.4	34.7	33.2	34.0	34.9	32.2	32.0	32.2	33.4	- Union Européenne
- Eastern Europe	3.0	2.8	2.5	2.6	2.5	1.7	2.1	2.2	1.9	1.8	- Europe de l'Est
- Rest of Europe	2.7	2.8	2.8	2.4	2.6	2.4	2.1	1.9	2.2	2.1	- Autre de l'Europe
Europe former USSR	4.7	5.0	4.5	4.6	4.8	3.1	1.9	3.3	2.6	2.9	Europe ancienne URSS
Oceania	2.5	2.3	2.2	2.1	2.1	2.3	1.9	1.5	1.7	1.6	Océanie

TRADE BY COMMODITY (Value in million US dollars)
Exports by principal countries or areas

COMMERCE PAR PRODUIT (Valeur en millions de dollars EU)
Exportations selon les principaux pays ou zones

Country or area	1999	2000	2001	2002	2003	Pays ou zone
World	14138.7	14801.7	15768.4	17041.2	20256.7	Monde
Africa	12.2	19.6	17.1	13.5	15.4	Afrique
Americas	4728.9	5044.8	5438.4	5638.4	6022.3	Amériques
- Northern America	4483.8	4789.7	5271.9	5387.6	5749.2	- Amérique du Nord
- LAIA	243.4	252.8	163.5	248.3	270.2	- ALAI
- CACM	1.2	1.7	1.9	1.7	1.3	- MCC
- Caribbean	0.4	0.5	0.8	0.7	1.4	- Caraïbes
- Rest of America	0.0	0.1	0.3	0.1	0.0	- Autre d'Amérique
Asia excluding former USSR	2848.8	3178.6	3458.6	3435.5	3828.9	Asie ancienne URSS exclus
- Middle East	24.9	29.5	36.6	57.9	55.9	- Moyen-Orient
Asia former USSR	1.3	2.3	1.8	2.9	3.8	Asie ancienne URSS
Europe excluding former USSR	6487.7	6460.1	6785.8	7836.6	10247.0	Europe ancienne URSS exclus
- European Union	6242.2	6187.4	6466.I	7442.2	9762.9	Union Européenne
- Eastern Europe	37.1	41.9	55.0	83.2	121.2	- Europe de l'Est
- Rest of Europe	208.4	230.8	264.7	311.2	362.9	- Autre de l'Europe
Europe former USSR	12.4	45.8	19.5	64.5	79.4	Europe ancienne URSS
Oceania	47.4	50.6	47.2	49.6	60.1	Océanie
United States	4346.4	4621.1	5088.0	5143.1	5427.8	Etats-Unis d'Amérique
Germany	2401.8	2344.3	2857.0	3387.1	4251.5	Allemagne
Japan	1916.9	1932.7	1934.0	1970.7	2217.6	Japon
Netherlands	1316.9	1253.7	815.2	865.7	1736.6	Pays-Bas
France-Monaco	703.4	765.2	898.9	1026.1	1184.5	France-Monaco
United Kingdom	419.1	408.2	449.8	513.4	724.0	Royaume-Uni
Israel	361.0	512.5	631.8	472.0	452.9	Israël
Finland	314.4	292.9	338.2	339.4	405.0	Finlande
Italy-San Marino-Holy See	261.1	272.2	275.3	294.6	331.9	Italie-Saint-Marin-Saint-Siège
Sweden	252.6	227.6	212.6	244.7	183.6	Suède
Mexico	229.3	236.9	142.7	228.5	249.0	Mexique
Korea, Republic of	153.6	232.8	236.7	202.7	254.8	République de Corée
Canada	137.4	168.5	183.9	244.5	321.5	Canada
Switzerland-Liechtenstein	139.3	164.7	190.1	203.7	243.2	Suisse-Liechtenstein
China	52.6	113.1	175.0	240.2	307.0	Chine
Austria	144.7	147.9	142.4	198.5	240.7	Autriche
China, Hong Kong SAR	169.8	148.5	191.3	178.2	161.4	Chine - RAS de Hong-Kong
Denmark	130.7	157.4	151.7	179.3	186.5	Danemark
Belgium	155.9	137.9	124.0	132.0	159.6	Belgique
India	79.8	92.4	134.6	168.4	196.2	Inde
Ireland	51.1	93.6	95.9	155.9	227.8	Irlande
Spain	82.8	79.3	96.9	94.8	121.8	Espagne
Norway	62.9	54.4	64.0	93.9	98.0	Norvège
Singapore	57.6	61.3	58.6	69.6	73.1	Singapour
Australia	43.1	45.8	42.0	43.9	52.1	Australie
Hungary	23.8	23.8	29.1	54.8	86.5	Hongrie
Malaysia	17.2	21.9	26.6	34.8	43.2	Malaisie
United Arab Emirates	16.1	20.6	28.7	e29.8	e35.4	Emirates arabes unis
Indonesia	8.2	18.4	23.5	29.0	47.5	Indonésie
Ukraine	0.3	3.1	2.0	42.8	e55.1	Ukraine

(Value as percentages of World total)   **(Valeur en pourcentage du total mondial)**

Regions of the world	1994	1995	1996	1997	1998	1999	2000	2001	2002	2003	Régions du monde
World	100.0	100.0	100.0	100.0	100.0	100.0	100.0	100.0	100.0	100.0	Monde
Africa	0.1	0.1	0.1	0.1	0.2	0.1	0.1	0.1	0.1	0.1	Afrique
Americas	28.4	27.9	30.3	31.8	31.6	33.4	34.1	34.5	33.1	29.7	Amériques
- Northern America	27.8	27.5	29.6	30.4	29.9	31.7	32.4	33.4	31.6	28.4	- Amérique du Nord
- LAIA	0.6	0.4	0.7	1.4	1.7	1.7	1.7	1.0	1.5	1.3	- ALAI
- CACM	0.0	0.0	0.0	0.0	0.0	0.0	0.0	0.0	0.0	0.0	- MCC
- Caribbean	0.0	0.0	0.0	0.0	0.0	0.0	0.0	0.0	0.0	0.0	- Caraïbes
- Rest of America	0.0	0.0	0.0	0.0	0.0	0.0	0.0	0.0	0.0	0.0	- Autre d'Amérique
Asia excluding former USSR	19.5	18.9	18.2	19.8	19.9	20.1	21.5	21.9	20.2	18.9	Asie ancienne URSS exclus
- Middle East	0.1	0.2	0.1	0.1	0.1	0.2	0.2	0.2	0.3	0.3	- Moyen-Orient
Asia former USSR	0.0	0.0	0.1	0.0	0.0	0.0	0.0	0.0	0.0	0.0	Asie ancienne URSS
Europe excluding former USSR	51.4	52.4	50.8	47.9	48.0	45.9	43.6	43.0	46.0	50.6	Europe ancienne URSS exclus
- European Union	49.5	50.4	49.0	46.3	46.2	44.1	41.8	41.0	43.7	48.2	- Union Européenne
- Eastern Europe	0.3	0.3	0.2	0.3	0.3	0.3	0.3	0.3	0.5	0.6	- Europe de l'Est
- Rest of Europe	1.7	1.7	1.5	1.3	1.4	1.5	1.6	1.7	1.8	1.8	- Autre de l'Europe
Europe former USSR	0.1	0.1	0.1	0.1	0.1	0.1	0.3	0.1	0.4	0.4	Europe ancienne URSS
Oceania	0.4	0.5	0.4	0.2	0.2	0.3	0.3	0.3	0.3	0.3	Océanie

775 Household type equipment, nes

Country or area	1999	2000	2001	2002	2003	Pays ou zone
World	36562.5	38713.6	40155.4	44164.4	51652.4	Monde
Africa	505.0	639.7	638.2	698.2	764.6	Afrique
Americas	9841.9	10986.4	11769.5	12480.5	13452.0	Amériques
- Northern America	8035.8	8971.2	9722.1	10758.1	11783.3	- Amérique du Nord
- LAIA	1449.2	1675.4	1711.3	1360.9	1313.4	- ALAI
- CACM	149.3	139.2	151.7	173.4	176.9	- MCC
- Caribbean	149.7	150.3	138.5	137.8	131.2	- Caraïbes
- Rest of America	57.9	50.2	45.8	50.4	47.2	- Autre d'Amérique
Asia excluding former USSR	6724.0	7821.3	7847.1	8404.1	9415.2	Asie ancienne URSS exclus
- Middle East	1155.1	1391.4	1218.9	1315.8	1696.9	- Moyen-Orient
Asia former USSR	88.5	69.6	70.4	102.8	134.3	Asie ancienne URSS
Europe excluding former USSR	18277.6	17933.8	18446.9	20550.3	25264.6	Europe ancienne URSS exclus
- European Union	15798.9	15536.1	15981.2	17619.4	21615.3	- Union Européenne
- Eastern Europe	1224.5	1230.6	1267.1	1521.7	2015.4	- Europe de l'Est
- Rest of Europe	1254.2	1167.1	1198.5	1409.2	1633.9	- Autre de l'Europe
Europe former USSR	291.3	360.6	605.6	955.5	1407.1	Europe ancienne URSS
Oceania	834.4	902.2	777.8	973.1	1214.6	Océanie
United States	6700.5	7570.8	8302.8	9209.8	10101.4	Etats-Unis d'Amérique
Germany	3235.7	3057.9	3170.1	3345.8	4205.6	Allemagne
United Kingdom	2472.1	2681.7	2811.4	3268.5	3720.8	Royaume-Uni
France-Monaco	2503.7	2417.2	2471.7	2707.0	3246.8	France-Monaco
China, Hong Kong SAR	2499.5	2696.4	2689.9	2524.1	2390.3	Chine - RAS de Hong-Kong
Japan	1305.2	1628.6	1849.7	2119.1	2451.2	Japon
Canada	1330.9	1393.9	1413.7	1542.0	1672.9	Canada
Netherlands	1336.3	1325.5	1327.5	1358.2	1588.9	Pays-Bas
Spain	1095.4	1209.0	1131.2	1314.4	1685.5	Espagne
Italy-San Marino-Holy See	1010.5	975.2	1001.1	1226.0	1599.0	Italie-Saint-Marin-Saint-Siège
Belgium	989.1	865.0	907.0	950.0	1164.8	Belgique
Australia	665.6	741.4	624.1	778.6	982.4	Australie
Austria	696.1	610.8	628.7	675.2	873.9	Autriche
Sweden	582.3	599.2	627.1	717.8	954.8	Suède
Mexico	553.7	702.8	697.0	733.5	708.0	Mexique
Switzerland-Liechtenstein	586.5	544.9	512.5	553.9	657.7	Suisse-Liechtenstein
Poland	480.5	483.1	469.3	521.8	599.4	Pologne
Denmark	377.9	380.3	418.6	491.1	619.5	Danemark
Russian Federation	94.3	178.5	344.5	645.2	960.1	Fédération de Russie
Greece	421.2	356.9	408.1	386.7	512.6	Grèce
China	225.8	293.1	303.1	456.9	708.3	Chine
Finland	320.4	329.6	349.5	409.7	559.9	Finlande
Portugal	401.9	387.8	359.8	394.2	e402.7	Portugal
United Arab Emirates	263.9	358.4	383.4	e393.3	e460.9	Emirates arabes unis
Norway	362.2	333.9	330.4	383.8	443.9	Norvège
Czech Republic	315.3	298.8	305.7	355.1	444.4	République tchèque
Korea, Republic of	188.8	301.5	300.7	396.7	463.4	République de Corée
Ireland	299.4	291.0	315.3	316.4	410.9	Irlande
Singapore	327.4	311.7	304.2	314.8	306.8	Singapour
Turkey	359.0	400.7	194.8	180.4	267.1	Turquie

(Value as percentages of World total)   **(Valeur en pourcentage du total mondial)**

Regions of the world	1994	1995	1996	1997	1998	1999	2000	2001	2002	2003	Régions du monde
World	100.0	100.0	100.0	100.0	100.0	100.0	100.0	100.0	100.0	100.0	Monde
Africa	1.6	1.5	1.5	1.5	1.5	1.4	1.7	1.6	1.6	1.5	Afrique
Americas	24.1	21.5	21.6	23.9	26.0	26.9	28.4	29.3	28.3	26.0	Amériques
- Northern America	18.6	16.8	17.0	18.5	20.4	22.0	23.2	24.2	24.4	22.8	- Amérique du Nord
- LAIA	4.4	3.6	3.8	4.4	4.4	4.0	4.3	4.3	3.1	2.5	- ALAI
- CACM	0.4	0.4	0.3	0.4	0.5	0.4	0.4	0.4	0.4	0.3	- MCC
- Caribbean	0.4	0.5	0.4	0.5	0.6	0.4	0.4	0.3	0.3	0.3	- Caraïbes
- Rest of America	0.2	0.1	0.1	0.2	0.2	0.2	0.1	0.1	0.1	0.1	- Autre d'Amérique
Asia excluding former USSR	20.6	22.9	23.1	21.5	17.6	18.4	20.2	19.5	19.0	18.2	Asie ancienne URSS exclus
- Middle East	3.3	4.0	4.0	3.6	3.5	3.2	3.6	3.0	3.0	3.3	- Moyen-Orient
Asia former USSR	0.3	0.3	0.3	0.2	0.4	0.2	0.2	0.2	0.2	0.3	Asie ancienne URSS
Europe excluding former USSR	50.0	50.3	49.7	48.7	51.0	50.0	46.3	45.9	46.5	48.9	Europe ancienne URSS exclus
- European Union	44.6	44.3	43.2	42.2	43.8	43.2	40.1	39.8	39.9	41.8	- Union Européenne
- Eastern Europe	2.0	2.4	3.1	3.2	3.7	3.3	3.2	3.2	3.4	3.9	- Europe de l'Est
- Rest of Europe	3.5	3.6	3.4	3.3	3.5	3.4	3.0	3.0	3.2	3.2	- Autre de l'Europe
Europe former USSR	1.3	1.5	1.7	1.8	1.2	0.8	0.9	1.5	2.2	2.7	Europe ancienne URSS
Oceania	2.2	2.0	2.1	2.3	2.3	2.3	2.3	1.9	2.2	2.4	Océanie

Machines et appareils, électriques ou non, à l'usage domestique, n.d.a. 775

TRADE BY COMMODITY (Value in million US dollars)
Exports by principal countries or areas

COMMERCE PAR PRODUIT (Valeur en millions de dollars EU)
Exportations selon les principaux pays ou zones

Country or area	1999	2000	2001	2002	2003	Pays ou zone
World	36851.9	38090.9	39265.1	43444.7	50913.3	Monde
Africa	33.8	79.7	54.6	77.8	74.8	Afrique
Americas	5031.6	5289.8	5408.6	5444.7	5264.2	Amériques
- Northern America	3199.2	3255.8	3107.0	3054.6	3150.2	- Amérique du Nord
- LAIA	1722.2	1941.0	2196.7	2274.4	2003.5	- ALAI
- CACM	108.3	90.3	102.3	112.9	107.8	- MCC
- Caribbean	2.0	2.5	2.1	2.2	2.7	- Caraïbes
- Rest of America	0.0	0.3	0.5	0.6	0.0	- Autre d'Amérique
Asia excluding former USSR	11933.4	13638.7	14583.9	16618.4	20012.5	Asie ancienne URSS exclus
- Middle East	613.4	603.8	720.0	956.0	1412.1	- Moyen-Orient
Asia former USSR	2.2	1.1	1.1	2.5	2.9	Asie ancienne URSS
Europe excluding former USSR	19394.0	18630.0	18701.1	20679.3	24746.5	Europe ancienne URSS exclus
- European Union	17655.1	16782.8	16686.6	18241.3	21345.3	- Union Européenne
- Eastern Europe	858.1	953.8	1064.9	1326.9	2107.3	- Europe de l'Est
- Rest of Europe	880.9	893.4	949.7	1111.1	1293.8	- Autre de l'Europe
Europe former USSR	251.8	273.4	318.7	398.0	531.3	Europe ancienne URSS
Oceania	205.0	178.2	197.1	223.9	281.1	Océanie
China	3498.1	4473.2	5352.5	6787.0	9010.5	Chine
Italy-San Marino-Holy See	5039.3	4953.8	5036.1	5446.0	6262.8	Italie-Saint-Marin-Saint-Siège
Germany	4965.5	4637.8	4875.3	5539.2	6430.8	Allemagne
China, Hong Kong SAR	3002.8	3279.8	3379.7	3267.9	3275.9	Chine - RAS de Hong-Kong
United States	2650.1	2654.2	2571.6	2451.0	2509.4	Etats-Unis d'Amérique
Korea, Republic of	2077.3	2268.9	2209.3	2625.4	2975.9	République de Corée
France-Monaco	1954.1	1857.9	1717.2	1696.2	1915.1	France-Monaco
Mexico	1496.5	1649.6	1885.4	2041.4	1655.0	Mexique
Spain	1143.3	1046.9	1127.9	1217.7	1486.0	Espagne
United Kingdom	1087.8	987.2	895.3	939.8	1075.5	Royaume-Uni
Sweden	858.7	843.6	860.8	1029.7	1218.6	Suède
Thailand	680.1	883.7	917.9	e985.1	1150.7	Thaïlande
Turkey	376.8	397.7	479.1	706.3	1095.8	Turquie
Netherlands	769.5	708.3	445.0	456.5	614.8	Pays-Bas
Slovenia	507.3	498.3	539.5	650.2	789.0	Slovénie
Canada	549.1	601.6	535.4	603.6	640.8	Canada
Japan	680.9	679.7	534.6	493.2	533.4	Japon
Singapore	485.8	539.2	508.0	488.7	505.8	Singapour
Belgium	429.6	404.8	409.8	448.6	537.1	Belgique
Austria	435.6	408.0	355.0	398.0	519.0	Autriche
Hungary	326.8	343.3	352.7	437.1	611.8	Hongrie
Poland	211.8	277.6	340.8	433.0	770.2	Pologne
Malaysia	225.6	245.9	341.7	379.5	509.8	Malaisie
Denmark	333.5	322.7	298.4	314.0	410.6	Danemark
Switzerland-Liechtenstein	253.7	287.0	287.9	320.6	351.2	Suisse-Liechtenstein
Finland	157.3	147.9	186.9	240.1	310.6	Finlande
United Arab Emirates	200.9	167.5	188.2	e196.0	e232.7	Emirates arabes unis
Belarus	138.4	159.7	185.3	218.2	279.9	Bélarus
Ireland	208.6	183.2	210.0	175.4	150.7	Irlande
Portugal	158.5	162.9	167.9	202.4	e234.7	Portugal

(Value as percentages of World total)　　　　　　　　　　　　　**(Valeur en pourcentage du total mondial)**

Regions of the world	1994	1995	1996	1997	1998	1999	2000	2001	2002	2003	Régions du monde
World	100.0	100.0	100.0	100.0	100.0	100.0	100.0	100.0	100.0	100.0	Monde
Africa	0.2	0.2	0.1	0.1	0.1	0.1	0.2	0.1	0.2	0.1	Afrique
Americas	11.9	11.4	11.8	13.0	13.5	13.7	13.9	13.8	12.5	10.3	Amériques
- Northern America	9.0	8.3	8.4	8.9	9.1	8.7	8.5	7.9	7.0	6.2	- Amérique du Nord
- LAIA	2.8	3.0	3.2	3.8	4.2	4.7	5.1	5.6	5.2	3.9	- ALAI
- CACM	0.1	0.1	0.1	0.2	0.3	0.3	0.2	0.3	0.3	0.2	- MCC
- Caribbean	0.0	0.0	0.0	0.0	0.0	0.0	0.0	0.0	0.0	0.0	- Caraïbes
- Rest of America	0.0	0.0	0.0	0.0	0.0	0.0	0.0	0.0	0.0	0.0	- Autre d'Amérique
Asia excluding former USSR	31.3	31.3	31.9	31.7	30.0	32.4	35.8	37.1	38.3	39.3	Asie ancienne URSS exclus
- Middle East	0.7	0.9	0.9	1.0	1.5	1.7	1.6	1.8	2.2	2.8	- Moyen-Orient
Asia former USSR	0.0	0.0	0.0	0.0	0.0	0.0	0.0	0.0	0.0	0.0	Asie ancienne URSS
Europe excluding former USSR	55.3	55.8	54.7	53.7	55.2	52.6	48.9	47.6	47.6	48.6	Europe ancienne URSS exclus
- European Union	51.5	52.1	51.1	49.6	50.6	47.9	44.1	42.5	42.0	41.9	- Union Européenne
- Eastern Europe	1.2	1.4	1.5	1.8	2.0	2.3	2.5	2.7	3.1	4.1	- Europe de l'Est
- Rest of Europe	2.6	2.4	2.2	2.2	2.5	2.4	2.3	2.4	2.6	2.5	- Autre de l'Europe
Europe former USSR	0.5	0.6	0.8	1.0	0.7	0.7	0.7	0.8	0.9	1.0	Europe ancienne URSS
Oceania	0.7	0.6	0.7	0.6	0.5	0.6	0.5	0.5	0.5	0.6	Océanie

776 Thermionic, microcircuits, transistors, valves, etc

TRADE BY COMMODITY (Value in million US dollars)
Imports by principal countries or areas

COMMERCE PAR PRODUIT (Valeur en millions de dollars EU)
Importations selon les principaux pays ou zones

Country or area	1999	2000	2001	2002	2003	Pays ou zone
World	242428.6	323417.6	258382.1	267533.8	317380.8	Monde
Africa	927.8	783.2	696.9	632.0	706.5	Afrique
Americas	58242.2	75598.3	52078.8	44787.9	41806.0	Amériques
- Northern America	45734.0	57900.7	36028.1	30080.4	28460.3	- Amérique du Nord
- LAIA	12049.0	16960.7	15022.6	13584.2	12075.0	- ALAI
- CACM	428.9	705.7	994.6	1087.3	1226.2	- MCC
- Caribbean	23.6	24.9	28.1	31.6	39.4	- Caraïbes
- Rest of America	6.8	6.4	5.3	4.3	5.1	- Autre d'Amérique
Asia excluding former USSR	134108.5	180488.3	150804.4	171569.7	215666.4	Asie ancienne URSS exclus
- Middle East	1004.3	1204.6	1108.5	1497.5	1829.4	- Moyen-Orient
Asia former USSR	14.1	35.8	27.1	30.8	39.5	Asie ancienne URSS
Europe excluding former USSR	48015.4	65250.4	53705.9	49248.4	57442.1	Europe ancienne URSS exclus
- European Union	44051.7	58935.9	47076.0	41722.8	48073.6	- Union Européenne
- Eastern Europe	2043.2	3671.1	4746.6	5798.3	7299.8	- Europe de l'Est
- Rest of Europe	1920.4	2643.4	1883.2	1727.3	2068.8	- Autre de l'Europe
Europe former USSR	251.8	309.1	371.0	563.6	810.3	Europe ancienne URSS
Oceania	869.0	952.6	697.9	701.2	909.8	Océanie
United States	38866.2	49581.3	31646.5	27167.7	25605.1	Etats-Unis d'Amérique
China	13391.0	21155.6	23611.9	35167.4	52523.0	Chine
Singapore	22113.5	30556.3	23192.0	24118.8	27801.7	Singapour
Malaysia	19343.6	24513.0	19773.6	22875.8	24730.5	Malaisie
China, Hong Kong SAR	14223.9	20286.1	18179.4	21598.4	26814.0	Chine - RAS de Hong-Kong
Korea, Republic of	16892.6	20470.4	15865.2	17624.8	21104.9	République de Corée
Japan	13474.3	19845.6	15725.4	15267.3	17419.7	Japon
Germany	10846.2	14347.9	12898.2	11258.2	14080.4	Allemagne
Mexico	10093.1	13961.1	12503.9	11531.5	9808.8	Mexique
United Kingdom	8367.9	11987.5	9239.2	6568.0	6710.4	Royaume-Uni
Philippines	8926.6	7604.7	6264.3	4619.5	11712.7	Philippines
Thailand	5928.1	8365.8	6791.5	e6453.1	7565.6	Thaïlande
France-Monaco	6597.5	9212.8	6074.7	5492.2	5598.8	France-Monaco
Canada	6867.6	8313.9	4368.9	2905.4	2844.9	Canada
Netherlands	4527.0	6785.8	2687.0	1058.0	7785.5	Pays-Bas
Ireland	2802.9	3002.6	3986.1	6690.3	2557.5	Irlande
Italy-San Marino-Holy See	3180.0	3970.4	3314.8	2857.4	3117.2	Italie-Saint-Marin-Saint-Siège
Hungary	826.7	1665.6	2372.0	2548.4	3241.8	Hongrie
Brazil	1634.8	2638.6	2118.9	1835.7	2035.4	Brésil
Belgium	1452.2	2059.0	2113.2	1414.4	1526.7	Belgique
Finland	1247.2	1525.0	1266.9	1362.9	1387.4	Finlande
Sweden	1455.0	1959.1	1218.4	936.5	1048.8	Suède
Spain	1213.7	1460.2	1303.8	1204.4	1379.2	Espagne
Czech Republic	360.2	669.0	1073.6	1561.5	1925.1	République tchèque
Austria	928.0	1000.9	1274.7	1189.6	1155.8	Autriche
Turkey	769.3	936.8	777.3	1172.1	1423.8	Turquie
Malta	897.4	1309.7	752.6	e783.7	e939.6	Malte
Poland	576.2	742.6	859.8	1046.4	1260.7	Pologne
Israel	719.6	1508.4	868.7	636.3	718.0	Israël
Costa Rica	417.4	688.5	976.9	1069.8	1202.6	Costa Rica

(Value as percentages of World total)   **(Valeur en pourcentage du total mondial)**

Regions of the world	1994	1995	1996	1997	1998	1999	2000	2001	2002	2003	Régions du monde
World	100.0	100.0	100.0	100.0	100.0	100.0	100.0	100.0	100.0	100.0	Monde
Africa	0.3	0.2	0.3	0.2	0.4	0.4	0.2	0.3	0.2	0.2	Afrique
Americas	27.0	27.1	25.5	24.6	24.6	24.0	23.4	20.2	16.7	13.2	Amériques
- Northern America	23.8	23.9	21.9	20.6	19.5	18.9	17.9	13.9	11.2	9.0	- Amérique du Nord
- LAIA	3.2	3.1	3.6	4.0	4.7	5.0	5.2	5.8	5.1	3.8	- ALAI
- CACM	0.0	0.0	0.0	0.0	0.3	0.2	0.2	0.4	0.4	0.4	- MCC
- Caribbean	0.0	0.0	0.0	0.0	0.0	0.0	0.0	0.0	0.0	0.0	- Caraïbes
- Rest of America	0.0	0.0	0.0	0.0	0.0	0.0	0.0	0.0	0.0	0.0	- Autre d'Amérique
Asia excluding former USSR	49.8	51.5	52.6	53.8	52.8	55.3	55.8	58.4	64.1	68.0	Asie ancienne URSS exclus
- Middle East	0.3	0.3	0.4	0.4	0.5	0.4	0.4	0.4	0.6	0.6	- Moyen-Orient
Asia former USSR	0.0	0.0	0.0	0.0	0.0	0.0	0.0	0.0	0.0	0.0	Asie ancienne URSS
Europe excluding former USSR	22.3	20.6	21.1	20.8	21.8	19.8	20.2	20.8	18.4	18.1	Europe ancienne URSS exclus
- European Union	20.8	19.3	19.8	19.4	20.0	18.2	18.2	18.2	15.6	15.1	- Union Européenne
- Eastern Europe	0.3	0.4	0.4	0.6	0.9	0.8	1.1	1.8	2.2	2.3	- Europe de l'Est
- Rest of Europe	1.2	1.0	0.8	0.7	0.9	0.8	0.8	0.7	0.6	0.7	- Autre de l'Europe
Europe former USSR	0.1	0.1	0.1	0.1	0.1	0.1	0.1	0.1	0.2	0.3	Europe ancienne URSS
Oceania	0.5	0.5	0.5	0.4	0.4	0.4	0.3	0.3	0.3	0.3	Océanie

Lampes, tubes et valves électroniques; cellules photoélectriques; et leurs pièces détachées 776

TRADE BY COMMODITY (Value in million US dollars)
Exports by principal countries or areas

COMMERCE PAR PRODUIT (Valeur en millions de dollars EU)
Exportations selon les principaux pays ou zones

Country or area	1999	2000	2001	2002	2003	Pays ou zone
World	242239.2	311188.4	239882.6	244066.1	292940.7	Monde
Africa	552.5	526.7	459.5	589.1	701.5	Afrique
Americas	54679.5	69645.5	52351.9	48326.9	52041.5	Amériques
- Northern America	52103.2	66283.1	50031.9	46123.7	49552.2	- Amérique du Nord
- LAIA	2495.3	3303.0	2260.2	2149.0	2390.4	- ALAI
- CACM	75.0	51.3	54.1	51.8	96.4	- MCC
- Caribbean	6.0	8.1	5.6	2.4	2.5	- Caraïbes
- Rest of America	0.1	0.1	0.0	0.0	0.1	- Autre d'Amérique
Asia excluding former USSR	145464.4	186911.5	141755.7	148319.0	190385.2	Asie ancienne URSS exclus
- Middle East	19.5	24.1	29.8	34.0	39.6	- Moyen-Orient
Asia former USSR	1.4	6.0	3.1	3.3	3.8	Asie ancienne URSS
Europe excluding former USSR	41092.9	53563.0	44851.6	46371.9	49227.4	Europe ancienne URSS exclus
- European Union	38967.7	50517.6	42033.8	43341.5	45640.5	- Union Européenne
- Eastern Europe	540.6	799.3	1113.4	1319.8	1633.3	- Europe de l'Est
- Rest of Europe	1584.6	2246.1	1704.5	1710.6	1953.7	- Autre de l'Europe
Europe former USSR	306.1	386.4	313.8	300.3	379.9	Europe ancienne URSS
Oceania	142.3	149.2	147.0	155.7	201.4	Océanie
United States	49350.9	62823.9	47622.0	44518.4	47769.5	Etats-Unis d'Amérique
Japan	32725.9	42454.3	30037.7	30926.9	35255.6	Japon
Singapore	23037.3	34436.3	27275.2	29404.4	35424.8	Singapour
Korea, Republic of	21843.4	24688.1	14741.9	16034.2	19111.0	République de Corée
Malaysia	17232.1	18728.9	15929.1	19207.9	22417.0	Malaisie
China, Hong Kong SAR	9480.3	14045.6	13715.0	16250.7	19827.5	Chine - RAS de Hong-Kong
Philippines	17068.1	16662.8	12569.9	4771.6	15899.7	Philippines
Germany	9382.6	12887.5	11415.0	11066.6	14136.2	Allemagne
United Kingdom	6970.7	9224.0	9567.4	10004.8	5487.8	Royaume-Uni
France-Monaco	7405.7	8424.4	6797.6	5959.8	6389.7	France-Monaco
China	3709.8	5351.8	4931.8	7276.9	10400.5	Chine
Thailand	4031.1	5876.3	4699.9	e5399.3	6307.2	Thaïlande
Netherlands	6024.1	7625.3	1195.6	1567.5	7907.5	Pays-Bas
Ireland	2821.2	4167.0	5574.0	7641.2	3531.0	Irlande
Italy-San Marino-Holy See	2230.3	3158.7	2631.2	2827.6	3134.6	Italie-Saint-Marin-Saint-Siège
Canada	2752.2	3459.2	2409.7	1605.3	1782.7	Canada
Mexico	2344.8	3064.4	2045.1	1891.6	2172.2	Mexique
Belgium	1078.0	1349.9	1461.1	1013.1	1122.4	Belgique
Israel	413.8	1781.5	1630.0	1120.7	1067.3	Israël
Malta	1017.1	1513.7	1003.0	e1091.1	e1252.0	Malte
Austria	796.5	1024.4	1225.4	1304.5	1304.1	Autriche
Spain	587.2	605.2	610.2	602.9	1039.3	Espagne
Indonesia	314.0	738.9	520.7	558.6	720.9	Indonésie
Switzerland-Liechtenstein	531.7	690.1	553.9	479.2	559.9	Suisse-Liechtenstein
Portugal	390.4	389.4	570.1	535.2	e620.7	Portugal
Morocco	531.5	480.2	386.2	502.2	601.1	Maroc
Sweden	518.7	771.9	414.0	343.3	442.1	Suède
Czech Republic	145.4	218.0	321.6	518.1	537.9	République tchèque
Finland	314.9	465.0	263.1	214.2	321.6	Finlande
Poland	245.1	256.0	266.5	330.1	465.1	Pologne

(Value as percentages of World total)

(Valeur en pourcentage du total mondial)

Regions of the world	1994	1995	1996	1997	1998	1999	2000	2001	2002	2003	Régions du monde
World	100.0	100.0	100.0	100.0	100.0	100.0	100.0	100.0	100.0	100.0	Monde
Africa	0.1	0.0	0.0	0.0	0.2	0.2	0.2	0.2	0.2	0.2	Afrique
Americas	22.0	20.2	21.7	22.1	22.3	22.6	22.4	21.8	19.8	17.8	Amériques
- Northern America	21.3	19.6	20.7	21.2	21.0	21.5	21.3	20.9	18.9	16.9	- Amérique du Nord
- LAIA	0.8	0.6	1.0	0.9	1.1	1.0	1.1	0.9	0.9	0.8	- ALAI
- CACM	0.0	0.0	0.0	0.0	0.2	0.0	0.0	0.0	0.0	0.0	- MCC
- Caribbean	0.0	0.0	0.0	0.0	0.0	0.0	0.0	0.0	0.0	0.0	- Caraïbes
- Rest of America	0.0	0.0	0.0	0.0	0.0	0.0	0.0	0.0	0.0	0.0	- Autre d'Amérique
Asia excluding former USSR	58.9	62.0	59.6	58.9	58.5	60.0	60.1	59.1	60.8	65.0	Asie ancienne URSS exclus
- Middle East	0.0	0.0	0.0	0.0	0.0	0.0	0.0	0.0	0.0	0.0	- Moyen-Orient
Asia former USSR	0.0	0.0	0.0	0.0	0.0	0.0	0.0	0.0	0.0	0.0	Asie ancienne URSS
Europe excluding former USSR	18.8	17.6	18.5	18.8	18.9	17.0	17.2	18.7	19.0	16.8	Europe ancienne URSS exclus
- European Union	17.8	16.6	17.6	18.0	17.8	16.1	16.2	17.5	17.8	15.6	- Union Européenne
- Eastern Europe	0.1	0.2	0.2	0.2	0.3	0.2	0.3	0.5	0.5	0.6	- Europe de l'Est
- Rest of Europe	0.9	0.8	0.7	0.6	0.7	0.7	0.7	0.7	0.7	0.7	- Autre de l'Europe
Europe former USSR	0.1	0.1	0.1	0.1	0.1	0.1	0.1	0.1	0.1	0.1	Europe ancienne URSS
Oceania	0.0	0.0	0.0	0.1	0.1	0.1	0.0	0.1	0.1	0.1	Océanie

778 Electrical machinery and apparatus, nes

TRADE BY COMMODITY (Value in million US dollars)
Imports by principal countries or areas

COMMERCE PAR PRODUIT (Valeur en millions de dollars EU)
Importations selon les principaux pays ou zones

Country or area	1999	2000	2001	2002	2003	Pays ou zone
World	88131.1	105666.7	94142.6	96015.6	112342.6	Monde
Africa	1088.4	1087.9	1164.2	1141.1	1526.8	Afrique
Americas	25134.9	29792.3	25980.8	25094.5	26243.8	Amériques
- Northern America	18188.0	21322.7	18183.5	18360.7	19627.3	- Amérique du Nord
- LAIA	6512.0	7991.5	7374.3	6284.8	6162.8	- ALAI
- CACM	192.5	217.5	194.0	214.2	204.4	- MCC
- Caribbean	193.7	213.8	185.8	193.4	211.8	- Caraïbes
- Rest of America	48.7	46.8	43.1	41.4	37.4	- Autre d'Amérique
Asia excluding former USSR	24104.1	33010.6	29207.7	32728.3	39301.0	Asie ancienne URSS exclus
- Middle East	1471.2	1704.8	1507.3	1634.2	2077.1	- Moyen-Orient
Asia former USSR	97.8	116.4	109.5	112.4	159.4	Asie ancienne URSS
Europe excluding former USSR	35854.6	39512.1	35798.5	34868.3	42642.5	Europe ancienne URSS exclus
- European Union	31748.0	34810.5	30930.2	29983.1	36617.2	- Union Européenne
- Eastern Europe	2386.6	2979.1	3147.7	3126.0	3851.0	- Europe de l'Est
- Rest of Europe	1720.0	1722.5	1720.5	1759.1	2174.3	- Autre de l'Europe
Europe former USSR	679.1	885.9	752.4	862.4	1031.1	Europe ancienne URSS
Oceania	1172.1	1261.5	1129.5	1208.8	1438.1	Océanie
United States	14607.5	17552.6	15068.6	15320.5	16468.3	Etats-Unis d'Amérique
Germany	7753.6	9228.7	8540.6	7969.9	9873.6	Allemagne
China	3388.1	4771.7	5080.8	6778.7	9097.6	Chine
United Kingdom	5103.0	5679.2	4591.2	4251.8	4898.4	Royaume-Uni
Mexico	4338.4	5534.8	5041.9	4629.6	4441.7	Mexique
China, Hong Kong SAR	3661.7	4856.7	4236.0	4774.1	5489.7	Chine - RAS de Hong-Kong
France-Monaco	4435.8	4928.0	4159.7	4130.6	5064.6	France-Monaco
Japan	3538.3	5016.6	4093.0	3747.2	4222.7	Japon
Canada	3554.1	3765.0	3109.5	3033.9	3150.9	Canada
Korea, Republic of	2249.0	2997.5	2832.7	3494.4	4879.9	République de Corée
Singapore	2823.0	3748.4	2572.8	2439.6	2795.3	Singapour
Italy-San Marino-Holy See	2538.3	2614.3	2519.9	2413.5	2818.5	Italie-Saint-Marin-Saint-Siège
Belgium	2162.2	2162.5	2231.0	2322.1	2805.2	Belgique
Malaysia	1634.3	2584.7	2149.1	2199.5	2577.6	Malaisie
Spain	1841.7	1822.1	1834.0	2117.2	2803.0	Espagne
Netherlands	2097.9	2150.2	1912.0	1881.9	2279.2	Pays-Bas
Thailand	1093.6	1407.5	1280.5	e1565.1	1835.0	Thaïlande
Sweden	1499.0	1617.8	1153.6	1079.4	1318.4	Suède
Austria	1017.8	1091.9	1056.6	988.9	1262.2	Autriche
Australia	954.7	1041.9	918.4	988.4	1186.8	Australie
Hungary	680.6	1037.2	997.6	1019.9	1221.4	Hongrie
Brazil	941.4	1152.6	1076.1	807.0	868.1	Brésil
Finland	972.2	1063.2	862.2	830.2	955.2	Finlande
Czech Republic	781.2	881.1	1056.6	867.8	1032.0	République tchèque
Israel	446.6	704.5	1317.3	1153.0	971.1	Israël
Switzerland-Liechtenstein	872.8	864.4	821.1	736.5	897.0	Suisse-Liechtenstein
Ireland	756.0	999.1	675.4	566.0	915.8	Irlande
Denmark	802.2	729.0	672.8	718.8	776.0	Danemark
Poland	620.1	670.0	670.5	737.5	899.6	Pologne
Turkey	532.3	632.0	424.3	535.6	780.0	Turquie

(Value as percentages of World total)　　　　　　　　　　**(Valeur en pourcentage du total mondial)**

Regions of the world	1994	1995	1996	1997	1998	1999	2000	2001	2002	2003	Régions du monde
World	100.0	100.0	100.0	100.0	100.0	100.0	100.0	100.0	100.0	100.0	Monde
Africa	1.8	1.6	1.4	1.4	1.5	1.2	1.0	1.2	1.2	1.4	Afrique
Americas	25.5	23.8	24.9	26.4	28.1	28.5	28.2	27.6	26.1	23.4	Amériques
- Northern America	19.4	17.6	17.9	18.4	19.4	20.6	20.2	19.3	19.1	17.5	- Amérique du Nord
- LAIA	5.6	5.8	6.5	7.5	8.2	7.4	7.6	7.8	6.5	5.5	- ALAI
- CACM	0.2	0.2	0.2	0.2	0.2	0.2	0.2	0.2	0.2	0.2	- MCC
- Caribbean	0.2	0.2	0.3	0.3	0.3	0.2	0.2	0.2	0.2	0.2	- Caraïbes
- Rest of America	0.1	0.1	0.0	0.0	0.1	0.1	0.0	0.0	0.0	0.0	- Autre d'Amérique
Asia excluding former USSR	27.7	28.0	28.7	28.5	25.2	27.4	31.2	31.0	34.1	35.0	Asie ancienne URSS exclus
- Middle East	2.0	2.2	2.2	1.9	1.9	1.7	1.6	1.6	1.7	1.8	- Moyen-Orient
Asia former USSR	0.1	0.1	0.1	0.1	0.1	0.1	0.1	0.1	0.1	0.1	Asie ancienne URSS
Europe excluding former USSR	42.3	43.9	42.0	41.1	42.6	40.7	37.4	38.0	36.3	38.0	Europe ancienne URSS exclus
- European Union	38.8	39.9	37.8	36.7	37.6	36.0	32.9	32.9	31.2	32.6	- Union Européenne
- Eastern Europe	1.3	1.7	2.1	2.4	2.9	2.7	2.8	3.3	3.3	3.4	- Europe de l'Est
- Rest of Europe	2.3	2.3	2.1	1.9	2.0	2.0	1.6	1.8	1.8	1.9	- Autre de l'Europe
Europe former USSR	0.8	0.9	1.0	1.0	1.0	0.8	0.8	0.8	0.9	0.9	Europe ancienne URSS
Oceania	1.7	1.7	1.8	1.5	1.4	1.3	1.2	1.2	1.3	1.3	Océanie

TRADE BY COMMODITY (Value in million US dollars)
Exports by principal countries or areas

COMMERCE PAR PRODUIT (Valeur en millions de dollars EU)
Exportations selon les principaux pays ou zones

Country or area	1999	2000	2001	2002	2003	Pays ou zone
World	87687.0	103348.2	89919.9	93894.4	108634.0	Monde
Africa	176.3	192.2	247.8	268.8	323.3	Afrique
Americas	19054.6	22809.3	18414.7	18290.9	19291.5	Amériques
- Northern America	12645.9	15574.4	12636.6	12447.3	12328.2	- Amérique du Nord
- LAIA	6283.6	7050.5	5626.3	5674.5	6740.5	- ALAI
- CACM	102.6	156.2	124.5	144.4	192.4	- MCC
- Caribbean	22.3	27.6	26.3	23.7	30.4	- Caraïbes
- Rest of America	0.3	0.5	1.0	1.1	0.0	- Autre d'Amérique
Asia excluding former USSR	33129.0	43439.9	36385.2	40126.4	47022.6	Asie ancienne URSS exclus
- Middle East	209.9	235.1	266.6	272.4	328.2	- Moyen-Orient
Asia former USSR	25.8	29.1	25.4	25.4	31.9	Asie ancienne URSS
Europe excluding former USSR	34576.1	36062.4	34003.3	34268.1	41137.9	Europe ancienne URSS exclus
- European Union	30369.8	31334.5	29293.4	29469.4	35053.5	- Union Européenne
- Eastern Europe	2384.8	2905.3	2981.3	3000.0	3858.0	- Europe de l'Est
- Rest of Europe	1821.5	1822.6	1728.6	1798.7	2226.4	- Autre de l'Europe
Europe former USSR	439.2	515.8	554.7	597.5	485.6	Europe ancienne URSS
Oceania	286.0	299.5	288.8	317.2	341.3	Océanie
Japan	15943.4	20231.7	14396.8	14010.7	15336.9	Japon
United States	11306.0	14170.3	11350.0	11105.3	10871.4	Etats-Unis d'Amérique
Germany	9798.4	9824.7	9951.2	9839.2	11767.5	Allemagne
China	4438.1	6042.1	6571.2	7842.1	10110.1	Chine
Mexico	5835.6	6543.8	5118.3	5193.1	6191.4	Mexique
United Kingdom	5291.4	5762.2	4910.9	4522.1	4749.6	Royaume-Uni
China, Hong Kong SAR	3133.5	4246.2	3911.0	4622.3	5651.5	Chine - RAS de Hong-Kong
France-Monaco	4023.9	3958.4	3686.4	3956.8	4669.3	France-Monaco
Singapore	2444.3	3387.5	2863.4	2451.8	2791.4	Singapour
Belgium	2278.7	2241.7	2504.3	2851.4	3321.1	Belgique
Italy-San Marino-Holy See	2181.4	2162.6	2072.4	2088.1	2433.4	Italie-Saint-Marin-Saint-Siège
Korea, Republic of	1234.2	1651.3	1596.9	1906.6	2837.9	République de Corée
Netherlands	1877.6	1968.0	1446.0	1448.0	2147.3	Pays-Bas
Spain	1534.6	1645.2	1398.9	1528.8	1917.7	Espagne
Switzerland-Liechtenstein	1463.7	1435.0	1331.3	1317.1	1611.2	Suisse-Liechtenstein
Canada	1339.8	1404.0	1286.6	1341.9	1456.7	Canada
Czech Republic	992.3	1260.9	1274.4	1143.1	1499.4	République tchèque
Malaysia	956.7	1336.1	1186.8	1291.1	1395.7	Malaisie
Hungary	862.6	1027.6	1033.6	1052.1	1272.3	Hongrie
Thailand	672.8	952.2	948.1	e1134.3	1325.0	Thaïlande
Sweden	943.7	1010.6	821.2	891.0	1095.4	Suède
Austria	778.4	815.1	838.5	798.7	1175.3	Autriche
Indonesia	510.4	662.2	581.3	631.4	679.0	Indonésie
Ireland	595.7	699.7	579.9	486.0	523.9	Irlande
Poland	405.8	475.1	507.5	597.4	808.8	Pologne
Israel	253.6	636.4	396.9	654.6	638.1	Israël
Denmark	400.0	409.7	445.6	440.4	520.3	Danemark
Brazil	305.8	364.1	362.6	334.0	402.5	Brésil
Portugal	243.8	433.0	312.0	261.6	e303.3	Portugal
Russian Federation	301.7	223.7	345.0	388.1	231.4	Fédération de Russie

(**Value as percentages of World total**)

(**Valeur en pourcentage du total mondial**)

Regions of the world	1994	1995	1996	1997	1998	1999	2000	2001	2002	2003	Régions du monde
World	100.0	100.0	100.0	100.0	100.0	100.0	100.0	100.0	100.0	100.0	Monde
Africa	0.2	0.2	0.2	0.2	0.2	0.2	0.2	0.3	0.3	0.3	Afrique
Americas	18.6	17.3	18.4	21.0	20.9	21.7	22.1	20.5	19.5	17.8	Amériques
- Northern America	14.0	12.6	13.7	14.8	14.6	14.4	15.1	14.1	13.3	11.3	- Amérique du Nord
- LAIA	4.4	4.6	4.6	6.1	6.1	7.2	6.8	6.3	6.0	6.2	- ALAI
- CACM	0.1	0.0	0.0	0.1	0.1	0.1	0.2	0.1	0.2	0.2	- MCC
- Caribbean	0.1	0.1	0.0	0.0	0.1	0.0	0.0	0.0	0.0	0.0	- Caraïbes
- Rest of America	0.0	0.0	0.0	0.0	0.0	0.0	0.0	0.0	0.0	0.0	- Autre d'Amérique
Asia excluding former USSR	39.9	40.6	38.4	36.2	35.3	37.8	42.0	40.5	42.7	43.3	Asie ancienne URSS exclus
- Middle East	0.1	0.2	0.3	0.2	0.3	0.2	0.2	0.3	0.3	0.3	- Moyen-Orient
Asia former USSR	0.0	0.0	0.1	0.0	0.0	0.0	0.0	0.0	0.0	0.0	Asie ancienne URSS
Europe excluding former USSR	40.4	41.0	41.9	41.7	42.9	39.4	34.9	37.8	36.5	37.9	Europe ancienne URSS exclus
- European Union	36.5	36.9	37.7	37.2	37.7	34.6	30.3	32.6	31.4	32.3	- Union Européenne
- Eastern Europe	1.2	1.6	1.8	2.2	2.8	2.7	2.8	3.3	3.2	3.6	- Europe de l'Est
- Rest of Europe	2.7	2.5	2.5	2.3	2.4	2.1	1.8	1.9	1.9	2.0	- Autre de l'Europe
Europe former USSR	0.4	0.4	0.5	0.4	0.4	0.5	0.5	0.6	0.6	0.4	Europe ancienne URSS
Oceania	0.4	0.4	0.4	0.4	0.3	0.3	0.3	0.3	0.3	0.3	Océanie

781 Passenger motor vehicles (excluding buses)

Country or area	1999	2000	2001	2002	2003	Pays ou zone
World	293189.9	304629.8	311505.2	339164.5	386605.6	Monde
Africa	2993.6	3270.4	3344.6	4166.6	4686.5	Afrique
Americas	119981.3	136455.3	134531.6	143960.2	144150.4	Amériques
- Northern America	111725.5	125902.4	122735.2	132615.5	133756.3	- Amérique du Nord
- LAIA	6519.7	8825.3	10174.1	9603.0	8732.0	- ALAI
- CACM	604.7	569.3	630.7	732.2	758.4	- MCC
- Caribbean	746.1	874.4	774.0	764.7	615.3	- Caraïbes
- Rest of America	385.3	283.9	217.5	244.7	288.4	- Autre d'Amérique
Asia excluding former USSR	17728.6	23409.9	22152.4	24544.8	31214.1	Asie ancienne URSS exclus
- Middle East	5265.7	8023.6	7468.4	7891.2	10381.6	- Moyen-Orient
Asia former USSR	108.5	300.7	298.4	398.0	587.9	Asie ancienne URSS
Europe excluding former USSR	145498.1	133814.0	143135.3	156327.9	192320.6	Europe ancienne URSS exclus
- European Union	133017.9	121760.7	130181.3	141058.7	173902.4	- Union Européenne
- Eastern Europe	3762.6	3896.7	4767.6	6574.6	8200.2	- Europe de l'Est
- Rest of Europe	8717.6	8156.6	8186.3	8694.6	10218.0	- Autre de l'Europe
Europe former USSR	944.3	1162.8	2196.4	2800.3	4379.5	Europe ancienne URSS
Oceania	5935.5	6216.8	5846.6	6966.7	9266.6	Océanie
United States	98328.7	110919.9	108187.8	115629.9	115967.6	Etats-Unis d'Amérique
Germany	26050.1	21990.8	24314.9	25667.0	32806.5	Allemagne
United Kingdom	24172.4	20995.0	24606.4	27551.3	30923.7	Royaume-Uni
Italy-San Marino-Holy See	19009.0	17370.7	18564.1	20719.9	25840.8	Italie-Saint-Marin-Saint-Siège
France-Monaco	16457.7	16815.5	16121.6	17488.9	21143.4	France-Monaco
Canada	13376.5	14813.2	14528.2	16960.8	17761.9	Canada
Belgium	10722.2	10573.0	12410.7	13298.1	17896.3	Belgique
Spain	12092.4	11340.2	11712.2	12279.3	16340.2	Espagne
Netherlands	7832.5	7086.6	7222.8	7110.3	7566.2	Pays-Bas
Japan	6214.4	6947.5	6236.5	6259.0	6978.2	Japon
Australia	4370.5	4874.7	4481.6	5241.5	6975.9	Australie
Switzerland-Liechtenstein	5183.5	4849.2	4982.3	4991.5	5667.9	Suisse-Liechtenstein
Mexico	2551.2	4422.1	5093.5	6072.2	5749.5	Mexique
Austria	4082.0	3609.2	3659.3	3801.9	5357.3	Autriche
Saudi Arabia	1548.4	2307.7	3362.5	3275.0	3744.1	Arabie saoudite
Portugal	3366.1	2922.4	2600.1	2623.2	e2679.6	Portugal
Ireland	2300.6	2813.7	2070.2	2267.5	2114.0	Irlande
Poland	1585.4	1713.9	1997.2	2532.1	3352.8	Pologne
Sweden	1022.0	1166.8	2342.4	2561.9	3707.5	Suède
China	455.3	759.5	1261.2	2605.9	4437.6	Chine
Greece	2121.4	1886.1	1297.4	1685.4	2464.3	Grèce
Norway	1562.2	1518.3	1529.5	1756.8	2027.1	Norvège
Denmark	1673.7	1311.7	1418.6	1818.5	1825.6	Danemark
Turkey	1324.7	2595.9	586.8	813.3	2219.7	Turquie
China, Hong Kong SAR	869.4	1318.0	1557.8	1612.1	2123.6	Chine - RAS de Hong-Kong
New Zealand	1289.1	1079.3	1106.1	1451.2	1944.2	Nouvelle-Zélande
Finland	1344.4	1157.7	997.7	1283.6	2083.8	Finlande
Israel	1183.9	1524.6	1418.1	1172.1	1179.0	Israël
Kuwait	736.0	933.2	1136.9	e1293.2	e1560.4	Koweït
Russian Federation	302.7	440.2	947.4	1281.6	2452.1	Fédération de Russie

(Value as percentages of World total)											(Valeur en pourcentage du total mondial)
Regions of the world	**1994**	**1995**	**1996**	**1997**	**1998**	**1999**	**2000**	**2001**	**2002**	**2003**	**Régions du monde**
World	100.0	100.0	100.0	100.0	100.0	100.0	100.0	100.0	100.0	100.0	Monde
Africa	1.3	1.5	1.2	1.1	1.1	1.0	1.1	1.1	1.2	1.2	Afrique
Americas	39.5	36.7	35.1	38.1	39.0	40.9	44.8	43.2	42.4	37.3	Amériques
- Northern America	35.4	32.8	32.1	34.1	34.7	38.1	41.3	39.4	39.1	34.6	- Amérique du Nord
- LAIA	3.5	3.2	2.4	3.3	3.6	2.2	2.9	3.3	2.8	2.3	- ALAI
- CACM	0.2	0.2	0.2	0.2	0.3	0.2	0.2	0.2	0.2	0.2	- MCC
- Caribbean	0.3	0.4	0.3	0.3	0.3	0.3	0.3	0.2	0.2	0.2	- Caraïbes
- Rest of America	0.1	0.1	0.1	0.1	0.1	0.1	0.1	0.1	0.1	0.1	- Autre d'Amérique
Asia excluding former USSR	12.3	12.2	11.3	10.0	6.8	6.0	7.7	7.1	7.2	8.1	Asie ancienne URSS exclus
- Middle East	2.5	2.0	2.2	2.6	2.4	1.8	2.6	2.4	2.3	2.7	- Moyen-Orient
Asia former USSR	0.1	0.0	0.0	0.0	0.0	0.0	0.1	0.1	0.1	0.2	Asie ancienne URSS
Europe excluding former USSR	44.7	47.3	49.9	47.9	50.4	49.6	43.9	45.9	46.1	49.7	Europe ancienne URSS exclus
- European Union	40.9	43.2	45.5	43.9	46.0	45.4	40.0	41.8	41.6	45.0	- Union Européenne
- Eastern Europe	0.7	0.8	1.3	1.1	1.3	1.3	1.3	1.5	1.9	2.1	- Europe de l'Est
- Rest of Europe	3.0	3.2	3.2	2.9	3.1	3.0	2.7	2.6	2.6	2.6	- Autre de l'Europe
Europe former USSR	0.3	0.4	0.4	0.8	0.7	0.3	0.4	0.7	0.8	1.1	Europe ancienne URSS
Oceania	1.9	1.9	2.1	2.0	1.9	2.0	2.0	1.9	2.1	2.4	Océanie

Voitures à tous moteurs, pour le transport des personnes; autre que en commun 781

TRADE BY COMMODITY (Value in million US dollars)
Exports by principal countries or areas

COMMERCE PAR PRODUIT (Valeur en millions de dollars EU)
Exportations selon les principaux pays ou zones

Country or area	1999	2000	2001	2002	2003	Pays ou zone
World	292521.4	300452.4	307419.3	340311.7	393341.1	Monde
Africa	927.1	1119.8	920.4	1687.2	2376.8	Afrique
Americas	65745.9	71044.2	68343.5	69650.1	69484.4	Amériques
- Northern America	51428.9	51859.9	49620.3	52708.9	53564.2	- Amérique du Nord
- LAIA	14297.3	19167.0	18703.4	16922.0	15905.7	- ALAI
- CACM	1.4	1.3	3.9	5.4	5.5	- MCC
- Caribbean	17.3	14.2	13.3	11.3	8.5	- Caraïbes
- Rest of America	1.0	1.8	2.7	2.4	0.5	- Autre d'Amérique
Asia excluding former USSR	66652.9	70985.7	68082.8	80259.1	92296.7	Asie ancienne URSS exclus
- Middle East	1130.6	1159.9	1488.5	2019.6	3010.8	- Moyen-Orient
Asia former USSR	91.4	88.3	90.3	107.5	167.1	Asie ancienne URSS
Europe excluding former USSR	157742.3	155336.8	167742.9	186208.0	226327.0	Europe ancienne URSS exclus
- European Union	150776.3	147090.0	159178.8	175177.9	213753.0	- Union Européenne
- Eastern Europe	5980.3	7326.5	7630.8	9912.2	11332.2	- Europe de l'Est
- Rest of Europe	985.8	920.4	933.3	1117.9	1241.9	- Autre de l'Europe
Europe former USSR	308.0	532.0	640.5	790.1	879.8	Europe ancienne URSS
Oceania	1053.8	1345.6	1598.8	1609.9	1809.3	Océanie
Germany	62241.7	60560.0	67390.6	74080.7	91509.4	Allemagne
Japan	54684.3	56809.4	52884.8	62582.9	68293.2	Japon
Canada	34634.9	34909.7	31576.5	31908.1	31178.2	Canada
France-Monaco	19309.2	19388.3	21046.3	24862.8	30118.1	France-Monaco
Belgium	17435.5	16354.5	19745.5	20366.3	24398.0	Belgique
United States	16794.0	16950.2	18043.7	20800.8	22385.9	Etats-Unis d'Amérique
Spain	16492.5	17313.0	16929.9	17657.1	22979.4	Espagne
United Kingdom	15665.1	14042.9	11734.5	15740.5	18565.9	Royaume-Uni
Mexico	12407.5	16296.7	15297.6	13948.1	12546.2	Mexique
Korea, Republic of	9968.0	11894.1	12025.7	13465.7	17534.6	République de Corée
Italy-San Marino-Holy See	6853.4	7252.4	6650.4	6665.2	8059.7	Italie-Saint-Marin-Saint-Siège
Sweden	1491.4	1861.3	4679.7	4352.9	6485.4	Suède
Netherlands	4390.6	3861.1	3467.0	3449.1	2870.9	Pays-Bas
Czech Republic	2140.5	2459.4	2921.2	4815.2	3488.8	République tchèque
Austria	2951.0	2694.3	2831.9	3203.8	3719.2	Autriche
Portugal	2515.7	2224.4	2767.8	2811.6	e3260.5	Portugal
Slovakia	1390.9	1937.5	1763.4	2156.6	4027.7	Slovaquie
Brazil	1138.5	1768.5	1951.4	2006.2	2655.8	Brésil
Poland	1091.7	1461.0	1411.3	1389.7	2241.4	Pologne
Australia	1038.9	1310.1	1574.2	1577.6	1791.6	Australie
Hungary	1342.6	1423.6	1466.6	1481.2	1513.3	Hongrie
Turkey	688.1	628.5	972.9	1297.3	2197.5	Turquie
South Africa	–	1041.6	871.9	1614.5	2099.3	Afrique du Sud
China, Hong Kong SAR	384.2	478.5	677.5	1008.5	1520.9	Chine - RAS de Hong-Kong
Slovenia	794.7	746.4	727.6	848.0	941.0	Slovénie
Finland	740.5	742.5	928.2	920.3	641.3	Finlande
Argentina	588.4	730.3	947.8	604.1	490.3	Argentine
Thailand	124.6	219.3	674.2	e668.3	780.7	Thaïlande
Denmark	233.5	288.9	391.5	499.9	592.7	Danemark
Oman	282.5	365.0	307.3	412.3	377.6	Oman

(Value as percentages of World total)											**(Valeur en pourcentage du total mondial)**
Regions of the world	**1994**	**1995**	**1996**	**1997**	**1998**	**1999**	**2000**	**2001**	**2002**	**2003**	**Régions du monde**
World	100.0	100.0	100.0	100.0	100.0	100.0	100.0	100.0	100.0	100.0	Monde
Africa	0.1	0.1	0.1	0.1	0.1	0.3	0.4	0.3	0.5	0.6	Afrique
Americas	22.4	21.8	21.7	21.9	21.4	22.5	23.6	22.2	20.5	17.7	Amériques
- Northern America	19.4	18.1	17.2	16.9	16.2	17.6	17.3	16.1	15.5	13.6	- Amérique du Nord
- LAIA	3.0	3.7	4.6	5.0	5.2	4.9	6.4	6.1	5.0	4.0	- ALAI
- CACM	0.0	0.0	0.0	0.0	0.0	0.0	0.0	0.0	0.0	0.0	- MCC
- Caribbean	0.0	0.0	0.0	0.0	0.0	0.0	0.0	0.0	0.0	0.0	- Caraïbes
- Rest of America	0.0	0.0	0.0	0.0	0.0	0.0	0.0	0.0	0.0	0.0	- Autre d'Amérique
Asia excluding former USSR	25.1	21.9	20.8	22.9	21.9	22.8	23.6	22.1	23.6	23.5	Asie ancienne URSS exclus
- Middle East	0.5	0.4	0.4	0.4	0.3	0.4	0.4	0.5	0.6	0.8	- Moyen-Orient
Asia former USSR	0.0	0.0	0.0	0.0	0.0	0.1	0.0	0.0	0.0	0.0	Asie ancienne URSS
Europe excluding former USSR	51.9	55.6	56.8	54.5	56.0	53.9	51.7	54.6	54.7	57.5	Europe ancienne URSS exclus
- European Union	50.9	54.5	55.5	53.0	53.7	51.5	49.0	51.8	51.5	54.3	- Union Européenne
- Eastern Europe	0.7	0.7	0.9	1.2	1.9	2.0	2.4	2.5	2.9	2.9	- Europe de l'Est
- Rest of Europe	0.3	0.4	0.4	0.4	0.4	0.3	0.3	0.3	0.3	0.3	- Autre de l'Europe
Europe former USSR	0.3	0.3	0.4	0.3	0.2	0.1	0.2	0.2	0.2	0.2	Europe ancienne URSS
Oceania	0.2	0.2	0.3	0.3	0.3	0.4	0.4	0.5	0.5	0.5	Océanie

782 Lorries and special purposes motor vehicles

Country or area	1999	2000	2001	2002	2003	Pays ou zone
World	58368.5	61192.0	61014.6	65348.8	73417.5	Monde
Africa	1829.3	2002.9	2199.5	2652.4	2714.8	Afrique
Americas	23302.8	25131.1	25725.1	26803.6	28125.4	Amériques
- Northern America	19389.8	20508.6	21402.1	22418.6	24137.5	- Amérique du Nord
- LAIA	2933.1	3783.3	3538.1	3558.1	3197.7	- ALAI
- CACM	554.7	405.6	406.0	448.8	452.4	- MCC
- Caribbean	330.3	366.7	325.5	318.0	256.2	- Caraïbes
- Rest of America	94.9	66.9	53.4	60.1	81.6	- Autre d'Amérique
Asia excluding former USSR	5340.1	7021.4	7190.7	7508.5	8882.1	Asie ancienne URSS exclus
- Middle East	3043.9	4225.1	4417.5	4636.9	5574.9	- Moyen-Orient
Asia former USSR	387.2	256.3	274.2	267.1	403.0	Asie ancienne URSS
Europe excluding former USSR	25136.8	24417.4	23418.7	25366.3	29770.9	Europe ancienne URSS exclus
- European Union	22501.9	21589.6	20383.0	21761.0	25265.7	- Union Européenne
- Eastern Europe	1120.5	1172.6	1348.6	1897.9	2363.6	- Europe de l'Est
- Rest of Europe	1514.5	1655.2	1687.1	1707.4	2141.7	- Autre de l'Europe
Europe former USSR	371.1	391.4	641.3	716.5	959.4	Europe ancienne URSS
Oceania	2001.2	1971.3	1565.1	2034.3	2561.8	Océanie
United States	15128.0	15779.6	17002.1	17169.5	17638.9	Etats-Unis d'Amérique
Canada	4247.8	4712.9	4388.8	5234.1	6485.7	Canada
France-Monaco	3337.5	3385.3	3594.2	3857.5	4465.4	France-Monaco
Germany	4363.7	3674.4	3234.8	3352.5	3994.3	Allemagne
United Kingdom	2865.3	3309.4	2962.7	3345.4	3939.6	Royaume-Uni
Italy-San Marino-Holy See	2459.2	2480.1	2278.6	2799.7	2677.1	Italie-Saint-Marin-Saint-Siège
Spain	2022.8	1745.0	1642.2	1783.4	2649.7	Espagne
United Arab Emirates	1079.3	1782.1	2120.1	e2175.2	e2549.1	Emirates arabes unis
Belgium	1644.8	1606.6	1739.5	1706.3	1716.6	Belgique
Australia	1554.8	1549.7	1141.8	1499.9	1892.6	Australie
Mexico	803.1	1582.8	1302.2	1928.8	1708.8	Mexique
Netherlands	1684.2	1448.4	1307.4	1257.7	1471.6	Pays-Bas
Portugal	918.3	1030.4	922.0	721.4	e736.9	Portugal
Saudi Arabia	459.1	640.6	896.1	910.0	1040.4	Arabie saoudite
Austria	709.6	716.0	597.2	617.6	825.0	Autriche
Norway	615.4	588.7	600.9	617.3	796.2	Norvège
Switzerland-Liechtenstein	514.9	654.5	662.0	535.8	591.8	Suisse-Liechtenstein
Denmark	673.0	528.2	503.8	528.6	591.8	Danemark
Turkey	471.0	889.4	269.5	251.1	876.2	Turquie
Sweden	447.7	484.4	489.1	529.2	629.1	Suède
Poland	346.5	372.5	373.1	628.1	734.8	Pologne
Ireland	501.5	478.9	411.2	490.1	533.8	Irlande
Chile	299.9	548.1	467.2	454.3	462.0	Chili
China	273.7	320.9	372.6	473.4	665.8	Chine
Hungary	372.2	343.7	369.8	463.1	540.1	Hongrie
Brazil	465.0	514.6	516.9	313.5	267.3	Brésil
Finland	370.6	342.5	371.9	418.9	541.7	Finlande
Israel	343.5	435.8	391.2	358.0	314.0	Israël
Singapore	266.8	497.2	364.3	269.4	361.1	Singapour
New Zealand	259.7	268.1	276.6	408.0	520.0	Nouvelle-Zélande

(Value as percentages of World total) **(Valeur en pourcentage du total mondial)**

Regions of the world	1994	1995	1996	1997	1998	1999	2000	2001	2002	2003	Régions du monde
World	100.0	100.0	100.0	100.0	100.0	100.0	100.0	100.0	100.0	100.0	Monde
Africa	4.9	4.9	3.8	3.8	3.6	3.1	3.3	3.6	4.1	3.7	Afrique
Americas	38.5	36.7	36.0	40.0	38.3	39.9	41.1	42.2	41.0	38.3	Amériques
- Northern America	30.1	28.4	29.0	30.7	27.4	33.2	33.5	35.1	34.3	32.9	- Amérique du Nord
- LAIA	6.8	6.6	5.7	7.8	9.1	5.0	6.2	5.8	5.4	4.4	- ALAI
- CACM	0.9	0.9	0.8	0.8	1.1	1.0	0.7	0.7	0.7	0.6	- MCC
- Caribbean	0.4	0.6	0.4	0.5	0.6	0.6	0.6	0.5	0.5	0.3	- Caraïbes
- Rest of America	0.2	0.2	0.1	0.1	0.2	0.2	0.1	0.1	0.1	0.1	- Autre d'Amérique
Asia excluding former USSR	16.1	12.6	13.2	11.4	8.8	9.1	11.5	11.8	11.5	12.1	Asie ancienne URSS exclus
- Middle East	5.2	3.9	4.0	4.1	4.5	5.2	6.9	7.2	7.1	7.6	- Moyen-Orient
Asia former USSR	0.3	0.6	0.7	0.5	0.6	0.7	0.4	0.4	0.4	0.5	Asie ancienne URSS
Europe excluding former USSR	35.0	40.1	41.2	39.5	44.4	43.1	39.9	38.4	38.8	40.6	Europe ancienne URSS exclus
- European Union	30.6	35.2	36.4	34.8	39.3	38.6	35.3	33.4	33.3	34.4	- Union Européenne
- Eastern Europe	1.4	1.5	1.8	1.8	2.1	1.9	1.9	2.2	2.9	3.2	- Europe de l'Est
- Rest of Europe	2.9	3.4	3.0	3.0	3.0	2.6	2.7	2.8	2.6	2.9	- Autre de l'Europe
Europe former USSR	1.1	1.2	1.4	1.5	1.2	0.6	0.6	1.1	1.1	1.3	Europe ancienne URSS
Oceania	4.3	4.0	3.8	3.3	3.2	3.4	3.2	2.6	3.1	3.5	Océanie

Voitures à tous moteurs, pour le transport des merchandises et à usages spéciaux 782

TRADE BY COMMODITY (Value in million US dollars)
Exports by principal countries or areas

COMMERCE PAR PRODUIT (Valeur en millions de dollars EU)
Exportations selon les principaux pays ou zones

Country or area	1999	2000	2001	2002	2003	Pays ou zone
World	54487.1	57960.7	57471.6	61031.7	69889.2	Monde
Africa	226.6	247.0	251.7	335.0	362.9	Afrique
Americas	21196.0	23518.6	23383.0	23819.2	25566.1	Amériques
- Northern America	15801.0	17200.1	15633.8	16267.4	17701.6	- Amérique du Nord
- LAIA	5363.0	6301.1	7736.8	7535.0	7849.3	- ALAI
- CACM	3.2	1.6	3.5	7.9	3.7	- MCC
- Caribbean	28.6	15.2	6.5	6.4	9.7	- Caraïbes
- Rest of America	0.2	0.5	2.3	2.5	1.8	- Autre d'Amérique
Asia excluding former USSR	9271.4	9452.2	8672.0	10384.7	12449.8	Asie ancienne URSS exclus
- Middle East	482.5	613.2	976.3	1408.3	1917.8	- Moyen-Orient
Asia former USSR	19.9	19.0	19.0	16.4	20.7	Asie ancienne URSS
Europe excluding former USSR	23156.8	24075.4	24305.6	25504.9	30441.8	Europe ancienne URSS exclus
- European Union	22270.1	23091.9	23429.3	24451.5	29727.1	- Union Européenne
- Eastern Europe	581.7	683.3	528.9	676.5	427.5	- Europe de l'Est
- Rest of Europe	305.0	300.2	347.4	376.9	287.2	- Autre de l'Europe
Europe former USSR	525.1	578.2	771.1	917.8	921.9	Europe ancienne URSS
Oceania	91.3	70.3	69.3	53.8	126.0	Océanie
Canada	9506.2	9712.7	9237.3	9472.9	9441.6	Canada
Germany	7193.6	6990.9	7470.0	7288.2	8958.6	Allemagne
United States	6294.8	7487.5	6396.5	6794.5	8260.0	Etats-Unis d'Amérique
Japan	6610.0	6291.8	5389.2	6270.2	7118.4	Japon
Mexico	4107.6	4826.1	6453.0	6356.3	6642.8	Mexique
France-Monaco	3167.4	3329.5	3162.8	3239.3	4003.7	France-Monaco
Spain	2928.3	2806.4	2745.2	2781.7	3731.8	Espagne
Italy-San Marino-Holy See	2785.2	2759.6	2847.6	2913.0	3478.8	Italie-Saint-Marin-Saint-Siège
Belgium	1938.3	2563.2	2483.8	2576.3	2811.2	Belgique
United Kingdom	1180.2	1191.6	1359.7	1886.1	2036.0	Royaume-Uni
Thailand	1148.9	1406.3	1244.1	e1589.8	1857.1	Thaïlande
Netherlands	1279.5	1274.1	1216.6	1369.9	1657.9	Pays-Bas
Austria	646.9	912.0	978.5	991.1	1215.1	Autriche
Korea, Republic of	766.6	781.9	694.0	624.6	841.9	République de Corée
Brazil	628.9	699.1	486.8	447.6	673.3	Brésil
Argentina	446.4	584.9	531.7	481.5	370.2	Argentine
Turkey	39.5	89.5	384.7	720.1	1172.7	Turquie
Portugal	428.8	364.0	308.3	545.3	e632.3	Portugal
Sweden	316.3	487.9	373.7	360.1	602.0	Suède
United Arab Emirates	310.6	381.3	384.7	e400.7	e475.8	Emirates arabes unis
Poland	359.1	458.3	377.3	517.4	239.2	Pologne
Belarus	376.5	382.9	395.6	349.5	388.7	Bélarus
Russian Federation	110.1	133.8	289.8	466.6	398.8	Fédération de Russie
Finland	172.2	191.1	206.4	188.3	290.2	Finlande
South Africa	–	200.8	194.3	230.5	284.6	Afrique du Sud
Switzerland-Liechtenstein	164.1	156.0	192.8	201.9	143.2	Suisse-Liechtenstein
China	60.5	120.3	112.1	167.8	291.8	Chine
Denmark	122.6	122.4	118.2	160.4	202.2	Danemark
Czech Republic	186.4	191.3	105.3	104.9	130.0	République tchèque
Norway	114.9	118.0	118.8	113.7	87.4	Norvège

(Value as percentages of World total) **(Valeur en pourcentage du total mondial)**

Regions of the world	1994	1995	1996	1997	1998	1999	2000	2001	2002	2003	Régions du monde
World	100.0	100.0	100.0	100.0	100.0	100.0	100.0	100.0	100.0	100.0	Monde
Africa	0.3	0.4	0.5	0.4	0.4	0.4	0.4	0.4	0.5	0.5	Afrique
Americas	32.1	32.7	35.5	38.6	35.5	38.9	40.6	40.7	39.0	36.6	Amériques
- Northern America	27.8	26.3	26.8	28.5	25.1	29.0	29.7	27.2	26.7	25.3	- Amérique du Nord
- LAIA	4.3	6.4	8.7	10.2	10.4	9.8	10.9	13.5	12.3	11.2	- ALAI
- CACM	0.0	0.0	0.0	0.0	0.0	0.0	0.0	0.0	0.0	0.0	- MCC
- Caribbean	0.0	0.0	0.0	0.0	0.0	0.1	0.0	0.0	0.0	0.0	- Caraïbes
- Rest of America	0.0	0.0	0.0	0.0	0.0	0.0	0.0	0.0	0.0	0.0	- Autre d'Amérique
Asia excluding former USSR	27.9	23.9	21.4	20.6	18.6	17.0	16.3	15.1	17.0	17.8	Asie ancienne URSS exclus
- Middle East	0.7	0.5	0.5	0.6	0.4	0.9	1.1	1.7	2.3	2.7	- Moyen-Orient
Asia former USSR	0.0	0.1	0.0	0.0	0.0	0.0	0.0	0.0	0.0	0.0	Asie ancienne URSS
Europe excluding former USSR	38.8	40.9	41.0	38.9	44.1	42.5	41.5	42.3	41.8	43.6	Europe ancienne URSS exclus
- European Union	37.2	39.3	39.5	37.3	42.3	40.9	39.8	40.8	40.1	42.5	- Union Européenne
- Eastern Europe	0.9	0.9	0.8	1.1	1.2	1.1	1.2	0.9	1.1	0.6	- Europe de l'Est
- Rest of Europe	0.8	0.7	0.6	0.5	0.6	0.6	0.5	0.6	0.6	0.4	- Autre de l'Europe
Europe former USSR	0.7	1.9	1.5	1.3	1.2	1.0	1.0	1.3	1.5	1.3	Europe ancienne URSS
Oceania	0.2	0.2	0.2	0.2	0.2	0.2	0.1	0.1	0.1	0.2	Océanie

783 Road motor vehicles, nes

Country or area	1999	2000	2001	2002	2003	Pays ou zone
World	16598.9	15264.8	13563.2	14890.8	17536.4	Monde
Africa	729.1	669.2	766.0	826.8	975.7	Afrique
Americas	7332.9	5228.5	3706.6	4031.6	4148.8	Amériques
- Northern America	6213.1	3940.1	2694.8	3098.0	3191.5	- Amérique du Nord
- LAIA	755.9	986.2	736.8	587.8	600.4	- ALAI
- CACM	174.9	165.1	163.8	168.8	179.8	- MCC
- Caribbean	132.1	90.2	80.6	137.4	144.3	- Caraïbes
- Rest of America	57.0	47.0	30.5	39.6	32.7	- Autre d'Amérique
Asia excluding former USSR	1301.5	1946.4	1818.8	2057.8	2189.9	Asie ancienne URSS exclus
- Middle East	500.1	831.3	724.8	874.5	1066.4	- Moyen-Orient
Asia former USSR	79.4	109.8	106.4	116.6	122.6	Asie ancienne URSS
Europe excluding former USSR	6625.8	6683.8	6404.0	6995.7	9028.6	Europe ancienne URSS exclus
- European Union	5743.6	5634.8	5129.3	5454.6	7147.9	- Union Européenne
- Eastern Europe	504.8	638.8	833.4	1035.7	1362.7	- Europe de l'Est
- Rest of Europe	377.4	410.2	441.3	505.5	518.0	- Autre de l'Europe
Europe former USSR	266.9	343.9	579.1	651.6	762.5	Europe ancienne URSS
Oceania	263.3	283.2	182.3	210.8	308.3	Océanie
United States	4510.5	2737.9	1941.1	2010.1	1848.8	Etats-Unis d'Amérique
Canada	1701.3	1201.4	751.1	1085.0	1341.6	Canada
France-Monaco	1404.6	1197.3	958.2	1132.3	1335.2	France-Monaco
Italy-San Marino-Holy See	1010.3	953.6	917.8	925.8	1066.3	Italie-Saint-Marin-Saint-Siège
Germany	520.0	683.6	663.6	761.0	1045.0	Allemagne
Spain	736.7	744.4	627.3	575.5	794.8	Espagne
Belgium	510.4	457.8	495.5	509.8	634.2	Belgique
United Kingdom	442.1	487.3	437.4	494.4	717.5	Royaume-Uni
Austria	338.6	338.3	311.9	354.8	533.0	Autriche
Netherlands	266.7	289.5	254.1	257.5	350.7	Pays-Bas
Philippines	173.4	282.3	301.8	345.9	306.6	Philippines
Poland	127.4	163.2	195.7	326.7	529.5	Pologne
Saudi Arabia	137.0	202.8	240.9	240.2	274.6	Arabie saoudite
Czech Republic	166.6	190.9	228.0	250.5	235.7	République tchèque
Russian Federation	114.7	142.4	199.2	263.8	311.5	Fédération de Russie
Turkey	129.4	309.7	88.7	127.2	369.7	Turquie
Australia	209.5	232.5	127.3	171.2	259.5	Australie
Switzerland-Liechtenstein	136.2	180.1	205.7	198.4	178.5	Suisse-Liechtenstein
Mexico	138.9	275.8	140.9	99.9	94.6	Mexique
China, Hong Kong SAR	159.0	161.9	123.5	118.0	118.3	Chine - RAS de Hong-Kong
Chile	82.7	130.3	130.9	147.5	179.9	Chili
Brazil	163.9	211.4	143.9	97.6	45.8	Brésil
Portugal	152.6	151.6	143.8	100.8	e103.0	Portugal
Hungary	112.5	89.2	100.8	138.5	180.7	Hongrie
China	80.2	118.6	115.3	141.1	148.4	Chine
Sweden	92.3	91.4	78.1	132.3	188.5	Suède
Romania	12.7	97.6	154.6	135.8	175.7	Roumanie
Nigeria	87.0	103.4	e141.7	e134.4	e109.4	Nigéria
Algeria	153.9	84.8	56.8	105.7	145.7	Algérie
Belarus	63.5	56.2	131.5	127.4	105.9	Bélarus

(Value as percentages of World total)   **(Valeur en pourcentage du total mondial)**

Regions of the world	1994	1995	1996	1997	1998	1999	2000	2001	2002	2003	Régions du monde
World	100.0	100.0	100.0	100.0	100.0	100.0	100.0	100.0	100.0	100.0	Monde
Africa	5.2	5.2	4.5	4.8	4.4	4.4	4.4	5.6	5.6	5.6	Afrique
Americas	34.5	28.3	27.6	35.8	40.3	44.2	34.3	27.3	27.1	23.7	Amériques
- Northern America	24.1	21.5	22.0	27.3	28.7	37.4	25.8	19.9	20.8	18.2	- Amérique du Nord
- LAIA	8.2	5.4	4.1	6.5	9.1	4.6	6.5	5.4	3.9	3.4	- ALAI
- CACM	1.0	0.8	0.7	1.0	1.2	1.1	1.1	1.2	1.1	1.0	- MCC
- Caribbean	0.4	0.4	0.4	0.7	1.0	0.8	0.6	0.6	0.9	0.8	- Caraïbes
- Rest of America	0.9	0.2	0.2	0.3	0.3	0.3	0.3	0.2	0.3	0.2	- Autre d'Amérique
Asia excluding former USSR	19.5	11.2	13.1	14.4	9.8	7.8	12.8	13.4	13.8	12.5	Asie ancienne URSS exclus
- Middle East	5.2	3.7	4.2	4.8	4.3	3.0	5.4	5.3	5.9	6.1	- Moyen-Orient
Asia former USSR	0.9	0.4	0.7	0.4	0.6	0.5	0.7	0.8	0.8	0.7	Asie ancienne URSS
Europe excluding former USSR	35.4	50.9	49.6	38.1	40.1	39.9	43.8	47.2	47.0	51.5	Europe ancienne URSS exclus
- European Union	30.3	45.6	44.5	33.0	33.8	34.6	36.9	37.8	36.6	40.8	- Union Européenne
- Eastern Europe	2.0	2.1	2.6	2.6	3.8	3.0	4.2	6.1	7.0	7.8	- Europe de l'Est
- Rest of Europe	3.1	3.2	2.4	2.5	2.5	2.3	2.7	3.3	3.4	3.0	- Autre de l'Europe
Europe former USSR	2.6	2.6	3.0	5.2	3.5	1.6	2.3	4.3	4.4	4.3	Europe ancienne URSS
Oceania	1.8	1.3	1.5	1.3	1.4	1.6	1.9	1.3	1.4	1.8	Océanie

TRADE BY COMMODITY (Value in million US dollars)
Exports by principal countries or areas

COMMERCE PAR PRODUIT (Valeur en millions de dollars EU)
Exportations selon les principaux pays ou zones

Country or area	1999	2000	2001	2002	2003	Pays ou zone
World	17784.9	16200.9	14686.8	16427.0	20856.2	Monde
Africa	54.2	63.9	122.0	109.3	250.3	Afrique
Americas	6592.0	4458.6	2988.5	3588.5	4010.0	Amériques
- Northern America	5089.0	3712.8	2522.8	2566.9	2975.0	- Amérique du Nord
- LAIA	1500.1	743.5	463.8	1019.3	1030.9	- ALAI
- CACM	1.4	1.6	1.2	1.4	0.7	- MCC
- Caribbean	1.5	0.5	0.3	0.6	3.4	- Caraïbes
- Rest of America	0.0	0.2	0.4	0.2	0.1	- Autre d'Amérique
Asia excluding former USSR	1791.1	2022.3	2063.5	2353.4	2632.2	Asie ancienne URSS exclus
- Middle East	351.6	352.8	424.1	451.1	609.5	- Moyen-Orient
Asia former USSR	6.9	18.0	19.9	15.8	4.9	Asie ancienne URSS
Europe excluding former USSR	9206.7	9419.3	9243.4	10045.4	13609.3	Europe ancienne URSS exclus
- European Union	8926.6	9079.5	8866.1	9594.8	13060.8	- Union Européenne
- Eastern Europe	223.0	308.7	321.4	362.4	480.0	- Europe de l'Est
- Rest of Europe	57.1	31.1	55.9	88.2	68.5	- Autre de l'Europe
Europe former USSR	121.8	207.1	220.3	277.6	325.4	Europe ancienne URSS
Oceania	12.2	11.7	29.2	36.9	24.0	Océanie
Germany	3093.1	3103.6	3285.5	3410.5	4754.4	Allemagne
Netherlands	1827.4	1821.5	1773.4	1876.7	2550.1	Pays-Bas
Canada	3181.6	2140.5	1534.5	1255.8	1279.4	Canada
Belgium	1497.5	1406.8	1332.9	1559.1	1933.4	Belgique
United States	1907.5	1572.3	988.4	1311.1	1695.6	Etats-Unis d'Amérique
France-Monaco	1205.5	1290.6	1058.6	1181.6	1645.0	France-Monaco
Japan	897.0	1045.8	961.9	1146.8	1249.2	Japon
Mexico	1202.0	421.8	188.7	729.6	677.8	Mexique
Sweden	342.5	537.7	466.9	549.4	767.2	Suède
Korea, Republic of	370.2	468.2	521.7	596.8	582.3	République de Corée
Turkey	268.2	271.7	334.8	366.3	519.6	Turquie
Spain	341.3	259.7	317.2	356.8	480.7	Espagne
United Kingdom	171.4	270.1	220.0	234.0	343.0	Royaume-Uni
Brazil	206.3	211.1	205.5	192.7	281.2	Brésil
Austria	135.0	124.4	148.3	153.2	224.0	Autriche
Poland	60.7	131.3	109.8	158.6	227.6	Pologne
Belarus	66.6	139.0	124.3	160.3	176.8	Bélarus
Czech Republic	75.8	78.6	81.8	114.8	138.5	République tchèque
Hungary	80.2	90.8	122.2	78.7	101.4	Hongrie
Italy-San Marino-Holy See	108.3	92.8	78.6	76.5	105.2	Italie-Saint-Marin-Saint-Siège
Finland	90.1	70.8	76.2	70.1	89.0	Finlande
Argentina	86.5	101.7	63.2	72.9	62.4	Argentine
Russian Federation	33.6	37.5	58.4	80.2	98.9	Fédération de Russie
Denmark	48.8	41.7	48.5	67.7	101.4	Danemark
India	61.0	67.2	31.5	53.7	88.2	Inde
China	26.5	38.1	55.3	50.2	50.2	Chine
Côte d'Ivoire	6.5	4.9	e3.6	4.9	145.2	Côte d'Ivoire
Switzerland-Liechtenstein	21.1	10.7	29.4	49.4	38.6	Suisse-Liechtenstein
Portugal	30.3	32.6	29.8	25.6	e29.6	Portugal
United Arab Emirates	32.4	22.0	20.2	e27.2	e32.4	Emirates arabes unis

(Value as percentages of World total)

(Valeur en pourcentage du total mondial)

Regions of the world	1994	1995	1996	1997	1998	1999	2000	2001	2002	2003	Régions du monde
World	100.0	100.0	100.0	100.0	100.0	100.0	100.0	100.0	100.0	100.0	Monde
Africa	0.2	0.3	0.2	0.4	0.2	0.3	0.4	0.8	0.7	1.2	Afrique
Americas	28.1	22.0	22.4	28.6	29.9	37.1	27.5	20.3	21.8	19.2	Amériques
- Northern America	24.9	20.9	21.0	25.5	25.5	28.6	22.9	17.2	15.6	14.3	- Amérique du Nord
- LAIA	3.2	1.1	1.4	3.1	4.4	8.4	4.6	3.2	6.2	4.9	- ALAI
- CACM	0.0	0.0	0.0	0.0	0.0	0.0	0.0	0.0	0.0	0.0	- MCC
- Caribbean	0.0	0.0	0.0	0.0	0.0	0.0	0.0	0.0	0.0	0.0	- Caraïbes
- Rest of America	0.0	0.0	0.0	0.0	0.0	0.0	0.0	0.0	0.0	0.0	- Autre d'Amérique
Asia excluding former USSR	22.0	11.9	13.8	14.6	11.3	10.1	12.5	14.1	14.3	12.6	Asie ancienne URSS exclus
- Middle East	3.1	2.0	2.7	1.9	1.6	2.0	2.2	2.9	2.7	2.9	- Moyen-Orient
Asia former USSR	0.0	0.0	0.0	0.0	0.0	0.0	0.1	0.1	0.1	0.0	Asie ancienne URSS
Europe excluding former USSR	48.9	64.5	62.6	55.3	57.7	51.8	58.1	62.9	61.2	65.3	Europe ancienne URSS exclus
- European Union	47.0	63.0	61.1	52.8	55.9	50.2	56.0	60.4	58.4	62.6	- Union Européenne
- Eastern Europe	1.3	1.1	1.3	2.2	1.3	1.3	1.9	2.2	2.2	2.3	- Europe de l'Est
- Rest of Europe	0.6	0.4	0.3	0.3	0.5	0.3	0.2	0.4	0.5	0.3	- Autre de l'Europe
Europe former USSR	0.7	1.1	0.9	1.0	0.8	0.7	1.3	1.5	1.7	1.6	Europe ancienne URSS
Oceania	0.1	0.1	0.1	0.1	0.0	0.1	0.1	0.2	0.2	0.1	Océanie

784 Motor vehicle parts and accessories, nes

TRADE BY COMMODITY (Value in million US dollars)
Imports by principal countries or areas

COMMERCE PAR PRODUIT (Valeur en millions de dollars EU)
Importations selon les principaux pays ou zones

Country or area	1999	2000	2001	2002	2003	Pays ou zone
World	138398.9	144684.7	140897.3	158584.3	182058.9	Monde
Africa	1264.4	1342.5	1364.3	1451.0	1774.7	Afrique
Americas	57578.7	62341.2	57975.0	61201.8	64139.5	Amériques
- Northern America	45927.5	48032.8	44217.7	48378.2	51645.2	- Amérique du Nord
- LAIA	11316.7	14011.0	13468.5	12505.8	12169.3	- ALAI
- CACM	123.5	103.1	105.0	122.9	133.7	- MCC
- Caribbean	143.6	132.7	135.4	141.6	136.3	- Caraïbes
- Rest of America	67.5	61.6	48.4	53.3	54.9	- Autre d'Amérique
Asia excluding former USSR	11191.2	15508.4	15242.4	19639.7	24656.1	Asie ancienne URSS exclus
- Middle East	3086.6	3879.5	3543.2	5946.9	5989.0	- Moyen-Orient
Asia former USSR	349.6	288.2	296.0	241.9	291.1	Asie ancienne URSS
Europe excluding former USSR	66005.5	62989.5	64095.0	73944.9	88423.0	Europe ancienne URSS exclus
- European Union	59542.6	56757.6	57982.0	67133.4	79397.5	- Union Européenne
- Eastern Europe	4904.5	4739.8	4645.8	5195.3	7189.1	- Europe de l'Est
- Rest of Europe	1558.3	1492.1	1467.2	1616.3	1836.3	- Autre de l'Europe
Europe former USSR	477.3	505.6	619.9	728.9	1082.6	Europe ancienne URSS
Oceania	1532.2	1709.2	1304.8	1375.9	1691.9	Océanie
United States	26790.6	29219.3	27620.0	30563.2	33796.1	Etats-Unis d'Amérique
Canada	19128.5	18810.1	16593.3	17810.3	17841.7	Canada
Germany	10884.1	9776.8	10748.1	14947.8	16171.8	Allemagne
United Kingdom	10842.9	9535.7	9332.4	10754.9	12668.9	Royaume-Uni
Spain	9162.4	10073.4	9401.4	10380.1	13521.2	Espagne
Mexico	7908.1	10335.1	10068.5	9813.1	9187.2	Mexique
France-Monaco	7055.0	6990.8	7440.0	8206.3	10355.7	France-Monaco
Belgium	6623.3	5981.6	6777.9	6983.2	8010.3	Belgique
Italy-San Marino-Holy See	3394.5	3461.1	3547.4	3965.7	4794.1	Italie-Saint-Marin-Saint-Siège
China	1273.0	2127.8	2549.7	3005.0	6266.7	Chine
Sweden	2389.5	2682.6	2531.9	2910.5	3907.8	Suède
Netherlands	3234.7	2677.6	2334.1	2706.7	3313.6	Pays-Bas
Austria	2482.0	2451.9	2754.9	2743.6	2851.4	Autriche
Japan	1631.2	2041.2	2121.8	2555.6	3042.9	Japon
Thailand	724.4	1442.7	1586.7	e2056.8	2411.4	Thaïlande
Brazil	1581.7	1741.2	1644.9	1473.4	1586.0	Brésil
Czech Republic	1000.4	1123.6	1491.9	1736.2	2076.3	République tchèque
Poland	1992.8	1532.0	1123.7	1109.0	1642.7	Pologne
Iran (Islamic Republic of)	596.7	696.3	1043.7	2813.5	1894.5	Iran (République islamique d')
Portugal	1380.2	1301.1	1297.8	1385.8	e1415.6	Portugal
Australia	1388.3	1565.6	1141.8	1196.0	1463.6	Australie
Korea, Republic of	950.2	1209.2	1194.9	1537.5	1772.9	République de Corée
Turkey	1009.9	1532.0	815.2	1033.4	1741.3	Turquie
Slovakia	721.2	867.3	901.4	1062.1	1934.1	Slovaquie
Hungary	1057.0	1075.9	968.1	1056.4	1213.9	Hongrie
Indonesia	305.3	1120.9	936.4	829.7	958.0	Indonésie
Argentina	1065.7	1084.2	800.4	443.3	e681.1	Argentine
Singapore	566.4	693.7	654.4	753.4	936.4	Singapour
Finland	678.1	655.4	699.2	750.5	689.1	Finlande
Saudi Arabia	393.0	564.1	576.8	894.0	1022.1	Arabie saoudite

(Value as percentages of World total)   **(Valeur en pourcentage du total mondial)**

Regions of the world	1994	1995	1996	1997	1998	1999	2000	2001	2002	2003	Régions du monde
World	100.0	100.0	100.0	100.0	100.0	100.0	100.0	100.0	100.0	100.0	Monde
Africa	2.2	1.8	1.2	1.1	1.2	0.9	0.9	1.0	0.9	1.0	Afrique
Americas	39.4	36.1	36.5	39.3	40.2	41.6	43.1	41.1	38.6	35.2	Amériques
- Northern America	34.9	30.6	29.0	30.6	31.4	33.2	33.2	31.4	30.5	28.4	- Amérique du Nord
- LAIA	4.2	5.2	7.2	8.5	8.5	8.2	9.7	9.6	7.9	6.7	- ALAI
- CACM	0.1	0.1	0.1	0.1	0.1	0.1	0.1	0.1	0.1	0.1	- MCC
- Caribbean	0.1	0.1	0.1	0.1	0.1	0.1	0.1	0.1	0.1	0.1	- Caraïbes
- Rest of America	0.1	0.1	0.0	0.1	0.1	0.0	0.0	0.0	0.0	0.0	- Autre d'Amérique
Asia excluding former USSR	12.6	13.7	12.8	11.2	8.5	8.1	10.7	10.8	12.4	13.5	Asie ancienne URSS exclus
- Middle East	2.0	2.5	2.4	2.6	2.9	2.2	2.7	2.5	3.8	3.3	- Moyen-Orient
Asia former USSR	0.1	0.1	0.3	0.1	0.2	0.3	0.2	0.2	0.2	0.2	Asie ancienne URSS
Europe excluding former USSR	43.9	46.8	47.7	46.6	48.1	47.7	43.5	45.5	46.6	48.6	Europe ancienne URSS exclus
- European Union	42.0	44.3	44.6	42.6	43.2	43.0	39.2	41.2	42.3	43.6	- Union Européenne
- Eastern Europe	0.9	1.3	1.9	3.0	3.6	3.5	3.3	3.3	3.3	3.9	- Europe de l'Est
- Rest of Europe	1.1	1.2	1.2	1.1	1.3	1.1	1.0	1.0	1.0	1.0	- Autre de l'Europe
Europe former USSR	0.4	0.4	0.5	0.6	0.6	0.3	0.3	0.4	0.5	0.6	Europe ancienne URSS
Oceania	1.4	1.1	1.1	1.1	1.1	1.1	1.2	0.9	0.9	0.9	Océanie

Pièces détachées des voitures routières et des tracteurs des groupes 722, 781, 782 et 783 784

TRADE BY COMMODITY (Value in million US dollars)
Exports by principal countries or areas

COMMERCE PAR PRODUIT (Valeur en millions de dollars EU)
Exportations selon les principaux pays ou zones

Country or area	1999	2000	2001	2002	2003	Pays ou zone
World	134086.8	142580.6	137505.1	158648.7	178798.5	Monde
Africa	515.8	483.7	456.9	538.7	720.0	Afrique
Americas	46903.2	50786.3	47115.5	49138.8	50195.4	Amériques
- Northern America	39612.2	42573.0	39227.0	40289.3	40469.5	- Amérique du Nord
- LAIA	7279.3	8197.2	7870.3	8831.7	9713.5	- ALAI
- CACM	6.3	3.0	3.2	5.0	5.8	- MCC
- Caribbean	4.5	12.2	5.9	5.5	6.2	- Caraïbes
- Rest of America	0.9	1.0	9.0	7.2	0.4	- Autre d'Amérique
Asia excluding former USSR	21312.9	25448.1	24136.1	27583.7	34216.1	Asie ancienne URSS exclus
- Middle East	863.6	943.6	1156.9	1399.0	1701.9	- Moyen-Orient
Asia former USSR	9.3	12.0	11.3	15.6	20.0	Asie ancienne URSS
Europe excluding former USSR	64502.2	64890.4	64826.9	80253.4	92284.2	Europe ancienne URSS exclus
- European Union	60213.8	60110.2	59030.7	72613.0	81147.5	- Union Européenne
- Eastern Europe	3172.2	3709.2	4635.1	6284.7	9502.3	- Europe de l'Est
- Rest of Europe	1116.2	1071.0	1161.1	1355.7	1634.4	- Autre de l'Europe
Europe former USSR	364.8	413.4	417.8	450.6	597.0	Europe ancienne URSS
Oceania	478.6	546.8	540.6	667.9	765.9	Océanie
United States	29397.9	31641.4	29165.3	29248.8	28327.0	Etats-Unis d'Amérique
Germany	16062.5	15949.3	17294.6	26311.6	25694.5	Allemagne
Japan	14496.9	17444.8	15632.2	17100.6	20204.3	Japon
France-Monaco	11921.7	12479.1	11229.1	12203.5	14099.5	France-Monaco
Canada	10214.3	10931.2	10061.5	11040.0	12142.5	Canada
Italy-San Marino-Holy See	7280.1	7165.9	7066.0	7603.1	9510.9	Italie-Saint-Marin-Saint-Siège
Spain	5825.6	5842.0	6051.1	6970.3	8979.5	Espagne
United Kingdom	6598.6	7297.1	6070.3	6146.5	6983.3	Royaume-Uni
Mexico	5107.9	5812.5	5579.8	6608.5	7009.2	Mexique
Belgium	3734.0	3545.9	3533.6	4138.5	5024.9	Belgique
Sweden	3891.7	3246.1	3095.8	3623.0	4415.0	Suède
Korea, Republic of	1708.6	1792.2	1905.5	2317.1	3735.9	République de Corée
Czech Republic	1464.8	1627.7	2028.0	2781.5	3412.1	République tchèque
Austria	2030.9	1927.6	1903.7	2086.9	2556.8	Autriche
Brazil	1446.5	1572.9	1584.0	1527.5	1946.5	Brésil
Netherlands	1507.8	1301.8	1371.7	1838.9	1926.9	Pays-Bas
China	782.7	1129.4	1360.2	1859.2	2437.4	Chine
Poland	534.9	790.3	1081.4	1451.7	2190.2	Pologne
Hungary	624.4	748.0	903.3	1172.5	1614.1	Hongrie
Slovakia	427.1	432.9	473.9	630.0	1914.4	Slovaquie
Portugal	540.8	595.4	648.1	798.9	e926.4	Portugal
Philippines	442.1	568.6	625.1	741.0	932.4	Philippines
Thailand	343.7	508.1	500.5	e832.2	972.1	Thaïlande
Turkey	390.7	456.5	539.1	706.4	952.1	Turquie
Switzerland-Liechtenstein	503.2	473.9	515.2	579.9	678.4	Suisse-Liechtenstein
Singapore	429.5	460.3	435.0	524.5	741.6	Singapour
Australia	423.5	475.3	464.9	577.8	644.9	Australie
Denmark	494.8	439.5	455.8	529.7	595.9	Danemark
Argentina	496.8	520.8	426.6	431.4	496.9	Argentine
India	253.0	362.1	359.4	419.0	539.0	Inde

(Value as percentages of World total)

(Valeur en pourcentage du total mondial)

Regions of the world	1994	1995	1996	1997	1998	1999	2000	2001	2002	2003	Régions du monde
World	100.0	100.0	100.0	100.0	100.0	100.0	100.0	100.0	100.0	100.0	Monde
Africa	0.3	0.3	0.3	0.3	0.4	0.4	0.3	0.3	0.3	0.4	Afrique
Americas	32.2	29.7	30.2	33.0	34.4	35.0	35.6	34.3	31.0	28.1	Amériques
- Northern America	28.0	25.9	26.1	28.6	29.1	29.5	29.9	28.5	25.4	22.6	- Amérique du Nord
- LAIA	4.1	3.8	4.1	4.5	5.3	5.4	5.7	5.7	5.6	5.4	- ALAI
- CACM	0.0	0.0	0.0	0.0	0.0	0.0	0.0	0.0	0.0	0.0	- MCC
- Caribbean	0.0	0.0	0.0	0.0	0.0	0.0	0.0	0.0	0.0	0.0	- Caraïbes
- Rest of America	0.0	0.0	0.0	0.0	0.0	0.0	0.0	0.0	0.0	0.0	- Autre d'Amérique
Asia excluding former USSR	20.9	19.8	18.3	16.6	14.6	15.9	17.8	17.6	17.4	19.1	Asie ancienne URSS exclus
- Middle East	0.3	0.4	0.4	0.5	0.6	0.6	0.7	0.8	0.9	1.0	- Moyen-Orient
Asia former USSR	0.0	0.0	0.0	0.0	0.0	0.0	0.0	0.0	0.0	0.0	Asie ancienne URSS
Europe excluding former USSR	46.1	49.7	50.5	49.3	50.0	48.1	45.5	47.1	50.6	51.6	Europe ancienne URSS exclus
- European Union	44.8	48.0	48.6	46.9	47.0	44.9	42.2	42.9	45.8	45.4	- Union Européenne
- Eastern Europe	0.6	0.9	1.2	1.6	2.1	2.4	2.6	3.4	4.0	5.3	- Europe de l'Est
- Rest of Europe	0.7	0.8	0.7	0.7	0.9	0.8	0.8	0.8	0.9	0.9	- Autre de l'Europe
Europe former USSR	0.2	0.3	0.4	0.4	0.4	0.3	0.3	0.3	0.3	0.3	Europe ancienne URSS
Oceania	0.3	0.3	0.3	0.4	0.3	0.4	0.4	0.4	0.4	0.4	Océanie

785 Cycles, scooters, motorized or not; invalid carriages

TRADE BY COMMODITY (Value in million US dollars)
Imports by principal countries or areas

COMMERCE PAR PRODUIT (Valeur en millions de dollars EU)
Importations selon les principaux pays ou zones

Country or area	1999	2000	2001	2002	2003	Pays ou zone
World	18944.3	20535.4	19810.6	20519.0	24274.0	Monde
Africa	335.0	372.8	395.9	419.3	681.9	Afrique
Americas	4482.9	5625.3	5653.0	5879.7	6432.7	Amériques
- Northern America	3739.3	4817.1	4841.2	5122.2	5764.1	- Amérique du Nord
- LAIA	609.2	664.7	687.5	620.4	550.4	- ALAI
- CACM	67.8	62.7	65.7	69.3	74.1	- MCC
- Caribbean	53.2	68.0	48.2	56.9	30.2	- Caraïbes
- Rest of America	13.3	12.8	10.4	10.9	13.9	- Autre d'Amérique
Asia excluding former USSR	3576.1	4433.3	4051.8	4029.4	4495.0	Asie ancienne URSS exclus
- Middle East	224.3	257.0	273.2	312.7	452.6	- Moyen-Orient
Asia former USSR	3.7	3.8	4.0	5.6	6.7	Asie ancienne URSS
Europe excluding former USSR	10061.6	9553.5	9214.4	9630.9	11966.6	Europe ancienne URSS exclus
- European Union	9267.3	8739.9	8422.6	8749.1	10795.9	- Union Européenne
- Eastern Europe	250.2	260.9	259.4	320.4	440.9	- Europe de l'Est
- Rest of Europe	544.1	552.7	532.4	561.4	729.9	- Autre de l'Europe
Europe former USSR	42.3	46.6	64.3	76.1	107.3	Europe ancienne URSS
Oceania	442.6	500.0	427.1	477.9	583.7	Océanie
United States	3268.0	4254.9	4284.0	4526.3	4971.4	Etats-Unis d'Amérique
Germany	2026.5	1817.9	1781.3	1769.5	2045.5	Allemagne
France-Monaco	1434.5	1274.9	1225.4	1338.4	1840.9	France-Monaco
Italy-San Marino-Holy See	1304.0	1381.5	1328.3	1135.9	1495.6	Italie-Saint-Marin-Saint-Siège
United Kingdom	1125.2	1148.3	1009.8	1032.8	1182.0	Royaume-Uni
Japan	774.4	928.5	957.7	1021.9	1214.8	Japon
Netherlands	1008.2	925.9	893.2	816.9	896.9	Pays-Bas
Belgium	519.9	495.6	535.0	902.3	1106.4	Belgique
Spain	712.6	564.4	609.2	631.4	819.8	Espagne
Canada	464.5	559.7	553.5	591.5	787.3	Canada
Viet Nam	432.7	857.1	734.3	485.3	e402.3	Viet Nam
Australia	379.2	431.4	360.9	396.7	476.6	Australie
China, Hong Kong SAR	535.4	488.0	341.4	318.3	301.1	Chine - RAS de Hong-Kong
Switzerland-Liechtenstein	314.0	333.6	316.4	328.2	404.7	Suisse-Liechtenstein
Indonesia	132.6	333.9	433.4	420.9	340.4	Indonésie
Austria	293.3	295.2	259.6	267.4	371.0	Autriche
Singapore	221.5	255.4	195.0	210.6	221.4	Singapour
Sweden	190.4	208.9	190.0	224.5	269.8	Suède
Mexico	153.4	172.1	202.4	251.6	252.2	Mexique
China	216.1	241.2	187.1	194.0	180.8	Chine
Greece	177.7	169.2	175.0	172.8	218.7	Grèce
Philippines	159.7	185.2	191.4	165.1	204.7	Philippines
Denmark	171.7	160.6	157.8	182.4	218.2	Danemark
Norway	158.5	152.9	148.9	146.5	200.7	Norvège
Brazil	113.9	138.3	142.5	119.7	121.2	Brésil
Portugal	145.5	128.1	107.3	113.2	e115.6	Portugal
Poland	113.9	111.5	96.9	108.8	153.3	Pologne
Nigeria	28.8	63.8	e87.4	e82.9	e	Nigéria
Iran (Islamic Republic of)	60.6	70.0	83.9	113.7	187.0	Iran (République islamique d')
Argentina	155.7	159.4	119.5	13.7	e21.1	Argentine

(Value as percentages of World total)   **(Valeur en pourcentage du total mondial)**

Regions of the world	1994	1995	1996	1997	1998	1999	2000	2001	2002	2003	Régions du monde
World	100.0	100.0	100.0	100.0	100.0	100.0	100.0	100.0	100.0	100.0	Monde
Africa	1.8	1.7	2.1	1.8	2.0	1.8	1.8	2.0	2.0	2.8	Afrique
Americas	20.3	19.3	17.9	19.6	21.5	23.7	27.4	28.5	28.7	26.5	Amériques
- Northern America	14.1	15.0	14.4	15.0	16.8	19.7	23.5	24.4	25.0	23.7	- Amérique du Nord
- LAIA	5.5	3.7	2.9	4.0	3.8	3.2	3.2	3.5	3.0	2.3	- ALAI
- CACM	0.3	0.3	0.3	0.4	0.4	0.4	0.3	0.3	0.3	0.3	- MCC
- Caribbean	0.2	0.2	0.2	0.3	0.4	0.3	0.3	0.2	0.3	0.1	- Caraïbes
- Rest of America	0.1	0.1	0.1	0.1	0.1	0.1	0.1	0.1	0.1	0.1	- Autre d'Amérique
Asia excluding former USSR	31.8	31.8	29.3	26.7	20.5	18.9	21.6	20.5	19.6	18.5	Asie ancienne URSS exclus
- Middle East	0.9	0.9	1.2	1.3	1.3	1.2	1.3	1.4	1.5	1.9	- Moyen-Orient
Asia former USSR	0.0	0.0	0.0	0.0	0.0	0.0	0.0	0.0	0.0	0.0	Asie ancienne URSS
Europe excluding former USSR	44.1	45.1	48.4	49.5	53.6	53.1	46.5	46.5	46.9	49.3	Europe ancienne URSS exclus
- European Union	40.1	40.9	43.9	45.1	49.1	48.9	42.6	42.5	42.6	44.5	- Union Européenne
- Eastern Europe	1.0	1.2	1.4	1.4	1.4	1.3	1.3	1.3	1.6	1.8	- Europe de l'Est
- Rest of Europe	3.0	3.0	3.1	2.9	3.1	2.9	2.7	2.7	2.7	3.0	- Autre de l'Europe
Europe former USSR	0.1	0.1	0.2	0.3	0.3	0.2	0.2	0.3	0.4	0.4	Europe ancienne URSS
Oceania	1.8	1.9	2.1	2.1	2.1	2.3	2.4	2.2	2.3	2.4	Océanie

TRADE BY COMMODITY (Value in million US dollars)
Exports by principal countries or areas

COMMERCE PAR PRODUIT (Valeur en millions de dollars EU)
Exportations selon les principaux pays ou zones

Country or area	1999	2000	2001	2002	2003	Pays ou zone
World	19381.0	21349.3	19919.6	21035.3	24797.6	Monde
Africa	21.5	23.3	23.1	30.4	49.0	Afrique
Americas	1293.9	1396.2	1394.3	1409.0	1648.3	Amériques
- Northern America	1068.3	1166.4	1189.3	1243.3	1406.2	- Amérique du Nord
- LAIA	222.2	223.8	200.9	164.0	240.5	- ALAI
- CACM	2.9	4.5	2.7	0.6	0.9	- MCC
- Caribbean	0.4	1.3	0.7	0.6	0.7	- Caraïbes
- Rest of America	0.1	0.2	0.6	0.5	0.0	- Autre d'Amérique
Asia excluding former USSR	12194.4	14210.5	12485.9	12744.2	14764.7	Asie ancienne URSS exclus
- Middle East	47.9	47.7	61.1	59.5	94.5	- Moyen-Orient
Asia former USSR	0.0	0.1	0.1	0.1	0.1	Asie ancienne URSS
Europe excluding former USSR	5786.1	5612.7	5881.9	6693.2	8152.2	Europe ancienne URSS exclus
- European Union	5505.6	5325.1	5591.8	6358.2	7704.0	- Union Européenne
- Eastern Europe	157.7	165.3	178.1	207.9	300.7	- Europe de l'Est
- Rest of Europe	122.8	122.3	112.0	127.1	147.5	- Autre de l'Europe
Europe former USSR	68.0	75.2	77.5	83.8	90.1	Europe ancienne URSS
Oceania	17.0	31.3	56.9	74.6	93.1	Océanie
Japan	5902.7	6660.1	6065.5	5834.4	6114.4	Japon
China	1404.9	2475.5	2552.5	2902.6	4183.2	Chine
Italy-San Marino-Holy See	1896.9	1888.5	1834.5	1889.2	2113.1	Italie-Saint-Marin-Saint-Siège
United States	995.7	1089.8	1108.9	1151.8	1298.4	Etats-Unis d'Amérique
Germany	727.9	707.5	696.1	945.8	1134.9	Allemagne
Netherlands	669.1	669.2	696.4	606.6	694.9	Pays-Bas
France-Monaco	702.0	617.5	508.1	553.3	762.9	France-Monaco
Spain	485.5	454.9	542.9	625.3	785.1	Espagne
Belgium	278.7	267.2	485.3	848.8	991.0	Belgique
China, Hong Kong SAR	508.3	473.3	327.1	298.1	286.8	Chine - RAS de Hong-Kong
Thailand	337.8	343.8	322.6	e402.4	470.0	Thaïlande
India	224.3	302.9	296.4	350.3	374.7	Inde
United Kingdom	292.7	284.2	287.2	241.9	369.5	Royaume-Uni
Singapore	276.4	300.0	210.8	243.4	255.7	Singapour
Austria	145.6	149.5	218.0	292.5	429.0	Autriche
Indonesia	196.5	227.5	170.2	196.0	185.3	Indonésie
Korea, Republic of	214.3	226.3	147.7	134.8	138.1	République de Corée
Malaysia	148.2	164.2	128.0	128.6	150.8	Malaisie
Sweden	102.9	103.8	116.3	131.1	156.4	Suède
Viet Nam	43.2	69.9	136.9	133.4	e126.2	Viet Nam
Mexico	151.0	116.1	101.9	59.5	72.4	Mexique
Brazil	46.6	80.5	76.4	87.4	147.4	Brésil
Canada	72.6	76.6	80.4	91.5	107.8	Canada
Denmark	67.4	59.6	77.5	91.0	111.4	Danemark
Poland	62.9	67.3	71.2	76.9	109.8	Pologne
Czech Republic	68.2	69.7	70.2	74.1	94.6	République tchèque
Portugal	76.6	66.4	67.4	66.9	e77.5	Portugal
Switzerland-Liechtenstein	65.2	63.3	58.8	65.3	73.7	Suisse-Liechtenstein
Philippines	54.3	60.8	52.7	56.1	63.4	Philippines
Australia	10.2	24.8	47.9	67.9	84.7	Australie

(Value as percentages of World total) **(Valeur en pourcentage du total mondial)**

Regions of the world	1994	1995	1996	1997	1998	1999	2000	2001	2002	2003	Régions du monde
World	100.0	100.0	100.0	100.0	100.0	100.0	100.0	100.0	100.0	100.0	Monde
Africa	0.1	0.1	0.1	0.1	0.2	0.1	0.1	0.1	0.1	0.2	Afrique
Americas	5.8	6.1	6.6	7.0	7.0	6.7	6.5	7.0	6.7	6.6	Amériques
- Northern America	5.2	5.6	5.9	6.2	6.0	5.5	5.5	6.0	5.9	5.7	- Amérique du Nord
- LAIA	0.5	0.5	0.7	0.7	1.0	1.1	1.0	1.0	0.8	1.0	- ALAI
- CACM	0.0	0.0	0.0	0.0	0.0	0.0	0.0	0.0	0.0	0.0	- MCC
- Caribbean	0.0	0.0	0.0	0.0	0.0	0.0	0.0	0.0	0.0	0.0	- Caraïbes
- Rest of America	0.0	0.0	0.0	0.0	0.0	0.0	0.0	0.0	0.0	0.0	- Autre d'Amérique
Asia excluding former USSR	70.7	68.7	64.7	63.9	61.8	62.9	66.6	62.7	60.6	59.5	Asie ancienne URSS exclus
- Middle East	0.1	0.2	0.2	0.2	0.3	0.2	0.2	0.3	0.3	0.4	- Moyen-Orient
Asia former USSR	0.0	0.0	0.0	0.0	0.0	0.0	0.0	0.0	0.0	0.0	Asie ancienne URSS
Europe excluding former USSR	23.2	24.7	28.2	28.6	30.6	29.9	26.3	29.5	31.8	32.9	Europe ancienne URSS exclus
- European Union	21.8	23.2	26.6	27.2	29.1	28.4	24.9	28.1	30.2	31.1	- Union Européenne
- Eastern Europe	0.6	0.8	0.9	0.9	1.0	0.8	0.8	0.9	1.0	1.2	- Europe de l'Est
- Rest of Europe	0.7	0.7	0.7	0.6	0.6	0.6	0.6	0.6	0.6	0.6	- Autre de l'Europe
Europe former USSR	0.2	0.2	0.3	0.4	0.3	0.4	0.4	0.4	0.4	0.4	Europe ancienne URSS
Oceania	0.1	0.1	0.1	0.1	0.1	0.1	0.1	0.3	0.4	0.4	Océanie

786 Trailers, and other vehicles, not motorized, nes

TRADE BY COMMODITY (Value in million US dollars)
Imports by principal countries or areas

COMMERCE PAR PRODUIT (Valeur en millions de dollars EU)
Importations selon les principaux pays ou zones

Country or area	1999	2000	2001	2002	2003	Pays ou zone
World	8282.0	9262.3	8327.3	8879.0	10989.0	Monde
Africa	218.4	180.7	213.6	239.0	275.1	Afrique
Americas	2284.8	2920.5	1945.6	2119.6	2587.5	Amériques
- Northern America	1867.3	2455.6	1560.0	1649.1	2088.1	- Amérique du Nord
- LAIA	354.8	408.1	331.1	279.3	295.0	- ALAI
- CACM	27.4	21.8	24.8	160.6	172.8	- MCC
- Caribbean	25.8	27.7	23.7	23.4	23.0	- Caraïbes
- Rest of America	9.5	7.3	6.0	7.1	8.5	- Autre d'Amérique
Asia excluding former USSR	628.8	789.0	686.6	701.2	803.8	Asie ancienne URSS exclus
- Middle East	127.1	148.0	147.9	218.2	286.9	- Moyen-Orient
Asia former USSR	14.2	32.2	43.3	28.1	40.3	Asie ancienne URSS
Europe excluding former USSR	4925.5	5085.7	5078.1	5361.9	6738.2	Europe ancienne URSS exclus
- European Union	4128.8	4251.5	4129.5	4262.8	5315.6	- Union Européenne
- Eastern Europe	389.2	407.3	494.9	603.7	819.9	- Europe de l'Est
- Rest of Europe	407.6	426.8	453.7	495.4	602.7	- Autre de l'Europe
Europe former USSR	110.1	149.2	252.7	298.9	374.6	Europe ancienne URSS
Oceania	100.1	105.0	107.4	130.3	169.5	Océanie
United States	945.6	1561.8	881.4	871.5	1167.9	Etats-Unis d'Amérique
Germany	896.0	1033.4	892.5	853.7	1015.7	Allemagne
Canada	920.4	887.7	670.8	761.7	893.1	Canada
France-Monaco	551.5	541.7	565.9	601.7	737.1	France-Monaco
United Kingdom	407.8	431.0	415.5	498.8	638.9	Royaume-Uni
Netherlands	442.2	423.8	397.6	404.2	542.2	Pays-Bas
Belgium	360.6	329.5	322.7	319.4	380.3	Belgique
Denmark	286.5	324.1	336.9	322.7	398.9	Danemark
Italy-San Marino-Holy See	242.9	272.2	269.4	288.5	333.5	Italie-Saint-Marin-Saint-Siège
Austria	259.4	231.0	257.7	255.8	330.9	Autriche
Spain	237.2	226.5	232.2	263.3	319.7	Espagne
Mexico	229.8	300.0	236.9	199.0	228.9	Mexique
Sweden	175.4	175.5	188.1	186.7	244.2	Suède
Switzerland-Liechtenstein	165.4	176.7	187.3	185.0	208.6	Suisse-Liechtenstein
Norway	150.6	155.0	163.5	186.9	244.0	Norvège
Poland	160.1	136.5	124.7	183.8	290.6	Pologne
Japan	125.2	149.4	149.2	143.7	178.4	Japon
China, Hong Kong SAR	170.7	217.7	113.3	88.6	65.0	Chine - RAS de Hong-Kong
Czech Republic	100.8	107.9	116.1	149.8	166.3	République tchèque
Hungary	78.8	67.3	98.2	118.9	161.0	Hongrie
Australia	75.1	82.4	82.3	98.4	125.7	Australie
Finland	62.9	60.3	72.4	85.6	145.4	Finlande
Russian Federation	32.7	47.3	81.3	105.7	141.2	Fédération de Russie
Portugal	81.7	84.2	77.6	66.7	e68.1	Portugal
Ireland	62.2	63.1	53.0	60.0	90.0	Irlande
Israel	40.0	53.1	82.7	73.7	75.9	Israël
Romania	15.4	52.2	93.0	68.1	90.9	Roumanie
Honduras	4.8	2.7	3.5	136.8	e147.7	Honduras
Lithuania	16.6	29.8	56.9	55.2	68.9	Lituanie
Saudi Arabia	37.7	45.9	29.9	52.7	60.3	Arabie saoudite

(Value as percentages of World total)

(Valeur en pourcentage du total mondial)

Regions of the world	1994	1995	1996	1997	1998	1999	2000	2001	2002	2003	Régions du monde
World	100.0	100.0	100.0	100.0	100.0	100.0	100.0	100.0	100.0	100.0	Monde
Africa	2.9	2.9	2.9	2.5	2.5	2.6	2.0	2.6	2.7	2.5	Afrique
Americas	22.6	21.2	19.7	23.2	25.7	27.6	31.5	23.4	23.9	23.5	Amériques
- Northern America	17.7	17.2	16.0	18.2	20.3	22.5	26.5	18.7	18.6	19.0	- Amérique du Nord
- LAIA	4.0	3.2	3.0	4.3	4.7	4.3	4.4	4.0	3.1	2.7	- ALAI
- CACM	0.3	0.2	0.2	0.3	0.3	0.3	0.2	0.3	1.8	1.6	- MCC
- Caribbean	0.3	0.4	0.3	0.3	0.3	0.3	0.3	0.3	0.3	0.2	- Caraïbes
- Rest of America	0.3	0.2	0.1	0.1	0.1	0.1	0.1	0.1	0.1	0.1	- Autre d'Amérique
Asia excluding former USSR	13.0	12.0	11.9	11.5	7.8	7.6	8.5	8.2	7.9	7.3	Asie ancienne URSS exclus
- Middle East	2.8	2.0	1.9	1.8	1.9	1.5	1.6	1.8	2.5	2.6	- Moyen-Orient
Asia former USSR	0.3	0.5	0.2	0.1	0.2	0.2	0.3	0.5	0.3	0.4	Asie ancienne URSS
Europe excluding former USSR	58.1	60.0	62.0	58.4	60.0	59.5	54.9	61.0	60.4	61.3	Europe ancienne URSS exclus
- European Union	49.3	50.6	52.0	48.3	49.3	49.9	45.9	49.6	48.0	48.4	- Union Européenne
- Eastern Europe	3.0	3.5	4.4	4.9	5.5	4.7	4.4	5.9	6.8	7.5	- Europe de l'Est
- Rest of Europe	5.7	5.9	5.6	5.3	5.1	4.9	4.6	5.4	5.6	5.5	- Autre de l'Europe
Europe former USSR	1.7	2.1	2.1	2.9	2.8	1.3	1.6	3.0	3.4	3.4	Europe ancienne URSS
Oceania	1.4	1.2	1.4	1.4	1.1	1.2	1.1	1.3	1.5	1.5	Océanie

Remorques et autres véhicules non automobiles et containers pour tous modes de transport 786

TRADE BY COMMODITY (Value in million US dollars)
Exports by principal countries or areas

COMMERCE PAR PRODUIT (Valeur en millions de dollars EU)
Exportations selon les principaux pays ou zones

Country or area	1999	2000	2001	2002	2003	Pays ou zone
World	10303.9	11097.6	10412.4	11023.9	14815.9	Monde
Africa	230.2	225.3	129.9	137.0	203.6	Afrique
Americas	1962.0	2005.9	1572.8	1556.2	1897.4	Amériques
- Northern America	1505.2	1518.8	1280.3	1375.4	1518.5	- Amérique du Nord
- LAIA	452.6	471.6	286.4	174.0	361.0	- ALAI
- CACM	1.8	5.7	3.6	3.4	10.2	- MCC
- Caribbean	2.4	9.4	2.2	3.0	3.3	- Caraïbes
- Rest of America	0.0	0.3	0.4	0.4	4.4	- Autre d'Amérique
Asia excluding former USSR	2430.7	3447.2	2953.4	3092.2	4966.2	Asie ancienne URSS exclus
- Middle East	66.9	73.6	70.1	93.7	113.9	- Moyen-Orient
Asia former USSR	4.6	5.6	7.2	3.4	3.4	Asie ancienne URSS
Europe excluding former USSR	5553.3	5278.3	5589.7	6074.0	7535.7	Europe ancienne URSS exclus
- European Union	4917.4	4621.9	4896.0	5329.6	6622.3	- Union Européenne
- Eastern Europe	505.6	520.2	558.0	595.2	742.6	- Europe de l'Est
- Rest of Europe	130.3	136.2	135.7	149.1	170.9	- Autre de l'Europe
Europe former USSR	96.5	113.4	130.9	131.0	172.6	Europe ancienne URSS
Oceania	26.6	21.9	28.5	30.1	36.9	Océanie
China	1655.8	2771.8	2510.9	2583.1	4388.5	Chine
Germany	1906.8	1824.7	2223.8	2387.1	2942.5	Allemagne
United States	1250.5	1251.1	1000.6	1022.4	1161.4	Etats-Unis d'Amérique
France-Monaco	671.6	635.0	562.6	602.7	716.8	France-Monaco
United Kingdom	523.6	500.1	397.4	428.0	531.8	Royaume-Uni
Belgium	396.9	371.3	371.0	380.1	468.3	Belgique
Netherlands	309.4	287.1	282.2	358.5	454.0	Pays-Bas
Italy-San Marino-Holy See	322.9	286.1	287.2	303.4	362.6	Italie-Saint-Marin-Saint-Siège
Mexico	407.5	424.8	254.9	141.4	314.8	Mexique
Canada	254.6	267.6	279.6	353.0	357.1	Canada
Austria	213.8	202.9	212.0	259.5	293.6	Autriche
Hungary	175.2	171.4	190.0	206.9	238.6	Hongrie
Denmark	172.1	145.0	174.9	190.5	284.9	Danemark
Poland	153.6	161.6	171.7	177.4	227.9	Pologne
Korea, Republic of	397.0	273.4	68.5	58.9	67.7	République de Corée
Spain	128.9	110.7	120.9	137.0	168.4	Espagne
Sweden	111.7	111.2	118.0	132.0	178.1	Suède
Czech Republic	107.5	115.1	114.6	120.5	161.2	République tchèque
Finland	100.4	93.4	97.5	93.6	133.5	Finlande
South Africa	–	138.4	100.1	109.4	164.0	Afrique du Sud
Slovenia	62.8	66.0	67.5	78.2	95.2	Slovénie
Japan	61.7	42.3	46.0	49.8	114.9	Japon
Slovakia	45.3	50.3	59.9	67.5	86.8	Slovaquie
Belarus	52.4	56.1	59.3	57.0	64.2	Bélarus
Turkey	33.4	39.8	41.1	53.0	59.8	Turquie
Norway	42.5	43.9	41.1	42.2	38.9	Norvège
Southern African Customs Union	205.5	–	–	–	–	Union douanière d'Afrique australe
Singapore	30.9	43.8	42.8	36.3	29.3	Singapour
Malaysia	37.3	21.6	36.7	42.3	28.8	Malaisie
Russian Federation	18.8	24.5	30.6	30.4	40.6	Fédération de Russie

(Value as percentages of World total)   **(Valeur en pourcentage du total mondial)**

Regions of the world	1994	1995	1996	1997	1998	1999	2000	2001	2002	2003	Régions du monde
World	100.0	100.0	100.0	100.0	100.0	100.0	100.0	100.0	100.0	100.0	Monde
Africa	2.2	2.2	2.3	3.0	2.7	2.2	2.0	1.2	1.2	1.4	Afrique
Americas	14.3	13.2	13.4	16.2	17.1	19.0	18.1	15.1	14.1	12.8	Amériques
- Northern America	11.2	10.4	10.2	12.3	13.5	14.6	13.7	12.3	12.5	10.2	- Amérique du Nord
- LAIA	3.0	2.8	3.1	3.9	3.5	4.4	4.2	2.8	1.6	2.4	- ALAI
- CACM	0.0	0.0	0.0	0.0	0.0	0.0	0.1	0.0	0.0	0.1	- MCC
- Caribbean	0.0	0.0	0.0	0.0	0.0	0.0	0.1	0.0	0.0	0.0	- Caraïbes
- Rest of America	0.1	0.0	0.0	0.0	0.0	0.0	0.0	0.0	0.0	0.0	- Autre d'Amérique
Asia excluding former USSR	29.4	31.5	28.4	24.0	23.8	23.6	31.1	28.4	28.1	33.5	Asie ancienne URSS exclus
- Middle East	1.6	1.2	1.4	1.3	0.9	0.6	0.7	0.7	0.8	0.8	- Moyen-Orient
Asia former USSR	0.0	0.0	0.0	0.0	0.0	0.0	0.1	0.1	0.0	0.0	Asie ancienne URSS
Europe excluding former USSR	53.3	51.4	54.4	55.1	55.0	53.9	47.6	53.7	55.1	50.9	Europe ancienne URSS exclus
- European Union	48.6	46.5	49.3	49.8	49.5	47.7	41.6	47.0	48.3	44.7	- Union Européenne
- Eastern Europe	3.5	3.7	3.9	4.1	4.4	4.9	4.7	5.4	5.4	5.0	- Europe de l'Est
- Rest of Europe	1.2	1.2	1.2	1.2	1.2	1.3	1.2	1.3	1.4	1.2	- Autre de l'Europe
Europe former USSR	0.5	1.2	1.1	1.3	1.1	0.9	1.0	1.3	1.2	1.2	Europe ancienne URSS
Oceania	0.3	0.4	0.4	0.3	0.2	0.3	0.2	0.3	0.3	0.2	Océanie

791 Railway vehicles and associated equipment

TRADE BY COMMODITY (Value in million US dollars)
Imports by principal countries or areas

COMMERCE PAR PRODUIT (Valeur en millions de dollars EU)
Importations selon les principaux pays ou zones

Country or area	1999	2000	2001	2002	2003	Pays ou zone
World	8988.1	8085.3	8732.3	8404.4	11294.9	Monde
Africa	231.9	98.0	159.3	123.0	126.7	Afrique
Americas	3714.3	3101.4	2646.2	1936.3	2223.8	Amériques
- Northern America	2878.0	2476.6	2080.2	1448.5	1682.7	- Amérique du Nord
- LAIA	831.4	614.8	537.5	468.0	521.1	- ALAI
- CACM	0.9	1.5	1.3	5.7	9.5	- MCC
- Caribbean	3.8	7.6	11.7	14.0	10.3	- Caraïbes
- Rest of America	0.1	0.9	15.7	0.1	0.2	- Autre d'Amérique
Asia excluding former USSR	1325.3	1133.8	1357.3	1541.6	1660.6	Asie ancienne URSS exclus
- Middle East	193.1	205.1	145.9	180.0	270.6	- Moyen-Orient
Asia former USSR	103.0	194.5	114.5	253.0	323.7	Asie ancienne URSS
Europe excluding former USSR	3348.3	3354.4	4137.8	3914.7	5892.0	Europe ancienne URSS exclus
- European Union	2719.8	2564.0	3414.4	3075.8	4571.7	- Union Européenne
- Eastern Europe	347.4	426.8	405.9	408.3	718.3	- Europe de l'Est
- Rest of Europe	281.1	363.5	317.4	430.5	602.1	- Autre de l'Europe
Europe former USSR	210.2	159.6	266.8	495.0	834.8	Europe ancienne URSS
Oceania	55.2	43.7	50.4	140.8	233.3	Océanie
United States	2200.7	1742.7	1278.7	973.4	961.7	Etats-Unis d'Amérique
Germany	651.8	575.8	588.8	785.7	1049.2	Allemagne
Canada	677.2	733.7	801.4	475.0	720.9	Canada
United Kingdom	582.6	606.2	511.5	461.8	502.8	Royaume-Uni
Mexico	454.2	390.9	278.4	203.3	237.9	Mexique
China	204.2	250.3	234.1	379.6	439.4	Chine
France-Monaco	266.1	335.9	234.4	282.0	318.5	France-Monaco
Belgium	195.4	168.8	396.0	272.6	310.5	Belgique
Austria	181.9	184.4	230.4	305.1	414.9	Autriche
Italy-San Marino-Holy See	144.3	156.4	242.8	208.3	355.8	Italie-Saint-Marin-Saint-Siège
Denmark	60.5	156.7	305.4	222.7	262.1	Danemark
Switzerland-Liechtenstein	142.4	129.6	155.5	220.4	331.0	Suisse-Liechtenstein
Korea, Republic of	251.9	305.2	196.5	99.2	88.6	République de Corée
Russian Federation	67.1	65.4	124.0	307.9	348.6	Fédération de Russie
Greece	162.2	15.4	471.2	46.3	154.0	Grèce
Spain	77.2	87.6	89.0	112.8	396.7	Espagne
Kazakhstan	75.4	87.1	64.1	e206.4	267.3	Kazakhstan
Brazil	285.0	125.8	95.5	95.2	42.0	Brésil
Netherlands	27.4	19.7	50.2	97.4	437.5	Pays-Bas
Norway	114.2	127.9	60.3	123.9	192.8	Norvège
China, Hong Kong SAR	48.3	19.4	137.7	305.7	100.6	Chine - RAS de Hong-Kong
Poland	97.8	137.5	109.1	116.5	132.0	Pologne
Sweden	133.9	86.7	110.5	123.0	125.6	Suède
Czech Republic	105.7	89.0	95.4	78.8	164.0	République tchèque
Australia	51.0	39.8	46.4	137.4	228.6	Australie
Slovakia	63.1	79.8	95.3	92.0	145.5	Slovaquie
Turkey	74.5	133.5	100.0	32.2	113.1	Turquie
Estonia	24.6	7.6	22.3	47.1	301.8	Estonie
Romania	26.0	48.8	37.8	77.5	208.5	Roumanie
Japan	95.5	78.4	87.1	68.6	58.6	Japon

(Value as percentages of World total)

(Valeur en pourcentage du total mondial)

Regions of the world	1994	1995	1996	1997	1998	1999	2000	2001	2002	2003	Régions du monde
World	100.0	100.0	100.0	100.0	100.0	100.0	100.0	100.0	100.0	100.0	Monde
Africa	2.3	2.6	2.5	3.0	1.5	2.6	1.2	1.8	1.5	1.1	Afrique
Americas	21.5	26.9	27.0	30.3	39.5	41.3	38.4	30.3	23.0	19.7	Amériques
- Northern America	17.4	23.5	23.9	27.1	33.3	32.0	30.6	23.8	17.2	14.9	- Amérique du Nord
- LAIA	4.0	3.2	3.0	3.1	6.1	9.3	7.6	6.2	5.6	4.6	- ALAI
- CACM	0.0	0.0	0.0	0.0	0.0	0.0	0.0	0.0	0.1	0.1	- MCC
- Caribbean	0.0	0.1	0.1	0.1	0.1	0.0	0.1	0.1	0.2	0.1	- Caraïbes
- Rest of America	0.0	0.0	0.0	0.0	0.0	0.0	0.0	0.2	0.0	0.0	- Autre d'Amérique
Asia excluding former USSR	11.7	19.2	22.6	21.0	19.1	14.7	14.0	15.5	18.3	14.7	Asie ancienne URSS exclus
- Middle East	2.1	2.5	3.7	2.5	1.7	2.1	2.5	1.7	2.1	2.4	- Moyen-Orient
Asia former USSR	1.6	1.0	1.1	1.5	2.0	1.1	2.4	1.3	3.0	2.9	Asie ancienne URSS
Europe excluding former USSR	55.7	40.5	37.3	36.7	33.5	37.3	41.5	47.4	46.6	52.2	Europe ancienne URSS exclus
- European Union	51.6	31.0	25.6	27.3	25.8	30.3	31.7	39.1	36.6	40.5	- Union Européenne
- Eastern Europe	1.7	5.3	4.0	4.9	5.0	3.9	5.3	4.6	4.9	6.4	- Europe de l'Est
- Rest of Europe	2.3	4.2	7.6	4.4	2.7	3.1	4.5	3.6	5.1	5.3	- Autre de l'Europe
Europe former USSR	6.2	8.6	8.8	6.9	4.0	2.3	2.0	3.1	5.9	7.4	Europe ancienne URSS
Oceania	1.1	1.1	0.8	0.6	0.5	0.6	0.5	0.6	1.7	2.1	Océanie

396

TRADE BY COMMODITY (Value in million US dollars)
Exports by principal countries or areas

COMMERCE PAR PRODUIT (Valeur en millions de dollars EU)
Exportations selon les principaux pays ou zones

Country or area	1999	2000	2001	2002	2003	Pays ou zone
World	8932.2	8250.9	8776.7	9083.0	12232.2	Monde
Africa	27.0	24.0	23.7	32.2	24.9	Afrique
Americas	3541.2	2962.3	2760.9	2032.1	2367.6	Amériques
- Northern America	2973.8	2373.4	2196.2	1508.6	2103.9	- Amérique du Nord
- LAIA	566.8	588.6	564.2	523.0	263.5	- ALAI
- CACM	0.2	0.1	0.1	0.2	0.1	- MCC
- Caribbean	0.3	0.2	0.0	0.1	0.1	- Caraïbes
- Rest of America	0.0	0.0	0.2	0.2	0.0	- Autre d'Amérique
Asia excluding former USSR	532.8	675.2	727.4	787.7	751.3	Asie ancienne URSS exclus
- Middle East	7.3	4.6	5.5	14.6	31.3	- Moyen-Orient
Asia former USSR	9.1	10.1	12.8	12.2	15.8	Asie ancienne URSS
Europe excluding former USSR	4528.8	4296.8	4910.4	5682.8	8247.1	Europe ancienne URSS exclus
- European Union	3517.6	3343.2	3815.1	4641.6	6759.6	- Union Européenne
- Eastern Europe	700.4	647.2	805.7	745.7	1145.6	- Europe de l'Est
- Rest of Europe	310.8	306.4	289.6	295.4	341.9	- Autre de l'Europe
Europe former USSR	267.1	263.6	314.0	514.0	804.5	Europe ancienne URSS
Oceania	26.2	18.8	27.6	22.1	21.2	Océanie
Germany	980.0	1029.2	1266.6	1530.1	2976.4	Allemagne
United States	1459.0	1331.0	1437.4	1033.2	1536.7	Etats-Unis d'Amérique
Canada	1514.7	1042.3	758.8	475.4	567.2	Canada
France-Monaco	634.0	698.0	560.8	753.1	803.5	France-Monaco
Austria	624.7	478.9	493.6	691.5	1074.8	Autriche
Mexico	534.1	545.6	512.2	478.0	207.6	Mexique
Italy-San Marino-Holy See	295.6	354.4	414.9	496.9	619.1	Italie-Saint-Marin-Saint-Siège
Japan	354.9	374.3	521.6	417.2	330.7	Japon
Spain	320.3	278.2	270.8	353.1	553.5	Espagne
Czech Republic	307.6	235.7	247.7	244.7	343.4	République tchèque
Switzerland-Liechtenstein	279.8	253.6	215.4	227.6	262.8	Suisse-Liechtenstein
United Kingdom	259.6	169.5	256.9	210.6	249.4	Royaume-Uni
Russian Federation	164.9	169.3	159.1	200.1	385.1	Fédération de Russie
Poland	117.4	151.4	190.1	199.6	330.8	Pologne
Ukraine	85.1	85.1	139.9	294.1	e378.6	Ukraine
Belgium	136.2	63.0	280.2	284.3	68.0	Belgique
Sweden	150.6	143.3	123.6	146.9	194.0	Suède
China	130.8	184.6	77.8	179.6	180.1	Chine
Slovakia	138.5	101.9	148.9	103.9	192.0	Slovaquie
Hungary	82.0	82.0	137.5	86.6	124.5	Hongrie
Korea, Republic of	16.6	84.9	81.3	124.1	152.5	République de Corée
Romania	52.0	73.6	74.1	99.4	139.9	Roumanie
Netherlands	57.2	80.3	77.7	60.5	112.1	Pays-Bas
Denmark	12.1	17.3	35.7	81.5	61.6	Danemark
Brazil	26.1	35.7	46.4	41.0	50.1	Brésil
Slovenia	10.2	30.7	51.8	41.1	36.5	Slovénie
Australia	21.7	18.4	26.1	21.5	21.0	Australie
South Africa	–	20.8	21.3	28.2	20.7	Afrique du Sud
Portugal	23.4	21.5	16.7	10.6	e12.3	Portugal
Finland	22.1	7.4	10.7	14.0	25.5	Finlande

(Value as percentages of World total)

(Valeur en pourcentage du total mondial)

Regions of the world	1994	1995	1996	1997	1998	1999	2000	2001	2002	2003	Régions du monde
World	100.0	100.0	100.0	100.0	100.0	100.0	100.0	100.0	100.0	100.0	Monde
Africa	0.3	0.3	1.1	2.0	0.4	0.3	0.3	0.3	0.4	0.2	Afrique
Americas	20.3	26.5	26.5	30.0	35.4	39.6	35.9	31.5	22.4	19.4	Amériques
- Northern America	19.7	25.4	25.7	28.9	32.5	33.3	28.8	25.0	16.6	17.2	- Amérique du Nord
- LAIA	0.6	1.1	0.8	1.0	2.9	6.3	7.1	6.4	5.8	2.2	- ALAI
- CACM	0.0	0.0	0.0	0.0	0.0	0.0	0.0	0.0	0.0	0.0	- MCC
- Caribbean	0.0	0.0	0.0	0.0	0.0	0.0	0.0	0.0	0.0	0.0	- Caraïbes
- Rest of America	0.0	0.0	0.0	0.0	0.0	0.0	0.0	0.0	0.0	0.0	- Autre d'Amérique
Asia excluding former USSR	3.4	6.5	8.1	8.1	6.0	6.0	8.2	8.3	8.7	6.1	Asie ancienne URSS exclus
- Middle East	0.0	0.2	0.2	0.1	0.1	0.1	0.1	0.1	0.2	0.3	- Moyen-Orient
Asia former USSR	0.0	0.0	0.1	0.1	0.2	0.1	0.1	0.1	0.1	0.1	Asie ancienne URSS
Europe excluding former USSR	70.2	56.8	56.1	51.4	53.1	50.7	52.1	55.9	62.6	67.4	Europe ancienne URSS exclus
- European Union	63.5	46.7	44.7	41.7	41.2	39.4	40.5	43.5	51.1	55.3	- Union Européenne
- Eastern Europe	3.8	6.5	5.5	6.3	7.4	7.8	7.8	9.2	8.2	9.4	- Europe de l'Est
- Rest of Europe	2.9	3.6	6.0	3.3	4.5	3.5	3.7	3.3	3.3	2.8	- Autre de l'Europe
Europe former USSR	5.5	7.9	7.2	6.6	4.2	3.0	3.2	3.6	5.7	6.6	Europe ancienne URSS
Oceania	0.3	1.9	0.9	1.8	0.6	0.3	0.2	0.3	0.2	0.2	Océanie

792 Aircraft and associated equipment, and parts thereof, nes

TRADE BY COMMODITY (Value in million US dollars)
Imports by principal countries or areas

COMMERCE PAR PRODUIT (Valeur en millions de dollars EU)
Importations selon les principaux pays ou zones

Country or area	1999	2000	2001	2002	2003	Pays ou zone
World	90793.8	90967.9	98583.6	97322.0	98304.9	Monde
Africa	1550.9	1827.7	1294.9	1748.6	2243.3	Afrique
Americas	21913.2	25394.2	28546.5	25106.7	22789.9	Amériques
- Northern America	19170.6	22651.1	26266.3	22788.6	20534.0	- Amérique du Nord
- LAIA	2539.8	2410.1	2157.3	2081.6	2001.0	- ALAI
- CACM	22.0	25.0	17.8	14.6	13.0	- MCC
- Caribbean	169.1	298.3	92.7	209.2	216.6	- Caraïbes
- Rest of America	11.6	9.7	12.3	12.8	25.3	- Autre d'Amérique
Asia excluding former USSR	21215.8	14795.9	20886.4	19880.5	21749.9	Asie ancienne URSS exclus
- Middle East	2911.1	3806.1	2998.6	3399.5	3468.2	- Moyen-Orient
Asia former USSR	287.8	60.7	194.4	125.2	381.9	Asie ancienne URSS
Europe excluding former USSR	43222.7	46056.0	45782.9	46670.8	46655.5	Europe ancienne URSS exclus
- European Union	39045.1	41471.5	42778.2	44153.8	43755.5	- Union Européenne
- Eastern Europe	778.2	1046.8	494.1	573.5	750.5	- Europe de l'Est
- Rest of Europe	3399.4	3537.7	2510.6	1943.5	2149.5	- Autre de l'Europe
Europe former USSR	66.9	89.3	186.9	302.6	491.5	Europe ancienne URSS
Oceania	2536.5	2744.1	1691.7	3487.6	3992.9	Océanie
United States	15087.9	18265.3	21180.1	18063.4	17057.9	Etats-Unis d'Amérique
Germany	9811.7	11917.2	13979.2	12650.8	13082.7	Allemagne
United Kingdom	8687.5	9068.2	11584.0	12798.8	12088.0	Royaume-Uni
France-Monaco	6704.3	7001.4	6172.4	6711.5	8151.7	France-Monaco
Canada	4075.8	4364.1	5049.6	4564.2	3364.5	Canada
Japan	5683.5	2997.9	1970.3	3723.9	4409.7	Japon
China	3174.4	2170.0	4542.7	4051.1	4460.6	Chine
Italy-San Marino-Holy See	2993.1	3439.6	3404.4	3987.4	2836.7	Italie-Saint-Marin-Saint-Siège
Singapore	2232.8	1152.5	3805.1	3136.3	3876.8	Singapour
Australia	1883.2	2252.8	1254.1	2850.7	2937.5	Australie
Spain	2711.7	2967.9	1805.5	1782.1	1608.8	Espagne
Switzerland-Liechtenstein	2375.4	1870.9	1107.5	1000.6	1629.2	Suisse-Liechtenstein
Saudi Arabia	1239.6	1242.3	1413.0	1431.9	1637.1	Arabie saoudite
Netherlands	761.0	1542.9	957.4	803.1	1920.2	Pays-Bas
United Arab Emirates	717.7	1191.1	1044.3	e1071.4	e1255.6	Emirates arabes unis
Ireland	1435.8	769.0	875.0	1353.8	771.8	Irlande
Thailand	1809.4	330.5	1371.3	e718.5	842.4	Thaïlande
Norway	762.9	1383.0	1235.3	782.1	342.0	Norvège
Brazil	932.9	1091.8	821.5	664.6	599.7	Brésil
Korea, Republic of	825.5	919.6	706.3	726.2	611.5	République de Corée
China, Hong Kong SAR	726.5	364.4	1438.5	160.5	775.2	Chine - RAS de Hong-Kong
Sweden	806.9	1028.8	693.4	510.1	424.3	Suède
Malaysia	1073.5	486.0	594.2	997.4	288.2	Malaisie
Israel	1068.8	462.2	946.6	592.3	281.2	Israël
Austria	785.4	888.7	529.9	615.6	468.5	Autriche
Colombia	494.7	422.3	865.2	787.1	704.4	Colombie
Denmark	537.1	331.5	564.4	1329.6	345.9	Danemark
South Africa	–	682.0	300.0	708.4	1311.5	Afrique du Sud
Luxembourg	1023.5	515.0	543.5	630.6	188.2	Luxembourg
Greece	760.0	237.2	264.8	367.1	1166.2	Grèce

(Value as percentages of World total)

(Valeur en pourcentage du total mondial)

Regions of the world	1994	1995	1996	1997	1998	1999	2000	2001	2002	2003	Régions du monde
World	100.0	100.0	100.0	100.0	100.0	100.0	100.0	100.0	100.0	100.0	Monde
Africa	1.9	1.5	0.8	1.8	1.2	1.7	2.0	1.3	1.8	2.3	Afrique
Americas	16.4	15.7	17.4	20.2	22.3	24.1	27.9	29.0	25.8	23.2	Amériques
- Northern America	13.5	14.0	15.3	17.4	18.9	21.1	24.9	26.6	23.4	20.9	- Amérique du Nord
- LAIA	2.7	1.5	1.8	2.5	3.1	2.8	2.6	2.2	2.1	2.0	- ALAI
- CACM	0.0	0.0	0.0	0.0	0.0	0.0	0.0	0.0	0.0	0.0	- MCC
- Caribbean	0.1	0.1	0.2	0.2	0.2	0.2	0.3	0.1	0.2	0.2	- Caraïbes
- Rest of America	0.1	0.2	0.0	0.0	0.0	0.0	0.0	0.0	0.0	0.0	- Autre d'Amérique
Asia excluding former USSR	34.5	36.0	34.1	30.6	27.2	23.4	16.3	21.2	20.4	22.1	Asie ancienne URSS exclus
- Middle East	5.7	7.7	5.3	5.2	4.9	3.2	4.2	3.0	3.5	3.5	- Moyen-Orient
Asia former USSR	0.2	0.1	0.4	0.1	0.2	0.3	0.1	0.2	0.1	0.4	Asie ancienne URSS
Europe excluding former USSR	44.3	43.6	44.1	45.2	45.5	47.6	50.6	46.4	48.0	47.5	Europe ancienne URSS exclus
- European Union	42.1	40.0	40.0	41.6	41.9	43.0	45.6	43.4	45.4	44.5	- Union Européenne
- Eastern Europe	0.4	0.1	0.4	0.6	0.7	0.9	1.2	0.5	0.6	0.8	- Europe de l'Est
- Rest of Europe	1.7	3.5	3.7	3.0	2.8	3.7	3.9	2.5	2.0	2.2	- Autre de l'Europe
Europe former USSR	0.1	0.2	0.1	0.1	1.1	0.1	0.1	0.2	0.3	0.5	Europe ancienne URSS
Oceania	2.6	2.8	3.1	2.0	2.4	2.8	3.0	1.7	3.6	4.1	Océanie

Appareils de navigation aérienne et materiel connexe; leurs parties et pièces détachées 792

TRADE BY COMMODITY (Value in million US dollars)
Exports by principal countries or areas

COMMERCE PAR PRODUIT (Valeur en millions de dollars EU)
Exportations selon les principaux pays ou zones

Country or area	1999	2000	2001	2002	2003	Pays ou zone
World	110574.2	109652.8	117250.3	116396.6	117067.5	Monde
Africa	308.8	366.7	310.4	193.5	174.9	Afrique
Americas	57830.9	52132.4	57568.6	54686.3	50084.6	Amériques
- Northern America	55063.9	47692.1	53229.7	51301.8	47494.0	- Amérique du Nord
- LAIA	2699.0	4363.7	4213.2	3349.6	2562.5	- ALAI
- CACM	6.8	20.5	22.5	15.0	12.2	- MCC
- Caribbean	60.9	56.0	103.0	19.7	15.6	- Caraïbes
- Rest of America	0.3	0.1	0.2	0.2	0.3	- Autre d'Amérique
Asia excluding former USSR	5959.1	5957.3	6251.3	6076.1	7263.2	Asie ancienne URSS exclus
- Middle East	734.3	895.6	1024.5	573.1	953.5	- Moyen-Orient
Asia former USSR	87.6	79.1	94.7	85.6	73.9	Asie ancienne URSS
Europe excluding former USSR	45509.2	50248.9	52035.2	53726.5	55769.0	Europe ancienne URSS exclus
- European Union	43872.0	49131.1	50648.5	51616.9	53329.7	- Union Européenne
- Eastern Europe	616.1	283.1	372.4	255.5	355.7	- Europe de l'Est
- Rest of Europe	1021.2	834.7	1014.3	1854.0	2083.7	- Autre de l'Europe
Europe former USSR	246.8	354.0	504.2	534.9	3051.9	Europe ancienne URSS
Oceania	631.8	514.5	485.9	1093.3	649.9	Océanie
United States	49610.7	40954.4	44688.6	43876.4	39598.6	Etats-Unis d'Amérique
France-Monaco	15101.6	16605.5	17209.6	17169.7	19219.7	France-Monaco
Germany	13954.2	14855.4	17174.5	17123.1	16419.5	Allemagne
United Kingdom	7822.6	9831.8	9211.2	8741.9	10406.3	Royaume-Uni
Canada	5445.1	6726.4	8530.7	7416.4	7885.4	Canada
Italy-San Marino-Holy See	2804.0	3581.9	2751.3	3869.8	2688.0	Italie-Saint-Marin-Saint-Siège
Brazil	1899.2	3574.5	3553.5	2798.7	2049.9	Brésil
Japan	1804.4	1492.1	1729.4	1294.6	1497.9	Japon
Spain	1357.6	1401.8	1342.6	1846.4	1739.2	Espagne
Switzerland-Liechtenstein	882.7	714.0	621.7	1065.6	1594.8	Suisse-Liechtenstein
Israel	853.6	933.3	945.1	1073.3	987.9	Israël
Singapore	477.7	669.8	850.4	936.7	1133.0	Singapour
Russian Federation	101.4	166.4	319.3	380.7	2819.8	Fédération de Russie
Belgium	712.1	535.2	709.3	556.9	520.0	Belgique
Netherlands	347.1	630.3	599.1	586.5	789.1	Pays-Bas
Australia	436.8	346.4	397.3	944.9	513.6	Australie
Sweden	481.6	370.7	473.6	738.9	487.8	Suède
China	566.0	533.2	397.0	436.7	436.7	Chine
Turkey	517.4	670.9	524.7	126.8	444.2	Turquie
Korea, Republic of	442.7	631.8	449.4	245.6	388.9	République de Corée
Thailand	9.9	58.0	45.0	e781.9	913.4	Thaïlande
Malaysia	704.2	302.4	224.3	249.7	284.8	Malaisie
Norway	58.6	83.6	352.2	768.6	463.6	Norvège
Mexico	382.8	298.4	383.5	400.1	225.4	Mexique
Denmark	502.8	328.9	238.1	256.9	151.9	Danemark
Austria	235.6	269.4	266.5	272.2	238.2	Autriche
Saudi Arabia	50.3	86.5	353.5	273.4	e300.0	Arabie saoudite
Ireland	301.7	260.8	201.1	105.2	108.5	Irlande
Czech Republic	487.9	43.0	115.6	82.4	155.3	République tchèque
Portugal	90.9	206.3	221.7	134.1	e155.5	Portugal

Value as percentages of World total)   (Valeur en pourcentage du total mondial)

Regions of the world	1994	1995	1996	1997	1998	1999	2000	2001	2002	2003	Régions du monde
World	100.0	100.0	100.0	100.0	100.0	100.0	100.0	100.0	100.0	100.0	Monde
Africa	0.3	0.2	0.2	0.3	0.2	0.3	0.3	0.3	0.2	0.1	Afrique
Americas	47.6	41.2	46.9	48.9	53.2	52.3	47.5	49.1	47.0	42.8	Amériques
- Northern America	46.8	40.2	45.8	47.8	51.0	49.8	43.5	45.4	44.1	40.6	- Amérique du Nord
- LAIA	0.7	0.9	1.1	1.1	2.2	2.4	4.0	3.6	2.9	2.2	- ALAI
- CACM	0.0	0.0	0.0	0.0	0.0	0.0	0.0	0.0	0.0	0.0	- MCC
- Caribbean	0.0	0.1	0.0	0.0	0.0	0.1	0.1	0.1	0.0	0.0	- Caraïbes
- Rest of America	0.0	0.0	0.0	0.0	0.0	0.0	0.0	0.0	0.0	0.0	- Autre d'Amérique
Asia excluding former USSR	6.1	5.6	5.5	6.2	5.6	5.4	5.4	5.3	5.2	6.2	Asie ancienne URSS exclus
- Middle East	0.5	0.2	0.2	0.4	0.2	0.7	0.8	0.9	0.5	0.8	- Moyen-Orient
Asia former USSR	0.0	0.0	0.1	0.0	0.0	0.1	0.1	0.1	0.1	0.1	Asie ancienne URSS
Europe excluding former USSR	45.0	51.3	45.9	43.7	39.7	41.2	45.8	44.4	46.2	47.6	Europe ancienne URSS exclus
- European Union	44.4	50.2	44.5	42.4	38.5	39.7	44.8	43.2	44.3	45.6	- Union Européenne
- Eastern Europe	0.1	0.1	0.3	0.4	0.4	0.6	0.3	0.3	0.2	0.3	- Europe de l'Est
- Rest of Europe	0.5	1.0	1.1	0.9	0.7	0.9	0.8	0.9	1.6	1.8	- Autre de l'Europe
Europe former USSR	0.4	0.4	0.4	0.1	0.7	0.2	0.3	0.4	0.5	2.6	Europe ancienne URSS
Oceania	0.7	1.2	0.9	0.8	0.5	0.6	0.5	0.4	0.9	0.6	Océanie

793 Ships, boats and floating structures

TRADE BY COMMODITY (Value in million US dollars)
Imports by principal countries or areas

COMMERCE PAR PRODUIT (Valeur en millions de dollars EU)
Importations selon les principaux pays ou zones

Country or area	1999	2000	2001	2002	2003	Pays ou zone
World	18548.9	18631.1	19430.2	21037.7	29935.5	Monde
Africa	844.3	526.4	1266.3	640.7	1481.5	Afrique
Americas	2039.2	2348.8	2858.1	2854.3	2955.2	Amériques
- Northern America	1471.8	1914.0	1921.6	1727.7	2112.9	- Amérique du Nord
- LAIA	346.2	271.4	365.1	634.8	443.9	- ALAI
- CACM	56.8	10.7	8.9	13.0	8.2	- MCC
- Caribbean	148.5	145.8	552.0	468.9	368.2	- Caraïbes
- Rest of America	15.9	7.0	10.5	10.0	22.1	- Autre d'Amérique
Asia excluding former USSR	5846.6	4446.9	4863.7	5056.8	7092.2	Asie ancienne URSS exclus
- Middle East	992.6	502.7	897.9	848.0	1519.5	- Moyen-Orient
Asia former USSR	187.8	41.7	25.9	129.1	341.3	Asie ancienne URSS
Europe excluding former USSR	7783.1	10661.7	9705.8	11103.7	16810.8	Europe ancienne URSS exclus
- European Union	5331.0	7072.0	6827.4	7785.7	13041.8	- Union Européenne
- Eastern Europe	92.1	249.0	771.0	1454.8	1819.4	- Europe de l'Est
- Rest of Europe	2360.1	3340.7	2107.5	1863.1	1949.6	- Autre de l'Europe
Europe former USSR	476.8	296.2	342.9	684.9	740.4	Europe ancienne URSS
Oceania	1371.2	309.3	367.6	568.2	514.1	Océanie
Greece	1047.3	1568.3	1133.2	2535.7	3675.8	Grèce
Norway	1757.1	2839.1	1491.3	1308.4	1165.1	Norvège
Germany	1089.1	1182.8	1699.4	853.9	1903.9	Allemagne
United States	1161.9	1210.5	1239.2	1362.4	1628.0	Etats-Unis d'Amérique
France-Monaco	785.1	524.2	1035.9	1369.8	1076.5	France-Monaco
Italy-San Marino-Holy See	454.8	756.6	852.7	789.8	1724.5	Italie-Saint-Marin-Saint-Siège
Poland	52.2	173.7	712.9	1400.0	1744.0	Pologne
Spain	685.8	550.3	684.9	762.6	1310.0	Espagne
India	570.8	340.9	577.3	554.3	1368.2	Inde
Indonesia	286.9	867.2	947.9	550.9	439.9	Indonésie
Singapore	1483.0	694.0	199.7	256.2	439.0	Singapour
Denmark	212.0	840.6	399.6	348.2	1208.6	Danemark
China	252.9	336.4	699.2	607.1	812.1	Chine
United Kingdom	356.6	1022.7	305.4	245.4	484.0	Royaume-Uni
Canada	285.0	634.6	635.0	319.5	425.3	Canada
Korea, Republic of	243.6	192.5	374.2	426.0	504.3	République de Corée
Malaysia	626.4	206.1	116.1	281.2	467.8	Malaisie
Australia	764.7	137.5	205.5	387.0	201.0	Australie
Turkey	281.1	128.3	608.7	501.4	167.6	Turquie
Russian Federation	446.7	221.2	285.2	299.9	246.2	Fédération de Russie
Croatia	352.1	210.6	243.6	192.2	455.6	Croatie
Netherlands	306.8	249.3	250.5	259.1	351.3	Pays-Bas
Sweden	67.9	111.2	79.1	324.3	782.5	Suède
Angola	e199.8	e105.2	e	e11.3	e288.7	Angola
Bangladesh	e229.3	e249.4	241.5	e236.1	168.0	Bangladesh
Japan	209.1	201.5	222.5	267.9	118.5	Japon
Iran (Islamic Republic of)	15.2	7.7	30.1	32.1	867.5	Iran (République islamique d')
United Arab Emirates	468.1	137.7	97.4	e99.9	e117.1	Emirates arabes unis
Lithuania	17.4	50.7	33.4	344.3	422.4	Lituanie
New Zealand	519.5	91.0	61.4	57.0	125.0	Nouvelle-Zélande

(Value as percentages of World total)

(Valeur en pourcentage du total mondial)

Regions of the world	1994	1995	1996	1997	1998	1999	2000	2001	2002	2003	Régions du monde
World	100.0	100.0	100.0	100.0	100.0	100.0	100.0	100.0	100.0	100.0	Monde
Africa	3.9	3.3	1.5	4.8	2.9	4.6	2.8	6.5	3.0	4.9	Afrique
Americas	12.5	12.1	11.0	8.7	12.3	11.0	12.6	14.7	13.6	9.9	Amériques
- Northern America	7.1	6.9	7.4	6.1	9.0	7.9	10.3	9.9	8.2	7.1	- Amérique du Nord
- LAIA	3.2	3.0	2.3	1.4	2.0	1.9	1.5	1.9	3.0	1.5	- ALAI
- CACM	0.1	0.1	0.1	0.1	0.1	0.3	0.1	0.0	0.1	0.0	- MCC
- Caribbean	2.1	1.9	1.1	1.0	1.1	0.8	0.8	2.8	2.2	1.2	- Caraïbes
- Rest of America	0.0	0.2	0.1	0.2	0.1	0.1	0.0	0.1	0.0	0.1	- Autre d'Amérique
Asia excluding former USSR	52.9	51.2	51.9	41.4	35.5	31.5	23.9	25.0	24.0	23.7	Asie ancienne URSS exclus
- Middle East	4.3	5.9	4.9	5.0	6.0	5.4	2.7	4.6	4.0	5.1	- Moyen-Orient
Asia former USSR	0.0	0.0	0.0	0.0	0.1	1.0	0.2	0.1	0.6	1.1	Asie ancienne URSS
Europe excluding former USSR	27.6	26.9	30.5	35.2	43.4	42.0	57.2	50.0	52.8	56.2	Europe ancienne URSS exclus
- European Union	19.9	20.2	21.9	20.6	24.7	28.7	38.0	35.1	37.0	43.6	- Union Européenne
- Eastern Europe	0.1	0.1	0.1	0.5	0.4	0.5	1.3	4.0	6.9	6.1	- Europe de l'Est
- Rest of Europe	7.7	6.6	8.5	14.1	18.3	12.7	17.9	10.8	8.9	6.5	- Autre de l'Europe
Europe former USSR	1.9	2.4	2.1	4.7	3.9	2.6	1.6	1.8	3.3	2.5	Europe ancienne URSS
Oceania	1.1	4.1	3.0	5.2	1.8	7.4	1.7	1.9	2.7	1.7	Océanie

TRADE BY COMMODITY (Value in million US dollars)
Exports by principal countries or areas

COMMERCE PAR PRODUIT (Valeur en millions de dollars EU)
Exportations selon les principaux pays ou zones

Country or area	1999	2000	2001	2002	2003	Pays ou zone
World	40247.8	39817.8	43806.4	45741.1	52722.7	Monde
Africa	267.8	175.7	419.5	528.3	308.4	Afrique
Americas	2380.4	1813.4	3264.8	2019.2	2282.4	Amériques
- Northern America	2207.3	1582.6	2451.7	1806.8	1876.0	- Amérique du Nord
- LAIA	136.8	175.1	126.4	164.6	318.6	- ALAI
- CACM	5.6	3.2	5.2	4.6	3.0	- MCC
- Caribbean	30.2	42.5	678.6	40.0	56.9	- Caraïbes
- Rest of America	0.5	10.0	2.9	3.2	27.9	- Autre d'Amérique
Asia excluding former USSR	20995.1	22315.4	22012.5	23899.4	26717.4	Asie ancienne URSS exclus
- Middle East	260.0	266.6	504.0	442.2	657.0	- Moyen-Orient
Asia former USSR	16.2	34.7	39.4	18.7	23.8	Asie ancienne URSS
Europe excluding former USSR	14925.2	13884.6	17200.9	17871.7	21715.1	Europe ancienne URSS exclus
- European Union	10872.5	10074.4	12343.9	13115.5	15823.6	- Union Européenne
- Eastern Europe	1363.5	1339.6	2187.5	2725.5	3011.5	- Europe de l'Est
- Rest of Europe	2689.2	1870.5	2669.4	2030.6	2880.1	- Autre de l'Europe
Europe former USSR	859.6	1103.5	556.9	968.7	1047.8	Europe ancienne URSS
Oceania	803.5	490.5	312.4	435.1	627.7	Océanie
Japan	9945.9	10267.9	8450.6	9214.2	9808.1	Japon
Korea, Republic of	7490.3	8229.4	9699.2	10672.2	11103.9	République de Corée
Germany	2498.3	1555.6	3244.2	3465.0	2976.1	Allemagne
Italy-San Marino-Holy See	2063.4	2234.1	2135.0	2643.3	2707.4	Italie-Saint-Marin-Saint-Siège
France-Monaco	1038.1	2197.1	2406.2	1866.0	3068.0	France-Monaco
China	1618.5	1634.5	1927.7	1924.5	3021.9	Chine
Poland	1030.8	1031.4	1887.3	2322.3	2568.7	Pologne
Norway	1857.0	1152.3	1808.9	1333.5	1961.3	Norvège
United States	1671.9	1113.6	1899.0	1238.8	1335.1	Etats-Unis d'Amérique
Finland	1068.1	1046.8	1623.6	1417.6	1781.3	Finlande
Spain	1430.9	1079.6	692.8	1073.3	1934.7	Espagne
Netherlands	737.2	723.9	811.0	879.5	1239.3	Pays-Bas
United Kingdom	1048.3	904.4	642.9	648.0	962.4	Royaume-Uni
Croatia	690.7	617.4	713.7	604.7	739.2	Croatie
Russian Federation	724.2	987.2	387.5	442.4	349.4	Fédération de Russie
Canada	525.2	459.0	535.5	556.6	529.7	Canada
Singapore	482.0	716.7	643.2	322.8	374.6	Singapour
Denmark	653.9	351.1	265.2	580.0	500.9	Danemark
Australia	718.2	379.3	220.6	340.9	367.2	Australie
Sweden	147.9	355.5	332.3	297.2	431.4	Suède
Romania	247.6	226.6	224.4	316.9	320.5	Roumanie
Turkey	166.6	118.2	308.6	290.1	440.5	Turquie
Lithuania	32.3	55.6	55.3	386.8	516.9	Lituanie
Côte d'Ivoire	93.3	2.4	e	407.6	109.0	Côte d'Ivoire
Trinidad and Tobago	19.3	3.1	668.9	0.6	e0.7	Trinité-et-Tobago
New Zealand	55.7	84.2	85.0	81.3	240.2	Nouvelle-Zélande
Thailand	72.2	49.9	4.2	e167.4	195.5	Thaïlande
Ukraine	90.5	41.7	91.5	114.8	e147.8	Ukraine
Malaysia	173.8	42.9	53.0	119.5	86.0	Malaisie
Brunei Darussalam	e60.6	e59.9	81.2	109.6	133.5	Brunéi Darussalam

(Value as percentages of World total)

(Valeur en pourcentage du total mondial)

Regions of the world	1994	1995	1996	1997	1998	1999	2000	2001	2002	2003	Régions du monde
World	100.0	100.0	100.0	100.0	100.0	100.0	100.0	100.0	100.0	100.0	Monde
Africa	0.6	1.3	0.4	1.3	0.7	0.7	0.4	1.0	1.2	0.6	Afrique
Americas	6.6	6.1	5.9	6.2	5.9	5.9	4.6	7.5	4.4	4.3	Amériques
- Northern America	4.8	4.8	4.8	5.3	5.2	5.5	4.0	5.6	3.9	3.6	- Amérique du Nord
- LAIA	1.6	1.1	0.9	0.8	0.6	0.3	0.4	0.3	0.4	0.6	- ALAI
- CACM	0.0	0.0	0.0	0.0	0.0	0.0	0.0	0.0	0.0	0.0	- MCC
- Caribbean	0.2	0.2	0.2	0.1	0.0	0.1	0.1	1.5	0.1	0.1	- Caraïbes
- Rest of America	0.0	0.0	0.0	0.0	0.0	0.0	0.0	0.0	0.0	0.1	- Autre d'Amérique
Asia excluding former USSR	57.7	51.3	53.2	54.5	54.4	52.2	56.0	50.2	52.2	50.7	Asie ancienne URSS exclus
- Middle East	0.4	0.5	0.2	0.4	0.5	0.6	0.7	1.2	1.0	1.2	- Moyen-Orient
Asia former USSR	0.0	0.0	0.0	0.0	0.0	0.0	0.1	0.1	0.0	0.0	Asie ancienne URSS
Europe excluding former USSR	31.3	37.3	35.8	35.3	34.5	37.1	34.9	39.3	39.1	41.2	Europe ancienne URSS exclus
- European Union	23.0	28.2	27.7	28.9	25.1	27.0	26.8	28.2	28.7	30.0	- Union Européenne
- Eastern Europe	3.1	3.4	3.8	1.6	3.8	3.4	3.4	5.0	6.0	5.7	- Europe de l'Est
- Rest of Europe	5.1	5.6	4.3	4.8	5.6	6.7	4.7	6.1	4.4	5.5	- Autre de l'Europe
Europe former USSR	3.0	3.0	3.5	0.3	3.0	2.1	2.8	1.3	2.1	2.0	Europe ancienne URSS
Oceania	0.9	1.0	1.3	2.4	1.5	2.0	1.2	0.7	1.0	1.2	Océanie

812 Sanitary, plumbing, heating, lighting fixtures and fittings, nes

TRADE BY COMMODITY (Value in million US dollars)
Imports by principal countries or areas

TRADE BY COMMODITY (Value in million US dollars)
Imports by principal countries or areas

COMMERCE PAR PRODUIT (Valeur en millions de dollars EU)
Importations selon les principaux pays ou zones

Country or area	1999	2000	2001	2002	2003	Pays ou zone
World	19579.4	20225.7	19912.7	21621.8	25698.2	Monde
Africa	266.2	257.6	280.4	278.0	341.6	Afrique
Americas	5696.8	6583.0	6255.8	6981.5	7628.7	Amériques
- Northern America	5180.0	6019.1	5688.1	6452.7	7085.3	- Amérique du Nord
- LAIA	392.2	429.9	441.6	397.4	397.6	- ALAI
- CACM	45.0	43.7	45.6	53.3	58.8	- MCC
- Caribbean	61.3	72.5	64.0	62.0	70.2	- Caraïbes
- Rest of America	18.3	17.9	16.5	16.1	16.8	- Autre d'Amérique
Asia excluding former USSR	2918.8	3205.0	2957.7	3026.1	3364.6	Asie ancienne URSS exclus
- Middle East	670.5	726.8	674.4	723.8	881.0	- Moyen-Orient
Asia former USSR	48.2	51.8	51.6	56.6	75.8	Asie ancienne URSS
Europe excluding former USSR	10174.4	9625.7	9811.5	10632.4	13421.5	Europe ancienne URSS exclus
- European Union	8645.9	8179.4	8287.3	8873.3	11224.2	- Union Européenne
- Eastern Europe	740.3	715.9	769.9	927.3	1204.8	- Europe de l'Est
- Rest of Europe	788.3	730.4	754.2	831.8	992.5	- Autre de l'Europe
Europe former USSR	205.3	213.1	299.7	351.6	487.3	Europe ancienne URSS
Oceania	269.8	289.4	256.0	295.6	378.7	Océanie
United States	4418.8	5208.8	4914.7	5583.8	6125.2	Etats-Unis d'Amérique
Germany	2127.3	1811.2	1921.0	1802.7	2206.5	Allemagne
United Kingdom	1173.9	1239.1	1352.1	1588.1	2090.6	Royaume-Uni
France-Monaco	1133.9	1170.0	1070.5	1170.2	1475.7	France-Monaco
China, Hong Kong SAR	1167.3	1267.9	1084.4	1034.0	975.5	Chine - RAS de Hong-Kong
Canada	752.5	805.9	768.2	861.0	948.0	Canada
Spain	580.4	569.5	582.0	712.5	943.6	Espagne
Netherlands	696.7	586.2	599.6	606.7	760.8	Pays-Bas
Belgium	639.2	610.1	579.5	597.6	788.6	Belgique
Italy-San Marino-Holy See	550.4	550.6	557.2	621.6	777.9	Italie-Saint-Marin-Saint-Siège
Austria	554.5	492.4	477.8	507.6	616.5	Autriche
Japan	337.3	423.4	440.4	437.8	561.5	Japon
Switzerland-Liechtenstein	388.0	369.0	375.4	397.6	474.8	Suisse-Liechtenstein
Sweden	275.6	277.8	270.4	302.6	362.7	Suède
Poland	329.2	278.2	256.9	280.2	339.8	Pologne
Denmark	246.8	238.3	235.3	257.4	339.8	Danemark
United Arab Emirates	193.6	212.7	222.7	e228.5	e267.8	Emirates arabes unis
Australia	197.0	220.6	192.2	217.6	283.2	Australie
Norway	200.9	192.3	192.7	200.3	236.6	Norvège
Mexico	145.1	188.0	194.9	222.5	227.6	Mexique
Czech Republic	163.6	159.8	175.4	199.8	239.6	République tchèque
Ireland	176.4	172.9	171.1	170.6	206.5	Irlande
Portugal	166.1	161.3	166.3	178.4	e182.2	Portugal
Greece	151.2	130.3	128.3	171.1	229.5	Grèce
Singapore	181.1	175.4	154.2	151.8	147.6	Singapour
Turkey	179.7	190.2	100.9	123.4	192.7	Turquie
Hungary	130.0	132.2	134.7	168.1	213.9	Hongrie
Russian Federation	85.8	89.3	149.5	169.8	224.5	Fédération de Russie
Romania	53.0	77.5	119.2	175.3	271.7	Roumanie
China	95.6	117.6	135.5	141.7	199.6	Chine

(Value as percentages of World total)

(Valeur en pourcentage du total mondial)

Regions of the world	1994	1995	1996	1997	1998	1999	2000	2001	2002	2003	Régions du monde
World	100.0	100.0	100.0	100.0	100.0	100.0	100.0	100.0	100.0	100.0	Monde
Africa	1.8	1.6	1.4	1.6	1.6	1.4	1.3	1.4	1.3	1.3	Afrique
Americas	22.0	21.0	21.5	24.0	26.0	29.1	32.5	31.4	32.3	29.7	Amériques
- Northern America	19.2	18.4	19.0	20.9	22.9	26.5	29.8	28.6	29.8	27.6	- Amérique du Nord
- LAIA	2.1	1.9	2.0	2.4	2.4	2.0	2.1	2.2	1.8	1.5	- ALAI
- CACM	0.2	0.2	0.2	0.2	0.2	0.2	0.2	0.2	0.2	0.2	- MCC
- Caribbean	0.4	0.4	0.3	0.3	0.3	0.3	0.4	0.3	0.3	0.3	- Caraïbes
- Rest of America	0.1	0.1	0.1	0.1	0.1	0.1	0.1	0.1	0.1	0.1	- Autre d'Amérique
Asia excluding former USSR	18.4	18.9	18.8	18.0	15.5	14.9	15.8	14.9	14.0	13.1	Asie ancienne URSS exclus
- Middle East	3.9	3.7	3.4	3.6	4.0	3.4	3.6	3.4	3.3	3.4	- Moyen-Orient
Asia former USSR	0.2	0.1	0.4	0.3	0.4	0.2	0.3	0.3	0.3	0.3	Asie ancienne URSS
Europe excluding former USSR	54.6	55.1	54.6	52.5	53.4	52.0	47.6	49.3	49.2	52.2	Europe ancienne URSS exclus
- European Union	47.9	47.4	46.5	44.2	44.9	44.2	40.4	41.6	41.0	43.7	- Union Européenne
- Eastern Europe	2.6	3.0	3.6	3.9	4.2	3.8	3.5	3.9	4.3	4.7	- Europe de l'Est
- Rest of Europe	4.2	4.7	4.5	4.4	4.3	4.0	3.6	3.8	3.8	3.9	- Autre de l'Europe
Europe former USSR	1.6	1.8	1.9	2.3	1.6	1.0	1.1	1.5	1.6	1.9	Europe ancienne URSS
Oceania	1.4	1.4	1.4	1.5	1.4	1.4	1.4	1.3	1.4	1.5	Océanie

Appareils sanitaires et appareillage de plomberie, de chauffage et d'éclairage, n.d.a. 812

Country or area	1999	2000	2001	2002	2003	Pays ou zone
World	17784.6	18427.2	18183.1	19503.1	23317.8	Monde
Africa	107.3	415.5	89.9	90.9	118.3	Afrique
Americas	2282.2	2557.3	2697.3	2847.8	3086.7	Amériques
- Northern America	1341.2	1475.3	1451.9	1531.0	1577.8	- Amérique du Nord
- LAIA	903.0	1040.2	1203.6	1270.5	1456.7	- ALAI
- CACM	32.7	34.3	33.4	39.5	43.1	- MCC
- Caribbean	5.1	7.5	7.2	6.6	9.0	- Caraïbes
- Rest of America	0.2	0.1	1.3	0.3	0.1	- Autre d'Amérique
Asia excluding former USSR	4524.1	5204.8	5103.6	5662.0	6674.9	Asie ancienne URSS exclus
- Middle East	215.6	242.9	281.8	358.3	551.3	- Moyen-Orient
Asia former USSR	1.5	1.4	1.2	1.5	2.1	Asie ancienne URSS
Europe excluding former USSR	10764.0	10121.3	10141.3	10720.3	13191.9	Europe ancienne URSS exclus
- European Union	9710.3	9039.1	8934.6	9294.5	11414.0	- Union Européenne
- Eastern Europe	657.0	704.7	830.9	1033.9	1335.8	- Europe de l'Est
- Rest of Europe	396.7	377.5	375.8	391.9	442.1	- Autre de l'Europe
Europe former USSR	64.3	86.1	105.8	130.6	180.6	Europe ancienne URSS
Oceania	41.1	40.8	43.9	50.0	63.3	Océanie
China	1655.3	2165.7	2358.9	3020.3	3854.3	Chine
Italy-San Marino-Holy See	2372.5	2276.7	2194.2	2275.5	2690.9	Italie-Saint-Marin-Saint-Siège
Germany	2294.6	2113.1	2137.2	2292.7	2896.4	Allemagne
China, Hong Kong SAR	1545.5	1676.3	1469.2	1384.3	1290.8	Chine - RAS de Hong-Kong
United States	1011.6	1103.6	1086.5	1134.8	1148.2	Etats-Unis d'Amérique
Mexico	826.4	950.9	1082.9	1138.0	1292.0	Mexique
France-Monaco	1124.7	1017.4	997.4	973.2	1173.1	France-Monaco
Belgium	769.9	715.0	657.4	690.8	868.2	Belgique
Spain	541.0	509.4	581.2	586.4	668.9	Espagne
Netherlands	632.1	549.6	508.8	452.3	652.3	Pays-Bas
Austria	463.6	469.4	491.7	528.8	647.8	Autriche
United Kingdom	552.9	464.6	466.6	504.6	599.4	Royaume-Uni
Canada	329.5	371.6	365.4	396.2	429.6	Canada
Sweden	294.6	278.3	262.6	299.1	354.5	Suède
Czech Republic	197.3	219.3	264.5	303.6	402.8	République tchèque
Denmark	239.0	250.8	228.4	259.7	334.1	Danemark
Poland	167.0	184.6	214.8	293.7	368.1	Pologne
Turkey	143.4	151.1	174.7	249.9	423.4	Turquie
Switzerland-Liechtenstein	224.0	209.2	200.8	202.7	231.9	Suisse-Liechtenstein
Hungary	175.2	161.9	176.8	204.1	252.3	Hongrie
Finland	173.6	166.6	172.5	161.3	218.8	Finlande
Portugal	146.9	129.0	131.0	151.8	e176.0	Portugal
Thailand	131.1	143.8	138.3	e144.7	169.0	Thaïlande
Slovakia	60.8	68.7	95.9	131.6	178.2	Slovaquie
Japan	113.6	103.1	95.7	84.4	109.1	Japon
Egypt	43.3	357.8	26.4	23.3	36.8	Egypte
Norway	96.7	87.6	88.1	87.5	92.5	Norvège
Korea, Republic of	85.8	83.5	73.8	75.4	97.7	République de Corée
Ireland	70.1	68.5	71.5	79.9	89.3	Irlande
Singapore	79.4	75.0	70.5	66.3	63.1	Singapour

(Value as percentages of World total)   **(Valeur en pourcentage du total mondial)**

Regions of the world	1994	1995	1996	1997	1998	1999	2000	2001	2002	2003	Régions du monde
World	100.0	100.0	100.0	100.0	100.0	100.0	100.0	100.0	100.0	100.0	Monde
Africa	0.3	0.4	0.4	0.5	0.5	0.6	2.3	0.5	0.5	0.5	Afrique
Americas	10.9	10.2	10.4	12.4	13.0	12.8	13.9	14.8	14.6	13.2	Amériques
- Northern America	7.6	7.3	7.1	8.3	7.9	7.5	8.0	8.0	7.8	6.8	- Amérique du Nord
- LAIA	3.1	2.7	3.1	3.8	4.8	5.1	5.6	6.6	6.5	6.2	- ALAI
- CACM	0.1	0.1	0.2	0.2	0.2	0.2	0.2	0.2	0.2	0.2	- MCC
- Caribbean	0.0	0.0	0.0	0.0	0.0	0.0	0.0	0.0	0.0	0.0	- Caraïbes
- Rest of America	0.0	0.0	0.0	0.0	0.0	0.0	0.0	0.0	0.0	0.0	- Autre d'Amérique
Asia excluding former USSR	25.8	25.3	24.7	24.0	23.0	25.4	28.2	28.1	29.0	28.6	Asie ancienne URSS exclus
- Middle East	1.1	1.1	1.0	1.1	1.2	1.2	1.3	1.5	1.8	2.4	- Moyen-Orient
Asia former USSR	0.0	0.2	0.1	0.1	0.0	0.0	0.0	0.0	0.0	0.0	Asie ancienne URSS
Europe excluding former USSR	62.3	63.3	63.6	62.2	62.7	60.5	54.9	55.8	55.0	56.6	Europe ancienne URSS exclus
- European Union	57.1	58.0	58.3	56.6	56.6	54.6	49.1	49.1	47.7	48.9	- Union Européenne
- Eastern Europe	2.3	2.4	2.7	3.3	3.8	3.7	3.8	4.6	5.3	5.7	- Europe de l'Est
- Rest of Europe	2.9	2.9	2.6	2.3	2.3	2.2	2.0	2.1	2.0	1.9	- Autre de l'Europe
Europe former USSR	0.4	0.4	0.5	0.6	0.6	0.4	0.5	0.6	0.7	0.8	Europe ancienne URSS
Oceania	0.2	0.3	0.3	0.3	0.2	0.2	0.2	0.2	0.3	0.3	Océanie

821 Furniture and parts thereof

TRADE BY COMMODITY (Value in million US dollars)
Imports by principal countries or areas

COMMERCE PAR PRODUIT (Valeur en millions de dollars EU)
Importations selon les principaux pays ou zones

Country or area	1999	2000	2001	2002	2003	Pays ou zone
World	60798.4	65592.7	66021.0	72312.6	85330.3	Monde
Africa	567.0	632.2	661.8	756.3	819.9	Afrique
Americas	22689.8	26552.2	26115.3	29184.4	32939.1	Amériques
- Northern America	20720.7	24225.7	23704.2	27090.9	30865.4	- Amérique du Nord
- LAIA	1549.5	1864.8	1949.2	1654.8	1623.6	- ALAI
- CACM	128.2	122.5	126.9	142.4	159.7	- MCC
- Caribbean	232.4	275.1	285.8	246.3	238.1	- Caraïbes
- Rest of America	59.0	64.1	49.2	50.0	52.3	- Autre d'Amérique
Asia excluding former USSR	7082.7	8453.8	8365.4	8749.3	9755.0	Asie ancienne URSS exclus
- Middle East	1050.6	1222.1	1233.0	1313.8	1549.9	- Moyen-Orient
Asia former USSR	113.9	115.0	113.7	134.3	192.4	Asie ancienne URSS
Europe excluding former USSR	29248.4	28541.0	29481.5	31883.6	39557.0	Europe ancienne URSS exclus
- European Union	25055.1	24399.1	25259.7	27113.6	33626.6	- Union Européenne
- Eastern Europe	1200.2	1282.4	1369.6	1593.3	2171.3	- Europe de l'Est
- Rest of Europe	2993.0	2859.5	2852.1	3176.7	3759.1	- Autre de l'Europe
Europe former USSR	313.2	372.9	500.6	607.3	760.9	Europe ancienne URSS
Oceania	783.4	925.7	782.7	997.3	1306.0	Océanie
United States	17750.4	20952.4	20613.7	23887.8	27360.1	Etats-Unis d'Amérique
Germany	7192.2	6408.3	6788.9	6831.9	8532.5	Allemagne
United Kingdom	3221.8	3560.3	3832.1	4741.8	5930.7	Royaume-Uni
France-Monaco	3732.3	3841.9	3843.9	4164.2	5131.7	France-Monaco
Japan	3108.9	3858.1	3929.6	3918.2	4369.9	Japon
Canada	2930.3	3257.0	3065.7	3174.5	3466.6	Canada
Belgium	2113.9	1966.5	1994.1	2035.4	2421.4	Belgique
Netherlands	2049.0	1937.7	1919.7	1960.6	2284.4	Pays-Bas
Switzerland-Liechtenstein	1769.2	1666.0	1614.7	1709.6	2002.1	Suisse-Liechtenstein
Austria	1495.8	1496.4	1537.3	1466.0	1735.8	Autriche
China, Hong Kong SAR	1242.7	1377.7	1285.0	1315.5	1177.4	Chine - RAS de Hong-Kong
Spain	984.3	998.4	1119.2	1275.2	1868.8	Espagne
Italy-San Marino-Holy See	1054.4	1087.0	1094.1	1178.3	1433.5	Italie-Saint-Marin-Saint-Siège
Sweden	1005.7	1001.4	972.7	1140.5	1428.4	Suède
Mexico	761.1	1119.0	1234.2	1167.8	1161.7	Mexique
Norway	769.3	752.8	744.5	862.0	1010.6	Norvège
Denmark	775.7	722.1	738.7	754.4	962.5	Danemark
Australia	613.5	757.0	625.8	805.6	1047.2	Australie
Poland	392.4	395.7	423.4	452.1	640.0	Pologne
Singapore	474.0	475.2	390.8	363.3	385.0	Singapour
Czech Republic	346.1	343.6	360.8	421.2	543.0	République tchèque
Portugal	374.2	345.3	355.8	397.9	e406.5	Portugal
Korea, Republic of	186.4	269.9	293.5	470.5	593.0	République de Corée
Finland	323.7	322.5	334.3	343.5	425.7	Finlande
Saudi Arabia	267.8	337.0	323.3	364.3	416.5	Arabie saoudite
Ireland	295.1	307.2	307.8	352.6	426.7	Irlande
Hungary	250.0	272.8	270.0	354.1	439.6	Hongrie
China	127.9	197.0	271.0	334.2	578.7	Chine
Greece	264.4	242.1	251.5	308.7	425.5	Grèce
Israel	285.6	319.8	327.5	299.2	256.4	Israël

(Value as percentages of World total)

(Valeur en pourcentage du total mondial)

Regions of the world	1994	1995	1996	1997	1998	1999	2000	2001	2002	2003	Régions du monde
World	100.0	100.0	100.0	100.0	100.0	100.0	100.0	100.0	100.0	100.0	Monde
Africa	1.0	1.0	0.9	0.9	0.8	0.9	1.0	1.0	1.0	1.0	Afrique
Americas	29.2	27.5	27.9	31.6	34.5	37.3	40.5	39.6	40.4	38.6	Amériques
- Northern America	26.1	24.8	25.3	28.3	31.0	34.1	36.9	35.9	37.5	36.2	- Amérique du Nord
- LAIA	2.4	1.9	2.1	2.6	2.7	2.5	2.8	3.0	2.3	1.9	- ALAI
- CACM	0.1	0.1	0.1	0.2	0.2	0.2	0.2	0.2	0.2	0.2	- MCC
- Caribbean	0.5	0.5	0.3	0.4	0.4	0.4	0.4	0.4	0.3	0.3	- Caraïbes
- Rest of America	0.1	0.1	0.1	0.1	0.1	0.1	0.1	0.1	0.1	0.1	- Autre d'Amérique
Asia excluding former USSR	15.1	15.1	15.5	15.3	11.8	11.6	12.9	12.7	12.1	11.4	Asie ancienne URSS exclus
- Middle East	2.1	1.9	2.0	2.3	2.1	1.7	1.9	1.9	1.8	1.8	- Moyen-Orient
Asia former USSR	0.2	0.3	0.3	0.2	0.3	0.2	0.2	0.2	0.2	0.2	Asie ancienne URSS
Europe excluding former USSR	51.8	53.2	52.7	49.1	50.4	48.1	43.5	44.7	44.1	46.4	Europe ancienne URSS exclus
- European Union	44.5	45.3	45.2	42.0	42.9	41.2	37.2	38.3	37.5	39.4	- Union Européenne
- Eastern Europe	1.4	1.6	1.7	1.9	2.1	2.0	2.0	2.1	2.2	2.5	- Europe de l'Est
- Rest of Europe	5.9	6.3	5.8	5.2	5.4	4.9	4.4	4.3	4.4	4.4	- Autre de l'Europe
Europe former USSR	1.6	1.8	1.5	1.7	1.0	0.5	0.6	0.8	0.8	0.9	Europe ancienne URSS
Oceania	1.1	1.1	1.2	1.3	1.2	1.3	1.4	1.2	1.4	1.5	Océanie

TRADE BY COMMODITY (Value in million US dollars)
Exports by principal countries or areas

COMMERCE PAR PRODUIT (Valeur en millions de dollars EU)
Exportations selon les principaux pays ou zones

Country or area	1999	2000	2001	2002	2003	Pays ou zone
World	59419.2	63794.5	63469.7	67788.5	78638.3	Monde
Africa	551.8	539.5	506.0	638.6	786.9	Afrique
Americas	12979.2	15271.6	14450.9	14298.8	14870.5	Amériques
- Northern America	9896.4	10992.1	10162.1	9844.6	9933.4	- Amérique du Nord
- LAIA	2970.7	4200.7	4213.7	4372.3	4866.9	- ALAI
- CACM	81.2	42.2	40.0	48.2	50.4	- MCC
- Caribbean	29.4	33.6	30.0	30.9	17.2	- Caraïbes
- Rest of America	1.6	3.0	5.2	2.9	2.6	- Autre d'Amérique
Asia excluding former USSR	11250.8	13651.2	13127.2	15330.2	18269.5	Asie ancienne URSS exclus
- Middle East	321.0	384.7	430.4	538.0	747.5	- Moyen-Orient
Asia former USSR	3.5	3.2	1.7	1.2	2.4	Asie ancienne URSS
Europe excluding former USSR	33939.6	33564.5	34494.3	36455.6	43278.6	Europe ancienne URSS exclus
- European Union	28039.4	27291.8	27582.8	28498.0	32999.7	- Union Européenne
- Eastern Europe	3959.4	4362.6	4962.4	5888.6	7829.6	- Europe de l'Est
- Rest of Europe	1940.8	1910.0	1949.1	2069.1	2449.3	- Autre de l'Europe
Europe former USSR	527.5	629.7	747.2	897.9	1245.6	Europe ancienne URSS
Oceania	166.7	134.8	142.3	166.2	184.8	Océanie
Italy-San Marino-Holy See	8586.8	8631.2	8673.9	9001.2	9859.3	Italie-Saint-Marin-Saint-Siège
Germany	5569.5	5230.0	5669.8	5831.6	7109.4	Allemagne
China	3466.2	4593.5	5074.2	6700.5	9067.6	Chine
United States	5250.1	5765.4	5398.1	5018.7	4931.2	Etats-Unis d'Amérique
Canada	4646.2	5226.6	4763.8	4825.5	5001.7	Canada
Mexico	2302.1	3331.6	3309.6	3429.3	3768.6	Mexique
Poland	1964.3	2203.7	2505.5	2895.1	3901.9	Pologne
France-Monaco	2582.0	2542.1	2357.5	2419.8	2770.3	France-Monaco
Denmark	1992.8	1951.8	1947.5	2072.0	2471.4	Danemark
Belgium	1866.0	1725.9	1763.5	1819.2	2051.4	Belgique
Spain	1509.8	1519.8	1522.3	1519.1	1770.7	Espagne
United Kingdom	1654.0	1558.7	1494.7	1377.1	1554.3	Royaume-Uni
Malaysia	1401.6	1598.1	1388.2	1491.1	1624.3	Malaisie
Indonesia	1241.5	1528.2	1433.5	1519.6	1578.3	Indonésie
Sweden	1371.5	1355.0	1219.5	1297.6	1530.1	Suède
Austria	1153.1	1121.5	1271.9	1349.7	1680.5	Autriche
China, Hong Kong SAR	995.8	1124.2	1036.8	1144.9	998.2	Chine - RAS de Hong-Kong
Czech Republic	771.1	797.9	930.8	1104.5	1297.3	République tchèque
Netherlands	965.8	899.1	839.1	877.1	1123.3	Pays-Bas
Thailand	795.7	949.6	865.7	e893.6	1043.9	Thaïlande
Switzerland-Liechtenstein	800.3	774.2	722.1	723.8	882.2	Suisse-Liechtenstein
Slovenia	617.1	589.9	642.2	726.8	881.0	Slovénie
Hungary	558.1	568.6	620.8	682.0	828.6	Hongrie
Japan	466.8	615.7	560.3	621.7	725.9	Japon
Romania	427.9	444.7	500.6	615.0	789.2	Roumanie
Brazil	404.1	515.0	504.9	559.8	697.7	Brésil
Slovakia	186.4	288.1	340.8	498.6	875.4	Slovaquie
Portugal	346.9	347.9	413.4	493.0	e571.8	Portugal
South Africa	–	412.6	395.4	450.3	547.9	Afrique du Sud
Norway	349.3	347.2	329.6	337.7	371.9	Norvège

(Value as percentages of World total) **(Valeur en pourcentage du total mondial)**

Regions of the world	1994	1995	1996	1997	1998	1999	2000	2001	2002	2003	Régions du monde
World	100.0	100.0	100.0	100.0	100.0	100.0	100.0	100.0	100.0	100.0	Monde
Africa	0.7	1.0	1.0	1.0	1.0	0.9	0.8	0.8	0.9	1.0	Afrique
Americas	17.8	16.6	17.9	20.6	21.8	21.8	23.9	22.8	21.1	18.9	Amériques
- Northern America	14.6	13.6	14.1	16.0	17.2	16.7	17.2	16.0	14.5	12.6	- Amérique du Nord
- LAIA	3.0	2.9	3.7	4.5	4.4	5.0	6.6	6.6	6.4	6.2	- ALAI
- CACM	0.1	0.1	0.1	0.1	0.2	0.1	0.1	0.1	0.1	0.1	- MCC
- Caribbean	0.0	0.0	0.0	0.0	0.0	0.0	0.1	0.0	0.0	0.0	- Caraïbes
- Rest of America	0.0	0.0	0.0	0.0	0.0	0.0	0.0	0.0	0.0	0.0	- Autre d'Amérique
Asia excluding former USSR	19.4	17.9	17.4	18.0	16.0	18.9	21.4	20.7	22.6	23.2	Asie ancienne URSS exclus
- Middle East	0.4	0.4	0.5	0.5	0.5	0.5	0.6	0.7	0.8	1.0	- Moyen-Orient
Asia former USSR	0.0	0.0	0.0	0.0	0.0	0.0	0.0	0.0	0.0	0.0	Asie ancienne URSS
Europe excluding former USSR	61.2	63.7	62.5	59.1	60.0	57.1	52.6	54.3	53.8	55.0	Europe ancienne URSS exclus
- European Union	52.8	54.2	53.0	49.7	49.6	47.2	42.8	43.5	42.0	42.0	- Union Européenne
- Eastern Europe	4.8	5.8	6.1	6.3	7.0	6.7	6.8	7.8	8.7	10.0	- Europe de l'Est
- Rest of Europe	3.7	3.7	3.3	3.1	3.3	3.3	3.0	3.1	3.1	3.1	- Autre de l'Europe
Europe former USSR	0.5	0.6	0.9	1.0	1.0	0.9	1.0	1.2	1.3	1.6	Europe ancienne URSS
Oceania	0.3	0.3	0.3	0.3	0.2	0.3	0.2	0.2	0.2	0.2	Océanie

831 Travel goods, handbags etc, of leather, plastics, textile, others

TRADE BY COMMODITY (Value in million US dollars)
Imports by principal countries or areas

COMMERCE PAR PRODUIT (Valeur en millions de dollars EU)
Importations selon les principaux pays ou zones

Country or area	1999	2000	2001	2002	2003	Pays ou zone
World	18526.1	19659.3	19607.2	19730.9	22082.5	Monde
Africa	132.6	128.1	134.4	141.3	202.7	Afrique
Americas	5194.8	5552.2	5463.0	5624.7	6183.1	Amériques
- Northern America	4787.1	5135.7	4984.7	5186.7	5730.9	- Amérique du Nord
- LAIA	352.4	359.9	412.5	364.5	382.1	- ALAI
- CACM	20.3	19.1	26.6	34.2	33.8	- MCC
- Caribbean	24.3	27.3	29.0	27.9	26.6	- Caraïbes
- Rest of America	10.8	10.2	10.2	11.3	9.8	- Autre d'Amérique
Asia excluding former USSR	7105.3	7685.3	7514.9	7230.4	7699.3	Asie ancienne URSS exclus
- Middle East	303.6	315.5	306.1	341.9	408.1	- Moyen-Orient
Asia former USSR	4.1	3.9	3.3	6.7	8.3	Asie ancienne URSS
Europe excluding former USSR	5766.3	5916.8	6073.9	6299.8	7463.0	Europe ancienne URSS exclus
- European Union	5221.6	5330.5	5457.2	5662.7	6715.5	- Union Européenne
- Eastern Europe	133.5	145.8	155.8	182.2	222.1	- Europe de l'Est
- Rest of Europe	411.3	440.5	460.8	454.9	525.3	- Autre de l'Europe
Europe former USSR	29.5	43.2	123.5	118.4	130.2	Europe ancienne URSS
Oceania	293.5	329.7	294.2	309.6	395.9	Océanie
United States	4449.0	4777.8	4623.7	4818.8	5327.4	Etats-Unis d'Amérique
China, Hong Kong SAR	3542.0	3694.3	3437.2	3249.4	3253.5	Chine - RAS de Hong-Kong
Japan	2665.4	2996.1	3044.8	2836.2	3127.6	Japon
Germany	1119.4	1073.0	1072.7	963.4	1149.2	Allemagne
United Kingdom	934.6	1015.6	1010.2	1020.3	1213.5	Royaume-Uni
France-Monaco	893.3	943.0	971.9	1060.7	1223.3	France-Monaco
Italy-San Marino-Holy See	587.9	637.2	675.9	756.9	939.4	Italie-Saint-Marin-Saint-Siège
Belgium	379.0	360.6	424.0	455.7	537.1	Belgique
Spain	330.2	348.9	371.4	435.0	581.2	Espagne
Canada	337.7	357.0	359.6	366.5	401.3	Canada
Switzerland-Liechtenstein	279.8	309.7	335.0	315.6	363.0	Suisse-Liechtenstein
Netherlands	346.0	306.6	286.7	286.0	319.6	Pays-Bas
Australia	246.4	279.4	246.0	254.2	305.7	Australie
Korea, Republic of	96.0	146.7	182.9	250.7	300.2	République de Corée
Singapore	183.7	208.2	190.9	179.6	166.1	Singapour
Mexico	152.1	143.0	171.7	187.1	223.6	Mexique
Austria	146.4	135.2	140.2	143.2	168.0	Autriche
Sweden	118.4	126.4	105.9	110.3	118.9	Suède
United Arab Emirates	99.7	99.8	108.4	e111.2	e130.3	Emirats arabes unis
Denmark	105.6	95.6	94.1	99.6	110.2	Danemark
Saudi Arabia	90.8	92.7	77.2	90.5	103.4	Arabie saoudite
Greece	74.3	74.7	74.8	95.8	122.6	Grèce
Ireland	55.2	81.9	94.2	90.5	74.2	Irlande
Norway	81.1	77.8	67.8	72.3	83.1	Norvège
Portugal	70.4	68.8	73.8	79.1	e80.8	Portugal
Russian Federation	12.5	23.9	99.0	89.1	94.0	Fédération de Russie
Poland	45.0	53.1	54.1	63.5	69.9	Pologne
Czech Republic	41.0	44.5	47.6	53.6	67.4	République tchèque
Finland	47.6	48.1	47.4	51.1	59.8	Finlande
Brazil	40.4	47.5	49.2	48.3	44.9	Brésil

(Value as percentages of World total) / **(Valeur en pourcentage du total mondial)**

Regions of the world	1994	1995	1996	1997	1998	1999	2000	2001	2002	2003	Régions du monde
World	100.0	100.0	100.0	100.0	100.0	100.0	100.0	100.0	100.0	100.0	Monde
Africa	0.8	0.7	0.6	0.6	0.7	0.7	0.7	0.7	0.7	0.9	Afrique
Americas	25.4	24.4	23.9	26.4	28.5	28.0	28.2	27.9	28.5	28.0	Amériques
- Northern America	24.1	22.9	22.5	24.5	26.1	25.8	26.1	25.4	26.3	26.0	- Amérique du Nord
- LAIA	1.1	1.2	1.1	1.6	1.9	1.9	1.8	2.1	1.8	1.7	- ALAI
- CACM	0.1	0.1	0.1	0.1	0.2	0.1	0.1	0.1	0.2	0.2	- MCC
- Caribbean	0.2	0.2	0.1	0.2	0.2	0.1	0.1	0.1	0.1	0.1	- Caraïbes
- Rest of America	0.1	0.1	0.0	0.0	0.1	0.1	0.1	0.1	0.1	0.0	- Autre d'Amérique
Asia excluding former USSR	43.4	43.7	43.4	41.7	37.2	38.4	39.1	38.3	36.6	34.9	Asie ancienne URSS exclus
- Middle East	1.5	1.4	1.3	1.5	1.8	1.6	1.6	1.7	1.7	1.8	- Moyen-Orient
Asia former USSR	0.0	0.0	0.0	0.0	0.0	0.0	0.0	0.0	0.0	0.0	Asie ancienne URSS
Europe excluding former USSR	28.2	29.0	29.2	29.1	31.9	31.1	30.1	31.0	31.9	33.8	Europe ancienne URSS exclus
- European Union	25.1	25.7	26.2	26.2	28.6	28.2	27.1	27.8	28.7	30.4	- Union Européenne
- Eastern Europe	0.5	0.6	0.6	0.7	0.8	0.7	0.7	0.8	0.9	1.0	- Europe de l'Est
- Rest of Europe	2.7	2.7	2.4	2.3	2.5	2.2	2.2	2.4	2.3	2.4	- Autre de l'Europe
Europe former USSR	0.3	0.4	0.4	0.4	0.2	0.2	0.2	0.6	0.6	0.6	Europe ancienne URSS
Oceania	1.8	1.8	2.5	1.7	1.4	1.6	1.7	1.5	1.6	1.8	Océanie

TRADE BY COMMODITY (Value in million US dollars)
Exports by principal countries or areas

COMMERCE PAR PRODUIT (Valeur en millions de dollars EU)
Exportations selon les principaux pays ou zones

Country or area	1999	2000	2001	2002	2003	Pays ou zone
World	15283.3	16471.5	16302.8	15807.5	17782.9	Monde
Africa	51.3	53.0	57.4	61.0	64.9	Afrique
Americas	760.3	813.2	704.6	627.7	678.2	Amériques
- Northern America	439.6	483.7	473.0	445.4	510.2	- Amérique du Nord
- LAIA	270.6	293.6	198.7	152.3	154.3	- ALAI
- CACM	40.0	29.4	27.9	25.8	9.3	- MCC
- Caribbean	9.9	6.4	5.0	3.9	4.3	- Caraïbes
- Rest of America	0.2	0.1	0.2	0.2	0.1	- Autre d'Amérique
Asia excluding former USSR	10113.0	10932.0	10417.3	9868.4	10688.7	Asie ancienne URSS exclus
- Middle East	64.2	79.7	113.0	82.7	92.6	- Moyen-Orient
Asia former USSR	0.1	0.3	0.3	0.3	0.2	Asie ancienne URSS
Europe excluding former USSR	4326.7	4641.5	5087.3	5214.4	6304.9	Europe ancienne URSS exclus
- European Union	4041.3	4329.0	4724.0	4837.5	5840.6	- Union Européenne
- Eastern Europe	149.3	157.0	176.2	210.4	257.1	- Europe de l'Est
- Rest of Europe	136.2	155.5	187.1	166.5	207.2	- Autre de l'Europe
Europe former USSR	17.5	17.0	20.2	19.9	22.6	Europe ancienne URSS
Oceania	14.2	14.5	15.7	15.9	23.3	Océanie
China, Hong Kong SAR	4542.3	4731.9	4377.7	4092.4	4116.8	Chine - RAS de Hong-Kong
China	3416.7	3881.7	3919.9	4410.7	5110.7	Chine
France-Monaco	1252.9	1363.1	1557.9	1661.4	1968.7	France-Monaco
Italy-San Marino-Holy See	1282.9	1504.9	1598.0	1497.9	1821.6	Italie-Saint-Marin-Saint-Siège
Belgium	474.1	438.0	500.2	551.9	696.9	Belgique
United States	383.9	421.6	413.6	383.4	437.4	Etats-Unis d'Amérique
Germany	316.0	329.0	362.2	375.1	448.5	Allemagne
Thailand	448.7	477.2	440.6	e191.0	223.1	Thaïlande
India	306.0	349.5	322.3	337.2	438.3	Inde
United Kingdom	236.6	229.1	227.9	233.5	269.4	Royaume-Uni
Korea, Republic of	388.4	332.9	233.1	140.5	100.1	République de Corée
Spain	165.8	171.7	207.3	237.5	286.8	Espagne
Philippines	232.0	276.4	270.0	83.3	120.0	Philippines
Netherlands	201.6	171.5	156.3	158.3	200.0	Pays-Bas
Viet Nam	102.7	166.2	183.3	183.9	e173.9	Viet Nam
Mexico	217.7	228.5	140.6	106.2	102.3	Mexique
Switzerland-Liechtenstein	112.0	133.0	158.9	135.4	172.8	Suisse-Liechtenstein
Indonesia	139.5	163.9	187.1	116.6	88.0	Indonésie
Sri Lanka	123.1	e125.5	108.0	55.4	e60.1	Sri Lanka
Canada	55.7	62.1	59.3	62.0	72.8	Canada
Romania	23.6	28.2	44.8	60.0	76.2	Roumanie
Czech Republic	39.9	37.4	40.2	47.5	57.2	République tchèque
Hungary	40.1	39.3	36.8	41.3	45.8	Hongrie
Colombia	39.0	49.6	43.5	30.0	31.7	Colombie
Turkey	30.6	33.7	39.5	42.6	45.8	Turquie
Singapore	38.6	41.7	38.2	32.6	31.4	Singapour
Japan	34.5	39.2	34.2	34.7	39.8	Japon
Denmark	27.5	32.3	27.2	27.1	33.6	Danemark
Sweden	24.9	27.4	21.4	29.5	41.9	Suède
United Arab Emirates	21.3	23.7	24.1	e25.1	e29.8	Emirates arabes unis

(Value as percentages of World total)   **(Valeur en pourcentage du total mondial)**

Regions of the world	1994	1995	1996	1997	1998	1999	2000	2001	2002	2003	Régions du monde
World	100.0	100.0	100.0	100.0	100.0	100.0	100.0	100.0	100.0	100.0	Monde
Africa	0.4	0.5	0.4	0.3	0.4	0.3	0.3	0.4	0.4	0.4	Afrique
Americas	4.0	3.6	3.9	4.6	5.0	5.0	4.9	4.3	4.0	3.8	Amériques
- Northern America	2.3	2.1	2.5	2.7	2.6	2.9	2.9	2.9	2.8	2.9	- Amérique du Nord
- LAIA	1.5	1.2	1.4	1.7	1.9	1.8	1.8	1.2	1.0	0.9	- ALAI
- CACM	0.1	0.0	0.0	0.2	0.3	0.3	0.2	0.2	0.2	0.1	- MCC
- Caribbean	0.2	0.2	0.0	0.0	0.2	0.1	0.0	0.0	0.0	0.0	- Caraïbes
- Rest of America	0.0	0.0	0.0	0.0	0.0	0.0	0.0	0.0	0.0	0.0	- Autre d'Amérique
Asia excluding former USSR	67.6	66.4	64.4	67.1	66.5	66.2	66.4	63.9	62.4	60.1	Asie ancienne URSS exclus
- Middle East	0.4	0.4	0.4	0.4	0.5	0.4	0.5	0.7	0.5	0.5	- Moyen-Orient
Asia former USSR	0.0	0.0	0.0	0.0	0.0	0.0	0.0	0.0	0.0	0.0	Asie ancienne URSS
Europe excluding former USSR	27.8	29.4	31.1	27.8	27.9	28.3	28.2	31.2	33.0	35.5	Europe ancienne URSS exclus
- European Union	25.7	27.5	29.2	26.2	25.9	26.4	26.3	29.0	30.6	32.8	- Union Européenne
- Eastern Europe	0.8	0.8	1.0	0.9	1.0	1.0	1.0	1.1	1.3	1.4	- Europe de l'Est
- Rest of Europe	1.2	1.1	0.9	0.8	1.0	0.9	0.9	1.1	1.1	1.2	- Autre de l'Europe
Europe former USSR	0.1	0.1	0.1	0.1	0.2	0.1	0.1	0.1	0.1	0.1	Europe ancienne URSS
Oceania	0.1	0.1	0.1	0.1	0.1	0.1	0.1	0.1	0.1	0.1	Océanie

842 Men's and boys' outerwear, textile fabrics not knitted or crocheted

Country or area	1999	2000	2001	2002	2003	Pays ou zone
World	32683.8	34255.5	33536.8	32721.9	36445.6	Monde
Africa	268.9	261.7	246.7	285.3	328.4	Afrique
Americas	10891.4	12402.9	11489.6	10883.6	11563.0	Amériques
- Northern America	9806.0	11224.6	10466.2	10012.0	10816.6	- Amérique du Nord
- LAIA	768.7	759.2	742.0	634.4	558.5	- ALAI
- CACM	55.8	91.4	90.6	71.4	57.6	- MCC
- Caribbean	224.2	295.7	170.7	145.2	112.7	- Caraïbes
- Rest of America	36.6	32.1	20.0	20.6	17.6	- Autre d'Amérique
Asia excluding former USSR	5793.6	6684.4	6420.6	5880.3	6228.4	Asie ancienne URSS exclus
- Middle East	586.8	575.2	605.5	647.0	776.2	- Moyen-Orient
Asia former USSR	20.3	20.1	22.6	23.9	31.5	Asie ancienne URSS
Europe excluding former USSR	15285.2	14436.6	14919.3	15133.8	17719.4	Europe ancienne URSS exclus
- European Union	13908.6	13163.1	13642.9	13676.2	16032.8	- Union Européenne
- Eastern Europe	306.8	270.7	286.2	380.8	466.7	- Europe de l'Est
- Rest of Europe	1069.7	1002.9	990.2	1076.9	1219.8	- Autre de l'Europe
Europe former USSR	90.1	97.3	127.5	186.9	187.0	Europe ancienne URSS
Oceania	334.4	352.5	310.6	328.1	388.0	Océanie
United States	9273.7	10628.9	9870.5	9457.3	10174.7	Etats-Unis d'Amérique
Germany	3707.6	3240.3	3422.0	3184.8	3684.5	Allemagne
Japan	2833.5	3336.8	3250.9	2873.3	3043.7	Japon
United Kingdom	1921.7	1997.3	1964.7	2018.9	2427.6	Royaume-Uni
France-Monaco	1985.8	1946.5	2006.5	1974.1	2311.0	France-Monaco
Italy-San Marino-Holy See	1494.6	1488.8	1631.6	1714.0	1979.9	Italie-Saint-Marin-Saint-Siège
China, Hong Kong SAR	1695.3	1803.0	1595.3	1335.6	1286.0	Chine - RAS de Hong-Kong
Belgium	1036.8	998.9	1081.4	1085.2	1274.0	Belgique
Netherlands	1115.7	1001.1	976.9	913.6	1044.8	Pays-Bas
Spain	699.9	704.1	773.4	933.0	1087.5	Espagne
Switzerland-Liechtenstein	603.3	563.4	594.7	656.0	738.7	Suisse-Liechtenstein
Canada	529.7	592.7	592.2	550.9	634.8	Canada
Mexico	508.9	453.2	425.0	423.8	362.2	Mexique
Sweden	456.2	427.0	400.4	388.5	470.4	Suède
Korea, Republic of	202.4	389.6	445.0	489.7	536.8	République de Corée
Austria	419.2	371.2	374.6	391.6	471.9	Autriche
Denmark	379.3	328.6	343.8	363.1	455.5	Danemark
Australia	266.3	283.6	243.3	259.4	308.3	Australie
Norway	256.6	231.0	216.4	225.2	255.3	Norvège
Saudi Arabia	206.8	205.4	208.2	217.7	248.9	Arabie saoudite
United Arab Emirates	179.3	185.4	193.4	e198.4	e232.5	Emirates arabes unis
Ireland	174.7	185.4	184.6	187.3	210.2	Irlande
Greece	179.8	164.8	158.0	160.1	211.4	Grèce
Finland	163.0	145.5	155.5	164.7	199.1	Finlande
Dominican Republic	e191.6	e260.0	e142.0	e120.7	e87.2	République dominicaine
Singapore	185.5	184.3	144.3	133.1	150.5	Singapour
Portugal	142.2	132.6	138.7	164.5	e168.1	Portugal
China	78.9	93.3	92.4	110.8	139.6	Chine
Poland	111.2	81.2	68.1	111.7	133.4	Pologne
Czech Republic	69.6	73.6	87.0	101.9	114.7	République tchèque

(Value as percentages of World total)　　　　　　　　　　　　　　　　　　　　　**(Valeur en pourcentage du total mondial)**

Regions of the world	1994	1995	1996	1997	1998	1999	2000	2001	2002	2003	Régions du monde
World	100.0	100.0	100.0	100.0	100.0	100.0	100.0	100.0	100.0	100.0	Monde
Africa	0.9	1.0	0.9	0.9	0.8	0.8	0.8	0.7	0.9	0.9	Afrique
Americas	27.5	27.4	27.1	31.2	34.1	33.3	36.2	34.3	33.3	31.7	Amériques
- Northern America	24.3	23.9	23.5	26.9	29.3	30.0	32.8	31.2	30.6	29.7	- Amérique du Nord
- LAIA	2.3	2.4	2.3	2.6	2.9	2.4	2.2	2.2	1.9	1.5	- ALAI
- CACM	0.1	0.1	0.1	0.2	0.4	0.2	0.3	0.3	0.2	0.2	- MCC
- Caribbean	0.7	0.9	1.2	1.4	1.3	0.7	0.9	0.5	0.4	0.3	- Caraïbes
- Rest of America	0.1	0.1	0.1	0.1	0.1	0.1	0.1	0.1	0.1	0.0	- Autre d'Amérique
Asia excluding former USSR	21.0	21.9	22.8	20.7	16.7	17.7	19.5	19.1	18.0	17.1	Asie ancienne URSS exclus
- Middle East	2.0	2.2	1.8	1.9	1.9	1.8	1.7	1.8	2.0	2.1	- Moyen-Orient
Asia former USSR	0.1	0.1	0.1	0.1	0.1	0.1	0.1	0.1	0.1	0.1	Asie ancienne URSS
Europe excluding former USSR	49.2	48.3	47.8	45.8	47.0	46.8	42.1	44.5	46.2	48.6	Europe ancienne URSS exclus
- European Union	44.8	43.9	43.3	41.7	42.7	42.6	38.4	40.7	41.8	44.0	- Union Européenne
- Eastern Europe	0.5	0.6	0.8	0.9	1.0	0.9	0.8	0.9	1.2	1.3	- Europe de l'Est
- Rest of Europe	3.9	3.8	3.7	3.3	3.4	3.3	2.9	3.0	3.3	3.3	- Autre de l'Europe
Europe former USSR	0.4	0.5	0.4	0.4	0.4	0.3	0.3	0.4	0.6	0.5	Europe ancienne URSS
Oceania	0.8	0.8	0.9	0.9	0.9	1.0	1.0	0.9	1.0	1.1	Océanie

Vêtements de dessus pour hommes et garçonnets, en matières textiles, n.d.a. 842

TRADE BY COMMODITY (Value in million US dollars)
Exports by principal countries or areas

COMMERCE PAR PRODUIT (Valeur en millions de dollars EU)
Exportations selon les principaux pays ou zones

Country or area	1999	2000	2001	2002	2003	Pays ou zone
World	33448.2	35211.3	34229.2	33327.6	37224.7	Monde
Africa	1987.6	2068.0	2136.5	2061.5	2069.5	Afrique
Americas	3854.8	4245.0	3611.3	3526.4	3649.9	Amériques
- Northern America	1566.4	1561.5	1199.9	1111.8	1074.6	- Amérique du Nord
- LAIA	2031.1	2404.4	2174.3	2169.9	2310.9	- ALAI
- CACM	82.9	81.4	65.4	74.4	69.5	- MCC
- Caribbean	153.6	176.6	168.7	167.4	191.3	- Caraïbes
- Rest of America	20.7	21.1	3.1	2.8	3.5	- Autre d'Amérique
Asia excluding former USSR	15494.8	17869.9	16934.3	15788.8	17296.0	Asie ancienne URSS exclus
- Middle East	942.5	1005.9	1168.6	1356.1	1454.4	- Moyen-Orient
Asia former USSR	20.1	28.3	24.8	28.8	43.9	Asie ancienne URSS
Europe excluding former USSR	11281.1	10216.4	10707.7	11097.6	13223.2	Europe ancienne URSS exclus
- European Union	8383.8	7476.8	7842.5	8053.1	9686.4	- Union Européenne
- Eastern Europe	2072.1	1984.6	2080.4	2187.4	2553.6	- Europe de l'Est
- Rest of Europe	825.3	755.0	784.8	857.1	983.2	- Autre de l'Europe
Europe former USSR	436.0	422.5	462.9	480.6	576.9	Europe ancienne URSS
Oceania	373.7	361.2	351.6	343.9	365.4	Océanie
China	5669.2	6797.1	6735.4	6727.7	8118.3	Chine
Italy-San Marino-Holy See	2344.2	2281.7	2421.3	2467.6	2850.9	Italie-Saint-Marin-Saint-Siège
China, Hong Kong SAR	2760.8	2986.9	2506.9	2002.3	1992.9	Chine - RAS de Hong-Kong
Mexico	1806.1	2149.2	1928.6	1973.2	2029.0	Mexique
Germany	1492.6	1262.3	1387.9	1484.5	1753.7	Allemagne
Belgium	1110.1	950.5	1037.3	1060.6	1331.4	Belgique
Tunisia	1021.9	945.6	1142.8	1106.7	1035.2	Tunisie
Bangladesh	e854.8	e1044.1	1239.3	e995.8	578.2	Bangladesh
United States	1163.9	1163.3	846.9	738.4	668.6	Etats-Unis d'Amérique
Viet Nam	821.4	813.8	749.6	955.6	e903.9	Viet Nam
Indonesia	761.6	1003.0	917.5	716.8	758.9	Indonésie
Romania	635.4	660.3	722.3	805.6	995.3	Roumanie
Turkey	643.0	665.3	671.8	789.9	978.3	Turquie
Netherlands	658.5	528.5	569.7	570.0	694.9	Pays-Bas
Morocco	673.0	588.6	587.7	544.0	594.1	Maroc
Portugal	678.2	569.6	527.0	481.0	e557.8	Portugal
Poland	582.0	504.3	486.5	471.4	543.7	Pologne
France-Monaco	479.0	467.0	458.5	504.3	664.4	France-Monaco
United Kingdom	559.7	477.5	469.0	417.8	540.6	Royaume-Uni
Thailand	482.3	521.0	498.8	e352.9	412.3	Thaïlande
Korea, Republic of	532.0	499.0	352.8	332.5	311.6	République de Corée
Pakistan	352.7	416.2	381.2	384.2	477.7	Pakistan
Sri Lanka	336.1	e456.3	392.3	373.9	e405.7	Sri Lanka
India	287.2	442.6	404.5	376.9	432.9	Inde
Canada	402.6	398.2	353.0	373.4	405.9	Canada
Spain	369.3	321.5	343.4	407.8	459.8	Espagne
Philippines	337.7	368.6	332.4	186.4	298.6	Philippines
Switzerland-Liechtenstein	243.3	232.5	272.0	345.7	419.4	Suisse-Liechtenstein
Denmark	262.8	235.4	258.0	267.3	347.1	Danemark
Northern Mariana Islands	260.0	270.0	270.0	270.0	270.0	Iles Mariannes septentrionales

(Value as percentages of World total)   **(Valeur en pourcentage du total mondial)**

Regions of the world	1994	1995	1996	1997	1998	1999	2000	2001	2002	2003	Régions du monde
World	100.0	100.0	100.0	100.0	100.0	100.0	100.0	100.0	100.0	100.0	Monde
Africa	4.8	5.5	5.3	4.6	6.2	5.9	5.9	6.2	6.2	5.6	Afrique
Americas	8.1	9.0	9.1	10.5	12.7	11.5	12.1	10.6	10.6	9.8	Amériques
- Northern America	5.1	5.2	5.5	5.5	5.2	4.7	4.4	3.5	3.3	2.9	- Amérique du Nord
- LAIA	2.2	2.8	3.5	4.5	5.2	6.1	6.8	6.4	6.5	6.2	- ALAI
- CACM	0.1	0.1	0.1	0.3	0.3	0.2	0.2	0.2	0.2	0.2	- MCC
- Caribbean	0.7	0.8	0.1	0.1	2.0	0.5	0.5	0.5	0.5	0.5	- Caraïbes
- Rest of America	0.1	0.1	0.1	0.1	0.1	0.1	0.1	0.0	0.0	0.0	- Autre d'Amérique
Asia excluding former USSR	52.9	48.2	47.2	47.7	45.4	46.3	50.8	49.5	47.4	46.5	Asie ancienne URSS exclus
- Middle East	2.1	2.5	2.2	2.2	2.6	2.8	2.9	3.4	4.1	3.9	- Moyen-Orient
Asia former USSR	0.1	0.1	0.1	0.1	0.1	0.1	0.1	0.1	0.1	0.1	Asie ancienne URSS
Europe excluding former USSR	33.1	36.2	36.2	35.1	33.3	33.7	29.0	31.3	33.3	35.5	Europe ancienne URSS exclus
- European Union	26.0	28.5	28.1	27.4	25.0	25.1	21.2	22.9	24.2	26.0	- Union Européenne
- Eastern Europe	4.5	4.9	5.4	5.5	5.9	6.2	5.6	6.1	6.6	6.9	- Europe de l'Est
- Rest of Europe	2.6	2.8	2.6	2.3	2.5	2.5	2.1	2.3	2.6	2.6	- Autre de l'Europe
Europe former USSR	0.7	0.9	1.1	1.2	1.3	1.3	1.2	1.4	1.4	1.5	Europe ancienne URSS
Oceania	0.3	0.3	1.0	0.9	1.0	1.1	1.0	1.0	1.0	1.0	Océanie

843 Womens, girls, infants outerwear, textile, not knitted or crocheted

TRADE BY COMMODITY (Value in million US dollars)
Imports by principal countries or areas

COMMERCE PAR PRODUIT (Valeur en millions de dollars EU)
Importations selon les principaux pays ou zones

Country or area	1999	2000	2001	2002	2003	Pays ou zone
World	47487.0	50764.4	52074.6	54715.9	62097.5	Monde
Africa	261.9	267.9	285.6	329.0	443.8	Afrique
Americas	16424.8	18962.1	18796.5	18641.1	20370.9	Amériques
- Northern America	15212.9	17749.2	17685.8	17619.9	19362.3	- Amérique du Nord
- LAIA	969.4	951.5	886.3	814.9	813.1	- ALAI
- CACM	48.6	61.0	77.6	91.5	85.1	- MCC
- Caribbean	148.8	162.9	113.3	75.0	76.2	- Caraïbes
- Rest of America	45.0	37.6	33.5	39.9	34.1	- Autre d'Amérique
Asia excluding former USSR	9173.8	10717.5	11044.7	11236.1	12280.2	Asie ancienne URSS exclus
- Middle East	841.0	899.1	934.8	1035.7	1261.9	- Moyen-Orient
Asia former USSR	23.4	15.4	13.1	19.8	28.3	Asie ancienne URSS
Europe excluding former USSR	21075.2	20226.4	21330.0	23687.5	28081.4	Europe ancienne URSS exclus
- European Union	19136.9	18377.2	19396.6	21468.4	25537.1	- Union Européenne
- Eastern Europe	335.8	342.5	405.2	545.8	616.8	- Europe de l'Est
- Rest of Europe	1602.5	1506.7	1528.2	1673.2	1927.5	- Autre de l'Europe
Europe former USSR	76.0	78.1	132.0	246.4	204.0	Europe ancienne URSS
Oceania	451.9	497.1	472.8	555.9	688.8	Océanie
United States	14480.0	16915.4	16752.0	16641.5	18240.5	Etats-Unis d'Amérique
Germany	6003.0	5327.1	5454.1	5444.9	6100.5	Allemagne
Japan	4038.3	4892.0	4980.6	4780.0	5371.0	Japon
United Kingdom	3103.9	3328.7	3550.2	4150.6	4882.1	Royaume-Uni
China, Hong Kong SAR	3234.8	3549.5	3690.0	3715.3	3696.3	Chine - RAS de Hong-Kong
France-Monaco	2743.2	2759.0	2938.9	3339.2	3955.6	France-Monaco
Italy-San Marino-Holy See	1148.6	1190.6	1336.7	1658.5	2151.6	Italie-Saint-Marin-Saint-Siège
Belgium	1254.8	1181.7	1295.8	1440.9	1677.4	Belgique
Netherlands	1303.2	1158.1	1171.0	1246.6	1536.6	Pays-Bas
Spain	705.2	733.7	889.3	1147.9	1606.2	Espagne
Switzerland-Liechtenstein	966.2	884.4	910.3	988.3	1156.9	Suisse-Liechtenstein
Canada	729.8	829.9	926.9	968.8	1101.2	Canada
Austria	744.2	647.6	675.3	730.8	862.4	Autriche
Denmark	594.2	582.9	608.5	650.4	747.8	Danemark
Mexico	646.0	596.4	546.9	570.1	564.0	Mexique
Sweden	497.4	473.9	450.4	488.0	591.1	Suède
Australia	328.1	380.2	362.9	432.3	534.4	Australie
Korea, Republic of	143.3	248.3	294.7	517.4	651.4	République de Corée
Norway	348.0	338.2	333.4	383.2	418.5	Norvège
Singapore	290.1	363.3	304.9	312.2	353.6	Singapour
Saudi Arabia	274.0	312.2	311.7	337.5	385.9	Arabie saoudite
Ireland	277.4	297.7	309.3	347.1	377.0	Irlande
Portugal	234.1	224.7	240.1	292.4	e298.7	Portugal
Finland	232.1	213.1	215.8	238.5	293.9	Finlande
China	161.8	193.7	220.0	266.1	294.6	Chine
Greece	206.9	172.6	171.9	195.7	340.6	Grèce
Kuwait	170.5	166.2	191.8	e218.2	e263.2	Koweït
United Arab Emirates	183.8	197.4	168.9	e173.3	e203.1	Emirats arabes unis
Israel	113.8	143.0	171.6	173.6	178.3	Israël
Poland	90.9	94.7	109.7	185.4	181.9	Pologne

(Value as percentages of World total)   **(Valeur en pourcentage du total mondial)**

Regions of the world	1994	1995	1996	1997	1998	1999	2000	2001	2002	2003	Régions du monde
World	100.0	100.0	100.0	100.0	100.0	100.0	100.0	100.0	100.0	100.0	Monde
Africa	0.5	0.5	0.5	0.5	0.5	0.6	0.5	0.5	0.6	0.7	Afrique
Americas	31.7	29.5	29.8	32.8	35.1	34.6	37.4	36.1	34.1	32.8	Amériques
- Northern America	29.6	27.4	27.3	30.1	31.7	32.0	35.0	34.0	32.2	31.2	- Amérique du Nord
- LAIA	1.7	1.6	1.9	2.1	2.4	2.0	1.9	1.7	1.5	1.3	- ALAI
- CACM	0.1	0.1	0.1	0.1	0.4	0.1	0.1	0.1	0.2	0.1	- MCC
- Caribbean	0.3	0.4	0.4	0.5	0.5	0.3	0.3	0.2	0.1	0.1	- Caraïbes
- Rest of America	0.1	0.1	0.1	0.1	0.1	0.1	0.1	0.1	0.1	0.1	- Autre d'Amérique
Asia excluding former USSR	21.2	22.2	22.7	21.1	17.9	19.3	21.1	21.2	20.5	19.8	Asie ancienne URSS exclus
- Middle East	1.9	2.0	1.7	1.9	2.0	1.8	1.8	1.8	1.9	2.0	- Moyen-Orient
Asia former USSR	0.1	0.0	0.0	0.0	0.0	0.0	0.0	0.0	0.0	0.0	Asie ancienne URSS
Europe excluding former USSR	45.6	46.6	45.9	44.5	45.4	44.4	39.8	41.0	43.3	45.2	Europe ancienne URSS exclus
- European Union	40.9	41.8	41.3	40.2	41.1	40.3	36.2	37.2	39.2	41.1	- Union Européenne
- Eastern Europe	0.5	0.5	0.6	0.6	0.7	0.7	0.7	0.8	1.0	1.0	- Europe de l'Est
- Rest of Europe	4.1	4.3	4.0	3.7	3.6	3.4	3.0	2.9	3.1	3.1	- Autre de l'Europe
Europe former USSR	0.3	0.3	0.3	0.3	0.2	0.2	0.2	0.3	0.5	0.3	Europe ancienne URSS
Oceania	0.6	0.7	0.9	0.8	0.8	1.0	1.0	0.9	1.0	1.1	Océanie

Vêtements de dessus pour femmes, fillettes et jeunes enfants, en matières textiles, n.d.a. 843

TRADE BY COMMODITY (Value in million US dollars)
Exports by principal countries or areas

COMMERCE PAR PRODUIT (Valeur en millions de dollars EU)
Exportations selon les principaux pays ou zones

Country or area	1999	2000	2001	2002	2003	Pays ou zone
World	45055.5	48317.8	48563.7	51737.3	58093.8	Monde
Africa	1660.5	1712.9	1764.3	1861.8	2147.9	Afrique
Americas	3743.1	4187.7	3642.5	3507.5	3177.5	Amériques
- Northern America	1360.9	1412.0	1155.5	1071.7	980.1	- Amérique du Nord
- LAIA	2229.3	2618.3	2354.7	2282.1	2046.3	- ALAI
- CACM	64.4	51.5	37.6	76.4	75.8	- MCC
- Caribbean	79.9	94.4	85.2	68.4	69.0	- Caraïbes
- Rest of America	8.5	11.4	9.5	9.0	6.4	- Autre d'Amérique
Asia excluding former USSR	22504.1	26210.6	25914.2	27588.5	30957.3	Asie ancienne URSS exclus
- Middle East	1873.7	2030.6	2245.4	2697.0	2968.8	- Moyen-Orient
Asia former USSR	10.5	11.3	10.9	17.7	38.6	Asie ancienne URSS
Europe excluding former USSR	15954.5	15016.0	15970.7	17531.0	20379.0	Europe ancienne URSS exclus
- European Union	12772.8	11939.7	12534.5	13922.9	16097.9	- Union Européenne
- Eastern Europe	2584.5	2537.1	2880.8	3058.0	3556.9	- Europe de l'Est
- Rest of Europe	597.2	539.2	555.4	550.1	724.2	- Autre de l'Europe
Europe former USSR	752.4	771.2	862.8	864.2	1000.2	Europe ancienne URSS
Oceania	430.5	408.1	398.2	366.4	393.3	Océanie
China	6646.7	8243.8	8558.7	10107.6	12441.4	Chine
China, Hong Kong SAR	5605.0	6015.6	5965.6	6013.1	6226.4	Chine - RAS de Hong-Kong
Italy-San Marino-Holy See	3399.8	3445.4	3793.2	4059.9	4510.5	Italie-Saint-Marin-Saint-Siège
Germany	2802.8	2329.0	2505.9	2699.2	3118.6	Allemagne
Mexico	2083.5	2422.1	2117.0	2036.9	1755.8	Mexique
France-Monaco	1986.0	1901.6	1865.0	2073.5	2276.9	France-Monaco
India	1832.6	2136.8	1812.0	1950.4	1944.0	Inde
Turkey	1412.8	1505.0	1638.7	2023.8	2304.3	Turquie
Indonesia	1056.1	1329.3	1239.7	1155.7	1220.5	Indonésie
Romania	761.4	879.7	1086.5	1272.3	1585.1	Roumanie
Belgium	852.2	909.9	1051.0	1308.3	1371.7	Belgique
United Kingdom	965.8	852.1	796.0	790.9	1051.5	Royaume-Uni
Morocco	820.2	813.6	813.1	876.6	1048.6	Maroc
Poland	962.7	823.3	841.1	785.1	811.3	Pologne
Spain	592.4	610.4	699.2	927.0	1205.5	Espagne
Philippines	782.3	940.6	887.6	571.3	847.5	Philippines
United States	993.8	983.4	759.5	673.3	596.6	Etats-Unis d'Amérique
Sri Lanka	797.2	e878.7	755.6	731.5	e793.8	Sri Lanka
Korea, Republic of	876.4	880.4	710.1	661.3	616.4	République de Corée
Tunisia	647.3	587.3	696.9	711.8	788.4	Tunisie
Bangladesh	e574.1	e701.3	832.4	e668.9	448.3	Bangladesh
Thailand	613.4	669.7	635.6	e572.0	668.1	Thaïlande
Netherlands	633.7	517.7	489.2	589.3	798.6	Pays-Bas
Denmark	495.8	486.8	516.2	593.9	697.4	Danemark
Viet Nam	230.3	404.2	343.6	536.4	e507.4	Viet Nam
Canada	367.1	428.6	396.0	398.4	383.5	Canada
Hungary	402.1	362.7	385.9	369.4	404.2	Hongrie
China, Macao SAR	305.2	368.4	362.1	387.0	457.1	Chine - RAS de Macao
Portugal	336.7	293.2	278.4	304.1	e352.7	Portugal
Bulgaria	180.5	214.9	298.8	343.5	452.3	Bulgarie

(Value as percentages of World total) **(Valeur en pourcentage du total mondial)**

Regions of the world	1994	1995	1996	1997	1998	1999	2000	2001	2002	2003	Régions du monde
World	100.0	100.0	100.0	100.0	100.0	100.0	100.0	100.0	100.0	100.0	Monde
Africa	1.8	2.1	2.0	1.9	3.7	3.7	3.5	3.6	3.6	3.7	Afrique
Americas	5.2	5.7	6.2	7.6	8.9	8.3	8.7	7.5	6.8	5.5	Amériques
- Northern America	2.7	2.8	2.9	3.3	3.4	3.0	2.9	2.4	2.1	1.7	- Amérique du Nord
- LAIA	2.1	2.5	3.1	4.0	4.4	4.9	5.4	4.8	4.4	3.5	- ALAI
- CACM	0.1	0.1	0.0	0.2	0.2	0.1	0.1	0.1	0.1	0.1	- MCC
- Caribbean	0.3	0.3	0.1	0.1	0.9	0.2	0.2	0.2	0.1	0.1	- Caraïbes
- Rest of America	0.0	0.0	0.0	0.0	0.0	0.0	0.0	0.0	0.0	0.0	- Autre d'Amérique
Asia excluding former USSR	55.1	52.2	50.4	50.4	48.0	49.9	54.2	53.4	53.3	53.3	Asie ancienne URSS exclus
- Middle East	3.2	4.0	3.7	3.7	4.0	4.2	4.2	4.6	5.2	5.1	- Moyen-Orient
Asia former USSR	0.0	0.0	0.0	0.0	0.0	0.0	0.0	0.0	0.0	0.1	Asie ancienne URSS
Europe excluding former USSR	36.6	38.6	39.2	37.8	36.7	35.4	31.1	32.9	33.9	35.1	Europe ancienne URSS exclus
- European Union	30.3	31.5	32.0	30.8	29.1	28.3	24.7	25.8	26.9	27.7	- Union Européenne
- Eastern Europe	4.7	5.4	5.8	5.6	6.0	5.7	5.3	5.9	5.9	6.1	- Europe de l'Est
- Rest of Europe	1.7	1.7	1.5	1.4	1.7	1.3	1.1	1.1	1.1	1.2	- Autre de l'Europe
Europe former USSR	0.9	1.2	1.4	1.5	1.7	1.7	1.6	1.8	1.7	1.7	Europe ancienne URSS
Oceania	0.2	0.2	0.7	0.7	0.9	1.0	0.8	0.8	0.7	0.7	Océanie

844 Under garments of textile fabrics, not knitted or crocheted

Country or area	1999	2000	2001	2002	2003	Pays ou zone
World	14006.2	14155.2	13532.5	13360.9	14480.3	Monde
Africa	245.9	233.1	237.5	280.6	307.9	Afrique
Americas	5217.1	5536.4	5099.8	4690.1	4770.7	Amériques
- Northern America	4388.7	4814.0	4487.5	4162.9	4312.4	- Amérique du Nord
- LAIA	582.6	486.9	458.1	381.0	340.0	- ALAI
- CACM	34.6	31.0	31.6	39.5	36.1	- MCC
- Caribbean	196.7	191.9	111.4	93.2	69.5	- Caraïbes
- Rest of America	14.6	12.6	11.2	13.6	12.6	- Autre d'Amérique
Asia excluding former USSR	3624.1	3731.7	3548.7	3391.0	3487.3	Asie ancienne URSS exclus
- Middle East	324.9	281.1	301.8	325.9	395.8	- Moyen-Orient
Asia former USSR	8.1	4.3	4.5	11.3	13.7	Asie ancienne URSS
Europe excluding former USSR	4649.6	4390.0	4410.4	4705.5	5620.1	Europe ancienne URSS exclus
- European Union	4178.1	3928.7	3883.6	4103.8	4907.1	- Union Européenne
- Eastern Europe	224.1	220.6	266.7	326.0	392.1	- Europe de l'Est
- Rest of Europe	247.4	240.6	260.1	275.7	320.9	- Autre de l'Europe
Europe former USSR	86.3	73.0	77.9	101.4	65.3	Europe ancienne URSS
Oceania	175.1	186.9	153.7	181.0	215.2	Océanie
United States	4164.9	4578.7	4255.1	3939.6	4064.7	Etats-Unis d'Amérique
Japan	1111.2	1222.0	1166.7	1029.8	1064.4	Japon
China, Hong Kong SAR	1209.4	1138.2	1039.9	1038.0	1113.3	Chine - RAS de Hong-Kong
Germany	1069.7	947.1	921.0	857.0	1014.0	Allemagne
United Kingdom	815.9	842.7	806.4	888.6	987.1	Royaume-Uni
France-Monaco	617.3	575.3	574.8	590.5	707.6	France-Monaco
Italy-San Marino-Holy See	366.2	346.6	378.9	477.5	580.8	Italie-Saint-Marin-Saint-Siège
China	474.3	453.1	410.9	368.1	325.8	Chine
Mexico	422.5	342.2	316.0	283.0	249.3	Mexique
Spain	242.1	245.6	262.0	310.8	391.6	Espagne
Netherlands	263.9	237.3	239.8	251.4	322.9	Pays-Bas
Canada	223.5	234.6	230.3	222.0	245.4	Canada
Belgium	218.9	190.0	203.5	204.5	265.2	Belgique
Tunisia	152.2	139.9	149.3	168.1	144.6	Tunisie
Bangladesh	e164.3	e178.7	173.1	e169.2	65.6	Bangladesh
Switzerland-Liechtenstein	149.6	139.5	138.5	145.4	174.7	Suisse-Liechtenstein
Australia	129.3	145.3	117.2	138.9	166.4	Australie
Romania	88.3	100.4	130.0	164.3	191.3	Roumanie
Korea, Republic of	57.2	109.2	131.7	158.5	184.0	République de Corée
United Arab Emirates	115.4	103.4	101.1	e103.7	e121.6	Emirates arabes unis
Austria	110.3	92.1	100.8	103.5	134.0	Autriche
Saudi Arabia	95.9	95.8	105.1	106.5	121.8	Arabie saoudite
Singapore	97.9	111.7	99.2	89.4	96.5	Singapour
Denmark	106.8	95.5	89.9	91.7	107.4	Danemark
Sweden	100.9	95.0	82.3	81.2	101.9	Suède
Ireland	83.3	79.4	70.9	79.2	83.4	Irlande
Greece	72.8	85.4	51.3	64.3	99.1	Grèce
Portugal	60.1	53.0	56.5	59.3	e60.6	Portugal
Dominican Republic	e83.9	e81.2	e42.8	e29.3	e34.9	République dominicaine
Norway	50.4	50.7	44.8	49.9	60.4	Norvège

(Value as percentages of World total) | | | | | | | | | | | **(Valeur en pourcentage du total mondial)**

Regions of the world	1994	1995	1996	1997	1998	1999	2000	2001	2002	2003	Régions du monde
World	100.0	100.0	100.0	100.0	100.0	100.0	100.0	100.0	100.0	100.0	Monde
Africa	1.3	1.1	1.2	1.4	1.7	1.8	1.6	1.8	2.1	2.1	Afrique
Americas	34.7	33.8	33.3	35.5	38.2	37.2	39.1	37.7	35.1	32.9	Amériques
- Northern America	30.8	28.9	27.1	28.4	29.8	31.3	34.0	33.2	31.2	29.8	- Amérique du Nord
- LAIA	2.3	2.7	2.9	3.8	4.5	4.2	3.4	3.4	2.9	2.3	- ALAI
- CACM	0.2	0.2	0.3	0.4	0.8	0.2	0.2	0.2	0.3	0.2	- MCC
- Caribbean	1.4	1.8	3.0	2.9	3.0	1.4	1.4	0.8	0.7	0.5	- Caraïbes
- Rest of America	0.1	0.1	0.1	0.1	0.1	0.1	0.1	0.1	0.1	0.1	- Autre d'Amérique
Asia excluding former USSR	24.6	24.9	26.0	26.3	24.0	25.9	26.4	26.2	25.4	24.1	Asie ancienne URSS exclus
- Middle East	3.1	2.7	2.1	2.2	2.3	2.3	2.0	2.2	2.4	2.7	- Moyen-Orient
Asia former USSR	0.1	0.1	0.1	0.0	0.1	0.1	0.0	0.0	0.1	0.1	Asie ancienne URSS
Europe excluding former USSR	37.6	38.1	37.5	34.9	34.3	33.2	31.0	32.6	35.2	38.8	Europe ancienne URSS exclus
- European Union	34.3	34.5	33.5	31.1	30.5	29.8	27.8	28.7	30.7	33.9	- Union Européenne
- Eastern Europe	1.0	1.3	1.7	1.8	1.9	1.6	1.6	2.0	2.4	2.7	- Europe de l'Est
- Rest of Europe	2.3	2.3	2.2	2.0	1.9	1.8	1.7	1.9	2.1	2.2	- Autre de l'Europe
Europe former USSR	0.6	0.9	0.7	0.7	0.7	0.6	0.5	0.6	0.8	0.5	Europe ancienne URSS
Oceania	1.2	1.2	1.3	1.1	1.1	1.3	1.3	1.1	1.4	1.5	Océanie

TRADE BY COMMODITY (Value in million US dollars)
Exports by principal countries or areas

COMMERCE PAR PRODUIT (Valeur en millions de dollars EU)
Exportations selon les principaux pays ou zones

Country or area	1999	2000	2001	2002	2003	Pays ou zone
World	13649.6	14325.8	13527.5	13343.1	14748.9	Monde
Africa	541.5	522.4	449.3	537.0	623.3	Afrique
Americas	1368.5	1401.5	1042.7	962.6	914.9	Amériques
- Northern America	982.1	972.0	660.2	588.0	540.7	- Amérique du Nord
- LAIA	285.1	336.6	287.6	242.4	260.7	- ALAI
- CACM	61.8	54.4	65.0	106.4	88.7	- MCC
- Caribbean	28.4	31.2	25.4	23.3	22.8	- Caraïbes
- Rest of America	11.0	7.3	4.6	2.6	2.0	- Autre d'Amérique
Asia excluding former USSR	8114.5	8955.2	8493.7	8034.0	8784.8	Asie ancienne URSS exclus
- Middle East	414.9	369.6	409.3	568.9	750.9	- Moyen-Orient
Asia former USSR	0.7	0.9	1.0	0.9	6.2	Asie ancienne URSS
Europe excluding former USSR	3257.7	3081.1	3175.2	3446.9	4051.9	Europe ancienne URSS exclus
- European Union	2625.4	2479.7	2542.1	2754.0	3202.8	- Union Européenne
- Eastern Europe	470.7	453.3	484.5	551.0	671.4	- Europe de l'Est
- Rest of Europe	161.5	148.1	148.6	141.9	177.6	- Autre de l'Europe
Europe former USSR	68.5	65.1	66.2	66.5	74.5	Europe ancienne URSS
Oceania	298.3	299.7	299.5	295.1	293.4	Océanie
China	2271.4	2630.5	2634.6	2589.7	2974.6	Chine
China, Hong Kong SAR	1393.5	1407.7	1310.5	1214.1	1281.1	Chine - RAS de Hong-Kong
India	844.3	1020.7	780.9	805.2	865.6	Inde
Italy-San Marino-Holy See	736.9	698.8	756.9	858.1	990.4	Italie-Saint-Marin-Saint-Siège
Bangladesh	e595.6	e727.6	863.6	e693.9	627.7	Bangladesh
United States	927.4	906.2	605.7	535.1	482.8	Etats-Unis d'Amérique
United Kingdom	546.7	572.8	497.5	511.6	493.5	Royaume-Uni
Indonesia	494.4	490.2	430.6	420.3	404.8	Indonésie
Korea, Republic of	420.0	505.2	449.8	416.6	409.5	République de Corée
Germany	360.9	311.8	334.5	354.0	440.5	Allemagne
Turkey	282.4	253.9	267.9	348.8	429.1	Turquie
Northern Mariana Islands	260.0	270.0	270.0	270.0	270.0	Iles Mariannes septentrionales
Sri Lanka	234.9	e299.7	257.7	229.6	e249.2	Sri Lanka
Mexico	245.8	286.7	233.6	207.9	220.8	Mexique
Romania	146.0	178.0	206.9	257.5	333.3	Roumanie
France-Monaco	188.6	190.3	199.2	233.5	276.4	France-Monaco
Philippines	223.4	237.3	226.9	51.3	196.1	Philippines
Portugal	227.4	180.8	169.9	163.8	e189.9	Portugal
Thailand	194.6	200.3	166.2	e141.2	164.9	Thaïlande
Netherlands	155.2	136.4	149.4	171.3	196.7	Pays-Bas
Pakistan	158.2	160.9	152.7	168.6	162.0	Pakistan
Morocco	157.4	127.5	124.7	134.2	155.2	Maroc
Belgium	136.4	116.7	126.3	128.5	188.1	Belgique
Mauritius	167.0	161.5	120.8	103.3	104.8	Maurice
Malaysia	144.7	150.5	130.9	106.6	107.6	Malaisie
Spain	90.2	92.6	104.5	134.7	188.9	Espagne
Tunisia	128.2	105.8	111.8	110.4	124.3	Tunisie
China, Macao SAR	127.2	132.3	97.8	73.7	80.5	Chine - RAS de Macao
Poland	124.0	102.5	95.1	85.0	94.7	Pologne
Jordan	5.8	3.4	52.3	131.5	224.9	Jordanie

(Value as percentages of World total)

(Valeur en pourcentage du total mondial)

Regions of the world	1994	1995	1996	1997	1998	1999	2000	2001	2002	2003	Régions du monde
World	100.0	100.0	100.0	100.0	100.0	100.0	100.0	100.0	100.0	100.0	Monde
Africa	3.6	3.5	3.3	2.8	3.9	4.0	3.6	3.3	4.0	4.2	Afrique
Americas	7.9	9.7	10.1	12.5	13.7	10.0	9.8	7.7	7.2	6.2	Amériques
- Northern America	5.0	6.1	8.2	9.5	10.3	7.2	6.8	4.9	4.4	3.7	- Amérique du Nord
- LAIA	1.4	1.6	1.6	2.2	2.2	2.1	2.3	2.1	1.8	1.8	- ALAI
- CACM	0.1	0.1	0.1	0.6	0.4	0.5	0.4	0.5	0.8	0.6	- MCC
- Caribbean	1.3	1.8	0.1	0.1	0.6	0.2	0.2	0.2	0.2	0.2	- Caraïbes
- Rest of America	0.1	0.1	0.1	0.1	0.1	0.1	0.1	0.0	0.0	0.0	- Autre d'Amérique
Asia excluding former USSR	68.6	64.1	61.4	60.3	57.0	59.4	62.5	62.8	60.2	59.6	Asie ancienne URSS exclus
- Middle East	3.8	4.2	3.4	3.3	3.1	3.0	2.6	3.0	4.3	5.1	- Moyen-Orient
Asia former USSR	0.0	0.0	0.0	0.0	0.0	0.0	0.0	0.0	0.0	0.0	Asie ancienne URSS
Europe excluding former USSR	19.4	21.8	23.0	22.2	23.0	23.9	21.5	23.5	25.8	27.5	Europe ancienne URSS exclus
- European Union	16.2	18.0	18.9	18.2	18.4	19.2	17.3	18.8	20.6	21.7	- Union Européenne
- Eastern Europe	2.2	2.8	2.9	2.9	3.2	3.4	3.2	3.6	4.1	4.6	- Europe de l'Est
- Rest of Europe	1.0	1.0	1.2	1.1	1.3	1.2	1.0	1.1	1.1	1.2	- Autre de l'Europe
Europe former USSR	0.2	0.4	0.3	0.3	0.4	0.5	0.5	0.5	0.5	0.5	Europe ancienne URSS
Oceania	0.3	0.5	1.9	1.9	1.9	2.2	2.1	2.2	2.2	2.0	Océanie

845 Outerwear knitted or crocheted, not elastic nor rubberized

TRADE BY COMMODITY (Value in million US dollars)
Imports by principal countries or areas

COMMERCE PAR PRODUIT (Valeur en millions de dollars EU)
Importations selon les principaux pays ou zones

Country or area	1999	2000	2001	2002	2003	Pays ou zone
World	50524.5	53579.2	55108.9	56439.0	63076.9	Monde
Africa	219.0	244.5	277.2	266.6	342.7	Afrique
Americas	17940.0	20397.3	21279.1	22098.7	23577.3	Amériques
- Northern America	16521.7	18776.0	19581.5	20523.5	22124.8	- Amérique du Nord
- LAIA	1191.7	1382.1	1445.3	1293.8	1173.6	- ALAI
- CACM	34.1	31.3	42.5	44.8	51.8	- MCC
- Caribbean	169.4	184.3	187.3	212.8	208.2	- Caraïbes
- Rest of America	23.1	23.7	22.5	23.9	19.0	- Autre d'Amérique
Asia excluding former USSR	11193.6	12823.1	12990.9	12848.1	14000.3	Asie ancienne URSS exclus
- Middle East	344.8	440.0	437.2	456.2	569.8	- Moyen-Orient
Asia former USSR	31.1	27.5	27.8	34.1	60.5	Asie ancienne URSS
Europe excluding former USSR	20557.1	19467.8	19909.2	20503.5	24257.8	Europe ancienne URSS exclus
- European Union	18638.7	17600.5	17973.1	18438.4	21801.7	- Union Européenne
- Eastern Europe	366.7	399.1	535.8	676.4	890.0	- Europe de l'Est
- Rest of Europe	1551.6	1468.2	1400.4	1388.7	1566.1	- Autre de l'Europe
Europe former USSR	84.8	93.0	130.8	180.2	218.1	Europe ancienne URSS
Oceania	498.9	525.9	494.0	507.8	620.3	Océanie
United States	15708.6	17920.0	18626.0	19484.6	20946.3	Etats-Unis d'Amérique
China, Hong Kong SAR	4793.4	5221.3	5615.7	5570.4	5719.6	Chine - RAS de Hong-Kong
Japan	4661.0	5406.9	4958.1	4476.9	5202.5	Japon
Germany	5048.7	4532.4	4336.5	4241.2	5071.8	Allemagne
United Kingdom	2989.0	2983.3	3207.8	3605.0	3993.7	Royaume-Uni
France-Monaco	2878.9	2833.1	2784.7	2859.6	3439.6	France-Monaco
Italy-San Marino-Holy See	1402.4	1412.2	1586.4	1681.8	2129.1	Italie-Saint-Marin-Saint-Siège
Belgium	1127.3	1013.2	1067.5	1128.0	1366.4	Belgique
Netherlands	1231.0	1072.1	1076.2	1064.1	1166.6	Pays-Bas
Spain	914.6	921.5	1035.6	1150.6	1483.5	Espagne
Mexico	869.7	987.4	1020.9	992.6	906.0	Mexique
Canada	762.4	851.6	949.2	1033.3	1165.8	Canada
Switzerland-Liechtenstein	984.8	936.6	867.6	874.7	977.5	Suisse-Liechtenstein
Singapore	569.7	665.8	633.9	769.9	850.3	Singapour
Austria	671.7	608.6	619.5	610.6	740.4	Autriche
Denmark	667.1	594.1	625.9	559.5	634.9	Danemark
Sweden	500.7	461.6	421.2	435.8	522.5	Suède
Korea, Republic of	199.5	311.2	459.4	664.0	672.8	République de Corée
Australia	375.9	401.8	378.6	388.5	471.0	Australie
Ireland	334.8	328.2	342.6	362.4	397.7	Irlande
Norway	378.1	321.3	308.6	321.9	359.2	Norvège
China	181.8	260.0	350.2	376.5	399.4	Chine
Portugal	288.1	273.9	280.7	297.7	e304.1	Portugal
Greece	318.5	320.6	342.5	187.7	254.4	Grèce
Finland	210.1	194.5	189.2	187.4	222.1	Finlande
Poland	113.3	120.7	124.6	184.6	186.7	Pologne
Hungary	73.4	78.5	136.8	139.1	252.0	Hongrie
United Arab Emirates	75.1	126.0	132.5	e135.9	e159.3	Emirates arabes unis
China, Macao SAR	99.6	103.0	115.1	125.9	118.5	Chine - RAS de Macao
Chile	89.8	120.1	120.8	119.4	111.1	Chili

(Value as percentages of World total)   **(Valeur en pourcentage du total mondial)**

Regions of the world	1994	1995	1996	1997	1998	1999	2000	2001	2002	2003	Régions du monde
World	100.0	100.0	100.0	100.0	100.0	100.0	100.0	100.0	100.0	100.0	Monde
Africa	0.5	0.5	0.5	0.4	0.5	0.4	0.5	0.5	0.5	0.5	Afrique
Americas	28.7	28.3	27.6	30.0	33.9	35.5	38.1	38.6	39.2	37.4	Amériques
- Northern America	27.2	26.6	25.9	27.7	31.2	32.7	35.0	35.5	36.4	35.1	- Amérique du Nord
- LAIA	1.2	1.3	1.4	1.8	2.1	2.4	2.6	2.6	2.3	1.9	- ALAI
- CACM	0.1	0.1	0.1	0.1	0.1	0.1	0.1	0.1	0.1	0.1	- MCC
- Caribbean	0.1	0.2	0.2	0.3	0.4	0.3	0.3	0.3	0.4	0.3	- Caraïbes
- Rest of America	0.1	0.1	0.0	0.0	0.0	0.0	0.0	0.0	0.0	0.0	- Autre d'Amérique
Asia excluding former USSR	24.2	25.2	25.0	23.1	22.1	22.2	23.9	23.6	22.8	22.2	Asie ancienne URSS exclus
- Middle East	0.8	0.8	0.7	0.8	0.8	0.7	0.8	0.8	0.8	0.9	- Moyen-Orient
Asia former USSR	0.1	0.1	0.1	0.0	0.0	0.1	0.1	0.1	0.1	0.1	Asie ancienne URSS
Europe excluding former USSR	45.2	44.6	45.6	45.2	42.3	40.7	36.3	36.1	36.3	38.5	Europe ancienne URSS exclus
- European Union	40.8	40.1	41.1	41.4	38.3	36.9	32.8	32.6	32.7	34.6	- Union Européenne
- Eastern Europe	0.5	0.6	0.6	0.6	0.7	0.7	0.7	1.0	1.2	1.4	- Europe de l'Est
- Rest of Europe	3.9	4.0	3.8	3.3	3.3	3.1	2.7	2.5	2.5	2.5	- Autre de l'Europe
Europe former USSR	0.3	0.4	0.3	0.2	0.2	0.2	0.2	0.2	0.3	0.3	Europe ancienne URSS
Oceania	1.0	1.0	1.0	1.0	1.0	1.0	1.0	0.9	0.9	1.0	Océanie

Vêtements de dessus de bonneterie non élastique ni caoutchoutée 845

TRADE BY COMMODITY (Value in million US dollars)
Exports by principal countries or areas

COMMERCE PAR PRODUIT (Valeur en millions de dollars EU)
Exportations selon les principaux pays ou zones

Country or area	1999	2000	2001	2002	2003	Pays ou zone
World	45002.6	47365.2	47602.7	49763.5	57667.3	Monde
Africa	954.1	1190.8	1103.7	1096.1	1272.3	Afrique
Americas	3932.8	4231.1	4158.4	3899.9	3969.2	Amériques
- Northern America	1946.9	2107.2	1928.4	1721.8	1658.2	- Amérique du Nord
- LAIA	1834.4	1956.6	2063.8	1953.7	2013.6	- ALAI
- CACM	52.3	49.1	44.9	78.6	79.0	- MCC
- Caribbean	98.6	116.2	115.1	138.1	215.4	- Caraïbes
- Rest of America	0.5	2.0	6.1	7.7	3.1	- Autre d'Amérique
Asia excluding former USSR	26060.1	28730.4	28777.8	30691.3	35713.1	Asie ancienne URSS exclus
- Middle East	2055.2	1933.6	1964.4	2381.1	3039.1	- Moyen-Orient
Asia former USSR	7.5	16.1	15.5	30.7	42.9	Asie ancienne URSS
Europe excluding former USSR	13672.6	12835.1	13134.8	13641.2	16143.7	Europe ancienne URSS exclus
- European Union	12348.1	11458.9	11518.1	11843.2	13828.4	- Union Européenne
- Eastern Europe	1012.4	1082.0	1302.1	1472.7	1890.6	- Europe de l'Est
- Rest of Europe	312.2	294.2	314.6	325.3	424.7	- Autre de l'Europe
Europe former USSR	258.1	253.7	277.5	293.2	341.6	Europe ancienne URSS
Oceania	117.4	107.9	135.1	110.9	184.5	Océanie
China	7512.8	8798.5	9013.2	10708.9	13858.5	Chine
China, Hong Kong SAR	7190.9	7710.8	7863.7	7615.2	7743.2	Chine - RAS de Hong-Kong
Italy-San Marino-Holy See	3683.2	3707.9	3552.5	3422.1	3565.9	Italie-Saint-Marin-Saint-Siège
Turkey	1890.9	1702.5	1720.8	2097.7	2617.4	Turquie
Mexico	1584.5	1646.6	1721.9	1627.0	1600.9	Mexique
Germany	1357.3	1318.1	1379.1	1482.2	1869.9	Allemagne
France-Monaco	1315.6	1285.6	1309.8	1395.4	1621.0	France-Monaco
United States	1425.1	1524.4	1426.1	1216.3	1170.5	Etats-Unis d'Amérique
Korea, Republic of	1406.8	1295.1	1204.8	1112.2	992.2	République de Corée
Thailand	1025.1	1094.2	1073.7	e812.6	949.2	Thaïlande
United Kingdom	1022.9	890.8	885.9	907.7	1097.2	Royaume-Uni
Portugal	1055.0	860.4	854.2	827.5	e959.6	Portugal
Belgium	861.0	767.6	807.5	868.5	1039.2	Belgique
Singapore	707.2	807.1	761.4	873.0	984.3	Singapour
Indonesia	695.3	893.0	861.6	744.6	796.5	Indonésie
China, Macao SAR	730.9	782.1	709.8	748.5	761.0	Chine - RAS de Macao
India	585.0	675.5	594.7	840.6	899.2	Inde
Viet Nam	431.6	489.2	646.6	1000.0	e945.9	Viet Nam
Greece	661.3	564.2	563.6	622.6	843.5	Grèce
Spain	497.5	512.8	580.1	717.4	899.1	Espagne
Netherlands	719.4	539.8	589.6	602.7	711.9	Pays-Bas
Denmark	638.7	563.6	593.1	576.1	699.4	Danemark
Bangladesh	e415.3	e507.3	602.2	e483.9	936.3	Bangladesh
Canada	521.5	582.8	502.4	505.3	487.5	Canada
Philippines	469.6	506.0	489.7	351.5	484.2	Philippines
Malaysia	409.4	433.1	397.4	428.5	393.7	Malaisie
Morocco	431.6	424.4	364.0	364.8	417.4	Maroc
Cambodia	e342.4	e341.8	e408.6	e351.7	e546.9	Cambodge
Romania	231.1	292.9	371.6	466.6	597.1	Roumanie
Sri Lanka	322.5	e406.5	349.5	360.3	e391.0	Sri Lanka

(Value as percentages of World total)   **(Valeur en pourcentage du total mondial)**

Regions of the world	1994	1995	1996	1997	1998	1999	2000	2001	2002	2003	Régions du monde
World	100.0	100.0	100.0	100.0	100.0	100.0	100.0	100.0	100.0	100.0	Monde
Africa	2.0	2.1	2.0	1.7	2.2	2.1	2.5	2.3	2.2	2.2	Afrique
Americas	5.1	5.9	6.3	6.8	8.2	8.7	8.9	8.7	7.8	6.9	Amériques
- Northern America	3.3	3.7	4.0	3.8	4.1	4.3	4.4	4.1	3.5	2.9	- Amérique du Nord
- LAIA	1.5	2.0	2.2	2.9	3.3	4.1	4.1	4.3	3.9	3.5	- ALAI
- CACM	0.1	0.1	0.1	0.1	0.1	0.1	0.1	0.1	0.2	0.1	- MCC
- Caribbean	0.2	0.1	0.1	0.0	0.7	0.2	0.2	0.2	0.3	0.4	- Caraïbes
- Rest of America	0.0	0.0	0.0	0.0	0.0	0.0	0.0	0.0	0.0	0.0	- Autre d'Amérique
Asia excluding former USSR	57.9	55.9	54.4	53.2	56.9	57.9	60.7	60.5	61.7	61.9	Asie ancienne URSS exclus
- Middle East	5.8	6.8	6.1	5.3	5.5	4.6	4.1	4.1	4.8	5.3	- Moyen-Orient
Asia former USSR	0.0	0.0	0.0	0.0	0.0	0.0	0.0	0.0	0.1	0.1	Asie ancienne URSS
Europe excluding former USSR	34.5	35.4	36.3	37.3	31.8	30.4	27.1	27.6	27.4	28.0	Europe ancienne URSS exclus
- European Union	31.9	32.7	33.4	34.9	29.0	27.4	24.2	24.2	23.8	24.0	- Union Européenne
- Eastern Europe	1.6	1.9	2.1	1.8	2.2	2.2	2.3	2.7	3.0	3.3	- Europe de l'Est
- Rest of Europe	0.9	0.8	0.7	0.6	0.7	0.7	0.6	0.7	0.7	0.7	- Autre de l'Europe
Europe former USSR	0.3	0.4	0.5	0.6	0.6	0.6	0.5	0.6	0.6	0.6	Europe ancienne URSS
Oceania	0.3	0.4	0.4	0.4	0.2	0.3	0.2	0.3	0.2	0.3	Océanie

846 Under-garments, knitted or crocheted

TRADE BY COMMODITY (Value in million US dollars)
Imports by principal countries or areas

COMMERCE PAR PRODUIT (Valeur en millions de dollars EU)
Importations selon les principaux pays ou zones

Country or area	1999	2000	2001	2002	2003	Pays ou zone
World	32961.8	34379.7	34186.9	35305.4	39972.2	Monde
Africa	386.6	372.9	366.8	385.4	486.0	Afrique
Americas	11690.5	12346.9	11736.0	11959.9	12184.0	Amériques
- Northern America	9988.1	10523.4	10181.8	10574.6	10882.7	- Amérique du Nord
- LAIA	1120.2	1159.9	1086.9	897.1	821.3	- ALAI
- CACM	105.0	157.3	143.2	136.8	123.1	- MCC
- Caribbean	458.8	489.5	311.1	337.7	345.3	- Caraïbes
- Rest of America	18.3	16.8	13.0	13.8	11.6	- Autre d'Amérique
Asia excluding former USSR	5935.5	6855.0	6799.6	6456.6	6808.0	Asie ancienne URSS exclus
- Middle East	262.9	304.8	308.5	328.8	404.5	- Moyen-Orient
Asia former USSR	14.3	9.5	5.6	17.3	17.8	Asie ancienne URSS
Europe excluding former USSR	14417.3	14199.0	14728.9	15865.2	19740.0	Europe ancienne URSS exclus
- European Union	13145.7	12924.9	13423.0	14416.6	18006.4	- Union Européenne
- Eastern Europe	546.7	564.9	596.4	646.9	774.5	- Europe de l'Est
- Rest of Europe	725.0	709.2	709.5	801.7	959.2	- Autre de l'Europe
Europe former USSR	87.4	104.7	132.1	164.4	183.9	Europe ancienne URSS
Oceania	430.2	491.8	417.9	456.7	552.5	Océanie
United States	9429.7	9943.6	9568.4	9959.2	10202.9	Etats-Unis d'Amérique
Germany	3441.1	3342.4	3298.6	3305.0	4147.1	Allemagne
United Kingdom	2326.3	2310.0	2609.1	2926.5	3514.6	Royaume-Uni
Japan	2102.8	2592.2	2597.7	2388.4	2579.4	Japon
China, Hong Kong SAR	2299.7	2513.5	2416.4	2379.5	2420.0	Chine - RAS de Hong-Kong
France-Monaco	2124.7	2100.0	2116.4	2351.8	2877.3	France-Monaco
Italy-San Marino-Holy See	905.2	983.2	1031.9	1205.4	1543.4	Italie-Saint-Marin-Saint-Siège
Netherlands	895.3	879.5	843.6	807.3	1041.8	Pays-Bas
Belgium	862.7	841.6	827.2	860.0	1068.3	Belgique
Spain	616.7	610.6	743.8	883.2	1195.9	Espagne
Mexico	819.0	821.3	732.6	641.9	608.2	Mexique
Canada	557.4	577.2	610.3	612.0	670.4	Canada
Austria	501.9	451.3	463.9	501.5	669.7	Autriche
Denmark	416.7	388.9	387.1	406.1	511.8	Danemark
Switzerland-Liechtenstein	365.7	348.6	358.3	405.5	485.3	Suisse-Liechtenstein
Singapore	373.4	432.3	389.0	378.5	372.6	Singapour
Sweden	305.4	301.1	364.6	407.2	495.3	Suède
Viet Nam	442.5	427.2	451.8	269.9	e223.7	Viet Nam
Australia	323.3	380.6	312.3	344.1	414.1	Australie
Ireland	204.3	214.8	228.2	223.6	267.9	Irlande
Dominican Republic	e225.8	e234.2	e186.7	e212.8	e201.5	République dominicaine
Norway	198.4	201.1	189.1	210.2	253.1	Norvège
Portugal	175.4	162.8	172.3	200.4	e204.7	Portugal
Greece	184.5	163.1	154.0	136.4	202.0	Grèce
Hungary	160.2	160.4	159.9	154.2	197.4	Hongrie
Finland	152.0	143.9	147.3	161.1	207.4	Finlande
Korea, Republic of	68.7	105.8	135.5	209.1	257.9	République de Corée
Morocco	155.4	143.8	154.5	151.1	158.4	Maroc
United Arab Emirates	125.0	139.4	143.0	e146.7	e171.9	Emirates arabes unis
Poland	119.2	124.7	128.1	161.8	177.6	Pologne

(Value as percentages of World total) — (Valeur en pourcentage du total mondial)

Regions of the world	1994	1995	1996	1997	1998	1999	2000	2001	2002	2003	Régions du monde
World	100.0	100.0	100.0	100.0	100.0	100.0	100.0	100.0	100.0	100.0	Monde
Africa	0.9	0.8	0.7	0.7	1.1	1.2	1.1	1.1	1.1	1.2	Afrique
Americas	25.2	26.9	27.7	32.5	34.9	35.5	35.9	34.3	33.9	30.5	Amériques
- Northern America	21.7	23.3	23.9	27.4	29.4	30.3	30.6	29.8	30.0	27.2	- Amérique du Nord
- LAIA	2.3	2.5	2.6	3.3	3.3	3.4	3.4	3.2	2.5	2.1	- ALAI
- CACM	0.1	0.1	0.2	0.5	0.7	0.3	0.5	0.4	0.4	0.3	- MCC
- Caribbean	1.0	1.0	1.0	1.3	1.4	1.4	1.4	0.9	1.0	0.9	- Caraïbes
- Rest of America	0.1	0.1	0.0	0.0	0.0	0.1	0.0	0.0	0.0	0.0	- Autre d'Amérique
Asia excluding former USSR	22.4	22.8	21.9	19.5	15.8	18.0	19.9	19.9	18.3	17.0	Asie ancienne URSS exclus
- Middle East	1.4	1.1	0.7	0.9	0.9	0.8	0.9	0.9	0.9	1.0	- Moyen-Orient
Asia former USSR	0.1	0.1	0.1	0.0	0.0	0.0	0.0	0.0	0.0	0.0	Asie ancienne URSS
Europe excluding former USSR	49.6	47.7	48.1	45.6	46.6	43.7	41.3	43.1	44.9	49.4	Europe ancienne URSS exclus
- European Union	45.7	43.7	44.0	41.8	42.7	39.9	37.6	39.3	40.8	45.0	- Union Européenne
- Eastern Europe	1.3	1.4	1.5	1.4	1.6	1.7	1.6	1.7	1.8	1.9	- Europe de l'Est
- Rest of Europe	2.6	2.6	2.6	2.4	2.3	2.2	2.1	2.1	2.3	2.4	- Autre de l'Europe
Europe former USSR	0.4	0.5	0.4	0.4	0.3	0.3	0.3	0.4	0.5	0.5	Europe ancienne URSS
Oceania	1.3	1.1	1.2	1.3	1.2	1.3	1.4	1.2	1.3	1.4	Océanie

TRADE BY COMMODITY (Value in million US dollars)
Exports by principal countries or areas

COMMERCE PAR PRODUIT (Valeur en millions de dollars EU)
Exportations selon les principaux pays ou zones

Country or area	1999	2000	2001	2002	2003	Pays ou zone
World	32453.7	33757.1	32282.5	33730.9	39449.7	Monde
Africa	1134.9	1346.7	1316.6	1521.4	1750.7	Afrique
Americas	5788.3	6109.3	5233.9	4936.9	4635.0	Amériques
- Northern America	2910.5	3088.0	2499.4	2209.4	1987.2	- Amérique du Nord
- LAIA	2207.6	2387.5	2269.6	2135.8	2113.0	- ALAI
- CACM	218.5	215.4	223.3	367.8	289.6	- MCC
- Caribbean	439.0	408.2	234.6	216.2	240.1	- Caraïbes
- Rest of America	12.7	10.3	7.0	7.8	5.2	- Autre d'Amérique
Asia excluding former USSR	15805.0	17175.8	16362.9	16975.3	20602.5	Asie ancienne URSS exclus
- Middle East	1851.2	1890.7	1796.4	2192.5	2848.8	- Moyen-Orient
Asia former USSR	9.4	26.3	18.3	33.2	42.1	Asie ancienne URSS
Europe excluding former USSR	9377.4	8764.0	9015.6	9897.4	11966.8	Europe ancienne URSS exclus
- European Union	8072.7	7435.3	7589.5	8404.7	10163.3	- Union Européenne
- Eastern Europe	935.7	997.8	1122.3	1189.9	1451.7	- Europe de l'Est
- Rest of Europe	369.1	330.8	303.8	302.7	351.8	- Autre de l'Europe
Europe former USSR	242.3	251.0	264.7	294.6	357.2	Europe ancienne URSS
Oceania	96.3	84.0	70.5	72.0	95.4	Océanie
China	4083.3	4295.4	3930.5	4609.5	5993.7	Chine
China, Hong Kong SAR	3309.0	3575.4	3305.1	3300.2	3556.5	Chine - RAS de Hong-Kong
United States	2664.4	2804.2	2205.7	1920.8	1688.1	Etats-Unis d'Amérique
Turkey	1698.4	1769.6	1652.2	2005.4	2672.1	Turquie
Italy-San Marino-Holy See	1506.5	1476.3	1552.4	1693.2	1953.8	Italie-Saint-Marin-Saint-Siège
Mexico	1700.3	1736.9	1647.1	1565.8	1415.3	Mexique
India	973.2	1087.7	1261.3	1508.2	1721.9	Inde
France-Monaco	1146.3	1025.2	1027.4	1180.1	1393.4	France-Monaco
Germany	939.8	893.2	1006.8	1136.2	1491.2	Allemagne
Portugal	785.0	759.0	748.9	852.5	e988.6	Portugal
Belgium	707.0	679.4	691.4	744.8	876.7	Belgique
Thailand	711.4	762.8	714.0	e663.5	775.1	Thaïlande
Indonesia	653.7	740.3	796.5	678.8	698.0	Indonésie
Bangladesh	e461.4	e563.6	668.9	e537.5	989.5	Bangladesh
Korea, Republic of	677.7	723.4	596.1	521.3	477.4	République de Corée
United Kingdom	616.7	550.5	545.8	539.0	665.2	Royaume-Uni
Pakistan	492.8	527.2	537.8	520.7	784.4	Pakistan
Sri Lanka	419.8	e571.0	491.0	465.4	e505.1	Sri Lanka
Netherlands	496.3	424.4	420.8	466.9	593.0	Pays-Bas
Greece	566.9	439.4	381.0	435.4	479.0	Grèce
Austria	461.2	412.1	410.0	437.2	543.5	Autriche
Morocco	380.3	407.6	409.6	463.3	558.3	Maroc
Spain	325.3	304.5	324.7	435.9	596.7	Espagne
Singapore	392.2	451.4	403.7	353.3	320.3	Singapour
Mauritius	315.3	331.2	305.8	369.9	439.0	Maurice
Tunisia	268.6	286.2	313.2	409.7	399.1	Tunisie
Peru	275.8	334.9	304.2	318.9	397.7	Pérou
Romania	222.8	252.0	303.6	342.4	429.1	Roumanie
Denmark	319.2	292.9	304.8	287.1	340.8	Danemark
Philippines	329.3	363.8	335.7	142.5	342.0	Philippines

(Value as percentages of World total)

(Valeur en pourcentage du total mondial)

Regions of the world	1994	1995	1996	1997	1998	1999	2000	2001	2002	2003	Régions du monde
World	100.0	100.0	100.0	100.0	100.0	100.0	100.0	100.0	100.0	100.0	Monde
Africa	3.0	3.0	3.0	2.6	3.5	3.5	4.0	4.1	4.5	4.4	Afrique
Americas	11.5	12.6	13.3	14.5	17.2	17.8	18.1	16.2	14.6	11.7	Amériques
- Northern America	6.9	7.2	7.7	8.1	8.3	9.0	9.1	7.7	6.5	5.0	- Amérique du Nord
- LAIA	3.1	3.9	4.6	5.1	5.8	6.8	7.1	7.0	6.3	5.4	- ALAI
- CACM	0.2	0.1	0.2	0.6	0.6	0.7	0.6	0.7	1.1	0.7	- MCC
- Caribbean	1.2	1.3	0.8	0.7	2.5	1.4	1.2	0.7	0.6	0.6	- Caraïbes
- Rest of America	0.0	0.0	0.0	0.0	0.0	0.0	0.0	0.0	0.0	0.0	- Autre d'Amérique
Asia excluding former USSR	52.7	51.5	50.6	51.1	48.7	48.7	50.9	50.7	50.3	52.2	Asie ancienne URSS exclus
- Middle East	6.1	6.2	5.7	5.8	6.1	5.7	5.6	5.6	6.5	7.2	- Moyen-Orient
Asia former USSR	0.0	0.0	0.0	0.0	0.0	0.0	0.1	0.1	0.1	0.1	Asie ancienne URSS
Europe excluding former USSR	32.3	31.9	32.1	30.8	29.7	28.9	26.0	27.9	29.3	30.3	Europe ancienne URSS exclus
- European Union	28.3	28.1	28.3	27.3	25.8	24.9	22.0	23.5	24.9	25.8	- Union Européenne
- Eastern Europe	2.1	2.2	2.4	2.2	2.7	2.9	3.0	3.5	3.5	3.7	- Europe de l'Est
- Rest of Europe	1.8	1.6	1.4	1.2	1.2	1.1	1.0	0.9	0.9	0.9	- Autre de l'Europe
Europe former USSR	0.3	0.4	0.6	0.6	0.6	0.7	0.7	0.8	0.9	0.9	Europe ancienne URSS
Oceania	0.3	0.6	0.4	0.3	0.3	0.3	0.2	0.2	0.2	0.2	Océanie

847 Clothing accessories, of textile fabrics, nes

TRADE BY COMMODITY (Value in million US dollars)
Imports by principal countries or areas

COMMERCE PAR PRODUIT (Valeur en millions de dollars EU)
Importations selon les principaux pays ou zones

Country or area	1999	2000	2001	2002	2003	Pays ou zone
World	8042.9	8681.5	8550.2	9026.2	10387.7	Monde
Africa	66.3	68.1	65.9	74.9	121.3	Afrique
Americas	2089.0	2432.4	2429.6	2570.0	2677.3	Amériques
- Northern America	1648.9	1931.0	1921.6	2069.9	2302.5	- Amérique du Nord
- LAIA	323.7	350.5	362.3	343.3	252.1	- ALAI
- CACM	21.3	40.0	59.7	63.8	52.6	- MCC
- Caribbean	92.0	108.4	83.9	90.4	67.6	- Caraïbes
- Rest of America	3.0	2.6	2.2	2.6	2.5	- Autre d'Amérique
Asia excluding former USSR	2027.0	2422.6	2344.5	2305.6	2489.2	Asie ancienne URSS exclus
- Middle East	113.3	123.3	133.3	153.4	205.2	- Moyen-Orient
Asia former USSR	7.1	7.9	5.3	6.9	9.4	Asie ancienne URSS
Europe excluding former USSR	3716.1	3593.4	3557.5	3888.3	4836.0	Europe ancienne URSS exclus
- European Union	3263.8	3133.2	3072.6	3313.8	4144.3	- Union Européenne
- Eastern Europe	197.1	202.2	235.4	298.7	358.3	- Europe de l'Est
- Rest of Europe	255.2	258.1	249.5	275.9	333.4	- Autre de l'Europe
Europe former USSR	43.3	51.9	60.7	76.6	125.3	Europe ancienne URSS
Oceania	94.1	105.3	86.7	103.8	129.2	Océanie
United States	1499.8	1754.8	1748.4	1890.6	2099.5	Etats-Unis d'Amérique
Japan	879.5	1161.1	1068.2	1015.3	1120.6	Japon
Germany	889.7	774.8	736.8	753.4	938.8	Allemagne
China, Hong Kong SAR	646.0	725.9	748.2	732.3	725.7	Chine - RAS de Hong-Kong
France-Monaco	537.6	552.8	533.3	572.4	710.3	France-Monaco
United Kingdom	512.4	532.7	533.9	606.5	704.3	Royaume-Uni
Mexico	250.9	271.5	280.8	285.9	198.5	Mexique
Netherlands	225.5	219.2	198.0	221.4	304.0	Pays-Bas
Italy-San Marino-Holy See	186.3	203.9	202.2	244.4	324.5	Italie-Saint-Marin-Saint-Siège
Belgium	213.7	194.4	197.7	205.5	273.4	Belgique
Spain	197.6	190.5	201.4	213.4	274.3	Espagne
Canada	148.5	175.4	172.1	178.1	201.3	Canada
Switzerland-Liechtenstein	149.5	150.0	140.7	145.1	173.7	Suisse-Liechtenstein
Austria	134.6	116.5	109.8	113.7	143.6	Autriche
Sweden	77.0	73.4	87.4	96.9	130.7	Suède
Romania	55.0	63.2	85.7	116.3	139.9	Roumanie
Denmark	91.7	83.5	84.0	80.1	94.9	Danemark
China	120.8	84.6	77.3	77.6	71.9	Chine
Australia	77.3	88.2	70.4	78.8	98.1	Australie
Korea, Republic of	49.1	75.3	82.4	93.3	108.5	République de Corée
Dominican Republic	e80.1	e94.1	e73.1	e81.1	e59.1	République dominicaine
Norway	66.7	63.2	60.1	72.2	87.1	Norvège
Singapore	68.4	59.9	59.9	65.6	62.3	Singapour
Portugal	65.1	58.9	55.1	56.8	e58.0	Portugal
United Arab Emirates	49.7	48.6	53.2	e54.5	e63.9	Emirates arabes unis
Finland	45.2	46.5	47.2	50.8	61.2	Finlande
Ireland	47.3	48.4	47.3	47.8	56.0	Irlande
Czech Republic	48.8	42.7	46.1	50.7	55.8	République tchèque
Poland	27.8	34.0	34.9	53.5	56.3	Pologne
Costa Rica	13.2	33.3	50.5	54.3	41.6	Costa Rica

(Value as percentages of World total)

(Valeur en pourcentage du total mondial)

Regions of the world	1994	1995	1996	1997	1998	1999	2000	2001	2002	2003	Régions du monde
World	100.0	100.0	100.0	100.0	100.0	100.0	100.0	100.0	100.0	100.0	Monde
Africa	1.5	1.1	0.9	0.7	0.7	0.8	0.8	0.8	0.8	1.2	Afrique
Americas	19.4	19.5	19.7	24.6	24.4	26.0	28.0	28.4	28.5	25.8	Amériques
- Northern America	16.7	16.3	16.2	18.6	18.6	20.5	22.2	22.5	22.9	22.2	- Amérique du Nord
- LAIA	2.1	2.7	3.0	5.2	4.9	4.0	4.0	4.2	3.8	2.4	- ALAI
- CACM	0.2	0.2	0.1	0.1	0.1	0.3	0.5	0.7	0.7	0.5	- MCC
- Caribbean	0.3	0.4	0.5	0.7	0.7	1.1	1.2	1.0	1.0	0.7	- Caraïbes
- Rest of America	0.0	0.0	0.0	0.0	0.0	0.0	0.0	0.0	0.0	0.0	- Autre d'Amérique
Asia excluding former USSR	28.4	28.2	27.6	25.6	28.3	25.2	27.9	27.4	25.5	24.0	Asie ancienne URSS exclus
- Middle East	2.4	2.2	1.6	1.7	1.5	1.4	1.4	1.6	1.7	2.0	- Moyen-Orient
Asia former USSR	0.2	0.1	0.1	0.1	0.1	0.1	0.1	0.1	0.1	0.1	Asie ancienne URSS
Europe excluding former USSR	48.4	48.8	49.2	46.6	44.7	46.2	41.4	41.6	43.1	46.6	Europe ancienne URSS exclus
- European Union	43.4	42.9	43.4	41.2	39.1	40.6	36.1	35.9	36.7	39.9	- Union Européenne
- Eastern Europe	1.4	2.3	2.3	2.2	2.4	2.5	2.3	2.8	3.3	3.4	- Europe de l'Est
- Rest of Europe	3.6	3.7	3.6	3.3	3.2	3.2	3.0	2.9	3.1	3.2	- Autre de l'Europe
Europe former USSR	0.8	0.9	0.9	1.1	0.7	0.5	0.6	0.7	0.8	1.2	Europe ancienne URSS
Oceania	1.3	1.3	1.5	1.3	1.1	1.2	1.2	1.0	1.1	1.2	Océanie

TRADE BY COMMODITY (Value in million US dollars)
Exports by principal countries or areas

COMMERCE PAR PRODUIT (Valeur en millions de dollars EU)
Exportations selon les principaux pays ou zones

Country or area	1999	2000	2001	2002	2003	Pays ou zone
World	8254.5	9099.0	8912.7	9204.4	10596.4	Monde
Africa	38.9	59.3	68.6	68.7	101.7	Afrique
Americas	979.8	1151.4	1040.0	958.0	937.5	Amériques
- Northern America	745.7	861.3	751.8	638.2	622.7	- Amérique du Nord
- LAIA	168.2	218.0	221.8	244.1	239.2	- ALAI
- CACM	42.3	45.9	48.1	56.8	50.5	- MCC
- Caribbean	21.4	24.3	15.7	16.8	23.5	- Caraïbes
- Rest of America	2.2	2.0	2.7	2.2	1.6	- Autre d'Amérique
Asia excluding former USSR	4055.9	4897.8	4776.0	5016.5	5824.2	Asie ancienne URSS exclus
- Middle East	293.9	383.0	385.6	441.6	621.0	- Moyen-Orient
Asia former USSR	4.1	6.5	6.6	3.2	3.3	Asie ancienne URSS
Europe excluding former USSR	3129.5	2931.8	2966.4	3072.3	3646.8	Europe ancienne URSS exclus
- European Union	2854.2	2657.7	2666.6	2731.2	3233.2	- Union Européenne
- Eastern Europe	168.2	175.5	190.4	218.4	262.5	- Europe de l'Est
- Rest of Europe	107.1	98.7	109.5	122.7	151.1	- Autre de l'Europe
Europe former USSR	23.3	31.8	32.2	39.9	45.6	Europe ancienne URSS
Oceania	23.0	20.3	22.9	45.8	37.3	Océanie
China	1143.4	1524.2	1535.4	1822.8	2370.7	Chine
Italy-San Marino-Holy See	1211.0	1115.6	1092.3	1054.5	1193.3	Italie-Saint-Marin-Saint-Siège
China, Hong Kong SAR	876.1	996.2	1026.8	914.4	907.4	Chine - RAS de Hong-Kong
United States	628.6	746.7	642.2	516.7	507.5	Etats-Unis d'Amérique
Korea, Republic of	575.8	648.7	596.2	604.9	562.1	République de Corée
Germany	378.8	335.6	353.3	362.7	454.1	Allemagne
Turkey	273.4	286.5	329.3	394.8	545.2	Turquie
France-Monaco	283.9	261.7	254.5	271.1	336.2	France-Monaco
United Kingdom	273.5	284.5	280.9	273.8	277.7	Royaume-Uni
India	239.9	300.4	209.0	230.2	302.4	Inde
Belgium	188.1	180.8	197.8	223.7	289.8	Belgique
Pakistan	121.7	142.4	183.3	269.2	272.7	Pakistan
Mexico	138.8	182.1	185.4	212.5	195.8	Mexique
Portugal	165.9	147.0	153.7	164.5	e190.8	Portugal
Netherlands	109.8	111.0	114.1	137.9	196.8	Pays-Bas
Canada	117.1	114.6	109.6	121.5	115.2	Canada
Indonesia	74.1	106.1	98.6	89.3	103.7	Indonésie
Sri Lanka	86.8	e104.8	90.1	84.3	e91.5	Sri Lanka
Malaysia	82.7	93.7	86.6	84.0	100.8	Malaisie
Thailand	81.9	85.6	79.3	e71.1	83.1	Thaïlande
Spain	56.6	59.5	65.7	80.1	96.4	Espagne
Switzerland-Liechtenstein	71.1	63.5	69.8	68.6	80.4	Suisse-Liechtenstein
Czech Republic	58.5	52.6	54.6	55.6	54.1	République tchèque
Austria	65.0	50.0	46.5	47.6	58.4	Autriche
Japan	61.7	63.3	47.1	45.5	39.8	Japon
Israel	63.9	45.4	47.8	46.9	51.7	Israël
Romania	28.7	38.9	44.1	55.2	74.8	Roumanie
Philippines	49.5	48.2	58.7	23.8	42.8	Philippines
Denmark	37.9	35.0	35.9	39.6	42.2	Danemark
Costa Rica	34.0	37.1	36.0	33.2	28.7	Costa Rica

(Value as percentages of World total) **(Valeur en pourcentage du total mondial)**

Regions of the world	1994	1995	1996	1997	1998	1999	2000	2001	2002	2003	Régions du monde
World	100.0	100.0	100.0	100.0	100.0	100.0	100.0	100.0	100.0	100.0	Monde
Africa	0.6	0.7	0.7	0.6	0.5	0.5	0.7	0.8	0.7	1.0	Afrique
Americas	5.6	7.1	6.8	8.3	9.8	11.9	12.7	11.7	10.4	8.8	Amériques
- Northern America	4.4	5.6	5.6	6.2	7.1	9.0	9.5	8.4	6.9	5.9	- Amérique du Nord
- LAIA	0.9	1.1	1.1	1.7	1.6	2.0	2.4	2.5	2.7	2.3	- ALAI
- CACM	0.1	0.1	0.1	0.4	0.5	0.5	0.5	0.5	0.6	0.5	- MCC
- Caribbean	0.1	0.2	0.1	0.1	0.6	0.3	0.3	0.2	0.2	0.2	- Caraïbes
- Rest of America	0.0	0.0	0.0	0.0	0.0	0.0	0.0	0.0	0.0	0.0	- Autre d'Amérique
Asia excluding former USSR	47.6	46.5	45.8	50.7	49.1	49.1	53.8	53.6	54.5	55.0	Asie ancienne URSS exclus
- Middle East	3.3	3.7	3.5	3.8	3.5	3.6	4.2	4.3	4.8	5.9	- Moyen-Orient
Asia former USSR	0.3	0.1	0.1	0.1	0.1	0.0	0.1	0.1	0.0	0.0	Asie ancienne URSS
Europe excluding former USSR	45.5	45.1	45.9	39.7	39.7	37.9	32.2	33.3	33.4	34.4	Europe ancienne URSS exclus
- European Union	42.6	41.8	43.0	36.9	36.4	34.6	29.2	29.9	29.7	30.5	- Union Européenne
- Eastern Europe	1.3	1.9	1.6	1.6	1.9	2.0	1.9	2.1	2.4	2.5	- Europe de l'Est
- Rest of Europe	1.6	1.4	1.3	1.2	1.3	1.3	1.1	1.2	1.3	1.4	- Autre de l'Europe
Europe former USSR	0.3	0.4	0.4	0.3	0.3	0.3	0.3	0.4	0.4	0.4	Europe ancienne URSS
Oceania	0.2	0.2	0.2	0.3	0.4	0.3	0.2	0.3	0.5	0.4	Océanie

848 Articles of apparel, clothing accessories, non-textile, headgear

Country or area	1999	2000	2001	2002	2003	Pays ou zone
World	12917.8	15031.6	15721.7	15537.0	16567.2	Monde
Africa	98.0	108.4	100.9	132.2	144.2	Afrique
Americas	5098.3	6397.9	6672.3	6396.5	6631.3	Amériques
- Northern America	4754.5	6032.6	6236.5	6024.4	6260.6	- Amérique du Nord
- LAIA	285.0	310.2	369.9	306.0	315.1	- ALAI
- CACM	17.5	16.0	18.7	21.5	21.7	- MCC
- Caribbean	33.3	32.4	40.6	37.5	27.3	- Caraïbes
- Rest of America	7.9	6.7	6.6	7.1	6.6	- Autre d'Amérique
Asia excluding former USSR	2195.9	2776.6	2874.1	2712.7	2921.0	Asie ancienne URSS exclus
- Middle East	171.0	174.2	203.8	219.2	256.7	- Moyen-Orient
Asia former USSR	18.4	16.2	10.4	8.7	14.4	Asie ancienne URSS
Europe excluding former USSR	5228.5	5425.3	5725.3	5927.8	6421.0	Europe ancienne URSS exclus
- European Union	4712.5	4880.5	5122.8	5220.3	5654.8	- Union Européenne
- Eastern Europe	178.5	200.8	235.4	296.9	297.8	- Europe de l'Est
- Rest of Europe	337.5	344.0	367.1	410.7	468.3	- Autre de l'Europe
Europe former USSR	81.5	87.9	144.2	135.4	182.4	Europe ancienne URSS
Oceania	197.3	219.3	194.4	223.7	253.0	Océanie
United States	4405.8	5584.5	5772.3	5565.5	5759.2	Etats-Unis d'Amérique
Germany	1287.5	1165.7	1163.3	1127.7	1231.5	Allemagne
Japan	801.4	1125.3	1198.4	1069.4	1133.4	Japon
China, Hong Kong SAR	891.8	1077.0	1015.6	947.3	1002.7	Chine - RAS de Hong-Kong
United Kingdom	647.9	818.7	815.3	836.1	849.5	Royaume-Uni
France-Monaco	681.7	717.9	743.8	768.5	830.4	France-Monaco
Italy-San Marino-Holy See	465.9	508.3	532.4	597.3	641.1	Italie-Saint-Marin-Saint-Siège
Canada	346.5	445.4	462.5	457.2	498.4	Canada
Spain	305.3	362.6	408.0	393.6	452.2	Espagne
Belgium	301.3	279.0	345.4	347.2	378.8	Belgique
Netherlands	289.1	283.6	302.6	282.8	295.4	Pays-Bas
Switzerland-Liechtenstein	192.4	202.0	220.2	235.2	271.7	Suisse-Liechtenstein
Austria	210.4	182.4	196.8	218.4	250.5	Autriche
Australia	164.6	184.6	159.0	183.2	204.8	Australie
Sweden	135.7	153.9	152.9	168.4	185.1	Suède
Mexico	110.9	130.2	179.4	146.2	146.6	Mexique
Denmark	124.1	136.6	145.8	145.4	153.2	Danemark
Korea, Republic of	52.3	78.3	97.1	133.4	146.3	République de Corée
Greece	77.7	70.8	84.2	104.1	139.0	Grèce
Norway	83.6	82.6	83.1	100.0	110.7	Norvège
Russian Federation	40.8	51.6	97.1	86.8	112.5	Fédération de Russie
Finland	66.4	68.6	78.4	79.4	95.9	Finlande
Portugal	62.9	71.6	86.5	80.6	e82.3	Portugal
Saudi Arabia	73.7	67.7	76.5	76.8	87.8	Arabie saoudite
Singapore	65.8	65.2	65.8	60.0	58.4	Singapour
China	43.8	57.0	60.5	68.2	81.2	Chine
Poland	49.4	58.3	58.3	67.7	72.1	Pologne
Czech Republic	38.8	45.9	54.0	94.7	70.6	République tchèque
Hungary	49.8	54.3	64.2	64.4	71.0	Hongrie
Ireland	44.4	50.4	55.6	56.3	53.3	Irlande

(Value as percentages of World total)   **(Valeur en pourcentage du total mondial)**

Regions of the world	1994	1995	1996	1997	1998	1999	2000	2001	2002	2003	Régions du monde
World	100.0	100.0	100.0	100.0	100.0	100.0	100.0	100.0	100.0	100.0	Monde
Africa	0.7	0.7	0.7	0.7	0.8	0.8	0.7	0.6	0.9	0.9	Afrique
Americas	35.7	33.5	33.9	35.5	37.7	39.5	42.6	42.4	41.2	40.0	Amériques
- Northern America	33.7	31.6	31.7	32.9	35.0	36.8	40.1	39.7	38.8	37.8	- Amérique du Nord
- LAIA	1.7	1.5	1.8	2.1	2.4	2.2	2.1	2.4	2.0	1.9	- ALAI
- CACM	0.1	0.1	0.1	0.1	0.1	0.1	0.1	0.1	0.1	0.1	- MCC
- Caribbean	0.2	0.3	0.3	0.3	0.2	0.3	0.2	0.3	0.2	0.2	- Caraïbes
- Rest of America	0.0	0.1	0.1	0.1	0.1	0.1	0.0	0.0	0.0	0.0	- Autre d'Amérique
Asia excluding former USSR	21.5	22.2	21.5	18.6	17.2	17.0	18.5	18.3	17.5	17.6	Asie ancienne URSS exclus
- Middle East	1.1	1.4	1.3	1.6	1.4	1.3	1.2	1.3	1.4	1.5	- Moyen-Orient
Asia former USSR	0.2	0.1	0.2	0.0	0.1	0.1	0.1	0.1	0.1	0.1	Asie ancienne URSS
Europe excluding former USSR	39.9	41.1	41.6	42.6	42.0	40.5	36.1	36.4	38.2	38.8	Europe ancienne URSS exclus
- European Union	36.2	36.9	37.5	38.5	37.7	36.5	32.5	32.6	33.6	34.1	- Union Européenne
- Eastern Europe	0.7	1.0	1.1	1.4	1.4	1.4	1.3	1.5	1.9	1.8	- Europe de l'Est
- Rest of Europe	3.0	3.1	2.9	2.8	2.8	2.6	2.3	2.3	2.6	2.8	- Autre de l'Europe
Europe former USSR	0.6	0.9	0.7	1.0	0.7	0.6	0.6	0.9	0.9	1.1	Europe ancienne URSS
Oceania	1.3	1.5	1.5	1.6	1.4	1.5	1.5	1.2	1.4	1.5	Océanie

Vêtements et accessories du vêtement en matières autres que les matières textiles 848

TRADE BY COMMODITY (Value in million US dollars)
Exports by principal countries or areas

COMMERCE PAR PRODUIT (Valeur en millions de dollars EU)
Exportations selon les principaux pays ou zones

Country or area	1999	2000	2001	2002	2003	Pays ou zone
World	12193.5	14074.9	14605.5	14757.9	17302.3	Monde
Africa	45.2	66.3	57.0	66.7	74.5	Afrique
Americas	975.6	1039.2	1078.2	906.9	869.8	Amériques
- Northern America	646.5	712.9	770.1	687.3	649.3	- Amérique du Nord
- LAIA	298.6	293.2	280.8	203.9	204.1	- ALAI
- CACM	17.7	18.2	14.0	4.2	4.8	- MCC
- Caribbean	11.4	13.8	12.1	10.0	9.9	- Caraïbes
- Rest of America	1.4	1.2	1.2	1.5	1.7	- Autre d'Amérique
Asia excluding former USSR	7983.3	9786.1	9903.1	9948.1	11976.7	Asie ancienne URSS exclus
- Middle East	330.4	362.1	406.0	415.4	443.5	- Moyen-Orient
Asia former USSR	0.9	2.7	1.3	0.7	1.0	Asie ancienne URSS
Europe excluding former USSR	3090.3	3075.8	3456.8	3731.0	4248.1	Europe ancienne URSS exclus
- European Union	2834.7	2796.6	3116.7	3364.4	3828.2	- Union Européenne
- Eastern Europe	183.2	198.0	250.8	275.1	290.3	- Europe de l'Est
- Rest of Europe	72.4	81.2	89.4	91.5	129.7	- Autre de l'Europe
Europe former USSR	51.7	54.4	52.7	47.3	64.6	Europe ancienne URSS
Oceania	46.6	50.3	56.4	57.3	67.6	Océanie
China	2819.7	3857.8	4315.8	4818.7	6387.3	Chine
China, Hong Kong SAR	1256.8	1547.1	1493.7	1394.3	1466.6	Chine - RAS de Hong-Kong
Italy-San Marino-Holy See	798.4	905.4	1038.8	1098.9	1149.1	Italie-Saint-Marin-Saint-Siège
Malaysia	1005.9	924.2	877.0	876.5	954.9	Malaisie
Thailand	387.2	456.4	450.9	e520.5	608.0	Thaïlande
Germany	439.5	400.9	476.0	513.3	573.3	Allemagne
United States	471.0	506.1	531.6	435.4	429.0	Etats-Unis d'Amérique
India	407.6	529.2	433.4	336.3	474.7	Inde
Pakistan	388.3	468.2	465.0	373.4	455.2	Pakistan
Korea, Republic of	393.8	488.0	409.6	319.6	276.6	République de Corée
Turkey	315.3	350.5	380.6	396.3	416.9	Turquie
France-Monaco	287.0	296.7	302.1	364.7	436.9	France-Monaco
Belgium	276.2	247.8	296.9	311.4	321.3	Belgique
United Kingdom	256.5	227.1	196.6	223.6	301.2	Royaume-Uni
Canada	174.7	206.3	237.9	251.4	219.5	Canada
Indonesia	179.8	244.8	253.0	195.4	167.8	Indonésie
Greece	199.1	178.2	205.8	187.2	268.8	Grèce
Netherlands	167.8	170.9	178.5	175.5	225.0	Pays-Bas
Mexico	213.9	207.7	179.0	128.5	125.6	Mexique
Spain	119.0	108.4	135.1	184.7	170.8	Espagne
Japan	125.3	145.1	111.8	96.7	112.2	Japon
Sri Lanka	94.6	e124.3	106.8	107.2	e116.3	Sri Lanka
Sweden	79.4	80.1	83.0	95.4	121.9	Suède
Austria	96.5	68.9	81.3	87.7	124.9	Autriche
Philippines	83.7	111.3	92.0	39.4	75.3	Philippines
Hungary	65.7	72.5	85.2	79.9	75.9	Hongrie
Denmark	62.9	64.9	73.9	70.7	77.8	Danemark
Czech Republic	48.0	50.7	65.3	86.7	79.2	République tchèque
Viet Nam	38.2	35.6	47.8	70.4	e60.6	Viet Nam
Poland	38.7	40.3	45.1	47.0	66.4	Pologne

(Value as percentages of World total)

(Valeur en pourcentage du total mondial)

Regions of the world	1994	1995	1996	1997	1998	1999	2000	2001	2002	2003	Régions du monde
World	100.0	100.0	100.0	100.0	100.0	100.0	100.0	100.0	100.0	100.0	Monde
Africa	0.4	0.4	0.4	0.3	0.4	0.4	0.5	0.4	0.5	0.4	Afrique
Americas	8.9	8.5	8.6	8.5	8.1	8.0	7.4	7.4	6.1	5.0	Amériques
- Northern America	5.3	5.2	5.3	5.4	5.1	5.3	5.1	5.3	4.7	3.8	- Amérique du Nord
- LAIA	3.2	3.1	3.1	2.9	2.5	2.4	2.1	1.9	1.4	1.2	- ALAI
- CACM	0.1	0.0	0.1	0.1	0.1	0.1	0.1	0.1	0.0	0.0	- MCC
- Caribbean	0.3	0.1	0.0	0.0	0.4	0.1	0.1	0.1	0.1	0.1	- Caraïbes
- Rest of America	0.0	0.0	0.0	0.0	0.0	0.0	0.0	0.0	0.0	0.0	- Autre d'Amérique
Asia excluding former USSR	67.6	68.1	65.8	65.8	65.2	65.5	69.5	67.8	67.4	69.2	Asie ancienne URSS exclus
- Middle East	4.1	3.8	2.8	3.2	3.0	2.7	2.6	2.8	2.8	2.6	- Moyen-Orient
Asia former USSR	0.0	0.0	0.0	0.0	0.0	0.0	0.0	0.0	0.0	0.0	Asie ancienne URSS
Europe excluding former USSR	22.3	22.2	24.4	24.6	25.7	25.3	21.9	23.7	25.3	24.6	Europe ancienne URSS exclus
- European Union	20.3	20.3	22.4	22.4	23.4	23.2	19.9	21.3	22.8	22.1	- Union Européenne
- Eastern Europe	1.1	1.2	1.3	1.6	1.7	1.5	1.4	1.7	1.9	1.7	- Europe de l'Est
- Rest of Europe	0.9	0.7	0.6	0.6	0.7	0.6	0.6	0.6	0.6	0.7	- Autre de l'Europe
Europe former USSR	0.2	0.2	0.3	0.3	0.3	0.4	0.4	0.4	0.3	0.4	Europe ancienne URSS
Oceania	0.6	0.6	0.5	0.4	0.3	0.4	0.4	0.4	0.4	0.4	Océanie

851 Footwear

TRADE BY COMMODITY (Value in million US dollars)
Imports by principal countries or areas

COMMERCE PAR PRODUIT (Valeur en millions de dollars EU)
Importations selon les principaux pays ou zones

Country or area	1999	2000	2001	2002	2003	Pays ou zone
World	45281.0	46658.6	48160.2	50057.9	54775.6	Monde
Africa	471.7	547.6	557.9	594.2	760.6	Afrique
Americas	16210.7	17359.1	17935.4	18069.8	18425.1	Amériques
- Northern America	15255.6	16261.3	16625.9	16872.9	17173.5	- Amérique du Nord
- LAIA	709.8	843.3	1006.8	855.9	926.3	- ALAI
- CACM	95.4	99.6	132.8	158.3	161.9	- MCC
- Caribbean	89.0	95.5	115.8	114.4	97.6	- Caraïbes
- Rest of America	60.9	59.3	54.0	68.3	65.8	- Autre d'Amérique
Asia excluding former USSR	9371.6	10091.2	9796.3	9739.6	10367.0	Asie ancienne URSS exclus
- Middle East	682.0	721.6	792.3	806.6	1031.3	- Moyen-Orient
Asia former USSR	65.8	69.8	58.3	61.8	79.4	Asie ancienne URSS
Europe excluding former USSR	18404.4	17732.9	18872.2	20531.5	23957.0	Europe ancienne URSS exclus
- European Union	16667.9	16100.9	17140.5	18463.6	21650.8	- Union Européenne
- Eastern Europe	510.3	509.5	563.8	810.7	851.4	- Europe de l'Est
- Rest of Europe	1226.3	1122.5	1167.9	1257.1	1454.9	- Autre de l'Europe
Europe former USSR	170.0	214.7	358.7	383.2	453.3	Europe ancienne URSS
Oceania	586.8	643.3	581.4	677.8	733.0	Océanie
United States	14302.5	15290.8	15638.3	15838.7	16083.1	Etats-Unis d'Amérique
China, Hong Kong SAR	4973.5	5318.2	4863.1	4766.8	4745.5	Chine - RAS de Hong-Kong
Germany	4101.6	3636.1	3808.2	3784.6	4344.5	Allemagne
United Kingdom	3112.4	2858.5	3118.7	3410.8	3867.7	Royaume-Uni
France-Monaco	2477.7	2639.0	2712.6	3121.6	3793.1	France-Monaco
Japan	2582.5	2776.1	2819.0	2719.6	2851.3	Japon
Italy-San Marino-Holy See	1561.2	1667.2	1877.7	2133.3	2750.4	Italie-Saint-Marin-Saint-Siège
Belgium	1221.4	1165.0	1347.9	1407.3	1513.1	Belgique
Netherlands	1182.7	1252.0	1329.2	1268.9	1217.1	Pays-Bas
Canada	941.0	966.5	982.6	1026.6	1079.5	Canada
Spain	611.9	616.4	663.4	810.6	1151.8	Espagne
Switzerland-Liechtenstein	637.5	605.9	664.3	668.4	755.0	Suisse-Liechtenstein
Austria	663.0	591.3	645.7	671.0	753.7	Autriche
Australia	465.1	515.2	457.7	539.5	573.7	Australie
Denmark	439.2	417.0	408.1	458.8	584.7	Danemark
Sweden	381.6	375.2	350.0	399.7	448.9	Suède
Viet Nam	364.4	304.1	329.0	281.1	e233.0	Viet Nam
Greece	261.0	252.7	236.6	285.6	423.7	Grèce
Norway	268.1	241.6	232.0	274.4	335.3	Norvège
Ireland	247.8	253.0	239.1	255.1	295.6	Irlande
Korea, Republic of	102.1	166.3	200.2	302.8	418.3	République de Corée
Singapore	201.0	250.4	223.6	221.2	262.1	Singapour
United Arab Emirates	203.5	212.4	227.8	e233.7	e273.9	Emirates arabes unis
Poland	191.0	180.5	196.9	275.5	282.1	Pologne
Portugal	199.2	198.0	211.5	243.8	e249.1	Portugal
Mexico	84.3	112.9	182.4	259.3	340.2	Mexique
Saudi Arabia	180.4	178.0	189.0	187.6	214.5	Arabie saoudite
Czech Republic	138.3	143.2	163.1	270.1	204.0	République tchèque
Israel	158.5	182.8	187.4	175.8	182.9	Israël
Chile	142.2	173.1	179.7	182.7	198.2	Chili

(Value as percentages of World total)　　　　　　　　　　　　**(Valeur en pourcentage du total mondial)**

Regions of the world	1994	1995	1996	1997	1998	1999	2000	2001	2002	2003	Régions du monde
World	100.0	100.0	100.0	100.0	100.0	100.0	100.0	100.0	100.0	100.0	Monde
Africa	1.0	1.1	1.0	1.0	1.0	1.0	1.2	1.2	1.2	1.4	Afrique
Americas	33.7	32.5	31.6	33.5	35.5	35.8	37.2	37.2	36.1	33.6	Amériques
- Northern America	31.5	30.2	29.7	31.3	33.0	33.7	34.9	34.5	33.7	31.4	- Amérique du Nord
- LAIA	1.7	1.7	1.5	1.7	1.9	1.6	1.8	2.1	1.7	1.7	- ALAI
- CACM	0.1	0.2	0.2	0.2	0.2	0.2	0.2	0.3	0.3	0.3	- MCC
- Caribbean	0.3	0.3	0.2	0.2	0.2	0.2	0.2	0.2	0.2	0.2	- Caraïbes
- Rest of America	0.1	0.1	0.1	0.1	0.1	0.1	0.1	0.1	0.1	0.1	- Autre d'Amérique
Asia excluding former USSR	23.6	25.2	25.6	24.7	21.4	20.7	21.6	20.3	19.5	18.9	Asie ancienne URSS exclus
- Middle East	1.8	1.8	1.4	1.6	1.7	1.5	1.5	1.6	1.6	1.9	- Moyen-Orient
Asia former USSR	0.2	0.2	0.2	0.1	0.2	0.1	0.1	0.1	0.1	0.1	Asie ancienne URSS
Europe excluding former USSR	38.8	38.3	38.8	38.5	40.2	40.6	38.0	39.2	41.0	43.7	Europe ancienne URSS exclus
- European Union	34.8	34.0	34.8	34.6	36.0	36.8	34.5	35.6	36.9	39.5	- Union Européenne
- Eastern Europe	1.0	1.1	1.1	1.2	1.3	1.1	1.1	1.2	1.6	1.6	- Europe de l'Est
- Rest of Europe	3.0	3.2	2.9	2.7	2.8	2.7	2.4	2.4	2.5	2.7	- Autre de l'Europe
Europe former USSR	1.4	1.5	1.4	0.9	0.6	0.4	0.5	0.7	0.8	0.8	Europe ancienne URSS
Oceania	1.2	1.2	1.3	1.2	1.3	1.3	1.4	1.2	1.4	1.3	Océanie

TRADE BY COMMODITY (Value in million US dollars)
Exports by principal countries or areas

COMMERCE PAR PRODUIT (Valeur en millions de dollars EU)
Exportations selon les principaux pays ou zones

Country or area	1999	2000	2001	2002	2003	Pays ou zone
World	40415.9	41478.5	42250.9	43363.5	47789.9	Monde
Africa	321.8	345.2	382.6	404.5	451.3	Afrique
Americas	2412.9	2723.3	2688.2	2469.1	2567.5	Amériques
- Northern America	678.6	716.8	662.1	652.3	638.0	- Amérique du Nord
- LAIA	1677.9	1951.8	1966.8	1760.8	1873.8	- ALAI
- CACM	40.9	38.4	41.0	41.8	38.0	- MCC
- Caribbean	15.2	16.1	18.1	13.9	17.6	- Caraïbes
- Rest of America	0.3	0.2	0.2	0.3	0.1	- Autre d'Amérique
Asia excluding former USSR	19826.3	21384.1	21026.5	21590.7	23698.6	Asie ancienne URSS exclus
- Middle East	263.1	250.6	345.8	323.6	395.7	- Moyen-Orient
Asia former USSR	9.9	4.8	5.0	3.0	4.0	Asie ancienne URSS
Europe excluding former USSR	17542.7	16742.6	17862.9	18657.8	20790.5	Europe ancienne URSS exclus
- European Union	15942.2	15097.3	15944.7	16588.2	18425.2	- Union Européenne
- Eastern Europe	1205.2	1252.1	1460.6	1655.5	1947.4	- Europe de l'Est
- Rest of Europe	395.3	393.2	457.6	414.0	417.8	- Autre de l'Europe
Europe former USSR	229.0	218.1	224.0	177.1	210.4	Europe ancienne URSS
Oceania	73.3	60.3	61.7	61.4	67.5	Océanie
China	8355.8	9466.6	9676.4	10680.6	12489.8	Chine
Italy-San Marino-Holy See	6372.0	6204.3	6529.6	6508.6	7156.1	Italie-Saint-Marin-Saint-Siège
China, Hong Kong SAR	5819.2	6134.1	5575.0	5466.3	5449.3	Chine - RAS de Hong-Kong
Spain	1918.3	1805.2	1895.5	2024.0	2161.7	Espagne
Viet Nam	1387.1	1471.7	1630.2	1913.0	e1809.5	Viet Nam
Belgium	1461.4	1367.1	1643.1	1841.7	1653.6	Belgique
Portugal	1581.0	1395.1	1431.1	1417.4	e1643.8	Portugal
Brazil	1277.8	1554.8	1615.3	1448.9	1549.1	Brésil
Indonesia	1541.1	1605.1	1474.1	1115.1	1143.5	Indonésie
Germany	1221.4	1112.4	1186.2	1469.5	1676.4	Allemagne
France-Monaco	937.2	836.8	828.2	931.9	1126.0	France-Monaco
Netherlands	659.1	746.4	875.5	742.6	1100.3	Pays-Bas
Thailand	771.3	780.2	784.5	e674.5	787.9	Thaïlande
United Kingdom	820.2	735.4	670.1	639.1	671.3	Royaume-Uni
Romania	429.2	507.2	643.1	754.8	943.3	Roumanie
United States	533.3	558.8	529.0	514.9	510.5	Etats-Unis d'Amérique
Austria	484.1	460.7	514.0	503.1	600.9	Autriche
India	386.1	399.1	409.3	431.1	560.4	Inde
Korea, Republic of	460.9	437.7	352.1	250.4	183.2	République de Corée
Mexico	327.3	329.4	285.1	254.8	265.7	Mexique
Denmark	300.4	256.4	182.3	305.5	374.0	Danemark
Hungary	235.8	222.9	247.6	251.6	247.7	Hongrie
Slovakia	141.1	160.8	175.6	227.8	316.7	Slovaquie
Poland	183.6	194.7	197.0	212.0	211.4	Pologne
Tunisia	127.8	135.6	176.6	189.8	172.7	Tunisie
Canada	145.3	157.9	133.0	137.3	127.5	Canada
Singapore	115.0	137.1	112.2	111.5	146.1	Singapour
Morocco	114.4	104.9	114.8	119.9	151.1	Maroc
Turkey	95.6	100.3	112.9	117.6	104.9	Turquie
Czech Republic	142.4	101.2	102.4	118.2	85.8	République tchèque

(Value as percentages of World total)   **(Valeur en pourcentage du total mondial)**

Regions of the world	1994	1995	1996	1997	1998	1999	2000	2001	2002	2003	Régions du monde
World	100.0	100.0	100.0	100.0	100.0	100.0	100.0	100.0	100.0	100.0	Monde
Africa	0.6	0.6	0.6	0.6	0.8	0.8	0.8	0.9	0.9	0.9	Afrique
Americas	6.9	6.2	6.2	6.3	6.4	6.0	6.6	6.4	5.7	5.4	Amériques
- Northern America	1.9	1.7	1.6	1.6	1.7	1.7	1.7	1.6	1.5	1.3	- Amérique du Nord
- LAIA	4.9	4.3	4.5	4.6	4.4	4.2	4.7	4.7	4.1	3.9	- ALAI
- CACM	0.1	0.1	0.1	0.1	0.1	0.1	0.1	0.1	0.1	0.1	- MCC
- Caribbean	0.1	0.1	0.0	0.0	0.2	0.0	0.0	0.0	0.0	0.0	- Caraïbes
- Rest of America	0.0	0.0	0.0	0.0	0.0	0.0	0.0	0.0	0.0	0.0	- Autre d'Amérique
Asia excluding former USSR	51.2	51.3	49.7	50.8	47.6	49.1	51.6	49.8	49.8	49.6	Asie ancienne URSS exclus
- Middle East	0.7	0.7	0.8	0.9	0.9	0.7	0.6	0.8	0.7	0.8	- Moyen-Orient
Asia former USSR	0.0	0.0	0.0	0.0	0.0	0.0	0.0	0.0	0.0	0.0	Asie ancienne URSS
Europe excluding former USSR	40.8	41.4	42.6	41.3	44.4	43.4	40.4	42.3	43.0	43.5	Europe ancienne URSS exclus
- European Union	36.8	37.5	38.8	37.7	40.5	39.4	36.4	37.7	38.3	38.6	- Union Européenne
- Eastern Europe	2.3	2.5	2.6	2.5	2.8	3.0	3.0	3.5	3.8	4.1	- Europe de l'Est
- Rest of Europe	1.7	1.4	1.2	1.1	1.1	1.0	0.9	1.1	1.0	0.9	- Autre de l'Europe
Europe former USSR	0.4	0.4	0.7	0.7	0.7	0.6	0.5	0.5	0.4	0.4	Europe ancienne URSS
Oceania	0.2	0.2	0.2	0.2	0.2	0.2	0.1	0.1	0.1	0.1	Océanie

871 Optical instruments and apparatus

TRADE BY COMMODITY (Value in million US dollars)
Imports by principal countries or areas

COMMERCE PAR PRODUIT (Valeur en millions de dollars EU)
Importations selon les principaux pays ou zones

Country or area	1999	2000	2001	2002	2003	Pays ou zone
World	14804.6	21071.1	19897.7	19108.2	32195.5	Monde
Africa	85.2	72.2	70.1	66.0	80.5	Afrique
Americas	4103.7	6620.9	4626.3	3093.3	3262.2	Amériques
- Northern America	3506.2	5795.8	3905.2	2347.6	2469.5	- Amérique du Nord
- LAIA	581.9	809.2	705.7	727.6	772.0	- ALAI
- CACM	8.6	8.9	7.8	10.4	13.1	- MCC
- Caribbean	4.6	5.1	5.9	6.3	6.3	- Caraïbes
- Rest of America	2.3	1.9	1.7	1.4	1.2	- Autre d'Amérique
Asia excluding former USSR	6456.3	8976.6	9623.0	11604.0	23633.5	Asie ancienne URSS exclus
- Middle East	97.7	133.6	136.9	111.8	128.6	- Moyen-Orient
Asia former USSR	2.4	3.4	8.3	4.9	10.2	Asie ancienne URSS
Europe excluding former USSR	3981.9	5192.1	5369.9	4154.7	4954.5	Europe ancienne URSS exclus
- European Union	3553.4	4681.3	4822.9	3661.7	4306.6	- Union Européenne
- Eastern Europe	136.0	204.6	234.2	164.0	253.0	- Europe de l'Est
- Rest of Europe	292.4	306.3	312.7	329.0	394.9	- Autre de l'Europe
Europe former USSR	42.5	49.6	58.7	57.0	87.6	Europe ancienne URSS
Oceania	132.7	156.3	141.3	128.4	167.0	Océanie
China	712.6	1532.2	2631.5	5278.8	13991.6	Chine
United States	2883.8	4766.8	3348.0	1976.2	2136.9	Etats-Unis d'Amérique
Japan	1441.1	2000.0	1666.8	1722.1	2356.5	Japon
China, Hong Kong SAR	1184.9	1670.7	2077.5	1049.0	1512.8	Chine - RAS de Hong-Kong
Korea, Republic of	1059.3	1482.0	1103.4	1378.1	2007.1	République de Corée
Germany	882.2	1044.3	1244.3	979.5	1124.8	Allemagne
United Kingdom	740.9	1218.4	998.7	676.7	745.9	Royaume-Uni
France-Monaco	518.8	735.6	656.6	526.0	645.2	France-Monaco
Canada	615.8	1012.8	556.9	370.4	332.2	Canada
Mexico	359.2	509.5	409.2	486.0	461.0	Mexique
Singapore	538.2	466.8	390.8	321.2	389.0	Singapour
Italy-San Marino-Holy See	310.7	449.6	563.8	353.9	385.9	Italie-Saint-Marin-Saint-Siège
Netherlands	311.2	417.0	394.4	320.4	392.9	Pays-Bas
Switzerland-Liechtenstein	206.6	234.1	245.9	249.0	302.3	Suisse-Liechtenstein
Spain	151.1	192.5	246.8	185.2	322.5	Espagne
Brazil	141.0	207.7	190.8	185.1	249.6	Brésil
Belgium	138.1	132.2	162.3	169.2	171.1	Belgique
Israel	120.6	148.2	140.7	134.9	120.9	Israël
Malaysia	63.2	126.0	141.5	148.1	142.7	Malaisie
Australia	109.4	132.4	119.6	106.3	131.3	Australie
Sweden	114.7	123.2	156.5	98.9	101.5	Suède
Austria	110.0	120.4	111.9	111.2	126.4	Autriche
Denmark	66.9	75.8	96.5	72.3	77.6	Danemark
India	40.4	46.6	98.5	61.2	64.6	Inde
Hungary	38.3	80.5	90.2	44.1	47.5	Hongrie
Turkey	55.9	88.9	57.9	48.2	49.0	Turquie
Czech Republic	35.8	46.3	48.9	56.0	101.5	République tchèque
Finland	82.9	48.3	67.6	41.7	47.1	Finlande
Portugal	52.1	58.5	63.9	54.7	e55.9	Portugal
Norway	63.1	53.3	44.3	53.7	56.5	Norvège

(Value as percentages of World total) — (Valeur en pourcentage du total mondial)

Regions of the world	1994	1995	1996	1997	1998	1999	2000	2001	2002	2003	Régions du monde
World	100.0	100.0	100.0	100.0	100.0	100.0	100.0	100.0	100.0	100.0	Monde
Africa	0.7	0.7	0.7	0.5	1.0	0.6	0.3	0.4	0.3	0.2	Afrique
Americas	21.7	21.1	20.8	20.7	25.4	27.7	31.4	23.3	16.2	10.1	Amériques
- Northern America	19.1	18.5	18.0	17.9	22.3	23.7	27.5	19.6	12.3	7.7	- Amérique du Nord
- LAIA	2.3	2.3	2.6	2.6	2.8	3.9	3.8	3.5	3.8	2.4	- ALAI
- CACM	0.0	0.0	0.1	0.0	0.1	0.1	0.0	0.0	0.1	0.0	- MCC
- Caribbean	0.2	0.2	0.1	0.1	0.1	0.0	0.0	0.0	0.0	0.0	- Caraïbes
- Rest of America	0.0	0.0	0.0	0.0	0.0	0.0	0.0	0.0	0.0	0.0	- Autre d'Amérique
Asia excluding former USSR	43.9	44.6	46.8	48.1	40.0	43.6	42.6	48.4	60.7	73.4	Asie ancienne URSS exclus
- Middle East	1.4	0.9	0.9	0.9	1.1	0.7	0.6	0.7	0.6	0.4	- Moyen-Orient
Asia former USSR	0.0	0.0	0.0	0.0	0.0	0.0	0.0	0.0	0.0	0.0	Asie ancienne URSS
Europe excluding former USSR	31.9	32.0	30.2	29.3	32.0	26.9	24.6	27.0	21.7	15.4	Europe ancienne URSS exclus
- European Union	28.3	28.8	26.8	26.1	28.3	24.0	22.2	24.2	19.2	13.4	- Union Européenne
- Eastern Europe	0.6	0.7	0.8	0.9	1.0	0.9	1.0	1.2	0.9	0.8	- Europe de l'Est
- Rest of Europe	3.0	2.5	2.6	2.3	2.6	2.0	1.5	1.6	1.7	1.2	- Autre de l'Europe
Europe former USSR	0.4	0.4	0.4	0.4	0.4	0.3	0.2	0.3	0.3	0.3	Europe ancienne URSS
Oceania	1.4	1.3	1.2	1.1	1.2	0.9	0.7	0.7	0.7	0.5	Océanie

TRADE BY COMMODITY (Value in million US dollars)
Exports by principal countries or areas

COMMERCE PAR PRODUIT (Valeur en millions de dollars EU)
Exportations selon les principaux pays ou zones

Country or area	1999	2000	2001	2002	2003	Pays ou zone
World	18274.3	23662.3	21242.6	19101.7	28533.3	Monde
Africa	6.7	13.3	13.5	8.5	14.5	Afrique
Americas	3617.6	6518.2	5062.9	3367.2	3511.7	Amériques
- Northern America	3494.1	6326.9	4837.8	3193.7	3340.2	- Amérique du Nord
- LAIA	122.6	190.5	223.9	171.7	169.2	- ALAI
- CACM	0.6	0.2	0.4	0.9	0.7	- MCC
- Caribbean	0.2	0.7	0.9	0.9	1.6	- Caraïbes
- Rest of America	0.0	0.0	0.0	0.0	0.0	- Autre d'Amérique
Asia excluding former USSR	10866.2	12668.8	11394.9	11724.0	20388.7	Asie ancienne URSS exclus
- Middle East	5.4	8.0	9.1	10.7	12.9	- Moyen-Orient
Asia former USSR	0.4	0.0	0.1	0.1	0.2	Asie ancienne URSS
Europe excluding former USSR	3546.8	4134.9	4430.5	3782.6	4394.6	Europe ancienne URSS exclus
- European Union	3243.3	3731.4	3938.1	3351.3	3894.7	- Union Européenne
- Eastern Europe	68.7	99.9	117.6	132.5	165.9	- Europe de l'Est
- Rest of Europe	234.7	303.7	374.8	298.8	333.9	- Autre de l'Europe
Europe former USSR	93.7	101.1	120.6	141.4	174.6	Europe ancienne URSS
Oceania	143.0	225.8	220.1	78.0	49.0	Océanie
Japan	4136.4	5976.1	5182.8	5288.3	6907.3	Japon
United States	2760.9	4605.7	4026.3	2958.5	3181.3	Etats-Unis d'Amérique
China, Hong Kong SAR	1529.7	2184.1	2457.4	1328.1	1848.5	Chine - RAS de Hong-Kong
China	938.9	1402.3	1026.7	1400.6	3795.1	Chine
Germany	1389.6	1577.9	1800.9	1640.2	1807.5	Allemagne
Korea, Republic of	2565.9	471.4	480.2	501.0	1416.2	République de Corée
Canada	733.2	1721.1	811.5	235.1	158.9	Canada
United Kingdom	591.9	613.9	676.5	557.4	587.7	Royaume-Uni
France-Monaco	469.1	499.1	483.0	397.2	484.0	France-Monaco
Singapore	290.5	260.7	229.5	272.8	490.3	Singapour
Switzerland-Liechtenstein	226.9	285.3	348.3	272.2	307.3	Suisse-Liechtenstein
Netherlands	159.9	167.5	185.2	149.2	321.4	Pays-Bas
Thailand	145.9	167.4	172.6	e203.8	238.1	Thaïlande
Denmark	153.7	367.6	257.1	54.0	44.0	Danemark
Australia	140.0	223.7	218.0	75.8	45.2	Australie
Mexico	92.8	145.3	176.5	138.0	143.1	Mexique
Italy-San Marino-Holy See	84.8	116.5	171.7	147.2	164.8	Italie-Saint-Marin-Saint-Siège
Ireland	136.8	117.2	104.5	113.5	147.1	Irlande
Israel	116.0	111.0	89.6	87.2	110.8	Israël
Malaysia	47.7	67.2	185.6	89.8	60.3	Malaisie
Philippines	64.6	71.0	73.3	70.4	119.3	Philippines
Belgium	91.0	85.5	64.1	61.9	82.9	Belgique
Austria	60.0	64.7	69.4	82.1	109.1	Autriche
Czech Republic	45.5	62.3	77.8	84.9	106.7	République tchèque
Russian Federation	69.4	66.4	63.7	62.0	81.8	Fédération de Russie
Sweden	62.1	66.7	65.8	51.1	63.9	Suède
Belarus	16.1	24.6	44.6	56.4	61.1	Bélarus
Indonesia	13.4	24.7	46.6	42.3	31.9	Indonésie
Brazil	26.5	39.4	38.5	25.4	18.9	Brésil
Spain	18.1	18.4	17.7	56.1	33.5	Espagne

(Value as percentages of World total)
(Valeur en pourcentage du total mondial)

Regions of the world	1994	1995	1996	1997	1998	1999	2000	2001	2002	2003	Régions du monde
World	100.0	100.0	100.0	100.0	100.0	100.0	100.0	100.0	100.0	100.0	Monde
Africa	0.0	0.1	0.1	0.3	0.1	0.0	0.1	0.1	0.0	0.1	Afrique
Americas	19.4	17.3	19.2	19.4	20.5	19.8	27.5	23.8	17.6	12.3	Amériques
- Northern America	18.5	16.5	18.5	18.7	19.7	19.1	26.7	22.8	16.7	11.7	- Amérique du Nord
- LAIA	0.9	0.8	0.7	0.7	0.8	0.7	0.8	1.1	0.9	0.6	- ALAI
- CACM	0.0	0.0	0.0	0.0	0.0	0.0	0.0	0.0	0.0	0.0	- MCC
- Caribbean	0.0	0.0	0.0	0.0	0.0	0.0	0.0	0.0	0.0	0.0	- Caraïbes
- Rest of America	0.0	0.0	0.0	0.0	0.0	0.0	0.0	0.0	0.0	0.0	- Autre d'Amérique
Asia excluding former USSR	48.3	50.9	50.2	52.6	53.3	59.5	53.5	53.6	61.4	71.5	Asie ancienne URSS exclus
- Middle East	0.0	0.0	0.1	0.0	0.0	0.0	0.0	0.0	0.1	0.0	- Moyen-Orient
Asia former USSR	0.0	0.0	0.0	0.0	0.0	0.0	0.0	0.0	0.0	0.0	Asie ancienne URSS
Europe excluding former USSR	30.6	30.2	29.0	26.5	25.0	19.4	17.5	20.9	19.8	15.4	Europe ancienne URSS exclus
- European Union	27.5	27.5	26.3	24.3	22.6	17.7	15.8	18.5	17.5	13.6	- Union Européenne
- Eastern Europe	0.2	0.3	0.4	0.3	0.6	0.4	0.4	0.6	0.7	0.6	- Europe de l'Est
- Rest of Europe	2.9	2.4	2.3	1.9	1.8	1.3	1.3	1.8	1.6	1.2	- Autre de l'Europe
Europe former USSR	0.5	0.5	0.6	0.6	0.6	0.5	0.4	0.6	0.7	0.6	Europe ancienne URSS
Oceania	1.1	1.0	0.9	0.5	0.5	0.8	1.0	1.0	0.4	0.2	Océanie

872 Medical instruments and appliances, nes

TRADE BY COMMODITY (Value in million US dollars)
Imports by principal countries or areas

COMMERCE PAR PRODUIT (Valeur en millions de dollars EU)
Importations selon les principaux pays ou zones

Country or area	1999	2000	2001	2002	2003	Pays ou zone
World	23795.0	25315.5	27846.8	30139.1	36041.6	Monde
Africa	500.0	485.1	535.7	598.4	643.7	Afrique
Americas	6021.2	6751.5	7475.0	8234.5	9951.7	Amériques
- Northern America	4973.6	5536.8	6167.8	6809.9	8322.8	- Amérique du Nord
- LAIA	858.2	991.6	1096.3	1140.7	1308.8	- ALAI
- CACM	63.7	62.9	69.0	127.0	176.0	- MCC
- Caribbean	105.4	140.1	124.1	141.7	129.2	- Caraïbes
- Rest of America	20.2	20.1	17.9	15.2	15.0	- Autre d'Amérique
Asia excluding former USSR	4814.1	5494.9	6005.8	6112.3	7004.7	Asie ancienne URSS exclus
- Middle East	507.4	569.2	580.9	643.6	781.8	- Moyen-Orient
Asia former USSR	41.0	62.6	50.1	63.7	83.3	Asie ancienne URSS
Europe excluding former USSR	11576.6	11645.4	12746.2	14094.1	16949.7	Europe ancienne URSS exclus
- European Union	10496.4	10570.7	11546.9	12709.3	15307.8	- Union Européenne
- Eastern Europe	429.5	456.6	491.8	578.1	669.3	- Europe de l'Est
- Rest of Europe	650.8	618.0	707.6	806.8	972.6	- Autre de l'Europe
Europe former USSR	338.0	348.4	522.1	459.4	682.4	Europe ancienne URSS
Oceania	504.1	527.6	512.0	576.7	726.2	Océanie
United States	4119.3	4688.9	5175.0	5833.7	7208.4	Etats-Unis d'Amérique
Japan	2178.8	2434.6	2683.7	2568.2	2691.6	Japon
Germany	2039.0	1886.0	2128.6	2246.9	2620.5	Allemagne
Netherlands	1150.1	1271.8	1458.8	2061.8	2550.8	Pays-Bas
United Kingdom	1175.3	1237.7	1524.1	1642.4	2134.0	Royaume-Uni
France-Monaco	1383.3	1343.2	1371.8	1554.1	1902.8	France-Monaco
Belgium	1271.5	1314.0	1385.4	1230.6	1650.1	Belgique
Italy-San Marino-Holy See	1114.2	1118.2	1192.5	1253.5	1414.7	Italie-Saint-Marin-Saint-Siège
Canada	853.5	846.2	990.4	972.6	1111.4	Canada
Spain	658.1	632.9	624.2	732.4	878.2	Espagne
Mexico	394.0	474.7	566.5	673.8	851.0	Mexique
China, Hong Kong SAR	393.1	450.8	531.7	556.3	644.6	Chine - RAS de Hong-Kong
Ireland	446.9	566.9	520.5	452.9	369.2	Irlande
Australia	404.3	426.9	407.3	460.5	570.1	Australie
China	267.8	351.7	470.0	490.3	686.9	Chine
Switzerland-Liechtenstein	337.8	332.2	400.7	444.4	561.2	Suisse-Liechtenstein
Sweden	303.7	322.5	365.7	406.3	433.3	Suède
Korea, Republic of	241.6	288.9	325.0	384.6	428.0	République de Corée
Austria	288.3	252.0	276.7	325.2	393.3	Autriche
Russian Federation	189.9	212.4	355.3	287.0	444.0	Fédération de Russie
Singapore	247.7	257.0	270.9	266.8	428.6	Singapour
Denmark	177.4	193.5	228.8	283.8	312.4	Danemark
Turkey	227.2	248.8	193.3	213.8	264.4	Turquie
India	167.3	202.4	235.9	218.0	257.3	Inde
Greece	205.2	169.2	179.3	193.2	279.6	Grèce
Norway	174.8	153.9	161.1	185.6	215.7	Norvège
Poland	140.1	162.9	168.3	183.0	208.9	Pologne
Brazil	147.3	174.6	188.3	172.7	151.1	Brésil
South Africa	–	165.3	169.8	204.1	241.9	Afrique du Sud
Portugal	159.9	138.2	140.0	159.2	e162.6	Portugal

(Value as percentages of World total) / (Valeur en pourcentage du total mondial)

Regions of the world	1994	1995	1996	1997	1998	1999	2000	2001	2002	2003	Régions du monde
World	100.0	100.0	100.0	100.0	100.0	100.0	100.0	100.0	100.0	100.0	Monde
Africa	2.6	2.6	2.5	2.5	2.5	2.1	1.9	1.9	2.0	1.8	Afrique
Americas	22.7	21.5	21.5	22.5	24.4	25.3	26.7	26.8	27.3	27.6	Amériques
- Northern America	17.7	16.7	16.7	17.7	19.4	20.9	21.9	22.1	22.6	23.1	- Amérique du Nord
- LAIA	4.2	3.7	3.6	3.7	3.8	3.6	3.9	3.9	3.8	3.6	- ALAI
- CACM	0.2	0.2	0.2	0.3	0.3	0.3	0.2	0.2	0.4	0.5	- MCC
- Caribbean	0.5	0.7	0.9	0.7	0.8	0.4	0.6	0.4	0.5	0.4	- Caraïbes
- Rest of America	0.1	0.1	0.1	0.1	0.1	0.1	0.1	0.1	0.1	0.0	- Autre d'Amérique
Asia excluding former USSR	21.3	21.8	21.9	22.4	20.4	20.2	21.7	21.6	20.3	19.4	Asie ancienne URSS exclus
- Middle East	2.7	2.3	2.2	2.4	2.7	2.1	2.2	2.1	2.1	2.2	- Moyen-Orient
Asia former USSR	0.1	0.2	0.1	0.1	0.1	0.2	0.2	0.2	0.2	0.2	Asie ancienne URSS
Europe excluding former USSR	48.3	49.0	49.1	47.9	48.0	48.7	46.0	45.8	46.8	47.0	Europe ancienne URSS exclus
- European Union	42.9	43.4	43.8	42.9	42.7	44.1	41.8	41.5	42.2	42.5	- Union Européenne
- Eastern Europe	2.3	2.4	2.4	2.2	2.2	1.8	1.8	1.8	1.9	1.9	- Europe de l'Est
- Rest of Europe	3.1	3.2	3.0	2.9	3.0	2.7	2.4	2.5	2.7	2.7	- Autre de l'Europe
Europe former USSR	2.6	2.7	2.6	2.3	2.5	1.4	1.4	1.9	1.5	1.9	Europe ancienne URSS
Oceania	2.3	2.1	2.2	2.3	2.1	2.1	2.1	1.8	1.9	2.0	Océanie

TRADE BY COMMODITY (Value in million US dollars)
Exports by principal countries or areas

COMMERCE PAR PRODUIT (Valeur en millions de dollars EU)
Exportations selon les principaux pays ou zones

Country or area	1999	2000	2001	2002	2003	Pays ou zone
World	23265.8	24218.9	27061.8	29104.0	36003.9	Monde
Africa	31.3	27.6	24.5	36.6	70.8	Afrique
Americas	7487.2	8275.1	9507.5	9768.6	11363.0	Amériques
- Northern America	6308.5	6693.8	7580.4	7497.1	8526.2	- Amérique du Nord
- LAIA	1026.9	1332.9	1587.9	1842.0	2270.2	- ALAI
- CACM	93.3	182.8	274.9	358.7	467.9	- MCC
- Caribbean	58.4	65.5	64.3	70.6	98.7	- Caraïbes
- Rest of America	0.0	0.1	0.1	0.2	0.0	- Autre d'Amérique
Asia excluding former USSR	3688.6	3875.5	4040.9	4293.7	5041.7	Asie ancienne URSS exclus
- Middle East	27.9	25.4	33.6	36.6	77.4	- Moyen-Orient
Asia former USSR	0.9	1.3	1.6	1.1	1.4	Asie ancienne URSS
Europe excluding former USSR	11756.7	11714.9	13113.9	14537.1	18975.0	Europe ancienne URSS exclus
- European Union	10859.0	10838.3	12203.7	13477.5	17648.1	- Union Européenne
- Eastern Europe	149.6	171.5	198.3	252.4	326.5	- Europe de l'Est
- Rest of Europe	748.1	705.1	711.9	807.2	1000.4	- Autre de l'Europe
Europe former USSR	60.7	63.0	77.2	86.4	110.0	Europe ancienne URSS
Oceania	240.5	261.6	296.2	380.5	442.0	Océanie
United States	6172.1	6551.9	7410.0	7276.8	8263.5	Etats-Unis d'Amérique
Germany	2636.1	2505.1	2928.5	3087.3	3659.3	Allemagne
Netherlands	1613.7	1519.9	1683.3	2090.6	2537.5	Pays-Bas
Ireland	1217.6	1243.9	1374.4	1604.6	3220.8	Irlande
Mexico	971.5	1273.4	1522.2	1765.5	2183.5	Mexique
United Kingdom	1295.3	1242.1	1431.8	1501.7	1737.9	Royaume-Uni
France-Monaco	1067.7	1161.3	1282.9	1412.3	1710.1	France-Monaco
Japan	1325.8	1339.3	1235.3	1237.8	1402.4	Japon
Belgium	1136.4	1148.3	1278.2	1199.0	1647.8	Belgique
Italy-San Marino-Holy See	639.2	664.2	749.3	856.1	997.8	Italie-Saint-Marin-Saint-Siège
Switzerland-Liechtenstein	605.5	574.9	568.8	653.6	837.5	Suisse-Liechtenstein
China, Hong Kong SAR	438.4	544.2	679.9	711.8	758.4	Chine - RAS de Hong-Kong
Singapore	570.0	579.2	596.4	634.9	744.7	Singapour
Sweden	506.0	567.2	547.6	668.0	784.5	Suède
China	316.5	431.9	529.3	631.3	810.0	Chine
Denmark	322.4	359.9	385.5	425.5	528.0	Danemark
Costa Rica	92.3	181.8	273.8	357.3	466.9	Costa Rica
Spain	190.9	216.5	242.1	297.0	367.0	Espagne
Australia	184.8	201.2	226.0	292.4	328.6	Australie
Israel	326.3	175.2	129.3	156.8	202.3	Israël
Canada	136.4	141.8	170.3	219.9	262.4	Canada
Malaysia	149.0	172.7	181.1	194.8	222.2	Malaisie
Thailand	173.3	188.7	187.4	e170.2	198.8	Thaïlande
Finland	103.3	84.9	153.8	169.5	245.8	Finlande
Korea, Republic of	88.2	112.2	124.8	138.3	178.8	République de Corée
Pakistan	114.9	120.6	131.2	141.5	126.6	Pakistan
Austria	85.7	79.5	98.4	115.2	149.7	Autriche
New Zealand	54.7	59.2	69.2	87.1	112.5	Nouvelle-Zélande
Norway	72.1	67.6	72.3	75.7	75.1	Norvège
Dominican Republic	e57.8	e64.8	e63.2	e68.9	e97.4	République dominicaine

(Value as percentages of World total)   **(Valeur en pourcentage du total mondial)**

Regions of the world	1994	1995	1996	1997	1998	1999	2000	2001	2002	2003	Régions du monde
World	100.0	100.0	100.0	100.0	100.0	100.0	100.0	100.0	100.0	100.0	Monde
Africa	0.2	0.2	0.2	0.1	0.1	0.1	0.1	0.1	0.1	0.2	Afrique
Americas	31.3	30.1	30.2	32.8	33.4	32.2	34.2	35.1	33.6	31.6	Amériques
- Northern America	27.5	25.7	26.7	28.5	27.6	27.1	27.6	28.0	25.8	23.7	- Amérique du Nord
- LAIA	2.8	2.7	3.4	3.9	4.2	4.4	5.5	5.9	6.3	6.3	- ALAI
- CACM	0.0	0.0	0.0	0.4	0.3	0.4	0.8	1.0	1.2	1.3	- MCC
- Caribbean	1.1	1.7	0.0	0.0	1.3	0.3	0.3	0.2	0.2	0.3	- Caraïbes
- Rest of America	0.0	0.0	0.0	0.0	0.0	0.0	0.0	0.0	0.0	0.0	- Autre d'Amérique
Asia excluding former USSR	19.2	18.1	16.7	16.9	15.8	15.9	16.0	14.9	14.8	14.0	Asie ancienne URSS exclus
- Middle East	0.2	0.2	0.1	0.1	0.2	0.1	0.1	0.1	0.1	0.2	- Moyen-Orient
Asia former USSR	0.0	0.0	0.0	0.0	0.0	0.0	0.0	0.0	0.0	0.0	Asie ancienne URSS
Europe excluding former USSR	48.1	50.5	51.6	48.6	49.3	50.5	48.4	48.5	49.9	52.7	Europe ancienne URSS exclus
- European Union	43.6	45.9	47.1	44.6	45.2	46.7	44.8	45.1	46.3	49.0	- Union Européenne
- Eastern Europe	0.9	0.8	0.8	0.8	0.7	0.6	0.7	0.7	0.9	0.9	- Europe de l'Est
- Rest of Europe	3.6	3.8	3.7	3.3	3.4	3.2	2.9	2.6	2.8	2.8	- Autre de l'Europe
Europe former USSR	0.2	0.3	0.3	0.3	0.3	0.3	0.3	0.3	0.3	0.3	Europe ancienne URSS
Oceania	0.9	0.9	1.0	1.2	1.1	1.0	1.1	1.1	1.3	1.2	Océanie

873 Meters and counters, nes

TRADE BY COMMODITY (Value in million US dollars)
Imports by principal countries or areas

COMMERCE PAR PRODUIT (Valeur en millions de dollars EU)
Importations selon les principaux pays ou zones

Country or area	1999	2000	2001	2002	2003	Pays ou zone
World	3098.6	3164.8	3200.4	3497.0	4151.0	Monde
Africa	79.0	72.8	74.9	80.0	96.7	Afrique
Americas	1363.9	1380.7	1382.8	1378.2	1545.4	Amériques
- Northern America	1070.6	1076.5	1105.3	1114.5	1313.3	- Amérique du Nord
- LAIA	267.8	268.7	237.7	237.9	204.8	- ALAI
- CACM	14.7	15.1	23.8	11.6	14.8	- MCC
- Caribbean	8.2	13.9	11.4	10.2	10.3	- Caraïbes
- Rest of America	2.6	6.5	4.6	4.0	2.0	- Autre d'Amérique
Asia excluding former USSR	348.0	425.7	400.0	466.9	552.4	Asie ancienne URSS exclus
- Middle East	48.6	73.8	55.9	64.9	94.2	- Moyen-Orient
Asia former USSR	11.1	13.4	12.0	35.7	39.5	Asie ancienne URSS
Europe excluding former USSR	1212.6	1202.6	1249.6	1437.5	1807.6	Europe ancienne URSS exclus
- European Union	1026.4	1002.6	1052.9	1226.4	1506.4	- Union Européenne
- Eastern Europe	124.6	147.0	144.0	151.6	226.4	- Europe de l'Est
- Rest of Europe	61.6	53.0	52.8	59.6	74.7	- Autre de l'Europe
Europe former USSR	45.6	33.5	47.2	57.7	61.8	Europe ancienne URSS
Oceania	38.4	36.1	33.8	40.9	47.6	Océanie
United States	810.6	805.1	850.3	857.6	1040.2	Etats-Unis d'Amérique
Germany	279.5	277.0	334.6	334.7	401.8	Allemagne
Canada	259.9	271.3	254.9	256.2	272.9	Canada
Italy-San Marino-Holy See	93.3	83.2	90.9	218.3	247.8	Italie-Saint-Marin-Saint-Siège
Belgium	123.8	128.3	144.4	133.0	143.8	Belgique
Mexico	116.0	134.2	101.7	123.7	111.1	Mexique
United Kingdom	89.1	87.7	91.3	103.4	144.2	Royaume-Uni
France-Monaco	92.2	93.5	92.3	85.1	102.2	France-Monaco
Spain	82.3	81.1	64.3	89.2	138.4	Espagne
Sweden	93.5	78.1	72.0	76.0	93.4	Suède
Netherlands	66.2	61.4	51.7	47.7	68.6	Pays-Bas
Austria	46.2	47.3	53.8	63.4	78.6	Autriche
Japan	47.6	45.2	43.2	67.0	72.7	Japon
China	28.4	42.4	51.4	62.7	88.6	Chine
China, Hong Kong SAR	47.5	49.9	52.1	49.6	59.6	Chine - RAS de Hong-Kong
Hungary	31.9	34.6	34.2	44.6	54.0	Hongrie
Brazil	33.8	40.9	43.2	32.1	33.4	Brésil
Slovakia	32.6	36.8	31.4	22.3	58.4	Slovaquie
Korea, Republic of	27.8	28.1	31.4	33.6	43.2	République de Corée
Czech Republic	24.8	27.5	27.7	36.4	45.9	République tchèque
Australia	27.2	25.2	22.9	29.6	34.4	Australie
Poland	22.9	27.8	25.6	20.7	30.5	Pologne
Turkey	15.7	20.6	13.8	26.0	41.7	Turquie
Switzerland-Liechtenstein	24.5	22.5	20.1	21.4	28.7	Suisse-Liechtenstein
Argentina	33.7	30.7	24.4	9.5	e14.6	Argentine
Thailand	14.9	20.5	22.3	e25.3	29.6	Thaïlande
Russian Federation	19.6	12.7	20.9	24.0	25.5	Fédération de Russie
Denmark	21.0	17.4	15.1	16.1	21.2	Danemark
Portugal	11.4	19.7	8.6	24.7	e25.2	Portugal
Colombia	27.3	12.4	19.2	15.6	13.4	Colombie

(Value as percentages of World total)   **(Valeur en pourcentage du total mondial)**

Regions of the world	1994	1995	1996	1997	1998	1999	2000	2001	2002	2003	Régions du monde
World	100.0	100.0	100.0	100.0	100.0	100.0	100.0	100.0	100.0	100.0	Monde
Africa	3.2	2.8	2.9	2.9	3.2	2.6	2.3	2.3	2.3	2.3	Afrique
Americas	44.5	41.6	39.0	41.6	41.9	44.0	43.6	43.2	39.4	37.2	Amériques
- Northern America	34.2	31.6	29.2	30.7	31.1	34.6	34.0	34.5	31.9	31.6	- Amérique du Nord
- LAIA	9.4	9.2	9.0	10.0	9.9	8.6	8.5	7.4	6.8	4.9	- ALAI
- CACM	0.5	0.4	0.5	0.6	0.6	0.5	0.5	0.7	0.3	0.4	- MCC
- Caribbean	0.3	0.3	0.2	0.2	0.3	0.3	0.4	0.4	0.3	0.2	- Caraïbes
- Rest of America	0.1	0.1	0.1	0.1	0.1	0.1	0.2	0.1	0.1	0.0	- Autre d'Amérique
Asia excluding former USSR	14.0	14.3	15.4	13.6	11.9	11.2	13.5	12.5	13.4	13.3	Asie ancienne URSS exclus
- Middle East	2.5	1.9	1.8	2.1	2.0	1.6	2.3	1.7	1.9	2.3	- Moyen-Orient
Asia former USSR	0.2	0.3	0.4	0.4	0.6	0.4	0.4	0.4	1.0	1.0	Asie ancienne URSS
Europe excluding former USSR	34.3	36.2	38.2	36.9	39.3	39.1	38.0	39.0	41.1	43.5	Europe ancienne URSS exclus
- European Union	28.8	30.7	32.4	31.6	33.4	33.1	31.7	32.9	35.1	36.3	- Union Européenne
- Eastern Europe	3.1	3.0	3.3	3.1	3.8	4.0	4.6	4.5	4.3	5.5	- Europe de l'Est
- Rest of Europe	2.5	2.4	2.5	2.2	2.1	2.0	1.7	1.7	1.7	1.8	- Autre de l'Europe
Europe former USSR	2.3	3.5	2.7	3.0	1.9	1.5	1.1	1.5	1.7	1.5	Europe ancienne URSS
Oceania	1.5	1.4	1.5	1.5	1.3	1.2	1.1	1.1	1.2	1.1	Océanie

TRADE BY COMMODITY (Value in million US dollars)
Exports by principal countries or areas

COMMERCE PAR PRODUIT (Valeur en millions de dollars EU)
Exportations selon les principaux pays ou zones

Country or area	1999	2000	2001	2002	2003	Pays ou zone
World	2712.9	2739.8	2801.2	3092.0	3632.9	Monde
Africa	9.0	11.6	20.9	19.3	34.9	Afrique
Americas	748.6	812.2	846.9	700.1	755.9	Amériques
- Northern America	448.0	531.7	494.9	467.7	510.4	- Amérique du Nord
- LAIA	300.4	280.2	351.7	231.2	245.3	- ALAI
- CACM	0.1	0.2	0.2	1.1	0.2	- MCC
- Caribbean	0.1	0.1	0.1	0.1	0.1	- Caraïbes
- Rest of America	0.0	0.0	0.0	0.0	0.0	- Autre d'Amérique
Asia excluding former USSR	394.3	455.8	445.8	647.7	651.7	Asie ancienne URSS exclus
- Middle East	6.3	3.8	9.0	13.1	16.2	- Moyen-Orient
Asia former USSR	0.7	1.2	1.0	1.2	1.4	Asie ancienne URSS
Europe excluding former USSR	1534.9	1424.8	1445.9	1680.4	2129.6	Europe ancienne URSS exclus
- European Union	1320.8	1230.8	1252.9	1446.6	1753.5	- Union Européenne
- Eastern Europe	51.2	45.9	56.5	84.2	199.9	- Europe de l'Est
- Rest of Europe	163.0	148.1	136.5	149.5	176.2	- Autre de l'Europe
Europe former USSR	19.9	27.7	35.0	35.3	49.2	Europe ancienne URSS
Oceania	5.6	6.4	5.7	8.0	10.3	Océanie
Germany	585.2	559.5	591.2	660.5	793.3	Allemagne
United States	427.7	509.4	470.4	438.9	474.1	Etats-Unis d'Amérique
United Kingdom	249.2	237.7	208.7	201.4	233.5	Royaume-Uni
Mexico	233.5	219.8	283.4	184.2	197.3	Mexique
Japan	191.8	208.1	161.8	156.2	172.8	Japon
China	38.7	60.7	84.7	288.3	218.0	Chine
France-Monaco	140.7	106.1	125.1	137.2	164.4	France-Monaco
Spain	34.0	58.2	75.3	107.5	151.4	Espagne
Slovenia	85.9	76.0	72.6	79.2	100.9	Slovénie
China, Hong Kong SAR	56.6	65.5	72.6	64.5	85.8	Chine - RAS de Hong-Kong
Switzerland-Liechtenstein	72.9	65.1	58.9	64.4	68.5	Suisse-Liechtenstein
Italy-San Marino-Holy See	57.6	49.1	44.2	47.4	57.4	Italie-Saint-Marin-Saint-Siège
Netherlands	50.9	43.0	40.6	52.2	63.2	Pays-Bas
Belgium	59.5	49.2	35.6	46.9	48.1	Belgique
Sweden	30.4	37.0	40.2	36.0	54.0	Suède
Brazil	50.6	40.4	38.4	24.0	28.6	Brésil
Hungary	12.6	13.7	13.6	18.1	104.8	Hongrie
Greece	18.6	19.3	13.5	46.6	59.9	Grèce
Austria	36.1	25.9	21.6	24.1	25.0	Autriche
Canada	20.3	22.3	24.5	28.8	36.2	Canada
Denmark	16.7	13.5	18.6	33.3	47.2	Danemark
Finland	30.7	21.1	23.3	24.8	23.1	Finlande
Slovakia	14.2	13.3	19.5	24.3	31.3	Slovaquie
Czech Republic	7.6	8.4	11.2	26.2	42.8	République tchèque
Argentina	14.3	17.3	25.1	16.8	15.5	Argentine
Indonesia	10.7	21.5	22.3	13.8	15.2	Indonésie
Portugal	7.8	8.2	11.8	25.7	e29.8	Portugal
Korea, Republic of	7.0	10.7	14.0	23.8	26.5	République de Corée
Russian Federation	4.8	13.4	17.9	12.3	23.2	Fédération de Russie
Israel	12.1	12.8	13.6	12.6	18.1	Israël

(Value as percentages of World total)

(Valeur en pourcentage du total mondial)

Regions of the world	1994	1995	1996	1997	1998	1999	2000	2001	2002	2003	Régions du monde
World	100.0	100.0	100.0	100.0	100.0	100.0	100.0	100.0	100.0	100.0	Monde
Africa	0.1	0.2	0.2	0.3	0.4	0.3	0.4	0.7	0.6	1.0	Afrique
Americas	23.6	18.7	19.0	24.3	25.9	27.6	29.6	30.2	22.6	20.8	Amériques
- Northern America	21.4	16.9	16.0	16.8	16.5	16.5	19.4	17.7	15.1	14.0	- Amérique du Nord
- LAIA	2.2	1.9	3.0	7.5	9.4	11.1	10.2	12.6	7.5	6.8	- ALAI
- CACM	0.0	0.0	0.0	0.0	0.0	0.0	0.0	0.0	0.0	0.0	- MCC
- Caribbean	0.0	0.0	0.0	0.0	0.0	0.0	0.0	0.0	0.0	0.0	- Caraïbes
- Rest of America	0.0	0.0	0.0	0.0	0.0	0.0	0.0	0.0	0.0	0.0	- Autre d'Amérique
Asia excluding former USSR	20.4	20.0	19.3	18.9	16.5	14.5	16.6	15.9	20.9	17.9	Asie ancienne URSS exclus
- Middle East	0.1	0.1	0.1	0.2	0.2	0.2	0.1	0.3	0.4	0.4	- Moyen-Orient
Asia former USSR	0.2	0.1	0.1	0.1	0.1	0.0	0.0	0.0	0.0	0.0	Asie ancienne URSS
Europe excluding former USSR	54.9	60.1	60.4	55.3	56.2	56.6	52.0	51.6	54.3	58.6	Europe ancienne URSS exclus
- European Union	45.4	49.5	50.5	46.8	48.4	48.7	44.9	44.7	46.8	48.3	- Union Européenne
- Eastern Europe	2.0	2.7	2.5	2.8	2.0	1.9	1.7	2.0	2.7	5.5	- Europe de l'Est
- Rest of Europe	7.5	7.9	7.4	5.7	5.9	6.0	5.4	4.9	4.8	4.8	- Autre de l'Europe
Europe former USSR	0.6	0.7	0.8	1.0	0.6	0.7	1.0	1.3	1.1	1.4	Europe ancienne URSS
Oceania	0.3	0.2	0.2	0.2	0.2	0.2	0.2	0.2	0.3	0.3	Océanie

874 Measuring, checking, analysis, controlling instruments, nes, parts

TRADE BY COMMODITY (Value in million US dollars)
Imports by principal countries or areas

COMMERCE PAR PRODUIT (Valeur en millions de dollars EU)
Importations selon les principaux pays ou zones

Country or area	1999	2000	2001	2002	2003	Pays ou zone
World	67618.7	78596.0	76192.3	76047.0	87682.6	Monde
Africa	1054.9	979.7	1010.8	1146.6	1383.6	Afrique
Americas	18790.9	22090.9	21836.3	20902.3	22258.4	Amériques
- Northern America	14702.3	17646.9	17166.3	16451.6	17678.4	- Amérique du Nord
- LAIA	3881.0	4213.5	4402.9	4184.6	4291.9	- ALAI
- CACM	95.3	97.7	105.4	127.3	144.2	- MCC
- Caribbean	89.3	102.5	137.8	118.4	119.4	- Caraïbes
- Rest of America	23.0	30.2	23.9	20.3	24.5	- Autre d'Amérique
Asia excluding former USSR	19201.6	25306.5	22350.9	23244.2	28082.4	Asie ancienne URSS exclus
- Middle East	1114.3	1318.5	1381.7	1584.7	1890.6	- Moyen-Orient
Asia former USSR	120.1	162.6	188.8	173.5	241.6	Asie ancienne URSS
Europe excluding former USSR	26607.9	28128.7	28894.8	28591.9	33230.8	Europe ancienne URSS exclus
- European Union	23633.7	24993.3	25706.9	25055.9	28898.5	- Union Européenne
- Eastern Europe	1384.5	1540.6	1610.2	1814.7	2427.2	- Europe de l'Est
- Rest of Europe	1589.6	1594.8	1577.6	1721.3	1905.1	- Autre de l'Europe
Europe former USSR	624.7	765.8	774.1	806.1	1046.7	Europe ancienne URSS
Oceania	1218.5	1161.9	1136.5	1182.5	1439.2	Océanie
United States	10782.7	13295.8	13002.6	12585.9	13560.7	Etats-Unis d'Amérique
Germany	5090.6	5679.8	6060.3	5737.4	6934.0	Allemagne
United Kingdom	4737.4	5040.6	5484.1	5196.8	5450.9	Royaume-Uni
Japan	3942.9	4756.8	4601.0	4272.7	4859.1	Japon
Canada	3916.6	4346.1	4158.1	3860.2	4110.0	Canada
China	2214.4	3002.3	3881.7	4623.5	6576.6	Chine
France-Monaco	3245.0	3422.0	3592.3	3707.1	4412.5	France-Monaco
Korea, Republic of	2135.9	3180.9	2658.8	2834.9	3424.7	République de Corée
Italy-San Marino-Holy See	2556.2	2630.6	2539.1	2456.8	2816.8	Italie-Saint-Marin-Saint-Siège
Mexico	2170.0	2411.8	2378.6	2546.3	2642.1	Mexique
Singapore	2091.3	2695.7	1719.2	1733.8	2025.0	Singapour
Netherlands	1818.6	1945.0	1897.3	1627.6	1820.8	Pays-Bas
Spain	1578.3	1354.1	1409.1	1617.7	1808.2	Espagne
China, Hong Kong SAR	1219.6	1490.2	1523.2	1419.8	1746.2	Chine - RAS de Hong-Kong
Malaysia	1059.4	1642.6	1478.7	1307.5	1329.7	Malaisie
Belgium	1106.1	1098.0	1151.8	1189.1	1398.7	Belgique
Australia	1059.3	1012.2	986.8	994.0	1225.1	Australie
Sweden	979.3	1090.4	1017.5	979.1	1133.5	Suède
Switzerland-Liechtenstein	988.1	1021.3	1015.2	1041.3	1095.5	Suisse-Liechtenstein
Brazil	856.3	945.7	1106.5	946.5	950.2	Brésil
Austria	798.4	796.8	828.6	818.4	1013.0	Autriche
Thailand	616.4	648.8	642.0	e833.6	977.3	Thaïlande
India	480.4	456.4	524.5	666.2	792.6	Inde
Russian Federation	406.5	518.6	506.4	517.5	636.4	Fédération de Russie
Israel	532.2	520.5	498.9	448.7	404.8	Israël
Poland	442.6	457.8	431.7	460.0	559.3	Pologne
Czech Republic	368.3	393.6	443.4	497.2	616.5	République tchèque
Turkey	372.3	480.1	374.8	471.3	588.9	Turquie
Denmark	387.9	414.3	450.1	451.4	528.4	Danemark
Hungary	292.3	374.9	358.6	388.0	614.5	Hongrie

(Value as percentages of World total)

(Valeur en pourcentage du total mondial)

Regions of the world	1994	1995	1996	1997	1998	1999	2000	2001	2002	2003	Régions du monde
World	100.0	100.0	100.0	100.0	100.0	100.0	100.0	100.0	100.0	100.0	Monde
Africa	2.1	1.9	1.8	1.8	1.7	1.6	1.2	1.3	1.5	1.6	Afrique
Americas	23.8	22.7	22.8	24.7	27.0	27.8	28.1	28.7	27.5	25.4	Amériques
- Northern America	18.6	17.9	17.5	18.9	20.5	21.7	22.5	22.5	21.6	20.2	- Amérique du Nord
- LAIA	4.9	4.5	5.1	5.5	6.1	5.7	5.4	5.8	5.5	4.9	- ALAI
- CACM	0.1	0.1	0.1	0.1	0.2	0.1	0.1	0.1	0.2	0.2	- MCC
- Caribbean	0.1	0.1	0.2	0.1	0.2	0.1	0.1	0.2	0.2	0.1	- Caraïbes
- Rest of America	0.1	0.1	0.0	0.0	0.0	0.0	0.0	0.0	0.0	0.0	- Autre d'Amérique
Asia excluding former USSR	28.9	30.5	31.9	32.5	27.3	28.4	32.2	29.3	30.6	32.0	Asie ancienne URSS exclus
- Middle East	2.2	2.1	1.9	2.0	1.9	1.6	1.7	1.8	2.1	2.2	- Moyen-Orient
Asia former USSR	0.1	0.1	0.1	0.1	0.2	0.2	0.2	0.2	0.2	0.3	Asie ancienne URSS
Europe excluding former USSR	41.9	41.6	40.2	37.7	40.9	39.3	35.8	37.9	37.6	37.9	Europe ancienne URSS exclus
- European Union	37.3	36.6	35.6	33.6	36.3	35.0	31.8	33.7	32.9	33.0	- Union Européenne
- Eastern Europe	1.7	2.1	2.0	2.0	2.2	2.0	2.0	2.1	2.4	2.8	- Europe de l'Est
- Rest of Europe	2.9	2.8	2.6	2.2	2.4	2.4	2.0	2.1	2.3	2.2	- Autre de l'Europe
Europe former USSR	1.1	1.1	1.1	1.3	1.1	0.9	1.0	1.0	1.1	1.2	Europe ancienne URSS
Oceania	2.3	2.1	2.0	1.9	1.8	1.8	1.5	1.5	1.6	1.6	Océanie

Instruments de mesure, d'analyse et de contrôle, pièces détachées des groupes 873 et 874 874

TRADE BY COMMODITY (Value in million US dollars)
Exports by principal countries or areas

COMMERCE PAR PRODUIT (Valeur en millions de dollars EU)
Exportations selon les principaux pays ou zones

Country or area	1999	2000	2001	2002	2003	Pays ou zone
World	65027.4	74624.7	73903.3	74020.2	85182.5	Monde
Africa	217.1	168.5	143.2	179.1	223.8	Afrique
Americas	21502.1	26094.3	24769.8	23289.0	24087.7	Amériques
- Northern America	19805.7	24025.6	22320.9	20724.9	21605.5	- Amérique du Nord
- LAIA	1662.4	2042.0	2379.5	2523.8	2439.2	- ALAI
- CACM	19.0	10.4	37.6	20.2	21.2	- MCC
- Caribbean	14.2	15.5	30.2	19.2	21.5	- Caraïbes
- Rest of America	0.8	0.9	1.7	1.0	0.4	- Autre d'Amérique
Asia excluding former USSR	11965.8	16107.9	14539.7	15077.8	18648.4	Asie ancienne URSS exclus
- Middle East	79.1	92.0	105.1	98.6	134.0	- Moyen-Orient
Asia former USSR	11.4	31.6	22.9	20.7	16.4	Asie ancienne URSS
Europe excluding former USSR	30247.2	31097.4	32911.8	34269.6	40974.0	Europe ancienne URSS exclus
- European Union	27497.9	28222.9	29734.4	30714.3	36609.6	- Union Européenne
- Eastern Europe	360.7	466.2	622.9	795.8	1179.4	- Europe de l'Est
- Rest of Europe	2388.6	2408.3	2554.5	2759.5	3185.0	- Autre de l'Europe
Europe former USSR	588.2	661.3	1069.6	721.8	728.6	Europe ancienne URSS
Oceania	495.6	463.6	446.3	462.1	503.7	Océanie
United States	18348.2	22344.7	20623.6	18946.2	19679.1	Etats-Unis d'Amérique
Germany	10094.8	9938.8	10634.5	11215.2	13809.6	Allemagne
Japan	7187.9	9839.3	7762.9	7435.8	9458.4	Japon
United Kingdom	6079.1	6277.6	6599.4	6365.8	6762.7	Royaume-Uni
France-Monaco	3054.6	3346.9	3613.6	3846.1	4573.7	France-Monaco
Netherlands	1866.7	2181.2	2028.9	2134.8	2525.7	Pays-Bas
Switzerland-Liechtenstein	1914.0	1950.7	2005.6	2135.3	2482.8	Suisse-Liechtenstein
Italy-San Marino-Holy See	1866.5	1815.2	1917.6	1936.1	2417.4	Italie-Saint-Marin-Saint-Siège
Mexico	1460.3	1787.8	2089.1	2270.3	2197.8	Mexique
Canada	1457.0	1680.5	1696.6	1778.5	1926.1	Canada
Singapore	1052.4	1274.4	1383.3	1757.1	1803.3	Singapour
China, Hong Kong SAR	1063.1	1390.8	1457.2	1567.0	1779.3	Chine - RAS de Hong-Kong
Sweden	1078.5	1097.2	1180.9	1219.7	1437.3	Suède
China	700.4	938.6	1091.6	1259.3	1730.0	Chine
Malaysia	355.0	624.1	818.1	1014.0	1196.5	Malaisie
Denmark	633.5	669.3	701.2	764.6	890.9	Danemark
Spain	674.1	631.9	678.3	683.0	959.2	Espagne
Belgium	615.6	628.1	647.6	762.3	955.7	Belgique
Austria	561.0	590.2	644.3	645.2	834.4	Autriche
Israel	479.8	666.6	696.8	588.9	566.8	Israël
Finland	521.2	553.3	581.6	589.0	700.5	Finlande
Russian Federation	466.3	509.6	915.3	509.5	449.9	Fédération de Russie
Norway	370.6	351.7	421.6	480.8	524.0	Norvège
Korea, Republic of	271.3	397.1	361.1	396.9	591.7	République de Corée
Australia	403.2	403.0	393.0	396.6	418.8	Australie
Ireland	251.4	311.9	303.3	326.4	473.8	Irlande
Hungary	110.7	169.3	258.2	340.0	449.4	Hongrie
Czech Republic	141.5	153.7	204.5	234.8	345.9	République tchèque
Brazil	149.1	171.7	193.2	169.3	143.6	Brésil
Thailand	87.2	104.4	140.9	e157.6	184.0	Thaïlande

(Value as percentages of World total)

(Valeur en pourcentage du total mondial)

Regions of the world	1994	1995	1996	1997	1998	1999	2000	2001	2002	2003	Régions du monde
World	100.0	100.0	100.0	100.0	100.0	100.0	100.0	100.0	100.0	100.0	Monde
Africa	0.2	0.2	0.2	0.2	0.3	0.3	0.2	0.2	0.2	0.3	Afrique
Americas	29.6	28.2	29.3	32.0	32.5	33.1	35.0	33.5	31.5	28.3	Amériques
- Northern America	28.3	27.1	27.9	30.2	30.2	30.5	32.2	30.2	28.0	25.4	- Amérique du Nord
- LAIA	1.3	1.1	1.4	1.7	2.2	2.6	2.7	3.2	3.4	2.9	- ALAI
- CACM	0.0	0.0	0.0	0.0	0.0	0.0	0.0	0.1	0.0	0.0	- MCC
- Caribbean	0.0	0.0	0.0	0.0	0.0	0.0	0.0	0.0	0.0	0.0	- Caraïbes
- Rest of America	0.0	0.0	0.0	0.0	0.0	0.0	0.0	0.0	0.0	0.0	- Autre d'Amérique
Asia excluding former USSR	19.6	20.8	19.8	19.6	17.2	18.4	21.6	19.7	20.4	21.9	Asie ancienne URSS exclus
- Middle East	0.3	0.2	0.1	0.1	0.1	0.1	0.1	0.1	0.1	0.2	- Moyen-Orient
Asia former USSR	0.0	0.0	0.0	0.0	0.0	0.0	0.0	0.0	0.0	0.0	Asie ancienne URSS
Europe excluding former USSR	49.6	49.9	49.7	47.1	48.6	46.5	41.7	44.5	46.3	48.1	Europe ancienne URSS exclus
- European Union	44.1	44.4	44.5	42.7	44.0	42.3	37.8	40.2	41.5	43.0	- Union Européenne
- Eastern Europe	0.4	0.6	0.5	0.5	0.6	0.6	0.6	0.8	1.1	1.4	- Europe de l'Est
- Rest of Europe	5.1	5.0	4.6	3.9	3.9	3.7	3.2	3.5	3.7	3.7	- Autre de l'Europe
Europe former USSR	0.4	0.4	0.4	0.5	0.8	0.9	0.9	1.4	1.0	0.9	Europe ancienne URSS
Oceania	0.6	0.5	0.6	0.6	0.7	0.8	0.6	0.6	0.6	0.6	Océanie

881 Photographic apparatus and equipment, nes

TRADE BY COMMODITY (Value in million US dollars)
Imports by principal countries or areas

COMMERCE PAR PRODUIT (Valeur en millions de dollars EU)
Importations selon les principaux pays ou zones

Country or area	1999	2000	2001	2002	2003	Pays ou zone
World	15080.6	18018.5	15474.7	14621.5	15244.4	Monde
Africa	95.0	107.8	87.4	106.4	120.4	Afrique
Americas	4459.5	5168.0	4288.5	4024.3	3747.6	Amériques
- Northern America	4092.2	4752.1	3817.9	3555.3	3393.3	- Amérique du Nord
- LAIA	325.5	369.4	433.3	423.0	295.7	- ALAI
- CACM	15.5	13.7	12.8	15.4	23.0	- MCC
- Caribbean	20.4	23.3	20.3	24.8	28.5	- Caraïbes
- Rest of America	5.8	9.5	4.3	5.8	7.0	- Autre d'Amérique
Asia excluding former USSR	5785.5	7814.0	6480.7	6512.1	7309.7	Asie ancienne URSS exclus
- Middle East	201.9	228.5	215.8	251.6	304.7	- Moyen-Orient
Asia former USSR	4.1	4.4	3.5	4.1	5.5	Asie ancienne URSS
Europe excluding former USSR	4502.3	4670.7	4377.1	3724.5	3806.1	Europe ancienne URSS exclus
- European Union	4078.8	4276.4	4019.9	3329.7	3411.3	- Union Européenne
- Eastern Europe	104.9	118.6	127.3	162.7	174.2	- Europe de l'Est
- Rest of Europe	318.5	275.6	229.9	232.0	220.6	- Autre de l'Europe
Europe former USSR	24.2	30.6	38.8	49.7	51.7	Europe ancienne URSS
Oceania	209.9	223.1	198.7	200.6	203.5	Océanie
United States	3777.0	4398.3	3467.2	3289.7	3155.2	Etats-Unis d'Amérique
China, Hong Kong SAR	1588.5	1897.9	1870.7	1748.8	1569.1	Chine - RAS de Hong-Kong
Germany	943.4	1069.5	1142.3	797.0	695.5	Allemagne
Japan	935.1	1022.5	893.1	786.7	712.7	Japon
China	637.0	813.1	756.3	910.4	1039.9	Chine
Korea, Republic of	693.0	960.2	622.6	650.0	1041.6	République de Corée
United Kingdom	679.4	695.9	630.6	564.8	591.0	Royaume-Uni
France-Monaco	517.4	582.1	494.9	437.8	474.3	France-Monaco
Singapore	365.6	496.8	519.2	467.1	450.9	Singapour
Netherlands	366.2	466.4	447.5	379.0	449.1	Pays-Bas
Italy-San Marino-Holy See	426.1	396.5	319.6	297.9	273.4	Italie-Saint-Marin-Saint-Siège
Canada	312.9	352.4	349.2	264.4	236.7	Canada
Malaysia	137.5	201.9	209.4	331.3	395.9	Malaisie
Spain	263.0	245.4	236.3	232.2	287.6	Espagne
Belgium	370.1	269.8	264.9	145.6	175.5	Belgique
Mexico	188.9	217.1	293.0	321.7	193.6	Mexique
Australia	167.0	178.0	153.2	151.3	145.2	Australie
Philippines	172.0	116.1	83.1	18.7	367.7	Philippines
Switzerland-Liechtenstein	210.3	178.4	121.8	104.7	79.6	Suisse-Liechtenstein
Austria	102.2	104.5	110.4	81.3	96.2	Autriche
Israel	173.6	155.9	54.0	61.6	46.2	Israël
Ireland	89.0	142.6	98.9	67.0	69.5	Irlande
Sweden	94.2	97.2	77.0	85.3	94.3	Suède
Thailand	60.0	98.4	88.2	e84.2	98.8	Thaïlande
United Arab Emirates	53.1	77.6	76.7	e78.7	e92.2	Emirates arabes unis
Denmark	70.7	63.6	65.7	61.5	67.6	Danemark
Norway	66.1	57.0	60.3	65.3	68.0	Norvège
Saudi Arabia	61.0	42.8	40.1	57.7	65.9	Arabie saoudite
Portugal	59.0	55.5	51.2	47.0	e48.0	Portugal
Greece	46.0	33.2	31.4	86.6	43.7	Grèce

(Value as percentages of World total)

(Valeur en pourcentage du total mondial)

Regions of the world	1994	1995	1996	1997	1998	1999	2000	2001	2002	2003	Régions du monde
World	100.0	100.0	100.0	100.0	100.0	100.0	100.0	100.0	100.0	100.0	Monde
Africa	0.8	0.7	0.7	0.7	0.8	0.6	0.6	0.6	0.7	0.8	Afrique
Americas	27.4	25.2	25.2	28.0	29.7	29.6	28.7	27.7	27.5	24.6	Amériques
- Northern America	23.8	22.7	22.8	25.2	26.5	27.1	26.4	24.7	24.3	22.3	- Amérique du Nord
- LAIA	3.3	2.2	2.2	2.6	2.9	2.2	2.1	2.8	2.9	1.9	- ALAI
- CACM	0.1	0.1	0.1	0.1	0.1	0.1	0.1	0.1	0.1	0.2	- MCC
- Caribbean	0.1	0.1	0.1	0.1	0.1	0.1	0.1	0.1	0.2	0.2	- Caraïbes
- Rest of America	0.1	0.1	0.0	0.0	0.1	0.0	0.1	0.0	0.0	0.0	- Autre d'Amérique
Asia excluding former USSR	37.0	40.8	41.0	39.6	36.6	38.4	43.4	41.9	44.5	47.9	Asie ancienne URSS exclus
- Middle East	1.7	1.6	1.6	1.7	1.7	1.3	1.3	1.4	1.7	2.0	- Moyen-Orient
Asia former USSR	0.0	0.0	0.0	0.0	0.0	0.0	0.0	0.0	0.0	0.0	Asie ancienne URSS
Europe excluding former USSR	32.4	30.8	30.6	29.5	31.1	29.9	25.9	28.3	25.5	25.0	Europe ancienne URSS exclus
- European Union	29.8	28.1	27.9	26.8	28.3	27.0	23.7	26.0	22.8	22.4	- Union Européenne
- Eastern Europe	0.6	0.7	0.7	0.7	0.8	0.7	0.7	0.8	1.1	1.1	- Europe de l'Est
- Rest of Europe	1.9	2.1	2.1	2.0	2.0	2.1	1.5	1.5	1.6	1.4	- Autre de l'Europe
Europe former USSR	0.8	0.8	0.8	0.7	0.4	0.2	0.2	0.3	0.3	0.3	Europe ancienne URSS
Oceania	1.6	1.5	1.6	1.5	1.4	1.4	1.2	1.3	1.4	1.3	Océanie

TRADE BY COMMODITY (Value in million US dollars)
Exports by principal countries or areas

COMMERCE PAR PRODUIT (Valeur en millions de dollars EU)
Exportations selon les principaux pays ou zones

Country or area	1999	2000	2001	2002	2003	Pays ou zone
World	15128.4	18949.6	16124.2	15191.9	15828.5	Monde
Africa	5.0	7.4	13.6	18.3	18.0	Afrique
Americas	1715.1	1772.9	1652.8	1640.7	1416.0	Amériques
- Northern America	1414.5	1364.3	1233.0	1249.9	1032.2	- Amérique du Nord
- LAIA	291.8	395.3	410.5	382.5	351.0	- ALAI
- CACM	6.9	7.5	5.1	5.8	8.2	- MCC
- Caribbean	1.3	4.3	3.9	2.3	24.6	- Caraïbes
- Rest of America	0.6	1.4	0.3	0.2	0.0	- Autre d'Amérique
Asia excluding former USSR	9268.9	12092.8	10221.2	8788.3	9595.2	Asie ancienne URSS exclus
- Middle East	42.6	45.4	40.3	49.2	48.0	- Moyen-Orient
Asia former USSR	0.1	0.6	0.3	0.5	0.3	Asie ancienne URSS
Europe excluding former USSR	4087.5	5023.0	4183.8	4680.9	4726.2	Europe ancienne URSS exclus
- European Union	3634.5	4535.4	3842.5	4315.0	4409.7	- Union Européenne
- Eastern Europe	27.5	73.3	108.6	136.3	150.9	- Europe de l'Est
- Rest of Europe	425.4	414.3	232.7	229.6	165.6	- Autre de l'Europe
Europe former USSR	11.0	8.5	12.8	18.6	19.1	Europe ancienne URSS
Oceania	40.6	44.5	39.6	44.6	53.9	Océanie
Japan	4100.9	5766.1	4290.5	3485.4	3853.6	Japon
China, Hong Kong SAR	1959.7	2355.8	2307.3	2181.4	2115.4	Chine - RAS de Hong-Kong
Netherlands	1230.8	2226.1	1548.8	2129.0	2099.2	Pays-Bas
China	1185.0	1447.3	1221.7	1056.3	1047.5	Chine
United States	1330.0	1286.8	1186.8	1178.2	973.1	Etats-Unis d'Amérique
Germany	923.2	880.1	940.3	895.9	915.9	Allemagne
Malaysia	430.9	573.5	590.9	557.3	647.1	Malaisie
Mexico	289.1	391.1	406.7	378.3	346.7	Mexique
Singapore	283.2	390.3	380.9	340.8	323.9	Singapour
United Kingdom	355.0	344.3	247.6	251.0	342.5	Royaume-Uni
Belgium	322.1	261.2	292.4	276.9	203.2	Belgique
Switzerland-Liechtenstein	397.7	381.2	165.4	181.1	122.0	Suisse-Liechtenstein
Thailand	179.2	269.2	255.3	e244.9	286.1	Thaïlande
Italy-San Marino-Holy See	263.1	277.8	265.5	212.4	202.9	Italie-Saint-Marin-Saint-Siège
France-Monaco	187.5	210.4	207.3	213.0	261.1	France-Monaco
Philippines	64.1	109.2	223.5	10.9	362.0	Philippines
Korea, Republic of	178.2	162.1	126.8	111.1	110.3	République de Corée
Denmark	135.9	120.0	93.5	81.3	93.9	Danemark
Indonesia	121.2	141.3	118.9	59.7	56.8	Indonésie
Sweden	76.0	86.5	111.6	91.5	122.3	Suède
Israel	77.3	132.5	85.1	51.4	41.0	Israël
Canada	84.4	77.5	46.2	71.5	58.9	Canada
Hungary	8.4	50.1	82.5	96.5	90.0	Hongrie
Austria	57.3	55.0	51.0	55.8	66.1	Autriche
Spain	48.8	39.6	47.0	52.6	58.5	Espagne
Australia	31.5	37.8	31.7	33.6	42.3	Australie
United Arab Emirates	26.8	28.3	31.9	e33.2	e39.4	Emirates arabes unis
Norway	9.3	14.2	46.1	24.2	18.1	Norvège
Portugal	20.5	16.6	19.3	19.2	e22.3	Portugal
Czech Republic	13.0	11.6	13.6	20.3	35.0	République tchèque

(Value as percentages of World total)   **(Valeur en pourcentage du total mondial)**

Regions of the world	1994	1995	1996	1997	1998	1999	2000	2001	2002	2003	Régions du monde
World	100.0	100.0	100.0	100.0	100.0	100.0	100.0	100.0	100.0	100.0	Monde
Africa	0.1	0.0	0.0	0.0	0.0	0.0	0.0	0.1	0.1	0.1	Afrique
Americas	11.1	9.8	10.1	9.9	10.8	11.3	9.4	10.3	10.8	8.9	Amériques
- Northern America	10.4	9.1	9.2	8.7	9.0	9.4	7.2	7.6	8.2	6.5	- Amérique du Nord
- LAIA	0.7	0.6	0.9	1.1	1.7	1.9	2.1	2.5	2.5	2.2	- ALAI
- CACM	0.0	0.0	0.0	0.0	0.0	0.0	0.0	0.0	0.0	0.1	- MCC
- Caribbean	0.0	0.0	0.0	0.0	0.0	0.0	0.0	0.0	0.0	0.2	- Caraïbes
- Rest of America	0.0	0.0	0.0	0.0	0.0	0.0	0.0	0.0	0.0	0.0	- Autre d'Amérique
Asia excluding former USSR	63.5	65.9	64.3	63.1	62.0	61.3	63.8	63.4	57.8	60.6	Asie ancienne URSS exclus
- Middle East	0.1	0.1	0.1	0.1	0.3	0.3	0.2	0.3	0.3	0.3	- Moyen-Orient
Asia former USSR	0.0	0.0	0.0	0.0	0.0	0.0	0.0	0.0	0.0	0.0	Asie ancienne URSS
Europe excluding former USSR	24.9	23.9	25.1	26.5	26.8	27.0	26.5	25.9	30.8	29.9	Europe ancienne URSS exclus
- European Union	23.2	22.3	23.2	24.4	24.3	24.0	23.9	23.8	28.4	27.9	- Union Européenne
- Eastern Europe	0.1	0.1	0.1	0.1	0.2	0.2	0.4	0.7	0.9	1.0	- Europe de l'Est
- Rest of Europe	1.6	1.6	1.8	2.0	2.2	2.8	2.2	1.4	1.5	1.0	- Autre de l'Europe
Europe former USSR	0.1	0.1	0.2	0.2	0.1	0.1	0.0	0.1	0.1	0.1	Europe ancienne URSS
Oceania	0.3	0.2	0.2	0.2	0.2	0.3	0.2	0.2	0.3	0.3	Océanie

882 Photographic and cinematographic supplies

Country or area	1999	2000	2001	2002	2003	Pays ou zone
World	18026.6	18612.9	16524.1	17101.9	18143.4	Monde
Africa	260.4	266.9	246.7	274.1	290.9	Afrique
Americas	4504.7	4771.3	4176.6	4088.8	3980.1	Amériques
- Northern America	3200.0	3329.5	2827.2	2755.7	2683.5	- Amérique du Nord
- LAIA	1215.3	1356.2	1260.0	1250.4	1212.9	- ALAI
- CACM	47.3	44.7	48.3	48.2	52.5	- MCC
- Caribbean	30.2	27.5	30.1	25.7	22.3	- Caraïbes
- Rest of America	11.8	13.5	10.9	8.8	8.7	- Autre d'Amérique
Asia excluding former USSR	4692.1	5329.1	4665.3	4810.4	5151.1	Asie ancienne URSS exclus
- Middle East	389.9	386.5	352.2	371.5	459.3	- Moyen-Orient
Asia former USSR	6.6	8.3	7.9	10.7	13.3	Asie ancienne URSS
Europe excluding former USSR	7964.1	7681.8	6929.5	7376.3	8107.5	Europe ancienne URSS exclus
- European Union	7288.9	7033.6	6298.3	6692.9	7329.8	- Union Européenne
- Eastern Europe	264.5	285.3	294.3	332.0	386.5	- Europe de l'Est
- Rest of Europe	410.8	362.8	337.0	351.4	391.2	- Autre de l'Europe
Europe former USSR	127.2	140.7	144.8	156.1	177.6	Europe ancienne URSS
Oceania	471.6	414.8	353.2	385.6	422.7	Océanie
United States	2462.0	2654.1	2213.0	2132.9	1987.6	Etats-Unis d'Amérique
Germany	1483.6	1314.4	1258.4	1109.4	1199.4	Allemagne
United Kingdom	1366.1	1487.9	1166.3	1077.9	1075.9	Royaume-Uni
France-Monaco	1250.3	1219.6	979.9	1033.4	1179.4	France-Monaco
China, Hong Kong SAR	788.7	885.8	859.2	847.0	749.8	Chine - RAS de Hong-Kong
Italy-San Marino-Holy See	704.5	684.4	644.4	684.6	814.1	Italie-Saint-Marin-Saint-Siège
Singapore	695.0	807.5	718.4	667.8	509.5	Singapour
Canada	735.9	674.6	613.3	622.0	694.8	Canada
Korea, Republic of	549.2	626.1	579.6	623.4	748.3	République de Corée
Mexico	513.3	619.9	586.7	676.9	634.7	Mexique
Netherlands	605.3	548.8	470.4	572.2	687.1	Pays-Bas
Belgium	461.5	416.8	469.3	530.5	830.4	Belgique
China	357.3	517.8	458.5	566.6	719.5	Chine
Japan	627.0	721.5	422.9	358.1	389.8	Japon
Spain	450.7	420.9	412.5	421.5	497.3	Espagne
Australia	379.7	330.8	270.6	296.7	332.3	Australie
Brazil	283.2	304.2	282.5	254.6	240.3	Brésil
Sweden	230.6	213.9	217.5	228.9	257.0	Suède
Austria	211.8	245.8	216.8	196.1	215.2	Autriche
India	168.0	197.2	215.7	207.5	236.6	Inde
Switzerland-Liechtenstein	237.1	204.3	178.6	170.1	173.4	Suisse-Liechtenstein
Greece	90.7	66.0	60.0	425.6	96.9	Grèce
Thailand	130.7	119.1	111.8	e164.3	192.6	Thaïlande
Turkey	140.0	137.8	118.6	130.1	156.7	Turquie
Denmark	132.8	131.2	118.4	135.4	145.1	Danemark
Poland	108.1	112.1	112.4	120.8	140.1	Pologne
Argentina	143.9	141.4	118.9	66.9	e102.8	Argentine
Malaysia	110.1	110.5	107.8	114.8	107.3	Malaisie
Portugal	108.0	102.7	100.7	103.1	e105.3	Portugal
United Arab Emirates	102.7	101.3	92.1	e94.4	e110.7	Emirates arabes unis

(Value as percentages of World total) / (Valeur en pourcentage du total mondial)

Regions of the world	1994	1995	1996	1997	1998	1999	2000	2001	2002	2003	Régions du monde
World	100.0	100.0	100.0	100.0	100.0	100.0	100.0	100.0	100.0	100.0	Monde
Africa	1.7	1.6	1.6	1.6	1.6	1.4	1.4	1.5	1.6	1.6	Afrique
Americas	23.9	22.2	22.3	23.9	25.1	25.0	25.6	25.3	23.9	21.9	Amériques
- Northern America	18.3	16.9	16.7	17.5	17.8	17.8	17.9	17.1	16.1	14.8	- Amérique du Nord
- LAIA	5.1	4.9	5.2	5.9	6.8	6.7	7.3	7.6	7.3	6.7	- ALAI
- CACM	0.2	0.2	0.2	0.2	0.3	0.3	0.2	0.3	0.3	0.3	- MCC
- Caribbean	0.1	0.1	0.2	0.2	0.2	0.2	0.1	0.2	0.2	0.1	- Caraïbes
- Rest of America	0.1	0.1	0.1	0.1	0.1	0.1	0.1	0.1	0.1	0.0	- Autre d'Amérique
Asia excluding former USSR	24.2	24.5	25.4	25.5	23.2	26.0	28.6	28.2	28.1	28.4	Asie ancienne URSS exclus
- Middle East	1.8	1.9	2.0	2.1	2.2	2.2	2.1	2.1	2.2	2.5	- Moyen-Orient
Asia former USSR	0.0	0.0	0.1	0.0	0.0	0.0	0.0	0.0	0.1	0.1	Asie ancienne URSS
Europe excluding former USSR	46.6	48.2	46.6	45.0	47.0	44.2	41.3	41.9	43.1	44.7	Europe ancienne URSS exclus
- European Union	43.0	44.6	43.1	41.6	43.1	40.4	37.8	38.1	39.1	40.4	- Union Européenne
- Eastern Europe	1.1	1.2	1.2	1.3	1.5	1.5	1.5	1.8	1.9	2.1	- Europe de l'Est
- Rest of Europe	2.5	2.4	2.3	2.2	2.3	2.3	1.9	2.0	2.1	2.2	- Autre de l'Europe
Europe former USSR	0.8	1.0	1.1	1.1	0.8	0.7	0.8	0.9	0.9	1.0	Europe ancienne URSS
Oceania	2.8	2.6	2.9	2.9	2.3	2.6	2.2	2.1	2.3	2.3	Océanie

TRADE BY COMMODITY (Value in million US dollars)
Exports by principal countries or areas

COMMERCE PAR PRODUIT (Valeur en millions de dollars EU)
Exportations selon les principaux pays ou zones

Country or area	1999	2000	2001	2002	2003	Pays ou zone
World	17330.3	18516.2	16274.1	16814.1	18727.7	Monde
Africa	12.1	15.4	26.5	24.3	22.2	Afrique
Americas	3557.8	4345.5	3306.4	3478.6	3477.7	Amériques
- Northern America	2930.0	3656.1	2766.8	2989.6	3016.9	- Amérique du Nord
- LAIA	626.0	688.0	537.7	485.9	458.0	- ALAI
- CACM	1.1	0.7	1.0	2.3	2.2	- MCC
- Caribbean	0.8	0.7	0.7	0.7	0.6	- Caraïbes
- Rest of America	0.0	0.1	0.2	0.1	0.0	- Autre d'Amérique
Asia excluding former USSR	5615.4	6041.2	5591.9	5902.2	6613.4	Asie ancienne URSS exclus
- Middle East	232.6	54.4	63.5	63.3	67.9	- Moyen-Orient
Asia former USSR	0.1	0.0	0.0	0.0	0.1	Asie ancienne URSS
Europe excluding former USSR	7857.4	7844.5	7122.4	7176.0	8360.9	Europe ancienne URSS exclus
- European Union	7659.6	7665.1	6946.1	6986.6	8170.4	- Union Européenne
- Eastern Europe	34.2	39.2	46.5	50.6	54.0	- Europe de l'Est
- Rest of Europe	163.6	140.3	129.7	138.8	136.5	- Autre de l'Europe
Europe former USSR	8.5	9.8	8.1	7.7	10.4	Europe ancienne URSS
Oceania	279.1	259.7	218.8	225.2	242.9	Océanie
Japan	3753.7	3974.0	3597.4	3763.0	4105.8	Japon
United States	2671.3	3416.6	2552.1	2833.4	2897.0	Etats-Unis d'Amérique
Germany	1908.0	1728.3	1619.7	1646.9	1853.5	Allemagne
United Kingdom	1646.7	1719.0	1465.1	1317.2	1543.2	Royaume-Uni
Belgium	1370.9	1434.7	1388.5	1468.9	1800.8	Belgique
France-Monaco	1114.2	1129.2	967.2	961.5	1233.5	France-Monaco
Netherlands	785.2	819.3	673.2	792.3	842.3	Pays-Bas
Singapore	677.8	794.3	765.9	769.9	851.7	Singapour
China, Hong Kong SAR	463.3	516.1	470.5	471.2	485.3	Chine - RAS de Hong-Kong
China	227.9	426.4	419.2	522.4	738.1	Chine
Mexico	360.9	427.3	336.2	315.8	281.6	Mexique
Italy-San Marino-Holy See	366.5	336.1	300.2	306.5	319.8	Italie-Saint-Marin-Saint-Siège
Australia	276.1	255.8	215.2	222.3	234.4	Australie
Canada	258.7	239.5	214.8	156.2	119.9	Canada
Spain	149.9	156.3	185.2	167.6	208.4	Espagne
Brazil	220.5	195.3	155.5	112.8	121.4	Brésil
Sweden	124.9	121.1	110.8	122.5	147.4	Suède
Switzerland-Liechtenstein	151.7	126.2	113.3	119.4	115.9	Suisse-Liechtenstein
Korea, Republic of	83.1	82.0	107.0	116.6	131.5	République de Corée
United Arab Emirates	218.8	37.4	43.7	e45.5	e54.0	Emirates arabes unis
Austria	79.0	69.6	79.1	78.8	83.8	Autriche
Malaysia	72.8	74.9	61.4	67.3	75.3	Malaisie
Argentina	41.9	61.0	43.0	54.5	50.9	Argentine
Denmark	38.7	47.0	46.7	48.7	48.1	Danemark
Greece	20.2	42.7	40.1	9.6	9.3	Grèce
Finland	22.1	21.1	20.2	20.9	26.6	Finlande
Ireland	9.7	16.0	23.6	25.6	27.0	Irlande
Bulgaria	11.4	14.6	20.4	25.6	28.8	Bulgarie
Luxembourg	17.1	14.7	12.3	8.4	14.0	Luxembourg
India	17.7	16.7	0.5	9.1	9.0	Inde

(Value as percentages of World total) **(Valeur en pourcentage du total mondial)**

Regions of the world	1994	1995	1996	1997	1998	1999	2000	2001	2002	2003	Régions du monde
World	100.0	100.0	100.0	100.0	100.0	100.0	100.0	100.0	100.0	100.0	Monde
Africa	0.1	0.1	0.1	0.1	0.1	0.1	0.1	0.2	0.1	0.1	Afrique
Americas	18.2	18.2	19.5	20.0	19.9	20.5	23.5	20.3	20.7	18.6	Amériques
- Northern America	15.3	15.2	16.8	17.1	16.6	16.9	19.7	17.0	17.8	16.1	- Amérique du Nord
- LAIA	2.9	3.0	2.7	3.0	3.3	3.6	3.7	3.3	2.9	2.4	- ALAI
- CACM	0.0	0.0	0.0	0.0	0.0	0.0	0.0	0.0	0.0	0.0	- MCC
- Caribbean	0.0	0.0	0.0	0.0	0.0	0.0	0.0	0.0	0.0	0.0	- Caraïbes
- Rest of America	0.0	0.0	0.0	0.0	0.0	0.0	0.0	0.0	0.0	0.0	- Autre d'Amérique
Asia excluding former USSR	31.0	31.2	30.5	30.1	29.8	32.4	32.6	34.4	35.1	35.3	Asie ancienne URSS exclus
- Middle East	0.2	0.2	0.9	1.1	1.3	1.3	0.3	0.4	0.4	0.4	- Moyen-Orient
Asia former USSR	0.0	0.0	0.0	0.0	0.0	0.0	0.0	0.0	0.0	0.0	Asie ancienne URSS
Europe excluding former USSR	49.1	48.9	48.0	47.8	48.7	45.3	42.4	43.8	42.7	44.6	Europe ancienne URSS exclus
- European Union	47.6	47.3	46.7	46.6	47.4	44.2	41.4	42.7	41.6	43.6	- Union Européenne
- Eastern Europe	0.2	0.2	0.2	0.2	0.3	0.2	0.2	0.3	0.3	0.3	- Europe de l'Est
- Rest of Europe	1.4	1.4	1.2	0.9	1.0	0.9	0.8	0.8	0.8	0.7	- Autre de l'Europe
Europe former USSR	0.1	0.1	0.1	0.1	0.1	0.0	0.1	0.0	0.0	0.1	Europe ancienne URSS
Oceania	1.5	1.5	1.7	1.9	1.5	1.6	1.4	1.3	1.3	1.3	Océanie

883 Cinematograph film, exposed and developed

TRADE BY COMMODITY (Value in million US dollars)
Imports by principal countries or areas

COMMERCE PAR PRODUIT (Valeur en millions de dollars EU)
Importations selon les principaux pays ou zones

Country or area	1999	2000	2001	2002	2003	Pays ou zone
World	346.3	363.7	445.8	427.8	531.3	Monde
Africa	5.0	4.2	4.6	4.3	5.2	Afrique
Americas	165.7	162.7	193.4	211.3	298.8	Amériques
- Northern America	152.0	145.3	177.5	195.0	282.8	- Amérique du Nord
- LAIA	9.9	13.3	12.3	13.2	14.3	- ALAI
- CACM	0.4	0.7	0.6	0.7	0.9	- MCC
- Caribbean	3.1	3.1	2.8	2.1	0.3	- Caraïbes
- Rest of America	0.3	0.3	0.3	0.3	0.4	- Autre d'Amérique
Asia excluding former USSR	68.9	90.2	155.5	96.7	94.4	Asie ancienne URSS exclus
- Middle East	7.4	9.1	5.5	7.0	7.1	- Moyen-Orient
Asia former USSR	0.1	0.1	0.0	0.1	0.1	Asie ancienne URSS
Europe excluding former USSR	96.9	96.0	82.9	100.9	116.4	Europe ancienne URSS exclus
- European Union	76.7	74.6	68.3	88.1	102.3	- Union Européenne
- Eastern Europe	3.2	3.5	4.0	4.2	4.9	- Europe de l'Est
- Rest of Europe	17.1	17.9	10.6	8.6	9.1	- Autre de l'Europe
Europe former USSR	0.7	1.1	1.7	2.3	2.8	Europe ancienne URSS
Oceania	9.0	9.5	7.7	12.4	13.7	Océanie
United States	140.4	135.3	169.4	186.4	275.6	Etats-Unis d'Amérique
Korea, Republic of	23.7	40.7	46.5	51.4	49.9	République de Corée
France-Monaco	30.2	34.2	25.6	30.3	40.1	France-Monaco
Japan	13.0	13.4	80.0	13.7	14.0	Japon
Spain	17.7	12.7	13.1	18.6	27.8	Espagne
Australia	8.1	8.8	6.7	11.1	12.7	Australie
United Kingdom	8.9	7.9	8.6	10.9	9.7	Royaume-Uni
Canada	11.5	10.0	8.1	8.6	7.3	Canada
Switzerland-Liechtenstein	13.1	14.0	6.1	3.1	3.8	Suisse-Liechtenstein
Mexico	4.8	7.7	5.8	6.6	7.5	Mexique
Austria	4.1	3.3	5.0	6.7	5.9	Autriche
Israel	3.9	5.2	5.4	5.9	4.3	Israël
Thailand	4.5	4.6	4.1	e3.0	3.5	Thaïlande
Germany	3.2	3.1	2.3	7.1	1.8	Allemagne
Italy-San Marino-Holy See	2.6	4.1	2.8	2.8	2.4	Italie-Saint-Marin-Saint-Siège
Belgium	1.7	2.2	3.3	2.4	2.9	Belgique
Turkey	1.6	2.2	1.7	3.0	3.2	Turquie
Chile	1.6	2.0	2.6	2.7	2.7	Chili
China, Hong Kong SAR	2.8	2.5	2.0	2.4	1.9	Chine - RAS de Hong-Kong
Norway	2.6	2.2	1.9	2.5	2.2	Norvège
South Africa	–	2.4	2.8	2.6	3.5	Afrique du Sud
Portugal	1.8	2.2	2.2	2.3	e2.4	Portugal
Indonesia	2.5	2.6	2.1	1.6	2.1	Indonésie
Singapore	1.2	1.6	1.8	2.5	2.2	Singapour
Aruba	2.7	2.4	2.1	1.8		Aruba
China	2.9	2.3	1.1	1.2	1.0	Chine
Venezuela	0.9	1.7	1.8	2.1	1.8	Venezuela
Lebanon	1.7	1.9	2.0	1.1	1.3	Liban
India	0.7	1.9	0.8	2.0	2.4	Inde
Denmark	1.6	0.6	0.9	1.4	3.3	Danemark

(Value as percentages of World total)

(Valeur en pourcentage du total mondial)

Regions of the world	1994	1995	1996	1997	1998	1999	2000	2001	2002	2003	Régions du monde
World	100.0	100.0	100.0	100.0	100.0	100.0	100.0	100.0	100.0	100.0	Monde
Africa	1.8	1.6	1.5	1.5	2.1	1.4	1.1	1.0	1.0	1.0	Afrique
Americas	28.6	28.8	33.8	35.5	43.2	47.9	44.7	43.4	49.4	56.2	Amériques
- Northern America	26.5	26.6	31.8	32.5	39.3	43.9	39.9	39.8	45.6	53.2	- Amérique du Nord
- LAIA	1.5	1.5	1.5	2.5	3.2	2.9	3.7	2.7	3.1	2.7	- ALAI
- CACM	0.0	0.0	0.1	0.1	0.2	0.1	0.2	0.1	0.2	0.2	- MCC
- Caribbean	0.6	0.6	0.4	0.3	0.2	0.9	0.8	0.6	0.5	0.1	- Caraïbes
- Rest of America	0.0	0.0	0.0	0.2	0.2	0.1	0.1	0.1	0.1	0.1	- Autre d'Amérique
Asia excluding former USSR	35.7	37.2	30.6	30.0	19.8	19.9	24.8	34.9	22.6	17.8	Asie ancienne URSS exclus
- Middle East	3.3	2.7	2.9	3.6	2.5	2.1	2.5	1.2	1.6	1.3	- Moyen-Orient
Asia former USSR	0.0	0.0	0.1	0.1	0.1	0.0	0.0	0.0	0.0	0.0	Asie ancienne URSS
Europe excluding former USSR	31.4	30.4	31.7	30.5	31.4	28.0	26.4	18.6	23.6	21.9	Europe ancienne URSS exclus
- European Union	26.1	21.2	24.0	23.4	24.6	22.1	20.5	15.3	20.6	19.3	- Union Européenne
- Eastern Europe	1.1	0.9	1.7	2.3	1.3	0.9	1.0	0.9	1.0	0.9	- Europe de l'Est
- Rest of Europe	4.3	8.3	6.0	4.7	5.5	4.9	4.9	2.4	2.0	1.7	- Autre de l'Europe
Europe former USSR	0.1	0.1	0.1	0.2	0.3	0.2	0.3	0.4	0.5	0.5	Europe ancienne URSS
Oceania	2.4	1.9	2.1	2.3	3.1	2.6	2.6	1.7	2.9	2.6	Océanie

TRADE BY COMMODITY (Value in million US dollars)
Exports by principal countries or areas

COMMERCE PAR PRODUIT (Valeur en millions de dollars EU)
Exportations selon les principaux pays ou zones

Country or area	1999	2000	2001	2002	2003	Pays ou zone
World	431.3	374.8	382.7	476.5	537.5	Monde
Africa	3.4	1.2	0.5	0.4	0.5	Afrique
Americas	139.2	154.7	173.4	209.6	292.3	Amériques
- Northern America	126.8	134.8	153.2	189.8	276.1	- Amérique du Nord
- LAIA	12.1	19.3	20.0	19.4	16.0	- ALAI
- CACM	0.0	0.0	0.0	0.0	0.0	- MCC
- Caribbean	0.2	0.5	0.2	0.4	0.2	- Caraïbes
- Rest of America	0.0	0.0	0.0	0.0	0.0	- Autre d'Amérique
Asia excluding former USSR	141.1	79.8	52.0	40.1	35.8	Asie ancienne URSS exclus
- Middle East	1.8	1.4	2.3	1.1	1.7	- Moyen-Orient
Asia former USSR	0.1	0.0	0.0	0.0	0.1	Asie ancienne URSS
Europe excluding former USSR	140.6	121.2	147.1	215.1	197.6	Europe ancienne URSS exclus
- European Union	137.6	114.1	129.7	208.0	189.5	- Union Européenne
- Eastern Europe	1.2	5.0	2.9	3.3	5.7	- Europe de l'Est
- Rest of Europe	1.8	2.1	14.4	3.8	2.4	- Autre de l'Europe
Europe former USSR	0.8	0.6	0.4	0.8	1.0	Europe ancienne URSS
Oceania	6.2	17.2	9.3	10.5	10.1	Océanie
Canada	92.9	100.2	121.2	153.8	242.7	Canada
Italy-San Marino-Holy See	60.8	47.4	57.1	110.0	114.7	Italie-Saint-Marin-Saint-Siège
United Kingdom	45.9	37.3	36.1	58.1	36.7	Royaume-Uni
United States	33.9	34.6	32.0	36.0	33.4	Etats-Unis d'Amérique
Korea, Republic of	87.4	33.4	10.5	7.4	3.9	République de Corée
France-Monaco	20.0	21.0	22.3	23.5	24.7	France-Monaco
India	27.1	25.1	17.7	15.5	13.8	Inde
Argentina	8.2	12.1	13.1	10.6	6.3	Argentine
Australia	3.7	16.1	7.4	10.1	8.2	Australie
Israel	12.1	7.5	12.4	7.5	4.9	Israël
Mexico	3.8	7.1	6.3	8.7	9.5	Mexique
Spain	6.0	2.4	4.1	5.6	2.7	Espagne
China, Hong Kong SAR	2.8	3.0	2.8	3.8	5.7	Chine - RAS de Hong-Kong
Japan	4.5	5.2	3.7	1.5	1.8	Japon
Norway	0.2	0.1	12.4	0.1	0.1	Norvège
Germany	1.1	1.3	2.2	2.3	4.3	Allemagne
Belgium	1.8	1.7	3.1	2.4	2.2	Belgique
Bulgaria	0.3	3.4	0.9	1.3	2.0	Bulgarie
New Zealand	2.4	1.0	1.8	0.4	1.9	Nouvelle-Zélande
Switzerland-Liechtenstein	1.2	1.5	1.3	1.5	1.1	Suisse-Liechtenstein
Thailand	0.5	0.9	0.8	e2.0	2.4	Thaïlande
China	2.9	2.4	0.1	0.2	0.1	Chine
Denmark	0.1	0.1	2.5	2.1	0.8	Danemark
Croatia	0.1	0.3	0.7	2.2	1.2	Croatie
Lebanon	0.9	1.0	1.2	0.6	0.6	Liban
Portugal	0.4	0.1	0.3	1.6	e1.9	Portugal
Romania	0.0	0.0	0.0	0.8	2.2	Roumanie
Russian Federation	0.7	0.5	0.3	0.7	0.8	Fédération de Russie
Poland	0.1	1.1	0.2	0.5	1.0	Pologne
Czech Republic	0.7	0.5	0.6	0.6	0.4	République tchèque

(Value as percentages of World total)

(Valeur en pourcentage du total mondial)

Regions of the world	1994	1995	1996	1997	1998	1999	2000	2001	2002	2003	Régions du monde
World	100.0	100.0	100.0	100.0	100.0	100.0	100.0	100.0	100.0	100.0	Monde
Africa	0.2	0.4	0.3	0.4	1.0	0.8	0.3	0.1	0.1	0.1	Afrique
Americas	26.9	28.9	28.8	25.7	28.0	32.3	41.3	45.3	44.0	54.4	Amériques
- Northern America	25.8	27.2	26.6	23.5	25.0	29.4	36.0	40.0	39.8	51.4	- Amérique du Nord
- LAIA	1.1	1.6	2.1	2.2	3.0	2.8	5.2	5.2	4.1	3.0	- ALAI
- CACM	0.0	0.0	0.0	0.0	0.0	0.0	0.0	0.0	0.0	0.0	- MCC
- Caribbean	0.0	0.0	0.0	0.0	0.0	0.1	0.1	0.1	0.1	0.0	- Caraïbes
- Rest of America	0.0	0.0	0.0	0.0	0.0	0.0	0.0	0.0	0.0	0.0	- Autre d'Amérique
Asia excluding former USSR	39.4	42.5	38.0	40.1	33.5	32.7	21.3	13.6	8.4	6.7	Asie ancienne URSS exclus
- Middle East	0.7	0.7	0.4	0.6	1.6	0.4	0.4	0.6	0.2	0.3	- Moyen-Orient
Asia former USSR	0.0	0.0	0.0	0.0	0.0	0.0	0.0	0.0	0.0	0.0	Asie ancienne URSS
Europe excluding former USSR	32.7	26.8	31.5	32.3	35.8	32.6	32.3	38.4	45.1	36.8	Europe ancienne URSS exclus
- European Union	30.6	25.7	29.3	31.4	34.7	31.9	30.4	33.9	43.6	35.3	- Union Européenne
- Eastern Europe	1.7	0.6	1.9	0.4	0.4	0.3	1.3	0.8	0.7	1.1	- Europe de l'Est
- Rest of Europe	0.4	0.6	0.3	0.5	0.6	0.4	0.6	3.8	0.8	0.4	- Autre de l'Europe
Europe former USSR	0.1	0.2	0.1	0.1	0.2	0.2	0.2	0.1	0.2	0.2	Europe ancienne URSS
Oceania	0.6	1.3	1.3	1.4	1.6	1.4	4.6	2.4	2.2	1.9	Océanie

884 Optical goods nes

TRADE BY COMMODITY (Value in million US dollars)
Imports by principal countries or areas

COMMERCE PAR PRODUIT (Valeur en millions de dollars EU)
Importations selon les principaux pays ou zones

Country or area	1999	2000	2001	2002	2003	Pays ou zone
World	9312.5	10394.1	10506.9	11078.5	12898.0	Monde
Africa	84.6	88.7	89.7	89.4	104.0	Afrique
Americas	2759.9	3210.6	3148.7	3125.9	3369.7	Amériques
- Northern America	2462.6	2891.2	2778.1	2714.9	2919.4	- Amérique du Nord
- LAIA	266.7	290.5	336.5	375.4	416.6	- ALAI
- CACM	10.9	9.2	12.1	13.0	13.8	- MCC
- Caribbean	15.0	15.6	17.9	18.4	15.7	- Caraïbes
- Rest of America	4.7	4.2	4.0	4.2	4.2	- Autre d'Amérique
Asia excluding former USSR	2223.8	2784.9	2983.4	3397.3	4101.3	Asie ancienne URSS exclus
- Middle East	154.9	171.4	159.7	169.5	209.3	- Moyen-Orient
Asia former USSR	3.5	2.9	2.6	4.2	6.6	Asie ancienne URSS
Europe excluding former USSR	4034.4	4072.7	4055.3	4216.4	5032.5	Europe ancienne URSS exclus
- European Union	3648.1	3688.8	3657.8	3803.3	4534.9	- Union Européenne
- Eastern Europe	111.4	113.0	123.3	135.0	164.7	- Europe de l'Est
- Rest of Europe	275.0	270.8	274.2	278.2	332.8	- Autre de l'Europe
Europe former USSR	31.0	29.3	39.1	48.5	61.8	Europe ancienne URSS
Oceania	175.3	204.9	188.0	196.8	222.1	Océanie
United States	2157.1	2552.4	2439.0	2367.4	2539.6	Etats-Unis d'Amérique
Japan	688.0	834.4	961.7	1003.3	1243.8	Japon
Germany	825.5	773.0	745.6	641.9	737.1	Allemagne
United Kingdom	515.9	598.0	574.3	667.9	803.5	Royaume-Uni
China, Hong Kong SAR	513.3	577.6	583.3	665.5	720.9	Chine - RAS de Hong-Kong
Netherlands	556.7	554.1	577.5	585.9	747.8	Pays-Bas
France-Monaco	433.6	475.3	470.9	515.3	612.2	France-Monaco
Italy-San Marino-Holy See	394.9	438.9	421.5	467.2	501.4	Italie-Saint-Marin-Saint-Siège
China	158.4	223.8	264.4	450.7	714.7	Chine
Canada	305.1	338.3	338.4	346.7	378.9	Canada
Spain	239.9	239.6	240.7	266.6	336.2	Espagne
Korea, Republic of	152.9	230.6	242.8	280.1	323.7	République de Corée
Singapore	203.2	242.8	201.8	200.3	199.2	Singapour
Mexico	129.7	140.0	184.5	257.3	302.0	Mexique
Switzerland-Liechtenstein	155.7	157.4	153.9	153.3	186.6	Suisse-Liechtenstein
Australia	142.7	170.9	153.2	158.8	181.2	Australie
Belgium	148.6	138.7	138.5	129.7	158.9	Belgique
Austria	110.9	112.2	113.3	113.6	148.6	Autriche
Sweden	105.7	107.8	106.6	117.5	138.8	Suède
Malaysia	61.3	81.3	88.5	96.3	139.0	Malaisie
Denmark	77.2	76.4	84.4	95.5	119.4	Danemark
Thailand	54.3	79.6	84.3	e78.4	92.0	Thaïlande
Norway	71.5	68.2	73.7	72.6	82.9	Norvège
Portugal	60.6	51.4	55.8	61.8	e63.1	Portugal
Israel	46.3	54.0	65.0	63.9	60.1	Israël
Czech Republic	51.6	50.7	56.0	58.5	71.3	République tchèque
Brazil	52.0	58.9	59.2	52.4	49.2	Brésil
Greece	56.2	38.7	39.8	53.1	62.1	Grèce
Finland	39.8	40.9	48.5	50.4	57.7	Finlande
Turkey	44.2	54.0	36.8	39.3	61.0	Turquie

(Value as percentages of World total)

(Valeur en pourcentage du total mondial)

Regions of the world	1994	1995	1996	1997	1998	1999	2000	2001	2002	2003	Régions du monde
World	100.0	100.0	100.0	100.0	100.0	100.0	100.0	100.0	100.0	100.0	Monde
Africa	1.1	1.1	1.0	1.0	1.1	0.9	0.9	0.9	0.8	0.8	Afrique
Americas	31.3	30.9	29.8	29.6	32.0	29.6	30.9	30.0	28.2	26.1	Amériques
- Northern America	28.1	27.9	26.7	26.2	28.2	26.4	27.8	26.4	24.5	22.6	- Amérique du Nord
- LAIA	2.9	2.6	2.8	3.1	3.5	2.9	2.8	3.2	3.4	3.2	- ALAI
- CACM	0.1	0.1	0.1	0.1	0.1	0.1	0.1	0.1	0.1	0.1	- MCC
- Caribbean	0.1	0.2	0.1	0.1	0.1	0.2	0.2	0.2	0.2	0.1	- Caraïbes
- Rest of America	0.1	0.0	0.0	0.0	0.1	0.1	0.0	0.0	0.0	0.0	- Autre d'Amérique
Asia excluding former USSR	22.1	22.8	23.8	23.8	22.3	23.9	26.8	28.4	30.7	31.8	Asie ancienne URSS exclus
- Middle East	2.0	1.9	1.9	1.9	1.9	1.7	1.6	1.5	1.5	1.6	- Moyen-Orient
Asia former USSR	0.0	0.0	0.0	0.0	0.0	0.0	0.0	0.0	0.0	0.1	Asie ancienne URSS
Europe excluding former USSR	42.4	42.2	42.5	42.8	42.0	43.3	39.2	38.6	38.1	39.0	Europe ancienne URSS exclus
- European Union	38.1	37.6	37.9	38.5	37.1	39.2	35.5	34.8	34.3	35.2	- Union Européenne
- Eastern Europe	0.8	1.0	1.3	1.2	1.5	1.2	1.1	1.2	1.2	1.3	- Europe de l'Est
- Rest of Europe	3.6	3.6	3.4	3.2	3.5	3.0	2.6	2.6	2.5	2.6	- Autre de l'Europe
Europe former USSR	0.7	0.8	0.8	0.7	0.5	0.3	0.3	0.4	0.4	0.5	Europe ancienne URSS
Oceania	2.2	2.3	2.2	2.1	2.0	1.9	2.0	1.8	1.8	1.7	Océanie

TRADE BY COMMODITY (Value in million US dollars)
Exports by principal countries or areas

COMMERCE PAR PRODUIT (Valeur en millions de dollars EU)
Exportations selon les principaux pays ou zones

Country or area	1999	2000	2001	2002	2003	Pays ou zone
World	9016.5	10323.8	10570.5	11094.4	12638.2	Monde
Africa	18.9	25.4	22.0	20.2	19.0	Afrique
Americas	1154.9	1336.1	1431.5	1384.2	1349.1	Amériques
- Northern America	1094.4	1287.0	1380.6	1345.3	1306.5	- Amérique du Nord
- LAIA	59.2	47.5	47.7	36.0	40.8	- ALAI
- CACM	0.2	0.2	0.1	0.4	0.2	- MCC
- Caribbean	1.1	1.4	3.0	2.5	1.6	- Caraïbes
- Rest of America	0.0	0.0	0.1	0.1	0.0	- Autre d'Amérique
Asia excluding former USSR	3809.5	4671.1	4589.5	4939.6	5624.4	Asie ancienne URSS exclus
- Middle East	13.2	14.5	16.3	16.8	19.6	- Moyen-Orient
Asia former USSR	0.2	0.4	0.1	0.2	0.1	Asie ancienne URSS
Europe excluding former USSR	3983.4	4202.9	4435.6	4704.6	5588.9	Europe ancienne URSS exclus
- European Union	3788.2	4001.7	4225.8	4493.1	5332.0	- Union Européenne
- Eastern Europe	78.4	75.7	85.2	73.5	98.9	- Europe de l'Est
- Rest of Europe	116.8	125.5	124.6	138.0	157.9	- Autre de l'Europe
Europe former USSR	17.9	24.1	12.9	16.2	19.6	Europe ancienne URSS
Oceania	31.7	63.7	79.0	29.2	37.1	Océanie
Japan	1593.4	1933.7	1696.9	1717.8	1903.6	Japon
Italy-San Marino-Holy See	1113.4	1307.7	1377.7	1487.3	1691.8	Italie-Saint-Marin-Saint-Siège
United States	1041.0	1220.3	1296.4	1241.6	1190.5	Etats-Unis d'Amérique
Germany	1010.0	1068.2	1068.5	1082.3	1239.5	Allemagne
China, Hong Kong SAR	775.8	922.5	940.8	1056.4	1177.1	Chine - RAS de Hong-Kong
China	493.0	672.7	801.8	872.8	1200.3	Chine
France-Monaco	405.9	408.5	369.8	400.2	441.5	France-Monaco
United Kingdom	314.6	353.5	380.9	407.1	491.7	Royaume-Uni
Ireland	303.2	259.8	295.1	366.0	574.7	Irlande
Singapore	199.2	263.1	253.5	333.9	312.6	Singapour
Korea, Republic of	240.1	283.8	265.7	218.5	236.7	République de Corée
Netherlands	231.5	183.2	226.1	255.0	306.2	Pays-Bas
Austria	132.2	156.5	231.0	214.1	251.8	Autriche
Thailand	70.4	88.1	122.3	e175.3	204.8	Thaïlande
Belgium	98.8	88.6	82.5	92.6	105.4	Belgique
Canada	53.4	66.7	84.2	103.7	116.0	Canada
Switzerland-Liechtenstein	58.6	67.9	70.2	77.7	86.1	Suisse-Liechtenstein
Indonesia	68.1	77.6	76.7	68.4	56.2	Indonésie
Denmark	63.3	60.7	72.7	61.0	67.7	Danemark
Malaysia	33.7	59.3	65.2	74.7	71.1	Malaisie
Czech Republic	48.2	48.7	53.6	50.5	66.0	République tchèque
Sweden	56.1	48.8	45.9	48.6	67.3	Suède
Spain	36.1	40.7	48.4	49.9	63.0	Espagne
Australia	29.4	61.7	76.5	25.6	33.0	Australie
Israel	25.7	36.2	60.2	41.6	41.1	Israël
Slovenia	27.0	30.0	29.1	32.7	41.0	Slovénie
Mexico	37.2	23.0	28.4	24.4	29.7	Mexique
Hungary	25.3	21.4	19.9	18.4	24.6	Hongrie
Malta	20.1	18.6	15.0	e16.3	e18.7	Malte
India	10.0	10.4	12.7	17.7	24.6	Inde

(Value as percentages of World total)　　　　**(Valeur en pourcentage du total mondial)**

Regions of the world	1994	1995	1996	1997	1998	1999	2000	2001	2002	2003	Régions du monde
World	100.0	100.0	100.0	100.0	100.0	100.0	100.0	100.0	100.0	100.0	Monde
Africa	0.4	0.4	0.3	0.3	0.3	0.2	0.2	0.2	0.2	0.2	Afrique
Americas	11.3	10.8	12.0	12.1	13.5	12.8	12.9	13.5	12.5	10.7	Amériques
- Northern America	10.7	10.3	11.6	11.6	12.8	12.1	12.5	13.1	12.1	10.3	- Amérique du Nord
- LAIA	0.5	0.5	0.5	0.5	0.6	0.7	0.5	0.5	0.3	0.3	- ALAI
- CACM	0.0	0.0	0.0	0.0	0.0	0.0	0.0	0.0	0.0	0.0	- MCC
- Caribbean	0.0	0.0	0.0	0.0	0.0	0.0	0.0	0.0	0.0	0.0	- Caraïbes
- Rest of America	0.0	0.0	0.0	0.0	0.0	0.0	0.0	0.0	0.0	0.0	- Autre d'Amérique
Asia excluding former USSR	43.8	43.0	41.1	39.1	40.6	42.3	45.2	43.4	44.5	44.5	Asie ancienne URSS exclus
- Middle East	0.2	0.1	0.1	0.1	0.2	0.1	0.1	0.2	0.2	0.2	- Moyen-Orient
Asia former USSR	0.0	0.0	0.0	0.0	0.0	0.0	0.0	0.0	0.0	0.0	Asie ancienne URSS
Europe excluding former USSR	44.1	45.4	46.1	48.0	45.3	44.2	40.7	42.0	42.4	44.2	Europe ancienne URSS exclus
- European Union	41.6	42.8	43.7	46.1	43.0	42.0	38.8	40.0	40.5	42.2	- Union Européenne
- Eastern Europe	0.3	0.5	0.7	0.7	1.1	0.9	0.7	0.8	0.7	0.8	- Europe de l'Est
- Rest of Europe	2.1	2.1	1.7	1.3	1.3	1.3	1.2	1.2	1.2	1.2	- Autre de l'Europe
Europe former USSR	0.1	0.2	0.1	0.1	0.1	0.2	0.2	0.1	0.1	0.2	Europe ancienne URSS
Oceania	0.3	0.3	0.3	0.3	0.2	0.4	0.6	0.7	0.3	0.3	Océanie

885 Watches and clocks

TRADE BY COMMODITY (Value in million US dollars)
Imports by principal countries or areas

COMMERCE PAR PRODUIT (Valeur en millions de dollars EU)
Importations selon les principaux pays ou zones

Country or area	1999	2000	2001	2002	2003	Pays ou zone
World	18580.6	18905.4	17966.4	18465.6	20338.0	Monde
Africa	135.6	124.0	110.7	109.9	151.3	Afrique
Americas	3973.0	4258.1	3799.8	3960.4	4457.4	Amériques
- Northern America	3531.8	3776.2	3303.3	3488.3	3896.2	- Amérique du Nord
- LAIA	356.6	383.4	397.4	348.7	423.3	- ALAI
- CACM	13.1	13.5	14.2	17.4	16.0	- MCC
- Caribbean	61.0	76.2	78.0	95.6	112.2	- Caraïbes
- Rest of America	10.6	8.7	7.0	10.5	9.8	- Autre d'Amérique
Asia excluding former USSR	8487.3	8777.0	8379.8	8547.4	9350.1	Asie ancienne URSS exclus
- Middle East	645.8	669.9	636.3	675.2	799.2	- Moyen-Orient
Asia former USSR	3.6	12.6	8.9	18.4	14.5	Asie ancienne URSS
Europe excluding former USSR	5734.0	5472.5	5406.4	5575.1	6100.5	Europe ancienne URSS exclus
- European Union	4982.0	4660.5	4584.6	4678.9	5166.1	- Union Européenne
- Eastern Europe	119.5	113.1	106.8	120.7	132.7	- Europe de l'Est
- Rest of Europe	632.5	698.9	715.0	775.5	801.6	- Autre de l'Europe
Europe former USSR	29.0	36.5	51.8	44.2	50.2	Europe ancienne URSS
Oceania	218.1	224.6	208.9	210.3	214.1	Océanie
China, Hong Kong SAR	3697.7	3802.6	3683.1	3691.6	4000.1	Chine - RAS de Hong-Kong
United States	3292.5	3534.3	3081.3	3238.3	3654.1	Etats-Unis d'Amérique
Japan	1687.5	1718.1	1649.7	1681.8	1799.9	Japon
Germany	1062.6	972.7	935.4	877.1	1029.3	Allemagne
Italy-San Marino-Holy See	878.3	833.8	793.0	875.1	955.5	Italie-Saint-Marin-Saint-Siège
China	763.0	785.1	756.5	808.6	908.3	Chine
United Kingdom	780.1	712.9	740.4	767.4	824.9	Royaume-Uni
France-Monaco	719.5	741.3	731.1	781.2	811.2	France-Monaco
Singapore	775.5	775.5	668.7	714.2	671.6	Singapour
Switzerland-Liechtenstein	530.9	604.3	622.2	677.0	689.9	Suisse-Liechtenstein
Spain	564.4	483.3	485.5	504.9	589.4	Espagne
United Arab Emirates	243.1	263.2	272.0	e279.0	e327.0	Emirates arabes unis
Canada	233.4	239.0	218.1	244.3	233.3	Canada
Malaysia	208.0	229.9	230.7	215.0	224.6	Malaisie
Thailand	158.4	196.9	207.5	e224.8	263.6	Thaïlande
Mexico	144.0	162.3	187.8	190.3	292.3	Mexique
Netherlands	218.2	201.7	185.9	170.6	197.2	Pays-Bas
Australia	184.7	193.5	179.0	177.0	176.7	Australie
Belgium	199.3	188.6	183.0	155.2	159.1	Belgique
Korea, Republic of	137.7	163.1	152.3	175.9	186.2	République de Corée
Saudi Arabia	165.6	157.4	153.4	155.9	178.2	Arabie saoudite
Austria	159.6	141.8	154.2	159.3	175.8	Autriche
Portugal	93.5	88.0	94.7	97.2	e99.3	Portugal
Sweden	87.1	86.8	78.9	84.6	92.8	Suède
Turkey	87.8	91.6	52.0	74.7	92.5	Turquie
Greece	82.1	74.8	73.5	76.3	90.9	Grèce
Philippines	76.9	86.6	71.6	21.2	124.2	Philippines
Brazil	77.8	81.1	70.3	66.5	50.9	Brésil
Denmark	55.1	59.9	53.0	53.4	52.3	Danemark
Poland	51.2	48.8	43.0	47.0	46.7	Pologne

(Value as percentages of World total) — (Valeur en pourcentage du total mondial)

Regions of the world	1994	1995	1996	1997	1998	1999	2000	2001	2002	2003	Régions du monde
World	100.0	100.0	100.0	100.0	100.0	100.0	100.0	100.0	100.0	100.0	Monde
Africa	0.7	0.6	0.6	0.6	0.7	0.7	0.7	0.6	0.6	0.7	Afrique
Americas	17.2	16.3	16.7	17.7	20.8	21.4	22.5	21.1	21.4	21.9	Amériques
- Northern America	15.0	14.2	14.8	15.4	18.2	19.0	20.0	18.4	18.9	19.2	- Amérique du Nord
- LAIA	1.9	1.7	1.6	1.9	2.1	1.9	2.0	2.2	1.9	2.1	- ALAI
- CACM	0.0	0.0	0.0	0.1	0.1	0.1	0.1	0.1	0.1	0.1	- MCC
- Caribbean	0.3	0.3	0.3	0.3	0.4	0.3	0.4	0.4	0.5	0.6	- Caraïbes
- Rest of America	0.0	0.0	0.0	0.0	0.0	0.1	0.0	0.0	0.1	0.0	- Autre d'Amérique
Asia excluding former USSR	53.7	54.2	53.5	52.0	45.5	45.7	46.4	46.6	46.3	46.0	Asie ancienne URSS exclus
- Middle East	4.3	3.8	3.1	3.6	3.5	3.5	3.5	3.5	3.7	3.9	- Moyen-Orient
Asia former USSR	0.0	0.0	0.0	0.0	0.0	0.0	0.1	0.0	0.1	0.1	Asie ancienne URSS
Europe excluding former USSR	27.2	27.8	27.8	28.4	31.7	30.9	28.9	30.1	30.2	30.0	Europe ancienne URSS exclus
- European Union	23.4	23.8	23.7	24.5	27.3	26.8	24.7	25.5	25.3	25.4	- Union Européenne
- Eastern Europe	0.4	0.4	0.5	0.6	0.7	0.6	0.6	0.6	0.7	0.7	- Europe de l'Est
- Rest of Europe	3.5	3.6	3.6	3.4	3.7	3.4	3.7	4.0	4.2	3.9	- Autre de l'Europe
Europe former USSR	0.1	0.1	0.2	0.2	0.2	0.2	0.2	0.3	0.2	0.2	Europe ancienne URSS
Oceania	1.1	1.0	1.2	1.0	1.1	1.2	1.2	1.2	1.1	1.1	Océanie

TRADE BY COMMODITY (Value in million US dollars)
Exports by principal countries or areas

COMMERCE PAR PRODUIT (Valeur en millions de dollars EU)
Exportations selon les principaux pays ou zones

Country or area	1999	2000	2001	2002	2003	Pays ou zone
World	18762.5	19115.3	17990.3	18416.5	20471.1	Monde
Africa	37.2	32.1	28.5	30.5	33.2	Afrique
Americas	616.2	658.1	616.3	568.5	655.4	Amériques
- Northern America	537.5	539.5	471.7	441.8	495.8	- Amérique du Nord
- LAIA	73.0	99.1	138.1	119.5	152.5	- ALAI
- CACM	1.0	0.7	0.4	0.5	0.6	- MCC
- Caribbean	4.2	18.7	5.7	6.2	6.5	- Caraïbes
- Rest of America	0.5	0.1	0.3	0.5	0.0	- Autre d'Amérique
Asia excluding former USSR	9894.1	10156.4	8933.1	8620.4	9500.6	Asie ancienne URSS exclus
- Middle East	82.1	90.2	100.7	110.6	128.0	- Moyen-Orient
Asia former USSR	0.5	1.0	0.1	15.3	25.1	Asie ancienne URSS
Europe excluding former USSR	8137.2	8195.5	8343.0	9116.6	10206.7	Europe ancienne URSS exclus
- European Union	2235.4	2123.2	2133.4	2347.5	2731.5	- Union Européenne
- Eastern Europe	26.7	24.8	23.2	25.7	28.6	- Europe de l'Est
- Rest of Europe	5875.0	6047.6	6186.4	6743.4	7446.6	- Autre de l'Europe
Europe former USSR	21.7	20.7	18.3	19.4	18.6	Europe ancienne URSS
Oceania	55.7	51.6	51.0	45.7	31.5	Océanie
Switzerland-Liechtenstein	5858.9	6031.1	6171.7	6728.9	7430.5	Suisse-Liechtenstein
China, Hong Kong SAR	5095.0	5260.9	4841.8	4669.0	5114.5	Chine - RAS de Hong-Kong
China	1752.3	1738.9	1528.5	1591.4	1848.1	Chine
Japan	1434.9	1363.2	1026.3	975.5	1007.4	Japon
Germany	682.6	644.4	660.5	710.7	834.0	Allemagne
Singapore	604.9	610.3	530.2	532.4	450.4	Singapour
France-Monaco	463.4	466.4	440.0	490.8	545.2	France-Monaco
United States	501.7	508.8	440.9	403.4	457.0	Etats-Unis d'Amérique
Italy-San Marino-Holy See	324.3	340.7	362.9	416.4	484.4	Italie-Saint-Marin-Saint-Siège
Thailand	245.5	282.3	272.3	e273.1	319.0	Thaïlande
United Kingdom	276.5	215.8	235.3	228.8	268.8	Royaume-Uni
Korea, Republic of	189.0	196.9	169.6	156.1	140.3	République de Corée
Malaysia	163.6	201.1	133.6	139.4	136.3	Malaisie
Spain	131.3	122.5	134.1	155.6	188.6	Espagne
Belgium	141.1	116.9	107.7	117.0	150.4	Belgique
Philippines	92.7	178.7	149.6	2.6	145.7	Philippines
Mexico	64.8	88.3	126.3	112.0	137.0	Mexique
United Arab Emirates	55.9	69.3	77.6	e80.8	e95.9	Emirates arabes unis
Netherlands	87.6	85.9	68.9	67.0	69.5	Pays-Bas
Austria	42.3	45.1	52.5	71.2	83.1	Autriche
India	36.2	50.8	47.2	52.6	73.7	Inde
Australia	53.1	49.4	48.5	42.4	27.4	Australie
Canada	35.7	30.6	30.8	38.4	38.8	Canada
Sweden	25.0	22.1	22.1	31.0	32.9	Suède
Denmark	17.8	20.5	21.5	25.1	24.5	Danemark
Ireland	24.1	24.0	7.4	9.2	7.7	Irlande
Mauritius	21.4	16.3	11.6	10.0	10.0	Maurice
Portugal	10.2	8.9	10.1	13.2	e15.3	Portugal
Belarus	12.7	13.7	10.3	11.4	9.6	Bélarus
Israel	8.9	13.0	13.4	9.2	11.0	Israël

(Value as percentages of World total)

(Valeur en pourcentage du total mondial)

Regions of the world	1994	1995	1996	1997	1998	1999	2000	2001	2002	2003	Régions du monde
World	100.0	100.0	100.0	100.0	100.0	100.0	100.0	100.0	100.0	100.0	Monde
Africa	0.2	0.2	0.2	0.1	0.2	0.2	0.2	0.2	0.2	0.2	Afrique
Americas	2.4	2.7	2.2	2.5	3.0	3.3	3.4	3.4	3.1	3.2	Amériques
- Northern America	2.1	1.9	2.0	2.2	2.3	2.9	2.8	2.6	2.4	2.4	- Amérique du Nord
- LAIA	0.3	0.8	0.2	0.2	0.6	0.4	0.5	0.8	0.6	0.7	- ALAI
- CACM	0.0	0.0	0.0	0.0	0.0	0.0	0.0	0.0	0.0	0.0	- MCC
- Caribbean	0.0	0.0	0.0	0.0	0.0	0.0	0.1	0.0	0.0	0.0	- Caraïbes
- Rest of America	0.0	0.0	0.0	0.0	0.0	0.0	0.0	0.0	0.0	0.0	- Autre d'Amérique
Asia excluding former USSR	56.6	56.4	57.4	58.2	55.6	52.7	53.1	49.7	46.8	46.4	Asie ancienne URSS exclus
- Middle East	0.4	0.3	0.3	0.4	0.4	0.4	0.5	0.6	0.6	0.6	- Moyen-Orient
Asia former USSR	0.0	0.0	0.0	0.0	0.0	0.0	0.0	0.0	0.1	0.1	Asie ancienne URSS
Europe excluding former USSR	40.6	40.5	39.9	38.9	41.0	43.4	42.9	46.4	49.5	49.9	Europe ancienne URSS exclus
- European Union	11.0	11.1	11.0	11.3	11.5	11.9	11.1	11.9	12.7	13.3	- Union Européenne
- Eastern Europe	0.1	0.1	0.1	0.2	0.2	0.1	0.1	0.1	0.1	0.1	- Europe de l'Est
- Rest of Europe	29.4	29.3	28.8	27.5	29.3	31.3	31.6	34.4	36.6	36.4	- Autre de l'Europe
Europe former USSR	0.1	0.1	0.1	0.1	0.1	0.1	0.1	0.1	0.1	0.1	Europe ancienne URSS
Oceania	0.2	0.2	0.2	0.2	0.2	0.3	0.3	0.3	0.2	0.2	Océanie

892 Printed matter

TRADE BY COMMODITY (Value in million US dollars)
Imports by principal countries or areas

COMMERCE PAR PRODUIT (Valeur en millions de dollars EU)
Importations selon les principaux pays ou zones

Country or area	1999	2000	2001	2002	2003	Pays ou zone
World	27377.4	27558.3	27818.0	28920.8	32645.5	Monde
Africa	785.6	939.9	991.0	1026.5	1108.0	Afrique
Americas	8002.4	8530.0	8467.2	8518.8	8990.4	Amériques
- Northern America	5770.8	6192.4	6159.4	6437.1	6917.2	- Amérique du Nord
- LAIA	1892.1	1990.5	1943.6	1680.6	1647.1	- ALAI
- CACM	141.3	132.1	137.0	166.3	173.0	- MCC
- Caribbean	152.4	167.6	182.3	189.2	196.4	- Caraïbes
- Rest of America	45.8	47.5	45.0	45.7	56.7	- Autre d'Amérique
Asia excluding former USSR	3665.6	4135.1	4206.3	4188.9	4585.6	Asie ancienne URSS exclus
- Middle East	341.0	385.6	431.0	444.3	462.6	- Moyen-Orient
Asia former USSR	74.7	68.8	77.3	95.3	83.0	Asie ancienne URSS
Europe excluding former USSR	13550.4	12549.8	12764.8	13720.1	16182.9	Europe ancienne URSS exclus
- European Union	10977.0	10097.2	10265.0	10898.3	12825.3	- Union Européenne
- Eastern Europe	861.1	823.9	910.6	1091.4	1323.4	- Europe de l'Est
- Rest of Europe	1712.4	1628.7	1589.2	1730.4	2034.3	- Autre de l'Europe
Europe former USSR	398.2	464.1	538.0	558.9	721.0	Europe ancienne URSS
Oceania	900.6	870.6	773.5	812.2	974.5	Océanie
United States	3489.0	3870.6	3884.1	4143.2	4345.6	Etats-Unis d'Amérique
Canada	2262.6	2315.3	2268.0	2284.9	2557.4	Canada
United Kingdom	2101.7	2008.3	2094.9	2351.7	2579.7	Royaume-Uni
Germany	1779.0	1599.6	1755.5	1907.5	2281.2	Allemagne
France-Monaco	1802.6	1779.2	1639.2	1630.0	2031.7	France-Monaco
Switzerland-Liechtenstein	1214.9	1123.5	1109.8	1198.8	1416.8	Suisse-Liechtenstein
Mexico	953.1	1106.8	1075.8	1077.0	1088.4	Mexique
Belgium	1010.3	875.2	927.2	882.9	1150.5	Belgique
Japan	758.7	781.9	779.6	744.7	814.6	Japon
China, Hong Kong SAR	612.4	757.7	748.0	768.7	837.9	Chine - RAS de Hong-Kong
Austria	725.0	617.9	645.1	658.5	827.7	Autriche
Netherlands	709.0	636.3	617.5	654.4	808.2	Pays-Bas
Italy-San Marino-Holy See	608.9	596.2	591.6	619.1	639.4	Italie-Saint-Marin-Saint-Siège
Australia	618.0	629.1	535.2	562.0	661.6	Australie
China	489.4	538.1	565.3	534.2	569.4	Chine
Spain	472.8	425.3	433.4	509.6	605.6	Espagne
Denmark	404.7	330.8	354.4	366.7	458.2	Danemark
Czech Republic	271.5	275.8	327.3	425.3	554.2	République tchèque
Sweden	387.2	352.9	320.1	338.6	392.1	Suède
Singapore	334.8	370.0	341.8	335.7	395.7	Singapour
Russian Federation	230.9	296.8	368.0	372.5	476.5	Fédération de Russie
Ireland	338.8	290.7	325.5	387.2	368.9	Irlande
Norway	340.4	332.3	310.2	334.7	392.9	Norvège
Poland	304.5	263.0	267.5	285.9	305.7	Pologne
India	153.4	208.1	243.6	223.5	312.3	Inde
Portugal	225.8	219.6	214.5	219.7	e224.4	Portugal
Korea, Republic of	148.3	210.7	233.0	240.4	233.5	République de Corée
New Zealand	216.1	189.7	177.7	183.5	232.6	Nouvelle-Zélande
Brazil	257.4	250.9	215.7	143.4	100.7	Brésil
Malaysia	173.3	173.9	171.3	188.7	221.7	Malaisie

(Value as percentages of World total)

(Valeur en pourcentage du total mondial)

Regions of the world	1994	1995	1996	1997	1998	1999	2000	2001	2002	2003	Régions du monde
World	100.0	100.0	100.0	100.0	100.0	100.0	100.0	100.0	100.0	100.0	Monde
Africa	3.1	3.0	3.0	2.7	2.6	2.9	3.4	3.6	3.5	3.4	Afrique
Americas	26.1	25.8	25.3	27.5	28.8	29.2	31.0	30.4	29.5	27.5	Amériques
- Northern America	19.1	19.0	18.5	19.8	20.2	21.1	22.5	22.1	22.3	21.2	- Amérique du Nord
- LAIA	5.7	5.5	5.7	6.6	7.3	6.9	7.2	7.0	5.8	5.0	- ALAI
- CACM	0.3	0.4	0.4	0.4	0.5	0.5	0.5	0.5	0.6	0.5	- MCC
- Caribbean	0.7	0.7	0.6	0.6	0.6	0.6	0.6	0.7	0.7	0.6	- Caraïbes
- Rest of America	0.2	0.2	0.1	0.1	0.2	0.2	0.2	0.2	0.2	0.2	- Autre d'Amérique
Asia excluding former USSR	13.4	14.3	14.9	16.3	13.5	13.4	15.0	15.1	14.5	14.0	Asie ancienne URSS exclus
- Middle East	1.5	1.4	1.4	1.6	1.7	1.2	1.4	1.5	1.5	1.4	- Moyen-Orient
Asia former USSR	0.2	0.2	0.2	0.2	0.3	0.2	0.2	0.3	0.3	0.3	Asie ancienne URSS
Europe excluding former USSR	51.1	50.7	50.8	47.1	49.2	49.5	45.5	45.9	47.4	49.6	Europe ancienne URSS exclus
- European Union	42.0	40.8	40.7	37.8	39.1	40.1	36.6	36.9	37.7	39.3	- Union Européenne
- Eastern Europe	2.4	2.7	3.0	3.0	3.7	3.1	3.0	3.3	3.8	4.1	- Europe de l'Est
- Rest of Europe	6.7	7.2	7.0	6.2	6.4	6.3	5.9	5.7	6.0	6.2	- Autre de l'Europe
Europe former USSR	2.1	2.3	2.2	2.6	2.7	1.5	1.7	1.9	1.9	2.2	Europe ancienne URSS
Oceania	4.1	3.7	3.6	3.6	2.8	3.3	3.2	2.8	2.8	3.0	Océanie

TRADE BY COMMODITY (Value in million US dollars)
Exports by principal countries or areas

COMMERCE PAR PRODUIT (Valeur en millions de dollars EU)
Exportations selon les principaux pays ou zones

Country or area	1999	2000	2001	2002	2003	Pays ou zone
World	26513.9	26733.4	27331.9	27958.0	32027.8	Monde
Africa	94.4	279.9	351.1	191.2	351.4	Afrique
Americas	6665.0	7155.7	7274.0	6917.4	7216.4	Amériques
- Northern America	5942.4	6352.9	6487.0	6215.1	6491.3	- Amérique du Nord
- LAIA	671.1	745.2	729.0	641.3	649.2	- ALAI
- CACM	25.4	27.4	29.6	30.0	37.3	- MCC
- Caribbean	21.9	24.5	26.6	28.7	29.5	- Caraïbes
- Rest of America	4.2	5.7	1.9	2.3	9.0	- Autre d'Amérique
Asia excluding former USSR	3344.4	3740.5	3816.8	3866.6	4331.7	Asie ancienne URSS exclus
- Middle East	90.9	94.1	108.8	127.8	136.0	- Moyen-Orient
Asia former USSR	9.0	2.0	3.5	2.3	3.1	Asie ancienne URSS
Europe excluding former USSR	15767.9	14915.4	15248.3	16322.2	19434.0	Europe ancienne URSS exclus
- European Union	14489.5	13670.7	13917.9	14860.6	17535.7	- Union Européenne
- Eastern Europe	530.7	553.6	659.5	814.9	1177.3	- Europe de l'Est
- Rest of Europe	747.7	691.1	670.9	646.7	721.0	- Autre de l'Europe
Europe former USSR	403.2	426.2	432.9	436.2	423.2	Europe ancienne URSS
Oceania	230.0	213.7	205.2	222.2	268.1	Océanie
United States	4712.5	4996.4	5061.3	4686.5	4874.6	Etats-Unis d'Amérique
Germany	3623.3	3227.0	3521.5	3921.6	4472.6	Allemagne
United Kingdom	3021.2	2949.9	2825.0	3165.6	3729.9	Royaume-Uni
France-Monaco	1756.1	1708.8	1619.3	1600.1	1892.0	France-Monaco
Italy-San Marino-Holy See	1401.8	1383.3	1365.8	1435.8	1626.2	Italie-Saint-Marin-Saint-Siège
Canada	1229.7	1356.2	1425.6	1528.4	1616.5	Canada
China, Hong Kong SAR	1107.9	1303.9	1278.6	1351.2	1472.5	Chine - RAS de Hong-Kong
Belgium	1117.7	1056.1	1073.1	1088.7	1378.1	Belgique
Spain	1059.5	1059.1	1131.3	1136.6	1228.4	Espagne
Netherlands	830.0	746.8	748.1	768.3	970.6	Pays-Bas
China	401.7	486.7	539.8	676.9	790.2	Chine
Singapore	543.3	585.3	694.1	506.6	564.1	Singapour
Switzerland-Liechtenstein	500.5	486.1	461.6	420.6	451.5	Suisse-Liechtenstein
Japan	483.1	491.7	410.6	409.1	483.6	Japon
Austria	402.1	356.2	387.8	397.7	479.0	Autriche
Czech Republic	288.9	277.0	339.8	434.0	651.0	République tchèque
Denmark	361.1	340.9	364.1	366.8	430.3	Danemark
Mexico	315.0	356.6	330.7	331.3	338.9	Mexique
Russian Federation	322.5	350.5	317.1	311.3	294.5	Fédération de Russie
Finland	291.5	302.5	332.1	310.3	343.6	Finlande
Ireland	245.6	191.6	226.5	302.5	508.0	Irlande
Korea, Republic of	257.1	281.3	284.1	218.3	234.8	République de Corée
Sweden	241.5	239.6	210.7	246.6	318.5	Suède
Australia	191.8	179.2	168.6	184.5	217.9	Australie
Poland	110.9	123.2	125.7	174.9	266.4	Pologne
Colombia	104.5	129.4	150.7	127.0	135.0	Colombie
Malaysia	97.0	109.7	114.9	130.3	132.1	Malaisie
Slovakia	78.3	92.9	118.2	130.7	161.7	Slovaquie
Namibia		107.2	154.8	31.0	147.8	Namibie
Argentina	96.4	102.1	84.6	53.2	51.4	Argentine

(Value as percentages of World total)

(Valeur en pourcentage du total mondial)

Regions of the world	1994	1995	1996	1997	1998	1999	2000	2001	2002	2003	Régions du monde
World	100.0	100.0	100.0	100.0	100.0	100.0	100.0	100.0	100.0	100.0	Monde
Africa	0.5	0.3	0.4	0.3	0.3	0.4	1.0	1.3	0.7	1.1	Afrique
Americas	23.6	22.6	23.0	25.4	25.0	25.1	26.8	26.6	24.7	22.5	Amériques
- Northern America	21.2	20.1	20.0	22.0	22.0	22.4	23.8	23.7	22.2	20.3	- Amérique du Nord
- LAIA	2.2	2.3	2.3	2.6	2.8	2.5	2.8	2.7	2.3	2.0	- ALAI
- CACM	0.1	0.1	0.6	0.6	0.1	0.1	0.1	0.1	0.1	0.1	- MCC
- Caribbean	0.1	0.1	0.1	0.1	0.1	0.1	0.1	0.1	0.1	0.1	- Caraïbes
- Rest of America	0.0	0.0	0.0	0.0	0.0	0.0	0.0	0.0	0.0	0.0	- Autre d'Amérique
Asia excluding former USSR	11.4	11.8	11.3	11.6	11.0	12.6	14.0	14.0	13.8	13.5	Asie ancienne URSS exclus
- Middle East	0.4	0.5	0.6	0.4	0.4	0.3	0.4	0.4	0.5	0.4	- Moyen-Orient
Asia former USSR	0.0	0.0	0.0	0.0	0.0	0.0	0.0	0.0	0.0	0.0	Asie ancienne URSS
Europe excluding former USSR	62.1	62.7	62.5	59.7	60.7	59.5	55.8	55.8	58.4	60.7	Europe ancienne URSS exclus
- European Union	57.8	58.6	58.2	55.6	55.9	54.6	51.1	50.9	53.2	54.8	- Union Européenne
- Eastern Europe	0.9	1.2	1.4	1.6	2.0	2.0	2.1	2.4	2.9	3.7	- Europe de l'Est
- Rest of Europe	3.4	3.0	2.9	2.5	2.8	2.8	2.6	2.5	2.3	2.3	- Autre de l'Europe
Europe former USSR	1.5	1.6	1.8	2.1	2.1	1.5	1.6	1.6	1.6	1.3	Europe ancienne URSS
Oceania	0.9	0.9	1.0	1.0	0.8	0.9	0.8	0.8	0.8	0.8	Océanie

893 Articles, nes of plastic materials

TRADE BY COMMODITY (Value in million US dollars)
Imports by principal countries or areas

COMMERCE PAR PRODUIT (Valeur en millions de dollars EU)
Importations selon les principaux pays ou zones

Country or area	1999	2000	2001	2002	2003	Pays ou zone
World	63058.4	67336.1	67078.3	73113.8	84924.7	Monde
Africa	957.7	1060.7	1114.6	1292.1	1534.5	Afrique
Americas	18770.3	21048.0	20828.3	22113.6	24304.9	Amériques
- Northern America	11142.7	12644.0	12853.9	14016.3	15594.7	- Amérique du Nord
- LAIA	6924.7	7575.7	7104.0	7188.8	7826.4	- ALAI
- CACM	297.9	356.2	396.2	441.3	436.8	- MCC
- Caribbean	314.6	372.1	384.2	375.9	346.8	- Caraïbes
- Rest of America	90.4	100.0	90.1	91.3	100.2	- Autre d'Amérique
Asia excluding former USSR	11711.0	13902.3	13084.6	14072.6	15871.5	Asie ancienne URSS exclus
- Middle East	1195.2	1398.6	1411.0	1576.7	1895.2	- Moyen-Orient
Asia former USSR	101.4	142.6	133.1	153.3	231.4	Asie ancienne URSS
Europe excluding former USSR	29725.6	29204.4	29914.8	33218.8	40124.8	Europe ancienne URSS exclus
- European Union	24889.1	24152.4	24569.9	26543.3	32115.7	- Union Européenne
- Eastern Europe	2711.3	2969.5	3209.3	4289.9	5096.5	- Europe de l'Est
- Rest of Europe	2125.2	2082.6	2135.6	2385.6	2912.5	- Autre de l'Europe
Europe former USSR	673.8	765.0	914.8	1063.9	1416.4	Europe ancienne URSS
Oceania	1118.6	1213.0	1088.1	1199.4	1441.3	Océanie
United States	8590.5	9861.6	10028.5	10989.1	12353.9	Etats-Unis d'Amérique
Mexico	5427.8	5982.8	5472.7	5812.8	6429.4	Mexique
Germany	5392.7	4866.5	5071.6	5359.0	6435.1	Allemagne
France-Monaco	4039.4	4163.6	4044.0	4394.7	5335.2	France-Monaco
United Kingdom	3309.3	3417.5	3434.7	3744.4	4526.2	Royaume-Uni
Canada	2534.2	2773.2	2816.0	3014.0	3217.9	Canada
China, Hong Kong SAR	2817.9	3164.4	2857.5	2742.9	2580.2	Chine - RAS de Hong-Kong
Japan	2185.2	2650.4	2591.4	2688.1	3141.3	Japon
Belgium	2217.9	2120.0	2213.0	2279.4	2748.1	Belgique
Netherlands	1996.6	1811.6	1903.3	2093.9	2494.4	Pays-Bas
Italy-San Marino-Holy See	1710.2	1721.3	1711.5	1904.0	2268.5	Italie-Saint-Marin-Saint-Siège
Spain	1500.9	1495.2	1530.3	1690.6	2212.2	Espagne
China	1153.9	1426.1	1419.5	1714.5	2332.5	Chine
Austria	1234.9	1158.7	1202.5	1242.6	1562.4	Autriche
Switzerland-Liechtenstein	1153.5	1123.2	1134.1	1225.1	1497.7	Suisse-Liechtenstein
Thailand	911.6	1120.1	1007.5	e1103.2	1293.4	Thaïlande
Poland	957.8	949.0	944.6	1101.3	1421.6	Pologne
Czech Republic	730.7	806.8	892.0	1517.7	1347.1	République tchèque
Sweden	842.6	837.9	810.8	926.7	1138.6	Suède
Australia	823.2	917.9	788.1	882.3	1050.8	Australie
Singapore	771.2	875.2	752.1	801.9	775.2	Singapour
Denmark	694.9	663.5	706.6	779.7	927.7	Danemark
Hungary	553.8	670.0	680.6	777.8	1002.3	Hongrie
Malaysia	513.6	742.6	625.7	803.6	799.8	Malaisie
Korea, Republic of	486.4	647.3	643.5	769.6	937.0	République de Corée
Ireland	629.8	638.8	672.5	688.3	812.9	Irlande
Norway	514.5	482.5	488.5	554.9	686.4	Norvège
Portugal	503.6	493.9	477.1	550.4	e562.2	Portugal
Brazil	450.1	465.6	448.6	426.2	449.9	Brésil
Russian Federation	262.9	316.5	425.6	502.3	652.9	Fédération de Russie

(Value as percentages of World total)

(Valeur en pourcentage du total mondial)

Regions of the world	1994	1995	1996	1997	1998	1999	2000	2001	2002	2003	Régions du monde
World	100.0	100.0	100.0	100.0	100.0	100.0	100.0	100.0	100.0	100.0	Monde
Africa	1.6	1.9	1.5	1.4	1.6	1.5	1.6	1.7	1.8	1.8	Afrique
Americas	25.2	24.1	25.0	27.3	28.2	29.8	31.3	31.1	30.2	28.6	Amériques
- Northern America	16.2	15.1	15.1	15.7	16.4	17.7	18.8	19.2	19.2	18.4	- Amérique du Nord
- LAIA	8.0	8.1	9.0	10.6	10.7	11.0	11.3	10.6	9.8	9.2	- ALAI
- CACM	0.3	0.3	0.3	0.4	0.5	0.5	0.5	0.6	0.6	0.5	- MCC
- Caribbean	0.5	0.5	0.4	0.5	0.5	0.5	0.6	0.6	0.5	0.4	- Caraïbes
- Rest of America	0.2	0.2	0.1	0.1	0.2	0.1	0.1	0.1	0.1	0.1	- Autre d'Amérique
Asia excluding former USSR	20.0	20.0	20.0	20.4	17.8	18.6	20.6	19.5	19.2	18.7	Asie ancienne URSS exclus
- Middle East	2.1	2.0	1.9	2.0	2.0	1.9	2.1	2.1	2.2	2.2	- Moyen-Orient
Asia former USSR	0.1	0.2	0.2	0.1	0.2	0.2	0.2	0.2	0.2	0.3	Asie ancienne URSS
Europe excluding former USSR	49.9	50.6	50.1	47.3	49.1	47.1	43.4	44.6	45.4	47.2	Europe ancienne URSS exclus
- European Union	43.3	43.5	42.8	39.9	41.1	39.5	35.9	36.6	36.3	37.8	- Union Européenne
- Eastern Europe	2.4	2.9	3.5	3.9	4.4	4.3	4.4	4.8	5.9	6.0	- Europe de l'Est
- Rest of Europe	4.2	4.2	3.9	3.6	3.6	3.4	3.1	3.2	3.3	3.4	- Autre de l'Europe
Europe former USSR	1.1	1.3	1.2	1.4	1.5	1.1	1.1	1.4	1.5	1.7	Europe ancienne URSS
Oceania	2.1	2.0	2.0	1.9	1.6	1.8	1.8	1.6	1.6	1.7	Océanie

444

TRADE BY COMMODITY (Value in million US dollars)
Exports by principal countries or areas

COMMERCE PAR PRODUIT (Valeur en millions de dollars EU)
Exportations selon les principaux pays ou zones

Country or area	1999	2000	2001	2002	2003	Pays ou zone
World	61890.6	66705.1	66525.8	70820.0	82099.5	Monde
Africa	319.6	342.5	298.5	361.8	455.7	Afrique
Americas	13456.1	15984.5	15659.2	15240.8	15934.3	Amériques
- Northern America	11315.1	13303.6	12933.6	12659.3	13051.5	- Amérique du Nord
- LAIA	1965.0	2462.2	2470.8	2375.3	2611.5	- ALAI
- CACM	132.7	167.2	204.7	155.5	210.9	- MCC
- Caribbean	36.0	40.8	40.5	42.6	53.9	- Caraïbes
- Rest of America	7.3	10.7	9.6	8.1	6.6	- Autre d'Amérique
Asia excluding former USSR	16832.3	19679.1	18676.3	20060.6	23130.4	Asie ancienne URSS exclus
- Middle East	525.9	607.4	728.8	831.2	1068.8	- Moyen-Orient
Asia former USSR	6.9	8.4	9.3	11.7	17.5	Asie ancienne URSS
Europe excluding former USSR	30780.6	30121.5	31296.8	34462.9	41701.9	Europe ancienne URSS exclus
- European Union	27756.7	26927.4	27842.7	30284.1	36560.2	- Union Européenne
- Eastern Europe	1347.8	1524.6	1767.2	2347.4	2935.2	- Europe de l'Est
- Rest of Europe	1676.1	1669.4	1686.9	1831.4	2206.5	- Autre de l'Europe
Europe former USSR	193.0	264.8	288.6	347.8	463.3	Europe ancienne URSS
Oceania	302.1	304.3	297.1	334.5	396.5	Océanie
United States	8775.9	10336.0	9920.7	9458.9	9560.3	Etats-Unis d'Amérique
Germany	7697.0	7418.0	7969.8	8820.5	10604.0	Allemagne
China	4066.5	5078.3	5303.8	6325.3	7699.0	Chine
Italy-San Marino-Holy See	3831.7	3834.8	3870.0	4217.7	4815.7	Italie-Saint-Marin-Saint-Siège
France-Monaco	3633.8	3450.3	3400.9	3727.9	4591.0	France-Monaco
China, Hong Kong SAR	3612.4	4015.5	3609.1	3403.2	3181.8	Chine - RAS de Hong-Kong
Canada	2539.1	2967.6	3012.8	3200.2	3491.0	Canada
United Kingdom	2866.7	2743.8	2656.8	2787.3	3358.3	Royaume-Uni
Belgium	2435.2	2409.1	2484.8	2588.4	3116.0	Belgique
Japan	1964.9	2360.3	1901.9	2098.0	2464.4	Japon
Netherlands	1754.0	1607.9	1677.2	1885.2	2411.1	Pays-Bas
Mexico	1528.0	1932.0	1860.5	1806.2	1968.5	Mexique
Spain	1172.5	1228.2	1391.7	1467.5	1743.2	Espagne
Switzerland-Liechtenstein	1270.9	1244.9	1213.6	1318.0	1602.3	Suisse-Liechtenstein
Denmark	1089.1	1027.5	1065.2	1159.8	1465.3	Danemark
Austria	1025.0	1022.6	1053.4	1122.1	1420.6	Autriche
Korea, Republic of	886.7	1033.5	937.2	1061.2	1236.5	République de Corée
Sweden	938.7	918.9	877.9	982.9	1265.6	Suède
Czech Republic	522.5	580.5	663.3	1007.6	1025.0	République tchèque
Israel	711.7	732.9	775.9	736.6	834.7	Israël
Malaysia	566.3	697.8	718.1	726.8	824.1	Malaisie
Singapore	605.8	762.8	729.6	680.8	730.3	Singapour
Thailand	557.4	635.3	627.5	e778.3	909.2	Thaïlande
Poland	449.9	521.2	611.7	759.8	1064.7	Pologne
Ireland	387.0	378.9	431.1	410.4	478.7	Irlande
Luxembourg	314.2	278.1	344.6	418.3	479.8	Luxembourg
Hungary	247.8	285.6	324.5	357.5	515.0	Hongrie
India	188.2	217.5	240.0	274.5	785.0	Inde
Turkey	200.5	242.6	311.2	349.5	503.0	Turquie
Indonesia	221.3	317.1	298.5	282.3	392.9	Indonésie

(Value as percentages of World total)

(Valeur en pourcentage du total mondial)

Regions of the world	1994	1995	1996	1997	1998	1999	2000	2001	2002	2003	Régions du monde
World	100.0	100.0	100.0	100.0	100.0	100.0	100.0	100.0	100.0	100.0	Monde
Africa	0.3	0.4	0.7	0.5	0.6	0.5	0.5	0.4	0.5	0.6	Afrique
Americas	17.1	15.5	17.4	18.9	20.3	21.7	24.0	23.5	21.5	19.4	Amériques
- Northern America	14.4	13.0	14.6	15.8	17.0	18.3	19.9	19.4	17.9	15.9	- Amérique du Nord
- LAIA	2.5	2.2	2.5	2.9	3.0	3.2	3.7	3.7	3.4	3.2	- ALAI
- CACM	0.1	0.1	0.1	0.1	0.2	0.2	0.3	0.3	0.2	0.3	- MCC
- Caribbean	0.1	0.1	0.1	0.1	0.1	0.1	0.1	0.1	0.1	0.1	- Caraïbes
- Rest of America	0.0	0.0	0.0	0.0	0.0	0.0	0.0	0.0	0.0	0.0	- Autre d'Amérique
Asia excluding former USSR	28.8	29.4	27.2	28.1	26.2	27.2	29.5	28.1	28.3	28.2	Asie ancienne URSS exclus
- Middle East	0.7	0.9	0.7	0.7	0.8	0.8	0.9	1.1	1.2	1.3	- Moyen-Orient
Asia former USSR	0.0	0.0	0.0	0.0	0.0	0.0	0.0	0.0	0.0	0.0	Asie ancienne URSS
Europe excluding former USSR	53.0	53.9	54.0	51.6	52.1	49.7	45.2	47.0	48.7	50.8	Europe ancienne URSS exclus
- European Union	48.8	49.4	49.3	46.8	47.2	44.8	40.4	41.9	42.8	44.5	- Union Européenne
- Eastern Europe	1.1	1.5	1.8	2.1	2.2	2.2	2.3	2.7	3.3	3.6	- Europe de l'Est
- Rest of Europe	3.1	3.0	2.9	2.7	2.8	2.7	2.5	2.5	2.6	2.7	- Autre de l'Europe
Europe former USSR	0.1	0.2	0.2	0.3	0.3	0.3	0.4	0.4	0.5	0.6	Europe ancienne URSS
Oceania	0.6	0.6	0.6	0.5	0.5	0.5	0.5	0.4	0.5	0.5	Océanie

894 Baby carriages, toys, games and sporting goods

TRADE BY COMMODITY (Value in million US dollars)
Imports by principal countries or areas

COMMERCE PAR PRODUIT (Valeur en millions de dollars EU)
Importations selon les principaux pays ou zones

Country or area	1999	2000	2001	2002	2003	Pays ou zone
World	56567.3	60637.3	59439.8	62995.3	68086.4	Monde
Africa	385.2	392.6	348.0	367.9	420.6	Afrique
Americas	24372.1	25747.0	26636.1	28035.1	27892.5	Amériques
- Northern America	22733.1	23908.0	24752.3	26207.9	26244.5	- Amérique du Nord
- LAIA	1442.1	1624.5	1647.3	1573.7	1398.6	- ALAI
- CACM	89.8	90.6	116.8	122.9	126.8	- MCC
- Caribbean	72.1	84.8	83.2	89.5	76.4	- Caraïbes
- Rest of America	35.0	39.1	36.6	41.1	46.1	- Autre d'Amérique
Asia excluding former USSR	12860.2	14911.6	13012.3	13315.1	14223.0	Asie ancienne URSS exclus
- Middle East	641.9	836.2	718.7	856.6	886.8	- Moyen-Orient
Asia former USSR	22.8	32.2	23.6	34.7	39.1	Asie ancienne URSS
Europe excluding former USSR	17848.5	18327.1	18163.4	19636.0	23631.0	Europe ancienne URSS exclus
- European Union	16118.4	16593.3	16419.9	17561.2	21158.1	- Union Européenne
- Eastern Europe	634.2	656.9	663.5	802.3	994.5	- Europe de l'Est
- Rest of Europe	1095.9	1076.9	1079.9	1272.5	1478.4	- Autre de l'Europe
Europe former USSR	179.4	193.0	334.4	394.0	554.9	Europe ancienne URSS
Oceania	899.1	1033.7	922.1	1212.5	1325.3	Océanie
United States	20458.0	21626.7	22417.6	23631.3	23417.9	Etats-Unis d'Amérique
China, Hong Kong SAR	6949.5	8034.6	6881.2	6789.6	7151.7	Chine - RAS de Hong-Kong
United Kingdom	3236.1	3337.2	3306.9	3907.1	4423.2	Royaume-Uni
Japan	3387.0	3853.8	3378.3	3301.5	3548.1	Japon
Germany	3056.3	2998.0	3248.7	3518.9	4345.2	Allemagne
France-Monaco	2264.4	2570.5	2447.0	2622.4	3083.2	France-Monaco
Canada	2261.6	2274.7	2327.9	2569.5	2813.9	Canada
Netherlands	1666.8	1720.8	1701.3	1127.6	1389.7	Pays-Bas
Italy-San Marino-Holy See	1279.8	1314.6	1274.4	1306.7	1571.8	Italie-Saint-Marin-Saint-Siège
Spain	1157.1	1160.8	1166.8	1288.0	1667.8	Espagne
Belgium	1136.5	1220.0	982.7	1072.9	1407.1	Belgique
Australia	699.6	821.6	726.7	972.6	1047.7	Australie
Mexico	595.1	700.1	771.3	918.8	827.9	Mexique
Switzerland-Liechtenstein	610.0	607.6	595.3	674.8	748.1	Suisse-Liechtenstein
Austria	598.7	558.1	539.0	613.8	798.3	Autriche
Korea, Republic of	373.4	530.1	540.5	728.1	806.3	République de Corée
Sweden	441.1	439.8	443.8	538.1	607.2	Suède
Denmark	340.3	331.9	340.4	432.3	574.8	Danemark
Singapore	371.0	450.7	352.2	369.3	394.6	Singapour
Norway	310.1	300.8	297.5	381.6	445.1	Norvège
China	251.5	232.6	275.5	361.0	454.1	Chine
Portugal	268.3	242.0	236.7	294.3	e300.7	Portugal
Ireland	221.4	238.8	239.0	281.9	325.6	Irlande
Poland	244.4	262.2	245.1	270.3	281.3	Pologne
Greece	225.8	223.7	211.9	250.4	314.1	Grèce
United Arab Emirates	179.2	287.5	210.5	e215.9	e253.0	Emirates arabes unis
Czech Republic	177.4	169.1	178.4	229.9	333.4	République tchèque
Russian Federation	106.7	107.7	219.9	258.1	361.9	Fédération de Russie
Finland	168.6	174.3	206.7	229.8	270.1	Finlande
Saudi Arabia	108.1	172.6	189.0	222.2	254.1	Arabie saoudite

(Value as percentages of World total)

(Valeur en pourcentage du total mondial)

Regions of the world	1994	1995	1996	1997	1998	1999	2000	2001	2002	2003	Régions du monde
World	100.0	100.0	100.0	100.0	100.0	100.0	100.0	100.0	100.0	100.0	Monde
Africa	0.6	0.7	0.6	0.7	0.8	0.7	0.6	0.6	0.6	0.6	Afrique
Americas	38.5	37.2	37.5	40.2	43.3	43.1	42.5	44.8	44.5	41.0	Amériques
- Northern America	34.9	33.7	34.4	36.8	39.8	40.2	39.4	41.6	41.6	38.5	- Amérique du Nord
- LAIA	3.2	3.0	2.8	3.1	3.1	2.5	2.7	2.8	2.5	2.1	- ALAI
- CACM	0.2	0.2	0.1	0.2	0.2	0.2	0.1	0.2	0.2	0.2	- MCC
- Caribbean	0.2	0.2	0.2	0.1	0.2	0.1	0.1	0.1	0.1	0.1	- Caraïbes
- Rest of America	0.1	0.1	0.1	0.1	0.1	0.1	0.1	0.1	0.1	0.1	- Autre d'Amérique
Asia excluding former USSR	26.2	28.0	27.5	24.9	22.0	22.7	24.6	21.9	21.1	20.9	Asie ancienne URSS exclus
- Middle East	1.2	1.1	1.1	1.1	1.3	1.1	1.4	1.2	1.4	1.3	- Moyen-Orient
Asia former USSR	0.0	0.0	0.0	0.0	0.0	0.0	0.1	0.0	0.1	0.1	Asie ancienne URSS
Europe excluding former USSR	32.5	31.9	32.0	31.8	31.9	31.6	30.2	30.6	31.2	34.7	Europe ancienne URSS exclus
- European Union	29.4	28.5	28.7	28.8	28.8	28.5	27.4	27.6	27.9	31.1	- Union Européenne
- Eastern Europe	0.9	1.1	1.2	1.1	1.2	1.1	1.1	1.1	1.3	1.5	- Europe de l'Est
- Rest of Europe	2.2	2.4	2.2	2.0	1.9	1.9	1.8	1.8	2.0	2.2	- Autre de l'Europe
Europe former USSR	0.4	0.5	0.5	0.4	0.4	0.3	0.3	0.6	0.6	0.8	Europe ancienne URSS
Oceania	1.7	1.8	1.9	1.9	1.7	1.6	1.7	1.6	1.9	1.9	Océanie

Voitures pour le transport des enfants; jouets, articles pour divertissements et pour sports 894

TRADE BY COMMODITY (Value in million US dollars)
Exports by principal countries or areas

COMMERCE PAR PRODUIT (Valeur en millions de dollars EU)
Exportations selon les principaux pays ou zones

Country or area	1999	2000	2001	2002	2003	Pays ou zone
World	47054.4	48899.4	46188.8	49652.8	53062.3	Monde
Africa	67.1	45.0	46.4	57.6	54.7	Afrique
Americas	6106.7	6208.0	5948.7	6460.5	6160.3	Amériques
- Northern America	5040.5	5282.3	4977.0	4868.3	5303.6	- Amérique du Nord
- LAIA	1038.7	897.9	944.7	1564.9	832.5	- ALAI
- CACM	21.4	19.3	19.6	22.1	18.9	- MCC
- Caribbean	6.0	8.4	6.3	4.7	5.2	- Caraïbes
- Rest of America	0.0	0.1	1.1	0.5	0.1	- Autre d'Amérique
Asia excluding former USSR	29733.3	31738.0	27775.6	30255.9	31695.8	Asie ancienne URSS exclus
- Middle East	159.5	144.3	181.2	218.4	263.0	- Moyen-Orient
Asia former USSR	4.6	1.9	0.6	4.4	11.3	Asie ancienne URSS
Europe excluding former USSR	10842.2	10594.8	12129.1	12529.0	14689.1	Europe ancienne URSS exclus
- European Union	9765.1	9498.2	10654.5	10635.5	13158.3	- Union Européenne
- Eastern Europe	511.2	564.0	941.7	1361.7	909.8	- Europe de l'Est
- Rest of Europe	565.9	532.6	532.9	531.8	621.0	- Autre de l'Europe
Europe former USSR	150.8	137.8	120.8	131.6	162.2	Europe ancienne URSS
Oceania	149.7	174.0	167.5	213.8	288.7	Océanie
China, Hong Kong SAR	12086.6	13290.4	11087.2	10984.7	11181.8	Chine - RAS de Hong-Kong
China	8511.0	10112.4	9886.2	12561.2	14384.0	Chine
United States	4131.1	4359.0	4110.8	3875.9	4232.5	Etats-Unis d'Amérique
Japan	4765.7	3261.1	2540.1	2605.6	1863.1	Japon
Germany	1776.1	1767.0	2109.2	2449.7	3187.1	Allemagne
Italy-San Marino-Holy See	1559.5	1478.8	1463.7	1518.6	1753.6	Italie-Saint-Marin-Saint-Siège
United Kingdom	1324.9	1230.8	1166.7	1278.0	1430.6	Royaume-Uni
Netherlands	1127.0	1196.2	1817.7	790.0	1186.9	Pays-Bas
France-Monaco	1112.9	1141.1	1131.3	1285.4	1429.1	France-Monaco
Canada	909.5	923.2	866.0	992.2	1070.9	Canada
Mexico	902.8	751.8	809.5	1345.7	662.0	Mexique
Belgium	700.0	724.3	738.0	735.1	1073.5	Belgique
Spain	689.6	667.5	738.6	852.1	971.9	Espagne
Austria	667.4	546.7	680.0	787.1	1042.7	Autriche
Korea, Republic of	606.0	628.6	567.3	464.9	456.7	République de Corée
Thailand	506.4	554.1	540.5	e471.3	550.6	Thaïlande
Switzerland-Liechtenstein	399.7	360.9	348.0	302.6	341.9	Suisse-Liechtenstein
Hungary	97.8	95.6	414.7	731.2	98.4	Hongrie
Czech Republic	204.8	218.2	243.1	296.1	388.4	République tchèque
Sweden	236.1	215.0	230.0	295.3	333.1	Suède
Malaysia	270.0	262.5	235.1	263.2	251.3	Malaisie
Indonesia	221.9	383.6	198.7	169.1	181.0	Indonésie
Pakistan	196.2	213.6	208.5	260.1	265.0	Pakistan
Denmark	147.3	163.5	158.0	219.3	301.7	Danemark
Singapore	184.1	186.6	170.4	169.5	185.5	Singapour
Australia	126.9	146.8	141.2	187.0	258.6	Australie
Philippines	180.0	189.1	154.8	125.1	133.7	Philippines
Poland	124.8	139.8	141.6	170.6	186.3	Pologne
Finland	136.7	126.8	146.8	147.5	164.7	Finlande
Ireland	158.6	127.3	133.9	137.2	139.4	Irlande

(Value as percentages of World total)

(Valeur en pourcentage du total mondial)

Regions of the world	1994	1995	1996	1997	1998	1999	2000	2001	2002	2003	Régions du monde
World	100.0	100.0	100.0	100.0	100.0	100.0	100.0	100.0	100.0	100.0	Monde
Africa	0.1	0.1	0.1	0.1	0.1	0.1	0.1	0.1	0.1	0.1	Afrique
Americas	13.6	14.1	14.0	13.9	13.8	13.0	12.7	12.9	13.0	11.6	Amériques
- Northern America	11.6	11.8	11.6	11.4	11.0	10.7	10.8	10.8	9.8	10.0	- Amérique du Nord
- LAIA	2.0	2.3	2.3	2.5	2.7	2.2	1.8	2.0	3.2	1.6	- ALAI
- CACM	0.0	0.0	0.0	0.0	0.0	0.0	0.0	0.0	0.0	0.0	- MCC
- Caribbean	0.0	0.0	0.0	0.0	0.0	0.0	0.0	0.0	0.0	0.0	- Caraïbes
- Rest of America	0.0	0.0	0.0	0.0	0.0	0.0	0.0	0.0	0.0	0.0	- Autre d'Amérique
Asia excluding former USSR	61.4	60.8	61.4	62.7	61.9	63.2	64.9	60.1	60.9	59.7	Asie ancienne URSS exclus
- Middle East	0.1	0.1	0.2	0.3	0.3	0.3	0.3	0.4	0.4	0.5	- Moyen-Orient
Asia former USSR	0.0	0.0	0.0	0.0	0.0	0.0	0.0	0.0	0.0	0.0	Asie ancienne URSS
Europe excluding former USSR	24.4	24.5	23.9	22.8	23.6	23.0	21.7	26.3	25.2	27.7	Europe ancienne URSS exclus
- European Union	22.1	22.3	21.5	20.7	21.3	20.8	19.4	23.1	21.4	24.8	- Union Européenne
- Eastern Europe	0.8	0.9	1.0	1.0	1.2	1.1	1.2	2.0	2.7	1.7	- Europe de l'Est
- Rest of Europe	1.5	1.3	1.3	1.1	1.2	1.2	1.1	1.2	1.1	1.2	- Autre de l'Europe
Europe former USSR	0.1	0.2	0.2	0.2	0.2	0.3	0.3	0.3	0.3	0.3	Europe ancienne URSS
Oceania	0.3	0.4	0.4	0.3	0.3	0.3	0.4	0.4	0.4	0.5	Océanie

895 Office and stationary supplies, nes

TRADE BY COMMODITY (Value in million US dollars)
Imports by principal countries or areas

COMMERCE PAR PRODUIT (Valeur en millions de dollars EU)
Importations selon les principaux pays ou zones

Country or area	1999	2000	2001	2002	2003	Pays ou zone
World	8537.6	9089.1	8647.5	8977.5	9627.2	Monde
Africa	172.3	168.1	170.4	196.8	184.5	Afrique
Americas	2550.6	2807.9	2519.4	2505.7	2520.0	Amériques
- Northern America	1835.4	2042.9	1833.4	1840.3	1879.5	- Amérique du Nord
- LAIA	615.9	658.8	572.5	551.5	536.3	- ALAI
- CACM	60.3	61.4	73.0	74.7	64.5	- MCC
- Caribbean	24.2	29.4	27.9	27.3	29.8	- Caraïbes
- Rest of America	14.9	15.4	12.7	11.9	9.9	- Autre d'Amérique
Asia excluding former USSR	1778.9	2087.9	1872.9	1810.4	1981.7	Asie ancienne URSS exclus
- Middle East	239.4	262.1	237.0	257.1	306.1	- Moyen-Orient
Asia former USSR	4.9	9.8	8.7	9.1	9.7	Asie ancienne URSS
Europe excluding former USSR	3808.0	3772.6	3852.9	4238.3	4691.4	Europe ancienne URSS exclus
- European Union	3352.4	3291.8	3424.4	3736.5	4159.4	- Union Européenne
- Eastern Europe	224.7	258.7	214.2	282.4	280.1	- Europe de l'Est
- Rest of Europe	230.9	222.1	214.4	219.3	251.9	- Autre de l'Europe
Europe former USSR	62.1	82.0	83.1	79.4	85.1	Europe ancienne URSS
Oceania	161.0	160.8	140.1	137.8	154.7	Océanie
United States	1576.6	1777.4	1579.0	1596.9	1618.2	Etats-Unis d'Amérique
France-Monaco	681.4	658.5	681.6	771.8	963.7	France-Monaco
Germany	497.3	507.8	687.9	631.1	646.0	Allemagne
United Kingdom	664.9	593.8	526.8	588.8	586.0	Royaume-Uni
China, Hong Kong SAR	479.4	590.1	512.5	500.6	514.0	Chine - RAS de Hong-Kong
Italy-San Marino-Holy See	352.8	393.7	398.7	439.3	458.0	Italie-Saint-Marin-Saint-Siège
Mexico	372.7	400.3	305.7	357.9	363.0	Mexique
Netherlands	260.6	261.3	247.2	331.2	370.0	Pays-Bas
Spain	262.2	245.5	245.3	286.8	356.6	Espagne
Canada	258.2	265.0	253.5	242.2	259.1	Canada
Japan	219.7	239.0	219.1	202.9	224.0	Japon
Singapore	176.9	214.2	193.1	154.0	143.4	Singapour
Belgium	154.7	151.9	152.9	181.2	207.3	Belgique
Malaysia	150.0	175.4	134.3	103.6	106.1	Malaisie
Switzerland-Liechtenstein	135.4	134.0	130.3	127.9	140.1	Suisse-Liechtenstein
China	71.8	97.8	106.3	130.4	171.6	Chine
Australia	123.6	124.4	105.8	102.7	114.3	Australie
Korea, Republic of	98.4	117.8	110.5	117.4	122.6	République de Corée
Austria	106.1	102.1	98.7	110.6	125.5	Autriche
Sweden	91.9	86.6	90.2	104.0	126.9	Suède
Thailand	77.3	113.1	110.8	e90.3	105.9	Thaïlande
Poland	94.3	93.3	84.2	94.3	103.6	Pologne
Ireland	55.7	80.3	83.8	79.8	74.5	Irlande
Turkey	64.9	79.8	51.5	67.9	77.8	Turquie
Denmark	66.1	67.0	64.6	60.5	77.4	Danemark
Hungary	41.6	78.6	49.9	90.2	64.4	Hongrie
Saudi Arabia	60.0	62.6	59.2	60.5	69.2	Arabie saoudite
Czech Republic	59.0	56.4	45.4	57.6	62.3	République tchèque
Portugal	66.5	50.4	54.5	52.7	e53.8	Portugal
United Arab Emirates	45.6	51.4	53.0	e54.4	e63.7	Emirates arabes unis

(Value as percentages of World total)

(Valeur en pourcentage du total mondial

Regions of the world	1994	1995	1996	1997	1998	1999	2000	2001	2002	2003	Régions du monde
World	100.0	100.0	100.0	100.0	100.0	100.0	100.0	100.0	100.0	100.0	Monde
Africa	2.3	2.4	2.3	2.2	2.2	2.0	1.8	2.0	2.2	1.9	Afrique
Americas	27.9	26.4	26.1	28.0	29.5	29.9	30.9	29.1	27.9	26.2	Amériques
- Northern America	21.3	20.0	19.3	19.1	20.4	21.5	22.5	21.2	20.5	19.5	- Amérique du Nord
- LAIA	5.7	5.3	5.7	7.3	7.8	7.2	7.2	6.6	6.1	5.6	- ALAI
- CACM	0.5	0.5	0.7	1.1	0.7	0.7	0.7	0.8	0.8	0.7	- MCC
- Caribbean	0.3	0.4	0.3	0.3	0.3	0.3	0.3	0.3	0.3	0.3	- Caraïbes
- Rest of America	0.2	0.2	0.2	0.2	0.2	0.2	0.2	0.1	0.1	0.1	- Autre d'Amérique
Asia excluding former USSR	23.8	24.3	24.9	23.8	19.4	20.8	23.0	21.7	20.2	20.6	Asie ancienne URSS exclus
- Middle East	3.7	3.4	3.2	3.2	3.1	2.8	2.9	2.7	2.9	3.2	- Moyen-Orient
Asia former USSR	0.0	0.1	0.1	0.1	0.1	0.1	0.1	0.1	0.1	0.1	Asie ancienne URSS
Europe excluding former USSR	43.0	44.1	43.7	43.1	46.2	44.6	41.5	44.6	47.2	48.7	Europe ancienne URSS exclus
- European Union	37.8	38.5	38.0	37.9	40.6	39.3	36.2	39.6	41.6	43.2	- Union Européenne
- Eastern Europe	1.9	2.2	2.6	2.5	2.8	2.6	2.8	2.5	3.1	2.9	- Europe de l'Est
- Rest of Europe	3.3	3.4	3.1	2.7	2.8	2.7	2.4	2.5	2.4	2.6	- Autre de l'Europe
Europe former USSR	0.6	0.6	0.6	0.8	0.8	0.7	0.9	1.0	0.9	0.9	Europe ancienne URSS
Oceania	2.3	2.2	2.2	2.0	1.9	1.9	1.8	1.6	1.5	1.6	Océanie

TRADE BY COMMODITY (Value in million US dollars)
Exports by principal countries or areas

COMMERCE PAR PRODUIT (Valeur en millions de dollars EU)
Exportations selon les principaux pays ou zones

Country or area	1999	2000	2001	2002	2003	Pays ou zone
World	7998.0	8326.9	7468.7	7896.7	8880.6	Monde
Africa	21.1	27.4	22.9	28.0	33.5	Afrique
Americas	1207.6	1178.2	1093.1	1121.1	1124.5	Amériques
- Northern America	857.2	818.3	722.6	701.4	698.0	- Amérique du Nord
- LAIA	339.1	349.0	352.9	406.0	408.3	- ALAI
- CACM	10.2	10.0	16.3	12.7	17.2	- MCC
- Caribbean	1.0	0.9	0.9	0.8	1.0	- Caraïbes
- Rest of America	0.1	0.0	0.3	0.2	0.1	- Autre d'Amérique
Asia excluding former USSR	3480.1	4000.8	3286.7	3419.8	3772.0	Asie ancienne URSS exclus
- Middle East	32.2	29.1	34.7	37.7	47.3	- Moyen-Orient
Asia former USSR	0.5	0.8	0.7	0.1	0.2	Asie ancienne URSS
Europe excluding former USSR	3265.7	3096.1	3040.0	3301.2	3924.8	Europe ancienne URSS exclus
- European Union	3005.2	2800.0	2744.7	2968.6	3538.9	- Union Européenne
- Eastern Europe	102.0	113.1	111.3	129.6	152.3	- Europe de l'Est
- Rest of Europe	158.5	183.0	183.9	203.0	233.5	- Autre de l'Europe
Europe former USSR	4.4	6.0	6.8	11.0	10.1	Europe ancienne URSS
Oceania	18.6	17.6	18.6	15.5	15.6	Océanie
Japan	1402.5	1493.3	1195.9	1154.7	1171.2	Japon
Germany	845.6	798.0	858.5	881.5	983.5	Allemagne
United States	825.1	779.3	686.2	669.3	666.1	Etats-Unis d'Amérique
China	465.4	552.7	584.2	722.6	930.1	Chine
France-Monaco	573.8	511.1	455.3	508.3	604.1	France-Monaco
United Kingdom	470.8	463.3	420.7	516.8	605.7	Royaume-Uni
China, Hong Kong SAR	456.1	546.5	458.4	486.9	510.7	Chine - RAS de Hong-Kong
Netherlands	369.1	279.5	280.1	311.7	362.7	Pays-Bas
Singapore	283.0	426.5	200.2	258.0	321.7	Singapour
Mexico	276.1	267.2	272.9	329.6	329.5	Mexique
Italy-San Marino-Holy See	287.0	280.2	275.4	269.4	294.3	Italie-Saint-Marin-Saint-Siège
Korea, Republic of	174.3	224.4	221.7	196.6	183.7	République de Corée
Switzerland-Liechtenstein	128.0	152.7	154.1	169.7	197.0	Suisse-Liechtenstein
Spain	107.2	114.6	116.8	146.6	189.1	Espagne
Belgium	97.6	116.4	112.2	123.5	129.0	Belgique
Malaysia	86.3	95.4	86.5	93.9	113.6	Malaisie
Austria	60.6	69.6	73.7	78.4	193.2	Autriche
India	55.4	78.2	74.6	76.5	94.1	Inde
Czech Republic	64.3	64.2	64.8	74.9	83.4	République tchèque
Thailand	68.6	78.9	60.1	e62.4	72.9	Thaïlande
Sweden	61.3	53.1	49.1	55.0	78.2	Suède
Indonesia	55.0	60.6	52.6	58.1	58.2	Indonésie
Brazil	42.4	51.3	54.2	51.3	53.0	Brésil
Ireland	77.9	56.5	34.7	25.2	29.5	Irlande
Canada	32.1	39.0	36.3	32.1	31.9	Canada
Denmark	30.4	26.8	32.0	27.0	37.3	Danemark
Slovenia	22.4	22.9	22.8	24.8	28.5	Slovénie
Hungary	16.0	20.4	21.3	28.7	32.0	Hongrie
Poland	15.8	21.9	18.9	18.7	29.2	Pologne
United Arab Emirates	16.5	11.2	15.0	e15.6	e18.5	Emirates arabes unis

(Value as percentages of World total)

(Valeur en pourcentage du total mondial)

Regions of the world	1994	1995	1996	1997	1998	1999	2000	2001	2002	2003	Régions du monde
World	100.0	100.0	100.0	100.0	100.0	100.0	100.0	100.0	100.0	100.0	Monde
Africa	0.4	0.4	0.5	0.6	0.4	0.3	0.3	0.3	0.4	0.4	Afrique
Americas	13.1	12.8	14.3	15.9	16.0	15.1	14.1	14.6	14.2	12.7	Amériques
- Northern America	9.3	9.1	10.3	11.6	11.4	10.7	9.8	9.7	8.9	7.9	- Amérique du Nord
- LAIA	3.6	3.2	3.1	3.8	4.4	4.2	4.2	4.7	5.1	4.6	- ALAI
- CACM	0.3	0.5	0.8	0.5	0.1	0.1	0.1	0.2	0.2	0.2	- MCC
- Caribbean	0.0	0.0	0.0	0.0	0.1	0.0	0.0	0.0	0.0	0.0	- Caraïbes
- Rest of America	0.0	0.0	0.0	0.0	0.0	0.0	0.0	0.0	0.0	0.0	- Autre d'Amérique
Asia excluding former USSR	42.4	42.6	40.5	40.8	40.7	43.5	48.0	44.0	43.3	42.5	Asie ancienne URSS exclus
- Middle East	0.3	0.4	0.2	0.2	0.4	0.4	0.3	0.5	0.5	0.5	- Moyen-Orient
Asia former USSR	0.0	0.0	0.0	0.0	0.0	0.0	0.0	0.0	0.0	0.0	Asie ancienne URSS
Europe excluding former USSR	43.8	43.8	44.3	42.3	42.6	40.8	37.2	40.7	41.8	44.2	Europe ancienne URSS exclus
- European Union	40.2	39.8	39.9	38.5	38.9	37.6	33.6	36.7	37.6	39.9	- Union Européenne
- Eastern Europe	0.8	0.9	1.3	1.5	1.5	1.3	1.4	1.5	1.6	1.7	- Europe de l'Est
- Rest of Europe	2.8	3.1	3.1	2.3	2.2	2.0	2.2	2.5	2.6	2.6	- Autre de l'Europe
Europe former USSR	0.1	0.1	0.1	0.1	0.1	0.1	0.1	0.1	0.1	0.1	Europe ancienne URSS
Oceania	0.3	0.3	0.4	0.3	0.3	0.2	0.2	0.2	0.2	0.2	Océanie

896 Works of art, collectors' pieces and antiques

Country or area	1999	2000	2001	2002	2003	Pays ou zone
World	10024.8	11446.1	11367.0	11032.7	10046.0	Monde
Africa	17.8	41.4	48.4	36.7	31.6	Afrique
Americas	5047.3	6008.0	5615.3	5313.4	4532.8	Amériques
- Northern America	5012.4	5977.6	5580.2	5283.7	4498.3	- Amérique du Nord
- LAIA	22.4	20.3	21.5	22.0	16.0	- ALAI
- CACM	1.3	1.3	0.7	0.9	1.2	- MCC
- Caribbean	9.8	7.5	11.9	5.7	15.8	- Caraïbes
- Rest of America	1.4	1.2	1.0	1.1	1.5	- Autre d'Amérique
Asia excluding former USSR	736.3	835.0	530.7	523.6	569.1	Asie ancienne URSS exclus
- Middle East	17.1	126.3	31.2	20.2	22.5	- Moyen-Orient
Asia former USSR	0.3	5.1	1.4	2.0	1.6	Asie ancienne URSS
Europe excluding former USSR	4105.2	4457.7	5109.7	5091.4	4835.1	Europe ancienne URSS exclus
- European Union	3299.6	3610.7	4129.9	4301.5	3858.4	- Union Européenne
- Eastern Europe	131.9	20.0	11.5	52.3	89.5	- Europe de l'Est
- Rest of Europe	673.7	827.0	968.3	737.6	887.2	- Autre de l'Europe
Europe former USSR	2.3	1.5	1.8	2.3	4.0	Europe ancienne URSS
Oceania	115.7	97.5	59.6	63.4	71.9	Océanie
United States	4933.4	5877.2	5465.3	5177.2	4352.8	Etats-Unis d'Amérique
United Kingdom	2251.6	2479.3	2757.0	3170.1	2736.1	Royaume-Uni
Switzerland-Liechtenstein	663.1	812.0	942.7	709.0	853.1	Suisse-Liechtenstein
Germany	303.1	373.4	461.1	287.9	221.6	Allemagne
Japan	455.0	449.8	229.8	220.3	203.0	Japon
France-Monaco	198.0	233.4	187.3	221.2	277.4	France-Monaco
Spain	92.7	147.9	284.3	171.1	215.4	Espagne
China, Hong Kong SAR	117.2	124.7	139.3	155.3	169.7	Chine - RAS de Hong-Kong
Canada	78.1	99.4	111.8	103.9	142.7	Canada
Netherlands	77.6	103.9	102.4	92.3	115.4	Pays-Bas
Australia	104.5	87.3	49.0	52.5	56.2	Australie
Italy-San Marino-Holy See	54.3	42.1	42.7	148.8	50.1	Italie-Saint-Marin-Saint-Siège
Belgium	60.8	53.7	66.4	60.5	87.6	Belgique
Sweden	128.8	41.2	18.4	41.1	39.3	Suède
Czech Republic	116.3	2.4	1.5	38.7	78.0	République tchèque
Austria	43.7	37.7	45.3	51.3	55.2	Autriche
Korea, Republic of	16.8	20.0	33.2	62.3	96.4	République de Corée
Greece	9.8	45.4	109.1	4.8	8.0	Grèce
Israel	34.6	23.5	47.2	22.2	23.0	Israël
Singapore	29.1	44.0	23.0	22.4	24.7	Singapour
Turkey	6.4	111.7	10.7	2.4	3.6	Turquie
Ireland	52.7	20.2	22.8	11.8	5.1	Irlande
Denmark	18.3	19.3	22.3	20.8	19.2	Danemark
South Africa	–	31.1	12.6	29.6	15.4	Afrique du Sud
New Zealand	8.9	8.2	9.5	9.3	12.3	Nouvelle-Zélande
Poland	12.2	15.2	5.4	9.0	6.0	Pologne
Mexico	7.0	10.0	9.3	9.2	9.0	Mexique
Norway	6.2	8.0	8.9	8.1	10.1	Norvège
Luxembourg	1.9	4.6	4.3	9.1	16.7	Luxembourg
Gibraltar	e0.1	e0.8	e9.5	e9.3	e12.8	Gibraltar

(Value as percentages of World total) **(Valeur en pourcentage du total mondial)**

Regions of the world	1994	1995	1996	1997	1998	1999	2000	2001	2002	2003	Régions du monde
World	100.0	100.0	100.0	100.0	100.0	100.0	100.0	100.0	100.0	100.0	Monde
Africa	0.2	0.3	0.4	0.3	0.2	0.2	0.4	0.4	0.3	0.3	Afrique
Americas	35.1	41.7	43.4	44.1	44.5	50.3	52.5	49.4	48.2	45.1	Amériques
- Northern America	34.3	41.0	42.7	43.6	43.9	50.0	52.2	49.1	47.9	44.8	- Amérique du Nord
- LAIA	0.4	0.5	0.5	0.4	0.4	0.2	0.2	0.2	0.2	0.2	- ALAI
- CACM	0.0	0.0	0.0	0.0	0.0	0.0	0.0	0.0	0.0	0.0	- MCC
- Caribbean	0.4	0.2	0.2	0.1	0.2	0.1	0.1	0.1	0.1	0.2	- Caraïbes
- Rest of America	0.0	0.0	0.0	0.1	0.1	0.0	0.0	0.0	0.0	0.0	- Autre d'Amérique
Asia excluding former USSR	11.2	11.4	12.5	11.6	6.1	7.3	7.3	4.7	4.7	5.7	Asie ancienne URSS exclus
- Middle East	0.3	0.2	0.2	0.2	0.1	0.2	1.1	0.3	0.2	0.2	- Moyen-Orient
Asia former USSR	0.0	0.0	0.0	0.0	0.0	0.0	0.0	0.0	0.0	0.0	Asie ancienne URSS
Europe excluding former USSR	52.4	45.3	42.2	42.6	47.9	41.0	38.9	45.0	46.1	48.1	Europe ancienne URSS exclus
- European Union	44.0	37.5	31.5	30.5	38.1	32.9	31.5	36.3	39.0	38.4	- Union Européenne
- Eastern Europe	0.1	1.1	0.1	2.1	0.7	1.3	0.2	0.1	0.5	0.9	- Europe de l'Est
- Rest of Europe	8.3	6.7	10.6	10.0	9.0	6.7	7.2	8.5	6.7	8.8	- Autre de l'Europe
Europe former USSR	0.1	0.1	0.0	0.0	0.1	0.0	0.0	0.0	0.0	0.0	Europe ancienne URSS
Oceania	1.0	1.4	1.5	1.4	1.2	1.2	0.9	0.5	0.6	0.7	Océanie

TRADE BY COMMODITY (Value in million US dollars)
Exports by principal countries or areas

COMMERCE PAR PRODUIT (Valeur en millions de dollars EU)
Exportations selon les principaux pays ou zones

Country or area	1999	2000	2001	2002	2003	Pays ou zone
World	7301.3	9807.5	9593.0	9205.5	9632.2	Monde
Africa	44.3	45.9	27.0	55.6	61.5	Afrique
Americas	2068.6	3482.6	3865.3	2632.0	2883.1	Amériques
- Northern America	2044.6	3441.1	3843.2	2610.4	2854.3	- Amérique du Nord
- LAIA	21.1	37.9	18.3	12.1	24.0	- ALAI
- CACM	0.0	0.1	0.3	0.5	0.2	- MCC
- Caribbean	2.9	3.1	3.1	8.7	4.3	- Caraïbes
- Rest of America	0.1	0.5	0.4	0.3	0.4	- Autre d'Amérique
Asia excluding former USSR	248.1	293.3	315.2	309.1	303.8	Asie ancienne URSS exclus
- Middle East	3.4	18.2	8.7	8.0	5.9	- Moyen-Orient
Asia former USSR	1.1	1.5	2.9	4.6	3.3	Asie ancienne URSS
Europe excluding former USSR	4886.1	5916.8	5319.5	6127.4	6288.4	Europe ancienne URSS exclus
- European Union	4089.8	4998.2	4612.3	5202.3	5458.6	- Union Européenne
- Eastern Europe	134.6	21.2	15.7	22.0	34.6	- Europe de l'Est
- Rest of Europe	661.7	897.5	691.5	903.1	795.1	- Autre de l'Europe
Europe former USSR	1.9	5.3	3.6	12.2	4.4	Europe ancienne URSS
Oceania	51.2	62.1	59.7	64.5	87.7	Océanie
United Kingdom	2564.3	3220.5	2998.4	3709.8	3794.7	Royaume-Uni
United States	1908.4	3173.6	3574.6	2444.1	2686.6	Etats-Unis d'Amérique
Switzerland-Liechtenstein	633.9	858.6	651.9	859.3	746.8	Suisse-Liechtenstein
France-Monaco	555.7	763.5	620.7	598.5	759.2	France-Monaco
Germany	539.9	526.5	511.7	464.8	491.6	Allemagne
Canada	135.0	264.2	266.3	164.8	165.9	Canada
China, Hong Kong SAR	88.5	110.2	96.8	127.3	107.6	Chine - RAS de Hong-Kong
Italy-San Marino-Holy See	68.2	84.6	82.2	74.3	83.5	Italie-Saint-Marin-Saint-Siège
Belgium	87.1	92.0	76.3	76.6	55.5	Belgique
Spain	44.3	52.5	57.3	100.9	68.2	Espagne
Japan	39.7	70.6	104.4	51.2	39.8	Japon
Netherlands	47.6	67.9	65.6	48.4	61.2	Pays-Bas
Australia	41.9	49.8	46.9	50.5	69.6	Australie
Austria	38.5	43.2	59.2	40.0	54.0	Autriche
Denmark	32.3	48.1	43.3	35.1	42.4	Danemark
Norway	24.5	33.3	28.6	38.4	40.7	Norvège
Korea, Republic of	13.5	18.6	35.6	51.9	32.1	République de Corée
Sweden	52.5	28.1	19.0	31.8	19.8	Suède
Czech Republic	117.8	5.8	6.0	6.5	5.6	République tchèque
Israel	21.0	24.2	19.3	16.5	38.1	Israël
China	38.3	21.3	18.6	20.0	19.2	Chine
Ireland	46.8	27.3	13.3	11.3	16.5	Irlande
Greece	5.9	35.8	55.1	1.3	1.3	Grèce
Zimbabwe	14.9	16.5	1.6	25.0	e21.7	Zimbabwe
South Africa	–	19.5	15.5	19.6	20.7	Afrique du Sud
New Zealand	8.8	11.6	11.3	13.6	17.7	Nouvelle-Zélande
Singapore	19.8	11.2	14.0	9.1	8.8	Singapour
Mexico	11.8	25.2	9.0	5.1	5.2	Mexique
Poland	11.5	10.8	5.2	6.8	19.6	Pologne
India	2.3	2.4	3.0	4.5	28.9	Inde

(Value as percentages of World total)

(Valeur en pourcentage du total mondial)

Regions of the world	1994	1995	1996	1997	1998	1999	2000	2001	2002	2003	Régions du monde
World	100.0	100.0	100.0	100.0	100.0	100.0	100.0	100.0	100.0	100.0	Monde
Africa	0.7	0.6	0.5	0.4	0.6	0.6	0.5	0.3	0.6	0.6	Afrique
Americas	27.5	23.7	23.4	25.0	33.7	28.3	35.5	40.3	28.6	29.9	Amériques
- Northern America	26.8	23.5	23.0	24.7	33.2	28.0	35.1	40.1	28.4	29.6	- Amérique du Nord
- LAIA	0.5	0.1	0.2	0.2	0.2	0.3	0.4	0.2	0.1	0.2	- ALAI
- CACM	0.0	0.0	0.1	0.0	0.0	0.0	0.0	0.0	0.0	0.0	- MCC
- Caribbean	0.1	0.1	0.1	0.1	0.2	0.0	0.0	0.0	0.1	0.0	- Caraïbes
- Rest of America	0.0	0.0	0.0	0.0	0.0	0.0	0.0	0.0	0.0	0.0	- Autre d'Amérique
Asia excluding former USSR	5.4	4.3	3.6	3.7	3.5	3.4	3.0	3.3	3.4	3.2	Asie ancienne URSS exclus
- Middle East	0.5	0.1	0.0	0.0	0.1	0.0	0.2	0.1	0.1	0.1	- Moyen-Orient
Asia former USSR	0.0	0.0	0.0	0.0	0.0	0.0	0.0	0.0	0.1	0.0	Asie ancienne URSS
Europe excluding former USSR	66.0	70.6	72.0	70.4	61.6	66.9	60.3	55.5	66.6	65.3	Europe ancienne URSS exclus
- European Union	49.7	59.8	60.2	57.4	50.7	56.0	51.0	48.1	56.5	56.7	- Union Européenne
- Eastern Europe	3.4	1.6	1.2	4.1	1.7	1.8	0.2	0.2	0.2	0.4	- Europe de l'Est
- Rest of Europe	12.8	9.3	10.6	8.8	9.2	9.1	9.2	7.2	9.8	8.3	- Autre de l'Europe
Europe former USSR	0.0	0.0	0.0	0.0	0.0	0.0	0.1	0.0	0.1	0.0	Europe ancienne URSS
Oceania	0.4	0.6	0.5	0.5	0.7	0.7	0.6	0.6	0.7	0.9	Océanie

897 Gold, silver ware, jewelry and articles of precious materials, nes

TRADE BY COMMODITY (Value in million US dollars)
Imports by principal countries or areas

COMMERCE PAR PRODUIT (Valeur en millions de dollars EU)
Importations selon les principaux pays ou zones

Country or area	1999	2000	2001	2002	2003	Pays ou zone
World	18496.0	20619.5	21072.5	23106.5	26081.5	Monde
Africa	121.8	132.5	130.7	130.5	139.2	Afrique
Americas	6682.5	7524.8	7329.6	8282.2	8824.3	Amériques
- Northern America	6131.1	7032.1	6817.8	7681.9	8119.5	- Amérique du Nord
- LAIA	356.2	286.7	290.6	328.0	357.4	- ALAI
- CACM	9.9	10.8	10.6	13.8	15.4	- MCC
- Caribbean	174.7	186.7	204.6	248.6	323.0	- Caraïbes
- Rest of America	10.7	8.6	6.0	9.8	8.9	- Autre d'Amérique
Asia excluding former USSR	4717.1	5770.3	6014.8	6389.2	7571.0	Asie ancienne URSS exclus
- Middle East	1129.3	1589.3	1805.3	1941.0	2242.4	- Moyen-Orient
Asia former USSR	9.1	10.3	20.6	18.8	12.5	Asie ancienne URSS
Europe excluding former USSR	6712.0	6900.2	7284.5	7946.9	9054.0	Europe ancienne URSS exclus
- European Union	5082.7	5113.5	5522.1	5972.1	7092.3	- Union Européenne
- Eastern Europe	116.8	116.3	118.8	140.8	164.7	- Europe de l'Est
- Rest of Europe	1512.5	1670.4	1643.6	1834.1	1797.0	- Autre de l'Europe
Europe former USSR	23.4	26.2	34.4	34.5	47.4	Europe ancienne URSS
Oceania	230.0	255.2	257.9	304.5	433.1	Océanie
United States	5842.0	6617.3	6417.5	7283.1	7669.9	Etats-Unis d'Amérique
United Kingdom	1730.4	1639.1	2008.9	2356.0	2870.3	Royaume-Uni
Switzerland-Liechtenstein	1392.9	1551.3	1521.6	1694.8	1633.0	Suisse-Liechtenstein
China, Hong Kong SAR	1198.4	1404.6	1362.5	1539.5	2127.4	Chine - RAS de Hong-Kong
Japan	1106.4	1234.1	1417.6	1368.9	1510.2	Japon
United Arab Emirates	731.0	1196.2	1442.6	e1480.1	e1734.5	Emirates arabes unis
France-Monaco	766.8	896.8	995.9	992.3	1122.0	France-Monaco
Germany	916.1	886.6	821.3	866.7	956.2	Allemagne
Singapore	608.4	583.7	555.7	532.1	610.2	Singapour
Italy-San Marino-Holy See	353.4	413.9	441.0	463.4	574.5	Italie-Saint-Marin-Saint-Siège
Canada	288.7	409.4	392.8	390.5	437.2	Canada
Spain	339.0	268.4	289.8	305.2	417.6	Espagne
Belgium	205.1	274.7	294.5	257.1	260.9	Belgique
Mexico	288.8	220.3	207.0	257.8	298.3	Mexique
Australia	179.5	202.9	207.7	245.7	351.7	Australie
Austria	187.3	171.4	169.7	174.1	222.2	Autriche
Kuwait	153.6	132.7	142.1	e161.6	e195.0	Koweït
Malaysia	105.9	182.1	112.2	182.3	177.7	Malaisie
Netherlands	150.8	152.0	128.8	129.3	145.0	Pays-Bas
China	106.2	130.1	136.5	123.9	140.8	Chine
Thailand	52.8	89.3	115.9	e146.5	171.8	Thaïlande
Israel	112.3	114.3	126.2	114.5	108.7	Israël
Portugal	122.0	113.0	88.9	96.0	e98.1	Portugal
Korea, Republic of	57.5	94.1	97.2	128.9	138.4	République de Corée
Sweden	74.3	79.1	66.6	83.6	97.4	Suède
Turkey	43.4	73.7	66.4	89.0	121.9	Turquie
Dominican Republic	e40.4	e41.5	e69.8	e97.9	e111.8	République dominicaine
Greece	74.5	65.7	46.7	55.3	112.7	Grèce
Norway	63.8	62.5	62.9	75.6	84.0	Norvège
Libyan Arab Jamahiriya	e65.1	e70.9	e72.9	e58.9	e52.4	Jamahiriya arabe libyenne

(Value as percentages of World total)

(Valeur en pourcentage du total mondial)

Regions of the world	1994	1995	1996	1997	1998	1999	2000	2001	2002	2003	Régions du monde
World	100.0	100.0	100.0	100.0	100.0	100.0	100.0	100.0	100.0	100.0	Monde
Africa	0.6	0.3	0.3	0.4	0.3	0.7	0.6	0.6	0.6	0.5	Afrique
Americas	31.6	29.0	28.5	28.9	33.9	36.1	36.5	34.8	35.8	33.8	Amériques
- Northern America	29.9	27.5	26.9	27.0	30.9	33.1	34.1	32.4	33.2	31.1	- Amérique du Nord
- LAIA	1.1	0.9	0.9	1.1	2.1	1.9	1.4	1.4	1.4	1.4	- ALAI
- CACM	0.1	0.1	0.1	0.1	0.1	0.1	0.1	0.1	0.1	0.1	- MCC
- Caribbean	0.5	0.5	0.6	0.6	0.7	0.9	0.9	1.0	1.1	1.2	- Caraïbes
- Rest of America	0.1	0.1	0.0	0.0	0.1	0.1	0.0	0.0	0.0	0.0	- Autre d'Amérique
Asia excluding former USSR	26.2	30.4	30.2	28.7	24.1	25.5	28.0	28.5	27.7	29.0	Asie ancienne URSS exclus
- Middle East	6.7	7.3	6.1	5.9	6.3	6.1	7.7	8.6	8.4	8.6	- Moyen-Orient
Asia former USSR	0.0	0.1	0.1	0.0	0.0	0.0	0.0	0.1	0.1	0.0	Asie ancienne URSS
Europe excluding former USSR	40.4	39.0	39.5	40.7	38.8	36.3	33.5	34.6	34.4	34.7	Europe ancienne URSS exclus
- European Union	29.4	28.0	28.7	29.1	28.6	27.5	24.8	26.2	25.8	27.2	- Union Européenne
- Eastern Europe	0.4	0.4	0.4	0.4	0.5	0.6	0.6	0.6	0.6	0.6	- Europe de l'Est
- Rest of Europe	10.5	10.6	10.4	11.2	9.7	8.2	8.1	7.8	7.9	6.9	- Autre de l'Europe
Europe former USSR	0.1	0.1	0.1	0.1	0.2	0.1	0.1	0.2	0.1	0.2	Europe ancienne URSS
Oceania	1.2	1.1	1.4	1.2	2.7	1.2	1.2	1.2	1.3	1.7	Océanie

Bijouterie, orfèverie, et autres ouvrages en métaux précieux, n.d.a. 897

TRADE BY COMMODITY (Value in million US dollars)
Exports by principal countries or areas

COMMERCE PAR PRODUIT (Valeur en millions de dollars EU)
Exportations selon les principaux pays ou zones

Country or area	1999	2000	2001	2002	2003	Pays ou zone
World	22086.5	23481.1	24205.2	25785.6	29137.1	Monde
Africa	75.1	118.4	105.5	267.7	187.2	Afrique
Americas	2841.8	3109.3	3462.7	3629.1	3701.5	Amériques
- Northern America	2168.9	2462.3	2836.1	2974.5	3016.1	- Amérique du Nord
- LAIA	583.3	574.9	560.6	582.6	612.5	- ALAI
- CACM	52.5	30.8	23.6	28.7	23.1	- MCC
- Caribbean	36.4	40.7	38.8	40.6	49.1	- Caraïbes
- Rest of America	0.7	0.6	3.6	2.7	0.8	- Autre d'Amérique
Asia excluding former USSR	8663.6	9412.8	9378.1	10132.3	12879.8	Asie ancienne URSS exclus
- Middle East	508.6	654.8	814.4	972.0	1245.4	- Moyen-Orient
Asia former USSR	4.6	11.7	2.2	21.8	34.5	Asie ancienne URSS
Europe excluding former USSR	10374.8	10735.9	11147.2	11617.4	12105.0	Europe ancienne URSS exclus
- European Union	8802.4	9075.5	9289.8	9365.9	9703.5	- Union Européenne
- Eastern Europe	84.6	91.9	93.1	87.4	103.9	- Europe de l'Est
- Rest of Europe	1487.7	1568.5	1764.3	2164.1	2297.7	- Autre de l'Europe
Europe former USSR	4.9	6.8	13.2	8.0	100.1	Europe ancienne URSS
Oceania	121.8	86.2	96.3	109.3	129.0	Océanie
Italy-San Marino-Holy See	5086.2	5416.1	4957.0	4932.9	4507.2	Italie-Saint-Marin-Saint-Siège
China, Hong Kong SAR	2036.8	2482.5	2396.8	2717.7	3118.3	Chine - RAS de Hong-Kong
United States	1956.4	2187.9	2604.0	2729.5	2779.6	Etats-Unis d'Amérique
China	2092.1	1883.1	1576.6	1730.3	1835.6	Chine
Switzerland-Liechtenstein	1413.2	1487.5	1684.1	2089.7	2193.3	Suisse-Liechtenstein
United Kingdom	1265.1	1044.8	1482.1	1606.8	1940.0	Royaume-Uni
India	865.6	1019.4	1208.8	1444.1	2175.6	Inde
Thailand	912.5	901.7	1074.7	e1040.3	1215.2	Thaïlande
France-Monaco	772.4	963.1	1122.6	1067.4	1127.6	France-Monaco
Germany	802.9	810.1	821.6	830.0	1055.4	Allemagne
Korea, Republic of	513.6	645.7	671.3	573.4	1144.7	République de Corée
Malaysia	463.5	615.9	506.8	440.4	479.3	Malaisie
Turkey	295.8	394.5	445.6	561.1	727.2	Turquie
Israel	365.7	355.4	354.2	415.1	367.3	Israël
Mexico	385.1	376.4	350.1	358.2	382.8	Mexique
Singapore	296.6	262.8	267.0	307.0	687.9	Singapour
Spain	282.3	242.2	270.8	255.1	275.9	Espagne
Canada	212.2	274.0	231.6	244.9	235.9	Canada
Japan	217.7	248.8	189.1	199.7	263.7	Japon
Belgium	158.8	187.7	236.9	213.6	247.9	Belgique
Austria	191.9	166.0	173.9	197.5	268.7	Autriche
United Arab Emirates	136.5	145.4	217.3	e226.3	e268.8	Emirates arabes unis
Indonesia	174.2	111.0	118.1	66.9	74.5	Indonésie
Brazil	72.3	79.5	81.2	72.6	71.3	Brésil
Australia	86.4	59.6	66.3	74.8	82.6	Australie
Denmark	43.6	67.1	65.3	94.1	97.8	Danemark
Lebanon	53.0	76.5	71.5	67.9	66.5	Liban
Peru	56.5	49.6	47.3	60.5	68.5	Pérou
Bolivia	52.0	51.5	51.2	59.4	54.4	Bolivie
Czech Republic	52.2	55.3	53.5	46.3	58.2	République tchèque

(Value as percentages of World total) **(Valeur en pourcentage du total mondial)**

Regions of the world	1994	1995	1996	1997	1998	1999	2000	2001	2002	2003	Régions du monde
World	100.0	100.0	100.0	100.0	100.0	100.0	100.0	100.0	100.0	100.0	Monde
Africa	0.7	0.5	0.5	0.4	0.3	0.3	0.5	0.4	1.0	0.6	Afrique
Americas	9.5	9.1	9.3	10.6	10.8	12.9	13.2	14.3	14.1	12.7	Amériques
- Northern America	5.5	5.9	7.0	7.5	7.2	9.8	10.5	11.7	11.5	10.4	- Amérique du Nord
- LAIA	3.2	2.5	1.8	2.6	2.7	2.6	2.4	2.3	2.3	2.1	- ALAI
- CACM	0.3	0.3	0.3	0.4	0.3	0.2	0.1	0.1	0.1	0.1	- MCC
- Caribbean	0.5	0.4	0.1	0.1	0.7	0.2	0.2	0.2	0.2	0.2	- Caraïbes
- Rest of America	0.0	0.0	0.0	0.0	0.0	0.0	0.0	0.0	0.0	0.0	- Autre d'Amérique
Asia excluding former USSR	37.4	37.5	36.8	37.9	42.7	39.2	40.1	38.7	39.3	44.2	Asie ancienne URSS exclus
- Middle East	2.0	1.5	1.3	1.5	1.9	2.3	2.8	3.4	3.8	4.3	- Moyen-Orient
Asia former USSR	0.0	0.0	0.0	0.0	0.0	0.0	0.0	0.0	0.1	0.1	Asie ancienne URSS
Europe excluding former USSR	51.9	52.5	53.0	50.6	45.6	47.0	45.7	46.1	45.1	41.5	Europe ancienne URSS exclus
- European Union	41.0	41.7	43.7	41.1	38.0	39.9	38.7	38.4	36.3	33.3	- Union Européenne
- Eastern Europe	0.4	0.4	0.4	0.4	0.4	0.4	0.4	0.4	0.3	0.4	- Europe de l'Est
- Rest of Europe	10.5	10.3	8.8	9.2	7.2	6.7	6.7	7.3	8.4	7.9	- Autre de l'Europe
Europe former USSR	0.1	0.0	0.0	0.0	0.1	0.0	0.0	0.1	0.0	0.3	Europe ancienne URSS
Oceania	0.4	0.4	0.4	0.4	0.4	0.6	0.4	0.4	0.4	0.4	Océanie

898 Musical instruments, parts and accessories thereof

Country or area	1999	2000	2001	2002	2003	Pays ou zone
World	33947.7	33950.4	32927.4	34220.3	38807.5	Monde
Africa	390.1	365.5	363.7	417.8	513.4	Afrique
Americas	8007.2	8547.8	8181.9	8435.6	9090.7	Amériques
- Northern America	6495.4	6914.0	6544.7	6979.5	7809.1	- Amérique du Nord
- LAIA	1362.4	1487.5	1475.2	1272.3	1109.8	- ALAI
- CACM	76.7	79.5	89.5	106.4	98.3	- MCC
- Caribbean	41.0	43.8	54.5	57.8	53.1	- Caraïbes
- Rest of America	31.6	23.0	18.0	19.5	20.5	- Autre d'Amérique
Asia excluding former USSR	7638.9	8411.2	8047.0	8376.8	9620.2	Asie ancienne URSS exclus
- Middle East	406.2	493.3	540.6	515.9	613.4	- Moyen-Orient
Asia former USSR	26.9	31.6	26.3	48.0	64.9	Asie ancienne URSS
Europe excluding former USSR	16846.8	15625.7	15459.5	16025.0	18418.6	Europe ancienne URSS exclus
- European Union	14376.0	13292.8	13207.6	13849.7	15989.4	- Union Européenne
- Eastern Europe	968.2	701.7	726.1	617.2	737.2	- Europe de l'Est
- Rest of Europe	1502.6	1631.1	1525.8	1558.0	1691.9	- Autre de l'Europe
Europe former USSR	131.4	134.2	180.7	168.9	208.5	Europe ancienne URSS
Oceania	906.5	834.5	668.3	748.3	891.3	Océanie
United States	4840.4	5333.3	5023.4	5423.3	6032.3	Etats-Unis d'Amérique
Germany	3003.5	2489.4	2615.1	2613.8	3079.3	Allemagne
United Kingdom	2523.7	2690.0	2629.0	2762.4	2959.3	Royaume-Uni
France-Monaco	1867.3	1743.0	1646.3	1900.5	2209.5	France-Monaco
Japan	1668.7	1936.9	1876.3	1661.5	1876.4	Japon
Canada	1647.8	1577.0	1515.2	1548.3	1764.6	Canada
Italy-San Marino-Holy See	1345.6	1259.2	1237.8	1314.5	1551.4	Italie-Saint-Marin-Saint-Siège
Netherlands	1278.8	1275.9	1195.0	1206.7	1480.8	Pays-Bas
Singapore	1640.9	1288.8	950.5	927.9	1163.3	Singapour
China	629.4	887.9	1053.3	1436.4	1892.6	Chine
Switzerland-Liechtenstein	951.8	1147.5	1032.2	963.6	1027.9	Suisse-Liechtenstein
Belgium	798.2	797.8	885.3	895.4	1039.5	Belgique
Korea, Republic of	619.9	859.8	852.0	934.3	933.5	République de Corée
Mexico	660.4	840.2	929.6	805.8	758.2	Mexique
China, Hong Kong SAR	648.9	735.1	850.8	761.1	833.2	Chine - RAS de Hong-Kong
Spain	738.2	600.6	603.3	717.0	849.0	Espagne
Australia	743.2	691.8	533.2	593.9	699.5	Australie
Austria	631.0	486.3	480.0	524.1	652.7	Autriche
India	320.2	401.8	477.0	756.4	672.7	Inde
Sweden	414.8	432.3	478.3	518.8	570.9	Suède
Ireland	542.4	456.5	393.8	304.1	339.3	Irlande
Denmark	424.0	406.5	343.3	356.2	315.7	Danemark
Norway	382.2	334.4	314.2	336.3	366.7	Norvège
Thailand	338.4	280.5	231.4	e366.1	429.2	Thaïlande
Hungary	557.8	320.2	277.5	211.8	187.0	Hongrie
Malaysia	256.5	334.5	193.9	197.6	209.4	Malaisie
Finland	192.0	218.0	213.1	228.6	297.1	Finlande
Portugal	230.2	201.7	215.6	194.5	e198.7	Portugal
Israel	214.8	220.7	223.3	162.4	158.0	Israël
Luxembourg	168.9	103.5	174.6	197.3	270.2	Luxembourg

(Value as percentages of World total) — (Valeur en pourcentage du total mondial)

Regions of the world	1994	1995	1996	1997	1998	1999	2000	2001	2002	2003	Régions du monde
World	100.0	100.0	100.0	100.0	100.0	100.0	100.0	100.0	100.0	100.0	Monde
Africa	1.0	1.0	1.6	1.2	1.3	1.1	1.1	1.1	1.2	1.3	Afrique
Americas	23.7	21.7	21.2	22.7	23.6	23.6	25.2	24.8	24.7	23.4	Amériques
- Northern America	19.1	17.8	17.2	18.2	19.0	19.1	20.4	19.9	20.4	20.1	- Amérique du Nord
- LAIA	4.3	3.6	3.7	4.2	4.1	4.0	4.4	4.5	3.7	2.9	- ALAI
- CACM	0.1	0.1	0.2	0.2	0.2	0.2	0.2	0.3	0.3	0.3	- MCC
- Caribbean	0.2	0.2	0.1	0.1	0.1	0.1	0.1	0.2	0.2	0.1	- Caraïbes
- Rest of America	0.1	0.0	0.0	0.1	0.1	0.1	0.1	0.1	0.1	0.1	- Autre d'Amérique
Asia excluding former USSR	23.4	26.4	27.0	26.4	22.2	22.5	24.8	24.4	24.5	24.8	Asie ancienne URSS exclus
- Middle East	1.3	1.2	0.9	1.0	1.2	1.2	1.5	1.6	1.5	1.6	- Moyen-Orient
Asia former USSR	0.1	0.0	0.1	0.0	0.0	0.1	0.1	0.1	0.1	0.2	Asie ancienne URSS
Europe excluding former USSR	48.2	47.5	47.1	46.4	49.7	49.6	46.0	47.0	46.8	47.5	Europe ancienne URSS exclus
- European Union	43.3	42.3	42.0	40.9	42.7	42.3	39.2	40.1	40.5	41.2	- Union Européenne
- Eastern Europe	0.9	1.0	1.0	1.5	2.6	2.9	2.1	2.2	1.8	1.9	- Europe de l'Est
- Rest of Europe	4.0	4.1	4.1	4.0	4.4	4.4	4.8	4.6	4.6	4.4	- Autre de l'Europe
Europe former USSR	0.4	0.5	0.4	0.5	0.5	0.4	0.4	0.5	0.5	0.5	Europe ancienne URSS
Oceania	3.3	2.9	2.6	2.7	2.7	2.7	2.5	2.0	2.2	2.3	Océanie

Instruments de musique et leurs parties, pièces détachées et accessoires 898

Country or area	1999	2000	2001	2002	2003	Pays ou zone
World	34415.6	34283.4	33128.9	33565.5	38986.8	Monde
Africa	25.4	22.0	26.2	30.3	54.9	Afrique
Americas	7312.5	7100.9	6342.2	6013.4	6244.0	Amériques
- Northern America	6572.0	6301.4	5573.3	5323.4	5521.1	- Amérique du Nord
- LAIA	728.4	785.7	757.4	675.5	711.9	- ALAI
- CACM	10.0	10.1	8.7	12.9	8.4	- MCC
- Caribbean	2.0	3.7	2.8	1.6	2.6	- Caraïbes
- Rest of America	0.0	0.0	0.1	0.1	0.0	- Autre d'Amérique
Asia excluding former USSR	10760.5	11948.5	11704.1	11865.2	14799.8	Asie ancienne URSS exclus
- Middle East	85.3	61.9	75.8	77.0	99.0	- Moyen-Orient
Asia former USSR	8.4	13.5	9.2	3.1	7.8	Asie ancienne URSS
Europe excluding former USSR	16049.7	14904.7	14758.3	15415.4	17628.8	Europe ancienne URSS exclus
- European Union	15378.1	14221.9	14150.9	14777.9	16780.9	- Union Européenne
- Eastern Europe	262.1	285.5	246.8	265.7	421.6	- Europe de l'Est
- Rest of Europe	409.5	397.3	360.6	371.8	426.2	- Autre de l'Europe
Europe former USSR	138.1	172.3	171.7	99.1	91.9	Europe ancienne URSS
Oceania	121.1	121.5	117.2	139.1	159.7	Océanie
United States	6130.2	5836.7	5074.4	4852.7	4990.8	Etats-Unis d'Amérique
Japan	3834.0	3654.0	3214.4	3421.6	4000.6	Japon
Ireland	4181.8	4022.7	3113.7	2335.2	2276.0	Irlande
Germany	2891.0	2297.9	2685.0	3547.7	4147.7	Allemagne
Singapore	1964.1	2469.9	2323.6	2019.3	2398.4	Singapour
Netherlands	1977.5	1964.5	1810.9	1515.9	2466.0	Pays-Bas
United Kingdom	1826.1	1674.2	1846.5	2088.4	2139.3	Royaume-Uni
Austria	1256.2	1078.8	1130.5	1325.5	1503.8	Autriche
France-Monaco	1180.9	1076.3	1034.3	1224.9	1388.3	France-Monaco
China	696.1	720.7	873.4	1156.4	1591.3	Chine
Korea, Republic of	913.7	976.8	979.6	940.7	1020.6	République de Corée
China, Hong Kong SAR	737.8	887.3	974.3	995.0	1098.9	Chine - RAS de Hong-Kong
Mexico	618.9	688.7	636.5	575.1	625.1	Mexique
Belgium	488.6	606.7	629.7	547.9	599.5	Belgique
Canada	441.7	464.7	498.9	470.5	530.1	Canada
Sweden	262.2	275.9	472.0	683.3	586.8	Suède
Malaysia	293.5	247.1	310.8	529.4	688.0	Malaisie
Luxembourg	345.0	191.5	397.9	425.0	528.2	Luxembourg
Italy-San Marino-Holy See	361.7	347.2	336.2	355.4	365.7	Italie-Saint-Marin-Saint-Siège
Switzerland-Liechtenstein	338.8	333.8	289.1	302.5	343.3	Suisse-Liechtenstein
India	213.8	362.7	235.6	258.5	368.8	Inde
Spain	193.9	198.5	269.0	347.2	375.7	Espagne
Denmark	261.5	296.8	275.5	255.5	236.4	Danemark
Indonesia	137.2	280.2	289.3	274.2	282.6	Indonésie
Thailand	211.4	252.1	238.2	e201.0	234.8	Thaïlande
Czech Republic	103.6	113.1	119.7	132.5	157.3	République tchèque
Australia	112.7	112.1	105.0	123.3	142.8	Australie
Russian Federation	113.7	149.5	148.7	74.5	63.5	Fédération de Russie
Poland	46.4	85.2	52.2	65.3	150.6	Pologne
Finland	77.0	97.5	00.6	65.4	73.0	Finlande

(Value as percentages of World total) **(Valeur en pourcentage du total mondial)**

Regions of the world	1994	1995	1996	1997	1998	1999	2000	2001	2002	2003	Régions du monde
World	100.0	100.0	100.0	100.0	100.0	100.0	100.0	100.0	100.0	100.0	Monde
Africa	0.1	0.1	0.1	0.1	0.1	0.1	0.1	0.1	0.1	0.1	Afrique
Americas	26.7	25.5	24.9	25.0	23.3	21.2	20.7	19.1	17.9	16.0	Amériques
- Northern America	24.3	23.2	22.7	23.0	21.1	19.1	18.4	16.8	15.9	14.2	- Amérique du Nord
- LAIA	2.4	2.3	2.1	1.9	2.1	2.1	2.3	2.3	2.0	1.8	- ALAI
- CACM	0.0	0.1	0.1	0.1	0.0	0.0	0.0	0.0	0.0	0.0	- MCC
- Caribbean	0.0	0.0	0.0	0.0	0.0	0.0	0.0	0.0	0.0	0.0	- Caraïbes
- Rest of America	0.0	0.0	0.0	0.0	0.0	0.0	0.0	0.0	0.0	0.0	- Autre d'Amérique
Asia excluding former USSR	30.7	30.8	29.9	30.3	29.5	31.3	34.9	35.3	35.3	38.0	Asie ancienne URSS exclus
- Middle East	0.4	0.4	0.4	0.3	0.4	0.2	0.2	0.2	0.2	0.3	- Moyen-Orient
Asia former USSR	0.0	0.0	0.0	0.0	0.0	0.0	0.0	0.0	0.0	0.0	Asie ancienne URSS
Europe excluding former USSR	41.9	42.9	44.4	43.7	46.4	46.6	43.5	44.5	45.9	45.2	Europe ancienne URSS exclus
- European Union	39.6	40.8	41.9	42.3	44.3	44.7	41.5	42.7	44.0	43.0	- Union Européenne
- Eastern Europe	0.6	0.7	1.1	0.6	1.0	0.8	0.8	0.7	0.8	1.1	- Europe de l'Est
- Rest of Europe	1.7	1.4	1.4	0.8	1.0	1.2	1.2	1.1	1.1	1.1	- Autre de l'Europe
Europe former USSR	0.3	0.3	0.3	0.6	0.3	0.4	0.5	0.5	0.3	0.2	Europe ancienne URSS
Oceania	0.3	0.4	0.3	0.3	0.4	0.4	0.4	0.4	0.4	0.4	Océanie

899 Other miscellaneous manufactured articles, nes

TRADE BY COMMODITY (Value in million US dollars)
Imports by principal countries or areas

COMMERCE PAR PRODUIT (Valeur en millions de dollars EU)
Importations selon les principaux pays ou zones

Country or area	1999	2000	2001	2002	2003	Pays ou zone
World	24597.0	25750.1	27303.3	30046.5	36487.0	Monde
Africa	415.0	424.6	443.6	467.6	585.4	Afrique
Americas	6382.5	7011.6	7768.3	8782.9	10267.2	Amériques
- Northern America	5440.1	5934.8	6650.9	7700.5	9149.1	- Amérique du Nord
- LAIA	812.1	927.2	965.8	906.8	955.2	- ALAI
- CACM	57.3	66.7	67.9	84.5	85.5	- MCC
- Caribbean	56.1	65.6	67.6	72.5	60.9	- Caraïbes
- Rest of America	16.9	17.3	16.1	18.7	16.6	- Autre d'Amérique
Asia excluding former USSR	6111.1	6659.0	6495.5	6714.6	7312.3	Asie ancienne URSS exclus
- Middle East	601.9	614.6	651.4	749.8	864.9	- Moyen-Orient
Asia former USSR	18.3	23.5	21.8	32.3	40.7	Asie ancienne URSS
Europe excluding former USSR	10975.0	10891.0	11787.8	13153.0	17200.2	Europe ancienne URSS exclus
- European Union	9512.5	9410.9	10198.2	11270.6	14943.7	- Union Européenne
- Eastern Europe	582.3	592.2	636.5	768.6	967.4	- Europe de l'Est
- Rest of Europe	880.2	887.9	953.0	1113.7	1289.2	- Autre de l'Europe
Europe former USSR	173.5	215.7	288.3	295.7	348.1	Europe ancienne URSS
Oceania	521.6	524.8	498.1	600.3	733.2	Océanie
United States	4691.4	5152.2	5880.8	6861.0	8196.6	Etats-Unis d'Amérique
Germany	2130.4	1962.8	2079.0	2129.3	2590.6	Allemagne
Japan	1736.6	1905.1	1956.1	2019.6	2317.7	Japon
China, Hong Kong SAR	1970.5	1979.1	1801.6	1688.8	1622.9	Chine - RAS de Hong-Kong
France-Monaco	1273.0	1317.3	1281.2	1407.0	1933.0	France-Monaco
United Kingdom	1147.9	1267.7	1314.1	1423.0	1760.2	Royaume-Uni
Netherlands	1026.9	1026.1	1148.6	1352.5	1965.2	Pays-Bas
Italy-San Marino-Holy See	999.5	1015.4	1062.8	1159.5	1464.5	Italie-Saint-Marin-Saint-Siège
Canada	746.4	780.2	766.9	832.7	942.9	Canada
Ireland	350.0	286.7	677.4	835.4	1492.2	Irlande
Switzerland-Liechtenstein	584.2	600.9	646.1	747.9	854.1	Suisse-Liechtenstein
Spain	588.2	582.6	607.0	698.9	896.5	Espagne
Belgium	554.4	549.8	597.2	693.4	870.5	Belgique
China	414.5	541.1	525.6	569.8	741.6	Chine
Australia	424.0	426.8	405.8	494.8	605.4	Australie
Mexico	339.4	388.9	406.1	435.9	457.2	Mexique
Sweden	336.7	340.8	350.8	408.2	499.7	Suède
Korea, Republic of	287.7	343.7	372.3	423.5	474.7	République de Corée
Austria	346.0	312.4	337.3	356.8	452.0	Autriche
Denmark	278.1	307.5	281.4	300.3	379.9	Danemark
Poland	182.6	207.3	203.2	240.3	280.9	Pologne
Turkey	187.5	211.6	198.6	233.7	280.7	Turquie
United Arab Emirates	184.7	159.8	208.1	e213.5	e250.2	Emirates arabes unis
Greece	178.0	159.7	164.9	201.8	297.3	Grèce
Norway	177.0	166.9	169.0	199.5	244.8	Norvège
Brazil	139.5	165.5	175.0	173.5	199.3	Brésil
Portugal	166.7	151.5	150.0	153.0	e156.2	Portugal
Czech Republic	117.7	117.1	135.6	173.5	216.0	République tchèque
Singapore	135.9	160.6	133.9	157.1	157.6	Singapour
Russian Federation	75.7	109.7	168.9	160.5	177.4	Fédération de Russie

(Value as percentages of World total)

(Valeur en pourcentage du total mondial)

Regions of the world	1994	1995	1996	1997	1998	1999	2000	2001	2002	2003	Régions du monde
World	100.0	100.0	100.0	100.0	100.0	100.0	100.0	100.0	100.0	100.0	Monde
Africa	1.8	1.7	1.7	1.8	1.8	1.7	1.6	1.6	1.6	1.6	Afrique
Americas	22.3	22.0	21.5	23.6	25.5	25.9	27.2	28.5	29.2	28.1	Amériques
- Northern America	18.6	18.5	17.9	19.4	21.2	22.1	23.0	24.4	25.6	25.1	- Amérique du Nord
- LAIA	3.0	2.9	3.0	3.6	3.7	3.3	3.6	3.5	3.0	2.6	- ALAI
- CACM	0.2	0.2	0.2	0.3	0.3	0.2	0.3	0.2	0.3	0.2	- MCC
- Caribbean	0.3	0.4	0.3	0.3	0.3	0.2	0.3	0.2	0.2	0.2	- Caraïbes
- Rest of America	0.1	0.1	0.1	0.1	0.1	0.1	0.1	0.1	0.1	0.0	- Autre d'Amérique
Asia excluding former USSR	30.9	30.2	29.3	28.2	25.3	24.8	25.9	23.8	22.3	20.0	Asie ancienne URSS exclus
- Middle East	2.5	2.3	1.8	2.0	2.7	2.4	2.4	2.4	2.5	2.4	- Moyen-Orient
Asia former USSR	0.1	0.1	0.1	0.1	0.1	0.1	0.1	0.1	0.1	0.1	Asie ancienne URSS
Europe excluding former USSR	42.5	43.4	44.7	43.4	44.2	44.6	42.3	43.2	43.8	47.1	Europe ancienne URSS exclus
- European Union	37.3	37.8	38.9	37.6	38.0	38.7	36.5	37.4	37.5	41.0	- Union Européenne
- Eastern Europe	2.0	2.3	2.6	2.6	2.6	2.4	2.3	2.3	2.6	2.7	- Europe de l'Est
- Rest of Europe	3.2	3.3	3.2	3.2	3.5	3.6	3.4	3.5	3.7	3.5	- Autre de l'Europe
Europe former USSR	0.6	0.8	0.7	0.9	0.9	0.7	0.8	1.1	1.0	1.0	Europe ancienne URSS
Oceania	1.9	1.9	2.0	2.1	2.1	2.1	2.0	1.8	2.0	2.0	Océanie

TRADE BY COMMODITY (Value in million US dollars)
Exports by principal countries or areas

COMMERCE PAR PRODUIT (Valeur en millions de dollars EU)
Exportations selon les principaux pays ou zones

Country or area	1999	2000	2001	2002	2003	Pays ou zone
World	22643.7	23971.5	24768.3	26903.3	33356.9	Monde
Africa	84.7	106.3	103.1	127.9	147.6	Afrique
Americas	3864.0	4316.4	4628.2	4898.3	5921.5	Amériques
- Northern America	3234.5	3681.1	4003.8	4245.1	5219.1	- Amérique du Nord
- LAIA	534.2	537.5	542.7	581.8	609.6	- ALAI
- CACM	76.4	76.4	59.0	54.0	77.7	- MCC
- Caribbean	8.6	9.3	8.0	7.7	7.9	- Caraïbes
- Rest of America	10.3	12.2	14.7	9.7	7.2	- Autre d'Amérique
Asia excluding former USSR	9140.9	9670.9	8987.5	9276.0	10251.3	Asie ancienne URSS exclus
- Middle East	172.2	131.9	147.2	159.2	203.2	- Moyen-Orient
Asia former USSR	8.1	2.7	3.5	4.1	3.9	Asie ancienne URSS
Europe excluding former USSR	9409.2	9725.3	10886.4	12386.0	16722.3	Europe ancienne URSS exclus
- European Union	7845.1	7978.4	8873.3	9769.0	13096.4	- Union Européenne
- Eastern Europe	274.3	291.8	304.6	365.7	497.7	- Europe de l'Est
- Rest of Europe	1289.8	1455.2	1708.5	2251.4	3128.2	- Autre de l'Europe
Europe former USSR	54.3	61.8	69.3	78.5	122.5	Europe ancienne URSS
Oceania	82.5	88.1	90.4	132.5	187.7	Océanie
United States	2987.0	3433.5	3765.8	4019.8	4943.3	Etats-Unis d'Amérique
China	3033.5	3351.7	3442.7	3748.5	4384.8	Chine
China, Hong Kong SAR	2944.2	2925.1	2608.1	2465.3	2401.2	Chine - RAS de Hong-Kong
Germany	1711.3	1657.5	1863.4	1969.1	2372.6	Allemagne
Switzerland-Liechtenstein	1223.9	1387.5	1635.3	2169.5	3031.5	Suisse-Liechtenstein
Netherlands	1146.1	1167.2	1080.8	1226.7	1907.4	Pays-Bas
Ireland	451.0	760.1	1303.4	1506.4	2176.7	Irlande
France-Monaco	1033.8	985.8	979.2	1204.8	1637.0	France-Monaco
United Kingdom	905.7	866.2	943.9	914.7	1119.9	Royaume-Uni
Italy-San Marino-Holy See	733.3	711.0	719.2	748.1	916.0	Italie-Saint-Marin-Saint-Siège
Belgium	493.1	510.7	588.0	664.0	1088.5	Belgique
Japan	579.7	673.2	519.3	487.3	567.2	Japon
Denmark	439.9	461.1	467.2	518.5	627.9	Danemark
Korea, Republic of	557.8	521.9	457.0	456.4	454.6	République de Corée
Sweden	398.3	382.3	422.9	461.7	551.3	Suède
Mexico	381.9	374.9	380.6	429.8	453.1	Mexique
Spain	246.8	231.3	275.6	299.8	341.2	Espagne
Singapore	244.0	243.0	200.4	219.0	363.5	Singapour
Canada	247.4	247.6	238.0	225.2	275.2	Canada
Indonesia	186.7	227.6	210.4	238.8	227.6	Indonésie
Thailand	219.5	231.2	214.8	e188.0	219.6	Thaïlande
Israel	45.4	155.7	105.8	238.9	305.9	Israël
Austria	150.2	138.6	131.1	148.4	240.6	Autriche
Poland	108.6	124.2	128.8	169.5	241.2	Pologne
Philippines	155.6	166.7	156.5	129.5	141.7	Philippines
Viet Nam	94.0	108.7	130.2	152.4	e144.2	Viet Nam
India	83.3	103.4	106.0	120.8	163.1	Inde
Czech Republic	89.6	91.7	97.6	108.6	128.2	République tchèque
Australia	69.6	77.0	76.0	115.6	169.4	Australie
United Arab Emirates	120.6	75.3	88.5	e92.1	e109.4	Emirates arabes unis

(Value as percentages of World total)   **(Valeur en pourcentage du total mondial)**

Regions of the world	1994	1995	1996	1997	1998	1999	2000	2001	2002	2003	Régions du monde
World	100.0	100.0	100.0	100.0	100.0	100.0	100.0	100.0	100.0	100.0	Monde
Africa	0.3	0.4	0.4	0.4	0.4	0.4	0.4	0.4	0.5	0.4	Afrique
Americas	13.0	13.0	14.3	15.6	16.7	17.1	18.0	18.7	18.2	17.8	Amériques
- Northern America	11.4	11.1	12.3	13.3	14.0	14.3	15.4	16.2	15.8	15.6	- Amérique du Nord
- LAIA	1.4	1.7	1.8	2.1	2.4	2.4	2.2	2.2	2.2	1.8	- ALAI
- CACM	0.1	0.1	0.1	0.1	0.2	0.3	0.3	0.2	0.2	0.2	- MCC
- Caribbean	0.1	0.1	0.0	0.0	0.1	0.0	0.0	0.0	0.0	0.0	- Caraïbes
- Rest of America	0.1	0.1	0.1	0.1	0.1	0.0	0.1	0.1	0.0	0.0	- Autre d'Amérique
Asia excluding former USSR	48.8	46.8	43.9	44.0	42.2	40.4	40.3	36.3	34.5	30.7	Asie ancienne URSS exclus
- Middle East	0.3	0.3	0.3	0.3	0.8	0.8	0.6	0.6	0.6	0.6	- Moyen-Orient
Asia former USSR	0.0	0.0	0.0	0.0	0.0	0.0	0.0	0.0	0.0	0.0	Asie ancienne URSS
Europe excluding former USSR	37.3	39.2	40.7	39.2	39.9	41.6	40.6	44.0	46.0	50.1	Europe ancienne URSS exclus
- European Union	31.5	33.1	34.7	33.4	33.2	34.6	33.3	35.8	36.3	39.3	- Union Européenne
- Eastern Europe	0.8	1.0	1.1	1.1	1.3	1.2	1.2	1.2	1.4	1.5	- Europe de l'Est
- Rest of Europe	5.0	5.1	4.9	4.7	5.4	5.7	6.1	6.9	8.4	9.4	- Autre de l'Europe
Europe former USSR	0.2	0.2	0.2	0.2	0.3	0.2	0.3	0.3	0.3	0.4	Europe ancienne URSS
Oceania	0.4	0.4	0.5	0.5	0.5	0.4	0.4	0.4	0.5	0.6	Océanie

931 Special transactions, commodity not classified according to class

TRADE BY COMMODITY (Value in million US dollars)
Imports by principal countries or areas

COMMERCE PAR PRODUIT (Valeur en millions de dollars EU)
Importations selon les principaux pays ou zones

Country or area	1999	2000	2001	2002	2003	Pays ou zone
World	150127.6	184450.1	152870.4	151223.4	194937.1	Monde
Africa	3392.3	3452.6	3750.1	4340.3	5854.9	Afrique
Americas	54042.7	58881.2	55733.5	55506.2	54220.1	Amériques
- Northern America	48643.5	53636.7	53879.8	53488.7	52290.8	- Amérique du Nord
- LAIA	4032.2	4681.5	1214.0	1341.0	1230.9	- ALAI
- CACM	965.9	157.1	91.0	49.5	58.1	- MCC
- Caribbean	389.7	399.4	431.0	469.0	446.3	- Caraïbes
- Rest of America	11.4	6.6	117.7	158.0	193.8	- Autre d'Amérique
Asia excluding former USSR	19504.2	19069.5	19683.4	30152.9	21558.9	Asie ancienne URSS exclus
- Middle East	6480.7	5518.4	6486.1	6989.4	7955.0	- Moyen-Orient
Asia former USSR	279.8	155.3	146.1	112.1	215.4	Asie ancienne URSS
Europe excluding former USSR	57615.0	85224.3	67973.2	54297.6	105128.3	Europe ancienne URSS exclus
- European Union	55157.7	82487.1	63412.6	51181.3	101041.2	- Union Européenne
- Eastern Europe	1474.7	1618.6	3579.7	2099.4	3045.7	- Europe de l'Est
- Rest of Europe	982.6	1118.7	980.9	1017.0	1041.4	- Autre de l'Europe
Europe former USSR	14302.5	16629.9	4605.3	5341.2	6552.4	Europe ancienne URSS
Oceania	991.1	1037.3	978.7	1473.2	1407.2	Océanie
United States	44076.2	48907.2	49053.3	49380.8	48127.9	Etats-Unis d'Amérique
Germany	35500.8	59972.5	21104.3	14278.8	53120.5	Allemagne
United Kingdom	3690.8	2241.7	21947.1	16222.2	16071.4	Royaume-Uni
Italy-San Marino-Holy See	5397.4	9152.5	10277.8	10308.8	14723.5	Italie-Saint-Marin-Saint-Siège
Russian Federation	13822.9	15975.4	4165.7	4327.9	5313.9	Fédération de Russie
Japan	4556.4	5532.6	5807.0	5928.3	5733.0	Japon
Canada	4467.1	4677.0	4786.3	4054.4	4095.1	Canada
Ireland	2874.8	2888.3	2855.3	3135.8	3415.0	Irlande
Sweden	3785.1	3529.9	2397.2	2093.7	2397.0	Suède
Mexico	3694.0	4354.6	827.5	1149.8	995.7	Mexique
Occupied Palestinian Territory	–	2300.0	2300.0	2900.0	3000.0	Territoire palestinien occupé
Turkey		2068.3	2425.7	2225.7	3422.6	Turquie
South Africa	–	2152.1	2142.9	2351.4	3242.1	Afrique du Sud
Philippines	19.4	9.9	1.6	8529.7	0.4	Philippines
China	1370.5	1723.1	1675.7	1563.0	1265.4	Chine
Malaysia	1158.0	1243.7	1352.6	1815.5	1780.3	Malaisie
Singapore	1498.1	1107.9	1166.4	1330.3	1394.2	Singapour
Austria	123.1	153.2	84.3	237.5	5864.9	Autriche
Belgium	1155.6	1681.2	1259.6	1110.5	1236.8	Belgique
Denmark	1211.6	1162.1	1537.2	1054.1	1008.9	Danemark
United Arab Emirates	5347.9	105.1	86.2	e88.5	e103.7	Emirates arabes unis
Egypt	727.2	619.1	871.2	1237.4	1529.7	Egypte
Bulgaria	175.8	193.5	1303.6	1461.1	1702.8	Bulgarie
Spain	427.9	603.0	1018.4	1039.2	1309.9	Espagne
Hungary	332.8	1370.6	1330.8	531.5	406.8	Hongrie
India	1069.0	927.3	662.2	707.1	557.3	Inde
Northern Mariana Islands	750.0	750.0	750.0	800.0	800.0	Iles Mariannes septentrionales
Finland	650.1	776.2	739.9	662.0	910.3	Finlande
Thailand	784.9	358.9	402.1	e717.2	840.9	Thaïlande
Poland	877.2		904.0	47.5	875.7	Pologne

(Value as percentages of World total)   **(Valeur en pourcentage du total mondial)**

Regions of the world	1994	1995	1996	1997	1998	1999	2000	2001	2002	2003	Régions du monde
World	100.0	100.0	100.0	100.0	100.0	100.0	100.0	100.0	100.0	100.0	Monde
Africa	1.5	0.9	2.1	3.9	3.3	2.3	1.9	2.5	2.9	3.0	Afrique
Americas	33.3	28.2	27.0	27.7	30.5	36.0	31.9	36.5	36.7	27.8	Amériques
- Northern America	24.6	22.8	24.3	24.2	27.2	32.4	29.1	35.2	35.4	26.8	- Amérique du Nord
- LAIA	8.2	4.8	2.4	3.2	3.1	2.7	2.5	0.8	0.9	0.6	- ALAI
- CACM	0.0	0.0	0.1	0.0	0.0	0.6	0.1	0.1	0.0	0.0	- MCC
- Caribbean	0.5	0.6	0.2	0.2	0.2	0.3	0.2	0.3	0.3	0.2	- Caraïbes
- Rest of America	0.0	0.0	0.0	0.0	0.0	0.0	0.0	0.1	0.1	0.1	- Autre d'Amérique
Asia excluding former USSR	17.0	13.5	18.4	20.4	15.4	13.0	10.3	12.9	19.9	11.1	Asie ancienne URSS exclus
- Middle East	0.8	0.6	5.0	7.6	2.7	4.3	3.0	4.2	4.6	4.1	- Moyen-Orient
Asia former USSR	0.2	0.0	0.0	0.0	0.1	0.2	0.1	0.1	0.1	0.1	Asie ancienne URSS
Europe excluding former USSR	30.6	41.7	37.5	32.9	36.0	38.4	46.2	44.5	35.9	53.9	Europe ancienne URSS exclus
- European Union	29.3	39.6	35.4	32.0	34.1	36.7	44.7	41.5	33.8	51.8	- Union Européenne
- Eastern Europe	0.7	1.1	1.5	0.4	0.9	1.0	0.9	2.3	1.4	1.6	- Europe de l'Est
- Rest of Europe	0.6	1.0	0.5	0.5	1.0	0.7	0.6	0.6	0.7	0.5	- Autre de l'Europe
Europe former USSR	17.2	15.4	14.6	14.5	14.1	9.5	9.0	3.0	3.5	3.4	Europe ancienne URSS
Oceania	0.3	0.2	0.5	0.5	0.5	0.7	0.6	0.6	1.0	0.7	Océanie

TRADE BY COMMODITY (Value in million US dollars)
Exports by principal countries or areas

COMMERCE PAR PRODUIT (Valeur en millions de dollars EU)
Exportations selon les principaux pays ou zones

Country or area	1999	2000	2001	2002	2003	Pays ou zone
World	145182.1	162569.8	169480.1	171049.7	221134.8	Monde
Africa	245.8	3532.6	3736.3	520.1	720.2	Afrique
Americas	37586.4	41319.6	42484.2	43097.0	42681.1	Amériques
- Northern America	35877.8	39361.6	40269.4	41042.7	40157.9	- Amérique du Nord
- LAIA	1670.4	1905.3	2058.8	1915.1	2158.6	- ALAI
- CACM	1.2	16.9	2.1	2.0	1.0	- MCC
- Caribbean	32.0	33.8	35.6	38.1	239.8	- Caraïbes
- Rest of America	5.0	2.1	118.4	99.1	123.9	- Autre d'Amérique
Asia excluding former USSR	20695.5	24027.7	27427.7	42945.8	31165.7	Asie ancienne URSS exclus
- Middle East	671.5	1076.2	962.4	1143.5	1229.4	- Moyen-Orient
Asia former USSR	246.2	83.9	47.3	56.8	58.2	Asie ancienne URSS
Europe excluding former USSR	71283.7	78088.9	79897.5	61953.3	120737.4	Europe ancienne URSS exclus
- European Union	67182.6	74547.9	75177.1	58204.5	115950.5	- Union Européenne
- Eastern Europe	1335.7	824.1	1977.4	1217.0	1877.9	- Europe de l'Est
- Rest of Europe	2765.4	2716.9	2743.0	2531.8	2908.9	- Autre de l'Europe
Europe former USSR	13032.8	13123.2	13409.7	16321.8	19037.2	Europe ancienne URSS
Oceania	2091.7	2393.9	2477.3	6154.8	6735.0	Océanie
Germany	28642.9	40219.5	22758.7	9898.3	53516.7	Allemagne
United States	21440.2	23502.2	24407.3	24900.9	25286.1	Etats-Unis d'Amérique
Japan	13239.5	16831.9	16099.8	17030.0	19245.2	Japon
Canada	14431.2	15850.9	15837.6	16130.6	14856.3	Canada
Russian Federation	12348.7	12574.2	13009.2	15820.1	18414.3	Fédération de Russie
United Kingdom	5945.8	1601.8	19623.8	15041.2	17220.5	Royaume-Uni
Belgium	7586.8	7632.6	7573.8	6954.5	7297.8	Belgique
France-Monaco	6169.7	6128.2	5604.5	6221.4	7395.8	France-Monaco
Sweden	4606.8	4360.5	3670.2	4037.1	5523.4	Suède
Italy-San Marino-Holy See	2877.6	2957.1	3990.8	4069.4	6755.7	Italie-Saint-Marin-Saint-Siège
Austria	3043.2	2913.9	2992.0	3318.0	7667.6	Autriche
Ireland	3031.3	3243.6	3308.5	3297.5	4239.0	Irlande
Singapore	1299.9	1103.1	4665.3	4587.1	5092.4	Singapour
Australia	1581.5	1560.2	1773.5	5354.7	5884.9	Australie
Philippines	6.8	9.0	9.9	14736.4	9.7	Philippines
Norway	2653.2	2626.8	2646.8	2425.8	2795.7	Norvège
Denmark	2819.1	2740.0	2765.2	2203.1	2415.3	Danemark
Spain	1551.9	1778.3	1872.2	1891.7	2361.6	Espagne
Thailand	1671.1	1627.5	2249.7	e1541.9	1801.1	Thaïlande
South Africa	–	3314.0	3364.3	5.7	13.2	Afrique du Sud
Brazil	823.8	1073.7	1186.1	1044.3	1229.4	Brésil
India	800.9	994.1	1288.8	1234.3	691.8	Inde
Malaysia	667.1	730.9	843.5	1051.9	1176.0	Malaisie
China	173.9	513.5	573.9	645.6	956.7	Chine
Hungary	340.3	450.6	780.9	713.6	563.4	Hongrie
New Zealand	243.2	575.9	474.9	554.4	596.1	Nouvelle-Zélande
Poland	644.3		751.9	3.4	788.0	Pologne
Chile	282.1	409.1	444.3	513.3	528.6	Chili
Netherlands	242.3	272.0	356.7	441.5	541.3	Pays-Bas
Bulgaria	268.7	306.3	389.3	436.3	426.2	Bulgarie

(Value as percentages of World total)

(Valeur en pourcentage du total mondial)

Regions of the world	1994	1995	1996	1997	1998	1999	2000	2001	2002	2003	Régions du monde
World	100.0	100.0	100.0	100.0	100.0	100.0	100.0	100.0	100.0	100.0	Monde
Africa	9.4	5.7	1.3	1.7	1.9	0.2	2.2	2.2	0.3	0.3	Afrique
Americas	25.3	20.3	23.2	22.3	23.4	25.9	25.4	25.1	25.2	19.3	Amériques
- Northern America	24.1	19.1	20.1	19.0	22.5	24.7	24.2	23.8	24.0	18.2	- Amérique du Nord
- LAIA	0.7	0.7	0.7	0.9	0.8	1.2	1.2	1.2	1.1	1.0	- ALAI
- CACM	0.1	0.1	0.0	0.0	0.0	0.0	0.0	0.0	0.0	0.0	- MCC
- Caribbean	0.4	0.4	2.3	2.4	0.1	0.0	0.0	0.0	0.0	0.1	- Caraïbes
- Rest of America	0.0	0.0	0.0	0.0	0.0	0.0	0.0	0.1	0.1	0.1	- Autre d'Amérique
Asia excluding former USSR	16.2	12.0	21.9	28.7	18.5	14.3	14.8	16.2	25.1	14.1	Asie ancienne URSS exclus
- Middle East	0.2	0.2	10.0	12.3	0.4	0.5	0.7	0.6	0.7	0.6	- Moyen-Orient
Asia former USSR	0.0	0.0	0.7	0.0	0.0	0.2	0.1	0.0	0.0	0.0	Asie ancienne URSS
Europe excluding former USSR	35.0	50.7	41.1	36.2	47.2	49.1	48.0	47.1	36.2	54.6	Europe ancienne URSS exclus
- European Union	31.4	47.7	37.5	34.0	44.3	46.3	45.9	44.4	34.0	52.4	- Union Européenne
- Eastern Europe	1.1	0.8	1.4	0.5	0.6	0.9	0.5	1.2	0.7	0.8	- Europe de l'Est
- Rest of Europe	2.5	2.3	2.2	1.8	2.3	1.9	1.7	1.6	1.5	1.3	- Autre de l'Europe
Europe former USSR	12.5	9.7	10.2	9.7	6.8	9.0	8.1	7.9	9.5	8.6	Europe ancienne URSS
Oceania	1.6	1.6	1.6	1.3	2.2	1.4	1.5	1.5	3.6	3.0	Océanie

941 Animals, live, nes, (including zoo animals, pets, insects, etc)

TRADE BY COMMODITY (Value in million US dollars)
Imports by principal countries or areas

COMMERCE PAR PRODUIT (Valeur en millions de dollars EU)
Importations selon les principaux pays ou zones

Country or area	1999	2000	2001	2002	2003	Pays ou zone
World	533.2	466.6	472.2	478.8	521.3	Monde
Africa	15.8	18.0	30.8	27.2	20.5	Afrique
Americas	97.3	95.6	103.5	110.1	113.7	Amériques
- Northern America	89.7	86.0	92.5	99.2	103.0	- Amérique du Nord
- LAIA	6.8	6.9	8.0	7.7	7.4	- ALAI
- CACM	0.3	0.2	0.2	0.3	0.5	- MCC
- Caribbean	0.5	2.4	2.7	2.8	2.7	- Caraïbes
- Rest of America	0.0	0.1	0.1	0.1	0.2	- Autre d'Amérique
Asia excluding former USSR	227.2	166.0	136.3	120.4	118.6	Asie ancienne URSS exclus
- Middle East	18.8	20.6	23.2	19.9	24.1	- Moyen-Orient
Asia former USSR	0.2	0.6	0.6	0.7	0.4	Asie ancienne URSS
Europe excluding former USSR	189.2	182.5	196.1	216.5	263.6	Europe ancienne URSS exclus
- European Union	174.7	168.0	178.6	197.3	239.8	- Union Européenne
- Eastern Europe	4.2	4.3	5.5	6.6	9.2	- Europe de l'Est
- Rest of Europe	10.3	10.1	12.0	12.6	14.6	- Autre de l'Europe
Europe former USSR	1.6	2.4	3.7	2.8	3.2	Europe ancienne URSS
Oceania	1.9	1.6	1.2	1.1	1.2	Océanie
United States	72.7	71.2	75.6	80.7	82.4	Etats-Unis d'Amérique
France-Monaco	45.5	44.5	44.2	51.2	62.4	France-Monaco
China, Hong Kong SAR	108.0	60.8	37.3	20.6	14.5	Chine - RAS de Hong-Kong
Belgium	29.1	28.2	34.4	35.0	43.5	Belgique
Japan	36.3	33.6	35.1	32.9	31.9	Japon
Italy-San Marino-Holy See	25.4	22.5	24.2	23.9	25.9	Italie-Saint-Marin-Saint-Siège
China	43.8	29.2	14.8	12.4	15.6	Chine
Spain	17.3	16.4	16.6	20.3	26.9	Espagne
Canada	16.8	14.7	16.9	18.5	20.5	Canada
Germany	15.1	14.1	18.1	18.5	21.6	Allemagne
Egypt	13.5	12.8	27.0	20.9	10.6	Egypte
United Kingdom	9.6	12.7	13.3	15.4	17.1	Royaume-Uni
Netherlands	13.8	11.3	7.7	10.6	13.9	Pays-Bas
Korea, Republic of	8.5	7.6	8.4	16.2	13.2	République de Corée
Saudi Arabia	9.2	11.2	5.8	7.6	8.7	Arabie saoudite
Switzerland-Liechtenstein	6.6	6.6	7.2	8.1	10.3	Suisse-Liechtenstein
Portugal	6.3	5.7	7.4	8.3	e8.5	Portugal
Mexico	3.8	3.8	4.7	4.9	6.2	Mexique
Oman	4.1	3.5	4.5	4.0	6.3	Oman
Singapore	2.7	3.2	3.8	5.2	5.2	Singapour
Sweden	2.5	2.3	2.9	3.9	4.7	Suède
Denmark	2.3	3.0	2.9	3.2	4.3	Danemark
Kuwait	3.2	2.5	2.7	e3.1	e3.8	Koweït
Austria	2.2	2.3	2.3	2.5	3.7	Autriche
Qatar		0.8	7.4	2.3	e2.3	Qatar
Greece	3.2	2.5	1.9	1.2	3.8	Grèce
Malaysia	1.8	1.7	1.4	2.5	4.4	Malaisie
Norway	2.3	2.0	2.5	2.1	2.1	Norvège
China, Macao SAR	2.1	2.3	2.1	2.1	2.1	Chine - RAS de Macao
Czech Republic	1.7	1.4	1.6	2.2	3.2	République tchèque

(Value as percentages of World total)   **(Valeur en pourcentage du total mondial)**

Regions of the world	1994	1995	1996	1997	1998	1999	2000	2001	2002	2003	Régions du monde
World	100.0	100.0	100.0	100.0	100.0	100.0	100.0	100.0	100.0	100.0	Monde
Africa	1.1	0.8	1.0	1.0	2.0	3.0	3.8	6.5	5.7	3.9	Afrique
Americas	19.6	16.5	18.5	19.7	20.4	18.2	20.5	21.9	23.0	21.8	Amériques
- Northern America	18.3	15.8	17.4	17.9	18.8	16.8	18.4	19.6	20.7	19.8	- Amérique du Nord
- LAIA	1.0	0.5	0.9	1.7	1.4	1.3	1.5	1.7	1.6	1.4	- ALAI
- CACM	0.1	0.0	0.0	0.0	0.1	0.1	0.0	0.1	0.1	0.1	- MCC
- Caribbean	0.1	0.1	0.2	0.1	0.1	0.1	0.5	0.6	0.6	0.5	- Caraïbes
- Rest of America	0.0	0.0	0.0	0.0	0.0	0.0	0.0	0.0	0.0	0.0	- Autre d'Amérique
Asia excluding former USSR	33.1	36.0	37.8	39.4	38.7	42.6	35.6	28.9	25.1	22.8	Asie ancienne URSS exclus
- Middle East	9.8	8.6	8.9	9.8	3.5	3.5	4.4	4.9	4.2	4.6	- Moyen-Orient
Asia former USSR	0.0	0.0	0.0	0.0	0.0	0.0	0.1	0.1	0.1	0.1	Asie ancienne URSS
Europe excluding former USSR	44.8	40.4	39.9	35.2	38.3	35.5	39.1	41.5	45.2	50.6	Europe ancienne URSS exclus
- European Union	41.0	36.4	36.3	32.2	35.0	32.8	36.0	37.8	41.2	46.0	- Union Européenne
- Eastern Europe	1.1	1.4	1.1	1.0	1.0	0.8	0.9	1.2	1.4	1.8	- Europe de l'Est
- Rest of Europe	2.6	2.5	2.6	2.1	2.3	1.9	2.2	2.5	2.6	2.8	- Autre de l'Europe
Europe former USSR	0.3	0.3	0.3	0.8	0.5	0.3	0.5	0.8	0.6	0.6	Europe ancienne URSS
Oceania	1.2	6.1	2.3	3.9	0.1	0.3	0.3	0.3	0.2	0.2	Océanie

TRADE BY COMMODITY (Value in million US dollars)
Exports by principal countries or areas

COMMERCE PAR PRODUIT (Valeur en millions de dollars EU)
Exportations selon les principaux pays ou zones

Country or area	1999	2000	2001	2002	2003	Pays ou zone
World	371.7	366.9	369.7	393.1	476.3	Monde
Africa	34.2	43.8	37.2	35.3	50.8	Afrique
Americas	95.8	88.7	89.7	87.9	94.9	Amériques
- Northern America	78.4	77.1	78.1	75.5	82.5	- Amérique du Nord
- LAIA	12.5	6.2	4.7	5.9	5.8	- ALAI
- CACM	2.3	2.2	2.5	2.9	2.6	- MCC
- Caribbean	0.8	1.5	1.3	1.1	0.9	- Caraïbes
- Rest of America	1.8	1.8	3.0	2.6	3.0	- Autre d'Amérique
Asia excluding former USSR	85.4	79.4	71.8	69.1	67.9	Asie ancienne URSS exclus
- Middle East	16.4	17.2	17.9	23.9	23.2	- Moyen-Orient
Asia former USSR	0.4	0.7	1.2	1.7	2.6	Asie ancienne URSS
Europe excluding former USSR	148.0	146.0	162.6	188.6	248.3	Europe ancienne URSS exclus
- European Union	123.2	121.3	135.6	157.8	209.7	- Union Européenne
- Eastern Europe	22.3	22.6	25.2	27.8	35.2	- Europe de l'Est
- Rest of Europe	2.4	2.1	1.8	2.9	3.4	- Autre de l'Europe
Europe former USSR	1.3	0.9	1.1	1.3	1.4	Europe ancienne URSS
Oceania	6.7	7.4	6.1	9.2	10.5	Océanie
United States	36.2	38.4	41.5	42.8	49.5	Etats-Unis d'Amérique
Belgium	33.1	29.4	38.0	41.5	48.6	Belgique
Canada	42.1	38.5	36.6	32.7	33.0	Canada
Netherlands	18.8	22.1	25.1	29.8	55.7	Pays-Bas
France-Monaco	22.0	23.7	22.7	29.7	41.5	France-Monaco
Thailand	33.9	25.0	18.8	e8.5	9.9	Thaïlande
Germany	13.8	11.9	12.4	14.6	17.7	Allemagne
United Kingdom	12.6	12.6	10.4	12.8	17.2	Royaume-Uni
Oman	13.2	12.8	11.8	12.6	8.0	Oman
China	10.8	10.4	11.4	13.5	11.8	Chine
Spain	11.6	10.4	12.3	11.4	10.6	Espagne
Mauritius	8.1	9.6	9.6	10.2	15.3	Maurice
Hungary	6.7	7.5	8.2	8.2	10.4	Hongrie
Czech Republic	6.5	6.8	7.8	8.0	9.0	République tchèque
Slovakia	4.3	4.9	5.4	7.3	10.0	Slovaquie
Australia	4.9	5.6	4.5	7.1	6.8	Australie
Italy-San Marino-Holy See	4.3	4.0	5.1	7.0	7.5	Italie-Saint-Marin-Saint-Siège
Denmark	4.0	3.9	5.7	6.6	7.1	Danemark
South Africa	–	5.4	5.8	5.1	7.9	Afrique du Sud
Namibia		4.2	6.5	3.0	8.4	Namibie
Egypt	3.8	4.0	4.5	4.8	4.4	Egypte
Somalia	e8.9	e9.9	e0.0	e0.0	e0.1	Somalie
Israel	2.7	2.8	3.0	3.5	4.3	Israël
Niger	2.3	3.3	2.8	3.4	3.1	Niger
Japan	2.1	2.3	3.6	3.1	3.8	Japon
Qatar		0.1	1.8	5.2	e6.4	Qatar
Poland	2.8	2.2	2.3	2.5	3.4	Pologne
Indonesia	3.3	3.1	2.3	2.5	2.0	Indonésie
Singapore	2.7	2.3	2.2	2.7	2.9	Singapour
Chile	6.3	1.7	1.3	1.4	0.9	Chili

(Value as percentages of World total)   **(Valeur en pourcentage du total mondial)**

Regions of the world	1994	1995	1996	1997	1998	1999	2000	2001	2002	2003	Régions du monde
World	100.0	100.0	100.0	100.0	100.0	100.0	100.0	100.0	100.0	100.0	Monde
Africa	8.4	10.9	12.2	10.8	14.1	9.2	11.9	10.1	9.0	10.7	Afrique
Americas	21.3	19.8	24.0	26.1	25.8	25.8	24.2	24.3	22.4	19.9	Amériques
- Northern America	17.9	16.6	18.5	22.5	20.5	21.1	21.0	21.1	19.2	17.3	- Amérique du Nord
- LAIA	1.4	1.7	2.5	1.9	4.0	3.4	1.7	1.3	1.5	1.2	- ALAI
- CACM	0.7	0.7	0.7	0.7	0.8	0.6	0.6	0.7	0.7	0.5	- MCC
- Caribbean	0.2	0.2	0.2	0.3	0.3	0.2	0.4	0.4	0.3	0.2	- Caraïbes
- Rest of America	1.1	0.6	2.1	0.7	0.3	0.5	0.5	0.8	0.7	0.6	- Autre d'Amérique
Asia excluding former USSR	28.6	29.4	23.8	26.8	22.5	23.0	21.6	19.4	17.6	14.3	Asie ancienne URSS exclus
- Middle East	7.5	6.1	4.6	6.1	4.1	4.4	4.7	4.8	6.1	4.9	- Moyen-Orient
Asia former USSR	0.0	0.0	0.1	0.0	0.0	0.1	0.2	0.3	0.4	0.5	Asie ancienne URSS
Europe excluding former USSR	38.3	36.3	35.3	33.0	35.0	39.8	39.8	44.0	48.0	52.1	Europe ancienne URSS exclus
- European Union	31.8	29.8	29.0	27.4	27.6	33.1	33.0	36.7	40.2	44.0	- Union Européenne
- Eastern Europe	5.6	5.8	5.5	4.8	6.6	6.0	6.2	6.8	7.1	7.4	- Europe de l'Est
- Rest of Europe	0.9	0.7	0.9	0.8	0.8	0.7	0.6	0.5	0.7	0.7	- Autre de l'Europe
Europe former USSR	0.2	0.2	0.2	0.2	0.3	0.3	0.2	0.3	0.3	0.3	Europe ancienne URSS
Oceania	3.1	3.4	4.4	3.1	2.1	1.8	2.0	1.7	2.3	2.2	Océanie

951 Armoured fighting vehicles, war firearms, ammunition, parts, nes

TRADE BY COMMODITY (Value in million US dollars)
Imports by principal countries or areas

COMMERCE PAR PRODUIT (Valeur en millions de dollars EU)
Importations selon les principaux pays ou zones

Country or area	1999	2000	2001	2002	2003	Pays ou zone
World	3440.1	3058.2	2961.8	3813.9	4717.8	Monde
Africa	78.1	62.5	51.1	57.9	447.9	Afrique
Americas	748.0	955.7	858.9	1281.0	1362.3	Amériques
- Northern America	627.6	802.7	744.9	1158.1	1212.0	- Amérique du Nord
- LAIA	105.7	142.8	98.7	110.6	135.8	- ALAI
- CACM	9.4	5.8	7.6	6.4	7.7	- MCC
- Caribbean	4.2	3.6	6.3	5.2	5.9	- Caraïbes
- Rest of America	1.0	0.8	1.2	0.8	0.8	- Autre d'Amérique
Asia excluding former USSR	1303.3	1011.9	1172.6	1153.5	1145.0	Asie ancienne URSS exclus
- Middle East	557.0	512.1	714.7	656.3	490.8	- Moyen-Orient
Asia former USSR	0.6	0.5	0.2	2.8	3.2	Asie ancienne URSS
Europe excluding former USSR	1211.4	799.2	778.5	1113.8	1364.3	Europe ancienne URSS exclus
- European Union	820.1	614.3	593.5	811.6	1024.4	- Union Européenne
- Eastern Europe	42.2	41.7	24.5	43.0	50.8	- Europe de l'Est
- Rest of Europe	349.1	143.2	160.5	259.1	289.1	- Autre de l'Europe
Europe former USSR	11.9	80.0	4.0	11.1	16.0	Europe ancienne URSS
Oceania	86.8	148.4	96.6	193.9	379.2	Océanie
United States	474.4	607.7	564.0	785.5	852.7	Etats-Unis d'Amérique
United Kingdom	570.1	338.4	343.1	480.9	439.5	Royaume-Uni
Korea, Republic of	510.9	297.0	163.6	215.9	409.0	République de Corée
Saudi Arabia	283.4	304.9	430.6	171.0	195.5	Arabie saoudite
Canada	153.2	195.0	180.9	372.5	359.3	Canada
Japan	156.0	147.0	227.4	201.0	154.3	Japon
Australia	79.8	138.0	88.4	186.0	299.4	Australie
Cyprus	83.3	50.0	152.1	220.4	178.7	Chypre
Turkey	156.6	86.2	118.3	157.4	101.9	Turquie
Switzerland-Liechtenstein	130.9	69.8	84.5	118.4	203.8	Suisse-Liechtenstein
Norway	207.7	70.4	63.9	126.4	69.5	Norvège
Spain	33.6	57.0	51.8	67.4	189.3	Espagne
Côte d'Ivoire	0.0	0.2	e0.0	0.0	377.2	Côte d'Ivoire
Colombia	37.5	28.8	38.1	59.7	98.3	Colombie
Italy-San Marino-Holy See	40.0	23.4	25.4	60.7	106.7	Italie-Saint-Marin-Saint-Siège
Finland	20.6	39.2	23.0	46.5	125.1	Finlande
Germany	49.5	49.9	45.2	37.4	39.1	Allemagne
Iran (Islamic Republic of)	30.4	59.8		92.0	2.1	Iran (République islamique d')
Portugal	30.3	36.5	38.6	23.3	e23.8	Portugal
Brazil	25.6	74.1	33.2	8.8	3.2	Brésil
Indonesia	34.6	21.1	23.3	19.9	31.6	Indonésie
France-Monaco	23.4	15.0	15.7	24.1	26.9	France-Monaco
New Zealand	5.4	5.9	6.4	7.3	78.8	Nouvelle-Zélande
Poland	14.3	20.5	9.8	23.0	33.8	Pologne
Greece	10.0	16.0	9.1	37.7	20.4	Grèce
Mexico	15.7	20.0	11.2	30.0	14.7	Mexique
Russian Federation	4.5	74.6	1.0	1.2	0.1	Fédération de Russie
Malaysia	4.1	2.4	6.2	24.8	20.9	Malaisie
Sweden	17.7	13.8	7.1	8.3	9.2	Suède
Angola	e36.7	e12.3	e0.7	e3.6	e0.6	Angola

(Value as percentages of World total) (Valeur en pourcentage du total mondial)

Regions of the world	1994	1995	1996	1997	1998	1999	2000	2001	2002	2003	Régions du monde
World	100.0	100.0	100.0	100.0	100.0	100.0	100.0	100.0	100.0	100.0	Monde
Africa	3.0	1.0	0.7	0.8	1.7	2.3	2.0	1.7	1.5	9.5	Afrique
Americas	21.9	22.9	23.4	20.7	22.9	21.7	31.3	29.0	33.6	28.9	Amériques
- Northern America	18.1	20.5	21.3	17.8	19.2	18.2	26.2	25.2	30.4	25.7	- Amérique du Nord
- LAIA	3.6	2.1	1.9	2.5	3.3	3.1	4.7	3.3	2.9	2.9	- ALAI
- CACM	0.1	0.2	0.2	0.2	0.2	0.3	0.2	0.3	0.2	0.2	- MCC
- Caribbean	0.1	0.1	0.1	0.1	0.1	0.1	0.1	0.2	0.1	0.1	- Caraïbes
- Rest of America	0.1	0.1	0.0	0.0	0.0	0.0	0.0	0.0	0.0	0.0	- Autre d'Amérique
Asia excluding former USSR	36.5	36.1	32.9	40.8	42.4	37.9	33.1	39.6	30.2	24.3	Asie ancienne URSS exclus
- Middle East	17.8	17.2	16.5	22.1	20.9	16.2	16.7	24.1	17.2	10.4	- Moyen-Orient
Asia former USSR	0.1	0.0	0.0	0.0	0.0	0.0	0.0	0.0	0.1	0.1	Asie ancienne URSS
Europe excluding former USSR	35.9	35.3	39.5	34.9	30.2	35.2	26.1	26.3	29.2	28.9	Europe ancienne URSS exclus
- European Union	27.5	26.1	29.2	26.9	20.5	23.8	20.1	20.0	21.3	21.7	- Union Européenne
- Eastern Europe	1.1	1.3	4.1	1.3	1.4	1.2	1.4	0.8	1.1	1.1	- Europe de l'Est
- Rest of Europe	7.3	7.9	6.3	6.6	8.4	10.1	4.7	5.4	6.8	6.1	- Autre de l'Europe
Europe former USSR	0.1	0.1	0.1	0.1	0.1	0.3	2.6	0.1	0.3	0.3	Europe ancienne URSS
Oceania	2.6	4.6	3.4	2.7	2.8	2.5	4.9	3.3	5.1	8.0	Océanie

Véhicules blindés de combat, armes de guerre et leurs munitions, et pièces detachées n.d.a. 951

TRADE BY COMMODITY (Value in million US dollars)
Exports by principal countries or areas

COMMERCE PAR PRODUIT (Valeur en millions de dollars EU)
Exportations selon les principaux pays ou zones

Country or area	1999	2000	2001	2002	2003	Pays ou zone
World	5078.4	5377.1	4210.0	4728.5	4865.6	Monde
Africa	125.2	7.9	44.2	17.8	112.8	Afrique
Americas	2755.6	2689.6	2711.9	3014.3	2858.1	Amériques
- Northern America	2742.1	2674.0	2694.0	2939.5	2842.3	- Amérique du Nord
- LAIA	13.0	15.2	16.9	74.5	15.3	- ALAI
- CACM	0.4	0.1	1.0	0.1	0.1	- MCC
- Caribbean	0.1	0.3	0.1	0.2	0.3	- Caraïbes
- Rest of America	0.0	0.0	0.0	0.0	0.0	- Autre d'Amérique
Asia excluding former USSR	225.0	294.1	202.1	260.3	232.5	Asie ancienne URSS exclus
- Middle East	37.4	49.8	37.4	59.4	46.7	- Moyen-Orient
Asia former USSR	7.7	10.1	0.1	0.2	0.3	Asie ancienne URSS
Europe excluding former USSR	1450.8	1579.3	1240.3	1399.6	1596.7	Europe ancienne URSS exclus
- European Union	1158.8	1338.7	930.5	1046.9	1063.9	- Union Européenne
- Eastern Europe	105.9	129.4	120.3	51.7	101.8	- Europe de l'Est
- Rest of Europe	186.0	111.2	189.5	301.0	431.0	- Autre de l'Europe
Europe former USSR	506.1	786.4	4.7	15.2	0.0	Europe ancienne URSS
Oceania	7.9	9.7	6.6	21.1	65.2	Océanie
United States	2629.6	2539.2	2572.5	2599.2	2175.0	Etats-Unis d'Amérique
United Kingdom	613.7	813.3	474.6	537.3	423.2	Royaume-Uni
Canada	112.6	134.8	121.3	339.9	666.8	Canada
Russian Federation	506.0	785.8	4.5	15.2	0.0	Fédération de Russie
France-Monaco	205.3	224.4	204.0	212.7	305.0	France-Monaco
Norway	93.9	47.3	98.3	193.8	267.9	Norvège
Japan	108.8	199.8	85.7	120.5	35.6	Japon
Germany	109.5	91.9	83.8	100.4	118.5	Allemagne
Switzerland-Liechtenstein	89.8	61.7	87.1	100.7	154.7	Suisse-Liechtenstein
Italy-San Marino-Holy See	79.9	75.4	80.8	76.9	88.6	Italie-Saint-Marin-Saint-Siège
Korea, Republic of	61.1	22.9	45.5	50.7	100.7	République de Corée
Slovakia	41.1	59.0	62.2	15.9	20.3	Slovaquie
Czech Republic	43.9	54.2	27.7	28.9	20.1	République tchèque
Finland	43.1	18.0	7.9	39.9	28.1	Finlande
Poland	20.4	15.2	29.9	6.8	61.3	Pologne
Southern African Customs Union	123.6	–	–	–	–	Union douanière d'Afrique australe
Sweden	26.9	30.0	19.7	15.5	15.6	Suède
Portugal	27.2	29.2	20.0	13.6	e15.8	Portugal
Turkey	33.1	10.3	10.1	24.7	27.0	Turquie
Australia	6.1	3.1	4.4	18.0	62.9	Australie
South Africa	–	6.1	36.2	7.4	34.0	Afrique du Sud
Belgium	20.8	20.7	13.8	13.4	13.8	Belgique
Spain	16.1	18.1	11.2	15.5	20.1	Espagne
Saudi Arabia	1.3	16.5	24.9	14.7	e16.1	Arabie saoudite
Brazil	3.1	2.4	2.6	60.3	3.4	Brésil
Côte d'Ivoire			e5.3	6.7	57.1	Côte d'Ivoire
Austria	8.6	7.2	7.1	11.5	16.8	Autriche
Iran (Islamic Republic of)	0.9	22.8		19.2	2.4	Iran (République islamique d')
Denmark	3.4	5.4	6.3	8.4	17.1	Danemark
Thailand	0.9	3.6	4.6	e10.4	12.2	Thaïlande

(Value as percentages of World total)　　　　　　　　　　　　　　　　　　**(Valeur en pourcentage du total mondial)**

Regions of the world	1994	1995	1996	1997	1998	1999	2000	2001	2002	2003	Régions du monde
World	100.0	100.0	100.0	100.0	100.0	100.0	100.0	100.0	100.0	100.0	Monde
Africa	0.0	0.1	0.1	0.2	0.1	2.5	0.1	1.1	0.4	2.3	Afrique
Americas	66.4	65.1	65.4	61.4	55.0	54.3	50.0	64.4	63.7	58.7	Amériques
- Northern America	66.0	64.9	65.2	61.2	54.8	54.0	49.7	64.0	62.2	58.4	- Amérique du Nord
- LAIA	0.3	0.2	0.2	0.2	0.2	0.3	0.3	0.4	1.6	0.3	- ALAI
- CACM	0.0	0.0	0.0	0.0	0.0	0.0	0.0	0.0	0.0	0.0	- MCC
- Caribbean	0.0	0.0	0.0	0.0	0.0	0.0	0.0	0.0	0.0	0.0	- Caraïbes
- Rest of America	0.0	0.0	0.0	0.0	0.0	0.0	0.0	0.0	0.0	0.0	- Autre d'Amérique
Asia excluding former USSR	3.4	2.3	1.7	2.4	6.3	4.4	5.5	4.8	5.5	4.8	Asie ancienne URSS exclus
- Middle East	0.3	0.3	0.2	0.4	0.3	0.7	0.9	0.9	1.3	1.0	- Moyen-Orient
Asia former USSR	0.2	0.0	0.0	0.1	0.0	0.2	0.2	0.0	0.0	0.0	Asie ancienne URSS
Europe excluding former USSR	29.8	32.4	32.5	35.8	38.4	28.6	29.4	29.5	29.6	32.8	Europe ancienne URSS exclus
- European Union	25.3	28.1	28.3	31.8	34.5	22.8	24.9	22.1	22.1	21.9	- Union Européenne
- Eastern Europe	1.9	2.6	1.9	1.3	1.2	2.1	2.4	2.9	1.1	2.1	- Europe de l'Est
- Rest of Europe	2.7	1.6	2.3	2.6	2.7	3.7	2.1	4.5	6.4	8.9	- Autre de l'Europe
Europe former USSR	0.1	0.1	0.0	0.0	0.1	10.0	14.6	0.1	0.3	0.0	Europe ancienne URSS
Oceania	0.1	0.1	0.3	0.2	0.1	0.2	0.2	0.2	0.4	1.3	Océanie

2003 INTERNATIONAL TRADE STATISTICS YEARBOOK

VOLUME II

SPECIAL TABLES

ANNUAIRE DE STATISTIQUE DU COMMERCE INTERNATIONAL 2003

VOLUME II

TABLEAUX SPECIAUX

Special Table A
Total imports and exports by regions and countries or areas
Imports C.I.F., exports F.O.B. and balance: million U.S. dollars
Importations et exportations totales par régions et pays ou zones
Importations C.I.F., exportations F.O.B., et balance: en millions de dollars E.-U.

Country or Area - Pays ou Zone	IMP EXP BAL	G/S	1985	1995	1996	1997	1998	1999	2000	2001	2002	2003
World	IMP		2013679	4938609	5168375	5340589	5286962	5503817	6219570	5988638	6199692	7191278
Monde	EXP		1949630	4908486	5100940	5285962	5215255	5413432	6042323	5814731	6079780	7013710
	BAL		-64049	-30123	-67434	-54627	-71707	-90385	-177247	-173907	-119911	-177568
Developed economies[1,2]	IMP		1380808	3420618	3535097	3616322	3708850	3894974	4293766	4112472	4216466	4859948
Economies développées[1,2]	EXP		1288137	3452434	3533832	3617277	3638071	3705265	3951416	3825189	3937813	4499313
	BAL		-92671	31816	-1265	955	-70779	-189708	-342350	-287283	-278653	-360635
Developing economies[2,3]	IMP		453952	1344750	1438110	1512983	1364114	1417217	1708727	1635248	1715210	1994512
Eco. evdd[2,3]	EXP		474534	1273982	1368593	1463178	1376717	1509408	1840831	1726205	1849202	2147587
	BAL		20582	-70768	-69518	-49805	12603	92191	132104	90957	133992	153075
Other[4]	IMP		178920	173241	195167	211284	213999	191626	217077	240918	268015	336818
Autres[4]	EXP		186960	182069	198516	205507	200467	198758	250077	263337	292765	366811
	BAL		8040	8828	3349	-5777	-13532	7132	32999	22419	24750	29992
Devpd. econ.: America[2]	IMP		424448	886786	939950	1037793	1085185	1208522	1414250	1321315	1345511	1456427
Eco. dévlpés.: Amérique[2]	EXP		301111	728927	773940	845918	836244	874811	973908	911039	867388	908435
	BAL		-123337	-157859	-166010	-191875	-248941	-333711	-440342	-410277	-478123	-547992
Canada[5]	IMP	G	80642	163954	170694	195980	201061	214791	238812	221757	221961	239083
Canada[5]	EXP	G	90953	192204	201636	214428	214335	238422	276645	259857	252408	272696
	BAL		10311	28250	30942	18448	13274	23631	37833	38100	30447	33613
United States[6]	IMP	G	352463	770852	822025	899019	944353	1059440	1259300	1179180	1202430	1305410
Etats-Unis[6]	EXP	G	218815	584743	625073	688696	682138	702098	781125	730803	693860	723805
	BAL		-133648	-186109	-196952	-210323	-262215	-357342	-478175	-448377	-508570	-581605
Devlpg. econ.: America[2,3]	IMP		84699	246956	274591	320299	335358	323507	373725	366501	343205	354996
Eco. evdd.: Amérique[2,3]	EXP		106403	225019	252276	278974	276900	294948	352954	337458	343467	373480
	BAL		21704	-21937	-22315	-41324	-58458	-28559	-20770	-29043	263	18484
LAIA	IMP		67013	210438	235550	281372	292180	279568	326158	318495	293625	302934
ALAI	EXP		95479	207375	234220	259442	256427	273317	329535	315727	322215	349407
	BAL		28465	-3063	-1330	-21930	-35754	-6250	3378	-2768	28591	46473
Argentina	IMP	S	3814	20122	23722	30370	31381	25507	25154	20320	8990	13813
Argentine	EXP	S	8396	20967	23811	26370	26441	23333	26341	26543	25709	29375
	BAL		4582	846	89	-4000	-4940	-2174	1187	6223	16720	15562
Bolivia	IMP	G	691	1424	1635	1851	1983	1755	1830	1708	1770	1630
Bolivie	EXP	G	623	1101	1137	1167	1104	1051	1230	1285	1299	1573
	BAL		-68	-323	-498	-684	-879	-704	-600	-423	-471	-57
Brazil	IMP	G	14332	53783	56947	64996	60652	51759	58631	58351	49603	50665
Brésil	EXP	G	25639	46506	47747	52994	51140	48011	55086	58223	60362	73084
	BAL		11307	-7277	-9200	-12001	-9512	-3748	-3545	-128	10759	22419
Chile	IMP	S	3072	15900	19123	20825	19880	15988	18507	17832	17196	19413
Chili	EXP	S	3804	16024	15657	17902	16323	17162	19210	18272	18177	21046
	BAL		733	124	-3466	-2923	-3557	1174	703	440	981	1633
Colombia	IMP	G	4141	13853	13684	15378	14635	10659	11539	12834	12738	13892
Colombie	EXP	G	3552	10056	10587	11522	10890	11575	13043	12290	11911	12671
	BAL		-589	-3797	-3097	-3855	-3744	917	1505	-544	-827	-1221
Cuba	IMP	S	9536	2805	3205	...	...	...	...	...	...	...
Cuba	EXP	S	7086	1625	2015	...	...	...	...	...	...	...
	BAL		-2450	-1180	-1190	...	...	...	...	...	...	...
Ecuador	IMP	G	1767	4153	3935	4955	5576	3017	3721	5363	6431	6535
Equateur	EXP	G	2905	4307	4900	5264	4203	4451	4927	4678	5042	6039
	BAL		1138	155	965	310	-1373	1434	1205	-685	-1390	-496

Special Table A

Total imports and exports by regions and countries or areas
Imports C.I.F., exports F.O.B. and balance: million U.S. dollars *[cont.]*

Importations et exportations totales par régions et pays ou zones
Importations C.I.F., exportations F.O.B., et balance: en millions de dollars E.-U. *[suite]*

Country or Area - Pays ou Zone	IMP EXP BAL	G/S	1985	1995	1996	1997	1998	1999	2000	2001	2002	2003
Mexico[5,7]	IMP	G	18359	72453	89469	109808	125373	141975	174500	168276	168679	17049
Mexique[5,7]	EXP	G	26757	79542	96000	110431	117460	136391	166367	158547	160682	16539
	BAL		8398	7089	6531	623	-7913	-5584	-8133	-9729	-7997	-509
Paraguay	IMP	S	502	2782	2850	3099	2471	1725	2050	1989	...	
Paraguay	EXP	S	304	919	1044	1089	1014	741	869	990	...	
	BAL		-198	-1863	-1807	-2011	-1457	-984	-1181	-999	...	
Peru[5]	IMP	S	1529	7687	7869	8567	8262	6793	7407	7273	7440	824
Pérou[5]	EXP	S	2979	5491	5878	6825	5757	6088	6955	7013	7723	898
	BAL		1449	-2195	-1991	-1743	-2505	-706	-452	-261	283	74
Uruguay	IMP	G	708	2867	3323	3727	3811	3357	3466	3061	1964	219
Uruguay	EXP	G	909	2106	2397	2726	2771	2237	2295	2060	1861	219
	BAL		201	-761	-926	-1001	-1040	-1120	-1171	-1000	-103	
Venezuela	IMP	G	8234	12619	9794	14577	15750	13835	16142	18263	...	
Venezuela	EXP	G	12538	18740	23053	21073	17175	20880	31737	24345	26881	
	BAL		4303	6121	13260	6496	1425	7045	15596	6082	...	
CACM	IMP		5087	12817	13137	15400	18038	18414	19634	20762	21952	2363
MCAC	EXP		3794	8284	8596	10072	11470	11946	11903	10618	10651	1174
	BAL		-1293	-4534	-4541	-5328	-6568	-6468	-7732	-10145	-11301	-1188
Costa Rica	IMP	S	1098	4036	4327	4970	6239	6355	6389	6569	7188	766
Costa Rica	EXP	S	976	3453	3758	4335	5526	6662	5850	5021	5264	610
	BAL		-122	-583	-568	-635	-713	308	-539	-1547	-1924	-156
El Salvador	IMP	S	961	2853	2671	2981	3121	3140	3795	3866	3909	438
El Salvador	EXP	S	679	998	1024	1371	1256	1177	1332	1214	1238	125
	BAL		-282	-1855	-1647	-1609	-1865	-1963	-2462	-2653	-2671	-312
Guatemala	IMP	S	1175	3293	3146	3852	4651	4382	4791	5607	6078	648
Guatemala	EXP	S	1057	2156	2031	2344	2582	2398	2696	2466	2232	248
	BAL		-118	-1137	-1115	-1508	-2070	-1984	-2095	-3141	-3846	-399
Honduras	IMP	S	888	1643	1840	2149	2535	2676	2855	2942	2981	327
Honduras	EXP	S	780	1220	1316	1446	1533	1164	1380	1324	1321	133
	BAL		-108	-423	-524	-703	-1002	-1512	-1475	-1617	-1660	-194
Nicaragua	IMP	G	964	993	1154	1450	1492	1862	1805	1779	1795	
Nicaragua	EXP	G	302	457	466	577	573	545	645	592	596	
	BAL		-663	-536	-687	-873	-918	-1317	-1160	-1187	-1199	
Other America	IMP		12599	23701	25904	23526	25140	25525	27933	27243	27628	2843
Autres pays d'Amérique	EXP		7131	9361	9459	9461	9004	9684	11516	11113	10601	123
	BAL		-5468	-14340	-16444	-14066	-16136	-15840	-16416	-16130	-17027	-161
Anguilla	IMP	S	...	32	60	62	71	92	95	78	70	
Anguilla	EXP	S	...	1	2	2	3	3	4	3	4	
	BAL		...	-32	-58	-60	-68	-89	-90	-75	-66	
Antigua and Barbuda	IMP	G	112	346	365	370	385	414	...	...	...	
Antigua-et-Barbuda	EXP	G	13	53	38	38	36	38	...	...	...	
	BAL		-99	-293	-328	-333	-349	-376	...	...	...	
Aruba[8]	IMP	S	.	567	578	614	815	782	835	841	841	84
Aruba[8]	EXP	S	.	15	12	24	29	29	173	149	128	8
	BAL		.	-552	-566	-590	-786	-753	-662	-693	-713	-76
Bahamas[9]	IMP	G	3078	1243	1366	1666	1873	1757	2074	1912	1728	170
Bahamas[9]	EXP	G	2728	176	180	181	300	462	576	423	446	42
	BAL		-349	-1067	-1186	-1484	-1573	-1295	-1498	-1489	-1282	-133

Special Table A

Total imports and exports by regions and countries or areas
Imports C.I.F., exports F.O.B. and balance: million U.S. dollars *[cont.]*

Importations et exportations totales par régions et pays ou zones
Importations C.I.F., exportations F.O.B., et balance: en millions de dollars E.-U. *[suite]*

Country or Area - Pays ou Zone	IMP EXP BAL	G/ S	1985	1995	1996	1997	1998	1999	2000	2001	2002	2003
Barbados	IMP	G	611	771	834	996	1010	1108	1156	1087	1039	1133
Barbade	EXP	G	357	239	281	283	252	264	272	259	206	210
	BAL		-254	-532	-553	-713	-758	-844	-884	-827	-833	-923
Belize	IMP	G	128	257	255	286	295	370	524	517	525	552
Belize	EXP	G	90	162	168	176	172	186	218	169	169	205
	BAL		-38	-96	-88	-110	-123	-184	-306	-348	-356	-347
Bermuda	IMP	G	402	550	569	619	629	712	720	721	...	838
Bermudes	EXP	G	23	56	68	57	45	...	...	...	...	...
	BAL		-379	-494	-501	-562	-584	...	...	...	...	...
Cayman Islands	IMP	G	147	391	379	...	...	...	...	...	...	...
Iles Caïmanes	EXP	G	2	4	3	...	...	...	...	...	...	...
	BAL		-145	-387	-377	...	...	...	...	...	...	...
Dominica	IMP	S	55	117	130	125	132	138	148	131	115	126
Dominique	EXP	S	28	45	51	53	62	56	54	43	42	39
	BAL		-27	-72	-79	-72	-70	-83	-95	-88	-73	-87
Dominican Republic[5,10]	IMP	G	1487	3164	3581	4192	4897	5207	6416	5937	6037	5266
République dominicaine[5,10]	EXP	G	735	872	945	1017	880	805	966	805	834	1041
	BAL		-752	-2292	-2635	-3175	-4016	-4402	-5450	-5132	-5204	-4225
French Guiana[11]	IMP	S	257	752	...	.	.	.	.	.	.	.
Guyane française[11]	EXP	S	38	131	...	.	.	.	.	.	.	.
	BAL		-220	-622	...	.	.	.	.	.	.	.
Greenland	IMP	G	302	435	469	397	409	408	363	...	...	...
Groenland	EXP	G	177	373	369	293	254	276	272	...	...	...
	BAL		-125	-63	-100	-104	-155	-132	-91	...	...	...
Grenada	IMP	S	69	124	152	173	200	...	...	...	...	...
Grenade	EXP	S	22	22	20	23	27	...	...	...	...	...
	BAL		-47	-102	-132	-151	-173	...	...	...	...	...
Guadeloupe[11]	IMP	S	620	1890	...	.	.	.	.	.	.	.
Guadeloupe[11]	EXP	S	72	159	...	.	.	.	.	.	.	.
	BAL		-548	-1731	...	.	.	.	.	.	.	.
Guyana	IMP	S	226	528	598	629	...	...	...	584	563	1018
Guyana	EXP	S	166	455	517	643	485	523	498	478	493	633
	BAL		-59	-73	-81	14	...	...	...	-106	-70	-386
Haiti	IMP	G	442	654	666	648	800	1035	1041	1017	1122	1188
Haïti	EXP	G	168	112	90	212	320	338	313	275	279	346
	BAL		-273	-542	-576	-436	-480	-697	-728	-742	-842	-841
Jamaica	IMP	G	1111	2808	2965	3128	3033	2899	3326	3361	3533	3638
Jamaïque	EXP	G	566	1420	1382	1382	1312	1241	1304	1220	1114	1175
	BAL		-545	-1388	-1583	-1746	-1721	-1658	-2022	-2140	-2419	-2462
Martinique[11]	IMP	S	683	1963	...	.	.	.	.	.	.	.
Martinique[11]	EXP	S	162	224	...	.	.	.	.	.	.	.
	BAL		-520	-1739	...	.	.	.	.	.	.	.
Montserrat	IMP	S	18	...	...	...	...	...	...	...	...	...
Montserrat	EXP	S	3	...	...	...	...	...	...	...	...	...
	BAL		-15	...	...	...	...	...	...	...	...	...
Neth. Antilles[8]	IMP	S	1388	1841	2519	2083	...	...	...	...	...	...
Antilles néer.[8]	EXP	S	1031	1522	1269	1488	...	...	...	...	...	...
	BAL		-357	-319	-1249	-594	...	...	...	...	...	...

Special Table A

Total imports and exports by regions and countries or areas
Imports C.I.F., exports F.O.B. and balance: million U.S. dollars *[cont.]*

Importations et exportations totales par régions et pays ou zones
Importations C.I.F., exportations F.O.B., et balance: en millions de dollars E.-U. *[suite]*

Country or Area - Pays ou Zone	IMP EXP BAL	G/S	1985	1995	1996	1997	1998	1999	2000	2001	2002	2003
Panama[12]	IMP	S	1392	2511	2780	3002	3398	3516	3379	2964	2982	30
Panama[12]	EXP	S	336	625	723	723	784	822	859	911	846	8
	BAL		-1056	-1886	-2057	-2279	-2614	-2694	-2519	-2053	-2136	-22
Saint Kitts-Nevis	IMP	S	51	133	132	131	131	135	172	166	178	
Saint-Kitts-et-Nevis	EXP	S	20	19	38	44	42	44	49	52	55	
	BAL		-31	-114	-94	-86	-89	-91	-123	-114	-122	
Saint Lucia	IMP	S	125	306	313	332	335	355	355	355	309	
Sainte-Lucie	EXP	S	57	124	80	61	62	56	43	44	44	
	BAL		-68	-182	-234	-271	-273	-299	-312	-311	-265	
Saint Vincent-Grenadines	IMP	S	79	136	132	182	193	201	163	186	174	2
St.Vincent-Grenadines	EXP	S	63	43	46	46	50	49	47	41	38	
	BAL		-16	-93	-85	-136	-143	-152	-116	-144	-136	-1
Suriname	IMP	G	299	583	501	566	551	616	574	461	500	7
Suriname	EXP	G	329	479	537	564	508	506	560	403	466	6
	BAL		30	-104	36	-2	-43	-110	-14	-58	-33	-
Trinidad and Tobago	IMP	S	1538	1714	2144	2990	2999	2740	3308	3569	3643	
Trinité-et-Tobago	EXP	S	2147	2456	2500	2542	2258	2803	4274	4280	3881	
	BAL		609	742	356	-448	-741	63	965	711	237	
Devlpd. econ.: Europe[2]	IMP		**775725**	2075747	2117599	2111215	2223537	**2251592**	**2365889**	2322231	2407643	287111
Eco. dévlpés.: Europe[2]	EXP		**761984**	2179856	2238053	2235357	2312629	**2310234**	**2378407**	2396259	2541636	299850
	BAL		**-13740**	104109	120454	124143	89093	**58643**	**12518**	74028	133992	12730
EU-15	IMP		726782	1959683	2001219	1998392	2105252	2134818	2247715	2205558	2286664	273118
UE-15	EXP		713161	2055694	2108420	2110480	2192407	2184192	2238686	2254437	2393086	282866
	BAL		-13621	96011	107202	112088	87155	49373	-9030	48880	106422	9740
Austria	IMP	S	20996	66400	67336	64786	68187	69557	68986	70461	72881	8820
Autriche	EXP	S	17247	57655	57822	58599	62747	64126	64167	66671	70891	8750
	BAL		-3749	-8745	-9514	-6187	-5441	-5431	-4819	-3789	-1990	-69
Belgium[13]	IMP	S	56211	159716	163615	157283	162212	164610	176992	178715	198125	23482
Belgique[13]	EXP	S	53762	175884	175367	171906	177666	178976	187876	190361	215877	2551
	BAL		-2449	16169	11752	14623	15454	14366	10884	11646	17752	2029
Denmark	IMP	S	18252	45082	45019	44418	46350	44536	44377	44304	49288	5641
Danemark	EXP	S	17096	49769	51478	49121	48832	50398	50367	51055	56230	6570
	BAL		-1155	4687	6460	4703	2482	5862	5990	6750	6942	928
Finland	IMP	G	13234	28114	29265	29786	32301	31617	33900	32114	33642	4160
Finlande	EXP	G	13620	39574	38435	39318	42963	41841	45482	42802	44671	5251
	BAL		386	11460	9171	9533	10662	10224	11582	10688	11029	1091
France[11]	IMP	S	108379	281497	281776	271960	290273	294927	311029	301961	311213	36959
France[11]	EXP	S	101709	284914	287643	290202	305991	302482	300083	297188	312123	36598
	BAL		-6669	3417	5867	18242	15718	7556	-10947	-4772	910	-361
Germany[14,15]	IMP	S	158548	464366	458808	445683	471448	473551	495480	486053	492112	60182
Allemagne[14,15]	EXP	S	184003	523909	524226	512503	543431	542884	550260	571460	612857	75151
	BAL		25455	59544	65418	66820	71983	69334	54780	85407	120745	14968
Greece	IMP	S	10140	22929	29672	27899	29388	28720	29221	29928	31164	4437
Grèce	EXP	S	4543	10961	11948	11128	10732	10475	10747	9483	10315	1319
	BAL		-5598	-11968	-17724	-16771	-18656	-18244	-18474	-20444	-20849	-3118
Ireland	IMP	G	10019	41987	35895	39234	44635	47195	51444	51304	51508	5331
Irlande	EXP	G	10362	56677	48670	53515	64479	71221	77097	83020	87498	9243
	BAL		343	14689	12775	14282	19844	24026	25653	31715	35989	3911

Special Table A

Total imports and exports by regions and countries or areas

Imports C.I.F., exports F.O.B. and balance: million U.S. dollars *[cont.]*

Importations et exportations totales par régions et pays ou zones

Importations C.I.F., exportations F.O.B., et balance: en millions de dollars E.-U. *[suite]*

Country or Area - Pays ou Zone	IMP EXP BAL	G/S	1985	1995	1996	1997	1998	1999	2000	2001	2002	2003
Italy	IMP	S	87720	206059	208097	210297	218459	220327	238071	236128	246613	292341
Italie	EXP	S	76742	234020	252045	240438	245716	235180	239934	244253	254219	293661
	BAL		-10978	27960	43948	30141	27257	14852	1863	8125	7606	1321
Luxembourg[16]	IMP	S	.	.	.	9380	10238	11045	10718	11153	11554	13571
Luxembourg[16]	EXP	S	.	.	.	7000	7923	7895	7950	8239	8585	10194
	BAL		.	.	.	-2380	-2315	-3150	-2768	-2914	-2968	-3377
Netherlands	IMP	S	73151	176874	180642	178133	187754	187530	198331	194925	193784	232501
Pays-Bas	EXP	S	77894	196276	197420	194909	201382	200290	208889	216117	222406	258917
	BAL		4743	19402	16778	16776	13628	12760	10558	21193	28621	26416
Portugal	IMP	S	7654	33315	35179	35066	38539	39826	38192	39422	38326	40843
Portugal	EXP	S	5686	23212	24606	23974	24816	25228	23279	24449	25536	30714
	BAL		-1968	-10103	-10572	-11092	-13723	-14599	-14913	-14973	-12791	-10129
Spain	IMP	S	29965	113316	121792	122721	133164	144438	152901	153634	163575	208553
Espagne	EXP	S	24249	91041	102003	104368	109240	109966	113348	115175	123563	156024
	BAL		-5716	-22275	-19788	-18353	-23923	-34473	-39553	-38459	-40012	-52529
Sweden	IMP	G	28553	64752	66931	65697	68633	68721	72982	63482	66717	82717
Suède	EXP	G	30467	79813	84904	82956	85003	84772	86962	75789	81298	101231
	BAL		1913	15061	17973	17258	16370	16050	13980	12307	14581	18514
United Kingdom	IMP	G	109593	265322	287472	306592	314036	317963	334371	320956	335458	380821
Royaume-Uni	EXP	G	101414	242036	262130	281083	271851	268203	281525	267357	276315	304268
	BAL		-8179	-23286	-25342	-25509	-42185	-49760	-52846	-53599	-59143	-76553
EFTA	IMP		47177	111734	112118	108781	113852	112114	113046	112293	116292	134086
AELE	EXP		48250	121862	127489	122905	117894	123602	136822	139340	145725	166654
	BAL		1073	10128	15371	14124	4042	11488	23776	27047	29433	32567
Iceland	IMP	G	906	1756	2031	1992	2489	2503	2591	2253	2274	2788
Islande	EXP	G	815	1804	1638	1852	2050	2005	1891	2021	2227	2386
	BAL		-90	48	-393	-140	-438	-498	-700	-232	-47	-403
Norway	IMP	G	15560	32972	35616	35713	37478	34172	34351	32954	34889	39284
Norvège	EXP	G	19989	41997	49646	48547	40405	45474	60063	59193	59576	67103
	BAL		4429	9024	14030	12834	2926	11302	25712	26239	24687	27818
Switzerland	IMP	S	30711	77006	74471	71075	73885	75440	70104	77086	79129	92014
Suisse	EXP	S	27446	78061	76205	72506	75439	76124	74867	78126	83922	97165
	BAL		-3266	1055	1735	1431	1554	684	-1237	1041	4793	5152
Other Developed Europe[2]	IMP		1766	4330	4263	4043	4433	4659	5128	4381	4687	5867
Autres pays d'Europe	EXP		573	2300	2143	1973	2328	2441	2899	2481	2825	3203
	BAL		-1193	-2030	-2120	-2070	-2104	-2218	-2228	-1900	-1862	-2664
Andorra	IMP	S	...	793	816	946	1077	...	...	...	...	...
Andorre	EXP	S	...	37	35	42	58	...	...	...	...	...
	BAL		...	-756	-781	-904	-1019	...	...	...	...	...
Faeroe Islands	IMP	G	256	314	370	358	387	470	532	498	...	...
Iles Féroé	EXP	G	184	362	417	389	435	468	472	514	...	...
	BAL		-72	48	47	31	48	-2	-60	16	...	...
Gibraltar	IMP		90	408	431	355	424	485	481	440	384	467
Gibraltar	EXP		14	116	110	81	124	120	127	125	148	147
	BAL		-76	-292	-322	-274	-299	-365	-354	-315	-236	-320
Malta	IMP	G	759	2942	2796	2552	2666	2841	3399	2726	2840	...
Malte	EXP	G	400	1913	1731	1630	1833	1980	2442	1958	2223	...
	BAL		-359	-1029	-1064	-922	-834	-861	-957	-768	-616	...

Special Table A

Total imports and exports by regions and countries or areas

Imports C.I.F., exports F.O.B. and balance: million U.S. dollars *[cont.]*

Importations et exportations totales par régions et pays ou zones

Importations C.I.F., exportations F.O.B., et balance: en millions de dollars E.-U. *[suite]*

Country or Area - Pays ou Zone	IMP EXP BAL	G/S	1985	1995	1996	1997	1998	1999	2000	2001	2002	2003
Devlpg. econ.: Europe[2,3]	IMP		12164	**21487**	**23027**	**27998**	27952	**26071**	**26528**	**28782**	33287	4104
Eco. evdd.: Europe[2,3]	EXP		10642	**15770**	**15890**	**16594**	18100	**16729**	**17407**	**17915**	19494	2388
	BAL		-1522	**-5717**	**-7138**	**-11404**	-9852	**-9342**	**-9122**	**-10867**	-13792	-1715
Bosnia Herzegovina	IMP	S	.	...	...	...	2921	3276	3085	3342	3911	477
Bosnie-Herzégovine	EXP	S	.	...	...	...	594	749	1067	1031	1015	137
	BAL		.	...	...	...	-2327	-2528	-2018	-2311	-2896	-340
Croatia	IMP	G	.	7510	7788	9104	8383	7799	7887	9147	10714	1413
Croatie	EXP	G	.	4633	4512	4171	4541	4303	4432	4666	4899	616
	BAL		.	-2877	-3276	-4933	-3842	-3496	-3455	-4481	-5815	-797
Serbia and Montenegro[17]	IMP	S	12164	2666	4102	4799	4622	...	...	...	...	
Serbie-et-Monténégro[17]	EXP	S	10642	1531	1842	2368	2604	...	...	...	...	
	BAL		-1522	-1135	-2260	-2431	-2018	...	...	...	...	
Slovenia	IMP	S	.	9492	9421	9366	10111	10083	10116	10148	10933	1385
Slovénie	EXP	S	.	8316	8310	8369	9051	8546	8732	9252	10357	1276
	BAL		.	-1175	-1112	-998	-1060	-1537	-1384	-895	-576	-108
TFYR Macedonia	IMP	S	.	1719	1627	1779	1915	1796	2085	1676	1928	224
L'ex-Ry de Macédoine	EXP	S	.	1204	1148	1237	1311	1192	1319	1154	1112	135
	BAL		.	-515	-479	-542	-604	-604	-766	-522	-816	-89
Eastern Europe	IMP		95780	96065	113396	118463	132623	130461	147167	160231	178477	22750
Europe de l'Est	EXP		99679	79242	85648	89593	100201	101312	116083	129540	148464	19251
	BAL		3899	-16823	-27748	-28870	-32422	-29149	-31084	-30691	-30013	-3498
Albania	IMP	G	64	1161	841	649	829	1140	1091	1331	1504	186
Albanie	EXP	G	53	367	208	139	205	264	261	305	330	45
	BAL		-10	-794	-633	-510	-624	-876	-829	-1026	-1173	-141
Bulgaria	IMP	S	13656	5651	6861	5223	4954	5454	6505	7263	7987	1090
Bulgarie	EXP	S	13348	5353	6602	5322	4197	3964	4809	5115	5749	754
	BAL		-308	-298	-259	99	-757	-1490	-1696	-2148	-2238	-336
Czech Rep[5]	IMP	S	.	25306	27724	27189	28814	28087	32180	36473	40736	5124
République. tchèque[5]	EXP	S	.	21686	21917	22751	26417	26245	29057	33399	38488	4871
	BAL		.	-3620	-5807	-4438	-2396	-1842	-3123	-3075	-2249	-253
Fm Czechoslovakia[5,18]	IMP	G	28001									
L'ex-Tchécoslovaquie[5,18]	EXP	G	28881									
	BAL		880									
Fm German D.R.[5,14]	IMP	G	23433									
L'ex-Allemagne rép. dem. du[5,14]	EXP	G	25268									
	BAL		1835									
Hungary[19,20]	IMP	S	8224	15379	18058	21115	25678	27923	31955	33724	37787	4760
Hongrie[19,20]	EXP	S	8538	12439	15630	18990	22991	24950	28016	30530	34512	4253
	BAL		314	-2940	-2428	-2124	-2687	-2973	-3939	-3194	-3276	-507
Poland	IMP	S	11136	29064	37045	42237	46803	45778	48970	50378	55141	6815
Pologne	EXP	S	11423	22890	24389	25708	27370	27323	31684	36159	41032	5369
	BAL		287	-6173	-12656	-16529	-19433	-18455	-17285	-14219	-14108	-1445
Romania	IMP	S	11267	10278	11435	11280	11821	10392	13055	15561	17862	2400
Roumanie	EXP	S	12167	7910	8085	8431	8300	8505	10367	11391	13876	1761
	BAL		900	-2368	-3351	-2849	-3521	-1887	-2688	-4170	-3986	-638
Slovakia	IMP	S	.	9226	11431	10770	13725	11688	13413	15501	17460	2373
Slovaquie	EXP	S	.	8596	8818	8251	10721	10062	11889	12641	14478	2196
	BAL		.	-630	-2613	-2519	-3004	-1625	-1524	-2860	-2983	-177

472

Special Table A

Total imports and exports by regions and countries or areas
Imports C.I.F., exports F.O.B. and balance: million U.S. dollars *[cont.]*

Importations et exportations totales par régions et pays ou zones
Importations C.I.F., exportations F.O.B., et balance: en millions de dollars E.-U. *[suite]*

Country or Area - Pays ou Zone	IMP EXP BAL	G/S	1985	1995	1996	1997	1998	1999	2000	2001	2002	2003
Former USSR	IMP		83140	.	.	.	.	.	.	.	.	.
L'-ex URSS	EXP		87281	.	.	.	.	.	.	.	.	.
	BAL		4141	.	.	.	.	.	.	.	.	.
Former USSR-Europe	IMP		.	77176	81772	92821	81375	61165	69910	80687	**89538**	109316
L'ex-URSS -Europe	EXP		.	102827	112868	115914	100266	97446	133994	133797	144301	174293
	BAL		.	25651	31097	23093	18891	36281	64083	53110	**54763**	**64977**
Belarus	IMP	G	.	5563	6939	8689	8549	6674	8646	8286	9092	11505
Bélarus	EXP	G	.	4707	5652	7301	7070	5909	7326	7451	8021	9964
	BAL		.	-856	-1288	-1388	-1480	-765	-1320	-836	-1071	-1541
Estonia[21]	IMP	G	.	2545	3245	4429	4611	4094	4242	4285	4810	6500
Estonie[21]	EXP	G	.	1838	2087	2924	3130	2937	3132	3279	3444	4531
	BAL		.	-707	-1157	-1506	-1482	-1157	-1109	-1006	-1367	-1968
Latvia	IMP	S	.	1818	2320	2721	3191	2945	3187	3504	4053	5242
Lettonie	EXP	S	.	1305	1443	1672	1811	1723	1867	2001	2284	2893
	BAL		.	-513	-876	-1049	-1380	-1222	-1320	-1504	-1769	-2350
Lithuania	IMP	G	.	3649	4559	5644	5794	4835	5219	6060	7524	9668
Lituanie	EXP	G	.	2705	3355	3860	3711	3004	3548	4279	5231	6970
	BAL		.	-944	-1204	-1784	-2083	-1831	-1671	-1781	-2294	-2698
Moldova, Republic of	IMP	G	.	841	1072	1171	1024	586	776	897	...	...
République de Moldova	EXP	G	.	739	823	890	644	474	477	567	660	806
	BAL		.	-102	-249	-282	-380	-112	-300	-330	...	...
Russian Federation	IMP	G	.	46709	46034	53039	43530	30185	33884	41879	46161	52449
Fédération de Russie	EXP	G	.	78217	85107	85036	71265	71817	103070	99955	106705	126048
	BAL		.	31508	39073	31997	27735	41632	69186	58076	60544	73599
Ukraine	IMP	G	.	16052	17603	17128	14676	11846	13956	15775	16977	23021
Ukraine	EXP	G	.	13317	14401	14232	12637	11582	14573	16265	17957	23080
	BAL		.	-2735	-3202	-2896	-2039	-264	617	490	980	59
Devlpd. econ.: Afr/S.Afr.[2,22,23]	IMP		10921	29608	29105	31939	28277	25890	28980	27421	28261	39649
Eco. dévlpés.: Afr/A.S.[2,22,23]	EXP		15814	26917	28145	29964	25396	25901	29267	28439	28713	35032
	BAL		4893	-2690	-960	-1975	-2881	11	287	1019	452	-4617
Devlpg. econ.: Africa[2,3]	IMP		**61083**	**88279**	**88774**	**89784**	**101317**	**98893**	**97045**	**102538**	**101161**	**113197**
Eco. evdd.: Afrique[2,3]	EXP		**64033**	**77697**	**87917**	**86441**	**76159**	**89213**	**102756**	**96926**	**98387**	**114096**
	BAL		**2949**	**-10582**	**-858**	**-3343**	**-25158**	**-9680**	**5711**	**-5612**	**-2774**	**899**
North Africa	IMP		**32260**	**45943**	**45257**	**45367**	**50609**	**48965**	**48395**	**49010**	**49055**	**51562**
Afrique du Nord	EXP		**32980**	**35725**	**38031**	**38097**	**31671**	**37897**	**40958**	**39728**	**40164**	**44608**
	BAL		**720**	**-10218**	**-7226**	**-7271**	**-18938**	**-11069**	**-7437**	**-9281**	**-8891**	**-6954**
Algeria	IMP	S	9841	10250	9112	8691	9404	9190	...	...	...	...
Algérie	EXP	S	12841	10250	13521	13728	10215	12613	...	...	...	...
	BAL		3000	0	4409	5037	811	3423	...	...	...	...
Egypt[24]	IMP	S	11104	11760	13038	13211	16166	16022	14010	12756	12552	11170
Egypte[24]	EXP	S	3714	3450	3539	3921	3130	3559	4691	4128	4708	6327
	BAL		-7390	-8310	-9499	-9290	-13036	-12463	-9319	-8628	-7844	-4842
Libyan Arab Jamah.	IMP	G	4101	5033	4383	4640	4708	4158	3731	4391	4400	...
Jamahiriya arabe libyenne	EXP	G	12314	9364	8190	7497	5072	7933	10415	8903	8017	...
	BAL		8213	4331	3807	2857	364	3775	6684	4512	3617	...
Morocco	IMP	S	3850	10024	9704	9526	10290	9925	11534	11037	11868	...
Maroc	EXP	S	2165	6882	6881	7033	7153	7367	6956	7144	7848	...
	BAL		-1685	-3142	-2823	-2493	-3137	-2558	-4577	-3893	-4020	...

Special Table A

Total imports and exports by regions and countries or areas

Imports C.I.F., exports F.O.B. and balance: million U.S. dollars *[cont.]*

Importations et exportations totales par régions et pays ou zones

Importations C.I.F., exportations F.O.B., et balance: en millions de dollars E.-U. *[suite]*

Country or Area - Pays ou Zone	IMP EXP BAL	G/S	1985	1995	1996	1997	1998	1999	2000	2001	2002	2003
Sudan[25]	IMP	G	771	1219	1548	1580	1915	1415	1553	1586	...	..
Soudan[25]	EXP	G	374	556	620	594	596	780	1807	1699	...	
	BAL		-397	-663	-927	-985	-1319	-635	254	113	...	
Tunisia	IMP	G	2757	7903	7701	7948	8350	8475	8567	9529	9526	1091
Tunisie	EXP	G	1738	5475	5517	5560	5738	5872	5850	6631	6874	802
	BAL		-1019	-2428	-2185	-2388	-2613	-2603	-2717	-2898	-2652	-288
Other Africa	IMP		**28823**	**42335**	**43517**	**44416**	**50708**	**49928**	**48649**	**53529**	**52106**	**6163**
Autres pays d' Afrique	EXP		**31053**	**41971**	**49885**	**48344**	**44488**	**51317**	**61798**	**57197**	**58223**	**6948**
	BAL		**2230**	**-364**	**6368**	**3928**	**-6220**	**1389**	**13149**	**3669**	**6117**	**785**
EMCCA	IMP		2913	3345	4390	4045	4095	3859	3622	**4535**	7093	803
CEMAC	EXP		3962	6047	6692	7268	5983	6575	7919	**7771**	8208	963
	BAL		1049	2702	2301	3223	1888	2716	4297	**3237**	1115	160
Cameroon	IMP	S	1151	1201	1119	1212	1491	1323	1278	1580	2848	
Cameroun	EXP	S	722	1654	1606	1686	1843	1520	1534	2102	2278	
	BAL		-429	453	487	474	352	198	256	522	-570	
Cent. Afr. Rep.	IMP	S	114	174	141	141	146	131	118	107	120	
Rép. centrafricaine	EXP	S	92	171	147	163	151	147	161	142	146	
	BAL		-21	-3	5	22	5	15	44	35	26	
Chad	IMP	S	168	365	332	335	356	317	316	680	1640	
Tchad	EXP	S	62	243	238	238	262	244	184	189	184	
	BAL		-105	-122	-94	-97	-94	-73	-133	-491	-1456	
Congo	IMP	S	598	670	1550	925	682	820	464	...	...	
Congo	EXP	S	1088	1175	1343	1666	1374	1555	2477	...	...	
	BAL		490	505	-207	741	692	735	2013	...	...	
Equatorial Guinea	IMP	G	20	50	292	330	317	425	451	...	...	
Guinée équatoriale	EXP	G	17	86	175	495	438	708	1097	...	...	
	BAL		-3	36	-117	165	122	284	646	...	...	
Gabon	IMP	S	863	884	956	1103	1103	844	996	858	...	
Gabon	EXP	S	1980	2718	3183	3021	1916	2401	2465	2646	...	
	BAL		1117	1834	2227	1918	813	1557	1470	1788	...	
ECOWAS	IMP		**14934**	**18966**	**17719**	**20354**	**21100**	**20247**	**19256**	**22558**	**19235**	**2490**
CEDEA	EXP		**18477**	**21753**	**26368**	**25114**	**19959**	**24712**	**30468**	**27165**	**26740**	**327**
	BAL		**3544**	**2787**	**8650**	**4760**	**-1142**	**4465**	**11211**	**4607**	**7505**	**78**
Benin	IMP	S	332	746	654	681	736	749	613	554	682	7
Bénin	EXP	S	151	417	653	417	407	422	392	372	450	5
	BAL		-181	-329	-1	-264	-328	-327	-221	-181	-232	-2
Burkina Faso	IMP	G	333	455	647	588	732	568	492	553	577	
Burkina Faso	EXP	G	70	276	234	232	319	216	166	175	166	
	BAL		-263	-180	-413	-355	-412	-353	-326	-378	-412	
Cape Verde	IMP	G	84	252	234	237	229	248	237	233	...	
Cap-Vert	EXP	G	6	9	13	14	10	12	11	10	...	
	BAL		-78	-243	-222	-223	-218	-237	-227	-223	...	
Cote d'Ivoire	IMP	S	1749	2929	2900	2782	3358	2763	2395	2420	2466	33
Côte d'Ivoire	EXP	S	2945	3812	4444	4460	4610	4673	3897	3955	5265	58
	BAL		1196	883	1543	1679	1252	1910	1502	1536	2799	25
Gambia	IMP	G	93	182	258	174	228	192	188	134	148	
Gambie	EXP	G	43	16	21	15	21	5	15	3	2	
	BAL		-50	-166	-237	-159	-207	-187	-172	-131	-146	

Special Table A

Total imports and exports by regions and countries or areas

Imports C.I.F., exports F.O.B. and balance: million U.S. dollars *[cont.]*

Importations et exportations totales par régions et pays ou zones

Importations C.I.F., exportations F.O.B., et balance: en millions de dollars E.-U. *[suite]*

Country or Area - Pays ou Zone	IMP EXP BAL	G/ S	1985	1995	1996	1997	1998	1999	2000	2001	2002	2003
Ghana	IMP	G	866	1896	2101	2310	2561	3505	2973	...	...	...
Ghana	EXP	G	617	1754	1670	1636	1792	...	...	...	...	...
	BAL		-249	-142	-431	-674	-769	...	...	...	...	...
Guinea-Bissau	IMP	G	...	134	85	89	63	51	49	62	59	69
Guinée-Bissau	EXP	G	12	45	28	49	27	51	62	63	54	69
	BAL		...	-89	-57	-40	-36	0	13	1	-4	0
Liberia	IMP	S	285	...	...	...	...	...	...	...	...	...
Libéria	EXP	S	436	...	...	...	...	...	...	...	...	...
	BAL		151	...	...	...	...	...	...	...	...	...
Mali	IMP	S	303	774	772	738	761	605	593	734	746	1131
Mali	EXP	S	125	443	433	561	561	571	552	724	885	929
	BAL		-178	-331	-340	-177	-199	-34	-42	-10	140	-201
Niger	IMP	S	372	373	448	374	470	336	326	332	371	458
Niger	EXP	S	262	289	325	272	334	288	285	272	282	339
	BAL		-110	-85	-123	-102	-136	-49	-41	-59	-90	-118
Nigeria	IMP	G	8877	8222	6438	9501	9211	8588	8721	11586	7547	10853
Nigéria	EXP	G	12537	12342	16154	15207	9855	13856	20975	17261	15107	19887
	BAL		3660	4121	9715	5706	644	5268	12254	5675	7560	9033
Senegal	IMP	G	813	1411	1435	1333	1455	1377	1342	1431	1598	2025
Sénégal	EXP	G	555	993	987	904	968	1030	924	1005	1062	1329
	BAL		-258	-419	-448	-429	-487	-347	-418	-426	-536	-696
Sierra Leone	IMP	S	155	134	211	92	95	80	149	182	264	303
Sierra Leone	EXP	S	127	42	47	17	7	6	13	29	49	92
	BAL		-28	-91	-164	-75	-88	-74	-136	-153	-216	-211
Togo	IMP	S	290	594	664	645	589	486	485	516	579	844
Togo	EXP	S	190	378	441	424	421	389	361	357	427	616
	BAL		-100	-215	-224	-221	-168	-97	-124	-159	-152	-228
Rest of Africa	IMP		**10976**	**20025**	**21408**	**20017**	**25512**	**25822**	**25771**	**26436**	**25777**	**28697**
Afrique NDA	EXP		**8613**	**14172**	**16825**	**15962**	**18546**	**20030**	**23412**	**22261**	**23275**	**27069**
	BAL		**-2363**	**-5853**	**-4583**	**-4054**	**-6966**	**-5792**	**-2360**	**-4175**	**-2502**	**-1629**
Angola	IMP	S	1401	1468	2040	2597	2079	3109	3040	3179	...	3407
Angola	EXP	S	2260	3723	5095	5007	3543	5397	7702	6380	7510	9237
	BAL		859	2255	3055	2410	1463	2288	4663	3201	...	5831
Botswana	IMP	G	.	.	.	.	2320	2197	2469	1816	...	...
Botswana	EXP	G	.	.	.	.	2075	2645	2681	2480	...	...
	BAL		.	.	.	.	-245	447	213	664	...	...
Burundi	IMP	S	186	234	127	121	158	118	148	139	129	157
Burundi	EXP	S	112	106	40	87	65	54	50	39	30	38
	BAL		-74	-129	-87	-35	-93	-64	-98	-101	-99	-119
Comoros	IMP	S	36	63	...	...	...	...	...	...	...	...
Comores	EXP	S	16	11	...	...	...	...	...	...	...	...
	BAL		-20	-51	...	...	...	...	...	...	...	...
Dem. Rep. of the Congo	IMP	S	792	397	424	...	...	...	...	...	...	...
Rép. dém. du Congo	EXP	S	950	438	592	...	...	...	...	...	...	...
	BAL		158	41	167	...	...	...	...	...	...	...
Djibouti	IMP	G	201	177	179	148	158	153	...	...	...	...
Djibouti	EXP	G	14	14	14	11	12	12	...	...	...	...
	BAL		-187	-163	-165	-137	-146	-140	...	...	...	...

Special Table A

Total imports and exports by regions and countries or areas

Imports C.I.F., exports F.O.B. and balance: million U.S. dollars *[cont.]*

Importations et exportations totales par régions et pays ou zones

Importations C.I.F., exportations F.O.B., et balance: en millions de dollars E.-U. *[suite]*

Country or Area - Pays ou Zone	IMP EXP BAL	G/ S	1985	1995	1996	1997	1998	1999	2000	2001	2002	2003
Eritrea	IMP	G	.	...	450	425	356	382	...	...	...	...
Erythrée	EXP	G	.	...	77	52	26	20	...	...	...	...
	BAL		.	...	-374	-373	-330	-362	...	...	...	...
Ethiopia	IMP	G	993	1141	1401	...	1512	1538	1261	1813	1666	...
Ethiopie	EXP	G	333	422	417	587	560	469	486	456	480	...
	BAL		-660	-719	-984	...	-951	-1069	-775	-1357	-1185	
Kenya	IMP	G	1436	3006	2949	3296	3195	2833	3105	3189	3245	3725
Kenya	EXP	G	958	1890	2068	2054	2007	1747	1734	1943	2116	2411
	BAL		-479	-1116	-881	-1243	-1188	-1086	-1372	-1246	-1129	-1314
Lesotho	IMP	G	.	.	.	.	863	781	728	681	785	1021
Lesotho	EXP	G	.	.	.	.	194	172	221	280	373	480
	BAL		.	.	.	.	-670	-609	-507	-401	-412	-541
Madagascar	IMP	S	402	543	522	495	544	587	734	744	507	..
Madagascar	EXP	S	274	370	455	411	557	603	828	696	504	..
	BAL		-128	-174	-66	-84	13	16	94	-48	-3	
Malawi	IMP	G	295	475	623	791	515	673	532	563	696	..
Malawi	EXP	G	248	405	481	537	430	453	379	449	407	..
	BAL		-47	-69	-143	-255	-85	-221	-153	-113	-288	
Mauritania	IMP	S	233	...	...	...	...	...	...	...	...	..
Mauritanie	EXP	S	374	...	...	...	...	...	...	...	...	..
	BAL		140	...	...	...	...	...	...	...	...	
Mauritius	IMP	G	529	1976	2289	2181	2073	2248	2091	1987	2169	238
Maurice	EXP	G	440	1538	1802	1592	1645	1588	1551	1628	1801	194
	BAL		-88	-438	-487	-588	-428	-659	-540	-359	-367	-44
Mozambique	IMP	S	424	704	774	754	805	1161	1158	...	...	.
Mozambique	EXP	S	77	168	222	226	234	268	364	...	...	.
	BAL		-347	-536	-553	-527	-571	-893	-794	...	...	.
Namibia	IMP	G	.	.	.	.	1636	1609	1539	1546	...	.
Namibie	EXP	G	.	.	.	.	1224	1233	1317	1182	...	.
	BAL		.	.	.	.	-412	-376	-222	-364	...	.
Réunion[11]	IMP	S	841	2625	...	.	.	.	.	.	.	.
Réunion[11]	EXP	S	97	207	...	.	.	.	.	.	.	.
	BAL		-744	-2418	...	.	.	.	.	.	.	.
Rwanda	IMP	G	298	241	257	297	284	250	211	250	203	24
Rwanda	FXP	G	131	52	61	87	60	60	52	85	56	5
	BAL		-167	-189	-197	-210	-224	-190	-159	-165	-148	-18
Sao Tome and Principe	IMP	S	...	29	22	16	...	...	...	...	...	
Sao Tomé-et-Principe	EXP	S	...	5	5	5	...	...	...	...	...	
	BAL		...	-24	-18	-11	...	...	...	...	...	
Seychelles	IMP	G	99	233	379	340	384	434	342	476	420	4:
Seychelles	EXP	G	28	53	139	113	122	145	194	216	228	27
	BAL		-71	-180	-239	-227	-261	-289	-149	-260	-192	-15
Somalia	IMP	G	111	...	...	...	...	...	...	...	...	
Somalie	EXP	G	89	...	...	...	...	...	...	...	...	
	BAL		-22	...	...	...	...	...	...	...	...	
Swaziland	IMP	G	.	.	.	.	1071	1068	1031	1129	983	
Swaziland	EXP	G	.	.	.	.	963	937	896	1054	937	
	BAL		.	.	.	.	-108	-131	-135	-75	-45	

476

Special Table A

Total imports and exports by regions and countries or areas
Imports C.I.F., exports F.O.B. and balance: million U.S. dollars *[cont.]*

Importations et exportations totales par régions et pays ou zones
Importations C.I.F., exportations F.O.B., et balance: en millions de dollars E.-U. *[suite]*

Country or Area - Pays ou Zone	IMP EXP BAL	G/S	1985	1995	1996	1997	1998	1999	2000	2001	2002	2003
Uganda	IMP	G	315	1056	1190	1317	1414	1342	1512	1594	1112	1251
Ouganda	EXP	G	472	461	587	555	501	517	469	457	442	563
	BAL		157	-595	-603	-762	-913	-825	-1043	-1137	-670	-689
United Rep. of Tanzania	IMP	G	860	1679	1386	1336	1453	1550	1523	1713	1687	1446
Rép.-Unie de Tanzanie	EXP	G	246	685	783	752	589	543	663	777	875	655
	BAL		-614	-994	-603	-584	-864	-1007	-860	-935	-812	-792
Zambia	IMP	S	721	702	836	819	...	...	...	...	...	...
Zambie	EXP	S	482	1046	1049	914	...	...	...	...	...	...
	BAL		-239	344	213	96	...	...	...	...	...	...
Zimbabwe	IMP	G	896	2661	2817	...	...	...	...	...	...	...
Zimbabwe	EXP	G	1110	2114	2419	...	...	...	...	...	...	...
	BAL		213	-547	-399	...	...	...	...	...	...	...
Devlpd. econ.: Asia[2]	IMP		138665	356339	371510	358277	298083	328931	402984	368352	352302	391805
Eco. dévlpés.: Asie[2]	EXP		181737	453076	422252	432218	399238	429180	496439	416378	425652	476015
	BAL		43072	96736	50742	73941	101154	100249	93455	48026	73350	84209
Israel[26]	IMP	S	9875	29579	31620	30782	29342	33166	37686	35449	35517	36282
Israël[26]	EXP	S	6260	19046	20610	22503	22993	25794	31404	29048	29347	31577
	BAL		-3615	-10533	-11010	-8279	-6349	-7371	-6282	-6401	-6170	-4705
Japan	IMP	G	130515	335990	349174	338830	280632	310039	379491	349189	337209	383085
Japon	EXP	G	177202	443259	410926	421050	388135	417659	479227	403616	416730	471999
	BAL		46687	107269	61752	82220	107503	107620	99736	54427	79520	88914
Devlpg. Econ.: Asia[2,3,27]	IMP		292539	981165	1044321	1067453	892211	961261	1204027	1129926	1229506	1476346
Eco. evdd.: Asie[2,3,27]	EXP		291586	949836	1007167	1076181	1001050	1103674	1362571	1269270	1383245	1630551
	BAL		-953	-31329	-37154	8728	108838	142413	158544	139343	153740	154205
Asia Middle East	IMP		86163	135123	150721	161710	156072	151902	178649	171108	187523	218060
Moyen-Orient d'Asie	EXP		97696	151420	174242	185989	157478	195903	260322	242157	252633	283446
	BAL		11533	16296	23521	24279	1405	44001	81673	71049	65111	65386
Bahrain	IMP	G	3107	3716	4273	4026	3566	3698	4634	4306	4985	5116
Bahreïn	EXP	G	2897	4113	4702	4384	3270	4363	6195	5577	5786	6364
	BAL		-210	397	429	358	-296	665	1561	1271	800	1248
Cyprus	IMP	G	1247	3694	3983	3698	3687	3618	3846	3922	4086	4466
Chypre	EXP	G	476	1231	1395	1101	1062	995	951	976	843	923
	BAL		-771	-2463	-2587	-2597	-2625	-2623	-2895	-2946	-3243	-3543
Fm Yemen A.R.[28]	IMP		1301	.	.	.	.	.	.	.	.	.
Fmr Yémen A.R.[28]	EXP		13	.	.	.	.	.	.	.	.	.
	BAL		-1287	.	.	.	.	.	.	.	.	.
Fm Yemen Dm[28]	IMP	S	698	.	.	.	.	.	.	.	.	.
FMR Yémen Dm[28]	EXP	S	40	.	.	.	.	.	.	.	.	.
	BAL		-658	.	.	.	.	.	.	.	.	.
Iran (Islamic Rep. of)[29,30]	IMP	S	11629	13882	15117	14196	14323	12683	14347	17626	21180	...
Iran (Rép. islamique d')[29,30]	EXP	S	13448	18360	22391	18381	13118	21030	28461	23904	28186	...
	BAL		1819	4478	7274	4185	-1205	8347	14114	6278	7006	...
Iraq	IMP		7619	...	...	...	...	...	...	...	...	...
Iraq	EXP		...	...	...	...	...	...	...	...	...	...
	BAL		...	...	...	...	...	...	...	...	...	...
Jordan	IMP	G	2733	3696	4293	4102	3828	3717	4597	4844	5020	5656
Jordanie	EXP	G	791	1769	1817	1836	1802	1832	1899	2293	2770	3028
	BAL		-1942	-1928	-2476	-2266	-2026	-1885	-2698	-2551	-2250	-2628

Special Table A

Total imports and exports by regions and countries or areas
Imports C.I.F., exports F.O.B. and balance: million U.S. dollars *[cont.]*

Importations et exportations totales par régions et pays ou zones
Importations C.I.F., exportations F.O.B., et balance: en millions de dollars E.-U. *[suite]*

Country or Area - Pays ou Zone	IMP EXP BAL	G/ S	1985	1995	1996	1997	1998	1999	2000	2001	2002	2003
Kuwait	IMP	S	6007	7792	8373	8246	8617	7617	7157	7869	9007	10800
Koweït	EXP	S	10600	12785	14889	14225	9553	12164	19436	16203	15369	19371
	BAL		4593	4992	6515	5979	936	4547	12279	8334	6362	8571
Lebanon	IMP	G	2203	5480	7540	7467	7070	6207	6230	7293	6447	7171
Liban	EXP	G	482	656	736	643	662	677	715	870	1046	1524
	BAL		-1721	-4825	-6804	-6824	-6408	-5530	-5515	-6423	-5401	-5647
Oman	IMP	G	3153	4248	4578	5026	5682	4674	5040	5798	6005	6572
Oman	EXP	G	3938	6101	7346	7630	5508	7238	11319	11074	11172	11669
	BAL		785	1854	2768	2604	-173	2564	6279	5276	5166	5096
Qatar	IMP	S	1139	3398	2868	3322	3409	2499	3252	3758	4052	...
Qatar	EXP	S	3542	3481	3752	3791	4880	7059	...	...	...	...
	BAL		2403	83	884	470	1471	4560	...	...	...	...
Saudi Arabia	IMP	S	23600	28091	27744	28732	30013	28010	30237	31223	32312	36628
Arabie saoudite	EXP	S	27491	50040	60729	60732	38822	50760	77583	68064	72550	...
	BAL		3891	21949	32985	32000	8809	22750	47345	36841	40238	...
Syrian Arab Rep.	IMP	S	3967	4709	5380	4028	3895	3832	4055	4757	5097	...
République arab syrienne	EXP	S	1637	3563	3999	3916	2890	3464	4674	5254	6831	...
	BAL		-2329	-1146	-1381	-111	-1005	-368	620	497	1734	...
Turkey	IMP	S	11343	35709	43627	48559	45921	40671	54503	41399	49663	65637
Turquie	EXP	S	7958	21637	23225	26261	26974	26587	27775	31334	34561	46576
	BAL		-3386	-14072	-20402	-22298	-18947	-14084	-26728	-10065	-15101	-19061
United Arab Emirates	IMP	G	6549	20984	22638	29952	24728	33231	38139	...	...	...
Emirats arabes unis	EXP	G	13124	27753	28085	39613	42666	43307	...	...	...	...
	BAL		6576	6769	5447	9661	17938	10076	...	...	...	...
Yemen[28]	IMP	S	.	1817	2442	2017	2172	2006	2326	2309	...	...
Yémen[28]	EXP	S	.	1917	3206	2509	1501	2438	4078	3214	...	...
	BAL		.	101	763	491	-671	432	1751	905	...	...
Non Petrol. Export[31]	IMP		...	...	...	...	...	...	...	...	...	...
Pétrole N. Compris[31]	EXP		18757	96706	111242	62312	60768	73025	102397	100182	92853	86061
	BAL		...	...	...	...	...	...	...	...	...	...
Other Asia	IMP		206376	835538	879880	892016	723179	797481	1011734	942743	1025963	123882
Autres Pays d'Asie	EXP		193890	785343	818048	874669	832047	894985	1084073	1008484	1110948	132365
	BAL		-12486	-50195	-61832	-17347	108868	97504	72339	65741	84985	8482
ASEAN	IMP		66473	354026	374910	369789	280084	297839	367284	336575	350951	38499
ANASE	EXP		72385	320310	340128	350667	327521	356889	425786	383552	403332	44787
	BAL		5912	-33715	-34782	-19122	47436	59050	58503	46977	52381	6287
Brunei Darussalam	IMP	S	615	2078	2493	1873	1401	1342	1098	1009	1003	.
Brunéi Darussalam	EXP	S	2972	2379	2601	2359	1913	2579	3877	3682	3742	.
	BAL		2357	301	109	485	513	1237	2778	2673	2739	.
Cambodia	IMP	S	...	...	...	1116	1129	1243	1424	1456	1675	173
Cambodge	EXP	S	...	...	...	626	933	1040	1123	1296	1489	177
	BAL		...	...	...	-491	-195	-203	-302	-160	-186	3
Indonesia	IMP	S	10259	40630	42929	41694	27337	24003	33515	31010	31289	3261
Indonésie	EXP	S	18587	45417	49814	53443	48848	48666	62124	56447	58120	6105
	BAL		8328	4787	6885	11749	21511	24662	28609	25437	26831	2844
Lao P.Dem.R.	IMP	S	193	589	690	706	553	525	535	528	431	52
Rép. dém. populaire lao	EXP	S	54	311	323	359	370	311	330	331	298	37
	BAL		-139	-278	-367	-347	-183	-214	-205	-197	-133	-14

Special Table A

Total imports and exports by regions and countries or areas
Imports C.I.F., exports F.O.B. and balance: million U.S. dollars *[cont.]*

Importations et exportations totales par régions et pays ou zones
Importations C.I.F., exportations F.O.B., et balance: en millions de dollars E.-U. *[suite]*

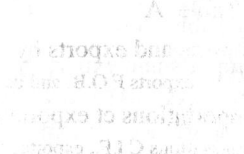

Country or Area - Pays ou Zone	IMP EXP BAL	G/ S	1985	1995	1996	1997	1998	1999	2000	2001	2002	2003
Malaysia	IMP	G	12253	77545	78408	79030	58278	65385	81963	73867	79868	81949
Malaisie	EXP	G	15316	73779	78318	78742	73255	84617	98230	88006	93264	99370
	BAL		3063	-3766	-90	-288	14977	19231	16266	14139	13396	17421
Myanmar	IMP	G	286	1348	1371	2056	2695	2323	2401	2877	2348	2091
Myanmar	EXP	G	306	860	754	874	1077	1136	1647	2382	3046	2484
	BAL		20	-488	-618	-1182	-1617	-1187	-755	-496	698	393
Philippines	IMP	G	5456	28328	34127	38604	31542	32569	36887	34944	37202	39502
Philippines	EXP	G	4612	17492	20408	24895	29449	36577	39794	32664	36510	37028
	BAL		-844	-10836	-13719	-13709	-2093	4008	2907	-2280	-692	-2474
Singapore	IMP	G	26288	124502	131340	132443	104728	111062	134546	116004	116441	127936
Singapour	EXP	G	22815	118263	125016	124990	109905	114682	137806	121755	125177	144195
	BAL		-3473	-6239	-6324	-7453	5177	3620	3259	5752	8736	16259
Thailand	IMP	S	9242	70787	72336	62880	42971	50343	61924	61962	64645	75809
Thaïlande	EXP	S	7121	56440	55721	57402	54458	58440	69057	64968	68108	80522
	BAL		-2121	-14347	-16616	-5479	11487	8098	7133	3006	3463	4714
Viet Nam	IMP	G	1857	8155	11144	11592	11500	11742	15638	15999	19000	24863
Viet Nam	EXP	G	699	5449	7256	9185	9361	11540	14449	15100	16530	20176
	BAL		-1159	-2707	-3888	-2407	-2139	-202	-1189	-899	-2470	-4687
Rest of Asia	IMP		**139903**	**481512**	**504969**	**522227**	**443095**	**499642**	**644451**	**606168**	**675012**	**853831**
Asie NDA	EXP		**121505**	**465032**	**477919**	**524002**	**504527**	**538096**	**658287**	**624932**	**707616**	**875779**
	BAL		**-18398**	**-16480**	**-27050**	**1775**	**61432**	**38454**	**13836**	**18764**	**32604**	**21949**
Afghanistan	IMP	G	1194	50	...	...	...	...	...	...	...	...
Afghanistan	EXP	G	567	26	...	...	...	...	...	...	...	...
	BAL		-627	-24	...	...	...	...	...	...	...	...
Bangladesh	IMP	G	2505	6501	6621	6896	6978	7685	8358	8349	7913	9516
Bangladesh	EXP	G	986	3173	3297	3778	3831	3919	4787	4826	4566	5263
	BAL		-1519	-3328	-3324	-3117	-3147	-3766	-3572	-3523	-3348	-4253
Bhutan	IMP	G	75	113	128	137	135	182	204	191	165	...
Bhoutan	EXP	G	22	103	100	118	108	116	103	106	108	...
	BAL		-53	-9	-27	-19	-26	-66	-101	-85	-57	...
China[32]	IMP	S	42252	129113	138833	142370	140237	165699	225094	243553	295171	413062
Chine[32]	EXP	S	27350	148797	151048	182792	183712	194931	249203	266098	325591	437899
	BAL		-14902	19684	12215	40422	43475	29232	24109	22545	30420	24837
China, Hong Kong SAR[33]	IMP	G	29703	192751	198550	208614	184518	179520	212805	201076	207644	231896
Chine, Hong Kong RAS[33]	EXP	G	30187	173750	180750	188059	174002	173885	201860	189894	200092	223762
	BAL		484	-19001	-17800	-20555	-10516	-5635	-10945	-11182	-7552	-8134
China, Macao SAR[33]	IMP	G	773	2042	2000	2082	1955	2040	2255	2386	2530	2755
Chine, Macao RAS[33]	EXP	G	901	1997	1996	2148	2141	2200	2539	2300	2356	2581
	BAL		129	-44	-4	66	186	160	284	-87	-174	-174
India	IMP	G	15935	34710	37944	41430	42999	46971	51563	50391	56495	71240
Inde	EXP	G	9144	30628	33107	35006	33463	35666	42378	43352	49232	57081
	BAL		-6791	-4082	-4837	-6425	-9536	-11305	-9185	-7038	-7264	-14159
Korea, Republic of	IMP	G	31136	135119	150339	144616	93282	119725	160481	141098	152126	178827
Corée, République de	EXP	G	30282	125058	129715	136164	132313	143685	172267	150439	162470	193817
	BAL		-854	-10061	-20624	-8452	39031	23960	11786	9341	10344	14990
Maldives	IMP	G	53	268	302	349	354	402	389	393	392	471
Maldives	EXP	G	23	50	59	70	74	64	76	76	90	113
	BAL		-30	-218	-243	-279	-280	-338	-313	-317	-301	-358

Special Table A

Total imports and exports by regions and countries or areas
Imports C.I.F., exports F.O.B. and balance: million U.S. dollars *[cont.]*

Importations et exportations totales par régions et pays ou zones
Importations C.I.F., exportations F.O.B., et balance: en millions de dollars E.-U. *[suite]*

Country or Area - Pays ou Zone	IMP EXP BAL	G/S	1985	1995	1996	1997	1998	1999	2000	2001	2002	2003
Mongolia	IMP	G	1096	415	451	468	503	513	615	638	691	80
Mongolie	EXP	G	689	473	424	569	345	454	536	521	524	61
	BAL		-406	58	-27	100	-158	-59	-79	-116	-167	-18
Nepal	IMP	G	455	1333	1398	1693	1245	1422	1573	1475	1419	175
Népal	EXP	G	161	346	385	406	474	602	804	738	567	66
	BAL		-295	-988	-1013	-1287	-772	-820	-768	-737	-851	-109
Occupied Palestinian Territory	IMP	S	.	.	.	.	.	.	2383	...	...	.
Territoire palestinien occupé	EXP	S	.	.	.	.	.	.	401	...	...	.
	BAL		.	.	.	.	.	.	-1982	...	...	.
Pakistan	IMP	G	5919	11517	12191	11652	9331	10216	10864	10192	11227	1303
Pakistan	EXP	G	2753	8031	9367	8760	8515	8431	9028	9238	9908	1193
	BAL		-3166	-3486	-2824	-2893	-816	-1786	-1836	-953	-1319	-110
Sri Lanka	IMP	G	1987	5185	5416	5839	5905	5870	6281	5962	6105	667
Sri Lanka	EXP	G	1333	3798	4095	4639	4787	4594	5433	4815	4699	512
	BAL		-654	-1387	-1321	-1200	-1118	-1276	-848	-1146	-1406	-154
Timor-Leste	IMP	S	...	112	132	142	135	82	...	...	...	
Timor-Leste	EXP	S	...	34	41	48	56	45	...	...	...	
	BAL		...	-78	-91	-94	-79	-37	...	...	...	
Former USSR - Asia	IMP		.	10504	**13720**	**13727**	**12959**	**11878**	13644	16075	16020	1945
L'ex-URSS - Asie	EXP		.	13074	**14877**	**15523**	**11524**	**12786**	18176	18629	19664	2345
	BAL		.	2570	**1157**	**1796**	**-1435**	**908**	4532	2553	3644	399
Armenia	IMP	S	.	674	856	892	902	800	882	874	991	126
Arménie	EXP	S	.	271	290	233	221	232	294	343	507	67
	BAL		.	-403	-566	-660	-682	-568	-588	-532	-484	-59
Azerbaijan	IMP	G	.	668	961	794	1077	1036	1172	1431	...	
Azerbaïdjan	EXP	G	.	637	631	781	606	930	1745	2314	...	
	BAL		.	-30	-329	-13	-470	-106	573	883	...	
Georgia	IMP	G	.	412	687	943	878	585	654	683	733	
Géorgie	EXP	G	.	158	199	240	191	237	331	319	349	
	BAL		.	-255	-489	-703	-687	-348	-323	-364	-385	
Kazakhstan	IMP	G	.	3807	4241	4301	4314	3655	5040	6446	6584	83
Kazakhstan	EXP	G	.	5250	5911	6497	5334	5872	8812	8639	9670	129
	BAL		.	1444	1670	2196	1020	2217	3772	2193	3086	46
Kyrgyzstan	IMP	S	.	522	838	709	842	600	554	467	587	7
Kirghizistan	EXP	S	.	409	505	604	514	454	505	476	486	5
	BAL		.	-113	-332	-105	-328	-146	-50	9	-101	-1
Tajikistan	IMP	G	.	810	668	750	711	664	675	688	721	8
Tadjikistan	EXP	G	.	749	770	746	597	689	784	652	737	7
	BAL		.	-61	102	-5	-114	25	109	-36	16	-
Turkmenistan	IMP	G	.	777	...	...	...	...	...	...	...	
Turkménistan	EXP	G	.	1939	...	...	...	...	...	...	...	
	BAL		.	1162	...	...	...	...	...	...	...	
Uzbekistan	IMP	G	.	2893	4721	4523	3289	3111	2947	3137	2712	
Ouzbékistan	EXP	G	.	3720	4590	4388	3528	3236	3265	3265	2988	
	BAL		.	827	-131	-136	240	125	317	128	276	
Devlpd. econ.: Oceania[2]	IMP		31049	72138	76932	77098	73768	80039	81663	73154	82749	1009
Eco. dévlpés.: Océanie[2]	EXP		27491	63658	71441	73820	64564	65139	73395	73075	74425	813
	BAL		-3558	-8480	-5490	-3278	-9204	-14900	-8268	-79	-8324	-196

Special Table A

Total imports and exports by regions and countries or areas

Imports C.I.F., exports F.O.B. and balance: million U.S. dollars *[cont.]*

Importations et exportations totales par régions et pays ou zones

Importations C.I.F., exportations F.O.B., et balance: en millions de dollars E.-U. *[suite]*

Country or Area - Pays ou Zone	IMP EXP BAL	G/S	1985	1995	1996	1997	1998	1999	2000	2001	2002	2003
Australia	IMP	G	25900	61283	65428	65892	64630	69158	71537	63890	72693	89090
Australie	EXP	G	22613	53115	60300	62910	55893	56080	63878	63389	65036	71548
	BAL		-3287	-8167	-5128	-2982	-8737	-13078	-7659	-501	-7657	-17542
New Zealand	IMP	G	5993	13958	14724	14519	12496	14299	13906	13308	15047	18557
Nouvelle-Zélande	EXP	G	5722	13645	14362	14223	12028	12477	13297	13730	14380	16498
	BAL		-271	-312	-362	-296	-468	-1822	-608	422	-667	-2059
Devlpg. econ.: Océanie[2,3]	IMP		**3466**	**6863**	**7397**	**7449**	**7276**	**7485**	**7402**	**7501**	**8052**	**8933**
Eco. evdd.: Océanie[2,3]	EXP		**1870**	**5659**	**5344**	**4987**	**4508**	**4843**	**5143**	**4636**	**4608**	**5572**
	BAL		**-1596**	**-1203**	**-2053**	**-2462**	**-2767**	**-2642**	**-2259**	**-2865**	**-3444**	**-3361**
American Samoa[34]	IMP	S	296	...	...	...	...	...	...	...	...	...
Samoa américaines[34]	EXP	S	202	...	...	...	...	...	...	...	...	...
	BAL		-94	...	...	...	...	...	...	...	...	...
Cook Islands	IMP	G	25	49	43	48	38	41	50	47	47	...
Iles Cook	EXP	G	3	5	3	3	3	4	9	7	5	...
	BAL		-22	-44	-40	-45	-35	-38	-41	-40	-42	...
Fiji	IMP	G	442	892	987	965	721	903	826	794	898	1170
Fidji	EXP	G	236	619	586	523	454	481	479	442	549	680
	BAL		-205	-273	-402	-442	-267	-422	-347	-352	-349	-491
French Polynesia	IMP	S	549	1019	1016	936	1096	925	974	1056	...	...
Polynésie française	EXP	S	41	196	251	222	248	251	219	195	...	...
	BAL		-508	-823	-765	-714	-847	-675	-755	-861	...	...
Kiribati[5]	IMP	G	15	35	38	39	33	41	39	...	...	...
Kiribati[5]	EXP	G	4	7	5	6	6	9	6	...	...	...
	BAL		-11	-28	-33	-33	-27	-32	-33	...	...	...
Marshall Is	IMP	G	.	75	72	58	67	...	68	...	...	...
Iles Marshall	EXP	G	.	23	18	28	6	8	7	...	...	...
	BAL		.	-52	-54	-30	-62	...	-61	...	...	...
Micronesia[5]	IMP	S	.	100	84	...	49	12	...	...	...	...
Micronésie[5]	EXP	S	.	43	14	...	...	...	...	...	...	...
	BAL		.	-56	-70	...	...	...	...	...	...	...
N.Mariana Is	IMP	G	.	628	...	...	...	...	...	...	...	...
Iles Mariannes septentrionales	EXP	G	.	941	...	...	1000	...	...	...	...	...
	BAL		.	313	...	...	...	...	...	...	...	...
New Caledonia	IMP	S	348	967	1001	928	938	1006	923	931	...	...
Nouvelle-Calédonie	EXP	S	271	570	554	542	382	467	604	443	...	...
	BAL		-78	-397	-447	-386	-555	-539	-318	-489	...	...
Niue	IMP	G	2	...	...	...	...	...	...	...	...	...
Nuie	EXP	G	0	...	...	...	...	...	...	...	...	...
	BAL		-2	...	...	...	...	...	...	...	...	...
Palau	IMP	S	.	60	72	69	66	78	123	...	...	...
Palaos	EXP	S	.	14	14	12	11	11	...	...	...	...
	BAL		.	-47	-58	-57	-55	-67	...	...	...	...
Papua New Guinea	IMP	G	1008	1452	1741	1709	1240	1236	1151	1073	1238	1297
Popouasie-Nouvelle-Guinée	EXP	G	928	2654	2531	2160	1772	1927	2096	1813	1549	2174
	BAL		-80	1202	789	451	532	691	945	740	311	877
Samoa	IMP	S	51	95	100	97	97	115	106	130	113	136
Samoa	EXP	S	16	9	10	15	15	20	14	16	14	15
	BAL		-35	-86	-90	-82	-82	-95	-92	-115	-99	-121

Special Table A

Total imports and exports by regions and countries or areas
Imports C.I.F., exports F.O.B. and balance: million U.S. dollars *[cont.]*

Importations et exportations totales par régions et pays ou zones
Importations C.I.F., exportations F.O.B., et balance: en millions de dollars E.-U. *[suite]*

Country or Area - Pays ou Zone	IMP EXP BAL	G/ S	1985	1995	1996	1997	1998	1999	2000	2001	2002	2003
Solomon Islands	IMP	S	83	154	151	183	150	96	63	...	...	...
Iles Salomon	EXP	S	70	168	162	156	118	79	...	...	...	...
	BAL		-13	14	11	-27	-32	-17	...	...	...	...
Tonga	IMP	G	41	77	75	73	69	73	69	73	89	...
Tonga	EXP	G	5	15	13	10	8	12	9	7	15	...
	BAL		-36	-63	-61	-63	-61	-60	-61	-66	-74	
Tuvalu	IMP	G	3	...	...	...	...	...	...	...	...	...
Tuvalu	EXP	G	0	...	...	...	...	...	...	...	...	...
	BAL		-3	...	...	...	...	...	...	...	...	...
Vanuatu	IMP	G	70	95	97	94	88	96	87	97	89	105
Vanuatu	EXP	G	31	28	30	35	34	26	23	15	15	21
	BAL		-39	-67	-67	-59	-54	-70	-63	-82	-74	-8:
Wallis Fut.l	IMP	S	...	14	...	...	...	...	...	...	...	...
Wallis et Fut.	EXP	S	...	0	...	...	...	...	...	...	...	...
	BAL		...	-13	...	...	...	...	...	...	...	...

Additional Country Groupings

ANCOM	IMP		16691	39726	36911	45324	46201	36056	40635	45438	42124	4101
ANCO	EXP		22583	39686	45551	45847	39125	44042	57889	49608	52852	5517
	BAL		5892	-40	8640	523	-7076	7985	17254	4170	10728	1415
APEC	IMP		782755	2198779	2329474	2451414	2275550	2498866	3020075	2819063	2917364	328969
CEA	EXP		714497	2143116	2215253	2368356	2266194	2413832	2826015	2596166	2667473	299394
	BAL		-68259	-55663	-114221	-83058	-9356	-85033	-194060	-222897	-249891	-29574
CARICOM	IMP		5769	9422	10276	11952	12249	12172	13460	13397	13480	1460
CARICOM	EXP		4586	5458	5597	5926	5501	6160	7651	7148	6677	813
	BAL		-1184	-3964	-4679	-6026	-6748	-6012	-5809	-6249	-6802	-646
CIS	IMP		...	79668	85369	93754	80739	61170	70906	82913	89171	10736
CEI	EXP		...	110053	120860	122981	103139	102568	143622	142866	153007	18334
	BAL		...	30385	35491	29228	22401	41399	72715	59954	63836	7598
COMESA	IMP		20365	27593	30839	32207	37055	36740	34610	34426	33341	3419
COMESA	EXP		11806	16527	19168	19032	18401	20110	25344	23536	24880	2969
	BAL		-8559	-11065	-11671	-13175	-18654	-16630	-9266	-10890	-8460	-450
LDCs	IMP		17316	30532	33377	35370	37471	38463	39377	41641	42930	4814
PMA	EXP		11402	20474	24104	24200	22648	25897	32895	31790	34138	3856
	BAL		-5914	-10058	-9273	-11170	-14823	-12566	-6482	-9852	-8792	-957
MERCOSUR	IMP		19355	79554	86842	102191	98313	82348	89300	83720	62383	6876
MERCOSUR	EXP		35248	70499	74998	83179	81366	74322	84590	87816	89013	10629
	BAL		15893	-9055	-11844	-19013	-16948	-8026	-4710	4095	26630	3753
NAFTA	IMP		442807	959239	1029419	1147601	1210558	1350497	1588750	1489591	1514190	16269
NAFTA	EXP		327868	808469	869940	956349	953704	1011202	1140275	1069586	1028070	10738
	BAL		-114939	-150770	-159479	-191252	-256854	-339295	-448475	-420006	-486120	-5530
OECD	IMP		1438444	3679358	3847801	3954015	4026576	4247318	4738193	4532283	4669755	53840
OCDE	EXP		1350448	3696019	3802626	3911556	3951782	4046584	4355120	4218482	4363312	50023
	BAL		-87996	16661	-45175	-42458	-74794	-200734	-383073	-313802	-306443	-3816
OPEC	IMP		97817	151323	149868	164673	149291	145849	167156	174399	172345	1853
OPEP	EXP		148373	209060	241153	251439	207604	254853	341843	302713	308358	3313
	BAL		50556	57737	91285	86767	58312	109003	174687	128314	136012	1460

Special Table A

Total imports and exports by regions and countries or areas
Imports C.I.F., exports F.O.B. and balance: million U.S. dollars *[cont.]*

Importations et exportations totales par régions et pays ou zones
Importations C.I.F., exportations F.O.B., et balance: en millions de dollars E.-U. *[suite]*

Country or Area - Pays ou Zone	IMP EXP BAL	G/S	1985	1995	1996	1997	1998	1999	2000	2001	2002	2003
EU-25[35]	IMP		.	.	.	.	.	794370	916360	880949	889941	1060773
UE-25[35]	EXP		.	.	.	.	.	732804	788642	801722	854122	998685
	BAL		.	.	.	.	.	-61566	-127718	-79227	-35819	-62088
Memorandum Items												
World excluding intra-EU trade	IMP		.	.	.	.	.	4163369	4888214	4664029	4802969	5520868
as percent of World total	IMP		.	.	.	.	.	76	79	78	77	77
Monde excl. le intra-UE com.	EXP		.	.	.	.	.	3962044	4592280	4362015	4540816	5183751
com.comme pour cent du	EXP		.	.	.	.	.	73	76	75	75	74
	BAL		.	.	.	.	.	-201325	-295935	-302014	-262153	-337117

483

Special Table A
Total imports and exports by regions and countries or areas
Imports C.I.F., exports F.O.B. and balance: million U.S. dollars *[cont.]*
Importations et exportations totales par régions et pays ou zones
Importations C.I.F., exportations F.O.B., et balance: en millions de dollars E.-U. *[suite]*

General note: System: G=General trade; S=Special trade.

World imports and exports are the sum of imports and exports of Developed economies, Developing economies and Other. The regional totals for exports and imports have been adjusted to exclude the re-exports of countries or areas comprising each region. Estimates for certain countries or areas not shown separately as well as for those shown separately but for which no data are yet available are included in the regional and world totals. Regional totals containing data are printed in bold.
Export and import values in terms of U.S. dollars are derived by the United Nations Statistics Division (UNSD) from data published in national publications, or from data on the Monthly Bulletin of Statistics Questionnaires for the following countries: American Samoa, Angola, Bermuda, Brunei Darussalam, Cayman Is., Cook Is, Cuba, Faeroe Is., French Guiana, French Polynesia, Greenland, Guinea, Iraq, Kiribati, Montserrat, Netherland Antilles, New Caledonia, Russian Federation (beginning 1994), St. Kitts-Nevis, St. Pierre Miquelon, Turkmenistan, Uzbekistan, and Yugoslavia.
Export and import dollar values for all other countries are derived from data published by the International Monetary Fund (IMF) in the International Financial Statistics publication.

Les importations et les exportations du monde sont la somme les importations et les exportations des économies développées, d'économies se développantes et d'autre. Les totaux régionaux de pour des exportations et des importations ont été ajustés pour exclure les réexportations les pays ou les secteurs comportant chaque région. Des évaluations pour certains pays ou secteurs non montrés séparément comme pour ceux montrés séparément mais pour ce qui n'est aucune donnée pourtant disponible sont incluses dans les totaux régionaux et du monde. Des totaux régionaux contenant des données sont imprimés dans "bold". Des valeurs d'exportation et d'importation en termes de dollars des E.U.sont dérivées par la Division de statistiques des Nations Unies (DSMU) des données éditées en publications nationales, ou des données sur le bulletin mensuel des questionnaires de statistiques pour les pays suivants: Les Samoa Américaines, Angola, les Bermudes,Brunei Darussalam, Iles Caïmanes, Iles Cook, le Cuba, la Fédération Russe (commençant 1994), Iles Féroé, la Guyane Française, Guinée, le Groenland, l'Irak, le Kiribati, le Montserrat, Netherland Antilles, Nouvelle Calédonie, la Polynésie Française, St. Kitts-Nevis, St. Pierre Miquelon, Turkmenistan, Uzbekistan, et Yougoslavie.
Des valeurs du dollar d'exportation et d'importation pour tous autres pays sont dérivées des données éditées par le Fonds monétaire international (FMI) dans la publication "Statistiques Financière Internationales".

1	United States, Canada, Developed Economies of Europe, Israel, Japan, Australia, New Zealand and South Africa.	1	Etats-Unis, Canada, pays a économie développés d'Europe, Israël, Japon, Australie, Nouvelle-Zélande et l'Afrique du Sud.

1   United States, Canada, Developed Economies of Europe, Israel, Japan, Australia, New Zealand and South Africa.

2   This classification is intended for statistical convenience and does not, necessarily, express a judgement about the stage reached by a particular country in the development process.

3   See footnote in French for "evdd".

4   Comprises Eastern Europe and the European countries of the former USSR.

5   Imports FOB.

6   Including the trade of the U.S. Virgin Islands and Puerto Rico but excluding shipments of merchandise between the United States and its other possessions (Guam and American Samoa). Data include imports and exports of non-monetary gold.

7   Trade data include maquiladoras and exclude goods from customs-bonded warehouses. Total exports include revaluation and exports of silver.

8   Prior to 1986, Netherlands Antilles includes Aruba.

9   Beginning 1990, trade statistics exclude certain oil and chemical products.

10   Export and import values exclude trade in the processing zone.

11   Beginning 1997, trade data for France include the import and export values of French Guiana, Guadeloupe, Martinique, and Reunion.

12   Exports include re-exports and petroleum products.

13   Economic Union of Belgium and Luxembourg. Intertrade between the two countries is excluded. Beginning January 1997, data refer to Belgium only and include trade between Belgium and Luxembourg.

1   Etats-Unis, Canada, pays a économie développés d'Europe, Israël, Japon, Australie, Nouvelle-Zélande et l'Afrique du Sud.

2   Cette classification est utilisée pour plus de commodité dans la présentation des statistiques et n'implique pas nécessairement un jugement quant au stade de développement auquel est parvenu un pays donné.

3   En voie de développement.

4   Compris de l'Europe l'Est et les pays européennes de l'ancienne URSS.

5   Importations FOB.

6   Y compris le commerce des Iles Vierges américaines et de Porto Rico mais non compris les échanges de marchandise, entre les Etats-Unis et leurs autres possessions (Guam et Samoa americaines). Les données comprennent les importations et exportations d'or non-monétaire.

7   Les statistiques du commerce extérieur comprennent maquiladoras et ne comprennent pas les marchandises provenant des entrepôts en douane. Les exportations comprennent la réevaluation et les données sur les exportations d'argent.

8   Avant 1986, Antilles néerlandaises incluent Aruba.

9   A compter de 1990, les statistiques commerciales font exclusion de certains produits pétroliers et chimiques.

10   Les valeurs à l'exportation et à l'importation excluent le commerce de la zone de transformation.

11   A compter de 1997, les valeurs de commerce pour la France comprennent les valeurs des importations et des exportations de la Guyane française, la Guadeloupe, la Martinique, et la Réunion.

12   Exportations comprennent re-exportations et produits pétroliers.

13   L'Union économique belgo-luxembourgeoise. Non compris le commerce entre ces pays. A partir de janvier 1997, les données se rapportent à Belgique seulement et recouvrent les échanges entre la Belgique et le Luxembourg

Special Table A

Total imports and exports by regions and countries or areas
Imports C.I.F., exports F.O.B. and balance: million U.S. dollars *[cont.]*

Importations et exportations totales par régions et pays ou zones
Importations C.I.F., exportations F.O.B., et balance: en millions de dollars E.-U. *[suite]*

14   Prior to January 1991, excludes trade conducted in accordance with the supplementary protocol to the treaty on the basis of relations between the Federal Republic of Germany and the former German Democratic Republic.

15   Prior to 1991, data refers to the Federal Republic of Germany. See explanatory notes pertaining to Germany on page v.

16   Prior to 1997, included under Belgium. See also footnote for Belgium.

17   See explanatory notes on data pertaining to Yugoslavia on page vi.

18   See explanatory notes pertaining to Czechoslovakia on page vi.

19   Beginning 1989, data exclude re-exports.

20   Prior to 1996 data exclude customs free zones, repairs on goods, and operational leasing.

21   Beginning January 1994, foreign trade statistics exclude re-exports.

22   Exports include gold.

23   Beginning in January 1998, foreign trade data refer to South Africa only, excluding intra-trade of the Southern African Common Customs Area. Prior to January 1998, trade data refer to the Southern African Common Customs Area, which includes Botswana, Lesotho, Namibia, South Africa and Swaziland.

24   Imports exclude petroleum imported without stated value. Exports cover domestic exports.

25   Year ending June 30 through 1994. Year ending December 31 thereafter.

26   Imports and exports net of returned goods. The figures also exclude Judea and Samaria and the Gaza area.

27   Data include Armenia, Azerbaijan, Georgia, Kazakhstan, Kyrgyzstan, Tajikistan, Turkmenistan, and Uzbekistan.

28   See explanatory notes on data pertaining to Yemen on page v.

29   Year ending 20 March of the years stated.

30   Data include oil and gas.The value of oil exports and total exports are rough estimates based on information published in various petroleum industry journals.

31   Data refer to total exports less petroleum exports of Asia Middle East countries where petroleum, in this case, is the sum of SITC groups 333, 334 and 335.

32   Data for China exclude those for Hong Kong SAR, Macao SAR and Taiwan Province of China.

33   See explanatory notes pertaining to Hong Kong SAR and Macao SAR on page v..

34   Year ending 30 September of the years stated.

35   Excluding intra-EU trade.

14   Avant janvier 1991, non compris le commerce effectué en accord avec le protocole additionnel au traité définissant la base des relations entre la République Fédérale d'Allemagne et l'ancienne République Démocratique Allemande.

15   Avant 1991, les données se rapportent à la République Fédérale d'Allemagne. Voir les notes explicatives concerner l'Allemagne à la page vii.

16   Avant 1997, inclus sous la Belgique. Voir également l'apostille pour la Belgique.

17   Voir les notes explicatives sur les données concernant Yougoslavie à la page viii.

18   Voir les notes explicatives sur les données concernant Tchécoslovaquie à la page viii.

19   A compter 1989, les données non compris les réexportations.

20   Avant de 1996 les données excluent des zones franches, des réparations sur des marchandises, et le crédit-bail opérationnel.

21   A compter de janvier 1994, les statistiques du commerce exterieur non compris les réexportations.

22   Les exportations comprennent l'or.

23   A compter de janvier 1998, les données sur le commerce extérieur ne se rapportent qu'à l'Afrique du Sud. et ne tiennent pas compte des échanges commerciaux entre les pays de l'Union douanière de l'Afrique du Sud. qui incluait l'Afrique du Sud, Botswana, Lesotho, Namibie, et Swaziland.

24   Non compris le petrole brute dont la valeur des importations ne sont pas stipulée. Les exportations sont les exportations d'intérieur.

25   Année finissant juin 30 à 1994. Année finissant décembre 31 ensuite.

26   Importations et exportations nets, ne comprennant pas les marchandises retournées. Sont également exclues les données de la Judée et de Samaria et ainsi que la zone de Gaza.

27   Données compris Arménie, Azerbaïdjan, Géorgie, Kazakhstan, Kirghizistan, Ouzbékistan, Tadjikistan et Turkménistan.

28   Voir les notes explicatives sur les données concernant Yemen à la page vii.

29   Année finissant le 20 mars de l'année indiquée.

30   Les données comprennent le pétrole et le gaz. La valeur des exportations de pétrole et des exportations totales sont des évaluations grossières basées sur l'information pubilée à divers journaux d'industrie de pétrole.

31   Les données se rapportent aux exportations totales moins les exportations pétrolières de moyen-orient d'Asie. Dans ce cas, le pétrole est la somme des groupes CTCI 333, 334 et 335.

32   Non compris les données pour la Hong Kong RAS, Macao RAS, et Taiwan province de Chine.

33   Voir les notes explicatives concernant Hong-Kong RAS et Macao RAS à la page v.

34   Année finissant le 30 septembre de l'année indiquée.

35   Non compris le commerce de l'intra-UE.

Special Table B
Total imports and exports by countries and areas
Imports C.I.F., exports F.O.B. and balance: million of national currency
Importations et exportations totales par pays ou zone
Importations C.I.F., exportations F.O.B., et balance: en millions de monnaie nationale

Country or Area - Pays ou Zone	IMP EXP BAL	G/S	1985	1995	1996	1997	1998	1999	2000	2001	2002	2003
Albania	IMP	G	3176	66145	87995	95021	124337	157424	157218	190696	210436	226056
Albanie	EXP	G	2665	18712	21603	21044	30656	36369	37547	43771	46193	55068
leks	BAL		-511	-47433	-66392	-73977	-93681	-121055	-119671	-146925	-164243	-170988
Algeria	IMP	S	49491	487586	498325	501598	552359	610673	...	...	...	...
Algérie	EXP	S	64564	489003	740811	791767	599903	840517	...	...	...	...
dinars	BAL		15073	1417	242486	290169	47544	229844	...	...	...	...
Anguilla[1]	IMP	S	...	87	162	166	193	248	255	210	189	..
Anguilla[1]	EXP	S	...	1	4	4	9	7	11	9	12	..
EC dollars	BAL		...	-86	-158	-162	-184	-241	-244	-201	-177	..
Australia	IMP	G	37054	82673	83543	88884	102905	107154	123461	123539	133424	136577
Australie	EXP	G	32408	71657	76978	84786	88977	86895	110464	122664	119483	109811
dollars	BAL		-4646	-11016	-6565	-4098	-13928	-20259	-12997	-875	-13941	-26766
Austria[2]	IMP	S	430969	668031	712760	790251	842128	65316	74935	78657	77194	78103
Autriche[2]	EXP	S	353965	580014	612190	715017	774738	60266	69692	74451	75048	77437
euros	BAL		-77004	-88017	-100570	-75234	-67390	-5050	-5243	-4206	-2146	-666
Bahamas[3]	IMP	G	3078	1243	1366	1666	1873	1757	2074	1912	1728	1762
Bahamas[3]	EXP	G	2728	176	180	181	300	462	576	423	446	423
dollars	BAL		-349	-1067	-1186	-1484	-1573	-1295	-1498	-1489	-1282	-1333
Bahrain	IMP	G	1168	1397	1607	1514	1341	1390	1742	1619	1875	192
Bahreïn	EXP	G	1089	1546	1768	1648	1230	1640	2329	2097	2175	239
dinars	BAL		-79	149	161	135	-111	250	587	478	301	46
Bangladesh	IMP	G	70867	261878	276838	302942	327575	377496	436450	465607	458119	55323
Bangladesh	EXP	G	27997	127782	137944	166087	179614	192571	249860	269150	264295	30609
taka	BAL		-42870	-134096	-138894	-136855	-147961	-184925	-186590	-196457	-193824	-24714
Barbados	IMP	G	1222	1541	1667	1991	2020	2216	2312	2173	2078	226
Barbade	EXP	G	713	478	561	566	503	528	545	519	413	42
dollars	BAL		-508	-1063	-1106	-1425	-1516	-1689	-1767	-1655	-1666	-184
Belgium[2,4]	IMP	S	3317800	4701990	5065770	5619160	5879960	154620	192180	199490	209730	20760
Belgique[2,4]	EXP	S	3167700	5177780	5430210	6142850	6441990	168100	203940	212550	228580	22556
euros	BAL		-150100	475790	364440	523690	562030	13480	11760	13060	18850	1796
Belize	IMP	G	256	514	511	572	590	740	1049	1034	1049	110
Belize	EXP	G	179	323	335	353	344	372	437	337	337	40
dollars	BAL		-77	-191	-176	-219	-246	-368	-612	-696	-712	-69
Benin[5,6]	IMP	S	148777	372200	334700	397900	434000	464580	433300	405400	473100	44050
Bénin[5,6]	EXP	S	67348	209600	334700	243400	240400	259500	279400	273900	312100	31420
CFA francs	BAL		-81429	-162600	0	-154500	-193600	-205080	-153900	-131500	-161000	-12630
Bhutan	IMP	G	927	3642	4525	4978	5516	7835	9106	8990	8024	
Bhoutan	EXP	G	272	3349	3554	4274	4456	4988	4616	4995	5262	
ngultrum	BAL		-655	-293	-971	-704	-1061	-2847	-4491	-3996	-2762	
Bosnia Herzegovina	IMP	S	.	...	...	...	5120	6048	6583	7331	8048	822
Bosnie-Herzégovine	EXP	S	.	...	...	...	1043	1376	2265	2256	2089	236
marka	BAL		.	...	...	...	-4077	-4672	-4318	-5075	-5959	-58
Botswana	IMP	G	.	.	.	.	9804	10164	12647	10557	...	
Botswana	EXP	G	.	.	.	.	8697	12228	13835	14307	...	
pula	BAL		.	.	.	.	-1107	2063	1188	3750	...	
Brunei Darussalam	IMP	S	1348	2960	3516	3154	2338	2251	1908	1876	1864	
Brunéi Darussalam	EXP	S	6533	3388	3670	3971	3194	4325	6734	6846	6956	
dollars	BAL		5185	429	153	817	856	2074	4826	4970	5091	

Special Table B

Total imports and exports by countries and areas

Imports C.I.F., exports F.O.B. and balance: million of national currency *[cont.]*

Importations et exportations totales par pays ou zone

Importations C.I.F., exportations F.O.B., et balance: en millions de monnaie nationale *[suite]*

Country or Area - Pays ou Zone	IMP EXP BAL	G/S	1985	1995	1996	1997	1998	1999	2000	2001	2002	2003
Bulgaria[7]	IMP	S	14067	380	892	8268	8709	10053	13857	15897	16451	18797
Bulgarie[7]	EXP	S	13739	360	860	8281	7391	7303	10247	11176	11858	13042
leva	BAL		-327	-20	-32	13	-1318	-2750	-3610	-4721	-4593	-5755
Burkina Faso[5,6]	IMP	G	146243	227000	330963	342353	430334	350770	351884	405461	398412	...
Burkina Faso[5,6]	EXP	G	31157	138000	119043	133619	190440	132188	115966	126263	114661	...
CFA francs	BAL		-115086	-89000	-211920	-208734	-239894	-218582	-235918	-279198	-283751	...
Burundi	IMP	S	22435	58186	37332	43250	70274	66308	106059	115249	121028	169742
Burundi	EXP	S	13522	25982	11372	30767	28635	30971	35223	31978	28867	40698
francs	BAL		-8913	-32204	-25960	-12483	-41639	-35337	-70836	-83271	-92161	-129044
Cameroon[5,6]	IMP	S	508756	598709	572617	708169	874614	816825	910677	1157800	1978900	...
Cameroun[5,6]	EXP	S	321751	824276	821610	982810	1084150	939587	1092200	1540200	1586500	...
CFA francs	BAL		-187005	225567	248993	274641	209536	122762	181523	382400	-392400	...
Canada[8]	IMP	G	110130	224977	232672	271422	298076	319008	354728	343311	348198	334331
Canada[8]	EXP	G	124249	263697	274884	296928	317903	354108	410994	402172	396020	381655
dollars	BAL		14119	38720	42212	25506	19827	35100	56266	58861	47822	47324
Cape Verde	IMP	G	7663	19394	19355	21936	22395	25484	27517	28694	...	...
Cap-Vert	EXP	G	524	686	1046	1309	1024	1185	1272	1212	...	...
escudos	BAL		-7139	-18708	-18309	-20627	-21371	-24299	-26245	-27482	...	...
Cayman Islands	IMP	G	123	333	315	...	...	...	...	...	...	...
Iles Caïmanes	EXP	G	2	3	2	...	...	...	...	...	...	...
dollars	BAL		-121	-329	-313	...	...	...	...	...	...	...
Cent. Afr. Rep.[5,6]	IMP	S	50686	86900	72300	82039	86375	80689	83290	78464	83795	...
Rép. centrafricaine[5,6]	EXP	S	41217	85300	75100	94850	89309	90136	114414	104299	102292	...
CFA francs	BAL		-9469	-1600	2800	12811	2934	9447	31124	25835	18497	...
Chad[5,6]	IMP	S	74708	182400	169733	194732	210207	194523	224386	497417	1146930	...
Tchad[5,6]	EXP	S	27781	121273	121895	138130	154455	149635	130200	138300	128685	...
CFA francs	BAL		-46927	-61127	-47838	-56602	-55752	-44888	-94186	-359117	-1018245	...
Comoros	IMP	S	16481	23411	...	...	...	...	...	...	...	...
Comores	EXP	S	7048	4236	...	...	...	...	...	...	...	...
francs	BAL		-9433	-19175	...	...	...	...	...	...	...	...
Congo	IMP	S	268697	334183	793306	540647	401288	505216	330939			
Congo	EXP	S	488515	585300	688100	973700	806900	960500	1772200	...	...	...
francs	BAL		219818	251117	-105206	433053	405612	455285	1441261	...	...	...
Cook Islands	IMP	G	50	74	63	72	71	79	112	112	102	...
Iles Cook	EXP	G	6	7	5	4	6	7	20	16	11	...
NZ dollars	BAL		-43	-67	-58	-68	-65	-72	-92	-95	-91	...
Cote d'Ivoire[5,6]	IMP	S	772980	1463000	1484500	1623100	1973770	1703100	1710000	1772300	1711600	1929600
Côte d'Ivoire[5,6]	EXP	S	1318060	1899700	2274400	2598100	2717600	2870100	2768200	2892700	3676600	3396500
CFA francs	BAL		545080	436700	789900	975000	743830	1167000	1058200	1120400	1965000	1466900
Cuba	IMP	S	8758	2805	3205	...	...	...	...	...	...	...
Cuba	EXP	S	6531	1625	2015	...	...	...	...	...	...	...
pesos	BAL		-2227	-1180	-1190	...	...	...	...	...	...	...
Cyprus	IMP	G	762	1670	1858	1899	1905	1971	2402	2527	2487	2304
Chypre	EXP	G	291	556	651	564	551	542	590	629	515	477
pounds	BAL		-472	-1115	-1207	-1335	-1354	-1429	-1812	-1898	-1972	-1827
Czech Rep[8]	IMP	S	.	670445	752343	861770	926559	973169	1241920	1386320	1325720	1440720
République. tchèque[8]	EXP	S	.	574722	594630	722501	850240	908756	1121100	1269630	1254390	1370930
koruny	BAL		.	-95723	-157713	-139269	-76319	-64413	-120820	-116690	-71330	-69790

Special Table B

Total imports and exports by countries and areas

Imports C.I.F., exports F.O.B. and balance: million of national currency *[cont.]*

Importations et exportations totales par pays ou zone

Importations C.I.F., exportations F.O.B., et balance: en millions de monnaie nationale *[suite]*

Country or Area - Pays ou Zone	IMP EXP BAL	G/S	1985	1995	1996	1997	1998	1999	2000	2001	2002	2003
Denmark	IMP	S	191562	252344	261048	293110	309897	310713	358972	368470	387818	370936
Danemark	EXP	S	179578	278515	298535	324254	326434	351916	408054	424484	442163	432053
kroner	BAL		-11984	26171	37487	31144	16537	41203	49082	56014	54345	61117
Djibouti	IMP	G	35670	31395	31805	26322	28120	27131	...	...	...	..
Djibouti	EXP	G	2488	2414	2439	1917	2195	2168	...	...	...	..
francs	BAL		-33182	-28981	-29366	-24405	-25925	-24963	...	...	...	..
Dominica	IMP	S	149	317	351	336	357	373	400	354	311	333
Dominique	EXP	S	77	122	138	143	167	150	145	117	113	105
EC dollars	BAL		-73	-195	-212	-193	-190	-223	-256	-237	-198	-23
Egypt[9]	IMP	S	7773	39892	44218	44769	54771	54399	48645	50660	56480	6508
Egypte[9]	EXP	S	2600	11704	12004	13286	10606	12086	16274	16343	21184	3682
pounds	BAL		-5173	-28188	-32214	-31483	-44165	-42313	-32371	-34317	-35297	-2825
Equatorial Guinea[5,6]	IMP	G	8947	24897	149384	192800	187167	261784	320800	...	...	.
Guinée équatoriale[5,6]	EXP	G	7441	42683	89682	289204	258957	436735	780819	...	...	.
CFA francs	BAL		-1506	17786	-59702	96404	71790	174951	460019	...	...	.
Eritrea	IMP	G		...	3063	3062	2702	3129	...	...	...	.
Erythrée	EXP	G		...	520	375	197	164	...	...	...	.
nakfa	BAL			...	-2542	-2687	-2506	-2965	...	...	...	.
Estonia[10]	IMP	G	.	29101	38887	61610	64897	60248	72309	75163	79468	8970
Estonie[10]	EXP	G	.	21040	25024	40662	43952	43178	53324	57528	56920	6252
krooni	BAL		.	-8061	-13863	-20948	-20945	-17070	-18985	-17635	-22548	-2718
Ethiopia	IMP	G	2056	7053	8899	...	10792	12274	10368	15347	14272	
Ethiopie	EXP	G	689	2603	2651	3941	3967	3711	3991	3850	4115	
birr	BAL		-1367	-4450	-6249	...	-6825	-8563	-6377	-11497	-10157	
EU-25[11]	IMP		.	.	.	.	.	746612	995980	983748	942626	93804
UE-25[11]	EXP		.	.	.	.	.	689434	857782	895843	903559	88208
euros	BAL		.	.	.	.	.	-57179	-138198	-87905	-39066	-5595
Faeroe Islands	IMP	G	2631	1759	2147	2363	2592	3281	4306	4147	...	
Iles Féroé	EXP	G	1899	2026	2417	2567	2908	3264	3821	4279	...	
D kroner	BAL		-732	267	270	204	316	-17	-485	132	...	
Fiji	IMP	G	508	1254	1384	1393	1434	1779	1756	1808	1953	221
Fidji	EXP	G	271	870	821	758	906	948	1026	1008	1192	122
dollars	BAL		-237	-384	-563	-635	-529	-831	-731	-800	-761	-9
Finland[2]	IMP	G	81350	122428	134422	154681	172315	29691	36837	35845	35611	367
Finlande[2]	EXP	G	83976	172380	176592	204202	229233	39306	49485	47768	47245	463
euros	BAL		2626	49952	42170	49521	56918	9614	12647	11923	11634	96
Fm Czechoslovakia[8,12]	IMP	G	191137	.	.	.	.	.				
L'ex-Tchécoslovaquie[8,12]	EXP	G	197274	.	.	.	.	.				
koruny	BAL		6137	.	.	.	.	.				
Fm German D.R.[8,13]	IMP	G	86701	.	.	.	.	.				
L'ex-Allemagne rép. dem. du[8,13]	EXP	G	93490	.	.	.	.	.				
GDR marks	BAL		6789	.	.	.	.	.				
Fm Yemen A.R.[14]	IMP		9501	.	.	.	.	.				
Fmr Yémen A.R.[14]	EXP		97	.	.	.	.	.				
rials	BAL		-9404	.	.	.	.	.				
Fm Yemen Dm[14]	IMP	S	241	.	.	.	.	.				
FMR Yémen Dm[14]	EXP	S	14	.	.	.	.	.				
dinars	BAL		-227	.	.	.	.	.				

Special Table B

Total imports and exports by countries and areas

Imports C.I.F., exports F.O.B. and balance: million of national currency [cont.]

Importations et exportations totales par pays ou zone

Importations C.I.F., exportations F.O.B., et balance: en millions de monnaie nationale [suite]

Country or Area - Pays ou Zone	IMP EXP BAL	G/S	1985	1995	1996	1997	1998	1999	2000	2001	2002	2003
France[2,15]	IMP	S	967915	1403800	1441620	1585340	1708920	277030	337670	337140	329780	326830
France[2,15]	EXP	S	906889	1420270	1471640	1692650	1801930	284130	325710	331900	330540	323380
euros	BAL		-61026	16470	30020	107310	93010	7100	-11960	-5240	760	-3450
French Guiana[15]	IMP	S	2287	3750	...	.	.	.	.	.	.	.
Guyane française[15]	EXP	S	337	654	...	.	.	.	.	.	.	.
francs	BAL		-1950	-3096	...	.	.	.	.	.	.	.
French Polynesia[16]	IMP	S	88940	91383	94550	99339	116275	103780	126145	140852	...	...
Polynésie française[16]	EXP	S	6564	17548	23433	23804	26444	28319	28721	25982	...	...
CFP francs	BAL		-82376	-73835	-71117	-75535	-89831	-75460	-97424	-114869	...	...
Gabon[5,6]	IMP	S	384000	440200	489300	644300	650800	518000	708000	629500	...	...
Gabon[5,6]	EXP	S	876700	1354400	1628700	1765200	1130200	1473800	1753000	1942000	...	...
CFA francs	BAL		492700	914200	1139400	1120900	479400	955800	1045000	1312500	...	...
Gambia	IMP	G	362	1741	2528	1774	2426	2187	2395	2107	2974	...
Gambie	EXP	G	173	155	209	150	222	51	195	48	38	...
dalasis	BAL		-189	-1586	-2318	-1624	-2205	-2135	-2200	-2059	-2936	...
Georgia	IMP	G	.	507	868	1224	1229	1184	1292	1418	1609	...
Géorgie	EXP	G	.	194	251	312	267	481	653	662	765	...
lari	BAL		.	-313	-617	-913	-962	-703	-639	-755	-844	...
Germany[2,13,17]	IMP	S	463810	664233	690397	772326	828285	444797	538343	542772	520600	531970
Allemagne[2,13,17]	EXP	S	537164	749538	788937	888641	954665	510009	597481	638269	648307	664184
euros	BAL		73354	85305	98540	116315	126380	65212	59138	95497	127707	132214
Ghana	IMP	G	47155	2288760	3451760	4769410	5932180	9347000	16171000	...	...	...
Ghana	EXP	G	33185	2069660	2732600	3352870	4150730	...	...	...	...	...
cedis	BAL		-13970	-219100	-719160	-1416540	-1781450	...	...	...	...	...
Gibraltar	IMP		71	259	277	217	256	300	318	306	256	286
Gibraltar	EXP		11	74	70	49	75	74	84	87	99	90
pounds	BAL		-60	-185	-206	-168	-181	-226	-234	-219	-158	-196
Greenland	IMP	G	3140	2431	2719	2625	2740	2856	2947	...	...	...
Groenland	EXP	G	1842	2081	2141	1937	1702	1932	2205	...	...	...
D kroner	BAL		-1298	-349	-578	-688	-1038	-924	-742	...	...	...
Grenada[1]	IMP	S	187	334	411	468	540	...	...	...	...	...
Grenade[1]	EXP	S	60	59	54	62	73	...	...	...	...	...
EC dollars	BAL		-127	-275	-357	-407	-468	...	...	...	...	...
Guadeloupe[15]	IMP	S	5745	9401	...	.	.	.	.	.	.	.
Guadeloupe[15]	EXP	S	669	788	...	.	.	.	.	.	.	.
francs	BAL		-5076	-8613	...	.	.	.	.	.	.	.
Guinea-Bissau[6,18]	IMP	G	...	36990	35240	51800	37000	31500	35000	45300	40700	40000
Guinée-Bissau[6,18]	EXP	G	...	12310	11030	28300	15800	31500	44300	46100	37800	39900
CFA francs	BAL		...	-24680	-24210	-23500	-21200	0	9300	800	-2900	-100
Guyana	IMP	S	960	74912	83895	89747	...	...	...	109362	107274	198001
Guyana	EXP	S	706	64581	72598	91809	73336	93138	90830	89593	93938	123048
dollars	BAL		-254	-10330	-11297	2062	...	...	...	-19769	-13336	-74953
Haiti	IMP	G	2208	9866	10448	10792	13366	17367	21936	24746	33061	50324
Haïti	EXP	G	842	1666	1414	3537	5365	5661	6725	6701	8203	14682
gourdes	BAL		-1366	-8200	-9034	-7255	-8001	-11706	-15211	-18045	-24858	-35642
Hungary[19,20]	IMP	S	410130	1936380	2764000	3961000	5511400	6645600	9064020	9664990	9704100	10662800
Hongrie[19,20]	EXP	S	424610	1576100	2392100	3567000	4934400	5938600	7942780	8748300	8873970	9528600
forint	BAL		14480	-360280	-371900	-394000	-577000	-707000	-1121240	-916690	-830130	-1134200

Special Table B

Total imports and exports by countries and areas
Imports C.I.F., exports F.O.B. and balance: million of national currency *[cont.]*

Importations et exportations totales par pays ou zone
Importations C.I.F., exportations F.O.B., et balance: en millions de monnaie nationale *[suite]*

Country or Area - Pays ou Zone	IMP EXP BAL	G/S	1985	1995	1996	1997	1998	1999	2000	2001	2002	2003
Iceland	IMP	G	37600	113388	135165	141355	176521	181321	203847	218296	207632	21359
Islande	EXP	G	33826	116613	108977	131228	145008	145132	148516	196803	204078	18296
kronur	BAL		-3774	3225	-26188	-10127	-31513	-36189	-55331	-21493	-3554	-3063
India	IMP	G	196768	1127480	1344060	1505430	1772310	2024180	2316550	2378120	2746710	331337
Inde	EXP	G	113192	994546	1171910	1270700	1379290	1536150	1906530	2045160	2393870	265583
rupees	BAL		-83576	-132934	-172150	-234730	-393020	-488030	-410020	-332960	-352840	-65754
Ireland[2]	IMP	G	9428	26181	22429	25882	31278	44327	55909	57230	54805	4710
Irlande[2]	EXP	G	9743	35330	30407	35336	45145	66956	83889	92730	92893	8163
euros	BAL		315	9149	7978	9454	13867	22629	27980	35500	38088	3453
Italy[2]	IMP	S	167095001	335661000	321286000	357587000	378784000	207016	258507	263756	261226	25846
Italie[2]	EXP	S	145887998	381175000	388885000	409128000	426182000	221040	260414	272990	269064	25934
euros	BAL		-21207003	45514000	67599000	51541000	47398000	14024	1907	9234	7838	88
Jamaica	IMP	G	6147	99418	109687	110932	110926	113472	141987	154526	171201	20985
Jamaïque	EXP	G	3128	49916	51513	48971	47940	48425	55621	56061	53897	6793
dollars	BAL		-3018	-49502	-58174	-61961	-62986	-65047	-86366	-98465	-117304	-14192
Japan	IMP	G	31076000	31534000	37992000	40956300	36653000	35270000	40915000	42402000	42177000	4431930
Japon	EXP	G	41959000	41531600	44729000	50938100	50644000	47549000	51649000	49010000	52109000	5454850
yen	BAL		10883000	9997600	6737000	9981800	13991000	12279000	10734000	6608000	9932000	1022920
Jordan	IMP	G	1074	2590	3044	2908	2714	2635	3259	3435	3559	401
Jordanie	EXP	G	311	1241	1288	1301	1278	1299	1347	1626	1964	214
dinars	BAL		-764	-1349	-1755	-1607	-1437	-1336	-1913	-1809	-1595	-186
Kenya	IMP	G	23589	155168	168486	190674	193032	198313	236613	250782	255569	28261
Kenya	EXP	G	15725	97284	118226	119960	121252	122067	132183	152712	166635	18312
shillings	BAL		-7864	-57884	-50260	-70714	-71780	-76246	-104430	-98070	-88934	-9949
Kiribati[8]	IMP	G	22	48	49	53	52	64	68	...	...	
Kiribati[8]	EXP	G	6	10	7	8	9	14	11	...	...	
Aust. dollars	BAL		-16	-38	-42	-44	-43	-50	-57	...	...	
Kuwait	IMP	S	1806	2323	2507	2502	2626	2318	2195	2413	2736	321
Koweït	EXP	S	3185	3815	4458	4314	2912	3703	5963	4970	4666	577
dinars	BAL		1379	1491	1951	1813	285	1385	3767	2556	1931	255
Latvia	IMP	S	.	960	1278	1582	1881	1724	1934	2202	2497	298
Lettonie	EXP	S	.	688	795	972	1069	1008	1131	1256	1409	165
lati	BAL		.	-271	-483	-611	-812	-716	-803	-945	-1089	-133
Lesotho	IMP	G	.	.	.	.	4699	4773	5048	5824	8120	769
Lesotho	EXP	G	.	.	.	.	1071	1053	1528	2426	3852	360
maloti	BAL		.	.	.	.	-3628	-3720	-3520	-3398	-4268	-408
Liberia	IMP	S	284	...	...	...	...	...	...	...	...	
Libéria	EXP	S	436	...	...	...	...	...	...	...	...	
dollars	BAL		151	...	...	...	...	...	...	...	...	
Libyan Arab Jamah.	IMP	G	1214	1729	1915	2139	2204	1929	1911	2660	5586	
Jamahiriya arabe libyenne	EXP	G	3646	3222	3579	3456	2374	3682	5222	5394	10177	
dinars	BAL		2432	1494	1664	1317	170	1754	3310	2734	4591	
Lithuania	IMP	G	.	14594	18235	22577	23174	19338	20877	24241	27479	2943
Lituanie	EXP	G	.	10820	13420	15441	14842	12015	14193	17117	19117	2126
litai	BAL		.	-3774	-4815	-7136	-8332	-7323	-6684	-7124	-8362	-817
Luxembourg[2,21]	IMP	S	.	.	.	335700	370600	10379	11647	12470	12226	1200
Luxembourg[2,21]	EXP	S	.	.	.	250100	287300	7416	8619	9207	9097	902
euros	BAL		.	.	.	-85600	-83300	-2964	-3028	-3263	-3128	-298

Special Table B

Total imports and exports by countries and areas

Imports C.I.F., exports F.O.B. and balance: million of national currency *[cont.]*

Importations et exportations totales par pays ou zone

Importations C.I.F., exportations F.O.B., et balance: en millions de monnaie nationale *[suite]*

Country or Area - Pays ou Zone	IMP EXP BAL	G/S	1985	1995	1996	1997	1998	1999	2000	2001	2002	2003
Madagascar	IMP	S	265915	2333890	2114820	2534760	2953220	3696300	4953410	4894020	3458010	...
Madagascar	EXP	S	181630	1569390	1850090	2109630	3007230	3769720	5578120	4563170	3423220	...
francs	BAL		-84285	-764500	-264730	-425130	54010	73420	624710	-330850	-34790	...
Malawi	IMP	G	506	7255	9545	12848	16431	29696	32252	39480	53657	...
Malawi	EXP	G	422	6193	7359	8827	13861	19907	23630	31817	31417	...
kwacha	BAL		-84	-1062	-2186	-4020	-2570	-9789	-8622	-7663	-22240	...
Malaysia	IMP	G	30438	194345	197280	220936	228124	248478	311459	280691	303502	311402
Malaisie	EXP	G	38017	184987	197026	220890	286563	321560	373270	334420	354407	377602
ringgit	BAL		7579	-9358	-254	-46	58439	73082	61811	53729	50905	66200
Mali[5,6]	IMP	S	134540	385400	395170	431200	448800	372800	421500	538600	520000	657500
Mali[5,6]	EXP	S	55560	220500	221410	327700	331100	351570	391950	531600	617600	541600
CFA francs	BAL		-78980	-164900	-173760	-103500	-117700	-21230	-29550	-7000	97600	-115900
Malta	IMP	G	354	1038	1008	984	1035	1136	1492	1226	1228	...
Malte	EXP	G	187	675	624	629	712	791	1072	881	961	...
liri	BAL		-167	-363	-384	-355	-323	-345	-420	-346	-266	...
Martinique[15]	IMP	S	6050	9769	...							
Martinique[15]	EXP	S	1456	1112	...							
francs	BAL		-4593	-8658	...							
Mauritania	IMP	S	17806	...	...	...	...	...	...	...	...	...
Mauritanie	EXP	S	28887	...	...	...	...	...	...	...	...	...
ouguiyas	BAL		11081	...	...	...	...	...	...	...	...	...
Mauritius	IMP	G	8119	34363	41082	46093	49811	56629	54928	57940	64888	66429
Maurice	EXP	G	6729	26756	32312	33694	39634	40025	40882	47511	53893	54164
rupees	BAL		-1390	-7607	-8770	-12399	-10177	-16604	-14046	-10429	-10995	-12265
Montserrat[1]	IMP	S	50	...	...	...	...	...	...	...	...	...
Montserrat[1]	EXP	S	8	...	...	...	...	...	...	...	...	...
EC dollars	BAL		-42	...	...	...	...	...	...	...	...	...
Morocco	IMP	S	38675	85493	84612	90712	98676	97454	122527	124718	130410	...
Maroc	EXP	S	21740	58673	60013	67057	68608	72283	73869	80667	86389	...
dirhams	BAL		-16935	-26821	-24600	-23656	-30068	-25171	-48658	-44051	-44021	...
Myanmar	IMP	G	2402	7564	8032	12736	16921	14464	15426	19248	15373	12721
Myanmar	EXP	G	2576	4826	4420	5416	6737	7074	10601	15929	19980	15123
kyats	BAL		174	-2738	-3613	-7320	-10184	-7390	-4826	-3319	4607	2402
Namibia	IMP	G	.	.	.	.	9112	9834	10755	13319	...	...
Namibie	EXP	G	.	.	.	.	6812	7539	9164	10148	...	...
dollars	BAL		.	.	.	.	-2300	-2295	-1591	-3171	...	...
Nepal	IMP	G	8267	69028	79247	97974	81901	97057	111800	110362	110552	133539
Népal	EXP	G	2915	17895	21830	23555	31288	41088	57231	55221	44184	50450
rupees	BAL		-5352	-51133	-57417	-74419	-50613	-55969	-54569	-55141	-66368	-83089
Neth. Antilles[22]	IMP	S	2498	3295	4508	3728	...	...	...	...	...	...
Antilles néer.[22]	EXP	S	1856	2724	2272	2664	...	...	...	...	...	...
NA guilders	BAL		-642	-571	-2236	-1064	...	...	...	...	...	...
Netherlands[2]	IMP	S	241587	283538	304559	347286	371760	176115	215459	217631	205154	205525
Pays-Bas[2]	EXP	S	257267	314693	332920	380018	398686	188046	226903	241300	235383	228745
euros	BAL		15680	31155	28361	32732	26926	11931	11444	23669	30229	23220
New Caledonia[16]	IMP	S	55931	86894	93087	98561	99531	112888	119766	124171	...	...
Nouvelle-Calédonie[16]	EXP	S	43864	51180	51471	57612	40621	52387	78454	59053	...	...
CFP francs	BAL		-12067	-35714	-41616	-40949	-58910	-60501	-41312	-65118	...	...

Special Table B

Total imports and exports by countries and areas
Imports C.I.F., exports F.O.B. and balance: million of national currency [cont.]

Importations et exportations totales par pays ou zone
Importations C.I.F., exportations F.O.B., et balance: en millions de monnaie nationale [suite]

Country or Area - Pays ou Zone	IMP EXP BAL	G/S	1985	1995	1996	1997	1998	1999	2000	2001	2002	2003
New Zealand	IMP	G	12076	21251	21399	21964	23348	27114	30736	31682	32339	317
Nouvelle-Zélande	EXP	G	11603	20787	20876	21458	22416	23583	29257	32670	31028	283
dollars	BAL		-472	-464	-523	-506	-932	-3531	-1479	988	-1311	-34
Niger[5,6]	IMP	S	165935	186501	229271	218067	277886	206500	230400	242800	258700	2657
Niger[5,6]	EXP	S	116538	143800	166300	158500	197000	176600	201500	199700	194800	1968
CFA francs	BAL		-49397	-42701	-62971	-59567	-80886	-29900	-28900	-43100	-63900	-689
Niue	IMP	G	4	...	...	...	...	...	...	...	...	
Nuie	EXP	G	0	...	...	...	...	...	...	...	...	
NZ dollars	BAL		-4	...	...	...	...	...	...	...	...	
Norway[24]	IMP	G	132563	208627	229720	252232	282638	266676	302852	296135	276563	2792
Norvège[24]	EXP	G	170733	265883	320130	342421	304653	355171	529814	532041	473265	4769
kroner	BAL		38170	57256	90410	90189	22015	88495	226962	235906	196702	1977
Oman	IMP	G	1089	1633	1760	1933	2185	1797	1938	2229	2309	25
Oman	EXP	G	1360	2346	2825	2934	2118	2783	4352	4258	4296	44
rials Omani	BAL		271	713	1064	1001	-67	986	2414	2029	1986	19
Pakistan	IMP	G	93793	362686	437769	476346	419311	505451	582681	631005	670575	7527
Pakistan	EXP	G	43645	252714	335313	359046	382477	417322	484476	572471	591714	6888
rupees	BAL		-50148	-109972	-102456	-117300	-36834	-88129	-98205	-58534	-78861	-639
Panama[23]	IMP	S	1392	2511	2780	3002	3398	3516	3379	2964	2982	30
Panama[23]	EXP	S	336	625	723	723	784	822	859	911	846	8
balboas	BAL		-1056	-1886	-2057	-2279	-2614	-2694	-2519	-2053	-2136	-22
Papua New Guinea	IMP	G	1006	1863	2296	2448	2566	3174	3196	3638	4826	46
Popouasie-Nouvelle-Guinée	EXP	G	926	3400	3334	3079	3707	5007	5813	6105	6029	77
kina	BAL		-79	1537	1038	631	1141	1833	2617	2467	1202	31
Philippines	IMP	G	101518	729960	894665	1139830	1290270	1273000	1636810	1780530	1919160	21412
Philippines	EXP	G	85811	450487	535054	738415	1206200	1432590	1773140	1665020	1884320	20088
pesos	BAL		-15707	-279473	-359611	-401415	-84070	159590	136330	-115510	-34840	-1323
Poland	IMP	S	165	70502	100231	138898	162458	182362	213072	206253	224816	2651
Pologne	EXP	S	169	55515	65819	84480	95015	108705	137909	148114	167338	2089
zlotys	BAL		4	-14987	-34412	-54418	-67443	-73657	-75163	-58139	-57478	-561
Portugal[2]	IMP	S	1302760	5028700	5427130	6139710	6914800	37506	41425	44054	40656	361
Portugal[2]	EXP	S	967390	3501820	3795870	4195050	4461000	23716	25241	27323	27090	271
euros	BAL		-335370	-1526880	-1631260	-1944660	-2453800	-13790	-16184	-16731	-13566	-90
Qatar	IMP	S	4147	12369	10441	12091	12407	9098	11838	13678	14749	
Qatar	EXP	S	12894	12671	13659	13801	17763	25703	...	...	...	
riyals	BAL		8748	302	3218	1710	5355	16605	...	...	...	
Réunion[15]	IMP	S	7457	13077	...	.	.	.	.			
Réunion[15]	EXP	S	868	1027	...	.	.	.	.			
francs	BAL		-6589	-12050	...	.	.	.	.			
Rwanda	IMP	G	30244	62193	78837	89694	89218	84508	82586	110488	96460	1321
Rwanda	EXP	G	13221	14731	18569	26190	18696	20388	20521	37314	26339	309
francs	BAL		-17023	-47463	-60268	-63503	-70523	-64120	-62065	-73174	-70121	-1012
Saint Kitts-Nevis[1]	IMP	S	139	359	356	353	353	365	466	450	479	
Saint-Kitts-et-Nevis[1]	EXP	S	55	51	103	120	113	120	133	142	150	
EC dollars	BAL		-84	-308	-253	-233	-240	-245	-332	-308	-330	
Saint Lucia[1]	IMP	S	338	826	846	897	905	957	959	959	834	
Sainte-Lucie[1]	EXP	S	153	335	215	165	168	150	117	120	120	
EC dollars	BAL		-185	-491	-631	-732	-737	-807	-842	-839	-714	

Special Table B

Total imports and exports by countries and areas
Imports C.I.F., exports F.O.B. and balance: million of national currency *[cont.]*

Importations et exportations totales par pays ou zone
Importations C.I.F., exportations F.O.B., et balance: en millions de monnaie nationale *[suite]*

Country or Area - Pays ou Zone	IMP EXP BAL	G/ S	1985	1995	1996	1997	1998	1999	2000	2001	2002	2003
Saint Vincent-Grenadines[1]	IMP	S	214	367	356	491	520	543	440	502	471	541
St.Vincent-Grenadines[1]	EXP	S	171	115	125	125	134	131	128	112	103	103
EC dollars	BAL		-43	-252	-231	-366	-386	-412	-312	-390	-368	-438
Samoa	IMP	S	115	235	247	247	286	347	349	453	381	407
Samoa	EXP	S	36	22	25	39	43	62	47	54	46	44
talas	BAL		-79	-213	-222	-209	-242	-285	-302	-399	-335	-363
Saudi Arabia	IMP	S	85563	105200	103900	107600	112400	104900	113240	116930	121010	137173
Arabie saoudite	EXP	S	99540	187400	227430	227440	145390	190100	290550	254900	271700	...
riyals	BAL		13977	82200	123530	119840	32990	85200	177310	137970	150690	...
Senegal[5,6]	IMP	G	370970	704900	734600	779000	858500	845300	951600	1047100	1117900	1178400
Sénégal[5,6]	EXP	G	252490	495800	505400	528000	570900	632400	654900	735300	743400	773300
CFA francs	BAL		-118480	-209100	-229200	-251000	-287600	-212900	-296700	-311800	-374500	-405100
Seychelles	IMP	G	705	1109	1882	1711	2016	2317	1950	2776	2295	2324
Seychelles	EXP	G	200	254	693	569	644	775	1108	1263	1249	1506
rupees	BAL		-505	-856	-1188	-1142	-1372	-1542	-841	-1513	-1046	-818
Sierra Leone	IMP	S	789	102488	193628	80010	148226	153856	314639	368323	554838	707909
Sierra Leone	EXP	S	649	30148	43004	15412	10482	11347	26771	57897	102010	217742
leones	BAL		-140	-72340	-150624	-64598	-137744	-142509	-287868	-310426	-452828	-490167
Singapore	IMP	G	57819	176317	185183	196606	174867	188143	232176	207694	208312	222812
Singapour	EXP	G	50179	167515	176271	185613	183763	194290	237826	218029	223901	251096
dollars	BAL		-7640	-8802	-8912	-10993	8896	6147	5650	10335	15589	28284
Slovakia	IMP	S	.	273831	350847	361833	483773	492337	619789	749775	785374	867956
Slovaquie	EXP	S	.	255096	270643	277434	377807	423648	548527	611325	652018	803037
koruny	BAL		.	-18735	-80204	-84399	-105966	-68689	-71262	-138450	-133356	-64919
Solomon Islands	IMP	S	123	526	537	683	722	474	321	...	...	...
Iles Salomon	EXP	S	104	573	577	582	569	390	...	...	...	...
dollars	BAL		-19	47	40	-101	-153	-84	...	...	...	...
South Africa[24,25]	IMP	G	25226	110826	129522	151779	161802	163092	206620	241311	307312	307611
Afrique du Sud[24,25]	EXP	G	36312	101051	126101	142937	145518	163182	208476	249348	311679	274505
rands	BAL		11086	-9775	-3421	-8842	-16284	90	1856	8037	4367	-33106
Spain[2]	IMP	S	5072998	14106700	15435700	17965900	19837900	135866	166138	171691	172789	184095
Espagne[2]	EXP	S	4099000	11339600	12931200	15266900	16290800	103343	123100	128672	130814	137815
euros	BAL		-973998	-2767100	-2504500	-2699000	-3547100	-32523	-43038	-43019	-41975	-46280
Sri Lanka	IMP	G	54049	265996	299663	344533	381943	415487	485084	532016	584491	643748
Sri Lanka	EXP	G	36207	195117	226801	274193	310398	325171	420114	430372	449850	494648
rupees	BAL		-17843	-70879	-72862	-70340	-71545	-90316	-64970	-101644	-134641	-149100
Suriname	IMP	G	...	259	201	227	221	485	685	1003	1155	1830
Suriname	EXP	G	...	211	215	226	204	399	668	878	1102	1659
dollars	BAL		...	-48	14	-1	-17	-86	-17	-125	-53	-172
Swaziland	IMP	G	.	.	.	.	5936	6526	7225	9587	10302	...
Swaziland	EXP	G	.	.	.	.	5331	5723	6281	8951	9827	...
emalangeni	BAL		.	.	.	.	-606	-803	-945	-636	-475	...
Sweden	IMP	G	244609	460500	448700	501100	545300	568100	669200	654000	647700	667400
Suède	EXP	G	260500	567700	569200	632800	675300	700800	796900	781900	789900	816300
kronor	BAL		15891	107200	120500	131700	130000	132700	127700	127900	142200	148900
Switzerland	IMP	S	74750	90775	91967	103088	106866	113416	128615	130052	123125	123778
Suisse	EXP	S	66624	92012	94174	105133	109113	114446	126549	131717	130381	130661
francs	BAL		-8126	1237	2207	2045	2247	1030	-2066	1665	7256	6883

Special Table B

Total imports and exports by countries and areas

Imports C.I.F., exports F.O.B. and balance: million of national currency *[cont.]*

Importations et exportations totales par pays ou zone

Importations C.I.F., exportations F.O.B., et balance: en millions de monnaie nationale *[suite]*

Country or Area - Pays ou Zone	IMP EXP BAL	G/ S	1985	1995	1996	1997	1998	1999	2000	2001	2002	2003
Syrian Arab Rep.	IMP	S	15570	52860	60390	45210	43720	43010	187530	220000	235720	
République arab syrienne	EXP	S	6427	40000	44890	43960	32440	38880	216190	243000	315920	
pounds	BAL		-9143	-12860	-15500	-1250	-11280	-4130	28660	23000	80200	
Thailand	IMP	S	251169	1763590	1832840	1924280	1774070	1907100	2494160	2752420	2774840	313809
Thaïlande	EXP	S	193366	1406310	1412110	1806700	2247450	2213960	2777730	2886790	2923940	333393
baht	BAL		-57803	-357280	-420730	-117580	473380	306860	283570	134370	149100	19584
Togo[5,6]	IMP	S	129406	295700	339900	376400	346700	301300	345100	378300	401200	49020
Togo[5,6]	EXP	S	85380	188400	225400	246600	247900	241000	257400	261900	295700	35700
CFA francs	BAL		-44026	-107300	-114500	-129800	-98800	-60300	-87700	-116400	-105500	-13320
Tonga	IMP	G	59	98	92	92	102	116	123	155	195	
Tonga	EXP	G	8	18	16	13	12	20	16	15	32	
pa'anga	BAL		-51	-80	-76	-79	-91	-96	-107	-141	-163	
Trinidad and Tobago	IMP	S	3739	10191	12867	18706	18887	17263	20842	22200	22762	
Trinité-et-Tobago	EXP	S	5247	14609	15014	15888	14221	17661	26924	26709	24232	
dollars	BAL		1508	4418	2148	-2818	-4666	398	6082	4509	1470	
Tunisia	IMP	G	2287	7464	7499	8794	9490	10071	11738	13697	13511	1403
Tunisie	EXP	G	1443	5173	5372	6148	6518	6967	8005	9536	9749	1034
dinars	BAL		-844	-2291	-2127	-2645	-2971	-3104	-3733	-4161	-3762	-369
Tuvalu	IMP	G	4	...	...	...	...	...	...	...	...	
Tuvalu	EXP	G	0	...	...	...	...	...	...	...	...	
Aust. dollars	BAL		-4	...	...	...	...	...	...	...	...	
Uganda	IMP	G	2003	1024320	1247380	1425900	1753330	1955850	2486270	2798210	1998150	245663
Ouganda	EXP	G	3000	446086	613598	594804	624509	748862	759273	802296	795511	110240
shillings	BAL		997	-578234	-633782	-831096	-1128821	-1206988	-1726997	-1995914	-1202639	-135423
United Kingdom	IMP	G	85027	168055	184113	187135	189532	196504	221027	222944	223433	23286
Royaume-Uni	EXP	G	78392	153353	167764	171594	164066	165738	186171	185673	184160	18617
pounds	BAL		-6635	-14702	-16349	-15541	-25466	-30766	-34856	-37271	-39273	-4669
United Rep. of Tanzania	IMP	G	14959	968910	804949	818703	967080	1161840	1219380	1502640	1630390	150441
Rép.-Unie de Tanzanie	EXP	G	4265	390378	455519	459549	391805	412204	531058	681186	847200	68118
shillings	BAL		-10694	-578532	-349430	-359154	-575275	-749636	-688322	-821454	-783190	-82322
United States[26]	IMP	G	352463	770852	822025	899019	944353	1059440	1259300	1179180	1202430	130541
Etats-Unis[26]	EXP	G	218815	584743	625073	688696	682138	702098	781125	730803	693860	72380
dollars	BAL		-133648	-186109	-196952	-210323	-262215	-357342	-478175	-448377	-508570	-58160
Vanuatu	IMP	G	7378	10659	10888	10888	11257	12337	11936	14800	12350	1270
Vanuatu	EXP	G	3252	3173	3368	4087	4323	3327	3214	2267	2126	259
vatu	BAL		-4126	-7486	-7520	-6801	-6934	-9010	-8722	-12533	-10224	-1010
Venezuela	IMP	G	61757	2202000	4179920	7145460	8603970	8380530	10997300	13221100	...	
Venezuela	EXP	G	94034	3332640	9803060	10295500	9393450	12751400	21602200	17568900	32525700	
bolivares	BAL		32277	1130640	5623140	3150040	789480	4370870	10604900	4347800	...	
Yemen[14]	IMP	S	.	64591	191862	260331	294510	312749	375783	389638	...	
Yémen[14]	EXP	S	.	79434	251830	323716	203480	380010	659609	542359	...	
rials	BAL		.	14843	59968	63385	-91030	67261	283826	152721	...	
Zambia	IMP	S	2133	604791	1004290	1077020	...	...	...	...	...	
Zambie	EXP	S	1508	898643	1252670	1203020	...	...	...	...	...	
kwacha	BAL		-625	293852	248380	126000	...	...	...	...	...	
Zimbabwe	IMP	G	1447	23048	28095	...	...	...	...	...	...	
Zimbabwe	EXP	G	1796	18359	24209	...	...	...	...	...	...	
dollars	BAL		349	-4689	-3886	...	...	...	...	...	...	

Special Table B
Total imports and exports by countries or areas
Imports C.I.F., exports F.O.B. and balance: millions of national currency *[cont.]*
Importations et exportations totales par pays ou zone
Importations C.I.F., exportations F.O.B., et balance: en millions de monnaie nationale *[suite]*

General note: System: G=General trade; S=Special trade.

This table contains totals of imports and exports of countries or areas which report data in national currency. Countries that are not included in this table may report their trade in US dollars and are shown in Table A. Export and import values are as compiled by the International Monetary Fund (IMF) except for Brunei Darussalam, Cayman Is., Cook Is, Cuba, Faeroe Is., French Guiana, French Polynesia, Greenland, Guadeloupe, Iraq, Kiribati, Martinique, Montserrat, Netherland Antilles, New Caledonia, Réunion, Russian Federation (beginning 1994), St. Kitts-Nevis, St. Pierre Miquelon, Turkmenistan, Uzbekistan, and Yugoslavia.

Note générale: Système: Le commerce de G=General; Le commerce de S=Special.

Cette table contient des totaux d'd'importations et d'd'exportations les pays ou les secteurs qui rapportent des données dans la monnaie nationale.Les pays qui ne sont pas inclus dans cette table peuvent rapporter leurs échanges des dollars d'USA et sont montrés dans le Tableau A. Export et les valeurs d'importation sont comme compilé par le Fonds monétaire international (FMI) excepté Brunei Darussalam, Iles Caïmanes, Iles Cook, le Cuba, Iles Féroé, la Guyane Française, la Polynésie Française, le Groenland, la Guadeloupe, l'Irak, le Kiribati, la Martinique, le Montserrat, Netherland Antilles, le Nouvelle Calédonie, le Réunion, la Fédération Russe (commençant 1994), St. Kitts-Nevis, St. Pierre Miquelon, Turkmenistan, Uzbekistan, et Yougoslavie.

1   East Caribbean dollar.
2   Prior to January 1999, trade data are reported as follows: Austria in schillings, Belguim in francs, Finland in markkaa, France in francs, Germany in deutsche marks, Ireland in pounds, Italy in lire, Luxembourg in francs, Netherlands in guilders, Portugal in escudos, and Spain in pesetas.
3   Beginning 1990, trade statistics exclude certain oil and chemical products.
4   Economic Union of Belgium and Luxembourg. Intertrade between the two countries is excluded. Beginning January 1997, data refer to Belgium only and include trade between Belgium and Luxembourg.
5   Prior to 1999, the CFA franc was pegged to the French franc at CFAF 100 per French franc and prior to 1994 CFAF 50 per French franc.. Beginning 1999, the CFAF is pegged to the euro at CFAF 655.957 per euro.
6   Comptoirs Francais du Afrique franc pegged to the euro at CFAF 655.957 per euro.
7   After July 5, 1999 lev is equal to 1,000 of pre-July 5, 1999 leva. All data are expressed in terms of the new leva.

8   Imports FOB.
9   Imports exclude petroleum imported without stated value. Exports cover domestic exports.

10   Beginning January 1994, foreign trade statistics exclude re-exports.

1   Dollar des caraïbes orientales.
2   Avant janvier 1999, des données commerciales sont rapportées comme suit: Autriche en schillings, Belgique en francs, Finlande en markkaa, France en francs, Allemagne en deutsche marks, Irlande en livres, Italie en lire, Luxembourg, en francs, Pays-Bas en florins, Portugal en escudos, et Espagne en pesetas.
3   A compter de 1990, les statistiques commerciales font exclusion de certains produits pétroliers et chimiques.
4   L'Union économique belgo-luxembourgeoise. Non compris le commerce entre ces pays. A partir de janvier 1997, les données se rapportent à Belgique seulement et recouvrent les échanges entre la Belgique et le Luxembourg
5   Avant 1999, le franc de CFA a été chevillé au franc français à CFAF 100 par franc français et avant 1994, CFAF 50 par franc français. Commençant 1999, le CFAF est chevillé à l'euro à CFAF 655,957 par euro.
6   Comptoirs Francais du Afrique franc est chevillé à l'euro à CFAF 655,957 par euro.
7   Après juillet 5, 1999 le lev est égal à 1,000 pré-Juillet de 5, 1999 leva. Toutes les données sont exprimées en termes de nouveau lev.
8   Importations FOB.
9   Non compris le petrole brute dont la valeur des importations ne sont pas stipulée. Les exportations sont les exportations d'intérieur.
10   A compter de janvier 1994, les statistiques du commerce extérieur non compris les réexportations.

Special Table B
Total imports and exports by countries or areas
Imports C.I.F., exports F.O.B. and balance: millions of national currency *[cont.]*
Importations et exportations totales par pays ou zone
Importations C.I.F., exportations F.O.B., et balance: en millions de monnaie nationale *[suite]*

11	Excluding intra-EU trade.	11	Non compris le commerce de l'intra-UE.
12	See explanatory notes pertaining to Czechoslovakia on page vi.	12	Voir les notes explicatives sur les données concernant Tchécoslovaquie à la page viii.
13	Prior to January 1991, excludes trade conducted in accordance with the supplementary protocol to the treaty on the basis of relations between the Federal Republic of Germany and the former German Democratic Republic.	13	Avant janvier 1991, non compris le commerce effectué en accord avec le protocole additionnel au traité définissant la base des relations entre la République Fédérale d'Allemagne et l'ancienne République Démocratique Allemande.
14	See explanatory notes on data pertaining to Yemen on page v.	14	Voir les notes explicatives sur les données concernant Yemen à la page vii.
15	Beginning 1997, trade data for France include the import and export values of French Guiana, Guadeloupe, Martinique, and Reunion.	15	A compter de 1997, les valeurs de commerce pour la France comprennent les valeurs des importations et des exportations de la Guyane française, la Guadeloupe, la Martinique, et la Réunion.
16	Comptoirs Francais du Pacifique franc.	16	Comptoirs Francais du Pacifique franc.
17	Prior to 1991, data refers to the Federal Republic of Germany. See explanatory notes pertaining to Germany on page v.	17	Avant 1991, les données se rapportent à la République Fédérale d'Allemagne. Voir les notes explicatives concerner l'Allemagne à la page vii.
18	Prior to 1999, the CFA franc was pegged to the French franc at CFAF 100 per French franc. Beginning 1999, the CFAF is pegged to the euro at CFAF 655.957 per euro.	18	Avant 1999, le franc de CFA a été chevillé au franc français à CFAF 100 par franc français. Commençant 1999, le CFAF est chevillé à l'euro à CFAF 655,957 par euro.
19	Prior to 1996 data exclude customs free zones, repairs on goods, and operational leasing.	19	Avant de 1996 les données excluent des zones franches, des réparations sur des marchandises, et le crédit-bail opérationnel.
20	Beginning 1989, data exclude re-exports.	20	A compter 1989, les données non compris les réexportations.
21	Prior to 1997, included under Belgium. See also footnote for Belgium.	21	Avant 1997, inclus sous la Belgique. Voir également l'apostille pour la Belgique.
22	Prior to 1986, Netherlands Antilles includes Aruba.	22	Avant 1986, Antilles néerlandaises incluent Aruba.
23	Exports include re-exports and petroleum products.	23	Exportations comprennent re-exportations et produits pétroliers.
24	Exports include gold.	24	Les exportations comprennent l'or.
25	Beginning in January 1998, foreign trade data refer to South Africa only, excluding intra-trade of the Southern African Common Customs Area. Prior to January 1998, trade data refer to the Southern African Common Customs Area, which includes Botswana, Lesotho, Namibia, South Africa and Swaziland.	25	A compter de janvier 1998, les données sur le commerce extérieur ne se rapportent qu'à l'Afrique du Sud. et ne tiennent pas compte des échanges commerciaux entre les pays de l'Union douanière de l'Afrique du Sud. qui incluait l'Afrique du Sud, Botswana, Lesotho, Namibie, et Swaziland.
26	Including the trade of the U.S. Virgin Islands and Puerto Rico but excluding shipments of merchandise between the United States and its other possessions (Guam and American Samoa). Data include imports and exports of non-monetary gold.	26	Y compris le commerce des Iles Vierges américaines et de Porto Rico mais non compris les échanges de marchandise, entre les Etats-Unis et leurs autres possessions (Guam et Samoa americaines). Les données comprennent les importations et exportations d'or non-monétaire.

Special Table C
External trade conversion factors
Imports, exports: US dollars per national currency
Facteurs de conversion pour le commerce extérieur
Importations, exportations: monnaie nationale en dollars É.-U.

Country or Area	Unit	1985	1995	1996	1997	1998	1999	2000	2001	2002	2003
							Imports - Importations				
Albania	lek	...	0.01755	0.00956	0.00683	0.00666	0.00724	0.00694	0.00698	0.00715	0.00825
Algeria	dinar	0.19885	0.02102	0.01828	0.01733	0.01702	0.01505	...	...		...
Anguilla	EC dollar	...	0.37037	0.37037	0.37037	0.37037	0.37037	0.37037	0.37037	0.37037	
Australia	dollar	0.69898	0.74127	0.78317	0.74133	0.62806	0.64541	0.57943	0.51716	0.54483	0.65231
Austria	euro[1,2]	0.04872	0.09940	0.09447	0.08198	0.08097	1.06493	0.92061	0.89580	0.94413	1.13011
Bahamas	dollar	1.00000	1.00000	1.00000	1.00000	1.00000	1.00000	1.00000	1.00000	1.00000	1.00000
Bahrain	dinar	2.65960	2.65958	2.65958	2.65958	2.65958	2.65957	2.65957	2.65957	2.65957	2.65957
Bangladesh	taka	0.03535	0.02483	0.02392	0.02276	0.02130	0.02036	0.01915	0.01793	0.01727	0.01720
Barbados	dollar	0.50000	0.50000	0.50000	0.50000	0.50000	0.50000	0.50000	0.50000	0.50000	0.50000
Belgium	euro[1,2]	0.01694	0.03397	0.03230	0.02799	0.02759	1.06461	0.92097	0.89586	0.94467	1.13114
Belize	dollar	0.50000	0.50000	0.50000	0.50000	0.50000	0.50000	0.50000	0.50000	0.50000	0.50000
Benin	CFA franc[3,4,5]	0.00223	0.00200	0.00195	0.00171	0.00169	0.00161	0.00142	0.00137	0.00144	0.00172
Bhutan	ngultrum	0.08087	0.03097	0.02826	0.02759	0.02439	0.02327	0.02237	0.02124	0.02055	
Bosnia Herzegovina	marka	.	...	...	...	0.57051	0.54173	0.46864	0.45585	0.48591	0.58083
Botswana	pula	0.52895	0.36025	0.30005	0.27378	0.23666	0.21618	0.19521	0.17200	...	...
Brunei Darussalam	dollar	0.45573	0.70215	0.70892	0.59400	0.59898	0.59630	0.57571	0.53792	...	...
Bulgaria	lev[6]	0.97083	14.87123	7.69061	0.63173	0.56882	0.54251	0.46942	0.45689	0.48551	0.57997
Burkina Faso	CFA franc[3,5]	0.00228	0.00201	0.00195	0.00172	0.00170	0.00162	0.00140	0.00136	0.00145	
Burundi	franc	0.00829	0.00403	0.00341	0.00281	0.00225	0.00178	0.00139	0.00121	0.00107	0.00092
Cameroon	CFA franc[3,5]	0.00226	0.00201	0.00195	0.00171	0.00170	0.00162	0.00140	0.00136	0.00144	...
Canada	dollar	0.73224	0.72876	0.73362	0.72205	0.67453	0.67331	0.67323	0.64594	0.63746	0.71511
Cape Verde	escudo	0.01093	0.01302	0.01211	0.01080	0.01021	0.00974	0.00863	0.00812	...	...
Cayman Islands	dollar	1.20000	...	...	...	...	...	...	...	...	...
Cent. Afr. Rep.	CFA franc[3,4,5]	0.00224	0.00200	0.00196	0.00172	0.00170	0.00163	0.00141	0.00137	0.00143	...
Chad	CFA franc[3,4,5]	0.00224	0.00200	0.00196	0.00172	0.00169	0.00163	0.00141	0.00137	0.00143	...
Comoros	franc	0.00221	0.00267	...	...	...	...	...	...	...	...
Congo	franc[4]	0.00222	0.00201	0.00195	0.00171	0.00170	0.00162	0.00140	...	...	...
Cook Islands	NZ dollar	0.49767	0.65694	0.68915	0.65814	0.53433	0.52726	0.44835	0.42000	0.46629	...
Cote d'Ivoire	CFA franc[3,5]	0.00226	0.00200	0.00195	0.00171	0.00170	0.00162	0.00140	0.00137	0.00144	0.00173
Cuba	peso	1.08888	...	1.00000	...	...	...	...	...	...	...
Cyprus	pound	1.63606	2.21154	2.14405	1.94705	1.93563	1.83571	1.60134	1.55231	1.64330	1.93847
Czech Rep	koruna	.	0.03775	0.03685	0.03155	0.03110	0.02886	0.02591	0.02631	0.03073	0.03557
Denmark	krone	0.09528	0.17865	0.17245	0.15154	0.14957	0.14334	0.12362	0.12024	0.12709	0.15210
Djibouti	franc	0.00563	0.00563	0.00563	0.00563	0.00563	0.00563	...	...	...	...
Dominica	EC dollar[7]	0.37037	0.37037	0.37037	0.37037	0.37037	0.37037	0.37037	0.37037	0.37037	0.37037
Egypt	pound	1.42857	0.29479	0.29486	0.29509	0.29516	0.29453	0.28800	0.25179	0.22224	0.17162
Equatorial Guinea	CFA franc[3,5]	0.00220	0.00201	0.00195	0.00171	0.00169	0.00162	0.00140	...	...	...
Eritrea	nakfa		...	...	...		0.12202	...	...	...	...
Estonia	kroon	.	0.08745	0.08344	0.07189	0.07106	0.06795	0.05866	0.05701	0.06053	0.07245
Ethiopia	birr	0.48309	0.16183	0.15747	...	0.14008	0.12528	0.12160	0.11811	0.11671	
EU-25	euro	.					1.06397	0.92006	0.89550	0.94411	1.13084
Faeroe Islands	D krone	0.09731	0.17871	0.17243	0.15140	0.14934	0.14325	0.12365	0.12018	...	...
Fiji	dollar	0.86917	0.71109	0.71312	0.69316	0.50302	0.50748	0.47029	0.43909	0.45965	0.52849
Finland	euro[1,2]	0.16268	0.22964	0.21771	0.19256	0.18745	1.06487	0.92026	0.89591	0.94471	1.13123
Fm Czechoslovakia	koruna	0.14650	.								
Fm German D.R.	GDR mark	0.27027									
Fm Yemen A.R.	rial[8]	0.13690									
Fm Yemen Dm	dinar[8]	2.89520									
France	euro[1,2]	0.11197	0.20053	0.19546	0.17155	0.16986	1.06460	0.92110	0.89565	0.94370	1.13085
French Guiana	franc	0.11253	0.20065	...							

1985	1995	1996	1997	1998	1999	2000	2001	2002	2003	Unité	Pays ou Zone
				Exports - Exportations							
...	0.01962	0.00961	0.00660	0.00668	0.00725	0.00696	0.00697	0.00715	0.00822	lek	Albanie
0.19889	0.02096	0.01825	0.01734	0.01703	0.01501	...	...	...	...	dinar	Algérie
...	0.37037	0.37037	0.37037	0.37037	0.37037	0.37037	0.37037	0.37037	...	dollar C.O.	Anguilla
0.69776	0.74124	0.78334	0.74199	0.62818	0.64538	0.57827	0.51677	0.54431	0.65156	dollar	Australie
0.04873	0.09940	0.09445	0.08195	0.08099	1.06405	0.92072	0.89550	0.94460	1.13082	euro[1,2]	Autriche
1.00000	1.00000	1.00000	1.00000	1.00000	1.00000	1.00000	1.00000	1.00000	1.00000	dollar	Bahamas
2.65960	2.65958	2.65958	2.65958	2.65958	2.65957	2.65957	2.65957	2.65957	2.65957	dinar	Bahreïn
0.03522	0.02483	0.02390	0.02275	0.02133	0.02035	0.01916	0.01793	0.01727	0.01719	taka	Bangladesh
0.50000	0.50000	0.50000	0.50000	0.50000	0.50000	0.50000	0.50000	0.50000	0.50000	dollar	Barbade
0.01697	0.03397	0.03229	0.02798	0.02758	1.06470	0.92123	0.89560	0.94443	1.13103	euro[1,2]	Belgique
0.50000	0.50000	0.50000	0.50000	0.50000	0.50000	0.50000	0.50000	0.50000	0.50000	dollar	Belize
0.00224	0.00199	0.00195	0.00171	0.00169	0.00163	0.00140	0.00136	0.00144	0.00172	franc CFA[3,4,5]	Bénin
0.08088	0.03088	0.02826	0.02759	0.02434	0.02325	0.02231	0.02122	0.02057	...	ngultrum	Bhoutan
	...	...	...	0.56912	0.54405	0.47127	0.45686	0.48569	0.58001	marka	Bosnie-Herzégovine
0.51964	0.36056	0.30092	0.27354	0.23858	0.21627	0.19381	0.17336	...	...	pula	Botswana
0.45489	0.70215	0.70892	0.59400	0.59898	0.59630	0.57571	0.53792	...	...	dollar	Brunéi Darussalam
0.97155	14.88441	7.67844	0.64267	0.56786	0.54276	0.46931	0.45769	0.48481	0.57815	lev[6]	Bulgarie
0.00226	0.00200	0.00197	0.00174	0.00168	0.00163	0.00143	0.00138	0.00144	...	franc CFA[3,5]	Burkina Faso
0.00830	0.00407	0.00351	0.00281	0.00225	0.00175	0.00142	0.00120	0.00105	0.00093	franc	Burundi
0.00224	0.00201	0.00195	0.00172	0.00170	0.00162	0.00140	0.00136	0.00144	...	franc CFA[3,5]	Cameroun
0.73202	0.72888	0.73353	0.72215	0.67421	0.67330	0.67311	0.64613	0.63736	0.71451	dollar	Canada
0.01096	0.01302	0.01209	0.01080	0.01024	0.00973	0.00859	0.00813	...	...	escudo	Cap-Vert
1.20000	...	...	...	...	...	...	...	...	...	dollar	Iles Caïmanes
0.00224	0.00200	0.00196	0.00172	0.00170	0.00163	0.00141	0.00137	0.00143	...	franc CFA[3,4,5]	Rép. centrafricalne
0.00224	0.00200	0.00196	0.00172	0.00169	0.00163	0.00141	0.00137	0.00143	...	franc CFA[3,4,5]	Tchad
0.00232	0.00267	...	...	...	...	...	...	...	...	franc	Comores
0.00223	0.00201	0.00195	0.00171	0.00170	0.00162	0.00140	...	...	...	franc[4]	Congo
0.50826	0.65536	0.68639	0.66078	0.53695	0.52820	0.44574	0.42299	0.46671	...	dollar NZ	Iles Cook
0.00223	0.00201	0.00195	0.00172	0.00170	0.00163	0.00141	0.00137	0.00143	0.00172	franc CFA[3,5]	Côte d'Ivoire
1.08504	...	1.00000	...	...	...	...	...	...	...	peso	Cuba
1.63953	2.21501	2.14349	1.95330	1.92718	1.83669	1.61099	1.55173	1.63844	1.93576	livre	Chypre
	0.03773	0.03686	0.03149	0.03107	0.02888	0.02592	0.02631	0.03068	0.03553	couronne	République. tchèque
0.09520	0.17869	0.17244	0.15149	0.14959	0.14321	0.12343	0.12028	0.12717	0.15207	couronne	Danemark
0.00563	0.00563	0.00563	0.00563	0.00563	0.00563	...	...	...	...	franc	Djibouti
0.37037	0.37037	0.37037	0.37037	0.37037	0.37037	0.37037	0.37037	0.37037	0.37037	dollar C.O.[7]	Dominique
1.42857	0.29476	0.29486	0.29509	0.29516	0.29450	0.28824	0.25257	0.22223	0.17183	livre	Egypte
0.00223	0.00201	0.00195	0.00171	0.00169	0.00162	0.00140	...	...	...	franc CFA[3,5]	Guinée équatoriale
					0.12202	...	...	...	...	nakfa	Erythrée
	0.08734	0.08341	0.07190	0.07120	0.06803	0.05874	0.05700	0.06050	0.07247	kroon	Estonie
0.48309	0.16214	0.15745	0.14895	0.14127	0.12639	0.12182	0.11841	0.11672	...	birr	Ethiopie
					1.06291	0.91940	0.89494	0.94529	1.13219	euro	UE-25
0.09711	0.17871	0.17252	0.15140	0.14948	0.14326	0.12359	0.12022	...	...	couronne d	Iles Féroé
0.87058	0.71110	0.71333	0.68992	0.50171	0.50738	0.46700	0.43845	0.46028	0.53378	dollar	Fidji
0.16219	0.22957	0.21765	0.19255	0.18742	1.06451	0.91911	0.89603	0.94552	1.13229	euro[1,2]	Finlande
0.14640	.	.	.	.	.	.	.	.	.	koruna	L'ex-Tchécoslovaquie
0.27027	.	.	.	.	.	.	.	.	.	RDA mark	L'ex-Allemagne rép. dem. du
0.13690	.	.	.	.	.	.	.	.	.	rial[8]	Fmr Yémen A.R.
2.89520	.	.	.	.	.	.	.	.	.	dinar[8]	FMR Yémen Dm
0.11215	0.20061	0.19546	0.17145	0.16981	1.06459	0.92132	0.89542	0.94428	1.13173	euro[1,2]	France
0.11144	0.19982	...	.	.	.	.	.	.	.	franc	Guyane française

Special Table C
External trade conversion factors
Imports, exports: US dollars per national currency *[cont.]*
Facteurs de conversion pour le commerce extérieur
Importations, exportations: monnaie nationale en dollars É,-U. *[suite]*

Country or Area	Unit	1985	1995	1996	1997	1998	1999	2000	2001	2002	2003
								Imports - Importations *[cont.]*			
French Polynesia	CFP franc[9]	0.00617	0.01115	0.01075	0.00942	0.00942	0.00892	0.00772	0.00750	...	...
Gabon	CFA franc[3,4,5]	0.00225	0.00201	0.00195	0.00171	0.00170	0.00163	0.00141	0.00136	...	...
Gambia	dalasi	0.25764	0.10470	0.10217	0.09821	0.09401	0.08775	0.07831	0.06379	0.04967	...
Georgia	lari	.	...	0.79175	0.77040	0.71423	0.49441	0.50600	0.48167	0.45583	...
Germany	euro[1,2]	0.34184	0.69910	0.66456	0.57707	0.56919	1.06464	0.92038	0.89550	0.94528	1.13132
Ghana	cedi	0.01836	0.00083	0.00061	0.00048	0.00043	0.00037	0.00018	...	...	...
Gibraltar	pound	1.27669	1.57850	1.55997	1.63746	1.65622	1.61801	1.51413	1.43977	1.49845	1.63295
Greenland	D krone	0.09623	0.17908	0.17240	0.15132	0.14925	0.14280	0.12311	...	...	...
Grenada	EC dollar[7]	0.37037	0.37037	0.37037	0.37037	0.37037	...	...	...	...	...
Guadeloupe	franc	0.10800	0.20103	...	.	.	.	.	.	.	.
Guinea-Bissau	CFA franc[5,10]	...	0.00362	0.00242	0.00171	0.00170	0.00162	0.00140	0.00136	0.00144	0.00173
Guyana	dollar	0.23526	0.00705	0.00712	0.00701	...	...	...	0.00534	0.00525	0.00514
Haiti	gourde	0.20000	0.06625	0.06374	0.06000	0.05988	0.05960	0.04745	0.04108	0.03392	0.02360
Hungary	forint	0.02005	0.00794	0.00653	0.00533	0.00466	0.00420	0.00353	0.00349	0.00389	0.00446
Iceland	krona	0.02408	0.01548	0.01503	0.01409	0.01410	0.01380	0.01271	0.01032	0.01095	0.01305
India	rupee	0.08098	0.03079	0.02823	0.02752	0.02426	0.02321	0.02226	0.02119	0.02057	0.02150
Ireland	euro[1,2]	1.06264	1.60373	1.60038	1.51586	1.42704	1.06471	0.92013	0.89646	0.93985	1.13178
Italy	euro[1,2]	0.00052	0.00061	0.00065	0.00059	0.00058	1.06430	0.92095	0.89525	0.94406	1.13108
Jamaica	dollar	0.18078	0.02825	0.02703	0.02820	0.02734	0.02555	0.02343	0.02175	0.02064	0.01733
Japan	yen	0.00420	0.01065	0.00919	0.00827	0.00766	0.00879	0.00928	0.00824	0.00800	0.00864
Jordan	dinar	2.54392	1.42704	1.41044	1.41044	1.41044	1.41044	1.41044	1.41046	1.41044	1.41044
Kenya	shilling	0.06088	0.01937	0.01750	0.01729	0.01655	0.01429	0.01312	0.01272	0.01270	0.01318
Kiribati	Aust. dollar	0.69945	0.74140	0.78263	0.74252	0.62851	0.64524	0.58016	...	...	...
Kuwait	dinar	3.32611	3.35435	3.33975	3.29639	3.28130	3.28546	3.25993	3.26075	3.29253	3.35748
Latvia	lat	.	1.89459	1.81473	1.71957	1.69639	1.70848	1.64778	1.59180	1.62275	1.75376
Lesotho	loti	0.45194	0.27549	0.23221	0.21699	0.18372	0.16368	0.14414	0.11686	0.09671	0.13274
Liberia	dollar	1.00037	...	...	...	...	...	...	...	...	...
Libyan Arab Jamah.	dinar	3.37780	2.91185	2.28908	2.16947	2.13641	2.15599	1.95199	1.65046	0.78774	...
Lithuania	lita	.	0.25000	0.25000	0.25000	0.25000	0.25000	0.25000	0.25000	0.27382	0.32843
Luxembourg	euro[1,2]	.	.	0.03231	0.02794	0.02762	1.06415	0.92029	0.89442	0.94504	1.13028
Madagascar	franc	0.00151	0.00023	0.00025	0.00020	0.00018	0.00016	0.00015	0.00015	0.00015	...
Malawi	kwacha	0.58313	0.06544	0.06532	0.06159	0.03135	0.02267	0.01650	0.01425	0.01296	...
Malaysia	ringgit	0.40256	0.39901	0.39745	0.35771	0.25546	0.26314	0.26316	0.26316	0.26315	0.26316
Mali	CFA franc[3,4,5]	0.00225	0.00201	0.00195	0.00171	0.00169	0.00162	0.00141	0.00136	0.00143	0.00172
Malta	lira	2.14266	2.83531	2.77390	2.59318	2.57647	2.50053	2.27790	2.22245	2.31322	...
Martinique	franc	0.11282	0.20089	...	.	.	.	.	.	.	.
Mauritania	ouguiya	0.01310	...	...	...	...	...	...	...	...	...
Mauritius	rupee	0.06511	0.05752	0.05572	0.04731	0.04161	0.03969	0.03807	0.03429	0.03342	0.03585
Montserrat	EC dollar[7]	0.37040	...	...	...	...	...	...	...	...	...
Morocco	dirham	0.09955	0.11725	0.11469	0.10501	0.10428	0.10185	0.09413	0.08850	0.09100	...
Myanmar	kyat	0.11889	0.17820	0.17073	0.16146	0.15925	0.16062	0.15567	0.14948	0.15276	0.16437
Namibia	dollar	.	.	0.23278	0.21593	0.17952	0.16363	0.14310	0.11605	...	...
Nepal	rupee	0.05509	0.01932	0.01765	0.01728	0.01521	0.01465	0.01407	0.01336	0.01283	0.01314
Neth. Antilles	NA guilder	0.55550	0.55870	0.55870	0.55870	...	...	...	...	...	...
Netherlands	euro[1,2]	0.30279	0.62381	0.59313	0.51293	0.50504	1.06481	0.92050	0.89567	0.94458	1.13125
New Caledonia	CFP franc[9]	0.00623	0.01113	0.01075	0.00941	0.00942	0.00891	0.00770	0.00750	...	...
New Zealand	dollar	0.49632	0.65680	0.68809	0.66102	0.53519	0.52736	0.45242	0.42006	0.46530	0.58370
Niger	CFA franc[3,5]	0.00224	0.00200	0.00196	0.00171	0.00169	0.00163	0.00141	0.00137	0.00144	0.00172
Niue	NZ dollar	0.49840	...	...	...	...	...	...	...	...	...
Norway	krone	0.11738	0.15805	0.15504	0.14159	0.13260	0.12814	0.11343	0.11128	0.12615	0.14068

1985	1995	1996	1997	1998	1999	2000	2001	2002	2003	Unité	Pays ou Zone
				Exports - Exportations *[suite]*							
0.00619	0.01119	0.01072	0.00931	0.00939	0.00886	0.00762	0.00749	...	...	franc CFP[9]	Polynésie française
0.00226	0.00201	0.00195	0.00171	0.00170	0.00163	0.00141	0.00136	...	...	franc CFA[3,4,5]	Gabon
0.24994	0.10520	0.10254	0.09902	0.09448	0.08773	0.07833	0.06350	0.05145	...	dalasi	Gambie
.	...	0.79175	0.76984	0.71504	0.49336	0.50613	0.48173	0.45570	...	lari	Géorgie
0.34254	0.69898	0.66447	0.57673	0.56924	1.06446	0.92097	0.89533	0.94532	1.13149	euro[1,2]	Allemagne
0.01859	0.00085	0.00061	0.00049	0.00043	...	...	...	...	...	cedi	Ghana
1.27669	1.57842	1.56054	1.63773	1.65640	1.61825	1.51397	1.43981	1.49849	1.63365	livre	Gibraltar
0.09618	0.17908	0.17242	0.15132	0.14925	0.14267	0.12317	...	...	...	couronne d	Groenland
0.37037	0.37037	0.37037	0.37037	0.37037	...	...	...	...	...	dollar C.O.[7]	Grenade
0.10763	0.20144	...	.	.	.	.	.	.		franc	Guadeloupe
...	0.00364	0.00255	0.00172	0.00169	0.00162	0.00140	0.00136	0.00143	0.00173	franc CFA[5,10]	Guinée-Bissau
0.23595	0.00705	0.00712	0.00701	0.00661	0.00562	0.00548	0.00533	0.00524	0.00514	dollar	Guyana
0.20000	0.06698	0.06386	0.05980	0.05973	0.05972	0.04649	0.04101	0.03406	0.02357	gourde	Haïti
0.02011	0.00789	0.00653	0.00532	0.00466	0.00420	0.00353	0.00349	0.00389	0.00446	forint	Hongrie
0.02410	0.01547	0.01503	0.01411	0.01414	0.01381	0.01273	0.01027	0.01091	0.01304	couronne	Islande
0.08078	0.03080	0.02825	0.02755	0.02426	0.02322	0.02223	0.02120	0.02057	0.02149	roupie	Inde
1.06349	1.60421	1.60062	1.51447	1.42826	1.06370	0.91904	0.89528	0.94192	1.13218	euro[1,2]	Irlande
0.00053	0.00061	0.00065	0.00059	0.00058	1.06397	0.92136	0.89473	0.94483	1.13231	euro[1,2]	Italie
0.18092	0.02845	0.02683	0.02822	0.02736	0.02562	0.02344	0.02177	0.02066	0.01730	dollar	Jamaïque
0.00422	0.01067	0.00919	0.00827	0.00766	0.00878	0.00928	0.00824	0.00800	0.00865	yen	Japon
2.54458	1.42519	1.41044	1.41044	1.41044	1.41044	1.41044	1.41046	1.41044	1.41044	dinar	Jordanie
0.06089	0.01942	0.01749	0.01712	0.01655	0.01431	0.01312	0.01272	0.01270	0.01317	shilling	Kenya
0.69945	0.74140	0.78263	0.74252	0.62851	0.64524	0.58016	...	...	...	dollar aust.	Kiribati
3.32810	3.35157	3.33979	3.29724	3.28116	3.28505	3.25965	3.26038	3.29362	3.35570	dinar	Koweït
.	1.89569	1.81508	1.72020	1.69447	1.70884	1.65011	1.59240	1.62104	1.75252	lat	Lettonie
0.44716	0.27564	0.23019	0.21691	0.18071	0.16367	0.14443	0.11525	0.09687	0.13326	loti	Lesotho
1.00037	...	...	...	...	...	...	...	...	...	dollar	Libéria
3.37780	2.90622	2.28855	2.16947	2.13641	2.15438	1.99459	1.65045	0.78774	...	dinar	Jamahiriya arabe libyenne
	0.25000	0.25000	0.25000	0.25000	0.25000	0.25000	0.25000	0.27361	0.32782	lita	Lituanie
.	.	0.03231	0.02799	0.02758	1.06469	0.92240	0.89494	0.94372	1.12967	euro[1,2]	Luxembourg
0.00151	0.00024	0.00025	0.00020	0.00019	0.00016	0.00015	0.00015	0.00015	...	franc	Madagascar
0.58828	0.06545	0.06532	0.06079	0.03102	0.02273	0.01605	0.01413	0.01296	...	kwacha	Malawi
0.40287	0.39883	0.39750	0.35648	0.25563	0.26314	0.26316	0.26316	0.26315	0.26316	ringgit	Malaisie
0.00225	0.00201	0.00195	0.00171	0.00169	0.00162	0.00141	0.00136	0.00143	0.00172	franc CFA[3,4,5]	Mali
2.13564	2.83462	2.77393	2.59200	2.57414	2.50307	2.27740	2.22302	2.31298	...	lire	Malte
0.11151	0.20127	...	.	.	.	.	.	.	.	franc	Martinique
0.01294	...	...	...	...	...	...	...	...	...	ouguiya	Mauritanie
0.06542	0.05749	0.05577	0.04726	0.04151	0.03968	0.03794	0.03426	0.03343	0.03581	rupee	Maurice
0.37040	...	...	...	...	...	...	...	...	...	dollar C.O.[7]	Montserrat
0.09960	0.11729	0.11466	0.10488	0.10426	0.10192	0.09417	0.08856	0.09084	...	dirham	Maroc
0.11878	0.17816	0.17051	0.16146	0.15991	0.16058	0.15536	0.14951	0.15247	0.16423	kyat	Myanmar
.	.	0.23278	0.21593	0.17969	0.16358	0.14372	0.11648	...	...	dollar	Namibie
0.05512	0.01931	0.01764	0.01723	0.01514	0.01465	0.01405	0.01336	0.01284	0.01313	rupee	Népal
0.55550	0.55870	0.55870	0.55870	...	...	...	...	...	...	guilder NA	Antilles néer.
0.30277	0.62371	0.59300	0.51289	0.50511	1.06511	0.92061	0.89564	0.94487	1.13190	euro[1,2]	Pays-Bas
0.00617	0.01114	0.01076	0.00940	0.00941	0.00891	0.00771	0.00750	...	...	CFP franc[9]	Nouvelle-Calédonie
0.49315	0.65643	0.68798	0.66282	0.53656	0.52908	0.45450	0.42026	0.46345	0.58175	dollar	Nouvelle-Zélande
0.00225	0.00201	0.00196	0.00171	0.00170	0.00163	0.00141	0.00136	0.00145	0.00172	franc CFA[3,5]	Niger
0.48836	...	...	...	...	...	...	...	...	...	dollar NZ	Nuie
0.11708	0.15795	0.15508	0.14178	0.13263	0.12803	0.11337	0.11126	0.12588	0.14068	couronne	Norvège

Special Table C
External trade conversion factors
Imports, exports: US dollars per national currency [cont.]
Facteurs de conversion pour le commerce extérieur
Importations, exportations: monnaie nationale en dollars É.-U. [suite]

Country or Area	Unit	1985	1995	1996	1997	1998	1999	2000	2001	2002	2003
						Imports - Importations [cont.]					
Oman	rial Omani	2.89519	2.60078	2.60078	2.60078	2.60078	2.60078	2.60078	2.60078	2.60077	2.6007
Pakistan	rupee	0.06311	0.03176	0.02785	0.02446	0.02225	0.02021	0.01865	0.01615	0.01674	0.0173
Panama	balboa	1.00000	1.00000	1.00000	1.00000	1.00000	1.00000	1.00000	1.00000	1.00000	1.0000
Papua New Guinea	kina	1.00185	0.77924	0.75844	0.69814	0.48325	0.38939	0.36017	0.29491	0.25643	0.2809
Philippines	peso	0.05374	0.03881	0.03814	0.03387	0.02445	0.02558	0.02254	0.01963	0.01938	0.0184
Poland	zloty	67.65233	0.41224	0.36960	0.30409	0.28809	0.25103	0.22983	0.24425	0.24527	0.2570
Portugal	euro[1,2]	0.00588	0.00662	0.00648	0.00571	0.00557	1.06188	0.92195	0.89485	0.94270	1.1299
Qatar	riyal	0.27473	0.27473	0.27473	0.27473	0.27473	0.27465	0.27473	0.27473	0.27473	
Réunion	franc	0.11276	0.20073	...	.	.					
Rwanda	franc	0.00987	0.00388	0.00327	0.00332	0.00318	0.00295	0.00255	0.00226	0.00211	0.0018
Saint Kitts-Nevis	EC dollar[7]	0.37037	0.37037	0.37037	0.37037	0.37037	0.37037	0.37037	0.37037	0.37037	
Saint Lucia	EC dollar[7]	0.37037	0.37037	0.37037	0.37037	0.37037	0.37037	0.37037	0.37037	0.37037	
Saint Vincent-Grenadines	EC dollar[7]	0.37037	0.37037	0.37037	0.37037	0.37037	0.37037	0.37037	0.37037	0.37037	0.3703
Samoa	tala	0.44611	0.40353	0.40610	0.39104	0.33837	0.33276	0.30374	0.28768	0.29629	0.3342
Saudi Arabia	riyal	0.27582	0.26702	0.26702	0.26702	0.26702	0.26702	0.26702	0.26702	0.26702	0.2670
Senegal	CFA franc[3,5]	0.00219	0.00200	0.00195	0.00171	0.00169	0.00163	0.00141	0.00137	0.00143	0.0017
Seychelles	rupee	0.14094	0.20989	0.20120	0.19889	0.19038	0.18728	0.17549	0.17157	0.18286	0.1848
Sierra Leone	leone	0.19646	0.00130	0.00109	0.00115	0.00064	0.00052	0.00047	0.00049	0.00048	0.0004
Singapore	dollar	0.45467	0.70613	0.70924	0.67364	0.59890	0.59031	0.57950	0.55853	0.55897	0.5741
Slovakia	koruna	.	0.03369	0.03258	0.02977	0.02837	0.02374	0.02164	0.02067	0.02223	0.0273
Solomon Islands	dollar	0.67254	0.29345	0.28057	0.26742	0.20770	0.20313	0.19649	...	...	
South Africa	rand	0.45380	0.27562	0.23307	0.21744	0.18079	0.16369	0.14374	0.11713	0.09528	0.1336
Spain	euro[1,2]	0.00591	0.00803	0.00789	0.00683	0.00671	1.06309	0.92032	0.89483	0.94667	1.1328
Sri Lanka	rupee	0.03676	0.01949	0.01807	0.01695	0.01546	0.01413	0.01295	0.01121	0.01044	0.0103
Suriname	dollar	...	2.25019	2.49342	2.49022	2.49000	1.26904	0.83788	0.45908	0.43295	0.3847
Swaziland	lilangeni	0.44749	0.27545	0.23300	0.21751	0.18046	0.16366	0.14268	0.11774	0.09539	
Sweden	krona	0.11673	0.14061	0.14917	0.13111	0.12586	0.12097	0.10906	0.09707	0.10301	0.1239
Switzerland	franc	0.41085	0.84832	0.80975	0.68946	0.69138	0.66516	0.59172	0.59273	0.64268	0.7433
Syrian Arab Rep.	pound	0.25478	0.08909	0.08909	0.08909	0.08909	0.08909	0.02162	0.02162	0.02162	.
Thailand	baht	0.03680	0.04014	0.03947	0.03268	0.02422	0.02640	0.02483	0.02251	0.02330	0.0241
Togo	CFA franc[4,5]	0.00224	0.00201	0.00195	0.00171	0.00170	0.00161	0.00141	0.00136	0.00144	0.0017
Tonga	pa'anga	0.69881	0.78714	0.81208	0.78979	0.67195	0.62487	0.56442	0.46889	0.45605	
Trinidad and Tobago	dollar	0.41143	0.16815	0.16665	0.15984	0.15876	0.15872	0.15873	0.16076	0.16006	
Tunisia	dinar	1.20539	1.05880	1.02699	0.90381	0.87993	0.84151	0.72984	0.69569	0.70506	0.7771
Tuvalu	Aust. dollar	0.70080	...	...	...	...	...	...	...	...	
Uganda	shilling	0.15750	0.00103	0.00095	0.00092	0.00081	0.00069	0.00061	0.00057	0.00056	0.0005
United Kingdom	pound	1.28893	1.57878	1.56139	1.63834	1.65690	1.61810	1.51281	1.43963	1.50138	1.6353
United Rep. of Tanzania	shilling	0.05752	0.00173	0.00172	0.00163	0.00150	0.00133	0.00125	0.00114	0.00103	0.0009
Vanuatu	vatu	0.00953	0.00892	0.00895	0.00862	0.00782	0.00775	0.00725	0.00655	0.00721	0.0082
Venezuela	bolivar	0.13333	0.00573	0.00234	0.00204	0.00183	0.00165	0.00147	0.00138	...	
Yemen	rial	.	0.02813	0.01273	0.00775	0.00738	0.00641	0.00619	0.00593	...	
Zambia	kwacha	0.33798	0.00116	0.00083	0.00076	...	...	...	...	...	
Zimbabwe	dollar	0.61952	0.11546	0.10027	...	...	...	...	...	...	

1985	1995	1996	1997	1998	1999	2000	2001	2002	2003	Unité	Pays ou Zone
					Exports - Exportations *[suite]*						
2.89519	2.60078	2.60078	2.60078	2.60078	2.60078	2.60078	2.60078	2.60077	2.60078	rial omani	Oman
0.06308	0.03178	0.02794	0.02440	0.02226	0.02020	0.01864	0.01614	0.01674	0.01732	rupee	Pakistan
1.00000	1.00000	1.00000	1.00000	1.00000	1.00000	1.00000	1.00000	1.00000	1.00000	balboa	Panama
1.00162	0.78048	0.75900	0.70163	0.47805	0.38481	0.36050	0.29697	0.25692	0.28127	kina	Popouasie-Nouvelle-Guinée
0.05374	0.03883	0.03814	0.03371	0.02441	0.02553	0.02244	0.01962	0.01938	0.01843	peso	Philippines
67.55309	0.41233	0.37054	0.30431	0.28806	0.25135	0.22975	0.24413	0.24521	0.25700	zloty	Pologne
0.00588	0.00663	0.00648	0.00571	0.00556	1.06376	0.92225	0.89482	0.94263	1.13328	euro[1,2]	Portugal
0.27473	0.27473	0.27473	0.27473	0.27473	0.27465	...	...	...	...	riyal	Qatar
0.11193	0.20123	...	.	.	.	.	.	.	.	franc	Réunion
0.00994	0.00354	0.00326	0.00332	0.00319	0.00295	0.00255	0.00228	0.00212	0.00186	franc	Rwanda
0.37037	0.37037	0.37037	0.37037	0.37037	0.37037	0.37037	0.37037	0.37037	...	dollar C.O.[7]	Saint-Kitts-et-Nevis
0.37037	0.37037	0.37037	0.37037	0.37037	0.37037	0.37037	0.37037	0.37037	...	dollar C.O.[7]	Sainte-Lucie
0.37037	0.37037	0.37037	0.37037	0.37037	0.37037	0.37037	0.37037	0.37037	0.37037	dollar C.O.[7]	St.Vincent-Grenadines
0.44748	0.40322	0.40627	0.39011	0.33822	0.33082	0.30446	0.28776	0.29732	0.33443	tala	Samoa
0.27618	0.26702	0.26702	0.26702	0.26702	0.26702	0.26702	0.26702	0.26702	...	riyal	Arabie saoudite
0.00220	0.00200	0.00195	0.00171	0.00169	0.00163	0.00141	0.00137	0.00143	0.00172	franc CFA.[3,5]	Sénégal
0.13971	0.20959	0.20103	0.19905	0.19010	0.18722	0.17468	0.17112	0.18215	0.18455	rupee	Seychelles
0.19511	0.00140	0.00109	0.00111	0.00063	0.00055	0.00049	0.00050	0.00048	0.00042	leone	Sierra Leone
0.45468	0.70598	0.70923	0.67339	0.59808	0.59026	0.57944	0.55844	0.55907	0.57426	dollar	Singapour
.	0.03370	0.03258	0.02974	0.02838	0.02375	0.02167	0.02068	0.02220	0.02735	couronne	Slovaquie
0.67227	0.29377	0.28037	0.26789	0.20744	0.20307	...	...	...	...	dollar	Iles Salomon
0.45000	0.27566	0.23178	0.21708	0.18122	0.16367	0.14384	0.11744	0.09540	0.13298	rand	Afrique du Sud
0.00592	0.00803	0.00789	0.00684	0.00671	1.06408	0.92078	0.89511	0.94457	1.13213	euro[1,2]	Espagne
0.03681	0.01946	0.01806	0.01692	0.01542	0.01413	0.01293	0.01119	0.01045	0.01036	rupee	Sri Lanka
...	2.26891	2.49401	2.49025	2.49000	1.26904	0.83788	0.45913	0.42333	0.38361	dollar	Suriname
0.45622	0.27525	0.23146	0.21611	0.18062	0.16367	0.14270	0.11774	0.09539	...	lilangeni	Swaziland
0.11696	0.14059	0.14916	0.13109	0.12587	0.12096	0.10913	0.09693	0.10292	0.12401	couronne	Suède
0.41195	0.84838	0.80920	0.68966	0.69139	0.66515	0.59161	0.59314	0.64367	0.74365	franc	Suisse
0.25478	0.08909	0.08909	0.08909	0.08909	0.08909	0.02162	0.02162	0.02162	...	livre	République arab syrienne
0.03682	0.04013	0.03946	0.03177	0.02423	0.02640	0.02486	0.02251	0.02329	0.02415	baht	Thaïlande
0.00223	0.00201	0.00195	0.00172	0.00170	0.00161	0.00140	0.00136	0.00144	0.00172	franc CFA[4,5]	Togo
0.70038	0.78835	0.81755	0.77625	0.64723	0.61960	0.55145	0.46059	0.45246	...	pa'anga	Tonga
0.40920	0.16809	0.16651	0.16002	0.15876	0.15872	0.15873	0.16023	0.16014	...	dollar	Trinité-et-Tobago
1.20445	1.05846	1.02693	0.90429	0.88022	0.84282	0.73083	0.69537	0.70516	0.77609	dinar	Tunisie
0.70080	...	...	...	...	...	...	...	...	...	dollar aust.	Tuvalu
0.15750	0.00103	0.00096	0.00093	0.00080	0.00069	0.00062	0.00057	0.00056	0.00051	shilling	Ouganda
1.29368	1.57829	1.56250	1.63807	1.65696	1.61824	1.51219	1.43994	1.50041	1.63431	livre	Royaume-Uni
0.05779	0.00175	0.00172	0.00164	0.00150	0.00132	0.00125	0.00114	0.00103	0.00096	shilling	Rép.-Unie de Tanzanie
0.00951	0.00891	0.00897	0.00863	0.00781	0.00774	0.00726	0.00657	0.00725	0.00827	vatu	Vanuatu
0.13333	0.00562	0.00235	0.00205	0.00183	0.00164	0.00147	0.00139	0.00083	...	bolívar	Venezuela
.	0.02414	0.01273	0.00775	0.00738	0.00641	0.00618	0.00593	...	...	rial	Yémen
0.31939	0.00116	0.00084	0.00076	...	...	...	...	...	...	kwacha	Zambie
0.61798	0.11514	0.09990	...	...	...	...	...	...	...	dollar	Zimbabwe

Special Table C
External trade conversion factors
Imports, exports: US dollars per national currency *[cont.]*
Facteurs de conversion pour le commerce extérieur
Importations, exportations: monnaie nationale en dollars É.-U. *[suite]*

General note: Trade conversion factors are weighted averages of monthly or quarterly exchange rates, the weights being the corresponding monthly or quarterly values of imports and exports. The exchange rates are as compiled by the IMF or provided by the country concerned. The conversion factors shown in this table are used to obtain trade data in terms of US dollars.

Note generale: Les facteurs de conversion pour le commerce extérieur sont les moyennes pondérées des taux de change mensuelles ou trimestrielles. Les coefficients de pondération sont les valeurs mensuelles ou trimestrielles correspondantes des importations ou des exportations. Les taux de change sont les taux calculés par le secretariat du FMI ou fournis par le pays. Les facteurs de conversion montrés dans cette table sont employés pour obtenir les données commerciales en termes de dollars de E.U..

1   Beginning 1999 US dollars per euro; the conversion factors are calculated for each country of euro zone separately and may vary due to differences in relative weights of monthly or quarterly values of imports and exports.

1   A partir de 1999 dollars des Etats-Unis par euro; les facteurs de conversion sont calculés pour chaque pays d'euro zone séparément et peuvent varier en raison des différences dans les ponderation relatifs de valeurs mensuelles ou trimestrielles des importations et des exportations.

2   Prior to January 1999 the conversion factors are US dollar per previous national currency: Austria - schillings, Belguim - francs, Finland - markkaa, France - francs, Germany - deutsche marks, Ireland - pounds, Italy -lire, Luxembourg - francs, Netherlands - guilders, Portugal - escudos, and Spain - pesetas.

2   Avant janvier 1999 les facteurs de conversion sont dollar des E.U. par monnaie nationale précédente: Autriche - schillings, Belgique - francs, Finlande - markkaa, France - francs, Allemagne - deutsche marks, Irlande - livres, Italie - lire, Luxembourg - francs, Pays-Bas - florins, Portugal - escudos, et Espagne - pesetas.

3   Prior to 1999, the CFA franc was pegged to the French franc at CFAF 100 per French franc and prior to 1994 CFAF 50 per French franc.. Beginning 1999, the CFAF is pegged to the euro at CFAF 655.957 per euro.

3   Avant 1999, le franc de CFA a été chevillé au franc français à CFAF 100 par franc français et avant 1994, CFAF 50 par franc français. Commençant 1999, le CFAF est chevillé à l'euro à CFAF 655,957 par euro.

4   The conversion factors are not trade weighted.

4   Les facteurs de conversion ne sont pas pondérés.

5   Comptoirs Francais du Afrique franc pegged to the euro at CFAF 655.957 per euro.

5   Comptoirs Francais du Afrique franc est chevillé à l'euro à CFAF 655,957 par euro.

6   After July 5, 1999 lev is equal to 1,000 of pre-July 5, 1999 leva. All data are expressed in terms of the new leva.

6   Après juillet 5, 1999 le lev est égal à 1,000 pré-Juillet de 5, 1999 leva. Toutes les données sont exprimées en termes de nouveau lev.

7   East Caribbean dollar.

7   Dollar des caraïbes orientales.

8   See explanatory notes on data pertaining to Yemen on page v.

8   Voir les notes explicatives sur les données concernant Yemen à la page vii.

9   Comptoirs Francais du Pacifique franc.

9   Comptoirs Francais du Pacifique franc.

10 Prior to 1999, the CFA franc was pegged to the French franc at CFAF 100 per French franc. Beginning 1999, the CFAF is pegged to the euro at CFAF 655.957 per euro.

10 Avant 1999, le franc de CFA a été chevillé au franc français à CFAF 100 par franc français. Commençant 1999, le CFAF est chevillé à l'euro à CFAF 655,957 par euro.

SPECIAL TABLE: D

World exports by commodity classes and by regions

In million U.S. dollars f.o.b.

Exports from	Year	World Monde 1/	Developed economies Economies développées 1/, 2/	Developing economies Economies en voie de développement 1/, 2/ Total	OPEC OPEP	Eastern Europe and fmr. USSR-Europe Europe de l'Est et l'anc. URSS-Europe Total 4/	Former USSR-Europe 5/	Developed Economies Europe Total	Developed Economies Europe EU UE	Developed Economies Other Total	Developed Economies Other Canada
								Total trade (SITC, Rev. 2 and Rev. 3, 0-9) 3			
World 1/	1999	5582732	3822306	1496026	140867	187583	66621	2222282	2092890	1600024	20989
	2000	6295242	4185319	1808235	162795	216521	81353	2326824	2194658	1858495	23057
	2001	6069071	4026040	1710132	177544	241747	97041	2295397	2165640	1730643	21581
	2002	6319405	4133054	1827601	191204	261446	101031	2380009	2246914	1753045	21714
	2003	7369776	4753725	2159908	219283	336879	134479	2836173	2676712	1917552	23271
Developed economies 1/,2/	1999	3735909	2739643	813603	84782	119535	29785	1791660	1682465	947983	19093
	2000	4012455	2872013	941090	90381	130595	34214	1817490	1708446	1054523	20660
	2001	3900005	2800098	885919	99645	147597	44004	1805671	1694995	994426	19374
	2002	3991190	2851964	913236	105444	163291	49935	1853110	1742470	998855	19316
	2003	4607996	3276150	1049390	119809	212840	65660	2202287	2072891	1073863	20535
Developing economies 1/,2/	1999	1644396	959807	652444	53603	20597	11022	320731	307078	639076	1852
	2000	2031803	1165347	826390	69330	24480	14046	376726	360933	788622	2343
	2001	1904156	1076449	784489	73650	28436	17065	352413	338303	724036	2160
	2002	2035770	1108289	868328	81236	34670	19746	367617	352363	740671	2339
	2003	2386475	1270395	1051512	93328	44677	25608	442617	422063	827778	2645
OPEC	1999	243327	135190	105773	9735	571	119	50171	49339	85019	191
	2000	347733	194338	150230	14925	644	200	73236	72081	121102	291
	2001	302312	168259	131930	14097	720	181	61055	60092	107204	260
	2002	300051	153805	136859	13922	776	232	60941	60063	92864	276
	2003	338191	182009	152803	13748	904	305	69628	68503	112381	347
Eastern Europe and the former USSR 1/,4/	1999	202428	122855	29979	2482	47452	25814	109890	103347	12965	42
	2000	250984	147959	40755	3084	61446	33092	132609	125279	15350	53
	2001	264910	149493	39724	4249	65713	35972	137312	132341	12181	47
	2002	292445	172801	46037	4523	63485	31351	159282	152082	13519	58
	2003	375305	207180	59005	6146	79363	43211	191269	181758	15911	90
Former USSR-Europe 5/	1999	100362	45844	21668	1692	30800	21054	37100	32422	8744	17
	2000	134892	61368	30856	2030	42636	27837	51303	45957	10065	19
	2001	135535	52418	29460	3029	43839	29642	45730	43275	6687	12
	2002	139179	57499	33611	2984	38380	24524	50666	46529	6833	18
	2003	183173	63794	43985	4056	47024	34334	55635	49936	8159	38
Developed economies- Europe	1999	2270700	1810961	295503	46213	111543	26165	1511054	1417949	299907	1915
	2000	2343128	1847896	320841	49209	121529	30074	1518541	1427254	329355	2163
	2001	2373815	1862563	326308	56988	137920	39259	1529846	1436216	332717	2228
	2002	2495510	1946438	347499	63687	153638	45125	1597117	1500713	349321	2363
	2003	2990163	2311151	420471	76896	200111	59413	1917401	1804615	393749	2680
European Union	1999	2140319	1700116	279274	44205	108322	25410	1424191	1332401	275925	1628
	2000	2196738	1722652	303398	46987	117968	29127	1420574	1330619	302078	1743
	2001	2228070	1740037	307518	54556	133629	37925	1431765	1339540	308272	1901
	2002	2342932	1820213	326134	60742	148971	43602	1497035	1401867	323178	2043
	2003	2816033	2166776	396782	73619	194371	57456	1801889	1690504	364887	2329
Other developed economies	1999	1465209	928682	518100	38570	7991	3620	280606	264516	648076	17176
	2000	1669328	1024117	620249	41172	9066	4140	298949	281192	725168	1849
	2001	1526190	937535	559611	42657	9678	4745	275826	258778	661709	17140
	2002	1495680	905526	565737	41758	9653	4809	255992	241757	649534	16953
	2003	1617834	965000	628919	42913	12728	6247	284886	268277	680114	17840
Canada	1999	238778	226048	12335	1837	393	153	14217	13369	211831	
	2000	277113	262549	14162	2199	402	177	13600	12722	248950	
	2001	259903	245710	13783	1827	407	217	12676	11796	233034	
	2002	252418	238796	13193	1604	426	199	12045	11086	226751	
	2003	272045	255929	15387	1733	713	328	14929	13827	241001	
United States	1999	692784	407916	279592	20123	4900	2531	162271	151958	245645	16390
	2000	780332	444023	330615	19233	5382	2846	177093	164980	266929	17640
	2001	731006	416492	308227	20102	6019	3268	171610	159406	244882	16370
	2002	693222	390445	297045	18852	5465	2978	153750	144082	236695	16070
	2003	723609	407582	309627	17297	6209	3197	161429	150804	246153	16940

For general note and footnotes see end of table.

Exportations mondiales par classes de marchandises et par régions

En millions de dollars E.-U. f.o.b.

Economies développées 1/, 2/			Developing economies Economies en voie de développement 1/, 2/								Exportations vers
	Autres			America Amerique		Asia Asie					
U.S.A. É.-U.	Japon	Australia and NZ Australie et NZ	Africa Afrique	Total	LAIA ALADI	Total	Mid. East Moyen Orient	Other 6/ Autres 6/	Oceania Océanie	Année	Exportations en provenance de

Commerce total (CTCI, Rev. 2 et Rev. 3, 0-9) 3/

990697	272670	74461	96710	309121	237941	1060722	149648	911074	6118	1999	Monde 1/
1165432	326963	77136	102117	365442	284821	1309324	176124	1133199	6229	2000	
1082534	306376	72514	106319	349466	272134	1221055	175626	1045428	6672	2001	
1106270	294215	81344	112757	327110	246975	1349975	197983	1151992	7396	2002	
1194510	329942	98077	130410	343815	254142	1639200	243212	1395988	8879	2003	
551347	117384	49191	63740	220849	178763	508775	91756	417019	4272	1999	Economies dévelopées 1/,2/
627731	130116	48649	65111	253453	209517	602370	98642	503728	3741	2000	
595146	120171	46174	68081	241532	200079	554908	96548	458360	3999	2001	
601652	114136	51788	69846	224900	181175	594464	108565	485898	4408	2002	
640855	123893	61095	79819	229482	182467	710139	134843	575296	5054	2003	
430488	152811	25118	30000	84186	57911	531826	51772	480054	1834	1999	Economies en voie de développement 1/,2/
527877	193596	28364	34043	106108	73826	678567	66838	611729	2483	2000	
479341	183642	26210	35136	102382	70592	638917	67905	571012	2622	2001	
495660	177591	29311	39371	97323	64257	722239	76551	645687	2930	2002	
543575	202948	36718	46622	109081	69922	884107	90352	793754	3787	2003	
42489	36109	2681	6555	10070	6388	88960	15185	73775	81	1999	OPEP
67354	45660	2968	8848	14669	8859	126304	21988	104316	132	2000	
55790	44687	3309	7695	11449	6692	112443	20802	91641	103	2001	
44888	41081	3312	8152	11232	6666	117221	21280	95941	94	2002	
56906	47804	3282	8604	13613	6561	130347	21463	108884	108	2003	
8862	2475	153	2970	4087	1267	20121	6120	14000	12	1999	Europe de l'Est et l'ancienne URSS 1/,4/
9823	3251	122	2963	5881	1478	28387	10645	17742	5	2000	
8047	2563	130	3102	5551	1464	27230	11173	16057	51	2001	
8958	2488	246	3540	4887	1543	33272	12866	20407	58	2002	
10080	3100	264	3969	5253	1753	44954	18017	26938	39	2003	
5544	2215	57	1876	3297	637	15894	4177	11717	2	1999	l'ancienne URSS-Europe 5/
5806	2871	20	1917	5004	819	23064	7941	15123	3	2000	
3859	2158	30	1926	4540	726	21955	8539	13416	5	2001	
4063	1895	27	2470	3873	847	26209	9087	17122	8	2002	
4275	2445	46	2762	4192	1056	36259	13077	23182	23	2003	
198330	40932	17132	47624	54744	43531	176407	61290	115117	1454	1999	Economies développées-Europe
220835	44682	16429	48511	56201	44433	199165	69094	130071	1234	2000	
225506	43588	16590	50060	57872	46443	199896	65975	133922	1628	2001	
239124	43478	18513	52532	54595	41935	219342	76503	142838	1953	2002	
266019	49340	23302	61692	58008	44634	274342	99616	174726	2256	2003	
184075	36334	16235	46218	51843	41239	164958	58397	106561	1443	1999	Union Européenne
204566	40036	15607	47259	53211	42101	186436	65889	120546	1217	2000	
210702	39258	15727	48521	54147	43991	186862	62777	124085	1567	2001	
222586	38880	17572	50971	51055	39603	203650	72397	131253	1881	2002	
247965	44178	22227	60082	54623	42011	256493	94904	161589	2060	2003	
353018	76452	32059	16116	166105	135232	332368	30466	301902	2818	1999	Autres economies développées
406897	85434	32221	16600	197252	165084	403205	29548	373657	2507	2000	
369640	76583	29585	18021	183661	153636	355012	30574	324438	2371	2001	
362528	70658	33275	17314	170305	139240	375122	32062	343060	2455	2002	
374836	74553	37793	18127	171474	137833	435797	35227	400570	2797	2003	
205020	5650	785	910	3883	2921	7444	992	6451	22	1999	Canada
241591	6063	925	887	4261	3427	8919	1167	7752	14	2000	
226587	5275	829	875	4536	3659	8321	949	7372	14	2001	
220111	5353	879	888	3893	3003	8361	880	7481	16	2002	
233425	5823	1350	956	4074	3169	10286	1170	9116	22	2003	
·	57481	13745	7083	141949	121150	129762	16620	113142	418	1999	Etats-Unis
·	65252	14434	7869	170806	148393	151191	15194	135997	375	2000	
·	57637	13079	9404	159696	137800	138432	15195	123237	334	2001	
·	51438	14898	8129	148849	126166	139447	15203	124243	283	2002	
·	52062	14941	7849	149245	124561	151802	15706	136097	297	2003	

Voir la fin du tableau pour la remarque générale et les notes.

SPECIAL TABLE: D

World exports by commodity classes and by regions

In million U.S. dollars f.o.b.

Exports from	Year	World Monde 1/	Developed economies Economies développées 1/, 2/	Developing economies Economies en voie de développement 1/, 2/ Total	OPEC OPEP	Eastern Europe and fmr. USSR-Europe Europe de l'Est et l'anc. URSS-Europe Total 4/	Former USSR-Europe 5/	Developed Economies Europe Total	EU UE	Other Total	Canada
								Total trade (SITC, Rev. 2 and Rev. 3, 0-9) 3/ (continued)			
Japan	1999	417610	227811	187990	13157	1807	574	78451	74580	149360	6927
	2000	479248	246519	230377	15739	2351	719	82090	78414	164430	7477
	2001	403364	207959	193151	15937	2248	830	67546	64489	140413	6565
	2002	416715	203760	210196	16418	2758	1134	63998	61431	139761	7340
	2003	471996	215178	252283	18280	4530	2095	75617	72445	139561	7395
Australia, New Zealand	1999	67008	33043	25502	2754	185	93	8419	8121	24624	497
	2000	75152	34539	30140	3269	189	88	8057	7883	26482	587
	2001	74929	34730	30045	3975	242	123	8537	8319	26192	704
	2002	80748	37056	30894	4067	255	136	9155	8866	27901	931
	2003	86766	43197	34219	4467	362	175	11836	11524	31361	1104
Developing economies-Africa	1999	83897	60172	21736	1964	725	250	44571	43404	15602	1044
	2000	118514	87747	28403	3135	596	267	60608	58181	27139	1736
	2001	103762	77194	24065	3011	610	274	55376	53546	21818	1367
	2002	105727	69847	25208	3484	739	392	56087	53855	13760	1637
	2003	127896	94725	30083	3762	786	435	65383	62926	29343	2336
Developing economies-America	1999	292560	221606	65125	5468	2440	1603	41157	39046	180449	4904
	2000	351539	265458	79685	6604	2226	1251	43796	41040	221662	6069
	2001	339825	250701	82302	8531	3158	2290	43004	40530	207698	5854
	2002	340986	254529	80144	7791	3180	2437	43801	40992	210728	5592
	2003	373257	269326	95226	7102	3909	2879	51418	48236	217908	6063
LAIA	1999	269682	206401	58297	5285	1876	1093	36042	34216	170359	4203
	2000	326520	248877	72060	6321	1731	825	38368	35959	210508	5201
	2001	315481	235891	73722	8234	2489	1642	38230	36187	197661	5003
	2002	316764	239666	71607	7512	2620	1909	39047	36685	200619	4713
	2003	346066	252902	85424	6856	3288	2303	46087	43414	206816	5155
Developing economies-Asia	1999	1246707	663666	560139	45960	16088	8765	224250	214455	439415	12518
	2000	1539184	797032	712431	59388	20139	12065	261058	250932	535974	15554
	2001	1437775	733391	672263	61888	22909	13865	242329	233062	491063	14334
	2002	1564826	768371	756439	69699	28621	16194	255601	245958	512770	16106
	2003	1855774	887091	918589	82162	37331	21416	310751	296593	576340	17995
Middle East	1999	185507	92147	86412	12372	2761	1254	41110	40291	51037	380
	2000	251766	119948	123023	16867	3156	1460	52277	51342	67671	862
	2001	234553	113270	112588	17406	3633	1741	48271	47352	64999	855
	2002	242840	112547	115339	18813	5385	2331	52807	51489	59740	1056
	2003	277293	131064	129302	19403	6434	3068	62037	60029	69027	1170
Other Asia	1999	1061200	571519	473727	33588	13327	7511	183140	174164	388379	12138
	2000	1287419	677084	589408	42520	16983	10604	208781	199590	468302	14691
	2001	1203223	620122	559676	44482	19276	12125	194058	185710	426064	13479
	2002	1321987	655823	641100	50885	23237	13863	202794	194469	453030	15051
	2003	1578481	756027	789287	62759	30898	18348	248714	236564	507313	16826
Former USSR-Asia 6/	1999	12820	4320	5270	649	3164	3017	3895	3258	426	9
	2000	18217	6528	6687	777	4950	4747	5924	5018	603	11
	2001	18609	7030	6289	1198	5235	4925	6422	5601	609	24
	2002	19628	7060	6797	1384	5713	5358	6329	5450	731	22
	2003	23930	8556	9518	1513	5792	5290	7755	5359	801	54
Developing economies-Oceania	1999	5139	4107	958	70	9	1	1121	1113	2986	23
	2000	5543	4378	1101	74	10	1	1241	1234	3137	18
	2001	4987	3962	1010	68	11	3	1136	1133	2826	19
	2002	4797	3754	1021	62	8	1	1014	1012	2740	15
	2003	5815	4549	1222	80	24	14	1322	1320	3227	20

For general note and footnotes see end of table.

Exportations mondiales par classes de marchandises et par régions

En millions de dollars E.-U. f.o.b.

Economies développées 1/, 2/			Developing economies / Economies en voie de développement 1/, 2/								Exportations vers
	Autres			America / Amerique		Asia / Asie					
U.S.A. É.-U.	Japan Japon	Australia and NZ / Australie et NZ	Africa Afrique	Total	LAIA ALADI	Total	Mid. East Moyen Orient	Other 6/ Autres 6/	Oceania Océanie	Année	Exportations en provenance de

Commerce total (CTCI, Rev. 2 et Rev. 3, 0-9) 3/ (suite)

U.S.A. É.-U.	Japan Japon	Australie et NZ	Africa Afrique	America Total	ALADI	Asia Total	Moyen Orient	Autres 6/	Océanie	Année	Exportations en provenance de
129797	·	9931	3655	17891	9175	165628	10007	155622	658	1999	Japon
143977	·	9835	3044	19477	10902	207279	9914	197365	460	2000	
122549	·	8868	2816	16418	9713	173395	10697	162698	449	2001	
120385	·	9749	3264	14782	7980	191588	11993	179595	471	2002	
117539	·	11746	3424	15154	7715	233057	13719	219338	506	2003	
6239	10641	6803	584	1119	886	22078	1737	20341	1714	1999	Australie, Nouvelle-Zélande
7186	11923	6272	532	1223	1013	26725	2099	24626	1651	2000	
7302	11586	6059	608	1332	1064	26548	2672	23877	1547	2001	
7717	11727	6931	633	1253	997	27332	2831	24501	1662	2002	
7938	12895	8649	610	1435	1177	30206	3096	27110	1949	2003	
11538	1146	234	7577	3336	3208	10693	2641	8052	23	1999	Economies en voie de développement-Afrique
20914	1107	304	8789	4345	4025	15058	4241	10817	39	2000	
16362	1008	353	7606	3015	2777	13249	3683	9566	26	2001	
7623	1049	435	9349	2591	2364	13077	3865	9213	29	2002	
21801	1038	469	11147	3474	3067	15299	4317	10982	36	2003	
166873	7054	624	2172	49118	35356	13730	2796	10934	23	1999	Economies en voie de développement-Amérique
206232	7616	777	2221	61419	43549	15953	3159	12794	15	2000	
193460	6538	593	2822	60820	42991	18538	3757	14782	18	2001	
197196	6037	664	3254	54938	36934	21840	4250	17589	17	2002	
202889	6787	827	3750	63173	40620	28060	4573	23486	22	2003	
157950	6656	589	2087	43079	34575	13029	2691	10338	22	1999	ALADI
196296	7317	757	2117	54617	42634	15235	3044	12191	15	2000	
184721	6119	579	2738	53116	41786	17749	3631	14117	17	2001	
188367	5664	647	3147	47337	35771	21016	4123	16893	16	2002	
193168	6354	807	3640	54589	39298	26956	4463	22493	20	2003	
251050	143712	22671	19921	31586	19236	506040	45997	460043	1689	1999	Economies en voie de développement- Asie
299645	183830	25687	22656	40214	26189	646055	59086	586968	2336	2000	
268513	175223	23776	24440	38379	24762	605815	60203	545611	2422	2001	
289898	169644	26707	26425	39681	24918	685923	68083	617840	2743	2002	
317636	194061	33695	31458	42357	26176	839008	81061	757947	3599	2003	
20078	27172	1242	6126	2699	2002	77152	17793	59359	21	1999	Moyen Orient
29267	33246	1584	7570	3949	2959	110839	24022	86817	37	2000	
27128	33938	1480	7050	3264	2389	101732	24733	77000	42	2001	
25732	29320	1401	8020	4180	2551	102046	26163	75882	150	2002	
29354	34289	1636	8838	5012	3010	114173	27660	86513	220	2003	
230972	116540	21429	13795	28887	17234	428888	28204	400684	1668	1999	Autres Pays d'Asie
270379	150585	24103	15086	36266	23230	535216	35064	500151	2299	2000	
241384	141285	22296	17390	35115	22373	504083	35471	468612	2380	2001	
264166	140324	25306	18405	35501	22368	583878	41920	541957	2593	2002	
288282	159771	32059	22620	37345	23166	724835	53401	671434	3379	2003	
311	11	1	51	2236	27	2974	1091	1883	1	1999	l'ancienne URSS asiatique 6/
370	14	1	50	2975	31	3640	1402	2239	2	2000	
318	27	1	63	2183	33	4003	1801	2202	1	2001	
370	29	1	31	2382	26	4361	2044	2318	0	2002	
302	36	2	48	3374	3	5986	2328	3658	0	2003	
518	878	1563	0	3	3	859	1	857	96	1999	Economies en voie de développement-Océanie
529	1014	1575	0	3	3	1007	1	1006	91	2000	
528	820	1458	0	3	3	893	2	891	114	2001	
455	796	1469	1	3	2	877	2	876	140	2002	
521	964	1682	1	3	3	1088	3	1085	130	2003	

Voir la fin du tableau pour la remarque générale et les notes.

World exports by commodity classes and by regions

In million U.S. dollars f.o.b.

Food, beverages and tobacco (SITC, Rev. 2 and Rev. 3, 0 and 1)

Exports from	Year	World Monde 1/	Developed economies / Economies développées 1/, 2/	Developing economies / Economies en voie de développement 1/, 2/ — Total	OPEC OPEP	Eastern Europe and fmr. USSR-Europe / Total 4/	Former USSR-Europe 5/	Developed Economies / Europe — Total	EU UE	Other — Total	Canada
World 1/	1999	395563	279694	94514	17443	16874	10386	185237	178454	94457	10705
	2000	390834	269022	100721	18968	16558	10192	169995	163770	99027	11349
	2001	403597	274303	105189	20207	19528	12361	175696	169292	98607	11872
	2002	424014	290705	107200	21127	20863	13137	188329	181443	102376	12686
	2003	488756	339946	117440	22775	26219	16642	229042	220788	110904	13914
Developed economies 1/,2/	1999	266253	204802	49415	9275	8328	4524	151405	145802	53398	9313
	2000	257938	193937	52250	10085	8185	4375	137901	132805	56036	9843
	2001	265592	199028	53718	9846	9386	5140	142390	137110	56638	10336
	2002	278319	211391	52572	9549	9807	5236	152740	146829	58651	11084
	2003	323407	250828	56799	10261	11715	6243	187193	179966	63635	12058
Developing economies 1/,2/	1999	119439	70918	43303	8007	4452	3194	30433	29409	40485	1363
	2000	122824	71136	46746	8700	4082	3023	28717	27729	42419	147
	2001	125904	70474	49203	9933	5180	3999	29208	28249	41265	1495
	2002	131112	73322	51591	10995	5599	4426	30470	29672	42852	153
	2003	147057	81810	57114	11849	7134	5587	35477	34690	46333	178
OPEC	1999	6495	3015	3347	820	131	35	1121	1107	1895	4
	2000	6868	3160	3570	1045	134	54	1161	1147	1999	5
	2001	6496	2892	3484	967	113	59	1048	1036	1844	4
	2002	6960	3121	3692	963	145	84	1231	1217	1891	4
	2003	7417	3157	4090	1084	159	80	1345	1330	1812	5
Eastern Europe and the former USSR 1/,4/	1999	9870	3974	1796	161	4093	2669	3400	3243	574	2
	2000	10072	3948	1725	183	4292	2794	3377	3236	571	3
	2001	12101	4802	2267	427	4962	3222	4098	3933	705	4
	2002	14584	5992	3037	583	5457	3476	5119	4942	873	6
	2003	18292	7307	3527	666	7370	4812	6371	6132	936	7
Former USSR-Europe 5/	1999	3355	764	704	39	1886	1741	459	405	305	
	2000	3532	839	698	45	1986	1871	567	512	272	
	2001	4788	1136	1107	208	2483	2330	782	721	354	1
	2002	6411	1822	1815	382	2703	2515	1350	1291	472	2
	2003	8026	1969	2191	477	3825	3520	1461	1397	508	3
Developed economies-Europe	1999	184592	156651	19916	5342	7088	3545	140590	135482	16061	130
	2000	171957	143709	20463	5506	6854	3249	127882	123239	15827	136
	2001	176435	148069	19672	5256	7845	3852	132127	127335	15942	136
	2002	191243	160132	20374	5279	8680	4320	142635	137252	17497	150
	2003	231085	195380	22997	6016	10439	5282	175192	168563	20187	175
European Union	1999	176533	149700	19188	5216	6725	3367	135115	130232	14585	120
	2000	164408	137417	19639	5360	6441	2993	122894	118472	14522	126
	2001	168925	141985	18825	5099	7284	3481	127242	122666	14744	128
	2002	183200	153969	19345	5091	8044	3863	137866	132687	16103	140
	2003	222512	188792	21946	5820	9701	4748	169850	163412	18942	165
Other developed economies	1999	81661	48151	29499	3933	1240	979	10815	10320	37337	801
	2000	85981	50228	31786	4579	1331	1125	10019	9565	40209	847
	2001	89157	50958	34047	4590	1540	1289	10263	9775	40695	897
	2002	87076	51259	32198	4270	1126	915	10105	9577	41154	957
	2003	92322	55449	33802	4244	1277	961	12001	11403	43448	1030
Canada	1999	14699	11926	2712	893	61	33	957	899	10969	
	2000	16031	12859	3120	1063	52	32	846	806	12013	
	2001	17583	14184	3304	816	95	64	935	872	13248	
	2002	17271	14574	2620	580	76	55	816	722	13758	
	2003	17929	15122	2670	542	136	61	1277	1212	13845	
United States	1999	45001	25366	18539	1917	985	806	5875	5569	19491	766
	2000	47084	26022	19883	2184	1128	990	5365	5092	20657	807
	2001	46818	25109	20386	2204	1251	1079	5467	5185	19643	848
	2002	44967	24420	19683	1951	837	691	5188	4905	19232	898
	2003	48070	26223	20932	2060	867	679	5634	5275	20589	97

For general note and footnotes see end of table.

TABLEAU SPECIAL: D

Exportations mondiales par classes de marchandises et par régions

En millions de dollars E.-U. f.o.b.

U.S.A. É.-U.	Japan Japon	Australia and NZ Australie et NZ	Africa Afrique	Total	LAIA ALADI	Total	Mid. East Moyen Orient	Other 6/ Autres 6/	Oceania Océanie	Année	Exportations en provenance de
											Economies développées 1/, 2/ — Autres ; **Developing economies / Economies en voie de développement 1/, 2/** : America/Amerique, Asia/Asie ; Exportations vers ; Exportations en provenance de

Produits alimentaires, boisson et tabac (CTCI, Rev. 2 et Rev. 3, 0 et 1)

U.S.A. É.-U.	Japan Japon	Australie et NZ	Africa Afrique	Total (Amerique)	LAIA ALADI	Total (Asie)	Moyen Orient	Autres 6/	Océanie	Année	Exportations en provenance de
42402	35052	3549	12980	21518	15128	56730	16352	40378	761	1999	Monde 1/
44481	36542	3688	13882	22561	16383	61115	17717	43397	708	2000	
45550	34525	3558	14865	24139	17450	62775	17316	45458	731	2001	
49163	33478	3933	16262	22568	15698	64616	17734	46883	770	2002	
53949	34678	4978	17795	23828	16575	71242	20304	50938	952	2003	
20872	19319	2283	8675	12388	8287	26495	8382	18112	618	1999	Economies dévelopées 1/,2/
21996	20257	2375	9202	13046	9162	28212	8752	19460	582	2000	
23680	18830	2342	9220	14213	10101	28398	7648	20750	579	2001	
25738	17661	2630	9711	13506	9396	27318	7321	19997	607	2002	
27831	18703	3380	10443	14251	9963	29678	8309	21369	714	2003	
21268	15592	1244	4096	9060	6812	29140	7599	21541	143	1999	Economies en voie de développement 1/,2/
22237	16082	1300	4515	9447	7168	31826	8624	23203	126	2000	
21593	15438	1202	5249	9851	7286	33072	9231	23840	152	2001	
23059	15554	1287	5816	8971	6230	35647	9758	25890	163	2002	
25747	15725	1579	6674	9426	6489	39530	11207	28324	238	2003	
872	896	62	87	274	207	2979	1349	1631	4	1999	OPEP
881	978	68	95	213	173	3249	1714	1535	8	2000	
820	895	67	108	230	186	3137	1592	1545	4	2001	
881	876	68	118	292	241	3273	1602	1671	5	2002	
823	812	93	158	181	137	3739	1845	1894	6	2003	
262	140	22	209	70	28	1095	370	725	0	1999	Europe de l'Est et l'ancienne URSS 1/,4/
248	203	13	165	68	54	1076	342	734	0	2000	
277	257	14	396	75	63	1305	437	868	0	2001	
366	264	16	735	91	72	1651	656	996	0	2002	
371	250	18	678	151	123	2034	788	1245	1	2003	
109	85	15	64	45	10	593	133	461	0	1999	l'ancienne URSS-Europe 5/
89	127	6	41	11	3	640	120	521	0	2000	
104	151	6	176	14	9	905	223	682	0	2001	
148	174	3	559	43	36	1204	392	813	0	2002	
125	160	3	522	56	50	1598	551	1047	0	2003	
8676	4402	784	5334	3010	1800	10234	5206	5028	157	1999	Economies développées-Europe
8582	4244	837	5703	3147	1993	10345	5077	5268	136	2000	
8866	4107	772	5864	3012	1891	9408	4299	5109	133	2001	
10109	4120	897	6174	2864	1707	9798	4421	5378	151	2002	
11836	4543	1081	6806	3059	1834	11266	5347	5919	189	2003	
8098	3680	751	5237	2816	1648	9829	5067	4762	157	1999	Union Européenne
8072	3620	813	5524	2964	1853	9911	4919	4991	136	2000	
8406	3525	746	5666	2834	1755	8981	4150	4832	132	2001	
9510	3512	864	5958	2673	1572	9222	4252	4970	150	2002	
11285	4038	1044	6606	2899	1717	10646	5171	5475	189	2003	
12196	14917	1499	3341	9377	6487	16261	3177	13085	462	1999	Autres economies développées
13414	16013	1537	3499	9899	7169	17867	3675	14192	446	2000	
14813	14723	1570	3355	11201	8210	18990	3349	15641	446	2001	
15629	13540	1734	3536	10642	7689	17520	2900	14620	456	2002	
15995	14160	2299	3637	11192	8129	18412	2962	15450	525	2003	
9722	1114	85	473	985	667	1246	424	821	2	1999	Canada
10603	1278	77	536	1034	796	1546	579	967	1	2000	
11780	1346	89	550	1209	942	1540	378	1162	1	2001	
12259	1358	90	549	1012	769	1053	94	959	1	2002	
12285	1396	117	463	945	714	1252	193	1059	4	2003	
·	10828	439	1892	7931	5504	8610	1852	6758	69	1999	Etats-Unis
·	11534	459	2052	8349	6017	9345	2095	7250	78	2000	
·	10257	431	1818	9247	6769	9206	1898	7307	75	2001	
·	9267	468	1870	9036	6525	8683	1546	7137	69	2002	
·	9593	754	2060	9632	6999	9152	1579	7573	70	2003	

Voir la fin du tableau pour la remarque générale et les notes.

World exports by commodity classes and by regions

In million U.S. dollars f.o.b.

Exports from	Year	World Monde 1/	Developed economies Economies développées 1/, 2/	Developing economies Economies en voie de développement 1/, 2/ Total	OPEC OPEP	Eastern Europe and fmr. USSR-Europe Europe de l'Est et l'anc. URSS-Europe Total 4/	Former USSR-Europe 5/	Developed Economies Europe Total	EU UE	Other Total	Canada
									Food, beverages and tobacco (SITC, Rev. 2 and Rev. 3, 0 and 1) (continue		
Japan	1999	2085	601	1477	91	8	7	95	91	506	
	2000	2088	619	1460	39	9	9	109	104	511	
	2001	2984	584	2384	38	16	15	105	101	479	
	2002	2137	625	1500	39	13	13	91	88	533	
	2003	2293	635	1639	44	19	19	105	100	530	
Australia, New Zealand	1999	16750	8249	5780	887	87	78	2302	2224	5947	2
	2000	17746	8801	6385	1120	68	62	2255	2165	6546	3
	2001	18669	9104	7002	1392	84	76	2323	2233	6780	4
	2002	19573	9682	7327	1560	104	95	2540	2446	7142	5
	2003	20072	10920	7299	1426	111	98	3007	2898	7913	4
Developing economies-Africa	1999	11076	7727	2792	572	449	208	6227	6084	1499	
	2000	11249	7688	3146	907	334	188	5943	5734	1745	
	2001	11421	7957	2997	634	319	193	6120	5907	1837	
	2002	12285	8572	3126	815	460	318	6792	6616	1780	
	2003	14227	9406	4057	897	520	355	7558	7424	1849	
Developing economies-America	1999	48159	32943	13308	1845	1739	1324	14828	14448	18114	6
	2000	48212	32382	13949	1981	1478	1085	13910	13524	18472	6
	2001	50334	31733	15818	2927	2543	2063	14170	13781	17563	7
	2002	50242	32346	15177	2820	2564	2154	14486	14140	17861	6
	2003	57032	37209	16274	2839	3152	2550	17056	16680	20153	8
LAIA	1999	39544	26550	11540	1768	1293	917	11961	11641	14589	4
	2000	39230	25766	12064	1871	1016	681	11068	10736	14698	5
	2001	41756	25927	13728	2794	1888	1426	11657	11326	14270	5
	2002	41797	26747	12903	2686	2032	1643	11983	11717	14764	5
	2003	48040	31144	13985	2751	2561	1991	14367	14063	16777	6
Developing economies-Asia	1999	58052	29126	26298	5578	2142	1626	8659	8172	20467	6
	2000	61283	29994	28749	5801	2166	1714	8188	7814	21806	7
	2001	61918	29557	29474	6353	2230	1715	8144	7811	21413	7
	2002	66062	31007	32284	7340	2456	1926	8294	8039	22713	7
	2003	72791	33492	35635	8093	3308	2650	9723	9466	23768	8
Middle East	1999	7561	3032	3844	1795	517	296	2417	2315	614	
	2000	7663	2786	4158	2028	518	332	2225	2142	561	
	2001	8316	2863	4584	2354	553	348	2272	2187	591	
	2002	8509	2925	4891	2752	507	298	2355	2284	570	
	2003	9938	3588	5494	2817	666	393	2908	2828	679	
Other Asia	1999	50491	26094	22454	3783	1625	1330	6241	5857	19853	6
	2000	53619	27208	24592	3772	1648	1381	5963	5672	21245	6
	2001	53602	26694	24890	3999	1678	1367	5872	5624	20822	6
	2002	57553	28082	27392	4589	1949	1628	5940	5755	22143	7
	2003	62853	29904	30141	5276	2643	2257	6815	6638	23089	8
Former USSR-Asia 6/.	1999	926	123	328	30	476	470	105	97	18	
	2000	1141	142	420	41	580	573	122	112	20	
	2001	918	102	393	74	423	418	79	69	23	
	2002	946	69	436	81	441	438	47	41	22	
	2003	1365	139	468	74	758	749	120	116	19	
Developing economies-Oceania	1999	870	708	152	8	7	0	365	365	343	
	2000	875	710	157	8	7	0	370	370	340	
	2001	937	767	162	8	7	0	400	399	368	
	2002	889	734	149	8	6	0	343	342	391	
	2003	1037	850	179	9	7	1	426	426	424	

For general note and footnotes see end of table.

Exportations mondiales par classes de marchandises et par régions

En millions de dollars E.-U. f.o.b.

Economies développées 1/, 2/			Developing economies / Economies en voie de développement 1/, 2/							Exportations vers	
	Autres			America / Amerique			Asia / Asie				
U.S.A. É.-U.	Japan Japon	Australia and NZ Australie et NZ	Africa Afrique	Total	LAIA ALADI	Total	Mid. East Moyen Orient	Other 6/ Autres 6/	Oceania Océanie	Année	Exportations en provenance de

Produits alimentaires, boisson et tabac (CTCI, Rev. 2 et Rev. 3, 0 et 1) (suite)

U.S.A. É.-U.	Japan Japon	Australie et NZ	Africa Afrique	Total	LAIA ALADI	Total	Moyen Orient	Autres 6/	Oceania Océanie	Année	Exportations en provenance de
412	·	56	6	26	19	1383	28	1355	60	1999	Japon
399	·	72	12	24	14	1368	27	1342	56	2000	
370	·	74	17	24	9	2291	29	2262	52	2001	
414	·	85	9	13	9	1439	27	1412	39	2002	
420	·	75	9	14	10	1572	29	1543	44	2003	
1887	2835	878	384	405	278	4657	710	3946	331	1999	Australie, Nouvelle-Zélande
2218	3023	889	352	467	325	5250	794	4456	311	2000	
2455	2893	932	407	694	469	5582	921	4661	317	2001	
2737	2757	1049	404	557	369	6016	1117	4899	343	2002	
3031	3003	1300	294	577	393	6018	996	5022	404	2003	
577	574	56	1367	99	86	1296	544	752	13	1999	Economies en voie de développement-Afrique
510	555	48	1579	83	55	1462	750	711	7	2000	
627	431	43	1632	87	61	1256	511	746	3	2001	
736	490	45	1907	73	44	1122	635	487	8	2002	
765	368	52	2464	103	70	1464	746	718	7	2003	
14430	2545	200	1030	8494	6424	3708	1374	2334	17	1999	Economies en voie de développement-Amérique
14895	2253	291	1113	8860	6798	3911	1530	2381	10	2000	
14053	2169	207	1489	9257	6919	4999	2143	2856	11	2001	
14479	2136	147	1738	8255	5788	5133	2146	2987	6	2002	
16641	2166	180	1950	8644	5975	5531	2193	3338	11	2003	
11337	2297	191	991	7024	6301	3449	1295	2154	16	1999	ALADI
11552	2020	282	1059	7305	6653	3635	1435	2201	10	2000	
11162	1978	200	1462	7558	6770	4635	2047	2589	11	2001	
11743	1966	139	1692	6396	5614	4767	2045	2722	6	2002	
13644	1988	172	1909	6732	5835	5196	2109	3088	10	2003	
6023	12420	884	1682	466	300	23972	5646	18326	85	1999	Economies en voie de développement- Asie
6612	13207	861	1805	501	312	26281	6308	19972	83	2000	
6669	12739	853	2112	505	305	26671	6556	20116	92	2001	
7602	12784	994	2155	640	397	29262	6955	22307	100	2002	
8070	13038	1220	2248	678	443	32368	8240	24127	173	2003	
336	102	49	291	66	60	3409	2717	692	0	1999	Moyen Orient
270	123	56	359	60	52	3677	3061	616	0	2000	
332	89	52	376	71	60	4071	3427	643	1	2001	
298	103	55	426	70	56	4306	3639	667	1	2002	
332	118	75	501	86	64	4795	3993	802	2	2003	
5687	12317	835	1391	400	241	20563	2929	17634	85	1999	Autres Pays d'Asie
6342	13084	805	1447	441	260	22604	3248	19356	82	2000	
6338	12650	801	1736	434	245	22601	3129	19472	91	2001	
7304	12681	939	1729	571	341	24956	3315	21641	99	2002	
7738	12921	1145	1747	592	379	27573	4248	23325	172	2003	
15	0	0	2	0	0	326	44	282	0	1999	l'ancienne URSS asiatique 6/
16	0	0	2	0	0	418	56	362	0	2000	
20	0	0	2	0	0	391	94	297	0	2001	
19	0	0	4	0	0	432	112	320	0	2002	
15	1	0	28	0	0	440	134	306	0	2003	
198	46	97	0	0	0	126	0	126	26	1999	Economies en voie de développement-Océanie
192	51	95	0	0	0	131	0	131	26	2000	
210	63	93	0	0	0	115	0	115	46	2001	
202	93	94	0	0	0	100	0	100	48	2002	
227	74	120	0	0	0	131	0	131	47	2003	

Voir la fin du tableau pour la remarque générale et les notes.

World exports by commodity classes and by regions

In million U.S. dollars f.o.b.

Cereals (SITC, Rev. 2 and Rev. 3, 041-04...)

Exports from	Year	World Monde 1/	Developed economies Economies développées 1/,2/	Developing economies Economies en voie de développement 1/, 2/ Total	OPEC OPEP	Eastern Europe and fmr. USSR-Europe Europe de l'Est et l'anc. URSS-Europe Total 4/	Former USSR-Europe 5/	Developed Economies Europe Total	EU UE	Other Total	Canad...
World 1/	1999	34828	12105	18424	4863	1326	1034	7580	7322	4524	2
	2000	33841	11076	18973	5034	1236	833	6640	6425	4436	2
	2001	34321	11453	19474	4669	850	434	6843	6557	4611	4
	2002	36086	12799	20065	5141	834	513	7603	7339	5196	5
	2003	39786	14436	21774	5319	1678	996	9202	8932	5233	5
Developed economies 1/,2/	1999	24430	10320	10815	2698	571	487	6659	6543	3661	2
	2000	23678	9562	11183	3035	433	241	5854	5740	3708	2
	2001	23579	9522	11336	2288	263	74	5778	5676	3744	4
	2002	22842	10067	10241	2066	157	53	5874	5750	4193	5
	2003	24201	11332	10688	2044	342	100	7304	7184	4028	5
Developing economies 1/,2/	1999	9176	1476	7013	2103	436	364	713	598	762	
	2000	9440	1373	7506	1927	504	417	682	598	692	
	2001	9391	1485	7500	2141	322	227	690	541	794	
	2002	10381	1494	8527	2644	351	278	640	536	853	
	2003	12280	1958	9677	2790	586	497	964	863	993	
OPEC	1999	126	6	120	55	0	0	0	0	6	
	2000	124	4	120	65	0	0	0	0	4	
	2001	117	3	114	50	0	0	0	0	3	
	2002	119	4	115	49	0	0	1	1	3	
	2003	192	11	178	63	2	0	8	8	3	
Eastern Europe and the former USSR 1/,4/	1999	1222	309	595	62	318	183	208	180	100	
	2000	723	140	284	71	299	174	105	88	36	
	2001	1350	446	639	240	266	133	374	339	72	
	2002	2864	1238	1297	430	326	183	1089	1053	149	
	2003	3305	1146	1409	484	750	399	934	885	212	
Former USSR-Europe 5/	1999	632	170	272	30	190	148	80	59	90	
	2000	253	55	120	35	78	69	24	13	31	
	2001	845	283	412	190	149	117	215	193	68	
	2002	2123	875	1023	368	224	162	742	721	132	
	2003	2589	871	1183	470	535	383	673	654	198	
Developed economies- Europe	1999	8328	6038	1990	947	299	235	5912	5844	126	
	2000	8022	5423	2277	1067	306	124	5260	5183	163	
	2001	7067	5279	1549	628	230	53	5129	5060	150	
	2002	7178	5490	1543	568	129	38	5282	5201	209	
	2003	8904	6551	2093	832	241	75	6337	6242	214	
European Union	1999	8327	6037	1989	947	299	235	5911	5843	126	
	2000	8021	5422	2277	1067	306	124	5259	5182	163	
	2001	7065	5278	1549	628	230	53	5128	5059	149	
	2002	7177	5489	1543	568	129	38	5280	5200	209	
	2003	8903	6550	2093	831	241	75	6336	6241	214	
Other developed economies	1999	16101	4282	8826	1751	272	252	747	699	3535	
	2000	15656	4140	8906	1968	128	117	594	557	3546	
	2001	16512	4244	9786	1660	33	20	649	616	3595	
	2002	15663	4577	8698	1498	28	15	592	549	3985	
	2003	15297	4781	8595	1213	100	25	967	942	3814	
Canada	1999	2725	1056	1658	795	10	0	234	218	823	
	2000	2960	966	1989	968	5	2	174	163	792	
	2001	3053	1074	1973	719	6	0	229	221	845	
	2002	2322	955	1360	493	7	5	183	162	772	
	2003	2438	1083	1291	423	63	19	481	475	602	
United States	1999	10338	3145	6804	837	262	252	504	474	2640	
	2000	9733	3005	6537	913	123	115	415	388	2590	
	2001	9653	3002	6534	841	26	20	410	388	2592	
	2002	10245	3456	6718	826	21	10	405	383	3051	
	2003	10680	3583	6992	779	37	6	466	448	3116	

For general note and footnotes see end of table.

Exportations mondiales par classes de marchandises et par régions

En millions de dollars E.-U. f.o.b.

| Economies développées 1/, 2/ | | | Developing economies / Economies en voie de développement 1/, 2/ | | | | | | | | Exportations vers |
U.S.A. É.-U.	Japon	Australia and NZ / Australie et NZ	Africa / Afrique	America / Amerique — Total	LAIA / ALADI	Asia / Asie — Total	Mid. East / Moyen Orient	Other 6/ / Autres 6/	Oceania / Océanie	Année	Exportations en provenance de

Céréales (CTCI, Rev. 2 et Rev. 3, 041-045)

U.S.A. É.-U.	Japon	Australie et NZ	Afrique	America Total	ALADI	Asia Total	Moyen Orient	Autres 6/	Océanie	Année	
892	2734	50	3869	5028	3914	9336	3761	5575	25	1999	Monde 1/
859	2660	50	4462	5113	4083	9236	4073	5163	21	2000	
873	2698	54	4635	5220	4128	9390	3449	5942	32	2001	
908	2878	55	5289	5379	4213	9218	3428	5790	24	2002	
798	3090	80	5312	5841	4632	10321	4319	6002	61	2003	
612	2531	21	2631	3344	2449	4799	1924	2875	8	1999	Economies dévelopées 1/,2/
571	2522	14	3148	3371	2488	4620	2178	2442	10	2000	
652	2445	29	2867	3576	2668	4826	1342	3484	13	2001	
645	2684	28	3094	3890	2879	3220	1032	2187	14	2002	
457	2726	38	3272	4059	2966	3310	1248	2062	18	2003	
270	201	29	1139	1653	1465	4179	1647	2532	16	1999	Economies en voie de développement 1/,2/
282	138	36	1288	1739	1595	4439	1760	2679	11	2000	
216	253	25	1582	1642	1460	4231	1851	2380	19	2001	
249	187	27	1597	1447	1296	5431	1947	3483	10	2002	
327	356	42	1531	1690	1577	6343	2542	3801	43	2003	
4	2	0	4	29	29	86	71	15	0	1999	OPEP
1	2	0	5	20	20	94	64	11	0	2000	
1	2	0	5	14	14	95	83	12	0	2001	
1	1	0	7	9	9	99	91	9	0	2002	
1	1	0	20	2	2	156	149	7	0	2003	
10	2	0	99	31	0	358	190	167	0	1999	Europe de l'Est et l'ancienne URSS 1/,4/
5	0	0	26	3	0	178	135	43	0	2000	
5	0	0	186	2	0	333	256	78	0	2001	
14	6	0	598	42	38	568	448	119	0	2002	
13	8	0	510	92	89	668	528	139	0	2003	
9	0	0	30	29	0	212	108	104	0	1999	l'ancienne URSS-Europe 5/
4	0	0	7	3	0	110	76	34	0	2000	
4	0	0	136	2	0	273	196	77	0	2001	
13	6	0	530	34	31	457	351	106	0	2002	
7	8	0	490	52	49	634	499	135	0	2003	
71	22	2	757	128	23	1081	876	205	0	1999	Economies développées-Europe
62	29	2	1040	138	56	1076	937	139	0	2000	
77	30	2	946	113	43	451	357	94	0	2001	
126	26	6	1030	133	79	363	286	77	1	2002	
92	40	?1	1118	147	106	800	650	149	0	2003	
71	22	2	757	128	23	1081	876	205	0	1999	Union Européenne
62	29	2	1040	138	56	1076	937	139	0	2000	
77	30	2	945	113	43	451	357	94	0	2001	
126	26	6	1030	133	79	363	286	77	1	2002	
92	40	21	1118	147	106	800	650	149	0	2003	
541	2509	19	1874	3217	2426	3718	1048	2670	8	1999	Autres economies développées
509	2493	12	2108	3233	2432	3544	1241	2303	10	2000	
575	2414	27	1921	3463	2625	4375	985	3390	13	2001	
519	2658	22	2064	3757	2801	2856	746	2110	13	2002	
365	2686	17	2154	3912	2860	2511	598	1912	17	2003	
540	250	11	403	516	431	736	365	371	1	1999	Canada
508	249	5	461	583	495	946	494	452	0	2000	
575	259	7	469	623	542	881	329	552	0	2001	
519	231	3	496	506	437	358	46	312	0	2002	
365	218	6	382	477	424	432	136	296	0	2003	
·	2196	2	1373	2695	1992	2727	600	2128	3	1999	Etats-Unis
·	2094	2	1590	2644	1931	2287	643	1644	4	2000	
·	2024	3	1396	2831	2073	2290	549	1741	4	2001	
·	2285	9	1417	3240	2353	2049	498	1550	5	2002	
·	2385	4	1615	3426	2427	1944	451	1493	6	2003	

Voir la fin du tableau pour la remarque générale et les notes.

World exports by commodity classes and by regions

In million U.S. dollars f.o.b.

Cereals (SITC, Rev. 2 and Rev. 3, 041-045) (continue

Exports from	Year	World Monde 1/	Developed economies Economies développées 1/, 2/	Developing economies Economies en voie de développement 1/, 2/ Total	OPEC OPEP	Eastern Europe and fmr. USSR-Europe Europe de l'Est et l'anc. URSS-Europe Total 4/	Former USSR-Europe 5/	Developed Economies Europe Total	EU UE	Other Total	Canada
Japan	1999	67	1	66	59	0	0	0	0	1	
	2000	14	1	13	0	0	0	0	0	1	
	2001	935	1	935	0	0	0	0	0	1	
	2002	6	1	5	0	0	0	0	0	0	
	2003	6	0	6	1	0	0	0	0	0	
Australia, New Zealand	1999	2871	78	199	59	0	0	7	7	70	
	2000	2854	143	300	77	0	0	5	4	139	
	2001	2737	87	293	99	0	0	8	7	79	
	2002	2927	154	462	178	0	0	3	3	151	
	2003	2016	109	155	10	0	0	17	17	91	
Developing economies-Africa	1999	185	25	138	9	22	1	9	9	16	
	2000	181	19	147	38	15	1	7	5	12	
	2001	247	35	175	37	32	14	21	9	13	
	2002	241	22	191	30	23	6	9	9	12	
	2003	331	25	286	51	17	2	12	12	13	
Developing economies-America	1999	2610	544	2061	210	3	1	327	280	217	
	2000	2907	500	2384	317	17	0	308	257	192	
	2001	3482	681	2758	537	37	0	393	292	288	
	2002	2870	551	2317	406	1	0	308	242	243	
	2003	3318	781	2469	344	18	1	519	446	262	
LAIA	1999	2501	505	1993	210	3	1	288	241	217	
	2000	2821	463	2336	316	17	0	272	221	191	
	2001	3390	647	2700	535	37	0	360	259	287	
	2002	2780	510	2268	406	1	0	269	203	241	
	2003	3236	746	2422	343	18	1	484	411	261	
Developing economies-Asia	1999	6318	893	4786	1883	392	346	364	297	530	
	2000	6276	842	4936	1572	448	402	354	331	488	
	2001	5613	762	4531	1562	246	210	269	237	493	
	2002	7139	869	5966	2205	300	270	274	242	595	
	2003	8496	1107	6862	2396	522	493	388	367	719	
Middle East	1999	334	31	301	72	1	0	24	22	7	
	2000	332	59	245	94	28	13	48	47	10	
	2001	266	41	213	73	11	0	33	32	8	
	2002	310	31	276	186	0	0	29	29	3	
	2003	414	38	366	175	7	4	35	35	4	
Other Asia	1999	5984	862	4485	1811	390	346	340	275	522	
	2000	5945	783	4692	1478	420	389	306	284	477	
	2001	5347	721	4318	1489	235	210	236	205	485	
	2002	6830	838	5689	2020	300	270	245	214	593	
	2003	8082	1068	6496	2221	515	488	353	333	715	
Former USSR-Asia 6/.	1999	479	23	227	28	230	229	19	17	4	
	2000	641	30	303	37	308	307	25	22	5	
	2001	435	14	279	69	142	142	12	7	2	
	2002	476	15	306	75	155	155	13	8	2	
	2003	684	69	272	67	342	337	65	62	4	
Developing economies-Oceania	1999	0	0	0	0	0	0	0	0	0	
	2000	0	0	0	0	0	0	0	0	0	
	2001	0	0	0	0	0	0	0	0	0	
	2002	0	0	0	0	0	0	0	0	0	
	2003	0	0	0	0	0	0	0	0	0	

For general note and footnotes see end of table.

Exportations mondiales par classes de marchandises et par régions

En millions de dollars E.-U. f.o.b.

Economies développées 1/, 2/			Developing economies Economies en voie de développement 1/, 2/								Exportations vers
	Autres			America Amerique		Asia Asie					
U.S.A. É.-U.	Japan Japon	Australia and NZ Australie et NZ	Africa Afrique	Total	LAIA ALADI	Total	Mid. East Moyen Orient	Other 6/ Autres 6/	Oceania Océanie	Année	Exportations en provenance de

Céréales (CTCI, Rev. 2 et Rev. 3, 041-045) (suite)

0	·	0	3	0	0	63	1	63	0	1999	Japon
0	·	0	7	0	0	6	1	5	0	2000	
0	·	0	9	0	0	926	0	925	0	2001	
0	·	0	4	0	0	2	0	1	0	2002	
0	·	0	4	0	0	2	0	1	0	2003	
0	63	6	3	3	3	188	81	108	4	1999	Australie, Nouvelle-Zélande
0	125	5	1	6	6	288	90	197	5	2000	
0	54	17	0	9	9	275	105	170	9	2001	
0	132	9	1	10	10	443	198	245	8	2002	
0	80	7	3	9	9	132	10	122	11	2003	
3	7	0	65	0	0	71	71	0	0	1999	Economies en voie de développement-Afrique
0	2	0	79	0	0	68	67	1	0	2000	
0	0	0	93	1	1	79	77	2	0	2001	
1	0	0	112	0	0	79	76	3	0	2002	
1	0	0	168	1	0	117	110	7	0	2003	
102	79	1	173	1561	1462	327	235	92	0	1999	Economies en voie de développement-Amérique
102	46	1	335	1662	1594	386	334	52	0	2000	
73	121	1	314	1557	1453	881	539	342	0	2001	
92	74	1	306	1345	1289	666	477	189	0	2002	
127	103	1	350	1576	1511	532	421	112	0	2003	
102	79	1	171	1495	1461	327	235	92	0	1999	ALADI
101	46	1	335	1614	1593	386	334	52	0	2000	
72	121	1	314	1499	1450	881	539	342	0	2001	
91	74	1	306	1296	1288	666	477	189	0	2002	
127	103	1	350	1529	1511	532	421	111	0	2003	
164	116	28	899	92	3	3778	1338	2440	14	1999	Economies en voie de développement- Asie
179	90	35	873	76	1	3975	1349	2626	11	2000	
143	132	23	1164	83	6	3263	1228	2035	19	2001	
156	113	26	1173	102	7	4676	1385	3291	10	2002	
199	252	41	1013	113	65	5684	2002	3682	43	2003	
1	0	0	52	0	0	248	106	143	0	1999	Moyen Orient
1	0	0	98	0	0	147	118	29	0	2000	
1	0	0	96	1	0	115	106	9	0	2001	
1	0	0	124	0	0	153	137	16	0	2002	
1	0	0	111	0	0	255	254	1	0	2003	
164	116	27	848	92	3	3529	1232	2297	14	1999	Autres Pays d'Asie
179	89	34	775	76	1	3828	1231	2597	11	2000	
143	132	23	1068	82	6	3148	1122	2026	19	2001	
155	113	26	1049	102	7	4524	1249	3275	10	2002	
199	252	41	901	113	65	5429	1748	3681	43	2003	
2	0	0	1	0	0	225	37	189	0	1999	l'ancienne URSS asiatique 6/
2	0	0	2	0	0	301	49	252	0	2000	
0	0	0	2	0	0	277	81	197	0	2001	
0	0	0	2	0	0	303	88	215	0	2002	
2	0	0	27	0	0	245	112	133	0	2003	
0	0	0	0	0	0	0	0	0	0	1999	Economies en voie de développement-Océanie
0	0	0	0	0	0	0	0	0	0	2000	
0	0	0	0	0	0	0	0	0	0	2001	
0	0	0	0	0	0	0	0	0	0	2002	
0	0	0	0	0	0	0	0	0	0	2003	

Voir la fin du tableau pour la remarque générale et les notes.

SPECIAL TABLE: D

World exports by commodity classes and by regions

In million U.S. dollars f.o.b.

Exports from	Year	World Monde 1/	Developed economies Economies développées 1/, 2/	Developing economies Economies en voie de développement 1/, 2/ Total	OPEC OPEP	Eastern Europe and fmr. USSR-Europe Europe de l'Est et l'anc. URSS-Europe Total 4/	Former USSR-Europe 5/	Developed Economies Europe Total	EU UE	Other Total	Canada
									Crude materials (excluding fuels), oils, fats (SITC, Rev. 2 and Rev. 3, 2 and		
World 1/	1999	196871	124160	61925	5964	6800	3267	75118	71393	49042	567
	2000	211665	129234	69956	6240	7646	3611	76986	73012	52247	644
	2001	203267	121952	69009	5808	7665	3622	74748	70826	47204	593
	2002	216550	127323	76343	6397	8328	3834	79606	75645	47717	600
	2003	258735	145135	97985	7651	10613	4935	93731	88830	51404	656
Developed economies 1/,2/	1999	119514	83705	29331	2731	2715	977	51477	49073	32227	474
	2000	127869	86055	34331	2976	2864	948	52702	50323	33352	530
	2001	124554	82562	34332	2729	3247	1137	52281	49673	30281	490
	2002	130505	85446	36992	2939	3705	1255	55236	52579	30210	498
	2003	151820	96549	46110	3410	4449	1428	64951	61712	31598	545
Developing economies 1/,2/	1999	65554	33655	30235	3103	1442	963	17615	16525	16040	90
	2000	70822	36233	32732	3115	1669	1059	18160	16816	18073	111
	2001	67067	33274	31866	2950	1721	1162	17077	15949	16198	100
	2002	72986	34876	35925	3303	1997	1378	18081	17003	16796	99
	2003	90161	39839	47561	4021	2471	1592	20850	19468	18989	107
OPEC	1999	6608	3204	3315	238	88	23	1557	1525	1647	5
	2000	7889	3735	4011	295	142	59	1782	1731	1954	6
	2001	7365	3170	4029	264	162	54	1677	1651	1493	6
	2002	9037	3722	5132	342	178	73	2061	2033	1661	6
	2003	10499	4072	6173	370	248	101	2039	1996	2033	5
Eastern Europe and the former USSR 1/,4/	1999	11803	6800	2359	130	2643	1327	6025	5796	775	2
	2000	12974	6946	2894	149	3112	1604	6124	5874	822	2
	2001	11646	6116	2811	129	2696	1323	5391	5203	726	2
	2002	13059	7001	3426	155	2626	1201	6289	6064	711	2
	2003	16755	8747	4313	220	3693	1915	7930	7650	817	2
Former USSR-Europe 5/	1999	7849	4115	1708	75	2026	1183	3440	3248	675	
	2000	8717	4172	2122	95	2423	1442	3452	3236	720	
	2001	7660	3505	2125	75	2011	1184	2874	2723	632	
	2002	8420	3892	2602	77	1920	1093	3289	3099	603	
	2003	10945	4964	3206	125	2775	1760	4280	4049	684	
Developed economies-Europe	1999	53283	42841	7376	914	2460	863	39104	37216	3737	2
	2000	53680	42560	7993	987	2589	862	38632	36830	3928	2
	2001	54741	43630	7571	930	2953	1045	39691	37750	3939	2
	2002	60197	47305	8604	1081	3435	1188	42745	40682	4560	3
	2003	72695	57151	10632	1314	4041	1314	52004	49545	5147	3
European Union	1999	51577	41269	7275	907	2428	856	37607	35766	3662	2
	2000	51853	40901	7867	975	2547	853	37054	35287	3847	2
	2001	52962	42012	7449	921	2915	1035	38150	36251	3862	2
	2002	58386	45664	8482	1074	3390	1176	41192	39164	4473	3
	2003	70672	55350	10461	1301	3996	1304	50301	47905	5048	3
Other developed economies	1999	66232	40864	21955	1817	254	115	12374	11857	28490	44
	2000	74189	43495	26338	1990	275	86	14070	13493	29425	50
	2001	69813	38932	26760	1799	294	92	12589	11924	26343	46
	2002	70307	38141	28388	1858	270	68	12491	11897	25650	46
	2003	79125	39398	35478	2096	408	114	12947	12167	26451	51
Canada	1999	21294	18673	2605	276	17	5	3145	2757	15528	
	2000	22565	19570	2973	338	23	6	3814	3381	15756	
	2001	19580	17000	2561	143	19	4	3071	2568	13929	
	2002	18928	16271	2638	190	19	7	3005	2570	13266	
	2003	19790	16420	3311	215	56	14	3148	2610	13271	
United States	1999	26112	14233	11534	873	120	63	5702	5636	8531	44
	2000	30471	15684	14455	962	114	50	6439	6350	9245	49
	2001	29458	14249	14918	1021	139	49	6073	5976	8176	45
	2002	30044	13847	15951	1091	136	37	5975	5903	7872	45
	2003	35557	14352	20966	1257	147	54	6110	5961	8242	48

For general note and footnotes see end of table.

Exportations mondiales par classes de marchandises et par régions

En millions de dollars E.-U. f.o.b.

	Economies développées 1/, 2/			Developing economies — Economies en voie de développement 1/, 2/								
		Autres			America — Amerique		Asia — Asie				← Exportations vers	
			Australia and NZ Australie et NZ	Africa Afrique	Total	LAIA ALADI	Total	Mid. East Moyen Orient	Other 6/ Autres 6/	Oceania Océanie	Année	Exportations en provenance de ↓
	U.S.A. É.-U.	Japan Japon										

Matières brutes (sauf combustibles), huiles et graisses (CTCI, Rev. 2 et Rev. 3, 2 et 4)

U.S.A. É.-U.	Japan Japon	Australie et NZ	Afrique	Total (Amerique)	LAIA ALADI	Total (Asie)	Moyen Orient	Autres 6/	Océanie	Année	Exportations en provenance de
22400	18151	1345	4821	9214	7869	46901	5710	41190	105	1999	Monde 1/
22956	19731	1461	4611	10340	8962	53934	6550	47384	100	2000	
21086	17481	1259	4252	9901	8357	53774	6036	47737	107	2001	
21293	17257	1432	4818	10499	8750	59791	7527	52264	104	2002	
21933	19178	1684	6075	11716	9729	78739	9968	68772	137	2003	
15599	10366	831	2281	5511	4711	20955	2076	18879	81	1999	Economies dévelopées 1/,2/
15790	10691	884	2060	6240	5469	25425	2462	22963	73	2000	
14490	9588	715	2042	5933	5146	25730	2368	23361	61	2001	
14300	9489	818	2256	6477	5592	27528	3263	24265	76	2002	
14147	10397	913	2661	6983	5951	35623	4209	31414	91	2003	
6586	7306	512	2259	3648	3127	24080	2846	21234	24	1999	Economies en voie de développement 1/,2/
6987	8489	569	2118	4067	3472	26284	3235	23049	27	2000	
6459	7353	539	1906	3930	3181	25744	2962	22782	45	2001	
6823	7293	605	2211	3977	3122	29423	3430	25993	28	2002	
7591	8240	753	2932	4698	3749	39550	4472	35079	43	2003	
576	938	46	198	216	205	2892	379	2513	4	1999	OPEP
547	1225	65	223	213	207	3559	487	3072	6	2000	
372	935	61	246	197	189	3574	473	3101	8	2001	
489	969	81	387	227	212	4508	579	3929	4	2002	
618	1142	106	331	196	186	5634	705	4929	3	2003	
215	479	2	280	55	31	1866	789	1078	0	1999	Europe de l'Est et l'ancienne URSS 1/,4/
178	552	8	434	33	21	2226	854	1372	0	2000	
137	539	4	305	37	30	2300	706	1594	0	2001	
170	475	9	352	45	36	2840	834	2006	0	2002	
195	542	17	482	35	29	3566	1287	2279	2	2003	
187	448	1	175	28	6	1493	541	951	0	1999	l'ancienne URSS-Europe 5/
149	509	3	297	18	8	1778	561	1218	0	2000	
106	496	1	198	14	8	1890	459	1432	0	2001	
139	426	1	241	19	10	2323	491	1832	0	2002	
149	499	2	343	14	9	2825	734	2091	0	2003	
1801	1151	196	1618	571	482	4694	1189	3505	15	1999	Economies développées-Europe
1975	1141	192	1476	626	552	5376	1392	3984	11	2000	
1992	1253	169	1402	616	552	5008	1325	3683	10	2001	
2393	1350	211	1559	703	631	5707	1736	3971	14	2002	
2638	1559	236	1857	716	629	7317	2260	5057	22	2003	
1766	1122	191	1611	562	474	4620	1180	3441	15	1999	Union Européenne
1935	1114	188	1465	617	543	5278	1379	3899	11	2000	
1957	1223	162	1395	607	543	4903	1311	3592	10	2001	
2352	1318	205	1548	691	620	5611	1721	3891	14	2002	
2590	1524	229	1847	703	618	7174	2242	4931	22	2003	
13798	9215	634	663	4940	4229	16261	887	15374	66	1999	Autres economies développées
13815	9550	691	584	5614	4916	20049	1070	18978	62	2000	
12498	8336	546	640	5317	4594	20722	1044	19678	51	2001	
11907	8139	606	696	5773	4961	21821	1527	20294	62	2002	
11509	8837	677	804	6267	5322	28307	1950	26357	69	2003	
12847	2491	141	97	294	261	2210	102	2108	1	1999	Canada
12780	2763	171	58	373	328	2537	94	2443	3	2000	
11582	2214	106	65	385	301	2108	49	2059	2	2001	
10960	2169	114	67	313	254	2254	92	2161	3	2002	
10650	2449	135	82	390	334	2835	105	2729	3	2003	
·	3691	162	382	4447	3781	6669	569	6100	19	1999	Etats-Unis
·	3903	150	339	5069	4426	9008	722	8286	19	2000	
·	3242	135	389	4768	4134	9722	768	8953	18	2001	
·	2960	136	415	5319	4573	10168	947	9222	21	2002	
·	3041	137	479	5699	4827	14753	1254	13499	16	2003	

Voir la fin du tableau pour la remarque générale et les notes.

World exports by commodity classes and by regions

In million U.S. dollars f.o.b.

Crude materials (excluding fuels), oils, fats (SITC, Rev. 2 and Rev. 3, 2 and 4) (continue

Exports from	Year	World Monde 1/	Developed economies Economies développées 1/, 2/	Developing economies Economies en voie de développement 1/, 2/		Eastern Europe and fmr. USSR-Europe Europe de l'Est et l'anc. URSS-Europe		Developed Economies			
								Europe		Other	
				Total	OPEC OPEP	Total 4/	Former USSR-Europe 5/	Total	EU UE	Total	Canad
Japan	1999	3002	740	2255	186	8	3	431	421	309	
	2000	3369	764	2598	196	7	4	435	423	329	
	2001	3439	684	2748	192	8	4	381	372	303	
	2002	3635	682	2944	186	9	5	374	369	308	
	2003	4357	747	3597	183	13	7	429	422	318	
Australia, New Zealand	1999	12752	5029	4744	421	46	9	1677	1670	3352	3
	2000	14393	5106	5425	401	83	14	1806	1799	3300	5
	2001	14258	4882	5661	392	98	30	1644	1634	3238	
	2002	14153	5003	5677	336	73	11	1539	1525	3464	1
	2003	15463	5443	6162	375	121	21	1642	1629	3801	1
Developing economies-Africa	1999	6191	3721	2315	308	116	10	3109	2845	612	
	2000	6350	3703	2443	236	145	22	2822	2575	881	
	2001	5767	3587	2005	211	107	18	2723	2544	864	
	2002	6266	3853	2255	287	111	23	2743	2579	1109	
	2003	7337	4300	2852	340	125	24	3116	2899	1184	
Developing economies-America	1999	23405	14606	8352	1202	336	233	7465	6901	7141	6
	2000	25758	15868	9535	1143	307	126	8041	7226	7827	8
	2001	25950	15138	10448	1042	335	179	7596	6894	7542	7
	2002	26885	15388	11108	1005	360	198	8055	7370	7333	7
	2003	33562	17301	15710	1293	430	190	9230	8349	8072	7
LAIA	1999	21059	12771	7918	1195	262	160	6538	6177	6234	3
	2000	23046	13716	8986	1130	296	120	6938	6394	6778	4
	2001	23413	13111	9947	1029	331	176	6552	6086	6558	4
	2002	24204	13318	10520	999	341	188	6984	6537	6334	3
	2003	30613	15088	14997	1283	411	180	8059	7466	7029	3
Developing economies-Asia	1999	33723	13792	18913	1589	946	712	6112	5856	7680	1
	2000	36187	14898	20054	1731	1155	898	6245	5970	8653	2
	2001	33092	13011	18748	1691	1226	958	5799	5562	7212	1
	2002	37698	14214	21905	2002	1469	1153	6368	6146	7846	2
	2003	46532	16406	28187	2383	1830	1357	7337	7060	9069	2
Middle East	1999	3039	1163	1704	496	114	50	910	875	253	
	2000	3039	1059	1779	515	137	53	811	786	248	
	2001	3407	1087	2125	592	112	43	886	863	201	
	2002	3475	1049	2203	610	127	48	885	865	164	
	2003	4338	1373	2682	701	187	77	1153	1125	220	
Other Asia	1999	30685	12629	17209	1093	832	663	5202	4981	7427	1
	2000	33147	13839	18275	1217	1019	845	5434	5184	8405	1
	2001	29685	11924	16623	1099	1114	915	4913	4699	7011	1
	2002	34224	13165	19702	1393	1341	1105	5483	5280	7682	1
	2003	42194	15033	25504	1682	1644	1280	6184	5935	8849	2
Former USSR-Asia 6/.	1999	1267	270	482	134	516	489	252	130	18	
	2000	1585	316	622	116	646	621	296	148	20	
	2001	1539	273	588	119	678	658	252	115	21	
	2002	1644	247	633	106	764	749	234	86	13	
	2003	1786	253	714	113	819	806	241	75	12	
Developing economies-Oceania	1999	1577	1122	452	1	2	0	519	519	603	
	2000	1768	1292	472	2	2	0	586	586	706	
	2001	1536	1095	437	1	4	2	517	517	577	
	2002	1357	961	394	1	2	0	458	457	503	
	2003	1782	1265	501	1	16	13	606	606	659	

For general note and footnotes see end of table.

Exportations mondiales par classes de marchandises et par régions

En millions de dollars E.-U. f.o.b.

U.S.A. É.-U.	Japan Japon	Australia and NZ Australie et NZ	Africa Afrique	America Total	LAIA ALADI	Asia Total	Mid. East Moyen Orient	Other 6/ Autres 6/	Oceania Océanie	Année	Exportations en provenance de
244	·	33	27	35	33	2191	53	2137	1	1999	Japon
268	·	30	27	33	32	2535	39	2496	1	2000	
246	·	27	30	35	34	2680	38	2642	1	2001	
246	·	28	31	33	31	2879	49	2830	1	2002	
251	·	30	38	33	32	3525	54	3471	1	2003	
380	2636	273	39	92	89	4568	88	4480	45	1999	Australie, Nouvelle-Zélande
429	2467	326	31	72	68	5281	148	5133	39	2000	
422	2472	258	34	52	51	5542	137	5405	30	2001	
434	2579	312	33	36	35	5571	139	5432	36	2002	
344	2858	358	61	52	51	5998	162	5836	49	2003	
232	125	43	877	211	208	1203	253	950	0	1999	Economies en voie de développement-Afrique
331	88	47	925	184	173	1310	351	959	1	2000	
334	149	58	584	150	146	1250	214	1036	1	2001	
302	188	66	614	123	109	1494	260	1234	1	2002	
311	191	54	859	116	101	1852	302	1550	1	2003	
3976	2257	46	582	2995	2517	4772	881	3891	1	1999	Economies en voie de développement-Amérique
4135	2642	74	466	3422	2873	5643	852	4791	1	2000	
4046	2491	57	590	3374	2673	6469	788	5681	2	2001	
4157	2201	92	580	3424	2642	7083	848	6236	2	2002	
4440	2507	147	675	4025	3158	10985	1143	9842	2	2003	
3441	2238	46	553	2652	2381	4708	881	3827	1	1999	ALADI
3513	2626	72	447	3013	2701	5522	845	4678	1	2000	
3434	2470	56	569	2920	2537	6442	781	5661	2	2001	
3566	2184	91	551	2936	2527	7011	847	6164	2	2002	
3813	2490	146	645	3432	2977	10896	1142	9754	2	2003	
2372	4395	353	781	441	403	17645	1701	15944	17	1999	Economies en voie de développement- Asie
2516	5124	380	709	461	426	18844	2014	16830	18	2000	
2071	4214	353	715	401	363	17575	1945	15630	38	2001	
2358	4466	385	999	427	370	20435	2302	18133	20	2002	
2832	4985	454	1377	556	489	26195	3005	23190	32	2003	
102	93	9	170	19	17	1509	602	907	0	1999	Moyen Orient
83	117	3	184	21	19	1569	723	846	0	2000	
82	72	3	180	8	7	1923	767	1156	10	2001	
59	58	3	201	8	5	1987	791	1196	1	2002	
96	67	5	216	12	10	2451	1031	1419	0	2003	
2270	4302	344	610	422	385	16136	1099	15037	17	1999	Autres Pays d'Asie
2433	5007	377	525	440	407	17274	1290	15984	18	2000	
1988	4142	350	536	393	355	15652	1178	14474	28	2001	
2299	4409	383	798	419	365	18448	1511	16937	19	2002	
2736	4918	449	1161	543	479	23745	1974	21771	32	2003	
17	0	0	2	5	0	474	213	261	0	1999	l'ancienne URSS asiatique 6/
20	· 0	0	6	3	0	613	290	323	0	2000	
20	0	0	6	1	0	580	263	316	0	2001	
12	1	0	6	3	0	623	263	360	0	2002	
11	0	0	6	4	0	704	295	409	0	2003	
4	528	70	0	0	0	446	0	446	6	1999	Economies en voie de développement-Océanie
4	633	68	0	0	0	466	0	466	6	2000	
7	499	71	0	0	0	432	0	432	5	2001	
5	437	61	0	0	0	388	0	388	6	2002	
6	556	97	0	0	0	494	0	494	7	2003	

Matières brutes (sauf combustibles), huiles et graisses (CTCI, Rev. 2 et Rev. 3, 2 et 4) (suite)

Voir la fin du tableau pour la remarque générale et les notes.

World exports by commodity classes and by regions

In million U.S. dollars f.o.b.

Oil seeds and, oleaginous fruit (SITC, Rev. 2 and Rev. 3,

Exports from	Year	World Monde 1/	Developed economies Economies développées 1/, 2/	Developing economies Economies en voie de développement 1/, 2/ Total	OPEC OPEP	Eastern Europe and fmr. USSR-Europe Europe de l'Est et l'anc. URSS-Europe Total 4/	Former USSR-Europe 5/	Developed Economies Europe Total	EU UE	Other Total	Cana
World 1/	1999	13232	7662	5094	447	220	119	5246	5121	2416	
	2000	14473	7453	6574	462	192	96	5012	4863	2441	
	2001	15345	7933	6992	504	221	105	5550	5394	2383	
	2002	15768	8275	7105	589	243	110	5682	5543	2593	
	2003	21245	9420	11396	753	281	135	6494	6302	2926	
Developed economies 1/,2/	1999	8478	4576	3588	294	77	38	2612	2585	1964	
	2000	8746	4376	4102	223	37	13	2508	2487	1868	
	2001	8867	4635	4020	290	47	11	2778	2752	1857	
	2002	9272	5002	4071	348	68	18	2887	2865	2115	
	2003	11982	5450	6346	418	73	25	3126	3103	2323	
Developing economies 1/,2/	1999	4058	2645	1333	153	60	37	2214	2140	432	
	2000	5024	2619	2326	239	57	38	2060	1950	559	
	2001	5865	2867	2874	214	91	55	2348	2241	519	
	2002	6000	2898	2986	241	101	63	2431	2323	467	
	2003	8639	3566	4906	335	134	80	2973	2810	593	
OPEC	1999	85	17	67	17	0	0	7	7	10	
	2000	117	44	73	20	0	0	5	4	39	
	2001	94	34	58	19	0	0	4	4	30	
	2002	79	28	51	18	0	0	4	4	23	
	2003	65	29	36	21	0	0	4	3	25	
Eastern Europe and the former USSR 1/,4/	1999	696	440	173	0	83	44	420	396	20	
	2000	703	458	146	0	98	45	444	425	15	
	2001	612	431	98	0	83	40	424	401	7	
	2002	496	374	48	0	74	30	363	356	11	
	2003	624	405	145	0	75	30	395	389	10	
Former USSR-Europe 5/	1999	242	123	74	0	45	37	114	98	8	
	2000	416	230	123	0	63	40	217	201	13	
	2001	243	154	35	0	54	37	148	140	6	
	2002	103	60	12	0	30	22	51	49	9	
	2003	174	80	58	0	35	22	72	71	8	
Developed economies-Europe	1999	1580	1154	385	7	42	13	1129	1111	25	
	2000	1289	1078	182	4	29	11	1061	1045	17	
	2001	1315	1188	95	6	32	7	1169	1155	19	
	2002	1540	1289	204	23	42	12	1259	1238	29	
	2003	1773	1619	87	8	61	21	1591	1572	27	
European Union	1999	1579	1153	384	7	42	13	1128	1110	25	
	2000	1287	1076	182	4	29	11	1059	1044	17	
	2001	1314	1187	95	6	32	7	1169	1154	19	
	2002	1539	1288	204	23	42	12	1258	1237	29	
	2003	1772	1618	87	8	61	21	1590	1571	27	
Other developed economies	1999	6898	3423	3203	287	36	25	1483	1475	1940	
	2000	7457	3298	3921	219	8	2	1447	1442	1851	
	2001	7552	3447	3925	284	15	3	1609	1597	1839	
	2002	7732	3714	3867	325	26	6	1628	1626	2086	
	2003	10209	3831	6259	410	12	5	1535	1531	2296	
Canada	1999	1292	772	520	62	0	0	123	122	649	
	2000	1167	667	499	32	0	0	99	99	568	
	2001	1184	710	474	7	0	0	163	163	547	
	2002	1056	841	214	24	1	0	224	224	618	
	2003	1470	991	477	21	1	0	252	251	739	
United States	1999	5037	2352	2415	223	35	25	1214	1209	1138	
	2000	5818	2435	3146	187	7	2	1309	1306	1126	
	2001	5930	2462	3290	273	14	3	1331	1319	1131	
	2002	6197	2621	3425	300	25	5	1340	1339	1281	
	2003	8427	2628	5682	388	10	4	1239	1238	1388	

For general note and footnotes see end of table.

Exportations mondiales par classes de marchandises et par régions

En millions de dollars E.-U. f.o.b.

| Economies développées 1/, 2/ | | | Developing economies Economies en voie de développement 1/, 2/ | | | | | | | | Exportations vers |
U.S.A. É.-U.	Autres Japan Japon	Australia and NZ Australie et NZ	Africa Afrique	America Amerique Total	LAIA ALADI	Asia Asie Total	Mid. East Moyen Orient	Other 6/ Autres 6/	Oceania Océanie	Année	Exportations en provenance de
Graines et fruits oléagineux (CTCI, Rev. 2 et Rev. 3, 22)											
336	1650	28	188	1343	1240	3541	358	3183	5	1999	Monde 1/
312	1652	26	227	1680	1538	4650	435	4216	5	2000	
276	1610	23	217	1722	1549	5022	363	4659	6	2001	
262	1803	34	233	1887	1650	4939	471	4467	8	2002	
281	2070	43	290	2174	1886	8884	690	8194	8	2003	
202	1426	18	64	1005	945	2510	138	2371	3	1999	Economies dévelopées 1/,2/
190	1353	15	75	1121	1042	2897	122	2775	3	2000	
181	1293	15	85	1146	1065	2779	100	2678	4	2001	
179	1496	21	108	1333	1211	2612	181	2431	6	2002	
184	1733	27	125	1436	1308	4773	207	4565	5	2003	
130	224	9	113	321	280	895	150	745	2	1999	Economies en voie de développement 1/,2/
117	299	11	142	552	491	1627	216	1410	2	2000	
90	316	8	129	562	470	2167	229	1938	2	2001	
74	307	13	124	544	428	2292	266	2026	2	2002	
88	343	16	162	733	574	3980	396	3584	3	2003	
8	0	0	19	15	15	34	17	17	0	1999	OPEP
12	10	0	14	23	23	35	20	15	0	2000	
11	7	0	7	23	23	28	19	8	0	2001	
6	6	0	1	17	17	33	19	14	0	2002	
4	8	0	2	1	1	33	22	11	0	2003	
4	0	0	12	17	15	137	70	67	0	1999	Europe de l'Est et l'ancienne URSS 1/,4/
5	0	0	11	6	5	126	96	30	0	2000	
5	0	0	3	14	14	76	34	42	0	2001	
9	0	0	0	11	11	35	24	10	0	2002	
8	0	0	3	5	4	131	86	45	0	2003	
3	0	0	10	2	0	61	49	13	0	1999	l'ancienne URSS-Europe 5/
5	0	0	11	1	0	110	87	24	0	2000	
5	0	0	3	0	0	31	20	11	0	2001	
8	0	0	0	0	0	12	7	5	0	2002	
7	0	0	0	0	0	57	28	30	0	2003	
9	7	1	9	30	30	339	15	324	0	1999	Economies développées-Europe
11	1	1	14	7	7	155	17	138	0	2000	
7	5	1	8	2	2	78	11	68	0	2001	
7	14	0	8	84	84	105	27	78	0	2002	
7	16	0	15	2	2	64	9	55	0	2003	
9	7	1	9	30	30	339	15	324	0	1999	Union Européenne
11	1	1	14	7	7	155	17	138	0	2000	
7	5	1	8	2	2	78	11	68	0	2001	
7	14	0	8	84	84	105	27	78	0	2002	
7	16	0	15	2	2	64	9	55	0	2003	
193	1420	17	54	974	916	2171	123	2048	3	1999	Autres economies développées
179	1352	14	61	1114	1035	2742	105	2637	3	2000	
173	1288	14	78	1143	1063	2700	90	2610	4	2001	
172	1483	20	101	1249	1128	2507	155	2352	6	2002	
177	1717	26	110	1434	1306	4709	199	4510	5	2003	
160	488	0	6	118	116	396	48	348	0	1999	Canada
141	426	0	9	175	169	316	25	291	0	2000	
130	416	0	7	167	165	300	4	296	0	2001	
131	486	0	7	126	122	81	15	67	0	2002	
167	569	1	6	188	186	283	20	263	0	2003	
·	818	14	43	814	758	1554	73	1481	2	1999	Etats-Unis
·	813	10	45	924	852	2175	73	2102	2	2000	
·	760	11	66	976	897	2245	82	2164	3	2001	
·	855	17	82	1121	1004	2214	139	2075	4	2002	
·	994	22	87	1244	1118	4347	177	4170	3	2003	

Voir la fin du tableau pour la remarque générale et les notes.

World exports by commodity classes and by regions

In million U.S. dollars f.o.b.

Exports from	Year	World Monde 1/	Developed economies / Economies développées 1/, 2/	Developing economies / Economies en voie de développement 1/, 2/ Total	OPEC OPEP	Eastern Europe and fmr. USSR-Europe / Europe de l'Est et l'anc. URSS-Europe Total 4/	Former USSR-Europe 5/	Developed Economies / Europe Total	EU UE	Other Total	Cana
										Oil seeds and, oleaginous fruit (SITC, Rev. 2 and Rev. 3, 22) (continu
Japan	1999	1	0	1	0	0	0	0	0	0	
	2000	1	0	0	0	0	0	0	0	0	
	2001	2	1	0	0	0	0	0	0	1	
	2002	1	1	0	0	0	0	0	0	1	
	2003	2	1	1	0	0	0	0	0	1	
Australia, New Zealand	1999	504	246	258	1	0	0	101	101	144	
	2000	418	155	264	0	0	0	7	6	148	
	2001	380	227	153	3	0	0	75	75	152	
	2002	412	201	211	0	0	0	23	23	179	
	2003	244	165	79	0	0	0	7	7	157	
Developing economies- Africa	1999	187	77	106	12	1	0	34	31	42	
	2000	341	151	180	25	3	0	52	49	99	
	2001	270	118	132	23	1	0	55	51	63	
	2002	241	101	137	18	1	0	46	39	54	
	2003	300	131	165	27	1	0	54	47	77	
Developing economies- America	1999	3013	2189	811	36	1	0	1987	1917	201	
	2000	3746	2034	1704	111	1	0	1781	1676	252	
	2001	4663	2342	2301	105	14	0	2070	1968	273	
	2002	4861	2433	2397	101	20	9	2200	2101	233	
	2003	7056	2950	4065	122	12	0	2677	2524	272	
LAIA	1999	2943	2154	775	34	1	0	1979	1909	175	
	2000	3674	1996	1669	110	0	0	1766	1661	230	
	2001	4591	2306	2266	104	14	0	2055	1953	251	
	2002	4798	2397	2370	99	20	9	2185	2086	213	
	2003	6996	2921	4034	120	12	0	2664	2511	257	
Developing economies- Asia	1999	774	321	395	105	54	36	153	152	168	
	2000	851	369	424	103	52	37	183	182	186	
	2001	851	346	422	86	74	54	183	182	163	
	2002	814	310	431	122	73	52	147	146	162	
	2003	1173	417	644	185	111	78	195	193	222	
Middle East	1999	58	21	27	17	9	5	17	16	4	
	2000	46	15	26	20	5	3	12	12	3	
	2001	54	18	24	19	10	6	15	15	3	
	2002	52	15	32	19	5	4	12	11	3	
	2003	74	20	37	23	16	10	16	15	4	
Other Asia	1999	716	300	369	88	44	31	137	136	163	
	2000	805	353	398	83	46	34	171	170	183	
	2001	798	329	398	67	63	48	168	167	160	
	2002	762	295	399	103	68	48	135	135	159	
	2003	1099	397	607	162	95	68	180	178	218	
Former USSR-Asia 6/	1999	7	2	1	1	4	4	1	1	0	
	2000	8	2	2	0	4	4	1	1	0	
	2001	7	2	2	0	4	4	2	2	0	
	2002	3	0	1	0	2	2	0	0	0	
	2003	4	0	3	2	1	1	0	0	0	
Developing economies- Oceania	1999	77	58	19	0	0	0	37	37	20	
	2000	78	61	17	0	0	0	39	39	21	
	2001	74	56	18	0	0	0	36	36	20	
	2002	69	50	20	0	0	0	32	32	18	
	2003	87	63	24	0	0	0	41	41	22	

For general note and footnotes see end of table.

Exportations mondiales par classes de marchandises et par régions

En millions de dollars E.-U. f.o.b.

Economies développées 1/, 2/			Developing economies / Economies en voie de développement 1/, 2/							Exportations vers	
Autres		Australia and NZ / Australie et NZ	Africa / Afrique	America / Amerique		Asia / Asie			Oceania / Océanie		
U.S.A. / É.-U.	Japan / Japon			Total	LAIA / ALADI	Total	Mid. East / Moyen / Orient	Other 6/ / Autres 6/		Année	Exportations en provenance de

Graines et fruits oléagineaux (CTCI, Rev. 2 et Rev. 3, 22) (suite)

U.S.A.	Japan	Aust/NZ	Africa	Am.Total	ALADI	As.Total	Moyen Orient	Autres 6/	Oceania	Année	Exportations en provenance de
0	·	0	0	0	0	1	0	1	0	1999	Japon
0	·	0	0	0	0	0	0	0	0	2000	
0	·	0	0	0	0	0	0	0	0	2001	
1	·	0	0	0	0	0	0	0	0	2002	
1	·	0	0	0	0	1	0	1	0	2003	
31	107	2	0	39	39	218	1	217	1	1999	Australie, Nouvelle-Zélande
36	106	3	0	13	13	249	7	243	1	2000	
41	107	3	0	0	0	152	3	148	1	2001	
38	137	3	1	0	0	207	0	207	2	2002	
7	146	3	0	0	0	77	1	76	2	2003	
13	12	0	51	3	3	51	37	14	0	1999	Economies en voie de développement-Afrique
7	34	0	80	7	1	94	67	27	0	2000	
12	21	0	49	2	1	81	63	18	0	2001	
7	19	0	46	6	1	84	66	18	0	2002	
11	26	0	51	8	3	106	87	20	0	2003	
84	78	3	43	306	271	462	68	394	0	1999	Economies en voie de développement-Amérique
71	117	4	30	529	482	1144	83	1061	0	2000	
50	163	2	43	536	450	1709	99	1611	0	2001	
36	159	7	54	520	412	1803	140	1663	0	2002	
28	159	8	80	686	541	3282	219	3063	0	2003	
67	72	3	42	272	253	460	68	393	0	1999	ALADI
58	110	4	30	496	460	1143	83	1060	0	2000	
40	154	2	43	502	424	1709	99	1610	0	2001	
23	153	6	54	495	396	1802	140	1662	0	2002	
22	152	7	80	658	521	3280	219	3061	0	2003	
34	114	6	19	12	5	363	45	319	0	1999	Economies en voie de développement- Asie
39	126	6	32	17	8	373	67	307	0	2000	
28	112	6	37	24	20	360	67	292	0	2001	
31	111	6	24	17	14	387	60	327	0	2002	
49	136	8	31	39	30	570	91	479	0	2003	
1	2	0	1	2	2	24	19	5	0	1999	Moyen Orient
0	2	0	1	0	0	25	22	3	0	2000	
0	1	0	1	0	0	22	21	2	0	2001	
0	2	0	1	0	0	31	24	7	0	2002	
0	3	0	1	0	0	35	25	10	0	2003	
33	112	6	18	10	3	340	26	313	0	1999	Autres Pays d'Asie
38	124	6	31	17	8	349	45	304	0	2000	
28	111	6	36	24	19	337	46	291	0	2001	
31	109	6	23	17	14	356	36	320	0	2002	
49	133	8	29	39	30	535	67	469	0	2003	
0	0	0	0	0	0	1	1	0	0	1999	l'ancienne URSS asiatique 6/
0	0	0	0	0	0	2	1	0	0	2000	
0	0	0	0	0	0	2	1	0	0	2001	
0	0	0	0	0	0	1	1	0	0	2002	
0	0	0	0	0	0	3	2	1	0	2003	
0	20	0	0	0	0	18	0	18	2	1999	Economies en voie de développement-Océanie
0	21	0	0	0	0	16	0	16	1	2000	
0	20	0	0	0	0	17	0	17	1	2001	
0	17	0	0	0	0	17	0	17	2	2002	
0	22	0	0	0	0	22	0	22	3	2003	

Voir la fin du tableau pour la remarque générale et les notes.

SPECIAL TABLE: D

World exports by commodity classes and by regions

In million U.S. dollars f.o.b.

Textile fibres (SITC, Rev. 2 and Rev. 3,

Exports from	Year	World Monde 1/	Developed economies Economies développées 1/, 2/	Developing economies Economies en voie de développement 1/, 2/ Total	OPEC OPEP	Eastern Europe and fmr. USSR-Europe Europe de l'Est et l'anc. URSS-Europe Total 4/	Former USSR-Europe 5/	Developed Economies Europe Total	EU UE	Other Total	Cana
World 1/	1999	19096	8134	10009	1193	857	368	5930	5615	2204	
	2000	20948	8127	11666	1262	1044	473	5957	5621	2170	
	2001	20116	7750	11107	1229	1159	498	5666	5358	2084	
	2002	20871	8002	11474	1198	1277	588	5863	5594	2138	
	2003	24318	8593	13994	1440	1587	733	6302	5999	2291	
Developed economies 1/,2/	1999	11291	5419	5288	643	517	122	4127	4041	1293	
	2000	12679	5357	6619	701	634	165	4097	4006	1260	
	2001	12740	5079	6854	742	729	181	3881	3792	1199	
	2002	12887	5103	6894	695	801	213	3977	3891	1126	
	2003	14928	5522	8284	787	1028	289	4282	4185	1240	
Developing economies 1/,2/	1999	7476	2576	4672	541	200	140	1670	1442	906	
	2000	7840	2603	4981	555	217	160	1698	1454	905	
	2001	6929	2482	4197	479	228	170	1603	1385	879	
	2002	7436	2653	4477	497	279	229	1648	1468	1005	
	2003	8775	2790	5586	644	350	292	1747	1545	1043	
OPEC	1999	267	69	198	20	0	0	50	48	19	
	2000	362	88	274	27	0	0	67	65	21	
	2001	379	60	319	23	0	0	38	37	21	
	2002	459	65	393	25	1	0	42	41	23	
	2003	463	71	390	27	1	0	43	41	29	
Eastern Europe and the former USSR 1/,4/	1999	328	139	49	8	140	106	133	132	5	
	2000	429	167	66	6	193	147	162	160	5	
	2001	447	189	56	8	202	147	182	181	7	
	2002	547	245	104	6	197	146	238	235	8	
	2003	615	281	124	10	208	152	273	270	8	
Former USSR-Europe 5/	1999	164	24	25	8	116	100	20	20	4	
	2000	235	43	36	6	156	138	40	39	3	
	2001	223	40	27	7	157	138	35	34	5	
	2002	243	47	46	5	150	131	42	42	6	
	2003	283	57	60	8	165	143	54	53	4	
Developed economies- Europe	1999	4711	3044	1143	68	456	106	2746	2672	298	
	2000	4757	2865	1271	75	557	147	2627	2549	239	
	2001	4804	2882	1215	74	634	157	2589	2509	293	
	2002	5174	2997	1382	87	706	198	2672	2599	325	
	2003	6092	3351	1772	141	887	260	2997	2916	355	
European Union	1999	4624	2970	1139	68	449	103	2680	2606	290	
	2000	4678	2800	1266	75	549	144	2568	2490	231	
	2001	4731	2827	1209	73	622	151	2542	2462	286	
	2002	5095	2941	1374	87	691	192	2623	2550	317	
	2003	6007	3288	1765	141	873	256	2942	2861	347	
Other developed economies	1999	6581	2375	4145	575	60	17	1380	1369	995	
	2000	7923	2492	5348	626	77	18	1470	1458	1021	
	2001	7937	2198	5640	668	95	24	1292	1283	906	
	2002	7713	2106	5511	608	96	15	1305	1292	800	
	2003	8837	2171	6511	646	141	28	1285	1269	886	
Canada	1999	212	84	124	1	4	3	5	5	79	
	2000	183	51	129	2	3	2	5	5	46	
	2001	183	54	128	3	1	0	10	10	44	
	2002	174	43	130	4	1	0	4	4	39	
	2003	195	57	133	4	1	0	5	5	52	
United States	1999	2232	788	1433	131	11	5	341	332	447	
	2000	3248	930	2304	215	14	7	373	364	558	
	2001	3368	805	2546	242	16	8	315	308	491	
	2002	3335	797	2524	253	14	8	345	334	452	
	2003	4729	870	3833	302	27	22	345	332	525	

For general note and footnotes see end of table.

Exportations mondiales par classes de marchandises et par régions

En millions de dollars E.-U. f.o.b.

Economies développées 1/, 2/			Developing economies / Economies en voie de développement 1/, 2/						Oceania Océanie	Année	Exportations vers / Exportations en provenance de
Autres		Australia and NZ / Australie et NZ	Africa Afrique	America / Amerique		Asia / Asie					
U.S.A. É.-U.	Japan Japon			Total	LAIA ALADI	Total	Mid. East Moyen Orient	Other 6/ Autres 6/			

Fibres textiles (CTCI, Rev. 2 et Rev. 3, 26)

U.S.A. É.-U.	Japan Japon	Australie et NZ	Afrique	Total	LAIA ALADI	Total	Moyen Orient	Autres 6/	Océanie	Année	Exportations en provenance de
808	830	110	1130	1313	1187	7475	849	6626	12	1999	Monde 1/
681	829	99	964	1603	1449	9007	1258	7749	13	2000	
681	765	100	810	1360	1201	8813	1085	7728	19	2001	
770	690	114	885	1240	1044	9243	1262	7981	13	2002	
792	720	135	1017	1563	1318	11301	1724	9577	16	2003	
332	511	79	617	765	671	3835	489	3346	11	1999	Economies dévelopées 1/,2/
253	492	65	574	1134	1012	4836	727	4109	12	2000	
260	465	63	584	989	864	5186	615	4571	8	2001	
266	383	74	587	892	733	5328	754	4574	10	2002	
288	397	88	663	1159	938	6370	1054	5316	14	2003	
473	317	31	510	547	515	3599	323	3276	1	1999	Economies en voie de développement 1/,2/
426	336	34	388	468	436	4116	485	3631	1	2000	
418	297	37	222	370	337	3586	435	3151	11	2001	
502	303	40	290	343	307	3834	457	3377	2	2002	
502	321	46	345	398	373	4832	588	4244	2	2003	
5	6	5	33	18	15	146	23	123	0	1999	OPEP
7	5	7	48	18	16	208	36	171	0	2000	
6	4	9	46	14	13	258	29	229	0	2001	
7	6	8	57	20	18	316	45	271	0	2002	
12	8	7	53	15	14	322	49	273	0	2003	
2	2	0	2	1	1	41	37	4	0	1999	Europe de l'Est et l'ancienne URSS 1/,4/
2	2	0	2	1	1	55	46	9	0	2000	
2	3	0	3	1	0	41	35	6	0	2001	
2	4	0	8	5	4	81	51	30	0	2002	
2	2	1	9	7	7	99	83	16	0	2003	
1	2	0	0	0	0	24	21	2	0	1999	l'ancienne URSS-Europe 5/
1	2	0	1	0	0	34	27	7	0	2000	
2	3	0	1	0	0	24	20	4	0	2001	
2	4	0	2	0	0	42	31	11	0	2002	
2	2	0	2	1	1	56	45	12	0	2003	
159	51	25	412	85	78	588	308	280	0	1999	Economies développées-Europe
103	55	18	398	96	92	714	364	349	0	2000	
145	63	18	384	76	71	668	328	340	1	2001	
157	65	22	415	64	60	827	395	431	1	2002	
165	78	22	479	92	84	1125	521	604	0	2003	
152	51	24	410	84	78	587	308	279	0	1999	Union Européenne
97	55	18	395	96	92	712	364	348	0	2000	
138	62	18	381	76	71	666	327	339	1	2001	
150	65	21	408	64	60	825	395	431	1	2002	
159	77	21	473	91	83	1123	520	603	0	2003	
174	460	55	205	681	593	3247	180	3067	11	1999	Autres economies développées
149	436	46	176	1038	920	4122	363	3759	12	2000	
116	403	45	200	913	793	4518	287	4230	8	2001	
109	318	53	173	828	673	4501	359	4142	10	2002	
123	319	65	184	1067	854	5245	533	4712	14	2003	
73	1	4	37	8	5	79	1	78	0	1999	Canada
44	0	1	25	6	2	97	1	97	0	2000	
41	0	3	32	6	2	89	2	87	0	2001	
36	1	1	32	4	3	95	1	94	0	2002	
47	1	3	35	7	3	91	1	90	0	2003	
·	154	13	111	637	554	685	62	623	0	1999	Etats-Unis
·	192	7	86	987	876	1231	235	996	0	2000	
·	166	7	103	869	753	1573	201	1371	0	2001	
·	151	9	77	795	642	1651	270	1381	0	2002	
·	170	8	85	1028	819	2718	437	2281	1	2003	

Voir la fin du tableau pour la remarque générale et les notes.

SPECIAL TABLE: D

World exports by commodity classes and by regions

In million U.S. dollars f.o.b.

Textile fibres (SITC, Rev. 2 and Rev. 3, 26) (continued)

Exports from	Year	World Monde 1/	Developed economies / Economies développées 1/, 2/	Developing economies Economies en voie de développement 1/, 2/ Total	OPEC OPEP	Eastern Europe and fmr. USSR-Europe Total 4/	Former USSR-Europe 5/	Developed Economies Europe Total	Europe EU UE	Other Total	Canada
Japan	1999	922	184	733	119	5	0	120	120	63	3
	2000	1008	180	825	117	3	1	117	114	64	3
	2001	934	139	791	111	4	1	87	86	51	2
	2002	924	157	763	101	4	2	100	99	57	2
	2003	935	168	762	104	6	1	100	99	68	4
Australia, New Zealand	1999	2956	1168	1753	317	35	8	779	778	389	5
	2000	3230	1183	1992	284	56	8	849	848	333	5
	2001	3242	1072	2100	306	69	14	765	764	307	3
	2002	3060	965	2032	247	63	5	724	722	241	3
	2003	2730	913	1725	235	84	5	683	682	229	5
Developing economies-Africa	1999	1682	583	1079	117	17	1	483	382	100	1
	2000	1240	441	769	70	12	0	362	275	78	1
	2001	1155	481	645	76	15	1	379	303	102	1
	2002	1408	569	816	106	7	3	394	359	175	1
	2003	1696	622	1053	127	6	4	450	387	171	0
Developing economies-America	1999	1007	439	563	38	4	0	220	217	219	
	2000	1003	456	543	28	1	1	243	235	213	2
	2001	1091	471	616	45	3	1	281	276	190	2
	2002	986	510	474	23	2	0	280	271	230	5
	2003	1123	510	609	35	3	0	281	274	229	6
LAIA	1999	993	428	560	38	4	0	215	211	214	1
	2000	988	444	541	28	1	1	242	234	203	2
	2001	1083	466	614	45	3	1	280	275	186	1
	2002	965	492	471	23	2	0	272	264	220	5
	2003	1103	493	606	35	3	0	274	267	220	6
Developing economies-Asia	1999	4771	1549	3021	385	176	139	964	840	585	17
	2000	5576	1697	3661	456	199	159	1083	936	614	22
	2001	4673	1524	2933	358	210	168	937	800	587	25
	2002	5035	1570	3185	368	269	226	971	834	599	28
	2003	5946	1653	3921	481	339	288	1011	879	642	30
Middle East	1999	524	242	249	59	9	1	204	199	38	2
	2000	603	254	318	68	15	1	225	218	29	1
	2001	711	280	406	68	20	3	242	235	37	1
	2002	660	248	377	38	25	3	222	214	26	2
	2003	826	255	507	66	31	5	227	223	28	1
Other Asia	1999	4247	1307	2772	326	167	139	759	641	547	15
	2000	4973	1443	3343	388	184	158	858	718	585	20
	2001	3962	1244	2527	289	190	165	695	565	549	23
	2002	4375	1323	2808	331	244	222	750	621	573	26
	2003	5120	1398	3414	415	308	283	784	656	614	29
Former USSR-Asia 6/.	1999	492	173	167	102	152	130	159	50	14	0
	2000	525	186	176	71	163	143	178	49	8	0
	2001	501	163	170	73	167	150	155	37	9	0
	2002	554	154	187	76	213	199	146	23	8	0
	2003	604	161	197	88	247	236	152	30	9	0
Developing economies-Oceania	1999	1	1	0	0	0	0	0	0	1	0
	2000	1	1	0	0	0	0	0	0	0	0
	2001	1	0	0	0	0	0	0	0	0	0
	2002	1	0	0	0	0	0	0	0	0	0
	2003	1	1	0	0	0	0	0	0	1	0

For general note and footnotes see end of table.

Exportations mondiales par classes de marchandises et par régions

En millions de dollars E.-U. f.o.b.

Fibres textiles (CTCI, Rev. 2 et Rev. 3, 26) (suite)

Economies développées 1/, 2/		Autres — Australia and NZ / Australie et NZ	Developing economies / Economies en voie de développement 1/, 2/ — Africa / Afrique	America / Amerique — Total	LAIA ALADI	Asia / Asie — Total	Mid. East Moyen Orient	Other 6/ Autres 6/	Oceania Océanie	Année	Exportations en provenance de
U.S.A. É.-U.	Japan Japon										
42	·	7	25	8	7	700	40	660	0	1999	Japon
40	·	9	25	9	9	790	26	764	0	2000	
30	·	9	28	11	11	752	25	726	0	2001	
34	·	9	29	12	12	722	33	689	0	2002	
41	·	9	36	8	8	717	32	685	0	2003	
54	296	29	13	22	21	1706	50	1656	10	1999	Australie, Nouvelle-Zélande
60	234	28	16	32	30	1932	71	1861	11	2000	
40	232	25	14	25	25	2052	49	2004	7	2001	
36	161	32	19	15	14	1989	47	1942	9	2002	
32	141	44	20	22	21	1671	56	1615	12	2003	
18	32	1	415	98	96	562	55	508	0	1999	Economies en voie de développement-Afrique
5	11	1	248	57	56	464	26	437	0	2000	
12	19	0	82	47	45	513	36	477	0	2001	
47	30	4	134	26	24	653	38	615	1	2002	
47	27	3	152	13	12	882	44	839	1	2003	
200	16	0	5	372	352	185	18	167	0	1999	Economies en voie de développement-Amérique
184	24	1	2	342	317	199	35	163	0	2000	
164	18	1	5	265	239	347	20	327	0	2001	
193	29	1	5	249	224	220	28	191	0	2002	
165	51	2	5	323	307	281	38	243	0	2003	
195	16	0	5	369	352	185	18	167	0	1999	ALADI
175	24	1	2	339	317	199	35	163	0	2000	
160	18	1	5	262	239	347	20	326	0	2001	
184	29	1	5	246	223	220	28	191	0	2002	
156	51	2	5	320	307	281	38	243	0	2003	
256	268	29	90	76	67	2851	250	2602	1	1999	Economies en voie de développement- Asie
237	301	32	138	69	62	3452	422	3030	0	2000	
243	260	35	135	59	53	2726	378	2347	10	2001	
261	244	35	151	68	58	2962	391	2571	2	2002	
290	244	41	188	61	54	3668	506	3163	1	2003	
23	11	1	56	9	8	182	45	137	0	1999	Moyen Orient
10	12	0	77	2	1	237	102	135	0	2000	
16	14	0	73	1	1	320	109	211	10	2001	
10	8	0	69	1	0	305	49	256	1	2002	
10	9	0	75	3	2	428	119	309	0	2003	
233	258	28	34	68	59	2669	205	2464	1	1999	Autres Pays d'Asie
226	289	31	60	67	61	3215	320	2895	0	2000	
227	246	35	62	57	52	2406	269	2137	0	2001	
251	236	35	81	67	58	2657	342	2315	0	2002	
280	235	40	113	59	53	3240	387	2853	1	2003	
14	0	0	1	5	0	160	124	36	0	1999	l'ancienne URSS asiatique 6/
8	0	0	6	0	0	170	144	26	0	2000	
8	0	0	6	0	0	164	138	26	0	2001	
8	0	0	6	0	0	180	150	30	0	2002	
9	0	0	6	0	0	191	157	33	0	2003	
0	0	1	0	0	0	0	0	0	0	1999	Economies en voie de développement-Océanie
0	0	0	0	0	0	0	0	0	0	2000	
0	0	0	0	0	0	0	0	0	0	2001	
0	0	0	0	0	0	0	0	0	0	2002	
0	0	1	0	0	0	0	0	0	0	2003	

Exportations vers ← / Exportations en provenance de ↓

Voir la fin du tableau pour la remarque générale et les notes.

World exports by commodity classes and by regions

In million U.S. dollars f.o.b.

Exports from	Year	World Monde 1/	Developed economies Economies développées 1/, 2/	Developing economies Economies en voie de développement 1/, 2/ — Total	OPEC OPEP	Eastern Europe and fmr. USSR-Europe Europe de l'Est et l'anc. URSS-Europe Total 4/	Former USSR-Europe 5/	Developed Economies Europe Total	EU UE	Developed Economies Other Total	Canada
										Crude fertilizers and minerals (SITC, Rev. 2 and Rev. 3, 27)	
World 1/	1999	14031	9068	3925	426	721	341	6147	5781	2921	440
	2000	14303	9137	4120	460	732	338	5910	5558	3227	444
	2001	14003	8767	4103	482	735	344	5808	5485	2959	437
	2002	14505	8951	4270	539	834	394	6066	5685	2885	445
	2003	16569	10271	4908	631	1035	504	7112	6661	3160	474
Developed economies 1/,2/	1999	8634	6382	1728	185	228	43	4822	4517	1560	385
	2000	8538	6189	1829	199	225	43	4538	4247	1651	399
	2001	8328	6021	1692	198	245	51	4492	4212	1529	399
	2002	8601	6149	1756	238	277	58	4650	4356	1499	395
	2003	9828	7113	2039	261	343	71	5480	5119	1632	419
Developing economies 1/,2/	1999	4692	2440	2088	229	142	63	1090	1056	1350	55
	2000	5030	2698	2134	250	183	90	1139	1104	1559	38
	2001	4997	2514	2282	274	173	98	1090	1072	1424	38
	2002	5103	2524	2355	288	193	102	1146	1097	1378	49
	2003	5781	2866	2667	354	226	121	1349	1288	1517	52
OPEC	1999	361	43	314	40	4	1	26	26	17	0
	2000	455	52	402	53	0	0	35	35	17	0
	2001	487	56	423	52	1	0	38	38	18	0
	2002	508	74	430	58	3	1	44	44	30	3
	2003	528	68	455	61	3	2	44	40	24	2
Eastern Europe and the former USSR 1/,4/	1999	705	246	109	13	350	235	235	208	11	0
	2000	735	250	157	11	325	205	233	207	17	7
	2001	679	232	129	10	317	196	226	201	6	1
	2002	801	277	160	14	364	234	269	232	8	1
	2003	960	293	201	16	466	312	282	254	11	2
Former USSR-Europe 5/	1999	443	129	75	11	240	203	120	95	9	0
	2000	451	135	109	8	207	169	121	96	14	7
	2001	419	130	92	8	197	157	126	102	4	0
	2002	493	134	124	12	235	199	129	92	5	0
	2003	623	154	163	14	306	267	149	122	5	0
Developed economies- Europe	1999	5564	4500	699	98	220	40	4169	3883	331	24
	2000	5169	4114	710	104	214	39	3773	3512	341	25
	2001	5161	4039	686	120	236	47	3730	3473	309	23
	2002	5606	4327	759	145	266	55	3984	3702	343	24
	2003	6549	5121	930	169	328	64	4725	4388	397	29
European Union	1999	5217	4183	676	97	213	38	3874	3602	309	23
	2000	4837	3820	680	103	206	38	3501	3249	320	24
	2001	4830	3748	656	118	226	46	3460	3209	288	22
	2002	5255	4020	728	143	254	54	3701	3426	318	20
	2003	6155	4783	889	166	314	62	4411	4084	372	26
Other developed economies	1999	3070	1882	1028	86	8	3	653	635	1229	361
	2000	3369	2075	1119	95	10	4	766	735	1310	374
	2001	3167	1982	1006	79	9	3	762	740	1220	376
	2002	2995	1823	997	92	10	2	666	655	1156	371
	2003	3279	1992	1109	92	14	7	756	731	1236	390
Canada	1999	683	451	231	20	1	0	19	18	433	.
	2000	735	484	250	18	1	0	21	20	463	.
	2001	612	439	172	18	0	0	17	16	422	.
	2002	585	410	175	20	1	0	16	16	393	.
	2003	674	484	190	19	1	0	16	15	468	.
United States	1999	1614	1100	510	46	4	2	440	429	661	357
	2000	1790	1196	589	60	5	3	485	467	711	370
	2001	1718	1153	560	46	5	3	487	472	666	371
	2002	1571	1030	537	55	4	2	404	394	626	365
	2003	1634	1052	573	54	9	7	416	410	636	383

For general note and footnotes see end of table.

Exportations mondiales par classes de marchandises et par régions

En millions de dollars E.-U. f.o.b.

Exportations vers ←

Engrais et minéraux bruts (CTCI, Rev. 2 et Rev. 3, 27)

Economies développées 1/, 2/			Developing economies / Economies en voie de développement 1/, 2/								
		Autres	Africa	America / Amerique		Asia / Asie			Oceania		
U.S.A. É.-U.	Japan Japon	Australia and NZ / Australie et NZ	Afrique	Total	LAIA ALADI	Total	Mid. East Moyen Orient	Other 6/ Autres 6/	Océanie	Année	Exportations en provenance de
1162	882	165	367	638	546	2802	371	2431	10	1999	Monde 1/
1315	984	161	432	702	590	2870	521	2349	10	2000	
1233	835	175	416	610	514	2973	417	2556	9	2001	
1242	726	169	448	591	499	3115	476	2639	10	2002	
1398	758	171	532	668	555	3575	599	2976	13	2003	
602	407	82	203	401	342	1068	154	914	8	1999	Economies dévelopées 1/,2/
663	427	87	189	438	370	1150	158	992	6	2000	
619	373	75	207	375	320	1054	156	898	7	2001	
633	336	73	198	357	298	1140	181	959	7	2002	
702	329	85	238	429	352	1299	227	1072	10	2003	
553	474	83	134	230	200	1675	195	1480	2	1999	Economies en voie de développement 1/,2/
647	555	74	162	257	215	1665	347	1318	4	2000	
613	461	100	170	231	192	1847	238	1609	3	2001	
608	389	96	182	229	197	1903	270	1632	3	2002	
693	428	86	208	232	199	2184	339	1845	3	2003	
6	10	1	52	5	4	258	73	184	0	1999	OPEP
7	10	0	67	3	2	332	89	243	0	2000	
6	11	1	69	3	3	351	86	265	0	2001	
13	12	2	70	22	20	339	93	246	0	2002	
10	11	1	80	6	5	370	103	266	0	2003	
7	1	0	30	7	4	59	22	37	0	1999	Europe de l'Est et l'ancienne URSS 1/,4/
5	2	0	81	7	5	55	16	39	0	2000	
1	1	0	39	4	2	72	23	50	0	2001	
2	1	0	68	5	3	73	24	48	0	2002	
3	2	0	86	7	4	92	32	60	0	2003	
6	1	0	17	2	1	54	19	35	0	1999	l'ancienne URSS-Europe 5/
3	2	0	51	3	2	51	13	38	0	2000	
0	1	0	18	4	2	66	18	48	0	2001	
0	1	0	49	5	3	67	19	47	0	2002	
0	2	0	69	6	4	84	25	59	0	2003	
178	73	15	137	78	62	437	121	315	2	1999	Economies développées-Europe
193	72	14	127	83	65	455	128	327	2	2000	
171	68	13	133	71	55	434	130	304	2	2001	
195	65	18	151	74	59	482	145	337	2	2002	
203	80	21	177	91	73	596	187	409	5	2003	
168	64	14	136	77	61	416	117	299	2	1999	Union Européenne
183	62	13	126	80	63	428	123	305	2	2000	
162	58	12	133	69	53	408	127	280	2	2001	
187	54	17	150	71	57	454	143	311	2	2002	
194	69	20	176	88	72	558	182	376	5	2003	
423	334	67	66	322	280	632	33	599	6	1999	Autres economies développées
470	355	73	62	356	305	695	30	665	5	2000	
448	305	62	74	305	265	620	26	594	5	2001	
438	271	55	47	283	239	658	36	622	5	2002	
499	249	64	61	339	278	703	41	662	5	2003	
359	33	13	34	79	62	118	4	114	0	1999	Canada
397	27	19	18	96	75	136	3	133	0	2000	
377	23	8	18	58	46	96	2	94	0	2001	
363	13	7	8	55	41	112	3	109	0	2002	
432	7	9	11	68	47	110	4	107	0	2003	
·	261	28	7	212	186	290	16	273	1	1999	Etats-Unis
·	297	33	17	233	203	338	20	318	0	2000	
·	249	36	22	226	199	311	18	293	1	2001	
·	226	26	15	204	174	318	24	294	0	2002	
·	215	27	18	220	183	333	28	305	0	2003	

Voir la fin du tableau pour la remarque générale et les notes.

World exports by commodity classes and by regions

In million U.S. dollars f.o.b.

Crude fertilizers and minerals (SITC, Rev. 2 and Rev. 3, 27) (continued)

Exports from	Year	World Monde 1/	Developed economies Economies développées 1/, 2/	Developing economies Economies en voie de développement 1/, 2/ Total	OPEC OPEP	Eastern Europe and fmr. USSR-Europe Europe de l'Est et l'anc. URSS-Europe Total 4/	Former USSR-Europe 5/	Developed Economies Europe Total	EU UE	Other Total	Canada
Japan	1999	174	46	127	7	0	0	18	12	28	0
	2000	184	47	136	8	1	1	19	14	28	0
	2001	171	43	128	7	0	0	19	14	24	0
	2002	178	38	139	8	0	0	13	13	25	0
	2003	215	41	173	10	1	0	13	12	29	0
Australia, New Zealand	1999	282	83	47	11	0	0	27	27	56	0
	2000	271	80	33	4	0	0	28	28	52	
	2001	282	82	33	5	0	0	34	34	48	2
	2002	283	81	36	5	0	0	28	28	53	3
	2003	307	99	45	5	0	0	53	53	46	5
Developing economies-Africa	1999	967	517	388	63	61	2	298	276	219	29
	2000	1154	594	480	63	78	7	310	285	284	9
	2001	899	493	349	47	55	5	274	262	219	8
	2002	1014	562	393	60	55	4	315	277	247	7
	2003	1055	577	417	62	57	2	335	298	242	8
Developing economies-America	1999	646	480	162	16	2	0	159	157	321	12
	2000	710	510	193	19	5	0	189	187	322	14
	2001	682	501	177	20	2	0	170	169	331	13
	2002	699	499	196	21	4	0	172	167	327	25
	2003	861	621	238	21	2	0	230	222	391	27
LAIA	1999	594	452	139	15	2	0	155	154	297	11
	2000	648	480	161	18	5	0	185	184	295	14
	2001	618	466	149	18	2	0	166	165	300	13
	2002	644	464	175	20	4	0	169	163	295	24
	2003	802	584	215	20	2	0	225	218	359	26
Developing economies-Asia	1999	3023	1415	1513	149	77	61	618	608	797	15
	2000	3120	1576	1435	168	99	83	623	615	953	15
	2001	3370	1498	1737	207	112	92	624	619	874	18
	2002	3340	1440	1745	207	128	97	636	632	804	17
	2003	3796	1637	1985	271	155	116	754	738	883	20
Middle East	1999	933	324	577	83	17	6	238	237	87	1
	2000	776	291	455	78	21	10	205	204	85	1
	2001	1002	272	677	107	32	17	201	201	70	1
	2002	1065	284	708	105	47	23	226	226	57	1
	2003	1243	334	821	150	71	36	271	270	63	0
Other Asia	1999	2090	1090	935	66	60	55	380	371	710	14
	2000	2344	1285	980	90	78	73	418	411	868	14
	2001	2368	1226	1059	100	80	76	422	418	804	17
	2002	2275	1156	1037	102	81	74	410	406	746	17
	2003	2552	1303	1165	121	84	80	483	467	820	20
Former USSR-Asia 6/	1999	56	6	31	2	19	19	6	5	0	0
	2000	64	3	36	2	25	25	2	2	1	0
	2001	71	2	40	2	28	28	2	2	1	0
	2002	75	1	43	3	31	31	1	1	0	0
	2003	76	8	38	0	30	29	8	1	0	0
Developing economies-Oceania	1999	13	13	0	0	0	0	0	0	13	0
	2000	2	0	1	0	0	0	0	0	0	0
	2001	0	0	0	0	0	0	0	0	0	0
	2002	1	1	1	0	0	0	0	0	1	0
	2003	1	0	0	0	0	0	0	0	0	0

For general note and footnotes see end of table.

xportations mondiales par classes de marchandises et par régions

En millions de dollars E.-U. f.o.b.

conomies développées 1/, 2/			Developing economies Economies en voie de développement 1/, 2/							Exportations vers
Autres		Australia and NZ Australie et NZ	Africa Afrique	America Amerique		Asia Asie			Oceania Océanie	
U.S.A. É.-U.	Japan Japon			Total	LAIA ALADI	Total	Mid. East Moyen Orient	Other 6/ Autres 6/		Exportations en provenance de ↓
									Année	

ngrais et minéraux bruts (CTCI, Rev. 2 et Rev. 3, 27) (suite)

U.S.A. É.-U.	Japon	Aus/NZ	Afrique	Total	ALADI	Total	Moyen Orient	Autres 6/	Océanie	Année	en provenance de
18	·	9	0	0	0	126	1	125	0	1999	Japon
21	·	6	1	0	0	135	1	134	0	2000	
17	·	5	0	0	0	127	0	126	0	2001	
18	·	6	1	0	0	138	2	136	0	2002	
20	·	7	1	0	0	172	2	170	0	2003	
17	26	13	1	1	1	41	4	37	5	1999	Australie, Nouvelle-Zélande
19	18	12	0	1	1	28	1	27	4	2000	
14	21	11	1	1	0	28	3	25	4	2001	
18	20	13	1	1	1	30	3	28	4	2002	
9	17	14	1	1	1	38	3	35	4	2003	
96	22	39	50	101	101	220	55	164	0	1999	Economies en voie de
155	17	42	67	110	108	283	158	126	0	2000	développement-Afrique
96	11	54	71	94	93	174	39	135	0	2001	
101	15	59	80	79	79	221	48	172	0	2002	
106	14	47	92	81	81	233	48	184	0	2003	
221	83	4	7	113	86	42	2	39	0	1999	Economies en voie de
219	85	1	7	126	88	60	2	58	0	2000	développement-Amérique
254	61	1	7	117	81	53	2	51	0	2001	
262	35	3	8	127	98	60	2	58	0	2002	
320	38	4	6	121	90	110	6	104	0	2003	
197	83	4	7	90	82	42	2	39	0	1999	ALADI
193	85	1	7	95	84	60	2	58	0	2000	
224	61	1	7	89	76	53	2	51	0	2001	
232	35	3	8	107	95	60	2	57	0	2002	
289	38	4	6	99	86	110	6	104	0	2003	
236	369	28	77	16	13	1413	137	1276	2	1999	Economies en voie de
273	453	31	88	21	19	1321	187	1134	2	2000	développement- Asie
264	388	45	92	20	18	1619	197	1422	2	2001	
244	339	35	94	22	20	1622	220	1402	2	2002	
267	376	36	109	30	28	1841	285	1556	2	2003	
45	27	6	67	1	0	508	109	398	0	1999	Moyen Orient
44	26	1	76	5	4	373	131	243	0	2000	
34	23	0	76	4	3	596	139	457	0	2001	
29	14	0	79	1	1	624	158	466	0	2002	
31	16	1	93	2	1	726	208	518	0	2003	
191	342	22	10	15	13	906	28	877	2	1999	Autres Pays d'Asie
228	427	30	12	16	15	948	56	892	2	2000	
229	365	45	15	17	14	1023	58	965	2	2001	
215	325	34	15	21	19	998	61	936	2	2002	
236	359	35	16	28	27	1116	77	1039	2	2003	
0	0	0	0	0	0	31	4	26	0	1999	l'ancienne URSS asiatique 6/
1	0	0	0	0	0	36	5	31	0	2000	
1	0	0	0	0	0	40	6	33	0	2001	
0	0	0	0	0	0	43	7	36	0	2002	
0	0	0	0	0	0	38	1	37	0	2003	
0	0	13	0	0	0	0	0	0	0	1999	Economies en voie de
0	0	0	0	0	0	0	0	0	1	2000	développement-Océanie
0	0	0	0	0	0	0	0	0	0	2001	
1	0	0	0	0	0	0	0	0	1	2002	
0	0	0	0	0	0	0	0	0	0	2003	

Voir la fin du tableau pour la remarque générale et les notes.

SPECIAL TABLE: D

World exports by commodity classes and by regions

In million U.S. dollars f.o.b.

Metalliferous ores and metal scraps (SITC, Rev. 2 and Rev. 3, 28

Exports from	Year	World Monde 1/	Developed economies / Economies développées 1/, 2/	Developing economies / Economies en voie de développement 1/, 2/ Total	OPEC OPEP	Eastern Europe and fmr. USSR-Europe / Total 4/	Former USSR-Europe 5/	Developed Economies / Europe / Total	EU UE	Other / Total	Canada
World 1/	1999	41952	26589	10797	597	1865	984	15967	14605	10622	195
	2000	50113	30193	14105	790	2457	1335	18091	16487	12101	223
	2001	47849	27412	15188	767	2068	1103	16640	15139	10772	199
	2002	49529	28009	16396	770	2056	1041	17338	15972	10670	195
	2003	60529	32456	22054	790	2589	1223	20455	18710	12000	213
Developed economies 1/,2/	1999	23153	15154	5056	169	263	99	9743	9038	5412	131
	2000	27614	17268	6671	214	339	100	11442	10674	5826	141
	2001	27237	16018	7713	202	332	135	10676	9832	5342	128
	2002	27874	16221	8317	253	277	90	10980	10227	5241	130
	2003	34305	19268	11294	275	327	91	13167	12219	6100	146
Developing economies 1/,2/	1999	15482	9796	4980	413	685	504	4718	4116	5078	62
	2000	18855	11442	6512	566	880	585	5264	4464	6178	81
	2001	17783	10318	6657	561	800	547	4955	4323	5363	70
	2002	18669	10561	7160	517	940	671	5208	4619	5353	64
	2003	21971	11500	9414	514	1047	664	5688	4920	5812	66
OPEC	1999	1937	1225	655	17	56	16	441	419	785	1
	2000	2583	1658	820	26	105	47	614	576	1044	1
	2001	2586	1493	977	12	116	27	704	690	789	3
	2002	2532	1440	998	20	94	25	718	702	722	
	2003	2961	1529	1304	45	128	23	712	692	817	
Eastern Europe and the former USSR 1/,4/	1999	3317	1639	761	15	917	381	1506	1452	133	1
	2000	3644	1483	922	9	1238	650	1385	1350	97	
	2001	2830	1076	817	3	935	421	1009	984	67	
	2002	2986	1226	920	0	839	280	1150	1126	76	
	2003	4252	1688	1346	1	1216	469	1600	1571	88	
Former USSR-Europe 5/	1999	2639	1141	659	12	839	366	1038	993	103	
	2000	2580	801	694	7	1086	577	726	698	75	
	2001	1901	496	629	3	775	374	440	419	56	
	2002	1913	574	650	0	688	270	508	490	66	
	2003	2647	745	921	0	981	448	675	656	70	
Developed economies-Europe	1999	8214	6952	1052	122	204	69	6325	6006	627	8
	2000	10047	8198	1568	172	267	82	7535	7183	663	10
	2001	9453	7561	1602	125	277	115	7029	6718	533	6
	2002	10054	7884	1846	162	266	88	7343	7048	541	8
	2003	13052	10055	2667	164	252	74	9389	9059	666	8
European Union	1999	7870	6617	1043	122	203	69	5992	5674	626	8
	2000	9618	7786	1552	172	266	82	7127	6777	658	10
	2001	8988	7119	1580	124	276	115	6591	6281	529	6
	2002	9615	7464	1828	162	265	88	6926	6631	538	8
	2003	12576	9609	2637	164	252	74	8946	8616	664	8
Other developed economies	1999	14939	8203	4004	47	59	30	3417	3032	4785	123
	2000	17566	9069	5103	42	72	19	3907	3491	5163	130
	2001	17784	8456	6111	77	56	21	3647	3114	4809	121
	2002	17820	8337	6470	91	11	2	3637	3179	4700	122
	2003	21253	9212	8627	111	74	17	3779	3160	5434	137
Canada	1999	2711	2546	160	1	5	2	1299	959	1248	
	2000	3072	2811	255	0	6	0	1413	1042	1397	
	2001	2978	2624	343	0	11	1	1355	883	1268	
	2002	3040	2613	422	2	4	0	1346	938	1267	
	2003	3358	2887	439	8	33	4	1333	832	1554	
United States	1999	3558	2360	1197	18	1	0	852	848	1508	120
	2000	4357	2604	1743	20	9	8	937	921	1667	126
	2001	4541	2464	2069	34	8	7	973	962	1491	116
	2002	4682	2432	2247	34	3	2	1027	1018	1405	112
	2003	5749	2622	3123	38	4	3	1151	1071	1471	118

For general note and footnotes see end of table.

Exportations mondiales par classes de marchandises et par régions

En millions de dollars E.-U. f.o.b.

U.S.A. É.-U.	Japan Japon	Australia and NZ Australie et NZ	Africa Afrique	America Amerique Total	America Amerique LAIA ALADI	Asia Asie Total	Asia Asie Mid. East Moyen Orient	Asia Asie Other 6/ Autres 6/	Oceania Océanie	Année	Exportations en provenance de
2949	5459	141	271	1201	1075	9202	1010	8192	8	1999	Monde 1/
3217	6305	179	493	1432	1310	12001	1306	10695	8	2000	
2873	5602	189	380	1479	1274	13141	1309	11832	9	2001	
2627	5648	193	404	1536	1338	14254	1534	12720	5	2002	
2886	6433	255	497	1662	1436	19627	2160	17466	14	2003	
1646	2340	67	83	344	336	4540	197	4342	8	1999	Economies dévelopées 1/,2/
1793	2505	59	77	428	418	6062	307	5755	8	2000	
1534	2419	68	79	539	480	6991	368	6623	3	2001	
1431	2418	63	82	639	582	7469	525	6944	5	2002	
1652	2883	56	127	621	543	10373	783	9591	12	2003	
1228	3084	74	158	835	733	3972	446	3526	0	1999	Economies en voie de développement 1/,2/
1375	3766	120	376	998	887	5109	622	4487	0	2000	
1301	3158	121	263	931	786	5429	593	4836	6	2001	
1140	3215	130	267	884	747	5977	604	5373	0	2002	
1171	3531	198	291	1032	884	8056	713	7343	0	2003	
39	729	5	1	65	63	589	46	543	0	1999	OPEP
41	971	12	10	41	41	767	65	702	0	2000	
31	703	16	17	32	31	928	54	875	0	2001	
19	657	37	25	48	48	924	76	848	0	2002	
12	750	50	7	24	21	1273	143	1130	0	2003	
74	35	0	30	22	6	691	367	324	0	1999	Europe de l'Est et l'ancienne URSS 1/,4/
49	35	1	40	6	4	830	377	453	0	2000	
38	24	0	38	9	8	721	348	373	0	2001	
56	15	0	55	12	9	808	405	403	0	2002	
62	19	0	79	8	8	1197	665	533	2	2003	
70	21	0	29	19	3	609	305	304	0	1999	l'ancienne URSS-Europe 5/
47	24	1	39	4	2	637	265	371	0	2000	
37	19	0	36	3	2	580	277	304	0	2001	
55	9	0	49	4	1	590	277	314	0	2002	
54	15	0	66	0	0	845	421	424	0	2003	
303	215	3	65	26	25	880	171	709	1	1999	Economies développées-Europe
346	177	3	68	60	59	1345	264	1082	0	2000	
291	155	6	56	133	132	1312	271	1041	0	2001	
261	173	10	58	123	122	1544	402	1142	1	2002	
333	225	4	81	131	130	2295	602	1693	2	2003	
302	215	3	65	26	25	875	171	704	1	1999	Union Européenne
341	177	3	68	60	59	1330	264	1066	0	2000	
290	155	4	56	133	132	1291	271	1020	0	2001	
260	172	9	58	123	122	1525	401	1124	1	2002	
333	225	4	81	131	130	2265	601	1664	2	2003	
1343	2124	64	18	318	311	3659	26	3633	7	1999	Autres economies développées
1447	2327	56	9	368	360	4716	43	4673	8	2000	
1243	2264	61	23	405	348	5679	97	5582	3	2001	
1170	2246	53	24	516	460	5925	123	5802	4	2002	
1319	2658	52	46	490	413	8079	181	7898	10	2003	
1054	169	24	0	11	11	149	0	149	0	1999	Canada
1141	232	24	0	7	6	248	8	241	0	2000	
986	253	29	4	60	11	279	9	269	0	2001	
1013	233	20	12	37	9	373	30	343	0	2002	
1119	411	24	20	17	5	402	27	375	0	2003	
·	268	15	8	289	282	899	8	891	0	1999	Etats-Unis
·	368	14	2	345	339	1396	13	1383	0	2000	
·	293	16	10	308	300	1751	51	1700	0	2001	
·	257	19	4	454	426	1790	64	1726	0	2002	
·	257	16	7	456	392	2659	106	2552	0	2003	

Minérais metalliféres et dechets de metaux (CTCI, Rev. 2 et Rev. 3, 28)

Voir la fin du tableau pour la remarque générale et les notes.

World exports by commodity classes and by regions

In million U.S. dollars f.o.b.

Metalliferous ores and metal scraps (SITC, Rev. 2 and Rev. 3, 28) (continued)

Exports from	Year	World Monde 1/	Developed economies Economies développées 1/, 2/	Developing economies Economies en voie de développement 1/, 2/ Total	OPEC OPEP	Eastern Europe and fmr. USSR-Europe Europe de l'Est et l'anc. URSS-Europe Total 4/	Former USSR-Europe 5/	Developed Economies Europe Total	EU UE	Other Total	Canada
Japan	1999	702	67	635	8	0	0	54	53	13	
	2000	879	106	772	5	0	0	79	77	28	
	2001	1096	104	992	20	0	0	70	67	34	
	2002	1122	57	1065	24	0	0	28	26	29	
	2003	1618	100	1518	13	0	0	63	60	37	
Australia, New Zealand	1999	6599	2190	1727	13	8	0	608	605	1581	
	2000	7780	2435	2045	13	21	3	768	763	1667	
	2001	7740	2277	2311	20	22	12	607	599	1670	
	2002	7615	2314	2298	19	2	0	619	608	1694	
	2003	9117	2726	3035	44	17	1	710	700	2016	17
Developing economies-Africa	1999	895	817	50	6	23	6	704	595	112	
	2000	1114	836	241	9	34	13	636	522	200	
	2001	1092	918	147	7	22	10	642	574	276	
	2002	1307	1107	160	7	34	13	694	628	413	
	2003	1312	1057	209	5	38	13	647	563	411	
Developing economies-America	1999	9200	6395	2579	228	213	124	3110	2704	3284	59
	2000	10777	7240	3284	335	236	67	3488	2895	3753	73
	2001	10043	6560	3295	296	186	52	3170	2666	3390	65
	2002	10115	6466	3442	215	206	66	3298	2820	3168	61
	2003	11920	7181	4457	234	281	63	3696	3086	3486	62
LAIA	1999	7522	4920	2449	226	139	51	2343	2139	2577	28
	2000	8791	5476	3072	326	226	60	2555	2229	2922	33
	2001	8298	4930	3184	288	182	49	2289	2017	2641	31
	2002	8325	4835	3302	214	188	56	2394	2152	2441	2
	2003	9975	5412	4299	232	263	53	2689	2364	2724	24
Developing economies-Asia	1999	4596	2033	2127	179	433	373	674	587	1359	
	2000	5975	2640	2742	221	591	505	842	752	1798	
	2001	5825	2261	2985	258	578	482	879	824	1382	
	2002	6505	2472	3347	294	684	591	969	925	1503	
	2003	7735	2550	4484	275	698	575	1005	931	1545	
Middle East	1999	624	160	398	104	64	30	104	85	56	
	2000	826	200	539	145	85	33	114	104	86	
	2001	748	128	576	166	43	14	91	85	38	
	2002	784	140	603	182	39	14	105	104	35	
	2003	996	166	774	176	55	19	129	129	37	
Other Asia	1999	3972	1873	1730	74	369	344	569	502	1304	
	2000	5149	2440	2203	76	506	473	728	647	1712	2
	2001	5077	2133	2409	93	535	468	789	738	1344	2
	2002	5721	2332	2744	111	645	577	864	821	1468	
	2003	6739	2384	3710	99	643	556	876	802	1508	
Former USSR-Asia 6/	1999	632	74	233	29	324	321	72	60	3	
	2000	886	107	340	41	438	434	97	78	11	
	2001	867	90	316	41	462	460	78	58	11	
	2002	904	76	322	26	506	504	72	46	4	
	2003	977	73	406	19	498	496	71	34	2	
Developing economies-Oceania	1999	713	504	210	0	0	0	182	182	322	
	2000	883	662	221	1	0	0	235	235	427	
	2001	712	507	203	0	2	2	191	191	315	
	2002	619	439	180	0	0	0	171	171	269	
	2003	853	608	231	0	13	13	238	238	370	

For general note and footnotes see end of table.

Exportations mondiales par classes de marchandises et par régions

En millions de dollars E.-U. f.o.b.

Economies développées 1/, 2/				Developing economies / Economies en voie de développement 1/, 2/							Exportations vers
	Autres				America / Amerique		Asia / Asie				
U.S.A. É.-U.	Japan Japon	Australia and NZ Australie et NZ	Africa Afrique	Total	LAIA ALADI	Total	Mid. East Moyen Orient	Other 6/ Autres 6/	Oceania Océanie	Année	Exportations en provenance de

Minérais metalliféres et dechets de metaux (CTCI, Rev. 2 et Rev. 3, 28) (suite)

U.S.A. É.-U.	Japan Japon	Australie et NZ	Afrique	Total	LAIA ALADI	Total	Moyen Orient	Autres 6/	Océanie	Année	Exportations en provenance de
10	•	1	0	0	0	635	1	634	0	1999	Japon
24	•	1	0	0	0	772	1	771	0	2000	
32	•	1	0	0	0	992	1	991	0	2001	
28	•	1	0	0	0	1064	1	1064	0	2002	
35	•	1	0	0	0	1518	1	1516	0	2003	
53	1492	14	0	7	7	1713	4	1709	7	1999	Australie, Nouvelle-Zélande
85	1530	12	1	3	1	2034	15	2019	8	2000	
76	1532	8	2	4	4	2303	18	2285	3	2001	
33	1560	8	0	3	3	2291	13	2278	4	2002	
35	1788	8	15	5	4	3005	31	2974	10	2003	
37	38	0	5	3	3	42	6	35	0	1999	Economies en voie de développement-Afrique
104	2	0	183	0	0	57	11	46	0	2000	
152	78	0	70	0	0	73	10	62	0	2001	
97	109	0	63	1	1	93	25	69	0	2002	
88	105	0	90	1	1	115	35	80	0	2003	
1136	1517	7	144	776	674	1659	226	1433	0	1999	Economies en voie de développement-Amérique
1197	1757	33	180	954	847	2147	312	1835	0	2000	
1068	1613	19	175	897	759	2224	279	1945	0	2001	
992	1506	28	179	849	719	2414	222	2192	0	2002	
1033	1723	48	194	1022	881	3241	216	3025	0	2003	
776	1515	7	115	728	662	1606	226	1380	0	1999	ALADI
768	1757	33	162	873	797	2036	305	1731	0	2000	
661	1613	19	157	819	735	2208	272	1935	0	2001	
645	1504	28	151	791	707	2360	222	2138	0	2002	
657	1723	48	165	958	862	3176	216	2960	0	2003	
56	1244	29	10	56	56	2061	213	1848	0	1999	Economies en voie de développement- Asie
74	1628	38	13	43	40	2683	299	2384	0	2000	
81	1204	50	19	30	27	2928	303	2625	6	2001	
50	1376	58	25	31	27	3289	357	2932	0	2002	
50	1407	76	7	9	3	4467	462	4005	0	2003	
5	49	0	7	5	5	385	109	275	0	1999	Moyen Orient
9	72	0	11	7	7	518	153	365	0	2000	
6	29	0	11	1	1	564	162	402	0	2001	
3	29	0	23	2	1	578	198	380	0	2002	
2	32	0	3	2	2	768	293	476	0	2003	
51	1195	29	2	51	51	1676	104	1572	0	1999	Autres Pays d'Asie
65	1556	38	2	37	33	2165	146	2019	0	2000	
75	1175	50	8	29	27	2364	141	2223	6	2001	
48	1347	57	3	29	26	2712	159	2552	0	2002	
47	1374	76	3	7	1	3699	169	3530	0	2003	
3	0	0	0	0	0	233	66	167	0	1999	l'ancienne URSS asiatique 6/
11	0	0	0	3	0	337	113	224	0	2000	
11	0	0	0	1	0	315	96	219	0	2001	
3	1	0	0	3	0	319	81	238	0	2002	
2	0	0	0	4	0	402	98	304	0	2003	
0	284	37	0	0	0	210	0	210	0	1999	Economies en voie de développement-Océanie
0	378	49	0	0	0	221	0	221	0	2000	
0	264	52	0	0	0	203	0	203	0	2001	
0	225	44	0	0	0	180	0	180	0	2002	
0	296	74	0	0	0	231	0	231	0	2003	

Voir la fin du tableau pour la remarque générale et les notes.

SPECIAL TABLE: D

World exports by commodity classes and by regions

In million U.S. dollars f.o.b.

Animal and vegetable oils, fats and waxes (SITC, Rev. 2 and Rev. 3, 4)

Exports from	Year	World Monde 1/	Developed economies Economies développées 1/, 2/	Developing economies Economies en voie de développement 1/, 2/ Total	OPEC OPEP	Eastern Europe and fmr. USSR-Europe Europe de l'Est et l'anc. URSS-Europe Total 4/	Former USSR-Europe 5/	Developed Economies Europe Total	EU UE	Other Total	Canada
World 1/	1999	24308	11145	11939	1654	1041	746	8310	8104	2836	262
	2000	19473	9170	9342	1286	808	511	6539	6317	2631	277
	2001	25316	9177	8703	1206	1033	691	6853	6598	2324	261
	2002	24988	11417	12262	1556	1208	764	8588	8235	2830	300
	2003	31180	13454	16102	2010	1404	863	10174	9738	3280	380
Developed economies 1/,2/	1999	10648	6813	3023	380	645	432	5390	5233	1422	238
	2000	8594	5696	2274	326	500	293	4281	4145	1416	257
	2001	8680	6035	1950	288	615	365	4705	4536	1330	234
	2002	11277	7573	2884	321	740	392	5911	5677	1662	276
	2003	13070	8969	3222	413	761	349	7110	6825	1859	348
Developing economies 1/,2/	1999	13252	4264	8799	1265	173	157	2854	2815	1411	23
	2000	10390	3355	6887	923	119	102	2145	2108	1209	20
	2001	16172	3038	6599	889	212	196	2049	2005	989	27
	2002	13134	3635	9233	1214	249	222	2470	2430	1164	23
	2003	17327	4216	12680	1570	332	311	2797	2746	1418	31
OPEC	1999	1973	815	1153	107	5	4	679	678	135	5
	2000	1946	691	1243	120	13	8	563	561	127	1
	2001	7902	477	1104	110	23	21	425	424	52	0
	2002	2819	798	1971	168	49	41	731	730	67	0
	2003	3189	651	2466	161	68	65	563	558	88	0
Eastern Europe and the former USSR 1/,4/	1999	408	68	117	10	223	156	66	55	2	1
	2000	489	119	180	37	189	116	113	64	6	1
	2001	465	104	154	29	206	130	99	58	5	0
	2002	576	210	145	21	220	150	206	129	3	0
	2003	783	270	200	27	312	202	267	167	2	1
Former USSR-Europe 5/	1999	156	22	30	5	103	98	21	11	1	0
	2000	337	94	135	37	108	98	89	41	5	0
	2001	316	81	116	29	120	112	77	36	4	0
	2002	447	184	106	18	155	136	183	105	2	0
	2003	568	232	138	27	198	170	230	130	2	0
Developed economies- Europe	1999	7725	5790	1151	216	619	407	5163	5016	627	49
	2000	6357	4801	955	212	480	273	4090	3960	711	54
	2001	6546	5148	723	154	596	347	4503	4344	645	49
	2002	8083	6416	860	166	726	382	5586	5388	830	60
	2003	9572	7723	998	212	741	338	6759	6511	965	65
European Union	1999	7626	5704	1142	216	614	406	5088	4962	616	47
	2000	6259	4717	947	211	474	273	4020	3902	696	52
	2001	6448	5056	719	153	594	346	4422	4283	634	49
	2002	7970	6312	855	166	724	380	5496	5315	816	59
	2003	9402	7563	991	212	739	337	6625	6416	938	63
Other developed economies	1999	2922	1023	1872	164	27	26	227	217	796	188
	2000	2237	895	1319	115	21	20	190	185	705	203
	2001	2134	887	1227	134	19	18	202	192	685	185
	2002	3194	1157	2024	155	14	10	325	289	831	216
	2003	3498	1246	2224	200	20	11	351	314	895	283
Canada	1999	576	430	146	2	0	0	22	22	407	.
	2000	432	350	81	5	1	1	16	16	334	.
	2001	416	349	66	0	1	1	17	17	332	.
	2002	421	352	67	0	2	2	12	12	339	.
	2003	517	416	101	2	1	1	3	3	413	.
United States	1999	1935	470	1439	149	26	25	180	171	290	187
	2000	1439	417	1002	100	20	19	143	139	275	201
	2001	1379	414	946	122	18	17	156	147	258	183
	2002	1915	452	1452	146	11	8	142	137	310	214
	2003	2012	526	1477	180	9	8	156	142	370	273

For general note and footnotes see end of table.

Exportations mondiales par classes de marchandises et par régions

En millions de dollars E.-U. f.o.b.

Huiles et graisses d'origine animale ou vegetale (CTCI, Rev. 2 et Rev. 3, 4)

Economies développées 1/, 2/			Developing economies — Economies en voie de développement 1/, 2/								◄ Exportations vers
	Autres			America Amerique		Asia Asie					
U.S.A. É.-U.	Japan Japon	Australia and NZ Australie et NZ	Africa Afrique	Total	LAIA ALADI	Total	Mid. East Moyen Orient	Other 6/ Autres 6/	Oceania Océanie	Année	Exportations en provenance de
1431	624	215	1788	1739	1284	8263	1771	6492	23	1999	Monde 1/
1412	528	203	1333	1499	1114	6392	1424	4968	21	2000	
1153	494	171	1313	1475	1061	5783	1342	4441	22	2001	
1459	565	246	1756	1867	1390	8477	1908	6570	25	2002	
1664	628	278	2298	1999	1433	11626	2565	9061	28	2003	
776	248	95	734	834	579	1385	422	964	12	1999	Economies dévelopées 1/,2/
782	227	98	570	679	502	969	328	641	8	2000	
727	239	84	472	633	458	781	294	488	8	2001	
947	249	120	636	906	676	1266	566	700	11	2002	
1020	274	132	727	903	624	1510	737	773	13	2003	
654	376	119	1034	905	705	6827	1326	5501	11	1999	Economies en voie de
625	300	105	697	817	611	5345	1067	4278	12	2000	développement 1/,2/
423	255	88	796	840	603	4925	1015	3910	13	2001	
511	314	126	1092	960	715	7131	1312	5819	14	2002	
643	353	146	1533	1096	809	10001	1776	8225	15	2003	
83	25	1	84	46	44	1023	172	851	1	1999	OPEP
88	14	2	77	45	43	1118	198	920	3	2000	
10	8	3	98	51	46	950	216	734	4	2001	
24	6	2	224	35	26	1709	265	1444	3	2002	
17	3	2	176	21	18	2267	294	1974	2	2003	
1	0	0	20	0	0	50	23	27	0	1999	Europe de l'Est et
5	0	0	66	3	0	78	30	48	0	2000	l'ancienne URSS 1/,4/
4	0	0	44	2	0	77	33	44	0	2001	
2	2	0	28	1	0	81	30	51	0	2002	
2	0	0	38	0	0	115	52	63	0	2003	
1	0	0	11	0	0	19	3	16	0	1999	l'ancienne URSS-Europe 5/
4	0	0	65	3	0	68	21	47	0	2000	
4	0	0	44	2	0	68	26	42	0	2001	
1	0	0	25	1	0	78	29	49	0	2002	
2	0	0	37	0	0	101	44	57	0	2003	
363	105	78	510	143	104	441	191	250	9	1999	Economies développées-Europe
439	105	82	420	144	118	345	169	176	6	2000	
393	108	67	317	126	107	229	110	119	6	2001	
517	128	91	386	136	112	272	113	159	8	2002	
604	142	103	441	150	124	334	163	171	9	2003	
355	105	78	508	142	103	439	191	248	9	1999	Union Européenne
429	105	81	418	143	117	341	168	172	6	2000	
384	107	66	317	125	106	226	110	116	6	2001	
505	128	90	386	134	111	268	112	155	8	2002	
582	142	101	441	150	123	327	162	165	9	2003	
414	143	17	224	691	475	944	231	713	3	1999	Autres economies développées
343	122	16	150	535	384	624	158	466	2	2000	
334	131	16	155	508	351	552	183	369	3	2001	
429	121	29	250	770	563	994	453	541	3	2002	
416	133	29	285	752	500	1176	574	602	4	2003	
386	20	0	11	11	6	123	0	123	0	1999	Canada
314	19	1	2	8	3	71	4	67	0	2000	
307	24	1	0	13	3	53	0	52	0	2001	
320	18	1	0	7	2	60	0	60	0	2002	
374	31	7	3	12	6	86	2	84	0	2003	
·	76	5	168	680	469	581	222	359	0	1999	Etats-Unis
·	55	4	115	526	381	353	149	204	0	2000	
·	57	3	123	494	347	320	176	144	0	2001	
·	69	8	182	762	560	502	204	298	0	2002	
·	70	5	222	730	492	525	250	275	0	2003	

Voir la fin du tableau pour la remarque générale et les notes.

World exports by commodity classes and by regions

In million U.S. dollars f.o.b.

Exports from	Year	World Monde 1/	Developed economies Economies développées 1/, 2/	Developing economies Economies en voie de développement 1/, 2/ Total	OPEC OPEP	Eastern Europe and fmr. USSR-Europe Europe de l'Est et l'anc. URSS-Europe Total 4/	Former USSR-Europe 5/	Developed Economies Europe Total	EU UE	Other Total	Canada
								Animal and vegetable oils, fats and waxes (SITC, Rev. 2 and Rev. 3, 4) (continued)			
Japan	1999	79	37	42	3	0	0	12	11	25	1
	2000	81	37	44	3	0	0	11	10	26	1
	2001	74	34	40	1	0	0	10	10	24	1
	2002	76	36	40	2	0	0	10	9	26	1
	2003	81	39	42	2	0	0	14	13	25	2
Australia, New Zealand	1999	288	82	207	9	0	0	9	9	73	0
	2000	244	84	159	6	0	0	15	15	69	0
	2001	225	82	143	10	0	0	13	13	70	0
	2002	240	88	151	7	0	0	11	11	78	0
	2003	295	78	215	17	2	2	13	12	65	0
Developing economies-Africa	1999	648	449	194	81	0	0	427	420	22	1
	2000	466	325	132	35	0	0	307	300	18	1
	2001	392	274	116	29	0	0	260	248	15	0
	2002	311	140	170	63	0	0	129	120	11	0
	2003	455	193	257	82	0	0	178	165	15	1
Developing economies-America	1999	3633	629	2909	686	94	90	374	355	254	7
	2000	2622	398	2173	434	41	41	205	181	193	6
	2001	2770	412	2258	391	96	96	180	154	232	14
	2002	3530	619	2818	463	85	85	418	391	202	13
	2003	4872	551	4167	689	77	77	327	313	224	15
LAIA	1999	3493	618	2780	686	94	90	371	352	247	7
	2000	2480	391	2038	434	41	41	202	179	189	5
	2001	2605	393	2112	391	96	96	176	151	217	13
	2002	3345	608	2645	463	85	85	415	390	192	10
	2003	4639	538	3947	687	77	77	324	310	214	14
Developing economies-Asia	1999	8647	2887	5677	498	73	64	1760	1748	1127	15
	2000	6963	2319	4567	454	66	56	1328	1321	991	14
	2001	12690	2065	4200	469	107	98	1329	1322	737	12
	2002	8993	2620	6207	687	156	137	1674	1669	946	11
	2003	11631	3143	8222	799	248	234	1972	1949	1171	15
Middle East	1999	521	192	316	191	8	6	140	134	52	2
	2000	354	55	287	156	5	3	21	19	34	2
	2001	6747	148	283	180	2	1	105	101	42	3
	2002	392	69	312	217	5	1	41	38	29	3
	2003	592	234	346	227	3	1	164	149	70	7
Other Asia	1999	8126	2695	5361	307	65	59	1620	1614	1075	13
	2000	6610	2264	4280	298	62	53	1306	1302	958	11
	2001	5943	1917	3917	289	105	97	1223	1220	694	10
	2002	8600	2550	5895	470	152	136	1633	1631	917	7
	2003	11040	2909	7877	572	244	232	1808	1799	1101	9
Former USSR-Asia 6/	1999	7	0	6	0	1	1	0	0	0	0
	2000	10	0	9	0	1	1	0	0	0	0
	2001	12	0	11	0	1	1	0	0	0	0
	2002	13	0	11	0	2	2	0	0	0	0
	2003	53	0	15	0	38	38	0	0	0	0
Developing economies-Oceania	1999	297	295	0	0	2	0	287	287	7	0
	2000	310	307	0	0	2	0	300	300	8	0
	2001	286	283	1	0	2	0	278	278	6	0
	2002	256	252	3	0	2	0	246	246	6	0
	2003	325	323	0	0	2	0	315	315	8	0

For general note and footnotes see end of table.

Exportations mondiales par classes de marchandises et par régions

En millions de dollars E.-U. f.o.b.

Economies développées 1/, 2/				Developing economies / Economies en voie de développement 1/, 2/							Exportations vers
Autres		Australia and NZ Australie et NZ	Africa Afrique	America Amerique		Asia Asie	Mid. East Moyen Orient	Other 6/ Autres 6/	Oceania Océanie	Année	Exportations en provenance de
U.S.A. É.-U.	Japan Japon			Total	LAIA ALADI	Total					

Huiles et graisses d'origine animale ou vegetale (CTCI, Rev. 2 et Rev. 3, 4) (suite)

U.S.A. É.-U.	Japan Japon	Australia et NZ	Africa Afrique	Total	LAIA ALADI	Total	Moyen Orient	Autres 6/	Océanie	Année	Exportations en provenance de
23	·	0	0	0	0	42	0	42	0	1999	Japon
24	·	1	0	0	0	44	0	44	0	2000	
22	·	1	0	0	0	40	0	40	0	2001	
24	·	1	0	0	0	40	0	40	0	2002	
22	·	1	0	0	0	42	0	42	0	2003	
3	46	11	17	0	0	187	8	179	3	1999	Australie, Nouvelle-Zélande
5	48	10	7	0	0	150	5	145	2	2000	
4	50	12	10	0	0	131	5	126	2	2001	
10	33	19	6	0	0	142	4	138	3	2002	
7	30	16	16	0	0	196	6	189	3	2003	
19	2	0	155	2	2	37	37	0	0	1999	Economies en voie de développement-Afrique
12	2	0	108	4	3	20	20	0	0	2000	
10	1	0	94	2	2	19	18	1	0	2001	
5	1	0	149	1	1	20	19	1	0	2002	
8	2	0	232	0	0	25	19	6	0	2003	
96	25	9	347	829	642	1730	519	1211	1	1999	Economies en voie de développement-Amérique
85	32	12	209	737	539	1226	363	863	1	2000	
75	38	13	321	763	540	1173	331	843	0	2001	
74	26	27	303	885	666	1630	392	1238	1	2002	
99	24	29	351	1004	750	2810	577	2233	2	2003	
89	25	9	347	700	592	1730	519	1211	1	1999	ALADI
81	32	12	209	602	497	1226	363	863	1	2000	
62	37	13	321	618	505	1173	331	842	0	2001	
68	26	27	303	712	603	1630	392	1238	1	2002	
90	24	29	351	784	668	2810	577	2233	2	2003	
539	349	103	532	74	62	5059	769	4290	10	1999	Economies en voie de développement- Asie
528	267	85	381	77	69	4098	683	3415	11	2000	
337	216	69	381	75	61	3732	666	3066	13	2001	
431	286	93	639	75	48	5479	901	4578	12	2002	
536	328	109	950	92	59	7167	1180	5987	12	2003	
26	0	2	34	1	1	279	252	27	0	1999	Moyen Orient
16	0	1	14	5	5	267	240	27	0	2000	
23	1	2	14	2	2	267	253	14	0	2001	
14	1	1	20	2	2	290	275	14	0	2002	
45	2	3	34	5	5	306	288	18	0	2003	
513	349	101	498	73	61	4780	517	4263	10	1999	Autres Pays d'Asie
512	266	84	367	72	64	3830	443	3388	11	2000	
314	214	67	367	73	59	3465	413	3052	13	2001	
417	285	92	619	73	46	5189	626	4563	12	2002	
491	325	106	916	86	54	6861	892	5968	12	2003	
0	0	0	0	0	0	6	0	6	0	1999	l'ancienne URSS asiatique 6/
0	0	0	0	0	0	9	1	8	0	2000	
0	0	0	0	0	0	11	0	11	0	2001	
0	0	0	0	0	0	11	0	10	0	2002	
0	0	0	0	0	0	15	0	15	0	2003	
0	0	7	0	0	0	0	0	0	0	1999	Economies en voie de développement-Océanie
0	0	7	0	0	0	0	0	0	0	2000	
0	0	5	0	0	0	1	0	1	0	2001	
0	0	6	0	0	0	2	0	2	0	2002	
0	0	8	0	0	0	0	0	0	0	2003	

Voir la fin du tableau pour la remarque générale et les notes.

World exports by commodity classes and by regions

In million U.S. dollars f.o.b.

Exports from	Year	World Monde 1/	Developed economies Economies développées 1/, 2/	Developing economies Economies en voie de développement 1/, 2/ Total	OPEC OPEP	Eastern Europe and fmr. USSR-Europe Europe de l'Est et l'anc. URSS-Europe Total 4/	Former USSR-Europe 5/	Developed Economies Europe Total	EU UE	Developed Economies Other Total	Canada

Mineral fuels and related materials (SITC, Rev. 2 and Rev. 3, 3)

Exports from	Year	World Monde 1/	Economies développées 1/, 2/	Total	OPEC OPEP	Total 4/	Former USSR-Europe 5/	Total	EU UE	Total	Canada
World 1/	1999	428737	265660	132409	5379	18756	9456	131382	124036	134278	6399
	2000	663931	412919	204046	10720	27946	13186	200930	191562	211990	9510
	2001	595127	369864	176757	9045	30215	15800	182007	174504	187857	9322
	2002	598476	358103	182756	11426	28282	13544	187027	178043	171077	8561
	2003	719942	436753	213359	11989	28160	15488	218493	205579	218260	11362
Developed economies 1/,2/	1999	121769	99006	15390	878	1864	358	64591	60488	34416	4464
	2000	192150	160006	22163	1308	2078	341	97228	91751	62777	6477
	2001	180808	151394	19132	1203	2068	256	90691	85856	60703	6961
	2002	176605	145195	20065	1275	2093	287	88808	83929	56386	5778
	2003	218238	181785	22590	1826	2304	373	109597	103903	72188	7461
Developing economies 1/,2/	1999	267782	147369	111794	4372	2216	1792	48614	47613	98755	1922
	2000	409244	223027	171485	9293	3647	3152	75054	73576	147973	3032
	2001	349802	188552	147911	7777	4002	3387	62202	61106	126350	2355
	2002	354647	177202	152378	10120	5020	3889	64290	63203	112912	2771
	2003	414666	219129	177319	9921	4487	3631	75397	72575	143732	3708
OPEC	1999	180230	105668	72709	3036	78	1	37742	37306	67926	1482
	2000	268592	157270	108792	6636	34	2	57701	57068	99569	2376
	2001	223268	130423	91389	4574	105	0	45724	45207	84699	1868
	2002	224583	119719	96244	5721	42	2	46455	46014	73264	2243
	2003	257082	146650	107983	4713	35	3	54364	53766	92286	2948
Eastern Europe and the former USSR 1/,4/	1999	39187	19285	5225	128	14676	7307	18178	15935	1107	13
	2000	62536	29886	10399	118	22221	9693	28647	26235	1240	1
	2001	64517	29918	9714	65	24145	12157	29114	27542	804	6
	2002	67223	35706	10313	31	21169	9367	33928	30911	1778	12
	2003	87038	35840	13450	242	21369	11484	33500	29100	2340	193
Former USSR-Europe 5/	1999	35487	17268	4677	113	13541	7161	16195	14036	1074	12
	2000	57442	27398	9527	52	20515	9460	26200	23918	1198	1
	2001	59020	26737	9101	7	22445	12003	26091	24686	645	3
	2002	60563	31554	9685	10	19323	9286	30082	27187	1472	10
	2003	79936	32051	12452	193	19124	11400	29932	25732	2119	192
Developed economies-Europe	1999	78337	68145	4881	539	1752	326	58775	54754	9370	2223
	2000	124303	110701	6706	946	1945	287	93418	88055	17283	3711
	2001	113843	100779	5314	833	1974	218	86270	81505	14509	3176
	2002	114965	100263	6050	888	2025	262	84467	79724	15796	3121
	2003	141353	123707	6608	1159	2176	317	105153	99584	18554	3359
European Union	1999	55382	46235	4100	529	1547	310	40815	36924	5420	222
	2000	85619	72962	6132	937	1685	277	61922	56703	11039	498
	2001	77157	65575	4332	820	1583	207	56427	51746	9148	888
	2002	78484	65618	4764	870	1601	248	55258	50597	10360	1194
	2003	99330	83079	5754	1143	1773	298	70788	65314	12291	1107
Other developed economies	1999	43432	30861	10510	339	113	31	5815	5734	25046	2241
	2000	67847	49304	15457	362	133	55	3810	3696	45494	2765
	2001	66965	50615	13818	370	94	38	4420	4351	46195	3785
	2002	61640	44931	14014	387	67	25	4341	4206	40590	2658
	2003	76885	58078	15982	666	128	56	4443	4319	53634	4102
Canada	1999	20261	19783	471	1	8	0	2459	2451	17324	·
	2000	36344	35950	382	3	12	0	225	190	35724	·
	2001	36673	36266	403	3	4	0	415	414	35851	·
	2002	31878	31474	404	1	1	0	321	295	31153	·
	2003	43891	43392	495	6	4	0	380	339	43012	·
United States	1999	9926	4941	4939	161	46	8	1604	1544	3337	2237
	2000	13340	5708	7555	219	77	12	1782	1723	3926	2763
	2001	12865	6523	6300	179	42	15	1889	1826	4634	3768
	2002	11689	5058	6602	191	29	12	1439	1344	3619	2652
	2003	14047	6270	7733	297	44	11	1231	1180	5039	4074

For general note and footnotes see end of table.

Exportations mondiales par classes de marchandises et par régions

En millions de dollars E.-U. f.o.b.

Economies développées 1/, 2/			Developing economies Economies en voie de développement 1/, 2/							Exportations vers
	Autres			America Amerique		Asia Asie				
U.S.A. É.-U.	Japan Japon	Australia and NZ Australie et NZ	Africa Afrique	Total	LAIA ALADI	Total	Mid. East Moyen Orient	Other 6/ Autres 6/	Oceania Océanie	Année	Exportations en provenance de ↓

Combustibles minéraux et produits assimiles (CTCI, Rev. 2 et Rev. 3, 3)

U.S.A.	Japan	Aus/NZ	Africa	Total	ALADI	Total	Mid East	Other	Oceania	Année	provenance de
76181	43979	4900	7868	23528	11948	98816	10062	88754	686	1999	Monde 1/
134189	57795	6504	11521	37258	18795	151473	19058	132415	1227	2000	
113737	56273	6290	9579	30240	15202	133517	15963	117554	1040	2001	
103173	49980	6777	10226	30161	15009	138674	19239	119435	1072	2002	
137285	58423	8094	12029	37969	16556	159447	21747	137700	1307	2003	
24117	4599	701	1734	4719	3658	8095	1263	6831	310	1999	Economies dévelopées 1/,2/
49437	5161	923	3039	7403	5783	10502	2001	8501	441	2000	
47341	4831	858	2654	6149	4755	9321	1267	8054	343	2001	
43866	5131	887	2518	6555	4789	10111	1347	8763	300	2002	
58130	5064	782	3323	7557	4760	10713	1933	8779	289	2003	
51301	39245	4198	5985	16488	8249	88550	7800	80749	374	1999	Economies en voie de
84172	52375	5581	8296	26125	12983	135482	13301	122181	785	2000	développement 1/,2/
66116	51240	5432	6691	20801	10392	119023	11370	107653	695	2001	
58329	44504	5889	7537	20863	10064	122246	14398	107848	770	2002	
78130	52868	7308	8534	27500	11587	139234	13864	125370	1001	2003	
33274	30141	1526	4530	7653	4534	60443	6227	54217	8	1999	OPEP
55960	37788	1612	6474	11764	6568	90288	10818	79470	32	2000	
42712	37698	1960	5147	8581	4435	77462	8385	69077	26	2001	
34216	34531	1822	5623	8259	4290	82214	10339	71875	16	2002	
46418	40728	1726	6033	10897	4436	90940	9252	81687	25	2003	
764	135	1	149	2321	41	2172	998	1173	1	1999	Europe de l'Est et
579	259	0	186	3729	29	5489	3756	1733	0	2000	l'ancienne URSS 1/,4/
280	202	0	235	3289	55	5173	3326	1846	2	2001	
977	346	0	172	2743	155	6317	3493	2824	3	2002	
1025	491	4	172	2911	209	9500	5950	3550	18	2003	
737	135	0	91	2271	1	2006	909	1097	1	1999	l'ancienne URSS-Europe 5/
566	259	0	80	3701	21	5231	3588	1643	0	2000	
185	202	0	160	3250	20	4966	3194	1771	2	2001	
775	345	0	104	2702	137	6138	3382	2756	3	2002	
849	490	4	124	2869	195	9097	5689	3408	17	2003	
6741	192	24	1263	763	410	2321	963	1358	5	1999	Economies développées-Europe
13047	103	36	2267	802	340	2863	1646	1217	6	2000	
11031	54	19	1809	700	348	2149	980	1169	5	2001	
12286	140	31	1868	929	433	2676	1012	1664	8	2002	
14778	194	36	2485	780	398	2649	1556	1093	8	2003	
4946	51	21	1249	694	392	1636	917	718	5	1999	Union Européenne
10066	72	34	2255	712	321	2424	1556	868	6	2000	
7985	49	18	1790	488	256	1406	849	557	5	2001	
8827	115	21	1850	688	397	1653	825	828	8	2002	
10892	94	35	2467	621	306	1978	1331	648	8	2003	
17375	4406	677	471	3956	3249	5773	301	5473	305	1999	Autres economies développées
36390	5059	887	772	6602	5444	7639	355	7284	435	2000	
36310	4777	839	845	5450	4407	7172	287	6885	338	2001	
31580	4990	857	649	5627	4356	7435	336	7099	291	2002	
43352	4870	746	838	6777	4362	8064	378	7686	281	2003	
16696	621	1	14	135	131	321	33	289	0	1999	Canada
35232	483	1	9	87	84	285	37	248	0	2000	
35432	418	1	13	105	102	284	37	247	0	2001	
30752	395	1	13	104	84	286	56	230	0	2002	
42658	340	2	26	154	137	315	46	269	0	2003	
·	760	160	100	3487	2794	1341	115	1226	8	1999	Etats-Unis
·	845	156	138	6153	5005	1258	171	1087	2	2000	
·	519	172	139	4960	3925	1189	125	1064	2	2001	
·	564	194	138	5133	3889	1314	135	1179	8	2002	
·	592	156	163	6076	3678	1479	138	1341	1	2003	

Voir la fin du tableau pour la remarque générale et les notes.

World exports by commodity classes and by regions

In million U.S. dollars f.o.b.

Mineral fuels and related materials (SITC, Rev. 2 and Rev. 3, 3) (continued)

Exports from	Year	World Monde 1/	Developed economies / Economies développées 1/, 2/	Developing economies / Economies en voie de développement 1/, 2/ — Total	OPEC OPEP	Eastern Europe and fmr. USSR-Europe — Total 4/	Former USSR-Europe 5/	Developed Economies — Europe Total	EU UE	Other Total	Canada
Japan	1999	1226	366	842	31	17	14	34	34	332	
	2000	1520	519	993	35	8	7	40	37	479	
	2001	1509	416	1082	39	11	9	56	56	360	
	2002	1404	313	1086	47	4	4	63	63	250	
	2003	1559	316	1234	46	9	8	53	52	263	1
Australia, New Zealand	1999	9604	4679	3423	119	26	0	865	860	3815	
	2000	13669	6020	5538	72	0	0	861	859	5160	
	2001	13445	6161	5102	112	19	0	1108	1106	5053	1
	2002	13705	6480	5145	107	22	0	1127	1125	5353	
	2003	14144	6397	5591	275	39	5	1317	1316	5080	1
Developing economies- Africa	1999	46327	33751	11768	207	100	1	22189	21741	11562	8
	2000	76386	57045	17888	1070	48	5	35310	34591	21735	15
	2001	60930	45257	14588	1186	91	2	28955	28412	16301	12
	2002	57410	35036	13363	756	50	3	27696	27197	7340	14
	2003	72801	55091	16459	1347	44	4	32939	32267	22152	21
Developing economies- America	1999	38164	27415	9164	54	7	5	2380	2271	25035	8
	2000	61051	43511	15748	115	2	1	3913	3866	39598	7
	2001	51252	35226	14512	186	7	1	3683	3640	31543	7
	2002	51639	35885	14517	507	6	1	3994	3985	31891	5
	2003	61056	40430	18533	315	2	1	5609	5590	34821	6
LAIA	1999	35890	26349	8207	33	2	0	2198	2095	24151	8
	2000	57211	41324	14362	58	2	1	3511	3469	37813	7
	2001	47662	33241	13096	178	7	0	3406	3367	29836	7
	2002	48228	33984	13179	500	5	0	3734	3732	30250	5
	2003	57081	38233	17001	306	2	0	5322	5308	32911	6
Developing economies- Asia	1999	181869	85196	90494	4052	2066	1779	23891	23473	61305	1
	2000	270151	121358	137354	8044	3549	3145	35626	34937	85732	6
	2001	235994	106966	118341	6347	3852	3383	29299	28810	77667	3
	2002	243915	105154	124015	8802	4903	3884	32336	31826	72818	7
	2003	278778	122276	141698	8194	4370	3625	36474	34426	85802	9
Middle East	1999	130781	65392	61818	3034	306	121	20939	20822	44453	1
	2000	189362	89997	94208	6040	432	169	30644	30477	59354	5
	2001	162302	77928	80421	3857	337	133	24157	24005	53771	3
	2002	170421	77730	82725	5400	1111	384	27131	26817	50598	7
	2003	189059	87485	91397	4293	931	620	28792	28431	58694	8
Other Asia	1999	51089	19804	28676	1018	1760	1658	2953	2651	16851	8
	2000	80789	31360	43146	2003	3117	2976	4982	4459	26378	
	2001	73692	29038	37920	2490	3515	3250	5143	4805	23896	
	2002	73495	27424	41290	3402	3793	3500	5205	5009	22219	
	2003	89719	34791	50301	3902	3440	3005	7683	5995	27108	1
Former USSR-Asia 6/	1999	6713	1929	3154	233	1628	1549	1785	1644	145	
	2000	10569	3503	4058	315	3006	2881	3296	3043	207	
	2001	11568	4358	3798	702	3409	3168	4130	3907	229	
	2002	11963	4254	3981	770	3726	3439	3965	3809	289	
	2003	14960	6095	5532	741	3331	2913	5724	4183	372	
Developing economies- Oceania	1999	945	848	97	59	0	0	0	0	848	
	2000	997	895	102	62	0	0	0	0	895	
	2001	920	823	97	58	0	0	0	0	823	
	2002	962	854	97	51	0	0	0	0	854	
	2003	1045	930	116	65	0	0	0	0	930	

For general note and footnotes see end of table.

Exportations mondiales par classes de marchandises et par régions

En millions de dollars E.-U. f.o.b.

| Economies développées 1/, 2/ | | | Developing economies — Economies en voie de développement 1/, 2/ | | | | | | | | Exportations vers |
| Autres | | Australia and NZ Australie et NZ | Africa Afrique | America Amerique | | Asia Asie | Mid. East Moyen Orient | Other 6/ Autres 6/ | Oceania Océanie | Année | Exportations en provenance de |
U.S.A. É.-U.	Japan Japon			Total	LAIA ALADI	Total					

Combustibles minéraux et produits assimilés (CTCI, Rev. 2 et Rev. 3, 3) (suite)

U.S.A. É.-U.	Japan Japon	Australie et NZ	Afrique	America Total	LAIA ALADI	Asia Total	Moyen Orient	Autres 6/	Océanie	Année	Exportations en provenance de
307	·	23	0	29	21	813	9	804	0	1999	Japon
394	·	83	0	42	38	950	4	946	0	2000	
282	·	76	0	39	37	1043	5	1038	0	2001	
197	·	45	1	39	38	1047	4	1042	0	2002	
222	·	25	6	50	50	1178	8	1169	0	2003	
349	2956	469	16	258	258	2852	101	2750	297	1999	Australie, Nouvelle-Zélande
735	3695	612	9	274	274	4823	74	4750	432	2000	
500	3808	577	24	276	276	4467	99	4368	336	2001	
576	4004	612	39	296	295	4529	95	4434	282	2002	
397	3931	561	42	467	466	4798	98	4700	280	2003	
9675	282	95	2623	2580	2524	6511	1228	5283	9	1999	Economies en voie de développement-Afrique
18876	300	162	3431	3741	3527	10561	2347	8214	30	2000	
14153	301	198	2817	2584	2444	9054	2089	6965	21	2001	
5182	210	221	2915	2116	2002	8201	1911	6290	19	2002	
19106	315	237	3476	2905	2609	9985	2239	7746	25	2003	
23803	284	31	51	8804	4012	304	44	260	0	1999	Economies en voie de développement-Amérique
38311	357	65	79	14854	6768	807	45	761	0	2000	
30330	341	0	95	13057	5681	1346	139	1207	1	2001	
30925	288	3	235	12133	5151	2140	351	1789	1	2002	
33771	290	0	165	16476	5906	1876	197	1679	1	2003	
22925	284	31	40	7870	3947	292	38	254	0	1999	ALADI
36546	356	65	55	13507	6659	791	45	746	0	2000	
28809	172	0	74	11688	5636	1321	132	1189	0	2001	
29454	133	3	216	10839	5114	2117	345	1771	0	2002	
32065	105	0	142	14995	5863	1850	190	1660	0	2003	
17690	38678	3356	3301	5103	1712	81635	6523	75112	362	1999	Economies en voie de développement- Asie
26834	51719	4597	4772	7529	2687	124006	10902	113104	754	2000	
21491	50598	4538	3777	5159	2267	108531	9141	99390	667	2001	
22101	44005	4922	4382	6612	2911	111811	12129	99682	738	2002	
25082	52263	6284	4885	8119	3072	127255	11422	115834	962	2003	
15665	26531	879	3006	2040	1521	56686	5716	50970	13	1999	Moyen Orient
23630	32399	1064	4418	3156	2365	86355	9681	76674	19	2000	
18835	33164	1055	3605	2406	1748	74254	7648	66607	12	2001	
19605	28570	958	4203	3299	2081	74682	9739	64943	98	2002	
22494	33444	1079	4568	3912	2431	82430	8773	73657	141	2003	
2024	12147	2476	295	3063	192	24949	807	24142	349	1999	Autres Pays d'Asie
3204	19320	3533	354	4372	322	37650	1221	36430	735	2000	
2655	17434	3484	172	2753	519	34277	1494	32783	654	2001	
2495	15435	3964	179	3313	829	37129	2390	34739	640	2002	
2587	18819	5205	317	4207	641	44826	2649	42177	821	2003	
63	0	0	15	2183	11	950	389	560	1	1999	l'ancienne URSS asiatique 6/
35	0	0	13	2909	9	1116	538	578	2	2000	
21	0	0	40	2164	17	1562	939	622	1	2001	
99	0	0	5	2361	11	1606	1020	586	0	2002	
82	23	0	1	3323	0	2100	1100	1000	0	2003	
131	0	717	0	0	0	94	0	94	3	1999	Economies en voie de développement-Océanie
137	0	757	0	0	0	101	0	101	1	2000	
127	0	696	0	0	0	91	0	91	6	2001	
112	0	742	0	0	0	85	0	85	11	2002	
143	0	786	0	0	0	103	0	103	13	2003	

Voir la fin du tableau pour la remarque générale et les notes.

SPECIAL TABLE: D

World exports by commodity classes and by regions

In million U.S. dollars f.o.b.

Exports from	Year	Exports to World Monde 1/	Developed economies Economies développées 1/, 2/	Developing economies Economies en voie de développement 1/, 2/ Total	OPEC OPEP	Eastern Europe and fmr. USSR-Europe Europe de l'Est et l'anc. URSS-Europe Total 4/	Former USSR-Europe 5/	Developed Economies Europe Total	EU UE	Other Total	Canad

Chemicals (SITC, Rev. 2 and Rev. 3,

Exports from	Year	World Monde 1/	Economies développées 1/, 2/	Total	OPEC OPEP	Total 4/	Former USSR-Europe 5/	Total	EU UE	Total	Canad
World 1/	1999	536949	356597	152063	14657	20711	6462	245725	229528	110872	180
	2000	582708	374501	176673	16494	23448	8404	252205	236358	122296	197
	2001	603944	396707	172360	17556	26865	10143	269634	252482	127073	202
	2002	669908	444166	186578	18589	29965	10809	303047	283594	141118	211
	2003	802129	531639	220544	21166	38528	14473	368035	345543	163604	240
Developed economies 1/,2/	1999	436849	322496	92281	9369	14823	3372	229073	213742	93423	176
	2000	461872	334273	103471	9976	16413	4468	233048	218122	101224	191
	2001	484717	356541	101159	10647	19373	6020	250598	234434	105943	197
	2002	538368	399900	107742	11203	21900	6568	282503	264324	117397	205
	2003	641823	476476	126379	12613	27957	8641	341480	320223	134996	231
Developing economies 1/,2/	1999	86782	28572	56489	5173	1405	807	11873	11425	16699	4
	2000	104785	33390	69323	6389	1778	1135	13258	12747	20132	4
	2001	102921	33591	67028	6715	1980	1252	13397	12836	20194	5
	2002	113519	36547	74373	7244	2331	1444	14178	13469	22369	5
	2003	138500	46332	88750	8381	3117	1932	18922	18243	27409	7
OPEC	1999	9317	2714	6576	1099	21	6	1258	1202	1456	
	2000	12938	4011	8882	1419	38	15	1849	1774	2162	
	2001	11907	3716	8139	1327	36	16	1634	1562	2083	
	2002	12417	3812	8560	1411	37	14	1626	1559	2186	
	2003	13718	4217	9433	1585	57	29	1819	1745	2398	
Eastern Europe and the former USSR 1/,4/	1999	13318	5529	3293	114	4483	2283	4779	4361	750	
	2000	16051	6838	3879	128	5257	2801	5898	5489	940	
	2001	16307	6575	4174	194	5512	2870	5638	5212	936	
	2002	18020	7719	4463	142	5734	2797	6367	5800	1352	
	2003	21807	8831	5416	172	7454	3900	7632	7077	1199	
Former USSR-Europe 5/	1999	6757	2381	2443	70	1932	1467	1892	1590	490	
	2000	8098	2952	2754	74	2392	1831	2354	2084	598	
	2001	8104	2717	3035	131	2322	1706	2164	1894	553	
	2002	7827	2506	3128	74	2164	1528	2079	1715	427	
	2003	10129	3179	3833	103	3115	2312	2635	2299	544	
Developed economies-Europe	1999	312482	249311	41688	6585	14355	3219	200001	186594	49311	25
	2000	319572	252693	43617	6743	15744	4110	200490	187600	52203	27
	2001	346601	274824	45789	7486	18533	5526	217524	203331	57300	35
	2002	396335	316429	50082	8338	21028	6044	248679	232423	67750	38
	2003	480221	382297	59952	9664	26980	8099	301759	282669	80538	49
European Union	1999	287546	228992	37917	6074	13516	3091	184452	171143	44541	22
	2000	295653	233615	39672	6197	14854	3937	186282	173473	47333	23
	2001	319273	252801	41582	6906	17441	5256	200934	186863	51867	31
	2002	364653	290612	45473	7638	19779	5760	229108	212992	61504	33
	2003	443451	352546	54589	8864	25330	7735	279375	260483	73171	43
Other developed economies	1999	124367	73185	50593	2784	467	153	29072	27148	44113	150
	2000	142301	81579	59854	3234	669	358	32559	30522	49021	164
	2001	138116	81717	55370	3161	840	494	33074	31103	48643	161
	2002	142033	83471	57659	2864	873	524	33824	31902	49647	166
	2003	161602	94179	66427	2948	977	541	39721	37553	54458	181
Canada	1999	12864	11511	1320	82	33	10	708	642	10803	
	2000	14797	13108	1662	113	27	7	653	620	12455	
	2001	14996	13478	1499	61	20	5	624	599	12854	
	2002	15273	13731	1514	56	28	8	705	675	13027	
	2003	17123	15441	1634	89	48	16	1015	942	14426	
United States	1999	71989	43962	27752	1605	275	88	20688	19186	23274	148
	2000	82542	49578	32501	1890	462	277	23953	22313	25625	161
	2001	82322	50167	31531	1994	624	405	24885	23357	25282	158
	2002	83592	51205	31750	1686	636	425	25648	24134	25557	163
	2003	94139	57715	35759	1589	664	404	30081	28366	27633	178

For general note and footnotes see end of table.

Exportations mondiales par classes de marchandises et par régions

En millions de dollars E.-U. f.o.b.

Economies développées 1/, 2/			Developing economies — Economies en voie de développement 1/, 2/							← Exportations vers	
	Autres			America Amerique		Asia Asie					
U.S.A. É.-U.	Japan Japon	Australia and NZ Australie et NZ	Africa Afrique	Total	LAIA ALADI	Total	Mid. East Moyen Orient	Other 6/ Autres 6/	Oceania Océanie	Année	Exportations en provenance de ↓

Produits chimiques (CTCI, Rev. 2 et Rev. 3, 5)

U.S.A.	Japan	Aust/NZ	Africa	Total	LAIA	Total	Mid.East	Other 6/	Oceania	Année	en provenance de
59622	19495	8451	9759	34005	29025	105205	15034	90171	347	1999	Monde 1/
66887	21903	8285	10123	39221	33780	123995	16841	107153	326	2000	
70837	21666	8628	11054	40906	34700	116839	16900	99939	348	2001	
82388	22397	9090	11848	39372	33151	131306	18907	112399	398	2002	
96032	25379	10977	13753	43896	37121	157834	23644	134190	470	2003	
49635	14837	6869	7125	24960	22071	58035	10846	47189	276	1999	Economies dévelopées 1/,2/
54963	16093	6456	7060	28322	25207	65751	11623	54128	254	2000	
58736	16021	6753	7844	29219	25776	61637	11703	49934	276	2001	
68708	16390	7039	8109	27773	24366	69067	13163	55904	319	2002	
79803	18080	8459	9304	30876	27259	82714	16374	66340	381	2003	
9418	4593	1571	2475	8587	6541	44783	3650	41133	71	1999	Economies en voie de
11217	5716	1819	2866	10253	7994	55547	4353	51194	70	2000	développement 1/,2/
11374	5565	1860	3017	11052	8389	52268	4412	47857	70	2001	
12609	5899	2030	3560	10940	8234	59076	4966	54109	78	2002	
15375	7178	2493	4217	12228	9189	71315	6066	65250	88	2003	
745	344	281	547	533	458	5482	1349	4133	7	1999	OPEP
1143	506	368	721	598	521	7540	1768	5772	14	2000	
1131	465	358	650	610	525	6860	1638	5222	9	2001	
1184	513	338	696	576	482	7270	1737	5533	12	2002	
1258	592	373	782	388	343	8238	1958	6279	15	2003	
569	64	11	159	458	413	2388	539	1849	0	1999	Europe de l'Est et
707	95	10	197	646	579	2696	865	1831	2	2000	l'ancienne URSS 1/,4/
727	81	16	193	635	535	2934	785	2149	2	2001	
1072	107	21	179	660	551	3163	778	2385	2	2002	
854	121	26	232	792	673	3804	1204	2600	2	2003	
404	30	1	98	376	341	1926	326	1601	0	1999	l'ancienne URSS-Europe 5/
490	43	2	128	555	496	2034	491	1543	1	2000	
478	36	6	125	521	433	2344	477	1867	0	2001	
350	27	6	102	540	447	2438	361	2076	0	2002	
432	45	14	123	686	580	2939	693	2246	0	2003	
31273	8443	3561	5964	9197	8067	24546	9310	15236	148	1999	Economies développées-Europe
33980	8899	3179	5735	9462	8300	26295	9898	16398	145	2000	
37713	8923	3506	6258	10526	9178	26727	9984	16743	155	2001	
47047	9279	3886	6792	9996	8700	30697	11689	19007	174	2002	
55617	10688	4889	7860	11400	9981	37418	14626	22792	224	2003	
28631	7205	3244	5701	8087	7078	22277	8445	13832	147	1999	Union Européenne
31295	7643	2895	5460	8315	7299	23904	9006	14898	144	2000	
34690	7635	3191	5949	9330	8143	24161	9038	15123	153	2001	
43419	7881	3546	6477	8849	7713	27724	10488	17236	173	2002	
51572	8787	4490	7527	10089	8824	33941	13188	20753	220	2003	
18362	6394	3308	1161	15763	14003	33489	1536	31953	127	1999	Autres economies développées
20983	7194	3277	1325	18860	16907	39455	1726	37730	109	2000	
21023	7097	3246	1586	18693	16598	34910	1719	33191	121	2001	
21661	7112	3154	1317	17777	15667	38370	1473	36897	145	2002	
24186	7392	3570	1444	19476	17278	45296	1748	43548	157	2003	
10487	173	121	32	316	254	970	45	924	1	1999	Canada
12115	211	111	14	435	381	1209	38	1172	1	2000	
12557	171	112	19	336	279	1141	32	1109	1	2001	
12655	252	107	19	345	286	1147	34	1113	1	2002	
14114	206	78	25	415	343	1192	54	1138	0	2003	
·	5794	1898	351	14480	12873	12888	937	11950	10	1999	Etats-Unis
·	6547	2014	411	17363	15551	14682	1003	13678	12	2000	
·	6510	1992	697	17305	15345	13491	1042	12449	16	2001	
·	6501	1862	462	16434	14462	14819	964	13855	14	2002	
·	6796	2061	461	18014	15968	17246	1119	16127	17	2003	

Voir la fin du tableau pour la remarque générale et les notes.

World exports by commodity classes and by regions

In million U.S. dollars f.o.b.

Chemicals (SITC, Rev. 2 and Rev. 3, 5) (continued)

Exports from	Year	World Monde 1/	Developed economies Economies développées 1/, 2/	Developing economies Economies en voie de développement 1/, 2/ Total	OPEC OPEP	Eastern Europe and fmr. USSR-Europe Europe de l'Est et l'anc. URSS-Europe Total 4/	Former USSR-Europe 5/	Developed Economies Europe Total	EU UE	Other Total	Canada
Japan	1999	30722	12466	18189	888	67	18	5351	5043	7115	14
	2000	35158	13229	21854	989	75	23	5443	5136	7787	16
	2001	30680	12114	18495	827	70	22	5225	4895	6889	14
	2002	33252	12356	20825	846	70	23	5135	4835	7221	14
	2003	39955	13905	24955	953	95	33	5878	5569	8027	13
Australia, New Zealand	1999	3385	2013	1267	110	5	1	465	450	1549	3
	2000	3643	2160	1371	123	5	1	591	583	1569	3
	2001	3886	2294	1455	137	14	5	514	500	1780	5
	2002	3723	2187	1509	131	11	1	545	536	1642	7
	2003	4413	2654	1746	145	12	6	654	638	2000	7
Developing economies- Africa	1999	3349	1156	2116	349	37	26	1053	1042	103	
	2000	3530	1459	1980	295	51	44	1221	1218	238	
	2001	3476	1491	1853	322	71	55	1206	1203	285	
	2002	4126	1651	2374	331	59	41	1099	1087	553	
	2003	4835	2118	2608	330	59	43	1373	1360	745	
Developing economies- America	1999	14295	6641	7606	506	23	4	1738	1595	4903	13
	2000	16756	7763	8882	692	25	5	2148	1999	5615	12
	2001	17103	7588	9417	817	41	17	2213	2029	5374	12
	2002	17305	7948	9261	867	57	25	2465	2155	5483	12
	2003	19078	8740	10197	692	65	35	2743	2538	5997	15
LAIA	1999	12382	5895	6443	477	22	3	1608	1475	4287	13
	2000	14506	6787	7617	653	24	4	1965	1825	4823	11
	2001	14685	6539	8069	773	35	11	2025	1842	4514	11
	2002	15075	6970	8021	824	52	19	2285	1980	4686	12
	2003	16404	7610	8668	648	59	29	2534	2338	5076	15
Developing economies- Asia	1999	67464	20164	46153	4302	897	623	8538	8251	11626	28
	2000	82752	23514	57841	5390	1230	894	9310	8961	14204	36
	2001	80569	23908	55135	5557	1325	948	9467	9102	14441	39
	2002	90043	26265	62012	6026	1577	1108	10055	9678	16210	44
	2003	111968	34492	75079	7333	2221	1532	14129	13682	20363	58
Middle East	1999	7892	2176	5228	1347	245	136	1152	1084	1024	1
	2000	10362	3039	6876	1647	288	155	1567	1476	1472	2
	2001	10018	2800	6697	1728	328	189	1472	1389	1328	2
	2002	10686	2952	7200	1900	361	199	1578	1493	1374	2
	2003	12207	3355	8205	2188	487	281	1779	1678	1576	1
Other Asia	1999	59572	17987	40925	2955	653	487	7386	7167	10602	26
	2000	72390	20475	50965	3743	942	739	7743	7485	12732	34
	2001	70551	21108	48437	3829	997	759	7995	7713	13113	37
	2002	79357	23313	54812	4126	1216	909	8477	8185	14836	42
	2003	99761	31137	66874	5146	1734	1251	12350	12004	18787	57
Former USSR-Asia 6/.	1999	322	143	68	3	111	103	97	95	47	
	2000	422	188	83	6	151	141	123	121	65	
	2001	398	163	95	6	140	124	113	108	50	2
	2002	421	163	111	6	147	129	107	102	56	2
	2003	429	119	129	8	181	139	59	59	60	
Developing economies- Oceania	1999	12	5	7	0	0	0	3	3	2	
	2000	11	5	6	0	0	0	3	3	1	
	2001	11	6	6	0	0	0	3	3	2	
	2002	17	9	8	0	0	0	4	4	5	
	2003	18	10	8	0	0	0	4	4	6	

For general note and footnotes see end of table.

Exportations mondiales par classes de marchandises et par régions

En millions de dollars E.-U. f.o.b.

| Economies développées 1/, 2/ | | | Africa Afrique | Developing economies — Economies en voie de développement 1/, 2/ | | | | | Oceania Océanie | Année | Exportations vers — Exportations en provenance de |
| Autres | | Australia and NZ Australie et NZ | | America Amerique | | Asia Asie | | | | | |
U.S.A. É.-U.	Japan Japon			Total	LAIA ALADI	Total	Mid. East Moyen Orient	Other 6/ Autres 6/			
6444	•	423	71	519	470	17583	239	17344	7	1999	Japon
7114	•	385	76	542	493	21218	212	21006	6	2000	
6250	•	375	51	482	448	17947	206	17741	6	2001	
6597	•	342	54	450	418	20303	230	20073	6	2002	
7394	•	374	56	479	449	24397	262	24135	7	2003	
506	244	727	25	64	61	1069	38	1031	109	1999	Australie, Nouvelle-Zélande
593	256	645	29	92	86	1159	51	1107	90	2000	
790	265	629	41	109	102	1205	49	1156	99	2001	
592	231	697	40	107	100	1239	50	1189	123	2002	
729	244	907	46	96	91	1471	57	1414	133	2003	
46	2	27	787	84	72	1238	341	898	0	1999	Economies en voie de développement-Afrique
98	2	30	769	136	118	1068	392	676	0	2000	
98	3	43	774	133	114	934	318	616	0	2001	
61	2	85	1057	220	199	1091	353	738	0	2002	
68	2	106	1257	279	272	1061	398	663	0	2003	
4386	229	67	74	7079	5224	450	65	385	0	1999	Economies en voie de développement-Amérique
5105	235	61	86	8198	6170	595	63	532	0	2000	
4927	171	70	101	8770	6433	544	67	477	0	2001	
4934	212	94	126	8391	6025	741	85	656	0	2002	
5392	249	95	162	9088	6387	942	119	823	0	2003	
3780	227	66	72	5941	5077	430	51	379	0	1999	ALADI
4322	234	61	84	6952	5999	578	57	521	0	2000	
4077	171	69	96	7447	6288	526	53	473	0	2001	
4146	211	93	120	7177	5874	723	71	651	0	2002	
4481	249	93	155	7585	6230	923	106	817	0	2003	
4932	4362	1472	1598	1416	1239	43023	3214	39809	65	1999	Economies en voie de développement- Asie
5955	5478	1725	2004	1909	1697	53802	3847	49955	64	2000	
6270	5390	1742	2134	2141	1834	50724	3997	46727	65	2001	
7512	5682	1844	2367	2321	2003	57161	4493	52669	71	2002	
9638	6922	2284	2785	2854	2523	69209	5506	63703	81	2003	
560	155	190	544	51	43	4610	1709	2901	0	1999	Moyen Orient
791	231	277	731	44	37	6076	2090	3985	0	2000	
721	218	235	673	48	39	5952	2128	3823	1	2001	
721	230	234	759	42	33	6370	2311	4059	1	2002	
832	256	284	852	54	43	7254	2659	4595	1	2003	
4372	4207	1283	1054	1366	1195	38413	1506	36907	64	1999	Autres Pays d'Asie
5163	5246	1448	1272	1865	1661	47726	1756	45970	64	2000	
5550	5172	1507	1461	2093	1795	44772	1868	42903	64	2001	
6791	5453	1610	1608	2278	1970	50792	2182	48610	70	2002	
8806	6666	2000	1933	2801	2480	61955	2847	59108	79	2003	
42	1	1	0	0	0	67	23	45	0	1999	l'ancienne URSS asiatique 6/
58	1	1	0	0	0	82	19	63	0	2000	
27	2	1	1	0	0	92	12	80	0	2001	
32	1	1	0	0	0	108	17	91	0	2002	
51	1	1	0	1	0	127	28	99	0	2003	
0	0	1	0	0	0	0	0	0	6	1999	Economies en voie de développement-Océanie
0	0	1	0	0	0	0	0	0	5	2000	
1	0	2	0	0	0	0	0	0	5	2001	
2	1	3	0	0	0	1	0	1	7	2002	
2	1	3	0	0	0	1	0	1	6	2003	

Produits chimiques (CTCI, Rev. 2 et Rev. 3, 5) (suite)

Voir la fin du tableau pour la remarque générale et les notes.

SPECIAL TABLE: D

World exports by commodity classes and by regions

In million U.S. dollars f.o.b.

Machinery and transport equipment (SITC, Rev. 2 and Rev. 3, 7

Exports from	Year	World Monde 1/	Developed economies Economies développées 1/, 2/	Developing economies Economies en voie de développement 1/, 2/ Total	OPEC OPEP	Eastern Europe and fmr. USSR-Europe Europe de l'Est et l'anc. URSS-Europe Total 4/	Former USSR-Europe 5/	Developed Economies Europe Total	EU UE	Other Total	Canada
World 1/	1999	2353629	1631585	638067	55764	63825	16898	896796	852353	734789	11196
	2000	2632845	1756253	779804	63273	73127	20711	920174	875447	836079	12024
	2001	2497562	1669486	730776	72294	83336	27434	907905	863418	761581	10751
	2002	2589824	1693483	787290	78495	93853	31456	920482	876898	773001	10751
	2003	2966368	1887611	935206	90671	126592	43440	1066087	1015422	821523	11251
Developed economies 1/,2/	1999	1728373	1243334	414071	42503	51502	11352	763168	722512	480166	10565
	2000	1851149	1283162	486952	45565	58450	13531	762207	722444	520956	11181
	2001	1761104	1232013	450191	52336	65878	18380	753939	713988	478074	10012
	2002	1768205	1225122	456013	55928	72991	21984	751899	713496	473223	9970
	2003	1980179	1344500	522676	63937	97733	30189	853040	808927	491459	10360
Developing economies 1/,2/	1999	575593	351894	218616	12695	4419	1087	99627	96818	252267	619
	2000	722149	429667	286421	17091	5183	1526	117431	113529	312236	828
	2001	669516	388950	273343	18923	6324	2361	107965	104750	280985	724
	2002	741667	409930	322134	21177	8574	2823	112953	109615	296977	766
	2003	881317	466709	400590	25002	12470	4405	140881	136640	325828	866
OPEC	1999	10366	3767	6527	1671	70	6	1725	1677	2041	4
	2000	16930	7064	9773	2113	89	10	3034	2967	4030	6
	2001	14853	6132	8606	2017	102	14	2596	2561	3536	5
	2002	15799	6394	9223	2096	172	18	2861	2814	3533	5
	2003	16576	6321	10052	2287	189	31	2820	2765	3501	5
Eastern Europe and the former USSR 1/,4/	1999	49663	36357	5379	566	7903	4458	34001	33023	2356	11
	2000	59547	43424	6431	618	9494	5654	40536	39474	2887	13
	2001	66943	48523	7242	1034	11134	6693	46001	44680	2522	14
	2002	79951	58430	9143	1389	12288	6649	55630	53786	2800	13
	2003	104872	76402	11940	1732	16388	8847	72166	69855	4236	23
Former USSR-Europe 5/	1999	9820	2659	2925	335	4236	3556	2152	1972	507	2
	2000	11940	3402	3285	242	5252	4574	2992	2796	411	2
	2001	13054	3140	3914	670	5990	5259	2792	2675	347	2
	2002	13151	2720	4733	798	5675	4969	2461	2229	260	1
	2003	18989	4287	7131	836	7564	6602	3913	3665	374	4
Developed economies-Europe	1999	949738	743891	140682	20757	47180	9628	608854	573925	135037	803
	2000	973368	742491	156391	22403	53570	11745	597292	563632	145199	820
	2001	992688	760297	160102	27953	60867	16398	609089	574847	151208	901
	2002	1019496	773199	166194	31993	67469	19492	621445	587829	151754	943
	2003	1190433	880498	206032	39994	90009	26670	712661	673484	167837	1053
European Union	1999	917276	718232	134833	20106	46227	9402	588925	554441	129307	776
	2000	940949	717415	150120	21689	52501	11492	578256	545110	139159	791
	2001	960583	736164	153322	27154	59676	16057	590157	556458	146007	880
	2002	987188	749533	158753	31057	66270	19123	603297	570100	146236	907
	2003	1153936	853981	197550	38973	88520	26171	691905	653192	162076	1024
Other developed economies	1999	778634	499444	273389	21746	4323	1725	154314	148587	345130	9762
	2000	877781	540671	330561	23162	4880	1786	164914	158811	375757	10361
	2001	768416	471716	290089	24383	5010	1982	144850	139141	326866	9110
	2002	748709	451923	289819	23935	5522	2492	130454	125668	321469	9026
	2003	789746	464002	316644	23943	7725	3518	140379	135443	323623	9306
Canada	1999	101708	98459	3103	354	145	58	3748	3575	94711	
	2000	111436	107496	3774	474	166	82	4847	4659	102649	
	2001	99269	95269	3852	562	167	102	4423	4268	90845	
	2002	96107	92188	3715	539	204	91	4045	3785	88143	
	2003	97758	93243	4175	499	340	169	4489	4275	88754	
United States	1999	369298	216431	150333	12058	2533	1233	87568	84699	128863	9176
	2000	412200	231498	178155	10609	2545	1100	92943	89556	138555	9733
	2001	375068	208312	164050	11296	2703	1155	86948	83429	121364	8555
	2002	349736	192876	154072	10259	2786	1347	75276	72556	117601	8393
	2003	351670	194159	154191	9063	3319	1484	74791	72378	119367	8672

For general note and footnotes see end of table.

Exportations mondiales par classes de marchandises et par régions

En millions de dollars E.-U. f.o.b.

U.S.A. É.-U.	Japon Japan	Australia and NZ Australie et NZ	Africa Afrique	Total	LAIA ALADI	Total	Mid. East Moyen Orient	Other 6/ Autres 6/	Oceania Océanie	Année	Exportations en provenance de
											Economies développées 1/, 2/ — Autres — America Amerique — Asia Asie — Developing economies / Economies en voie de développement 1/, 2/ — Exportations vers / Exportations en provenance de

Machines et matériél de transport (CTCI, Rev. 2 et Rev. 3, 7)

U.S.A. É.-U.	Japon Japan	Australie et NZ	Afrique	Total	LAIA ALADI	Total	Moyen Orient	Autres 6/	Océanie	Année	en provenance de
487895	80438	33680	34159	137269	110937	457008	58729	398279	2277	1999	Monde 1/
555684	102655	34614	35204	159484	132817	575580	66164	509416	2040	2000	
507674	93030	31742	37678	152203	127323	530345	65579	464766	2659	2001	
516662	91733	36868	38598	137625	110569	598629	76577	522052	3142	2002	
538421	102271	44345	44284	138674	110475	736428	95468	640959	3826	2003	
291898	39324	25489	27640	114722	93891	263719	46684	217035	1868	1999	Economies dévelopées 1/,2/
319176	45570	25498	28267	131588	110453	319626	50359	269266	1361	2000	
294819	40737	24162	29765	123956	105218	288211	49228	238983	1792	2001	
291977	37016	27849	29510	111494	90836	305344	56588	248756	2048	2002	
297134	38969	32288	33732	111012	89175	365748	71219	294529	2321	2003	
193966	41061	8152	5923	22066	16711	189394	11217	178176	400	1999	Economies en voie de
234203	56930	9066	6444	27353	22036	251085	14473	236612	678	2000	développement 1/,2/
210843	52130	7532	7313	27538	21764	236759	14697	222061	823	2001	
222599	54417	8947	8404	25455	19354	286135	17478	268657	1043	2002	
238035	62892	11937	9638	27007	20938	360971	21699	339272	1491	2003	
1078	787	80	254	254	187	6006	2090	3917	8	1999	OPEP
2014	1726	175	319	418	319	9014	2616	6398	16	2000	
1821	1456	160	292	425	337	7876	2489	5387	8	2001	
1952	1271	199	301	492	389	8417	2563	5854	9	2002	
1758	1466	171	341	590	388	9105	2787	6318	10	2003	
2031	53	39	596	481	334	3895	827	3068	9	1999	Europe de l'Est et
2305	154	50	492	543	329	4870	1332	3538	1	2000	l'ancienne URSS 1/,4/
2012	164	48	599	710	341	5375	1654	3722	44	2001	
2085	300	72	685	676	379	7150	2511	4639	51	2002	
3253	410	120	915	655	361	9708	2550	7158	14	2003	
429	8	2	222	131	58	2506	431	2075	1	1999	l'ancienne URSS-Europe 5/
306	40	4	176	140	58	2868	596	2272	0	2000	
243	62	7	208	237	43	3365	899	2466	3	2001	
201	27	6	362	148	49	4139	1155	2985	4	2002	
233	77	5	537	127	40	6432	870	5562	4	2003	
95106	14328	7631	20234	28682	22749	85295	28031	57263	751	1999	Economies développées-Europe
101915	16637	7422	20839	29489	23090	99723	33103	66620	564	2000	
107273	16168	7729	21196	30204	24152	101523	31012	70511	980	2001	
107929	15432	8494	21559	28002	20874	108110	36734	71376	1177	2002	
116454	16945	10947	25930	29161	21591	140210	50188	90022	1202	2003	
90857	13645	7389	19468	27735	22016	81343	27172	54171	749	1999	Union Européenne
97513	15847	7185	20268	28588	22358	95088	32169	62920	559	2000	
103588	15381	7477	20442	28709	23391	97172	30196	66976	935	2001	
104050	14643	8257	20781	26682	20100	102974	35622	67352	1122	2002	
112239	16245	10666	25178	28072	20779	133929	48950	84979	1118	2003	
196793	24996	17857	7405	86040	71143	178425	18653	159772	1117	1999	Autres economies développées
217261	28933	18075	7429	102100	87363	219903	17256	202647	797	2000	
187546	24568	16433	8569	93752	81066	186687	18216	168472	811	2001	
184048	21584	19355	7951	83493	69962	197234	19854	177380	871	2002	
180680	22024	21342	7802	81851	67583	225538	21031	204507	1029	2003	
93934	333	287	182	1356	1079	1509	201	1308	13	1999	Canada
101692	385	417	177	1452	1198	2084	258	1826	6	2000	
89878	415	390	145	1628	1395	2061	273	1787	5	2001	
87066	461	389	138	1182	959	2375	421	1954	7	2002	
87396	623	562	196	1134	914	2814	410	2404	8	2003	
·	24117	7490	3133	68909	62880	77870	10056	67814	215	1999	Etats-Unis
·	27866	8128	3714	83525	77402	90574	8469	82106	167	2000	
·	23467	7248	5038	77688	71874	80994	8714	72280	141	2001	
·	20430	9085	3938	69147	62785	80719	8772	71947	98	2002	
·	20231	8430	3484	67150	60595	83174	8530	74644	112	2003	

Voir la fin du tableau pour la remarque générale et les notes.

World exports by commodity classes and by regions

In million U.S. dollars f.o.b.

Exports from	Year	World Monde 1/	Developed economies Economies développées 1/, 2/	Developing economies Economies en voie de développement 1/, 2/ Total	OPEC OPEP	Eastern Europe and fmr. USSR-Europe Europe de l'Est et l'anc. URSS-Europe Total 4/	Former USSR-Europe 5/	Developed Economies Europe Total	EU UE	Other Total	Canada

Machinery and transport equipment (SITC, Rev. 2 and Rev. 3, 7) (continued)

Exports from	Year	World Monde 1/	Economies développées 1/, 2/	Total	OPEC OPEP	Total 4/	Former USSR-Europe 5/	Europe Total	EU UE	Other Total	Canada
Japan	1999	286790	171247	114191	8508	1349	362	57342	54839	113905	5679
	2000	329661	186621	141211	10898	1829	486	60686	58396	125935	6064
	2001	271287	154903	114603	11037	1780	608	48170	46276	106733	5350
	2002	280000	152994	124784	11601	2221	911	45580	43960	107414	6071
	2003	315402	161321	150347	12748	3733	1710	55229	53101	106093	6120
Australia, New Zealand	1999	8365	5255	2825	734	10	3	1254	1218	4001	92
	2000	8601	4864	3314	1058	23	9	1181	1167	3683	107
	2001	8415	4710	3371	1294	14	6	1052	1026	3658	87
	2002	9141	5454	3548	1353	14	6	1242	1154	4212	153
	2003	9954	5915	3974	1429	29	13	1254	1191	4661	104
Developing economies- Africa	1999	2823	2154	631	127	5	0	1917	1897	238	4
	2000	2697	2209	449	175	3	1	1895	1871	314	8
	2001	2787	2169	530	268	5	1	1896	1882	273	4
	2002	3861	2586	1202	742	10	2	2305	2283	281	5
	2003	4673	3712	858	188	7	3	3347	3304	365	7
Developing economies- America	1999	100969	89635	11030	739	278	26	5936	5796	83699	1857
	2000	122182	108369	13394	1130	361	18	6033	5673	102336	2659
	2001	119551	105361	13970	1707	173	7	5643	5207	99719	2524
	2002	116970	104622	12175	1116	124	25	4784	4331	99838	2293
	2003	119228	104962	14030	771	156	49	5444	5002	99518	2294
LAIA	1999	97229	86613	10351	722	243	3	5110	4973	81503	1842
	2000	119245	106039	12810	1108	342	4	5373	5014	100666	2640
	2001	116743	103690	12849	1670	171	6	5142	4832	98549	2512
	2002	114117	102903	11057	1079	122	24	4298	3961	98604	2281
	2003	115652	102894	12536	730	153	48	4779	4470	98115	2283
Developing economies- Asia	1999	466951	256689	205805	11759	3852	943	88599	86210	168091	4306
	2000	592345	315612	271475	15723	4477	1384	106211	102792	209401	5601
	2001	541846	277671	257720	16890	5688	2128	96882	94220	180789	4692
	2002	614963	298711	307443	19226	7895	2546	102090	99320	196620	5347
	2003	750236	352919	384325	23945	11632	4064	127240	123702	225678	6345
Middle East	1999	11107	5128	5253	2430	279	103	4381	4299	747	17
	2000	12912	5779	6114	2853	445	165	4789	4691	990	16
	2001	14065	6631	6131	3124	658	263	5554	5459	1077	14
	2002	16007	7570	6746	3464	918	325	6777	6612	793	19
	2003	20600	10686	7414	3457	1450	519	9482	9198	1204	32
Other Asia	1999	455843	251561	200553	9329	3573	839	84218	81911	167343	4288
	2000	579433	309832	265361	12870	4032	1219	101422	98101	208410	5586
	2001	527781	271041	251590	13766	5029	1865	91328	88761	179712	4678
	2002	598956	291141	300697	15762	6976	2221	95314	92708	195827	5328
	2003	729636	342233	376910	20487	10181	3545	117759	114504	224474	6313
Former USSR-Asia 6/.	1999	443	135	180	31	128	123	122	99	13	1
	2000	531	170	156	28	204	199	134	113	36	1
	2001	538	139	200	33	199	195	111	105	28	1
	2002	500	92	198	27	210	203	80	78	13	2
	2003	491	57	248	31	185	181	44	43	12	0
Developing economies- Oceania	1999	201	176	24	0	0	0	54	54	123	20
	2000	149	126	22	0	0	0	41	41	85	15
	2001	157	141	16	0	0	0	36	36	105	16
	2002	179	149	29	0	0	0	24	24	125	12
	2003	181	155	17	4	0	0	30	30	125	16

For general note and footnotes see end of table.

Exportations mondiales par classes de marchandises et par régions

En millions de dollars E.-U. f.o.b.

Economies développées 1/, 2/			Developing economies — Economies en voie de développement 1/, 2/								Exportations vers
	Autres			America Amerique		Asia Asie					
		Australia and NZ Australie et NZ	Africa Afrique		LAIA		Mid. East Moyen	Other 6/	Oceania		Exportations
U.S.A. É.-U.	Japan Japon			Total	ALADI	Total	Orient	Autres 6/	Océanie	Année	en provenance de

Machines et matériél de transport (CTCI, Rev. 2 et Rev. 3, 7) (suite)

U.S.A. É.-U.	Japan Japon	Australie et NZ	Afrique	Total	ALADI	Total	Moyen Orient	Autres 6/	Océanie	Année	en provenance de
98495	·	7724	2951	15189	6738	95431	7480	87951	496	1999	Japon
109917	·	7675	2398	16429	8148	121998	7517	114481	303	2000	
92695	·	6919	2189	13609	7179	98443	7933	90510	313	2001	
91933	·	7748	2617	12344	5780	109399	9343	100056	360	2002	
88395	·	9456	2699	12820	5609	134356	10546	123811	367	2003	
1497	292	2016	85	196	132	2153	614	1539	390	1999	Australie, Nouvelle-Zélande
1662	291	1529	76	175	159	2743	860	1882	318	2000	
1699	215	1543	73	119	105	2828	1110	1719	348	2001	
1985	191	1765	75	176	141	2902	1126	1776	392	2002	
1852	191	2341	82	133	99	3231	1373	1858	525	2003	
112	8	1	348	197	194	85	75	10	0	1999	Economies en voie de développement-Afrique
34	10	2	318	3	1	127	81	46	1	2000	
48	5	1	289	2	1	238	218	20	0	2001	
31	9	3	936	3	1	262	221	40	0	2002	
55	13	3	727	3	1	125	100	25	2	2003	
81231	350	127	155	9373	8184	1495	148	1347	2	1999	Economies en voie de développement-Amérique
98826	546	131	180	11831	10247	1379	164	1215	1	2000	
96520	279	127	231	11772	10557	1960	218	1741	1	2001	
96806	273	193	213	9968	8477	1980	301	1679	3	2002	
96360	276	227	307	11272	9788	2426	368	2058	3	2003	
79199	234	104	154	8983	8050	1207	146	1061	2	1999	ALADI
97215	516	126	179	11475	10155	1151	160	992	1	2000	
95388	256	125	228	10932	10046	1681	218	1463	1	2001	
95605	255	191	211	9134	7987	1699	299	1400	3	2002	
95012	237	222	306	10351	9217	1854	366	1488	3	2003	
112516	40701	7927	5206	12393	8255	187565	10831	176734	377	1999	Economies en voie de développement- Asie
135257	56372	8866	5673	15447	11759	249434	14142	235292	659	2000	
114182	51841	7328	6622	15651	11170	234397	14173	220224	770	2001	
125665	54126	8649	7014	15408	10860	283668	16798	266869	1019	2002	
141510	62596	11591	8451	15687	11113	358176	21086	337090	1478	2003	
561	28	22	787	78	46	4333	2861	1472	0	1999	Moyen Orient
730	42	66	733	83	51	5195	3424	1771	7	2000	
770	38	27	815	127	79	5116	3511	1605	10	2001	
471	44	31	950	124	74	5589	3850	1738	3	2002	
730	53	42	852	258	127	6106	3977	2129	23	2003	
111955	40673	7905	4418	12316	8209	183232	7970	175262	377	1999	Autres Pays d'Asie
134527	56330	8800	4940	15364	11708	244239	10718	233522	651	2000	
113412	51803	7301	5807	15524	11091	229281	10662	218619	760	2001	
125194	54082	8618	6064	15285	10785	278079	12948	265131	1015	2002	
140780	62543	11548	7599	15428	10987	352070	17109	334961	1455	2003	
9	2	0	13	1	0	165	40	125	0	1999	l'ancienne URSS asiatique 6/
31	3	0	4	1	0	151	34	117	0	2000	
26	0	0	1	9	8	187	39	147	0	2001	
10	0	0	2	8	6	180	37	143	0	2002	
11	0	0	4	3	1	241	46	194	0	2003	
12	0	90	0	0	0	4	0	3	21	1999	Economies en voie de développement-Océanie
9	0	61	0	0	0	4	0	4	18	2000	
19	0	69	0	0	0	4	0	4	12	2001	
12	4	96	0	0	0	8	0	8	21	2002	
4	2	104	0	0	0	8	1	7	9	2003	

Voir la fin du tableau pour la remarque générale et les notes.

World exports by commodity classes and by regions

In million U.S. dollars f.o.b.

Passenger road vehicles and their parts (SITC, Rev. 2, 781.0, 784.1, 785.1, 785.2, 785.31
(SITC, Rev. 3, 781.2, 784.1, 785.1, 785.2, 785.31

Exports from	Year	World Monde 1/	Developed economies Economies développées 1/, 2/	Developing economies Economies en voie de développement 1/, 2/ Total	Developing economies OPEC OPEP	Eastern Europe and fmr. USSR-Europe Europe de l'Est et l'anc. URSS-Europe Total 4/	Former USSR-Europe 5/	Developed Economies Europe Total	Developed Economies Europe EU UE	Developed Economies Other Total	Developed Economies Other Canada
World 1/	1999	307362	276082	25774	5992	5407	1268	150514	143514	125567	1386
	2000	316479	275670	34552	7603	6122	1765	137367	130675	138302	1510
	2001	322305	279422	34745	9879	8016	3212	143600	136776	135822	1458
	2002	355681	306192	38747	10773	10042	3990	156396	149560	149796	1738
	2003	412006	349636	47236	11923	14040	5781	192939	184970	156697	1855
Developed economies 1/,2/	1999	269716	245792	19784	4681	4107	987	137615	130995	108177	1266
	2000	269474	239077	25362	5630	4990	1433	124841	118635	114237	1306
	2001	275080	242673	25788	7756	6593	2593	130870	124480	111803	1240
	2002	304960	266671	29801	8830	7856	3143	141606	135299	125065	1521
	2003	352480	304746	35775	10120	11194	4557	174640	167287	130106	1610
Developing economies 1/,2/	1999	31134	24772	5590	1288	706	62	7411	7207	17361	120
	2000	38928	29907	8587	1959	350	50	5878	5644	24029	204
	2001	38729	29951	8365	2078	319	128	5981	5791	23969	217
	2002	39832	30947	8234	1900	583	196	6410	6155	24537	216
	2003	47013	34773	10821	1752	1092	488	9312	8997	25461	239
OPEC	1999	245	66	179	27	0	0	53	52	13	
	2000	317	63	253	38	0	0	51	50	13	
	2001	268	48	215	23	0	0	39	38	10	
	2002	338	54	284	54	0	0	33	32	21	
	2003	378	58	319	66	0	0	40	37	18	
Eastern Europe and the former USSR 1/,4/	1999	6512	5518	400	23	594	220	5489	5312	29	
	2000	8077	6685	602	14	782	282	6648	6397	37	
	2001	8496	6798	592	45	1104	491	6749	6506	49	
	2002	10889	8573	712	43	1603	651	8379	8105	194	
	2003	12512	10118	640	51	1754	737	8988	8686	1131	5
Former USSR-Europe 5/	1999	392	83	137	8	172	159	75	71	8	
	2000	613	119	238	1	256	217	115	110	4	
	2001	722	102	250	2	369	359	101	98	2	
	2002	824	115	295	5	414	404	113	111	2	
	2003	980	157	349	14	474	463	147	125	10	
Developed economies- Europe	1999	155838	144571	7571	1297	3664	852	119267	113778	25304	68
	2000	151800	136262	11011	1816	4517	1251	109517	104381	26745	80
	2001	163933	147383	10405	2493	6142	2323	117295	111797	30088	79
	2002	180610	160523	12207	2830	7252	2725	125462	119918	35061	135
	2003	220363	193393	16369	3500	9836	3512	152241	145969	41152	172
European Union	1999	155582	144398	7521	1284	3631	844	119106	113623	25292	68
	2000	151581	136121	10958	1810	4492	1245	109388	104257	26733	80
	2001	163713	147249	10354	2487	6108	2309	117177	111684	30072	79
	2002	180332	160354	12149	2822	7201	2701	125301	119760	35053	135
	2003	220051	193210	16303	3493	9774	3478	152069	145801	41141	172
Other developed economies	1999	113878	101221	12213	3384	443	135	18348	17217	82873	1198
	2000	117674	102816	14352	3813	474	182	15324	14254	87492	1225
	2001	111147	95291	15383	5263	450	269	13575	12683	81716	1161
	2002	124350	106149	17594	6001	604	417	16144	15382	90005	1386
	2003	132117	111352	19406	6621	1358	1045	22399	21318	88953	1438
Canada	1999	34676	34572	95	4	9	3	188	176	34384	
	2000	34956	34810	140	16	6	4	110	96	34700	
	2001	31621	31484	129	19	7	7	82	67	31401	
	2002	31953	31791	153	48	9	8	95	85	31696	
	2003	31223	31082	105	21	35	30	211	191	30872	
United States	1999	17816	13989	3784	644	44	15	3006	2903	10983	976
	2000	18078	13533	4492	608	53	19	2469	2356	11064	979
	2001	19224	13838	5319	1123	67	36	3455	3298	10383	913
	2002	21891	16316	5510	1433	66	43	4428	4325	11888	1063
	2003	23724	18625	4942	1359	158	122	6029	5936	12595	1138

For general note and footnotes see end of table.

Exportations mondiales par classes de marchandises et par régions

En millions de dollars E.-U. f.o.b.

| Economies développées 1/, 2/ | | | Developing economies / Economies en voie de développement 1/, 2/ | | | | | | | | Exportations vers ← |
| Autres | | Australia and NZ / Australie et NZ | Africa Afrique | America Amerique | | Asia Asie | | | Oceania Océanie | Année | Exportations en provenance de ↓ |
U.S.A. É.-U.	Japan Japon			Total	LAIA ALADI	Total	Mid. East Moyen Orient	Other 6/ Autres 6/			
											Véhicules routiers et pièces détachées pour transport passagère (CTCI, Rev. 2, 781.0, 784.1, 785.1, 785.2 et 785.31) (CTCI, Rev. 3, 781.2, 784.1, 785.1, 785.2 et 785.31)
97621	6132	5874	2849	8384	6610	13071	7265	5806	198	1999	Monde 1/
107650	6683	6067	2674	11457	9284	19030	10123	8908	195	2000	
106298	6304	6057	3044	12223	10682	18060	9235	8825	217	2001	
116738	6254	7009	3556	11490	9652	22004	11102	10902	228	2002	
118609	7417	9146	4189	11019	9213	29852	14424	15428	308	2003	
82792	5745	5221	2123	6024	4599	10464	6188	4275	179	1999	Economies dévelopées 1/,2/
87292	6177	5340	2059	7319	5892	14921	8825	6096	179	2000	
85829	5706	5543	2450	8093	6868	14104	8048	6056	202	2001	
95823	5452	6483	2744	8097	6644	17536	9705	7831	212	2002	
96600	6499	8455	3147	7298	5841	23431	12924	10507	278	2003	
14822	385	652	682	2333	1999	2431	1011	1419	19	1999	Economies en voie de développement 1/,2/
20353	503	725	559	4102	3374	3796	1168	2629	17	2000	
20464	597	508	536	4059	3781	3661	1109	2551	15	2001	
20911	665	520	776	3268	2964	4102	1274	2828	16	2002	
21070	851	649	1018	3663	3346	5947	1303	4644	30	2003	
8	2	1	28	40	33	110	58	52	1	1999	OPEP
4	4	1	39	70	57	143	74	69	1	2000	
5	2	2	33	64	61	118	53	65	1	2001	
5	15	0	36	77	70	170	87	82	1	2002	
6	11	0	40	84	82	195	105	90	0	2003	
7	2	0	45	27	12	177	66	111	0	1999	Europe de l'Est et l'ancienne URSS 1/,4/
5	2	1	56	37	18	313	130	183	0	2000	
4	1	6	59	72	33	295	77	217	0	2001	
4	136	6	37	124	43	366	123	243	0	2002	
940	66	43	23	58	26	474	197	277	0	2003	
5	0	0	2	13	9	94	40	53	0	1999	l'ancienne URSS-Europe 5/
3	0	0	3	17	13	182	45	138	0	2000	
1	0	0	7	25	1	169	30	139	0	2001	
1	0	0	2	63	5	180	33	147	0	2002	
10	0	0	4	37	6	307	83	225	0	2003	
17582	4755	1246	1510	1305	1062	3766	2408	1359	91	1999	Economies développées-Europe
18121	5069	1240	1586	1621	1324	6887	4783	2104	102	2000	
21386	4703	1624	1918	2186	1861	5274	2700	2574	122	2001	
26000	4511	1804	2017	2299	1999	6615	3384	3231	122	2002	
30520	5087	2326	2320	2040	1760	10322	5470	4844	156	2003	
17575	4754	1246	1481	1304	1061	3751	2395	1356	91	1999	Union Européenne
18114	5067	1239	1558	1620	1324	6869	4771	2098	102	2000	
21372	4702	1624	1885	2185	1860	5258	2690	2568	122	2001	
25995	4510	1804	1980	2298	1998	6598	3373	3224	122	2002	
30512	5085	2326	2284	2039	1759	10295	5457	4838	156	2003	
65210	989	3975	612	4719	3538	6697	3781	2916	88	1999	Autres economies développées
69172	1109	4100	472	5698	4568	8034	4042	3992	76	2000	
64443	1003	3919	532	5907	5008	8831	5348	3483	80	2001	
69823	941	4679	726	5798	4645	10921	6322	4600	90	2002	
66080	1413	6128	827	5257	4082	13109	7446	5663	122	2003	
34274	105	2	7	71	60	14	7	7	0	1999	Canada
34581	103	2	3	92	87	44	22	22	0	2000	
31315	82	1	3	87	82	38	19	18	0	2001	
31625	63	2	4	68	63	81	54	27	0	2002	
30757	58	46	5	45	40	54	29	24	0	2003	
·	849	274	70	2799	2448	893	640	253	3	1999	Etats-Unis
·	845	304	52	3447	3062	981	610	370	4	2000	
·	697	350	57	3866	3542	1388	1076	312	3	2001	
·	593	439	69	3682	3345	1753	1411	342	3	2002	
·	604	403	95	3019	2696	1810	1441	369	8	2003	

Voir la fin du tableau pour la remarque générale et les notes.

World exports by commodity classes and by regions

In million U.S. dollars f.o.b.

Passenger road vehicles and their parts (SITC, Rev. 2, 781.0, 784.1, 785.1, 785.2, 785.3
(SITC, Rev. 3, 781.2, 784.1, 785.1, 785.2, 785.31) (continue)

Exports from	Year	World Monde 1/	Developed economies Economies développées 1/, 2/	Developing economies Economies en voie de développement 1/, 2/ Total	OPEC OPEP	Eastern Europe and fmr. USSR-Europe Europe de l'Est et l'anc. URSS-Europe Total 4/	Former USSR-Europe 5/	Developed Economies Europe Total	EU UE	Other Total	Canad
Japan	1999	59435	51455	7589	2231	391	116	14487	13473	36968	22
	2000	62188	53152	8622	2398	414	159	12210	11269	40942	24
	2001	57766	48735	8654	3141	376	226	9736	9019	38999	24
	2002	67244	56004	10710	3565	529	366	10975	10327	45029	32
	2003	73223	59084	12974	4133	1165	892	15693	14727	43391	29
Australia, New Zealand	1999	1067	448	618	505	0	0	9	9	440	
	2000	1368	444	924	790	0	0	13	13	430	
	2001	1630	555	1075	977	0	0	15	15	540	
	2002	1637	605	1031	951	0	0	27	27	577	
	2003	1836	587	1248	1106	0	0	29	29	557	
Developing economies-Africa	1999	71	18	52	28	0	0	11	11	7	
	2000	100	43	56	37	0	0	11	11	32	
	2001	56	38	18	5	0	0	13	12	26	
	2002	95	49	46	8	0	0	19	19	30	
	2003	340	264	75	7	0	0	225	224	39	
Developing economies-America	1999	14982	13200	1779	141	0	0	1719	1717	11481	8
	2000	19594	16431	3163	289	0	0	736	735	15695	14
	2001	19123	15897	3224	575	0	0	677	677	15220	14
	2002	17290	14623	2665	241	0	0	459	457	14165	12
	2003	16394	13319	3071	73	3	2	804	803	12515	12
LAIA	1999	14957	13183	1771	141	0	0	1718	1715	11465	8
	2000	19571	16417	3153	289	0	0	732	731	15685	14
	2001	19100	15886	3212	574	0	0	673	673	15213	14
	2002	17269	14613	2655	241	0	0	456	454	14157	12
	2003	16376	13309	3062	73	3	2	801	800	12508	12
Developing economies-Asia	1999	15257	10779	3725	1118	691	62	4909	4709	5870	3
	2000	18448	12755	5316	1633	295	50	4457	4231	8298	5
	2001	18786	13345	5079	1499	271	128	4625	4441	8720	6
	2002	21562	15488	5499	1650	509	196	5148	4918	10340	8
	2003	29293	20354	7611	1670	1003	479	7451	7157	12904	11
Middle East	1999	1211	709	460	241	22	12	704	702	5	
	2000	1274	619	571	315	57	15	613	612	6	
	2001	1555	906	512	301	97	46	891	885	15	
	2002	2070	1110	747	497	201	68	1019	999	91	
	2003	3082	1867	585	246	366	142	1688	1647	179	
Other Asia	1999	14047	10070	3265	876	668	49	4206	4007	5865	3
	2000	17174	12136	4745	1318	238	35	3844	3619	8293	5
	2001	17231	12439	4567	1197	175	82	3734	3556	8705	6
	2002	19492	14378	4752	1153	308	128	4129	3919	10249	8
	2003	26211	18488	7026	1424	637	337	5763	5511	12725	11
Former USSR-Asia 6/	1999	12	2	7	2	2	2	2	2	0	
	2000	9	2	5	0	2	2	2	2	0	
	2001	9	3	5	0	1	1	3	3	0	
	2002	5	1	2	0	2	2	1	1	0	
	2003	14	0	11	0	2	2	0	0	0	
Developing economies-Oceania	1999	2	1	1	0	0	0	1	1	0	
	2000	1	1	0	0	0	0	0	0	0	
	2001	1	1	0	0	0	0	1	1	0	
	2002	2	1	1	0	0	0	1	1	0	
	2003	2	1	1	0	0	0	1	1	0	

For general note and footnotes see end of table.

Exportations mondiales par classes de marchandises et par régions

En millions de dollars E.-U. f.o.b.

Véhicules routiers et pièces détachées pour transport passagère (CTCI, Rev. 2, 781.0, 784.1, 785.1, 785.2 et 785.31)
CTCI, Rev. 3, 781.2, 784.1, 785.1, 785.2 et 785.31) (suite)

| Economies développées 1/, 2/ | | | Developing economies / Economies en voie de développement 1/, 2/ | | | | | | | | Exportations vers |
U.S.A. É.-U.	Japan Japon	Australia and NZ Australie et NZ	Africa Afrique	America Amerique Total	LAIA ALADI	Asia Asie Total	Mid. East Moyen Orient	Other 6/ Autres 6/	Oceania Océanie	Année	Exportations en provenance de
30766	·	3376	477	1825	1007	5134	2612	2522	78	1999	Japon
34278	·	3482	330	2126	1385	6037	2644	3394	67	2000	
32808	·	3195	388	1950	1381	6216	3259	2958	71	2001	
37541	·	3795	556	2035	1234	7985	3901	4084	79	2002	
34699	·	4987	670	2184	1338	9937	4792	5145	105	2003	
163	34	231	1	23	22	588	521	67	6	1999	Australie, Nouvelle-Zélande
219	30	180	1	33	33	884	765	119	5	2000	
313	12	199	2	0	0	1067	991	76	5	2001	
300	8	262	1	4	3	1019	955	64	7	2002	
168	9	351	4	9	8	1225	1183	42	10	2003	
1	3	0	51	0	0	1	1	0	0	1999	Economies en voie de développement-Afrique
1	6	0	52	0	0	3	2	1	0	2000	
1	1	0	17	0	0	1	1	0	0	2001	
1	3	1	42	0	0	3	1	2	0	2002	
1	5	1	68	0	0	6	2	4	0	2003	
10584	12	3	13	1712	1586	55	48	7	0	1999	Economies en voie de développement-Amérique
14182	14	3	21	3108	2583	34	4	30	0	2000	
13650	38	2	21	3078	2965	124	26	98	0	2001	
12821	2	6	16	2554	2433	93	41	52	2	2002	
11236	2	10	71	2910	2788	90	35	56	1	2003	
10569	12	3	13	1704	1586	55	48	7	0	1999	ALADI
14173	14	3	21	3098	2583	34	4	29	0	2000	
13644	38	2	19	3068	2964	124	26	98	0	2001	
12815	1	6	16	2544	2431	93	41	52	2	2002	
11230	1	10	71	2901	2788	90	35	56	1	2003	
4234	370	649	615	621	412	2373	962	1412	18	1999	Economies en voie de développement- Asie
6167	483	722	479	994	791	3758	1160	2597	16	2000	
6810	557	506	494	980	816	3533	1081	2452	15	2001	
8086	661	514	714	714	532	4004	1231	2773	14	2002	
9830	844	638	875	753	558	5837	1254	4583	29	2003	
3	1	0	118	1	1	340	287	52	0	1999	Moyen Orient
3	1	0	111	2	1	457	390	67	0	2000	
3	2	1	116	1	0	391	326	66	0	2001	
3	9	1	156	2	1	585	503	82	0	2002	
3	10	1	159	53	24	340	266	74	5	2003	
4231	369	649	497	620	412	2034	674	1359	18	1999	Autres Pays d'Asie
6164	481	722	368	992	790	3301	771	2530	16	2000	
6807	555	505	378	979	815	3141	756	2386	15	2001	
8083	652	513	557	712	531	3419	728	2691	14	2002	
9828	834	637	715	700	535	5497	988	4510	24	2003	
0	0	0	0	0	0	7	3	5	0	1999	l'ancienne URSS asiatique 6/
0	0	0	0	0	0	5	1	4	0	2000	
0	0	0	0	0	0	5	1	4	0	2001	
0	0	0	0	0	0	2	0	2	0	2002	
0	0	0	0	0	0	11	0	11	0	2003	
0	0	0	0	0	0	0	0	0	0	1999	Economies en voie de développement-Océanie
0	0	0	0	0	0	0	0	0	0	2000	
0	0	0	0	0	0	0	0	0	0	2001	
0	0	0	0	0	0	0	0	0	1	2002	
0	0	0	0	0	0	0	0	0	0	2003	

Voir la fin du tableau pour la remarque générale et les notes.

World exports by commodity classes and by regions

In million U.S. dollars f.o.b.

Other manufactured goods (SITC, Rev. 2 and Rev. 3, 6 and

Exports from	Year	World Monde 1/	Developed economies Economies développées 1/, 2/	Developing economies Economies en voie de développement 1/, 2/ Total	OPEC OPEP	Eastern Europe and fmr. USSR-Europe Europe de l'Est et l'anc. URSS-Europe Total 4/	Former USSR-Europe 5/	Developed Economies Europe Total	EU UE	Developed Economies Other Total	Canad
World 1/	1999	1528898	1079708	386531	39222	56669	18385	639547	597198	440160	525
	2000	1648786	1136787	441221	44514	63194	22515	641061	598802	495726	581
	2001	1608918	1104783	419374	48335	70054	25592	638431	595696	466353	539
	2002	1673114	1136983	451451	51744	76962	27373	659069	615973	477913	551
	2003	1927358	1286501	531449	61520	100807	36956	775424	725477	511077	581
Developed economies 1/,2/	1999	948899	716344	189569	18409	37973	8800	492029	455622	224315	447
	2000	986202	724483	215060	18913	40604	10181	478390	442974	246093	490
	2001	967774	706647	202282	20963	45563	12619	478067	441269	228580	452
	2002	987555	717327	213876	22244	50381	14026	488501	451614	228826	453
	2003	1132945	817243	244471	25563	64639	17984	572159	529568	245084	476
Developing economies 1/,2/	1999	510948	317075	186496	19671	6442	3086	106917	102531	210158	75
	2000	584496	362202	213317	24048	7812	4018	118877	113493	243325	87
	2001	560234	345995	204022	25013	8905	4759	114612	109910	231383	85
	2002	597010	362640	222232	27300	10529	5549	119488	114602	243152	95
	2003	682997	399764	266784	32852	14529	8156	140108	134457	259657	102
OPEC	1999	28074	15920	12002	2781	145	29	6405	6202	9515	2
	2000	33162	18768	14220	3376	165	38	7613	7357	11155	3
	2001	30741	17383	13179	3340	161	38	6967	6745	10416	3
	2002	30020	16542	13288	3336	180	39	6582	6379	9960	3
	2003	31583	17088	14287	3651	190	57	7105	6854	9983	3
Eastern Europe and the former USSR 1/,4/	1999	69051	46289	10466	1142	12254	6499	40601	39046	5688	2
	2000	78088	50102	12844	1553	14778	8315	43795	42335	6307	2
	2001	80909	52141	13070	2359	15586	8214	45751	44517	6390	2
	2002	88549	57015	15344	2200	16052	7798	51081	49757	5935	2
	2003	111416	69494	20193	3104	21639	10816	63157	61453	6336	2
Former USSR-Europe 5/	1999	28944	14704	8056	856	6182	4949	10638	9735	4065	
	2000	34311	16237	10148	1193	7926	6520	11901	11142	4336	1
	2001	32442	14864	10160	1923	7360	5933	10708	10257	4156	
	2002	33036	14781	11621	1631	6561	5104	11182	10784	3599	
	2003	41404	17058	15152	2317	9182	7304	13130	12511	3929	
Developed economies-Europe	1999	639327	521074	77290	11581	36681	8273	437023	404457	84051	46
	2000	637459	511434	82339	12141	39142	9561	419248	387978	92187	49
	2001	644658	508412	84638	13982	43959	11874	421206	388675	87205	47
	2002	671561	524886	92836	15497	48886	13337	435793	402807	89093	50
	2003	789587	610922	109584	17955	62777	17060	513155	474972	97767	56
European Union	1999	601835	489087	72530	10904	35938	8108	412767	380534	76321	44
	2000	598225	478403	76957	11373	38324	9337	394699	363731	83705	47
	2001	607158	477479	79028	13142	43004	11558	397234	365048	80245	45
	2002	631937	492900	86253	14430	47834	12967	411051	378372	81849	48
	2003	744326	574397	102167	16753	61460	16553	484537	446695	89860	53
Other developed economies	1999	309572	195270	112280	6828	1292	527	55006	51165	140263	401
	2000	348743	213049	132721	6772	1462	621	59142	54997	153906	440
	2001	323117	198235	117644	6982	1604	745	56861	52594	141374	405
	2002	315994	192441	121040	6747	1496	688	52708	48807	139733	402
	2003	343357	206321	134887	7608	1862	924	59004	54595	147317	419
Canada	1999	51813	49987	1738	207	87	37	2598	2473	47389	
	2000	57742	55662	1987	192	92	43	2749	2643	52913	
	2001	54500	52541	1887	202	72	36	2716	2625	49826	
	2002	55114	53014	2029	197	71	32	2705	2625	50308	
	2003	58679	55752	2820	339	107	58	3635	3507	52116	
United States	1999	143787	86976	56089	2756	721	263	31605	29023	55371	388
	2000	165174	97992	66359	2583	822	324	36134	33251	61858	426
	2001	155182	93794	60354	2719	1032	479	36547	33317	57246	393
	2002	147197	87590	58774	2496	831	392	32498	29576	55092	390
	2003	152556	91480	60136	2398	939	477	34187	31398	57293	406

For general note and footnotes see end of table.

Exportations mondiales par classes de marchandises et par régions

En millions de dollars E.-U. f.o.b.

Economies développées 1/, 2/			Developing economies Economies en voie de développement 1/, 2/								Exportations vers
	Autres			America Amerique			Asia Asie				
		Australia and NZ	Africa		LAIA		Mid. East Moyen	Other 6/	Oceania		Exportations
U.S.A. É.-U.	Japan Japon	Australie et NZ	Afrique	Total	ALADI	Total	Orient	Autres 6/	Océanie	Année	en provenance de

Articles manufacturés divers (CTCI, Rev. 2 et Rev. 3, 6 et 8)

277686	72338	19719	25846	75070	56322	275770	41247	234523	1746	1999	Monde 1/
313398	84675	19970	25707	87438	66786	318066	46776	271290	1647	2000	
295709	80436	18271	27267	82768	62557	298622	48824	249798	1567	2001	
307252	76169	20338	29504	77756	57641	332246	54541	277705	1647	2002	
321075	86199	24575	34822	78753	58107	403274	68031	335243	1828	2003	
128022	26901	11296	15545	50538	39835	117006	20910	96097	943	1999	Economies dévelopées 1/,2/
141993	30183	10850	14744	58286	46620	135586	21680	113906	868	2000	
132720	28044	9934	15804	54271	43005	125303	22375	102928	813	2001	
133298	26097	10982	17014	51624	40366	137615	24973	112642	915	2002	
140749	29741	13210	19518	51695	40203	163954	30397	133556	1067	2003	
145727	44279	8351	9104	23899	16115	151034	18014	133020	802	1999	Economies en voie de
166960	53281	9079	9669	28310	19715	172734	21988	150746	777	2000	développement 1/,2/
158421	51083	8293	10123	27718	19127	163407	22337	141070	752	2001	
169713	49084	9230	11095	25474	16934	182650	25102	157549	730	2002	
175978	55172	11287	13832	26355	17550	223080	31483	191597	758	2003	
5606	2880	637	923	1116	778	9908	3606	6302	47	1999	OPEP
6641	3395	664	1016	1461	1071	11679	4443	7235	56	2000	
6270	3137	591	1083	1394	1009	10648	4254	6394	48	2001	
6005	2910	615	1026	1380	1047	10829	4314	6515	47	2002	
5849	3053	646	955	1360	1071	11916	4748	7168	49	2003	
3937	1157	73	1196	633	372	7730	2323	5407	1	1999	Europe de l'Est et
4445	1212	40	1294	842	451	9746	3107	6638	2	2000	l'ancienne URSS 1/,4/
4568	1310	45	1340	779	424	9912	4112	5800	2	2001	
4241	989	127	1395	658	340	11981	4466	7515	2	2002	
4347	1287	78	1471	703	354	16240	6150	10090	3	2003	
2639	1070	36	882	411	199	6596	1710	4886	0	1999	l'ancienne URSS-Europe 5/
2869	1122	6	1008	567	224	8390	2335	6054	1	2000	
2742	1211	10	1051	504	214	8475	3279	5196	0	2001	
2450	895	10	1089	421	167	9955	3301	6653	0	2002	
2484	1173	18	1102	439	183	13363	4540	8823	1	2003	
53338	12028	4727	12712	11612	9213	47156	15902	31254	375	1999	Economies développées-Europe
59815	13260	4570	12055	12144	9742	52286	17165	35121	366	2000	
57125	12683	4221	13140	12255	9849	52902	17634	35268	342	2001	
57709	12713	4768	14124	11568	9164	60110	20090	40020	424	2002	
62373	14898	5789	16244	12219	0679	72498	24478	48020	513	2003	
48532	10277	4454	12477	11083	8853	43263	14957	28306	368	1999	Union Européenne
54325	11374	4316	11871	11557	9351	47779	16128	31651	356	2000	
52709	11077	3971	12909	11679	9476	48219	16528	31692	328	2001	
52920	10987	4468	13919	10987	8803	54446	18705	35741	410	2002	
57210	12992	5454	15968	11621	9281	66110	22900	43210	496	2003	
74683	14874	6569	2833	38926	30623	69851	5008	64843	569	1999	Autres economies développées
82178	16923	6280	2688	46142	36878	83300	4515	78785	502	2000	
75595	15361	5713	2664	42016	33156	72401	4741	67660	472	2001	
75589	13383	6214	2891	40056	31202	77504	4883	72621	491	2002	
78376	14842	7421	3274	39476	30524	91456	5920	85536	554	2003	
46389	818	106	95	673	483	955	158	797	1	1999	Canada
51857	860	116	74	774	592	1131	145	986	2	2000	
48993	638	103	65	760	587	1053	138	915	2	2001	
49447	629	154	85	830	604	1106	142	964	2	2002	
50863	735	426	143	930	678	1734	314	1420	5	2003	
·	10974	2613	1058	35920	28056	18995	2355	16640	58	1999	Etats-Unis
·	13228	2646	1006	42644	33843	22593	1978	20616	62	2000	
·	12249	2416	1036	38806	30381	20402	1979	18423	52	2001	
·	10332	2438	1100	37107	28718	20460	2136	18324	44	2002	
·	10431	2606	991	36500	28040	22522	2336	20187	48	2003	

Voir la fin du tableau pour la remarque générale et les notes.

World exports by commodity classes and by regions

In million U.S. dollars f.o.b.

Other manufactured goods (SITC, Rev. 2 and Rev. 3, 6 and 8) (continued)

Exports from	Year	World Monde 1/	Developed economies / Economies développées 1/, 2/	Developing economies / Economies en voie de développement 1/, 2/ Total	OPEC OPEP	Eastern Europe and fmr. USSR-Europe / Europe de l'Est et l'anc. URSS-Europe Total 4/	Former USSR-Europe 5/	Developed Economies / Europe Total	EU UE	Other Total	Canada
Japan	1999	79968	34848	44799	3184	320	160	12525	11944	22323	952
	2000	89963	35715	53874	3400	374	180	12223	11650	23492	1076
	2001	76747	30707	45713	3439	327	159	10895	10385	19812	894
	2002	78519	28430	49708	3372	380	164	9924	9530	18507	912
	2003	88982	29511	58899	3857	572	292	10711	10318	18800	922
Australia, New Zealand	1999	11553	6237	4633	406	8	2	1173	1094	5065	74
	2000	12517	6365	4946	406	9	2	1046	1008	5320	77
	2001	11789	6131	4668	369	12	5	1143	1109	4988	76
	2002	12222	6316	4904	428	28	21	1132	1079	5184	85
	2003	13052	7217	5554	537	37	23	1357	1309	5860	146
Developing economies-Africa	1999	13267	11021	2078	395	16	5	9689	9549	1332	30
	2000	16757	14150	2447	435	14	7	12243	11590	1907	24
	2001	17163	14926	2029	363	16	5	12967	12799	1959	43
	2002	18848	15826	2770	488	50	4	13507	13221	2319	53
	2003	20905	17593	3072	560	29	6	14919	14632	2674	62
Developing economies-America	1999	63480	47772	15569	1117	55	10	7370	7178	40402	656
	2000	73169	54873	18045	1521	52	15	8132	7761	46741	761
	2001	71157	52997	17994	1822	57	23	7927	7607	45070	800
	2002	73141	55188	17770	1467	67	33	8006	7714	47182	1009
	2003	77145	56554	20306	1179	102	54	8938	8554	47616	1193
LAIA	1999	59731	45861	13751	1086	53	10	7209	7020	38652	592
	2000	69217	52885	16101	1479	51	15	7946	7579	44939	697
	2001	67061	51022	15901	1760	56	22	7739	7423	43283	697
	2002	68867	52899	15802	1416	66	33	7806	7517	45094	904
	2003	72476	54136	18074	1125	102	54	8693	8313	45443	1079
Developing economies-Asia	1999	425876	252099	167121	18109	5969	2990	84638	80851	167461	6826
	2000	485516	286653	190788	22046	7262	3897	93049	89015	193604	7948
	2001	462839	271611	181949	22767	8272	4591	88073	84232	183538	7641
	2002	495505	285149	199362	25282	9706	5341	92262	88326	192887	8488
	2003	573549	317873	240648	31029	13506	7886	109411	104846	208462	8924
Middle East	1999	24158	14933	7564	3164	1106	466	11176	10827	3757	151
	2000	27301	16889	8653	3684	1069	473	12082	11693	4807	185
	2001	28931	17445	9221	4073	1400	677	12446	12071	4999	190
	2002	32248	19379	9971	4516	1825	898	13518	13121	5862	247
	2003	39383	23395	12386	5824	2320	932	17133	16651	6262	217
Other Asia	1999	401718	237166	159557	14945	4863	2524	73462	70024	163704	6675
	2000	458215	269764	182135	18362	6192	3425	80967	77322	188797	7763
	2001	433907	254166	172729	18695	6872	3914	75626	72161	178540	7450
	2002	463257	265770	189391	20766	7881	4443	78745	75205	187025	8240
	2003	534166	294478	228261	25205	11186	6954	92277	88195	202200	8707
Former USSR-Asia 6/.	1999	2832	1494	1034	210	304	281	1312	1102	182	6
	2000	3627	1942	1322	266	362	331	1692	1392	251	7
	2001	3365	1810	1183	252	372	350	1556	1202	254	2
	2002	3677	1955	1318	296	404	380	1619	1261	336	2
	2003	4275	1529	2236	377	510	494	1220	818	308	9
Developing economies-Oceania	1999	994	762	223	1	0	0	171	164	591	1
	2000	1195	853	339	1	0	0	238	231	614	1
	2001	948	657	289	1	0	0	179	177	478	1
	2002	970	627	342	1	0	0	185	183	442	1
	2003	1209	810	398	1	0	0	254	253	555	2

For general note and footnotes see end of table.

Exportations mondiales par classes de marchandises et par régions

En millions de dollars E.-U. f.o.b.

Articles manufacturés divers (CTCI, Rev. 2 et Rev. 3, 6 et 8) (suite)

U.S.A. É.-U.	Japan Japon	Australia and NZ Australie et NZ	Africa Afrique	America Amerique Total	LAIA ALADI	Asia Asie Total	Mid. East Moyen Orient	Other 6/ Autres 6/	Oceania Océanie	Année	Exportations en provenance de
19472	·	1442	547	1894	1708	42257	2125	40132	84	1999	Japon
20585	·	1375	461	2187	1974	51126	2010	49116	83	2000	
17355	·	1200	477	2039	1831	43115	2236	40879	69	2001	
15945	·	1280	509	1757	1574	47372	2134	45238	57	2002	
15941	·	1463	559	1635	1462	56614	2547	54068	71	2003	
1214	1447	2184	34	101	66	4075	117	3958	423	1999	Australie, Nouvelle-Zélande
1350	1841	1926	29	135	94	4428	100	4328	353	2000	
1333	1680	1793	25	77	55	4236	97	4139	329	2001	
1340	1530	2100	36	70	47	4409	165	4244	385	2002	
1262	1694	2596	46	78	51	5001	242	4759	425	2003	
891	153	12	1546	164	124	352	195	157	1	1999	Economies en voie de
1060	150	15	1739	197	150	509	302	207	1	2000	développement-Afrique
1096	120	9	1473	58	12	490	309	181	1	2001	
1301	149	14	1871	55	8	839	419	421	1	2002	
1486	150	15	2296	67	12	704	427	277	1	2003	
38100	1378	151	276	12295	8931	2990	282	2708	3	1999	Economies en voie de
44121	1570	154	293	14153	10612	3591	486	3105	3	2000	développement-Amérique
42942	1070	130	313	14476	10636	3196	382	2814	4	2001	
44992	912	128	357	12640	8758	4757	518	4238	5	2002	
44756	1289	168	485	13509	9286	6291	551	5740	4	2003	
36430	1365	150	273	10536	8757	2934	279	2655	3	1999	ALADI
42415	1550	151	289	12274	10388	3530	484	3046	2	2000	
41277	1057	127	306	12467	10419	3119	381	2738	4	2001	
43026	901	124	352	10739	8563	4696	515	4181	5	2002	
42717	1276	163	477	11348	9058	6228	548	5680	4	2003	
106263	42525	7963	7231	11410	7036	147377	17443	129934	763	1999	Economies en voie de
121231	51317	8696	7592	13915	8932	168134	21047	147087	739	2000	développement- Asie
113947	49715	7994	8284	13145	8464	159330	21544	137787	707	2001	
123456	47832	8935	8815	12756	8152	176604	24057	152546	677	2002	
129328	53492	10937	10994	12757	8237	215504	30352	185153	705	2003	
2714	255	91	1290	156	70	5969	3998	1971	0	1999	Moyen Orient
3593	323	115	1109	172	88	7230	4837	2393	1	2000	
3717	295	107	1187	218	122	7662	5203	2459	1	2001	
4414	306	118	1352	178	106	8239	5515	2723	3	2002	
4689	342	148	1696	144	81	10280	7018	3262	3	2003	
103549	42270	7872	5941	11254	6966	141408	13445	127963	763	1999	Autres Pays d'Asie
117638	50994	8581	6483	13743	8844	160904	16211	144694	739	2000	
110230	49420	7887	7096	12927	8341	151668	16341	135327	706	2001	
118635	47526	8817	7463	12577	8046	168365	18542	149823	674	2002	
124639	53150	10790	9297	12613	8155	205225	23334	181891	702	2003	
160	8	0	19	46	16	968	374	593	0	1999	l'ancienne URSS asiatique 6/
206	9	0	24	61	21	1234	459	774	0	2000	
200	24	0	13	9	8	1159	441	718	0	2001	
199	26	1	14	10	9	1292	496	796	0	2002	
115	11	1	9	43	1	2182	554	1628	0	2003	
158	212	216	0	3	2	186	1	185	34	1999	Economies en voie de
171	235	207	0	2	2	302	1	301	35	2000	développement-Océanie
161	170	146	0	2	2	247	1	246	40	2001	
119	182	135	0	2	2	293	1	292	47	2002	
134	232	147	0	3	3	347	1	346	48	2003	

Voir la fin du tableau pour la remarque générale et les notes.

World exports by commodity classes and by regions

In million U.S. dollars f.o.b.

Textile yarn and fabrics (SITC, Rev. 2 and Rev. 3, 65

Exports from	Year	World Monde 1/	Developed economies Economies développées 1/, 2/	Developing economies Economies en voie de développement 1/, 2/ Total	OPEC OPEP	Eastern Europe and fmr. USSR-Europe Europe de l'Est et l'anc. URSS-Europe Total 4/	Former USSR-Europe 5/	Developed Economies Europe Total	EU UE	Other Total	Canada
World 1/	1999	156679	77295	69359	6954	9035	2265	51645	49520	25651	399
	2000	165254	76519	78199	7768	9565	2680	48933	46949	27586	413
	2001	157824	73210	73227	7689	10457	2993	47643	45743	25567	379
	2002	163850	75049	76556	8090	11164	3196	47962	46085	27087	377
	2003	184104	84259	84612	9095	13923	4182	55031	52860	29228	378
Developed economies 1/,2/	1999	76349	49395	19477	1444	6851	1184	38725	36986	10670	313
	2000	75170	46287	21338	1373	7031	1339	35220	33645	11067	319
	2001	73359	44282	20955	1379	7635	1513	33886	32359	10396	295
	2002	74289	43914	21647	1299	8133	1647	33639	32146	10275	284
	2003	82910	48621	23666	1348	9890	2039	37750	36024	10872	282
Developing economies 1/,2/	1999	76325	25291	49575	5494	1096	439	10496	10186	14795	85
	2000	85650	27345	56555	6377	1340	607	11007	10680	16338	92
	2001	79825	25843	51991	6296	1556	739	10828	10534	15014	83
	2002	84484	27722	54590	6775	1691	800	11092	10790	16630	92
	2003	94958	31412	60556	7729	2420	1261	13234	12881	18179	94
OPEC	1999	3873	1718	2127	492	27	5	902	868	817	5
	2000	4625	1975	2617	564	31	7	1022	978	954	6
	2001	4185	1825	2322	533	36	7	953	919	872	4
	2002	3977	1718	2221	487	36	6	900	862	818	4
	2003	4208	1859	2303	519	45	9	975	927	884	4
Eastern Europe and the former USSR 1/,4/	1999	4006	2609	307	15	1088	643	2424	2348	186	1
	2000	4434	2886	307	18	1194	734	2706	2623	181	1
	2001	4639	3086	281	14	1267	741	2929	2850	157	1
	2002	5077	3413	319	16	1340	749	3231	3150	182	1
	2003	6236	4225	390	18	1614	881	4047	3955	178	1
Former USSR-Europe 5/	1999	1273	556	183	7	534	468	468	452	88	
	2000	1431	622	162	6	647	575	549	534	74	
	2001	1406	633	139	5	633	553	572	556	61	
	2002	1501	713	146	4	639	541	642	623	71	
	2003	1734	823	174	5	737	610	757	735	66	
Developed economies-Europe	1999	56963	40697	8888	789	6760	1149	36340	34655	4357	30
	2000	53767	37322	9003	764	6938	1297	32830	31313	4492	30
	2001	53332	36095	9223	822	7541	1472	31842	30364	4253	30
	2002	54177	35929	9615	810	8042	1608	31753	30300	4176	28
	2003	61894	40522	10884	866	9772	1979	35807	34122	4715	33
European Union	1999	55097	39161	8682	750	6635	1126	34957	33291	4205	29
	2000	52021	35912	8793	721	6812	1273	31572	30074	4340	29
	2001	51679	34799	8998	769	7410	1445	30682	29219	4118	29
	2002	52531	34646	9383	758	7912	1579	30601	29165	4045	27
	2003	60160	39194	10617	807	9634	1945	34621	32952	4573	32
Other developed economies	1999	19386	8698	10590	655	92	35	2386	2332	6313	282
	2000	21402	8965	12335	610	93	42	2390	2332	6575	288
	2001	20027	8186	11732	557	93	41	2044	1995	6142	264
	2002	20112	7985	12032	489	91	39	1886	1846	6099	256
	2003	21016	8100	12782	483	117	60	1943	1901	6157	248
Canada	1999	2029	1948	71	7	10	4	93	91	1855	
	2000	2204	2121	75	8	8	2	83	81	2038	
	2001	2162	2083	73	7	6	1	64	63	2019	
	2002	2181	2098	76	6	7	3	47	46	2051	
	2003	2264	2117	126	11	20	15	63	59	2054	
United States	1999	9504	4478	4965	195	61	20	1229	1206	3249	276
	2000	10952	4662	6238	150	53	23	1333	1311	3329	282
	2001	10473	4169	6248	144	55	25	1151	1126	3018	259
	2002	10664	3944	6667	114	53	25	1018	1000	2926	251
	2003	10886	3876	6950	117	60	31	1024	1004	2852	243

For general note and footnotes see end of table.

Exportations mondiales par classes de marchandises et par régions

En millions de dollars E.-U. f.o.b.

U.S.A. É.-U.	Japan Japon	Australia and NZ Australie et NZ	Africa Afrique	America Amerique Total	LAIA ALADI	Asia Asie Total	Mid. East Moyen Orient	Other 6/ Autres 6/	Oceania Océanie	Année	Exportations en provenance de
											ils et tissus de matières textiles (CTCI, Rev. 2 et Rev. 3, 65)
14080	4227	1927	6081	9465	6847	52059	7070	44988	487	1999	Monde 1/
15499	4752	1810	6277	11593	8419	58615	7816	50799	472	2000	
14376	4561	1568	6755	11059	7391	53639	7634	46006	423	2001	
15900	4406	1731	6878	11067	6766	56871	8837	48034	386	2002	
17129	4930	1929	8156	11586	7140	62926	10368	52557	398	2003	
5283	909	812	3430	4819	3964	10090	2177	7912	117	1999	Economies dévelopées 1/,2/
5678	996	711	3230	6116	5012	10878	2140	8739	105	2000	
5432	967	619	3450	6188	4363	10165	2069	8096	77	2001	
5469	886	693	3488	6485	4109	10560	2306	8254	79	2002	
5792	976	836	3932	6681	4148	11791	2539	9252	89	2003	
8641	3311	1110	2623	4630	2874	41766	4795	36971	369	1999	Economies en voie de développement 1/,2/
9668	3751	1095	3030	5465	3402	47520	5596	41924	367	2000	
8813	3589	945	3294	4855	3019	43286	5476	37810	346	2001	
10277	3514	1033	3382	4562	2648	46089	6413	39677	307	2002	
11192	3946	1088	4212	4881	2982	50858	7681	43177	308	2003	
297	330	100	186	147	111	1789	627	1162	4	1999	OPEP
412	348	100	216	216	161	2177	747	1430	7	2000	
401	314	80	207	208	162	1900	707	1193	6	2001	
389	285	72	180	189	153	1845	668	1177	5	2002	
389	352	66	175	197	170	1922	712	1209	6	2003	
156	7	5	28	15	9	203	98	105	0	1999	Europe de l'Est et l'ancienne URSS 1/,4/
153	5	5	17	12	5	216	80	136	0	2000	
132	6	4	11	16	9	188	88	100	0	2001	
154	6	4	9	20	9	222	118	104	0	2002	
145	8	5	12	23	10	277	148	129	0	2003	
80	4	0	19	9	7	141	59	83	0	1999	l'ancienne URSS-Europe 5/
67	3	1	6	4	0	140	27	113	0	2000	
55	3	1	5	6	3	114	31	83	0	2001	
64	3	1	4	7	4	124	38	86	0	2002	
54	5	1	5	7	4	150	48	102	0	2003	
2637	659	339	3284	715	577	3860	1657	2203	18	1999	Economies développées-Europe
2801	699	302	3093	767	627	4120	1684	2436	20	2000	
2632	709	269	3287	740	608	4106	1611	2496	20	2001	
2652	625	313	3341	720	601	4495	1870	2624	28	2002	
2934	725	371	3777	725	592	5185	2110	3075	28	2003	
2538	636	330	3259	695	560	3709	1586	2123	18	1999	Union Européenne
2705	673	291	3074	745	608	3961	1608	2353	20	2000	
2550	679	264	3257	718	589	3944	1538	2406	20	2001	
2573	597	307	3317	705	588	4313	1795	2517	28	2002	
2845	699	364	3746	707	576	4978	2023	2955	28	2003	
2646	250	473	146	4104	3386	6230	520	5709	99	1999	Autres economies développées
2877	296	409	138	5349	4385	6758	455	6303	85	2000	
2799	258	350	163	5448	3755	6058	458	5600	57	2001	
2817	262	380	146	5766	3507	6065	436	5629	51	2002	
2858	251	464	155	5956	3556	6606	429	6177	61	2003	
1832	5	12	2	34	29	34	8	26	0	1999	Canada
2013	5	11	2	36	31	37	8	29	0	2000	
1997	6	10	2	32	27	38	6	32	0	2001	
2028	6	10	3	29	23	43	5	38	0	2002	
2028	7	13	7	58	47	61	5	56	0	2003	
·	230	162	42	3975	3273	935	187	747	5	1999	Etats-Unis
·	279	146	37	5214	4262	981	134	847	4	2000	
·	243	119	51	5325	3646	866	132	734	3	2001	
·	245	116	38	5669	3426	956	114	842	2	2002	
·	233	120	42	5828	3446	1075	110	966	2	2003	

Voir la fin du tableau pour la remarque générale et les notes.

World exports by commodity classes and by regions

In million U.S. dollars f.o.b.

Textile yarn and fabrics (SITC, Rev. 2 and Rev. 3, 65) (continued

Exports from	Year	World Monde 1/	Developed economies Economies développées 1/, 2/	Developing economies Economies en voie de développement 1/, 2/ Total	OPEC OPEP	Eastern Europe and fmr. USSR-Europe Europe de l'Est et l'anc. URSS-Europe Total 4/	Former USSR-Europe 5/	Developed Economies Europe Total	EU UE	Other Total	Canada
Japan	1999	6598	1397	5189	419	13	8	711	686	686	3
	2000	7023	1342	5659	418	21	12	651	622	692	4
	2001	6198	1104	5075	373	19	9	544	527	560	3
	2002	6030	1057	4958	338	14	6	516	502	542	3
	2003	6431	1075	5342	319	13	7	518	506	557	2
Australia, New Zealand	1999	543	323	218	20	0	0	40	39	283	1
	2000	488	294	194	22	0	0	40	40	254	
	2001	424	272	151	18	0	0	31	31	241	
	2002	452	294	156	18	1	0	28	27	266	
	2003	531	372	158	19	1	0	32	31	340	
Developing economies-Africa	1999	1150	757	341	98	5	1	605	591	152	
	2000	865	522	292	72	1	0	437	422	85	
	2001	1085	746	273	33	4	2	608	594	139	
	2002	1129	772	313	49	5	1	607	594	166	
	2003	1236	852	330	50	6	1	664	654	188	1
Developing economies-America	1999	4198	2688	1496	116	5	0	243	232	2445	10
	2000	4620	2886	1705	127	4	0	234	223	2652	10
	2001	3986	2444	1527	136	4	1	256	247	2187	9
	2002	3920	2735	1172	91	5	2	270	255	2465	90
	2003	4140	2769	1351	79	6	1	285	275	2484	10
LAIA	1999	3959	2606	1340	116	5	0	238	227	2368	9
	2000	4406	2820	1559	127	4	0	230	219	2590	103
	2001	3809	2394	1404	136	4	1	252	243	2141	97
	2002	3752	2679	1061	90	5	2	264	250	2415	88
	2003	3920	2705	1198	79	6	1	278	268	2427	100
Developing economies-Asia	1999	70501	21512	47630	5278	1052	428	9358	9079	12154	74
	2000	79681	23604	54453	6176	1288	589	10043	9747	13562	81
	2001	74223	22303	50059	6123	1498	719	9642	9375	12662	72
	2002	78903	23883	52955	6630	1632	783	9901	9631	13982	82
	2003	88978	27402	58712	7598	2354	1245	11911	11583	15492	83
Middle East	1999	4524	3063	958	404	284	103	2348	2267	715	3
	2000	5102	3386	1105	452	359	123	2524	2438	863	4
	2001	5292	3389	1170	495	462	161	2576	2502	814	3
	2002	5726	3497	1246	551	594	212	2565	2487	931	4
	2003	7016	4194	1501	649	870	330	3179	3090	1015	4
Other Asia	1999	65977	18450	46672	4874	768	325	7010	6812	11439	708
	2000	74578	20218	53348	5724	930	466	7519	7309	12699	77
	2001	68931	18914	48889	5628	1036	559	7066	6873	11848	68
	2002	73177	20386	51709	6079	1037	571	7336	7144	13051	77
	2003	81962	23209	57212	6949	1484	915	8732	8493	14477	78
Former USSR-Asia 6/	1999	169	15	117	10	37	35	13	12	2	0
	2000	160	13	112	19	35	33	11	11	1	0
	2001	162	13	114	19	35	33	12	11	2	0
	2002	165	9	123	21	33	31	8	8	2	0
	2003	181	18	126	20	37	35	11	10	7	0
Developing economies-Oceania	1999	30	23	7	0	0	0	0	0	22	0
	2000	28	21	6	0	0	0	0	0	21	0
	2001	17	12	4	0	0	0	0	0	12	0
	2002	11	6	5	0	0	0	0	0	6	0
	2003	10	6	4	0	0	0	0	0	6	0

For general note and footnotes see end of table.

Exportations mondiales par classes de marchandises et par régions

En millions de dollars E.-U. f.o.b.

Economies développées 1/, 2/			Developing economies Economies en voie de développement 1/, 2/								Exportations vers
	Autres			America Amerique			Asia Asie				
U.S.A. É.-U.	Japon Japon	Australia and NZ Australie et NZ	Africa Afrique	Total	LAIA ALADI	Total	Mid. East Moyen Orient	Other 6/ Autres 6/	Oceania Océanie	Année	Exportations en provenance de ↓

Fils et tissus de matières textiles (CTCI, Rev. 2 et Rev. 3, 65) (suite)

U.S.A. É.-U.	Japon Japon	Australie et NZ	Afrique	Total	ALADI	Total	Moyen Orient	Autres 6/	Océanie	Année	Exportations en provenance de
558	·	77	27	60	52	5072	307	4765	29	1999	Japon
583	·	56	23	59	52	5546	288	5259	31	2000	
475	·	41	29	53	45	4974	279	4695	19	2001	
459	·	39	30	38	31	4877	272	4605	13	2002	
475	·	40	24	35	30	5259	258	5001	24	2003	
53	9	204	5	4	3	143	3	140	66	1999	Australie, Nouvelle-Zélande
52	9	180	2	4	4	137	4	133	51	2000	
58	7	166	2	4	3	110	4	106	35	2001	
53	6	199	3	4	3	113	6	106	37	2002	
55	6	268	5	3	3	115	5	110	35	2003	
104	3	2	276	7	6	49	31	18	0	1999	Economies en voie de
34	2	2	248	2	2	41	24	17	0	2000	développement-Afrique
92	2	1	222	4	3	44	29	15	0	2001	
86	1	2	247	2	2	61	40	21	0	2002	
95	2	2	253	4	2	70	56	14	0	2003	
2278	50	13	4	1381	1129	109	19	90	1	1999	Economies en voie de
2473	52	17	6	1527	1265	171	14	157	0	2000	développement-Amérique
2034	39	10	6	1381	1156	138	14	124	1	2001	
2319	39	9	9	1057	848	103	15	88	0	2002	
2328	38	9	8	1254	1009	85	14	71	1	2003	
2202	50	13	4	1226	1113	109	19	89	0	1999	ALADI
2412	52	17	5	1383	1253	170	13	157	0	2000	
1989	39	10	6	1258	1146	137	13	124	1	2001	
2270	39	9	9	946	837	102	15	88	0	2002	
2271	38	9	8	1102	990	85	14	71	1	2003	
6238	3258	1074	2340	3241	1739	41599	4740	36859	364	1999	Economies en voie de
7142	3697	1057	2774	3934	2134	47299	5554	41745	362	2000	développement- Asie
6674	3548	922	3061	3469	1860	43097	5429	37668	341	2001	
7862	3474	1017	3120	3502	1798	45916	6351	39564	303	2002	
8762	3906	1071	3946	3622	1971	50690	7602	43088	304	2003	
499	44	20	217	30	21	653	518	135	0	1999	Moyen Orient
611	61	25	205	40	32	811	628	182	0	2000	
591	50	18	215	46	38	852	670	182	0	2001	
704	54	23	233	35	28	905	697	208	1	2002	
752	63	27	270	29	23	1112	830	282	1	2003	
5739	3214	1054	2122	3211	1719	40946	4222	36724	364	1999	Autres Pays d'Asie
6532	3636	1033	2570	3894	2102	46488	4926	41563	362	2000	
6083	3498	904	2846	3423	1823	42245	4758	37487	341	2001	
7158	3420	994	2887	3467	1770	45011	5655	39356	301	2002	
8009	3843	1043	3676	3593	1948	49578	6772	42806	304	2003	
2	0	0	0	0	0	117	107	10	0	1999	l'ancienne URSS asiatique 6/
1	0	0	0	0	0	112	104	8	0	2000	
2	0	0	0	0	0	114	106	8	0	2001	
1	0	0	0	0	0	123	113	10	0	2002	
7	0	0	0	0	0	126	112	14	0	2003	
2	0	20	0	0	0	2	0	2	5	1999	Economies en voie de
2	0	19	0	0	0	2	0	2	4	2000	développement-Océanie
1	0	12	0	0	0	1	0	1	4	2001	
0	0	5	0	0	0	1	0	1	4	2002	
0	0	6	0	0	0	0	0	0	3	2003	

Voir la fin du tableau pour la remarque générale et les notes.

SPECIAL TABLE: D

World exports by commodity classes and by regions

In million U.S. dollars f.o.b.

Iron and steel (SITC, Rev. 2 and Rev. 3, 67)

Exports from	Year	World Monde 1/	Developed economies Economies développées 1/, 2/	Developing economies Economies en voie de développement 1/, 2/ Total	OPEC OPEP	Eastern Europe and fmr. USSR-Europe Europe de l'Est et l'anc. URSS-Europe Total 4/	Former USSR-Europe 5/	Developed Economies Europe Total	EU UE	Other Total	Canada
World 1/	1999	126526	77597	42997	5355	5720	2154	53531	50625	24066	4208
	2000	143241	85890	50142	6315	6868	2599	57935	54992	27955	5123
	2001	133017	77012	48260	7826	7436	2799	54795	51944	22217	4130
	2002	144602	79937	56888	8342	7261	2442	56895	53919	23042	4547
	2003	181945	94832	76252	10863	10260	3573	70904	67397	23928	4764
Developed economies 1/,2/	1999	83443	59958	20478	2702	2835	729	46152	43578	13805	3576
	2000	90232	63995	22928	2758	3061	577	48467	45998	15528	4165
	2001	84740	58810	22370	3209	3358	677	45715	43364	13095	3533
	2002	90243	60602	25731	3475	3510	675	47639	45238	12963	3633
	2003	111191	72569	33182	4295	4903	895	59161	56274	13408	3950
Developing economies 1/,2/	1999	29466	12916	16265	1942	248	156	3963	3751	8954	547
	2000	36133	15937	19827	2533	304	188	5194	4896	10743	819
	2001	31814	12527	18655	2969	534	409	4342	4004	8184	550
	2002	36513	13663	22055	3282	683	499	4675	4222	8988	830
	2003	47017	15667	30628	4265	668	437	6071	5537	9596	772
OPEC	1999	2098	816	1280	439	1	0	338	337	478	23
	2000	2452	962	1487	511	2	0	441	440	521	36
	2001	2344	844	1496	567	1	0	409	407	435	23
	2002	2859	1037	1793	615	28	0	484	483	553	52
	2003	3024	968	2050	729	3	1	536	514	432	28
Eastern Europe and the former USSR 1/,4/	1999	13617	4723	6254	710	2637	1269	3416	3296	1307	85
	2000	16875	5958	7387	1024	3503	1834	4274	4098	1684	140
	2001	16463	5675	7235	1649	3543	1713	4737	4576	938	47
	2002	17846	5672	9103	1586	3068	1268	4580	4458	1092	83
	2003	23737	6596	12443	2303	4689	2240	5672	5586	924	42
Former USSR-Europe 5/	1999	9453	2371	5408	614	1673	1224	1314	1236	1057	69
	2000	11923	3081	6504	906	2338	1763	1741	1626	1340	89
	2001	11399	2854	6348	1482	2196	1627	2171	2083	683	21
	2002	12403	2837	7815	1371	1750	1190	2147	2087	691	41
	2003	16391	3110	10503	1984	2769	2078	2488	2448	622	14
Developed economies-Europe	1999	58261	49099	6238	1321	2752	673	44290	41933	4809	556
	2000	62141	52037	6968	1407	2975	526	46166	43915	5871	675
	2001	59619	48572	7610	1717	3286	632	43651	41488	4921	528
	2002	62606	50163	8621	2001	3427	627	45746	43535	4417	611
	2003	78423	61101	12086	2584	4703	738	56652	53965	4449	629
European Union	1999	56490	47426	6176	1315	2716	671	42787	40440	4638	549
	2000	60435	50442	6904	1401	2928	522	44754	42515	5688	669
	2001	58003	47070	7548	1710	3234	626	42284	40134	4786	522
	2002	61011	48688	8555	1993	3374	621	44392	42190	4295	606
	2003	76467	59311	11991	2575	4633	729	55012	52343	4299	619
Other developed economies	1999	25181	10858	14240	1381	83	56	1862	1645	8996	3021
	2000	28091	11958	15960	1350	86	51	2301	2083	9657	3490
	2001	25121	10238	14760	1492	72	45	2064	1876	8174	3005
	2002	27637	10439	17109	1474	83	48	1893	1703	8546	3022
	2003	32769	11468	21095	1711	200	158	2509	2310	8959	3321
Canada	1999	2888	2818	69	6	1	0	48	46	2770	
	2000	3216	3129	84	4	3	0	46	46	3082	
	2001	2800	2696	101	2	3	0	49	49	2646	
	2002	3393	3273	118	5	2	0	51	51	3222	
	2003	3425	3207	213	8	5	2	78	77	3129	
United States	1999	5450	3437	2000	130	12	8	485	446	2952	2772
	2000	6319	4088	2203	145	29	21	687	616	3402	3178
	2001	5970	3609	2330	163	31	22	612	573	2996	2804
	2002	5713	3509	2178	214	27	21	586	545	2922	2802
	2003	6774	4035	2670	162	69	57	755	713	3280	3126

For general note and footnotes see end of table.

Exportations mondiales par classes de marchandises et par régions

En millions de dollars E.-U. f.o.b.

| Economies développées 1/, 2/ | | | Developing economies / Economies en voie de développement 1/, 2/ | | | | | | | | Exportations vers |
U.S.A. É.-U.	Japan Japon	Australia and NZ Australie et NZ	Africa Afrique	America Amerique Total	LAIA ALADI	Asia Asie Total	Mid. East Moyen Orient	Other 6/ Autres 6/	Oceania Océanie	Année	Exportations en provenance de
	Autres										

Fer et acier (CTCI, Rev. 2 et Rev. 3, 67)

U.S.A. É.-U.	Japan Japon	Australia and NZ	Africa Afrique	America Total	LAIA ALADI	Asia Total	Mid. East Moyen Orient	Other 6/ Autres 6/	Oceania Océanie	Année	Exportations en provenance de
15082	2853	1100	3245	5575	4488	33230	5551	27679	101	1999	Monde 1/
17457	3505	1051	3184	6715	5495	39179	6894	32285	110	2000	
13884	2475	970	3832	6684	5400	36693	7933	28760	119	2001	
14389	2216	1146	4276	6539	5341	44833	8384	36449	131	2002	
13471	3192	1457	5071	6692	5306	62896	12053	50842	139	2003	
8559	513	730	1686	3173	2792	15114	2320	12794	81	1999	Economies dévelopées 1/,2/
9632	650	667	1570	3669	3268	17144	2604	14540	78	2000	
8080	449	624	1869	3690	3295	16255	2830	13425	75	2001	
7778	430	746	2138	3577	3205	19392	3013	16379	85	2002	
7404	656	897	2558	3698	3299	26110	4347	21763	101	2003	
5551	2275	339	830	2023	1459	13293	1811	11482	20	1999	Economies en voie de développement 1/,2/
6510	2785	381	755	2456	1876	16445	2296	14149	31	2000	
5090	1977	343	964	2438	1815	15074	2862	12213	43	2001	
5787	1737	397	1103	2545	1913	18198	2775	15423	45	2002	
5411	2469	556	1456	2543	1777	26385	3878	22507	38	2003	
386	54	13	141	214	169	923	512	411	1	1999	OPEP
424	44	12	96	335	279	1047	601	446	9	2000	
353	38	19	108	296	250	1090	649	440	3	2001	
455	25	18	138	356	291	1294	716	579	4	2002	
337	34	31	95	336	275	1616	837	779	4	2003	
972	65	32	729	379	236	4823	1420	3403	0	1999	Europe de l'Est et l'ancienne URSS 1/,4/
1316	70	3	858	590	351	5590	1994	3596	1	2000	
714	49	3	999	556	290	5364	2241	3122	0	2001	
824	48	3	1035	418	223	7243	2596	4647	0	2002	
656	67	4	1057	452	229	10402	3829	6573	0	2003	
780	55	31	634	272	152	4405	1151	3255	0	1999	l'ancienne URSS-Europe 5/
1057	65	2	785	429	210	5156	1686	3469	1	2000	
521	37	2	897	427	174	4938	1937	3001	0	2001	
500	45	0	937	327	151	6452	2100	4352	0	2002	
419	65	0	938	358	169	9084	3066	6018	0	2003	
3565	138	219	1111	1068	904	3613	1507	2106	26	1999	Economies développées-Europe
4443	201	225	1129	1121	968	4237	1890	2347	23	2000	
3705	182	191	1357	1158	1010	4602	1851	2750	19	2001	
3134	144	224	1499	1259	1116	5309	2175	3133	22	2002	
2951	180	272	1792	1383	1206	8172	3271	4901	36	2003	
3436	119	207	1095	1061	898	3577	1501	2076	26	1999	Union Européenne
4304	176	216	1116	1112	959	4199	1883	2316	23	2000	
3610	157	186	1342	1153	1005	4563	1845	2718	19	2001	
3046	126	218	1490	1254	1112	5262	2169	3094	22	2002	
2841	166	267	1782	1377	1201	8099	3260	4839	36	2003	
4994	374	511	574	2105	1889	11501	813	10687	56	1999	Autres economies développées
5188	449	441	441	2548	2300	12907	714	12193	55	2000	
4374	267	432	512	2532	2285	11653	978	10675	57	2001	
4645	286	522	639	2318	2089	14083	838	13246	63	2002	
4454	476	625	767	2314	2093	17938	1076	16862	65	2003	
2761	4	5	3	28	22	37	6	31	0	1999	Canada
3071	8	3	2	39	29	44	4	39	0	2000	
2634	7	4	0	64	57	37	3	34	0	2001	
3210	7	4	2	65	61	51	7	44	0	2002	
3114	5	7	9	94	88	110	9	101	0	2003	
·	115	32	173	1414	1297	411	54	358	1	1999	Etats-Unis
·	161	33	51	1643	1520	501	59	442	2	2000	
·	117	29	112	1738	1598	479	78	401	1	2001	
·	67	30	148	1538	1391	486	114	372	2	2002	
·	91	34	126	1545	1404	993	117	876	1	2003	

Voir la fin du tableau pour la remarque générale et les notes.

World exports by commodity classes and by regions

In million U.S. dollars f.o.b.

Iron and steel (SITC, Rev. 2 and Rev. 3, 67) (continued)

Exports from	Year	World Monde 1/	Developed economies Economies développées 1/, 2/	Developing economies Economies en voie de développement 1/, 2/ Total	OPEC OPEP	Eastern Europe and fmr. USSR-Europe Europe de l'Est et l'anc. URSS-Europe Total 4/	Former USSR-Europe 5/	Developed Economies Europe Total	EU UE	Other Total	Canada
Japan	1999	13459	2671	10720	1094	67	47	591	428	2081	19
	2000	14832	2528	12253	1084	51	28	597	459	1931	22
	2001	13570	2445	11089	1205	36	22	664	525	1781	14
	2002	15503	2017	13443	1150	43	22	499	389	1518	16
	2003	17870	1922	15835	1306	113	90	503	386	1419	14
Australia, New Zealand	1999	1024	531	493	68	0	0	88	88	443	
	2000	813	432	380	51	0	0	84	84	348	1
	2001	505	215	290	32	0	0	27	27	188	1
	2002	571	291	275	31	0	0	41	40	251	
	2003	754	320	429	44	0	0	33	33	287	1
Developing economies-Africa	1999	679	359	318	26	1	1	248	246	110	
	2000	672	368	302	69	1	1	289	274	79	
	2001	628	324	301	40	0	0	219	219	105	
	2002	953	547	372	56	31	0	429	357	118	
	2003	1057	527	519	125	1	0	413	343	114	
Developing economies-America	1999	7073	4502	2563	207	5	2	1126	1113	3377	19
	2000	8212	5160	3038	293	4	3	1412	1392	3749	27
	2001	7405	4409	2990	399	3	2	1195	1185	3215	29
	2002	8921	5224	3670	306	12	9	1264	1238	3960	42
	2003	10567	5712	4826	333	21	20	1698	1603	4014	44
LAIA	1999	6462	4230	2226	195	5	2	1050	1038	3180	14
	2000	7492	4838	2641	277	4	3	1302	1282	3536	22
	2001	6616	4047	2564	364	3	2	1103	1093	2945	19
	2002	8162	4857	3278	277	12	9	1169	1143	3688	34
	2003	9693	5283	4381	301	21	20	1581	1488	3702	33
Developing economies-Asia	1999	20832	7451	13143	1707	205	147	2116	1937	5335	34
	2000	25940	9540	16095	2170	251	177	2865	2618	6676	51
	2001	22753	7117	15070	2526	473	399	2372	2063	4745	25
	2002	25520	7220	17650	2916	556	484	2437	2086	4783	39
	2003	33811	8456	24773	3802	545	411	3224	2861	5232	33
Middle East	1999	2585	1074	1453	703	26	4	754	748	320	3
	2000	2915	1273	1559	796	30	3	873	860	401	4
	2001	3634	1267	2068	1068	208	166	876	869	391	3
	2002	4026	1377	2284	1142	275	231	781	759	596	7
	2003	4792	1666	2990	1568	105	13	1154	1140	512	3
Other Asia	1999	18246	6377	11690	1004	179	144	1362	1189	5015	31
	2000	23025	8267	14536	1373	221	174	1992	1758	6275	47
	2001	19119	5851	13002	1458	265	233	1496	1194	4355	21
	2002	21494	5843	15366	1774	281	253	1656	1327	4187	32
	2003	29019	6790	21784	2235	439	398	2070	1721	4720	29
Former USSR-Asia 6/.	1999	1085	310	637	178	138	133	263	103	46	
	2000	1429	403	853	237	173	165	346	132	57	
	2001	1229	413	597	210	219	214	405	115	7	
	2002	1354	453	663	237	238	233	445	127	8	
	2003	1833	494	1014	321	324	321	473	162	22	
Developing economies-Oceania	1999	343	216	127	0	0	0	127	127	89	
	2000	554	339	214	0	0	0	195	195	144	
	2001	405	247	158	0	0	0	143	143	104	
	2002	480	280	200	0	0	0	168	168	112	
	2003	725	450	275	0	0	0	233	233	217	

For general note and footnotes see end of table.

Exportations mondiales par classes de marchandises et par régions

En millions de dollars E.-U. f.o.b.

U.S.A. É.-U.	Japan Japon	Australia and NZ Australie et NZ	Africa Afrique	America Amerique Total	LAIA ALADI	Asia Asie Total	Mid. East Moyen Orient	Other 6/ Autres 6/	Oceania Océanie	Année	Exportations en provenance de
											Economies développées 1/, 2/ — Autres / Developing economies — Economies en voie de développement 1/, 2/ — Exportations vers

Fer et acier (CTCI, Rev. 2 et Rev. 3, 67) (suite)

U.S.A. É.-U.	Japan Japon	Australie et NZ	Africa Afrique	Total	LAIA ALADI	Total	Moyen Orient	Autres 6/	Océanie	Année	Exportations en provenance de
1563	·	295	187	513	454	10017	647	9370	2	1999	Japon
1416	·	259	190	650	565	11407	562	10845	6	2000	
1359	·	256	193	593	512	10293	820	9473	9	2001	
1017	·	311	230	577	518	12630	637	11993	5	2002	
876	·	374	253	519	474	15060	800	14259	3	2003	
250	33	148	7	45	15	389	24	365	52	1999	Australie, Nouvelle-Zélande
179	32	115	4	53	24	275	19	256	48	2000	
55	8	112	2	22	10	221	6	214	45	2001	
96	8	133	3	21	9	196	11	185	55	2002	
98	12	162	3	21	3	346	24	323	59	2003	
53	42	0	254	21	21	43	35	8	0	1999	Economies en voie de développement-Afrique
6	53	0	183	0	0	118	77	41	0	2000	
39	55	0	232	1	0	68	47	21	0	2001	
74	34	0	267	1	0	105	70	35	0	2002	
69	34	0	314	3	1	202	150	52	0	2003	
2922	237	10	134	1578	1195	851	85	766	0	1999	Economies en voie de développement-Amérique
3221	216	14	137	1919	1516	981	162	819	0	2000	
2762	137	11	139	1943	1476	908	168	740	0	2001	
3365	144	10	163	2110	1605	1395	178	1217	2	2002	
3322	218	10	221	2154	1495	2451	210	2241	0	2003	
2782	228	10	134	1274	1122	818	85	733	0	1999	ALADI
3080	199	14	137	1565	1403	939	162	777	0	2000	
2594	128	11	139	1552	1385	873	168	705	0	2001	
3189	135	10	163	1757	1523	1357	176	1180	2	2002	
3126	206	10	220	1756	1404	2404	208	2196	0	2003	
2507	1943	327	440	422	242	12252	1670	10582	18	1999	Economies en voie de développement- Asie
3161	2421	365	434	536	359	15073	2000	13074	29	2000	
2261	1695	332	591	495	338	13932	2639	11293	40	2001	
2326	1464	383	671	434	307	16492	2520	13973	40	2002	
1989	2055	544	919	306	282	23412	3492	19920	35	2003	
140	6	3	215	81	15	1151	809	342	0	1999	Moyen Orient
236	5	5	184	77	20	1295	886	409	0	2000	
231	0	3	280	109	41	1674	1160	513	0	2001	
382	1	3	245	74	35	1961	1244	717	0	2002	
291	1	3	411	38	12	2530	1717	813	0	2003	
2367	1937	324	225	342	227	11100	860	10240	18	1999	Autres Pays d'Asie
2925	2416	360	250	458	339	13778	1114	12664	29	2000	
2030	1694	329	311	386	297	12259	1479	10780	40	2001	
1944	1463	380	426	360	273	14531	1276	13255	40	2002	
1698	2054	541	508	348	269	20881	1775	19106	35	2003	
38	0	0	16	45	16	574	215	359	0	1999	l'ancienne URSS asiatique 6/
46	0	0	22	61	21	769	289	480	0	2000	
5	0	0	12	9	8	576	237	339	0	2001	
6	0	0	13	9	8	639	266	373	0	2002	
14	0	0	8	8	1	997	343	654	0	2003	
31	53	2	0	0	0	125	0	125	2	1999	Economies en voie de développement-Océanie
48	95	2	0	0	0	213	0	213	2	2000	
14	90	0	0	0	0	155	0	155	3	2001	
9	95	4	0	0	0	196	0	196	3	2002	
14	162	1	0	0	0	272	0	272	3	2003	

Voir la fin du tableau pour la remarque générale et les notes.

World exports by commodity classes and by regions

In million U.S. dollars f.o.b.

Non-ferrous metals (SITC, Rev. 2 and Rev. 3, 68)

Exports from	Year	World Monde 1/	Developed economies Economies développées 1/, 2/	Developing economies Economies en voie de développement 1/, 2/ Total	OPEC OPEP	Eastern Europe and fmr. USSR-Europe Europe de l'Est et l'anc. URSS-Europe Total 4/	Former USSR-Europe 5/	Developed Economies Europe Total	EU UE	Other Total	Canada
World 1/	1999	99382	70062	25502	1716	2780	862	43236	40362	26826	2595
	2000	114277	78000	31362	2043	3401	1145	47753	44923	30248	3021
	2001	105868	72681	28516	2110	3319	969	45943	43157	26738	2583
	2002	104542	69199	30736	2422	3252	792	44673	41729	24525	2574
	2003	121008	78129	37050	2716	4660	1331	49923	46612	28207	2701
Developed economies 1/,2/	1999	62944	48294	12295	902	1358	231	30225	28445	18070	2506
	2000	71066	53385	14560	895	1681	328	33284	31523	20101	2907
	2001	66326	50143	13145	952	1766	354	32799	30847	17345	2487
	2002	64469	47577	13600	1098	1988	426	31814	29675	15764	2412
	2003	74383	54832	15731	1275	2712	520	36308	34049	18524	2399
Developing economies 1/,2/	1999	25936	13221	12507	778	170	57	6675	6260	6545	85
	2000	30866	15089	15488	1128	226	76	7284	6704	7805	101
	2001	28821	14226	14305	1147	216	74	7496	6896	6730	86
	2002	29849	13638	15933	1304	229	89	7008	6410	6630	154
	2003	34231	14025	19826	1424	320	133	6798	6072	7227	293
OPEC	1999	2362	1130	1192	123	39	1	262	252	869	1
	2000	2958	1352	1559	154	47	2	346	325	1006	7
	2001	2840	1287	1507	154	45	2	344	329	943	2
	2002	2912	1319	1549	158	44	2	392	380	927	3
	2003	3325	1315	1959	221	50	2	313	305	1002	3
Eastern Europe and the former USSR 1/,4/	1999	10502	8547	701	37	1252	574	6336	5657	2211	4
	2000	12344	9526	1313	20	1494	740	7185	6696	2342	12
	2001	10722	8312	1066	11	1336	541	5648	5414	2663	9
	2002	10225	7984	1203	20	1035	278	5852	5645	2132	8
	2003	12395	9272	1494	17	1628	679	6817	6490	2455	12
Former USSR-Europe 5/	1999	7906	6605	483	33	818	509	4486	3840	2119	2
	2000	9156	7125	1029	10	1002	681	4902	4448	2223	4
	2001	7725	6206	762	7	757	443	3609	3412	2596	8
	2002	7110	5766	864	11	479	198	3705	3559	2061	5
	2003	8661	6582	1124	14	954	569	4221	3947	2361	11
Developed economies- Europe	1999	36664	31497	3281	389	1335	224	26888	25445	4609	166
	2000	42761	36385	4097	394	1647	312	30072	28519	6313	189
	2001	40564	34138	4025	480	1734	338	29047	27411	5092	166
	2002	39596	32608	4362	565	1955	408	28480	26824	4129	141
	2003	45591	36553	5258	626	2677	509	32158	30481	4396	175
European Union	1999	30444	25786	2802	377	1305	221	22659	21333	3127	154
	2000	34907	29275	3398	382	1601	293	24935	23473	4340	173
	2001	34058	28487	3220	466	1684	325	24496	22979	3991	151
	2002	32978	27091	3312	555	1904	396	23874	22293	3217	125
	2003	38269	30463	4088	606	2616	493	27037	25455	3427	163
Other developed economies	1999	26280	16797	9014	513	23	8	3337	3000	13460	2340
	2000	28306	17000	10463	501	35	17	3212	3004	13788	2718
	2001	25762	16005	9120	473	33	16	3752	3435	12253	2321
	2002	24873	14969	9238	533	34	17	3334	2850	11635	2271
	2003	28792	18279	10472	649	35	11	4150	3569	14129	2220
Canada	1999	7213	6922	288	13	3	0	561	494	6362	
	2000	8172	7734	438	17	1	0	596	551	7138	
	2001	7593	7220	371	15	1	0	626	590	6594	
	2002	7552	7082	470	10	1	0	698	673	6383	
	2003	8088	7477	610	10	1	0	683	639	6794	
United States	1999	6910	4468	2431	140	11	5	1338	1262	3131	2307
	2000	8272	5407	2847	114	18	9	1718	1605	3689	2674
	2001	7410	4995	2394	117	21	10	2086	1867	2909	2277
	2002	6746	4640	2093	92	13	6	1903	1456	2737	2235
	2003	6772	4381	2379	62	13	4	1604	1524	2777	2191

For general note and footnotes see end of table.

Exportations mondiales par classes de marchandises et par régions

En millions de dollars E.-U. f.o.b.

U.S.A. É.-U.	Japan Japon	Australia and NZ Australie et NZ	Africa Afrique	America Amerique Total	LAIA ALADI	Asia Asie Total	Mid. East Moyen Orient	Other 6/ Autres 6/	Oceania Océanie	Année	Exportations en provenance de
15454	7368	680	647	3585	3216	20854	1777	19077	23	1999	Monde 1/
17614	8050	649	674	4414	3933	25789	2297	23493	25	2000	
16720	6232	543	759	3865	3496	23384	2431	20953	18	2001	
15105	5630	589	843	3400	3049	25974	2759	23215	18	2002	
16135	7896	727	1014	3748	3302	31615	3134	28482	28	2003	
10632	3916	486	420	2106	1985	9515	868	8647	19	1999	Economies dévelopées 1/,2/
12024	4075	414	439	2416	2296	11418	850	10569	20	2000	
11226	2906	336	486	2040	1934	10314	855	9459	14	2001	
9842	2740	375	513	1899	1804	10875	1058	9817	16	2002	
11219	4008	434	599	1943	1832	12814	1278	11536	24	2003	
3674	2449	194	187	1432	1229	10796	770	10027	4	1999	Economies en voie de développement 1/,2/
4361	2936	233	196	1909	1635	13257	1156	12101	4	2000	
3990	2202	202	251	1776	1538	12182	1163	11018	3	2001	
3940	2123	207	314	1456	1244	14081	1297	12784	2	2002	
3541	2854	286	395	1751	1467	17583	1434	16149	3	2003	
319	536	12	21	148	127	1022	233	789	1	1999	OPEP
318	673	8	23	218	189	1316	290	1026	2	2000	
371	562	7	23	224	187	1260	288	972	0	2001	
421	493	9	23	243	216	1283	293	990	0	2002	
397	595	7	22	291	263	1645	377	1268	0	2003	
1148	1002	1	40	46	1	543	139	403	0	1999	Europe de l'Est et l'ancienne URSS 1/,4/
1229	1039	2	39	89	2	1114	291	823	0	2000	
1505	1124	4	23	49	24	888	412	476	0	2001	
1323	766	7	17	45	2	1018	405	614	0	2002	
1375	1034	7	19	53	3	1219	422	797	0	2003	
1072	997	0	24	42	1	399	91	309	0	1999	l'ancienne URSS-Europe 5/
1143	1027	1	14	80	1	923	183	741	0	2000	
1456	1120	4	3	29	23	725	333	392	0	2001	
1268	763	6	5	30	1	810	300	510	0	2002	
1298	1029	5	5	29	1	1018	330	688	0	2003	
2929	1116	141	359	435	392	2247	608	1639	6	1999	Economies développées-Europe
4244	1427	150	381	559	513	2885	633	2253	6	2000	
3839	733	128	420	547	499	2764	649	2116	5	2001	
2922	719	128	441	441	397	3182	806	2377	4	2002	
3035	794	158	496	482	428	3926	938	2989	7	2003	
2061	538	124	348	412	377	1806	559	1247	6	1999	Union Européenne
2962	773	135	373	531	493	2225	605	1620	6	2000	
2977	528	117	414	531	491	1985	607	1378	5	2001	
2284	480	116	435	432	390	2150	751	1399	4	2002	
2384	512	143	490	469	419	2780	855	1925	7	2003	
7703	2800	345	61	1671	1593	7268	260	7007	13	1999	Autres economies développées
7780	2648	264	58	1857	1783	8533	217	8316	14	2000	
7386	2173	209	66	1493	1435	7550	207	7343	9	2001	
6920	2021	247	72	1458	1407	7692	252	7440	12	2002	
8184	3214	276	104	1461	1404	8888	340	8547	17	2003	
6047	296	13	1	26	23	261	9	251	0	1999	Canada
6794	321	17	1	59	57	377	9	368	0	2000	
6358	214	15	1	37	34	333	6	327	0	2001	
6149	216	7	2	104	102	363	3	360	0	2002	
6471	295	12	1	89	85	519	7	511	1	2003	
·	572	83	9	1583	1509	839	102	737	1	1999	Etats-Unis
·	685	43	9	1693	1627	1143	80	1063	1	2000	
·	508	30	15	1387	1335	990	80	910	0	2001	
·	356	50	17	1311	1264	762	82	680	0	2002	
·	419	52	9	1324	1274	1044	70	975	0	2003	

Métaux non férreux (CTCI, Rev. 2 et Rev. 3, 68)

Voir la fin du tableau pour la remarque générale et les notes.

World exports by commodity classes and by regions

In million U.S. dollars f.o.b.

Non-ferrous metals (SITC, Rev. 2 and Rev. 3, 68) (continued)

Exports from	Year	World Monde 1/	Developed economies Economies développées 1/, 2/	Developing economies Economies en voie de développement 1/, 2/ Total	OPEC OPEP	Eastern Europe and fmr. USSR-Europe Europe de l'Est et l'anc. URSS-Europe Total 4/	Former USSR-Europe 5/	Developed Economies Europe Total	Europe EU UE	Other Total	Canada
Japan	1999	4201	826	3370	148	4	0	253	248	573	11
	2000	4854	1006	3840	146	8	3	346	335	660	23
	2001	4220	944	3271	135	5	2	333	298	611	24
	2002	4137	638	3485	164	14	9	233	228	405	20
	2003	4437	617	3809	240	11	2	236	233	381	10
Australia, New Zealand	1999	4384	1762	2177	176	0	0	295	289	1467	9
	2000	5605	2174	2661	194	0	0	296	292	1879	12
	2001	5333	2237	2516	169	0	0	421	415	1816	14
	2002	5205	1943	2631	223	0	0	298	293	1645	8
	2003	4933	2031	2895	286	2	1	348	336	1683	13
Developing economies- Africa	1999	1204	1086	117	26	1	0	949	883	137	0
	2000	995	838	155	20	1	0	693	637	145	0
	2001	1489	1294	194	24	1	0	1099	1045	195	0
	2002	1460	1212	246	27	0	0	986	907	226	0
	2003	1506	1242	262	24	0	0	1001	920	242	0
Developing economies- America	1999	9442	6927	2499	116	0	0	3157	3070	3770	21
	2000	11212	7875	3301	223	8	2	3416	3217	4459	21
	2001	10082	7310	2746	140	1	0	3424	3217	3886	28
	2002	10070	6962	3082	207	1	1	3174	3006	3787	75
	2003	10729	6894	3792	101	2	1	3046	2855	3848	173
LAIA	1999	9310	6893	2400	113	0	0	3151	3065	3742	20
	2000	11068	7842	3189	218	8	2	3413	3214	4429	20
	2001	9995	7293	2677	135	1	0	3421	3215	3872	27
	2002	9968	6930	3012	203	1	1	3172	3004	3758	67
	2003	10642	6876	3725	97	2	1	3043	2853	3833	173
Developing economies- Asia	1999	14579	4635	9797	635	125	54	2028	1929	2607	64
	2000	17758	5672	11888	885	164	72	2504	2393	3168	78
	2001	16340	4866	11266	983	160	71	2247	2164	2619	57
	2002	17450	4734	12523	1070	171	86	2144	2061	2590	76
	2003	21025	5077	15678	1299	253	131	1974	1818	3103	117
Middle East	1999	1941	721	1139	336	59	8	386	358	335	4
	2000	2437	878	1452	450	74	9	456	433	421	4
	2001	2474	819	1529	509	79	11	455	436	364	2
	2002	2367	789	1478	518	78	16	433	409	356	2
	2003	2796	903	1762	635	116	19	533	490	371	2
Other Asia	1999	12638	3914	8658	299	66	46	1642	1571	2272	60
	2000	15321	4794	10436	434	90	63	2048	1960	2747	74
	2001	13866	4048	9736	474	81	60	1792	1728	2256	56
	2002	15082	3945	11044	551	93	70	1711	1052	2234	74
	2003	18229	4173	13916	663	136	111	1441	1328	2732	114
Former USSR-Asia 6/.	1999	1222	975	193	13	54	40	879	837	96	0
	2000	1624	1314	241	7	69	50	1186	1116	128	0
	2001	1537	1137	343	10	56	42	970	923	167	0
	2002	1673	1240	373	11	61	45	1057	1023	183	0
	2003	1460	547	837	16	76	67	495	414	51	0
Developing economies- Oceania	1999	11	9	1	0	0	0	0	0	9	0
	2000	11	10	1	0	0	0	0	0	10	0
	2001	19	18	1	0	0	0	9	9	9	0
	2002	9	8	1	0	0	0	0	0	8	0
	2003	13	11	1	0	0	0	0	0	11	0

For general note and footnotes see end of table.

Exportations mondiales par classes de marchandises et par régions

En millions de dollars E.-U. f.o.b.

| Economies développées 1/, 2/ | | | Developing economies / Economies en voie de développement 1/, 2/ | | | | | | | | Exportations vers ← |
| Autres | | Australia and NZ Australie et NZ | Africa Afrique | America Amerique | | Asia Asie | | | Oceania Océanie | | |
U.S.A. É.-U.	Japan Japon			Total	LAIA ALADI	Total	Mid. East Moyen Orient	Other 6/ Autres 6/		Année	Exportations en provenance de ↓

Métaux non férreux (CTCI, Rev. 2 et Rev. 3, 68) (suite)

U.S.A. É.-U.	Japan Japon	Australie et NZ	Afrique	Total	ALADI	Total	Moyen Orient	Autres 6/	Océanie	Année	Exportations en provenance de
514	·	33	3	28	28	3339	85	3254	0	1999	Japon
590	·	31	4	31	30	3804	72	3733	0	2000	
557	·	24	3	25	24	3243	62	3180	0	2001	
364	·	18	3	18	16	3463	55	3408	0	2002	
327	·	18	4	20	17	3785	111	3675	0	2003	
157	1039	208	2	7	7	2156	33	2123	12	1999	Australie, Nouvelle-Zélande
255	1399	166	2	22	18	2624	25	2599	13	2000	
349	1287	136	2	11	11	2495	31	2464	8	2001	
268	1159	162	8	4	4	2609	83	2526	11	2002	
160	1268	180	11	7	6	2862	123	2740	15	2003	
8	78	0	66	0	0	51	24	27	0	1999	Economies en voie de développement-Afrique
15	59	0	50	37	1	68	41	27	0	2000	
13	49	0	75	41	0	79	47	31	0	2001	
9	95	0	123	40	0	83	46	38	0	2002	
16	94	0	145	38	0	79	34	45	0	2003	
2785	941	4	10	1353	1162	1135	70	1065	0	1999	Economies en voie de développement-Amérique
3282	1135	7	17	1776	1563	1507	199	1308	0	2000	
3120	720	7	26	1656	1473	1063	92	971	0	2001	
3122	579	3	20	1342	1185	1719	191	1528	0	2002	
2779	842	28	24	1598	1402	2171	121	2049	0	2003	
2758	941	4	10	1255	1142	1135	70	1065	0	1999	ALADI
3253	1135	7	17	1664	1542	1507	199	1307	0	2000	
3105	720	6	26	1588	1454	1062	92	971	0	2001	
3101	579	3	20	1273	1165	1719	191	1527	0	2002	
2764	842	28	24	1531	1383	2170	121	2049	0	2003	
865	1430	178	109	74	67	9602	671	8931	4	1999	Economies en voie de développement- Asie
1047	1741	215	125	75	71	11673	908	10765	4	2000	
844	1432	185	146	77	63	11031	1017	10014	3	2001	
798	1448	195	169	71	58	12273	1056	11217	2	2002	
731	1917	245	225	113	64	15325	1272	14053	3	2003	
127	164	8	64	4	4	1068	473	596	0	1999	Moyen Orient
164	202	16	81	2	2	1365	614	751	0	2000	
116	193	16	79	3	2	1442	660	782	0	2001	
118	194	8	100	1	0	1372	647	725	0	2002	
102	211	17	107	2	1	1646	781	865	0	2003	
738	1266	170	45	70	63	8533	198	8336	4	1999	Autres Pays d'Asie
883	1539	199	44	73	69	10309	294	10014	4	2000	
728	1239	169	67	74	61	9589	357	9232	3	2001	
680	1254	186	69	70	58	10901	409	10492	2	2002	
629	1706	228	118	112	63	13679	491	13187	3	2003	
91	5	0	1	1	0	191	29	162	0	1999	l'ancienne URSS asiatique 6/
122	6	0	1	0	0	239	25	214	0	2000	
150	17	0	1	0	0	342	45	297	0	2001	
164	19	0	1	0	0	372	48	324	0	2002	
42	8	1	0	34	0	803	36	766	0	2003	
0	0	9	0	0	0	1	0	1	0	1999	Economies en voie de développement-Océanie
0	0	9	0	0	0	1	0	1	0	2000	
0	0	9	0	0	0	1	0	1	0	2001	
0	0	8	0	0	0	1	0	1	0	2002	
0	0	11	0	0	0	1	0	1	0	2003	

Voir la fin du tableau pour la remarque générale et les notes.

SPECIAL TABLE: D

World exports by commodity classes and by regions

In million U.S. dollars f.o.b.

Exports from	Year	World Monde 1/	Developed economies Economies développées 1/, 2/	Developing economies Economies en voie de développement 1/, 2/ Total	OPEC OPEP	Eastern Europe and fmr. USSR-Europe Europe de l'Est et l'anc. URSS-Europe Total 4/	Former USSR-Europe 5/	Developed Economies Europe Total	EU UE	Other Total	Canada

Other manufactured metal products (SITC, Rev. 2 and Rev. 3, 691-695, 699 and 812)

Exports from	Year	World Monde 1/	Economies développées 1/, 2/	Total	OPEC OPEP	Total 4/	Former USSR-Europe 5/	Total	EU UE	Total	Canada
World 1/	1999	112987	82037	25076	2774	5730	1498	53422	49793	28615	6296
	2000	117721	83859	27256	2967	6382	1928	51354	48078	32505	7543
	2001	116347	82565	26446	3227	6977	2004	51502	48218	31063	6334
	2002	122927	86177	28167	3711	8102	2378	53449	50035	32727	6628
	2003	142858	98784	32598	4534	11067	3200	64035	59996	34750	6669
Developed economies 1/,2/	1999	82134	62139	15688	1711	4211	690	44754	41437	17385	5818
	2000	82973	61279	17097	1649	4490	794	41936	38940	19343	7005
	2001	81012	59723	15919	1805	5137	1028	42276	39307	17447	5780
	2002	84119	61467	16380	1994	5940	1275	43418	40358	18049	5990
	2003	97297	70033	18883	2414	8094	1742	51050	47451	18983	5926
Developing economies 1/,2/	1999	24545	15199	9050	1019	251	98	4248	4059	10951	469
	2000	27717	17588	9791	1280	266	94	4689	4530	12900	528
	2001	27888	17890	9597	1335	311	131	4619	4442	13271	541
	2002	30582	19294	10736	1637	461	212	4935	4772	14359	618
	2003	34927	21791	12326	2009	704	336	6370	6155	15421	714
OPEC	1999	961	306	653	169	2	1	110	108	196	4
	2000	1208	423	782	229	2	1	142	140	280	3
	2001	1145	374	767	213	2	1	133	130	242	3
	2002	1096	360	733	222	2	1	127	124	234	3
	2003	1165	383	778	255	2	1	137	135	246	4
Eastern Europe and the former USSR 1/,4/	1999	6307	4699	338	45	1267	710	4419	4297	279	10
	2000	7030	4992	368	37	1626	1040	4730	4608	262	10
	2001	7446	4951	929	87	1530	846	4607	4469	345	13
	2002	8226	5416	1051	80	1702	891	5097	4904	319	20
	2003	10635	6960	1390	110	2268	1121	6615	6390	345	28
Former USSR-Europe 5/	1999	1930	1115	192	22	623	574	954	918	161	4
	2000	2336	1162	222	18	952	875	1042	1012	120	3
	2001	2149	684	756	66	685	611	486	470	198	3
	2002	2178	655	837	51	645	584	493	466	162	4
	2003	2572	709	1114	77	749	661	523	488	186	10
Developed economies-Europe	1999	57870	46665	7056	1193	4069	657	41364	38165	5301	497
	2000	54896	43869	6609	1062	4339	756	38530	35677	5339	426
	2001	56050	43900	6960	1211	4978	990	38739	35902	5161	355
	2002	58852	45350	7418	1409	5769	1235	40166	37236	5184	392
	2003	70904	53607	9145	1731	7871	1677	47603	44143	6004	460
European Union	1999	54710	43800	6843	1166	3987	639	38923	35751	4878	477
	2000	51723	41011	6384	1037	4249	737	36094	33269	4917	403
	2001	53033	41235	6725	1183	4860	962	36427	33614	4808	336
	2002	55822	42697	7186	1375	5624	1199	37877	34973	4820	372
	2003	67361	50534	8858	1691	7689	1627	44937	41505	5597	428
Other developed economies	1999	24264	15474	8632	518	143	33	3390	3272	12084	5321
	2000	28077	17410	10488	587	151	38	3406	3264	14005	6579
	2001	24962	15823	8960	594	159	39	3537	3405	12286	5425
	2002	25267	16117	8962	585	172	40	3252	3123	12865	5598
	2003	26393	16425	9738	683	222	65	3447	3308	12979	5467
Canada	1999	4221	4077	119	25	25	7	165	163	3912	·
	2000	4700	4561	118	13	21	7	160	157	4401	·
	2001	4389	4256	117	13	16	4	164	161	4091	·
	2002	4549	4404	129	20	16	4	140	136	4265	·
	2003	4552	4364	170	23	19	8	157	153	4207	·
United States	1999	12906	7825	5035	226	46	15	2021	1950	5805	5206
	2000	15573	9089	6429	245	55	20	2002	1911	7086	6439
	2001	13482	7994	5414	234	74	24	2084	1990	5910	5288
	2002	13384	8016	5316	227	52	23	1899	1810	6117	5454
	2003	13483	8080	5328	236	75	31	2030	1930	6050	5334

For general note and footnotes see end of table.

Exportations mondiales par classes de marchandises et par régions

En millions de dollars E.-U. f.o.b.

U.S.A. É.-U.	Japan Japon	Australia and NZ Australie et NZ	Africa Afrique	America Amerique Total	LAIA ALADI	Asia Asie Total	Mid. East Moyen Orient	Other 6/ Autres 6/	Oceania Océanie	Année	Exportations en provenance de

Autres produits en metal manufacturés (CTCI, Rev. 2 et Rev. 3, 691-695, 699 et 812)

U.S.A.	Japon	Australie et NZ	Afrique	America Total	LAIA ALADI	Asia Total	Moyen Orient	Autres 6/	Océanie	Année	en provenance de
17452	2651	1307	2462	7103	6008	14479	2778	11701	176	1999	Monde 1/
19557	3196	1302	2073	8317	7198	15854	2896	12959	160	2000	
19261	3339	1199	2146	7453	6221	15779	3435	12344	151	2001	
20417	3365	1386	2526	6867	5667	17502	3913	13590	183	2002	
21202	4053	1781	3043	6858	5581	21089	4920	16169	222	2003	
9192	908	798	1729	5630	4969	7548	1750	5798	136	1999	Economies dévelopées 1/,2/
9900	1035	768	1525	6788	6123	8042	1676	6366	125	2000	
9335	971	710	1572	5874	5167	7690	1705	5985	116	2001	
9642	947	798	1825	5410	4749	8233	1911	6322	139	2002	
10183	1120	1027	2179	5342	4610	10210	2419	7791	169	2003	
8026	1732	504	706	1449	1018	6700	964	5736	40	1999	Economies en voie de développement 1/,2/
9454	2134	531	523	1512	1066	7550	1162	6388	35	2000	
9644	2337	486	552	1550	1034	7278	1180	6097	34	2001	
10563	2358	583	671	1435	903	8359	1412	6946	43	2002	
10776	2883	749	832	1490	953	9669	1750	7919	52	2003	
131	44	15	39	89	70	516	268	249	8	1999	OPEP
176	72	27	39	100	74	636	353	283	6	2000	
147	70	21	37	101	76	624	332	292	5	2001	
140	71	18	42	104	76	582	341	241	5	2002	
132	86	22	46	90	69	634	388	246	8	2003	
234	11	5	27	24	20	231	64	167	0	1999	Europe de l'Est et l'ancienne URSS 1/,4/
204	26	4	26	18	10	262	57	204	0	2000	
282	31	3	22	29	20	811	549	262	0	2001	
212	60	5	30	22	14	911	590	321	0	2002	
243	50	5	31	26	18	1210	751	458	1	2003	
136	9	3	12	3	1	175	27	148	0	1999	l'ancienne URSS-Europe 5/
86	22	1	9	10	4	199	26	174	0	2000	
167	25	1	10	6	4	737	508	229	0	2001	
94	53	1	12	5	3	817	541	276	0	2002	
134	37	1	15	6	2	1088	703	385	1	2003	
3413	488	391	1384	1464	1174	3526	1467	2058	46	1999	Economies développées-Europe
3526	564	343	1173	1374	1106	3408	1380	2028	49	2000	
3493	510	308	1283	1384	1089	3593	1408	2186	45	2001	
3463	480	357	1450	1296	995	3855	1597	2258	61	2002	
3932	615	465	1793	1332	1002	4970	2040	2930	81	2003	
3098	444	377	1366	1430	1144	3374	1432	1941	45	1999	Union Européenne
3218	514	329	1158	1336	1071	3247	1344	1903	48	2000	
3232	468	296	1240	1346	1055	3449	1375	2074	44	2001	
3190	442	342	1437	1258	962	3684	1554	2130	61	2002	
3640	571	447	1768	1292	966	4761	1989	2772	81	2003	
5779	420	407	344	4166	3795	4022	283	3740	90	1999	Autres economies développées
6373	471	424	352	5414	5017	4634	296	4339	76	2000	
5842	461	402	288	4490	4077	4097	298	3799	71	2001	
6179	467	441	375	4115	3754	4378	314	4064	78	2002	
6251	505	562	387	4010	3608	5240	378	4861	88	2003	
3879	18	9	13	69	45	36	10	26	0	1999	Canada
4367	18	12	6	59	35	52	13	40	0	2000	
4061	14	14	5	58	35	53	7	46	0	2001	
4229	14	16	11	66	35	51	10	41	1	2002	
4158	16	25	12	81	51	76	15	61	0	2003	
·	363	143	83	3792	3459	1144	160	984	10	1999	Etats-Unis
·	392	158	97	5095	4739	1224	181	1043	8	2000	
·	384	144	91	4141	3773	1168	156	1012	6	2001	
·	401	156	150	3829	3517	1321	173	1148	5	2002	
·	431	188	101	3724	3371	1494	197	1298	5	2003	

Voir la fin du tableau pour la remarque générale et les notes.

World exports by commodity classes and by regions

In million U.S. dollars f.o.b.

Other manufactured metal products (SITC, Rev. 2 and Rev. 3, 691-695, 699 and 812) (continued)

Exports from	Year	World Monde 1/	Developed economies Economies développées 1/, 2/	Developing economies Economies en voie de développement 1/, 2/ Total	OPEC OPEP	Eastern Europe and fmr. USSR-Europe Europe de l'Est et l'anc. URSS-Europe Total 4/	Former USSR-Europe 5/	Developed Economies Europe Total	EU UE	Other Total	Canada
Japan	1999	5527	2584	2899	188	44	4	794	761	1789	7
	2000	6114	2677	3393	269	43	6	784	746	1893	9
	2001	5485	2542	2907	268	36	5	843	817	1699	9
	2002	5684	2638	2977	254	69	7	770	749	1867	10
	2003	6481	2828	3572	296	81	19	785	758	2043	9
Australia, New Zealand	1999	555	309	243	64	1	0	43	43	266	1
	2000	515	313	198	49	1	0	40	40	272	1
	2001	509	284	222	58	1	0	40	38	244	1
	2002	587	340	240	59	1	0	52	45	288	1
	2003	687	394	286	78	3	1	54	53	340	1
Developing economies- Africa	1999	365	196	163	31	2	1	138	131	58	
	2000	314	213	96	30	1	0	144	114	69	
	2001	306	214	85	28	1	0	152	125	62	
	2002	387	227	153	48	0	0	179	156	48	
	2003	483	286	187	68	1	0	235	210	50	
Developing economies- America	1999	4097	3111	979	58	3	0	125	121	2987	6
	2000	4882	3828	1020	73	3	0	152	134	3676	5
	2001	5409	4316	1087	83	2	0	151	136	4165	6
	2002	5427	4426	996	79	2	0	184	167	4242	6
	2003	4996	3983	1005	68	4	1	252	227	3731	8
LAIA	1999	3892	3052	836	56	3	0	117	114	2935	5
	2000	4654	3747	873	69	2	0	146	129	3601	5
	2001	5211	4259	948	81	2	0	145	130	4114	6
	2002	5210	4363	843	78	2	0	178	161	4185	6
	2003	4756	3898	850	67	4	1	245	220	3653	7
Developing economies- Asia	1999	19550	11554	7758	926	202	86	3664	3493	7889	40
	2000	21937	13177	8508	1172	216	85	4041	3938	9137	47
	2001	21560	12976	8244	1217	260	115	3949	3831	9027	47
	2002	24074	14232	9364	1503	397	192	4180	4068	10052	54
	2003	28598	17028	10862	1864	618	311	5406	5255	11622	63
Middle East	1999	1139	522	531	209	52	26	379	371	143	
	2000	1292	563	646	270	49	21	404	395	159	
	2001	1344	568	629	269	70	25	430	404	137	
	2002	1531	632	708	317	113	39	477	469	155	
	2003	2075	918	892	409	179	55	732	717	186	
Other Asia	1999	18411	11031	7227	717	150	60	3285	3122	7746	40
	2000	20645	12614	7862	902	167	64	3637	3543	8977	46
	2001	20216	12409	7615	948	189	90	3519	3427	8890	47
	2002	22543	13600	8656	1186	285	153	3703	3599	9898	54
	2003	26522	16110	9970	1455	439	257	4674	4538	11436	62
Former USSR-Asia 6/.	1999	27	10	9	1	8	8	7	6	3	
	2000	34	12	12	2	10	10	8	6	4	
	2001	53	20	20	3	13	12	10	7	10	
	2002	61	20	26	3	15	14	9	7	11	
	2003	61	19	33	4	10	9	12	11	7	
Developing economies- Oceania	1999	8	3	4	0	0	0	1	1	2	
	2000	7	3	4	0	0	0	1	1	2	
	2001	8	3	4	0	0	0	1	1	3	
	2002	10	4	6	0	0	0	1	1	4	
	2003	14	5	8	0	0	0	1	1	5	

For general note and footnotes see end of table.

Exportations mondiales par classes de marchandises et par régions

En millions de dollars E.-U. f.o.b.

Economies développées 1/, 2/			Developing economies / Economies en voie de développement 1/, 2/								Exportations vers
	Autres			America Amerique			Asia Asie				
U.S.A. É.-U.	Japan Japon	Australia and NZ Australie et NZ	Africa Afrique	Total	LAIA ALADI	Total	Mid. East Moyen Orient	Other 6/ Autres 6/	Oceania Océanie	Année	Exportations en provenance de

Autres produits en metal manufacturés (CTCI, Rev. 2 et Rev. 3, 691-695, 699 et 812) (suite)

U.S.A. É.-U.	Japan Japon	Australia and NZ	Africa	Total	LAIA ALADI	Total	Mid. East Moyen Orient	Other 6/	Oceania Océanie	Année	Exportations en provenance de
1612	•	67	33	249	237	2611	73	2538	6	1999	Japon
1693	•	70	23	217	205	3146	73	3073	5	2000	
1483	•	80	20	249	233	2632	98	2534	5	2001	
1635	•	76	12	182	168	2778	104	2674	3	2002	
1786	•	95	16	164	152	3384	128	3257	5	2003	
69	14	161	8	9	8	154	20	134	73	1999	Australie, Nouvelle-Zélande
70	23	159	2	4	4	129	12	118	62	2000	
69	19	142	7	5	4	152	10	141	59	2001	
85	20	166	7	4	3	161	9	151	69	2002	
91	21	213	8	4	4	195	17	178	78	2003	
8	18	0	89	60	60	14	13	1	0	1999	Economies en voie de développement-Afrique
6	21	0	76	8	8	11	8	4	0	2000	
4	3	0	74	0	0	10	9	1	0	2001	
7	5	1	130	3	0	18	15	3	0	2002	
7	6	1	165	2	0	20	15	5	0	2003	
2906	6	10	12	932	617	34	9	25	1	1999	Economies en voie de développement-Amérique
3600	7	10	19	961	630	40	11	28	1	2000	
4079	8	7	12	1038	650	36	5	31	0	2001	
4147	10	8	19	932	541	42	6	36	1	2002	
3615	15	11	19	938	554	48	8	40	0	2003	
2857	6	10	12	790	607	34	9	24	1	1999	ALADI
3529	6	9	18	815	616	39	11	28	1	2000	
4031	8	7	12	899	643	35	5	30	0	2001	
4094	9	8	19	780	534	41	6	35	1	2002	
3541	15	11	19	784	548	47	8	39	0	2003	
5099	1709	492	599	457	340	6641	936	5705	36	1999	Economies en voie de développement- Asie
5834	2107	520	422	541	427	7487	1136	6352	31	2000	
5549	2326	477	459	510	383	7219	1159	6059	30	2001	
6397	2344	571	515	497	360	8282	1382	6900	36	2002	
7144	2862	733	641	549	397	9584	1716	7868	44	2003	
93	11	10	60	9	8	442	335	107	0	1999	Moyen Orient
102	14	12	69	9	8	552	427	124	0	2000	
79	14	11	72	14	13	526	421	105	0	2001	
90	13	11	92	13	11	581	450	130	0	2002	
112	15	14	130	10	9	722	552	171	0	2003	
5006	1698	482	539	448	332	6199	601	5598	36	1999	Autres Pays d'Asie
5732	2093	508	352	532	419	6936	709	6227	31	2000	
5469	2312	466	387	496	369	6692	738	5954	30	2001	
6307	2331	559	424	484	349	7702	932	6769	36	2002	
7032	2847	720	511	538	388	8861	1164	7697	44	2003	
1	2	0	0	0	0	9	1	7	0	1999	l'ancienne URSS asiatique 6/
1	3	0	0	0	0	12	2	10	0	2000	
4	6	0	0	0	0	20	3	17	0	2001	
5	7	0	0	0	0	26	3	22	0	2002	
4	3	0	0	1	0	32	5	28	0	2003	
1	0	2	0	0	0	1	0	1	3	1999	Economies en voie de développement-Océanie
0	0	1	0	0	0	1	0	1	3	2000	
0	0	2	0	0	0	1	0	1	4	2001	
0	0	3	0	0	0	0	0	0	5	2002	
0	0	4	0	0	0	0	0	0	8	2003	

Voir la fin du tableau pour la remarque générale et les notes.

World exports by commodity classes and by regions

In million U.S. dollars f.o.b.

Clothing (SITC, Rev. 2 and Rev. 3, 84)

Exports from	Year	World Monde 1/	Developed economies Economies développées 1/, 2/	Developing economies Total	OPEC OPEP	Eastern Europe and fmr. USSR-Europe Total 4/	Former USSR-Europe 5/	Developed Economies Europe Total	EU UE	Other Total	Canada
World 1/	1999	188416	149406	32994	3628	5864	2575	82796	78019	66611	3118
	2000	199969	158032	35248	4070	6445	3117	80185	75681	77847	3497
	2001	197321	156037	33536	4065	7449	3604	80331	75893	75706	3638
	2002	205870	160613	36165	4480	8513	4006	85213	80497	75400	3717
	2003	232459	179844	40448	5310	11502	5819	100558	94871	79286	3941
Developed economies 1/,2/	1999	62659	48760	11111	795	2773	884	40246	36897	8514	979
	2000	59556	44919	11721	809	2883	1076	35974	32973	8945	1000
	2001	59257	45318	10474	890	3429	1388	36526	33440	8792	1011
	2002	61677	47374	10126	984	3968	1612	38895	35560	8479	1010
	2003	70714	55353	10291	1030	4940	2002	46359	42316	8994	1097
Developing economies 1/,2/	1999	116473	91929	21805	2827	2606	1465	34223	32930	57706	2122
	2000	131132	104498	23455	3254	3012	1778	36054	34689	68444	2482
	2001	127728	101238	22957	3170	3272	1896	34832	33634	66406	2606
	2002	133051	103046	25931	3491	3708	2040	36594	35379	66452	2681
	2003	148557	112485	30028	4271	5512	3418	42680	41234	69805	2814
OPEC	1999	4471	3600	841	354	30	13	1442	1400	2158	80
	2000	5476	4521	928	409	27	14	1754	1711	2766	92
	2001	5241	4257	957	437	26	14	1579	1545	2678	111
	2002	4619	3724	872	409	22	12	1303	1283	2421	91
	2003	4875	4074	774	336	26	16	1457	1437	2618	97
Eastern Europe and the former USSR 1/,4/	1999	9285	8718	78	6	485	227	8327	8193	391	17
	2000	9281	8615	72	7	549	263	8157	8019	458	15
	2001	10335	9480	104	5	748	320	8973	8819	507	21
	2002	11141	10193	108	5	837	354	9724	9559	469	26
	2003	13188	12006	129	10	1050	399	11518	11321	488	30
Former USSR-Europe 5/	1999	1859	1642	31	2	186	146	1459	1429	183	4
	2000	1856	1615	30	1	210	169	1429	1403	186	4
	2001	2027	1739	37	2	251	192	1527	1499	213	5
	2002	2190	1873	37	2	280	211	1674	1641	199	10
	2003	2513	2129	31	2	353	259	1915	1870	214	9
Developed economies- Europe	1999	50812	43967	4082	682	2753	874	39304	35995	4663	223
	2000	47057	39909	4254	709	2869	1069	35116	32148	4793	238
	2001	48673	40705	4522	775	3416	1383	35778	32721	4927	263
	2002	52076	42915	4998	904	3956	1605	38195	34892	4720	285
	2003	61517	50866	5595	950	4926	1994	45605	41591	5261	330
European Union	1999	49871	43102	4034	671	2725	866	38599	35300	4503	215
	2000	46227	39150	4206	704	2847	1062	34518	31559	4632	230
	2001	47791	39906	4465	769	3392	1371	35149	32101	4756	255
	2002	51066	42004	4928	895	3927	1591	37517	34222	4487	273
	2003	60137	49637	5402	935	4879	1978	44716	40714	4921	316
Other developed economies	1999	11847	4793	7029	113	20	10	942	902	3850	756
	2000	12499	5010	7467	100	14	7	858	825	4152	761
	2001	10585	4613	5952	115	12	6	748	720	3865	747
	2002	9602	4460	5129	80	12	6	700	668	3759	725
	2003	9197	4486	4696	80	14	7	754	725	3732	767
Canada	1999	1881	1864	14	4	3	2	48	43	1815	
	2000	2077	2057	17	4	3	2	44	41	2013	
	2001	1943	1925	17	5	2	1	45	42	1880	
	2002	1988	1959	28	4	1	1	51	48	1909	
	2003	1966	1937	27	6	2	2	75	71	1862	
United States	1999	8269	1644	6612	83	13	6	403	378	1240	745
	2000	8629	1634	6986	77	9	4	378	358	1257	747
	2001	7012	1520	5484	92	8	3	373	354	1147	735
	2002	6032	1400	4625	62	7	4	349	325	1051	715
	2003	5537	1410	4121	48	7	4	329	310	1081	754

For general note and footnotes see end of table.

Exportations mondiales par classes de marchandises et par régions

En millions de dollars E.-U. f.o.b.

U.S.A. É.-U.	Japan Japon	Australia and NZ Australie et NZ	Africa Afrique	America Amerique Total	LAIA ALADI	Asia Asie Total	Mid. East Moyen Orient	Other 6/ Autres 6/	Oceania Océanie	Année	Exportations en provenance de
Economies développées 1/, 2/ — Autres				*Developing economies / Economies en voie de développement 1/, 2/*						←	Exportations vers

Vetements (CTCI, Rev. 2 et Rev. 3, 84)

45696	14909	2156	2361	10092	4714	19771	3766	16005	112	1999	Monde 1/
52666	18225	2383	2215	11221	5156	21051	4206	16846	103	2000	
50600	18203	2193	2146	9838	4895	20673	4094	16579	98	2001	
51597	16621	2318	2343	8927	4692	23923	4654	19269	114	2002	
53134	18046	2724	2748	8052	4241	28469	5654	22815	130	2003	
4985	1954	346	974	6873	3123	2735	1157	1578	52	1999	Economies dévelopées 1/,2/
5463	1936	306	986	7248	3003	2991	1183	1808	45	2000	
5346	1923	299	989	5750	2575	3195	1244	1951	39	2001	
5124	1844	317	1082	4923	2381	3482	1443	2038	44	2002	
5288	2029	401	1159	4468	2168	3903	1655	2248	53	2003	
40346	12951	1809	1372	3212	1589	16993	2596	14397	60	1999	Economies en voie de développement 1/,2/
46769	16285	2075	1226	3966	2152	18015	3004	15011	58	2000	
44778	16276	1894	1149	4078	2318	17421	2826	14596	59	2001	
46039	14773	2000	1258	3995	2310	20380	3180	17200	70	2002	
47401	16013	2322	1586	3578	2071	24499	3962	20537	77	2003	
1855	164	41	176	88	33	568	360	208	7	1999	OPEP
2434	187	40	204	99	38	616	411	205	8	2000	
2349	178	33	270	99	40	578	408	169	9	2001	
2170	123	31	242	59	32	562	390	173	8	2002	
2358	119	36	196	56	34	515	306	208	6	2003	
365	4	1	15	7	1	43	13	30	0	1999	Europe de l'Est et l'ancienne URSS 1/,4/
433	4	1	2	7	1	46	20	26	0	2000	
476	5	1	8	11	2	57	25	32	0	2001	
434	3	1	3	9	1	61	31	31	0	2002	
445	4	1	4	6	2	67	37	31	0	2003	
176	0	0	1	6	1	24	2	22	0	1999	l'ancienne URSS-Europe 5/
180	1	0	1	5	0	24	1	22	0	2000	
207	0	0	2	7	0	27	1	26	0	2001	
188	0	0	1	7	0	28	3	26	0	2002	
204	0	0	1	2	0	24	2	22	0	2003	
2598	1486	125	932	441	347	2207	1081	1125	29	1999	Economies développées-Europe
2766	1449	119	938	452	361	2386	1110	1275	29	2000	
2825	1532	109	947	499	397	2554	1166	1388	24	2001	
2613	1529	123	1039	529	423	2806	1366	1441	30	2002	
2878	1729	161	1113	553	447	3188	1566	1622	36	2003	
2492	1446	118	927	436	343	2172	1073	1099	29	1999	Union Européenne
2660	1412	111	936	448	357	2348	1102	1247	29	2000	
2709	1493	103	943	493	392	2512	1156	1356	24	2001	
2461	1468	116	1035	524	419	2753	1352	1401	30	2002	
2657	1635	150	1108	545	441	3104	1544	1560	36	2003	
2387	469	221	42	6433	2777	528	76	453	23	1999	Autres economies développées
2697	487	188	48	6796	2642	605	72	533	15	2000	
2521	390	190	42	5251	2178	641	78	563	15	2001	
2511	315	194	43	4394	1958	675	78	598	14	2002	
2410	299	241	45	3915	1721	716	89	626	16	2003	
1802	11	1	0	5	4	8	4	3	0	1999	Canada
1996	12	1	0	6	4	11	5	6	0	2000	
1866	10	1	2	3	2	12	5	7	0	2001	
1897	10	1	0	5	4	22	6	16	0	2002	
1850	10	1	0	6	4	20	6	13	0	2003	
·	449	31	12	6411	2759	183	57	126	3	1999	Etats-Unis
·	465	31	13	6781	2631	187	48	139	3	2000	
·	371	29	11	5242	2171	225	44	181	4	2001	
·	299	26	11	4384	1951	225	38	187	2	2002	
·	282	33	12	3904	1713	201	42	159	2	2003	

Voir la fin du tableau pour la remarque générale et les notes.

579

World exports by commodity classes and by regions

In million U.S. dollars f.o.b.

Clothing (SITC, Rev. 2 and Rev. 3, 84) (continued)

Exports from	Year	World Monde 1/	Developed economies Economies développées 1/, 2/	Developing economies Economies en voie de développement 1/, 2/ Total	OPEC OPEP	Eastern Europe and fmr. USSR-Europe Europe de l'Est et l'anc. URSS-Europe Total 4/	Former USSR-Europe 5/	Developed Economies Europe Total	EU UE	Other Total	Canada
Japan	1999	456	205	251	6	0	0	117	112	88	3
	2000	534	222	311	5	1	0	119	114	103	5
	2001	470	179	290	5	0	0	86	83	93	4
	2002	471	160	310	5	0	0	80	77	81	3
	2003	511	171	340	4	1	0	93	91	77	3
Australia, New Zealand	1999	331	240	90	7	1	1	18	17	222	1
	2000	305	222	83	7	1	0	19	18	202	1
	2001	314	227	86	4	1	0	23	22	205	1
	2002	306	225	80	3	1	1	27	26	199	1
	2003	387	280	106	5	1	0	44	43	237	2
Developing economies-Africa	1999	6962	6808	103	29	2	0	6163	6145	645	18
	2000	7227	7065	115	46	2	0	5993	5977	1071	15
	2001	7436	7294	79	14	2	0	6289	6269	1005	30
	2002	7851	7688	98	22	4	0	6530	6514	1158	37
	2003	8709	8543	117	25	5	1	7113	7092	1430	43
Developing economies-America	1999	9895	8993	881	87	2	2	192	188	8801	51
	2000	11030	10061	948	151	1	1	253	201	9808	59
	2001	10418	9360	1038	220	1	1	184	177	9175	66
	2002	10163	9246	897	143	1	1	179	175	9067	70
	2003	10033	9287	717	94	1	1	229	224	9058	75
LAIA	1999	9051	8268	769	85	2	2	186	182	8083	48
	2000	10212	9360	837	149	1	1	247	195	9114	57
	2001	9650	8715	922	219	1	1	179	172	8537	64
	2002	9230	8434	780	143	1	1	171	167	8263	68
	2003	9186	8570	591	94	1	1	222	217	8348	73
Developing economies-Asia	1999	97914	74527	20729	2711	2595	1461	26585	25333	47942	2052
	2000	111279	85880	22302	3056	2999	1776	28628	27352	57252	2407
	2001	108236	83062	21736	2935	3258	1893	27118	25968	55944	2510
	2002	113479	84678	24823	3325	3693	2036	28680	27508	55998	2573
	2003	128021	92999	29066	4151	5496	3414	33932	32533	59068	2695
Middle East	1999	7676	6546	679	314	402	195	5023	4921	1523	36
	2000	7975	7177	454	244	256	175	5156	5054	2021	49
	2001	8324	7577	344	170	231	149	5265	5167	2312	55
	2002	9919	8891	449	286	301	188	6195	6084	2696	65
	2003	11936	10560	593	389	333	201	7756	7619	2804	71
Other Asia	1999	90237	67982	20050	2397	2193	1266	21562	20412	46420	2016
	2000	103304	78703	21848	2812	2742	1600	23472	22298	55231	2358
	2001	99912	75485	21391	2765	3028	1744	21853	20801	53632	2455
	2002	103561	75787	24373	3040	3392	1849	22485	21423	53302	2508
	2003	116084	82439	28472	3762	5162	3213	26176	24915	56263	2624
Former USSR-Asia 6/	1999	51	23	13	0	14	14	5	5	19	2
	2000	76	26	36	0	14	14	7	7	19	1
	2001	78	26	38	0	14	14	8	8	18	1
	2002	71	12	41	1	18	18	2	2	10	1
	2003	105	35	45	0	25	25	22	22	13	1
Developing economies-Oceania	1999	252	243	7	0	0	0	3	3	240	0
	2000	237	229	7	0	0	0	3	3	226	0
	2001	222	213	9	0	0	0	4	4	209	0
	2002	179	170	8	0	0	0	1	1	169	0
	2003	214	205	9	0	0	0	8	8	196	0

For general note and footnotes see end of table.

Exportations mondiales par classes de marchandises et par régions

En millions de dollars E.-U. f.o.b.

Economies développées 1/, 2/			Developing economies / Economies en voie de développement 1/, 2/								
	Autres			America / Amerique		Asia / Asie				←	Exportations vers
U.S.A. É.-U.	Japan Japon	Australia and NZ Australie et NZ	Africa Afrique	Total	LAIA ALADI	Total	Mid. East Moyen Orient	Other 6/ Autres 6/	Oceania Océanie	Année	Exportations en provenance de ↓

Vetements (CTCI, Rev. 2 et Rev. 3, 84) (suite)

U.S.A.	Japon	Aust./NZ	Afrique	Total	ALADI	Total	Moyen Orient	Autres 6/	Océanie	Année	Exportations en provenance de
78	·	6	2	2	2	247	5	242	0	1999	Japon
92	·	5	1	2	2	308	4	304	0	2000	
86	·	3	1	1	1	289	3	285	0	2001	
74	·	3	1	1	1	308	4	305	0	2002	
71	·	3	1	0	0	339	3	335	0	2003	
33	7	180	0	1	1	71	2	69	19	1999	Australie, Nouvelle-Zélande
44	7	150	0	1	1	70	1	69	12	2000	
40	7	156	0	0	0	74	2	73	11	2001	
30	5	162	0	1	1	67	2	66	12	2002	
27	6	200	1	0	0	91	3	87	14	2003	
594	5	1	76	6	5	19	14	5	0	1999	Economies en voie de développement-Afrique
903	8	2	69	5	4	40	35	5	0	2000	
841	5	1	52	5	3	20	14	6	0	2001	
911	6	1	53	2	1	43	21	22	0	2002	
1103	6	2	59	4	2	53	23	30	1	2003	
8737	9	4	1	847	398	33	9	24	0	1999	Economies en voie de développement-Amérique
9735	10	3	1	934	528	13	7	6	0	2000	
9096	8	5	3	1005	587	30	10	20	0	2001	
8985	8	3	6	853	376	37	5	32	0	2002	
8969	8	3	9	674	341	33	6	27	0	2003	
8022	9	4	1	736	393	33	9	24	0	1999	ALADI
9042	10	3	1	823	521	12	7	5	0	2000	
8459	8	5	2	889	578	30	10	20	· 0	2001	
8183	8	3	5	738	369	37	5	32	0	2002	
8262	8	3	9	549	334	33	6	26	0	2003	
30843	12936	1660	1294	2359	1185	16937	2573	14364	56	1999	Economies en voie de développement- Asie
35957	16267	1934	1155	3027	1621	17957	2959	14997	54	2000	
34654	16261	1795	1094	3068	1729	17365	2800	14565	54	2001	
35994	14759	1918	1199	3139	1933	20296	3153	17143	64	2002	
37171	15999	2226	1517	2899	1727	24408	3931	20477	70	2003	
1413	5	2	387	5	4	275	221	54	0	1999	Moyen Orient
1858	9	3	174	5	4	266	234	32	0	2000	
2109	10	2	115	7	4	211	187	24	0	2001	
2452	18	4	167	9	7	254	222	32	0	2002	
2587	18	4	215	9	7	341	299	42	0	2003	
29430	12931	1658	907	2354	1181	16663	2352	14310	56	1999	Autres Pays d'Asie
34099	16259	1931	981	3021	1617	17691	2725	14965	54	2000	
32545	16251	1793	979	3061	1724	17154	2613	14541	54	2001	
33542	14741	1914	1033	3130	1925	20041	2931	17111	64	2002	
34584	15981	2222	1302	2890	1721	24066	3632	20434	70	2003	
17	0	0	0	0	0	13	12	1	0	1999	l'ancienne URSS asiatique 6/
17	0	0	0	0	0	36	35	1	0	2000	
17	0	0	0	0	0	38	37	1	0	2001	
9	0	0	0	0	0	41	40	1	0	2002	
12	0	0	0	0	0	45	38	7	0	2003	
95	0	145	0	0	0	3	0	3	4	1999	Economies en voie de développement-Océanie
90	0	136	0	0	0	3	0	3	4	2000	
116	0	93	0	0	0	4	0	4	4	2001	
91	0	77	0	0	0	3	0	3	5	2002	
105	0	91	0	0	0	3	0	3	6	2003	

Voir la fin du tableau pour la remarque générale et les notes.

SPECIAL TABLE: D

World exports by commodity classes and by regions (continued)

General note

The purpose of this table is to provide data on the network of flows of broad groups of commodities within and between important economic and geographic areas of the world.

The regional analysis in this table is in accordance with that of Special Table A in this issue.

Export data in this table are largely comparable to that shown in Special Table A except that Special Table A contains revised data for total exports which are not incorporated into this table if the corresponding revised data at the commodity/destination level are not available. Also, the regional totals shown in Special Table A have been adjusted to exclude the re-exports of countries comprising each region. This adjustment is not made in this table since re-exports are often not available by commodity and by destination.

The commodity classification is in accordance with the United Nations' Standard International Trade Classification (SITC), Revision 3, except for countries wich report trade data only in terms of the SITC, Revision 2, or the SITC, Revised.

The data approximate total exports of all countries and areas of the world. They are based on official export figures converted, where necessary, to U.S. dollars according to conversion factors published in Table C for each country in this volume. Where official figures are not available estimates based on the imports reported by partner countries and on other subsidiary data are used. Some official national data have been adjusted

(a) to approximate the commodity groupings of the SITC and
(b) to approximate calendar years.

The data include special category (confidential) exports, ships' stores and bunkes and exports of minor importance, the destination of which cannot be determined. These data are included in the world totals for each commodity group and in total exports, but are excluded from all regions of destination.

1/ Exports for which country of destination is not available are included in the totals for the 'World', the 'Developed economies', the 'Developing economies' and 'Eastern Europe and the former USSR' but are excluded from the regional components of these groupings.

2/ This classification is intended for statistical convenience and does not, necessarily, express a judgment about the stage reached by a particular country in the development process.

3/ Section 9 of the SITC, which comprises commodities and transactions not classified elsewhere, is included in the total trade but is not shown separately in this table.

4/ Includes Eastern Europe and the European countries of the former USSR.

5/ Includes Belarus, Estonia, Latvia, Lithuania, Republic of Moldova, the Russian Federation, and Ukraine.

6/ Includes Armenia, Azerbaijan, Georgia, Kazakhstan, Kyrgyztan, Tajikistan, Turkmenistan, and Uzbekistan.

Exportations mondiales par classes de marchandises et par régions (suite)

Remarque générale

Le but de ce tableau est de fournir un apercu du courant des marchandises entre les régions importantes économiques et géographiques du monde et de leur commerce intérieur.

L'analyse régionale dans ce tableau est conforme à celle du Tableau Spécial A du présent numéro.

Les données des exportations dans ce tableau sont en générale comparables aux chiffres qui sont inclus dans le Tableau Spécial A, exceptées que celles du Tableau Spécial A comportent des revisions aux exportations totales qui ne sont pas inclus dans ce tableau si les revisions des données correspondantes au niveau de marchandise/destination ne sont pas disponibles. De plus, les totaux régionaux inclus dans le Tableau Spécial A ont été ajustés pour exclure les re-exportations des pays qui comprennent la région. Cet ajustement n'est pas fait dans ce tableau parce que des re-exportations ne sont pas disponibles fréquemment par marchandise et par destination.

La classification par marchandise utilisée est la Classification type pour le commerce international (CTCI), des Nations Unies, Revision 3, en dehors des pays qui rapportent exclusivement les données du commerce en accord avec la CTCI, Revision 2, ou la CTCI, Revisée.

Les données approachées des exportations totales de tous pays et régions du monde. Elles sont basées sur les chiffres de exportations officielles nationales convertis en dollars E.-U. selon les facteurs de conversion publiés dans le de conversion publiés dans le Tableau C pour chaque pays dans ce tome.

Quand les chiffres officiels ne sont pas disponibles on a recours a des estimations basées sur les importations rapportées par les pays partenaires ou sur d'autres données subsidiaries. Quelques données officielles nationales ont étée ajustées

(a) qu'elles correspondent aux groups des marchandises de la CTCI et
(b) qu'elles correspondent aux années civiles.

Les données comprises les exportations de 'special category' (confidentielles), les approvisionnments des navires et combustible de soute et autres exportations de moindre importance dont la destination n'a pu être déterminée. Ces donnés sont comprises dans le totaux de chaque groupe de marchandise et dans les exportations totales, mais elles ne sont pas comprises dans les régions de destination.

1/ Les exportations dont les pays de destination ne sont pas disponibles sont comprises dans les totaux du 'Monde', des 'Economies développées', des 'Economies en voie de développement' et de 'Europe de l'Est et l'ancienne URSS', mais ils ne sont pas comprises dans chaque partile composant ces régions.

2/ Cette classification est utilisée pour plus de commodité dans la présentation des statistiques et n'implique pas nécessairement un jugement quant au stade de développement auquel est parvenu un pays donné.

3/ Section 9 de la CTCI, qui représente les articles et transactions non classes ailleurs est comprise dans le commerce total mais n'est pas présentée séparément dans ce tableau.

4/ Y compris de l'Europe de l'est et les pays européens de l'ancienne URSS.

5/ Y compris Bélarus, Estonie, Lettonie, Lituanie, République de Moldova, Fédération de Russie, et Ukraine.

6/ Y compris Azerbaïdjan, Arménie, Géorgie, Kazakhstan, Kirghizistan, Tadjikistan, Turkménistan, et Ouzbékistan.

Growth of world exports by commodity classes and by region

Annual average rate: in per cent

SITC Commodity classes	Year	World Monde /1,2	Developed economies Economies développées /1,2	Developing economies economies en voie de développement /1,2 Total	OPEC OPEP	Eastern Europe & fmr. USSR-Europe Europe de l'Est et l'ancienne URSS-Europe Total /1,4	Fmr USSR-Europe /5	Developed economies Europe Total	EU UE	Other Total	Canada
Origin of exports of major commodity classes											
0-9 All commodities /3	1999/03	7.2	5.4	9.8	8.6	16.7	16.2	7.1	7.1	2.5	3.3
	1999/00	12.8	7.4	23.6	42.9	24.0	34.4	3.2	2.6	13.9	16.1
	2000/03	5.4	4.7	5.5	-0.9	14.4	10.7	8.5	8.6	-1.0	-0.6
	2001/03	10.2	8.7	12.0	5.8	19.0	16.3	12.2	12.4	3.0	2.3
	2002/03	16.6	15.5	17.2	12.7	28.3	31.6	19.8	20.2	8.2	7.8
0&1 Food, live animals, beverages and tobacco	1999/03	5.4	5.0	5.3	3.4	16.7	24.4	5.8	6.0	3.1	5.1
	1999/00	-1.2	-3.1	2.8	5.7	2.0	5.3	-6.8	-6.9	5.3	9.1
	2000/03	7.7	7.8	6.2	2.6	22.0	31.5	10.4	10.6	2.4	3.8
	2001/03	10.0	10.3	8.1	6.9	22.9	29.5	14.4	14.8	1.8	1.0
	2002/03	15.3	16.2	12.2	6.6	25.4	25.2	20.8	21.5	6.0	3.8
2&4 Crude maerials, oils and fats, (fuels excluded)	1999/03	7.1	6.2	8.3	12.3	9.2	8.7	8.1	8.2	4.5	-1.8
	1999/00	7.5	7.0	8.0	19.4	9.9	11.1	0.7	0.5	12.0	6.0
	2000/03	6.9	5.9	8.4	10.0	8.9	7.9	10.6	10.9	2.2	-4.3
	2001/03	12.8	10.4	15.9	19.4	19.9	19.5	15.2	15.5	6.5	0.5
	2002/03	19.5	16.3	23.5	16.2	28.3	30.0	20.8	21.0	12.5	4.5
3 Mineral fuels, lubricants and related material	1999/03	13.8	15.7	11.6	9.3	22.1	22.5	15.9	15.7	15.3	21.3
	1999/00	54.9	57.8	52.8	49.0	59.6	61.9	58.7	54.6	56.2	79.4
	2000/03	2.7	4.3	0.4	-1.4	11.7	11.6	4.4	5.1	4.3	6.5
	2001/03	10.0	9.9	8.9	7.3	16.1	16.4	11.4	13.5	7.2	9.4
	2002/03	20.3	23.6	16.9	14.5	29.5	32.0	23.0	26.6	24.7	37.7
5 Chemicals	1999/03	10.6	10.1	12.4	10.2	13.1	10.7	11.3	11.4	6.8	7.4
	1999/00	8.5	5.7	20.7	38.9	20.5	19.9	2.3	2.8	14.4	15.0
	2000/03	11.2	11.6	9.7	2.0	10.8	7.7	14.5	14.5	4.3	5.0
	2001/03	15.2	15.1	16.0	7.3	15.6	11.8	17.7	17.9	8.2	6.9
	2002/03	19.7	19.2	22.0	10.5	21.0	29.4	21.2	21.6	13.8	12.1
7 Machinery and transport equipment	1999/03	6.0	3.5	11.2	12.5	20.5	17.9	5.8	5.9	0.4	-1.0
	1999/00	11.9	7.1	25.5	63.3	19.9	21.6	2.5	2.6	12.7	9.6
	2000/03	4.1	2.3	6.9	-0.7	20.8	16.7	6.9	7.0	-3.5	-4.3
	2001/03	9.0	6.0	14.7	5.6	25.2	20.6	9.5	9.6	1.4	-0.8
	2002/03	14.5	12.0	18.8	4.9	31.2	44.4	16.8	16.9	5.5	1.7
6&8 Other manufactured goods	1999/03	6.0	4.5	7.5	3.0	12.7	9.4	5.4	5.5	2.6	3.2
	1999/00	7.8	3.9	14.4	18.1	13.1	18.5	-0.3	-0.6	12.7	11.4
	2000/03	5.3	4.7	5.3	-1.6	12.6	6.5	7.4	7.6	-0.5	0.5
	2001/03	9.4	8.2	10.4	1.4	17.3	13.0	10.7	10.7	3.1	3.8
	2002/03	15.2	14.7	14.4	5.2	25.8	25.3	17.6	17.8	8.7	6.5
Destination of exports of major commodity classes											
0-9 All commodities /3	1997/01	7.2	5.6	9.6	11.7	15.8	19.2	6.3	6.3	4.6	2.6
	1997/98	12.8	9.5	20.9	15.6	15.4	22.1	4.7	4.9	16.2	9.9
	1998/01	5.4	4.3	6.1	10.4	15.9	18.2	6.8	6.8	1.0	0.3
	1999/01	10.2	8.7	12.4	11.1	18.0	17.7	11.2	11.2	5.3	3.8
	2000/01	16.6	15.0	18.2	14.7	28.9	33.1	19.2	19.1	9.4	7.2
0&1 Food, live animals, beverages and tobacco	1997/01	5.4	5.0	5.6	6.9	11.6	12.5	5.5	5.5	4.1	6.8
	1997/98	-1.2	-3.8	6.6	8.7	-1.9	-1.9	-8.2	-8.2	4.8	6.0
	1998/01	7.7	8.1	5.3	6.3	16.6	17.8	10.4	10.5	3.8	7.0
	1999/01	10.0	11.3	5.7	6.2	15.9	16.0	14.2	14.2	6.1	8.3
	2000/01	15.3	16.9	9.6	7.8	25.7	26.7	21.6	21.7	8.3	9.7
2&4 Crude maerials, oils and fats, (fuels excluded)	1997/01	7.1	4.0	12.2	6.4	11.8	10.9	5.7	5.6	1.2	3.7
	1997/98	7.5	4.1	13.0	4.6	12.4	10.5	2.5	2.3	6.5	13.7
	1998/01	6.9	3.9	11.9	7.0	11.5	11.0	6.8	6.8	-0.5	0.6
	1999/01	12.8	9.1	19.2	14.8	17.7	16.7	12.0	12.0	4.4	5.2
	2000/01	19.5	14.0	28.3	19.6	27.4	28.7	17.7	17.4	7.7	9.3
3 Mineral fuels, lubricants and related material	1997/01	13.8	13.2	12.7	22.2	10.7	13.1	13.6	13.5	12.9	15.4
	1997/98	54.9	55.4	54.1	99.3	49.0	39.4	52.9	54.4	57.9	48.6
	1998/01	2.7	1.9	1.5	3.8	0.3	5.5	2.8	2.4	1.0	6.1
	1999/01	10.0	8.7	9.9	15.1	-3.5	-1.0	9.6	8.5	7.8	10.4
	2000/01	20.3	22.0	16.7	4.9	-0.4	14.4	16.8	15.5	27.6	32.7
5 Chemicals	1997/01	10.6	10.5	9.7	9.6	16.8	22.3	10.6	10.8	10.2	7.3
	1997/98	8.5	5.0	16.2	12.5	13.2	30.0	2.6	3.0	10.3	9.0
	1998/01	11.2	12.4	7.7	8.7	18.0	19.9	13.4	13.5	10.2	6.8
	1999/01	15.2	15.8	13.1	9.8	19.8	19.5	16.8	17.0	13.5	8.8
	2000/01	19.7	19.7	18.2	13.9	28.6	33.9	21.4	21.8	15.9	13.4
7 Machinery and transport equipment	1997/01	6.0	3.7	10.0	12.9	18.7	26.6	4.4	4.5	2.8	0.1
	1997/98	11.9	7.6	22.2	13.5	14.6	22.6	2.6	2.7	13.8	7.4
	1998/01	4.1	2.4	6.2	12.7	20.1	28.0	5.0	5.1	-0.6	-2.2
	1999/01	9.0	6.3	13.1	12.0	23.2	25.8	8.4	8.4	3.9	2.3
	2000/01	14.5	11.5	18.8	15.5	34.9	38.1	15.8	15.8	6.3	4.7
6&8 Other manufactured goods	1997/01	6.0	4.5	8.3	11.9	15.5	19.1	4.9	5.0	3.8	2.6
	1997/98	7.8	5.3	14.1	13.5	11.5	22.5	0.2	0.3	12.6	10.7
	1998/01	5.3	4.2	6.4	11.4	16.8	18.0	6.5	6.6	1.0	0.0
	1999/01	9.4	7.9	12.6	12.8	20.0	20.2	10.2	10.4	4.7	3.8
	2000/01	15.2	13.2	17.7	18.9	31.0	35.0	17.7	17.8	6.9	5.3

For general note and footnotes see end of Special Table F.

Croissance des exportations mondiales par catégories de marchandises et par régions

Taux annuel moyen: en pourcentage

En provenance ou vers ◄

Economies développées /1, 2			Developing economies — Economies en voie de développement /1, 2								
Autres			Africa	America Amerique		Asia Asie			Oceania		
U.S.A E.-U.	Japan Japon	Australia NZ Australie NZ	Afrique	Total	LAIA ALADI	Total	Mid.East Moyen Orient	Other Autres /6	Océanie	Année	CTCI: Classes de marchandises
Provenance des exportations de grandes catégories de marchandises											
1.1	3.1	6.7	11.1	6.3	6.4	10.5	10.6	10.4	3.1	1999/03	0-9 Tous produits /3
12.6	14.8	12.2	41.3	20.2	21.1	23.5	35.7	21.3	7.9	1999/00	
-2.5	-0.5	4.9	2.6	2.0	2.0	6.4	3.3	7.0	1.6	2000/03	
-0.5	8.2	7.6	11.0	4.8	4.7	13.6	8.7	14.5	8.0	2001/03	
4.4	13.3	7.5	21.0	9.5	9.3	18.6	14.2	19.4	21.2	2002/03	
1.7	2.4	4.6	6.5	4.3	5.0	5.8	7.1	5.6	4.5	1999/03	0&1 Produits alimentaires, boissons et tabacs
4.6	0.2	5.9	1.6	0.1	-0.8	5.6	1.4	6.2	0.7	1999/00	
0.7	3.2	4.2	8.1	5.8	7.0	5.9	9.1	5.4	5.8	2000/03	
1.3	-12.3	3.7	11.6	6.4	7.3	8.4	9.3	8.3	5.2	2001/03	
6.9	7.3	2.5	15.8	13.5	14.9	10.2	16.8	9.2	16.7	2002/03	
8.0	9.8	4.9	4.3	9.4	9.8	8.4	9.3	8.3	3.1	1999/03	2&4 Matières premières huiles & graisses (combust. exclu.)
16.7	12.2	12.9	2.6	10.1	9.4	7.3	0.0	8.0	12.1	1999/00	
5.3	9.0	2.4	4.9	9.2	9.9	8.7	12.6	8.4	0.3	2000/03	
9.9	12.6	4.1	12.8	13.7	14.3	18.6	12.8	19.2	7.7	2001/03	
18.4	19.9	9.3	17.1	24.8	26.5	23.4	24.8	23.3	31.4	2002/03	
9.1	6.2	10.2	12.0	12.5	12.3	11.3	9.7	15.1	2.6	1999/03	3 Combustibles minéraux et produits
34.4	24.0	42.3	64.9	60.0	59.4	48.5	44.8	58.1	5.4	1999/00	
1.7	0.8	1.1	-1.6	0.0	-0.1	1.1	-0.1	3.6	1.6	2000/03	
4.5	1.6	2.6	9.3	9.1	9.4	8.7	7.9	10.3	6.6	2001/03	
20.2	11.1	3.2	26.8	18.2	18.4	14.3	10.9	22.1	8.7	2002/03	
6.9	6.1	6.9	9.6	7.5	7.3	13.5	11.5	13.8	10.7	1999/03	5 Produits chimiques
14.7	14.4	7.6	5.4	17.2	17.2	22.7	31.3	21.5	-9.3	1999/00	
4.5	3.5	6.6	11.1	4.4	4.2	10.6	5.6	11.3	18.3	2000/03	
6.9	12.7	6.6	17.9	5.6	5.7	17.9	10.4	18.9	26.0	2001/03	
12.6	17.2	18.5	17.2	10.3	8.8	24.3	14.2	25.7	5.4	2002/03	
-1.2	2.4	4.4	13.4	4.2	4.4	12.6	16.7	12.5	-2.5	1999/03	7 Machines et matèriels de transports
11.6	14.9	2.8	-4.5	21.0	22.6	26.9	16.2	27.1	-25.9	1999/00	
-5.2	-1.5	5.0	20.1	-0.8	-1.0	8.2	16.9	8.0	6.8	2000/03	
-3.2	7.8	8.8	29.5	-0.1	-0.5	17.7	21.0	17.6	7.6	2001/03	
0.6	12.6	8.9	21.0	1.9	1.3	22.0	28.7	21.8	1.3	2002/03	
1.5	2.7	3.1	12.0	5.0	5.0	7.7	13.0	7.4	5.0	1999/03	6&8 Articles manufacturés divers
14.9	12.5	8.3	26.3	15.3	15.9	14.0	13.0	14.1	20.3	1999/00	
-2.6	-0.4	1.4	7.7	1.8	1.5	5.7	13.0	5.2	0.4	2000/03	
-0.8	7.7	5.2	10.4	4.1	4.0	11.3	16.7	11.0	12.9	2001/03	
3.6	13.3	6.8	10.9	5.5	5.2	15.8	22.1	15.3	24.6	2002/03	
Destination des exportations de grandes catégories de marchandises											
4.8	4.9	7.1	7.8	2.7	1.7	11.5	12.9	11.3	9.8	1997/01	0-9 Tous produits /3
17.6	19.9	3.6	5.6	18.2	19.7	23.4	17.7	24.4	1.8	1997/98	
0.8	0.3	8.3	8.5	-2.0	-3.7	7.8	11.4	7.2	12.5	1998/01	
5.0	3.8	16.3	10.8	-0.8	-3.4	15.9	17.7	15.6	15.4	1999/01	
8.0	12.1	20.6	15.7	5.1	2.9	21.4	22.8	21.2	20.0	2000/01	
6.2	-0.3	8.8	8.2	2.6	2.3	5.9	5.6	6.0	5.8	1997/01	0&1 Produits alimentaires, boissons et tabacs
4.9	4.3	3.9	6.9	4.8	8.3	7.7	8.4	7.5	-7.1	1997/98	
6.6	-1.7	10.5	8.6	1.8	0.4	5.2	4.6	5.5	10.4	1998/01	
8.8	0.2	18.3	9.4	-0.6	-2.5	6.5	8.3	5.9	14.1	1999/01	
9.7	3.6	26.6	9.4	5.6	5.6	10.3	14.5	8.6	23.7	2000/01	
-0.5	1.4	5.8	6.0	6.2	5.4	13.8	14.9	13.7	6.9	1997/01	2&4 Matières premières huiles & graisses (combust. exclu)
2.5	8.7	8.6	-4.3	12.2	13.9	15.0	14.7	15.0	-4.5	1997/98	
-1.5	-0.9	4.8	9.6	4.2	2.8	13.4	15.0	13.2	11.0	1998/01	
2.0	4.7	15.7	19.5	8.8	7.9	21.0	28.5	20.0	13.1	1999/01	
3.0	11.1	17.6	26.1	11.6	11.2	31.7	32.4	31.6	31.0	2000/01	
15.9	7.4	13.4	11.2	12.7	8.5	12.7	21.2	11.6	17.5	1997/01	3 Combustibles minéraux et produits
76.1	31.4	32.7	46.4	58.4	57.3	53.3	89.4	49.2	78.9	1997/98	
0.8	0.4	7.6	1.5	0.6	-4.1	1.7	4.5	1.3	2.1	1998/01	
9.9	1.9	13.4	12.1	12.1	4.4	9.3	16.7	8.2	12.1	1999/01	
33.1	16.9	19.4	17.6	25.9	10.3	15.0	13.0	15.3	21.9	2000/01	
12.7	6.8	6.8	9.0	6.6	6.3	10.7	12.0	10.4	7.9	1997/01	5 Produits chimiques
12.2	12.4	-2.0	3.7	15.3	16.4	17.9	12.0	18.8	-6.0	1997/98	
12.8	5.0	9.8	10.8	3.8	3.2	8.4	12.0	7.8	13.0	1998/01	
16.4	8.2	12.8	11.5	3.6	3.4	16.2	18.3	15.9	16.2	1999/01	
16.6	13.3	20.8	16.1	11.5	12.0	20.2	25.1	19.4	18.1	2000/01	
2.5	6.2	7.1	6.7	0.3	-0.1	12.7	12.9	12.6	13.8	1997/01	7 Machines et matèriels de transports
13.9	27.6	2.8	3.1	16.2	19.7	25.9	12.7	27.9	-10.4	1997/98	
-1.0	-0.1	8.6	7.9	-4.6	-6.0	8.6	13.0	8.0	23.3	1998/01	
3.0	4.8	18.2	8.4	-4.5	-6.9	17.8	20.7	17.4	19.9	1999/01	
4.2	11.5	20.3	14.7	0.8	-0.1	23.0	24.7	22.8	21.8	2000/01	
3.7	4.5	5.7	7.7	1.2	0.8	10.0	13.3	9.3	1.1	1997/01	6&8 Articles manufacturés divers
12.9	17.1	1.3	-0.5	16.5	18.6	15.3	13.4	15.7	-5.7	1997/98	
0.8	0.6	7.2	10.6	-3.4	-4.5	8.2	13.3	7.3	3.5	1998/01	
4.2	3.5	16.0	13.0	-2.5	-3.6	16.2	18.0	15.8	8.0	1999/01	
4.5	13.2	20.8	18.0	1.3	0.8	21.4	24.7	20.7	11.0	2000/01	

Voir la fin du Tableau Spécial F pour la remarque générale et les notes.

SPECIAL TABLE: F

Structure of world exports by commodity classes and by region

Annual average rate: in per cent

SITC Commodity classes	Year	World Monde /1,2	Developed economies Economies développées /1,2	Developing economies economies en voie de développement /1,2 Total	OPEC OPEP	Eastern Europe & fmr. USSR-Europe Europe de l'Est et l'ancienne URSS-Europe Total /1, 4	Fmr USSR-Europe /5	Developed economies Europe Total	EU UE	Other Total	Canada
Origin of exports of major commodity classes											
0-9 All commodities /3	1999	100.0	66.9	29.5	4.4	3.6	1.8	40.7	38.3	26.2	4.3
	2000	100.0	63.7	32.3	5.5	4.0	2.1	37.2	34.9	26.5	4.4
	2001	100.0	64.3	31.4	5.0	4.4	2.2	39.1	36.7	25.1	4.3
	2002	100.0	63.2	32.2	4.7	4.6	2.2	39.5	37.1	23.7	4.0
	2003	100.0	62.5	32.4	4.6	5.1	2.5	40.6	38.2	22.0	3.7
0&1 Food, live animals, beverages and tobacco	1999	100.0	67.3	30.2	1.6	2.5	0.8	46.7	44.6	20.6	3.7
	2000	100.0	66.0	31.4	1.8	2.6	0.9	44.0	42.1	22.0	4.1
	2001	100.0	65.8	31.2	1.6	3.0	1.2	43.7	41.9	22.1	4.4
	2002	100.0	65.6	30.9	1.6	3.4	1.5	45.1	43.2	20.5	4.1
	2003	100.0	66.2	30.1	1.5	3.7	1.6	47.3	45.5	18.9	3.7
2&4 Crude maerials, oils and fats, (fuels excluded)	1999	100.0	60.7	33.3	3.4	6.0	4.0	27.1	26.2	33.6	10.8
	2000	100.0	60.4	33.5	3.7	6.1	4.1	25.4	24.5	35.1	10.7
	2001	100.0	61.3	33.0	3.6	5.7	3.8	26.9	26.1	34.3	9.6
	2002	100.0	60.3	33.7	4.2	6.0	3.9	27.8	27.0	32.5	8.7
	2003	100.0	58.7	34.8	4.1	6.5	4.2	28.1	27.3	30.6	7.6
3 Mineral fuels, lubricants and related material	1999	100.0	28.4	62.5	42.0	9.1	8.3	18.3	12.9	10.1	4.7
	2000	100.0	28.9	61.6	40.5	9.4	8.7	18.7	12.9	10.2	5.5
	2001	100.0	30.4	58.8	37.5	10.8	9.9	19.1	13.0	11.3	6.2
	2002	100.0	29.5	59.3	37.5	11.2	10.1	19.2	13.1	10.3	5.3
	2003	100.0	30.3	57.6	35.7	12.1	11.1	19.6	13.8	10.7	6.1
5 Chemicals	1999	100.0	81.4	16.2	1.7	2.5	1.3	58.2	53.6	23.2	2.4
	2000	100.0	79.3	18.0	2.2	2.8	1.4	54.8	50.7	24.4	2.5
	2001	100.0	80.3	17.0	2.0	2.7	1.3	57.4	52.9	22.9	2.5
	2002	100.0	80.4	16.9	1.9	2.7	1.2	59.2	54.4	21.2	2.3
	2003	100.0	80.0	17.3	1.7	2.7	1.3	59.9	55.3	20.1	2.1
7 Machinery and transport equipment	1999	100.0	73.4	24.5	0.4	2.1	0.4	40.4	39.0	33.1	4.3
	2000	100.0	70.3	27.4	0.6	2.3	0.5	37.0	35.7	33.3	4.2
	2001	100.0	70.5	26.8	0.6	2.7	0.5	39.7	38.5	30.8	4.0
	2002	100.0	68.3	28.6	0.6	3.1	0.5	39.4	38.1	28.9	3.7
	2003	100.0	66.8	29.7	0.6	3.5	0.6	40.1	38.9	26.6	3.3
6&8 Other manufactured goods	1999	100.0	62.1	33.4	1.8	4.5	1.9	41.8	39.4	20.2	3.4
	2000	100.0	59.8	35.5	2.0	4.7	2.1	38.7	36.3	21.2	3.5
	2001	100.0	60.2	34.8	1.9	5.0	2.0	40.1	37.7	20.1	3.4
	2002	100.0	59.0	35.7	1.8	5.3	2.0	40.1	37.8	18.9	3.3
	2003	100.0	58.8	35.4	1.6	5.8	2.1	41.0	38.6	17.8	3.0
Destination of exports of major commodity classes											
0-9 All commodities /3	1999	100.0	68.5	26.8	2.5	3.4	1.2	39.8	37.5	28.7	3.8
	2000	100.0	66.5	28.7	2.6	3.4	1.3	37.0	34.9	29.5	3.7
	2001	100.0	66.3	28.2	2.9	4.0	1.6	37.8	35.7	28.5	3.6
	2002	100.0	65.4	28.9	3.0	4.1	1.6	37.7	35.6	27.7	3.4
	2003	100.0	64.5	29.3	3.0	4.6	1.8	38.5	36.3	26.0	3.2
0&1 Food, live animals, beverages and tobacco	1999	100.0	70.7	23.9	4.4	4.3	2.6	46.8	45.1	23.9	2.7
	2000	100.0	68.8	25.8	4.9	4.2	2.6	43.5	41.9	25.3	2.9
	2001	100.0	68.0	26.1	5.0	4.8	3.1	43.5	41.9	24.4	2.9
	2002	100.0	68.6	25.3	5.0	4.9	3.1	44.4	42.8	24.1	3.0
	2003	100.0	69.6	24.0	4.7	5.4	3.4	46.9	45.2	22.7	2.8
2&4 Crude maerials, oils and fats, (fuels excluded)	1999	100.0	63.1	31.5	3.0	3.5	1.7	38.2	36.3	24.9	2.9
	2000	100.0	61.1	33.1	2.9	3.6	1.7	36.4	34.5	24.7	3.0
	2001	100.0	60.0	34.0	2.9	3.8	1.8	36.8	34.8	23.2	2.9
	2002	100.0	58.8	35.3	3.0	3.8	1.8	36.8	34.9	22.0	2.8
	2003	100.0	56.1	37.9	3.0	4.1	1.9	36.2	34.3	19.9	2.5
3 Mineral fuels, lubricants and related material	1999	100.0	62.0	30.9	1.3	4.4	2.2	30.6	28.9	31.3	1.5
	2000	100.0	62.2	30.7	1.6	4.2	2.0	30.3	28.9	31.9	1.4
	2001	100.0	62.1	29.7	1.5	5.1	2.7	30.6	29.3	31.6	1.6
	2002	100.0	59.8	30.5	1.9	4.7	2.3	31.3	29.7	28.6	1.4
	2003	100.0	60.7	29.6	1.7	3.9	2.2	30.3	28.6	30.3	1.6
5 Chemicals	1999	100.0	66.4	28.3	2.7	3.9	1.2	45.8	42.7	20.6	3.4
	2000	100.0	64.3	30.3	2.8	4.0	1.4	43.3	40.6	21.0	3.4
	2001	100.0	65.7	28.5	2.9	4.4	1.7	44.6	41.8	21.0	3.4
	2002	100.0	66.3	27.9	2.8	4.5	1.6	45.2	42.3	21.1	3.2
	2003	100.0	66.3	27.5	2.6	4.8	1.8	45.9	43.1	20.4	3.0
7 Machinery and transport equipment	1999	100.0	69.3	27.1	2.4	2.7	0.7	38.1	36.2	31.2	4.8
	2000	100.0	66.7	29.6	2.4	2.8	0.8	34.9	33.3	31.8	4.6
	2001	100.0	66.8	29.3	2.9	3.3	1.1	36.4	34.6	30.5	4.3
	2002	100.0	65.4	30.4	3.0	3.6	1.2	35.5	33.9	29.8	4.2
	2003	100.0	63.6	31.5	3.1	4.3	1.5	35.9	34.2	27.7	3.8
6&8 Other manufactured goods	1999	100.0	70.6	25.3	2.6	3.7	1.2	41.8	39.1	28.8	3.4
	2000	100.0	68.9	26.8	2.7	3.8	1.4	38.9	36.3	30.1	3.5
	2001	100.0	68.7	26.1	3.0	4.4	1.6	39.7	37.0	29.0	3.4
	2002	100.0	68.0	27.0	3.1	4.6	1.6	39.4	36.8	28.6	3.3
	2003	100.0	66.7	27.6	3.2	5.2	1.9	40.2	37.6	26.5	3.0

For general note and footnotes see end of Special Table F.

Structure des exportations mondiales par categories de marchandises et par regions

Taux annuel moyen: en pourcentage
← En provenance ou vers

Economies développées /1, 2			Developing economies / Economies en voie de développement /1, 2								
Autres			Africa	America Amerique		Asia Asie			Oceania		
U.S.A E.-U.	Japan Japon	Australia NZ Australie NZ	Afrique	Total	LAIA ALADI	Total	Mid.East Moyen Orient	Other Autres /6	Océanie	Année	CTCI: Classes de marchandises

Provenance des exportations de grandes catégories de marchandises

U.S.A E.-U.	Japan Japon	Australia NZ	Afrique	Total	LAIA ALADI	Total	Mid.East	Other /6	Océanie	Année	Classes
12.4	7.5	1.2	1.5	5.2	4.8	22.3	3.3	19.0	0.1	1999	0-9 Tous produits /3
12.4	7.6	1.2	1.9	5.6	5.2	24.4	4.0	20.5	0.1	2000	
12.0	6.6	1.2	1.7	5.6	5.2	23.7	3.9	19.8	0.1	2001	
11.0	6.6	1.3	1.7	5.4	5.0	24.8	3.8	20.9	0.1	2002	
9.8	6.4	1.2	1.7	5.1	4.7	25.2	3.8	21.4	0.1	2003	
11.4	0.5	4.2	2.8	12.2	10.0	14.7	1.9	12.8	0.2	1999	0&1 Produits alimentaires, boissons et tabacs
12.0	0.5	4.5	2.9	12.3	10.0	15.7	2.0	13.7	0.2	2000	
11.6	0.7	4.6	2.8	12.5	10.3	15.3	2.1	13.3	0.2	2001	
10.6	0.5	4.6	2.9	11.8	9.9	15.6	2.0	13.6	0.2	2002	
9.8	0.5	4.1	2.9	11.7	9.8	14.9	2.0	12.9	0.2	2003	
13.3	1.5	6.5	3.1	11.9	10.7	17.1	1.5	15.6	0.8	1999	2&4 Matières premières huiles & graisses (combust. exclu.)
14.4	1.6	6.8	3.0	12.2	10.9	17.1	1.4	15.7	0.8	2000	
14.5	1.7	7.0	2.8	12.8	11.5	16.3	1.7	14.6	0.8	2001	
13.9	1.7	6.5	2.9	12.4	11.2	17.4	1.6	15.8	0.6	2002	
13.7	1.7	6.0	2.8	13.0	11.8	18.0	1.7	16.3	0.7	2003	
2.3	0.3	2.2	10.8	8.9	8.4	42.4	30.5	11.9	0.2	1999	3 Combustibles minéraux et produits
2.0	0.2	2.1	11.5	9.2	8.6	40.7	28.5	12.2	0.2	2000	
2.2	0.3	2.3	10.2	8.6	8.0	39.7	27.3	12.4	0.2	2001	
2.0	0.2	2.3	9.6	8.6	8.1	40.8	28.5	12.3	0.2	2002	
2.0	0.2	2.0	10.1	8.5	7.9	38.7	26.3	12.5	0.1	2003	
13.4	5.7	0.6	0.6	2.7	2.3	12.6	1.5	11.1	0.0	1999	5 Produits chimiques
14.2	6.0	0.6	0.6	2.9	2.5	14.2	1.8	12.4	0.0	2000	
13.6	5.1	0.6	0.6	2.8	2.4	13.3	1.7	11.7	0.0	2001	
12.5	5.0	0.6	0.6	2.6	2.3	13.4	1.6	11.8	0.0	2002	
11.7	4.9	0.6	0.6	2.4	2.0	14.0	1.5	12.4	0.0	2003	
15.7	12.2	0.4	0.1	4.3	4.1	19.8	0.5	19.4	0.0	1999	7 Machines et matèriels de transports
15.7	12.5	0.3	0.1	4.6	4.5	22.5	0.5	22.0	0.0	2000	
15.0	10.9	0.3	0.1	4.8	4.7	21.7	0.6	21.1	0.0	2001	
13.5	10.8	0.4	0.1	4.5	4.4	23.7	0.6	23.1	0.0	2002	
11.9	10.6	0.3	0.2	4.0	3.9	25.3	0.7	24.6	0.0	2003	
9.4	5.2	0.8	0.9	4.2	3.9	27.9	1.6	26.3	0.1	1999	6&8 Articles manufacturés divers
10.0	5.5	0.8	1.0	4.4	4.2	29.4	1.7	27.8	0.1	2000	
9.6	4.8	0.7	1.1	4.4	4.2	28.8	1.8	27.0	0.1	2001	
8.8	4.7	0.7	1.1	4.4	4.1	29.6	1.9	27.7	0.1	2002	
7.9	4.6	0.7	1.1	4.0	3.8	29.8	2.0	27.7	0.1	2003	

Destination des exportations de grandes catégories de marchandises

U.S.A E.-U.	Japan Japon	Australia NZ	Afrique	Total	LAIA ALADI	Total	Mid.East	Other /6	Océanie	Année	Classes
17.7	4.9	1.3	1.7	5.5	4.3	19.0	2.7	16.3	0.1	1999	0-9 Tous produits /3
18.5	5.2	1.2	1.6	5.8	4.5	20.8	2.8	18.0	0.1	2000	
17.8	5.0	1.2	1.8	5.8	4.5	20.1	2.9	17.2	0.1	2001	
17.5	4.7	1.3	1.8	5.2	3.9	21.4	3.1	18.2	0.1	2002	
16.2	4.5	1.3	1.8	4.7	3.4	22.2	3.3	18.9	0.1	2003	
10.7	8.9	0.9	3.3	5.4	3.8	14.3	4.1	10.2	0.2	1999	0&1 Produits alimentaires, boissons et tabacs
11.4	9.3	0.9	3.6	5.8	4.2	15.6	4.5	11.1	0.2	2000	
11.3	8.6	0.9	3.7	6.0	4.3	15.6	4.3	11.3	0.2	2001	
11.6	7.9	0.9	3.8	5.3	3.7	15.2	4.2	11.1	0.2	2002	
11.0	7.1	1.0	3.6	4.9	3.4	14.6	4.2	10.4	0.2	2003	
11.4	9.2	0.7	2.4	4.7	4.0	23.8	2.9	20.9	0.1	1999	2&4 Matières premières huiles & graisses (combust. exclu.)
10.8	9.3	0.7	2.2	4.9	4.2	25.5	3.1	22.4	0.0	2000	
10.4	8.6	0.6	2.1	4.9	4.1	26.5	3.0	23.5	0.1	2001	
9.8	8.0	0.7	2.2	4.8	4.0	27.6	3.5	24.1	0.0	2002	
8.5	7.4	0.7	2.3	4.5	3.8	30.4	3.9	26.6	0.1	2003	
17.8	10.3	1.1	1.8	5.5	2.8	23.0	2.3	20.7	0.2	1999	3 Combustibles minéraux et produits
20.2	8.7	1.0	1.7	5.6	2.8	22.8	2.9	19.9	0.2	2000	
19.1	9.5	1.1	1.6	5.1	2.6	22.4	2.7	19.8	0.2	2001	
17.2	8.4	1.1	1.7	5.0	2.5	23.2	3.2	20.0	0.2	2002	
19.1	8.1	1.1	1.7	5.3	2.3	22.1	3.0	19.1	0.2	2003	
11.1	3.6	1.6	1.8	6.3	5.4	19.6	2.8	16.8	0.1	1999	5 Produits chimiques
11.5	3.8	1.4	1.7	6.7	5.8	21.3	2.9	18.4	0.1	2000	
11.7	3.6	1.4	1.8	6.8	5.7	19.3	2.8	16.5	0.1	2001	
12.3	3.3	1.4	1.8	5.9	4.9	19.6	2.8	16.8	0.1	2002	
12.0	3.2	1.4	1.7	5.5	4.6	19.7	2.9	16.7	0.1	2003	
20.7	3.4	1.4	1.5	5.8	4.7	19.4	2.5	16.9	0.1	1999	7 Machines et matèriels de transports
21.1	3.9	1.3	1.3	6.1	5.0	21.9	2.5	19.3	0.1	2000	
20.3	3.7	1.3	1.5	6.1	5.1	21.2	2.6	18.6	0.1	2001	
19.9	3.5	1.4	1.5	5.3	4.3	23.1	3.0	20.2	0.1	2002	
18.2	3.4	1.5	1.5	4.7	3.7	24.8	3.2	21.6	0.1	2003	
18.2	4.7	1.3	1.7	4.9	3.7	18.0	2.7	15.3	0.1	1999	6&8 Articles manufacturés divers
19.0	5.1	1.2	1.6	5.3	4.1	19.3	2.8	16.5	0.1	2000	
18.4	5.0	1.1	1.7	5.1	3.9	18.6	3.0	15.5	0.1	2001	
18.4	4.6	1.2	1.8	4.6	3.4	19.9	3.3	16.6	0.1	2002	
16.7	4.5	1.3	1.8	4.1	3.0	20.9	3.5	17.4	0.1	2003	

Voir la fin du Tableau Spécial F pour la remarque générale et les notes.

Structure of world exports by commodity classes and by region

Annual average rate: in per cent

Origin or destination →		World Monde /1,2	Developed economies Economies développées /1,2	Developing economies economies en voie de développement /1,2 Total	OPEC OPEP	Eastern Europe & fmr. USSR-Europe Europe de l'Est et l'ancienne URSS-Europe Total /1,4	Fmr USSR-Europe /5	Developed economies Europe Total	EU UE	Developed economies Other Total	Canada
SITC Commodity classes	Year										
Commodity composition of the total exports of selected regions											
0-9 All commodities /3	1999	100.0	100.0	100.0	100.0	100.0	100.0	100.0	100.0	100.0	100.0
	2000	100.0	100.0	100.0	100.0	100.0	100.0	100.0	100.0	100.0	100.0
	2001	100.0	100.0	100.0	100.0	100.0	100.0	100.0	100.0	100.0	100.0
	2002	100.0	100.0	100.0	100.0	100.0	100.0	100.0	100.0	100.0	100.0
	2003	100.0	100.0	100.0	100.0	100.0	100.0	100.0	100.0	100.0	100.0
0&1 Food, live animals, beverages and tobacco	1999	7.1	7.1	7.3	2.7	4.9	3.3	8.1	8.2	5.6	6.2
	2000	6.2	6.4	6.0	2.0	4.0	2.6	7.3	7.5	5.2	5.8
	2001	6.7	6.8	6.6	2.1	4.6	3.5	7.4	7.6	5.8	6.8
	2002	6.7	7.0	6.4	2.3	5.0	4.6	7.7	7.8	5.8	6.8
	2003	6.6	7.0	6.2	2.2	4.9	4.4	7.7	7.9	5.7	6.6
2&4 Crude maerials, oils and fats, (fuels excluded)	1999	3.5	3.2	4.0	2.7	5.8	7.8	2.3	2.4	4.5	8.9
	2000	3.4	3.2	3.5	2.3	5.2	6.5	2.3	2.4	4.4	8.1
	2001	3.3	3.2	3.5	2.4	4.4	5.7	2.3	2.4	4.6	7.5
	2002	3.4	3.3	3.6	3.0	4.5	6.0	2.4	2.5	4.7	7.5
	2003	3.5	3.3	3.8	3.1	4.5	6.0	2.4	2.5	4.9	7.3
3 Mineral fuels, lubricants and related material	1999	7.7	3.3	16.3	74.1	19.4	35.4	3.4	2.6	3.0	8.5
	2000	10.5	4.8	20.1	77.2	24.9	42.6	5.3	3.9	4.1	13.1
	2001	9.8	4.6	18.4	73.9	24.4	43.5	4.8	3.5	4.4	14.1
	2002	9.5	4.4	17.4	74.8	23.0	43.5	4.6	3.3	4.1	12.6
	2003	9.8	4.7	17.4	76.0	23.2	43.6	4.7	3.5	4.8	16.1
5 Chemicals	1999	9.6	11.7	5.3	3.8	6.6	6.7	13.8	13.4	8.5	5.4
	2000	9.3	11.5	5.2	3.7	6.4	6.0	13.6	13.5	8.5	5.3
	2001	10.0	12.4	5.4	3.9	6.2	6.0	14.6	14.3	9.0	5.8
	2002	10.6	13.5	5.6	4.1	6.2	5.6	15.9	15.6	9.5	6.1
	2003	10.9	13.9	5.8	4.1	5.8	5.5	16.1	15.7	10.0	6.3
7 Machinery and transport equipment	1999	42.2	46.3	35.0	4.3	24.5	9.8	41.8	42.9	53.1	42.6
	2000	41.8	46.1	35.5	4.9	23.7	8.9	41.5	42.8	52.6	40.2
	2001	41.2	45.2	35.2	4.9	25.3	9.6	41.8	43.1	50.3	38.2
	2002	41.0	44.3	36.4	5.3	27.3	9.4	40.9	42.1	50.1	38.1
	2003	40.3	43.0	36.9	4.9	27.9	10.4	39.8	41.0	48.8	35.9
6&8 Other manufactured goods	1999	27.4	25.4	31.1	11.5	34.1	28.8	28.2	28.1	21.1	21.7
	2000	26.2	24.6	28.8	9.5	31.1	25.4	27.2	27.2	20.9	20.8
	2001	26.5	24.8	29.4	10.2	30.5	23.9	27.2	27.3	21.2	21.0
	2002	26.5	24.7	29.3	10.0	30.3	23.7	26.9	27.0	21.1	21.8
	2003	26.2	24.6	28.6	9.3	29.7	22.6	26.4	26.4	21.2	21.6
Commodity composition of the world exports to selected regions											
0-9 All commodities /3	1999	100.0	100.0	100.0	100.0	100.0	100.0	100.0	100.0	100.0	100.0
	2000	100.0	100.0	100.0	100.0	100.0	100.0	100.0	100.0	100.0	100.0
	2001	100.0	100.0	100.0	100.0	100.0	100.0	100.0	100.0	100.0	100.0
	2002	100.0	100.0	100.0	100.0	100.0	100.0	100.0	100.0	100.0	100.0
	2003	100.0	100.0	100.0	100.0	100.0	100.0	100.0	100.0	100.0	100.0
0&1 Food, live animals, beverages and tobacco	1999	7.1	7.3	6.3	12.4	9.0	15.6	8.3	8.5	5.9	5.1
	2000	6.2	6.4	5.6	11.7	7.6	12.5	7.3	7.5	5.3	4.9
	2001	6.7	6.8	6.2	11.4	8.1	12.7	7.7	7.8	5.7	5.5
	2002	6.7	7.0	5.9	11.0	8.0	13.0	7.9	8.1	5.8	5.8
	2003	6.6	7.2	5.4	10.4	7.8	12.4	8.1	8.2	5.8	6.0
2&4 Crude maerials, oils and fats, (fuels excluded)	1999	3.5	3.2	4.1	4.2	3.6	4.9	3.4	3.4	3.1	2.7
	2000	3.4	3.1	3.9	3.8	3.5	4.4	3.3	3.3	2.8	2.8
	2001	3.3	3.0	4.0	3.3	3.2	3.7	3.3	3.3	2.7	2.7
	2002	3.4	3.1	4.2	3.3	3.2	3.8	3.3	3.4	2.7	2.8
	2003	3.5	3.1	4.5	3.5	3.2	3.7	3.3	3.3	2.7	2.8
3 Mineral fuels, lubricants and related material	1999	7.7	7.0	8.9	3.8	10.0	14.2	5.9	5.9	0.4	3.0
	2000	10.5	9.9	11.3	6.6	12.9	16.2	8.6	8.7	11.4	4.1
	2001	9.8	9.2	10.3	5.1	12.5	16.3	7.9	8.1	10.9	4.3
	2002	9.5	8.7	10.0	6.0	10.8	13.4	7.9	7.9	9.8	3.9
	2003	9.8	9.2	9.9	5.5	8.4	11.5	7.7	7.7	11.4	4.9
5 Chemicals	1999	9.6	9.3	10.2	10.4	11.0	9.7	11.1	11.0	6.9	8.6
	2000	9.3	8.9	9.8	10.1	10.8	10.3	10.8	10.8	6.6	8.5
	2001	10.0	9.9	10.1	9.9	11.1	10.5	11.7	11.7	7.3	9.4
	2002	10.6	10.7	10.2	9.7	11.5	10.7	12.7	12.6	8.0	9.7
	2003	10.9	11.2	10.2	9.7	11.4	10.8	13.0	12.9	8.5	10.3
7 Machinery and transport equipment	1999	42.2	42.7	42.7	39.6	34.0	25.4	40.4	40.7	45.9	53.3
	2000	41.8	42.0	43.1	38.9	33.8	25.5	39.5	39.9	45.0	52.2
	2001	41.2	41.5	42.7	40.7	34.5	28.3	39.6	39.9	44.0	49.8
	2002	41.0	41.0	43.1	41.1	35.9	31.1	38.7	39.0	44.1	49.5
	2003	40.3	39.7	43.3	41.3	37.6	32.3	37.6	37.9	42.8	48.3
6&8 Other manufactured goods	1999	27.4	28.2	25.8	27.8	30.2	27.6	28.8	28.5	27.5	25.0
	2000	26.2	27.2	24.4	27.3	29.2	27.7	27.6	27.3	26.7	25.2
	2001	26.5	27.4	24.5	27.2	29.0	26.4	27.8	27.5	26.9	25.0
	2002	26.5	27.5	24.7	27.1	29.4	27.1	27.7	27.4	27.3	25.4
	2003	26.2	27.1	24.6	28.1	29.9	27.5	27.3	27.1	26.7	25.0

For general note and footnotes see end of Special Table F.

Structure des exportations mondiales par categories de marchandises et par regions

Taux annuel moyen: en pourcentage

En provenance ou vers

Economies développées /1, 2			Developing economies — Economies en voie de développement /1, 2								
Autres				America Amerique		Asia Asie			Oceania		
		Australia NZ	Africa Afrique						Oceania		
U.S.A E.-U.	Japan Japon	Australie NZ	Afrique	Total	LAIA ALADI	Total	Mid.East Moyen Orient	Other Autres /6	Océanie	Année	CTCI: Classes de marchandises

Composition par marchandises des exportations mondiales des régions selectionnées

U.S.A E.-U.	Japan Japon	Australie NZ	Afrique	Total	LAIA ALADI	Total	Mid.East Moyen Orient	Other Autres /6	Océanie	Année	CTCI: Classes de marchandises
100.0	100.0	100.0	100.0	100.0	100.0	100.0	100.0	100.0	100.0	1999	0-9 Tous produits /3
100.0	100.0	100.0	100.0	100.0	100.0	100.0	100.0	100.0	100.0	2000	
100.0	100.0	100.0	100.0	100.0	100.0	100.0	100.0	100.0	100.0	2001	
100.0	100.0	100.0	100.0	100.0	100.0	100.0	100.0	100.0	100.0	2002	
100.0	100.0	100.0	100.0	100.0	100.0	100.0	100.0	100.0	100.0	2003	
6.5	0.5	25.0	13.2	16.5	14.7	4.7	4.1	4.8	16.9	1999	0&1 Produits alimentaires, boissons et tabacs
6.0	0.4	23.6	9.5	13.7	12.0	4.0	3.0	4.2	15.8	2000	
6.4	0.7	24.9	11.0	14.8	13.2	4.3	3.5	4.5	18.8	2001	
6.5	0.5	24.2	11.6	14.7	13.2	4.2	3.5	4.4	18.5	2002	
6.6	0.5	23.1	11.1	15.3	13.9	3.9	3.6	4.0	17.8	2003	
3.8	0.7	19.0	7.4	8.0	7.8	2.7	1.6	2.9	30.7	1999	2&4 Matières premières huiles & graisses (combust. exclu.)
3.9	0.7	19.2	5.4	7.3	7.1	2.4	1.2	2.6	31.9	2000	
4.0	0.9	19.0	5.6	7.6	7.4	2.3	1.5	2.5	30.8	2001	
4.3	0.9	17.5	5.9	7.9	7.6	2.4	1.4	2.6	28.3	2002	
4.9	0.9	17.8	5.7	9.0	8.8	2.5	1.6	2.7	30.6	2003	
1.4	0.3	14.3	55.2	13.0	13.3	14.6	70.5	4.8	18.4	1999	3 Combustibles minéraux et produits
1.7	0.3	18.2	64.5	17.4	17.5	17.6	75.2	6.3	18.0	2000	
1.8	0.4	17.9	58.7	15.1	15.1	16.4	69.2	6.1	18.4	2001	
1.7	0.3	17.0	54.3	15.1	15.2	15.6	70.2	5.6	20.1	2002	
1.9	0.3	16.3	56.9	16.4	16.5	15.0	68.2	5.7	18.0	2003	
10.4	7.4	5.1	4.0	4.9	4.6	5.4	4.3	5.6	0.2	1999	5 Produits chimiques
10.6	7.3	4.8	3.0	4.8	4.4	5.4	4.1	5.6	0.2	2000	
11.3	7.6	5.2	3.4	5.0	4.7	5.6	4.3	5.9	0.2	2001	
12.1	8.0	4.6	3.9	5.1	4.8	5.8	4.4	6.0	0.4	2002	
13.0	8.3	5.1	3.8	5.1	4.7	6.0	4.4	6.3	0.3	2003	
53.3	68.7	12.5	3.4	34.5	36.1	37.5	6.0	43.0	3.9	1999	7 Machines et matèriels de transports
52.8	68.8	11.4	2.3	34.8	36.5	38.5	5.1	45.0	2.7	2000	
51.3	67.3	11.2	2.7	35.2	37.0	37.7	6.0	43.9	3.1	2001	
50.5	67.2	11.3	3.7	34.3	36.0	39.3	6.6	45.3	3.7	2002	
48.6	66.8	11.5	3.7	31.9	33.4	40.4	7.4	46.2	3.1	2003	
20.8	19.1	17.2	15.8	21.7	22.1	34.2	13.0	37.9	19.3	1999	6&8 Articles manufacturés divers
21.2	18.8	16.7	14.1	20.8	21.2	31.5	10.8	35.6	21.6	2000	
21.2	19.0	15.7	16.5	20.9	21.3	32.2	12.3	36.1	19.0	2001	
21.2	18.8	15.1	17.8	21.4	21.7	31.7	13.3	35.0	20.2	2002	
21.1	18.9	15.0	16.3	20.7	20.9	30.9	14.2	33.8	20.8	2003	

Composition par marchandises des exportations mondiales vers régions selectionnées

U.S.A E.-U.	Japan Japon	Australie NZ	Afrique	Total	LAIA ALADI	Total	Mid.East Moyen Orient	Other Autres /6	Océanie	Année	CTCI: Classes de marchandises
100.0	100.0	100.0	100.0	100.0	100.0	100.0	100.0	100.0	100.0	1999	0-9 Tous produits /3
100.0	100.0	100.0	100.0	100.0	100.0	100.0	100.0	100.0	100.0	2000	
100.0	100.0	100.0	100.0	100.0	100.0	100.0	100.0	100.0	100.0	2001	
100.0	100.0	100.0	100.0	100.0	100.0	100.0	100.0	100.0	100.0	2002	
100.0	100.0	100.0	100.0	100.0	100.0	100.0	100.0	100.0	100.0	2003	
4.3	12.9	4.8	13.4	7.0	6.4	5.3	10.9	4.4	12.4	1999	0&1 Produits alimentaires, boissons et tabacs
3.8	11.2	4.8	13.6	6.2	5.8	4.7	10.1	3.8	11.4	2000	
4.2	11.3	4.9	14.0	6.9	6.4	5.1	9.9	4.3	11.0	2001	
4.4	11.4	4.8	14.4	6.9	6.4	4.8	9.0	4.1	10.4	2002	
4.5	10.5	5.1	13.6	6.9	6.5	4.3	8.3	3.6	10.7	2003	
2.3	6.7	1.8	5.0	3.0	3.3	4.4	3.8	4.5	1.7	1999	2&4 Matières premières huiles & graisses (combust. exclu.)
2.0	6.0	1.9	4.5	2.8	3.1	4.1	3.7	4.2	1.6	2000	
1.9	5.7	1.7	4.0	2.8	3.1	4.4	3.4	4.6	1.6	2001	
1.9	5.9	1.8	4.3	3.2	3.5	4.4	3.8	4.5	1.4	2002	
1.8	5.8	1.7	4.7	3.4	3.8	4.8	4.1	4.9	1.5	2003	
7.7	16.1	6.6	8.1	7.6	5.0	9.3	6.7	9.7	11.2	1999	3 Combustibles minéraux et produits
11.5	17.7	8.4	11.3	10.2	6.6	11.6	10.8	11.7	19.7	2000	
10.5	18.4	8.7	9.0	8.7	5.6	10.9	9.1	11.2	15.6	2001	
9.3	17.0	8.3	9.1	9.2	6.1	10.3	9.7	10.4	14.5	2002	
11.5	17.7	8.3	9.2	11.0	6.5	9.7	8.9	9.9	14.7	2003	
6.0	7.1	11.3	10.1	11.0	12.2	9.9	10.0	9.9	5.7	1999	5 Produits chimiques
5.7	6.7	10.7	9.9	10.7	11.9	9.5	9.6	9.5	5.2	2000	
6.5	7.1	11.9	10.4	11.7	12.8	9.6	9.6	9.6	5.2	2001	
7.4	7.6	11.2	10.5	12.0	13.4	9.7	9.5	9.8	5.4	2002	
8.0	7.7	11.2	10.5	12.8	14.6	9.6	9.7	9.6	5.3	2003	
49.2	29.5	45.2	35.3	44.4	46.6	43.1	39.2	43.7	37.2	1999	7 Machines et matèriels de transports
47.7	31.4	44.9	34.5	43.6	46.6	44.0	37.6	45.0	32.8	2000	
46.9	30.4	43.8	35.4	43.6	46.8	43.4	37.3	44.5	39.9	2001	
46.7	31.2	45.3	34.2	42.1	44.8	44.3	38.7	45.3	42.5	2002	
45.1	31.0	45.2	34.0	40.3	43.5	44.9	39.3	45.9	43.1	2003	
28.0	26.5	26.5	26.7	24.3	23.7	26.0	27.6	25.7	28.5	1999	6&8 Articles manufacturés divers
26.9	25.9	25.9	25.2	23.9	23.4	24.3	26.6	23.9	26.4	2000	
27.3	26.3	25.2	25.6	23.7	23.0	24.5	27.8	23.9	23.5	2001	
27.8	25.9	25.0	26.2	23.8	23.3	24.6	27.5	24.1	22.3	2002	
26.9	26.1	25.1	26.7	22.9	22.9	24.6	28.0	24.0	20.6	2003	

Voir la fin du Tableau Spécial F pour la remarque générale et les notes.

Structure of world exports by commodity classes and by regions (continued)
Structure des exportations mondiales par catégories de marchandises et par régions (suite)

General note

The regional analysis in Special Tables E and F is in accordance with Special Table A of this issue.

The figures in tables E and F are derived from the data in Special Table D.

The commodity classification is in accordance with the United Nations' Standard International Trade Classification (SITC), Revision 3, except for countries which report trade data only in terms of the SITC, Revision 2, or the SITC, Revised.

The data approximate total exports of all countries and areas of the world. They are based on official export figures converted, where necessary, to U.S. dollars according to conversion factors published in Table C for each country in this volume. Where official figures are not available estimates based on the imports reported by partner countries and on other subsidiary data are used. Some official national data have been adjusted

    (a) to approximate the commodity groupings of the SITC and

    (b) to approximate calendar years.

The data include special category (confidential) exports, ships' stores and bunkers and exports of minor importance, the destination of which cannot be determined. These data are included in the world totals for each commodity group and in total exports, but are excluded from all regions of destination.

1 Exports for which country of destination is not available are included in the totals for the 'World', the 'Developed economies', the 'Developing economies' and 'Eastern Europe and the former USSR' but are excluded from the regional components of these groupings.

2 This classification is intended for statistical convenience and does not, necessarily, express a judgement about the stage reached by a particular country in the developoment process.

3 Section 9 of the SITC, which comprises commodities and transactions not classified elsewhere, is included in the total trade but is not shown separately in this table.

4 Includes Eastern Europe and the European countries of the former USSR.

5 Includes Belarus, Estonia, Latvia, Lithuania, Republic of Moldova, the Russian Federation, and Ukraine.

6 Includes Armenia, Azerbaijan, Georgia, Kazakhstan, Kyrgyzstan, Tajikistan, Turkmenistan, and Uzbekistan.

Remarque générale

L'analyse régionale dans les Tables Spécial E et F est conforme au Tableau Spécial A de ce numéro.

Les données de les tables E et F sont derivées de celles publiées dans le Tableau Spécial D.

La classification par marchandise utilisée est la Classification type pour le commerce international (CTCI), Revision 3,) en dehors des pays qui rapportent exclusivement les données du commerce en accord avec la CTCI, Revision 2, ou la CTCI, Revisée.

Les données approchées des exportations totales de tous pays et régions du monde. Elles sont basées sur les chiffres des exportations officielles nationales convertis en dollars E.-U. selon les facteurs de conversion publiés dans le Tableau C pour chaque pays ce tome. Quand les chiffres officiels ne sont pas disponibles on a recours a des estimations basées sur les importations rapportées par les pays partenaires ou sur d'autres donées subsidiaries. Quelques données officielles nationales ont été ajustées

    (a) qu'elles correspondent aux groups des marchandises de la CTCI et

    (b) qu'elles correspondent aux années civiles.

Les données comprises les exportations de 'special category' (confidentielles), les approvisionnements des navires et combustible de soute et autres exportations de moindre importance dont la destination n'a pu être déterminée. Ces données sont comprises dans les totaux de chaque chaque groupe de marchandise et dans les exportations totales, mais elles ne sont pas comprises dans les régions de destination.

1 Les exportations dont les pays de destination ne sont pas disponibles sont comprises dans les totaux du 'Monde', des 'Economies développées', des 'Economies en voie de développement' et de 'Europe de l'Est et l'ancienne URSS', mais ils ne sont pas comprises dans chaque partie composant ces régions.

2 Cette classification est utilisée pour plus de commodité dans la présentation des statistiques et n'implique pas nécessairement un jugement quant au stade de développment auquel est parvenu un pays donné.

3 Section 9 de la CTCI, qui représente les articles et transactions non ailleurs est comprise dans le commerce total mais n'est pas présentée séparément dans ce tableau.

4 Y compris de l'Europe de l'est et les pays européens de l'ancienne URSS.

5 Y compris Bélarus, Estonie, Lettonie, Lituanie, République de Moldova, Fédération de Russie, et Ukraine.

6 Y compris Azerbaïdjan, Arménie, Géorgie, Kazakhstan, Kirghizistan, Tadjikistan, Turkménistan, et Ouzbékistan.

Special Table G
Total exports and imports by country or area
Volume and unit value indices and terms of trade in US dollars (2000 = 100)
Exportations et importations totales par Pays ou Zones
Indices du volume et de la valeur unitaire et termes de l'échange en dollars É.-U. (2000 = 100)

Countries	1985	1994	1995	1996	1997	1998	1999	2001	2002	2003	Pays
Argentina											**Argentine**
Imp: Volume	...	63	61	82	108	117	101	83	38	58	Imp: volume
Imp: Unit Value	...	117	124	115	112	106	100	97	94	94	Imp: valeur unitaire
Exp: Volume	...	84	94	77	88	98	97	104	105	110	Exp: volume
Exp: Unit Value	...	114	120	118	114	102	91	97	93	102	Exp: valeur unitaire
Terms of Trade	...	97	97	103	102	97	91	100	99	108	Termes de l'échange
Purchasing Power of Exports	...	82	92	79	90	94	89	104	104	119	Pouvoir d'achat des export.
Australia											**Australie**
Imp: Volume	33	57	63	69	77	84	92	96	108	120	Imp: volume
Imp: Unit Value[1]	82	112	117	117	111	102	102	94	95	104	Imp: valeur unitaire[1]
Exp: Volume	39	68	69	77	87	87	91	103	104	102	Exp: volume
Exp: Unit Value[1]	88	107	117	118	114	101	96	98	100	111	Exp: valeur unitaire[1]
Terms of Trade	108	96	100	101	103	100	94	104	106	106	Termes de l'échange
Purchasing Power of Exports	42	65	68	77	90	86	86	107	110	108	Pouvoir d'achat des export.
Austria											**Autriche**
Imp: Volume	30	63	56	58	73	84	92	106	103	111	Imp: volume
Imp: Unit Value	120	156	181	163	134	124	115	97	100	114	Imp: valeur unitaire
Exp: Volume	26	57	52	55	72	82	100	109	113	119	Exp: volume
Exp: Unit Value	128	158	182	166	135	126	105	95	101	114	Exp: valeur unitaire
Terms of Trade	107	101	101	102	101	102	91	98	101	100	Termes de l'échange
Purchasing Power of Exports	28	57	53	56	72	83	91	107	114	119	Pouvoir d'achat des export.
Belgium											**Belgique**
Imp: Volume	47	74	78	82	85	91	91	104	113	116	Imp: volume
Imp: Unit Value	73	104	121	119	110	106	102	100	103	120	Imp: valeur unitaire
Exp: Volume	44	72	77	78	84	88	91	103	111	114	Exp: volume
Exp: Unit Value	69	108	126	123	112	111	105	99	104	121	Exp: valeur unitaire
Terms of Trade	94	104	104	103	102	104	102	100	101	101	Termes de l'échange
Purchasing Power of Exports	42	75	79	81	86	92	93	102	113	115	Pouvoir d'achat des export.
Bolivia											**Bolivie**
Imp: Volume	...	...	...	...	...	...	...	...	...	...	Imp: volume
Imp: Unit Value	...	...	...	...	...	...	...	...	...	...	Imp: valeur unitaire
Exp: Volume	90	98	94	96	101	96	88	107	129	139	Exp: volume
Exp: Unit Value	154	115	128	126	90	79	78	91	81	93	Exp: valeur unitaire
Terms of Trade	...	...	...	...	...	...	...	...	...	...	Termes de l'échange
Purchasing Power of Exports	...	...	...	...	...	...	...	...	...	...	Pouvoir d'achat des export.
Brazil											**Brésil**
Imp: Volume	37	77	95	97	94	98	92	100	97	100	Imp: volume
Imp: Unit Value	67	79	95	99	125	105	96	100	87	86	Imp: valeur unitaire
Exp: Volume	66	79	82	81	85	94	93	111	121	131	Exp: volume
Exp: Unit Value	72	99	103	106	113	100	94	95	94	102	Exp: valeur unitaire
Terms of Trade	107	126	108	108	90	95	98	95	109	118	Termes de l'échange
Purchasing Power of Exports	71	100	89	88	77	89	91	106	131	155	Pouvoir d'achat des export.
Bulgaria											**Bulgarie**
Imp: Volume	...	...	...	...	...	...	...	...	...	...	Imp: volume
Imp: Unit Value	...	...	...	...	...	...	...	94	96	110	Imp: valeur unitaire
Exp: Volume	...	...	...	...	...	...	...	...	...	...	Exp: volume
Exp: Unit Value	...	...	...	...	...	...	...	95	96	115	Exp: valeur unitaire
Terms of Trade	...	...	...	...	...	...	...	101	100	104	Termes de l'échange
Purchasing Power of Exports	...	...	...	...	...	...	...	...	...	...	Pouvoir d'achat des export.

Special Table G

Total exports and imports by regions

Volume and unit value indices and terms of trade in US dollars (2000 = 100)

Exportations et importations totales par région

Indices du volume et de la valeur unitaire et termes de l'échange en dollars É.-U. (2000 = 100)

Countries	1985	1994	1995	1996	1997	1998	1999	2001	2002	2003	Pays
Canada											**Canada**
Imp: Volume	32	59	63	67	79	84	91	94	96	99	Imp: volume
Imp: Unit Value	87	99	102	102	101	98	98	99	98	102	Imp: valeur unitaire
Exp: Volume	35	60	67	71	76	83	92	96	96	94	Exp: volume
Exp: Unit Value	82	92	99	101	99	92	93	98	95	106	Exp: valeur unitaire
Terms of Trade	*95*	*94*	*97*	*98*	*97*	*94*	*95*	*99*	*97*	*104*	*Termes de l'échange*
Purchasing Power of Exports	*33*	*57*	*65*	*69*	*74*	*78*	*87*	*95*	*93*	*98*	*Pouvoir d'achat des export.*
China, Hong Kong SAR[2]											**Chine, Hong Kong RAS[2]**
Imp: Volume	17	72	81	85	91	84	85	98	106	119	Imp: volume
Imp: Unit Value	84	106	111	110	107	102	100	97	93	93	Imp: valeur unitaire
Exp: Volume	17	69	77	81	86	82	85	97	105	120	Exp: volume
Exp: Unit Value	86	106	110	110	108	104	101	98	95	94	Exp: valeur unitaire
Terms of Trade	*103*	*100*	*99*	*100*	*100*	*102*	*101*	*101*	*102*	*101*	*Termes de l'échange*
Purchasing Power of Exports	*18*	*69*	*76*	*81*	*86*	*84*	*86*	*98*	*107*	*121*	*Pouvoir d'achat des export.*
Colombia											**Colombie**
Imp: Volume	...	...	...	...	...	...	...	...	...	...	Imp: volume
Imp: Unit Value	129	114	121	122	120	110	103	98	95	95	Imp: valeur unitaire
Exp: Volume	...	...	...	...	...	...	...	...	...	...	Exp: volume
Exp: Unit Value	131	103	111	104	115	103	96	89	84	87	Exp: valeur unitaire
Terms of Trade	*101*	*91*	*92*	*85*	*96*	*93*	*93*	*91*	*89*	*92*	*Termes de l'échange*
Purchasing Power of Exports	*...*	*...*	*...*	*...*	*...*	*...*	*...*	*...*	*...*	*...*	*Pouvoir d'achat des export.*
Czech Rep											**République. tchèque**
Imp: Volume		...	...	...	...	...	...	...	...	...	Imp: volume
Imp: Unit Value	.	108	123	122	110	105	100	101	107	123	Imp: valeur unitaire
Exp: Volume		...	...	...	...	...	...	...	...	...	Exp: volume
Exp: Unit Value	.	107	125	123	111	114	105	102	111	130	Exp: valeur unitaire
Terms of Trade	*.*	*99*	*101*	*101*	*101*	*108*	*105*	*101*	*104*	*105*	*Termes de l'échange*
Purchasing Power of Exports	*.*	*...*	*...*	*...*	*...*	*...*	*...*	*...*	*...*	*...*	*Pouvoir d'achat des export.*
Denmark											**Danemark**
Imp: Volume	60	76	81	82	89	93	95	102	108	107	Imp: volume
Imp: Unit Value	79	113	130	126	115	113	108	98	102	119	Imp: valeur unitaire
Exp: Volume	58	85	81	83	88	89	94	103	109	108	Exp: volume
Exp: Unit Value	71	113	128	126	112	110	106	99	103	123	Exp: valeur unitaire
Terms of Trade	*90*	*100*	*98*	*99*	*98*	*98*	*99*	*101*	*101*	*103*	*Termes de l'échange*
Purchasing Power of Exports	*53*	*85*	*79*	*82*	*86*	*87*	*93*	*104*	*110*	*111*	*Pouvoir d'achat des export.*
Dominica											**Dominique**
Imp: Volume	...	...	...	95	90	94	97	98	82	...	Imp: volume
Imp: Unit Value	...	...	...	96	97	116	95	95	91	...	Imp: valeur unitaire
Exp: Volume	72	125	79	105	101	94	92	78	72	...	Exp: volume
Exp: Unit Value	91	110	113	104	134	113	113	101	101	...	Exp: valeur unitaire
Terms of Trade	*...*	*...*	*...*	*108*	*137*	*98*	*119*	*106*	*111*	*...*	*Termes de l'échange*
Purchasing Power of Exports	*...*	*...*	*...*	*113*	*139*	*91*	*110*	*82*	*80*	*...*	*Pouvoir d'achat des export.*
Ecuador											**Equateur**
Imp: Volume	...	75	100	96	133	166	96	125	157	171	Imp: volume
Imp: Unit Value	...	...	...	...	...	...	...	...	...	...	Imp: valeur unitaire
Exp: Volume	64	89	100	102	102	96	93	101	99	104	Exp: volume
Exp: Unit Value	116	76	76	88	85	64	77	87	93	104	Exp: valeur unitaire
Terms of Trade	*...*	*...*	*...*	*...*	*...*	*...*	*...*	*...*	*...*	*...*	*Termes de l'échange*
Purchasing Power of Exports	*...*	*...*	*...*	*...*	*...*	*...*	*...*	*...*	*...*	*...*	*Pouvoir d'achat des export.*

Special Table G

Total exports and imports by regions
Volume and unit value indices and terms of trade in US dollars (2000 = 100)

Exportations et importations totales par région
Indices du volume et de la valeur unitaire et termes de l'échange en dollars É.-U. (2000 = 100)

Countries	1985	1994	1995	1996	1997	1998	1999	2001	2002	2003	Pays
Finland											**Finlande**
Imp: Volume	55	70	75	81	88	95	96	97	104	103	Imp: volume
Imp: Unit Value	73	101	119	115	105	102	101	98	97	116	Imp: valeur unitaire
Exp: Volume	46	66	71	75	85	89	92	99	104	106	Exp: volume
Exp: Unit Value	64	97	124	118	106	105	102	96	94	108	Exp: valeur unitaire
Terms of Trade	*89*	*97*	*104*	*102*	*101*	*103*	*101*	*97*	*97*	*94*	*Termes de l'échange*
Purchasing Power of Exports	*41*	*64*	*74*	*77*	*85*	*92*	*93*	*97*	*101*	*99*	*Pouvoir d'achat des export.*
France											**France**
Imp: Volume	34	56	59	60	65	74	65	109	113	112	Imp: volume
Imp: Unit Value	97	132	149	146	130	129	108	97	99	119	Imp: valeur unitaire
Exp: Volume	37	55	59	62	68	75	89	107	112	110	Exp: volume
Exp: Unit Value	86	141	159	154	137	137	114	102	109	131	Exp: valeur unitaire
Terms of Trade	*88*	*106*	*106*	*106*	*106*	*106*	*105*	*105*	*110*	*110*	*Termes de l'échange*
Purchasing Power of Exports	*32*	*59*	*63*	*65*	*72*	*79*	*93*	*112*	*123*	*121*	*Pouvoir d'achat des export.*
Germany											**Allemagne**
Imp: Volume	41	66	67	71	77	85	89	101	100	...	Imp: volume
Imp: Unit Value	84	119	139	129	115	111	104	97	98	111	Imp: valeur unitaire
Exp: Volume	45	61	64	69	77	83	87	103	104	...	Exp: volume
Exp: Unit Value	78	129	149	138	121	118	111	99	102	119	Exp: valeur unitaire
Terms of Trade	*93*	*108*	*107*	*107*	*105*	*107*	*107*	*102*	*104*	*107*	*Termes de l'échange*
Purchasing Power of Exports	*42*	*66*	*69*	*74*	*81*	*89*	*93*	*105*	*109*	*...*	*Pouvoir d'achat des export.*
Greece											**Grèce**
Imp: Volume	24	59	63	69	70	85	90	...	...	...	Imp: volume
Imp: Unit Value[1]	67	118	133	131	118	115	112	97	108	109	Imp: valeur unitaire[1]
Exp: Volume	35	61	67	72	80	90	96	...	...	...	Exp: volume
Exp: Unit Value[1]	81	106	123	127	116	109	106	96	108	108	Exp: valeur unitaire[1]
Terms of Trade	*120*	*90*	*93*	*97*	*98*	*95*	*95*	*99*	*100*	*99*	*Termes de l'échange*
Purchasing Power of Exports	*42*	*55*	*62*	*69*	*78*	*86*	*91*	*...*	*...*	*...*	*Pouvoir d'achat des export.*
Honduras											**Honduras**
Imp: Volume	...	...	...	...	...	...	...	...	...	...	Imp: volume
Imp: Unit Value	...	...	...	...	...	...	...	...	...	...	Imp: valeur unitaire
Exp: Volume	97	66	70	80	60	77	70	133	117	...	Exp: volume
Exp: Unit Value	100	91	126	117	133	134	101	101	96	...	Exp: valeur unitaire
Terms of Trade	*...*	*...*	*...*	*...*	*...*	*...*	*...*	*...*	*...*	*...*	*Termes de l'échange*
Purchasing Power of Exports	*...*	*...*	*...*	*...*	*...*	*...*	*...*	*...*	*...*	*...*	*Pouvoir d'achat des export.*
Hungary											**Hongrie**
Imp: Volume	33	45	43	46	58	72	83	104	109	120	Imp: volume
Imp: Unit Value	85	112	124	123	114	111	106	101	107	123	Imp: valeur unitaire
Exp: Volume	39	39	43	45	58	71	82	108	114	124	Exp: volume
Exp: Unit Value	92	115	128	125	117	116	108	101	107	122	Exp: valeur unitaire
Terms of Trade	*108*	*102*	*104*	*102*	*103*	*104*	*103*	*100*	*100*	*100*	*Termes de l'échange*
Purchasing Power of Exports	*42*	*40*	*44*	*45*	*60*	*74*	*84*	*107*	*114*	*124*	*Pouvoir d'achat des export.*
Iceland											**Islande**
Imp: Volume	55	56	60	70	74	92	96	90	...	...	Imp: volume
Imp: Unit Value	62	100	113	113	105	104	101	97	...	...	Imp: valeur unitaire
Exp: Volume	71	88	86	94	96	93	100	107	...	...	Exp: volume
Exp: Unit Value	61	97	110	106	102	110	106	99	...	...	Exp: valeur unitaire
Terms of Trade	*97*	*96*	*98*	*94*	*97*	*105*	*104*	*102*	*...*	*...*	*Termes de l'échange*
Purchasing Power of Exports	*69*	*85*	*84*	*88*	*92*	*97*	*104*	*109*	*...*	*...*	*Pouvoir d'achat des export.*

593

Special Table G
Total exports and imports by regions
Volume and unit value indices and terms of trade in US dollars (2000 = 100)
Exportations et importations totales par région
Indices du volume et de la valeur unitaire et termes de l'échange en dollars É.-U. (2000 = 100)

Countries	1985	1994	1995	1996	1997	1998	1999	2001	2002	2003	Pays
India											**Inde**
Imp: Volume	19	49	75	54	57	85	89	107	88	...	Imp: volume
Imp: Unit Value	147	110	95	134	164	95	93	91	124	...	Imp: valeur unitaire
Exp: Volume	18	54	66	82	71	72	74	113	117	...	Exp: volume
Exp: Unit Value	101	112	108	93	109	101	112	88	92	...	Exp: valeur unitaire
Terms of Trade	69	103	113	70	67	107	121	97	75	...	Termes de l'échange
Purchasing Power of Exports	12	55	75	57	48	77	89	110	88	...	Pouvoir d'achat des export.
Indonesia											**Indonésie**
Imp: Volume	...	...	...	...	...	...	...	...	...	...	Imp: volume
Imp: Unit Value	...	...	...	...	...	...	...	...	...	...	Imp: valeur unitaire
Exp: Volume	43	78	81	86	110	102	84	121	100	97	Exp: volume
Exp: Unit Value	116	90	103	109	104	81	65	90	96	103	Exp: valeur unitaire
Terms of Trade	...	...	...	...	...	...	...	...	...	...	Termes de l'échange
Purchasing Power of Exports	...	...	...	...	...	...	...	...	...	...	Pouvoir d'achat des export.
Ireland											**Irlande**
Imp: Volume	26	46	53	58	67	79	86	99	97	90	Imp: volume
Imp: Unit Value	74	108	121	119	114	109	107	100	101	112	Imp: valeur unitaire
Exp: Volume	16	38	46	50	58	72	84	105	104	99	Exp: volume
Exp: Unit Value	79	110	120	119	114	110	110	99	104	115	Exp: valeur unitaire
Terms of Trade	106	102	99	100	101	101	103	98	102	103	Termes de l'échange
Purchasing Power of Exports	17	39	46	50	58	73	87	103	107	103	Pouvoir d'achat des export.
Israel											**Israël**
Imp: Volume	29	65	71	76	77	77	88	93	93	92	Imp: volume
Imp: Unit Value	80	103	111	111	106	100	97	99	99	104	Imp: valeur unitaire
Exp: Volume	29	55	59	63	69	74	80	96	97	100	Exp: volume
Exp: Unit Value	68	98	103	103	102	99	100	96	96	101	Exp: valeur unitaire
Terms of Trade	84	95	92	93	96	99	103	98	98	96	Termes de l'échange
Purchasing Power of Exports	25	52	54	58	67	73	82	94	95	96	Pouvoir d'achat des export.
Italy											**Italie**
Imp: Volume	45	68	75	72	79	86	91	100	101	...	Imp: volume
Imp: Unit Value	110	135	116	122	112	107	101	99	101	...	Imp: valeur unitaire
Exp: Volume	48	75	85	83	87	89	90	101	100	...	Exp: volume
Exp: Unit Value	69	140	116	128	116	115	110	101	105	...	Exp: valeur unitaire
Terms of Trade	63	104	100	105	103	107	108	102	104	...	Termes de l'échange
Purchasing Power of Exports	30	78	85	86	90	96	97	103	104	...	Pouvoir d'achat des export.
Japan											**Japon**
Imp: Volume	38	72	81	85	87	82	90	99	100	110	Imp: volume
Imp: Unit Value	91	101	109	108	103	90	91	93	89	96	Imp: valeur unitaire
Exp: Volume	66	78	80	81	91	90	91	90	97	103	Exp: volume
Exp: Unit Value	56	106	115	106	97	91	95	94	89	94	Exp: valeur unitaire
Terms of Trade	61	106	106	98	94	101	105	100	101	98	Termes de l'échange
Purchasing Power of Exports	41	82	85	80	85	90	96	90	98	101	Pouvoir d'achat des export.
Jordan											**Jordanie**
Imp: Volume	56	123	85	92	90	85	84	105	106	...	Imp: volume
Imp: Unit Value	106	85	96	103	101	100	97	102	105	...	Imp: valeur unitaire
Exp: Volume	44	94	84	82	88	90	93	123	142	...	Exp: volume
Exp: Unit Value	98	96	111	117	114	107	105	101	102	...	Exp: valeur unitaire
Terms of Trade	92	113	116	113	113	107	107	99	97	...	Termes de l'échange
Purchasing Power of Exports	41	107	98	93	99	97	100	122	137	...	Pouvoir d'achat des export.

Special Table G

Total exports and imports by regions
Volume and unit value indices and terms of trade in US dollars (2000 = 100)

Exportations et importations totales par région
Indices du volume et de la valeur unitaire et termes de l'échange en dollars É.-U. (2000 = 100)

Countries	1985	1994	1995	1996	1997	1998	1999	2001	2002	2003	Pays
Kenya											**Kenya**
Imp: Volume	46	77	90	89	95	96	87	...	...	...	Imp: volume
Imp: Unit Value	97	83	102	101	107	105	98	...	...	...	Imp: valeur unitaire
Exp: Volume	...	...	...	...	...	...	...	...	...	...	Exp: volume
Exp: Unit Value	106	101	117	112	128	125	101	...	...	...	Exp: valeur unitaire
Terms of Trade	*110*	*121*	*114*	*110*	*120*	*119*	*103*	*...*	*...*	*...*	*Termes de l'échange*
Purchasing Power of Exports	*...*	*...*	*...*	*...*	*...*	*...*	*...*	*...*	*...*	*...*	*Pouvoir d'achat des export.*
Korea, Republic of											**Corée, République de**
Imp: Volume	20	113	74	85	87	65	84	98	110	118	Imp: volume
Imp: Unit Value	97	107	117	112	107	88	87	91	88	96	Imp: valeur unitaire
Exp: Volume	15	67	46	54	62	74	83	101	114	133	Exp: volume
Exp: Unit Value	119	178	162	141	131	103	100	87	83	85	Exp: valeur unitaire
Terms of Trade	*122*	*166*	*139*	*125*	*122*	*117*	*114*	*95*	*95*	*89*	*Termes de l'échange*
Purchasing Power of Exports	*19*	*112*	*64*	*68*	*76*	*86*	*95*	*96*	*108*	*119*	*Pouvoir d'achat des export.*
Libyan Arab Jamah.											**Jamahiriya arabe libyenne**
Imp: Volume	164	163	171	185	208	156	147	173	214	...	Imp: volume
Imp: Unit Value	98	114	119	96	93	96	114	83	47	...	Imp: valeur unitaire
Exp: Volume	110	133	132	123	129	94	108	110	95	...	Exp: volume
Exp: Unit Value	127	77	76	73	62	52	70	85	86	...	Exp: valeur unitaire
Terms of Trade	*130*	*68*	*64*	*76*	*67*	*54*	*62*	*102*	*182*	*...*	*Termes de l'échange*
Purchasing Power of Exports	*143*	*90*	*84*	*93*	*87*	*51*	*67*	*113*	*172*	*...*	*Pouvoir d'achat des export.*
Malaysia											**Malaisie**
Imp: Volume	...	...	...	...	...	...	81	92	97	...	Imp: volume
Imp: Unit Value	...	...	...	...	...	...	...	98	...	...	Imp: valeur unitaire
Exp: Volume	...	...	...	...	...	...	89	96	102	...	Exp: volume
Exp: Unit Value	...	...	...	...	...	...	...	94	...	...	Exp: valeur unitaire
Terms of Trade	*...*	*...*	*...*	*...*	*...*	*...*	*...*	*96*	*...*	*...*	*Termes de l'échange*
Purchasing Power of Exports	*...*	*...*	*...*	*...*	*...*	*...*	*...*	*92*	*...*	*...*	*Pouvoir d'achat des export.*
Mauritius											**Maurice**
Imp: Volume	...	...	...	...	...	...	...	...	...	...	Imp: volume
Imp: Unit Value	85	108	118	122	106	99	100	97	99	113	Imp: valeur unitaire
Exp: Volume	...	...	...	...	...	...	...	...	...	...	Exp: volume
Exp: Unit Value	62	108	118	127	111	111	106	92	97	110	Exp: valeur unitaire
Terms of Trade	*73*	*100*	*100*	*104*	*105*	*112*	*106*	*95*	*98*	*97*	*Termes de l'échange*
Purchasing Power of Exports	*...*	*...*	*...*	*...*	*...*	*...*	*...*	*...*	*...*	*...*	*Pouvoir d'achat des export.*
Mexico											**Mexique**
Imp: Volume	...	...	...	...	...	...	...	...	...	...	Imp: volume
Imp: Unit Value	...	...	...	98	99	98	97	...	...	...	Imp: valeur unitaire
Exp: Volume	...	...	...	...	...	...	...	...	...	...	Exp: volume
Exp: Unit Value	...	...	...	96	95	90	93	...	...	...	Exp: valeur unitaire
Terms of Trade	*...*	*...*	*...*	*98*	*96*	*91*	*96*	*...*	*...*	*...*	*Termes de l'échange*
Purchasing Power of Exports	*...*	*...*	*...*	*...*	*...*	*...*	*...*	*...*	*...*	*...*	*Pouvoir d'achat des export.*
Moldova, Republic of											**République de Moldova**
Imp: Volume	.	...	...	...	...	...	...	...	...	...	Imp: volume
Imp: Unit Value	.	...	...	136	137	127	103	97	...	...	Imp: valeur unitaire
Exp: Volume	.	...	...	...	...	...	...	...	...	...	Exp: volume
Exp: Unit Value	.	...	...	124	137	142	107	93	...	...	Exp: valeur unitaire
Terms of Trade	*.*	*...*	*...*	*91*	*100*	*111*	*104*	*96*	*...*	*...*	*Termes de l'échange*
Purchasing Power of Exports	*.*	*...*	*...*	*...*	*...*	*...*	*...*	*...*	*...*	*...*	*Pouvoir d'achat des export.*

Special Table G
Total exports and imports by regions
Volume and unit value indices and terms of trade in US dollars (2000 = 100)
Exportations et importations totales par région
Indices du volume et de la valeur unitaire et termes de l'échange en dollars É.-U. (2000 = 100)

Countries	1985	1994	1995	1996	1997	1998	1999	2001	2002	2003	Pays
Morocco											**Maroc**
Imp: Volume	39	58	66	63	66	82	89	99	104	...	Imp: volume
Imp: Unit Value	...	...	...	...	...	...	...	...	...	...	Imp: valeur unitaire
Exp: Volume	46	80	79	77	82	84	91	102	106	...	Exp: volume
Exp: Unit Value	...	...	...	...	...	...	...	...	...	...	Exp: valeur unitaire
Terms of Trade	...	...	...	...	...	...	...	...	...	...	Termes de l'échange
Purchasing Power of Exports	...	...	...	...	...	...	...	...	...	...	Pouvoir d'achat des export.
Netherlands											**Pays-Bas**
Imp: Volume	41	65	73	76	81	89	96	101	95	100	Imp: volume
Imp: Unit Value	82	113	128	123	113	108	103	100	103	117	Imp: valeur unitaire
Exp: Volume	40	66	72	75	82	88	92	100	102	105	Exp: volume
Exp: Unit Value	82	113	130	124	114	109	101	101	100	115	Exp: valeur unitaire
Terms of Trade	100	100	102	101	101	101	98	101	96	98	Termes de l'échange
Purchasing Power of Exports	39	66	73	76	83	88	90	101	98	103	Pouvoir d'achat des export.
New Zealand											**Nouvelle-Zélande**
Imp: Volume	49	78	83	85	88	91	103	102	111	124	Imp: volume
Imp: Unit Value	89	112	122	125	118	99	100	94	98	109	Imp: valeur unitaire
Exp: Volume	58	81	84	88	93	92	95	103	109	112	Exp: volume
Exp: Unit Value	75	114	123	125	117	99	99	101	99	111	Exp: valeur unitaire
Terms of Trade	84	102	101	100	99	99	99	107	102	102	Termes de l'échange
Purchasing Power of Exports	49	83	85	88	92	92	94	110	111	115	Pouvoir d'achat des export.
Norway											**Norvège**
Imp: Volume[3]	49	63	69	76	83	94	94	101	103	106	Imp: volume[3]
Imp: Unit Value[3]	97	129	145	141	127	118	109	98	104	116	Imp: valeur unitaire[3]
Exp: Volume[3]	36	74	78	88	93	93	95	105	107	107	Exp: volume[3]
Exp: Unit Value[3]	87	77	88	93	86	71	78	93	94	104	Exp: valeur unitaire[3]
Terms of Trade	90	59	60	66	68	61	71	95	91	90	Termes de l'échange
Purchasing Power of Exports	32	44	47	58	63	56	68	99	97	97	Pouvoir d'achat des export.
Pakistan											**Pakistan**
Imp: Volume	56	86	94	92	94	90	101	112	123	123	Imp: volume
Imp: Unit Value	92	91	99	96	97	86	93	94	95	109	Imp: valeur unitaire
Exp: Volume	38	93	73	87	82	79	89	102	109	110	Exp: volume
Exp: Unit Value	86	97	118	115	115	118	109	94	90	96	Exp: valeur unitaire
Terms of Trade	93	107	120	120	118	137	118	100	95	89	Termes de l'échange
Purchasing Power of Exports	35	99	88	105	97	109	105	102	104	98	Pouvoir d'achat des export.
Panama											**Panama**
Imp: Volume	...	...	...	...	...	...	...	...	...	...	Imp: volume
Imp: Unit Value	...	...	...	...	...	...	...	...	...	...	Imp: valeur unitaire
Exp: Volume	...	...	...	...	...	143	105	...	81	84	Exp: volume
Exp: Unit Value	...	...	...	...	...	...	...	...	...	...	Exp: valeur unitaire
Terms of Trade	...	...	...	...	...	...	...	...	...	...	Termes de l'échange
Purchasing Power of Exports	...	...	...	...	...	...	...	...	...	...	Pouvoir d'achat des export.
Papua New Guinea											**Popouasie-Nouvelle-Guinée**
Imp: Volume	...	...	...	...	...	...	...	...	...	...	Imp: volume
Imp: Unit Value	...	...	...	...	...	...	...	...	...	...	Imp: valeur unitaire
Exp: Volume	...	...	...	...	...	...	...	...	...	...	Exp: volume
Exp: Unit Value	63	89	99	95	98	80	79	90	85	...	Exp: valeur unitaire
Terms of Trade	...	...	...	...	...	...	...	...	...	...	Termes de l'échange
Purchasing Power of Exports	...	...	...	...	...	...	...	...	...	...	Pouvoir d'achat des export.

Special Table G
Total exports and imports by regions
Volume and unit value indices and terms of trade in US dollars (2000 = 100)
Exportations et importations totales par région
Indices du volume et de la valeur unitaire et termes de l'échange en dollars É.-U. (2000 = 100)

Countries	1985	1994	1995	1996	1997	1998	1999	2001	2002	2003	Pays
Peru											**Pérou**
Imp: Volume	...	...	...	...	...	...	...	...	...	...	Imp: volume
Imp: Unit Value	...	...	...	...	...	...	...	...	...	...	Imp: valeur unitaire
Exp: Volume	70	79	79	86	91	78	88	114	126	122	Exp: volume
Exp: Unit Value	71	72	88	87	90	70	75	84	87	97	Exp: valeur unitaire
Terms of Trade	...	...	...	...	...	...	...	...	...	...	Termes de l'échange
Purchasing Power of Exports	...	...	...	...	...	...	...	...	...	...	Pouvoir d'achat des export.
Philippines											**Philippines**
Imp: Volume	84	143	83	98	106	85	95	114	116	...	Imp: volume
Imp: Unit Value[1]	...	175	174	180	162	121	118	80	84	...	Imp: valeur unitaire[1]
Exp: Volume	56	86	56	62	74	80	87	89	105	...	Exp: volume
Exp: Unit Value[1]	...	137	141	146	134	105	121	84	77	...	Exp: valeur unitaire[1]
Terms of Trade	...	78	81	82	83	87	103	104	91	...	Termes de l'échange
Purchasing Power of Exports	...	67	45	51	61	70	89	92	96	...	Pouvoir d'achat des export.
Poland											**Pologne**
Imp: Volume	21	39	47	60	73	87	90	103	111	...	Imp: volume
Imp: Unit Value[1]	143	107	113	119	111	111	103	100	102	...	Imp: valeur unitaire[1]
Exp: Volume	34	49	57	62	71	76	80	112	121	144	Exp: volume
Exp: Unit Value[1]	119	110	126	122	113	115	108	102	107	118	Exp: valeur unitaire[1]
Terms of Trade	83	104	111	103	102	104	105	102	105	...	Termes de l'échange
Purchasing Power of Exports	28	51	63	64	72	79	84	114	127	...	Pouvoir d'achat des export.
Portugal											**Portugal**
Imp: Volume	...	...	...	...	...	...	...	97	94	94	Imp: volume
Imp: Unit Value[1]	98	125	138	130	115	110	106	89	91	110	Imp: valeur unitaire[1]
Exp: Volume	...	...	...	...	...	...	...	95	95	97	Exp: volume
Exp: Unit Value[1]	88	133	144	131	119	116	109	93	96	112	Exp: valeur unitaire[1]
Terms of Trade	89	107	105	101	104	106	103	105	106	102	Termes de l'échange
Purchasing Power of Exports	...	...	...	...	...	...	...	99	101	99	Pouvoir d'achat des export.
Romania											**Roumanie**
Imp: Volume	...		...	...	...	...	...	...	...	...	Imp: volume
Imp: Unit Value	...		...	144	133	117	105	96	...	...	Imp: valeur unitaire
Exp: Volume	...		...	...	...	...	...	...	...	...	Exp: volume
Exp: Unit Value	...		...	126	118	109	102	98	...	...	Exp: valeur unitaire
Terms of Trade	...		...	88	89	93	97	102	...	...	Termes de l'échange
Purchasing Power of Exports	...		...	...	...	...	...	...	...	...	Pouvoir d'achat des export.
Russian Federation											**Fédération de Russie**
Imp: Volume	.	...	...	...	...	...	...	130	153	...	Imp: volume
Imp: Unit Value	.	...	...	...	...	...	...	...	...	...	Imp: valeur unitaire
Exp: Volume	.	...	...	...	...	...	...	103	114	...	Exp: volume
Exp: Unit Value	.	...	...	...	...	...	...	...	...	...	Exp: valeur unitaire
Terms of Trade	.	...	...	...	...	...	...	...	...	...	Termes de l'échange
Purchasing Power of Exports	.	...	...	...	...	...	...	...	...	...	Pouvoir d'achat des export.
Seychelles											**Seychelles**
Imp: Volume	21	42	46	77	68	83	105	...	...	...	Imp: volume
Imp: Unit Value	141	144	148	144	146	136	120	...	...	...	Imp: valeur unitaire
Exp: Volume	3	26	21	38	51	51	78	...	...	...	Exp: volume
Exp: Unit Value	94	71	94	88	110	143	114	...	...	...	Exp: valeur unitaire
Terms of Trade	66	50	63	61	75	105	94	...	...	...	Termes de l'échange
Purchasing Power of Exports	2	13	13	23	38	54	73	...	...	...	Pouvoir d'achat des export.

Special Table G

Total exports and imports by regions
Volume and unit value indices and terms of trade in US dollars (2000 = 100)

Exportations et importations totales par région
Indices du volume et de la valeur unitaire et termes de l'échange en dollars É.-U. (2000 = 100)

Countries	1985	1994	1995	1996	1997	1998	1999	2001	2002	2003	Pays
Singapore											**Singapour**
Imp: Volume	23	71	80	85	92	83	88	89	96	...	Imp: volume
Imp: Unit Value[1]	86	107	115	114	107	93	93	97	96	99	Imp: valeur unitaire[1]
Exp: Volume	15	62	71	76	81	82	86	95	100	116	Exp: volume
Exp: Unit Value[1]	108	114	120	120	112	97	96	93	91	90	Exp: valeur unitaire[1]
Terms of Trade	*126*	*106*	*104*	*105*	*105*	*104*	*103*	*96*	*94*	*91*	*Termes de l'échange*
Purchasing Power of Exports	*19*	*66*	*75*	*79*	*85*	*86*	*89*	*91*	*95*	*106*	*Pouvoir d'achat des export.*
South Africa											**Afrique du Sud**
Imp: Volume	56	80	87	94	99	101	93	100	103	...	Imp: volume
Imp: Unit Value	76	105	117	107	107	99	98	94	94	115	Imp: valeur unitaire
Exp: Volume	58	73	76	83	88	90	91	101	100	...	Exp: volume
Exp: Unit Value	72	107	123	114	113	104	100	95	96	123	Exp: valeur unitaire
Terms of Trade	*95*	*103*	*106*	*106*	*106*	*105*	*102*	*100*	*103*	*107*	*Termes de l'échange*
Purchasing Power of Exports	*55*	*75*	*80*	*89*	*93*	*94*	*92*	*102*	*103*	*...*	*Pouvoir d'achat des export.*
Spain											**Espagne**
Imp: Volume	...	...	...	...	...	...	92	104	108	116	Imp: volume
Imp: Unit Value[1]	107	113	127	125	112	108	102	97	99	118	Imp: valeur unitaire[1]
Exp: Volume	...	...	...	...	...	...	89	102	104	110	Exp: volume
Exp: Unit Value[1]	80	116	132	131	117	115	109	100	106	125	Exp: valeur unitaire[1]
Terms of Trade	*75*	*102*	*104*	*105*	*105*	*107*	*106*	*103*	*107*	*106*	*Termes de l'échange*
Purchasing Power of Exports	*...*	*...*	*...*	*...*	*...*	*...*	*94*	*105*	*110*	*116*	*Pouvoir d'achat des export.*
Sri Lanka											**Sri Lanka**
Imp: Volume	43	63	73	73	82	89	90	91	101	111	Imp: volume
Imp: Unit Value	...	...	...	...	...	...	...	...	...	...	Imp: valeur unitaire
Exp: Volume	41	57	71	74	82	81	84	92	93	98	Exp: volume
Exp: Unit Value	60	73	99	102	105	110	101	97	91	97	Exp: valeur unitaire
Terms of Trade	*...*	*...*	*...*	*...*	*...*	*...*	*...*	*...*	*...*	*...*	*Termes de l'échange*
Purchasing Power of Exports	*...*	*...*	*...*	*...*	*...*	*...*	*...*	*...*	*...*	*...*	*Pouvoir d'achat des export.*
Sweden											**Suède**
Imp: Volume	50	68	69	71	78	86	89	95	94	100	Imp: volume
Imp: Unit Value[1]	77	104	120	122	110	104	103	93	99	117	Imp: valeur unitaire[1]
Exp: Volume	53	68	67	70	78	85	90	98	101	106	Exp: volume
Exp: Unit Value[1]	80	114	131	132	117	112	106	90	94	111	Exp: valeur unitaire[1]
Terms of Trade	*105*	*110*	*109*	*108*	*107*	*107*	*104*	*97*	*95*	*95*	*Termes de l'échange*
Purchasing Power of Exports	*56*	*75*	*73*	*76*	*83*	*91*	*93*	*96*	*96*	*101*	*Pouvoir d'achat des export.*
Switzerland											**Suisse**
Imp: Volume	52	70	75	76	80	87	93	101	99	100	Imp: volume
Imp: Unit Value	74	120	136	129	116	112	107	100	105	121	Imp: valeur unitaire
Exp: Volume	58	77	80	81	87	91	93	103	105	105	Exp: volume
Exp: Unit Value	60	116	131	126	111	110	109	101	107	124	Exp: valeur unitaire
Terms of Trade	*82*	*96*	*96*	*97*	*96*	*99*	*103*	*101*	*102*	*102*	*Termes de l'échange*
Purchasing Power of Exports	*47*	*74*	*77*	*79*	*83*	*90*	*95*	*104*	*106*	*107*	*Pouvoir d'achat des export.*
Thailand											**Thaïlande**
Imp: Volume	27	100	113	102	91	67	82	89	99	108	Imp: volume
Imp: Unit Value	77	89	100	111	109	98	95	109	103	110	Imp: valeur unitaire
Exp: Volume	17	51	70	63	68	73	82	94	107	117	Exp: volume
Exp: Unit Value	74	107	117	127	122	107	102	99	92	99	Exp: valeur unitaire
Terms of Trade	*96*	*120*	*116*	*114*	*112*	*109*	*107*	*91*	*89*	*90*	*Termes de l'échange*
Purchasing Power of Exports	*16*	*62*	*82*	*72*	*76*	*80*	*88*	*86*	*96*	*105*	*Pouvoir d'achat des export.*

Special Table G

Total exports and imports by regions
Volume and unit value indices and terms of trade in US dollars (2000 = 100)

Exportations et importations totales par région
Indices du volume et de la valeur unitaire et termes de l'échange en dollars É.-U. (2000 = 100)

Countries	1985	1994	1995	1996	1997	1998	1999	2001	2002	2003	Pays
Turkey											**Turquie**
Imp: Volume	26	38	49	63	78	76	75	75	91	121	Imp: volume
Imp: Unit Value	113	105	123	116	106	101	96	100	98	106	Imp: valeur unitaire
Exp: Volume	29	60	64	70	79	87	90	122	142	173	Exp: volume
Exp: Unit Value	101	114	128	123	117	112	104	97	96	105	Exp: valeur unitaire
Terms of Trade	*90*	*108*	*104*	*106*	*111*	*111*	*109*	*98*	*97*	*99*	*Termes de l'échange*
Purchasing Power of Exports	*26*	*65*	*67*	*74*	*88*	*96*	*98*	*119*	*137*	*171*	*Pouvoir d'achat des export.*
United Kingdom											**Royaume-Uni**
Imp: Volume	41	63	66	72	79	86	91	105	110	111	Imp: volume
Imp: Unit Value[1]	74	106	116	114	112	106	104	94	96	104	Imp: valeur unitaire[1]
Exp: Volume	47	68	73	79	85	86	89	103	101	100	Exp: volume
Exp: Unit Value[1]	76	109	116	116	115	111	106	94	98	108	Exp: valeur unitaire[1]
Terms of Trade	*103*	*103*	*100*	*101*	*103*	*104*	*102*	*99*	*102*	*104*	*Termes de l'échange*
Purchasing Power of Exports	*48*	*70*	*73*	*80*	*88*	*90*	*91*	*102*	*103*	*105*	*Pouvoir d'achat des export.*
United States											**Etats-Unis**
Imp: Volume	34	57	61	64	72	81	90	97	101	107	Imp: volume
Imp: Unit Value[1]	81	96	101	102	99	93	94	96	94	97	Imp: valeur unitaire[1]
Exp: Volume[4]	33	66	72	77	86	88	91	94	90	93	Exp: volume[4]
Exp: Unit Value[1,4]	84	99	104	104	103	100	98	99	98	100	Exp: valeur unitaire[1,4]
Terms of Trade	*103*	*103*	*103*	*103*	*104*	*107*	*105*	*103*	*104*	*103*	*Termes de l'échange*
Purchasing Power of Exports	*34*	*68*	*74*	*79*	*89*	*94*	*96*	*97*	*94*	*96*	*Pouvoir d'achat des export.*
Uruguay											**Uruguay**
Imp: Volume	...	...	...	...	...	...	...	...	...	...	Imp: volume
Imp: Unit Value	...	104	112	112	108	101	96	94	87	...	Imp: valeur unitaire
Exp: Volume	...	...	...	...	...	...	...	...	...	...	Exp: volume
Exp: Unit Value	95	113	125	122	119	118	101	98	93	...	Exp: valeur unitaire
Terms of Trade	*...*	*108*	*112*	*109*	*110*	*117*	*106*	*104*	*106*	*...*	*Termes de l'échange*
Purchasing Power of Exports	*...*	*...*	*...*	*...*	*...*	*...*	*...*	*...*	*...*	*...*	*Pouvoir d'achat des export.*
Venezuela											**Venezuela**
Imp: Volume	...	...	...	...	...	...	...	...	...	...	Imp: volume
Imp. Unit Value[1]	92	82	106	93	98	102	102	101	100	109	Imp: valeur unitaire[1]
Exp: Volume	...	...	...	...	...	...	...	...	...	...	Exp: volume
Exp: Unit Value	...	...	...	...	...	...	...	...	...	...	Exp: valeur unitaire
Terms of Trade	*...*	*...*	*...*	*...*	*...*	*...*	*...*	*...*	*...*	*...*	*Termes de l'échange*
Purchasing Power of Exports	*...*	*...*	*...*	*...*	*...*	*...*	*...*	*...*	*...*	*...*	*Pouvoir d'achat des export.*

Special Table G

Total exports and imports by regions
Volume and unit value indices and terms of trade in US dollars (2000 = 100)

Exportations et importations totales par région
Indices du volume et de la valeur unitaire et termes de l'échange en dollars É.-U. (2000 = 100)

General Note: The volume and unit value/price indices are as compiled by countries. They show the changes in the volume (volume index) and the average price (unit value/price index) of total imports and exports. Using these indices UNSD calculates the terms of trade indices (export unit value/price indices divided by the corresponding import unit value/price indices), and the index of the purchasing power of exports (the terms of trade multiplied by the volume index of exports). Country footnotes which appear in Special Table B of this volume also apply to the country indices published in this table.

Remarque générale: Les indices du volume et les indices de la valeur unitaire/prix sont comme compilées par les pays. Ils indiquent les variations des quantitées (indice du volume) et des prix moyens (indice de la valeur unitaire/prix) des importations ou exportations totales. Utilisant ces indices la Division de Statistique des Nations Unies calcule les indices des termes de l'échange (sont obtenus en divisant les indices de la valeur unitaire à l'exportation par ceux à l'importation), et l'indice du pouvoir d'achat des exportations (sont obtenu en multipliant l'indice des termes de l'échange du volume des exportations). Les notes se rapportant aux pays qui apparaissent dans le Tableau Spécial B de ce tome s'appliquent aussi aux indices de ce tableau.

1 Price indices.
2 See explanatory notes pertaining to Hong Kong SAR and Macao SAR on page v..
3 Index numbers exclude ships.
4 Excluding military goods.

1 Les indices des prix.
2 Voir les notes explicatives concernant Hong-Kong RAS et Macao RAS à la page v.
3 Non compris les navires.
4 Non compris les importations des economats militaires.

Special Table H
Total exports and imports by regions
Quantum and unit value indices and terms of trade in US dollars (2000 = 100)
Exportations et importations totales par région
Indices du quantum et de la valeur unitaire et termes de l'échange en dollars É.-U. (2000 = 100)

Regions - Régions	1985	1992	1993	1994	1995	1996	1997	1998	1999	2001	2002	2003
Exports - Unit value index / Exportations - Indice de la valeur unitaire[1]												
Total - Totaux	78	108	103	108	117	116	109	102	100	97	97	106
Developed economies - Economies développées[2]	75	114	108	112	122	119	111	107	103	98	99	112
Africa - Afrique[3]	72	109	104	107	123	114	113	104	100	95	96	123
North America - Amérique du Nord	83	96	96	97	103	104	102	98	97	99	97	101
Asia - Asie	56	90	99	106	114	106	97	91	96	94	90	95
Europe	77	130	118	121	133	130	118	115	108	99	102	119
EU-15 - UE-15	78	132	119	123	134	132	119	117	108	99	102	119
EFTA - AELE	69	103	95	98	112	110	100	93	95	98	101	115
Oceania - Océanie	85	108	103	108	118	119	114	101	97	99	100	111
Developing econ. - Econ. en voi de développement[2]	89	93	90	96	104	108	103	88	91	94	92	94
Africa - Afrique	102	83	75	84	93	89	81	67	83	93	88	78
America - Amérique	80	78	74	76	83	100	102	90	92	98	89	87
Asia - Asie	90	97	95	102	110	112	105	89	91	93	93	96
Asia Middle East - Moyen-Orient d'Asie	85	65	59	62	68	75	71	50	70	93	85	95
Other Asia - Autres Pays d'Asie	94	111	111	118	125	124	116	105	97	93	95	97
Imports - Unit value index / Importations - Indice de la valeur unitaire[1]												
Total - Totaux	85	108	101	104	114	113	107	101	99	95	95	102
Developed economies - Economies développées[2]	85	114	106	109	118	116	109	103	100	97	97	107
Africa - Afrique[3]	76	110	103	105	117	107	107	99	98	94	94	115
North America - Amérique du Nord	82	96	95	97	101	102	99	94	95	97	95	98
Asia - Asie	90	100	100	101	109	108	103	91	91	94	90	97
Europe	85	127	114	118	130	127	116	111	105	97	99	115
EU-15 - UE-15	86	127	113	118	130	127	115	111	104	97	99	115
EFTA - AELE	80	130	119	122	138	133	119	113	107	100	105	119
Oceania - Océanie	83	106	106	112	118	118	112	101	102	94	95	105
Developing econ. - Econ. en voi de développement[2,4]	84	91	90	93	104	104	103	95	96	92	88	90
America - Amérique	74	69	69	77	92	91	111	103	98	92	85	88
Asia - Asie	86	95	94	95	106	106	101	91	95	91	88	90
Asia Middle East - Moyen-Orient d'Asie	98	109	100	103	112	113	108	100	98	101	101	105
Other Asia - Autres Pays d'Asie	82	93	93	94	105	105	100	90	94	89	86	88
Terms of trade / Termes de l'échange[5]												
Developed economies - Economies développées[2]	88	100	102	103	103	103	102	104	103	101	103	104
Africa - Afrique[3]	95	99	101	103	106	106	100	105	102	100	103	107
North America - Amérique du Nord	101	100	100	101	102	102	103	104	102	102	103	104
Asia - Asie	62	91	98	105	105	98	94	100	105	100	100	98
Europe	91	102	104	103	102	103	102	103	103	101	103	104
EU-15 - UE-15	91	104	105	104	103	104	103	105	104	101	103	104
EFTA - AELE	87	80	80	80	81	83	84	82	89	98	97	96
Oceania - Océanie	102	102	98	97	100	101	102	99	95	105	105	105
Developing econ. - Econ. en voi de développement[2,4]	105	102	100	104	100	104	99	93	95	103	104	104
America - Amérique	107	112	108	100	90	110	92	88	95	107	104	
Asia - Asie	105	102	101	107	105	106	103	98	96	103	105	
Asia Middle East - Moyen-Orient d'Asie	86	60	59	60	60	66	66	50	72	92	84	
Other Asia - Autres Pays d'Asie	114	120	120	125	120	119	116	117	103	104	1	

Special Table H

Total exports and imports by regions

Quantum and unit value indices and terms of trade in US dollars (2000 = 100)

Exportations et importations totales par région

Indices du quantum et de la valeur unitaire et termes de l'échange en dollars É.-U. (2000 = 100)

Regions - Régions	1985	1992	1993	1994	1995	1996	1997	1998	1999	2001	2002	2003
Exports - Volume index / Exportations - Indice du volume[6]												
Total - Totaux	39	56	58	63	70	73	81	85	90	99	103	108
Developed economies - Economies développées[2]	44	58	60	65	72	75	83	86	91	99	100	102
Africa - Afrique[3]	75	70	77	78	75	84	91	83	88	103	102	98
North America - Amérique du Nord	37	59	62	67	73	77	85	88	93	95	91	92
Asia - Asie	65	77	76	77	80	81	90	88	90	89	95	101
Europe	42	54	56	61	69	72	80	85	90	102	105	106
EU-15 - UE-15	41	53	55	60	68	72	79	84	90	102	104	106
EFTA - AELE	51	69	70	76	80	84	90	93	95	104	105	106
Oceania - Océanie	44	63	67	72	74	82	88	87	92	101	101	100
Developing econ. - Econ. en voi de développement[2]	29	51	55	60	67	69	77	85	90	100	110	124
Africa - Afrique	61	80	78	78	82	97	103	110	105	101	108	143
America - Amérique	38	54	61	68	77	72	77	87	90	97	110	121
Asia - Asie	24	48	53	57	63	66	76	82	89	100	110	124
Asia Middle East - Moyen-Orient d'Asie	44	79	88	85	86	90	101	120	107	100	114	114
Other Asia - Autres Pays d'Asie	19	41	45	50	58	61	69	73	85	100	108	126
Imports - Volume index / Importations - Indice du volume[6]												
Total - Totaux	36	56	58	64	69	73	80	84	90	100	105	111
Developed economies - Economies développées[2]	38	55	56	62	67	71	77	84	91	99	101	106
Africa - Afrique[3]	50	59	64	74	88	94	103	99	91	100	104	119
North America - Amérique du Nord	36	48	52	59	62	65	74	82	90	96	100	105
Asia - Asie	38	61	64	72	81	85	86	81	89	97	98	101
Europe	38	57	56	61	67	71	77	84	91	101	102	106
EU-15 - UE-15	38	57	56	61	67	70	77	84	91	101	103	106
EFTA - AELE	52	61	61	67	72	75	81	89	93	100	98	99
Oceania - Océanie	46	59	61	69	75	80	84	89	96	95	106	118
Developing econ. - Econ. en voi de développement[2]	31	59	65	70	75	81	86	84	86	104	114	129
America - Amérique	30	66	73	76	72	81	77	87	89	106	108	107
Asia - Asie	28	57	63	69	77	82	88	81	84	103	115	136
Asia Middle East - Moyen-Orient d'Asie	48	68	72	61	68	75	84	87	87	94	104	116
Other Asia - Autres Pays d'Asie	25	55	61	71	79	83	88	80	84	104	117	140

Source:
Compiled by the United Nations Statistics Division from international and national publications.

Note:
For the composition of the regions, see Special Table A of this issue.

1   Regional aggregates are current period weighted.

2   This classification is intended for statistical convenience and does not, necessarily, express a judgement about the stage reached by a particular country in the development process.

3   Beginning January 1998, data refer to South Africa only. Prior to January 1998, data refer to Southern African Common Customs Area.

4   Indices are based on estimates prepared by the International Monetary Fund.

5   Unit value index of exports divided by unit value index of imports.

6   Volume indices are derived from value data and unit value indices. They are base period weighted.

Source:
Compilé par la Division de statistique des Nations Unies à partir de publications internationales et nationales.

Note:
Pour la composition des régions, voir tableau spécial A du présent numéro.

1   Les totaux régionaux sont à coéfficients de pondération correspondant à la période en cours.

2   Cette classification est utilisée pour plus de commodité dans la présentation des statistiques et n'implique pas nécessairement un jugement quant au stade de développement auquel est parvenu un pays donné.

3   A compter de janvier 1998, les données se rapportent qu'à l'Afrique du Sud. Avant janvier 1998, les données se rapportent à l'Union Douanière de l'Afrique Mèridionale.

4   Le calcul des indices sont basés sur les estimations preparées par le Fonds monétaire international.

5   Indice de la valeur unitaire des exportations divisé par l'indice de la valeur unitaire des importations.

6   Les indices du volume sont calculés à partir de chiffres de la valeur et des indices de la valeur unitaire. Ils sont à coéfficients de pondération correspondant à la période en base.

SPECIAL TABLE: I

Manufactured goods exports

2000 = 100

Region, country or area	1985	1992	1993	1994	1995	1996	1997	1998	1999	2001	2002	2003
Unit Value Indices in U.S. dollars - Indices de valuer unitaire en dollars des E.-U.												
Total 1/	73	113	108	111	122	117	110	108	103	98	98	...
Developed economies	71	114	108	110	122	118	110	110	105	98	99	108
America	87	97	97	97	100	99	101	100	99	99	100	103
Canada	108	108	106	101	104	105	106	101	99	97	96	103
United States 2/	81	94	94	95	98	98	99	100	99	100	102	103
Europe	71	127	114	116	134	129	116	116	110	98	100	113
EU	72	128	115	117	134	129	116	117	110	98	99	113
Austria 3/	119	196	179	178	205	185	152	141	118	94	100	...
Belgium/Luxembourg 4/	67	115	105	109	127	123	113	112	106	98	104	...
Denmark	66	122	111	116	134	130	118	116	112	100	103	122
Finland	66	110	91	101	128	121	109	107	104	95	100	117
France	78	125	118	123	139	135	120	120	113	98	84	...
Germany 5/	76	143	128	130	150	140	121	124	111	99	104	...
Greece	106	160	137	141	149	143	122	113	107	...	...	...
Ireland 4/	80	124	122	113	125	124	104	96	...	...	...	...
Italy 4/	68	132	112	107	120	123	112	119	113	100	...	104
Netherlands 6/	74	131	119	119	141	132	117	115	109	...	...	...
Portugal 4/	77	130	120	116	137	129	116	113	108	98	...	...
Spain 4/	63	125	97	98	113	113	100	98	...	...	...	...
Sweden	72	127	102	106	131	132	117	112	106	...	...	...
United Kingdom	61	104	100	105	116	115	115	114	108	94	97	...
EFTA	62	112	96	106	129	126	113	111	108	103	107	112
Iceland 4/	64	96	85	90	128	118	113	100	...	...	...	...
Norway	77	122	107	109	135	127	116	112	106	97	100	109
Switzerland 4/	59	110	95	106	128	126	112	111	109	104	109	...
Other developed economies	59	95	102	109	118	110	104	99	98	94	91	97
Australia	83	107	102	110	121	117	112	98	97	90	92	100
Israel	51	74	75	74	77	77	75	77	83	...	...	...
Japan	58	95	102	111	119	110	104	100	98	94	92	97
New Zealand	79	107	107	118	134	131	122	101	96	98	99	112
South Africa	93	155	155	155	190	165	...	...	...	...	...	...
Developing economies	87	110	111	113	120	114	108	104	97	98	96	
China, Hong Kong SAR	...	107	107	109	111	111	107	104	102	96	93	
India	102	124	120	119	117	94	113	107	121	92	99	
Korea, Republic of 6/	94	125	124	127	134	123	112	100	94	91	81	
Pakistan	73	92	89	97	113	111	117	115	106	100	96	
Singapore	...	117	112	123	127	123	116	105	101	98	100	
Turkey 7/	122	130	124	118	139	127	116	109	105	99	96	
Unit value indices in 'SDR' - Indices de valuer unitaire en 'DTS'												
Total	95	106	102	102	106	107	105	105	99	102	99	...
Developed economies	92	107	102	102	106	108	105	107	101	102	100	103
Developing economies	113	103	105	104	105	104	103	101	93	102	98	...

For general note and footnotes see end of Special Table K.

Exportations des produits manufacturés (suite)

In thousand million U.S. dollars   En milliards de dollars E.-U.

Unit value indices in national currency - Indices de valuer unitaire en monnaie nationale

1985	1992	1993	1994	1995	1996	1997	1998	1999	2001	2002	2003	Région, pays ou zones
												Totaux 1/
												Economies dévelopeées
												Amérique
99	88	92	93	96	97	99	101	99	102	102	98	Canada
81	94	94	95	98	98	99	100	99	100	102	102	Etats-Unis 2/
												Europe
												UE
164	145	140	136	139	132	125	117	102	98	98	...	Autriche 3/
...	...	...	...	...	...	...	...	...	...	...	...	Belgique / Luxembourg
86	91	89	91	93	93	96	96	97	102	100	101	Danemark
64	77	81	81	87	86	88	89	90	98	98	96	Finlande
98	93	94	96	97	97	98	100	98	101	83	...	France
105	105	100	99	101	99	99	103	97	102	102	...	Allemagne 5/
40	84	83	93	95	94	91	91	90	...	...	...	Grèce
...	...	...	...	...	...	...	...	...	...	...	...	Irlande
...	...	...	...	...	...	...	...	...	...	...	...	Italie
102	97	93	90	94	93	96	95	95	...	...	...	Pays-Bas 6/
...	...	...	...	...	...	...	...	...	...	...	...	Portugal
...	...	...	...	...	...	...	...	...	...	...	...	Espagne
67	80	87	89	102	97	97	97	96	...	...	...	Suède
72	89	101	103	111	111	106	104	101	98	98	...	Royaume-Uni
												AELE
...	...	...	...	...	...	...	...	...	...	...	...	Islande
74	86	86	87	97	93	93	96	94	99	90	88	Norvège
...	...	...	...	...	...	...	...	...	...	...	...	Suisse
												Autres économies développées
69	84	86	87	94	87	87	90	87	104	97	88	Australie
...	...	...	...	...	...	...	...	...	...	...	...	Israël
128	112	105	105	103	111	117	121	104	110	106	105	Japon
73	91	90	90	93	86	84	85	83	105	97	88	Nouvelle-Zélande
30	64	73	79	99	102	...	...	...	...	...	...	Afrique du Sud
												Economies en voie de développement
...	106	106	108	110	110	106	103	101	96	94	...	Chine, Hong-Kong RAS
28	72	81	83	84	74	92	98	116	95	107	...	Inde
74	88	90	92	93	89	95	125	101	105	91	...	Corée, République de
22	44	47	56	68	76	91	99	100	117	109	...	Pakistan
...	...	...	...	...	...	...	...	...	...	...	...	Singapour
...	...	...	...	...	...	...	...	...	...	...	...	Turquie

Voir la fin du Tableau Special K pour la remarque générale et les notes.

SPECIAL TABLE: I

Manufactured goods exports

2000 = 100

Region, country or area	1985	1992	1993	1994	1995	1996	1997	1998	1999	2001	2002	2003
								Volume indices - Indices de volume				
Total 1/..........................	34	52	54	61	66	71	80	82	89	101	103	...
Developed economies..............	42	59	60	66	71	75	84	85	90	102	102	101
America...	30	56	59	66	73	78	87	89	93	103	90	90
Canada....................	30	47	53	65	74	76	80	88	99	104	103	101
United States	30	58	61	67	73	79	89	89	91	103	86	87
Europe	42	56	57	64	68	72	82	85	89	105	109	105
EU..	41	55	56	63	67	72	82	85	88	105	110	105
Austria	25	42	41	46	50	57	70	73	86	124	115	...
Belgium/Luxembourg	39	56	61	67	69	71	77	85	89	105	141	...
Denmark	46	63	62	66	69	71	81	84	95	105	114	119
Finland	41	46	56	63	68	72	81	89	89	103	98	...
France	38	59	55	61	64	68	76	82	86	119	120	...
Germany	44	56	54	61	63	68	79	80	86	105	107	...
Greece	37	55	58	57	66	73	84	93	86	...	...	...
Ireland	13	24	24	33	38	46	63	86	...	...	...	...
Italy	47	57	63	75	82	87	90	87	86	105	...	119
Netherlands	38	51	52	59	64	68	89	83	88	...	...	...
Portugal	27	56	51	61	68	73	80	89	94	103	...	...
Spain	31	45	55	66	71	80	92	96	...	...	...	...
Sweden	51	57	63	75	77	76	91	91	100	...	...	...
United Kingdom	48	65	61	69	75	82	89	89	90	96	103	...
EFTA	56	72	79	77	75	77	84	88	94	96	91	109
Iceland	41	40	44	56	52	56	64	72	...	...	...	...
Norway	58	68	68	62	65	68	88	95	96	92	110	112
Switzerland	56	72	81	80	78	78	83	87	94	97	87	...
Other developed economies	60	72	72	74	77	78	85	82	90	91	96	102
Australia	21	43	50	56	61	79	86	83	91	101	104	103
Israel	35	53	61	71	75	82	94	95	98	...	...	...
Japan	64	76	75	76	79	79	85	81	89	89	94	100
New Zealand	40	54	60	68	70	73	80	92	99	108	105	...
South Africa	30	37	39	43	46	55	...	...	...	...	...	...
Developing economies	15	38	42	49	57	63	72	75	87	97	106	...
China, Hong Kong SAR	...	119	113	111	113	104	107	100	93	88	93	...
India	15	35	39	48	57	74	65	67	69	105	115	...
Korea, Republic of	19	36	39	45	55	60	68	74	88	96	99	...
Pakistan	30	81	84	85	77	90	82	79	90	101	113	...
Singapore	...	35	44	55	67	72	77	75	82	89	90	...
Turkey	18	36	40	50	52	60	76	85	89	115	139	...

For general note and footnotes see end of Special Table K.

Exportations des produits manufacturés (suite)

In thousand million U.S. dollars   En milliards de dollars E.-U.

1985	1993	1994	1995	1996	1997	1998	1999	2000	2001	2002	2003	Région, pays ou zones
						Value - Valeur						
1138.2	2729.6	3141.8	3744.2	3872.7	4068.5	4104.4	4225.5	4631.4	4563.7	4680.7	...	**Totaux 1/**
955.5	2064.3	2346.2	2774.6	2847.2	2959.8	2993.3	3031.7	3211.6	3208.3	3234.4	3496.1	**Economies dévelopées**
199.2	435.1	490.1	557.0	593.7	667.7	675.6	703.7	763.6	781.4	685.2	703.9	Amérique
53.8	93.8	109.2	128.2	134.0	142.9	148.7	165.6	167.3	168.8	166.5	173.6	Canada
145.3	341.3	380.9	428.8	459.7	524.8	527.0	538.1	596.3	612.6	518.8	530.4	Etats-Unis
571.0	1244.1	1432.4	1741.3	1803.1	1830.8	1894.1	1866.9	1922.4	1979.6	2089.4	2269.9	Europe
537.2	1170.6	1352.8	1646.9	1709.3	1739.0	1798.6	1767.8	1824.9	1883.6	1994.4	2151.4	UE
15.1	36.7	40.9	51.4	52.3	53.1	51.7	50.4	49.8	58.3	57.1	77.7	Autriche
39.8	95.9	110.7	133.1	133.3	131.2	143.3	142.5	151.4	156.7	222.8	207.1	Belgique / Luxembourg
9.6	21.7	24.3	29.4	29.2	30.2	31.2	33.8	31.8	33.5	37.2	46.4	Danemark
10.8	20.1	25.1	34.7	34.8	35.1	38.0	36.7	39.7	38.9	38.9	...	Finlande
73.7	162.8	187.2	222.9	229.4	225.8	244.3	242.5	249.2	290.2	251.9	293.2	France
161.6	334.6	380.4	455.8	459.7	455.3	477.9	461.1	481.0	499.2	534.8	640.6	Allemagne 5/
2.4	4.8	4.9	6.0	6.3	6.2	6.3	5.6	6.1	6.0	5.7	...	Grèce
6.7	19.6	24.3	31.2	37.0	42.8	53.6	59.6	65.6	75.1	77.7	79.4	Irlande
67.8	150.1	170.6	209.0	226.9	215.0	219.7	206.7	212.6	223.2	223.3	262.5	Italie
35.5	79.2	89.9	113.9	114.0	133.5	121.7	122.2	127.5	120.9	123.7	...	Pays-Bas
4.3	12.9	14.9	19.5	19.9	19.5	21.1	21.3	21.0	21.4	23.1	...	Portugal
17.3	47.5	57.7	71.4	80.5	82.3	84.8	88.7	89.4	91.4	99.0	...	Espagne
24.8	43.1	53.4	67.4	67.7	71.4	68.7	71.1	67.2	58.7	66.9	82.4	Suède
67.9	141.6	168.7	201.3	218.4	237.7	236.4	225.6	232.5	210.2	232.6	...	Royaume-Uni
33.5	72.3	78.2	92.7	92.3	90.3	93.8	97.4	95.4	94.3	93.1	116.5	AELE
0.2	0.2	0.3	0.4	0.4	0.4	0.4	0.6	0.6	0.7	0.7	0.8	Islande
7.4	12.1	11.2	14.5	14.4	17.0	17.7	16.8	16.6	14.8	18.3	20.3	Norvège
25.9	60.0	66.7	77.8	77.5	72.9	75.7	80.0	78.2	78.8	74.1	95.5	Suisse
185.4	385.1	423.7	476.2	450.4	461.3	423.7	461.0	525.6	447.4	459.8	522.3	Autres économies dévelopées
3.7	10.9	13.1	15.6	19.8	20.4	17.3	18.7	21.2	19.3	20.2	21.7	Australie
5.3	13.5	15.5	17.1	18.8	20.8	21.7	24.2	29.7	27.6	27.5	29.5	Israël
170.8	348.6	381.1	425.8	393.6	402.1	369.6	397.5	454.8	378.0	391.8	443.3	Japon
1.5	3.0	3.8	4.4	4.5	4.6	4.3	4.5	4.7	5.0	4.9	...	Nouvelle-Zélande
4.2	9.2	10.3	13.4	13.8	13.3	10.8	16.1	15.2	17.5	15.3	22.0	Afrique du Sud
182.7	665.3	795.6	969.6	1025.5	1108.7	1111.0	1193.8	1419.7	1355.3	1446.3	...	**Economies en voie de développement**
15.8	27.1	27.1	28.2	25.8	25.7	23.3	21.2	22.4	18.9	19.4	14.7	Chine, Hong-Kong RAS
5.2	16.4	20.2	23.3	24.3	26.0	25.3	29.3	35.0	33.6	39.9	...	Inde
27.8	76.8	89.9	115.5	116.0	120.0	116.3	130.6	156.9	137.3	125.4	153.0	Corée, République de
1.7	5.8	6.4	6.7	7.8	7.4	7.1	7.4	7.7	7.8	8.4	10.1	Pakistan
12.0	58.7	80.5	101.0	106.0	106.6	94.2	99.7	119.3	103.7	106.7	122.1	Singapour
5.0	11.2	13.3	16.3	17.3	20.0	21.0	21.2	22.7	26.0	30.3	39.7	Turquie

Voir la fin du Tableau Special K pour la remarque général et les notes.

SPECIAL TABLE: J

Fuel imports
Developed economies

2000 = 100

Region, country or area	1985	1992	1993	1994	1995	1996	1997	1998	1999	2001	2002	2003
Unit Value Indices in U.S. dollars - Indices de valuer unitaire en dollars des E.-U.												
Developed economies	99	74	68	64	70	80	76	56	66	91	92	105
America	88	64	60	56	60	73	68	48	61	87	85	102
Canada	124	87	81	75	81	93	87	68	73	111	109	133
United States 2/..............	86	62	58	54	59	72	66	46	60	86	83	100
Europe	102	80	73	70	77	86	81	61	70	96	100	112
EU	103	80	74	70	77	86	81	61	70	96	100	112
Austria 3/......................	105	85	75	71	79	82	72	67	84	93	92	110
Belgium/Luxembourg 4/....	75	90	100	105	123	121	111	109	105	100	134	...
Denmark	104	81	69	69	77	87	83	65	69	93	99	117
Finland	83	70	61	62	69	70	67	59	71	91	91	107
France	122	88	79	76	82	91	85	66	73	98	100	
Germany 5/....................	107	78	69	66	74	81	79	58	64	97	102	
Greece	114	75	82	69	75	86	85	65	63	...	...	
Ireland 4/......................	56	77	71	69	74	80	75	57	...	...	...	
Italy 4/.........................	85	73	69	63	70	82	75	47	...	...	...	
Netherlands 4/	114	80	79	67	75	85	...	...	...	...	...	
Portugal 4/	114	74	65	62	68	78	71	49	62	93	...	
Spain 4/........................	154	85	81	77	86	98	94	66	...	...	...	
Sweden	98	71	63	62	68	75	69	55	65	...	...	
United Kingdom	103	76	66	64	72	81	77	58	70	91	89	...
EFTA	91	82	66	65	71	80	70	59	67	95	91	111
Iceland 4/......................	91	76	68	66	71	73	85	67	...	...	...	...
Norway	111	91	80	87	91	105	90	73	80	100	99	123
Switzerland 4/.................	84	80	62	60	65	71	65	55	62	93	88	...
Other developed economies ..	103	74	69	64	72	79	81	58	65	89	89	97
Australia	117	71	68	67	66	75	74	54	65	85	86	121
Israel	115	71	62	60	66	76	70	56	65	...	...	...
Japan	102	74	70	64	71	78	81	58	64	89	89	95
New Zealand	100	72	68	63	70	80	80	56	64	89	92	110
South Africa	...	...	...	...	...	...	...	...	...	...	...	

For general note and footnotes see end of Special Table K.

Importations de produits énergétiques (suite)

Pays à économies développées

In thousand million U.S. dollars | En milliards de dollars E.-U.

1985	1992	1993	1994	1995	1996	1997	1998	1999	2001	2002	2003	Région, pays ou zones
												Unit value indices in national currency - Indices de valuer unitaire en monnaie nationale
.	.	.	.	.	.	.	.	.	.	.	.	**Economies dévelopeées**
.	.	.	.	.	.	.	.	.	.	.	.	Amérique
114	71	70	69	75	85	81	68	73	116	115	126	Canada
86	62	58	54	59	72	66	46	60	86	83	100	Etats-Unis 2/
.	.	.	.	.	.	.	.	.	.	.	.	Europe
.	.	.	.	.	.	.	.	.	.	.	.	UE
145	63	59	54	53	58	59	55	73	96	90	90	Autriche
...	...	79	81	83	86	91	91	91	103	131	...	Belgique/ Luxembourg
136	60	56	54	53	63	68	54	60	94	97	97	Danemark
79	49	55	50	47	50	54	49	61	94	89	88	Finlande
153	66	63	59	58	66	69	55	64	101	98	...	France
147	57	54	51	50	58	65	48	55	100	100	...	Allemagne 5/
43	39	52	46	47	56	64	52	53	...	...	...	Grece
...	...	...	...	...	...	...	...	...	...	...	...	Irlande
...	...	...	...	...	...	...	...	...	...	...	...	Italie
...	...	...	...	...	...	...	...	...	...	...	...	Pays-Bas
...	...	...	...	...	...	...	...	...	...	...	...	Portugal
...	...	...	...	...	...	...	...	...	...	...	...	Espagne
91	45	54	52	52	55	57	47	58	...	...	...	Suède
121	65	67	63	69	79	71	53	65	95	90	...	Royaume-Uni
.	.	.	.	.	.	.	.	.	.	.	.	AELE
...	...	...	...	...	...	...	...	...	...	...	...	Islande
107	64	65	69	65	77	72	63	71	101	89	99	Norvège
...	67	...	...	...	...	...	...	55	95	81	...	Suisse
.	.	.	.	.	.	.	.	.	.	.	.	Autres économies dévelopées
97	56	58	53	52	56	58	50	58	98	91	108	Australie
...	...	...	...	...	...	...	...	...	...	...	...	Israël
225	87	72	61	62	79	90	70	68	104	104	102	Japon
91	60	57	48	48	53	55	47	54	96	89	85	Nouvelle-Zélande
...	...	...	...	...	...	...	...	...	...	...	...	Afrique du Sud

Voir la fin du Tableau Special K pour la remarque général et les notes.

SPECIAL TABLE: J

Fuel imports (continued)
Developed economies

2000 = 100

Region, country or area	1985	1992	1993	1994	1995	1996	1997	1998	1999	2001	2002	2003

Volume indices - indices de volume

Region, country or area	1985	1992	1993	1994	1995	1996	1997	1998	1999	2001	2002	2003
Developed economies	63	78	78	82	81	85	91	92	92	104	99	107
America	45	66	71	77	75	76	89	95	94	106	103	110
Canada	30	49	52	55	59	64	81	80	78	89	80	90
United States	46	68	73	79	76	77	89	96	95	108	105	112
Europe	76	84	81	83	80	87	89	89	87	103	96	103
EU	76	84	81	83	80	86	88	88	87	103	96	103
Austria	79	87	88	92	102	118	129	93	74	118	128	178
Belgium/Luxembourg	81	68	54	53	50	60	63	51	59	103	76	...
Denmark	119	104	88	84	74	75	79	79	81	78	78	87
Finland	98	95	94	109	94	117	112	101	95	106	106	...
France	65	77	74	76	74	82	84	82	84	113	91	...
Germany 5/	68	90	91	93	89	100	97	101	96	101	90	...
Greece	66	76	71	76	63	73	48	84	60	...	...	...
Ireland	104	74	71	69	70	80	88	97	...	...	...	...
Italy	123	95	87	94	94	93	97	111	...	...	...	...
Netherlands	64	72	70	80	81	83	...	...	...	...	...	...
Portugal	43	81	81	90	98	82	92	102	106	100	...	...
Spain	38	64	58	61	59	63	64	70	...	...	...	...
Sweden	91	101	102	102	98	104	108	92	105	...	...	...
United Kingdom	90	111	117	97	87	91	95	90	87	110	109	...
EFTA	93	86	93	92	89	104	125	107	100	105	100	103
Iceland	70	82	81	83	79	98	81	86	...	...	...	...
Norway	89	71	72	70	76	106	96	94	94	98	89	109
Switzerland	95	92	101	100	94	104	138	113	104	108	104	...
Other developed economies	63	85	85	89	93	97	99	95	99	102	102	109
Australia	24	58	67	62	76	88	87	87	102	105	102	100
Israel	33	57	68	66	70	67	90	90	...	...	...	...
Japan	71	93	91	97	98	101	101	97	100	102	102	111
New Zealand	50	55	60	69	70	77	79	89	91	105	101	...
South Africa	...	...	...	...	...	...	...	...	...	...	...	...

For general note and footnotes see end of Special Table K.

Importations de produits énergétiques (suite)

Pays à économies développées

In thousand million U.S. dollars													En milliards de dollars E.-U.
1985	1993	1994	1995	1996	1997	1998	1999	2000	2001	2002	2003	Région, pays ou zones

Value - Valeur

1985	1993	1994	1995	1996	1997	1998	1999	2000	2001	2002	2003	Région, pays ou zones
273.7	236.0	232.0	252.6	302.0	305.9	226.9	266.5	441.5	420.1	404.1	495.9	**Economies dévelopeées**
60.3	64.5	65.3	68.9	84.5	91.3	68.9	86.4	152.1	141.4	132.8	170.5	Amérique
4.6	5.2	5.2	5.9	7.4	8.8	6.8	7.1	12.5	12.4	10.8	15.0	Canada
55.8	59.2	60.1	63.0	77.1	82.6	62.2	79.3	139.6	129.0	121.9	155.6	Etats-Unis
153.6	117.4	114.0	122.2	147.4	141.3	107.3	121.0	197.3	195.0	188.1	227.7	Europe
149.0	114.0	110.7	118.7	142.8	136.4	103.7	117.2	191.7	189.4	182.9	221.2	UE
3.1	2.5	2.4	3.0	3.6	3.4	2.3	2.3	3.7	4.1	4.4	7.3	Autriche
9.3	8.3	8.6	9.4	11.2	10.8	8.5	9.5	15.4	15.8	15.6	20.8	Belgique/ Luxembourg
3.1	1.5	1.5	1.4	1.7	1.7	1.3	1.4	2.5	1.8	2.0	2.6	Danemark
3.2	2.3	2.7	2.6	3.3	3.0	2.4	2.7	4.0	3.8	3.9	...	Finlande
24.1	17.9	17.5	18.6	22.8	21.8	16.7	18.9	30.5	33.6	27.8	34.8	France
31.4	27.2	26.7	28.3	35.1	33.2	25.3	26.4	43.1	42.0	39.8	52.0	Allemagne 5/
3.0	2.3	2.1	1.9	2.5	1.6	2.2	1.5	4.0	4.3	4.5	...	Grèce
1.2	1.0	1.0	1.1	1.3	1.4	1.1	1.3	2.1	2.1	1.7	2.0	Irlande
23.9	13.7	13.6	15.0	17.4	16.5	12.0	14.2	22.9	22.5	21.9	26.6	Italie
14.5	11.1	10.7	12.1	14.3	14.1	10.5	12.7	20.0	19.0	19.4	...	Pays-Bas
2.0	2.1	2.3	2.7	2.6	2.7	2.1	2.7	4.1	3.8	3.9	...	Portugal
10.9	8.7	8.7	9.4	11.5	11.1	8.5	10.6	18.6	17.4	18.0	...	Espagne
5.4	3.9	3.8	4.0	4.8	4.5	3.1	4.1	6.1	4.7	5.9	7.7	Suède
13.7	11.4	9.1	9.3	10.9	10.7	7.7	9.0	14.7	14.7	14.3	18.3	Royaume-Uni
4.6	3.3	3.2	3.4	4.5	4.8	3.5	3.6	5.4	5.4	4.9	6.2	AELE
0.1	0.1	0.1	0.1	0.2	0.2	0.1	0.1	0.2	0.2	0.2	0.2	Islande
1.4	0.8	0.8	1.0	1.5	1.2	1.0	1.0	1.4	1.3	1.2	1.8	Norvège
3.1	2.4	2.3	2.3	2.8	3.4	2.4	2.5	3.8	3.9	3.5	4.1	Suisse
59.7	54.2	52.7	61.4	70.0	73.3	50.8	59.2	92.1	83.7	83.2	97.6	Autres économies développées
1.6	2.6	2.4	2.9	3.8	3.7	2.7	3.8	5.8	5.1	5.1	7.0	Australie
1.4	1.5	1.4	1.7	1.8	2.3	1.8	...	3.6	3.2	3.1	3.8	Israël
55.9	49.3	48.2	53.9	60.9	62.8	43.3	49.9	77.4	70.2	70.4	81.2	Japon
0.8	0.6	0.7	0.7	0.9	1.0	0.8	0.9	1.5	1.4	1.4	...	Nouvelle-Zélande
0.1	0.1	0.1	2.2	2.6	3.5	2.2	2.4	3.8	3.7	3.3	4.0	Afrique du Sud

Voir la fin du Tableau Special K pour la remarque général et les notes.

Some indicators on fuel imports
Developed economies
2000 = 100

Region, country or area	1985	1992	1993	1994	1995	1996	1997	1998	1999	2001	2002	2003

Fuel Imports as percent of total imports
Importation des produits énergétiques en pourcentage des importations totales

Region, country or area	1985	1992	1993	1994	1995	1996	1997	1998	1999	2001	2002	2003
Developed economies	19.7	9.2	9.2	8.0	7.3	8.5	8.4	6.1	6.8	9.9	9.3	9.9
America	13.8	9.5	8.8	7.8	7.4	8.5	8.3	6.0	6.8	10.1	9.3	11.0
Canada	6.0	4.3	4.0	3.5	3.6	4.3	4.5	3.4	3.3	5.6	4.9	6.2
United States	15.4	10.6	9.8	8.7	8.2	9.4	9.2	6.6	7.5	10.9	10.1	11.9
Europe	19.8	7.6	7.8	6.7	6.0	7.1	6.8	4.9	5.5	8.2	7.8	7.9
EU	20.5	7.8	8.0	7.0	6.2	7.3	7.0	5.1	5.7	8.4	8.0	8.1
Austria	14.9	5.1	5.0	4.4	4.5	5.3	5.3	3.5	3.7	6.2	6.4	8.0
Belgium/Luxembourg	16.6	7.6	7.5	6.8	6.1	7.1	7.1	5.1	5.9	8.9	7.9	8.9
Denmark	17.3	6.3	5.0	4.1	3.3	3.8	3.8	2.8	3.1	4.1	4.0	4.6
Finland	24.4	12.6	12.8	11.5	8.8	10.5	9.6	7.4	8.5	11.5	11.5	...
France	22.4	8.6	8.9	7.7	6.8	8.3	8.2	5.8	6.6	9.5	9.2	9.6
Germany	19.8	7.4	7.9	7.0	6.1	7.9	7.6	5.5	5.7	8.5	8.1	8.6
Greece	29.5	9.8	10.6	9.8	7.2	8.7	6.5	7.5	5.8	15.2	13.9	...
Ireland	11.9	5.2	4.8	3.8	3.3	3.7	3.5	2.5	2.8	3.9	3.2	3.7
Italy	26.3	8.5	9.3	8.1	7.3	8.4	7.9	5.6	6.5	9.3	9.0	9.2
Netherlands	22.3	8.6	9.6	8.2	7.7	8.9	8.7	6.7	7.6	11.6	10.0	...
Portugal	26.5	8.0	8.8	8.5	8.1	7.8	8.1	5.5	7.3	9.7	9.7	...
Spain	36.0	10.2	10.9	9.4	8.3	9.3	8.9	6.5	7.2	11.2	10.8	...
Sweden	18.9	8.7	9.2	7.4	6.5	7.4	7.2	4.8	6.4	8.0	8.8	9.4
United Kingdom	12.5	5.6	5.4	4.0	3.5	3.9	3.5	2.5	2.8	4.3	4.1	4.6
EFTA	9.7	4.1	3.8	3.3	3.0	3.9	4.2	2.9	3.0	4.5	4.1	4.5
Iceland	15.7	8.3	9.2	8.3	7.2	7.8	7.6	5.2	5.4	8.9	8.6	7.7
Norway	8.7	3.4	3.3	3.1	2.9	4.5	3.3	2.5	3.0	4.1	3.5	4.7
Switzerland	10.0	4.3	3.9	3.4	2.9	3.5	4.5	3.0	3.0	4.6	4.2	4.3
Other developed economies	33.6	17.9	16.3	13.8	13.3	14.5	15.4	12.5	13.3	17.3	17.1	17.3
Australia	6.9	5.5	5.9	4.8	5.0	6.2	6.0	4.5	5.8	8.5	7.0	7.8
Israel	16.3	7.7	7.4	6.0	5.7	6.1	7.8	6.6	...	9.5	8.8	11.0
Japan	43.1	22.8	20.5	17.5	16.0	17.4	18.5	15.4	16.1	20.1	20.8	21.2
New Zealand	12.7	6.5	6.4	5.6	5.3	6.3	6.6	6.6	6.1	8.5	9.3	...
South Africa	0.6	0.5	0.4	0.3	8.3	9.5	11.4	8.4	10.1	15.4	12.5	10.3

Ratio of unit value indices of manufactured goods exports and fuel imports
Quotient des indices de la valeur unitaire des exportations des produits manufacturés et des importations des produits énergétiques

Region, country or area	1985	1992	1993	1994	1995	1996	1997	1998	1999	2001	2002	2003
Developed economies	72	155	158	173	174	147	145	196	160	107	107	102
America	98	152	162	174	165	135	148	208	164	113	118	101
Canada	87	125	131	136	129	114	122	149	136	88	89	77
United States	94	152	162	175	167	136	150	214	167	116	122	103
Europe	70	160	155	167	173	150	144	190	156	103	100	100
EU	70	161	157	168	173	150	144	190	156	103	100	101
Austria	113	229	238	250	260	226	213	211	141	102	109	...
Belgium/Luxembourg	90	127	105	104	103	102	101	102	101	99	78	...
Denmark	63	152	159	168	175	149	142	178	162	108	103	105
Finland	80	156	148	163	186	174	163	182	147	105	109	...
France	64	142	150	163	169	148	142	181	155	100	84	...
Germany	72	183	185	196	204	172	152	212	175	103	102	...
Greece	94	214	167	203	200	167	144	174	168	...	...	...
Ireland	144	162	173	163	170	154	138	169	...	...	...	...
Italy	80	180	162	169	173	150	151	251	...	...	...	...
Netherlands	65	163	151	179	188	155	...	...	...	...	...	...
Portugal	68	175	186	185	201	165	164	232	175	106	...	...
Spain	41	146	119	127	131	115	107	150	...	...	...	...
Sweden	74	178	161	173	194	175	169	205	165	...	...	...
United Kingdom	59	137	151	164	162	141	149	197	155	103	109	...
EFTA	68	136	147	163	183	159	161	187	162	109	118	101
Iceland	71	126	125	137	180	162	134	149	...	...	...	...
Norway	69	135	133	126	148	121	130	153	132	98	101	89
Switzerland	70	138	153	178	198	179	173	202	174	112	125	...
Other developed economies	57	129	147	170	164	139	129	169	150	106	103	100
Australia	72	151	150	164	183	156	151	182	150	107	107	83
Israel	44	104	120	122	116	101	106	137	127	...	...	...
Japan	57	128	147	172	167	141	129	172	153	106	103	103
New Zealand	79	150	157	186	191	163	153	181	152	110	108	102
South Africa	...	...	...	...	...	...	...	...	...	...	...	...

For general note and footnotes see end of table.

Quelques indicateurs sur les importations de produits énergétiques
Pays à économies développées

1985	1992	1993	1994	1995	1996	1997	1998	1999	2001	2002	2003	Région, pays ou zones
												Fuel imports as percent of total exports **Importations des produits énergétiques en pourcentage des exportations totales**
21.6	9.5	9.2	9.1	7.4	8.6	8.3	6.2	7.1	10.6	10.0	10.7	**Economies dévelopeées**
20.5	11.4	11.0	10.1	9.3	10.8	10.6	7.7	9.3	14.3	14.0	17.1	Amérique
5.3	4.0	3.6	3.1	3.1	3.7	4.1	3.2	3.0	4.8	4.3	5.5	Canada
27.0	13.8	13.5	12.5	11.5	13.2	12.8	9.1	11.4	17.6	17.6	21.5	Etats-Unis
20.4	7.9	7.6	6.5	5.7	6.7	6.2	4.7	5.3	8.0	7.4	7.6	Europe
21.1	8.2	7.9	6.7	5.9	6.9	6.4	4.8	5.4	8.2	7.6	7.8	UE
18.0	6.2	6.1	5.4	5.2	6.2	5.8	3.8	3.5	6.6	6.4	8.2	Autriche
17.4	7.7	6.9	6.3	5.6	6.6	6.5	4.8	5.4	8.1	7.2	8.2	Belgique/Luxembourg
18.9	5.3	4.1	3.5	2.9	3.4	3.5	2.7	2.8	3.6	3.5	3.9	Danemark
23.9	11.2	9.8	9.1	6.4	8.0	7.3	5.5	6.4	8.6	8.7	...	Finlande
24.7	8.9	8.7	7.5	6.5	8.0	7.7	5.6	6.3	9.6	9.1	9.7	France
17.1	7.1	7.1	6.2	5.4	6.8	6.5	4.7	4.9	7.4	6.5	6.9	Allemagne
66.1	23.3	26.6	22.4	17.1	20.9	15.1	20.1	15.1	41.6	41.9	...	Grèce
11.5	4.1	3.6	2.9	2.4	2.9	2.5	1.8	1.8	2.4	1.9	2.2	Irlande
30.3	9.5	8.2	7.2	6.5	6.9	6.9	5.0	6.1	9.0	8.7	9.1	Italie
21.3	8.3	8.5	7.3	6.8	8.0	5.9	6.2	6.3	8.7	8.7	...	Pays-Bas
35.7	13.2	13.9	12.9	11.7	11.4	11.7	8.5	11.0	15.6	15.8	...	Portugal
44.8	15.8	14.3	11.9	10.5	11.3	10.5	8.0	9.5	14.9	14.3	...	Espagne
17.8	7.8	7.9	6.2	5.2	5.7	5.6	3.7	4.8	6.2	7.2	7.7	Suède
13.6	6.5	6.6	4.5	3.9	4.2	3.8	2.9	3.4	5.7	5.0	5.7	Royaume-Uni
9.5	3.8	3.4	3.0	2.7	3.4	3.8	2.8	2.8	3.8	3.3	3.7	AELE
17.5	9.2	8.9	7.5	7.0	8.4	8.3	6.7	5.7	9.2	8.0	9.1	Islande
6.8	2.5	2.5	2.4	2.3	3.1	2.5	2.3	2.3	2.3	2.0	2.7	Norvège
11.2	4.3	3.8	3.2	2.8	3.5	4.5	3.0	3.0	4.7	4.0	4.2	Suisse
27.2	13.5	12.0	38.1	11.1	13.3	13.4	10.1	11.0	15.6	15.0	15.6	Autres économies dévelopées
7.2	5.7	6.4	5.3	5.7	6.7	6.2	5.1	6.8	8.1	7.8	9.9	Australie
21.6	11.1	10.2	8.4	8.8	8.9	10.1	7.7	...	10.9	10.6	11.8	Israël
31.8	15.6	13.7	121.7	12.2	14.8	14.9	11.1	11.9	17.4	16.9	17.2	Japon
13.7	6.4	6.1	5.6	5.6	6.6	6.9	6.2	7.0	9.2	9.8	...	Nouvelle-Zélande
0.6	0.4	0.3	0.3	7.9	10.9	11.8	8.8	9.3	13.4	11.8	11.7	Afrique du Sud

SPECIAL TABLES: I, J and K

General note: Manufactured goods are here defined to comprise sections 5 through 8 of the Standard International Trade Classification (SITC). These sections are: chemicals and related products, manufactured goods classified chiefly by material, machinery and transport equipment and miscellaneous manufactured articles. Fuels are here defined to comprise all the products in section 3 of the SITC. These products are: coal, coke and briquettes, petroleum, petroleum products and related materials gas and electric current. The economic and geographic groupings in this table are in accordance with those of Special Table A in this issue, although Special Table A includes more detailed geographic sub-groups which make up the groupings 'Other developed economies' and 'Developing economies' of this table. In 1990 the exports of manufactured goods by all Developed' and Developing' economies accounted for approximately 96 per cent of world exports of manufactured goods. The unit value indices are obtained from national sources, except those of a few countries which the United Nations Statistics Division compiles using their quantity and value figures. For countries that do not compile indices for manufactured goods exports and fuel imports conforming to the above definition, sub-indices are aggregated to approximate an index of SITC sections 5-8 and SITC section 3 respectively. Unit value indices obtained from national indices are rebased, where necessary, so that 2000=100. Indices in national currency are converted into U.S. dollars using conversion factors obtained by dividing the weighted average exchange rate of a given currency in the current period by the weighted average exchange rate in the base period. All aggregate unit value indices are current period weighted. The indices in SDRs are calculated by multiplying the equivalent aggregate indices in U.S. dollars by conversion factors obtained by dividing the SDR/$US exchange rate in the current period by the rate in the base period. The quantum indices are derived from the value data and the unit value indices. All aggregate quantum indices are base period weighted. The figures in Special Table K are calculated from those prepared for Special Tables I and J. Total imports and exports used in the calculations are, in general, those published in Special Table A.

1/ Excludes trade of the countries of Eastern Europe and the former USSR.
2/ Beginning 1989, derived from price indices; national unit value index is discontinued.
3/ Series linked at 1988 and 1995 by factors calculated by the United Nations Statistics Division.
4/ For the years beginning 1981, indices are calculated by the United Nations Statistics Division; for Netherlands beginning 1988, for Belgium 1988-1992, and for Switzerland 1988 to 1995.
5/ Data prior to January 1991, pertain to the territorial boundaries of the Federal Republic of Germany and the former German Democratic Republic prior to 3 October, 1990 (see explanatory notes on data pertaining to Germany on page vi).
6/ Derived from sub-indices using current weights; for Netherlands from 1989 to 1996.
7/ Industrial product.

Remarque générale: Les produits manufacturés comprennent les sections 5 à 8 de la Classification type pour le commerce international (CTCI). Ces sections sont produits chimiques et produits connexes, articles manufacturés classés principalement d'après la matière première, machines et matériel de transport et articles manufacturés divers. Les produits énergétiques comprennent tous les produits appartenant à la section 3 de la CTCI. Ces produits sont huilles, cokes et briquettes, pétrole, produits dérives du pétrole et produits connexes, gaz et énergie électrique. Les groupes économiques et géographiques de ce tableau sont conformes aux groupes des pays ou zones qui paraissent dans le tableau special A de ce numéro, bien que le tableau special A comprend plus de détails en ce qui concerne les sous-groupes des Autres economies dévelopées et 'Economies en view de développement' de ce tableau. En 1990, les exportations des produits manufacturés par tous les Economies développées' et les 'Economies en voie de développement' representaient approximativement 96 pourcent de l'ensemble des exportations mondials des produits manufacturés. Les indices de la valeur unitaire sont obtenus de sources nationales, á l'exception de quelque pays pour lesquels la Division de Statistique des Nations Unies calcule ces indices en utilisant le chiffres de la valeur et du volume fournis par ces pays. Pour les pays ne calculant pas leurs indices des exportations des produits manufacturés et importations des produits énergétiques selon la definition décrite ci-dessus les sous-indices sont agrégés en un indice qui se rapproche les sections 5 à 8 de la CTCI et la section 3 de la CTCI respectivement. Les indices en monnaie nationale son convertis en dollars des E.-U. en les multipliant par un facteur de conversion obtenu en divisant le taux de change courant, moyenne pondérés, d'une monnaie donnée par celui de la période de base. Tous les agrégés des indices de la valeur unitaire, sont à coéfficients de pondération correspondant à la période indiquée. Les indices indices en DTS son calculés en multipliant les indices totaux equivlents en dollars E.-U. par un facteur de conversion obtenu en divisant le taux de change cournat du DTS/\$E-U d'une monnaie donnée par celui de la période de base. Les indices du quantum sont calculés à partir de chiffres de la valeur et lés indices de la valeur unitaire. Tous les agrégés des indices du quantum sont à coéfficients de pondération correspondant à la période en base. Les chiffres dans tableau special K sont calculés selon des données preparées pour les tableaux spéciaux I et J. Les totales des importations et exportations utilisées dans les calculs sont, en générale, celles publiées dans le Tableau Spécial A.

1/ Non compris le commerce des pays de l'Europe de l'Est et l'ancienne URSS.

2/ A partir de 1989, calculés à partir des indices des prix; l'indice de valeur unitaire national est discontinué.

3/ Les series sont enchainées à 1988 et à 1995 par facteurs calculé par la Division de Statisque des Nations Unies.

4/ Pour les années à partir de 1981, les indices sont calculés par la Division de Statisque des Nations Unies; pour les Pays-Bas à partir de 1988, pour la Belgique 1988-1992, et pour la Suisse 1988-1995.

5/ Les données relatives à la période précédent janvier 1991 correspondent aux limites territoriales de la République Fédérale d'Allemagne antérieur au 3 octobre 1990 (Aussi voir les notes explicatives sur les données concernant l'Allemagne à la page vi).

6/ Calculés à partir de sous-indices à coéfficients de pondération correspondant à la période en cours; pour les Pays-Bas de 1989 à 1996.

7/ Produit industriel.

Litho in United Nations, New York
54073—December 2004—2,905
ISBN 92-1-061211-6

United Nations publication
Sales No. E/F.05.XVII.2, vol. II
ST/ESA/STAT/SER.G/52